W0229657

Die Chronik Hamburgs

Ernst Christian Schütt

Die Chronik Hamburgs

unter Mitarbeit von
Norbert Fischer und Hanna Vollmer-Heitmann
sowie Erik Verg

Übersichtsartikel von
Prof. Dr. Gerhard Ahrens, Dr. Ursula Büttner, Prof. Dr. Klaus Friedland,
Dr. Renate Hauschild-Thiessen, Prof. Dr. Werner Jochmann,
Dr. Franklin Kopitzsch, Prof. Dr. Rainer Postel, Dr. Klaus Richter,
Prof. Dr. Arnold Sywottek

Chronik Verlag

Hamburg aus der Vogelschau; Kupferstich von Pieter van der Aa und Frederik de Wit, 1729

Abbildungen auf dem Schutzumschlag

Vorderseite (oben links beginnend)
Das Börsengebäude aus dem Jahr 1583
Uwe Seeler bei einem Spiel des Hamburger SV
Der Große Brand 1842 (Zeichnung von Peter Suhr; moderne Kolorierung)
Galionsfigur der »Rickmer Rickmers« im Hamburger Hafen
Hamburg-Ansicht von Elias Galli (1680)
Ballett in der Staatsoper
Blick in die Hanse-Passage
Der Fernsehturm und der alte Wasserturm an der Sternschanze
Hafenszene mit dem Turm von St. Michaelis im Hintergrund
Enthauptung Klaus Störtebekers und seiner Kumpane im Jahr 1401
(unbekannter Künstler, Ende 16. Jh.; moderne Kolorierung)
Blick von der Lombardsbrücke über die Binnenalster auf den Jungfernstieg
Speicherstadtgebäude am Alten Wandrahm und Kornhausbrücke mit
Kolumbus-Statue
Der Hamburger Senat 1897 (Gemälde von Hugo Vogel)
Die Köhlbrandbrücke in Waltershof
Hagenbeck-Plakat zur Berliner Gewerbe-Ausstellung 1895/96

Buchrücken (oben beginnend)
Fischverkäufer
Das 1897 fertiggestellte Rathaus (zeitgenössischer Stich,
moderne Kolorierung)
Reeperbahn bei Nacht

Rückseite (oben links beginnend)
Die St. Pauli Landungsbrücken
Auswanderer nach Amerika besteigen einen Dampfer der Hapag (1874)
Turm des Plaza-Hotels und Bismarck-Denkmal
Alsterarkaden
Gemüsehändler (»Grönhöker«) aus den Vierlanden (um 1800)
Renovierte historische Fassaden an der Deichstraße
Die bugförmige Spitze des Chilehauses
Farbige Hauswand an der Hafenstraße
Der Wasserträger Johann Wilhelm Bentz alias »Hummel«
Ansgar-Statue auf der Trostbrücke
Ansicht des Hamburger Hafens (Gemälde von Hans Bohrdt, 1900)
Zerstörtes Haus nach den Bombenangriffen im Juli 1943
SPD-Postkarte zum Kampf um das Wahlrecht (um 1905)

© Chronik Verlag
in der Harenberg Kommunikation Verlags- und Mediengesellschaft mbH & Co. KG
Dortmund 1991

Lektorat: Matthias Felsmann (verantwortlich), Britta Kruse, Stephan Schulte
Bildredaktion: Bettina Bergstedt (verantwortlich), Uwe Gartenschläger
Herstellung: Barbara Reppold-Hinz, Gerlinde Wermeier-Kemper
Satz: Systemsatz, Dortmund
Druck: westermann druck GmbH, Braunschweig

Das Werk einschließlich aller seiner Teile ist urheberrechtlich geschützt.
Jeder Verwertung außerhalb der engen Grenzen des Urheberrechtsgesetzes
ist ohne Zustimmung des Verlags unzulässig und strafbar. Das gilt
insbesondere für Vervielfältigungen, Übersetzungen, Mikroverfilmungen
und die Einspeicherung und Verarbeitung in elektronischen Systemen.

ISBN 3-611-00194-5

»Chronik«-Ausgaben erscheinen
in folgenden Verlagen:

Belgien
Chronique Diffusion S. A.,
Lüttich

Deutschland
Chronik Verlag Harenberg,
Dortmund

Finnland
Gummerus Kustannus Oy,
Helsinki

Frankreich
Jacques Legrand S. A., International
Publishing, Paris

Griechenland
Publications Four Epsilon,
Athen

Großbritannien
Chronicle Communications Ltd.,
London

Italien
Arnoldo Mondadori Editore,
Mailand

Niederlande
Agon Uitgeversmaatschappij,
Amsterdam

Norwegen
J. W. Cappelens Forlag, A/S,
Oslo

Österreich
Chronik Verlag Harenberg,
Wien

Polen
Wydawnictwo Kronika,
Warschau

Schweden
Bonnier Fakta Bokförlag AB,
Stockholm

Schweiz
Chronik Verlag Harenberg,
Olten

Spanien
Plaza y Janés,
Esplugues de Llobregat

Ungarn
Officina Nova,
Budapest

USA
Ecam Publications Inc.,
Mount Kisco

Kanada
Chronicle Publications,
Montreal

Japan
Kodansha Ltd.,
Tokio

Südkorea
Dong-Joo Yang
Center for North Pacific Affairs,
Leonia

Taiwan
Chin Show Cultural Enterprise,
Taipei

Australien
Chronicle Australasia Pty Ltd,
Ringwood

Inhalt

Zum Geleit

Dr. Henning Voscherau
Erster Bürgermeister der Freien und Hansestadt Hamburg

»Eine Chronik schreibt nur derjenige, dem die Gegenwart wichtig ist.« – Eine Aussage mit Zukunft von Johann Wolfgang Goethe vor über 160 Jahren.

Andere sahen den Lauf der Welt eher mit Resignation an sich vorbeiziehen, jedenfalls phasenweise: »Die Geschichten der Völker und Staaten haben den Geschichtsschreibern und Buchhändlern, die ihre Werke verlegt, etwas Geld eingebracht. Was sie sonst noch genützt, das weiß ich nicht.« Ludwig Börne, nur wenig später.

Wie Geschichte wem genützt hat, darüber ist gerade in Zeiten wie unseren gut nachdenken – Zeiten, die wir als »historische« verstehen, weil es so aussieht, als würde unser Jahrhundert aus Sackgassen endlich herausfinden. Aber gibt es »unhistorische« Zeiten?

Hamburg, diese flächenmäßig eng begrenzte, von ihrer Lebensart und ihren Visionen her umso weltoffenere Stadtrepublik an Elbe und Alster ist durch die politische und wirtschaftliche Öffnung der osteuropäischen Länder, durch das Wieder-Zusammenwachsen Deutschlands an eine zentrale Stelle im Mittelpunkt Europas gerückt. Große Chancen und auch Probleme kommen auf uns zu. Wir sehen dem mit Zuversicht entgegen – auch weil wir wissen, daß Hamburg schon ganz andere Untiefen zu umschiffen hatte.

Der Stadtgeschichte kann man sich auf den verschiedensten Wegen nähern. Dieser Band fällt ihr sozusagen mit der Tür ins Haus. Er präsentiert uns auf seiner äußeren Hülle: Handel vor der Börse und Wandel im Hafen, den Großen Brand und die festlich illuminierte Binnenalster, Galionsfiguren und Würdenträger, kleine und große Fische, einen Volkshelden mit dem Ball am Fuß und einen Staatsfeind mit dem Henkersschwert über sich. So ist man denn gleich mitten im Geschehen, und die Liste namenhafter Autorinnen und Autoren garantiert die Durchdringung dessen, was hinter den Bildern ist.

Eine Episode, die garantiert nicht erwähnt ist, aber doch fehlen würde, kann ich als heutiger Bürgermeister nachtragen: daß wir erst vor wenigen Monaten den Vertrag mit der Bauernrepublik Dithmarschen vom 12. August 1265 feierlich verlängert haben. Er regelt die Modalitäten von Schadenersatzleistungen für in Dithmarschen beraubte oder sonstwie geschädigte Hamburger Bürger (Strandräuberei!) und besiegelt das »eifrige Streben nach Frieden und Eintracht«. Ein Streben, das der Geschichte heute wie vor 725 Jahren vielleicht doch einen Sinn und Nutzen verleihen kann.

Ich wünsche allen Hamburg-Kennern und denen, die es werden möchten, eine anregende Beschäftigung mit der Chronik dieser Stadt.

Henning Voscherau

*Das Cremonfleet mit der Reimerstwietenbrücke;
Fotografie von Georg Koppmann, 1887*

Bescheidene Anfänge zwischen Alster und Bille

700–1189

Wo sich die Unterläufe von Bille und Alster vereinigen, ragt von Osten her eine bis zu 15 m hohe Geestzunge in die Elbniederung hinein. Dort errichteten erste Siedler um das Jahr 700 ein kleines Dorf. Etwa drei bis fünf Bauernhöfe mögen es gewesen sein. Ihre Bewohner ernährten sich vom Ackerbau auf der Geest und nutzten die Marsch als Viehweide. Die Siedler gehörten dem Teilstamm der Nordalbingier innerhalb des sächsischen Großstammes an. Zwischen 772 und 804 verleibte Karl der Große die Sachsen seinem Fränkischen Reich ein. In der Endphase dieser Kämpfe waren es vor allem Nordalbingier, die durch Aufstände versuchten, das fränkische Joch abzuschütteln.

Drei »Hammaburgen« auf der Geesthöhe

Eine erste »Hammaburg«, die vermutlich in jenen Jahren entstand, könnte als Gegenmaßnahme von den Franken errichtet worden sein. An der Südwestseite der Geestzunge zwischen den heutigen Innenstadt-Straßen Schopenstehl, Domstraße und Curienstraße gruben Archäologen 1980 bis 1987 zwei kreisförmig parallel verlaufende Spitzgräben aus. Sie umschlossen ein Rund von etwa 55 m Durchmesser, das ursprünglich wohl zusätzlich durch einen Ringwall gesichert war. Vielleicht hatten die Franken diese kleine Holz-Erde-Burg bereits vor 792, dem Jahr des ersten großen Aufstands, angelegt; möglicherweise bauten sie die Anlage aber erst, nachdem die Nordalbingier 798 weitgehend besiegt worden waren. 804 ließ Karl der Große viele Aufständische aus Nordalbingien deportieren und trat das Gebiet an seine Verbündeten, die benachbarten slawischen Abotriten, ab. Wie es scheint, planierten diese die erste kleine Hammaburg und errichteten dort eine größere Holz-Erde-Befestigung. Die abotritische Herrschaft blieb eine kurze Episode – bereits 810 besetzte Karl Nordalbingien und gliederte es seinem Reich ein.

Damit waren die Voraussetzungen geschaffen, im Zuge der Rückführung deportierter Nordalbingier in ihre Heimat dort eine kirchliche Organisation aufzubauen. Zeitgenössische Quellen hierzu fehlen; nach späterer Überlieferung des 9. Jahrhunderts hat aber Karl der Große wohl bei der Hammaburg um 810/11 eine erste Taufkirche durch Bischof Amalar von Trier weihen lassen und dem Priester Heridag übertragen. Vielleicht war sie der Gründungsbau der heutigen St.-Petri-Kirche.

Wahrscheinlich gleichzeitig, spätestens nach Ende der fränkisch-abotritischen Waffenbrüderschaft 817, bauten die Franken anstelle der alten eine neue Hammaburg. Sie bildete ein ungefähres Viereck von 130 m Seitenlänge. Tausende von Bäumen mußten gefällt und verarbeitet und Zehntausende von Kubikmetern Erde bewegt werden, um die Befestigung mit Wall und Graben zu errichten. Einem Burggrafen unterstand die militärische und zivile Verwaltung von Burg und Umgebung.

Zur Hammaburg gehörte eine Kaufmanns- und Handwerkersiedlung am Nordufer des Reichenstraßenfleets, das auch als Hafen diente. Kleinhäuser aus Flechtwerk oder Bohlen bildeten die Wohn- und Wirtschaftsgebäude. Trotz seines primitiven Zuschnitts besaß auch schon das älteste Hamburg eine gewisse wirtschaftliche Bedeutung. Zwischen 834 und 845 erhielt der Hamburger Bischof Privilegien, einen Markt abzuhalten, Zölle zu erheben und Münzen zu prägen.

Missionszentrum für kurze Zeit Bischofssitz

Hamburg war also auch kirchliches Zentrum. Wie es dazu kam, ist im einzelnen unsicher. Soviel scheint gewiß: Kaiser Ludwig der Fromme errichtete 831 ein Bistum Hamburg, der damals etwa 30 Jahre alte Mönch Ansgar aus dem Kloster Corvey wurde zum Bischof geweiht, und Papst Gregor IV. bestätigte die Bistumsgründung. Gleichzeitig übertrug er Ansgar Missionsbefugnisse bei den Dänen, die damals noch heidnisch waren. Eine hölzerne Bischofskirche erhob sich mitten in der Hammaburg. Zuletzt stand an ihrer Stelle der 1804 abgerissene spätgotische Dom.

Daneben lag das klosterähnliche Domstift, in dem die Geistlichen zunächst gemeinsam wohnten. Mit ihm verbunden war eine Schule, in der Knaben zu Nachwuchspriestern ausgebildet wurden.

Hamburgs Rolle als kirchliches Zentrum dauerte jedoch nur 17 Jahre. Im Sommer 845 fuhr eine Flotte dänischer Wikinger elbaufwärts und griff Burg und Siedlung an. Dies geschah so plötzlich, daß keine Zeit für Abwehrmaßnahmen blieb. Ansgar und seine Geistlichen konnten gerade noch fliehen, ebenso ein Teil der Bewohner, während die übrigen gefangengenommen oder getötet wurden. Die Wikinger plünderten den Ort und verbrannten die Hammaburg mitsamt Domstift. Während sich die Kaufmanns- und Hafensiedlung relativ rasch wieder erholte, hatte das kirchliche Zentrum dagegen seine Basis verloren. Zudem drohte ständig die Gefahr heidnischer Überfälle seitens der benachbarten Dänen und Slawen. Deshalb vereinigten König Ludwig der Deutsche und die führenden Reichsbischöfe 848 das Bistum Hamburg mit dem sicherer gelegenen Bistum Bremen. Ansgar wurde die damals vakante Stelle des Bremer Bischofs übertragen. Papst Nikolaus I. bestätigte 864 die Vereinigung und erhob das neue große Bistum zum Erzbistum Hamburg-Bremen. Dessen erzbischöflicher Sitz war und blieb Bremen.

Handel in unsicherer Umgebung

Nach 850 dehnte sich die Kaufmanns- und Hafensiedlung Hamburg aus. Dies läßt auf kontinuierliche wirtschaftliche Prosperität schließen, allen äußeren Gefahren zum Trotz. Durch die Ausgrabungen von Reinhard Schindler zwischen 1947 und 1960 sind diese Erweiterungsphasen in groben Zügen bekannt. Zunächst entstand auf einem schmalen Uferwall am Südufer des Reichenstraßenfleets eine mindestens 100 m lange Einstraßen-Siedlung. Dort wohnten wohlhabende Kaufleute, nach denen die »Reichenstraße« ihren erstmals 1264 schriftlich bezeugten Namen erhielt. Um 900 wurde der Ort entlang dem Nordufer des Reichenstraßenfleets nach Westen hin erweitert. Auch hier baute man offensichtlich im wesentlichen kleine Kaufmannsgehöfte mit Speichern. Mit der zunehmenden Zahl von Produzenten und Konsumenten im holsteinischen Hinterland verbesserten sich Absatz- und Erwerbsmöglichkeiten von Handelsgütern. Gehandelt wurden unter anderem Produkte aus dem Niederrheingebiet und Friesland. Kurz nach dem Jahr 900 hatte Hamburg einen Umfang erreicht, über den es erst 200 Jahre später hinauswuchs. Mögen in dem Ort um 850 etwa 200 Einwohner gelebt haben, so kann man um 1030 die weltliche Bevölkerung auf etwa 400 bis 500 Personen schätzen.

Knapp 40 km östlich von Hamburg verlief die Grenze zu den slawischen Abotriten in Ostholstein und Mecklenburg. Die Gefährdung wuchs, nachdem sich die zunächst etwa 50 abotritischen Kleinstämme zu vier mächtigen Teilstämmen zusammengeschlossen hatten. Für die Jahre 983, 1066 und 1072 sind slawische Überfälle auf Hamburg bezeugt, die den Ort verwüsteten. Dank dem Überlebenswillen seiner Bewohner wurde er anschließend jedesmal wieder aufgebaut.

Im 11. Jahrhundert versuchten die in Bremen residierenden Erzbischöfe, aus Hamburg ihren Zweitsitz zu machen. Nach 1020 ließ Unwan erneut ein Hamburger Domkapitel konstituieren und einen neuen hölzernen Dom errichten. Gemeinsam mit dem für Hamburg zuständigen Herzog Bernhard Billung legte er eine Befestigung an. Vielleicht handelt es sich um den bis etwa 1230 mehrfach erneuerten »Heidenwall«, der die Geestzunge nach Osten auf etwa 300 m Länge abriegelte und Hamburgs älteste »Stadtmauer« darstellte. Unter Erzbischof Bezelin Alebrand (1035–1043) erreichte die Bautätigkeit ihren Höhepunkt. Er ließ den Dom als Neubau zum erstenmal in Quadersteinen ausführen. Ferner errichtete Bezelin für sich selbst in Hamburg einen befestigten Wohnturm. Ob das 1962 an der Ecke Speersort/Kreuslerstraße ergrabene mächtige Findlingsfundament eines Rundturmes von 19 m Durchmesser dessen Überrest ist – wie lange angenommen –, bedarf zusätzlicher archäologischer Klärung. Der bedeutendste Bremer Erzbischof Adalbert (1043–1072) plante, Hamburg zum obersten kirchlichen Sitz eines Patriarchats über die skandinavischen Bistümer zu erheben. Hierbei scheiterte er, wozu seine ständigen Konflikte mit den Billungerherzögen nicht unwesentlich beitrugen.

Herzöge contra Erzbischöfe: Konkurrenz um die Macht

Die Herzöge besaßen damals die Grafengewalt über Holstein und Stormarn, Hamburg eingeschlossen. In Hamburg selbst hatten sie freilich keine Macht innerhalb der Domimmunität nebst deren unmittelbarer Umgebung, wo die Bremer Erzbischöfe zuständig waren. Dort mußten die Herzöge eine konkurrierende Gewalt akzeptieren. Als Reaktion auf die Errichtung des steinernen Wohnturmes durch Bezelin Alebrand ließ Herzog Bernhard II. in seinem Teil Hamburgs eine feste Burg bauen, die wahrscheinlich unter dem heutigen Rathaus lag. Als dessen Baugrube 1886/87 ausgeschachtet wurde, fand man die Überreste eines mächtigen steinernen Wohnturmes aus dem 12. Jahrhundert. Alles spricht dafür, daß Bernhards Burg an derselben Stelle im Alsterbereich gestanden hat. Sowohl die Bedrohung durch die Abotriten als auch seine Feindschaft zu Erzbischof Adalbert bewogen Herzog Ordulf, in Hamburg eine zweite Billungerburg zu errichten. In einer Alsterschleife unterhalb der älteren Befestigung – dort, wo heute die Ruine der Nikolaikirche als Kriegsmahnmal steht – ließ er um 1061 die »Neue Burg« anlegen. Nach Ausgrabungsbefunden bestand sie aus einem überaus mächtigen Holz-Erde-Ringwall von etwa 100 m Innendurchmesser.

Trotz dieser Verteidigungsanlagen war Hamburgs Situation im 11. Jahrhundert gegenüber den aggressiven Abotriten prekär. Dies änderte sich erst, als der christliche und billungerfreundliche Abotritenfürst Heinrich 1093 die Herrschaft über den Gesamtstamm errungen hatte. Dessen lange und stabile Regierung bis zum Jahr 1127 beendete Hamburgs akute Bedrohung. Unterdessen, nachdem der letzte Billunger 1110 gestorben war, hatte Herzog Lothar von Sachsen Adolf von Schauenburg mit der Grafschaft Holstein und Stormarn belehnt. Adolf begründete damit die Herrschaft der Schauenburger auch in Hamburg.

Friedenszeiten erlauben Expansion

Im 12. Jahrhundert setzte die Entwicklung der typischen spätmittelalterlichen Stadt in Norddeutschland ein. Dies zeigt sich z. B. in der Bildung früher bürgerlicher Verfassungsorgane. Mangels schriftlicher Quellen lassen sich in Hamburg zwar keine solchen Organe als gemeinsame Vertreter der Bürgerschaft konkret für das 12. Jahrhundert nachweisen, entsprechende Zeugnisse aus dem nachfolgenden Jahrhundert lassen aber eine frühere Entstehung als wahrscheinlich erscheinen. Vor allem archäologische Beobachtungen lassen für Hamburg um 1100 erste Ansätze einer städtischen Entwicklung erkennen. Auf Grundstücken in der heutigen Innenstadt fällt für diese Zeit eine abgewandelte Gestaltung auf, die offensichtlich in Zusammenhang mit einer veränderten Bebauung durch großräumige Wohn-Stall-Häuser steht. Die damals festgelegten Baufluchten und Grundstücksgrenzen blieben vielfach die ganzen kommenden Jahrhunderte hindurch konstant. Dies deutet darauf hin, daß sich um 1100 städtische Kontrollorgane bildeten, deren Aufgabe u. a. in der Fixierung grundrechtlicher Verhältnisse bestand. Im späteren 13. Jahrhundert nahm derartige Geschäfte der Rat wahr.

Speziell für Hamburgs Stadtwerdung hat sich die langfristig entspannte militärisch-politische Lage an der nahe gelegenen Slawengrenze günstig ausgewirkt. In den benachbarten holsteinischen Geestgebieten wurden neue Dörfer angelegt, und zahlreiche Einwanderer ließen sich in diesem Bereich nieder. Der innere Landesausbau begann, die Vorstufe zur eigentlichen Ostkolonisation des Mittelalters. Auch in den Elbmarschen setzte seit etwa 1130 eine Neubesiedlung großen Stils ein. Damals wurden die Marschländereien zwischen Harburg und Ochsenwerder, südlich von Hamburg sowie bei Bergedorf zuerst kultiviert. Die gewaltige Binnenkolonisation des 12. Jahrhunderts bewirkte Bevölkerungswachstum, Erhöhung landwirtschaftlicher Produktion und Wirtschaftsaufschwung. Alle diese Faktoren hatten naturgemäß einen äußerst positiven Einfluß auf Hamburgs weitere Entwicklung.

Besonders wichtig für das im 12. Jahrhundert wieder einsetzende Flächenwachstum der Stadt war die planmäßige Aufhöhung und Entwässerung der Reichenstraßeninsel nach Süden hin. Regelmäßige schmale und lange Parzellen entstanden dort. Sie wurden zuerst mit hölzernen, seit etwa 1200 auch mit steinernen Häusern bebaut. Wie später für das 13. Jahrhundert nachweisbar, dürften in ihnen von Beginn an überwiegend Kaufleute gewohnt haben. Vielleicht ist diese planmäßige Neuanlage Ergebnis einer Siedlungsinitiative des auch sonst um Hamburg verdienten Erzbischofs Adalbero von Bremen (1123–1148).

Lübecks Aufstieg begünstigt Hamburg

Langfristig entscheidend für Hamburgs Aufschwung wurde die Etablierung der Nachbarstadt Lübeck zwischen 1143 und 1159. Sehr schnell entwickelte sich Lübeck zum führenden Handelsplatz im gesamten Ostseeraum. In seinem Handelssystem war Hamburgs Rolle als Nordseehafen vorprogrammiert. Auch bot sich Hamburg als Seehafen für die aufblühenden Getreide- und Holzexportgebiete an der Mittelelbe an. Dazu kamen noch Interessen des holsteinischen Landesherren Graf Adolf III. von Schauenburg: Nachdem 1181 deutlich geworden war, daß er Ansprüche auf das von seinem Vater seinerzeit gegründete Lübeck endgültig begraben mußte, lag es für ihn nahe, den Verlust durch eine Neugründung zu kompensieren. In seinem unmittelbaren holsteinischen Machtbereich bot sich Hamburg aus vielerlei Gründen dafür an. Nicht zuletzt befand sich damals das Gelände der beiden ehemaligen Billungerburgen – Alsterburg und Neue Burg – in seinem Besitz. Mit dem nicht mehr genutzten großen Ringwall der Neuen Burg stand ihm in der Alsterschleife unmittelbar westlich des bestehenden Ortes Hamburg ein hervorragend geeigneter Platz für die Gründung einer Hamburger Neustadt zur Verfügung. Es fehlten lediglich die Menschen, ihn zu besiedeln.

Sie stellten sich ein, als Adolf III. um 1186/87 Wirad von Boizenburg mit der Besiedlung dieses Geländes beauftragte. Der gab es an etwa 50 Neusiedler weiter, um dort am Alsterfluß eine neue Hafenstadt anzulegen, die für einen Fernhandel großen Stils hinreichend ausgebaut werden sollte. Vom Mittelpunkt der Neuen Burg ausgehend, wurde ein Areal von etwa 3,2 ha in Kreissektoren vermessen. Das westliche Drittel blieb für öffentliche Zwecke reserviert. Den Rest ließ Wirad nach Art des Tortenschnitts in annähernd 50 etwa gleich große Grundstücke für Kaufmannshäuser mit Zugang zum Wasser aufteilen.

Die eigentliche Alsterschleife im Bereich des heutigen Nikolaifleets erfüllte alle Bedingungen, die damals an einen Seeschiffhafen gestellt wurden. Als dessen Geburtstag gilt der 7. Mai 1189. Dieses Datum trägt eine angebliche Urkunde Kaiser Friedrich Barbarossas, die der Hamburger Neustadt wichtige Privilegien gewährt. Daß ihre erhaltene Fassung eine Fälschung aus dem 13. Jahrhundert darstellt, ist seit langem bekannt. Bisher war man aber geneigt, zumindest Teile des Inhalts als einer echten, verlorengegangenen Vorlage entstammend und damit als vertrauenswürdig anzuerkennen. Jüngste Forschungsergebnisse des Hamburger Historikers Gerhard Theuerkauf haben diesen Optimismus erschüttert. Es besteht nunmehr Anlaß, generell an einer Begünstigung Hamburgs durch Barbarossa zu zweifeln. Das Datum des alljährlich gefeierten Hafengeburtstags mag somit einer Fiktion entstammen. Aber selbst wenn dem so ist, bleibt es eine Tatsache, daß Hamburg um 1189 mit dem Aufbau seiner Neustadt ein wichtiges europäisches Hafen- und Handelszentrum wurde.

Klaus Richter

800

810. Nordalbingien wird Teil des Frankenreiches. Zunächst hatte Kaiser Karl der Große dieses Gebiet den wendischen Abotriten überlassen. → S. 14

Ab 810. Neben der im Entstehen begriffenen Hammaburg (vom altsächsischen »Ham« = Gelände am Fluß) wächst eine Fischer-, Kaufmanns- und Handwerkersiedlung. → S. 13

Ende 831/Anfang 832. Papst Gregor IV. erhebt Hamburg zum Sitz eines Erzbischofs (→ 15. 5. 834/S. 15).

15. 5. 834. Der römische Kaiser Ludwig I., der Fromme, erteilt dem Erzbistum Hamburg die Stiftungsurkunde. → S. 15

834. Der Bau der fränkischen Festungsanlage Hammaburg ist abgeschlossen. → S. 14

834–845. Der Bischofssitz in Hamburg verfügt vermutlich über das Münzrecht.

10. 8. 843. Nach dem Tod von Kaiser Ludwig dem Frommen wird das Frankenreich im Vertrag von Verdun unter dessen Söhnen aufgeteilt. Das Bistum Hamburg liegt jetzt im Ostfrankenreich König Ludwig II., des Deutschen. Es verliert die wichtige materielle und seelsorgerische Unterstützung durch die nunmehr westfränkischen Klöster Torhout (bei Brügge) und Corbie an der Somme (→ 15. 5. 834/S. 15).

Sommer 845. Dänische Wikinger überfallen und zerstören die Hammaburg. → S. 16

848. Als Folge des Wikingerüberfalls auf Hamburg werden die Bistümer Hamburg und Bremen zu einem Bistum (spätestens ab 864 Erzbistum) mit Sitz in Bremen zusammengelegt. Der Missionar Ansgar erhält die seit dem Jahr 845 vakante Stelle des Bischofs von Bremen. Das Hamburger Domkapitel verzichtet erst 1223 juristisch auf die Leitung des de facto von Bremen geführten Erzbistums Hamburg-Bremen.

Um 850. Die Wiksiedlung am späteren Reichenstraßenfleet hat rund 200 Einwohner. Der Hafen wird erweitert und mit hölzernen Lagerhütten versehen. Gegen Einfälle von Slawen schützt die Stadt seit 810 der rund 40 km östlich Hamburgs verlaufende »Limes Saxoniae« (fränkischer Sachsenwall).

2. 2. 880. Bei Ebbekestorp wird ein Sachsenheer unter Herzog Bruno von den Dänen besiegt. Bruno und zahlreiche Adelige finden dabei den Tod. → S. 16

9. 11. 888. Der deutsche König Arnulf von Kärnten verleiht Erzbischof Rimbert verschiedene Privilegien. → S. 16

Wiksiedlung im Schutz der Missionsburg

Ab 810. Handwerker und Kaufleute gründen im Vorgelände des fränkischen Missionsstützpunktes Hammaburg (→ 834/S. 14) eine bescheidene Siedlung. Sie machen sich dabei den Schutz der Befestigung und die verkehrsgünstige Lage des Platzes zwischen Elbe und Alster zunutze.

Es sind allenfalls 200 Menschen, Franken und zugewanderte Friesen, aber auch Sachsen und Slawen, die sich auf der sandigen Geestanhöhe westlich und südlich der Burg niederlassen. Ihre ersten festen Wohn- und Wirtschaftsgebäude errichten sie aus Flechtwerk und Holzbohlen auf einer Grundfläche von 4×8 m. Das gesamte Siedlungsgebiet ist nur etwa 300 m lang und 150 m breit. Es liegt zwischen den heutigen Straßen Schopenstehl, Kleine Johannisstraße und Rathausstraße. Die südliche Grenze bildet das spätere Reichenstraßenfleet, zu dieser Zeit noch ein natürlicher Wasserlauf von ca. 15 m Breite und bis zu 2 m Tiefe.

Die Bewohner nutzen diesen Nebenarm der Alster als einen ersten Hafen. Später entsteht auf einer Länge von mindestens 120 m ein Schiffsanleger am nördlichen Fleetufer. Eine Schicht von Baumstämmen sorgt dafür, daß der Anleger nicht abrutscht.

Wohl überwiegend für die Selbstversorgung betreiben die Siedler Ackerbau, Fischerei und Viehzucht. In kleinen Speichern lagern sie Getreidekorn. Getrockneter Kuhdung und Torf dienen ihnen als Heiz- und Brennmaterial.

In den zeitgenössischen Quellen bezeichnet der Begriff »Hamburg« nicht nur die Befestigung, sondern auch die kleine Siedlung. Es ist also durchaus berechtigt, schon jetzt von »Hamburg« zu sprechen. Wie andere Orte im Nord- und Ostseeraum gilt Hamburg als sog. Wiksiedlung (von lat. vicus = Dorf, Gehöft), eine Frühform der mittelalterlichen Stadt. Wichtigstes und zukunftsweisendes Merkmal eines solchen Wiks: Hier lassen sich Schiffskaufleute zum Zweck des Handels nieder.

Rekonstruktion eines Hauses um 900, enstanden nach Grabungen in den Jahren 1951/52 in der Großen Bäckerstraße; die tragenden Teile sind in den Boden eingerammt und die Wände als Flechtwerk oder Pfahlreihe ausgeführt.

Drehscheibe für Wein, Tuche und Sklaven

Chronik Hintergrund

Kaufleute vom Rhein und aus Friesland nutzen Hamburg als Umschlagplatz für ihre Waren. Vom Rhein kommen vor allem Keramiken, Wein und Mühlsteine. Aus Friesland bringen die Händler Tuche und Leinenstoffe.

Hauptabnehmer für diese Güter sind weniger die ortsansässigen Geistlichen und Burgbewohner, deren Zahl gering ist, als vielmehr die Slawenfürsten in Ostholstein und Mecklenburg.

Eine wichtige Rolle spielt der Handel mit heidnischen und christlichen Sklaven. Unter ihnen befinden sich neben Sachsen und Dänen auch viele Slawen.

Zwischen 834 und 845 wird die Rolle der Siedlung als Handelszentrum aufgewertet: Kaiserliche bzw. königliche Privilegien gestatten es, in Hamburg einen Markt abzuhalten und hier auch Münzen zu prägen.

V. l.: Schmuckplatte (2. Hälfte 8. Jh., Helms-Museum); Schwert aus Hamburg (11. Jh., Museum für Hamburgische Geschichte); Gürtelschnalle (2. Hälfte 4. Jh.); Fibel aus einem Grab (1. Hälfte 9. Jh., beide (Helms-Museum)

Festung Hammaburg – Keimzelle der Stadt Hamburg

834. Zwischen 810 und 834 entsteht auf dem Geestgelände oberhalb von Elbe und Alster die Hammaburg, eine Festungsanlage am Nordrand des Frankenreiches. Die Burg stellt sowohl einen militärischen Vorposten der Karolinger im unruhigen Grenzbereich zu sächsischen und slawischen Stämmen dar als auch einen Stützpunkt für die Nordmission (→ 15. 5. 834/S. 15). Eine mit Lehm ausgefüllte doppelte Palisadenreihe umschließt ein Areal von etwa 130 × 130 m im Bereich der heutigen Straßen Speersort, Schmiedestraße und Schopenstehl. Im Innern dieses bis zu 6 m hohen Walles steht u. a. eine hölzerne Taufkirche, die der Überlieferung nach 810/11 von Kaiser Karl dem Großen gestiftet wurde.

Die Zahl der Burgbewohner ist recht klein. Einschließlich der militärischen Besatzung leben ca. 40 bis 50 Personen auf dem Gelände. Der Name »Hammaburg« ist bereits länger gebräuchlich. Er kommt von der altsächsischen Bezeichnung »Ham« (Ufergelände, Sumpf). An dieser Stelle stand schon einmal eine kleinere Burg. Die ringförmige Festung von ca. 55 m Durchmesser könnte noch aus sächsischen Zeiten stammen. Wahrscheinlicher ist, daß die Franken sie als Vorläufer der jetzigen Hammaburg im Zuge der Sachsenkriege, also Ende des 8. oder Anfang des 9. Jahrhunderts bauten.

△ *Modell der Besiedlung von Alt-Hamburg vor der Zerstörung durch dänische Wikinger im Sommer 845 (Museum für Hamburgische Geschichte); im Schutz der durch einen Palisadenwall gegen Angriffe gewappneten Hammaburg (r.) wächst eine von Kaufleuten und Handwerkern bewohnte Wiksiedlung heran.*

◁ *Die abgebildete Befestigung soll die Bewohner vor allgegenwärtigen feindlichen Überfällen schützen: Bauschema des Nordwalls der Hammaburg; an dieser besonders gefährdeten Stelle ist der aus Holz und Erde aufgetürmte Wall durch eine Palisadenvorwand abgestützt und von einem 2 m tiefen Graben umgeben.*

Karl der Große gewinnt Tauziehen um Nordalbingien

810. Kaiser Karl der Große beauftragt den fränkischen Grafen Egbert mit dem Bau der Burg Esesfeld an der Stör (späteres Itzehoe). Das lange Zeit umkämpfte Gebiet nördlich der Elbe (»Nordalbingien«) wird damit endgültig Teil des Frankenreiches.

Mit der Einverleibung Nordalbingiens schließt das karolingische Frankenreich seine Expansionspolitik auf Kosten der Sachsen ab. Gegen diesen Germanenstamm zog Karl der Große 772 in einen Krieg, der bis zur Jahrhundertwende dauerte. Dabei bedienten sich die Franken der Hilfe von slawischen Stämmen der Region, eine nur mäßig erfolgreiche Taktik. Immer wieder nämlich zogen die Verbündeten im Kampf gegen sächsische Stämme

den Kürzeren. Erst 798 konnten fränkische Truppen und slawische Hilfsvölker den entscheidenden Sieg erringen: Auf dem Swentinefeld bei Bornhöved schlugen und vertrieben sie die Sachsen.

In Nordalbingien siedelten nun slawische Abotriten. Karls Absicht, sie zum Hüter der Elbgrenze zu machen, scheiterte im Jahr 808, als der dänische König Göttrik die Abotriten besiegte. Jetzt läßt Karl die Reichsgrenze bis an die Eider- und Travelinie vorverlegen. Die Abotriten bleiben fränkische Vasallen, bis sie sich 817 mit den Dänen verbünden und daraufhin von den Truppen der Franken nach Ostholstein zurückgedrängt werden. In die aufgegebenen Gebiete kehren sächsische Siedler zurück.

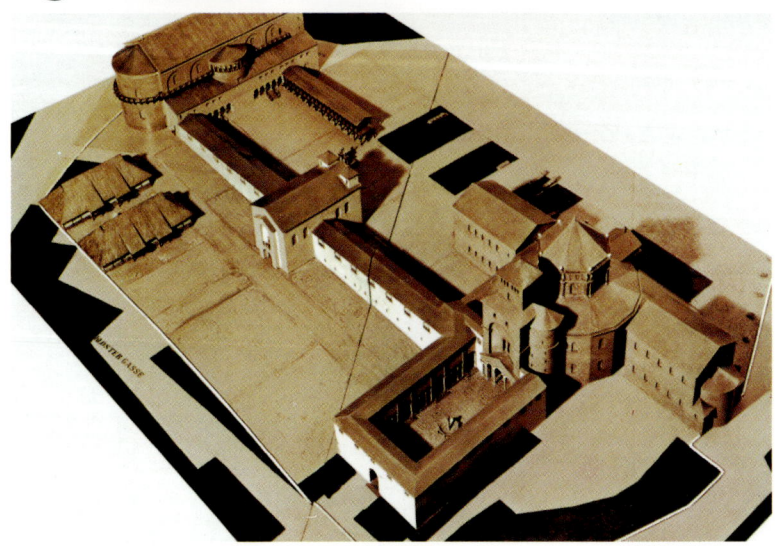

Modell der Pfalzkapelle Karls des Großen in Aachen – Symbol kaiserlicher Macht, die auch im Norden des Reiches zur Geltung kommen soll

»Speer Gottes« Bischof im Heidenland

15. Mai 834. Kaiser Ludwig I., der Fromme, unterzeichnet die Stiftungsurkunde für das Erzbistum Hamburg. Als Erzbischof hat er den Benediktinermönch Ansgar auserkoren, der wegen seiner Missionsarbeit in Skandinavien »Apostel des Nordens« und »Speer Gottes« genannt wird.

In der Urkunde erklärt der Kaiser, die wachsende Verbundenheit der nordischen Völker mit dem Christentum mache die Gründung eines Bistums erforderlich, um diese Völker endgültig bekehren zu können. Zum Sitz des Bistums bestimmt er den »Hammaburg genannten Ort«, der »im äußersten Sachsenland jenseits der Elbe« gelegen ist.

Das Hamburger Erzbistum umfaßt den gesamten bestehenden nordelbischen Kirchensprengel. Dabei handelt es sich allerdings lediglich um die Kirchspiele Hamburg sowie Heiligenstedten und Schenefeld im Holstengau und Meldorf in Dithmarschen. Es bedarf also einer wirksamen Missionsarbeit, um dem jungen Erzbistum rasch eine tragfähige Basis zu verschaffen. Bis dahin soll das flandrische Kloster Torhout materielle und seelsorgerische Hilfestellung leisten.

Bereits auf dem Reichstag zu Diedenhofen am 10. oder 11. November 831 hatte Kaiser Ludwig den gerade von einer Missionsreise nach Schweden zurückgekehrten Ansgar durch den Erzbischof Drogo von Metz zum Bischof mit der Anwartschaft auf das Erzbistum Hamburg weihen lassen.

Daraufhin reiste Ansgar nach Rom und ließ sich von Papst Gregor IV. in einer undatierten Urkunde als Erzbischof von Hamburg bestätigen und als Zeichen seiner Würde das Pallium – ein um die Schulter gelegtes Band – verliehen. Gleichzeitig ernannte ihn Gregor IV. zum Legaten für die Missionierung der Schweden, Dänen und anderer nordischer Stämme.

In Hamburg beginnt Ansgar mit dem Bau einer hölzernen Marienkirche innerhalb des Wallrings der Hammaburg. Daneben entsteht ein klosterähnliches Stift, mit dem auch eine Schule für geistlichen Nachwuchs verbunden ist.

Ansgars Missionswerk erleidet einen entscheidenden Schlag durch die auf den Tod Kaiser Ludwig des Frommen am 20. Juni 840 folgende Teilung des Frankenreiches im Vertrag von Verdun am 10. August 843: Dadurch fällt Hamburg an den ostfränkischen König Ludwig II., den Deutschen, während das Kloster Torhout dem Westfrankenreich unter König Karl II., dem Kahlen, zugeschlagen wird. Mit der Trennung von Torhout verliert Hamburg die materielle Basis für die Missionsarbeit – der Plan für ein Erzbistum Hamburg ist praktisch gescheitert.

Statue von Erzbischof Ansgar auf der Trostbrücke; der 1881/82 entstandene Neubau dieser Brücke löst die seit dem 13. Jahrhundert bestehende hölzerne Überbrückung des Nikolaifleets ab, das die bischöfliche Altvon der gräflichen Neustadt trennt (→ 7. 5. 1189/S. 23). Während Ansgar als Domgründer die Altstadt repräsentiert, ziert die gegenüberliegende Brückenseite eine Statue des Neustadtgründers, Adolf III. von Schauenburg.

Ansgar: Ein Leben für die Mission

Chronik Zur Person

Der Benediktinermönch Ansgar, um 801 geboren und im flandrischen Kloster Corbie erzogen, war ab 823 Lehrer an der Klosterschule Corvey (Weser). Nach der Bekehrung des Dänenkönigs Harald Klak im Juni 826 begleitete Ansgar ihn als Missionar nach Dänemark. Eine zweite Missionsreise führte Ansgar in den Jahren 830/31 bis nach Birka in Südschweden, wo er bei einem Überfall durch Seeräuber nur knapp mit dem Leben davonkam. Über Ansgars Mission schreibt Adam von Bremen in seiner Kirchengeschichte (→ 12. 10. nach 1081/S. 21): »Ansgar aber besuchte bald die Dänen, bald die Nordelbier, und gewann eine zahllose Menge beider Völker für den Glauben.«

Der »Apostel des Nordens« kam 832 als Missionsbischof nach Hamburg, von wo ihn im → Sommer 845 (S. 16) die Wikinger vertreiben. Zum Missionserzbischof für Dänemark und Schweden aufgestiegen, stirbt Ansgar am 3. Februar 865 in Bremen.

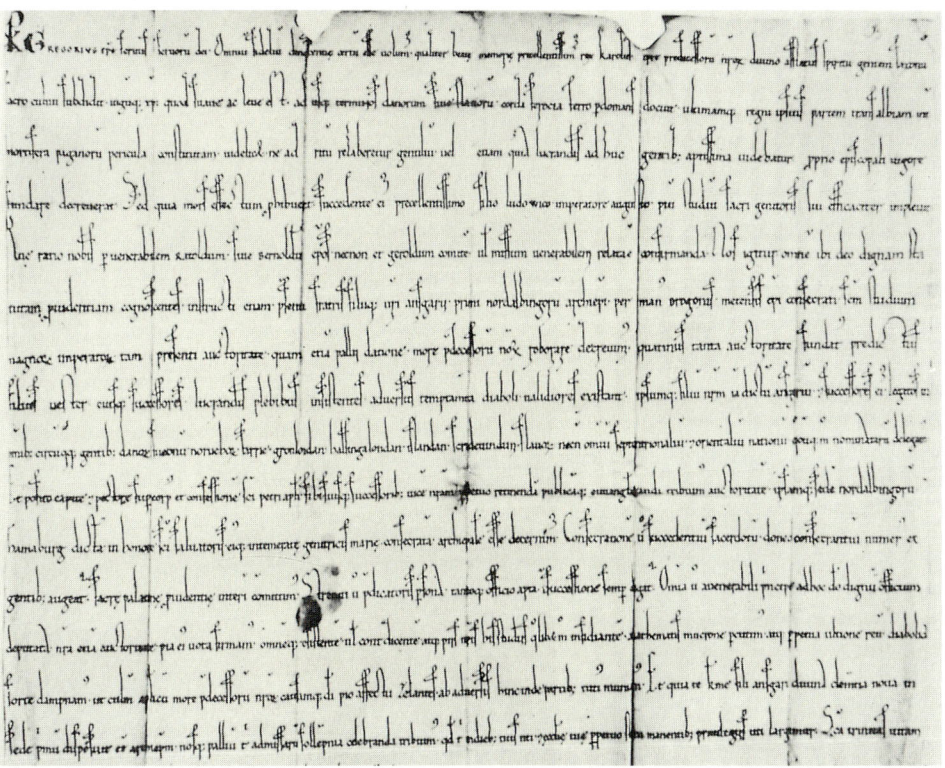

Die rechtliche Grundlage für das Missionsbistum nördlich der Elbe: Urkunde von Papst Gregor IV. als Bestätigung der Berufung des Missionars Ansgar zum Erzbischof von Hamburg, ausgestellt zu Rom im Winter 831/32; das Erzbistum Hamburg ist der großangelegte Versuch, die Völker Nordeuropas möglichst schnell für den christlichen Glauben zu gewinnen. Die Voraussetzungen sind jedoch nicht gut, es fehlt vor allem an einer ausgebauten Kirchenorganisation.

Burg und Ort von Wikingern zerstört

Sommer 845. Bei einem Überfall dänischer Wikinger wird die Hammaburg zerstört und die dazugehörige Wiksiedlung eingeäschert. Der Missionar Ansgar kann noch in letzter Minute mit einigen seiner Getreuen entkommen.

Der Überfall auf Hamburg ist Teil eines großangelegten Feldzuges des Dänenkönigs Horich I. gegen das Frankenreich, das seit dem Vertrag von Verdun (843) geteilt ist. Der Angriff erfolgt so plötzlich, daß für militärische Gegenmaßnahmen keine Zeit mehr bleibt, zumal der militärische Befehlshaber abwesend ist. Den Ablauf des Überfalls schildert der Hamburg-Bremer Erzbischof Rimbert in seiner »Vita Anskarii«: »Die Heiden griffen an; schon war die Burg umringt; da erkannte er [Ansgar] sich zur Verteidigung außerstande, und nun sann er nur noch auf Rettung der ihm anvertrauten heiligen Reliquien; seine Geistlichen zerstreuten sich auf der Flucht nach allen Seiten, er selbst entrann ohne Kutte nur mit größter Mühe.«

Wer nicht fliehen kann, wird von den Angreifern erschlagen oder gefangengenommen. Die Burg und den benachbarten Wik plündern die Wikinger gründlich aus.

Als Folge des Überfalls werden im Jahr 848 die Bistümer Hamburg und Bremen vereinigt und Ansgar mit der Aufgabe des Bischofs von Bremen betraut. Die neuorganisierte Diözese erhält spätestens 864 den Status eines Erzbistums.

Schrecken der Meere: Eine Expedition nordischer Wikinger in ihren Drachenbooten unterwegs zu neuen Überfällen (englische Miniatur, 12. Jh.)

Blutbad unter dem sächsischen Adel

2. Februar 880. In der Schlacht bei Ebbekestorp (ob Eppendorf bei Hamburg oder Ebstorf bei Lüneburg ist ungeklärt) besiegen die südjütischen Könige Siegfried II. und Halfdan ein sächsisches Heer unter Führung des Herzogs Bruno. Anschließend wenden sich die Dänen nach Hamburg, das wie schon 845 erobert und geplündert wird.

Die dänischen Krieger kamen mit ihren leichten Fahrzeugen die Elbe herauf, verließen dann ihre Schiffe und zerstreuten sich zur Plünderung in die weiter entfernt liegenden Gegenden. Zwar hat Herzog Bruno, Sohn des 864 verstorbenen Sachsenherrschers Liudolf, ein Heer zusammengestellt, aber nach hartem Kampf unterliegen die Sachsen. Neben Bruno verlieren weitere zwölf Grafen, 18 königliche Vasallen sowie die Bischöfe von Hildesheim und Minden in der Schlacht ihr Leben.

Der Schrecken über diese unerwartete Niederlage ist bei den Sachsen so groß, daß sie die Ursache in einer überraschend eingetretenen Sturmflut suchen. Die fränkischen Annalen sprechen in diesem Zusammenhang von dem Leidensgeschick der Märtyrer von Ebbekestorp.

Das geistliche Oberhaupt Hamburgs, Erzbischof Rimbert, kann den Dänen entkommen. Es wird berichtet, daß er zum Loskauf der in dänische Gefangenschaft geratenen Christen sogar kostbare Kirchengeräte veräußert.

Hamburger kümmern sich nicht um Rechte der Bremer

9. November 888. Zwei Tage vor seinem Tod erwirkt der Bremer Erzbischof Rimbert ein Privileg des deutschen Königs Arnulf von Kärnten für die Bremische Kirche. Seit seiner Flucht aus Hamburg vor den Dänen im Jahr 880 residiert Rimbert in Bremen.

Auf seine Bitte hin werden nun der Kirche in Bremen dieselben Rechte gewährt, wie sie Rimbert vorher in Hamburg besessen hatte. Dies sind im wesentlichen das Markt-, Münz- und Zollprivileg.

Ferner erhalten die Bremer das Recht, einen Bischof zu wählen. Allerdings können die Bremer Kirchenfürsten die ihnen in Hamburg zustehenden Rechte wegen der ständigen Gefahr heidnischer Überfälle nicht ausüben.

Unbeeinflußt von diesen Geschehnissen blüht der Handel im Wikort Hamburg. Das Hafengelände am Reichenstraßenfleet ist seit Mitte des 9. Jahrhunderts erweitert und mit Speichern bebaut worden.

Erzbischof Rimbert im Spiegel der Nachwelt als gütiger Mönch (l., Kupferstich von 1677), gelehrter Buchautor (M., Kupferstich von 1617) und – mit seinem Vorgänger Ansgar (in der Darstellung links) – auf einem Kirchenfresko (1522)

900

915/16. Die Slawen fallen in den Hamburger Sprengel ein und richten schwere Verwüstungen an. Ob dabei auch Hamburg direkt zerstört wird, ist nicht bekannt.

934. Der deutsche König Heinrich I. erobert auf einem Feldzug die Wikingersiedlung Haithabu (Schleswig) und zwingt den dort residierenden König Knuba, sich taufen zu lassen. Damit festigt er die Reichsgrenze im Norden. Im Jahr 931 hat er bereits den Samtherrscher der slawischen Abotriten zur Taufe genötigt.

2. 7. 936. Der Priester Adaldag liest in der Pfalz Memleben dem sterbenden deutschen König Heinrich I. die Messe und erwirbt sich die Gunst dessen Nachfolgers Otto I. (→ zwischen 4. 2. und 30. 6. 937/S. 17).

936. Der deutsche König Otto I., der Große, beauftragt Hermann Billung, einen sächsischen Adligen aus dem Raum Lüneburg, mit dem Grenzschutz an der unteren Elbe (→ 953/S. 18).

Zwischen 4. 2. und 30. 6. 937. Adaldag wird Erzbischof von Hamburg-Bremen. Er ist zugleich Ratgeber des deutschen Königs Otto I. und organisiert die Missionierung der Dänen und der Wenden. → S. 17

30. 6. 937. Der deutsche König Otto I. bestätigt dem Hamburger Domstift dessen von den früheren fränkischen Königen verliehene Privilegien, vor allem das Immunitätsrecht.

953. Hermann Billung wird durch König Otto I. zum Markgrafen ernannt. Er überwacht die sog. Billunger Mark im Unterelberaum. → S. 18

2. 2. 962. Erzbischof Adaldag von Hamburg-Bremen nimmt in Rom an der Krönung von Otto I. zum Kaiser teil.

4. 7. um 966. Der von Kaiser Otto I. am 23. Juni 964 für abgesetzt erklärte und aus Rom verbannte Papst Benedikt V. stirbt in Hamburg, wo er unter Aufsicht von Erzbischof Adaldag seine letzten Lebensjahre verbracht hat. → S. 18

974. Kaiser Otto II. wehrt einen Angriff des dänischen Königs Harald Blauzahn ab und erbaut zur Sicherung der Reichsgrenze im Norden eine Burg bei Schleswig.

983. Bei einem Aufstand der slawischen Abotriten unter ihrem Fürsten Mistui gegen die anmaßende Herrschaft des Billungers Bernhard I. wird Hamburg erneut zerstört. Kaiser Otto II. hält sich auf einem Reichstag im norditalienischen Verona auf und kann daher dem Norden seines Reiches keinen Schutz geben. → S. 18

Bischof Adaldag – Vertrauter des Kaisers

Zwischen 4. Februar und 30. Juni 937. Der deutsche König Otto I., der Große, ernennt seinen Ratgeber Adaldag zum Erzbischof von Hamburg-Bremen. Ottos Herrschaft leitet einen Aufschwung für die Missionsarbeit nördlich der Elbe ein.

Der neue Kirchenfürst war zunächst Domherr in Hildesheim. Früh gewann er Kontakt zum Königshof, indem er 927 als sog. Diktator und Schreiber und erneut 936/37 als Kanzler und Notar in der königlichen Kanzlei arbeitete.

Seine Ernennung zum Erzbischof ist Ergebnis eines glücklichen Zufalls: Adaldag hielt sich als Priester in der Pfalz Memleben an der Unstrut auf, wo am 2. Juli 936 König Heinrich I. starb. Indem er dem sterbenden Monarchen die Messe las, erwarb sich Adaldag nicht nur die Gunst der stark religiösen Königinwitwe Mathilde, sondern auch die des neuen Königs Otto I., dessen Freund und geschätzter Ratgeber er wird.

Nachdem Papst Leo VII. dem neuen Kirchenfürsten zum Zeichen seiner Würde das Pallium – die über dem Meßgewand zu tragenden Insignien des Erzbischofs – übergeben hat, bestätigt König Otto I. am 30. Juni 937 dem Hamburger Domstift diejenigen Privilegien, die ihm bereits frühere fränkische Könige gewährt haben, vor allem das Recht der Immunität.

Der Erzbischof übt u. a. die volle Gerichtsbarkeit über seine Hörigen aus, ruft den Heerbann auf (d. h. Verpflichtung zur Heerfahrt) und erhält für seinen Sprengel das Recht der freien Erzbischofswahl.

Steinerne Plastik des Bischofs Adaldag am Portal des Hamburger Rathauses

Adaldag ist der erste Hamburg-Bremer Kirchenfürst, dem sog. Suffraganbistümer unterstehen. Im Jahr 948 erscheint er auf der Synode zu Ingelheim mit seinen Suffraganbischöfen von Schleswig, Ripen (Ribe) und Aarhus. Durch seine Missionsarbeit bei Wenden und Dänen greift Adaldag weit über die eigentlichen Grenzen des Reiches hinaus. So wird ihm um 968 auch das Bistum Oldenburg in Holstein unterstellt.

Bei seiner Missionsarbeit versäumt es Adaldag nicht, sich weiterhin als königlicher Berater mit der Reichspolitik zu befassen. Im Jahr 962 begleitet er Otto I., der am 2. Februar dieses Jahres durch Papst Johannes XII. zum Kaiser gekrönt wird, nach Italien und bleibt dort bis 976. Seinem Berater Adaldag vertraut der König auch den von ihm abgesetzten Papst Benedikt V. an (→ 4. 7. um 966/S. 18). Adaldag stirbt im April 988 in Bremen.

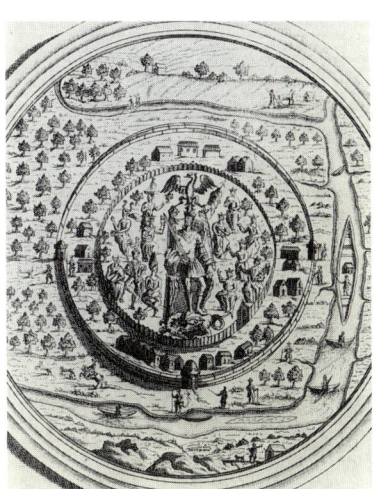

Gott Hammon als Namenspatron der »Hammaburg« (zeitgenössisch)

Ein Pionier der Nordmission: Der heilige Bonifatius (11. Jh.)

Hermann Billung übernimmt Grenzschutz an der Elbe

953. Der deutsche König Otto I., der Große, verleiht dem sächsischen Adligen Hermann Billung den Rang eines Markgrafen. Er soll die Elbgrenze gegen die Slawen sichern. Die ihm unterstehende Grenzmark umfaßt mehrere slawische Stämme im heutigen Ostholstein und Mecklenburg. Der Markgraf ist zugleich militärischer Führer der drei nördlichen Sachsengaue.

Hermann Billung, ein nachgeborener Sohn unbekannter Eltern, stammt aus der Gegend des späteren Lüneburg. Bereits im Jahr 936 ernannte ihn Otto I. zum Leiter des Feldzugs gegen die Redarier, einem Nebenstamm der elbslawischen Liutizen, und betraute Billung anschließend mit dem Grenzschutz im Unterelbegebiet.

Dieser Machtzuwachs führte zu Spannungen mit dem erstgeborenen Bruder Hermanns, Wichmann dem Älteren. Wichmann verwaltete nämlich selbst einen umfangreichen Grundbesitz zwischen Ostsachsen und der Weser und von der mittleren Lippe bis zum Niederrhein mit Zentren im Bardengau (Bardowik) und an der mittleren Weser. Dieser Besitz aus dem Erbe des Sachsenherzogs Widukind war ihm dank seiner Ehe mit einer An-

Verherrlichung des Königs und späteren römisch-deutschen Kaisers Otto I. als der Mittelpunkt von Welt und Kirche (Gemälde von Philipp Veit, um 1840)

gehörigen Widukinds zugefallen. Nachdem Wichmann 944 gestorben ist, zieht Hermann Billung gegen den Widerstand seiner Neffen Wichmann des Jüngeren und Ekbert nach und nach den gesamten billungischen Hausbesitz an sich. Dabei profitiert er von der Gunst des Königs Otto I. Obwohl sich Wichmann der Jüngere und Ekbert

einer Oppositionsgruppe deutscher Fürsten gegen Otto anschließen und sich sogar mit den Abotriten verbünden, bleibt Hermann Billung unangefochten der starke Mann im Nordosten des Reiches. Er schützt erfolgreich die Grenze gegen Dänen, Abotriten und Liutizen und erweitert zielgerichtet seine territoriale Macht. So errichtet

Billung um das Jahr 950 die Lüneburg und stiftet dort gemeinsam mit seinem Bruder Amelung, dem Bischof von Verden, das Benediktinerkloster St. Michael.

Sein Versuch, sich nach dem Tode Amelungs im Jahr 962 auch dessen Güter zu bemächtigen, bringt ihn jedoch in Auseinandersetzungen mit der Kirche von Verden.

Im Jahr 966 überträgt Otto I. – nunmehr Kaiser – seinem Markgrafen Hermann Billung annähernd herzogsgleiche Rechte gegenüber dem Stamm der Sachsen. Gleichzeitig weist er ihm Hamburg als Residenz zu. In der Stadt üben also nunmehr zwei Gewalten Herrschaftsrechte aus: Die Erzbischöfe und die Billunger Grafen, denn Hermann vererbt das neue Amt seinen Nachkommen.

Hermann Billung stirbt am 27. März 973 in Quedlinburg. Ihm folgt sein Sohn Bernhard I. nach, der 974 einen Däneneinfall abwehren kann und bei der Verfolgung der Dänen tief nach Jütland vordringt. Während die Herrschaft von Hermann Billung über die ihm unterstellten Slawenstämme als hart, aber gerecht gilt, zieht sich sein Nachfolger sehr bald den unversöhnlichen Haß der Slawen zu.

Strafe für den Papst: Exil in Hamburg

4. Juli um 966. In Hamburg stirbt der von Kaiser Otto I. abgesetzte Papst Benedikt V. Der Kirchenfürst römischer Herkunft war seit seiner Amtsenthebung am 23. Juni 964 unter Aufsicht des Hamburg-Bremer Erzbischofs Adaldag zwangsweise an der Elbe.

Benedikt V. wurde nach dem Tod des kaiserfreundlichen Johannes XII. im Mai 964 von den Römern zum Papst erhoben. Otto I. empfand dies als Affront: Nur er, der Kaiser, hatte das Recht auf die Investitur. Also setzte er Benedikt einen Monat später wieder ab und schickte ihn nach Hamburg.

Wie es heißt, soll dem an milde Temperaturen gewöhnten Römer das Hamburger Klima nicht bekommen sein. Der Sage nach hat er kurz vor seinem Tod geträumt, wilde Tiere würden Hamburg vernichten. Kurz darauf überfallen tatsächlich Askomannen den Ort. Die sterblichen Überreste von Be-

nedikt V. finden im Hamburger Dom eine Heimstatt, wo ihm zu Ehren zunächst ein Denkmal, spä-

ter ein Grabsteinbild aufgerichtet wird. 999 werden Benedikts Gebeine nach Rom überführt.

Buntglasierte Bildkachel mit der Darstellung eines Heiligen von der Grabstätte für Papst Benedikt V. im Hamburger Mariendom; die Kachel ist Teil eines Denkmals, das die Hamburger um 1330 in der falschen Annahme errichten, die Gebeine des Papstes lägen noch im Dom. Tatsächlich befinden sich Benedikts Überreste in Rom.

»Heidenwall« gegen Slawenüberfälle

983. Bei einem großen Abotritenaufstand wird Hamburg ein weiteres Mal zerstört. Um den Ort zu schützen, beginnt man am östlichen Rand des Dombezirks mit dem Bau einer Befestigungsanlage. Der Aufstand der Abotriten unter ihrem Fürsten Mistui richtet sich gegen die Herrschaft des Billungerfürsten Bernhard I., Sohn des 973 verstorbenen Markgrafen Hermann Billung. Er hat sich durch übermäßige Tributforderungen und sein anmaßendes Verhalten die Slawen so sehr zu Feinden gemacht, daß sogar Mistuis Kaplan Avico dem Rachefeldzug beiwohnt. Wegen der unsicheren Lage an der Nordgrenze beginnen die Hamburger, vermutlich noch im 10. Jahrhundert, einen Palisadenwall mit vorgelagertem breiten Graben zu errichten. Er führt in einer Länge von rund 300 m vom heutigen Schopenstehl bis zur Rosenstraße.

1000

1002. Nach dem Tod des deutschen Kaisers Otto III. in Palermo (24. 1. 1002) erheben sich erneut die Slawen (→ 983/S. 18).

1012. Das Elbegebiet wird von der ersten sicher datierbaren Sturmflut heimgesucht.

4. 2. 1013. Nach dem Tod von Libentius I. wird Unwan Erzbischof von Hamburg-Bremen. Er widmet sich in seiner Amtszeit verstärkt dem Ausbau Hamburgs zu einem geistlichen und weltlichen Zentrum. So wird eine klosterähnliche Gemeinschaft aus zwölf Geistlichen wiederaufgerichtet, die schon unter Ansgar gegründet worden war (→ 15. 5. 834/S. 15), später aber auseinanderfiel. Erzbischof Unwan gestattet den Hamburger Klerikern Eigenbesitz am Kirchengut.

1020. Nach der Sturmflut von 1020 entsteht die Legende, die Wurten (Siedlungshügel) seien aus Leichenhaufen aufgetürmt worden. → S. 19

1020. Erzbischof Unwan läßt in Hamburg einen Mariendom aus Holz bauen. Gleichfalls aus Holz entstehen die dazugehörigen Stiftsgebäude für die zwölf Kanoniker, die aus den Stiften Bücken, Harsefeld und Ramelsloh zur Intensivierung der Slawenmission nach Hamburg gekommen sind.

28. 1. 1029. Nach Unwans Tod wird Libentius II. Erzbischof von Hamburg-Bremen (bis 1032). Er ist häufig in Hamburg und widmet sich vor allem einer Stärkung der kirchlichen Zucht und Ordnung.

Um 1030. Hamburg hat 100 wehrfähige Haushaltungsvorstände, dies entspricht einer Bevölkerung von etwa 400 bis 500 Personen ohne Hinzurechnung der Geistlichkeit.

Um 1035. Unter Erzbischof Bezelin Alebrand, einem früheren Kölner Domherrn, entstehen in Hamburg die ersten Steinbauten, der Mariendom und ein Bischofsturm. → S. 19

Um 1035–1043. Der Billunger Bernhard II., faktisch im Rang eines Herzogs der Sachsen und Inhaber der Grafengewalt in Hamburg, errichtet eine steinerne Alsterburg. Er will damit seinen weltlichen Herrschaftsanspruch gegenüber dem Erzbischof demonstrieren (→ um 1035/S. 19).

Mai 1043. Der Halberstädter Dompropst Adalbert wird durch König Heinrich III. zum Erzbischof von Hamburg-Bremen erhoben. Er erhält im März 1044 von Papst Benedikt IX. das Pallium und die Legation des Nordens sowie die erzbischöfliche Gewalt über alle nordischen Lande. → S. 20

So muß man sich Hamburg im 11. Jahrhundert vorstellen (v. l.): Die herzogliche Neue Burg, die Alsterburg, der Heidenwall, die Bischofsburg und die verbliebenen Reste der Hammaburg (Modell, Museum für Hamburgische Geschichte)

Häuser aus Stein als Zeichen der Macht

Um 1035. Auf Initiative des Bremer Erzbischofs Bezelin Alebrand entstehen in Hamburg die ersten Gebäude aus Stein. Um hinter dem Kirchenfürsten nicht zurückzustehen, läßt Herzog Bernhard II. Billung gleichfalls ein steinernes Bauwerk errichten.

Als erstes steinernes Zeugnis kirchlicher Macht und Größe veranlaßt der Erzbischof einen Neubau des Mariendoms in Quadersteinen. Mit der Errichtung eines zinnenbewehrten Wohnturmes an

Die gräfliche Antwort auf das »steinerne Haus« des Bischofs ist die Alsterburg von Herzog Bernhard II. (Detail des Modells).

der heutigen Ecke Speersort/ Kreuslerstraße läßt Bezelin Alebrand dann auch erstmals einen profanen Bau aus Stein zusammenfügen. Das dreigeschossige »steinerne Haus« von etwa 22 m Höhe entsteht auf einem Fundament von mächtigen Findlingen. Es weist einen Durchmesser von insgesamt 19 m auf. Damit die Bewohner während einer Belagerung nicht unter Wassermangel leiden, wird an der Westseite ein Brunnenturm mit einem Durchmesser von 4,5 m angefügt. Der gewaltige Wohnturm ist die früheste steinerne Befestigung nördlich der Elbe.

Um Hamburg besser gegen Angriffe zu schützen, plant Bezelin Alebrand ferner den Bau einer steinernen Ringmauer mit zwölf Türmen um die Stadt, was jedoch infolge seines Todes am 15. April 1043 nicht in die Tat umgesetzt wird.

Durch die Aktivitäten des Kirchenmannes angestachelt, läßt der weltliche Herrscher Graf Bernhard II. Billung in seinem Burgbezirk auf dem Terrain des heutigen Rathausmarktes gleichfalls einen Wohnturm bauen, die Alsterburg. Sie entsteht auf einem Fundament von etwa 18 bis 20 m Seitenlänge mit einer Mauerdicke von 4 m. Bernhards Sohn Ordulf baut 1061 mit der sog. Neuen Burg eine weitere Befestigung (→ S. 20).

→ S. 20

Nach Sturmflut die Toten aufgetürmt

Chronik Zitat

1020. Acht Jahre nach der ersten Sturmflut, die sicher datiert werden kann, sind Elbe und Wesermündung erneut von einer Überschwemmung heimgesucht. Der Hamburger Chronist Otto Beneke erzählt die daraufhin entstehende »Wurtenlegende« in seinen »Hamburgischen Geschichten und Denkwürdigkeiten« (2. Auflage 1886):

»Nachdem nun solche Empörung der Natur sich gelegt und die Fluthen allgemach sich verlaufen, hat man an vielen Stellen tote Menschen gefunden, die lagen in großen Haufen beisammen und waren durch tote Schlangen, welche sich um sie gewickelt, dergestalt mit den Gliedern verschlungen, daß man sie nicht voneinander trennen konnte. Also ... hat man da, wo sie lagen, Erde auf die Haufen geworfen und ... mächtige Hügel darüber geformt ... Diese Hügel sind nach und nach eingesunken und niedriger geworden und später ... errichteten die ersten Anbauer ihre Wohnungen auf diesen Erhöhungen, ... Worthen oder Wurten genannt, und die darin wohnen, wissen nicht, was unter ihren Füßen begraben liegt.«

Hochfliegende Pläne für ein Patriarchat im Norden

Mai 1043. Im Beisein des deutschen Königs Heinrich III. wird Adalbert, Sohn des Grafen Friedrich von Goseck und Domherr von Halberstadt, in der alten Kaiserstadt Aachen zum Erzbischof von Hamburg und Bremen geweiht.

Der neue Kirchenfürst, den seine Zeitgenossen als hochbegabt und gewandt, zugleich aber auch als herrisch und eitel schildern, wird auf mehreren Feldern gleichzeitig aktiv: Er widmet sich intensiv der Reichspolitik und richtet sein Augenmerk zudem auf die organisatorische Lenkung der Mission und der Kirche in Skandinavien sowie in den slawischen Ostgebieten.

Der Erzbischof steigt zum Berater von Heinrich III. auf und begleitet ihn nach Rom, wo Heinrich am 25. Dezember 1046 zum Kaiser gekrönt wird. Das Angebot des Kaisers, ihn zum Papst zu machen, schlägt Adalbert zugunsten seiner nordischen Ambitionen aus. Er will lieber ein mächtiger Kirchenfürst in Hamburg sein, als sich in die Händel am päpstlichen Hof zu verstricken.

Nach dem Tod Heinrichs am 5. Oktober 1056 beteiligt sich der Kirchenfürst an dem Kampf um die Macht im Reich, kann aber erst 1063 dem Kölner Erzbischof Anno II. die Regentschaft für den Thronfolger entziehen, den noch unmündigen König Heinrich IV.

Zahlreiche Schenkungen zeugen von Adalberts Einfluß am königlichen Hof: Ihm werden die Grafschaft Stade sowie Grafschaften in Friesland, im Emsgau, in Westfalen und Engern übertragen, und er verfügt über die Einkünfte der Klöster Lorsch und Corvey.

Sein Plan zur Einrichtung eines nordischen Patriarchats entspringt

Nordmission unter Adalbert 1043-1072

Grönland

Island

Nordmeer

Färöer-Inseln

Shetland-Inseln

Hebriden

Orkney-Inseln

Irland

England

Wales

London

Nordsee

NORWEGEN

SCHWEDEN

DÄNEMARK

Ostsee

Hamburg

Bremen

0   500 km

© Harenberg

Missionierung von Hamburg-Bremen aus
- Bis 1043 missioniertes Gebiet
- Missionswege bis 1072
- Im Zuge der Nordmission gegründetes Bistum

Angelsächsische Missionierung
- Bis ca. 1000 missioniertes Gebiet
- Missionswege im 11. Jahrhundert

Die Missionstätigkeit unter Adalbert knüpft an vorausgegangene Unternehmen an. So gelang unter Erzbischof Adaldag 948 in Dänemark die Gründung der Bistümer Schleswig, Ripen und Aarhus. Von dort aus ziehen jetzt Missionare in das nördliche Dänemark sowie nach Schweden, Norwegen und zu den Finnen. Einen zweiten Schwerpunkt der Mission bilden die Orkney-, Shetland- und Färöer-Inseln sowie Island.

der Sorge um die Schmälerung seines Einflusses auf die skandinavische Kirche: Im Jahr 1052 fordert der dänische König Sven Estrithson von Papst Leo IX. die Schaffung eines eigenen Erzbistums für sein Land, dessen Bistümer bisher dem Bremer Metropoliten unterstanden. Um gegenüber einem dänischen Erzbischof weisungsbefugt zu sein, will Adalbert in den Rang eines Patriarchen erhoben werden. In diesem Fall wäre Hamburg, das der Erzbischof oft und gern besucht, ein Zentrum der nordischen Kirchenpolitik geworden.

Diese hochfliegenden Pläne sind jedoch zum Scheitern verurteilt, weil die Zustimmung der ihm unterstellten Bischöfe ausbleibt und Adalbert den Widerstand des selbstbewußten norddeutschen Adels zu spüren bekommt.

Obwohl sich Adalbert der vollen Unterstützung von Papst Alexander II. für seine kirchenpolitischen Pläne in Skandinavien erfreuen kann, verweigern ihm die Kirchenmänner aus dem Norden den Gehorsam. Einer Einladung Adalberts, sich im Jahr 1065 zu einer Synode in Schleswig einzufinden, leisten die ihm nominell unterstehenden Kirchenfürsten keine Folge. Sie bleiben zu Hause und boykottieren Adalberts kühnen Plan eines nordischen Patriarchats.

Weitaus gefährlicher für Adalbert ist jedoch die Opposition der Fürsten, denen der Einfluß des Kirchenherrn auf die Reichspolitik schon längst zu weit geht.

Diese Fürstenopposition erzwingt im Januar 1066 auf dem Reichstag zu Tribur (Trebur in Hessen) von dem inzwischen mündig gewordenen König Heinrich IV. die Absetzung Adalberts als königlicher Berater. Adalbert muß sich zeitweise verborgen halten und mit ansehen, wie durch einen Aufstand der Abotriten seine Missionsarbeit nördlich der Elbe zusammenbricht (→ um 1060/S. 21). Er kann zwar 1067 nach Bremen zurückkehren und erhält zwei Jahre später noch einmal Zutritt beim Königshof, stirbt jedoch am 16. März 1072, ohne seine alte Macht zurückgewonnen zu haben. Adalberts Wunsch, in Hamburg bestattet zu werden, kann nicht erfüllt werden, weil die Stadt nach den Slawenüberfällen noch nicht wieder aufgebaut worden ist.

Rivalität zwischen Erzbischof und Herzog

Chronik Hintergrund

Das Ringen zwischen den Hamburg-Bremer Erzbischöfen und den Billungern um Hamburg verschärft sich in der fast 30jährigen Amtszeit von Bischof Adalbert.

Der Billunger Bernhard II. verfügt de facto über die Stellung eines Herzogs von Sachsen. In Hamburg hat er die Grafengewalt inne, d. h. er ist für den militärischen Schutz der Bevölkerung verantwortlich. Der Immunitätsbereich um den Dom und dessen Umgebung untersteht allerdings den Bremer Erzbischöfen.

Ihren sinnfälligen Ausdruck findet diese Rivalität in den mächtigen Burganlagen, die kirchliche und weltliche Fürsten errichten lassen. Nachdem Erzbischof Bezelin Alebrand (→ um 1035/S. 19) seine steinerne Bischofsburg ge-

baut hatte, zog Bernhard II. mit der Alsterburg nach. Dessen Nachfolger Ordulf genügt dieser Bau jedoch nicht. Er läßt um 1061 auf dem jenseitigen Alsterufer in einer Schleife des Flusses eine ringförmige »Neue Burg« erbauen. Sie ist zwar weniger imposant als die beiden Steinbauten, die sich wie zwei feindliche Brüder gegenüberstehen und die umliegenden Häuser weit überragen, aber sie entspricht mit ihrem Innendurchmesser von rund 100 m den gegebenen militärischen Anforderungen. Etwa 100 000 Baumstämme müssen für diese mächtige Anlage im Bereich der heutigen Straßen Ost-West-Straße, Neue Burg, Großer Burstah und Hopfenmarkt herangeschafft werden.

Die Billunger begnügen sich freilich nicht mit solchen demonstra-

tiven Zeugnissen ihrer Macht, sondern versuchen darüber hinaus, sich des mißliebigen Kirchenfürsten und seiner Freunde zu entledigen. So soll im Jahr 1047 der Billunger Thietmar, der Bruder von Bernhard II., aus Wut über seine Zurücksetzung ein Attentat auf den in Bremen weilenden König Heinrich III. versucht haben. Adalbert konnte den Anschlag jedoch verhindern. Nach einem Streit um die Rechte im friesischen Ostergau verhängt Adalbert seinerseits im Jahr 1058 den Kirchenbann über Ordulf, d. h. er schließt ihn aus der kirchlichen Gemeinschaft aus.

Der Sturz Adalberts im Januar 1066 ist ein schwerer Schlag für die Kirche: Die Billunger reißen zahlreiche Rechte und Besitzungen an sich, die der Erzbischof in den Jahren zuvor erworben hat.

6. 1. 1053. Papst Leo IX. bestätigt der Hamburger Kirche und der nordischen Legation ihre Privilegien.

Um 1060. Erzbischof Adalbert errichtet auf dem Süllberg eine Burg. → S. 21

1061. Gegenüber der herzoglichen Alsterburg (an der Stelle des heutigen Rathausmarktes) errichtet der Billungerherzog Ordulf am Alsterufer die Neue Burg (heutiger Straßenname Neue Burg, an der Ruine der Nikolaikirche). Ordulf, seit dem Juni 1059 Herzog und ein Gegner von Erzbischof Adalbert, beherrscht mit der Anlage dieses mächtigen Ringwalls die Alsterfurt an einem wichtigen Verkehrsweg (→ S. 20).

1066. Nach dem Sturz von Erzbischof Adalbert von Hamburg-Bremen als Berater König Heinrichs IV. im Januar 1066 erheben sich die nordwestlichen Slawen. Das gesamte wendische Missionsgebiet geht verloren, und Hamburg wird geplündert (→ um 1060/S. 21).

1072. Hamburg wird zum zweiten Mal nach 1066 durch Slawen aus dem Wendland überfallen.

Um 1075. Der wagrische Fürst Kruto, ein Heide, übernimmt die Führung der Abotriten und macht die in Nordalbingien liegenden Gaue der Holsten, Stormarner und Dithmarscher tributpflichtig.

Nach 1072. Der letzte Billungerherzog Magnus (ab 1071) verläßt Hamburg als Burgort und läßt sich dort von Grafen vertreten.

16. 3. 1072. Erzbischof Adalbert von Hamburg-Bremen stirbt. Sein Nachfolger Liemar ist in den Auseinandersetzungen zwischen den papsttreuen deutschen Fürsten und König Heinrich IV. ein enger Parteigänger und Berater des Königs.

12. 10. nach 1081. Der Historiker und Geograph Adam von Bremen stirbt in Bremen. Er ist der Verfasser der ältesten Hamburger Kirchengeschichte. → S. 21

1091. Als Vasall des Herzogs Magnus Billung wird ein Graf Heinrich von Hamburg erwähnt. Ihm folgt sein Sohn Gottfried nach, der als Andenken an seinen Vater dem Hamburger Dom ein Evangelienbuch stiftet (→ 1111/S. 22).

1093. Der christenfreundliche Abotritenfürst Heinrich besiegt bei Schmilau mit Hilfe des Herzogs Magnus Billung Aufständische seines eigenen Stammes. Dieser Sieg befreit Hamburg zunächst von der Abotritengefahr, weil der Fürst eine Politik der guten Nachbarschaft begründet (→ 1111/S. 22).

Räuber im Kirchenrock auf dem Süllberg

Um 1060. Westlich von Hamburg, hoch über dem Elbufer, gründet der Bremer Erzbischof Adalbert eine Festung auf dem Süllberg. Die in der angeschlossenen Propstei lebenden Geistlichen sinken jedoch mangels strenger Aufsicht zu einer Räuberbande herab.

Mit dem Festungsbau auf dem Süllberg will Adalbert seinen Einfluß auf den Hamburger Raum gegenüber den Billungern behaupten. Im Juni 1059 hat nämlich mit Ordulf ein erbitterter Gegner des Bremer Erzbischofs die Führung über das von den Billungern beherrschte Gebiet übernommen.

Von der gesicherten Burg aus plündern die geistlichen Herren die Bevölkerung und ziehen sich durch ihre ständigen Raubzüge den unversöhnlichen Haß der einheimischen Nordalbingier zu. Das wüste Treiben der Kleriker auf dem Süllberg liefert Ordulf eine willkommene Rechtfertigung für seine Pläne, die weltliche Macht des Bischofs endgültig zu brechen.

Der Billunger braucht allerdings gar nicht selbst einzugreifen, denn im Jahr 1066 bricht der lange befürchtete Slawenaufstand los. Das Jahr beginnt damit, daß König Heinrich IV. Erzbischof Adalbert

Darstellung des Erzbischofs Adalbert mit den Amtsinsignien in einer 1723 erschienenen Hamburger Kirchengeschichte von Nicolai Staphorst

auf Druck der Fürstenopposition als seinen Berater absetzt (→ Mai 1043/S. 20). Dann wird der mit Adalbert verbündete Abotritenfürst Gottschalk von einer innerslawischen heidnischen Opposition erschlagen. Damit bricht die mühsam aufgebaute Missionsarbeit nördlich der Elbe zusammen.

Nach der Beseitigung der christenfreundlichen abotritischen Führungsschicht und der Plünderung zahlreicher Orte und kirchlicher Einrichtungen in Ostholstein, in Lauenburg und in Stormarn ist schließlich Hamburg an der Reihe: Die geknechteten Slawen rächen sich, indem sie die Stadt plündern und die Festung auf dem Süllberg in Schutt und Asche legen. Die Bewohner werden erschlagen oder gefangengenommen.

Erste Geschichte der Hamburger Kirche

12. Oktober nach 1081. In Bremen stirbt der Geograph und Geschichtsschreiber Adam von Bremen. Er verfaßte zwischen 1072 und 1076 die »Gesta Hammaburgensis ecclesiae pontificum«, die erste Bischofsgeschichte der Hamburger Kirche.

Adams Werk umfaßt vier Bücher. Das erste schildert die Frühzeit der nordischen Mission; im zweiten Buch wird die erfolgreiche Heidenmission in den Jahren 937 und 1043 sowie die Entstehung der nordischen Staaten erzählt. Glanzstück von Adams Werk ist das dritte Buch, in dem der Autor eine Deutung der Gegenwartsgeschichte aus der Biographie von Erzbischof Adalbert anhand eigener Beobachtungen vornimmt und zugleich die historische Darstellung abschließt. Der vierte Teil enthält eine Völker- und Länderkunde Nordeuropas.

Den großen Wert von Adams umfangreicher Chronik verdeutlicht

Bronzeplastik im Bremer Dom mit Adam von Bremen (r.) und dem Domtheologen Rotermund (19. Jh.)

ein Blick auf die Quellenlage seiner Zeit: Zur richtigen Einordnung der Ereignisse fehlte es ihm an einer exakten Darstellung der Reichs- und Kirchengeschichte im fraglichen Zeitabschnitt. Ebensowenig lagen Adam schriftliche Informationen über die den Christen beinahe unzugänglichen nordischen und slawischen Regionen vor.

Auch umfangreiche Archivstudien anhand von Annalen, Chroniken und Lebensbeschreibungen sowie eine intensive Korrespondenz mit auswärtigen Klöstern konnten nicht alle Geschichtslücken füllen. Besonders schwierig erwies sich die Beschaffung von Nachrichten über die Auslandsmission. Während über England wenigstens schriftliche Quellen existierten, war Adam bei der Beschreibung der nordischen und slawischen Länder allein auf mündliche Berichte von Reisenden angewiesen. Die Zuverlässigkeit dieser Angaben konnte der Chronist nur in wenigen Fällen anhand von Aufzeichnungen antiker Geographen überprüfen.

Nach 23. 8. 1106. Nach dem Tod des Herzogs Magnus, des letzten Billungers, erhält Lothar von Supplinburg das Herzogtum Sachsen.

1106. Der in Bremen residierende Erzbischof Friedrich geht einen ersten Vertrag mit niederländischen Siedlern über die Urbarmachung der Elbmarschen ein. → S. 22

1111. Der Sachsenherzog Lothar von Supplinburg setzt die aus dem Wesergebiet stammenden Schauenburger Grafen als neue Landesherren in Holstein, Wagrien und Stormarn ein. Erster Schauenburger Graf ist Adolf I. (bis 1130). → S. 22

Nach 1130. Nach dem Tod von Adolf I. von Schauenburg läßt seine Witwe Hildewa die Alsterburg mit Mauerwerk ausbauen.

1133/37. Horeburg (Harburg) wird in einer Urkunde des Bischofs von Verden für das Kloster Uelzen erstmals erwähnt. Die Urkunde berichtet von künftigen Zehnteinnahmen eines Neusiedellandes an der Elbe zwischen Harburg und Ochsenwerder (→ 1106/S. 22).

1139. Bei Kämpfen um die Herrschaft im Herzogtum Sachsen zwischen Albrecht dem Bären und Heinrich dem Stolzen wird die Hamburger Burg des Grafen Adolf II. von Schauenburg – ein Gefolgsmann Heinrichs – zerstört. In Hamburg besteht fortan keine benutzbare gräfliche Befestigung mehr.

1140. Erzbischof Adalbero von Hamburg-Bremen stellt das Hamburger Domkapitel wieder her und gewährt ihm verschiedene Zehnten, Höfe und weitere Privilegien. Dazu zählen Höfe in Eppendorf, Rellingen und Barmstedt sowie die Mühle in Eppendorf und der Zehnte vom Grasbrook (→ 1106/S. 22).

1143. Im Alten Land wird die erste bekannte Holländersiedlung gegründet. Seit 1130 werden die Hamburger Elbmarschen in großem Umfang besiedelt. Neubauern aus den Niederlanden, aus Friesland und Westfalen kommen an die Elbe sowie nach Ostholstein (→ 1106/S. 22).

15. 3. 1144. Nach dem gewaltsamen Tod des Grafen Rudolf II. von Stade reißt der Sachsenherzog Heinrich der Löwe dessen Erbe an sich.

1149. In Rom bemüht sich Hartwig I., Erzbischof von Hamburg-Bremen, bei Papst Eugen III. vergeblich um das Recht zur Wiederbegründung der Bistümer Oldenburg, Ratzeburg und Schwerin. Statt dessen wird der Sachsenherzog Heinrich der Löwe im Juni 1154 damit beauftragt.

Schauenburger Graf neuer Landesherr

1111. Nach dem Erlöschen des Grafengeschlechts der Billunger setzt Herzog Lothar von Sachsen den Grafen Adolf I. von Schauenburg als neuen Landesherrn in Holstein (außer Dithmarschen) sowie in Wagrien und Stormarn ein. Mit der Herrschaft der Schauenburger bricht für Hamburg eine Epoche des Aufschwungs an.

Der letzte Billungerherzog Magnus hatte sich nach 1072 aus Hamburg zurückgezogen und sich dort durch einen Grafen vertreten lassen. Als erster namentlich bekannter Graf von Hamburg wurde im Jahr 1091 ein Heinrich von Hamburg erwähnt. Sein Sohn Gottfried von Hamburg stiftete der Hamburger Domkirche zur Erinnerung an seinen Vater ein Evangelienbuch.

1110 wurde Graf Gottfried von Hamburg bei der Verfolgung eines slawischen Räuberhaufens, der in Stormarn eingefallen war und von dort Menschen und Vieh verschleppt hatte, mit etwa 20 Begleitern erschlagen. Unter den Toten waren auch Bürger aus Hamburg.

Als neuer Landesherr an der Nordgrenze des Reiches bemüht sich Adolf I. um eine friedliche Kolonisation und eine wirtschaftliche Weiterentwicklung des ihm übertragenen Herrschaftsgebietes. Dabei sucht er ein gutes Verhältnis zum Großfürsten Heinrich, dem Herrscher der Abotriten. Dieser christliche Slawenfürst hat seit seinem Regierungsantritt im Jahr 1093 ein eigenes Reich mit dem Zentrum Liubice (in der Nähe des heutigen Lübeck) errichtet. Als

Aufstieg eines Grafengeschlechts
Östlich von Rinteln im Wesertal liegt die Stammburg der Schauenburger (Abb.: Siegel). Von hier aus weiten die Grafen ihren Hausbesitz im 12. und 13. Jahrhundert nach Norden hin aus. In ihrem Herrschaftsgebiet zwischen Hameln, Bückeburg und dem Steinhuder Meer errichten sie Städte, Burgen und Rodungsdörfer. Die im Jahr 1111 begründete Verbindung zu Holstein endet 1295. Die Schauenburger werden alleinige Stadtherren Hamburgs, als Erzbischof Gerhard II. seine stadtherrlichen Rechte 1228 an Graf Adolf IV. abtritt (→ 1230/S. 30).

Heinrich im Jahr 1127 stirbt, verhindert es Graf Adolf I., daß der in Schleswig residierende Dänenfürst Knud Lavard das Machtvakuum ausnutzen und sich in Wagrien und Holstein festsetzen kann.

Die von Adolf I. initiierte Aufbaupolitik hat auch Folgen für Hamburg. So stellt Adolf die gräfliche Burg in der Stadt wieder her, wo er seinen ständigen Wohnsitz nimmt. Nach dem Ableben des ersten Schauenburger Grafen im Jahr 1130 läßt seine Witwe Hildewa die Alsterburg ausbauen.

Im Schutz gesicherter Grenzen vollzieht sich in Hamburg eine planmäßige Neubebauung und eine Ausdehnung der besiedelten Fläche. Nach Norden hin entstehen in der Gegend des heutigen Rathausmarktes und in der Bergstraße zahlreiche hölzerne Wohngebäude. Im Süden – auf der Reichenstraßeninsel gegenüber dem heutigen Alten Fischmarkt – wird eine neue Häuserzeile errichtet. Außerdem bebauen die Bewohner des Ortes das Gelände vor dem inzwischen eingeebneten westlichen Wall der im → Sommer 845 (S. 16) von den Wikingern zerstörten Hammaburg.

Der Anstoß für die Umgestaltung der Siedlung geht vermutlich von dem zuständigen Stadtherrn aus, dem Bremer Erzbischof Adalbero.

Niederländer machen Sumpfgebiete urbar

1106. Holländische Siedler sollen die Elbmarschen urbar machen und sich dort niederlassen. Das sieht ein Vertrag vor, den die Holländer mit dem Bremer Erzbischof Friedrich schließen. 1143 entsteht die erste bekannte Siedlung von Niederländern im Alten Land.

Um 1130 beginnt auch in den Hamburger Elbmarschen die Neusiedlung. So ist in einer zwischen 1133 und 1137 abgefaßten Urkunde, in der erstmals Harburg unter der Bezeichnung Horeburg (= Sumpfburg) Erwähnung findet, die Rede von künftigen Zehnteinnahmen eines Neusiedellandes an der Elbe. Dem Hamburger Domkapitel überträgt der Bremer Erzbischof Adalbero im Jahr 1140 verschiedene Höfe und Privilegien. Aus dem engeren Hamburger Raum wird in dieser Urkunde neben Höfen und einer Mühle in Eppendorf auch der Zehnte vom Grasbrook erwähnt, der zu dieser Zeit noch zu der großen Elbinsel Gorrieswerder gehörte. Die niederländischen Neusiedler in den Elbmarschen bringen aus ihrer Heimat nicht nur neuartige Deichbau- und Entwässerungstechniken mit, sondern auch ihre Gerichts- und Kirchenverfassung.

Eingedeichte Elbmarschen

Hamburg

Bergedorf

Curslack

Billwerder 1162

Altengamme 1158

Gorrieswerder 1158

Tatenberg 1315

Reitbrook 1252

Neuengamme 1212

Stillhorn 1333

Ochsenwerder 1254

Kirchwerder 1212

Lauenbruch 1298

Harburger Neuland um 1150

Harburg

Winsener Neuland um 1150

Winsen

0   2   5 km

© Harenberg

1150

1160. Der Bremer Erzbischof Hartwig I. ordnet an, daß die drei Bistümer Lübeck, Schwerin und Ratzeburg ihre jährlichen Provinzialsynoden gemeinsam mit dem Domkapitel in Hamburg abhalten sollen.

Um 1162. Nach Curslack-Altengamme (um 1158) wird auch die Marschlandschaft Billwerder eingedeicht und besiedelt.

26. 2. 1164. Infolge einer schweren Sturmflut müssen die Bewohner einen großen Teil des Marschlandes um Hamburg räumen.

1170. Nach der Eroberung des Erzstiftes Bremen läßt der Sachsenherzog Heinrich der Löwe die erzbischöfliche Horeburg (Harburg) zerstören. Sie wird jedoch wieder aufgebaut.

Um 1180. In Hamburg wohnen rund 600 bis 800 Einwohner auf einer Fläche von etwa 16 ha. Das elbabwärts gelegene Stade, dessen Entwicklung nachhaltig von Herzog Heinrich dem Löwen gefördert wird, zählt zwischen 1200 und 1600 Einwohner und ist etwa 25 ha groß.

1188. Graf Adolf III. von Schauenburg läßt das brachliegende Terrain der 1061 errichteten Neuen Burg am Alsterufer bebauen. Damit entsteht die Neustadt (→ 7. 5. 1189/S. 23).

7. 5. 1189. Auf Initiative von Graf Adolf III. verleiht Kaiser Friedrich I. Barbarossa den Bewohnern der gräflichen Hamburger Neustadt ein Privilegium. → S. 23

Oktober 1189. Der von Kaiser Friedrich I. im Jahr 1181 entmachtete Sachsenherzog Heinrich der Löwe kehrt dank der Abwesenheit des Kaisers infolge eines Kreuzzuges nach Stade zurück. Er wird unterstützt von einem Teil des Holsteiner und Stormarner Adels sowie von Hamburg. → S. 24

Um 1189. Graf Adolf III. von Schauenburg läßt einen Damm durch die Alster ziehen. Das dadurch aufgestaute Wasser treibt eine Kornmühle am Großen Burstah an. → S. 24

1195. Die Petrikirche wird als Marktkirche erstmals urkundlich erwähnt. Das Dokument behandelt die Schenkung der Kirche an das Hamburger Domkapitel. → S. 24

1195. In der Gegend des späteren Hopfenmarktes wird eine Kapelle gebaut und dem Schutzherrn der Schiffer und Kaufleute, dem Heiligen Nikolaus, geweiht. Graf Adolf III. übergibt die Kirche dem Hamburger Domkapitel.

1195. In einer Urkunde ist erstmals von einem Rat der Hamburger Neustadt die Rede.

Vor dem Kreuzzug aus der Taufe gehoben

7. Mai 1189. Weit weg von Elbe und Alster fällt der Herrscher des Heiligen Römischen Reiches eine folgenschwere Entscheidung für Hamburg: In Neuburg an der Donau, wo er ein Heer für den Kreuzzug nach Palästina zusammenzieht, verleiht Kaiser Friedrich I. Barbarossa den Bewohnern der gerade gegründeten Hamburger Neustadt weitreichende Privilegien.

Weil der Kaiser vier Tage später in Richtung Heiliges Land abzieht, wo er am 10. Juni 1190 den Tod findet, kann der Freibrief zwar nicht in rechtsverbindlicher Form niedergelegt werden, er gilt aber dennoch als authentisch. Barbarossa garantiert den Bewohnern der Neustadt:

▷ Freie Schiffahrt von der Elbmündung bis Hamburg
▷ Das Recht auf freien Warenverkehr im Gebiet der Grafschaft Holstein
▷ freien Fischfang in der Elbe im Umkreis von zwei Meilen um Hamburg
▷ Weide- und Holzeinschlagsrechte in der Umgebung
▷ Die Bürger sind vom Kriegsdienst freigestellt; sie haben Anspruch darauf, daß in einem Radius von zwei Meilen keine Burgen errichtet werden.

Weil diese Vorrechte später angezweifelt werden, läßt sie der Hamburger Rat nachträglich im Jahr 1265 (→ 6. 12. 1267/S. 36) in einem Freibrief fixieren.

Die Handels- und Hafenstadt, für deren Bewohner Graf Adolf III. – er begleitet Barbarossa nach Palästina – diese Vorrechte erwirbt, entsteht auf dem Gelände der um 1061 errichteten Neuen Burg an der Alsterschleife westlich des bestehenden Ortes Hamburg. Die Neustadt ist gleichsam ein Ersatz für das 1143 gegründete Lübeck, das der Graf 1158 an Herzog Heinrich den Löwen hatte abtreten müssen.

Für die Besiedlung des neuen Gemeinwesens bedient sich Adolf eines Generalunternehmers: Ende 1188 beauftragt er den vormaligen herzoglichen Zolleinnehmer Wirad von Boizenburg als Leiter einer Gruppe von etwa 50 Kaufleuten, das Gebiet an der Alsterschleife zu erschließen. Sie sollen dort eine freie Kaufmannssiedlung mit Hafen und Marktrecht errichten und im Gegenzug das volle erbliche Eigentum an den erschlossenen Grundstücken genießen dürfen.

Den Interessenten gewährt der Graf einige wichtige Privilegien:
▷ Befreiung vom Grundzins und Unterstellung unter das Lübische Recht
▷ Benutzung des anliegenden Marschlandes (in etwa die heutige Deichstraße) und des Alsterwerders (Westseite des Rödingsmarktes), wobei die Mitte des Alsterlaufes die Grenze zur erzbischöflichen Stadt markiert
▷ Zollfreiheit in der schauenburgischen Grafschaft Holstein
▷ Dreijährige Befreiung von allen Gerichtsabgaben
▷ Die Abhaltung eines Wochenmarktes und zweier Jahrmärkte.

Bei der Zuteilung des Neulandes läßt Wirad von Boizenburg, ausgehend von der fast verfallenen Neuen Burg, das rund 3,2 ha große Gelände in drei Teile zerlegen. Das westliche Drittel bleibt von der Besiedlung frei, der Rest wird in 50 etwa gleichgroße, nach innen spitz zulaufende Stücke geteilt.

Die Kaufmannshäuser entstehen hochwassergeschützt auf dem rund 15 m breiten früheren Burgwall. Das verbliebene westliche Teilstück in der Gegend des heutigen Hopfenmarktes bleibt den ersten öffentlichen Gebäuden vorbehalten, die hier bis 1195 errichtet werden: Eine Kirche für den Schutzheiligen der Schiffer und Kaufleute, den heiligen Nikolaus, und südlich davon der Marktplatz mit dem Rathaus.

Friedrich I. Barbarossa (M.) und seine beiden Söhne (Buchminiatur, um 1180)

Bardowik zerstört, Hamburg begünstigt

Oktober 1189. Der Sachsenherzog Heinrich der Löwe kehrt überraschend aus seiner Verbannung in England zurück. Mit Hilfe des heimischen Adels erobert er bis Ende des Jahres Hamburg und fast das gesamte Nordalbingien.

Kaiser Friedrich I. Barbarossa hatte den ehrgeizigen und einflußreichen Welfen 1180/81 weitgehend entmachtet. Im März 1188 willigte Heinrich in ein dreijähriges Exil ein, weil er sich nicht an dem Kreuzzug des Kaisers nach Palästina beteiligen wollte. Unter Bruch dieses Versprechens kehrt er nun zurück, um seine früheren Machtpositionen zurückzugewinnen.

Dabei kommt ihm zugute, daß der Kaiser ebenso außer Landes ist wie Graf Adolf III. von Schauenburg. Dem zum Regenten ernannten König Heinrich VI. sind wegen des Winters die Hände gebunden.

Nur die Stadt Bardowik stellt sich dem Löwen entgegen: Die Bewohner demonstrieren ihre Verachtung dadurch, daß sie dem vorbeiziehenden Heinrich ihre entblößten Hintern zeigen. Dessen Rache ist fürchterlich: Am 29. Oktober läßt er die Stadt in Schutt und Asche legen.

Hamburg öffnet dem Sachsenherrscher um so leichter seine Tore, als die Stadt mit Bardowik nunmehr einen lästigen Konkurrenten los geworden und überdies als Handelsplatz auf gute Beziehungen zu dem welfisch beherrschten Umland angewiesen ist.

Heinrich legt Wert auf das Wohlwollen der Hamburger. Er garantiert noch Ende 1189 sowohl der Neustadt als auch der Altstadt das Privileg vom → 7. Mai 1189 (S. 23) und gewährt im Jahr darauf Zollprivilegien sowie Weide-, Wasser- und Holzeinschlagrechte an der Elbe.

Heinrichs Position bleibt jedoch nicht lange unangetastet: Im Juli 1190 muß er im Frieden von Fulda u. a. auf die Feste Lauenburg verzichten. Im Frühjahr 1192 kann der im Jahr zuvor eilends aus Palästina zurückgekehrte Graf Adolf III. schließlich auch Hamburg zurückerobern, das zweieinhalb Jahre an der Seite des Welfen gestanden hat. Von Hamburg aus erobert der Schauenburger die Insel Georgswerder und die Stadt Stade; Lübeck unterwirft sich daraufhin freiwillig. Die Herrschaft Adolfs ist damit zunächst wieder gefestigt (→ 26. 12. 1201/S. 27).

Streitbarer Sachsenherrscher

Heinrich der Löwe aus dem Geschlecht der Welfen, um 1129 geboren, wurde 1142 Herzog von Sachsen. Aufgrund eines königlichen Privilegs von 1158 gründete er die Bistümer Schwerin, Oldenburg und Ratzeburg. Seine Eingriffe in die Reichspolitik führten 1180 zu seiner Ächtung und Verbannung nach England (1182–1185). Wegen seiner Weigerung, am Kreuzzug teilzunehmen, wurde Heinrich 1188 erneut verbannt, kehrte jedoch wieder zurück. Der Welfe stirbt am 6. August 1195, nachdem er sich mit König Heinrich IV. im Jahr zuvor ausgesöhnt hat (Abb.: Grabplatte im Braunschweiger Dom mit Herzog Heinrich dem Löwen [l.] und seiner Gemahlin).

Aufgestaute Alster treibt erste Mühle

Um 1189. Graf Adolf III. von Schauenburg läßt einen Damm durch die Alster ziehen. Das aufgestaute Wasser treibt die erste Kornmühle der Stadt an.

Der hölzerne Staudamm entsteht an der Stelle einer alten Alsterfurt im Verlauf der späteren Großen Johannisstraße und des Großen Burstah. Der Wasserdurchfluß wird durch ein Wehr kontrolliert. Oberhalb dieses Mühlendamms bildet sich ein großer Stausee. Er bedeckt das Land zwischen dem heutigen Rathaus, dem Adolphsplatz und dem Neuen Wall.

Da der Stausee auch Ländereien des Hamburger Domkapitels bedeckt, muß der Graf den Domherren Schadenersatz leisten.

Die Kornmühle am Großen Burstah (→ um 1235/S. 31), ist nicht nur zur Versorgung der ständig wachsenden Bevölkerung gedacht, sondern soll die Wirtschaftskraft der Hamburger Neustadt stärken (→ 7. 5. 1189/S. 23).

Die von einem Müller als Pächter betriebene Mühle gewinnt sogar überregionale Bedeutung: Hier wird das aus Holstein und der Altmark importierte Korn vermahlen, das von den Fernhändlern über Elbe und Nordsee nach Holland und Flandern verschifft wird.

Pfarrkirche St. Petri unter Einfluß des Domkapitels

1195. Die Pfarrkirche St. Petri wird als Marktkirche erstmals urkundlich erwähnt. Sie ist nach dem Mariendom (→ um 1035/S. 19) das älteste Gotteshaus in der bischöflichen Hamburger Altstadt.

Die Bezeichnung »ecclesia forensis« (Marktkirche) findet sich in einem Schriftstück, in dem der Propst Hermann die Kirche dem Domkapitel übereignet. Diese Schenkung wird 1220 von Papst Honorius III. bestätigt. Diesmal ist ausdrücklich von St. Petri die Rede. Die Gründung der Kirche liegt allerdings noch weiter zurück; sie ist vermutlich Anfang des 11. Jahrhunderts erfolgt.

Der Sprengel von St. Petri reicht weit über die Grenzen Hamburgs hinaus und umfaßt noch bis zum Jahr 1548 die westlich der Stadt gelegene Gegend bis hin nach Ottensen, Bahrenfeld und Othmarschen. Im Bereich der Hamburger Altstadt gehört das gesamte um den eigentlichen Dombezirk herum gelegene Gebiet zum Kirchspiel St. Petri. Hier wohnen vor allem Kaufleute und Handwerker, nach denen ab der Mitte des 13. Jahrhunderts zahlreiche Zunftstraßen benannt werden (→ um 1250/S. 33).

Die Kirche St. Petri steht unter dem Patronat des Domkapitels. Aufgrund dieser engen Bindung erhält sie bis zur Reformation keinen eigenen Pfarrherrn, sondern lediglich einen sog. Vicepleban, der in besonderer Abhängigkeit zum Domkapitel steht.

Auch in den später entstandenen Hamburger Pfarrkirchen (→ 1264/S. 35) steht die geistliche Leitung den Mitgliedern des Hamburger Domkapitels zu. Die Gemeinde verfügt nicht über das Recht, ihre Geistlichen selbst zu wählen. Erst im Verlauf des 13. Jahrhunderts werden Laien als sog. Kirchgeschworene oder Juraten an der Verwaltung des kirchlichen Besitzes beteiligt.

Etwa 1310 bis 1320 beginnt der Ausbau von St. Petri zu einer dreischiffigen gotischen Hallenkirche (→ 1342/S. 46). Das mächtige Gotteshaus ist um 1418 fertig.

Hamburg um 1200

- Weitgehend besiedelt
- Wiesen/Weiden
- Gehölz

Alstersee
St. Petri
Berg
Mühle
Dom
St. Nikolai
Neue Burg

0　　　300 m

© Harenberg

Nordsee-Brückenkopf in der Gemeinschaft der Hanse

13. bis 16. Jahrhundert

Wer von »Hamburg und die Hanse« viel reden wollte, riskierte, bei Hamburgern für schulmeisterlich zu gelten. Hansisches ist in Hamburg, wenn es um Wirtschaft und Handel geht, immer stillschweigend miteingeschlossen. Man ist da eher verhalten, »hanseatisch«, geht weniger auf Historisches aus als auf Gegenwärtiges, meint den hanseatischen Kaufmann, das hanseatische Unternehmen.

Für einige hundert Firmen in Hamburg ist die mittelalterliche Städtevereinigung Namenspatin: Seien es Handels- oder Versicherungsunternehmen, Investmentgesellschaften oder das wohl prominenteste Patenkind, die Lufthansa – der Begriff »Hansa« steht für Gediegenheit und Verläßlichkeit. Keine einzige dieser Firmen kann ihren Namen in geradliniger Tradition auf die alte Hanse zurückführen. Die offenbar magische Namensverknüpfung entfaltet sich seit der Mitte des 19. Jahrhunderts, als es allgemein üblich wurde, ein geschäftliches Unternehmen anders zu benennen als schlicht mit dem Namen des Inhabers; erst damals begann man, abstrakte, anonyme Bezeichnungen zu wählen.

Größe erst auf den Trümmern der Hanse?

Auf geschichtlichen Ruhm versessen ist der Hamburger Kaufmann nicht, wenn er den Hanse-Namen führt. Eine »merkantilistische Sektion«, in den 1830er Jahren beim Verein für hamburgische Geschichte eingerichtet, ging schon 1840 wieder ein – aus Mangel an Zuspruch. Und Richard Ehrenberg, der bedeutendste unter den älteren Wirtschaftshistorikern Hamburgs, meinte, Hamburg habe noch erheblich früher »mit kühnem Schnitte sein Schicksal von dem des absterbenden Hansebundes« getrennt und sich »durch kluge, energische Ausnutzung der neuen Zeitverhältnisse in die erste Reihe der europäischen Handelsstädte« aufgeschwungen.

Das geschah, als Kolumbus' Entdeckung überseeische Länder in wirtschaftlichen Kontakt mit dem alten Europa gebracht hatte und aus dem Zubringerhafen des großen Lübeck mit seinen ostwärts gerichteten Handelsinteressen der transatlantische Weltmarkt an der Unterelbe geworden war. Und tatsächlich ist ja das Hamburg, das sich zur größten deutschen Stadt entwickelte (1620: 50 000 Einwohner), das nach Lübeck die zweitgrößte Flotte in Deutschland besaß, das über eine Börse (1558), die Möglichkeit von Deposten- und Girogeschäften (1619), eine Kreditanstalt und über den größten, für jegliche Geschäftsleute offenen Markt und Hafen verfügte, eine nachhansische Stadt gewesen. Man konnte sogar sagen, daß sie durch diese wirtschaftliche Entwicklung »mehr als jede andere … Stadt zum Ende der hansischen Gemeinschaft beigetragen« hat.

Im führenden Bund der Wendischen Städte

Dem allen scheint sich gar nicht recht zu fügen, daß Hamburg eben doch, und zwar bis zum heutigen Tage, hervorragender Repräsentant dieser Hanse ist. Hamburg gehörte, wie Lübeck, Wismar, Rostock, Stralsund und Lüneburg, von vornherein zur Hanse, d. h. ohne die Möglichkeit oder selbst Notwendigkeit, ein »Eintrittsdatum« zu benennen. Die genannten sechs bildeten die Gruppe der »Wendischen Städte« (so dokumentiert erstmals im Jahr 1280).

Als Teil und gemeinsam mit dieser Gruppe genoß Hamburg seit dem Hansetag 1418 das Vertrauen der gesamten, fast 200 Städte umfassenden Hanse, deren Interessen wahrzunehmen. Und 1629, als man auf einem Hansetag in Lübeck tatsächlich das Ende der hansischen Gemeinschaft konstatierte und nicht wußte, wie man ihren Zusammenhalt noch möglich machen könnte, da wurde Hamburg keineswegs als Zerstörer dieser Gemeinschaft ausgeschlossen, sondern erhielt sogar mit Lübeck und Bremen gemeinsam den Auftrag, künftig den Torso der Gesamthanse zu vertreten. Die drei Städte haben das auch lange getan, bis 1937 genaugenommen. In diesem Jahr verlor Lübeck seine Eigenstaatlichkeit, als es vom nationalsozialistischen Regime der preußischen Provinz Schleswig-Holstein einverleibt wurde. Bis heute jedenfalls tragen Lübeck, Hamburg und Bremen die Bezeichnung (»Freie und«) »Hansestadt«.

Es stellt sich die Frage, ob mit der wirklichen oder vermeintlichen Wende auf Hamburgs wirtschaftsgeschichtlichem Weg eine Abkehr von der Hanse oder eine Veränderung hamburgischer wirtschafts- und gemeinschaftspolitischer Grundsätze einhergeht.

Hamburgs Kaufleute standen seit dem ersten Drittel des 13. Jahrhunderts in lebhaftem Warenaustausch mit märkischen und lüneburgischen Fernhändlern auf der einen und mit solchen Flanderns und Frieslands auf der anderen Seite. Dabei vermittelte Hamburg die Metalle des binneneuropäischen Bergbaus, Getreide aus den märkischen und magdeburgischen Anbaugebieten, Farbstoffe wie den Erfurter Waid und die Erzeugnisse der altmärkischen Leinwandproduktion in die konsumentenreichen Gebiete der flandrischen Tuchindustrie.

Umgekehrt lief der Handel mit flandrischem Tuch und friesischem Vieh über Hamburg in Richtung Osten und stromaufwärts zu den Anliegern der Elbe und ihrer Nebenflüsse. Hamburger Direkthandel mit dem Ostseegebiet ist für das frühe 14. Jahrhundert durch Geschäftsdokumente nachweisbar, hat aber aller Wahrscheinlichkeit nach schon früher stattgefunden und, über die Flußschiffahrt auf Elbe, Havel und Spree, das Odergebiet erreicht.

Vernetzung des Handels im 13. Jahrhundert

Die Expansion der Hamburger Verkehrsbeziehungen im 13. Jahrhundert war stürmisch. Wir wissen das eher indirekt, aus Handelsprivilegien und Zollurkunden nämlich.

Ein solches Dokument aus dem Jahr 1251 betrifft z. B. Kaufleute aus Riga – das in den 1290er Jahren Hamburger Recht übernahm –, die sich in der Elbstadt aufhielten. Eine 1261 datierte Urkunde befaßt sich mit Hamburgern in Schweden.

Das früheste dieser Dokumente stammt aus dem Jahr 1241; es handelt sich um einen Vertrag zwischen Hamburg und Lübeck zur Sicherung des Landeverkehrsweges zwischen diesen beiden Städten. Man hat diesen Vertrag geradezu als den Anfang der Hanse bezeichnet – etwas einseitig geopolitisch, aber gerechtfertigt insofern, als das Abkommen einen Brückenschlag ermöglichen sollte zwischen den Seehandelslinien vom baltischen Osten nach Lübeck und dem Nordsee-Brückenkopf Hamburg mit seinen Seeverbindungen nach Flandern.

Als unmittelbare Folge der Sicherung des Städte-Verkehrs waren die zahlreichen Hamburger Lübeck-Fahrer wohlvertraut mit der Travestadt, wo sie mit fremden Kaufleuten aus dem Norden und Osten Verbindung aufnahmen. Unklar ist, ob sie dies als Gesellschafter von Lübeckern oder als selbständig Handelnde taten; bei der letzten Variante verletzten sie möglicherweise das Gästehandelsverbot, wonach die Geschäfte immer über ortsansässige Makler oder Vermittler gehen mußten, also nicht von Gast zu Gast direkt abgewickelt werden durften.

Für die frühhansische Zeit, soviel ist nach neueren Erkenntnissen gewiß, verliert auch die etwas abschätzige Qualifizierung Hamburgs als bloßer »Nordsee-Vorhafen« Lübecks an Boden. Das wird deutlich, wenn man die Wirtschaftsdiplomatie dieser Jahrzehnte ins Auge faßt. Wie erwähnt, erwirkten die Hamburger im Jahr 1261 Privilegien für ihren Handel in Schweden – die gleichen, wie es ausdrücklich heißt, die die Lübecker dort zehn Jahre zuvor gewährt bekommen hatten. In London erhielten sechs Jahre später zuerst Hamburg und dann Lübeck gleichlautende Privilegien, das Recht nämlich, eine eigene Korporation ihrer jeweiligen Kaufleute zu unterhalten. Man bereitete einander den Boden – für den Ostseepartner Lübeck im Westen, für die Nordseestadt Hamburg im Nordosten.

Es ist derselbe Hamburger Ratsgesandte in Schweden gewesen, Jordan von Boizenburg, der auch die gemeinsamen Verhandlungen mit Lübecker Diplomaten in Flandern führte, als man dort im Jahr 1252 umfangreiche

Handelsrechte erwarb. Es waren die ersten, wenn auch noch nicht unter Benutzung dieses Namens, die für die Hanse als Gesamtheit erworben wurden. Wie man aus den Namen der damaligen Ratsbeauftragten rasch erkennt, war es ein bestimmter Kreis von Männern, die in diesen Jahren mit einer sehr klar ausgerichteten Diplomatie das zuwege brachten, was schließlich das Wesen der Hanse ausgemacht hat: Die Identifikation von Kaufmannsinteresse und Ratspolitik.

Gemeinsamer Kampf gegen die Seeräuberei

Der Vertrag von 1241, der die Gestellung von Schutzmannschaften zur Sicherung der Landverbindung zwischen dem Ostseehafen Lübeck und dem Nordseehafen Hamburg festlegte, ist von den Fachhistorikern als ein Bündnis zur Sicherung des Seefriedens bewertet worden. Aus gutem Grund, einigten sich Lübeck und Hamburg doch darauf, den Seehandel nicht nur in ihren jeweiligen Häfen, sondern auch auf der sie verbindenden Straße abzusichern.

Dasselbe Ziel blieb auch für die Dauer im Auge: 1358, bei Verhandlungen mit dem zuvor abtrünnigen Bremen, dekretierten die wendischen Städte als hansische Bedingung für die Wiederaufnahme in die Gemeinschaft, Bremen müsse im Gefahrfalle ein Schiff zur Verteidigung der Seewege rüsten und es, je nach Bedarf, in die Ostsee an Lübeck und seine Partner oder zur Verteidigung der Elbe an den Rat von Hamburg entsenden.

Man weiß – aus Dramatisierung und Legendenbildung fast mehr als nach den nüchternen Tatsachen –, daß Hamburg und Bremen denn auch im Jahr 1400 den seeräuberischen »Vitalienbrüdern« eine vernichtende Niederlage beibrachten, der ein Jahr später die Gefangennahme und Hinrichtung der Anführer Klaus Störtebeker und Godeke Michel in Hamburg folgte. Ihre Piratenflotte war aus Kaperschiffen im Dienste mecklenburgischer Großmachtpolitik hervorgegangen und hatte sich nach deren Scheitern von der Ost- in die Nordsee geflüchtet. Vor Friesland stellte sie bis zum alliierten Eingreifen der Hansestädte eine permanente Bedrohung der Handelsschiffahrt dar.

Die Hamburger haben zur Verteidigung wirtschaftlicher und fernhändlerischer Interessen nicht gezögert, die Rechts-, und wenn es nottat, auch die Militärhoheit ihres Stadtstaates voll einzusetzen.

Widerspruch gegen lübische Vormacht

Anders lagen die Dinge, als es, in einem spektakulären und auch in der Forschung vieldiskutierten Fall, um die Stärkung der Rechtshoheit aus anderen als wirtschaftlichen Gründen, nämlich im Dienste einer überregional ausgreifenden Vormachtpolitik ging, und zwar beim alten, sonst so bereitwillig unterstützten Partner Lübeck:

Am wichtigen Hansekontor Novgorod befand ein »Ältermann« über bedeutsame Angelegenheiten. Beim Rat von Visby konnte Berufung gegen seine Entscheidung eingelegt werden. Der Lübecker Rat wollte nun, daß Berufungssachen von Novgorod zukünftig in Lübeck statt in Visby verhandelt werden sollten und drängte um die Jahreswende 1293/94 mehr als 30 Städte in Ost und West, dem zuzustimmen.

Die weitaus meisten der aufgeforderten Städte unterschrieben, wie verlangt, eine vorgefertigte Einverständniserklärung. Hamburg und Stade reagierten nicht und brachten damit dezidiert zum Ausdruck, daß ihnen an diesem »Musterstück lübischer Vormachtpolitik« (Wilhelm Ebel) nichts lag. Hamburg ist den Prätentionen des Partners an der Trave immer dann nicht gefolgt, wenn es erkennbar um politischen Ehrgeiz ging. Davon freihalten konnte sich Hamburg leichter als Lübeck.

Da ist zunächst ein Ereignis zu nennen, das für Hamburg und Lübeck sehr verschiedenartige Auswirkungen hatte: Das Aussterben des schauenburgisch-rendsburgischen Hauses (1459) und der Übergang der Herrschaft in Schleswig-Holstein auf den Dänenkönig Christian I. Hamburg, die land-

sässige holsteinische Stadt, verstand durch diesen Dynastiewechsel seine Reichsfreiheit anzubahnen. Lübeck, seit langem reichsfrei, geriet durch ihn in eine bedrohliche Zwickmühle: Dänemark beherrschte den Sund, sein König Christian trat in enge politische Beziehungen zum Landesherrn der Holländer, dem Herzog von Burgund. Die Holländer, am meisten gefürchtete Konkurrenten der Wendischen Städte, konnten dank dieser Konstellation nunmehr verstärkt in die Ostsee drängen.

Christian war einstweilen noch auf die Hansestädte angewiesen: Auf diejenigen an der Ostsee, weil sie mit ihren Getreidelieferungen für sein Kronland Norwegen unentbehrlich waren, auf Hamburg, weil er von dort Geld für seine Unternehmungen in Dänemark selbst brauchte.

Hamburgs Fernhändler konnten sich deshalb eine gewisse Freiheit bei ihren Transaktionen mit einem überaus wichtigen Versorgungsgut erlauben, dem Stockfisch. Für den Handel mit diesem eiweißreichen und haltbaren, auch in der Fastenzeit erlaubten Nahrungsmittel galten eigentlich restriktive Vorschriften, denen zufolge der Island-Stockfisch nur von Norwegern erworben und nach Bergen weiterverkauft werden durfte. Dort konnten ihn die Hansekaufleute in Empfang nehmen.

Die Hamburger dagegen handelten entsprechend der Marktnachfrage direkt mit Island, Bier und Getreide gegen Fisch – zunächst mehr, als ihnen selbst guttat: Im Winter 1482/83 führte der übermäßige Brotkornexport zu Hungersnot und Aufstand. Die Hamburger Islandkaufleute vermochten sich in der Folge nur schwer zu halten. Sie wichen aus, indem sie ihre Schiffe aus anderen Häfen – z. B. an der Ostsee – nach Island abfertigten.

Traumprofite mit Dreiecksgeschäften

Ab 1513 segelten Hamburgs Islandschiffe mit voller landesherrlicher Erlaubnis im Frühjahr von der Elbe aus. Sie mußten, so lautete die Lizenz, bei der Rückkehr im Herbst den Fisch nach England bringen, um den norddeutschen Küstenmärkten nicht Konkurrenz zu machen. Mit neuer Ladung, nämlich englischem Tuch, sollten sie dann nach Hause segeln. Die Praxis sah anders aus: Die Hamburger kehrten aus Island stets erst in die Heimat zurück, um hier Zusatzladung für England zu nehmen – Leinwand aus Salzwedel, Uelzen und Göttingen, Färbstoffe wie Waid, Krapp und Asche, ferner Wachs, Schiffbauholz, russische Pelze, schwedisches Eisen und Kupfer. All dies löschten sie zusammen mit dem Fisch in England. Die Rückfracht war dann, wie vorgesehen, englisches Tuch.

Etliche Kaufleute haben dieses Tuch dann freilich außerhalb Hamburgs verkauft, vor allem zwischen London und Antwerpen, dem Nachfolgemarkt des alten Brügge. Anschließend leiteten sie in den Niederlanden erworbene Waren – vor allem Luxusprodukte wie Genter und Brüsseler Teppiche, Wandbehänge und Kissen – dem englischen Markt zu und brachten von dort wiederum Tuch in die Niederlande. Der durchschnittliche Wert des von einem Hamburger Englandkaufmann gehandelten Tuchs betrug (1530) 25 000 Mark lübisch. Den Spitzenumsatz erzielte 1554 der Hamburger Stalhofkaufmann (der Stalhof war die Londoner Hanseniederlassung) Johan Moller vom Baum mit 120 000 Mark lübisch; das wäre in heutiger Kaufkraft ein mindestens zweistelliger Millionenbetrag. Als Nettogewinn fielen bei derartigen Geschäften nach unseren Begriffen immer noch Millionenprofite ab.

Das sind Zeugnisse einer meist ungeplanten, mitunter zufällig zu nennenden Entwicklung. Es sind aber zugleich Ansätze zu einer neuzeitlichen Wirtschaft, die entwickelt und gewonnen wurde im Handelssystem der Hanse und in zeitweise besonders enger Anlehnung an diese Gemeinschaft. Es entsprach guter hansischer Tradition, wenn dabei Wirtschaftsinteresse vor hegemonialen Prätentionen, wenn der Kaufmann vor dem Politiker rangierte. Daher darf die Stadt auch heute mit Fug und Recht heißen: Die Hansestadt Hamburg.

Klaus Friedland

1200

Anfang 13. Jh. In Hamburg finden sich die ersten Spuren von Familiennamen.

September 1201. Graf Adolf III. von Schauenburg verliert durch eine Niederlage bei Stellau die Herrschaft über Holstein, Wagrien und Stormarn an die nach Süden vordringenden Dänen unter Führung von Herzog Waldemar von Schleswig (→ 26. 12. 1201/S. 27).

Ende November 1201. Herzog Adolf III. von Schauenburg, der sich vorübergehend nach Stade zurückgezogen hat, erobert Hamburg und vertreibt den von den Dänen eingesetzten Vogt Radulf aus der Stadt (→ 26. 12. 1201/S. 27).

26. 12. 1201. Der dänische Herzog Waldemar von Schleswig erobert Hamburg zurück. → S. 27

Januar 1202. Herzog Waldemar von Schleswig trifft in Hamburg mit dem deutschen König Otto IV. aus dem Herrscherhaus der Welfen zusammen. Bei dieser Gelegenheit wird ihr Bündnis durch persönliche Bindungen bekräftigt: Waldemar verlobt sich mit der Nichte des Welfenherrschers, während sich die Schwester Waldemars mit dem Bruder von König Otto IV. verlobt (→ 26. 12. 1201/S. 27).

11. 11. 1202. Herzog Waldemar wird nach dem Tod seines Bruders Knut VI. König von Dänemark. Er verbündet sich 1203 mit dem Welfenkönig Otto IV., der seit 1198 mit dem Staufer Philipp von Schwaben um die Herrschaft im Deutschen Reich kämpft. → S. 27

1203 oder 1204. Graf Albrecht von Orlamünde wird vom Dänenkönig mit der Grafschaft Holstein einschließlich Wagrien und Stormarn belehnt. Graf Albrecht, ein Neffe des Dänenkönigs Waldemar II., amtiert auch als Stadtherr über die Hamburger Alt- und Neustadt (→ 11. 11. 1202/S. 27).

1208. Graf Albrecht von Orlamünde gibt seine Erlaubnis zum Bau einer Kornwassermühle an der Bille in Bergedorf. Der Ertrag soll der dort lebenden Geistlichkeit zugutekommen. Auf einer der im Stauwasser der Mühle entstehenden Inseln beginnt die Anlage einer Befestigung.

4. 10. 1209. Nach der endgültigen Konsolidierung seiner Macht in Deutschland und dem Tod seines Rivalen Philipp von Schwaben 1208 wird Otto IV. in Rom zum Kaiser gekrönt. Er zeigt sich gewillt, die alten deutschen Ansprüche auf Nordalbingien wieder aufzugreifen und gerät damit in Gegnerschaft zum dänischen König Waldemar II. (→ 1214/S. 28).

Dänen gewinnen die Macht über Hamburg

26. Dezember 1201. Hamburg fällt unter dänische Herrschaft: Herzog Waldemar von Schleswig kann den Landesherrn Adolf III. von Schauenburg gefangennehmen und für fast 26 Jahre eine dänische Hoheit über die Stadt etablieren (→ 22. 7. 1227/S. 29).

Damit haben die Dänen den Kampf mit den Schauenburgern um die Macht in dem Gebiet nördlich der Elbe zunächst zu ihren Gunsten entschieden.

Nach dem Tod seines Rivalen Heinrich des Löwen (→ Oktober 1189/S. 24) im August 1195 wurde Graf Adolf III. unumstritten der starke Mann im Norden des Reiches. Er vermochte es jedoch infolge seines herrischen Auftretens nicht, die führenden Familien des Landes an sich zu binden und ließ sich überdies in eine Fehde mit dem dänischen König Knut VI. ein.

Dessen Bruder Waldemar rückte im Jahr 1201 an der Spitze eines Heerhaufens in Stormarn ein und brachte Adolf III. bei Stellau in der Nähe von Kellinghusen eine vernichtende Niederlage bei. Während der Schauenburger flüchtete, besetzten die Dänen zunächst Itzehoe, Plön und Ratzeburg und zogen im Oktober – ehrenvoll von der Bevölkerung willkommen geheißen – auch in Hamburg ein.

Herzog Waldemar setzte einen Vogt ein und zog sich zunächst wieder aus der Stadt zurück. Einen Monat lang blieb es friedlich, dann erschien wiederum Adolf III. an der Spitze eines Heerhaufens vor Hamburg und verjagte mit Unterstützung der Bürger die Dänen.

Deren Reaktion ließ jedoch nicht lange auf sich warten: Waldemar läßt die Stadt einschließen und wartet solange, bis Alster und Elbe zugefroren sind. Am zweiten Weihnachtstag erstürmt er die Stadt und läßt den Schauenburger Grafen gefangennehmen.

Adolf III. wird in Ketten gelegt und nach Dänemark geführt, wo er – um seine Freilassung zu erreichen – im Jahr 1203 allen Ansprüchen auf Holstein abschwört. Überdies muß er zwei seiner Söhne sowie zehn seiner Verwandten und Dienstleute auf zehn Jahre dem

König ausliefern. Der entmachtete Landesherr zieht sich schließlich auf seine Stammgrafschaft Schauenburg an der Weser zurück (→ 1111/S. 22), wo er 1225 stirbt.

Kurz nach der Wiedereroberung von Hamburg muß sich auch Lübeck den Dänen ergeben; das stark befestigte Travemünde fällt im folgenden Jahr an die Nordländer.

Nach dem militärischen Sieg sucht Waldemar seinen Erfolg auch politisch zu sichern: Er trifft im Januar 1202 in Hamburg den deutschen König Otto IV. und verlobt sich mit dessen Nichte.

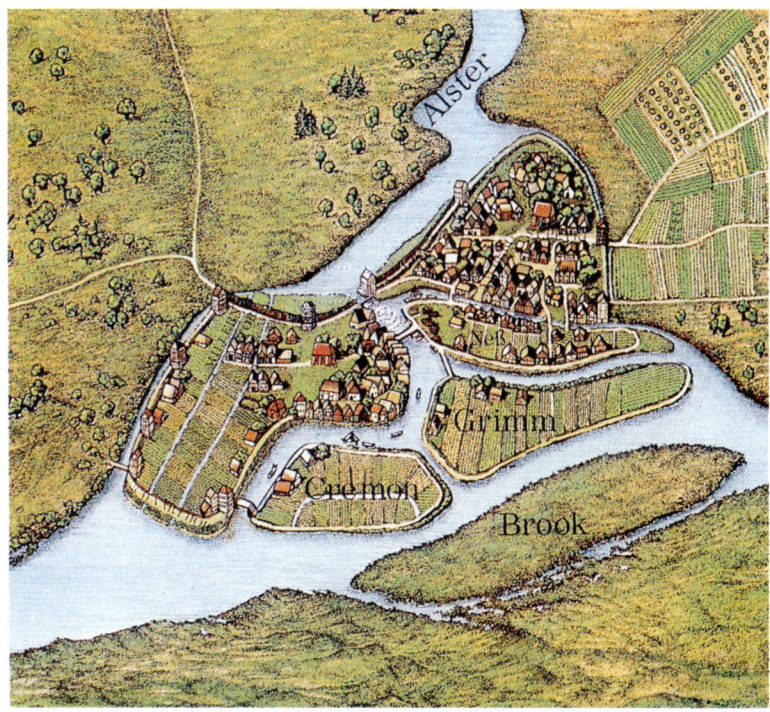

Um 1200: Die Altstadt (r. oben) ist dicht besiedelt, die gegenüberliegende Neustadt (Nikolaikirche) wächst. Noch dominieren Weideflächen und Ackerbau.

Stadtherr verteidigt Rechte der Neustadt

11. November 1202. Nach dem Tod seines Bruders Knut VI. wird Herzog Waldemar von Schleswig König von Dänemark. Für Hamburg bringt dieser Wechsel abermals einen neuen Stadtherrn, denn Waldemar belehnt den Grafen Albrecht von Orlamünde mit ganz Nordalbingien außer dem Land Dithmarschen.

Der aus altem thüringischem Adelsgeschlecht stammende Graf Albrecht von Orlamünde ist somit auch Stadtherr über die Hamburger Alt- und Neustadt. Seine Hausmacht wird noch gestärkt, als Al-

brecht nach dem Tod seines Vaters im Jahr 1206 Teile des väterlichen Grundbesitzes erbt.

Graf Albrecht zeigt sich gewillt, die politischen und wirtschaftlichen Rechte der Hamburger Bürger zu verteidigen. Er beweist dies im Umgang mit dem Klerus: Als der Bremer Erzbischof Hartwig II. am 5. November 1207 stirbt, flüchtet der bei der Wahl zum Nachfolger unterlegene Dompropst Burchard von Stumpenhusen nach Hamburg und läßt sich vom dortigen Domkapitel zum Bremer Erzbischof wählen; der deutsche König Otto IV.

bestätigt die Wahl. Als nun Burchard die früheren erzbischöflichen Rechte an der Landeshoheit über die Hamburger Altstadt wieder geltend macht, garantiert Graf Albrecht den Bürgern der Neustadt ausdrücklich ihre früheren Privilegien; dazu zählen insbesondere das Abhalten zweier Märkte pro Jahr und die Gültigkeit des lübischen Rechts.

Im Jahr 1208 überläßt Graf Albrecht der Gemeinde Bergedorf die Bille zur Erbauung einer Mühle, deren Ertrag den dortigen Geistlichen zugutekommt.

1212. Der hamburgische Vogt Ritter Reinhard von Pinnow stiftet zu Hamburg eine Seelenmesse und läßt sich hier als Laienbruder aufnehmen. → S. 28

1212. Graf Albrecht von Orlamünde überträgt der Hamburger Domkirche die Zehnten von Schiffbek (»skipbeke«) und Kirchsteinbek (»kercstenbeke«) im Flußgebiet der Bille. Den Hamburgern bestätigt der Graf die von seinen Vorgängern verliehenen Rechte und Freiheiten, vor allem das Recht, zwei Märkte pro Jahr abzuhalten.

1212. Die südöstlich von Hamburg gelegenen Elbinseln Neuengamme und Kirchwerder werden eingedeicht.

1214. König Friedrich II. überträgt mit Zustimmung der in Metz versammelten Reichsfürsten König Waldemar II. von Dänemark das Gebiet nördlich der Elbe einschließlich Hamburg. Der bis dahin mit dem Welfen Otto IV. verbündete Waldemar unterstützt jetzt den Stauferkönig, nachdem sich Otto IV. mit dem Papst überworfen hat. → S. 28

Ende 1215. Der Welfenherrscher König Otto IV. erobert Hamburg und läßt dort eine Besatzung zurück (→ 1214/S. 28).

1216. Die bischöfliche Altstadt und die gräfliche Neustadt schließen sich vermutlich während der welfischen Besetzung der Stadt zu einem Gemeinwesen zusammen. → S. 28

April 1216. Nach erfolgreicher dänischer Belagerung wird erneut Albrecht von Orlamünde Stadtherr und bestätigt Hamburg die 1189/90 (→ Oktober 1189/S. 24) von Herzog Heinrich dem Löwen gewährten Privilegien. Die Hamburger werden vom Zoll und dem sog. Ungeld – einer Art Verbrauchssteuer – in Boizenburg und Geesthacht befreit; allein in Lauenburg ist noch Schiffs- und Wagenzoll zu entrichten. Weiter stehen den Hamburgern wie bisher Weiderechte zu und auch die Freiheit, Brennholz zu schlagen.

1217. Boberg wird als »bocberge« erstmals erwähnt.

14. 8. 1219. Ein früherer Graf von der Lippe wird Nachfolger des verstorbenen Erzbischofs von Hamburg-Bremen Gerhard I. Um den neuen Bremer Kirchenfürsten, der den Namen Gerhard II. annimmt, beginnt ein Streit zwischen dem Bremer und Hamburger Domkapitel, weil sich das letztere übergangen fühlt. Der Streit endet 1223.

1219. Das Hamburger Domkapitel erhält die Zehnten aus Dokkenhuden (»dockenhuthe«) und Alsterdorf bestätigt.

Hamburg wird Spielball der Großmächte

1214. Der deutsche König Friedrich II. tritt Nordalbingien in aller Form an Dänemark ab. Damit gehört Hamburg nicht nur faktisch, sondern auch juristisch zum skandinavischen Großreich des Dänenkönigs Waldemar II.

Die Übergabe der Gebiete nördlich der Elbe an die Dänen ist eine Episode im Kampf um die Macht im Reich zwischen dem Staufer Friedrich II. und seinem Rivalen, dem Welfen Otto IV.

Der ursprünglich mit Otto IV. verbündete Dänenkönig (→ 26. 12. 1201/S. 27) unterstützt jetzt den Staufer, nachdem sich Otto VI. mit dem Papst überworfen hat.

Otto IV. wurde im Jahr 1198 zum deutschen König gewählt. Er verfügte unter den deutschen Fürsten zunächst über wenig Einfluß und verdankte seine Wahl dem Kölner Erzbischof Adolf I. und der päpstlichen Kurie. Als sein Rivale Philipp von Schwaben im Jahr 1208 erschlagen wurde, war der Weg allerdings frei für den Welfenkönig: Am 4. Oktober 1209 krönte ihn der Papst in Rom zum Kaiser. Zuvor hatte er versprechen müssen, sich nicht eigenmächtig in die italienische Politik einzumischen.

Auf der Höhe seiner Macht erwuchs dem Welfenkönig ein Widersacher in dem Staufer Friedrich II., aufgewachsen unter der Vormundschaft von Papst Innozenz III. und seit 1198 König von Sizilien. Im Jahr 1212 zog Friedrich II. nach Deutschland und ließ sich in Frankfurt am Main von den deutschen Fürsten zum König krönen. Dem Auftauchen seines Rivalen folgen für Otto IV. weitere Rückschläge: An der Seite des englischen Königs Johann I. Ohneland unterliegt er am 27. Juli 1214 in der Schlacht bei Bouvines dem französischen König Philipp II. Augustus und verliert jeden Einfluß auf die europäische Politik. Auf dem vierten Laterankonzil im November 1215 erklären ihn die kirchlichen Würdenträger förmlich für abgesetzt und erkennen statt dessen Friedrich II. als König an.

Um die gleiche Zeit ergreift Otto IV. noch einmal die militärische Initiative. Unterstützt von der Mehrzahl der norddeutschen Fürsten, unternimmt er einen Feldzug gegen Holstein und erobert kampflos Hamburg. Die von ihm eingesetzte welfische Besatzung sieht sich jedoch noch im Winter 1215/16 einem dänischen Belagerungsheer gegenüber. Die Stadt wird vollständig eingeschlossen. Der dänische König Waldemar II. läßt unter- und oberhalb der Stadt zwei Befestigungen errichten und die Elbe durch Pfähle und Ketten sperren.

Sein Ziel, die Stadt von allen Lebensmittelzufuhren abzuschneiden und sie durch Aushungerung zur Übergabe zu zwingen, wird nach sechs Monaten erreicht. Zum Stadtherrn wird einmal mehr Albrecht von Orlamünde ernannt.

Albrecht bemüht sich, die darniederliegende Wirtschaft wieder in Gang zu bringen: Er bestätigt noch 1216 der Stadt die Privilegien, die ihr einst Herzog Heinrich der Löwe verliehen hatte (→ Oktober 1189/S. 24). Der Stadtherr schafft außerdem einige Verbrauchssteuern sowie Zollabgaben an mehreren Punkten des Elblaufes wieder ab.

Alt- und Neustadt vereinigt

1216. Vermutlich in der kurzen Zeit der welfischen Besetzung schließen sich die Bürgerschaft der erzbischöflichen Altstadt und der gräflichen Neustadt zu einem Gemeinwesen zusammen.

Die Einleitungssätze des entsprechenden Vertrages finden sich in dem Stadtrechtsentwurf von → 1301 (S. 41) wieder: »dat Hamborg eyn is und eyn bliwen scal jummermeire« (daß Hamburg für immer eine Stadt bleiben soll). Die Vertreter der nunmehr geeinten Stadtteile legen ferner das Wahlrecht für den Rat fest und vereinbaren die Gründung eines gemeinsamen Rathauses und einer Gerichtsstätte (→ 1230/S. 30).

Der Text des kurz nach der Vereinigung, um 1220, von Rat und »Wittigesten« (niederdeutsch = Weisesten) formulierten Rechtes für die Gesamtstadt ist nicht überliefert. Die Wittigesten stellen zunächst für die Neustadt eine Art von Stadtgeschworenen dar. Nach der Vereinigung mit der Altstadt bilden sie eine Vertretung der Gesamtbürgerschaft gegenüber dem Rat.

Das Hamburger Stadtsiegel

Das älteste Hamburger Stadtsiegel findet sich an einer Urkunde aus dem Jahr 1241. Es zeigt als Wappenbild drei Türme, davon einer mit Spitzdach und Kreuz. Die Umschrift lautet: »Secretum Burgensium de Hamborg« (lat. = Siegel der Bürger von Hamburg). Über die Herkunft dieses Siegel- und Wappenbildes fehlen genaue Angaben, jedoch zeigen die ab 1189 in Hamburg geprägten Silberpfennige – es sind Brakteaten, d. h. nur einseitig geprägte Münzen – ein ähnliches Motiv wie das Wappen (Abb.: Siegel des Stadtrechts von 1497).

Geistlicher Stand als Altersvorsorge

1212. Der Vogt zu Hamburg, Ritter Reinhard von Pinnow, wird im Hamburger Domkapitel als Laienbruder aufgenommen. Seine Gegenleistung: Er überträgt den Geistlichen die ihm zustehende Kornrente auf Neuengamme.

Der Eintritt von Adligen in den geistlichen Stand ist nichts Ungewöhnliches. Sie bringen ihre Privilegien ein und genießen dafür ein ruhiges Leben im Alter. In diesem Fall hat Ritter Reinhard eigens Land auf der Insel Neuengamme erworben, die bereits in einer Urkunde des Bistums Ratzeburg aus dem Jahr 1158 erwähnt wurde, damals aber noch nicht bebaut war. In der Urkunde des Ritters wird das nunmehr eingedeichte und urbar gemachte Gebiet eine »nova insula« (Neue Insel) genannt.

Wie Neuengamme wird auch die zwischen Neuengamme und dem Winsener Neuland gelegene Insel Kirchwerder eingedeicht. Der Reitbrook gilt dagegen erst 1252 als ein zehntpflichtiges, also urbar gemachtes und eingedeichtes Land.

1220

1220–1229

1220. Das St. Georg-Hospital – außerhalb der Stadt, im heutigen Stadtteil St. Georg – wird erstmals urkundlich erwähnt. Hier werden Aussätzige, vor allem Leprakranke, aufgenommen.

Um 1220. Die beiden Inseln Cremon und Grimm werden besiedelt.

24. 12. 1223. In Bremervörde beendet ein Vergleich den Streit zwischen dem Hamburger und Bremer Domkapitel. Der erzbischöfliche Sitz wird erst jetzt formaljuristisch von Hamburg nach Bremen verlegt, obwohl die Hamburg-Bremer Kirchenfürsten dort de facto schon seit über 350 Jahren residieren (→ Sommer 845/S. 16).

24. 12. 1224. Der dänische Statthalter Graf Albrecht von Orlamünde bestätigt Hamburg die früher gewährten Privilegien. Die Stadt muß jedoch ihre reichsten Bürger als Geiseln stellen. Auf diese Weise hoffen die Dänen, einen Abfall Hamburgs zu verhindern.

1224. Handelsbeziehungen zwischen Hamburg und England sind bezeugt.

9. 2. 1225. Graf Adolf IV. von Schauenburg zieht in Hamburg ein. Im Februar bestätigt er den Hamburgern die ihnen von Kaiser Friedrich I. Barbarossa am → 7. 5. 1189 (S. 23) verliehenen Rechte.

22. 6. 1226. Waldemar von Dänemark läßt sich unter Bruch vorher gegebener Versprechungen von Papst Honorius III. von seinem Friedenseid entbinden und beginnt einen Feldzug gegen den Grafen Adolf IV. von Schauenburg.

22. 7. 1227. In der Schlacht bei Bornhöved siegt Graf Adolf IV. von Schauenburg über den dänischen König Waldemar II. Damit befreit er zugleich Hamburg von der Herrschaft der Dänen. → S. 29

1227. Nach dem entscheidenden Sieg über die Dänen stiftet Graf Adolf IV. von Schauenburg Hamburgs erstes Kloster, das Franziskanerkloster St. Maria Magdalenen (an der Stelle der heutigen Börse). → S. 29

1227. Im Hamburger Domkapitel wird das Amt des Kantors eingerichtet; er leitet den Chorgesang und die Liturgie.

1228. Der Bremer Erzbischof Gerhard II. tritt seine stadtherrlichen Rechte in der Hamburger Altstadt an Graf Adolf IV. von Schauenburg ab. In dessen Namen übt ein gräflicher Vogt die Gerichtsbarkeit sowie das Zoll- und Münzrecht aus. Zugleich wird die Einheit der Stadt bekräftigt.

Ritter kämpfen bei Bornhöved (Sächsische Weltchronik, um 1280; Staats- und Universitätsbibliothek, Bremen)

Entscheidender Schlag gegen Dänemark

22. Juli 1227. Bei Bornhöved in der Nähe von Segeberg wird der dänische König Waldemar II. durch ein Heer norddeutscher Fürsten und der Städte Hamburg und Lübeck entscheidend besiegt. Damit gewinnt Graf Adolf IV. von Schauenburg die Landesherrschaft über die Grafschaft Holstein zurück und beendet gleichzeitig die dänische Hoheit über Hamburg.

Maßgeblichen Anteil an dem Sieg über den Dänenkönig hat der Frontwechsel einer Streitmacht von Dithmarschern. Sie bilden zunächst die Nachhut von Waldemars Heer, laufen jedoch während der Schlacht zu den Holsteinern über und fallen den ursprünglich Verbündeten in den Rücken.

Die Dänenherrschaft über Hamburg und Holstein geriet erstmals in Gefahr, als Waldemar II. und sein ältester Sohn durch einen Handstreich des Herzogs Heinrich von Schwerin am 7. Mai 1223 auf der Insel Lyoe (vor der Südwestküste Fünens) gefangengenommen und nach Dannenberg an der Elbe entführt wurden. Nach Zahlung eines Lösegeldes und dem Verzicht auf die Gebiete zwischen Eider und Elbe kam Waldemar am 21. Dezember 1225 wieder frei.

Er gab den Kampf um die Macht nicht auf, ließ sich von Papst Hono-

rius III. von seinem in Dannenberg abgelegten Treueversprechen entbinden und organisierte Feldzüge gegen mehrere Ortschaften in Schleswig und Holstein. Der Schauenburger Adolf IV. hatte unterdessen – am 9. Februar 1225 – Hamburg der dänischen Herrschaft ent-

reißen können. Als neuer Stadtherr bestätigte er den Hamburgern die von Kaiser Friedrich I. Barbarossa und Adolf III. gewährten Rechte (→ 7. 5. 1189/S. 23). Um die Dänen endgültig vertreiben zu helfen, bringt Hamburg 4000 Mark reinen Silbers als Kriegskosten auf.

Frommer Schauenburger Adolf IV.

Adolf IV. von Schauenburg und Holstein (Abb.: in Rittertracht; Ölbild aus der ersten Hälfte des 15. Jahrhunderts) wurde vor 1205 geboren. Aus Dankbarkeit für den Sieg bei Bornhöved stiftet der Graf noch im Jahr 1227 Hamburgs erstes Kloster. Es wird an der Stelle der heutigen Börse errichtet und der heiligen Maria Magdalena geweiht, weil der Sieg an ihrem Tage errungen wurde. Der Sage nach hat Adolf IV. auf dem Schlachtfeld den Bau des Klosters gelobt und im Falle eines Sieges versprochen, selbst Mönch zu werden. Daraufhin sei die Heilige selbst am Himmel erschienen und habe die Sonnenstrahlen, welche zuvor das Heer der Holsteiner blendeten, auf die Dänen gelenkt. 1238, im Anschluß an eine Pilgerreise nach Livland, tritt Adolf IV. als Laienbruder in das von ihm gestiftete Franziskanerkloster ein. Er stirbt am 8. Juli 1261 in der von ihm selbst zwischen 1233 und 1242 gegründeten Stadt Kiel.

1230. Ein erstes gemeinsames Rathaus für die Hamburger Alt- und Neustadt wird an der heutigen Ecke Kleine Johannisstraße/Dornbusch errichtet. → S. 30

Um 1230. Rat und Bürgergemeinde gewähren Kaufleuten aus Lübeck in Hamburg den gleichen Rechtsschutz wie Einheimischen.

Nach 1230. Die Anlage einer vollständigen Stadtbefestigung in Form einer Ziegelmauer beginnt. Die Arbeiten sind um 1240 beendet. → S. 31

1233. In Hamburg wird mit der Herstellung von Weizen- und Weißbier begonnen (→ 1411/ S. 60).

1235. Hummelsbüttel wird als »hummersbutle« erstmals erwähnt.

Um 1235. Graf Adolf IV. von Schauenburg läßt im Bereich des heutigen Jungfernstiegs die Neue oder Obermühle bauen. Durch den dafür notwendigen Stau der Alster entsteht der Alstersee. → S. 31

1236. Nach einer Einigung zwischen dem Erzbistum Bremen und den Herzögen von Braunschweig-Lüneburg fallen die Grafschaften in den Gauen Hollenstedt und Hittfeld sowie die Elbinseln Finkenwerder und Gorrieswerder als bischöfliches Lehen an die Herzöge.

1236. In Hamburg ist der Magister Jordan von Boizenburg als erster namentlich bekannter Stadtnotar tätig (→ 1238/S. 31).

1236. Die Kaufleute aus der Mark Brandenburg werden in Hamburg von den sog. Ungeldforderungen beim Ein- und Verkauf von Waren befreit (→ 1230/ S. 30).

Um 1236. Dominikanermönche gründen das St. Johannis-Kloster. Ihre Konventsgebäude lassen sie auf dem Gelände des heutigen Rathausmarktes errichten. → S. 31

25. 4. 1237. In Hamburg findet die glanzvolle Hochzeit der Tochter des Grafen Adolf IV. von Schauenburg, Mechtildis, mit dem Herzog Abel von Schleswig statt.

1238. Hamburg schließt einen Vertrag mit den Bewohnern des Landes Wursten an der Elbmündung, in dem u. a. das sog. Standrecht geregelt wird. → S. 31

13. 8. 1239. Graf Adolf IV. von Schauenburg tritt als Laienbruder in das von ihm gestiftete Maria-Magdalenen-Kloster ein (→ 1212/S. 28). Seine beiden unmündigen Söhne Johann I. und Gerhard I. bestätigen Hamburg am 16. August die kaiserlichen Privilegien. Als Vormund für die Kinder wird Herzog Abel von Schleswig eingesetzt.

Hamburg etabliert sich als Handelsstadt

1230. Als erstes Rathaus für die Gesamtstadt Hamburg entsteht ein aus Ziegeln gemauertes Gebäude an der heutigen Ecke Kleine Johannisstraße und Dornbusch. Hier tagt der Rat, von hier aus wird das Gemeinwesen verwaltet. Angesichts der friedlichen Zustände in Norddeutschland nach dem Sieg des Grafen Adolf IV. von Schauenburg über die Dänen (→ 22. 7. 1227/ S. 29) kann Hamburg seine Rolle als Handelszentrum stärken.

Das erste Rathaus ist ein schlichter Bau: Ein langes Giebelhaus mit hohem Kellergewölbe, darüber eine Versammlungshalle. Dem Gebäude vorgelagert ist eine Laube, von der aus öffentliche Ankündigungen verlesen werden. Der Rathausbau folgt dem bereits im Jahr → 1216 (S. 28) gefaßten Beschluß zur Vereinigung der damals noch erzbischöflichen Alt- mit der gräflichen Neustadt. Damals ist zugleich festgelegt worden, daß jeder taugliche Mann aus Alt- und Neustadt in den Rat gewählt werden könne.

Dem Rat gehören 30 Personen an, die auf Lebenszeit aus den reichen Grundeigentümer- und Kaufmannskreisen gewählt werden. Jährlich am 22. Februar bestimmen die Ratsherren nach einem feststehenden Turnus 20 der Ihren für den »sitzenden Rat«, der die laufenden Geschäfte erledigt. Diese Geschäfte sind eher bescheiden: Zunächst hat der Rat kaum andere Kompetenzen als die Überwachung der Märkte.

Das Hamburger Gerichtswesen liegt in der Hand des Grafen Adolf IV. von Schauenburg, der sich im Jahr 1228 vom Bremer Erzbischof Gerhard II. dessen stadtherrlichen Rechte an der Altstadt abtreten ließ. Ein von dem Schauenburger Grafen eingesetzter Vogt übt die Gerichtsbarkeit aus und ist verantwortlich für den Betrieb von Münzstätte und Mühle sowie für die Erhebung eines Export- und Transitzolls (Schauenburger Zoll).

Diese Zollabgaben gewinnen einen immer größeren Umfang, denn Hamburg liegt im Zentrum von vier großen Verkehrsachsen: Händler aus Friesland, aus Lübeck, aus Mitteldeutschland sowie aus Lüne-

Handwerker verpacken Fertigwaren in Fässer (Holzschnitt, 1585).

burg und Braunschweig passieren auf ihren Reisen die Stadt.

Angesichts dieser zentralen Lage ist es wichtig, mit den umliegenden Handelsstädten und auswärtigen Mächten zu einem guten Einvernehmen zu kommen. Schon um 1230 gewähren Rat und Bürgerschaft den Kaufleuten aus Lübeck, die mit Waren nach Hamburg kommen, den gleichen Rechtsschutz wie den Einheimischen. Um den wichtigen Binnenhandel zu fördern, erläßt man im Jahr 1236 Kaufleuten aus der Mark Brandenburg die Zahlung des sog. Ungeldes, das bislang anfiel, wenn diese ihre Waren in Hamburg verkauften und von dort Rückfracht bezogen.

Anfang des 13. Jahrhunderts blüht allgemein der Handel. Hamburg profitiert davon:

▷ Der Hafen ist ein wichtiger Ost-West-Umschlagplatz für Getreide und Metalle

▷ In umgekehrter Richtung expandiert der Handel mit Heringen, Leinwand und Schmalz über Hamburg

▷ Die Stadt kann Kontakte zu den bedeutendsten Geschäftszentren im Westen knüpfen, nämlich u. a. zu Utrecht, Brügge und Gent

▷ Handelsbeziehungen mit England pflegt Hamburg mindestens seit 1224.

Während Hamburg seinen Ruf als Wirtschafts- und Handelszentrum festigt, wächst die Stadt auch flächenmäßig in der ersten Hälfte des 13. Jahrhunderts erheblich. Waren zum Zeitpunkt der Gründung der gräflichen Neustadt im Jahr 1188 (→ 7. 5. 1189/S. 23) nur rund 16 ha bebaut, sind es bis 1250 etwa 80 ha. Bis zum Ende des 13. Jahrhunderts vervierfacht sich die Bevölkerungszahl. Im Jahr 1300 leben etwa 5000 Menschen in der Stadt, die mittlerweile vier Kirchspiele aufweist (→ 1264/S. 35). Schwerpunkte der Besiedlung sind die Inseln Cremon und Grimm, die ab 1220 parzelliert, eingedeicht und urbar gemacht werden, ferner der Rödingsmarkt westlich des Deichstraßenfleets und das Gebiet östlich der Altstadt im späteren Jacobikirchspiel. Zur Versorgung der Bevölkerung dienen die drei Märkte auf dem Hopfenmarkt, dem Alten Fischmarkt und dem Berg, die auch nach der Vereinigung von Alt- und Neustadt bestehen bleiben.

Hopfen und Malz – wichtige norddeutsche Exportartikel – werden in Norwegen zu Bier verarbeitet. Auch in Hamburg gewinnt die Bierbrauerei an Bedeutung.

Neue Bautechniken zeigt die Allegorie auf den Turmbau von Babel (11. Jh.).

Ziegel nur für Gotteshäuser und Herrensitze

Nach 1230. Die wachsende Handelsstadt schützt sich: Hamburg erhält eine neue Stadtbefestigung in Form einer Ziegelmauer. Auch bei Kirchen, Klöstern und Rathäusern geht man vom Holz- zum Ziegelbau über. Nur wenige Privatleute können es sich jedoch leisten, ihre eigenen Häuser mit Ziegeln hochziehen zu lassen. Die breite Masse der Hausbesitzer wohnt weiter in lehmverputzten Fachwerkbauten.

Bei der Technik des Backsteinbaus werden die Steine in den Ziegelhöfen mit Hilfe von hölzernen Formkästen oder Schablonen in eine bestimmte Größe gebracht und anschließend gebrannt. Zwei Ziegeleien beliefern im 13. Jahrhundert die Stadt: Die eine steht auf dem heutigen Borgesch in St. Georg, die andere in der Nähe der heutigen Michaeliskirche.

Das Bauhandwerk weist bereits eine große Spezialisierung auf. Neben den eigentlichen Maurern finden sich u. a. Steinmetze, Ziegler, Schmiede, Zimmerleute sowie – in Hamburg spätestens ab 1288 – auch Glaser.

Neben diese Fachberufe tritt das große Heer der Handlanger, die am ehesten von Entlassung bedroht sind, wenn – wie dies etwa beim Bau des Mariendoms zwischen 1313 und 1319 der Fall ist – das Spendenaufkommen für den Weiterbau nachläßt (→ 18. 6. 1329/S. 44). Seit dem 12. Jahrhundert organisieren sich die städtischen Handwerker in sog. Ämtern (Zünften). In Hamburg nennt eine Aufstellung der Ämter des Jahres 1375 für den weiteren Bereich des Baugewerbes die Berufe Glaser, Maler und Schmied (→ S. 51).

Mühlenbau macht Alster noch größer

Um 1235. Graf Adolf IV. von Schauenburg läßt im Bereich des heutigen Jungfernstiegs die Alster durch einen Damm aufstauen und dort die Neue oder Obermühle erbauen. Die alte Kornmühle am Großen Burstah (→ um 1189/S. 24) allein kann den gewachsenen Mehlbedarf nicht mehr befriedigen.

Durch den Bau des zweiten Mühlendamms – später nach dem Müller Heyne Reese Reesendamm genannt – tritt die Alster bis nach Winterhude über ihre Ufer und weitet sich zum Alstersee. Zwischen Reesendamm und alter Kornmühle kann nunmehr neues Bauland erschlossen werden.

Dominikanerkloster in der Altstadt

Um 1236. Mit Zustimmung von Rat, Bürgerschaft und Domkapitel errichten die Dominikanermönche Burchard und Otto das Kloster St. Johannis. Der umfangreiche Gebäudekomplex umfaßt ein Terrain zwischen der Binnenalster und der Grenze der Altstadt, also das Gelände des heutigen Rathausmarktes.

Der Dominikanerorden wurde als erster kirchlicher Bettelorden im Jahr 1216 von Papst Honorius III. bestätigt. Seine Mitglieder verpflichten sich dem Ideal der Armut und widmen sich vor allem der Seelsorge, was den Orden nicht selten in Konflikt mit dem übrigen Klerus bringt.

Räuberisches Strandrecht

1238. Hamburg schließt ein Abkommen mit dem Land Wursten an der Elbmündung, das die Sicherheit der Kaufleute in diesem Gebiet erhöhen soll.

Ziel des Vertrages ist es, den Hamburger Kaufleuten die gleichen Rechte wie den Einheimischen zu gewähren. Besonders wichtig für die Hamburger: Die Abmachung beinhaltet einen Vergleich über das Verhalten bei Schiffsunfällen und das sog. Strandrecht. Damit ist das Recht der armen Küstenbewohner gemeint, die Ladung gestrandeter Schiffe in Besitz zu nehmen. Der gängige Mißbrauch des Strandrechts kommt der Piraterie nahe und bedroht den Handel so sehr, daß Hamburg ein lebhaftes Interesse an diesbezüglichen Regelungen hat und immer wieder entsprechende Abkommen schließt

(→ um 1377/S. 50; 31. 7. 1394/S. 54). An den Vertragsverhandlungen ist der Hamburger Stadtnotar, der im Jahr 1236 erstmals erwähnte Magister Jordan von Boizenburg, beteiligt. Er entstammt derselben ritterlichen Familie wie der Gründungsunternehmer der Neustadt, Wirad von Boizenburg (→ 7. 5. 1189/S. 23). Zu seinen wichtigsten Aufgaben gehört es, Rechtsgeschäfte aufzuzeichnen und Schuldbücher anzulegen. Ferner führt er im Auftrag des Hamburger Rates Verhandlungen mit auswärtigen Mächten, bei denen es gilt, Handelsvorrechte für die Stadt zu sichern. Bis zum Ende der Amtszeit Jordan von Boizenburgs 1269 findet sich sein Name in einer Vielzahl von Urkunden mit Privilegien, die den Hamburger Kaufleuten neue Märkte erschließen helfen.

Schiffbruch eines Kauffahrers; im Falle eines Schiffsuntergangs verliert der unglückliche Kaufmann nicht selten sein Leben und sein Gut an räuberische Strandbewohner (Holzschnitt aus dem »Trostbüchlein« des italienischen Dichters Francesco Petrarca, 1539).

1241. Hamburg und die im Jahr 1143 gegründete Stadt Lübeck vereinbaren die Sicherung des Frachtwagenverkehrs über Oldesloe gegen räuberische Überfälle. Dies ist der erste von zahlreichen Verträgen zwischen den beiden Städten über den Schutz der gemeinsamen Handelswege. → S. 32

1241. Der älteste Wappenabdruck in einem Hamburger Stadtsiegel weist bereits die wesentlichen Merkmale der späteren Stadtsiegel auf (→ S. 28).

16. 8. 1243. Graf Wilhelm von Holland versichert den Kaufleuten aus Hamburg und Lübeck den Schutz ihrer Person und ihrer Waren.

1245. Zum letztenmal benutzen die Mitglieder des Hamburger Domkapitels einen gemeinsamen Schlafsaal. Das Domkapitel beschließt, die Klausurgebäude mittels einer gräflichen Stiftung neu zu bauen. → S. 33

1246/47. Das spätere Millerntor wird erstmals als »Milderdor« erwähnt. Ab 1261 lautet die Bezeichnung dann »Mildere Dore« (Mittleres Tor).

15. 3. 1247. Zwischen Hamburg und Braunschweig sind Handelsbeziehungen urkundlich nachgewiesen. Braunschweig versichert in dem entsprechenden Dokument den Hamburger Kaufleuten persönlichen und sachlichen Schutz selbst für den Fall, daß Hamburg mit dem Braunschweiger Landesherrn in Fehde liegt.

18. 8. 1247. Papst Innozenz IV. bestätigt die um 1245 erfolgte Gründung des Nonnenklosters in Herwardeshude in der Nähe des Pinnasberges. → S. 32

1247. Das Hospital zum Heiligen Geist wird erstmals urkundlich bezeugt. Es steht vor der ältesten westlichen Stadtmauer am Ende des Großen Burstah (→ 18. 8. 1247/S. 32).

1247. Als »Mühle des Herrn Hartwicus« wird erstmals die Kuhmühle in Eilbek erwähnt, die erst im 15. Jahrhundert diesen Namen erhält. Die Mühle wird 1874 abgebrochen.

1248. Im ältesten Hamburger Stadterbebuch (»Registrum civitatis«) werden Grundbesitz und kaufmännische Schuldenverhältnisse von 1274 an nach Kirchspielen getrennt verbucht. → S. 33

1248. Der Bau des Mariendoms beginnt. Er wird am → 18. 6. 1329 (S. 44) als dreischiffige Hallenkirche eingeweiht.

1248. Bergstedt wird als »bericstede« erstmals erwähnt. Noch vor 1248 ist Alt-Rahlstedt (»radolvestede«, »olden-radelevestede«) Kirchort geworden.

Hamburg macht Jagd auf Wegelagerer

1241. Die Städte Hamburg und Lübeck schließen ein Abkommen über die Sicherung der gemeinsam befahrenen Landwege.

Sie wollen die Straßen zwischen der Trave und der Elbe bei Hamburg sowie weiter bis an die Elbmündung schützen und gemeinsam die Kosten für etwaige Militäraktionen gegen Raubritter und Strauchdiebe tragen.

Ferner wird vereinbart: Personen, die aus einer der Städte ausgewiesen worden sind, finden in der anderen keine Aufnahme; alles, was zum gemeinsamen Wohlergehen beiträgt, soll künftig auch gemeinsam beschlossen werden. Die gegenüber dem Landesherrn errungenen Freiheiten und Privilegien will man zusammen schützen.

Das Abkommen von 1241 bildet den Auftakt für eine enge Zusammenarbeit der beiden Städte. Sie findet ihren Fortgang durch einen erneuten Bündnisvertrag im Jahr

Wandernde Händler (Holzschnitt, 15. Jh.); wegen der ständigen Gefahr räuberischer Überfälle empfiehlt es sich, als Gruppe zu reisen. Die Sicherung des Landwegs zwischen Hamburg und Lübeck flankiert den ebenfalls von Räuberei bedrohten Seehandel in Nord- und Ostsee.

1255 und eine Münzkonvention vom → 18. März 1255 (S. 34).

Das gemeinsame Vorgehen der Handelsstädte gegen die zunehmende Straßenräuberei ist nicht zuletzt deswegen erforderlich, weil die eigentlich dafür zuständigen Territorialherren – der in Bremen residierende Erzbischof bzw. die Schauenburger Grafen – nicht in der Lage sind, die Landwege zu sichern: Sie befassen sich mit dem Machtkampf im Reich zwischen der Fürstenopposition und Kaiser Friedrich II. und mit der Erbfolge im benachbarten Dänemark.

Klosterfrauen helfen Kranken und Armen

18. August 1247. Papst Innozenz IV. bestätigt die Gründung des Zisterzienserinnenklosters Herwardeshude. Im selben Jahr wird erstmals das Heiligen-Geist-Hospital am Rödingsmarkt erwähnt.

Das Kloster Herwardeshude am Pepermölenbek – an der späteren Grenze zwischen St. Pauli und Altona – wurde um 1245 von Heilwig, der Frau des Grafen Adolf IV. von Schauenburg, gegründet. Sie tritt selbst in den Orden ein.

Die Klosterfrauen betreiben in Herwardeshude eine Krankenstube, wo zwar vor allem die Kranken des Klosters versorgt, aber auch vorbeikommende Hungrige und Durstende gespeist werden.

Das Kloster verschafft sich durch Stiftungen einen ausgedehnten Grundbesitz. Den Auftakt macht eine Stiftung des gräflichen Vogtes Georg am 30. November 1247, der dem Kloster u. a. seinen Hof im Dorf Herwardeshude übereignet.

Mit der Gründung des Zisterzienserinnenklosters ist der dritte Orden in Hamburg aktiv geworden. Zuerst kamen die Franziskaner, deren Kloster St. Maria Magdalenen Graf Adolf IV. von Schauenburg nach der Schlacht bei Bornhöved (→ 22. 7. 1227/S. 29) stiftete. Es

Krankensaal des im Jahr 660 gegründeten Spitals Hôtel-Dieu in Paris; die Nonnen im Vordergrund symbolisieren verschiedene Lebenstugenden (15. Jh.).

folgten die Dominikaner im Kloster St. Johannis (→ um 1236/S. 31). Für die Krankenpflege entstand um 1220 östlich des Alstermühlensees – weit weg von bewohntem Gebiet – ein Siechenhaus, das zur Aufnahme von Leprakranken bestimmt war. Auch dieses St. Georgs-Hospital soll auf die Stiftung eines Schauenburgers, des Grafen Adolf III., zurückgehen.

Das Heiligen-Geist-Hospital liegt unmittelbar vor der ältesten westlichen Stadtmauer. Dort, vor der Stadt, versorgt auch ein Gast- und Rasthaus Pilger und Reisende. Diese Einrichtung kann durch Kauf und Schenkungen ebenfalls ihren Grundbesitz mehren. So gelangt das 1271 erstmals als Dorf erwähnte Barmbek (villa Bernebeke) in den Besitz des Hospitals.

Domherren wählen ihr Zuhause selbst

1245. Die Mitglieder des Hamburger Domkapitels geben ihren gemeinsamen Schlafraum auf und beziehen eigene Gebäude.

Zur Zeit des Erzbischofs Ansgar (→ 15. 5. 834/S. 15) wurde das Domkapitel als klösterliche Gemeinschaft des Benediktinerordens nach den Regeln des Bischofs Chrodegang von Metz begründet. Unter Ansgars Nachfolgern lockerte sich die klösterliche Strenge, einzelnen Klerikern wurden Pfründe und Benefizien zugestanden.

Das Domkapitel hat zwölf Mitglieder. An der Spitze steht der Propst, der anfangs vom Domkapitel gewählt wurde; mittlerweile ernennt ihn der Landesherr. Hinzu kommen die dem Kapitel angegliederten Kanoniker minderen Rechts, deren Zahl entsprechend der Zahl der vorhandenen Stiftungen zwischen vier und elf schwankt, sowie die niederen Geistlichen.

Grundstückskauf gilt nur schriftlich

1248. Das älteste noch vorhandene Stadterbebuch wird angelegt, ein Verzeichnis aller Grundstücke auf dem Gebiet der Stadt. Aufgrund dieser Unterlagen kann zweifelsfrei nachgewiesen werden, ob jemand und wer Eigentümer eines Grundstücks ist.

Will ein Bürger das Recht an seinem Grundeigentum aufgeben, so muß er an einem der wöchentlichen Audienztage vor dem Rat erscheinen. Hier gibt der bisherige Eigentümer eine öffentliche Willenserklärung (»Verlassung«) ab; jetzt kann die Einschreibung in das Stadterbebuch erfolgen, sofern niemand dagegen Einspruch erhebt.

Jede Eigentumsübertragung wird allerdings nur dann rechtskräftig, wenn der neue Besitzer das ihm überschriebene Grundstück unangefochten ein Jahr und einen Tag lang in Besitz hat. Für diese Zeit kann er verlangen, daß der Verkäufer ihm einen Bürgen stellt. Die Jahresfrist beruht auf Eike von Repgows »Sachsenspiegel«. Diese etwa 1224 bis 1231 entstandene schriftliche Kodifizierung des Gewohnheitsrechts ist um 1235 Grundlage der Rechtsprechung im niederdeutschen Raum geworden.

1250

1250. In Hamburg werden zum erstenmal Badestuben erwähnt. → S. 33

Um 1250. Der Hamburger Rat setzt sich aus den Reichen der Stadt zusammen. Dies sind oft Lehensmänner der Holsteiner Grafen, aber auch zunehmend Kaufleute. → S. 33

Um 1250. In der Hamburger Altstadt werden die ersten Straßen nach den dort ansässigen Gewerben benannt. → S. 33

24. 3. 1252. Die Gräfin Margarethe von Flandern erteilt Hamburger und Lübecker Kaufleuten Handelsprivilegien.

1254. In einer Zollrolle werden Kaufleute aus Magdeburg in Hamburg erwähnt.

8. 1. 1255. Die Schauenburger Grafen schenken dem Orden der Beginen einen Teil ihres an der Steinstraße gelegenen Gartens zum Bau eines Konventhauses. → S. 34

18. 3. 1255. Hamburg und Lübeck vereinbaren als gemeinsame Münzeinheit die lübisch-hamburgische Mark. → S. 34

29. 4. 1255. Die Schauenburger Grafen überlassen dem Hamburger Domstift ihre Rechte an den Zehnten in Osterbek, Steinbek, Boberg, Rissen und Tinsdal. Urkundlich erwähnt werden um diese Zeit auch der Reitbrook (1252), Ochsenwerder (1254) sowie Bahrenfeld und Sülldorf (beide 1256).

1255. Domherr Berthold schenkt dem Hamburger Mariendom eine prächtige Bibelhandschrift. → S. 35

1. 6. 1257. Auf Bitten des Hamburger Rates untersagt Papst Alexander IV. den geistlichen Gerichten, die sog. Feuerprobe als Beweismittel gegen Hamburger anzuwenden. → S. 34

Um 1258. Die Alstermündung und die Bille werden miteinander verbunden. Durch diese Maßnahme wird der Alsterhafen besser durchspült und vertieft (»Alstertief«). → S. 34

10. 10. 1258. Durch eine Schenkung der Grafen von Schauenburg wird die räumliche Geltung des Hamburger Stadtrechts ausgedehnt. → S. 34

1258. Im ältesten Erbebuch des Kirchspiels St. Petri findet sich die erste Nachricht über einen Boten in Hamburg: »Borghardo nuntio nostro« (unserem Boten Bernhard).

29. 9. 1259. Erzbischof Hildebold von Bremen bestimmt, daß alle von See kommenden Schiffe drei Tiden (36 Stunden) lang vor Stade liegenbleiben müssen. Damit versucht er, die Hamburger zu zwingen, ihm stadtherrliche Rechte zu übertragen. → S. 34

Landadlige Herren machen die Politik

Um 1250. Der 30 Personen zählende Hamburger Rat (→ um 1230/S. 30) wird von der städtischen Oberschicht beherrscht.

Seine Mitglieder rekrutieren sich häufig aus dem Landadel, stehen als Besitzer umfangreicher Landgüter vielfach in Lehnsbeziehungen zu den Holsteiner Grafen und nennen Rechte aus stadtherrlichen Einkünften ihr eigen.

Bis zum Ende des Jahrhunderts wandelt sich das Erscheinungsbild der Stadtregierung: Erfolgreiche Kaufleute drängen stärker als bisher in die politische Verantwortung. Zugleich zieht der Rat immer mehr Befugnisse an sich und wird allmählich zum Motor der politischen Entwicklung Hamburgs.

Straßen nach den Zünften benannt

Um 1250. Im Kirchspiel St. Petri (→ 1195/S. 24) in der Altstadt werden Straßen nach den dort beheimateten Gewerken benannt.

Zu diesen Zunftstraßen gehören die 1248 erstmals erwähnte Knochenhauerstraße, wo die Schlachter ansässig sind, die Große und Kleine Bäckerstraße und die Schmiedestraße. In der Pelzerstraße – sie wird 1266 erstmals unter der Bezeichnung »platea pelliciatorum« genannt – arbeitet das Kürschnerhandwerk.

Der Rödingsmarkt heißt nicht etwa so, weil dort ein Markt stattfindet, sondern weil es zuerst eine Mark (Grenzgebiet) im Besitz eines Rodiger war. Dies zeigt der lateinische Name »marca Rodigeri«.

Frauen und Männer ergötzen sich gemeinsam im Baderaum. In Hamburg geht es um 1250 allerdings gesitteter zu: Hier baden die Geschlechter getrennt.

Ein Bad für Leib und Seele

1250. In Hamburg werden erstmals Badestuben erwähnt. Ein Besuch dient meist nicht nur der Hygiene, sondern auch der Behandlung von Krankheiten, der Vorbeugung gegen Seuchen und ganz allgemein der Erfrischung der Seele.

Die Einrichtung der Badestuben erfolgt in den Hansestädten auf Initiative der Stadt oder reicher Privatleute bzw. durch Stiftungen aufgrund von testamentarischen Verfügungen. Die Bürger baden in der Regel nur am Wochenende oder vor hohen Feiertagen. Das anderenorts beliebte gemeinsame Baden von Frauen und Männern gilt in Hamburg als unschicklich.

Die Badestuben werden betreut durch eine besondere Berufsgruppe, die Bader. Sie bereiten die mit Kräuteressenzen versetzten Warmwasserbäder, verabreichen Schwitzprozeduren und Massagen und dürfen auch – mißtrauisch beäugt von den Ärzten bzw. Barbieren und Chirurgen – alte Wunden behandeln und das Schröpfen ausführen. Die Einrichtung des Seelenbades (von lat. »balneae animarum«) kommt ab dem 14. Jahrhundert in erster Linie den Armen der Stadt zugute. Sie dürfen sich außer am Bad auch noch an Bier und Wein laben, wenn sie danach für das Seelenheil des Stifters beten.

Blaue Schwestern in der Steinstraße

8. Januar 1255. Gräfliche Großzügigkeit ermöglicht dem Frauenorden der Beginen den Bau eines Konventhauses in Hamburg. Die Grafen Johann I. und Gerhard I. von Schauenburg übertragen dem Orden einen Teil ihres Apfelgartens, der gegenüber der Jacobikirche an der Steinstraße liegt.

Auf Wunsch der Grafen werden dort auch Freiwohnungen für zehn arme Witwen errichtet. 20 Mitglieder zählt der Konvent der Beginen in Hamburg, die wegen ihrer blauen Tracht auch »Blaue Schwestern« genannt werden. Die im Jahr 1180 entstandene ordensähnliche Gemeinschaft widmet sich in erster Linie der Hilfe für verlassene Mädchen und Frauen sowie der Krankenpflege.

Hamburger Recht weit ausgedehnt

10. Oktober 1258. Die holsteinischen Grafen erweitern den sog. Weichbildbezirk Hamburgs, d. h. die räumliche Geltung des Stadtrechts und der Polizeigewalt des Rates. Dieser Bezirk reicht jetzt bis weit über die Stadtmauern hinaus. Nach Westen hin wird die neue Grenze durch den sog. Scheidebach in der Altonaer Talmulde bestimmt. Weitere markante Grenzpunkte sind der Lauf der Alster, Lübscher Baum und Landwehr.

Zwar bleibt die Vogtei und damit die Gerichtsbarkeit in den Händen der Grafen; sie verliert jedoch an Bedeutung, weil die beiden Ratsmänner, welche neben dem Vogt zu Gericht sitzen, allmählich die Rechtsprechung an sich ziehen.

Die Ausdehnung des Weichbildbezirks hat nachhaltige Folgen für die Entwicklung der Stadt: Zunächst werden der Rödingsmarkt und das Jacobikirchspiel (→ 1264/ S. 35) in den Befestigungsring einbezogen. Dann lassen die Stadtherren mehrere Dörfer der Umgebung niederlegen. Die Bewohner sollen in die Stadt umsiedeln, um besser gegen überraschende Angriffe gewappnet zu sein. Dieses Schicksal trifft u. a. die Einwohner der Dörfer Herwardeshude (zwischen Hamburg und Ottensen), Heimhude vor dem Dammtor und Odersfelde beim Klosterstern.

An Alster und Trave gilt Markwährung

18. März 1255. Hamburg und Lübeck vereinbaren die Herausgabe einer gemeinsamen Währung und regeln deren Silbergehalt. Die holsteinischen Grafen ordnen an, daß in ihrem Herrschaftsgebiet nur solche Münzen benutzt werden, die mit Zustimmung Hamburgs geschlagen worden sind.

Die aufgrund dieser Münzkonvention entstandene lübisch-hamburgische Mark wird in kurzer Zeit zur gebräuchlichsten Währung im Einflußbereich der Hanse.

Jede Mark gemünzten Silbers ist 192 Pfennige wert. In der Hamburger gräflich-holsteinischen Münzstätte werden bis 1325 ausschließlich Pfennige geprägt. Der Begriff »Mark« kennzeichnet eine Gewichtseinheit für Edelmetalle.

Größere Schiffe im Hafen auf Reede

Um 1258. Zur Erweiterung der Hafenkapazität in Hamburg werden der Alsterlauf und die Bille auf der Linie des heutigen Zollkanals verbunden. Damit wird der Alsterhafen besser durchspült und zugleich vertieft (»Alstertief«).

Diese erste Erweiterung des Hafens ist notwendig geworden, nachdem sich infolge der Gründung der Neustadt 1188 der Hafenbetrieb vom Reichenstraßenfleet ins Nikolaifleet verlagert hat, das eine natürliche Schleife der Alster auf ihrem Weg zur Elbe darstellt.

Durch die Vertiefung des Alsterhafens können an der Stelle vor der heutigen Straße Kajen größere Schiffe auf Reede gehen. Kleine Schuten befördern die Ladung dann weiter in die Stadt.

Erpressungsversuch des Erzbischofs

29. September 1259. Der Bremer Erzbischof Hildebold verfügt, daß alle elbaufwärts fahrenden Schiffe in Stade nicht nur Zoll zahlen, sondern 36 Stunden lang festmachen müssen, um dort möglichst ihre Ladung zu löschen.

Mit dieser Anordnung eröffnet der Erzbischof einen offenen Wirtschaftskrieg gegen Hamburg. Der Grund: Hildebold will die holsteinischen Grafen zwingen, ihre stadtherrlichen Rechte über die Altstadt an ihn zurückzugeben. Sein Vorgänger, Gerhard II., hat diese Rechte 1228 an die Grafen abgetreten.

Hildebolds Erpressung schlägt fehl: Die Grafen setzen sich gegen den Kirchenfürsten durch, Hamburg wird die Handelsbeschränkungen wieder los (→ 6. 12. 1267/S. 36).

Mittelalterliche Justiz: »Gottesurteil« des glühenden Eisens (Miniatur aus dem Codex Lambacensis, 12. Jh.)

Edikt gegen Feuerprobe und Blutrache

1. Juni 1257. Papst Alexander IV. untersagt den geistlichen Gerichten, das Beweismittel des glühenden Eisens gegen Hamburger anzuwenden. Um dieses wichtige Verbot zu erwirken, hat der Hamburger Rat eigens eine Delegation in das päpstliche Hofquartier nach Viterbo (Latium) entsandt.

Bisher ist es gängige Praxis, daß eines Verbrechens Verdächtige unter Anrufung Gottes gezwungen werden, mit nackten Füßen über glühend gemachte Pflugscharen zu laufen, glühendes Eisen anzufas-

sen oder durch loderndes Feuer zu gehen. Bleibt der Betreffende unverletzt, gilt er als unschuldig. Gott, so heißt es in diesem Fall, habe sich durch ein Wunder für die Wahrheit erklärt.

Ein weiterer kleiner Schritt zu einer Liberalisierung des Rechtswesens ist der Kampf gegen die Blutrache. Es ist üblich, daß sich die Angehörigen eines Ermordeten durch die Tötung des Schuldigen Genugtuung verschaffen wollen. Dies zieht aber stets wieder neue Gewalttaten nach sich.

Am 29. April 1255 verfügen die Grafen Johann I. und Gerhard I. von Schauenburg und Holstein für Ochsenwerder die Beschränkung der Blutrache. Die Eltern und Verwandten eines Getöteten oder Verwundeten dürfen fortan die Angehörigen des Täters, sofern diese bei der Tat nicht selbst zugegen waren, nicht mehr zum Zweikampf fordern. Wer doch gefordert wird, aber beweisen kann, daß er bei der Tat überhaupt nicht zugegen war, braucht nicht zum obligatorischen Duell zu erscheinen.

1260

1260. Ein Versuch der Hamburger, mit ihren Schiffen die Schwingemündung bei Stade zu blockieren, schlägt fehl (→ 6. 12. 1267/S. 36).

1260. Als Verbindung zwischen der Cremoninsel und der Neustadt wird die Hohe Brücke (auch »altus pons« oder »hoge brügge« genannt) errichtet. → S. 35

22. 11. 1261. Das Hamburger Domkapitel erwirbt den Zehnten in Duvenstedt (»duvenstede«).

Vor 1264. Die Schauenburger Grafen verleihen dem Hamburger Rat das Recht, zwei Beisitzer zum gräflichen Vogtgericht zu entsenden.

1264. St. Jacobi wird zum erstenmal als Pfarrkirche bezeichnet. Damit gibt es in Hamburg vier Kirchspiele. → S. 35

1264. Die Steinstraße (lat. »platea lapida«) wird gepflastert. Das Baumaterial stammt aus den Steinen der Bischofsburg (→ um 1035/S. 19).

16. 8. 1265. Zwischen Hamburg und den Bewohnern des Landes Dithmarschen wird eine sog. Sühne vereinbart. Dieses Abkommen regelt Rechtsstreitigkeiten zwischen Privatleuten.

8. 11. 1266. König Heinrich III. von England gewährt den Kaufleuten aus Hamburg eine »Hanse«, d. h. das Recht, sich in seinem Land zu einer Genossenschaft zu vereinigen. → S. 37

22. 7. 1266. Der Schauenburger Graf Gerhard I. verkauft die Neue Mühle an den Müller Heyne Reese. Der dazugehörige Damm erhält den Namen Reesendamm (→ um 1235/S. 31).

1266. Die Trostbrücke wird als »pons trostes« urkundlich erwähnt.

6. 12. 1267. Der Bremer Erzbischof Hildebold bestätigt den Standpunkt Hamburgs über die Unabhängigkeit vom Stader Zoll. Um ihren Rechtsstandpunkt zu erhärten, haben die Hamburger um 1265 eine erweiterte Fassung des kaiserlichen Freibriefs vom 7. Mai 1189 (S. 23) anfertigen lassen. → S. 36

28. 7. 1268. Ein Schiedsspruch der Gräfin Margarethe von Flandern beendet Streitigkeiten zwischen den Kaufleuten aus Flandern und Hamburg und verfügt eine beiderseitige Handelsfreiheit.

8. 11. 1269. Aus einem Vertrag zwischen dem Rat und dem Hamburger Domkapitel geht hervor, daß es zehn Kurien in der Stadt gibt. Sie bestehen jeweils aus einem Haupthaus und Nebengebäuden.

1269. Der Geistliche und spätere Domherr Johann Schinkel wird Stadtnotar (bis 1299).

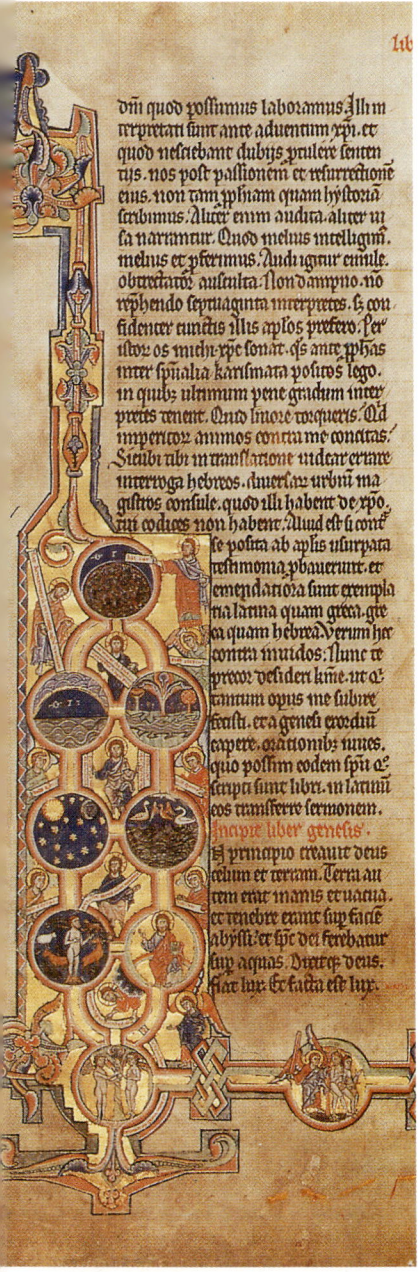

Karolus-Bibel mit dem Beginn der Genesis; auf den illustrierten Rundfeldern die Schöpfungstaten Gottes

Erlesenes Geschenk für das Gotteshaus

1255. Der Hamburger Domherr Berthold schenkt seinem Gotteshaus eine lateinische Bibelhandschrift, die er eigens in Auftrag gegeben hat. Der Künstler, ein gewisser Karolus, hat die Heilige Schrift ungewöhnlich originell illustriert. Das trifft vor allem für die aufwendige Ornamentik zu. Die Handschrift des vermutlich aus dem Raum Hildesheim-Braunschweig stammenden Meisters gilt als die prächtigste unter den noch erhaltenen norddeutschen Bibeln.

Die vier Kirchspiele

Geest
Marsch

Großer Alstersee
Reesendamm
Alster-Aue
Obermühle
St. Petri-Kirche
St. Jacobi-Kirche
Stadtmauer
Niedermühle
Marien-Dom (Gelände der Hammaburg)
St. Nikolai-Kirche
St. Katharinen-Kirche
Alster
Bille

0   300 m

Quelle: Nach Ilse Möller, Hamburg   © Harenberg

Mit dem Jacobi-Kirchspiel dehnt sich die Stadt nach Osten aus. Anders als zur Jahrhundertwende ist die Neustadt (St. Nikolai) dicht besiedelt.

Kirchspiele als Stadtteile

1264. Die Kirche St. Jacobi wird erstmals als Pfarrkirche erwähnt. Damit hat sich die Zahl der Hamburger Kirchspiele in nicht einmal 100 Jahren auf vier erhöht. Die Grenzen der Kirchspiele markieren zugleich die Verwaltungsbezirke.

Das Petrikirchspiel bildet die Altstadt. Das Gotteshaus von St. Petri wurde → 1195 (S. 24) erstmals urkundlich erwähnt. Das Kirchspiel St. Nikolai umfaßt die Hamburger Neustadt. Es ist als Folge der Stadtgründung durch Graf Adolf III. von Schauenburg entstanden (→ 7. 5. 1189/S. 23). Eine Urkunde erwähnt im Jahr 1195 eine an diesem Ort befindliche Kapelle, die dem Heiligen Nikolaus als Schutzherrn der Schiffer und Kaufleute geweiht ist. Das Kirchspiel St. Katharinen besteht aus den ab 1220 eingedeichten und besiedelten Marscheninseln Cremon und Grimm. Die Kirche wurde um 1250 auf der Insel Grimm für die dort ansässigen Schiffsbauer, Kaufleute und Bierbrauer errichtet.

Das jüngste der vier Hamburger Kirchspiele, St. Jacobi, liegt östlich der bisherigen Umwallung der Altstadt (→ 10. 10. 1258/S. 34). Zum Zeitpunkt der erstmaligen Erwähnung 1255 war St. Jacobi noch eine Kapelle für Pilger und reisende Kaufleute außerhalb der Stadt.

Imposantes Tor zur Elbe

1260. In einer Urkunde ist unter der lateinischen Bezeichnung »altus pons« (Hohe Brücke) erstmals die Rede von einer Brücke zwischen der Cremoninsel und der Hamburger Neustadt. Das neue Bauwerk wird als »hoge brügge« bezeichnet, weil es aufgrund seiner ungewöhnlichen Höhe die Durchfahrt von Schiffen erlaubt.

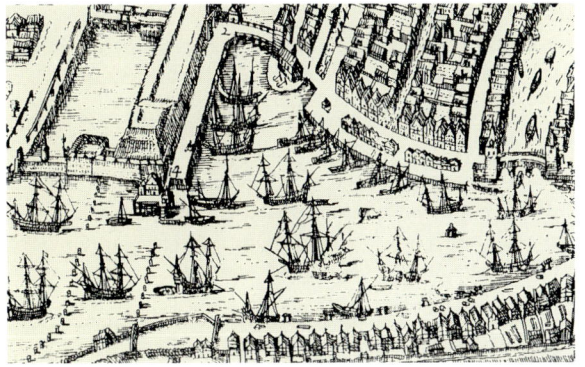

Die von zwei Türmen flankierte Hohe Brücke (r.) mit der Straße Kajen auf einem Stich des Jahres 1578; die im Bildzentrum zu erkennende Ausweitung des Alsterfleets (o. l.) dient Hamburg als Hafen.

Hamburg und die Elbe: Eine Ehe mit Brief und Siegel

6. Dezember 1267. Hamburg hat seine Privilegien als Handels- und Hafenstadt jetzt in amtlicher Form: Der Bremer Erzbischof Hildebold bestätigt mit Zustimmung seines Domkapitels die Rechte, die Kaiser Friedrich I. Barbarossa am → 7. Mai 1189 (S. 23) den Bewohnern der Hamburger Neustadt verliehen hat. Damit erkennt der Bremer Kirchenfürst zugleich die entsprechende, vom Hamburger Rat nachträglich angefertigte Urkunde als rechtswirksam an.

Die Geschichte dieses gefälschten Freibriefs geht auf eine Auseinandersetzung zwischen dem Erzbischof und den gräflichen Stadtherren Hamburgs zurück. Um seine Ansprüche auf die Altstadt zu erhärten und zugleich Hamburg wirtschaftlich unter Druck zu setzen, hatte Hildebold am → 29. September 1259 (S. 34) verfügt, daß alle elbaufwärts fahrenden Schiffe in Stade nicht nur den Elbzoll entrichten, sondern auch drei Tiden lang (36 Stunden) dort festmachen mußten. Damit wollte Hildebold offensichtlich die Händler dazu veranlassen, ihre Waren auf dem Stader Markt anzubieten. Dies hätte nicht nur den Warenumschlag auf dem Hamburger Markt erheblich beeinträchtigt, sondern auch wegen zurückgehender Zolleinnahmen finanzielle Einbußen für die Schauenburger Grafen bedeutet.

Schon lange hatte Stade, bis zum Aufkommen Hamburgs wichtigster Umschlaghafen an der Elbe, auf eine Gelegenheit gewartet, die glatte Durchfahrt von Hamburg zum Meer zu unterbrechen.

Der Versuch der Hamburger, im Jahr 1260 ihrerseits mit Kriegskoggen die Schwingemündung bei Stade zu blockieren, endete mit einer katastrophalen Niederlage. Auch ein zwischenzeitlicher Friedensschluß zwischen den Schauenburgern und ihren Gegnern nützte nicht viel, weil Hamburg daran unbeteiligt blieb und der Stader Landungszwang beibehalten wurde.

Da eine militärische Lösung des Konflikts keinen Erfolg versprach, schlugen die Hamburger den Rechtsweg ein. Dazu wiederum mußte der »Barbarossa-Freibrief« von 1189 nachträglich hergestellt werden – eine überzeugende Arbeit, wie der für Hamburg positive Spruch des Schiedsgerichts zeigt.

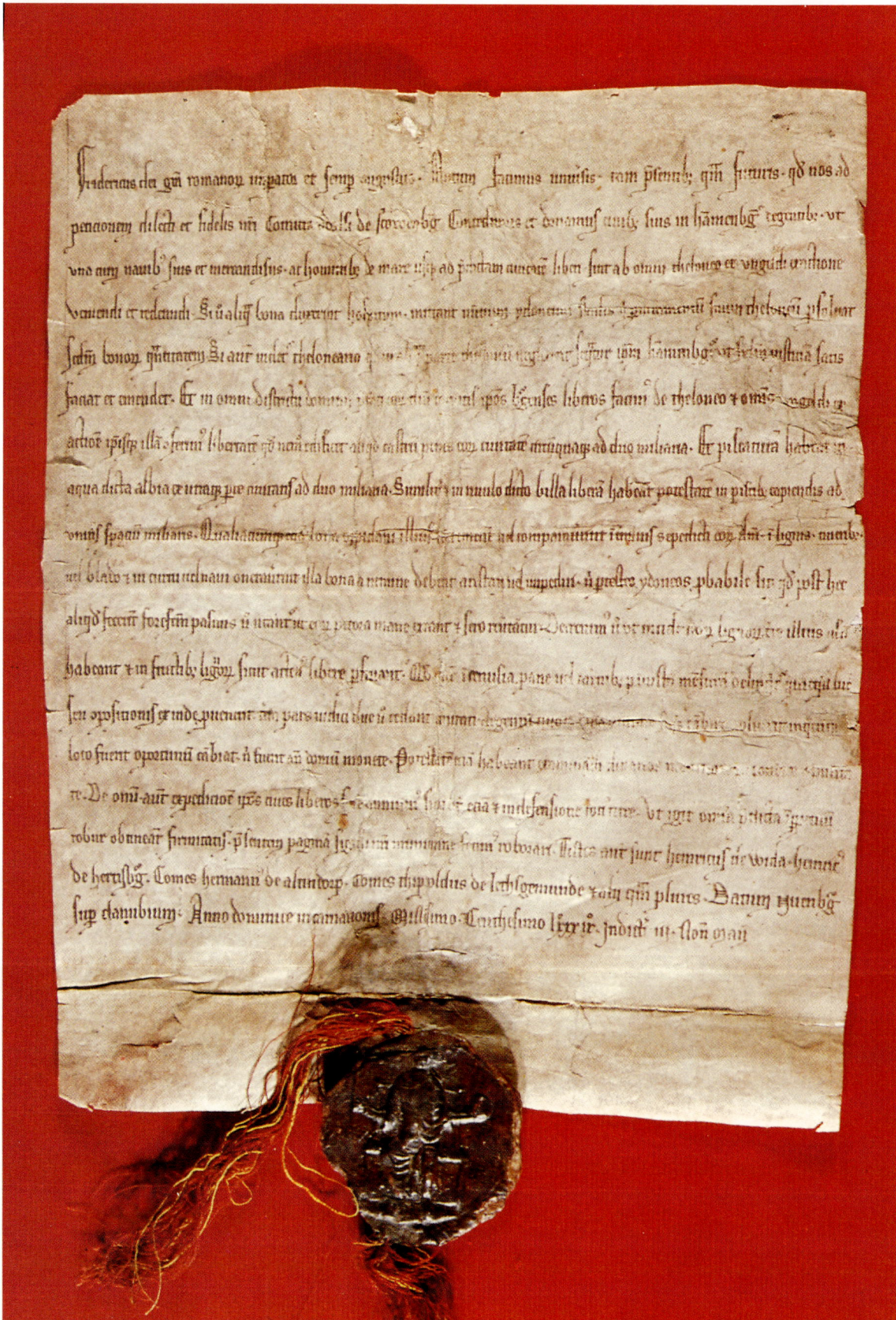

Der nachträglich auf Initiative des Hamburger Rates hergestellte »Freibrief« für die Bewohner der Neustadt; die um das Jahr 1265 entstandene Urkunde trägt das Datum 7. Mai 1189 und das Siegel Kaiser Friedrichs II. Der allerdings war zum angeblichen Zeitpunkt der Ausstellung dieser folgenreichen Urkunde noch gar nicht geboren (Hamburg, Staatsarchiv).

Fälschung und diplomatisches Meisterstück

Mit dem für diese Zeit gewaltigen Betrag von 10 400 Mark in Silber und 1350 Pfennigen (rund 3,5 Mio. DM in der Kaufkraft von 1991) erkauft sich Hamburg nachträglich ein Exemplar des kaiserlichen Freibriefes von 1189 –versehen mit einigen Zusätzen– und damit das Recht auf eine ungehinderte Elbschiffahrt.

Das viele Geld wurde vor allem ausgegeben, um die Reisespesen von Ratsherren zu decken, die teuren Kalligraphen zu bezahlen und vielleicht auch, um einem durchreisenden ehemaligen kaiserlichen Schreiber ein Siegel von Kaiser Friedrich II. abzukaufen.

Schon allein diese Summe verdeutlicht den Wert der Elbe für Hamburg, zeigt aber auch, wie teuer es in politisch unsicheren Zeiten für eine Handelsstadt ist, sich ihr wirkliches oder vermeintliches Recht zu verschaffen.

Seit dem Tod des deutschen Königs Konrad IV. im Jahr 1254 gibt es im Reich keine wirksame Zentralgewalt mehr. Die Schauenburger Grafen – also die Stadtherren – sind ab 1260 in dänische Thronwirren verstrickt. Einzig verfügbare Autorität ist die Kirche in Gestalt des Kardinallegaten Guido, der Hamburg und Lübeck eben in dieser Zeit besucht. Bei ihm finden die Hamburger mit ihren Klagen über die vielfältigen Behinderungen ihres Handels und die Ausschreitungen gegen ihre Kaufleute ein offenes Ohr: Am 21. Dezember 1265 fordert Guido den Erzschof von Magdeburg auf, die Hamburger vor dem Mißbrauch des Strandrechtes zu bewahren (→ 1238/S. 31). Als dies keine Wirkung zeigt, verlangt er von dem in Bremen residierenden Erzschof Hildebold, das Ausplündern gestrandeter Handelsschiffe durch die Küstenanwohner zu unterbinden und dafür zu sorgen, daß den Hamburgern das geraubte Gut wieder zurückerstattet wird.

Am 4. Januar 1266 bestätigt der Kardinallegat den kaiserlichen Freibrief, den ihm Abgesandte des Hamburger Rates vorlegen,

in seiner erweiterten Form. Der Hamburger Rat hat sich nämlich nicht damit begnügt, die ihm bekannten Bestimmungen schriftlich niederzulegen. Vielmehr ist der Inhalt im Sinne Hamburgs erweitert worden: Etwa um die Regelung, daß fremde Ladung auf Hamburger Schiffen per eigener Deklaration und ohne Liegezeit an der Schwingemündung verzollt werden kann.

Vor allem kommt es dem Rat darauf an, ein für allemal festzuschreiben, daß Hamburger Kaufleute auf eigenen Schiffen Menschen und Waren vom Meer die Elbe hinauf befördern können, ohne Zoll bezahlen zu müssen. Kardinallegat Guido beglaubigt in der zu dieser Zeit üblichen Art und Weise den Inhalt der Urkunde, indem er sie »transsumiert«, also ihren Text in einer neuen Urkunde wörtlich wiederholt. Das »Transsumpt« leitet er an den Erzbischof von Magdeburg weiter. Ihm hat der Kardinallegat den Schutz der mit dem Barbarossaprivileg zusammenhängenden Rechte anvertraut.

Der Magdeburger Erzbischof bestätigt die Abschrift, indem er sie »vidiert« (von lat. vidimus = wir haben gesehen) und wieder eine neue Urkunde ausfertigt.

Dieses Dokument endlich führt die Hamburger Delegation mit sich, als sie auf Einladung von Erzbischof Hildebold zu einem Schiedstermin fährt. Im September 1266 erklärte sich Hildebold nämlich bereit, die Entscheidung eines unparteiischen Schiedsgerichtes bezüglich seiner Auseinandersetzung mit Hamburg zu akzeptieren. Der Schiedsspruch zugunsten Hamburgs wird von den Herzögen von Braunschweig-Lüneburg und einem von dem Erzbischof benannten Adligen nach Anhörung der zerstrittenen Parteien gefällt.

Der augenblickliche Erfolg ist allerdings kein Grund, sich beruhigt zurückzulehnen: Noch häufig sieht sich Hamburg in der Zukunft genötigt, zu juristischen, diplomatischen und militärischen Mitteln zu greifen, um die Anerkennung der Elbe als »Hamburger Strom« durchzusetzen (→ 3. 12. 1567/S. 94).

Gespannt und sorgenvoll warten die Kaufleute am Ufer auf die Rückkehr ihres wertvollen Schiffes (Miniatur aus dem 15. Jh., Oxford).

Hansekaufleute in England

8. November 1266. König Heinrich III. von England gestattet den Kaufleuten aus Hamburg, in seinem Land eine »hanse« zu halten. Sie haben damit das Recht erworben, eine Vereinigung der dort ansässigen Kaufleute zu gründen.

Sitz der Hamburger Kaufleute in England ist vermutlich King's Lynn oder Yarmouth an der Ostküste. In London besteht bereits seit dem 12. Jahrhundert eine Niederlassung von Kölner Kaufleuten, deren Privilegien von König Heinrich II. verbrieft und von König Richard I. Löwenherz 1194 erneuert worden sind. Die Kölner Niederlassung – auch als »Guildhall« bezeichnet (nach dem englischen Wort für Hanse: »guild«) – liegt an einem Uferstreifen an der Themse.

Nach den Kölnern versuchten auch andere deutsche Kaufleute, vor allem aus Lübeck und ab 1224 auch aus Hamburg, in England Fuß zu fassen. Weil es dabei immer wieder zu Spannungen kam, garantierte König Heinrich III. im Jahr 1260 der ganzen deutschen Kaufmannschaft den Besitz des Kaufmannshauses in London.

Im Jahr 1282 verbinden sich schließlich die Kölner, Lübecker und Hamburger Hanse in England zu einer gemeinsamen Kaufmannschaft. Darüber hinaus verfügen die Hamburger auch über feste Plätze in Utrecht und Brügge.

In der Mitte des 13. Jahrhunderts ist die Hanse noch kein Städtebund, sondern ein Zusammenschluß von Kauffahrern. Dies ändert sich erst im Zuge des gemeinsamen Kampfes um Marktanteile im → Mai 1358 (S. 48).

Das Bild einer Kogge im Siegel der 1143 gegründeten Stadt Lübeck, ab 1358 unbestrittenes Haupt der Hanse

Eine Kogge im Siegel von Stralsund, der aktivsten Stadt des wendischen Hansequartiers (→ 20. 4. 1410/S. 58)

15. 10. 1270. Im »Ordeelbook« wird das erste Stadt- und Schiffsrecht in niederdeutscher Sprache kodifiziert. → S. 38

1270. Erstmals findet ein Ratsweinkeller (»domus vini«) urkundliche Erwähnung.

8. 9. 1271. Erzbischof Hildebold von Bremen bestätigt dem Hamburger Domkapitel seinen Besitz in Bramfeld, Barmbek, Mellingstedt, Lemsahl und Duvenstedt. Barmbek (»villa Bernebeke«) hat seinen Namen nach dem Bach Bernebeke, was schmaler Bach bedeutet (jetzt Osterbek).

2. 5. 1272. Graf Dietrich von Cleve sichert den Hamburger Kaufleuten für ihren Handel mit Holland und Flandern seinen Schutz zu Wasser und zu Lande zu.

1273. Bei der ersten holsteinischen Landesteilung fallen u. a. die Ortschaften Wedel, Nienstedten, Rellingen, Eppendorf und Bergstedt an die Itzehoer Linie unter Graf Gerhard I. Adolf V. aus der Kieler Linie erhält u. a. Ochsenwerder, Billwerder, Steinbek und Schiffbek. → S. 38

1273. Hamburg unterstützt den Erzbischof Giselbert von Bremen durch finanzielle Zuwendungen in seiner Fehde gegen die Kehdinger Bauern. Der Grund: Sie haben Kaufleute auf der Elbe ausgeraubt.

1274. Die neun Hamburger Straßenbezirke innerhalb der vier Kirchspiele bilden die Grundbuchbezirke für die Eintragung in die städtischen Erbebücher (→ 1248/S. 33).

1. 3. 1275. Herzog Johann I. von Sachsen-Lauenburg verleiht dem Flecken Bergedorf (»oppidum Berierdorp«), der neben der herzoglichen Burg entstanden ist, das »Recht derer zu Mölln«, das dem lübischen Recht entspricht. → S. 38

6. 8. 1275. In einer Verkaufsurkunde der Herren Heynrich und Meynrich von Heynbroke an das Frauenkloster Herwardeshude wird erstmals das Dorf Eimsbüttel (»elmersbotele«) erwähnt (→ 1. 3. 1275/S. 38).

1275. Ein eingewanderter Niederländer aus Groningen namens Lambertus de Grunige wird in Hamburg erwähnt. Auf ihn geht vermutlich der Straßenname Gröningerstraße zurück.

1275. Erstmals tauchen Angehörige des holsteinischen Adelsgeschlechtes de Raboysen in Hamburger Dokumenten auf. Ein Hermann de Raboysen bewohnt im 14. Jahrhundert einen Turm der Stadtmauer (heutige Straße Raboisen).

1278. Die Hamburger Verwaltung beginnt, die jährliche Zuwanderung in die Stadt aufzuzeichnen. → S. 38

»Ordeelbook« kodifiziert das Stadtrecht

15. Oktober 1270. Rat und Bürgerschaft erklären das sog. Ordeelbook (niederdeutsch, etwa: Urteilbuch) zur Grundlage des zukünftigen hamburgischen Stadtrechts. Der langjährige Stadtnotar Jordan von Boizenburg hat die Gesetzessammlung entworfen.

Es kodifiziert das älteste lateinische Stadtrecht aus der Zeit von etwa 1220 (→ 1216/S. 28) in niederdeutscher Sprache. Das umfangreiche Dokument faßt erstmals in systematischer Form das Personen- und Sachenrecht, das Familien- und Erbrecht, das Schuldrecht sowie das Straf- und Seerecht und schließlich auch Bestimmungen über das Prozeßverfahren in einem Buch zusammen. Wegen seiner fortschrittlichen Inhalte wird es von vielen anderen Städten wie z. B. Riga und Stade übernommen. Das »Ordeelbook« illustriert gleichzeitig den geringer werdenden Einfluß der Stadtherren – der Holsteiner Grafen – auf die Geschicke Hamburgs und legt Zeugnis ab von dem Ringen der Bürgerschaft um Mitbestimmung.

Als Vertreter der Bürger gegenüber dem jeweiligen Landesherrn und als Inhaber der städtischen Gewalt versucht der Rat, sich zunehmend unabhängig gegenüber der Gesamtheit der Bürger zu machen (→ um 1250/S. 33). Nach überkommener Sitte erwählt der Rat seine Mitglieder aus der Schicht reicher Adliger und Kaufleute. Vielen Stadtbewohnern ist aber der Zutritt verwehrt. Dazu gehören Unfreie, Lehnsmänner auswärtiger Herren und diejenigen, die nicht über Haus- und Grundbesitz innerhalb der Stadtmauern verfügen – insgesamt eine deutliche Mehrheit der Hamburger Bevölkerung.

Um den Rat nicht allmächtig werden zu lassen, hat ihm die Bürgerschaft sog. Wittigesten als Teilha-ber des Stadtregiments zur Seite gestellt. Zu den Wittigesten zählen vermutlich die Vertreter der Handwerker, die von der Gemeinde gewählten Kirchgeschworenen und diejenigen Kaufleute, die nicht im Rat sitzen. Auf der anderen Seite greift der Rat nun auch in die Gerichtsbarkeit ein, die bislang ausschließlich den gräflichen Stadtherren unterstand: So darf der Rat seit 1264 zwei Beisitzer zum gräflichen Vogtgericht entsenden, das als Niedergericht minderschwere Fälle in erster Instanz entscheidet.

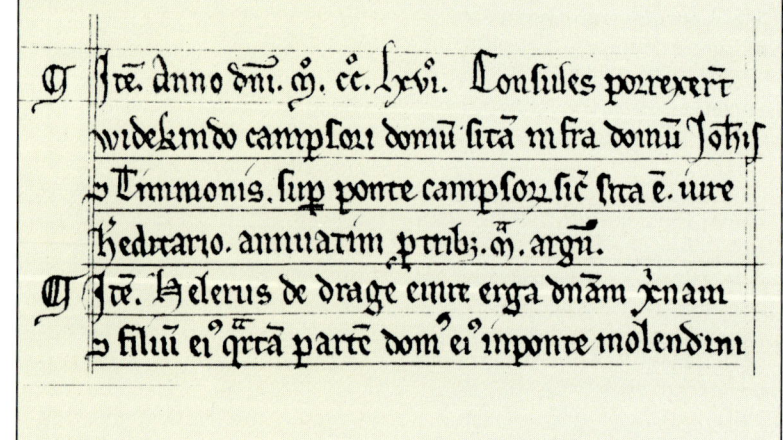

Die Handschrift des Juristen und langjährigen Stadtnotars Magister Jordan von Boizenburg in dem ältesten erhaltenen hamburgischen Stadtbuch (1266)

Holsteiner Grafen teilen ihre Länder

1273. Um die dynastischen Interessen ihrer Nachfahren zufriedenzustellen, teilen die in Holstein residierenden Schauenburger Grafen ihr Gebiet auf. Davon ist auch Hamburger Umland betroffen.

An die Itzehoer Linie unter Graf Gerhard I. fallen auf diese Weise u. a. die Kirchspiele Wedel, Nienstedten, Rellingen, Eppendorf, Gorrieswerder, Bergstedt einschließlich Wohldorf sowie Bargteheide.

Für die Kieler Linie gehen u. a. Ochsenwerder, Billwerder, Steinbek und Trittau an Adolf V. In der Stadt Hamburg selbst lassen sich die Schauenburger zu dieser Zeit von einem Vogt namens Bertold von Horst vertreten.

Der Rest von Holstein – mit einigen Ausnahmen, darunter Lübeck – fällt an den Grafen Johann II., ebenfalls aus der Kieler Linie.

Neue Dörfer in der Nähe von Hamburg

1. März 1275. Herzog Johann I. von Sachsen-Lauenburg verleiht dem neben seiner Burg entstandenen Flecken Bergedorf das Stadtrecht von Mölln, das dem lübischen Recht entspricht. Am 6. August desselben Jahres wird das Dorf Eimsbüttel erstmals erwähnt.

Eine Befestigung in Bergedorf wurde schon früher, nämlich im Jahr 1212 erwähnt. Damals befreite der dänische Statthalter Graf Albrecht von Orlamünde (→ 11. 11. 1202/S. 27) einen in Neuengamme lebenden Ritter vom »burchwerk« der Pflicht zur Hilfe beim Burgbau.

Das Dorf Eimsbüttel verdankt seine erste urkundliche Nennung einem Kaufvertrag: Darin übertragen die Herren Heynrich und Meynrich von Heynbroke dem Kloster Herwardeshude eine Hufe Landes in dem Dorf »elmersbotele«.

Mehr Leute wollen Stadtluft atmen

1278. In Hamburg wird damit begonnen, die Zahl der Haushaltungsvorstände aufzuzeichnen, die das Bürgerrecht neu erwerben. In den zehn Jahren bis 1288 sind dies 286 Personen, bis 1299 kommen noch weitere 408 hinzu.

Rechnet man die Haushaltungsmitglieder – pro Haushalt etwa fünf Köpfe – dazu, so leben Ende des 13. Jahrhunderts rund 5000 Menschen in der Stadt. Damit hat sich die Zahl der Einwohner Hamburgs innerhalb der letzten 100 Jahre fast vervierfacht.

Die Zuwanderer kommen überwiegend aus dem links- und rechtselbischen Umland. Allerdings wird nicht jeder als Bürger aufgenommen. Weniger gut verdienende Personen können sich den Erwerb des Bürgerrechts nicht leisten: Das fällige »Bürgergeld« ist viel zu hoch.

1280

1280. Die Stadt Buxtehude wird gegründet.

7. 7. 1281. Papst Martin IV. gestattet die Gründung der Nikolaischule. Die Aufrichtung dieser ersten Stadtschule stößt jedoch auf den Widerspruch des Domkapitels. → S. 39

2. 5. 1283. Graf Gerhard I. von Schauenburg bestätigt den Verkauf seiner Grundstücke in Fuhlsbüttel (»Fulesbutle« = in sumpfiger Gegend) und im Dorf Langenhorn (= am Ausläufer eines Waldes gelegen) an das Kloster Reinfeld.

20. 7. 1283. König Erich III. von Norwegen gewährt den Hamburgern Zugang zu den jährlichen Märkten in Schonen und das Recht, dort eine Niederlassung zu errichten.

11. 11. 1283. Graf Gerhard I. von Schauenburg verkauft die alte Wassermühle in Hamburg an den Bürger Hartwig, Sohn des Bertram. Noch vor dem Jahr 1306 geht sie in den Besitz der Stadt über.

8. 8. 1284. Hamburg wird durch einen Brand zerstört. → S. 39

21. 4. 1285. Die Städte Hamburg und Lübeck verbünden sich mit dem Bremer Erzbischof Giselbert und Angehörigen des holsteinischen Adels auf die Dauer von acht Jahren zur Sicherung des Landfriedens. Trotz entsprechender Verträge von 1265 und 1281 werden Hamburger Schiffe immer wieder von den Dithmarschern aufgebracht und beraubt.

14. 4. 1286. Hamburg erwirbt durch Herzog Albrecht II. von Sachsen das Recht, auf Neuwerk ein Leuchtfeuer für die Schiffahrt auf der Unterelbe einzurichten (→ um 1377/S. 50).

18. 2. 1288. Herzog Otto II., der Strenge, von Braunschweig-Lüneburg gewährt den Hamburgern denselben Schutz wie seinen eigenen Untertanen.

6. 5. 1288. König Rudolf I. von Habsburg verleiht der Burg und Vogtei Harburg eine Vorform des Stadtrechts. → S. 39

1288. Hamburger Kaufleute tragen ihre Verbindlichkeiten ab jetzt fortlaufend in ein sog. Schuldbuch ein. → S. 39

1288. Erstmals werden Alt- und Neu-Rahlstedt unterschieden (lat. antiquum Radolvestede und novum Radolvestede). Der Name Radolvestedt bezeichnet das Dorf des Radolf.

1288. In den Hamburger Stadtrechnungen wird erstmals ein Glaser erwähnt. Der Glaser Risewith ist vermutlich beim Bau des Mariendoms beschäftigt, des größten Bauvorhabens dieser Zeit in Hamburg (→ 18. 6. 1329/S. 44).

Gemeindeschule ist Domherren suspekt

7. Juli 1281. Eine Delegation des Kirchspiels St. Nikolai erwirkt von Papst Martin IV. die Erlaubnis zur Gründung einer Schule. Dies führt zu langwierigen Streitigkeiten mit dem Hamburger Domkapitel.

Der Papst gesteht der Kirchengemeinde zu, eine Schule der Grammatik für die Jugend der Neustadt zu errichten. Zugleich wird den sog. Kirchengeschworenen (Juraten) erlaubt, die Lehrer an der Schule selbst zu wählen. Kirchengeschworene sind Laien, die für die Verwaltung der kirchlichen Baulichkeiten zuständig sind.

Die Gründung dieser ersten Lese-, Schreib- und Rechenschule in Hamburg ruft den Widerspruch des Domkapitels hervor, das um seine Privilegien und den Fortbestand der Domschule bangt.

Unter Führung des Domherrn Johannes von Hamme, dem als sog. Scholastikus das Schulwesen innerhalb des Dombereichs untersteht, pochen sie auf ihr Recht der Kontrolle des Erziehungswesens. Den Streit schlichtet schließlich im Jahr 1289 Erzbischof Gieselbert: Zwar bleibt die Schule bestehen, aber die Juraten erkennen das Aufsichtsrecht des Scholastikus an. Die Schüler müssen unter Leitung des Kantors im Domchor singen.

Rudolf I. von Habsburg (1218–1291), Begründer der Habsburger-Dynastie, ist seit 1273 deutscher König.

»Freiheit« für die Siedlung Harburg

6. Mai 1288. Aus der Ansiedlung neben der Harburg (»Horburch«) wird ein Ort: Auf Bitten von Herzog Otto II. von Braunschweig-Lüneburg verleiht der deutsche König Rudolf I. von Habsburg der Siedlung das »Recht der Freiheit«.

Die Bewohner werden aus dem Landrecht herausgelöst und erhalten einen eigenen Rechts- und Gerichtsbezirk. Die Urkunde begründet für den Ort Harburg allerdings noch kein Stadtrecht. Dies besorgt Otto II. erst im Jahr 1297, als er den Harburgern das in Lüneburg gültige Recht zuerkennt.

Hamburg wird ein Raub der Flammen

8. August 1284. Ein verheerender Brand zerstört einen großen Teil Hamburgs. Die meisten der mittlerweile rund 5000 Einwohner verlieren Haus und Hof.

Der Überlieferung nach brennen nicht nur die Wohn- und Geschäftshäuser, sondern auch die Kirchen mit dem Kloster St. Johannis bis auf ein einziges Gebäude sämtlich ab. Dies erscheint übertrieben, aber zumindest die Gebäude südlich und südwestlich des Domes werden in Schutt und Asche gelegt. Vom Feuer schwer getroffen wird auch die Neustadt auf dem Terrain der ehemals gräflichen »Neuen Burg« (→ 7. 5. 1189/S. 23). Das Feuer bedeutet für die Entwicklung der Handelsstadt einen empfindlichen Rückschlag. Der Wiederaufbau verzögert sich, weil die Schauenburger Grafen, deren Beziehungen zu Hamburg im Moment nicht eben herzlich sind, ihren Vögten die Lieferung von Bauholz untersagen.

Vermögende Hamburger lassen ihre Häuser in Ziegelbauweise wiedererrichten, was zuvor nur bei Kirchen und Festungen üblich war (→ nach 1230/S. 31). Die einfachen Leute können sich hingegen als Wohngebäude nach wie vor nur Fachwerkhäuser leisten.

Handelsgeschäfte vom Schreibtisch aus

1288. Der Hamburger Ratsnotar führt ein Schuldbuch ein. Darin können die in Hamburg tätigen Kaufleute Verbindlichkeiten eintragen lassen, die sie nicht sofort beim Abschluß von Kaufverträgen in bar entrichtet haben.

Einer der bedeutendsten Hamburger Kaufleute zu dieser Zeit ist Winand Miles, der aus Salzwedel nach Hamburg eingewandert ist und als Abkömmling einer reichen Familie in den Rat gewählt wird.

In den Schuldbucheinträgen, die bis zum Jahr 1350 reichen, taucht der Kaufmann mehr als 50mal auf – fast immer als Gläubiger, nur selten einmal als Schuldner. Die bis zu seinem Tod im Jahr 1301 angefallenen Forderungen von Miles belaufen sich auf die außergewöhnliche Summe von 3350 Mark hamburgischer Silberpfennige (→ 18. 3. 1255/S. 34).

Winand Miles repräsentiert einen neuen Typus des Hamburger Fernhändlers: Er begleitet die Waren nicht mehr selbst, sondern tätigt seine Geschäfte vom Schreibtisch aus. Miles handelt mit Getreide und Holz aus seiner märkischen Heimat und steht in Verbindung mit Textilproduzenten aus der flandrischen Tuchmetropole Gent.

Rekonstruktion eines mittelalterlichen Rechenbrettes; die schriftliche Berechnung und Abwicklung von Geschäften wird immer wichtiger.

Ehrwürdige Geschäfte »unter der Krone«

1290. Der Sitz des Rates und der Verwaltung wird vom alten Rathaus am Dornbusch zum Neß an der Trostbrücke verlegt. Das zweite Rathaus der Gesamtstadt Hamburg (→ 1230/S. 30) wird größer und aufwendiger als das vorherige in Ziegelbauweise errichtet.

Das Rathaus bei der Trostbrücke ist ein zweigeschossiger Backsteinbau von etwa 26 m Länge und 18 m Breite. Den größten Raum nimmt an der Fleetseite ein großer, durch gotische Fenster erhellter Saal ein. Hier tagen die Ratsherrn.

Auf dem Tisch vor ihnen steht ein silberner Reliquienschrank, den angehende Bürger bei der Leistung des Bürgereids oder Zeugen bei einem Gerichtsverfahren berühren.

An der Decke des Raumes hängt ein geschnitzter Leuchter. Hier, »unter der Krone«, finden die Verhandlungen zwischen Rat und Bürgerschaft statt, hier werden fremde Gesandte empfangen, und hier tagen die Ratsboten der Hansestädte, wenn sich ihre Repräsentanten in Hamburg versammeln.

Der Hamburger Rat übernimmt

Das Rathaus mit den Erweiterungsbauten der Jahre 1600 und 1649; an der Trostbrücke tagt auch (l.) das Niedergericht (Kupferstich, 1710).

auch die Stadtverwaltung – alle Behörden sind im Rathaus vereinigt. Ehrenamtliche, auf Lebenszeit gewählte Ratsherren nehmen Regierung und höhere Rechtsprechung (Obergericht) wahr.

Das Ratskollegium entsendet einzelne seiner Mitglieder in bestimmte Zweige der Verwaltung, während den Bürgermeistern die Vertretung nach außen obliegt. Dem Rat sind ab dem 13. Jahrhundert vereidigte Ratsnotare als Beamte auf Lebenszeit verpflichtet (→ 1238/S. 31). Ihnen untersteht die Ratskanzlei, wo der Schriftverkehr abgewickelt wird. In zwei kleinen Räumen des neuen Rathauses ist die Kämmerei untergebracht, die Finanzverwaltung der Stadt.

Hamburg darf die Gesetze selbst erlassen

20. März 1292. Die Schauenburger Grafen erkennen das Recht Hamburgs an, selbsttätig Gesetze zu verabschieden und eigene Verordnungen zu erlassen.

In der betreffenden Urkunde heißt es zu diesem Thema: »Wir schenken und gewähren Unsern lieben Bürgermeistern und Rat, auch der Gemeine Unserer Stadt Hamburg, das Recht der Köhre, d. h. das Recht, Statuten zu machen, Edikte zu verfassen, und nach Gefallen, so wie es das Beste der Stadt erheischt, zu widerrufen.«

Zugleich billigen die Grafen ein neues Stadtrecht, das u. a. erstmals die Prostitution erwähnt (→ 1428/S. 61). Um die Einheit von Alt- und Neustadt zu bekräftigen, wird bestimmt, daß es für ewige Zeiten nur noch ein Rathaus und eine Gerichtsstätte geben soll.

Weiter sieht die Urkunde vor, daß das Selbstergänzungsrecht des Rates bestehen bleibt. Vor der jährlichen Wahl des sog. sitzenden Rates aus 20 Personen (→ 1230/S. 30) legt der Gesamtrat fest, ob infolge Ausscheidens oder Ausschluß neue

Ratsmänner gewählt werden müssen. Ist dies nicht der Fall, so wählt der sitzende Rat aus den bisherigen Ratsmitgliedern 14 Personen, die wiederum aus ihren Wählern weitere sechs kooptieren.

Mittelalterliche Münzstätte; das Münzprivileg ist eines der einträglichsten Hoheitsrechte (Holzstich).

Die Schauenburger Grafen sind zwar die Stadtherren, treten dem Rat aber mehr und mehr Rechte ab. Dies äußert sich vor allem in der Gerichtsbarkeit. So ziehen zwei Ratsherren ins gräfliche Vogtgericht ein, wodurch sich die Funktion des Vogts bei Verhandlungen auf Sitzungsleitung und Erhebung von Strafgeldern beschränkt.

Dieser Souveränitätsverlust der Schauenburger ist vor allem eine Folge ihrer zahlreichen Kriege, die von Hamburg finanziert werden. Dafür sichern sich die Hamburger zahlreiche Herrschaftstitel.

So verzichteten beispielsweise die Schauenburger in den Jahren zuvor bereits auf die Erhebung des Königszinses (25. 1. 1253) und auf den sog. Friedschilling (10. 8. 1256) und verliehen der Stadt mehrere Ländereien sowie das Zollhaus. Am → 10. Oktober 1258 (S. 34) erweiterten sie das sog. Weichbild des Gemeinwesens und übertrugen Hamburg am 20. März 1292 die kleine Alster. Am 5. April 1293 wird auch die gräflich-holsteinische Münzstätte an den Hamburger Rat verpfändet.

1300

1300. Hamburg hat rund 5000 Einwohner, die bebaute Fläche beträgt rund 20 ha.

1301. Der Hamburger Rat veranlaßt eine Überarbeitung des Stadtrechtes von 1270 (»Dat rode book«). → S. 41

1301. Als »Duvelsbomgharde« (Duvels oder Düvels Baumgarten) wird erstmals Teufelsbrück zwischen den Bächen Pepermölenbek und Flottbek erwähnt.

1. 2. 1303. König Eduard I. von England erteilt allen fremden Kaufleuten, namentlich den Deutschen, zahlreiche Handelsprivilegien und Freiheiten in seinem Reich (»Carta mercatoria«).

8. 9. 1303. Graf Adolf V. von Schauenburg und Holstein (zu Segeberg) verleiht der hamburgischen Familie von Bergen die Gerichtsbarkeit über Ohlsdorf.

1303. Der Hamburger Zins beträgt 6 2/3% und bleibt auch in den folgenden Jahrzehnten stabil. Die wichtigste Form der Kreditaufnahme ist der Rentenmarkt. → S. 41

18. 1. 1304. Graf Adolf V. verleiht dem Hamburger Bürgermeister Hartwig von Ernteneborch für einen Garten in Hamm das Hoch- und Niedergericht (für Kapitalverbrechen bzw. weniger schwere Straftaten). Er übergibt ihm am 25. Juli das Dorf Barmbek als Lehen, verbunden mit der Gerichtsbarkeit.

1. 5. 1304. Der Bürger Johann von Bergen erhält von Graf Adolf V. den Meierhof von Klein-Borstel.

6. 7. 1304. Hamburg und die Dithmarscher schließen ein Abkommen über die Sicherung der freien Elbschiffahrt und am 6. Oktober einen Vertrag zur Bekämpfung der Räubereien auf der Elbe (→ 1238/S. 31).

25. 12. 1304. Hamburg und Lübeck vereinbaren nach → 1241 (S. 32) erneut die Sicherung der Landstraße zwischen beiden Städten und kommen überein, künftig einen gemeinsamen Münzmeister zu halten.

1304. Die Deichstraße (»dikstrate«) wird erstmals urkundlich erwähnt.

1306. Das hamburgische Stadtrecht wird erneuert und in vielen Teilen neu gefaßt. → S. 41

27. 11. 1308. Das Nonnenkloster Herwardeshude wird durch einen Blitz eingeäschert (→ 14. 1. 1310/S. 42).

22. 2. 1309. Hamburg kauft den Schauenburger Grafen ein zweites Viertel der Alster ab. Bereits drei Jahre zuvor hat die Stadt das erste Viertel erworben. Bis → 1310 (S. 42) fällt die gesamte Alster an Hamburg.

Kredite nur gegen »Rente«

1303. Der Rentenmarkt ist die gängige Form der Kreditaufnahme in Hamburg. Die staatlich festgesetzte Verzinsung beträgt hier während des gesamten Spätmittelalters durchgängig 6 2/3%, während in Lübeck zur gleichen Zeit lediglich 5% zu zahlen sind.

Das Rentengeschäft stellt die einzige Möglichkeit dar, sich Geld zu verschaffen oder es profitabel anzulegen, ohne daß der Geldgeber gegen das von der Kirche erlassene Zinsverbot verstößt. Kreditinstitute gibt es in Hamburg nicht, und auch Juden treten hier nicht als Geldverleiher in Erscheinung.

Voraussetzung für die Aufnahme von Kapital auf dem Rentenmarkt ist die sog. dingliche Sicherung in Form eines Grundstücks, des sog. Erbes. Es muß bebaut und mit Zubehör ausgestattet sein.

Dieses Grundstück wird nun beliehen. Der Gläubiger hat dabei die Möglichkeit, das Geld bei Verzug der Zinszahlungen gerichtlich einzuklagen bzw. das Objekt zu pfänden. De facto zahlt der Schuldner also durchaus Zinsen, was durch den Begriff »Rente« verbrämt wird. Das Recht, die Rente zu kündigen, steht im Regelfall nur dem Schuldner zu. Löst er das Darlehen ab, so handelt es sich im rechtlichen Sinne um einen Wiederkauf. Andererseits kann auch der Rentengläubiger die Rente (sog. Altrente) ablösen und weiterverkaufen.

Stets handelt es sich um Geld-gegen-Geld-Geschäfte: Ein Kapitalgeber (Rentenkäufer) stellt gegen eine jährlich zu zahlende Geldsumme (Rente) einem Kreditnehmer (Rentenverkäufer) eine bestimmte Summe zur Verfügung.

Welche Rolle diese Praxis der Kreditnahme sogar noch am Ende des 15. Jahrhunderts spielt, zeigt ein Blick auf die städtischen Rentengeschäfte zwischen 1471 und 1490. Hier beruht der Kauf und Wiederkauf von Renten auf der Haftung mit städtischen Grundstücken. In diesem Zeitraum werden bei 3536 Geschäften 39 428,83 Mark Rente umgesetzt, was angesichts des stabilen Zinssatzes einem umgeschlagenen Kapital von über 591 000 Mark entspricht.

»Das jüngste Gericht«, eine Miniatur aus dem Stadtrechtsbuch von 1301, mahnt an die Schrecken im Jenseits.

»Dat rode Book« als Urteilsgrundlage

1301. Der Rat läßt eine Neufassung des Stadtrechts vom → 15. Oktober 1270 (S. 38) anfertigen. Sie heißt wegen der Farbe des Umschlags »Dat rode Book«. Es gewinnt zwar nicht die Zustimmung der Bürgerschaft, wird aber dennoch ab 1330 zur Grundlage für Ratsurteile.

Alltagsleben von Vorschriften geprägt

1306. Bei einer Erneuerung und Durchsicht des hamburgischen Stadtrechts werden viele Teile neu gefaßt. Dies betrifft vor allem das Schiffsrecht, aber auch für den Bürger wichtige Einzelheiten des Gerichts- und Güterrechts.

Das in Hamburg gültige Schiffsrecht beinhaltet ein umfangreiches Regelwerk zur Lösung von Streitigkeiten. Es legt nicht nur die Löhnung der Seeleute fest, sondern auch, welche Frachttarife veranschlagt werden dürfen, wie teuer das Laden und Löschen sein darf und wie bei Totalverlust das Risiko zwischen Schiffer und Befrachter aufgeteilt wird.

Die Reform von 1306 beseitigt einen wesentlichen Nachteil des bisherigen Güterrechts. Starb nämlich in einer kinderlosen Ehe einer der Eheleute, dann konnte zwar der oder die Überlebende das eingebrachte Gut für sich selbst behalten; der Rest aber wurde unter den Blutsverwandten des Verstorbenen aufgeteilt. Nun besteht die eheliche Gütergemeinschaft nach dem Tode eines Partners auch dann fort, wenn aus der Beziehung keine Kinder hervorgegangen sind.

Gerichtsverfahren finden mündlich und öffentlich statt. Die Rechte des gräflichen Vogtes, der den Vorsitz führt, werden zugunsten der beisitzenden Ratsherren oder Prätoren eingeschränkt (→ 20. 3. 1292/S. 40). Protokolle führt man bis in das 15. Jahrhundert hinein nicht, aber die Urteile werden auf Verlangen schriftlich niedergelegt.

Seerecht wird immer wichtiger

Die Revision von 1306 betrifft auch das Hamburger Schiffsrecht. Es erhält nun den Charakter eines selbständigen Gesetzes. Der Rat erneuert die Regelungen über Sammelladung, Flaggenführung und Rechte der Schiffsmannschaft. Das älteste Hamburger Seerecht wurde vermutlich zwischen 1256 und 1261 von den Kaufleuten des Kirchspiels St. Nikolai zusammengestellt.

Nicht jeder seehandelnde Kaufmann verfügt über eigene Schiffe. Bedient er sich eines Lohnschiffers, begleitet er seine Ware oft selbst. Die Mannschaft darf auf eigene Rechnung Güter mitnehmen. Mittlerweile ist es auch üblich, daß mehrere Kaufleute ein Schiff befrachten (Abb.: Artikel des Schiffsrechts über das Führen eines Wimpels durch Hamburger Schiffer).

Hamburg kauft den Grafen die Alster ab

1310. Für 600 Mark erwirbt Hamburg von dem Grafen Adolf VI. von Schauenburg und Holstein unter dem Vorbehalt des Wiederkaufs innerhalb von 36 Jahren die zweite Hälfte der Alster. Die Stadt will auf diese Weise den Betrieb ihrer Mühlen absichern.

In vier Jahren hat Hamburg den Mittel- und Oberlauf des Flusses in seine Hand gebracht. Die Alster entspringt im Henstedter Moor, 26 km nördlich von Hamburg. Sie braucht 59 km für den Weg von der Quelle bis zur Mündung.

Der Alsterverkauf wurde im Jahr 1306 eingeleitet: Zu diesem Zeitpunkt übertrug Graf Adolf V. ein Viertel der Alster für 225 Mark hamburgisches Geld an den Bürgermeister und Rat von Hamburg. Er tat dies unter dem Vorbehalt eines Wiederkaufs innerhalb von 50 Jahren, was aber angesichts der chronischen Finanzknappheit der Grafen so gut wie ohne Belang ist. Am 22. März 1309 sicherte sich die Stadt das zweite Viertel der Alster, diesmal von einem Angehörigen der Segeberger Linie des Schauenburgischen Grafenhauses. Der Preis betrug diesmal 200 Mark; ansonsten gleichen die Bedingungen denen des Jahres 1306.

Mit dem Kauf des Flusses will Hamburg den Betrieb der beiden Stadtmühlen sichern – der Niedermühle am Großen Burstah (→ um 1189/S. 24) und der Obermühle am Reesendamm (→ um 1235/S. 31). Beide werden vom Wasser der Alster angetrieben. Damit die Grafen den Mühlen nicht eines Tages dieses Wasser abgraben können, kauft Hamburg die Alster »mit allen Rechten und Freiheiten, zur Nutznießung und als Eigentum« und sichert sich darüber hinaus auch noch die für die Anlagen von Mühlen geeigneten Nebenflüsse Eilbek und Osterbek.

Die beiden Mühlen selbst, einst von den Holsteiner Grafen gegründet, geraten gleichfalls unter die Kontrolle des Hamburger Rates. Die alte Wassermühle gehört der Stadt schon seit 1306, die Neue Mühle kauft Hamburg noch vor dem Jahr 1336. Als »Mühlenherren« sind von nun an zwei Ratsherren für diese wichtigen Einrichtungen verantwortlich.

Zunächst befanden sich beide Mühlen einige Zeit in privatem Besitz: Die Neue Mühle oder Obermühle verkauften die Schauenburger am 22. Juli 1266 gegen 230 Mark hamburgischen Geldes und 80 Scheffel Getreide pro Jahr an den Müller Heyne Reese, der auch dem Mühlendamm seinen jetzigen Namen gab (»Reesendamm«).

Neue Heimat für die frommen Frauen

14. Januar 1310. Für den Neubau des Klosters Herwardeshude, das vor zwei Jahren abgebrannt ist, wird der Grundstein gelegt. Vier Jahre später erhalten auch die Dominikaner im Kloster St. Johannis ein neues Domizil.

Das Kloster Herwardeshude war am 15. August 1295 von seiner Gründungsstätte beim Pinnasberg an die Alster umgezogen. Es umfaßt nunmehr ein Areal zwischen den heutigen Straßen Harvestehuder Weg, Abteistraße, Heilwigstraße und Krugkoppel. Zwar wird das Kloster nun als »Vrouwendal« (Frauental) bezeichnet, der Ortsname Herwardeshude bleibt aber gängig und gibt später dem Stadtteil den Namen Harvestehude. Der Brand des Jahres 1308 hat für das Kloster auch sein Gutes: Der Neubau ist nämlich aus Stein und nicht mehr aus Holz.

Das Herwardeshuder Frauenkloster erfreut sich großer Beliebtheit. Hier finden neben Jungfrauen aus holsteinischem Adel auch viele Töchter vermögender Hamburger Bürger Aufnahme. Weil dies stets mit finanziellen Zuwendungen verbunden ist, mehrt das Kloster in kurzer Zeit seinen Reichtum. Ganze Dörfer gelangen in den Besitz der frommen Klosterfrauen; so etwa im Jahr 1313 ein Stück Land bei Tottenhusen (beim heutigen Ottensen) mit niederer und hoher Gerichtsbarkeit. Später erwirbt das Kloster eine Reihe weiterer Rechte und Besitzungen in der Umgebung. Auch das Dominikanerkloster St. Johannis ist niedergebrannt und erhält einen Neubau auf dem heutigen Rathausmarkt. Weil dieses Gebäude hinter der Hamburger Stadtbefestigung liegt, verpflichtet der Rat die Mönche dazu, neben der Alster eine Mauer zu bauen, Festungsgräben auszuheben und diese Anlagen auf eigene Kosten in gutem Zustand zu erhalten.

Nördliche Seite des St.-Johannis-Klosters an der kleinen Alster (Aquarell von Martin Gensler); der im Jahr 1314 mit der Stadt abgeschlossene Vertrag erlaubt den Mönchen, ihren Schlafsaal, ihr Gast- und Krankenhaus sowie Backhaus, Brauhaus und Küche auf die Stadtmauer zu bauen. Sie ist an dieser Stelle dicker als sonst in Hamburg üblich. Die Keller liegen so tief, daß sie bei hohem Wasserstand der Elbe vollaufen.

1320

1321. Das Herzogtum Sachsen-Lauenburg wird geteilt in die Linien Bergedorf-Mölln und Ratzeburg-Lauenburg. Johann II. von Bergedorf-Mölln verfügt nun über die Herrschaft Mölln und die Kirchspiele Bergedorf, Curslack, Altengamme und Geesthacht.

15. 2. 1322. Durch eine Landesteilung im schauenburgischen Herrscherhaus kann Adolf VII., der Jüngere, seine Grafschaft Schauenburg-Pinneberg konsolidieren. Nördlich von Hamburg bezeichnet die Oberalster die Grenze zwischen der pinnebergischen Grafschaft im Westen und der Plöner Linie der Schauenburger im Osten.

21. 7. 1323. Die Dithmarscher schließen mit Hamburg und den holsteinischen Grafen einen Vertrag. Sie verpflichten sich darin u.a., die Kaufleute auf der Elbe, Eider, Treene und Sorge unbehelligt zu lassen.

24. 7. 1323. Graf Adolf VII., der Jüngere von Schauenburg-Pinneberg verpfändet dem Hamburger Bürger Johann von Bergen junior die hohe und niedere Gerichtsbarkeit des Dorfes Winterhude.

4. 11. 1325. Die Schauenburger Grafen (ohne Beteiligung der Kieler Linie) verkaufen die Münzgerechtigkeit für die gesamte Grafschaft Holstein an Hamburg.

1325. Graf Adolf VII. von Schauenburg-Pinneberg verkauft dem Klosterpropst von Herwardeshude Alsterdorf und Groß-Borstel sowie das Moor am Bach Terveke (Tarpenbek).

1325. Das Brunofeld an der Alster jenseits des Reesendamms (dazu gehören der spätere Gänsemarkt und die heutige ABC-Straße) fällt durch den Tod des Domkantors Bruno aus der Familie von Bergen an das Domkapitel. Es wird am 4. Mai 1373 für 2 1/2 Mark jährliche Erbpacht Eigentum des Rates.

2. 5. 1328. Auf Empfehlung des Grafen Adolf VII. von Schauenburg wird dessen Bruder Erich Propst des Hamburger Domkapitels.

1328. Der Schauenburger Graf Johann III. verpfändet für 500 Pfennige die Insel Billwerder an die Knappen Marquard Schakke und Johann Mildehövet. Sie sollen die verfallenen Deiche und Schleusen wiederherstellen (→ 6. 3. 1333/S. 45).

18. 6. 1329. Der Bremer Erzbischof Burchard Grelle weiht den Hamburger Mariendom. → S. 44

21. 8. 1329. Der Erzbischof erläßt ein Statut über die Bewahrung der Kirchenzucht in Hamburg. → S. 43

Die Kogge – Frachtschiff der Zukunft

Zwischen dem 12. und dem 14. Jahrhundert ist die Kogge das bevorzugte Seeschiff der Hanse, nicht nur auf der Nord- und Ostsee, sondern sogar auf dem Mittelmeer.

Im Vergleich zu früheren Schiffstypen zeichnet sich die Kogge durch eine überaus stabile Konstruktion aus. Beim Bau finden Planken aus Eichen- und Ulmenholz in einer Stärke von etwa 40 cm Verwendung. Sie werden zusammengenagelt und mit einer besonderen Mischung aus Harz und Leinöl konserviert. Die Spalten werden mit Werg und Teer abgedichtet.

Schon seit dem Ende des 13. Jahrhunderts sind Koggen mit Kastellaufbauten bekannt. Diese Vorder- und Achterkastelle mit ihren Brustwehren und Zinnen bieten der Besatzung einen guten Schutz im Falle eines Angriffs.

Das Schiff wird bewegt durch ein großes, rechteckiges Rahsegel mit etwa 80 bis 175 m² Segelfläche. Steht der Wind günstig, können sog. Mützen aufgezogen werden, besondere Segel, die am unteren Rand des Hauptsegels befestigt werden.

Die Bedeutung der Kogge für die Kaufleute der Hanse verdeutlicht ein Blick auf die Tragfähigkeit der robusten Schiffe: Eine Kogge trägt je nach Größe – die größten sind bis ca. 20 m lang – zwischen 100 und 200 Lasten (eine Last entspricht 2000 kg). Dies ist bis zu 100mal so viel, wie ein Fuhrwerk in der gleichen Zeit befördern kann. Darüber hinaus kommt eine Kogge mit 15 bis 20 Mann Besatzung aus, wesentlich weniger, als für eine entsprechende Zahl von Fuhrwerken veranschlagt werden muß. Schließ-

lich spart der Transport per Schiff Zeit: Die Strecke zwischen Lübeck und Danzig wird auf dem Wasserweg in vier Tagen zurückgelegt. Ein Fuhrwerk braucht für die gleiche Strecke etwa 15 Tage.

An einer mißlichen Grundtatsache des mittelalterlichen Wasserverkehrs kann allerdings auch die stabilste Kogge nichts ändern: Im Winter muß die Handelsschiffahrt wegen des Eisgangs ruhen.

Bei der Navigation hilft den Schiffern ab dem 14. Jahrhundert ein Kompaß. Sie müssen sich also nicht mehr, wie bisher üblich, auf markante Zeichen an Land – Kirchtürme etwa – verlassen, sondern können sich nunmehr aufs offene Meer wagen (Ausschnitt aus einer Miniatur aus dem »Livre de merveilles«, 14. Jh.).

Beim Klerus herrschen lockere Sitten

21. August 1329. Der in Bremen residierende Bischof Burchard Grelle erläßt ein Statut über die Bewahrung der Zucht in der Hamburger Kirche. Anlaß für diese Zurechtweisung sind die immer lauter werdenden Klagen über die schlechten Sitten der Kleriker.

Sowohl die Führung des Chorgesangs und der Liturgie durch den Kantor – dieses Amt besteht seit 1227 – als auch die Leitung der Domschule durch den Scholastikus und die Kirchenzucht ganz allgemein erscheinen dem Kirchenfürsten überaus tadelnswert.

Lebhaft führt Erzbischof Burchard Klage darüber, wie die Domherren und die Inhaber geringerer Pfründe ihre Amtsobliegenheiten vernachlässigen und darüber hinaus auch noch Ehrbarkeit und Zucht vermissen lassen.

Die Kleriker erscheinen oft zur Frühmesse gar nicht erst in der Kirche; sind sie anwesend, plaudern sie während des Gottesdien-

stes. Der Scholastikus wird kritisiert, weil er den Rektor und die Lehrer der Domschule unzureichend bezahlt und sein Lehrplan

Betende Franziskaner; die Stiftung dieser und anderer Bettelorden soll der Amtskirche neue Impulse geben.

oft nicht mit den kirchlichen Regelungen in Einklang steht.

Die Zusammensetzung der Hamburger Geistlichkeit ist sehr vielfältig: Da ist zunächst das zwölfköpfige Domkapitel, an dessen Spitze ein von dem Landesherrn, dem Grafen von Holstein, ernannter Propst steht. Darunter befinden sich in der Hierarchie die Pfarrherren der Pfarrkirchen und andere Inhaber geringerer Pfründe, deren Zahl – je nach Menge der gestifteten Kanonikate – schwankt. Schließlich haben zahlreiche »niedere Geistlichkeiten« Platz im Schoß der Kirche. Sie unterstehen der Aufsicht des Dekans.

Der Dekan ist einer der fünf hochrangigen Domherren (Dignitäten). Ihm obliegt die Visitation und Beaufsichtigung der Geistlichen und des gesamten Gottesdienstwesens. Die Steuerbefreiung der Domherren und die geistliche Gerichtsbarkeit führt zu Spannungen mit den Bürgern (→ 4. 11. 1337/S. 45).

Hamburger Dom kann nach 81 Jahren geweiht werden

18. Juni 1329. Nach 81 Jahren Bauzeit am Hamburger Mariendom ist es endlich soweit: Der Erzbischof von Hamburg-Bremen, Burchard Grelle, weiht die dreischiffige Hallenkirche feierlich ein.

Drei große Abschnitte lassen sich im Verlauf der Baugeschichte unterscheiden: Die erste Phase reicht vom Beginn der Arbeiten im Jahr 1248 bis etwa 1259, die zweite bis zum Stadtbrand 1284 (→ 8. 8. 1284/ S. 39), die letzte Phase beginnt zwei Jahre später und reicht bis zur Einweihung des Gotteshauses.

Erzbischof Gerhard II. hatte 1248 zu einem Neubau der Domkirche aufgerufen. Elf Jahre später waren bereits wesentliche Teile des Neubaus vollendet, nämlich der Chor, die Krypta, das Querschiff und die erste östliche Jochreihe des Langhauses. Im selben Jahr rief der Nachfolger Gerhards, Erzbischof Hildebold, die Gläubigen in einem Ablaßbrief zur Stiftung weiterer Mittel für die endgültige Fertigstellung des Domes auf.

Die so ermunterten Hamburger ließen sich die Vergebung ihrer Sünden offenbar einiges kosten, denn in der nun folgenden Bauphase schritten die Arbeiten zügig voran. Die Dombauer vollendeten das Langhaus; bis 1277 waren die Hauptschiffe eingewölbt und die Klausurgebäude an der Nordseite fertig. Der Brand des Jahres 1284 verhinderte den Abschluß der Arbeiten an der Emporenbasilika.

Die letzte Bauphase setzte 1286 ein. Die Spenden reicher Hamburger ermöglichten den aufwendigen Ausbau der südlichen und nördlichen Seitenschiffskapellen. Aber seit 1290 schüttelte eine schwere Wirtschaftskrise die Stadt; die Stiftungsfreudigkeit erlahmte, und so dauert es noch einmal fast 30 Jahre, bis Erzbischof Burchard Grelle die Weihe vollziehen kann.

Die Ausstattung der dreischiffigen, kreuzförmigen Basilika ist allerdings noch keineswegs komplett. Der Bischof wirbt deshalb mit einem erneuten Ablaßversprechen um weitere Geldspenden.

Am Ende des 14. Jahrhunderts wird der Dom noch einmal um zwei Seitenschiffe erweitert. Die Krönung des Ganzen, der Turm mit seiner charakteristischen spitzen Haube, entsteht sogar erst in den Jahren 1432 bis 1434.

Ansicht des Mariendoms in Hamburg einschließlich des erst im 15. Jahrhundert vollendeten Turms (Rekonstruktion)

Innenansicht des Doms, der ursprünglich als Emporenbasilika (1248 bis vor 1277), dann als dreischiffige (1286 bis 1329) und schließlich fünfschiffige Hallenkirche errichtet wurde; r. unterhalb der Empore der Hochaltar der Domkirche

1330

5. 1. 1331. Der Bremer Erzbischof Burchard Grelle gründet in Hamburg eine Präbende (lat. für Pfründe = Einkommen aus einem Kirchenamt). Er bestätigt zwei kleine Kanonikate – neben den zwölf Kanonikaten des Domkapitels –, die von Johann Soltenhusen und Werner Ridder gestiftet worden sind. »Kanonikat« bedeutet Amt eines Kapitelmitglieds.

25. 12. 1332. Graf Adolf VII., der Jüngere von Schauenburg-Pinneberg, verkauft das Dorf Langenhorn an den Hamburger Bürger Nicol von Berghe.

6. 3. 1333. Das Geschlecht der Schacken beginnt mit der Urbarmachung von Stillhorn. → S. 45

6. 8. 1333. Hamburg und Lübeck schließen mit den Herzögen von Sachsen-Lauenburg und den Grafen von Holstein einen Landfriedensvertrag, um die Überfälle von Wegelagerern auf Frachtwagen zu unterbinden (→ 1241/S. 32).

1334. Der Hamburger Bürger Johann Witte kauft von dem Schauenburger Grafenhaus die Billwerder Insel mit drei Fischteichen bei Ochsenwerder.

25. 7. 1336. Die Gebräuche und Gewohnheiten der hamburgischen Kirche werden aufgezeichnet.

1336. Poppenbüttel wird als »Poppelenbotle« erwähnt (Dorf des Poppilo bzw. Bobbilo).

4. 11. 1337. Aufgrund der wiederholten Auseinandersetzungen zwischen Laien und Klerikern schließen das Domkapitel und der Rat einen Vergleich. Darin wird u. a. die Abgabenfreiheit der Domkurien bestätigt. → S. 45

11. 1. 1338. Die Städte Hamburg, Lübeck, Rostock und Wismar vereinbaren mit mehreren Fürsten und Herren einen Landfrieden zur Bekämpfung des fortdauernden Straßenräubertums. Ein erweitertes Abkommen wird im Jahr 1339 in Lübeck unterzeichnet.

11. 3. 1339. Graf Adolf VII. von Schauenburg-Pinneberg verkauft das Dorf Eimsbüttel an das Kloster Herwardeshude.

21. 8. 1339. Der Bremer Erzbischof Burchard Grelle ermahnt die Hamburger Domherren erneut zur Wahrung der Kirchenzucht. Er mahnt vor allem den Scholastikus (Schulherrn), den Kantor und den Thesaurius – er verwaltet die Schätze des Doms –, ihre Aufgaben ernster als bisher zu nehmen (→ 21. 8. 1329/S. 43).

1339. Hinschenfelde wird als »villa hinricevelde« erwähnt, also Heinrichs oder Hinrichs Dorf.

Eindeichung der Insel Stillhorn beginnt

6. März 1333. Der Ritter Johann Schacke bezeugt, daß er mit dem Vogt von Ochsenwerder übereingekommen ist, die Elbinsel Stillhorn durch die Bewohner Ochsenwerders eindeichen zu lassen.

In der betreffenden Urkunde heißt es, daß die »Inwohner des Landes Oßenwerder, den dam edder diek, im Stilhorn schölen maken, und bevestigen« dürfen. Diese erste Eindeichungsmaßnahme betrifft allerdings noch nicht die gesamte Insel Stillhorn, sondern lediglich das sog. Alte Feld, das Ochsenwerder am nächsten liegt.

Für jeden Morgen des eingedeichten und urbar gemachten Gebiets ist eine jährliche Abgabe von einem Schilling an den Ritter zu leisten. Hinzu kommt ein zweiter Schilling, den die Nutzer als Zehnten an den Bischof von Verden zahlen müssen, in dessen Sprengel Stillhorn liegt. Für jeden unbebauten Morgen Landes ist pro Jahr ein weiterer Schilling als »pension« oder Zins fällig.

Sofern diese Abgaben pünktlich am 11. November, dem Martinitag,

Bäuerliche Tätigkeiten im 14. Jahrhundert: Landleute in ihrem Obstgarten beim Pflügen, Eggen, Hacken und dem Vertreiben von Vögeln (Holzschnitt)

entrichtet werden, soll der Grund und Boden den Bedeichern gehören. Geraten sie aber mit ihren Zahlungen in Verzug, fällt das Land wieder an die Schacken.

Um Stillhorn urbar zu machen, wird sowohl an der Süderelbe als auch auf dem späteren Altenfelder Weg ein Deich aufgeworfen. Ein gleichzeitig eingedeichter Priel

dient als Abzugskanal, als sog. Wettern. In diesen durch eine Schleuse mit der Elbe verbundenen Abzugskanal münden die neu angelegten Abwassergräben ein, die das gewonnene Gebiet entwässern. Die Häuser entstehen hinter dem Hauptlängsdeich an der Süderelbe, während das Land hinter dem Achterdeich unbebaut bleibt.

Streitbare Domherren erregen die Bürger

4. November 1337. Nach bürgerkriegsähnlichen Auseinandersetzungen können das Hamburger Domkapitel und der Rat der Stadt ihren Streit durch einen Kompromiß schlichten.

Drei Privilegien des Domkapitels sind es vor allem, die ständig zu Reibereien zwischen den Bürgern und den Domherren führen:
▷ Das Recht, die Pfarrer in Hamburg einzusetzen bzw. abzuberufen sowie der Einfluß des Domkapitels auf das Bildungswesen (→ 7. 7. 1281/S. 39)
▷ das Recht auf eine eigene Gerichtsbarkeit
▷ die Befreiung von der städtischen Vermögenssteuer (Schoß).

Das Domkapitel verfügt aufgrund von Schenkungen und Erbschaften über erheblichen Grundbesitz sowohl inner- als auch außerhalb der Stadtmauern.

Juristisch wird der Streit seit 1335 vor dem höchsten geistlichen Gericht, der »Rota Romana«, bei der päpstlichen Kurie in Avignon ausgetragen. Außerhalb des Rechtsweges versucht die Bürgerschaft, auf

eigene Faust die Rechte des Domkapitels zu beschneiden: Bürger rotten sich zusammen, überfallen unter Anführung von Ratsherren einzelne Domkurien in der Stadt und brandschatzen die umliegenden Dörfer des Domkapitels. Die Domherren fliehen zeitweise nach Lübeck. Hamburg fällt unter den geistlichen Bann: Gottesdienste und geistliche Handlungen werden weitgehend eingestellt.

In dem Kompromiß vom 4. November 1337 wird die Abgabenfreiheit der Domkurien bestätigt, die geistliche Gerichtsbarkeit und der steuerfreie Erwerb von Grundstücken durch das Domkapitel aber eingeschränkt. Erst am 5. August 1355 kommt eine endgültige Einigung zustande. Sie stellt im wesentlichen den alten Zustand wieder her, hebt aber zum Teil die Abgabenfreiheit der Geistlichen auf.

Mönche im Chor (französische Miniatur, 15. Jh.); zwar verbringen die frommen Männer viel Zeit mit Chorgesang und den sieben täglichen Gottesdiensten, doch oft ist ihr Tun auch politisch von Bedeutung. So kollidiert die kirchliche immer wieder mit der weltlichen Macht.

4. 6. 1340. Stade und Hamburg unterwerfen sich einem Schiedsspruch von Ratsherren aus Lübeck, Bremen und Lüneburg. Die Stader Schiffe müssen in Neuwerk keinen Werkzoll entrichten, sofern sie nur bis zur Schwinge fahren (→ 6. 12. 1267/S. 36).

1. 9. 1340. Ein Gutachten des Rates von Lübeck legt fest, daß der Hamburger Rat bei wichtigen Entscheidungen die Zustimmung der Amtsmeister und der Gesamtbürgerschaft einholen muß. → S. 46

11. 11. 1340. Der Hamburger Ratsherr Johann Horborch erwirbt die Höfe der Herren Adam und Wedekind von Hamme in Hamm.

1341. Die Städte Hamburg und Lübeck eröffnen eine Fehde gegen die holsteinischen Grafen Johann III. und Heinrich II., weil diese angeblich das Raubrittertum begünstigen. Die Fehde wird am 13. Dezember 1243 durch einen Vergleich und Schadenersatz beendet.

1342. Als Ausdruck der städtischen Selbständigkeitsbestrebungen wird in der Reichenstraße ein Roland-Standbild errichtet. Derartige Ritterfiguren mit bloßem Schwert dienen vor allem in Norddeutschland zur Betonung städtischer Privilegien wie der Marktfreiheit.

1342. Der Turm der Kirche St. Petri wird vollendet. → S. 46

23. 2. 1343. Graf Adolf VII. von Schauenburg-Pinneberg verkauft Eppendorf an das Kloster Herwardeshude.

29. 6. 1347. Die Holsteiner Grafen bestätigen dem Hamburger Daniel von der Berge den Besitz der ihm zuvor zu Lehen gegebenen Dörfer Winterhude, Ohlsdorf, Steilshoop und Farmsen.

22. 7. 1348. Durch einen Vertrag zwischen den holsteinischen Grafen und dem Dänenkönig Waldemar IV. Atterdag, einem Verbündeten der Raubritter, fällt die Burg Stegen in die Hand der Holsteiner.

1348. Graf Adolf VII. von Schauenburg-Pinneberg verkauft das Dorf Rissen an das Kloster Herwardeshude.

1. 3. 1349. Die lauenburgischen Herzöge, die holsteinischen Grafen und Lübeck schließen ein Landfriedensbündnis, dem am 10. August auch Hamburg beitritt. Im gleichen Jahr werden in zehn Tagen neun Ritterburgen erobert und zerstört.

GEBOREN:
Um 1340. Minden: Bertram von Minden († 1414 oder 1415, Hamburg), Maler und Bildschnitzer.

Löwenkopf für neuen Turm von St. Petri

1342. Für den Turm der Pfarrkirche St. Petri wird das Fundament gelegt. Der Türzieher mit dem Löwenmaul am linken Westportalflügel gilt als ältestes noch erhaltenes Kunstwerk in Hamburg.

St. Petri wurde als eine Marktkirche und als sog. Parochialkirche (von griech. paroikos = Beisasse, Fremdling; kleinster kirchlicher Verwaltungsbezirk, Pfarrei) des Domkapitels erstmals → 1195 (S. 24) erwähnt. Wahrscheinlich bestand das Gotteshaus aber bereits vorher. Der Neubau begann um 1310/20 auf dem »Berge«, neben dem ersten Marktplatz der Altstadt. Es handelt sich um eine dreischiffige gotische Hallenkirche mit einem frei vorspringenden Westturm. Die erste schriftliche Nachricht über den Beginn des Neubaus stammt aus dem Jahr 1321: Die Kirche erhielt von den Stadtkämmerern Ziegelsteine zugewiesen.

Die Weihe des östlichen Teils des Kirchenneubaus soll 1327 das sog. Doppelpatrozinium St. Peter und Paul begründet haben – die besondere Schutzherrschaft dieser beiden Heiligen über die Kirche. Eine erste Spitze erhält der neue Turm zwischen 1377 und 1383. An den Kosten der Bleideckung beteiligt sich auch der Hamburger Rat. Bis zum Jahr 1418 wird der Kirchenbau durch die Martinskapelle sowie durch ein zweites südliches Seitenschiff erweitert. Hier errichten Ämter und Bürgerfamilien ihre eigenen Altäre, deren Zahl bis 1521/25 auf 22 ansteigt.

Hamburgs ältestes erhaltenes Kunstwerk: Der Türzieher am St. Petri-Westportal

Bürgerschaft soll mitbestimmen dürfen

1. September 1340. Wenn es nach den angesehenen und einflußreichen Lübeckern geht, so sollen die Hamburger Bürger gegenüber ihrem Rat mehr zu sagen haben: Der Lübecker Rat fertigt ein Gutachten an, nach dem der Bürgerschaft in wichtigen Fällen neben dem Rat ein Mitspracherecht zusteht.

In dem Gutachten heißt es, daß die Bürgermeister nach alter Gewohnheit die alltäglichen Angelegenheiten zu regeln pflegen. Stehen jedoch wichtige Entscheidungen an, so muß der Rat die Stellungnahme und Zustimmung der Amtsmeister und der Gesamtbürgerschaft einholen. Ebenso sei es stets in Lübeck und auch in den anderen Gemeinwesen und Städten der Nachbarschaft gehalten worden.

Zu wichtigen Angelegenheiten im Sinne dieses Gutachtens können beispielsweise die Erklärung eines Krieges, der Abschluß von Verträgen mit fremden Städten bzw. Staaten oder die Festsetzung städtischer Steuern gerechnet werden.

Die Regeln für das innerstädtische Zusammenleben werden zweimal jährlich der Bürgerschaft zur Kenntnis gegeben: Am 22. Februar, dem Petritag und Tag der Ratsumsetzung sowie am 21. Dezember, dem Thomastag. Dann versammeln sich die Bürger vor der Ratslaube am Rathaus, um der Verlesung der sog. Burspraken (Bürgeransprachen) zu folgen.

Diese Verordnungen erstellt der Rat, in der Regel unter Beteiligung der Bürgerschaft. Sie werden in der Ratskanzlei in niederdeutscher Sprache auf Pergamentrollen geschrieben und behandeln u. a. das Waffentragen von Bürgern in der Stadt, das Verhalten von Schiffsmannschaften im Hafen, die Ausfuhr von Getreide in Notzeiten und die Reinigung der Straßen.

Holzhandel ist Thema der ersten Bursprake

Chronik Dokument

Die erste erhaltene Bursprake, entstanden um den 24. Juni 1346, enthält insgesamt fünf Artikel, die sich allesamt mit der Einfuhr von Holz beschäftigen und bei Verstößen (»Wi dit brikt«) Strafen androhen. Nur Bürgern wird es erlaubt, innerhalb einer bestimmten Zone um die Stadt herum Holz zu kaufen; die Baumstämme müssen draußen zersägt werden, und es ist verboten, Holz mit fremdem Geld zu bezahlen:

»1. De gantse rad dor nut willen der stadt tho Hamborch is tho rade worden, dat nen vorekopere scal holt kopen buthene mer vor der stad uppe deme stendamme eder binnen der stad, sunder use borghere.

2. Sagheblocke enscal men nicht in de stad voren; mer man scal se buthen der stad sniden vor den doren.

4. Neman scal holt kopen mit gaste penninghen. Wi dat brikt, de scal it betheren mit X lodeghen marken.«

1350

Vor 1350. Der Schelm Till Eulenspiegel hält sich der Sage nach in Hamburg auf. → S. 48

Ende Juni 1350. Die Stadt Hamburg wird von der Pest heimgesucht. → S. 47

1350. In Hamburg gibt es elf Wandschneider, also Schneider, die Leinenstoffe bearbeiten. 1266 hatten noch 40 Bürger die Konzession für den Wandschnitt besessen. In der Hamburger Wirtschaft vollzieht sich ein Wandel vom Kleinhandel hin zum Fern- und Großhandel.

1350. Aus der Hamburger Kämmereirechnung geht hervor, daß bei einer Jahreseinnahme von 7000 Talern nur 2000 Taler ausgegeben wurden. → S. 48

Um 1350. Aufgrund der intensiven Baumaßnahmen in Hamburg sind in der unmittelbaren Umgebung alle Wälder abgeholzt, so daß Bauholz importiert werden muß. → S. 48

Ab 1350. Fahrende Spielleute unterhalten in Hamburg vor allem die Besucher der jeweils zwei Wochen lang im Juni, August und Oktober stattfindenden Jahrmärkte.

5. 8. 1355. Zur Beilegung des Kirchenstreits schließen der Domherr Paul Hacke und der hamburgische Vikar Nicolaus Voß einen Vergleich. Die Kurien der Domherren bleiben von allen Abgaben frei, straffällig gewordene Geistliche werden sofort den geistlichen Behörden übergeben (→ 21. 8. 1329/S. 43).

1355. Das Dorf Barmbek geht von Graf Johann III., dem Milden, an das Heiligen-Geist-Hospital über.

24. 2. 1356. In Hamburg ist die erste sog. Matthiae-Mahlzeit aktenkundig. → S. 48

17. 10. 1356. Zum Bau der Hauptkirche St. Jacobi gewährt der päpstliche Hof in Avignon einen Ablaßbrief, der für bestimmte Geldspenden einen 40tägigen Ablaß vorsieht.

Mai 1358. Die Niederlassung der Hansestädte in Brügge verläßt die Stadt und siedelt nach Dordrecht über. Die Hanse führt einen Boykott der flandrischen Städte durch. → S. 48

1358. Die Ausfuhr von Bier aus Hamburg wird vom Rat für genehmigungspflichtig erklärt. Zur Kontrolle dieser sog. Seebrauerei wird das »Orloffsystem« eingeführt, das bis zum 19. Jahrhundert in Kraft bleibt. Es ermöglicht dem Rat, Einfluß auf den Umfang der Bierproduktion zu nehmen.

Oktober 1359. Kaiser Karl IV. verleiht dem Hamburger Rat das Privileg, über Seeräuber richten zu dürfen.

Reaktion auf die Pest: »Die Geißler zu Doornik im Jahre 1349« (Miniatur aus der Chronik des Aegidius Li Muisis)

»Schwarzer Tod« rafft die Menschen hin

Ende Juni 1350. Die furchtbarste Pestepidemie des Mittelalters macht auch vor Hamburg nicht halt: In der Stadt werden die ersten Pesttoten gemeldet. Etwa 10 000 Menschen leben zu dieser Zeit in Hamburg, mindestens ein Drittel wird ein Opfer der Seuche.

Die ersten Anzeichen der Pest sind haselnußgroße Geschwülste an den Weichteilen, an den Armen und am Hals der erkrankten Personen. Nach etwa drei Tagen, wenn die Geschwülste fast die Größe eines Hühnereis oder eines Apfels erreicht haben, tritt der Tod ein.

In China ist die Seuche 1333 ausgebrochen. Von dort aus zog sie über Persien, Rußland und Kleinasien Richtung Westen. Genuesische Kaufleute brachten sie 1348 an Bord eines Schiffes von der Krim nach Messina. Jetzt breitete sich die Pest in Richtung Norden aus, erreichte Pisa, dann Florenz und kam über die Schweiz nach Deutschland.

Zwischen 1348 und 1352 fallen allein in Europa rund 25 Mio. Menschen dem »schwarzen Tod« zum Opfer. Die Reichen trifft es genauso wie die Armen. Weil die Ursachen der gefürchteten Seuche unbekannt sind und sich die Medizin als hilflos erweist, haben übertriebene Religiösität, Teufelsanbetung, Gei-

sterbeschwörung, das Tragen von Amuletten und das Ablegen von Gelübden aller Art Konjunktur.

So ziehen ganze Kolonnen von sog. Geißlern durchs Land; sie schlagen sich mit Dornenkugeln und predigen Buße. Auf der Suche nach den Schuldigen verfällt man auf die Juden: Ihnen wird die Schuld am Tode Jesu Christi zugewiesen; also traut man ihnen auch zu, Brunnen vergiftet und so die Seuche ausgelöst zu haben. An vielen Orten – so im Juli 1349 in Basel – werden Juden zusammengetrieben, gefoltert, aufgehängt oder verbrannt.

Die Pest verschwindet bis 1352 so lautlos, wie sie gekommen ist. Ihr folgen in späteren Jahren noch zahlreiche weitere Seuchen, die zumeist als Pest bezeichnet werden. Keine ist jedoch so verheerend und fordert so viele Opfer wie die Pest zwischen 1348 und 1352.

Im Vergleich mit anderen Städten ist Hamburg diesmal noch glimpflich davongekommen. Durch vermehrten Zuzug vom Lande steigt die Bevölkerungszahl bis 1375 wieder auf rund 8000 Menschen und verdoppelt sich dann noch einmal in den Jahren bis 1450.

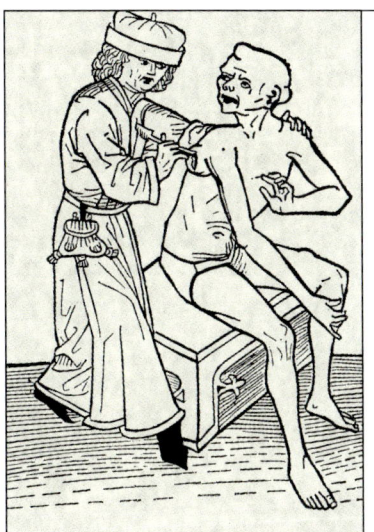

Ärzte ohne Erfolge gegen die Pest
Die Schulmedizin bleibt gegen die Pest machtlos, weil ihre Ursachen nicht ausreichend bekannt sind. Der vielfach empfohlene Gebrauch aromatischer Wässer kann die Ausbreitung der Seuche nicht aufhalten. Die Pest wird durch Nagetiere – vorwiegend Ratten – und die auf ihnen schmarotzenden Flöhe auf den Menschen übertragen. Angesichts der schlechten hygienischen Zustände in den Städten des Mittelalters, wo der Unrat einfach auf die Straße geworfen wird und Abfälle das Wasser verseuchen, kann sich die Pest hier schnell ausbreiten (Abb.: Pestarzt beim Beulenaufschneiden, 1482).

»Dudesche Hanse« boykottiert Flandern

Mai 1358. Das in Brügge beheimatete Hansekontor verläßt die Stadt und siedelt nach Dordrecht im Rheindelta über. Die Maßnahme steht in Zusammenhang mit dem Versuch der Hanse, durch einen umfassenden Boykott den Handel von und nach Flandern möglichst ganz zu unterbinden.

Dies ist der vorläufige Höhepunkt der Auseinandersetzungen zwischen den deutschen Hansekaufleuten und Flandern. Zugleich ist es der erste Fall, in dem die »steden an der dudeschen hanse« (Städte der deutschen Hanse) geschlossen auftreten, um gemeinsame Wirtschaftsinteressen durchzusetzen.

Der Handelskonflikt mit Flandern entzündete sich an den vielfältigen Beschränkungen des Handelsverkehrs, denen die deutschen Kaufleute ausgesetzt sind: Klagen über willkürliche Erhöhung von Zöllen und Abgaben in den Städten Ypern, Gent und Brügge, Verletzungen der persönlichen Freiheitsrechte und die Verwendung falscher Wiegegewichte haben bereits 1351 zu einem Beschluß der Hanse geführt, ihr Kontor von Brügge nach Aardenburg zu verlegen.

Der Handel mit den Hansestädten ist ein Grundpfeiler der Wirtschaft in Flandern: Be- und Entladen von Schiffen (Flämische Miniatur, 15. Jh.)

Dazu kam es zwar nicht; aber als die Mißhelligkeiten andauerten, beschloß im Januar 1358 eine Tagung wendischer, sächsischer und preußischer Handelsstädte in Lübeck den Wirtschaftskrieg gegen Flandern. Die Hansestädte liefern keine Waren mehr dorthin und verbieten ihren Kaufleuten, flandrische Tuche zu erwerben.

Im Sommer 1360 zeigt der Boykott Wirkung: Angesichts des Zusammenbruchs des Exportgeschäfts und des Ausbleibens der Getreidelieferungen sieht sich der flandrische Landesherr, Graf Ludwig von Male, zum Einlenken gezwungen: Er gewährt den Hansekaufleuten neue Handelsprivilegien. Die Stadt Brügge leistet Schadenersatz. Damit ist die Hanse, ein lockerer Zusammenschluß von etwa 80 Städten, erstmals ein politischer Machtfaktor (→ 20. 4. 1410/S. 58).

Gut gewirtschaftet: Stadtkasse im Plus

1350. Hamburgs Stadtsäckel ist gut gefüllt: Bei einer Staatseinnahme von rund 7000 Talern verzeichnen die in lateinischer Sprache abgefaßten Kämmereibücher Ausgaben von lediglich 2000 Talern. Die Stadt Hamburg erhebt u. a. Steuern auf Grundstücke, auf milde Stiftungen sowie auf Testamente und Nachlässe, was rund ein Viertel der Staatseinnahmen ausmacht.

Ferner stehen der Stadt die Hälfte des sog. Schauenburgischen Transitzolls zu und die Abgaben aus dem Betrieb des Turms von Neuwerk (→ um 1377/S. 50). Zu den Einnahmen zählen auch Mieten städtischer Wohnungen, ein Wertzins von verliehenem Grund und Boden sowie Renten (→ 1303/S. 41). Auf der Ausgabenseite verzeichnen die Kämmereibücher u. a. Aufwendungen für Landkäufe, Baumaterial und die Anlage von Armengräbern. Auch Kriegsgerät und eine neue Kirchenglocke finanziert die Stadt.

Bauten verschlingen heimische Wälder

Um 1350. Die Wälder in der Umgebung Hamburgs, in denen die Einwohner aufgrund der Privilegien vom → 7. Mai 1189 (S. 23) das Holzeinschlagsrecht für sich beanspruchen, sind abgeholzt.

Die Hamburger sind daher gezwungen, wie bereits nach dem Stadtbrand vom → 8. August 1284 (S. 39), Bauholz zu importieren.

Der Grund für den enormen Holzverbrauch sind die großen Bauprojekte: Für das Rathaus (→ 1230/S. 30) und die neue Stadtbefestigung (→ nach 1230/S. 31) wird neben Ziegeln auch Holz gebraucht. Hinzu kommen die vielen privaten Fachwerkbauten.

Zwischen 1300 und 1350 hat sich die Einwohnerzahl Hamburgs deutlich erhöht. Allein von 1341 bis 1350 sind 594 Neubürger mit ihren Familien in die Stadt gedrängt. Bis 1375 wächst die Zahl der Hausstände in Hamburg trotz des Rückschlags durch die Pest (→ Ende Juni 1350/S. 47) auf etwa 1400 an.

Till Eulenspiegel treibt seine Späße

Vor 1350. Der Schelm und Volksnarr Till Eulenspiegel treibt der Sage nach auch in Hamburg seine Späße. Wie es heißt, soll Eulenspiegel aus Lübeck kommend auf dem Pferdemarkt von einem Barbier angesprochen worden sein. Eulenspiegel gibt sich gleichfalls als Barbier aus, woraufhin er von dem Meister sofort eingestellt wird.

Eine erste Kostprobe seiner besonderen Art von Humor gibt Eulenspiegel gleich anschließend: Als ihn sein neuer Meister auffordert, er solle in sein Haus gehen, dort hinein, wo man die großen Fenster sehe, betritt Eulenspiegel unter Scherbengeklirr die Stube durch das Fenster hindurch.

Zum Hinauswurf kommt es, als Eulenspiegel die Messer schleifen soll und die entsprechenden Anweisungen wieder einmal allzu wörtlich nimmt: Er bearbeitet die Messer so lange, bis sie an beiden Seiten haarscharf geworden und nicht mehr benutzbar sind.

Rat lädt sich selbst zu teurer Völlerei

24. Februar 1356. In Hamburg wird erstmals die sog. Matthiae-Mahlzeit gefeiert, wie das Petri-Mahl ein Festessen auf Ratskosten.

Für beide Mahlzeiten entwickeln sich im Laufe der Zeit feste Regeln. Jeweils zur ersten Ratssitzung nach Neujahr fragen die Mühlenherren, ob beide sog. Convivien (lat. convivium = Tischgesellschaft) gehalten werden sollen. Meist bejaht dies der Rat. Nur in Notzeiten – 1636 und 1713/14 etwa – oder wegen der Trauer um einen Toten fällt das Essen aus.

Das Petri-Mahl am 21. Februar gibt der 30köpfige Rat sich selbst und zieht als Gäste nur die Syndici und Senatssekretäre hinzu. Das Matthiae-Mahl am Tage der sog. Ratsumsetzung (→ 1230/S. 30) ist dagegen ein großes Festessen.

Matthiae-Mahlzeit im Jahr 1563
Aufgetischt werden für die Gäste und ihre Begleiter 29 junge Lämmer, neun große Schafe, 385 Pfund Ochsenfleisch, Reh- und Hasenbraten, fünf Kapaune, 145 Hähne und Hühner, Fasane, Finken sowie jede Menge Fisch; als Gemüse u. a. Kastanien, Rüben, Kresse und gelbe Wurzeln; Gewürze sind Dill, Fenchel und Anis. Benötigt werden ferner 3330 Eier sowie Butter, Zucker, Obst und Wein.

Dazu werden auch die Vertreter der Hamburg freundlich gesinnten Mächte geladen: In späteren Jahren zuallererst der kaiserliche und der niederländische Gesandte; ferner u. a. der Courtmaster – der Vorsteher der englischen Kaufleute (→ 28. 6. 1611/S. 108) –, der Dekan des Domkapitels und der Hamburger Stadtkommandant.

Die genannten rund 40 Personen versammeln sich, nachdem der Rat zwischen 10 und 12 Uhr den Amtswechsel vorgenommen hat, gegen 12.15 Uhr im Rathaus. Dann ziehen sie in feierlicher Prozession mit ihren Kutschen durch die Straßen Neß und Brodschrangen zum Eimbeck'schen Haus am Dornbusch, wo die Völlerei stattfindet. Wegen der Kosten von zuletzt 2200 Mark wird das Essen 1724 zum letztenmal aufgetischt. Erst 1956 lädt der Rat wieder zum Matthiae-Mahl.

1360

1360. In einer Bursprake werden die Bürger zur Reinhaltung der Straßen und Brücken angehalten. Für viel Schmutz sorgen die zahlreichen in der Stadt gehaltenen Schweine.

1361. Der neue Bremer Erzbischof Albrecht II. von Braunschweig vereinbart mit zahlreichen Adligen und den Städten Hamburg, Stade und Buxtehude die Zerstörung des Schlosses zu Bergedorf und die Vertreibung des Herzogs Albrecht IV. von Bergedorf, dem Raubritterei zur Last gelegt wird. Dazu kommt es jedoch zunächst nicht (→ 23. 8. 1420/S. 61).

1361. Der Hamburger Bürger Heino mit dem Bogen kauft das Dorf Farmsen für 143 Mark von Marquard Crumbecke.

18. 3. 1364. Vermutlich gegen die Zahlung einer erheblichen Summe verzichtet Graf Adolf VII. von Schauenburg auf seine stadtherrlichen Rechte in Hamburg. → S. 49

29. 1. 1365. Kaiser Karl IV. erteilt der Stadt Hamburg einen Freiheitsbrief. Er gewährt den Hamburgern darin das Recht, jährlich vor und nach Pfingsten Messen und Märkte abzuhalten. → S. 49

1365. Das Kloster Herwardeshude erwirbt das Dorf Winterhude von den Erben des Bürgers Heino mit dem Bogen.

1365. Erstmals wird urkundlich ein Hafen in Harburg erwähnt.

1366. Der Domherr Johann von Holdenstede und sein Bruder Markward verkaufen das Dorf Ohlsdorf an das Kloster Herwardeshude.

19. 11. 1367. Die Hanse beschließt – wie schon 1361 – in Köln einen Krieg gegen Dänemark und erobert am 2. Mai 1368 Kopenhagen.

6. 10. 1368. Hamburg tritt nach langem Zögern auf dem Hansetag in Stralsund der sog. Kölner Konföderation im Krieg gegen Dänemark bei. → S. 49

1369. In Hamburg arbeiten über 450 Brauereien mit einem Jahresausstoß von rund 150 000 t bzw. etwa 217 500 Hektoliter. Der Gesamtexport des Jahres 1369 hat einen Wert von 180 000 Hamburger Mark; dazu trägt allein der Bierexport 62 516 Mark bei (→ 1411/ S. 60).

23. 11. 1369. Mit Herzog Wilhelm stirbt die Lüneburger Linie des Herzogtums Braunschweig-Lüneburg aus, die seit 1236 Harburg beherrscht hat. Die Stadt wird in den Erbstreit zwischen Braunschweig-Lüneburg und Sachsen-Wittenberg hineingezogen (→ Sommer 1371/S. 50).

»Freibrief« sichert Messe und Märkte

29. Januar 1365. Hamburg darf in Zukunft Messen und Märkte abhalten. Dieses Privileg ist Teil eines »Freiheitsbriefes«, den Kaiser Karl IV. der Hansestadt ausstellt.

Jedes Jahr vor Pfingsten können jetzt dreiwöchige Veranstaltungen in Hamburg stattfinden. Das Privileg des Kaisers – ein gebürtiger Prager aus dem Geschlecht der Luxemburger – entspringt seinem Wunsch, die Städte der Hanse stärker an das Reich zu binden und den oberdeutsch-böhmischen Wirtschaftsraum zu stärken.

Der traditionsreichste deutsche Messeplatz ist Frankfurt am Main, wo seit 1330 jeweils eine »Fastenmesse« im Frühjahr und eine Messe im Herbst stattfindet. Dafür haben sich feste Regeln entwickelt.

Die Messe dauert stets eine bestimmte Zeit, nach deren Verlauf die nicht ortsansässigen Kaufleute die Stadt wieder verlassen müssen. Sie unterteilt sich in die Vorwoche, in der die Kaufleute ihre Waren auspacken; dann die festgelegte Zeit, in der sich die Verkäufe abspielen, und zum Abschluß folgt die »Zahlzeit«, in der die Geschäfte beglichen werden müssen.

Eine wertvolle Urkunde für Hamburgs Wirtschaft: Das Messeprivileg von Kaiser Karl IV., bestätigt mit dem goldenen Majestätssiegel (Hamburg, Staatsarchiv)

Fremde Kaufleute dürfen während der Messe frei kaufen und verkaufen, ohne zugunsten der heimischen Kaufleute benachteiligt zu werden. Zu Zeiten der Messe dürfen außerdem keine Schuldner verhaftet und ihre Waren als Pfand beschlagnahmt werden.

Ein Zentrum des Hamburger Geschäftslebens ist der Markt vor dem neuen Rathaus (→ 1230/S. 30).

Hier treffen sich an Festtagen wie Ostern oder Pfingsten die auswärtigen Händler mit den hamburgischen Kaufleuten. Hier wird gehandelt und gezahlt, wobei Kredite in das Schuldbuch eingetragen werden (→ 1288/S. 39). Zwischen dem Martinitag (11. November) und dem Petritag (22. Februar) ist Pause; dann ruhen in der Regel sowohl Schiffahrt als auch Handel.

Zögerliche Kriegsteilnahme

6. Oktober 1368. Auf einem Hansetag in Stralsund tritt Hamburg der sog. Kölner Konföderation der Hansestädte bei – das bedeutet Beteiligung am Krieg gegen Dänemark. Hamburg muß dafür 900 Mark lübisch berappen.

Die Ratsherren haben lange gezögert, dem Bündnis beizutreten; so lange, daß Hamburg um ein Haar aus der Hanse ausgeschlossen worden wäre. Der Grund des Zauderns: Als Nachbar Dänemarks fürchtet man unangenehme Folgen im Fall einer Niederlage. Außerdem ist die Stadt an der Elbe ohnedies nicht sonderlich am Ostseehandel – und um den geht es – interessiert.

Der Streit zwischen dem dänischen König Waldemar IV. Atterdag und der Hanse begann 1361, als der Dänenkönig Gotland einnahm und die Hafenstadt Visby besetzte, ein für die Hanse strategisch wichtiger Platz auf dem Weg nach Stockholm. Der Besitz Gotlands war für Waldemar IV., der ein dänisches Großreich errichten will, ein

Faustpfand im Kampf mit dem Schwedenkönig Magnus II.

Die wendischen und pommerschen Hansestädte unter Führung Lübecks erklärten Waldemar IV. den Krieg. Er endete mit einem Debakel für die Hansestädte.

Die Kaperung einiger Schiffe der preußischen Hansestädte durch die Dänen führte erneut zum Kampf. In der »Kölner Konföderation« vom 19. November 1367 vereinbarten Lübeck, Rostock, Wismar und Stralsund, Kulm, Thorn und Elbing sowie fünf niederländische Städte, im April 1368 den Kampf gegen Dänemark zu eröffnen. 41 Schiffe und 1950 Bewaffnete ziehen ins Gefecht. Der Krieg, den Hamburg auf Druck der anderen Hansestädte finanziell unterstützt, wird zu einem Triumph: Im Frieden von Stralsund muß Dänemark am 25. Mai 1370 der Hanse für 15 Jahre die Schlösser Hälsingborg, Malmö, Skanör und Falsterbo überlassen und ihr Handelsfreiheit in Dänemark und Schonen gewähren.

Graf Adolf entsagt alten Privilegien

18. März 1364. Graf Adolf VII. von Schauenburg verzichtet auf die Durchsetzung ererbter stadtherrlicher Rechte in Hamburg.

In etwas schwammiger Formulierung bestätigt der Schauenburger alle Hamburg früher gewährten gräflichen Privilegien.

Vermutlich hat die Stadt sich das Stillhalten des Grafen erkauft. Schon seit längerem nämlich geht der Streit um entscheidende Hoheitsrechte für die Hansestadt, wie z. B. das Recht auf Gericht, Münze und Zoll. Diverse Prozesse haben ergeben, daß Graf Adolf diese Rechte tatsächlich zustehen. In Wirklichkeit übt aber der Rat der Stadt schon lange die betreffenden Privilegien selber aus. Er schert sich wenig darum, daß formaljuristisch die Nachfahren der jeweiligen adligen Stadtherren auch dann ein Anrecht auf ihre herrschaftlichen Befugnisse haben, wenn diese von ihren Vorfahren verkauft worden sind (→ 20. 3. 1292/S. 40).

Kurfürst Wenzel erobert Harburg

Sommer 1371. Unter tatkräftiger Mithilfe der Bürger von Lüneburg erobert Kurfürst Wenzel von Sachsen-Wittenberg Harburg. Vorausgegangen sind Erbstreitigkeiten.

Die Harburger selbst bevorzugten als ihren Stadtherren Magnus I. von Braunschweig, den der 1369 verstorbene Herzog Wilhelm von Braunschweig-Lüneburg rechtmäßig als Erben eingesetzt hatte. Magnus kann sich aber nicht gegen den von Kaiser Karl IV. belehnten Wittenberger Fürsten durchsetzen, der zudem von den größeren Städten unterstützt wird.

Die Lüneburger wollen sich Einfluß auf die kleineren Städte des Umlandes sichern. Schon 1369 hatten sie dabei Harburg im Visier: Sie forderten die Stadt kurzerhand als Sicherheit im Gegenzug für eine Bürgschaft, die Lüneburg für Herzog Wilhelm übernahm.

Vermummungsverbot gegen den Karneval

21. Dezember 1372. Der Hamburger Rat untersagt den Bürgern jede Vermummung und bedroht Vergehen mit einer Strafe von drei Mark Silber oder Gefängnis. Das Ratsedikt richtet sich gegen das überhandnehmende Fastnachtstreiben. Die Verordnung verbietet es, mit verdecktem Gesicht herumzulaufen, zu reiten oder zu gehen. Wörtlich heißt es: »Dar enschal nen man schoduvel lopen, riden eder ghan.« Um aber die Hamburger bei Laune zu halten und zugleich die Attraktivität der Stadt zu erhöhen, fördert der Rat die Auftritte von Musikanten und Artisten durch Beiträge aus der Stadtkasse.

So sind seit 1350 Auftritte fahrender Spielleute in Hamburg belegt. Sie kommen zur Zeit der Jahrmärkte im Juni, August und Oktober für jeweils 14 Tage in die Stadt, um ihre Künste darzubieten.

Wendischer Münztag will Währungsunion

9. Februar 1379. Auf dem ersten wendischen Münztag schließt sich die Hansestadt Wismar dem schon seit dem → 18. März 1255 (S. 34) bestehenden Münzverbund zwischen Hamburg und Lübeck an. Ziel ist eine im Wert einheitliche und im Münzbild angeglichene Münzprägung für ein möglichst großes Währungsgebiet.

1381 folgen mit Rostock, Stralsund und Lüneburg die wichtigsten Städte des wendisch-sächsischen Hanse-Quartiers (→ 20. 4. 1410/ S. 58), später auch Hannover.

Seit etwa 1365 wird in Hamburg der sog. Witten geprägt, ein edelmetallhaltiges und daher »weißes« Vierpfennigstück. Diese Prägungen sind im Unterschied zu den sog. Brakteaten zweiseitig. Die jeweils zeitlich begrenzten wendischen Münzkonventionen werden bis 1573 immer wieder erneuert.

Hamburger Markstein in der Elbmündung

Um 1377. Hamburg setzt sich ein dauerhaftes Wahrzeichen in der Elbmündung: Der hölzerne Wehrturm auf Neuwerk, der 1372 niederbrannte, wird durch einen Steinbau ersetzt. Es ist das älteste noch bestehende Gebäude auf hamburgischem Boden.

Der Turm auf der Watteninsel nahe des Scharhörn-Riffs soll den Schiffern als Seezeichen dienen. Zugleich soll die dort stationierte Besatzung dem Strandraub wehren (→ 1238/S. 31) und den Anspruch Hamburgs auf Kontrolle der Elbschiffahrt unterstreichen.

Die Watteninsel wurde erstmals 1286 erwähnt. Sie heißt ab 1300 »Nova O«. Der Name »O« rührt von dem niederdeutschen Begriff »oog« her und bezeichnet ein von Wasser umgebenes Land.

Bereits Ende des 13. Jahrhunderts war der Rat in Verhandlungen mit dem Landesherrn von Hadeln eingetreten, um auf der Insel einen Turm zu bauen. Ostern 1310 hielt der erste Ratsherr mit zehn Bewaffneten Einzug auf dem Wehrturm, für dessen Schutz am 1. April 1316 ein Vertrag mit dem Land Wursten geschlossen wurde. Zur Finanzierung des Seezeichens – des »neuen Werks« – wird von den Schiffern ein »Werkzoll« erhoben.

Ca. 34 m erhebt sich der trutzige Backsteinturm über die kahle Insel Neuwerk. Bis 1814 dient ein offenes Feuer (»Feuerblüse«) an der Spitze als Seezeichen.

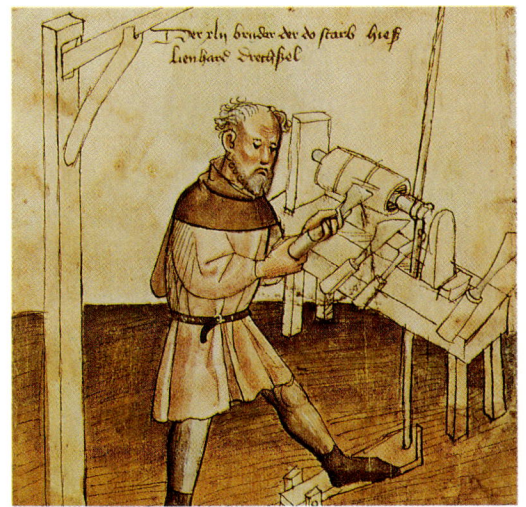

Der Drechsler; 16 Meister sind 1375 in Hamburg tätig (Hausbuch der Mendelschen Zwölfbrüderstiftung).

Der Kaufmann; Angehörige dieser Berufsgruppe beherrschen den Hamburger Rat (Hausbuch, 1440).

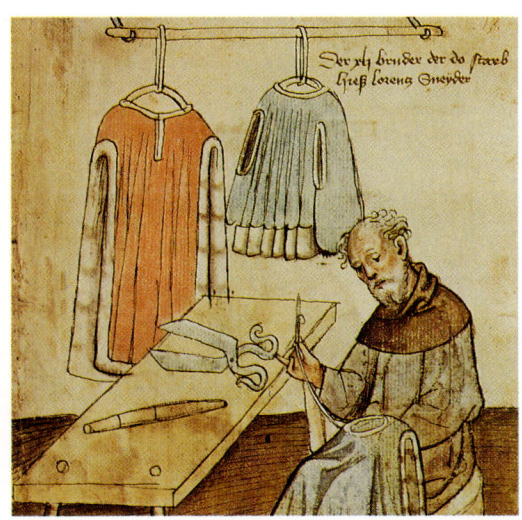

Der Schneider; sein Handwerk betreiben 28 Meister (Hausbuch der Mendelschen Zwölfbrüderstiftung).

Handwerker begehren auf

März/April 1375. Die Mehrzahl der hamburgischen Handwerker erhebt sich gegen den Rat und verlangt eine Halbierung der Vermögenssteuer. Der Erfolg bleibt allerdings aus, weil die Handwerkerschaft gespalten ist und die Kaufleute den Rat unterstützen.

Der sog. Schoß wird alljährlich nach einem einheitlichen Satz auf das Vermögen erhoben, das die Steuerpflichtigen selbst schätzen. Mit Ausnahme der von den Kaufleuten ökonomisch abhängigen Krämer, Böttcher, Kerzengießer und der Heringswäscher schwören die Handwerker nun, die Steuerfrage in ihrem Sinne lösen und Eingriffe des Rates in die Autonomie der Ämter bekämpfen zu wollen.

Am 1. März stehen sich beide Parteien erstmals gegenüber. Der Rat schickt vier Vertreter zu dem Treffen, an dem neben den rebellischen Handwerkern auch 24 Kaufleute teilnehmen. Während die Ämtervertreter auf ihrer Forderung beharren, verweigern die Ratsherren die Annahme einer Beschwerdeschrift. Erst bei günstigerer Wirtschaftslage könnten die Steuern gesenkt werden, man sei aber bereit, sechs oder acht gewählten Ämtervertretern anhand der Stadtbücher der letzten 26 Jahre den Sinn der Steuer zu erklären. Auf Vorschlag der Kaufleute wird vereinbart, die Meinung des gesamten Rates einzuholen und bis dahin Frieden zu halten.

Nachdem ein weiterer Schlichtungsversuch gescheitert ist, drohen die Ämter offenen Widerstand

an. Schließlich sei der Kaufmann »nicht alzeit daheim«; wenn die Handelssaison begonnen habe, würden die Handwerker deshalb von neuem protestieren. Unter Vermittlung der Kaufleute kann der Rat schließlich die Handwerker aller Ämter auf einen Treueid verpflichten, den insgesamt 1175 Bürger leisten. Damit ist der Aufstand beendet. Ähnlich wie in Hamburg begehren um diese Zeit auch die Handwerker anderer Hansestädte wie Braunschweig und Lübeck gegen ihre Räte auf.

Der Warentransport zu Lande, auch in friedlichen Zeiten eine überaus mühselige Angelegenheit (Ausschnitt aus einem Kupferstich von Jost Amann)

Gewerbe in Ämtern und Brüderschaften

Chronik Hintergrund

Die Hamburger Handwerker sind in Ämtern und Brüderschaften organisiert. Das Amt (lat. = officium) ist die mit behördlicher Unterstützung geschaffene Zwangsorganisation der Amtsmeister, die Brüderschaft hingegen ein freiwilliger Zusammenschluß auf Gegenseitigkeit.

An der Spitze der Ämter stehen die von den selbständigen Amtsmeistern gewählten Älterleute. Sie sind dem Rat eidlich verpflichtet und wachen über die Einhaltung der Amtsgesetze. Die gemeinsamen Angelegenheiten werden auf regelmäßigen Zusammenkünften, den »Morgensprachen« besprochen, zu denen Ratsmitglieder ab 1375 Zugang haben.

Im Jahr 1375 gibt es folgende Handwerkerämter: Bäcker (36 Amtsmeister), Böttcher, Kiemer und Küper (mit der Herstellung von Fässern beschäftigt; 104), Brauer (457, davon 126 Exportbrauer nach Amsterdam und 55 Exportbrauer nach Friesland), Buntfutterer (Pelzfütterer; 8), Drechsler (16), Filtmacher, Fischer (31), Gerber (52), Grapengießer (Hersteller von metallenem Kochgeschirr), Glaser, Gold- und Silberarbeiter (9), Blechschläger, Leinweber (6), Maler, Riemer (Riemenmacher), Seiler (6), Schlachter (57), Schmiede (36), Schneider (28) sowie Schuhmacher (47), Wollweber (sechs Meister und 19 Tuchscherer) und Zinngießer (12).

Dieser Blick auf die berufliche

Struktur des Handwerks zeigt die beherrschende Stellung der vom Bierexport abhängigen Handwerke. Ämter gibt es aber nicht nur bei Handwerkern, sondern auch bei Kaufleuten. Schon im 13. Jahrhundert haben sich z. B. die Gewürz-, Seiden- und Eisenhändler zu einem Krameramt vereinigt. Während sich die Ämter um das berufliche Wohl ihrer Mitglieder kümmern, sind die Brüderschaften bemüht, im Gebet füreinander und in materieller Unterstützung für in Not geratene Amtsbrüder den Gedanken der Nächstenliebe zu fördern. Zwischen Amt und Brüderschaft besteht eine enge Verknüpfung, denn auch den Ämtern ist die Fürsorge für notleidende Amtsangehörige nicht fremd (→ 4. 12. 1424/S. 62).

1382. Als Auftakt zu einer öffentlichen Straßenbeleuchtung läßt der Rat eine Laterne am Rathaus anbringen.

1382/83. Am Kirchturm von St. Nikolai wird eine Stundenglocke installiert.

18. 10. 1383. Aus dem Besitz der Schauenburger Grafen erwirbt der Hamburger Rat den Hammerbrook mit dem Dorf Horn sowie die Werder Billhorn (zwischen dem Alten Ausschlägerdeich und dem Billhorner Deich) und Boizenwerder an der Elbe mit einigem Umland. Der Vertrag wird in den Jahren 1392 und 1419 erneuert.

1383. Das Kloster Herwardeshude erwirbt von Graf Otto I. von Schauenburg Lokstedt und Niendorf.

1383. Der Maler Bertram von Minden stellt für die Kirche St. Petri einen Hochaltar fertig. → S. 52

24. 6. 1385. Aus schauenburgischem Besitz erwerben die Hamburger Ratsherrn Albert und Johann Hoyer den Billwerder mit der Fähre beim Eichbaum einschließlich des Hoch- und Niedergerichts.

1386. Die dänische Regentin Margarete I. stattet Hamburg einen Besuch ab. Sie sichert den Hansestädten zu, mit ihnen zusammen die Seeräuberei zu bekämpfen. Sie bedient sich allerdings selbst der Seeräuber im Krieg gegen den Schwedenkönig Albrecht von Mecklenburg (→ 20. 10. 1401/S. 56).

1386. Erstmals wird ein städtischer Bauhof erwähnt. Er steht unter Leitung von Handwerksmeistern, die im Dienst der Stadt arbeiten. Der Bauhof ist zuständig für die Errichtung von Brücken und die Herstellung und Erhaltung von Wällen, Gräben, Türmen und Toren sowie Häusern für öffentliche Zwecke. Bis 1563 untersteht er allein dem Rat, danach einer Deputation aus Rat und Bürgerschaft.

28. 9. 1387. Der Bürger Marquard Mildehövet verkauft dem Hamburger Rat seine vier Höfe in Hamm. Im Jahr 1566 kommt der Rat in den Besitz des ganzen Dorfes, nachdem das Domkapitel seine dortigen Besitzungen veräußert.

28. 4. 1388. Stillhorn wird aus dem Verband der Pfarrei Ochsenwerder gelöst. Es erhält eine eigene Kirche (→ 6. 3. 1333/S. 45).

GEBOREN:

Um 1380. Hamburg: Meister Francke († nach 1430), Maler.

Um 1380. Hamburg: Hein Hoyer († 1447, Hamburg), Bürgermeister.

Der ausgeklappte Figurenschrein des St.-Petri-Altars; in der Mitte ist eine Kreuzigungsgruppe, an den Seiten sind je 22 Heilig...

Meisterlicher Hochaltar für St. Petri

1383. In etwa vierjähriger Arbeit hat der aus Minden zugewanderte Künstler Meister Bertram für die Pfarrkirche St. Petri ein Meisterwerk geschaffen – einen mehrteiligen Flügelaltar, der jetzt im Chor des Gotteshauses aufgestellt wird. Er gilt nicht nur als das Hauptwerk des Malers, sondern auch als bedeutendes Zeugnis früher Tafelmalerei in Nordeuropa.

Der Altar für St. Petri zeigt die typische Form eines gotischen aufklappbaren Wandelaltars mit Figurenschrein. Ganz ausgeklappt nimmt das Altarwerk eine Fläche von 7,20 m × 1,80 m ein. Je nach Bedeutung der kirchlichen Feiertage werden die unterschiedlichen Ansichten gezeigt. So sind zum normalen sonntäglichen Gottesdienst nur die Seitenflügel aufge-

klappt. Sie zeigen in vier Abschnitten zu je sechs Bildern Ereignisse aus der Heiligen Schrift.

An hohen christlichen Feiertagen steigert sich die Wirkung des Petrialtars noch, wenn die Innenflügel geöffnet werden. Die Kirchenbesucher erblicken dann zwei Reihen holzgeschnitzter Figuren von Propheten, Aposteln und Heiligen. Vermutlich stammen diese 79 kleinen Plastiken des Schreins nicht alle aus der Hand des seit 1367 in Hamburg tätigen Meisters Bertram, sondern sind lediglich in seiner Werkstatt geschaffen worden.

Die Stilmerkmale der Malerei des Wahlhamburgers sind eigenwillig und selbständig, wenn auch von der böhmischen Kunst der zweiten Hälfte des 14. Jahrhunderts geprägt. Ihre wesentlichen Charakteristika: Eine strenge lineare Komposition mit klaren Konturen und das Bemühen, die plastische Erscheinung der Gegenstände zu erfassen und durch Vereinfachung noch zu steigern. Im Vordergrund der Arbeit Meister Bertrams steht der theologische Inhalt: Das geistlich Bedeutende beherrscht die Darstellung; wichtig ist nicht der Gegenstand an und für sich, sondern dessen geistiger Gehalt. Eine profane Malerei gibt es noch nicht.

Ein angesehener Künstler namens Bertram

Chronik Zur Person

Im Jahr 1367 tauchte der Name des Meisters Bertram erstmals in den Kämmereirechnungen Hamburgs auf. Der um 1340 geborene Maler führte also u. a. Aufträge der Stadt aus. Vermutlich verfügte er schon über eine eigene Werkstatt, wenn er auch erst 1373 als Meister erwähnt wurde. Damit ist Bertram Mitglied jenes Amtes, in dem Maler und Glaser organisiert sind. Zwischen Handwerk und Kunst wird dabei nicht unterschieden. Weil er bis 1387 als einziger Maler in den Kämmereirechnungen verzeichnet ist und danach öfter als andere,

scheint er seit längerem hohes Ansehen zu genießen.

Anläßlich eines Auftrages im Jahr 1387 werden erstmals Gesellen (»servitores«) in seiner Werkstatt erwähnt. 1390 beschließt Meister Bertram – wohl aus Dankbarkeit, einer zwei Jahre vorher wütenden Pestepidemie entronnen zu sein – eine Pilgerreise nach Rom. In seinem 1410 verfaßten Testament überträgt der Maler, nunmehr »Borgher tho Hamborch« und Ältermann des Maleramtes geworden, sein Eigentum u. a. den Klöstern in Harvestehude und Buxtehude. Er stirbt zwischen dem 20. Februar 1414 und dem 13. Mai 1415.

...nd Propheten zu erkennen. Der Altar wird 1731 der Kirche in Grabow überlassen (daher auch »Grabower Altar«) und steht seit 1905 in der Hamburger Kunsthalle.

»Adam und Eva bei der Arbeit«; die Altarszene verdeutlicht den Stil Bertrams, der der plastischen Erscheinung nur soviel Raum gibt, wie für die Anschaulichkeit unbedingt nötig.

»Die Geburt Christi«; auch diese Szene gehört zu den Gemälden auf dem Außenflügel des Altars, die von der Schöpfungs- und Heilsgeschichte handeln. Es ist das zweite Bild in dem Zyklus über das Leben Jesu Christi.

»Die Erschaffung der Tiere« ist die mittlere von drei Szenen, die die Schöpfung auf der Erde darstellen. Zwei andere Bilder zeigen »Die Erschaffung der Pflanzen« bzw. »Die Erschaffung Adams«.

1390. Zum Schutz des Handels errichtet Hamburg auf dem Glindesmoor eine Befestigung, die Moorburg.

1390. Der letzte Herzog von Bergedorf-Mölln, Erich III., verpfändet wegen fehlender Erben Bergedorf und den größten Teil der Vierlande für 16 262 ½ Mark lübisch an die Stadt Lübeck (→ 23. 8. 1420/S. 61).

11. 11. 1391. In Hamburg vereinbaren die Hansestädte mit den Abgesandten der Städte Brügge, Gent und Ypern sowie denen des Herzogs von Burgund und der Grafen von Flandern einen Schadensersatz für die Hansestädte und die Wiederaufnahme des 1388 abgebrochenen Handelsverkehrs mit Flandern. Grund für die damalige Maßnahme waren Streitigkeiten innerhalb Flanderns, die die Kaufleute behinderten.

1391. Der Hamburger Kaufmann Vicko von Geldersen schließt sein 1367 eröffnetes »Handlungsbuch« ab. → S. 54

1392. 34 Hamburger Flandernfahrer gründen die Brüderschaft des heiligen Leichnams von St. Johannis (→ S. 55; S. 62).

31. 7. 1394. Durch einen Vertrag mit den Junkern von Lappe erwirbt Hamburg Ritzebüttel an der Elbmündung (heutiges Cuxhaven). → S. 54

1395. Die Gesellschaft der Schonenfahrer wird erstmals erwähnt. → S. 55

Sommer 1396. Hamburger und Lübecker Kriegsknechte versuchen im Verlauf des Lüneburger Erbfolgekrieges, die Burg Harburg zu erobern. Da es ihnen nicht gelingt, brennen sie den Ort nieder.

21. 10. 1397. Der Konflikt zwischen der Stadt Lüneburg mit den in Uelzen residierenden Herzögen Bernhard I. und Heinrich von Lüneburg wird beigelegt. Gegen ein Darlehen versetzen die Herzöge neben anderen Ländereien das Schloß Harburg an Lübeck, Hamburg und Lüneburg.

Frühjahr 1398. Der Deutsche Orden vertreibt die seeräuberischen Vitalienbrüder von Gotland. Die Piraten weichen in die Nordsee aus (→ 20. 10. 1401/S. 56).

1398. Der Stecknitz-Kanal wird fertig. Er ermöglicht den Gütertransport von der Elbe bis Lübeck auf dem Wasserweg (→ 15. 8. 1529/S. 85).

23. 11. 1399. Die St. Gertrudenkapelle wird eingeweiht. Der Grundstein zu dem Neubau wurde am 26. Juni 1391 gelegt. Die Kapelle, eine Filialkirche von St. Jacobi, brennt im Jahr 1842 ab.

Die Bilanzen des Vicko von Geldersen

1391. Der Hamburger Flandernfahrer und Ratsherr Vicko von Geldersen beendet sein ab 1367 geführtes privates »Handlungsbuch«. Es gibt Aufschluß über seine Geschäfte und die Eigenheiten der Buchführung. In das Handlungsbuch werden die Geschäftsabschlüsse, Rentenkäufe (→ 1303/S. 41), Außenstände und Schulden in lateinischer oder niederdeutscher Sprache eingetragen. Ist ein Geschäft abgeschlossen oder eine Schuld beglichen, wird die betreffende Eintragung gestrichen.

Vicko von Geldersen hat ein Haus in der Reichenstraße, der bevorzugten Wohngegend für Geschäftsleute. Als angesehener Kaufmann und Ratsherr vertritt er gelegentlich die Stadt als Sendbote bei Hansetagen in Wismar und Lübeck.

Der Kaufmann ist sowohl im Fern- als auch im Binnenhandel aktiv. So unterhält Vicko von Geldersen Geschäftsbeziehungen nach Kiel, Neumünster und Flensburg ebenso wie nach Stade, Lüneburg, Braunschweig und Hannover.

Das meiste Geld verdient er jedoch wie die Mehrzahl seiner Berufskollegen im Handel mit Flandern und den Niederlanden: Mehr als 80% seines Umsatzes entfallen auf

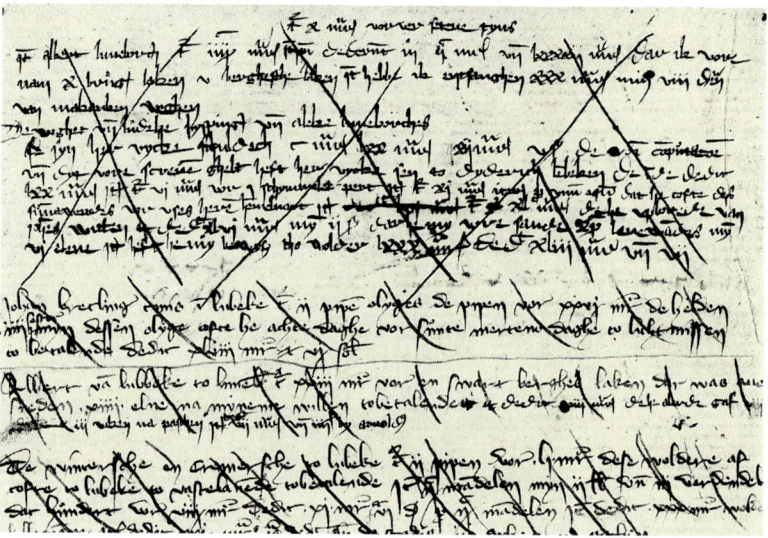

Seite aus Vicko von Geldersens Handlungsbuch, dem ältesten erhaltenen Hamburger Kaufmannsbuch; durchgestrichener Posten = Verpflichtung ist erfüllt

flandrische Tuche, die er bei über 20 Kaufleuten aus Städten in Flandern und Brabant einkauft. Zahlreiche heimische Wandschneider beziehen bei dem Kaufherrn Tuche für die Weiterverarbeitung im Einzelverkauf.

Über Flandern kommen auch südländische Gewürze wie Ingwer, Pfeffer, Gewürznelken sowie Feigen, Reis und Mandeln nach Hamburg. In die umgekehrte Richtung

liefert Vicko von Geldersen die begehrten Heringe aus Schonen sowie Butter und Schinken, Holzwaren zur Herstellung von Fässern und Lüneburger Honig zum Süßen der Speisen.

Aus der Altmark und Uelzen bezieht er Leinwand zum Export nach England und Flandern. Das beliebte Hamburger Bier verkauft Vicko von Geldersen in der niederländischen Stadt Kampen.

Hamburg kontrolliert die Elbmündung

31. Juli 1394. Hamburg verschafft sich nach der Insel Neuwerk (→ um 1377/S. 50) einen weiteren strategisch wichtigen Stützpunkt in der Elbmündung: Durch einen Vertrag mit den Junkern Wolder und Alverich von Lappe erwirbt die

Stadt gegen 2000 Mark lübisch das Amt Ritzebüttel.

Lange Zeit hatte Hamburg mit den Junkern von Lappe in Frieden gelebt. Die Stadt hatte sich von ihnen sogar gegen jährlichen Sold die Schiffahrt vor dem Land Hadeln

und den Turm von Neuwerk schützen lassen. Als die Junker aber versuchten, sich des Wehrturmes auf Neuwerk mit Gewalt zu bemächtigen, kam es zum Krieg. Zunächst schlossen die Hamburger ein Bündnis mit den freien Bauern des Landes Wursten. Diese verpflichteten sich, mit 800 Mann an der Eroberung Ritzebüttels teilzunehmen. Dann sagte Hamburg den Junkern die Fehde an und belagerte gemeinsam mit den Wurstener Kampfgenossen das Schloß. Nach dessen Fall lassen sich die Junker das Amt Ritzebüttel abhandeln. Ende 1394 siedelt der bis dahin auf Neuwerk stationierte Ratsherr Ludekin Wulfhage nach Schloß Ritzebüttel über, um das neugewonnene Amt sowie die von den Lappen in Pfand gegebenen Kirchspiele Altenwalde und Groden zu verwalten. Für jeweils sechs Jahre stehen nun Hamburger Ratsherrn dem Amt Ritzebüttel vor.

Schloß Ritzebüttel, Zentrum des gleichnamigen Amtes an der Elbmündung (Detail aus der Elbkarte von Melchior Lorichs, 1568; Staatsarchiv, Hamburg)

Heringsschwärme locken Händler nach Schonen

1395. In Hamburg wird erstmals die Brüderschaft der heiligen Martha in der Maria-Magdalenen-Kirche erwähnt. Sie ist die Vereinigung der nach Schonen segelnden Schiffer und Heringshändler.

Schon seit der Mitte des 12. Jahrhunderts haben sich in den beiden Hafenstädten Skanör und Falsterbo an der Südspitze Schonens Märkte für Fernkaufleute entwickelt. Dort wird vor allem mit Hering gehandelt.

Nach Berichten aus der Zeit um 1200 waren dort die Schwärme so dicht, daß man die Fische mit bloßen Händen fangen konnte. Vor allem die wendischen Hansestädte Lübeck, Wismar, Rostock, Stralsund, Kiel und Hamburg sind seitdem auf den Märkten des dänischen Schonen vertreten.

Gegen Ende des 14. Jahrhunderts erlebt der Heringshandel seinen Höhepunkt. Pro Jahr werden etwa 200 000 bis 300 000 t Hering umgeschlagen. Der größte Teil davon geht nach Lübeck. Die Travestadt ist im Schonenhandel führend; sie verfügte auch als erste über einen eigenen Vogt und diverse Privilegien, die seit dem Frieden von Stralsund (→ 6. 10. 1368/S. 49) auch für andere Städte gelten.

Abgesehen vom Heringsgeschäft ist Schonen auch eine Drehscheibe im Rußlandhandel. Hier werden Wein und Textilien aus dem Westen gegen Holz, Pelze, Wachs und Eisen eingetauscht.

Der Warenaustausch zwischen dem rohstoff- und nahrungsmittelreichen Nord- und Osteuropa und dem gewerblich entwickelten Nordwesteuropa bildet die wirtschaftliche Grundlage des Hansehandels. Weit über die Ostsee – ihr eigentliches Revier – hinausgreifend, reicht der Wirtschaftsraum der Hanse bis tief nach Polen, Ungarn, Rußland, Schweden und Norwegen hinein. Gehandelt wird vor allem mit Waren des Alltagsgebrauchs: Woll- und Leinentuche, Pelze und Felle, Wachs, Salz, Hering und Stockfisch, Getreide, Holz sowie Bier und Wein.

Wichtige Faktoreien der Hanse liegen in Antwerpen (Österlinger Haus, ab 1568), Bergen (Tyske Brügge, ab 1350), Brügge (Kontorhaus, 1442; → Mai 1358/S. 48), London (→ 8. 11. 1266/S. 37) und Nowgorod (St. Peterhof, vor 1259).

◁△ *Zeitgenössische Darstellung verschiedener Schiffstypen*

△ *Kupferne Armenbüchse der Hamburger Schonenfahrer-Gesellschaft; Hilfe für in Not geratene Menschen gehört zum Selbstverständnis der Fahrergesellschaften.*

◁ *Heringsfang vor der Küste Schonens. Ein Zeitgenosse schreibt über den Reichtum der dortigen Fanggründe: »Denn der Hering kommt in so gewaltigen Massen zur Küste, daß nicht nur die Netze der Fischenden reißen, sondern sogar eine zweiklingige Streitaxt . . . stehen bleibt, wenn man sie in den Fischschwarm steckt«.*

Fernkaufleute der Hansestädte bilden eigene Fahrergesellschaften

Chronik Hintergrund

In den größeren Hansestädten schließen sich jene Kaufleute, die regelmäßig ein bestimmtes Kontor aufsuchen, zu sog. Fahrergesellschaften zusammen.

Einer der ersten Bünde dieser Art war die 1246 erwähnte Bruderschaft der Kölner Ostsee- bzw. Schonenfahrer. In der Hansestadt Lübeck entstanden nach den Schonenfahrern (1365) und den Bergenfahrern noch etwa acht weitere Fahrergemeinschaften.

In Hamburg bilden sich die ersten Gesellschaften der Fernkaufleute in der zweiten Hälfte des 14. Jahrhunderts: Flandernfahrer (1375), Englandfahrer (1378) und Lübeckfahrer. Aus der Vereidigungsliste von 1375 (→ März/April 1375/S. 51) geht hervor, daß zu diesem Zeitpunkt in Hamburg 84 Flandernfahrer, 35 Englandfahrer und 40 Lübeckfahrer selbständig tätig sind.

Der Beitritt zu den Gesellschaften ist freiwillig. Innerhalb der Vereinigungen rangiert das gesellige Beisammensein im Vordergrund (→ S. 62). An ihrer Spitze steht ein Gremium von etwa sechs bis acht Ältesten.

Die Gesellschaften verfügen über keinerlei wirtschaftliche Privilegien. Ökonomische Vorteile ergeben sich für den einzelnen Kaufmann daraus, daß die Handelskompanien sich um die Befrachtung der Schiffe kümmern. Nichtmitglieder werden davon nicht unbedingt ausgeschlossen, meist aber benachteiligt.

Wirtschaftspolitisch treten die Hamburger Fahrergesellschaften nicht mit eigenen Initiativen hervor. Dies erscheint auch nicht notwendig, da die Kaufleute ohnehin den Rat der Stadt dominieren und die anstehenden Entscheidungen in ihrem Sinne fällen. Erst → 1517 (S. 79) wird mit dem Zusammenschluß der Fahrergesellschaften zum »Gemeinen Kaufmann« eine gemeinsame Interessenvertretung geschaffen.

11. 5. 1400. Nach einem erfolgreichen Kriegszug lassen Hamburger und Lübecker Bürger in Emden 25 Seeräuber aufhängen (→ 20. 10. 1401/S. 56).

Um 1400. In Farmsen wird eine städtische Ziegelei errichtet.

20. 10. 1401. Der vor Helgoland gefangengenommene Pirat Klaus Störtebeker wird in Hamburg enthauptet. Auf der Weser fällt im selben Jahr auch Godeke Michels in die Hände der Hamburger. → S. 56

1401. Herzog Erich IV. von Sachsen-Lauenburg besetzt Bergedorf, das von seinem Vorgänger an Lübeck verpfändet worden ist, und verjagt den Lübecker Burghauptmann Otto von Ritzerau. Erich IV. liegt in Fehde mit der Stadt Lübeck; 1409 brennt er die lübische Stadt Mölln nieder (→ 23. 8. 1420/S. 61).

12. 2.–17. 9. 1402. Sieben Monate lang regnet es in Norddeutschland angeblich jeden Tag. Als Folge verdirbt das Getreide, und die Lebensmittel werden teurer.

1402. Die Kirchspiele des Landes Hadeln erkennen die hamburgischen Bürgermeister und Ratsherren als ihre »Greven« (Grafen) und Amtmänner an.

1403. Hamburg verzichtet aus Kostengründen zugunsten Lüneburgs auf die 1397 errungene Pfandherrschaft über Harburg.

9. 10. 1404. Der Konvent des Predigerordens von St. Johannis und die Flandernfahrer einigen sich darauf, geistliche Gottesdienste zum Frommen der Brüderschaft der Flandernfahrer abzuhalten.

25. 3. 1406. Eine Sonnenfinsternis versetzt die Bewohner Norddeutschlands in Angst und Schrecken und verursacht Weltuntergangsängste.

15. 12. 1406. In Dordrecht schließt die Hanse Frieden mit dem englischen König Heinrich IV. Auch Hamburg ist beteiligt. England muß sich zu einem energischen Vorgehen gegen die Seeräuberei verpflichten. 1405 hatte ein Hansetag wegen der ständigen Piraterie den Handel mit England verboten.

24. 4. 1408. Der Hamburger Kanoniker Johann Fritze stiftet Geld für eine Lektorenstelle am Dom. Der Bewerber soll Doktor der Theologie sein und mit den übrigen Hamburger Geistlichen regelmäßige theologische Vorlesungen halten.

1408. Drei im Vorjahr ausgerüstete hamburgische Schiffe mit 221 Mann an Bord setzen unter Führung von Meinhard Buxtehude den Kampf gegen die ostfriesischen Piraten fort.

Scharfrichter läßt Piratenköpfe rollen

20. Oktober 1401. Auf dem Grasbrook findet die berühmteste Exekution der hamburgischen Geschichte statt: Der Scharfrichter köpft den Seeräuber Klaus Störtebeker und seine 30 mit ihm gefangenen Kumpane. Hamburg ist ein wichtiger Schlag gegen die Piratengefahr in der Nordsee gelungen. Schon vor der Vertreibung der Seeräuber aus der Ostsee im Jahr 1398 (→ S. 57) waren auch die Deutsche Bucht und die Küsten Ostfrieslands von Piraten unsicher gemacht worden. Ähnlich wie in der Ostsee beim Krieg zwischen Dänemark und Mecklenburg finden sich auch hier Auftraggeber, die den Seeraub unterstützen. Es sind vor allem ostfriesische Häuptlinge wie Keno tom Brok und seine Nachfolger Ocko I. und Widzel, die sich mit Hilfe der Seeräuber gegen die Annexionsgelüste des Herzogs Albrecht von Bayern, zugleich Graf von Holland, wehren wollen.

Im Jahr 1390 meldeten die Hamburger Kämmereirechnungen erstmals sog. Vitalienbrüder (→ S. 57) vor der friesischen Küste. Deren größter Streich: Vor Norwegen kaperten sie 1398 ein Schiff des Egghert Schoeff aus Danzig, segelten damit in die Straße von Calais und brachten 15 Handelsschiffe aus Spanien und Frankreich auf. Hamburg und Bremen verboten bei dieser Gelegenheit öffentlich den Kauf gestohlenen Gutes.

Wegen der immer lauter werdenden Klagen über die Tätigkeit der Seeräuber rafften sich nun die Hansestädte zu entscheidenden Schlägen auf. Am 22. April 1400 verließ eine lübisch-hamburgische Flotte den Hamburger Hafen. Am 5. Mai traf sie in der Osterems auf die Piraten. Die Kapitäne berichteten nach Hamburg, man habe 80 Seeräuber getötet, etwa 200 seien nach Norwegen entkommen, darunter vermutlich auch deren Anführer Godeke Michels.

Wenige Monate später wurde Hamburg erneut aktiv, diesmal allein: Vermutlich im Frühjahr 1401 besiegte der Ratsherr Nikolaus Schoke als Anführer einer hamburgischen Flotte, zu der Simon von Utrecht – ein im Vorjahr eingebürgerter niederländischer Kaufmannsreeder – zwei Schiffe beigesteuert hatte, den Seeräuber Klaus Störtebeker vor Helgoland.

An diesem harten und verlustreichen Kampf haben auch Seeleute aus dem niederländischen Enkhuizen teilgenommen, was eine bis 1412 dauernde Auseinandersetzung wegen der geforderten Entschädigungssumme zur Folge hat.

Im Spätsommer oder Herbst desselben Jahres fällt auf der Weser auch Godeke Michels in die Hände der Hamburger. Ihm wird das gleiche Schicksal wie Störtebeker zuteil: Mit 73 seiner Piraten wird Godeke Michels enthauptet.

Der Rat belohnt Schoke, der auch bei der dritten Expedition gegen die Piraten gemeinsam mit Hinrich Jenevelt die Führung innehatte, in Form von 80 Mark Silber.

Die Seeräuberei in der Nordsee geht jedoch weiter, auch wenn die Unterstützung für die Piraten nachläßt. 1433 sticht eine Flotte unter Führung von Simon von Utrecht in See und fängt beim Feldzug gegen Emden vor Ostfriesland die dort tätigen Piraten (→ 20. 7. 1433/S. 63). Erst 125 Jahre später legt mit Klaus Kniphof der letzte große Pirat der Nordsee in Hamburg seinen Kopf auf den Richtblock (→ 25. 10. 1525/S. 85).

So stellt sich die Nachwelt mehr als 450 Jahre nach der Gefangennahme des berühmten Piraten Klaus Störtebeker bei Helgoland dessen Ankunft in Hamburg vor (Carl Gehrts, kolorierter Holzstich nach einer Zeichnung, 1877).

Das 1982 aufgestellte, bronzene Störtebeker-Denkmal am Brooktor

Sagenumwobener Seeräuber Klaus Störtebeker

Über die Herkunft und das Leben des Piraten Klaus Störtebeker ist wenig bekannt. Fest steht nur, daß er ab 1394 zusammen mit Godeke Michels als Anführer der »Vitalienbrüder« in der Ostsee hervortrat, dann 1396 mit Hilfe friesischer Häuptlinge in Ostfriesland Fuß fassen konnte und im Oktober 1401 in Hamburg geköpft wird.

Vielleicht war Störtebeker ein mecklenburgischer oder pommerscher Landedelmann; andere Berichte verlegen seine Herkunft in den Umkreis von Verden an der Aller. Fraglich ist auch, ob der Pirat von Beginn an so geheißen hat. In Wismar ist urkundlich für das Jahr 1380 ein gewalttätiger Mensch namens Nicolao Störtebeker verzeichnet. Bekannt ist ferner ein am

11. August 1400 ausgestellter Kaperbrief (staatliche Ermächtigung für bewaffnete Privatleute, am Handelskrieg auf See teilzunehmen) für einen Johann Störtebeker. In einer Lübecker Chronik aus der Zeit heißt es dagegen: »Desser zeerovere hovetlude waren gheheten: Godeke Michels, Wichmann, Wyholt unde Clawes Stortebeker.« Trotz oder gerade wegen dieser unsicheren Nachrichten über seine Herkunft und sein Leben wird Störtebekers Name zum Mythos. So soll das Gold aus Störtebekers Schatztruhen in die Goldkrone der Katharinenkirche gewandert sein, und an die angeblichen Trinkgewohnheiten von »Klaus-stürz-den-Becher« erinnert der um 1650 geschaffene Störtebeker-Pokal.

Die Ostsee – ein Tummelplatz der Geldgier

Zwischen 1370 und 1398 ist die Ostsee ein Tummelplatz für Piraten. Auf eigene Rechnung oder in staatlichem Auftrag berauben sie Handelsschiffe und greifen aktiv in den Kampf zwischen der Königin Margarete I. von Dänemark und Norwegen und dem schwedischen König Albrecht von Mecklenburg ein.

Dabei verwischen die Grenzen zwischen Recht und Unrecht, zwischen staatlich sanktionierter Freibeuterei und schlichtem Seeraub. Das Geschäft erweist sich als einträglich: 1377 wird geklagt, daß vor Fünen rund 200 Seeräuber operieren. 1394 sind es rund 2000 Mann auf 100 Schiffen. Die Hansestädte, deren Kauffahrer am meisten unter der Seeräu-

Dreimastsegler mit bewaffneter Mannschaft beim Verlassen des Hafens; aquarellierte Federzeichnung auf Papier von Hans Holbein d. J. (1497–1543), um 1533 (Frankfurt, Städelsches Kunstinstitut)

wird. 1392 wird erstmals in Norddeutschland der Begriff »fratres vitaliensis« genannt, also Vitalienbrüder oder Proviantbeschaffer. Diese Bezeichnung verweist auf die Rolle der Piraten bei der Versorgung eingeschlossener Städte, wie z. B. im Fall Stockholms ab 1390.

Enormen Zulauf gewinnt die Seeräuberei in der Ostsee durch den Krieg zwischen Dänemark und Mecklenburg. Herzog Albrecht III. von Mecklenburg, seit 1364 ein in Schweden ungeliebter König, wird 1389 in der Schlacht bei Falköping von Königin Margarete I. besiegt und gefangengenommen. Die Hauptstadt Stockholm bleibt aber frei. Von nun an nehmen Piraten auf eigene Rechnung am Krieg teil. 1393 erobern sie Bergen, im Jahr darauf

berplage zu leiden haben, zeigen sich unfähig, der Gefahr gemeinsam zu begegnen. Zwar sind die Protokolle der Hansetage voll von Klagen, doch zu einer militärischen Aktion kann man sich nicht aufraffen. Im Gegenteil: 1393 muß die Handelsschiffahrt nach Schonen für drei Jahre eingestellt werden, was die Heringspreise in die Höhe schnellen läßt (→ 1395/S. 55).

Wer sind diese Seeräuber und woher kommen sie? Neben Kriminellen aller Schattierungen finden sich in den Reihen der Piraten auch viele einstmals ehrliche Seeleute sowie verarmte Adlige. Allesamt treibt sie Abenteuerlust und Geldgier zu ihrem Tun. Sie selbst nennen sich oft »Likedeeler« (Gleichteiler), weil die Beute gleichmäßig aufgeteilt

brandschatzen sie Malmö und erobern Visby auf Gotland.

Obwohl am 17. Juni 1395 ein Friedensvertrag zwischen Margarete und König Albrecht geschlossen und Stockholm am 31. August 1395 durch die Hanse besetzt wird, geht der Kampf weiter. Er konzentriert sich nun auf Gotland, die Basis der Vitalienbrüder. Von hier aus machen sie weiterhin die Ostsee unsicher.

In dieser Lage beschließt Konrad von Jungingen, der Hochmeister des Deutschen Ordens, zu handeln: Er rüstet eine Flotte aus und landet am 21. März 1398 bei Västergarn auf Gotland. In raschem Zugriff erobert sein Ordensheer das Landgebiet und die Hauptstadt Visby. Etliche der Vitalienbrüder setzen sich nun in Richtung Nordsee ab.

20. 4. 1410. Ein Hansetag in Hamburg erklärt Hamburg anstelle Lübecks zum Haupt der Hanse. Hintergrund sind vehemente Auseinandersetzungen zwischen Rat und Bürgerschaft in Lübeck. → S. 58

10. 8. 1410. In einem ersten sog. Rezeß muß der Hamburger Rat den erbgesessenen Bürgern einige Mitbestimmungsrechte einräumen. → S. 59

Um 1410. In der Werkstatt des in Hamburg tätigen Malers Bertram von Minden entsteht der »Buxtehuder Altar«, ein Flügelaltar für den Chor eines Frauenklosters. Die Bilder behandeln das Leben der Jungfrau Maria (→ 1383/S. 52).

1411. Zur Erhöhung der Bierqualität untersagt der Hamburger Rat in einer Brauordnung den Betrieb jener Unternehmungen, die ihr Brauwasser in Zubern von den Brunnen und Fleeten herbeischaffen müssen. → S. 60

22. 11. 1412. Das Gebiet an der Unterelbe wird von einer schweren Sturmflut (»Cäcilienflut«) heimgesucht. Sie zerstört das Dorf Altenwerder, das bis 1418 an einem besser vor dem Wasser geschützten Ort wieder aufgebaut wird. → S. 60

1415. Während des Konzils in Konstanz empfängt König Sigismund Abgesandte aus Hamburg. Der König fordert von den Hamburgern, als reichsunmittelbare Stadt das von ihr ausgeübte Gericht, die Münze und die Mühlen als Reichslehen zu nehmen. Als Hamburg ablehnt, klagt der König drei Jahre später vor dem Reichshofgericht gegen die Stadt. Über Hamburg wird die Reichsacht verhängt (→ S. 68).

Herbst 1417. Aufgrund des Drucks der übrigen Hansestädte, wo die alten Gewalten wieder zu unbeschränkter Herrschaft gelangt sind, hebt der Hamburger Rat den Rezeß von 1410 auf (→ 10. 8. 1410/S. 59).

1417. Mit einem königlichen Schutzbrief versehen, erscheinen die ersten Zigeuner in Hamburg.

28. 6. 1417. König Sigismund unterzeichnet einen Freibrief für die Lüneburger, der ihnen trotz des 1412 von Hamburg verfügten Stapelzwangs die freie Fahrt auf der Süderelbe garantiert. → S. 60

GESTORBEN:

1414 oder 1415. Hamburg: Bertram von Minden (*um 1340, Minden), Maler, seit 1367 in Hamburg (→ 1383/S. 52).

1417 (?) Hamburg (?): Nikolaus Schoke (*?), Ratsherr und Seeheld (→ 20. 10. 1401/S. 56).

Hamburg tritt aus Lübecks Schatten

20. April 1410. In Hamburg versammeln sich die Abgesandten der Hansestädte. Angesichts der unsicheren Lage in Lübeck wird Hamburg mit den Aufgaben des sog. Vororts betraut. Damit ist die Stadt sechs Jahre lang Haupt der Hanse. Ein Aufstand der von der Mitwirkung in der Politik ausgeschlossenen Bevölkerungsschichten hatte 1408 in Lübeck 15 der 23 Ratsherrn aus der Stadt vertrieben. Von Hamburg und Lüneburg aus erwirkten sie im Januar 1410 vom Reichshofgericht, das ungetreue Lübeck unter die Reichsacht zu stellen.

Obwohl der neue Lübecker Rat sich bei den Hansestädten eifrig um Anerkennung bemüht, ziehen diese es vor, in Hamburg zu tagen und die Stadt solange als Haupt der Hanse einzusetzen, »bet Got dat anders voghed mit der stat Lubeke«. Dies geschieht im Sommer 1416, als der alte Rat nach Lübeck zurückkehren kann.

Zu Beginn des 15. Jahrhunderts ist die Hanse eine locker gefügte Gemeinschaft von etwa 70 bis 80 aktiven und über 100 kleineren Städten, die auf den Hansetagen nicht vertreten sind und keine Umlagen zahlen. Der hansische Wirtschaftsraum erstreckt sich von den nördlichen Niederlanden bis hinauf zum Finnischen Meerbusen mit Konto-ren in Antwerpen, Brügge, London, Bergen und Nowgorod.

Schon um 1347 wurden die Städte erstmals regional gegliedert. So entstanden das wendisch-sächsische Drittel, das westfälisch-preußische unter Einschluß der Städte des Rheinlandes und an der Zuiderzee sowie ein gotländisch-livländisches Drittel (→ 18. 5. 1447/S. 65).

Unbestrittenes Haupt der Hanse ist seit 1294 stets Lübeck gewesen. Hier fanden die meisten Hansetage oder »Tagfahrten« statt, auf denen alle Fragen behandelt werden, die das Verhältnis der Kaufleute und Städte untereinander oder die Beziehungen zu den Handelspartnern im Ausland betreffen. Beschlüsse bleiben allerdings unverbindlich. Als übernationaler Städtebund auf wirtschaftlicher Grundlage steht die Hanse im 15. Jahrhundert am Wendepunkt ihrer Geschichte. Einerseits blüht der Handel nach Überwindung der Seeräubergefahr (→ 20. 10. 1401/S. 56), andererseits entzieht die Tendenz zur Bildung von Territorialstaaten der Hanse langfristig ihre Existenzgrundlage.

Alltäglicher Betrieb im Hamburger Binnenhafen (Miniatur im Stadtrecht vom → 31. 10. 1497 (S. 74); rechts das Handelshaus mit russischen Händlern, links der 1352 gebaute neue Kran. Das neu gefaßte Schiffsrecht weist der Mannschaft eine Mitverantwortung zu, im Schadensfall aber muß sich der Kapitän rechtfertigen.

Wichtige Seewege der Hanse um 1400

Bergen · Oslo · Finnischer-Meerbusen · Reval · Narwa · Nowgorod · Visby · Riga · Düna · Nordsee · Ostsee · Memel · Hull · Boston · Kiel · Lübeck · Stralsund · Königsberg · Danzig · Rostock · Lynn · Ipswich · Hamburg · Bremen · Berlin · London · Weser · Elbe · Oder · Weichsel · Brügge · Antwerpen · Rhein · Maas · Main

● Hansestadt
● Handelskontor

0 ___ 150 km

© Harenberg

Rat muß Bürger an der Politik beteiligen

10. August 1410. Jedes Hamburger Kirchspiel erhält am Laurentiustag eine Urkunde über den ersten »Rezeß« (lat. recedere = auseinandergehen) zwischen Rat und Bürgerschaft. In diesem Vertrag muß der Rat den Bürgern einige Mitbestimmungsrechte einräumen und die Beseitigung innerstädtischer Mißstände versprechen.

Unmittelbarer Anlaß für die Übereinkunft sind die näheren Umstände der Verhaftung des Hamburger Bürgers Heyno Brand. Der Rat setzte ihn auf Beschwerde des Herzogs Johann III. von Sachsen-Lauenburg fest. Der hohe Herr hatte sich darüber beklagt, daß ihn Brand – dem er noch Geld schuldete – bei einem Besuch in Hamburg auf offener Straße an die Rückzahlung erinnert und überdies noch geschmäht hatte.

Diese Willfährigkeit des Rates gegenüber dem auswärtigen Adel erboste die Bürger sehr. Sie versammelten sich am 31. Mai im Maria-Magdalenen-Kloster und wählten zur Klärung der Angelegenheit einen 60er-Ausschuß, dem aus jedem Kirchspiel 15 Personen angehörten. Dieser Ausschuß begab sich zum Rat und verlangte unter Hinweis auf ein Privileg von 1405, wonach kein Bürger ohne vorherige Verhandlung festgesetzt werden darf, die sofortige Freilassung. Dazu erklärte sich der Rat nach einigem Widerstreben bereit.

Nun einmal am Zuge, stellten die 60er weitere Forderungen auf, die der Rat den Bürgern schließlich gewähren muß. Die wesentlichen Punkte des 20 Artikel umfassenden Rezesses sind:

▷ Kein Bürger darf künftig verhaftet werden, ohne zuvor vom Rat gehört worden zu sein, es sei denn, er wird auf frischer Tat ertappt (Art. 1)

▷ Hamburg soll Mitglied der Hanse bleiben und ein freundschaftliches Verhältnis zu dem neuen Lübecker Rat (→ 20. 4. 1410/S. 58) pflegen (Art. 2–4)

▷ Vor einer Kriegserklärung soll der Rat erst die Meinung der Bürger einholen (Art. 6). Ist der Stadt eine Fehde angesagt worden, so soll der Name des jeweiligen Feindes öffentlich verkündet werden (Art. 9)

▷ Die Höhe der umstrittenen Vermögenssteuer (Schoß) wird genau festgelegt (→ März/April 1375/S. 51). In Notzeiten beraten Rat und Bürgerschaft gemeinsam über eine Erhöhung (Art. 7)

▷ Der Rat darf künftig – mit wenigen Ausnahmen – niemandem freies Geleit gewähren, der bei Bürgern Schulden hat (Art. 10)

▷ Leibeigene sollen in der Stadt vor ihren auswärtigen Herren sicher sein. Ausnahme: Der betreffende Herr erklärt sich bereit, nach Hamburg zu kommen und sich einem Gerichtsspruch zu unterwerfen (Art. 12).

Neben solchen grundsätzlichen Regelungen enthält der Rezeß auch Bestimmungen über das Bierbrauen (→ 1411/S. 60) und den Englandhandel, er brandmarkt die Korruption von Beamten und weist auf Mißstände im städtischen Siechenhaus hin. Dieser Rezeß bleibt jedoch nicht lange in Kraft: Aufgrund des Drucks der übrigen Hansestädte, wo die alten Räte nach ähnlichen Auseinandersetzungen wieder regieren, werden im Herbst 1417 sowohl der Rezeß als auch der 60er-Ausschuß wieder aufgehoben.

Siegel an einem Dokument vom 11. November 1436, mit dem die Hansestädte Kiel (Civium Kilensium), Lübeck (Burgersium de Lubeke), Wismar (Wismarie Civitatis) und Stralsund (Civitatis Stralessundis) ihr Bündnis bekräftigen (Lübeck, Stadtarchiv)

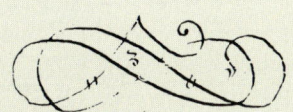

Die erste Seite des »Rezesses« zwischen Rat und Bürgerschaft der Stadt Hamburg; zu Beginn werden die Verhandlungsführer aufgezählt.

»Brauhaus der Hanse« setzt auf Qualität

1411. Hamburgs Rat untersagt allen Bierbrauern, die ihr Brauwasser in Zubern von den Brunnen und Fleeten herbeischaffen müssen, die Produktion. Damit kommt die Bierherstellung in der Altstadt und im größten Teil des Kirchspiels St. Jacobi zum Erliegen; 150 Brauer müssen aufgeben.

Der Rat will mit dieser Anordnung die Qualität des Hamburger Bieres erhöhen, dem das Wasser der Fleete erst seinen Geschmack verleiht. Widerstand von den Bürgern ist dabei nicht zu erwarten: Der Artikel 5 des Rezesses von 1410 (→ 10. 8. 1410/S. 59) ermächtigt den Rat, darauf zu achten, daß nach erteilter Erlaubnis (»Orloff«) gutes Bier gebraut wird und keiner mehr braut als ein anderer. Was der Rat in dieser Angelegenheit verfügt, dem wollen die Bürger dann »in aller Redlichkeit« folgen.

Unter den Hamburger Exportprodukten steht das Bier an erster Stelle. Hamburg gilt als das »Brauhaus der Hanse«. Dies mögen einige Zahlen belegen: 1369 betrug die gesamte Biererzeugung rund 150 000 Tonnen zu je 145 l. Davon wurden 91 500 Tonnen seewärts ausgeführt. Jeder der etwa 270 Hamburger Exportbrauer produzierte in diesem Jahr etwa 340 Tonnen Bier. Für das Jahr 1417 ist allein für die seewärtige Ausfuhr

ein Wert von über 125 000 Tonnen (mehr als 188 000 Hektoliter) belegt. Zentren der Biererzeugung sind die Kirchspiele St. Nikolai und St. Katharinen. Die Brauhäuser, die wegen des Wasserbedarfs längs des alten Alsterlaufes sowie am Alster-

Bierbrauen für den öffentlichen Ausschank (Hausbuch der Mendelschen Zwölfbrüderstiftung, 1506); Bier gehört im Hochmittelalter bei arm und reich zur täglichen Nahrung. Sein Genußwert und Gehalt an Nährstoffen führen dazu, daß etwa 8% der täglichen Alltagskost auf den Konsum von Bier entfällt. Neben Hamburg gehört Wismar zu den größten Bierexporteuren unter den Hansestädten. Wismar wird aber im 15. Jahrhundert von Einbeck überholt.

hafen, am Nikolaifleet und am Dovenfleet errichtet werden, verfügen über große Dielen und viel Lagerraum. Diese Giebelhäuser aus Fachwerk und roten Ziegeln reichen von der Straße mit ihrer Rückseite direkt an das Fleet heran.

Zwist um freie Fahrt für Handelsschiffe

28. Juni 1417. Der deutsche König Sigismund unterzeichnet einen Freiheitsbrief. Demnach dürfen sich die Bürger Lüneburgs der freien Schiffahrt auf der Süderelbe und der Dradenau erfreuen.

Im Jahr 1412 hat Hamburg den Lüneburgern die Benutzung der Süderelbe und die freie Durchfahrt in Hamburg untersagt und verlangt, daß die mitgeführten Waren in der Stadt angeboten werden. Dieser sog. Stapelzwang wird allerdings auch nach dem königlichen Edikt weiter ausgeübt.

Hintergrund des Streits ist die Ausweitung des hamburgischen Interessengebietes nach Süden bei gleichzeitig zunehmendem Umfang des lüneburgischen Handels im Elbegebiet. Zwischen 1367 und 1396 haben reiche Hamburger durch den Erwerb verschiedener Privilegien anliegender Fürsten den gesamten südlichen Teil des Stromspaltungsgebietes von Finkenwerder bis Ochsenwerder zeitweise an sich gebracht.

Zum Schutz dieses Gebietes wurde 1390 ein Wohnturm, die Moorburg, errichtet und mit einem Hamburger Ratsherrn sowie einer ständigen Truppe besetzt. Trotz der Bemühungen Lüneburger Herzöge, die Besatzung zu vertreiben, bleibt die Moorburg in Hamburger Hand.

Cäcilientag bringt Unglück über das Dorf Altenwerder

22. November 1412. Der Abend des Cäcilientages bringt Unheil über die Menschen in Hamburg und an der Unterelbe: Ein heftiger Sturm staut das Wasser auf; die aufgewühlten Fluten durchbrechen überall die Deiche, die der Gewalt des Wassers nicht standhalten können und überschwemmen das dahinterliegende Marschland.

Die Häuser werden fortgerissen, die Felder verwüstet und unzählige Haustiere ertrinken in den Fluten. Über 30 000 Menschen finden bei dieser Sturmflut angeblich den Tod. So einschneidend ist das Ereignis, daß – wie alte Chroniken berichten – die Bevölkerung anfängt, nach dieser Flut die Jahre zu zählen. Es ist die schwerste Flut seit der »Groten Mandrenke« vom 16. Januar 1362, die sogar rund 100 000 Tote gefordert haben soll.

Ebenso wie andere Dörfer wird auch Altenwerder überschwemmt. Hier richtet die Cäcilienflut jedoch so schwere Verwüstungen an, daß das vermutlich bereits um 844 begründete Dorf geräumt und an einem vor den Fluten besser geschützten Ort wieder aufgebaut wird. Das neue Altenwerder ist bis 1418 vollendet. Seine Bewohner ernähren sich vor allem von Fischerei und Milchwirtschaft.

Die Schrecken der Sturmflut in einer Darstellung aus dem 17. Jahrhundert; trotz aller Anstrengungen der Küstenbewohner halten die Deiche dem aufgestauten Wasser oft nicht stand. Immer wieder holt sich das Meer für kurze Zeit das fruchtbare Marschland zurück, das ihm der Mensch durch den Deichbau entriß.

1420

23. 8. 1420. Im sog. Perleberger Vergleich verlieren die Herzöge Erich V., Bernhard II. und Otto von Sachsen-Lauenburg einen Teil ihrer Ländereien an Hamburg und Lübeck. → S. 61

1420. In Hamburg wird durch eine Bursprake eine Münzordnung der Städte Lübeck, Rostock, Wismar, Lüneburg und Hamburg veröffentlicht. Neue Münzen haben den Wert von sechs Pfennigen, von drei und von einem Pfennig.

1420. Die Mühle bei Neumühlen fällt an Hamburg und bleibt bis 1778 in städtischem Besitz.

24. 4. 1421. König Sigismund verleiht Hamburg ein sog. Evokationsprivileg: Fortan ist der Rat bei allen Rechtsstreitigkeiten zwischen Hamburger Bürgern die oberste Instanz und nicht der Kaiser oder die holsteinischen Grafen. → S. 61

1421. Die 1418 über Hamburg verhängte Reichsacht wird aufgehoben. König Sigismund gibt sich mit der Erklärung der Stadt zufrieden, ihre Privilegien nicht als Reichslehen zu verstehen, sondern als Rechte, die man den Grafen von Holstein abgekauft hat (→ S. 68).

22. 8. 1422. Hamburg und Lübeck schließen einen Vertrag über die Verwaltung von Bergedorf. Die von den Städten eingesetzten Amtmänner arbeiten zunächst in vierjährigem, ab 1446 in sechsjährigem Wechsel. Ab 1620 üben sie ihr Amt auf Lebenszeit aus (→ 23. 8. 1420).

4. 12. 1424. Die Brüderschaft der Englandfahrer gibt bei dem Hamburger Maler Meister Francke einen Altar zu Ehren ihres Schutzherrn, des Heiligen Thomas von Canterbury, in Auftrag. → S. 62

21. 7. 1426. Der dänische König Erich VII. überfällt die Stadt Schleswig. Er will damit den Autonomiebestrebungen des Herzogtums Schleswig, das als dänisches Lehen in den Händen der Grafen von Holstein liegt, ein Ende machen.

22. 7. 1427. Bei einem Seegefecht mit den Dänen wird der Hamburger Oberbefehlshaber Hein Hoyer verwundet gefangengenommen. → S. 61

24. 1. 1428. Der Hamburger Ratsherr Johann Kletze wird wegen fehlerhafter Führung im Krieg gegen Dänemark enthauptet. Das Urteil fällt ein Bürgerausschuß.

1428. Die Stadt Hamburg betreibt am Kattrepel acht Bordelle. → S. 61

GESTORBEN:

1420. Hamburg (?): Kersten Miles (*?), Bürgermeister ab 1378.

Hamburg und Lübeck erobern Bergedorf

23. August 1420. Im sog. Perleberger Vergleich sichern sich Hamburg und Lübeck die Burg Bergedorf mit den Vierlanden, Geesthacht und dem »halben Sachsenwald«. Vorausgegangen ist eine offene Fehde mit den Herzögen von Sachsen-Lauenburg.

Die Burg Bergedorf und das dazugehörige Land wird fortan von beiden Städten gemeinsam, aber abwechselnd verwaltet, genutzt und verteidigt. Jeder der als Vertreter der Städte eingesetzten Amtmänner befehligt zwölf wehrhafte Kriegsknechte und Diener. Die Burghauptleute üben ihr Amt zunächst in vierjährigem, ab 1446 in sechsjährigem Wechsel und von 1620 an auf Lebenszeit aus. Bergedorf bleibt bis zum → 1. Januar 1868 (S. 261) im Besitz von Hamburg und Lübeck und geht dann an Hamburg allein über.

Der Krieg der beiden Hansestädte gegen den Herzog Erich V. von Sachsen-Lauenburg und seine Brüder Bernhard II. und Otto war eine Reaktion auf die ständige Belästigung des Handels auf dem Weg durch Bergedorf und die Vierlande zur Elbfähre nach Zollenspieker.

Lübeck beteiligte sich noch aus einem weiteren Grund an der Auseinandersetzung: Die Stadt hatte im Jahr 1390 durch Zahlung einer Pfandsumme an Herzog Erich III. von Bergedorf-Mölln die Herrschaft Bergedorf erworben. Als dieser 1401 starb, bemächtigte sich sein Vetter, Herzog Erich IV., durch eine List des Schlosses und jagte die lübische Besatzung davon.

Am 2. Februar 1420 vereinbarten die Städte in einer »Tohopesate« (Versammlung) den Krieg gegen die drei Herzöge. Am 7. und 8. Juli kündigten Lübeck und Hamburg dem Herzog Erich V. offen die Fehde an. Am Abend des 11. Juli ging ein bewaffnetes Aufgebot vor der Burg Bergedorf in Stellung.

Wegen der starken Befestigung hatten die Städte ein beachtliches Heer auf die Beine gestellt: 800 Reiter, 2000 Fußsoldaten mit Spießen und 1000 Büchsenschützen, dazu mehrere Kanonen.

Am 12. Juli wurde zunächst das Städtchen Bergedorf eingenommen und dann das Feuer auf die Burg eröffnet. Nach fünftägiger Belagerung und Beschießung kapitulierte die 40köpfige Burgbesatzung und erhielt freien Abzug. Dann konnten die Bürgermeister Jordan Pleskow aus Lübeck und Hein Hoyer aus Hamburg die Schlüssel der Burg in Empfang nehmen.

Angriff der Hamburger und Lübecker Kriegsleute auf die verbissen verteidigte herzogliche Burg Bergedorf im Juli 1420 (Darstellung aus dem 19. Jh.)

Rat für Einwohner das oberste Gericht

24. April 1421. Der deutsche König Sigismund verleiht Hamburg ein sog. Evokationsprivileg. Dies bedeutet, daß der Rat bei allen Rechtsstreitigkeiten zwischen den Hamburger Bürgern oberste Gerichtsinstanz ist und nicht der König oder der Graf von Holstein.

Handelt es sich bei den betreffenden Streitsachen um Klagen gegen die Stadt, so soll der Landesherr entscheiden. Tritt der deutsche König bzw. Kaiser als Kläger auf, so ist das Reichshofgericht zuständig. Diese Kammer am Königlichen Hof entscheidet auch dann, wenn der Rat die Behandlung einer Rechtssache offenkundig verweigert oder ein Urteil hinauszögert.

Mit dem Evokationsprivileg stärkt der König die Autorität des Rates gegenüber dem Landesherrn.

Bürgermeister Hoyer von Dänen gefangen

22. Juli 1427. Die Dänen nehmen den Hamburger Bürgermeister Hein Hoyer bei einem Seegefecht in der Ostsee gefangen.

Seit Oktober 1426 führen Lübeck, Hamburg, Stralsund, Wismar, Rostock und Lüneburg Krieg gegen König Erich VII. von Dänemark, der sie ihrer Vorrechte berauben will. Nach der Seeniederlage am 22. Juli scheitert im selben Jahr ein Angriff der Hansestädte auf die Duburg bei Flensburg. Mit Hilfe des Schauenburger Grafenhauses kann der Dänenkönig im Frieden von Vordingborg (15. 7. 1435) dennoch zu einer Bestätigung der alten Privilegien gezwungen werden (→ 6. 10. 1368/S. 49). Die Gefangenschaft Hein Hoyers in Kopenhagen dauert fünf Jahre – erst dann können die Hamburger ihn freikaufen.

Prostituierte füllen die Stadtkasse auf

1428. Auf der Ausgabenseite der Hamburger Kämmereirechnungen erscheint ein Hinweis auf acht »Meretrizenbuden« (lat. meretricium = Prostitution) am Kattrepel. Im Jahr 1450 wird – diesmal auf der Einnahmenseite – ein weiteres Bordell am Steintor erwähnt.

Eigentümer und Nutznießer dieser Häuser ist die Stadt selbst. Die Verwaltung der Bordelle liegt in den Händen eines sog. Frauenmeisters. Prostitution wurde in offiziellen Hamburger Quellen erstmals in den Artikeln 27 bis 30 des Stadtrechts von 1292 erwähnt (→ 20. 3. 1292/S. 40). Darin wurde u. a. festgelegt, daß sich die »wandelbaren Frauen« im Unterschied zu den »eerliken frouwen« in der Auswahl ihrer Kleidung und dem Tragen von Schmuck mäßigen sollen.

»Die Verhöhnung des heiligen Thomas von Canterbury«; Tafel aus dem Altar Meister Franckes (Kunsthalle, Hamburg)

Meister Francke malt für Englandfahrer

4. Dezember 1424. Die Brüderschaft der Englandfahrer (→ 1395/ S. 55) gibt bei dem Maler Meister Francke einen Altaraufsatz für ihre Kapelle in der Kirche St. Johannis in Auftrag. Künstlerisches Sujet des Retabels: Die Leiden des Thomas Becket.

Die Kauffahrer haben sich den englischen Geistlichen Thomas Becket zum Schutzpatron erwählt. Er hatte im Investiturstreit kirchliche Privilegien gegen König Heinrich

II. verteidigt, der ihn 1170 in seiner Kathedrale ermorden ließ. In Analogie zum Opfertod Christi stellt Francke das Martyrium des heiligen Thomas von Canterbury dar. Der doppelflügelige Wandelaltar – er ist nur als Fragment erhalten geblieben – zeigt bei geöffneten Türen acht Tafeln mit je vier nebeneinanderliegenden Szenen aus der Mariengeschichte und der Leidensgeschichte des Erzbischofs.

Der Maler, um 1380 als Sohn eines

Schusters in Hamburg geboren, lebt als Dominikanermönch im Kloster St. Johannis. Er gilt als der führende norddeutsche Repräsentant des von Künstlern aus Frankreich, Burgund und den Niederlanden geprägten sog. weichen Stils in der Malerei, bei der die persönlich geprägte Darstellung in den Vordergrund tritt. Es geht ihm weniger um eine exakte Abbildung der Wirklichkeit als um den religiösen und geistigen Gehalt der Szenen.

Viele gute Werke für das Seelenheil

Chronik Hintergrund

Zu den wichtigsten Aufgaben der Fahrergesellschaften (→ 1395/S. 55) oder Brüderschaften zählt das gesellige Beisammensein ihrer Mitglieder und die Sorge um deren leibliches und geistliches Wohl.

An der Spitze dieser Bünde stehen sechs bis acht »Älteste«, davon sind zwei als »Älterleute« mit der Geschäftsführung betraut. Wesentlich mehr Arbeit haben jedoch die beiden jährlich wechselnden »Schaffer«: Sie müssen die Versammlungen und Feste vorbereiten, sich um die Erhaltung der Gesellschaftshäuser kümmern und schließlich auch noch die Beiträge einkassieren.

Wohlhabende Fahrergesellschaften widmen sich auch der Ausgestaltung örtlicher Kirchen. Davon zeugt u. a. die Ausstattung der Lübecker Marienkirche, zu der maßgeblich die dort ansässigen Schonen-, Bergen- und Nowgorodfahrer beigetragen haben.

Durch diese Stiftungen wollen die Fahrergesellschaften nicht nur ihre ökonomische Stärke dokumentieren und ihre Stellung im öffentlichen Leben betonen, sie bemühen sich damit vor allem um das Seelenheil ihrer Mitglieder. Der einzelne Kaufmann ist meist nicht in der Lage, genug Geld aufzubringen, um durch eine ausreichende Anzahl guter Werke und die Stiftung von Messen seinen Seelenfrieden im Diesseits und Jenseits zu retten. Also kümmert sich die zuständige Berufsgenossenschaft um diese Belange: Sie wählt einen passenden Schutzherren für die Brüderschaft und erwirbt das Recht, an einem bestimmten Altar ihrer Kirche eine Messe für das Seelenheil ihrer Mitglieder lesen zu lassen. Ist noch mehr Geld vorhanden, stiftet sie einen Altar in ihrer Kirche oder läßt auf eigene Kosten eine Kapelle errichten. Gleichfalls religiös motiviert ist die von den Gesellschaften finanzierte Armenpflege.

1430

1433. Der Turm der Kirche St. Katharinen wird fertig.

20. 7. 1433. Hamburger und Bremer erobern im Bund mit dem ostfriesischen Häuptling Edzard Cirksena die Burg Emden. Die Verwaltung des dazugehörigen Gebiets erfolgt zunächst durch einen Hamburger Amtmann und wird dann verbündeten ostfriesischen Adligen übertragen. → S. 63

1434. Der Turm für die Hamburger Domkirche wird vollendet (→ 18. 6. 1329/S. 44).

4. 4. 1435. Kaiser Sigismund verleiht Hamburg das Privileg, Münzen mit dem Reichswappen zu prägen. → S. 63

15. 7. 1435. Dänemark bestätigt im Frieden von Vordingborg die Privilegien der Hansestädte. Der dänische Versuch, Schleswig zurückzugewinnen, ist gescheitert (→ 22. 7. 1427/S. 61).

1436. In Hamburg beruft der Rat erstmals einen Syndikus zur Erledigung eines juristischen Streitfalls. Nach 1454 werden drei Syndizi langfristig angestellt, einer davon auf Lebenszeit. → S. 63

1437. Der sog. Wohldorfer Distrikt (Volksdorf, Großhansdorf und Wohldorf) wird an Hamburg verpfändet. In Wohldorf besteht seit 1306 eine Burg.

1437. Die Zahl der Amtsmeister im Böttchergewerbe wird auf 200 begrenzt. Der Rückgang des Handels führt auch in anderen Gewerben zu einer Begrenzung der Zahl der Handwerksmeister. → S. 63

14. 10. 1438. Der neue deutsche König Albrecht II. von Österreich bestätigt Hamburg seine bisherigen Privilegien. Er erneuert am 23. Oktober das kaiserliche Recht, Goldmünzen schlagen zu lassen.

1439. In der Hauptkirche St. Jacobi ist ein zweiter Kaplan tätig. Vorsteher der vier Hamburger Hauptkirchen ist meist ein Domherr. Dieser besoldet einen sog. Vicepleban, der die täglichen Messen liest und die Seelsorge ausübt. Ihm zur Seite steht der Kaplan.

GEBOREN:

Um 1435. Hamburg: Hinrich Murmester († 19. 4. 1481, Hamburg), Bürgermeister.

Um 1430–1440. Hinrik Funhof († 1484/85, Hamburg), Maler.

GESTORBEN:

Nach 1430. Meister Francke (*um 1380, Hamburg), Maler (→ 4. 12. 1424/S. 62).

14. 10. 1437. Hamburg: Simon von Utrecht (*?, Haarlem oder Utrecht), Bürgermeister.

Hamburg setzt sich in Ostfriesland fest

20. Juli 1433. Im Bund mit dem ostfriesischen Häuptling Edzard Cirksena erobern Hamburg und Bremen die Burg Emden. Um die Seeräuberei in der Nordsee wirksam bekämpfen zu können, behält Hamburg die Herrschaft Emden bis 1453 in seinem Besitz.

Neuerliche Kämpfe unter den heimischen Adligen und ein Wiederaufleben der Piraterie (→ 20. 10. 1401/S. 56) hatten die Hansestädte zum Eingreifen veranlaßt. Nach Emden erobern sie Mitte September 1433 auch die Sibetsburg.

Als strahlender Sieger kehrt 1434 Simon von Utrecht nach Hamburg zurück. Der Bürgermeister selbst hat die 21 Schiffe zählende Hamburger Flotte befehligt und die ostfriesischen Häuptlinge in die Knie gezwungen. Recht froh werden die Hamburger ihrer Erwerbung jedoch nicht. Die Verwaltung Emdens kostet zuviel. 1453 wird das Gebiet pfandweise an den späteren Grafen Ulrich I. übergeben.

Neues goldenes Geld an der Alster geprägt

4. April 1435. Der römisch-deutsche Kaiser Sigismund verleiht der hamburgischen Münze das Privileg, Goldmünzen zu prägen.

Gemäß kaiserlicher Vorschrift sollen die Münzen auf der einen Seite einen kaiserlichen Reichsapfel mit dem Kreuz und dem Namen des jeweiligen Kaisers zeigen und auf

Sigismund aus dem Haus der Luxemburger (15. 2. 1368–9. 12. 1447) wurde 1410 zum deutschen König gewählt und 1433 zum römisch-deutschen Kaiser gekrönt.

der anderen ein Petrus-Bild mit der Umschrift »moneta nova Hamburgensis« (neues hamburgisches Geld). Obwohl ab 1475 nach einem weiteren Kaiserprivileg in Hamburg auch Golddukaten geprägt werden dürfen, bleibt hier das billigere Silber die Grundlage der Münzprägung.

Syndizi im Auftrag des Rats unterwegs

1436. Der Hamburger Rat beschäftigt erstmals neben dem Stadtnotar (→ 1238/S. 31) einen Syndikus zur Erledigung von Rechtsgeschäften. Er bewährt sich so gut, daß ab 1454 langfristig drei Syndizi – davon einer auf Lebenszeit – in Hamburg angestellt werden.

Wichtigste Aufgabe eines Syndikus ist die Vertretung der Stadt in den Prozessen am kaiserlichen Hof und in den Verhandlungen mit den Nachbarstädten sowie denjenigen Staaten, mit denen Kaufleute aus Hamburg Handel treiben.

Wer in Hamburg als Syndikus arbeiten will, muß Rechtsgelehrter sein und sich in den Bereichen des römischen, des kanonischen (kirchlichen) und des deutschen Rechts auskennen. Wichtigste Grundlagen des deutschen Rechts sind der um 1235 im niederdeutschen Raum in Gebrauch gekommene »Sachsenspiegel« und der um 1275 vermutlich in Augsburg entstandene »Schwabenspiegel«.

Weniger Arbeit für zu viele Handwerker

1437. Aufgrund des erheblich zurückgehenden Handelsvolumens begrenzt das Amt der Böttcher in Hamburg die Zahl seiner Amtsmeister auf 200. Auch in anderen Handwerken wird die Zahl der Meister limitiert, um die bestehenden Arbeitsstätten zu schützen.

Das Gewerbe der Böttcher ist besonders anfällig für konjunkturelle Schwankungen, weil Tonnen und Fässer nicht nur für Bier, sondern auch für andere wasserempfindliche Waren gebraucht werden. Im Jahr 1458 erfolgt eine weitere Reduzierung der Zahl der Amtsmeister auf 150 und 1506 auf 120.

Bis zum Ende des 15. Jahrhunderts schließen sich alle anderen Handwerksämter in ähnlicher Weise ab. Zum Rückgang des Handels trägt sowohl der Protektionismus der Hansestädte als auch die rege Tätigkeit der oberdeutschen Kaufleute aus Nürnberg und Augsburg im Ostseeraum bei. Sie nehmen ihren Warenverkehr mit Nord- und Osteuropa immer mehr in die eigene Hand. Die Warenströme von Ost nach West verlagern sich zu Lasten Lübecks und Hamburgs auf verschiedene Binnenrouten.

Ein Böttcher schlägt Metallreifen um ein Faß (Holzschnitt, 16. Jh.).

Töpfer bei der Arbeit in seiner Werkstatt (Buchillustration, 1537)

Abschluß eines Kaufes auf dem Markt (Buchillustration, um 1475); die wirtschaftliche Entwicklung hängt noch häufig von Ernteergebnissen ab.

Noch größere Schiffe für Hansekaufleute

15. Jahrhundert. Im gesamten Hanseraum löst der sog. Holk die Kogge als meistverwendetes Handelsschiff ab (→ S. 43). Größere Tragfähigkeit und Stabilität zeichnen den neuen Schiffstyp aus.

Der Wechsel von der Kogge zum Holk hat sich vom Beginn des 15. Jahrhunderts an vollzogen. So verfügte bereits um 1400 der zu dieser Zeit im Reedereigeschäft von Flandern tätige Deutsche Orden fast ausschließlich über Holkschiffe.

Vor allem im Salzhandel wird der Holk eingesetzt. Gegenüber der Kogge, die im 13. und 14. Jahrhundert in der Regel zwischen 100 und 200 Tonnen Last (1 Last = 2000 kg) beförderte und mit einer Besatzung von 15 bis 20 Mann auskam, ist der Holk ein weitaus größeres und stärker bemanntes Einmastschiff: Er befördert zwischen 250 und 300 Tonnen und benötigt eine Besatzung von 35 bis 40 Mann.

Zu den wesentlichen Merkmalen des Holk zählt der Rumpf mit seiner durchgehenden Klinkerung, wobei die Plankennähte nicht – wie bei der Kogge – genagelt, sondern genietet sind. Auch der herausgearbeitete Kiel unterscheidet sich deutlich von dem flachen Boden und dem schlichten Balkenkiel der Kogge. Dicht angeordnete Spanten, ein steiler Achtersteven und ein konvex verlaufender Vordersteven bestimmen die Linienführung des robusten Schiffes.

Im Unterschied zu den ersten Koggen verfügt der Holk über Kastellaufbauten am Bug und am Heck, hinter denen die Schiffsbesatzung bei einem Seegefecht Deckung nehmen kann. Neu ist die sog. Marse, der Kampfstand im Masttop.

Der Schiffbau hat in Hamburg noch nicht die Bedeutung wie in Lübeck, Danzig oder den niederländischen Seestädten. Die Bauplätze liegen vermutlich am Brook in der Nähe des späteren Schiffbauerbrooks und werden bei Bedarf durch die selbständigen Schiffbauer von der Stadt gemietet. Der Platz ist allerdings knapp, und die Schiffbauplätze versanden wegen der geringen Wassertiefe in der Elbe sehr häufig. Negativ auf das Gewerbe wirkt sich die 1426 von der Hanse getroffene Entscheidung aus, den Verkauf von Schiffen an Auswärtige zu verbieten. Überhaupt sind die Schiffszimmerer in viele Vorschriften eingebunden. So besagt die Hamburger Schiffbauordnung von 1514, daß Schiffe nicht ohne das Einverständnis der Obrigkeit gebaut werden dürfen.

Schiffbau ist vor allem handwerkliche Arbeit. Man richtet sich in der Regel nach Modellen, wobei oft niederländische Vorbilder zu Rate gezogen werden. In der Fertigungsweise verändert sich über Jahrhunderte hinweg nur wenig. Auch die Spezialisierung im Arbeitsablauf bleibt relativ gering. Im Jahr 1466 gründen die Hamburger Schiffbauer eine religiös und sozial orientierte Brüderschaft.

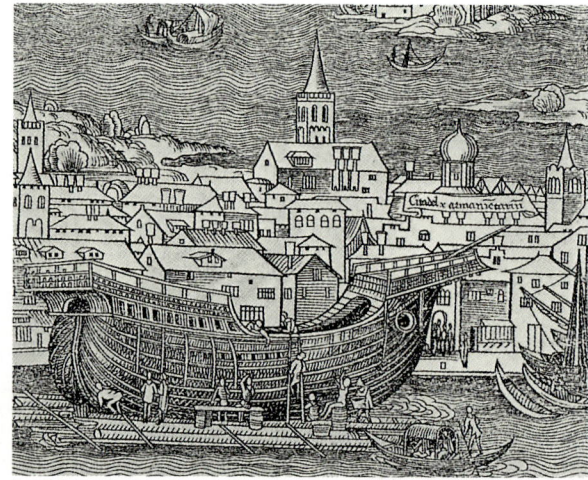

◁△ *Blick auf eine Schiffswerft in Amsterdam; die langgezogenen Gebäude oberhalb des Werftareals sind die Seilerbahnen zur Herstellung von Tauen (Holzschnitt von 1538).*

△ *Bau einer Kogge mit Vorder- und Achterkastell auf einem Dock vor dem Hafen – eine arbeitsaufwendige Angelegenheit für spezialisierte Schiffshandwerker (Kupferstich, 1483)*

◁ *Eine Flotte mächtiger Hanse-Holks mit prall geblähten Segeln; Ausdruck der Begeisterung des Marinemalers Ferdinand L. Arenhold für die Hansezeit (Öl auf Leinwand, 1907; Städtisches Kunstmuseum, Bonn)*

Städtebündnis gegen mächtige Fürsten

18. Mai 1447. Ein Hansetag in Lübeck beschließt die Neugliederung der Hanse und eine Revision ihres vier Jahre zuvor geschlossenen Verteidigungsbündnisses. Die Hansestädte reagieren damit auf die zunehmenden Übergriffe der selbstbewußten Territorialherren.

Zwei Gründe sind es, die die Hansestädte 1443 dazu bewegten, näher zusammenzurücken: Zum einen der unbefriedigende Ausgang des Kriegs der wendischen Hansestädte gegen Dänemark (1426–1435), als man lediglich alte Handelsprivilegien bestätigt bekam; zum andern die drohende Koalition der nordwestdeutschen Fürsten gegen die Städte im Februar 1443. Daraufhin einigten sich die nord- und nordostdeutschen Hansestädte am 30. August 1443 auf eine erste »Tohopesate« (Bündnisvertrag).

Die Vertreter Lübecks, Hamburgs und Magdeburgs unterzeichneten für die beteiligten Städte ein auf drei Jahre befristetes Bündnis, um die »Straßen zu schützen, dem Raub zu wehren, im Falle von Angriffen seitens der Fürsten und Herren einander mit bewaffneter Macht beizustehen, Erhebungen gegen die Räte nötigenfalls mit Gewalt zu dämpfen und ihren Bund gemeinsam gegen jeden zu vertheidigen«.

Die beteiligten 38 wendischen, sächsischen, märkischen und pommerschen Städte organisierten sich in drei »Quartieren«, an deren Spitze Lübeck, Hamburg und Magdeburg standen. Zum Hamburger

Der Schlüssel im Wappen von Bremen, ab 1358 Teil der Hanse

Hamburg, zwischen 1410 und 1416 Oberhaupt der Hanse

Das Wappen der Stadt Köln, des »Weinhauses der Hanse«

Ein Adler ziert das Wappen von Lübeck, ab 1258 Hanse-Zentrum.

Das Wappen von Reval; die Stadt gehört von Beginn an zur Hanse.

Das Wappen von Stettin, das seit etwa 1278 Hansestadt ist

Drittel zählten u. a. Stade, Buxtehude, Bremen und Stendal.

Der Erfolg dieses ersten festen Zusammenschlusses führt dazu, daß er vier Jahre später erweitert wird. Die »Tohopesate« von 1447 umfaßt nun erstmals den gesamten Hanseraum: Die westfälischen Städte treten dem inhaltlich unveränderten Verteidigungsbündnis ebenso bei wie die Orte an der Zuidersee und an Maas und Rhein.

Fortan gibt es vier Quartiere: Ein lübisch-mecklenburgisches Viertel mit dem »Vorort« Lübeck, ein hamburgisches, ein mitteldeutsches unter Führung von Magdeburg und Braunschweig und ein westfälisch-seeländisches mit den Hauptorten Münster, Paderborn, Wesel, Deventer und Nimwegen.

Diese Übereinkunft wird auf zehn Jahre geschlossen, ist aber schon zwei Jahre später in Frage gestellt: Am 24. August 1449 verbünden sich die Landesherrn von Mecklenburg und Pommern gegen die Städte ihres Landes. Daraufhin wird am 9. April 1451 das Städtebündnis erneuert, diesmal – weil die märkischen Städte fehlen – unterteilt in die Quartiere Lübeck, Magdeburg und Köln. Eine Verlängerung dieses auf sechs Jahre befristeten Vertrages scheitert an den unterschiedlichen Interessen der Städte.

Kompromiß beendet Streit mit Holland

August 1441. Die wendischen Hansestädte und die holländisch-seeländischen Städte gehen einen zehnjährigen Waffenstillstand ein und beschließen, den freien Handelsverkehr wiederaufzunehmen.

Auslöser des Konflikts waren die niederländischen Schadenersatzansprüche gegen die Hansestädte Lübeck, Hamburg, Rostock, Stralsund, Wismar und Lüneburg aus deren Krieg gegen Dänemark (→ 22. 7. 1427/S. 61). Um die Nahrungsmittelzufuhr nach Kopenhagen zu sperren, fingen besonders die Lübecker viele holländische Schiffe ab. Dafür forderten die neutral gebliebenen Niederländer vergeblich Schadenersatz.

Dieser Streit führte im April 1438 zum offenen Konflikt, der vor allem als Kaperkrieg betrieben wurde. Die Hamburger Kriegsschiffe störten insbesondere den niederländischen Heringsfang.

Ab 1439 wurde die Ostsee das Zentrum der Kampfhandlungen, nicht zuletzt deshalb, weil die Holländer die lebenswichtigen Getreideimporte aus Preußen schützen mußten. Beide Seiten scheuten das Risiko einer offenen Seeschlacht. Weil eine militärische Lösung nicht in Sicht kam und der Kaperkrieg immer mehr an die Substanz ging, folgten die Widersacher einer Einladung des dänischen Königs Christoph III. nach Kopenhagen. Hier einigen sie sich auf einen Waffenstillstand, der die Schadenersatzfrage ausklammert.

Wundheilung ist Sache der Bartscherer und Chirurgen

Um 1442. Zwölf Hamburger Wundärzte und Barbiere gründen ein Amt namens »Cosmae Damiani« (nach den Brüdern Kosmas und Damian, heiliggesprochenen Ärzten aus dem 4. Jahrhundert).

Die sog. Chirurgen und Bartscherer behandeln Verletzungen aller Art. Außerdem schneiden sie Bärte, führen einfache Operationen durch und leisten chirurgische Geburtshilfe. Fehlendes akademisches Wissen ersetzen sie durch Erfahrung. Nur wenige Gutverdienende können sich die Dienste eines ausgebildeten Arztes leisten; die meisten Menschen sind auf die Hilfe der »Chirurgen« angewiesen.

Fahrender Quacksalber; neben den ortsansässigen Barbieren versuchen sich auch Fahrende in der Kunst des Heilens.

Untersuchung eines Leprakranken; seit dem 13. Jahrhundert ist der Aussatz in den Hansestädten weit verbreitet.

1450. Erstmals wird das Elbfahrwasser zwischen Hamburg und der Flußmündung durch Verlegung von Tonnen gekennzeichnet. → S. 66

1450. In St. Georg wird ein Haus für 50 arme Witwen errichtet. → S. 67

Um 1450. Hamburg hat rund 17 000 Einwohner. Die größte deutsche Stadt ist Köln mit rund 35 000 Einwohnern.

9. 4. 1451. Die Konföderation der Hanse wird in drei Gliederungen aufgeteilt. Vororte dieser Gliederungen sind erstens Lübeck, zweitens Magdeburg und Braunschweig und drittens Münster, Deventer, Wesel und Paderborn. Die Hanse reagiert damit auf die wachsende Herausforderung durch die Territorialherren (→ 18. 5. 1447/S. 65).

1452. In Hamburg wird ein neues Bürgerbuch angelegt. Das Verzeichnis wird bis 1596 geführt.

10. 4. 1453. In einem Vertrag mit den Abgesandten des ostfriesischen Adligen Ulrich von Esens, dem späteren Grafen Ulrich I. Cirksena, verzichtet Hamburg für zunächst 16 Jahre auf die Herrschaft in Emden. Nach 20 Jahren endet damit die zunehmend kostspieliger gewordene Präsenz Hamburgs in Ostfriesland (→ 20. 7. 1433/S. 63).

1455. Die Hauptkirche St. Jacobi wird als dreischiffige Hallenkirche mit der Ausschmückung der Turmkapelle vollendet. Das Kirchenschiff selbst und der Sakristeianbau im Nordosten waren schon 1438/39 fertig.

10. 8. 1456. Streitigkeiten zwischen Hamburg und den Bewohnern des Landes Hadeln wegen der Rechtspflege und der Kornausfuhr werden in Stade durch einen Vergleich beigelegt. Darin wird u. a. festgelegt, daß von Hadeln aus das Korn nicht mehr seewärts ausgeführt werden darf.

29. 12. 1457. Herzog Bernhard II. von Braunschweig-Lüneburg räumt den Bürgern von Harburg neue Rechte ein. → S. 66

23. 7. 1458. Englische Kaperer bringen trotz des 1456 vereinbarten Waffenstillstands eine aus 18 Schiffen bestehende Lübecker Salzflotte auf. Die übrigen Hansestädte hindern Lübeck am Krieg (→ 28. 7. 1468/S. 70).

17. 10. 1458. Rat und Bürgerschaft von Hamburg schließen nach 1410 einen zweiten Rezeß. → S. 67

GESTORBEN:

4. 12. 1459. Segeberg: Adolf VIII. von Schauenburg (* um 1401), Graf von Holstein und Stormarn, Herzog von Schleswig. → S. 67

Auf Melchior Lorichs Elbkarte (→ 3. 12. 1567/S. 94) ist die Betonung des Fahrwassers ausdrücklich hervorgehoben.

Elbfahrwasser durch Tonnen markiert

1450. Hamburg entschließt sich zur Markierung des Elbfahrwassers mit Hilfe von Tonnen. Damit will die Stadt zur Sicherheit der Schiffahrt auf dem Elbstrom beitragen und zugleich ihren Anspruch auf die Elbherrschaft praktisch untermauern (→ S. 37).

Auf einer Länge von über 135 km legen eigens angestellte Tonnenleger die Markierungen von der Elbmündung bis zum Hafen aus. Ein sog. Barsenmeister, der auch Polizeifunktionen auf der Elbe ausübt, überwacht die Aktion.

Zur Finanzierung der Fahrwassermarkierung erhebt die Stadt – ähnlich wie beim Turm von Neuwerk (→ um 1377/S. 50) – von den Schiffern eine Abgabe, das Tonnengeld. Trotz der aufwendigen Fahrwassermarkierung durch die Tonnen bleibt die Fahrt von Hamburg elbabwärts noch mit einigen Risiken verbunden: Lichtet das Schiff auf der Reede vor den Kajen die Anker, so geht die Fahrt zunächst zwischen den Sandbänken im Bereich von Neumühlen und Nienstedten hindurch bis vor Blankenese. Dort, bei der »Tonne vor der Este«, muß die Lücke zwischen zwei spitz bis in die Strommitte hinein vorspringenden Sandbänken gefunden werden. Ist dies geschafft, markieren die Hamburger Tonnen den weiteren Weg in Richtung Neuwerk, wo es gilt, das gefährliche Scharhörnriff sicher zu umschiffen. Erst wenn der Kapitän den Turm passiert hat, ist der Weg frei in Richtung Bergen, England, Flandern oder nach Portugal.

Wichtigste Hilfsmittel für die Navigation sind neben den Seezeichen und Peilmarken – wie z. B. Kirchtürme – das Lot, das in Landnähe zur Ermittlung der Fahrwassertiefe dient sowie der Kompaß mit einer Magnetnadel. Schon im 13. Jahrhundert konstruierten italienische Seefahrer einen solchen Kompaß; seit 1433 wird er in der Nordsee benutzt. Hinweise für die Fahrt auf hoher See gibt ein handschriftliches Seebuch, das vermutlich aus Flandern stammt.

Neue Privilegien für Harburger Bürger

29. Dezember 1457. Herzog Bernhard II. von Braunschweig-Lüneburg gewährt Harburg einige Privilegien. Seit 1397 wird die Stadt von Lüneburg verwaltet.

Die Urkunde bestätigt zunächst die früheren Privilegien Harburgs und die Geltung des Lüneburger Rechts (→ 6. 5. 1288/S. 39). Ferner werden den Bürgern bestimmte Gerichtseinkünfte überlassen; sie dürfen nicht zu Hofdiensten herangezogen werden, zu Hand- und Spanndiensten nur gegen Entgelt. Dafür müssen die Harburger die Befestigungsanlagen und den gepflasterten Damm ihres Gemeinwesens selbst in Ordnung halten.

Das mit einem Graben geschützte Schloß und der Ort Harburg; Ausschnitt aus der Elbkarte des Malers und Architekten Melchior Lorichs aus dem Jahr 1567

Keiner darf mehr fortgejagt werden

17. Oktober 1458. Rat und Bürgerschaft beschwören den zweiten Rezeß. Darin muß der Hamburger Rat weitgehend die am → 10. August 1410 (S. 59) verbrieften bürgerlichen Rechte wiederherstellen, die 1417 aufgehoben worden sind.

Die Bürgerschaft gewinnt das Recht auf Mitbestimmung über Krieg und Frieden (Artikel 12) ebenso zurück wie die exakte Normierung der Vermögenssteuer (Schoß). Den Bürgern wird erneut die persönliche Rechtssicherheit garantiert, wobei der Rat keinen Bürger oder Einwohner der Stadt verweisen darf (Artikel 1). Um Aufruhr zu verhindern, dürfen sich ohne Wissen des Rates die Bürger nicht versammeln (Artikel 33).

Im Jahr 1417 fühlte sich der Hamburger Rat stark genug, um der Bürgerschaft die von ihr erkämpften Rechte aus dem ersten Rezeß zu entziehen. Jetzt haben sich die Gewichte wieder zugunsten der Bürgerschaft verschoben: Aus Angst vor Unruhen muß der Rat Zugeständnisse machen.

Ein Altersruhesitz für arme Witwen

1450. In St. Georg entsteht ein Haus, in dem 50 unvermögende Witwen einen ruhigen Lebensabend verbringen können. Eine ähnliche Einrichtung privater Sozialpflege stiftete zuvor bereits die vermögende Witwe des Ratsherrn Johann Kletze, der wegen mangelhafter Kriegführung 1428 hingerichtet worden ist.

Um die Fehler ihres Mannes zu sühnen, rief Elisabeth Kletze im Jahr 1431 am Burstah das Ilsabeenhaus und die Ilsabeenkapelle ins Leben. Finanziert durch Einkünfte aus Brau- und Wohnhäusern sowie verschiedenen Renten (→ 1303/ S. 41) können hier 20 mittellose Witwen und Jungfrauen bequem leben und sich von den eigens angestellten vier Pflegerinnen versorgen lassen. Das Ilsabeenhaus heißt im Volksmund der »lütte heilige Geist« im Unterschied zum »großen« Heiligen-Geist-Hospital (→ 17. 8. 1247/S. 32). Zusätzlich vermachte die Stifterin in ihrem 1443 verfaßten Testament jeder Ilsabeen-Schwester eine milde Gabe.

Schauenburger Herrscherhaus stirbt aus

Chronik Fazit

4. Dezember 1459. Für Hamburg endet eine erfolgreiche Ära: Mit dem Tod des kinderlosen Grafen Adolf VIII. von Schauenburg und Holstein erlischt die Hauptlinie des Schauenburger Herrscherhauses. Als Landesherren von Hamburg haben die Schauenburger die Geschicke der Stadt über drei Jahrhunderte lang wesentlich mitbestimmt.

Es begann im Jahr → 1111 (S. 22) mit Adolf I. Der Sachsenherzog Lothar setzte ihn als Landesherrn in Holstein, Wagrien und Stormarn ein. Dieses Gebiet umfaßte auch das noch recht unbedeutende Hamburg. Besondere Verdienste um Hamburg erwarb sich Adolf III., als er 1188 die Neustadt gründete und für ihre Bewohner am → 7. Mai 1189 (S. 23) weitgehende kaiserliche Privilegien erwirkte. Ihm vor allem verdankt Hamburg seinen Aufstieg zu einer bedeutenden, von landesherrlichen Bindungen relativ unabhängigen Handelsstadt.

Nach einer Phase dänischer Herrschaft (→ 26. 12. 1201/S. 27) gewann Adolf IV. die Macht für die Schauenburger zurück (→ 22. 7. 1227/S. 29). Er und seine Frau Heilwig von der Lippe förderten vor allem die Seelsorge in der Stadt (→ 18. 8. 1247/S. 32).

Nachdem Adolf IV. am 8. Juli 1261 in Kiel gestorben war, begann die landesherrliche Macht der Schauenburger unter seinen Söhnen Gerhard I. und Johann I. rapide zu schwinden. Dafür verantwortlich waren ihre langwierigen Auseinandersetzungen mit den Dänenkönigen und den welfischen Herzögen um die Thronfolge in Dänemark und ab 1263 die vielfachen Teilungen des Herrscherhauses mit den anschließenden Erbauseinandersetzungen (→ 1273/S. 38).

Hamburg profitierte in seinem Streben nach Selbständigkeit von dieser Entwicklung. Es unterstützte die Grafen in zahlreichen Fehden durch Geldzahlungen, Gewährung von Anleihen oder durch Bereitstellung von Streitkräften und Schiffen. Als Gegenleistung gewährten die Landes-

herren der Stadt diverse hoheitliche Rechte und Freiheiten (→ 20. 3. 1292/S. 40; 1310/S. 42).

Siegel und Wappen von Graf Adolf VIII. aus dem Jahr 1438

Die Grafen verzichteten auf zahlreiche Herrschaftstitel, sie verkauften oder verpfändeten Einrichtungen und Ländereien an Hamburg. Auch vermögende Bürger der Stadt und geistliche Institute wie das Domkapitel, das Heiligen-Geist-Hospital und das Kloster Herwardeshude betätigten sich als Geldgeber der Grafen, finanzierten deren Unternehmen und trugen auf diese Weise zu ihrem Machtverlust bei. Bei solchen Transaktionen hatte Hamburg meist selbst mit die Finger im Spiel. Als Graf Adolf VIII. stirbt, hat sich die Stadt eine fast autonome Stellung gesichert. Dies ändert sich unter seinem Nachfolger (→ 5. 3. 1460/S. 68).

△ *Das Franziskanerkloster St. Maria Magdalenen am heutigen Adolphsplatz; der Sage nach hat der Schauenburger Stadtherr Adolf IV. die fromme Einrichtung aufgrund eines Gelübdes nach der siegreichen Schlacht von Bornhöved (→ 22. 7. 1227/S. 29) gestiftet.*

◁ *Graf Adolf III. von Schauenburg, dem die Hamburger in dankbarer Erinnerung im Jahr 1881 eine Statue auf der Trostbrücke errichteten; er gründete 1188 die Hamburger Neustadt und erwirkte den kaiserlichen Freibrief vom → 7. Mai 1189 (S. 23). Nach seiner Gefangennahme durch die Dänen 1201 mußte Adolf III. zwei Jahre später förmlich auf seine Rechte in der Grafschaft Holstein verzichten.*

5. 3. 1460. Im Vertrag von Ripen garantiert König Christian I. von Dänemark, als Neffe des verstorbenen Grafen Adolf VIII. von Schauenburg der neue Landesherr, die Unteilbarkeit von Schleswig und Holstein. → S. 68

15. 1. 1461. Hamburg bestätigt die Hoheitsansprüche des Königs Christian I. von Dänemark in Form einer sog. Annehmung (→ 5. 3. 1460/S. 68).

31. 1. 1462. Ein Großfeuer zerstört in Hamburg 30 Häuser in der neuen Bäckerstraße sowie zwischen dem Fischmarkt und den Fleischschrangen.

1462. Hamburg besoldet einen Fleischbeschauer. Nach wie vor ist die Haltung von Schweinen üblich und für die Fleischversorgung unerläßlich. → S. 70

1463. Hartwig Hummelsbüttel verkauft Ohlstedt an den Hamburger Rat (→ 1465/S. 69).

1464. Hamburg wird wieder von der Pest heimgesucht. Sie rafft rund 1000 der etwa 10 000 Einwohner dahin.

1464. Das Dorf Schnelsen zählt vier Vollhufen (Gehöfte) und drei Katen (einfache Häuser). In Schnelsen (von »snelsinge« = das Dorf der schnellen Leute) bestand schon vor 800 eine Siedlung.

18. 10. 1465. König Christian I. von Dänemark verpfändet drei hamburgischen Bürgern die Dörfer Wandsbek, Rahlstedt, Oldenfelde, Bramfeld, Steilshoop und Alsterdorf.

1465. Auch das Amt Steinburg mit den Städten Krempe und Wilster wird vom dänischen König an Hamburg verpfändet. Die Verwaltung hat bis 1468 der hamburgische Amtmann Johann Huge inne. → S. 69

1467. Hamburg gestattet den Grafen von Schauenburg-Pinneberg die Errichtung einer Landwehr zwischen Pepermölenbek und Alster zum Bau einer Mühle.

28. 7. 1468. Der englische König Eduard IV. läßt die hansischen Kaufleute in England samt ihren Waren festsetzen. → S. 70

23. 8. 1468. Kaiser Friedrich III. verleiht Hamburg das Recht, alle Übeltäter zu Lande und zu Wasser ergreifen und aburteilen zu dürfen. → S. 69

15. 9. 1469. König Christian I. von Dänemark bestätigt der Stadt Hamburg ihre Zollfreiheit in den Ländern Schleswig, Holstein und Stormarn.

1469. Der Widerspruch der Mönche des Maria-Magdalenen-Klosters verhindert eine Niederlassung von Oldesloer Franziskanern im Weichbild von Hamburg. → S. 70

Hamburg will Dänenkönig nicht huldigen

5. März 1460. Hamburg muß sich einem neuen Landesherrn fügen: Nach dem Tod des letzten Schauenburgers Adolf VIII. (→ 4. 12. 1459/S. 67) wählen die schleswig-holsteinischen Stände König Christian I. von Dänemark zum Herzog von Schleswig und Grafen von Holstein und Stormarn.

Im Vertrag von Ripen garantiert Christian I. die Unteilbarkeit der nunmehr in Personalunion mit Dänemark vereinigten Länder Schleswig und Holstein: »Dat se bliven ewich tosamende ungedelt.« Hamburg ist an der Entstehung dieses sog. Ripener Freiheitsbriefes nicht beteiligt; es wird aber im ersten Absatz zusammen mit anderen großen Städten der Grafschaft Holstein genannt, denen Christian I. zusichert, ihre hergebrachten Rechte nicht zu beschneiden.

Zu Beginn des Jahres 1461 fordert der neue Landesherr auch von Hamburg eine förmliche Huldigung. Der Rat weigert sich und verweist darauf, daß man in Hamburg noch nie einem Landesherrn gehuldigt habe. Die Stadt will ihre relativ unabhängige Position nicht aufgeben und versucht, das Verhältnis zum Landesherrn durch eine möglichst schwammige Formel zu definieren. Nach schwierigen diplomatischen Verhandlungen kommt dann am 15. Januar 1461 eine »Annehmung« zustande: Auf Bitten des Rats unter Führung von Bürgermeister Detlev Bremer erklärt der Dänenkönig, Stadt und Bürgerschaft »anzunehmen« und sie in ihren alten Rechten und Privilegien schützen zu wollen.

Der »Ripener Freiheitsbrief« des dänischen Königs Christian I.; der Schleswiger Geistliche Cord Cordes hat das Dokument in niederdeutscher Sprache abgefaßt.

Schaukelpolitik erhält Unabhängigkeit

Chronik Hintergrund

Die »Annehmung« von König Christian I. als Hamburger Landesherr charakterisiert in ihrer Unentschiedenheit das zukünftige Verhältnis der Stadt zum Königreich Dänemark einerseits und gegenüber dem Heiligen Römischen Reich Deutscher Nation andererseits. Hamburg will selbständig bleiben und aus seiner Lage soviel Nutzen wie möglich ziehen und so wenig Lasten wie unbedingt nötig tragen.

Zunächst einmal profitiert Hamburg vom Dänenkönig dadurch, daß dieser der Stadt am 15. Januar 1461 alle Gnaden, Gerechtigkeiten und Freiheiten einräumt, die schon seine Vorgänger Hamburg zugestanden haben. Darüber hinaus verleiht Christian den Kaufleuten der Hansestadt das Recht auf zollfreien Einkauf in Schleswig-Holstein.

Problematisch gestaltet sich das Verhältnis zum Reich: Gern hat sich die Stadt von König Sigismund das Recht auf eigene Gerichtsbarkeit (→ 24. 4. 1421/S. 61) und das Recht zur Prägung von Goldmünzen erteilen lassen (→

Der erste Oldenburger auf dem dänischen Thron: König Christian I.

4. 4. 1435/S. 63). Auch folgte man der zu Zeiten von Sigismunds Herrschaft (1410–1437) ergehenden Einladung zu Reichstagen. Zu einer förmlichen Anerkennung als freie Reichsstadt kam es aber nicht. Dazu bestand für Hamburg auch wenig Anlaß, solange sich das Verhältnis zum Landesherrn weitgehend unproblematisch darstellte. Die Hamburger scheuten die mit dem Status einer Reichsstadt verbundenen finanziellen Lasten.

Die Stadt verfolgt, was die geforderten Abgaben und das Gerichtswesen angeht, eine Schaukelpolitik: Gegenüber dem Reich verweist man auf seine Zugehörigkeit zum Herzogtum (ab 1474) Holstein, gegenüber dem dänischen König auf die einmal gewährten Privilegien und gegenüber der Hanse – vor allem gegenüber Lübeck, das 1510 bis 1512 Krieg gegen Dänemark führt – im Zweifel stets auf die eigenen Interessen (→ 6. 10. 1368/S. 49).

Ob nah, ob fern – die Stadt rafft Besitz zusammen

1465. Der in Geldnöten steckende dänische König Christian I. verpfändet Hamburg das Amt Steinburg mit den Städten Krempe und Wilster. Zwei Jahre zuvor hat Hartwig Hummelsbüttel Ohlstedt an den Hamburger Rat verkauft. Durch Pfandnahme und Kauf baut Hamburg im 15. Jahrhundert – ähnlich wie Lübeck – seinen Einflußbereich systematisch aus.

Bei ihren Erwerbungen lassen sich die Hamburger von verkehrspolitischen Motiven leiten. Das gilt für den Bau des Wehrturms auf Neuwerk (→ um 1377/S. 50) ebenso wie für den Kauf des Amtes Ritzebüttel (→ 31. 7. 1394/S. 54), die Übernahme der Verwaltung von Emden (→ 20. 7. 1433/S. 63) und die Pfandnahme der kornreichen Wilster- und Krempermarsch. Allerdings erweist sich die Verwaltung dieser Gebiete oft als zu teuer. Deshalb muß Hamburg zwischen 1481 und 1493 zwei Drittel seiner gepfändeten Besitzungen wieder räumen. Wesentlich dauerhafter als die oft fernliegenden Pfandgebiete sind die Erwerbungen von Ortschaften im Hamburger Umland durch den Hamburger Rat selbst, durch reiche Ratsherrn und durch geistliche Stiftungen. Sie stehen unter dem Patronat des Rates oder sind ihm in freundschaftlicher Weise verbunden (→ 4. 12. 1459/S. 67).

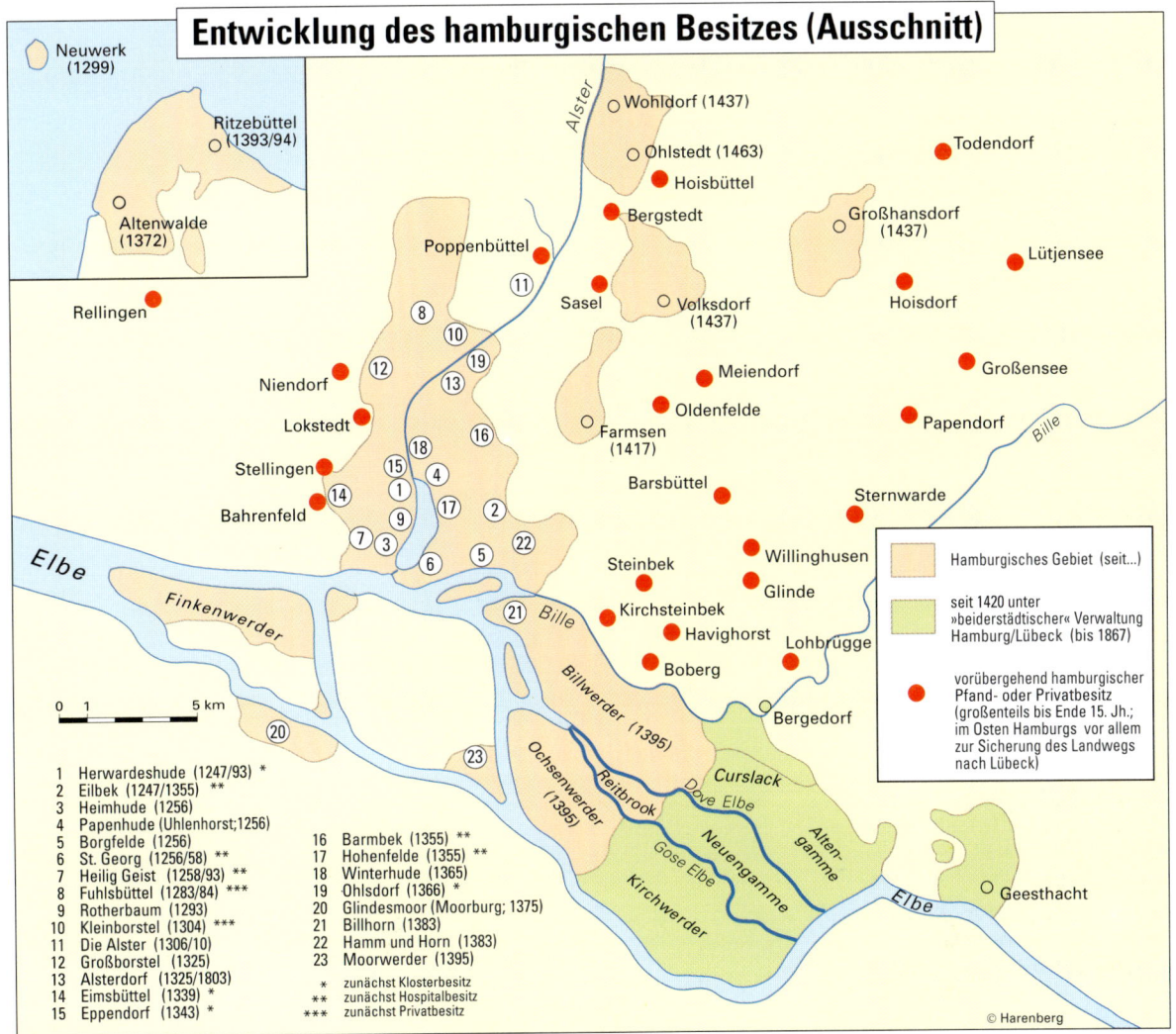

Entwicklung des hamburgischen Besitzes (Ausschnitt)

Neuwerk (1299)

Ritzebüttel (1393/94)

Altenwalde (1372)

Wohldorf (1437)
Ohlstedt (1463)
Hoisbüttel
Bergstedt
Todendorf
Großhansdorf (1437)
Lütjensee
Poppenbüttel
Rellingen
Sasel
Volksdorf (1437)
Hoisdorf
Niendorf
Meiendorf
Großensee
Lokstedt
Oldenfelde
Papendorf
Stellingen
Farmsen (1417)
Barsbüttel
Bahrenfeld
Sternwarde
Steinbek
Willinghusen
Kirchsteinbek
Glinde
Havighorst
Lohbrügge
Boberg
Bergedorf
Geesthacht

Alster
Bille
Elbe
Finkenwerder
Bille
Billwerder (1395)
Ochsenwerder (1395)
Reitbrook
Gose Elbe
Deve Elbe
Neuengamme
Altengamme
Curslack
Kirchwerder
Elbe

0 1   5 km

1	Herwardeshude (1247/93) *	
2	Eilbek (1247/1355) **	
3	Heimhude (1256)	
4	Papenhude (Uhlenhorst; 1256)	
5	Borgfelde (1256)	16 Barmbek (1355) **
6	St. Georg (1256/58) **	17 Hohenfelde (1355) **
7	Heilig Geist (1258/93) **	18 Winterhude (1365)
8	Fuhlsbüttel (1283/84) ***	19 Ohlsdorf (1366) *
9	Rotherbaum (1293)	20 Glindesmoor (Moorburg; 1375)
10	Kleinborstel (1304) ***	21 Billhorn (1383)
11	Die Alster (1306/10)	22 Hamm und Horn (1383)
12	Großborstel (1325)	23 Moorwerder (1395)
13	Alsterdorf (1325/1803)	
14	Eimsbüttel (1339) *	* zunächst Klosterbesitz
15	Eppendorf (1343) *	** zunächst Hospitalbesitz
		*** zunächst Privatbesitz

Hamburgisches Gebiet (seit...)

seit 1420 unter »beiderstädtischer« Verwaltung Hamburg/Lübeck (bis 1867)

vorübergehend hamburgischer Pfand- oder Privatbesitz (großenteils bis Ende 15. Jh.; im Osten Hamburgs vor allem zur Sicherung des Landwegs nach Lübeck)

© Harenberg

Kurzer Prozeß mit Straßendieben und Seeräubern

23. August 1468. Mit kaiserlicher Erlaubnis darf die Stadt Hamburg Land- und Seeräuber die Elbe hinab bis zur Mündung verfolgen, gefangennehmen und an Leib und Leben bestrafen. Darauf gibt Friedrich III. Brief und Siegel.

Wer Beauftragte der Stadt an der Verfolgung hindert, muß eine Strafe zahlen, die je zur Hälfte an Hamburg und an den Kaiser zu entrichten ist. Das kaiserliche Privileg macht deutlich, wie unsicher die Straßen- und Seewege trotz aller in den vorangegangenen Jahrzehnten zwischen Fürsten und Städten geschlossenen Landfriedensbünde immer noch sind. Darüber hinaus zeigt es, daß der Anspruch Hamburgs auf die Elbe als »hamburgischen Strom« bis zur Nordsee von der obersten Reichsgewalt weitgehend akzeptiert wird.

Schon im Jahr 1359 hatte Kaiser Karl IV. die Stadt ermächtigt, alle Piraten und Straßenräuber, die auf See, auf der Elbe und anderswo die von oder nach Hamburg segelnden Kaufleute schädigten, zu verfolgen und anschließend abzuurteilen.

Auch nachdem Störtebeker und seine »Vitalienbrüder« aus dem Weg geräumt sind (→ 20. 10. 1401/ S. 56), gibt es immer noch Piraten in der Nord- und Ostsee. In den Jahren 1426 und 1428 bedienten sich sogar die Grafen von Holstein und die Hansestädte seeräuberischer Dienste im Kampf gegen König Erich VII. von Dänemark (→ 22. 7. 1427/S. 61). Noch im Jahr 1464 wurden 64 Seeräuber an den norddeutschen Küsten enthauptet.

Schmerzlich sind für den Hamburger Handel nicht nur die Seeräuber, sondern auch die ständigen Auseinandersetzungen mit den Küstenanwohnern des Landes Hadeln, mit den Dithmarschern sowie mit den Nordfriesen.

So erschien im Jahr 1434 der Büsumer Radlef Karsten an Bord eines Schiffes im Hamburger Hafen und zündete einige Handelsschiffe an. Um den Büsumern diese Unverfrorenheit heimzuzahlen, rüstete Hamburg eine Strafexpedition aus und brannte den Ort nieder. Das Kirchspiel Büsum mußte versprechen, seinen Vogt Radlef Karsten nicht mehr zu unterstützen und von allen Räubereien zu Lande und zu Wasser abzusehen.

Der Landfrieden wird sowohl durch Straßenräuber als auch durch streitbare Adlige unsicher gemacht. So brannte der mecklenburgische Edle Albert Brämbse im Jahr 1465 die Dörfer des Hamburger Domkapitels in Hamm und Horn nieder und legte im Jahr darauf in Horn acht Häuser und vier Scheunen in Schutt und Asche. Damit rächte er sich an dem Hamburger Domdechanten Hinrich Pommert, der über ihn den Kirchenbann ausgesprochen hatte.

Die großen Zeiten der Raubritter liegen allerdings schon ein Jahrhundert zurück. Im Jahr 1346 schloß sich einer der berühmtesten dieser heruntergekommenen Adligen, Johann von Hummelsbüttel, mit seinen Söhnen und Kumpanen zur Störung des Handelsverkehrs auf den Landstraßen zusammen. Die Antwort: Am 1. März 1349 verbündeten sich die lauenburgischen Herzöge, die holsteinischen Grafen sowie die Städte Lübeck und Hamburg und zerstörten in zehn Tagen neun Ritterburgen.

1469. Die Franziskanermönche des Maria-Magdalenen-Klosters in Hamburg verhindern eine Niederlassung ihrer aus Oldesloe vertriebenen Ordensbrüder.

Sie befürchten eine Schmälerung ihrer Betteleinkünfte und hintertreiben daher beim Hamburger Rat

Franz von Assisi wurde 1181 oder 1182 geboren und begründete 1209 eine Gemeinschaft von Büßermönchen. Er starb am 3. Oktober 1226 in seiner Heimatstadt und wurde 1228 heiliggesprochen (Wandmalerei von Cimabue).

Der Stalhof, die Faktorei der deutschen Hansekaufleute am Themseufer in London (Darstellung aus dem Jahr 1540)

Streit der Hanse mit England eskaliert

28. Juli 1468. Der englische König Eduard IV. läßt die in seinem Land tätigen Hansekaufleute – mit Ausnahme der Kölner – festnehmen und ihre Waren beschlagnahmen. Er schließt auch den Londoner Stalhof. Daraufhin eröffnen die Hansestädte einen Kaperkrieg.

Dies ist der vorläufige Höhepunkt der Streitigkeiten, die sich vor dem Hintergrund eines wachsenden Unmuts in England über die Privilegien der Hanse an der zweimaligen

Kaperung von hansischen Salzflotten durch englische Kaperer entzündet hatten.

Während Lübeck beharrlich Schadenersatz forderte, ging Eduard IV. daran, durch eine zeitliche Befristung ihrer Privilegien die Hanse unter Druck zu setzen. In Aussicht gestellte Gespräche kamen nicht zustande, weil Eduard IV. die hansischen Vorrechte aufheben wollte. Am 24. Juli verboten die Hansestädte ihrerseits die Englandfahrt

und schlossen zum 1. April 1471 das abtrünnige Köln aus.

Die Hansestädte sitzen am längeren Hebel: Eduard IV. will Frankreich erobern und kann sich daher keinen langen Wirtschaftskrieg leisten. Sein Verbündeter, Herzog Karl der Kühne von Burgund, vermittelt am 28. Februar 1474 den Frieden von Utrecht: Neben einer Entschädigung von 10 000 Pfund erhält die Hanse ihre englischen Niederlassungen übereignet.

die angestrebte Klostergründung. Die Niederlassung der Franziskaner in Hamburg geht auf eine Stiftung des Grafen Adolf IV. von Schauenburg zurück (→ 22. 7. 1227/ S. 29). Als ihren Ordensgründer verehren die Mönche den heiligen Franz von Assisi. Sie werden wegen ihrer Angewohnheit, Sandalen zu tragen, auch Barfüßer genannt. Die Franziskaner widmen sich vor allem der städtischen Seelsorge. Wenn ihre praktische Arbeit zu wenig einbringt, müssen sie sich, ihren 1223 schriftlich niedergelegten Ordensregeln entsprechend, durch Betteln am Leben erhalten.

Fleisch und Fisch gehören auf den gut gedeckten Tisch

1462. Aus den städtischen Kämmereirechnungen geht hervor, daß die Stadt Hamburg einen Fleischbeschauer besoldet. Er überwacht die Schlachtung der in der Stadt gehaltenen Schweine. Gerichte mit Schweine- oder Rindfleisch zählen ebenso wie Fisch zu den Genüssen des gehobenen Haushalts.

Für den ärmeren Teil der Bevölkerung bilden Brot und Getreidebrei sowie Schmalz und Fisch die Hauptmahlzeit. Man ißt in der Regel zweimal täglich: Gegen Mittag wird ein warmes Mahl gereicht, dessen Reste am Abend noch einmal kalt auf den Tisch kommen.

Für arm und reich gelten in gleicher Weise die kirchlichen Fastenvorschriften: So sind zwischen Aschermittwoch und Ostern Schweine- und Rindfleisch sowie

Geflügel, Eier und Molkereiprodukte tabu. Darüber hinaus verbietet die Kirche mittwochs, freitags und samstags den Verzehr von Fleisch sowie Geflügel. Erlaubt sind dann Eier, Milch, Butter und

Käse. Stets erlaubt ist der Verzehr von Fisch, man konsumiert bevorzugt Räucher- oder Salzhering.

Verkauf von Widderfleisch, das aber nicht jedermann bekommt: Sensible Personen ekeln sich leicht (Miniatur).

Verkauf von gesalzenen Fischen, einem täglichen Bestandteil der Hamburger Küche (Miniatur)

1470

6. 1. 1470. Die Unterelbe wird von einer Sturmflut heimgesucht.

1474. Der Rat läßt die hamburgischen Befestigungen verstärken: Von der Alster bis zum Hammerbrook wird eine Landwehr, vom Steintor über den Borgesch bis zum Hammerbrook und bis an die Alster ein Graben gebaut.

24. 9. 1475. Kaiser Friedrich III. erweitert das hamburgische Münzprivileg vom → 4. April 1435 (S. 63). Er gesteht der Stadt das Recht zu, bei der Prägung der Golddukaten ihr eigenes Wappen zu gebrauchen.

1475. Der Maler Hinrik Funhof übernimmt durch Heirat die Werkstatt seines verstorbenen Malerkollegen Hans Bornemann. → S. 72

1475/76. Hamburg rüstet erstmals drei Schiffe für die Fahrt nach Island aus. Mit der Islandfahrt macht Hamburg den wendischen Hansestädten Konkurrenz. → S. 71

Um 1475. Durch Zusammenlegung einiger Bauernhöfe entsteht das Gut Wandsbek.

31. 10. 1476. In Hildesheim gehen 19 Hansestädte, darunter Hamburg, Bremen und Lüneburg, ein auf sechs Jahre befristetes Schutzbündnis ein. Damit verbunden ist ein Abkommen über die gegenseitige Arrestfreiheit für ihre Bürger.

1476–1478. An der Holzbrücke sowie an der Reimers- und an der Trostbrücke werden Tranlaternen angebracht.

1477. In Hamburg werden fünf Personen lebendig verbrannt, die falsches Silber unter die Leute gebracht haben. Eine alte Frau muß auf den Scheiterhaufen, weil sie einige Mädchen über die Möglichkeiten der Empfängnisverhütung aufgeklärt hatte. → S. 72

1477. Der Streit zwischen Hamburg und dem Domkapitel über eine deutschsprachige Lese- und Schreibschule wird durch einen Kompromiß beigelegt, bei dem der Domscholastikus seine Autorität in Bildungsfragen wahren kann. → S. 71

1477. In Harburg sind erstmals Juraten (Kirchgeschworene) zur Verwaltung des Kirchenvermögens bezeugt.

1478. Für die Ratsfamilie de Tzevena entsteht ein Backsteingebäude an der Gröninger Straße. → S. 72

18. 1. 1479. Mit dem Ausbau von Räumen im Obergeschoß der »neuen Schreiberei« neben dem Rathaus beginnt die Einrichtung einer öffentlichen Bibliothek in Hamburg. → S. 72

Kabeljau bereichert heimische Küche

1475/76. Hamburg streckt seine Fühler immer weiter aus: Auf Kosten der Stadt reisen erstmals drei Hamburger Schiffe nach Island. Sie bringen Schwefel, Schafwolle, Tran und Stockfisch zurück an die Elbe. Um 1500 bildet sich eine eigene »Gesellschaft der Islandfahrer« in Hamburg (→ 1395/S. 55).

Die Islandfahrt ist bisher ein Privileg der wendischen Bergenfahrer und des Hansekontors in Bergen gewesen. Die wendischen Städte sehen deshalb das Engagement Hamburgs gar nicht gerne. Daß diese Stadt aktiv in die Vorrechte anderer eingreift, macht deutlich, wie brüchig der Zusammenhalt der Städtehanse geworden ist, wenn es um die Erringung eigener wirtschaftlicher Vorteile geht.

Vor allem Kabeljau kommt aus Island nach Hamburg. Als Stockfisch getrocknet, bleibt er mehrere Jahre lang haltbar. Sein Geschmack ist allerdings mit frischem Fisch nicht zu vergleichen.

Für jede Art von Fisch gibt es besondere Konservierungsmethoden: Schollen werden in Körben getrocknet und verkauft; Aale, Bücklinge und auch Heringe geräuchert. Den Hering als meistverbrauchte Fischart kann man außerdem durch Einsalzen für längere Zeit eßbar halten, wobei die Fische noch an Bord ausgenommen und eingepökelt werden.

△ Island in der »Carta Marina« (Seekarte) des Olaus Magnus (1539); die Konkurrenz in der Islandfahrt ist groß: Schiffe aus fünf Ländern bzw. Städten sind an den fischreichen Küsten rund um die Insel zu erkennen.

◁ Siegel der »Gesellschaft der Islandfahrer«, einer Vereinigung hamburgischer Fernhändler, die sich auf den Handel mit Island spezialisieren; einer von ihnen, Gories Peerse, schreibt 1594 das Buch »Van Isslandt«. In seinem vielgelesenen Gedichtwerk beschreibt Peerse nicht nur die Naturwunder des fernen nordischen Landes, sondern auch die ihm eigenartig erscheinenden Sitten und Gebräuche der Inselbewohner. Er gibt so gleichzeitig eine kulturgeschichtliche Einführung in die Islandkunde.

Erfolgloser Kampf um deutsche Schule

1477. Der Hamburger Rat und das Domkapitel legen ihren vor fünf Jahren begonnenen Streit um eine deutschsprachige Schulausbildung bei. Man kommt überein, daß die Stadt eine Schule für 40 Kinder zum Unterricht in der deutschen Sprache einrichten darf, diese Schule jedoch unter Aufsicht des Domscholastikus steht.

Den neuerlichen Schulstreit (→ 7. 7. 1281/S. 39) hatte der Domscholastikus Hermann Duker vom Zaun gebrochen. Ihm war es ein Dorn im Auge, daß ein Priester und zwei Laien ungeachtet seiner Privilegien eine deutschsprachige Lese- und Schreibschule in Hamburg eröffnet hatten.

Da sich der Rat vor seine Bürger stellte und der Domherr auf seinem Recht beharrte, ging die Sache vor Gericht. Weil Rat und Bürgerschaft die Schule boykottierten, verfiel Hamburg sogar dem Kirchenbann, aus dem es sich jetzt nur durch viel Geld und gute Worte wieder befreien kann.

Die Unterweisung im Chorgesang gehörte schon in frühmittelalterlichen Pfarrschulen zu den wesentlichen Elementen des Unterrichts in lateinischer Sprache.

*Hinrik Funhofs »Maria im Ähren-
kleid« (Öl; Kunsthalle, Hamburg)*

Fruchtbare Maria von Funhof gemalt

1475. Der Hamburger Maler Hinrik
Funhof übernimmt die Werkstatt
seines Kollegen Hans Bornemann
(→ 1499/S. 77). Für das Franziskanerkloster Maria Magdalenen malt
er das Bild »Maria im Ährenkleid«.
Marias mit Strahlenkränzen besetztes, ährenverziertes Kleid gilt
in der mittelalterlichen Mystik als
Fruchtbarkeitssymbol.

Aufklärung endet mit Scheiterhaufen

1477. In Hamburg wird eine alte
Frau auf dem Scheiterhaufen verbrannt. Der Grund: Sie hatte jungen Mädchen gelehrt, wie sie den
Geschlechtsverkehr ausüben können, ohne schwanger zu werden.
Die Verbreitung eines solchen Wis-
sens gilt als Sakrileg und rührt an
die Grundfesten der kirchlich geprägten öffentlichen Ordnung.
Andererseits wird der Wunsch,
sich vorehelich sexuell zu vergnügen, ohne gleich Kinder zu bekommen, dadurch bestärkt, daß bei
einer Eheschließung die persönlichen Gefühle der Partner nur eine
Nebenrolle spielen: Eine Verbindung kommt in der Regel auf
Wunsch der Eltern zustande. Die
Braut ist meist zwischen 15 und 18
Jahre alt, der künftige Ehegatte in
der Regel schon Mitte 20.

Prächtiger Backsteinbau für Ratsfamilie

1478. Die reiche und einflußreiche
Ratsfamilie de Tzevena läßt in der
Gröninger Straße im Kirchspiel St.
Katharinen einen zweigeschossigen Backsteinbau errichten. Das
repräsentative Gebäude gilt als das
schönste Hamburger Bürgerhaus
im Stil der Gotik.
Das stattliche Bauwerk, das sich
von der Gröninger Straße bis hin
zum Katharinenkirchhof erstreckt,
sorgt vor allem durch seinen reich
geschmückten gotischen Giebel
weit über die Grenzen der Stadt
hinaus für Aufsehen.
Die Auftraggeber Erich de Tzevena
(Bürgermeister seit 1464) und seine
Frau verdanken ihren Reichtum
u. a. einem Anteil aus dem königlich-dänischen Zoll zu Hamburg,
der ihnen vom dänischen Monarchen Christian I. am 28. August
1470 überlassen wurde.
Erich de Tzevena vertritt Hamburg
auf zahlreichen diplomatischen
Missionen. So war er z. B. im Mai
1477 in Lübeck zu finden, wo über
die Fortführung des hansischen
Handels mit Flandern, Brabant,
Holland und Seeland und die Zukunft des Brügger Hansekontors
beraten wurde. Sein gleichnamiger
Neffe wird 1490 Bürgermeister.
Der Bau des Tzevenaschen Wohnhauses fällt in eine Zeit, in der sich
in einigen Hansestädten die vermögenden Bürger durch repräsentative Ausgestaltung von Giebeln und
Fassaden ein ihrem Status gemä-
ßes Domizil verschaffen, das häufig
nur noch reinen Wohnzwecken
dient. Die beiden großen Fenster
rechts und links vom Hauptportal
zeigen den Wunsch nach erhöhtem
Wohnkomfort. Im allgemeinen findet sich aber auch bei gutsituierten
Kaufleuten nach wie vor die Einheit von Wohnung, Kontor und
Speicher in einem Gebäude.

*Das Haus der Fa-
milie de Tzevena
wird im Jahr
1570 für 10 500
Mark von der
Stadt angekauft
und den »Mer-
chant Adventu-
rers«, englischen
Kaufleuten, zur
Verfügung ge-
stellt. Deren Sitz
bleibt das nun-
mehr als »engli-
sches Haus« be-
kannte Gebäude
bis 1806. Dann –
bis 1817 – nimmt
das Pfandhaus,
der Lombard, sei-
nen Sitz in dem
Backsteinbau.
Im Jahr 1819
wird das »engli-
sche Haus« abge-
rissen, weil es der
Neuen Gröninger
Straße im Weg
steht (Lithogra-
phie, 1819).*

Erste öffentlich zugängliche Bibliothek

18. Januar 1479. Mit dem Einsetzen neuer Fenster im Obergeschoß
der »neuen Kämmerei« neben dem
Rathaus (→ 1290/S. 40) beginnt die
Errichtung der ersten öffentlichen
Bücherei in Hamburg.
Entscheidenden Anteil daran hat
der Bürgermeister Hinrich Murmester. Er ist es auch, der in seinem
am 29. Januar 1481 abgefaßten Testament der Stadtbibliothek (lat. =
liberaria civitatis) eine Reihe namentlich genannter Werke aus seinem Privatbestand überläßt.
In seinem Letzten Willen verfügt
Murmester, »daß zur Ehre, Notwendigkeit und zum Nutzen der
Stadt Hamburg die unten aufgeführten Bücher und Bände in der
neuen Bibliothek, die im gegenwärtigen Jahre begonnen, errichtet
und gegründet sei, aufgestellt werden sollten; aus dem Wunsch, daß
jeder ehrbare Mann, der das wolle,
zum Lesen in denselben zugelassen
werde; indem er nachfolgende Bedingung hinzufügte, daß von diesen Bänden keiner verkauft, zurückgenommen, entfremdet und
auf eine beliebige Art von seinem
Platz in der Bibliothek entfernt
werden sollte, auch wenn einer der
zweiten oder ersten Bürgermeister
oder der Sekretäre das für begrenzte Zeit wünschten, wenn nicht bei
Verlust eines der vorher erwähnten Bände ein wertvollerer und
besserer Band unverzüglich an seine Stelle verbracht wird«.
Damit ist etwas Neues in Deutschland geschaffen: Eine öffentlich zugängliche Bibliothek, die auf städtische Initiative gegründet und aus
öffentlichen Mitteln getragen wird.
Zuvor wurden Bücher beim Domkapitel und in den einzelnen
Hauptkirchen gesammelt. Dort waren sie aber nur für die Geistlichkeit der betreffenden Kirche zugänglich. Auch der Hamburger Rat
verfügt schon seit dem 14. Jahrhundert für eigene Zwecke über
eine kleine Büchersammlung.
In den folgenden Jahren spielt die
öffentliche Bibliothek in Hamburg
eine eher bescheidene Rolle. Sie
wird 1486 noch durch einige Bände
aus Murmesters Nachlaß erweitert, doch nach einem Betrag für
Einbandmaterial im Jahr 1491 verzeichnen die Kämmereirechnungen keine Ausgaben mehr. Erst mit
Gründung des Johanneums am
24. Mai 1529 (→ S. 82) im St. Johanniskloster erhält Hamburg wieder eine Bibliothek, die vermutlich
aus den Sammlungen der aufgelösten Franziskaner- und Domini-
kanerklöster stammt.

1480

9. 11. 1480. Der dänische König Christian I. verleiht Hamburg das Privileg, daß niemand Getreide, Mehl, Wein oder Bier elbabwärts an Hamburg vorbei führen dürfe, ohne Zoll zu zahlen. Die Urkunde wird auf den 14. November 1465 vordatiert, um damit ein entgegengesetztes Privileg des Kaisers Friedrich III. für den Grafen von Mühlingen-Barby aus dem Jahr 1470 zu entkräften.

5. 11. 1482. Der neue dänische König Johann erscheint in Hamburg und verlangt eine förmliche Erbhuldigung. Nach Verhandlungen mit dem Rat gibt sich der Monarch wie Christian I. mit einer »Annehmung« zufrieden (→ 5. 3. 1460/S. 68).

14. 7. 1482. Durch eine kaiserliche Anerkennung kann Hamburg das alleinige Stapelrecht auf der Elbe durchsetzen (die Pflicht für vorbeireisende Kaufleute, ihre Waren zunächst in Hamburg zum Verkauf anzubieten).

1482. Aus Kämmereirechnungen geht hervor, daß die Stadt Hamburg Stadtboten besoldet. Die Kaufleute der Hansestadt entsenden Boten nach Flandern, London und Schweden.

1482. Das Dorf Wellingsbüttel, seit 1430 im Pfandbesitz des Klosters Herwardeshude, gerät in Besitz des Erzbistums Bremen. Die übrigen Dörfer nördlich und östlich von Hamburg gehören zumeist dem Hamburger Domkapitel, den Klöstern Herwardeshude und Reinbek und dem Gut Tremsbüttel.

18. 7. 1483. Nach Teuerungsunruhen läßt der Rat zwei Aufrührer öffentlich hinrichten. → S. 73

21. 7. 1483. Rat und Bürgerschaft schließen den dritten Rezeß unter Einschluß eines Bürgereides. → S. 73

1483. In der Verlängerung der Steinstraße wird das Steintor errichtet.

1487. Der holländische Glockengießer Geert van Wou gießt die Glocke »Celsa« für den Hamburger Dom (heute in der Kirche in Altengamme).

1488. Der Scharfrichter Claus Flügge enthauptet auf dem Grasbrook 74 der Seeräuberei angeklagte ostfriesische Kriegsknechte.

GESTORBEN:

19. 4. 1481. Hamburg: Hinrich Murmester (* um 1435, Hamburg), Rektor der Universität Padua (1462/63) und Hamburger Bürgermeister (ab 1467).

1484/85. Hamburg: Hinrik Funhof (* um 1430–1440), Maler (→ 1475/S. 72).

Aufstand gegen Teuerung

18. Juli 1483. Der Hamburger Rat läßt zwei radikale Oppositionelle, Clas von Kymmen und Rype Kenkel, zum Tode verurteilen und hinrichten. Damit beendet er Teuerungsunruhen, die fast drei Monate angedauert haben.

Seit 1481 sind die Preise für Getreide und andere Grundnahrungsmittel auf das Dreifache gestiegen. Die Teuerung hat einen politischen Aspekt: Der Krieg um Burgund zwischen dem österreichischen Erzherzog Maximilian I. und König Ludwig XI. von Frankreich schneidet die Holländer von der Getreideeinfuhr ab. Sie zahlen jeden Preis, um nicht zu verhungern.

Die Hamburger Kaufleute wollten sich dieses Geschäft nicht entgehen lassen. Trotz eines Kornausfuhrverbots verschifften profitsüchtige Lieferanten wie Bürgermeister Johann Huge Getreide auf der Elbe in Richtung Holland und heizten so die Teuerung und die Kornknappheit weiter an.

Als Wortführer der Opposition gegen den Rat, der anscheinend tatenlos dem Kornwucher zusah, profilierte sich der Brauer Hinrik van Lohe. Er wurde am 7. Mai festgesetzt, am folgenden Tag aber wieder befreit. Van Lohe und seine Anhänger gewannen in den folgenden Tagen scheinbar die Oberhand, zumal Huge sich versteckt hielt und sein Kollege Hermann Langenbeck nach Buxtehude floh, nachdem eine radikale Oppositionsgruppe in der Nacht zum 24. Juni das Rathaus gestürmt hatte.

Dieser Gewaltakt veränderte die Lage: Die Mehrheit der gehobenen Bürgerschaft, die zwar mit dem Rat unzufrieden ist, aber auch keine Anarchie will, wendete sich von van Lohe ab und rief Langenbeck zurück. Er handelt entschlossen, läßt nur die Anführer des Rathaussturms vor Gericht stellen und die übrigen einen Treueid schwören (→ 21. 7. 1483/S. 73).

Kornverteilung an Arme in einer mittelalterlichen Stadt – frommer Beitrag zur Linderung der ärgsten Not

Briefe auf schnellen Füßen

1482. Die Hamburger Kämmereirechnungen verzeichnen Ausgaben für einen Stadtboten (lat. Cursor civitatis). Neben seinen eigenen Boten nimmt der Rat auch die Dienste der Postläufer in Anspruch, die im Auftrag der Hamburger Kaufleute nach Flandern, London und auch nach Schweden unterwegs sind.

Die hamburgischen Stadtboten beziehen ein Jahresgrundgehalt von 80 Schilling, das in vier Raten ausgezahlt wird. Ferner erhalten sie für jeden Brief einen Trägerlohn, dessen Höhe sich nach der gelaufenen Strecke bemißt. Der soziale Rang des Ratsboten ist mit dem eines Stadtschreibers vergleichbar, also recht hoch. Ist er krank oder erleidet er einen Berufsunfall, bezieht er Unterstützung.

Fremde Boten erhalten bei ihrer Ankunft in Hamburg Unterkunft und Verpflegung und empfangen dazu ein besonderes Botengeld.

Übergabe eines Briefes (Altarbild von Hinrik Funhof; 1483, Lüneburg)

Bürgermeister Hermann Langenbeck auf einem Ölgemälde um 1515

Mit Konzessionen Frieden gesichert

21. Juli 1483. Rat und Bürgerschaft bekräftigen einen neuen Rezeß (Übereinkunft), der Hamburg gemeinsam mit dem Bürgereid inneren Frieden garantieren soll.

Er umfaßt unter Einschluß des Bürgereides 70 Punkte, deren Mehrzahl - zum Teil unverändert - aus dem zweiten Rezeß vom → 17. Oktober 1458 (S. 67) entnommen wird. Den strittigen Kornexport verbietet ein Ratsvotum.

Die Bürger können eine größere Mitbestimmung beim Rat durchsetzen: Stehen wichtige Verhandlungen mit Fürsten an, so wird der Rat künftig aus jedem der vier Kirchspiele 20 bis 25 erbgesessene Bürger (auf eigenem Grund und Boden lebend) über die getroffenen Entscheidungen informieren (Artikel 62). Kommt es zu Unruhen in einem der Kirchspiele, können die betreffenden Juraten (Kirchengeschworenen) den Rat und die Werkmeister der Ämter zusammenrufen, um über den Streit zu verhandeln (Artikel 66).

Der Bürgereid, von Bürgermeister Hermann Langenbeck bei der Beendigung der Teuerungsunruhen (→ 18. 7. 1483/S. 73) aus dem Stegreif formuliert, bleibt bis 1844 in niederdeutscher Sprache gültig. Er macht es zur Pflicht, dem Rat und der Stadt treu zu sein und alle Abgaben und Steuern zu bezahlen.

Hamburgs Recht bebildert

31. Oktober 1497. Der Hamburger Rat und die Wittigesten (→ 15. 10. 1270/S. 38) beschließen die Herausgabe eines neuen Stadtrechts. Das für den Rat bestimmte Exemplar wird nach der Verabschiedung in einem reich bebilderten Pergamentband herausgegeben.

Maßgeblichen Anteil am Zustandekommen des neuen Stadtrechts hat der juristisch gebildete Bürgermeister Hermann Langenbeck. Unter Mitarbeit der beiden Syndizi Albert Krantz und Matthäus Pakebusch kann er bereits am 24. November 1497 einen Entwurf vorlegen, der die Grundlage für die Revisionsberatungen bildet. Langenbeck bezieht sich nämlich weitgehend auf das »Rode book« von → 1301 (S. 41), das damit erstmals offiziell Gesetzeskraft erlangt.

Der Herausgabe des neuen Stadtrechts liegen im wesentlichen zwei Motive zugrunde: Zum einen gilt es, angesichts der zahlreichen nebeneinander benutzten und zum Teil revidierten Ausgaben der früheren Stadtrechte ein allgemeinverbindliches Regelwerk zu schaffen; zum anderen will der Hamburger Rat die rechtliche Autonomie der Stadt gesetzlich festschreiben. Dieser Autonomie droht Gefahr durch das vor zwei Jahren geschaffene Reichskammergericht, das als oberste Gerichtsinstanz des Reiches auch Hamburg seinen Entscheidungen unterwerfen will.

Die prachtvolle Bilderhandschrift des Hamburger Stadtrechts wird zwischen 1503/1506 und 1511 fertiggestellt. Unter den insgesamt 15 Hauptartikeln finden sich die meisten schon im »Ordeelbook« vom → 15. Oktober 1270 (S. 38), das seither immer wieder vervielfältigt worden ist und bis zur Reformation in Kraft bleibt. Nur das Schiffsrecht hat der Rat weitgehend umarbeiten lassen.

Dem Stadtrecht vorangestellt ist ein geschichtliches Vorwort, der erste juristische Gesetzeskommentar in Hamburg. Dann folgt der Ratseid, dem als Mahnung, stets an die Verantwortung vor Gott und den Menschen zu denken, eine ganzseitige Miniatur mit der Darstellung des Jüngsten Gerichts gegenübergestellt worden ist. Die Einleitung wird abgeschlossen durch ein Verzeichnis der »Stücke« (der Abschnitte). Es ist umrahmt von ei-

nem Schmuckband mit dem Langenbeckschen Wappen, das einen Schild mit einem Bach zeigt. Hinter jedem Hauptstück sind Blätter für Nachträge freigehalten.

Jeder der 15 Hauptartikel wird eingeleitet durch ein Titelbild, eine ganzseitige, in Deckfarben mit Vergoldungen ausgeführte Miniatur. Sie fassen das Wesentliche der folgenden Rechtsartikel zusammen. Jede Miniatur ist ihrerseits nach einem durchgängigen Raster in bestimmter Weise gegliedert worden.

Die erste Miniatur zum Thema Verfassungsrecht und Ratsgerichtsordnung zeigt die für die Verfassung Hamburgs entscheidenden Elemente: Den Rat, in diesem Fall 24 Personen einschließlich der vier Bürgermeister; die Bürgerschaft, repäsentiert durch das auf dem Tisch liegende Eidreliquiar, auf dem mit dem Bürgereid einer der wichtigsten Eide geleistet wird (→ 1230/S. 30); schließlich das Stadtrecht, das zwei Ratsherren unterhalb des Eidreliquiars in die Höhe halten. Erstmals wird damit deutlich gemacht, daß die höchste Gewalt in Hamburg gemeinsam bei Rat und Bürgerschaft ruht.

Titelbilder der Hauptabschnitte des Stadtrechts (Abb. 1–15):
▷ *Der Rat als höchste Obrigkeit der Stadt (1)*
▷ *Niedergerichtsordnung (2, 3) (Niedergericht, erste Instanz in sämtlichen Strafsachen [2] Außergerichtliche Audienz des Niedergerichts [3])*
▷ *Vormundschaft und Pflegschaft (4)*
▷ *Prozeßrecht und Beweismittel (5) (Ein Schwurpflichtiger ist den Einflüsterungen des Teufels ausgesetzt)*
▷ *Dienstrecht (6) (Herrschaft und Gesinde vor Gericht)*
▷ *Immobilienrecht (7, 8) (Grundstücksübertragung [7] Rentengeschäfte [8])*
▷ *Eheliches Güterrecht (9)*
▷ *Erbrecht (10)*
▷ *Schuldrecht (11) (Viehkauf im Marktverkehr)*
▷ *Verbrechen und Vergehen (12–14) (Ein Verwundeter klagt an [12] Illustration eines vorsätzlichen Verbrechens [»Vorsate«, 13] Leibesstrafen für schwerste Verbrechen [14])*
▷ *Schiffsrecht (15)*

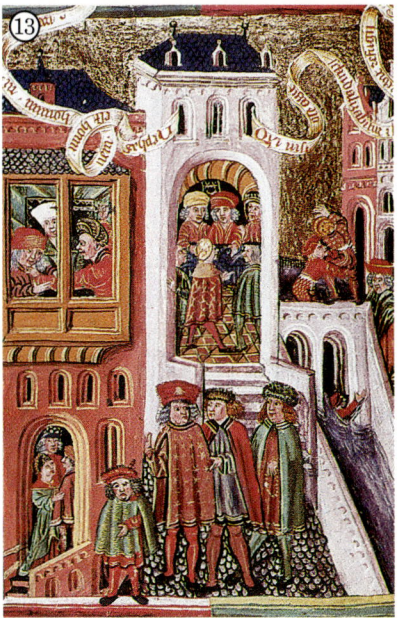

Albert Krantz schult junge Kleriker

1493. Der Theologe Albert Krantz wird – vermutlich auf Initiative seines früheren Schülers in Rostock, des Bürgermeisters Hermann Langenbeck – als Lektor an das Hamburger Domkapitel berufen. Er soll dort junge Kleriker und gebildete Laien wissenschaftlich und theologisch ausbilden.

Der gebürtige Hamburger wurde 1480 als Hochschullehrer an die Philosophische Fakultät der Universität Rostock berufen. Er gilt nicht nur als fundierter Wissenschaftler, sondern auch als diplomatisch versierte und weltoffene Persönlichkeit.

Ab 1486 diente Krantz der Stadt Lübeck als Syndikus (Rechtsberater) und bildete sich in Mainz, Perugia und Rom weiter. Stets ein treuer Sohn der Kirche, wird Krantz ab 1508 als Domdekan weitgehend verantwortlich für die geistliche Betreuung Hamburgs, Stormarns, Holsteins und Dithmarschens. In Hamburg widmet sich der humanistische Theologe auch der Geschichtsschreibung: Er verfaßt zwischen 1500 und 1504 das Buch »Metropolis«, eine kritische Würdigung der niedersächsischen Bistumsgeschichte.

△ *Das Meßbuch des Hamburger Domkapitels, verfaßt von Domdekan Albert Krantz; das 1509 in Straßburg erschienene Werk ist die erste einheitliche Gottesdienstordnung für alle Kirchen des Hamburger Domkapitels. Die abgebildete Seite zeigt in einem Holzschnitt den gekreuzigten Jesus Christus zwischen Maria und Johannes dem Täufer.*

◁ *Gedenkstein für Albert Krantz (1448–1517) mit einem Brustbildnis des Wissenschaftlers und Theologen; Domdekan Michael Rheder gab die Steinmetzarbeit 1569 in Auftrag.*

Geistliche wettern gegen den Buchdruck

1491. 44 Jahre nach dem ersten Buchdruck mit beweglichen Lettern durch Johannes Gutenberg kommt die »Schwarze Kunst« an die Elbe. Die ersten Hamburger Buchdrucker sind Johann und Thomas Borchard.

Ihr erstes Druckwerk mit dem Titel »Laudes beate Mariae virginis« (lat. = Lobpreisungen der seligen Jungfrau Maria) enthält die Predigten des Jacobus de Voragine über die Tugenden und Wundertaten der Gottesmutter.

Allerdings stößt die erste Hamburger Druckerpresse bei der heimischen Geistlichkeit auf wenig Gegenliebe. Sie sieht ihr Bildungsprivileg in Frage gestellt und wettert solange gegen die neue Erfindung, bis die Gebrüder Borchard die Arbeit einstellen müssen.

Zu den wichtigsten Requisiten des Druckers zählt ein von Gutenberg 1445 erfundenes Handgießinstrument, das pro Stunde mehr als 100 Buchstaben liefert. Dennoch bleibt das Setzen langwierig: Für seine große Bibel (1455) mit ihren 1282 Seiten benötigte Gutenberg bis zu sechs Schriftsetzer, die pro Tag höchstens eine Seite schafften.

Reliefs mit der Darstellung von Pelztierjägern und Wachssammlern in den russischen Wäldern (Gestühl der Nowgorodfahrer in der Stralsunder Nikolaikirche)

Freigelassene Nowgorodfahrer ertrinken in der Ostsee

14. September 1497. Ein tragisches Ende nimmt die Heimfahrt der nach dreijähriger Gefangenschaft in Nowgorod freigelassenen Hansekaufleute: Ihr Schiff kentert, und sie ertrinken in der Ostsee.

Am 6. November 1494 hatte Iwan III., der Großfürst von Moskau, den St. Peterhof, die deutsche Niederlassung in Nowgorod, schließen lassen. Die 47 dort tätigen Kaufleute wurden festgenommen, ihre Waren im Wert von rund 96 000 Mark lübisch beschlagnahmt.

Das Motiv des Großfürsten war politischer Natur: Er wollte die Livländer und die Hansestädte von einer Unterstützung Schwedens abhalten, das 1494 einen Krieg gegen ihn vorbereitete. Zwar wird das Kontor 1518 wieder eröffnet,

erringt seine einstige Bedeutung aber nicht wieder und wird nach 1558 von den Russen annektiert.

Die Schließung des Kontors von Nowgorod markiert den allgemeinen Niedergang der Hanse während des 15. Jahrhunderts.

Familie Bornemann malt einen Lukasaltar für den Dom

1499. In Hamburg stirbt der Maler Hinrik Bornemann. Der Nachwelt bleibt er bekannt wegen eines Lukasaltars, den Bornemann ursprünglich für den Hamburger Dom geschaffen hat, der später aber in den Besitz der Hauptkirche St. Jacobi übergeht.

Es ist gut möglich, daß Hinrik Bornemann nicht allein an dem Altar gearbeitet hat. Er war der Sohn des Maleramtsmeisters Hans Bornemann und dessen Frau Gherburg Bosemberge. Als ihr Mann gestorben war, ehelichte Frau Gherburg den Maler Hinrik Funhof (→ 1475/ S. 72), der zugleich das Grundstück und das Malgerät seines Vorgängers übernahm. Die rasche Hochzeit ist Ergebnis der Eigenheiten des Ämterwesens. Stirbt ein Amtsmeister, kann dessen Witwe binnen Jahresfrist einen neuen Gemahl als Nachfolger vorstellen. Hinrik Funhof starb 1484/85 in Hamburg. Gherburg Bosemberge, zum zweiten Mal Witwe, zögerte nicht lange: Sie heiratete nochmals, diesmal den Maler Absalom Stumme. Stilelemente des Altars weisen darauf hin, daß alle genannten Künstler an der Arbeit beteiligt gewesen sein könnten.

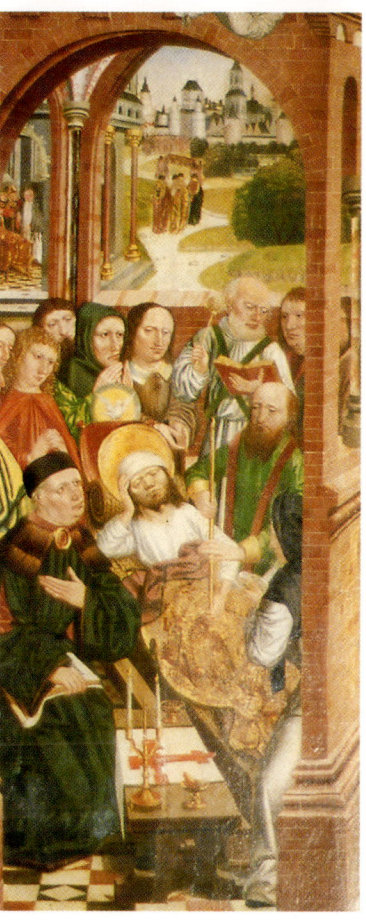

Tafeln des Lukasaltars, v. l.: Das Mahl in Emmaus, Die Madonna mit dem Kinde und Der Tod des Apostels Lukas

Neues Millerntor – Hamburgs Eingang von Osten

1499. Der Rat läßt am Ostrand Hamburgs ein neues Stadttor errichten, das Millerntor. Es ist das zweite Torgebäude dieses Namens. Das neue Millerntor mit seinem charakteristischen schlanken Torturm befindet sich in der Nähe des späteren Stadthauses. Die Stadtbefestigung wird hier im Jahr 1547 durch die Aufschüttung des Neuen Walls weiter verstärkt.

Weil der Weg durch das Tor sehr lang und infolgedessen sehr dunkel ist, heißt das zweite Millerntor im Volksmund auch Düsterntor.

Sein Vorgänger lag einige Meter weiter zurück in Richtung Großer Burstah neben dem Heiligen-Geist-Hospital. Es wurde bereits 1246/47 als »Mildedor« erwähnt, als mittleres Tor zwischen dem Schaartor und dem Mühlentor.

Im 17. Jahrhundert wird das Millerntor infolge des Baus einer neuen Stadtbefestigung, die das Kirchspiel St. Michaelis mit einbezieht (→ Anfang 1626/S. 113), weiter nach Osten verlegt. Zwischen 1659 und 1663 erbaut der Architekt Hans Hamelau nördlich des Zeughausmarktes ein neues massives Torgebäude als Ausgang aus der Stadt zu den Reeperbahnen (→ 16. 8. 1628/S. 115) und weiter nach Altona. Dieses Tor – an der Stelle des heute »Millerntor« genannten Platzes – wird im Zuge der Schleifung der Bastionen in den Jahren 1805/06 (→ 18. 10. 1804/ S. 182) abgebrochen.

Blick auf das Millern- oder Düsterntor als Teil des Neuen Walls um das Jahr 1600; die Passanten im Vordergrund überqueren das Bleichenfleet auf der Ellerntorbrücke (Lithographie von Peter Suhr).

1500. Der Bote des Krameramts stellt eine regelmäßige Verbindung zwischen Harburg und Hamburg sowie zwischen Harburg und Hannover her.

Um 1500. Die Hamburger Stadtbefestigung wird verstärkt. Bis 1504 werden ein Graben und ein Wall zwischen dem Millerntor (→ 1499/S. 77) und dem Schaartor aufgeworfen. Die Leitung der Arbeiten liegt in den Händen des Hannoveraner Wallmeisters Johannes Hermens. Bis 1550 entstehen u. a. der Neue Wall und der Baumwall (→ 27. 3. 1557/S. 91).

29. 7. 1502. Das Hamburger Domkapitel erläßt wegen der ständigen Klagen über die kirchliche Mißwirtschaft eine Verordnung, wonach niemand zwei Pfründe gleichzeitig besitzen darf.

1502–1505. Der Wendische Münzverein (→ 9. 2. 1379/S. 50) führt die Mark, die bisher nur eine Gewichtseinheit war, als Rechnungsmünze ein. Sie setzt sich jedoch nicht durch. Die Mark zu 19 g Silber hat 192 Pfennige.

1503. Der päpstliche Legat, Kardinal Raymund, stattet nach Lübeck auch Hamburg einen Besuch ab. Bei einer Visitation der Hamburger Klöster ermahnt er die Kleriker, sich innerhalb eines Monats von ihren Konkubinen zu lösen. → S. 78

1505. Der Bürger Hans von Trepton, Vorsteher der aus Händlern und Fischern bestehenden Bruderschaft »unserer lieben Frau Krönung im Dom«, gründet ein Spital an der Ecke der Kurzen Mühren und der Spitalerstraße. → S. 78

1507. Das Kloster in Harvestehude kauft 35 Morgen Land in Billwerder.

1508. Auf Anweisung von Kaiser Maximilian I. erhebt der Reichsfiskal vor dem Reichskammergericht Klage gegen Hamburg wegen Nichtbezahlung der Reichssteuern. Der Senat hatte zur Begründung auf die Oberhoheit des Königs von Dänemark verwiesen (→ S. 68).

1508. Das Amt der Elbfischer stiftet für die Kirche St. Jacobi einen St.-Annen- und Petri-Altar. → S. 78

1509. In Straßburg wird ein von Domdekan Albert Krantz verfaßtes Meßbuch des Hamburger Domkapitels gedruckt (»ordo missalis secundum ritum Hamburgensis ecclesiae«). Es ist die Grundlage einer einheitlichen Gottesdienstordnung für alle Kirchen des Domkapitels (→ 1493/S. 76).

GEBOREN:

1500. Hamburg: Ditmar Koel († 22. 9. 1563, Hamburg), Seeheld und Bürgermeister.

Hamburger Klerus gerügt

1503. Als päpstlicher Legat kommt Kardinal Raymund nach Hamburg. Neben einer Schlichtung des neuerlichen Streits zwischen dem Rat und dem Domkapitel ist seine Hauptaufgabe eine Visitation der geistlichen Einrichtungen.

Um die Hamburger freundlich zu stimmen, würdigt der Kardinal nach getaner Arbeit das ihm kredenzte Bier mit den Worten: »O quam libenter esses vinum«, was etwa heißt: »O Bier, wie schmeckst du fein, wie gerne wärst du Wein«. In der Sache freilich hat er keinen Grund zur Freude: Unter den Bürgern der Hansestadt wächst der Unwille über die Geistlichkeit.

In dem lange schwelenden Streit um die Stellung des Domkapitels (→ 4. 11. 1337/S. 45), der 1499 erneut ausgebrochen und Hamburg ein drittes Mal dem päpstlichen Bann unterworfen hatte, stellt Raymund einen Kompromiß her, der im wesentlichen die Stellung des Domkapitels bestätigt.

Ein offeneres Ohr finden die Hamburger hingegen beim Kardinal für ihre Klage über die Sittenlosigkeit des Klerus. Schon im Jahr 1500 hatten die Bürger den Domdekan aufgefordert, dafür zu sorgen, daß die Domherren – wenn sie sich schon Konkubinen hielten – ihre Huren dann auch wie die anderen »ehrlosen Weiber« einkleiden lassen sollten: Ohne Schmuck und in besonderer Tracht.

Nun überzeugt sich der Kardinal selbst von den Zuständen in den Klöstern und gebietet »den Pfaffen bei Strafen des Bannes innerhalb Monatsfrist ihre Concubinen von sich zu lassen«. Sehr viel Erfolg scheint er damit aber nicht zu haben, denn am 19. Dezember 1513 sieht sich Domdekan Albert Krantz dazu veranlaßt, noch einmal einen entsprechenden Appell an die Domherrn zu richten.

Neben der Hurerei hinter Klostermauern erregt die große Zahl der Kleriker den wachsenden Unwillen der Hamburger Bürger. In dieser Stadt mit rund 15 000 Einwohnern kümmern sich – so das Ergebnis einer 1508 vorgenommenen Visitation – allein an den Pfarr- und Hospitalkirchen sowie den Kapellen 360 Vikare um das geistliche Wohl. Hinzu kommt u. a. eine wachsende Zahl von Commenditisten, die geistliche Stiftungen verwalten, sowie die Priester und Mönche der Klöster. Immer stärker wird auch beim »gemeinen Volk« der Wunsch nach Erneuerung der Kirche.

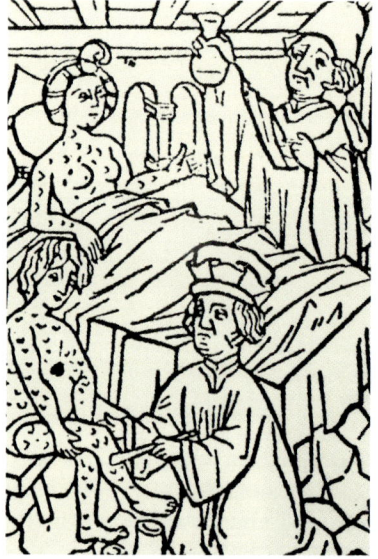

Behandlung der Syphilis durch Ausbrennen (Holzstich, Ende 15. Jh.)

Hiobs-Spital sorgt für die »Elenden«

1505. Hans von Trepton, Vorsteher der Händler- und Fischerbruderschaft »unserer lieben Frau Krönung im Dom«, gründet ein Spital an der Ecke Kurze Mühren/Spitalerstraße. Das St.-Hiobs-Spital will sich nach den im Jahr 1510 niedergelegten Statuten den »Elenden« widmen. Es befaßt sich vor allem mit den Opfern der Syphilis.

Elbfischer stiften Altar für St. Jacobi

1508. Das Amt der Elbfischer stiftet einen St.-Annen- und Petri-Altar für die Pfarrkirche St. Jacobi. Er wird nach seiner Vollendung im ersten Südschiff aufgestellt.

Der Altar ist vermutlich in einer Hamburger Werkstatt entstanden, doch ist sein Schöpfer nicht bekannt. Im Mittelschrein des Altars befindet sich vor dem goldziselierten Hintergrund links der heilige Petrus mit Buch und Schwert. Ihm zur Seite steht die Madonna mit dem Jesusknaben, die ihren Fuß auf den Nacken des Satans gesetzt hat. An ihrer Rechten ist die heilige Gertrud zu sehen, die ein Kirchenmodell im Arm hält. Die Gertrudenkapelle, benannt nach der heiliggesprochenen Zisterzienserin Gertrud von Helfta, ist eine Filialkirche von St. Jacobi.

Mit seiner intensiven Farbgebung ist der aus Eichenholz gearbeitete Altar ein Meisterwerk der Hamburger Holzschnitzkunst.

Neben dem St. Annen- und Petri-Altar wird die St. Jacobi-Kirche zu Beginn des 16. Jahrhunderts noch um einen weiteren Altar bereichert: Den Trinitatis-Altar im Hauptchor stiftet das Amt der Böttcher um 1518. An Werktagen bleiben die Altäre geschlossen; nur an Sonn- und hohen Feiertagen kommt der Schrein zum Vorschein.

St. Annen- und Petri-Altar; auf dem linken Flügel Petri Fischzug und die Schlüsselübergabe an Petrus, rechts Szenen mit der heiligen Gertrud

1510

3. 5. 1510. Der Reichstag zu Augsburg bestätigt die Stellung Hamburgs als »Freye Reichsstadt«. Der dänische König Johann, der die Oberhoheit über Hamburg beansprucht, verweigert die Anerkennung.

1510. Im Krieg der wendischen Hansestädte gegen Dänemark (bis 1512) erobert die Lübecker Flotte die Insel Mön, während sich Bornholm von der Zerstörung freikaufen kann. Hamburg steuert lediglich einen Betrag zu den Kriegskosten bei, beteiligt sich aber nicht aktiv an den Kämpfen. Hintergrund des Krieges ist die dänische Expansion im Ostseeraum auf Kosten Lübecks.

23. 4. 1512. Der Friede von Malmö beendet den offenen Krieg (seit 1509) zwischen den Hansestädten an der Ostsee und Dänemark.

19. 9. 1513. Wegen des fortdauernden unsittlichen Lebenswandels der Kleriker weist Domdekan Albert Krantz die Domherren an, auf ihre Konkubinen zu verzichten (→ 1503/S. 78).

1513. Das Kirchspiel St. Petri beauftragt den Hannoveraner Zimmermann Heinrich Berndes, die alte Turmspitze der Kirche durch eine neue zu ersetzen; sie ist im Jahr 1516 aufgerichtet. → S. 79

27. 9. 1517. Der Lüneburger Ratmann Hinrich Gronehagen übergibt Harburg an Herzog Heinrich den Mittleren von Lüneburg. Damit endet die 120jährige städtische Pfandherrschaft über Harburg, die gemeinsam von Hamburg, Lübeck und Lüneburg ausgeübt wurde.

1517. Der »Gemeine Kaufmann«, ein Zusammenschluß der mit England, Schonen und Flandern Handel treibenden Kaufleute Hamburgs, wählt mit Zustimmung des Rates sechs Älterleute als Vertretung (später »Versammlung eines Ehrbaren Kaufmanns«). → S. 79

1517. In Hamburg arbeiten 531 Brauhäuser, davon 96 im Kirchspiel St. Petri, 205 im Kirchspiel St. Nikolai sowie 178 im Katharinen- und 48 im Jacobikirchspiel. Vier weitere Brauereien gehören der Kirche.

1518. Der Turm der Kirche St. Nikolai wird vollendet.

1519. In Hamburg wird für die Errichtung eines lebensgroßen Standbildes des Ritters St. Georg gesammelt, das im Jahr 1522 fertiggestellt ist.

GESTORBEN:

7. 12. 1517. Hamburg: Albert Krantz (* 1448, Hamburg), Domdekan, Syndikus und Geschichtsschreiber (→ 1493/S. 76).

Fernkaufleute schließen sich zusammen

1517. Aus einem Treffen der Hamburger Flandern-, England- und Schonenfahrer geht die Händlervereinigung »Der Gemeine Kaufmann« hervor. Im Jahr 1523 gibt sie sich ein eigenes Statut.

Anlaß für die gemeinsame Interessenvertretung der Kaufleute sind vor allem die vielfältigen Schwierigkeiten beim Handeln in Flandern und in England sowie der immer schwächer werdende Einfluß der Hanse. Den Vorstand des »Gemeinen Kaufmanns« bilden je zwei Älterleute der beteiligten Organisationen, die von den beiden für den Zoll zuständigen Ratsherren ausgewählt werden und sich jährlich in der Leitung der Kaufherrengesellschaft ablösen. Im Jahr 1517 sind dies Hanns Byßenbeken und Peter Rover für die Flandernfahrer, Jakob Yßerenhoedt und Dyderick Haghenouw für die Englandfahrer sowie Frederick Oestra und Thoell Nangkemann für die nach Schonen fahrenden Kaufleute (→ 1395/S. 55). Sie sollen, angesichts der vielen »Gebrechen und Nachteile, so täglich dem seefahrenden und seehandelnden Kaufmann erwachsen und auferlegt werden«, vor allem die Interessen der hamburgischen Kaufleute nach außen wahrneh-

men und darüber hinaus auch Streitigkeiten schlichten, die »zwischen dem hantierenden Kaufmann, seinen Verlegern und Dienern allenthalben vorkommen«.

In Zusammenarbeit mit den beiden Zollherrn und gegebenenfalls mit Hilfe des Rates soll der »Gemeine Kaufmann« gegen die allgemein zunehmenden »Beengungen und Verpflichtungen« der Fernkaufleute im Ausland vorgehen.

Zur Sicherung des Warenverkehrs innerhalb Hamburgs sind den sechs Älterleuten auch handelspolizeiliche Aufgaben zuerkannt

worden. Sie können z. B. einen Kaufmann oder Schiffer zur Lösung einer Streitfrage durch städtische Boten zu sich rufen lassen. Weiterhin sollen die Älterleute korrigierend eingreifen, wenn ein Schiffer seinen Kahn übermäßig beladen hat, wenn er andere Ware oder Besatzung angenommen hat, als mit den Befrachtern vereinbart, wenn er unzureichend ausgebildetes Personal beschäftigt oder »andere Gebrechen bei ihm gefunden werden, wodurch des Kaufmanns Güter in Gefahr geraten« können (→ 19. 1. 1665/S. 129).

Gründungsbuch der Vereinigung des »Gemeinen Kaufmanns« in Hamburg im Jahr 1517 (Staatsarchiv, Hamburg); lange Zeit hatte sich der Rat dagegen gesträubt, die Gründung eines Kaufmannsrates zuzulassen, weil er dadurch einen Machtverlust befürchtete.

Die Kirchtürme wachsen in den Himmel

1513. Der Hannoveraner Zimmermeister Heinrich Berndes erhält vom Kirchspiel St. Petri den Auftrag, die alte Turmspitze der Kirche durch eine neue zu ersetzen. Der hohe, kupfergedeckte Turmhelm bildet ab 1516 den krönenden Abschluß der Kirche.

Bei der Entlohnung zeigen sich die Verantwortlichen des Kirchspiels nicht kleinlich: Für seine Bemühungen erhält Berndes 450 Mark lübisch sowie freie Unterkunft und Verpflegung. Dafür erwarten seine Auftraggeber freilich auch gute Arbeit; vor allem soll die neue Turmspitze »sich hogher in de lucht strecken alße de olde«.

Daß der Turm von St. Petri nach seiner Vollendung den benachbarten Mariendom mit seiner 1434 erbauten Turmspitze um einiges überragt, gibt zum Stolz allen Anlaß und ist Ausdruck des bürgerlichen Prestigedenkens gegenüber dem Domkapitel.

Auch an den anderen Kirchen in Hamburg trägt der zu Beginn des 16. Jahrhunderts einsetzende »Bauboom« seine Früchte: So erhält die Hauptkirche St. Nikolai im Jahr 1518 eine neue Turmspitze; die Kirche des Klosters Maria Magdalenen wird um ein viertes Kirchenschiff erweitert. Und bei der Hauptkirche St. Jacobi wurde im Jahr 1502 eine Eingangskapelle, das »große Leichhaus«, an das Kirchenschiff angefügt.

Die Innenausstattung der Kirchen zeigt den Reichtum der in dem jeweiligen Stadtbezirk lebenden Bürger und zugleich deren fromme Opferbereitschaft: Allein St. Petri weist 22 einzeln oder korporativ gestiftete Nebenaltäre auf. Kurz vor dem Turmbau wurde das Südschiff um zwei rechteckige Kapellen erweitert, die um 1503 von der Familie Rodenborg und 1513 von der St.-Annen-Bruderschaft der Islandfahrer gestiftet worden waren.

Hauptkirche St. Petri mit erhöhter Spitze (Kupferstich, 1668)

Ohne Blutvergießen durch die Reformation

1517–1648

Im Zeitalter der Reformation und des Dreißigjährigen Krieges erlebte Hamburg tiefgreifende Wandlungen. Es wuchs zur größten Stadt im Norden des Reiches, sein Gebiet fast auf das Dreifache, seine Einwohnerzahl auf das Fünffache. Die Kirche und ihr Verhältnis zur Stadt wurden neu geordnet. Die Bürger erlangten neue Wirkungsmöglichkeiten und politische Mitspracherechte. Hamburg profitierte vom Zuzug fremder Glaubensflüchtlinge, bestimmte seine Stellung zum Reich neu und überstand im Schutz neuer Festungsmauern die Gefahren des großen Krieges. Die Bürgerschaft war nach den Kirchspielen (Petri, Nikolai, Katharinen, Jacobi) in vier Körperschaften gegliedert, die die erbgesessenen (grundbesitzenden) Bürger und die Werkmeister der Handwerksämter umfaßten – nur ein Bruchteil der Gesamtbevölkerung mit eng begrenzten Rechten. Kaiser und Reich waren fern, Hamburgs Stellung – reichsunmittelbar oder holsteinisch – darum seit langem ungeklärt. Mit behutsamem Lavieren suchte der Rat seine faktische Selbständigkeit zu wahren.

In Wirtschaft und Gesellschaft hatten Fernkaufleute die Führungsrolle, viele von ihnen vereint in den angesehenen Gesellschaften der England-, Flandern- und Schonenfahrer, aus denen die meisten Ratsherren hervorgingen. Wachsende Schwierigkeiten in den Niederlanden und England sowie die schwindende Handlungsfähigkeit der Hanse bewogen die hamburgischen Fernhändler 1517 mit Genehmigung des Rates, eine Zentralbehörde aus den Älterleuten der drei Fahrergesellschaften zu bilden. Dieser Vorstand des »Gemeinen Kaufmanns« sollte ihre Interessen nach außen wahrnehmen, interne Streitigkeiten schlichten und gegen fremde Handelsbeschränkungen und -abgaben vorgehen; zur Sicherung des Warenverkehrs erhielt er Strafgewalt über die Schiffer, um die Einhaltung der Frachtbedingungen zu gewährleisten.

Neben der Bierbrauerei zählte der Wandschnitt zu den wichtigsten Gewerben der Stadt, die sich von dem wirtschaftlichen Rückgang der zweiten Hälfte des 15. Jahrhunderts allerdings nur langsam erholten, wie die Verarmung zahlreicher Einwohner erkennen läßt.

Alltag von Religion und Kirche geprägt

Die Kirche, deren Oberhaupt für Hamburg der bremische Erzbischof war und deren Führung hier das wohlbegüterte Domkapitel hatte, spielte im städtischen Alltag eine wichtige Rolle. In zwölf Kirchen wirkten über 250 Geistliche. Hinzu kamen die Mönche im Franziskanerkloster Maria Magdalenen und im Dominikanerkloster St. Johannis, die »blauen Schwestern« des Beginenkonvents und die Zisterzienserinnen der Abtei Harvestehude im Norden Hamburgs. Kirchliches und weltliches Leben waren vielfältig verbunden: Kirchen waren Versammlungsort, ihre Glocken gaben Feueralarm, Heilige zierten Tore, Brücken, Portale und Münzen. In zahlreichen geistlichen Anstrengungen spiegelten sich die Frömmigkeit der Bevölkerung und ihr Bemühen um Vorsorge für das eigene Seelenheil. Kirchliche Bautätigkeit, geistliche und karitative Stiftungen und der Ablaßhandel florierten; fast 100 Brüderschaften widmeten sich der Heiligenverehrung, genossenschaftlicher Fürsorge und bürgerlicher Geselligkeit; dem entsprachen die Häufung kirchlicher Feiertage, Wallfahrten und ein ausgedehnter Reliquien- und Devotionalienkult.

Mängel und Verfallserscheinungen der alten Kirche, die zu solcher Frömmigkeit in spürbarem Kontrast standen, hatten auch in Hamburg seit geraumer Zeit Spannungen und Konflikte zwischen Laien und Kirche provoziert. Dazu gehörten selbstsüchtige Ausnutzung von Privilegien bei Vernachlässigung geistlicher Pflichten, Inkompetenz, Geldschneiderei, Pfründenjagd, Veruntreuungen und notorischer Sittenverfall.

Das Ansehen des Klerus sank rapide, so daß Stiftungen und Spenden Mitte der 1520er Jahre abrissen und sich 1522/23 sogar die Dithmarscher Kirche der Hoheit des Hamburger Kapitels entzog – auch materiell ein schwerer Verlust. Gleichzeitig kam es in Hamburg selbst zu einem folgenschweren Streit über die Amtsführung des Domscholasters Hinrick Banskow, mit

Besitzstreben, Pfründenhäufung und stadtbekanntem Konkubinat selbst Inbegriff kirchlichen Verfalls. Die Bürger der vier Kirchspiele konnten dem Scholaster nicht nur die Schule zu St. Nikolai und das Recht zu weiteren Schulgründungen abringen, sondern verbanden sich darüber hinaus zu Beginn des Streites in der feierlichen Erklärung, künftig jedem Unrecht von seiten der geistlichen wie der weltlichen Obrigkeit solidarisch entgegentreten zu wollen. Damit bewies die Bürgergemeinde am Vorabend der Reformation ihr starkes und genossenschaftlich geprägtes Selbstbewußtsein.

Zu den ersten reformatorischen Regungen gehörte in Hamburg die kurzlebige Druckerei des niederländischen Emigranten Simon Korver, die 1522/23 wenigstens 16 Schriften Luthers und aus seinem Umfeld in niederdeutscher bzw. niederländischer Übersetzung hervorbrachte. Unter den Prädikanten, die die neue Lehre in Hamburg verkündeten, erlangte der Franziskaner Stephan Kempe, der 1523 aus Rostock kam, die größte Wirkung. Die Bürger setzten sein Bleiben durch und nahmen so praktisch erstmals die Wahl eines Pfarrers selbst in die Hand, während das Domkapitel durch seine materiellen Nöte gelähmt schien. Dagegen vereitelte der Rat 1524 einen ersten Versuch, den Wittenberger Stadtpfarrer Johannes Bugenhagen nach Hamburg zu berufen.

Weder mit kaiserlichen Mahnungen noch mit Ratsmandaten war die rasch um sich greifende Bewegung aufzuhalten. Bereits 1526 beantwortete die Bürgerschaft neue Abgabenwünsche des Rats mit eigenen reformatorischen Anliegen, namentlich der Pfarrerwahl durch die Gemeinde. Diese wurde in der Folge gegen den schwindenden Widerstand des Rates wiederholt durchgesetzt. Als Stephan Kempe 1527 an St. Katharinen eingeführt wurde, wirkten an drei der vier Hauptkirchen lutherische Pfarrer, noch bevor die Reformation formal durchgesetzt war. Damals hatten sich diese Geistlichen bereits in einem öffentlichen Streitgespräch über die Abendmahlsfrage gegen ihre altgläubigen Gegner behauptet. Die Spannungen blieben, aber die Bürger sahen sich zur Einrichtung der »Gotteskästen« als neuer Organe evangelischer Fürsorge nach Anweisung Bugenhagens ermutigt – zunächst in den Kirchspielen, seit 1528 von zwölf Oberalten zentral geleitet.

Der Rat paßte sich der Entwicklung an und erweiterte sich 1528 um vier Evangelische. Als sich die Kanzelpolemik zuspitzte und sich im Johanniskloster der altgläubige Widerstand sammelte und die Unruhe schürte, rief der Rat die Geistlichen beider Seiten zu einer öffentlichen Disputation über die strittigen Glaubenslehren auf. Er nahm ihr Ergebnis praktisch vorweg, als er die Bibel zur alleinigen Richtschnur erklärte und wies nach dem Sieg der Lutherischen ihre hartnäckigsten Widersacher aus der Stadt. Es war das Ende der katholischen Messen, der Klöster und der geistlichen Autorität des Kapitels. Der Rat ließ den Dom schließen.

Reformation bringt auch politischen Wandel

Der Wandel betraf auch die politischen Verhältnisse. Während der Rat nun Bugenhagen zur kirchlichen Neuordnung nach Hamburg berief, beauftragten die Kirchspiele ihre jeweils zwölf Gotteskastenverwalter (Diakone) und weitere 24 Bürger (zusammen also 144), mit dem Rat in Verhandlungen einzutreten. Deren Ergebnis wurde der »Lange Rezeß« (16. 2. 1529), der neben zahlreichen rechtlichen und wirtschaftlich-gewerblichen Regelungen den Kollegien der Oberalten und 144er Mitsprache bei Rechtsfragen und der Sicherung der Getreideversorgung einräumte und den Oberalten mit der Wacht über die Einhaltung der politischen und kirchlichen Satzungen, dazu als Sprachrohr bürgerlicher Klagen gegen den Rat eine wichtige Rolle für die Wahrung des Stadtfriedens zuwies.

Bugenhagens Kirchenordnung (23. 5. 1529) betraf zunächst das Schulwesen – das tags darauf im verlassenen Dominikanerkloster eröffnete Johanneum, die zur deutschen Schreibschule umgewandelte Nikolaischule, eine geplante Bibliothek und ein Lectorium, das allerdings erst 1613 als

»Akademisches Gymnasium« gegründet wurde und unter Joachim Jungius (1587–1657) seit 1629 europäische Bedeutung erlangte. Die weitere Ordnung folgte der braunschweigischen von 1528 und betraf Geistliche, Gottesdienst und Kirchenwesen, die der Oberaufsicht eines von Rat, Diakonen und Pastoren gewählten Superintendenten unterstellt wurden; Pastoren waren durch Ratsvertreter und Diakone zu wählen.

In der Diakonie faßte die Kirchenordnung das Erreichte zusammen und wies den Gotteskästen den beträchtlichen Besitz der Hospitäler und Brüderschaften zu. Für die Wahrung des sozialen Friedens kam ihnen erhebliche Bedeutung zu. So verlief auch – abgesehen von der Zerstörung des widersetzlichen Harvestehuder Klosters – die Durchsetzung der Reformation in Hamburg friedlicher als vielerorts sonst.

Für über drei Jahrzehnte bestimmte der Prozeß, den das Domkapitel 1528 vor dem kaiserlichen Kammergericht in Speyer um seine Restitution anstrengte, die hamburgische Politik. Sein ungünstiger Verlauf und das drohende kaiserliche Strafmandat nötigte die Hamburger zur Rückgabe der kirchlichen Sachwerte und 1536 zum kostspieligen Eintritt in den reformatorisch gesinnten Schmalkaldischen Bund. Die Niederlage im Schmalkaldischen Krieg (1546/47) und der demütigende Friedensschluß mit seiner gewaltigen Strafsumme stürzte die Kämmerei in große Schulden. Der Prozeß mit dem Kapitel ruhte jahrelang; nach der Wiederaufnahme 1554 ging es vor allem um rechtliche und materielle Fragen, da das Kapitel in seiner Mehrheit längst protestantisch war. Der Bremer Vergleich (1561) beließ ihm weitreichende Autonomie und Besitzrechte, verwehrte ihm aber jeden Einfluß auf das Kirchen- und Schulwesen.

Die politische Neuordnung war in Hamburg stabiler als in anderen Städten. Die bürgerlichen Kollegien bestanden hier bis ins 19. Jahrhundert, auch wenn bei der politisch-karitativen Doppelbelastung ihr politischer Elan bald erlahmte. Angesichts der Schulden und wachsender bürgerlicher Kritik entschloß sich der Rat 1563, die marode Kämmerei und damit die gesamte Finanzverwaltung den Bürgern zu überlassen. Eine gestraffte Kämmereiordnung und die Aufsicht der acht Kämmereibürger sorgten für allmählichen Schuldenabbau, so daß die Bürger fortan über ein wichtiges Machtinstrument verfügten.

Im Kirchenwesen lebten trotz der Reformation manche Traditionen fort, überdauerten viele Brüderschaften, wurden Meßgewänder und lateinische Sprache im Gottesdienst noch lange benutzt. Über die Reinheit der neuen Lehre wachte seit 1532 als erster Superintendent Johannes Aepinus (1499–1553). Unter dem Eindruck des Münsterschen Täuferreiches versammelte er 1535 in Hamburg eine erste niedersächsische Synode der Städte Bremen, Hamburg, Lübeck, Lüneburg, Rostock und Stralsund, deren Obrigkeiten darauf ein Mandat gegen die Täufer erließen. Aepinus bestärkte den Hamburger Rat 1548 in der Ablehnung des Augsburger Interims, mit dem Kaiser Karl V. die (im wesentlichen katholische) Kircheneinheit wiederherzustellen suchte. In den Lehrstreitigkeiten der folgenden Jahre setzte er lutherische Grundsätze durch und schuf Verbesserungen der Kirchenordnung, die 1556 in Kraft traten. Seine Schriften zu Streitfragen der Zeit wurden seit 1560 allen Predigern der Stadt als verbindliches »Hamburgisches Bekenntnis« zur Unterschrift vorgelegt.

Die starke Stellung des Superintendenten schien dem Rat allerdings unbequem. Die nach Aepinus' Tod zunehmende Kompromißlosigkeit der lutherischen Geistlichen – namentlich Joachim Westphals – im Kampf gegen den Calvinismus war dem Rat, der aus wirtschaftlichen Gründen eher pragmatisch verfuhr, lästig. Seit 1593 unterblieb die Neuwahl eines Superintendenten. Statt dessen nahm der Rat die volle Kirchenhoheit der Stadt für sich selbst in Anspruch.

Als Karl V. vom Augsburger Reichstag 1547 eine Türkensteuer beschließen ließ, lehnte Hamburg sie unter Hinweis auf seine Zugehörigkeit zu Holstein ab. Kaiser und Reich erhoben darauf 1548 vor dem Kammergericht Klage gegen Hamburg, Dänemark und Holstein zur Feststellung von Reichsstandschaft und Steuerpflicht. Lange Jahre suchten die Hamburger die Entscheidung darüber offenzuhalten. Unter Friedrich II., und mehr noch unter Christian IV. verschlechterte sich jedoch das Verhältnis zu Dänemark. Nach langem Drängen erzwang Christian 1603 seine pompöse Huldigung durch den Hamburger Rat und steigerte zugleich den Druck auf Hamburgs Handel, insbesondere durch den Bau der Festung Glückstadt an der Elbmündung seit 1616. Nach 70 Prozeßjahren erklärte das Kammergericht Hamburg 1618 zur Reichsstadt, ein Urteil, dem zwar Dänemark noch anderthalb Jahrhunderte die Anerkennung versagte, das aber Hamburgs Haltung bis zum Ende des Reiches bestimmte.

Während die Hanse an Bedeutung verlor, entwickelte sich Hamburgs Handel günstig – nach Westeuropa, ins Mittelmeer und bis nach Brasilien. Zum besseren Schutz gegen die Seeräubergefahr wurde 1623 die hamburgische »Admiralität« aus Ratsherren und Kaufleuten eingesetzt.

Als wichtige gewerbliche Neuerung begründeten die Englandfahrer in Hamburg unter Heranziehung von Antwerpener Fachkräften eine eigene Tuchfärberei und Wandbereitung, die rasch aufblühte. Der wachsende Großhandel veranlaßte die hamburgische Kaufmannschaft 1558 zur Gründung der ersten deutschen Börse.

Neue Impulse durch Niederländer

Daß sich Hamburg in dieser Zeit von der fremdenfeindlichen Politik der Hanse abkehrte, half nicht nur Lücken zu schließen, die besonders die verlustreiche Pest 1564/65 gerissen hatte, sondern kam besonders dem Handel zugute. Gegen konfessionelle Widerstände wurde so die englische Handelskompanie der »Merchants Adventurers« 1567 für zehn Jahre und 1611 auf Dauer mit weitreichenden Handelsrechten in Hamburg aufgenommen, wo sie ein abgeschlossenes, aber einträgliches Dasein führte und die Wirtschaft belebte. Seit 1567 kamen in mehreren Fluchtwellen Emigranten aus den Niederlanden nach Hamburg, von denen die lutherischen bald in der Bevölkerung aufgingen. Sie brachten mit ihren Vermögen und Handelsverbindungen wichtige Impulse für Handel und Gewerbe, ähnlich wie die bald darauf angelangten portugiesischen Juden mit ihrem Gewürzhandel. Die Zuwanderer begründeten auch neue Wirtschaftszweige, so im Bank-, Makler- und Seeversicherungswesen. Die Konten der 1619 gegründeten Hamburger Bank zeigten, daß Niederländer zu den reichsten Kaufleuten der Stadt zählten. Seit 1605 ging der Rat mit den calvinistischen Niederländern, seit 1612 mit der portugiesischen Judengemeinde »Fremdenkontrakte« ein und gewährte gegen den Widerstand von Geistlichen und Laien zögernd Gewissensfreiheit und privaten Gottesdienst. Zahlreiche Gewerbe und das geistige Leben erhielten neue Impulse.

Aber das Wachstum verstärkte auch alte Spannungen zwischen Rat und Bürgern, die u. a. der Glaubenstreue der Obrigkeit mißtrauten und Vetternwirtschaft bei Ämtervergaben kritisierten. So kam es 1603 zu einem ganzen Bündel von Reformen. Die alten Ratseide wurden offengelegt und ihre Neufassung auf Unbestechlichkeit der Justiz und den Bestand der lutherischen Lehre ausgedehnt. Ein Rezeß zog einen Strich unter die jüngere Entwicklung. Er setzte großenteils den von 1529 wieder in Kraft, verfügte zudem für Ratsmitglieder feste Gehälter und Steuerpflicht und unterwarf sie so der Kontrolle der Kämmerei. Neben der immer drückenderen Enge der Stadt bewogen die Entwicklung der Militärtechnik und die wachsende Bedrohung städtischer Freiheit durch Territorialfürsten den Rat, die Verteidigung zu reorganisieren und unter der Leitung des niederländischen Ingenieurs Johan van Valckenburgh von 1616 bis 1626 einen neuen Festungswall anzulegen. Er dehnte das Stadtgebiet nach Westen aus und gewährte in den folgenden Kriegsjahren Schutz, so daß Hamburg erneut Zufluchtsort für viele Flüchtlinge wurde. Handel und Gewerbe wuchsen weiter, doch nahm gerade in der Neustadt auch die Zahl der Armen und Bedürftigen erheblich zu. Der Festungsbau prägt den Grundriß Hamburgs bis heute.

Rainer Postel

1529: Hamburg ist nun protestantisch

Das allmähliche Eindringen reformatorischer Gedanken in Hamburg, der Sieg der Lehren Martin Luthers und die Billigung der von Johannes Bugenhagen formulierten Kirchenordnung durch Rat und Bürgerschaft im Jahr 1529 bedeuten für Hamburg nicht nur den Sieg des evangelischen Glaubens und eine Neuordnung der Kirche: Sie bewirken überdies einen völligen Wandel im Verhältnis zwischen Staat und Kirche, im Schul- und Sozialbereich und im politischen Leben, der durch eine verstärkte Mitbestimmung der Bürger geprägt ist (→ 16. 2. 1529/S. 84).

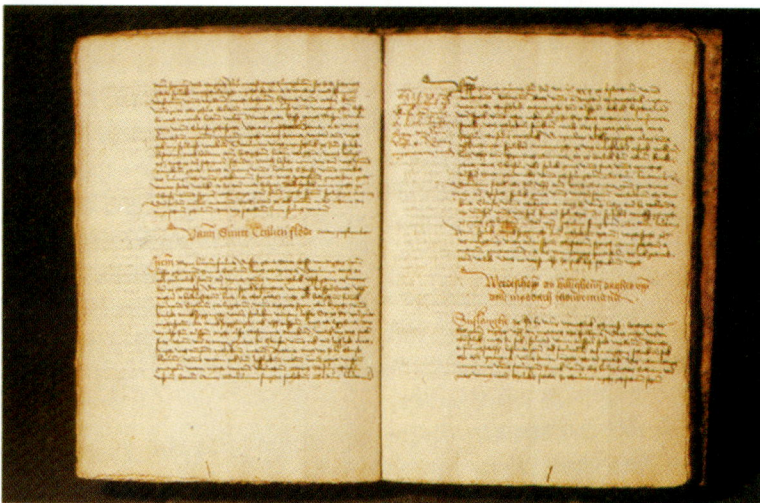

Die von Johannes Bugenhagen verfaßte Kirchenordnung für Hamburg, die am 23. Mai 1529 feierlich in der Stadt verkündet wird (Staatsarchiv, Hamburg)

Pfarrer predigen gegen Ablaß

Kurz nachdem der Augustinermönch Martin Luther in Wittenberg am 31. Oktober 1517 seine 95 Thesen gegen den Ablaßmißbrauch veröffentlicht, wird Luthers Streitschrift auch in Hamburg bekannt. Der am 7. Dezember 1517 verstorbene Lektor und Domdekan Albert Krantz (→ 1493/S. 76) nimmt von ihrem Inhalt noch auf dem Sterbebett Notiz.

Zu den ersten Protagonisten der Reformation in Hamburg zählt der Pastor an St. Katharinen Ordo Stenmel. Er predigt 1521 gegen »die heftigen Verführungen des Ablasses«, mit dem die katholische Kirche ihren Gläubigen gegen Geld eine Ablösung von irdischen Sünden verspricht. Auch das zuchtlose Leben der Geistlichkeit (→ 1503/ S. 78) ist Ziel seiner Angriffe. Wegen des Widerstands des Klerus gegen seine Lehren und aus Altersgründen muß sich Stenmel jedoch im Jahr 1524 vom Predigtamt zurückziehen. An seine Stelle tritt der im April 1523 aus Rostock nach Hamburg gekommene Franziskanermönch Stephan Kempe. Seine Predigten im Maria-Magdalenen-Kloster stoßen auf breite Zustimmung und bewegen Kempe entgegen seinen ursprünglichen Plänen zum Verbleib in Hamburg. Auftrieb erhält die reformatorische Bewegung durch die Auseinandersetzung um den Domscholasten und Leiter der Nikolaischule Hinrick Banskow. Gegen seine umstrittene Amtsführung vereinigen sich am 2. September 1522 die Vertreter der vier Kirchspiele und erzwingen am 10. September 1524 Banskows Verzicht auf die Füh-

rung der Schule zugunsten der Kirchgeschworenen und Bürger.

Dem Vordringen der Reformation setzt weniger das Domkapitel als vielmehr der Hamburger Rat unter Führung von Bürgermeister Henrick Salsborch energischen Widerstand entgegen. Er hintertreibt im Sommer 1524 die Wahl des reformatorischen Wittenberger Stadtpfarrers Bugenhagen zum Nachfolger des amtsmüden Henning Kissenbrügge als Pastor an St. Nikolai. Damit ist das Vordringen der Reformation jedoch nicht aufzuhalten. Am 11. Januar 1526 beschließt die Gesamtbürgerschaft, daß in Zukunft kein Kirchherr anders erwählt werden soll als von den Kirchspielsherren (den im Kirchspiel wohnhaften Ratsherren), den Geschworenen und den Erbgesessenen Bürgern. Auf die Forderung des Rates nach Erhebung eines Grabengeldes für Schanzarbeiten und eine Steuer auf Bier, Malz und Korn verlangt die Bürgerschaft ihrerseits eine Beteiligung des Domkapitels und der drei Klöster in und außerhalb Hamburgs an diesen Kosten.

Daraufhin muß der Rat der Besteuerung der Geistlichkeit zustimmen. Das Kirchspiel St. Katharinen erzwingt im Frühjahr 1526 überdies anstelle des unzuverlässigen Joachim Vischbeke die Berufung des reformatorischen Predigers Johann Zegenhagen aus Magdeburg, der noch im September des gleichen Jahres nach St. Nikolai berufen wird.

Am Ende des Jahres 1526 – noch

vor der offiziellen Durchsetzung der Reformation – sind an drei der vier Hamburger Hauptkirchen lutherische Prediger tätig: Zegenhagen an St. Nikolai, Johann Güstrow an St. Katharinen und Johann Fritze an St. Jacobi. Nur der Pfarrer an St. Petri, der Magister Friedrich Hennings, steht noch zum alten Glauben.

Neues Testament niederdeutsch

Die Reformation führt auch zu einem Wiederaufleben des Buchdrucks in Hamburg (→ 1491/S. 76). Im Jahr 1523 erscheint hier entgegen einem Verbot des Rates das Neue Testament Martin Luthers in niederdeutscher Sprache. Der im Vorjahr aus Amsterdam eingewanderte Simon Korver druckt das Werk, ebenso wie fünf weitere Schriften des Reformators.

Auf der Druckerpresse des aus Lübeck eingewanderten Jürgen Richolf am Pferdemarkt wird 1529 die erste Ausgabe von Luthers Katechismus in niederdeutscher Sprache hergestellt.

Luthers Lehre setzt sich durch

Die endgültige Durchsetzung der Reformation bewirken die beiden öffentlichen Disputationen am 20. Mai 1527 und am 28. April 1528. Vergeblich versuchen papsttreue Geistliche, die lutherischen Lehren über das Abendmahl, über die Autorität der Kirche und die Möglichkeiten der Vergebung von Sünden unter Hinweis auf die Kirche als »Säule und Firmament der Wahrheit« zu entkräften. Angesichts der

Johannes Bugenhagen, enger Mitarbeiter und Beichtvater des Reformators Martin Luther (Porträt von Lucas Cranach d. Ä., 1532; St. Nikolai, Hamburg)

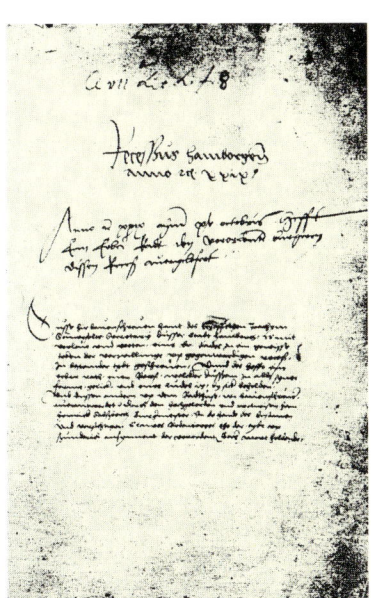

Grundsätze des reformierten Schulwesens, hier im »Langen Rezeß« 1529

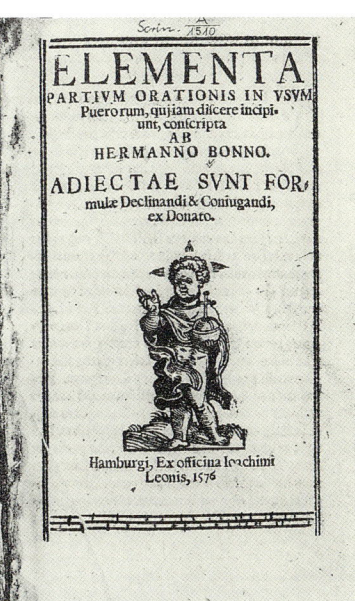

Lateinisch-deutsches Vokabelbuch für den Gebrauch in Hamburg von 1576

lutherischen Mehrheit in der Bevölkerung muß der Rat den Sieg der Reformation bestätigen, will er nicht einen Bürgerkrieg riskieren. Also verweist er fünf der hartnäckigsten altgläubigen Prediger der Stadt; andere, wie Hennings sowie Dompropst Joachim von Klitzing und Dekan Clemens Grothe, gehen freiwillig. Sie strengen vor dem Reichskammergericht einen Prozeß gegen Hamburg an, wo unterdessen die katholischen Zeremonien abgeschafft, die Zahl der Feiertage beschränkt, der Fleischverkauf an Fastentagen erlaubt und die Klöster und der Beginenkonvent aufgehoben worden sind (→ 10. 2. 1530/S. 86).

Das Reichskammergericht fordert am 10. Dezember 1528 unter Strafandrohung die Wiedereinsetzung des Domkapitels und der Geistlichen in ihre vorherigen Rechte und Einkünfte. Den Sieg der Reformation kann diese Maßnahme allerdings nicht mehr verhindern.

Kirchenordnung von Bugenhagen

Nachdem durch Rat- und Bürgerbeschluß vom → 29. September 1528 (S. 84) durch die sog. Gotteskästen eine neue Sozialordnung anstelle der klösterlichen Fürsorge geschaffen und zugleich die Grundlage für die bürgerlichen Kollegien gelegt worden ist, beruft der Rat zur Schaffung einer Schul- und Kirchenordnung den Reformator Johannes Bugenhagen nach Hamburg. Bugenhagen bleibt vom 19. Oktober 1528 bis zum 9. Juni 1529 in der Stadt und entfaltet neben der Erarbeitung der Kirchenordnung eine rastlose Predigttätigkeit. Das neue Kirchengrundgesetz wird am 15. Mai 1529 durch Rat- und Bürgerbeschluß gebilligt und am 23. Mai feierlich verkündet: Es bekräftigt die Einheit von Staat und lutherischer Kirche in Hamburg. Die Oberaufsicht über die hamburgische Kirche hat von nun an ein vom Rat, den Diakonen und den Hauptpastoren zu wählender Superintendent, der auch anstelle des bisherigen Domlektors theologische Vorlesungen halten soll. Die Pastoren sind durch die Kirchspielherren und Diakone des jeweiligen Kirchspiels zu wählen. Im Mittelpunkt des Gottesdienstes steht fortan die Predigt.

Die lateinische Messe wird ebenso abgeschafft wie die Papst- und Marienverehrung; als Reminiszenz an den alten Glauben bleiben aber Teile der Katechismuslesung in lateinischer Sprache sowie der Ambrosianische Lobgesang (»Te Deum laudamus«) bei Festgottesdiensten erhalten. Auch Laien dürfen jetzt das Abendmahl in beiderlei Gestalt (Brot und Wein) empfangen; für die Kommunikation wird eine niederdeutsche Messordnung eingeführt. Bugenhagens Kirchenordnung institutionalisiert die jüngst eingeführten »Gotteskästen« in den vier Hamburger Hauptkirchen als Sozialfürsorgesystem: Die in den Kästen gesammelten Geldspenden kommen den Armen der Stadt zugute. Einen fünften Gotteskasten verwalten die zwölf »Oberalten«, die jeweils ältesten Diakone aus den vier Kirchspielen. Die Kollekten werden ergänzt durch die Einkünfte aus den Hospitälern mit ihrem umfangreichen Land- und Kapitalbesitz, den Vermögen der Bruderschaften, dem Kapital adliger Lehen und Pfründen sowie Testamenten und milden Stiftungen.

Die Gehälter der Prediger, Kirchendiener und Schulbediensteten sowie die Auslagen für die Bibliothek und die Kirchengebäude sollen aus einem Schatzkasten bestritten werden, in den u. a. die Abgaben aus den Kirchengütern und dem Vermögen der aufgelösten geistlichen Pfründen einfließen sollen. Allerdings wird dieser Plan nicht voll verwirklicht, weil der Dombesitz und die damit zusammenhängenden Pfründe bestehen bleiben.

Höhere Schule für Hamburg

Johannes Bugenhagen ist es auch, der am 24. Mai 1529 im ehemaligen Kloster St. Johannis das Johanneum eröffnet. Außer Latein wird hier Griechisch, Hebräisch, Mathematik und Religion und auch Musik gelehrt – der Musik mißt Bugenhagen für die Gestaltung des Gottesdienstes einen hohen Wert bei. In fünf Klassen unterrichten am Johanneum fünf Lehrer.

Der Rektor des Johanneums wird auf Vorschlag des Superintendenten der Hamburger Kirche vom Rat gewählt. Neben dem Johanneum bleibt die Lateinschule des Domkapitels bestehen, ebenso die Nikolaischule (→ 7. 7. 1281/S. 39).

Im Zusammenhang mit der Gründung dieser ersten und bis 1882 einzigen höheren Lehranstalt wird auch die Städtische Bibliothek erneuert (→ 18. 1. 1479/S. 72).

Bürgerliche Mitsprache gegen »Unlust und Verderb«

16. Februar 1529. Im vierten, dem »langen« Rezeß macht der Hamburger Rat einmal mehr seinen Frieden mit der Bürgerschaft, diesmal sogar ohne vorherige Unruhen (→ 21. 7. 1483/ S. 73). Das Dokument soll ein ausgewogenes Verhältnis zwischen dem Rat und den im Zuge der Reformation gebildeten bürgerlichen Kollegien sichern.

Der 132 Artikel umfassende Verhaltenskatalog enthält wie seine Vorgänger eine Vielzahl von rechtlichen und wirtschaftlich-gewerblichen Bestimmungen. Zu den wichtigsten Punkten gehört die Mitbestimmung der bürgerlichen Kollegien in verschiedenen Rechtsfragen und die Bestätigung der Mitwirkung der gesamten Erbgesessenen Bürgerschaft (also der Grundeigentümer) bei der Entscheidung über Krieg und Frieden.

Anders als seine Vorgänger ist der Lange Rezeß systematisch gegliedert, wobei die früheren Rezesse von 1410, 1458 und 1483 »in voller Würde bleiben sollen«, sofern sie nicht zuwiderlaufen.

Die Bestimmungen im einzelnen: Der Rat besteht aus 24 Mitgliedern. Als Entschädigung für ihre Tätigkeit wird den Ratsherren Steuerfreiheit gewährt (Artikel 43). Wählbar ist im Prinzip jeder erbgesessene Bürger, der das 30. Lebensjahr vollendet hat. Die Wahl von Ratsherren erfolgt auf Lebenszeit, und zwar durch den Rat selbst. Er bestellt aus seiner Mitte auch die vier Bürgermeister. Ratsherren, die das Bürgerrecht verlieren oder denen die bürgerlichen Kollegien willkürliche Amtsführung bzw. Verfassungsverletzung vorwerfen, müssen die Stadtregierung verlassen.

Die Bürgerschaft besteht aus den männlichen Einwohnern, die den Bürgereid abgelegt haben und auf eigenem Grund und Boden ansässig sind. Die Vorsteher der Handwerkerämter und Mitglieder der bürgerlichen Kollegien zählen auch dann zur Bürgerschaft, wenn sie nicht erbgesessen sind. Die Bürgerschaft tagt zumindest einmal im Jahr oder auf Verlangen der bürgerlichen Kollegien.

Als ständige Vertreter der Bürgerschaft fungieren drei Kollegien:
▷ In das Kollegium der Oberalten entsendet jedes Kirchspiel die drei ältesten Verwalter des Gotteskastens

▷ Das Kollegium der 48er bilden die zwölf Gotteskastenverwalter (Diakone) der vier Kirchspiele
▷ Im Kollegium der 144er sind neben den jeweils zwölf Gotteskastenverwaltern der Kirchspiele weitere 24 Vertreter (Subdiakone) der vier städtischen Kirchspiele tätig.

Diese neuen Organe sollen in alle Verhandlungen zwischen Rat und Bürgerschaft eingeschaltet werden, um mit »göttlicher Hülfe zu allen Zeiten helfen und in die Wege richten, daß allerlei Unlust, Schade und Verderb« von Hamburg abgewendet werde (Artikel 129). Ihre Mitglieder sollen darüber hinaus

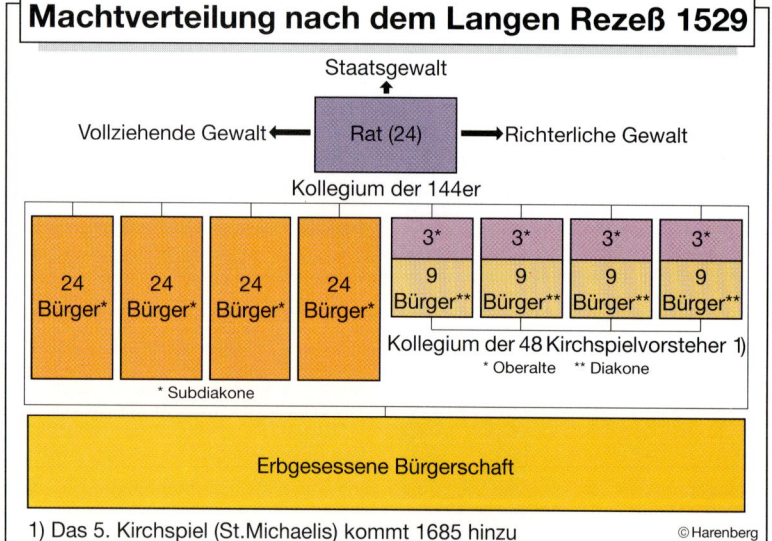

Machtverteilung nach dem Langen Rezeß 1529

Staatsgewalt

Vollziehende Gewalt ← **Rat (24)** → Richterliche Gewalt

Kollegium der 144er

| 24 Bürger* | 24 Bürger* | 24 Bürger* | 24 Bürger* | 3* / 9 Bürger** | 3* / 9 Bürger** | 3* / 9 Bürger** | 3* / 9 Bürger** |

Kollegium der 48 Kirchspielvorsteher 1)
* Oberalte ** Diakone

* Subdiakone

Erbgesessene Bürgerschaft

1) Das 5. Kirchspiel (St. Michaelis) kommt 1685 hinzu

© Harenberg

über die Gesetzmäßigkeit von Rat und Verwaltung wachen. Sie können Ratsherren beim Rat (als Obergericht) und, falls dies vergeblich ist, bei der Bürgerschaft verklagen. Die Kollegien stellen sowohl Einrichtungen der Armen- und Wohlfahrtspflege als auch Schlichtungsinstanz für politische Streitfälle dar. Mit der Bürgervertretung als einer Art Puffer will der Rat alle auftretenden Konflikte entschärfen und etwaigen Unruhen vorbeugen. Dies zeigt auch der Artikel 132 des Langen Rezesses: Er verbietet ausdrücklich dem »gemeinen Volk« jeden Tumult, falls sich eine Streitfrage im Zusammenwirken von Rat und Kollegien nicht gleich klären läßt.

Der Rat bleibt seinerseits der alleinige Vertreter der Stadt nach außen. Für den Erlaß von Gesetzen und Verordnungen sowie für den Abschluß von auswärtigen Verträgen (→ 1. 9. 1340/S. 46) muß er allerdings die Zustimmung der Bürgerschaft oder – in weniger wichtigen Fällen – eines der Kollegien einholen.

◁ Gotteskasten zu St. Nikolai; Zeichnung um 1530

Gotteskästen für die Bedürftigen

29. September 1528. Mit der Einrichtung einer Hauptkiste im Maria-Magdalenen-Kloster wird das System der sog. Gotteskästen (Spendenbehältnisse) in den Hamburger Hauptkirchen abschließend geregelt. Über die Verwaltung des eigentlichen Kirchengutes hinaus entsteht ein besonderes System sozialer Fürsorge und – ganz allgemein – bürgerlicher Mitverantwortung in Hamburg.

Anlaß für die Einführung der Gotteskästen war die Neuregelung der städtischen Armenpflege, nachdem die kirchlichen Bruderschaften erloschen waren und Almosen für die Bedürftigen ausblieben. Zuerst wurde am 16. August 1527 in der Nikolaikirche ein Gotteskasten zur Versorgung Armer und Kranker errichtet. Im Dezember folgten die übrigen Kirchspiele.

Zur Verwaltung der eingehenden Spenden und Sammlungen wurden zwölf Armenvorsteher (Diakone) gewählt, die auch bei der Wahl von Pfarrern und Schulmeistern mitwirken sollen. Am 26. Juni 1528 wählte die Bürgerschaft mit Billigung des Rates zu den zwölf Gotteskastenverwaltern aus jedem Kirchspiel 24 Bürger hinzu. Auf diese Weise entstand das Kollegium der 144er, das mit dem Rat über alle anstehenden Kirchenangelegenheiten verhandeln soll. In den fünften Gotteskasten, den Hauptkasten, der von den zwölf ältesten Diakonen (Oberalten) verwaltet wird, fließen die Einkünfte des gemeinsamen Kirchenvermögens aus den früheren Klöstern, den Hospitälern und geistlichen Stiftungen ein.

Harburger Herzog als Schützenkönig

Pfingsten 1528. Herzog Otto I. ruft die Harburger Schützengilde ins Leben. Er inszeniert das erste volksfestartige Vogelschießen vor den Toren der Stadt.

Der Herzog, ein hervorragender Schütze, wird auch Harburgs erster Schützenkönig. Er stiftet der Gilde ein wertvolles Königsschild. Die Schützenbrüder sollen marodierende Soldaten von Übergriffen auf die Stadt abhalten.

Otto I. residiert seit 1527 in Harburg. Er hat zugunsten seines Bruders Ernst auf die Erbfolge im Gesamthaus Braunschweig-Lüneburg verzichtet und sich mit dem Amt Harburg abgefunden. Damit soll eine Teilung des verschuldeten Herzogtums vermieden werden.

Sein Bruder gewährt ihm für dringende Verbesserungen im Harburger Schloß 1200 Gulden. Weitere 300 Gulden für die Anschaffung von Silbergeschirr sollen eine standesgemäße Hofhaltung ermöglichen. Ferner ist belegt, daß Otto I. 18 Betten für sich, seine Frau und das Personal erhält.

Neue Seuche findet reichen Nährboden

25. Juli 1529. Der Schiffer Hermann Evers schleppt die Schweißsucht nach Hamburg ein. Der gefürchteten Seuche fallen in den Sommermonaten des Jahres 1529 allein in der Stadt Hamburg mehr als 1000 Menschen zum Opfer.

Nach ihrem verheerenden Auftreten auf den Britischen Inseln und ihrem äußeren Erscheinungsbild wird die Seuche auch als »Englischer Schweiß« (lat. = sudor anglicus) bezeichnet. Begleitet von heftigen Schweißausbrüchen befällt die vermutlich von einem Virus ausgelöste grippeähnliche Erkrankung meist die Hirnhaut und das Hirngewebe, was zu einem qualvollen Tod führt.

Die immer wiederkehrenden Seuchen und die Klagen über die schlechte medizinische Versorgung finden ihren Niederschlag im Langen Rezeß vom → 16. Februar 1529 (S. 84). Im Artikel 48 heißt es: »Ein Ehrbarer Rat will auch zum Behuf dieser guten Stadt einen guten gelehrten Physikus halten und alle andere practisirende Ärzte,

Gesundheitsrisiko Entbindung: 1534 stellt Hamburg eine Hebamme ein.

Landläufer, unwissende Practikanten, sollen in dieser Stadt nicht geduldet werden.«

Damit wird das Amt des Stadtarztes erstmals verfassungsmäßig in Hamburg verankert, nachdem schon im Jahr 1423 mit Magister Johann van Maesbomel erstmals ein Mediziner zum Physikus erwählt wurde (→ um 1442/S. 65).

Pirat Klaus Kniphof verliert seinen Kopf

25. Oktober 1525. Der Pirat und dänische Admiral Klaus Kniphof wird mit 71 seiner Männer in Hamburg zum Tode verurteilt und fünf Tage später auf dem Grasbrook geköpft. Mit seiner Gefangennahme durch Ditmar Koel ist die Nordsee-Piraterie überwunden.

Kniphof hatte im Auftrag des im April 1523 vertriebenen dänischen Königs Christian II. in der Nordsee die Hanseschiffahrt gestört und insgesamt 172 Schiffe aufgebracht. Am 7. Juli 1525 beauftragte ein Hansetag in Lübeck die Hamburger damit, den Piraten unschädlich zu machen. Eine von Koel geführte hamburgische Flotte stellte den Seeräuber am 3. Oktober vor Greetsiel und nahm ihn und 162 seiner Kumpane gefangen.

Das Gericht erkennt Kniphof der Piraterie für schuldig und weist seine Erklärung, er sei auf ehrlicher Kriegsfahrt unterwegs gewesen, als unglaubwürdig zurück. Sein Auftraggeber, Christian II., lehnt jede Verantwortung für Kniphofs Taten entschieden ab.

Künstlicher Schiffahrtsweg von der Alster zur Trave

15. August 1529. Die ersten Schuten befahren den Alster-Trave-Kanal. Der Wasserweg zwischen Hamburg und Lübeck ist 91 km lang.

1448 hatten Hamburg und Lübeck den Kanalbau geplant, um schnell und abgabenfrei Waren befördern zu können. Die Alster gehört zu Hamburg (→ 1310/S. 42), die ab Oldesloe schiffbare Trave zu Lübeck.

Erst mit Unterstützung des dänischen Königs Friedrich I. konnte 1526 der Bau beginnen. Vergeblich versuchte ihn Herzog Magnus II. von Sachsen-Lauenburg zu verhindern: Er befürchtet einen Rückgang der Zolleinnahmen auf dem 1398 erbauten Stecknitz-Kanal, der weiter östlich parallel zum Alster-Trave-Kanal verläuft.

Das eigentliche Wasserbauwerk ist recht aufwendig: Ein etwa 8 km langer Graben von 15 m Breite und 2 m Tiefe verbindet die Alster auf der Höhe von Stegen mit der in die Trave einmündenden Beste bei Sülfeld. 23 Stauschleusen sorgen für den nötigen Wasserstand. Befahren wird dieser Kanal von Schuten, die etwa 15 bis 24 m lang

und 4,5 m breit sind. Sie werden an langen Schlepptauen vom Leinpfad am Ufer aus gezogen (»getreidelt«). Für 100 Tonnen Last braucht man etwa 50 Knechte.

Die hohen Kosten von 43 497 Mark, mehr als das Anderthalbfache eines Hamburger Jahreshaushalts, bringt der Kanal nicht wieder ein. 1550 wird der Betrieb eingestellt.

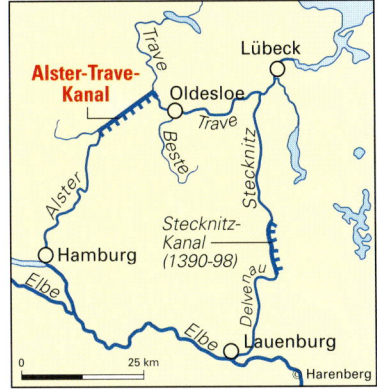

Der Alster-Trave-Kanal verkürzt den Weg zwischen Hamburg und Lübeck. Bisher befuhren Schiffe den Stecknitz-Kanal, Nordeuropas älteste künstliche Wasserstraße.

Lüneburger Salz, eine wichtige Handelsware: L. neue Solepumpe der Lüneburger Saline, r. alter Solebrunnen (bis 1569)

Lutheraner gegen jede Glaubensirrung

10. Februar 1530. Das Kloster zu Harvestehude wird auf Beschluß von Rat und Bürgerschaft abgebrochen, weil die dort lebenden Nonnen am katholischen Kultus festhalten. Auch gegenüber allen anderen Abweichungen vom lutherischen Glauben zeigen sich die Hamburger unduldsam.

Die Zerstörung des Klosters (→ 14. 1. 1310/S. 42) ist der einzige nennenswerte Gewaltakt während der Reformation. Ein Bildersturm wie andernorts findet in Hamburg nicht statt. Auch den Nonnen geschieht nichts. Ihnen wird das verlassene St. Johanniskloster in der Stadt zugewiesen, das unter dem Namen »Johanniskloster zu Harvestehude« in eine Versorgungsanstalt für »unbegebene« (nicht verheiratete) Töchter reicher Hamburger Familien umgewandelt wird.

Drei Jahre nach Inkrafttreten der hamburgischen Kirchenordnung tritt im Jahr 1532 mit Johannes Aepinus (Hoeck), seit 1529 Pastor zu St. Petri, der erste Superintendent in Hamburg diesen Posten an. Er soll die Einheitlichkeit der lutherischen Lehre bei den Hamburger Predigern durchsetzen, bei der Pastorenwahl und der Schulvisitation mitwirken und neben seinem Predigtamt jede Woche vier lateinische Vorlesungen halten.

Aepinus beruft am 15. April 1535 die erste evangelische Synode der Städte Bremen, Hamburg, Lübeck, Lüneburg, Rostock und Stralsund

Strafe für die Radikalen: Exekution von Wiedertäufern in Münster 1536 (Buchillustration, um 1910)

nach Hamburg ein. Sie befaßt sich mit der Haltung der Lutheraner gegenüber abweichenden protestantischen Lehrmeinungen.

Angesichts der spektakulären Proklamation eines Wiedertäuferreiches in Münster 1534/35 erörtert die Synode auch Maßnahmen gegen die westfälischen Radikalreformatoren. Die Wiedertäufer lehnen die Kindertaufe ab, weil sich erst der Erwachsene aus freien Stücken zum Glauben bekennen könne. In den Augen der Lutheraner ist dies offenes Ketzertum, zumal die Münsteraner Wiedertäufer die baldige Rückkehr Jesu Christi auf Erden prophezeien und angesichts des baldigen Endes der bestehenden Weltordnung die Gütergemeinschaft und Vielweiberei einführen. Obwohl es kaum Anhänger dieser Richtung in Norddeutschland gibt, erlassen die Obrigkeiten der beteiligten sechs Städte ein Mandat gegen jede Betätigung der Täufer. Ferner wird in Hamburg beschlossen, daß in den beteiligten Städten weder Katholiken noch Anhänger des Schweizer Reformators Ulrich Zwingli geduldet werden sollen.

Tuche nach Holländer Art

1530. Der Hamburger Rat unterzeichnet auf Initiative der Englandfahrer gemeinsam mit den Kaufmannsälterleuten einen Kontrakt mit einem Tuchfärber und einem Wandbereiter aus Antwerpen.

Mit der Anwerbung der Niederländer soll das darniederliegende Handwerk der Wandbereitung in Hamburg belebt werden. Der Kontrakt sieht vor, daß die beiden Niederländer zunächst für die Dauer von sechs Jahren in Hamburg bleiben und während dieser Zeit jährlich 400 Stück importiertes englisches Tuch färben und zubereiten. Die Aufsicht über das neue Gewerbe liegt in den Händen der heimischen Wandschneider. Dafür kassieren sie Abgaben, das »Stalgeld«. Mit dieser aktiven Gewerbeansiedlungspolitik will sich Hamburg unabhängig von Antwerpen machen, dem unbestrittenen Zentrum der Tuchveredelung auf dem Kontinent. Tatsächlich nimmt das Wandbereiterhandwerk an Elbe und Alster einen erheblichen Aufschwung. Die Zahl der Wand-

schneider steigt bis 1560 von 32 auf 57 Betriebe. Die Wandschneider verdienen soviel Geld mit ihrem Gewerbe, daß sie es sich leisten können, den Neubau des Börsengebäudes aus ihrer eigenen Tasche zu bezahlen (→ 7. 12. 1583/S. 97).

Tuchfärber bei ihrer Arbeit; niederländische Spezialisten geben diesem Gewerbe in Hamburg neue Impulse.

Für reiche Bürger fließendes Wasser

1535. Vier Jahre nach der Eröffnung der Alster-Wasserkunst am Oberdamm (heutiger Jungfernstieg) geht am Niederdamm ein weiteres Wasserwerk in Betrieb.

Hier wird das abfließende Wasser aus dem Alsterstau mit Hilfe großer Wasserräder, die Kolbenpumpen antreiben, in Behälter unter dem Dach der Kunsthäuser gehoben und mittels Leitungen gegen Gebühr in die Gebäude der »Wasserinteressenten« befördert.

Die beiden Alster-Wasserkünste ergänzen die Feldbrunnenleitungen, durch die das Wasser aus natürlichen Quellen mit Hilfe durchbohrter Baumstämme in die Stadt geführt wird. Es gibt drei Anlagen für private Nutzer: Der Catharinen-Feldbrunnen mit einer Hauptquelle hinter der Gärtnerstraße in Altona (ab 1370), der Rödingsmarkt-Feldbrunnen mit je zwei Quellen auf dem Hamburger Berg sowie im Hornwerk (ab 1430) und ab 1533 der Dammtorbrunnen mit der Quelle am heutigen Valentinskamp.

Die Nachbarschaft sitzt nun »all to na«

1536. Der Fischer Joachim von Lohe begründet mit gräflich-schauenburgischer Erlaubnis in der Gegend der späteren Kleinen Elbstraße den »Krug Altona«.

Von Lohe war zuvor auf der Elbinsel Grevenhof ansässig, die jedoch infolge zahlreicher Sturmfluten von ihren Bewohnern geräumt worden ist. Der geschäftstüchtige Wirt wählt den Platz am Pepermölenbek am Weg von Hamburg nach Neumühlen mit Bedacht: Hier kann er auf Kundschaft der vorbeikommenden Fischer und Schiffer rechnen. Vor allem aber siedelt er außerhalb des Bezirks Hamburger Rechtsgeltung (→ 10. 10. 1258/S. 34), der nur bis an den Pepermölenbek reicht. So kann die Stadt, auch wenn man das Haus hier von Beginn an als »all to na« empfindet, den Bau nicht verbieten.

Mit seinem Bierausschank gibt von Lohe den Anstoß für eine Siedlung, die 1570 schon 60 Häuser zählt. Der Gründer Altonas ist er allerdings nicht, denn schon 1535 bekannte ein Zeuge in einem Gerichtsprotokoll, er sei »tho Altona gewesen«.

Ein düsteres Jahrzehnt

4. November 1532. Eine schwere Sturmflut führt zu zwei Deichbrüchen in Hammerbrook, während in Hamburg selbst der Nikolai-Kirchhof unter Wasser steht. Dies ist der Auftakt für eine Serie von Katastrophen, von denen die Menschen an der Elbe im Verlauf dieses Jahrzehnts heimgesucht werden.

Schiffbruch im Sturm; wer nicht rechtzeitig den Hafen aufsucht, ist dem Verderben ausgeliefert.

Rund 100 Schiffe gehen bei der Sturmflut in Nord- und Ostsee unter; aus Eiderstedt melden die Chronisten später, daß dort ganze Häuser weggeschwemmt wurden.

Das nächste Unglück betrifft nur die Menschen in Harburg: Am 13. Dezember 1536 wird die Stadt von einer Feuersbrunst verheert. Hamburg und Lüneburg bringen Geld sowie Fleisch und Roggen auf, um die ärgste Not zu lindern. Im darauffolgenden Jahr wird die Stadt mit finanzieller Unterstützung des im Schloß residierenden Herzogs Otto I. wieder aufgebaut und nach Süden hin entlang der Mühlenstraße erweitert.

Zum Abschluß dieses unheilvollen Jahrzehnts wird Hamburg im Jahr 1537 von der Pest heimgesucht. Diesmal fallen bis zum Jahresende insgesamt rund 3000 Einwohner dem schwarzen Tod zum Opfer. Das Auftreten der gefürchteten Seuche hat zur Folge, daß außerhalb Hamburgs Greuelmärchen über das Massensterben in der Stadt umlaufen, so daß die Hamburger Bürger jenseits der Stadtgrenzen keine Herberge mehr finden.

Christian III., König von Dänemark und Norwegen sowie seit 1536 Herzog von Schleswig und Holstein

Skandal um Witwe bei Königsbesuch

1. bis 9. Mai 1538. Der dänische König Christian III. besucht Hamburg und wird wie seine Vorgänger durch eine sog. Annehmung als Schutzherr akzeptiert (→ 5. 3. 1460/ S. 68). Ein Skandal überschattet den glanzvollen Besuch.

Als am Abend des 4. Mai für den König und sein Gefolge ein Bankett mit Tanz im Eimbeck'schen Haus gerichtet wird, erscheint neben vielen anderen Bürgern auch die Witwe Agneta Willeken mit ihren Töchtern Anna und Margarethe. Sie hofft, unter den Adligen eine gute Partie zu finden.

Doch der Büttel wirft sie unter dem Hohngelächter der Anwesenden hinaus. Der Grund: Agneta Willeken war die Geliebte des lübischen Feldhauptmanns Markus Meyer, der im Verlauf der sog. Grafenfehde vom dänischen Marschall Johann Rantzau – der auch beim Fest zugegen ist – 1536 gefangengenommen und dann geköpft wurde.

Die Witwe will den Schimpf nicht auf sich sitzen lassen: Sie klagt vor dem Reichskammergericht gegen Bürgermeister und Rat der Stadt Hamburg wegen tätlicher Beleidigung und fordert 24 000 Gulden Entschädigung. Durch den Hinauswurf »seien beide Mädchen zu ihrem Verderben ihr Lebelang an trefflichen und guten Heiraten verhindert worden und um all ihr zeitlich Hab und Gut gebracht«.

Nach 52 Jahren – Agneta Willeken ist lange tot – wird Hamburg zu einer Entschädigung verurteilt.

Die Fremden müssen außen vor bleiben

9. Juni 1538. Der Hamburger Rat läßt von den Kanzeln ein Mandat verlesen, wonach bei Androhung einer Geldstrafe allen Bürgern die Vermietung von Höfen außerhalb der Tore untersagt ist.

Schon im Artikel 105 des Langen Rezesses vom → 16. Februar 1529 (S. 84) ist festgelegt worden, daß auf den Höfen außerhalb Hamburgs niemand wohnen, sondern jeder eine Wohnung in der Stadt nehmen soll, »wenn er sich hier ernähren und aufhalten will«.

Diese Maßnahme dient ebenso dem Schutz der Stadt vor überraschenden Angriffen wie ein ergänzendes Mandat, nach dem niemand sein Haus, Keller oder seine Bude ohne Wissen des Rates an einen Nichtbürger vermieten darf.

Weitere Vorschriften des Ratserlasses: Wer Bürger werden will, hat einen Bürgereid zu leisten (→ 21. 7. 1483/S. 73) und muß ein Bürgergeld zahlen, das für Bürgersöhne um die Hälfte ermäßigt wird. Adlige und Nichtlutheraner werden zum Bürgereid aber nicht zugelassen.

Rechtlich gesehen sind diese Gruppen gegenüber dem Bürger benachteiligt: Ihr Eigentum und die Personen selbst genießen einen schwächeren Schutz als die Bürger; sie müssen Sicherheiten stellen, und es wird ihnen verboten, mit anderen Fremden zu handeln (z. B. Niederländer mit Engländern). Andererseits unterliegen sie auch nicht den Verpflichtungen der Bürger; so brauchen sie weder Steuern zu zahlen, noch haben sie Wach- und Feuerwehrdienste zu leisten.

Ein willkommener Gast: Fürst im Harnisch mit Gefolge (Holzschnitt, 1532)

Um 1540. Der in Harburg residierende Herzog Otto I. von Braunschweig-Lüneburg läßt einen Kanal durch das Meckelfelder Moor graben, der einen Teil des Seewassers nach Harburg ableitet.

22. 2. 1541. In einer Bursprake warnt der Hamburger Rat die Bürger vor allzu aufreizender Kleidung. → S. 88

Mai 1544. Auf dem Reichstag zu Speyer erneuert Kaiser Karl V. den im Jahr 1417 von Kaiser Sigismund an Hamburg verliehenen »Freiheitsbrief« über die freie Schiffahrt auf der Süderelbe. Die Maßnahme richtet sich gegen die Ansprüche des Harburger Herzogs Otto I. von Braunschweig-Lüneburg.

1544. Ein Seiltänzer führt den Hamburgern seine Kunststücke vor. → S. 88

15. 7. 1547. Wegen seines Beitritts zum Schmalkaldischen Bund im Jahr 1536 muß Hamburg Abbitte beim Römischen Kaiser Karl V. leisten. → S. 89

1547. Hamburg erhält eine neue Befestigung (Voglerswall, späterer Neuer Wall) zwischen Reesendamm und dem Wall am Millerntor (→ 27. 3. 1557/S. 91).

1547. Der Theologiestudent Paul von Eitzen bezeugt, in Hamburg den »Ewigen Juden« gesehen zu haben. → S. 88

15. 5. 1548. Im sog. Augsburger Interim setzt der siegreiche Karl V. seine antireformatorischen Zielsetzungen größtenteils durch. Den Protestanten wird darin nur der Laienkelch und die Priesterehe zugestanden (→ 15. 7. 1547/S. 89).

1548. Der Hamburger Rat und 40 Bürger einigen sich auf einen neuen Rezeß. Darin wird u. a. die Einsetzung einer »Düpe-Kommission« festgelegt, deren Beamte (»Fleetenkieker«) für die Überwachung der Fahrwassertiefe im Hafen zuständig sind. → S. 89

1548. Die Dörfer Ottensen, Othmarschen und Bahrenfeld lösen sich vom Kirchspiel St. Petri und bilden eine eigene Pfarrgemeinde. → S. 89

1548. Die Drucker Vater und Sohn Joachim Löw lassen sich in Hamburg nieder. Ihre Druckerei besteht bis 1589.

1548. Mit dem inneren und dem äußeren Dammtor werden Hamburgs Befestigungsanlagen erweitert. Insgesamt beginnt darin nur eine rege Bautätigkeit in der Stadt. → S. 90

GESTORBEN:

23. 10. 1540. Hamburg: Stephan Kempe (*?, Kampen bei Zwolle oder Kempen bei Krefeld), reformatorischer Prediger.

Standesgemäße Kleider

22. Februar 1541. In einer Bursprake (öffentliche Bekanntmachung) zu Petri Stuhlfeier läßt der Hamburger Rat eine Kleiderordnung verkünden. Sie enthält Anweisungen, welche Garderobe und welchen Schmuck man – je nach Stand und Vermögen – tragen darf. Die zunehmende Hoffart und Prahlerei unter den Bürgern soll unterbunden werden, um jeden Anlaß für Neid und Mißgunst aus der Welt zu schaffen. Bei den Bürgern stößt die Verordnung auf wenig Gegenliebe.

Frauentrachten um 1579, gesehen vom Zeichner Melchior Lorichs; seit dem 15. Jahrhundert dominiert der burgundische Einfluß mit spitzen Ausschnitten, hoher Gürtung und fest genähter Haube. Wegen der Vorliebe für stoffverschlingende Faltenröcke wird in Hamburg 1583 pro Brabanter Elle (69,14 cm) ein Maximum von zwölf Falten festgesetzt.

Der »Ewige Jude« spricht auch platt

1547. Paul von Eitzen, Wittenberger Theologiestudent und späterer Superintendent in Hamburg, will in einer Hamburger Kirche Ahasver, den »Ewigen Juden«, getroffen und aus seinem Munde dessen Leidensgeschichte erfahren haben.

Im Jahr 1602 erscheint eine »Kurtze Beschreibung und Erzehlung von einem Juden mit Namen Ahasverus«, die Eitzens Erzählung aufgreift und die Legende vom »Ewigen Juden« entscheidend prägt: In ein Büßergewand gehüllt, etwa 50 Jahre alt, Schuhmacher, irrt er ruhelos unter dem Fluch, Jesus Christus ans Kreuz geschlagen zu haben, von Land zu Land. Christus selbst soll ihm geweissagt haben: »Ich wollte hier nur stehen und ruhen, du aber wirst gehen ohne Ruhe bis an den Jüngsten Tag.«

Der Überlieferung nach bleibt der »Ewige Jude« den ganzen Winter 1547 in Hamburg, von den Kirchgängern wegen seiner Eigenart bestaunt, das Geld gering zu schätzen und nach kurzer Zeit perfekt niederdeutsch zu reden.

Konjunktur für Gaukler und Seiltänzer

1544. Die Attraktion des Jahres in Hamburg ist ein Seiltänzer: Vor dem staunenden Publikum, Einheimische und Gäste, balanciert er über ein vom Dom quer über den Fischmarkt gespanntes Seil.

Vor allem zu Zeiten der jeweils zweiwöchigen Jahrmärkte im Juni, August und Oktober haben die Gaukler, Feuerschlucker, Sänger, Spielleute und Seiltänzer in Hamburg Konjunktur. Sie werden in der Regel aus der Stadtkasse bezahlt, weil ihre Auftritte die Anziehungskraft der Stadt erhöhen. Je mehr Gäste kommen, desto besser verdienen schließlich Schankwirte und Beherbergungsunternehmer.

Spielleute mit Trommel und Flöte in der Tracht des 16. Jahrhunderts

Gaukler und Musikanten bei einer Mühle vor der Stadt (Holzschnitt)

Bärenführerin mit ihrem Schützling, der auf einem Dudelsack bläst

Teurer Fußfall vor siegreichem Kaiser

15. Juli 1547. Der katholische Kaiser Karl V. hat die protestantischen Reichsstände besiegt. Wegen seines Beitritts zum Schmalkaldischen Bund muß Hamburg nun 100 000 Mark lübisch Strafe zahlen und in Augsburg fußfällig Abbitte

Der Inhaber der obersten Reichsgewalt: Kaiser Karl V., hier betend im Harnisch (kaiserliches Grabmal im Kloster Escorial bei Madrid); energisch bekämpft er das Vordringen der Reformation, kann aber eine Rückkehr der Evangelischen zum alten Glauben nicht erzwingen und dankt kurz nach dem Augsburger Religionsfrieden von 1555 ab.

leisten. Diese unangenehme Aufgabe übernimmt der junge Ratsherr Gerd Niebuhr.

Der Schmalkaldische Bund war am 27. Februar 1531 unter Mitwirkung vieler größerer Städte wie Bremen, Lübeck und Magdeburg als protestantisches Verteidigungsbündnis gegründet worden. Hamburg war am 29. Januar 1536 beigetreten.

Je größer der Bund wurde, umso stärker wurde er zu einer Herausforderung für den Kaiser, der am 20. Juli 1546 die Reichsacht gegen seine Führer verhängte und die Protestanten am 24. April 1547 in der Schlacht bei Mühlberg in Thüringen entscheidend besiegte.

Da nützte es auch nichts mehr, daß am 23. Mai 1547 unter Beteiligung Hamburgs die Lutheraner bei Drakenburg an der Weser das zur Belagerung Bremens ausgerückte kaiserliche Heer in die Flucht schlugen. Im Gegenteil: Die Kaiserlichen erbeuteten die Kriegskasse der Protestanten, was Hamburg mehr als 18 000 Mark kostete.

Am 15. Mai 1548 setzt Karl V. im sog. Augsburger Interim seine antireformatorischen Ziele zum großen Teil durch. Er fordert Hamburg am 30. Mai auf, innerhalb von 30 Tagen dem Interim zuzustimmen. Durch ihre Verzögerungstaktik gelingt es der Hansestadt aber, dem Interim zu entgehen.

»Fleetenkieker« im 19. Jh.: Arme Müllsammler

Fleetenkieker wachen

1548. Der Hamburger Rat und 40 Bürger einigen sich auf einen Rezeß. Darin wird auf Initiative des in diesem Jahr zum Bürgermeister ernannten Ditmar Koel die Einsetzung einer »Düpe-Kommission« vereinbart, deren Beamte (»Fleetenkieker«) die Tiefe des Fahrwassers im Hafen überwachen. Später verkommt diese Bezeichnung zum Spottnamen für solche Personen, die aus den Abfällen im Fleet ihren Lebensunterhalt bestreiten.

Ottensen und Othmarschen wollen eigene Wege gehen

1548. Die Dörfer Ottensen, Othmarschen und Bahrenfeld lösen sich aus ihrer Zugehörigkeit zum Hamburger Kirchspiel St. Petri (→ 1195/ S. 24). Sie bilden fortan eine eigene Pfarrgemeinde, deren gemeinsame Kirche in Ottensen liegt.

Der größte Teil der benachbarten Dörfer bleibt beim Kirchspiel Nienstedten, während Eidelstedt ebenso wie Rellingen zum Kirchspiel Eppendorf zählt. Möglich wird die Abkehr der drei Dörfer von St. Petri durch die Reformation, die zu einer Auflösung der gewachsenen Strukturen führt. Während der Schauenburger Graf als Landesherr der drei Dörfer noch lange Zeit dem katholischen Glauben anhing, hatten sich die Einwohner frühzeitig zum neuen lutherischen Glauben bekannt.

Den Ausschlag für die Gründung eines eigenen Kirchspiels gibt wohl die Ernennung von Johann von Kampe zum ersten gräflich-pinnebergischen Vogt in Ottensen im Jahr 1532. Bis dahin unterstanden die Dörfer ebenso wie die beiden Ortschaften Stellingen und Eidel-

stedt dem Vogt auf dem schauenburgischen Hof in Hamburg.

Auch das aufblühende Dorf Altona (→ 1536/S. 87) gehört zu dem neuen Kirchspiel. Die Entwicklung Altonas fördert ausgerechnet ein Hamburger Bürger, der spätere Ratsherr Heinrich von Holte, der 1546 von dem pinnebergischen Grafen Otto V. oberhalb Altonas einen

Brunnenquell mit Garten geschenkt bekam. Zwei Jahre später erbaut von Holte auf seinem Grundstück einige Häuser und siedelt dort Handwerker an. Durch das Engagement des Hamburger Bürgers von Holte ändert sich allerdings nichts an der mißtrauischen Haltung der Hamburger gegenüber Altona. Als 1547 drei der

fünf Altonaer Häuser abbrannten, verlangte der Hamburger Rat den Abbruch der restlichen zwei. Angeblich drohte die Gefahr, daß sich feindliche Truppen festsetzten.

Als dies nichts half, wurde im Artikel 37 des Rezesses von 1548 den Hamburger Bürgern streng verboten, in Altona oder Ottensen etwas für sich anfertigen zu lassen.

Ansicht von Altona aus dem 17. Jh., aus einer Zeit, als der Ort u.a. dank der Ansiedlung niederländischer Glaubensflüchtlinge aufblüht; die abgebildeten Gebäude fallen der Zerstörung am → 8./9. Januar 1713 (S. 144) zum Opfer.

Wohnhäuser und Türme verändern das Gesicht der Stadt

1548. An der Ecke des jetzigen Neuen Jungfernstiegs wird das Äußere Dammtor mit dem wuchtigen Torturm fertiggestellt. Abgesehen von solchen Befestigungsanlagen verändert sich das Gesicht Hamburgs in der zweiten Hälfte des 16. Jahrhunderts durch prächtige Bürgerhäuser und Repräsentationsbauten (→ 7. 12. 1583/S. 97).

Auch nach der Reformation wendet Hamburg seinen Kirchen alle Sorgfalt zu. So wird die bisherige Kapelle zum Heiligen Geist am Rödingsmarkt 1559 zu einer Kirche erweitert. Der Turmunterbau von St. Jacobi, der zwischen 1578 und 1580 um zwei Geschosse erhöht wird, bekommt 1587/89 ein Oktogon mit Helm aufgesetzt. Die Kirche St. Katharinen erhält zwischen 1556 und 1568 eine viergeschossige Turmfassade im Renaissancestil.

Der Hauptkirche St. Nikolai, deren Turm durch einen Blitzschlag im Jahr 1589 abbrennt, wird 1593 ein neuer Turm aufgesetzt, dem Geschmack der Zeit entsprechend außerordentlich reich gegliedert.

Die Modernisierung der hamburgischen Bürgerhäuser – noch überwiegend Fachwerkbau mit Ziegelfront – unterstützt der Rat aus Brandschutzgründen mit städtischen Mitteln. Gleich vier Artikel des Langen Rezesses (→ 16. 2. 1529/S. 84) widmen sich dem privaten Bauen in Hamburg. Zur Erhöhung der Schönheit und Solidität der Gebäude wird es »in Zukunft keinem verstattet oder vergönnet« sein, vor »seinem Hause, da, wo ein steinerner Giebel gewesen, einen hölzernen zu machen«.

Zieht hingegen ein Bauherr hinter oder vor seinem Haus noch nachträglich einen steinernen Giebel hoch, dann werden ihm 1000 Ziegel und ein halber Zentner Kalk gratis und franko geliefert, »so wie es vor alten Zeiten her gewöhnlich und Sitte gewesen«. Wo bereits eine Mauer aus Steinen steht, soll bei Androhung einer Geldstrafe kein Fachwerkbau errichtet werden.

Der Rat bemüht sich jedoch nicht nur darum, geeignete Steine zu beschaffen und die städtischen Ziegelmeister zu beaufsichtigen, sondern befaßt sich darüber hinaus mit der Beschaffung von Kalk. Gleich zwei Kalkmühlen sollen in Betrieb gehen, damit »jeder bei seinem Bauen befördert werde«.

△ Ein Beispiel für den repräsentativen Baustil in Hamburg mit langen Fensterreihen und hervorspringenden Giebeln: Das Pastorat von St. Petri. Das repräsentative Wohnhaus für den Kirchherrn der ältesten Hamburger Pfarrkirche unweit des Domkapitels wurde um 1530 erbaut. Ebenso wie zahlreiche andere Wohn- und öffentliche Gebäude wird auch das Pastorat von St. Petri beim Brand im Jahr 1842 gesprengt, um das Feuer aufzuhalten (→ 5. 5. 1842/S. 214).

◁ Aus den Anfangsjahren des 16. Jahrhunderts stammt das Haus Hüxter, das 1865 abgerissen wird. Wie andere herrschaftliche Kaufmannshäuser zeigt es die für seine Zeit charakteristische Gestaltung des Giebels und des Portals. In dem als einfaches Dreieck gestalteten oberen Gebäudeteil fallen die lukenartigen Fenster auf; das Portal und die Eingangstür sind reich verziert und heben sich vom Rest der Fassade deutlich ab. Bemerkenswert ist darüber hinaus die asymmetrische Gestaltung der Gebäudefront mit der nach rechts versetzten Eingangstür (Aquarell, 1840). Als Material für die meisten Bauvorhaben dient, wie auch in den anderen Hansestädten, der Ende des 12. Jh. aufgekommene Backstein.

1550

1553. Bei der hamburgischen Münze wird die Talerprägung eingeführt. Der Taler gilt 32 Schillinge, der Schilling hat zwölf Pfennige.

19. 5. 1554. Auf dem Pferdemarkt wird ein Galgen errichtet.

8. 11. 1554. Der Hamburger Rat ernennt Paul von Eitzen zum neuen Superintendenten der Hamburger Kirche (bis 1562).

16. 7. 1555. In Hamburg werden erstmals sechs Frauen nach Anwendung der Folter als Hexen hingerichtet. → S. 92

21. 12. 1555. In der Thomas-Bursprake untersagt der Rat bei Androhung einer Geldstrafe von zehn Reichstalern, ein höheres Patengeld als einen Gulden hamburgisch zu schenken.

26. 1. 1556. Kaiser Karl V. bestätigt dem Hamburger Syndikus (seit 1553) Adam Tratziger den Besitz des Gutes Wandsbek.

28. 4. 1556. Der Hamburger Rat bestätigt die 1539 von Johannes Aepinus (Hoeck) formulierte Kirchenordnung, die vom Rat um einen Schlußartikel erweitert worden ist, um seinen Führungsanspruch zu dokumentieren (→ S. 83).

1556. Auf dem Schaarmarkt in Hamburg entsteht ein Armenheim für Seefahrer. → S. 92

27. 3. 1557. Eine Bürgerwache tut Dienst auf den Hamburger Wällen. → S. 91

19. 6. 1557. Zwischen Hamburg und den Fischern von Blankenese wird ein Vergleich geschlossen. → S. 92

20. 1. 1558. Auf dem Melkeberg (später Meßberg) werden zwei Jugendliche hingerichtet, die zwischen dem 16. Oktober und dem 14. Dezember vier vor dem Dammtor gelegene Gärten von Hamburger Bürgern in Brand gesteckt hatten.

7. 6. 1558. Der Hamburger Rat läßt einen Befestigungsgraben bei der Moorburg einreißen, den der Harburger Herzog vier Tage zuvor aufwerfen ließ. Der Herzog versucht daraufhin vergeblich, den Moorburger Deich zu durchstechen.

1558. In der Nähe des Rathauses entsteht die erste deutsche Börse. → S. 92

4. 3. 1559. Kaiser Ferdinand I. bestätigt Hamburg das Stapelrecht auf der Elbe sowie die Aufnahme der Stadt in den Augsburger Religionsfrieden von 1555, der die Beziehungen zwischen lutherischer und katholischer Konfession regelt.

GEBOREN:

1554. Hamburg: Sebastian von Bergen († 24. 10. 1623, Hamburg), Lizentiat und Bürgermeister.

Die durch Befestigungen geschützte Stadt Hamburg von Osten (Ausschnitt aus einem Gemälde von Gabriel Engels, 1548)

Neue Befestigung in unruhigen Zeiten

27. März 1557. Die Hamburger Wälle werden erstmals des Nachts von einer Bürgerwache besetzt, auch »Bürger-Aufsehen« genannt. Diese militärisch wenig schlagkräftige Truppe bleibt bis → zu ihrer Reorganisation am → 16. Januar 1619 (S. 110) so bestehen.

Seit etwa 1530 arbeiten die Hamburger angesichts der unruhigen Reformationszeit (→ 15. 7. 1547/ S. 89) an der Verbesserung der Befestigungsanlagen. Im Jahr 1547 wurde der Neue Wall zwischen Reesendamm und dem Wall am Millerntor aufgerichtet und bis etwa 1550 vollendet. Im gleichen Jahr gab Hamburg die Rekordsumme von 26 001 1/2 Mark für die Verbesserung der Wallanlagen aus.

Äußeres Dammtor vom Reesendamm aus gesehen; der Torturm von 1548 wird »Blauer Turm« oder »Isern Hinnerk« genannt (Lithographie von Peter Suhr).

Sechs Frauen als »Hexen« hingerichtet

16. Juli 1555. In Hamburg werden erstmals Frauen nach einem förmlichen Inquisitionsverfahren unter Anwendung der Folter als Hexen hingerichtet.

Insgesamt waren 14 Frauen der Hexerei angeklagt worden. Davon werden vier lebendig verbrannt und zwei weitere auf andere Art zu Tode gefoltert. Acht Frauen sprechen die Richter vom Vorwurf der Hexerei frei – ein zu dieser Zeit des Hexenwahns in Deutschland ungewöhnlicher Vorgang.

Grundlage der Hexenprozesse ist der im Jahr 1487 erschienene »Hexenhammer«, der neben einer Beschreibung des Hexenwesens auch detaillierte Anweisungen für die Prozeßführung gibt.

Ziel dieser Hinweise ist es, durch genau festgelegte Fragen die angebliche Hexe zu einem wehrlosen Geschöpf zu machen und durch Folter – die sog. peinliche Befragung – zu Geständnissen zu zwingen. Auf die Erklärung eines Zeugen hin, daß eine bestimmte Person Hexerei treibe, wird der oder die Beschuldigte nach vorangegangener Hausdurchsuchung zum Verhör geladen und nach einem Eid auf die vier Evangelien der Befragung ausgesetzt.

Beantwortet die Person beispielsweise die Frage, ob sie schon einmal etwas über Hexerei gehört habe, mit nein, so wird gefragt, ob sie dann an Hexerei glaube. Verneint sie wieder, kommt sofort die Frage, ob denn etwa jene Menschen, die wegen Hexerei verbrannt worden seien, unschuldig wären. Damit ist die Beschuldigte schon in die Falle getappt: Sagt sie ja, zweifelt sie an der Autorität der Kirche; sagt sie nein, kommt das dem Eingeständnis gleich, schon einmal etwas über Hexerei gehört zu haben.

Um eine Person schuldig zu sprechen, genügen den Richtern schon zwei nicht überprüfbare Tatsachenbehauptungen, etwa die Vorwürfe, jemand habe einen Zauber auf ein Kind geworfen und Vieh verhext. Weigert sich eine Beklagte, ihre Schuld schließlich einzugestehen, so hilft dem Gericht neben der Folter auch mehrjährige Beugehaft bei der Wahrheitsfindung.

Die schreckliche Strafe für angebliche Hexenkünste: Der Feuertod für drei Frauen, die der Zauberei verdächtigt werden (Holzschnitt, 1555)

Streit mit den Blankeneser Elbfischern

19. Juni 1557. Die Stadt Hamburg geht mit den Fischern von Blankenese einen Vergleich ein, der den Blankenesern u. a. erlaubt, 14 Tage pro Jahr allein Stint zu fangen. Das Fischen die Elbe abwärts bleibt Hamburger Vorrecht.

Das Abkommen sieht ferner vor, daß die Blankeneser wie bisher ihre Aalreusen auslegen dürfen, sofern dies dem Strom und den Hamburgern nicht zum Nachteil gerät. Ein Platz zwischen Dockenhuden und Blankenese ist Ort der Verhandlung, die unter Vorsitz des schauenburgisch - pinnebergischen Drosten Hans Barner und des Hamburger Bürgermeisters Ditmar Koel stattfindet.

Weitaus ernster als die Sache mit den Blankenesern entwickelt sich der Streit mit den Altonaer Fischern zwischen 1584 und 1586. Hamburg würde den Altonaern am liebsten den Fischfang ganz und gar verbieten, zumindest aber will

die Hansestadt folgendes durchsetzen: Die Altonaer sollen nur bestimmte Netze gebrauchen, und sie sollen ihre Fische bereits an der Elbmündung verkaufen.

Schließlich greift der Pinneberger Graf in den Streit ein; er verbrieft den Altonaern am 14. Oktober 1588, daß elf Fischer und ihre Nachkommen in Altona wohnen und je zwei sog. hausgesessene Fischer zusammen drei Ewer benutzen dürfen.

Die Heringsbänke in der Nordsee, aus dem »Visboek« des aus Scheveningen stammenden Fischhändlers und Kartenzeichners Adriaan Coenen; die Heringsfänger trauen sich aufs offene Meer hinaus (Aquarell, um 1578).

Die Börse feiert in Hamburg Premiere

1558. Der Rat erlaubt den Hamburger Kaufleuten, auf einem Platz nahe des Rathauses an der Trostbrücke eine Börse zu errichten. Es ist die erste Einrichtung dieser Art in Deutschland und die vierte in Europa nach Antwerpen (1531), Toulouse (1549) und Rouen (1556).

Die Initiative zur Börsengründung geht von der Gesellschaft des Gemeinen Kaufmanns aus (→ 1517/ S. 79). Auf dem etwa 400 m² großen Platz bei der Trostbrücke entsteht noch kein festes Gebäude. Vielmehr wird das vom Rat angewiesene Gebiet von den Kaufleuten mit einer Mauer eingefriedet.

An den Kosten beteiligen sich neben dem Gemeinen Kaufmann auch die Gesellschaften der Flandern-, England- und Schonenfahrer, der Brauer und Schiffer sowie die Kontore zu London, Brügge und Bergen. Auch 20 reisende Kaufleute und 188 Personen aus Rat und Bürgerschaft zahlen einen Anteil (→ 7. 12. 1583/ S. 97).

Die Hamburger Börse ist anfangs in erster Linie ein Treffpunkt für einheimische und fremde Kaufleute. Hier können sie in aller Ruhe und ohne die Hast des Messegeschehens ihre Geschäfte tätigen.

Eine Heimstatt für arme Fahrensleute

1556. Am Schaartor wird ein »Trosthaus für die seefahrenden Armen« errichtet, wo arme und kranke Schiffer sowie die Waisen von Schiffern mietfrei wohnen können. Um die Waisen kümmert sich eine sog. Trostmutter.

Das Geld für den Bau – ein stattliches Steinhaus mit massivem Giebel – bringen Kaufleute und Schiffer auf; der Rat stellt den Platz an der Stadtmauer zur Verfügung.

Zur Finanzierung des Seefahrer-Armenhauses werden neben den einlaufenden milden Gaben auch die von den Schiffern erhobenen Strafgelder sowie freiwillige Abgaben der Seeleute verwendet.

Zwei Ratsherren, Seefahrer und Kaufleute verwalten die neue Einrichtung. Sie müssen alljährlich am 6. Januar Rechenschaft über die verauslagten Gelder erstatten. Die wohltätige Institution steht unter der Patronage des Rates.

1560

10. 8. 1560. Vor dem Spitalertor findet das erste Schützenfest mit Scheibenschießen statt.

1560. Die Bürgerschaft hebt die Kollegien der 4er, 12er und 40er auf und weist die Juraten (Kirchgeschworenen) an, bei besonders eiligen Fällen ihrerseits mit dem Rat zu verhandeln (→ 16. 2. 1529/S. 84).

1560. Das Niedergericht bezieht einen Neubau neben dem Rathaus; gleichzeitig erhält es eine neue Gerichtsordnung. → S. 93

3. 2. 1562. Nachdem die Bürger Hamburgs am 9. Januar die vom Rat geforderten Schanzabgaben bewilligt haben, schließen beide Seiten ihren mittlerweile sechsten Rezeß. Der Rat verspricht, sich nur vom Evangelium und den Interessen der Stadt leiten zu lassen und das Gemeinwohl zu schützen (→ 5. 4. 1563/S. 93).

5. 4. 1563. Der Rat übergibt die Verwaltung der städtischen Einnahmen und Ausgaben den von der Bürgerschaft gewählten acht Kämmereibürgern. → S. 93

6. 12. 1564. Der Hamburger Rat und die Juraten (Kirchgeschworenen) beschließen die Anlegung eines Friedhofs vor dem Millerntor, auf dem Platz der späteren Hauptkirche St. Michaelis.

27. 1. 1564. Der königlich-dänische Statthalter Heinrich Rantzau erwirbt das Gut Wandsbek (→ 1597/98/S. 104).

19. 7. 1567. In einem Kontrakt erlaubt Hamburg der englischen Kauffahrergesellschaft »Merchant Adventurers«, sich für zehn Jahre in der Stadt niederzulassen. Hamburg verstößt damit gegen ein Hanseprinzip. Die Gesellschaft bleibt mit Unterbrechungen bis 1806 an der Elbe (→ 28. 6. 1611/S. 108).

3. 12. 1567. Im Prozeß um die Anerkennung seiner Stapelrechte legt Hamburg dem Reichskammergericht eine von dem Maler Melchior Lorichs erstellte Elbkarte vor. → S. 94

1567. Die ersten wegen ihres Glaubens aus den Spaniern aus den Niederlanden vertriebenen reformierten Familien treffen in Hamburg ein. Darunter sind viele Kaufleute und Fabrikanten (→ 8. 12. 1586/S. 98).

27. 1. 1568. Auf einem Kai zwischen der Hohen Brücke und dem Brooktor wird der Grundstein zum »Neuen Krahn« gelegt. Dieser Tretradkran geht 1570 in Betrieb. Er brennt 1676 ab, wird aber in ähnlicher Weise wiederaufgebaut.

GESTORBEN:

22. 9. 1563. Hamburg: Ditmar Koel (* 1500, Hamburg), ab 1548 Bürgermeister.

Bürger überwachen den Staatshaushalt

5. April 1563. Hamburgs Regierung hat Geldsorgen – und wälzt sie auf andere ab: Der Rat übergibt die Verwaltung der städtischen Einnahmen und Ausgaben den gewählten Kämmereibürgern.

Die Übergabe der Kämmerei und damit der gesamten Finanzverwaltung an die Bürgerschaft ist ein Ergebnis der desolaten Finanzlage nach dem Ende des Schmalkaldischen Krieges (→ 15. 7. 1547/S. 89). Die Ebbe in der Kasse ermunterte vor allem denjenigen Teil der Oberschicht, der von der alten Elite, den »Ratsfamilien«, bisher von Macht und Einfluß ferngehalten worden war, zum Handeln.

Der Konflikt entzündete sich an dem Grabengeld für Schanzarbeit, das der Rat am 17. Dezember 1561 von der Bürgerschaft verlangte. Eigentlich ist es üblich, daß die Bürgerschaft für die Verteidigung des Gemeinwesens zur Kasse gebeten wird, diesmal aber lehnte sie das Ersuchen fürs erste ab und stellte Bedingungen: Zuvor müßten erst einmal die Mitbestimmungsrechte der Bürger auf die Politik anerkannt werden. Zwar konnte der Rat am 3. Februar 1562 in einem sechsten Rezeß die Bewilligung des Grabengeldes durchsetzen, sah sich aber im Gegenzug genötigt, die Kassenaufsicht abzugeben.

Der »Kämmerei-Rezeß« sieht vor, daß alle städtischen Einnahmen in der Kämmerei zusammenfließen sollen und auch alle Ausgaben von hier aus bestritten werden. Dazu gehört u. a. die Entlohnung der Ratsdiener und Soldaten, so daß die Bürgerschaft im Extremfall sogar den Rat seiner wichtigsten Machtinstrumente berauben könnte. Dazu kommt es allerdings nie.

Die Bürgerschaft wählt acht ehrenamtlich tätige Kämmereibürger auf die Dauer von sechs Jahren. Sie sollen das Loch im Stadtsäckel stopfen, indem sie penibel über die Ausgaben wachen und für eine ordentliche Buchführung sorgen.

Wappenbuch der Hamburger Kämmereibürger, die ab 1563 anstelle der bisherigen Kämmereiherren des Rates den Haushalt der Hansestadt verwalten

»Drum fürchte Gott und dat Recht . . .«

Chronik Dokument

1560. Als erster Schritt zu der bereits im Langen Rezeß verankerten Stadtrechtsrevision (→ 16. 2. 1529/S. 84) wird die Niedergerichtsbarkeit in Hamburg neu geordnet. Das Gericht bezieht einen Neubau neben dem Rathaus. Die Aufgaben dieses Gerichts verdeutlicht das vor dem Gebäude angebrachte Motto: »Alle, de da morden, brennen, roven und stehlen, tövern, verraden, horen und spelen, Vele borgen, dregen und wenig gelden, De bestahn in Rechten gar selden. Drum fürchte Gott und dat Recht, de Tidt kummt, es reuet di nicht.«

Als erste Instanz befindet das Niedergericht über Kriminalsachen und über weniger schwere Zivilsachen. Bagatellfälle werden von Einzelrichtern entschieden.

Das Niedergericht besteht aus zwei Ratsherren und acht vom Rat auf Vorschlag des Gerichts und der Oberalten gewählten Mitgliedern. Die Niedergerichtsordnung ist die erste zusammenhängende Gerichtsverfassung Hamburgs. So gilt für die Befragung von Zeugen erstmals ein genau festgelegtes Verfahren.

Keimzelle der Niedergerichtsbarkeit war das sog. Volksgericht, das unter Leitung des gräflich schauenburgischen Vogtes in Hamburg amtierte. Neben dem Vogt gehörten diesem Gericht zwei Ratsherren an (→ 20. 3. 1292/S. 40) sowie sog. Dingleute, die das Urteil fällten.

Die Kompetenz des Gerichtes erstreckte sich ursprünglich auf alle Zivil- und Kriminalsachen, sofern sie nicht vor die geistlichen Gerichte gehörten. Das Verfahren fand mündlich und öffentlich statt, wobei die Vertretung durch Bevollmächtigte erlaubt war.

Seit Beginn des 16. Jahrhunderts wird in Hamburg auch das Inquisitionsverfahren praktiziert (→ 16. 7. 1555/S. 92). Bereits in Artikel 20 des Langen Rezesses verspricht der Rat, notfalls »auf öffentliche Kosten den Verbrecher durch peinliche Gewalt«, also durch Folter, zu einem Geständnis zu bringen.

Gegenüber dem Niedergericht bleibt der Rat als erste Instanz für alle nicht vor das Niedergericht gehörigen Sachen und als zweite Instanz für Berufungen gegen dessen Urteile bestehen. Gegen Urteile des Obergerichts kann unter Berufung auf das Stadtrecht in beschränktem Umfang an das Reichskammergericht und den Reichshofrat appelliert werden.

Elbkarte als Beweismittel

3. Dezember 1567. Im Prozeß vor dem Reichskammergericht über die Anerkennung des Hamburger Stapelrechts, das der Harburger Herzog Otto II. und die Herzöge von Braunschweig-Lüneburg anfechten, zieht Hamburg einen Joker aus der Tasche: Der als Zeuge geladene Maler Melchior Lorichs legt in Lübeck als Beweismittel eine exakte Elbkarte vor.

Die 1 m hohe und 12 m lange Karte zeigt in bis dahin noch nicht erreichter Genauigkeit den Stromverlauf der Elbe von Geesthacht bis zur Mündung. Bis in die kleinsten Einzelheiten hinein verzeichnet die Karte nicht nur jede Stadt, jedes Dorf und jede Windmühle,

Universaltalent Melchior Lorichs

Melchior Lorichs wurde um 1527 als Sproß einer Ratsherrenfamilie in Flensburg geboren. Mit einem Stipendium ging der vielfältig begabte Handwerker, Architekt und Kartograph zunächst nach Süddeutschland, dann nach Italien und reiste 1557 für mehr als drei Jahre mit einer kaiserlichen Delegation nach Konstantinopel (Abb.: Lorichs im Jahr 1559). 1567 malt er für den Hamburger Rat drei Ausfertigungen der außergewöhnlichen Elbkarte. Da sich seine Hoffnung auf eine feste Anstellung in Hamburg zerschlägt, verläßt Lorichs 1575 die Stadt und geht zwei Jahre später erneut in die Türkei. Nach seiner Rückkehr ist er 1580 als Hofmaler in Kopenhagen tätig; 1593 hält er sich in Flensburg und 1594 vermutlich wieder in Hamburg auf. Wo und wann er stirbt, ist fraglich.

sondern auch alle von Hamburg seit → 1450 (S. 66) ausgelegten Markierungen zur Sicherung der Schiffahrt und alle Eindeichungen und Durchstiche.

In dem Prozeß geht es um die Anerkennung der Rechte Hamburgs als Stapelplatz, wie sie der Stadt im Jahr 1482 von Kaiser Friedrich III. zugesprochen worden waren. Das heißt, daß jeder vorbeifahrende Schiffer in Hamburg anlegen und dort seine Waren feilbieten muß. Dagegen klagen nun Harburg, Lüneburg, Stade und Buxtehude.

Die Karte, die Lorichs im Auftrag des Hamburger Rates in acht Monaten für das fürstliche Gehalt von 580 Mark – fast soviel wie das Jahresgehalt des ersten Ratssyndikus – gezeichnet hat, soll zweierlei beweisen: Erstens ist die Elbe ein einheitlicher Strom und teilt sich nicht in zwei Flüsse, von denen die Norderelbe der unbedeutendere ist; so hätten es die Kläger gerne festgeschrieben. Und zweitens hat Hamburg soviel für die Sicherung der Schiffahrt getan, daß es nur recht und billig ist, wenn die Stadt über Hoheitsrechte auf der gesamten Niederelbe verfügt (→ S. 37).

In diesem Sinne entscheidet abschließend auch im Jahr 1618 das Reichskammergericht; es macht lediglich die Einschränkung, daß für den Bereich der Süderelbe diese Stapelgerechtigkeit nicht gilt.

Für Hamburg hat der Prozeß eine Bedeutung, die weit über den Stapelstreit hinausgeht. Angesichts der Entdeckung Amerikas (1492) und des Seeweges nach Indien (1497–1499) durch Spanier und Portugiesen ist es jedem Einsichtigen klar, daß sich der Handel nach Westen hin verlagern wird. In dem Maße, wie die Ostsee zum Binnenmeer herabsinkt, kann und muß Hamburg aus dem Schatten Lübecks heraustreten. Deshalb das Bemühen, zum ersten Hafen an der Elbe aufzusteigen, deshalb auch die im selben Jahr 1567 erfolgte Ansiedlung der englischen Kauffahrervereinigung »Merchant Adventurers« in Hamburg. Das verstößt zwar gegen den Geist der Hanse; die hat aber ohnehin schon längst ihre Bedeutung verloren.

▷ *Leichte »Korrekturen« der Topographie im hamburgischen Interesse: Lorichs' Elbkarte*

5. 5. 1570. Die Erbgesessenen Bürger fordern Maßnahmen zur Reinhaltung der »zuwachsenden« Alster. → S. 96

1. 11. 1570. Das Gebiet an der Süderelbe wird durch die »Allerheiligenflut« verheert. → S. 96

1570. Erster Angehöriger der Glaubensgemeinschaft der Mennoniten in Hamburg ist der aus den Niederlanden emigrierte Hans Quins. Er lebt bis zu seinem Tod 1597 in der Reimerstwiete (→ 8. 12. 1586/S. 98).

7. 6. 1571. Der Rat verfügt, daß Hamburger Bürger den Vorrang vor Fremden bei der Befrachtung von Schiffen haben sollen. → S. 96

1571. Die Älterleute der Hamburger Börse unterhalten fünf Boten für den regelmäßigen Botengang nach Amsterdam.

1571. Der Spadenländer Busch wird durchstochen. Diese Maßnahme entzieht dem früheren Hauptarm der Norderelbe (jetzt Wilhelmsburger Doveelbe) soviel Wasser, daß er versandet. Die Hamburger wollen die Hauptmasse des Elbwassers in die Norderelbe leiten (→ 3. 12. 1567/S. 94).

1573. Auf dem Grasbrook werden 29 Seeräuber enthauptet. Infolge des Andrangs von Schaulustigen stürzt die Brooksbrücke ein. Eine Frau kommt dabei ums Leben.

14. 3. 1576. Der hamburgische Scharfrichter Hartmann Rüter wird wegen Totschlags enthauptet. → S. 96

7. 12. 1576. Eine neue Wallordnung löst diejenige von 1565 ab. Die Wälle werden in drei Abschnitte mit je einem Musterungsplatz aufgeteilt und einzelnen Ratsherrn unterstellt.

1577. In der Hamburger Börse wird ein Postmeister eingestellt, der die ein- und ausgehenden Boten kontrolliert und in dessen Haus Briefe abgegeben und abgeholt werden können. Bis 1591 übt Heinrich von Cölln diesen Posten aus.

1577. Auf Druck der übrigen Hanse erneuert der Hamburger Rat den Niederlassungsvertrag mit der englischen Kauffahrervereinigung »Merchant Adventurers« nicht. Die englische Königin Elisabeth I. antwortet darauf mit einer Aufhebung der den Hansekaufleuten gewährten Privilegien (→ 7. 6. 1571/S. 96).

4. 8. 1578. Algerische Seeräuber nehmen 22 Hamburger Kaufleute gefangen und führen sie in die Sklaverei (→ 1622/ S. 114).

8. 9. 1579. Hamburg und Dänemark legen ihren Streit wegen des hamburgischen Kornprivilegs auf der Elbe bei. → S. 96

Bürgerschaft will eine saubere Alster

5. Mai 1570. Die Erbgesessene Bürgerschaft billigt einen 22 Punkte umfassenden Forderungskatalog an den Hamburger Rat. Sie verlangt u. a. vermehrte Anstrengungen zur Vertiefung des Elbfahrwassers und energische Maßnahmen zur Reinhaltung der Alster.

Hinsichtlich des Alsterflusses fordern die Bürger: »Die Alster, welche schier vor unseren Augen zuwächst, ist zu reinigen und die mißbräuchliche Art des Fischens, wodurch sie verschlammt wird, abzustellen.« Trotz dieser Mahnung geschieht zunächst nichts. Erst im Jahr 1725 wird versucht, mit Hilfe einer Baggermaschine (»Modderpflug«) das Kraut und den angesammelten Unrat zu entfernen.

»Allerheiligenflut« verheert das Land

1. November 1570. Eine Sturmflut am Allerheiligentage richtet in den Marschländereien an der Süderelbe schwere Schäden an.

Die Wassermassen durchbrechen den Moorburger Westdeich und überfluten die unbedeichte Hohe Wisch zu beiden Seiten des Neuen Grabens. Er bildet an der Elbe die Grenze zwischen den beiden Ämtern Moorburg und Francop.

In der Folgezeit lassen die Harburger Herzöge die stromaufwärts von Neuland gelegenen Marschen Bullenhusen und Over mit Neuland in einem Deichverband vereinigen. Später wird Moorburg mit dem Alten Land und im Jahr 1600 mit Lauenbruch durch einen gemeinsamen Deich verbunden.

Beladen eines Schiffes; Miniatur als Illustration zu einem Manuskript des »Trojanischen Krieges« von Conrad von Würzburg, um 1440

Hansische Protektionisten

7. Juni 1571. Hamburgische Schiffer sollen bei der Befrachtung stets den Vorrang vor Fremden haben. So will es ein Mandat des Rates.

Als weitere Maßnahme zum Schutz des einheimischen Handels wird festgelegt, daß jeder Schiffer, der im Besitz des hamburgischen Bürgerrechts ist, für jede Beförderung »unfreier« Güter eine Abgabe in die Kaufmannslade zu leisten hat. Als »unfreie« Güter gelten solche Handelswaren, die nicht aus dem Bereich der Hanse bzw. den preußischen und baltischen Städten oder aus Süddeutschland stammen.

Die geschäftliche Tätigkeit von Nicht-Bürgern schränkt auch der Rezeß vom 29. November 1579 ein. Gemäß Artikel 12 darf bei Androhung einer Geldstrafe »hinführo kein Fremder mit einem Fremden, kein Gast mit einem Gaste contrahieren«, ausgenommen die »Handlung derer aus Portugal und die Freiheit derer aus Cöln mit Weinen«. Einzig den englischen Kaufleuten der »Merchant Adventurers« steht noch das Recht des Gästehandels – vor allem mit den in Hamburg lebenden Holländern – zu. Der 1567 geschlossene zehnjährige Niederlassungskontrakt wird allerdings aus innen- und außenpolitischen Rücksichten nach Ablauf der Frist nicht erneuert.

100 000 Gulden – Dänen geben Ruhe

8. September 1579. Im Flensburger Vertrag willigt der dänische König Friedrich II. in die Aufhebung der Handelsrepressalien gegen Hamburg ein und gibt konfiszierte Hamburger Schiffe frei. Der Friede kostet Hamburg 100 000 Gulden.

Der Streit mit dem Dänenkönig hatte sich am Hamburger Kornprivileg entzündet. Diesem Vorrecht entsprechend hatte die Hansestadt versucht, Kornexporte aus der Wilster und Kremper Marsch über die Elbe zu verhindern. Dies war dem Dänen willkommener Anlaß für Übergriffe auf hamburgische Schiffe. Um die Ablösesumme aufzubringen, billigen die Bürger im achten Rezeß am 29. November 1579 neue Abgaben.

Scharfrichter legt Kopf auf den Block

14. März 1576. Vor dem Steintor haut der aus Itzehoe angereiste Büttel Jürgen Behr seinem Hamburger Amtskollegen Hartmann Rüter den Kopf ab. Der langjährige Henker ist wegen Totschlags zum Tode verurteilt worden.

Mit der Hinrichtung des Scharfrichters Rüter geht zugleich eine unheilvolle Prophezeiung in Erfüllung. Nachdem Rüter am 22. August 1575 einen gewissen Rolf Möller vom Leben zum Tode befördert hatte, stand am 3. Oktober des gleichen Jahres dessen Frau Grete, genannt »Die Jobische«, auf der Richtstätte. Aber die Exekution klappte nicht so wie sonst: Nachdem ihm »Die Jobische« geweissagt hatte, er werde nach ihr keinen mehr richten, hatte Rüter die Verurteilte zweimal mit dem Richtschwert verfehlt, bevor ihm der tödliche Streich gelang.

Der Henker übt ähnlich wie die Abdecker einen zwar unentbehrlichen, aber »unehrlichen«, als »unreinlich« geltenden Beruf aus. An Arbeit mangelt es nicht: Allein 1576 werden in Hamburg sechs Personen der Stadt verwiesen und weitere sechs ausgepeitscht oder sonstwie bestraft; drei Übeltäter werden hingerichtet und fünf Frauen als Hexen verbrannt. Weil nur selten jemand freiwillig diese Arbeit übernimmt, geht das Amt oft vom Vater auf den Sohn über.

1580

12. 8. 1580. Der Hamburger Rat verurteilt die Schneidermeister der Stadt zu Arztlohn und Schmerzensgeld. Sie hatten einen unzünftigen Schneider malträtiert. → S. 99

17. 8. 1580. David Penshorn, Pastor von St. Nikolai, wird zum Superintendenten der hamburgischen Kirche erwählt, nachdem dieses Amt vier Jahre lang unbesetzt war (→ 23. 9. 1593/ S. 104).

1580. Die Reepschläger-Gesellen gründen eine Kranken- und Sterbekasse.

17. 10. 1582. Rat und Bürgerschaft schließen den neunten Rezeß. Er besteht in einer Zusammenfassung der Rezesse von 1562, 1570 und 1579.

1582. In der Spitalerstraße werden »Gotteswohnungen« für Arme erbaut. → S. 102

18. 3. 1583. Abelke Bleken aus Ochsenwerder wird in Hamburg verbrannt, nachdem sie am 7. März unter Anwendung der Folter Hexereien gestanden hat. → S. 102

28. 6. 1583. Im Eichholz findet erstmals ein Vogelschießen statt.

7. 12. 1583. Das erste Börsengebäude in Hamburg wird fertiggestellt. → S. 97

25. 3. 1585. Wie zuvor schon in Altona (1581) gründen in Hamburg eingewanderte Niederländer eine Unterstützungskasse für bedürftige, kranke und durchreisende Landsleute.

10. 3. 1586. Das alte Steintor brennt ab.

18. 4. 1586. Der Küster Hans Gorries aus Eppendorf wird nach vorangegangener Tortur als Mörder seiner Frau hingerichtet. → S. 102

3. 11. 1586. In Hamburg wird eine Apothekerordnung erlassen und im Jahr darauf von dem seit 1581 hier ansässigen Ratsbuchdrucker Hans Binder gedruckt. → S. 99

8. 12. 1586. Der Hamburger Rat erläßt ein Mandat für die einreisenden Fremden, das von ihnen u. a. ein Treuegelöbnis und ein Zeugnis über ihren christlichen Glauben verlangt. → S. 98

17. 7. 1589. Ein Blitz entzündet den Turm der Nikolaikirche, der größtenteils zerstört wird (→ 1589/S. 100).

1589. Der Turm der Hauptkirche St. Jacobi wird vollendet. Am 18. Januar 1582 war mit den Bauarbeiten begonnen worden. → S. 100

GEBOREN:

22. 10. 1587. Lübeck: Joachim Jungius († 23. 9. 1657, Hamburg), Naturforscher und Philosoph.

Die Börse beginnt um 13 Uhr. Wer sich verspätet, muß eine Strafe zahlen. Das Betreten mit Waffen ist verboten.

Börsengeschäfte ab jetzt im Trockenen

7. Dezember 1583. Nachdem es schon 25 Jahre lang eine Börse in Hamburg gibt (→ 1558/S. 92), wird diese nun erstmals in einem festen Gebäude untergebracht. Das nötige Geld haben vor allem die Gewandschneider (Tuchhändler) beschafft (→ 1530/S. 86).

Am 10. August 1577 hatten unter der Leitung von Joachim Wichmann die Bauarbeiten begonnen. Als Architekt fungierte der namhafte Möbeltischler Jan Andresen aus Amsterdam.

Seit 1558 verfügten die Kaufleute über einen von Sitzbänken und Gittern rechteckig eingefaßten Versammlungsplatz von 112 Fuß Länge und 24 Fuß Breite neben der Trostbrücke. Lange hatten die Hamburger Kaufleute die Unbilden der Witterung klaglos über sich ergehen lassen, dann entschlossen sie sich aber doch zum Bau eines überdachten Hauses.

Der Standort der Börse und das Bauwerk selbst sind ungewöhnlich: Die Frontseite steht auf der Kaimauer, während der ganze übrige Teil des Neubaus auf einem unter Verwendung von dicken Bohlen aufgeführten Damm ruht und so quasi über dem vorbeifließenden Fleetwasser schwebt.

Handel und Wandel an der Börse

Die Börse ist der Treffpunkt der Kaufleute. Außer Handelsgeschäften werden hier u. a. Versicherungen abgeschlossen. In Antwerpen, Hamburgs großem Vorbild, besteht neben der Warenbörse auch eine Geldbörse, wo Termingeschäfte getätigt sowie private und staatliche Anleihen aufgelegt werden.

Das Erdgeschoß ist eine zum Börsenplatz hin offene Halle mit einer Grundfläche von 112 × 25 Fuß, deren Fußboden mit niederländischen Fliesen bedeckt ist. Diese Halle bildet gleichsam die Verlängerung des bisherigen Börsengeländes, das zur Straße hin durch eine Umfriedung abgetrennt ist.

Das flache Obergeschoß ruht auf zwei Reihen von je sieben Doppelsäulen aus Eichenholz. Den inneren Raum des oberen Stockwerks nehmen der 40 × 25 Fuß große Börsensaal sowie ein kleinerer Saal nebst zwei Gemächern über und unter der Treppe ein. Einer dieser Räume dient den Gewandschneidern als Versammlungsraum.

Gekrönt wird die Börse durch ein abgewalmtes Kupferdach sowie die fünf von der Dachrinne weit auf den Börsenplatz hinausragenden Wasserspeiern.

Das Börsengebäude stellt eines der ersten Renaissancebauten der Stadt dar. Die Architektur findet bei den Hamburgern durchaus Anklang, auch wenn sich einige kritische Zeitgenossen mehr an einen Aufsatzschrank als an ein dem Handel und Gewerbe dienendes Gebäude erinnert fühlen.

Neue Heimat für niederländische Kaufmannsfamilien

8. Dezember 1586. Der Hamburger Rat erläßt ein Mandat für einreisende Fremde, die u. a. ein Treuegelöbnis für Rat und Stadt ablegen und sich von einem Pastor ein Zeugnis über ihren christlichen Glauben ausstellen lassen müssen. Dies betrifft vor allem die reformierten Niederländer.

Der Exodus vieler niederländischer Familien aus ihrer Heimat – 1605 werden 130 in Hamburg gezählt – ist eine Folge der Gewaltpolitik des katholischen Spanien, gegen die sich im August 1566 die 17 niederländischen Provinzen erhoben haben. Der ersten Flüchtlingswelle nach Beginn des Aufstands folgte 1585 eine zweite, nachdem die Spanier Antwerpen, Flandern und Brabant erobert hatten.

Der Hamburger Rat empfängt die Fremden mit offenen Armen. Er verspricht sich wirtschaftliche Vorteile. Die orthodoxe lutherische Geistlichkeit reagiert mißtrauisch: Sie sieht in den Niederländern nicht die protestantischen Glaubensbrüder, sondern ereifert sich über die »gottlosen« Kalvinisten und Mennoniten. Sie erreicht, daß den Niederländern ein Gotteshaus versagt bleibt, so daß diese nach Stade bzw. Altona ausweichen müssen, wo 1588 und 1601 reformierte Kirchen erbaut werden.

Weil sie auf Hilfe aus den kirchlichen Armenkassen nicht hoffen dürfen, gründen die Holländer eigene Unterstützungseinrichtungen für notleidende Landsleute.

Vor allem die Textilindustrie profitiert von den Zuwanderern, die sich von der bestehenden Zunftorganisation unabhängig machen: 1586 wird das eigenständige Amt der Sayemacher gegründet. Sie stellen Tuche aus langhaariger, nicht gewalkter Wolle her.

Die niederländischen Tripmacher fertigen einen weichen, je zur Hälfte aus Seide und Leinengarn bestehenden Stoff. Die Caffamacher verweben Seide und Wolle zu dem samtähnlichen Caffa.

Anders als die englischen »Merchant Adventurers« finden die Niederländer Zugang zu den Hamburgern. Einige treten zum Luthertum über oder heiraten in Hamburger Familien ein. Sie erwerben so das Bürgerrecht und werden – entgegen ihrer ursprünglichen Absicht – in Hamburg heimisch.

◁△ *Flämische Weber bei der Arbeit am Webstuhl; das Textilgewerbe ist das Rückgrat der flämischen Wirtschaft (Stich, um 1600).*

△ *Ein Marktstand mit Kerzen, Bürsten, Gewürzen, Hüten sowie Tüchern, die einen wesentlichen Teil der Importe in die Hansestädte ausmachen; besonders bevorzugt werden flämische Waren: Der Hansekaufmann erwirbt seine Kleider meist in Brügge (Miniatur, 15. Jh.).*

◁ *Das sog. Rote Haus in der Großen Reichenstraße; in der Renaissancefassade dieses 1617 entstandenen Gebäudes spiegelt sich der Einfluß niederländischer Bauweise wider. Die Architektur zahlreicher Hamburger Bürgerhäuser weist im 17. Jh. holländische Elemente auf.*

Amsincks aus Zwolle an die Elbe

Zu den führenden Kaufmannsfamilien, die aus den Niederlanden nach Hamburg emigrierten, gehören die aus Zwolle stammenden Amsincks. Im Jahr 1576 wanderte Willem Amsinck, Sproß eines Zwoller Handelshauses, um seines Glaubens willen nach Hamburg aus. Anders als viele ihrer Landsleute treten die Amsincks zum lutherischen Glauben über und werden Hamburger Bürger, so daß Willems ältester Sohn Rudolf im Jahr 1619 in den Rat gewählt werden kann. Zu diesem Zeitpunkt sind von den 42 führenden Handelshäusern in Hamburg nicht weniger als 32 in niederländischem Besitz. Allerdings bleibt Rudolf Amsinck den Traditionen seiner Familie treu und wählt mit Isabeau de Hertoghe eine Niederländerin zur Frau.

Rudolf und Isabeau Amsinck; das Bildnispaar (Öl auf Holz, 1604) stammt von einem in den Niederlanden geschulten Maler. Die Kleider von Isabeau haben einen für Hamburger Verhältnisse sehr aufwendigen Zuschnitt.

Fremde Schneider sind unerwünscht

12. August 1580. Der Rat von Hamburg untersagt dem hiesigen Schneideramt das gewaltsame Vorgehen gegen Berufskollegen, die dem Amt nicht angehören.

Die Schneidermeister hatten das Haus des Bürgers Hans Meinsen überfallen, um den Schneider der in Hamburg ansässigen Niederländer, Bastian von Acken, zu maßregeln. In seiner Entscheidung verbietet der Rat den Schneidern unter Androhung des Amtsverlustes, in Bürgerhäuser einzudringen und Kleider wegzunehmen. Für den böse verprügelten Schneiderjungen wird ein Schmerzensgeld fällig, und Bastian von Acken darf weiter für die Niederländer arbeiten.

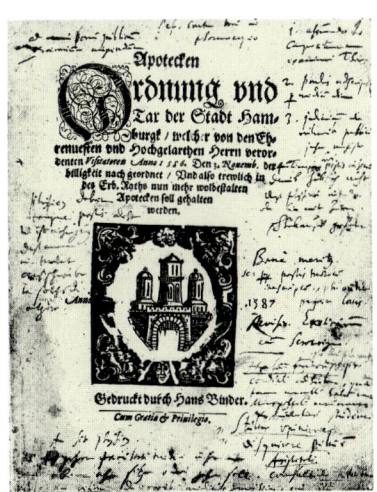

Deckblatt der Apothekenordnung, mit dem Wappen der Hansestadt verziert

Anweisungen für das Pillendrehen

3. November 1586. Der Rat erläßt unter fachkundiger Mitwirkung des Stadtphysikus (→ 25. 7. 1529/ S. 85) die erste »Apotecken Ordnung und Tax der Stadt Hamburgk«. Dieses älteste auf hochdeutsch verfaßte Gesetz Hamburgs wird im Jahr darauf gedruckt.

Die Apothekenordnung enthält in den ersten drei Kapiteln Hinweise auf die Warenbeschaffung, das Tun und Lassen des Apothekers und seiner Mitarbeiter sowie die Vermeidung von »mißbräuchlichen Arztneyen«. In 24 weiteren Kapiteln sind ferner die Preise der Medikamente (»Taxe«) und ein amtliches Rezeptbuch für die Zubereitung von Arzneimitteln aufgelistet.

Zünftige Handwerker jagen »Böhnhasen«

Chronik Hintergrund

Die zunehmenden Aktivitäten unorganisierter Handwerker sind in Hamburg schon seit dem späten Mittelalter Anlaß zu ständigen Auseinandersetzungen.

Wer in Hamburg als selbständiger Handwerksmeister seine Arbeit ausüben will, muß Mitglied im jeweils zuständigen Amt werden. Dies ist allerdings nicht ohne weiteres möglich, denn die Ämter schotten sich angesichts der unliebsamen Konkurrenz neuer Gewerbe und der Erschließung neuer Märkte immer mehr ab. Das Zunftsystem erstarrt.

So ist der Eintritt in das Amt an die Gewährung des Bürgerrechts geknüpft, was wiederum die Zahlung einer Gebühr erfordert. Dies gilt beispielsweise für das Handwerk des Gewandschneidens: Zwar ist der Zugang zu diesem Gewerbe für den Bürger mit Hausbesitz in Hamburg grundsätzlich frei, doch muß er gemäß Artikel 29 im Langen Rezeß von 1529 (→ 16. 2. 1529/S. 84) sieben Mark als Eingangsgebühr und fortan jedes weitere Jahr zwei Mark bezahlen.

Aufgrund der Zugangsbeschränkungen gibt es erheblich mehr ausgebildete Schneidergesellen als verfügbare Amtsmeisterstellen. Wer Geselle ist und kein Meister werden kann, hat nun zwei Möglichkeiten: Er bleibt sein Leben lang abhängig beschäftigt, oder er arbeitet selbständig als illegaler Handwerker. Weil zumeist ein Dachboden, der sog. Böhn, als Werkstätte hergerichtet wird, heißen diese Unorganisierten in Hamburg Böhnhasen.

Diese heimliche Selbständigkeit ernährt durchaus ihren Mann: Weil der Zwang entfällt, sich an die von den Ämtern vereinbarten Preise zu halten, können die Böhnhasen billiger arbeiten als die zünftige Konkurrenz, so daß es ihnen zumeist nicht an Aufträgen mangelt. Andererseits ist eine solche Art der Berufstätigkeit gefährlich, denn die Amtsmeister wehren sich gegen die schädliche Konkurrenz und versuchen, die Böhnhasen ausfindig zu machen und zu vertreiben.

Allerdings dürfen die Ämter diese Art der Strafverfolgung nicht ganz auf eigene Faust betreiben: Wird einem Amt eine Böhnhasentätigkeit gemeldet, so muß der Ältermann des Amtes formell vom Bürgermeister einen Stadtdiener anfordern und mit den für diese Angelegenheiten zuständigen vier Amtsmeistern die Jagd auf den Böhnhasen aufnehmen.

Dies muß möglichst vorsichtig geschehen, denn es gilt, den unerwünschten Berufskollegen möglichst in flagranti bei der Arbeit zu ertappen. Oftmals wird der

Unter dem Schutz des Gesetzes stehen schließlich die sog. Freimeister: Dies sind Handwerksmeister, denen der Rat eine Berufstätigkeit ohne die Beschäftigung von Gesellen oder Lehrlingen gestattet hat, weil in dem jeweiligen Gewerbe zuwenig Handwerker tätig sind.

Trotz des verbissenen Widerstandes der Amtsmeister werden im Laufe der Zeit immer mehr Ausnahmen offiziell zugelassen und den Böhnhasen z. B. die Arbeit für Hospitäler und andere öffentliche Einrichtungen gestattet.

Blick in eine niederländische Schneiderwerkstatt (Gemälde des holländischen Malers Gerritzs van Brekelenkam, 1661; Amsterdam, Rijksmuseum)

Böhnhase gewarnt und kann den Häschern über die Dächer entkommen. Wird er jedoch erwischt, hat er brutale Prügel zu erwarten, die ihn nicht selten zum Krüppel machen. Zusätzlich muß der ertappte Böhnhase noch eine behördliche Strafe zahlen.

Bei der Böhnhasenjagd müssen einige juristische Feinheiten beachtet werden: Ist der Stadtdiener nicht bei der Ergreifung der gesuchten Person zugegen, so darf der Hausbesitzer den bei ihm wohnhaften oder arbeitenden Handwerker verteidigen.

Nicht gejagt werden dürfen auch unzünftige Handwerker, die bei den vermögenden Bürgerfamilien zum Schein als Diener angestellt sind, in Wahrheit aber dort ihr gelerntes Handwerk ausüben.

Wem das Leben als Böhnhase zu gefährlich erscheint, der hat die Möglichkeit, ins Hamburger Umland nach Altona, Ottensen oder Wandsbek zu ziehen, wo er von den Hamburger Amtsmeistern nicht belästigt werden kann. Hier mangelt es jedoch vielfach an Auftraggebern, so daß als Kunden wiederum meist Hamburger in Frage kommen.

Gehen sie dann mit ihren Waren zu dem Haus des Auftraggebers, so müssen sich die auswärts wohnenden Böhnhasen vor den Kontrolleuren in acht nehmen, die eigens für diesen Zweck von den Ämtern ausgeschickt werden. Diese sog. Visitatoren dürfen die unzünftigen Handwerker anhalten, durchsuchen und dann Böhnhasen-Waren beschlagnahmen.

Stadtplan in Kupfer

1589. Der Turm der Hauptkirche St. Jacobi, der bereits in den Jahren 1578 bis 1580 um zwei Geschosse erweitert worden war, erhält eine neue Turmspitze auf einem oktogonalen Unterbau. Zwei Kölner Architekten haben die neuerliche Veränderung ins Werk gesetzt. Mit seiner Höhe von nunmehr 110 m ist der Jacobikirchturm eine wahre Zierde der Stadt Hamburg.

Weniger Glück ist der Gemeinde einer anderen Hauptkirche, St. Nikolai, in diesem Jahr 1589 beschieden: Ein Blitz entzündet am 17. Juli den charakteristischen, 470 Fuß (ca. 134 m) hohen Turm des mächtigen Gotteshauses am Hopfenmarkt, der durch das fünf Stunden dauernde Feuer eingeäschert wird.

Die Gemeinde läßt sich durch diesen Schicksalsschlag nicht entmutigen. Sie beauftragt umgehend den Baumeister Hans Petersen damit, einen neuen Turm zu errichten, der bis 1593 – im Stil der Zeit überaus reich gegliedert – fertiggestellt ist.

Das alte Gesicht der Kirche ist in dem wohl ältesten Stadtplan Hamburgs enthalten, der in dem bekannten Städtewerk der beiden Kartenzeichner Georg Braun und Franz Hogenberg mit dem Titel »Civitates orbis terrarum« (Städte des Erdkreises) abgedruckt worden ist und aus der Zeit um 1575 stammt. Mit diesem Werk, das ab 1572 in sechs Bänden erscheint, legen die beiden in Köln tätigen Kupferstecher als erste ihrer Zunft ein großes Panorama der europäischen Stadtarchitektur vor.

Sie bemühen sich um größte Genauigkeit, scheuen dabei aber nicht vor Gefälligkeiten zugunsten einflußreicher Persönlichkeiten zurück: In dem ersten Plan von Braun/ Hogenberg ist ganz oben rechts sogar noch das eigentlich weiter entfernte Gut Wandsbek zu sehen, wo der mächtige dänische Statthalter Heinrich Rantzau residiert. Er baut das bescheidene Wohnhaus zu einem fürstlichen Gemäuer aus.

Hamburg präsentiert sich dem Betrachter in der zweiten Hälfte des 16. Jahrhunderts als eine selbstbewußte Handelsstadt im Schutze der mächtigen, seit etwa 1530 errichteten Wallanlagen (→ 27. 3. 1557/S. 91) mit dem weit vorspringenden Dammtor und der doppelten Pfahlreihe in der Alster sowie einer weiteren Pfahlreihe vor dem Eingang zum Binnenhafen.

Noch fast völlig unbebaut ist die spätere Neustadt, das Gelände östlich und nördlich des Neuen Walls, das erst im Zuge der 1616 einsetzenden Befestigungsarbeiten (→ Anfang 1626/S. 113) in das Stadtgebiet einbezogen wird.

Das Wiesengelände auf den späteren Straßen Große und Hohe Bleichen, wo schon im 15. Jahrhundert die Wäsche gebleicht worden ist, und die angrenzenden Gärten werden erst im folgenden Jahrhundert bebaut. Hier entsteht eines der sog. Gängeviertel und andere starkbevölkerte Stadtteile, die sich in späteren Jahrzehnten zu städtebaulichen Problemzonen entwickeln.

Allerdings sind auch in der Altstadt noch Gärten zu finden, z. B. der Garten der Ratsfamilie von Bargen, der Barkhof. Der Wandrahm zeigt noch die Rahmen der Tuchmacher (Wandbereiter), in denen die gefärbten Tuche (Gewand) zum Trocknen und Glätten eingespannt werden. Im Jahr 1609 werden die Rahmen weiter südlich nach dem Grasbrook verlegt.

▷ *Grundriß der Stadt Hamburg für das sechsbändige Städtewerk der beiden Geographen Georg Braun und Franz Hogenberg, entstanden um 1575 (Kupferstich)*

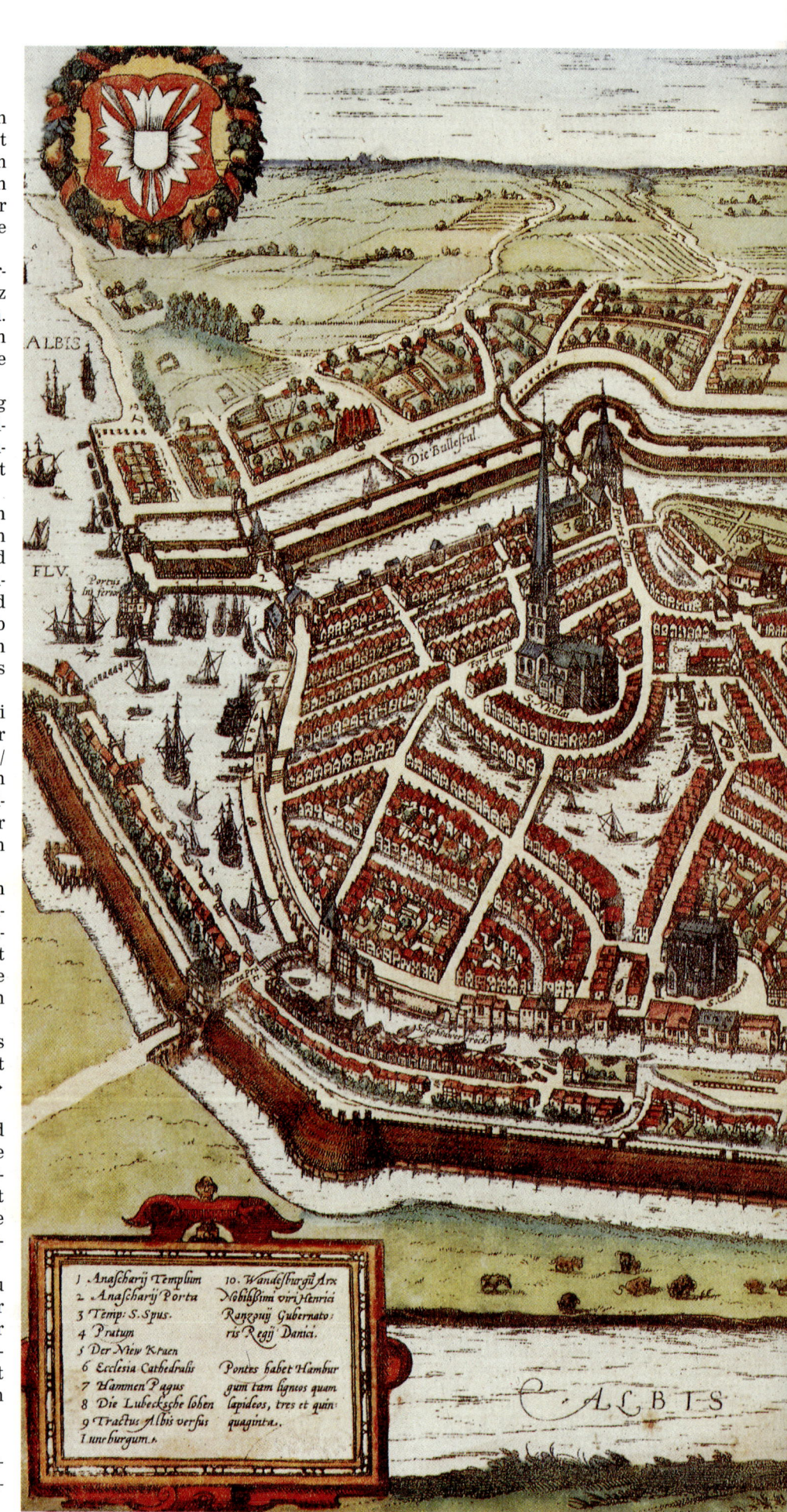

HAMBVRGVM.

FLV.

Übliche Strafen im Mittelalter: Aufhängen, Verbrennen, Köpfen, Rädern, Gliedmaßen abhacken (Holzschnitt, 1509)

Grausamer Tod für Eppendorfer Küster

18. April 1586. Wegen Mordes an seiner Ehefrau wird der Küster Hans Gorries aus Eppendorf hingerichtet. Das gleiche Urteil trifft seine Geliebte Elisabeth Ehlers, mit der er schon längere Zeit vor der Tat Ehebruch begangen hatte.

Aufgrund der Schwere des Delikts und zur Abschreckung für potentielle Gattenmörder fällt die Hinrichtung besonders grausam aus: Der Küster wird erst auf dem Hopfenmarkt, dann auf dem Pferdemarkt und schließlich vor dem Spitalertor mit glühenden Zangen gezwickt, danach auf dem Richtplatz gerädert und zuguterletzt aufs Rad gelegt. Seine Geliebte wird enthauptet; ihren Körper läßt der Scharfrichter anschließend auch noch ins Feuer werfen.

Nachdem zwei Versuche, seine Ehefrau auf einen Kahn zu locken und zu ertränken, fehlgeschlagen waren, hatte Gorries einen anderen Plan ersonnen, um sich seiner Frau zu entledigen. Er befestigte in dem Pflaumenbaum, der in seinem Hof vor dem Stubenfenster steht, ein Gewehr, dessen Mündung auf das Fenster gerichtet war. An den Abzug band der mörderische Küster einen Bindfaden, den er dann durch die Mauer ins Haus führte.

So bedurfte es, als er sich mit seiner Frau zum Mittagstisch hinsetzte, nur eines kurzen Rucks an dem Bindfaden. Sofort ging die Büchse los – die Kugel traf seine Frau mitten ins Herz. Um jeden Verdacht von sich abzulenken, band der Küster, nachdem der Schuß gefallen war, rasch das Seil los, warf das Gewehr heimlich in die Alster und

begann ein lautes Wehklagen über den Tod seiner Frau.

Zunächst blieb seine Tat unentdeckt; erst als er seine Geliebte zu sich ins Haus holte, schöpften die Behörden Verdacht. Der Richtherr Joachim Bekendorp ließ Gorries eingehend verhören. Nach einigen Tagen gestand der Küster die Tat und wurde zum Tode verurteilt.

Blick in eine Folterkammer; hier wird mit Hilfe der »peinlichen Befragung« von dem bemitleidenswerten Delinquenten jedes von Amts wegen gewünschte Geständnis erpreßt. Die Folter gilt den Zeitgenossen als nichts Verwerfliches, sondern als ein probates Mittel zur Wahrheitsfindung (unbezeichneter Holzschnitt eines französischen Formschneiders, 16. Jh).

Die Stadt wächst, die Armut auch

1582. In der Spitalerstraße werden die ersten »Gotteswohnungen« für Arme errichtet. Es ist bereits die zweite aus den Mitteln mildtätiger Stiftungen geschaffene Einrichtung dieser Art in der Stadt Hamburg (→1556/S. 92).

Die Stiftung der Gotteswohnungen stellt eine Reaktion auf die zunehmende Armut in Hamburg dar. Zwar florieren die Geschäfte, doch der Rückgang alter Gewerbe wie z. B. im Brauwesen bringt viele Menschen um Lohn und Brot. Die bis 1600 durch Zuwanderung auf etwa 40 000 gestiegene Einwohnerzahl führt zu großer Wohnungsnot. Gleichzeitig lockt der Reichtum der Stadt Vaganten und Kriminelle an. Zur Unterscheidung haben die Hamburger Bettler 1570 ein eigenes Bettlerzeichen erhalten. Das Versorgungssystem der sog. Gotteskästen (→ 29. 9. 1528/S. 84) kann die Armut nicht beseitigen.

Folter zwingt eine »Hexe« zum Reden

18. März 1583. Wieder einmal muß eine Frau als »Hexe« in Hamburg auf den Scheiterhaufen. Diesmal ereilt es die Bauerstochter Abelke Bleken aus Ochsenwerder.

Die Umstände des vorangehenden Prozesses werfen ein bezeichnendes Licht auf die Rechtsprechung im 16. Jahrhundert. Unter Anwendung der Folter gesteht die unverheiratete Bauerstochter alles, was die der Peinigung beiwohnenden Ratsherren von ihr hören wollen. Nachdem ihr auf der Streckbank beinahe die Glieder aus dem Leib gerissen worden sind, bekennt sie ihre angeblichen Untaten: Mit dem Teufel Belzamer habe sie vier Jahre zuvor Gemeinschaft gehabt, auf dem Sandberg mit Zauberern getanzt, die Ochsen eines Ratsherrn tot gezaubert und dem Vogt eine Krankheit angehext.

Der Hexenprozeß hat allerdings einen weltlichen Hintergrund: Wie es heißt, ist Jungfer Abelke aufgrund eines nicht eingelösten Eheversprechens mit zunehmendem Alter menschenscheu geworden. Dies habe der Vogt Dietrich Gladiator ausgenutzt und die unglückliche Frau in den Irrsinn getrieben, um ihr den Hof zu entreißen.

1590

22. 6. 1590. Im Auftrag des Hamburger Rates bezieht Kapitän Diedrich Warnecke auf der Elbe vor Stade Wache, um Hamburger Schiffer daran zu hindern, in Stade ihre Ladung zu löschen. → S. 103

17. 8. 1590. Drei niederländische Schauspieler erbitten vom Hamburger Rat die Genehmigung für eine Theateraufführung. Es ist das erste Gesuch einer Wanderbühne um Spielerlaubnis in Hamburg.

2. 12. 1590. Hans und Paul Berenberg gründen in Hamburg ein Im- und Exportunternehmen für den Tuchhandel. → S. 103

3. 12. 1591. In Hamburg wird der erste Feuerkontrakt auf Gegenseitigkeit abgeschlossen (→ 2. 12. 1590/S. 103).

23. 9. 1593. Nach dem Tode von David Penshorn, seit 1580 Superintendent der hamburgischen Kirche, setzt der Rat keinen neuen Superintendenten mehr ein. → S. 104

Um 1594. Neben Niederländern wandern auch verstärkt Portugiesen und Spanier in die Hansestadt ein. Unter ihnen ist der Arzt Rodrigo de Castro, der erste in Hamburg namentlich bekannte sephardische Jude. → S. 104

1594. Der in Hamburg tätige Florentiner Kaufmann Alessandro della Rocca erwirkt vom Schauenburger Grafen Adolf XIV. einen Schutzbrief für die in Altona angesiedelten Jesuiten. 1598 legt er durch den Erwerb eines Hauses in der Elbstraße den Grundstein für eine katholische Gemeinde in Altona.

1596. Jakob Lucius d. J. druckt in Hamburg die vom Diakon an St. Petri, David Wolder, herausgegebene sog. Hamburger Polyglotte. Darin ist der griechische Text des Neuen Testaments zwei lateinischen Übersetzungen und der lutherischen deutschen Version gegenübergestellt.

1597. Der hamburgische Arzt Johann Bökel untersucht die Lebensverhältnisse in Hamburg und kritisiert scharf die mangelhafte Reinhaltung der Straßen. Bökel ist auch Verfasser einer Pestordnung.

1597/98. Als Gast des königlich-dänischen Statthalters Heinrich Rantzau weilt der Astronom Tycho Brahe in Wandsbek. → S. 104

GEBOREN:

3. 8. 1598. Husum: Broderus Pauli († 19. 1. 1680, Hamburg), Bürgermeister.

15. 11. 1599. Hamburg: Werner Rolfinck († 6. 5. 1673, Jena), Mediziner und Chemiker.

Elbhafen Stade wird lästige Konkurrenz

22. Juni 1590. Der Hamburger Rat beauftragt mit Billigung der Bürgerschaft den Kapitän Diedrich Warnecke, sich mit einem Schiff vor Stade auf Wache zu legen. Warnecke soll alle Hamburger Schiffer mit Importgut, die Stade anlaufen wollen, festhalten und sie an ihre Pflichten als Hamburger Bürger erinnern. Falls sie sich weigern, nach Hamburg weiterzufahren und dort ihre Ladung zu löschen, sollen sie notfalls aufgebracht werden. Schiffe aus Stade und aus England soll Warnecke passieren lassen, um keinen größeren Konflikt zu provozieren. Der alte Konkurrent Stade wird Hamburg zunehmend lästig, nachdem sich dort 1587 die englischen Kaufleute der »Merchant Adventurers« niedergelassen haben.

Diese Kaufmannsgilde hatte – von den Niederländern aus Antwerpen vertrieben – zwischen 1567 und 1577 in Hamburg ihr Domizil. Mit

Ausschnitt aus der Elbkarte Melchior Lorichs (→ 3. 12. 1567/S. 94); nur kleinere Schiffe können Stade durch die enge Schwinge anlaufen.

Rücksicht auf die übrigen Hansestädte hatte der Rat den Niederlassungskontrakt nicht verlängert, worauf die vor allem im Tuchhandel erfolgreichen Engländer zunächst nach Emden und dann nach Stade auswichen. Der englische Handel bringt Stade den erhofften wirtschaftlichen Aufschwung. Die übrigen Hansestädte reagieren darauf jedoch 1601 mit dem Ausschluß der Stadt aus dem Hansebund.

Finanzexperten und Feuerversicherer

2. Dezember 1590. Die Brüder Hans und Paul Berenberg, als niederländische Protestanten vor der Unterdrückungspolitik der Spanier aus ihrer Heimat geflohen, gründen in der Stadt Hamburg ein Tuchhandelsunternehmen.

Ihre rasch aufblühende Firma ist zunächst ein reines Warengeschäft. Die Brüder Berenberg unterhalten Handelsbeziehungen mit den Niederlanden, England, Portugal, Spanien und Archangelsk, später auch mit Italien, Griechenland und der Türkei.

Schon im Verlauf des 17. Jahrhunderts befaßt sich die Firma Berenberg mit der kurzfristigen Finanzierung für Im- und Exporte und beteiligt sich an Versicherungskonsortien. Im Jahr 1791 geht aus dem Handelsunternehmen schließlich das Bankhaus Joh. Berenberg, Gossler & Co. hervor.

Ein Jahr nach der Firmengründung nimmt im Zeichen eines wirtschaftlichen Aufschwungs erstmals die Idee einer gegenseitigen Feuerversicherung in Hamburg Gestalt an: Mit Hilfe dieses »Fewer Contracts« wollen Geschäftsleute und Hausbesitzer zukünftig vermeiden, daß im Falle eines Brandes ihr Vermögen zerstört wird.

Den ersten Hamburger Feuerkontrakt unterzeichnen am 3. Dezember 1591 die Eigentümer von 101 Brauhäusern. Diese hohe Zahl von Hausbesitzern ist notwendig, damit bei größeren Schäden zumindest 1000 Reichstaler zur Deckung beisammengebracht werden können, denn jeder Genosse zahlt dem Geschädigten 10 Reichstaler.

Der für das betreffende Haus geschlossene Feuerkontrakt ist unkündbar und bindend auch für künftige Eigentümer. Der Schaden wird verabredungsgemäß durch beeidigte Zimmerer und Mauerleute begutachtet. Um Mißbrauch auszuschließen, muß das Geld binnen Jahr und Tag für den Wiederaufbau verwandt werden.

Abdruck Des Fewer CONTRACTS, So im Jahr nach Christi Geburth 1591. den 3 Decembr / wegen Hundert Ein Brawhäuser von deroselben Eigenthümern einmütig beredet / und beständiglich beschlossen / und nachgehends auff befelch E. E. Hochw: Rahts dieser Stadt Denckel Buch zu der Interessenten Nachricht ist einverleibet worden.

Titelblatt des ersten in der Stadt Hamburg geschlossenen Feuerkontraktes vom 3. Dezember 1591 (Hamburger Nachdruck aus dem Jahr 1636)

Staatskirche sichert die »reine Lehre«

23. September 1593. Nach dem Tod von David Penshorn, seit 1580 Superintendent der hamburgischen Kirche, überträgt der Rat dessen Geschäfte dem Senior des geistlichen Ministeriums, der Versammlung aller Stadtpastoren.

Das geistliche Ministerium kann freilich nur Fragen rein theologischer Natur entscheiden. Der Rat selbst übernimmt die eigentliche Macht: Er nimmt für sich in Anspruch, oberste Instanz in Kirchenfragen zu sein – ein neuer Superintendent wird nicht eingesetzt.

Das Amt des Superintendenten war durch die Kirchenordnung von 1529 geschaffen worden. Der in dieses Amt berufene Geistliche sollte die Einhaltung der rechten Lehre bei den Pastoren überwachen, um dem Entstehen abweichender Meinungen vorzubeugen.

Das Selbstbewußtsein der lutherischen Geistlichkeit, die ihre eigenständige Leitung in Gestalt des Superintendenten ebenso energisch verteidigte wie die reine Lehre, führte schon seit Mitte des 16. Jahrhunderts zu Auseinandersetzungen mit dem Rat. Diese entzünde-

Flugblatt aus dem Jahr 1620 über den Streit zwischen den Konfessionen (»Geistlicher Rauffhandel«)

ten sich vor allem an der toleranten Fremdenpolitik der Stadtregierung, die es aus wirtschaftlichen Erwägungen heraus zuließ, daß sich auch Nichtlutheraner in Hamburg ansiedeln konnten (→ 8. 12. 1586/S. 98). Dies ging zwar nicht so weit, daß man den nichtlutherischen Glaubensverwandten die Freiheit zur Religionsausübung

und eigene Begräbnisplätze zugestanden hätte, genügte aber, um den Argwohn der orthodoxen Geistlichkeit hervorzurufen.

Die nach dem Tod von Penshorn durch die Nichtbesetzung der Superintendantur geschaffene Einheit von Staat und Kirche wird durch den Rezeß vom → 6. Oktober 1603 (S. 106) bekräftigt. Gleich im ersten Kapitel steht zu lesen, daß »die Einigkeit in der Religion auch das rechte Band des Friedens und Vertrauens« in politischen Angelegenheiten sei. Daher soll in Hamburg die wahre und reine lutherische Lehre »festiglich behalten und durch des Allmächtigen Gottes Gnade« gestärkt werden.

Dies bedeutet zugleich, daß die Verfolgung von angeblichen Ketzern zur Aufgabe des Staates geworden ist. Mit den Bestimmungen dieses Rezesses ist die Kirche gewissermaßen Teil der staatlichen Machtausübung geworden.

Dies muß jedoch für den Fall, daß ernsthafte theologische Richtungsstreitigkeiten die hamburgische Kirche erschüttern, auch zu einer Krise des Staates führen.

Erstmals Juden in Hamburg zu Hause

Um 1594. Der portugiesische Arzt Rodrigo de Castro kommt nach Hamburg und erwirbt sich vor allem bei der Bekämpfung der Pest im Jahr 1596 große Verdienste um die Stadt. De Castro ist der erste in Hamburg namentlich nachweisbare sephardische Jude.

Der 1546 in Lissabon geborene Mediziner ging wie viele seiner Glaubensbrüder nach der Einverleibung Portugals durch Spanien 1580 zunächst nach Antwerpen. Die Eroberung der Stadt durch die Spanier zwang ihn 1585, sich ein neues Exil zu suchen. De Castro tut einiges, um sich seiner christlichen Umgebung anzupassen: Er gibt seiner Frau Catarina Rodrigues 1603 ein christliches Begräbnis und schickt 1615 seine Söhne Benedikt, später gleichfalls ein bekannter Arzt, und Andreas auf das streng protestantische Johanneum. Er selbst konvertiert erst 1612 zum christlichen Glauben, im selben Jahr, in dem der Hamburger Rat zum Unwillen der Kirche mit den portugiesischen Juden einen Niederlassungskontrakt schließt.

Astronomische Beobachtungen auf Schloß Wandsbek

1597/98. Als Gast des königlich-dänischen Statthalters Heinrich Rantzau hält sich der dänische Astronom Tycho Brahe auf Schloß Wandsbek auf. Während dieser Zeit stellt er von dessen Turm aus astronomische Beobachtungen an

Tycho Brahe (14. 12. 1546–24. 10. 1601) arbeitet von 1599 an als Astronom Kaiser Rudolfs II. in Prag.

und druckt dort auf eigener Druckerpresse sein wissenschaftliches Werk »Astronomiae instauratae mechanica«, eine Beschreibung astronomischer Instrumente.

Dieses erste in Wandsbek gedruckte Buch verhilft dem im Streit aus Kopenhagen geschiedenen Brahe zu einer Stelle bei Kaiser Rudolf II. in Prag, wo er 1601 stirbt.

Unter Heinrich Rantzau, der 1564 das Gut Wandsbek erworben hatte, erlebt das bescheidene Anwesen einen ersten Aufschwung. Rantzau ließ bis 1568 das alte Herrenhaus abreißen und eine Wasserburg errichten, das erste dreiflügelige Renaissanceschlößchen in den holsteinischen Herzogtümern. Diese »Wandesburg« besteht aus einem turmgekrönten Mittelbau mit zwei Seitenflügeln, die einen Innenhof umfassen. Die Zufahrt über den Burggraben erfolgt von Norden über eine hölzerne Zugbrücke.

Der wissenschaftlich und musisch umfassend gebildete Rantzau erweitert durch Landzukäufe das Besitztum und fördert das Gewerbe.

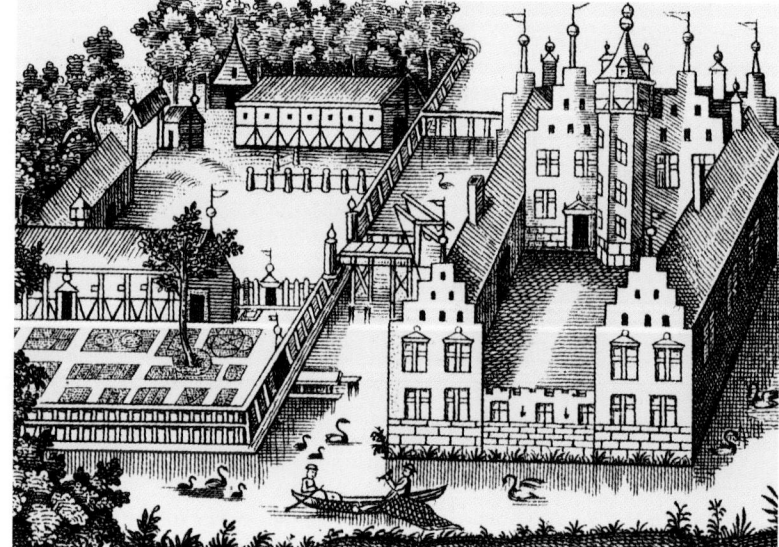

Heinrich Rantzaus »Wandesburg« mit dem turmgekrönten Haupt- und den beiden Seitenflügeln, dem Graben und dem Wirtschaftshof (Holzschnitt, 1592)

Er legt im Bereich der späteren Mühlenstraße eine Kornmühle an und verpachtet drei niederländischen Emigranten eine Lohmühle zur Herstellung von Gerberlohe (Gerbstoffe für die Lederanferti-

gung). Mit Peter Buck erlaubt Rantzau 1598 dem ersten Leineweber unter günstigen Bedingungen die Ansiedlung in Wandsbek. Um 1600 dürfen sich Juden in einem eigenen Viertel niederlassen.

1600

Um 1600. Die von Hamburg betriebene Politik, durch Eingriffe in den Elblauf mehr Wasser in die Norderelbe zu leiten, hat Erfolg. → S. 105

1601. Der Dichter und Theologe Philipp Nicolai wird als Hauptpastor an die Kirche St. Katharinen berufen. Dort wirkt er bis 1608.

14. 2. 1602. Während eines heftigen Sturmes aus Nordwest durchbricht die Flutwelle den Deich in Ochsenwerder. Das Wasser steigt um eine halbe Elle (ca. 30 cm) höher als die »Allerheiligenflut« vom → 1. November 1570 (S. 96).

17. 2. 1602. Der Hamburger Rat überreicht Kaiser Rudolf II. den wundertätigen sog. Eppendorfer Kohlstrunk. → S. 105

26. 2. 1602. Der Hamburger Rat erläßt ein Mandat für die reitenden Diener. → S. 105

15. 6. 1602. Der Schauenburger Graf Ernst erteilt den in Altona ansässigen niederländischen Reformierten ein Glaubens- und Niederlassungsprivileg, verbunden mit der Gewährung der Gewerbefreiheit und eines eigenen Gerichts. Auch Jesuiten (1594) und Mennoniten (1601) dürfen sich in Altona niederlassen.

6. 10. 1603. Rat und Bürgerschaft schließen den elften Rezeß. Er bestätigt zahlreiche Artikel des Rezesses von 1529. Als Neuheit sieht er erstmals die Besoldung der Ratsherrn und Bürgermeister aus der Stadtkasse vor. → S. 106

28. 10. 1603. Der dänische König Christian IV. trifft mit Gefolge in Hamburg ein, um sich in Form einer »Annehmungs-Huldigung« als Landesherr bestätigen zu lassen. → S. 106

11. 5. 1604. Die Bürgerschaft bewilligt die vom Rat zur Finanzierung der Türkensteuer – seit 1593 führt Kaiser Rudolf II. Krieg gegen das Osmanische Reich – verlangten Abgaben. Als Gegenleistung fordert die Bürgerschaft ein energisches Einschreiten gegen alle Bürger, die bei fremden Handwerkern aus der Umgegend oder bei unzünftigen Handwerkern arbeiten lassen.

24. 9. 1604. Die Gründungsakte des Hamburger Waisenhauses wird unterzeichnet. Am 19. Dezember kommt hier das erste Kind unter. → S. 106

1604. Für die Hamburger Kirchen wird ein »Melodeyen Gesangbuch« eingeführt. → S. 107

6. 4. 1605. Der Grundstein für die kleine Michaeliskirche wird gelegt. Am 28. September feiert man für die Kirche, am 30. November 1605 auch für den Turm das Richtfest.

1605. Der Hamburger Rat schließt mit den 130 in der Stadt ansässigen niederländischen Familien einen auf zehn Jahre befristeten Fremdenkontrakt. Ihnen wird gegen eine Anerkennungsgebühr Aufenthalt und Handel gestattet; sie erhalten jedoch kein Bürgerrecht (→ 8. 12. 1586/S. 98).

25. 1. 1606. Der Hamburger Rat erläßt ein Zollmandat. Jeder Bürger darf Waren einführen und in seinem Haus verarbeiten; für die Einfuhr fremder Güter ist aber eine Abgabe zu entrichten.

18. 6. 1606. Die Bürgerschaft billigt die Errichtung eines allgemeinen Krankenhauses (»Pesthof«) vor dem Millerntor. → S. 107

14. 11. 1606. Eine Handelsdelegation der Hansestädte Hamburg, Lübeck und Danzig verläßt Hamburg mit Ziel Madrid. Nach 19 Monaten kehren die Diplomaten mit einem Handelsvertrag in der Tasche zurück. → S. 107

28. 1. 1607. Kaiser Rudolf II. untersagt in einem Mandat an Rat und Bürgermeister den Ämtern das gewalttätige Jagen unzünftiger Handwerker (»Böhnhasen«; → S. 99).

1607. Die Elbinsel Stillhorn fällt aufgrund eines Vertrages mit den Grafen von Schauenburg an Herzog Wilhelm von Braunschweig und Lüneburg zu Harburg. Der Herzog ist seit 1606 alleiniger Herzog zu Harburg.

5. 8. 1608. Eine von Rat und Bürgerschaft gebilligte Hochzeitsordnung verpflichtet die Brautleute, sich auf dem Rathaus anzumelden und ihr Bürgerrecht nachzuweisen. Die Zahl der Gäste beim Kirchgang und beim eigentlichen Fest wird begrenzt.

16. 12. 1608. Die Stadt Hamburg einigt sich mit den Vertretern des dänischen Königs Christian IV. und des Herzogs Johann Adolf von Holstein-Gottorp, die seit 1568 vor dem Reichsgericht anhängigen Streitfälle beizulegen.

1608. Die Städte Hamburg, Lübeck, Bremen, Magdeburg, Braunschweig und Lüneburg ernennen Friedrich Graf von Solms-Lich-Laubach zu ihrem gemeinsamen Feldhauptmann.

1. 5. 1609. Der Niederländer Johan van Valckenburg wird in Lübeck als Festungsbaumeister der sechs verbündeten Städte vereidigt (→ Anfang 1626/S. 113).

27. 7. 1609. Die Bürgerschaft billigt einen Antrag des Rates, den in Hamburg ansässigen christlichen Portugiesen gegen eine Abgabe von einem Prozent ihrer Handelsgüter ein Bleiberecht zu gewähren.

7. 9. 1609. Als neues Mittel zur Bestrafung von Dieben dient die »Schott'sche Karre«. → S. 107

1609. Die harburgische Insel Georgswerder wird mit den unter Schauenburgischer Hoheit stehenden Inseln Peute und Kalte Hofe zusammengedeicht.

GEBOREN:

8. 3. 1607. Ottensen: Johann von Rist († 31. 8. 1667, Wedel), Dichter.

5. 10. 1609. Hartenstein (Erzgebirge): Paul Fleming († 2. 4. 1640, Hamburg), Dichter.

Elbumleitung erfolgreich

Um 1600. Die Hamburger Strategie, die Stromverhältnisse zu verändern, um die Hauptmasse des Elbwassers nach Hamburg zu leiten, zeitigt deutliche Erfolge.

Die Arbeiten zur Regulierung des Elblaufes begannen 1437/38 damit, die Gammer Elbe am oberen Ende abzudämmen, wodurch der Elbstrom geschlossen an Neuengamme und Kirchwerder vorbeifließen konnte. Nach Inbesitznahme der Vierlande (→ 23. 8. 1420/S. 61) verbesserten die Hamburger durch Ableitung von Billewasser den Hochwasserschutz für Billwerder und die Hammerbrooker Marsch.

Um die Strömungsverhältnisse in Hafennähe zu verbessern, durchbrach man im Sommer 1549 den Brook, eine der Stadt südlich vorgelagerte Insel. Der so entstandene »Neue Graben« teilte den Brook in zwei Teile; der abgetrennte Teil erhielt den Namen Kleiner Grasbrook. Bald darauf führte der Durchstich der östlich vom Brook gelegenen Marschinsel Grandeswerder dazu, daß Hafen und Fleete besser durchspült wurden und langsamer verschlickten. 1568 wurde der Spadenländer Busch durchstoßen, um der Süderelbe Wasser zu entziehen (→ 3. 12. 1567/S. 94).

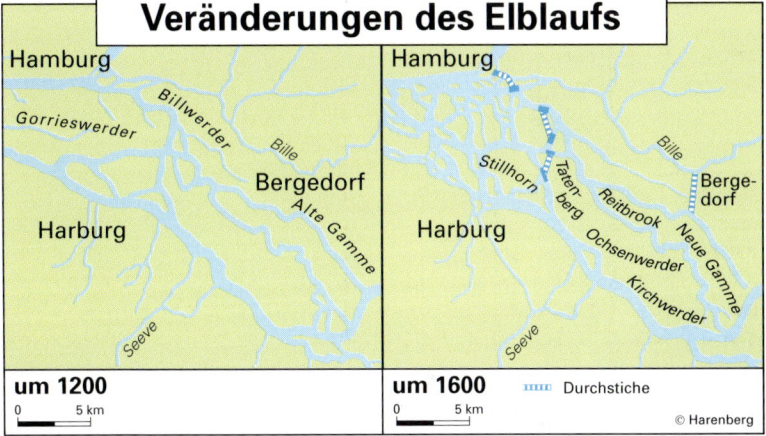

Veränderungen des Elblaufs

um 1200 — Hamburg, Gorrieswerder, Billwerder, Bille, Bergedorf, Harburg, Alte Gamme, Seeve — 0 5 km

um 1600 — Hamburg, Stillhorn, Tatenberg, Reitbrook, Bille, Bergedorf, Harburg, Ochsenwerder, Neue Gamme, Kirchwerder, Seeve — 0 5 km — ▦▦ Durchstiche

© Harenberg

Anzugordnung für die Garde des Rates

26. Februar 1602. Der Hamburger Rat erläßt ein Mandat für die reitenden Diener. Es schreibt ihnen vor, was sie anzuziehen und wie sie sich im Dienst zu verhalten haben. Die »Reitendiener« sind die Wächter der öffentlichen Sicherheit und Ordnung. In besonderen Fällen schützen sie die Mitglieder des Rates und werden daher auch als dessen »Garde« bezeichnet. Die Verordnung schreibt u. a. vor, daß jeder Angehörige dieser kleinen Truppe beim Dienstantritt sein Pferd in gutem Zustand mit mustergültigem Sattel und Zaumzeug vorzeigen und es mindestens zweimal in der Woche bewegen muß. Außerdem soll er mit einem Gewehr, einem Paar Pistolen und einem Seitengewehr bewaffnet sein. Zunächst gehen acht, später 28 Diener ihrer Tätigkeit nach. Als die Institution der »Reitendiener« 1860 abgeschafft wird, gibt es noch 16.

Kohl aus Eppendorf für Kaiser Rudolf

17. Februar 1602. Der Hamburger Rat übergibt dem kaiserlichen Gesandten Freiherr Ehrenfried von Minckwintz auf Bitten seines Herrn Rudolf II. den sog. Eppendorfer Kohlstrunk als Geschenk.

Die Legende um die wundertätige Kohlwurzel entstand 1482. Damals sollen sich in Eppendorf zwei Schwestern einen Garten geteilt haben. Die ältere soll eines Tages nach dem Abendmahl die geweihte Hostie nicht genossen, sondern im Munde aufbewahrt und in der folgenden Mitternachtsstunde unter einer jungen Kohlpflanze im Garten vergraben haben. Daraufhin gedieh ihr Garten über die Maßen. Die Pflanze schimmerte hell in der Nacht, und als man die Wurzel ausgrub, zeigte sie das Bild des Heilands am Kreuz. Die Wurzel wurde in Silber gefaßt und als »Eppendorfer Kohlstrunk« verwahrt, die Frau aber als Hexe verurteilt.

Ein letztes Mal muß Hamburg huldigen

28. Oktober 1603. Der neue dänische König Christian IV. trifft mit großem Gefolge in Hamburg ein, um sich als holsteinischer Landesherr huldigen zu lassen (→ 5. 3. 1460/S. 68). Es ist die vierte und letzte Huldigung dieser Art.

Dem Huldigungsakt sind jahrelange diplomatische Verhandlungen vorangegangen. Die bis ins letzte Detail vorbereitete Huldigungs-Annehmung zwischen König Friedrich II. und der Stadt Hamburg war durch den Tod des Königs am 4. April 1588 hinfällig geworden. Eine Huldigung für den damals elfjährigen Thronfolger Christian IV. lehnte Hamburg strikt ab. So schleppte sich die Angelegenheit hin, bis am 5. Juni 1601 der König erneut einen entsprechenden Wunsch äußerte, worauf der aufgeschreckte deutsche Kaiser Rudolf II. dem Hamburger Rat am 26. September dieses Jahres energisch verbot, dem Dänenkönig zu huldigen. Zwei Jahre lang schien es, als sei die Sache eingeschlafen, dann setzte am 15. Juni 1603 Christian IV. für den 29. Oktober die Erbhuldigung an. Hamburg bietet beim Einzug des Königs alle waffenfähigen Bürger

Ein machtbewußter Herrscher, der seine hochfliegenden Pläne nicht alle verwirklichen kann: König Christian IV. führt Dänemark 1625 ohne Erfolg in den Dreißigjährigen Krieg und muß 1645 die Hegemonialstellung Schwedens im Ostseeraum anerkennen (Holzschnitt).

und 600 eigens angemietete Musketiere auf, um seinem Wunsch nach Unabhängigkeit Nachdruck zu verleihen. Die Annehmungsprozedur nimmt nun ihren Lauf: Am 29. Oktober bestätigen die ungeliebten dänischen Landesherrn der Stadt alte Privilegien. Einen Tag später dann bittet Bürgermeister Joachim Bekendorp die in der Petrikirche erschienenen hohen Herren, die Stadt Hamburg als Glied der Fürstentümer Holstein und Stormarn annehmen zu wollen. Christian be-

stätigt dies. Am 4. November verläßt der König Hamburg wieder.

Der glanzvolle Rahmen des Besuches kann nicht darüber hinwegtäuschen, daß mit Christian IV. der Hansestadt ein ernster Widersacher erwachsen ist. Nachdem die Hamburger längere Zeit von den nominellen dänischen Landesherren in Frieden gelassen worden sind und de facto in einer freien Stadt agieren konnten, sieht man sich jetzt wieder einmal Repressalien ausgesetzt (→1616/S. 109).

Ratsherrengehalt statt »Sporteln«

6. Oktober 1603. Hamburgs Ratsherren beziehen künftig anstelle der bisher üblichen sog. Sporteln (persönliche Gebühren für eine Amtshandlung) ein Honorar aus der Stadtkasse. Diese Regelung ist Teil des elften Rezesses zwischen Rat und Bürgerschaft, der im übrigen das letzte derartige Übereinkommen vom → 16. Februar 1529 (S. 84) weitgehend bestätigt.

In Zukunft wird der älteste Bürgermeister pro Jahr mit 1200 Mark lübisch und seine drei Amtskollegen mit 1000 Mark entlohnt. Der älteste Ratsherr bekommt 600 und seine übrigen Amtskollegen (bis auf die Verwalter von Bergedorf und Ritzebüttel) 500 Mark lübisch. Am 25. Januar hatten sich Rat und Bürgerschaft bereits über den neuen Ratseid verständigt, der am 11. Oktober beschworen wird. Sie geloben, bei der Entscheidung eines Streitfalles von keiner Partei, weder vorher noch währenddessen, »Gifft edder Gave« zu nehmen. Allenfalls nach Beendigung eines Verfahrens wird den hohen Herren die Annahme kleiner Gefälligkeitsgeschenke erlaubt.

Von Niederländern inspiriert: Das erste Waisenhaus

24. September 1604. Der Hamburger Rat bestätigt die Gründungsakte des ersten Waisenhauses. Den Anstoß für die neue Institution gaben am 17. März 1597 zwei eingewanderte Niederländer, Gillis de Greve und Simon van Petkum.

Zur Aufnahme der Kinder wurde die baufällige St.-Anschar-Kapelle an der Ecke Rödingsmarkt/Schaartor für ihren neuen Zweck umgebaut. Am 19. Dezember 1604 werden die ersten Kinder aufgenommen. Wie nötig das Haus ist, zeigt sich schon bald. Bis 1622 wächst die Zahl der dort betreuten Kinder auf über 300 an. Durch das Waisenhaus will die Stadt die »jungen, gesunden, ledig gehenden Armen« vor allem vor dem Abstieg in die Bettelei bewahren.

Aufgenommen werden in erster Linie eheliche Kinder zwischen vier und zehn Jahren, die aus Bürgerfamilien stammen. Sofern ein solches Kind über ein Erbteil von 1500 Talern und darüber verfügt, kommt eine Aufnahme nicht in

Frage. Ist ein Waisenkind jünger als vier Jahre, so soll es zunächst in Pflege gegeben werden.

Für die übrigen Waisen gelten Ausnahmeregelungen: So dürfen Kin-

Das erste Hamburger Waisenhaus nach den Umbauten in den Jahren 1678 bis 1681; das Haus wird 1801 wegen Baufälligkeit abgebrochen (Kupferstich).

der von Hingerichteten hier leben, damit sie nicht die »Missetaten ihrer Eltern« zu tragen haben. Auch für diejenigen, die von ihren Eltern verlassen worden sind und nun allein stehen, übernimmt das Waisenhaus die Pflegschaft.

Allerdings ist die hygienische Betreuung der jungen Schützlinge miserabel, einen Arzt gibt es nicht, und entsprechend grassieren viele Krankheiten. Im Jahr 1625 sterben 141 Kinder, also fast die Hälfte der Waisenhaus-Insassen, an der »Pestilenz«, einem Sammelbegriff für ansteckende Krankheiten.

Finanziert wird das Waisenhaus durch Spenden von Privatpersonen und durch die Kirchen. Neben den zehn ehrenamtlichen Vorstehern – auch Provisoren genannt – sieht die Gründungsakte als besoldetes Hauspersonal den »Oeconomicus« (lat. = Hausherr) und seine Ehefrau sowie einen Lehrer vor.

Genau geregelt sind die Bettung, die Bekleidung, die Ernährung und die Hygiene der Zöglinge. Sie erhalten eine schulische Bildung in einer Art Heimschule. Für die Jungen ist eine handwerkliche und für die Mädchen eine hauswirtschaftliche Ausbildung vorgesehen.

Krankenhaus vor den Toren der Stadt

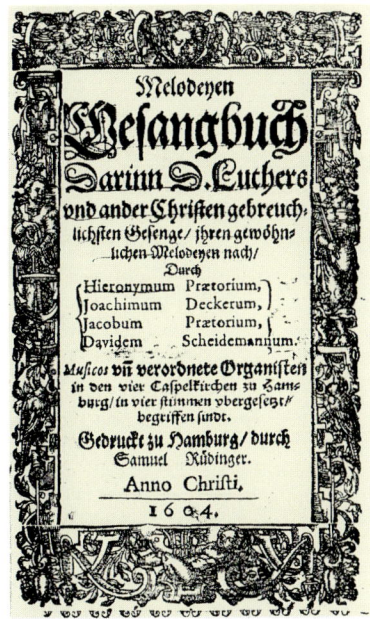

Titelblatt des »Melodeyen Gesangbuches«

Lieder für Lutheraner

1604. Die Organisten Jacob und Hieronimus Praetorius, Joachim Decker und David Scheidemann veröffentlichen in Hamburg ein »Melodeyen Gesangbuch« mit »Luthers und anderer Christen gebreuchlichsten Gesengen«. Das umfangreiche Werk wird im ganzen norddeutschen Raum richtungweisend für den mehrstimmigen Kirchengesang mit Orgelbegleitung.

18. Juni 1606. Die Erbgesessene Bürgerschaft billigt die Errichtung eines »Pesthofes« vor dem Millerntor. Es ist die erste allgemeine Krankenanstalt in Hamburg.

Die Mittel für den Bau des Krankenhauses sollen zum größten Teil die Kirchgeschworenen des Kirchspiels St. Nikolai aufbringen, die mit ihren Amtskollegen der anderen Kirchen gemeinsam die Verwaltung der Krankenanstalt besorgen. Zur Betreuung der Kranken werden ein Pestarzt, ein Barbier, ein Speisemeister und mehrere Krankenwärter angestellt.

Außer körperlich Kranken nimmt der Pesthof auch die »Blödsinnigen« und »Verälterten« auf. Bisher sind in Hamburg die »Irren« weitgehend mit Verbrechern gleichgesetzt worden; mit dem Unterschied allerdings, daß die in einem nahegelegenen Turm der Stadtbefestigung verwahrten Geisteskranken vom Heiligen-Geist-Spital mitbetreut wurden. Ab 1683 finden die Geisteskranken Hamburgs überwiegend im Pesthof Aufnahme.

Regelmäßig werden hier auch kranke Seeleute behandelt. Die Reeder bezahlen für jedes einlaufende Schiff ein festes Krankengeld, wofür kranke Matrosen kostenlos Hilfe in Anspruch nehmen können. Auch Bettler und hilflose Personen dürfen im Pesthof auf Obdach hoffen, sofern sie nicht als »gottlos« und »mutwillig arm« angesehen und zur Besserung in das am Alstertor erbaute Werk- und Zuchthaus überführt werden.

Das Pesthaus westlich des Heiligengeistfeldes; 1769 erhält die Einrichtung per Senatsdekret die Bezeichnung »Krankenhof« (Darstellung von 1742).

Als »pestkrank« gilt in der Regel, wer an einer der großen seuchenförmigen Infektionskrankheiten Lepra, Pest oder Syphilis leidet. Sie gelten mit Ausnahme der Syphilis, bei der überaus schmerzhafte Methoden zumindest zeitweise lindernd wirken, als nicht heilbar. Die davon befallenen Personen werden in strenger Isolation gehalten.

Die Müllabfuhr als Erziehungsmittel

7. September 1609. Ein Karrendienst für inhaftierte Frevler ist gleichzeitig Müllabfuhr und Strafvollzug. Die Übeltäter werden morgens zu zweien oder dreien an eine

große, zweirädrige Karre gespannt. Auf ihrer Brust tragen sie an einem krummen Eisen so viele Glöckchen wie sie noch an Jahren zu karren haben. Auf das Klingeln

hin bringen die Hausmädchen den Unrat vor die Tür. 1620 macht das Zuchthaus die »Schott'sche Karre« – nach dem ersten Delinquenten, Michael Schotte – entbehrlich.

Lange Dienstreise in Richtung Spanien

14. November 1606. Eine Delegation der Hansestädte Hamburg, Lübeck und Danzig verläßt Hamburg mit Ziel Spanien, um vom dortigen Hof eine Reduzierung des 30prozentigen Einfuhrzolls zu erreichen. Über Köln, Brüssel, Antwerpen und Paris erreicht sie am 2. April 1607 – hier ebenso wie auf ihren Zwischenstationen glanzvoll empfangen – Madrid. In der spanischen Hauptstadt verbringt man auch den Sommer. Am 21. Juni 1608 treffen die Angehörigen dieser kostspieligen Expedition nach Abschluß eines Handelsvertrages endlich wieder in Hamburg ein.

Der Rat legt Wert auf eine günstige Entwicklung der Beziehungen zu dem mächtigen Spanien. Dabei sind die Hanseaten pragmatisch: Zwar ist Spanien die katholische Vormacht, man selbst aber lutheranisch; zwar nimmt Hamburg von den Spaniern unterdrückte Niederländer auf – den Handel soll all dies jedoch nicht schmälern.

Hamburg mit seinen Türmen von der Neustadtseite aus; der mit 1609 datierte Kupferstich zeigt im Vordergrund die angeleinten Delinquenten vor der »Schott'schen Karre«. Am linken Bildrand ist Michael Schotte zu sehen. Bei der Fahrt durch die Stadt werden die Karrenzieher von Mitgefangenen begleitet, die den Müll aufsammeln und die Rinnsteine fegen.

19. 1. 1610. Das Reichskammergericht verurteilt Hamburg in einer Streitsache mit Stade und Buxtehude dazu, die freie Elbschiffahrt nicht zu behindern.

16. 8. 1610. Ein Beschluß von Rat und Bürgerschaft sieht die Schaffung einer Soldaten-Nachtwache vor. Zugleich billigen Rat und Bürgerschaft die Einrichtung eines sog. Collegium Scholarchale zur Aufsicht über die Bibliothek und das künftige Akademische Gymnasium.

28. 6. 1611. Hamburg gestattet den englischen »Merchant Adventurers«, sich in der Hansestadt niederzulassen. → S. 108

5. 10. 1611. In einem Vergleich mit Herzog Wilhelm von Braunschweig und Lüneburg zu Harburg sichert sich Hamburg das Recht zur Kontrolle aller Schiffe auf der Süderelbe.

7. 11. 1611. Rat und Bürgerschaft setzen eine sog. Gassendeputation ein. Ihr gehören zwei Bürger aus jedem Kirchspiel an, die für eine bessere Reinhaltung der Straßen sorgen sollen.

1611/12. An der Altonaer Stadtgrenze zu Hamburg läßt Graf Ernst von Schauenburg ein besonderes Stadtviertel, die »Freiheit«, abstecken, wo Religions- und Gewerbefreiheit herrscht. → S. 108

16. 4. 1612. Die vereinigten Ämter beschließen ein Strafmandat gegen alle Mitglieder, die bei unzünftigen Handwerkern (Böhnhasen) arbeiten lassen. Diese Maßregelung muß 1708 aufgrund des Einspruchs einer kaiserlichen Kommission endgültig aufgehoben werden (→ S. 99).

1612. Der Hamburger Rat geht mit der portugiesischen Judengemeinde einen Niederlassungskontrakt ein (→ um 1594/S. 104).

12. 8. 1613. Das Akademische Gymnasium wird eingeweiht. Es soll befähigte Schüler auf den Universitätsbesuch vorbereiten. → S. 111

8. 8.–3. 10. 1614. In Hamburg erfolgt die Ziehung der Wohltätigkeitslotterie zugunsten eines Werk- und Zuchthauses. → S. 109

1614. Der dänische König Christian IV. kauft Wandsbek, nachdem der bisherige Besitzer Breide Rantzau ohne Erben verstorben ist.

1614. Aus Sicherheitsgründen werden Teer und Pech sowie Terpentin und Schwefel vor den Toren Hamburgs in einem sog. Teerhof gelagert.

9. 2. 1615. Die Bürgerschaft lehnt die vom Rat beantragte Errichtung einer Wechselbank ab. Auf das Verlangen der Bürger, in Zukunft zumindest einmal jährlich zusammenzutreten, antwortet der Rat ausweichend (→ 28. 1. 1619/S. 111).

2. 8. 1615. Graf Lamoral von Taxis zeigt dem Hamburger Rat seine Bestallung als Reichs-General-Postmeister an. 1616 wird die erste Taxissche Postanstalt in Hamburg eröffnet. → S. 109

Frühjahr 1616. Der niederländische Baumeister Johan van Valckenburgh beginnt mit dem Bau eines mit Bastionen versehenen Befestigungssystems für Hamburg (→ Anfang 1626/S. 113).

1616. Der dänische König Christian IV. begründet Glückstadt an der Niederelbe als Konkurrenz zu Hamburg. → S. 109

1616. Marcus Meyer, ein Offizier des Hamburger Bürgermilitärs, zahlt der Nikolaikirche 100 Mark, um ihren neuen Kirchhof nach ihm zu benennen. Der Kirchhof wird nicht gebaut, dafür aber am 7. September 1625 in der Neustadt ein Marcusplatz eingeweiht.

13. 2. 1618. Rat und Bürgerschaft untersagen Frauen die Teilnahme bei Leichenbegängnissen, weil »sie darob das Häusliche versäumen« und überdies »ihre Kleider Schaden litten«.

16. 2. 1618. Den Börsenbesuchern wird verboten, »Messer und andere Wehr« offen zu tragen und Schlägereien anzuzetteln.

23. 5. 1618. Der »Prager Fenstersturz« leitet den Böhmischen Aufstand gegen Kaiser Matthias ein – der Dreißigjährige Krieg beginnt (→ 14. 2. 1621/S. 112).

6. 7. 1618. Das Reichskammergericht bestätigt Hamburgs Stellung als »Kaiserlich freie Reichsstadt« (→ 1616/S. 109). Im Streit um das Hamburger Hoheitsrecht auf der Elbe (→ 3. 12. 1567/S. 94) verneint das höchste Reichsgericht zwar im selben Jahr ein Stapelrecht Hamburgs für die Süderelbe, erkennt aber das Hoheitsrecht über die Niederelbe an. Norder- und Süderelbe gelten künftig als ein Strom.

28. 8. 1618. Bei einer Beratung des Rates und des Kollegiums der 60er stellen die Bürger die Frage, ob »die hamburgische Verfassung eine aristokratische oder demokratische« sei. Bürgermeister Vincent Moller hält eine Diskussion darüber für »unnütz«, weil kein Staat rein demokratisch oder aristokratisch sei.

1618. Der Spediteur Johann Meyer gibt in Hamburg erstmals ein Nachrichtenblatt heraus, die »Wöchentliche Zeitung auß mehrerley örther«. → S. 111

16. 1. 1619. Die Hamburger Bürgerwache wird neu geordnet. → S. 110

28. 1. 1619. Rat und Bürgerschaft beschließen die Errichtung der Hamburgischen Bank, um den bargeldlosen Zahlungsverkehr zwischen den Hamburger Kaufleuten und den Barverkehr mit auswärtigen Kaufleuten zu erleichtern. → S. 111

1619. Der Kaiserhof am Neß wird errichtet. Das von der Stadt verwaltete Gebäude wird als Hotel und Gesellschaftshaus benutzt. Im Jahr 1871 verkauft die hamburgische Kämmerei den Kaiserhof auf Abbruch.

Kontrakt mit den »Merchant Adventurers« von 1618, der Hamburg zu ihrem Hauptquartier auf dem Kontinent erklärt (Hamburg, Commerzbibliothek)

Engländer willkommen

28. Juni 1611. Hamburg erlaubt den in der Gemeinschaft der »Merchant Adventurers« zusammengeschlossenen englischen Fernkaufleuten, sich auf unbestimmte Zeit an der Elbe niederzulassen. Bis 1806 bleiben sie in Hamburg.

Der Rat der Stadt gesteht seinen Gästen Handels- und Zollbegünstigungen zu. Im eigenen Haus an der Gröninger Straße (→ 1478/S. 72) unterliegen die Engländer weitgehend ihrer eigenen Gerichtsbarkeit und können ihre Religion nach anglikanischem Ritus ausüben.

Schon einmal, zwischen 1567 und 1577, hatten sich die »Merchant Adventurers« in Hamburg niederlassen dürfen. Damals zogen die nicht-lutherischen Gäste den Unmut der ortsansässigen Geistlichkeit auf sich. Die anderen Hansestädte waren nicht gut auf die »Merchant Adventurers« zu sprechen, weil Hamburg ihnen ungewöhnliche Privilegien eingeräumt hatte. So wurde der Kontrakt nicht verlängert, und die vor allem im Tuchhandel tätigen Engländer gingen schließlich nach Stade.

»Freiheit« gilt in Altona

1611/12. An der Grenze von Altona zu Hamburg läßt Graf Ernst von Schauenburg ein besonderes Stadtviertel, die »Freiheit«, abstecken, wo Religions- und Gewerbefreiheit herrschen. Hierher ziehen Minderheiten wie reformierte Niederländer, Mennoniten und Juden.

Im Jahr 1614 stehen bereits 17 Häuser, davon gehören neun dem Mennoniten François Noë aus Antwerpen. Ihre Bewohner müssen die Privilegien mit erhöhten Steuern bezahlen, denn Graf Ernst geht bei der Gründung der »Freiheit« einem Konflikt mit dem Altonaer Handwerk aus dem Wege: Um Bürger nach Altona zu locken, das um 1600 etwa 250 Seelen zählte, hatte er 1601 zwar die Aufhebung des Zunftzwangs versprochen, die heimi-

schen Handwerker überzeugten ihn jedoch zwei Jahre später, am bewährten Ämtersystem festzuhalten. Sie handeln dabei nicht anders als ihre Kollegen in Hamburg: Dort hatte der Rat schon 1594 verboten, in Altona arbeiten zu lassen.

Unter den Schauenburgern wird Altona zu einem Asyl für Minderheiten: Die Grafen gaben 1594 den Jesuiten einen Schutzbrief, erlaubten 1601 die Ansiedlung von Mennoniten und gewährten am 15. Juni 1602 den reformierten Niederländern die Freiheit der Ansiedlung und der Religion. Deutschen Juden wurde 1610 der Gottesdienst erlaubt, während ihre portugiesischen Glaubensbrüder im Jahr 1611 einen Friedhof an der Königstraße einrichten dürfen.

Glückstadt soll Elbmetropole sein

1616. Der dänische König Christian IV. gründet Glückstadt an der Unterelbe, um den Elbstrom zu beherrschen und Hamburg Konkurrenz zu machen. Er richtet eine Zollstelle ein, an der auch die Hamburger Schiffe den »Glückstädter Zoll« entrichten müssen.

Der Dänenkönig, dem Hamburg widerstrebend als holsteinischen Landesherrn hat huldigen müssen (→ 28. 10. 1603/S. 106), hatte bereits 1598 versucht, die englischen »Merchant Adventurers« etwas weiter nördlich, in die kleine Stadt Krempe zu locken. Nun soll Glückstadt einen Teil des Hamburger Handels auf sich ziehen.

Durch großzügige Privilegien versucht der König, sein ehrgeiziges Ziel zu erreichen. Der 1620 begonnene Ausbau der Stadt zu einer Festung erscheint ihm um so wichtiger, als die juristische Stellung Hamburgs inzwischen völlig neu bewertet wird (→ S. 68).

Überraschend nimmt das Reichskammergericht nämlich 1617 die Verhandlung über die Reichszugehörigkeit Hamburgs wieder auf. Am 6. Juli 1618 entscheidet es dann – zur Freude der Stadt, die angesichts des dänischen Großmachtstrebens von ihrer bisherigen Neutralitätspolitik abgerückt ist –, daß Hamburg als »freye Reichsstadt« unmittelbar Kaiser und Reich untertan sei.

Offizieller Rahmen für die Hamburger Lotterie: Ein Ratssyndikus (M.) überwacht die Ziehungszeremonie (1696).

Lotterie finanziert Zuchthausbau

8. August bis 3. Oktober 1614. In der Alten Akzise über dem Weinkeller des Eimbeckschen Hauses werden Tag und Nacht die Lose der ersten Hamburger Lotterie gezogen. Aus dem Überschuß soll der Bau eines Zucht- und Werkhauses für Obdachlose an der Alster bezahlt werden. Die Idee für die bereits am 5. Juni 1610 beschlossene Lotterie stammt aus Amsterdam, wo schon seit 1549 gemeinnützige Einrichtungen auf diese Art und Weise finanziert werden. Zu gewinnen gibt es in Hamburg insgesamt 20 655 Preise, vom Kleingewinn (15 000mal gibt es den Einsatz zurück) bis hin zum sieben Pfund schweren Pokal im Wert von 300 Mark lübisch und nicht weniger als 500 Mark lübisch in bar. Trotz der verlockenden Gewinnaussichten hatte es 26 Monate gedauert, bis alle Lose zum Stückpreis von acht Schilling an den Mann gebracht worden waren.

Theologische Themen dominieren: Eine Anbetungsszene auf einem Hamburger Wirkteppich (um 1615)

Augenschmaus und Wärmedämmung

In Hamburg wie auch in den anderen größeren Hansestädten betreiben Teppichwirker ihr Handwerk. Meist handelt es sich um eingewanderte Niederländer. Nach dem Vorbild der Bildwirkerei in Italien, den Niederlanden und Burgund fertigen sie Banklaken, Kissenplatten und kleinformatige Wandbehänge für die Haushalte der hansestädtischen Bürger. Anders als in den fürstlichen Residenzen gibt es in der nüchternen Handelsmetropole Hamburg keinen öffentlichen oder privaten Auftraggeber, der sich mehrteilige, großformatige Wandbehänge mit genau festgelegten Szenenfolgen bestellt. So sind die Hamburger Teppichwirker auf vermögende Bürger angewiesen, die es sich leisten können, die geweißten Innenwände ihrer Häuser durch farbig illustrierte Teppiche zu verzieren und dabei zugleich noch einiges für die Wärmedämmung zu tun.

Neuer Langstrecken-Postdienst à la Thurn und Taxis

2. August 1615. Graf Lamoral von Taxis zeigt dem Hamburger Rat seine kaiserliche Bestallung als »Reichs-General-Postmeister« an. 1616 richtet der Frankfurter Postmeister Johann von Birgden in Hamburg eine Thurn und Taxissche Postanstalt ein.

Nur widerstrebend und erst, als ihm offiziell versichert wird, daß damit keine »Neuerungen wider Ihre Stadtboten und alten Gebrauch« verbunden sind, billigt der Rat die Eröffnung einer Postanstalt.

Erst vier Jahre später wird in Hamburg ein ordentliches kaiserliches Postamt eröffnet. Der erste Posthalter Hans Jacob Kleinhans eröffnet am 28. Juli 1620 sogar eine einmal wöchentlich verkehrende Postverbindung nach Stockholm.

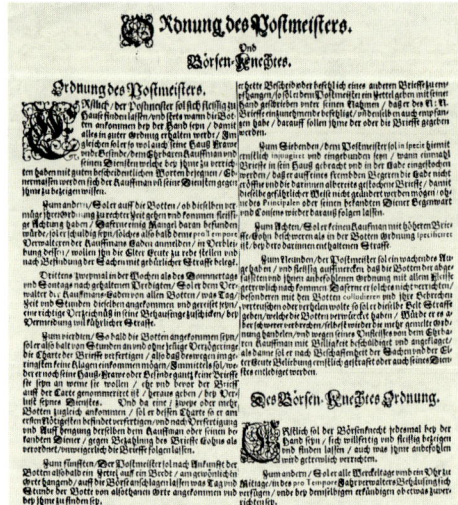

Eilpost-Kutsche im Dienst der Herren von Thurn und Taxis (Relief aus Elfenbein, 17. Jh.); bis Ende des 16. Jh. übernahm in Hamburg die Börse mit der Briefverteilung die Funktion eines Postamtes.

◁ *Ordnung mit den Rechten und Pflichten des Hamburger Postmeisters und des »Börsenknechts« vom 28. Oktober 1641*

Nicht einmal Uniformen tragen die Mitglieder der Bürgerwache, die auf dieser Radierung von Kindern verspottet werden.

Bürgerwache ist wenig schlagkräftig

16. Januar 1619. Die Hamburger Bürgerwache, eine dienstverpflichtete Truppe u. a. zum Schutz der Stadtgrenzen, wird durch die Stiftung des Kollegiums der Colonellgesellschaft und der Bildung von Kompaniebezirken neu organisiert. Neben diesem »Bürgermilitär« richtet Hamburg eine feste Garnison angeworbener Berufssoldaten ein, das Stadtmilitär.

Künftig umfaßt die Bürgerwache 40 altstädtische Kompanien, wobei zehn Kompanien zu etwa 180 Bewaffneten ein Regiment formen. Die Regimenter – auch Colonellgesellschaften genannt – erhalten die Namen der betreffenden Kirchspiele. So bildet die Vorstadt St. Georg die elfte Kompanie im Jacobiregiment. Jedem Regiment steht ein Ratsherr als Oberst bzw. Colonell-Herr vor. Die zehn Kompanien eines jeden Regiments werden von einem Bürger als Capitain geführt. Außer den Gemeinen gehören der Kompanie der Bürgerwache ein Fähnrichsleutnant, zwölf Pottmeister, ein Musterschreiber und zwei Trommelschläger an.

Hauptaufgabe des Bürgermilitärs ist die Bewachung der Wälle und die Aufrechterhaltung der Ordnung bei Feuersbrünsten und anderen Katastrophen. Die Stärke dieser Truppe, die erst 1810 von den Franzosen aufgelöst wird, überschreitet nie mehr als 10 000 Mann.

Nur Hamburger Bürger können in der Wache zum Offizier aufsteigen, allerdings sind diejenigen, die für den Dienst nicht in Frage kommen – Alte, Kranke und Gebrechliche, Ausländer und Angehörige bestimmter Berufe – verpflichtet, sich vom regelmäßigen Dienst freizukaufen. Ihre militärischen Fähigkeiten werden von den Zeitgenossen nur gering geachtet. Die Freizeitsoldaten sind schlecht ausgebildet und verbringen nicht selten ihre Dienstzeit mit Trinken. Weitaus schlagkräftiger als die Wache sind die angeworbenen Berufssoldaten des Stadtmilitärs, das von 1616 bis 1621 von Oberst Dodo von Inn- und Knyphausen befehligt wird. Angesichts des Dreißigjährigen Krieges leistet sich Hamburg im Jahr 1638 insgesamt 1489 Soldaten und ein umfangreiches Geschützkorps. Da die Stadt von den Kämpfen weitgehend verschont bleibt, tritt es nicht in Aktion.

Angehörige der Bürgerwache im Jahr 1634: L. der Musterschreiber, ein Mittelding zwischen Offizier und Unteroffizier, eine Art militärischer Beamter, dessen Kennzeichen das Schreibzeug ist; r. ein Fähnrich, der das Fähnlein als Abzeichen seiner Kompanie des Bürgermilitärs mit sich führt. Das Hauptbanner der Bürgerwehr wird auf einem Wagen transportiert (Zeichnung).

Nicht jeder darf Bürger werden

Chronik Hintergrund

Auch wer in Hamburg geboren wurde, ist damit nicht automatisch Bürger der Stadt. Dies steht vielmehr nach einem besonderen Aufnahmeverfahren nur den männlichen, volljährigen Einwohnern zu.

Der Weg zur Gewinnung des Bürgerrechts ist im Artikel 57 des Rezesses vom → 6. Oktober 1603 (S. 106) genau festgelegt. Ein angehender Bürger muß nicht nur den obligatorischen Eid leisten (→ 21. 7. 1483/S. 73), in dem er gelobt, keinen Aufstand zu versuchen und die ihm auferlegten Steuern und Abgaben zu bezahlen; er muß auch versprechen, daß er sich in Hamburg »zur Stelle setzen« und seinen Bürgerpflichten genüge tun will. Dies soll verhindern, daß jemand von den Vorteilen des Bürgerrechts profitiert, ohne die damit verbundenen Lasten mitzutragen.

Das Bürgerrecht ist ein teures Gut: Wer Bürger werden will, um hier als Großhändler »Laken-, Krämerei-, Butter- und Käsehandel« zu treiben, soll 50 Mark bezahlen. Wer ein Kleingewerbe ausüben will, braucht nur 20 Mark zu leisten.

Einschränkend gilt: »Was aber für Leute zu Bürgern sollen angenommen werden, steht noch zu fernerem Bedenken Eines Ehrbaren Rathes und der verordneten Bürger.« Nichtlutheraner und Adlige können jedoch grundsätzlich nicht Bürger werden.

Finanzielle Vergünstigungen gelten hingegen für »Herren- und Bürgerkinder« aus der Stadt Hamburg: Sie müssen »ihren bürgerlichen Eid dem Rathe leisten und für das Bürgerrecht 10 Mark geben«. Diejenigen Personen, die über zehn Jahre lang als Gäste in Hamburg gewohnt und ihr Geschäft betrieben haben, sollen bei einem Fortzug 10% von ihrem Vermögen hier lassen. Wer kürzer in der Stadt tätig war und wieder fortzieht, kann mit dem Rat einen ermäßigten Abzugstarif aushandeln.

Bankgründung als Mittel gegen die Münzentwertung

28. Januar 1619. Rat und Bürgerschaft billigen die Errichtung der Hamburgischen Bank. Dieses Kreditinstitut soll den bargeldlosen Zahlungsverkehr zwischen den in Hamburg tätigen Kaufleuten und den Barverkehr mit auswärtigen Kunden erleichtern. Gleichzeitig wird eine Münz- und Banco-Ordnung erlassen.

Damit ist die Bankgründung im zweiten Anlauf gelungen, nachdem am 9. Februar 1615 die Bürger den Plan noch mit der Begründung zurückgewiesen hatten, eine solche Bank sei nicht nur überflüssig, sondern sogar schädlich. Die fortschreitende Münzentwertung vor allem bei Kleinmünzen hat sie inzwischen eines Besseren belehrt. Insbesondere seit Beginn des Dreißigjährigen Krieges (→ 14. 2. 1621/ S. 112) werden vielerorts die Münzen eingeschmolzen (gekippt) und mit einem geringeren Feinmetallgehalt neu geprägt (gewippt). Dies führt vor allem bei Konsumgütern zu Preissteigerungen: Während die Löhne oft in entwerteter Währung ausgezahlt werden, verlangen die Händler entweder gute Münzen oder fordern einen Preisaufschlag. Wie sehr die Erbgesessenen Bürger darüber erbost sind, zeigt das Protokoll des Rats- und Bürgerkonvents. Die Bürger erklären: »Es soll beständig darauf gehalten werden, daß in und außerhalb Banco einerlei Geld sei, sonst wollten die Bürger von letzterer nichts wissen. Die Kipper und Wipper müßten criminell bestraft und ihre Namen der Cammer eingeliefert werden. Der Rath möge erforschen, wer soviel

△ *In Hamburg geprägte Münzen aus dem 17. Jh. (v. l.): Vorderseite eines Talers mit doppelköpfigem Reichsadler, daneben die Rückseite derselben Münze. Sie zeigt das Hamburger Wappen (um 1620). Rechts die Rückseite eines 1687 geprägten Schillings, ebenfalls mit dem Stadtwappen verziert*

◁ *Ein zeitgenössisches Flugblatt illustriert die Ursache für die Münzentwertung des 17. Jahrhunderts: Während draußen Edelmetalle eingeschmolzen werden, findet drinnen eine massenhafte Neuprägung von Münzen mit geringem Feinmetallgehalt statt. Dieses »Kippen« und »Wippen« führt zu Inflation.*

gutes Geld aus- und wer soviel schlechtes eingeführt habe.«

Nach dem Vorbild der Amsterdamer Wisselbank schafft die Hamburger Bank mit der Mark banco eine eigenständige Verrechnungseinheit für den kaufmännischen Zahlungsverkehr anstelle des umlaufenden Geldes mit schwankendem Wert. Die Mark banco wird durch einen Fonds von Silberbarren gedeckt. Im Alltag wird ab 1621 mit der Mark courant bezahlt, dem ausgeprägten Silbergeld.

Die Mark banco für die bargeldlose Zahlung entspricht einem Drittel des vollwertigen Reichstalers mit einem Silbergehalt von 25,98 g, wobei die Mark banco höher bewertet wird als die Mark courant.

Ein Guthaben erhält, wer vollwertige Reichstaler einzahlt. Darüber hinaus beleiht die Bank Gold, Silber und Juwelen bis zu 75% des geschätzten Wertes.

Um das Vertrauen des Publikums in die Hamburger Bank zu erhöhen, wird ein wöchentlich tagender Aufsichtsrat aus je zwei Ratsherren und Bürgern eingesetzt.

Nachrichten jetzt lesbar

1618. Der »Fracht- und Güterbestätter« Johann Meyer ist der erste Hamburger Zeitungsherausgeber. Er läßt bei dem Hamburger Drucker Paul Lange ein periodisches Nachrichtenblatt unter dem Titel »Wöchentliche Zeitung auß mehrerley Örther« publizieren.

Das Blatt erscheint ab 1631 unter dem Kurztitel »Wöchentliche Zeitung« und besteht bis 1678. Die positive Resonanz beflügelt Meyer 1630 zur Herausgabe einer »Post-Zeitung«. Sie erscheint dienstags, die »Wöchentliche« hingegen freitags. Ihr Erfolg läßt den schwedischen Postverwalter und Thurn und Taxisschen Postmeister in Hamburg, Hans Jacob Kleinhans, nicht ruhen: Er überrascht seinen Konkurrenten 1631 mit einer in Wandsbek gedruckten »Ordentlichen Post-Zeitung«.

Daß ein Fuhrunternehmer die erste Zeitung Hamburgs herausgibt, ist kein Zufall: Meyer verfügt als Spediteur und Gasthausbesitzer – er ist Wirt im »Weißen Schwan« in der Nähe des Börsengebäudes – über gute Kontakte zur Kaufmannschaft und zu Reisenden, einer zu dieser Zeit unverzichtbaren Quelle.

Gymnasium für Hamburg

12. August 1613. Mit einer Rede des präsidierenden Bürgermeisters Vincent Moller wird in Hamburg das Akademische Gymnasium eröffnet. Es soll einen Übergang ermöglichen von der Gelehrtenschule, dem Johanneum, zum Besuch einer Universität.

Das Akademische Gymnasium bietet befähigten Jünglingen als Vorbereitung auf ein Studium der Medizin, Jurisprudenz oder Theologie eine Ausbildung in den sieben Fächern der philosophischen bzw. der sog. Artisten-Fakultät: Grammatik, Dialektik, Rhetorik nebst Astronomie, Arithmetik, Geometrie und Musik.

Als Abschluß ist der Grad eines »Magister artium« zu erwerben. An der höheren Bildungsanstalt unterrichten vier Professoren. Als Inspektor soll ein Geistlicher dem Aufkommen abweichender, calvinistischer Lehrmeinungen vorbeugen.

Anlaß für den Rats- und Bürgerbeschluß zur Gründung der neuen Einrichtung war neben der Überfüllung des Johanneums die Abwanderung talentierter Hamburger nach Stade und Bremen, wo bereits Gymnasien bestehen.

1620

1620–1629

14. 2. 1620. Der niederländische Festungsbaumeister Johan van Valckenburgh konzipiert eine Befestigungslinie zwischen Alster und Elbe. Der Bau des Walles und der dazwischenliegenden Bastionen beginnt am 16. Februar und wird → Anfang 1626 (S. 113) beendet.

4. 8. 1620. Zwischen Alstertor und Reesendamm wird ein Werk- und Zuchthaus eröffnet. → S. 115

1620. In diesem Jahr kommen englische Schauspieler nach Hamburg, die vermutlich Stücke von William Shakespeare aufführen.

14. 2. 1621. Kurfürst Friedrich V. von der Pfalz, der von den Kaiserlichen vertriebene böhmische »Winterkönig«, trifft in Hamburg ein und bleibt bis zum 7. März. → S. 112

8. 7. 1621. Im Steinburger Vertrag muß Hamburg bis zu einer endgültigen Klärung durch das Reichskammergericht die Landeshoheit des Dänenkönigs Christian IV. anerkennen (→ 1616/S. 109).

1621. Der Komponist Johann Paul Schoop wird Leiter der Hamburger Ratsmusikanten (bis 1665).

2. 7. 1622. Die Explosion eines Schiffes vor Neumühlen fordert 44 Tote. → S. 114

1622. In Hamburg wird die »Casse der Stück von Achten« gegründet. Sie soll hamburgische Seeleute freikaufen, die in Sklaverei geraten sind. → S. 114

6. 4. 1623. Rat und Bürgerschaft begründen ein Admiralitäts-Kollegium. → S. 115

4.–6. 6. 1623. Beim Vogelschießen im Eichholz fordern gewalttätige Auseinandersetzungen zwischen Schiffern und Brauern um das Vorrecht beim Schießen vier Tote und sechs Verletzte.

29. 6. 1623. Dänische Reiter überfallen während der Sonntagsmesse die katholische Kirche von Altona. Vier Menschen sterben, 20 werden bei dem Überfall verletzt.

13. 12. 1624. Bei der letzten Hinrichtung auf dem Grasbrook werden drei Seeräuber enthauptet.

1624. Zwischen Kopenhagen und Hamburg nimmt eine Reiterpost den Dienst auf.

26. 2. 1625. Eine Sturmflut (Fastelabend-Flut) sprengt das Eis auf der Elbe. Die Kirche St. Katharinen wird stark beschädigt.

26. 3. 1625. Die alte St.-Pauli-Kapelle wird abgebrochen.

1625. Der hamburgische Handel mit den Niederlanden nimmt rund ein Drittel der Transportkapazität aller seewärts gehenden Schiffe ein. Spanien und Portugal kommen auf einen Anteil von rund 20%, Frankreich auf 7,5% und England auf 6,5%.

Anfang 1626. Mit der endgültigen Fertigstellung des Johannisbollwerks und des Hornwerks an der Elbe ist die Hamburger Stadtbefestigung im wesentlichen abgeschlossen. → S. 113

2. 8. 1626. Rat und Bürgerschaft bewilligen den 50. Pfennig vom Einkommen Einheimischer und Fremder als Abgabe zur Verbesserung der Verteidigungsanlagen im Amt Ritzebüttel.

16. 8. 1626. Die alten Reeperbahnen im Eichholz werden geräumt. Die Reepschläger ziehen vor das Millerntor um (heutige Reeperbahn). → S. 115

28. 8. 1627. Kaiserliche Truppen plündern die Eppendorfer Kirche. Bei der Verfolgung des nach Jütland geflohenen dänischen Königs Christian IV. verheert der kaiserliche Feldmarschall Johann Tserclaes Graf von Tilly auch Trittau, Pinneberg, Ottensen, Altona, Wandsbek und Fuhlsbüttel.

9. 1. 1628. Kaiserliche Soldaten besetzen das zu Hamburg gehörende Amt Ritzebüttel an der Elbmündung.

10. 3. 1628. Ein aus zwölf Bürgern bestehender Kriegsrat soll die Verteidigungsanstrengungen Hamburgs koordinieren.

3. 5. 1628. Über Hamburg ist eine unbekannte Himmelserscheinung zu beobachten, die überwiegend als unheilverkündendes Zeichen gedeutet wird. → S. 115

3. 6. 1628. Kaiser Ferdinand II. erteilt Hamburg ein »großes Elbprivileg« (→ 14. 2. 1621/S. 112).

11. 9. 1628. Auf die Beschwerde Hamburgs hin untersagt der dänische König Christian IV. seinen Seeoffizieren die Belästigung der Hamburger Kaufleute.

19. 3. 1629. Joachim Jungius tritt sein Amt als Rektor des Johanneums und des Akademischen Gymnasiums an (→ 16. 7. 1640/S. 118).

1629. Die Herzöge von Sachsen-Lauenburg verlangen von Hamburg die Rückgabe des Amtes Ritzebüttel. 1627 hatten sie bereits die Herausgabe des angeblich unrechtmäßig erworbenen Amtes Bergedorf mit den Vierlanden gefordert. Aufgrund fehlender Machtmittel können sie jedoch ihre Wünsche nicht durchsetzen.

GEBOREN.

Um 1620. Bei Regensburg: Georg Greflinger († Um 1677, Hamburg), Dichter und Jurist.

26. 4. 1623. Wildeshausen: Johann Adam Reinken († 24. 11. 1722, Hamburg), Organist und Komponist.

1623. Hamburg: Berend Jacob Karpfanger († 10. 10. 1683, vor Cádiz), Admiral.

GESTORBEN:

24. 10. 1623. Hamburg: Sebastian von Bergen (* 1554, Hamburg), Lizentiat und Bürgermeister.

Krieg verschont Hamburg

14. Februar 1621. Kurfürst Friedrich V. von der Pfalz, der von den kaiserlichen Truppen vertriebene böhmische »Winterkönig«, trifft in Hamburg ein. Er bleibt bis zum 7. März in der Stadt. Hamburg leistet ihm finanzielle Hilfe, vermeidet aber jede offene Einmischung in den Krieg und setzt diese Politik auch in den darauffolgenden 27 Jahren mit Erfolg fort.

Der Dreißigjährige Krieg nähert sich Hamburg erst, als im Mai 1625 der dänische König Christian IV. zugunsten der protestantischen norddeutschen Fürsten aktiv wird, die von der Rekatholisierungspolitik des Reichs betroffen sind. Gegen ihn stellt Kaiser Ferdinand II. ein Heer unter Führung von Albrecht Wenzel Eusebius von Wallenstein, Herzog von Friedland auf.

---

30 Jahre Krieg in Deutschland

23. 5. 1618. Der »Prager Fenstersturz« löst den (erfolglosen) böhmischen Aufstand gegen den Kaiser aus. Was als Religionskrieg beginnt, erweitert sich zu einem Machtkampf der europäischen Staaten von ungekanntem Ausmaß unter schrecklichen Leiden der Zivilbevölkerung.

Mai 1625. Christian IV. von Dänemark greift in den Krieg ein (Niedersächsisch-Dänischer Krieg), muß aber im Frieden von Lübeck (22. 5. 1629) seine deutschen Ambitionen aufgeben.

6. 7. 1630. Mit der Landung des Schwedenkönigs Gustav II. Adolf in Pommern beginnt der Schwedische Krieg. Der König fällt im Jahr 1632 bei Lützen.

18. 9. 1635. Das Eingreifen Frankreichs leitet die letzte und blutigste Phase des Krieges ein (Schwedisch-Französischer Krieg).

24. 10. 1648. Der Friede von Münster und Osnabrück beendet die Feindseligkeiten.

Im Juli 1626 wird der Dänenkönig besiegt. Dank seiner starken Befestigung (→ Anfang 1626/S. 113) bleibt Hamburg von den unmittelbaren Auswirkungen des Krieges verschont. Zudem ist der Kaiser daran interessiert, die Bindungen Hamburgs an das Reich zu festigen und erteilt der Stadt am 3. Juni 1628 ein »Großes Elbprivileg«.

Demnach dürfen an der Elbe von der Mündung bis fünf Meilen oberhalb von Hamburg keine Festungen angelegt werden. Nur hamburgische Kriegsschiffe dürfen auf der Elbe fahren und Piraten verfolgen. Das Hamburger Umland aber bleibt vom Krieg nicht verschont: Am 28. August 1627 wird die Eppendorfer Kirche durch kaiserliche Truppen geplündert. Bei der Verfolgung des dänischen Königs Christian IV. verheert der kaiserliche Feldmarschall Johann Tserclaes Graf von Tilly auch Trittau, Pinneberg, Ottensen, Altona, Wandsbek und Fuhlsbüttel und besetzt am 9. Januar 1628 das zu Hamburg gehörige Amt Ritzebüttel an der Elbmündung. Hamburg befreit sich durch Geldzahlungen von der Besetzung seiner Landgebiete durch kaiserliche Truppen.

Am 22. Mai 1629 beendet der Friede von Lübeck das Eingreifen des Dänenkönigs in den Krieg. Christian IV. verzichtet auf die niedersächsischen Bistümer, behält jedoch seine Herrschaftsansprüche über die schleswig-holsteinischen Herzogtümer. Hamburg feiert den Frieden mit Glockenläuten und einem Tedeum in allen Kirchen. Ähnlich wie von der Bedrückung durch die Kaiserlichen befreit sich Hamburg mit Geld von weiteren Zudringlichkeiten der Schweden: 150 000 Reichstaler gehen am 26. November 1632 in die Kriegskasse des Königs Gustav II. Adolf.

Aufgrund seiner Neutralität und seiner Rolle als wichtiger Seehafen kann Hamburg vom Krieg profitieren. Die Kaufleute der Stadt liefern Nachschub für die schwedische Armee, und nach dem Kriegseintritt Frankreichs werden ab 1638 zahlreiche Subsidienzahlungen an die Schweden über Hamburg geleitet. Die Elbmetropole ist schließlich auch der Ort zahlreicher diplomatischer Aktivitäten, mit denen der bisher grausamste und langwierigste aller Kriege in Deutschland beendet werden soll.

Im Oktober 1648 ist es soweit: In Münster und Osnabrück wird ein Frieden geschlossen, der die Hansestädte miteinbezieht und den freien Handel im Reich wieder herstellt. Zu den wichtigsten Folgen für Hamburg zählt der Übergang des Bistums Bremen und damit des Hamburger Domkapitels an Schweden.

HAM BUR GUM
PAX
CONCORDIA
CONSILIUM
GRAS BROCH
ALBIS FLUVIUS
FLUVIUS
ALSTER

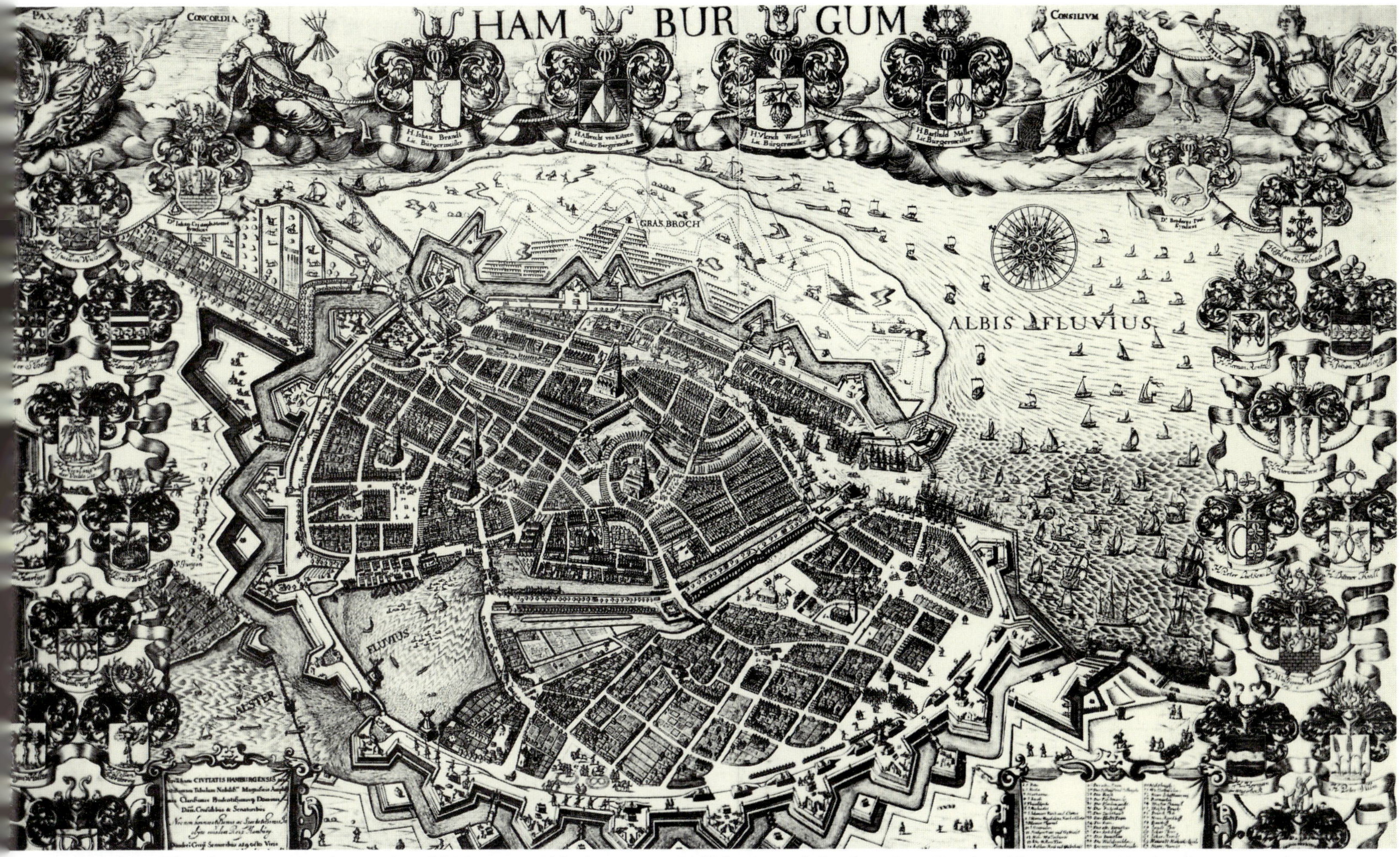

Die Stadt im Ring der neuen Bastionen; Arnold Pitersen wählt eine ungewöhnliche Perspektive für seinen Kupferstich von 1644: Norden liegt unten, Süden oben.

Niederländischer Bastionsring prägt das Stadtbild

Anfang 1626. Nach zehn Jahren Bauzeit ist Hamburg von einem außergewöhnlichen Festungsring umgeben, der maßgeblich dazu beiträgt, daß die Stadt vom Dreißigjährigen Krieg verschont bleibt.

Die unter großem finanziellem Aufwand und unter tätiger Mithilfe der Bürger erbaute Anlage ist ein Werk des niederländischen Architekten Johan van Valckenburgh. Die Städte Hamburg, Lübeck, Bremen, Magdeburg, Lüneburg und Braunschweig hatten ihn 1609 gemeinsam als Festungsbaumeister verpflichtet. Im Jahr 1615 entwarf Valckenburgh ein Gesamtkonzept für den neuen Hamburger Befestigungsring. Am 14. Februar 1620 kam er wieder nach Hamburg, um den Fortgang der Arbeiten zu überwachen und den Ausbau zu beschleunigen.

Der Bauplan verbindet in vollendeter Weise militärische Erfordernisse mit städtebaulichen Notwendigkeiten. Ausgehend vom Turm der Kirche St. Nikolai steckt Valckenburgh einen Radius von ca. 1150 m ab und schlägt einen an der Hafenseite abgeflachten Kreis mit 22 Bastionen, die nach den Vornamen von Ratsherren benannt werden.

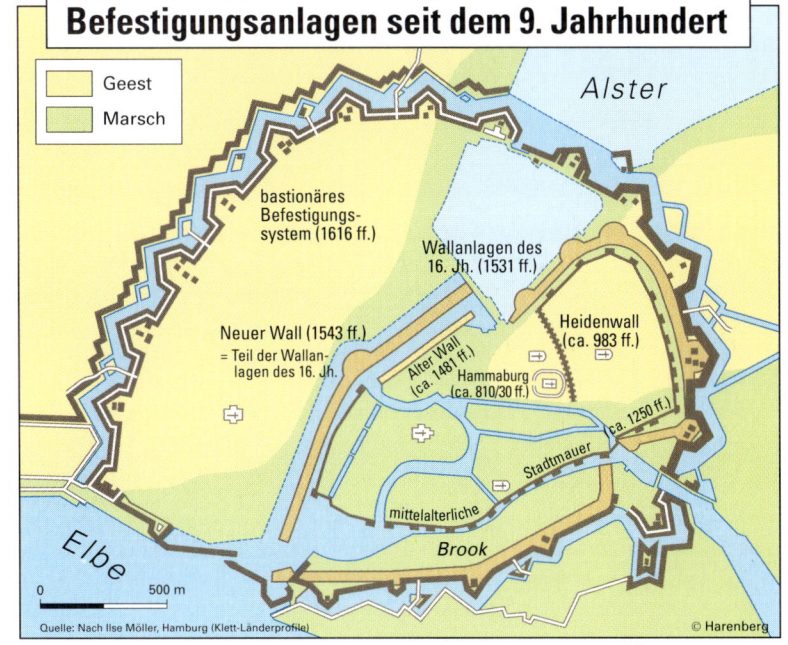

Befestigungsanlagen seit dem 9. Jahrhundert
Geest
Marsch
Alster
bastionäres Befestigungssystem (1616 ff.)
Wallanlagen des 16. Jh. (1531 ff.)
Neuer Wall (1543 ff.)
= Teil der Wallanlagen des 16. Jh.
Heidenwall (ca. 983 ff.)
Alter Wall (ca. 1481 ff.)
Hammaburg (ca. 810/30 ff.)
(ca. 1250 ff.)
Stadtmauer
mittelalterliche
Brook
Elbe
0
500 m
Quelle: Nach Ilse Möller, Hamburg (Klett-Länderprofile)
© Harenberg

Diese nach niederländischem Vorbild in regelmäßigen Abständen vorspringenden Befestigungen, deren Spitzen fast rechtwinklig zulaufen, können sich bei einem Angriff gegenseitig verteidigen. Auf ein Mauerwerk wird weitgehend verzichtet. Wo die 6 bis 9 m hohen Erdwälle nicht bis an das Elbufer heranreichen, sind sie von einem fast 70 m breiten Graben umgeben. Die Zahl der Tore bleibt auf sechs beschränkt: Das weiter vorverlegte Millerntor und das Dammtor nach Osten und Norden, das Stein- und Deichtor im Osten sowie das Brook- und Sandtor im Süden.

Der Festungsring folgt im Osten der bereits vorhandenen Festungslinie, trennt anschließend die Binnen- von der Außenalster und umschließt im Norden und Westen größere Gebiete, die bisher außerhalb der Stadtmauern lagen. Auf dem neu gewonnenen Gelände entsteht das Kirchspiel St. Michaelis (→ 11. 5. 1685/S. 134).

Das »erbärmliche Unglück« vor Neumühlen; Böllerschüsse brachten das Verhängnis (Kupferstich; moderne Kolorierung).

Pulverladung jagt Schiff in die Luft

2. Juli 1622. Ein gewaltiger Knall läßt die Einwohner von Neumühlen von ihrem Abendessen hochfahren: Gegen 18 Uhr explodiert das auf Reede liegende Schiff von Peter Jansen, auf dem gerade mit einem opulenten Festmahl Abschied gefeiert wird, und fliegt mit Mann und Maus in die Luft.
Betrunkene Schiffsleute waren bei der Abgabe von Böllerschüssen unachtsam. Das Ergebnis: Die Pulver-

ladung fängt Feuer. Das Unglück fordert 44 Tote, darunter 16 Frauen. Das Schiff war, wie es in einer Beschreibung heißt, mit »allerhand köstlichen Waren« beladen und fertig zum Auslaufen nach Malaga. Neben Kupfer befand sich eine bedeutende Menge Schießpulver in den Laderäumen.
Die Ladung war offiziell als Stärke deklariert, so daß sich der Verdacht aufdrängt, daß Schiffer Jansen ein

illegaler Exporteur von Kriegsgerät war. Darauf deutet auch der Bestimmungsort Malaga hin: Nach Ablauf des 1609 geschlossenen Waffenstillstands führt Spanien seit 1621 wieder Krieg mit den Niederlanden. Diese versuchen ihrerseits, den florierenden Waffenhandel zwischen Hamburg und Spanien durch eigene Kriegsschiffe schon in der Elbmündung oder der Deutschen Bucht zu unterbinden.

Versicherung hilft aus der Sklaverei

1622. Hamburger Seeleute sollen nicht länger als Sklaven fern der Heimat schmachten. Aus Mitteln der neuen »Casse der Stück von Achten« können Schiffskapitäne und Steuerleute freigekauft werden, die von nordafrikanischen Piraten verschleppt worden sind.
Die Mitglieder des Unterstützungsvereins zahlen vor Antritt jeder Fahrt eine bestimmte Summe in die Kasse, und zwar in Pesos zu acht Realen (daher der Name). In derselben, in Kastilien gebräuchlichen Währung, erfolgt auch die Zahlung an die Piraten.
Weil für Normalverdiener die »Casse« jedoch zu teuer ist, wird zwei Jahre später mit der Hamburgischen Sklavenkasse eine obligatorische Sozialversicherung geschaffen. In diese Kasse müssen alle Seeleute einzahlen, die auf hamburgischen Schiffen fahren. Der Beitrag wird von der Heuer abgezogen und richtet sich nach dem Rang. Ein Hauptbootsmann zahlt z. B. mehr als ein Zimmerer, weil dessen Auslösung auch weniger kostet. Da das Geld nicht ausreicht, werden die Beiträge vor allem durch die regelmäßigen »Sklavenkollekten« ergänzt. Kleine Bittfiguren erinnern die Kirchenbesucher daran, mit einer milden Gabe ihre Landsleute aus der Gewalt der Barbaren zu befreien. Der Freikauf ist teuer: Im Jahr 1759 kostet die Auslösung eines Steuermanns umgerechnet 3123 Mark banco.

Oberschicht hält nichts von modischer Extravaganz

Um 1620. Die Tracht der Hamburger Oberschicht läßt einen Hang zum Konservativen erkennen. Modische Neuerungen finden in diesen Kreisen keinen Anklang.
Bevorzugtes Kleidungsstück der Dame aus ratsfähiger Familie ist ein kurzes oder langes Obergewand nach spanischem Vorbild, das nur durch kleine Verzierungen oder brokatene Ärmel aufgelockert wird, eine kleine Halskrause und eine fest am Kopf sitzende Haube.
Durchweg moderner kleiden sich die Damen der in Hamburg lebenden Niederländer mit ihren bunten Untergewändern, dem gebauschten Oberkleid, Mühlsteinkrause und Diademhaube mit Spitzenkante.

Ein kleines Panorama Hamburger Trachten aus der Zeit um 1620; v. l.: Ratsherr, Frau aus ratsfähiger Familie, die »Frau im Hause«, die »Hamburger Jungfer«, eine »Niederländische Jungfer«, eine »Hamburger Magd« und eine »Holsteinische Jungfrau« mit einem Tonnenreifrock, Radkragen und Flügelhaube (Ölgemälde)

Admiralität regelt den Hafenbetrieb

6. April 1623. Auf Vorschlag der Hamburger Kaufmannschaft billigen Rat und Bürgerschaft die Einsetzung eines Admiralitäts-Kollegium. Es soll sich um den Schutz der Kauffahrer vor Piraten kümmern, kommt damit aber nicht voran (→ 11. 9. 1678/S. 132).

Dafür erwachsen der Admiralität bald richterliche Befugnisse in Schiffahrts- und Versicherungssachen; sie ist für die Hafenverwaltung, die Aufsicht über das Lotsenwesen und die Kennzeichnung des Elbfahrwassers zuständig.

Das Admiralitäts-Kollegium besteht aus vier Ratsherren und sechs Vertretern der Bürgerschaft. Ein Schreiber verwaltet die durch den Admiralitätszoll einkommenden Gelder. Über die neue Einrichtung kann der Rat stärker als zuvor Einfluß auf Schiffahrt und Handel nehmen.

Ein Haus für Arme und Trunkenbolde

4. August 1620. Auf dem abgetragenen Wall längs der Alster zwischen Alstertor und Reesendamm wird ein Werk- und Zuchthaus eröffnet. Hamburgs erste Lotterie hatte den Bau finanzieren helfen (→ 8. 8.–3. 10. 1614/S. 109).

Ebenso wie beim Waisenhaus (→ 24. 9. 1604/S. 106) gaben auch hier eingewanderte Niederländer den Anstoß. Simon van Petkum, einer der ersten Waisenhausvorsteher, sitzt auch in der Deputation für den Zuchthausbau.

Das Werkhaus soll die »freiwilligen Armen« aufnehmen, die keine Arbeit finden. Das Zuchthaus will arbeitsscheue Bettler, Trunkenbolde und andere »freche, geile, gottlose« Personen durch Arbeit »züchtigen«. Später wird ein Spinnhaus zur Aufnahme von Kleinkriminellen und sog. verwahrlosten Frauen angegliedert (→ 27. 1. 1670/S. 130).

Traumkarriere der Wiebeke Kruse: Von der Wäscherin zur Königsgattin

Wäscherin erobert das Herz des Königs

Frühjahr 1625. Eine Liebesromanze des 48jährigen Königs Christian IV. mit einer 30 Jahre jüngeren Wäscherin aus der Nähe von Bad Bramstedt sorgt am Königshof in Kopenhagen für große Aufregung.

Der König, der gerade am 25. März ein Bündnis mit den protestantischen Reichsständen geschlossen hat und Anfang Juni mit 25 000 Mann bei Stade über die Elbe setzt (→ 14. 2. 1621/S. 112), ist inmitten solcher hochpolitischen Geschäfte auf den Pfad der Liebe geraten. Im kleinen Ort Bad Bramstedt lernt er die zu dieser Zeit noch nicht einmal 18 Jahre alte Wäscherin Wiebeke Kruse aus dem benachbarten Föhrden-Barl kennen.

Überaus beeindruckt von ihrer schmucken Erscheinung schickt er Wiebeke mit Erlaubnis ihres Vaters als Kammerjungfer der Königin nach Kopenhagen.

Dort trennt er sich – kaum hat er sich im Frieden von Lübeck (22. 5. 1629) aus dem Dreißigjährigen Krieg verabschiedet – 1630 offiziell von seiner Frau und verbindet sich mit der schönen Wäscherin.

Der verliebte Monarch schenkt ihr das Gut Bramstedt, das Wiebeke Kruse von Kopenhagen aus verwaltet. In ihrer holsteinischen Heimat wird die innerhalb von fünf Jahren von einer einfachen Wäscherin zur vermögenden Königsgattin aufgestiegene Frau allgemein als Wohltäterin verehrt. Sie überlebt ihren im Februar 1648 im Alter von 71 Jahren verstorbenen Mann nur um zwei Monate.

Reepschläger nun auf St. Pauli tätig

16. August 1626. Hamburgs Hersteller von Schiffstauen, die Reepschläger, müssen umziehen. Ihr bisheriger Arbeitsplatz, die Reeperbahnen im Eichholz, werden für den Bau der Stadtbefestigung gebraucht (→ Anfang 1626/S. 113). Die Stadt weist den Handwerkern einen Platz außerhalb des Millerntores für ihre Arbeit zu.

Das Handwerk der Reepschläger wurde erstmals 1265 in Hamburg urkundlich erwähnt. 1347 gab es in Hamburg sechs Meister, die zur Verteidigung der Stadt zwei Schützen stellen mußten. Seinen Höhepunkt erlebte das Gewerbe im Jahr 1611, als 30 Meister gezählt wurden. Noch um 1800 verarbeiten in Hamburg 26 Meister 4123 Pfund Hanf.

Die Technik des Reepschlagens verändert sich über die Jahrhunderte hinweg kaum. Der Reeper legt gehechelten (in Bündel aufgeteilten) Hanf in seine Schürze und spinnt daraus, rückwärts gehend, mit seiner durch ein Stück Schaffell geschützten rechten Hand einen Faden von 250 m Länge. Zwischen zwei und vier solcher Fäden werden zu Seilen gezwirnt und zu einem starken Reep zusammengeschlagen. Dabei setzt ein Gehilfe ein hölzernes Rad in Bewegung, das die sich beständig drehenden Garne ineinanderschlägt. Dann werden die Taue in der sog. Dröge von Wasser und Öl getrocknet, durch heißen Teer gezogen und erneut getrocknet.

Reepschläger beim Herstellen von Tauen; die Reeperbahn gibt der Straße auf St. Pauli ihren Namen.

Etwa eine Stunde lang ist die Naturerscheinung am Himmel sichtbar (Stich).

Wunder erregt den Norden

3. Mai 1628. Zwischen sieben und acht Uhr morgens zieht eine bis dahin nicht gekannte Naturerscheinung die Aufmerksamkeit der Bewohner von Hamburg in ihren Bann: Vier Sonnen und zwei Regenbögen zeigen sich zur gleichen Zeit am Himmel über der Stadt.

Angesichts der kriegerischen Ereignisse wird dies vielfach als unheilvolles Zeichen bewertet. Die Hamburger ängstigen sich auch deshalb, weil – so wird von Chronisten berichtet – hier und dort Brände gelegt und an vielen Stellen der Stadt Waffen gefunden werden.

1630

1630–1639

24. 2. 1630. Nach der faktischen Auflösung des Hansebundes im Jahr zuvor schließen Hamburg, Lübeck und Bremen unter sich einen Bund. → S. 116

4. 9. 1630. Auf der Elbe vor Cuxhaven beginnt ein Gefecht zwischen der hamburgischen Flotte und Schiffen des dänischen Königs Christian IV. → S. 116

1630. Der Pächter des Gutes Wandsbek, Adam Basilier, erbaut dort den Lusthof »Wendemuth«, nördlich der Wandse gelegen. 1762 erwirbt der Hamburger Kaufmann Emanuel Jenisch den Hof.

1631. Als Konkurrenzunternehmen zu der seit 1618 (S. 111) erscheinenden »Wöchentlichen Zeitung« sowie der gleichfalls von Johann Meyer herausgegebenen »Postzeitung« gründet der kaiserliche Posthalter Hans Jacob Kleinhans die »Ordentliche Post Zeitung«.

12. 9. 1632. Wegen der Leere der städtischen Kassen ersucht der Rat die Bürgerschaft um die Einführung einer Verbrauchssteuer. Die Bürger lehnen dieses Ansinnen zwar zunächst ab, am 11. April 1633 wird aber die Besteuerung dessen, »was in und um den Leib kommt« vereinbart.

26. 11. 1632. Durch die einmalige Zahlung von 150 000 Reichstalern an den schwedischen König Gustav II. Adolf befreit sich Hamburg von weiteren Kriegsabgaben an die Schweden. Der König ist am 6. Juli 1630 auf seiten der Protestanten in den Dreißigjährigen Krieg eingetreten.

1632. Der niederländische Staatsrechtler Hugo Grotius kommt zu einem vierjährigen Aufenthalt nach Hamburg.

24. 1. 1633. Ein Bauer entdeckt einen angeblich wundertätigen Gesundbrunnen in der Nähe des Ausschläger Wegs. → S. 117

4. 4. 1633. Der Rat und das Kollegium der 60er schließen einen Rezeß über die Selbstergänzung des Rates, die künftig in geheimer Wahl vor sich geht. Am 19. April wird Einigung über das Honorar der Ratsherren und über einen zehn Punkte umfassenden Ratseid erzielt.

13. 7. 1633. Als älteste noch heute bestehende Brücke in Hamburg wird die Zollenbrücke dem Verkehr übergeben.

31. 3. 1634. Kaiser Ferdinand II. bestätigt Hamburg das im Jahr 1554 von Kaiser Karl V. gewährte Evokationsprivileg (→ 24. 4. 1421/S. 61) und erhöht die Streitsumme, bis zu deren Höhe eine Appellation vor dem Reichsgericht unzulässig ist, von 600 auf 700 Gulden.

16. 11. 1634. Bei einer großen Sturmflut, die die Insel Nordstrand größtenteils wegspült, laufen in Hamburg die Fleete über. In Hammerbrook ertrinken 100 Ochsen; Menschen kommen hier nicht zu Schaden.

6. 1. 1635. Auf dem Gut Wandsbek wird die erste Kirche eingeweiht, ein bescheidener Bau noch ohne Kirchturm. Damit löst der dänische König Christian IV. die Verbindung seiner Wandsbeker Untertanen mit der Hauptkirche St. Jacobi.

11. 7. 1635. Der schwedische Kanzler Axel Oxenstierna macht auf der Rückreise von Frankreich in Hamburg Station. Am 19. Mai hat Frankreich mit den Schweden eine Konvention abgeschlossen. Mit der Kriegserklärung von Kaiser Ferdinand II. an Frankreich am 18. September 1635 beginnt der Schwedisch-Französische Krieg, die blutigste Phase des Dreißigjährigen Krieges.

1635. In Neuenfelde wird die Schiffswerft J. J. Sietas gegründet.

19. 2. 1636. Mehrere hundert Bootsleute protestieren in der Börse und auf dem Rathaus gegen Lohnkürzungen.

2. 9. 1636. In Anbetracht der Kriegsgefahr beschließen Rat und Bürgerschaft die Anwerbung von Söldnern, deren Bezahlung durch Erhebung einer einkommensabhängigen Sondersteuer erfolgen soll.

10. 10. 1636. Zur Sicherung des Schiffsverkehrs erläßt der Rat eine strenge Instruktion an die aufsichtführenden Hafenmeister. → S. 117

1637. Der Hamburger Rat ersucht den englischen König Karl I., sich bei Dänemark für die endgültige Abschaffung des Glückstädter Zolls einzusetzen. Daraufhin wird der Zoll für die englischen »Merchant Adventurers« gemildert, für die Hamburger Kaufleute bleibt er bestehen (→ 1616/S. 109).

1637. Graf Otto VI. von Schauenburg erteilt dem Niederländer Peter de Voß ein Privileg für die Gründung eines Textilunternehmens in Altona. Handwerker in Ottensen, Nienstedten und Uetersen sind in Heimarbeit für die Voß tätig.

23. 6. 1638. In Hamburg wird erstmals ein Elefant gezeigt. Als exotische Attraktion gilt im gleichen Jahr auch ein fünfjähriger schwarzer Junge aus Afrika, der bei den Marktfrauen auf dem Hopfenmarkt großes Entzücken auslöst.

17. 11. 1638. Nach langwierigen Debatten zwischen Rat und Bürgerschaft wird der 1630 abgelaufene 15jährige Niederlassungskontrakt mit den niederländischen Kaufleuten verlängert (→ 8. 12. 1586/S. 98).

1638/39. Der Schauenburger Graf Otto VI. läßt die Palmaille anlegen, wo gegen Entgelt ein Ballspiel ausgeübt werden kann. → S. 117

25. 5. 1639. Der Graf zu Holstein-Schauenburg bestätigt den Altonaer Bürgern, daß sie sich in einer Schützengilde zusammenschließen dürfen. → S. 117

28. 10. 1639. Die hamburgische Admiralität führt den Lotsenzwang auf der Elbe ein (→ 10. 10. 1636/S. 117).

Das Ende der Hanse ist da

24. Februar 1630. Die Städte Hamburg, Lübeck und Bremen schließen ein auf zehn Jahre befristetes, dann nicht mehr förmlich erneuertes Verteidigungsbündnis als eine Art Ersatz für die endgültig zugrunde gegangene Hanse. Sie verpflichten sich u. a. zu gegenseitiger Hilfe im Falle eines Angriffes.

Der im Jahr zuvor in Lübeck zusammengetretene Hansetag hatte diese drei Städte ermächtigt, bis auf weiteres die Interessen des Hansebundes zu wahren, da die Fortdauer des Krieges die Einberufung weiterer Zusammenkünfte unmöglich machte.

Der schon im 15. Jahrhundert spürbare Niedergang der Hanse als Folge des Erstarkens der Territorialherren (→ 18. 5. 1447/S. 65) hat sich durch den Dreißigjährigen Krieg beschleunigt. Das Ringen der mächtigen Territorialstaaten um die Vorherrschaft in Mitteleuropa läßt keinen Platz mehr für eine eigenständige Politik der Städte.

Diese hätten 1627 ein letztes Mal Großmachtpolitik betreiben können, wenn sie auf den Vorschlag von Kaiser Ferdinand II. eingegangen und eine deutsch-spanische Handelsgesellschaft unter seinem Vorsitz gebildet hätten. Doch dieser Plan trug die Gefahr eines Krieges mit den Niederlanden, Dänemark, Schweden und England in sich und wurde vom Hansetag 1628 abgelehnt. Nach dem Ende des Krieges werden zaghafte Versuche zur Belebung der Gemeinschaft unternommen. Aber weder die von Lübeck für den September 1651 anberaumte Tagfahrt noch die für 1657 und 1662 geplanten Versammlungen kommen zustande. Ein für 1668 nach Lübeck einberufener Hansetag, der sich u. a. mit den Folgen des großen Brandes von London (1666) beschäftigen soll, wird vertagt, weil nur fünf Städte erschienen sind. Zur letzten Tagfahrt treffen sich nach 40jähriger Pause acht Städte vom 29. Mai bis zum 11. Juni 1669 in Lübeck. Trotz lebhafter Diskussionen, bei denen u. a. eine Kooperation mit den süddeutschen Reichsstädten beraten wird, bleiben wirksame Beschlüsse aus. Die Hanse ist am Ende.

Seekrieg mit Dänenkönig

4. September 1630. Auf der Elbe vor Cuxhaven beginnt eine Kanonade zwischen hamburgischen und dänischen Kriegsschiffen. Das bis zum 7. September währende Gefecht endet mit dem Rückzug der Hamburger und der Aufhebung ihrer viermonatigen Blockade des dänischen Hafens Glückstadt.

Anlaß für den Seekrieg war der Streit über die reichsunmittelbare Stellung Hamburgs (→ 1616/S. 109) und das Elbprivileg des Kaisers Ferdinand II. vom 3. Juni 1628. Demnach ist es allein Hamburg erlaubt, Kriegsschiffe auf der Elbe fahren zu lassen. An eine Durchsetzung dieses Vorrechts war allerdings nie zu denken.

Das Maß war endgültig voll, als am 9. April 1630 erstmals der vom Dänenkönig Christian IV. eingerichtete Glückstädter Zoll von Hamburger Schiffern verlangt wurde. Die Stadt rüstete eine Flotte aus, brachte vier dänische Schiffe auf und blockierte Glückstadt.

Der Kaiser bleibt Hamburg gewogen und ersucht am 9. Dezember 1630 den Dänenkönig um Schlei-fung seiner Forts an der Niederelbe, um Rückzug seiner Kriegsschiffe und Aufhebung des Zolls. Drei Jahre später jedoch erlaubt Ferdinand II. vorübergehend wieder die Zollerhebung, um damit Christian IV. von einer Koalition mit Schweden abzuhalten.

Dramatische Szene bei der Schlacht auf der Elbe am 4. September 1630, gesehen vom Maler Wilhelm Heuer

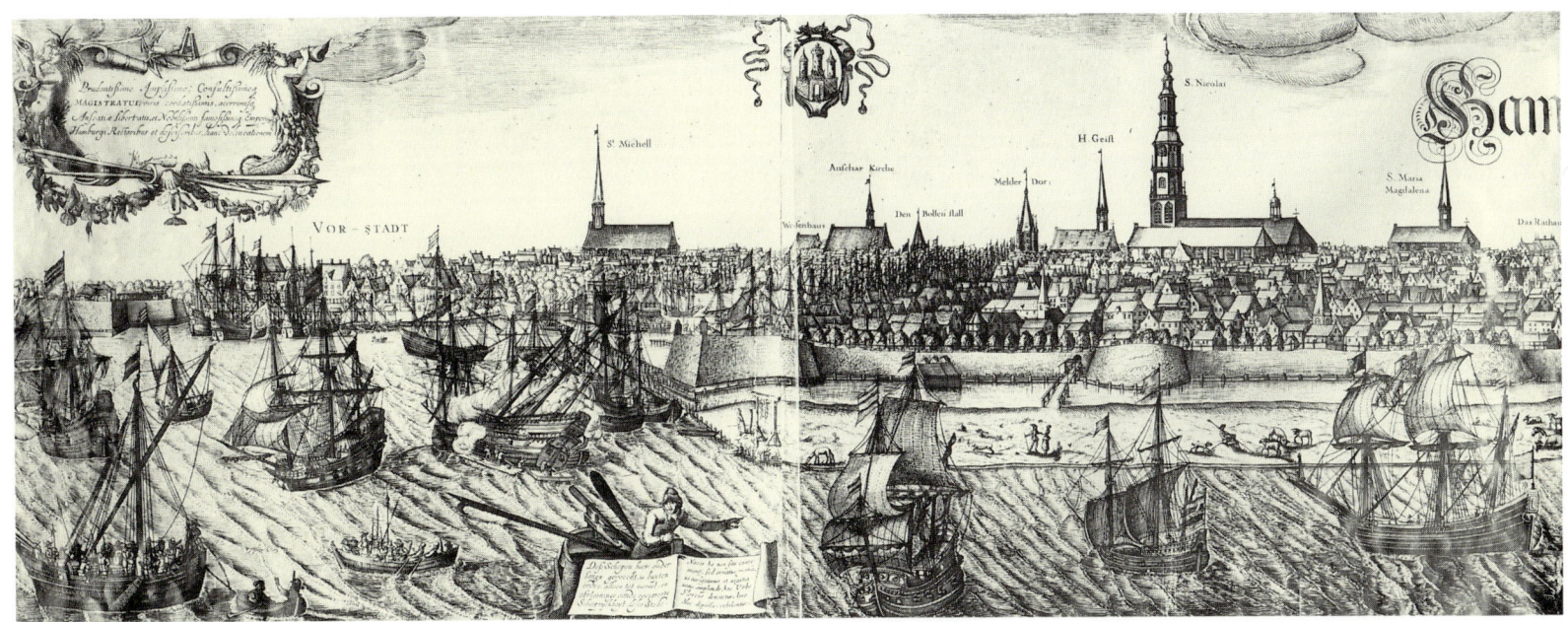

Hochbetrieb im Hafen (Ausschnitt aus einem Kupferstich, 1619); mit der Anlage der neuen Stadtbefestigung (→ 1626/S. 113) wurde der Binnenhafen erweitert.

Sichere Elbschiffahrt dank Hafenmeister und Lotsen

10. Oktober 1636. Der hamburgische Rat erläßt zur Sicherung des Schiffsverkehrs eine Instruktion an die aufsichtführenden Hafenmeister. Der Verbesserung der Sicherheit im Hafen und auf der Unterelbe dient auch der drei Jahre später eingeführte Lotsenzwang.

Die Anweisung für die Hafenmeister untersagt das Entzünden offener Feuer auf den im Hafen liegenden Schiffen, ordnet die Freihaltung der Fahrrinne von ankernden Schiffen an und legt fest, daß für das Kalfatern (Abdichten und Verpichen der Schiffsplanken) bestimmte Liegeplätze zu benutzen sind. Die Hafenmeister sollen darüber hinaus auch für pünktliche Zahlung der Zölle Sorge tragen.

Durch die Einführung des Lotsen- bzw. »Piloten«-Zwangs will Hamburg den Mißstand unterbinden, daß fremde Kauffahrer in der Elbe auf Grund laufen oder sich auf gut Glück Männern anvertrauen müssen, die mit dem Fahrwasser nicht vertraut sind bzw. in Gemeinschaft mit Strandräubern das Schiff auf Grund setzen. Vor allem auf der Höhe von Ritzebüttel ist wegen der dortigen Sandbänke das Fahrwasser schwer zu finden.

Die vom Hamburger Rat am 28. Oktober 1639 erlassene Pilotage-Ordnung verpflichtet alle Schiffsführer, einen erfahrenen Lotsen an Bord zu nehmen. Zugleich wird das zu zahlende Lotsengeld je nach gefahrener Strecke und Schiffsgröße genau festgelegt. Zur Zahlung sind auch diejenigen Schiffer verpflichtet, die aus Sparsamkeit oder Eigensinn auf die Ratschläge eines Lotsen verzichten wollen.

Im Jahr 1656 wird zusätzlich von der Admiralität (→ 6. 4. 1623/S. 115) in Ritzebüttel ein Lotsinspektor eingesetzt, der die Betonnung des Fahrwassers kontrolliert und die zehn Admiralitätslotsen beaufsichtigt. Wer in diesen Dienst eintreten will, muß zuvor zwischen vier und sechs Jahre die Elbe befahren und vor den Schifferalten eine Prüfung abgelegt haben.

Vogelschießen und Stadtverteidigung

25. Mai 1639. Die Altonaer Bürger dürfen eine Schützengilde gründen. Dies bestätigt ihnen der »Hochgeborene Graff und Herr, Graff zu Holstein-Schauenburgk und Sternbergk, Herr zu Bremen und Verden«. Es ist die dritte Gilde dieser Art im Hamburger Umland nach Harburg (→ Pfingsten 1528/ S. 85) und Wandsbek (1637).

Diese Gilden sollen im Kriegsfall mit ihren Armbrüsten die Stadt verteidigen und bei Feuer rettend eingreifen. Im Frieden praktizieren sie das volksfestartige Vogelschießen mit Armbrüsten auf den an einer hohen Stange befestigten Holzvogel. 1583 wurde im Eichholz eine solche Vogelstange aufgestellt. Sie wird 1663 vor die Tore der Stadt nach St. Georg verlegt.

Das nach der Entdeckung des Gesundbrunnens erbaute Haus in der Nähe des Ausschläger Wegs

Wunderquelle sprudelt am Ausschläger Weg

24. Januar 1633. *Ein Bauer aus Horn entdeckt auf seinem Weg nach Hamburg einen angeblichen Gesundbrunnen in der Nähe des Ausschläger Wegs. Er hat einen schlimmen Finger und steckt diesen in das Wasser. Und siehe da:* »*Wider alles Vermuten legten sich die Schmertzen, und der Finger war vollkommen geheilet.*« *Die Quelle zieht daraufhin zahllose Kranke an. Sie büßt ihren wundertätigen Ruf aber bald wieder ein, weil – so berichten die Chronisten –* »*unzulässiger Wucher, auch andere Gottlosigkeit dabey vorgiengen*«.

Ballspiel soll den Haushalt sanieren

1638/39. Der Schauenburger Graf Otto VI. läßt in Altona die Palmaille anlegen, wo gegen Entgelt das in Italien moderne »palla e maglio« gespielt werden kann. Der Graf will damit seinem vom Krieg schwer getroffenen Ort Altona zusätzliche Einnahmen verschaffen.

Bei dem Spiel geht es darum, eine Kugel (»palla«) mit einem hölzernen Hammer (»maglio«) die 647 m lange Bahn mit möglichst wenigen Schlägen hinunter zu treiben. Die Palmaille in Altona besteht aus drei Bahnen nebeneinander, die am Rand mit Bäumen bepflanzt sind. Das zahlungskräftige Publikum aus Hamburg, das der Graf anlocken will, bleibt aber zu Hause. Es erhält 1665 seine eigene Bahn auf dem späteren Jungfernstieg.

16. 7. 1640. Joachim Jungius legt die Leitung des Johanneums nieder, nachdem er vom Geistlichen Ministerium der Hamburger Kirche atheistischer Bestrebungen verdächtigt worden ist. → S. 118

15. 11. 1640. Nach dem Tod des Grafen Otto VI. von Schauenburg-Pinneberg fällt die Grafschaft Pinneberg an die Landesherren zurück. Der Teil mit Altona geht an den Holsteiner Landesherrn König Christian IV. von Dänemark. → S. 119

28. 10. 1641. In Hamburg wird eine Botenordnung sowie eine Ordnung für den Postmeister und seinen Gehilfen, den »Börsenknecht« erlassen. Zugleich werden im »Gemeinen Posthaus« an der Schauenburger Zollenbrücke feststehende »Richtungsbriefkästen« für die einzelnen Botenkurse angebracht.

1641. Der Hamburger Syndicus Broderus Pauli verfaßt die Schrift »Apologia Hamburgensis«. Darin legt er die rechtlichen und politischen Grundlagen des Hamburger Staates nieder und betont die Eigenständigkeit Hamburgs gegenüber den dänischen Hoheitsansprüchen.

1642. Am westlichen Ende des Grasbrook wird die Bastion »Hölzernes Wams« angelegt. Dort residiert die Stadtwache.

21. 4. 1643. Der Hamburger Schiffer Johann Been erhält vom dänischen König Christian IV. ein Walfangprivileg. → S. 120

20. 6. 1643. Mit einer Blockade des Hamburger Hafens und dem Aufmarsch von Truppen zwingt König Christian IV. die Stadt dazu, ihr Abhängigkeitsverhältnis zum holsteinischen Landesherrn anzuerkennen und auf Elbhoheit bzw. Elbprivilegien zu verzichten.

1643. In Hamburg gründet Philipp von Zesen die Sprachgesellschaft »Teutschgesinnte Genossenschaft«. → S. 119

1643/44. Auf Initiative von Joachim Jungius gründen die zwölf in Hamburg praktizierenden Ärzte ein Collegium medicum (später Societa medica).

Mai 1644. Harburg wird zu einer Festung ausgebaut. → S. 119

1644. Die hamburgische Admiralität errichtet auf dem Wehrturm von Neuwerk ein offenes Kohlenfeuer (»Feuerblüse«) als nächtliches Seezeichen (→ um 1377/S. 50).

1644. Der niederländische Kupferstecher Arnoldus Pitersen sticht einen Grundriß von Hamburg.

7. 3. 1645. Der schwedische Generalmajor Carl Gustav Wrangel plündert Altona und läßt bei Ottensen eine Schanze errichten.

22. 4. 1645. Der Domherr und Jurist Friedrich Lindenbrog vermacht seine wertvollen Bücher und Handschriften der städtischen Bibliothek.

4. 8. 1645. Hamburg und Bremen verpflichten sich in einem Staatsvertrag mit den Niederlanden gegenseitig zur Sicherung der Schifffahrt und zur Erleichterung des Handelsverkehrs.

Oktober 1645. In den »Copenhagener Concepten« muß Dänemark die Hoheitsrechte Hamburgs auf der Niederelbe anerkennen. Weil damit jedoch die Zahlung von 100 000 Reichstalern verbunden ist, wird das Abkommen von Rat und Bürgerschaft abgelehnt und zum Jahresende durch einen Vertrag ohne Geldzahlung ersetzt.

9. 12. 1647. Die Mitglieder des Brauamtes gehen gewaltsam gegen den Brauer Hans Wöhlke vor, der verbotenerweise mehr als 26mal im Jahr Bier brauen will. Der Rat befiehlt die Festnahme der sieben Rädelsführer, von denen zwei jedoch aus Hamburg entkommen können.

15. 2. 1648. Der Turm der Hauptkirche St. Katharinen wird vom Sturm heruntergerissen.

24. 10. 1648. Der Westfälische Frieden beendet den Dreißigjährigen Krieg. Mit dem Erzbistum Bremen kommt auch das Hamburger Domkapitel an Schweden.

2. 2. 1649. Der Dichter und Theologe Johann Balthasar Schupp wird als Hauptpastor an die Kirche St. Jacobi berufen.

14. 2. 1649. Schwedische Reiter besetzen die Ortschaften Bergedorf, Ochsenwerder und Moorburg. Durch finanzielle Zugeständnisse erreicht Hamburg ihren Abzug.

26. 4. 1649. Bürgermeister Barthold Moller legt den Grundstein für die Kirche St Michaelis (→ 14. 3. 1661/ S. 126).

9. 5. 1649. Das Rathaus, das bereits 1600 erweitert worden war, erhält einen neuen Anbau. Die Fassade schmücken Statuen der deutschen Könige von 1273 bis 1636.

30. 8. 1649. Komödianten aus Brüssel bitten in Hamburg vergeblich um eine Auftrittsgenehmigung.

1649. Die städtische Bibliothek bezieht neue Räume im Kloster St. Johannis.

1649. Der Mathematiker Johann Adolph Tassius vermacht seine Bücher und mathematischen Instrumente gegen eine Leibrente dem Hamburger Rat.

GEBOREN:

16. 4. 1641. Hamburg: Gerhard Schott († 25. 10. 1702, Hamburg), Operngründer.

7. 2. 1642. Hamburg: Vincent Placcius († 6. 4. 1699, Hamburg), Gelehrter.

2. 7. 1648. Schmalenfleth bei Brake: Arp Schnitger († 28. 7. 1719, Neuenfelde), Orgelbauer.

GESTORBEN:

2. 4. 1640. Hamburg: Paul Fleming (* 5. 10. 1609 Hartenstein/Erzgebirge), Dichter.

Wirbel um Rektor Jungius

16. Juli 1640. Joachim Jungius muß die Leitung des Johanneums, der Hamburger Gelehrtenschule, niederlegen. Grund: Das Geistliche Ministerium der Hamburger Kirche verdächtigt ihn des Atheismus, weil Jungius im Griechischunterricht auch nichtkirchliche Autoren behandelt hat.

Der 1587 in Lübeck geborene Gelehrte hatte an der Universität Padua zum Doktor der Medizin promoviert und zunächst in Gießen (1609–1614), dann in Rostock (1625–1628) gewirkt, als ihn 1628 der Ruf nach Hamburg erreichte. Hier

J. Jungius, über den Johann Wolfgang von Goethe später sagt: »Dieser Mann ist eine ganze Akademie.«

wirkte er als Rektor des Johanneums und leitet – auch nach der Atheismusaffäre – das Akademische Gymnasium. Er unterrichtet auch selbst, u. a. die Fächer Logik, Physik und Astronomie.

Jungius folgt dem Prinzip, keineswegs blind einer Autorität zu vertrauen, sondern nur den exakten Beweis gelten zu lassen. Diese streng wissenschaftliche Vorgehensweise bringt ihn in Konflikt mit der orthodoxen Hamburger Geistlichkeit. Im Griechischunterricht läßt Jungius neben dem Neuen Testament auch die Autoren des klassischen Altertums lesen. Dies erweitert zwar erheblich den Wortschatz der Schüler, hat aber in den Augen seiner geistlichen Kritiker einen nicht wiedergutzumachenden Fehler: Die behandelten Autoren sind keine Christen, sondern Heiden – Grund genug für den Klerus, Jungius am Johanneum aus dem Amt zu jagen.

Seinem Ruf als Gelehrter von europäischem Rang mit großen Verdiensten auf nahezu allen Wissensgebieten tut dieser Skandal keinen Abbruch. Bis zu seinem Tod am 23. September 1657 bleibt Jungius Rektor am Akademischen Gymnasium und nimmt während dieser Zeit 623 Gymnasiasten auf; dies entspricht einem Sechstel der hier bis zur Aufhebung des Instituts 1883 eingeschriebenen Studenten.

Das Johanneum quartierte sich 1529 im verlassenen Dominikanerkloster ein.

Bedeutende gelehrte Herren wirken in Hamburg

Neben Joachim Jungius sind in der Mitte des 17. Jahrhunderts zahlreiche weitere hervorragende Köpfe in Hamburg tätig. Darunter sind der Mathematiker Johann Adolph Tassius, der Historiker Peter Lambeck und der Orientalist Ägidius Gutbier, der auf seiner eigenen Druckerpresse Bücher in syrischer Sprache (aramäisch) druckt.

Außerhalb des Akademischen Gymnasiums machen sich der Domherr Friedrich Lindenbrog durch die Erforschung von Geschichtsquellen und der Arzt Paul Marquard Schlegel einen Namen. Zu diesem Kreis zählen auch der spätere päpstliche Bibliothekar Lucas Holstenius und der Diplomat Heinrich Langenbeck.

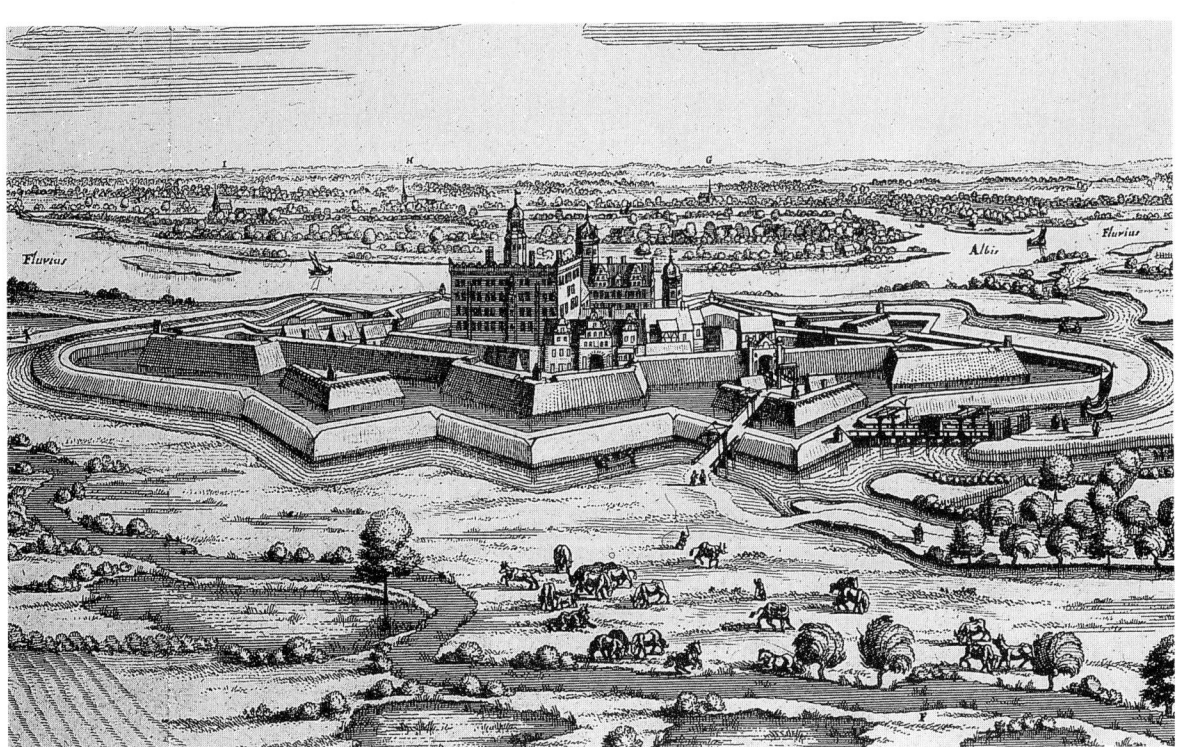

Ansicht des Harburger Schlosses mit den Festungsanlagen in der »Topographia von Braunschweig und Lüneburg« (1654)

Neue Befestigungsanlagen für Harburg

Mai 1644. Nach niederländischem Vorbild beginnt der Ausbau der Burg Harburg zu einer Festung. Die Arbeiten sind um 1660 im wesentlichen abgeschlossen.

Der Hamburger Ingenieuroffizier Georg Friedrich von dem Berge konzipiert die neue Harburger Befestigungsanlage in Form eines gleichseitigen Fünfecks, aus dem fünf Bastionen in den Hauptgraben vorspringen. Dem Schutz der Festung dient darüber hinaus ein Außenwall mit fünf Geschützbatterien und ein schiffbarer Außengraben, der durch zwei Schleusen mit der Elbe verbunden ist.

Seit 1642 haben Schloß und Ort Harburg einen neuen Landesherrn: Am 1. April diesen Jahres hat Hofmarschall Hans von Petersdorf im Auftrag des Herzogs Friedrich zu Celle Besitz von Harburg genommen. Mit dem Tod des Herzogs Wilhelm von Braunschweig und Lüneburg zu Harburg am 30. März ist die seit 1527 im Harburger Schloß residierende Nebenlinie der Braunschweig-Lüneburger ausgestorben (→ Pfingsten 1528/S. 85).

(→ Pfingsten 1528/S. 85)

Dänischer König regiert in Altona

15. November 1640. Mit dem Tod des Grafen Otto VI. von Schauenburg-Pinneberg fällt seine Grafschaft an den Landesherrn zurück, der zunächst nicht eindeutig zu bestimmen ist. König Christian IV. von Dänemark rückt in Pinneberg ein und teilt sich am 7. Dezember das Land mit Herzog Friedrich III. von Holstein-Gottorp.

Der Teil mit Altona – fortan die Herrschaft Pinneberg – fällt an den König, der Teil mit Barmstedt an den Holstein-Gottorper. Dabei beruft sich der Dänenkönig auf die ursprüngliche Zugehörigkeit des Pinneberger Landes zu Holstein. Nachdem dieses Argument angezweifelt wird, zahlt er der Mutter des Grafen vorsichtshalber 145 000 Reichstaler als Entschädigung.

Vergeblich macht Kaiser Ferdinand III. seine Ansprüche auf Pinneberg als Oberlehnsherr geltend. Er bietet dem Hamburger Rat u. a. die Orte Altona und Ottensen zum Kauf an. Die Hamburger gehen darauf jedoch nicht ein. Zu groß erscheint die Gefahr eines Krieges mit dem Dänenkönig.

Christian IV. ist nun zum Nachbarn Hamburgs geworden. 1643 erzwingt er mit militärischen Mitteln von Hamburg die Anerkennung der Abhängigkeit der Stadt vom Gesamthaus Holstein und ihren Verzicht auf die Elbprivilegien.

Für die »Rettung der edlen teutschen Hauptsprache«

1643. In Hamburg gründet Philipp von Zesen die »Teutschgesinnte Genossenschaft«, um der deutschen Sprache wieder die ihr angemessene Geltung als Gelehrten- und Dichtersprache zu verschaffen.

Auch andere Dichter sorgen sich um die Sprache. Darunter ist der Wedeler Pfarrer Johann von Rist, der 1642 zur »Rettung der edlen teutschen Hauptsprache« aufgerufen hat und – 1642 vom Kaiser zum Dichter gekrönt – als der erste Poet seiner Zeit gilt.

Rist ruft 1656 den »Elbschwanenorden« ins Leben, eine Konkurrenzorganisation zur Sprachgesellschaft von Zesens. Beide Dichterfürsten sind sich nämlich nicht grün: Zesen, dem ersten deutschen Berufsschriftsteller, mißfällt die ungehemmte Sprachlust seines Kontrahenten, wie sie z. B. in dessen »Grabschrift einer Fliege« zu Tage tritt: »Hier lieg' ich schwaches Tier, doch mutig und verwegen./Nie floh ich Harnisch, Blei und Büchsen, Spieß und Degen,/Kein Weib war je so schön, kein Jungfräulein so rein,/Ich flog ihr ohne Scheu ins Angesicht hinein«.

Philipp von Zesen, Gründer der »Teutschgesinnten Genossenschaft«

Philipp Nicolai, Dichter und Pastor an St. Katharinen (1601–1608)

Johann von Rist, produktiver Dichter und Pfarrer in Wedel/Holstein

Die Eisberge Grönlands geben die Kulisse ab für das harte, aber einträgliche Geschäft des Walfangs. Rechts der Hamburger Grönlandfahrer »Jonas im Walfisch«

Walfang vor Grönland unter hamburgischer Flagge

21. April 1643. Der dänische König Christian IV. erteilt dem Hamburger Reeder Johann Been ein Privileg für den Walfang und das Auskochen von Tran. Im selben Jahr rüstet Been in Amsterdam ein Schiff aus und fährt als erster Hamburger ins Nördliche Eismeer. Trotz eines Einspruchs der Kopenhagener Walfang-Kompanie erneuert Christian IV. am 21. Februar 1645 die Erlaubnis. Been darf ab 1647 in der Ullfeld-Bai (Hamburger Bai) auf Spitzbergen als einziger Wale ausnehmen und eine Trankocherei errichten. Für 1644 sind drei weitere Ausfahrten von Hamburger Schiffen bezeugt. 820 Fässer Tran im Wert von 24 600 Mark courant ist die Ausbeute.

Die Hamburger Grönlandfahrt wird zu einem blühenden Geschäft. Zwischen 1669 und 1861 verzeichnen die Unterlagen 565 Schiffe und 818 Grönland-Kommandeure auf der Jagd nach Walen und Robben. 1673 ist das fetteste Jahr: 53 Schiffe erlegen 589 Wale. Allein »König Salomos Gericht« des Reeders Gerd Hermann Baker bringt zwischen 1672 und 1694 den Speck von 88 Walen in 4109 Fässern heim.

Dies bedeutet Hochbetrieb auf dem Hamburger Berg (St. Pauli), wo 1648/49 die ersten Tran-Brennereien arbeiten, nachdem sich das Tran-Brennen auf der Walfangfahrt selbst als zu zeitaufwendig und kostspielig erwiesen hat.

◁ *Der Hamburger Walfänger »Die Sonne« geht zwischen 1683 und 1694 von Hamburg aus auf Walfang. Er bringt 38 Wale mit zurück, die insgesamt 1783 Fässer Tran ergeben. Auf dem Gemälde ist ein Großteil der Mannschaft in Schaluppen auf Waljagd. Am Schiff liegt ein Wal vertäut.*

▽ *Walfang und Robbenschlag in der Antarktis (Gemälde, 2. Hälfte 17. Jh.); der Maler Abraham Storck zeigt hier die Jagd auf Wale und auf Robben in engem Nebeneinander. In Wirklichkeit halten sich die großen Walfangschiffe allerdings aus Sicherheitsgründen vom Eis fern.*

Stadtrepublik und aufgeklärte Kulturmetropole

1648–1806

Im Zeitalter des Absolutismus herrschten vielfach Regenten und Beamte über die Städte, dominierten Höfe und Kanzleien die Rathäuser, verloren Kommunen ihre Eigenständigkeit. Und doch gehören zum Bild dieser Zeit auch die Republiken und Stadtstaaten in den Niederlanden und der Schweiz, in Italien und im Heiligen Römischen Reich Deutscher Nation. Unter den schließlich verbliebenen 51 Reichsstädten waren nur noch wenige in der Lage, aktiv in das politische und wirtschaftliche Geschehen einzugreifen. Niedergang oder Stagnation prägte viele Gemeinwesen. Ein politisch selbstverantwortliches, ökonomisch und kulturell selbständiges Bürgertum gab es nur in wenigen Städten, in Augsburg, Bremen, Frankfurt am Main, Lübeck, Nürnberg und insbesondere in Hamburg, der mit Abstand größten und jüngsten Reichsstadt. Denn erst als der jahrhundertelange Widersacher Dänemark 1768 die Unabhängigkeit der Stadt anerkannte, konnte die Elbmetropole unangefochten ihren Platz auf dem Reichstag zu Regensburg einnehmen. Auch zwischen Westfälischem Frieden und Französischer Revolution war Hamburgs Politik darauf gerichtet, die Selbständigkeit und das für Schiffahrt, Handel und Gewerbe lebenswichtige Prinzip der Neutralität zu bewahren. In Krisen- und Kriegszeiten sah sich die Stadt immer wieder finanziellen Pressionen ausgesetzt. Verhandlungen und Geldeinsatz waren die diplomatischen Mittel, mit denen die Kaufmannsrepublik ihren Platz zu behaupten suchte.

Im Unterschied zu vielen anderen traditionsreichen Städten bildete die Epoche zwischen 1648 und 1806 für Hamburg eine Zeit des Aufstiegs und des Wachstums. Zählte die Stadt im Dreißigjährigen Krieg etwa 50 000 Einwohner, so waren es Anfang des 18. Jahrhunderts rund 75 000, 1787 100 000 Menschen. Zur Zeit der Französischen Revolution lebten zeitweise 130 000 Bewohner in der Stadt. 1685 war zu den alten Kirchspielen St. Michaelis hinzugekommen, das sich im Laufe der Jahre zu einem dicht besiedelten Stadtteil entwickelte. Nach Wien und Berlin war Hamburg die drittgrößte Stadt des Heiligen Römischen Reiches. Ihr Aufstieg vollzog sich nicht bruchlos, Wirtschaftskrisen, innere Kämpfe und Unruhen sowie die Pest im frühen 18. Jahrhundert führten zu Unterbrechungen, zu Einbußen an Wohlstand und Macht.

Auseinandersetzungen um die politische Ordnung

Die Jahrzehnte zwischen 1648 und 1712 waren geprägt durch heftige Verfassungskämpfe, die an Intensität und Dauer in Deutschland kaum ihresgleichen hatten. In den Auseinandersetzungen ging es im wesentlichen um die Machtverteilung zwischen Rat und Bürgerschaft sowie um den Zugang zur Bürgerschaft. Außenpolitische und religiöse Faktoren, Interessen der Nachbarn und des Reiches wirkten auf die Kämpfe ein, Orthodoxe und Pietisten traten auf den Plan. Hamburg hatte mit der streitbaren lutherischen Orthodoxie eine politisch aktive und einflußreiche Kraft von großer Breitenwirkung. Höhepunkte der Bürgerkämpfe um die Verfassung waren die Jahre 1686 und 1699. 1686 scheiterte die kurze Herrschaft der bürgerlichen Opposition unter Cord Jastram und Hieronymus Snitger, als diese sich Dänemark annäherten. Die dänische Belagerung, der letzte Versuch, Hamburg mit militärischen Mitteln doch noch zur holsteinischen Landstadt zu machen, einte das zerstrittene Gemeinwesen vorübergehend und führte zur Hinrichtung der Aufrührer. 1699 übernahm die Bürgerschaft die Macht, der Rat wurde von ihr abhängig. Diese Phase fand durch das militärische, dann diplomatische Eingreifen einer kaiserlichen Kommission ihr Ende. Zwischen 1708 und 1712 wurden die Streitfragen entschieden und das seit 1529 gewachsene Verfassungsgefüge wiederhergestellt. Die höchste Gewalt hatten fortan Rat und Erbgesessene Bürgerschaft gemeinsam inne. Nur wer in der Stadt »mit eignem Feuer und Heerd« ansässig war und über Grundbesitz – innerhalb der Mauern und Wälle mit mindestens 1000, im Landgebiet mit 2000 Reichstalern Geldes darin – verfügte, konnte der Bürgerschaft angehören. Damit wurden weite Teile des Kleinbürgertums,

der Krämer und Handwerker ausgeschlossen, die um Partizipation gekämpft hatten. Um 1800 dürfte es in Hamburg 2000 bis 3000 politisch mitspracheberechtigte Bürger gegeben haben. Unabhängig vom Kriterium der Erbgesessenheit hatten Inhaber bestimmter Ämter, die Personalisten, Zugang zur Bürgerschaft. Den Älterleuten der Zünfte wurden Absprachen und gemeinsames Auftreten untersagt – ein wichtiger Hinweis auf ihre Rolle in den vorangegangenen Kämpfen. Von 1709 bis 1756 blieben 193 Versammlungen der Bürgerschaft beschlußunfähig, nur zu 204 Konventen kamen die mindestens erforderlichen 195 Bürger. Der Schwerpunkt der inneren Politik lag daher beim Rat und bei den bürgerlichen Kollegien, den Oberalten, Sechzigern und Hundertachtzigern.

Kaufleute und Juristen prägten die Republik an Alster und Elbe. Im 18. Jahrhundert gab es in der städtischen Selbstverwaltung rund 650 Ämter, zu denen 1788 200 Ehrenämter in der Armenanstalt kamen. Da die Mitglieder des Rates und der bürgerlichen Kollegien mehrere Aufgaben wahrzunehmen pflegten, dürften 300 bis 350 Hamburger die Verwaltung getragen haben, unterstützt von anderthalb Dutzend Juristen und gut 50 Protokollisten, Schreibern sowie anderen Bediensteten. Bei allen Mängeln wie Schwerfälligkeit, Unübersichtlichkeit, Ressortdenken, Festhalten an Herkommen und Schlendrian bot Hamburg doch das Bild einer handlungsfähigen Stadtrepublik, in der Mitbestimmung und Selbstverwaltung praktiziert und gemeinsame Verantwortung für das Gemeinwesen übernommen wurde. Kompliziert gestaltete sich die Organisation der Justiz. Noch 1790 wurde in einem Diebstahlsfall die Folter angewandt, 1806 die Todesstrafe an einem Räuber vollstreckt. Forderungen nach Reformen stießen an Grenzen, die Vorurteile und Gewohnheit setzten.

Weltumspannender Handel als »Seele der Stadt«

Hamburgs Wirtschaftskraft beruhte im 18. Jahrhundert auf dem Handel, das »Commercium« blieb die »Seele der Stadt«. Wichtigster Partner war Frankreich, dann folgten England, die Niederlande, Spanien, Portugal und Dänemark. Gegen Ende des Jahrhunderts begann der Handel mit den Vereinigten Staaten von Amerika. Hamburger Kaufleute verbanden das nord-, mittel- und ostdeutsche Binnenland mit der See und der Welt, sie knüpften neue, weltweite Beziehungen an – mit Südamerika, Afrika und dem Orient. Zunehmende Bedeutung gewannen Bank, Börse und Versicherungen. Seit dem 17. Jahrhundert entwickelte sich der Walfang zu einem wichtigen Wirtschaftszweig. Im Gewerbe, das sich merkantilistischer Abschließungspolitik und wachsendem Konkurrenzdruck zu erwehren hatte, dominierten Zuckerraffinerien, Kattundruckereien und Tabakverarbeitung. Im Handwerk nahm die Zahl außerhalb der Zünfte Tätiger, der »Böhnhasen«, zu. Viele Hamburger arbeiteten im Hafen, sorgten für den Warenumschlag und -transport zu Wasser und zu Lande. Konjunkturschwankungen und harte Winter, die eine Schiffahrt unmöglich machten, führten zu Arbeitslosigkeit, Not und Elend. Die Leistungen der hamburgischen Wirtschaft waren das gemeinsame Ergebnis von Einheimischen und Zugewanderten, von lutherischer Mehrheit und konfessionellen Minderheiten. Offenheit gegenüber Fremden blieb neben der Neutralität ein Grundzug hamburgischer Politik. Wie die Niederländer im 16. und frühen 17. Jahrhundert, so gaben im 18. Jahrhundert die aus Frankreich stammenden Boué, Godeffroy und His mit ihren Erfahrungen, Kenntnissen und Kontakten neue Impulse.

Altonas Rolle als Vorbild der Toleranz

Für Hamburgs Politik und Wirtschaft im 17. und 18. Jahrhundert war das benachbarte Altona, das seit 1640 zum dänischen Gesamtstaat gehörte und 1664 Stadtrechte erhielt, ein wichtiger Faktor. Zählte Altona um 1650 3000 Einwohner, so lebten dort Ende des 18. Jahrhunderts etwa 24 000 Menschen. Nach Kopenhagen war Altona die zweitgrößte Stadt des Gesamtstaates, zu dem Dänemark, Norwegen, Island, Grönland, die Herzogtümer Schleswig und Holstein sowie der Kolonialbesitz in Westindien und Afrika gehörten. Als erster Freihafen in Nordeuropa und als Ort großzügiger Toleranz wirkte Altona auf Hamburgs Handels-, Zoll- und Toleranzpolitik ein. Altonaer nutzten Bank und Börse in Hamburg, das sich wiederum der Reederei und Schiffahrt unter dänischer Flagge bediente. Nach dem Ende des hamburgisch-dänischen Gegensatzes entwickelte sich das Gebiet längs der Elbe westlich von Altona zu einem bevorzugten Teil der Garten- und Landsitzkultur, die sich zuvor an Alster und Bille entfaltet hatte. Gegen Ende des 18. Jahrhunderts vertieften beide Städte auch ihre kulturellen Kontakte. Den Juden bot Altona weit mehr Rechte als Hamburg. Einzigartig war die Öffnung des Christianeums, der Altonaer Gelehrtenschule, für jüdische Schüler. Zwischen 1718 und 1815 besuchten mindestens 110 Juden diese Lehranstalt.

Geistige Blütezeit im Gefolge der Aufklärung

Der dänische Schriftsteller Jens Baggesen, der 1789 Deutschland bereiste, schrieb damals: »Hamburg ist nicht der Tempel der Musen, es ist ihre Herberge, und die Grazien wohnen dort nicht, sie logieren.« Damit hat er einen Grundzug hamburgischer Realität nicht nur des 18. Jahrhunderts treffend gekennzeichnet. Doch gerade die Jahrzehnte zwischen 1648 und 1806 waren eine geistige Blütezeit der Stadt. Zwar blieben Georg Friedrich Händel, Johann Sebastian Bach und Gotthold Ephraim Lessing Logisgäste, andere Künstler aber fanden hier eine Heimstatt. Die Hamburger Oper von 1678 war die erste deutsche Bürgeroper. Barockliteraten und Publizisten förderten Poesie und Medien. Die Aufklärung, die auf Vernunft, Kritik und Diskurs gründete und Mündigkeit anstrebte, entfaltete sich von einer zunächst wissenschaftlich-literarischen Richtung über eine breite literarisch-publizistische Strömung bis zur gemeinnützig-praktischen, fast alle Lebensbereiche umfassenden Reformbewegung. Akademiker und Kaufleute, am Ende des 18. Jahrhunderts auch einzelne Handwerker und Volksschullehrer, fanden sich zusammen, wurden initiativ. Die Entfaltung der Aufklärung stand in enger Verbindung mit zwei anderen grundlegenden Wandlungsprozessen am Beginn der Moderne: Der Herausbildung der Öffentlichkeit und dem Entstehen der Freizeit. Gelehrte und literarische Gesellschaften, Freimaurerlogen, Lesegesellschaften, Klubs und Fachvereine entstanden; sie boten – wie Kaffeehäuser und private Zirkel – Raum für neue Formen der Geselligkeit und der Kommunikation. Eng verbunden mit der neuen Bewegung war die Presse. Aus Hamburg und Altona kamen seit dem 17. Jahrhundert wichtige, überregional verbreitete Zeitungen. Sie profitierten u. a. davon, daß in den Hafen- und Handelsstädten viele Nachrichten zusammenliefen.

Moralische Wochenschriften wie »Der Patriot« (1724–1726), die Dichtungen Barthold Hinrich Brockes' und Friedrich von Hagedorns verkündeten die »Botschaft der Tugend« (Wolfgang Martens), forderten die Bürger zu vernünftig-maßvoller Lebensführung und dem Gemeinwohl verpflichtetem Handeln auf, entdeckten die Schönheiten der Natur und trugen zur Erneuerung der deutschen Sprache und Literatur bei. Schließlich begannen sie den langen Kampf mit der Orthodoxie um mehr Toleranz, der den Reformierten und Katholiken 1785/86 eine bessere Rechtsstellung, allerdings noch nicht die Gleichberechtigung brachte. 1738 schloß die Oper; 1765 begann mit dem Schauspielhaus am Gänsemarkt eine neue Epoche. Zwar scheiterte kurz darauf der Versuch eines Nationaltheaters, doch gaben die »Hamburgische Dramaturgie« und die »Minna von Barnhelm« Gotthold Ephraim Lessings dem deutschen Theater bleibende Impulse. Friedrich Ludwig Schröder gelang in den 70er Jahren die Einbürgerung William Shakespeares auf der Schaubühne und die Durchsetzung zeitgenössischer Autoren. Georg Philipp Telemann und Carl Philipp Emanuel Bach prägten die Musikkultur der Stadt. Neben der Kirchenmusik gewann die weltliche Musikpflege mit Konzerten an Bedeutung.

»Patriotische Gesellschaft« Motor der Modernisierung

Die schon im »Patrioten« geforderte Teilhabe der Frauen an der Aufklärung verwirklichte die von Friedrich Gottlieb Klopstock und Johann Georg Büsch zu Beginn der siebziger Jahre errichtete Lesegesellschaft. Für Klopstock entwickelte sich Hamburg zu einem Ort fruchtbaren Schaffens und tätiger Anteilnahme an der Aufklärungsbewegung, zu deren Mittelpunkt die 1765 von Büsch mitgegründete »Hamburgische Gesellschaft zur Beförderung der Künste und nützlichen Gewerbe«, die »Patriotische Gesellschaft«, wurde. Von Anfang an gehörten ihr Männer verschiedener Profession und Konfession an. Neben Lutheranern fanden sich Reformierte, Mennoniten, Katholiken, seit 1800 auch Juden ein. Das Leitbild des freien Bürgers wurde nun Wirklichkeit, auch wenn manches Mitglied im strengen Rechtssinn kein Bürger der Stadt war.

»Patrioten« mit und ohne Bürgerrecht bot die Gesellschaft ein Forum der Diskussion und einen Ort des Handelns: 1767 entstanden die Anfänge der Berufsschule, 1778 die Versorgungsanstalt mit der ersten Sparkasse der Welt, 1788 die Armenanstalt. Hilfe zur Selbsthilfe war das Ziel der neuen Einrichtungen. Arbeit statt Almosen, Versorgung der kranken und arbeitsunfähigen Armen, Zugang zur Bildung für alle Kinder und Selbstverwaltung durch die Bürger waren die im In- und Ausland vielbeachteten Prinzipien der Armenanstalt. Begünstigt durch eine bis dahin ungekannte Hochkonjunktur, arbeitete sie ein Jahrzehnt lang erfolgreich, bis die Wirtschaftskrise von 1799 zu ersten Einschnitten zwang.

Auch wenn Sozialdisziplinierung und Kontrolle nicht fehlten, so waren doch für viele Hamburger Aufklärer auch die Armen und Angehörigen von Randgruppen Menschen mit eigenem Anspruch auf Recht und Würde. Publizität, Offenlegung ihrer Tätigkeiten und ihrer Finanzen waren für die »Patriotische Gesellschaft« und die von ihr geschaffenen und angeregten Einrichtungen selbstverständlich. In den Aufklärungssozietäten wurden Ämter durch Wahl und auf Zeit vergeben, demokratische Willensbildung und Entscheidungsfindung eingeübt. Für die Modernisierung des Gemeinwesens leisteten die Vereine, allen voran die »Patriotische Gesellschaft«, einen wichtigen ersten Beitrag.

Die Aufklärung war das Werk einer kritischen Minderheit, einer Avantgarde, die gleichwohl die Stadt zu verändern und zu erneuern begann. Vielen Hamburgern waren Haus und Kontor genug, andere zogen Spiel, Amüsement und üppige Abendmahlzeiten dem aufklärerischen Diskurs und gemeinnützigen Handeln vor. Diese Bürger hatte Daniel Schiebeler, einer der gescheiterten Hamburger Literaten und Aufklärer, vor Augen, als er die Elbmetropole »Stomachopolis« (Magenstadt) nannte.

Die Französische Revolution wurde in Hamburg lebhaft begrüßt. Aufsehen erregte das Freiheitsfest des Großkaufmanns, tätigen Aufklärers und engagierten Reformers Georg Heinrich Sieveking am 14. Juli 1790 in Harvestehude, an dem auch Klopstock, der 1792 den französischen Ehrenbürgertitel erhielt, und Adolph Freiherr von Knigge teilnahmen. Die Hamburger und Altonaer Presse nahm einen weiteren Aufschwung, beide Städte wurden zu Zentren der politischen Publizistik. In der Zeit der Revolution und Napoleons wurde es für Hamburg zunehmend schwieriger, seine Politik der Eigenständigkeit und Neutralität durchzuhalten. Die kurze Besetzung der Stadt durch die Dänen zeigte 1801, daß der Stadtstaat zum Objekt der Politik geworden war. Aufgrund des Reichsdeputationshauptschlusses kam 1803 der vordem zu Kurhannover gehörende Dom an Hamburg, das ihn bald darauf wegen vermeintlicher Baufälligkeit und wohl auch, um eine für möglich gehaltene spätere Rückgabe auszuschließen, abreißen ließ. Nach dem Ende des Heiligen Römischen Reiches hatte die »freie Hansestadt Hamburg« nur wenige Monate Bestand. Im November 1806 wurden Hamburg und sein Landgebiet von den Franzosen besetzt, die nun in der Stadt und über sie bestimmten.

Franklin Kopitzsch

1650

25. 3. 1650. König Friedrich III. von Dänemark bietet Hamburg gegen Zahlung von 400 000 Reichstalern den Verzicht auf jede Erbhuldigung und die Anerkennung als Freie Reichsstadt an. Die Bürgerschaft läßt das Vorhaben aus finanziellen Gründen scheitern. → S. 123

18. 11. 1650. Der Mathematiker und Landvermesser Georg Schumacher wird zum ersten Leiter der Hamburger Gemeinen Bibliothek im St. Johanniskloster bestellt. Am 11. Februar 1652 wird eine Bibliotheksordnung erlassen, wonach die Gemeine Bibliothek werktäglich vier Stunden für den Publikumsverkehr offenzuhalten ist.

1650. Zwischen Hamburg und Hannover verkehrt eine sog. Küchenpost. Mit einer Landkutsche werden sowohl Lebensmittel für den herzoglichen Hof in Hannover als auch Briefe von Privatpersonen befördert. Diese »Küchenpost« verfügt ab 1682 in Hamburg über ein Fürstlich Braunschweigisches Postcomptoir.

15. 10. 1651. Die Bürgerschaft billigt die vom Rat vorgelegte Ordnung für ein öffentliches Leihhaus (Lombard). Es wird in der Bastion Diedericus (Esplanade) errichtet. Die hölzerne Brücke über den Durchlaß zwischen Binnen- und Außenalster heißt fortan Lombardsbrücke.

Oktober 1651. England beschränkt durch die »Navigationsakte« den Handel mit den englischen Kolonien auf englische Schiffe. In Spanien gelten ähnliche Vorschriften. Um die Verluste auszugleichen, wenden sich die Hamburger Kaufleute neuen Gütern zu. Verstärkt werden u. a. rheinische und französische Weine, schlesische und Bielefelder Leinen sowie Holz aus der Mark Brandenburg und dem Sachsenwald umgeschlagen.

10. 12. 1651. In der Elbe werden zehn große Delphine gefangen.

1652. Auf dem Gelände der wegen der Festungsbauten abgerissenen Marienkirche in Harburg entsteht die ganz aus Stein erbaute Dreifaltigkeitskirche.

1652. Vor dem Steintor wird die Große Allee (Ulmenallee) angelegt.

13. 1. 1653. Die niederländischen Generalstaaten warnen Hamburg unter Hinweis auf den Vertrag von 1645 vor einer Begünstigung der Engländer. In der Folge werden zahlreiche Hamburger Waren beschlagnahmt, die von englischen Händlern stammen. Hintergrund ist Englands Monopolisierung seines Kolonialhandels, die den niederländischen Zwischenhandel schädigt. Deshalb kommt es 1652 zum ersten englisch-holländischen Seekrieg.

27. 5. 1654. Eine aus zwei Ratsherrn bestehende Delegation Hamburgs reist nach Paris, wo am 10. Mai 1655 ein Handelsvertrag zwischen König Ludwig XIV. und den Städten der deutschen Hanse abgeschlossen wird. → S. 124

1655. In die Zollinie am Niederbaum wird ein Blockhaus gebaut. Von hier aus wird die Einfahrt zum Niederhafen bewacht und der Zoll erhoben.

1656. Die Hamburger Pilotage-Verordnung schreibt für den Lotsenberuf eine staatliche Zulassung vor.

1656. Der Wedeler Pfarrer und Autor Johann von Rist gründet in Hamburg den »Elbschwanenorden« zur Pflege der deutschen Sprache (→ 1643/S. 119).

1656. In Hamburg wird eine kurbrandenburgische Post als fürstliche Hofpost eingerichtet. 1659 erlaubt Hamburg die Eröffnung einer brandenburgischen Reitpost zwischen Berlin und Hamburg.

Juli 1657. Die Armee des Schwedenkönigs Karl X. Gustav nimmt im Krieg gegen Dänemark bei Ottensen Quartier. Ihm und den gegen ihn verbündeten kaiserlichen, polnischen und brandenburgischen Truppen, die am 16. September sowie am 2. und 12. Oktober 1658 bei Hamburg erscheinen, gewährt der Rat Gelder und Verpflegung.

4. 11. 1657. In einem Rezeß wehrt sich die Bürgerschaft erfolgreich gegen eine Schmälerung ihrer nach Brauch und Herkommen zustehenden Rechte.

1657/58. Der Architekt Peter Marquard erbaut den Turm von St. Nikolai (→ 3. 2. 1659/S. 124).

Spätsommer 1658. Im Namen des dänischen Königs Friedrich III. bitten dessen Generalkriegskommissare Kai und Friedrich von Ahlefeldt Hamburg um eine Anleihe von 40 000 Reichstalern gegen Sicherheiten im Amt Pinneberg. Der Handel scheitert am Widerstand der Kämmereibürger (→ 25. 3. 1650/S. 123).

3. 2. 1659. Der neue Turm der Hauptkirche St. Katharinen wird geweiht. → S. 124

8. 7. 1659. Der Besenbinderhof brennt ab. Für den Pastor von St. Katharinen handelt es sich um eine Strafe Gottes. → S. 124

8. 9. 1659. Eppendorf wird durch polnische Truppen geplündert, die als Hilfsverbände der Dänen verpflichtet wurden.

1659. Der hamburgische Pastor Andreas Heinrich Buchholtz verfaßt den heroisch-galanten Roman »Des ... Großfürsten Herkules und des ... Fräuleins Valiska Wundergeschichte«, ein abenteuerliches und verwickeltes Epos zur christlichen Erbauung und Belehrung. Eine Fortsetzung erscheint 1665.

GEBOREN:

September 1654. Padingbüttel: Vincent Lübeck († 9. 2. 1740, Hamburg), Komponist.

GESTORBEN:

23. 9. 1657. Hamburg: Joachim Jungius (* 22. 10. 1587, Lübeck) Naturforscher und Philosoph (→ 16. 7. 1640/S. 118).

Autonomie-Chance vertan

25. März 1650. König Friedrich III. von Dänemark bietet Hamburg gegen Zahlung von 400 000 Reichstalern den Verzicht auf jede Erbhuldigung und die Anerkennung als Freie Reichsstadt an. Aufgrund des Widerstandes der Bürgerschaft scheitert das Vorhaben. Auch andere Chancen zur Loslösung von der Oberhoheit durch Dänemark werden leichtfertig vertan.

Die Bürgerschaft ist allenfalls bereit, dem König 200 000 Taler zu geben. Daraufhin reduziert Friedrich III. seine Forderung auf 300 000 Taler, bis schließlich die Sache nach Querelen zwischen Rat und Bürgerschaft im Sande verläuft.

Folgerichtig protestiert am 5. Oktober 1653 der Dänenkönig in einem Brief an Kaiser Ferdinand IV. gegen die Inanspruchnahme des Titels »Freie Reichsstadt« und beansprucht erneut die Hoheit auf der Unterelbe (→ S. 68).

Eine neue Gelegenheit bietet sich nach Ausbruch des Nordischen Krieges im Sommer 1655: Bei seinem Konflikt mit der regionalen Vormacht Schweden in Bedrängnis geraten, läßt der Dänenkönig Hamburg um eine Anleihe von 40 000 Reichstalern gegen Sicherheiten im Amt Pinneberg bitten. Der Rat ist zwar zur Zahlung einer solchen Summe bereit, der Handel scheitert aber am Einspruch der Kämmereibürger.

1659 verhandelt Graf Heinrich von Rantzau mit dem Hamburger Rat erneut über eine Anleihe von 300 000 Reichstalern gegen eine Verpfändung der Grafschaft Pinneberg. Der Rat lehnt ab, leiht aber den in argen Geldnöten steckenden Dänen 40 000 Reichstaler gegen einen Schuldschein.

Nach dem Ende des Ersten Nordischen Krieges 1660 bekommt die Elbmetropole die vorerst letzte Gelegenheit, sich offiziell aus der dänischen Herrschaft zu lösen: 1662 bietet Friedrich III. erneut gegen Geld die Reichsstandschaft an. Aber auch diese Chance läßt Hamburg verstreichen. Der König revanchiert sich zwei Jahre später und erhebt den wenig geliebten Nachbarn Altona am → 23. August 1664 (S. 127) zur Stadt.

Kunsthandwerk und »Schappen«

Seit Beginn des 16. Jahrhunderts steht das Kunsthandwerk in Hamburg in voller Blüte. Viele Schmuckstücke, Pokale und Bestecke in Edelmetall werden bei Hamburger Handwerkern, darunter vielen eingewanderten Niederländern, in Auftrag gegeben und landen als Geschenke an den nordischen Fürstenhöfen.

Zu den Auftraggebern zählt der Hamburg sonst nicht wohlgesonnene Dänenkönig Christian IV., der dem russischen Zarenhof einen in Hamburg gearbeiteten Willkommenbecher verehrt. Auch auf dem direkten Weg wandern zahlreiche Gold- und Silbergerätschaften von Hamburg in den Moskauer Kreml. Zu den hervorragenden Kunsthandwerkern in der Mitte des 17. Jahrhunderts zählen Jacob Mores der Ältere und der Jüngere sowie Paulus Schütte. Ihr Ruhm lockt zahlreiche andere Gold- und Silberschmiede nach Hamburg, wo um 1690 bereits 48 Goldschmiedemeister tätig sind, die meist von auswärtigen Auftraggebern leben.

Silberner Deckelhumpen des Goldschmieds Paulus Schütte (um 1690)

Weit über die Grenzen der Stadt hinaus verbreitet sich auch der Ruhm der Hamburger Möbeltischler. In vielen Adel-, Bürger- und Bauernhäusern entlang der Niederelbe bis nach Dithmarschen hinein finden sich die großen, zweitürigen und mit feinem Schnitzwerk versehenen Schränke, die unter der volkstümlichen Bezeichnung »Hamburger Schapp« weithin bekannt werden.

Das Blockhaus am Niederbaum markiert die Grenze der inneren Hafenbecken zum späteren »Rummelhafen« im Elblauf. Es besteht bis zum Jahr 1852.

Blockhaus bewacht Hafen

1655. In die Zollinie am Niederbaum hinein wird auf dem Wasser ein Blockhaus errichtet, die Bastion Neptunis. Gemeinsam mit den westlich angrenzenden Wallbastionen Albertus (Stintfang) und Johannis soll das Gebäude für die Verteidigung des äußeren Hafens sorgen und die Einfahrt zum Niederhafen bewachen. Hier wird auch der Eingangszoll erhoben.

Mit der Spitze des Brooks am Kehrwieder ist das Blockhaus durch einen Damm verbunden. Durch den Bau der neuen Stadtbefestigung (→ Anfang 1626/S. 113) hat sich die Hafeneinfahrt weiter nach Westen verschoben. Dies bot die Gelegenheit zur Erweiterung des Binnenhafens, der nunmehr eine Länge von etwa 710 m und eine Breite von 150 m aufweist.

Wichtiger Handelspartner Frankreich

27. Mai 1654. Eine aus zwei Ratsherren bestehende Delegation Hamburgs reist im Einvernehmen mit Lübeck und Bremen nach Paris, wo am 10. Mai 1655 ein Handelsvertrag zwischen König Ludwig XIV. und den Städten der deutschen Hanse (»villes et citez de la Hanse-Teutonique«) abgeschlossen wird. Der am 18. Mai von den Hansestädten ratifizierte Vertrag zeigt die wachsende Bedeutung Frankreichs für den hamburgischen Handel zu Lasten der Niederlande.

Die französischen Vertragspartner gewähren den Hansekaufleuten Privilegien in Nantes, La Rochelle und Bordeaux. Damit werden sie gegenüber der niederländischen Konkurrenz bevorzugt.

Im Rahmen des Handels mit Frankreich beziehen Hamburger Kaufleute vor allem Wein, Zucker, Essig, Salz und Früchte sowie Manufakturwaren wie Papier, Seide, Glas und Textilerzeugnisse. Hamburg stellt für das französische Königreich einen wichtigen Ausfuhrhafen für Getreide und Holz sowie für Naturprodukte wie Fleisch, Felle und Wachs dar.

Das gute Einvernehmen zwischen Hamburg und dem französischen Königshaus wurde im Dreißigjähri-

Ludwig XIV. (1638–1715) ist seit 1643 König von Frankreich. Bis 1661 regiert allerdings seine Mutter.

gen Krieg eingeleitet, als die Elbmetropole zum Umschlagplatz der ab 1635 aus Frankreich an Schweden fließenden Subsidienzahlungen wurde.

Seit Anfang der 1630er Jahre ist Hamburg Sitz eines französischen Residenten für Nordeuropa. Zwar wird diese Verbindung vom Kaiserhof in Wien mißtrauisch betrachtet, aber dank des tatkräftigen Einsatzes von Bürgermeister Barthold Moller – er empfängt über Jahre hinweg Gelder aus Frankreich – wird das hamburgisch-französische Verhältnis immer besser.

Ein Schatten fällt im Jahr 1675 auf die blühenden Beziehungen, als Hamburg auf Druck des Reichs den französischen Residenten der Stadt verweisen muß. Kaiser Leopold I. will der Expansionspolitik Frankreichs entgegentreten. Dies wertet Frankreich als unfreundlichen Akt und beantwortet die Ausweisung seines Diplomaten mit einem zeitweiligen Kaperkrieg gegen hamburgische Schiffe.

Großbrand nach gottlosem Rauchen

8. Juli 1659. Infolge unvorsichtigen Tabakkonsums brennt der Besenbinderhof in der Vorstadt St. Georg mitsamt dem dabei liegenden Hopfenführerhaus vollständig aus.

Für den kämpferischen Pfarrer Corfinius der Hauptkirche St. Katharinen ist dies ein Wink Gottes. In der Predigt am darauffolgenden Sonntag erklärt er, der Herr habe den Unflat von vielen Sünden – Fressen, Saufen, Unzucht und andere Bosheit, die auf dem Besenbinderhof seit langem gepflegt werde – wegfegen müssen.

Auch mit der städtischen Obrigkeit legt sich der Pastor an: Scharf rügt er die Unsitte der hohen Herren, den Gottesdienst zu verlassen, ohne den Segen abzuwarten.

Das Tabakrauchen hat bereits Ende des 16. Jahrhunderts in Hamburg Fuß gefaßt. Schon damals gab es Widerstand. Die Wand- und Tuchmacher ließen 1595 verlauten: »So schall sick ock nemandt undernehmen, up de morgensprake (Versammlung) toback tho bruken, vel weniger tho drinken.« Wer dagegen verstößt, muß einen Reichstaler Strafe bezahlen.

Renaissancefassade unter neuer Kupferhaube: Turm von St. Katharinen

Neuer Turm für Katharinenkirche

3. Februar 1659. Schon knapp zwei Jahre nach dem Richtfest am 22. April 1657 können die Bürger des Kirchspiels St. Katharinen den neuen Turm ihrer geliebten Hauptkirche einweihen.

Die Spitze des alten Turms der gotischen Hallenkirche war am 15. Februar 1648 durch einen Sturm herabgeweht worden.

Architekt des im niederländischen Barockstil gehaltenen Turms mit seiner charakteristischen Kupferhaube ist Peter Marquard. Die Turmspitze gilt als eine der schönsten in Norddeutschland.

Marquard findet auch bei der Renovierung anderer Hamburger Kirchtürme Beschäftigung. Er gestaltet in den Jahren 1657/58 den Turm der Hauptkirche St. Nikolai und führt von 1665 bis 1668 unter Mitarbeit des Architekten Christoph Corbinus den Turm der ersten großen Kirche St. Michaelis auf, die am → 14. März 1661 (S. 126) feierlich eingeweiht wird.

1660

1660–1669

12. 1. 1660. Peter Lambeck wird zum Rektor des Akademischen Gymnasiums bestellt. Er verläßt am 25. April 1661 jedoch Hamburg wieder in Richtung Wien und quittiert von dort aus den Dienst. → S. 125

16. 9. 1660. Zwischen Hamburg und Lübeck verkehrt eine städtische Fahrpost. Dagegen reicht die kaiserlich privilegierte Thurn und Taxissche Post Protest ein.

1660. Der Braunschweig-Lüneburger (hannoversche) Postmeister Hans Hinüber richtet in der »Harburger Herberge« in der Deichstraße ein Postkontor ein.

1660. Matthias Weckmann gründet das Collegium musicum. → S. 125

14. 3. 1661. Die erste große Kirche St. Michaelis wird geweiht. → S. 126

15. 8. 1661. Der Architekt Hans Hamelau vollendet das Kornhaus in der Neustadt an der Ecke des Alten Wandrahm. Es wird im 19. Jahrhundert als Infanteriekaserne benutzt und 1871 abgerissen.

26. 11. 1661. Das Kurfürstentum Brandenburg und Herzog Christian Ludwig von Braunschweig-Lüneburg (in Celle) vereinbaren, daß die aus dem Kurfürstentum elbabwärts verschifften Waren über Harburg gehen. → S. 126

22. 6. 1662. Algerische Piraten kapern acht hamburgische Portugalfahrer mit 19 Seeleuten (→ 11. 9. 1678/S. 132).

27. 8. 1662. Rat und Bürgerschaft beschließen den Bau von zwei Konvoischiffen zum Schutz des Handels (→ 11. 9. 1678/S. 132).

30. 8. 1662. Herzog Christian Ludwig gewährt seinen Harburger Untertanen die Kontrolle der städtischen Einkünfte.

Sommer 1662. Hans Hamelau errichtet auf dem Niederbaum das sog. Baumhaus. → S. 126

1662. In Hamburg wohnen rund 75 000 Menschen. Infolge der Pest von 1664 und einer konjunkturellen Abwärtsentwicklung sinkt die Zahl bis 1675 auf etwa 70 000. Etwa 15 bis 20% der Bevölkerung besitzen das Hamburger Bürgerrecht.

27.6.1663. Auf dem Gelände des späteren Krankenhauses St. Georg findet erstmals ein Schützenfest statt.

11. 12. 1663. Aufgrund des Einspruchs der Bürgerschaft gegen die Form der Ergänzungswahlen zum Rat kommt ein Rezeß zustande, der die Zahl der Ratsherren auf 24 festschreibt, von denen je die Hälfte Kaufleute und Juristen sein sollen.

1663. Der 1659 nach den Plänen von Hans Hamelau begonnene Bau des Millerntores wird vollendet.

1663. Der Organist und Komponist Johann Adam Reinken wird Organist an der Hamburger Hauptkirche St. Katharinen.

1663. Der Künstler Elias Galli malt den »Meßberg«. → S. 127

12. 6. 1664. Der Hamburger Rat erläßt ein Mandat zum Schutz der Schwäne auf der Alster. → S. 127

23. 8. 1664. Der dänische König Friedrich III. erhebt Altona zur Stadt und zum ersten Freihafen Europas. → S. 127

Sommer 1664. Eine Pestepidemie fordert in Hamburg 4441 Todesopfer.

22. 11. 1664. In Hamburg werden die abendlichen Leichenzüge (Abendleichen) mit Fackelbeleuchtung verboten. → S. 128

1664–1668. Der Große Kurfürst Friedrich Wilhelm von Brandenburg baut einen Kanal zwischen Spree und Oder. Hamburg gewinnt dadurch eine unmittelbare Wasserverbindung nach Schlesien. Hamburg ist der Hauptausfuhrhafen für schlesisches Leinen.

19. 1. 1665. Aufgrund einer Initiative von Seekaufleuten und Schifferalten wird die Commerzdeputation gestiftet. → S. 129

1665. Der Schriftsteller Johann Georg Greflinger, seit 1648 als Notar in Hamburg ansässig, gibt die Zeitschrift »Nordischer Mercurius« heraus. Nach seinem Tod 1677 führt sie sein Sohn Friedrich Conrad fort. Die Zeitung erscheint bis 1730.

1665. Der Jungfernstieg wird angelegt. → S. 128

16. 1. 1666. Wegen des Vorwurfs, Bestechungsgelder angenommen zu haben, suspendiert die Bürgerschaft Bürgermeister Peter Lütkens. Er verläßt mit seiner Familie heimlich die Stadt und reicht beim Reichskammergericht Klage ein.

24. 8. 1666. Vor Neumühlen zerstören niederländische Kriegsschiffe drei englische Kauffahrer und bringen drei weitere auf. → S. 128

15. 7. 1667. Christine von Schweden gibt in Hamburg ein Fest zu Ehren des am 20. Juni gewählten Papstes Klemens IX. Es kommt zu einem Tumult. → S. 129

31. 7. 1667. Für das Amt Harburg wird ein Erbregister erstellt.

1668/69. Zum Schutz Hamburger Kauffahrer gegen Piratenüberfälle werden die Konvoischiffe »Leopoldus Primus« und »Wapen von Hamburg« in Dienst gestellt (→ 11. 9. 1678/S. 132).

9. 3. 1669. Der von Peter Marquard gestaltete Turm von St. Michaelis wird eingeweiht (→ 14. 3. 1661/S. 126).

29. 5.–11. 6. 1669. In Lübeck findet nach 40jähriger Pause die letzte hansische Tagfahrt (Versammlung der Hansestädte) statt. Nur noch acht Städte sind vertreten (→ 24. 2. 1630/S. 116).

1669. Der Hamburger Kaufmann Hennig Brand entdeckt den Phosphor. → S. 129

GESTORBEN:

31. 8. 1667. Wedel: Johann von Rist (* 8. 3. 1607, Ottensen), Dichter.

J. A. Reinken am Cembalo, r. daneben Dietrich Buxtehude (Gemälde, 1674)

Hochgeschätztes Laienorchester

1660. Matthias Weckmann, seit 1655 als Organist an der Hauptkirche St. Jacobi tätig, gründet das Collegium musicum. Hier musizieren interessierte Laien.

Die Gesellschaft hat 50 Mitglieder, eine ungewöhnlich hohe Zahl im Vergleich etwa mit den Kantoreien, wo der Chorgesang für den Gottesdienst geübt wird oder einem »Convivium musicum«, bei dem die Musik nur eine untergeordnete Rolle neben dem gemeinsamen Mahl oder einer gelehrten Disputation spielt.

Jeden Donnerstag abend treffen sich die Mitglieder des Collegium musicum im Refektorium des Doms zum Proben, um vor allem Kompositionen der neueren italienischen Stilrichtungen zu spielen. Musikinteressierte Kaufleute unterstützen das Unternehmen. Durch reichliche Spenden wird so der Bestand der Vereinigung garantiert, ohne daß deren Mitglieder – neben Musikern und Musikliebhabern viele Studenten und Kaufmanns-Gesellen – Beiträge zahlen müßten. Nach Weckmanns Tod 1674 wird das Collegium aufgelöst.

»Hamburger Cithrinchen« des Instrumentenbauers Joachim Tielke (1688)

Lambeck flieht nach Wien

12. Januar 1660. Peter Lambeck wird Rektor des Akademischen Gymnasiums, tritt die Stelle aber gar nicht erst an: 1661 geht er nach Wien und wird dort Bibliothekar in der Hofbibliothek. Lambeck lehrte seit 1651 Geschichte am Gymnasium. Für seinen Fortgang hat er drei Gründe: Er ist Wiener, katholisch und hat eine mißgünstige Frau. Sie vermerkte einmal in einem Buch Lambecks, das er einem Ratsherrn geben wollte: »Von all de Historien, wovon meyn Mann in diessem Boke geschreven hätt, is keen Woort wahr.«

Erfolglose Standortpolitik in Harburg

26. November 1661. Das Kurfürstentum Brandenburg und der Celler Herzog Christian Ludwig vereinbaren in Cölln an der Spree (Berlin) eine Förderung des Warenverkehrs über Harburg.

In dem Vertrag verspricht der Kurfürst von Brandenburg, den elbabwärts gerichteten Handel seiner Untertanen – vor allem mit Korn und Holz – über Harburg zu lenken. Dafür will der Herzog neue Kornspeicher und eine eigene Kaufmannsstadt bauen lassen. Umgekehrt sollen für die märkischen Kaufleute ermäßigte Hafengebühren und Zollerleichterungen gelten. Ferner wird die Gründung einer besonderen Kasse versprochen, aus der die Kaufleute bis zum Verkauf ihrer Waren einen Vorschuß erhalten können.

Zwar führt dieses Abkommen zu einer Belebung des brandenburgischen Warenumschlags über Harburg, aber sein Hauptziel – die Stärkung der Wirtschaftskraft der Stadt allgemein – erreicht er ebensowenig wie Versuche, Kaufleute aus den Niederlanden dauerhaft nach Harburg zu locken.

Daran trägt nicht zuletzt die wenig konsequente Wirtschaftspolitik der cellischen Regierung Schuld. Weder werden ausreichend Bauplätze bewilligt, noch wird Kapital bereitgestellt oder rechtzeitig die Süderelbe vertieft.

Zudem setzt Hamburg der cellischen Standortpolitik seine eigene, überlegene Wirtschaftskraft entgegen: Auf die Kornprivilegien für die Brandenburger reagiert Hamburg sofort mit einer Herabsetzung seiner Getreidezölle. Den Harburger Holzhandel blockiert der Nachbar mit einer Lockerung des Ausfuhrverbots für Eichenholz.

Der Wunschtraum des cellischen Herzogs für seinen wichtigen Elbhafen Harburg: Prallgefüllte Läden für interessierte Kunden (Holzschnitt)

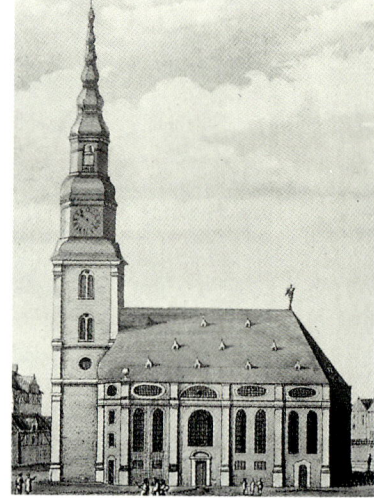

St. Michaelis, hier schon mit dem erst 1668 vollendeten Turm (Kupferstich)

Ein Gotteshaus für das neue Kirchspiel

14. März 1661. Die von Christoph Corbinus erbaute erste große St. Michaeliskirche wird eingeweiht. Drei Tage später findet erstmals eine Taufe im neuen Gotteshaus statt. Die Gemeinde St. Michaelis hatte sich 1647 von St. Nikolai getrennt (→ 10. 3. 1750/S. 156).

Hamburgs feine Gesellschaft trifft sich im Baumhaus

Sommer 1662. Dort, wo die Niederbaumbrücke den Binnenhafen verschließt, bekommt Hamburg mit dem »Baumhaus« des Tischlers Hans Hamelau ein markantes Wahrzeichen am Hafeneingang.

Der gebürtige Holsteiner Hamelau ist seit 1649 als Bau- und Zimmermeister beim Bauhof tätig. Der Hamburger Rat hatte ihn 1661 auf eine Studienreise in die Niederlande entsandt. In seinem Baumhaus gehen holländische und italienische Vorbilder mit Hamelaus Vorliebe für den Fachwerkbau eine geglückte Synthese ein.

Das bald weit über die Grenzen Hamburgs hinaus berühmte Gebäude hat eine Grundfläche von 22,6 × 11,8 m. Der Saal im ersten Stock bietet 200 Personen Platz und gibt Hamburgs feiner Gesellschaft häufig Gelegenheit zu festlichem Beisammensein. Neben verschiedenen importierten Biersorten ist das Baumhaus auch wegen des Stockfisches bei den Freunden leiblicher Genüsse ein beliebter Aufenthaltsort. Auf der oben umlaufenden Galerie ist Platz zum Sitzen und zum Kaffee trinken. Von hier aus kann man weit bis in die Elbe hinein das Ein- und Auslaufen der Schiffe beobachten.

Außer dem Baumhaus verdankt Hamburg dem Tischler Hamelau noch etliche Zweckbauten, so das neue Millerntor (1659–1663), das Spinnhaus (→ 27. 1. 1670/S. 130) und ein Zucht- und Werkhaus (1670).

Mittelpunkt der malerischen Kulisse von Masten und Türmen: Das auf Steinpfählen im Hafeneingang ruhende Baumhaus; 1857/58 wird das Gebäude abgebrochen.

Niemand beleidige die Alsterschwäne

12. Juni 1664. Der Hamburger Rat erläßt ein Mandat zum Schutz der Alsterschwäne, die als Beweis für die Unabhängigkeit der Stadt zu schützen sind. Gesetzliche Regelungen schränken auch das Fischen in der Alster ein.

Weil die Schwanhaltung auf offenem Gewässer als Hoheitsrecht betrachtet wird, gilt derjenige, der die Alsterschwäne belästigt, als eine Art Majestätsbeleidiger und muß als gemeiner Verbrecher einer harten Strafe entgegensehen.

Die Schwäne werden sogar dermaßen hoch geachtet, daß man sie städtischerseits für würdig befindet, die Freie Reichsstadt Hamburg im Ausland repräsentativ zu vertreten. So werden im Jahr 1718 dem dänischen Königshof vier Schwäne verehrt. In späteren Jahrhunderten reisen Alsterschwäne nach Böhmen, New York, Großbritannien, sogar nach China und Japan. Um die Alsterschwäne noch besser vor Unbill aller Art zu bewahren, wird 1818 erstmals ein amtlicher Schwanenaufseher bestellt.

Dänenkönig gibt Altona Stadtrecht

23. August 1664. Der dänische König Friedrich III. erhebt Altona zur Stadt und gewährt ihr in Konkurrenz zu Hamburg Stapel-, Zoll- und Gewerbeprivilegien.

Zwei Bürgermeister und fünf Ratsherren bilden den Rat des neuen Gemeinwesens. Altona wird aus der Herrschaft Pinneberg bzw. der Vogtei Ottensen entlassen.

Zu den auf die Dauer von 20 Jahren gewährten Privilegien zählen das Recht der freien Niederlassung sowie der ungehinderten Religions- und Berufsausübung. Altona erhält das Stapel- und Umschlagsrecht: Getreide, Holz und andere Güter, die elbabwärts kommen, sind hier anzubieten. Alle Waren, die dänische Untertanen aus Dänemark, Norwegen und Schleswig-Holstein in Altona an Land bringen, sind zollfrei, ebenso die Ausfuhr von Altonaer »Tuchwollen- und Linnenwebereyen, imgleichen Seiffensieder-, Zuckerbecker-, Gärberey-Erzeugnisse und dergleichen« nach Dänemark. Altona ist der erste Freihafen Europas.

Buntes Markttreiben, spielende Kinder, Fachwerkhäuser: Der Meßberg, wie ihn der Maler Elias Galli 1663 festhält; es sind vor allem Bauern aus den fruchtbaren Marschgebieten im Süden der Stadt, die Hamburg mit Obst und Gemüse versorgen.

Die »Höker« tummeln sich auf dem Markt

1663. Der Hamburger Maler Elias Galli porträtiert in einem Gemälde das Treiben auf dem Meßberg.

Der Meßberg – der Name rührt von »mesberch« (= Mistberg) her – wurde erstmals 1458 urkundlich erwähnt. Er gehört zu den Hauptplätzen Hamburgs neben dem Berg, dem ältesten Marktplatz der Stadt aus dem 10. Jahrhundert, dem Pferdemarkt im Jacobikirchspiel aus dem 13. Jahrhundert sowie den beiden früheren Marktplätzen der Alt- und Neustadt: Fischmarkt beim Dom und Hopfenmarkt vor der Nikolaikirche.

Die Mehrzahl der in Hamburg auftauchenden Händler stammt aus der Umgegend. Milch kommt ebenso wie Butter, Eier und Käse aus den Elbmarschen. Teils bringen die Kuhhalter selbst die Milch in die Stadt oder sie überlassen sie ländlichen Vorkäufern, den »Milchern«, die ihrerseits die Ware an Hamburger »Milchhöker« weiterveräußern oder selbst auf die Straße gehen. Im Winter verkaufen die Marschbauern den beliebten Kohl.

Gemüse, Obst und Blumen aus den Vierlanden bringen die »Grönhöker« im Jahr → 1693 (S. 137) erstmals nach Hamburg. Ähnliche Erzeugnisse liefert auch das Bardowicker Land, das vor allem für seine gelben Wurzeln und Zwiebeln (Zippeln) bekannt ist. Mit Baumfrüchten wie Kirschen und Morellen beschicken die Bauern des Alten Landes den Hamburger Markt. Küchengewächse wie Spinat und Sauerampfer kommen in erster Linie von den Elbinseln und -ufern vor den Toren der Stadt.

Beliebteste Fische auf dem Hamburger Speisezettel sind Elbbutt und Kaulbarsch. Aber auch Lachse und Aale und zeitweise sogar Heringe werden in der Elbe gefangen. Flußkrebse sind in Stadtnähe selten, sie werden von Berliner und Magdeburger Schiffern angeliefert oder kommen per Wagen aus dem Mecklenburgischen.

Eine der verpönten »Abendleichen«: Beisetzung eines Domherrn mit einem großartigen Lampionzug (Aquarell, 1765)

Elbe ist erneut Kriegsschauplatz

24. August 1666. Vor Neumühlen zerstören während des englisch-niederländischen Krieges (1664–1667) die Holländer drei englische Handelsschiffe und bringen drei weitere auf. Die Engländer fordern daraufhin von Hamburg Schadenersatz und setzen ihre Forderungen mit Hilfe wirtschaftlicher Pressionen auch durch.

Die englischen Kauffahrer hatten sich am Vortag bei Neumühlen auf Reede gelegt und auf ihre Konvoischiffe gewartet. Doch stattdessen erscheinen zwei große niederländische Kriegsschiffe zusammen mit zwei flachgängigen Watt-Konvoiern und eröffnen das Feuer. Nur sechs der zwölf englischen Schiffe können rechtzeitig die Anker lichten und sich unter den Schutz hamburgischer Kanonen flüchten. Der Vorfall von Neumühlen zeigt einmal mehr die prekäre Lage Hamburgs im Ringen der Großmächte. Der Krieg der beiden führenden europäischen Seemächte um den Kolonialbesitz in Nordamerika beeinträchtigt Hamburgs Handel durch die englische Blockade der holländischen Häfen schon genug. Nun erzwingen die Engländer auch noch die stattliche Entschädigungssumme von 400 000 Reichstalern, obwohl sich die Niederländer sowie der Kaiser und andere Potentaten vermittelnd einschalten.

Prächtiger Abgang von der Lebensbühne

22. November 1664. Der Hamburger Rat erläßt ein Mandat gegen abendliche Leichenzüge (Abendleichen) mit Fackelbeleuchtung. Übertriebener Prunk ist dem Rat ein Dorn im Auge. So werden Mandate gegen allzu üppige Prachtentfaltung bei Hochzeiten, Kindstaufen und anderen Familienfesten erlassen. Auch die aufwendigen Leichenzüge während der Tagesstunden geben Anlaß zu einem Ratsmandat. Die Stadtregierung will verhindern, daß derart ernste Handlungen von den vermögenden Familien zum Anlaß genommen werden, um vor der gaffenden Welt mit ihrem Reichtum zu protzen. Weniger aufwendig als die Beisetzung von Domherren, reichen Kaufleuten oder Ratsherren, aber dennoch stilvoller als das Begräbnis einfacher Leute ist die Beerdigung einer sog. Bruderschafts-Leiche. Die Mitglieder von Innungen und Gilden – in späterer Zeit auch deren Familienmitglieder – haben nach althergebrachter Satzung ein Recht auf Bestattung durch die Amtsmeister.

Neu angelegter Jungfernstieg wird Lieblingsaufenthalt der flanierenden vornehmen Welt

1665. *Der bisherige Reesendamm wird in eine repräsentative Promenade umgestaltet. Der alte Staudamm wird erhöht, verbreitert und gepflastert und parallel zur Alster mit Lindenbäumen bepflanzt. Ebenso wie die für Spielzwecke → 1638/39 (S. 117) hergerichtete Straße in Altona wird die neue Allee zwischen der früheren Obermühle (→ um 1235/S. 31) und dem Turm »Isern Hinnerk« zunächst als »Palmaille« bezeichnet. Später erhält sie den Namen Jungfernstieg, weil – so die Stellungnahme eines vermutlich neidischen männlichen Zeitgenossen – »das Frauenzimmer sich zum öfteren dahin verfügt zu lustieren«.*

Vom Alsterdamm zur Prachtpromenade: Blick von der Binnenalster auf den Jungfernstieg mit dem alten inneren (l.) und dem äußeren Dammtor (Kupferstich, 1665)

Kaufleute und Schiffer organisieren sich

19. Januar 1665. Sechs Seekaufleute und ein Schiffer rufen die Commerzdeputation (Commerzium) ins Leben. Die spätere Handelskammer (ab 1867) wird zu einer einflußreichen Interessenvertretung der Hamburger Kaufmannschaft.

Die sieben Gründungsmitglieder wollen dem Rat die »Drangsahl und Beschwerden« vortragen, denen der Handel ausgesetzt ist. Ihr Ziel ist es, gemeinsam mit der Stadtregierung Handelshemmnisse aus dem Weg zu räumen.

Der Rat sieht eine solche Interessenvertretung der ohnehin einflußreichen Bürger nicht gern, kann sich aber einer Kooperation nicht entziehen, nachdem sowohl der »Gemeine Kaufmann« (→ 1517/ S. 79) als auch die Fahrergesellschaften (→ S. 55) ihre einstige Bedeutung verloren haben.

Zu den wichtigsten Gefährdungen der Seefahrt zählen Krieg und Piraterie. Bereits am 30. Januar 1665 ersucht die Commerzdeputation den Rat um Entsendung einer Delegation nach England, um die Kaperei zu beenden (→ 11. 9. 1678/ S. 132). Die finanzielle Grundlage der Commerzdeputation bildet das Konvoigeld, der Zoll auf die Ein- und Ausfuhr, den die Kaufleute schon 1662 für die Ausrüstung von Konvoischiffen bewilligt hatten, die besonders gefährdete Handelsschiffe beschützen sollen.

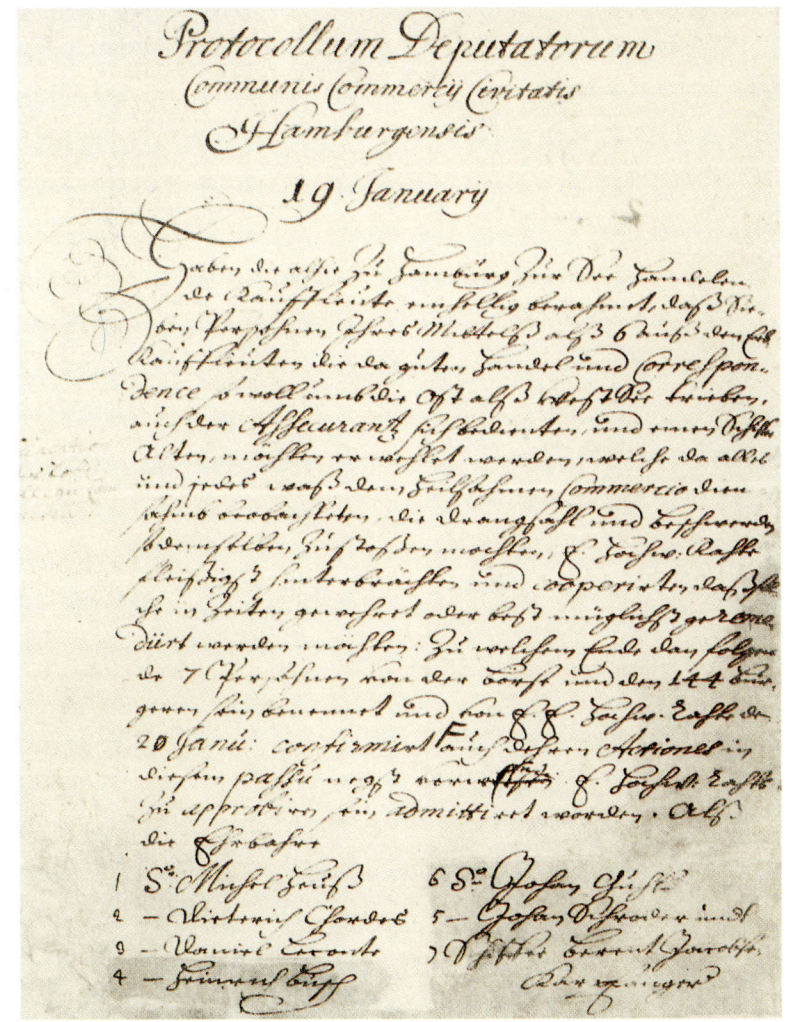

Gründungsprotokoll der Commerzdeputation vom 19. Januar 1665; einer der sieben Unterzeichner ist der spätere Konvoikapitän Berend Jacob Karpfanger.

Brand hat Pech: Phosphor statt Gold

1669. Der Hamburger Kaufmann Hennig Brand entdeckt bei der Destillation von Harn einen bislang unbekannten Stoff, den Phosphor. Eigentlich hat Brand nach Gold gesucht, um sich aus einer finanziellen Klemme zu befreien. Bei seiner Suche nach dem edlen Metall erinnerte er sich an die Überzeugung der Alchimisten, in den menschlichen Ausscheidungen

Der Augenblick der Erleuchtung: Kaufmann Brand im Angesicht des hell glühenden Phosphors; die Rezeptur kann er an einen Arzt verkaufen. Sie bleibt lange Zeit geheim.

fänden sich Spuren der Urmaterie. Brand macht sich ans Werk: Er dampft große Mengen Urin in stundenlanger Destillation ein und erhält ein Pulver, das im Dunkeln schwach weißlich leuchtet.

Was er gefunden hat, ist zwar kein Edelmetall, aber auch der Phosphor bringt ihm Geld: Er verkauft das Rezept an den Arzt Daniel Kraft, der die merkwürdige neue Substanz als Wunder der Natur an Fürstenhöfen und auf Jahrmärkten in ganz Europa vorführt.

Königin Christine provoziert Skandal am Krayenkamp

15. Juli 1667. Das offenkundige Bekenntnis der früheren schwedischen Königin Christine zum Katholizismus führt im streng lutherischen Hamburg zu einem Skandal. Die aufgehetzte Menge will der Ex-Monarchin ans Leder.

Alles beginnt damit, daß Christine zu einem prächtigen Festmahl zu Ehren des am 20. Juni gewählten Papstes Klemens IX. lädt. Trotz gewisser Bedenken folgen hamburgische und auswärtige Standespersonen der Einladung und finden sich in Christines Haus am Krayenkamp ein. Das harmonisch verlaufende Fest mündet in einen Eklat, als nach Einbruch der Dämmerung an der Fassade eine aus 600 Lampen gebildete lateinische Inschrift erscheint: »Es lebe Papst Klemens IX.« Die vor dem Haus feiernde

Menge reagiert darauf mit wütenden Steinwürfen und versucht, das Gebäude zu stürmen.

Umstrittene Königin Christine von Schweden, eine Tochter von Gustav II. Adolf (Gemälde, 1653)

Die königliche Dienerschaft eröffnet das Feuer, aber vergeblich: Das Haus der Monarchin wird gestürmt, sie selbst kann sich in letzter Minute durch die Hintertür in die schwedische Botschaft am Speersort flüchten. Anderen Tags entschuldigt sich der Rat für den nächtlichen Tumult. Die Königin zeigt sich großmütig, gibt 2000 Reichstaler für die Verwundeten und die Angehörigen der Toten. Christine von Schweden, aufgrund des Westfälischen Friedens von 1648 Herrin des Hamburger Domkapitels, verfügt seit längerem über besondere Beziehungen zu Hamburg: Der hier lebende Bankier Manuel Teixeira, ein portugiesischer Jude, verwaltet in der Nachfolge seines Vaters Diego ihre Finanzen, und den Mediziner Bene-

dikt de Castro hat sie bereits 1646 zu ihrem Leibarzt erhoben.

Nach zehnjähriger Regierungszeit hatte Christine am 16. Juni 1654 zugunsten ihres Vetters Karl X. Gustav dem Thron entsagt und konvertierte zum katholischen Glauben. Ihre Hamburg-Visiten zwischen 1654 und 1667 boten Anlaß zu zahlreichen Festivitäten. Die frühere Monarchin pflegte regen Umgang mit den benachbarten Fürsten und Adligen.

Als sie nach einem ihrer Besuche im April 1667 nach Schweden abreiste, ließ man sie jedoch wegen der katholischen Geistlichen in ihrer Begleitung nicht ins Land, so daß sie bald darauf wieder nach Hamburg kam. Ein Jahr nach dem Skandal am Krayenkamp verläßt Christine die Stadt für immer.

1670

27. 1. 1670. In Hamburg öffnet ein Spinnhaus für Diebe und Prostituierte. → S. 130

26. 6. 1671. Durch Ratsmandat wird jeder Anwärter auf das Bürgerrecht zum Nachweis seiner Waffenfähigkeit verpflichtet. → S. 130

27. 9. 1671. In Hamburg wird eine 50köpfige Nacht- oder Rätelwache eingerichtet. → S. 130

1671. Im sog. Schweinekrieg lassen die Herzöge von Sachsen-Lauenburg ihre Soldaten gegen die im Sachsenwald gemästeten Schweine ausrücken. → S. 131

1671. Der Bund jüdischer Gemeinden Hamburg, Altona und Wandsbek wird gegründet. Er besteht bis 1812.

12. 4. 1672. Der Hamburger Rat erläßt ein Mandat gegen das Kegeln auf den Wällen, um die Anlagen den Spaziergängern offenzuhalten. Zugleich wird das Besteigen der Brustwehren streng untersagt.

16. 9. 1672. Beim Hamburger Militär wird als Disziplinarstrafe das Spießrutenlaufen eingeführt.

September 1672. Herzog Georg Wilhelm von Lüneburg-Celle erwirbt im Tausch gegen Neuhof die Besitzungen der Familie Grote in Stillhorn und Georgswerder. → S. 131

1672. In Lüneburg erscheint eine Bibel mit 153 Kupferstichen nach Motiven des Hamburger Malers Matthias Scheits. → S. 131

1672. In Altona privilegiert der dänische König Christian V. das von Victor de Löw herausgegebene Wochenblatt »Altonaer Advertisen«.

Anfang Dezember 1673. In Hamburg wird eine öffentliche Straßenbeleuchtung eingeführt. → S. 131

16. 12. 1673. Der Hamburger Rat erlaubt dem Buchdrucker Thomas von Wiering die Herausgabe einer Zeitung. Sie erscheint bis 1696 unter dem Titel »Relations Courier« und nimmt dann den Namen »Hamburger Relations Courier« an (bis 1813).

9. 1.–24. 3. 1674. Zwischen der Elbmündung und Helgoland liegt eine geschlossene Eisdecke.

3. 4. 1674. Der sog. Windischgrätzer Rezeß wird unterzeichnet. → S. 131

15. 6. 1675. Der Hamburger Rat erläßt ein Zensurmandat, von »großen Potentaten, Königen, Fürsten . . . nur mit allem Respect zu reden«.

18. 8. 1675. Der kaiserliche Resident Hans Dietrich von Rondeck erzwingt unter Androhung der Reichsacht die Ausweisung der französischen Gesandten aus Hamburg. Nun erklärt König Ludwig XIV. Hamburg zur feindlichen Stadt.

2. 12. 1675. Kaiser Leopold I. erteilt Hamburg in einem Schutz- und Schirmbrief u.a. das Recht, den kaiserlichen Adler als Symbol der Reichszugehörigkeit aufzustellen.

1675. In der Nähe des Deichtores wird ein neuer städtischer Bauhof errichtet. → S. 131

21. 9. 1676. Der Hamburger Rat schlägt der Bürgerschaft die Gründung einer General-Feuercassa vor, die erste öffentlich-rechtliche deutsche Feuerversicherung. → S. 132

1676. Nach 21monatiger Untersuchungshaft wird Margret Ahlers aus Bergedorf vom Vorwurf der Hexerei freigesprochen. Es ist der letzte Hexenprozeß in Hamburg.

4. 9. 1677. Syndicus Vincent Garmers wird des Amtes enthoben und am 21. Oktober 1678 der Stadt verwiesen, weil er »wider seine Eidespflicht und der Stadt zum Schaden gehandelt« habe. Der dänische König Christian V. hatte sich beschwert, weil er sich von Garmers beleidigt fühlte.

Oktober 1677. In Hamburg steht das erste deutsche Kaffeehaus. Als eine Art Geschäftslokal wird diese Einrichtung bald äußerst beliebt (→ S. 134).

15. 11. 1677. Nachdem der kaiserliche Hof auf Initiative der Oberalten den Windischgrätzer Rezeß (→ 3. 4. 1674/S. 131) bestätigt hat, suspendiert die Bürgerschaft alle Oberalten und den verantwortlichen Ratsherrn Nikolaus Krull.

1677. Die Wandsbeker Tuch- und Bandweber gründen eine Kranken- und Totengilde. Dort sind rund 100 Webstühle in Betrieb.

2. 1. 1678. Auf dem Gänsemarkt wird ein Opernhaus eröffnet. → S. 132

31. 1. 1678. Das Kirchspiel St. Michaelis wird in den Rang eines fünften Kirchspiels erhoben.

11. 9. 1678. Das hamburgische Konvoischiff »Leopoldus Primus« unter dem Kommando von Admiral Berend Jacob Karpfanger läuft nach einem erfolgreichen Gefecht mit französischen Kaperern im Hamburger Hafen ein. → S. 132

1678. Zwei Bergedorfer Bürger richten eine regelmäßige Fahrpost nach Hamburg ein (»Reige-Fuhren«).

1. 11. 1679. Hamburg schließt mit Dänemark, das Truppen gegen die Stadt mobilisiert hat, den sog. Interimsrezeß zu Pinneberg. Darin wird festgelegt, daß die Frage der Hamburger Reichsunmittelbarkeit bis zu ihrer gerichtlichen Klärung in der Schwebe bleibt. Hamburg verpflichtet sich zur Zahlung von 220 000 Reichstalern (→ 25. 3. 1650/S. 123).

GEBOREN:

12. 1. 1674: vermutlich Teuchern bei Weissenfels: Reinhard Keiser († 12. 9. 1739, Hamburg), Komponist.

15. 6. 1676: Hamburg: Garlieb Sillem († 26. 12. 1732, Hamburg), Bürgermeister.

GESTORBEN:

6. 5. 1673. Jena: Werner Rolfinck (* 15. 11. 1599, Hamburg), Mediziner und Chemiker.

Um 1677. Hamburg: Georg Greflinger (*um 1620, bei Regensburg), Dichter und Jurist.

Spinnhaus für Diebinnen

27. Januar 1670. An der Ostseite des Alsterbassins weiht Pastor Georg Haccius das Spinnhaus ein, wo Diebe und der Prostitution überführte Frauen zur Arbeit angehalten werden. Am 4. August hält Haccius auch die Predigt bei der Wiedereröffnung des nach dem Brand vom 8. Januar 1665 wiederaufgebauten Werk- und Zuchthauses (→ 4. 8. 1620/S. 115). Architekt dieser beiden Verwahranstalten ist der Zimmermeister Hans Hamelau (→ Sommer 1662/S. 126).

Die Hamburger Justiz geht überaus hart gegen Prostituierte vor: Der einzige Fall, in dem im 17. Jahrhundert in Hamburg eine Verstümmelungsstrafe vollzogen wird, betrifft eine Prostituierte. Im Jahr 1737 sitzt im Spinnhaus eine Frau, die wegen gewerbsmäßiger Unzucht zu 15 Jahren verurteilt ist, eine andere – bei der auch Bigamie vorliegt – ist sogar für 20 Jahre eingesperrt. Außergerichtlich müssen 35 Huren auf unbestimmte Zeit im Spinnhaus einsitzen.

Das Spinnhaus am Alstertor; l. das Hauptgebäude mit der Kirche, daneben die getrennten Spinnsäle für Männer und Frauen (Lithographie, Peter Suhr)

»Nachteulen« auf Wache in Hamburg

27. September 1671. Der Hamburger Rat beschließt die Einrichtung einer 50köpfigen Nacht- oder Rätelwache, die zum erstenmal am Abend des 9. November auf Patrouille geht. Die neuen Nachtposten ersetzen die bisherigen Stundenrufer. Sie werden im Volksmund bald als Uhlen (Eulen) bezeichnet. Daher rührt in späterer Zeit der Name Udl für Polizisten.
Für den polizeilichen Schutz der Bürger sorgen vor allem die Wedde und die Prätur. Das aus vier Ratsherren bestehende Weddekollegium ist für die Wahrung von Sitte und Anstand sowie das Nahrungs-, Gesundheits-, Fremden- und Marktwesen zuständig. Die Prätoren – zwei Ratsherren, welche die Prätur in jährlichem Wechsel verwalten – sorgen sich um die öffentliche und private Sicherheit und sitzen dem Niedergericht vor (→ 1560/S. 93).

Bürgersoldaten ab in die Drillanstalt

26. Juni 1671. Der Rat verpflichtet jeden Bewerber für das Hamburger Bürgerrecht, eine Bescheinigung über seine Waffenfähigkeit vorzulegen und, während er den Bürgereid leistet, sein Gewehr vorzuzeigen. Zur Waffenausbildung der Bürgerwache (→ 16. 1. 1619/S. 110) wird an der Alster hinter dem Holzdamm ein Drillhaus errichtet.
Erster Drillmeister ist Hans Wichmann, Glaser und Kapitän der Bürgerwache. Er bezieht ein jährliches Gehalt und hat freie Wohnung beim Drillhaus. Dessen Inneres ist so geräumig, daß einige hundert Bürger zur selben Zeit den Gebrauch der Waffen üben können.
Der Ort, an dem soviel Schweiß zum Schutz Hamburgs vergossen wird, ist ansprechend gestaltet: Niederländische Klinker zieren den Boden, die Waffen stehen in Glasvitrinen an den Wänden.

»Schweinekrieg« im Sachsenwald

1671. Erhebliche Turbulenzen erzeugen die Hamburger mit der Entscheidung, ihre Schweine zur Eichelmast in den Sachsenwald zu führen. Die Herzöge von Sachsen-Lauenburg wollen dort nämlich keine Hamburger Schweine dulden und haben deswegen bereits beim Kaiserhof in Wien interveniert. Wie bereits vor elf Jahren kommt es zur Auseinandersetzung.

Aufgrund des Perleberger Vergleichs (→ 23. 8. 1420/S. 61) beanspruchen Hamburg und Lübeck die Nutzung des halben Sachsenwaldes. Die Herzöge hatten sich aber schon 1660 durch die Hamburger Schweine gestört gefühlt und ihre Leute ausgeschickt. Sie erlegten eine große Menge an Sauen, worauf die Hamburger einige hundert Reiter und Kriegsknechte aufboten, um ihr Vieh zu schützen.

Ein noch größeres Truppenaufgebot löst der zweite Versuch der Herzöge aus, ihren Rechtsstandpunkt in der Schweinefrage durchzusetzen: Sie schicken 300 Soldaten in den Sachsenwald, Hamburg und Lübeck kontern mit 400 Bewaffneten. Zum Krieg kommt es dann doch nicht; der einzige Blessierte ist ein Hamburger Reiter, der vom Pferd fällt und sich die Beine bricht.

Aus drei Elbinseln wird Wilhelmsburg

September 1672. Herzog Georg Wilhelm von Lüneburg-Celle erwirbt im Tausch gegen Kirchhof (fortan Neuhof) Ländereien in Stillhorn und Georgswerder, die er mit Reiherstieg-Rothehaus zusammendeicht. Die drei Elbinseln bilden fortan eine besondere Herrschaft unter dem Namen Wilhelmsburg. Zwei Jahre später erwirkt der Herzog von Kaiser Leopold I. die Erhebung seiner aus französischem Adel stammenden Gemahlin Eleonore d'Esmier d'Olbreuse zur Frau von Harburg und Gräfin zu Wilhelmsburg. Ihre gemeinsame Tochter Sophie Dorothea wird Gräfin von Wilhelmsburg. Zwar weilt Sophie Dorothea nur selten in ihrer Burg in Stillhorn, aber in der Kirche wird ihr ein prächtiger Fürstenstuhl errichtet.

Die Reichsgräfin wird allerdings ihres Lebens nicht froh: Vom Vater 1682 zur Ehe mit ihrem Vetter Georg I. Ludwig von Calenberg-Hannover gezwungen, der 1714 als Georg I. den britischen Thron besteigt, verstrickt sie sich in eine unglückliche Liebesaffäre mit dem Grafen Philipp Christoph Graf von Königsmarck. Nach 32jähriger Gefangenschaft auf Schloß Ahlden setzt sie ihrem Leben 1726 ein Ende.

»Paulus heilt den Lahmen zu Lystra«, Pinselzeichnung von Matthias Scheits (Lüneburg, Museum)

Prachtbibel von Matthias Scheits

1672. Das Lüneburger Verlagshaus Stern veröffentlicht eine illustrierte Bibel mit 153 Kupferstichen nach Motiven des Hamburger Malers Matthias Scheits.

Der um 1630 in Hamburg geborene Scheits lernte bei dem Niederländer Philips Wouwerman. Er hat sich vor der Bibelillustration bereits durch zahlreiche Porträts, ländliche Gemälde, Radierungen und Zeichnungen einen Namen gemacht. Scheits stirbt um 1700.

Bürger bekommen heimgeleuchtet

Anfang Dezember 1673. Die Bürger des Jacobi-Kirchspiels sind die ersten in Hamburg, die auf ihrem Weg durch die Nacht auf eine Handlaterne verzichten können, auch wenn nicht gerade der Vollmond leuchtet. Hier werden die ersten von 400 Tranlampen installiert, die auf sieben Fuß (rund 2 m) hohen Pfählen angebracht sind. Freilich sind die neuen Straßenlaternen nicht billig: Jede kostet 8 Mark courant. Gleichzeitig mit ihrer Aufrichtung wird eine Leuchtenordnung erlassen und die Abgabe festgelegt, die die Bürger zur Finanzierung der öffentlichen Beleuchtung zahlen müssen.

Nachdem sich die ersten Tranlampen im Dauerbetrieb bewährt haben, werden weitere angeschafft. Sechs Jahre später sind es schon rund 1000 Laternen, die den Bürgern auf ihrem Heimweg leuchten. Zuvor gab es in der Stadt nur Laternen am Rathaus (ab 1382) sowie an einigen Brücken und Toren.

Hamburg folgt mit seiner Straßenbeleuchtung dem Beispiel Londons. Dort wurden im Jahr 1668 aufgrund der wachsenden Zahl krimineller nächtlicher Delikte im Zentrum der Stadt erstmals Öllampen installiert.

Vergebliche Vermittlung

3. April 1674. In die zunehmenden Streitigkeiten zwischen Rat und Bürgerschaft um Kompetenz- und Rechenschaftsfragen greift ein Vermittler des Reichs ein, Graf Gottlieb von Windischgrätz. Er nötigt den Parteien einen Rezeß auf, der aber auch keinen Frieden bringt. Gegen die Politik des Rats formiert sich eine Opposition unter Führung von Cord Jastram und Hieronymus Snitger (→ 4. 10. 1686/S. 135).

Aufrührer und Reeder Cord Jastram

Der Kaufmann Hieronymus Snitger

Bauhof am Deichtor

1675. In der Nähe des Deichtores wird anstelle des abgebrochenen Gebäudes vor dem alten Brooktor ein neuer Bauhof errichtet.

Das Haus, anfänglich nur ein geräumiger Schuppen zur Aufnahme von Baumaterialien, die nicht zur Lagerung im Freien bestimmt sind, erfährt in späteren Jahren eine Erweiterung und bildet dann ein großes Rechteck, das den eigentlichen Hof umschließt. Auch die Beamten und Angestellen der städtischen Bauhofverwaltung beziehen hier ihre Büros und Wohnungen.

Damit ist allerdings noch nicht sichergestellt, daß das gesamte öffentliche Bauwesen zusammengefaßt und vom Bauhof aus gelenkt wird, denn die Gassen-Deputation beharrt auf ihren Kompetenzen. Erst 1814 kommt es zur Zusammenlegung beider Institutionen zu einer Bau-Deputation. Der neue Bauhof bleibt in Betrieb, bis er 1851

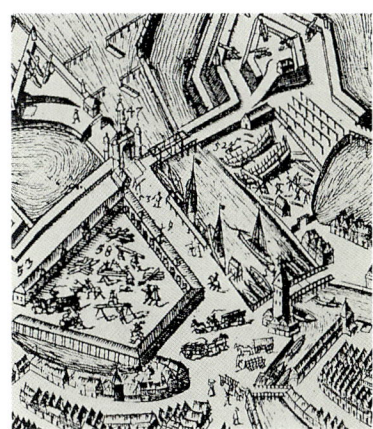

Der neue Bauhof (l.) auf einem Hamburg-Plan von Peter Groten (1690)

bzw. 1868 abgerissen wird. Die Errichtung des ersten städtischen Bauhofes geht auf das Jahr 1386 zurück. Hier lagerte man Baumaterialien, die für den Festungsbau und zur Gestaltung der öffentlichen Gebäude benötigt wurden.

Die Konvoischiffe »Wapen von Hamburg« (l.) und »Leopoldus Primus« (Kupferstich von Joachim Wichmann, 1688)

Konvoischiffe machen Jagd auf Piraten

11. September 1678. Nach einem siegreichen Kampf gegen französische Kaperschiffe läuft das Konvoischiff »Leopoldus Primus« in Begleitung von 52 Hamburger Grönlandfahrern im Hafen ein.

Bei Doggersund hatten fünf Kaperer aus Dünkirchen den Geleitzug angegriffen. In dem zwölfstündigen Gefecht wurden zwei der Angreifer versenkt, die übrigen konnten schwer beschädigt entkommen. Der 55jährige Kommandant des Konvoischiffes, Admiral Be-

rend Jacob Karpfanger, steht auf der Höhe seines Ruhms. Seit dem 14. Juli 1674 führt er die »Leopoldus Primus« (→ 10. 10. 1683/S. 134).

Bis 1662 hatte es gedauert, bis sich die Hamburger zu einer energischen Abwehr der Seeräuberei aufrafften. Erst als gleich acht Hamburger Portugalfahrer von algerischen Piraten gekapert worden waren, beschloß die Kaufmannschaft die Erhebung eines Ein- und Ausfuhrzolls zur Finanzierung der Konvoischiffe, deren Bau 1663 von

der Bürgerschaft gebilligt wurde. Die Kosten wurden zu gleichen Teilen der Kämmerei und der Admiralität (→ 6. 4. 1623/S. 115) auferlegt.

1668 lief der Dreimaster vom Stapel und erhielt nach Kaiser Leopold I. den Namen »Leopoldus Primus«; ein Jahr später folgte die »Wapen von Hamburg«. Die beiden Fregatten nach dem Muster der holländischen »Oorlogschiffe« sind mit jeweils 54 Kanonen bestückt und mit 130 bis 150 Matrosen sowie 60 bis 80 Seesoldaten bemannt.

Mehr Schutz gegen den Brandschaden

21. September 1676. Der Hamburger Rat schlägt der Erbgesessenen Bürgerschaft die Ausarbeitung einer die ganze Stadt umfassenden Feuer-Ordnung vor und setzt dafür eine Deputation ein. Am 30. November wird die Gründungsakte der General-Feuercassa gebilligt.

Die erste öffentlich-rechtliche deutsche Feuerversicherung tritt am 28. Februar 1677 um 12 Uhr mittags in Kraft. Sie betreut zunächst rund 4000 Versicherungsverhältnisse mit einer Haftungssumme von etwa 24 Mio. Mark courant. Die Gebäude werden nach ihrem Verkehrswert versichert, höchstens jedoch für 15 000 Mark.

Aufrißzeichnung eines brennenden Hauses zur Demonstration der Leistungsfähigkeit moderner »Schlangenspritzen« (r.) gegenüber herkömmlichen Spritzen

Erstes Opernhaus allein für Bürger

2. Januar 1678. Das Opernhaus auf dem Gänsemarkt wird mit dem geistlichen Singspiel »Adam und Eva oder Der erschaffene, gefallene und aufgerichtete Mensch« des Komponisten Johann Theile eingeweiht. Es ist die erste nicht von Fürsten, sondern von Bürgern für Bürger privatwirtschaftlich betriebene deutsche Opernbühne.

Die Gründer und Finanziers sind der Jurist und Ratsherr Gerhard Schott, der Lizentiat und spätere Bürgermeister (1687) Peter Lütkens und Johann Adam Reinken, Organist an der Hauptkirche St. Katharinen. Die Anregung stammt von dem im Hamburger Exil lebenden Christian Albrecht, Herzog von Holstein-Gottorp, der sich zusammen mit Theile vergeblich um die Genehmigung für Opernaufführungen im Dom bemüht hatte.

Mit dem Bau des Opernhauses haben die Gründer und Mäzene den italienischen Architekten Girolamo Sartoria beauftragt, der schon Opernhäuser in Leipzig und Amsterdam entworfen hatte. Er konzipierte einen nach außen unscheinbaren, im Innern dafür umso reicher ausgestatteten Fachwerkbau mit etwa 2000 Plätzen.

Die 24 m tiefe Bühne verfügt über 15 Seitenkulissen, drei Zwischenvorhänge und eine Maschine zum Heben und Senken von Menschen und Objekten. Kunstvolle Dekorationen und spektakuläre Lichteffekte werden zu Markenzeichen des Hauses, das dreimal pro Woche seine Pforten öffnet.

Weil die Oper wie alle kulturellen Neuerungen in der Stadt auf das Mißtrauen der heimischen Geistlichkeit trifft, werden zunächst vor allem religiöse Stoffe auf die Bühne gebracht, deren Libretti gelegentlich auch von Pfarrern verfaßt werden. Daneben kommen auch weltliche Stücke zur Aufführung, deren Stoffe vorsichtshalber zumeist in der Antike beheimatet sind.

Die Oper finanziert sich überwiegend aus Eintrittsgeldern; nach venezianischem Vorbild werden ganze Logen für ein Jahr vermietet. Dies reicht zunächst, um die jährlichen Fixkosten von 785 Talern und die laufenden Kosten von 50 Talern je Oper für den Komponisten und 250 Talern an Ausstattung zu bezahlen (→ 1738/S. 152).

1680

3. 8. 1680. Der Grundstein zur Kirche in Moorfleet wird gelegt.

1681. Pastor Anton Reiser von der Hauptkirche St. Jacobi fordert ein Theaterverbot. → S. 133

1681. Der Maler Joachim Luhn fertigt eine Ansicht von Hamburg. → S. 133

8. 5. 1682. Innerhalb von zwei Monaten wird westlich der Stadtbefestigung die Sternschanze gebaut. Als ähnliche vorgeschobene Verteidigungsanlagen entstanden bereits 1680/81 im Osten das Neue Werk und im Nordwesten die Dänenschanze.

24. 8. 1682. Die erste St.-Pauli-Kirche wird als Filiale von St. Michaelis in der Nähe des Pinnasberges eingeweiht.

1682. Zwischen Hannover und Hamburg verkehrt ein Wagen zur Personenbeförderung.

1682. In der Kleinen Papagoyenstraße in Altona lassen jüdische Bürger eine Synagoge erbauen.

5. 6. 1684. Auf Initiative der Aufrührer Cord Jastram und Hieronymus Snitger werden Bürgermeister Hinrich Meurer verhaftet und nach acht Tagen zum Rücktritt gezwungen. Zu seinem Nachfolger wird Syndikus Johann Schlüter ernannt (→ 4. 10. 1686/S. 135).

Februar 1685. Auf Wunsch des Rates konstituiert sich eine Kommission aus 30 Bürgern, die Vorschläge zur Beilegung des Konflikts mit dem Herzog Georg Wilhelm von Lüneburg-Celle machen soll. Dieser hat den früheren Bürgermeister Hinrich Meurer aufgenommen (→ 4. 10. 1686/ S. 135).

12. 3. 1685. Hieronymus Snitger wird von den Lüneburgern in Hamm gefangengenommen, jedoch am folgenden Tag von seinen Anhängern befreit. Acht der Entführer werden am 14. April bzw. am 29. Mai in Hamburg enthauptet.

11. 5. 1685. Der Distrikt von St. Michaelis wird zum fünften Kirchspiel erklärt. → S. 134

1685. Hinrich van der Smissen übernimmt die väterliche Weißbäckerei in Altona und baut sie zum Handelshaus aus. → S. 134

23. 1. 1686. Herzog Georg Wilhelm von Lüneburg-Celle besetzt die Vierlande und Bergedorf (→ 4. 10. 1686/ S. 135).

18. 8. 1686. Der dänische König Christian V. erscheint vor Hamburg. Vom 21. bis 26. Juni greift er die Stadt an. Zu schweren Kämpfen kommt es um die Sternschanze (→ 4. 10. 1686/S. 135).

4. 10. 1686. Die Führer der bürgerlichen Opposition gegen den Rat, Hieronymus Snitger und Cord Jastram werden enthauptet. → S. 135

22. 10. 1686. Ein Vergleich zwischen Hamburg und dem dänischen König Christian V. beendet endgültig die Belagerung der Stadt durch dänische Truppen (→ 4. 10. 1686/S. 135).

10. 11. 1686. Hinrich Meurer wird wieder als Bürgermeister eingesetzt. Die Stadt zahlt ihm für seine zeitweilige Absetzung eine Entschädigung (→ 4. 10. 1686/S. 135).

30. 11. 1686. Der Große Kurfüst Friedrich Wilhelm von Brandenburg ersucht den Hamburger Rat erneut, den Reformierten in der Stadt die Religionsausübung zu gewähren. Dies scheitert am Widerstand der Geistlichkeit.

17. 11. 1687. Nach fast zweijähriger Pause öffnet die Hamburger Oper wieder. Der Streit zwischen pietistischen und orthodoxen Lutheranern hatte die Schließung erzwungen (→ 2. 1. 1678/S. 132).

1687. In einer »Assekurationsurkunde« verpflichten sich der Große Kurfürst von Brandenburg, der Herzog von Lüneburg-Celle und der Landgraf von Hessen-Kassel, den hamburgisch-dänischen Vergleich zu gewährleisten und der Stadt notfalls beistehen zu wollen.

1687. Nicolaus Sieringk begründet in Hamburg die bis 1740 erscheinende Zeitschrift »Relation aus dem Parnasso«.

1687. Ein Eisschiff sorgt auf der Alster für winterliches Vergnügen. → S. 136

1687. Bei dem Drucker Christian Reimers erscheint der »Altonaische Mercurius«, der eine der meistgelesenen Zeitungen Norddeutschlands wird. Sie besteht bis 1875.

23. 6. 1688. In Harburg kommt ein Rezeß zwischen Rat und Bürgern zustande, der eine Mitwirkung der Bürger an der Verteilung der Gemeindelasten sichert.

30. 6. 1689. Durch einen im Altonaer Rathaus geschlossenen Vergleich erhält Herzog Christian Albrecht von Holstein-Gottorp alle Güter und Rechte zurück, die er 1675 besessen und die ihm sein Schwager, König Christian V. von Dänemark, 1684 entzogen hatte.

1689. Die Hamburger Geschäftsfrau Glücke von Hameln zeichnet ihre Lebensgeschichte auf. → S. 136

GEBOREN:

22. 9. 1680. Hamburg: Barthold Hinrich Brockes († 16. 1. 1747, Hamburg), Dichter.

14. 3. 1681. Magdeburg: Georg Philipp Telemann († 25. 6. 1767, Hamburg), Komponist.

28. 9. 1681. Hamburg: Johann Mattheson († 17. 4. 1764, Hamburg), Komponist.

15. 11. 1685. Hamburg: Balthasar Denner († 14. 4.1749, Rostock), Maler.

GESTORBEN:

19. 1. 1680. Hamburg: Broderus Pauli (* 3. 8. 1598, Husum), Bürgermeister.

10. 10. 1683. Vor Cádiz: Berend Jacob Karpfanger (* 1623, Hamburg), Admiral. → S. 134

Ausschnitt aus dem Gemälde »Ansicht der Stadt Hamburg« von Joachim Luhn mit dem Grasbrook und der Kirche St. Nikolai (Öl auf Leinwand; St. Jacobi)

Die beste Seite Hamburgs

1681. Der Maler Joachim Luhn fertigt im Auftrag des Hamburger Rates ein rund 5 m langes Panorama der Stadt entlang der Elbe mit dem Grasbrook im Vordergrund an.

Die detailgenaue und ausführliche Ansicht zeigt die Stadt im Schutz ihrer mächtigen Wallanlagen mit den hoch emporragenden Türmen der fünf (ab 1685) Hauptkirchen und des Mariendoms. Die Grasbrookinsel ist noch eine Viehweide und ein beliebter Badeplatz.

Der Rat hängt das Bild in seiner Ratsstube auf. Bei der Bezahlung gibt es allerdings Ärger: Luhn verlangt 482 Mark, die Verwaltung des Bauhofs zahlt ihm jedoch nur 400. Der um 1640 geborene und in den Niederlanden ausgebildete Luhn wurde am 18. März 1673 Meister des Hamburger Maleramts. Er steigt am 9. März 1692 zum Amtsältesten auf. Seine Arbeiten machen ihn bald weit über die Grenzen der Stadt hinaus bekannt.

Herzog Christian Albrecht von Holstein-Gottorp erwirbt mehrere Gemälde Luhns für sein Schloß Gottorp in Schleswig. Zwischen 1689 und 1692 dekoriert der Künstler das Schloß des Herzogs Anton Ulrich von Braunschweig in Salzdahlum. Auch ein Altarbild in der Hauptkirche von Quedlinburg stammt von Luhn. Auf seinem Hamburg-Panorama findet sich im übrigen eine spezifische Eigenart des Malers: Er signiert das Bild auf einem Schiffsrumpf.

Streitbarer Pfarrer Reiser

1681. Anton Reiser, Pastor an St. Jacobi, verlangt in der in Ratzeburg gedruckten Schrift »Theatromania oder Werke der Finsternis in den öffentlichen Schauspielen« ein Verbot von Oper und Theater.

Die Attacke des pietistischen Geistlichen bleibt jedoch nicht unbeantwortet: Der Hamburger Schauspieler Christoph Rauch verfaßt seinerseits eine Schrift mit dem Titel »Theatrophania, Verteidigung der christlich vornämlich musikalischen Opern und Verwerfung aller heidnischen, von den alten Kirchenvätern allein verdammten Schauspiele«. Reiser nennt daraufhin den Opponenten einen »comödiantischen Pickelhäring«.

Der theaterfeindliche Pfarrer Anton Reiser (Porträt in St. Jacobi)

Die Explosion der »Wapen von Hamburg« im Hafen der südwestspanischen Stadt Cádiz; oben ein Porträt Berend Jacob Karpfangers (Radierung, 1683)

Van der Smissen in Altona erfolgreich

1685. Der Niederländer Hinrich van der Smissen übernimmt die von seinem Vater Gysbert in Altona begründete Weißbäckerei. Er baut das Unternehmen zum führenden Altonaer Handelshaus aus. Die ursprünglich aus Brabant stammende Familie war 1644 nach Glückstadt gekommen, bevor sie 1677 bzw. endgültig 1682 ihren Firmensitz nach Altona verlegte. Die ererbte Weißbäckerei nutzt Hinrich van der Smissen, um das Geschäft mit der Schiffsproviantierung aufzunehmen und die Ausrüstung der Grönlandfahrer zu besorgen. Da trifft es sich günstig, daß ein Verwandter van der Smissens, der Reeder Johann Elias Münster, zwischen 1681 und 1714 acht Walfänger auf die profitable Fahrt nach Spitzbergen schickt.

Nach dem Einstieg in das Speditions- und Kommissionsgeschäft gilt die Firma bald als der wichtigste Exporteur für Leinen aus Schlesien, Böhmen und Sachsen in die spanischen Kolonien.

Als van der Smissen 1737 stirbt, hinterläßt er neben einem Vermögen von nahezu einer halben Million Mark courant nicht weniger als zwei Weißbäckereien, eine Stärkefabrik, eine Ankerschmiede, eine Holz- und Brettsägerei, eine Schiffswerft, eine Grützmühle, eine Kattunfärberei sowie zwei Tuch- und Seidenfärbereien und eine Wandbereiterei (→ 1757/S. 157).

Konvoifahrer Berend Jacob Karpfanger stirbt vor Cádiz den Seemannstod

10. Oktober 1683. *In der Bai von Cádiz gerät das Hamburger Konvoischiff »Wapen von Hamburg« in Brand und explodiert, nachdem die Pulverladung Feuer gefangen hat. Mit 42 Matrosen und 22 Seesoldaten findet auch der Admiral Berend Jacob Karpfanger den Tod, während sich 128 Seeleute und 28 Soldaten retten können. Am 13. Oktober werden die Opfer beigesetzt. Mit dem 60jährigen Karpfanger verliert Hamburg nicht nur seinen berühmtesten Seehelden (→ 11. 9. 1678/S. 132), sondern auch eine gebildete* und diplomatisch geschulte Persönlichkeit. Der 1623 in Hamburg geborene Karpfanger diente sich zum Schiffskapitän hoch und erwarb vor 1653 das Bürgerrecht. Er wurde 1662 Mitglied der Admiralität, war als Schiffer Mitbegründer der Commerzdeputation (→ 19. 1. 1665/S. 129) und wurde 1665 Kirchenvorsteher an der Hauptkirche St. Michaelis. Mit der »Leopoldus Primus« ging er am 24. August 1674 auf die erste Reise als Konvoikapitän. Im Juli 1683 trat er auf der »Wapen von Hamburg« seine letzte Fahrt an.

Kirchspiel St. Michaelis

11. Mai 1685. Rat und Bürgerschaft erklären den Distrikt der großen St.-Michaelis-Kirche zum fünften Kirchspiel Hamburgs.

Lange haben die Bewohner von St. Michaelis, das erst nach → Anfang 1626 (S. 113) in die Stadtbefestigung einbezogen worden war und seither rasch gewachsen ist, auf ihre politische Gleichstellung warten müssen. Nach der Trennung von St. Nikolai 1647 (→ 14. 3. 1661/S. 126) wurden den Einwohnern zwar 30 Jahre später die politischen Rechte der alten Kirchspiele zugestanden, aber erst jetzt erfolgt in einer politisch aufgeheizten Situation die Zulassung der Michaeliten zu den bürgerlichen Kollegien. Diese wichtigen Organe der Bürgerschaft

(→ 16. 2. 1529/S. 84) werden entsprechend aufgestockt: Statt dem Kollegium der 144er gibt es nun das der 180er, statt dem der 48er das der 60er und statt 12 Oberalten bilden jetzt 15 das dritte Kollegium. Diese Erhöhung erlaubt eindeutige Mehrheiten bei den Abstimmungen der Erbgesessenen Bürgerschaft, die traditionell getrennt nach Kirchspielen erfolgen.

Die Erhebung von St. Michaelis ist gleichbedeutend mit einer Stärkung der Position von Cord Jastram und Hieronymus Snitger, die seit Juni 1684 bis zu ihrem Sturz im August 1686 die Richtlinien der Politik bestimmen (→ 4. 10. 1686/S. 135). Sie verfügen im neuen Kirchspiel über viele Freunde.

Genuß für Magen und Hals

Kaffee, Tee und Tabak gehören in Hamburg zu den beliebtesten Genußmitteln, die dem heimischen Bier den Rang abzulaufen beginnen. Nachdem 1668 im Eimbeckschen Haus erstmals Kaffee ausgeschenkt worden war, hat 1677 ein Engländer an der Trostbrücke ein Kaffee- und Teehaus nach Londoner Vorbild eingerichtet. Bald macht ihm ein Niederländer Konkurrenz, und 1694 gibt es schon vier Kaffeehäuser in Hamburg. Im Jahr 1705 notiert ein auswärtiger Besucher, daß »man itzt die Coffee-häuser überall so von Menschen angefüllet siehet, daß sie angepfropft zu sein scheinen«.

Hamburg ist die erste deutsche Stadt, die sich dem neuen Trinkge-nuß öffnet. Allerdings ist der Kaffeegenuß ähnlich umstritten wie das Tabakrauchen (→ 8. 7. 1659/ S. 124), auch wenn im 18. Jahrhundert ein Dichter jubiliert: »Kein Jungfer-Kuß hat den Geschmack, als wie das edle Kraut Toback.«

Der Rat kassiert von den Kaffeehausbesitzern jährliche Konzessionsgebühren von bis zu 300 Mark. Bei der Zubereitung werden die Kaffeebohnen in einem Mörser zerstoßen. Nachdem der Kaffee gekocht hat, wird ihm Zucker oder Honig zugesetzt, um ihn zu süßen. Es ist auch schon üblich, Milch hinzuzufügen. Die ärmere Bevölkerung muß sich mit einem Surrogat aus gerösteten Erbsen, Bohnen, Roggen und Weizen begnügen.

Ehrenwerte Bürger über Nacht zu Hochverrätern

4. Oktober 1686. Die des Stadtverrats beschuldigten Hieronymus Snitger und Cord Jastram werden in Hamburg enthauptet. Die beiden waren keine Hochverräter im üblichen Sinne. Sie machten den Fehler, sich zur Durchsetzung ihrer Ziele mit dem machthungrigen Dänenkönig Christian V. verbünden zu wollen und setzten so die städtischen Freiheiten aufs Spiel.

Snitger und Jastram stiegen ab 1672 zu Sprechern der Bürgerschaft auf, in einer Phase, als diese zunehmend ihren Unmut über den Rat und die bürgerlichen Kollegien (→ 16. 2. 1529/S. 84) äußerte. Der Rat nutzte nämlich sein Selbstergänzungsrecht aus, um Verwandte amtierender Ratsherren zu protegieren, die Kollegien wollten den Einfluß der Bürgerschaft beschneiden. So erzwangen die Bürger im November 1677 die Suspendierung aller Oberalten (die eins der drei Kollegien bilden) wegen konspirativer Kontakte zum Kaiserhof und erklärten den Ratsherrn Nikolaus Krull für abgesetzt. Als Jastram im März 1684 enthüllte, daß Bürgermeister Hinrich Meurer in Wien für Krull interveniert habe, wurde Meurer verhaftet. Er mußte zurücktreten und floh zu Herzog Georg Wilhelm von Lüneburg-Celle.

Snitger und Jastram, die ihre Anhänger vor allem in den handwerklichen Mittelschichten des Kirchspiels St.Michaelis fanden (→ 11. 5. 1685/S. 134), lenkten jetzt de facto die Hamburger Politik.

Gegen den Lüneburg-Celler Herzog suchten sie Hilfe beim Dänenkönig. Doch es gab ein böses Erwachen: Christian V. erschien am 18. August 1686 mit rund 16 500 Soldaten und forderte die sofortige Erbhuldigung, eine Kontribution in Höhe von 400 000 Reichstalern, die Übergabe der Stadtschlüssel und die Aufnahme einer dänischen Besatzung von 2000 Mann.

Nun wandelte sich schlagartig die Stimmung in der Stadt: Bürgerwache und Berufssoldaten bezogen die Wälle, und mit Hilfe der eben noch verfeindeten cellischen Truppen gelang es, vom 21. bis 26. August den Angriff abzuschlagen. Einen Tag nach Beginn des Angriffs wurden Snitger und Jastram verhaftet, und am 10. November kehrt Meurer wieder auf seinen Bürgermeistersessel zurück.

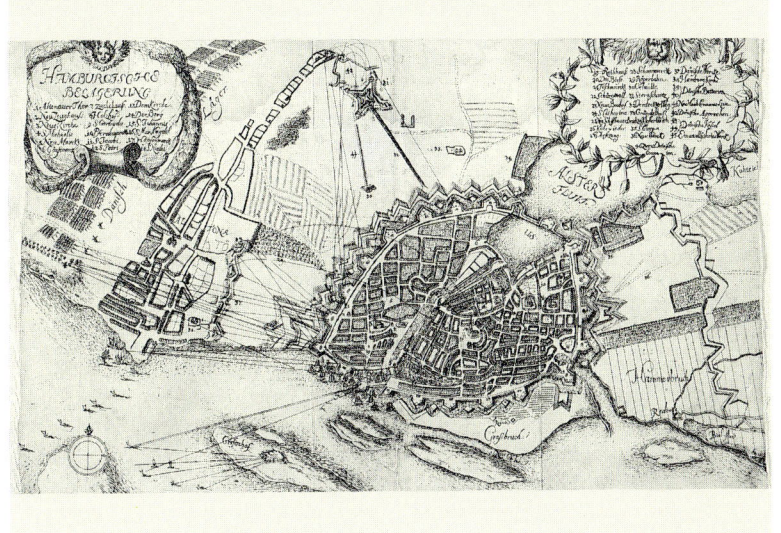

△△ *Die Hafenstadt Hamburg im Schutze ihrer mächtigen Befestigungsanlagen (Gemälde von Elias Galli, 1680); vor allem seine stimmungsvollen Stadtansichten machen Galli weit über die Grenzen Hamburgs hinaus bekannt.*

△ *Im Streit um die Macht in der Stadt kämpften alle Beteiligten mit harten Bandagen: So veranlaßte der kaiserliche Resident im März 1685 die Entführung Hieronymus Snitgers, der aber schon kurz darauf wieder im Triumph nach Hamburg zurückkehren konnte (Abb.).*

◁ *Belagerung und Beschießung Hamburgs durch dänische Truppen im August 1686 (Kupferstich)*

Die Elbmetropole Hamburg mit ihren Kirchtürmen von der zugefrorenen Elbe aus gesehen; eine stimmungsvolle Stadtansicht am Ende des 17. Jh.

Eisschiff ist die Attraktion des Winters

1687. Auf der zugefrorenen Alster erregt ein Eisschiff die Aufmerksamkeit der Hamburger. Das nach niederländischem Vorbild gefertigte Fahrzeug sorgt für ein bisher im Norden nicht gekanntes winterliches Freizeitvergnügen.

Der Vorderteil des Segelschiffes ruht auf einem Brett, das mit mehreren Kufen versehen ist. Das Heck rutscht auf einem von unten eingehakten Steuerruder über das Eis.

Das segelnde Eisschiff ermöglicht kleinen Gesellschaften unter Mitnahme von Speis und Trank eine fröhliche Ausflugsfahrt, die allerdings nicht jedem bekommt: Bei gutem Wind erreicht der Eisgleiter eine so hohe Geschwindigkeit, daß es – wie es in einer zeitgenössischen Beschreibung mitfühlend heißt – den »ungewohnten Fahrern, welche es für ein geringes Trinkgeld benutzten, grün und blau vor Augen wurde«.

Auch wer sich nicht mit Windeseile über das Eis kutschieren lassen will, kann sich auf den zugefrorenen Flüssen Elbe und Alster ausgiebig verlustieren und so dem ansonsten griesgrämigen rauhen Winter, der vor allem die Schiffer zum Müßiggang zwingt, einige fröhliche Seiten abgewinnen.

Das kunstvolle Dahingleiten mit Schlittschuhen auf dem Eis gehört in Hamburg sowohl für Männer als auch für Frauen zu den beliebtesten Vergnügungen während der kalten Wintertage. Wer sich nicht selbst anstrengen will, nimmt einen Schlitten und läßt sich von einem Pferd über die blanke Eisfläche ziehen oder von einem willigen Menschen schieben. Besonders Sportliche erproben ihre Fertigkeiten im Zielwerfen schwerer Kugeln bei einer Art Eisbosseln.

Inmitten von Schlittschuhläufern und Kindern: Das Eisschiff (Stich)

Lebenserinnerungen einer jüdischen Kauffrau in Hamburg

Chronik Zeitzeuge

1689. Die jüdische Kauffrau Glücke von Hameln (1646–1724) beginnt mit der Niederschrift ihrer Lebenserinnerungen. Die Aufzeichnungen dieser ungewöhnlichen Frau, die 1661 mit ihrem Ehemann Chaim von Hameln in ihre Geburtsstadt Hamburg kommt und nach dessen Tod sein Geschäft weiterführt, geben einen Eindruck vom jüdischen Leben in Hamburg im 17. Jahrhundert:

»Als ich noch keine drei Jahre alt war [Ostern 1649], wurden alle Juden von Hamburg ausgetrieben und mußten nach Altona ziehen, das dem König von Dänemark gehört, von dem die Juden gute Schutzbriefe haben. Dieses Altona ist kaum eine Viertelstunde von Hamburg entfernt. In Altona waren damals schon ungefähr 25 jüdische Haushaltungen, dort hatten wir auch unsere Synagoge und unseren Friedhof [in der Königstraße] ... Als ich ungefähr zehn Jahre alt war, hat der Schwede [Karl X. Gustav] mit dem König von Dänemark – Gott erhöhe seinen Ruhm – Krieg geführt [1657] ... Mit einem Mal, an einem Sabbat, ertönt das Wehgeschrei: Der Schwede kommt! Es war noch früh am Morgen, alle lagen noch im Bett, da sind wir alle aus den Betten gesprungen und nackt und bloß nach der Stadt [Hamburg] gelaufen und haben uns teils bei den Portugiesen, teils bei den Bürgern behelfen müssen. So haben wir uns kurze Zeit dort aufgehalten, bis endlich mein seliger Vater es erreicht hat, und er ist der erste [deutsche] Jude gewesen, der sich wieder in Hamburg niedergelassen hat. Danach hat man allmählich erreicht, daß noch mehr Juden in die Stadt zogen ... Aber wir hatten keine Synagoge in Hamburg und auch keine Aufenthaltsrechte, wir wohnten dort nur zusammen durch die Gnade des Rates ... Ich habe damals [nach dem Tod des Ehemannes Chaim Hameln im Januar 1689] ziemlich stark mit Waren gehandelt, so daß ich jeden Monat für mehr als fünfhundert oder sechshundert Reichstaler verkauft habe.

Außerdem bin ich alle Jahre zweimal auf die Braunschweiger Messe gereist und habe auf jeder Messe mehrere Tausend gelöst ... Ich habe mich auch nicht geschont, bin Sommer und Winter gereist und den ganzen Tag über in der Stadt herum gelaufen ... Ich habe großen Kredit gehabt. Wenn ich auf der Börse zur Börsenzeit 20 000 Taler Banco hätte haben wollen, hätte ich sie bekommen können ...«

1690

Februar-April 1690. Für alle Bürger Harburgs wird eine städtische Steuer (Schoß) eingeführt, die 1692 durch einen sog. Häuslingsschoß für gewerbetreibende Nichtbürger ergänzt wird.

1690. In Hamburg entsteht eine »Kunst-Rechnungs-Liebende Sozietät« zur Verbreitung mathematischer Kenntnisse. → S. 138

1691. Das Konvoischiff »Admiralität von Hamburg« wird in Dienst gestellt.

16. 8. 1692. Hamburg einigt sich mit Dänemark auf den sog. Kopenhagener Rezeß: Gegen 400 000 Reichstaler gibt Dänemark die am 25. Februar 1691 aufgehobene freie Hamburger Grönlandfahrt sowie beschlagnahmte Waren und Schiffe wieder frei.

1692. Der zuvor in Braunschweig tätige Komponist Reinhard Keiser wird Hauptkomponist der Hamburger Oper, wo er 1700/01 auch die Winterkonzerte übernimmt (→ 18. 1. 1701/S. 140).

1692. In Hamburger Buden und Wirtshäusern werden mehrere Burlesken aufgeführt. Darunter sind auch Stücke des französischen Bühnendichters Molière.

22. 1. 1693. Johann Friedrich Mayer, Pastor von St. Jacobi, protestiert öffentlich gegen eine reformierte Schrift, die der Hauptpastor an St. Nikolai, Johann Heinrich Horb, verteilt hat. Der Priesterstreit endet am Jahresende zunächst mit der Verbannung Horbs. → S. 137

29. 8. 1693. Nach 14 Monaten Bauzeit wird die Kirche in Hamm eingeweiht.

1693. Arp Schnitger vollendet die Orgel für die Hauptkirche St. Jacobi. → S. 138

1693. Erstmals kommen »Grönhöker ut Verlannen«, Gemüsehändler aus den Vierlanden, nach Hamburg. → S. 137

1693. Johann Sigismund Kusser hat bis 1697 das Amt des Kapellmeisters an der Hamburger Oper inne. Er fördert mit großem Einsatz die Technik der Instrumentalisten und Sänger.

1693. Der Syndikus Wolder Scheele gründet die erste Schule in Eimsbüttel. → S. 138

7. 6. 1694. Rat und Bürgerschaft erlassen eine Amnestie für alle Teilnehmer des Priesterstreits (→ 22. 1. 1693/S. 137).

1695. Der Hamburger Dekorationsmaler Johann Oswald Harms wird Bühnenbildner an der Hamburger Oper (bis 1705). Er fördert die Ausbildung einer freien Bühnenraumgestaltung und bricht mit dem Formalismus der französischen und italienischen Bühnenbildner.

18. 3. 1696. Die hamburgische Admiralitätsjacht sinkt bei der Verfolgung eines französischen Kaperers infolge heftigen Oststurms bei schwerem Eisgang mit 23 Mann an Bord auf der Unterelbe.

1696. Der dänische Postmeister in Hamburg, H. Heuß, erhält das Privileg zur Herausgabe eines »Relations-Courirs« in Altona. Das später in »Reichspost-Reuther« umbenannte Blatt erscheint bis 1783.

1696. In Hamburg wird das Fastnachtspiel »Der Tischeler Gesellen lustiges Fastelabend-Spiel« aufgeführt.

1696. Bei der 1614 eingeführten Lotterie werden erstmals Losnummern ausgegeben. Auf 30 000 Lose entfallen 6450 Gewinne.

1696. Wolfgang Henrich Adelungk veröffentlicht die erste gedruckte hochdeutsche Chronik Hamburgs, die »Kurtze Historische Beschreibung der Uhr-Alten Kaeyserlichen und des Heil. Roemischen Reichs Freyen-An-See-Kauff- und Handels-Stadt Hamburg«.

11. 2. 1697. Die Bürgerschaft setzt die Einsetzung einer Deputation zur Untersuchung der Geschäfte der Hamburger Bank durch, die durch Spekulationsgeschäfte 106 680 Reichstaler verloren hat. Die Bankbürger – die Delegierten der Bürgerschaft in der Verwaltung der Bank – müssen Schadenersatz leisten.

17. 2. 1697. Rat und Bürgerschaft verbieten den Kornverkauf an Auswärtige. Anlaß ist die enorme Preissteigerung bei Getreide infolge verstärkter Ausfuhren in die Niederlande seit Herbst 1696.

1698. Jürgen Waremund wird zum ersten »Sklavenvater«, zum Verwalter der Hamburger Sklavenkasse ernannt (→ 1622/S. 114).

17./18. 8. 1699. Der Rat und die Bürgerschaft schließen einen Rezeß. Der Rat billigt eine Neuordnung der bürgerlichen Kollegien, zu denen nicht mehr nur erbgesessene Bürger Zugang haben, sondern jeder unbescholtene und unabhängige Bürger lutherischen Glaubens (→ 22. 1. 1693/S. 137).

18. 12. 1699. Durch ein Ratsmandat wird entsprechend des Regensburger Beschlusses der protestantischen Reichsstände vom 23. September der verbesserte Gregorianische Kalender eingeführt. Auf den 18. Februar 1700 folgt somit gleich der 1. März, und der 24. Februar fallende Matthiaetag wird auf den 18. Februar verlegt.

1699. Die Hamburger Kirchgänger spalten sich in »Aufständer« und »Sitzenbleiber« beim Vaterunser.

GEBOREN:

22. 12. 1694. Hamburg: Hermann Samuel Reimarus († 1. 3. 1768, Hamburg), Philosoph und Bibelkritiker.

25. 3. 1699. Bergedorf: Johann Adolf Hasse († 16. 12. 1783, Venedig), Komponist.

GESTORBEN:

6. 4. 1699. Hamburg: Vincent Placcius (* 7. 2. 1642, Hamburg), Gelehrter, ab 1667 Lehrer am Johanneum.

»Verführerisches Büchlein«

22. Januar 1693. Johann Friedrich Mayer, Pastor von St. Jacobi, löst mit einer Predigt gegen eine von seinem Amtsbruder an St. Nikolai verteilte reformierte Schrift einen »Priesterstreit« aus.

Pastor Johann Heinrich Horb hatte als Neujahrsgabe eine Schrift verteilt mit dem Titel »Die Klugheit der Gerechten, die Kinder nach den wahren Gründen des Christenthums, von der Welt dem Herrn zu erziehen«. Ihr Autor ist der reformierte Prediger Peter Poiret. In seiner Begeisterung über den pädagogischen Gehalt hatte Horb eine Prüfung der theologischen Aussagen versäumt, die vielfach nicht mit der lutherischen Dogmatik übereinstimmen.

Nach seiner spektakulären Predigt warnt Mayer zusätzlich in einer Schrift vor dem »ketzerischen, verführerischen Büchlein« und eröffnet eine bis dahin beispiellose öffentliche Auseinandersetzung, in die auch der Rat als faktisches Oberhaupt der Hamburger Kirche mit hineingezogen wird. Um die Wogen zu glätten, verbannt der Rat am Jahresende Horb aus der Stadt, bewirkt am 7. Juni 1694 eine Amnestie für alle Beteiligten und läßt tags darauf die Mitglieder des Geistlichen Ministeriums einen Versöhnungsakt unterzeichnen.

Aber Mayer läßt nicht locker, und der Rat muß 1699 eine Beschränkung seines Selbstergänzungsrechts und die Zulassung aller lutherischen Bürger zu den Rats- und Bürgerkonventen zulassen.

Eine Attraktion auf den Hamburger Märkten: Einige »Grönhöker« aus den Vierlanden in ihrer charakteristischen Tracht (Lithographie, um 1800)

Die Vierländer kommen

1693. In Hamburg werden erstmals »Grönhöker ut Verlannen«, Gemüsehändler aus den Vierlanden, erwähnt. Sie versorgen die Hansestadt mit Gemüse, Blumen und Obst – besonders mit ihren weithin gerühmten Erdbeeren – sowie Hofbohnen für die Hamburger »Bohnenmahlzeit« mit Schinken und holländischen Heringen.

Die frischen Gartenerzeugnisse kommen zu Wasser auf Ewern zum Verbraucher nach Hamburg.

In den vier Marschdörfern Altengamme, Curslack, Kirchwerder und Neuengamme, die seit 1420 gemeinsam von Hamburg und Lübeck verwaltet werden, hat sich eine blühende Landwirtschaft entwickelt. Die Vierländer Bauern verdienten ihr Geld lange Zeit fast ausschließlich mit dem Anbau von Getreide und Hopfen, die ihnen die Hamburger Brauereibetriebe abnahmen. Als der Bierausstoß und damit der Hopfenbedarf zurückging, wechselte man im 17. Jahrhundert zum Gartenbau über.

Aufgrund der günstigen Erwerbsmöglichkeiten bieten die Vierlande auch Kleinbauern eine Chance, was der Staat aber aus Sorge um die Wirtschaftlichkeit der Höfe zu unterbinden versucht. In der Mitte des 17. Jahrhunderts wurden dort 145 Hufner gezählt, die Höfe von etwa 40 ha bewirtschaften, außerdem 259 Kleinbesitzer (Kätner).

Schnitger vollendet Orgel für St. Jacobi

1693. Der Orgelbauer Arp Schnitger vollendet nach vierjähriger Arbeit die Orgel für die Hamburger Hauptkirche St. Jacobi. Sie begründet seinen Ruf, der führende norddeutsche Orgelbaumeister zu sein. Schnitgers viermanualiges Instrument mit 60 Registern trägt den neuesten Entwicklungen im Orgelbau in hervorragender Weise Rechnung. Aus Respekt vor seinen Vorgängern übernimmt Schnitger ganze Register aus der älteren Jacobi-Orgel und verbindet sie zu einer eigenen Konzeption. Er baut Gehäuse, Windladen, Bälge, Kanäle, Traktur und etwa 46 Register vollständig neu, darunter fast alle Zungenstimmen. Besonderes Merkmal dieser Orgel ist die starke Betonung der großen Baßregister in den 8,50 m hohen Pedaltürmen.

Schnitger vollendete bereits 1688 eine Orgel für die Hauptkirche St. Nikolai. Im Jahr darauf erhielt er den neuen Großauftrag.

Weit über die Grenzen der Hansestadt hinaus erregt die Jacobi-Orgel Interesse bei Orgelbaumeistern und Komponisten. Ihr Schöpfer erhält Angebote aus den Niederlanden, England, Portugal und Rußland. Schnitger trägt viel dazu bei, den kulturellen Ruf Hamburgs zu stärken, einer Stadt, in der man – wie es im ersten Konzertführer von 1657 heißt – die »herrliche und wohlbestallte Musik das ganze Jahr durch nach Hertzenswunsch vergnüglich anhören kann«.

Frontansicht der Schnitger-Orgel in St. Jacobi; das aufsehenerregende Instrument erntet das einhellige Lob der Experten und zieht namhafte Orgelkomponisten und -spieler an. So bewirbt sich auch Johann Sebastian Bach 1720 um das Organistenamt an St. Jacobi (→ Ende Oktober 1720/S. 148).

Dieser Spieltisch ist zwischen 1774 und 1942 in die Orgel eingebaut. Im Zweiten Weltkrieg verbrennt er zusammen mit dem Gehäuse des Instrumentes.

Erhaltenes Register aus dem 17. Jh. im Hauptwerk der Schnitger-Orgel

Die Schule kommt in die Vororte

1693. Der Hamburger Syndikus Wolder Scheele gründet die erste Schule in Eimsbüttel. Dessen Bewohner brauchen ihre Kinder nun nicht mehr nach Eppendorf zu schicken. Aber nicht nur in der schulischen Versorgung des Landgebiets bestehen in Hamburg nach wie vor Defizite.

Scheele läßt auf einer abgesonderten Koppel seines Grundstücks, dem sog. Schulkamp (Schulweg), ein Schulhaus bauen und stellt einen Lehrer ein. Zwar bezahlen die Kinder ein Schulgeld, aber dies reicht nicht aus. Die Familie Scheele muß erhebliche Summen investieren, um den Unterricht aufrechtzuerhalten.

Das staatliche öffentliche Schulwesen in Hamburg hat mit dem Johanneum (1529) und dem Akademischen Gymnasium (→ 12. 8. 1613/S. 111) nur höhere Lehranstalten hervorgebracht. Der ärmere Teil der Bevölkerung ist auf die sog. Stiftungsschulen angewiesen, vor allem auf die 1683 von Pastor Hieronymus Paßmann gegründete Schule und die Rumbaumsche Armenschule von 1692. Hier wird Lesen, Schreiben, Rechnen und Religion gelehrt. Der Unterricht und fast alle Lehrmittel sind an diesen Bildungsstätten kostenlos.

Meister der Zahlen im Rechnen vereint

1690. Unter dem Motto »Antiqua emendo sustituoque nova« (lat.: Ich berichtige das Alte und ersetze es durch Neues) gründen in Hamburg Rechenmeister eine »Kunst-Rechnungs-Liebende Sozietät«.

Ihre Initiatoren sind Heinrich Meißner, der seit 1688 Rechenlehrer an der Kirchenschule von St. Jacobi ist und sein Kollege von St. Michaelis, Valentin Heins. »Die Kunst der Mathematik möglichst fort zu pflantzen sich äusserst wolle angelegen zu seyn« – dies setzt sich die Vereinigung, aus der 1790 die »Gesellschaft zur Verbreitung mathematischer Kenntnisse« und 1877 die »Mathematische Gesellschaft« hervorgeht, zum Ziel. Breitenwirkung erzielt sie aber erst, als sich ihre Mitglieder nicht mehr nur der reinen, sondern auch der angewandten Mathematik widmen.

Monumente des Wohlstands neben bedrückender Enge

Am Übergang vom 17. zum 18. Jahrhundert zeigt sich Hamburg seinen Besuchern als wohlhabende und kunstliebende Metropole von etwa 70 000 Einwohnern mit zahlreichen prächtigen Kirchen und wohlfeilen städtischen Bauten.

Stolz verweist die Stadt auf ihre republikanischen Traditionen und ihr politisch selbstverantwortliches, ökonomisch und kulturell aktives Großbürgertum, auch wenn nur etwa jeder fünfte männliche Einwohner das Bürgerrecht tatsächlich erworben hat und somit über die Geschicke seiner Heimatstadt mitbestimmen darf.

Dank einer im Vergleich zu anderen Staaten zumeist liberalen Pressepolitik wird die größte Hafen- und Handelsstadt des Heiligen Römischen Reiches Deutscher Nation im 18. Jahrhundert auch ein wichtiges Nachrichtenzentrum. Nachdem Hamburg die Wirren des Dreißigjährigen Krieges gut überstanden hat, gilt es für die Politik vor allem, in den zahlreichen kriegerischen und diplomatischen Verwicklungen der Zeit unter Wahrung der Neutralität die Freiheit des Handels zu erhalten.

Wer aus der Stille und geistigen Enge der Provinz nach Hamburg kommt und nach Durchschreiten eines der Stadttore den Fuß auf Hamburger Boden setzt, betritt eine neue Welt voll Hektik und Leben. Die weltoffene Stadt gleicht insoweit eher London und Amsterdam als Köln und Leipzig.

Während die Staatsbauten auf Repräsentation ausgerichtet sind, dominieren im Wohnungsbau für die Masse der Bevölkerung nüchternes Zweckdenken und wirtschaftliche Not. Vor allem im Jacobi- und Michaeliskirchspiel entstehen sog. Höfe- und Gängeviertel mit engen, winkligen Gassen. Deren kleine, in der Regel zweistöckige Häuser bestehen aus armseligen »Buden« im Erdgeschoß und darübergebauten »Sählen« als separat zugänglichem zweiten Stock.

Wo man wohnt, das bestimmt auch in Hamburg den gesellschaftlichen Standort. Die soziale Zusammensetzung der fünf Kirchspiele kennzeichnet folgender Vers: »St. Petri de Rieken – Nikolai desgleichen, Kathrinen de Sturen – Jakobi de Buren, Michaeli de Armen – dat mag woll Gott erbarmen.«

Die bedeutendsten Kirchen Hamburgs, wie sie sich am Ende des 17. Jahrhunderts dem Besucher präsentieren: V. l., oben beginnend: Die fünf Hauptkirchen der Stadt, also St. Petri, St. Nikolai, St. Katharinen, St. Jacobi und die jüngste Hauptkirche St. Michaelis; der Mariendom, die St. Johanniskapelle, St. Maria Magdalenen und die Kapelle St. Gertrud sowie die kleine Kapelle St. Michaelis und zuletzt die Kapelle zum Heiligen Geist

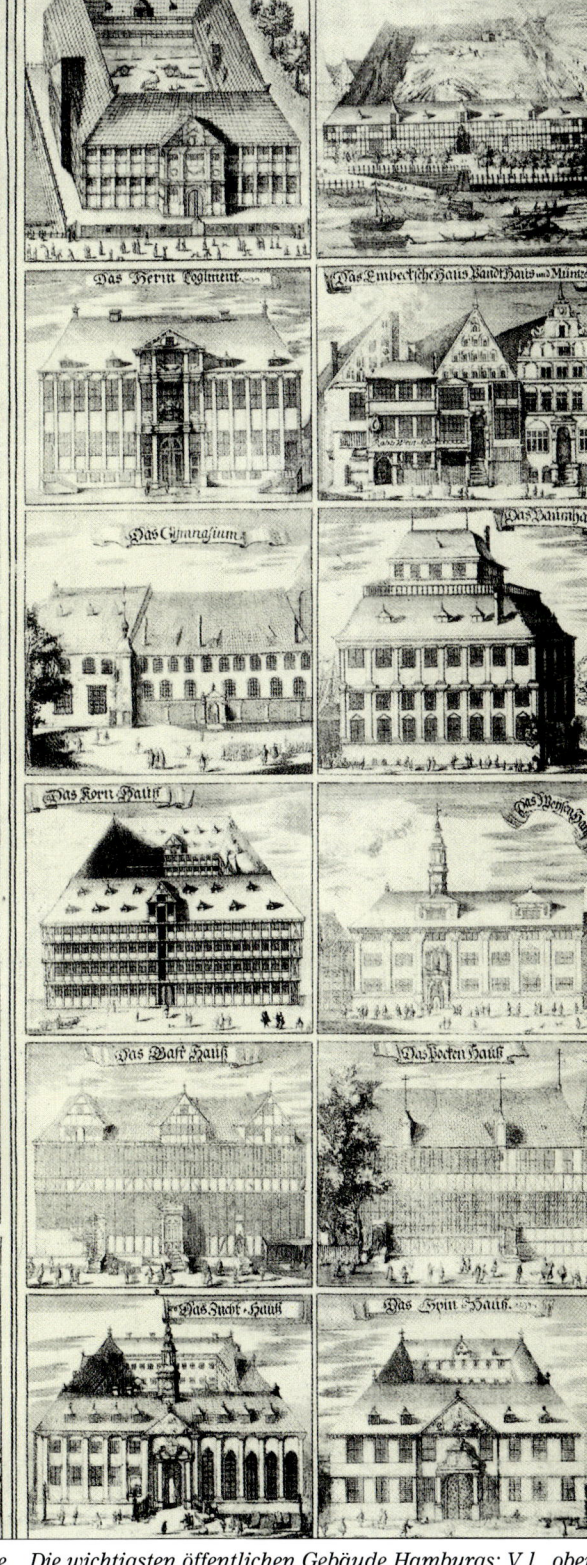

Die wichtigsten öffentlichen Gebäude Hamburgs: V. l., oben beginnend: Das Zeughaus, der neue Bauhof, das Ballhaus an der Fuhlentwiete (Herren-Logiment), das Eimbecksche Haus und das Münzgebäude am Dornbusch, das Johanneum, das Baumhaus, das Kornhaus am Alten Wandrahm, das Waisenhaus, die beiden Hospitalbauten Pesthaus und Pockenhaus sowie die Gefängnisanstalten Zucht- und Werkhaus bzw. Spinnhaus am Alstertor

1700

1700–1709

31. 8. 1700. Die Versammlung Eines Ehrbaren Kaufmanns wird für beschlußfähig erklärt, wenn mehr als 20 Mitglieder anwesend sind. Wegen der häufigen Beschlußunfähigkeit dieses Gremiums gewinnt die Commerzdeputation (→ 19. 1. 1665/S. 129) zusehends Einfluß auf die Außen- und Wirtschaftspolitik Hamburgs.

20. 10. 1700. Die Vorsteherin des Nonnenklosters Harvestehude untersagt den Mitgliedern des Artilleriedepartements eine Visite des Klosterkellers. → S. 140

25. 11. 1700. Die Bürgerschaft wählt 25 Deputierte zu der General-Rechenkammer, die die städtischen Ausgaben kontrolliert. → S. 140

1700. Der 15jährige Johann Sebastian Bach besucht das Lüneburger Michaelis-Gymnasium und singt im Mettenchor (bis 1703). Während dieser Zeit reist er häufig nach Hamburg, um den Organisten Johann Adam Reinken in der Kirche St. Katharinen zu hören.

18. 1. 1701. Aus Anlaß der Krönung des bisherigen preußischen Kurfürsten zum König Friedrich I. in Preußen leitet Reinhard Keiser in Hamburg die Aufführung einer selbstkomponierten Ballettoper. Der Kapellmeister der Hamburger Oper bringt im selben Jahr ein Singspiel mit dem Titel »Störtebeker und Goedge Michaelis« heraus. → S. 140

15. 11. 1701. Hauptpastor Johann Friedrich Mayer verläßt St. Jacobi und geht als Superintendent nach Greifswald. Seine Rolle als geistlicher Anführer der oppositionellen Kleinbürger gegen den Rat übernimmt der Hauptpastor von St. Petri, Christian Krumbholtz (→ 31. 5. 1708/S. 141).

1702. Der Komponist Vincent Lübeck wird als Organist an St. Nikolai berufen.

2. 5. 1703. Der Altonaer Magistrat erlaubt den Fischern der Stadt, künftig Sonntag morgens Fisch zu verkaufen. → S. 141

6. 12. 1703. Rund 2000 Menschen, in der Mehrzahl Handwerker, ziehen unter Führung des Posamentenmachers Balthasar Stielke aus dem Kirchspiel St. Jacobi zum Rathaus. Sie fordern die Freilassung der nach einem Tumult am 27. September verhafteten Personen. Außerdem wollen sie dem Rat das Recht auf Selbsterneuerung sowie sein Honorar aberkennen.

1703. Reinhard Keiser wird Direktor der Hamburger Oper (bis 1707).

8. 1. 1705. Im Theater am Gänsemarkt wird die Oper »Almira« uraufgeführt, das Erstlingswerk des Komponisten Georg Friedrich Händel, der seit dem Sommer 1703 als Geiger und Maestro al Cembalo an der Hamburger Oper beschäftigt ist (→ 5. 12. 1705/S. 141).

22. 1. 1705. Die Bürgerschaft billigt die Einrichtung einer Kriegskasse, die von 20 Bürgern verwaltet wird.

5. 4. 1705. Der Hauptpastor von St. Petri, Christian Krumbholtz, fordert offen zur Entmachtung des Rates auf.

28. 8. 1705. Nach dem Tod des Herzogs Georg Wilhelm von Lüneburg-Celle fällt Harburg mit dem Fürstentum Lüneburg an dessen Neffen, den Kurfürsten Georg I. Ludwig von Hannover.

5. 12. 1705. Ein Duell zwischen Johann Mattheson und Georg Friedrich Händel in Hamburg endet glimpflich. → S. 141

1705. Am Admiralitätsstraßenfleet entsteht ein Gebäude zur Aufbewahrung der Ausrüstung von Admiralitäts- und Konvoischiffen, das Admiralitätszeughaus.

1705. Angesichts des Spanischen Erbfolgekriegs (1701–1714) erlaubt Kaiser Joseph I. den drei Hansestädten Hamburg, Bremen und Lübeck die Fortsetzung des Handels mit Frankreich, wenn die Güter nicht zur Kriegführung geeignet sind.

26. 2. 1707. Der Rat der Stadt Harburg erhält durch ein Privileg des Kurfürsten Georg I. Ludwig von Hannover die uneingeschränkte niedere Gerichtsbarkeit in allen bürgerlichen Strafsachen einschließlich der dabei anfallenden Gebühren und Strafgelder.

26. 2. 1708. Die hannoversche Regierung sichert den in Harburg ansässigen Mitgliedern der drei im Reich anerkannten Konfessionen (Katholiken, Lutheraner und Reformierte) volle Glaubensfreiheit zu. Auch Juden und Mennoniten sollen dort geduldet werden. Darüber hinaus verspricht das Privileg zahlreiche ökonomische Freiheiten, um die Wirtschaftskraft Harburgs zu stärken.

31. 5. 1708. Kaiserliche Truppen in einer Stärke von 2700 Mann rücken in Hamburg ein. Sie begleiten eine Kommission, die die ständigen Auseinandersetzungen zwischen Rat und Bürgern Hamburgs beilegen soll. → S. 141

17. 10. 1708. Nachdem der Neue Wall als Befestigungsanlage ausgedient hat und abgetragen worden ist (1706/07), wird das erste Grundstück auf dem ehemaligen Wallgelände verkauft.

13. 9. 1709. Der Hamburger Rat erläßt ein Mandat über eine Drehlade am Waisenhaus, in die unehelich geborene Säuglinge anonym abgelegt werden können. → S. 141

GEBOREN:

21. 10. 1705. Hamburg: Hinrich Borkenstein († 29. 11. 1777, Hamburg), Lustspieldichter.

23. 4. 1708. Hamburg: Friedrich von Hagedorn († 28. 10. 1754, Hamburg), Dichter.

GESTORBEN:

25. 10. 1702. Hamburg: Gerhard Schott (* 16. 4. 1641, Hamburg), Operngründer.

Domina will keine Ratsherren dulden

20. Oktober 1700. Die Äbtissin des Nonnenklosters Harvestehude im St. Johanniskloster, Margaretha Elebeck, untersagt den Herren des Hamburger Artilleriedepartements eine Visite des als Waffenarsenal genutzten Klosterkellers.

Jungfer Margaretha, seit 1670 eine rührige und energische Klostervorsteherin, besteht auf der traditionellen Anrede Domina und ist keineswegs geneigt, sich ihre Souveränität über das Klostergelände mit dem Rat zu teilen. Ihr Tod am 27. Februar 1701 enthebt den Rat von der Aufgabe, gegen die Domina vor Gericht zu ziehen. Er achtet aber darauf, daß die friedlichste Jungfer ihre Nachfolge antritt.

Mehr Durchblick im Staatshaushalt

25. November 1700. Die Bürgerschaft wählt 25 Deputierte zu der sog. General-Rechenkammer, um die Staatsfinanzen zu kontrollieren. Die Einrichtung dieser Art Rechnungshof kam auf den dringenden Wunsch der Bürgerschaft hin zustande. Der Rat, dem eine solche Kontrollinstanz suspekt ist, hatte statt dessen vorgeschlagen, die »General-Remedierung« den Oberalten und Kämmereibürgern aufzutragen und allenfalls eine Revisionsdeputation aus acht Ratsherrn einzusetzen. Die Sorgen des Rates, seine Arbeit würde fortan genau durchleuchtet, sind freilich unbegründet: Die General-Rechenkammer tritt nie in Aktion.

Seine Königskrönung gibt den Anstoß zur Keiser-Oper: Friedrich III.

Eine weitere Oper Reinhard Keisers: »Masagniello furioso« (1706)

Königlich inspirierte Oper

18. Januar 1701. Ferne Ereignisse inspirieren Hamburger Opernkunst: In Königsberg krönt sich der bisherige preußische Kurfürst Friedrich III. zum König Friedrich I. in Preußen. Aus diesem Anlaß komponiert Reinhard Keiser die einaktige Ballettoper »Das Höchstpreisliche Crönungs-Fest Ihr. Königl. Mayst. in Preußen/und ih. Churfl. Durchl. zu Brandenburg«.

Die Ballettoper begreift die Krönung Friedrichs als ein Ereignis von großer Tragweite für ganz Deutschland. Dementsprechend prachtvoll ist die Gestaltung: Die singenden Hauptgestalten sind die deutschen Flüsse, welche – so heißt es in der Vorrede – vornehmlich die »Haupt-Provincien« Preußens »durchschwämmen, als von Neptuno berufnen«. In neun Balletten werden verschiedene Personengruppen und Völker dargestellt, darunter »Scythen und Amazonen, Wenden und Wendinnen«.

Seit 1692 arbeitet der zuvor in Braunschweig tätige Reinhard Keiser als Hauptkomponist an der Hamburger Oper. Sein Bühnenbildner Johann Oswald Harms, ein gebürtiger Hamburger, kam drei Jahre später an das Opernhaus am Gänsemarkt. Hier bricht er mit dem Formalismus französischer und italienischer Prägung zugunsten einer freien Gestaltung des Bühnenraums.

Metallknopf rettet Händels Laufbahn

5. Dezember 1705. Nach einer Aufführung von Johannes Matthesons dritter Oper »Cleopatra« in Hamburg entgeht Georg Friedrich Händel nach einem Streit mit Mattheson nur knapp dem Tode.

Händel ist seit 1703 in Hamburg tätig, zunächst als zweiter Violinist im Opernorchester, später als Maestro al Cembalo. Die Harmonie zwischen Händel und dem um vier Jahre älteren Mattheson wird jäh gestört, als sich Händel weigert, Mattheson ans Cembalo zu lassen. Der Komponist singt die Hauptrolle des Antonius selbst und will nach seinem Bühnentod eine halbe Stunde vor Schluß die Aufführung vom Cembalo aus leiten.

Ein Vorwurf folgt dem anderen, und unversehens stehen sich beide auf der Straße im Duell gegenüber. Nur ein breiter metallener Rockknopf, der Matthesons Degen beim entscheidenden Stoß zerspringen läßt, rettet dem hitzigen Händel das Leben. Anschließend versöhnen sich die Streithähne wieder.

Vorsprung für die Fischer aus Altona

2. Mai 1703. Der Altonaer Magistrat erlaubt den Fischern der Stadt den sonntäglichen Fischverkauf auf ihrem Landeplatz am Elbufer nahe der Grenze zu Hamburg. Der Magistrat verordnet, daß es »den Fischern hinkünftig frey stehe, deß Sontags Morgens bis die Glocke halbe neun« ihren Fisch zu verkaufen. Damit können sie ihre leicht verderbliche Ware gleich nach der Anlandung anbieten, was vor allem im Sommer wichtig ist.

Im Wettlauf mit den Hamburger Fischern haben sich die Altonaer auf diese Weise einen großen Vorteil gesichert. Schon seit der ersten Bebauung von Altona (→ 1536/S. 87) hatten sich die Fischer des Orts der Konkurrenz der Hamburger Amtsfischer zu erwehren, die mit allen Mitteln – vor allem in den Jahren 1584 bis 1586 und zwischen 1601 und 1610 – zu erreichen versuchten, daß sich die Altonaer »der Fischerei enthalten, ganz und gar abgeschafft und allda nicht länger geduldet werden sollten«.

Brockes'scher Garten (Kupferstich, 1740)

»Schöne Lustgärten«

Zahlreiche vermögende Hamburger errichten sich vor den Toren der Stadt prächtige Landhäuser und Gärten im Stil des Barock. Das fruchtbare Marschland vor den Toren der Stadt bietet dafür ein ideales Terrain. Schon der dichtende Pfarrer Johann Balthasar Schupp hatte ausgerufen: »Ich weiß mich nicht zu besinnen, daß ich eine Stadt in Deutschland gesehen habe, welche so viele schöne Lustgärten hat als Hamburg.«

Eine Drehlade für lästige Kinder

13. September 1709. Der Hamburger Rat erläßt ein Mandat über den sog. Torno, eine Drehlade an der Tür des Waisenhauses. Hier können unehelich geborene Säuglinge abgelegt werden.

Der aus den Niederlanden stammende Bürger Jobst von Overbeck hat 50 000 Mark banco zur Verfügung gestellt, um die Kinder versorgen zu können. Anlaß ist die hohe Zahl von Kindstötungen. Immer mehr arme Frauen töten unerwünschten Nachwuchs.

Der Torno findet regen Zuspruch. Schon nach zwei Monaten wird die Drehlade verkleinert, weil vor allem ältere Kinder hineingelegt worden sind. Trotzdem gibt es im April 1710 schon über 200 Torno-Kinder, und jährlich kommen zwischen 80 und 150 Findlinge hinzu. Der Rat warnt zwar vor dem Mißbrauch dieser Einrichtung, doch vergeblich: Im Oktober 1714 muß die Drehlade wieder abmontiert werden. Der Erhalt des Waisenhauses wäre sonst gefährdet gewesen.

Vermittlungskommission verschafft sich Respekt

31. Mai 1708. In Hamburg rücken 2700 Mann kaiserliche Truppen zur Begleitung einer Vermittlungskommission ein: Minister Hugo Damian Graf von Schönborn will den Dauerstreit zwischen Rat und Bürgerschaft beenden und alsbald eine funktionsfähige Regierung konstituieren, um etwaige dänische Erbhuldigungsansprüche abzuwehren. Am 25. April war Schönborn von Kaiser Joseph I. mit dieser Mission betraut worden. Weil der Niedersächsische Reichskreis eine Armee von rund 12 000 Mann mobil machte, willigte die Bürgerschaft schließlich in eine Vermittlung ein. Die Hamburger Wirren schürten vor allem der Posamentenmacher (Bortenwirker) Balthasar Stielke, der Höker Hans Georg Lütze und der Hauptpastor Christian Krumholtz von St. Petri. Sie erklärten, nicht der Rat, sondern die Bürgerschaft allein sei die höchste Obrigkeit in Hamburg.

Einer der wenigen, der den Rat verteidigte, war der Jurist Barthold Feind. Er nahm Stielke in dem Buch »Lob der Geldsucht« (1704) so aufs Korn: »Damit ein Handwerksmann, der Schnür und Borten macht; Sein Werk, das er versteht, alleine nehm in Acht; Bei seiner Werkstatt blieb und seinen Zunftgesellen, Und ließ die Obrigkeit die Kirch' und Schul bestellen.«

Der wutschnaubende Stielke ließ am 5. August 1707 auf Beschluß der Bürgerschaft das Buch vom Henker verbrennen und erzwang die Absetzung von sieben Ratsherren wegen ihrer Weigerung, die Vertreibung Feinds zu billigen. Mehr als vier Jahre ist die kaiserliche Kommission in Hamburg tätig; erst dann können sich Rat und Bürgerschaft auf eine neue Verfassung einigen (→ 15. 10. 1712/S. 143).

Aufzug der Reichstruppen im Mai 1708 vor Hamburg; die Stadt fügt sich der Besetzung. Der Kupferstich (1727) zeichnet ein reines Phantasiebild Hamburgs.

◁ *Mentor der Opposition: Johann Friedrich Mayer, bis 1701 Hauptpastor an St. Jacobi; die Bürgerschaft forderte im Jahr 1704 seine Rückkehr aus Greifswald.*

7. 9. 1710. In Hamburg wird ein liberaleres Judenedikt erlassen. → S. 142

11. 9. 1710. Das Hamburgische Staatsarchiv wird in ein Ratsamt umgewandelt. → S. 142

17. 10. 1710. In zweiter Instanz wird der Hauptpastor Christian Krumbholtz seines Amtes enthoben und zu lebenslanger Haft verurteilt. Gegen den Posamentenmacher Balthasar Stielke erging am 6. Oktober das gleiche Urteil. Sie werden im folgenden Jahr zur Strafverbüßung nach Hameln bzw. Dömitz gebracht. Drei weitere Aufrührer gegen die Autorität des Rates werden zu Haftstrafen verurteilt und weitere fünf, die geflüchtet waren, für ewig aus der Stadt verbannt (→ 31. 5. 1708/S. 141).

2./3. 11. 1711. Ein Feuer legt in Altona 273 Wohnungen auf 80 Grundstücken in Schutt und Asche.

1711. Die Oper »Krösus« (»Der hochmütige, gestürzte und wieder erhabene Croesus«) von Reinhard Keiser wird an der Hamburger Oper uraufgeführt.

15. 10. 1712. Nach langen Verhandlungen zwischen Rat und Bürgerschaft wird das »Unwiderrufliche Fundamental-Gesetz« (Hauptrezeß) Hamburgs erlassen. → S. 143

17. 12. 1712. In Schiffbek gründet Hermann Heinrich Holle den zweimal wöchentlich erscheinenden »Privilegierten hollsteinischen Unpartheylichen Avisen Correspondenten« (ab 1731 »Staats- und Gelehrte Zeitung des Hamburgischen unpartheyischen Correspondenten«).

1712. Als Residenz des Holstein-gottorpischen Gesandten entsteht am Neuen Wall das Görtz-Palais (Stadthaus). → S. 144

8./9. 1. 1713. Altona wird von den Schweden größtenteils niedergebrannt. → S. 144

14. 1. 1713. Der russische Zar Peter I., der Große, weilt zu Gast in Hamburg. → S. 144

16. 3. 1713. Graf Christian Detlev von Reventlow wird zum Oberpräsidenten von Altona ernannt (→ 8./9. 1. 1713/S. 144).

31. 5. 1713. In Hamburg erscheint die erste Ausgabe der moralischen Wochenschrift »Der Vernünfftler« (bis 1714). Ihr Herausgeber ist Johann Mattheson. → S. 145

22. 3. 1714. Die Hamburger feiern das Erlöschen der 1712 ausgebrochenen Pest. → S. 145

27. 10. 1714. In Altona wird die Königlich Privilegierte Löwen-Apotheke gegründet. → S. 145

7. 2. 1715. Der Rat setzt eine besondere Elb-Deputation ein, um die Stromverhältnisse der Elbe und der Häfen zu verbessern. Ihr gehören außer Ratsherren auch Kaufleute und Schiffer an.

30. 10. 1715. In Hamburg stirbt Juliane Louise Prinzessin von Ostfriesland, die in geheimer Ehe mit einem Hamburger Pfarrer verbunden war. → S. 145

1715. Der Pfarrer Erdmann Neumeister wird als Hauptpastor an die Kirche St. Jacobi berufen. Während seiner Amtszeit (bis 1756) wird er zu einem Wortführer der orthodoxen Lutheraner gegen Pietisten, Reformierte und Katholiken.

1715. Der Hamburger Dichter Barthold Hinrich Brockes gründet die der Aufklärung verpflichtete »Teutschübende Gesellschaft«. Ihr gehören auch die drei Lehrer des Johanneums, Johann Albert Fabricius, Michael Richey und Johann Hübner, an.

31. 10. 1717. Die Zweihundertjahrfeier der Reformation wird in Hamburg mit Predigten, kirchlichen Musiken, Glockengeläut und Illumination begangen.

25. 12. 1717. Eine Sturmflut richtet an der Unterelbe schwere Schäden an. Ein Deichbruch bei Stade bewahrt Hamburg weitgehend vor Überschwemmungen. Im Amt Ritzebüttel kommen 306 Menschen sowie 1198 Rinder, 581 Schafe und 633 Schweine ums Leben; 127 Gebäude werden zerstört.

1717. Auf dem Jungfernstieg verkehren Sänftentaxis.

17. 6. 1718. In Altona gründet der dänische Oberpräsident Graf Christian Detlev von Reventlow ein Armenstift. Seit 1580 besteht eine Armenkasse und eine Armenordnung in Altona.

3. 8. 1719. Mit einer Jubelfeier im Drillhaus wird das 100jährige Bestehen der reorganisierten Bürgerwache gefeiert. → S. 145

10. 9. 1719. Das Haus und die im Bau befindliche katholische Kapelle des kaiserlichen Gesandten am Krayenkamp wird von einer aufgehetzten Menschenmenge zerstört. → S. 145

20. 11. 1719. Der Friede von Stockholm beendet zwischen Hannover und Schweden den Großen Nordischen Krieg. Das bisher schwedische Hamburger Domkapitel fällt an das Kurfürstentum Hannover.

GEBOREN:

1. 2. 1712 oder 1710. Schwerin: Konrad Ernst Ackermann († 13. 11. 1771, Hamburg), Schauspieler und Theaterleiter.

10. 6. 1713. Quitzow: Ernst Georg Sonnin († 8. 7. 1794, Hamburg), Architekt.

8. 3. 1714. Weimar: Carl Philipp Emanuel Bach († 14. 12. 1788, Hamburg), Komponist.

16. 10. 1717. Halberstadt: Johann Melchior Goeze († 19. 5. 1786, Hamburg), Geistlicher.

GESTORBEN:

28. 7. 1719. Neuenfelde (heute zu Hamburg): Arp Schnitger (* 2. 7. 1648, Schmalenfleth bei Brake), Orgelbauer (→ 1693/S. 138).

Palmhüttenfest einer jüdischen Familie; das kaiserliche Reglement erweitert das der jüdischen Bevölkerung in Hamburg zugestandene Betätigungsfeld.

Mehr Rechte für die Juden

7. September 1710. Die nach Hamburg entsandte kaiserliche Kommission unter Führung des Grafen Hugo Damian von Schönborn (→ 31. 5. 1708/S. 141) erläßt ein Reglement. Es erweitert den Lebensraum der hier ansässigen Juden.

Juden dürfen von nun an private Gottesdienste abhalten. Auch eine wirtschaftliche Betätigung in nicht-zünftigen Gewerben steht ihnen frei. Jede darüber hinausgehende politische und gesellschaftliche Gestaltungsfreiheit wird jedoch eingeschränkt. Dafür stehen die Hamburger Juden unter dem besonderen Schutz des Rates. Im Jahr 1711 weist die Stadtregierung der Judengemeinde einen Friedhof vor dem Dammtor zu.

Die jüdischen Gläubigen in Altona und Wandsbek erhielten 1641 bzw. 1671 Schutzbriefe, die sich die dänischen Könige als Landesherren allerdings jährlich in klingender Münze bezahlen ließen.

Rat ordnet seine Akten

11. September 1710. Das städtische Archiv im Hamburger Rathaus wird in ein Ratsamt umgewandelt, seine Leitung hauptamtlich einem Ratsmitglied übertragen.

Anlaß für diese Neuregelung ist die große Unordnung in den umfangreichen Beständen. Dies hat zur Folge, daß wichtige Dokumente unauffindbar sind – ein unhaltbarer Zustand angesichts der Wirrnisse der Zeit, denn das Archiv hat in erster Linie die Aufgabe, die Rechte der Stadt und ihrer Bürger juristisch zu untermauern.

Die Urkundenlade des Rates (Threse) findet erstmals im Jahr 1293 urkundliche Erwähnung. Den zentralen Aktenbestand bilden die Senatsakten, die seit dem 14. Jahrhundert geführt werden. Dazu kommen Aufzeichnungen über die Sitzungen der Bürgerschaft und der bürgerlichen Kollegien. Einen weiteren Fundus bilden die Unterlagen der Behörden und Ämter. Die wichtigsten sind die Grund- und Hypothekenbücher ab → 1248 (S. 33), das Schuldbuch (→ 1288/S. 39), die Akten der Kämmerei (→ 1350/S. 48) sowie der Landherrschaften (ab 1503) und des Bauwesens (ab 1532). Gerichtsakten werden ab dem 16. Jahrhundert aufbewahrt. Ferner sammelt das Staatsarchiv Unterlagen über die Gemeinden im Hamburger Landgebiet sowie über die Arbeit mildtätiger Anstalten. Auch zahlreiche wichtige Nachlässe finden hier Aufnahme, sofern sie nicht in die Gemeine Bibliothek wandern. Dies geschieht etwa im Jahr 1691 mit dem auf einen Wert von 800 Reichstalern geschätzten Bestand an Büchern und Handschriften des Herzoglich-Braunschweigischen Geheimen Rats und Kanzlers Heinrich Langenbeck.

Historischer Kompromiß beendet die Verfassungskrise

15. Oktober 1712. Nach zähen Verhandlungen einigen sich Rat und Bürgerschaft auf den sog. Hauptrezeß. Mit diesem grundlegenden Gesetzeswerk, das Hugo Damian Graf von Schönborn vermittelte, ist die langwierige Verfassungskrise der Stadt beendet.

Die Frage, ob die höchste Staatsgewalt nun dem Rat oder der Bürgerschaft gebührt, beantwortet die neue Verfassung unter Rückgriff auf die überlieferten Traditionen gleich im Artikel 1 mit folgendem Kompromiß: »So wird hiemit alß ein ewiges, unveränderliches und unwiderrufliches Fundamental-Gesetze festgestellet und bekräfftigt, daß solch Kyrion oder das höchste Recht und Gewalt, bey R. E. Rath und der Erbgesessenen Bürgerschafft inseparabili nexu conjunctim (lat. = in unauflöslicher Einheit verbunden) und zusammen, nicht aber bey einem oder andern Theil privative bestehe . . .« Die Gesetzgebung erfolgt also im Zusammenwirken zwischen Rat und Bürgerschaft. Verordnungen benötigen die Übereinstimmung von Rat und Oberaltenkollegium als ständige Vertreter der Bürgerschaft. Gibt es Streit zwischen Stadtregierung und Bürgervertretung, wird eine paritätische Entscheidungsdeputation von 16 bis 20 Personen eingesetzt. Zwei Ratsherren oder eine Deputation bzw. ein gemeinschaftliches Kollegium führen die Geschäfte der einzelnen Verwaltungsressorts.

Der Rat besteht aus vier Bürgermeistern und 24 Ratsherren. Er wählt zu seiner Unterstützung vier Syndizi (Rechtsberater) und vier Sekretäre, darunter einen als Archivar. Die Ratsherren erhalten ein nach Rang und Dienstalter gestaffeltes Honorar. Ratsfähig ist jeder erbgesessene Bürger nach Vollendung des 30. Lebensjahres mit Ausnahme von Söhnen, Brüdern oder auch Schwiegersöhnen amtierender Ratsherren sowie deren weitere Verwandte, wenn bereits fünf von ihnen dem Rat angehören.

Die Regierung Hamburgs ergänzt sich wie bisher selbst. Sie besteht je zur Hälfte aus Kaufleuten und Juristen. Auch die vier Bürgermeister – darunter müssen drei Juristen sein – werden vom Rat gewählt, wobei jeweils zwei in einjährigem Wechsel als worthaltende Bürgermeister (Sprecher) amtieren. Die Bürgerschaft bilden alle männlichen Einwohner Hamburgs, die durch die Leistung des Bürgereides und Zahlung des Bürgergeldes das Bürgerrecht erworben haben und ein Gründstück im Wert von mindestens 1000 Talern im Stadtgebiet oder 2000 Talern im Landgebiet besitzen. 1000 Reichstaler im Jahr 1712 entsprechen etwa 30 000 bis 40 000 Mark im Jahr 1900, womit weite Teile des Mittelstands – ganz zu schweigen von der armen Bevölkerungsmehrheit – von der politischen Willensbildung ausgeschlossen sind. Bürger können weiterhin Personen in gehobenen Stellungen wie Älterleute, Kollegiaten und Deputierte werden. Nichtchristen bleibt die Ablegung des Bürgereides nach wie vor verwehrt.

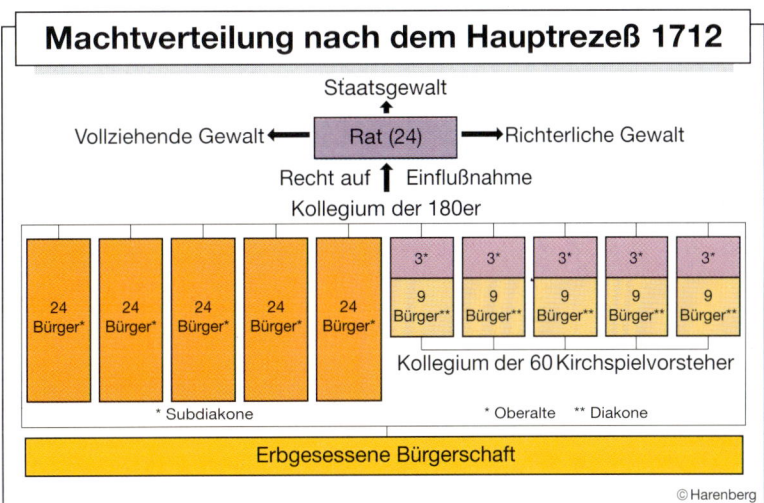

Machtverteilung nach dem Hauptrezeß 1712

Staatsgewalt

Vollziehende Gewalt ← **Rat (24)** → Richterliche Gewalt

Recht auf ↑ Einflußnahme

Kollegium der 180er

24 Bürger* | 24 Bürger* | 24 Bürger* | 24 Bürger* | 24 Bürger* | 3* 9 Bürger** | 3* 9 Bürger** | 3* 9 Bürger** | 3* 9 Bürger** | 3* 9 Bürger**

Kollegium der 60 Kirchspielvorsteher

* Subdiakone   * Oberalte   ** Diakone

Erbgesessene Bürgerschaft

© Harenberg

Die Erbgesessene Bürgerschaft, die der Rat bei Bedarf, zumindest aber vierteljährlich einberufen muß, ist bei 200 Anwesenden beschlußfähig. Bis 1756 müssen 193 Konvente wegen Beschlußunfähigkeit ausfallen, 204 Sitzungen können stattfinden. Die Abstimmungen über die Ratsanträge erfolgen getrennt nach Kirchspielen. Diese Regelung bevorzugt die älteren, zumeist wohlhabenden Kirchspiele St. Petri, St. Nikolai und St. Katharinen gegenüber den bevölkerungsreichen, aber ärmeren St. Jacobi und St. Michaelis. Als ständige Vertreter der Bürgerschaft fungieren die Kollegien, deren Zusammensetzung und Funktionen weitgehend an den »Langen Rezeß« vom → 16. Februar 1529 (S. 84) anknüpfen. Eine spezifisch hamburgische Erscheinung, die bei der Verwaltung der Stadt im 18. Jahrhundert zunehmend an Bedeutung gewinnt, sind die sog. Deputationen. Diese Frühformen von Behörden nehmen besondere Aufgaben wahr wie z. B. die Fleetaufsicht oder die Verwaltung des Bauhofs.

Fundamentalgesetz belebt alte Traditionen

Chronik Rückblick

Mit seiner Verpflichtung zur Einigkeit nimmt der Hauptrezeß die Traditionen der Bürgereintracht wieder auf, die in den erbitterten Kämpfen zwischen Rat und Bürgerschaft in Vergessenheit zu geraten drohten (→ 31. 5. 1708/S. 141).

Schon ein Gutachten vom → 1. September 1340 (S. 46) hatte festgelegt, daß der Rat die Bürgerschaft bei wichtigen Angelegenheiten konsultieren muß. Diese Mitbestimmungsrechte bekräftigte der erste Rezeß (→ 10. 8. 1410/S. 59). Allerdings versuchte der Rat in der Folgezeit, seine Kompetenzen auszuweiten (→ 17. 10. 1458/S. 67; 21. 7. 1483/S. 73). Nachdem der Rat bereits 1483 ein Informationsrecht einräumen mußte, wurden mit dem »Langen Rezeß« vom → 16. Februar 1529 (S. 84) die Kirchspielvertreter, deren Befugnisse durch die Reformation erheblich erweitert worden waren, als ständige Repräsentanten der Bürgerschaft anerkannt. Eine besondere Art der Bürgermitwirkung bildete der Übergang der Finanzverwaltung auf die gewählten Kämmereibürger (→ 5. 4. 1563/S. 93).

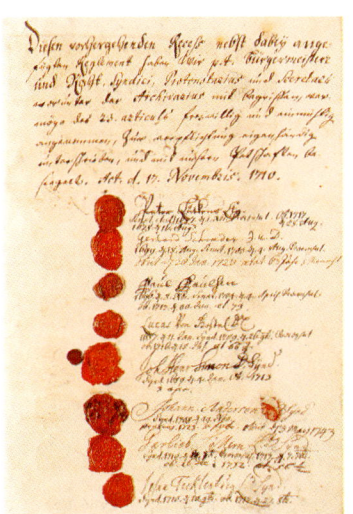

Auf dem Weg zur neuen Verfassung: Siegel eines Rezesses von 1710

Lange Zeit wurde der wichtigste Grundsatz des Hamburger Staatswesens, die gemeinsame Regierung durch Rat und Bürgerschaft, nicht in Frage gestellt. Dies geschah erst gegen Ende des 17. Jahrhunderts, als der Rat immer stärker auf seine Rolle als Obrigkeit pochte und bei den Bürgern immer mehr der Eindruck entstand, als nütze der Rat bedenkenlos das ihm zustehende Selbstergänzungsrecht für persönliche Zwecke aus.

Die daraus resultierenden Auseinandersetzungen führten zu den sog. Snitger-Jastramschen Wirren (→ 4. 10. 1686/S. 135). Meinungsverschiedenheiten religiöser Art waren es schließlich, die den alten Zwist wieder aufleben ließen und im Rezeß von 1699 schließlich zu einem Übergewicht der Bürgerschaft führten (→ 22. 1. 1693/S. 137). Dieses Übergewicht endet mit dem zunächst militärischen, dann diplomatischen Eingreifen der kaiserlichen Autorität.

Residenz der ausländischen Gesandten: Das Görtzsche Palais am Neuen Wall

Prächtiger Barockbau für ausländische Herren

1712. Der Architekt Johann Nikolaus Kuhn erbaut für den Holstein-Gottorpischen Gesandten Georg Heinrich Freiherr von Görtz am Neuen Wall ein prächtiges Palais (Stadthaus) im Stil des Barock. Das ansehnlichste Wohngebäude der Stadt bringt seinem Erbauer freilich kein Glück: Zwar macht der Schwedenkönig Karl XII. Görtz 1716 zum Finanz- und Außenminister, dessen Nachfolger aber läßt den allzu mächtig gewordenen Staatsdiener Görtz wegen angeblicher Unterschlagung und Landesverrats am 2. März 1719 kurzerhand enthaupten. Sein prachtvolles Haus erwirbt dann die Stadt Hamburg und stellt es bis 1806 dem jeweiligen kaiserlichen Gesandten als Residenz zur Verfügung.

Peter der Große unterwegs

14. Januar 1713. Der russische Zar Peter I., der Große, trifft zu einem zweitägigen Besuch in Hamburg ein. Er logiert beim russischen Residenten auf dem Jungfernstieg, wo er auch den Rat empfängt.

Der »Zar aller Reußen« ist als Heerführer an die Elbe gekommen: Er verfolgt im Großen Nordischen Krieg gegen den Schwedenkönig Karl XII. dessen Feldmarschall Magnus Graf Stenbock, der am →
8./9. Januar 1713 (S. 144) Altona eingeäschert hat und nun weiter nach Norden ausgewichen ist.

Drei Jahre später führt der Krieg den Zaren noch einmal nach Hamburg: Nachdem im April 1716 mit Wismar die letzte Festung des Schwedenkönigs im Reichsgebiet gefallen ist und das gleichzeitig abgeschlossene Bündnis des Zaren mit Mecklenburg den Unwillen der mit Rußland verbündeten Dänen hervorgerufen hat, trifft sich Peter der Große Ende Mai 1716 in Hamm mit dem dänischen König Friedrich IV. Am 2. Juni besucht der Zar die Hamburger Oper. Um zu zeigen, daß sich auch die Hamburger aufs Kriegführen verstehen, sind während dieser Zeit die Wälle beständig mit sechs Kompanien Bürgerwache besetzt.

Schwedische Truppen brennen Altona am 8./9. Januar 1713 nieder (Stich).

Altona in Schutt und Asche

8./9. Januar 1713. Der schwedische Heerführer Magnus Graf Stenbock läßt Altona niederbrennen. Die grausame Tat steht im Zusammenhang mit dem Großen Nordischen Krieg, in dem seit 1700 Schweden gegen Dänemark, Rußland und Sachsen-Polen kämpft.

Am 7. Januar waren die Schweden in Altona eingerückt. Am folgenden Tag erschien Stenbock selbst, fand aber im Rathaus weder ein warmes Zimmer noch Vertreter des hiesigen Magistrats. Die Herren hatten sich nach Hamburg geflüchtet. So nahm eine Abordnung der Bürgerschaft die unheilvolle Nachricht entgegen: Stenbock will Altona aus Rache für das von den Dänen verwüstete Stade kurzerhand niederbrennen.

Fällt im Nordischen Krieg: Karl XII. (1682–1718), König von Schweden

Die verzweifelten Altonaer bieten 24 000 Taler, dann 50 000 Taler, aber Stenbock will 100 000 Taler – am 8. Januar, einem Sonntagabend gegen 23.30 Uhr, gehen die ersten Häuser in Flammen auf. Am Montagmorgen brennt der ganze obere Teil Altonas, die bergablaufenden Straßen folgen. Gegen 13.00 Uhr ist die Elbstraße erreicht.

Alles in allem fallen 959 Häuser und 274 Buden den Flammen zum Opfer, rund 400 Häuser und 169 Buden können wie einige Gotteshäuser gerettet werden. Sogar die Hamburger, die der Nachbarstadt sonst nicht gerade wohlgesonnen sind, schicken zwei Spritzen mit 30 Mann nach Altona. Da die Hamburger Stadttore wegen der dort gerade wütenden Pest nicht geöffnet werden, versorgt der Rat die auf dem Hamburger Berg (St. Pauli) zusammengedrängten Obdachlosen mit Bier, Brot und Käse im Wert von 50 Taler pro Tag. Zar Peter I., der Große, besucht am 18. Januar Altona und spendet den Obdachlosen 1000 Rubel.

Unterstützt von zahlreichen Spenden aus dem Ausland beginnt der Wiederaufbau. Weil sich der Magistrat als unfähig erwiesen hat, ernennt der dänische König Friedrich IV. am 16. März 1713 den Grafen Christian Detlev von Reventlow zum Oberpräsidenten von Altona. Er regiert bis 1732 ohne Magistrat und geht aufgrund eines königlichen Dekrets vom 18. März 1713 zielbewußt die Erneuerung des verheerten Gemeinwesens an.

10 000 Menschen an der Pest gestorben

22. März 1714. Hamburg feiert das Erlöschen einer Pestepidemie, die am 30. September 1712 ausgebrochen war. Seit 1708 hatte die Pest vor allem Nord- und Osteuropa heimgesucht. In Hamburg forderte sie rund 10 000 Tote.

Lange hatte sich die Stadt auf die Seuche vorbereiten können. Als die ersten Pesterkrankungen aus Schweden gemeldet wurden, berief der Rat ein Sanitätskollegium unter Führung von Bürgermeister Garlieb Sillem, das am 5. November 1710 strenge Maßregeln ergriff. Doch vergeblich: Ende September 1712 erkrankten die ersten Menschen in Langenhorn, auf dem Hamburger Berg und im Gerkenshof in der Nähe der Böhmkenstraße. Eine sofortige Isolierung blieb erfolglos – die Beulenpest fand weiter ihre Opfer, bis sie plötzlich im März 1713 verschwunden schien, dann im August aber um so heftiger wieder ausbrach. Die Lage verschärfte sich, als Dänemark über Hamburg eine scharfe Kontrolle verhängte, was die Wirtschaft fast zum Erliegen brachte.

Gesandtschaft von Pöbel gestürmt

10. September 1719. Eine aufgebrachte Volksmenge zerstört im Anschluß an den Sonntagsgottesdienst das Haus des kaiserlichen Gesandten am Krayenkamp.

Der Pöbel war von einigen orthodoxen hamburgischen Pastoren aufgehetzt worden. Sie wollten es nicht zulassen, daß sich der Abgesandte des katholischen Kaisers mitten im streng lutherischen Hamburg hinter seinem Haus eine katholische Kapelle baut. Der Rat tut nichts, um die Zerstörung der Gesandtschaft zu verhindern.

Die Sache kommt Hamburg teuer zu stehen, denn seine kaiserliche Majestät Karl VI. ist höchst empört über solche Majestätsbeleidigung: Im Juni 1721 muß eine Ratsgesandtschaft in Wien fußfällig um Verzeihung bitten. Die Stadt zahlt 200 000 Reichstaler Buße und muß als neues Gesandtschaftsgebäude 1722 das Görtzsche Palais (→ 1712/ S. 144) am Neuen Wall kaufen und herrichten, was noch einmal 120 000 Mark kostet.

König gestattet Apothekengründung

27. Oktober 1714. Die Einwilligung zur Apothekengründung stammt von Friedrich IV. höchstselbst, dem »König von Dennemarck, Norwegen, König der Wenden und Gothen und der Dithmarschen, Graf von Oldenburg und Delmenhorst«. Als dritter Apotheker in Altona darf Siegmund Meyncke seine Königlich Privilegierte Löwen-Apotheke im Haus Ecke Prinzen- und Lindenstraße eröffnen. Damit leistet er zugleich einen Beitrag zum Wiederaufbau Altonas. Bis zum Jahr 1720 wächst die Bevölkerung Altonas wieder auf etwa 12 000 an. In diesem Jahr wird auch ein Heilig-Geist-Spital eröffnet. Es nimmt alte Menschen auf, die ohne Bleibe sonst auf der Straße lägen.

Unterhaltend und belehrend in einem

31. Mai 1713. Der Komponist und Dirigent Johann Mattheson gibt in Hamburg die moralische Wochenschrift »Der Vernünfftler« heraus. Nach dem Vorbild der britischen Wochenschriften »Tatler« und »Spectator« will Mattheson in Form von Erzählungen, Abhandlungen und Hinweisen zur Verbesserung der Sitten und des Geschmacks beitragen. Der »Vernünfftler« hat einigen Anteil daran, die Gedanken der Aufklärung in Deutschland populär zu machen. Allerdings muß das Erscheinen bereits im Jahr 1714 eingestellt werden. Im Jahr darauf wird Mattheson, seit 1706 im Dienst des britischen Gesandten in Hamburg, in der Hansestadt Dommusikdirektor.

Ostfriesenfürstin stirbt in Hamburg

30. Oktober 1715. Im Alter von 60 Jahren stirbt Juliane Louise Prinzessin von Ostfriesland in Hamburg. Ihr Schicksal bewegt die Menschen noch lange.

Nachdem die Fürstin als Folge von Erbstreitigkeiten 26 Jahre lang auf Burg Berum im Friesischen festgesetzt war, kam sie 1695 nach Hamburg, wo sie um 1698 den neun Jahre jüngeren Pastor Joachim Morgenweck kennenlernte, den sie insgeheim heiratete.

Vor ihrem Tod vermachte sie der Maria-Magdalenen-Kirche 3000 Taler, um in der Kirchengruft beigesetzt zu werden. Dagegen erhebt die Verwandtschaft Einspruch, so daß die Prinzessin erst Ende März 1717 beigesetzt werden kann.

Das Jubelmahl der Herren Bürgerkapitäne im festlich geschmückten Drillhaus an der Alster zum Jubiläum der Bürgerwache (nach einem Kupferstich)

Glanzvolles Jubiläumsmahl der Herren Bürgerkapitäne im Drillhaus

3. August 1719. Mit einem gemeinsamen Festmahl feiert die Colonellgesellschaft nebst dem Kollegium der Bürgerkapitäne im geschmückten Drillhaus an der Alster das 100jährige Jubiläum der reorganisierten Bürgerwache (→ 16. 1. 1619/S. 110). Das Haus ist festlich verziert mit Orangenbäumen, Fahnen und goldenen und silbernen Pokalen. Die Bürgermeister, die Colonellherren und die anderen Gäste erfreuen sich an den aufgetischten Speisen und lauschen einem von dem Gymnasialprofessor Michael Richey, der schon zu vorausgegangenen Ereignissen Verse verfaßt hatte, gedichteten Oratorium. Die Fahnen der fünf Regimenter der Bürgerwache sind in Form von Trophäen aufgetürmt. Jeder Trophäe gegenüber befindet sich eine von goldenen Lorbeerzweigen umwundene, mit Kerzen und einer Wachsfackel besteckte Pyramide, welche das Wappen des Regiments zeigt und in der jeweils passenden Farbe gehalten ist: Blau (St. Nikolai), Rot (St. Petri), Gelb (St. Katharinen), Weiß (St. Jacobi) und Grün (St. Michaelis).

1720

1720–1729

13. 8. 1720. Der Dichter Barthold Hinrich Brockes wird zum Ratsherrn gewählt.

Ende Oktober 1720. Der Komponist und Organist Johann Sebastian Bach, seit 1717 Hofkapellmeister in Anhalt-Köthen, spielt auf der Orgel der Kirche St. Katharinen. → S. 148

6. 11. 1720. Der Hamburger Rat ordnet an, wegen der zahlreichen Diebstähle und Überfälle nach 22 Uhr nicht ohne eine Lampe auf die Straße zu gehen. → S. 146

1720. Der Stadtbaumeister Claus Stallknecht vollendet das 1716 begonnene Alte Rathaus in Altona an der Ecke Königstraße/Lange Straße. Der Barockbau, bis 1898 als Rathaus, ab 1927 als Stadtarchiv genutzt, wird 1943 zerstört.

Um 1720. Der hannoversche Ministerialrat Eberhard Ludwig Schlaaf besitzt in Ottensen das Gartenhaus »Slaves Hof«.

17. 1. 1721. Der Rat befiehlt den Hamburger Juden, dafür zu sorgen, daß alle jüdischen Bettler aus der Stadt verschwinden.

9. 5. 1721. Wegen der Zerstörung der katholischen Kapelle im Hause des kaiserlichen Gesandten (→ 10. 9. 1719/S. 145) wird eine dreiköpfige Ratsdeputation nach Wien geschickt. Sie muß bei Kaiser Karl VI. um Verzeihung bitten und Entschädigung leisten. Am 21. November werden die Rädelsführer am Pranger ausgepeitscht.

10. 7. 1721. Der Komponist Georg Philipp Telemann wird vom Hamburger Rat zum Musikdirektor der fünf Hauptkirchen und Kantor am Johanneum gewählt. → S. 147

1721. Der Dichter Barthold Hinrich Brockes beginnt mit der Herausgabe seiner Gedichtsammlung »Irdisches Vergnügen in Gott«. Bis 1748 erscheinen insgesamt neun Bände (→ 5. 1. 1724/S. 146).

1721. Bei der Hamburger Lotterie wird das Klassensystem eingeführt. In zehn Klassen werden 40 000 Lose verkauft. Ab 1727 gibt es halbe, Drittel- und Viertellose.

14. 11. 1722. Wegen Veruntreuung wird der Lombardverwalter Peter Petersen verhaftet, trotz seiner 70 Lebensjahre am Pranger »gestrichen« und zu 15 Jahren Arbeit im Spinnhaus verurteilt.

1722. Privatleute rufen in Altona eine Brunnengesellschaft ins Leben. Sie versorgt bis 1854 die Stadt mit Lösch- und Trinkwasser.

6. 4. 1723. Die hamburgische Admiralität feiert auf dem Baumhaus ihr hundertjähriges Bestehen. Georg Philipp Telemann komponiert eigens eine Serenade.

1723. Die Katholische St.-Josephs-Kirche in der Großen Freiheit in Altona wird vollendet. → S. 148

5. 1. 1724. Die Hamburger Zeitschrift »Der Patriot« erscheint erstmals. → S. 146

18. 1. 1724. Herzog Carl Friedrich von Holstein verkauft die Reitbrook, die Nettelnburg, den Krauel und drei Gehöfte in Billwerder an Hamburg.

25. 1. 1725. Auf die Verschlechterung des Münzwertes reagiert Hamburg mit der Gründung einer Courantbank. → S. 148

22. 9. 1725. Ein neuer Altar in der Kirche St. Petri wird eingeweiht. Es ist eine Stiftung des Kaufherrn Johannes Hancker.

1725. Aus Kostengründen verzichtet der Rat auf die weitere Abhaltung des Petri- und Matthiaemahles (→ 24. 2. 1356/S. 48).

7. 11. 1726. Um eine Geschäftemacherei mit dem Umtausch fremder Kleinmünzen in hamburgische Courantmark zu unterbinden, errichtet der Rat ein Wechselbüro (bis zum 15. 1. 1727).

4. 7. 1727. Hamburg hebt seinen Transitzoll weitgehend auf. Damit will man gegenüber Altona konkurrenzfähig bleiben, das der dänische König mit wirtschaftlichen Privilegien begünstigt.

1727. Der britische Diplomat, Bühnenbildner und Architekt Thomas Lediard übernimmt die Direktion der Hamburger Oper. Er bleibt bis 1732 in der Stadt.

1728. Der aus Hamburg gebürtige Philosoph Hermann Samuel Reimarus wird Lehrer für orientalische Sprachen am Johanneum.

5. 12. 1729. Der des Hochverrats angeklagte Hamburger Arzt Johann Caspar Engelleder flieht nach Harburg und wird dort verhaftet. Engelleder hatte einen Umsturz geplant. Nach erneuter Flucht und Festnahme vergiftet er sich vor der Rückreise nach Hamburg.

1729. Die Straße »An der Alster« wird mit Bäumen bepflanzt.

1729. Der Hamburger Dichter Friedrich von Hagedorn veröffentlicht sein Werk »Versuch einiger Gedichte«. → S. 148

1729. Der westliche Hafenkopf von Cuxhaven wird durch die Versenkung von drei alten Schiffen befestigt und später mit einer großen Bake versehen. Eines der Schiffe trägt den Namen »Livia«; der niederdeutsche Name »Oliv« wird später zum hochdeutschen »Alte Liebe«.

GEBOREN:

12. 8. 1720. Hamburg: Conrad Ekhof († 16. 6. 1778, Gotha), Schauspieler.

2. 7. 1724. Quedlinburg: Friedrich Gottlieb Klopstock († 14. 3. 1803, Hamburg), Dichter.

3. 7. 1728. Altmedingen (bei Lüneburg): Johann Georg Büsch († 5. 8. 1800, Hamburg), Pädagoge.

GESTORBEN:

24. 11. 1722. Hamburg: Johann Adam Reinken (* 26. 4. 1623, Wildeshausen), Organist und Komponist.

Laternentragen ist Pflicht

6. November 1720. Der Hamburger Rat erläßt ein Mandat, wonach aufgrund der zahlreichen Diebstähle und Überfälle kein Bürger nach 22 Uhr mehr ohne eine Lampe auf die Straße gehen darf.

Zwar gibt es in der Stadt schon über 1200 Laternen, aber dennoch ist die Hamburger Straßenbeleuchtung (→ Anfang Dezember 1673/S. 131) noch nicht so weit gediehen, daß ein gefahrloses Passieren der Straßen bei Eintritt der völligen Dunkelheit möglich ist.

Je mehr Lampen aufgestellt werden, um so lästiger wird die Pflicht zur Mitnahme von Laternen, bis sie schließlich entfällt. Was den Erwachsenen eine Last ist, gereicht den Kindern zur Freude. Das Laternegehen wird am Winteranfang ein beliebtes Abendvergnügen.

Ein kurz nach dem Großen Brand 1842 von der Obrigkeit erlassenes strenges Mandat gegen das »Umhertragen und Aufstellen brennender papierener Stocklaternen« (12. 8. 1845) nützt nichts. Schon bald darauf taucht das beliebte Kinderspiel in Hamburg wieder auf.

In ganz Norddeutschland verbreitet sich das Laternenlied: »Laterne, Laterne, Sonne, Mond und Sterne, brenne auf, mein Licht, brenne auf, mein Licht, aber nur meine liebe Laterne nicht. De Olsch mit de Lücht, de de Lüd bedrüggt, de de Eier holt und se nich betolt.«

Hamburgs dichtender Ratsherr Barthold Hinrich Brockes (Kupferstich)

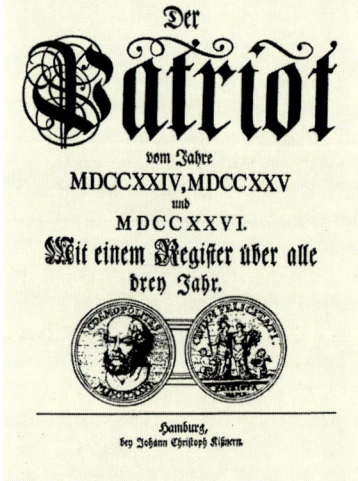

Das Titelblatt der Gesamtausgabe der Wochenschrift »Der Patriot«

Der Hamburger »Patriot«

5. Januar 1724. Die erste Ausgabe der von Barthold Hinrich Brockes begründeten Zeitung »Der Patriot« erscheint. Sie hat die Absicht, »zu nützen, und nicht zu beleidigen; den Sitten der Menschen beyräthig, und nicht nachteilig, zu seyn«.

Obwohl »Der Patriot« 1726 eingestellt wird, hat die wöchentlich mit 4000 Exemplaren erscheinende Zeitschrift aufgrund ihrer Liberalität, ihres Engagements für die geistige Entfaltung der Frau und ihrer Appelle zur moralischen Erneuerung großen Einfluß auf das Geistesleben der Zeit.

Die Publizisten – neben Brockes vor allem Michael Richey, Friedrich von Hagedorn, Christian Friedrich Weichmann sowie Johannes Klefeker und Johann Albert Fabricius – belassen es nicht bei schriftstellerischem Engagement. Aus ihrem Kreis kamen Anfang 1715 bereits die Begründer einer »Teutschübenden Gesellschaft«, der Ende 1723 die »Patriotische Gesellschaft« folgte.

Bekanntester der Intellektuellen ist Brockes, der am 13. August 1720 zum Ratsherrn gewählt worden ist und im Jahr darauf mit der Herausgabe seiner Gedichtsammlung »Irdisches Vergnügen in Gott« begonnen hat. Bis 1748 erscheinen neun Bände. Darin zeigt sich Brokkes, der Gottes Wirken in allen Elementen der Natur findet, als gewandter Dichter und exakt formulierender Naturbeobachter.

Telemann verleiht dem Musikleben neue Impulse

10. Juli 1721. Der Rat der Stadt Hamburg wählt Georg Philipp Telemann zum städtischen Musikdirektor und Kantor am Johanneum. Der am 14. März 1681 in Magdeburg geborene Telemann wirkte zunächst in Leipzig und Eisenach und versah ab 1712 in Frankfurt am Main den Dienst des städtischen Musikdirektors und Kapellmeisters der Barfüßerkirche. Er ist schon jetzt einer der berühmtesten deutschen Komponisten, dessen Ruf im übrigen weit über die deutschen Grenzen hinaus reicht.

Neben dem Musikunterricht am Johanneum und der offiziellen Verpflichtung auch zu außermusikalischem Unterricht, der er sich allerdings zu entziehen vermag, ist Telemann für die Kirchenmusik an den fünf Hamburger Hauptkirchen zuständig. In ihnen werden wechselweise an jedem Sonntag zwei vollständige neue Kantaten aufgeführt, eine vor und eine nach der Predigt. Gemäß Hamburger Tradition muß Telemann jedes Jahr in der Fastenzeit zusätzlich eine Passion komponieren, die dann nacheinander in jeder der fünf Hauptkirchen erklingt.

Über die Gestaltung der regelmäßigen Gottesdienste hinaus ergibt sich in Hamburg mehr als in jeder anderen deutschen Stadt bei einer Vielzahl offizieller Anlässe Gelegenheit zur Aufführung repräsentativer Musikstücke. Telemann komponiert z.T. sehr umfangreiche Werke zu Predigereinführungen, Kircheneinweihungen oder für Jubiläen wie den Gedenktag der Augsburger Konfession 1730.

Hinzu kommen weltliche Fest- und Jubiläumstage wie das Gedenkfest der Admiralität, die Jahresfeste der gewählten Kapitäne der Bürgerwache, zu denen jeweils eine eigene sog. Kapitänsmusik entsteht, das Petrimahl oder auch festliche Ereignisse bei verdienten Hamburger Familien.

Über die Aufgaben seines Amtes hinaus bemüht sich Telemann um die Einrichtung eines öffentlichen Konzertlebens, wie es in England seit einigen Jahren praktiziert wird. Er belebt die Tradition des »Collegium musicum« (→ 1660/S. 125) neu, mit dem er regelmäßige öffentliche Aufführungen veranstaltet. Diese Konzerte ermöglichen es den Bürgern, auch solche Musik zu hören, die zu bestimmten Anlässen komponiert ist und gewöhnlich nur bei diesen Gelegenheiten aufgeführt wird. Einen besonderen Aufschwung erfährt das Konzertleben durch den Bau des ersten großen Konzertsaals auf dem Valentinskamp (1761).

Der in Magdeburg geborene Komponist und Dirigent Georg Philipp Telemann, ab 1721 Leiter des städtischen Musikwesens und Kantor am Johanneum

Im Jahr 1722 übernimmt Georg Philipp Telemann zusätzlich die Leitung der Hamburger Oper und führt das in eine Krise geratene Unternehmen zu neuer Blüte (→ 1738/S. 152). Unter seiner Leitung wird dem Publikum ein gemischtes Programm geboten, in dem sowohl unterhaltsame als auch anspruchsvolle Werke ihren Platz haben. Neben eigenen Opern und Intermezzi setzt Telemann u. a. elf Opern seines Freundes Georg Friedrich Händel auf den Spielplan.

Telemann wirkt jedoch nicht nur in der unmittelbaren musikalischen Praxis; er bemüht sich auch darum, breiteren Kreisen Material zum eigenen Musizieren zugänglich zu machen. Im Jahr 1725/26 beginnt die Reihe seiner insgesamt 44 Hamburger Drucke mit der Herausgabe eines ganzen Kantatenjahrgangs, der vor allem der Gestaltung von Hausandachten mit kleinen Besetzungen dienen soll. Außerdem veröffentlicht er kammermusikalische Werke, aber auch didaktisches Material, etwa zum Erlernen des Generalbasses oder der Verzierungskunst.

Telemann bleibt bis zu seinem Tod am 25. Juni 1767 in Hamburg. In seinen letzten Lebensjahren komponiert er kaum noch neue Kantaten, verfaßt jedoch stattdessen eine Reihe bedeutungsvoller Oratorien über biblische Texte.

Dekoration für die Festaufführung der Hamburger Oper anläßlich der Krönung des englischen Königs Georg II. am 11. Juni 1727; zu sehen ist das abschließende Feuerwerk vor der Silhouette von London, die mit Hilfe einer Laterna Magica projiziert wurde. Die Musik schuf Georg Philipp Telemann, die Ausstattung besorgte der englische Bühnenbildner Thomas Lediard, der in den Jahren 1727 bis 1732 die Leitung des Hamburger Opernhauses innehat.

Barockkirche in der Großen Freiheit

1723. Die Katholische St.-Josephs-Kirche in der Großen Freiheit in Altona, vermutlich ein Werk des Wiener Baumeisters Melchior Tatz, wird nach fünfjähriger Bauzeit im wesentlichen vollendet.

Die 30 m lange und 15 m breite Saalkirche aus Backstein erhebt sich an der Westseite der Großen Freiheit, etwa 8 m von der Straße zurückgelegen. Die Fassade erhält ihren Charakter durch einen hohen Mansardgiebel und ein Sandsteinportal mit Freitreppe und darüberliegender Figurennische.

Der Neubau ist notwendig geworden, weil die frühere Kapelle beim Brand Altonas (→ 8./9. 1. 1713/S. 144) völlig zerstört worden war. Nach der Erweiterung der Parzelle legte der kaiserliche Gesandte am 21. Juni 1718 den Grundstein. Im Januar 1719 wurde die Krypta vollendet, und am Karfreitag 1721 konnten die Gläubigen den ersten Gottesdienst feiern.

Baumeister Tatz, der zuvor bereits den Bau der Kapelle hinter dem Gesandtschaftshaus am Krayenkamp geleitet hatte, erhält für den Bau der St.-Josephs-Kirche mehrfach kleinere Beträge, davon 1721 »Honnoraria und Biergeldter« in Höhe von 200 Mark. Dies ist jedoch wenig bei Gesamtkosten von 48 212 Mark und 6 Schillingen.

Eingangsbereich der Katholischen St.-Josephs-Kirche in Altona, Große Freiheit; rechts schließt sich das im Jahr 1717 erbaute Pfarrhaus an.

Bach spielt auf der Katharinen-Orgel

Ende Oktober 1720. Johann Sebastian Bach spielt in Anwesenheit des Magistrats auf der Orgel der Katharinenkirche. Er bewirbt sich damit inoffiziell um die Stelle eines Organisten an St. Jacobi, die kurz zuvor frei geworden ist.

Mit seiner Improvisation über den Choral »An Wasserflüssen Babylon« erntet Bach, der in Köthen (bei Halle) Hofkapellmeister ist, viel Lob. Der Organist an St. Katharinen, der 97jährige Johann Adam Reinken, bemerkt anerkennend: »Ich dachte, diese Kunst wäre ausgestorben; ich sehe aber, daß sie in Ihnen noch lebt.«

Trotz der positiven Aufnahme und obwohl zwei andere Bewerber keinen Erfolg haben, lehnt Bach ein weiteres Probespiel ab, vermutlich weil ihm die Organistenstelle allein nicht reizvoll erscheint.

Hamburg stellt Markwährung um

25. Januar 1725. Wegen der zahlreichen aus Dänemark und dem Herzogtum Holstein einströmenden schlechten Münzen billigt die Bürgerschaft die vom Rat vorgeschlagene Gründung einer Courantbank. Ein entsprechendes Edikt wird am 1. Juli veröffentlicht.

Für das Courantgeld wird der 11⅓-Talerfuß bzw. der 34-Mark-Fuß zugrunde gelegt, d. h., daß 34 Mark courant aus einer feinen Mark Silber (233,8 g reinen Silbers) geprägt werden. Im täglichen Verkehr wird in Hamburg mit der Mark courant zu 16 Schillingen mit je zwölf Pfennigen gerechnet.

Dieses neue, in größeren Mengen geprägte Courantgeld (kursierende Silbermünzen) wird von der neugestalteten Courantbank garantiert und in ein festes Verhältnis zum Bankgeld gesetzt.

Die Gründung der Hamburger Courantbank und eines Wechselbüros für Kleinmünzen bringt Hamburg in Gegensatz zu seinen Nachbarstaaten Dänemark, Preußen und Hannover. Sie sehen ihre Währungen durch die neue Bank als zu niedrig bewertet an, und Dänemark antwortet mit einem Wirtschaftsboykott, der Hamburg schließlich zum Nachgeben zwingt (→ 28. 4. 1736/S. 151).

Hagedorn erprobt dichterische Einfälle

1729. Der Hamburger Kaufmann, Jurist und Dichter Friedrich von Hagedorn veröffentlicht bei König & Richter in Hamburg den »Versuch einiger Gedichte«. In seiner heiter-verspielten, anmutigen Lyrik huldigt der dem Kreis um Barthold Hinrich Brockes (→ 5. 1. 1724/S. 146) in Freundschaft verbundene Hagedorn einem unbeschwerten, kultivierten Lebensgenuß. Er wird zum Wegbereiter der deutschen Anakreontik (Lyrik des Rokoko). Der an der Literatur der Antike und der englischen und französischen Dichtung seiner Zeit geschulte Hagedorn bevorzugt die kleinen Formen, witzige Wendungen und zierliche Einfälle. In heiterer Anschaulichkeit läßt Hagedorn eine elegant weltmännische und zugleich liebenswürdige Lebensklugheit spielen. Noch der Zweizeiler gerät ihm zum Kunstwerk.

Vor allem der Gott Amor hat es ihm angetan: »Du holder Gott der süß'sten Lust auf Erden, Der

Dichter der Lebensfreude: Friedrich von Hagedorn (Punktierstich, 1830)

schönsten Göttin schöner Sohn; Komm, lehre mich die Kunst, geliebt zu werden; Die leichte Kunst, zu lieben, weiß ich schon.«

Im Jahr 1738, zu dieser Zeit schon seit fünf Jahren durch eine Anstellung am English Court in Hamburg materiell versorgt, läßt Hagedorn seinen »Versuch in poetischen Fabeln und Erzählungen« folgen, eine Sammlung von Tierfabeln, Dichtungen, Versnovellen und schwankhaften Erzählungen.

Seine raffinierte Dichtung macht Hagedorn zum führenden Lyriker deutscher Zunge. Er ist Mittelpunkt eines aufklärerischen Zirkels aus Literaten, Zeitungsschreibern, Kaufleuten und Gelehrten im Dresserschen Kaffeehaus. Mit dem Ableben des 46jährigen Hagedorns im Jahr 1754 verliert die Hamburger Aufklärung eine ihrer führenden Persönlichkeiten.

1730

30. 1. 1730. Der Hamburger Rat trifft militärische Vorkehrungen gegen einen Protestumzug der Brauer, die sich gegen eine neue Brauordnung zur Wehr setzen. Am 3. Februar müssen sie einlenken, als der Rat für zwei Tage die Einfuhr von Bier aus Altona erlaubt.

24. 8. 1730. In Hamburg kommt es zu antijüdischen Tumulten. Der Rat geht militärisch gegen die Unruhestifter vor. → S. 149

2. 1. 1731. Die erste Nummer der »Stats- und Gelehrten Zeitung des Hamburgischen unpartheyischen Correspondenten« erscheint. → S. 150

10. 9. 1731. Rat und Bürgerschaft erlassen eine »Assekuranz- und Havarie-Ordnung«, in der das in Hamburg gültige Versicherungsrecht erstmals kodifiziert wird. Zuvor hatten sich die hamburgischen Bestimmungen eng an niederländische Vorbilder angelehnt.

12. 9. 1731. Das unter preußischer Flagge fahrende Schiff »Apollon« läuft aus Bengalen kommend in den Hamburger Hafen ein und löscht dort seine Ladung. Mit der Begründung, dies sei ein unzulässiger Handel mit ihren Kolonien, erheben am 10. Dezember der britische und der niederländische Resident vergeblich beim Rat Protest.

5. 8. 1732. Ein verschärftes Ratsmandat gegen die Prostitution wird erstmals angewandt. → S. 150

1732. Die 1713 aufgehobene städtische Selbstverwaltung in Altona wird wiederhergestellt. → S. 149

30. 1. 1733. Wegen seiner scharfen Kritik am Pietismus und der Duldung religiöser Minderheiten wird Sebastian Edzardi für drei Jahre von seinem Amt als Professor der Logik und Metaphysik am Akademischen Gymnasium beurlaubt.

16. 2. 1733. Ein Beschluß von Rat und Bürgerschaft sieht aufgrund der schlechten Erfahrungen mit dem Verkauf die Verpachtung aller Staatsdienste vor. → S. 150

16. 6. 1734. Während der Anwesenheit des dänischen Königs Christian VI. in Altona kommt es auf dem Hamburger Berg zu einem Tumult. Dänische Zivilisten und Militärpersonen aus Altona demolieren ein Wirtshaus. Der dänische Befehlshaber läßt auf die alarmierten hamburgischen Soldaten schießen.

6. 11. 1734. Der Hamburger Rat verbietet ein in Altona veröffentlichtes »Vertrautes Schreiben eines in Amsterdam wohnenden patriotischen Hamburgers«. Darin wird dem Rat vorgeworfen, er habe den Konflikt mit Dänemark wegen der Courantbank (→ 25. 1. 1725/S. 148) nur begonnen, um sich zu Lasten der Stadt zu bereichern. Im Sommer hatten dänische Kriegsschiffe im Sund und vor Helgoland insgesamt zwölf Hamburger Schiffe aufgebracht.

26. 1. 1735. Die Hamburger Commerzdeputation beschließt die Gründung einer »Commerzien-Bibliotheque«.

18. 3. 1736. Die hamburgische Obrigkeit erläßt ein Mandat gegen das Anzünden von Osterfeuern im Stadtgebiet.

28. 4. 1736. Hamburg und Dänemark schließen in Kopenhagen einen Vergleich über die Aufhebung der hamburgischen Courantbank. → S. 151

6. 12. 1737. Die erste deutsche Freimaurerloge heißt »Loge d' Hambourg«. → S. 152

1737. Die Theaterleiterin Friederike Caroline Neuber ersucht den Hamburger Rat um Schutz und Unterstützung sowie um die Erlaubnis, während der folgenden zwölf Jahre in Hamburg Theateraufführungen abhalten zu dürfen. Das Gesuch wird abgelehnt. Von 1738 bis 1740 bespielt »die Neuberin« das Opernhaus (→ 1738/S. 152).

1737. Der dänische König Christian VI. erwirbt das Gut Wandsbek von dem in Geldnöten befindlichen Joachim von Ahlefeldt und vermacht es seinem Schwager, dem Markgrafen Friedrich Ernst von Brandenburg-Kulmbach.

1737/38. Am Akademischen Gymnasium entsteht der erste Schülerverein. Er bietet seinen Mitgliedern ein Forum für eine über den Lehrstoff hinausgehende Diskussion.

3. 2. 1738. Der dänische König Christian VI. begründet das Altonaer Christianeum durch die Umwandlung einer 1723 eröffneten Lateinschule in ein Gymnasium. → S. 152

20. 7. 1738. Auf dem alten Ottenser Friedhof wird die Christianskirche geweiht. Das Kirchspiel Ottensen gehört ab jetzt zu Altona.

6. 9. 1738. Hamburg und das Kurfürstentum Hannover schließen einen Vergleich über den Posttransit von Hamburg nach Amsterdam durch die hannoverischen Herzogtümer Bremen und Verden.

1738. Die Hamburger Oper am Gänsemarkt muß schließen. Das Haus wird an reisende Opern- und Schauspielgesellschaften vermietet und 1763 abgerissen. → S. 152

1. 7. 1739. Der Hamburger Rat verbietet auf den Promenaden, vor allem auf dem Jungfernstieg, jedes Raufen und Streiten.

25. 7. 1739. Der Pastor an St. Katharinen und Gymnasialprofessor Johann Christoph Wolf vermacht seine mehr als 25 000 Bände zählende Bibliothek dem Hamburgischen Staat unter der Bedingung, daß sein Bruder Johann Christian Wolf darüber zu Lebzeiten verfügen darf.

GESTORBEN:

26. 12. 1732. Hamburg: Garlieb Sillem (* 15. 6. 1676, Hamburg), Bürgermeister.

12. 9. 1739. Hamburg: Reinhard Keiser (* 12. 1. 1674, vermutlich Teuchern bei Weißenfels), Komponist.

Antisemitische Tumulte

24. August 1730. In der Hamburger Elbstraße kommt es aus nichtigem Anlaß zu antijüdischen Tumulten. Der Rat läßt Militär aufziehen. Erst am 5. September kehrt Ruhe ein.

Die Ausschreitungen gegen jüdische Einwohner sind maßgeblich durch antisemitische Äußerungen einiger Hamburger Geistlicher provoziert worden. Zu den größten Hetzern zählt Erdmann Neumeister, seit 1715 Hauptpastor an St. Jacobi. Viele Ursachen wirken bei dem plötzlich auftretenden Judenhaß zusammen: Da sind die Argumente der Kirche, die den Juden die Schuld am Kreuzestod Jesu Christi zuweist. Da sind die Ängste Hamburger Matrosen, die Juden könnten sie an algerische Piraten verschachern. Hinzu kommt die Furcht der kleinen Krämer und Handwerker vor der jüdischen Konkurrenz, und schließlich leben uralte Vorurteile wie die angeblichen Ritualmorde wieder auf.

So reicht das Gerücht aus, ein Jude in der Elbstraße bewerfe von seinem Haus aus Bürger mit Steinen, um den Pöbel zu mobilisieren. Der Hamburger Rat, der sofort das Stadtmilitär und die Bürgerwache einsetzt und am 26. August ein Tumultmandat erläßt, setzt sich unter Hinweis auf das Mandat vom → 7. 9. 1710 (S. 142) für die Juden ein, belegt die Rädelsführer des Aufruhrs mit Geld- und Freiheitsstrafen und erteilt demagogischen Predigern einen strengen Verweis.

Das neue Altona: l. Heiligengeist-Kirche (1718), halbrechts das Rathaus (1716–1721), vorn der neue Anleger (1714) und der Altonaer Hafen von 1723 (Stich)

»Goldene Zeit« für Altona

1732. Die städtische Selbstverwaltung in Altona, die nach dem Stadtbrand vom → 8./9. 1. 1713 (S. 144) aufgehoben worden ist, wird wiederhergestellt. Es beginnt das »goldene Zeitalter« der Stadt, das bis zur »Franzosenzeit« 1806 reicht.

Die Geschicke Altonas werden jetzt wieder gemäß dem Stadtprivileg vom → 23. August 1664 (S. 127) von zwei Bürgermeistern, vier Ratsherrn und einem Präsidenten bestimmt. Die außerordentlichen Vollmachten des am 16. März 1713 zum Oberpräsidenten ernannten Grafen Christian Detlev von Reventlow werden beschränkt.

Dieser hatte gemeinsam mit dem als Stadtbaumeister verpflichteten Claus Stallknecht den Wiederaufbau Altonas geleitet und durch eine Fülle von Verordnungen für nahezu alle Bereiche des Lebens die Grundlage für den Aufschwung der Stadt gelegt. Zur Belebung des Altonaer Handels wurde eine Wechselordnung erlassen, das Post- und Gerichtswesen neu geordnet und die Polizeiverwaltung revidiert. Eine »Generalfeuerordnung« vereinigte die acht städtischen Brandkassen zu einer gemeinsamen Pflichtversicherung. 1722 wurde für die Wasserversorgung eine städtische Brunnengesellschaft gegründet. Ferner ordnet Reventlow die Armenpflege und begründet ein Armenstift (1718).

Blatt für Kaufleute und Intellektuelle

2. Januar 1731. Die erste Nummer der »Stats- und Gelehrten Zeitung des Hamburgischen unpartheyischen Correspondenten« erscheint. Als eins der führenden Blätter Deutschlands findet sie in ganz Europa Beachtung.

Vorgänger des »Correspondenten« war der erstmals am 17. Dezember 1712 in dem Ort Schiffbek – er gehört zum herzoglich-gottorpischen Amt Reinbek – erschienene »Privilegierte hollsteinische Unpartheyliche Avisen Correspondent«. Sein Verleger Hermann Heinrich Holle hatte zuvor bereits das »Schiffbeker Posthorn« herausgegeben. Literarischer Mitarbeiter des »Hollsteinischen Correspondenten« war von 1721 bis 1729 der Schriftsteller Christian Friedrich Weichmann.

Im Anschluß an den Umzug nach Hamburg erscheint der »Correspondent« viermal in der Woche. Für den Kaufmann wird das Blatt unverzichtbar aufgrund seiner ausführlichen Handels- und Schifffahrtsnachrichten. Für literarisch interessierte Leser bietet die Zeitung eine Fülle von Anregungen, so daß viele der besten Köpfe des geistigen und politischen Deutschland zum Leserkreis des »Correspondenten« gehören. Darunter sind Johann Gottfried von Herder, Gotthold Ephraim Lessing und der Preußenkönig Friedrich II., der Große, der den »Correspondenten« zeitweilig sogar als sein offiziöses Organ benutzt.

Das Blatt wird auch zu einer Plattform geistesgeschichtlich bedeutsamer Kontroversen. Lessing und Johann Melchior Goeze tragen hier ebenso wie andere Geistesgrößen ihre Auseinandersetzungen aus. Die Qualität schlägt sich in den Auflagenzahlen nieder: Um 1800 hat der »Correspondent« eine Auflage von etwa 30 000 Exemplaren und läßt damit die Londoner »Times« (8000) weit hinter sich.

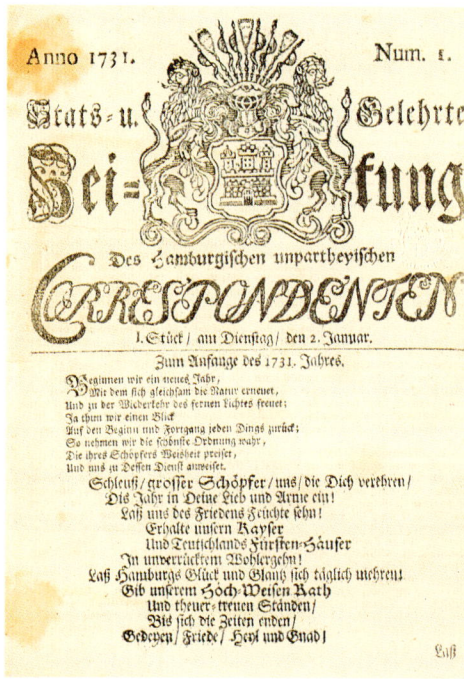

Titelblatt der ersten Ausgabe der »Stats- und Gelehrten Zeitung des Hamburgischen unpartheyischen Correspondenten«; zu Jahresbeginn druckt sie ein Gebet ab, in dem es u. a. heißt: »Laß uns des Friedens Früchte sehn! Erhalte unsern Kayser Und Teutschlands Fürsten-Häuser In unverrücktem Wohlergehn! Laß Hamburgs Glück und Glanz sich täglich mehren! Gib unserem Hoch-Weisen Rath Und theuer-treuen Ständen Bis sich die Zeiten enden Gedeyen|Friede| Heyl und Glück!« Tatsächlich stiftet das Blatt oft Unfrieden, was den betroffenen Fürstenhäusern gar nicht gefällt.

Hamburg – republikanisch und international

Chronik Hintergrund

Als Stadtrepublik kann sich Hamburg zu einer Freistätte des Geistes und damit auch zu einem Eldorado des Journalismus entwickeln. Zwar gibt es hier eine stets mißtrauische orthodoxe Geistlichkeit sowie eine Zensur, und vor allem zu Zeiten politischer Bedrängnisse weist der Rat wiederholt auf die zu beachtende Vorsicht in der Behandlung auswärtiger Angelegenheiten hin; aber die Freiheit der Presse wird im Grundsatz nicht bedroht.

Falls es dem Einfluß auswärtiger Mächte dennoch gelingt, den Rat in Einzelfällen einmal pressepolitisch in die Enge zu treiben, so können rebellische Journalisten in die dänisch regierten Orte Altona und Wandsbek ausweichen. Wie die Zeitgenossen den in Hamburg herrschenden Geist empfinden, zeigt eine Äußerung des württembergischen Publizisten Christian Friedrich Daniel Schubart: »Geh in die Schweiz und dann nach Hamburg, um zu wissen, was Freiheit für Leute macht; und dann an die Höfe, um zu sehen, wie Sklaverei den Menschen verschnitzelt, bis er so klein wird, daß er kriechen kann!« Der am Ende des 18. Jahrhunderts aus Schwaben gekommene Arzt und Revolutionär Georg Kerner erklärt: »Ich lebe als Bürger auf einem noch ziemlich freien, vielleicht dem freiesten Punkt in Europa.«

Unter solchen Umständen ist seit der Herausgabe der »Wöchentlichen Zeitung« in Hamburg im Jahr → 1618 (S. 111) eine vielfältige Zeitungslandschaft entstanden. Zu den wichtigsten der oft nur kurzlebigen Publikationen zählte der 1664 von Georg Greflinger begründete »Nordische Mercurius« und der ab 1673 von Thomas von Wiering in Hamburg herausgegebene »Relations Courier«. Als neuer Zeitungstyp erschien 1724 mit den »Wöchentlichen Hamburger-Frag und Anzeigungsnachrichten« das sog. Intelligenzblatt mit amtlichen Verlautbarungen und Annoncen.

Zu den einflußreichsten Blättern im benachbarten Altona zählt eine 1672 von Victor de Löw begründete »ordinaire Gazette« und der erstmals 1687 bei dem Drucker Christian Reimers erschienene »Altonaische Mercurius«, der bis 1875 besteht. Er gehört unter dem Motto »Was mir wird zu See und Land angebracht, mach' ich bekannt« zu einem der meistgelesenen Blätter seiner Zeit.

Scharfe Maßnahmen gegen Prostitution

5. August 1732. Gemäß dem Ratsmandat vom 27. Juni werden erstmals zwei Prostituierte in der Wache am Pferdemarkt mit Halseisen an eine Schandsäule gestellt.

Harte Strafen sollen fortan die Prostitution unterbinden. Wer zum erstenmal seines »unzüchtigen Lebens halber« verhaftet wird, muß acht oder 14 Tage bei Wasser und Brot sitzen. Führt dieselbe Frau ihr »voriges liederliches Leben« fort, so muß sie einer neuerlichen Demütigung gewärtig sein. Sie wird dann »auf einem des Endes auf dem Pferde-Markt zu erbauenden etwas erhabenen Gerüste zu zweyen malen ins Hals-Eisen« geschlossen und »daselbst mit unverdecktem Gesichte, und auf die Brust gehefteten, mit ihren Vor- und Zunamen deutlich bezeichneten Brette« zur Schau gestellt. Anschließend wird die Frau auf zehn Jahre aus der Stadt gewiesen. Sollten sich die so bestraften Personen vor Ablauf der zehn Jahre wieder in Hamburg blicken lassen oder sich danach wieder in einschlägiger Weise betätigen, werden sie an den Pranger gestellt, ausgepeitscht und dann ins Spinnhaus (→ 27. 1. 1670/S. 130) verbracht.

Pacht statt Verkauf staatlicher Ämter

16. Februar 1733. Ein Beschluß von Rat und Bürgerschaft sieht aufgrund schlechter Erfahrungen mit dem Verkauf die Verpachtung aller Staatsdienste vor.

Zur Zeit der bürgerlichen Unruhen, im März 1685, war auf Verlangen der Bürgerschaft der öffentliche Verkauf der städtischen Ämter beschlossen worden. Damit wollte man zwei Fliegen mit einer Klappe schlagen: Zum einen sollte durch den Verkauf der freien Beamtenstellen an den Meistbietenden die Stadtkasse aufgebessert werden, zum anderen sollte die Maßnahme der Günstlingswirtschaft des Rates endlich den Boden entziehen.

Zwar profitierten die städtischen Finanzen nicht unbeträchtlich durch den florierenden Ämterverkauf, zugleich aber bot das Verfahren erneuten Anlaß für personelle Mißgriffe und skrupelloses Ausnutzen ökonomischer Macht.

Erster amtlicher Kurszettel regelt Handel an der Börse

28. April 1736. Dänemark gibt seinen jahrelangen Wirtschaftsboykott gegen Hamburg auf. Voraussetzung für die Freigabe beschlagnahmter Hamburger Schiffe ist allerdings die Einwilligung der Stadt, die erst am → 25. Januar 1725 (S. 148) gegründete Courantbank wieder aufzulösen.

Die Abschaffung der Bank ist der wichtigste Punkt des auf dänischen Druck zustande gekommenen Vergleichs. Das Königreich empfand die Einrichtung als enormes Handelshindernis, weil das dänische Geld im Vergleich zur hamburgischen Mark zu gering bewertet wurde.

Die mühsam gefundene Einigung mit Dänemark und die am 3. Juli vom dänischen Königshof deklarierte Wiederherstellung der Handelsfreiheit belebt das Börsengeschäft. Unter der Bezeichnung »Preiscourant« erscheint erstmals ein regelmäßiger amtlicher Kurszettel für den Verkehr an der Hamburger Börse. Der »Preiscourant« verzeichnet nicht nur die in Hamburg üblichen Währungen sowie die Wechselkurse, Geldkurse und Assecuranzprämien, sondern vor allem die Preise für die wichtigsten hier gehandelten Waren.

Herausgeber des wöchentlich erscheinenden Börsenzettels ist die Commerzdeputation, die rasch maßgebenden Einfluß auf die Börsenangelegenheiten gewonnen und 1669 bereits eine Erweiterung des Börsengebäudes auf Staatskosten durchgesetzt hatte. Auch auf einem anderen Gebiet hat sich die Commerzdeputation als innovationsfreudig erwiesen: Am 26. Januar 1735 wurde die Commerzbibliothek gegründet, die erste Kaufmannsbibliothek in Europa.

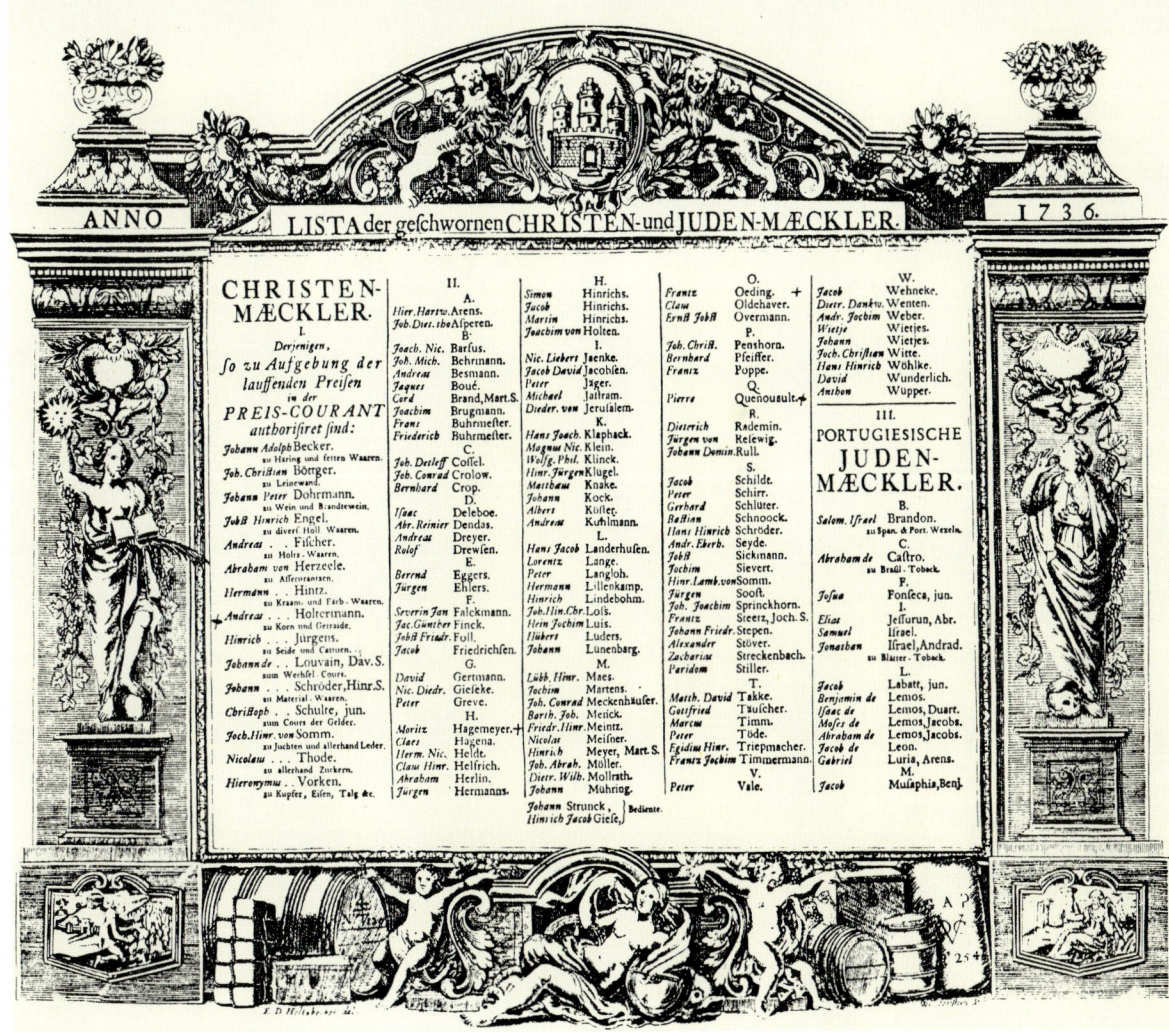

Liste der im Jahr 1736 in der Stadt Hamburg amtlich zugelassenen und beeideten christlichen und jüdischen Makler

Die Börse ist zu dieser Zeit ein vielbesuchter Ort zum Abschluß von Großhandels-, Schiffahrts-, Versicherungs-, Geld-, Wechsel- und Darlehensgeschäften.

Den Charakter einer Warenbörse hat Hamburg noch nicht verloren. Dies spiegelt sich auch im »Preiscourant« wieder: Der Kurszettel verzeichnet überwiegend Warennotierungen, die Kurse für Geld und Wechsel nehmen allenfalls ein Sechstel des Kurszettels ein. Zweifellos hat die Börse erheblich dazu beigetragen, daß Hamburg zu einem international bedeutenden Umschlagplatz für wichtige Waren geworden ist.

Ein regelmäßiges Effektengeschäft entwickelt sich erst nach 1815. Gehandelt werden dann in erster Linie Staatspapiere; gegen Mitte des 19. Jahrhunderts gewinnt der Aktienhandel an Bedeutung, wobei die Hamburger Börse eine besondere Rolle auf dem Sektor der Schiffahrts- und Kolonialwerte spielt.

HAMBURG, ANNO 1736. d. 25. MAJI. Nº 14.

Erklärung der Characteren:	
R., ein Reichsthaler von 48 Schilling.	Sch℔, ein Schiffspfund von 280 Pfund.
℔, ein Marck von 16 Schilling.	℔, ein Pfund von 16 Untz oder 32 Loth.
ß, ein Schilling von 12 Pfenningen.	Bco., Banco-Geld. C., Courant-Geld.
	LℲℓ, ein Pfund Flam. von 20 Schill. Fläm.
ßℲℓ, ein Schilling Fläm. von 12 groot Fläm.	
ge, groot Flämisch.	
A. Alt. N. Neu. dº. dito. r. Rabatt.	
pct. pro Cento. G. Geld. Br. Briefe.	

Kopfzeile des »Preiscourant« mit den Kursen an der Hamburger Börse vom 25. Mai 1736 mit einer Angabe der in Hamburg üblichen Währungen; der Reichstaler wird in Hamburg schon seit 1619 bzw. 1621 mit 48 statt zuvor 32 Schillingen gerechnet. Die Hamburger Umlaufmünze, die Mark courant, gilt zu 16 Schillingen mit je 12 Pfennigen. Im Großhandel wird mit der nicht ausgeprägten und höher bewerteten Mark banco gerechnet. Wichtig für den Handelsverkehr ist auch eine einheitliche Definition der verschiedenen in Gebrauch befindlichen Gewichte sowie der Raum- und Hohlmaße. So wird in dem vorliegenden »Preiscourant« ein Pfund exakt als 16 Unzen bzw. 32 Loth gerechnet, und ein Schiffspfund entspricht genau 280 Pfund. Zu den in Hamburg am 25. Mai 1736 gehandelten Waren zählen u.a. Kaffee, Pfeffer, Tabak sowie Zucker, Baumwolle, Seide, Leinwand, Öle, Holz; Gewürze wie Zimt, Muskatnuß und Sukkade, aber auch Delikatessen wie Orangen, Pflaumen und Limonen sowie unentbehrliche Kleinwaren wie Gummiarabikum, Hirschhorn, Leim und Pottasche.

Hamburg wird Zentrum der Freimaurer

6. Dezember 1737. Im Weinhaus d'Angleterre in der Bäckerstraße wird die Freimaurerloge »Loge d'Hambourg« (Später »Absalom zu den drei Nesseln« Nr.1) gegründet. Sie gibt den entscheidenden Anstoß für die Einführung der Freimaurerei in Deutschland.

Der »Vater« der Hamburger Freimaurer kommt von auswärts. Es ist der 21 Jahre alte Charles Sarry, Sproß einer französischen Hugenottenfamilie und Buchprüfer bei der preußischen Münze in Berlin. Zu den ersten Hamburger Freimaurern zählen der Kölnisch-Hildesheimer Kammerherr Georg Ludwig von Oberg, der Weinhausbesitzer Jens Arbien, der Jurist Peter Stüven, der Kaufmann Daniel Krafft und der Stadtwundarzt Peter Carpser. Dessen Berufung zum Meister vom Stuhl am 1. März 1738 hat allerdings das Einschreiten des Hamburger Rates zur Folge. Die Hamburger Obrigkeit will nämlich nicht dulden, daß ein städtisch Bediensteter Vorsitzender einer derart unkontrollierbaren Gesellschaft ist und erklärt die Loge am 7. März 1738 für aufgehoben. So trifft man sich heimlich in einer Privatwohnung weiter. Welche Bedeutung die Hamburger Loge schon nach gut halbjährigem Bestehen hat, zeigt sich in der Nacht vom 14. auf den 15. August: Der eigens aus Hamburg angereiste Logensekretär Freiherr Jakob Friedrich von Bielfeld vollzieht im Braunschweiger Gasthof »Zum Schlosse Salzdahlum« heimlich die Aufnahme des preußischen Kronprinzen Friedrich in die »Loge d'Hambourg«, die damit 32 Mitglieder zählt. Nachdem er zum König Friedrich II. von Preußen aufgestiegen ist, gibt er den Anstoß für die Gründung der ersten Berliner Loge am 13. September 1740.

Viele bekannte Hamburger treten in der Folgezeit einer Loge bei und bekennen sich zu Toleranz und brüderlichem Miteinander. So der Schriftsteller und Dramaturg Gotthold Ephraim Lessing (aufgenommen 1771) und der Theaterleiter Friedrich Ludwig Schröder (1774).

Bespielt die Oper zwischen 1738 und 1740: Friederike Caroline Neuber

Bürgeroper muß Betrieb einstellen

1738. Die Hamburger Oper schließt. Das Haus wird an reisende Schauspielgesellschaften vermietet und 1763 abgerissen. Am → 2. Januar 1678 (S. 132) war das Haus am Gänsemarkt als erste deutsche Bürgeroper eröffnet worden. Zwar kamen über 270 Opern zur Aufführung, doch letztlich waren die Ausgaben höher als die Einnahmen. Die Pächter kamen aus den roten Zahlen nicht heraus.

Das Gebäude der Loge »Absalom zu den drei Nesseln« um 1800; der anfangs gegenüber der Freimaurerei mißtrauische Senat läßt deren Anhänger – es handelt sich um Aufklärer verschiedenster Couleur – später frei walten.

Dänenkönig stiftet seinen Altonaern ein Gymnasium

3. Februar 1738. Der dänische König Christian VI. erhebt die seit 1725 bestehende Lateinschule an der Hohen Schulstraße in Altona zu einem Gymnasium.

Für die vom König angestrebte Hebung des Bildungsniveaus reicht die nach seinem Vorgänger Friedrich IV. benannte Schola Friedericiana nicht aus. Auf Initiative des Altonaer Präsidenten Volkmar von Schomburg wird daher die Schule zu einem Akademischen Gymnasium ausgebaut, da es in den deutschen Landen des dänischen Königs keine Universität gibt.

Die Universitätsstadt (seit 1665) Kiel wird erst 1773 in den dänischen Gesamtstaat eingegliedert. Zum Zeitpunkt der Gründung des Christianeums besteht daher noch die Absicht, die Schule langfristig zur zweiten dänischen Universität neben Kopenhagen auszubauen.

Es dauert aber einige Zeit, bis die Schulgebäude den hohen Ansprüchen des Königs genügen. Am 25. Mai 1744 ist es soweit – das Christianeum kann nebst einem Pädagogium (Einrichtung zur Lehrerausbildung) eingeweiht werden. Eine Schulordnung aus dem Jahr 1773 verzeichnet folgende Lehrinhalte: »Die Religion, die theoretische und practische Philosophie, noch insbesondere die Naturlehre, die reine und angewandte Mathematik, die schönen Wissenschaften, die Historie und Erdbeschreibung; von alten Sprachen, die Hebraische, Griechische und Lateinische, von den lebenden, die Deutsche, Englische und Französische.« Der Unterricht am Christianeum soll so angelegt sein, daß »der Verstand aufgeklärt und das Herz gebessert werde«, denn »So schätzbar die Gelehrsamkeit ist: so ist es doch nur, so ferne sie als ein Mittel zur Weisheit gebraucht wird ...«

Das Christianeum in Altona (Kupferstich, 1744); die dänische Stadt zählt zu dieser Zeit ca. 15 000 Einwohner.

1740

10. 6. 1740. Nach dem Ausbruch des Österreichischen Erbfolgekrieges (1740–1748) untersagt der Hamburger Rat allen Buchhändlern und Buchdruckern den Druck oder die Verbreitung von kritischen Publikationen über auswärtige Fragen.

25. 10. 1740. Das letzte Konvoischiff, die »Wapen von Hamburg« (IV) läuft vom Stapel. → S. 155

1740. In Hamburg erwirbt Nicolaus Conrad Wörmer die Meisterwürde des Buchdruckerhandwerks. Er gründet eine eigene Druckerei am Kattrepel. Das Unternehmen bleibt bis 1875 in Familienbesitz und firmiert ab 1934 als »Hans Christians Druckerei und Verlag«.

28. 4. 1741. Die kleine (alte) St. Michaeliskirche wird wegen Baufälligkeit geschlossen.

16. 8. 1741. Das Lustspiel »Der Bookesbeutel« von Hinrich Borkenstein wird in Hamburg uraufgeführt. → S. 153

24. 4. 1742. Zu Ehren des neuen Kaisers Karl VII. und seiner Frau Maria Amalia wird ein Feuerwerk auf der Binnenalster abgebrannt (→ 15. 12. 1745/S. 153).

1742. Der Hamburger Schriftsteller Friedrich von Hagedorn veröffentlicht den ersten Teil seiner »Sammlung neuer Lieder und Oden« (zwei weitere Teile in den Jahren 1744 und 1752). In ihrem Lob auf Liebe und Lebensgenuß sind sie ein Ausdruck des literarischen Rokoko.

1742. Die 1722 gegründete Altonaer Brunnengesellschaft läßt auf dem Fischmarkt einen Brunnen aufstellen, den eine Minerva-Statue krönt.

30. 4. 1743. Im Hiobs-Hospital in der Spitalerstraße beginnen die Arbeiten zum Bau einer Kirche.

8. 9. 1743. Die Altonaer Trinitatiskirche in der Kirchenstraße wird nach ihrem Umbau durch den Baumeister Cai Dose neu geweiht. Sie brennt 1943 nieder und wird 1969 historisch getreu wieder errichtet (→ 26. 10. 1747/S. 154).

1743. Der Gymnasiallehrer Michael Richey veröffentlicht sein »Idioticon Hamburgense«. → S. 155

1743. Die Hamburger Geistlichkeit kritisiert die sinnenfrohe Hochzeitsserenade »Das Vergnügen« von Johann Arnold Ebert. Ebert soll widerrufen oder die Anwartschaft auf das Pfarramt verlieren, woraufhin er Hamburg verläßt.

25. 4. 1744. Durch einen Vergleich zwischen der Kämmerei und dem Hospital zum Heiligen Geist wird ein Stück Land zwischen dem Kuhmühlenteich, der Schürbek und der Alster als städtisches Eigentum anerkannt. Das Gelände kauft ein Gastwirt Mundt, nach dem die Gegend später als Mundsburg bekannt wird.

1744. Infolge des Wiederaufbaus ist die Zahl der Wohnungen in Altona seit 1736 von 3246 auf 3822 gestiegen. Die Bevölkerungszahl hat seit

1720 um rund 4000 zugenommen und beträgt jetzt etwa 16 000.

1744. Zum Unterhalt des Pesthofes werden Bittblätter in Gedichtform versandt. → S. 154

15. 12. 1745. Zu Ehren des neuen Kaisers Franz I. Stephan läßt der Rat an der Binnenalster ein Feuerwerk abbrennen. → S. 153

1746. Wie bereits am → 24. August 1730 (S. 149) kommt es in Hamburg zu antijüdischen Tumulten. Dabei versucht die Menge, ein Bethaus zu stürmen.

1746. In den Vierlanden werden erstmals Kartoffeln geerntet.

28. 8. 1747. Das letzte Konvoischiff »Wapen von Hamburg« (IV) kommt von seiner ersten und letzten Ausfahrt zurück (→ 25. 10. 1740/S. 155). Seit 1719 sind 50 hamburgische Schiffe mit 633 Seeleuten von algerischen Piraten aufgebracht worden (→ 28. 7. 1752/S. 155).

26. 10. 1747. Die Heilige Dreieinigkeitskirche in St. Georg wird eingeweiht. → S. 154

30. 5. 1748. Rat und Bürgerschaft billigen die Abschaffung des Transitzolls auf Getreide. Hamburg reagiert damit auf Versuche Brandenburg-Preußens, die Ausfuhr seiner Güter selbst in die Hand zu nehmen.

Oktober 1748. König Friedrich V. von Dänemark erlaubt den Neubau der Kirche zu Nienstedten. Sie wird 1750/51 errichtet.

3. 1. 1749. Auf Befehl des Hamburger Rates müssen fortan in jedem Kirchspiel Geburtsregister geführt werden. → S. 154

1. 10. 1749. Die Admiralität eröffnet eine Navigationsschule. → S. 154

13. 10. 1749. Der Hamburger Rat verbietet per Erlaß den »Unfug« des »Toback-Rauchens in den Kirchen«.

5. 12. 1749. Wegen den damit verbundenen Gefahren erläßt der Rat ein Mandat gegen die Knallerei mit Flinten, Pistolen, Raketen und Schwärmern zum Jahreswechsel.

GEBOREN:

15. 8. 1740. Reinfeld: Matthias Claudius († 21.1.1815, Hamburg), Dichter.

30. 1. 1742. Quakenbrück: Christian Matthias Schröder († 6. 7. 1821, Hamburg), Kaufmann und Bürgermeister.

3. 11. 1744. Schwerin: Friedrich Ludwig Schröder († 3. 9. 1816, Rellingen), Schauspieler und Theaterdirektor.

GESTORBEN:

9. 2. 1740. Hamburg: Vincent Lübeck (* September 1654, Padingbüttel), Komponist und Organist.

16. 1. 1747. Hamburg: Barthold Hinrich Brockes (* 22. 9. 1680, Hamburg), Dichter.

14. 4. 1749. Rostock: Balthasar Denner (* 15. 11. 1685, Hamburg), Maler. → S. 154

Geldprotze auf der Bühne

16. August 1741. Die von Johann Friedrich Schönemann geleitete Schauspieltruppe führt in Hamburg das dreiaktige Lustspiel »Der Bookesbeutel« (auch Buchbeutel; umgangssprachlich für Schlendrian) erstmals auf.

In dieser ersten im Hamburger Dialekt abgefaßten Lokalposse karikiert Hinrich Borkenstein den Gegensatz zwischen den ungeschliffenen Niedersachsen und den feingebildeten Obersachsen während der unerquicklichen Vorgänge in einer geldprotzigen Bürgerfamilie.

Die realistische Gestaltung und der lehrhafte Grundzug erinnern an Stücke des Dänen Ludvig Bavon von Holberg. Seinem ersten Erfolg läßt Borkenstein u. a. die Stücke »Die Weiberlist« (1743) und »Der Jungfernstieg« (1746) folgen.

Nicht aufgrund seiner Leistungen als Autor, sondern durch seine Nachkommenschaft befruchtet Borkenstein rund 60 Jahre später noch einmal die deutsche Literatur: Seine Tochter Susette, verehelichte Gontard, lernt 1796 in ihrem Frankfurter Haus den dort als Hofmeister beschäftigten Johann Christian Friedrich Hölderlin kennen, der sie in seinen Gedichten als »Diotima« verehrt.

Ein lautes und farbenprächtiges Vergnügen: Hamburg leistet sich auf der Binnenalster ein Feuerwerk zu Ehren des neuen Kaiserpaares im fernen Wien.

Zur Krönung ein Feuerwerk

15. Dezember 1745. Hamburg feiert die Krönung von Kaiser Franz I. Stephan und seiner Gemahlin Maria Theresia mit einem großartigen Feuerwerk auf der Binnenalster. Die letzte Feier dieser Art ist noch in guter Erinnerung: Am 24. April 1742 fand zu Ehren von Kaiser Karl VII. und seiner Frau Maria Amalia an gleicher Stelle ein ähnlich prächtiges Schauspiel statt.

Das Feuerwerk ist in drei Abschnitte unterteilt, die jeweils durch sieben Böllerschüsse und kriegerische Musik eröffnet werden. Immer neue durch- und miteinander aufsteigende Raketen erhellen den Hamburger Himmel. Den Höhepunkt bilden die dreimal in wechselnden Farben an den Himmel projizierten Namenszüge beider Majestäten und ein zum Abschluß in blauem Feuer aufstrahlender riesiger Reichsadler.

Dennoch bleibt den kaiserlichen Majestäten in Wien der in Hamburg so prachtvoll gefeierte 15. Dezember in unangenehmer Erinnerung: An diesem Tag werden die mit den Österreichern verbundenen Sachsen bei Kesselsdorf entscheidend von den Preußen besiegt, was in Hamburg durch den »Relations-Courier« fünf Tage später bekannt wird. Außerdem zeigt sich, daß die Begehrlichkeit des kaiserlichen Herrn auch durch prunkvolle Feuerwerke nicht gemildert wird: Am 5. September 1746 bewilligt ihm Hamburg 100 000 Gulden als angeblich »freiwillige Schenkung« (dongratuit).

Dreieinigkeitskirche für die Vorstädter von St. Georg

26. Oktober 1747. Bei schönstem Herbstwetter und unter großer Anteilnahme der Bevölkerung wird die Heilige Dreieinigkeitskirche zu St. Georg eingeweiht.

Am 24. September 1743 fand die Grundsteinlegung statt, nachdem rund 7000 Gräber auf dem alten Kirchhof geräumt worden waren. Die Bauleitung hatte der Architekt Johann Leonhard Prey inne. Weil die aus dem Jahr 1457 stammende erste St. Georger Kirche – allgemein »Siechenkirche« genannt und trotz einiger Erweiterungen zu klein für die rasch wachsende Gemeinde – bis zum vollendeten Neubau in Benutzung bleiben mußte, wählte Prey einen Bauplatz in der Verlängerung der St.-Georgs-Allee (ab 1824 Kirchenallee).

Die von Prey konzipierte Kirche mit ihrem prächtigen Turm in Form einer offenen Säulenhalle gilt als besonders geglückter Barockbau unter den lutherischen Gotteshäusern Hamburgs. Billig ist sie aber nicht: Die Kosten von 404 000 Mark courant stammen aus Spenden, einer Lotterie und dem Verkauf von Kirchenbesitz.

Der letzte Geistliche der alten Kir-

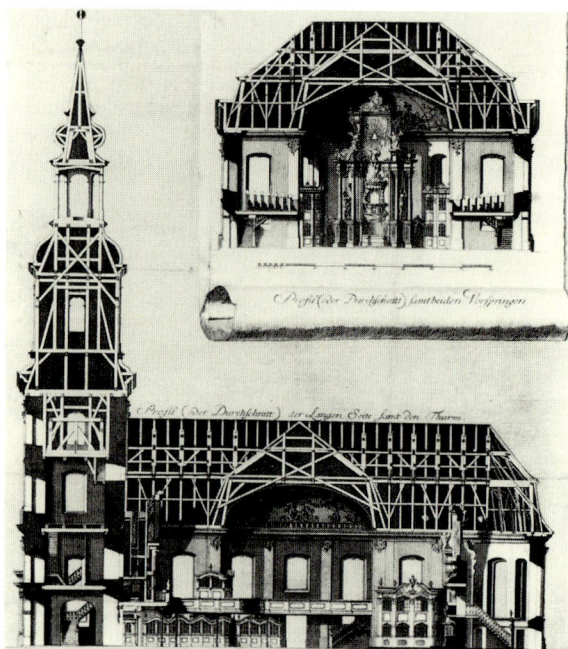

Längs- und Querschnitt durch die Dach- und Turmkonstruktion der Heiligen Dreieinigkeitskirche St. Georg

Südansicht der Dreieinigkeitskirche, die weit prachtvoller geraten ist als ihre Vorgängerin, die alte »Siechenkirche«.

che bleibt seiner Gemeinde treu: Pastor Heinrich Hoeck, der überaus beliebt ist und dessen Gottesdienste stets überfüllt sind.

Vier Jahre vor der Vollendung des Gotteshauses in St. Georg war am

8. September 1743 der Neubau der Altonaer Hauptkirche zur Heiligen Dreifaltigkeit eingeweiht worden. Architekt Cai Dose erweiterte den Kirchenbau aus dem Jahr 1650 unter Beibehaltung des 1694 von

Jacob Bläser entworfenen Turms durch zwei Kreuzarme und eine Verlängerung des Abschlusses an der Ostseite. Das Gotteshaus wird 1943 zerstört und zwiachen 1956 und 1961 wieder aufgebaut.

Ein Spendenappell in Gedichtform

1744. Wie in jedem Jahr rufen Bittblätter zum Erhalt des Pesthofes (→ 18. 6. 1606/S. 107) auf, der sich vor allem aus Spenden finanziert.

Die Bitte um Gaben wird in Form von Gedichten vorgetragen, in denen die Leiden der Bewohner beschrieben werden. 1744 heißt es u. a.: »Dort schreit dir durch ein Loch ein wilder Mensch entgegen, dem sein verwirrtes Haar um nackte Schultern liegt, der Bett und Kleid zerreißt und seines Unsinns wegen entblößt auf Stroh und Wust in seinem Kerker liegt. Eröffne jene Tür, dort liegt seit vielen Jahren ein nun ganz krummer Mensch in seiner Stellung fort; das Knie berürt den Mund, ein Stück Tuch von Haaren deckt halb den starren Leib, der nach und nach verdorrt.« Es folgt der Aufruf: »Wo sollen diese hin? Oh tritt durch milde Gaben zu ihrem Unterhalt im Pesthof ferner bei. Willst du sie sonst wohl los und auf den Gassen haben? Wie? Oder sollen sie in eine Wüstenei?«.

Geburtsregister nun obligatorisch

3. Januar 1749. Auf Befehl des Hamburger Rates muß fortan in jedem Kirchspiel eine Liste über die Bevölkerungsbewegung des Vorjahres geführt werden.

Den Patronen der Vorstädte und den Kirchspielsherren wird es aufgegeben, zu Beginn eines jeden Jahres die Zahl der im abgelaufenen Jahr getauften ehelichen und unehelichen Kinder aufzuzeichnen. Schriftlich festzuhalten ist auch die Zahl der Verheirateten (Copulierten), der Verlobten (Communicanten) und der Verstorbenen. Bereits am 16. Dezember 1709 hatte der Rat den Brautleuten streng verboten, sich außerhalb der Stadt »copulieren« zu lassen. Am 5. Dezember 1749 weist der Rat die Ältesten der beiden bestehenden Judengemeinden an, für ihren Bereich künftig ebenfalls ein Geburtsregister zu führen.

Die Einwohnerzahl des Hamburger Stadtgebiets erreicht zur Jahrhundertmitte etwa 90 000 Menschen.

Seeleute lernen in eigener Schule

1. Oktober 1749. Der Mathematik- und Zeichenlehrer Gerlof Hiddinga eröffnet in seiner Wohnung am St.-Katharinen-Kirchhof die erste Navigationsschule Hamburgs. Die Admiralität der Stadt zahlt ihm 400 Mark courant Sold im Jahr.

Zwölf Knaben versammeln sich auf zunächst ein Jahr zu dem jeweils zwölf Wochenstunden umfassenden Unterricht im Rechnen, der Geometrie, der Astronomie und der Grundlagen der Navigation.

Da die Ausbildung des Seemannsnachwuchses so überaus erfreulich anläuft, wird im folgenden Jahr die Zahl der Schüler verdoppelt und Hiddingas Gehalt um 200 Mark courant angehoben.

Die Unterrichtssprache ist üblicherweise niederländisch. Hiddingas nautischer Unterricht umfaßt u. a. die rechnerische Ermittlung des aktuellen Hochwasserstandes, das Auffinden der jeweiligen geographischen Länge und Breite und die Kursermittlung.

Trauer um Maler Balthasar Denner

14. April 1749. Im Alter von 63 Jahren stirbt in Rostock der Hamburger Maler Balthasar Denner, der sich vor allem als Porträtist einen Namen gemacht hat.

Denner erfuhr in Altona und an der Berliner Akademie eine gründliche Ausbildung und war als Maler außer in seiner Heimatstadt u. a. auch in Kopenhagen und in London tätig. In seinen Zeichnungen, Aquarellen und Ölgemälden erwies sich Denner als fähiger Repräsentant der niederländisch geprägten Bildnismalerei mit ihrem übergenauen Naturalismus.

Denner und seinem Schwiegersohn, dem aus Altona gebürtigen Dominicus van der Smissen, wurden sowohl aus Kaufmannskreisen als auch von Fürstenhöfen zahlreiche Porträtaufträge erteilt. Die Hamburger Ratsherren seiner Zeit hat er auf Kupferplatten porträtiert. Zu seinen bekanntesten Bildern zählen »Die Kuchenfrau« (1715) und »Knabenbildnis« (1741).

Wörterbuch erklärt Hamburger Mundart

1743. Michael Richey gibt die erste Ausgabe seines »Idioticon Hamburgense« heraus. Eine erweiterte Auflage dieses ersten Hamburger Wörterbuches erscheint 1755.

In seinem Lexikon der Hamburger bzw. niedersächsischen Mundart bemüht sich Richey, möglichst viele der ihm bekanntgewordenen Begriffe und Redewendungen zunächst einmal ins Schriftdeutsch zu übertragen und erst im Anschluß den Sinn zu erklären. Zum Beispiel »manckt: mit darunter. Dar ist wat godes mit manckt: Es ist was Gutes mit darunter« oder »bemöten: begegnen. Se bemödden uns: Sie begegneten uns«.

Der Absolvent der Universität Wittenberg und mehrjährige Schulrektor in Stade gehört seit 1717 dem Lehrkörper des Akademischen Gymnasiums an, wo er Geschichte und Griechisch unterrichtet.

Kaum ein festliches Ereignis vergeht, ohne daß Richey einen passenden Reim oder den Text zu einer Kantate von Georg Philipp Telemann beisteuert, wie z. B. zur Jubelfeier der Herren Bürgerkapitäne (→ 3. 8. 1719/S. 145).

Baumodell der »Wapen von Hamburg« (III) 1720

Letzter Convoyer

25. Oktober 1740. *Das letzte hamburgische Konvoischiff, die »Wapen von Hamburg« (IV) wird auf dem Grasbrook zu Wasser gelassen. Es läuft 1746 zu der letzten Fahrt eines hamburgischen Stadtkonvoischiffes aus und wird schließlich am 19. November 1777 für 3450 Mark verkauft. Die Convoyer sollten ursprünglich Kauffahrer vor Piraten schützen.*

1750

10. 3. 1750. Die Hauptkirche St. Michaelis wird durch einen Blitz eingeäschert. → S. 156

6. 5. 1750. In einem Pfandvergleich mit dem holsteinischen Fürstenhaus erwirbt Hamburg die 1749 ausgelösten Ortschaften Reitbrook, Krauel und Nettelnburg. Von der auf 20 Jahre befristeten Regelung, für die Hamburg 318 224 Mark banco und 14 Schilling bezahlt, sind auch Höfe auf Billwerder nebst den Ämtern Trittau und Reinbek sowie Alsterdorf betroffen.

14. 8. 1750. Nach einem Streik der Tischlergesellen richtet der Rat ein Schiedsgericht für Streitigkeiten in den Ämtern ein. → S. 155

10. 9. 1750. Der Hamburger Rat erläßt eine revidierte Feuerordnung. Danach patrouillieren Wachen durch die Straßen, die Brände melden und kleine Feuer selbst löschen sollen.

1750. Nördlich von Bahrenfeld wird eine Häusergruppe auf der »Schenefelder Heide« als Gemeinde Lurup selbständig.

6. 3. 1751. Das neue Bibliotheksgebäude an der St. Johanniskirche wird mit einer von Georg Philipp Telemann komponierten Kantate eingeweiht. Am 1. März 1751 hat der Hamburger Rat eine neue Bibliotheksordnung erlassen, mit der die bisherige Johanneums- oder Gymnasialbibliothek die Bezeichnung Öffentliche Stadtbibliothek erhält.

15. 3. 1751. Per Ratsbeschuß gehört der Karfreitag in Hamburg fortan zu den Feiertagen.

29. 6. 1751. Der Grundstein zum Neubau der Hauptkirche St. Michaelis wird gelegt.

16. 12. 1751. Angesichts der Absatzprobleme der Hamburger Brauer hebt der Rat das sog. Bierkontor auf. → S. 157

24. 5. 1752. Der Hamburger Rat verpflichtet die unzünftigen Schuhmacher, sich beim Patron des Schusteramts zu melden. Alle unverheirateten und gelernten Gesellen sollen gegen Hinterlegung einer Kaution aufgenommen werden. Ins Amt einheiraten dürfen sie nicht.

28. 7. 1752. Auf spanischen Druck hebt Hamburg den am 28. Februar 1751 unterzeichneten Friedensvertrag mit dem Bey von Algier wieder auf. → S. 155

16. 3. 1753. Eine Ratsverordnung verbietet Aufläufe innerhalb und außerhalb der Stadtmauern. Der Rat untersagt am 6. April allen Handwerkern, Knechten und anderen Arbeitern Demonstrationen und »verwegene Unternehmungen«.

21. 12. 1753. Der Rat erläßt ein Mandat über die Niederschlagung von Handwerkeraufständen. Anlaß ist ein im September begonnener Streik der Schneider- und später der Schustergesellen, zu dessen Niederschlagung 64 Gesellen aus der Stadt verwiesen worden sind.

10. 6. 1754. Der Dichter Friedrich Gottlieb Klopstock heiratet die Hamburger Kaufmannstochter Meta Moller. Sie stirbt am 28. November 1758 bei der Totgeburt ihres Sohnes und wird auf dem Friedhof in Ottensen beigesetzt. Als »Cidli« lebt sie in Klopstocks Oden fort.

29. 11. 1755. Der »Hamburgische Correspondent« meldet das Erdbeben von Lissabon, das am 1. November die Stadt verwüstete. Die Admiralität, die Commerzdeputation und der Ehrbare Kaufmann (Zusammenschluß der hamburgischen Fern- und Großhändler) bewilligen sofort 100 000 Mark banco als Wiederaufbauhilfe. Am 17. Dezember verläßt das erste von vier Schiffen mit Bauholz beladen den Hamburger Hafen.

1755. Der Magdeburger Prediger Johann Melchior Goeze wird als Hauptpastor an die Kirche St. Katharinen berufen (→ Oktober 1774/S. 167).

7. 10. 1756. Eine Sturmflut zerstört den Deich bei Billwerder und überflutet das Land. Zugunsten der Bewohner wird in Hamburg am 20. Oktober eine Kollekte angeordnet.

17. 2. 1757. Wegen der gespannten Lage infolge des Siebenjährigen Krieges (1756–1763) zwischen Preußen und Österreich konstituiert sich in Hamburg eine geheime Deputation aus fünf Ratsmitgliedern und 15 Bürgern (→ 3. 9. 1757/S. 157).

14. 6. 1757. Die neue kleine Michaeliskirche wird eingeweiht. Am 27. August 1754 fand die Grundsteinlegung statt. Einen wesentlichen Beitrag zum Bau leistet die zunächst anonyme Spende des Kaufmanns Joachim Caspar Voigt in Höhe von 25 000 Mark.

3. 9. 1757. Während des Siebenjährigen Krieges wird Harburg bis Dezember 1757 durch französische Truppen besetzt. → S. 157

6. 7. 1759. Hamburg leiht dem Königreich Dänemark auf dessen Wunsch 400 000 Mark banco, die zu 5% verzinst und nach sechs Jahren zurückgezahlt werden sollen. Dafür verspricht der dänische König Friedrich V. der Stadt seinen Schutz bei der angestrebten Wahrung der Neutralität (→ 27. 5. 1768/S. 161).

20. 7. 1759. In einer Bittschrift der Commerzdeputation an den Hamburger Rat werden erstmals Schauerleute erwähnt.

GEBOREN:

23. 10. 1752. Hamburg: Wilhelm Amsinck († 21. 6. 1831, Hamburg), Bürgermeister.

17. 11. 1752. Hamburg: Caspar von Voght († 20. 3. 1839, Hamburg), Kaufmann.

5. 11. 1754. Helmstedt: Johann Carl Daniel Curio († 30. 1. 1815, Hamburg), Pädagoge.

GESTORBEN:

28. 10. 1754. Hamburg: Friedrich von Hagedorn (* 23. 4. 1708, Hamburg), Dichter.

Gesellenaufstand für Kirchenspende

14. August 1750. Der Hamburger Rat gibt die Einrichtung eines besonderen Schiedsgerichts zur Beilegung von Streitigkeiten in den Ämtern bekannt.

Anlaß hierfür ist ein Streik der Tischlergesellen, denen die Meister des Tischleramtes den freien Zugang zur Amtslade (Dokumenten- und Vermögensbehälter) verweigert hatten. Die Gesellen wollten im Mai eine größere Summe zum Wiederaufbau der Michaeliskirche stiften. Der Amtspatron hatte ihnen auch 400 Mark zugestanden. Weil ihnen aber die freie Disposition über die Amtslade verwehrt wird, legen die Gesellen die Arbeit nieder. Aus Anlaß des Streiks entsteht ein »Lied vom Hamburger Gesellenaufstand«.

Viele verlassen die Stadt und gehen nach Altona, andere bleiben in Hamburg und versuchen, auswärtige Gesellen von der Arbeitsaufnahme in Hamburg abzuhalten. Der Streit wird nach gut zweimonatiger Dauer gütlich beigelegt, nachdem sich auch Gesellen anderer Handwerke dem Ausstand angeschlossen hatten.

Geld soll Seeräuber friedlich stimmen

28. Juli 1752. Der Hamburger Rat muß die Aufhebung des Friedensvertrags mit Algier bekanntgeben, der am 28. Februar 1751 von seinem Beauftragten Jacob Goverts unterzeichnet und am 30. Juli 1751 in Hamburg publiziert wurde.

Gegen den Vertrag hatte das Königreich Spanien interveniert und gedroht, den Handel mit Hamburg einzustellen und die hamburgischen Kaufleute des Landes zu verweisen. Den Schiffern im Mittelmeer droht wieder das traurige Los der Sklaverei (→ 1622/S. 114).

Alle großen Seemächte außer Spanien zahlen dem Bey (Herrschertitel) von Algier Schutzgelder, um von Seeräuber-Attacken verschont zu bleiben. Auch Hamburg wollte sich den Frieden einiges kosten lassen. Die Piraten verlangten von der Stadt – laut einem »geheimen Articul« – vor allem die in Nordafrika nicht zu beschaffenden Schiffsmasten sowie auch Planken, Taue, Pulver und Kanonen.

Blitzschlag zerstört die Hauptkirche St. Michaelis

10. März 1750. Gegen 11 Uhr schlägt ein Blitz in den Turm der Hauptkirche St. Michaelis ein. Als zwei Stunden später Flammen aus dem Turm schlagen, ist es zum Löschen zu spät. Der Turm kracht brennend zusammen. Die Kirche brennt vollständig nieder.

Ganz Hamburg ist erschüttert. Für den 19. März wird eigens ein Buß-, Fast- und Bettag angesetzt, der 116 627 Mark courant an Spenden erbringt. Auch bei späteren Kollekten kommt viel Geld für den Wiederaufbau zusammen, der am 29. Juni 1751 mit der Grundsteinle-

gung beginnt. Im November 1750 werden Johann Leonhard Prey (→ 26. 10. 1747/S. 154) und Ernst Georg Sonnin mit dem Neubau betraut. Doch es gibt ständig Ärger. Im August 1753 ist nach Errichtung der Seitenmauern für drei Jahre wegen Geldmangels erst einmal Pause. Außerdem halten beide Baumeister den Dachentwurf ihres Partners für untauglich. Nachdem mit Hilfe einer am 23. September 1756 konstituierten Rats- und Bürgerdeputation die Dachfrage entschieden ist, stirbt Prey am 1. Dezember 1757 (→ 19. 10. 1762/S. 158).

Die Ruinen der Großen St. Michaeliskirche werden abgerissen, um Platz für den bald darauf beginnenden Neubau zu schaffen (Kupferstich, 1751).

Ein Augenblick des Schreckens für Hamburg: Der Blitz schlägt am 10. März 1750 in den Turm der Großen Kirche St. Michaelis ein. Die Katastrophe erregt die Gemüter wie kaum ein anderes Ereignis dieser Zeit und gibt Anlaß zu Spekulationen. Der Senior der Hamburger Kirche, Friedrich Wagner, sieht in dem Brand die Strafe des Herrn für das gottlose Hamburg, in dem sich religiöse »Freygeister« tummeln dürfen. Wagner setzt die Stadt dem biblischen Sodom und Gomorrha gleich (Kupferstich, moderne Kolorierung).

▷ *Zerstörung und Wiederaufbau: Die brennende alte Kirche St. Michaelis (l.) und das neu errichtete Gotteshaus (r.), das Hauptwerk des in Perleberg geborenen Architekten Ernst Georg Sonnin. Eine »Kreuzkirche im edlen, einfachen Geschmacke, sehr massiv erbauet«, heißt es im lobenden Urteil wohlmeinender Zeitgenossen. Ganz verhalten wird aber auch Kritik an Sonnins Kirche laut: Puristen ärgern sich über die »starken Verschröpfungen der Hauptmauern« und beklagen die »überall angebrachten Verzierungen«.*

Unser Sünden folgen Gottes Strafen
Äscherten den Tempel ein. –
Doch er will nicht immer strafen
Will auch wieder gnädig seyn.

Darum ward durch Seine Gnade
Und durch guter Menschen milde Gabe
Dieser Tempel schöner hergestellt;
Bittet, das auch Ihm dies Werk gefällt.

Preußische Kanonen vertreiben Franzosen aus Harburg

3. September 1757. Im Verlauf des Siebenjährigen Krieges rücken französische Soldaten in Harburg ein. Die schwache königlich-hannoversche Besatzung hatte wegen des Fehlens schwerer Geschütze, des Mangels an Munition und Proviant sowie des miserablen Zustandes der Wälle gar nicht erst versucht, die Festung zu verteidigen.

Vor der Einnahme Harburgs besetzten die Franzosen bereits das ganze Königreich Hannover. Sie sind Verbündete der Russen und Österreicher im Krieg gegen den Preußenkönig Friedrich II., den Großen. Der antipreußischen Koalition haben sich im Frühjahr 1757 auch Schweden sowie die übrigen deutschen Territorien mit Ausnahme von Braunschweig, Gotha und Hessen angeschlossen.

Preußen kann nur auf Großbritannien zählen und hat dafür König Georg II. den Schutz des mit England in Personalunion verbundenen Königreichs Hannover zugesagt. Georg erweist sich aber als unsicherer Bündnispartner und stellt nach dem Verlust Hannovers am 8. September die Kampfhandlungen vorübergehend ein.

Der Sieg der Preußen bei Roßbach (5. 11. 1757) ändert die Lage und

Die Belagerung des Schlosses Harburg im Dezember 1757; von ihren Hügelstellungen im Südwesten Harburgs beschießen die hannoverschen Kanoniere die Festung. Auch auf der gegenüberliegenden Elbseite sind Batterien postiert. Das Torhaus des Harburger Schlosses wird schwer beschädigt und muß später abgerissen werden; auch die Zivilbevölkerung hat unter dem Artilleriebeschuß zu leiden. Auf dem Stich gut erkennbar ist die Bebauung Harburgs entlang den Hauptstraßen, Schloß und Lüneburger Straße sowie dem Sand. Aus dem Siebenjährigen Krieg gehen 1763 vor allem Preußen, dessen Großmachtstellung bestätigt wird, und England, das Frankreich in Nordamerika verdrängt, als Sieger hervor.

ermutigt Großbritannien zu einer Offensive auf dem Kontinent, um das im Verlauf des Kolonialkrieges in Nordamerika (seit 1755) bislang überlegene Frankreich stärker in Europa zu binden. Unter dem Befehl des preußischen Feldmarschalls Ferdinand Herzog von Braunschweig-Bevern wird die bei Stade in Quartier liegende hannoversche Armee reorganisiert. Die französischen Besatzer hatten die Wälle wiederhergerichtet, ansonsten aber gemütliche Monate verbracht. Damit ist es im Dezember vorbei, als die Hannoveraner die Festung Harburg vier Wochen lang unter schweres Kanonenfeuer nehmen. Am 31. Dezember ist mit der Kapitulation der Franzosen die Zeit der Leiden vorbei.

Liberalisierung im Brauereigewerbe

16. Dezember 1751. Weil das Hamburger Brauwesen an einer »desperaten Krankheit« leidet, werden den Bierbrauern notgedrungen einige Freiheiten zugestanden.

Aufgehoben wird die im Jahr 1692 eingeführte Festsetzung des Bierpreises ebenso wie das 1709 beschlossene Bierkontor, das den Rohstoffeinkauf, die Malzverarbeitung, die Bierqualität und die Ausstoßmenge kontrollierte. Trotz der vielen Klagen bestand das Bierkontor auch nach der Brauordnung von 1729, die jede Mengenbeschränkung aufhob, weiter fort.

Aufgrund der neuen Brauordnung entfallen die lästigen Betriebsrevisionen. Wichtiger noch: Mit Billigung der Hypothekengläubiger kann die Braugerechtigkeit auf jedes Haus übertragen werden, so daß kein Brauer mehr gezwungen ist, eines der privilegierten Häuser zu mieten oder zu kaufen.

Blick auf den van der Smissenschen Garten; das Paar im Vordergrund zeigt mit seiner gelben, weißen und blauen Kleidung die Farben der Firma.

Van der Smissens Gärten eine Zierde der aufblühenden Stadt Altona

1757. Ein unbekannter Künstler malt den van der Smissenschen Garten an den Hängen der Palmaille in Altona. Dem niederländischen Kaufmann Hinrich van der Smissen (→ 1685/S. 134) verdankt Altona nicht nur wesentliche Impulse für seine wirtschaftliche Entwicklung, sondern auch großherzige städtebauliche Aktivitäten.

Er war der Prototyp eines glaubensstarken Mennoniten, der sich sowohl um das Wachstum seiner Firma als auch um das öffentliche Wohl bekümmerte. Im Jahr 1706 ließ er einen Teil der Palmaille auf eigene Kosten verbreitern und schuf durch die Van-der-Smissen-Allee eine Verbindung zwischen Palmaille und Elbstraße, für deren Verlängerung er im Jahr 1709 unentgeltlich Grund und Boden abtrat. Nach dem Brand Altonas (→ 8./9. 1. 1713/S. 144) stellte sich van der Smissen uneigennützig als Mitglied der Baukommission in den Dienst der öffentlichen Sache.

1760

1760. Zur Wiederherstellung des St.-Georg-Hospitals wird die erste von neun Lotterien bis zum Jahr 1771 durchgeführt.

14. 1. 1761. Auf dem Valentinskamp eröffnet ein beheizbares Konzerthaus.

1761. An den Brodschrangen wird »Cöllns Austernkeller« gegründet, als Fischladen mit Speiseecke.

21. 6. 1762. Gegen eine Anleihe von 300 000 Talern erreicht Hamburg den Abzug der in Eppendorf, Winterhude, Ohlsdorf, bei der Kuhmühle und am Hammer Baum lagernden dänischen Truppen. Den Rest der verlangten 1 Mio. Taler zahlt die Stadt später. Ein entsprechender Leih- und Freundschaftsvergleich wird am 30. Juni abgeschlossen.

19. 10. 1762. Die neue große Hauptkirche St. Michaelis wird eingeweiht. → S. 158

1762. Der dänische Wirtschafts- und Finanzminister Heinrich Carl Freiherr von Schimmelmann kauft Dorf und Gut Wandsbek mit Hinschenfelde und Tonndorf. → S. 159

1763. Die Wirtschaftskrise in Europa wird in Hamburg spürbar. In einem Jahr sind 97 Konkurse zu verzeichnen. → S. 159

1763. Auf Initiative von Hauptpastor Johann Melchior Goeze wird das Buch »Schöne Spielwerke beim Wein, Punsch, Bischof und Crambambuli« vom Henker zerrissen und der Autor, der holstein-gottorpische Diplomat Johann Matthias Dreyer, für drei Jahre ausgewiesen.

19. 1. 1765. In Hamburg gründet sich die erste Assekuranz-Compagnie für Seerisiko und Feuergefahr.

18. 2. 1765. Der Hamburger Rat verbietet an Sonn- und Feiertagen sowie in der Advents- und Fastenzeit die Abhaltung von Tanzgesellschaften.

7. 3. 1765. Die Reisefuhren zwischen Hamburg und Lübeck werden aufgehoben und durch eine staatliche Post ersetzt.

11. 4. 1765. Im Börsensaal wird die »Hamburgische Gesellschaft zur Förderung der Künste und nützlichen Gewerbe« (Patriotische Gesellschaft) gegründet. → S. 159

31. 7. 1765. Der Theaterleiter Konrad Ernst Ackermann eröffnet das neuerbaute Theater auf dem Gänsemarkt. Ackermann und seine Truppe treten seit 1764 in Hamburg auf (→ 22. 4. 1767/S. 160).

8. 8. 1765. Rat und Bürgerschaft setzen eine 20köpfige Kommission ein, um eine Erweiterung der Hafenanlagen durch die Bebauung des Baumwalls mit Packhäusern und Kornböden zwischen Ellern- und Schaartorbrücke und die Vertiefung des Herrengrabens zu prüfen. Diese Maßnahmen werden am 4. Dezember 1766 beschlossen.

1765. Die spätere Schwan-Apotheke wird erstmals erwähnt (heute in der Dammtorstraße).

3. 1. 1767. Die »Hamburgischen Adreß-Comptoir-Nachrichten« kommen heraus. Sie erscheinen bis 1824.

22. 4. 1767. Am Gänsemarkt wird die »Hamburgische Entreprise«, ein »Nationaltheater« eröffnet. → S. 160

30. 9. 1767. In Hamburg wird das Lustspiel von Gotthold Ephraim Lessing »Minna von Barnhelm oder das Soldatenglück« uraufgeführt (→ 22. 4. 1767/S. 160).

3. 11. 1767. Der Hamburger Rat wählt Carl Philipp Emanuel Bach zum städtischen Musikdirektor und Kantor am Johanneum. → S. 162

1767. Die Patriotische Gesellschaft errichtet mit zunächst zwölf Schülern eine Zeichenklasse zum Unterricht im Bauzeichnen. Daraus entwickelt sich die Gewerbeschule, deren Leitung 1864 der Staat übernimmt.

27. 5. 1768. Durch den Gottorper Vergleich erkennt das Gesamthaus Holstein Hamburg als freie Reichsstadt an. → S. 161

1768. Auf der Nordseite der Elbe wird außerhalb des Binnenhafens eine erste Pfahlreihe vor der Pilotage angelegt. Es entsteht der sog. Rummelhafen. → S. 162

1768. In Hamburg wird die »Handelsakademie von Büsch« gegründet. → S. 162

1768. Der Pädagoge und Schulreformer Johann Hinrich Röding wird an die Kirchenschule von St. Jacobi berufen. Er lehrt dort bis 1800 und verfaßt 1794 seine »Gedanken und Vorschläge über die Verbesserung der deutschen Schulen«.

1. 4. 1769. Hamburg und das Königreich Frankreich schließen einen Handelsvertrag mit Gleichstellungsklausel. → S. 158

2. 7. 1769. Der Grundstein zur Kirche in Niendorf wird gelegt. Das neue Kirchspiel umfaßt die Dörfer Lokstedt, Niendorf, Schnelsen, Eidelstedt und Stellingen.

GEBOREN:

7. 11. 1766. Hamburg: Johann Georg Mönckeberg († 30. 4. 1842, Hamburg), Ratsherr.

16. 10. 1767. Hamburg: Amandus Augustus Abendroth († 17. 12. 1842, Hamburg), Bürgermeister.

19. 10. 1767. Hannover: Salomon Heine († 23. 12. 1844, Hamburg), Bankier.

GESTORBEN:

17. 4. 1764. Hamburg: Johann Mattheson (* 28. 9. 1681, Hamburg), Komponist.

25. 6. 1767. Hamburg: Georg Philipp Telemann (* 14. 3. 1681, Magdeburg), Komponist, seit 1721 in Hamburg tätig.

1. 3. 1768. Hamburg: Hermann Samuel Reimarus (* 22. 12. 1694, Hamburg), Philosoph und Bibelkritiker (→ Oktober 1774/S. 167).

Neues Wahrzeichen fertig

19. Oktober 1762. Zwölf Jahre nach dem Brand der alten (→ 10. 3. 1750/ S. 156) wird die neue Kirche St. Michaelis feierlich eingeweiht.

Um 7 Uhr beginnen alle Kirchenglocken der Stadt für eine Stunde zu läuten. Um 7.30 Uhr formieren sich an der Kleinen Michaeliskirche der Rat, das Geistliche Ministerium und die Mitglieder der bürgerlichen Kollegien zum Festzug und begeben sich um 8 Uhr zum »Michel«. Eine Kantate von Georg Philipp Telemann mit einem Text von Daniel Zimmermann umrahmt die zweistündige Predigt von Hauptpastor Ernst Ludwig Ohrlich.

Der Kirchenbau ist im wesentlichen ein Werk von Ernst Georg Sonnin. Er hatte nach dem Tod von Johann Leonhard Prey 1757 die alleinige Leitung. Die Berufung dieses Mannes war ein Glücksgriff. Sein Erfindungsreichtum machte viele Arbeiten einfacher und schneller. Zwar konnte er nicht alle Pläne durchsetzen, aber sein Werk wird gelobt als »mit Accuratesse und von so tüchtiger Arbeit, als wohl manches ähnliche Gebäude nicht ausgeführt seyn mag«.

Allerdings fehlt dem neuen Wahrzeichen Hamburgs noch ein Turm. 1776 legt Sonnin entsprechende Pläne vor. Sein Turm ist mit 132 m nur 10 m niedriger als der des Straßburger Münsters und wird am 31. Oktober 1786 eingeweiht.

Fünf der insgesamt sieben Vorschläge des Architekten Ernst Georg Sonnin für den neuen Turmhelm der Großen Kirche St. Michaelis aus den Jahren 1776/77

Handelskonflikt mit Paris

1. April 1769. Hamburg und das Königreich Frankreich schließen einen Handelsvertrag, durch den die Franzosen in Hamburg den Briten gleichgestellt werden und die Hamburger Kaufleute in Frankreich vom sog. Faßgeld, einer Einfuhrabgabe, befreit werden.

Damit kann zugleich der Schlußstrich unter die seit neun Jahren bestehenden Handelsquerelen gezogen werden. Der Bubenstreich eines französischen Diplomatensohnes, der von seinem Vater mittellos in Hamburg zurückgelassen worden war, hatte im Frühjahr 1760 zum Streit geführt.

Auf die Information hin, daß ein Geldtransport mit 200 000 Talern für die mit Preußen verbündete hannoversche Armee auf der Elbe unterwegs sei, hatte er einen Torfewer gemietet und eine bewaffnete Schar angeheuert. Sein Kaperplan war jedoch aufgeflogen, und gerade als das Schiff in See stechen wollte, wurde die Räuberbande von den Behörden festgesetzt.

Die französische Regierung erklärte nun den beschlagnahmten Torfewer zu einem französischen Schiff, verhängte bis Jahresende ein Embargo für Hamburger Schiffe, erklärte den Handelsvertrag von 1716 für hinfällig und erhob von Hamburger Kaufleuten wieder ein sog. Faßgeld, was diese bis 1766 immerhin 114 551 Francs kosten sollte.

Schimmelmann erwirbt Dorf Wandsbek

1762. Der Kaufmann Heinrich Carl Freiherr von Schimmelmann erwirbt die Dörfer Wandsbek, Hinschenfelde und Tonndorf. Damit beginnt die Entwicklung Wandsbeks von einem verarmten Landgebiet zum Fabrikort.

Schimmelmann fördert die Ansiedlung von Manufakturen (→ 1782/S. 168), gründet 1779 eine »Milde Stiftung« für die Armen, sorgt für preiswerte Mietwohnungen und gründet eine Kranken- und Altersversorgung. Durch den wirtschaftlichen Aufschwung vervierfacht sich die Einwohnerzahl Wandsbeks zwischen 1790 und 1809; um 1800 sind allein in den Fabriken rund 1500 Menschen beschäftigt.

Aber auch der Entfaltung höfischen Lebens widmet Schimmelmann seine Energie. Zwischen 1772 und 1778 läßt er das Schloß Wandsbek neu erbauen. Mit dem sog. Wandsbeker Gehölz wird ein Teil der großen Gartenanlagen des Schlosses der Bevölkerung zugänglich gemacht. Auch der Dichter Matthias Claudius (→ 1771/S. 164) genießt seine Unterstützung.

Der Finanzexperte Schimmelmann entstammt einer alten mecklenburgischen Ratsfamilie. Im Siebenjährigen Krieg organisiert er Getreidelieferungen für die preußische Armee; später saniert er als Finanzberater des Königs von Dänemark die dänischen Staatsfinanzen. Daneben leitet Schimmelmann ein großes Wirtschaftsimperium (u.a. Zuckerhandel).

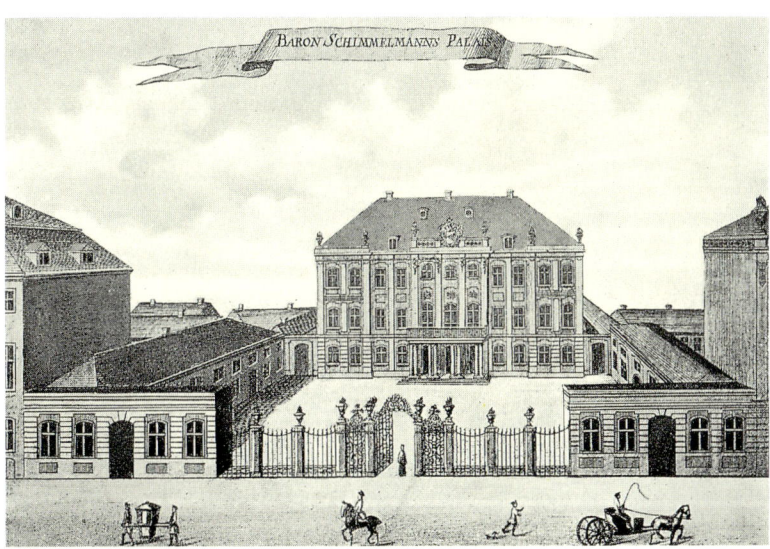

Vom Kaufmann zum geschätzten Politiker: Graf von Schimmelmann

△ *Das prächtige Palais des Grafen Heinrich Carl von Schimmelmann auf den Großen Bleichen (Kupferstich); der einstige Kaufmannssohn aus Demmin, der vor allem die langen Kriege zwischen Preußen und seinen europäischen Nachbarstaaten zu überaus profitablen Spekulationsgeschäften zu nutzen weiß, wird 1761 vom dänischen Königshaus zum Gesandten des Staates beim niedersächsischen Reichskreis ernannt und in den Adelsstand erhoben. Anfänglich durfte sich der am Kopenhagener Hof bald unentbehrliche Schimmelmann als Freiherr, ab 1779 sogar als Graf titulieren lassen. Auch bei den Verhandlungen, die am → 27. Mai 1768 (S. 161) Hamburgs Unabhängigkeit von Dänemark zur Folge haben, ist Schimmelmann beteiligt.*

Nach Krieg beginnt Depressionsphase

1763. Eine ganz Europa umfassende Wirtschaftskrise führt in Hamburg zum Bankrott von 97 Firmen. In der Hansestadt beginnt eine bis 1788 anhaltende Phase ökonomischer Depression.

Die Krise wird gegen Ende des Siebenjährigen Krieges durch den Zusammenbruch der Kriegsfinanzierung mit Hilfe ungedeckter Wechsel ausgelöst. Schwer getroffen wird Hamburg von der Entscheidung des preußischen Königs Friedrich II., neue Münzen prägen zu lassen. Dieser Währungsschnitt setzt das bisherige, durch die Kriegsfinanzierung größtenteils entwertete Geld außer Kurs. Die Einführung einer neuen Währung im hochverschuldeten Preußen bewirkt den Bankrott verschiedener niederländischer Banken; im Anschluß werden 97 Hamburger Handelshäuser zahlungsunfähig. Die merkantilistische Politik der absolutistischen Regime in Europa, aber auch wachsender Konkurrenzdruck bewirken, daß in der Hansestadt eine rund 25 Jahre anhaltende Depressionsphase einsetzt (→ 1783/S. 169; 1799/S. 177). Hamburgs Wirtschaft reagiert im 18. Jahrhundert besonders anfällig auf konjunkturelle Schwankungen, da der Handel immer stärker zum beherrschenden Wirtschaftsfaktor geworden ist. Störungen bei Handel und Schiffahrt führen unmittelbar zu finanziellen Problemen und Arbeitslosigkeit.

Patrioten wollen »Menschen am nützlichsten sein«

11. April 1765. Die »Hamburgische Gesellschaft zur Förderung der Künste und nützlichen Gewerbe« (Patriotische Gesellschaft) hält im Börsensaal ihre Gründungsversammlung ab.

Nach dem Vorbild einer bereits in London bestehenden Gesellschaft ähnlichen Namens (heute »Royal Society of Arts«) wollen die »Patrioten« dem fortschrittlichen Geist der Technik und der Erfindungen zum Durchbruch verhelfen und zugleich im Sinne des Gemeinwohls wirken.

Zuvor hatte der Jurist Johann Ulrich Pauli in seinem an »alle wahren Parioten Hamburgs« gerichteten Gründungsaufruf am 19. Janu-

ar bereits das Motto der neuen Gesellschaft formuliert: »Auf welche Weise kann man den Menschen am nützlichsten sein?« Zu den ersten,

die sich von diesem Appell angesprochen fühlen, zählen der Architekt Ernst Georg Sonnin (→ 19. 10. 1762/S. 158), Johann Georg Büsch,

der Mitbegründer der Handelsakademie (→ 1768/S. 162) und der Hamburger Arzt Johann Albert Heinrich Reimarus.

Johann Georg Büsch, Mathematikprofessor am Akadem. Gymnasium

»Dem öffentlichen Nutzen« ist das Motto der Patriotischen Gesellschaft.

Kopf der Aufklärung in Hamburg: Hermann Samuel Reimarus

Lessing entwirft seine »Dramaturgie«

22. April 1767. Zur Eröffnung des »Entreprise« genannten Hamburger Nationaltheaters stellt der Dichter Gotthold Ephraim Lessing das Projekt einer »Hamburgischen Dramaturgie« vor. Lessing arbeitet als Dramaturg für die von Johann Friedrich Löwen geleitete Bühne.

In Form einer Theaterzeitschrift will Lessing »ein kritisches Register von allen aufzuführenden Stücken« bieten und »jeden Schritt, den die Kunst, sowohl des Dichters, als des Schauspielers, hier tun wird«, kommentieren. Diese »Hamburgische Dramaturgie« erscheint anschließend bis zum 26. März 1769 in 104 Lieferungen (1768/69 in Buchform).

Seine ursprüngliche Absicht einer kritischen Würdigung der aktuellen Theaterarbeit am Nationaltheater muß Lessing dabei jedoch schon bald ändern. Allein die Besprechung der ersten Aufführung erfordert sieben Hefte; die späteren Texte erscheinen mit erheblichen Verzögerungen, zeitweise werden gar keine neuen Hefte herausgebracht. Frühzeitig hat Lessing seine eigentliche Absicht aufgegeben, auch die Leistungen der Schauspieler in seine Reflexionen zur Schauspielkunst einzubeziehen.

Unter diesen Umständen entwickelt sich die »Hamburgische Dramaturgie« zu allgemeinen Urteilen über die Ästhetik des Dramas und zu einer Auseinandersetzung mit der aristotelischen Poetik. In seinen theoretischen Reflexionen begründet der Dichter gattungstheoretisch die bürgerliche Tragödie.

Das Nationaltheater scheitert jedoch. Lessing, der vor 1767 in Breslau und Berlin lebte, nimmt nach dem Ende des Nationaltheaters Ende 1769 resigniert eine Berufung zum Bibliothekar an die Wolfenbütteler Bibliothek an (→ Oktober 1774/S. 167). Er stirbt am 15. Februar 1781 in Braunschweig.

Der deutsche Philosoph und Dichter Johann Gottfried von Herder urteilt 1781 – kurz nach Lessings Tod – über dessen Wirken in Hamburg: »Wären indessen auch nur die zwey Bände ›Dramaturgie‹ die Frucht seines Aufenthaltes in dieser Lage: so wäre das teutsche Theater allgemein für die kleinen Veränderungen, die er dort machen oder nicht machen konnte, reichlich entschädigt.«

△ *Comödienhaus am Gänsemarkt, Spielstätte des Nationaltheaters; der Wanderbühnen-Prinzipale Konrad Ernst Ackermann hatte hier am 31. Juli 1765 eine der ersten festen Schauspielbühnen Deutschlands eröffnet. Obwohl Ackermann fast 200 meist französische Stücke und einen abwechslungsreichen Spielplan bot, scheiterte er nach kurzer Zeit.*

◁ *Der Schriftsteller, Kritiker und Philosoph Gotthold Ephraim Lessing (Gemälde von Johann Heinrich Tischbein d. Ä., 1760); in Wolfenbüttel beklagt er seine geistige Vereinsamung: »Wer in dieser Stadt hätte bleiben können! Wer aus dieser Gesellschaft nur einen einzigen hier hätte«.*

Szenen aus Lessings Zeitstück und Lustspiel »Minna von Barnhelm« (Radierungen von Daniel Chodowiecki); das in Breslau entstandene Stück wird am Hamburger Nationaltheater uraufgeführt. Die Textausgabe erscheint 1767.

Erster Versuch mit »Nationaltheater«

Chronik Hintergrund

Dem privat finanzierten und deshalb »Entreprise« genannten Nationaltheater am Gänsemarkt ist nur ein Leben von rund zwei Jahren beschieden. Das neue Theater übernimmt die Räume des Comödienhauses am Gänsemarkt. Dort hatte Konrad Ernst Ackermann am 31. Juli 1765 die erste stehende Schauspielbühne der Hansestadt eröffnet, die trotz erstklassiger Schauspieler (u. a. dem Hamburger Conrad Ekhof) bereits nach zwei Jahren wegen des mangelnden Publikumsinteresses ihre Pforten schließen mußte.

Die Gründung des Hamburger Nationaltheaters resultiert aus dem Engagement Hamburger Kaufleute, die allerdings nicht den einflußreichen Kreisen des hansestädtischen Bürgertums entstammen. Ziel des neuen Hauses ist es nach den Worten seines Leiters, des Schriftstellers Johann Friedrich Löwen, »eine Nationalbühne dem ganzen Volke zu verschaffen«. Die Idee eines Nationaltheaters geht zurück auf die 1680 in Frankreich gegründete Comédie Française.

In Deutschland steht sie im Zusammenhang mit Bemühungen um ein Drama, das gegen das dominierende französische Vorbild »deutsche Eigenarten« und »deutsches Wesen« widerspiegeln soll.

Allerdings enthält das Programm des Hamburger Nationaltheaters nur einen geringen Anteil von Stücken neuerer deutscher Autoren (u. a. Johann Elias Schlegel, Lessing, Christian Felix Weisse, Johann Christian Krüger); französische Dramatiker überwiegen auch hier. Immerhin wird Gotthold Ephraim Lessings »Minna von Barnhelm« mit 16 Aufführungen zum erfolgreichsten Stück der Bühne am Gänsemarkt. Aber da es an ähnlichen Erfolgen mangelt, geht die »Entreprise« nach einem Wintergastspiel in Hannover im März 1769 bankrott.

Dänische Geldnot: Hamburg endlich freie Reichsstadt

27. Mai 1768. Hamburg gewinnt seine Unabhängigkeit von Dänemark und wird freie Reichsstadt. Durch den auf Schloß Gottorp bei Schleswig ausgehandelten Vergleich akzeptieren die fürstlichen Mitglieder des Gesamthauses Holstein die unabhängige Stellung Hamburgs sowie den Status einer »Kaiserlich Freien Reichsstadt«. Zugleich sollen alle Irrungen zwischen Dänemark bzw. den holsteinischen Herzogtümern und Hamburg damit für ewig beseitigt sein. Der Gottorper Vertrag regelt detailliert die staatsrechtlichen Verhältnisse: Hamburg ist jetzt unangefochten Teil des Heiligen Römischen Reiches Deutscher Nation, während die beiden Herzogtümer Schleswig und Holstein vollständig unter dänischer Herrschaft stehen. Die Fürsten verzichten für sich und ihre Erben auf eine Revision des früher stets bestrittenen Urteils des Reichskammergerichts von 1618. Außer der Anerkennung der Reichsstandschaft Hamburgs beinhaltet der Gottorper Vergleich einen umfangreichen Gebietsaustausch. Die Stadt gibt die in hamburgischem Pfandbesitz befindlichen 18 Dörfer in den Ämtern Trittau und Reinbek an das Herzogtum Holstein zurück. Dafür werden die holsteinischen Besitzungen innerhalb des hamburgischen Stadtgebietes (Schauenburger Hof an der Steinstraße und Mühlenhof) an Hamburg übertragen, ebenso alle Anteile am Schauenburger Zoll. Dabei handelt es sich um die nach den ehemaligen Stadtherren benannten Transitgebühren. Hamburg erhält ferner:

▷ Die Elbinseln, Niederungsgebiete und Sände zwischen Billwerder und Finkenwerder
▷ Die Pachtgüter Veddel und Grevenhof
▷ Die Lehngüter Peute und Müggenburg
▷ Den Griesenwerder, Kaltehofe sowie den Pagensand
▷ Kleinere Holstein-gottorpische Parzellen aus früherem Pfandbesitz

Schließlich wird in Artikel 10 des Vertrages dem hamburgischen Handel in Dänemark und Norwegen das Privileg der Meistbegünstigung eingeräumt.
Freilich ist dies alles nicht kostenlos zu haben, denn die finanziellen Bedrängnisse des Königreiches Dänemark und des Herzogtums Holstein-Gottorp waren der Hauptgrund für das Einlenken Dänemarks. Sie waren in Hamburg nicht verborgen geblieben, nicht zuletzt deshalb, weil die 1749 von Holstein-Gottorp eingelösten Besitzungen (darunter Nettelnburg und Billwerder) bereits im folgenden Jahr nebst den Ämtern Trittau und Reinbek gleich wieder verpfändet worden waren. Während des Siebenjährigen Krieges hatte der dänische König Friedrich V. in den Jahren 1759 und 1762 von der Stadt insgesamt 1,4 Mio. Mark banco in Form von Anleihen erpreßt und beim zweitenmal sogar seine Truppen aufmarschieren lassen, um der Forderung auf diese Weise größeren Nachdruck zu verleihen.

So stellten die Hamburger im Jahr 1765 Überlegungen an, wie man angesichts des Finanzbedarfs des dänischen Staates über einen Gebietserwerb dänischer Elbinseln vielleicht ein für Hafen und Schiffahrt wichtiges Gebiet in die Hände bekommen könnte. Daraufhin knüpfte Senatssyndikus Jakob Schuback Kontakte zu den Politikern in Kopenhagen. Die Gespräche, in die auch der dänische Staatsmann Heinrich Carl von Schimmelmann einbezogen wurde, führten zu dem Ergebnis, daß Hamburg dem dänischen Königshaus eine Schuld von 1 Mio. Taler courant und dem Herzogtum Holstein-Gottorp Verbindlichkeiten in Höhe von über 1 Mio. Mark banco erläßt. Zwar wird der Hamburger Haushalt damit auf Jahre hinaus schwer belastet, aber die Bürgerschaft folgt dennoch dem Rat und ratifiziert den Gottorper Vergleich am 14. Juli 1768.

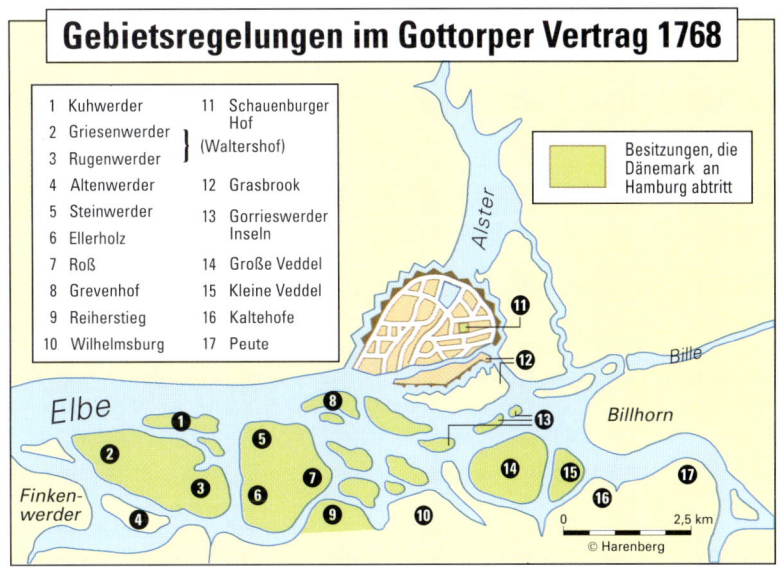

Gebietsregelungen im Gottorper Vertrag 1768

1 Kuhwerder
2 Griesenwerder
3 Rugenwerder
4 Altenwerder
5 Steinwerder
6 Ellerholz
7 Roß
8 Grevenhof
9 Reiherstieg
10 Wilhelmsburg
11 Schauenburger Hof (Waltershof)
12 Grasbrook
13 Gorrieswerder Inseln
14 Große Veddel
15 Kleine Veddel
16 Kaltehofe
17 Peute

Besitzungen, die Dänemark an Hamburg abtritt

© Harenberg

Von Konfrontation zu guter Nachbarschaft

Chronik Hintergrund

Die Unterzeichnung des Gottorper Vergleichs beendet die offiziell über 300jährige Zugehörigkeit Hamburgs zum dänisch regierten Herzogtum Holstein.
Mit der ersten »Annehmungs-Huldigung« für den dänischen König Christian I. (→ 5. 3. 1460/S. 68), der die Schauenburger als Landesherr von Holstein abgelöst hatte, begann Hamburg eine Schaukelpolitik mit dem Ziel, soviel Unabhängigkeit wie irgend möglich zu bewahren. Gegenüber Kaiser und Reich auf der einen und Dänemark auf der anderen Seite wollte man die gleiche Distanz halten. Dies änderte sich mit dem Regierungsantritt von König Christian IV. (→ 28. 10. 1603/S. 106). Dessen zielgerichtete Machtpolitik ließ Hamburg die Annäherung an das Reich suchen. Die Stadt sah es daher mit Freude, daß ein Urteil des Reichskammergerichts am 6. Juli 1618 ihre Reichszugehörigkeit bestätigte. Allein, der Dänenkönig war nicht gewillt, Reichsstandschaft und Elbhoheit zu akzeptieren (→ 4. 9. 1630/S. 116). Er und seine Nachfolger übten immer wieder politischen Druck auf Hamburg aus, förderten die Nachbarorte Altona (→ 23. 8. 1664/S. 127) und Wandsbek und nutzten jede sich bietende Gelegenheit, Hamburgs Wirtschaftskraft zu beeinträchtigen. Mit dem Gottorper Vertrag beginnt eine Ära gutnachbarlicher Beziehungen. Bedauerlich nur für Hamburg, daß dies schon früher und billiger hätte geschehen können (→ 25. 3. 1650/S. 123).

Schloß zu Gottorp bei Schleswig (Stich von 1749), wichtigste Residenz der dänischen Könige in ihren deutschen Landen – seit 1460 sind die aus dem Haus Oldenburg entstammenden Monarchen auch Landesherren von Schleswig und Holstein.

Duckdalben bieten weitere Liegeflächen

Musiker und Komponist Carl Philipp Emanuel Bach, der »Hamburger Bach« (kolorierte Radierung, 1785)

Telemann abgelöst: Rat holt Bach-Sohn

3. November 1767. Der Rat wählt den Komponisten Carl Philipp Emanuel Bach zum Musikdirektor der fünf Hauptkirchen und Kantor am Johanneum. Johann Sebastian Bachs zweiter Sohn tritt damit die Nachfolge des am 25. Juni 1767 verstorbenen Georg Philipp Telemann an (→ 10. 7. 1721/S. 147).

Der 53jährige Bach – ein Schüler seines Vaters – ist bisher Kammercembalist in der Kapelle König Friedrich II., des Großen, in Berlin gewesen. Dort sind bereits bedeutende Kompositionen entstanden (u. a. die sechs »Preußischen« und »Württembergischen Sonaten«). In der Zeit seines Wirkens in Hamburg untermauert Bach den Ruf der Hansestadt als bedeutendes Musikzentrum. Seine Privatkonzerte in der Handelsakademie zwischen 1770 und 1780 sind überwiegend ausverkauft; Klaviermusik und Interpretationskünste des Patensohns von Telemann sind in Hamburg populär. Dennoch leidet er unter dem nachlassenden Interesse der Hamburger an Musik: 1768/69 findet sich für die von ihm angekündigten 20 Subskriptionskonzerte keine ausreichende Zahl von Interessenten.

Der »Hamburger Bach«, der u. a. 200 Klavierkompositionen anfertigt, bleibt bis zu seinem Tod am 14. Dezember 1788 seiner Wahlheimat treu. Mit seinem empfindsamen Stil und als Vertreter des musikalischen Sturm und Drang beeinflußt er auch die Wiener Klassik.

1768. Zur Erweiterung der Ankerplätze werden im Hafen außerhalb des Niederbaumes sog. Duckdalben angelegt. Die Ausdehnung ist aufgrund des gestiegenen Handelsumfanges notwendig geworden.

Bei Duckdalben (auch Dückdalben oder Dalben genannt) handelt es sich um ein Bündel von Pfählen, die in den Hafenboden gerammt werden. Meist dienen sie als Landeplatz für Schiffe, im übrigen zum Schutz von Einfahrten oder als Seezeichen. Zunächst waren es Einzelpfähle, die zum Festmachen von Schuten und Ewern in den Boden gerammt wurden. Da schon für Oberländer Kähne diese Einzelpfähle nicht mehr genügten, konstruierte man Pfahlgruppen. Der »Umschlag im Strom« – also das Ent- und Beladen der Schiffe an den Duckdalben – ist eine Besonderheit des Hamburger Hafens. Auch noch im 19. Jahrhundert sind Schiffe aufgrund der kleinen Kaiflächen auf die Liegeplätze an den Duckdalben angewiesen. 1868 beträgt deren Gesamtlänge 12,6 km.

Angesichts des zunehmenden Schiffsverkehrs reicht die Fläche des eigentlichen Hafenbeckens nicht mehr aus. Zuletzt wurde die Hafenabsperrung 1642 von der Höhe des Baumhauses bis zur Mitte der Vorsetzen verlegt, nachdem zuvor der niederländische Festungsspezialist Johan van Valckenburgh beim Bau der Verteidigungsanlage den vergrößerten Niederhafen in das Areal mit einbezogen hatte.

Zwar verzeichnet der Hamburger Handel u. a. mit der Kündigung des Handelsvertrags und Verhängung eines Embargos durch Frankreich sowie dem preußischen Währungsschnitt (→ 1763/S. 159) bedeutende Rückschläge. Aber die Aufhebung des Embargos 1760 und ein neuer Handelsvertrag mit Frankreich (1769) sorgen für eine Belebung der Geschäfte. Ein großer Teil der französischen Kolonialwaren und knapp die Hälfte des französischen Kaffee-Exports gehen über Hamburg. Der Handel mit den 1776 unabhängig werdenden Vereinigten Staaten eröffnet weitere positive Aussichten (→ 1783/S. 169).

Aussicht vom Kehrwieder auf die Häuserreihe Kajen (r.); im Vordergrund wird ein im Binnenhafen liegendes Schiff kalfatert (moderne Kolorierung).

Skepsis gegenüber Handelsakademie

1768. Unter maßgeblicher Beteiligung des Pädagogen Johann Georg Büsch entsteht in Hamburg eine Handelsakademie. 1771 übernimmt Büsch die Leitung der weit über die Grenzen der Stadt hinaus bekannten Privatschule.

An der Akademie werden nicht nur speziell kaufmännische Fertigkeiten, sondern auch allgemeinbildende Fächer wie Geschichte, Geographie und Fremdsprachen unterrichtet. Theorie und Praxis sind in der Ausbildung eng miteinander verknüpft. Nicht zuletzt deshalb ist die Einrichtung auch für viele ausländische Schüler attraktiv; besonders kaufmännischer Nachwuchs aus England und Schottland ersucht um Aufnahme. Im übrigen steht die Schule allen christlichen Bekenntnissen offen (→ 19. 9. 1785/S. 170). Zu den Absolventen zählt u. a. Alexander Freiherr von Humboldt, der Südamerika und den asiatischen Teil Rußlands bereist und sich um Geographie und Geologie verdient macht.

Alexander Freiherr von Humboldt, Naturforscher und Geograph (Gemälde von Georg Friedrich Weitsch, 1806)

Die Hamburger Kaufmannschaft steht der Handelsakademie lange Zeit reserviert gegenüber. Sie hat Angst, auswärtige Kaufleute könnten die Informationen über Hamburgs Handel zu ihrem Vorteil nutzen. Sie bevorzugt daher weniger ambitionierte Handelsschulen, die ebenso in privater Regie betrieben werden wie der verbreitete Hauslehrer-Unterricht.

Der am 3. Januar 1728 geborene Johann Georg Büsch zählt zu den Mitbegründern und engagiertesten Mitgliedern der Patriotischen Gesellschaft (→ 11. 4. 1765/S. 159). Nach seinem Studium arbeitete er zunächst als Mathematiklehrer am Johanneum, bevor er sich u. a. der Handelsakademie widmet. Neben seiner pädagogischen Tätigkeit verfaßt Büsch auch zahlreiche Schriften zu nationalökonomischen, handelswissenschaftlichen und statistischen Problemen.

1770

18. 1. 1770. Eine »Neue Nachtwache-Ordnung« legt die Zahl der Hamburger Wachtposten auf 284 Mann fest, die auf 64 Posten (Distrikten) Dienst tun. Eine Neuregelung des Banksystems sieht die Berechnung des Bankfonds nach Silberbarren vor.

7. 5. 1770. Der Rat regelt die Besteuerung der Hamburger Bürger. → S. 163

17. 6. 1770. Auf dem Gänsemarkt findet die Premierenziehung des Zahlenlottos statt. → S. 163

1770. An der Hauptkirche St. Jacobi wird in Deutschland erstmals ein Blitzableiter angebracht.

1770. Zwischen Altona und Hamburg wird eine Fußbotenpost eingerichtet.

1770. Der Dichter Friedrich Gottlieb Klopstock läßt sich nach dem Verlassen Dänemarks in Hamburg nieder. → S. 164

9. 7. 1771. Infolge Hochwassers brechen die Deiche in den Vierlanden an fünf Stellen. → S. 165

12. 9. 1771. Wegen der prekären Haushaltslage billigt die Bürgerschaft auf Wunsch des Rates die Bildung einer auf zunächst ein Jahr berufenen Kameraldeputation aus fünf Ratsherren, drei Kämmerern und 15 Mitgliedern der bürgerlichen Kollegien.

1771. Der Schauspieler Friedrich Ludwig Schröder übernimmt die Leitung des Comödienhauses am Gänsemarkt. → S. 164

1771. Der Dichter Matthias Claudius übernimmt die Herausgabe des »Wandsbecker Bothen«. → S. 164

28. 4. 1772. In Kopenhagen wird der Altonaer Arzt und frühere dänische Minister Johann Friedrich Graf von Struensee hingerichtet. → S. 165

15. 4. 1773. Der »Messias« von Georg Friedrich Händel wird in Hamburg in deutscher Erstaufführung gezeigt.

26. 8. 1773. Die Bürgerschaft billigt die Reduzierung des Militärs. → S. 166

1773. Der seit 1769 in Eppendorf als Küster und Organist tätige Samuel Heinicke erprobt mit Erfolg neue Methoden zur Unterrichtung von Taubstummen. → S. 165

23. 8. 1774. Unter Leitung von Friedrich Ludwig Schröder wird in Hamburg das Trauerspiel »Clavigo« des 24jährigen Johann Wolfgang Goethe uraufgeführt.

Oktober 1774. Gotthold Ephraim Lessing veröffentlicht die ersten der sog. Reimarus-Fragmente. → S. 167

1774. Der Hamburger Rat konfisziert einen Predigttext von Hauptpastor Johann Melchior Goeze, der sich u.a. gegen die Lehren seines Amtskollegen Julius Gustav Alberti richtet. Der Rat sieht darin einen Aufruf zu Aufruhr und Revolution, worauf Goeze den Text in einer Auflage von rund 20 000 Exemplaren in Altona drucken läßt.

18. 7. 1775. Die Hamburger Tischler-Gesellen begehen das Anbringen eines neuen Amtsschildes mit einem Aufzug. → S. 166

1775. Aus der 1767 in Altona gegründeten privaten Heringskompanie geht ein »Kgl. Fischerei- und Handelsinstitut« hervor, dessen Fischereiflotte vornehmlich vor den Shetland-Inseln auf Fang geht.

8. 2. 1776. Unter Leitung von Friedrich Ludwig Schröder wird in Hamburg das Schauspiel für Liebende »Stella« von Johann Wolfgang Goethe uraufgeführt, danach aber vom Rat wieder abgesetzt.

23. 2. 1776. Friedrich Ludwig Schröder führt in Hamburg erstmals Friedrich Maximilian von Klingers Tragödie »Die Zwillinge« auf. Klinger ist Autor des im gleichen Jahr entstandenen Dramas »Sturm und Drang«, das der folgenden revolutionären Kulturepoche ihren Namen gibt.

1. 1. 1777. Der aus Osterode im Harz eingewanderte Isaac Hesse läßt sich in der Elbstraße unterhalb der Hauptkirche St. Michaelis als Kattunmakler nieder (heute Bankhaus Hesse Newman & Co.). → S. 167

1. 8. 1778. In Hamburg wird die Allgemeine Versorgungsanstalt mit zehn Kassen gegründet. Darunter ist auch eine Ersparungskasse, die erste Sparkasse überhaupt in Europa. → S. 167

18. 9. 1778. Der Hamburger Rat erläßt ein Reglement über das Verhalten der Hamburger Schiffe während des Nordamerikanischen Unabhängigkeitskrieges (1775–1783). Im März 1778 ist Frankreich auf seiten der nordamerikanischen Kolonien in den Krieg eingetreten.

1778. Der Pädagoge Joachim Heinrich Campe führt bis 1783 eine reformpädogische Erziehungsanstalt am Hammerdeich, in der viele Hamburger Kaufmannssöhne ausgebildet werden.

GEBOREN:

30. 8. 1772. Hamburg: Johann Jakob Rambach († 2. 12. 1812, Hamburg), Arzt.

8. 6. 1774. Hamburg: David Christian Mettlerkamp († 25. 7. 1850, Hamburg), Bleideckermeister, Kommandeur der Bürgergarde.

23. 7. 1777. Wolgast: Philipp Otto Runge († 2. 12. 1810, Hamburg), Maler.

GESTORBEN:

13. 11. 1771. Konrad Ernst Ackermann (* 1. 2. 1712 oder 1710, Schwerin), Schauspieler und Theaterleiter.

29. 11. 1777. Hamburg: Hinrich Borkenstein (* 21. 10. 1705, Hamburg), Lustspieldichter (→ 16. 8. 1741/ S. 153).

16. 6. 1778. Gotha: Conrad Ekhof (* 12. 8. 1720, Hamburg), Schauspieler. → S. 167

Überaus diszipliniert geht es zu bei der ersten Ziehung der Lottozahlen auf dem Gänsemarkt. L. ein für den Anlaß errichteter provisorischer Glockenturm.

5 aus 90: Erstes Zahlenlotto

17. Juni 1770. Auf dem Gänsemarkt findet die erste Ziehung des Zahlenlottos in Hamburg statt. Die Bürgerschaft hatte am 8. Februar 1770 eine solche Veranstaltung beschlossen, um »der Ausschleppung des Geldes . . . durch fremde Collecteurs . . . entgegenzuwirken«.

Die Ziehung des Lottos »5 aus 90« beginnt um drei Uhr nachmittags. Sie steht unter der Aufsicht von Senatsvertretern und wird von zwei Waisenjungen vollzogen. Eine große Menschenmenge verfolgt das Ereignis; eigens für den Tag der Ziehung hat der Senat eine gesonderte Verkehrsordnung am Gänsemarkt erlassen.

Das Zahlenlotto wurde erstmals im 16. Jahrhundert in Genua gespielt. Nach Deutschland kam es 1735.

Druckerei von Lotterielosen (Kupferstich von 1770); in Preußen ist das Zahlenlotto schon seit 1763 bekannt.

Kopfsteuer nach Klassen

7. Mai 1770. In einem vom Rat der Stadt veröffentlichten »Reglement wegen des Kopf-Geldes« (sog. Kopfsteuer) werden die steuerpflichtigen Bürger Hamburgs in neun Klassen aufgeteilt.

Zu den ersten beiden Klassen gehören diejenigen Bürger, die über ein Kapitalvermögen von über 20 000 Mark bzw. über Wagen und Pferde verfügen. Die übrigen sieben Klassen fassen bestimmte Ämter und Berufe zusammen. Die Einteilung wird bei der Erhebung der Kopfsteuer, die für besondere Aufgaben jeweils neu beschlossen wird, von der politischen Führungsschicht vorgenommen. Entscheidende Kriterien sind Vermögen, die Ausübung bestimmter Ämter und der Besitz akademischer Würden.

Erhebungskategorien (Auszug)

Klasse 3: »Herren Bürgermeister und Rath nebst denen Herren Syndicis und Secretariis . . ., Professores, Graduirte « u. a.

Klasse 5: Krämer, Künstler, Handwerker u. a.

Klasse 7: »Kauf- und Kramer-Gesellen, Haushalter und Haushälterinnen, Becker- und Brauer-Knechte, Zuckerbecker-Gesellen« u. a.

Klasse 9: Mägde, Ammen, Diener, Kutscher, Matrosen u. a.

Klopstock läßt sich in Hamburg nieder

1770. Der deutsche Dichter Friedrich Gottlieb Klopstock läßt sich in Hamburg nieder. Die Hansestadt bleibt bis zu seinem Tod im Jahr 1803 sein Wohnsitz.

Der am 2. Juli 1724 in Quedlinburg geborene Schriftsteller hat ein wechselvolles Leben zwischen Deutschland und Dänemark hinter sich. 1751 ging Klopstock auf Einladung des dänischen Staatsmannes und Mäzens Johannes Hartwig Ernst Graf von Bernstorff nach Kopenhagen. Dort, vom Königshaus mit einer Lebensrente unterstützt, wurde er zum Mittelpunkt des deutsch-dänischen Dichterkreises.

Friedrich Gottlieb Klopstock (kolorierter Stahlstich, um 1850)

1754 heiratete Klopstock die Hamburgerin Meta Moller, die er auf einer Reise von Zürich nach Kopenhagen kennengelernt hatte. Nachdem seine Frau 1758 gestorben war, lebte Klopstock zwischen 1759 und 1763 wieder in Deutschland. Ein Jahr später brach er nochmals zu einem sechsjährigen Intermezzo in Kopenhagen auf, bevor er sich nunmehr endgültig in Hamburg niederläßt. Dieser Schritt steht in Zusammenhang mit dem Sturz Bernstorffs in Dänemark.

In seiner neuen Wahlheimat vollendet Klopstock 1773 den 25 Jahre zuvor begonnenen »Messias«, ein biblisches Hexameterepos in 20 Gesängen. Er setzt sich für die wirtschaftliche Unabhängigkeit des Schriftstellers ein und und fordert u. a. die Einrichtung einer Akademie und eines Nationaltheaters. Klopstock gilt als Dichter zwischen Spätbarock und Klassik. Seine Werke enthalten sowohl Elemente der Empfindsamkeit als auch des Sturm und Drang und der Erlebnisdichtung. Neben dem »Messias« zählen die ab 1748 veröffentlichten »Oden« (1771 in Buchform) zu seinen bekanntesten Werken.

Nach Klopstocks Tod am 14. März 1803 wird sein Grab in Ottensen zu einer »Wallfahrtsstätte« gebildeter Kreise (→ 22. 3. 1803/S. 181).

Dichter und Redakteur Matthias Claudius (kolorierter Lichtdruck)

Matthias Claudius leitet den »Bothen«

1771. Der deutsche Dichter Matthias Claudius übernimmt die Herausgabe des »Wandsbecker Bothen«. Das viermal wöchentlich erscheinende Blatt wird durch Claudius berühmt. Mit seiner Mischung aus Literatur, Politik und Wissenschaft gilt es als erste deutsche Volkszeitung. Für den »Bothen« schreiben u. a. Friedrich Gottlieb Klopstock und Gotthold Ephraim Lessing. Claudius war zuvor drei Jahre Redakteur bei der »Hamburgischen Neuen Zeitung«.

Literarisches Leben in Hamburg: Johann G. Herder (l.), Gotthold Ephraim Lessing (M.) und Matthias Claudius (r.) auf der Terrasse des Baumhauses

Unter Schröder wird das Comödienhaus zur Institution

1771. Nach dem Tod von Konrad Ernst Ackermann übernimmt dessen 27jähriger Stiefsohn Friedrich Ludwig Schröder – zunächst zusammen mit seiner Mutter – die Leitung des Comödienhauses am Gänsemarkt.

Unter dem als leidenschaftlicher, ausdrucksstarker Schauspieler bekannten Schröder erlebt das Comödienhaus in den Jahren bis 1780 seine produktivste Phase. Schröder führt Dramen des Sturm und Drang auf, die die Ideale und das Lebensgefühl seiner Generation widerspiegeln: So zeigt das Comödienhaus 1774 Johann Wolfgang Goethes »Clavigo« und »Götz von Berlichingen« sowie 1776 die Goethe-Uraufführung »Stella«, die allerdings nach kurzer Zeit einem Senatsverbot unterliegt. 1787 wird Friedrich Schillers Drama »Don Carlos« hier uraufgeführt. Eben-

falls von großer Bedeutung sind die Eigenbearbeitungen von Shakespeare-Stücken, die eine Abkehr vom konventionellen, französisch orientierten Spielplan bedeuten. Nach sechsjähriger Gastspielreise (1780–1786) übernimmt Schröder von 1786 bis 1788 sowie 1811/12 erneut die Leitung des Theaters.

Schauspieler und Theaterleiter Friedrich Ludwig Schröder (Stich)

Friedrich Ludwig Schröder als Falstaff, eine seiner Paraderollen

Szene aus Goethes Drama »Clavigo«, das in Hamburg uraufgeführt wird

Flutkatastrophe vernichtet Ernte, Vieh und Häuser

9. Juli 1771. In der der Nacht vom 8. auf den 9. Juli beginnt die schwerste von drei Flutkatastrophen im 18. Jahrhundert. Mehrere Deichbrüche überschwemmen Bergedorf, Billwerder, Hammerbrook und die Vierlande.

Zunächst bricht der Deich beim Krauel, am Hammerbrook und im Reitbrook. Später können auch der Curslacker Deich und die Bergedorfer Schleuse den Wassermassen nicht standhalten. Die Flut vernichtet die gesamte Ernte, zahlreiche Tiere ertrinken, und viele Gebäude werden zerstört. Im Hafengebiet steigt das Wasser um mehr als dreieinhalb Meter. Menschen kommen nicht zu Schaden.

Erst am 6. September ist das Wasser wieder vollständig abgelaufen. Dazu müssen u. a. Einschnitte in den Billwerder Elbdeich gemacht werden, da die fünf Schleusen nicht ausreichen.

Insgesamt richtet die Flutkatastrophe einen Schaden von schätzungsweise 1,5 Mio. Hamburgische Mark an. Die hochverschuldete Stadt ist zu keinen wesentlichen Hilfeleistungen in der Lage. So bleibt eine Kollekte von rund 27 300 Mark die einzige bedeutende Unterstützung der Flutopfer.

Besonders ärmere Schichten werden hart getroffen, zumal die Über-

Die Karte zeigt das überschwemmte Gebiet (schraffiert) in den Vierlanden und den übrigen Elb- und Billmarschen.

flutung mit einer Teuerung zusammenfällt. Im 18. Jahrhundert gab es zuvor zwei Flutkatastrophen. Am ersten Weihnachtstag 1717 kamen im Amt Ritzebüttel, das Hamburg untersteht, über 300 Menschen und 2600 Stück Vieh ums Leben. Dort wurden 127 Häuser zerstört, während in Hamburg selbst nur der Verlust von Warenvorräten zu beklagen war. Ein Deichbruch bei Billwerder führte am 7. Oktober 1756 zwar zu schweren Überschwemmungen, forderte aber keine Menschenleben.

Liebesverhältnis mit dem Tod bestraft

28. April 1772. Der frühere Altonaer Stadtarzt Johann Friedrich Graf von Struensee wird in Kopenhagen hingerichtet. Der seit 1769 am dänischen Hof tätige, politisch umstrittene Struensee hatte ein Liebesverhältnis zur Königin.

Struensee war drei Jahre zuvor als Hofarzt des geisteskranken dänischen Königs Christian VII. nach Kopenhagen berufen worden. Er betrieb anschließend die Absetzung von Außenminister Johannes Hartwig Ernst Graf von Bernstorff (1770) und wurde Geheimer Kabinettsminister (1771). Seine staatspolitische Tätigkeit war geleitet von aufklärerischen Ideen. So strebte er u. a. die Ausdehnung der Pressefreiheit und eine Reform des Rechtswesens an.

Der Arzt und Staatsmann war jedoch aufgrund absolutistischer Allüren und antidänischer Tendenzen umstritten. Auf Veranlassung feindlich gesonnener höfischer Kreise wird er am 17. Januar 1772 verhaftet und wegen seines Verhältnisses zur Königin Caroline Mathilde hingerichtet.

Dänemarks Königin Caroline Mathilde (M.) willigt in die Scheidung ein.

Struensee nimmt im Kerker das Urteil entgegen (Lithographie, 1863).

Heinicke: Erfolge bei Taubstummen

1773. Der als Küster in Eppendorf arbeitende Pädagoge Samuel Heinicke erzielt bemerkenswerte Erfolge in der Taubstummenerziehung. Heinicke gilt als Pionier in diesem Bereich.

Der am 10. April 1727 in Nautschütz (Landkreis Eisenberg) geborene Heinicke verzeichnete bereits in den 50er Jahren erste Erfolge in der Gehörlosenerziehung. Auch während seiner Tätigkeit in Eppendorf zeigt er großes Geschick bei der Unterrichtung Taubstummer, obwohl er als Küster mit Vorbehalten seitens der Geistlichkeit zu kämpfen hat.

Am 14. April 1778 gründet Samuel Heinicke in Leipzig die erste deutsche Taubstummenlehranstalt. Die von ihm angewandte sog. Lautsprachmethode findet ab 1880 auch internationale Beachtung.

Hamburger Militär wird aus Kostengründen reduziert

26. August 1773. Aus Kostengründen beschließt die Bürgerschaft eine Verminderung des städtischen Militärs um zwei Kompanien. Die restlichen zehn Kompanien sollen auf eine Stärke von je 150 Mann reduziert werden.

Die Bürgerschaft lehnt allerdings eine ins Auge gefaßte, noch weitergehende Verminderung des Militärs trotz der hohen Schulden der Stadt ab. Zur Begründung verweist sie auf die wachsende Zahl von Diebstählen an den Fortifikationen. Ein weiterer Vorstoß des Rates am 9. Dezember stößt erneut auf den Widerstand der Bürgerschaft. Diese wehrt sich auch gegen die Einsetzung einer vom Rat der Stadt gewünschten »Entscheidungs-Deputation« in Sachen Truppenverminderung. Nach Ansicht der Bürgerschaft soll die Reduzierung durch »allmähliches Aussterben« vollzogen werden.

Erst seit Beginn des 17. Jahrhunderts gibt es in Hamburg eine ständige Söldnertruppe, deren Stärke zunächst erheblich schwankte (→ 16. 1. 1619/S. 110). Vor dem Hintergrund des Dreißigjährigen Krieges wurde der Ausbau des Militärs intensiviert. Hamburg erhielt einen sog. Kriegsrat, der aus Abgeordneten des Rates und der Erbgesessenen Bürgerschaft bestand.

Aufzug des Stadtmilitärs auf dem Großneumarkt; r. der 1750 als Ersatz für St. Michaelis erbaute Glockenturm

1566 gab die Stadt für Verteidigungsmaßnahmen rund 173 000 Mark aus, zum Ende des 18. Jahrhunderts hatte sich der Betrag auf über 5 Mio. Mark erhöht. 1737 zählte das Artilleriekorps 315 Geschütze und 186 Kanoniere.

Die meisten der Soldaten wohnen in Privatquartieren, einige in Baracken. Ein Oberst erhielt 1762 ein Jahresgehalt von 4320 Mark, ein Gemeiner dagegen mußte sich mit 75 Mark und 12 Schillingen begnügen. Alle gemeinen Soldaten gehen ganz selbstverständlich Nebenbeschäftigungen nach, um überhaupt existieren zu können.

Neben der Söldnertruppe existiert die sog. Bürgerwache (→ 16. 1. 1619/S. 110). Jeder kann einberufen und dem Wachdienst auf den Wällen bzw. dem Bereitschaftsdienst für eventuelle Noteinsätze zugeteilt werden. Befreit sind dagegen alle Männer im Alter über 60 Jahren sowie alle Kranken und Gebrechlichen. Sie müssen ebenso eine Ablösesumme zahlen wie die in Hamburg lebenden Ausländer. Bestimmte Berufsgruppen bleiben vom Wachdienst verschont. Die großzügig praktizierten Befreiungen wirken sich natürlich negativ auf die militärische Schlagkraft aus. So gilt die Bürgerwache – die ohnehin immer mehr an Bedeutung verloren hat – als ein Korps von zwar bewaffneten, aber ungeübten Männern. Dennoch bleibt sie ein Machtinstrument der städtischen Führungsschichten. So geht die Bürgerwache anläßlich des Handwerkeraufstands vom → 19. bis 27. August 1791 (S. 174) mit blutiger Gewalt gegen Streikende vor.

Tischleraufzug mit Fassaden, Fahnen und Fanfaren

18. Juli 1775. Mit großem Aufwand führen die Tischlergesellen einen traditionellen Umzug durch. Der Anlaß: An der Gesellenherberge im neuen Tischler-Amtshaus in der Breitenstraße wird ein neues Schild angebracht.

Im Mittelpunkt des Aufzugs stehen das Schild und die Amtslade, in der wichtige Dokumente des Amts aufbewahrt werden. Neben den Werkzeugen führen die Gesellen Risse und Modelle der fünf klassischen Säulen, einer Pyramide und eines Portals mit. Hinzu kommen sinnbildliche Darstellungen, u. a. der vier Jahreszeiten und Erdteile sowie der menschlichen Tugenden. Auch eine schauspielerische Darbietung gehört mit zum Aufzug: Die Teilnehmer stellen ein altes Fastnachtsspiel der Tischlergesellen nach, dessen Text aus dem Jahr 1696 sie mit modernen Ele-

menten versetzen. Neu im Zeremoniell ist eine Gruppe von Lehrlingen, die an diesem Tag zu Gesellen

ernannt werden. Im übrigen gehören Fahnenträger und -schwinger ebenso zum Aufzug der Tischler-

gesellen wie eine Fechtergruppe. Eine militärische Eskorte und ein Musikkorps begleiten den Zug.

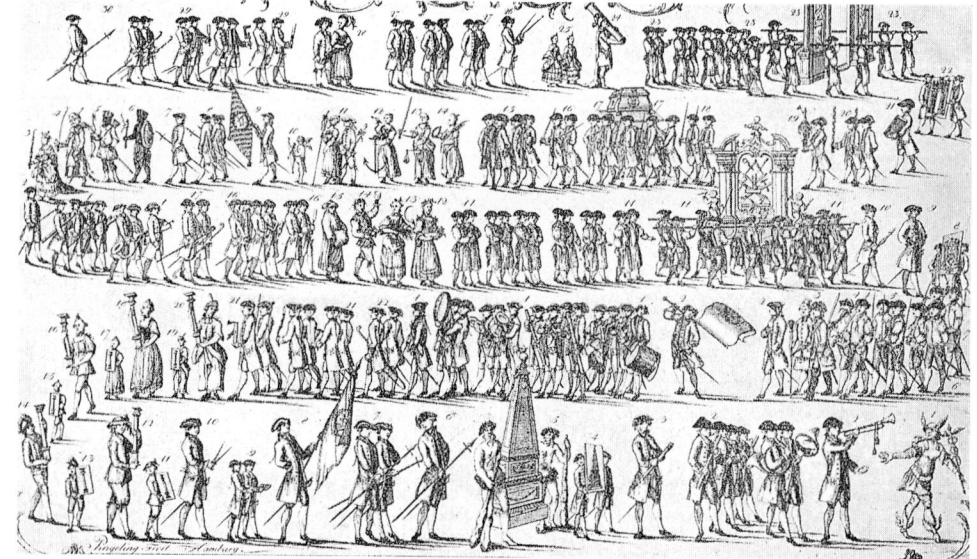

Aufzug der Gesellen des Tischleramts am 18. Juli 1775 (nach einem kolorierten Kupferstich); viele Elemente und Personen sind aus dem Fastnachtsspiel der Tischlergesellen von 1696 übernommen, in dem ein Bauer sich, um seiner Frau zu gefallen, abhobeln läßt. Alle Frauen der Spielhandlung werden dabei traditionell von Männern dargestellt.

Streit animiert zu »Nathan der Weise«

Oktober 1774. Der deutsche Dichter Gotthold Ephraim Lessing gibt das erste der sog. Reimarus-Fragmente heraus. Die Veröffentlichung wird zum Anlaß des »Fragmentenstreits« zwischen Lessing und dem Hamburger Hauptpastor Johann Melchior Goeze. Der Streit gerät zu einer prinzipiellen Auseinandersetzung zwischen Aufklärung und religiöser Orthodoxie.

Lessing hatte die bibel- und glaubenskritischen Manuskripte des 1768 verstorbenen Philosophen Herrmann Samuel Reimarus, der Lehrer für orientalische Sprachen am Johanneum war, von dessen Kindern erhalten. Der ursprüngliche Titel der Aufzeichnungen lautete: »Apologie oder Schutzschrift für die vernünftigen Verehrer Gottes«. Kontakte zur Familie Reimarus nahm der Dichter in seiner Hamburger Zeit von 1767 bis 1770 auf (→ 22. 4. 1767/S. 160).

Bereits 1770/71 zeigte Lessing einigen Freunden Teile des Manuskriptes. Trotz gegenteiliger Ratschläge beginnt der inzwischen als Bibliothekar nach Wolfenbüttel berufene Schriftsteller 1774 mit der Veröffentlichung von Reimarus' Bibelkritik in seiner Reihe »Beyträge zur Geschichte und Litteratur«. Lessing erhofft sich von der Publikation eine prinzipielle Debatte über Glaubensfragen. Die Manuskripte, die Lessing bis 1777 unter dem Titel »Fragmente eines Wolfenbüttelschen Ungenannten« veröffentlicht, entfalten in ihrer rationalistischen Bibel- und Religionskritik eine große Wirkung. Allerdings entwickelt sich keine wirkliche inhaltliche Auseinandersetzung. Die meisten Theologen betrachten die Reimarus-Fragmente als Gefahr für den Glauben. Der seit 1755 als Hauptpastor an St. Katharinen tätige Hamburger Goeze wird in dieser Hinsicht zu Lessings wichtigstem Kontrahenten.

Die gegenseitigen Polemiken dauern bis zum Herbst 1778 an. Goeze zeigt sich verständnislos gegenüber Lessings Standpunkt, daß der Mensch ewige Wahrheiten nicht erreichen kann. Dabei fordert der Hauptpastor, den Lessing 1769 persönlich kennengelernt hatte, zur Verbitterung aufklärerischer Kreise die Obrigkeit zum Eingreifen gegen den »Samen der Rebellion« auf. Mit Erfolg: Lessings braunschweigischer Landesherr untersagt die weitere Publikation der Reimarus-Fragmente und unterwirft Lessings Schriften einer Zensur, die auch für auswärtige Veröffentlichungen gilt. Nur seine letzte Schrift gegen Goeze kann in Hamburg noch einmal erscheinen, ohne der Braunschweiger Zensur vorgelegt zu haben.

Angesichts der so massiv vorgetragenen Repressionen kann sich Lessing schließlich nur noch auf dem Weg des Theaters wehren. Aus seinem elfteiligen »Anti-Goeze« geht 1779 das dramatische Gedicht »Nathan der Weise« hervor, das aufgrund des Bekenntnisses zur religiösen Toleranz erst 1802 in Hamburg aufgeführt werden kann.

Einer der vehementesten Vertreter der lutherischen Orthodoxie Hamburgs: Hauptpastor Johann Melchior Goeze

Der aus Hamburg gebürtige Conrad Ekhof, der als einer der »Väter der deutschen Schauspielkunst« gilt

Conrad Ekhof in Gotha gestorben

16. Juni 1778. In Gotha stirbt im Alter von 57 Jahren der in Hamburg geborene Schauspieler und Theaterleiter Conrad Ekhof. Er hatte seine Karriere 1740 in der Truppe von Johann Friedrich Schönemann begonnen und spielte ab 1767 am Hamburger Nationaltheater. 1771 ging er nach Weimar, 1774 nach Gotha. Ekhof bemühte sich besonders um die soziale Anerkennung des Schauspielerberufs.

Versorgungskasse gegen Sturz ins Elend

1. August 1778. Unter maßgeblicher Beteiligung der Patriotischen Gesellschaft wird in Hamburg die Allgemeine Versorgungsanstalt gegründet. Die Versorgungsanstalt soll mit ihren zehn Einzelkassen verarmte Menschen vor dem Absturz in Not und Elend bewahren. Dabei gilt die auch zu dieser Einrichtung zählende »Ersparungskasse« als erste allgemeine Sparkasse Deutschlands.

Verwaltungstechnisch ist die Versorgungsanstalt als Kollegium organisiert, d.h. als eine »rechts- und vermögensfähige, von der Regierung nur patronisierte« Einrichtung. Im Hintergrund der Institution steht die wachsende Verelendung breiter Kreise – auch innerhalb der Mittelschichten – im Hamburg des 18. Jahrhunderts.

Bei einer Bestandsaufnahme zählen ehrenamtliche Armenpfleger 1788 (→ 18. 2. 1788/S. 170) insgesamt 7391 unterstützungsbedürftige Arme. Allein diese Gruppe, der es am Allernötigsten fehlt, macht immerhin etwa 8% der hamburgischen Bevölkerung aus.

Bisher finanzierten sich wohltätige Einrichtungen wie hier der Pesthof aus Spenden (Zeichnung um 1780). Die Unterbringung ist erbarmungswürdig.

Schikanen gegen jüdische Kaufleute

1. Januar 1777. Der aus Osterode gebürtige jüdische Kaufmann Isaac Hesse gründet eine »Cattun-Makelei«, Vorläuferin des Bankhauses Hesse, Newman & Co. Die Vorgeschichte zeigt die Probleme jüdischer Kaufleute in Hamburg.

Der zugezogene Isaac Hesse hatte bereits zuvor mit einem Partner als Makler gearbeitet, obwohl Juden offiziell von der Makelei ausgeschlossen sind. Entsprechend stößt sein Wirken bei den »beeidigten« Maklern auf Widerstand. In Schwierigkeiten gerät Hesse vor allem 1768, als er sich hoch verschulden muß und daraufhin über ein Jahr lang inhaftiert wird. Erst, als sich der Betrugsvorwurf als unhaltbar erweist und er die Gläubiger befriedigt hat, kann Hesse wieder seine Geschäfte aufnehmen. Der Rat entschuldigt sich bei ihm.

1780

1780. Altona hat 24 400 Einwohner, davon sind 2411 oder 9,88% Juden.

15. 2. 1781. In Braunschweig stirbt der Dichter Gotthold Ephraim Lessing. Der Hamburger Rat billigt trotz großer Bedenken eine im Hamburger Theater geplante Trauerfeier, befiehlt aber der Presse: »Von Lessing ist keine Notiz zu nehmen.«

28. 2. 1781. Der Schauspieler Friedrich Ludwig Schröder wird als Herzog Albrecht in »Agnes Bernauer« vom Publikum herausgerufen. Es ist die erste bekannte Ehrung dieser Art in Hamburg.

September 1781. Benjamin Gottlob Hoffmann erwirbt das Hamburger Bürgerrecht. Er gründet eine Verlagsbuchhandlung, die ab 1810 unter dem Namen Hoffmann und Campe firmiert (→ 10. 12. 1835/S. 204).

10. 4. 1782. Der Hamburger Rat erläßt ein Mandat gegen die mutwillige Verunreinigung der Gassen.

10. 9. 1782. In Hamburg wird eine »Creditcasse für die Erben und die Grundstücke« gegründet, die erstmals Immobilienkredite vergibt.

10. 10. 1782. Ein Rats- und Bürgerbeschluß sieht die Aufhebung der Ratsapotheke und des Apothekergartens vor. Die Apothekenutensilien werden am 16. Mai 1783 öffentlich versteigert.

1782. Die sog. Kemm'schen Kuchen kommen auf den Markt. → S. 168

10. 3. 1783. Mit einer Aufführung von Gotthold Ephraim Lessings Schauspiel »Minna von Barnhelm« eröffnet das Theater an der Palmaille in Altona. → S. 168

1783. Als erstes hamburgisches Schiff fährt die »Elise Katharine« nach den USA, wo sie die Häfen Charleston und Philadelphia anläuft. → S. 169

1783. Der dänische Architekt Christian Frederik Hansen wird zum Kgl. Landbaumeister in Holstein mit Wohn- und Amtssitz in Altona ernannt. → S. 169

Oktober 1784. Peter Rudolph Christian Heuß begründet auf dem Platz eines schon seit 1595 bestehenden Bauernhofes in Eimsbüttel einen Gasthof. Er wechselt mehrfach den Besitzer, bis er 1809 abbrennt. Eine Madame Molièze, geb. Heuß, baut ihn wieder auf. Seitdem heißt die beliebte Gaststätte »Heußhof«.

27. 12. 1784. In der Königstraße in Altona wird ein Krankenhaus eröffnet. Initiator und erster Leiter dieser Einrichtung ist der Altonaer Stadtphysikus Philipp Gabriel Hensler.

1784. Auf Beschluß der königlichen Regierung in Hannover wird die Befestigung Harburgs geschleift.

19. 9. 1785. Dank eines sog. Toleranz-Edikts dürfen Katholiken und Reformierte von nun an in Hamburg ihre Religion ausüben. → S. 170.

November 1785. Der Großkaufmann und Mäzen Caspar von Voght erwirbt einen Besitz in Klein-Flottbek, der später erweitert und zu einem landwirtschaftlichen Mustergut nach englischem Vorbild ausgebaut wird.

27. 3. 1786. Die »Neue Verordnung für Schiffer und Schiffs-Volk« verschärft die Sicherheitsbestimmungen im Hafen.

23. 8. 1786. Der französische Luftschiffer Pierre Blanchard startet auf der Sternschanze mit seinem Heißluftballon. → S. 171

31. 10. 1786. Der 132 m hohe Turm der großen Kirche St. Michaelis wird eingeweiht. Der Entwurf stammt von Ernst Georg Sonnin.

29. 8. 1787. Hamburg erlebt die Uraufführung von Friedrich Schillers Drama »Don Carlos, Infant von Spanien«. Die Leitung hat Friedrich Ludwig Schröder, die Titelrolle spielt Johann Philipp Klingmann.

Um 1787. Die Einwohnerzahl Hamburgs erreicht die Marke von 100 000.

18. 2. 1788. Die Bürgerschaft genehmigt die Errichtung der Allgemeinen Armenanstalt. → S. 170

3. 7. 1788. Infolge einer neuen Gassenordnung bekommt die Hansestadt offizielle Straßennamen und Hausnummern. → S. 171

25. 7. 1789. Der »Hamburgische Correspondent« widmet über die Hälfte seiner Ausgabe der Berichterstattung über die revolutionären Ereignisse in Frankreich. Am 1. September informiert er über die am 26. August in Paris erfolgte Erklärung der Menschen- und Bürgerrechte.

1. 10. 1789. Christian Friedrich Gottlieb Schwencke wird Leiter der Hamburger Kirchenmusik.

15. 11. 1789. Die Gesellschaft »Harmonie« verspricht Geselligkeit im Geist der Aufklärung. → S. 171

GEBOREN:

22. 9. 1783. Mühlhausen: Ascan Wilhelm Luttheroth († 20. 12. 1867, Hamburg), Bürgermeister.

23. 10. 1783. Yarmouth (Großbritannien): Robert Miles Sloman († 2. 1. 1867, Hamburg), Reeder.

19. 5. 1785. Hamburg: Georg Nicolaus Bärmann († 1. 3. 1850, Hamburg), Pädagoge.

21. 1. 1787. Hamburg: getauft: Johann Wilhelm Bentz († 5. 3. 1854, Hamburg), Wasserträger und Original (»Hummel«).

1. 11. 1787. Hamburg: Karl Sieveking († 30. 6. 1847, Hamburg), Syndikus.

GESTORBEN:

16. 12. 1783. Venedig: Johann Adolf Hasse (getauft: 25. 3. 1699, Bergedorf), Komponist. → S. 169

19. 5. 1786. Hamburg: Johann Melchior Goeze (* 16. 10. 1717, Halberstadt), Geistlicher.

14. 12. 1788. Hamburg: Carl Philipp Emanuel Bach (* 8. 3. 1714, Weimar), Komponist, Kantor und Musikdirektor in Hamburg.

Braune Kuchen erfolgreich

Gewerblicher Aufschwung im Handelszentrum Hamburg: Salomon Beits Silberschmelze in der Elbstraße

1782. In Altona wird Kemm's Kuchenbäckerei gegründet (»Kemm'sche Braune Kuchen«). Auch andere bedeutende Unternehmen entstehen in den 1780er Jahren.

Obwohl die Familie Kemm bereits in Unterlagen aus dem Jahr 1769 als in Altona ansässige Konditoren und Bäcker auftauchen, gilt 1782 als Geburtsjahr der »Kemm'schen Kuchen«. Das Rezept dieser würzigen »Braunen Kuchen« wird anschließend von Generation zu Generation weitergegeben.

In der Ersten Elbstraße gründet Marcus Salomon Beit im Jahr 1785 eine Gold- und Silberschmelze, aus der später die Norddeutsche Affinerie hervorgeht. Beit wird mit seinen Geschäftspartnern im Hamburgischen Adreßbuch in den folgenden Jahren als Gold- und Silberscheider aufgeführt.

Hamburgs östlicher Nachbarort Wandsbek nimmt in der zweiten Hälfte des 18. Jahrhunderts vor dem Hintergrund verschiedener Vergünstigungen für Fabrikanten den Charakter eines Fabrikortes an. So entstehen allein fünf Kattun-(Baumwoll-)Druckereien. Darunter befindet sich die Kattundruckerei des Fabrikanten Peter von Lengercke. Die 1781 gegründete Manufaktur wird 1856 durch ein Feuer vernichtet.

Neben diesen Unternehmen siedeln sich in Wandsbek, das um 1800 ebenso wie Altona einen beachtlichen Aufschwung erlebt, eine Kachelofen-, Hut-, Seifen- sowie eine der größten deutschen Lederfabriken an (Luetkennsche Fabrik).

Erwartungsvoll drängt sich das Publikum vor dem Altonaer Theater. Neben einem Stück von Heinrich Zschokke lockt der Theaterzettel mit »Hanswurst«.

Erstes Altonaer Theater

10. März 1783. An der Palmaille eröffnet das erste Altonaer Schauspielhaus mit Gotthold Ephraim Lessings »Minna von Barnhelm«. Das unter Leitung von Johann Schleppegrell stehende Theater liegt am Ostende der Altonaer Prachtstraße. Es faßt rund 1200 Zuschauer. Vor der Errichtung eines festen Theaters gab es in Altona nur Wanderbühnen, die in den Sälen von Gastwirtschaften auftraten. Nach einigen Abenden im neuen Haus urteilt die »Hamburg-Altonaische Theaterzeitung«, daß die hier gezeigten Opernaufführungen besser sind als die Hamburger. Die Bühne bleibt bis 1809 bestehen.

US-Handel trägt zu Wirtschaftsblüte bei

1783. Die »Elise Katharine« läuft als erstes hamburgisches Schiff mit Charleston und Philadelphia Häfen in den USA an. Nach der Anerkennung der US-amerikanischen Unabhängigkeit durch Großbritannien im Frieden von Versailles (1783) ist das britische Handelsmonopol aufgehoben.

Die Vereinigten Staaten werden in der Folgezeit zu einem wichtigen

Markt für die Hamburger Kaufleute. Die USA exportieren u. a. Reis, Zucker, Kakao, Kaffee, Tabak und Baumwolle. Hamburg liefert z. B. Textilien nach Nordamerika.

Frühzeitig hatte sich die Hafenstadt auf die neuen Möglichkeiten des US-Marktes eingestellt. So nahm bereits 1776 – im Jahr der Unabhängigkeitserklärung – der Hamburger Kaufmann Caspar von

Voght Handelsverbindungen mit den USA auf. Nach seinen Angaben war er der erste Hamburger, der »aus Baltimore Taback« holte. Besonders das Handelshaus Voght & Sieveking verzeichnet enorme Gewinne im US-Geschäft.

Insgesamt trägt der Nordamerika-Handel zu einem ungewöhnlichen Wirtschaftsaufschwung in Hamburg gegen Ende des 18. Jahrhunderts bei. Die Kaufmannschaft erlebt ihre bis dahin größte ökonomische Blüte. Nach dem Fortfall der niederländischen Konkurrenz (Unterwerfung durch Frankreich 1795) entwickelt sich Hamburg in kurzer Zeit zum führenden Umschlags- und Finanzplatz auf dem europäischen Kontinent. Die wichtigsten Einfuhrländer für Hamburg sind gegen Ende des 18. Jahrhunderts Frankreich und Großbritannien, aber die USA rücken bereits 1791 auf den fünften Rang – noch vor Portugal und Dänemark.

Zuvor hatte die Hansestadt selbst zu verbesserten Rahmenbedingungen für den Handel beigetragen. Hierzu zählt eine Reform der Hamburger Bank und der Ausbau des Versicherungswesens.

Der Komponist Johann Adolf Hasse (kolorierter Kupferstich, 1763)

Bergedorfer wird als Komponist berühmt

16. Dezember 1783. In Venedig stirbt der Komponist Johann Adolf Hasse. Der am 25. März 1699 in Bergedorf getaufte Hasse wirkte 1718 in Hamburg, später u. a. in Braunschweig und in Italien. Er gilt als führender Vertreter der spätneapolitanischen Opera seria.

Die nordamerikanische Hafen- und Handelsstadt New York, vom Meer aus südwestlicher Richtung gesehen (Stich von J. Carwitham, um 1750)

Altonas Palmaille wird zur glanzvollen Flanierstraße

1783. Mit der Berufung von Christian Frederik Hansen zum königlich-dänischen Landbaumeister von Holstein nach Altona beginnt der Ausbau der Palmaille zu einer der Renommierstraßen der Stadt. Auch die Bebauung der Elbchaussee datiert aus den 80er Jahren.

Der bis 1802 erfolgreich in Altona tätige Hansen errichtet an der Palmaille architektonisch bedeutende Bauten im Stil des strengen Klassizismus. Seine für Kaufleute aus Hamburg und Altona gebauten Wohn- und Landhäuser, u. a. ein Stadtpalais für den Reeder Georg Friedrich Baur, lassen die Palmaille zu Altonas glanzvoller Flanierstraße werden. Auch Hansen selbst, der ab 1804 in der dänischen Hauptstadt Kopenhagen wirkt, wohnt an der Palmaille. Die Straße wurde 1638 großzügig als Spielstraße angelegt, von Bäumen in Viererreihen gegliedert. Ihr Name leitet sich von einem Ballspiel mit Holzkugeln ab (→ 1638/39/S. 117).

1788 ziehen die ersten Hamburger

Kaufleute an die Elbchaussee, einen Sandweg, der ebenfalls zu Dänemark gehört. Die vielen bürgerlichen Landhäuser entlang der Elbchaussee – vor allem der Landsitz

von Georg Heinrich Sieveking (→ 14. 7. 1790/S. 172) – werden im Sommer zu einem Zentrum bürgerlich-kultivierter Geselligkeit.

Auch hier trägt Hansen maßgeb-

lich dazu bei, daß die Straße, zusammen mit der Palmaille, als eine der landschaftlich und architektonisch interessantesten Uferstraßen Norddeutschlands gilt.

Die Palmaille mit den klassizistischen Neubauten; die Bebauung von Altonas Flaniermeile wird vor allem durch den dänischen Architekten Christian Frederik Hansen beeinflußt (kolorierte Radierung von Jeß Bundsen, 1828).

Geben und Nehmen bei einem Waisengrün-Umzug um 1800 (kolorierte Radierung); das Waisenhaus in der Hansestadt wird von privaten Trägern finanziert.

Volksfest »Waisengrün«

Zu einem der eindrucksvollsten Hamburger Bräuche zählt das seit 1633 vom Waisenhaus veranstaltete Jahresfest des »Waisengrüns«.

Es findet jeweils am ersten Donnerstag im Juli statt. Unter großer Anteilnahme der Bevölkerung ziehen die mit einer einheitlichen Tracht bekleideten Waisenkinder in langem Zug durch die Stadt. Sie bitten dabei die Bürger: »Beleevt de Herr de Armen to bedenken! Ook een in de Hand to schenken«.

Die Bevölkerung, die den Zug meist im Spalier verfolgt, gibt den Kindern daraufhin Geldspenden. Der traditionelle Dankspruch lautet: »Gott's Lohn wegen de Armen!« Der Zug endet vor den Toren der Stadt im Grünen, wo eine Speisung der Waisenkinder stattfindet. Das Waisengrün hat sich im Lauf der Jahre zu einem wahren Volksfest in der Hansestadt entwickelt. Der letzte Umzug der Waisenkinder findet im Jahr 1876 statt.

Armenreform setzt neue Maßstäbe

18. Februar 1788. Die Bürgerschaft genehmigt die Errichtung einer Allgemeinen Armenanstalt in Hamburg. Damit wird das Armenwesen vollständig reformiert.

Ziel der Armenreform ist eine »nothdürftige« Unterstützung der Armen und Beschaffung von Arbeit für die »Arbeitsfähigen«. Zur Reform gehört die Einteilung der Stadt in kleine Pflegebezirke, deren Bewohner von rund 200 ehrenamtlichen Armenpflegern betreut werden. Die Kinder der Armen erhalten in den Schulen der Armenanstalt Unterricht und Arbeitserziehung. Zweck der Einrichtung ist auch die medizinische Versorgung der Armen sowie Unterstützung während Schwangerschaft und Entbindung.

Zu den Initiatoren der Armenreform von 1788 zählen u. a. der Kaufmann Caspar von Voght, der Gymnasialprofessor und Schriftsteller Johann Georg Büsch sowie der Jurist Johann Arnold Günther. Vor dem Hintergrund von Aufklärung und Sozialreform gilt die Hamburger Armenanstalt Ende des 18. Jahrhunderts als eine wegweisende Einrichtung, die von anderen Städten wie Wien und Berlin zum Vorbild genommen wird. Im Gegensatz zu der bislang vor allem unter mo-

Caspar von Voght, erfolgreicher Kaufmann und rühriger Sozialreformer

ralisch-sittlichen Aspekten betriebenen kirchlichen Armenpflege setzt die Reform bei den konkreten wirtschaftlichen Problemen der Betroffenen an. Andererseits erhalten Kriterien wie Disziplinierung und Zwang bei der Armenpflege ein starkes Gewicht. Auch läßt sich das im Hintergrund stehende Interesse an einem Potential billiger Arbeitskräfte nicht verleugnen.

Der Armenreform ging eine immer stärkere öffentliche Kritik an den elenden Wohn- und Lebensverhältnissen der unteren Schichten voraus (→ 1798/99/S. 176).

»Toleranz-Edikt« erweitert die Freiheit der Religion

19. September 1785. Durch das »Reglement für die fremden Religions-Verwandten« (sog. Toleranz-Edikt) wird Reformierten und Katholiken eine freie Religionsausübung neben den tonangebenden Lutheranern gewährleistet.

Nach Verabschiedung des Toleranz-Edikts durch die Bürgerschaft können religiöse Minderheiten nun in eingeschränktem Maß eigene Kirchen errichten und Gemeinden bilden. Allerdings bleibt den jüdischen Menschen ihre Religionsfreiheit weiterhin verwehrt.

Der Senat hat bereits mehrfach versucht, den Reformierten eine freie Religionsausübung zuzubilligen, scheiterte jedoch u. a. am Widerstand der Bürgerschaft. Noch kurz vor Erlaß des Toleranz-Edikts ist es zu Spannungen zwischen lutherischen und reformierten Kaufleuten gekommen.

Seit 1529 hat die orthodoxe lutherische Geistlichkeit die Religionsausübung in Hamburg bestimmt.

Nach 1785 erweitern sich die sozialen Bindungen zwischen Lutheranern, Reformierten und Katholiken, vor allem durch ein gemeinsames Wirken in den Aufklärungsgesellschaften.

Orthodoxe Lutheraner verlieren an Einfluß

Chronik Hintergrund

Die seit Durchsetzung der Reformation 1528/29 dominierenden orthodoxen Lutheraner verlieren im Hamburg des späten 18. Jahrhunderts allmählich an Einfluß. Zu den maßgeblichen Vertretern der lutherischen Orthodoxie im 18. Jahrhundert zählten der Gymnasialprofessor Sebastian Edzardi, Erdmann Neumeister (1715–1756 Hauptpastor an St. Jacobi) und Johann Melchior Goeze (1755–1786 Hauptpastor an St. Ka-

tharinen). Polemisch bekämpften sie sowohl das Pietistentum unter den Lutheranern als auch Reformierte – die u. a. Förderung aus den Niederlanden erfahren – und die katholische Minorität. Insbesondere der durch den sog. Fragmenten-Streit (→ Oktober 1774/S. 167) bekanntgewordene Goeze verfolgte mit rigiden Mitteln jede Abweichung von religiösen Dogmen. Er sorgte für Verbote »ketzerischer« Schriften und Stigmatisierung ihrer Verfasser (wie im Fall des Gymnasialprofes-

sors Johann Bernhard Basedow). Die Polemiken gegen religiöse Minderheiten, insbesondere die vom kaiserlichen Gesandten unterstützten Katholiken, schürten nicht zuletzt Ressentiments in der Bevölkerung. Dies führte zu Exzessen wie der Zerstörung der katholischen Kapelle am → 10. September 1719 (S. 145).

In der zweiten Hälfte des 18. Jahrhunderts verlieren die Orthodoxen an Boden – zuerst in aufgeklärten Kreisen, später auch in den Mittel- und Unterschichten.

»Harmonie«: Neue Geselligkeitsform

15. November 1789. Der Kaufmann Georg Ludwig Peitzner gründet die Gesellschaft »Harmonie«. Sie ist ein herausragendes Beispiel für die um die Wende zum 19. Jahrhundert in der Hansestadt aufkommenden aufklärerisch-unterhaltenden Geselligkeits-Clubs.

Die »Harmonie« – wie auch andere zeitgenössische Vereine eine reine Männergesellschaft – dient dem »Genuß vernünftiger, geselliger Vergnügen, Erweiterung gemeinnütziger Kenntnisse ... durch Lectüre und freundschaftliche Unterhaltung, wie auch Erholung und Zeitvertreib durch gesellschaftliche Spiele.« Sie veranstaltet u. a. Konzerte und verfügt über Bibliothek und Kartensammlung. Im Lesezimmer der »Harmonie« liegen rund 60 Presseerzeugnisse aus, darunter auch französische und britische Organe. Aufgrund der Einrichtung von Lesezimmer und Bibliothek zählt sie Aufklärer wie z. B. den Kaufmann Georg Heinrich Sieveking (→ 14. 7. 1790/ S. 172) zu ihren Mitgliedern. Nach zehn Jahren gehören bereits über 500 Hamburger der »Harmonie« an.

1793 gründet die Gesellschaft eine Unterstützungskasse »zur Unterhaltung verarmter Mitglieder, ihrer Wittwen und Kinder ...«.

Straßen erhalten offizielle Namen

3. Juli 1788. Die Bürgerschaft beschließt, ein einheitliches System von Straßennamen und Hausnummern einzuführen. Es soll nach offizieller Lesart das Auffinden Bedürftiger nach der Armenreform (→ 18. 2. 1788/S. 170) erleichtern.

Dem Beschluß zufolge erhalten die Häuser jedes Kirchspiels Blechschilder in der Farbe, die den verschiedenen Abzeichen des Bürgermilitärs entspricht. Die Schilder enthalten außerdem den Anfangsbuchstaben des Kirchspielnamens. Daneben steht die Kompanienummer in römischen Ziffern. Die einzelnen Häuser werden in arabischen Zahlen durchnumeriert.

Bisher hat sich die Bezeichnung der Straßen eher informell nach den Berufen der Anwohner oder dem Namen eines bestimmten Grundstücksbesitzers gerichtet.

Stationen von Blanchards Ballonaufstieg über der Sternschanze; das Publikum hat selbst lange Anreisewege nicht gescheut (moderne Kolorierung).

Ballonfahrer Blanchard begeistert Hamburger auf der Sternschanze

23. August 1786. *Der 36jährige französische Ballonfahrer Jean-Pierre Blanchard führt in Hamburg seinen 20. Aufstieg mit einem Ballon aus. Zu den Vorbereitungen schreibt der »Hamburgische Correspondent«: »Sein Ballon war ungefähr 5000 Cubikfuß körperlichen Inhalts und ward innerhalb zwei Stunden mit brennbarer Luft aus Eisenfeil und Vitriolsäure angefüllt.« Vor vielen tausend Zuschauern und unter dreimaligem Kanonendonner steigt er am frühen Nachmittag von der Sternschanze aus in die Höhe, nachdem die Seile gekappt worden sind. Als er die Wolkendecke erreicht, läßt er wie versprochen einen lebenden Hammel an einem Fallschirm herab; das Tier erreicht wohlbehalten die Erde. Aufgrund der Windstille gelingt es Blanchard auch, wieder in unmittelbarer Nähe der Sternschanze zu landen. Die Zuschauer danken dem Ballonfahrer mit ungeheurem Jubel für seine Vorführung. Abends findet zu seinen Ehren eine Festvorstellung im Theater statt, und auf dem Herrengraben wird ein großes Feuerwerk veranstaltet. Jean-Pierre Blanchard hat bereits 1785 als Ballonschausteller die ersten Ballonfahrten durchgeführt, wobei ihm u. a. eine Überquerung des Ärmelkanals von England nach Frankreich glückte.*

12.–24. 2.1790. Die Patriotische Gesellschaft veranstaltet im Großen Saal des Ratskellers die erste deutsche Gewerbeausstellung.

14. 7. 1790. Zum Jahrestag des Bastillesturms gibt Georg Heinrich Sieveking in Harvestehude ein Freiheitsfest. → S. 172

1790. In Billwerder gründet der Sozialutopist und Kaufmann Franz Heinrich Ziegenhagen ein Erziehungsinstitut. → S. 174

21. 3. 1791. Bei einer Sturmflut brechen die Deiche auf Finkenwerder fast gänzlich. Am 18. Juli 1793 billigt die Bürgerschaft den Neubau der Deichanlagen.

1. 4. 1791. Der französische Kunstgärtner Daniel Louis Jacques gründet in Nienstedten das Restaurant Jacob.

19.–27. 8. 1791. Ein Streik der Schlossergesellen weitet sich zu einem umfangreichen Arbeitskampf aus. → S. 174

1792. In der Binnenalster sorgt ein Badeschiff für sommerliches Vergnügen. → S. 175

1792. In Altona wird die allgemeine Schulpflicht eingeführt.

3. 7. 1793. In Hamburg konstituiert sich die Reederei Rob. M. Sloman jr.

12. 9. 1794. Auf Beschluß des Rates werden die innerstädtischen Begräbnisplätze vor das Dammtor verlegt. → S. 175

17. 12. 1794. Die königlich französischen Hofschauspieler beginnen ihre Vorstellungen im Concerthof am Valentinskamp. Sie werden ein ernsthafter Konkurrent für das von Friedrich Ludwig Schröder geleitete Theater. Am 31. Juli 1798 legt er die Leitung der Bühne nieder.

1794. Im neuerbauten Altonaer Waisenhaus an der Königstraße wird eine Waisen- und Armenschule eröffnet, in der täglich 210 Armenkinder unentgeltlich unterrichtet werden.

26. 1. 1795. Nachdem Frankreich die niederländischen Generalstaaten erobert hat, annektiert es das Gebiet als »Batavische Republik«.

3. 10. 1795. Das Frauenkrankenhaus der Freimaurer am Dammtorwall wird eröffnet. Es verfügt zunächst über 18 Betten und soll »Gesinde und Dienstpersonal« unentgeltlich behandeln.

1795. Auf dem Hamburger Berg stehen »Spielbuden«. → S. 175

7. 4. 1796. Mit Hilfe einer Vergnügungssteuer für Schauspiele, Konzerte und ähnliche Lustbarkeiten in Höhe von 12,5% sollen höhere Gehälter für das Hamburger Militär finanziert werden.

24. 6. 1796. Unter dem Einsatz seines Privatvermögens erreicht der Großkaufmann Georg Heinrich Sieveking in Paris den Abschluß eines Handelsvertrages mit der Französischen Republik und die Aufhebung eines 1793 verhängten Handelsembargos.

4. 7. 1796. Wegen der zahlreichen Streiks in vielen Gewerben erläßt der Rat ein »Tumultmandat« gegen Straßenaufläufe.

11. 7. 1796. Friedrich Christoph Perthes eröffnet auf dem Jungfernstieg die erste Sortimentsbuchhandlung Deutschlands. → S. 176

19. 11. 1796. In den Hamburger »Nachrichten« erscheint die erste Geburtsanzeige. Diese Form der Bekanntmachung ersetzt das »gewöhnliche Ansagen« durch das Dienstmädchen der Familie in Begleitung eines Waisenjungen.

Weihnachten 1796. Das Wandsbeker Schloß schmückt ein Tannenbaum. → S. 176

1796. In Hamburg wird eine »Accordir-Anstalt« eingerichtet, die ledigen Müttern aus der Unterschicht Geburtshilfe leistet.

22. 12. 1797. Der frühere Pesthof heißt nun Krankenhof. Männer und Frauen bekommen fortan getrennte Zimmer.

1797. Die Seeversicherer gründen den Verein Hamburger Assecuradeure. → S. 177

22. 2. 1798. Die Bürgerschaft bewilligt der französischen Republik auf politischen Druck hin eine Anleihe in Höhe von vier Mio. Francs.

13. 9. 1798. Am Steintor wird eine Torsperre eingeführt. → S. 177

1798. Hamburger Juden gründen die Gesellschaft »Ressource« zur Verbreitung gemeinnütziger Kenntnisse und für die Geselligkeit.

1798/99. Auf dem Hamburger Berg entstehen Baracken für 117 obdachlose Familien. → S. 176

19. 4. 1799. Ein französischer Emigrant eröffnet auf dem Jungfernstieg den ersten Alsterpavillon. → S. 173

1799. Der frühere französische Oberst César Claude Rainville gründet ein Restaurant am Beginn der Elbchaussee.

1799. Infolge einer Wirtschaftskrise brechen 152 Handelshäuser zusammen. → S. 177

GEBOREN:

18. 2. 1792. Deensen: Julius Campe († 14. 11. 1867, Hamburg), Verleger.

12.4.1793. Hamburg: Martin Johann Jenisch jun. († 7. 3. 1857, Vevey), Kaufmann und Ratsherr.

25. 7. 1794. Hamburg: Amalie Sieveking († 1. 4. 1859, Hamburg), Wohltäterin.

16. 4. 1796. Hamburg: Heinrich Kellinghusen († 20. 4. 1879, Hamburg), Bürgermeister.

18. 2. 1799. Hamburg: Alexis de Chateauneuf († 31. 12. 1853, Hamburg), Architekt.

GESTORBEN:

8. 7. 1794. Hamburg: Ernst Georg Sonnin (* 10. 6. 1713, Quitzow), Architekt.

Bürger feiern Revolution

14. Juli 1790. Zum Jahrestag des Beginns der Französischen Revolution veranstaltet der liberale Hamburger Kaufmann Georg Heinrich Sieveking ein »Freiheitsfest«. Die in seinem Harvestehuder Garten abgehaltene politische Feier erregt weit über die Grenzen Hamburgs hinaus großes Aufsehen.

An dem Freiheitsfest nehmen rund 80 Personen teil, vor allem Großkaufleute, Grundbesitzer und Gelehrte (u. a. Friedrich Gottlieb Klopstock, Caspar von Voght und Adolf Freiherr von Knigge). Verbunden fühlen sie sich durch eine philanthropische Lebenseinstellung, in der der »freiheitliche« Aspekt der Französischen Revolution schwärmerisch überhöht, der Aspekt der politischen Gleichheit hingegen gern ignoriert wird.

Als Höhepunkt der Feier intonieren die Anwesenden ein von Sieveking geschriebenes »Freiheitslied«. Die Augenzeugin Sophie Reimarus berichtet über diese Premiere: »Erst sangen wenige im Chor mit, bald aber alle, und es war fast kein Auge ohne Thränen. Es war als ob ein Ton gerührt wurde, womit alles, alles einstimmte ... Die Musik dauerte fort, die jungen Leute fingen an zu tanzen ...«

Nicht nur in Deutschland, sondern auch in Frankreich berichtet die Presse über das Sievekingsche Freiheitsfest in Harvestehude. 1793 distanziert sich Georg Heinrich Sieveking dann allerdings in einer »Öffentlichen Erklärung« vom weiteren, blutigen Verlauf der französischen Revolution.

Begeistert von der Französischen Revolution: Der Hamburger Kaufmann Georg Heinrich Sieveking

»Sievekings-Lied« (Auszug)
»Freie Deutsche, singt die Stunde,
Die der Knechtschafft Ketten brach.
Schwöret Treu dem großen Bunde
Uns'rer Schwester Frankreich nach.

Chor: Lasst uns grosser Tat uns freun

Frei, frei, frei und reines Herzens sein«

(Melodie entlehnt der »Ode an die Freude«).

Das idyllisch gelegene Wohnhaus des Kaufmannes Sieveking in Harvestehude; hier feiern namhafte Persönlichkeiten des öffentlichen Lebens, aus Kultur und Wissenschaft den Jahrestag der Französischen Revolution.

Emigranten bringen ein Stück Frankreich an die Elbe

1790. Die Französische Revolution wirkt sich – meist auf Um- und Schleichwegen – auch in Hamburg aus und greift in den Alltag des Hamburger Bürgertums ein. Die Presse, vor allem der »Correspondent«, bietet viele Informationen, die weniger streng zensiert werden als in anderen Städten. Französische Emigranten bereichern Kultur und Lebensweise.

Nur wenige Hamburger zeigen sich als so offene Anhänger der Revolution wie Georg Heinrich Sieveking (→ 14.7.1790/S.172). Sievekings bürgerliche Lese-Gesellschaft wird denn auch jakobinischer Tendenzen verdächtigt. Im allgemeinen legt man Zurückhaltung gegenüber Neuerungen im Westen an den Tag. Selbst Anhänger der Revolution setzen weniger auf den Umsturz bestehender Einrichtungen, als auf die sittliche Kraft der Aufklärung, auf die nützlichen Wissenschaften und Erfindungen sowie auf die Künste. Außerdem gehen die Behörden gegen »Revolutionsverdächtige« vor: Ein Senats-Edikt vom 23. Oktober 1793 gegen »geheime Verbindungen« zielt auf Jakobiner-Zirkel. In Altona beschlagnahmen die Behörden im Mai 1793 800 Exemplare einer jakobinischen Schrift des preußischen Offiziers und Abenteurers Friedrich Freiherr von der Trenck.

Neben den Ideen der Französischen Revolution wirkt sich – dank der Vielzahl von Emigranten (ab 1792) – auch der französische Lebensstil auf die Hamburger »Gesellschaft« aus. Kapitalkräftige Emigranten begründen eigene Gewerbe, so daß die Hansestadt u. a. durch französische Feinkosthandlungen und Modegeschäfte bereichert wird.

Vor allem aber fällt die Eröffnung von zahlreichen französischen Restaurants und Kaffeehäusern auf. Zu den vornehmsten Kaffeehäusern zählt der in Pacht eines französischen Adligen eröffnete Alsterpavillon. An der Elbchaussee eröffnet Oberst César Claude Rainville 1799 ein weithin bekanntes und renommiertes Speisehaus. Auch emigrierte Künstler und Schriftsteller leben in Hamburg, unter ihnen die Erfolgsautorin Stéphanie Felicité de Genlis.

Insgesamt stellen die Zeitgenossen eine Verfeinerung der Sitten fest, beklagen aber auch wachsenden Luxus und modische Extravaganzen in Form »schamloser« Kleidung (Décolletés).

Eine bezeichnende Neuerung bildet das ab 1803 erscheinende »Pariser und Hamburger Damen-, Kunst- und Modejournal«. Im gleichen Jahr wird mit dem »L'Abeille du Nord« die erste Hamburger Zeitung, die in französischer Sprache erscheint, herausgegeben.

Jung und alt, Oberschicht und Mittelstand vergnügen sich bei Musik und Tanz in den neuentstehenden französischen Gastwirtschaften und Speiselokalen, so wie hier im Restaurant »Rainville« an der Elbe bei Ottensen.

Die Festnahme irischer Revolutionäre mit französischem Paß in Hamburg sorgt 1798 für Ärger mit Frankreich.

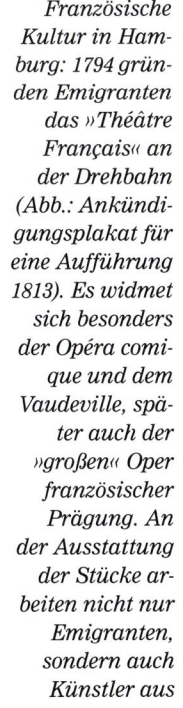

Französische Kultur in Hamburg: 1794 gründen Emigranten das »Théâtre Français« an der Drehbahn (Abb.: Ankündigungsplakat für eine Aufführung 1813). Es widmet sich besonders der Opéra comique und dem Vaudeville, später auch der »großen« Oper französischer Prägung. An der Ausstattung der Stücke arbeiten nicht nur Emigranten, sondern auch Künstler aus Hamburg.

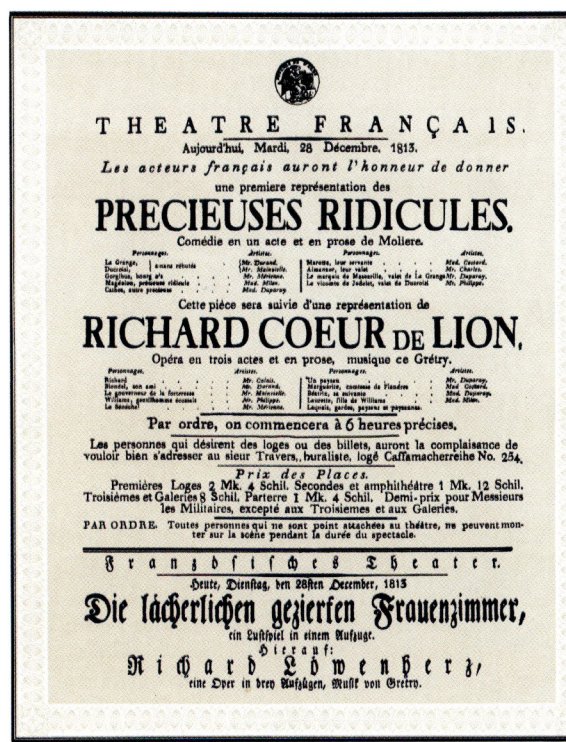

Der erste Alsterpavillon am Jungfernstieg; auf der Binnenalster ein »Badeschiff« (→ 1792/S. 175)

Im Alsterpavillon trifft sich die vornehme Welt

19. April 1799. *Der emigrierte französische Adlige Augustin Lancelot de Quatre Barbes unterzeichnet den Pachtvertrag für den ersten Alsterpavillon an der Binnenalster. Das vornehme Kaffeehaus wird schnell zu einem beliebten Treffpunkt für französische Emigranten. Weitere Zentren des Emigrantenlebens und auch von deutschen Gästen gern aufgesucht sind das Restaurant Parache am Gänsemarkt und Frecurons Feinschmeckerlokal an den Großen Bleichen.*

Handwerkergesellen haben die Nase voll

19. bis 27. August 1791. Eine Woche lang streiken rund 7000 Handwerker und Arbeiter in Hamburg gegen die Allmacht der sog. Ämter (Zünfte). Damit entladen sich die sozialen Spannungen im ersten großen Handwerkeraufstand in Deutschland.

Der Konflikt entzündet sich daran, daß das Amt der Schlosser einen Gesellen bestraft, der sich mit seinem Meister überworfen hat. Die Schlossergesellen werden in dem Verfahren nicht gehört, obwohl dies Vorschrift ist. Daraufhin treten sie gemeinsam in den Ausstand. In einer scharfen Reaktion droht das Amt mit Ausweisung der Handwerker und der – existenzvernichtenden – Einbehaltung der Wanderausweise, falls die Arbeit nicht wiederaufgenommen werde. Nach dieser Eskalation solidarisieren sich u. a. die Gesellen der Schu-ster, Maurer, Zimmerleute und Grobschmiede, aber auch Manufaktur- und Fabrikarbeiter mit den Streikenden. Der großangelegte Ausstand droht die Versorgung Hamburgs lahmzulegen.

Zunächst erreichen die Streikenden vom Rat, daß verhaftete Gesellen freigelassen werden. Dann jedoch wird städtisches Militär gegen die Gesellenherbergen eingesetzt; drei Gesellen werden getötet, elf verwundet. Als auch noch die Bürgerwache die Straßen kontrolliert, bricht der Aufstand in sich zusammen (→ 26. 8. 1773/S. 166).

Auch in den folgenden Jahren kommt es zu Streiks und sozialen Unruhen unter den Handwerkern in Hamburg. Immer stärker in den Mittelpunkt rücken Forderungen nach Lohnerhöhungen, die sich in einer Zeit stark steigender Lebenshaltungskosten als existentiell notwendig erweisen.

Daneben wird die starre Autorität der Ämter immer mehr in Frage gestellt, zumal gegen Ende des 18. Jahrhunderts bereits eine große Zahl Handwerker außerhalb der Zünfte beschäftigt ist. Schließlich spielt der Einfluß der Französischen Revolution eine Rolle bei der wachsenden Unzufriedenheit.

Kundgebung der streikenden Handwerksgesellen in Hamburg; das städtische Bürgertum ist durch den Handwerker-»Aufruhr« aufs Äußerste beunruhigt.

Zuckerbäcker in der Feierstunde (kolorierte Aquatinta, 1801/1806)

Gemeine Runkelrübe bedroht Weißbäcker

August 1791. Dem großen Ausstand der Schlossergesellen schließen sich auch Arbeiter der Zuckerfabriken an. Die Hamburger Zukkerbäckerei – ein seit dem 17. Jahrhundert blühendes Gewerbe mit mehreren tausend Beschäftigten – wird nach der Entdeckung eines Verfahrens zur Zuckergewinnung aus der Gemeinen Runkelrübe zunehmend von übermächtiger Konkurrenz bedroht (→ 15. 8. 1801/S. 180).

Erziehungsideale eines ambitionierten Kaufmanns

1790. Franz Heinrich Ziegenhagen gründet auf einem eigens für diesen Zweck erworbenen Hof in Billwerder an der Bille eine Erziehungsanstalt. Hier will er die ihm anvertrauten Zöglinge durch eine Verbindung von bäuerlicher Arbeit und kollektivem Leben zu den Ursprüngen einer wahrhaft menschlichen Existenz hinführen.

Sein Erziehungsideal legt der pädagogisch interessierte Kaufmann im Jahr 1792 in einer Schrift unter dem Titel »Lehre vom richtigen Verhältnisse zu den Schöpfungswerken, und die durch öffentliche Einführung derselben zu bewirkende allgemeine Menschenbeglückung« nieder. Im Zentrum steht die Idee von der gesellschaftsändernden Wirkung gemeinschaftlichen Arbeitens und Lebens in den landwirtschaftlichen Kolonien nach einem Zwei-Phasen-Modell: Zunächst soll eine Kinderkolonie als lebenslange Produktions- und Erziehungsgemeinschaft gegründet werden, deren Finanzierung in erster Linie auf der Unterstützung durch die Eltern beruht.

Ist die erste Generation von Zöglingen ausgebildet worden, sollen die Kolonien demokratisch geführt werden und durch den Export ihrer landwirtschaftlichen Erzeugnisse die Weltwirtschaft beleben und die Überlegenheit der kollektiven Produktion beweisen.

Der von Ziegenhagen entworfene Stundenplan sieht nach dem Aufstehen um 4 Uhr bzw. 6 Uhr im Winter abwechselnd Garten- und Feldarbeit, theoretischen Unterricht in Wissenschaft, Künsten und Handwerk sowie das Sammeln von Käfern, Raupen und Mineralien vor. Luftbäder, Schwimmen und Gymnastik runden den Tag bis zum Zubettgehen um 21 Uhr ab.

Ziegenhagen kann seine Pläne nur zu einem kleinen Teil verwirklichen. Es fehlt an einer ausreichenden Zahl von interessierten Eltern, die ihre Kinder in die Obhut der Einrichtung geben, und es mangelt dem Pionier der kollektiven Erziehung auch an hochgestellten Gönnern, die sein Anliegen finanziell unterstützen. 1800 muß Ziegenhagen den Hof verkaufen.

Praktische Ausbildung zum Schmied in Ziegenhagens Lehrinstitut (Kupferstich von Daniel Chodowiecki)

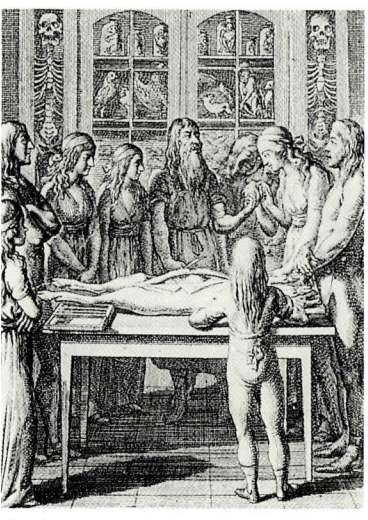
Auch anatomischen Unterricht für Jungen und Mädchen sieht der Reformator in seinen »Kolonien« vor.

Badeanstalt für die besseren Kreise

Kirchenfriedhöfe völlig überfüllt

1792. An der Binnenalster nimmt ein sog. Badeschiff den Betrieb auf. Es handelt sich um die erste Flußbadeanstalt in Deutschland.

Die von der Patriotischen Gesellschaft initiierte Einrichtung ist auf Aktienbasis für einen Preis von 5850 Mark courant u. a. von Baurat Johann August Arens konstruiert worden. Die Ausführung der Anlage erweist sich allerdings als so schlecht, daß sie bereits acht Jahre nach Eröffnung mit einem Kostenaufwand von 6000 Mark courant repariert werden muß.

Nur Wohlhabende können sich das neue Vergnügen leisten, denn ein Bad kostet 6 Schillinge. Auch von der Benutzung einer 1802 eingerichteten Warm-Badeanstalt auf den Großen Bleichen bleibt die Masse der Bevölkerung ausgeschlossen. Die dortigen Dampf-, Schwefel-, Mineral-, Seewasser- und medizinischen Bäder kosten 2 bis 3 Mark pro Anwendung. 1816 schließlich wird in Cuxhaven ein Seebad angelegt. Die ersten Fluß- und Seebadeanstalten überhaupt sind aus Großbritannien bekannt.

Die Errichtung der Badeanstalten ist Teil einer allgemeinen Verbesserung der sanitären und hygienischen Verhältnisse in Hamburg.

Vor dem Hintergrund aufklärerischen Gedankenguts engagieren sich u. a. akademisch ausgebildete Ärzte in dieser Hinsicht. So wächst in der zweiten Hälfte des 18. Jahrhunderts die Zahl der Pockenschutzimpfungen, werden die Friedhöfe vor die Mauern der Stadt verlegt und bemüht man sich um eine systematische »medizinische Polizei«. Eine Medizinalordnung wird allerdings erst 1818 verabschiedet, obwohl ein entsprechender Entwurf bereis 1796 vorliegt.

Ein bedeutender Anteil an den Fortschritten im sanitären und hygienischen Bereich, u. a. an der Volksaufklärung, kommt der Patriotischen Gesellschaft zu. Aber erst Mitte des 19. Jahrhunderts entstehen in Hamburg und Berlin – erstmals in Deutschland – öffentliche Bade- und Waschanstalten für ärmere Schichten.

Badespaß wie noch nie: Das Badeschiff auf der Binnenalster, erbaut auf Initiative der Patriotischen Gesellschaft von 1765 (kolorierte Radierung)

12. September 1794. Der Senat beschließt, die städtischen Begräbnisplätze vor das Dammtor zu verlegen. Die Friedhöfe der fünf Hauptkirchen sind der Zahl der Toten nicht mehr gewachsen.

Auf dem neuen Begräbnisplatz erhält jede der Hauptkirchen ihren Grabbezirk, zu dem jeweils eine Friedhofskapelle gehört. Zuerst entstehen die St.-Petri- und die Johanniskapelle; so errichtet nach einem Vertrag vom 20. November 1794 der Hamburger Architekt Johann August Arens die Petrikapelle. Er löst diese völlig neue Bauaufgabe in Form eines kleinen, schlichten Rundbaus mit flacher Kuppel und symmetrisch angelegten Anbauten.

Die bisher für Bestattungen benutzten Friedhöfe der fünf Hauptkirchen sind mit Leichen überfüllt. Durch die rasche Wiederbelegung der Gräber kommt es zu hygienischen Problemen. Eine Erweiterung der Kirchfriedhöfe ist aus städtebaulichen Gründen nicht möglich. Trotz der wachsenden Kritik an den hygienischen Verhältnissen bleibt die Bestattung auf den Kirchfriedhöfen noch bis 1812 erlaubt.

Lebhafter Vergnügungsbetrieb auf Spielbudenplatz

1795. Auf dem Platz vor dem Millerntor stehen zehn sog. »Spielbuden«, die dem Vergnügungsbetrieb dienen. Dementsprechend wird die Stätte fortan als »Spielbudenplatz« bezeichnet.

Bereits seit Mitte des 18. Jahrhunderts nutzen »Artisten« die Örtlichkeit vor dem Millerntor für ihre Darbietungen. Dabei benutzen sie Künstlerbuden aus Holz, die den Namen »Spielbuden« tragen. Sie beherbergen u. a. Marionettentheater, Zauberkabinette, Menagerien, Kunstreiter und Seiltänzer. Um 1800 steigt die Zahl dieser Spielbuden weiterhin beständig an, bis sie 1840 massiven Häusern weichen.

Dem Spielbudenplatz gegenüber liegen die sog. Eichholzbahnen – Drehbahnen, wo »Reeps« (Schiffstaue) gedreht werden. Ursprünglich innerhalb der Stadttore beheimatet, wurden sie bei der Erweiterung der Festungsanlagen auf das Gebiet am Hamburger Berg (St.

Pauli) verlegt (→ 16. 8. 1626/S. 115). 1810 erhält der entsprechende Straßenzug zwischen Hamburg und Altona in seinem Abschnitt am Millerntor den Namen »Reeperbahn«. Noch bis 1883 können die sog. Reeper ihre Anlagen am Hamburger Berg benutzen, bevor sie einem Be-

bauungsplan und dem Vergnügungsbetrieb weichen müssen, der sich vom Spielbudenplatz her immer mehr ausbreitet.

Spielbudenplatz auf St. Pauli; bisher zeigten die Künstler ihre Darbietungen in Wirtschaften (moderne Kolorierung).

Perthes erste Sortimentsbuchhandlung

11. Juli 1796. Der Buchhändler und Verleger Friedrich Christoph Perthes eröffnet am Jungfernstieg eine Buchhandlung. Es handelt sich um die erste reine Sortimentsbuchhandlung in Deutschland.

Zur Eröffnung seines Geschäfts annonciert Perthes im »Hamburgischen Correspondenten« folgendermaßen: »Ich mache hierdurch bekannt, daß ich hier eine neue Buchhandlung errichtet und nunmehr eröffnet habe. Auf meinem Lager befinden sich die besten älteren und neueren in Deutschland herausgekommenen Bücher, und ich darf versprechen, jedes Buch, das überhaupt noch irgendwo zu bekommen ist, verschaffen zu können ... Aufmerksamkeit, Pünktlichkeit und Gefälligkeit mache ich mir in jeder Hinsicht zur Pflicht.« Der am 21. April 1772 in Rudolstadt geborene Perthes – ein Neffe des deutschen Buchhändlers und Verlegers Justus Perthes – tritt seine Buchhandlung wieder ab, als er 1822 nach Gotha übersiedelt. Zwischenzeitlich muß er wegen seines Widerstands gegen die Franzosen nach Dänemark und Großbritannien fliehen (→ 10. 3. 1810/S. 189).

Der literarische Markt in Hamburg wird nicht nur durch Perthes' Buchhandlung belebt. 1781 hatte Benjamin Gottlob Hoffmann einen Verlag gegründet (später Hoffmann und Campe), in dem u. a. die Schriften des Aufklärers Johann Georg Büsch erschienen. Aus einem 1789 gegründeten Verlag des Buchhändlers Herold, der u. a. die Werke Friedrich Gottlieb Klopstocks herausbringt, geht später der Verlag Hammerich & Lesser hervor. Der »Hamburgische Correspondent« trägt – neben literarischen Annoncen – mit Buchbesprechungen zur Verbreitung anspruchsvollen Lesestoffs bei. Die literarische Szene der Stadt bekommt während der Revolutionsjahre Zulauf durch drei französische Schriftsteller, die sich vorübergehend in Hamburg aufhalten: Antoine de Rivarol, Pierre Augustin Caron de Beaumarchais und Stéphanie Félicité de Genlis.

Oehrs Weihnachtsbild, mit Claudius (4. v. l.) und Klopstock (r. sitzend)

Tannenbaum für das Weihnachtsfest

Weihnachten 1796. Einer Darstellung des Künstlers Theobald von Oehr zufolge (»Weihnachtsabend auf dem Wandsbeker Schlosse im Jahr 1796«) hat der geschmückte Tannenbaum als Teil des Weihnachtsbrauchtums auch im Hamburger Raum Einzug gehalten. Zunächst nur an den Fürstenhöfen bekannt, ist der Weihnachtsbaum ab etwa 1800 in großbürgerlichen Familien relativ weit verbreitet.

Die ersten Sortimentsbuchhandlungen finden in Hamburg großes Interesse: Inneres der Campe'schen Buchhandlung an der Neuen Burg (Zeichnung, um 1832).

Bevölkerung leidet unter steigender Wohnungsnot

1798/99. Die Armenanstalt (→ 18. 2. 1788/S. 170) läßt auf dem Hamburger Berg Baracken für 117 Familien errichten. In Hamburg herrscht gegen Ende des 18. Jahrhunderts eine drängende Wohnungsnot.

Zwischen den Lebensverhältnissen des wohlhabenden Bürgertums und denjenigen der Unterschichten liegen Abgründe. Durch hohe Zuwanderungsraten und einen wachsenden Bedarf an Lagerraum, der in der Zeit der Hochkonjunktur zwischen 1788 und 1799 (→ 1783/S. 169) entsteht, ist Wohnraum in der Stadt äußerst knapp geworden. Die Mietkosten steigen z. T. auf das Drei- und Vierfache des bisherigen Satzes – manchmal sogar auch noch darüberhinaus.

Viele Menschen können die im Zuge einer sich belebenden Baukonjunktur entstandenen Wohnungen nicht bezahlen. Offensichtlich wird auch nachlässig gearbeitet: Beim Einsturz eines Mietshauses 1799 kommen vier Menschen ums Leben, 30 werden verletzt.

Neben dem Barackenbau sollen auch Notunterkünfte im sog. Drillhaus für eine Milderung der Wohnungsnot sorgen. Beide Maßnahmen bleiben allerdings vorläufig die einzigen Ansätze einer administrativen Wohnungspolitik.

◁◁ *»Vielfamilienhaus« in einer Seitenstraße unweit des Hafens; die hier lebenden Menschen wohnen auf engstem Raum zusammen. Der Gegensatz zu den Bürgerhäusern und Vorstadtvillen wird deutlich (um 1800).*

◁ *Die Brandstwiete mit den schmalen und hohen Bürgerhäusern; im Hintergrund die Türme der Hauptkirche St. Petri und des Mariendoms (Darstellung von 1775).*

Zusammenschluß der Seeversicherer

1797. Die in Hamburg tätigen Seeversicherer schließen sich zum Verein Hamburger Assecuradeure zusammen. Angesichts der vielfältigen Risiken bei der Versicherung von Schiff und Ladung erscheint es den Seeversicherern angezeigt, ihre gemeinsamen Interessen auch gemeinsam wahrzunehmen.

Zugang zu dieser Berufsvereinigung haben neben den Privatassecuradeuren auch die Leiter der Hamburger Versicherungsgesellschaften. Die Leitung der Vereinsangelegenheiten und die Vertretung des Vereins nach außen ist Sache der beiden Vorsteher, die von den Mitgliedern gewählt werden.

In Havariefällen werden die jeweils zuständigen Assecuradeure schriftlich vorgeladen. Sie sollen darüber abstimmen, ob Deputierte zur Regelung eines Schadens gewählt werden sollen. Die Vertretung der Hamburger Seeversicherer vor Ort im In- und Ausland ist die wichtigste Aufgabe der gemeinsam bestellten Havarie-Kommissare.

Ein besonderes Interesse der Seeversicherer gilt der Klassifikation der Schiffe, denn danach richten sich die Entschädigungssummen.

Zu den wichtigsten Aufgaben des Vereins gehören darüberhinaus die Verbesserung des Nachrichtenwesens und die Verwertung der Nachrichten für das Geschäft. Hierzu dient die Lektüre der eigens vom Verein angeschafften Zeitungen und Fachpublikationen.

Lebhafter Publikumsverkehr am Altonaer- oder Millerntor kurz vor der allabendlichen Torsperre (Radierung, um 1825)

Nächtliche Torsperre soll Zuzug von Auswärtigen nach Hamburg verhindern

13. September 1798. *Mit der Verordnung über das »Sperr-Reglement des Steinthores« führt der Rat in Hamburg eine sog. Torsperre ein. Sie gilt zunächst für zwei Jahre. Dabei wird sowohl der Personenverkehr kontrolliert, als auch eine Abgabe auf Handelswaren erhoben. Nachts gilt eine vollständige Torsperre. Die Höhe der Abgabe kann der Rat dank einer entsprechenden Vollmacht der Bürgerschaft selber festsetzen. Die Oberalten (eins der Kollegien, die als ständige Vertreter der Bürgerschaft fungieren) haben sich seit 1796 mehrfach für die Einführung einer Torsperre eingesetzt. Vor dem Hintergrund eines immer dringlicheren Wohnungsmangels und steigender Mieten (→ 1798/99/S. 176) soll damit der Verkehr an den Stadtgrenzen – u. a.*

der Zuzug von Auswärtigen – kontrolliert werden. Auch nach Ansicht des Rates hat sich die soziale Lage nicht nur der armen, sondern auch der mittleren Bevölkerungsschichten inzwischen so weit verschärft, daß Schutzmaßnahmen nunmehr dringend erforderlich sind.

Die Stadtregierung weist darauf hin, daß allein die einheimische Bevölkerung Hamburgs in den letzten zehn Jahren um 28 000 Bewohner (auf nunmehr 130 000) gewachsen sei. Die vollständige nächtliche Torsperre wird bis zum 10. Juni 1836 aufrechterhalten. Im Zuge einer allgemein liberaleren Politik entfällt diese restriktive und lästige Maßnahme, die den Verkehr mit den Vororten sehr stark behindert, endgültig erst im Jahr 1861 (→ 1. 1. 1861/S. 251).

Die Hochkonjunktur neigt sich dem Ende entgegen

1799. Nach einer Welle der Warenspekulation brechen 152 Hamburger Handelshäuser zusammen. Der Massenkonkurs markiert das Ende einer seit 1788 anhaltenden Phase wirtschaftlichen Aufschwungs.

Angesichts der »Napoleonischen Kriege« hatten Hamburger Kaufleute große Warenmengen in der Hoffnung angekauft, mit ihnen Kriegsprofite erzielen zu können. Als jedoch ein strenger Winter 1798/99 den Handel über den Hamburger Hafen stocken läßt, geht die Rechnung nicht auf: Zahlreiche Handelshäuser müssen deshalb Konkurs anmelden.

Erschwerend für den Handel wirken aber auch die Ereignisse im

Kontor eines Hamburger Kaufmanns gegen Ende des 18. Jahrhunderts; der strenge Winter 1798/99 macht Kriegsspekulationen reihenweise zunichte.

Zusammenhang mit der Flucht des irischen Rebellen Napper Tandy nach Hamburg im Jahr 1798. Um dessen Auslieferung zu erzwingen, blockieren britische Schiffe die Elbmündung. Als Großbritannien 1799 sein Ziel erreicht, verhängt dessen empörter Kriegsgegner Frankreich ein Handelsembargo über die Hansestadt.

Das Embargo wird erst gegen Zahlung einer erheblichen Geldsumme wieder aufgehoben. Die wirtschaftliche Lage Hamburgs verschlimmert sich drastisch nach der Besetzung durch französische Truppen 1806 und der folgenden Kontinentalsperre bzw. der britischen Seeblockade (→ 19. 11. 1806/S. 184).

1800

1800–1809

Um 1800. Hamburgs Stadtmilitär hat eine Stärke von knapp 2000 Mann. → S. 179

29. 3. 1801. Prinz Carl von Hessen besetzt mit 11 000 Mann dänischer Truppen Hamburg. → S. 180

15. 8. 1801. Die Zuckerbäckerei Jacob Bruhns wird in Hamburg gegründet. → S. 180

1801. Auf der Bastion Henricus errichtet Johann Georg Repsold ein Observatorium und eine Navigationsschule. → S. 180

27. 7. 1802. Das Denkmal für den Pädagogen Johann Georg Büsch wird eingeweiht (heute in den Grünanlagen Ecke Edmund-Siemers-Allee/Rothenbaumchaussee).

5. 9. 1802. In St. Georg eröffnet das Theater in der Großen Allee.

9. 11. 1802. Johannes Gurlitt tritt sein Amt als Rektor des Johanneums an. → S. 181

25. 2. 1803. Mit dem sog. Reichsdeputationshauptschluß – der Säkularisation aller geistlichen Güter – fällt der bislang exterritoriale Dom an Hamburg. → S. 182

8. 6. 1803. Französische Truppen rücken nach der Kapitulation des Kurfürstentums Hannover (3. 6. 1803) in Harburg ein, das bis Oktober 1805 besetzt bleibt. Großbritannien reagiert auf diesen Gewaltakt am 25. Juni mit einer Blockade der Elbmündung. Sie dauert bis zum 9. Oktober 1805.

1803. Der Pädagoge Johann Carl Daniel Curio bezeichnet das Ideal des hamburgischen Staates so: »Alle wirklichen Hamburger kennen und haben nur einen einzigen Stand, den des Bürgers. Bürger sind wir alle, nicht mehr und nicht weniger.«

20. 1. 1804. Der Rat beschließt den Abriß des Doms. Er beginnt am 8. Mai (→ 25. 2. 1803/S. 182).

18. 10. 1804. Die Bürgerschaft billigt die Entfestigung der Stadt. → S. 182

9. 11. 1804. Der Weihnachtsmarkt wird vom Dom nach dem Gänsemarkt verlegt.

3. 11. 1805. In Hamburg konstituiert sich die Gesellschaft der Freunde des vaterländischen Schul- und Erziehungswesens. → S. 183

1805. Der Maler Philipp Otto Runge porträtiert die Kinder des Hamburger Kaufmanns Friedrich August Hülsenbeck auf dessen Landsitz in Eimsbüttel. → S. 183

27. 1. 1806. Harburg wird von preußischen Truppen besetzt, da Hannover von Preußen in Verwaltung genommen und am 1. April okkupiert wird.

20. 8. 1806. Nach dem Ende des Heiligen Römischen Reiches Deutscher Nation am 6. August, als Kaiser Franz II. die Krone niederlegt, heißt Hamburg nun offiziell »Freie Hansestadt«.

19. 11. 1806. Der französische Marschall Edouard Mortier, Herzog von Treviso, zieht mit 2600 Mann in Hamburg ein. Es ist der Beginn einer über siebenjährigen Besatzung der Stadt. → S. 184

21. 11. 1806. Der französische Kaiser Napoleon I. erklärt von Berlin aus ein totales Handelsverbot gegen Großbritannien. Diese sog. Kontinentalsperre hat katastrophale Folgen für die handelsorientierte Hamburger Wirtschaft.

25. 11. 1806. Französische Truppen besetzen das Amt Ritzebüttel mit Cuxhaven.

7. 4. 1807. Zwei britische Fregatten und eine Kutterbrigg blockieren die Elbe. Am 31. August 1807 wird Helgoland von den Briten besetzt und zu einem Zentrum des Schmuggels ausgebaut (»Klein-London«).

23. 7. 1807. Marschall Jean-Baptiste Bernadotte kommt als Gouverneur der drei Hansestädte nach Hamburg. → 184

2. 9. 1807. Die französischen Einquartierungsrichtlinien werden verschärft. → S. 184

1807. Nach 75 Jahren ist die Prostitution wieder erlaubt. → S. 183

17. 8. 1809. Die Bürgerschaft bewilligt Gelder für die defizitäre Armenanstalt. → S. 184

GEBOREN:

1. 1. 1801. Hamburg: Ferdinand Laeisz († 7. 2. 1887, Hamburg), Großkaufmann und Reeder.

25. 12. 1802. Altona: Ludolf Wienbarg († 2. 1. 1872, Schleswig), Schriftsteller.

28. 2. 1803. Hamburg: Günther Gensler († 28. 5. 1884, Hamburg), Zeichner.

29. 11. 1803. Hamburg: Gottfried Semper († 15. 5. 1879, Rom), Architekt.

2. 4. 1806. Hamburg: Gabriel Rießer († 22. 4. 1863, Hamburg), Jurist.

9. 11. 1807. Hamburg: Otto Speckter († 29. 4. 1871, Hamburg), Zeichner und Radierer.

2. 2. 1808. Hamburg: Gustav Heinrich Kirchenpauer († 3. 3. 1887, Hamburg), Jurist und Bürgermeister.

29. 3. 1808. Hamburg: Carl Voigt († 6. 2. 1879, Hamburg), Musiklehrer.

21. 4. 1808. Hamburg: Johann Heinrich Wichern († 7. 4. 1881, Hamburg), Theologe.

26. 2. 1808. Hamburg: Elise Averdieck († 4. 11. 1907, Hamburg), Pädagogin.

3. 2. 1809. Hamburg: Felix Mendelssohn-Bartholdy († 4. 11. 1847, Leipzig), Komponist.

6. 7. 1809. Hamburg: Carl Friedrich Petersen († 15. 11. 1892, Hamburg), Bürgermeister.

GESTORBEN:

5. 8. 1800. Hamburg: Johann Georg Büsch (* 3. 1. 1728, Altmedingen bei Lüneburg), Pädagoge.

14. 3. 1803. Hamburg: Friedrich Gottlieb Klopstock (* 2. 7. 1724, Quedlinburg), Dichter (→ 22. 3. 1803/S. 181).

Auf ins neue Jahrhundert

1. Januar 1801. Den ersten Tag des 19. Jahrhunderts begeht Hamburg unter der strahlenden Wintersonne als einen Feiertag. Man ist hier gewillt, trotz aller Widrigkeiten positiv in die Zukunft zu blicken.

Wie es an diesem Tag in Hamburg zugeht, beschreibt ein »Historischer Bericht« aus dem Jahr 1804: »Mittags um zwölf Uhr ward eine dreimalige Salve, jede von hundert Kanonen, gegeben. Die Wälle waren gleichsam wie mit Menschen bedeckt, und auf den Straßen, wo zur Erhaltung guter Ordnung Dragoner und Soldaten patrouillierten, hörte man Gassenmusik mit Freudengeschrei, und frohe Flintenschüsse durchknallten den allgemeinen Volksjubel.«

Eine Hamburger Köchin in typischer Tracht bei ihrem Einkauf (farbiges Aquatintablatt von Christopher Suhr)

Hamburger Näherin, gekleidet nach der aktuellen Damenmode (Aquarell von Christopher Suhr, um 1801)

Den Hamburgern erscheint ihre neutrale Stadtrepublik als Insel der Seligen in einem Meer voller Gewalt und Niedertracht. Dabei sind die drohenden Vorzeichen nicht zu übersehen: Am 23. November 1800 ist Ritzebüttel von den Preußen besetzt worden, weil die Briten ein preußisches Schiff gekapert hatten. Und am → 29. März 1801 (S. 180) erfolgt das, was seit dem Siebenjährigen Krieg 140 Jahre lang unmöglich schien: Die Dänen kommen! Doch die Besetzung wird nach knapp zwei Monaten aufgehoben, und in Hamburg kehrt wieder die Normalität ein.

Dazu gehört ein verfeinerter Lebensstil, an dem auch die französischen Emigranten ihren Anteil haben. 1801 entdeckt eine Zeitung französische Restaurants und Kaffeehäuser »in Mengen fast in allen Straßen«, und 1803 erscheint sogar ein »Pariser und Hamburger Damen-, Kunst- und Modejournal«. Die hamburgische Damenwelt kommt übrigens im Urteil der Zeitgenossen nicht gut weg. Der Schriftsteller Garlieb Helwig Merkel schreibt 1801: »Die hamburgischen Damen könnte man füglich in zwei Sorten abteilen. Eine würde die hausfrauliche, die andere die feinfrauliche heißen. Die Gatten der ersteren wurden Kaufs einig mit den Vätern derselben, sie selbst aber, weil billig, wurden nicht um ihre Meinung gefragt.«

So prächtig wie irgend möglich zelebriert die feine Hamburger Gesellschaft ihre Festlichkeiten in den aufs Feinste ausgeschmückten Teezimmern und Speiseräumen. Ein entsprechender Abend sieht dann so aus: Nachdem sich gegen 20 Uhr die Gesellschaft zusammengefunden hat, wird um 21 Uhr an die Spieltische gebeten und nach zwei Stunden endlich zur Tafel geladen. Man speist etwa zwei Stunden und nimmt vor der Heimfahrt noch einen Tee. Nach Art des höfischen Adels scheut der Gastgeber keine Kosten, um den Anwesenden das Diner durch Sänger und Sängerinnen zu verschönen.

Freilich: An derlei Genüssen kann sich nur eine kleine Minderheit laben. Die Masse der ca. 130 000 Hamburger lebt schlecht ernährt in feuchten, engen Quartieren, ständig bedroht von Krankheit und Arbeitslosigkeit.

Der Jungfernstieg, der 1796 um 8 m verbreitert und durch die Anpflanzung von 200 Linden repräsentativ gestaltet worden ist (Steindruck von Peter Suhr)

Angehörige des Bürgermilitärs halten auf der Wache ein Schwätzchen.

Parade des Stadtmilitärs auf dem Großneumarkt (Lithographie, Peter Suhr)

Hamburgs Militär nur für Paraden geeignet

Um 1800. Das aus angeworbenen Söldnern bestehende Hamburger Stadtmilitär hat eine Stärke von rund 1800 Mann Infanterie, 90 Mann Artillerie und 84 Dragonern (Kavalleristen). Mit den Angehörigen der Bürgerwache sollen sie im Ernstfall die Stadt verteidigen. Für Verteidigung gibt Hamburg rund 5,8 Millionen Mark courant aus. Die Uniform der Fußsoldaten zeigt die Hamburger Farben: Rote Röcke mit weißen Westen und Beinkleidern. Die Kavallerie trägt gleichfalls rote Röcke, dazu gelbe Lederhosen und Westen. An der Schlagkraft der schmucken Truppe bestehen allerdings begründete Zweifel.

Neutralität wird immer schwieriger

29. März 1801. Prinz Carl von Hessen besetzt mit 11 000 Mann dänischer Truppen die Tore und Wälle von Hamburg. Hintergrund der Besetzung, die bis zum 23. Mai dauert und über 500 000 Mark courant kostet, ist der Konflikt zwischen Großbritannien und einem nordischen Neutralitätsbündnis aus Rußland, Dänemark, Schweden und Preußen.

Die Französische Revolution und die daraus resultierenden Mächte- und Interessenkonstellationen engen den Spielraum der traditionell neutralen Hansestadt zunehmend ein. Lange Zeit hatten sich die Hamburger in dem Glauben gewiegt, durch umfangreiche Geldleistungen an Frankreich – allein 1801 zahlt die Stadt 4 Millionen Livres – und den Beitritt zu einer von Preußen gegründeten »Neutralität-Association« die Selbstbestimmung bewahren zu können.

Geschickt lassen die Franzosen die Hansestädte im Glauben, man sei an ihrer Unabhängigkeit interessiert. Im Frühsommer 1803 hat die Diplomatie ausgespielt: Am 21. Mai rücken französische Truppen im Kurfürstentum Hannover ein und besetzen Ritzebüttel. Daraufhin verhängt Großbritannien am 25. Juni

Die Besetzung Hamburgs durch dänische Truppen am 29. März 1801: Vor dem Millerntor versuchen zwei hamburgische Ratsherren noch mit dem dänischen Oberbefehlshaber zu verhandeln, doch der zeigt nur auf seine Uhr. Daraufhin werden die Stadtschlüssel überreicht, und morgens um 8 Uhr rücken die Dänen durch das Millerntor im Beisein einer fassungslosen Menge in die Stadt ein. Ihre Absicht, den britischen Handel wirkungsvoll zu stören, erreichen die Dänen mit der Okkupation nicht (Radierung).

bis zum 9. Oktober 1805 eine Blockade über Elbe und Weser. Anstelle ihres Heimathafens laufen hamburgische Schiffe nun das nordfriesische Tönning (an der Eidermündung) an, das bewegte Tage erlebt: 4000 Schiffe passieren allein 1803 den Eiderkanal, und die Jahres-Zolleinnahme steigt von 25 000 auf 200 000 Reichstaler.

Zuckersieder bei ihrer Arbeit (Lithographie von Christopher Suhr)

Ein ganzes Gewerbe steht am Abgrund

15. August 1801. Die Zuckerbäckerei Jacob Bruhns wird in Hamburg gegründet. Aus ihr entsteht 1965/1970 die Hanseatische Zuckerraffinerie. 200 Zuckersieder gehen in der Hansestadt um die Jahrhundertwende ihrer Arbeit nach.

Es waren die Niederländer, die gegen Ende des 16. Jahrhunderts die Kunst des »Zuckerbackens« nach Hamburg brachten. Der hier veredelte Rohrzucker wurde vor allem in die Ostseeländer exportiert. Man schätzte den hamburgischen Zucker stets aufgrund seiner Festigkeit, Süße und Haltbarkeit.

Neben den Händlern und den Zuckersiedern ernährt das Gewerbe viele tausend Zulieferer wie Tischler, Kupferschmiede und Reepschläger, die feines Bindegarn für die Kandisfabrikation liefern. Für sie beginnen schwere Zeiten, als 1801 der Physiker und Chemiker Franz Carl Achard die erste deutsche Rübenzuckerfabrik begründet und viele Nachahmer findet.

Da die Raffinade von Rohrzucker auf Gedeih und Verderb von überseeischen Rohstoffquellen abhängig ist, reagiert das Gewerbe extrem anfällig auf Handelsstörungen. Einen Vorgeschmack davon vermittelt die im Juni 1803 beginnende zweieinhalbjährige britische Blockade, die bereits viele Hamburger Zuckerbäcker zum Aufgeben zwingt. Die Kontinentalsperre der Franzosen versetzt der Zuckerbäckerei vollends den Todesstoß.

Erfinder Repsold begründet Sternwarte

1801. Auf einer Geesthöhe am Hafen (heute Standort des Bismarck-Denkmals) errichtet der Feinmechaniker und Oberspritzenmeister Johann Georg Repsold eine Sternwarte und eine Navigationsschule. Was die Fachwelt aufhorchen läßt, ist die Tatsache, daß Repsolds Observatorium mit einem Meridiankreis von 4 m Durchmesser arbeitet. Der Meridiankreis ist ein wichtiges astronomisches Instrument zur Messung der Koordinaten eines Gestirns am Himmel.

Repsold ist der Prototyp eines Erfinders, der zugleich Kaufmann ist. Die mathematischen, nautischen und astronomischen Instrumente aus seiner ererbten Glocken- und Geschützgießerei werden in ganz Europa geschätzt.

Nach Repsolds Unfalltod 1830 – ein Berufsunfall beim Feuerlöschen – übernimmt am 31. Oktober 1833 der Staat das von ihm aufgebaute Institut. Zuvor wird am 5. April

1833 vor der Sternwarte ein von Alexis de Chateauneuf entworfenes Denkmal enthüllt. Es trägt die Inschrift: »Erfindungsreich waffnete er die Wissenschaft. Bekämpfend die Feuersbrunst von Trümmern erschlagen. Kühner Berufstreue dankbare Bürger«.

Navigationsschule mit Sternwarte, ab 1823/25 in den Wallanlagen beim späteren Museum für Hamburgische Geschichte; l. das Repsold gewidmete Denkmal

Betrauert wie kein anderer Dichter zuvor

22. 3. 1803. Die Leiche des am 14. März verstorbenen Friedrich Gottlieb Klopstock wird von der Hamburger Königstraße (heute Poststraße) zur Christianskirche nach Ottensen überführt. Dem Trauerzug folgen rund 25 000 Menschen und 126 Wagen.

Die Beisetzung des 78 Jahre alt gewordenen Lyrikers und Dramatikers, der seit → 1770 (S. 164) in Hamburg gelebt und vor allem durch sein biblisches Epos »Messias« (1773) einen bleibenden Beitrag zur Weiterentwicklung der deutschen Lyrik geleistet hatte, wird zu einem Spektakel, wie es Hamburg noch nicht erlebt hat.

Um 10 Uhr versammeln sich im Trauerhaus die Hamburger Ratsherren, das hier akkreditierte diplomatische Korps, die Mitglieder des Geistlichen Ministeriums der Hamburger Kirche und das übrige Gefolge. An der Grenze zu Altona erwarten die Spitzen der dortigen Verwaltung den Trauerzug. Angeführt von einer Eskorte Husaren und unter dem Geläute aller Kirchenglocken bewegt sich der Zug langsam in Richtung Ottensen, wo er um 12 Uhr eintrifft.

Der schlichte Sarg wird von den Hamburger Reitenden Dienern in die Kirche vor den Altar getragen, wo der Domherr Friedrich J. L. Meyer nach einigen bewegenden Worten eine Passage aus dem »Messias« verliest. Mit den Worten »Auferstehen ... wirst du, mein Staub« wird anschließend die Leiche zu ihrer Ruhestätte überführt.

Der Kupferstich zeigt die Beisetzung von Friedrich Gottlieb Klopstock in Ottensen. Während der Sarg hinuntergelassen wird, streuen die drei Ehrenjungfrauen Rosen, Myrten und Lorbeerblätter, während der Arzt Johann Christoph Unzer (vorn r.) ein von ihm selbst verfaßtes Gedicht mit auf den Sarg legt.

Aufklärer Gurlitt leitet Johanneum

9. November 1802. Der Reformpädagoge Johannes Gurlitt wird in sein Amt als Rektor des Johanneums eingeführt. Er soll das in eine Krise geratene traditionsreiche Bildungsinstitut erneuern.

Angesichts der wirtschaftlichen Blütezeit der Jahre 1788 bis → 1799 (S. 177) hatten viele wissenschaftlich begabte Jungen den wesentlich lukrativeren Kaufmannsberuf einer Beschäftigung mit Wissenschaft und Forschung im Johanneum vorgezogen.

Um die im Zuge der Reformation 1529 gegründete Schule mit neuem Leben zu erfüllen, scheint Gurlitt der richtige Mann: Der vormalige Direktor des Pädagogiums zu Kloster Berge bei Magdeburg gilt als bewährter Lehrer und aufklärerisch geprägter Reformer zugleich. Im Johanneum versucht Gurlitt möglichst viele seiner Reformideen wie z. B. die Lockerung des Klassenverbandes und einen stärker berufsbezogenen Unterricht in die Tat umzusetzen. Weiterhin ebnet er auch jüdischen Schülern den Zugang zur höheren Bildung, nachdem im liberaleren Altona Juden schon lange das Christianeum (→ 3. 2. 1738/S. 152) besuchen dürfen.

Über den Hamburger: »Zum Selbstmord nicht geeignet«

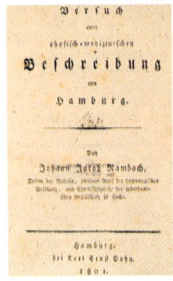

Chronik Zeitzeugen

Der Hamburger Amtsarzt Johann Jakob Rambach (1772–1812) zeichnet in seinem 1801 veröffentlichten »Versuch einer physischen und medizinischen Beschreibung von Hamburg« ein wenig schmeichelhaftes Bild seiner Mitbürger (Auszug):

»Die besonderen Eigenheiten des Charakters der Hamburger rühren besonders von ihrem Temperament und ihrer Beschäftigung her. Jenes nähert sich dem Phlegmatischen. Der Hamburger hat demzufolge wenig Einbildungskraft und ist daher zur Hypochondrie und zum Selbstmord nicht geeignet. Er besitzt wenig Reizbarkeit und Lebhaftigkeit, er hat mehr Hang zum Ernst als zur Listigkeit, ist mehr sparsam als tätig, ausdauernd, aber nicht erfinderisch. Er beleidigt niemanden absichtlich, nimmt aber Beleidigungen desto übler auf und vergilt sie reichlich. Kurz, er hat alle Eigentümlichkeiten, die den Bewohner eines kalten, nebligen Landes auszeichnen. Diese werden durch sein Hauptgewerbe, Handlung, noch mehr bestimmt. Hamburg ist kein produzierender Staat. Seine Einwohner beschäftigen sich mit dem Landbau gar nicht und mit Fabriken im ganzen genommen nur wenig. Fast alle leben mittelbar oder unmittelbar von der Handlung; sie ist das große Triebrad alles ihres Trachtens, und daher achten sie nur das, was auf diese Beziehung hat. Deshalb schätzen sie an allen Talenten und Wissenschaften nur den praktischen Nutzen. Ein spekulativer Gelehrter oder Dichter würde wenig Glück bei ihnen machen. Zur Dichtkunst haben sie überhaupt sehr wenig Anlage. Den Nationalcharakter der Hamburger machen besonders die Mischung einiger der vorher erwähnten Extreme aus. Dahin gehört besonders die der Dienstfertigkeit und der Grobheit. Jene ist fast jedem Hamburger ohne Ausnahme eigen.«

Der Dichter Joseph von Eichendorff (1788–1857) kommt als 17jähriger auf einer Reise durch Norddeutschland am 18. September 1805 auch nach Hamburg und zeigt sich in seinem Bericht überaus begeistert von dem »schönen, längstersehnten Hamburg« und seinem internationalen Flair (Auszug):

»Nachdem wir bei einer Warte von einem Hamburger Stadtoffizier ein Examen rigorosum überstanden hatten, landeten wir endlich, und unser Engländer führte uns alsbald in eine gute Auberge [Herberge] ... Hier bot uns das Gewühle von eleganten Equipagen und Menschen aus allen Nationen ein neues, interessantes Schauspiel dar, und wir waren ... halb betäubt. Nicht weniger frappierte uns auch die hiesige Lebensweise, welche ein Vorspiel Londons ist. Nirgends nämlich wird hier vor halb 4 Uhr zu Mittag und zu Abend gegessen. Bier, als gewöhnlichen Trank, scheint man hier nicht zu kennen, überall wird durchaus Rotwein getrunken. Wir speisten immer in unserem Hause ... wo wir das Vergnügen hatten, Menschen in achterlei Sprachen auf einmal sprechen zu hören.«

Hamburg übernimmt Dom auf Abbruch

25. Februar 1803. Eine vom Regensburger Reichstag eingesetzte Kommission billigt den sog. Reichsdeputationshauptschluß. Er sieht eine territoriale Neuordnung des Heiligen Römischen Reiches Deutscher Nation vor und ist zugleich der erste Schritt zur Auflösung des Reiches.

Als Folge dieses Beschlusses werden 112 Reichsstände beseitigt, und rund drei Millionen Menschen wechseln ihre Staatsangehörigkeit. Für Hamburg bedeutet der Reichsdeputationshauptschluß die Anerkennung als »Freie Reichsstadt«, gemeinsam mit fünf weiteren Städten, darunter Lübeck und Bremen. Zugleich wird die Säkularisation (Verstaatlichung) aller geistlichen Güter beschlossen. Fast alle geistlichen Fürsten werden zugunsten derjenigen Staaten enteignet, die infolge der Friedensverträge mit Frankreich in den Jahren 1795 bis 1801 ihre linksrheinischen Gebiete verloren haben. Dies sind vor allem die Staaten Baden, Preußen, Württemberg und Bayern.

Als Folge der Säkularisation fällt auch das früher schwedische, dann hannoversche Domkapitel Hamburgs in weltlichen Besitz. Die Stadt läßt den Dom bis 1807 abreißen. Am 20. Juni werden im Zusammenhang mit der Übernahme des Domkapitels durch Hamburg noch einige dänische Ansprüche abgegolten: Die zum Dom gehörenden Orte Spitzerdorf und Poppenbüttel sowie das zum Landgebiet des Johannisklosters gehörige Bilsen und der hamburgische Anteil an Hoisbüttel gehen an Dänemark; Hamburg erhält dafür Alsterdorf.

△ *Die Ruinen des Doms um das Jahr 1805; zu sehen ist l. die eigentliche Domkirche, r. der sog. Schappendom, in dem bis zuletzt Verkaufsausstellungen stattfanden, sowie die Reste des Kreuzgangs (Lithographie, um 1850).*

◁ *Die große Halle des Hamburger Doms hieß im Volksmund »Schappendom«, weil hier zuletzt die Tischler ihre Mobilien und Schränke zum Verkauf anboten. Das Sterngewölbe ruht auf sieben mächtigen Granitsäulen.*

Kurzer Prozeß mit einem Fremdkörper

Chronik Hintergrund

Als im Oktober 1807 die letzten Reste der Domkirche abgerissen werden, hat Hamburg eines der größten und bedeutendsten mittelalterlichen Baudenkmäler in Norddeutschland beseitigen lassen.

Am → 18. Juni 1329 (S. 44) war der Mariendom feierlich eingeweiht worden. Die Kirche und ihr Kapitel blieben allerdings ein Fremdkörper in Hamburg, und die herausgehobene Stellung der Domherren bot immer wieder Anlaß zum Streit mit den Bürgern (→ 4. 11. 1337/ S. 45; 1477/S. 71; 1503/S. 78).

Im Westfälischen Frieden 1648 fiel das Domkapitel an Schweden und 1719 schließlich an Hannover. Am 1. Dezember 1802 verzichtet der Kurfürst von Hannover aufgrund der §§ 4 und 27 des Reichsdeputationshauptschlusses zugunsten der Stadt Hamburg auf seine Hoheitsrechte mit einer ausdrücklichen Bedingung: Die residierenden Domherren sollen bis zu ihrem Tod Kurien, Vorrechte und Einnahmen behalten. Durch eine Übereinkunft mit dem Domkapitel vom 1. März 1804 tritt Hamburg die Besitznachfolge an, nachdem die Domherren großzügig entschädigt worden sind. Warum fällt nun das gesamte, an Kunstschätzen reiche Domstift mitsamt der mächtigen fünfschiffigen Domkirche und dem sog. Schappendom dem Abriß zum Opfer? Zunächst einmal hätte eine Erhaltung der Domgebäude für die Stadt eine große finanzielle Belastung bedeutet. Eine weitere kirchliche Nutzung und die Errichtung eines neuen Kirchspiels hätte den umliegenden vier Kirchspielen Gemeindeglieder entzogen. Viel wichtiger noch: Durch einen schnellen Abbruch der Gebäude kommt die Stadt jeder möglichen Änderung des Reichsdeputationshauptschlusses zuvor und beseitigt so den letzten Rest eines fremden Hoheitsgebietes in Hamburg.

Entfestigung demonstriert Neutralität

18. Oktober 1804. Die Bürgerschaft bewilligt eine Schleifung der Befestigungen. Es soll alles abgebaut werden, was Hamburg einer Belagerung aussetzen könnte. Die Stadt hofft, mit dieser Demonstration von Offenheit und Neutralität der Besetzung durch eine der Kriegsparteien entgehen zu können.

Die Arbeiten, für die 860 Arbeiter eingestellt werden, beginnen am 4. November. Es geht vor allem darum, die Außenwerke wie z. B. die Sternschanze niederzulegen, die Brustwehren abzubauen und

die Brücken durch Erddämme zu ersetzen. Im März des darauffolgenden Jahres beginnt der Bremer Kunstgärtner Isaak Hermann Altmann damit, die Wälle mit Blumen zu bepflanzen und gepflegte Rasenflächen anzulegen.

Die Entfestigung verlockt zu allerlei Unartigkeiten: Am 27. März 1805 erläßt der Rat ein Mandat gegen die auf den Stadtwällen und den Stadtgräben eingerissenen Unordnungen, wo der »Pöbel« rücksichtslos die neuen Anlagen ruiniert.

Die Kosten für die Entfestigung

veranschlagt die Bürgerschaft auf etwa 360 000 Mark courant. Zwei Drittel dieser Summe sollen die überflüssigen Bronzekanonen einbringen, deren Metall eingeschmolzen und dann verkauft wird. In rund sechs Jahren soll die Schleifung der Hamburger Befestigungsanlagen endgültig beendet sein. Allerdings müssen die Arbeiten infolge der französischen Besetzung 1806 eingestellt werden. Erst 14 Jahre später beginnt die Entfestigung aufs neue und ist diesmal endgültig (→ 24. 3. 1820/S. 195).

Berufsverband für alle Lehrer offen

3. November 1805. Mit der Gesellschaft der Freunde des vaterländischen Schul- und Erziehungswesens tritt der erste deutsche Lehrerverband ins Leben. Zu den Initiatoren gehören Peter Breiß, Lehrer an der Dammtorschule und der aus Helmstedt gebürtige Privatschullehrer und Publizist Johann Carl Daniel Curio.

Breiß, ein Bauernsohn aus Allermöhe, wollte eigentlich eine Zeitschrift, das »Journal für die Ham-

Erstes Signet des Lehrerverbandes; das Motiv verweist auf die pädagogische Arbeit: So wie der Gärtner dem Boden Wasser gibt, soll der Pädagoge seine Zöglinge erziehen.

burger Schulen« gründen. Curio hatte diese Idee weiterentwickelt. Statt einer Zeitschrift schlug er die Gründung eines Verbandes vor, der »allen Lehrern an Gelehrten-, Bürger- und Armenschulen, ihren Gehilfen, Haus- und Privatlehrern« offenstehen und auch »gelehrte, einsichtsvolle, erfahrene und gebildete Männer« aus allen Klassen aufnehmen müßte.

Erste Anliegen des Verbandes sind die Verbesserung der Bürgerschulen und der Lehrerbildung allgemein durch die Einrichtung eines Lesezirkels und einer Bibliothek. Eine Witwen- und Pensionskasse soll sich aus den vom Lehrerverband erhobenen Beiträgen – beim Eintritt 3 Mark courant, in der Folge jährlich 4 Mark – finanzieren.

Philipp Otto Runge: »Die Hülsenbeckschen Kinder«; am Horizont sind die Hamburger Kirchtürme zu sehen (Öl auf Leinwand; Hamburg, Kunsthalle).

Meister der Frühromantik porträtiert hanseatische Kaufmannskinder

1805. *Der Maler Philipp Otto Runge porträtiert die Kinder des Hamburger Kaufmanns Friedrich August Hülsenbeck auf dessen Landsitz in Eimsbüttel. Als 18jähriger war Runge 1795 aus Wolgast nach Hamburg gekommen, um hier eine Kaufmannslehre zu beginnen. Ein Freundeskreis ermöglichte ihm statt dessen die Ausbildung seiner künstleri-*

schen Neigungen. 1803 begann Runge mit seinem Hauptwerk »Die vier Zeiten«, dessen ersten Teil »Der Morgen« er 1809 als Gemälde fertigstellte. Wenige Monate nach dem Erscheinen seines Buches »Farbenkugel oder Construktion des Verhältnisses aller Mischungen der Farben zueinander« stirbt der Maler am 2. Dezember 1810 in Hamburg.

»Gassennimphen« und »Buhlschwestern« geduldet

1807. Mit einer vom Ratsherrn Amandus Augustus Abendroth formulierten Verordnung zur polizeilichen Überwachung von Bordellen wird die seit 75 Jahren offiziell verbotene Prostitution (→ 5. 8. 1732/S. 150) in Hamburg wieder geduldet.

Das Reglement schreibt dem Bordellwirt vor, den Behörden alle bei ihm wohnhaften Mädchen zu melden, auf ansteckende Krankheiten zu achten und die Frauen zur Vorsorge anzuregen. Wer eine kranke Dirne aus Gewinnsucht zwingt, »ihr Gewerbe dennoch fortzuset-

zen«, wird an den Pranger gestellt oder – handelt es sich um eine Frau – ins Spinnhaus gebracht. Jeder Bordellwirt soll dem »Frauenzimmer allen möglichen Beystand« leisten, wenn eine »angesteckte Mannsperson der Krankheit ungeachtet« mit ihr zu verkehren wünscht.

Die Frauen müssen sich alle 14 Tage beim Stadtphysikus untersuchen lassen. Weil diese Kosten nicht dem »Publikum« aufgebürdet werden können, hat jeder Wirt für »jedes bey ihm logierende Frauenzimmer« monatlich 2 Mark in die

»Aufsichts- und Kurcasse« der Prätur zu leisten. Mehr als diese 2 Mark darf er auch von den Frauen nicht als Abgabe verlangen. Bei Erfüllung dieser Auflagen werden Prostituierte in der Stadt geduldet. Sie dürfen allerdings keine Freier von sich aus ansprechen und ihre männliche Kundschaft nicht »berupfen und ausplündern«.

Die Zentren der gehobenen Prostitution liegen – wie die Zeitschrift »Hamburg und Altona« 1805 ermittelte – an »den Hütten, am Dragonerstall bis an den Wall hin über

den Kamp, durch den Concerthof über die Dehbahn« sowie an der Neuen- und der ABC-Straße. Dirnen »zweiter Klasse« logieren in kleinen Gassen in der Alt- und Neustadt, zur dritten Klasse zählen die »Gassennimphen«, die abends in der Gegend der Kaffeehäuser »wie Blindschleichen umherschwanken«. Das Schlußlicht bilden »die Buhlschwestern auf dem Hamburger Berge«, die »vor Thüren und an Fenstern gelagert laut, dreist und ungescheut« ihrem anstößigen Gewerbe nachgehen.

Napoleons Truppen besetzen Hamburg

19. November 1806. Mit dem Einmarsch von 2600 Soldaten unter Befehl von Marschall Edouard Mortier beginnt die Zeit der französischen Besetzung Hamburgs.

Nachdem die preußische Armee den Franzosen am 14. Oktober bei Jena und Auerstädt entscheidend unterlegen ist, kann sich Kaiser Napoleon I. nun seinem Plan widmen, durch eine Handelssperre den Hauptgegner Großbritannien auszuschalten. Die Okkupation Hamburgs spielt dabei eine zentrale Rolle, denn die Hansestadt ist der wichtigste Umschlagplatz britischer Waren auf dem Kontinent. Zwei Tage nach dem Einmarsch in Hamburg, am 21. November, verkündet Napoleon von Berlin aus ein totales Handelsverbot gegen Großbritannien, die sog. Kontinentalsperre. Drei Tage später werden in Hamburg britische Waren konfisziert, britische Staatsbürger gehen in Kriegsgefangenschaft.

Wegen der Kontinentalsperre verlassen viele Firmen die Hafenstadt oder gehen pleite. Altona und Tönning an der Eidermündung ziehen den Seehandel auf sich.

Die Vergeblichkeit der hamburgischen Neutralitätspolitik deutete sich mit dem Ende des Heiligen Römischen Reiches Deutscher Nation am 6. August an. Zwar nennt man sich statt »Kaiserlich Freie Reichsstadt« nun »Freie Hansestadt«, aber die zerbrechliche Unabhängigkeit währt nur kurz.

△ Karikatur auf »Hamburgs Neutralité«, d. h. auf die Versuche der Stadt, sich durch fortdauernde Geldzahlungen das Wohlwollen der Franzosen zu erkaufen, um auf diese Weise der drohenden Besetzung zu entgehen.

◁ Ein Offizier der spanischen Besatzungstruppen, die vom August 1807 bis zum März 1808 als Frankreichs Verbündete in Hamburg stationiert sind; die »Carachos« gelten in Hamburg als freundlich und überaus kinderlieb.

»Nachmittags zogen die Franzosen ein«

Chronik Zeitzeuge

Der Pädagoge Leonhard Wächter beschreibt in seinem 1838 postum veröffentlichten »Historischen Nachlaß« den Einmarsch der Franzosen (Auszug):

»Am 18. November 1806 sandte Hamburgs Senat auf erhaltene Nachricht, der französische General Mortier werde in die Stadt rücken und stehe schon in Bergedorf, Deputierte an ihn. Sie überbrachten am folgenden Morgen dem Rat dieses Schreiben: ›Ich begebe mich nach Hamburg, um im Namen Seiner Majestät des Kaisers der Franzosen und Königs von Italien Besitz von der Stadt zu nehmen. Präveniert eure Mitbürger, deswegen ohne Besorgnisse zu sein; die strengste Mannszucht soll von den Truppen unter meinem Befehl beobachtet werden. Der Marschall Mortier.‹

Nachmittags zogen die Franzosen ein; die Bürger mußten sie hausen und beköstigen. Der Marschall forderte die Auslieferung des Bankfonds.

Des hiesigen französischen Ministers Bourienne wohlbezahltes Bemühen vermochte den Marschall, von der Forderung abzustehen, doch mußte alles in der Stadt befindliche englische Eigentum sofort angezeigt werden.«

Marschall Bernadotte regiert

23. Juli 1807. Marschall Jean-Baptiste Bernadotte, im Jahr zuvor von Napoleon I. zum Fürsten von Pontecorvo erhoben, trifft als Gouverneur der drei Hansestädte in Hamburg ein. Zu seinem Hauptquartier bestimmt er das Landhaus des Barons von Voght in Klein-Flottbek.

Bernadotte entstammt einem alteingesessenen südfranzösischen Geschlecht und hatte sich unter Napoleon militärische Verdienste erworben. Der dänische Resident in Altona, Johann Georg Rist, schildert ihn in seinen Lebenserinnerungen als eine »Gestalt von guten Verhältnissen, ein edler, feiner Anstand« mit »scharfen, doch angenehmen Zügen«, zumeist »milde und wohlwollend, zugänglich und gerecht«.

Hamburg ist nur eine Station in der Karriere von Napoleons Marschall: 1810 wählt ihn der schwedische Reichstag zum Thronfolger, im Jahr darauf wird er Regent, und 1818 besteigt er als Karl XIV. Johann schließlich den Thron von Schweden und Norwegen.

Leben wird teurer und enger

2. September 1807. Durch eine Verschärfung der Einquartierungsrichtlinien werden auch »Sahl-, Buden und Kellerbewohner« dazu verpflichtet, französischen Soldaten Unterkunft zu gewähren. »Sähle« sind kleine Etagenwohnungen, die oft nur aus einem Raum bestehen. »Buden« heißen Hütten oder Parterrewohnungen von nur wenigen Quadratmetern Wohnfläche.

Die Besatzer wollen nicht nur wohnen, sondern auch essen. Nach einer am 22. November 1806 erlassenen Ordnung haben Unteroffiziere und Soldaten täglich Anspruch auf ein halbes Pfund Fleisch, anderthalb Pfund Brot, Gemüse oder Reis, eine Flasche Bier und ein Glas Branntwein. Dabei wird das Essen immer knapper, teurer und schlechter. Statt Kaffee gibt es in den meisten Häusern ein Surrogat von Zichorie oder aus gebrannten Eicheln bzw. Graupen; für Zucker nimmt man Sirup, und als Ersatz für den kaum erschwinglichen Tabak dienen getrocknete Kastanien- oder Kirschenblätter.

Die Stadt ist ein Armenhaus

17. August 1809. Die Bürgerschaft bewilligt ein Kopfgeld für die notleidende Armenanstalt, deren Defizit im Jahr 1809 rund 190 000 Taler beträgt. Sie versorgt rund 17% der Einwohnerschaft. Finanzielle Engpässe aufgrund der schlechten Wirtschaftslage und der anhaltend hohen Arbeitslosigkeit erzwingen 1809/10 die Schließung der Armeneinrichtungen.

Wenig mehr als ein Tropfen auf den heißen Stein ist da die Gründung von J. P. Averhoffs Familien- und wohltätigen Stiftungen am 12. Oktober. Dafür stehen aus dem Testament des am 4. März verstorbenen Kaufmanns Johann Peter Averhoff 100 000 Mark banco zur Verfügung. Der Ratsherr Johann Ernst Friedrich Westphalen beziffert am 2. März 1809 den direkten finanziellen Schaden für Hamburg durch die Besetzung auf 81 Mio. Mark banco. Das Jahr 1808 markiert den Tiefpunkt des Handels. Die Kattunfabriken sind ruiniert, ebenso wie die Zuckersieder und die Zulieferer für die Schiffahrt.

Neuansatz zwischen Franzosenzeit und Großem Brand

1806–1842

Die Franzosenzeit am Anfang des 19. Jahrhunderts bedeutete für die Entwicklung der Stadt Hamburg einen Rückschlag, wie sie ihn mit solcher Gewalt noch nie erlebt hatte. Nachdem Franz II. Anfang August 1806 die deutsche Kaiserkrone niedergelegt hatte, versuchten Lübeck, Bremen und Hamburg auf eigene Faust in eilig abgehaltenen »Hanseatischen Konferenzen«, die nun erlangte staatliche Selbständigkeit gemeinsam so zu gestalten, daß man nicht zum Spielball oder gar Beutestück mächtiger Nachbarn werden konnte. Doch der Traum, inmitten einer kriegerischen Umwelt gleichsam auf einer neutralen »Insel der Seligen« leben zu können, wurde schon nach wenigen Wochen durch Napoleons Sieg über die preußischen Truppen in der Doppelschlacht bei Jena und Auerstedt zerstört: Am 19. November 1806 besetzten französische und mit ihnen verbündete Soldaten die ehemals kaiserliche Freie Reichsstadt. Die wichtigste Aufgabe der Besatzungsmacht bestand darin, die von Napoleon gegenüber Großbritannien verhängte Kontinentalsperre durchzusetzen und abzusichern. Ziel dieser Maßnahme war es, den Absatz englischer Waren in Europa zu verhindern, das Land gewissermaßen an den selbst produzierten Waren »ersticken« zu lassen und dadurch die erste Handels- und Industriemacht der Welt zum Friedensschluß mit Frankreich zu zwingen. Auf die Dauer hat sich das gigantische Unternehmen der Absperrung und Kontrolle nicht durchsetzen lassen. Doch für die Seehandelsstadt Hamburg hatten die Maßnahmen schon nach kurzer Zeit verheerende Folgen: Die Schiffsflotte lag untätig im Hafen, der Wirtschaftsverkehr kam zum Erliegen, das Exportgewerbe erlitt schwere Einbußen. Handel und Wandel gerieten immer stärker ins Stocken, was zu Massenarbeitslosigkeit und enormem Kapitalverlust führte.

Leidenszeit zwischen Bevormundung und Befreiung

Um die Wirtschaftsblockade Englands wirkungsvoller handhaben zu können, wurden zu Beginn des Jahres 1811 der gesamte Küstenbereich der Nordsee und alle drei Hansestädte dem französischen Kaiserreich einverleibt. In Hamburg, nunmehr »une bonne ville de l'Empire français«, galten fortan der Code Napoléon und die französische Munizipalverfassung. An die Stelle des auf vielen Gebieten überlebten, oft geradezu altfränkischen Stadtregiments trat nun mit einem Schlag eine moderne und leistungsfähige Staatsverwaltung. Manches daran hat den Hanseaten durchaus zugesagt: Die klare Gesetzgebung, straff organisierte Behörden, das übersichtliche Finanzwesen oder die mündliche Verhandlung bei Gerichtsverfahren. Doch das stolze Selbstbewußtsein des behäbigen Reichsstädters wurde durch den neuen Untertanenstatus schwer getroffen. Es kam hinzu, daß Anpassung und Gleichschaltung allzuoft ohne Rücksicht auf überlieferte Traditionen und nicht selten mit gnadenloser Härte durchgesetzt worden sind.

Der Befreiungskampf der Alliierten gegen Napoleon hatte nach dessen Niederlage vor Moskau im Dezember 1812 zur Folge, daß Hamburg wenige Monate später durch Kosaken unter dem Obersten v. Tettenborn erobert werden konnte. Doch schon zehn Wochen später okkupierten französische Truppen die ausgeblutete und verarmte Hansestadt erneut. Die nun folgenden zwölf Monate bedeuteten für die Bewohner eine Zeit unvorstellbarer Leiden. Unter Marschall Davout wurde Hamburg zusammen mit Harburg zu einer kaum einnehmbaren Doppelfestung ausgebaut. Öffentliche Gebäude dienten fortan militärischen Zwecken, Kirchen wurden als Pferdeställe und Heumagazine entweiht, die Einwohner mußten Proviant für sechs Monate bereithalten, wenn sie nicht die unbarmherzige Vertreibung aus der Stadt riskieren wollten. Anfang Januar 1814 schlossen 30 000 russische Soldaten unter General Graf von Bennigsen einen engen Belagerungsring um die Festung. Doch es dauerte noch fünf Monate, bis die Franzosen am 30. Mai – die Pariser Friedensverhandlungen hatten längst begonnen – auf ausdrücklichen Befehl König Ludwigs XVIII. die Übergabe vollzogen. Dieses Schreckensjahr hat sich den Hamburgern tief eingeprägt, und die Erlebnisse jener Monate sind die Ursache für einen jahrzehntelang anhaltenden ausgeprägten Franzosenhaß gewesen.

Auf dem Wiener Kongreß wurden die politischen Verhältnisse Mitteleuropas neu geordnet. Dabei kam es zu keiner Wiedergeburt des deutschen Kaisertums, auch die Zahl der Territorien verringerte sich stark: Nur noch knapp 40 Staaten bildeten fortan den Deutschen Bund, wobei Österreich den Vorsitz in der Bundesversammlung übernahm. Dank intensiver Bemühungen eines »Hanseatischen Direktoriums« – einer Art Exilregierung, die schon während der Befreiungskriege überaus tätig gewesen war – erhielten auch Lübeck, Bremen und Hamburg die Erlaubnis, dem Deutschen Bund als souveräne Stadtstaaten anzugehören.

Politische Restauration und wirtschaftlicher Neubeginn

So wurden aus den Stadtrepubliken Mitglieder eines monarchisch geprägten Fürstenbundes. Dabei konnte sich Hamburg nach der Einwohnerzahl mit einem thüringischen Herzogtum vergleichen, während es im Hinblick auf den Staatsaufwand mit dem Großherzogtum Oldenburg wetteiferte, an Wirtschaftskraft aber sogar das Königreich Württemberg übertraf. Als naheliegende Konsequenz ihrer Sonderstellung im Deutschen Bund haben die Hanseaten im Verlauf des nächsten halben Jahrhunderts ihre alte Gemeinschaft aus Hansezeiten mit neuem Geist und Leben erfüllt: Sie errichteten zusammen ein oberstes Gericht, organisierten ihre Truppen in gemeinsamen Verbänden und nahmen außenpolitische Interessen nach Möglichkeit einheitlich wahr.

Im inneren Staatsleben aber wurden die früheren Verhältnisse weitgehend restauriert. Das galt vor allem für die über 100 Jahre alte Verfassung, den Hauptrezeß von 1712. Auch die schwerfällige Verwaltung mit ihren ungezählten Deputationen und Kommissionen besetzte wieder die alten Tätigkeitsfelder. Zahlreiche Verbesserungen aus den Jahren der Franzosenherrschaft wurden oft nur deshalb zurückgenommen, weil es die Todfeinde waren, die jene Maßnahmen mit Zwang eingeführt hatten. Im Finanzwesen freilich war ein grundsätzlicher Wandel unumgänglich. »Wo ist die größte, nahe an Geiz gränzende Sparsamkeit nöthiger, als in unserem kleinen, gleichsam aus dem Grabe wieder aufstehenden Staate?«, fragte damals besorgt der ehemalige Maire der besetzten Stadt und spätere Bürgermeister Abendroth in einer Denkschrift.

Schon Anfang 1813 betrug die Staatsschuld etwas über 36 Mio. Bancomark, ein Vielfaches des jährlichen Haushaltsansatzes. Angesichts des stagnierenden Wirtschaftslebens war die Ordnung der Finanzen und damit die Tilgung einer so gewaltigen Summe nur im Verlauf von Jahrzehnten zu leisten. Denn im Seehandel dauerte es Jahre, bis die durch Absperrung und Krieg zerrissenen traditionsreichen Geschäftsbedingungen wieder geknüpft werden konnten. Freilich ergab sich nun auch die Möglichkeit, ganz neue Handelsgeschäfte einzuleiten. Nachdem in Lateinamerika seit 1810 Land für Land seine Unabhängigkeit erkämpft hatte, entwickelte sich dieser Raum zu einem bevorzugten Handelsgebiet für den hamburgischen Kaufmann. Später wurden auch Afrika und Asien dem Außenhandel erschlossen, ja bis in die Südsee machte sich der hanseatische Einfluß geltend. Das enge Netz von Agenturen und Niederlassungen bildete seit Mitte der 1880er Jahre nicht selten den Kern des deutschen Kolonialbesitzes. Da den Hanseaten als souveränen Mitgliedern des Deutschen Bundes das Recht der Außenvertretung zustand, nahmen sie ihre wirtschaftlichen Interessen oft in Form regelrechter »Freundschafts-, Handels- und Schiffahrtsverträge« wahr. Vierzehn solcher Vereinbarungen schlossen sie zwischen 1827 und 1861 mit überseeischen Staaten, davon die Hälfte mit Ländern in Mittel- und Südamerika.

Aber nicht nur der Handel, auch das Gewerbe hatte es schwer, an die Blütezeit des ausgehenden 18. Jahrhunderts anzuknüpfen. Es kam hinzu, daß neue Produktionsverfahren zum Untergang alter Handwerke führten. Kattunweberei und -druckerei beispielsweise brachen schon während der

Franzosenzeit zusammen, während später die Erfindung der Rübenzuckerraffination zum allmählichen Verfall der einst so bedeutsamen Zuckersiederei führte. Hatte man am Ende des 18. Jahrhunderts noch 42 Ämter (Zünfte) und 16 Bruderschaften gezählt, wurden 1835 beim Erlaß eines neuen Generalreglements nur noch knapp zwei Drittel davon bestätigt. Und wo in der Zukunft Handwerk und frühe Industrie aufeinanderstießen, schränkte der Senat fast regelmäßig den Zunftzwang zugunsten einer freien Gewerbeausübung ein.

Im hier betrachteten Zeitraum stieg Hamburgs Einwohnerzahl um fast die Hälfte, von 130 000 auf 190 000. Die mit einem solchen Bevölkerungswachstum verbundenen Schwierigkeiten haben die Stadt vor schwer lösbare Probleme gestellt. So standen für die Zuwanderer nicht genügend Arbeitsplätze zur Verfügung, zumal die Tätigkeiten im Hafen während des Winterhalbjahres als Folge der eingestellten Schiffahrt weitgehend zum Erliegen kamen. Auch der Wohnungsmarkt und erst recht die städtische Infrastruktur waren einem solchen Ansturm nicht gewachsen. Die Folge war eine massenhafte Verelendung breiter Volksschichten.

Auf der einen Seite verlangten Kaufleute und Gewerbetreibende einen Überhang des Arbeitskräftepotentials, um höheren Lohnforderungen entgegentreten zu können, auf der anderen Seite aber mußte die alsbald überforderte Armenanstalt immer mehr unbeschäftigte und notleidende Menschen unterstützen. Eine sorgfältige Analyse des überlieferten Zahlenmaterials kommt zu dem Ergebnis, daß in der ersten Hälfte des 19. Jahrhunderts nur ein Fünftel der hamburgischen Bevölkerung in gesicherten wirtschaftlichen Verhältnissen gelebt hat. Dabei ist diese Massenarmut – von den Zeitgenossen als »Pauperismus« bezeichnet – keineswegs eine Besonderheit der hansestädtischen Verhältnisse, sondern zur selben Zeit in ganz West- und Mitteleuropa zu beobachten.

Privatinitiativen ergänzen staatliche Programme

Es gehört zum stadtbürgerlichen Selbstverständnis, besonders auch jenem der Hanseaten, daß neben die staatliche Hilfe vielfältige Privatinitiativen treten. So gründete die Senatorentochter Amalie Sieveking einen Verein für Damen der Gesellschaft, die regelmäßig unterstützungsbedürftige Einwohner aufsuchten, oder – um das wohl bekannteste Beispiel anzuführen – der Theologe Johann Hinrich Wichern errichtete im »Rauhen Haus« eine Anstalt für sittlich verwahrloste Kinder, die sich zu einem der bedeutendsten Sozialwerke in Deutschland entwickelt hat.

Solch individuelles Engagement hat sich – wie schon im 17. und 18. Jahrhundert – auch in der Wissenschaft bewährt. So richtete der erfindungsreiche Mechaniker und »Obersprützenmeister« Johann Georg Repsold eine Sternwarte ein, die nach seinem Tod (1830) vom Staat übernommen wurde. Auch der im ehemaligen Festungsgraben am Dammtor angelegte Botanische Garten entstand aus privater Liebhaberei und wurde zur Keimzelle eines späteren Staatsinstituts. Das Museum für Hamburgische Geschichte erhielt seine ersten Bestände aus den Sammlungen des 1839 gegründeten Vereins für Hamburgische Geschichte.

Was die Veränderung der Stadtgestalt angeht, so war ohne Zweifel die Beseitigung der Befestigungsanlagen die bedeutendste Baumaßnahme in den ersten vier Jahrzehnten des 19. Jahrhunderts. Als feststand, daß Hamburg keine Bundesfestung werden würde, ging man seit 1819 daran, den zu Anfang des 17. Jahrhunderts um die Stadt gelegten Kranz mächtiger Bastionen zu schleifen. Das dabei anfallende Erdreich fand bei der Aufschüttung des Glacis sowie bei der Anlage neuer Straßenzüge Verwendung, etwa für die Esplanade oder für den Neuen Jungfernstieg. Im übrigen erschloß sich bei dieser Gelegenheit neben gärtnerisch reizvoll gestalteten Anlagen mit dem Wallring ein einzigartiges Gelände, auf dem in späterer Zeit viele repräsentative Staatsbauten errichtet wurden.

Dazu kamen – wie immer in der Geschichte einer sich ausdehnenden, lebendigen Stadt – Abriß und Neubau. Es hatte 1805 mit dem später oft beklagten Abbruch des Doms begonnen, der dem Stadtstaat beim Reichsdeputationshauptschluß zugesprochen worden war. Hinzu kamen Kirchen und Klöster, soweit sie nicht mehr hinreichend genutzt wurden oder baufällig geworden waren. Selbst so ehrwürdige Bauten wie das markante Englische Haus in der Gröningerstraße von 1478 wurden ohne eigentliche Not abgetragen. An ihre Stelle traten Neubauten, und zwar mit verputzter Fassade anstelle der traditionellen Backsteinfront, zumeist im Stil des späten Klassizismus gestaltet. Dabei signalisierten die ins Große geplanten öffentlichen Bauten jener Jahre gleichermaßen wiedergewonnenes Selbstbewußtsein, steigenden Wohlstand und wachsende Staatsaufgaben: Das Allgemeine Krankenhaus in St. Georg (1823), Gelehrtenschule und Stadtbibliothek (1837/40) sowie die neue Börse (1839/41).

Brandkatastrophe bietet Chance zur Modernisierung

So standen die Dinge, als am 5. Mai 1842 ein Feuer fast den gesamten Stadtkern in Schutt und Asche legte. Was zunächst wie ein gewöhnlicher Speicherbrand aussah, entwickelte sich binnen kurzem zu einer Katastrophe von unvorstellbarem Ausmaß. Erst als am Mittag des folgenden Tages die Hauptkirche St. Nikolai Feuer fing und zusammenstürzte, erkannten die Behörden das ganze Ausmaß der Gefahr. Doch auch die jetzt angeordnete Sprengung des Rathauses und anderer Gebäude konnte das Großfeuer nicht mehr stoppen; denn die Flammen übersprangen ganze Straßenzüge, und so fraß sich der Brand binnen vier Tagen von der am Hafen gelegenen Deichstraße bis zum Ferdinandstor an der Lombardsbrücke. Nicht die verzweifelten Anstrengungen der Löschmannschaften, sondern ein Umspringen des Windes brachte schließlich das Feuer unter Kontrolle. Seit der Einäscherung Magdeburgs im Dreißigjährigen Krieg hatte keine große deutsche Stadt ein solches Schicksal erlitten. In ganz Europa bietet eigentlich nur der Brand Londons 1666 einen Vergleich. Im Hamburger Flammenmeer starben 51 Menschen, 130 wurden verletzt. Die Stadt mußte 20 000 Obdachlose, fast ein Zehntel der Bevölkerung, behelfsmäßig unterbringen. Neben 1750 Häusern vernichtete der Brand 100 Speicher. Zu den bekanntesten Bauwerken, die das Feuer zerstörte, gehörten die Hauptkirchen St. Nikolai und St. Petri, die alte Börse, die Bank und der Kran; außerdem gingen mit dem Rathaus unersetzliche Bestände des Stadtarchivs in Flammen auf.

Schon während des Brandes traf Hilfe aus allen deutschen Ländern und dem Ausland ein. »Hier in Paris«, schrieb Heinrich Heine in einem Brief nach Hamburg, »hat das Unglück große Sensazion gemacht und eine Theilnahme gefunden, die wahrhaft beschämend für die Hamburger ist, die vom Franzosenhaß noch nicht geheilt sind, und ihn bis jetzt noch zur Schau tragen.« In der Tat sollte der Franzosenhaß das Verhältnis der Deutschen zu ihren Nachbarn noch lange belasten, doch das Brandunglück hatte den Hamburgern schlagartig deutlich gemacht, wie überlebt ihr Gemeinwesen war und daß eine Modernisierung von Verfassung und Verwaltung, von wirtschaftlichen Einrichtungen und gesellschaftlichen Zuständen dringend not tat. Denn politischer und sozialer Zündstoff hatte sich in kaum geahnter Fülle angesammelt.

Heinrich Heine, der Hamburg zeitlebens in eigentümlicher Haßliebe verbunden blieb, hat die Kehrseite des Brandunglücks, nämlich die Chance für einen zukunftsweisenden Neubeginn, hellsichtig erkannt: »Durch neu geweckte Thätigkeit, durch neu aufgeregte Kräfte, durch eine moralische Wiedergeburt wird vielleicht dem Unglück selbst der reichlichste Segen abgewonnen werden.« Und die Hamburger haben diese Gelegenheit genutzt: Die anfangs eher schreckende tabula rasa gab jedenfalls den Anstoß zu einer baulichen und technischen Neugestaltung der Stadt von damals kaum gewürdigter Modernität. Zugleich setzte aber auch eine heftig geführte Diskussion über eine grundlegende Reform der jahrhundertealten politischen Institutionen ein.

Gerhard Ahrens

1810

10. 3. 1810. Der Buchhändler Friedrich Perthes gründet in Hamburg eine Zeitschrift mit dem Titel »Das vaterländische Museum zur Fortbildung der deutschen Sprache, Kunst, Geschichte und Litteratur«. → S. 189

16. 11. 1810. Auf dem Grasbrook verbrennen die Franzosen britische Waren. → S. 187

1. 1. 1811. Die Einbeziehung der Hansestädte in das französische Kaiserreich tritt in Kraft. → S. 188

24. 2. 1813. Bei der Einschiffung von Konskribierten (Wehrpflichtigen) entlädt sich der Mißmut über die französischen Beamten in einem Volksaufstand am Millerntor. Am 27. Februar und 3. März werden sieben »Aufrührer« erschossen.

18. 3. 1813. Oberst Friedrich Karl Freiherr von Tettenborn zieht mit 1400 Mann russischer Truppen in Hamburg ein. → S. 189

30. 5. 1813. Nach Abzug der Alliierten kehrt die französische Besatzung wieder nach Hamburg zurück. → S. 189

18. 10. 1813. Zwischen Hamburg und Harburg wird eine Brücke eröffnet. Sie wird am 24. Juni 1817 wegen Baufälligkeit abgerissen (→ 30. 5. 1813/S. 189).

11. 11. 1813. Die Franzosen beschlagnahmen den Bankfonds. Bis zum 17. April 1814 transportieren sie Werte in Höhe von 7 489 343 Mark banco ab.

7. 12. 1813. Die französische Besatzungsmacht beginnt, die Vororte niederzubrennen, um freies Schußfeld bei der Verteidigung der Festung Hamburg zu haben. → S. 190

25. 12. 1813. Die mittellosen Einwohner müssen Hamburg verlassen. → S. 190

26. 5. 1814. Auf Beschluß des seit dem 23. Mai wieder amtierenden Rats wird eine Polizei-Behörde geschaffen. → S. 192

27. 5. 1814. Der Rat- und Bürgerkonvent beschließt die Wiedereinführung der Verfassung von 1712 und die Ernennung einer sog. Reorganisations-Deputation. → S. 192

31. 5. 1814. Die französische Besatzung zieht sich endgültig aus Hamburg zurück. Im Anschluß rücken die Bürgergarde und russische Soldaten in der Stadt ein. → S. 191

3. 8. 1815. Rat und Bürgerschaft ratifizieren die am 8. Juni in Wien unterzeichnete Gründung des Deutschen Bundes. Hamburg ist nun »Freye Stadt« (ab dem 20. 12. 1819 »Freye und Hansestadt«).

4. 3. 1816. Das Hamburger Handelsgericht führt seine erste Sitzung durch. → S. 192

6. 6. 1816. Der 18jährige Heinrich Heine kommt nach Hamburg, wo er in die Bank seines Onkels Salomon eintritt (→ 10. 12. 1835/S. 204).

17. 6. 1816. Das erste Dampfschiff trifft in Hamburg ein. → S. 193

2. 9. 1816. Gotthard Nicolai eröffnet vor dem Brooktor eine Turnanstalt. → S. 193

11. 12. 1817. Der reformerische Israelitische Tempelverein Hamburgs entsteht. → S. 194

1817. Als erste diplomatische Vertretung in Südamerika eröffnet Hamburg ein Konsulat in Rio de Janeiro (→ 17. 11. 1827/S. 198).

Februar 1818. Johann Michael Speckter gründet am Valentinskamp eine Steindruckerei. → S. 193

14. 6. 1818. Zwischen Hamburg und Harburg geht eine Dampffähre in Betrieb.

2. 9. 1818. Eine behördliche Eintragung weist auf das Blutegel-Geschäft der Vierländer hin. → S. 193

16. 12. 1818. Das Steinstraßen-Theater wird eröffnet. → S. 194

21. 12. 1818. Der Hundescherer Conrad Lorenz Levien wird in Hamburg hingerichtet. → S. 194

3. 6. 1819. Die Luftfahrtpionierin Wilhelmine Reichardt steigt im Ballon auf. → S. 194

30. 8. 1819. In Hamburg kommt es zu antijüdischen »Hep-Hep-Krawallen«. → S. 194

25. 11. 1819. Die spätere »Singakademie« wird gegründet. → S. 194

16. 12. 1819. Rat und Bürgerschaft gewähren die religiöse Gleichberechtigung. → S. 194

GEBOREN:

9. 5. 1811. Hamburg: Martin Gensler († 14. 12. 1881, Hamburg), Zeichner.

20. 11. 1811. Hamburg: Ernst von Merck († 6. 7. 1863, Hamburg), Kaufmann und Politiker.

11. 3. 1813. Bielefeld: Carl Woermann († 25. 6. 1880, Hamburg), Kaufmann und Reeder.

1. 7. 1813. Kiel: Johann Cesar Godeffroy († 10. 2. 1885, Hamburg), Kaufmann und Reeder.

15. 10. 1814. Hamburg: Johann Gustav Gallois († 8. 4. 1872, Hamburg), Rechtsanwalt und Schriftsteller.

9. 11. 1815. Hamburg: Anton Rée († 13. 1. 1891, Hamburg), Pädagoge.

17. 8. 1817. Hannover: Emilie Wüstenfeld († 2. 10. 1874, Hamburg), Philanthropin.

GESTORBEN:

2. 12. 1810. Hamburg: Philipp Otto Runge (* 23. 3. 1777, Wolgast), Maler.

2. 2. 1812. Hamburg: Johann Jakob Rambach (* 30. 8. 1772, Hamburg), Amtsarzt.

21. 1. 1815. Hamburg: Matthias Claudius (* 15. 8. 1740, Reinfeld), Dichter. → S. 192

30. 1. 1815. Hamburg: Johann Carl Daniel Curio (* 5. 11. 1754, Helmstedt), Pädagoge.

3. 9. 1816. Rellingen: Friedrich Ludwig Schröder (* 3. 11. 1744, Schwerin), Schauspieler, Theaterleiter.

Durch Strohballen angeheizt, wird die Verbrennung der Schmuggelwaren durch die Besatzer zum öffentlichen Spektakel (moderne Kolorierung).

Britische Waren ins Feuer

16. November 1810. Auf dem Grasbrook lassen die Franzosen unter militärischer Bewachung britische Waren verbrennen. Diese Maßnahme wird am 6. Dezember wiederholt. Den Zuschauern bietet sich ein imposantes Schauspiel: Manufakturwaren im Wert von über einer halben Mio. Francs gehen in Flammen auf. Die Aktion bleibt allerdings erfolglos, weil der Wert der vernichteten Güter im Verhältnis zum Umfang des Schmuggels nur gering ist. Außerdem verstärkt sich die Abneigung der Bevölkerung gegen die Besatzer.

Nachdem die 1806 verhängte Kontinentalsperre Großbritannien nicht hat zu Boden zwingen können, will Kaiser Napoleon I. nun dem Schmuggel endgültig den Garaus machen. Ab 5. August 1810 gilt für schon eingeführte Kolonialwaren – geschmuggelt oder nicht – ohnehin ein Nachzoll in Höhe von 50% des Warenwertes. Auf diese Weise soll der Handel mit Schleichwaren für den Kaufmann unrentabel werden. Damit nicht zufrieden, ordnet Napoleon am 19. Oktober eine erneute Fahndung und Vernichtung britischer Waren an.

»Kaffeeträger« schmuggeln die begehrten Bohnen von Altona nach Hamburg. Schmuggelzentrum ist das seit 1807 von den Briten besetzte Helgoland. Von »Klein-London« aus stechen täglich bis zu 400 Schiffe Richtung Tönning in See. Von dort gelangt die Ware über Schleichwege nach Altona (Kupferstich).

Zwangseingliederung in das Kaiserreich Bonapartes

1. Januar 1811. Eingegliedert in das »Departement Elbmündung« ist Hamburg ab heute Teil des französischen Kaiserreichs.

Hamburg wird auf kaiserlichen Befehl als eine von 49 Städten zur »bonne ville de L'Empire français« erhoben. Am 9. Februar erscheint als Generalgouverneur Marschall Louis Nicolas Davout, Herzog von Auerstädt, Prinz von Eckmühl, in Hamburg und bezieht das Günther'sche Haus in den Großen Bleichen. In raschen Schritten vollzieht sich die Auflösung der alten staatlichen Ordnung:

▷ Am 13. Februar erklärt Davout die Aufhebung des Rates und das Erlöschen der republikanischen Verfassung

▷ Am 14. Februar wird ein provisorischer Munizipalrat für Hamburg ernannt

▷ Am 16. Februar errichtet die Besatzungsmacht ein provisorisches Obergericht

▷ Ab dem 22. Februar gilt in der Stadt die französische Gerichtsbarkeit

▷ Am 24. Februar wird das Hamburger Stadtmilitär aufgelöst und in das 127. französische Linienregiment eingegliedert.

Zum Bürgermeister (maire) wird am 13. Mai der Ratsherr Amandus Augustus Abendroth ernannt. Er bleibt bis 1813 auf diesem schwierigen Posten und versteht es zumeist geschickt, zwischen den Forderungen der Franzosen und den Interessen der einheimischen Bevölkerung zu vermitteln.

Der Anschluß an Frankreich bedeutet für die Hamburger eine moderne Gesetzgebung, einheitliche Verwaltung, übersichtliches Finanzwesen und fortschrittliche Rechtsordnung. Dennoch bleiben sie – wirtschaftlich schwer belastet – lediglich Bürger zweiter Klasse: Hausdurchsuchungen und Beschlagnahme englischer Waren sind ebenso an der Tagesordnung wie Verhaftungen. Auch hohe Steuern und Zwangsabgaben tragen dazu bei, daß die meisten Hamburger den Besatzern nach wie vor unversöhnlich gegenüberstehen. Ein französischer Beamter im Mai 1812: »Hamburg ist dem Namen nach französisch, in der Tat wird es noch lange deutsch sein.«

Französische Departements

◁ *Marschall Davout (1770–1823) gilt als strenger, ja bisweilen brutaler Generalgouverneur, gleichzeitig aber auch als absolut unbestechlich.*

»Bei der geringsten irregularité gleich ein procés verbal«

Chronik Zeitzeuge

In seinem postum 1838 veröffentlichten »Historischen Nachlaß« beschreibt der Privatschullehrer Leonhard Wächter den Alltag in der Franzosenzeit (Auszug):

»Die Betreibung dieser [der französischen Steuern] heischte die Anstellung einer Menge von Auflaurern und Heimsuchern; diese durften u. a. Weinhändlern und Schenkwirten zu jeder Zeit in die Häuser fallen, Keller und Räume durchsuchen, um zu erfahren, ob das angegebene, zu versteuernde Getränk oder mehr ausgeschenkt sei. Bei der geringsten irregularité wurde ein procés verbal darüber aufgenommen und dem schuldig befundenen eine ungemäße Geldstrafe zuerkannt. Douaniers und Gendarmes drangen bei Nacht oder jeder ihren Vorgesetzten beliebigen Zeit in die Kaufmannsspeicher und Kontore, verbotenen Waren und Korrespondenzen mit Engländern nachspürend. Die verheimlichten Waren wurden »faisiert« [beschlagnahmt]; die des unerlaubten Briefwechsels verdächtig befundenen Eingekerkerten blieben monatelang unverhört.

Spione der geheimen Polizei lauschten überall, in Haushalten und Gasthöfen, in Trinkstuben und Kaffeeschenken, in Harmonien und Hallen, in Kirchen und Schulen, in wissenschaftlichen Vereinen und Freimaurerlogen ..., in anständigen und unanständigen Vergnügungsorten; jedes falsch zu deutende Wort wurde denunziert und geahndet. Die Lehrer der öffentlichen Schulen, der Privatunterrichts- und Erziehungsanstalten waren bevormundet; was und was sie nicht lehren sollten, war ihnen geboten und verboten, mir z. B. untersagt, Hamburgs Geschichte meinen

Amandus Augustus Abendroth, von 1811 bis 1813 Maire von Hamburg

Schülern vorzutragen und ihnen in einer sogenannten Zeitungsstunde die Tagesereignisse zu verständlichen.

Eine Theaterzensurbehörde strich Schauspiele Schillers, Kotzebues, Babos, Thörings, Shakespeares u. a. vom Repertorium der Bühne; manches Stück durfte schon darum nicht gegeben werden, weil es in England spielte. Wo in anderen die Ausdrücke Vaterland, Vaterlandsliebe, Freiheit, Tyrann (selbst Amor durfte nicht mehr ein Tyrann genannt werden), Unterdrückung und dergleichen auch im unschuldigsten Sinne vorkamen, mußten sie geändert werden, und wenn dies nicht geschehen konnte, ohne Sinn in baren Unsinn umzugestalten, so wurde die Aufführung des Dramas nicht gestattet.«

Begeisterung für Tettenborns Kosaken

18. März 1813. Unter dem Jubel der Bevölkerung rückt Oberst Friedrich Karl Freiherr von Tettenborn mit 1400 Mann russischer Truppen als Befreier in Hamburg ein.

Fünf Tage lang war die von den Franzosen aufgrund des Rußlandfeldzugs geräumte Stadt ohne reguläre Regierung und Rechtswesen. Am 17. März hatte sich auf Ersuchen Tettenborns der frühere Rat wieder konstituiert. Nun ruft Tettenborn zur Gründung einer Hanseatischen Legion auf, die mit den Alliierten gegen die Franzosen kämpfen soll, während zur Verteidigung Hamburgs am 26. März eine Bürgergarde gegründet wird. Leider jedoch ist deren Kommandant, Jonas Ludwig von Heß, militärisch unfähig, und Tettenborn selbst erweist sich als überaus eitel. So läßt er sich von Rat und Bürgerschaft das Ehrenbürgerrecht verleihen und seine vermeintlichen Heldentaten mit einer stolzen Prämie honorieren. Als die Franzosen sich über Harburg und Wilhelmsburg wieder Hamburg nähern und Mitte Mai mit der Beschießung beginnen, hat der »Befreier« Tettenborn dem nicht viel entgegenzusetzen: Am 29. Mai ziehen die Russen und die Legion ohne große Gegenwehr wieder ab (→ 30. 5. 1813/S. 189).

△ Oberst Friedrich Karl Freiherr von Tettenborn (l., mit Orden) bei einer Parade seiner Kosaken in Hamburg; der aus Baden gebürtige Tettenborn trat 1795 in österreichische und 1812 in russische Dienste. Nach seinem Einzug in Hamburg wird Tettenborn – vorschnell als Befreier gefeiert – zum General befördert (Aquarell, 1813).

◁ Dragoner, Trompeter und Offizier der Hanseatischen Legion; sie besteht aus drei Bataillonen Infanterie, zwei Schwadronen Kavallerie und einem Korps Artillerie. Insgesamt zählt diese lokale Befreiungsarmee 3662 Mann und 126 Offiziere, die sich alle freiwillig zum Dienst gemeldet haben.

Kurze Freude: Besatzer sind wieder da

30. Mai 1813. Nach dem Abzug der russischen Truppen rücken wieder die Franzosen in Hamburg ein. Die Stadt soll unbedingt gehalten werden, um den Briten den Nachschub ihrer Truppen auf dem Kontinent zu erschweren.

Am 5. Juli ordnet die Besatzungsmacht die Bereitstellung von 6000 Schanzgräbern an. Hamburg und Harburg sollen einen gemeinsamen Festungskomplex bilden. Tausende sind dabei, Häuser niederzureißen, die Gräben um die Stadt herum zu vertiefen und die Wälle aufzuschütten. Für die Arbeitslosen bedeutet dies Beschäftigung und einen Franc täglich. Kernstück der Doppelfestung ist die am 18. Oktober eröffnete Elbbrücke zwischen Hamburg und Harburg.

Südlicher Teil der rund 4,1 km langen Verbindung von Harburg bis zum Grasbrook; die von 3798 deutschen Handwerkern und 1800 Franzosen in 83 Tagen erbaute hölzerne Brücke wird an der Norder- und Süderelbe jeweils durch Seilzugfähren ergänzt.

Patrioten nehmen öffentlich das Wort

Chronik Dokument

10. März 1810. Friedrich Christoph Perthes (→ 11. 7. 1796/ S. 176) verschickt den Gründungsprospekt für die Zeitschrift »Das vaterländische Museum zur Fortbildung der deutschen Sprache, Kunst, Geschichte und Litteratur«.

Die französische Besetzung hat auch in Hamburg ein deutsches Nationalgefühl gestärkt. Perthes will die »fehlende politische Einheit und Freiheit

Friedrich Christoph Perthes (* 21. 4. 1772 in Rudolstadt), ab 1796 in Hamburg, leitet 1796 bis 1822 eine Buchhandlung. Er stirbt am 18. Mai 1843 in Gotha.

vorläufig durch die geistig, literarischgelehrte« ersetzen. Für seine Zeitschrift gilt der Grundsatz: »Alles, was humane Tendenz hat, so bald es nur deutscher Ansicht ist, kann aufgenommen werden«, wobei religiöse Anschauung, wissenschaftliche Tüchtigkeit und historische Wahrheitsliebe im Mittelpunkt stehen. Die Zeitschrift erscheint nur zweimal. Als Hamburg Ende 1810 eine französische Stadt wird, stellt Perthes ihr Erscheinen ein.

Er gehört zum Kreis derjenigen Patrioten, die im August 1813 eine Hamburger Exilregierung bilden. Im gleichen Jahr formuliert der frühere Maire (frz. Bürgermeister), Amandus Augustus Abendroth, seine »Wünsche bey Hamburgs Wiedergeburt«. Er plädiert für eine maßvolle Verfassungsreform unter Trennung von Justiz und Verwaltung: »Also auch wir werden nie einen vollkommenen Staat aufstellen, allein wir werden doch sicher dem Ziele näher kommen, wenn wir unsre gute beglückende Verfassung...verbessern, als wenn wir etwas neues derselben substituiren.«

Hunger und Elend beherrschen »Festung« Hamburg

7. Dezember 1813. Die Franzosen beginnen, das Dorf Hamm niederzubrennen. Um bei der Verteidigung des von russischen Truppen belagerten und zur Festung erklärten Hamburg freie Schußbahn zu haben, läßt die Besatzungsmacht seit Juli die meisten Gebäude außerhalb der Tore dem Erdboden gleichmachen. Die Stadt bietet mittlerweile ein Bild des Elends. Ende Dezember ist der Himmel jeden Tag rot, die Vorstädte liegen überwiegend in Schutt und Asche. In der Stadt drängeln sich außer den verbliebenen etwa 55 000 Einwohnern noch rund 42 000 französische Soldaten – unter ihnen 8000 Verwundete –, und das Essen wird immer knapper.

Die zweimonatige Episode der vermeintlichen Befreiung (→ 18. 3. 1813/S. 189) zwischen März und Mai 1813 kam Hamburg teuer zu stehen: Kaiser Napoleon I. verfügt im Juni eine Geldbuße von 48 Mio. Francs (ca. 25 Mio. Mark banco). Dies sei – so Napoleon zynisch – die beste Art, Kaufleute zu strafen. Zusätzlich erklärte am 8. Juni ein kaiserliches Edikt Hamburg für drei Monate außer Gesetz (»hors de la constitution«). Allerdings wurde am 24. Juli eine Amnestie für die Hamburger »Aufrührer« verkündet, die lediglich acht besonders aktive Patrioten ausnahm, darunter David Christian Mettlerkamp und Friedrich Christoph Perthes. Sie gehörten dem am 15. August als Hamburger Exilregierung gegründeten »Interimistischen Directorium der hanseatischen Angelegenheiten« an.

Die Zahlung der Geldbuße versuchten die französischen Besatzer u. a. durch Geiselnahme Hamburger Bürger zu erzwingen. Als die geforderte Summe dennoch nicht zusammenkommt, transportieren sie bis zum April 1814 den gesamten Barbestand der Hamburger Bank in Höhe von knapp 7,5 Mio. Mark banco ab.

Frankreich steht seit dem Herbst 1813 unterdessen mit dem Rücken zur Wand: In der »Völkerschlacht« bei Leipzig (16.–19. Oktober) behielten die Alliierten gegen die Armee Napoleons die Oberhand. In Hamburg merkte man nur am Zustrom der Verwundeten, daß sich der Kaiser auf dem Rückzug befand. Die Franzosen verschärften

Die Petrikirche als Pferdestall; nach St. Katharinen, wo am 11. Dezember die Pferde untergebracht werden, folgen am 19. Dezember und am 25. Dezember die Hauptkirchen St. Jacobi sowie St. Nikolai und am 12. Januar 1814 auch St. Petri. Ihre Einrichtung wird weggeräumt, die Gottesdienste finden in Privathäusern und im Johanneum statt.

nun den Ausbau der Stadt zur Festung. Nicht nur die Vororte wurden zerstört, auch die Gotteshäuser Hamburgs kamen nicht mehr ungeschoren davon: Zunächst wurde am 12. Juli die Kirche St. Johannis als Militärmagazin requiriert. Zur Unterbringung der etwa 7500 Militärpferde fungiert seit dem 11. Dezember St. Katharinen als Stall. Den Concerthof auf der Kleinen Drehbahn sowie das Zuchthaus und das Waisenhaus wandeln die

Besatzer in Militärhospitäler um. Die Waisenkinder verlegte man nach Eppendorf. Rund 10 700 während der Belagerung Hamburgs umgekommene Franzosen finden ihre letzte Ruhestätte in Massengräbern in St. Georg.

Kaum zu lösen ist das Verpflegungsproblem. Am 12. November wurde angeordnet, daß sich alle Einwohner für die Belagerung mit Lebensmitteln und Feuermaterial bis Juli 1814 zu versorgen hätten,

widrigenfalls drohte die Verweisung aus der Stadt. Pro Tag und Person wurden u. a. gerechnet: 1 Pfund Korn oder Mehl, 3/8 Pfund Fleisch, 1/2 Pfund Gemüse oder Hülsenfrüchte sowie Holz und Torf zum Heizen. Über solchen Vorrat verfügen jedoch nur Angehörige des Mittelstandes.

Die Reichen haben die Stadt verlassen, und die Armen müssen schon in Friedenszeiten von der Hand in den Mund leben.

△ Bei bitterer Kälte verlassen die Ausgetriebenen die Stadt durch das Millerntor.

◁ In St. Petri harren die Mittellosen ihres weiteren Schicksals (Gemälde).

Arme werden aus der Stadt gejagt

25. Dezember 1813. Über 1800 Menschen, die nicht ausreichend Lebensmittel und Brennholz nachweisen und deshalb Heiligabend von den Franzosen in die Hauptkirche St. Petri getrieben worden sind, müssen die Stadt verlassen. Viele finden in Altona Aufnahme, wo in den folgenden Wochen 1138 Vertriebene sterben.

Nach einjähriger Besetzung winkt wieder die Freiheit

31. Mai 1814. Nach dem Abzug der letzten französischen Truppen markiert der Einmarsch der Hamburgischen Bürgergarde und russischer Truppen das endgültige Ende der »Franzosenzeit«. Am 5. Juni findet in der Kirche St. Michaelis ein großes Dankfest statt.

Bevor jedoch die Freiheitsglocken läuten konnten, hatte Hamburg im Frühjahr 1814 noch bange Wochen zu überstehen. Gouverneur Louis Nicolas Davout, Herzog von Auerstädt, Prinz von Eckmühl, war nämlich keineswegs bereit, die Stadt den Russen zu überlassen. Zwischen dem 14. Januar und dem 28. März kam es zu verlustreichen Kämpfen bei Eppendorf, Hamm, Ochsenwerder, Moorwerder und Moorburg. Davout zeigte sich davon ebenso unbeeindruckt wie durch die Tatsache, daß ihm die Alliierten am 14. April offiziell den Einzug ihrer Soldaten in Paris am 31. März anzeigten. Davout sagte: »Ein Mann von Ehre betrachtet sich nicht seines Eides entbunden, weil sein Souverän [Napoleon I.] Unfälle erlitten haben kann.« Hamburg blieb auch noch besetzt, als König Ludwig XVIII. schon die französische Regierung übernommen hatte (2. April) und die Soldaten auf ihn vereidigt worden waren. Allerdings wurde am 5. Mai nach der aufgehobenen Belagerung der freie Verkehr nach Altona wieder aufgenommen, der ab dem 1. Mai schon mit Passierscheinen möglich war. Am 30. Mai verließen schließlich die Franzosen mit rund 27 000 Mann sowie etwa 5000 Pferden und 90 Geschützen die Stadt.

Wie es um Hamburg herum aussieht, beschreibt der dänische Resident in Altona, Johann Georg Rist: »In Graus und Schutt lag Billwerder, Hamm, ... mit allen Häusern und Gärten, der Grindel, der Hamburger Berg: Nirgends war ein Dach geblieben; schwarze Mauern vergegenwärtigten jene Schreckensnächte, wo der Horizont den Winter hindurch von Flammen gerötet war.« Die heimkehrende Agnes Perthes ist erschüttert: »Die Häuser waren ohne Fenster; auf den Straßen reichten Schmutzhaufen so groß wie Heuschober auf dem Felde bis zur ersten Etage, und aus allen Straßen und Gängen strömte uns ein furchtbarer Geruch entgegen.«

△ *Wie hier den Pesthof auf dem Heiligengeistfeld ließ die Besatzungsmacht Anfang Januar 1814 alle Häuser auf dem Hamburger Berg niederbrennen.*

◁ *Exotisch aussehende, aber willkommene Befreier: Angehörige russischer Truppen während der Belagerung 1813/14*

Hamburger Freiwillige setzen über die Elbe, um sich 1815 an der entscheidenden Schlacht der »Belle Alliance« gegen Napoleon bei Waterloo zu beteiligen. Zu dieser Zeit ist in Hamburg bereits die Normalität zurückgekehrt.

Alte Verfassung statt Modernisierung

27. Mai 1814. Noch unter französischer Besetzung tritt der Rat- und Bürgerkonvent zusammen. Er billigt die Wiederherstellung der Verfassung vom → 15. Oktober 1712 (S. 143) und die Ernennung einer sog. Reorganisations-Deputation.

Dem befreiten Hamburg stellen sich zwei große Aufgaben: Die Belebung der Wirtschaft und der Wiederaufbau der Behörden. Der wirtschaftliche Aufschwung setzt schnell wieder ein, obwohl Bürgermeister Wilhelm Amsinck in einem »Promemoria über die itzige finanzielle Lage« die Kosten der Besatzung auf 80 Mio. Mark courant beziffert. Am 16. Mai eröffnet die Börse ihren Betrieb wieder. Am 30. Mai laufen nach Aufhebung der Blockade die ersten acht britischen Schiffe im Hafen ein.

Mit einem Fonds von fünf Mio. Mark banco nimmt die Hamburger Bank am 8. Juni die Geschäfte wieder auf. Als Wiedergutmachung für die Beschlagnahme erstattet Frankreich 1816 der Bank zehn Mio. Francs (ca. 5,2 Mio. Mark banco).

Weitaus zäher läuft die Verfassungsreform an, zu deren gewichtigsten Fürsprechern Amandus Augustus Abendroth gehört (→ 10. 3. 1810/S. 189). Seine wesentlichen Anregungen werden von der durch den Juristen Johann Georg Mönckeberg geleiteten 20köpfigen Reorganisations-Deputation übernommen, die am 29. August ihren Bericht vorlegt. Justiz und Verwaltung sollen ebenso wie Staat und Kirche voneinander getrennt werden, was eine Auflösung der gleichzeitig kirchlichen und bürgerlichen Kollegien zur Folge hätte.

Daraus wird jedoch nichts. Eine entsprechende Modernisierung der angestaubten Hamburger Verfassung scheitert schon daran, daß die verhaßten Franzosen der Stadt ebensolche modernen Verfassungselemente aufgezwungen hatten. Diese sind allein dadurch diskreditiert. Statt dessen kommt es nun zu einzelnen Reformen wie z. B. die Einrichtung einer Schiffahrts- und Hafendeputation anstelle der früheren Admiralität oder die Einrichtung einer Polizeibehörde (→ 26. 5. 1814/S. 192).

Als Freie Stadt tritt Hamburg am 8. Juni 1815 dem Deutschen Bund bei. Der Staatstitel wird am 20. Dezember 1819 auf Betreiben des Oberalten-Sekretärs Ferdinand Beneke in »Freie und Hansestadt« geändert.

Bekanntgabe über die Gründung der Polizeibehörde im »Correspondenten«

Polizeiaufgaben in einer Hand vereint

26. Mai 1814. Durch ein »Publicandum« läßt der Rat die erst am Vortag beschlossene Einsetzung einer einheitlichen Hamburger Polizeibehörde mitteilen.

Zwei Ratsherren nehmen als Polizeiherren nunmehr die vormals getrennten Aufgaben der Wedde (Sitten- und Ordnungspolizei) und der Prätur (öffentliche und private Sicherheit) wahr. Nach den Erfahrungen der Franzosenzeit erscheint eine Trennung der Polizeiaufgaben nicht mehr zeitgemäß.

Nach der Befreiung zeigt sich Hamburg bald wieder so friedlich wie vor der Franzosenzeit: Der Pferdemarkt mit Hauptwache (Tuschzeichnung, um 1800)

Bescheidenes Leben in tiefem Glauben

21. Januar 1815. Im Hause seines Schwiegersohns, des Buchhändlers Friedrich Christoph Perthes am Jungfernstieg 22 in Hamburg, stirbt der Dichter Matthias Claudius. Er ist 74 Jahre alt geworden.

Der Pfarrerssohn aus Reinfeld studierte Theologie und später Jura und Staatswissenschaften in Jena, arbeitete als Journalist in Hamburg und gab von → 1771 (S. 164) auf die Dauer von fünf Jahren den »Wandsbecker Bothen« heraus, eine unterhaltende und belehrende Zeitschrift. Danach führte er bis zu seinem Tode ein zurückgezogenes Lebens in Wandsbek. Seinem Sohn Johannes gibt er mit auf den Weg: »Ich habe die Welt länger gesehen als Du. Es ist nicht alles Gold, lieber Sohn, was glänzet, und ich habe manchen Stern vom Himmel fallen, und manchen Stab, auf den man sich verließ, brechen sehn.«

Gedenkblatt für Matthias Claudius aus dem Jahr 1865 mit einem Porträt des Dichters, Abbildungen seines Geburtshauses in Reinfeld (l. oben), der Kirche zu Wandsbek (r. oben) und des Wohnhauses (u.); außerdem ist Claudius' Grabstätte (l.) und ein Gedenkstein (r.) zu sehen, der dort 1840 erstellt wird und als Motiv die Insignien des »Wandsbecker Boten« – Hut, Wanderstab und Tasche – zeigt. Sie bilden 1870 die Grundlage für das Wappen von Wandsbek.

Ein neues Gericht löst Handelsstreit

4. März 1816. Das Hamburger Handelsgericht hält seine erste ordentliche Sitzung ab. Seine Einrichtung folgt einem alten Wunsch der Kaufmannschaft.

Das Handelsgericht, dessen Eröffnung Rat und Bürgerschaft am 16. Februar 1815 beschlossen haben, zieht die früheren Befugnisse des Admiralitätsgerichts, der Prätur und des Rats in Handelssachen auf sich. Die von den Franzosen übernommene mündliche und öffentliche Verhandlung ermöglicht eine schnelle Entscheidungsfindung in Handelssachen und größeren Konkursen unter Mitwirkung eines Beirats von Kaufleuten.

Das Handelsgericht ist das einzige Organ der Rechtspflege, das aus der Besatzungszeit beibehalten wird. Die alten Gerichte (Nieder- und Obergericht) arbeiten wieder.

Begeisterung und Mißtrauen: »Steamboat« im Hafen

17. Juni 1816. Bestaunt von unzähligen Neugierigen trifft im Hamburger Hafen erstmals ein Dampfschiff ein. Es ist der von Cuxhaven kommende britische Raddampfer »The Lady of the Lake« von Kapitän John Watson Cook.

Am 20. Juni urteilen die »Hamburgischen Addreß-Comptoir-Nachrichten«: »Mit dem Strom und dem Wind ist es nicht möglich, die Schnelligkeit dieses Schiffes mit einem anderen zu vergleichen, und dennoch kann es auf den ersten Wink auf der Stelle zum Stillstand gebracht werden.«

Das 63 Fuß (ca. 20 m) lange und 22,5 Fuß (ca. 5 m) breite Dampfboot mit einer 24 PS starken Maschine trifft jedoch auch auf offene Ablehnung. Die Elbschiffer fürchten sich vor der Konkurrenz, und die zuständige Behörde versuchte – aus Furcht vor Bränden – das Einlaufen des »Steamboats« unter Dampf möglichst zu verbieten.

Betreiber des Fährdienstes zwischen Hamburg und dem neuen Seebad Cuxhaven ist Peter Kincaid

Noch sind die Segler in der Überzahl: Helgoland von der Sand-Insel gesehen; r. ein »Steamboat« unter Dampf

aus Glasgow. Er hat – um vom Hamburger Rat für die Errichtung der Steamboatlinie privilegiert zu werden – sogar das Hamburger Bürgerrecht erwerben müssen. Doch die Investition zahlt sich nicht aus: Zwar braucht das neue Verkehrsmittel von Cuxhaven elbaufwärts nach Hamburg nur neun Stunden und fährt in sieben Stunden retour, ist aber für einen rentablen Betrieb zu teuer.

Im Sommer 1817 zieht Kincaid seine »Lady« zurück. Der nächste Dampfer auf der Elbe ist die »Privilegierte Dampffähre«, genannt »de Smöker«. Sie fährt für die Firma Kleudgen erstmals am 14. Juni 1818 von Hamburg nach Harburg. Wegen seiner Schwerfälligkeit wird das Schiff 1829 abgewrackt.

Turnen vor dem Brooktor

2. September 1816. Der Fechtmeister Gotthard Nicolai eröffnet auf dem Cordsenschen Platz vor dem Brooktor eine öffentliche Turnanstalt, wo jeder nach Entrichtung eines Monatsbeitrags täglich eine Stunde turnen kann.

Aus dieser Einrichtung geht am 8. Februar 1862 die Hamburger Turnerschaft von 1816 hervor. Nicolai hat bereits in Altona das Kinderturnen eingeführt und in der Johannisstraße eine Turnanstalt eröffnet, die auch Mädchen offensteht, denn – so Nicolai – »ohne planmäßige, absolute Bewegung« würde die weibliche Jugend »versiechen und erschlaffen«.

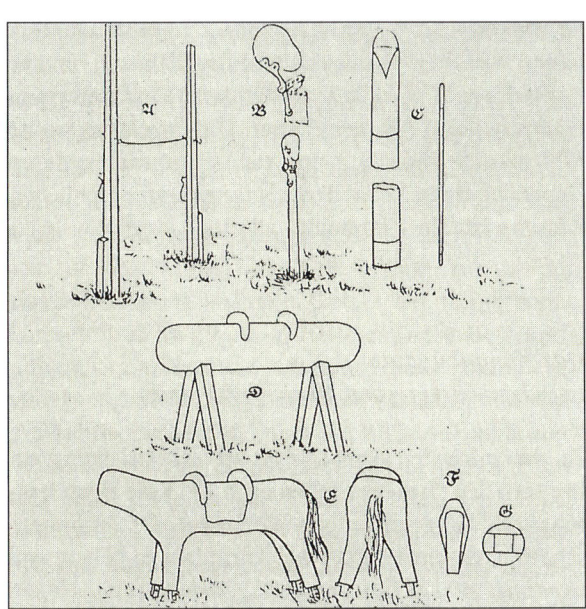

Übungsgeräte aus der Schrift »Die Deutsche Turnkunst«, die Friedrich Ludwig Jahn gemeinsam mit Ernst Eiselen 1816 veröffentlicht; »Turnvater« Jahn (1778–1852) gilt als Initiator der Turnbewegung in Deutschland. 1811 richtete er in Berlin den ersten Turnplatz ein. Für Jahn hat die Körperertüchtigung nationale Bedeutung.

Otto Speckter, bis 1852 Leiter der ererbten Steindruckerei (um 1850)

Erste Steindrucker am Valentinskamp

Februar 1818. Am Valentinskamp entsteht die erste Steindruckerei Norddeutschlands. Zu dem Zweck hat Johann Michael Speckter seine Graphiksammlung verkauft und den Erlös in die Druckerei gesteckt. Dort sind auch seine Söhne Otto und Erwin als Zeichner und Illustratoren tätig. Die künstlerische Leitung hat der Zeichenlehrer Heinrich Joachim Herterich.

Durch Blutegel zu Geld und Ansehen

2. September 1818. Frau Becke Steffens aus Altengamme ist die erste Blutegelfängerin aus den Vierlanden, die bei den Behörden aktenkundig wird. Sie erhält einen Reisepaß, um im benachbarten Ausland ihrem Gewerbe nachgehen zu können.

Der Blutegel wird bei Entzündungen gebraucht. Richtig auf die gereinigte und angefeuchtete Wunde aufgelegt, entleert er die Kapillargefäße der Haut. Der Blutegelfang erweist sich als äußerst ertragreich. Bald sind Holstein und Fehmarn, Mecklenburg und Hannover abgegrast. Am 15. April 1839 fahren die ersten drei »Ihlenfanger« nach Rußland. In den Pripjet-Sümpfen machen sie reiche Ernte. Im Jahr darauf haben die dort ansässigen Bauern schon vorgearbeitet und verkaufen ihnen die Egel. Rund 110 Vierländer Bürger beteiligen sich am Geschäft. Als 1848 der Export aus Rußland erschwert wird, weichen sie nach Ungarn und in die Bukowina aus. Um 1855 werden in Hamburg und Bremen 40 Mio. Blutegel jährlich verschifft.

Konkurrenten für das Stadttheater

16. Dezember 1818. Das 600 Zuschauer fassende sog. Steinstraßen-Theater nimmt seinen Betrieb auf. Es ist der Vorläufer des Thalia Theaters (→ 9. 11. 1843/S. 221).
Die neue Bühne wird ein Mekka der Lokalposse. Die Betreiberin, die Witwe Handje, hat bereits eine aufregende Karriere hinter sich. Als Veranstalterin eines Wirtshaustheaters ständig vom Verbot bedroht, erhielt sie 1809 eine Konzession für Vorstellungen im Hotel de Rôme am Valentinskamp und zog 1814 an die Große Drehbahn.

Geistliches Lied im gemischten Chor

25. November 1819. In Hamburg konstituiert sich ein gemischter Chor mit 71 Mitgliedern. Er trägt ab 1830 den Namen »Gesellschaft der Freunde des religiösen Gesangs« und benennt sich 1862 in »Singakademie« um.
Der Chor will den »zahlreichen Musikfreunden dieser Stadt, welche bei den bisher bestehenden Gesangvereinen keine [...] Gelegenheit für Übung ihres Talents fanden, eine solche verschaffen und zugleich zur Ausbildung und Ausführung von Musikwerken des strengen Stils das Ihrige beytragen«. Zu den Initiatoren gehören der Komponist Friedrich Wilhelm Grund und Jacob Steinfeldt.

Ballonaufstiege wie diesen am Bauhof kennt man schon. Neu an Wilhelmine Reichardts Unterfangen ist der Zwischenstop (moderne Kolorierung).

Madame Reichardt erprobt Ballonfahrten mit einer Zwischenlandung

3. Juni 1819. *Die Luftfahrtpionierin Wilhelmine Reichardt steigt beim Hamburger Bauhof mit ihrem Heißluftballon zu einem ungewöhnlichen Unternehmen auf: Sie landet nach etwa 45 Minuten in der Nähe von Altrahlstedt und läßt sich ein Stück Wegs in Richtung auf den Ort ziehen. Währenddessen eilen einige Herren aus Hamburg auf schnellen Pferden gen Osten, um Zeuge zu werden, wie* *vor dem örtlichen Pfarrhaus der Initiator des spektakulären Unternehmens, der holsteinische Gutsbesitzer Hermann von Schilden, als Passagier an Bord geht.*
Schnell steigt der Ballon wieder auf. Er ist noch eine Viertelstunde zu sehen, doch nach insgesamt dreiviertelstündiger Fahrt wird das Luftfahrzeug vom Regen zu Boden gezwungen und landet unsanft auf einer Wiese.

»Hep-Hep-Krawalle« in der Hansestadt

30. August 1819. Wie am 25. und 26. August kommt es in Hamburg zu antijüdischen Manifestationen. Die »Hep-Hep-Krawalle« haben in Würzburg begonnen. Ein Hochschullehrer hatte dort Juden in Schutz genommen und galt sofort als bestechlich. Im Anschluß an einen Studentenumzug, bei dem erstmals der Sprechchor »Hep-Hep, Jud' verreck'!« ertönt, werden jüdische Läden verwüstet und mehrere Juden getötet. Zwar verlaufen die Tumulte in Hamburg nicht so blutig, weil das Militär zur Stelle ist, aber auch hier macht sich das Unbehagen breiter Kreise über eine angebliche jüdische Dominanz im öffentlichen Leben Luft.

Reformdebatte bei Hamburger Juden

11. Dezember 1817. Reformerische Kräfte in der jüdischen Gemeinde Hamburgs gründen den Israelitischen Tempelverein. Am 18. Oktober 1818 wird der erste Tempel in der Brunnenstraße eröffnet.
Eine qualifizierte Minderheit innerhalb der Hamburger Judenschaft will nicht länger in der Orthodoxie verharren, sondern drängt auf sozialen Aufstieg und Angleichung an die christliche Umwelt. Im Mittelpunkt der Reform steht der Gottesdienst: Im Tempel wird nicht mehr jiddisch, sondern deutsch gepredigt und gebetet. Der Hamburger Tempelverein gibt so wesentliche Anstöße für das Reformjudentum in Europa.

Katholiken dürfen Ratsherren werden

16. Dezember 1819. Rat und Bürgerschaft gewähren den Katholiken und Reformierten in Hamburg volle Gleichberechtigung. Angehörige der »nichtlutherischen christlichen Religionsverwandten« können jetzt im Prinzip sogar Ratsherren werden.
Die Hamburger handeln nicht aus eigenem Antrieb. Zwar hatten Rat und Bürgerschaft 1814 die durch das Toleranz-Edikt vom → 19. September 1785 (S. 170) erteilte Freiheit der Religionsausübung bestätigt. Aber es bedurfte der vom Deutschen Bund 1815 proklamierten Gleichheit der Rechte aller christlichen Religionsparteien, um in Hamburg so tolerant zu sein.

Hinrichtung wird zu einem Volksfest

21. Dezember 1818. Im Beisein von 40 000 Schaulustigen wird der Hundescherer Conrad Lorenz Levien geköpft. Das Hamburger Niedergericht hat ihn wegen des Mordes an seiner 18jährigen Tochter zum Tod durch das Schwert verurteilt.
Am 22. Januar hatten Spaziergänger am Deichtorwall einen Sack mit der Leiche gefunden. Der in einem Keller auf dem Kattrepel wohnhafte Levien gestand, er habe seine Tochter mit dem Beil auf den Kopf geschlagen und sie erwürgt, weil sie ihm ständig nicht gehorcht habe. Die mitverhaftete Ehefrau entzog sich am 26. Januar durch einen Sprung in die Alster ihren irdischen Richtern.

1820

2. 3. 1820. Die von Carl Ludwig Wimmel entworfene St. Pauli Kirche wird geweiht.

24. 3. 1820. Die endgültige Beseitigung der Befestigungen beginnt. → S. 195

13. 11. 1820. Das Oberappellationsgericht der vier freien Städte nimmt in Lübeck die Arbeit auf. → S. 195

23. 6. 1821. In Dresden wird eine Elbschiffahrtsakte unterzeichnet. → S. 195

6. 9. 1821. Die Bürgerschaft billigt die Kriegsdienstordnung des Deutschen Bundes. Die drei Hansestädte stellen eine Halbbrigade. Sie wird im Divisionsverband mit Oldenburg, Holstein und Mecklenburg geführt. Dem Rat bleibt der Befehl über das Bürgermilitär.

28. 9. 1821. Auf dem am 15. Oktober nach ihm benannten Adolphsplatz wird ein Denkmal für den Grafen Adolf IV. von Schauenburg enthüllt.

24. 1. 1822. Seine 19 Mitglieder geben dem Hamburger Kunstverein eine erste Geschäftsordnung. Die Anfänge des Vereins sind die ab Dezember 1817 bei David Christian Mettlerkamp abgehaltenen Zusammenkünfte von Kunstfreunden.

30. 10. 1823. Das Allgemeine Krankenhaus in St. Georg, die erste Einrichtung dieser Art in Hamburg, wird eingeweiht. → S. 198

1823. Die »schöne Marianne« Ruaux führt das bankrotte Gasthaus ihres Vaters in Eimsbüttel zu neuer Blüte. → S. 199

24. 3. 1824. Der gelernte Buchbinder Ferdinand Laeisz macht sich nach fünfjähriger Wanderschaft in Hamburg als Hutmacher selbständig. Aus seiner Firma entwickelt sich später eine Reederei (→ 1878/S. 286).

Frühjahr 1824. Der Brite John Andly führt für die Personenbeförderung zwischen Hamburg und Altona sog. Stage Coaches (engl. ursprünglich: Postkutsche) ein. Der Droschkendienst führt zur Festlegung von Verkehrsregeln. Am 13. Dezember 1824 wird angeordnet, rechts zu fahren und links zu überholen, und am 28. November 1825 folgt eine Polizeiverordnung gegen zu schnelles Fahren.

9. 1. 1825. Johann Wilhelm Rautenberg gründet in St. Georg eine Sonntagsschule. → S. 198

3./4. 2. 1825. Die Unterelbe wird von einer Sturmflut verheert. → S. 200

27. 2. 1825. Ein Buchdruckerverein für Hamburg und Altona konstituiert sich. → S. 198

September 1825. Am Besenbinderhof eröffnet das Tivoli mit der Rutschbahn. → S. 199

8. 12. 1825. Die Bürgerschaft bewilligt dem früheren Oberstleutnant David Christian Mettlerkamp wegen seiner Verdienste in den Befreiungskriegen eine einmalige Gratifikation, nachdem sie eine vom Rat angeregte Pension abgelehnt hatte.

Mettlerkamp wandert enttäuscht nach Rußland aus.

16. 7. 1826. Am Johannisbollwerk wird die von Carl Ludwig Wimmel entworfene Englisch-reformierte Kirche geweiht.

3. 5. 1827. Das neue Stadt-Theater öffnet seine Pforten. → S. 201

28. 5. 1827. In der Dammtorstraße nimmt die erste Taubstummenanstalt die Arbeit auf.

16. 6. 1827. Die Hamburger Sparcasse wird gegründet. → S. 200

17. 11. 1827. Der Syndikus Karl Sieveking schließt einen Handelsvertrag mit Brasilien ab. → S. 198

22. 7. 1828. Als Beiblatt des »Hamburger Beobachters« erscheint erstmals die »Liste der angekommenen Fremden«. → S. 202

28. 8. 1828. Für das New Yorker Handelshaus Petersen & Mench und die Leipziger Firma Heinr. Küstner & Co. wird der Segler »Howard« gebaut. Er ist für den Linienschiffsverkehr zwischen Hamburg und New York bestimmt. Makler dieses Dienstes ist Robert Miles Sloman (→ 8. 5. 1841/S. 211).

29. 9. 1828. Hamburgs spätere »Stadthymne« erlebt ihre Premiere. → S. 202

9. 11. 1828. In Hamburg wird der Verein zur Aufführung von Winterconcerten gegründet. Daraus geht das Philharmonische Orchester hervor (→ 29. 9. 1828/S. 202).

1828. Der Weinhändler Georg Andreas Knauer fügt seinem »Andreasbrunnen« in Eppendorf ein Conversationshaus bei. → S. 200

1828. Der Hamburger Spazierstockfabrikant Heinrich Christian Meyer gründet eine Hilfskasse für seine Arbeiter. → S. 200

1828. Martin Johann Jenisch d. J. erwirbt den Voght'schen Besitz in Klein-Flottbek. → S. 196

1829. Die Hamburger Firma T. E. & C. Vidal errichtet als erste Niederlassung eines deutschen Handelshauses in Südostasien eine Firma in Batavia.

GEBOREN:

7. 12. 1820. Hamburg: Johann Georg Andreas Versmann († 28. 7. 1892, Hamburg), Bürgermeister.

16. 2. 1821. Hamburg: Heinrich Barth († 25. 11. 1865, Berlin), Afrikareisender.

4. 3. 1823. Lübeck: Johannes Dalmann († 2. 8. 1875, Wunsiedel), Hamburger Wasserbauinspektor.

6. 3. 1825. Hamburg: Valentin Ruths († 17. 1. 1905, Hamburg), Maler.

27. 4. 1828. Hamburg: Carl Heinrich Laeisz († 22. 3. 1901, Hamburg), Großkaufmann und Reeder.

GESTORBEN:

6. 7. 1821. Hamburg: Christian Matthias Schröder (* 30. 1. 1742, Quakenbrück), Bürgermeister.

Letzte Instanz für die Reichsstädter

13. November 1820. Das Oberappellationsgericht der vier freien Städte Deutschlands (Bremen, Frankfurt am Main, Hamburg und Lübeck) nimmt in Lübeck seine Arbeit auf. Erster Präsident ist der gebürtige Hamburger Georg Arnold Heise.

Die Errichtung einer dritten Instanz nach dem Nieder- und Hochgericht (in Hamburg) war durch den Fortfall des Reichskammergerichtes 1806 nötig geworden. Der Hamburger Rat allerdings hätte am liebsten an der überkommenen Praxis der Aktenversendung festgehalten. Dies wollte jedoch weder die Bürgerschaft in Hamburg noch die anderen freien Städte.

Elbzollfreiheit bleibt weiter umstritten

23. Juni 1821. Auf der seit 1819 tagenden Dresdner Konferenz unterzeichnen Hamburg und die übrigen deutschen Elbuferstaaten die sog. Elbschiffahrtsakte. Sie ermöglicht durch die Aufhebung der mittelalterlichen Stapelgerechtigkeit (→ 28. 6. 1417/S. 60) und die Reduzierung der Zollstellen von 35 auf lediglich 14 eine größere Freiheit der Elbschiffahrt.

Mit seinem Wunsch nach Befreiung der Elbschiffahrt von allen Hindernissen finanzieller Art kann Hamburg sich nicht durchsetzen. Im Gegenteil: Nur mühsam kann die Stadt eine obligatorische zollamtliche Untersuchung der Elbschiffe im Hafen verhindern.

Ansicht des Botanischen Gartens mit dem angrenzenden Stadtgraben und den Wallanlagen; 1822 entsteht das erste Gewächshaus (nach einer Lithographie).

Ein Garten für Botaniker

24. März 1820. Die endgültige Beseitigung der Hamburger Befestigungen beginnt mit dem Abbruch des Hornwerks und des Glacis am Hamburger Berg. Das Sandtor wird auf Abbruch verkauft. Die Entfestigung dauert bis 1833.

Wie schon 15 Jahre zuvor übernimmt auch diesmal der bremische Kunstgärtner Isaak Hermann Altmann die Umgestaltung der Festungsanlagen (→ 18. 10. 1804/S. 182). Für die umfangreichen Arbeiten müssen die Steuerzahler gemäß Rats- und Bürgerbeschluß vom 16. Dezember 1819 eine Entfestigungssteuer entrichten.

Im ehemaligen Festungsgelände beim Dammtor entsteht 1821 auf private Initiative von Johann Georg Christian Lehmann, seit 1818 Professor der Physik und Naturgeschichte am Akademischen Gymnasium, ein botanischer Garten. Er ist zunächst für wissenschaftliche Zwecke bestimmt, wird aber bald zu einem beliebten Erholungsort für die städtische Einwohnerschaft. Die Anlage ist nach einer Erweiterung 1889 9,4 ha groß, von denen 1,4 ha auf einem Teil des ehemaligen Stadtgrabens entstehen. Am 29. März 1832 erklären Rat und Bürgerschaft den Botanischen Garten zu einem Staatsinstitut, und Lehmann übernimmt als Direktor die Leitung der von ihm gegründeten Anlage.

Das Landhaus Brandt in Othmarschen an der Elbchaussee 186, erbaut im Jahr 1817 und weithin bekannt als das »Säulenhaus« (Aquarell, um 1825)

Das Haus Rainville, erbaut von Christian Frederik Hansen in den Jahren 1794/95, abgerissen 1867 (Aquarell von Carl Friedrich Stange, um 1825)

Beschauliche Gartengestaltung nach englischen Vorbildern: Ansicht aus dem Park der Ratsherrenfamilie Sillem in Nienstedten (Aquarell, 1846)

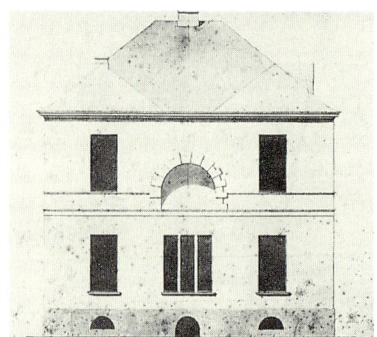

Entwurf für die Rückfront eines Landhauses (von Carl L. Wimmel)

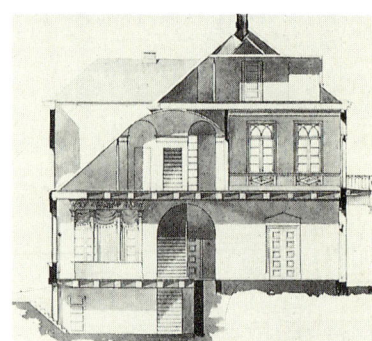

Längsschnitt eines Landhauses (Entwurf von C. L. Wimmel, um 1820)

Landhäuser mit Elbblick

1828. Für 137 200 Mark banco erwirbt der Hamburger Kaufmann und Ratsherr Martin Johann Jenisch d. J. den rund 1100 Morgen großen Besitz seines Freundes Caspar von Voght in Klein-Flottbek. Zwischen 1831 und 1833 läßt Jenisch hier ein gediegenes, klassizistisches Landhaus erbauen.

Mit der Leitung der Bauarbeiten für seine auf einem rechteckigen Grundriß beruhende Landvilla beauftragt Jenisch den Zimmermeister Johann Heinrich Hopfeldt. Das Jenisch-Haus reiht sich ein in eine Kette von repräsentativen Landhäusern, die seit dem Ende des 18. Jahrhunderts entlang der Elbchaussee entstanden sind.

Viele dieser Sommersitze reicher Hamburger und Altonaer Kaufleute hat der Architekt Christian Frederik Hansen entworfen, der hier zwei Jahrzehnte als königlich-dänischer Landbaumeister tätig war (→ 1783/S. 169). Hansen gestaltete z. B. das Landhaus von Johann Cesar IV. Godeffroy im Hirschpark in Nienstedten an der Elbchaussee 499 (1789–1792), das Landhaus John Blacker (ab 1897 als »Goßlerhaus« bekannt) in Dockenhuden an der Blankeneser Landstraße 34 (1794/95) und das Baur'sche »Elbschlößchen« an der Elbchaussee 372 (1804–1806). Sein Neffe Johann Matthias Hansen konzipiert für den Altonaer Kaufmann Georg Friedrich Baur zwischen 1829 und 1836 das Landhaus G. F. Baur und Baurs' Park in Blankenese.

Von Johann August Arens stammen das Landhaus und der Park des Baron Voght in der Baron-Voght-Straße 63 (1794–1796). Caspar von Voght hatte 1785 sein Mustergut in Klein-Flottbek gegründet, um dort mit Hilfe des schottischen Gärtners James Booth eine harmonische Einheit aus Agrarwirtschaft und Parkanlage zu schaffen (heutiger Jenischpark). Im Jahr 1839 stirbt Voght auf seinem Landsitz – unverheiratet und fast erblindet.

Gepflegter Landhausstil auch direkt an der Außenalster: Das Gartenhaus Christian Krüger am Harvestehuder Weg 8a (Gouachegemälde, um 1820)

Im Osten Hamburgs entstanden schon im 18. Jh. prächtige Landsitze von Hamburger Familien: Bödeckers Landhaus in Borgfelde (Aquarell, um 1800).

Landhaus Prösch in Harvestehude; typisch für das frühe 19. Jh. in diesem Ortsteil ist der Säulenvorbau (Aquarell von Carl Friedrich Stange, um 1825).

Trautes Glück in einer großbürgerlichen Familie: Wilhelm Friedrich E. Erich und seine Familie vor ihrem Landhaus in Eimsbüttel (Ölgemälde, um 1828)

Gepflegte Häuslichkeit in gutbürgerlichem Rahmen: »Die Familien Duncker und Kerner bei der Abendunterhaltung« (Aquarell von Julis Milde, 1832)

Beispiel für großbürgerliche Wohnkultur: Der Innenraum des Landhauses der Ratsfamilie Schröder in der Eppendorfer Landstraße 162 (Aquarell)

Formvollendete Gespräche in Damenbegleitung: Baron Caspar von Voght (sitzend, 3. v. l.) empfängt Gäste aus der guten Gesellschaft (Aquarell, um 1820).

Neue Handelschancen in Lateinamerika

17. November 1827. Der Hamburger Syndikus Karl Sieveking unterzeichnet in Rio de Janeiro für Lübeck, Bremen und Hamburg einen Handels- und Schiffahrtsvertrag mit dem Königreich Brasilien, der die deutschen Kaufleute den Briten gleichstellt.

Der Einstieg in den Südamerikahandel hatte drei Voraussetzungen: Den Abfall der Staaten Südamerikas von ihren Kolonialmächten, eine Reform der hanseatischen Handelsbräuche und eine zielgerichtete Außenhandelspolitik.

Im Mai 1808 begann der Aufstand in Spanisch-Amerika. Die Entscheidung fiel 1822, als klar wurde, daß eine gewaltsame Rückeroberung scheitern würde und Brasilien sich von Portugal löste. Damit fielen die Schranken, die den direkten Handel der Drittländer mit diesen Gebieten behindert hatten.

Um die Chancen zu nutzen, beschloß die Hamburger Kaufmannschaft zum 1. Januar 1823 eine Reform ihrer Handelsusancen. Schon 1817 hatte man in Rio de Janeiro ein Konsulat begründet. Ähnliche Einrichtungen folgten in anderen Städten. Geschickt nutzen die Hansestädte ihren Vorteil: Sie gelten als verläßlich und sind zugleich unverdächtig, weil sie über keine Militärmacht verfügen.

△ *Zu Beginn des 19. Jh. ist Südamerika ein noch weitgehend unerforschter Kontinent. Über die Zustände im Innern herrschen in Europa vielfach abenteuerliche Vorstellungen: »Sklavenjäger«, Szene mit Indios in Südamerika (Gemälde eines unbekannten Malers, 18. Jh.).*

◁ *Titelblatt des in Hamburg veröffentlichten Vertrages zwischen den drei Hansestädten und dem Königreich Brasilien vom 17. November 1827; Hamburg, Lübeck und Bremen betreiben eine gemeinsame Außenhandelspolitik, wobei die beiden größeren Städte sich in der Führungsrolle abwechseln.*

Hamburg hat jetzt »Colonien erhalten«

Chronik Zitat

Am 8. Juni 1822 äußert sich Martin Joseph Haller, der Präses der Commerzdeputation über die Lage in Südamerika (Auszug):

»Es sind unter unsern Augen Umwälzungen vorgegangen, die zu den wichtigsten seit der Entdeckung von America gehören. Das ganze System der Colonisation hat einen solchen Riß, ja einen solchen Sturz erhalten, daß man fast sagen sollte, jedes Land hat ohne Schwertstreich die größten Handelsbesitzungen sich erworben. Man darf annehmen, daß sehr bald gar kein sogenanntes Mutterland in Europa zu finden seyn, daß ein jeder dieselben Rechte in Peru und Mexico, in Brasilien und Bengalen wie die Spanier, Portugiesen und Engländer genießen wird ... Alle die seit Jahrhunderten uns verschlossen, fast verborgen gewesenen Länder und Welttheile sind uns offen geworden, und wir können auch sagen: Hamburg hat Colonien erhalten. Es wird nunmehr vieles davon abhängen, ob wir früh das öffentliche und das Privat-Vertrauen jener Länder zu gewinnen wißen.«

Gottestrost für das verwahrloste Kind

9. Januar 1825. Pastor Johann Wilhelm Rautenberg eröffnet mit 59 Kindern, darunter 28 Mädchen, in St. Georg die erste Hamburger Sonntagsschule.

Rautenberg will nach eigenen Worten den »verwahrlosten Kindern mindestens das eine Notwendige, die Erkenntnis Gottes und ihres Heilandes« mitteilen. Gelehrt wird Lesen und Schreiben sowie Religion auf der Grundlage des kleinen Katechismus und der biblischen Geschichte.

Nach fünf Jahren zieht Rautenberg eine überwiegend positive Bilanz: Auch dem »rohesten Gemüt« könne das »zweischneidige Schwert des Wortes Gottes« nahegebracht werden. Teile der Geistlichkeit nennen ihn und seine Mitarbeiter jedoch einen »Mystiker« und »unbewußtes Werkzeug der Jesuiten«.

Konkurrenz für die Charité

30. Oktober 1823. Eine Woche lang steht das neueröffnete, hochmoderne Krankenhaus St. Georg der Öffentlichkeit zur Besichtigung frei.

Architekt Carl Ludwig Wimmel entwarf das Hospital als zusammenhängenden Block- und Korridorbau in Hufeisenform. Die Innenräume sind überaus großzügig: Helle, 3 m breite Korridore führen in die luftigen Krankensäle mit ihren insgesamt 1088 Betten. St. Georg ist das erste deutsche Krankenhaus mit einer Wasserleitung, einer Kanalisation und Klosetts mit Wasserspülung. Das Brauchwasser wird mit Hilfe eines eigenen Schöpfwerkes aus der Alster, Trinkwasser aus einem eigenen Brunnen gefördert. Ein Hospitalarzt und ein Wundarzt versorgen gemeinsam mit je drei ärztlichen Gehilfen sowie vier Apothekern und etwa 100 Krankenwärtern die

Patienten in fünf medizinischen Abteilungen. Das Krankenhaus wird vom Staat verwaltet und größtenteils finanziert.

Nach der Niederbrennung des alten Krankenhofes vor dem Millerntor am 3. Januar 1814 waren die Kranken notdürftig im Armenhaus und im Lombardgebäude an der Alster versorgt worden. Noch im selben Jahr hatte die Patriotische Gesellschaft zur Errichtung eines neuen Spitals aufgerufen.

St. Georg soll alle vergleichbaren Hospitäler in Deutschland übertreffen: Die 1727 gegründete Charité in Berlin ebenso wie das Allgemeine Krankenhaus in Wien (1784) oder das 1813 vollendete Krankenhaus links der Isar in München. Außer diesen Einrichtungen hat eine eigens eingesetzte Baukommission auch Spitäler in Frankreich und Großbritannien besichtigt.

Kooperation der Geschäftsinhaber

27. Februar 1825. Rund 20 Hamburger und fünf Altonaer Firmen rufen den »Verein der Buchdruckereibesitzer in Hamburg und Altona« ins Leben.

Die Prinzipale der alteingesessenen Firmen wollen sich damit gegen die Betätigung von sog. Winkeldruckereien und Preistreiberei untereinander zur Wehr setzen. In den Satzungen wird auf Wunsch der Gesellen die Zahl der Auszubildenden auf höchsten vier begrenzt. Hat der Prinzipal nicht mehr als drei Gesellen, so darf er einen Lehrling halten; sind es sechs oder sieben Gesellen, kann er drei Lehrlinge haben. Die Lehrzeit wird auf fünf Jahre festgesetzt.

Am 1. Oktober 1820 hatten bereits die in Hamburg tätigen 325 Zuckerfabrikanten ein Statut über ihre Rechte und Pflichten vereinbart.

»Im rasendsten Walzer bacchantisch glühend . . .«

September 1825. Im großen Garten eines Privathauses am Besenbinderhof entsteht ein Tivoli (Vergnügungsstätte), das nicht zuletzt aufgrund seiner beeindruckenden Rutschbahn bald zu den stadtbekannten Attraktionen zählt.

Die Rutschbahn im St. Georger Tivoli beginnt links im zweiten Stock des Wirtshauses und durchläuft den Garten in einer Länge von etwa 600 Fuß (ca. 170 m), um dann wieder in die unteren Räume des Hauses zurückzukehren.

Eine künstlerische Aufwertung erfährt das Etablissement vier Jahre später: Der theaterbegeisterte Franzose Chérie Maurice (eigentl. Charles Maurice Schwartzenberger) eröffnet hier mit einigen Schauspielern vom Theater an der Steinstraße ein Sommertheater. Maurice hat solchen Erfolg, daß ihm 1831 die Mitdirektion des Steinstraßen-Theaters übertragen wird (→ 16. 12. 1818/S. 194).

St. Pauli, die andere Hamburger Vorstadt, hat seit 1820 eine neue Attraktion: Gleich hinter dem Millerntor links ist der 1805 erbaute und 1813 zerstörte »Trichter« wiedereröffnet worden, ein Gartenrestaurant mit Billardsaal.

Das Lokal von Peter Ahrens in der Neustädter Straße wird seit 1823 mit selbstgemachtem Leuchtgas erhellt. Allerdings kommen die Gäste nicht nur wegen der Gas-Illumination in hellen Scharen zu »Peter Gas«. Der Schriftsteller Eduard Lehmann schreibt: »Selten wird ein Fremder Hamburg verlassen, ohne Peter Ahrens kennengelernt zu haben; man wäre in Rom gewesen, ohne die Engelsburg zu sehen. Die männliche Gesellschaft besteht meist aus Fremden, aus Commis Voyageurs [Handlungsreisenden] und jungen Kontoristen, sie ist also dem Äußeren nach wenigstens sehr elegant; doch findet man auch oft neben den zierlich geschniegelten Jüngern Merkurs auch den unscheinbaren Handwerker, den Kleinbürger und den Schiffer, der mit der geputzten Köchin, der geschmückten Hausjungfer im rasendsten Walzer bacchantisch glühend umherschwebt. Die Freudenmädchen trifft man hier zu Hunderten. Der Saal selbst ist durchaus nicht besonders elegant. Aber sein Renommée ist seit langen Jahren fest begründet.«

Prospekt des »Optischen Belwider« auf St. Pauli; Panoramen, Cameras Obscuras und Raritätenkabinette haben Zulauf.

Blick auf das beliebte und stadtbekannte Tivoli in St. Georg mit den Gartenanlagen, der steil abfallenden Rutschbahn und der Bühne

Ein Lob der »schönen Marianne«
1823. Einer der prominentesten Anziehungspunkte der Hansestadt ist Johanna Maria Caroline Ruaux, genannt die »schöne Marianne« (Abb.). Die 21jährige Tochter eines Franzosen leitet das Gasthaus »Mariannenruh« auf der Emahusbleiche in Langenfelde; der Volksmund nennt die Gegend »Dänisch-Eimsbüttel«. Zur Zeit der »Schönen Marianne« zieht das Gasthaus nicht nur die Hamburger Herrenwelt, sondern auch Fremde in Scharen an. Heinrich Heine rühmt Mademoiselle Ruaux nach Rathaus und Börse als dritte Sehenswürdigkeit Hamburgs, als »außerordentlich schönes Frauenzimmer«.

Das Gasthaus »Mariannenruh« in Langenfelde; die Attraktivität seiner Inhaberin, der »schönen Marianne«, sorgt für ausgezeichnete Umsätze.

Ein Bild der Verwüstung bietet sich hinter dem zerstörten Hamburger Stadtdeich (nach einer Radierung).

Sturmflut fordert Hunderte von Toten

3./4. Februar 1825. Hamburg und die gesamte deutsche und niederländische Nordseeküste werden von der verheerendsten Sturmflut der Neuzeit heimgesucht. Insgesamt sterben bei der großen Flut 789 Menschen, davon allein 142 in den Elbmarschen, wo das durch die Nässe begünstigte Fieber nach dem Ablaufen des Wassers viele Menschen dahinrafft; rund 45 000

Stück Vieh ertrinken und 2400 Gebäude werden zerstört.
Die Bilanz des Schreckens für Hamburg: Auf Neuwerk werden alle Gebäude bis auf den Turm zerstört; Ritzebüttel wird überschwemmt. Die Deiche bei Kirchwerder und Moorburg brechen ebenso wie der Hamburger Stadtdeich bei der Sägemühle, wo die reißenden Fluten sechs Häuser

fortschwemmen und rund 100 Menschen obdachlos machen.
Vor der großen Not verschließen sich die Herzen der Vermögenden nicht: Es laufen soviele Spenden ein, daß der Rat davon 30 000 Mark courant als Entschädigung an die Bewohner der überfluteten Kellerräume auszahlen kann. 850 Familien können von dem Geld einen Teil ihrer Verluste decken.

Hamburger Sparcasse öffnet die Schalter

16. Juni 1827. Die Hamburger Sparcasse tritt das Erbe der 1811 geschlossenen »Ersparungskasse« (→ 1. 8. 1778/S. 167) an. Initiator und Präses ist der Ratsherr Amandus Augustus Abendroth.
Über die Ziele der Kasse informiert das Hamburger Adreßbuch von 1827: »Sie bezweckt, den nichtvermögenden Einwohnern dazu behülflich zu seyn, sich an Sparsamkeit zu gewöhnen, es ihnen unmöglich zu machen, gleich bey Eintritt einer anscheinenden Verlegenheit zu dem Ersparten zu greifen und sich so einen Schatz für dringende Bedürfnisse zu sammeln. Jeden Sonnabend, wo die Arbeit beendet und der Wochenlohn empfangen ist, versammelt sich die Verwaltung von 6 bis 8 Uhr in den beyden Bureaux auf dem Eimbeck'schen Hause und im Stadthause.«
Das Konzept eines Kreditinstituts in Verbindung mit einer moralischen Erziehungsanstalt geht auf: Bis Ende September 1827 sind be-

reits 77 000 Mark courant eingelegt, 1865 schon 5 Mio. Zu diesem Zeitpunkt haben aber Differenzen im Direktorium der Sparkasse über

die Limitierung von Einlagen zur Aufspaltung des Instituts und zur Gründung der Neuen Sparcasse (15. 12. 1864) geführt.

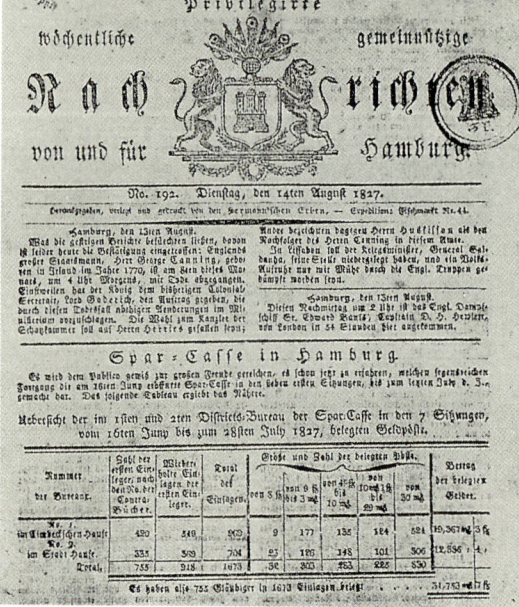

Erste Finanzanzeige der »Hamburger Sparcasse« in den »Nachrichten« vom 14. August 1827; ungewöhnlich ist der Aufbau des Unternehmens: Präsident und Direktoren versehen ihre Arbeit ehrenamtlich, nur ein Buchhalter und ein Bote sind bezahlte Angestellte. Der Bote, der die Wege zwischen den beiden Annahmestellen erledigt, muß für seine Anstellung mit einem Jahreslohn von 25 Mark eine Kaution hinterlegen.

Trinkheilstätte in Eppendorf floriert

1828. Der Weinkaufmann Georg Andreas Knauer richtet neben seinem Brunnen unweit der heutigen Eppendorfer Landstraße ein vornehm gestaltetes »Conversationshaus« ein. Damit erhöht er die Attraktion seiner 1825 durch einen Wiener Chemiker hergerichteten Mineralwasserquelle.
Das sprudelnde Naß aus dem »Andreasbrunnen« ist so wohlschmekkend, daß Knauers Trinkanstalt nach einjährigem Geschäftsbetrieb schon 70 Gäste zählte, für die Bade- und Brunnenhäuser erbaut wurden. Eppendorf gelangt sogar in den Rang eines Kurortes.

Heinrich Christian Meyer, genannt »Stockmeyer«, zu dessen Ehren einige Freunde im Jahr 1854 ein Denkmal in Hammerbrook errichten lassen

»Stockmeyer« sorgt für seine Arbeiter

1828. Nachdem er sich mit der Herstellung von Spazierstöcken ein Vermögen verdient hat, gründet Heinrich Christian Meyer jetzt eine Unterstützungskasse für seine Beschäftigten.
»Stockmeyer« richtet einen betrieblichen Sozialfonds ein, der kranke und arbeitsunfähige Beschäftigte unterstützt und bei Todesfällen die Hinterbliebenen versorgt. Sozial- und Krankenversicherung sind noch unbekannt.
Als unzünftiger Handwerker (»Böhnhase«) zum Millionär aufgestiegen, baut Meyer bis zu seinem Tod 1848 eine Kette von Manufakturen zur Verarbeitung von Rohr, Fischbein und Hartgummi auf. Daneben kassiert er bei der Erschließung des Hammerbrooks erhebliche Spekulationsgewinne.

An der Stelle des ehemaligen Kalkhofes beherrscht jetzt Wimmels neues Stadt-Theater das Bild der Dammtorstraße. Es beherbergt auch einige Ladengeschäfte.

Baumeister Wimmel gibt Hamburg ein neues Gesicht

3. Mai 1827. Mit einer Aufführung des »Egmont« von Johann Wolfgang von Goethe – die Musik stammt von Ludwig van Beethoven – öffnet das Stadt-Theater an der Dammtorstraße. Der schlichte Bau nach modifizierten Plänen Karl Friedrich Schinkels ist ein Werk des Hamburger Architekten Carl Ludwig Wimmel. Er ersetzt das am 1. Mai geräumte »Comödienhaus« von 1765 (→ 22. 4. 1767/S. 160). Wimmel mußte Schinkels Fassadenentwurf so vereinfachen, daß der Theaterbau, der 2500 Zuschauern Platz bietet, ein kasernenartiges Aussehen erhalten hat. Der Theaterbetrieb wird von einer Aktiengesellschaft finanziert, an der die führenden Familien der Stadt beteiligt sind. Im Angebot dominiert die Oper zu Lasten des Schauspiels; dem Star-Theater leistet die Bühne mit ihren Virtuosenkonzerten Vorschub.

Der beim Stadt-Theater durch striktes Kostendenken eingeschränkte Wimmel hat sich bereits durch das Krankenhaus in St. Georg (→ 30. 10. 1823/S. 198) und die Englisch-reformierte Kirche am Johannisbollwerk (1826) als Vertreter eines noblen Klassizismus erwiesen. Zwischen 1827 und 1830 entsteht unter seiner Mitwirkung die Esplanade mit einer an englischen Vorbildern orientierten Fassadengestaltung; das Johanneum im Palazzostil der Frührenaissance (→ 5. 5. 1840/S. 209) und die Börse (→ 2. 12. 1841/S. 211) gestalten Wimmel und Franz Gustav Forsmann.

△ *Die Esplanade, gesehen von der Seite des Neuen Jungfernstiegs; Peter Suhr fertigt diese Lithographie im Jahr 1830 an, als die Prachtstraße schon an beiden Seiten bebaut ist. Bei der Einrichtung der Esplanade folgt Hamburg erstmals dem englischen Vorbild einer geschlossenen Gestaltung der Gebäudefassaden.*

◁ *Klassizismus in Reinkultur verwirklicht Carl Ludwig Wimmel 1826 mit der Englisch-reformierten Kirche am Johannisbollwerk (Aquarell über Feder von Carl Friedrich Stange, um 1828). Homogene Baugruppen in Wimmels Sinn entstehen vor allem an der Esplanade, dem Neuen Jungfernstieg und – zwischen 1821 und 1827 – um den Zeughausmarkt, dessen Name auf das Artilleriezeughaus zurückgeht, das hier bis 1826 stand.*

Um die Jahrhundertwende gewinnt das »Hammonia«-Lied an Popularität. Hier wird es von einem Marsch zu Ehren des Bürgermeisters J. H. Burchard eingerahmt.

Hamburg singt: Hammonia, wie herrlich stehst du da!

29. September 1828. Zur 300-Jahr-Feier der Reformation und der bürgerlichen Verfassung in Hamburg kommt im Stadt-Theater ein »vaterstädtisches Schauspiel« auf die Bretter: »Bürgertreue« von Georg Nikolaus Bärmann. Mehr Erfolg als das schwerfällige patriotische Epos hat der Schlußgesang »Stadt Hamburg an der Elbe Auen«.

Zu dem sieben Strophen langen Text hat Albert Gottlieb Methfessel eine zündende, »heiter, doch würdig« vorzutragende Melodie verfaßt. Sie ist am 19. April 1828, am fünften Jahrestag der von Meth-fessel gegründeten Hamburger Liedertafel, erstmals gesungen worden. Der gebürtige Thüringer ist ein typischer Vertreter der neuen Singebewegung: Bei seinen selbstkomponierten Liedern läßt er sich vom Geist der Befreiungskriege leiten. Aus Methfessels Feder stammen u. a. auch »Hinaus in die Ferne«, »Der Gott, der Eisen wachsen ließ« und der Sängergruß »Grüß Gott mit hellem Klang ! Heil deutschem Wort und Sang !«

Nach zehnjähriger Tätigkeit in Hamburg geht Methfessel 1832 als Hofkapellmeister nach Braunschweig. Sein Lied wird für längere Zeit vergessen. Es taucht erst 1890 wieder auf, um drei Strophen gekürzt und umgedichtet, wobei nun »Hammonia« nicht mehr »glücklich«, sondern »herrlich« dasteht. In dieser Fassung tritt das Lied seinen Siegeszug als Hamburger »Stadt-Hymne« an.

Die Gründung eines Philharmonischen Orchesters verdankt Hamburg einem anderen Chorleiter, Friedrich Wilhelm Grund (→ 25. 11. 1819/S. 194). Fünf Wochen nach der Premiere der »Bürgertreue«, am 9. November 1828, initiiert er den »Verein zur Aufführung von Winterconcerten«. Die Musiker, die am 17. Januar 1829 im Apollo-Saal an der Drehbahn mit der 5. Sinfonie von Ludwig van Beethoven erstmals öffentlich konzertieren, stehen im Dienst des Stadt-Theaters. Bis 1862 leitet Grund die Philharmoniker und bringt den Hamburgern vor allem das Werk Beethovens nahe. Zu den gefeierten Solisten zählen die Pianistin Clara Wieck (1835) sowie Franz Liszt (1841) und Johannes Brahms (1856), dessen Vater Johann Jakob bei den Philharmonikern spielt.

»Liste der angekommenen Fremden« wird Erfolgsblatt

22. Juli 1828. Als Beilage zur Zeitung »Hamburger Beobachter« erscheint erstmals eine »Liste der angekommenen Fremden in Hamburg«. Der »Beobachter« wird seit 1817 von dem Drucker Friedrich Wilhelm Christian Menck verlegt. Die »Fremdenliste« erscheint täglich, auch an Sonn- und Feiertagen. Das Blatt kostet 1 Schilling, der Bezug im Quartal 2 Mark.

Bislang haben sich die privilegierten Zeitungsherausgeber von den Hoteliers den Abdruck der Namen ihrer Gäste mit bis zu 25 Mark pro Quartal bezahlen lassen, wobei allerdings die Veröffentlichung oft erst nach deren Abreise erfolgte.

Mencks Blatt verzeichnet neben den Namen der Gäste auch den Postenlauf (Postausgang) des betreffenden Tages und am Ende auch den Theaterzettel.

Später kommen ein Wegweiser für die Gäste und 1831 Kirchenanzeigen hinzu. Nach vielfachen Titelwechseln und der Zusammenlegung beider Blätter 1852 heißt die Zeitung ab September 1864 »Hamburger Fremdenblatt«. Ihre zunächst gemäßigt fortschrittliche Berichterstattung, die sich auf hamburgische Angelegenheiten konzentriert, wird nach der 48er Revolution immer konservativer.

Rückseite der Fremdenliste vom 24. September 1828; nach einer Aufzählung der in den einzelnen Hotels logierenden Gäste folgt – hier zu sehen – eine Liste der aus- und eingehenden Fuß- und Fahrpost mit einem Hinweis auf die Elbfähren. Den Schluß bildet der Theaterzettel.

1830

8. 5. 1830. Im »Hotel Zum Kronprinzen« am Jungfernstieg wird die »Hamburgische Gesellschaft vereinigter Schachfreunde« ins Leben gerufen. → S. 203

12. 6. 1830. Der italienische Violinist Niccolò Paganini tritt in Hamburg auf. → S. 203

31. 8. 1830. Auf dem Jungfernstieg kommt es zu antijüdischen Ausschreitungen. → S. 203

4. 7. 1831. Mit neun Schülern nimmt die am 4. Dezember 1830 gestiftete erste Hamburger Blindenschule den Unterricht auf.

7. 10. 1831. In Hamburg bricht die Cholera aus. → S. 204

23. 5. 1832. Amalie Sieveking stiftet einen Verein für Armen- und Krankenpflege. → S. 204

12. 9. 1833. In einer öffentlichen Versammlung im Auktionssaal der Börsenhalle wird die Gründung der Erziehungsanstalt Rauhes Haus beschlossen. → S. 205

31. 10. 1833. Die Vorstädte St. Georg und St. Pauli (vormals Hamburger Berg) erhalten einen verbesserten Status. → S. 206

1. 1. 1834. Der Deutsche Zollverein tritt ohne Beteiligung Hamburgs in Kraft. → S. 207

12. 5. 1834. Die Hamburger Stadtpost gibt die Aufnahme des Briefverkehrs nach Cuxhaven mit dem Dampfboot »Elbe« bekannt. Am 17. Mai beginnt der regelmäßige Post- und Passagierverkehr mit Dampfschiffen nach Helgoland.

15. 6. 1834. Der Schiffbauer Rickmer Clasen Rickmers aus Helgoland gründet eine Werft in Cuxhaven. Die Rickmers-Linie nimmt 1896 einen Liniendienst von Hamburg nach Ostasien auf. Vor dem Ersten Weltkrieg verlegt sie das Reedereigeschäft ganz nach Hamburg.

18. 9. 1834. Die Bürgerschaft billigt die Einstellung eines juristisch gebildeten Kriminalaktuars. Die Ernennung von Karl W. Asher, ein getaufter Jude, stößt in der Öffentlichkeit auf Widerspruch.

1. 1. 1835. Die Hamburger Stadtpost übernimmt die 1797 von Ulrich Moller gegründete Fußpost. Sie unterhält acht Briefannahmestellen und 36 Postkästen.

30. 3. 1835. Rund 500 Gäste amüsieren sich beim Maskenball im Nobel-Hotel »Zur alten Stadt London« am Jungfernstieg. → S. 207

6. 4. 1835. Die Rechte der Handwerkerzünfte werden in Hamburg beschränkt. → S. 206

18./20. 7. 1835. In Wandsbek finden erste Pferderennen statt. → S. 207

10. 12. 1835. Der Bundestag des Deutschen Bundes verbietet die Schriften des »Jungen Deutschland«. Julius Campe in Hamburg ist der wichtigste Verleger dieser Literaten. → S. 204

17. 2. 1836. Im Auftrag des Schiffsmaklers Robert Miles Sloman eröffnet die Bark »Franklin« die regelmäßige »Packetfahrt« nach New York. Die Auswandererbeförderung wird für Sloman zum großen Geschäft, zumal die Ausreise über Hamburg nun auch Gruppen erlaubt ist (→ 22. 3. 1855/S. 240).

10. 6. 1836. Die gebührenpflichtige Torsperre ersetzt den nächtlichen Torschluß.

18. 7. 1836. Der »Hamburger Ruder-Club« wird gegründet. → S. 207

12. 5. 1837. Streit's Hotel am Jungfernstieg wird eröffnet.

1. 8. 1837. In der Kleinen Reichenstraße gründet Carl Woermann eine Überseehandlung für das Afrikageschäft.

20. 10. 1837. Auf der Spitze des Süllberges wird eine Milchwirtschaft eröffnet. → S. 208

Januar 1838. Der Literat Karl Ferdinand Gutzkow begründet in Hamburg den »Telegraphen für Deutschland«. → S. 208

19. 3. 1839. Der Verein für hamburgische Geschichte wird gestiftet. → S. 208

30. 1. 1839. Der aus Buxtehude zugewanderte Johann Friedrich Bernhard Sierich kauft einen Bauernhof mit Ländereien in Winterhude. Er wird zum Grundstock für den Ausbau von Winterhude.

31. 10. 1839. Die Pferdeomnibusse der Firma Basson & Co. fahren von Hamburg nach Altona. → S. 208

GEBOREN:

13. 5. 1830. Breslau: Theodor Yorck († 1. 1. 1875, Hamburg), Gewerkschaftler.

7. 5. 1833. Hamburg: Johannes Brahms († 3. 4. 1897, Wien), Komponist.

1. 12. 1835. Hamburg: Martin Haller († 25. 10. 1925, Hamburg), Architekt.

11. 12. 1835. Hamburg: Johann Otto Stammann († 7. 2. 1909, Hamburg), Bürgermeister.

17. 3. 1836. Hamburg: Heinrich Freiherr von Ohlendorff († 3. 7. 1928, Hamburg), Kaufmann.

27. 8. 1836. Ottensen: Albrecht Roscher (* 20. 3. 1860, am Njassa-See/Zentralafrika), Afrikaforscher.

10. 5. 1838. Hamburg: Gerhard Hachmann († 5. 7. 1904, Hamburg), Bürgermeister.

13. 6. 1839. Heide: Carl Georg Andreas Boysen († 6. 5. 1906, Hamburg), Schlachthofdirektor.

22. 8. 1839. Hamburg: Johann Georg Mönckeberg († 27. 3. 1908, Hamburg), Bürgermeister.

GESTORBEN:

21. 6. 1831. Hamburg: Wilhelm Amsinck (* 23. 10. 1752, Hamburg), Bürgermeister.

20. 3. 1839. Hamburg: Caspar von Voght (* 17. 11. 1752, Hamburg), Kaufmann.

Juden wieder Sündenbock

31. August 1830. Eine aufgebrachte Volksmenge wirft jüdische Gäste aus den vornehmen Lokalen am Jungfernstieg. In den folgenden Tagen kommt es in Hamburg zu Tumulten, bei denen auch wieder das berüchtigte »Hep-Hep« von 1819 ertönt (→ 30. 8. 1819/S. 194).

Bei den Tumulten vermengen sich die Ängste des Mittelstandes gegenüber den als Wucherern verschrieenen Juden mit der allgemeinen Unzufriedenheit über die reaktionäre Ordnung von Staat und Gesellschaft und die offenkundig den Interessen der Reichen dienende Steuerpolitik. Den zündenden Funken liefert die Juli-Revolution in Frankreich, wo am 2. August Karl X. gestürzt und eine Woche später durch den »Bürgerkönig« Louis Philippe ersetzt worden ist.

Am 3. September setzt der Rat angesichts einer bedrohlichen Demonstration vor dem Stadthaus Militär zur Niederschlagung der Unruhen ein. Dabei werden einige Soldaten von der empörten Menge überwältigt und mißhandelt. Der Einsatz des Militärs bei einem Tumult am 5. September auf dem Hamburger Berg kostet sechs Personen das Leben, weitere fünf werden schwer verwundet.

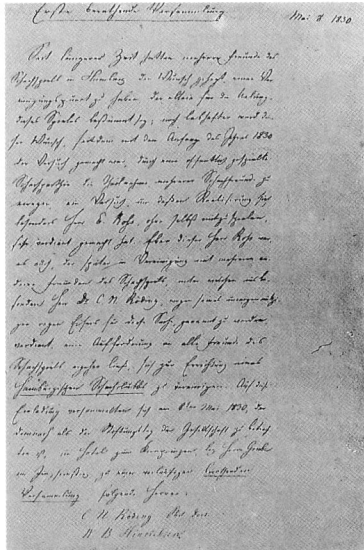

Gründungsprotokoll des Hamburger Schachvereins; eine Mitgliedschaft kostet 5 Mark courant pro Jahr.

Begeistert das Publikum nicht nur in Hamburg: Niccolò Paganini (Porträt von Johann Peter Lyser, 1830).

Königlicher Sport gewinnt Freunde

8. Mai 1830. Im »Hotel zum Kronprinzen« am Jungfernstieg gründen 13 Personen die »Hamburgische Gesellschaft vereinigter Schachfreunde«. Initiator ist der Kaufmann Edward Ross, ein Sohn schottischer Eltern.

Als Zweck der Vereinsgründung vermerkt das Statut die »Verbreitung und Übung des edelsten aller Spiele, des Schachspiels«. Gespielt wird jeden Abend von 17 bis 20 Uhr, doch steht das angemietete Lokal schon von morgens an den Mitgliedern zur Verfügung. Nach einem lebhaften Auf und Ab wird der Verein am 5. Dezember 1861 als »Hamburgischer Schachklub« erneuert.

»Teufelsgeiger« im Stadt-Theater

12. Juni 1830. Der 47jährige italienische Violinvirtuose Niccolò Paganini gastiert im Hamburger Stadt-Theater. Dem ersten beifallumrauschten Konzert folgen noch zwei weitere Auftritte.

Unter den ca. 3000 Zuhörern ist Heinrich Heine: »Und so kam es, daß mir Paganini mit jedem Striche seines Bogens auch sichtbare Gestalten und Situationen vor die Augen brachte, daß er mir in tönender Bilderschrift allerlei grelle Geschichten erzählte, daß er vor mir gleichsam ein farbiges Schattenspiel hingaukeln ließ, worin er selber immer mit seinem Violinspiel als Hauptperson agierte.«

Verleger Campe und Star-Autor Heine

10. Dezember 1835. Der Bundestag des Deutschen Bundes verbietet die Schriften des »Jungen Deutschland«. Sie sind ihm politisch gefährlich. Der wichtigste Verleger dieser Autoren ist Julius Campe.

Die Buchhandlung und der Verlag Hoffmann und Campe in der Neuen Burg 22 bilden den Mittelpunkt des literarischen Lebens in der Freien und Hansestadt. Als Zeitpunkt ihrer Gründung wird der September 1781 angegeben, als Benjamin Gottlob Hoffmann das Bürgerrecht erwarb. Dessen Schwiegersohn August Campe hatte die Firma fortgeführt und sie 1823 an seinen 19 Jahre jüngeren Halbbruder Julius übergeben.

Julius entwickelt sich zum Mentor der Autoren des »Jungen Deutschland«, die wie Ludolf Wienbarg, der später in Hamburg als Journalist tätige Karl Ferdinand Gutzkow (→ Januar 1838/S. 208) und Ludwig Börne den »Elfenbeinturm« der reinen Literatur verlassen wollen.

Campes wichtigster Autor wird Heinrich Heine, dessen im Mai 1826 edierten »Reisebilder« zugleich der erste große Erfolg für den Verleger Campe geworden sind. Der in Düsseldorf geborene Heine kam als

Fast acht Jahre verbrachte Heinrich Heine in Hamburg, dem er in Haßliebe verbunden war (Gemälde, 1831).

18jähriger 1816 nach Hamburg, in die Stadt seines vermögenden Onkels Salomon Heine. Mit Hilfe des Onkels eröffnete er 1818 die Handels-Firma Harry Heine & Comp., die aber schon nach einem Jahr in Liquidation ging, weil Heine nur wenig kaufmännisches Talent zeigte. Heine ging zum Studium nach Bonn und Göttingen, kehrte aber immer wieder nach Hamburg zurück, das er am 1. Mai 1831 Richtung Paris verließ. In den Jahren

Julius Campe, der wichtigste Verleger des aufmüpfigen und daher politisch mißliebigen »Jungen Deutschland«

1843 und 1844 kommt er noch einmal für einige Wochen in die Stadt, der er in Haßliebe stets verbunden bleibt. Sein Onkel Salomon, der vom Hausierer zum millionenschweren Bankier aufstieg, hat ihn zwar finanziell unterstützt, aber für seine literarischen Ambitionen wenig Verständnis aufgebracht: »Hätte er Geld, brauchte er keine Bücher zu schreiben«.

Cholera bringt 482 Menschen den Tod

7. Oktober 1831. Im »Tiefen Keller« in der Nicolaistraße bricht die Cholera aus. In Hamburg erkranken 910 Menschen, von denen 482 sterben. Am 12. Februar 1832 wird die Epidemie für überwunden erklärt. Ähnlich wie bei der letzten großen Pest (→ 22. 3. 1714/S. 145) hatte man Vorsorge gegen die von Osten herannahende Cholera getroffen und die Stadt in Gesundheitsdistrikte eingeteilt. Solche Maßnahmen bleiben aber unwirksam, solange man den Hintergrund der Verbreitung der Seuche nicht erkennt: Die schlechten hygienischen Verhältnisse, in denen die ärmere Bevölkerung wohnen und arbeiten muß (→ 18. 8. 1892/S. 320).

Sieveking sorgt für Arme und Kranke

23. Mai 1832. Amalie Sieveking gründet mit 13 Frauen den Weiblichen Verein für Armen- und Krankenpflege. Weil ihre Initiative rasch Zulauf findet, wird dem Verein der Saal des Stadthauses zur Verfügung gestellt.

Die Cousine von Johann Heinrich Wichern haben ihre Erfahrungen in den Choleraspitälern des Jahres 1831 dazu bewegt, ihr künftiges Leben der Pflege der Armen und Bedürftigen zu widmen. Grundlage der Arbeit soll der persönliche, von tiefer Nächstenliebe geprägte Umgang mit den Armen sein.

Amalie Sieveking, Gründerin und 27 Jahre Leiterin des Weiblichen Vereins für Armen- und Krankenpflege

---

»In Betreff des Essens Einverständnis«

Chronik Zitat

Heinrich Heine gibt in seinen 1834 erschienenen »Memoiren des Herren von Schnabelewopski« eine Beschreibung der Zustände in Hamburg (Auszug):

»Die Stadt Hamburg ist eine gute Stadt, lauter solide Häuser. Hier herrscht nicht der schändliche Macbeth, sondern hier herrscht Banko. Der Geist Bankos herrscht überall in diesem kleinen Freistaate, dessen sichtbares Oberhaupt ein hoch- und wohlweiser Senat. In der Tat, es ist ein Freistaat, und hier findet man die größte politische Freiheit. Die Bürger können hier tun, was sie wollen, und der hoch- und wohlweise Senat kann hier ebenfalls tun, was er will; jeder ist hier freier Herr seiner Handlungen ... Hamburg ist die beste Republik. Seine Sitten sind englisch, und sein Essen ist himmlisch. Wahrlich, es gibt Gerichte zwischen dem Wandrahmen und dem Dreckwall, wovon unsere Philosophen keine Ahnung haben.

Die Hamburger sind gute Leute und essen gut. Über Religion, Politik und Wissenschaft sind ihre respektiven Meinungen sehr verschieden, aber in Betreff des Essens herrscht das schönste Einverständnis. Mögen die christlichen Theologen dort noch so sehr streiten über die Bedeutung des Abendmahls; über die Bedeutung des Mittagmahls sind sie ganz einig ... Hamburg ist erbaut von Karl dem Großen und wird bewohnt von 80 000 kleinen Leuten, die alle mit Karl dem Großen, der in Aachen begraben liegt, nicht tauschen würden ...

[Die Frauen] fand ich durchaus nicht mager, sondern meistens sogar korpulent, mitunter reizend schön, und im Durchschnitt von einer gewissen wohlhabenden Sinnlichkeit, die mir beileibe nicht mißfiel. Wenn sie in der romantischen Liebe sich nicht allzu schwärmerisch zeigen und von der großen Leidenschaft des Herzens wenig ahnen, so ist das nicht ihre Schuld, sondern die Schuld Amors, des kleinen Gottes, der manchmal die schärfsten Liebespfeile auf seinen Bogen legt, aber aus Schalkheit oder Ungeschick viel zu tief schießt und statt des Herzens der Hamburgerinnen nur ihren Magen zu treffen pflegt. Was die Männer betrifft, so sah ich meistens untersetzte Gestalten, verständige, kalte Augen, kurze Stirn, nachlässig herabhängende rote Wangen, die Eßwerkzeuge besonders ausgebildet, der Hut wie festgenagelt auf dem Kopfe und die Hände in den Hosentaschen, wie einer, der eben fragen will: Was hab' ich zu bezahlen?«

Das »Rauhe Haus«; um das bescheidene Anwesen entstehen Wohn- und Wirtschaftsgebäude (moderne Kolorierung).

Rettungshaus für verwahrloste Kinder

12. September 1833. In einer öffentlichen Veranstaltung im Auktionssaal der Börse wird die Gründung der Erziehungsanstalt »Rauhes Haus« beschlossen. Am 31. Oktober kann deren Initiator, Johann Hinrich Wichern, dann das »Rauhe Haus«, eine Reetdachkate in Horn, beziehen. Bis zum Jahresende finden dort zwölf verwahrloste Jungen Aufnahme.

Seine Anstalt ist, so erklärt Wichern auf der Veranstaltung im Börsensaal, »kein Waisenhaus, keine Armenschule, keine Strafanstalt«, sondern soll die Kinder durch die Unterbringung in familienähnlichen Gruppen und »den liebevollen Ernst einer christlichen Hausordnung« dauerhaft ihrer verderblichen Umgebung entziehen. Ganz ohne Hilfe des Staates will Wichern sein Haus als autonomes christliches Liebeswerk gestalten.

Johann Heinrich Wichern trat nach einem Theologiestudium im Juni 1832 als Lehrer in die von Johann Wilhelm Rautenberg gegründete Sonntagsschule in St. Georg ein (→ 9. 1. 1825/S. 198).

Seine dort gesammelten Erfahrungen überzeugten Wichern, daß Kindern aus sozial gefährdeten, sittlich verwahrlosten Familien mit der Sonntagsschule nicht geholfen sei. So entwickelte er den Plan einer »Rettungsanstalt«, für den er die Unterstützung von Syndikus Karl Sieveking und Ratsherr Martin Hudtwalcker gewinnen konnte.

◁ *Johann Heinrich Wichern (Steinzeichnung von Otto Speckter, 1850); neben dem »Rauhen Haus«, das wegweisend für die christliche Erweckungsbewegung in Norddeutschland ist, wirbt Wichern für den Gedanken der »Inneren Mission«, soziale Hilfe als wesentliche Funktion der Kirche zu begreifen. Er gibt den Anstoß für die Gründung eines Zentralausschusses der Inneren Mission im Jahr 1848.*

▽ *Der Knabenarbeitssaal des »Rauhen Hauses«; die Zöglinge werden morgens und nachmittags zur Arbeit herangezogen. Jede »Familie« besteht aus zwölf Kindern, die in jeweils einem Haus zusammenleben.*

Armenerziehung und Schulbildung

Chronik Hintergrund

Das hamburgische Unterrichtswesen in der ersten Hälfte des 19. Jahrhunderts zeigt ein vielfältiges Bild, wie eine Aufstellung für das Jahr 1837 illustriert. An der Spitze steht das 1529 gegründete Johanneum, bestehend aus einer Gelehrten- und einer Realschule, in der künftige Kaufleute und Gewerbetreibende unterrichtet werden. Die Gelehrtenschule besuchen 125, die Realschule 365 Schüler. Das Akademische Gymnasium (→ 12. 8. 1613/S. 111) zählt 18 Schüler.

Unter Einschluß der privaten höheren und mittleren Bürgerschulen besuchen 4914 Schüler die gehobenen, in der Regel gebührenpflichtigen Lehranstalten. Dem Niveau einer höheren Bürgerschule vergleichbar ist die Israelitische Freischule von 1815. Ein großer Teil ihrer insgesamt 125 Schüler kann unentgeltlich am Unterricht teilnehmen.

In jedem Kirchspiel gibt es eine Kirchenschule, die ebenso wie die höheren Lehranstalten einzelne »Freischüler« aus ärmeren Familien aufnimmt. Die 616 Zöglinge der Kirchenschulen erhalten ebenso wie die 389 des Waisenhauses Unterricht in Religion, Lesen, Schreiben, Rechnen sowie in Geographie oder Naturkunde.

Die niederen Privatschulen offerieren meist ein sehr unzureichendes Bildungsangebot, da jedermann ohne pädagogische Qualifikation eine Schule eröffnen kann, wobei die Kirche als Aufsichtsorgan die Konzession erteilt und jährlich Visiten durchführt. Daneben gibt es »Winkel- oder Klippschulen«, die gänzlich ohne Konzession betrieben werden.

Die arme Bevölkerung muß sich an die Stiftungsschulen (899 Kinder) oder Armenschulen halten, wo 1835 insgesamt 3200 Kinder untergebracht sind. Für besonders »aufsässige« Armenkinder wird 1833 eine gesonderte Strafschule eingerichtet (→ 31. 3. 1906/S. 357).

Vergnügungslustige Hamburger und Gäste am Hamburger Berg (Steinzeichnung, um 1830)

Der Landungsplatz für die Dampffähre zwischen St. Pauli und Harburg (Aquarell, um 1825)

Neuer Name für die südwestliche Vorstadt – Aus dem Hamburger Berg wird offiziell St. Pauli

31. Oktober 1833. *Die Bürgerschaft billigt eine Ordnung der Vorstädte. Die Erbgesessenen Bewohner von St. Georg und St. Pauli – wie der Hamburger Berg nunmehr offiziell heißt – werden zur Bürgerschaft zugelassen; alle vorstädtischen Einwohner können von nun an auch an den Wahlen für die bürgerlichen Verwaltungsdeputationen mitwirken.*

Im Zusammenhang mit den September-Unruhen von 1830 (→ 31. 8. 1830/S. 203) hatten sich die Bewohner St. Georgs für eine Erweiterung ihrer Rechte stark gemacht. Davon profitieren auch die Bürger und Einwohner St. Paulis, das schon weit über die Grenzen der Freien und Hansestadt Hamburg hinaus als Vergnügungsmetropole bekannt ist.

Die Revision der staatsrechtlichen Verhältnisse im Hamburger Umland leitete das am 18. Juni 1829 von der Bürgerschaft verabschiedete Gesetz zur finanziellen Ablösung der Landesherrschaft der drei geistlichen Stiftungen ein, die über

umfangreichen Landbesitz verfügen: St. Johannis, Heiliger Geist und St. Georg-Hospital. Zum Gebiet des Klosters St. Johannis gehört u. a. ein Teil des Hamburger Bergs, Eppendorf, Winterhude, Eimsbüttel, Alsterdorf, Groß-Borstel, Ohlsdorf und Harvestehude. Das Gebiet des Hospitals zum Heiligen Geist umfaßt Barmbek, Eilbek und Hohenfelde. Zum St. Georg-Hospital gehört ein Teil von St. Georg, Klein-Borstel, Langenhorn und Berne. Bis dahin hatten drei Ratsherren diese Ländereien verwaltet, ebenso wie das übrige Landgebiet mit Ausnahme von Ritzebüttel und Bergedorf. Damit hatte dieses Gesetz Schluß gemacht. Das Landgebiet teilt sich fortan in die Patronage der beiden Vorstädte und die Landherrenschaft der Marschlande und der Geestlande, die im Oktober 1830 durch eine Verfassung untere Verwaltungsorgane erhalten. Durch die Staatsverfassung vom → 28. 9. 1860 (S. 248) wird St. Georg mit Hamburg vereinigt, das stets unruhige St. Pauli aber bleibt Vorstadt.

Mittelalter geht im Handwerk zu Ende

6. April 1835. Das »Generalreglement für die Ämter und Bruderschaften« reduziert die Zahl der erlaubten Vereinigungen von 58 auf 38 und befreit das Handwerk und Gewerbe zum Teil von den Fesseln der mittelalterlichen Ämterordnung (→ S. 51; S. 99).

Zu einer völligen Gewerbefreiheit konnte sich der Hamburger Gesetzgeber nicht durchringen. Dies sei »selbst für unseren freien Handelsstaat« als nachteilig zu bewerten.

Die rein gewerblichen Bestimmungen des Ämterwesens – die Lehrlingsausbildung, die Gesellenwanderung und die Zeugnisvergabe – sowie die von den Ämtern gepflegte Wohltätigkeit werden den Vereinigungen belassen.

Dafür wird der Zunftzwang dort eingeschränkt, wo Fragen der Handels- und Gewerbefreiheit zu regeln sind. So dürfen fremde Marktleute in Hamburg zünftige Gewer-

Typen der Hamburger Ausrufer in einem Kartenspiel um 1820 (kolorierter Holzschnitt); die auf diese Weise porträtierten Warenverkäufer sind jedem Hamburger geläufig.

◁ Werft eines vom Zunftzwang befreiten Schiffbauers auf St. Pauli mit seiner Slipanlage (Lithographie, um 1850)

beartikel verkaufen; wissenschaftliche oder künstlerische Tätigkeiten und die Verwendung von Erfindungen sind nunmehr frei.

Besonders wichtig: Die »fabrikmäßige Herstellung eines sonst zünftigen Gewerbes« ist an keinen Zunftzwang mehr gebunden. Um eine Fabrik zu eröffnen, braucht man nur noch die Konzession des Rates. In einem Bereich wird allerdings

die Gewerbefreiheit gänzlich verwirklicht: Am 20. Dezember 1838 schaffen Rat und Bürgerschaft das Hamburger Schiffbaueramt wegen wirtschaftlicher Schwierigkeiten ab. Weil sich die Ämterverfassung nachteilig auf die Qualität ausgewirkt hat, werden 502 Schiffszimmerergesellen und ihre Meister auf rund 60 Werkstätten in den freien Wettbewerb entlassen.

Die Werfteigner stellen nun vor allem Lehrlinge ein, um die teuren gelernten Kräfte zu ersetzen. Erst 1849 gelingt es den Schiffszimmerern, durch die Gründung eines Gewerkvereins der Lohndrückerei entgegenzutreten. Bis dahin verhindert der Streit zwischen den Hamburgern und den auf den umliegenden Werften unzünftig Beschäftigten den Verein.

Hansestadt bleibt Zollverbund fern

1. Januar 1834. Der Deutsche Zollverein tritt in Kraft. Er umfaßt 18 Staaten mit 425 053 km^2 und 23 Millionen Einwohnern. Hamburg bleibt dem handelspolitischen Zusammenschluß ebenso fern wie Lübeck, Hannover, Braunschweig, Schaumburg-Lippe und Oldenburg. Der Zollverein soll durch den Abbau von zwischenstaatlichen Zöllen und anderen Handelshemmnissen die wirtschaftliche Integration der deutschen Länder fördern. Der dominierende Staat ist Preußen, das im Namen des Zollvereins mit Drittstaaten Handels-, Zoll- und Schiffahrtsverträge eingehen darf. Für Hamburg mit seiner Tradition des Freihandels kam ein Beitritt zu einer Organisation, die gegenüber Drittländern Handelsschranken errichtet, nicht in Frage. Die Commerzdeputation hatte bereits am 1. September 1832 angeregt, daß Hamburg als freier Hafen »dem Welthandel wie dem deutschen Verkehr ganz unbelästigt ferner wie bisher« dienen solle.

Zunächst beeinträchtigt der Zollverein die hamburgische Wirtschaft wenig, weil die Einfuhrzölle in das Vereinsgebiet nur leicht ansteigen (→ 15. 5. 1867/S. 260).

Idylle mit Schwan: Sportler vom Hamburger Ruder-Club posieren dem Künstler Otto Speckter im Jahr 1841 für eine Steinzeichnung.

Sehr nobel, sehr britisch – erster deutscher Ruderclub an der Alster

18. Juli 1836. *In voller Uniform Richtung Eppendorf: Im vereinseigenen Boot unternehmen die Mitglieder des »Hamburger Ruder-Clubs« ihre erste Ausfahrt auf der Alster. Zwar endet die Fahrt wegen des unerwartet schlechten Wetters schon bei der Lombardsbrücke, aber dies tut der Freude keinen Abbruch: Gemeinsam mit den Ruderfreunden des englischen Union Boat-Club endet der Tag mit einem opulenten Abendessen im renommierten Hotel »Zur alten Stadt London« am Jungfernstieg.*

Den Rudersport haben die Briten in Hamburg heimisch gemacht. Initiator des ersten englischen Rudervereins der Hansestadt war der Schotte Edgar Daniel Roß. Sein Vorbild spornte elf Männer zwischen 20 und 35 Jahren aus den führenden Familien Hamburgs an, sich gleichfalls im sportlichen Rudern zu erproben. Auf dem Boot von Cesar Godeffroy fand am 5. Juni eine erste Ausfahrt statt; mit an Bord war Cesars Bruder Adolph Godeffroy, später Mitbegründer und Direktor der Hapag (→ 27. 5. 1847/S. 229).

Die Pferderennen in Wandsbek locken bis 1848 viele – in der Regel wohlbetuchte – Besucher an.

Pferderennen auf den Wandsbeker Feldern

18./20. Juli 1835. *Auf den Wandsbeker Feldern nahe Jenfeld finden die ersten Pferderennen statt. Veranstalter ist ein Komitee unter der Leitung des Herzogs Christian Carl Friedrich August von Sonderburg-Augustenburg.*

Der Eintritt beträgt für beide Tage 9 Mark auf der überdachten Tribüne und 4 Mark für einen offenen Sitzplatz. Die Bahn ist etwa 4000 m lang. Nicht nur unter den Veranstaltern, auch unter den Pferdehaltern findet sich höchstes Geblüt: Im ersten Rennen gewinnt »Robinson« aus dem Besitz eines preußischen Prinzen das zweite Geld, im Rennen darauf fällt ein Preis von 2700 Mark an den sportlichen Herzog von Sonderburg-Augustenburg höchstselbst.

Maskenball im Hotel »Zur alten Stadt London«; der große Saal hat noch keine Gasbeleuchtung.

Feine Herrschaften lieben die Verkleidung

30. März 1835. *Im festlich dekorierten Saal des Hotels »Zur alten Stadt London« am Jungfernstieg findet ein von acht Kaufleuten organisierter Maskenball statt. Rund 500 Gäste aus Hamburg und Altona vergnügen sich bis fünf Uhr morgens auf dem überaus kostspieligen Fest. Die ganze »Hautevolee« ist zugegen, auch die Honoratioren aus Hamburg, Altona und Umgegend geben sich die Ehre. Die Mode der 30er Jahre schreibt den Damen mit Bändern garnierte weite Röcke bzw. Doppelröcke und Tunikas vor, die sich »à la turque« nach vorne öffnen, sowie enge Taillen und Ärmel. Der Herr von Stand und Bildung erscheint im Frack mit hellem Beinkleid und geblümter Seidenweste.*

Lobeshymne auf die gemütliche Polizei

Chronik Zitat

In seinen »Skizzen aus den Hanse-Städten« (1836) lobt der Bremer Journalist Eduard Beurmann die Hamburger Polizei als äußerst zurückhaltend:

»Ich muß bei dieser Gelegenheit eines Zweiges der Hamburgischen Staatsgewalt Erwähnung thun, der mir alle Achtung zu verdienen scheint. Es ist die Polizei. Die Hamburger Polizei ist die gemüthlichste und harmloseste von der Welt. Sie hat Handschuhe von Sammt über den Händen und geht auf Filzsohlen.

Man merkt sie nirgends und sie ist allenthalben, mischt sich jedoch nie in die politischen Gedanken, sie mögen sich noch so laut und deutlich aussprechen.

Sonst thut sie als Polizei ihre Schuldigkeit. Sie kennt einen Jeden, wenn er nur vierundzwanzig Stunden in Hamburg ist, und hütet ihn, ist er verdächtig; d. h. in Betreff eines Attentats gegen die Sicherheit des Eigentums oder die Person. Im Uebrigen hat sie keinen Verdacht, und die Unantastbarkeit der Person wird in Hamburg streng respektirt. Die Hamburger Polizei hat wirklich, dem großen Haufen gegenüber, einen Takt, der zu bewundern ist; selbst bei einer Emeute [Auflauf] läßt sie sich nicht aus der Behaglichkeit und aus der Ruhe bringen.«

Hamburger Polizisten: ». . . ein Takt, der zu bewundern ist«

Blankenese mit dem Süllberg um 1860; eine Zeitschrift wundert sich 1852 über den »so vollständigen Gebirgscharakter, daß man es kaum begreift«.

Vornehm speisen und dabei den Panoramablick auf die Elbe genießen

20. Oktober 1837. *Der aus Schleswig gebürtige Peter Hansen eröffnet auf der Spitze des Süllberges eine Milchwirtschaft. Das Lokal floriert von Beginn an. Schon nach einem Jahr hat Hansen 4550 Mark verdient. Bald serviert er auch Bier, Wein und Schnaps. 1850 erbaut er einen steinernen Aussichtsturm, der zum Wahrzeichen des Fischerdorfes Blankenese wird. Hansen hatte die Süllbergspitze für 850 Mark einem aus Belgien stammenden Dokkenhuder Kaufmann namens Henry Simons abgekauft. Den Pavillon hat ein Zimmermann aus St. Pauli gebaut, und um die karge Szenerie zu beleben, ließ der Wirt die öde Bergkuppe mit ein paar Bäumen bepflanzen.*

Mit 2 PS in rascher Fahrt nach Altona

31. Oktober 1839. Um 9 Uhr beginnt an der Ecke der Steinstraße und des Schweinemarktes in Hamburg sowie an der Palmaille in Altona das Zeitalter des öffentlichen Personennahverkehrs. Die Firma Basson & Co. nimmt mit ihren Pferdeomnibussen den regelmäßigen Beförderungsdienst auf.

Alle 30 Minuten bis zur Torsperre verkehren die vier in Großbritannien gekauften Wagen. Sie werden von zwei Pferden gezogen und haben zwölf Sitzplätze.

Der Fahrpreis beträgt pro Person 4 Schilling, halb soviel wie eine Droschkenfahrt über die gleiche Entfernung. Der Zutritt ist »jedem anständig Gekleideten ohne Ausnahme« gestattet, allerdings ohne die Mitführung von übermäßigem Gepäck sowie Hunden. Auch das Rauchen ist nicht erlaubt.

Die Idee schlägt ein: Ab November fahren die Busse alle 15 Minuten, am 15. und 22. Dezember werden zwei weitere Linien zwischen Hamburg und Altona eröffnet.

Der »Telegraph« aus der ABC-Straße

Januar 1838. Der Schriftsteller Karl Ferdinand Gutzkow begründet mit Erfolg die demokratisch orientierte Zeitung »Der Telegraph für Deutschland«.

Gutzkow zählt zu den führenden

Karl Ferdinand Gutzkow (1811–1878); seine Werke sind in Preußen seit 1835 ebenso verboten wie diejenigen Heinrich Heines.

Vertretern des »Jungen Deutschland« (→ 10. 12. 1835/S. 204). Seine Werke sind in Preußen verboten. Im liberaleren Hamburg wohnt und arbeitet Gutzkow – wie er rückblickend schreibt – »in einer der düstersten Gassen, der ABC-Straße«. Die Schriftleitung geht im Jahr 1842 an den Schriftsteller Georg Gottlieb Schirges über.

Vaterstädtischer Sinn für Geschichte

19. März 1839. Auf Initiative des Oberauditors Friedrich Georg Buek und unter Mithilfe der Patriotischen Gesellschaft wird der »Verein für Hamburgische Geschichte« ins Leben gerufen. Erster Vorsitzender ist der Stadtarchivar Johann Martin Lappenberg.

Der Verein, der nach wenigen Wochen bereits 263 Mitglieder zählt, will gemäß § 1 seines Statuts dafür sorgen, daß »auch im größeren Publicum der Sinn für vaterstädtische Geschichte erweckt, gestärkt und durch gemeinfaßliche und gemeinnützige Werke befriedigt werde«. In acht Sektionen wird mit der Arbeit begonnen, wobei die Abteilung für Kirchengeschichte auf das größte Interesse stößt.

Eine derartig starke Spezialisierung läßt sich aber auf die Dauer nicht durchhalten. Schon zwei Jahre nach der Gründung beginnt die Herausgabe der »Zeitschrift des Vereins für Hamburgische Geschichte«, die 1878 durch die »Mitteilungen« ergänzt wird.

1840

5. 5. Das Johanneum und die Stadtbibliothek beziehen neue Räumlichkeiten. → S. 209

8. 7. Hamburgs Syndikus Karl Sieveking unterzeichnet für Hamburg und Lübeck in Kopenhagen ein Abkommen mit Dänemark. Es sieht eine Milderung des Transitzolls durch dänisches Gebiet vor.

19. 7. Der erste Pferdeomnibus verbindet Eimsbüttel mit Hamburg. Die zweispännigen Fahrzeuge brauchen dafür rund 35 Minuten. Weitere Linien fahren nach Blankenese (Mai 1840), von der Esplanade zum Grenzhaus Hoheluft (16. 6.), nach Wandsbek (27. 9.) sowie nach Eppendorf (21. 10.).

20. 8. Der in Altona ansässige Schiffbauer Johann Hinrich Friedrich Stülcken liefert sein erstes Schiff ab, den Schoner »Johannes«.

6. 9. Durch ein Abkommen mit Dänemark werden die hamburgischen Enklaven (Walddörfer) in das holsteinische Zollgebiet einbezogen.

21. 9. Johann Gottfried Ehrenfried Mattler erhält die Genehmigung zur Eröffnung des »Elysium-Theaters« am Spielbudenplatz. → S. 209

9. 10. Der Miniaturmaler Carl Ferdinand Stelzner, der im Jahr zuvor in Paris die Daguerreotypie kennengelernt hat, erwirbt das Hamburger Bürgerrecht. Er betreibt ein fotografisches Atelier mit seinem Berufskollegen Hermann Biow. Stelzner, Hamburgs erster Fotograf, erblindet 1854 aufgrund des dauernden Umgangs mit Fotochemikalien.

Mitte Oktober. An der Ecke Davidstraße/Kastanienallee bezieht die Polizei die erste Davidswache.

29. 10. Mäßigkeitsfreunde gründen in Hamburg einen Verein gegen das Branntweintrinken (→ 18. 1. 1841/S. 211).

10. 11. Die Pensionsanstalt für Orchestermitglieder des Stadt-Theaters wird gestiftet. → S. 209

15. 11. Amalie Sieveking ruft das Amalienstift ins Leben, ein Pflegeheim für Alte und Arme mit Kinderhospital.

1840. Die Hamburger Kaufleute August Behn und Valentin Lorenz Meyer gründen das Handelshaus Behn, Meyer & Co., die erste hamburgische Firma in Singapur.

GEBOREN:

11. 3. Hamburg: Wilhelm Cordes († 31. 8. 1917, Hamburg), Friedhofsdirektor.

12. 3. Hamburg: Edmund J. A. Siemers († 20. 11. 1918, Hamburg), Kaufmann.

Johanneum und Bücherei am Speersort

5. Mai 1840. Der Stolz des hamburgischen Erziehungswesens, das Johanneum, zieht um: Nach dem Abschied von der alten Heimstätte der Traditionsschule im Johanniskloster am 30. April wird heute ein neues Gebäude auf dem Domplatz am Speersort eingeweiht. Das repräsentative Haus im Palazzostil der florentinischen Spätrenaissance gestaltete Carl Ludwig Wimmel. Der Gebäudekomplex ist U-förmig angelegt und besteht aus drei Baukörpern: Im linken Flügel an der Domstraße befindet sich die Gelehrtenschule des Johanneums, rechts die Realschule, die 1876 zum Steintorplatz umzieht. Das Hauptgebäude beherbergt das Akademische Gymnasium, die wissenschaftlichen Sammlungen und die mittlerweile über 200 000 Bände umfassende Stadtbibliothek.

Die Einweihung des Wissenschaftszentrums fällt in eine Zeit der Bildungsreform. Am 27. April 1837 besiegelte ein Bürgerbeschluß die bereits 1834 vollzogene Trennung der Real- oder Bürgerschule von der Gelehrtenschule des Johanneums durch die Anstellung eines eigenen Direktors und eigener Lehrkräfte für die Realschule. Hier sollen künftige Gewerbetreibende und Kaufleute vor allem Fremdsprachen erlernen.

Im selben Jahr zwang die Krise des Akademischen Gymnasiums – auf die vier Professoren kommen manchmal nur vier bis sechs eingeschriebene Gymnasiasten – den Staat zum Handeln: Ein Gesetz verpflichtet die Lehrkräfte, »sich zu bestreben, ein lebendiges Interesse des Publicums für die zu haltenden öffentlichen Vorlesungen zu erwecken und zu erhalten, und solchergestalt sowohl veredelnd auf die allgemeine Bildung einzuwirken, als auch Handlung, Schiffahrt, Künste und Gewerbe durch Verbreitung wissenschaftlicher Kenntnisse zu befördern«.

Das neue Domizil des Johanneums am Speersort (Darstellung um 1846); Wimmels Architektur läßt sich hier von italienischen Vorbildern leiten.

Schauspieler statt Puppen

21. September 1840. Der bereits 79 Jahre alte Johann Gottfried Ehrenfried Mattler erhält die Erlaubnis zur Gründung des »Elysium-Theaters« in einem Steinbau am Spielbudenplatz 23/24, zwischen der Tauben- und der Davidstraße.

Seit 1818 war Mattler als Marionettenspieler auf St. Pauli aufgetreten. Nun macht die Meldung die Runde: »Se speelt nu mit orndliche, labennige Minschen, nicht mehr mit Marionetten-Puppen!« Mattlers Elysium-Theater besteht bis 1868.

Der Ausrufer des Elysium-Theaters preist das Programm an (Zeichnung).

Liszt zeigt Herz für die Berufskollegen

10. November 1840. Auf Anregung des Pianisten Franz Liszt nimmt eine Pensionsanstalt für Orchestermitglieder des Stadt-Theaters die Arbeit auf. Mit dieser Stiftung hat sich Liszt ein bleibendes Andenken in Hamburg gesichert.

Liszt war nach seinem ersten Auftritt in Hamburg am 10. Januar 1840 mit Jubel verabschiedet worden, nachdem er sein Honorar als Fonds für eine zu gründende Pensionskasse gestiftet hatte.

Wie viele Städte zuvor hatte der Pianist auch Hamburg im Sturm erobert. Nach dem Klavierkonzert h-moll von Johann Nepomuk Hummel begeisterte er sein Publikum durch Improvisationen über mehrere Themen, die er wie bei einer Lotterie aus einer Urne zog.

Liszt gilt nicht nur als genialer Klavierspieler, sondern auch als überragende künstlerische Persönlichkeit des 19. Jahrhunderts, der sich mit seinen sinfonischen Dichtungen um eine Synthese zwischen Musik und Poesie bemüht.

1841

1. 1. Mit Genehmigung Dänemarks wird zwischen Hamburg und Lübeck eine Postkutschenverbindung eröffnet. Die Linie wird 1864 von der Eisenbahn abgelöst.

18. 1. Eine Veranstaltung des Vereins gegen das Branntweintrinken im alten Johanneum führt zu einem Tumult. → S. 211

22. 3. Die »Primus« nimmt als erstes leistungsfähiges Dampfschiff den Fährverkehr zwischen Hamburg und Harburg auf.

8. 5. Die Hanseatische Dampfschiffahrts-Compagnie übernimmt zwei Raddampfer für den Linienverkehr nach Großbritannien. → S. 211

24. 5. Das Urania-Theater am Ende des Spielbudenplatzes wird eröffnet. → S. 210

10. 6. Der Grundstein für das Israelitische Krankenhaus auf St. Pauli wird gelegt. Das nötige Geld stiftete der Bankier Salomon Heine zum Gedenken an seine 1837 verstorbene Frau Betty. Die Einweihung erfolgt am 7. September 1843.

5.–8. 7. In Hamburg findet das 3. Große norddeutsche Musikfest statt. → S. 210

6. 9. Nach einer zweitägigen Verhandlung vor dem Handelsgericht wird der Eigner des Schiffes »Louise« unter Auflegung der Gerichtskosten vom Vorwurf der Sklavenbeförderung freigesprochen. Die »Louise« war nach dem Auslaufen aus Rio de Janeiro von einem britischen Kriegsschiff aufgebracht und – weil die Ladung angeblich zum Sklavenhandel bestimmte Dinge enthielt – nach Bremerhaven gebracht worden.

5. 10. Vor Streit's Hotel am Jungfernstieg wird erstmals das »Lied der Deutschen« von August Heinrich Hoffmann von Fallersleben öffentlich gesungen. → S. 211

6. 10. Als Organ der Patriotischen Gesellschaft erscheinen erstmals die »Neuen Hamburgischen Blätter«.

2. 12. Das neue Börsengebäude wird eingeweiht. → S. 211

7. 12. Mit einem Festball von 250 Schlachtergesellen nebst Damen wird das neue Schlachthaus eingeweiht.

10. 12. In Hamburg wird ein Verein gegen die Tierquälerei ins Leben gerufen, dem 113 Mitglieder angehören.

1841. Barmbek ist mit Hamburg durch eine Pferdeomnibuslinie verbunden. Barmbek zählt mit Eilbek und Sandkrug 1539 Einwohner und wird in einer Beschreibung aus dem Jahr 1841 noch als »freundlich belegenes Dorf« geschildert.

Eigens für das Musikfest spendierte Hamburg die Festhalle, wo glanzvolle Bankette stattfinden (moderne Kolorierung).

Halle für Norddeutsches Musikfest

5. bis 8. Juli 1841. Zu einem herausragenden künstlerischen und gesellschaftlichen Ereignis wird das Große norddeutsche Musikfest in Hamburg. Die dritte Veranstaltung dieser Art wird getragen vom Norddeutschen Musikfestverein, zu dem sich bereits im Jahr 1839 zehn norddeutsche Städte zusammengefunden haben.

Um der Veranstaltung ein repräsentatives Gepräge zu geben, hat Hamburg an nichts gespart. Am Wall zwischen Stein- und Ferdinandstor ist eigens eine 70 m lange hölzerne Festhalle erbaut worden. Über 5000 Zuhörer verfolgen hier das sog. weltliche Konzert am 7. Juli. Zu den Stars des Abends zählen die Sopranistin Wilhelmine Schröder-Devrient, eine gebürtige Hamburgerin, und der Pianist Franz Liszt. Schon der Eintrittspreis von 4 Mark und 8 Schillingen sorgt dafür, daß die Begüterten hier unter sich bleiben.

Am 5. Juli wird in der Michaeliskirche der »Messias« von Georg Friedrich Händel aufgeführt, drei Tage später folgt am gleichen Ort ein gemischtes kirchenmusikalisches Programm. Zum Rahmen der Veranstaltung zählen eine Elbfahrt bis Blankenese, ein Ball im Stadt-Theater und zum Abschied ein Alsterfest. 16 000 verschiedenfarbige Öllämpchen illuminieren einen über zwölf Schuten errichteten Palast in byzantinischem Stil.

Vorstadttheater neben der Davidswache

24. Mai 1841. Am Ende des Spielbudenplatzes neben der Davidswache wird das »Urania-Theater« eröffnet. Direktor ist Carl Schütze, vormals Leiter des Theaters in Altona. Das »Urania« hat nicht nur die leichte Muse im Sinn, sondern will – gleichsam als Volksbildungs-Institut – sowohl das Schau- und Lustspiel, als auch das bürgerliche Trauerspiel, das Lokalstück und die Oper pflegen. Dieser hohe Anspruch zeigt sich bereits am Eröffnungstag, an dem es einen szenischen Prolog von Georg Nikolaus Bärmann und ein Schauspiel von Ernst Raupach zu sehen gibt. In den 1880er Jahren findet das »Urania« mit dem Hamburger Volksstück zu seinem erfolgreichsten Genre (→ 20. 8. 1885/S. 298). Der wechselhaften Entwicklung der Bühne entsprechen ihre Namensänderungen: Ab 1844 »Actien-Theater«, 1863 in »Varieté-Theater« umbenannt (Volksmund: »Warmtee«), ab 1895 dann »Ernst-Drucker-«, schließlich »St. Pauli-Theater«.

Das »Urania-Theater« (ab 1941 »St. Pauli-Theater«); die Presse rühmt die Einrichtung als »ebenso zweckdienlich als bequem« und beurteilt die Sitzplätze als »nett und behaglich«. Von allen Plätzen kann man die Bühne sehen.

Ein Zentrum für »königliche Kaufleute«

2. Dezember 1841. Wo früher das Maria-Magdalenen-Kloster stand, erhebt sich jetzt ein Palast des Geldes und des Handels: Die Börse am Adolphsplatz wird eingeweiht.

Anders als sein Vorgänger (→ 7. 12. 1583/S. 97) wurde das rund 750 000 Mark teure Haus nicht von den Kaufleuten, sondern mit Hilfe einer vom Staat aufgelegten Börsenbauanleihe finanziert. Das Backsteingebäude, das die Architekten Carl Ludwig Wimmel und Franz Gustav Forsmann in Anlehnung an die italienische Renaissance entworfen haben, findet allgemein Anerkennung. Der Präses der Commerzdeputation, Georg Hinrich Büsch, spricht in seiner Eröffnungsrede von der »Harmonie in den hohen aufstrebenden Räumen – ihren Besuchern ein herrliches Vorbild, immer höher hinaufzustreben im Wissen und Wirken, aber auch zusammenzuhalten in Eintracht und Liebe, in gemeinsamer Tätigkeit zu wirken für das Wohl der Stadt und des Staates und für die Freiheit des Handels«.

Von ähnlichem Geist sind auch die Verse von Heinrich Geffcken auf der Votiv-Tafel zur Börsenweihe erfüllt: »Königlich nenn' ich den Kaufmann, der nicht mit klingendem Gold nur, Der durch Leben und Geist Schönes befördert und schützt. Auf denn, die Schranken sind offen, das Nützliche, Gute und Schöne Sei wetteifernder Kraft froh zu erstrebendes Ziel.«

Einladungskarte zur Einweihung der neuen Börse, die in zwei Jahren Bauzeit entstanden ist; die Innenpfeiler sind ganz mit weißem Marmor verkleidet.

Der Börsendiener kassiert von einem Makler »Eintrittsgeld«.

Innenansicht der Börse im Jahr 1862 (Lithographie von Wilhelm Heuer)

Slomans Schiffe unter Dampf nach Hull

8. Mai 1841. Die von Robert Miles Sloman und und acht weiteren Reedern gegründete Hanseatische Dampfschiffahrts-Compagnie übernimmt die in Bremen und Bremerhaven gebauten Raddampfer »Hamburg« und »Manchester«. Die Schiffe von je etwa 200 Commerzlasten (knapp 600 BRT) fahren fortan im Linienverkehr zwischen Hamburg und Großbritannien.

Bei seinem Dampferprojekt hatte Sloman mancherlei Widerstände zu überwinden. Bereits am 17. Oktober 1839 hatte er den Bau eines Dampfschiffes für den Verkehr nach Hull auf Aktien vorgeschlagen, damit aber wenig Anklang gefunden. So zeichnete er selbst den Großteil des Aktienkapitals.

Porträt eines erfolgreichen Reeders: Robert Miles Sloman (1839)

Sloman war Makler des ersten Liniendienstes zwischen Hamburg und New York, der 1828 von einer Leipziger und einer New Yorker Firma eröffnet worden war. Als die Firma in Konkurs ging, kaufte er den Segler »Howard« auf. Das Schiff lief allerdings unter dem Namen des Kapitäns, ebenso die anderen Segler, denn als Makler durfte Sloman nicht zugleich Reeder sein. Als sein gleichnamiger Sohn 1838 im Alter von 26 Jahren heiratete, übergab er ihm die Maklerfirma, um sich ganz der Reederei zu widmen. Fünf Segler mit einer Tragfähigkeit von 624 Commerzlasten (ca. 1800 BRT) fahren 1840 zwischen dem 15. Februar und dem 15. Dezember für ihn nach New York.

Liedpremiere auf dem Jungfernstieg

5. Oktober 1841. Beim Schein roter Fackeln erlebt der Jungfernstieg eine abendliche Musikpremiere besonderer Art: Begleitet vom Hornistenkorps des Bürgermilitärs singen Angehörige der Turnerschaft von 1816 und der Liedertafel vor Streit's Hotel erstmals öffentlich das »Lied der Deutschen«.

Die Ehrung gilt einem Hotelgast, dem Juristen Carl Theodor Welker. Er ist ein Wortführer der Liberalen und war 1832 aus politischen Gründen als Hochschullehrer in Baden relegiert worden.

Das Lied hat der Dichter August Heinrich Hoffmann von Fallersleben am 26. August auf der englischen Insel Helgoland geschrieben und drei Tage später an seinen Hamburger Verleger Julius Campe verkauft. Bereits am 4. September erscheint das »Lied der Deutschen« in Campes Verlag mit der einprägsamen Melodie der Kaiserhymne »Gott erhalte Franz den Kaiser« von Joseph Haydn.

Hoffmanns Appell, »brüderlich« zusammenzuhalten und gemeinsam mit »Herz und Hand« die deutsche Kleinstaaterei zu überwinden, sein Ruf nach »Einigkeit und Recht und Freiheit« für das ganze, geeinte Vaterland wird rasch populär. Dem Verfasser bringt das Lied zunächst Ärger: Hoffmann wird 1842 in Breslau seines Postens als Germanistikprofessor enthoben und des Landes verwiesen.

Kein leichtes Leben für Alkoholgegner

18. Januar 1841. Mit einer Schlägerei zwischen Temperenzlern und Alkoholfreunden endet im alten Johanneum eine Veranstaltung des im Vorjahr gegründeten Vereins gegen das Branntweintrinken. Als der Vorsitzende des Mäßigkeitsvereins mit seiner Rede beginnen will, unterbricht ihn ein Gastwirt, der – von den meisten Anwesenden bejubelt – den Wert des Branntweingenusses für die Arbeiter preist. Statt den Kartoffelschnaps zu verbieten, solle man lieber das Wohlleben der Reichen beenden. An diesem Punkt wird die Veranstaltung aufgelöst. Bei der folgenden Saalschlacht geht ein Großteil des Mobiliars zu Bruch.

Die von Fachwerkhäusern unregelmäßig eingerahmte Kleine Alster vom Voglerswall aus gesehen; sie ist durch eine Schleuse mit dem Binnenhafen verbunden. Im Vordergrund am Kai Schiffer mit ihren Kähnen, im Hintergrund St. Petri und St. Jacobi (Lithographie von Peter Suhr nach eigener Zeichnung, 1828)

Der Rödingsmarkt in Hamburg, im Jahr 1842 noch eine von den Niederländern angelegte Gracht; l. sog. Haspelwinden (Lithographie von Peter Suhr)

Hohe Häuser – enge Gassen

Zu Beginn der 40er Jahre des 19. Jahrhunderts bietet Hamburg äußerlich immer noch das Bild einer durch Befestigungsanlagen eingeengten und zusammengepreßten Stadt, obwohl die Schanzwerke niedergelegt und die Wälle in Parkanlagen umgewandelt worden sind (→ 24. 3. 1820/S. 195).

Die Vorstädte und die nähere Umgebung stehen für eine planmäßige Erweiterung nicht zur Verfügung, weil die Torsperre den ungehinderten Waren- und Personenverkehr behindert (→ 13. 9. 1798/S. 177). Auf die nächtliche Torsperre wollen die Stadtoberen nicht verzichten, nicht zuletzt deshalb, weil die seit 1836 zu zahlende Abgabe kräftig die Stadtkassen füllt.

Im eigentlichen Stadtgebiet drängen sich im Jahr 1840 insgesamt 113 049 Menschen, in den Vorstädten St. Georg und St. Pauli sind es noch einmal 23 937.

Zwar entstanden nach dem Ende der »Franzosenzeit« zahlreiche öffentliche Bauten wie das neue Stadt-Theater (→ 3. 5. 1827/S. 201), das Schul- und Bibliotheksgebäude (→ 5. 5. 1840/S. 209) und die neue Börse (→ 2. 12. 1841/S. 211), aber für eine durchgreifende Sanierung der alten Wohnviertel wird kein Geld bereitgestellt. Gravierender noch sind die Mängel bei der öffentlichen Versorgung: Es fehlt ein unterirdisches Sielsystem zur Ableitung der Abwässer ebenso wie eine städtische Wasserversorgung.

Die Fleete liefern den weitaus größten Teil des Wassers für den Privatgebrauch und führen auch den größten Teil des Unrats ab. Das Ergebnis ist jeden Tag zu besichtigen: Der zweimal täglich durch die Ebbe trockengelegte und von den »Fleetenkiekern« durchwatete Schlammgrund sondert infernalisch stinkende Gase ab.

Es fehlt eine durchgängige Gasbeleuchtung; die Straßen sind vielfach so schmal, daß zwei Wagen einander nicht passieren können.

Blick von der Elbhöhe (Stintfang) auf Hamburg; l. der Turm der Michaeliskirche, r. das Mastengewirr im Rummelhafen (Aquarell von Jeß Bundsen, 1825)

Die Gebäude der Stadtbibliothek und des Akademischen Gymnasiums auf dem Platz des heutigen Rathausmarktes, l. das Johanniskloster

Ein Bild aus dem liebenswerten alten Hamburg: Vorn die Mühlenbrücke, dahinter die Hauptkirche St. Nikolai (Lithographie von Peter Suhr, um 1832)

Der Platz bei der alten Börse mit dem Börsengebäude; l. ist ein Teil des Alten Krans zu erkennen, der dem Brand des Jahres 1842 zum Opfer fällt.

Noch ist die Kleine Alster ein romantischer See; gegenüber der Jungfernstieg (Ölgemälde von Adolph Friedrich Vollmer, um 1840)

5. 5. In einem Speicher an der Deichstraße 44 bricht ein Brand aus, der sich rasch über die dicht aneinandergebauten Fachwerkhäuser ausbreitet und bis zum 8. Mai die Altstadt weitgehend zerstört. → S. 214

13. 5. Die vom Feuer verschont gebliebene Börse wird wiedereröffnet.

17. 5. Als erste Eisenbahnstrecke Norddeutschlands wird die Linie zwischen Hamburg und Bergedorf in Betrieb genommen. → S. 218

19. 5. Der Rat appelliert an die Bürger, die Obrigkeit einträchtig zu unterstützen. Diese Proklamation wird von Heinrich Heine in seinem Gedicht »Erinnerung aus Krähwinkels Schreckenstagen« karikiert (→ 5. 5. 1842/S. 214).

8. 6. Die Patriotische Gesellschaft fordert in einer »Supplik hamburgischer Bürger und Einwohner an einen Hochedlen und Hochweisen Senat« eine Reihe einschneidender Reformen (→ 5. 5. 1842/S. 214).

16. 6. Im ehemaligen Waisenhaus in der Admiralitätsstraße treten der Rat und die Erbgesessene Bürgerschaft erstmals seit dem Großen Brand wieder zusammen und wählen eine Deputation, die sich mit der Auszahlung der Feuerversicherungsgelder befassen soll. Dafür wird eine Staatsanleihe von 34,4 Mio. Mark banco aufgelegt (→ 8. 5. 1842/S. 216).

5. 7. In Hamburg und im Landgebiet wird ein allgemeiner Bußtag abgehalten und eine Kollekte für den Wiederaufbau der beiden niedergebrannten Hauptkirchen durchgeführt (→ 5. 5. 1842/S. 216).

1. 9. Der Rat legt der Bürgerschaft einen umfangreichen Plan zum Wiederaufbau Hamburgs vor. → S. 217

1. 12. Juden können aufgrund eines entsprechenden Beschlusses von Rat und Bürgerschaft nunmehr unbeschränkt Grundeigentum erwerben und innerhalb von Hamburg bzw. dem zur Stadt gehörenden Landgebiet frei ihren Wohnort wählen.

GEBOREN:

12. 1. Fockbeck: Ernst Christian Voss († 1. 8. 1920, Hamburg), Werftbesitzer.

5. 10. Hamburg: Ascan Lutteroth († 2. 2. 1923, Hamburg), Maler.

GESTORBEN:

30. 4. Hamburg: Johann Georg Mönckeberg (* 7. 11. 1766, Hamburg), Ratsherr.

17. 12. Hamburg: Amandus Augustus Abendroth (* 16. 10. 1767, Hamburg), Bürgermeister.

Altes Hamburg in Schutt und Asche

5. Mai 1842. Hamburg wird von einem verheerenden, bis zum 8. Mai andauernden Feuer heimgesucht. Der sog. Große Brand vernichtet den größten Teil der Altstadt mit vielen öffentlichen Gebäuden und macht etwa 20 000 Hamburger obdachlos. 51 Personen fallen den Flammen zum Opfer. Begünstigt wird die Katastrophe durch die vorangegangene Trockenheit und die während des Brandes vorherrschenden Süd- und Südwestwinde. Hauptverantwortlich für die Einäscherung des alten Hamburg ist jedoch die Anlage der Stadt. Die äußerst dichte Bebauung der Altstadt erleichtert die rasche Ausbreitung des Feuers, das die engen Straßen mühelos überspringt. Rat und Erbgesessene Bürgerschaft haben es versäumt, rechtzeitig Konsequenzen aus den Erfahrungen mit früheren Bränden zu ziehen. Die Behörden reagieren auch dann noch, als sich die Katastrophe deutlich sichtbar anbahnt, so zögerlich auf den Vorschlag von Spritzenmeister Adolph Repsold, dem Feuer durch Sprengung ganzer Häuserblocks Einhalt zu gebieten, daß die Maßnahme zu spät kommt.

Insgesamt ist das Stadtregiment der Katastrophe nicht gewachsen. Im Rat sowie in den Deputationen und den Kollegen mangelt es an Experten; die Zuständigkeiten sind nicht klar abgegrenzt. Die Exekutive vermag weder den Einsatz der von nah und fern zu Hilfe eilenden Löschzüge zu koordinieren, noch bekommt sie die skandalösen Ausschreitungen durch Plünderer in den Griff. Geräumte Häuser, vor allem ihre Weinkeller, und fliehende Einwohner werden von regelrechten Banden ausgeraubt. Das allgemeine Durcheinander in den Straßen, die von aufgeschreckten Menschen und ihrer Habe völlig verstopft sind, behindert vielfach die Brandbekämpfung. Über diese Zustände schreibt Stadtchronist Johann Gustav Gallois:

»Mehrere Tage hindurch herrschte in der Stadt fast ungehindert die vollendete Anarchie, indem jene, von ihren Autoritäten abandonirt [preisgegeben], geradezu dem Regimente eines raubenden und vandalisch zerstörenden Pöbels preisgegeben war . . . Wo freilich die Bürgergarde . . . in genügender Stärke zur Hand war, da gelang es mit geringer Energie, jedenfalls mit der blanken Waffe, die Räuber zu Paaren zu treiben [zu überwältigen]; aber leider fehlte für die Bürgergarde, wie überhaupt in Hamburg, jede Einheit und Energie des Commando's. Es befahl und ordnete an, wer gerade den Muth und die Einsicht sich hiezu zutraute . . . «

Angesichts dieses Versagens des Stadtregiments, dem es trotz Unterstützung durch dänische und preußische Truppen nicht gelingt, die öffentliche Ordnung aufrechtzuerhalten, wächst die Kritik an der offenbar reformbedürftigen politischen Verfassung Hamburgs. Bereits am 8. Juni fordert die Patriotische Gesellschaft in einer Petition an den Rat u. a. die Bildung einer Kommission zur Verfassungsreform und die Trennung von Verwaltung und Justiz. Auf Dauer kann sich der Rat den zunächst zurückgewiesenen Reformbestrebungen nicht widersetzen (→ 3. 3. 1848/S. 231; 28. 9. 1860/S. 248). Erst einmal appelliert er freilich an die Bürger, »durch einträchtige Unterstützung der Obrigkeit das wechselseitige Vertrauen zu erhalten, auf welchem die Zukunft unseres Freistaats beruht« und »unter göttlichem Beistand mit Hilfe des großen Vaterlandes wetteifernder Hülfe die Blüthe unseres Wohlstandes zu erneuern«. Diese Proklamation karikiert Heinrich Heine in seinem populär gewordenen Gedicht »Erinnerung aus Krähwinkels Schreckenstagen«.

Aus dem Turm der Nikolaikirche schlagen die Flammen, während verzweifelte Hamburger sich und ihre Habe über das Fleet zu retten versuchen.

△ Von der Holzbrücke aus bieten die brennende Nikolaikirche und die sie umgebenden Gebäude in der Nacht vom 5. auf den 6. Mai diesen Anblick. Der hölzerne Kirchturm von St. Nikolai brennt schon seit 15 Uhr nachmittags. Er ist, genau wie der Rest des Gotteshauses, nicht mehr zu retten. Die Flammen fressen sich unaufhaltsam und rasend schnell durch die verwinkelten, mittelalterlichen Gassen der Stadt. Die Fachwerkbauten bieten ihnen reiche Nahrung (Lithographie von Peter Suhr).

◁ St. Nikolai und der Hopfenmarkt werden bereits kurz nach Ausbruch des Großen Brandes am Morgen des 5. Mai von dem sich rasch ausbreitenden Feuer erreicht. Die Szene auf dem von fliehenden Einwohnern und geretteten Gütern verstopften Hopfenmarkt ist typisch für das Chaos, das während des Brandes in Hamburg herrscht und die unkoordinierten Löscharbeiten noch zusätzlich behindert (Lithographie).

Vom alten Hamburg ist nur noch ein Trümmerfeld übrig: Blick vom Rödingsmarkt über Ruinen auf die Petrikirche am 17. Mai 1842 (Zeichnung)

Die Bilanz des Schreckens

8. Mai 1842. Als zwischen 7.00 und 8.00 Uhr das letzte Feuer des Großen Brandes endlich gelöscht ist, bietet das alte Hamburg weithin den Anblick eines rauchenden Trümmerfeldes. Langsam wird das ganze Ausmaß der Katastrophe deutlich:

▷ 51 Menschen tot, 151 verletzt

▷ Über 4000 Wohnungen und 102 Speicher sind zerstört

▷ Fast 20 000 Menschen hat das Feuer obdachlos gemacht, rund 10% der Einwohnerschaft

▷ Die meisten öffentlichen Gebäude liegen in Schutt und Asche, darunter das Rathaus, die Bank, das Archiv, die alte Börse mit dem Sitz der Commerzdeputation und das Zuchthaus. Wie durch ein Wunder kann die erst 1841 eröffnete neue Börse gerettet werden

▷ Sieben Gotteshäuser sind zerstört, darunter die Hauptkirchen St. Petri und St. Nikolai

▷ Der Gesamtschaden beläuft sich auf die gigantische Summe von 135 Mio. Mark.

Vordringliche Aufgabe der Stadtregierung ist die Versorgung und Unterbringung der Obdachlosen. Bereits Ende Juli sind Behelfsunterkünfte auf verschiedenen Straßen und Plätzen der Stadt errichtet (sog. Budenstadt), die relativ billig von der Stadt vermietet werden. Ein am 6. Mai gegründeter privater Hilfsverein für die Brandopfer so-

wie die am 10. Mai eingerichtete Unterstützungsbehörde bemühen sich um die Linderung der allgemeinen Not. Aus dem In- und Ausland treffen großzügige Spenden ein. Preußen z. B. schickt 20 000 Brote und 2000 Decken. Insgesamt werden 6 929 100 Mark gespendet.

Um das Wirtschaftsleben rasch wieder in Gang zu bringen, läßt der Rat die Aufräumungsarbeiten zunächst am Neuen Wall, den Großen Bleichen und auf dem Jungfernstieg noch im Mai in Angriff nehmen. Mit dem Brandschutt sollen Straßen aufgeschüttet werden.

In Anbetracht der prekären Finanzlage stimmen Rat und Bürgerschaft am 16. Juni einer Staatsanleihe von 34,4 Mio. Mark banco zu. Die sog. Feuerkassenanleihe, die bisher höchste hamburgische Staatsanleihe, soll der Deckung des Feuerschadens dienen, den die zusammengebrochene Hamburger Brand-Versicherungsassociation nicht aufbringen kann.

Zugleich werden eine Feuerkassenzulage von 4% und eine Grundsteuererhöhung für die Vorstädte St. Georg (25%) und St. Pauli (50%) beschlossen. Eine mit weitreichenden Kompetenzen ausgestattete 15köpfige Deputation des Rats und der Bürgerschaft soll die Planung des Wiederaufbaus überwachen, den Schadenersatz abwickeln und das Feuerlöschwesen reformieren (→ 29. 12. 1845/S. 227).

Dem Großen Brand fallen etwa 310 ha zentrale Bausubstanz zum Opfer, darunter das Rathaus und die Hauptkirchen St. Nikolai und St. Petri.

Tagelanger Kampf gegen die Feuersbrunst

Chronik Protokoll

5. Mai

1.00 Uhr: Im Speicher Deichstraße 44 wird ein Feuer entdeckt. Rasch ist die Feuerwehr unter der Leitung von Spritzenmeister Adolph Repsold zur Stelle.

5.00 Uhr: Trotz massiven Löscheinsatzes von 34 Land- und elf Schiffsspritzen sowie 1150 Feuerwehrmännern brennen bereits mehrere Häuser am Rödingsmarkt und die Speicher an der Steintwiete. Die dort lagernden Materialien Arrak, Schellack und Gummi wirken wie Zunder.

10.00 Uhr: Die Behörden lehnen – die Gefahr völlig unterschätzend – wiederholte Gesuche der Spritzenmeister ab, zur Eindämmung des Brandes angrenzende Häuser sprengen zu dürfen.

11.00 Uhr: Trotz Unterstützung durch vorstädtische und Altonaer Löschmannschaften erfaßt das

Feuer bereits die Hinterhäuser des Hopfenmarktes.

15.00 Uhr: Der hölzerne Turm der St. Nikolaikirche brennt. Nun gibt der Senat die Erlaubnis zur Sprengung einiger Häuser.

16.25 Uhr: Der Turm von St. Nikolai stürzt zusammen. Das durch den Funkenflug bedrohte Kirchspiel St. Katharinen bleibt dank des Einsatzes seiner Bewohner unversehrt.

23.00 Uhr: Die Häuser der Bohnenstraße beginnen zu brennen.

6. Mai

3.00 Uhr bis 4.00 Uhr: Das Rathaus an der Trostbrücke wird gesprengt. Der Versuch, den Brand so am südöstlichen Ende aufzuhalten, mißlingt.

6.00 Uhr: Im Nordwesten breitet sich das Feuer über den Rödingsmarkt, die Schliekutbrücke und den Neuen Wall weiter aus. Auch der Alte Wall steht bereits in Flammen.

Ein neues Stadtkonzept

Ruinen um die Binnenalster nach dem Großen Brand; diese Daguerreotypie des Hamburgers Carl F. Stelzner gilt als älteste erhaltene Reportagefotografie.

1. September 1842. Die Bürgerschaft verabschiedet einen Plan zum Wiederaufbau der zerstörten Altstadtgebiete. Das Konzept hat – seit dem 6. Juni – eine sog. Technische Kommission erarbeitet, die unter der Leitung des Architekten Alexis de Chateauneuf steht. Maßgeblich beteiligt an dem Entwurf ist auch der britische Ingenieur William Lindley sowie der Architekt Gottfried Semper. Voraussetzung für den vorgesehenen veränderten Wiederaufbau ist ein Enteignungsgesetz, das ebenfalls gebilligt wird (→ 29. 12. 1845/S. 227).

Der neue Stadtplan verlegt das Stadtzentrum von der Trostbrücke in den Bereich zwischen Börse und Binnenalster. Hier ist es als Gesamtanlage mit neugestaltetem Johannisplatz (Rathausmarkt) und Kleiner Alster (mit Alsterarkaden) projektiert. Nach den Erfahrungen während des Großen Brandes werden die Straßen verbreitert und begradigt, wodurch u. a. die Verbindungen zwischen Zentrum und Altona (Rathausstraße – Großer Burstah) sowie zur Vorstadt St. Georg verbessert werden. Vorgesehen ist ferner die Aufschüttung des Alsterdamms (heute Ballindamm). In Zukunft soll ein Sielsystem die Abwässer der Stadt in die Elbe leiten (→ 26. 6. 1844/S. 224).

Weltweite Spekulationen über die Katastrophe

5. Mai 1842. Durch die Berichterstattung in den Zeitungen verbreitet sich die Nachricht vom Hamburger Brand rasch im übrigen Deutschland und im Ausland, wo die Katastrophe großes Aufsehen erregt. Als am 7. Mai, zwei Tage nach Ausbruch des Feuers, die Hamburger Zeitungen ausbleiben, setzen wilde Spekulationen über das Ausmaß des Unglücks ein. Man glaubte, »die Stadt müsse einfach vom Erdboden verschwunden sein«, wie Julius Faulwasser in seinem Buch »Der große Brand von Hamburg« (1892) schreibt. Oft kommt es bei Eintreffen der Zeitungen zu Menschenaufläufen.

▷ Das Leben kehrt zurück: Vor den Mauern von St. Petri bauen sich Obdachlose provisorische Unterkünfte.

▽ Der neue Grundriß von Hamburg nach dem Großen Brand, dessen Umfang durch Schraffur gekennzeichnet ist (Lithographie). Für den Wiederaufbau werden Privatgrundstücke enteignet.

7.00 Uhr: Durch die rechtzeitige Sprengung von sieben Häusern zwischen Schliekutbrücke und Graskellerschleuse bleibt die Neustadt vor einem Übergreifen des Feuers verschont.

14.00 bis 15.00 Uhr: Zur Sicherung des Gänsemarktes und des dortigen Quartiers läßt Ingenieur William Lindley vorsichtshalber die Häuser von Salomon Heine und Streit's Hotel am Jungfernstieg sprengen.

17.30 Uhr: Während zehn Männer um Commerzbürger Theodor Dill die vom Feuer eingeschlossene neue Börse verteidigen und damit gleichzeitig ihr Leben retten, breiten sich die Flammen im Innern der Stadt weiter über die Große Johannisstraße und Große Bäckerstraße aus. Neben dem Eimbeck'schen Haus wird auch das Gebäude der Patriotischen Gesellschaft eingeäschert.

18.00 Uhr: Der Brand erreicht den Berg und nähert sich von allen Seiten der St. Petrikirche.

21.00 Uhr: Von der Binnenalster greift das Feuer nun auch auf die Zuchthausstraße sowie auf die Paulstraße über.

7. Mai

9.00 Uhr: Nachdem sie die ganze Nacht versucht haben, die Petrikirche zu retten, verlassen die erschöpften Löschmannschaften den brennenden Kirchturm, dessen Pyramide etwa eine Stunde später hinunterstürzt.

12.00 bis 13.00 Uhr: Der Pferdemarkt steht in Flammen.

17.00 Uhr: Der Wind aus Westsüdwest treibt den Brand weiter zum Holzdamm, der bis 24.00 Uhr zerstört wird. Fast das ganze Viertel zwischen Alster und Glockengießerwall mit der St. Gertrudenkapelle fällt innerhalb von wenigen Stunden den Flammen zum Opfer.

8. Mai

7.00 Uhr bis 8.00 Uhr: Das letzte brennende Haus, Kurze Mühren 17, wird gelöscht.

13.00 Uhr: Der Senat verkündet das Ende des Großen Brandes.

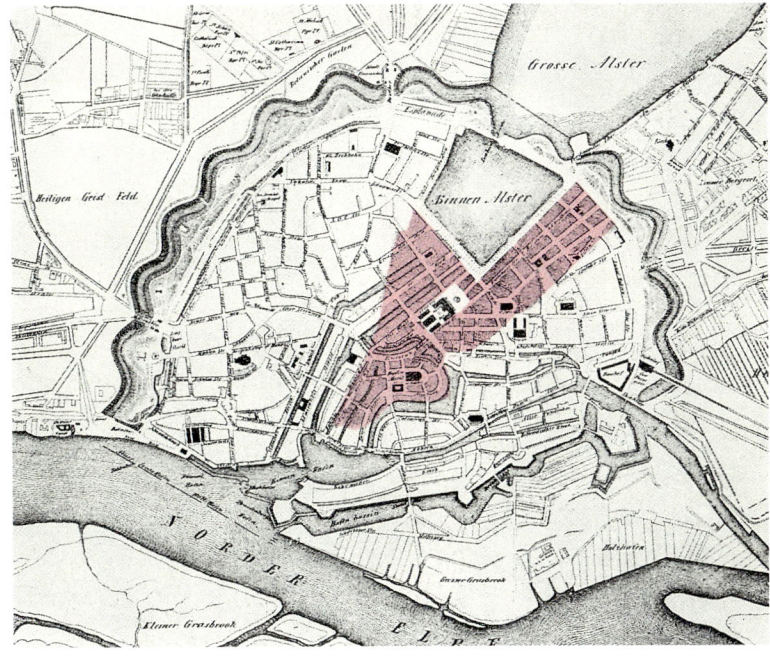

Erinnerung im Stil der Zeit: Farbiges Gedenkblatt zur Eröffnung der Eisenbahnlinie von Hamburg nach Bergedorf

Einweihungszeremonie mit Hindernissen

17. Mai 1842. Die Hamburg-Bergedorfer Bahn wird offiziell in Betrieb genommen, nachdem die eigentlich für den 7. Mai vorgesehene Eröffnung dieser ersten Eisenbahn in Norddeutschland wegen des Großen Brandes (→5. 5. 1842/ S. 212) ausfallen mußte.

Der britische Ingenieur William Lindley leitete den Bau, der auf der finanziellen Basis einer Aktiengesellschaft im Sommer 1838 begann. Die kleine, über das Hamburger Gebiet in südöstlicher Richtung laufende Bergedorfer Bahn bildet den Anfang der geplanten Eisenbahnlinie zwischen Hamburg und Berlin (→ 15. 12. 1846/S. 228).

Eigentlich wollten die Hamburger, angeregt durch die erste britische Eisenbahn Liverpool–Manchester (1830), eine Eisenbahnstrecke nach Lübeck bauen; entsprechende Pläne lagen seit 1833 vor. Die ökonomische Bedeutung des neuen Verkehrsmittels, gerade für den Handelsweg zwischen Nord- und Ostsee, hatten die Hanseaten rasch erkannt. Das Projekt scheiterte am Widerstand Dänemarks, durch dessen holsteinisches Territorium die Bahn führen sollte. Im Hintergrund steht die Sorge des wirtschaftlich noch recht schwachen Dänemarks, der Konkurrenz mit den aufstrebenden Hansestädten, vor allem mit Hamburg, nicht gewachsen zu sein. So hob Dänemark bereits 1838 die jahrhundertealte Transitfreiheit zwischen Hamburg und Lübeck auf. Anstelle der Eisenbahn kommt nur eine Verbesserung der Hamburg-Lübecker-Chaussee zustande, die im Jahr 1843 vollendet wird.

Für die Berliner Bahn wird die Zustimmung der Dänen erst durch eine besondere Begünstigung des Verkehrs nach Altona, das von Dänemark verwaltet wird, erreicht.

Auch die anderen Nachbarn Hamburgs blockieren nach Kräften den Anschluß der Handelsmetropole an ihre neuen Eisenbahnlinien. So endet die 1844 eröffnete Kieler Bahn in Altona, und die 1847 eröffnete Linie aus Hannover geht nur bis nach Harburg, das zum Königreich Hannover gehört.

Lokomotive der 1844 eröffneten »Christianbahn« zwischen Altona und Kiel; ihre ursprüngliche Bezeichnung »Dania« wird nach 1864 in »Diana« abgeändert.

»Wer konnte, eilte zur Eisenbahn«

Chronik Zeitzeuge

Der offiziellen Einweihung der Eisenbahnstrecke Hamburg–Bergedorf hat die Feuerkatastrophe zwar einen Strich durch die Rechnung gemacht; unspektakulär, aber um so nützlicher nimmt die Bahn statt dessen den Betrieb mit dem Abtransport Hamburger Flüchtlinge aus der Gefahrenzone auf. Das »Bergedorfer Wochenblatt« berichtet am 29. Mai über das neue Verkehrsmittel:

»Zur Eröffnungsweihe der Hamburg-Bergedorfer Eisenbahn waren auf den 7. Mai die Behörden und Honoratioren von Hamburg, Bergedorf, Altona und einigen Nachbarämtern eingeladen worden; die Hamburger Liedertafel hatte sich willig erklärt, die Feier durch Gesang zu erhöhen; das hanseatische Musikkorps sollte die Liedertafel dabei unterstützen; die Bahngebäude sollten sich mit Fahnen und Wimpeln ... schmücken; ... bei Hamburg und Bergedorf sollten Kanonen den Umwohnenden donnernd verkünden, daß die ›Hanse‹ und ›Berlin‹ ihre gewaltige Triebkraft in Bewegung setzten ... mit all den geschmückten Herren, den Sängern und Musikern in den eleganten Wagen hinter sich ... Am nächsten Tage, Sonntag, den 8. Mai, sollte die Bahn Allen geöffnet sein, und Bergedorf war gerüstet, Hamburg zu empfangen.

Der Mensch denkt, Gott lenkt! Am 5. Mai morgens tönten ... die Sturmklänge der Feuerglocken ... Die Flamme wuchs ›riesengroß; hoffnungslos wich der Mensch‹. Alle Wiesen und Plätze waren mit Geflüchteten bedeckt ... wer konnte, eilte zur Eisenbahn ... Die Direktion ... eröffnete sie mit einer Weihe der Nächstenliebe. Wer seine Familie, seine Mobilien, seine Waren dahin retten konnte, ward in kurzen Minuten der Gefahr soweit entführt, daß er nur noch den Glutschein über Hamburg sehen, nicht aber den Donner hören konnte, der seine schönsten Straßen zusammenschmetterte oder auseinandersprengte... Die Dampfwagen rollten unterdeß hin und her auf den Eisenschienen mit dem Leben und der Habe der Unglücklichen.«

Modernisierung begleitet Weg ins Deutsche Reich

1842–1888

Nach dem Großen Brand vom Mai 1842 lag rund ein Viertel der Innenstadt in Schutt und Asche. Hamburg hatte eine der größten Katastrophen seiner Geschichte erlebt, erhielt mit dem Wiederaufbau aber auch die seltene Chance einer grundlegenden Modernisierung. Hamburg hat diese Chance genutzt; es hat investiert und finanzielle Belastungen auf sich genommen. Mit fast 68 Mio. Bancomark war es Ende 1850, gemessen an der Bevölkerungszahl, der höchstverschuldete Staat des Deutschen Bundes.
Mit der Ausarbeitung eines Wiederaufbauplanes wurde der englische Ingenieur William Lindley beauftragt, der sich bereits bei der Anlage der Hamburg-Bergedorfer Eisenbahn Verdienste erworben hatte. Ihm zur Seite stand die »Technische Kommission«, der neben den Oberbeamten des Hochbaus, Ingenieurwesens und Hafenbaus Privatarchitekten von ausgezeichnetem Ruf angehörten, unter ihnen Alexis de Chateauneuf.

Wiederaufbau verschafft Hamburg moderne Infrastruktur

Vor den meisten anderen Städten des In- und Auslandes installierte Hamburg ein Sielsystem, so daß der Unrat nicht mehr in die Fleete gekippt zu werden brauchte. Ein Pumpwerk in Rothenburgsort, die Stadtwasserkunst, übernahm die Wasserversorgung; eine Gasanstalt auf dem Grasbrook sorgte für die Beleuchtung der Straßen und Häuser. Der Wasserspiegel der Alster, die bisher künstlich gestaut werden mußte, um die Wassermühlen in Betrieb zu halten, die die Stadt mit Mehl versorgten, wurde gesenkt. Elbe und Alster konnten daraufhin durch eine Schleusenanlage verbunden werden, was den Güterverkehr vereinfachte. Zudem ergab sich ein weiterer Vorteil: Harvestehude und vor allem die Uhlenhorst, vorher von häufigen Überschwemmungen heimgesucht, standen jetzt als neues Bauland zur Verfügung. Die Mehlversorgung der Bevölkerung übernahm die neuerrichtete zentrale Städtische Wassermühle am Bleichenfleet (die 30 Jahre später zum Elektrizitätswerk wurde). Entwässert und zum Teil mit Bauschutt aufgehöht, konnte der Hammerbrook als künftiges Wohn- und Industriegebiet genutzt werden, während der Grasbrook für Hafenanlagen reserviert blieb.
Im Herzen der Stadt entstand das, was der spätere Oberbaudirektor Fritz Schumacher »das Kunstwerk Hamburg« genannt hat: Die Kleine Alster mit den Alsterarkaden, der Rathausplatz, der Rathaushof und der Adolphsplatz. Über den Bau eines Rathauses als Sitz von Senat und Bürgerschaft konnte man sich freilich vorerst nicht einigen: Ein halbes Jahrhundert mußten sich beide Gremien ebenso wie die meisten Behörden mit provisorischen Unterkünften begnügen. Durch Aufschüttung gewann man eine dritte Uferstraße an der Binnenalster, den heutigen Ballindamm. In der Poststraße errichtete de Chateauneuf das noch erhaltene Posthaus, das – eine große Erleichterung vor allem für die Kaufmannschaft – neben der Hamburger Stadtpost drei fremde Postanstalten unter seinem Dach vereinigte. Das Thalia-Theater wurde gebaut, das neue Bankgebäude am Adolphsplatz, das – heftig umstrittene – Haus der Patriotischen Gesellschaft und zahlreiche Wohnhäuser – auch ihre Errichtung fand nicht bei allen Einwohnern ungeteilten Beifall.

Kritische Stimmen gegen einförmige Architektur

Die Regel war nicht mehr das Bürgerhaus für eine Familie samt Personal, sondern das Etagenhaus, zumeist drei- oder viergeschossig zuzüglich Keller und Parterrewohnung, mit flachem Dach. Da der Fachwerkbau innerhalb der Stadt nach dem Brand verboten war, überwogen bei den Neubauten Putzfassaden, hin und wieder mit Ornamenten verziert. Die Straßen waren gerade und breiter als früher und verstärkten den Eindruck von Kälte und Einförmigkeit, den Zeitgenossen jetzt beklagten.
Daneben gab es Kritik anderer Art: Die neuen Wohnungen waren für viele der Abgebrannten zu teuer. Das führte zu einer immer dichteren Besiedlung der Vorstädte. Hier konnte man billiger wohnen, mußte dafür aber lange Arbeitswege und die mit der Torsperre verbundenen Abgaben in Kauf nehmen. Die soziale Unzufriedenheit verstärkte sich, als der Bauboom abflaute, der nach 1842 eingesetzt hatte. Bereits im Herbst 1844 gab es Schwierigkeiten beim Beschaffen von Hypothekengeldern. Zwei Jahre später erlebte Hamburg den bisher größten Bankrott, als sich die Firma Hinck & Co. mit mehr als 8 Mio. Mark insolvent erklären mußte. 1847 führten Mißernten zu einer Verteuerung der Lebensmittel, was besonders »die niederen Stände« in Not brachte.

Bürger nehmen Interessen vereint in die eigene Hand

Diese Verbitterung verband sich mit einer Kritik an Regierung und Verwaltung, deren Unzulänglichkeiten in den Brandtagen von 1842 deutlich in Erscheinung getreten waren und deren Handhabung des Wiederaufbaus bei vielen Menschen auf Unverständnis stieß. Insbesondere die von Lindley initiierten Projekte wie das Sielsystem und die Entwässerung des Hammerbrooks galten ihnen als überflüssig, »luxuriös« und zu teuer. Eine allgemeine Politisierung setzte ein, die allmählich auch solche Schichten erfaßte, die bisher das patriarchalische Regiment des Senats und das Ausgeschlossensein von der Erbgesessenen Bürgerschaft ohne weiteres hingenommen hatten. Es war die große Zeit der Vereine: Neben den bereits seit 1832 bestehenden Grundeigentümer-Verein traten die Vereinigung zur Hebung des Gewerbestandes, der Bildungsverein für Arbeiter, die Gesellschaft für sociale und politische Interessen der Juden, der Bürgerverein für St. Pauli, der Juristenverein und der Verein für Nichtgrundeigentümer, der seinen Mitgliedern dieselben politischen Rechte sichern wollte, wie sie die Grundeigentümer als Erbgesessene besaßen. Die Tendenz aller dieser Vereine war entschieden bis extrem demokratisch, zum Teil auch sozialistisch.
Schon im Juni 1842 hatte die Patriotische Gesellschaft von 1765 – die »älteste Bürgerinitiative Hamburgs«, wie sie sich heute nennt – dem Senat eine von 500 Bürgern unterzeichnete Petition überreicht, die bei aller »Anhänglichkeit an unsere Verfassung« einige als reformbedürftig angesehene Punkte hervorhob. Wünschenswert, so hieß es, seien »Veränderungen in der Wahlart unserer bürgerlichen Kollegien, weitere und vollständige Durchführung des Grundsatzes der Trennung der Rechtspflege von der Administration und eine Reform des Polizeiwesens« sowie »Abhülfe für so manche Mängel in anderen Zweigen der Verwaltung«.
Doch vorerst bewegte sich nichts. Der Senat verhielt sich ablehnend, und es bedurfte immer neuer Ansätze und Anstöße, um die Diskussion in Gang zu bringen. Ereignisse und Entwicklungen außerhalb des Stadtstaates haben beschleunigend oder hemmend gewirkt: Die Revolution in Frankreich 1848, die, wie in anderen deutschen Staaten, auch in Hamburg einige Wellen geschlagen hat; die Wahlen zur Frankfurter Nationalversammlung; die einsetzende Reaktion in Wien und Berlin und die ihr folgende »Neue Ära«; dazu die Auseinandersetzungen zwischen dem Deutschen Bund und Dänemark in der Schleswig-Holsteinischen Frage, die Preußen 1849 und Österreich zwei Jahre später den Vorwand lieferten, Truppen nach Hamburg zu schicken, um dem Senat gegenüber der opponierenden Bürgerschaft den Rücken zu stärken.

Politischer Wandel entmachtet alte Kollegien

Am 11. August 1859 war es endlich soweit: Man einigte sich dahingehend, zunächst eine neue Bürgerschaft zu wählen, die dann mit dem Senat über eine Reform der Verfassung beraten sollte. Am 24. November trat die alte Erbgesessene Bürgerschaft zum letztenmal zusammen. Zum letztenmal ließ der präsidierende Oberalte nach altem Brauch »Mannzahl« halten. Mit 1202 konventsberechtigten Bürgern wurde an diesem Tag eine außergewöhnlich große Zahl erreicht, und manchem Erbgesessenen oder Mitglied der Bürgerlichen Kollegien – der Oberalten, der Sechziger und der

Hundertachtziger – wird wohl etwas beklommen zumute gewesen sein. Aber sie alle bewahrten Haltung. So auch der präsidierende Bürgermeister Kellinghusen, ein Anhänger der konservativen Richtung, der unter den veränderten Verhältnissen nicht im Senat bleiben wollte. Er hielt eine Ansprache an seine »vielgeliebten Mitbürger« und wünschte wie die Oberalten der neuen Bürgerschaft eine erfolgreiche Arbeit. Das durch mehrere Jahrhunderte geführte Protokoll des Oberalten-Kollegiums, das nun geschlossen wurde, endete mit dem Satz: »Gott schütze Hamburg, E. E. Rath und alle unsere geliebten Mitbürger.«

Die neue Bürgerschaft bestand aus 192 Mitgliedern. 48 von ihnen wurden, um eine gewisse Kontinuität zu wahren, von den Grundeigentümern gewählt und 60 von den »Notabeln«, d.h. von den Mitgliedern der Gerichte, der Deputation und Kollegien sowie von den Älterleuten der zünftigen Gewerbe. Die übrigen 84 Parlamentarier, knapp 44%, gingen aus allgemeinen Wahlen hervor. Wahlberechtigt waren alle über 25 Jahre alten männlichen steuerzahlenden Bürger, wobei das Bürgerrecht jetzt an die Volljährigkeit, den Besitz der Staatsangehörigkeit, die Ablegung des Bürgereides und die Zahlung einer Stempelabgabe von 30 Courantmark geknüpft war. Da den Grundeigentümern und Notabeln auch bei den allgemeinen Wahlen ein Stimmrecht zustand, hatte jeder von ihnen mindestens zwei, unter Umständen sogar drei Stimmen. Nach Einführung der Reichsjustizgesetze 1879, als die alten hamburgischen Gerichte, die sich zu einem erheblichen Teil aus Laienrichtern zusammengesetzt hatten, durch Amts- und Landgericht ersetzt wurden, verloren die Notabeln an Bedeutung. Die Zahl der Bürgerschaftsmitglieder wurde reduziert: 80 Parlamentsangehörige (jetzt 50%) gingen aus allgemeinen Wahlen hervor, 40 (25% wie bisher) aus den Grundeigentümerwahlen und ebenfalls 40 (25 statt bisher gut 31%) aus den Notabelnwahlen.

Neue Verfassung schreibt Freiheit auf ihre Fahne

Das neue Parlament arbeitete zügig. Bereits am 28. September 1860, kaum ein Dreivierteljahr nach Beginn der Beratungen, legte es die neue Verfassung vor. Sie trennte die Justiz von der Verwaltung und den Staat von der Kirche. Außerdem gewährleistete sie die individuellen Freiheitsrechte: Die Religions- und Pressefreiheit, das Vereins- und Versammlungsrecht. Beratungen über eine entsprechende Gesetzgebung schlossen sich an. Noch 1860 erfolgte die Aufhebung der Torsperre. Das Gewerbegesetz von 1865 brachte die Gewerbefreiheit und ließ die alten Ämter und Brüderschaften verschwinden. Im selben Jahr wurden, anstelle der Kirchenbuchführung, die Zivilstandsregister eröffnet. Die zunächst nur vorläufig eingerichtete Oberschulbehörde konstituierte sich endgültig; mit dem Unterrichtsgesetz von 1870 und der Erklärung der allgemeinen Schulpflicht begann das staatliche Volksschulwesen.

Die schon seit langem übliche Bezeichnung »Senat« für den Rat wurde mit der Verfassung von 1860 offiziell eingeführt. Durch den Fortfall der richterlichen Aufgaben konnte die Zahl der Senatoren von 28 auf 18 vermindert werden, von denen neun Juristen und mindestens sieben Kaufleute sein mußten. Die Lebenslänglichkeit der Amtsführung blieb erhalten, doch entfiel das Prinzip der Selbstergänzung. Stattdessen erhielt die Bürgerschaft nun starke Mitspracherechte. In das neugeschaffene, vom Senat unabhängige Obergericht traten drei ehemalige Ratsherren über, unter ihnen als Präsident Bürgermeister Kellinghusen. Auch Gabriel Riesser, der Vorkämpfer für die Emanzipation der Juden, wurde zum Mitglied des Obergerichts ernannt; er war damit der erste jüdische Oberrichter in Deutschland.

Die Aufhebung der Torsperre und die Einführung der Gewerbefreiheit ließen die Bevölkerung schlagartig anwachsen. Ein übriges tat das Freizügigkeitsgesetz des Norddeutschen Bundes, das am 1. Januar 1868 in Kraft trat. Hamburg war in Norddeutschland die Großstadt, die aufstrebende Schichten, aber auch ärmere Bewohner umliegender Bundesstaaten am

stärksten anzog. 1860 hatte es 200 000 Einwohner, 20 Jahre später doppelt so viele. Soziale und politische Spannungen waren vorprogrammiert. Hamburg entwickelte sich zur Hochburg der SPD.

Schwindende Souveränität trotz Vernunftehe mit Preußen

Dem Norddeutschen Bund war die Stadt nur widerwillig beigetreten. Im Krieg von 1866 hatten die Sympathien Österreich gegolten, das nicht nur geographisch in sicherer Entfernung lag, sondern auch während der großen Handelskrise 1857 mit einer Anleihe geholfen hatte – eine Hilfe, zu der Preußen nicht bereit gewesen war. Preußen aber war der unmittelbare Nachbar, es hätte der Selbständigkeit Hamburgs gefährlich werden können. Deswegen entschloß man sich, gegen Österreich Partei zu ergreifen. Zum Einsatz kamen die hamburgischen Truppen nicht mehr; als sie losmarschierten, war der Krieg schon so gut wie zu Ende.

Wenn Hamburg auch seine Souveränität behalten konnte, seine Rechte wurden beschnitten: Die hamburgischen und hanseatischen Konsulate in allen Teilen der Welt wurden aufgelöst und durch solche des Norddeutschen Bundes ersetzt. Die neue schwarz-weiß-rote Bundesflagge – gebildet aus dem Schwarz-Weiß Preußens und dem Weiß-Rot der Hansestädte – wehte nun statt der dreitürmigen weißen Burg auf rotem Felde am Heck der Handelsschiffe. Die Postverwaltung des Norddeutschen Bundes löste die Freistädtische Post ab. Und statt des hamburgischen Bundeskontingents gab es fortan zwei hamburgische Bataillone des Infanterie-Regiments Nr. 76 unter preußischer Oberhoheit.

Die Bestimmungen übertrafen alles, womit man gerechnet hatte. Doch jeder Widerstand wäre nutzlos gewesen. Es konnte lediglich verhindert werden, den ungeliebten Nachbarn auch im Osten weiter heranzulassen. Hier lag das beiderstädtische Bergedorf, seit 1420 von Hamburg und Lübeck gemeinsam verwaltet; als Lübeck durchblicken ließ, daß es bereit sei, seinen Anteil an Preußen zu verkaufen, griffen die Hamburger zähneknirschend tief in die eigene Tasche: Am 1. Januar 1868 ging Bergedorf mit den Vierlanden und Geesthacht gegen eine Entschädigung von 200 000 Talern in den alleinigen Besitz Hamburgs über.

Nationalrausch und Besinnung auf »Eigentümlichkeiten«

Indes, die anfängliche Erbitterung wich bald einer nüchternen Betrachtung. Die neuen Einrichtungen des Norddeutschen Bundes erwiesen sich, vor allem für die Kaufmannschaft, oft als praktischer als die bestehenden Regelungen. Im Zeichen des Wirtschaftsliberalismus sorgten Gewerbefreiheit, einheitliche Zoll- und Handelsverträge sowie der Ausbau des Verkehrs-, Post- und Telegraphenwesens für bessere Rahmenbedingungen. Und Wilhelm I., der Hamburg 1868 besuchte, gewann die Herzen aller. Deswegen ist es nicht verwunderlich, daß bei Ausbruch des Krieges 1870, von wenigen Ausnahmen abgesehen, der Jubel in Hamburg ebenso groß war wie anderswo und daß 1871 die Kaiserproklamation auch hier enthusiastisch begrüßt wurde. Über weitere Einbußen der Selbständigkeit – die Einführung von Reichsbank und Reichswährung, die Vereinheitlichung der Maße und Gewichte, das Inkrafttreten der Reichsjustizgesetze – half das kräftig erwachte Nationalgefühl hinweg. Gleichzeitig aber setzte eine Besinnung auf die hamburgischen »Eigentümlichkeiten« ein, die beispielsweise in der Nicht-Annahme von Orden bis heute nachwirkt.

Die Verstimmung gegenüber dem Reich, die nach 1879 einsetzte, als Bismarck vom Freihandel zum Schutzzoll überging und mit Gewalt die Stadt zum Anschluß an das Zollgebiet zwingen wollte, konnte durch einen Kompromiß beigelegt werden. Mit dem Zollanschluß wurde die Einheit des Reiches auch in wirtschaftlicher Hinsicht vollzogen, während sich Hamburg mit der Schaffung eines Freihafens die Grundlage für seine weitere Entwicklung als Handelsstadt sicherte.

Renate Hauschild-Thiessen

1843

20. 2. Ein Rats- und Bürgerbeschluß sieht die Einrichtung einer »Gas-Straßenbeleuchtung mittels Röhrengases« vor (→ 28. 8. 1846/S. 228).

Juni. Die Patriotische Gesellschaft legt den Bericht einer von ihr eingesetzten Kommission zur Verfassungs-, Verwaltungs- und Schulreform vor. Der Senat lehnt diese Forderungen ebenso ab wie die Vorschläge der Gesellschaft vom 8. Juni 1842 (→ 3. 3. 1848/S. 231; 28. 9. 1860/S. 248).

Juni. Der Buchhändler und Schriftsteller Karl Baurmeister gründet die Zeitung »Tagwächter an der Elbe«. Sie wird 1846 zu einem Organ des Vereins der Nicht-Grundeigentümer und erscheint ab Januar 1849 unter dem Titel »Die Demokratische Zeitung«.

30. 9. Die Wiener Tänzerin Fanny Elßler gibt ihr erstes Gastspiel im Hamburger Stadt-Theater. Das Publikum feiert sie begeistert.

9. 11. Chérie Maurice (eigentl. Charles Maurice Schwartzenberger) eröffnet das Thalia Theater. → S. 221

23. 11. Der Rat informiert die Bürgerschaft über den Stand der Arbeiten an einem neuen Sielsystem und einer zentralen Wasserversorgung entsprechend den in der Öffentlichkeit umstrittenen Plänen des britischen Ingenieurs William Lindley (→ 26. 6. 1844/S. 224). Der Umfang der Arbeiten macht einen Aufwand von rund 800 000 Mark erforderlich. In derselben Sitzung wird eine gemischte Kommission zur Beratung über die künftige Ordnung der Polizei eingesetzt.

8. 12. Die im Vorjahr eingesetzte Rats- und Bürgerdeputation veröffentlicht einen Vorschlag zur Verbesserung des Löschanstalten. Sie sieht u.a. die Einsetzung eines mit weitgehenden Kompetenzen ausgerüsteten Oberbrandmeisters vor.

1843. Der von dem Musiklehrer Carl Voigt gegründete Cäcilien-Verein, der sich dem in Hamburg bis dahin fast unbekannten A-cappella-Gesang widmet, gibt sich ein Statut und veranstaltet sein erstes Konzert. Bei seiner Gründung gehören dem Verein 23 Laienmitglieder an.

1843. Nach den Plänen von Alexis de Chateauneuf werden die Alsterarkaden erbaut. → S. 223

1843. Zwischen Jungfernstieg und Poststraße entsteht als erste Hamburger Passage Sillems' Bazar. → S. 222

GEBOREN:

28. 5. Hamburg: Justus Brinckmann († 8. 2. 1915, Hamburg), Museumsleiter.

Das Thalia Theater fügt sich ein in das Ensemble spätklassizistischer Bauten rund um die Alster.

Thalia – Sprungbrett für junge Talente

9. November 1843. Das Stadt-Theater bekommt – einmal mehr – Konkurrenz: In einem Neubau am Pferdemarkt (heute Gerhart-Hauptmann-Platz) öffnet das Thalia Theater mit der französischen Posse »Vaudeville« seine Pforten. Besitzer und Leiter des neuen Hauses ist der aus Frankreich stammende Charles Maurice Schwartzenberger, genannt Chérie Maurice.

Zum Schutz des Stadt-Theaters, dem bis 1861 die Aufführung von ernstem Schauspiel, Tragödie und Oper vorbehalten bleibt, erhält das Thalia Theater nur eine Konzession für Lustspiele und ist an niedrige Eintrittspreise gebunden.

Rasch etabliert sich die neue Bühne und gewinnt eine über Hamburg hinausreichende Bedeutung. Beim Publikum finden die überwiegend gespielten französischen Konversationsstücke und Vaudevilles (Singspiele) großen Anklang. Ausschlaggebend für die auch ökonomisch positive Entwicklung des Theaters sind weniger bedeutende Autorennamen als die besondere Ensemblepflege. Publikumslieblinge sind die Komiker Anton Reichenbach und Emil Thomas (→

26. 9. 1855/S. 241). Für viele der von Maurice entdeckten Schauspieler und Schauspielerinnen ist das Thalia Theater das Sprungbrett an das Wiener Burgtheater.

Chérie Maurice, der seit 1827 das Sommertheater im Tivoli von St. Georg geleitet hatte (→ September 1825/S. 199) und seit 1831 auch an der Leitung des Steinstraßentheaters der Wirtshausbetreiberin Witwe Handje beteiligt war (→ 16. 12. 1818/S. 194), bewarb sich nach dem Tod der Witwe Handje 1842 erfolgreich um deren Konzession von 1809. Abgesehen vom Stadt-Theater ist dies die einzige reguläre Theaterkonzession, die von den Hamburger Behörden für die innere Stadt (d. h. die Alt- und Neustadt) bis zur Einführung der Gewerbefreiheit 1869 erteilt wird.

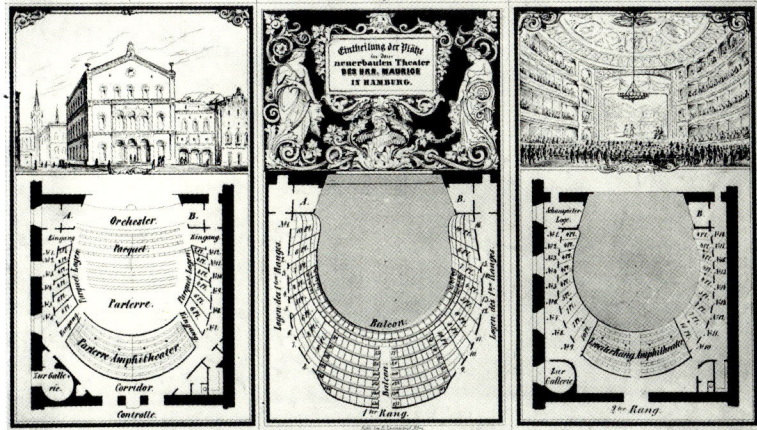

Der Zuschauerraum des neuen Theaters bietet 1800 Besuchern Platz, etwa dreimal so vielen wie das Steinstraßentheater, an dessen Stelle das Thalia nun tritt, weil das alte Haus feuerpolizeilichen Anforderungen nicht mehr genügte (Grundriß mit einer Einteilung der Platzgruppen).

Sillem's Bazar: Ein Paradies für kaufkräftige Flaneure

1843. Nach dem Vorbild der europäischen Metropolen entsteht mit Sillem's Bazar in Hamburg die erste große Passage in Deutschland. Zwischen Jungfernstieg und Königstraße (heute Poststraße) – dort, wo vor dem Großen Brand (→ 5. 5. 1842/S. 214) das Hotel Alte Stadt London gestanden hatte – läßt Kaufmann Wilhelm Sillem die überdachte Einkaufsstraße durch den Hamburger Architekten Eduard Averdieck errichten. Der Prachtbau kostet rund 1,5 Mio. Mark.

Durch den Eingang des Hotel de Russie am vornehmen Jungfernstieg betritt man den Bazar, der mit dem Hotel ein bauliche Einheit bildet. Die Passage besteht aus zwei glasgedeckten Seitengängen, an denen sich über 30 Läden befinden, und einem riesigen, mehrgeschossigen Glasoktogon in der Mitte, das auch Hotelzimmern in den oberen Stockwerken Licht spendet. Die für Passagen typische, lichtdurchflutete Eisen-Glas-Konstruktion des Oktogons findet mit ihren illusionistischen Effekten die Bewunderung der Hanseaten wie auch zahlreicher Touristen. »Nach Hamburg fahren, und den Bazar nicht sehen, ist wie Rom ohne den Papst«, heißt es in der Presse. In Sillem's Bazar verbinden sich der »Sinn für Größe mit dem für Pracht und Eleganz, mit der Neigung zum weltstädtisch Blendenden und Großartigen«, so die »Leipziger Illustrirte«. Die Hamburger Passage übertreffe ihre Vorbilder, »jene eleganten und bei schlechtem Wetter ebenso angenehmen und nützlichen Passagen« in Paris und London, an »Schönheit im allgemeinen und geschmackvoller Ausführung aller Einzelteile«.

Ein Besuch der Passage kostet das wohlhabende Publikum 5 Schilling Eintrittsgeld, das allerdings auf Einkäufe angerechnet wird. Trotz des attraktiven Baus und reichen Warenangebots bleiben jedoch Flaneure und Käufer bald aus. Sillem's Bazar krankt an einem für diesen Bautyp klassischen Mangel: Die Ladenpassage verbindet zwei ungleiche Straßen, denn die rückwärtige Königstraße ist nur eine kleine Gasse. So gelangen die Passanten an kein echtes Ziel, wenn sie an den Läden vorbeispazieren. 1881 wird Sillem's Bazar wieder abgerissen.

Das Oktogon im Zentrum von Sillem's Bazar; die modische Eisen-Glas-Konstruktion ist das Prunkstück der Ladenpassage. Auch die Innenausstattung – Spiegelscheiben, Vergoldungen, Marmorwände – wärmt das Herz des Luxusliebhabers.

Architektonisch streng eingefaßt: Die Kleine Alster mit Wassertreppe, Schleusenbrücke und Arkaden (um 1860)

»Kunstwerk Hamburg« nimmt Gestalt an

1843. Die Errichtung der Alsterarkaden gehört zu den städtebaulichen Höhepunkten beim Wiederaufbau Hamburgs nach dem Großen Brand (→ 5. 5. 1842/S. 214). Der Bogengang mit den dahinterliegenden Bürgerhäusern an der Kleinen Alster, der 1846 fertiggestellt wird, hat wie Sillem's Bazar die Funktion einer Einkaufspassage.

Im Gesamtkonzept des neuen Stadtzentrums dienen die Arkaden als städtebauliches Schaustück und Aussichtsplatz für das geplante Rathaus. Dieses Konzept geht auf Ideen der Architekten Alexis de Chateauneuf und Gottfried Semper zurück. Sie begreifen die wichtigsten Elemente des künftigen Zentrums als eine geschlossene architektonische Einheit:

▷ Die Arkaden an der Kleinen Alster
▷ Rechtwinklig dazu angeordnet Rathausmarkt und Rathaus
▷ Die Wassertreppe an der Kleinen Alster in Form eines Viertelkreises
▷ Die einheitlich spätklassizistische Hochbebauung, die die Binnenalster einrahmt.

Im Zentrum sieht der spätere Hamburger Oberbaudirektor Fritz Schumacher das städtebauliche »Kunstwerk Hamburg« verwirklicht (→ 29. 12. 1845/S. 227).

Blick von der Schleusenbrücke durch die Alsterarkaden; den Durchgang hat Chateauneuf nach venezianischem Muster gestaltet (Stich, 1852).

»Durchbruch der Raumgesinnung«

Chronik Zitat

»Wie das Kunstwerk Hamburg nach dem Großen Brande entstand« ist der Titel eines Essays von Fritz Schumacher, Hamburgs Oberbaudirektor von 1909 bis 1933 (→ S. 439). Auszüge aus dem 1917 entstandenen Werk:

»Mitten im Herzen Hamburgs besitzen wir ein merkwürdiges Kunstwerk, das für die Wirkung der Stadt maßgebend geworden ist. Es ist der städtebauliche Gedanke, der Alsterbecken, Kleine Alster, Rathausplatz, Rathaushof und Adolphsplatz zu einem feinsinnig abgestimmten Gefüge zusammenschließt.

Man könnte zu der stillschweigenden Vermutung kommen, hier die Reste eines alten künstlerischen Erbteiles vor sich zu sehen; aber . . . es handelt sich um eine völlig neue Schöpfung, die dem Alten, das dort [vor dem Brand 1842] war, in jeder Hinsicht entgegengesetzt genannt werden kann . . .

War die alte Stadt an ihrem entscheidenden Punkte ein Gebilde aus malerisch gruppierten Ansichten, so wurde die neue Stadt an ihrem entscheidenden Punkte ein Gebilde von klar umschlossenen architektonischen Räumen . . . Das Alsterbecken, das vorher ein Stück Landschaft mit architektonisch verzierten Ufern war, wurde ein Ganzes, ein Platz der Stadt . . . Die Kleine Alster, die vorher ein malerisch sich weitender Teich war, wurde ein klar gegliederter Raum; das gleiche gilt von der Umwandlung des Johannisplatzes in den Rathausplatz . . .

Es gibt in der ganzen Geschichte des Städtebaus vielleicht kein Beispiel, an dem man diesen Durchbruch der Raumgesinnung deutlicher verfolgen kann, als an dem Hamburg dieser Jahre . . . Die Art, wie Hamburg in dem Bebauungsplane von 1842 diese entscheidende Wendung zum bewußt gestalteten Architekturraum macht, ist seine größte künstlerische Leistung im 19. Jahrhundert.«

1844

Mit Hilfe des 73 m hohen Wasserturms in Rothenburgsort wird der nötige Rohrdruck für das Hamburger Netz erzeugt.

Sauberes Leitungswasser aus der Elbe

26. Juni 1844. Die Bürgerschaft beschließt die Anlage eines staatlichen Wasserversorgungsnetzes für die gesamte Stadt. Diese vom britischen Ingenieur William Lindley geplante sog. Stadtwasserkunst wird 1848 in Betrieb genommen.

Nachdem beim Großen Brand im Jahr 1842 auch die Wasserkünste teilweise zerstört worden sind, will man – schon zur Verbesserung des Löschwesens – das Leitungssystem auf 62 km ausbauen. Das Wasser wird nicht mehr aus den unhygienischen Fleeten, sondern in Rothenburgsort aus der Elbe entnommen, wo ein Wasserwerk mit drei Ablagerungsbecken, Pumpwerk und Turm entsteht. 1850 haben von insgesamt 11 500 Häusern bereits 4000 einen Wasseranschluß.

Britischer Genius prägt Aufbau
Nach dem Brand von 1842 spielt der 1808 in London geborene Ingenieur William Lindley, der gerade die Hamburg-Bergedorfer Eisenbahn (→ 17. 5. 1842/S. 218) gebaut hat, als beratender Ingenieur der Rats- und Bürgerdeputation für den Wiederaufbau eine entscheidende Rolle. Unter seiner Leitung erarbeitet die dafür eingesetzte Technische Kommission einen Plan für das neu aufzubauende Stadtzentrum (→ 1. 9. 1842/S. 217; 29. 12. 1845/S. 227). Mit Hilfe britischer Technik und unter Einfluß sozialhygienischer Vorstellungen aus Großbritannien werden ferner moderne städtische Ver- und Entsorgungsbetriebe geschaffen: Wasserversorgung, ein Kanalisationsnetz mit Ausmündung in die Elbe sowie Gaslampen als Straßenbeleuchtung (→ 28. 8. 1846/S. 228). Vor allem beim Bau der Kanalisation überzeugt Lindley durch hervorragende Ingenieurleistungen.

Die »Stadtwasserkunst« versorgt Hamburg von 1848 an mit Trink- und Gebrauchswasser (Abb.: Farblithographie nach einem Schmuckblatt von 1852). Noch ist das Wasser an der Entnahmestelle sauber. Da ein Wasseranschluß relativ teuer ist, werden für die ärmere Bevölkerung Freibrunnen sowie Wasch- und Badeanstalten errichtet (→ 5. 4. 1855/ S. 240). Der Brandbekämpfung dient ein Netz von »Nothpfosten« (Hydranten).

Neuer Dampfbagger für Elbvertiefung

16. Dezember 1844. Die Erbgesessene Bürgerschaft billigt eine Ratsvorlage über den Ankauf eines britischen Dampfbaggers. Der fast 100 000 Mark teure Bagger soll zur Vertiefung des Niederelbefahrwassers eingesetzt werden.

Dank ihrer besonders großen Greiftiefe können Bagger dieses Typs den Elbschlick aus der Fahrrinne holen. Dies ist notwendig, damit auch Schiffe mit großem Tiefgang Hamburgs Hafen anlaufen können. Vor dem Hintergrund des stetig ansteigenden Handelsvolumens konzentrieren sich die Hamburger Behörden auf die Verbesserung der Infrastruktur, wozu die Vertiefung der Elbe, der Ausbau des Hafens (→ 26. 3. 1858/S. 245) und leistungsfähige Verkehrsverbindungen zum Hinterland gehören. Um der Versandung der Unterelbe entgegenzuwirken, läßt die Stadt neben dem Einsatz von Dampfbaggern Stromregulierungen mit Leitdämmen und Stackwerken durchführen. Zur Verbesserung des Elbfahrwassers unter Ausnutzung der natürlichen Kräfte der Flut hatte u.a. Wasserbaudirektor Heinrich Hübbe aufgerufen. Er veröffentlicht 1844 seine »Reisebemerkungen hydrotechnischen Inhalts«.

Begeisterung für Wagner und »Rienzi«

21. bis 24. März 1844. Am Hamburger Stadt-Theater dirigiert der Komponist Richard Wagner die ersten beiden Hamburger Aufführungen seiner 1842 in Dresden uraufgeführten Oper »Rienzi«. Sein Erfolg ist die Geburtsstunde der Hamburger Wagnergemeinde.

Wagner ist allerdings mit dem Bühnenpersonal unzufrieden und befindet knapp: »Selbst der Rienzi ist den Leuten hier zu hoch!« Weder das Stadt-Theater, dem eine verfehlte Finanz-, Spielplan-, und Ensemblepolitik vorgeworfen wird, noch sein Publikum stehen in hohem Ansehen. »Die Hamburger gehen eigentlich nur ins Theater, wenn man eine große Oper oder eine Tragödie gibt; sie schätzen es, wenn man laut brüllt und sich umbringt«, urteilte der französische Autor und Lektor am Johanneum Jacob Gallois im Jahr 1832 bissig.

Über eine Bootslänge hat der Hamburger Ruderclub bei der ersten Alsterregatta gegen eine Mannschaft in Hamburg lebender Engländer herausgefahren.

Rudern auf der Alster jetzt sogar als sportlicher Wettkampf für Gentlemen

22. September 1844. *Auf der Alster findet erstmals eine Ruderregatta statt. Bei dem Rennen der sechsrudrigen »Wherries« zwischen den beiden ältesten Hamburger Rudervereinen, dem »Hamburger und Germania RC« und dem »English Rowing Club«, gehen die Hamburger mit 18:50 min als erste durchs Ziel. Start und Ziel der über eine Distanz von rund 4 km gehenden Regatta befinden sich beim Uhlenhorster Fährhaus, die Wendemarke bei der Lombardsbrücke. An den insgesamt ausgetragenen vier Rennen nehmen 24 Boote mit 118 Ruderern teil.*

Neugierig verfolgt das in großer Zahl erschienene Publikum das noch ungewohnte Schauspiel: Am Ufer sind eigens Tribünen errichtet worden. Wer gerne mitten im Geschehen ist, hat sich selbst mit einem Boot auf die Alster begeben und ist nun hautnah dabei.

Am 12. Oktober wird der »Allgemeine Alster-Club« (AAG), der älteste deutsche Regattaverein gegründet, der die Funktion eines Regatta-Ausrichters und damit auch eines Verbandes übernimmt. Neben dem »English Rowing Club« und dem am → 18. Juli 1836 (S. 207) gegründeten »Hamburger Ruder-Club« existieren derzeit etwa 15 weitere »Klubs«. Dabei handelt es sich um mehr oder weniger lockere Zusammenschlüsse von Bootsmannschaften zur gemeinsamen Finanzierung des Bootes. Bei der Regatta tragen sie einheitliche Kleidung und nennen sich häufig nach ihrem Boot, wie z. B. der »Club Mathilde«. Die Einführung des Rudersports in Hamburg geht auf hier ansässige Engländer, etwa den Gründer des »English Rowing Club«, Edgar Daniel Roß, zurück. In England erfreut sich dieser Sport seit den 1820er Jahren einer wachsenden Beliebtheit.

Ein Blatt für den »hiesigen Kaufmann«

5. Oktober 1844. Viel bleibt der ersten Ausgabe der »Harburger Anzeigen« (ab 1860 »Harburger Anzeigen und Nachrichten«) eigentlich nicht zu berichten: Wegen der Pressezensur darf Verleger Carl Hergeröder weder politische und amtliche Nachrichten noch unterhaltende Artikel veröffentlichen.

In den ersten Jahren steigt die Auflage des Wochenblatts nur langsam auf etwa 300 an. Erst als 1848 die Zensur fällt und der redaktionelle Inhalt erweitert werden kann, konsolidiert sich die Zeitung. Sie profitiert zudem von der stürmischen Aufwärtsentwicklung der Hafen- und Industriestadt Harburg.

Titelseite der Eröffnungsausgabe der »Harburger Anzeigen«; diese erste Zeitung in Harburg ist ein weitgehend politikfreies, mit zahlreichen Inseraten auf das Interesse des »hiesigen Kaufmanns« zugeschnittenes bescheidenes Wochenblatt mit zunächst nur vier Seiten Umfang.

Zeitungen zieht es nach Norden

Hamburg galt bereits 1828 als »zeitungsreichste Stadt« Deutschlands. Neben dem renommierten »Hamburgischen Correspondenten« und den »Hamburger Nachrichten« entwickelt sich der »Hamburger Beobachter« (später »Hamburger Fremdenblatt«) zur auflagenstärksten Zeitung der Stadt. Ein gern gelesenes Blatt ist auch die »Börsen-Halle« mit der Literatur-Beilage »Hamburger literarische und kritische Blätter«. Regierungskritische Organe sind »Der Freischütz« und der demokratische »Tagwächter an der Elbe«.

Arbeiter unter patriotischen Fittichen

3. Februar 1845. Angeregt durch den Kommunisten Wilhelm Weitling, der sich im August 1844 einige Tage in Hamburg aufhielt, rufen der Tischler Joachim Friedrich Martens, der dem kommunistischen Bund der Gerechten angehört, und der Schriftsteller Georg Gottlieb Schirges den Arbeiterbildungsverein ins Leben. Bis Ende des Jahres hat die Organisation 230 Mitglieder, überwiegend Handwerker und Arbeiter.

Ziel des Vereins ist neben der Bildungsarbeit die Förderung einer unabhängigen Arbeiter- und Handwerkerbewegung. Beim Stiftungsfest im Februar 1848 finden diese Bestrebungen in der Forderung: »Organisation der Arbeiter und nieder mit dem Kapital« ihren Ausdruck. Obwohl sie nach außen zunächst ihre gesetzestreue, unpolitische Haltung betont, wird die neue Organisation schon bald wegen angeblicher subversiver Bestrebungen in der Presse angefeindet und polizeilich überwacht.

Um einem drohenden Zwangsanschluß an die Patriotische Gesellschaft durch die Behörden zuvorzukommen, stellt sich der Verein Anfang März von sich aus unter Schutz dieser renommierten Organisation, die sich bürgerlich-liberalen Reformen verschrieben hat. Die Patriotische Gesellschaft fordert für die finanzielle Unterstützung personellen und inhaltlichen Einfluß.

Am 1. März 1846 kommt es zur offiziellen Vereinsneugründung als Bildungsverein für Arbeiter in Hamburg, in dessen 18köpfigem Vorstand sechs Mitglieder der Patriotischen Gesellschaft sitzen. Wenig später kann der florierende Verein (1848: 600 Mitglieder) sogar neue Räume in der ABC-Straße beziehen.

In der Tonhalle begeht der Arbeiterbildungsverein am 22. Februar 1846 sein erstes Stiftungsfest (Holzstich aus der Leipziger »Illustrirten Zeitung«).

Hamburg feiert Opernstar Jenny Lind

29. März 1845. Bei ihrem ersten Gastspiel im Hamburger Stadt-Theater wird die schwedische Sängerin Jenny Lind begeistert gefeiert. Tagelang prägen Fackelzüge, Alster-Feuerwerk, Blumenteppiche und in Extrablättern veröffentlichte Huldigungen zu Ehren der »schwedischen Nachtigall« das öffentliche Leben in der »lindierten« Stadt.

Um von dem allgemeinen Lind-Kult zu profitieren, läßt das Hammonia-Theater auf St. Pauli am 11. Juli 1846 erstmals eine mit der schwedischen Sängerin konkurrierende Jenny Bind auftreten. Sehr zur Erheiterung des Publikums singt Jenny Bind, bei der es sich vermutlich um die Sängerin Caroline Marie Auguste Pick handelt, Partien aus verschiedenen Opernparodien. Die Pick karikiert den Star auch in der Bayerischen Bierhalle am Alten Wall 64, im Rönn'schen Lokal Zum Grafen von Schauenburg in der Neustädter Fuhlentwiete 10 und in den Salons von Privatanwesen. Überall ist auch ihr ein volles Haus sicher.

Noch elf weitere Male tritt Jenny Lind 1845 nach ihrem Debüt am 29. März im Frühjahr in Hamburg auf. 1846 bringt sie es sogar auf 16 Gastauftritte. Trotz erhöhter Eintrittspreise sind die Vorstellungen regelmäßig derart überfüllt, daß Polizisten die nachdrängenden Massen im Zaum halten müssen. Jenny Lind zeigt sich dankbar für die begeisterte Aufnahme: Sie stiftet der Stadt die Handschrift des Heiligenstädter Testaments von Ludwig van Beethoven.

Das neue Gesicht der Stadt verschlingt Unsummen

29. Dezember 1845. Der Wiederaufbau nach der Brandkatastrophe 1842 kommt die Hansestadt teuer zu stehen: Aus dem nun vorgelegten Abschlußbericht der zuständigen Rats- und Bürgerdeputation geht hervor, daß die Staatsanleihe von 1842 Einnahmen in Höhe von 31,9 Mio. Mark erbracht hat, denen allerdings Ausgaben von 30,8 Mio. Mark gegenüberstehen.

Mit dem Ertrag der sog. Feuerkassen-Anleihe wurden die in der Feuerkasse versicherten Grundeigentümer entschädigt. Die Einnahmen aus dem Wiederverkauf der nach dem Brand enteigneten Grundstücke steckt die Stadt in den Bau eines repräsentativen neuen Zentrums (→ 1843/ S. 223), den Straßenbau, eine überaus moderne Wasserversorgung (→ 26. 6. 1844/ S. 224) und in Brücken- und Schleusenbauten. Wegen der immensen Wiederaufbaukosten und der schwierigen Finanzlage der Stadt (Staatsschuld 1850: fast 68 Mio. Mark) muß bereits 1846 eine zweite Staatsanleihe in Höhe 9,6 Mio. Mark aufgelegt werden.

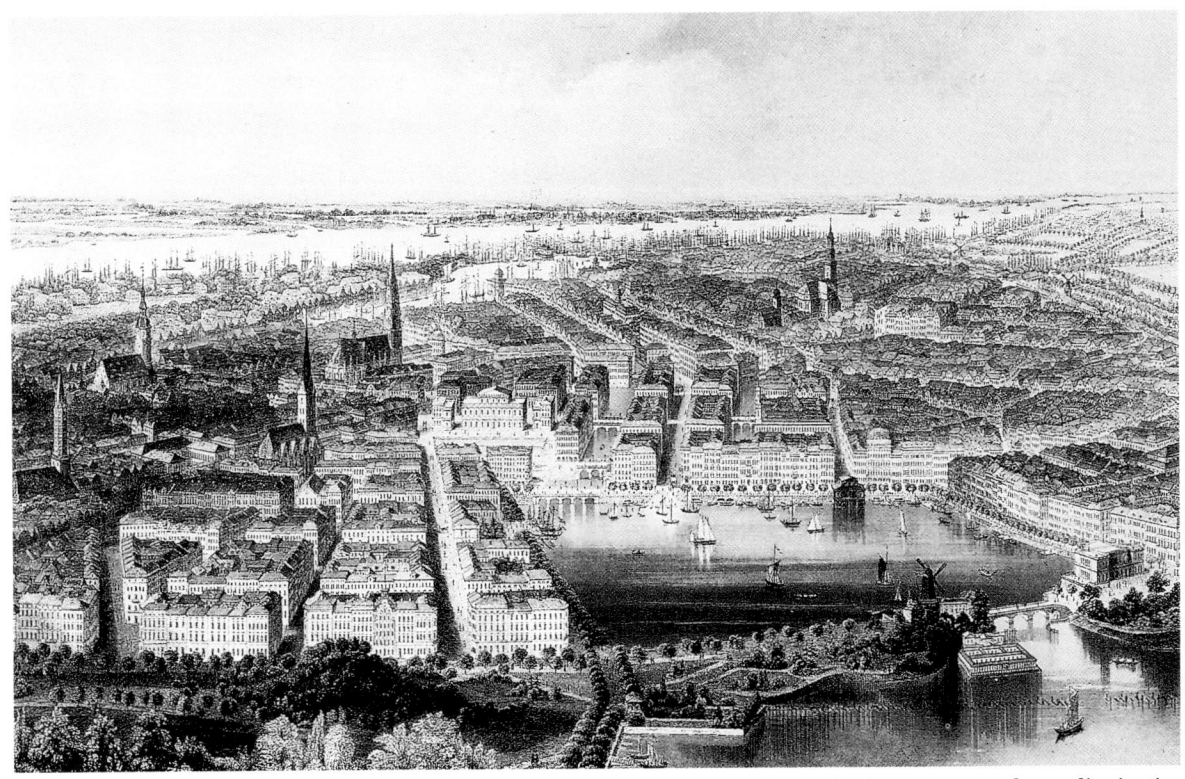

Um 1860 rahmen einheitlich gestaltete Hochbauten die Binnenalster ein. Die Ufer verlaufen streng gerade; an die einstige Idylle des verträumten Alsterbeckens mit seinem ungleichmäßigen Saum aus verstreuten Fachwerkhäusern erinnern höchstens noch die alte Windmühle direkt neben der Lombardsbrücke (r. im Vordergrund) und die Segelboote.

Die Neugestaltung der Kleinen Alster und ihrer Umgebung ist ein weiterer städtebaulicher Höhepunkt des Wiederaufbaus nach dem Großen Brand. Den rechtwinklig zum Wasser hin sich öffnenden zukünftigen Rathausmarkt vergleicht Hamburgs Oberbaudirektor Fritz Schumacher 1917 mit dem Markusplatz in Venedig.

1846

Januar. Unter Vorsitz des Anwalts Johann Gustav Gallois gründet sich der Verein der Nicht-Grundeigentümer. Sein Hauptanliegen ist der Zugang der Hamburger Einwohner ohne Grundbesitz zur Erörterung öffentlicher Angelegenheiten. Nach einer Spaltung entsteht daraus später der Hamburger Bürgerverein.

Februar. Die Aufführung einer Posse mit dem Titel »Die Constitution« im Stadt-Theater führt zu einer Verstimmung zwischen Hamburg und Preußen. → S. 228

7. 5. Hamburg legt eine weitere Staatsanleihe auf, um den Bau der Stadtwasserkunst und notwendige Sielbauten und Schleusenwerke zu finanzieren. Von dem Nominalkapital in Höhe von 9,6 Mio. Mark banco haben das Bankhaus Salomon Heine und zwei Berliner Häuser die erste Hälfte übernommen. Die zweite Hälfte der Anleihe kann infolge der Wirtschaftskrise von 1847/48 auf dem Kapitalmarkt allerdings nicht mehr abgesetzt werden (→ 29. 12. 1845/S. 227).

9. 7. Die Blindenanstalt in der Minenstraße in St. Georg wird eingeweiht.

28. 8. Hamburg betreibt die öffentliche Straßenbeleuchtung nunmehr mit Gas. → S. 228

1. 10. Auf privater Grundlage wird eine Landpost für die Gemeinden Geesthacht, Neuengamme, Curslack und Kirchwerder eingerichtet. Sie besteht bis zum 1. Oktober 1853.

13. 11. Mitglieder des Grundeigentümerverbandes veröffentlichen in dem auch in Hamburg vielgelesenen »Itzehoer Wochenblatt« Berichte über die als geheim geltenden Sitzungen der Bürgerschaft. Wegen dieser Veröffentlichungen, die später in einer eigenen Schriftenreihe fortgeführt werden, verurteilt ein Gericht die Verantwortlichen 1847 zu Geldstrafen.

12. 12. In der Tonhalle wird der erste Weihnachtsbasar eröffnet.

15. 12. Die Hamburg-Berliner Eisenbahn nimmt den Betrieb über die gesamte Streckenlänge auf. → S. 228

1846. Einschließlich der Vorstädte zählt Hamburg 148 764 Einwohner. Gegenüber 1840 bedeutet dies ein Wachstum von 8,6%. Weitaus schneller noch als die eigentliche Stadt (plus 2,5%) wachsen die beiden Vorstädte St. Georg (plus 39,2%) und St. Pauli (plus 35,6%).

1846. Emilie Wüstenfeld ruft einen ökumenischen Frauenverein ins Leben, der unter der Bezeichnung »Frauenverein zur Förderung freier christlicher Gemeinden und humaner Zwecke« tätig wird.

Der Bahnhof in Bergedorf, nunmehr eine Zwischenstation auf dem Weg nach Berlin (Lithographie von Wilhelm Heuer)

Hickhack um Streckenführung der Bahn

15. Dezember 1846. Endlich ist es soweit: Die Eisenbahnstrecke zwischen Hamburg und Berlin geht in Betrieb. Bereits am → 17. Mai 1842 (S. 218) hatte mit der Hamburg-Bergedorfer Bahn das erste Teilstück dieser Linie eröffnet.

Wegen des schlechten Zustands des Verkehrswegs von Hamburg nach Berlin beschlossen Preußen und die Hansestadt 1837 den Bau einer »Kunststraße«. Weit schwieriger gestalteten sich die seit 1841 geführten Verhandlungen über den

Bau einer Bahnstrecke. Vor allem Dänemark machte wegen der geplanten Linienführung durch Lauenburg Schwierigkeiten. Auch wollten die Dänen der Einbeziehung der Bergedorfer Bahn in die Hauptbahn nur zustimmen, wenn das dänische Altona zollfreie Verbindung zu dem in Hamburg zu errichtenden Bahnhof erhält. Dazu erklärte sich Hamburg schließlich bereit. Am 8. November 1841 schließen die beteiligten Regierungen Preußens, Mecklenburgs, Däne-

marks und Hamburgs einen Vertrag über den Bau der Bahn. Um die Finanzierung sicherzustellen, übernimmt Hamburg trotz der nach dem Brand äußerst angespannten Finanzlage Aktien im Wert von 1,5 Mio. Talern (gesamtes Aktienkapital: 8 Mio. Taler). Erst im Frühjahr 1845 einigt man sich endgültig über die genaue Streckenführung. Das Hin und Her illustriert die Probleme Hamburgs mit seinen Nachbarstaaten, besonders, wenn es um Verkehrsfragen geht.

Kritik an Zensor Sieveking

Februar 1846. Preußen nimmt Anstoß an der im Stadt-Theater aufgeführten Posse »Die Constitution« wegen angeblicher Verunglimpfung monarchistischer Zustände. Generell mißfällt Preußen die liberale Handhabung der Zensur durch den Leiter der Hamburger Zensurkommission, Syndikus Karl Sieveking, der deshalb zahlreichen Angriffen aus dem übrigen Deutschland ausgesetzt ist.

Sieveking, dessen Amtszeit 1846 endet, lehnt die Zensurbestimmungen des Deutschen Bundes (Karlsbader Beschlüsse von 1819) ab, die auch in Hamburg gelten. 1831 argumentierte er vor dem Präsidium des Bundes: »Die Zensur wirkt nachteiliger auf die Freunde gesetzlicher Ordnung als auf die Sophisten der Aufwiegelung . . . Freiheit der Presse . . . ist der allgemeine Wunsch aller deutschen Landschaften!«

Dank Sieveking können z. B. die in Preußen unterdrückten Schriften von Heinrich Heine in Hamburg erscheinen (→ 20. 9. 1849/S. 234).

Syndikus Karl Sieveking, Leiter der Hamburger Zensurkommission

Straßenbeleuchtung mit Gaslaternen

28. August 1846. Die öffentliche Straßenbeleuchtung wird auf Gas umgestellt. Gegenüber dem bisherigen Betrieb der etwa 1500 Öl- oder Tranlaternen spart die Stadt dadurch pro Jahr 78 000 Mark.

Nachdem Rat und Bürgerschaft 1843 der Einführung einer »Gas-Straßenerleuchtung« zugestimmt hatten, entstand auf dem Grasbrook das erste Hamburger Gaswerk, das im September 1845 die Produktion von Gas aus Steinkohle aufnahm. Am 4. Oktober wurden Hamburgs Straßen erstmals durch Gaslaternen erleuchtet.

Die fast völlige Zerstörung des Gaswerks durch eine schwere Sturmflut im November machte die Aufhöhung des Grasbrooks und den Neubau der Anlage erforderlich. Als erste Stadt der Welt führte London 1814 Gaslaternen ein.

1847

4. 2. In Hamburg konstituiert sich ein »Hülfsverein von 1847« zur Versorgung notleidender Familien mit Lebensmitteln (→ 15. 6. 1847/S. 230).

11. 3. Die Bürgerschaft billigt die vom Rat beantragte Vollendung der Stadtwasserkunst, um die Leitungen und »Nothpfosten« (Hydranten) über alle Straßen der Stadt auszudehnen (→ 26. 6. 1844/S. 224).

1. 5. Die Eisenbahnstrecke zwischen Harburg und Celle geht in Betrieb. Es besteht Anschluß nach Lehrte, Hannover, Hildesheim und Braunschweig.

27. 5. Die Hamburg-Amerikanische Packetfahrt-Actien-Gesellschaft (Hapag) hält in Hamburg ihre konstituierende Sitzung ab. → S. 229

15. 6. Auf dem Schaarmarkt kommt es zu Tumulten gegen den Wucher mit Lebensmitteln. Sie haben ihren Anlaß in der rapiden Anhebung der Kartoffelpreise. → S. 230

25. 6. Die drei Hansestädte schließen ein Freundschafts-, Handels- und Schiffahrtsabkommen mit der Republik Guatemala (→ 1861/S. 250).

6. 7. Ein provisorisches Komitee aus Kreisen des Hamburger Bildungsbürgertums legt einen Bericht über die Möglichkeit einer Universitätsgründung vor.

4. 10. Der englische Fabrikant Richard Cobden, der sich durch sein Eintreten für den Freihandel international einen Namen gemacht hat, wird in Hamburg begeistert empfangen. → S. 230

12. 11. Der Patron der Vorstadt St. Pauli erläßt ein 22 Paragraphen umfassendes »Regulativ für die Bordell-Wirthe und eingezeichneten Mädchen«. → S. 229

1. 12. Das an der Stelle des früheren Rathauses errichtete Patriotische Gebäude wird eingeweiht. → S. 230

1847. Hamburg überwacht und fördert die Auswandererverschiffung. Im Jahr 1847 emigrieren 8115 Personen über den Hamburger Hafen (→ 27. 5. 1847/S. 229).

GEBOREN:

1. 11. Hamburg: Wilhelm Seybold († 22. 10. 1930, Hamburg), Schauspieler.

10. 12. Hamburg: Adolph Woermann († 4. 5. 1911, Hamburg), Überseekaufmann und Reeder.

GESTORBEN:

30. 6. Hamburg: Karl Sieveking (* 1. 11. 1787, Hamburg), Syndikus und Diplomat.

4. 11. Leipzig: Felix Mendelssohn Bartholdy (* 3. 2. 1809, Hamburg), Komponist.

Massenemigration Nährboden für Hapag

27. Mai 1847. Mit der »Hamburg-Amerikanischen Packetfahrt-Actien-Gesellschaft« (Hapag) gründet sich die erste Aktienreederei der Hansestadt. Die 33 Anteilseigner bestimmen den Reeder Adolph Godeffroy zum Direktor.

Zweck der Hapag ist es, eine »regelmäßige Verbindung Hamburgs mit Nordamerika mittels Segelschiffen unter Hamburger Flagge« herzustellen. 1856 nimmt die Gesellschaft den so definierten Dampferverkehr auf (→ 1. 6. 1856/S. 243). Hintergrund der Hapag-Gründung und Voraussetzung für ihren Aufstieg zur größten Reederei der Welt ist die Massenauswanderung nach Nordamerika, die bisher vorwiegend über Bremen abgewickelt wird: Zwischen 1836 und 1844 wanderten über Bremen 112 684 Personen aus, über Hamburg nur 14 750.

Bis 1860 ändert sich dieses Verhältnis erheblich: Über Hamburg, das die Auswandererverschiffung ab 1847 fördert, emigrieren durchschnittlich knapp 25 000 Menschen pro Jahr (→ 22. 3. 1855/S. 240).

Reeder Adolph Godeffroy, der erste Direktor der Hapag (Ölgemälde, 1839)

Die »Deutschland«, das erste Hapag-Schiff im New-York-Verkehr (1848)

Stolz weht Hamburgs Flagge: Die Flotte der Hapag im Jahr 1860; aus bescheidenen Anfängen mit einigen Segelschiffen im Passagierverkehr zwischen Hamburg und New York wächst die Firma, die 1856 ihre ersten dampfgetriebenen Passagierschiffe in Dienst stellt, bis zur Jahrhundertwende zur größten Reederei der Welt.

Regulativ für St. Paulis sündige Meile

12. November 1847. Der Rat erläßt ein »Regulativ für die Bordell-Wirthe und eingezeichneten Mädchen« der Vorstadt St. Pauli, das die dort tätigen Prostituierten vor einer Ausbeutung durch die Bordellwirte schützen soll.

Bordellwirte berechnen den Prostituierten in der Regel überhöhte Preise für Kost und Logis, um sie durch Verschuldung an das Bordell zu fesseln. Um diese Praxis abzustellen, verpflichtet das Regulativ die Wirte zur Führung von Schuldbüchern. Auch dürfen sie für Kost und Logis höchstens »die Hälfte der Einnahmen berechnen, welche die Mädchen an Lohn für den Beischlaf und an Geldgeschenken von den Männern haben«. Die Schulden einer Prostituierten sollen 150 Mark nicht überschreiten.

In der Praxis umgehen die Wirte jedoch diese Regelungen, wie am Fall der Prostituierten Emilie Pauline Schwarz deutlich wird, die 1857 »aussteigen« will, um zu heiraten. Ihr Zuhälter, ein Bordellwirt, der ihre Schulden bereits 1850 auf 550 Mark veranschlagt hat, will sie nicht freigeben. Die Prostituierte flieht und wird festgenommen, kann aber nachweisen, daß die Forderungen ihres Zuhälters unrechtmäßig sind und er somit Emilie Pauline Schwarz entlassen muß.

Seit → 1807 (S. 183) ist die im 18. Jahrhundert verbotene Prostitution wieder erlaubt. St. Paulis Bordelle und »öffentlichen Mädchen« werden registriert und polizeilich überwacht. 1841 existieren in Hamburgs Vergnügungsviertel 20 Bordelle mit 151 registrierten Prostituierten. Vor allem Seeleute, aber auch viele Hamburger besuchen abends St. Paulis bekannte Bordellstraßen.

Patrioten hauen nicht mehr auf den Putz

Hanseaten feiern Freihändler Cobden

1. Dezember 1847. Die Patriotische Gesellschaft hat ein neues Domizil: Das sog. Patriotische Gebäude steht auf dem Grund des alten Rathauses bei der Trostbrücke, das 1842 zerstört wurde.

Die Hamburgische Gesellschaft zur Beförderung der Künste und der nützlichen Gewerbe, wie die für ihre Reformarbeit renommierte Organisation vollständig heißt, hatte den Architekten Theodor Bülau mit dem Neubau beauftragt. Auch der alte Sitz der Patriotischen Gesellschaft war vor fünf Jahren ein Raub der Flammen geworden. Für das Projekt wurde ein Wettbewerb unter Hamburger Architekten ausgeschrieben. Bülaus Entwurf erhielt den ersten Preis, u. a. weil er auf das »als eine krankhafte Verirrung« betrachtete »Bauen mit Putz« – so Bülaus barsche Formulierung – verzichtet. Statt dessen soll das Patriotische Haus den norddeutschen Backsteinbau in den Formen hansestädtischer Gotik neu begründen.

Von 1848 bis 1850 tagt hier die verfassunggebende Versammlung, zwischen 1859 und 1897 auch die Bürgerschaft.

Das Patriotische Gebäude im Stadtzentrum (Gemälde, um 1900)

4. Oktober 1847. Zu Ehren des englischen Fabrikanten Richard Cobden, der sich als Vorkämpfer für den Freihandel international einen Namen gemacht hat, veranstaltet die Commerzdeputation ein Festmahl in der Kräuter'schen Reitbahn. Die Cobden-Feier im traditionell freihändlerisch eingestellten Hamburg ist eine »glänzende Demonstration zu Gunsten des Freihandelsprincips«, schreibt der »Hamburgische Correspondent«.

Beim Festmahl, an dem rund 700 hamburgische Kaufleute und Politiker teilnehmen, findet Cobden begeisterte Aufnahme. Nach einer längeren Europareise, die ihn u. a. nach Rußland führte, befindet er sich auf Einladung der Commerzdeputation in der Hansestadt. Im Vorjahr hat Cobden, nachdem er sich jahrelang dafür eingesetzt hatte, die Abschaffung der britischen Getreidezölle erreicht.

Als wichtigstes Exportland von Fertigwaren ist es Großbritannien, das neben Handelszentren wie Hamburg besonders an einem von Zöllen und anderen Hemmnissen befreiten Handel interessiert ist.

»Kartoffelkrieg« wegen zu hoher Lebensmittelpreise

15. Juni 1847. Auf dem Schaarmarkt protestieren die Konsumenten gegen den Wucher mit Lebensmitteln. Vorausgegangen sind erhebliche Preissteigerungen bei Kartoffeln und anderen Grundnahrungsmitteln. Die Polizei beendet durch ihr Eingreifen am nächsten Tag den »Kartoffelkrieg«.

In den Tumulten auf dem Schaarmarkt entlädt sich die Empörung über die anhaltende Teuerung, die bei gleichbleibenden Löhnen viele ärmere Familien in Not bringt. Als Lebensmittelhändler in spekulativer Absicht die Kartoffelpreise auf fast das Doppelte erhöhen, kommt es zu Tätlichkeiten gegen die Händler und ihre Kontore.

Seit 1837 ist der Preis für einen halben Zentner Kartoffeln, neben Brot das Hauptnahrungsmittel der armen Leute, von 19 Silbergroschen auf derzeit 64 Silbergroschen angestiegen. Ein Pfund Weizenbrot kostete 1837 einen Silbergroschen und sechs Pfennige, 1846 bereits zwei Silbergroschen und einen

Pfennig. Bei solchen Preisen geraten Arbeiter und selbst viele Handwerker, die weniger als 400 Silbergroschen monatlich verdienen, in Existenznot. Zur Verteuerung der Lebensmittel trägt die Akzise (Verbrauchssteuern) nicht unerheblich

bei. Daß gerade die Grundnahrungsmittel wie Butter, Getreide und Kartoffeln mit der Akzise belegt werden, verschärft die sozialen Spannungen noch zusätzlich.

Hinzu kommt die wachsende Arbeitslosigkeit als Folge der abflauenden Konjunktur. Vor allem die nach der Feuerkatastrophe 1842 zunächst aufblühende Baukonjunktur geht zurück, so daß viele fremde Handwerker, die sich nach dem Brand in Hamburg niedergelassen hatten, erwerbslos werden.

So friedlich wie auf diesem Bild geht es im Juni 1847 auf dem Schaarmarkt unweit der Kirche St. Michaelis nicht zu. Hier verkaufen vor allem die Fischhökerinnen und Bäuerinnen aus Reitbrook und Ochsenwerder ihre Waren. Sie finden dankbare Käufer in den bescheidenen Wohnvierteln in der Umgebung (kolorierte Lithographie, um 1860).

1848

Demokraten locken Rat aus der Reserve

3. März 1848. Wie auch im übrigen Deutschland kommt es in Hamburg nach der Pariser Februarrevolution zu Unruhen und Demonstrationen. Im allgemeinen Tumult gehen auch die Fensterscheiben an den Häusern einiger Ratsherren zu Bruch. Den Verlauf der Revolution 1848/49 bestimmen in der Hansestadt jedoch weniger die in Folge der verschlechterten sozialen Verhältnisse wiederholt ausbrechenden Straßenunruhen als die Frage der Verfassungsreform. Dabei stehen demokratisch gesonnene Bürger dem Rat und der Bürgerschaft gegenüber.

Bei einer Versammlung in der Altonaer Tonhalle am 10./11. März fordert die demokratische Bürgerbewegung u. a. die Wahl einer repräsentativen Volksvertretung, die Trennung von Staat und Kirche, die Trennung von Exekutive und Jurisdiktion sowie die Wahl eines deutschen Nationalparlaments.

Der Rat sieht sich so stark unter Druck, daß er am 13. März eine Deputation zur Beratung politischer Reformen einsetzt. Am 17. August muß er noch weitergehen und akzeptiert die allgemeine Wahl

Eine aufgebrachte Menge stürmt aus Protest gegen Zollschranken und Torsperre am 9. Juni 1848 das Steintor und zündet das Wachgebäude an.

einer unabhängigen Verfassunggebenden Versammlung.

Unter dem Eindruck veränderter politischer Verhältnisse fühlt sich der Rat ein Jahr später allerdings stark genug, den demokratischen Verfassungsentwurf dieser Konstituante abzulehnen, obwohl er eigentlich gar kein Recht dazu hat (→ 17. 8. 1849/S. 233; 13. 6. 1850/S. 235). Unterdessen erlebt Hamburg eine

Premiere: Bei den Wahlen zur Frankfurter Nationalversammlung (18.–20. 4. 1848) sind erstmals alle männlichen Einwohner vom 22. Lebensjahr an stimmberechtigt, und zwar ohne Besitz- oder andere Beschränkungen. Für die Hansestadt ziehen die gemäßigten Demokraten Johann Gustav Heckscher, Ernst von Merck und Edgar Daniel Roß ins Nationalparlament.

△ Im Revolutionsjahr 1848 wird die demokratisch orientierte Zeitung »Reform« in Hamburg gegründet. Zu den Mitarbeitern der »Reform« gehört Wilhelm Marr, Herausgeber des Satireblatts »Mephistopheles«. Unter den »Reform«-Redakteuren sind auch populäre Autoren wie Julius Stettenheim und Julius Stinde.

▷ Die Torsperre zieht nicht nur den Haß der breiten Bevölkerung, sondern auch den Spott der Gebildeten auf sich. In der Karikatur überwindet das allegorische Luftschiff »Aufklärung« die Sperren im Flug und läßt gemeinsam mit der Eisenbahn »Fortschritt« die Ratsherren in ihrer Traditionskluft hinter den Toren zurück (Lithographie, 1848).

Die erste deutsche Kriegsflotte präsentiert sich auf der Elbe. In der Mitte liegt die Fregatte »Deutschland«, r. das Dampfschiff »Hamburg«.

»Deutsche, wehrt Euch! Bewaffnet Dampfboote und Kauffahrteischiffe!«

5. Mai 1848. *Die Reeder Johann Cesar Godeffroy und Robert M. Sloman rufen im »Hamburgischen Correspondenten« zur Gründung einer deutschen Flotte auf, für die sie auch gleich die drei Schiffe »Franklin«, »Godeffroy« und »Johanna« zur Verfügung stellen. Hintergrund der Aktion ist der Deutsch-Dänische Krieg (1848–50) um Schleswig-Holstein, in dessen Verlauf die kleine dänische Marine dem deutschen Seehandel erheblichen Schaden zufügt.*
In dem Aufruf heißt es: »Die deutsche Flagge ist nicht mehr frei, und die deutschen Häfen sind durch dänische Kriegs- *schiffe gegen jeden Verkehr gesperrt! Auf denn, Deutsche, wehrt euch ... Bewaffnet Dampfboote und Kauffahrteischiffe und besetzt sie mit Männern, die entschlossen sind, unsere Flagge von der erniedrigenden Schmach zu befreien ... So wird der Sieg unser sein!« Die aus sechs Schiffen bestehende Hamburger Flottille wird am 14. Oktober dem Bund unterstellt. Sie kämpft unter dem Befehl von Karl Rudolf Bromme 1849 vor Eckernförde und Helgoland. Nach ihrer Auflösung am 2. April 1852 werden die Schiffe acht Monate später in Bremerhaven versteigert.*

Schiffbaukonjunktur hilft Stülcken-Werft

6. März 1848. Der Schiffbauer Heinrich Christopher Stülcken eröffnet auf Steinwerder eine Werft. Sein Vater, Johann Hinrich Friedrich Stülcken, leitet bereits seit 1845 eine Schiffszimmererwerkstatt.
Um Raum für zusätzliche Fabrikanlagen und Werften zu gewinnen, sind nach dem Brand von 1842 verstärkt der Grasbrook und der Steinwerder aufgeschüttet worden. Die Stülcken-Werft, zunächst nur mit Reparaturen beschäftigt, erhält 1853 ihren ersten Neubauauftrag. Sie profitiert in den folgenden Jahrzehnten vom wirtschaftlichen Aufwärtstrend Hamburgs, das bereits um 1850 im Warenumschlag die führende Handelsstadt Europas ist. Entsprechend vergrößert sich die Hamburger Handelsflotte von 257 Schiffen im Jahr 1848 auf 483 Schiffe (1859).

Stadtpost im Backsteinbau

2. Januar 1848. Das von dem Hamburger Architekten Alexis de Chateauneuf erbaute Stadtpostamt (heute »Alte Post«) wird seiner Bestimmung übergeben.
Das imposante, im florentinischen Stil des 15. Jahrhunderts, jedoch im Charakter der Gotik gehaltene Backsteingebäude beherbergt vier Postanstalten: Die Hamburgische Stadtpost, die Thurn-und-Taxissche Post, die Königlich Hannoversche Post und die Königlich Schwedische Post. Die Wappen und Embleme dieser Einrichtungen zieren die Portale des Gebäudes. 1866 werden die vier Postämter zu einem Norddeutschen Postamt vereinigt.
Da sich der zunächst konzipierte Turm des Stadtpostamtes für den vorgesehenen optischen Telegraphen wegen der umliegend errichteten höheren Häuser als zu niedrig erwies, erhielt er 1847 einen Aufsatz in Form eines Oktogons. Bis 1887 dient das Gebäude der Post, dann als nutzt es die Stadt für Verwaltungs- und Archivzwecke.

Einmal mehr italienische Architektur-Akzente: Das Stadtpostamt

Erste Tierschau bei Carl Hagenbeck

8. März 1848. Der Fischhändler Gottfried Clas Carl Hagenbeck stellt auf dem Spielbudenplatz in St. Pauli sechs von Finkenwerder Störfischern mitgebrachte Seehunde aus. Diese erste zoologische »Attraktion« bildet den Grundstein für den später von seinem Sohn Carl in Stellingen geschaffenen weltberühmten Zoologischen Garten (→ 7. 5. 1907/S. 361).
Neben den Tierschauen baut Hagenbeck in den folgenden Jahren einen schwunghaften Tierhandel auf. Den ersten, 1864 unter abenteuerlichen Umständen nach Hamburg transportierten Ameisenbären kauft Alfred Brehm, Verfasser von »Brehms Tierleben«, für den zwischen Jungiusstraße und Verbindungsbahn liegenden Hamburger Zoo. 1863 wird Hagenbecks Handlungs-Menagerie, wo die Tiere sowohl zur Schau als auch zum Verkauf ausgestellt sind, am Spielbudenplatz 19 eröffnet. Zwei Jahre später tritt der Italiener Lorenzo Casanova als erster Tierfänger in die Dienste Hagenbecks. Das Geschäft mit dem Tierhandel blüht: Sogar der US-amerikanische Zirkuskönig Phineas Taylor Barnum erscheint 1872 in Hamburg, um bei Carl Hagenbeck im großen Stil Tiere zu kaufen (→ 11. 3. 1874/S. 278).

Morse-Telegraph Hamburg–Cuxhaven

15. Oktober 1848. Zwischen Hamburg und Cuxhaven geht eine elektromagnetische Telegrapheneinrichtung in Betrieb. Die Hamburger Hafenbehörden hatten auf die rasche Einführung dieser neuen Nachrichtenübertragung gedrängt, die im Gegensatz zum bisher verwendeten optischen Telegraphen auch bei Regen, Nebel und Dunkelheit funktioniert.
Bei der neuen Vorrichtung handelt es sich um den in den USA entwickelten Morseapparat, der seit 1847 in Europa angeboten wird. Den von dem US-amerikanischen Erfinder Samuel Morse verwendeten Code ersetzt das sog. Hamburger Alphabet von Friedrich Clemens Gerke. Erst am 23. Juli 1848 wurde auf dem Turm des neuen Posthauses der nun ausgemusterte optische Telegraph eingeweiht.

1849

21. 2. Rat und Bürgerschaft billigen die Gleichstellung der Juden in Hamburg. → S. 234

28. 3. In Frankfurt wird die Verfassung des Deutschen Reiches verabschiedet und der preußische König Friedrich Wilhelm IV. zum deutschen Kaiser gewählt. Er lehnt am 3. April die Kaiserwürde ab.

7. 5. Die nach dem Brand 1842 wiederhergestellte Hauptkirche St. Petri wird eingeweiht.

28. 5. Rund 4000 demokratisch gesinnte Bürger demonstrieren auf einem »Pfingstspaziergang« von Hamburg nach Wandsbek für die Einführung der Reichsverfassung.

Mai. Der Sozialist Karl Marx hält sich in Hamburg auf, wo er mit mehreren Mitgliedern des Bundes der Kommunisten zusammentrifft.

11. 7. Die Verfassunggebende Versammlung verabschiedet ihren Entwurf für eine demokratische Verfassung Hamburgs mit den Grundprinzipien Volkssouveränität und Gewaltenteilung. Über 10 000 Menschen feiern den Entwurf am 16. Juli mit einem Umzug (→ 3. 3. 1848/ S. 231; 13. 6. 1850/S. 235).

13. 8. Beim Durchmarsch des 2. Bataillons des 15. preußischen Infanterieregiments durch die Vorstadt St. Pauli kommt es zu gewaltsamen Auseinandersetzungen, die einen Toten fordern (→ 17. 8. 1849/ S. 233).

14. 8. Der Hamburger Rat erklärt seinen Beitritt zum sog. Dreikönigsbündnis zwischen Preußen, Hannover und Sachsen (→ 2.–16. 3. 1850/S. 234).

17. 8. Über 8000 preußische Soldaten besetzen Hamburg. Dies bedeutet gleichzeitig die Entscheidung des Verfassungskonflikts zugunsten der alten Gewalten. → S. 233

20. 9. Der Rat verabschiedet ein Pressegesetz, das die Veröffentlichung demokratischer Inhalte unter Strafen stellt. → S. 234

1. 10. Am Berliner Bahnhof in der Nähe des Deichtors geht eine »Königlich Preußische Telegraphen-Station« in Betrieb.

3. 11. Die Neuner-Kommission von Rat und Bürgerschaftsmitgliedern legt ihren Verfassungsentwurf vor (→ 28. 9. 1860/S. 248; S. 249).

1849. Das Handelshaus Wm. O'Swald & Co. begründet in Sansibar die erste feste deutsche Niederlassung in Ostafrika. → S. 234

GEBOREN:

3. 5. Klein-Flottbek: Bernhard Heinrich Martin Fürst von Bülow († 28. 10. 1929, Rom), Politiker.

Preußische Infanterie- und Husarenoffiziere auf dem heutigen Rathausmarkt (moderne Kolorierung)

Preußen läßt seine Muskeln spielen

17. August 1849. Im Zusammenhang mit dem Deutsch-Dänischen Krieg um Schleswig-Holstein besetzen preußische Truppen Hamburg. Die Preußen befanden sich nach dem Scheitern der schleswig-holsteinischen Erhebung gegen die dänische Herrschaft auf dem Rückzug. In der Vorstadt St. Pauli provoziert die Bevölkerung die Soldaten des ungeliebten Staates; es kommt sogar zu Schießereien, die einen Toten fordern. Daraufhin lassen die Militärs die Muskeln spielen: Hamburg wird besetzt.

Der Rat hat die Truppen zwar nicht gerufen, ihre Anwesenheit kommt ihm aber als Einschüchterung gegen radikale Demokraten nicht ungelegen. So verliert die Verfassunggebende Versammlung endgültig ihren politischen Einfluß (→ 13. 6. 1850/S. 235). Bis zum November 1850 ziehen alle Truppen wieder ab.

Die populäre satirische Wochenzeitschrift »Mephistopheles« veröffentlicht diese Karikatur zur Besetzung Hamburgs durch preußische Truppen: Merkur, der altrömische Gott des Handels und Gewerbes, verläßt die besetzte Handelsstadt – eine Anspielung auf die zu befürchtenden negativen Folgen für das Hamburger Wirtschaftsleben. Als die ersten Besatzungstruppen (insgesamt über 8000 Mann) einmarschieren, werden sie beschimpft. Auch kommt es zu Schießereien mit dem demokratisch gesinnten Bürgermilitär, bei denen eine Person getötet wird.

Steine und Kot für die Besatzer

Chronik Zeitzeuge

In seinem Buch »Hamburgs Neueste Zeit« beschreibt Johann Gustav Gallois – ein akribischer Chronist der Stadtgeschichte – die Krawalle beim Durchmarsch der preußischen Infanterie durch St. Pauli am 13. August und beim Einmarsch in Hamburg. Ein Auszug seines Augenzeugenberichts:

»Mit den Truppen zog nun ein grollender Menschentroß, der seinen Gefühlen durch Pfeifen und Schreien Luft machte, gegen das Millerntor heran ... [Dort versuchte] nun die Menge, durch Sperrung des Tores den Truppen den Eingang zu wehren, so daß diese mit gefälltem Bajonett sich Bahn brechen mußten. Auf dem Walle ... regnete [es] sogar Steine und Kot auf die Truppen ... Sonderbarerweise fanden sich in der Gänsemarktswache einige Kisten mit scharfen Patronen ... Diese wurden alsbald eine Beute des Pöbels in und außer der Bürgerwehr ... [und] in allen, dem Gänsemarkt zunächst gelegenen Straßen knallten unaufhörlich Gewehrschüsse. Man schoß ohne Ziel, scharf oder blind.«

O'Swald-Faktorei in Lagos/Westafrika (Foto, um 1865); das Hamburger Handelshaus verbucht durch die Rohstoffimporte aus Afrika wachsende Gewinne.

Muscheln machen reich

1849. Muscheln aus dem ostafrikanischen Sansibar sind in Westafrika als Zahlungsmittel begehrt. Nach der Firma Hertz kommt ein weiteres Hamburger Handelshaus auf diese Spur: Wm. O'Swald & Co. gründet eine Faktorei (feste Niederlassung) in Sansibar und verdient prächtig am Handel mit Muscheln, aber auch mit Elfenbein, Palmöl und Gewürznelken.

Billige schwarze Arbeitssklaven »ernten« die Muscheln und bearbeiten sie, portugiesische Zwischenhändler zahlen bares Geld für die Ware und bescheren den Hamburgern damit erstaunliche Gewinnspannen.

Das Haus C. Woermann engagiert sich in Westafrika. In Guinea betreibt es Plantagen, auf denen einheimische Arbeiter u. a. Kaffee und Tabak anpflanzen.

Die großen Hamburger Handelshäuser verfügen über weltweite Verbindungen. Auch nach Australien wird 1851 eine regelmäßige Schiffsverbindung von der Firma J. C. Godeffroy & Sohn eingerichtet (→ 1851/S. 237). In Apia auf Samoa entsteht 1856 eine Handelsniederlassung (→ 1. 12. 1879/S. 288).

Gleichstellung der Hamburger Juden

21. Februar 1849. Rat und Bürgerschaft beschließen die politische Gleichstellung der in Hamburg lebenden Juden. Diese können nun erstmals das Bürgerrecht erwerben. Der Beschluß folgt dem Votum der Frankfurter Nationalversammlung vom 28. Dezember 1848 über die »Grundrechte der Deutschen«.

Seit den 1820er Jahren setzen sich die Hamburger Juden – angeführt u. a. von dem Juristen Gabriel Rießer – verstärkt für ihre Gleichberechtigung ein. Nach dem Brand von 1842 fielen die Beschränkungen beim Grunderwerb und bei der Wahl des Wohnsitzes innerhalb der Stadt. Erst die Verfassung von 1860 garantiert den Juden allerdings die volle Gleichberechtigung.

Zensur und Strafen zur Einschüchterung

20. September 1849. Das vom Rat verabschiedete Pressegesetz führt zwar nicht die am 9. März 1848 aufgehoben Vorzensur wieder ein, stellt jedoch Veröffentlichungen demokratischer Inhalte unter Strafen. Damit erfüllt der Rat entsprechende Forderungen Preußens.

Gleichzeitig wird eine »Verordnung zur Verhütung des Mißbrauchs des Versammlungs- und Vereinigungsrechtes« erlassen. Vereine, deren Ziele den Gesetzen widersprechen, werden verboten und Versammlungen unter freiem Himmel sowie spontane Zusammenkünfte des mit den Demokraten sympathisierenden Bürgermilitärs untersagt. Künftig kontrolliert die Polizei auch Vereinssitzungen.

1. 1. Karl Fröbel und Emilie Wüstenfeld gründen in Hamburg eine Frauenhochschule. → S. 234

2. – 16. 3. Auch in Hamburg finden die Wahlen zum Erfurter Unionsparlament statt, in dem die Hansestadt aufgrund des 1849 erfolgten Beitritts zum sog. Dreikönigsbündnis (Preußen, Hannover, Sachsen) vertreten ist. → S. 234

8. 3.–29. 11. In Hamburg erscheint in einer Auflage von rund 2500 Exemplaren als theoretisches Organ des Bundes der Kommunisten die »Neue Rheinische Zeitung. Politisch-ökonomische Revue«. Dort publiziert u. a. Karl Marx seine »Klassenkämpfe in Frankreich 1848 bis 1850«.

25. 4. In Blankenese wird eine Briefsammelstelle eingerichtet.

23. 5. Die Bürgerschaft billigt mit 345 von 497 Stimmen den Verfassungsentwurf der sog. Neuner-Kommission. Demnach sollen in Zukunft die Hälfte der vorgesehenen 192 Bürgerschaftsabgeordneten von allen männlichen Bürgern gewählt werden, die Einkommensteuer zahlen. Grundeigentümer und verschiedene Amtsträger sollen nur noch die andere Hälfte der Abgeordneten wählen können. Der Entwurf tritt zunächst nicht in Kraft, das Ringen um eine neue Verfassung für Hamburg geht weiter (→ 28. 9. 1860/ S. 248).

29. 5. Die Firma Robert M. Sloman eröffnet mit der »Helena Sloman« die erste regelmäßige Dampfschiffverbindung nach Nordamerika. → S. 235

13. 6. Rat und Bürgerschaft beschließen die Auflösung der 1848 eingerichteten Verfassunggebenden Versammlung. → S. 235

20. 6. Die erste Ausgabe der »Altonaer Nachrichten« erscheint.

28. 7. Der im Jahr 1844 gegründete Allgemeine Alster-Club führt auf der Alster die erste Segelregatta durch. → S. 235

6. 10. Das Hamburger Bezirkskomitee der Arbeiterverbrüderung löst sich unter zunehmendem politischen Druck selbst auf. → S. 235

1850. Die Hamburger Staatsschuld beträgt fast 68 Mio. Mark. Damit ist Hamburg – bezogen auf die Bevölkerungszahl – der höchstverschuldete Staat Deutschlands.

GESTORBEN:

1. 3. Hamburg: Georg Nicolaus Bärmann (* 19. 5. 1785, Hamburg), Pädagoge.

25. 7. Hamburg: David Christian Mettlerkamp (* 8. 6. 1774, Hamburg), Freiheitskämpfer.

Finanzprobleme für Frauenhochschule

1. Januar 1850. Als erste Einrichtung dieser Art in Deutschland gründen Karl Fröbel und Emilie Wüstenfeld die Hamburgische Frauenhochschule.

Unter dem Einfluß der liberal-demokratischen Gedanken des Vormärz entstand 1849 in Hamburg ein Frauenbildungsverein, der einen ähnlichen Hintergrund wie die neue Einrichtung hat: Ziel der Frauenhochschule, an der u. a. Lehrerinnen und Erzieherinnen ausgebildet werden, ist die Verbesserung der (beruflichen) Bildung und damit der Erwerbsmöglichkeiten für Frauen als Voraussetzung für ihre ökonomische Unabhängigkeit.

Im Zuge der Reaktion nach der Revolution 1848/49 gerät die fortschrittliche Lehranstalt zunehmend unter Druck; die existenznotwendigen Spenden bleiben aus. Die Trägerinnen dieses Beginns einer Frauenbewegung, darunter Charlotte Paulsen und Amalie Sieveking, ziehen sich in die private Wohltätigkeit zurück. Die Frauenhochschule muß 1852 schließen.

Demokraten lehnen Unionsparlament ab

2. bis 16. März 1850. Edmund Schwartze und Gabriel Rießer sind die Hamburger Abgeordneten, die das männliche Wahlvolk der Hansestadt in das Erfurter Unionsparlament wählt. Hier ist Hamburg nach seinem Beitritt zum konservativen Dreikönigsbund zwischen Preußen, Hannover und Sachsen vertreten. Die Demokraten boykottieren diese Wahlen.

Aufgrund des gegen die Frankfurter Nationalversammlung gerichteten Dreikönigsbundes vom 26. Mai 1849 bildete sich die Union deutscher Staaten unter preußischer Führung, der jedoch Österreich, Bayern, Württemberg, das dänische Holstein, Luxemburg und Liechtenstein fernblieben. Die vom Erfurter Unionsparlament erarbeitete Unionsverfassung, die sich unter Eliminierung der demokratischen Elemente an die Frankfurter Reichsverfassung vom 28. März 1849 anlehnt, erlangt jedoch keine praktische Bedeutung, weil Preußen – u. a. mit Rücksicht auf Österreich – auf die Union verzichtet.

Die »Helena Sloman« der hamburgischen Reederei Robert M. Sloman soll als erster deutscher Überseedampfer regelmäßig zwischen Hamburg und New York verkehren. Das Schiff geht aber schon im November 1850 bei Neufundland verloren.

Erster Überseedampfer »Helena Sloman«

29. Mai 1850. Der erste deutsche Überseedampfer »Helena Sloman« verläßt Hamburg auf seiner Premierenfahrt nach New York. Damit eröffnet die Reederei Robert M. Sloman vor dem Hintergrund der wachsenden deutschen Auswanderung (→ 22. 3. 1855/S. 240) die erste regelmäßige Dampfschiffsverbindung nach Nordamerika.

Gebaut wurde die nach der Tochter des Reeders genannte »Helena Sloman« von der britischen Werft T. & W. Pimm in Hull. Es handelt sich um ein mit einer archimedischen Schraube ausgestattetes Dampf-

schiff, das – z. B. im Falle eines Maschinenschadens – in ein Segelschiff verwandelt werden kann. Zwei Maschinen von je 180 PS treiben die »Helena Sloman« an. Die erste Kajüte des Passagierschiffs hat 42 Betten, die zweite Kajüte 32, und auf dem Zwischendeck können bis zu 236 weitere Fahrgäste untergebracht werden.

Während die erste durch einen Maschinenschaden unterbrochene Fahrt nach New York bis zum 29. Juni dauert, braucht der Dampfer für die Rückreise nur 18 Tage. Die Hinfahrt der zweiten Rundrei-

se dauert 23 Tage. Gegenüber den Segelschiffen, die durchschnittlich 50 Tage für die Strecke brauchen, bedeuten diese Schnellfahrten einen erheblichen Zeitgewinn.

Bei der dritten – und letzten – Reise nach New York gerät die »Helena Sloman« im November 1850 bei Neufundland in einem schweren Sturm in Seenot. Erst nach mehreren Stunden werden die Passagiere und die Mannschaft des leckgeschlagenen Dampfers gerettet. Sie können das Schiff bis dahin durch ununterbrochenes Pumpen mühsam über Wasser halten.

»Lust-Segeln« auf den Binnengewässern

28. Juli 1850. Der 1844 gegründete Allgemeine Alster-Club führt auf Hamburgs Binnengewässern erstmals eine Segelregatta durch.

In Deutschland ist das »Lust-Segeln«, also das Segeln zum Vergnügen im Gegensatz zum noch überwiegend mit Segelschiffen betriebenen kommerziellen Wasserverkehr, relativ ungewöhnlich. Der Hamburger Allgemeine Alster-Club, aus dem 1868 der Norddeutsche Regattaverein hervorgeht, und die Berliner »Tavernen-Gesellschaft« sind die ersten Segelclubs. Dagegen gab es holländische »Lust-Segler« bereits um 1600, und die erste englische Segelregatta fand 1661 statt. Wie das Segeln ist auch das Rudern eine in Deutschland noch junge Sportart.

»Lust-Segler« auf der Elbe; erst seit einigen Jahren wird in Hamburg nach englischem und holländischem Vorbild zum puren Vergnügen gesegelt.

Mit der Konstituante stirbt die Revolution

13. Juni 1850. Hamburgs Rat und Bürgerschaft lösen die Verfassunggebende Versammlung auf, die sich die demokratischen Vereine im Zuge der revolutionären Märzereignisse 1848 erkämpfen konnten (→ 3. 3. 1848/S. 231).

Die von den gemäßigten Demokraten beherrschte Konstituante hatte am 11. Juli 1849 einen Verfassungsentwurf verabschiedet, der, dem Grundsatz der Volkssouveränität folgend, u. a. die Ersetzung der Erbgessenen Bürgerschaft durch eine aus allgemeinen Wahlen hervorgehende Bürgervertretung forderte. Mit der Rückendeckung Preußens (→ 17. 8. 1849/S. 233) lehnte der Rat entgegen vorheriger Vereinbarungen diese demokratische Verfassung ab und beauftragte im September 1849 die sog. Neuner-Kommission mit der Überarbeitung des Konstituantenentwurfs. Die Auseinandersetzungen um eine Reform der Hamburgischen Verfassung gehen auch nach Ausschaltung der Demokraten noch zehn Jahre weiter (→ 28. 9. 1860/S. 248).

Unterdrückung der Arbeitervereine

6. Oktober 1850. Das Hamburger Bezirkskomitee der Arbeiterverbrüderung löst sich selbst auf. Entsprechend war schon das Leipziger Zentralkomitee der Organisation im Juni verfahren.

Im gesamten Deutschen Bund demonstriert die Obrigkeit, daß sie nach der 48er Revolution wieder Herr im Haus ist: Die Behörden schalten fast das gesamte Arbeitervereinswesen durch Verbot aus.

Ziel der Allgemeinen Deutschen Arbeiterverbrüderung, die 1848 als erster nationaler Zusammenschluß von Arbeiter- und Handwerkervereinen entstand, war zunächst die Organisation der Arbeiter. Zudem forderte man die Einführung des Zehnstundentags, eines Mindestlohns, Unterstützungskassen und Arbeitsnachweise. Der zunächst noch als Wanderunterstützungskasse fortgeführte Verein wird im August 1851 endgültig aufgelöst (→ 31. 5. 1851/S. 236). Jetzt bleibt den Arbeitern nur noch der immer unpolitischer werdende »Bildungsverein« (→ 3. 2. 1845/S. 226).

28. 1. Im Zusammenhang mit dem Deutsch-Dänischen Krieg um Schleswig-Holstein rücken österreichische Truppen in Hamburg ein. → S. 236

5. 3. Nach dem Tod des Bürgermeisters Christian Daniel Benecke wird mit Blick auf die anstehende Verfassungsrevision dessen Stelle vom Hamburger Rat nicht wieder besetzt.

18. 3. Die Hamburger Altkonservativen unter Führung des Wasserbaudirektors Heinrich Hübbe ersuchen in einer mit 51 Anlagen versehenen Beschwerdeschrift die Bundesversammlung des Deutschen Bundes um eine Initiative gegen die Einführung der »Neuner-Verfassung« in Hamburg (→ 28. 9. 1860/S. 248).

31. 5. In Hamburg werden mehrere Mitglieder des Bundes der Kommunisten verhaftet und vor Gericht gestellt. → S. 236

8. 6. Im Wirtshaus Joachimsthal und anderen Lokalen auf St. Pauli kommt es zu Krawallen zwischen der Bevölkerung und österreichischen Soldaten (→ 28. 1. 1851/S. 236).

3. 7. Der Hamburger Kaufmann Johann Heinrich Schröder legt den Grundstein zum ersten Schröderstift. → S. 236

17. 8. Die Firma J. C. Godeffroy & Sohn, die über 22 Schiffe verfügt, richtet eine »Packetfahrt« nach Australien ein. → S. 237

19. 9. Auf Anfrage der Oberalten veröffentlicht der Rat eine am 8. August 1850 ergangene Note Preußens und Österreichs, in der eine Überprüfung der »Neuner-Verfassung« durch den Frankfurter Verfassungsausschuß empfohlen wird. Der Hamburger Rat lehnt dies unter Hinweis auf seine Souveränität am 15. September ab (→ S. 249).

Oktober. Robert Miles Sloman nimmt auf Steinwerder ein Trockendock in Betrieb. → S. 237

29. 11. Der Hamburg-Lockstedter Renn-Club konstituiert sich. Dieser Pferdesportverein ändert 1856 seinen Namen in Hamburger Renn-Club (→ 11. 7. 1869/S. 265).

Mitte Dezember. Aus Kreisen des Hamburger Bürgervereins wird ein »Assoziations-Waren-Magazin« zum preisgünstigen Verkauf von Grundnahrungsmitteln und Brennstoffen an einkommensschwache Bevölkerungsschichten ins Leben gerufen. → S. 237

1851. Über Hamburg wandern 11 978 Personen – überwiegend in die USA – aus, im Hafen von Bremen schiffen sich 37 493 Menschen nach Übersee ein.

Österreichische Soldaten eröffnen das Feuer auf protestierende Einwohner von St. Pauli. Ort der Krawalle: Die Gaststätte Joachimsthal am 8. Juni

Österreicher an der Elbe

28. Januar 1851. 4400 österreichische Soldaten ziehen in Hamburg ein. Gemeinsam mit preußischen Einheiten sollen sie entsprechend dem Vertrag von Olmütz (1850) die Entwaffnung schleswig-holsteinischer Truppen sicherstellen, nachdem Dänemark Schleswig-Holstein eine staatsrechtliche Sonderstellung zugesichert hat. Mit diesem Kompromiß endet der Deutsch-Dänische Krieg um die dänischen Ansprüche auf Schleswig.

Die Hamburger Bevölkerung ist auf die fremden Truppen nicht gut zu spechen. Zu allem Überfluß mißhandeln österreichische Soldaten am 1. Mai auch noch einen Redakteur des Witzblatts »Mephistopheles«. Als es am 8. Juni in einem Lokal auf St. Pauli zu gewaltsamen Auseinandersetzungen zwischen Einwohnern und Soldaten kommt, besetzen die Österreicher kurzerhand – allerdings nur vorübergehend – die unbotsame Vorstadt.

Verhaftungswelle gegen Kommunisten

31. Mai 1851. Im Rahmen einer Verhaftungswelle gegen Mitglieder des Bundes der Kommunisten in ganz Deutschland nimmt die Polizei in Hamburg mehrere Bundesmitglieder fest, darunter Hermann Wilhelm Haupt, Carl Hermann Petersen und Joachim Friedrich Martens. Der Prozeß gegen die acht Kommunisten endet am 10. November mit Ausweisungen und Haftstrafen.

Mit dem konservativen Umschwung nach der Revolution 1848/49 setzt in Deutschland eine massive staatliche Überwachung und Unterdrückung der demokratischen Presse und der an der Revolution beteiligten Verbände und ihrer Mitglieder ein. Arbeiterorganisationen, wie z. B. die Arbeiterverbrüderung (→ 6. 10. 1850/S. 235), werden verboten und in die Illegalität getrieben. Grundlage dafür sind in Hamburg das restriktive Pressegesetz und die »Verordnung zur Verhütung des Mißbrauchs des Versammlungs- und Vereinigungsrechtes« (→ 20. 9. 1849/S. 234). Letztere verschärfen die Behörden am 30. Juni dahingehend, daß Vereinsgründungen und Versammlungen schon wegen kritischer Haltung zum Staat verboten werden können.

Das Schröderstift um 1868; die Kapelle in der Mitte ist zugleich Gedenkhalle für den mildtätigen Stifter Johann Heinrich Schröder (1784–1883).

Schröderstift: Ein Platz für Hilfsbedürftige aus »besseren Ständen«

3. Juli 1851. *1 Mio. Mark ist dem Kaufmann Johann Heinrich Schröder eine Stiftung für Hilfsbedürftige aus den sog. besseren Kreisen wert. Dieser Klientel ist das Schröderstift am Schlump gewidmet, wo der Grundstein zu den 52 Freiwohnungen gelegt wird.*

Die Stadt überließ Schröder für den Bau den südwestlichen *Teil des sog. Papenlandes zwischen Schlump und Durchschnitt sowie ein Stück Land an der Sternschanze. 1852 können die ersten Bedürftigen einziehen; später wird das Stift auf 200 Wohnungen erweitert. Vor dem langgestreckten Flügel des Hauptgebäudes mit der Kapelle in der Mitte entsteht später die Schröderstiftstraße.*

Um 1888 entsteht diese Fotografie eines Segelschiffes in einem Trockendock. Zu dieser Zeit hat sich das Dock als Reparaturhilfe schon durchgesetzt.

Trockendock rentiert sich

Oktober 1851. Novität auf Steinwerder: Der Reeder Robert Miles Sloman eröffnet ein Trockendock. Das von dem Ingenieur Bernhard Wencke konstruierte »Dry-Dock« weist noch einige technische Mängel auf. So ist es nicht völlig wasserdicht, weshalb die Dockarbeiter es als »Quellental« bezeichnen. Da jedoch das Eindocken wesentlich billiger ist als das Aufslippen (bei dem das Schiff an Land gezogen wird) und die Holzschiffe weniger strapa-

ziert, ziehen die Reeder bald allgemein das Trockendock vor. In Slomans Dock werden bis 1876 auch Segelschiffe gebaut, später dient das Trockendock für Reparaturen. 1858 wird bei H. C. Stülcken auf der am → 6. März 1848 (S. 232) gegründeten Werft auf Steinwerder das erste hölzerne Schwimmdock eingerichtet, das vielseitiger benutzt werden kann. Das 140 000 Mark teure Dock verzeichnet bald eine gute Auslastung.

Geschäfte von Samoa bis zum Reiherstieg

17. August 1851. Mit der Bark »Cesar Godeffroy« nimmt die Firma J. C. Godeffroy & Sohn die regelmäßige »Packetfahrt« nach Australien auf, die meist Auswanderer transportiert. Für die Rückfahrt laden die Schiffe vor allem Kupfererz, das in der Schmelze auf Kirchwerder verarbeitet wird. Die Firma verfügt derzeit über 22 Schiffe.

Neben dem wachsenden Engagement im Überseehandel – 1856 gründet Godeffroy & Sohn eine Handelsniederlassung auf Samoa mit Agenturen auf den Nachbarinseln – betreibt die Firma auf der Roosen'schen Werft am Reiherstieg eine leistungsfähige Schiffbauanlage, wo sie moderne Segelschiffe herstellen läßt. Ab 1856 werden hier auch Eisenschiffe gebaut. Der erste eiserne Tiefwassersegler läuft 1858 vom Stapel.

»Assoziation« heißt das Zauberwort

Mitte Dezember 1851. Mitglieder des Hamburger Bürgervereins gründen ein »Assoziations-Waren-Magazin«, das Nahrungsmittel und Brennstoffe günstig an einkommensschwache Bevölkerungsgruppen verkauft. Nach heftigen Protesten der Einzelhändler müssen die Konsumgenossenschaft und die angeschlossene Sparkasse im Oktober 1852 schließen.

Angesichts der regen Beteiligung an diesem ersten Konsumverein, die an den Kauf von Kleinaktien gebunden ist, entstehen in den folgenden Jahren immer wieder Konsumgenossenschaften. So findet sich im Dezember 1852 die »Gesellschaft zur Verteilung von Lebensbedürfnissen« zusammen, die den gemeinsamen Einkauf von Lebensmitteln und deren Weitergabe an die Mitglieder organisiert.

1852

2. 2. Im »Hamburgischen unparteiischen Correspondenten« erscheint als »Amtlicher Teil« die erste Nummer des »Amtsblattes«.

1. 3. Carl Heinrich Laeisz tritt in die von seinem Vater Ferdinand Laeisz begründete Firma ein. → S. 237

2. 4. Die seit 1848 bestehende und unter maßgeblicher Beteiligung Hamburger Reeder aufgebaute Flotte des Deutschen Bundes wird aufgelöst und am 1. Dezember in Bremerhaven versteigert (→ 5. 5. 1848/S. 232).

24. 5. Im Krayenkamp 17 wird die erste Kinderbewahranstalt (Krippe) in Hamburg eröffnet.

25. 6. Der Hamburger Schiffsmakler August Bolten chartert die Brigg »Othello« und schickt sie als Auftakt eines regelmäßigen Liniendienstes der neugegründeten Hamburg-Brasilien-Packetschiffahrts-Gesellschaft nach Rio de Janeiro.

1. 7. Hamburg tritt dem revidierten Deutsch-österreichischen Postverein bei, dem 17 deutsche Postverwaltungen angehören.

22. 7. Die Bürgerschaft billigt die Erweiterung des Niederhafens und die Vertiefung des Stadtgrabens zwischen Sand- und Brooktor zur Gewinnung neuer Liegeplätze für Seeschiffe auf dem Grasbrook. Als Folge dieses Beschlusses wird u.a. das → 1655 (S. 124) erbaute Blockhaus am Eingang zum Niederhafen abgerissen.

7. 10. Die Bürgerschaft beschließt die Anlegung des Klostertores für einen Fußweg nach St. Georg, der auch nach Eintreten der Torsperre frei zu passieren ist.

12. 10. In der Poststraße wird die Richtfeier der Stadtmühle (später Elektrizitäts-Anstalt) begangen.

11. 8. In den Börsenarkaden eröffnet eine Kunstausstellung (→ 1865/S. 257)

4. 12. Die neuorganisierte Nacht- und Polizeiwache (Konstablerkorps) tritt in Tätigkeit. → S. 237

1852. Das Handelshaus Wm. O'Swald & Co. gründet eine Niederlassung in Lagos/Westafrika (→ 1849/S. 234).

GEBOREN:

22. 5. Corbach: Hermann Kümmell († 19. 2. 1937, Hamburg), Chirurg.

26. 7. Bremen: Johann Heinrich Burchard († 6. 9. 1912, Hamburg), Bürgermeister.

14. 11. Reitbrook (heute Hamburg): Alfred Lichtwark († 13. 1. 1914, Hamburg), Kunsthistoriker und Erzieher.

Geschäftstüchtige Familie Laeisz

1. März 1852. Ferdinand Laeisz nimmt seinen Sohn Carl Heinrich als Teilhaber in seine Firma auf. Nachdem sich sein Vater bisher hauptsächlich Handelsgeschäften gewidmet hat, baut der junge Laeisz eine Reederei auf, die sich bis 1913 zur größten Privatreederei Hamburgs entwickelt.

Ermutigt durch den Erfolg der 1847 gegründeten Hapag (→ 27. 5. 1847/ S. 229), an der sein Vater beteiligt ist, drängt Carl Heinrich Laeisz auf den Aufbau eines eigenen Reedereibetriebs. Die Situation ist günstig: Die Briten haben 1849 ihre Kolonien für den direkten Handel durch andere Staaten geöffnet. Auch die unabhängig gewordenen Staaten Südamerikas und Australien bieten sich für neue Schiffahrtslinien an. Schließlich forciert die Massenauswanderung über Hamburg (→ 22. 3. 1855/S. 240) die Nachfrage nach Schiffsraum.

1856 kauft Laeisz den Schoner »Sophie und Friederike«, 1857 die Brigg »Adolph«. Im gleichen Jahr gibt er mit der Bark »Pudel« (485 BRT) das erste in Hamburg für seine Reederei gebaute Schiff bei der Stülcken-Werft (→ 6. 3. 1848/ S. 232) in Auftrag. Später erhalten alle Laeisz-Schiffe Namen, die mit »P« beginnen (→ 1878/S. 286).

Konstablerkorps ersetzt Nachtwache

4. Dezember 1852. Die Nacht- und Polizeiwache (Konstablerkorps) nimmt ihren Dienst auf. Das 25 Mann starke Konstablerkorps tritt an die Stelle der Nachtwache.

Nach der Brandkatastrophe von 1842 wurden Leitung und Leistung der Polizei zunehmend kritisiert. Um eine Reform der Polizeiorganisation in die Wege zu leiten, hatte der Rat 1843 die Einsetzung einer gemischten Kommission beantragt, die auch das polizeiliche Zuständigkeitsgesetz beraten sollte. Praktische Ergebnisse der Kommissionsarbeit sind die Ausdehnung der städtischen Polizei auf die Vorstadt St. Georg und die zahlenmäßige Verstärkung der Polizeikräfte. Die angestrebte Polizeireform wurde wegen der 1848 ausbrechenden Verfassungskämpfe nicht mehr durchgeführt.

1853

Busse ersetzen Dampfer

12. Januar 1853. Auf der neuen »Wilhelmsburger Kunststraße« nehmen die Schlüter'schen Omnibusse den Verkehr auf, wodurch die Verbindung zwischen Hamburg und Harburg erheblich verbessert wird. Über die Norder- und Süderelbe werden die Omnibusse mit Fähren übergesetzt.

Die Fahrzeit zwischen Bahnhof Harburg und Jungfernstieg beträgt nur noch 100 Minuten. Viele Reisende mit Ziel Hamburg wählen nun diese Verbindung, zumal die Eisenbahnlinie aus Hannover in Harburg endet. Bisher konnte man nur die seit 1845 zwischen Harburg und Hamburg bzw. Altona verkehrenden Dampfschiffe benutzen (→ 1861/S. 251). Die eingeschränkte Schiffbarkeit der Elbe an ungefähr 60 Tagen im Jahr bedeutet jedoch nach wie vor eine starke Behinderung des Verkehrs.

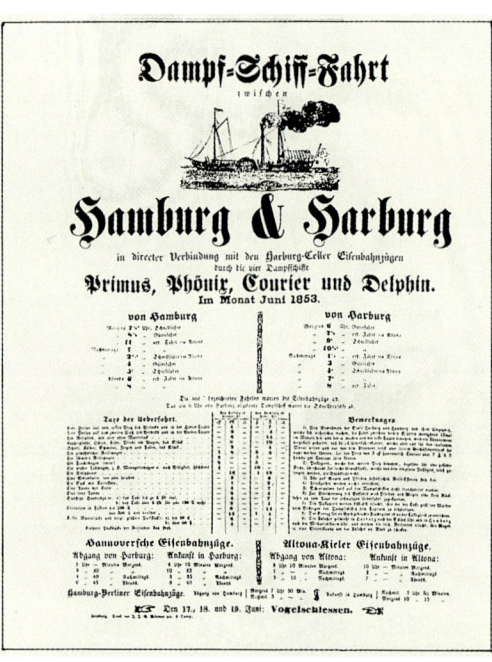

Fahrplan der Dampffähren zwischen Harburg und Hamburg bzw. Altona aus dem Jahr 1853; die Überfahrt mit den Dampffähren dauert zwar länger als die neue Omnibuslinie über die Elbinsel Wilhelmsburg, bietet aber einen »unvergleichlichen Anblick auf Hamburg«, worüber ein Stadtführer von 1861 ausführlich berichtet (→ 1861/S. 251). Zwischen dem Abfahrtsplatz der Dampffähren – etwa acht Minuten vom Harburger Bahnhof entfernt – und dem Bahnhof verkehren zur Bequemlichkeit der Reisenden Omnibusse.

Komponist Johannes Brahms auf einer Fotographie im Jahr 1865

Junger Brahms ist »vielversprechend«

28. Oktober 1853. Der renommierte Komponist Robert Schumann lobt den 20jährigen Hamburger Nachwuchskomponisten und Pianisten Johannes Brahms in der »Zeitschrift für neue Musik« als vielversprechenden Künstler.

Schon früh war das Talent des jungen Brahms aufgefallen. Mit zwölf Jahren erhielt er Gratisunterricht bei Eduard Marxsen, Hamburgs bekanntestem Klavierpädagogen. Brahms' erstes Konzert 1848 in Hamburg wie auch die Aufführung seines »1. Klavierkonzerts« im Jahr 1859 stoßen auf äußerst positive Resonanz beim Publikum.

Tanzunterhaltung im »Conventgarten«

27. Oktober 1853. An der Fuhlentwiete in der Hamburger Neustadt eröffnet das Konzerthaus »Conventgarten«. Als Tanzgarten hat das Etablissement bereits am 24. Juli vergnügungswillige Gäste eingelassen. Das neue Lokal entwickelt sich zu einem der beliebtesten Biergärten der Hansestadt.

In lauen Sommernächten lustwandelt das wohlhabende Hamburger Publikum bei den Klängen der neusten Walzermelodien unter den alten Obstbäumen des »Conventgartens«. Den Namen wählte der Wirt in Erinnerung an sein früheres Lokal »Bierconvent«. Das Eintrittsgeld beträgt 8 Schilling. Im Konzerthaus finden bis zum Bau der Musikhalle (→ 4. 6. 1908/S. 364) die großen Konzerte statt.

Abendliches Tanzvergnügen im »Conventgarten«; im Schein von Gaslampen können die Herrschaften sich auch im Freien verlustieren. Damit ist es 1893 allerdings vorbei: Dann durchschneidet die Kaiser-Wilhelm-Straße einen Teil des Gartens.

1854

1. 1. Mit dem Beitritt Hannovers zum Deutschen Zollverein wird der Harburger Freihafen aufgelöst. → S. 239

Ende Januar. Die Arbeiter im Schiffszimmerergewerbe beenden nach teilweiser Durchsetzung ihrer Forderungen einen Ende 1853 begonnenen Streik. Sie wollten ein Verbot der Beschäftigung auswärtiger Arbeiter auf den Werften und mehr Lohn erreichen.

4. 2. Für den Bau eines neuen Hamburger Rathauses schreibt die Stadt einen Architektenwettbewerb aus. Unter den Teilnehmern ist der 18jährige Primaner Martin Haller, dessen Entwurf in die Endausscheidung gelangt. Haller zählt 1880 zu der Gruppe von »Rathausbaumeistern«, nach deren Plänen am → 6. Mai 1886 (S. 302) mit dem Bau begonnen wird.

29. 6. Die Bürgerschaft billigt den Kauf eines 579 648 Quadratfuß (rund 230 000 m²) großen Grundstücks auf dem Grasbrook für 460 650 Mark, um das Terrain für die geplante grundlegende Hafenerweiterung nutzbar machen zu können (→ 26. 3. 1858/S. 245).

19. 10. Rat und Erbgesessene Bürger beschließen die Abschaffung der öffentlichen Hinrichtungen.

21. 10. Zum gemeinsamen Einkauf von Rohmaterial und gemeinsamer Lagerhaltung gründen die Holzpantoffelmacher aus Hamburg und Altona einen Verein. Auch in anderen Gewerbezweigen entstehen derartige Produktivassoziationen.

30. 10. Die Polizeibehörde untersagt Prostituierten den Anruf vorübergehender männlicher Passanten. Am 23. Januar war ihnen bereits der Besuch der Promenaden und am 24. April der Aufenthalt in Tanzlokalen nach 24 Uhr verboten worden.

November. Zur Überquerung der Süderelbe kommt eine Dampffähre zum Einsatz (→ 30. 9. 1899/S. 340).

11. 12. Der Diamantschleifer Ernst Winter verlegt seinen 1847 in Brachstedt bei Halle eröffneten Betrieb nach Eimsbüttel (heute Ernst Winter & Sohn).

GEBOREN:

16. 2. Hamburg: Oscar Fetras, eigtl. Otto Faster († 11. 1. 1931, Hamburg), Komponist.

6. 3. Hamburg: Heinrich Bötel († 5. 1. 1938, Hamburg), Tenor.

GESTORBEN:

5. 3. Hamburg: Johann Wilhelm Bentz (getauft 21. 1. 1787, Hamburg), Wasserträger und Original (»Hummel«). → S. 239

Eine der ersten Industriebetriebe in Harburg: Koeber's Hütte (um 1860)

Aus für Freihafen Harburg

1. Januar 1854. Der 1848 eingerichtete Harburger Freihafen wird mit dem Beitritt des Königreichs Hannover zum Deutschen Zollverein aufgelöst. Dies begünstigt die künftige Industrieansiedlung in Harburg (→ 23. 6. 1856/S. 242).

Durch den Freihafen-Status hatte der Harburger Hafen, der wichtigste Seehafen Hannovers, einen spürbaren Aufschwung erlebt. Von 1850 bis 1852 nahm die Zahl der jährlich einlaufenden Schiffe von 152 auf 691 zu; von 1855 bis 1861 pendelt sie sich zwischen 1100 und 1200 ein. Stärker noch trägt zu dieser Entwicklung die Befreiung der direkt nach Harburg gehenden Schiffe vom Stader Zoll (seit 1850) bei. Nach Hamburg gehende Schiffe müssen diese Abgabe noch bis 1861 entrichten (→ 1. 7. 1861/S. 250). Einer weiteren Expansion des Harburger Hafens steht die ungenügende Tiefe des Köhlbrand-Fahrwassers entgegen.

Kapitäne zieht es in den »Trichter«

1854. Zu den bekannten Hamburger Vergnügungslokalen gehört der sog. Trichter in der Vorstadt St. Pauli. Der Pavillon mit dem hohen trichterförmigen Dach heißt eigentlich dank seiner Lage am Millerntor Torpavillon. Ähnliche Pavillons befinden sich am Steintor/Ecke Kirchenallee sowie zwischen den Wegen zum Besenbinderhof und den Hühnerposten.

Besonders abends, zur Zeit der Torsperre, findet sich wegen seiner geographischen Lage vor dem »Trichter« von St. Pauli ein zahlreiches Publikum ein. Unter den Gästen des von einem früheren Kapitän bewirtschafteten Hauses sind viele Schiffskapitäne. Dienstmädchen bewirten sie – entweder in dem kleinen Lokal oder in einem hübschen Garten – mit Erfrischungen aller Art. Für die gepflegte Lektüre können sich die Besucher auch Zeitungen reichen lassen.

Als sich das Lokal nicht mehr rentiert, wird der aus Holz gebaute Pavillon 1868 abgerissen und durch ein großes Gasthaus ersetzt. Auch der Garten wird neu gestaltet und beleuchtet. Die in dem neuen Vergnügungslokal veranstalteten Konzerte locken zahlreiche Besucher an. 1889 wird hier das Hornhardt'sche Konzerthaus erbaut.

Hamburger Original Hummel gestorben

5. März 1854. Der Wasserträger Hummel (eigtl. Johann Wilhelm Bentz oder Benzen) stirbt verarmt im Werkhaus. Als eins der Hamburger Originale wird der schwermütige, dem Spott seiner Umgebung ausgesetzte Wasserträger zur weltbekannten Symbolfigur der Hansestadt. Wie Hummel sind auch die anderen sog. Originale Außenseiter der Gesellschaft, die ihre Rolle selten freiwillig übernehmen: Aalweber, der mit Pfeifenreinigern handelnde Piepenreimers, die Zwergin Rutschhanne, die schwachsinnige Zitronenjette. Eine Ausnahme bildet der aus einer angesehenen Familie stammende Leinwandmakler Vetter Kirchhoff. Mit seinen Streichen weist der Hamburger Eulenspiegel auf Mißstände hin.

Eine Art hamburgischer Eulenspiegel: Der wohlbeleibte Jacob F. Kirchhoff

»Aale, Aale«: Das weit über Hamburg hinaus bekannte Original »Aalweber«

Der Handel mit Pfeifenreinigern gab ihm seinen populären Namen: »Piepenreimers«

Symbol der Hansestadt, aber zu Lebzeiten nur verspottet: Johann Wilhelm Bentz

1855

Der Ingenieur William Lindley konzipierte die Badeanstalt am Schweinemarkt (r.; heute steht hier das Horten-Parkhaus) nach Londoner Vorbildern.

Baden am Schweinemarkt

5. April 1855. Mit der öffentlichen »Wasch- und Badeanstalt Schweinemarkt« steht den Hamburgern erstmals eine Warmbadeanstalt zur Verfügung.

Die Anlage, für deren Errichtung sich eigens eine Aktiengesellschaft zusammengefunden hat, ist die erste ihrer Art auf dem europäischen Kontinent. Technische Voraussetzung der Badeanstalt ist die moderne Wasserversorgung der Stadt (→ 26. 6. 1844/S. 224).

Bei niedrigen Eintrittspreisen können Hamburger, die vielfach noch keinen Wasseranschluß in ihrer Wohnung haben, die 65 Wannenbäder (49 für Männer, 16 für Frauen) benutzen. Darüber hinaus gibt es Einrichtungen zum Wäschewaschen. 1881 wird auf dem Schaarmarkt eine zweite Badeanstalt mit einer Schwimmhalle errichtet.

Neben den Warmbadeanstalten gibt es für das sommerliche Badevergnügen mehrere Freibäder an der Alster, der Bille und der Elbe. Der erste mit Umkleidekabinen ausgestattete städtische Badeplatz entstand 1850 auf dem Grasbrook.

Reger Kahnverkehr in Hamburgs Straßen

1. Januar 1855. Eine Sturmflut richtet schwere Schäden in den elbnahen Gebieten an.

Mehrere Deichbrüche führen zu Überschwemmungen u. a. in Wilhelmsburg, das völlig überflutet wird, in den Vierlanden, in Bergedorf, in Moorburg, bei Harburg und in Winsen (Luhe). Der noch bis zum folgenden Tag anhaltende Orkan aus Nordwest, der das Wasser in die Elbe drückt, deckt zahlreiche Dächer ab, weht Schornsteine herunter und entwurzelt Bäume. Einrichtungen des elektromagnetischen Telegraphen zwischen Hamburg und Cuxhaven (→ 15. 10. 1848/ S. 232) werden z. T. zerstört.

Nachdem das Wasser auch noch die Alsterschleusen überflutet hat, steigt die Alster so hoch, daß auch die höher gelegenen, sonst von Sturmfluten nicht betroffenen Straßen in Hamburg und in der Vorstadt St. Georg überschwemmt werden. In den Straßen herrscht ein reger Verkehr mit Kähnen. Infolge der Deichbrüche sinkt hier jedoch der Wasserstand relativ schnell wieder ab.

Der Schiffsverkehr auf der Elbe muß aber zeitweilig eingestellt werden, nachdem mehrere auslaufende Schiffe erheblich beschädigt in den Hafen zurückkehren.

Auswandererschiffe sind »wahre Hölle«

22. März 1855. Angesichts verstärkter Auswanderung über den Hamburger Hafen beschließt die Bürgerschaft die Einsetzung einer Deputation für das Auswandererwesen. Sie soll die Emigrationsbestimmungen überwachen.

Aus politischen, wirtschaftlichen und sozialen Gründen weitet sich die deutsche Auswanderung vor allem in die USA zu einer Massenbewegung aus. Immer mehr Menschen finden in ihrer Heimat keine vernünftige Arbeit.

Die Verschiffung der Auswanderer übernehmen in Hamburg, das zunehmend mit dem führenden Auswandererhafen Bremen konkurriert, vor allem die Reedereien Sloman (→ 11. 1. 1868/S. 263) und Hapag (→ 27. 5. 1847/S. 229), die aufgrund der Massenemigration enorme Gewinne verbuchen.

In den Zwischendecks der Auswandererschiffe herrschen katastrophale Zustände, die fast zwangsläufig zu Seuchen führen. »In einer wahren Hölle waren 150 Personen 70 Tage lang eingepfercht«, so ein US-amerikanischer Bericht. »Der Schmutz von dem oberen Raum floß herunter in den Menschenstall, in dem es kein Tier lange ausgehalten hätte.«

Boote setzen Auswanderer zu den im Hamburger Hafen liegenden Schiffen über (Zeichnung). Wegen der Enge und der unhygienischen Zustände an Bord sterben viele Passagiere unterwegs an Seuchen. Die Zwischendecks müssen seit dem Jahr 1850 mindestens eine Höhe von 1,72 m haben.

Stadt-Theater an der Dammtorstraße; das Haus steht an der Stelle der heutigen Oper (Stahlstich; moderne Kolorierung).

Bankrottes Theater an Reeder verkauft

26. September 1855. Der Reeder Robert Miles Sloman erwirbt in öffentlicher Auktion das im Vorjahr bankrott gegangene Stadt-Theater. Bis 1873 bleibt es im Besitz des Mäzens Sloman. Er investiert 170 000 Speziestaler plus 800 Speziestaler jährliche Grundmiete.

Zuvor hat die Erbgesessene Bürgerschaft den Aufkauf des Theaters durch den Staat abgelehnt. Besonders seit der Eröffnung des erfolgreichen Thalia Theaters (→ 9. 11. 1843/S. 221) geriet das seit Jahren kriselnde größte hamburgische Theater in Bedrängnis.

Die anhaltende wirtschaftliche und künstlerische Krise des Stadt-Theaters ist auf eine verfehlte Finanz-, Spielplan- und Ensemblepolitik zurückzuführen. Dabei wirkt sich das »Privileg«, als einziges Theater ernste Schauspiele, Tragödien und Opern aufführen zu dürfen, verhängnisvoll aus. Das Publikum zieht die im Thalia Theater gezeigten Lustspiele vor. Trotz der Gastspiele berühmter Darsteller bleibt die »Theilnahme für Schauspiel«, wie Theaterdirektor Anton Wollheim (von 1858 bis 1862) 1861 notiert, »auf dem Gefrierpunkt wie früher und die großen Geldkosten ... waren umsonst gebracht«. Schon 1838 schrieb der damalige Direktor Friedrich Ludwig Schmidt: »Außer dem Dichternamen ›Schiller‹ bewirkte bei uns noch derjenige von ›Goethe‹ und ›Lessing‹ unfehlbar ein leeres Haus.«

Direktor Carl Albert Sachse (1855–1858) setzt vermehrt auf Inszenierungen mit Gesangstars, um die Theaterkrise durch Opernaufführungen zu lindern.

Afrikaforscher kehrt an die Elbe zurück

28. August 1855. Der hamburgische Forschungsreisende Heinrich Barth kehrt als einziger überlebender Europäer von einer fünfjährigen Expedition in das Innere Afrikas nach Tripolis zurück. Seine Ankunft in Hamburg am 1. Oktober erregt »freudige Sensation«; verschiedene Feste und Empfänge finden zu Ehren Barths statt.

Im Anschluß an seine erste größere Afrikareise 1845 bis 1847 hatte sich Barth, von Haus aus klassischer Philologe, 1849 der britischen Sudan-Expedition unter James Richardson angeschlossen, die am 24. März 1850 aufbrach. Nach dem Tod einiger Expeditionsmitglieder schloß Barth im Auftrag einer britischen Handelsmission, als deren wissenschaftlicher Mitarbeiter er unterwegs war, 1852 mit dem Reich Bornu am Tschadsee einen Staatsvertrag ab. Anschließend legte er bei der Erforschung des Gebiets zwischen Tripolis, Tschadsee und Timbuktu insgesamt ca. 17 000 km zurück und entdeckte dabei die Quellen des Benue.

Nach seiner Rückkehr veröffentlicht Barth einen umfangreichen Reisebericht (»Reisen und Entdeckungen in Nord- und Zentralafrika«, 1857–59), eine Fundgrube der modernen Afrikaforschung.

Billard spielen und Lesen in einem

6. November 1855. An der Bleichenbrücke können lektürehungrige Hamburger ihrem Interesse fortan in einer Lesehalle nachgehen. Die »Gesellschaft zur Vermehrung von Bildung und Geselligkeit« stellt die Einrichtung ihren ca. 1700 Mitgliedern gegen eine Beitragszahlung zur Verfügung.

Neben einem großen Lesesaal, in dem wichtige deutsche und ausländische Tageszeitungen und Zeitschriften ausliegen, beherbergt das Gebäude mehrere große Konversations-, Billard-, Spiel- und Restaurationszimmer. Ferner gibt es eine Bibliothek mit ausleihbaren Büchern. In den Sälen der Lesehalle finden Vorlesungen, Konzerte und Bälle statt. Angesichts finanzieller Schwierigkeiten wird das Gebäude 1860 an die Stadt verkauft, die es als Verwaltungsgebäude nutzt.

1856

12. 3. Hamburg und das Königreich Hannover schließen einen Vertrag über die Vertiefung und Verbreiterung der Fahrrinne im Köhlbrand. → S. 243

7. 4. Zum dritten Mal nach dem 7. Juni 1855 und dem 27. März 1856 lehnt die Bürgerschaft den Verfassungsentwurf nebst begleitenden Gesetzen ab (→ 28. 9. 1860/S. 248).

1. 6. Die Hapag stellt zwei in Großbritannien gebaute Dampfschiffe in Dienst. → S. 243

23. 6. Die Brüder Albert und Louis Cohen gründen die Firma »Albert & Louis Cohen Harburg-Schuhfabrik«. Daraus gehen die Phoenix Gummiwerke AG hervor. → S. 242

31. 7. Ein provisorisches Firmenkomitee ruft zur Gründung der Norddeutschen Bank auf. Unter den beteiligten neun Unternehmen sind die Firmen J. C. Godeffroy & Sohn, Salomon Heine, H. J. Merck & Co. sowie H. J. Tesdorpf & Sohn. Die Bank eröffnet am 15. Oktober ihren Geschäftsbetrieb.

11. 8. Die Vereinsbank wird mit einem Kapital von 20 Mio. Mark banco in das Handelsregister eingetragen (ab 1974 Vereins- und Westbank AG). → S. 242

25. 9. Auch Vertreter gewerblicher Unternehmen dürfen fortan an den Versammlungen »Eines Ehrbaren Kaufmanns« – der Organisation der Kaufleute – teilnehmen. → S. 243

17. 10. In Hamburg wird eine Discontocasse für Hypotheken gegründet. Das Unternehmen scheitert jedoch am mangelnden Interesse des Publikums.

28. 10. Neben der geplanten Synagoge auf den Kohlhöfen findet die Richtfeier für die Talmud-Thora-Armenschule statt.

22. 11. Der Hamburger Komponist und Pianist Johannes Brahms tritt erstmals in einem philharmonischen Konzert auf.

12. 12. Der Rat beschließt, den Wasserbaudirektor Heinrich Hübbe von seinem Amt zu suspendieren. Anlaß zu der Maßregelung des konservativen Beamten ist ein Artikel in der »Neuen Preußischen Zeitung«, in welchem Hübbe die Rechtlichkeit der hamburgischen Behörden in Frage stellt.

1856. In der Hauptkirche St. Katharinen wird die erste öffentliche Gasheizungsanlage mit acht Kaminen installiert.

GEBOREN:

11. 3. Hamburg: Wilhelm Melhop († 29. 4. 1943, Hamburg), Oberbaurat.

24. 11. Groß-Weeden: Friedrich Sthamer († 30. 6. 1931, Hamburg), Diplomat und Bürgermeister.

Das ländliche Harburg verwandelt sich nach 1856, dem »Explosionsjahr der Industrie«, zum Fabrikort (Ansicht um 1850).

Rasante Industrialisierung in Harburg

23. Juni 1856. Die aus Paris stammenden Brüder Albert und Louis Cohen werden Bürger Harburgs, wo sie die Firma »Albert & Louis Cohen Harburg-Schuhfabrik« (spätere Phoenix Gummiwerke AG) gründen. Nach Beitritt des Königreichs Hannover – dem Harburg angehört – zum Deutschen Zollverein (→ 1. 1. 1854/S. 239) entwickelt sich Harburg zu einem Industrievorort Hamburgs, das dem Zollver-

ein fernbleibt (→ 25. 5. 1881/S. 291). Weil Hamburger Waren bei Ausfuhr in das Gebiet des Zollvereins mit einer Abgabe belegt werden, genießt die Harburger Industrie nunmehr einen Standortvorteil gegenüber der Nachbarstadt.

Neben den Cohenschen Weichgummiwerken gründet das Hamburger Unternehmen H. C. Meyer jun. 1856 an der Süderelbe die Harburger Gummi-Kamm-Compagnie als er-

ste deutsche Hartkautschukfabrik. Weitere Industriepioniere sind u. a. G. Koebers Eisenwerk (1855) sowie die Schmirgelfabrik Schlesinger & Co. (1858).

Hauptbranchen der Harburger Industrie sind die Gummiverarbeitung, die Pflanzenölgewinnung und die Chemieindustrie. Eduard Friedrich Heins legt 1856 den Grundstein für die Chemische Fabrik Harburg-Staßfurt AG.

Kapitalgesellschaft statt Privatbankier

11. August 1856. Vor dem Hintergrund der guten Konjunkturlage (bis 1857) wird die Vereinsbank (ab 1974 Vereins- und Westbank AG) mit einem Kapital von 20 Mio. Mark banco gegründet. Wenig später – am

15. Oktober – nimmt die Norddeutsche Bank ihren Betrieb auf.

Die traditionellen Privatbanken können den immensen Kapitalbedarf nicht mehr befriedigen. Die Aktien der neuen, als Kapitalge-

sellschaften organisierten Banken werden 40fach (Vereinsbank) bzw. 200fach (Norddeutsche Bank) überzeichnet, d. h., die Nachfrage nach diesen Aktien ist wesentlich größer als das Angebot.

Die Gründer der Vereinsbank, darunter sitzend 3. v. l. Isaac Wolffson, Rechtskonsulent der Bank und Abgeordneter der Bürgerschaft (1859–1889) und des Deutschen Reichstags (1871–1881); 5. v. l. Johann Hinrich Gossler, Geschäftsführer des renommierten Bankhauses Joh. Berenberg, Gossler & Co.

Der Köhlbrand soll ausgebaggert werden

12. März 1856. Hamburg und das Königreich Hannover unterzeichnen den Köhlbrandvertrag. Danach soll die Fahrrinne in diesem Elbarm, der Norder- und Süderelbe miteinander verbindet, verbreitert und erheblich vertieft werden.

Die Schiffbarkeit des Köhlbrands ist für den an der Süderelbe liegenden Harburger Seehafen von hoher Bedeutung (→ 1. 1. 1854/S. 239). Hamburg hat sich einer Steigerung der Konkurrenzfähigkeit des Nachbarhafens lange widersetzt. Man willigt ein, um ein Entgegenkommen Hannovers bei der dringend erwünschten Elbüberbrückung zu erreichen. Eine endgültige Einigung kommt allerdings erst am → 24. Juni 1868 (S. 261) zustande.

Kaufleute gnädig gegen Fabrikanten

25. September 1856. Fabrikbesitzer und Direktoren von »großen commerciellen Unternehmungen« erhalten erstmals das Recht, die Versammlungen »Eines Ehrbaren Kaufmanns« zu besuchen. Erst nach mehreren erfolglosen Anträgen werden die in Hamburg weniger angesehenen Fabrikanten zu dieser Organisation der hamburgischen Großkaufleute zugelassen.

Erste Dampfschiffe im Hapag-Verkehr

1. Juni 1856. Die bisher nur mit Segelschiffen betriebene Hamburg-Amerikanische Packetfahrt-Actien-Gesellschaft (Hapag) nimmt die Dampfschiffe »Hammonia« und »Borussia« (jeweils 800 Commerzlasten = 2000 t) in Betrieb. Sie brauchen nach New York nur noch 14 bis 17 Tage.

Die »Börsenhalle« notiert dazu am 31. Mai: »Mit der Begründung der neuen Hamburg-New Yorker Linie ist der erste Schritt, dem deutschen Handel ... seine volle Selbständigkeit zu sichern, geschehen ... Unmittelbar von Hamburg auslaufend und dahin wieder zurückkehrend schaffen ihre [der Hapag] Schiffe, ohne einen Zwischenhafen ... zu berühren, einen wirklich direkten Verkehr zwischen hier und New York.«

1857

14. 3. In Kopenhagen wird ein Staatsvertrag über die Ablösung des dänischen Sundzolls unterzeichnet. Hamburg steuert 200 647 Mark courant bei.

30. 3. Die Bürgerschaft billigt die Überlassung eines Grundstücks auf der Südspitze des Hornwerks an die Seemanns-Pensionscasse zur Errichtung eines Seemannshauses.

14. 6. Das Paulinenstift wird als Waisenhaus für jüdische Mädchen eingeweiht.

23. 11. Unter Beteiligung führender Hamburger Unternehmer wird ein Garantie-Disconto-Verein gegründet. Er muß seine Geschäftätigkeit jedoch am 28. November wieder einstellen, nachdem es ihm nicht gelungen ist, angesichts des sprunghaft in die Höhe gekletterten Wechselumlaufs dem Finanzgeschäft eine solide Basis zu verleihen (→ 6.12.1857/S.243).

27. 11. Die Bürgerschaft billigt den Vorschlag des Rates, die Kämmerei zur Zahlung von Vorschüssen auf Waren- oder Wertpapiergeschäfte bis zu einem Gesamtbetrag von 10, maximal 15 Mio. Mark banco zu ermächtigen.

6. 12. Zur Behebung der Auswirkungen einer weltweiten Wirtschaftskrise wird in Hamburg eine Disconto-Casse gegründet. → S. 243

12. 12. Eine Vertrauenskommission soll aus den Mitteln einer österreichischen Silberanleihe denjenigen großen Handelshäusern Unterstützung geben, die unmittelbar vom Konkurs bedroht sind (→ 6. 12. 1857/S.243).

1857. Der Grundstücksspekulant Johann Carstenn erwirbt für 230 000 Reichstaler das Gut Wandsbek. → S. 244

1857. Am Schulterblatt eröffnet Schmidt's Tivoli auf dem Gelände des späteren Flora Theaters (→ 2. 6. 1889/S. 314; 13. 9. 1988/S. 596).

GEBOREN:

22. 2. Hamburg: Heinrich Rudolf Hertz († 1. 1. 1894, Bonn), Physiker.

2. 3. Valparaiso (Chile): Arnold Georg Friedrich († 3. 1. 1924, Hamburg), Bürgermeister.

15. 8. Hamburg: Albert Ballin († 9. 11. 1918 Hamburg), Reeder.

19. 9. Hamburg: Hein Köllisch († 18. 4. 1901, Rom), Volkssänger.

24. 9. Hamburg: Adolf von Elm († 18. 9. 1916, Hamburg), Politiker (SPD).

GESTORBEN:

7. 3. Vevey (Schweiz): Martin Johann Jenisch jun. (* 12. 4. 1793, Hamburg), Kaufmann und Ratsherr.

Hammonia's Weihnachtsbescheerung.

Die Karikatur greift die staatliche Krisenhilfe für große Firmen an.

Spekulation endet in Krise

6. Dezember 1857. Unter einer weltweiten Wirtschaftskrise hat auch Hamburg zu leiden: Den drohenden Zusammenbruch großer Geldinstitute und Handelshäuser soll nun eine eigens zur Kapitalbeschaffung gegründete Disconto-Casse verhindern.

Der Stadt Hamburg gelingt es ihrerseits, 35 Mio. Mark banco Kredite zu beschaffen, davon allein 10 Mio. vom österreichischen Staat, dessen Nationalbank das Silber zur Freude der Stadtväter gleich per Expreßzug schickt.

Ursache der Krise ist die mit waghalsigen Kreditoperationen verbundene zügellose Warenspekulation im Zusammenhang mit dem 1854 ausgebrochenen und 1856 unerwartet früh beendeten Krimkrieg. 150 Firmen in dem eng mit dem Welthandel verflochtenen Hamburg machen Bankrott.

»Tausende von Bankrotten in einem Monat«

Chronik Zeitzeuge

Über die Weltwirtschaftskrise von 1857, die zunächst in den USA, dann auch in den europäischen Handelszentren zum Zusammenbruch zahlreicher Banken und Handelsunternehmen führt, berichtet der hamburgische Chronist Johann Gustav Gallois im fünften Band seiner Chronik (Auszug):

»Uralte Firmen brachen plötzlich mit ihren Wechselaccepten zusammen, Fabriken standen still, unermeßliche Waarenvorräthe lagen wie fest gebannt an ihren Stapelplätzen, Tausende von Bankerotten drängten sich in einem kurzen Monat zusammen, Hunderttausende von Arbeitern sahen sich außer Verdienst, angefangene industrielle Unternehmungen blieben liegen; die Verkaufsläden standen aller Orten, selbst zur Weihnachtszeit, verödet und kundenleer. Ueberall Bestürzung, Aufregung und Demonstrationen: selbst unsere ruhige Börse [in Hamburg] ward zum Schauplatze aufgeregter Volksversammlungen, deren Ton an transatlantische Maßlosigkeit erinnerte; alle Verhältnisse schienen auf den Kopf gestellt: bei nie gekannten Warenvorräthen, bei reichen Ernten überall Entbehrung, bei trefflichen Transportmitteln nirgends Austausch, bei starker Einfuhr edler Metalle allenthalben drückender Geldmangel, trotz zahlreicher Creditanstalten ein hoher Zinsfuß, wie er selten erlebt, und was für uns das Wunderbarste schien, Oesterreich als Retter des norddeutschen Handels durch Darleihen von Millionen baaren Geldes!«

Das Wandsbeker Schloß fällt der Bodenspekulation zum Opfer.

Schloß Wandsbek verkauft

1857. Für 230 000 Reichstaler erwirbt der Grundstücksspekulant Johann Carstenn das Gut Wandsbek. Dazu gehören der heutige Stadtteil Marienthal, das Wandsbeker Gehölz, das Schloß mit dem Schloßpark, der Meierhof Mühlenbeck, Groß-Jüthorn und das Jägerhaus Klein-Jüthorn.

Im folgenden Jahr verkauft Carstenn das in Villengrundstücke aufgeteilte Gutsgelände weiter. Das von Freiherr Heinrich Carl von Schimmelmann → 1762 (S. 159) erbaute Schloß läßt Carstenn 1861 abreißen, um das Gelände ebenfalls zu verkaufen. 1860 kauft die Stadt Wandsbek das Wandsbeker Gehölz für 96 000 Mark, um seine Zerstörung zu verhindern.

Ein Opfer des Carstennschen Spekulantentums wird auch der einstmals überaus populäre Lusthof »Wendemuth«, mitten in Wandsbek nördlich der Wandse gelegen. Carstenn läßt das ausgedehnte Gelände zur Bebauung parzellieren und verkauft den größeren Teil im Februar 1865 für Gewerbezwecke: Die Lauensteinsche Wagenfabrik errichtet hier einen Betriebshof für die Pferde-Eisenbahn (→ 16. 8. 1866/ S. 259), die Hamburg mit Wandsbek verbindet. Das Gelände des Gutes Wandsbek erhält im Jahr 1861 offiziell die Bezeichnung Marienthal. In Wandsbek entstehen eine Reihe von beliebten Ausflugszielen, die auch Besucher aus Hamburg anlocken: Das Lokal Groß-Jüthorn, die »Rotunde« in Reisners Ballsälen und die Kunsteisbahn.

Ein Spaß für jung und alt: Virtuos gleiten die Eisläufer über die spiegelglatte Fläche der Wandsbeker Kunsteisbahn (1881; moderne Kolorierung).

1858

26. 3. Die Commerzdeputation favorisiert einen offenen Tidehafen gegenüber einem Dockhafen. → S. 245

April. In Hamburg werden die ersten Hafenlotsen eingestellt. → S. 245

29. 4. Die Bürgerschaft billigt die vom Rat vorgeschlagene Neugliederung des Allgemeinen Krankenhauses in St. Georg. Künftig soll es je eine Station für innere Krankheiten, eine chirurgische Abteilung und eine Abteilung für Geisteskranke geben (→ 30. 10. 1823/S. 198).

17. 6. In Kopenhagen wird ein Vertrag über den Bau einer Eisenbahn zwischen Hamburg und Lübeck über Oldesloe und Wandsbek unterzeichnet. Die Konzession für den Bahnbau erhält die Lübeck-Büchener-Eisenbahngesellschaft. Nach der Ablösung des Sundzolls im Jahr 1857 hat Dänemark seinen Widerstand gegen den Bahnbau aufgegeben.

6. 7. Der Schlosser und Mechaniker Rudolph Otto Meyer gründet auf der Peute eine Firma für den Bau von Warmwasser-Zentralheizungsanlagen. Die Firma installiert zunächst vor allem Warmwasser-Heizungen in Gewächshäusern.

9. 7. Der Rat informiert die Bürgerschaft über die Liquidation der Staats-Disconto-Casse. Insgesamt hat sie 8,153 Mio. Mark banco als Vorschüsse auf Waren und Wertpapiere an 193 einheimische Firmen ausgezahlt. Der effektive Verlust für die Staatskasse beläuft sich auf rund 180 000 Mark (→ 6. 12. 1857/ S. 243).

23. 7. Wegen der schlechten Arbeitsmarktlage im kaufmännischen Bereich schließen sich Hamburger Angestellte im Verein für Handlungs-Commis von 1858 zusammen. → S. 244

13. 9. Das Hamburger Auswandererschiff »Austria« sinkt als Folge eines Brandes. → S. 245

14. 9. Der Zehnte Evangelische Kirchentag findet in Hamburg statt.

23. 10. Das Waisenhaus auf der Uhlenhorst wird eingeweiht. → S. 244

29. 11. Die Bürgerschaft billigt die Einrichtung einer Dampffähre zwischen dem Grasbrook und Wilhelmsburg zum Anschluß an die von dort nach Harburg führende Chaussee (→ 12. 1. 1853/S. 238).

1858. An der Straße Beim Neuen Krahn ersetzt ein eiserner Kran den früheren Holzkran. → S. 245

GEBOREN:

18. 7. Hamburg: Robert Nhil († 31. 10. 1938, Hamburg), Schauspieler.

Handlungs-Commis rücken zusammen

23. Juli 1858. Hamburger Angestellte gründen den Verein für Handlungs-Commis von 1858 (58er Verein). Ziel des Vereins ist der Aufbau eines eigenen Stellennachweises, um die Arbeitsvermittlung durch kommerzielle Vermittler, die häufig überhöhte Provisionen verlangen, zu umgehen. Im September 1879 kann die 10 000. Stellenvermittlung gefeiert werden.

1860 gründet der 58er-Verein, dessen Mitgliederzahl rasch ansteigt (1868: etwa 2000, 1908: 86 000), eine Krankenkasse. Auch das Selbsthilfe- und Fortbildungsangebot des Vereins wird ausgebaut.

Die Gründung des Angestelltenvereins erfolgt vor dem Hintergrund der derzeit schlechten Arbeitsmarktlage im kaufmännischen Bereich. Die Zahl der Commis, also der Handlungsgehilfen oder kaufmännischen Angestellten, ist noch relativ gering; selbst große Firmen beschäftigen im »Comptoir« wenig Personal. Der Arbeitstag eines Commis dauert meist zwölf Stunden mit einer zweistündigen Mittagspause. Es wird an sechs Tagen in der Woche gearbeitet.

Neues Waisenhaus auf der Uhlenhorst

23. Oktober 1858. Auf der Uhlenhorst wird ein neues Waisenhaus eingeweiht. Der Neubau wurde erforderlich, weil das Waisenhaus in der Admiralitätsstraße als provisorisches Rathaus dient, seit das alte Rathaus beim Brand von 1842 zerstört worden ist. In der Zwischenzeit waren die Waisenkinder in einem ehemaligen Wirtshaus in Harvestehude untergebracht.

Das zwischen 1856 und 1858 errichtete neue Waisenhaus steht auf einem großen, von der Bleicherstraße, dem Winterhuder Weg, der Schulstraße und dem Hofweg begrenzten Grundstück. Im Mitteltrakt des langgestreckten roten Ziegelbaus befinden sich Verwaltungsräume, Wohnungen des Direktors und des Inspektors sowie die Kirche. Im rechten Seitenflügel sind die Knaben, im linken die Mädchen untergebracht. Küche und Baderäume befinden sich im Keller. Das Waisenhaus ist von einem parkartigen Garten umgeben.

Entscheidung für »schnellen« Tidehafen

Jetzt auch Lotsen für die »Feinarbeit«

26. März 1858. Die Commerzdeputation spricht sich in einer Eingabe an den Rat entschieden gegen das Projekt eines Dockhafens mit Schleusen und für die Anlage eines offenen, jederzeit zugänglichen Tidehafens aus. Damit hat sich Johannes Dalmann, der seit 1856 (zunächst als kommissarischer) Nachfolger von Wasserbaudirektor Heinrich Hübbe amtiert, in der heftigen Kontroverse über den Hafenausbau durchgesetzt. Nach seinen Plänen erhält Hamburg einen »schnellen« Hafen mit neuen Hafenbecken und modernen Umschlagseinrichtungen.

Mit dem steigenden Handelsvolumen war der seit Jahrhunderten kaum veränderte, aus Nieder- und Binnenhafen (für Seeschiffe) sowie dem Oberhafen (für Binnenschiffe) bestehende Hafen Ende der 1830er Jahre zu klein geworden. Der größte Teil des Güterumschlags vollzieht sich bereits »im Strom«, wo die Schiffe an eingerammten Duckdalben festmachen und auf Schuten entladen werden.

Zunächst favorisierte man den Ausbau zum Dockhafen nach Londoner Vorbild. So sah der sog. Wal-

Passend zur zukunftsorientierten Entscheidung für einen Tidehafen präsentiert die Werft H. C. Stülcken 1858 eine Neuerung: Das erste Schwimmdock.

ker-Lindley-Hübbe-Plan von 1845 ein kompliziertes System von Deichen und Schleusen vor. Dagegen argumentierte Dalmann, daß Hamburg mit seinem im Gegensatz zu London sehr viel geringeren Tidenhub (rund 2,20 m; London: etwa 7 m) die Nachteile eines Dockhafens nicht in Kauf zu nehmen brauche: Die Schiffe könnten nur bei Flut in die Schleusen einlaufen, was einen teuren Zeitverzug bedeuten

würde. Zudem sei der Schleusenbau teuer und die Docks brächten im Winter erhebliche Probleme, weil das Wasser schneller zufriert. Nach dem Konzept des Tidehafens beginnt 1863 der Bau des Sandtorhafens, der mit modernen Kaianlagen sowie Gleis- und Straßenanschlüssen versehen wird. Weitere Hafenbecken und Kaistrecken gestatten einen immer rascheren Güterumschlag (→ 11. 8. 1866/S. 258).

April 1858. Die ersten drei Hafenlotsen treten ihren Dienst an, nachdem sich die Elblotsen geweigert haben, die Schiffe auch noch in den Hafen zu begleiten.

Für die Hafenlotsen, deren Zahl in den folgenden Jahren ansteigt, gelten genaue Vorschriften: Sie dürfen keine Trinkgelder annehmen und bei der Arbeit nicht rauchen. Sie haben beim Hafen zu wohnen und ein eigenes Ruderboot für den Transport zu und von den Schiffen zu unterhalten.

Von der Elbmündung bis zur Hamburger Stadtgrenze werden die Schiffe von den Flußlotsen (»Böschlotsen«) begleitet. Bei Neumühlen ankern die Schiffe so lange, bis der Hafenmeister die Erlaubnis zum Einlaufen in den Hafen erteilt. Wegen des zunehmenden Schiffsverkehrs und der zu engen Hafenbekken gestaltet sich der Lotsendienst im Hafen immer schwieriger und zeitraubender, weshalb die Böschlotsen diese Arbeit nicht mehr übernehmen wollen. Vorübergehend hatte der Hafenmeister selbst, unterstützt von zwei Gehilfen, diese Arbeit ausgeführt.

Der 1857 abgerissene hölzerne »Neue Kran«, dessen Nachfolger bis 1974 seinen Dienst tut.

Eisenkran noch per Handkurbel betrieben

1858. An der Einmündung des Nikolaifleets in den Binnenhafen wird ein eiserner Kran installiert, der den alten Kran ersetzt. Schon im 14. Jahrhundert stand hier eine Hebeeinrichtung. Die nun abgerissene Holzkonstruktion erfuhr in der Vergangenheit mehrfache Verbesserungen. Bei dem neuen Kran handelt es sich um einen Wiegekran niederländischer Bauart mit einer Hublast von 15 t. Um dieses Gewicht zur Hochstrecke zu bringen, müssen vier Arbeiter die beiden Handkurbeln bedienen. 1896 wird der Eisenkran, der 1940 unter Denkmalschutz gestellt wird, auf elektrischen Betrieb umgestellt.

Für fast 500 Emigranten wird die »Austria« zur grausamen Todesfalle (zeitgenössische Darstellung).

Tragisches Schicksal von Auswandererschiff

13. September 1858. Das Hapag-Schiff »Austria« sinkt mit 542 Auswanderern an Bord vor Neufundland. Ein Brand ist die Ursache der Katastrophe, die 495 Tote fordert. Nur 89 Menschen überleben dieses aufsehenerregende Schiffsunglück. Zu dem sich rasch ausbreitenden Feuer ist es beim sog. Räuchern gekommen. Bei dieser üblichen Desinfektionsmethode wird Teer durch glühende Ketten zum Rauchen gebracht. Nur eins der acht Rettungsboote kann sich von der »Austria« lösen. Vier Boote verbrennen, drei werden in der ausbrechenden Panik von den Flüchtenden zerschlagen.

1. 1. Die Hamburger Stadtpost gibt erstmals Briefmarken heraus. → S. 246

21. 2. In Hamburg gründet sich unter dem Vorsitz des Pädagogen Anton Rée der sog. Verein zur Förderung der Gewissensfreiheit.

1. 4. Der Bau einer Telegraphenlinie zwischen Hamburg und London beginnt.

1. 6. Das neu angelegte Holstentor wird dem Verkehr übergeben.

15. 6. Der Schiffsmakler J. P. Parrau nimmt mit einem Alsterdampfer den Linienverkehr auf. → S. 247

1. 7. Der Düsseldorfer Kaufmann Louis Kniffler läßt sich in Nagasaki nieder. Im Jahr 1866 tritt der Hamburger Carl Illies in dieses erste deutsche Unternehmen in Japan ein, das ab 1880 als C. Illies & Co. firmiert.

14. 7. Im Schiessthal bei Bergedorf findet unter Beteiligung von 400 Sängern aus Holstein, Lauenburg, Lübeck und den umliegenden Orten ein Sängerfest statt. → S. 246

11. 8. Rat und Erbgesessene Bürgerschaft beschließen die Einführung der sog. Neuner-Verfassung (→ 13. 6. 1850/S. 235) in revidierter Form: Von den 192 Bürgerschaftsabgeordneten sollen 48 von den Grundeigentümern und 60 von den Notabeln (Deputationen und Gerichte) bestellt werden; die restlichen 84 sollen von allen männlichen Bürgern gewählt werden, die Einkommensteuern zahlen (→ 28. 9. 1860/S. 248).

22. 9. Auf den Kohlhöfen empfängt eine neue Synagoge die Weihe. → S. 247

17. 10. Die Talstraße und die Hafenstraße auf St. Pauli erhalten ihre Namen.

11. 11. Aus Anlaß des 100. Geburtstages von Friedrich von Schiller veranstaltet der Hamburger Bildungsverein für Arbeiter eine Feier. → S. 246

6. 12. Die neugewählte Hamburger Bürgerschaft hält ihre konstituierende Sitzung im Saal des Hauses der Patriotischen Gesellschaft ab. Sie wählt den Juristen Johannes Georg Andreas Versmann zu ihrem Präsidenten, sein Stellvertreter wird Gabriel Rießer (→ 28. 9. 1860/S. 248).

19. 12. Eine Untersuchung über die Wohnverhältnisse der Unterschicht in Altona stellt fest, daß guter Wohnraum eine Ausnahme sei. → S. 247

GESTORBEN:

1. 4. Hamburg: Amalie Sieveking (* 25. 7. 1794, Hamburg), Wohltäterin.

Die 1-Schilling-Postmarke, das erste Postwertzeichen der Hansestadt

Drei-Schilling-Wertzeichen vor dem Hintergrund des Hamburger Wappens

Eine entwertete Vier-Schilling-Marke der hamburgischen Stadtpost

Hamburger Briefmarke im Wert von einem und einem halben Schilling

Ära der Briefmarke nun auch in Hamburg

1. Januar 1859. Die Hamburgische Stadtpost gibt erstmals eigene Briefmarken heraus. Zunächst führt sie Werte zu einem halben, einem, zwei, drei, vier, sieben und neun Schilling ein. Das Markenbild mit großen Ziffern auf dem Hintergrund des Hamburger Wappens hat Postdirektor Carl Gustav Hencke entworfen.

Die Marken sind nicht, wie ursprünglich vorgesehen, quadratisch, wohl aber rechteckig. Je 96 der neuen Marken bilden einen Bogen. Später gibt die Post auch Briefumschläge und Postanweisungen mit eingedrucktem Wertzeichen heraus.

Bereits 1841 hatte sich der hamburgische Senatssyndikus E. Banks während eines Aufenthalts in London bei der Herstellerfirma der 1840 erschienenen ersten englischen Briefmarken, Perkins, Bacon & Co., nach Preisen für Wertzeichen erkundigt. Zunächst wurde das Projekt jedoch aufgeschoben, offenbar weil die Stadtpost nicht so viel zu zahlen bereit war. Erst 1858 beauftragte der Rat Postdirektor Hencke, einen Entwurf für hamburgische Briefmarken vorzulegen. Im wesentlichen wurde der Vorschlag Henckes für die Postwertzeichen übernommen.

Die neuen »Postmarken«, die bei der Buchdruckerei Th. G. Meissner hergestellt werden, gelten nur für den Dienst der Stadtpost. Daneben haben sechs fremde Postämter ihren Sitz in Hamburg, darunter die Thurn-und-Taxissche Post, die Königlich Hannoversche Post und die Preußische Post. Alle diese Ämter – eine Ausnahme macht nur die schwedische Post – benutzen jeweils eigene Wertzeichen, Münzen und Briefgewichte.

Sommerliches »Open-air« im festlich geschmückten Schiessthal

Sommerausflug zum Sängerfest

14. Juli 1859. *400 Sänger aus Holstein, Lauenburg, Lübeck und weiteren Orten der Umgebung finden sich im Schiessthal bei Bergedorf zu einem großen Sängerfest zusammen. Zahlreiche Hamburger nutzen die Gelegenheit zu einem Ausflug: Bei schönem Sommerwetter machen sie sich per Bahn auf den Weg nach Bergedorf. Der Andrang ist so groß, daß man auf dem Bahnhof nur mit Mühe zum Fahrkartenverkaufsbüro vordringen kann. Der Zug trifft denn auch stark verspätet in Bergedorf ein, was aber die Laune der Gäste nicht beeinträchtigt: In der idyllischen Umgebung des Schiessthals, dessen waldige Höhen ein natürliches Amphitheater bilden, genießen die unter Bäumen lagernden Gäste den Vortrag der Sänger. Danach besuchen viele die Bergedorfer Wirtschaften.*

Hamburger Turnerschaft im Schillerzug am Großen Burstah (Lithographie)

Obrigkeit toleriert Schillerfeiern

11. November 1859. *Anläßlich des 100. Geburtstags Friedrich von Schillers organisiert der Bildungsverein für Arbeiter in Hamburg (→ 3. 2. 1845/S. 226) eine dreitägige Feier, um die Bedeutung des Dichters als eine Symbolfigur für die angestrebte nationale Einheit hervorzuheben. Im Mittelpunkt der Feier steht der am 13. November veranstaltete Festzug durch die innere Stadt zum Heiligengeistfeld, an dem über 10 000 Personen teilnehmen, darunter Handwerker in ihrer jeweiligen Berufskleidung. Zwar behinderten Rat und Bürgerschaft die Vorbereitungen des Festes; im Hinblick auf zahlreiche Schillerfeiern in anderen deutschen Staaten hätte es allerdings einen schlechten Eindruck gemacht, die Feierlichkeiten zu verbieten. Auch in den folgenden Jahren finden Schillerfeiern statt.*

Neue Synagoge für jedermann sichtbar

22. September 1859. Die vom Architekten Albert Rosengarten erbaute neue Synagoge auf den Kohlhöfen 17/18 wird eingeweiht.

Nachdem die Revolution von 1848 den Juden eine gewisse Gleichberechtigung gebracht hat (→ 21. 2. 1849/S. 234), ist die Gemeinde durch Zuzug so stark gewachsen, daß die bestehenden Synagogen nicht mehr ausreichen.

Im Vorfeld des für 800 Männer- und 400 Frauenplätze geplanten Synagogenneubaus an den Kohlhöfen kam es zu Auseinandersetzungen über die Frage, ob die Synagoge, wie alle bestehenden jüdischen Kultbauten in Hamburg, völlig versteckt im Hinterhof liegen sollte, was optimistisch gestimmte Teile der Gemeinde ablehnten. Gemäß einer Kompromißlösung ist die Synagoge nun zwar von der Straße her sichtbar, wird aber z. T. durch eine Mauer abgeschirmt. Nach Verlagerung der jüdischen Wohnviertel von der Neustadt nach Harvestehude und Rotherbaum wird das Gebäude 1934 abgerissen.

Dampfschiffverkehr auf der Alster

15. Juni 1859. Das Alsterdampfboot »Alina« nimmt den Linienverkehr vom Jungfernstieg abwechselnd zum Mühlenkamp und nach Winterhude auf. Angesichts des Erfolgs der »Alina« verkehren 1860 vier Dampfschiffe auf der Alster.

Im Auftrag des Schiffsmaklers J. P. Parrau, der im März die Konzession für die Alsterdampfschiffahrt erhalten hat, ist die »Alina«, ein 50 Personen fassender Schraubendampfer, auf der Reiherstiegwerft gebaut worden. Das Schiff ist 13,50 m lang und 2,50 m breit.

1854 hatte der Assekuranzmakler G. A. Droege ein erstes Gesuch zur Einrichtung eines Linienverkehrs mit Dampfschiffen auf der Alster eingereicht. Trotz massiver Widerstände aus den Reihen der konzessionierten Alsterfährleute und -Bootsvermieter erhielt Droege 1856 eine Konzession. Der von ihm eingesetzte Raddampfer erwies sich jedoch wegen des Wellengangs, der Ruderboote und Uferbefestigungen gefährdete, für die Alster als ungeeignet.

Viele Gemeinschaftsabtritte in den Gängevierteln sind nicht an die Kanalisation angeschlossen (Fotographie, 1890).

Arbeiterwohnen: Kalt, feucht, dunkel

19. Dezember 1859. »Die Wohnungsverhältnisse der kleinen Leute in Altona – Vorschläge zur Verbesserung derselben«: Dies ist der Titel einer kritischen Studie, die das Altonaer Unterstützungs-Institut in Auftrag gegeben hat und die heute bei einer außerordentlichen Versammlung des Instituts vorgelegt wird.

Die Verfasser fordern, »daß die Wohnung keine der Gesundheit direct schädlichen Eigenschaften besitze«. Zu diesem, von Reformern immer wieder betonten Zweck müsse die Behausung die »Möglichkeit des Zutrittes der frischen Luft und des Lichtes« haben, ferner die »Möglichkeit des Abflusses des Wassers und des Unraths«. Die Größe der Wohnung und die Zahl der Räume müßten der Anzahl der Bewohner entsprechen, jedenfalls sei ein gesonderter Wohn- und Schlafraum sowie eine Küche unerläßlich. Schließlich wird noch ein »guter Verschluß nach Außen«, Trockenheit der Wohnung und mindestens ein Fenster für jeden Wohn- und Schlafraum gefordert.

Die katastrophalen Verhältnisse in den Altonaer und Hamburger Arbeiterquartieren werden zunehmend kritisiert. Die oft nur aus einem Zimmer bestehenden Wohnungen in den Hinterhöfen sind häufig kalt, feucht und dunkel.

◁ *Der Alte Wandrahm auf der Wandrahminsel, früher ein Domizil vermögender Tuchhändler meist niederländischer Herkunft, ist nun eine etwas heruntergekommene Wohngegend (Fotographie, 1862/63).*

▽ *Bei den Mühren: Stolz posieren die Anwohner dieser Kleine-Leute-Gegend vor dem Fotografen.*

1860

1. 1. Eine Oppositionsgruppe innerhalb des Bildungsvereins für Arbeiter gibt die Zeitung »Ipecacuanha. Unschuldiges Sonntagsblatt für gelehrte Leute und verständige Menschen« heraus. Das Blatt, das ab Ende Januar 1860 bis zum Ende seines Erscheinens 1866 unter dem Namen »Der Nordstern« herauskommt, fordert ein demokratisches Deutschland ohne preußische Hegemonie.

24. 2. Als erste Petition an die neue Bürgerschaft fordert eine von 852 Bürgern unterzeichnete Eingabe einen Staatszuschuß für den Neubau der Hauptkirche St. Nikolai, wo am 18. Oktober 1859 Richtfest gefeiert wurde (→ 26. 8. 1874/S. 279).

Juni. Im Anschluß an das große deutsche Turnfest in Coburg (16.–19. 6.) gründet sich der Bergedorfer Männerturnverein, der Vorläufer der TSG Bergedorf 1860.

20. 7. Die Bürgerschaft gewährt der Berlin-Hamburger-Eisenbahn-Gesellschaft den Bau einer Verbindungslinie zwischen dem Bahnhof und dem nördlichen Ufer des Stadtgrabens. Hier soll eine umfangreiche Kaianlage entstehen.

28. 9. Die neue Hamburger Verfassung tritt in Kraft. Die höchste Staatsgewalt liegt künftig – wie es Tradition ist – bei der Bürgerschaft und dem 18köpfigen Senat. → S. 248

30. 11. Der Hamburger Schützenverein wird gestiftet. → S. 249

31. 12. Mit diesem Tag endet die Torsperre in Hamburg, nachdem die Bürgerschaft am 21. November mit 127 gegen 45 Stimmen den Antrag des Senats abgelehnt hat, die ungeliebte Torsperre zu verlängern (→ 1. 1. 1861/S. 251).

1860. Hamburg zählt einschließlich der Vorstädte St. Georg und St. Pauli 198 626 Einwohner. Im Hamburger Landgebiet wohnen 52 766 Menschen. Gegenüber dem Stand des Jahres 1811 (100 192) hat sich die Bevölkerung der Stadt und der Vorstädte damit also fast verdoppelt.

1860. Das Taschenliederbuch »Seemann's Liedertafel« vom Hamburger Arbeiterdichter Heinrich Schacht erscheint. → S. 249

1860. An der Drehbahn 15 eröffnet das Veranstaltungslokal »Sagebiels Etablissement«. Es wird während des Zweiten Weltkrieges weitgehend zerstört.

GESTORBEN:

20. 3. Am Njassa-See (Zentralafrika): Albrecht Roscher (* 27. 8. 1836, Ottensen), Afrikaforscher. → S. 249

Mitglieder des Hamburger Rats im Jahr 1860 (u.a.): Gustav Heinrich Kirchenpauer (Nr. 1), A. Tesdorpf, Gustav Godeffroy, H. Goßler (Nrn. 2, 3, 4), Syndikus C. Merck (Nr. 5), Bürgermeister N. Binder (Nr. 6), M. H. Hudtwalcker (Nr. 7)

Nach 150 Jahren eine neue Verfassung

28. September 1860. Die neue Verfassung der Freien und Hansestadt Hamburg tritt in Kraft. Nach einem zehn Jahre andauernden Streit über Reformen im Anschluß an die Verfassungskämpfe von 1848/49 (→ 3. 3. 1848/S. 231) wird nun die sog. Neuner-Verfassung von 1850 in revidierter Form eingeführt. Sie tritt an die Stelle des Hauptrezesses vom → 15. Oktober 1712 (S. 143).

Wie bisher liegt die höchste Staatsgewalt bei Bürgerschaft und Senat, wie der Rat nun heißt. Die Bürgerschaft besteht aus 192 Abgeordneten, darunter 84 einkommensteuerpflichtige Bürger im Alter von mindestens 25 Jahren, 48 Grundeigentümer und 60 Notabeln (Angehörige der Gerichte bzw. Deputationen). Ein 20köpfiger Ausschuß ersetzt als ständiges Organ der Bürgerschaft das bisherige Oberalten-Kollegium. Unter den 18 Senatoren, die von der Bürgerschaft auf Lebenszeit ins Amt gewählt werden, sind neun Juristen und mindestens sieben Kaufleute.

Die neue Verfassung bringt einige grundlegende Fortschritte, u.a.:
▷ Gewaltenteilung in Form eines vom Senat unabhängigen Obergerichts
▷ Die Selbstergänzung des Senats weicht einer stärkeren Mitwirkung der Bürgerschaft
▷ Trennung von Staat und evangelisch-lutherischer Kirche
▷ Gleichberechtigung von Katholiken und Juden.

Viele demokratische Forderungen von 1848/49, wie z. B. das gleiche Wahlrecht, bleiben aber unerfüllt. So sind die »niederen Bevölkerungsschichten«, also die Mehrheit der Hamburger, nach wie vor nicht repräsentiert. Das Wahlrecht bleibt an das Bürgerrecht gebunden.

Titelblatt der neuen Hamburger Verfassung; sie führt zwar im bisher von wenigen privilegierten Familien regierten Stadtstaat Hamburg noch keine Demokratie ein, immerhin aber tritt das parlamentarische Repräsentationsprinzip an die Stelle der Erbgesessenheit. Bisher durften zu den Versammlungen der Bürgerschaft – den Konventen – nur erbgesessene Bürger erscheinen, also Bürger, die ein Grundstück (Erbe) innerhalb der Stadtmauern mit mindestens 1000 Talern freiem Kapital besaßen. Der Kreis der politisch Mitspracheberechtigten (1800: 34 000) wird größer, umfaßt aber nach wie vor nur eine Minderheit.

Diese Karikatur spielt auf die endlosen Debatten im Vorfeld der neuen Verfassung an, die ein Jahrzehnt innenpolitischen Unfriedens bedeuteten.

Winkelzüge gefährdeten die Souveränität

Chronik Hintergrund

Nach der Revolution von 1848/49, die mit der Entmachtung der Verfassunggebenden Versammlung in Hamburg endet (→ 13. 6. 1850/S. 235), erlebte die Hansestadt einen zähen Kampf um eine neue Verfassung. Die Auseinandersetzungen, die den innenpolitischen Frieden und die Souveränität der Hansestadt gefährdeten, finden erst jetzt, nach zwölf Jahren, ein Ende.

Am 23. Mai 1850 hatte die Bürgerschaft den Verfassungsentwurf einer aus vier Ratsmitgliedern und fünf Erbgesessenen zusammengesetzten Kommission und ein neues Wahlgesetz gebilligt. Diese liberal-konservative sog. Neuner-Verfassung beseitigte das Prinzip der Erbgesessenheit zugunsten des Repräsentativsystems und dehnte es auf die Bewohner der Vorstädte und des Landgebiets aus. Vorgesehen war eine Bürgerschaft mit 160 Abgeordneten, die im Verhältnis von 3:2 aus allgemeinen und gleichen Wahlen und aus dem Kreis der Grundeigentümer und Deputationen hervorgehen sollten.

Der Bürgerschaft wurde maßgeblicher Einfluß auf die Wahl der lebenslang amtierenden Senatoren zuerkannt.

Die bürgerlichen Kollegien, besonders die Oberalten, lehnten diesen Verfassungsentwurf ab. Sowohl die Hamburger Altkonservativen, welche die alte Ordnung aufrechterhalten sehen wollten, als auch die »linken« Anhänger der demokratischen Konstituantenverfassung von 1849, denen der Entwurf nicht weit genug ging, bekämpften in den folgenden Jahren die Neuner-Verfassung. Dabei nutzten sie den Umstand, daß ihr Inkrafttreten noch von der Verabschiedung einiger »organischer Gesetze« (Organisationsgesetze) zur Umgestaltung der hamburgischen Verwaltung abhing.

Um die Einführung der Neunerverfassung zu verhindern, wandten sich die Altkonservativen um Wasserbaudirektor Heinrich Hübbe an Preußen und den Deutschen Bund. In einer Beschwerdeschrift an die Bundesversammlung vom 18. März 1851 forderten sie eine entsprechende Initiative. Der Verfassungsausschuß des Deutschen Bundes erhob u. a. am 27. April 1852 starke Bedenken gegen den Hamburger Verfassungsentwurf von 1850. Stabile Regierungsverhältnisse seien nicht gewährleistet. Auch würde Hamburg durch Ausdehnung der bisherigen städtischen Regierungsgewalt auf umliegende Landgebiete zu einem veränderten Rechtssubjekt, das dem Deutschen Bund als Mitglied untergeschoben würde.

Der Hamburger Rat entschloß sich wegen der drohenden Einmischung fremder Staaten – vor allem Preußens und Österreichs – in die Hamburger Verfassungsangelegenheiten zur teilweisen Revision der Neuner-Verfassung. Der veränderte Entwurf stieß weder bei den Konservativen noch bei den Liberalen auf Zustimmung, weshalb er folgerichtig dreimal hintereinander, am 7. Juni 1856, am 27. März 1857 und am 7. April 1857, von der Erbgesessenen Bürgerschaft abgelehnt wurde.

Erst nach Beginn der »Neuen Ära« in Preußen, wo mit Übernahme der Regentschaft durch den späteren Kaiser Wilhelm I. im November 1858 die Reaktionszeit endete, konnte der Hamburger Verfassungskonflikt gelöst werden. Am 11. August 1859 stimmten Rat und Erbgesessene Bürgerschaft der Einführung der Neuner-Verfassung in revidierter Form zu. Die Erbgesessene Bürgerschaft billigte ihre eigene Auflösung; am 24. November 1859 kam sie zu ihrer letzten Sitzung zusammen.

Die neugewählte Hamburger Bürgerschaft, die den vorliegenden Verfassungsentwurf überarbeitet und die nötigen Durchführungsgesetze hinzugefügt hatte, versammelte sich am 6. Dezember 1859. Am → 28. September 1860 (S. 248) tritt die neue Verfassung, die Neuner-Verfassung von 1850 in revidierter Form, schließlich in Kraft. Hamburgs Parlament und die Regierung – nunmehr offiziell Senat genannt – haben sich nach über einem Jahrzehnt endlich geeinigt.

In Reih und Glied sind die Schützen zur feierlichen Eröffnung des Schießhofes in Barmbek angetreten. Die vornehme Welt – noch skeptisch – schaut neugierig.

Schießen hat Konjunktur

30. November 1860. Unter einem glücklichen Stern steht die Stiftung des Hamburger Schützenvereins: Besonders, seit er über einen Schießhof verfügt, steigen die Mitgliederzahlen rapide an. Dieser sog. Schützenhof in der Barmbeker Bachstraße wird im September 1862 mit einem Volksfest eröffnet.

Abgesehen von dem massiv aus Stein gebauten Gasthaus sind die Gebäude des Schützenhofes aus Holz errichtet. Der ausgedehnte Garten mit einem reichen Baumbestand bildet einen besonderen Anziehungspunkt, der Besucher von weither anlockt.

Nachdem beim Norddeutschen Verbandsschießen, das 1898 im Barmbeker Schützenhof stattfindet, ein Arbeiter der nahegelegenen Eisengießerei von Nagel & Kaemp durch eine verirrte Kugel getötet wird, schließt die Polizei den Schützenhof. 1903 wird die veraltete Anlage abgerissen.

Das nordöstlich von Hamburg gelegene Dorf Barmbek, das seit 1355 dem Hospital zum Heiligen Geist in Hamburg gehört hatte, steht seit 1830 unter der Verwaltung der Landherrenschaft der Geestlande. 1871 wird es Vorort und 1894 Stadtteil von Hamburg.

Heinrich Schachts Shanty-Liederbuch

1860. Mit dem vom Hamburger Arbeiterdichter Heinrich Schacht herausgegebenen Taschenliederbuch »Seemann's Liedertafel« erscheint eines der weitverbreitetsten Liederbücher dieser Art. Bis 1903 erlebt es zwölf Auflagen.

Die »Seemann's Liedertafel« enthält u. a. 52 hoch- und plattdeutsche Liedtexte von Schacht, die auf Melodien bekannter Volks- und Gesellschaftslieder zu singen sind. Zahlreiche dieser Shanties gehören bald zum festen Liedgut der Seeleute. »De lustige Kock« nach der Melodie des Liedes »In Berlin, sagt er, mußt du fein sein, sagt er« wird mit seinem deftigen Humor zu einem der populärsten deutschen Seemannslieder, die häufig während der Arbeit gesungen werden.

Forscher Roscher in Afrika ermordet

20. März 1860. Der Hamburger Albrecht Roscher wird während einer Afrika-Expedition am Njassa-See (Zentralafrika) ermordet.

Der erst 23jährige Afrikaforscher war 1858 von Sansibar aufgebrochen und hatte am 20. Oktober 1859 in einem todesmutigen Alleingang als erster Europäer den Njassa-See erreicht. Unter starken Fieberanfällen leidend, wartete er dort auf neue Vorräte. Nachdem er sich Mitte März 1860 auf den Weg gemacht hat, um den Fluß Ruvuma zu erforschen, wird er im Schlaf von Sklavenhändlern, in deren Begleitung er sich befand, ermordet. Aus dem Nachlaß Roschers erscheinen später das »Tagebuch der Lufidgi-Reise« und die »Erforschung des Nigerstromes«.

1861

Siemers beginnt Petroleumhandel

1861. Der Versicherungsmakler Edmund J. A. Siemers übernimmt erstmals eine Ladung Petroleum aus den USA.

Bisher besteht in Deutschland keine Nachfrage nach Petroleum, weil es noch keine Petroleumlampen gibt. Um dem abzuhelfen, importiert Siemers auch die Lampen aus den USA und verschenkt sie zum Nachbau an hamburgische Klempner. Die Rechnung des späteren »Petroleumkönigs« geht auf, bald floriert das Petroleumgeschäft. Zunächst wird das »stinkende Zeug« in Holzfässern transportiert. Später läßt Siemers Tankdampfer, Lagertanks und Tank-Elbkähne bauen. Der erste Petroleumhafen geht → 1876 (S. 283) auf dem Kleinen Grasbrook in Betrieb.

Stader Schiffszoll endlich aufgehoben

1. Juli 1861. Nach zähen Verhandlungen verzichtet das Königreich Hannover auf die Erhebung des Stader Zolls. Dafür läßt es sich von Hamburg und Großbritannien je ein Drittel der Ablösesumme von ca. 2,8 Mio. Talern bezahlen.

Der Streit über diesen Schiffszoll für die Wareneinfuhr ist schon jahrhundertealt (→ 6. 12. 1267/S. 36). Widerstrebend hatte Hamburg einen 1844 geschlossenen Vertrag über den Stader Zoll unterzeichnet. Nachdem Hannover ab 1850 nach Harburg gehende Schiffe von diesem Zoll zu befreien begann, um Harburg als Konkurrenzhafen zu begünstigen (→ 1. 1. 1854/S. 239), mobilisierte Hamburg erfolgreich seine britischen Handelspartner gegen Hannover.

Eine Irren-Anstalt ohne Zwangsjacke

5. Dezember 1861. Mit der Grundsteinlegung beginnt der Bau der Separat-Irren-Anstalt in Friedrichsberg (heute Allgemeines Krankenhaus Eilbek). 1864 kann das überwiegend mit Spenden finanzierte Haus eröffnet werden.

Die neue Einrichtung ist dringend nötig, denn bislang sind psychisch Kranke nur provisorisch im Allgemeinen Krankenhaus St. Georg untergebracht. Erster Psychiater der Anstalt, die – eine Novität in Deutschland – weder vergitterte Fenster noch Besuchsbeschränkungen für Angehörige hat, wird Ludwig Meyer, der für eine zwanglose Behandlung der psychisch Kranken eintritt. Noch vorhandene Zwangsjacken läßt er öffentlich auf dem Heiligengeistfeld versteigern.

Europäische Handelshäuser und Konsulate – links das hamburgische Konsulat – im chinesischen Kanton um 1860

Gute Geschäfte dank »Öffnung« Chinas

1861. Zusammen mit Bremen und Lübeck schließt Hamburg einen Freundschafts-, Handels- und Schiffahrtsvertrag mit China. Nachdem sich China auf britischen bzw. US-amerikanischen Druck dem internationalen Handel öffnen mußte, nimmt der Ostasienhandel einen raschen Aufschwung. Reis, Tee, Hanf und Gewürze sind in Europa begehrte Importgüter.

Im Zuge der Erschließung der überseeischen Handelsgebiete haben die Hansestädte seit 1827 bereits 14 ähnliche Verträge abgeschlossen, in denen die gegenseitige Gleichstellung und Meistbegünstigung festgelegt ist. Zu den Vertragspartnern gehören vor allem die unabhängig gewordenen Staaten Lateinamerikas: Brasilien (Vertrag von 1827), Venezuela (1837), Guatemala (1847), Costa Rica (1848). Weitere Vertragspartner sind u. a. die USA (1827), Liberia (1855), Persien (1857) und Sansibar (1859).

Trotz deutlicher Zunahme des hamburgischen Überseehandels, bei dem gewerbliche und industrielle Güter exportiert und Rohstoffe importiert werden, sind die Briten nach wie vor die wichtigsten Handelspartner. Der Wert britischer Importe beläuft sich 1865 auf 334 Mio. Mark banco (afrikanische Importe: 1 Mio. Mark).

Hamburg verzeichnet seit Beginn des Jahrhunderts ein erhebliches Wachstum des Handelsverkehrs: Während 1816/20 noch 2188 Seeschiffe den Hafen anliefen, so sind es 1856/60 bereits 4843. Die gesamte Ladekapazität dieser Schiffe liegt sogar fünfmal höher als vier Jahrzehnte zuvor.

Schritt halten per Genossenschaftsbank

24. Juli 1861. Genossenschaftliche Selbsthilfe ist die Devise des Harburger Vorschußvereins, der unter der Leitung des Harburger Oberbürgermeisters August Grumbrecht gegründet wird.

Angesichts der finanziellen Nöte mittelständischer Betriebe, die nicht über genügend Eigenkapital verfügen, um den Anschluß an die wirtschaftlichen und technischen Entwicklungen der Industrialisierung zu halten, entstehen überall in Deutschland Vorschußvereine bzw. Darlehenskassen. Der expandierende Harburger Vorschußverein – später Kreditbank zu Harburg und ab 1938 Volksbank Harburg-Wilhelmsburg – entwickelt sich zu einer der größeren Banken in Hamburg. 1980 fusioniert sie mit der Volksbank Hamburg Nord, die heute Hamburger Bank von 1861 heißt. Die Volksbank wird 1896 ebenfalls als genossenschaftliche Spar- und Darlehenskasse in Stellingen-Langenfelde aus der Taufe gehoben.

Hamburger Tore bleiben jetzt offen

1. Januar 1861. Der Rat verfügt die Aufhebung der Torsperre. Von jetzt an ist ein ungehinderter Personenverkehr zwischen Stadt, Vorstädten und ländlichen Nachbargemeinden wie Eimsbüttel oder Barmbek möglich. Die Stadtregierung setzt allerdings durch, daß auch weiterhin die sog. Akzise erhoben wird, eine traditionell an den Stadttoren fällige Verbrauchssteuer, deren Eintreibung sich nun naturgemäß erheblich schwieriger gestaltet (→ 21. 12. 1864/S. 255).

Seit Jahren war die mittelalterliche Torsperre heftiger Kritik ausgesetzt. Viele empfanden die Schließung der Tore vom Anbruch der Dunkelheit (also je nach Jahreszeit zwischen 16.00 und 21.30 Uhr) bis zum Morgengrauen (zwischen 5.00 und 7.00 Uhr) als reine Willkür, auch wenn man sich seit 1836 den Durchgang bis 24 Uhr durch ein Sperrgeld erkaufen konnte. Über den Fall der Torsperre sind vor allem die Grundeigentümer betrübt: Sie fürchten bei verstärkter Bautätigkeit außerhalb der Stadt eine Senkung der Grundmieten.

»Die Häuser wachsen aus dem Wasser«

Chronik Dokument

Reisenden, die über Harburg – wo die Eisenbahnlinie aus Hannover endet – nach Hamburg fahren, empfiehlt ein 1861 erschienener Stadtführer die Überfahrt mit den Harburger Dampfschiffen durch den »wimmelnden« Hafen. Wegen des »unvergleichlichen Anblicks auf Hamburg« sei dieses Verkehrsmittel der Omnibuslinie über die Elbinsel Wilhelmsburg vorzuziehen (→ 12. 1. 1853/S. 238):

»Der Bahnzug ist in Harburg angekommen. Leute, Gepäck und Viehtransporte strömen nach der Abfahrtstelle der fast stündlich befördernden Dampfer. Für den Binnenländer eine Enttäuschung: Das Wasser kommt ihm nicht breit genug vor, und drüben hat er statt einer Insel, wo Kühe und Pferde weiden, die Thürme Hamburgs erwartet . . . Der kleine Dampfer dreht sich . . . in der Ferne tauchen eine Menge Segel auf, indem unser kleiner Dampfer immer weiter stromabwärts geht, um die Insel Wilhelmsburg zu umschiffen. Jetzt wird die Wasserstraße nach der Nordsee zu vor unseren Blicken frei, gleichzeitig werden wir dort des Höhenzuges vom Schifferdorfe Blankenese ansichtig . . . Nun . . . fahren [wir] zunächst nach Altona . . . Doch gleich geht es weiter. Die Häuser wachsen scheinbar aus dem Wasser heraus; Schiff an Schiff liegt davor; Speicher an Speicher öffnet seine Menge von Luken . . . Es braust ein überseeischer Dampfer heran vom Meere her; kleinere fahren mit Musik an uns vorüber nach Stade, Cuxhaven, Helgoland. Ein mächtiges Segelschiff refft sein Segel ein; eins, zwei, zehn, zwanzig andere pfeifen mit vollen Segeln vorüber . . . Die Häuserreihe verlängert sich . . . Zuckerraffinerien mit thurmartigen Schloten; Landungsbrücken; Krahne, Winden hängen auf die Schiffe herunter; wir sind bei der Vorstadt St. Pauli. Dampfer von 3 bis 400 Fuß Länge versperren dem Auge den Weg, das gleich darauf trunken in einen Wald von Masten starrt, der sich weiter nach Süden zieht, fest und undurchdringlich, gleich riesigen Pallisaden, auf denen tausend Siegesfahnen wehen: Es ist der Hamburger Hafen; alles Übrige war nur ein schwacher Vorgeschmack gegen die Großartigkeit dieses Bildes.«

△ *Landungsbrücken für Dampfschiffe am Jonashafen; dieser Teil des Hafens liegt direkt am Elbstrom, etwas westlich des alten Binnenhafens.*

◁ *Gar nicht weit vom »Gewimmel«: Idylle vor Blankenese, das noch den Charme eines Fischerdorfes hat*

Mastenwald an der Einfahrt zum Binnenhafen: Hier bietet sich der imposante Anblick des zweitgrößten Hafens in Europa nach London.

1862

»Faust«-Parodie im Carl Schultze-Theater

8. Juni 1862. Im Carl Schultze-Theater auf St. Pauli wird mit großem Erfolg das Stück »Faust und Margarethe« uraufgeführt. Die Parodie auf die Oper »Margarethe« des französischen Komponisten Charles Gounod erlebt bereits im August 1864 die 100. Aufführung; bis 1880 wird sie 300mal gespielt.

Nicht minder erfolgreich als Carl Schultzes Parodie ist das Original. Der Komponist Gounod selbst dirigiert seine »Margarethe«-Oper am 9. und 10. Oktober im Stadt-Theater. Sie wird im Verlauf des Jahres 1862 dort insgesamt 43mal aufgeführt und geht bis 1868 auf der Bühne an der Dammtorstraße insgesamt 100mal über die Bretter. Dies ist zugleich der erste Erfolg für Bernd Anton Hermann, der die Bühne von 1862 bis 1866 und dann erneut zwischen 1871 und 1873 leitet. 1858 hatte Carl Schultze die Gaststätte Joachimsthal am unteren Ende der Reeperbahn gepachtet, um auf dem Tivoli-Gelände ein Sommertheater zu eröffnen. 1862 läßt Schultze ein neues Theatergebäude mit gasbeleuchteten Rängen und Logen errichten. Sein Haus entwickelt sich bald zur führenden Vorstadtbühne, zunächst durch Hamburger Lokalstücke in plattdeutscher Sprache. Später wird das Carl Schultze-Theater eine der ersten deutschen Operettenbühnen, während die plattdeutsche Lokalposse erst 1879 mit »An de Waterkant« wieder auflebt.

△ Garten und Bühnenhaus des Carl Schultze-Theaters um 1865; der Neubau entstand als eine Konsequenz der sich rasch einstellenden Erfolge des 1858 gegründeten Theaters. Dazu zählte u. a. die Parodie auf eine Oper des Komponisten Giacomo Meyerbeer mit dem Titel »Linorah oder die Wallfahrt nach der Ölmühle« von Johann Peter Lyser, die hier im Jahr 1860 zur allgemeinen Belustigung auf die Bretter kam.

◁ Theaterchef Carl Schultze höchstpersönlich als Deubel in der Opernparodie »Faust und Margarethe«; die Bühne wird so beliebt, daß später die großen Wiener Operettenkomponisten wie Johann Strauß und Carl Millöker zum Hamburger Berg kommen, um ihre Werke zu dirigieren.

Ohne Turnverein keine eigene Halle

1. April 1862. Der Turnverein St. Pauli und vor dem Dammthore vereinigt sich mit dem Hamburger Turnverein von 1852 zum Hamburg-St. Pauli-Turnverein. Das Zusammengehen der beiden Klubs hatte Senator Gustav Godeffroy – Patron von St. Pauli – zur Voraussetzung gemacht, um den Wunsch der Männerturnvereine nach Überlassung eines Platzes zu erfüllen. Auf dem von der Stadt erworbenen Gelände an der Feldstraße baut der Hamburg-St. Pauli-Turnverein eine Turnhalle, die am 7. September feierlich eingeweiht wird. Die einfache Halle kann nicht beheizt werden; der Fußboden ist provisorisch mit Gerberlohe ausgelegt.

Rettungsdienst für Schiffbrüchige

24. Oktober 1862. Die Mannschaft des Lotsenschoners Nr. 3 »Hamburg« rettet sechs Besatzungsmitglieder der in Seenot geratenen englischen Brigg »Ameline«. Lohn der mutigen Tat: Die angesehene Patriotische Gesellschaft zeigt sich mit einer prächtigen Ehrenurkunde erkenntlich.

Nach britischem Vorbild beginnt auch in Deutschland der Aufbau eines organisierten Seenotrettungsdienstes, der am 29. Mai 1865 zur Gründung der Deutschen Gesellschaft zur Rettung Schiffbrüchiger (DGzRS) führt. Bereits 1861 wurde in Emden der erste deutsche lokale Verein zur Rettung Schiffbrüchiger gegründet.

Seemannsschule auf Steinwerder

1. Dezember 1862. Auf Steinwerder wird die Deutsche Seemannsschule eingeweiht. Sie geht auf eine Initiative von Hamburger Reedern zurück. Seemannsschulen wie diese bereiten angehende Schiffsoffiziere und Kapitäne auf die Schifferprüfung vor. Die von zwei ehemaligen Offizieren der deutschen Flotte (→ 5. 5. 1848/S. 232) geleitete hamburgische Anstalt will auch die Ausbildung der Offiziere einer künftigen deutschen Marine übernehmen.

Nach 1867 wird die Seemannsausbildung in Deutschland neu geregelt: Wer Schiffer auf großer Fahrt werden will, muß mindestens 45 Monate Fahrenszeit nach vollendetem 15. Lebensjahr nachweisen.

1863

18. 3. Aus Anlaß der 50. Wiederkehr der vorläufigen Befreiung Hamburgs von der französischen Besatzung erklärt der Senat den 18. März zum allgemeinen Feiertag. Den Veteranen von 1812/13 gewährt er Gratifikationen.

15. 6. Durch das Gesetz über die Neugliederung der Verwaltung in Hamburg werden die staatlichen Verwaltungsaufgaben in neun Abteilungen untergliedert, denen jeweils ein Senator vorsteht.

24. 9. Der Neubau der Kirche St. Nikolai wird feierlich eingeweiht, zunächst noch ohne Turm (→ 26. 8. 1874/S. 279).

10. 12. Als zweite Ausgabe der »Hamburger Morgenzeitung« erscheint erstmals ein »Hamburger Fremdenblatt«. Die Zeitung kommt ab dem 24. September 1864 nur noch als Abendblatt heraus – sie wird um 18.45 Uhr zugestellt (→ 22. 7. 1828/S. 202).

1863. Im Auftrag des Hamburger Kaufmanns Johann Cesar Godeffroy reist die Botanikerin Amalie Dietrich nach Australien. Sie bleibt zehn Jahre dort und sammelt botanische, zoologische und ethnographische Objekte.

GEBOREN:

18. 11. Wendisch-Harmsdorf: Richard Dehmel († 8. 2. 1920, Blankenese), Dichter.

GESTORBEN:

22. 4. Hamburg: Gabriel Rießer (* 2. 4. 1806, Hamburg), Jurist, Vorkämpfer der Judenemanzipation.

6. 7. Hamburg: Ernst von Merck (* 20. 11. 1811, Hamburg), Kaufmann und Politiker.

Heimstatt für christliche Fahrensleute

1. März 1863. Oberhalb der St. Pauli-Landungsbrücken eröffnet nach fünfjähriger Bauzeit das Seemannshaus (heute: Hotel Hafen Hamburg). Den Platz hat der Staat zur Verfügung gestellt, der Bau des Hauses erfolgte auf Kosten der Hamburger Reeder.

Die Herberge ist eine gemeinnützige Anstalt für die hamburgischen und die den Hafen besuchenden Seeleute. Sie steht unter Leitung der hamburgischen Seemannskasse und hat zwei Abteilungen: Das Seemanns-Gasthaus (schlicht »Seemannshaus« genannt) und die Seemanns-Krankenstation.

Das Statut der Seemannskasse vom 3. April 1857 sieht zum Betrieb des Seemannshauses folgendes vor: »Jedes Mitglied der Kasse soll daselbst, so lange es sich der Hausordnung unterwirft, gegen eine im Verhältniß zur Leistung möglichst billig zu bestimmende Vergütung Beherbergung und Beköstigung finden, sowie die im Seemannshause dargebotenen nachbenannten Anstalten unentgeltlich benutzen können.«

Dazu gehören eine Sparkasse, Unterricht im Rechnen und Schreiben, eine Spezialbibliothek mit Fachbüchern und Seekarten sowie Krankenzimmer. Soweit Platz genug ist, kann das Seemannshaus »auch von anderen Seeleuten benutzt werden; die Mitglieder der Kasse haben indeß stets den Vorzug«.

Die Einrichtung wird auch Ort der sonntäglichen Seemanns-Gottesdienste. Sehr viel Anklang findet die Herberge jedoch nicht. Viele Fahrensleute ziehen St. Pauli vor, denn die Sitten sind streng: Spirituosen sind limitiert, Frauenbesuch ist verboten, und schon um 23 Uhr wird die Tür geschlossen.

»Die Matrosenschenke« (Radierung); Szenen trunkener Ausgelassenheit wie diese bewegen die Hamburger Reeder, das Geld für den Bau und den Unterhalt des Seemannshauses oberhalb der Landungsbrücken aufzubringen. Viele Seeleute lockt in Hamburg jedoch weniger eine gutberufen-solide Unterkunft als vielmehr die blühende Prostitution: Am 1. Januar 1863 gibt es in der Stadt Hamburg 967 eingeschriebene Prostituierte, davon leben 775 in Bordellen. In den Freudenhäusern der Vorstadt St. Pauli arbeiten nochmals 180.

Zahme und wilde Tiere locken Besucher

17. Mai 1863. Die Hamburger haben eine neue Attraktion in ihrer Stadt: Neben der Verbindungsbahn können sie sich von heute an in einem Zoo bei der Betrachtung wilder und weniger wilder Tiere die Zeit vertreiben. Chef des Zoos ist (bis 1869) der 34jährige Alfred Brehm, der in Hamburg sein Standardwerk »Illustriertes Tierleben« verfaßt.

Eigens für den Bau des Tierparks hatte sich am 28. Januar 1860 eine Aktiengesellschaft unter Leitung des Bankiers und Kaufmanns Ernst von Merck konstituiert. Das Unternehmen erwies sich als unerwartet kostspielig, obwohl sich die führenden Aktionäre noch mit gesonderten Zuwendungen am Bau beteiligten; so stiftete Merck das Fischotter-Bassin und gab Geld für den Bau des Bärenzwingers. Aus ursprünglich projektierten 250 000 Mark werden über 600 000 Mark

Die Eulenburg im Zoologischen Garten um 1865; auf dem Gelände des späteren Parks Planten un Blomen finden sich u. a. ein Bärenzwinger, ein Seehundbassin, ein Tapir- und ein Gemsenhaus sowie ein Raubvogelkäfig, in dem die Besucher mehrere Falkenarten, Stein- und Seeadler, einen Kondor und Geier bewundern können. Unter den Raubtieren sind mehrere Wolfsarten. Assoziationen zur Wildnis weckt eine Grotte mit Wasserfall.

Edler Gerstensaft auf St. Pauli gebraut

10. Januar 1863. In Hamburg gründet sich die Actien-Bierbrauerei. Sie ist die erste Großbrauerei, die nach der Ablösung der noch aus dem Mittelalter stammenden sog. Real-Gerechtigkeiten in Hamburg entsteht (→ 16. 12. 1751/S. 157).

Am 18. August 1864 wird das erste Actien-Bräu ausgeschenkt. Die Presse ist vom Bier begeistert: »Es ist vollkommen klar, frisch, moussirt noch längere Zeit nach, und giebt dem besten Münchener Biere, wie wir nach eigener Kunde sagen können, im Geschmack nichts nach.« Die Actien-Brauerei fusioniert am 12. Januar 1922 mit der Altonaer Bavaria-Brauerei (gegründet am 11. 5. 1897) zur Bavaria-St. Pauli-Brauerei.

Grunderwerb kein Privileg der Bürger

11. März 1863. Die Bürgerschaft billigt eine Senatsvorlage über den Erwerb von Grundeigentum. Jetzt ist auch Nichtbürgern der Grunderwerb in Hamburg erlaubt.

Die ökonomische Bedeutung des Bürgerrechts sinkt weiter durch die Einführung der Gewerbefreiheit (→ 1. 2. 1865/S. 256). Aufgrund des Bürgerrechtsgesetzes vom 7. November 1864 kann jeder volljährige männliche Staatsangehörige das Bürgerrecht gegen Zahlung von 25 Mark erwerben. Weil aber damit nur noch das Wahlrecht verbunden ist, geht die Zahl der Neubürger zurück: 1859 hatten 1916 Personen das Bürgerrecht beantragt, 1864 noch 1589 – und das bei rasch wachsender Bevölkerung.

Arbeiter gründen neue Vereinigung

6. Juni 1863. Fast genau 13 Jahre nach der Auflösung der »Arbeiterverbrüderung«, des ersten nationalen Zusammenschlusses von Arbeitern, konstituiert sich in Hamburg eine Ortsgruppe des am 23. Mai in Leipzig gegründeten Allgemeinen Deutschen Arbeitervereins (ADAV). Die Hamburger entfalten eine rege Werbetätigkeit und haben bis Anfang August 220 Mitglieder.

Präsident des ADAV ist Ferdinand Lassalle. Er propagiert zur Hebung des Arbeiterstandes die Erringung des allgemeinen, freien, gleichen und direkten Wahlrechts. Dem 24köpfigen Vorstand des ADAV gehören mit Jakob Audorf, August Perl sowie Theodor Yorck nicht weniger als drei Hamburger an.

Ein Pastor im Dienst geistig Behinderter

19. Oktober 1863. Heinrich Matthias Sengelmann, Pastor an der Hauptkirche St. Michaelis, ruft ein Heim für geistig behinderte Jugendliche ins Leben.

Ein kleines Fachwerkhaus in Alsterdorf wird zur neuen Heimat für vier geistig behinderte Jungen, darunter einen, um dessen Unterbringung sich Sengelmann jahrelang vergeblich bemüht hat. 1867 gibt er sein Predigtamt auf und widmet sich ganz dem Aufbau der Anstalten. Sengelmann bringt sein gesamtes, durch eine Erbschaft erworbenes Privatvermögen in die Stiftung ein. Seine Pfleglinge finden in Werkstätten, einer Gärterei und in der Landwirtschaft eine sinnvolle Beschäftigung.

Die Dänen räumen Altona

24. Dezember 1863. Nach der Kriegserklärung an Dänemark rücken Truppen des Deutschen Bundes um 10 Uhr unter dem Jubel der Bevölkerung in Altona ein. Neunzig Minuten zuvor haben die Dänen die Stadt geräumt.

Am 15. November starb der dänische König Friedrich VII. Sein Nachfolger Christian IX. von Schleswig-Holstein-Sonderburg-Glücksburg verleibte Schleswig unter Verletzung alter Rechte (→ 5.3.1460/S.68) Dänemark ein. Daraufhin beschloß am 7. Dezember der Deutsche Bundestag die Bundesexekution. Der Krieg endet mit einer Niederlage der Dänen, die im Frieden von Wien auf alle Rechte in Schleswig-Holstein verzichten.

Abzug der Dänen vom Altonaer Rathaus (Lithographie); der Streit um Schleswig-Holstein erregt auch Hamburg: Am 27. November löst der Senat den für die Anwerbung von Freiwilligen in Hamburg gegründeten schleswig-holsteinischen Ausschuß auf und verbietet am 21. Dezember militärische Übungen in der Turnhalle an der Feldstraße. Am 20. Dezember rücken rund 136 000 Mann Bundestruppen in die Hansestadt ein.

Preisgekrönte Tiere auf der Landwirtschaftsausstellung in Hamburg; trotz fehlender Staatsgelder erzielt das veranstaltende Komitee einen Überschuß.

Agrar- und Gewerbeschau

5. Juli 1863. Sommerzeit, Ausstellungszeit: Vor dem Holstentor eröffnet die Hamburgische Gewerbeausstellung, am 14. Juli beginnt auf dem Heiligengeistfeld eine internationale landwirtschaftliche Messe. Die gleichzeitig präsentierte Hundeausstellung ist die erste Schau dieser Art in Deutschland.

Die beiden großen Messen stehen unter der Leitung der Patriotischen Gesellschaft. Für die Landwirtschaftsschau wurde fast die Hälfte des Heiligengeistfeldes hergerichtet. Die Pavillons sind aus Brettern gezimmert worden, das nötige Wasser hat man durch eine Wasserleitung aus Altona herbeigeschafft. Nach Plänen des Architekten Martin Haller entstand ein großzügiger Ausstellungspark zur Präsentation von Blumen, Pflanzen, Früchten und Gemüse.

Prachtstück der Agrarschau ist das im Stil eines Triumphbogens hergerichtete Hauptportal und der davor eigens angelegte Springbrunnen. Er wird eingerahmt von Galerien, in denen die vereinigten Gartenbaubetriebe von Hamburg und Altona mit großem Stolz ihre Erzeugnisse vorführen.

1864

10. 3. Die Stadt läßt das nach der Aufhebung der Torsperre (→ 1. 1. 1861/S. 251) überflüssig gewordene Steintor abbrechen. Am 12. Juni wird die Wache am Dammtor geschlossen.

1. 5. Der Zentralviehmarkt auf dem Heiligengeistfeld wird eröffnet (→ 10. 10. 1892/S. 322).

Mai. Im Haus Lange Reihe 81 betreuen vier Schwestern vom Orden des Heiligen Karl Borromäus Verwundete aus dem Deutsch-Dänischen Krieg und begründen in diesem Zusammenhang das katholische Marienkrankenhaus (ab 1882 in der Alfredstraße/Hohenfelde).

1. 8. In Harburg konstituiert sich ein Consum-Verein, der 1865 seinen ersten Laden eröffnet.

14. 8. Auf Steinwerder wird ein öffentlicher Männer-Badeplatz eingerichtet.

23. 8. Altona verfügt seit 200 Jahren über das Stadtrecht. → S. 255

24. 9. In Hamburg wird erstmals öffentlich die von Jakob Audorf d. J. getextete »Arbeitermarseillaise« gesungen. → S. 255

11. 10. Die Hamburger Polizeibehörde untersagt bei einer Geldstrafe von 200 Mark dem Wirtshaus Sagebiel eine Aufführung des auf St. Pauli beheimateten Carl Schultze-Theaters. Die Begründung: Das Stück enthalte politische Anspielungen.

16. 10. Die »Separat-Irrenanstalt« Friedrichsberg wird eröffnet (→ 5. 12. 1861/S. 250).

18. 10. Aus dem am 2. Februar 1864 ins Leben gerufenen Komitee zur Pflege der Verwundeten und Kranken geht der Verein zur Pflege im Felde verwundeter Krieger hervor.

19. 10. Der Staat schenkt dem Frauenverein zur Unterstützung der Armenpflege ein Grundstück bei den Pumpen, um dort eine Kinderbewahranstalt (Krippe) und eine Mädchenschule zu errichten.

30. 10. Der Friede von Wien beendet den Deutsch-Dänischen Krieg. Das unterlegene Dänemark muß die Herzogtümer Schleswig und Holstein sowie Lauenburg an Preußen bzw. Österreich abtreten (→ 24. 12. 1863/S. 254).

7. 11. Die Bürgerschaft beschließt die Aufhebung der Zwangsmitgliedschaft der Hamburger Juden in einem Gemeindeverband.

21. 12. Die Akzise (Verbrauchsabgabe) wird in eine indirekte Steuer umgewandelt. → S. 255

25. 12. Im Circus Gymnasticus auf St. Pauli eröffnet das Theater in der Centralhalle.

Rathausmarkt in Altona, das sich seit ca. 1830 zu einer eigenständigen Großstadt entwickelt (Lithographie, 1856)

Grund zum Feiern: 200 Jahre Altona

23. August 1864. Altona kann auf eine 200jährige Geschichte als Stadt zurückblicken. Höhepunkt der Feierlichkeiten zum Jahrestag der Verleihung des Stadtrechtes ist ein Festzug aller Zünfte und Korporationen (→ 23. 8. 1664/S. 127).

Der große Umzug besteht zum größten Teil aus den Gruppen der Handwerkerzünfte, die stolz in ihren traditionellen Trachten und mit den alten Symbolen ihres Gewerkes erscheinen. So tragen die Tischleramtsgesellen, die Segelmacher und die Lohgerbergesellen die Insignien ihrer Arbeit ebenso zur Schau wie das »Comtoir-Personal« und die Arbeiter der Schwedeler-

schen Fabrik. Ebensowenig fehlen die Lehrer und Schüler des Christianeums, das Personal des Postamtes Altona, der Altonaer Turnverein in vollem »Wichs« mit Säbeln und die Zöglinge von »Herrn Falcks Knaben Ecercirschule«.

Die letzten Jahrzehnte der dänischen Herrschaft waren der wirtschaftlichen Entwicklung Altonas nicht eben förderlich. Zwar entstand unter der Führung des rührigen Bürgermeisters Karl Heinrich Behn in den Jahren 1840/41 ein neuer Hafen, und seit 1844 fährt eine Eisenbahn nach Kiel.

Doch die patriotische Begeisterung der Altonaer für die fehlgeschlage-

ne schleswig-holsteinische Erhebung 1848/49 sollte sich rächen: 1853 hob Dänemark die Zollvergünstigungen für Altona auf und trennte es durch eine Zollgrenze von Ottensen und Holstein ab. Davon profitierte Ottensen, dessen Bevölkerungszahl von 2771 im Jahr 1845 auf 6643 im Jahr 1865 anwächst.

Nach 1860 erholt sich auch die Wirtschaftskraft Altonas wieder, dessen Einwohnerzahl zwischen 1854 und 1865 von 32 200 auf 52 308 ansteigt – unabhängig davon, daß man nun nicht mehr unter dänischer, sondern vorübergehend unter österreichischer Herrschaft steht (→ 4. 7. 1866/S. 259).

Neu: »Der Bahn, der kühnen, folgen wir«

24. September 1864. Rund 2000 Hamburger nehmen an einer Trauerfeier für Ferdinand Lassalle (→ 6. 6. 1863/S. 254) teil, der am 31. August in Genf an Duell-Verletzungen gestorben ist. Erstmals erklingt öffentlich die von Jakob Audorf d. J. verfaßte »Arbeitermarseillaise«. Feierlich wird geschworen, am Programm im Sinne Lassalles festzuhalten. Dann erklingt zur Musik der französischen Nationalhymne das Lied mit dem Refrain: »Der Bahn, der kühnen, folgen wir, die uns geführt Lassall'.«

Jakob Audorf der Jüngere, Mitbegründer des ADAV (Holzstich, 1898)

Steuerstreit wird endlich beigelegt

21. Dezember 1864. Die innerstädtische Verbrauchsabgabe – die sog. Akzise – wird in eine indirekte Steuer umgewandelt und der Warenzoll zum 1. Januar 1865 auf 0,25% herabgesetzt.

Trotz der Aufhebung der Torsperre (→ 1. 1. 1861/S. 251), wo die Akzise kassiert wurde, wollte der Senat die Abgabe eigentlich beibehalten, um eine Erhöhung der direkten Steuern zu vermeiden. Jetzt wird neben der Umwandlung der Akzise auch die Erhebungsgrenze bis jenseits der Vororte verschoben.

1. 1. In Hamburg werden erstmals Postbriefkästen angebracht. → S. 256

1. 2. Die Gewerbefreiheit löst in der Hansestadt endgültig die alten Zunftzwänge ab. → S. 256

8. 4. Sammlungen mit dem Klingelbeutel werden in drei Hamburger Kirchspielen aufgehoben.

7. 5. Im Pariotischen Gebäude beginnt der Unterricht an der Gewerbeschule. Am 1. November folgt eine Berufsschule für Bauhandwerker.

4. 6. Zwischen Hamburg sowie Altenwerder und Neuhof wird eine Dampfschiffahrtsverbindung aufgenommen. Am 27. Juni folgt eine Linie nach Curslack.

21. 6. Der Schwede Alfred Nobel läßt eine Fabrik zur Herstellung von Sprengstoffen in Krümmel in das Hamburger Handelsregister eintragen. 1866 fliegt die Fabrik in die Luft. Nobel verlegt das Labor auf ein Floß. 1867 entwickelt er aus Nitroglyzerin und Kieselgur das Dynamit.

3. 7. Für Hamburg wird ein Baupolizeigesetz erlassen. → S. 256

18. 7. Wegen der vielen Streiks befiehlt die Hamburger Polizei, daß zuziehende Gesellen und Hilfsarbeiter, die nicht innerhalb von drei Tagen eine Arbeitsstelle gefunden haben, abziehen sollen. → S. 256

1. 8. Die Hamburg-Lübecker Eisenbahn nimmt den Betrieb auf. → S. 257

20. 8. Auf der Elbe findet ein Preiswettschwimmen statt.

26. 8. In Altona wird ein Denkmal zu Ehren der 1864 bei Helgoland im Krieg gegen Dänemark gefallenen österreichischen Seeleute enthüllt (heute in einer Grünanlage unterhalb der Palmaille).

3. 10. Die Ernst Merck-Straße wird als neue Verbindung zur Vorstadt St. Georg eröffnet.

7. 10. Die »Leipziger Illustrirte Zeitung« veröffentlicht einen Bildbericht über das Hamburger Gängeviertel. → S. 257

16. 10. Am zweiten Schröderstift feiert man Richtfest (→ 3. 7. 1851/S. 236).

17. 11. Das Gesetz über die Einführung des Zivilstandsregisters und die Eheschließung wird veröffentlicht. Es gilt in der Stadt und den beiden Vorstädten ab 1. Januar, im Landgebiet ab 1. Mai 1866.

1865. Sangeslustige Bewohner von Finkenwerder stiften die Liedertafel »Harmonie«.

GESTORBEN:

25. 11. Berlin: Heinrich Barth (* 16. 2. 1821, Hamburg), Afrikareisender.

Jedermann kann sein Gewerbe ausüben

1. Februar 1865. In Hamburg tritt das Gesetz über die Gewerbefreiheit vom 7. November 1864 in Kraft. Es hebt die traditionsreichen Zunftbeschränkungen des Handwerks (→ S. 51; S. 99) zugunsten des Rechts auf den freien Gewerbebetrieb auf.

Die 43 noch bestehenden Ämter werden aufgelöst und die Amtsangehörigen mit zum Teil hohen Entschädigungen abgefunden. Fortan können alle volljährigen Männer und Frauen – sofern sie Hamburger Staatsangehörige sind – einen Gewerbebetrieb eröffnen.

Die Gewerbefreiheit gilt nicht für Ärzte und Rechtsanwälte. Ferner unterliegen bestimmte Berufe wie Schausteller, Droschkenkutscher und Schornsteinfeger der obligatorischen Kontrolle durch die Polizei. Unternehmer können fortan nach Belieben Lehrlinge einstellen, sofern diese das 14. Lebensjahr vollendet haben, und in unbegrenzter Zahl Arbeitskräfte beschäftigen.

Das Aushandeln kollektiver Arbeitsverträge ist praktisch nicht möglich, weil gemeinsame Tarifbewegungen der Beschäftigten ebenso untersagt sind wie Absprachen der Unternehmer zur Senkung der Löhne. Die Beschäftigten sind per Gesetz zum Eintritt in eine Krankenkasse verpflichtet.

Zusammenstellung ehemaliger Amtshäuser und Handwerkerherbergen in Hamburg; unter dem Staatswappen das Haus des 1865 aufgehobenen Krameramts

Das gleichzeitig ergangene Heimat- und Bürgerrechtsgesetz erleichtert die Erlangung des Bürgerrechts, dessen Erwerb für Personen mit über 3000 Mark Jahresverdienst obligatorisch ist (→ 11. 3. 1863/S. 254).

Wildes Bauen wird erstmals gestoppt

3. Juli 1865. Ein erstes Baupolizeigesetz bedeutet für Hamburg zum 1. Januar 1866 den Abschied von der Ära ungezügelter Baulust innerhalb der Stadt. Alle privaten und öffentlichen Bauten in der Stadt sind davon betroffen.

Das Gesetz enthält feuerpolizeiliche Regelungen und schreibt massive Umfassungsmauern vor. Der private Straßenbau bedarf der Genehmigung der Bau-Deputation »in Beziehung auf die Höhenverhältnisse und die Richtung«. Auch für die Gestaltung von Wohnhöfen werden Mindestanforderungen an Gehwegbreite und Lichteinfall festgesetzt. Die oberen Beamten der Baupolizei sind zwei bauverständige Direktoren mit einem Jahresgehalt von 5000 Mark. Ihrer Behörde sind alle Neubauten oder wesentliche Reparaturen an Häusern, insbesondere auch von »Einrichtungen zu gewerblichen Zwecken oder Veränderung derselben« anzuzeigen.

Im rasch expandierenden Landgebiet gelten erst ab dem 24. Januar 1872 baupolizeiliche Regelungen.

Postbriefkasten in Hamburg aus der Zeit der späteren Reichspost

Stadtpost nur noch in den Briefkasten

1. Januar 1865. In Hamburg und den Vorstädten St. Georg und St. Pauli läßt die Post 64 Briefkästen anbringen. Sie ersetzen die am 31. Dezember 1864 eingestellten 28 Briefannahmestellen der Stadtpost.

Immer noch sind in Hamburg sieben fremde Postämter tätig (→ 1. 1. 1859/S. 246). Um dem Publikum die Abwicklung zu erleichtern, besorgt die Stadtpost die Verteilung der aufgegebenen Briefsendungen auf die zuständigen Ämter.

Der Obrigkeit sind Streiks suspekt

18. Juli 1865. Als Reaktion auf wiederholte Arbeitsniederlegungen erläßt die Hamburger Polizei eine Verordnung, wonach zuziehende Gesellen und Hilfsarbeiter, die nicht binnen drei Tagen Arbeit gefunden haben, die Stadt verlassen müssen. Zugleich bemüht sich die Polizei um eine möglichst vollständige Erfassung aller Arbeiter.

Im Frühjahr haben die Korbmacher in Hamburg und Geesthacht mit einem fünfwöchigen Streik Lohnerhöhungen erzwingen können. Im Sommer legen in Hamburg und Altona auch die Schiffstagelöhner und -zimmerer, Maurer, Tischler und Maler sowie Bauarbeiter und Schneider zeitweilig die Arbeit nieder. Sie werden dabei von der Ortsgruppe des Allgemeinen Deutschen Arbeitervereins tatkräftig unterstützt (→ 24. 9. 1864/S. 255). Höhepunkt der Agitation des Hamburger ADAV ist ein am 6. August veranstaltetes und von rund 10 000 Personen besuchtes Verbrüderungsfest für Hamburg und Altona.

Die »Permanente« lockt wieder Gäste an

1865. Täglich zwischen 12 und 16 Uhr können Kunstliebhaber die »Permanente Ausstellung« des Hamburger Kunstvereins in den Börsenarkaden begutachten. Seit 1852 ist die Bilderschau in den Arkaden zu Hause, wo der Kunstverein seit 1850 sein Büro unterhält.

Die Geschichte des Kunstvereins reicht bis ins Jahr 1817 zurück, als sich im Hause des Freiheitskämpfers David Christian Mettlerkamp erstmals Kunstinteressierte zusammenfanden. Am 24. Januar 1822 gaben sich 19 Mitglieder ein erstes Statut. Darin wird die »mehrseitige Mittheilung über bildende Kunst« als Zweck des Vereins bezeichnet. Vier Jahre später veranstaltete man die erste öffentliche Ausstellung. In gemieteten Räumen in einem Haus an der Ecke ABC-Straße/Fuhlentwiete gab es 21 Ölbilder, drei Skulpturen und 22 Arbeiten von Dilettanten zu bewundern. Obwohl trotz des hohen Eintrittsgeldes von einer Mark über 1000 Besucher kamen, schloß die Kunstschau mit einem Defizit.

Aus einer weiteren, nunmehr er-

folgreichen Präsentation im Jahr 1829 erwuchs ein zweijähriger Veranstaltungsrhythmus.

Einen Aufschwung nahm die Arbeit durch die Eröffnung der ersten Permanenten Ausstellung zeitgenössischer Kunst am 22. Januar 1848 in den Räumen der Patrioti-

Besucher der Permanenten Ausstellung; die »Permanente« ist seit 1852 dem Publikum zugänglich. Da es sich um eine Verkaufsausstellung handelt, können Künstler täglich ihre Werke anliefern. Jeweils am Sonnabend werden die Novitäten aufgehängt. Seit 1850 besteht in den Börsenarkaden auch eine vom Kunstverein betriebene Städtische Gemäldegalerie. Hier werden vorwiegend Gemälde noch lebender Künstler ausgestellt. Die Sammlung wächst vor allem durch Erbschaften und Schenkungen rasch an; sie bildet den Grundstock für die Kunsthalle.

schen Gesellschaft. Den Hamburgern sagt diese Art der Kunstpräsentation zu. Stolz kann der Verein rückblickend feststellen: »Die sich mehrende Teilnahme des Publikums lieferte auch einen schmeichelhaften Beweis für die Zweckmäßigkeit des Unternehmens.«

Gute alte Kutsche muß Bahn weichen

1. August 1865. Nach erfolgreicher Probefahrt nimmt die Hamburg-Lübecker Eisenbahn den Personen- und Güterverkehr zwischen den beiden Hansestädten auf.

Das schnaufende Dampfroß verdrängt ein anderes Beförderungsmittel: Die Postkutsche muß den Dienst auf dieser Strecke nun einstellen. Seit 1841 hatten Hamburg und Lübeck gemeinsam mit der Dänischen Post eine tägliche »Diligence-Fahrt« organisiert. Die Fahrt im vierspännigen Wagen auf der »Kunststraße« (gepflasterte Landstraße) zwischen den Städten dauerte 6 Stunden und 45 Minuten. Der Fahrpreis für die Benutzung des 15 Reisende fassenden Wagens betrug 7 Mark für einen Innenplatz und 2 Mark für einen Außensitz.

Erst die Niederlage Dänemarks im Deutsch-Dänischen Krieg hat der Lübeck-Büchener-Eisenbahngesellschaft den Bau der Bahn zwischen Hamburg und Lübeck ermöglicht. Zuvor hatte der dänische Staat das durch sein Hoheitsgebiet führende Projekt verhindert.

Hamburgs Gängeviertel: Armut pittoresk verpackt

7. Oktober 1865. Die »Leipziger Illustrirte Zeitung« veröffentlicht einen Bildbericht über das sog. Gängeviertel der Hamburger Neustadt. August Schliecker zeichnet das Quartier als gesundheitswidrige und überdies baufällige Heimstatt des Lasters und Elends.

Gänge sind enge Straßen und Höfe, die hinter den breiten Verkehrs-

straßen ein für Pferdegespanne unzugängliches Labyrinth bilden. Maximale Bebauung hat die ehemaligen Gartenareale immer mehr zuwuchern lassen. Gängeviertel gibt es sowohl in der Alt- als auch in der Neustadt.

Zur Zeit ist eine heftige Diskussion über Erhalt oder Abriß der pittoresken Häuserzeilen im Gange. Für

den einen sind die Straßen dieser Unterschichtenviertel eine Brutstätte von Seuchen und Kriminalität, von Prostitution und Sittenverderbnis. Die Gegenseite weist darauf hin, daß die kleinen Häuser mit geringen Mieten gerade für die ärmeren Bevölkerungsschichten unverzichtbar sind und die – teils tatsächlichen, teils auf Vorurteilen

beruhenden – gesundheitlichen und sittlichen Vernachlässigungen auch in anderen, »besseren« Stadtteilen anzutreffen seien.

Die von Schliecker im Bild festgehaltenen Häuser, Gassen und Plätze zählen zu dem Teil des Gängeviertels in der Neustadt, das ab 1867 von der Wexstraße durchschnitten wird (→ 27. 4. 1867/S. 260).

Einige Gassen aus dem Gängeviertel in Zeichnungen von August Schliecker (v. l.): Der Amidammachergang; derKugelsort; der später von der Wexstraße durchschnittene Trampgang; der Lieschengang sowie der Ehebrechergang (Volksmund; eigentlich: Ebräergang), der vom Steinweg direkt ins Gängeviertel führt

Rascher Güterumschlag am Sandtorkai

11. August 1866. Mit dem in den Grasbrook hineingegrabenen Sandtorhafen geht das erste künstliche Hafenbecken Hamburgs in Betrieb. Zwei Tage später machen die ersten beiden Dampfschiffe, die »Germania« und die »Planet«, am Sandtorkai fest. Mit dem Beginn des direkten, kaiseitigen Umschlags tut Hamburg einen entscheidenden Schritt auf dem Weg zum modernen Welthafen.

Bis zur Eröffnung des 1045 m langen Sandtorkais machten die Seeschiffe im Strom an den charakteristischen Duckdalben fest. Schauerleute luden die Waren auf Schuten um, die brachten sie dann an Land. Jetzt können die Schiffe direkt am Kai be- und entladen werden. Dafür stehen 19 fahrbare Dampfkräne britischer Fertigung zur Verfügung. Zur Zwischenlagerung verfrachten Arbeiter die Güter per Handkarren oder auf dem Rücken in ebenerdige Lagerschuppen.

Weitere acht tief in der Kaimauer verankerte Handkurbelkräne übernehmen die Beladung von Binnenschiffen und Schuten.

Als ein weiteres Novum verfügt der Sandtorkai über einen Gleisanschluß. Am 1. August ist die erste hamburgische Hafenbahn eröffnet worden. Ein Schienenstrang liegt unmittelbar neben dem Krangleis

Ein in Großbritannien gebauter Brownscher Dampfkran, wie er jetzt für fast alle hamburgischen Kaianlagen angeschafft wird (Xylographie, um 1880)

an der Wasserseite der Kaischuppen. Er dient dem direkten Umschlag zwischen Eisenbahn und Seeschiff. Weitere Gleise liegen an der Landseite der Schuppen. Am Ostende des Sandtorbassins vereinigen sich die Gleise der Hafenbahn zu einer Strecke, die den Sandtorkai mit dem Bahnhof der Berlin-Hamburger Eisenbahn-Gesellschaft verbindet. Den Ortsverkehr wickeln größtenteils weiterhin die üblichen Pferdefuhrwerke über eine Fahrstraße ab.

Die Organisation und Verwaltung des kaiseitigen Güterumschlags ist Aufgabe der staatlichen hamburgischen Kaiverwaltung. Bis zum Jahresende löschen 137 Schiffe ihre Ladung am Sandtorkai.

Vom Landungssteg am Fleet zum modernen, künstlichen Hafenbecken

Chronik Rückblick

Die Eröffnung des Sandtorkais läutet den Ausbau des Hafens zu seiner heutigen Gestalt ein. Seine Geschichte reicht aber über 1000 Jahre zurück: Es begann im 9. Jahrhundert mit einem etwa 120 m langen hölzernen Landungssteg am Reichenstraßenfleet unweit der Hammaburg (→ ab 810/S. 13). Der Aufstieg zum Handelsplatz gelang der Stadt mit Hilfe der Schauenburger Grafen, denen Hamburg ein kaiserliches Privileg für die Nutzung der Elbe verdankt. Der → 7. Mai 1189 (S. 23) gilt noch heute als »Hafengeburtstag« (→ 6. 12. 1267/S. 36). Hamburg wurde ein wichtiges Mitglied der Hanse und untermauerte seine Ansprüche auf die Elbhoheit durch den Bau eines Wehrturms auf Neuwerk (→ um 1377/ S. 50) und die Betonnung des Fahrwassers (→ 1450/S. 66). Durch weitreichende Regulierungsvorhaben sicherten sich die Hanseaten eine wasserreiche Norderelbe (→ um 1600/S. 105). Langsam nur wuchs die Kapazität des Hafens. Das Nikolaifleet konnte schon zur Hansezeit die steigende Zahl der immer größer werdenden Koggen nicht mehr aufnehmen. Viele Schiffe mußten in dem geräumigen Tief vor der Alstermündung, dem Binnenhafen, ankern und die Ladung im Strom löschen. Die bisherige Reede wurde 1530 beim Ausbau der Stadtbefestigung in den Bereich der Festungslinie einbezogen und durch den → Anfang 1626 (S. 113) beendeten Festungsbau erweitert (→ 1655/S. 124). Im Jahr → 1768 (S. 162) begann man, die Ankerplätze durch außerhalb des Niederbaums eingerammte Duckdalben zu erweitern. Auf diese Weise entstand der Äußere Nieder- oder Rummelhafen.

Die Abtragung des Johannisbollwerks für einen Dampferkai leitete 1837 eine erneute Hafenerweiterung mit Blick auf den Grasbrook ein. Im Jahr zuvor hatten die Experten erstmals die Frage »Dock- oder Tidehafen?« aufgeworfen. Der lange, erbitterte Streit ging schließlich zugunsten des offenen Tidehafens aus (→ 26. 3. 1858/S. 245). Die Entscheidung, trotz eines Tidenhubs von etwa 2,20 m zwischen Hoch- und Niedrigwasser auf Docks zu verzichten, bahnte den Weg zum schnellen Hafenbetrieb mit kurzen Anlauf- und Liegezeiten.

Das Schlachthaus südlich des Schaarmarktes; die am 8. Dezember 1841 eröffnete Anlage galt zu ihrer Zeit als mustergültig (nach einer Lithographie von P. Suhr).

Auftrieb zur Sternschanze

21. Oktober 1867. Neben dem Bahnhof Sternschanze der Hamburg-Altonaer Verbindungsbahn nimmt ein neuer Viehhof den Betrieb auf. Die innerstädtischen Viehmärkte Hamburgs werden fortan hier am Sternschanzenbahnhof und in der Nordwestecke des Heiligengeistfeldes zentralisiert.

Hier hat 1864 schon der Altona-Hamburger Viehmarkt ein neues Zuhause gefunden, der zuvor auf Privatplätzen in der Bleicherstraße in Altona abgehalten worden war. Die Viehmärkte in Hammerbrook und auf dem Schweinemarkt sind am 16./17. Oktober 1867 geschlossen worden.

»Das Kapital« in Hamburg

13. September 1867. Die »Hamburger Nachrichten« melden das Erscheinen des ersten Bandes von Karl Marx' »Das Kapital. Kritik der politischen Ökonomie«. Der Hamburger Verleger Otto Meißner veröffentlicht das Werk in einer Auflage von 1000 Exemplaren.

Für das »Kapital« wirbt Meißner durch rund 50 Vorankündigungen an die Presse und inseriert zehnmal im »Börsenblatt für den deutschen Buchhandel«. Die in 25jähriger Arbeit im Lesesaal des Britischen Museums in London verfaßte Abhandlung hat die Entstehung des Mehrwerts zum Thema, für Marx das ökonomische Grundgesetz des Kapitalismus.

Von Hamburg aus erobert das »Kapital« die Welt. Friedrich Engels schreibt in einer Rezension: »Solange es Arbeiter und Kapitalisten in der Welt gibt, ist kein Buch erschienen, welches für die Arbeiter von solcher Wichtigkeit wäre wie das vorliegende.« Im April 1872 erscheint als erste fremdsprachige eine russische Ausgabe. Bis 1895

kommen 17 Ausgaben in neun Sprachen heraus. Die beiden folgenden Bände erscheinen 1885 und 1894 postum in Engels' Bearbeitung.

Titelblatt der ersten Auflage von Karl Marx' »Das Kapital« von 1867

---

1. 1. Bergedorf geht in den Alleinbesitz Hamburgs über. → S. 261

1. 1. Die Norddeutsche Seewarte nimmt in Hamburg ihre Tätigkeit auf.

1. 1. Das Norddeutsche Bundes-Oberpostamt besorgt anstelle der bisherigen Stadtpost und der ausländischen Postämter die Briefbeförderung in Hamburg (→ 2. 1. 1848/ S. 232).

11. 1. In New York läuft der Segler »Leibnitz« ein. Von den in Hamburg im Auftrag der Sloman-Reederei eingeschifften 544 Personen ist fast jeder fünfte gestorben. → S. 263

5. 2. Bergedorf, Geesthacht und ein Teil von Billwerder werden dem Deutschen Zollverein angeschlossen.

9. 3. In Hamburg konstituiert sich ein »Vaterländischer Frauen-Hülfs-Verein«. → S. 262

1. 4. Die schwarzweißrote Handelsflagge des Norddeutschen Bundes ersetzt die hanseatische. Auch die hanseatischen Gesandtschaften im Ausland sind vom Norddeutschen Bund übernommen worden. Die Verbindung der Farben Schwarz/ Weiß (für Preußen) und Weiß/ Rot (für die Hansestädte) hat im September 1866 der Kaufmann Adolf Soetbeer angeregt.

24. 5. Das Winterhuder Fährhaus wird eröffnet.

24. 6. Preußen und Hamburg schließen ein Abkommen über den Köhlbrand. → S. 261

18. 7. Die steinerne Lombardsbrücke wird freigegeben. → S. 262

11. 8. Die Dörfer Ottensen und Neumühlen haben von jetzt an den Status einer Ortschaft.

1. 9. In Hamburg tagt die 15. Versammlung deutscher Architekten und Ingenieure. Dafür wird eine künstliche Insel in der Alster erbaut. → S. 262

5. 9. Eine Pferdebahnlinie von Hamburg nach Eimsbüttel nimmt den Verkehr auf.

20. 9. Der preußische König Wilhelm I. ist in Hamburg zu Gast (→ 1. 9. 1868/S. 262).

28. 10. Der Grundstein für die Kirche der Norder-Gemeinde in Altona wird gelegt. Die nach Plänen von Johannes Otzen erbaute Kirche St. Johannis ist 1872 fertig.

GEBOREN:

31. 1. Hamburg: Carl Petersen († 7. 11. 1933, Hamburg), Bürgermeister.

14. 4. Hamburg: Peter Behrens († 27. 2. 1940, Berlin), Architekt.

24. 6. Maroldsweisach bei Coburg: Bertha Keyser († 21. 12. 1964, Hamburg), Schwester der Straßenmission.

Lübeck veräußert Anteil an Bergedorf

1. Januar 1868. Der am 8. August 1867 unterzeichnete Vertrag über den hamburgischen Alleinbesitz von Bergedorf tritt in Kraft. Der an Lübeck fällige Kaufpreis beträgt 200 000 preußische Taler.

Damit erlischt das seit 1420 »beiderstädtisch« verwaltete Amt Bergedorf, das aus dem gleichnamigen Ort sowie den Vierlanden und dem Elbübergang Zollenspieker bestand (→ 23. 8. 1420/S. 61). Die Verwaltung war den Lübeckern lästig geworden, weil sie nach Aufhebung des dort erhobenen Transitzolls wenig Nutzen versprach.

Mit der faktischen Transitfreiheit 1865 begann Lübeck über die Abgabe seiner Besitzansprüche auf Bergedorf zu verhandeln. Der Hamburger Seite erschien der Kauf Bergedorfs zunächst wenig attraktiv, als Lübeck aber damit drohte, seine Rechte an Preußen abzutreten, kam der Handel doch zustande.

Die Interessen Hamburgs in der Neuerwerbung vertritt ein für Bergedorf und die Vierlande zuständiger »Landherr«.

Weg zur Vertiefung des Köhlbrands frei

24. Juni 1868. Hamburg und Preußen einigen sich über die Verbesserung der Schiffbarkeit des Köhlbrands von der Süderelbe bei Harburg bis zur Norderelbe bei Altona. Im Mittelpunkt des Vertrages steht die Bunthäuser Spitze auf Moorwerder. Sie teilt die Oberelbe in die Norder- und Süderelbe. Dabei erhält die Süderelbe, weil sie breiter und tiefer ist, den größeren Anteil des zuströmenden Oberwassers, während sich in der Norderelbe Sand ablagert. Daher wird vereinbart, die Bunthäuser Spitze um 350 m in den oberen Stromlauf zu verlängern. Ferner soll der Deich an der Ochsenwerder Seite bei Gauert zurückgenommen werden, damit das Wasser gleichermaßen in die Norder- und Süderelbe einströmen kann.

Der Vertrag entspricht dem Abkommen, das Hamburg und das Königreich Hannover am 20. April 1866 abgeschlossen hatten. Eine Ratifizierung war infolge der Annexion Hannovers durch Preußen jedoch hinfällig geworden.

Die Alsterinsel mit Tempel zur Feier des Architekten-Festes im Hamburg; vorn ein Alsterdampfboot.

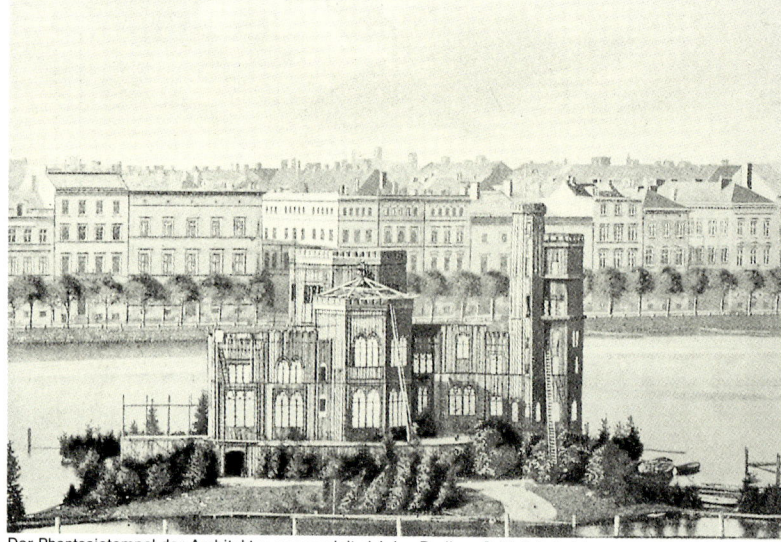

Der Phantasietempel der Architekten verwandelt sich ins Berliner Schloß Babelsberg von Wilhelm I.

Künstliche Inseln mit Festtempeln und Palästen: Auf der Binnenalster tobt das Leben

1. September 1868. *In Hamburg tagt die 15. Versammlung deutscher Architekten und Ingenieure. Aus diesem Anlaß gestaltet Martin Haller im Auftrag des Hamburger Architecten-Vereins zu Ehren der aus nah und fern angereisten Gäste eine künstliche Insel in der Binnenalster.*

Ein Hamburger Zimmermann hat das auf Baumpfählen ruhende Eiland in 14 Tagen für 6000 Mark erbaut. Auf einer Grundfläche von etwa 1200 m² bieten ein zentraler offener Pavillon sowie kleinere Pavillons an den vier Ecken rund 2000 Gästen Platz für Unterhaltung und Zerstreuung. Zur Abschiedsfeier am Schlußtag erstrahlt die künstliche Insel sogar in vollster Lichterpracht.

Die vergängliche Zierde der Binnenalster soll gerade abgebrochen werden, als die Nachricht von dem bevorstehenden Besuch des preußischen Königs in

Hamburg eintrifft. Am 20. September gibt Wilhelm I. anläßlich einer Reise in die Provinz Schleswig-Holstein der Hansestadt Hamburg die Ehre seines Aufenthalts. Um dem Monarchen etwas Besonderes zu bieten, wird die künstliche Insel durch Verankerung von Schuten und Flößen noch weiter vergrößert und mit Hilfe von Büschen, Grassoden und zahlreichen Brettern in eine Nachbildung des königlichen Schlosses Babelsberg verwandelt.

Am Abend des Besuchstages präsentiert sich Mini-Babelsberg festlich illuminiert; ein Feuerwerk soll den Monarchen zusätzlich erfreuen. Vom gleichfalls festlich geschmückten Haus des Ratsherrn Max Theodor Hayn am Alsterdamm verfolgt denn auch ein sichtlich beeindruckter König an diesem spätsommerlichen Abend das ihm dargebotene überaus farbenprächtige Schauspiel.

Verkehr rollt über die Lombardsbrücke

18. Juli 1868. Die steinerne Lombardsbrücke wird für den Eisenbahn- und Straßenverkehr freigegeben. Ihre Errichtung war durch die Altonaer Verbindungsbahn nötig geworden.

Im Jahr 1860 hatte die Altona-Kieler Eisenbahn-Gesellschaft den Bau zwischen Bahnhof und Schul-

terblatt begonnen, der damaligen Grenzstraße zwischen Hamburg und Dänemark. Auf Hamburger Seite folgt die Streckenführung zwischen Klostertor/Lippeltstraße und Dammtor der ehemaligen Befestigungslinie und verläuft dann zwischen Dammtor und Sternschanze in gerader Linie. Am 16.

Juli 1866 konnte die Verbindungsbahn in der Länge von 7 km eröffnet werden. Über die Alster führte zunächst allerdings nur eine provisorische Konstruktion.

Ein massiver Neubau aus Ziegeln und Steinquadern mit drei Bogen ersetzt jetzt die Holzbrücke am alten Pfandhaus (Lombard).

Wettfahrt zwischen der Eisenbahn und der Pferdeeisenbahn auf der Lombardsbrücke; die am 5. September eröffnete Strecke der Pferdebahn zum Eimsbütteler Marktplatz führt nämlich ebenfalls über die neue Brücke. Die Verbindungsbahn zwischen dem Berliner Bahnhof am Klostertor und Altona erlaubt es den Bahngästen, über Hamburg nach Kiel zu reisen, ohne zwischendurch in den Pferdeomnibus nach Altona umzusteigen.

Selbstloser Dienst für Hilfsbedürftige

9. März 1868. Zur Pflege Verwundeter gründet sich in Hamburg der »Vaterländische Frauen-Hülfs-Verein«. Die Organisatorinnen folgen damit einem Aufruf des Schweizers Henri Dunant, dem Begründer des Internationalen Roten Kreuzes. Der Deutsch-Dänische Krieg (→ 24. 12. 1863/S. 254) hatte der Initiative Dunants in Hamburg zum Durchbruch verholfen. Am 2. Februar 1864 konstituierte sich hier ein Komitee zur Pflege von Verwundeten und Kranken. Daraus ging am 18. Oktober des gleichen Jahres der Verein zur Pflege verwundeter und erkrankter Krieger hervor, der am 12. März 1869 einen Zweigverein in Altona erhält.

1869 organisiert der Hülfs-Verein auch die Anstellung und Ausbildung von fünf Krankenschwestern, die vor allem in der häuslichen Krankenpflege aktiv werden. Ein eigenes Spital eröffnet der Verein nach zehnjährigem Bestehen am 9. März 1878 am Schlump (ab 1934 DRK-Krankenhaus).

Gedränge an einem Auswandererschiff der Hapag (1874); zwischen 1861 und 1910 emigrieren gut 2,9 Mio. Deutsche, davon fast 2 Mio. in die USA.

»Todtenschiff« unterwegs

11. Januar 1868. 544 Emigranten sind in Hamburg an Bord gegangen, 100 von ihnen sterben auf der gut zweimonatigen Reise nach New York. Das ist die Bilanz der »Leibnitz«, die der Reeder Robert Miles Sloman im Auswandererverkehr mit den USA einsetzt.

Um die Kapazität zu erhöhen, hatte Sloman ein zusätzliches Deck zwischen Frachtraum und Zwischendeck einziehen lassen. Die Zustände an Bord erschüttern die US-amerikanischen Inspektoren, die aufgrund der hohen Sterblichkeitsrate den Segler untersuchen: Für die 544 Passagiere auf dem total überfüllten Schiff standen gerade vier Toiletten zur Verfügung, der als Nahrung gereichte Schiffszwieback war zum Teil verschimmelt, das Wasser zu knapp, die Butter ungenießbar. Wollte ein Kranker Wasser oder Wein haben, so ließ ihn der Kapitän den dreifachen Preis zahlen. Ein Arzt war nicht an Bord, die mitgeführte Medizin nach 14 Tagen verbraucht.

Vor allem aber: Schon das normale Zwischendeck war schlecht gelüftet, das untere Zwischendeck aber – so die Inspektoren – eine »vollständige Pesthöhle und geradezu darauf angelegt, den gesundesten Menschen zu töten«.

Vor dem Hamburger Obergericht kommt Sloman mit 100 Talern Geldstrafe davon. Begründung: Er habe auf dem Schiff »ungereinigte Haare« transportiert.

23. 3. Der aus Hamburg stammende Komponist Johannes Brahms dirigiert in der Kirche St. Michaelis sein im Vorjahr vollendetes »Deutsches Requiem« op. 45, eine Vokalmusik mit Begleitung. Seit 1862 lebt Brahms als freischaffender Künstler hauptsächlich in Wien.

31. 3. Das schwedische Postamt wird aufgrund eines am 23./24. Februar 1869 zwischen Schweden und dem Norddeutschen Bund geschlossenen Vertrages als letztes ausländisches Postkontor in Hamburg geschlossen. Die schwedische Post war seit 1620 in Hamburg vertreten und beförderte Briefe nach und von Schweden, Norwegen und Finnland.

17. 4. Zur »Beförderung des Velocipeden-Reitens« (Radfahrens) konstituiert sich ein Eimsbütteler Velociped-Club. 1882 wird der Hamburger Bicycle-Club gegründet.

23. 4. In der Bundesstraße beginnt der Bau einer Kaserne. Die Richtfeier erfolgt am 15. Oktober (→ 15. 7. 1871/S. 268).

15. 6. An der Außenalster beim Schwanenwik öffnet ein Badeplatz. → S. 264

15. 6. In Hamburg entsteht ein »Verein zur Überwachung von Dampfkesseln«, der Vorläufer des Technischen Überwachungsvereins Norddeutschland. → S. 263

26. 6. Die Hamburger Gemeinde des Allgemeinen Deutschen Arbeitervereins bestätigt Johann Baptist von Schweitzer als Präsidenten. Daraufhin verlassen viele Oppositionelle den ADAV. Sie schließen sich der vom 7. bis 9. August 1869 in Eisenach gegründeten Sozialdemokratischen Arbeiterpartei (SDAP) an und gründen am 18. August eine Ortsgruppe in Hamburg. Hier ist auch der Sitz der Kontrollkommission der neuen Arbeiterpartei.

11. 7. In Horn findet das erste Norddeutsche Galoppderby für Dreijährige statt. → S. 265

30. 8. Die Kunsthalle am Ferdinandstor wird eröffnet. → S. 265

1. 9. Die am 30. April von der Hamburger Bürgerschaft gebilligten Gesetze zur Reform des Strafverfahrens treten in Kraft. → S. 263

2. 9. Eine internationale Gartenbauschau findet in Hamburg statt. → S. 264

21. 9. Nach über siebenwöchiger Dauer endet ein Streik bei den Lauensteinschen Waggonwerken in Hamburg. → S. 264

GEBOREN:

4. 9. Bremen: Fritz Schumacher († 5. 11. 1947, Hamburg), Architekt.

Sicherheitsprüfung bei Dampfkesseln

15. Juni 1869. Auf Anregung des Architectonischen Vereins gründen hamburgische Dampfkesselbesitzer und Dampfschiffsreeder den »Norddeutschen Verein zur Überwachung von Dampfkesseln« mit Sitz in Hamburg. Er heißt ab 1939 Technischer Überwachungsverein (TÜV) Hamburg und ab 1963 TÜV Norddeutschland.

Erste Aufgabe des Vereins ist die regelmäßige Prüfung der Kesselanlagen. Hinzu kommt in späteren Jahren auch die Anleitung zu einer verbesserten Kraftausnutzung und die Schulung des Kesselpersonals. Genau 100 Jahre vor der Gründung des Dampfkesselvereins hat mit der Erteilung eines Patents an James Watt das Zeitalter der Dampfmaschinen begonnen. Bis zum Auslaufen des Patents 1800 beherrschte die Firma Boulton & Watt praktisch den Weltmarkt. Watt hatte sich zunächst auf Niederdruck-Maschinen beschränkt. Seine Konkurrenten, die Kessel mit höheren Drücken bauten, wurden häufig durch schwere Explosionsunglücke zurückgeworfen.

Neuorganisation im Strafverfahren

1. September 1869. Durch eine Reihe von Gesetzen wird das Strafverfahren in Hamburg modifiziert: Spätmittelalterliche Rechtsbestimmungen – wie die 1532 erlassene sog. Peinliche Gerichtsordnung – gehören der Geschichte an.

Zu den neu in Kraft tretenden Regelungen gehören ein »Gesetz, betreffend das Verhältnis der Verwaltung zur Strafrechtspflege und die Competenz der Polizeibehörde«, ein »Criminalgesetzbuch«, eine Strafprozeßordnung sowie ein Gerichtsverfassungsgesetz und ein Gesetz zur Einführung der Reform des Strafverfahrens. Ausgehend von der Verfassungsreform des Jahres 1860, die der Polizei die Strafgerichtsbarkeit aberkannte (Art. 96), vollzieht Hamburg mit den am 30. April beschlossenen Gesetzen den Übergang zum modernen Rechts- und Verwaltungsstaat. Die Verwaltungsrechtspflege entfällt, die richterliche Gewalt ist allein Angelegenheit der gesetzlich angeordneten Gerichte.

Massenstreik gegen Lohnkürzung fordert Todesopfer

21. September 1869. Mit einem Teilerfolg der Streikenden endet nach über sieben Wochen ein Arbeitskampf bei der Lauensteinschen Waggonfabrik in Hamburg, der Ende Juli mit einem Ausstand von ca. 500 Metallern gegen eine Lohnkürzung begonnen hat.

Rund 1400 Arbeiter der verschiedensten Berufe fertigen bei Lauenstein Straßen- und Eisenbahnwagen. Als die Akkordlöhne wegen angeblichen Auftragsmangels und hohen Konkurrenzdrucks um 25% gekürzt werden sollen, konstituiert sich ein 20köpfiges Streikkomitee unter Führung von Carl Schallmeyer vom Allgemeinen Deutschen Arbeiterverein.

Die Streikenden fordern die Zurücknahme der Lohnsenkung und eine Arbeitszeitverkürzung um eine Stunde pro Tag. Weil in zahlreichen anderen Gewerbezweigen Spenden für den Arbeitskampf bei Lauenstein gesammelt werden, streiken bald mehr als 1300.

Doch die Betriebsleitung bleibt hart: Sie holt Anfang September, als noch etwa 800 Personen im Ausstand sind, Arbeiter aus Schweden und nimmt die Produktion mit Hilfe der Streikbrecher wieder auf.

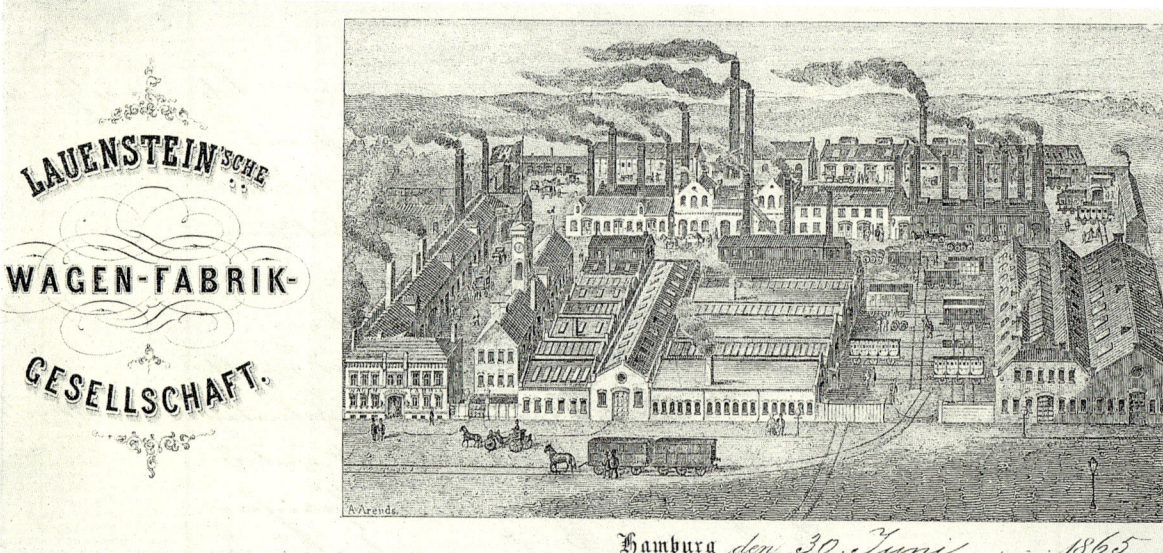

Ansicht der Waggonfabrik Lauenstein; zu ihren Kunden gehört die Hamburg-Bergedorfer Eisenbahn und die Wandsbeker Pferdebahn, deren Direktor Johann Andreas Culin zeitweise selbst bei Lauenstein beschäftigt war (Briefkopf, um 1865).

Die nach über fünf Wochen Arbeitskampf aufs höchste gereizten Arbeiter greifen am 7. September zur Gewalt. Sie besetzen die Fabrikgebäude in der Repsoldstraße und in Rothenburgsort und zerstören Produkte und Maschinen. Dabei erschießt der Fabrikdirektor einen unbeteiligten Arbeiter. Der Getötete, ein Vater von sechs Kin-

dern, wird in St. Georg zwei Tage später zu Grabe getragen. Rund 3000 Arbeiter folgen dem Sarg.

Am 21. September ist der Streik zu Ende. Den Arbeitern werden die alten Lohnsätze und eine Arbeitszeitverkürzung zugesichert.

Der schwer erkämpfte Sieg kostet die Lauensteinschen Arbeiter jedoch ihre Beschäftigung, denn im

Jahr darauf muß das Unternehmen schließen. In seiner Dauer und seiner Härte ist der Streik bei Lauenstein ein Symbol für die sich verschärfenden Arbeitskämpfe im Zeichen der Industrialisierung. Dazu gehört auch die Solidarität der Arbeiter in Deutschland, die für ihre Hamburger Kollegen insgesamt 13 500 Mark gesammelt haben.

Gartenbau von Millerntor bis Hafentor

2. September 1869. Für zwei Wochen öffnet eine internationale Gartenbauausstellung in Hamburg ihre Pforten. Zwischen 6 Uhr und Eintritt der Dunkelheit erwarten u. a. ein Pflanzenhaus, eine Samm-

lung von Gartenornamenten und der eigens für die Ausstellung umgebaute Elbpavillon die Besucher. Das Terrain der Ausstellung bilden der frühere Wall und die Anlagen zwischen dem Millerntor im Nor-

den und dem Hafentor am Niederhafen rechts und links des umgebauten Stadtgrabens. Die vielen Brücken und Stege werden nach Schließung der Ausstellung in den späteren Elbpark integriert.

Die internationale Gartenbauausstellung von 1869 aus der Vogelperspektive: Vorn der Haupteingang in der Höhe der Kastanien-Allee unterhalb des Spielbudenplatzes; zwischen Seemannshaus (r.) und Stintfang ist eine Brücke erbaut worden; l. eine Fahne des Elbpavillons vor dem Millerntor (frühere Bastion Casparus).

Sommerfrische im Schwanenwik-Bad

15. Juni 1869. An der Außenalster beim Schwanenwik wird ein Badeplatz eröffnet. Hier erfrischen sich vor allem die Männer an heißen Tagen bei einem kühlen Bad.

Im Jahr 1850 entstand der erste städtische Badeplatz mit Umkleidekabinen auf dem Grasbrook, der 1887 infolge der Erweiterung der Hafenanlagen und des zunehmenden Schiffsverkehrs auf die Veddel verlegt wird (→ 2. 8. 1887/S. 303). 1864 kam eine weitere Badeanstalt auf Steinwerder hinzu.

Die feine Dame sucht solche Badeplätze allerdings nicht auf. Sie zieht den Aufenthalt in einem Badekarren am Strand der Elbe vor oder besucht die kommerziellen Bade-Etablissements an der Außenalster wie die luxuriöse »Alsterlust« unweit der Lombardsbrücke mit ihren getrennten Schwimmbassins für Männer und Frauen, den Warmbädern und Duschen und den Restaurationsräumen.

Repräsentative Halle der Kunst eröffnet

30. August 1869. Nach sechsjähriger Bauzeit eröffnet mit der Kunsthalle Hamburgs erstes Museum. Der mit seiner Fassade der Alster zugewendete Bau im Stil der italienischen Renaissance steht auf dem Platz einer abgetragenen Anhöhe am Ferdinandstor.

Ein Preisgericht aus fünf namhaften Architekten und Kunsthistorikern hatte sich für die Pläne der Berliner Architekten Hermann von der Hude und Georg Theodor Schirrmacher entschieden. Aus Geldmangel ist nur der mittlere Hauptteil ihres weitaus umfänglicheren Konzeptes zur Ausführung gelangt. Als Baumaterial diente roter Backstein in Verbindung mit Terrakotta an den figurierten Teilen und roter Sandstein für Säulen und umrahmende Bauglieder.

Die Außenseite des Museums schmücken Statuen und Bildnisse von älteren und neueren bildenden Künstlern – so fungiert bereits das äußere Erscheinungsbild des Hauses als Denkmal der Kunstgeschichte. Viel bestaunt wird das Treppenhaus mit dem breiten Marmoraufgang zur Gemäldegalerie.

Das untere Geschoß der Kunsthalle umfaßt zunächst eine Sammlung plastischer Kunstwerke, eine Zusammenstellung von Münzen, Plaketten und Medaillen sowie ein umfangreiches Kupferstich-Kabinett. Im Obergeschoß findet sich in fünf Oberlichtsälen und fünf Seitenkabinetten die städtische Gemäldegalerie mit Bildern vor allem von hamburgischen und niederländischen Meistern.

◁ Das repräsentative Treppenhaus der Kunsthalle mit großformatigen Landschaftsansichten von Valentin Ruths; sie stellen die vier Jahreszeiten bzw. – auf der anderen Seite – die Tageszeiten dar. In den Wandfeldern über den Eingängen zur Gemäldegalerie sind Abbildungen der vier Elemente plaziert (Foto, um 1900).

◁ Innenraum der Kunsthalle mit Werken der städtischen Gemäldegalerie; in anderen Räumen warten auch Plastiken auf interessierte Besucher.

Von den Bürgern für ihre Mitbürger

Chronik Hintergrund

Die Kunsthalle zählt zu den kulturellen Einrichtungen der Stadt, die auf Initiative der Bürger entstanden sind. Die dort aufbewahrten Sammlungen sind ein Beispiel für hanseatisches Mäzenatentum.

Die fruchtbare, wenn auch gelegentlich problematische Verbindung von Geist und Geld zeigt die Geschichte des auf das Jahr 1817 zurückgehenden Kunstvereins, zu dessen ersten Mitgliedern der Syndikus Karl Sieveking, der Versicherungsmakler Nicolaus Hudtwalcker und die Kunsthändler Georg Ernst Harzen und Johann Matthias Commeter gehörten. Die erste öffentliche Gemälde-Galerie wurde 1850 bezeichnenderweise in den Börsenarkaden eröffnet (→ 1865/S. 257).

Auch der Bau der Kunsthalle ist keineswegs alleinige Angelegenheit des Staates. Von den insgesamt benötigten 300 000 Mark werden zwei Drittel aus Spenden gedeckt, der Senat stellt außer dem Gelände die noch fehlenden 100 000 Mark zur Verfügung. Bis auf die spätere Sammlung Wesselhoeft und einige vom Hamburgischen Staat erworbenen Kunstwerke resultiert der bis zur Jahrhundertwende gesammelte Bestand aus Geschenken sowie Vermächtnissen.

Dreijährige laufen beim Derby in Horn

11. Juli 1869. Beim ersten Norddeutschen Galoppderby für Dreijährige in Hamburg-Horn siegt W. Little auf »Investment« aus dem Besitz von Oertzen.

Von den 31 genannten Pferden stellen sich nur fünf dem Starter. Beim Start büßt der 3:2-Favorit »Investment« rund fünf Längen ein, hat aber nach der Hälfte der Distanz das Feld wieder eingeholt und siegt mit einer halben Länge vor »Rabulist« aus dem Gestüt Graditz. Für den Sieg zahlt der veranstaltende Hamburger Renn-Club von 1852 dem Besitzer 1950 Taler Preisgeld.

Reiten nicht mehr nur als Fortbewegungsmittel, sondern als Sport: Galopprennen in Hamburg-Horn (Lithographie, 1835)

Großkaufleute gründen Commerzbank

18. März 1870. Unter Mitwirkung von zwölf in- und ausländischen Firmen wird als drittes Hamburger Kreditinstitut auf Aktien die Commerz- und Discontobank ins Handelsregister eingetragen (heute Commerzbank AG).

Die neue Bank soll den gestiegenen Kapitalbedarf der hamburgischen Wirtschaft befriedigen. Neben den alteingesessenen Handelsfirmen sind dies vor allem der neu entstehende Mittelstand aus Handwerkern, kleinen Kaufleuten und Ladenbesitzern sowie die nach Eröffnung des Sandtorhafens (→ 11. 8. 1866/S. 258) rasch expandierende hafengebundene Industrie. Darüber hinaus gilt es, den Geschäftsverkehr mit innerdeutschen und ausländischen Kreditinstituten zu intensivieren.

Die Geldelite bleibt unter sich

Zu den Gründern der Commerzbank zählt die Creme Hamburger Großkaufleute und Privatbankiers. Zur ersten Kategorie gehört Theodor Wille, dem der Kaffeehandel mit Brasilien ein Vermögen eingebracht hat. An Carl Woermann geht im Westafrikahandel nichts vorbei (→ 14. 7. 1884/S. 296), William O'Swald ist Spezialist für Ostafrika und Sansibar (→ 1849/S. 234). Prominente Initiatoren auf der Bankseite sind die Chefs der Geldinstitute Conrad Hinrich Donner, Hesse Newman & Co. (→ 1. 1. 1777/ S. 167) sowie M. M. Warburg & Co. Viele von ihnen übernehmen hohe Posten in der Commerzbank.

Am 27. Februar veröffentlichen die Hamburger Zeitungen den »Gründungsprospekt«. Als die Zeichnungsfrist am 3. März abläuft, ist die zunächst offerierte Emission von 10 Mio. Mark banco zu 40% Einzahlung – die Hälfte des in Aussicht genommenen Kapitals – bereits 33fach überzeichnet, worauf die Zuteilung der zum Verkauf an das Publikum ausgegebenen Papiere eingeschränkt wird.

Am 25. April eröffnet die Commerzbank in der Bergstraße 13 ihre Schalter. Die florierende Bank beteiligt sich durch Übernahme von zwei Dritteln des Aktienkapitals zum Weiterverkauf maßgeblich an der Gründung der Hamburg-

Aufruf der Commerz- und Disconto-Bank in Hamburg zur Zeichnung des Aktienkapitals; die zweite Hälfte des Gründungskapitals wird 1873 aufgelegt.

Südamerikanischen-Dampfschifffahrts-Gesellschaft (→ 4. 11. 1871/ S. 271), zu deren Großaktionären zahlreiche Mitglieder der Commerzbank-Leitung zählen. 1873 beteiligt sich die Commerzbank zur Hälfte an der Gründung der London und Hanseatic Bank in London. Sie erhält damit am größten Bankplatz der Welt eine Filiale, die bis 1914 bestehen bleibt. Im Jahr darauf bezieht die Commerzbank, die bis 1898 die Ortsbezeichnung Hamburg im Firmennamen führt, ihr Gebäude am Neß an der Stelle des früheren Hotels »Kaisershof«.

Für Hamburgs Kinder gilt die achtjährige Schulpflicht

11. November 1870. Der Hamburger Senat veröffentlicht ein Unterrichtsgesetz. Es schreibt die Schulpflicht für Kinder vom vollendeten 6. bis zum 14. Lebensjahr vor. Die öffentliche Erziehung ist jetzt endgültig Sache des Staates und nicht mehr der Kirche.

Für den Volksschulbesuch in der Stadt einschließlich der Vorstädte St. Georg und St. Pauli ist ein einkommensabhängiges Schulgeld fällig. Die Armenschulen und die Strafschule der Armenanstalt gehen in das Volksschulwesen über. Der Lehrplan der öffentlichen Volksschulen umfaßt u. a.: Religion, deutsche Sprache, Rechnen, Geographie, Geschichte, Physik, Chemie, Zeichnen, Turnen, Englisch und nach Möglichkeit Französisch. In Mädchenschulen kommt auch Handarbeit hinzu.

Der politisch heftig umstrittene Religionsunterricht wird zukünftig in Hamburg »in der Regel nur nach der evangelisch-lutherischen Confession erteilt; Ausnahmen finden jedoch statt, wenn ein größerer Bruchtheil der Schüler einer anderen Confession angehört«. Die öffentlichen Volksschulen sind normalerweise siebenklassig, wobei 50 Schüler eine Klasse besuchen. Diese Normalzahl darf in der untersten Klasse ohne spezielle Genehmigung nicht unterschritten werden. Das gesamte öffentliche Unterrichts- und Erziehungswesen untersteht einer Oberschulbehörde, die 1871 ihre Arbeit aufnimmt.

Die Verfassung von 1860 hatte in Art. 111 dem Staat anstelle der Kirche die Verantwortung für die öffentliche Erziehung übertragen. In der Debatte um die Schulordnung standen sich die bürgerliche Linke in der Person von Anton Rée und die gemäßigte Rechte in Gestalt von Theodor Hoffmann gegenüber. Während Rée die kostenlose Schulbildung und die einheitliche Volksschule verlangte, favorisierte Hoffmann eine Aufteilung der Schüler nach sozialer Herkunft und nicht nach ihrem Bildungsniveau. Das Unterrichtsgesetz geht den Weg des Kompromisses: Es gibt nur eine Volksschule mit der Möglichkeit des Schulgelderlasses für Arme; Stiftungs- und Privatschulen sowie Hausunterricht bleiben freilich erhalten.

Frisch gekämmt und ins beste Kleid gesteckt: Die Lehrerin (oben l.) und ihre Schülerinnen vor dem Fotografen

»Preußischer Schliff« in der Schule: Schüler einer Knabenklasse, viele mit dem bald modernen »Matrosenkragen«

Zollausland am Bahnhof Sternschanze

1. Mai 1870. Auf einem Terrain zwischen Lager- und Kampstraße unweit des Bahnhofs Sternschanze der Verbindungsbahn eröffnet eine Niederlassung des Deutschen Zollvereins. Sie wird durch eine Aktiengesellschaft betrieben.

Das ganze Hamburger Stadtgebiet gilt gegenüber dem Deutschen Zollverein auch nach dem Beitritt zum Norddeutschen Bund (→ 15. 5. 1867/S. 260) als Zollausland. Alle aus Übersee kommenden Waren können demzufolge zwar in Hamburg zollfrei eingeführt werden, müssen aber beim Überschreiten der Hamburger Stadtgrenze verzollt werden. Für Waren aus dem deutschen Binnenland wird der Zoll umgekehrt fällig, wenn sie die Grenze nach Hamburg passieren.

Die Niederlassung des Zollvereins soll nun den Handel mit den umliegenden deutschen Staaten erleichtern. Hier werden inländische Waren unter Zollkontrolle gelagert, sortiert und verarbeitet und dann abgabefrei wieder ins Zollvereinsgebiet ausgeführt.

Von dieser Möglichkeit wird auch reicher Gebrauch gemacht. Davon profitiert u. a. das Postamt Hamburg 6, das auf dem Gebiet der Zollvereinsniederlassung liegt und sogar über eine eigene Paketzustellung verfügt.

Der Bahnhof Sternschanze (vorn) und jenseits des Bahndamms die Lagerhäuser der Zollvereins-Außenstelle; die eigens gegründete Aktiengesellschaft eröffnet dort auch ein Hotel. Ihre Aktien gehen nach dem Zollanschluß 1888 an den Staat über.

Bürgermeister ist Patron der Kirche

9. Dezember 1870. Die evangelisch-lutherische Kirche im Hamburger Staat erhält eine Satzung. Der Senat übt demgemäß ein Patronat über die Kirche aus.

Nach der seit 1860 geltenden Verfassung stehen die Religionsgemeinschaften unter der Oberaufsicht des Staates. Das Patronat gibt dem Senat nun folgende Rechte:

▷ Bestätigung der von der Synode beschlossenen kirchlichen Verordnungen
▷ Wahl der Pastoren und des Seniors des Geistlichen Ministeriums
▷ Ernennung der beiden Präsidialmitglieder für den Kirchenrat und die Gemeindevorstände.

Oberstes Organ der Hamburger Kirche ist die aus Geistlichen und Laien bestehende Synode, der ein Kirchenrat als höchste Verwaltungsbehörde zur Seite gestellt wird. Die Erhebung der Kirchensteuer ist bis 1913 Sache der Kirche. Die Pastoren der fünf Hauptkirchen werden durch das jeweilige Kirchenkollegium ausgewählt.

Preußisches Militär in Hamburgs Mauern

15. Juli 1871. Das Infanterieregiment Nr. 76 bezieht die Kasernen in der Bundesstraße. Auch Altona und Wandsbek werden im Zusammenhang mit der Reichsgründung zu Garnisonen.

Seit dem → 15. Mai 1867 (S. 260) hat Hamburg als Mitglied des Norddeutschen Bundes auch seine Wehrhoheit verloren und mußte zwei preußische Bataillone als Friedensgarnison in seine Mauern aufnehmen. So rückten im Oktober die 76er in der Hansestadt ein. Das Regiment aus überwiegend pommerschen Soldaten wurde in den Garnisonen Hameln und Hannover aufgestellt. Es war zunächst in Niendorf, Groß-Borstel und Alsterdorf untergebracht und rückte Ende August 1870 »ins Feld« nach Frankreich (→ 17. 6. 1871/S. 269).

In Altona nimmt das Infanterieregiment Nr. 31 im Juli 1871 dauernd Quartier, das nach seiner Aufstellung 1815 längere Zeit in Thüringen stationiert gewesen war. 1902 wird es in »Infanterie-Regiment Graf Bose (1. Thür.) Nr. 31« umbenannt. Auch das IX. Generalkommando der preußischen Armee zieht von Schleswig in das wesentlich größere Altona um.

Seit Juni 1871 fungiert auch Wandsbek als Garnisonstadt. Hier ist das – zuerst 1866 in Düsseldorf aufgestellte – Hannoveranische Husarenregiment Nr. 15 stationiert. Kaiser Wilhelm II. benennt es 1898 zu Ehren der niederländischen Königin Wilhelmina um in »Husarenregiment Königin Wilhelmina der Niederlande (Hannoversches) Nr. 15«.

Mit Katerstimmung ins Deutsche Reich

Chronik Hintergrund

4. Mai 1871. Die Verfassung des Deutschen Reiches vom 16. April 1871 gilt nunmehr auch in Hamburg. Das Reich ist ein Bundesstaat aus 25 Einzelstaaten, die über den Bundesrat an der Gesetzgebung mitwirken. Staatsoberhaupt ist der preußische König.

Ein großer Teil des Hamburger Senats betrachtet die Reichsgründung am 18. Januar in Versailles mit gemischten Gefühlen. Allerdings scheint der Beitritt der süddeutschen Länder die Gewähr für den Fortbestand der Kleinstaaten gegenüber preußischem Hegemoniestreben zu bieten.

Welche Stimmung im Senat herrscht, zeigt eine Tagebuchaufzeichnung über den Beschluß zur Abhaltung einer Reichsgründungsfeier am 22. Januar: »Extrasitzung Senatus in Bürgermeister [Hermann] Goßlers Hause, Georgsplatz; wegen König Wilhelms des Eroberers Schreiben ad Senatum, daß er den ihm offerirten Kaisertitel (er sagt Kaiserwürde) annehme etc ... [Carl Friedrich] Petersen ... setzte es durch, daß Hammonia 101 Salutschüsse abgiebt ... Ungefrühstückt gegen 2 nach Hause. – Verdorbener Sonntag.«

Charakteristische Pickelhaube: Ein Offiziershelm der preußischen Landwehr (Dragoner) um 1890

Uniform des litauischen Dragonerregiments No. 1 (Prinz Albrecht von Preußen; Lithographie, 1867)

Ansicht der neuen Kaserne mit dem Exerzierplatz an der Bundesstraße; der Grundstein für die Kaserne zwischen Louisenstraße und Papendamm wurde am 23. April 1869 gelegt. Am 15. Oktober konnte das Richtfest gefeiert werden. Bis zum Einzug der 76er diente der Bau als Kriegsgefangenenlager.

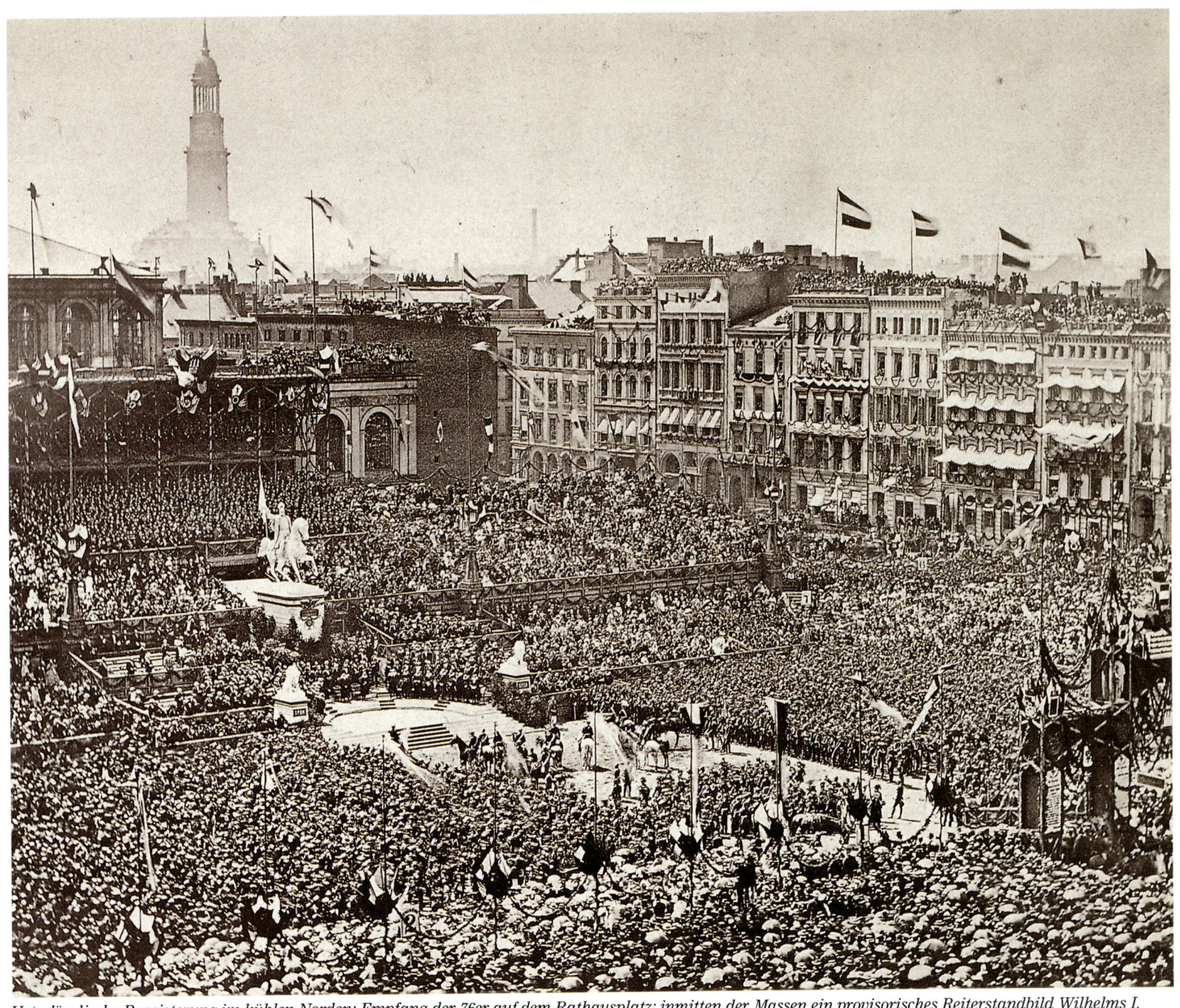

Vaterländische Begeisterung im kühlen Norden: Empfang der 76er auf dem Rathausplatz; inmitten der Massen ein provisorisches Reiterstandbild Wilhelms I.

Bombastischer Empfang für die Krieger des Kaisers

17. Juni 1871. Nach dem deutschen Sieg im Krieg gegen Frankreich kehren die beiden Bataillone des Infanterie-Regiments Nr. 76 in die Heimat zurück. Ende August 1870 waren die 76er ausgerückt.

Am 19. Juli hatte Frankreich wegen des Streits um die Kandidatur eines Hohenzollern-Prinzen für den spanischen Thron dem Königreich Preußen den Krieg erklärt.

Vor der Heimkehr des Hamburger Regiments erwog man hier, den Empfang auf dem Heiligengeistfeld abzuhalten. Der Senat entschied sich jedoch für den Rathausmarkt, was ihm den Vorwurf einbrachte, er wolle gleichsam als Souverän seine aus dem Felde heimkehrenden Truppen begrüßen.

Trotz dieser Mißhelligkeiten ist der Einzug der Soldaten triumphal. Der Platz vor dem Börsengebäude ist in ein Amphitheater umgestaltet worden, dessen Galerien Tausenden von Menschen Platz bieten. In der Mitte der untersten Galerie sitzt der Senat. Mit ihren reichen Samtmänteln, mächtigen Halskrausen und ihren in den Händen gehaltenen spanischen Hüten sind die beiden Bürgermeister und die 16 Senatoren ein lebendes Symbol für die eigenstaatlichen Traditionen Hamburgs. Alle Kirchenglocken läuten, und als die Spitze des mit Eichenlaub geschmückten Kriegerzuges auf den Platz einschwenkt, erhebt sich die ganze Versammlung, um die Heimgekehrten mit Zuruf und Tücherschwenken zu begrüßen.

Über den eigentlichen Festakt schreibt der spätere Senatssekretär Julius von Eckardt: »In wohlgesetzter, weithin hörbarer Rede begrüßte Bürgermeister [Gustav Heinrich] Kirchenpauer das Regiment, das an dem ruhmvoll beendeten Feldzuge ehrenvollen Anteil genommen und die altbewährte Tapferkeit der Hanseaten neu bewährt hatte. In dankbarer Erinnerung an die dem Vaterlande in großer Zeit bewiesenen treuen Dienste überreichte er – der Präsident des Senats – namens des hamburgischen Staates dem Regimente einen silbernen, mit dem Stadtwappen geschmückten Schellenbaum.«

Früher ein Dorf – jetzt ein Meer von Schornsteinen

26. Oktober 1871. Die Ortschaft Ottensen wird unter Einschluß von Neumühlen zur Stadt erhoben. Ottensen verdankt den Aufstieg zum bedeutenden Industriestandort vor allem seinen Zollvorteilen.

Weil Dänemark der Stadt Altona 1853 ihre bisherigen Zollprivilegien entzogen hatte, wanderten viele Fabrikanten in das nahegelegene Ottensen ab. Bis 1856 wuchs dessen Einwohnerzahl um die Hälfte auf etwa 4600 Menschen an, denen 44 Fabrikbetriebe, darunter 15 Tabakhersteller, fünf Textil- und Baumwollfabriken und zwei Glashütten Arbeit boten.

Die zweite Gründerwelle begann 1867, als Ottensen Teil des Deutschen Zollvereins wurde, während Altona mit Hamburg Zollausland blieb. 1868 begannen Johannes Menck und Alexander Hambrock auf einem Terrain an der Großen Brunnenstraße/Ottenser Hauptstraße mit der Herstellung von Kesseln für den Dampfmaschinenbau. Gleichfalls im Stadtzentrum, an der Friedensallee, nahm im gleichen Jahr die Eisengießerei von Theodor Zeise ihren Betrieb auf, die 1869 ihre erste Schiffsschraube goß und in die marktbeherrschende Position der Briten einbrach. Neben Metall- und Glasindustrie wird die Tabakbranche zum wichtigsten Arbeitgeber. Sie beschäftigt bis zu 20% der Ottenser.

Das Firmengelände von Menck und Hambrock an der Großen Brunnenstraße/Ecke Ottenser Hauptstraße; von einem bescheidenen Betrieb mit 20 Beschäftigten wächst das Werk zu einem Großunternehmen heran (Gemälde, um 1910).

Zigarrenarbeiter mit ihrem Vorleser: Die handwerklich geprägte Tabakindustrie Ottensens wird ein Zentrum der Gewerkschaftsarbeit; die Arbeiter bekommen während ihrer eintönigen Arbeit vorgelesen (Xylographie).

◁ *Geschäftsanzeige für C. E. Gätcke's Glasfabriken; die Glasindustrie produziert vor allem im Norden und Nordwesten Ottensens (Lithographie, um 1860).*

Hartgummi aus Barmbeker Produktion

21. Oktober 1871. Im Hotel de l'Europe am Alsterdamm 39 gründen Johann Hinrich Wilhelm Maurien und Bernhard Arnold aus Hamburg, Conrad Poppenhusen (New York) und Friedrich König (Bonn) die New York-Hamburger Gummiwaaren-Compagnie. Die Firma beginnt im Juni 1873 in Barmbek mit der Produktion von Hartgummifabrikaten.

Poppenhusen ging als junger Mann nach Nordamerika und gehörte 1853 zu den Gründern der ersten Hartgummifabrik der Welt in College Point im Staat New York. Maurien war Mitbegründer der ersten europäischen Hartgummifabrik 1856 in Harburg. Sie kooperieren, bevor die Verfahrenspatente abgelaufen sind.

Schachtel mit einem Hartgummikamm aus dem Angebot der New York-Hamburger Gummiwaaren-Compagnie (um 1900); zur Herstellung der Kammformen arbeitet auf dem Barmbeker Firmengelände auch eine Zinnschmelze.

Die Gummifabrik am Osterbekkanal; in der Gründerzeit angelegt, bildet er bis 1888 die Zollgrenze zwischen Hamburg und dem Reichsgebiet. Grundstücke an den Alsterkanälen sind auch wegen ihrer Anbindung an den Hafen – per Schuten durch die Alster – attraktive Industriestandorte.

Eisbrecher Nr. 1 hält im Winter Elbe frei

1871. Die Reiherstiegwerft liefert den Eisbrecher »Comité« an ein Konsortium Hamburger Kaufleute ab, die das ganz aus Stahl gebaute Schiff mit einer Leistung von 150 PS in Auftrag gegeben haben.

Den Anstoß für den Bau der 172 000 Mark teuren Spezialanfertigung gab der strenge Winter 1870/71, als wegen Eisgangs die Elbschiffahrt 53 Tage lang ruhen mußte. Unter Leitung von Adolph Godeffroy, dem Direktor der Hamburg-Amerika-Linie, konstituierte sich ein Komitee für den Eisbrecherbau. Es schrieb einen Wettbewerb aus, an dem sich 24 Ingenieure beteiligten und aus dem Carl Ferdinand Steinhaus als Sieger hervorging.

Die Initiative Godeffroys stößt aber keineswegs auf große Sympathie bei Senat und Bürgerschaft. Weil die folgenden Winter milde ausfallen, hat die »Comité« wenig zu tun und zahlt sich zunächst nicht aus.

Dies ändert sich 1875/76. Nun wird das Schiff als »Eisbrecher Nr. 1« in Staatsdienste gestellt.

Der »Eisbrecher Nr. 1«, die vormalige »Comité«, macht bei Treibeis eine Fahrrinne auf der Elbe frei. Das Schiff bleibt 70 Jahre lang im Dienst.

Reederei geht auf Südamerikafahrt

4. November 1871. Zehn angesehene Hamburger Kaufmannsfirmen sowie zwei britische Unternehmen und die Commerz- und Disconto-Bank gründen die Hamburg-Südamerikanische Dampfschiffahrts-Gesellschaft zur »Herstellung und Unterhaltung einer regelmäßigen Schiffsverbindung zwischen Hamburg und Brasilien sowie den La Plata-Staaten«.

Die Hamburg-Süd dominiert bald den Handelsverkehr mit der Ostküste Lateinamerikas, vor allem mit Brasilien und Argentinien.

Von dem Grundkapital in Höhe von nominell 1,25 Mio. Talern übernimmt die Commerz- und Disconto-Bank 65,2% und bringt sie an der Börse unter (→ 18. 3. 1870/ S. 266). Der Schiffsmakler August Bolten, der ebenfalls Aktien hält, bringt außerdem drei Frachter mit ins Geschäft ein: Die Schiffe waren im Auftrag der von Bolten und Partnern 1869 gegründeten Brasilianischen Dampfschiffahrts-Gesellschaft im Liniendienst von Hamburg nach Rio de Janeiro, Santos und Bahia unterwegs.

Den Vorsitz der neuen Reederei übernimmt aber nicht der Großaktionär Bolten, sondern der Kaufmann Heinrich Amsinck, dessen Familie in der Folgezeit maßgeblich die Geschäftspolitik der Hamburg-Süd bestimmt.

Schiffszimmerer nun Hand in Hand

17. April 1871. Rund 1500 Schiffszimmerer aus Hamburg, Altona, Harburg und Umgebung gründen eine Interessenvertretung. Sie wollen die ständigen Konflikte zwischen »einheimischen« und »fremden« Arbeitern überwinden.

Noch vor der Einführung der allgemeinen Gewerbefreiheit war Ende 1838 das Schiffszimmereramt aufgelöst worden (→ 6. 4. 1835/S. 206). Seither hat sich der Arbeitsalltag der Schiffszimmerer stark gewandelt: So entstand 1851 auf Steinwerder das erste Trockendock. Die Reiherstiegwerft erprobt bereits seit 1856 den Eisenschiffbau. Die überlieferte zunftmäßige Trennung der einzelnen Handwerke wandelt sich hin zur Bildung von Arbeitsteams aus verschiedenen Gewerken.

1872

Hamburg aus der Vogelperspektive; im Zentrum der Grasbrook mit den neuen Hafenbecken und (r.) dem Gaswerk (1882)

Hafenerweiterung auf dem Grasbrook

2. Juli 1872. Im Sandtorhafen wird der 890 m lange Kaiserkai eröffnet. Wie der gegenüberliegende Sandtorkai (→ 11. 8. 1866/S. 258) hat auch er Gleis- und Straßenanschluß und bedeutet einen weiteren Schritt weg vom alten Reedehafen, in dem die Schiffe mit Schuten entladen werden mußten.

Der Bau der Kaianlagen auf der bis dahin noch unbefestigten Seite des Sandtorhafens hat 1869 begonnen. Erstmals wurde hier die Technik der sog. Senkbrunnen angewandt, um den Kaianlagen ein stabiles Fundament zu geben. Hierbei handelt es sich um Schächte aus Ziegelsteinen, die bis ca. 1 m unter die Hafensohle ins Erdreich hinein gemauert und anschließend mit Zement gefüllt werden.

Das Senkbrunnenprinzip kommt auch bei dem südlich anschließenden Grasbrookhafen zur Anwendung. Dieses Hafenbecken wird vom Dalmannkai und vom Hübenerkai eingerahmt, die zwischen 1872 und 1881 entstehen.

Mit der Eröffnung zweier Stromhäfen, dem Schiffbauerhafen (vor dem Kaiserhöft) und dem Strandhafen (südlich des Grasbrookhafens) 1872 und 1879 ist der Platz für weitere Häfen auf dem Grasbrook allerdings ausgeschöpft.

Der Handkurbelkran mit einer Tragkraft von 40 t am Dalmannkai; es ist der letzte von Hand zu bedienende Schwergutkran im Hamburger Hafen.

Gewichte von 40 t – im Handbetrieb gehoben

1872. Am Dalmannkai auf der Nordseite des Grasbrookhafens wird ein Schwergutkran mit einer Tragkraft von 40 t aufgestellt.

Lange Zeit war die Ausstattung des Hamburger Hafens mit schweren Hebewerkzeugen unzureichend. Wegen der Klagen über die geringe Tragfähigkeit des »Neuen Krans« wurde 1846 beim neuen Hafentor eine provisorische Hebemaschine mit einer Leistung von 40 000 Pfund errichtet, die jedoch die Lasten nur heben und senken, ansonsten aber nicht transportieren konnte. Der anstelle des tretradgetriebenen »Neuen Krans« → 1858 (S. 245) unweit des Brooktores errichtete Wiegekran hebt Lasten von bis zu 15 t.

Das nach Eröffnung des Sandtorhafens angestiegene Schiffsvolumen machte jedoch neue Hebewerkzeuge erforderlich: 1871 lagen 613 Schiffe an den Kais, zwei Jahre später sind es bereits 1279.

Ansicht der Norderelbbrücke; den Abschluß der Überbauten bilden Portale, die an mittelalterliche Wehrtürme erinnern.

Stählerner Brückenschlag über die Elbe

1. Dezember 1872. Mit der Einweihung der Bahnlinie zwischen Hamburg und Harburg ist die Hansestadt nun endlich an das west- und süddeutsche Eisenbahnnetz angeschlossen.

Spektakulärster Teil der Verbindung sind die Eisenbahnbrücken über Norder- bzw. Süderelbe mit ihren charakteristischen linsenförmigen Trägern. Die Süderelbbrücke hat vier Hauptöffnungen von je 102 m, die Brücke über die Norderelbe drei von je 100 m Stützweite.

Am 18. März 1868 war Hamburg dem Staatsvertrag mit Preußen beigetreten, durch den die Cöln-Mindener Eisenbahn-Gesellschaft die Konzession für eine Bahnverbindung zwischen Venlo (Niederlande) und Hamburg erhielt.

Die Strecke führt vom Berliner Bahnhof am Klostertor zum neuen Venloer Bahnhof auf dem östlichen Teil des Grasbrook, von dort nach Harburg und dann weiter über Lüneburg und Celle.

Feuerwehrmann wird Hauptberuf

12. November 1872. Hamburgs Berufsfeuerwehr tritt Punkt 12 Uhr ihren Dienst an. Erster Branddirektor ist Friedrich Wilhelm Kipping, vormals in Danzig tätig.

In der Hauptstation am Schweinemarkt und zwei Nebenstationen sind insgesamt 48 Mann auf Posten. Jede Wache verfügt über pferdebespannte Fahrzeuge: Handdruckspritze mit Schlauchkarre, Wasserwagen und Dampfspritze sowie Mannschaftswagen. Eine neu installierte Feuer-Telegrafenleitung mit 46 Sprech- und 48 Meldestationen macht schnelle Einsätze möglich.

Die Mannschaftsstärke des Hamburger Feuerlöschkorps beläuft sich im Dienstjahr 1872/73 auf 182 Mann im Berufsdienst sowie 323 Mann in der Stadt und 304 Mann im Landgebiet im »temporairen« Einsatz. Die Feuerwehrleute haben Schichtbetrieb: 48 Stunden wechselnder Wachdienst und 24 Stunden freie Zeit. Sie rücken im ersten Jahr zu 523 Einsätzen aus: 202 Brände, 145 Schornsteinbrände und 176mal »blinder Alarm«.

Hamburger Feuerwehrleute posieren für den Fotografen. Erste Berufsfeuerwehren gibt es seit der Wende vom 17. zum 18. Jh. in Wien, London und Paris.

Wasserleitung voll von »16 Arten Tier«

Chronik Hintergrund

29. August 1872. Schrecksekunde für die Altonaer: Das ganze Leitungswasser der Stadt ist voll von lebenden Cyclopiden, kaum 1 mm großen Krebstierchen. Die Ursache ist schnell entdeckt: In der Nacht zuvor ist übergangsweise ein stillgelegtes Rohr benutzt worden. Gerade dort haben sich die Krebstierchen äußerst rege vermehren können.

Die Hamburger haben keinen Grund, hämisch auf ihre Nachbarn herabzusehen. Ein Bericht der Hamburger Medizinalbehörde bemängelt im gleichen Jahr die schlechte Qualität des ungefiltert aus der Elbe entnommenen Leitungswassers. Es sei »zum Trinken durchaus nachteilig zu betrachten«. Erst 1890 beginnt der Bau eines Filterwerks (→ 1. 5. 1893/S. 324).

Weitaus drastischer formuliert es ein volkstümliches Gedicht: »Vom Tier im Hamburger Wasserrohr Da kommen 16 Arten vor: Ein Neunaug', Stichling und Aal, Drei Würmer leben in dem Strahl, Drei Muscheln und drei träge Schnecken Sich mit der muntern Assel necken. Ein Schwamm, ein Moostier, ein Polyp, Die dringen lustig durch das Sieb. An toten Tieren kommen raus Der Hund, die Katze und die Maus; Noch nicht gefunden sind, Malheur, Der Architekt und Ingenieur.« Das ist kaum übertrieben: Bereits 1876 veröffentlicht ein Wissenschaftler ein Verzeichnis von 18 Tierarten als Bewohner der Hamburger Wasserleitung. Zehn Jahre später zählt ein anderer Experte bereits über 40, vor allem wasseratmende Raubtiere.

Weil sich besonders Aale massenhaft in der Elbe tummeln, benötigt die Feuerwehr noch in den 90er Jahren für ihre Dampfspritzen eigens dafür vorgesehene Siebe an den Ansaugstutzen. War die Spritze längere Zeit in Tätigkeit, so kann der Maschinist auf ein Aalgericht rechnen.

Vor der Abrißbirne auf Platte gebannt

1872. Die Hamburger Baudeputation beauftragt den Fotografen Georg Koppmann, alle historisch wertvollen Straßen, Plätze und Gebäude aufzunehmen. Damit soll das alte Hamburg zumindest auf Bildern bewahrt werden.

Im Zuge der Flächensanierung der Hamburger Alt- und Neustadt ist vor allem das Viertel zwischen Steinstraße und Kleiner bzw. Großer Reichenstraße, das Gängeviertel rechts und links der Wexstraße und die Gegend um den Schaarmarkt von Abriß oder grundlegender Umgestaltung bedroht.

Die Erweiterung des Hafens wird besonders die Häuserzeilen auf der Brookinsel und den Alten Wandrahm sowie die Inseln Cremon und Grimm rund um die Katharinenkirche nicht unberührt lassen.

Koppmann selbst und die Mitarbeiter seiner Firma nehmen den Auftrag sehr ernst. Mehr als 10 000 Fotografien resultieren aus dem Auftrag. In der Regel erfolgt die Aufnahme auf Glasplatten im Format 30×40 cm. Der Bilderbestand gibt ein eindrucksvolles Zeugnis vernichteter Bausubstanz.

Koppmann vervielfältigt seine Aufnahmen auch für den Verkauf in Lichtdrucken. So finden sich Bilder von G. Koppmann & Co. z. B. in großer Zahl in einem 1896 erschienenen Werk über »Hamburgs Vergangenheit und Gegenwart«.

Koppmann gehört bereits zu einer zweiten Generation Hamburger Fotografen, die aufgrund verbesserter Techniken nicht mehr befürchten muß, durch dauernden Umgang mit Fotochemikalien früh ein Opfer ihres Berufes zu werden. Solche Pioniere der Fotografie – besser Daguerreotypie – waren Carl Ferdinand Stelzner und Hermann Biow, denen der Große Brand von 1842 reichlich Motive lieferte. Stelzner erblindete 1854, Biow starb vier Jahre zuvor im Alter von erst 46 Jahren an einem Leberleiden. Künstlerisch weniger ambitioniert als die beiden genannten, aber kommerziell erfolgreicher ist Emilie Bieber, die 1852 ein Atelier in der Großen Bäckerstraße 26 eröffnet hat, das sie 1872 zum Neuen Jungfernstieg verlegt.

Bieber bringt es vor allem durch Porträts hochgestellter Persönlichkeiten zu Geld und Ansehen.

◁ *Blick vom Zollschuppen Kehrwieder auf das anscheinend endlose Mastengewirr an den Liegeplätzen im äußeren Hamburger Hafengebiet; rechts das Freigatt, links der Blockhaushafen, noch weiter links – zur Norderelbe hin – folgen die weiteren Duckdalbenreihen des Georgius- und des Brandenburger Hafens.*

▽ *Das Glaslager der Firma C. E. Gätcke mit der malerischen Szenerie des Binnenhafens im Vordergrund; r. schließt sich die Straße Butenkajen an. Die ursprünglich in Ottensen beheimatete Glasfabrik (→ 26. 10. 1871/S. 270) betreibt auch eine Niederlassung in Hamburg, am Rödingsmarkt Nr. 31.*

△ Panoramaansicht von Vorsetzen (l.) und Baumwall im Jahr 1887; darüber die Hauptkirche St. Michaelis, vorn die Spitze des Sandtorkais; die Windmühle mit ihren fünf Flügeln (l.), die südlich des Millerntors steht, wird im Jahr 1894 abgerissen.

▷ Wohnhof in Höhe der Straße Neuer Wall 100; l. der Eingang zur Werkstatt von Tischlermeister W. Thiele, der einen gedrechselten Stuhl vorführt, r. ein verladefertiger Sekretär.

▷▷ Ein Blick über die kopfsteingepflasterte Hohe Brücke; l. das frühere Domizil der Kgl. Hannoverschen Postverwaltung (bis 1848), r. die Hinterfront der Häuser an der Deichstraße, geradeaus Binnenkajen

Ein Stück altes Hamburg im Katharinen-Kirchspiel: Vor dem modernisierten Giebelhaus an der Ecke Brauerstraße/Winserbaum posieren die Mitarbeiter der Weinhandlung mit einigen gerade angelieferten Fässern Rotwein.

Auf der Brookinsel vom baldigen Abriß bedroht: Häuserzeile am Holländischen Brook; er war einst beliebtes Domizil niederländischer Einwanderer, die hierher auch ihre leistungsfähigen Haspelwinden mitgebracht hatten.

22. 1. Der Komponist Richard Wagner besucht in Begleitung seiner Frau Cosima eine Aufführung der »Meistersinger von Nürnberg« im Hamburger Stadt-Theater.

24. 1. Im Stadt-Theater findet die letzte Maskerade statt.

15. 2. Die Reichsmünze wird in Hamburg als Bankvaluta eingeführt. → S. 276

23. 2. Die 1872 gegründete Karnevalsgesellschaft »Klapperkasten« (heute »Klimperkasten«) veranstaltet den ersten Hamburger Karneval. → S. 277

22. 3. Der Geburtstag von Kaiser Wilhelm I. wird in Hamburg erstmals offiziell gefeiert.

1. 4. Anstelle des bisherigen Oberpostamtes nimmt eine »Kaiserliche Ober-Postdirection« ihre Arbeit auf.

14. 5. Das Stadt-Theater bekommt erstmals eine öffentliche Subvention bewilligt. Hamburg übernimmt die Gas- und Wasserkosten (ca. 50 000 Mark) und stiftet jährlich 12 500 Mark für die Pensionskasse. Zuvor hat die Aktiengesellschaft zugesagt, nach Auszahlung aller Aktien das Haus der Stadt zu schenken.

Mai. Mit einem Rückgang der Aktienkurse aufgrund der überhitzten Konjunktur beginnt die sog. Gründerkrise. → S. 277

29. 6. Im Schwarzenbergpark in Harburg wird ein von Carl Henrici entworfenes Denkmal für die Harburger Gefallenen des Krieges 1870/71 enthüllt.

12. 7. Japanische Fischer retten die Besatzung des gestrandeten Hamburger Schoners »R. J. Robertson«. → S. 277

13. 8. Der Verein zur Förderung der Feuerbestattung gründet sich in Hamburg.

19. 9. Auf dem Weg ins Kaisermanöver besucht Kaiser Wilhelm I. Harburg.

3. 10. Das Logenhaus in Altona wird eingeweiht.

26. 10. Die Mennonitengemeinde weiht in Ottensen einen Friedhof ein.

5. 11. In der Jägerstraße auf St. Pauli findet die Grundsteinlegung für den Bau von Arbeiterwohnungen statt. → S. 277

20. 12. Kaiser Wilhelm I. verleiht dem Hamburger Kaufmann Heinrich Ohlendorff für seine Verdienste bei der Verwundetenbetreuung den Freiherrntitel (→ 6. 2. 1875/S. 281).

1. 12. Die Bürgerschaft billigt den Antrag des Senats zur Errichtung einer Münzstätte auf dem Grundstück der früheren Lauensteinschen Waggonfabrik (→ 21. 9. 1869/S. 264) an der Norderstraße. Sie beginnt im Frühjahr 1875 mit ihren Prägungen.

Geld des Reiches auch in Hamburg gültig

15. Februar 1873. Die Reichsmünze wird in Hamburg als Bankvaluta eingeführt und ersetzt die bisherige Mark banco. Als Umrechnungskurs gilt fortan 1,50 Mark gegen eine Mark banco.

Die Mark des Reiches basiert auf dem Goldstandard. Da die Banco-Währung an Silber gebunden ist, muß die Stadt ihre Sonderstellung aufgeben, soll das Waren- und Wechselgeschäft mit dem Binnenland nicht erschwert werden.

Der Senat hat lange gezögert, mit der Mark banco ein weiteres Stück seiner Souveränität aufzugeben. Selbst nachdem die Bürgerschaft im Juli 1872 einen Gesetzentwurf über die Aufhebung der eigenen Währung gebilligt hatte, verzögerte der Senat die Sache noch.

Als sich aber das Reich auf Intervention der Handelskammer im Oktober 1872 bereiterklärte, der Hamburger Bank zur Entlastung des Kurses 30 Mio. Mark banco Silber abzunehmen, lenkte der Senat ein. Am 15. Februar werden die Silberkonten geschlossen, zum 1. Januar 1875 wird die Reichsmark alleiniges Zahlungsmittel, und ein Jahr darauf bezieht eine Reichsbankhauptstelle das Gebäude der bisherigen Hamburger Bank.

Die Einführung der Reichsmünze

Ein 20-Mark-Stück des Reichs von 1884

1 Mark des Deutschen Reichs von 1873

5-Mark-Stück Hamburger Prägung von 1875

Altonas Währung zu dänischen Zeiten: Skilling

Münzen des Deutschen Reichs, Hamburger Prägung und Dänemarks

beendet die eigenständige Münzgeschichte: Statt nach Banco- oder Courant-Mark, Schillingen, Sechs- und Dreilingen wird jetzt nach Reichsmark, Groschen und Pfennigen gerechnet.

Schillinge, Sechslinge und Dreilinge haben endgültig ausgedient

Chronik Rückblick

Die ersten Hamburger Münzen prägten vermutlich zwischen 834 und 845 die Bewohner der Hammaburg. Nach der Zerstörung durch die Wikinger im → Sommer 845 (S. 16) kam die Münzproduktion für lange Zeit zum Erliegen. Erst unter den Schauenburger Herzögen gab es wieder eigene Münzen – zunächst einseitig bedruckte Pfennige (Brakteaten). 1325 kaufte Hamburg den stets geldknappen Schauenburgern die profitable Münzstätte ab.

Die Hansestadt gehörte zu den Gründern des Wendischen Münzvereins (→ 9. 2. 1379/S. 50). Durch kaiserliches Privileg vom → 4. April 1435 (S. 63) durften hier Goldmünzen geprägt werden. Als Reaktion auf rapide Münzverschlechterung gründete Hamburg am → 28. Januar 1619 (S. 111) eine Bank mit einer eigenen Währung, der Mark banco. Die Mark courant diente als Umlaufmünze, für die die Courantbank (→ 25. 1. 1725/S. 148) zuständig war.

Alte Hamburger Münzen; die Mark courant (das Umlaufgeld) zählte 16 Schillinge zu je 12 Pfennigen.

Gründerkrise trifft Aktiengesellschaften

Mai 1873. Die »Gründerkrise« erfaßt auch Hamburg: Die überhitzte Konjunktur der Vorjahre fordert zunächst in Form fallender Aktienkurse ihren Preis.

Als Folge des Sieges über Frankreich im Krieg 1870/71 waren rund 4 Mrd. Mark Kriegsentschädigung ins Deutsche Reich geflossen. Davon gingen rund 1,4 Mrd. Mark für Gemeinschaftsaufgaben in die Reichskasse, über den Rest konnten die Einzelstaaten entsprechend ihrer Kriegsbeteiligung verfügen. Sie benutzten das Geld vor allem für die Tilgung von Schulden. Das freiwerdende Kapital und die sinkenden Kreditzinsen führten zu einem wahren »Gründungsfieber« bei Aktiengesellschaften.

Dem im Mai bereits spürbaren Nachlassen der Aktienkurse folgt im Oktober im ganzen Reich eine Kreditkrise, die mit einem Kurssturz an der Börse verbunden ist. Er wird unmittelbar ausgelöst durch Bankzusammenbrüche in Ungarn, Österreich und den USA. Anders als 16 Jahre zuvor (→ 6. 12. 1857/S. 243) sind die direkten Auswirkungen des Börsenkrachs auf die Hamburger Wirtschaft eher gering – mit Ausnahme der Reedereien ist die Finanzierung über Aktien hier weniger beliebt.

Vor der Hamburger Börse erregt sich das Publikum beim Bekanntwerden der letzten negativen Kursentwicklungen zur Zeit des »Gründerkrachs« von 1873.

Unter der Krise zu leiden haben allerdings Aktienbanken wie die Commerz- und Disconto-Bank (→ 18. 3. 1870/S. 266). Als Reaktion auf den »Gründerkrach« wie auch die Umstellung der Währung setzt die Bank am 22. November 1875 durch Rückkauf von Aktien ihr Kapital um 4,5 Mio. Mark herab.

Bleibt die »Gründerkrise« in Hamburg eher eine Episode, so bekommt die Hansestadt ab 1876 eine viel schwerwiegendere industrielle Wachstumskrise zu spüren, die bis zur Jahrhundertwende anhält. Sie bringt die Ex- und Importbeziehungen zu vielen Ländern fast völlig zum Erliegen.

Besonders gravierend für die Arbeiterbevölkerung ist neben der wachsenden Arbeitslosigkeit die stark zurückgehende Konjunktur im Wohnungsbau, die sprunghafte Mietsteigerungen auslöst.

Seine Hoheit »Prinz Carneval« regiert

23. Februar 1873. Die im Vorjahr gegründete Gesellschaft »Klapperkasten« (heute »Klimperkasten«) veranstaltet den ersten Karneval in Hamburg.

Am Sonntag um 15 Uhr findet der Aufruf zur »Grossen Kappenfahrt im offenen Wagen nach Eppendorf« ein großes Echo. Die Teilnehmer tragen Gesichtsmasken und eine »Narrenkappe nach kölnischem Muster«. Den Höhepunkt bildet am Rosenmontag ein Maskenfest in allen Sälen bei Sagebiel. Ein Zeitgenosse bemerkt dazu: »Eine so großartige, so prachtvolle Maskerade hat Hamburg wohl noch nie gesehen, wenigstens nicht die jetzige Generation.«

Die Festivitäten erstrecken sich über mehrere Tage. Das Carl Schultze-Theater in St. Pauli ist vom 22. bis 24. Februar Ort abendlicher närrischer Vorstellungen.

Den festlichen Ausklang der tollen Tage bildet ein Katerfrühstück am Aschermittwoch auf Einladung des »Prinzen Carneval« an der Bleichenbrücke.

Ein Kreis von Mitarbeitern der Tageszeitung »Reform« hatte im März 1872 aus einer Laune heraus die Initiative zum Hamburger Karneval ergriffen.

Senat will Bau von Arbeiterhäusern

5. November 1873. In der Jägerstraße auf St. Pauli beginnt der Bau von Arbeiterwohnungen.

Um der Wohnungsnot der Unterschichten abzuhelfen, fördert der Senat den Kleinwohnungsbau.

Ein Gesetz erlaubt »für Bauten, welche ganz oder vorzugsweise dem Bedürfniß an sogenannten kleinen Wohnungen abzuhelfen geeignet erscheinen« bis Ende des Jahres 1874 den Fachwerkbau. Der Staat stellt mehrere Grundstücke zur Verfügung, u. a. einen 4270 m² großen Platz an der Jägerstraße. Die Finanz-Deputation kann das in passende Parzellen geteilte Terrain verkaufen oder für 30 Jahre vermieten. Dabei darf die gesamte Grundfläche zu höchstens drei Fünfteln bebaut werden, die Häuser dürfen nicht mehr als dreistöckig und die Wohnungen in der Regel nicht größer als 50 m² sein.

Dramatische Rettung vor Japans Küste

12. Juli 1873. In einer dramatischen Rettungsaktion bergen japanische Fischer die deutsche Besatzung sowie zwei Chinesen von Bord des Hamburger Schoners »R. J. Robertson«. Das Schiff unter dem Kommando des Kapitäns und Eigners Eduard Ludwig Hernsheim ist auf einem Korallenriff vor der japanischen Insel Miyako unweit Okinawa gestrandet.

Ein erster Rettungsversuch schlug fehl. Hernsheim notierte in sein Tagebuch: »Hinter dem Schiff legt es [ein Kanu] an, und fünf braune Gestalten kommen heraus auf das Riff und gehen winkend auf dem Riff bis an die Brandung. Doch keiner von uns hat Lust, sich in die brausenden Wogen zu stürzen, und nach späteren Erfahrungen wäre wohl auch keiner lebend davongekommen, denn das Riff ist unten hohl und saugt alles ein, um es nur zerschellt und mit dem nächsten See wiederzugeben.« Nach 34 Tagen holt ein deutsches Schiff die Geretteten ab. Zum Dank läßt Kaiser Wilhelm I. im Juli 1876 durch das Kanonenboot »Cyclop« ein Denkmal auf die Insel bringen.

Mit filigranen Gefährten wie diesem gelingt es den japanischen Fischern, die Besatzung des Schoners zu bergen (kolorierte Fotografie, um 1900).

1874

10. 1. Bei den Wahlen zum Deutschen Reichstag kommt es im Wahlbezirk Harburg-Stadt zu Manipulationen. → S. 280

11. 3. Am Neuen Pferdemarkt wird »Carl Hagenbeck's Thierpark« eröffnet. → S. 278

März. Ein Streik der Bäckergesellen, in dessen Verlauf die Meister vergeblich den ersatzweisen Verkauf von Broten aus dem Hamburger Umland verhindern wollen, führt zu einem Teilerfolg. Die Gesellen werden u.a. von der Pflicht des Säcketragens befreit.

1. 4. Nach dem Auslaufen des 1844 geschlossenen Vertrages mit der Gas-Compagnie verpachtet die Stadt Hamburg die Gaswerke an den Unternehmer Carl Haase, den ehemaligen Direktor der Berliner Gaswerke.

8. 4. Auf einer von rund 7000 Menschen besuchten Veranstaltung protestiert die Hamburger Arbeiterschaft gegen die Erhöhung der Friedenspräsenzstärke des Heeres auf 402 000 Mann. Vergeblich: Der Reichstag beschließt die Truppenverstärkung am 2. Mai.

31. 5. Der Hamburg-Altonaer Renn- und Traberclub führt sein erstes Rennen durch.

1. 6. Die Eisenbahnlinie der Cöln-Mindener Eisenbahn-Gesellschaft zwischen Harburg und Bremen geht in Betrieb. Sie wird 1880 vom Staat übernommen.

26. 8. Der 147,7 m hohe Turm der Hauptkirche St. Nikolai ist fertig. → S. 279

16. 9. Das umgebaute Stadt-Theater wird mit der »Jubelouvertüre« von Carl Maria von Weber und einer Aufführung von Richard Wagners »Lohengrin« wiedereröffnet. Die Direktion liegt in den Händen von Bernhard Pollini. → S. 280

29. 9.–1. 10. Während einer Deutschlandreise besucht Karl Marx in Hamburg seinen Verleger Otto Meißner.

1. 10. Zwischen Aussig und Hamburg vollzieht sich der Binnenverkehr auf der Elbe per Kettenschiffahrt. → S. 280

21. 12. In der Hamburger Münze in der Norderstraße werden die ersten goldenen 10-Mark-Stücke geprägt.

1874. Der Rückgang im Wohnungsbau führt zu einer Überbelegung von Wohnungen. Bereits 1873 waren über 2300 Wohneinheiten in Hamburg überlegt, im Verlauf des Jahres 1874 kommen weitere 300 hinzu.

GESTORBEN:

2. 10. Hamburg: Emilie Wüstenfeld (* 17. 8. 1817, Hannover), Philanthropin.

Überwältigender Publikumsandrang: Plakat für eine Mongolen- und Kalmücken-Völkerschau bei Carl Hagenbeck (1891)

Carl Hagenbeck führt fremde Völker vor

11. März 1874. Am Neuen Pferdemarkt 13 wird »Carl Hagenbeck's Thierpark« eröffnet. Im selben Jahr zeigt Carl Hagenbeck die erste seiner berühmten Völkerschauen. Als Tierhändler hatte Hagenbeck wilde Tiere in Afrika jagen lassen. Was sich nicht gleich an die Zoos verkaufen ließ, blieb zunächst in seiner Menagerie am Spielbudenplatz (→ 8. 3. 1848/S. 232).

Als es dort zu eng wurde, erwarb er ein 6200 m² großes Terrain zwischen Neuem Pferdemarkt und Ludwigstraße. Doch weil der Tierhandel stagniert, versucht es Hagenbeck mit dem Import von 30 Rentieren in Begleitung einer Familie aus Lappland. Mitte September treffen Menschen und Tiere, geführt von einem Deutsch sprechenden Norweger, in Hamburg ein. Die Berglappenfamilie besteht aus drei Männern, einer Frau, einem vierjährigen Mädchen und einem weiblichen Baby mitsamt Zelten, Schlitten, Waffen und Geräten. Auf Hagenbeck machen diese »kleinen, gelbbraunen, in Felle gekleideten Leute« einen »höchst

frappierenden Eindruck«. Noch größer ist die Wirkung auf das Publikum, als die Naturmenschen bei Hagenbeck ihre Zelte aufschlagen und sich fast wie zu Hause benehmen: Sie nähen Röcke, Mützen und Schuhe aus Rentierfellen und schnitzen sich Schneeschuhe und Schlitten aus Holz. Die Hamburger

kommen in Scharen. Damit ist die Idee der Völkerschauen geboren, die in den folgenden 60 Jahren in ganz Europa Furore machen. Nicht immer laufen diese Gastspiele glimpflich ab: 1880/81 sterben alle Angehörigen einer Eskimo-Truppe an Pocken, weil man versäumt hatte, sie zu impfen.

Tierhändler und Zoobesitzer

Der am 10. Juni 1844 in Hamburg geborene Carl Hagenbeck (Abb.) gab als 15jähriger die Schule auf und wurde Tierhändler. Im Jahr 1866 übernahm er die von seinem Vater gegründete Handelsmenagerie am Spielbudenplatz auf St. Pauli.

Hagenbeck mauserte sich zum erfolgreichsten Tierhändler in Europa, gründet 1874 den Tierpark am Neuen Pferdemarkt und 1887 ein Zirkusunternehmen. Auf der Grundlage der von ihm entwickelten »zahmen Dressur« eröffnet er am → 7. Mai 1907 (S. 361) seinen Freisichtzoo in Stellingen. Hagenbeck stirbt am 14. April 1913 in seiner Heimatstadt, vom Publikum verehrt, von der Fachwelt geachtet.

Monumentale Nikolaikirche: Zurück zum Stil der Gotik

26. August 1874. 147,7 m ragt er in den Himmel, der neue Turm der Nikolaikirche. Mit seiner Weihe ist das Gotteshaus endlich fertig. Der 1846 begonnene Kirchenbau im Stil der deutschen Hochgotik folgt einem Entwurf des Londoner Architekten George Gilbert Scott.

In der Festpredigt zur Turmweihe heißt es, die »große unternehmende Handelsstadt« Hamburg habe nun »gedeckt durch das Schild des Höchsten, durchgesetzt, was Du gewollt. Da schaust Du nun deines Dankes, Deines Glaubens großes Monument«.

Die alte gotische Hallenkirche am Hopfenmarkt war ebenso wie die Petrikirche dem Großen Brand von 1842 zum Opfer gefallen. Für den Neubau hatte die Baukommission des Nikolai-Kirchspiels zwei Jahre später einen Wettbewerb ausgeschrieben. 44 Einsendungen von 42 Architekten gingen ein, darunter auch ein Entwurf des in Dresden tätigen Gottfried Semper. Der gebürtige Hamburger erarbeitete gleich ein ganzes Bündel von Vorschlägen zum Wiederaufbau seiner zerstörten Vaterstadt.

Für die Nikolaikirche hatte Semper eine Kuppelkathedrale in byzantinischem Stil vorgeschlagen. Ihm ging es freilich wie vielen anderen Pionieren: Von der Fachwelt ob der Kühnheit und Klarheit seines Plans bejubelt, vom Publikum als zu modern abgewiesen. So verlieh die aus Bauexperten gebildete siebenköpfige Jury Sempers Entwurf den ersten Preis, doch gebaut wurde diese Kirche nie.

Statt dessen zog ein anderer Entwurf das Interesse des Publikums auf sich: Der 34jährige Pastorensohn und Architekt Scott hatte sich am Kölner Dom und am Straßburger Münster über die Konstruktionsmerkmale des gotischen Kirchenbaus aus der Zeit um 1300 informiert und eine Denkmalskirche nach Art der abendländischen Vergangenheit entworfen.

Seine fünfschiffige Basilika mit Westturm und gestaffeltem Chor – alles sorgfältig mit stilgerechter Dekoration überhäuft – trifft die Stimmung der Hamburger besser als die kühle Nüchternheit der Semper-Kirche, der zu allem Überfluß auch noch der Turm fehlte.

Die Baukommission entschied sich also für Scott und begründet dies

△ *18. Oktober 1859: Tausende Hamburger wohnen der Richtfeier für St. Nikolai bei. Das architektonische Konzept einer stimmungsvollen Kathedrale hat gegenüber nüchterneren Lösungen die Oberhand behalten.*

◁◁ *In luftiger Höhe über der Stadt fügen Arbeiter die Dokumentenkapsel in die Turmspitze ein. Mit über 147 m ist der Kirchturm der größte in Hamburg und einer der größten in Europa (Xylographie).*

◁ *Einladung zur Turmweihe der Nikolaikirche in Form eines Schmuckblattes; die letzten Baugerüste verschwinden allerdings erst im Jahr 1876. Die Häuser der Straße Neue Burg formen einen engen Halbkreis rings um das Gotteshaus.*

gegenüber dem Senat u. a. damit, daß ein Gottesdienst nun einmal ein »schönes, ehrfurchtgebietendes Gebäude« erfordere. Treffender noch gab ein um die Jahreswende 1844/45 in den »Hamburger Nachrichten« abgedrucktes Neujahrsgedicht die Stimmung wieder: »Das ist der Münster, der mit heilgen Schauern in Straßburg füllet jede Menschenbrust. Das sind in Köln des Domes mächtige Mauern, die uns ermuntern zu des Baues heilger Lust.«

Zu den nachhaltigen Förderern von Scotts Entwurf gehörte der Porträtmaler Hans Hinrich Porth, der bereits 1842 eine Sammelaktion ins Leben gerufen hatte, die bis 1888 immerhin 1,588 Mio. Mark ein-

bringt. Dies reichte jedoch nicht aus, um die Baukosten in Höhe von über 4,6 Mio. Mark zu decken. Die Lücke schlossen staatliche Gelder und Spenden.

Die Eröffnung der einzelnen Bauabschnitte gab jeweils Anlaß zu Feierstunden und Andachtspredigten. Bei der Grundsteinlegung am 24. September 1846 stand die Predigt unter dem alttestamentarischen Bibelwort: »Es soll die Herrlichkeit dieses Hauses größer werden, denn die vorige gewesen ist.« Die Richtfeier im Jahr 1859 wurde ganz bewußt auf den 18. Oktober gelegt, den Jahrestag der Völkerschlacht von Leipzig 1815. Am 24. September 1863 konnte das Gotteshaus eingeweiht werden, und nach

einer fast 30jährigen Bauzeit ist es zur Freude der Hamburger mit der Turmweihe endlich komplett.

Durch den Zollanschluß Hamburgs und die damit zusammenhängende Flächensanierung großer Teile der Altstadt verliert neben der Hauptkirche St. Katharinen auch St. Nikolai einen Teil seiner Gemeinde. Aus der in ein Wirtschaftszentrum umgewandelten Innenstadt ziehen viele Bewohner hinaus in die rasch wachsenden Vorstädte. Schon zu dieser Zeit wird der Gedanke einer Verlegung von St. Nikolai erwogen. Verwirklicht wird er aber erst, als das Gotteshaus 1943 ein weiteres Mal, diesmal durch die Bomben des Zweiten Weltkrieges, völlig zerstört wird (→ 6. 11. 1956/S. 526).

Pollinis Star-Theater im Stadt-Theater

16. September 1874. Das für 570 000 Mark umgebaute Stadt-Theater wird mit der »Jubelouvertüre« von Carl Maria von Weber und einer Aufführung von Richard Wagners »Lohengrin« eröffnet.

Innerhalb eines Jahres ist der darniederliegenden Bühne an der Dammtorstraße neues Leben eingehaucht worden. Am 20. März 1873 hatte sich eine Aktiengesellschaft für den Theaterumbau gegründet, am 14. Mai subventionierte erstmals die Stadt das Theater und übernahm die Gas- und Wasserkosten. Da der alte Bau (→ 3. 5. 1827/S. 201) nicht mehr ausreichte, hat man durch den Architekten Martin Haller nicht nur die Fassade verschönern, sondern auch die Foyers und den Zuschauerraum umgestalten lassen.

Zu kommerziellem Erfolg verhilft dem Stadt-Theater aber erst sein neuer Direktor Bernhard Pollini. Er hat die Bühne für 32 000 Mark pro Jahr gepachtet und präsentiert siebenmal die Woche ein Programm. Er lockt seine Gesangsolisten mit Star-Gagen, während Ensemble und Orchester unterbezahlt sind. Zugleich beweist Pollini eine feine Witterung für Talente.

Karikatur auf Bernhard Pollini und seinen Star, den Tenor und früheren Droschkenkutscher Heinrich Bötel; er bekommt seine Gage vom Stadt-Theater; tritt er aber auswärts auf, muß er sein Geld mit Manager Pollini teilen.

Skandalöse Wahl im Bezirk Harburg

10. Januar 1874. Bei den Wahlen zum Reichstag wird im Bezirk Altona-Wandsbek mit Wilhelm Hasenclever (ADAV) erstmals ein Arbeitervertreter gewählt. Zum Skandal kommt es in Harburg.

Nach einem lebhaften Wahlkampf macht hier der nationalliberale Reichstagskandidat und Oberbürgermeister August Grumbrecht ein weiteres Mal das Rennen. Eine vorläufige Stimmauszählung ergibt für Grumbrecht 4275 Stimmen, davon 1300 in Harburg-Stadt. Für den Arbeiter-Kandidaten Carl Finn werden 172 Stimmen gezählt, davon 29 in der Stadt. Allerdings seien, so melden die »Harburger Anzeigen und Nachrichten« am 13. Januar, in Harburg-Stadt noch etwa 1750 »ungültige« Stimmzettel gefunden worden, auf denen zwar Finns Name, aber nicht die Wohnanschrift vermerkt sei.

Eine Untersuchung dieses skandalösen Vorfalls ergibt, daß mehr als 1000 schon lange in Harburg ansässige Wähler nicht in die Wählerlisten aufgenommen worden sind. Doch dies ändert nichts: Eine Wahlwiederholung gibt es nicht, Grumbrecht bleibt im Reichstag.

An die Kette gelegt: Auf der Elbe bis nach Böhmen

1. Oktober 1874. Die Kettenschifffahrt auf der Elbe verbindet Hamburg mit Aussig, rund 70 km nordöstlich von Prag. Eine Verlängerung der Linienführung erlaubt die Schiffahrt von Hamburg bis zum 720 km entfernten Melník am oberen Mittellauf des Flusses, wo die Moldau in die Elbe einmündet.

Die Technik der Kettenschiffahrt ist verhältnismäßig einfach: Ein Schlepper, der mehrere Kähne auf dem Haken hat, zieht sich an einer auf dem Flußgrund liegenden Kette entlang seinem Ziel entgegen. Gegenüber konventionellen, mit großen Schaufelrädern angetriebenen Schleppern hat dieses System den Vorteil, daß die Gespanne auch bei starker Strömung – stromauf- wie stromabwärts – besser Kurs halten können.

Hamburg ist nicht nur ein See-, sondern auch ein wichtiger Binnenschiffahrtshafen. Der größte Teil des Überseeverkehrs aus dem böhmischen Wirtschaftsraum geht via Elbe über Hamburg. Der Fluß gestattet eine Schiffsverbindung von der Nordsee bis ins Böhmische Becken.

Wichtigster Anlegeplatz für die Oberelbe-Schiffahrt ist der Oberhafen; dort befindet sich auch eine Landungsbrücke für die Oberelbische Dampfschiffahrt. In den Binnenschiffshäfen wird die Ladung an Schuten, die Eisenbahn oder Fuhrwerke weitergereicht. Nur in Ausnahmefällen – bei besonders umfangreicher Ladung – dürfen Oberländer Kähne direkt an Seeschiffen anlegen. Nach Beendigung des Umschlags müssen sie die Seeschiffshäfen sofort verlassen.

Binnenschiffahrt per Kettenschleppdienst: Über eine an Bord stehende Winde zieht der Schlepper sich und sein Gefolge an einem Drahtseil (wie hier auf dem Rhein) bzw. einer Kette (auf Elbe, Saale, Main und Neckar) vorwärts.

1875

6. 2. Mit einem großen Maskenball eröffnet der Kaufmann Heinrich Freiherr von Ohlendorff seine Villa in Hamm. → S. 281

11. 2. Der Kaispeicher A am Schiffbauerhafen auf dem Kleinen Grasbrook geht in Betrieb. Er ist Hamburgs erster Speicher am seeschifftiefen Wasser, hat vier Lagerböden von 12 000 m² Gesamtfläche und einen Innenhof für die Abfertigung von Bahn und Fuhre. Die Leitung liegt bis 1894 in den Händen der Deputation für Handel und Schiffahrt (→ 16. 9. 1876/ S. 283)

14. 3. Der Schuhmachermeister Johann Ludwig Görtz eröffnet einen Betrieb in Barmbek.

März. Die Hapag übernimmt die Schiffe der Deutschen Transatlantischen Dampfschiffahrts-Gesellschaft. → S. 281

28. 4. Der Hamburger Schulverein wird gegründet, um die trotz der Einführung der allgemeinen Volksschulpflicht noch bestehenden Mißstände in der Elementarausbildung zu beseitigen.

9. 5. Der neuerbaute (dritte) Alsterpavillon wird eröffnet. → S. 281

27. 8. Die Firma Valvoline Oel gründet sich in Hamburg.

3. 10. Als offizielles Organ der Hamburger Sozialistischen Arbeiterpartei erscheint das »Hamburg-Altonaer Volksblatt«. → S. 282

25. 10. Der Hamburger Senat verordnet die Einrichtung einer »Abtheilung für die Criminalpolizei«.

18. 11. In Hamburg wird die Allgemeine Deutsche Schiffszimmerer-Genossenschaft gegründet. → S. 282

11. 12. Eine Pferdebahn von Hamburg nach Hamm nimmt den Betrieb auf.

1875. Die Hamburger Handelsflotte zählt 94 Dampfschiffe mit insgesamt 84 300 BRT und 336 Segelschiffe mit einer Gesamttonnage von 149 350 BRT.

GEBOREN:

24. 3. Hamburg: Siegfried Simon († 18. 12. 1924, Hamburg), Theaterleiter.

5. 4. Hamburg: Adolph Schönfelder († 3. 5. 1966), Politiker (SPD).

5. 7. Hamburg: Heinrich Hagenbeck († 4. 2. 1945, Hamburg), Tierparkdirektor.

GESTORBEN:

1. 1. Hamburg: Theodor Yorck (* 13. 5. 1830, Breslau), Gewerkschafter.

2. 8. Wunsiedel: Johannes Dalmann (* 4. 3. 1823, Lübeck), Hamburger Wasserbaudirektor.

Klassizistisch angehaucht gibt sich der Alsterpavillon Nummer drei – »Café und Conditorei« – am Jungfernstieg.

Alsterpavillon lädt zum Verweilen ein

9. Mai 1875. Der neuerbaute Alsterpavillon wird eröffnet. Es ist bereits das dritte Restaurant dieses Namens am Jungfernstieg gegenüber dem Eingang zu den Großen Bleichen (→ 19. 4. 1799/S. 173).

Der lebhaften Szenerie auf der Hamburger Flaniermeile entspricht der neue Alsterpavillon durch seine heitere Linienführung und durch seine architektonisch aufgelockerte Form. Mit der figurengeschmückten Front, der umlaufenden, überdachten Terrasse und 270 Plätzen bildet das Haus einen beliebten Treffpunkt für Einheimische ebenso wie für Fremde. Den Gästen stehen mehr als 50 Zeitungen und Zeitschriften aus dem In- und Ausland zur Verfügung.

An Geld ist nicht gespart worden, um dem Pavillon ein prächtiges Ambiente zu verleihen: Die Kosten für den Neubau betrugen ohne Mobiliar, Kronen und Spiegel insgesamt 78 775 Mark courant. Wirt Johannes Schwarting zahlt der Stadt als Jahresmiete 13 000 Mark courant bzw. 15 600 Mark.

Der dritte Alsterpavillon bleibt bis 1899 erhalten und wird dann zugunsten eines am 20. Januar 1900 eröffneten, noch prächtigeren Neubaus mit 600 Innenplätzen und weiteren 400 Sitzmöglichkeiten auf den Veranden abgerissen.

Villa für den Guanofürsten

6. Februar 1875. Mit einem Maskenball eröffnet Heinrich Freiherr von Ohlendorff seine Villa im Renaissancestil, die ihm der Architekt Martin Haller auf einem 62 000 m² großen Terrain in Hamm erbaut hat. 450 000 Goldmark hat der Palast gekostet. Der durch den Import von Guano-Dünger aus Lateinamerika reich gewordene Ohlendorff wurde 1873 wegen seiner Hilfe für Kriegsverletzte geadelt.

Der Große Saal der Villa Ohlendorff in Hamm; prägendes Merkmal der Innenausstattung ist italienischer Marmor für Säulen, Treppen und Kamine.

Hapag schluckt die Konkurrenzfirma

März 1875. Die Hapag übernimmt gegen 11,4 Mio. Mark die im New York-Verkehr tätige Deutsche Transatlantische Dampfschiffahrts-Gesellschaft (Adler-Linie).

Bis September 1873 unterhielt die Hapag den einzigen regulären Passagierdienst nach Nordamerika. Dann schickte die Adler-Linie alle zwei Wochen ihre Dampfer nach New York. Sie ging aus zwei zunächst getrennten Firmenprojekten hervor, an denen aus Hamburg neben anderen F. Laeisz und Rob. M. Sloman beteiligt waren.

Der erste große Konkurrenzkampf der deutschen Überseeschiffahrt sah den Newcomer zuerst im Vorteil: Dank ihres Stammkapitals von 12,5 Mio. Mark konnte die Adler-Linie zunächst niedrigere Frachtraten bieten. Zum Verhängnis wurde dem Hapag-Konkurrenten der scharfe Rückgang im Passagepreis, der im August 1874 auf 30 Taler absackte.

1876

Hamburg-Altonaer Volksblatt.

Alles durch das Volk — Alles für das Volk.

Dienstag, den 29. October 1878.

Kopf einer Ausgabe des Hamburg-Altonaer Volksblatts aus dem Jahr 1878

Tageszeitung für Arbeiter

3. Oktober 1875. Als Organ der Sozialdemokratie erscheint erstmals das »Hamburg-Altonaer Volksblatt«. Es erreicht jeden Dienstag, Donnerstag und Sonntag rund 10 000 Leser in Hamburg und Umgebung sowie Bremen, Lübeck und dem Herzogtum Lauenburg.

Unter dem Motto »Alles durch das Volk – Alles für das Volk« behandelt das Blatt unter der Leitung von Carl August Hillmann, Wilhelm Joseph Blos und Heinrich Braasch sehr freimütig die politischen Verhältnisse in Hamburg und im Reich.

Gedruckt wird das Volksblatt nach anfänglichen Problemen in der Genossenschafts-Buchdruckerei in der Amelungstraße 5 zwischen Hohe Bleichen und Fuhlentwiete. Die Gründung des regionalen Parteiblattes hatte der vom 22. bis zum 27. Mai in Gotha tagende Gründungskongreß der Sozialistischen Arbeiterpartei Deutschlands (SAPD) beschlossen. Die Vereinigung der Mehrheit des Allgemeinen Deutschen Arbeitervereins (→ 24. 9. 1864/S. 255) mit der 1869 von August Bebel und Wilhelm Liebknecht gegründeten Sozialdemokratischen Arbeiterpartei beendet den langjährigen Bruderkampf zwischen diesen Organisationen. Hamburg wird zum Sitz des Parteivorstands unter Leitung von Wilhelm Hasenclever und Georg Wilhelm Hartmann. Er tagt am 8. Juni erstmals in der Hansestadt.

Schiffszimmerer bauen Wohnhäuser

18. November 1875. Im »Kranzhaus« auf dem Brook 69 gründen Angehörige des Allgemeinen Deutschen Schiffszimmerer-Vereins die Allgemeine Deutsche Schiffszimmerer-Genossenschaft. Sie soll Werften kaufen oder mieten, damit ihre Mitglieder Arbeit haben.

Als erster Disponent übernimmt Heinrich Groß die Leitung der Vereinigung, die unter der Nummer 6 in das Hamburger Genossenschaftsregister eingetragen wird. Wer beitreten will, muß für 15 Mark einen Anteilschein erwerben. Mit den Genossenschaftsanteilen kaufen die zu dieser Zeit knapp 400 Mitglieder im Mai 1876 eine Schiffswerft in Memel. Sie arbeitet bis 1890 durchaus erfolgreich, muß dann aber verkauft werden. Den Erlös stecken die Schiffszimmerer in den Kauf von Altbauten, die wieder instand gesetzt werden. Um die Jahrhundertwende nimmt man

Voller Stolz in die Zukunft: Vorderseite der Gewerkschaftsfahne der Hamburger Malergehilfen im Jahr 1875

trotz gewisser Bedenken den Wohnungsneubau auf.

Erste größere Baumaßnahme ist ein Wohnblock an der Ecke Seewartenstraße/Dove- und Zeughausstraße, das »Arbeiterschloß«.

Der Holzschiffbau befindet sich in einer Existenzkrise: Ein Schiffszimmerer verdient in Hamburg um diese Zeit pro Tag bei zehneinhalbstündiger Arbeitszeit zwischen 3 und 4 Mark, also zwischen 900 und 1200 Mark pro Jahr. Als Jahresmiete für eine Drei-Zimmer-Wohnung sind 360 Mark anzusetzen.

---

1. 1. Das Gesetz über die Organisation der Polizeiverwaltung vom 25. Oktober 1875 tritt in Kraft. Neben einer Neugliederung der Polizeibehörde in elf Abteilungen und der Ausdehnung der Zuständigkeit auf die Vorstadt St. Pauli bedeutet dies u. a. auch die Aufhebung der Nacht- und Polizeiwache, die als Constabler-Corps in die Polizeibehörde eingegliedert wird.

18. 1. Die Altonaer Hafenbahn wird fertiggestellt. → S. 283

16. 2. Die Deutsche Seewarte gibt ihre erste Wetterkarte heraus. → S. 282

31. 3. Die Schauspielerin Franziska Ellmenreich tritt erstmals im Stadt-Theater auf.

14. 6. Der Bundesrat ordnet die Aufhebung der Bordelle in Hamburg an. → S. 282

25.–29. 6. Auf einem Kongreß in Frankfurt am Main wird der Bund der Tischler und verwandter Berufsgenossen mit Sitz in Hamburg gegründet.

6. 7. Der letzte Umzug der Waisenkinder, das »Waisengrün«, findet statt (→ S. 170).

23. 7. Das Theater in der »Centralhalle« am Spielbudenplatz brennt ab. → S. 283

14. 9. Das Schul- und Museumsgebäude vor dem Steintor ist bezugsfertig. Es wird auch von der Allgemeinen Gewerbeschule, der Realschule des Johanneums, dem Museum für Kunst und Gewerbe, dem Botanischen Museum und dem Museum für Völkerkunde benutzt.

16. 9. Ein »Zeitball« auf dem Kaispeicher A signalisiert die Mittagszeit nach Greenwich. → S. 283

20. 9. Das Stadttheater Altona in der Königstraße wird eröffnet. Es steht unter Leitung von Bernhard Pollini. Die gemeinsame Direktion mit dem Hamburger Stadt-Theater dauert bis 1919.

30. 9. Das dritte Hamburger Gaswerk in Barmbek wird eingeweiht. Es arbeitet bis 1960.

31. 12. Die letzte Ausgabe der seit 1767 existierenden »Adreß-Comptoir-Nachrichten« erscheint.

1876. Der Petroleumhafen (Südwesthafen) auf dem Kleinen Grasbrook entsteht. → S. 283

1876. Auf der Behrens-Werft in Finkenwerder läuft der Ewer »Cäcilie« für den Schiffer Heinrich Kinau vom Stapel. → S. 283

GEBOREN:

3. 5. Hamburg: Richard Ohnsorg († 11. 5. 1947, Hamburg), Theaterleiter.

18. 9. Hamburg: Fritz Stavenhagen († 9. 5. 1906, Hamburg), Schriftsteller.

Wettervorhersage im Seemannshaus

16. Februar 1876. »Barometer im Norden stark gefallen, im Südwesten gestiegen, ein starkes barometrisches Minimum liegt NW von Schottland, außerdem ein partielles über Dänemark«. So beginnt der Morgenbericht der ersten Wetterkarte der Deutschen Seewarte im Hamburger Seemannshaus (→ 14. 9. 1881/S. 292).

Unter der Leitung ihres Direktors Georg von Neumayer soll die Seewarte vor allem die Seeleute und Küstenbewohner vor herannahenden Stürmen warnen. Allerdings sind die Möglichkeiten der Prognose noch unbefriedigend.

Die Sturmwarnung stützt sich auf einen eigens eingerichteten sog. synoptischen Wetterdienst, der sich von Beginn an als zuverlässig erweist. Im Jahr 1877 ergeht an 32 Tagen die »Anordnung zum Heißen von Signalen«. Der erste deutsche Sturmwarndienst wurde am 1. August 1864 an der Küste Ostfrieslands eingerichtet. Er übernahm die in London herausgegebenen Meldungen und gab sie telegraphisch an sieben Stationen weiter. Da sich jedoch keine der 14 Vorhersagen bestätigte, wurde der Dienst umgehend wieder eingestellt.

Bordelle dicht – die Prostitution bleibt

14. Juni 1876. Der Bundesrat verfügt die Aufhebung der Bordelle in Hamburg. Am Fortbestand der Prostitution ändert dies nichts.

Nach Meinung des Bundesrats verstößt der Betrieb eines Bordells gegen den »Kuppeleiparagraphen« 180 des Strafgesetzbuches. Am 1. September verfügt die Polizeibehörde daher die Aufhebung der Bordellwirtschaften und die Rücknahme der Schankkonzessionen. Die Häuser bleiben jedoch bestehen, nur daß aus dem illegalen Bordellwirt ein legaler »Beherberger« oder »Vermiether« der Freudenmädchen wird. Davon gibt es in Hamburg 756 und in der Vorstadt St. Pauli weitere 37. Ferner werden »Polizeiliche Vorschriften für unter Controle der Sitten-Polizei stehenden Frauenzimmer« erlassen. Sie dürfen bestimmte Straßen und Kneipen nicht besuchen und müssen zweimal pro Woche zum Arzt.

Hafenbahn ersetzt die schiefe Ebene

18. Januar 1876. Die Altonaer Hafenbahn wird dem Verkehr übergeben. Ein Bahntunnel ersetzt die bisherige schiefe Ebene.

Nach Eröffnung der Eisenbahnlinie von Kiel nach Altona im Jahr 1844 bedurfte es noch einer Verbindung zwischen Bahnhof und Hafen. Der Altonaer Bahnhof liegt am Westende der Palmaille, 28 m über dem Elbufer. Statt des ursprünglich geplanten Tunnels entschied man sich für eine schiefe Ebene als Anschlußstück. Auf ihr wurden die Wagen oberirdisch, zunächst mit Pferdegöpeln, ab 1849 mittels einer feststehenden Dampfmaschine befördert. Gleichzeitig ließ die Stadt auf dringenden Wunsch der Fuhrwerksbesitzer die Rampenstraße Elbberg anlegen.

Die schiefe Ebene erwies sich bald als unzureichend für den gestiegenen Warenverkehr. Daher ließ die Altona-Kieler-Eisenbahn-Gesellschaft einen 395 m langen Tunnel zwischen Altona-Palmaille und Altona-Kai durch den Elbberg treiben. Als der Altonaer Bahnhof später an seinen heutigen Standort verlegt wird (→ 30. 1. 1898/S. 339), muß man diese »Schellfischbahn« auf 961 m verlängern.

Der Zeitball auf dem Turm des Kaispeichers A am Kaiserhöft; der Speicher erlaubt auch größten Seeschiffen das direkte Löschen und Aufnehmen von Ladung.

»Zeitball« macht allen Schiffern deutlich, was die Stunde schlägt

16. September 1876. *Auf dem Kaispeicher A zeigt erstmals ein »Zeitball« den Hochseeschiffen die präzise Mittagszeit nach Greenwich an. Sie entspricht 12:39:53,7 h in Hamburger Zeit. Dann fällt der dicke schwarze Lederball aus seiner hochgezogenen Ruhelage 2,50 m tief in sein Gestell hinunter. Die Mechanik wird durch einen elektrischen Impuls der Hamburger Sternwarte betätigt. Bis zum 31. Mai 1934 zeigt der Zeitball, was die Stunde geschlagen hat. Der Kaispeicher A am Kaiserhöft an der Spitze von Kaiser- und Dalmannkai wurde 1875 eröffnet.*

Gefährliche Güter im Petroleumhafen

1876. Auf dem westlichen Teil des Kleinen Grasbrook wird der Petroleumhafen errichtet. Hier liegen der Kamerun-, Togo- und Windhukkai mit den Schuppen 59 und 60 bis 62. Wegen der Explosionsgefahr mußten besondere Sicherheitsanforderungen beachtet werden.

Im Jahr 1869 hatten Rat und Bürgerschaft Gelder für den Bau eines abseitig gelegenen Hafenbeckens zum Verladen und Lagern feuergefährlicher Güter bewilligt. Sollte es hier einmal brennen, kann das Feuer nur schwer auf andere Hafenbecken übergreifen. Für den Bau der Kaianlagen gelten besondere Sicherheitsbestimmungen: Die Petroleumschiffe machen an hölzernen Landungsbrücken fest und können dort die Fässer ein- oder ausladen. Die Schuppen sind von Gruben umgeben. Sie sollen bei einem Feuer das auslaufende, brennende Petroleum auffangen.

Ein Ewer für Fischer Kinau

1876. Auf der Behrens-Werft in Finkenwerder läuft der Besan-Ewer »Cäcilie« vom Stapel. Sein Eigner ist der Schiffer Heinrich Kinau.

Auf dem Schiff lernen später auch dessen Söhne Rudolf und Johann Kinau (der sich als Schriftsteller Gorch Fock nennt; → 31. 5. 1916/ S. 394) die Schönheit und die Gefahren der Nordsee kennen. Auf der Werft Joachim Behrens an der Süderelbe entstehen zwischen 1876 und 1907 insgesamt 55 Jollen, 31 Ewer und 35 Kutter.

Finkenwerder Fischer auf Fangfahrt vor Helgoland; der zweimastige Ewer ist das typische Seefischerfahrzeug auf der Elbinsel Finkenwerder.

Feuriger Abend in der »Centralhalle«

23. Juli 1876. Ein Feuer zerstört das Theater in der »Centralhalle« am Spielbudenplatz 1 bis auf Reste der Eingangsfront. Menschen kommen nicht zu Schaden.

Es ist gegen 22 Uhr, die Vorstellung des beliebten Stückes »Dienstmann und Millionär« neigt sich dem Ende zu. Da kommt ein Zwischenvorhang auf der Bühne einer offenen Gasflamme zu nahe, die als Rampenbeleuchtung dient. Der Vorhang fängt Feuer, der Brand verbreitet sich in Minutenschnelle auf der Bühne und im Zuschauerraum. In Panik geratene Besucher stürzen zu den Türen, die Schauspieler rennen in ihrer Bühnentracht ins Freie. Der leichte Holzbau mit 1500 Plätzen brennt in kurzer Zeit nieder. Es ist bereits das zweite Feuer in dem 1864 eröffneten Theater: 1873 war eine Tänzerin auf der Bühne in Flammen geraten und ihren Wunden erlegen.

1877

Blohm & Voss: Konkurrenz für die Briten

5. April 1877. Hermann Blohm und Ernst Christian Voss gründen die Firma Blohm & Voss auf Kuhwerder. Als Kommanditgesellschaft tritt sie ab 1891 erfolgreich in Konkurrenz zu den führenden Werften in Großbritannien.

Die Gründung der Schiffswerft und Maschinenfabrik Blohm & Voss steht zunächst unter ungünstigen Vorzeichen, denn die Firmengründer sind in Hamburg fast unbekannt: Der 35jährige Voss ist der Sohn eines Hufschmieds aus Fockbek bei Rendsburg, der um sechs Jahre jüngere Blohm kam als Sohn eines gutsituierten Kaufmanns in Lübeck zur Welt. Beide haben in Großbritannien die modernsten Techniken des Schiffbaus aus eigener Anschauung studieren können und sich im Herbst 1876 in Hamburg kennengelernt.

Blohm pachtet von der Stadt Hamburg eine 15 000 m² große Fläche an der Nordostecke des Kuhwerders. Der Platz wird im Osten begrenzt vom Schanzengraben und im Norden von der Elbe, nach Westen und Süden hin erstrecken sich Sümpfe und Wiesen – genug Raum also, um die Werft später einmal großzügig erweitern zu können. Doch das Gelände zeigt seine Tücken: Die Weideflächen sind nicht hochwassergeschützt, die Vorbereitung des Geländes dauert länger als erwartet und wird viel teurer als gedacht. Trotz aller Schwierigkeiten kann am 12. Januar 1878, am 36. Geburtstag von Mitbesitzer Voss, die große Dampfmaschine erstmals angeworfen werden. Alles ist bestens – nur die Aufträge fehlen. Zum einen ist die Geschäftslage nicht günstig, zum anderen bestellen die Hamburger Reeder lieber – wie üblich – in Großbritannien, als bei zwei »Newcomern« zu Hause.

Um überhaupt etwas zu tun zu haben, legt Blohm & Voss auf eigene Rechnung ein eisernes Segelschiff auf Kiel, die Bark »National« mit 995 BRT. Sie läuft am 7. September 1879 vom Stapel und wird an den Segelschiffsreeder Martin Garlieb Amsinck verkauft.

Am 17. Oktober 1878 kommt der erste echte Auftrag herein, ein »Dampfräderboot« von 43,3 m Länge mit einer Maschine von 270 PS für ein Konsortium aus Stader und Altländer Gemüsebauern, die das Schiff im Personenverkehr auf der Niederelbe einsetzen wollen. Die Baubedingungen sind äußerst penibel: Das 138 BRT große Schiff soll einen Tiefgang von exakt 1,28 m haben, mindestens elf Knoten Fahrt machen und darf bei zwölfstündigem Kohlenvorrat nicht mehr als 550 Pfund Kohle pro Stunde verbrauchen. Am 2. September 1879 ist Probefahrt. Der Repräsentant der Auftraggeber ist zufrieden. So beginnt mit dem Raddampfer »Elbe« die Erfolgsgeschichte von Blohm & Voss.

Maschinenbauingenieur Hermann Blohm, tätig auf Werften in Rostock, Hamburg, London und Glasgow

Ernst Christian Voss, Schiffs- und Maschinenbauingenieur, wirkt zuletzt als Lloyds-Sachverständiger.

Das erste Gebäude der von Hermann Blohm und Ernst Christian Voss gegründeten Firma im Jahr 1877: Die alte Maschinenfabrik und Kesselschmiede kurz vor dem Abbruch für eine neue Schiffbauhalle. Neben der Werft am Reiherstieg wächst Blohm & Voss zur zweiten Großwerft in Hamburg heran, deren Produktionsanlagen 1908 ein Gelände von 460 000 m² umfassen, 30mal so groß wie zum Zeitpunkt ihrer Gründung.

Eine Sammlung »älteren Kunstfleißes«

25. September 1877. Das Kunst- und Gewerbemuseum am Steintorplatz unter Leitung von Justus Brinckmann ist jetzt öffentlich zugänglich.

Nach dem Willen Brinckmanns soll hier vor allem eine Sammlung »älteren Kunstfleißes« entstehen, die dem Handwerk als nachzueiferndes Muster eigener Tätigkeit dienen kann. Den Beginn der Sammlungen markiert ein Aufruf Brinckmanns im Oktober 1869. Kurz zuvor hatte der Gewerbe-Verein eine Schau von Industrieerzeugnissen und »alten Kunstarbeiten« in den Börsenarkaden veranstaltet. So traf der Appell, unterstützt von der Patriotischen Gesellschaft, auf offene Ohren.

Erstes Stück der Sammlung ist eine Sèvres-Schale mit Untertasse aus »porcellaine tendre« von 1761. Weitere Aufkäufe wurden 1869/70 in Italien und – mit Hilfe eines Senatszuschusses in Höhe von 10 000 Mark – im September 1873 auf der Wiener Weltausstellung getätigt. Unter den dort gekauften 324 Objekten waren viele japani-

Bevor das Museum für Kunst und Gewerbe in den Neubau am Steintorplatz umzog, war es im Parterre dieses Gebäudes (bei St. Annen) untergebracht.

scher Herkunft. Als Staatsinstitut (ab 1876) erhält das Museum rund 25 000 Mark pro Jahr für Zukäufe. Während die Sammlung wuchs, mußten die Exponate zuerst provisorisch untergebracht werden, so 1874 im Privathaus eines Mitgliedes der Museums-Kommission.

1874 rangen sich Senat und Bürgerschaft zu dem Neubau durch. Außer dem Museum für Kunst und Gewerbe benutzen ihn u. a. noch das Realgymnasium des Johanneums (bis 1905), das Botanische Museum und das Museum für Völkerkunde (→ 29. 4. 1879/S. 287).

Zentralfriedhof in Ohlsdorf eröffnet

1. Juli 1877. Der Zentralfriedhof in Ohlsdorf wird feierlich eröffnet. Friedhofsverwalter Wilhelm Cordes (ab 1879) konzipiert eine Anlage ganz neuen Stils.

Der Friedhof nahe dem Dorf Ohlsdorf war notwendig geworden, weil die Gräber vor dem Dammtor nicht mehr ausreichten (→ 12. 9. 1794/S. 175). Der Ausbau von Ohlsdorf zum weltberühmten Parkfriedhof setzt 1881 ein und erfolgt auf Grundlage eines von Cordes formulierten Generalplans. Beiderseits einer zentralen Erschließungsachse entsteht ein von verschlungenen Parkstraßen und einem regelmäßigen Fußwegenetz gegliedertes Friedhofsgelände mit sieben Kapellen an den Kreuzungspunkten. Koniferen, Stauden, Blumenbeete und Geranke säumen Straßen und Wege. So ist die Erinnerung an den Tod den Blicken entzogen. Allen Konfessionen und Religionsgemeinschaften ist in Ohlsdorf die freie und ungehinderte Ausübung ihrer religiösen Begräbnis-Zeremonien gewährleistet.

In Ölzeug gepackt taucht Kronprinz Friedrich (im Boot 5. v. r.) mitsamt seinem Gefolge in die feuchten Sielgewölbe ab (2. v. r.: Prinz Wilhelm).

Kronprinz Friedrich unterwegs in der Hamburger Unterwelt

1877. Der deutsche Kronprinz Friedrich, der spätere Kaiser Friedrich III., besucht Hamburg in Begleitung seiner Gemahlin und seines Sohnes, des nachmaligen Kaisers Wilhelm II. Die hohe Gesellschaft begibt sich auf eine schaurig-schöne Siel-Fahrt. Von dem Einstieg unter der Lombardsbrücke geht die Reise auf einem Boot durch das Geeststammsiel unter der Esplanade und dem Heiligengeistfeld bis *zu den Vorsetzen an der Elbe. Entlang der Fahrtstrecke sind die Wölbungen hier und da festlich erleuchtet. Sielwärter spenden der Reisegesellschaft mit Grubenlampen Licht. Der Gesang eines Männerquartetts hallt durch die weitverzweigten Gänge. Der Kronprinz zeigt sich sehr angetan. Fahrten durch Hamburgs unterirdische Abwasserkanäle sind auch bei gewöhnlicheren Touristen durchaus beliebt.*

Das Kriegerdenkmal mit einer Widmung und den Daten der Schlachten

Dank den siegreichen Kriegern

18. Oktober 1877. Das von dem Dresdner Bildhauer Johannes Schilling entworfene Kriegerdenkmal 1870/71 an der Esplanade wird feierlich eingeweiht. Es ehrt die Toten des Infanterieregiments (2. Hanseatisches) Nr. 76: Drei sterbenden Soldaten – Reiter, Infanterist und Kanonier – spendet die Siegesgöttin Trost. Das Denkmal wird 1926 ans Alsterufer in der Nähe der Fontenay verlegt.

1878

1. 2. Die »Gedichte von G. H. K.« erscheinen. Hinter der Abkürzung verbirgt sich Bürgermeister Gustav Heinrich Kirchenpauer.

9. 3. Das Vereinshospital (ab 1934 DRK-Hospital) beim Schlump wird eröffnet.

22. 3. Das Seeamt Hamburg tritt zu seiner ersten Sitzung zusammen. → S. 286

30. 3. Mit einer Aufführung der »Walküre« von Richard Wagner beginnt im Stadt-Theater eine im folgenden Jahr abgeschlossene Aufführung des »Ring des Nibelungen«.

15. 4. Die Hamburg-Altonaer Pferdebahn wird in Dienst gestellt. Sie hat fünf Räder.

7. 5. Der 133 m hohe Turm der Hauptkirche St. Petri wird eingeweiht.

19. 5. Bei St. Annen findet die Einweihung des Kugeldenkmals für die Vorkämpfer der Hamburger Freiheit statt. 1884 zum Gertrudenkirchhof verlegt, steht es heute neben dem Museum für Hamburgische Geschichte am Holstenwall.

10. 7. Der Hansa-Brunnen in St. Georg wird enthüllt. → S. 286

30. 7. Bei den Reichstagswahlen siegen in Hamburg die bürgerlichen Kandidaten.

14. 9. Das Chemische Staatslaboratorium nimmt die Arbeit auf. Es befaßt sich zunächst vor allem mit Petroleumanalysen.

2. 10. Der Hansa-Saal in St. Georg wird als Konzerthalle (→ 5. 3. 1894/S. 327) eröffnet.

19. 10. Johann Heinrich Wilhelm Dietz erwirbt die zuvor sozialdemokratische Hamburger Genossenschaftsdruckerei, um sie vor der Beschlagnahme zu retten.

21. 10. Das »Gesetz gegen die gemeingefährlichen Bestrebungen der Sozialdemokratie« tritt in Kraft. Es bedroht die Fortführung der Parteiarbeit mit schweren Strafen und bleibt bis zum 30. September 1890 in Kraft (→ 31. 12. 1880/S. 290).

31. 10. Das sozialdemokratische »Hamburg-Altonaer Volksblatt« erscheint zum letztenmal. Als Nachfolgeblatt kommt am 10. November im Verlag J. H. W. Dietz die »Gerichtszeitung. Tageblatt für Hamburg, Altona und Umgegend« heraus. Sie erreicht eine Auflage von rund 12 000 Exemplaren.

9. 11. An der Ecke Neuer Jungfernstieg und Colonnaden eröffnet das erste Wiener Kaffeehaus in Hamburg.

1878. Die Reederei F. Laeisz nimmt die Salpeterfahrt nach Chile auf. → S. 286

1878. Die ersten Häuser in der Gartenstadt auf der Veddel sind bezugsfertig. → S. 286

Seeamt klärt Schuld bei Schiffsunglücken

22. März 1878. Bei seiner ersten Sitzung verhandelt das Seeamt Hamburg über den Totalverlust der Bark »Auguste Solchem«, die Schiffbruch erlitten hat.

Die aufgrund eines 1877 ergangenen Reichsgesetzes in den größeren deutschen Hafenstädten konstituierten Seeämter sollen bei Schiffsunglücken die Ursache und die Schuldfrage klären.

Das Seeamt ist eine Kollegialbehörde aus Fachleuten. In der Regel verhandeln sie nur dann Fälle, wenn an ihrem Spruch ein öffentliches Interesse besteht. Eine Verhandlung ist vorgeschrieben, wenn ein Seefahrzeug gesunken, aufgegeben oder verschollen ist bzw. eine Person auf See ums Leben gekommen ist.

In Anlehnung an die Bestimmungen des Strafprozesses beruft das Seeamt eine Verhandlung ein und hört Zeugen. Es kann das schuldhafte Verhalten von Beteiligten feststellen und einem Betroffenen die Befähigung zum Kapitän, Steuermann oder zu einem anderen Seeberuf aberkennen. Die Entscheidung des Seeamtes ist eine wichtige Grundlage für einen späteren Zivilprozeß. Gegen das hier gefällte Urteil ist die Revision beim Oberseeamt möglich.

Auf Salpeterfahrt rund um Kap Hoorn

1878. In vierwöchigem Abstand geht von Hamburg und alle zwei Monate von Antwerpen ein Segler der Reederei F. Laeisz auf die gefahrvolle Salpeterfahrt nach Chile. Die Schiffe bringen den in Säcke verpackten Chile-Salpeter nach Hamburg. Ferdinand Laeisz hat früh die wirtschaftliche Bedeutung der Nitrate erkannt, nachdem Justus Freiherr von Liebig 1840 die Einführung neuer Methoden zur Verbesserung der Bodenqualität und des Ertrages angeregt hatte. Die auf diesem Gebiet tätige Industrie braucht Salpeter zur Erzeugung von Stickstoffdünger und muß ihn aus Chile beziehen, das darauf ein Weltmonopol besitzt.

Die Salpeterfahrt ist für Laeisz das große Geschäft und verhilft dem Segelschiffbau zur Blüte. Die Reederei ist aus der von Ferdinand Laeisz 1824 gegründeten Hutmacherei hervorgegangen. Am 1. März 1852 trat Carl Heinrich Laeisz in die Firma ein. In den folgenden Jahren gab er Holzbarken in Auftrag und erwarb Segler anderer Reedereien. 1880 beginnt mit dem Kauf der Bark »Poncho« der Übergang zum eisernen Segelschiff und der Aufbau einer Flotte legendärer Kap-Hoorn-Renner – der »Flying-P-Liner« (→ 1902/S. 349).

Der Hansa-Brunnen erhebt sich auf einer kreisförmigen Treppenanlage und einem runden Hauptbecken.

Monumentalbrunnen auf dem Hansaplatz

10. Juli 1878. Der Hansa-Brunnen auf dem gleichnamigen Platz in St. Georg, ein Werk des Bildhauers Engelbert Peiffer, ist fertig.

Bauträger ist die Hanseatische Baugesellschaft, die in St. Georg neue Mietshäuser errichtet. Eine Statue der Hansa krönt den 20 m hohen Brunnen, vier weitere Personenstatuen erinnern an die Gründung Hamburgs.

Genormte Arbeiterhäuser auf der Veddel

1878. In der Gartenstadt auf der Kleinen Veddel vollendet die Gemeinnützige Baugesellschaft die ersten 54 Arbeiterwohnungen. Sie wird von einer Reihe Hamburger Kaufleute und Reeder unterstützt, allen voran Robert Miles Sloman.

Mit der Ausgabe von 380 Aktien zu je 1000 Mark hat die Gesellschaft ihre Arbeit 1878 aufgenommen. Das Gelände am Veddeler Sieldeich und der späteren Slomanstraße stellte der Hamburger Staat für 50 Pfennig pro Quadratmeter zur Verfügung. Ferner lieferte der Staat 85 000 m³ Erde zur Aufschüttung des Geländes.

Der realisierte Haustyp ist aus einem Wettbewerb hervorgegangen. Die Bauplätze haben eine Breite von 7,75 m, die Häuser sind maximal 6,60 m breit. Darin befinden sich ein Wohnzimmer mit einer Grundfläche von 12,30 m², drei Schlafstuben bzw. Kammern von je mindestens 6,60 m², eine Küche von derselben Größe sowie ein Keller von wenigstens 5,80 m². Der Garten ist etwa 1000 m² groß.

Sloman bewirkt den Anschluß der Siedlung an die Hamburger Stadtwasserkunst und setzt sich für den Bau einer Fähre und einer Landungsbrücke ein.

1927 werden die bis dahin gebauten 192 Häuser in Veddel-Gartenstadt abgerissen, um mehr hafennahen Wohnraum zu schaffen.

Die »Sloman-Siedlung« auf der Veddel; der geläufige Begriff »Cottage« verweist auf die englischen Vorbilder, die Arbeiterwohnen jenseits der Großstadt realisieren wollen. Diese Bemühungen münden um 1900 in die Gartenstadtbewegung.

1879

1. 1. In Hamburg nimmt ein Fabrikinspektorat seine Arbeit auf. → S. 287

29. 4. Der Hamburger Senat gründet das Museum für Völkerkunde. → S. 287

8. 5. In Hamburg konstituiert sich der Buchhändler-Verband »Kreis Norden«.

11. 5. Der Holzbildhauer Friedrich Hermann Faerber gründet auf St. Pauli das »Hanseatische Panopticum«. → S. 287

11. 5. Im »Old Commercial Room« gründet der Hafenarbeiter Carl Tiedemann eine Firma. Sie befaßt sich mit der Schleppschiffahrt, Hafentransporten und Stauerei.

24. 5. In Altona wird die Holsten-Brauerei gegründet. → S. 288

12. 7. Der Deutsche Reichstag billigt mit 217 gegen 107 Stimmen einen neuen Zolltarif. Gegen dieses vom Schutzzoll-Gedanken bestimmte Gesetzeswerk hat sich die Handelskammer vergeblich zur Wehr gesetzt.

5. 8. Der Elbdurchstich durch die Kalte Hofe wird eröffnet. → S. 287

16. 8. Die Belegung der Strafanstalt Fuhlsbüttel beginnt. → S. 288

8. 9. Die Dampfstraßenbahn (»Plätteisen«) nach Wandsbek beginnt den regulären Betrieb.

1. 10. Durch die Reichsjustizreform treten in Hamburg das Hanseatische Oberlandesgericht, das Landesgericht und Amtsgerichte an die Stelle von Ober-, Nieder- und Handelsgericht.

13. 10. Senat und Parlament billigen ein neues Wahlgesetz, das am 19. Januar 1880 in Kraft tritt (→ 4. 3. 1880/S. 289).

20. 11. Bei einem Großbrand in der Wexstraße kommen 14 Personen ums Leben.

1. 12. Das Handelshaus J. C. Godeffroy & Sohn ist zahlungsunfähig. → S. 288

GEBOREN:

11. 2. Hamburg: Jean Gilbert, eigentl. Max Winterfeldt († 20. 12. 1942, Buenos Aires), Operettenkomponist.

23. 2. Posen: Gustav Oelsner († 26. 4. 1956, Hamburg), Städteplaner.

30. 12. Hamburg: Rudolf H. Petersen († 10. 9. 1962, Wentorf), Bürgermeister.

GESTORBEN:

6. 2. Hamburg: Carl Voigt (* 29. 3. 1808, Hamburg), Musiklehrer.

21. 4. Hamburg: Heinrich Kellinghusen (* 16. 4. 1796, Hamburg), Bürgermeister.

15. 5. Rom: Gottfried Semper (* 29. 11. 1803, Hamburg), Architekt.

Fabrikarbeiter in einer Schlosserei der Phoenix-Werke in Harburg

Amtliche Fabrikaufsicht

1. Januar 1879. Zur Kontrolle der Hamburger Industrie- und Gewerbebetriebe nimmt ein Fabrikinspektorat als sozialpolitische Aufsichtsbehörde seine Arbeit auf.

Die Gründung dieses Amtes ist durch ein Reichsgesetz vom 17. Juli 1878 erforderlich geworden, das Fabrikinspektionen vorschreibt. Bis zu diesem Zeitpunkt hatte sich der Senat geweigert, eine solche Behörde zu installieren, obwohl bereits die Bestimmungen der Gewerbeordnung für den Norddeutschen Bund vom 21. Juni 1869 Aufsichtsbeamte zumindest für die Beschäftigung von jugendlichen Arbeitnehmern vorgesehen hatten.

Als ersten Hamburger Fabrikinspektor bestellt der Senat David Steinert. Er hat sein Büro in der Dammtorstraße 16. Aufgrund einer Polizeiverordnung vom 11. Juni 1879 steht ihm u. a. das Recht zu, »sämmtliche Fabriken und gewerblichen Anlagen jederzeit zu besuchen und über die Verhältnisse derselben Auskunft zu verlangen«.

Geschichte im Panoptikum

11. Mai 1879. Am Spielbudenplatz 7 eröffnet der Holzbildhauer Friedrich Hermann Faerber das »Hanseatische Panopticum«. Mit den von ihm selbst gefertigten Figuren stellt er wirkliche oder sagenhafte Ereignisse aus der Hamburger Historie und der Weltgeschichte nach. Das Panoptikum residiert seit 1959 im Haus der Reeperbahn.

Der Spielbudenplatz auf St. Pauli, ein Zentrum des Vergnügens: Das Panoptikum, daneben die Wilhelmshalle

Auch Kuriositäten wie dieser »Riesenbart« sind im Panoptikum zu sehen (Farblithographie um 1886/87).

Elbdurchstich bringt mehr Wasser ins Bett

5. August 1879. Der Elbdurchstich durch die Kalte Hofe ist nach mehr als drei Jahren vollendet.

Der Durchbruch bei Kalte Hofe gehört in die Reihe der umfangreichen Bemühungen, mit denen Hamburg die Wasserzufuhr zur Norderelbe (→ 24. 6. 1868/S. 261) verbessern will. Der Fluß wies hier vor seiner Regulierung eine starke Krümmung auf. Im Rahmen der jetzt fertigen Arbeiten erhielt die Norderelbe deshalb auf einer Länge von 2500 m ein neues Bett, wodurch zugleich von Kalte Hofe ein großes Stück abgetrennt wurde, die heutige Insel Kalte Hofe.

Ein Damm verbindet dieses abgeteilte Landstück mit der Billwerder Insel, ein zweiter die Billwerder Insel mit Moorfleet. Dieser Damm schnürt gleichzeitig die Dove Elbe ab, die weiter südlich einen neuen Mündungsarm erhält.

Der Durchstich verkürzt den Lauf der Norderelbe um 900 m, vergrößert dadurch das Gefälle und vermehrt die Räumungskraft des Stromes. Weil die Norderelbe nun mehr Wasser erhält, können die Hafenbecken für die immer größer werdenden Schiffe vertieft werden. Reichte 1840 noch eine Fahrrinne von 4,30 m Tiefe aus, sind 50 Jahre später schon 8 m erforderlich.

Völkerkundler zeigen Geschenksammlung

29. April 1879. Das Museum für Völkerkunde wird als wissenschaftliche Anstalt des Staates eingerichtet. Zu seinen Vorläufern gehören die zwischen 1849 und 1871 aufgebaute ethnographische Sammlung der Stadtbibliothek und das am 1. Juli 1871 begründete Culturgeschichtliche Museum.

Seit dem 6. Januar 1878 sind die Exponate im Schul- und Museumsgebäude vor dem Steintor der Öffentlichkeit zugänglich. Fast alle der von Carl Wilhelm Lüders verwalteten 1834 Gegenstände kamen durch Schenkungen zusammen.

Als Staatsinstitut soll das Museum »Geräthe, Kleidungsstücke, Waffen und andere Gegenstände« sammeln, welche »auf die Cultur der fremdländischen Völker Bezug haben«. Spenden im Ausland lebender Hamburger sind willkommen.

Strafvollzug zentral in Fuhlsbüttel

16. August 1879. Die ersten Gefangenen werden in die Strafanstalt Fuhlsbüttel überführt. Mit einem Kostenaufwand von 2,45 Mio. Mark ist auf rund 80 000 m² am Suhrenkamp eine umfangreiche Anlage entstanden, die wegen steigender Häftlingszahlen zwischen 1901 und 1906 noch erweitert wird.

Das Zentralgefängnis Fuhlsbüttel verbindet zwei Grundanliegen des Strafvollzugs: Die isolierte Unterbringung der Gefangenen und ihre gemeinschaftliche Beschäftigung. Neben einer gesundheitlich befriedigenden Verwahrung ist hier die gewünschte Aufgliederung der Inhaftierten nach Geschlecht, Alter

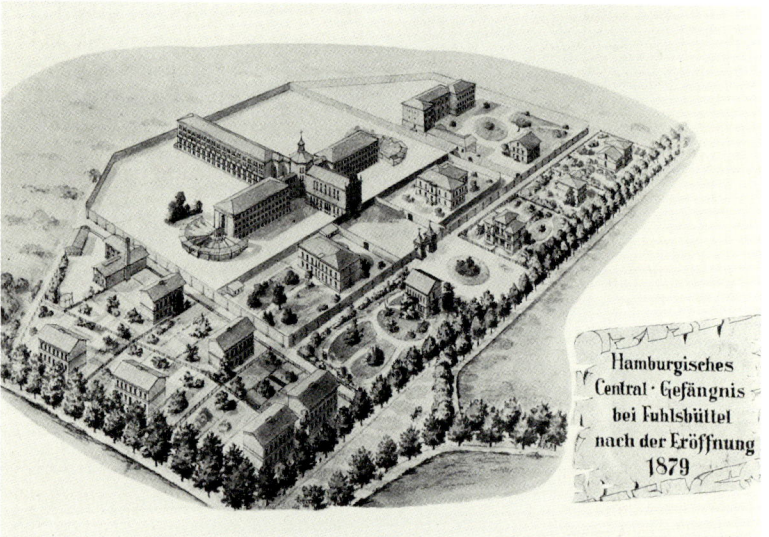

Plan der Zentralhaftanstalt Fuhlsbüttel mit den Beamtenhäusern außerhalb der Mauern und dem dreiflügeligen Männerbau nebst Verwaltungstrakt

und Schwere der begangenen Tat verwirklicht. Die Wahl des abgelegenen Fuhlsbüttel sorgt dafür, daß unerwünschte Außenkontakte der Sträflinge unterbleiben.

Die Anstalt besteht aus den eigentlichen Gefängnisbauten mit dazugehörigen Anlagen und den außerhalb der 5 m hohen Ringmauern liegenden Beamtenwohnhäusern. Innerhalb der Mauern liegen das Männergefängnis, die Haftanstalt für jugendliche männliche Gefangene, ein Lazarett, das »Weibergefängnis« mit einem Wohnhaus für Aufseherinnen sowie mehrere Wirtschaftsgebäude.

Das für die Art der Unterbringung typische Männergefängnis hat einen T-förmigen Grundriß. An das Verwaltungsgebäude am Kopfende schließt sich ein Flügel für insgesamt 240 Gefangene an. Die Schlafsäle liegen in den beiden Obergeschossen, Arbeitsräume im Unter- und Kellergeschoß.

In den Seitenflügeln befinden sich u. a. 168 Einzelzellen, neun Diszipinar-Strafzellen sowie sechs Wärterräume. An den äußeren Enden liegen je zwölf Einzelspazierhöfe für schwere Fälle.

Johann Cesar Godeffroy (1813–1885): »Ich bereue auch nicht einen Pfennig, den ich ausgegeben habe.«

»Südseekönig« in die Pleite spekuliert

1. Dezember 1879. Das Handelshaus J. C. Godeffroy & Sohn stellt die Zahlungen ein. Die durch Geschäfte im westlichen Stillen Ozean reich gewordene Firma hat mit Aktien spekuliert.

Der Hamburger Großkaufmann Johann Cesar Godeffroy – bereits der sechste dieses Namens – gründete 1856 eine Faktorei in Apia auf Samoa. Von dort aus baute Godeffroy ein weitgespanntes Handelsnetz auf. Er besaß nach einigen Jahren mehrere Palmen- und Baumwollpflanzungen und war an über 50 Plätzen der Karolinen, der Marschall-, Fidschi- und Freundschaftsinseln durch Niederlassungen vertreten. Die dortigen Agenten arbeiteten nur für Godeffroy, der über 100 Segler fahren ließ.

Allerdings erforderte der Erhalt dieser weitverzweigten Handelsbeziehungen erhebliches Kapital. Seit 1865 spekulierte die Firma mit Bergwerksanteilen und Aktien. Bis zum »Gründerkrach« (→ Mai 1873/ S. 277) ging alles gut, der Kurssturz jedoch drohte das Haus in den Ruin zu treiben. Godeffroy mußte sein Privatvermögen verpfänden. Um das Südseegeschäft zu retten, wurde es 1878 in die Deutsche Handels- und Plantagen-Gesellschaft der Südseeinseln umgewandelt.

Ein drohender Konkurs dieser Aktiengesellschaft kann abgewendet werden, ohne daß – wie von Reichskanzler Otto von Bismarck aus politischen Gründen angeregt – sich das Reich daran finanziell beteiligt.

Holsten-Brauerei profitiert von Bierlaune

24. Mai 1879. Eine Gruppe von Kaufleuten gründet in Altona die Holsten-Brauerei. Das Bier wird von Beginn an unter dem prägnanten Markenzeichen des Holsten-Ritters vertrieben.

Die als Aktiengesellschaft gebildete Firma erwirbt ein bis dahin für landwirtschaftliche Zwecke genutztes Gelände an der Pinneberger Chaussee (heute Holstenstraße) gegenüber dem alten Kaltenkirchener Bahnhof. Die Bauarbeiten für ihr großzügiges Brauereigebäude aus Backstein gehen so schnell voran, daß schon am 6. Mai 1880 eine erste Bierprobe stattfinden kann, die – so vermeldet der erste Geschäftsbericht mit einigem Stolz – durch »den zahlreichen Besuch und heitere Stimmung fast den Charakter eines Volksfestes erhielt«. Zwei Tage später eröffnet die Brauerei den Bierverkauf an die Öffentlichkeit.

Das Holsten-Bier soll »unter ausschließlicher Verwendung von reinem Hopfen und bestem Malz« ge-

braut werden und »dem Bedürfnis nach reinen, wohlschmeckenden Bieren Rechnung tragen«.

Die Gründung der Holsten-Brauerei fällt in eine Zeit des neuerlichen Aufschwungs des Brauereigewerbes. Nachdem die Verbraucher seit Beginn des 19. Jahrhunderts lieber

zu Tee, Kaffee und Rotwein gegriffen haben, ist durch die Erzeugung von untergärigem Lagerbier – wie es von einigen Hamburger Brauereien mit Erfolg auf den Markt gebracht worden ist – der Bierkonsum wieder gestiegen.

Die wachsende Nachfrage macht 1910 die Erweiterung der Anlagen notwendig, die bis 1914 im wesentlichen abgeschlossen ist. Mit der Übernahme der Hamburger Brauerei A. Janssen Wwe. beginnt 1908 eine Phase der Expansion durch den Aufkauf von Mitbewerbern. So werden 1918 die Germania-Brauerei in Wandsbek und zwei Jahre später das Bürgerliche Brauhaus in Hamburg mitsamt dem Brauhaus Hammonia und der Waldbrauerei in Börnsen Teil der Holsten AG. Zwischen 1922 und 1926 gehen ferner zwei Firmen in Neumünster und die Kieler Schloß-Schifferer-Brauerei in den Besitz der expandierenden Firma Holsten über, die als Abteilungen der Holsten-Brauerei weiterbestehen.

Das fünfsprachige Werbeplakat macht es deutlich: Holsten-Bier wird bald in aller Welt getrunken.

1880

Elektrisches Licht bestrahlt Gartenschau

14. April 1880. Der »Hamburgische Correspondent« meldet, daß die Gartenbauausstellung auf der Moorweide von elektrischen Leuchten der Berliner Firma Siemens & Halske erleuchtet wird.

Die Frühjahrsausstellung des Gartenbau-Vereins für Hamburg, Altona und Umgebung lockt mit dieser technischen Errungenschaft rund 40 000 Menschen an. Den Besuchern wird zum erstenmal in Hamburg das faszinierende Schauspiel einer großzügigen elektrischen Beleuchtung geboten.

Der technische Aufwand ist imposant: Das Innere der großen Ausstellungshalle wird laut »Correspondent« durch ein »an der Decke angebrachtes Centrallicht von 3000 Normalkerzen Stärke« erhellt. Weitere Leuchtapparate befinden sich in einem Anbau, in dem Schnittblumen stehen, im Restaurant sowie am Ein- und Ausgang. Die »zu dieser Beleuchtung von etwa 10 000 Normalkerzen nötigen Apparate werden von zwei Locomobilen« (Generatoren) betrieben.

Die Firma Siemens & Halske gehört zu den bedeutendsten Neuerern auf dem Gebiet der Strom-

Die große Ausstellungshalle der Frühjahrs-Gartenbauschau auf der Moorweide im strahlenden Licht der elektrischen Bogenlampen (Fotografie, 1880)

erzeugung. Werner von Siemens erfand 1866 die Dynamomaschine.

Die Wirkung des Lichtspektakels auf das Publikum ist gewaltig: »Kümmerlich wie Stallaternen« sei das Gaslicht gegen dieses »scheinbar dem Monde entnommene« Licht, schreibt enthusiastisch das »Hamburger Fremdenblatt«. Es dauert allerdings noch einige Zeit, bis die Hamburger den Anblick

künstlicher Beleuchtung tagtäglich genießen können. Am → 8. Dezember 1882 (S. 294) wird erstmals der Rathausmarkt elektrisch beleuchtet, vier Jahre später der Dovenhof elektrisch erhellt (→ 1. 5. 1886/S. 300), und erst 14 Jahre nach Eröffnung der Gartenbauausstellung geht das erste Elektrizitätswerk der Hansestadt in Betrieb (→ 15. 3. 1894/S. 327).

Reform ohne Folgen: Wahl bleibt exklusiv

4. März 1880. Die auf der Grundlage des neuen Wahlgesetzes bestimmte Bürgerschaft tritt zu ihrer konstituierenden Sitzung zusammen. Auf die Zusammensetzung hatten die meisten der 407 000 Einwohner wie bisher keinen Einfluß. An der Wahl von Repräsentanten steuerzahlender Bürger am 20. Februar konnten sich 20 000 Hamburger beteiligen. Vier Tage später traten die knapp 5500 Grundeigentümer an die Wahlurne. 575 Notabeln votierten am 27. Februar.

Das neue Wahlgesetz, im Oktober 1879 von Senat und Parlament gebilligt und seit dem 19. Januar in Kraft, verringert die Zahl der Abgeordneten von 192 auf 160. Die Hälfte (bisher 44%) muß aus allgemeinen Wahlen hervorgehen. Unverändert ein Viertel der Abgeordneten wird durch das Votum der Grundeigentümer bestimmt. Der Einfluß der Notabeln nimmt hingegen leicht ab. Statt 31% wählen sie nur noch 25% der Bürgerschaft.

Bahn in Bahrenfeld Trabertreffpunkt

20. Juni 1880. Auf der neuen Bahn in Bahrenfeld finden die ersten Trabrennen statt. Manch neugieriger Hamburger nutzt die Gelegenheit zum Ausflug nach Preußen.

Das 23,5 ha große Gelände gehört dem Hamburger Reeder Theodor Alexander Gayern. Er hat das Terrain für jährlich 2500 Goldmark an den veranstaltenden Hamburg-Altonaer-Renn- und Traberclub verpachtet. Der Vertrag wird im Restaurant »Plassenburg« in der Königstraße in Altona unterzeichnet. Anders als die Galopper (→ 11. 7. 1869/S. 265) haben es die Freunde des Trabens schwer, das breite Publikum für ihren Sport zu begeistern, zumal die noch üblichen Sulkys mit ihren Hochrädern etwas ungelenk wirken.

Das erste Hamburger Trabrennen liegt auch gerade sechs Jahre zurück: Am 31. Mai 1874 traten Bauern und Bürger auf der Bahn in Groß Jüthorn bei Wandsbek gegeneinander an.

Steinway-Flügel made in Hamburg

1. Oktober 1880. Die 1853 in New York gegründete Pianofirma Steinway & Sons eröffnet eine Fabrik in der Schanzenstraße. Zwischen 1923 und 1928 wird die Klavierfertigung an den Rondenbarg verlegt.

Warum die Wahl gerade auf Hamburg fiel, erklärt ein Zitat aus der US-amerikanischen Zeitschrift »Music Trades Review« von 1879: »Steinway & Sons beabsichtigen, eine neue Zweigniederlassung in Hamburg, Deutschland, zu errichten. Hamburg ist ein Freihafen, und man kann dort die besten und tüchtigsten Handwerker finden.« Gründer von Steinway & Sons war der aus Seesen im Harz gebürtige Tischlermeister und Klavierbauer Heinrich Engelhard Steinweg. Er emigrierte 1850 mit seiner Familie nach New York und gründete dort eine Pianofirma, die sich rasch einen guten Ruf erwarb. Zuvor hatte er allerdings seinen Namen der neuen Heimat angepaßt: Aus Steinweg wurde Steinway.

Sozialdemokraten trotzen der Verfolgung

31. Dezember 1880. Infolge des am 24. Oktober über Hamburg, Altona und Umgebung verhängten »kleinen Belagerungszustands« sind bislang 127 Mitglieder der Sozialdemokratischen Arbeiterpartei Deutschlands ausgewiesen worden. Das seit dem 21. Oktober 1878 reichsweit geltende »Sozialistengesetz« trifft auch die Hamburger Sozialdemokraten in voller Schärfe. Unter den Ausgewiesenen ist Georg Wilhelm Hartmann, der erst am 27. April per Nachwahl im zweiten Hamburger Wahlkreis in den Reichstag eingezogen war. Außer ihm müssen zahlreiche weitere prominente Sozialdemokraten das sog. erweiterte nördliche Belagerungsgebiet verlassen, wozu neben Hamburg, Altona und Umgebung ab 1881 auch Harburg gehört. Ausgewiesen werden u. a. August und Otto Kapell, Ignaz Auer, Wilhelm Joseph Blos und Johann Heinrich Wilhelm Dietz, der seinen Verlag am 31. Dezember 1881 in Stuttgart neu gründet. Der »kleine Belagerungszustand«, der die Freiheitsrechte stark einschränkt, wird wie das »Sozialistengesetz« immer wieder verlängert und endet erst am 30. September 1890. Als letzter muß

noch am 22. März 1889 der Vorsitzende des Tischlerverbandes, Gustav Slomke, das Land verlassen. Innerhalb von zehn Jahren erhalten 333 Sozialdemokraten einen Ausweisungsbescheid; das sind annähernd 40% aller Verbannten in den insgesamt sechs deutschen Belagerungsgebieten.

Die Ausnahmebestimmungen beeinträchtigen die Schlagkraft der

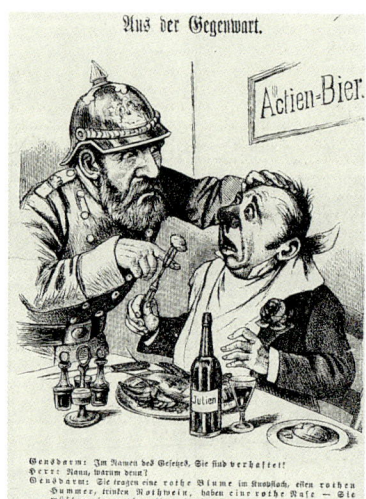

Karikatur zum Sozialistengesetz aus der Zeitschrift »Reform«: Gendarm verdächtigt harmlosen Esser.

Hamburger Parteiorganisation kaum, obwohl sich die Polizei redlich bemüht, durch immer neue Hausdurchsuchungen, Verhaftungen und verschärfte Kontrollen die unerwünschte Bewegung zu unterbinden. Unter diesen Umständen sind Begräbnisse, wie die Beisetzung von August Geib am 1. August 1879, die einzig geduldete Form öffentlichen Auftretens.

Für die Ausgewiesenen finden sich sofort Genossen, die an ihre Stelle treten. Dies zeigt sich bei den folgenden Reichstagswahlen: 1881 verteidigt Dietz den Wahlkreis Hamburg II, 1884 erobert August Bebel den ersten Hamburger Wahlbezirk und als das Sozialistengesetz fällt, sind alle drei Hamburger Reichstagsabgeordneten Sozialdemokraten (→ 30. 9. 1890/S. 317).

Die Empörung über die Praxis der Behörden ist überdies so groß, daß es eine Welle der Hilfsbereitschaft für die Betroffenen und ihre Familien gibt. Die Verfolgung stärkt außerdem das Zusammenwachsen von Sozialdemokratie und Gewerkschaft. Die pragmatische Haltung der Gewerkschaftler prägt auf Jahrzehnte hinaus die Politik der Hamburger Sozialdemokratie.

Unterdrückung per »Sozialistengesetz«

Chronik Stichwort

Zwei fehlgeschlagene Attentate auf Kaiser Wilhelm I. am 11. Mai und 2. Juni 1878 gaben Reichskanzler Otto von Bismarck Gelegenheit, das »Gesetz wider die gemeingefährlichen Bestrebungen der Sozialdemokratie« durchzusetzen, obwohl die Täter nicht dieser Partei angehörten. Es ist zunächst bis zum 31. März 1881 befristet, wird aber viermal verlängert und bleibt bis zum 30. September 1890 in Kraft.

Das Gesetz verbietet sozialdemokratische, sozialistische oder kommunistische Vereine, Versammlungen und Publikationen sowie Geldsammlungen für die Arbeit dieser Organisationen. Alle Verstöße werden mit Gefängnis- oder Geldstrafen geahndet. Wo die öffentliche Sicherheit bedroht erscheint, kann die Ausweisung von Personen erklärt werden. Legal arbeiten dürfen Sozialdemokraten nur noch bei Wahlen und im Parlament.

Statt der Verteidigung dienen sie jetzt der Erholung: Die Wallanlagen gehörten zum Bastionsring.

Frühere Stadtbefestigung jetzt Ort der Erholung

24. August 1880. *Erholungsuchenden stehen ab sofort die Wallanlagen zwischen Damm- und Holstentor zur Verfügung. Ab dem 2. September besteht durch die Ringstraße eine Verbindung zwischen beiden Portalen. Mit den Grünflächen am Wall ist jetzt ein weiterer Teil der früheren Stadtbefestigung unter Einschluß der ehemaligen Bastion Ulricus in eine parkartige Anlage umgewandelt worden. Im Gegensatz zum Dammtor ist das Holstentor neueren Datums. Es wurde 1858/59 als Sperrschranke zwischen den früheren Bastionen Ulricus und Eberhardus auf der Höhe der Ecke Pilatuspool/Dragonerstall angelegt.*

Mit solchen Karren – bei Schnee auf Kufen – kommt die Wilhelmsburger Milch nach Hamburg.

Blühende Milchindustrie auf Wilhelmsburg

1880. *Wilhelmsburg ist mit seinen 120 Melkern (Milchhändlern), die ihre Ware täglich auf Ewern nach Hamburg bringen, unverzichtbar für die Versorgung der Hansestadt mit Milch und Milchprodukten. Auf dem Stadtdeich oder am Baumwall wird die frische Vollmilch, Buttermilch oder Butter der Wilhelmsburger Kühe angeboten. Ist die Elbe im Winter einmal zugefroren, fahren die Ewer auf Kufen. Der Milchhandel fahrender Händler wird im Jahr 1936 aus hygienischen Gründen verboten. Zu dieser Zeit hat sich der Charakter Wilhelmsburgs schon längst von einer dörflich geprägten Insel zur Industriestadt gewandelt.*

1881

24. 3. Die in Hamburg erscheinende sozialdemokratische »Gerichtszeitung« wird wegen eines kritischen Artikels über Rußland verboten. Als Nachfolgeorgan erscheint ab 17. April unter Leitung von Johannes Wedde die »Bürgerzeitung«.

1. 4. Zwischen Harburg und Stade geht die Unterelbische Eisenbahn in Betrieb. Die Züge fahren durch die Stadt, was den Protest der Einwohner hervorruft.

16. 4. Die Hamburger Fernsprechanstalt nimmt den Betrieb auf. → S. 291

24. 4. Die Oberrealschule vor dem Holstentor, das heutige Wilhelm-Gymnasium, wird eingeweiht.

25. 5. Vertreter des Hamburger Senats unterzeichnen in Berlin eine Übereinkunft, die den Beitritt Hamburgs zum deutschen Zollgebiet vorsieht. → S. 291

6. 8. 19 Kriegervereine mit 2300 Mitgliedern schließen sich zum Hamburger Kriegerverband zusammen.

10. 8.–20. 11. Auf der Pariser Elektrizitätsausstellung erhält die Norddeutsche Affinerie eine Goldmedaille für Produkte aus Gold, Silber und Kupfer, die durch Elektrolyse gewonnen wurden.

8. 9. Das Lessing-Denkmal auf dem Gänsemarkt wird enthüllt. → S. 292

14. 9. Kaiser Wilhelm I. weiht das Gebäude der Deutschen Seewarte auf dem Stintfang ein. → S. 292

14. 9. Die Ausstellungshalle auf der Moorweide ist fertiggestellt (→ 16. 7. 1883/S. 295).

21. 9. Die von Arbeitersportlern gegründete Wandsbeker Turnerschaft (heute TuS Wandsbek von 1881) hält ihr erstes Treffen ab. → S. 292

6. 10. Unter Leitung der erst 24jährigen Lina Kreusler beginnt die Lehranstalt Nr. 4 für weibliche Jugendliche (heute Heilwig-Gymnasium) mit dem Unterricht.

27. 10. Bei den Reichstagswahlen werden die Sozialdemokraten mit 23 206 Stimmen zweitstärkste Partei in Hamburg nach den Fortschrittlern (29 017 Stimmen). Sie behaupten den zweiten Hamburger Wahlkreis.

14. 11. Der Verein deutscher Seeschiffer zu Hamburg konstituiert sich.

GESTORBEN:

7. 4. Hamburg: Johann Heinrich Wichern (* 21. 4. 1808, Hamburg), Theologe.

14. 12. Hamburg: Martin Gensler (* 9. 5. 1811, Hamburg), Zeichner.

Kompromiß: Freihafen für Zollanschluß

25. Mai 1881. Vertreter des Hamburger Senats unterzeichnen in Berlin eine Vereinbarung über den Beitritt der Hansestadt zum deutschen Zollgebiet. Mit 106 gegen 46 Stimmen billigt die Bürgerschaft am 15. Juni dieses Abkommen. Hamburg verliert nach einer Übergangszeit von sieben Jahren seinen Status als zollfreies Staatsgebiet, erhält aber einen etwa 16 km² großen Freihafen beiderseits der Norderelbe als Zollausland zugestanden (→ 29. 10. 1888/S. 306).

Ohne Einwilligung Hamburgs ist die Freihafenberechtigung weder aufzuheben noch einzuschränken. Es gilt: »Innerhalb dieses, lediglich von außen zollamtlich zu bewachenden Freihafenbezirks ist die Bewegung der Schiffe und Waren von jeder Zollkontrolle befreit.«

Hamburg blieb nach seinem Beitritt zum Norddeutschen Bund (→ 15. 5. 1867/S. 260) und 1871 zum Deutschen Reich wie Bremen als Freihafen außerhalb der gemeinschaftlichen Zollgrenze. Erst als das Kaiserreich 1879 unter dem Druck der um ihren Absatz fürchtenden ostelbischen Großagrarier und der Schwerindustrie vom Freihandel zum Schutzzoll überging,

Nimmt eine versöhnliche Haltung zum Reich ein: Senator Johann Georg Andreas Versmann

Erbost über die Art und Weise des Anschlusses: Gustav Heinrich Kirchenpauer

sah Reichskanzler Otto von Bismarck den Zeitpunkt zum Zollanschluß der Hansestädte gekommen. Nachdem eine erste Anfrage vom 20. Mai 1879 ablehnend beantwortet worden war, verstärkte Bismarck den Druck und beantragte am 19. April 1880 im Bundesrat den Anschluß von Altona ins gemeinsame Zollgebiet. Hamburgs Vertreter im Bundesrat, Senator Gustav Heinrich Kirchenpauer, legte aus diesem Grund sein Mandat nieder. Unter dessen Nachfolger Johann Georg Andreas Versmann nahm der Senat angesichts der unnachgiebigen Haltung des Reichskanzlers im Dezember 1880 Verhandlungen über den Zollanschluß auf.

Das war um so nötiger, als die Hamburger Unternehmer keineswegs einhellig diese Maßnahme ablehnten: Am 31. Oktober verlangten 32 Großkaufleute unter Führung von Johann Berenberg-Goßler den Zollanschluß unter Gewährung eines Freihafens.

In der lebhaften Debatte gelingt es Versmann, die Hamburger von der Notwendigkeit des Zollanschlusses zu überzeugen und Bismarck die Zustimmung zu den wichtigsten Hamburger Forderungen abzuringen: Freihafenbezirk mit hamburgischer Zollverwaltung, Erhalt der zollfreien Zufahrt über die Unterelbe, Finanzhilfen des Reiches für den Ausbau des Freihafens.

Bariton schmettert Telefongespräch

16. April 1881. Mit 206 Teilnehmern geht die Hamburger Fernsprechanstalt in Betrieb. Das Stadtfernsprechamt residiert im Hauptpostgebäude an der Poststraße. Vom Dach spannen sich die Leitungsdrähte der elf Telefonlinien weit über die Häuser der Hansestadt.

Anders als in Berlin, wo am 1. April 1881 die erste deutsche Stadt-Fernsprechanlage mit 48 Teilnehmern eröffnet worden ist, muß in Hamburg nicht lange um Kunden geworben werden. Hier gab es auch keine Probleme beim Anbringen der Leitungsmasten.

Das erste Hamburger Telefongespräch verläuft abenteuerlich und kurios: Aus den Räumen der Aktiengesellschaft Neue Börsenhalle am Alten Wall 26, wo die Redaktionen des »Hamburgischen Correspondenten« und der Handels- und Schiffahrtzeitung »Hamburgische Börsenhalle« sitzen, führt eine Leitung in die erste Etage der Börse. Gespannt verfolgen die Beteiligten, wie der Bariton Eugen Gura vom Stadt-Theater eine Arie in die kiloschwere Sprechröhre hineinschmettert, die am anderen Ende aus dem Hörer schallt.

Zur Erinnerung an dieses Ereignis erhält die Redaktion des »Correspondenten« die Nummer 1 im Telefonverzeichnis, das sich wie ein »Who's who?« des Hamburger Geschäftslebens liest. Zu den ersten Kunden gehören die Schiffsmaklerfirma August Bolten (Anschluß Nr. 2), Knöhr & Burchard (Nr. 15), Rob. M. Sloman jr. (19), Hapag (Nr. 23 und 65) und F. Laeisz (Nr. 51).

Angestellte beim »Stöpseln« im Fernamt Mönkedamm 9–11/Alter Wall 57, das die Post im März 1888 für die Vermittlung von Telefongesprächen anmietet.

»Wetterfrösche« auf dem Stintfang

14. September 1881. Kaiser Wilhelm I. weiht das Dienstgebäude der Deutschen Seewarte auf dem Stintfang ein. Der repräsentative Bau mit markanten Ecktürmen ist das zweite Domizil des Hamburger Wetterdienstes.

Im Seemannshaus eröffnete der aus Ostfriesland stammende Schiffersohn Wilhelm Ihno Adolf von Freeden am 1. Januar 1868 die Norddeutsche Seewarte. Gemeinsam mit vielen Kapitänen aus Bremen und Hamburg, die er zur Führung regelmäßiger Wetterjournale anhielt, legte er den Grundstock für die später von der Seewarte erstellten Segelhandbücher. Mit Reichsgesetz vom 9. Januar 1875 wurde das Institut in die Deutsche Seewarte umgewandelt.

Unter ihrem Leiter Georg von Neumayer macht sie sich besonders die Sturmwarnung zur Sicherheit der Schiffahrt und Küsten zur Aufgabe (→ 16. 2. 1876/S. 282).

Sie organisiert die Sturmwarnung mit Hilfe einer synoptischen Methode, bei der Meldungen von See und Land zusammengeführt werden. Erste regelmäßige Wettervorhersagen gibt die Deutsche Seewarte ab Mitte Juni 1906 heraus.

△ *Das Gebäude der Deutschen Seewarte auf dem Stintfang wird am 8. April 1945 zerstört. Ein Jahr später lösen die Alliierten das Institut auf.*

◁ *Ein Anziehungspunkt für Seeleute und Seh-Leute: Das Museum der Deutschen Seewarte auf dem Stintfang (Xylographie, 1886)*

Die »Lübschen Buden« klebten förmlich an der Jacobikirche (nach einem Foto, das Ende der 70er Jahre von der Mohlenhofstraße aus aufgenommen wurde).

»Lübsche Buden« an der Jacobikirche müssen dem Verkehr weichen

1881. *Nach rund 200 Jahren müssen die »Lübschen Buden« vor der Kirche St. Jacobi der Verbreiterung der Steinstraße weichen. Die acht kleinen Geschäfte wurden seinerzeit auf dem Boden des alten Jacobi-Kirchhofes erbaut.*

*Obwohl die Läden nur 2,50 m tief waren, herrschte hier vor allem an Markttagen ein lebhaftes Treiben. Besonders beliebt waren die Kramwarenhäuschen bei den Fuhrleu-*ten, *die hier ihre Einkäufe tätigten. Die »Lübschen Buden« erstreckten sich entlang der Steinstraße vor der Jacobikirche zwischen dem Jacobi-Kirchhof und dem Pferdemarkt. Die Kirche war durch die Buden fast von der Steinstraße abgeschnitten, nur am Ostende der Ladenreihe blieb ein Eingang zum Kirchhof frei. Der Name »Lübsche Buden« rührt von einer Lübecker Herberge her, die einst hier stand.*

Gänsemarkt würdig für sitzenden Lessing

8. September 1881. Das von Fritz Schaper geschaffene Lessing-Denkmal auf dem Gänsemarkt wird 100 Jahre nach dem Tod des Schriftstellers und Literaturkritikers enthüllt. An der Stelle des früheren Comödienhauses (→ 22. 4. 1767/ S. 160) ist für die Erinnerung an den Dichter ein würdiger Ort gefunden worden. Die Plastik steht auf einem der belebtesten Plätze der Stadt, wo sie sich zu einem beliebten Treffpunkt entwickelt.

Die Initiative zur Lessing-Ehrung ging vom Verein für Kunst und Wissenschaft aus. Er forderte, nachdem der Senat den Standort gebilligt hatte, eine Reihe prominenter Bildhauer auf, Vorschläge einzureichen.

Die Entscheidung für Schapers Entwurf löst vor allem deshalb Kritik aus, weil ein sitzender Lessing vielen als ungehörig gilt.

Gotthold Ephraim Lessing (1729 bis 1781) arbeitete zwischen 1767 und 1769 am Hamburgischen Nationaltheater. In dieser Zeit verfaßte er auch die »Hamburgische Dramaturgie«, die eine Sammlung von Theaterkritiken und eine wegweisende Dramentheorie umfaßt.

Arbeiterturner gegen Kaisers Geburtstag

21. September 1881. Die Wandsbeker Turnerschaft von 1881 trifft sich vier Tage nach ihrer Gründung erstmals im Lokal C. W. Dosse in der Litzowstraße.

Bis 1880 gehörten die sechs Gründungsmitglieder von Wandsbek 81 dem Wandsbeker Männer-Turnverein von 1872 an. Gemeinsam mit neun anderen Sportlern verließen sie den Klub, da sie weder an den Feiern zum Kaiser-Geburtstag noch an den Festlichkeiten am Sedan-Tag teilnehmen wollten.

Als Turnraum dient zunächst der Tanzsaal in der Gaststätte Dosse, ab 1885 jener des Lokals Hartmann an der Ecke Litzowstraße/Bleicherstraße. Weil es keine überregionale Arbeitersportbewegung gibt, schließt sich der auf 26 aktive Mitglieder angewachsene Verein 1882 der Deutschen Turnerschaft an. Am 21. Mai 1893 gehört Wandsbek 81 in Gera zu den Mitbegründern des Arbeiter-Turnerbundes.

1882

1. 1. Die Unterelbe gehört auf Verfügung der preußischen Regierung zum Gebiet des Zollvereins. Der Hamburger Seeverkehr kann unter Hissung der Zollflagge frei passieren.

22. 3. In der Bundesstraße eröffnet ein Asyl für obdachlose Frauen und Kinder.

28. 3. Der Apotheker Paul C. Beiersdorf erhält ein Patent für die Herstellung seiner Gesundheitspflaster. → S. 293

31. 5. Die Altonaer Ringbahn geht in Betrieb.

23. 6. Hamburg erläßt ein Baupolizeigesetz, das die gröbsten Auswüchse der Bodenspekulation beseitigen und dem Bau minderwertiger Arbeiterwohnungen Einhalt gebieten soll.

6. 7. Der Sitzungssaal der Hamburger Bürgerschaft wird erstmals elektrisch beleuchtet (→ 8. 12. 1882/S. 294).

10.–13. 8. Rund 7000 Teilnehmer kommen zum dritten deutschen Sängerbundesfest nach Hamburg.

25. 9. Das Strafjustizgebäude vor dem Holstentor ist fertiggestellt. → S. 294

1. 10. Die Kirche St. Johannis in Harvestehude wird eingeweiht.

1. 10. In Hamburg gründen Zigarrenarbeiter einen Fachverein, der die Lage der Beschäftigten in diesem Berufszweig verbessern und die Heimarbeit abschaffen will.

3. 11. Die Firma E. B. Lattorf wird als Antiquitätengeschäft ins Hamburger Handelsregister eingetragen. Ab 1895/98 verkauft sie Kristall- und Porzellanwaren.

8. 12. Der Rathausmarkt erstrahlt erstmals in elektrischem Licht. → S. 294

16. 12. Das Hotel »Hamburger Hof« eröffnet. → S. 293

1882. Der Hamburger Reeder Adolph Woermann richtet nach Abschluß eines Briefbeförderungsvertrages mit der Deutschen Reichspost eine Dampferlinie nach Westafrika ein. Alle sechs, später alle vier Wochen fährt ein Woermann-Dampfer von Hamburg aus bis Südwestafrika.

GEBOREN:

2. 4. Hamburg: Lorenz Hagenbeck († 26. 2. 1956, Hamburg), Zirkusdirektor.

26. 8. Hamburg: James Franck († 21. 5. 1964, Göttingen), Physiker.

2. 9. Hamburg: Eduard F. Pulvermann († 9. 4. 1944, Hamburg), Kaufmann und Pferdesportler.

7. 10. Hamburg: Julius Adolf Petersen († 21. 11. 1933, Hamburg), Ein- und Ausbrecher.

Prächtig ausstaffierte Damen, elegant gekleidete Herren und Vierländer Blumenfrauen bevölkern den Jungfernstieg.

Hamburgs Damenwelt lockt die Herren zum Jungfernstieg-Bummel

Zwischen 13 und 16 Uhr ist der Jungfernstieg fest in der Hand von Hamburgs feiner Damenwelt. Wichtiger noch als frische Luft und Einkaufsbummel: Hier kann man sehen und gesehen werden. Nach Börsenschluß gegen 14.30 Uhr füllt sich die Flaniermeile zusätzlich mit Kaufleuten jeden Alters, die hier die heimliche Dame ihres Herzens treffen oder die vielen Schönheiten bewundern wollen.

Die »Neue Illustrirte Zeitung« nennt 1882 den Jungfernstieg »die zweite große Börse Hamburgs, wo die feine Welt sich in den Nachmittagsstunden dem Austausch gegenseitiger Complimente hingibt«. Auch der Dichter Detlev von Liliencron kommt über den Kai ins Schwärmen: »Wie war es schön, wie lind die Juniluft. Zuweilen zieht ein Parmaveilchenduft Von dir wie eine Welle über mich.«

Erfolg für Patent-Pflaster

28. März 1882. Paul C. Beiersdorf erhält ein Patent für die »Herstellung von gestrichenen Pflastern« und begründet damit das Pharmazie-Unternehmen Beiersdorf.

Seit 1880 betreibt Beiersdorf mit wenig Erfolg eine Apotheke nahe der Kirche St. Michaelis. Mehr Glück hat er mit seinem Laboratorium: Gemeinsam mit dem Hautarzt Paul Gerson Unna entwickelt Beiersdorf ein Pflaster, bei dem Mull mit einer kautschukähnlichen Lösung (Guttapercha) bestrichen wird. Es paßt sich der Hautoberfläche an und ist undurchlässig für die Hautfeuchtigkeit, was die Wirksamkeit der verabreichten Arznei erhöht. Im Sommer 1883 verkauft Beiersdorf die Apotheke und eröffnet in Altona ein Laboratorium zur Pflaster-Herstellung.

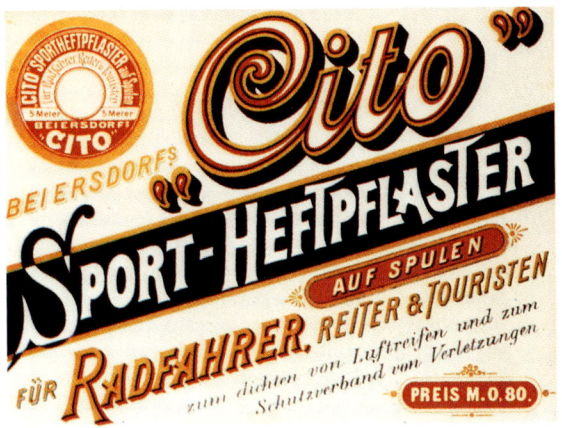

Ein Werbezettel für das »Cito« Sport-Heftpflaster aus dem Jahr 1898; Firmengründer Paul C. Beiersdorf setzt seinem Leben zwei Jahre vorher durch Einnahme von Gift ein Ende, als er sein Vermögen an Bauspekulanten verliert. Die Firma führt Oskar Troplowitz weiter.

Hamburgs neues Luxushotel: Der Hamburger Hof

Neues Luxushotel

16. Dezember 1882. *An Stelle des abgerissenen »Sillem's Bazar« (→ 1843/S. 222) eröffnet am Jungfernstieg das Luxushotel »Hamburger Hof«. Die Nobelherberge ist ein Werk der renommierten Architekten Bernhard Georg Hanssen und Emil Meerwein.*

Geschönte Historie auf nicht weniger als 50 m² Leinwand: Hans Makarts Ölgemälde »Der Einzug Kaiser Karls V. in Antwerpen« erfreut jetzt die Hamburger (Ausschnitt).

Prämierte künstlerische Freiheit – Kolossalgemälde mit halbnackten Schönheiten bei Kaiser Karl

1882. *Ein historisches Gemälde von gewaltigen Ausmaßen bildet den neuen Anziehungspunkt der Kunsthalle am Ferdinandstor. Diese präsentiert der staunenden Öffentlichkeit auf annähernd 50 m² den in Öl gemalten »Einzug Kaiser Karls V. in Antwerpen«. Der Wiener Historienmaler Hans Makart ist dafür – dies gab wohl den Anstoß zu der Erwerbung – auf der Pariser Weltausstellung 1879 mit einer Ehrenmedaille ausgezeichnet worden.*

Inspiriert wurde Makart zu seinem 1878 vollendeten Kolossalgemälde durch eine knappe Bemerkung Albrecht Dürers, der im September 1520 den Einzug des Kaisers in das niederländische Antwerpen miterlebt hatte. In seinem Tagebuch vermerkt Dürer die Anwesenheit einer Gruppe fast unbekleideter Ehrenjungfrauen, die allerdings – weil abseits auf einem Podest plaziert – vom Kaiser kaum bemerkt worden sein dürften.

Um solche Details kümmert sich Makart ebensowenig wie um eine einheitliche Kostümgestaltung; bei ihm wechseln Elemente aus Renaissance und Gründerzeit. Die halbnackten Schönheiten rücken in die Mitte des Geschehens, allen voran als hübsche Blumenstreuerin Makarts bevorzugtes Modell. Auch andere stadtbekannte Persönlichkeiten aus der Donaumetropole sind für Zeitgenossen unschwer zu erkennen, was in Wien für einen mittleren Skandal sorgte.

Steinernes Zeugnis der staatlichen Autorität: Das Strafjustizgebäude auf dem Platz vor dem Holstentor, das ebenso wie die anderen Bauten des späteren Justizforums durch die Neuordnung des Rechtswesens im Reich nötig wird

Repräsentativer Rahmen für Strafprozeß

25. September 1882. Das von Hochbaudirektor Carl Johann Christian Zimmermann gestaltete Strafjustizgebäude am Holstentor (heute Sievekingplatz) wird eingeweiht.

Es umfaßt einen Mitteltrakt und zwei Seitenflügel. Die helle Sandstein-Fassade mit den an Renaissance-Vorbildern orientierten Gliederungen zeugt vom Bemühen um repräsentative Staatsarchitektur.

Das Strafjustizgebäude beherbergt die Strafkammern des Land- und Amtsgerichts sowie die Staatsanwaltschaft. Unmittelbar hinter dem Haus liegt auch das Untersuchungsgefängnis. Oberlandesgerichtspräsident Ernst Friedrich Sieveking fordert jetzt, den Platz zu einem »Justizforum« auszubauen (→ 1912/S. 379). Der Senat zögert, diesem Plan zuzustimmen, weil die Kosten für ein Ziviljustizgebäude auf vier Mio. Goldmark geschätzt werden. Doch Sieveking läßt sich nicht mit Alternativen abspeisen, denn – so erklärt er am 10. April 1887 – die »Majestät des Gesetzes ist dieselbe für die Civil- wie für die Strafjustiz«.

Die Reichsjustizreform vom 1. Oktober 1879 ersetzte die bisherigen Gerichte – Ober-, Nieder- und Handelsgericht – durch das Hanseatische Oberlandesgericht (zunächst in der Dammtorstraße 10), das Landgericht (im Rathaus an der Admiralitätsstraße) und die Amtsgerichte Hamburg (Dammtorstraße 10 und Neuer Wall 77), Ritzebüttel (Cuxhaven) und Bergedorf (Schloß). Das Oberappellationsgericht (→ 13. 11. 1820/S. 195) wurde aufgelöst, die wertvolle Bibliothek kam nach Hamburg.

Bürgerschaft mit mehr »Durchblick«

8. Dezember 1882. Zwischen 16.30 Uhr und 23 Uhr beleuchten erstmals 16 elektrische Lampen den Rathausmarkt.

Zum Leidwesen der Hamburger hat sich die Inbetriebnahme verzögert, so daß Nürnberg und Berlin früher zu elektrischer Straßenbeleuchtung gekommen sind. So bleibt den Hamburgern nur der Trost, daß ihre Stadt die erste in Deutschland war, welche die Anwendung des elektrischen Lichts zu öffentlichen Zwecken beschloß. Den Strom liefert ein Generator, der allerdings nicht ganz zuverlässig ist und einige Tage später mit einem großen Knall vorübergehend ausfällt. Störend wirkt auch der enorme Lärm, den die Maschine macht.

Die Abgeordneten der Bürgerschaft tagten bereits am 6. Juli erstmals unter elektrischer Beleuchtung. Vier von der Firma Schuckert installierte Lampen aus Milchglas erhellten den Sitzungssaal. Befriedigt stellt das »Hamburger Fremdenblatt« am folgenden Tag fest: »Man konnte bei gutem Auge die Mitglieder und Gäste des Hauses deutlich erkennen, was früher nicht der Fall war.«

1883

6. 1. Der Tenor Heinrich Bötel tritt erstmals im Stadt-Theater auf. Der ehemalige Droschkenkutscher mit der Naturstimme verkörpert den Lionel in Friedrich von Flotows komischer Oper »Martha«.

19. 1. Bei der Kollision des Hapag-Dampfers »Cimbria« mit der britischen »Sultan« vor der ostfriesischen Küste ertrinken 456 Menschen. → S. 295

21. 5. Durch ein hamburgisches Gesetz wird das 1613 begründete Akademische Gymnasium aufgelöst. → S. 295

25. 5. In Hamm gründet sich der »Wohlthätige Schulverein«, um bedürftige Kinder der Unterschichten mit Essen und Kleidung zu versorgen.

21. 6. Die 1881 gegründete Elbschloß-Brauerei nimmt den Betrieb auf. → S. 295

29. 6. Bei der Nachwahl im ersten Hamburger Reichstagswahlkreis siegt August Bebel mit 11 711 Stimmen über den Kandidaten der Fortschrittlichen Partei (11 608 Stimmen), so daß Hamburg erstmals mit zwei Sozialdemokraten im Reichsparlament vertreten ist.

3. 7. In Hamburg findet die Internationale Landwirtschaftliche Tierausstellung statt. In deren Rahmen bildet sich Mitte Juli eine Vereinigung landwirtschaftlicher Genossenschaften.

6. 7. Im Auftrag des Auswärtigen Amtes legt die Hamburger Handelskammer ein Gutachten vor, das die Auswirkungen des französisch-britischen Vertrages über Einflußsphären in Westafrika auf den deutschen Handel untersucht, und regt darin eine aktive Kolonialpolitik an (→ 14. 7. 1884/S. 296).

16. 7. Im Rahmen des ersten deutschen »Kriegerfestes« findet in Hamburg ein großer Umzug statt. → S. 295

1. 10. In Ohlsdorf wird der Jüdische Friedhof geweiht. Diese Neuanlage ersetzt den inzwischen geschlossenen, seit 1713 bestehenden Begräbnisplatz an der Ecke Rentzelstraße/Verbindungsbahn.

24. 10. Das Reventlow-Stift in Altona in der heutigen Bernstorffstraße wird eingeweiht. Das nach Plänen des Architekten Albert Winkler entstandene Bauensemble umfaßt u. a. sieben Häuser, ein Pastorat und eine Kapelle.

1. 11. Das Sophien-Stift in Altona wird eröffnet.

1. 12. Mit zunächst 24 Teilnehmern beginnt in Harburg der Fernsprechdienst (→ 16. 4. 1881/ S. 291).

2. 12. Die Eisenbahn zwischen Blankenese und Wedel verkehrt erstmals.

Interessen vernebeln Unglücksursachen

19. Januar 1883. Kurz nach ein Uhr morgens kollidiert der Hapag-Dampfer »Cimbria« zwischen Borkum und Norderney mit dem britischen Dampfer »Sultan«. 456 Menschen ertrinken im eisigen Wasser. Wie ein Rammbock bohrt sich der Klüverbaum der »Sultan« in die Backbordseite der »Cimbria«. In dem dichten Nebel haben die Matrosen des Hapag-Dampfers die Lichter des Briten zu spät gesehen. Schnell strömt Wasser in das Schiff ein, die »Cimbria« legt sich auf die Seite und kentert. Es dauert lange, bis Hilfe kommt. Die bremische Bark »Diamant« rettet 17 Personen, das britische Vollschiff »Theta« nimmt 37 Schiffbrüchige auf.

Als elf Monate nach dem Untergang das Hamburger Seeamt zusammentritt, sind weder Senat noch Hapag daran interessiert, die wahren Ursachen der Katastrophe zu ermitteln: Berichte über Sicherheitsmängel könnten den Auswandererstrom über Hamburg zum Stocken bringen. So bleibt offen, ob die 1867 gebaute »Cimbria« über wasserdichte Schotten verfügte. Ebensowenig kommt zur Sprache, daß zuwenig Rettungsboote an Bord waren und das Schiff im dichten Nebel viel zu schnell fuhr.

Elbschloß-Werbung; der Name geht auf eine nahegelegene Villa zurück.

Elbschloß mundet so wie Kulmbacher

21. Juni 1883. Mit einem Sonderzug fahren viele Gäste aus Altona und Hamburg nach Nienstedten. Hier kredenzt ihnen Johannes Blab, technischer Leiter der Elbschloß-Brauerei, erstmals ein tiefdunkles Bier. Es schmeckt wie das berühmte Kulmbacher und macht das Brauhaus weithin bekannt.

Die Elbschloß-Brauerei ist am 21. November 1881 mit einem Aktienkapital von 1,5 Mio. Mark gegründet worden. Schon im ersten Jahr verkauft sie 62 000 Hektoliter.

Vorlesung verdrängt Akademische Anstalt

21. Mai 1883. Hamburg löst per Gesetz das Akademische Gymnasium (→ 12. 8. 1613/S. 111) auf. An seine Stelle tritt die verstärkte Förderung der wissenschaftlichen Einrichtungen und das Allgemeine Vorlesungswesen.

Unter Leitung der Oberschulbehörde sind die Direktoren der wissenschaftlichen Anstalten mit Ausnahme des Direktors der Stadtbibliothek fortan verpflichtet, zur »Weiterbildung und Verbreitung der Wissenschaft« regelmäßig Vorlesungen abzuhalten. Dieses Bildungsangebot wird ergänzt durch Gastvorträge Hamburger und auswärtiger Wissenschaftler.

Die besondere Förderung des für die höhere Bildung zuständigen Senatsmitgliedes Gustav Heinrich Kirchenpauer gilt dem Ausbau der Wissenschaftlichen Anstalten: Neben das Chemische Staatslaboratorium tritt ein gleichwertiges Institut für Physik, das aus einem Physikalischen Kabinett hervorgegangen ist. Die Arbeit des Botanischen Gartens wird 1883 durch ein Botanisches Museum ergänzt, das mit einem Laboratorium für Warenkunde verbunden ist. Als neue Einrichtung entsteht ein Naturhistorisches Museum am Steintorwall.

Krieger feiern in der Moorweidenhalle

16. Juli 1883. Aus Anlaß des »1. Allgemeinen deutschen Kriegerfestes« veranstaltet Hamburg einen großen Festzug. Zentrum dieser wie mehrerer vorangegangener Feierlichkeiten ist die festlich geschmückte Veranstaltungshalle auf der Moorweide.

Im Mittelpunkt des Zuges stehen die einzelnen Kriegerverbände, die etliche Festwagen mit sich führen. Gezeigt werden allegorische Gestalten und Szenen wie die »Hammonia« mit den fünf Weltteilen, die »Wacht am Rhein« und die »Germania« mit Harnisch und Schwert. Zu bestaunen sind außerdem Darstellungen des einstigen und derzeitigen Soldatenlebens.

Die Festhalle auf der Moorweide bot bereits einen würdigen Rahmen für das 3. deutsche Sängerbundesfest im August 1882, zu dem mehr als 7000 Sangesfreunde in die Hansestadt angereist waren. Die

Die Moorweidenhalle wird 1885 durch ein Feuer zerstört (Lithographie).

Ausstellungshalle ist am 14. September 1881 eingeweiht worden. Ihre kreuzförmige Glas-Eisenkonstruktion stammt von der Pariser Weltausstellung des Jahres 1878 und wurde auf der Moorweide mit einem Kostenaufwand von etwa 300 000 Mark neu errichtet. Die Glaskuppel des Mittelbaus umfaßt eine Fläche von 36 m².

1884

26. 1. Das Rote Kreuz richtet in Hamburg eine Nebenstelle ein. Als Untergliederungen entstehen Abteilungen in Bergedorf (18. 5. 1896), Moorburg (17. 8. 1898), Cuxhaven (März 1903) und Geesthacht (30. 4. 1911).

1. 3. Die Königlich Preußische Eisenbahn-Direktion Altona nimmt ihre Arbeit auf. Ihr Verantwortungsbereich umfaßt Schleswig-Holstein und Teile von Niedersachsen.

29. 3. Die Aktionäre der Berlin-Hamburger Eisenbahn beschließen den Verkauf der Bahn an den preußischen Staat.

20. 4. Die Israelitische Mädchenschule in der Karolinenstraße wird eingeweiht.

4. 5. Am Laufgraben im Stadtteil Rotherbaum eröffnet das Paulinenstift, ein israelitisches Waisenhaus für Mädchen.

13. 5. Ein Hamburger Konsortium kauft die zwischenzeitlich in britischen Besitz gelangten Aktien der Deutschen Handels- und Plantagengesellschaft der Südseeinseln auf (→ 1. 12. 1879/ S. 288).

15. 5. In Altona eröffnet der neue Fischmarkt.

15. 6. August Wilhelm Daniel Schümann gründet seinen Austernkeller. → S. 296

14. 7. Kamerun wird deutsches »Schutzgebiet«. Hier sind Adolph Woermann und andere Hamburger Kaufleute mit Faktoreien vertreten. → S. 296

7. 9. Die Bahnstrecke Altona – Kaltenkirchen ist fertig.

20. 9. Die St. Gertrudenkirche in Hohenfelde wird eingeweiht.

25. 9. In einem Gespräch mit Reichskanzler Otto von Bismarck lehnt Adolph Woermann eine finanzielle Beteiligung der Kaufmannschaft an der Kolonialverwaltung in Westafrika ab.

15. 10. In Hamburg konstituiert sich ein Syndikat für Westafrika, an dem sich deutsche Firmen beteiligen, die im Golf von Guinea Handelsfreiheiten und Niederlassungen besitzen. Die Interessenvereinigung bricht Ende 1886 aufgrund der Konkurrenz zwischen Woermann und Jantzen & Thormählen auseinander.

28. 10. Bei den Reichstagswahlen behaupten die Sozialdemokraten die beiden ersten Hamburger Wahlkreise, der dritte fällt an den nationalliberalen Kaufmann Adolph Woermann.

1884. Zur baulichen Erschließung Eppendorfs wird der Isebek-Kanal verlängert. → S. 296

GESTORBEN:

28. 5. Hamburg: Günther Gensler (* 28. 2. 1803, Hamburg), Zeichner.

Woermann wittert Westafrika-Geschäft

14. Juli 1884. Auf Initiative von Adolph Woermann weht in Kamerun nach Abschluß von Schutzverträgen mit den dort ansässigen Häuptlingen die Flagge des Deutschen Reiches.

Zuvor waren Südwestafrika (24. 4.) und Togo (5. 7.) zu deutschen »Schutzgebieten« erklärt worden. Damit ist das Reich unter Ausnutzung der britisch-französischen Kolonialstreitigkeiten doch noch in Afrika aktiv geworden, obwohl Reichskanzler Otto von Bismarck es lieber gesehen hätte, wenn die interessierten Kaufleute unter dem Schutz des Reiches diese Gebiete selbst verwaltet hätten. Doch dies lehnt Woermann ebenso ab wie der Hamburger Senat.

1868 eröffnete Woermann an der Mündung des Kamerunflusses eine Faktorei; 1875 folgte ihm mit Jantzen & Thormählen ein zweites Hamburger Handelshaus. Bei der Mehrzahl der Kaufleute ist von Kolonialbegeisterung wenig zu spüren. Woermann selbst nahm maßgeblichen Einfluß auf die zustimmende Handelskammer-Denkschrift vom 6. Juli 1883. Darin wurde zur Sicherung des deutschen Einflusses u. a. angeregt: »7. Begründung einer Flottenstation (Fernando Po). 8. Erwerb eines Küstenstrichs in West-Afrika zur Gründung einer Handelskolonie.«

Karte von Afrika auf einem Werbeplakat der in Personalunion bereederten Woermann-Linie (1882) und der 1890 gegründeten Deutschen Ost-Afrika-Linie

Schümanns Austernkeller

15. Juni 1884. Der aus dem Oldenburgischen nach Hamburg gezogene August Wilhelm Daniel Schümann eröffnet in Streit's Hotel am Jungfernstieg 36 das Restaurant »W. Schümanns Austernkeller«.

Als Lehrling bei »Cölln« an den Brodschrangen hatte Schümann nicht nur den Handel mit edlen Meerestieren wie Austern und Hummern kennengelernt, sondern auch deren schmackhafte Zubereitung. Mit seinem Lehrherrn war er bis an die Wolga gefahren, um den Kaviar vor Ort einzukaufen.

Im Austernkeller setzt Schümann neben gastronomischen Ideen seine Vorlieben für eine geschmackvolle, gelegentlich etwas skurrile Inneneinrichtung in die Tat um. Das besondere Flair des Schümannschen Restaurants bleibt auch nach dem Umzug des Austernkellers am 10. Dezember 1903 in das Erdgeschoß des Nachbarhauses Jungfernstieg 34 erhalten.

Ein Domizil für Feinschmecker: Eingang von Schümanns Austernkeller

Kanal-Verlängerung erschließt Eppendorf

1884. Zur Erschließung neuen Baulands in Eppendorf wird der Isebek-Kanal verlängert. Das Flüßchen Isebek war bis 1873 von der Alster bis zum Eppendorfer Baum kanalisiert worden. Der verlängerte Kanal reicht bis zum Weidenstieg.

Der am 13. Dezember 1882 von der Bürgerschaft gebilligte Kanalbau soll die Siele und Notauslässe der Kanalisation von Eimsbüttel aufnehmen. Der Staat übernimmt die Verlängerung Klosterallee bis zum Lehmweg und die Aushebung des Kanals in einer Breite von 22,93 m unter Einschluß von zwei Holzbrücken von 10 m Breite.

Am Kanalbau ist das sog. Klosterland-Consortium beteiligt. Es hat aus dem Nachlaß des ehemaligen St. Johannisklosters umfangreiche Grundstücke erworben.

1885

7. 3. Die Hamburger Freihafen-Lagerhaus-Gesellschaft nimmt die Arbeit auf. → S. 297

15. 3. Die Friedenskirche in Eilbek ist fertiggestellt.

28. 3. Die Kirche St. Gertrud in Barmbek wird eingeweiht.

3. 4. In Abgrenzung zu bürgerlichen Turnvereinen gründen Anhänger der Sozialdemokraten den Allgemeinen Turnverein Bergedorf. → S. 297

April. Mit zunächst zwölf Sprechstellen beginnt in Bergedorf der Telefonverkehr.

15. 5. Ein Feuer zerstört die Ausstellungshalle auf der Moorweide (→ 16. 7. 1883/S. 295).

27. 5. Der Neubau des Wilhelm-Gymnasiums an der Moorweide (Kern der heutigen Staatsbibliothek) ist bezugsfertig.

24. 6. Vor dem Johanneum am Speersort wird das von Engelbert Peiffer gestaltete Denkmal für den Reformator Johannes Bugenhagen (→ 1529/S. 82) enthüllt.

Anfang Juli. In Hamburg erscheint der zweite Band von Karl Marx' »Kapital«.

8. 7. Schuhmachermeister Heinrich Adolph Berkemann gründet eine Firma in Hamburg. → S. 297

10. 7. Die Radfahrbahn auf dem Grindelberg wird eröffnet.

13. 8. In Lokstedt bildet sich eine Freiwillige Feuerwehr. Weitere Gründungen folgen in Stellingen (1. 10. 1885), Eidelstedt (10. 3. 1887), Schnelsen (3. 8. 1889) und Niendorf (21. 9. 1889).

20. 8. Das Lokalstück »Familie Eggers oder Eine Hamburger Fischfrau« hat im Varieté-Theater (heute St. Pauli-Theater) Premiere. → S. 298

2. 9. Als Don Cesar in der Komödie »Donna Diana« debütiert Albert Bozenhard am Thalia Theater. Er bleibt bis 1930 Mitglied dieses Ensembles.

6. 10. Das Freimaurer-Krankenhaus beim Kleinen Schäferkamp (später Elisabeth-Krankenhaus) wird eröffnet.

24. 11. In Hamburg schließen sich Arbeiterinnen zu einem Verein zusammen. Dem Verband, der am 29. Januar 1886 erstmals öffentlich tagt, treten innerhalb kurzer Zeit 200 Frauen bei.

GEBOREN:

1. 3. Lübeck: Jürgen Fehling (†14. 6. 1968, Hamburg), Regisseur.

22. 11. Altona: Carl Günther († 9. 9. 1958, Hamburg), Kammersänger.

GESTORBEN:

10. 2. Hamburg: Johann Cesar Godeffroy (* 1. 7. 1813, Kiel), Kaufmann und Reeder.

Investitionen für schnellen Hafenumschlag: Lagerhäuser am Sandtorkai (l.); in der Mitte die Polizeiwache Nr. 6 und die Brooktor-Drehbrücke

Städtisches Gelände und Bankengeld Grundpfeiler für Speicherstadtbau

7. März 1885. *Die Norddeutsche Bank gründet auf Wunsch des Senats die Hamburger Freihafen-Lagerhaus-Gesellschaft (HFLG). Sie hat den Auftrag, für 626 Speicher und 650 zusätzliche Lagerräume mit einer Gesamtfläche von 200 885 m² im zollfreien Stadtgebiet zu sorgen, wenn Hamburg dem Zollverein beitritt (→ 29. 10. 1888/S. 306).*
Die HFLG soll die citynahe Speicherstadt (→ S. 304) bauen, teils betreiben und teils vermieten. In diese Aktiengesellschaft bringt die Stadt Hamburg 30 000 m² Grundbesitz im Kehrwieder-Wandrahm-Viertel als Baugrund für die Speicher ein, die als Sacheinlage in Höhe von 15 Mio. Mark bewertet werden. Die Stadt verpflichtet sich, das ursprünglich dichtbesiedelte Gelände baufertig zu überge-ben, damit die Speicherhäuser dort ohne Zeitverzug entstehen können. Pünktlich zum Zollanschluß Hamburgs an das übrige Gebiet des Deutschen Reiches ist die erste Hälfte der Speicherstadt als Herzstück des 10 km² großen Freihafens für die mittel- bis langfristige zollunabhängige Zwischenlagerung von Importgütern fertiggestellt.
Die Norddeutsche Bank stellt das Barkapital der HFLG in Höhe von 9 Mio. Mark zur Verfügung. Anstelle einer Pacht ist die Stadt mit einer Dividende von zunächst 3,5% am Gewinn aus den Mieteinnahmen beteiligt, der in einen »Ankaufsfonds« eingeht. Mit diesem Geld erwirbt die Stadt bis zum Jahr 1928 sämtliche Anteile an der für die Hafenentwicklung wichtigen Freihafen-Lagerhaus-Gesellschaft.

Die erste Turnstätte des ATV Bergedorf im Gasthof »St. Petersburg« 1885/86

Sportvereine in Bergedorf

3. April 1885. Anhänger der Sozialdemokratie rufen den Allgemeinen Turnverein Bergedorf ins Leben. Er wird nach der Zwangsauflösung 1933 im Jahr 1946 als Allgemeiner Sportverein Bergedorf-Lohbrügge von 1885 wiedergegründet.
Weil dem aus Arbeitern und Handwerkern bestehenden Verein der Zugang zu öffentlichen Räumen verwehrt wird, dient der Saal des Vereinslokals »St. Petersburg« als Turnhalle. Innerhalb eines Jahres wächst der Verein auf mehr als 120 Mitglieder und siedelt in die Eisenbahnhalle (später Hitschlers Gesellschaftshaus, Neuer Weg) über.
Stolz weiht der ATV Bergedorf am 10. März 1889 seine erste Fahne und tritt 1893 dem neugegründeten Arbeiter-Turnerbund bei.
In Bergedorf gibt es bereits zwei »bürgerliche« Sportvereine: Den 1860 entstandenen Männerturnverein und die Turnerschaft von 1880. Sie fusionieren 1921 zur Bergedorfer Turnerschaft von 1860 und bilden ab 1965 mit dem Verein Spiel und Sport Bergedorf von 1902 die TSG Bergedorf von 1860.

Gesünderes Gehen mit Schuheinlagen

8. Juli 1885. Der aus dem Lippischen stammende Schuhmachermeister Heinrich Adolph Berkemann läßt sich von der Hamburger Polizeibehörde einen Gewerbe-Anmeldeschein ausstellen. Er eröffnet eine Werkstatt, die in Harvestehude und Umgebung rasch zahlreiche Kunden findet.
Überregional bekannt wird die mittlerweile in die Nähe des Jungfernstiegs umgezogene Firma Berkemann erst im Jahr 1903. Auf der Schuhmacher-Fachausstellung im Schul- und Museumsgebäude vor dem Steintor stellt sie erstmals ihre Fußstützen vor.
Berkemanns erste Schuheinlagen sind relativ simpel aufgebaut: Unter eine Lederdecke wird die mit eingeschweißter Seitenstütze versehene Gelenkfeder genietet. Der ersten einfachen Fußstütze folgt ein ganzes System von Einlagen für die verschiedensten Fußschäden. 1955 macht Berkemann erneut mit einer Innovation von sich reden: Die Gymnastiksandalen – auch »Klapperlatschen« genannt – erobern den Markt.

Die 1895 in Ernst-Drucker-Theater umbenannte Bühne am Spielbudenplatz

»Thetje mit de Utsichten«

20. August 1885. Mit großem Erfolg feiert das Lokalstück »Familie Eggers oder Eine Hamburger Fischfrau« im Varieté-Theater (heute St. Pauli-Theater) Premiere. Autor ist der Polizist Julius Schöllermann von der Davidswache. Besonders populär wird die Hauptfigur des Stücks, der Gelegenheitsarbeiter Theodor Eggers. »Thetje« Eggers hat eigentlich nie Arbeit, sondern ist immer auf der Suche. Wird er gefragt, antwortet er unter dem Jubel der Zuschauer: »Nee, Arbeit nich – ober Utsichten.«

Als Antwort auf Leute, die allzusehr aufschneiden, wird diese Redewendung populär: »Jä, jederein kann ja auch nich so nobel sein und in die Springeltwiete wohnen!« Jeder weiß, daß dort wirklich nur die hausen, die anderswo keine Wohnung bezahlen können.

»Familie Eggers« ist das erste Lokalstück im Varieté-Theater, das einen großen Serienerfolg erreicht: Bis 1889 geht es 423mal über die Bühne. Seit dem 13. April 1884 leitet Hermann Heinrich Theodor Horn, vormals Chefredakteur des »Hamburgischen Correspondenten«, das Theater am Spielbudenplatz. Der Besitzer des Hauses, Ernst Drucker, hat es ihm verpachtet. Horn verdankt es der »Familie Eggers«, daß sein Theater nicht in Konkurs geht, denn sein gemischtes Programm hatte bei den Besuchern wenig Anklang gefunden.

Theaterzettel der ersten Aufführung von »Familie Eggers«, dem Überraschungserfolg in fünf Akten

Ernst Drucker, Besitzer des Theatergebäudes neben der Davidswache (vormals »Urania«; → *24. 5. 1841/S. 210)*

1. 1. Die bisher privatwirtschaftlich betriebene Stadtreinigung Hamburgs geht in staatliche Regie über. → S. 299

1. 1. Auf dem Heiligengeistfeld an der Feldstraße eröffnet eine Kunsteisbahn.

21. 1. Die Christuskirche an der Fruchtallee wird eingeweiht. → S. 299

20. 4. Die Zuschüttung des Fleets am Rödingsmarkt beginnt. → S. 299

1. 5. Der Dovenhof, Hamburgs erstes Kontorhaus, wird eröffnet. → S. 300

6. 5. An der Südseite des Rathausmarktes wird der Grundstein für das neue Hamburger Rathaus gelegt. → S. 302

1. 6. Albert Ballin wird Passageleiter der HAPAG. → S. 301

Mai. Die erste Straßenbahn mit Batteriebetrieb verbindet versuchsweise den Rathausmarkt mit Barmbek.

7. 6. Der Centralausschuß Hamburger Bürgervereine wird gegründet. Erster Präses ist Pastor Otto Schoost. Bis 1898 schließen sich 28 Vereine mit rund 7000 Mitgliedern an.

25. 7. Das erste Achterrennen um den Senatspokal gewinnt der Thames R. C. aus London. → S. 298

4. 8. In Hamburg werden acht führende Sozialdemokraten verhaftet und wegen der Verbreitung verbotener Schriften und Geheimbündelei zu Haftstrafen zwischen zwei und 13 Monaten verurteilt.

11. 8. Korea eröffnet in Hamburg sein erstes europäisches Konsulat.

13. 9. Im Wandsbeker Rathaus heiraten der Wiener Nervenarzt Sigmund Freud und die Hamburger Kaufmannstochter Martha Bernays. → S. 301

29. 9. Mehrere landeskirchliche lutherische Vereine für Innere Mission gründen ein Komitee für die kirchliche Versorgung deutscher Seeleute im Ausland.

1. 10. Alfred Lichtwark wird zum Direktor der Kunsthalle ernannt. → S. 301

18. 10. In Hamburg nimmt die Stadtbriefbeförderungsgesellschaft »Hammonia« den Betrieb auf. Sie besteht bis zum 28. März 1887. Ihr folgen zahlreiche weitere private Briefbeförderungsanstalten.

1886. Wilhelm Anton Riedemann läßt in Großbritannien die »Glückauf« bauen, den ersten Überseetanker der Welt. → S. 298

GEBOREN:

16. 4. Hamburg: Ernst Thälmann († 18. 8. 1944, Konzentrationslager Buchenwald), Politiker (KPD).

Tankschiffe ersetzen undichte Holzfässer

1886. Der Kaufmann Wilhelm Anton Riedemann läßt auf der Werft Armstrong, Mitchell & Co. in Low-Walker bei Newcastle die »Glückauf« (2300 BRT) bauen, den ersten Überseetanker der Welt. Er transportiert Leuchtpetroleum aus den USA nach Deutschland. Riedemann will durch Tankschiffe dem Schwund seiner teuren Fracht vorbeugen. Gewöhnlich sickern während einer Fahrt rund 30% des Leuchtöls durch die Dauben der üblichen Holzfässer.

Der in Meppen (Emsland) geborene Riedemann eröffnete 1863 in Geestemünde ein Agentur-, Inkasso- und Speditionsgeschäft. Er war am Bau des Hamburger Petroleumhafens (→ 1876/S. 283) beteiligt und ließ 1885 den ersten Petroleumtank Deutschlands mit einem Fassungsvermögen von 1900 m³ bauen.

Eine Erweiterung des Petroleumgeschäfts ist für Riedemann nur durch eine Übereinkunft mit den marktbeherrschenden US-Amerikanern möglich. So gründet er 1890 mit zwei deutschen Partnern und der Standard Oil Company of New York die Deutsch-Amerikanische Petroleum-Gesellschaft. Sie geht später in der Esso AG auf. Zum Betriebsvermögen gehören neben einem Grundstück in Harburg mittlerweile fünf Tankschiffe.

Pokal statt Trinkhorn für schnellste Achter

25. Juli 1886. Beim ersten Achterrennen um den Preis des Hamburger Senats siegen die Ruderer des Thames R. C. aus London in 6:45 min vor dem Berliner Ruder-Club (6:48 min). Erstmals in Deutschland starten bei dieser Ruderregatta fünf Achter gleichzeitig.

Auf Bitten des Allgemeinen Alster-Clubs und des Norddeutschen Regatta-Vereins stiftet der Senat einen Pokal für das Kräftemessen mit den sog. achtrudrigen Ausleger-Rennbooten. Der erste Verein, der ihn dreimal in Folge erringt, ist der Berliner R. C. 1914 und 1919/20.

Das erste Achterrennen in Hamburg fand am 28. August 1859 statt. Es gewann der Club Argonaut mit dem Boot »Ideal« vor zwei Konkurrenten. Das erfolgreiche Team erhielt als Siegespreis ein Trinkhorn.

Die Nachtkolonne des Hamburger Straßenreinigungsdienstes erinnert mit ihren Uniformen und ihrer demonstrativen Zucht und Ordnung an ein militärisches Kommando (Fotografie von Gustav Koppmann, 1901).

Staat übernimmt Straßenreinigung und Müllabfuhr in Eigenregie – Feldwebel haben gute Chancen

1. Januar 1886. *Die in Hamburg bisher privatwirtschaftlich betriebene Straßenreinigung und Kehrichtabfuhr wird in einen Staatsbetrieb umgewandelt. Dieser nun zur öffentlichen Verwaltung gehörende Zweig ist dem Ingenieurwesen der Baudeputation unterstellt (→ 1. 1. 1896/S. 332).*

Damit die Stadtreinigung möglichst rationell arbeiten kann, unterteilen die Verantwortlichen das Hamburger Stadtgebiet entsprechend der Stadtteilgrenzen in zwölf Aufseherabteilungen. An der Spitze der Kolonne steht ein verantwortlicher Aufseher, den nachts ein Kollege unterstützt. Für diese Posten

kommen in erster Linie ehemalige Feldwebel oder Sergeanten in Frage. Da für einen reibungslosen Reinigungsdienst Disziplin als unabdingbare Voraussetzung gilt, können für den einfachen Dienst gleichfalls nur ehemalige Soldaten eingestellt werden, die überdies noch unbescholten sein müssen.

Die Lieferung der Pferde, die zur Bespannung der Wasserwagen und Kehrmaschinen sowie zur Abfuhr des Straßenkehrichts und des Hausunrats eingesetzt werden, überläßt die sparsame Stadtverwaltung zunächst auf die Dauer von fünf Jahren versuchsweise privaten Transportunternehmern.

Christuskirche dient als Insel für die Seele

21. Januar 1886. Die Christuskirche in Eimsbüttel wird nach dreieinhalbjähriger Bauzeit eingeweiht. Das Gotteshaus aus Backstein entstand nach Plänen des Berliner Architekten Johannes Otzen. Er hatte zuvor in Altona die St. Johannis-Kirche für das Norderkirchspiel (1868–1873) und die St. Petri-Kirche für das Westerkirchspiel (1881–1883) entworfen.

In seiner Ansprache zur Übergabe des Bauwerks sagt Otzen: »Hoffen wir, daß diese Kirche in dieser Zeit, die immer geschäftiger, unruhiger wird, einem Eilande gleicht, auf dem unsere Seele sich sammeln und ausruhen kann.«

Das erste Kirchspiel in Eimsbüttel entstand am 16. September 1880, als der Vorort schon mehr als 15 000 Einwohner zählte. Wollten sie den sonntäglichen Gottesdienst besuchen, mußten sie nach Eppendorf in die Kirche St. Johannis gehen. Erster Pfarrer der Christuskirche ist Johannes Cropp. Er hatte 1882 sein Amt angetreten und predigte bis zur Fertigstellung des Gotteshauses in der alten Schule an der Osterstraße. Konfirmationen und andere Kirchenfeste feierte die Gemeinde in der Nikolaikirche.

Die Christuskirche an der Fruchtallee; über dem Haupteingang grüßt ein Christusbild; ähnlich wie bei der 1882 eingeweihten Kirche St. Johannis in Harvestehude zieren Glasmalereien die Fenster des Chores.

Rödingsmarkt vor der Zuschüttung des Fleets; in der Mitte eine Haspelwinde

Fleete haben ausgedient

20. April 1886. Arbeiter beginnen, das Fleet am Rödingsmarkt zuzuschütten. Es wird in eine Straße umgewandelt, über die später die Gleise der Hochbahn verlaufen.

Um 1875 wurde begonnen, Fleete aufzufüllen, um das Terrain für den Straßen- oder Häuserbau zu nutzen. Ihre jahrhundertelange Bedeutung für den Warenverkehr in der Alt- und Neustadt büßen die Fleete immer mehr ein.

Fleete sind alle schiffbaren, natürlich oder künstlich entstandenen Wasserarme im Bereich der Stadt. Da sie mit der Elbe in direkter Verbindung stehen, ist ihr Wasserstand vom Strom abhängig. Über Fleete wurden auf flachgängigen Ewern Waren zu den Speichern in der Stadt oder auf die Märkte gebracht. Die Speicherstadt (→ S. 304) und die Erschließung des Industrie- und Gewerbegebietes Hammerbrook verlagert den Warenumschlag von der Innenstadt weg.

Der Paternoster wird rasch fester Bestandteil Hamburger Kontorhäuser, hier im Rappolthaus/Mönckebergstraße (1912).

Geschäfte total im neuen Kontorhaus

1. Mai 1886. In der Brandstwiete eröffnet mit dem Dovenhof das erste Hamburger Kontorhaus. Hier dreht auch der erste Paternoster des europäischen Kontinents unermüdlich seine Runden.

Bauherr des Dovenhofs ist der Hamburger Kaufmann Otto Freiherr von Ohlendorff (→ 6. 2. 1875/ S. 281). Er hat Anfang 1884 für mehr als 1 Mio. Mark ein knapp 15 000 m² großes Gelände erworben, um ein Kontorhaus zu bauen.

Den Bauauftrag erhielt der Hamburger Architekt Martin Haller. Auf einem Sockel aus Bornholmer Granit erhebt sich ein aus Kottaer Sandstein erbautes, ebenso zweckmäßiges wie geschmackvolles Ge-

bäude mit einem durchgehenden Lichthof, das stilistisch der französischen Renaissance nacheifert.

Bauherr Ohlendorff hat sich den Dovenhof 1,5 Mio. Mark kosten lassen. Der Innenraum steht – abgesehen von einer Hausmeisterwohnung im Keller und zwei Restaurants – vollständig für Kontore und Warenlager zur Verfügung. Die Anlieferung von Waren erfolgt durch zwei verbundene Höfe im rückwärtigen Teil des Gebäudes.

Eine Dampfheizung, elektrische Beleuchtung sowie Warenaufzüge und Winden sorgen für einen komfortablen Geschäftsbetrieb. Die Kosten dafür werden ebenso auf die Miete umgeschlagen wie etwa die

Gebühren für die Büroreinigung. Die Miete bemißt sich je nach Lage und Ausstattung: In den unteren Geschossen zur Straße hin kostet die Nutzung der Flächen mehr, weiter oben und zu den beiden Innenhöfen hin weniger.

Der Verzicht auf tragende Wände aufgrund der Verwendung von tragenden Säulen, die bei Hafenbauten wie dem 1875 vollendeten Kaispeicher A erprobt worden ist, macht es möglich, daß die mehr als 60 Mieter des Dovenhofs ihre Geschoßflächen frei einteilen können. Der Zugang in die Büros erfolgt über die Haupttreppe an der Brandstwiete und über die freitragenden Galerien.

Blick in die freitragende Galerie der ersten Etage des Dovenhofs mit dem zentralen Lichthof (Foto, um 1886)

Während die Gestaltung des Gebäudes allgemein auf Zustimmung stößt, ist der dampfbetriebene Paternoster der Ingenieure Hennicke & Goos vielen Kritikern ein Dorn im Auge. Zwar wird erfreut registriert, daß der Aufzug so langsam fährt, daß selbst Damen und Greise ohne Bedenken zusteigen können und der Fahrstuhl jederzeit zur Verfügung steht, doch das Prinzip ist noch vielen suspekt.

Die Skeptiker erhalten neue Nahrung, als sich im Dezember 1886 ein älterer Mann beim Aussteigen durch eigenes Ungeschick ein Bein zerquetscht und wenig später einem jungen Mädchen das gleiche Ungemach widerfährt. Doch diese einzelnen Unglücksfälle können den Siegeszug des Paternosters in den Hamburger Kontorhäusern nicht aufhalten.

Der Dovenhof wirkt beispielgebend für alle später entstehenden Hamburger Kontorhäuser. Die bisher übliche Einheit von Wohnung, Kontor und Lager wird damit aufgehoben. Aufgrund der konzentrierten Lagerhaltung in der Speicherstadt (→ S. 304) benötigen die Hamburger Kaufleute nun city- und hafennahe Büroräume.

Commis bei der Arbeit im Kontor; diese Handlungsgehilfen, auch kaufmännische Angestellte genannt, erwartet nach der Lehre ein Zwölfstunden-Arbeitstag. Geschrieben wird mit der Hand, die erste Schreibmaschine – sie werden seit 1873/74 fabrikmäßig gebaut – kommt erst 1894 nach Hamburg.

Verwandte spenden für Freuds Hochzeit

13. September 1886. Im Wandsbeker Rathaus heiratet der Nervenarzt Sigmund Freud die Kaufmannstochter Martha Bernays.

Weil eine nur standesamtliche Ehe in seiner Heimatstadt Wien nicht anerkannt würde, vollzieht der 30 Jahre alte Mediziner tags darauf in der Wandsbeker Synagoge vor dem Rabbiner Dr. David Hanover die Hochzeitszeremonie erneut. Nach einem Fototermin reist das Paar in die Flitterwochen nach Travemünde und Lübeck.

Freuds wissenschaftliche Ambitionen, die ihn 1885 nach Paris führten, wo er eine Methode zur Heilung psychisch Kranker durch Hypnose erlernte, und sein chronischer Geldmangel haben lange Zeit die Hochzeit verhindert. Erst eine großzügige Spende von Marthas Hamburger Verwandten macht es möglich, die seit vier Jahren geplante Hochzeit nun endlich feiern zu können. Freud ist so knapp bei Kasse, daß ihm seine künftige Schwägerin das Fahrgeld von Wien nach Hamburg auslegt.

Freud und seine fünf Jahre jüngere Frau lernten sich im April 1882 kennen; die Verlobung fand schon zwei Monate später statt. Seine Arbeit in Wien hinderte ihn daran, seine künftige Frau in den viereinhalb Jahren zwischen Kennenlernen und Hochzeit länger als 18 Monate zu sehen. Briefe ersetzten das Zusammensein.

Sigmund Freud (1856–1939) steht 1886 noch am Anfang seiner wissenschaftlichen Karriere als Psychologe.

Alfred Lichtwark holt 1903 den nach Mecklenburg gelangten Altar von Meister Bertram (→ 1383/S. 52) zurück.

Albert Ballin steigt innerhalb von 13 Jahren vom Passageleiter zum Generaldirektor der Hapag auf (Gemälde, 1921).

Kunsthalle lebt auf

1. Oktober 1886. Der 33jährige Kunsthistoriker Alfred Lichtwark wird zum Kustos der Sammlungen des Kunstvereins ernannt. Unter seiner Leitung gewinnt die Kunsthalle (→ 30. 8. 1869/S. 265) überregionale Bedeutung. Wie sein Lehrer Justus Brinckmann (→ 25. 9. 1877/S. 285) gibt er dem Kulturleben wichtige Impulse. Der am 14. November 1852 in Reitbrook geborene Lichtwark studierte in Leipzig und ging anschließend nach Berlin, wo er eine Tätigkeit am Kunstgewerbemuseum übernahm. Als Leiter der Kunsthalle versteht sich Lichtwark als Kunsterzieher, der sich um die Wiedererweckung regionaler Traditionen und die Förderung aller künstlerischen Bestrebungen bemüht.

Der Museumsdirektor Lichtwark entdeckt die mittelalterliche Kunst der Hansestadt wieder. Er bringt viele Bilder der ehemals in Hamburg tätigen Barockmaler ins Licht der Öffentlichkeit zurück und zeigt fast das gesamte Werk des Romantikers Philipp Otto Runge (→ 1805/S. 183) und der Hamburger Biedermeiermalerei. Mit der »Jahrhundertausstellung deutscher Kunst (1775–1875)« im Jahr 1906 in Berlin leitet er eine Neubewertung der Kunst des 19. Jahrhunderts ein und kauft als einer der ersten Bilder von Caspar David Friedrich. Für den Aufbau seiner »Sammlung von Bildern aus Hamburg« erteilt Lichtwark namhaften in- und ausländischen Künstlern den Auftrag, Bildnisse, Landschaften und Stadtansichten zu malen. In konsequenter Weiterentwicklung seiner Forderung nach aktiver künstlerischer Betätigung fördert Lichtwark die Fotografie und ermuntert außer Berufsfotografen auch Laien, auf diesem Gebiet aktiv zu werden.

Ballins Stern steigt

1. Juni 1886. Der 28jährige Albert Ballin wird Passageleiter bei der Hamburg-Amerikanischen Packet-Fahrt-Aktiengesellschaft. Ballins Berufung ist Teil der Kooperation zwischen der Union-Linie und der Hapag.

Am 15. August 1857 als Sohn eines aus Dänemark nach Hamburg gekommenen Auswandereragenten geboren, begann Ballin seine Laufbahn mit 17 Jahren in der väterlichen Firma, die er 1879 als Alleininhaber übernahm. Er arbeitete zunächst als Auswandererexpedient für britische Reedereien und wurde Generalagent der britischen Carr-Linie, die 1880 mit billigen Frachtdampfern eine Auswandererlinie zwischen Hamburg und New York eröffnete. Der harte Kampf um Passagiere drohte für die Hapag bedrohlich zu werden, als die Carr-Linie mit der Union-Linie der Reederei Robert M. Sloman jr. kooperierte. Ein Poolvertrag für den New Yorker Dienst verhindert einen weiteren Konkurrenzkampf, und Ballin übernimmt das Passagegeschäft für den gemeinsamen Dienst.

Um die Frachtraten im Verkehr zwischen Nordeuropa und New York zu stabilisieren, richtet Ballin eine neue Linie von Stettin und Göteborg nach New York ein und zwingt die marktbeherrschenden Briten zu Verhandlungen mit der »Conference der nordkontinentalen Dampferlinien«. Ende 1886 kommt es zu der von Ballin angestrebten Einigung: Die Hapag gibt die Personenbeförderung ab Stettin auf und garantiert den Briten einen Anteil von 33 bis 37% am Auswandererverkehr ab Hamburg. Dafür werden die Beförderungstarife angeglichen. Ballin geht nun daran, den größeren Norddeutschen Lloyd in Bremen zu attackieren.

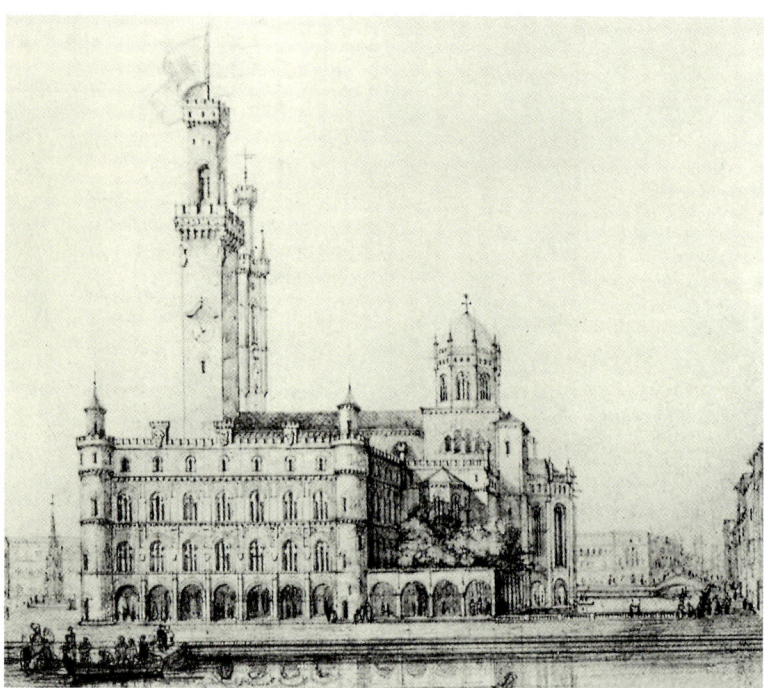

Einer der nicht verwirklichten Rathausentwürfe des Hamburger Architekten Gottfried Semper: Ein monumentales Regierungsforum in Börsennähe

Rathaus 44 Jahre geplant

6. Mai 1886. An der Südseite des Rathausmarktes findet die Grundsteinlegung für das neue Hamburger Rathaus statt. Am 9. Oktober wird dann auch der erste von 4000 Pfählen eingeschlagen, die das Fundament auf dem sumpfigen Untergrund bilden.

Seit der Sprengung des alten Rathauses beim Großen Brand von 1842 müssen sich Rat und Bürgerschaft mit Provisorien behelfen. Als Tagungsort diente zunächst das Waisenhaus in der Admiralitätsstraße, ab 1859 schließlich das Patriotische Gebäude.

Noch im Jahr 1842 hatten mit Alexis de Chateauneuf (am 25. 5.) und Gottfried Semper (26. 5.) zwei namhafte Architekten ihre Vorschläge für einen Neubau eingereicht. Ihren Plänen gemäß sollte das Rathaus mit mehreren langgestreckten Flügelbauten um die Börse herum gruppiert werden.

Es vergingen jedoch 12 Jahre, ehe die Stadt einen Architektenwettbewerb für den Rathausneubau ausschrieb. Bis zum 15. Oktober 1854 gingen 43 Entwürfe ein, die jedoch Papier blieben, weil die Wirtschaftskrise von 1857 alle Aufmerksamkeit beanspruchte.

Am 29. Februar 1872 fiel eine wichtige Entscheidung: Erstmals trat die gemischte Kommission aus drei Senatoren und drei Bürger-

G. Semper (1803–1879), einer der bedeutendsten Baumeister des 19. Jh.

schaftsabgeordneten für den Rathausneubau zusammen. Sie schrieb erneut einen Wettbewerb aus. Bis zum 30. September 1876 gingen 126 Entwürfe ein. Den ersten Preis erhielt die Architekten-Arbeitsgemeinschaft Mylius & Bluntschli aus Frankfurt am Main. Ein Bürgerschaftsbeschluß verhinderte noch im gleichen Jahr die Bauausführung. Den Zuschlag erhielt der bei beiden Wettbewerben in die Endausscheidung gekommene Martin Haller (→ 26. 10. 1897/ S. 334), einer der namhaftesten Hamburger Architekten.

1. 1. Das »Hamburgische Amtsblatt« erscheint erstmals.

1. 2. Zwischen Hamburg und Bremen beginnt der Fernsprechverkehr. Am 25. Juli folgt eine Verbindung nach Berlin.

1. 2. Die Hamburger Stadtrohrpost geht zwischen dem Gorch-Fock-Wall und der Börse in Betrieb.

5. 2. Das neue Gebäude der Reichspost am Stephansplatz wird eingeweiht. → S. 303

21. 2. Bei den Reichstagswahlen behaupten die Sozialdemokraten August Bebel und Johann Heinrich Wilhelm Dietz ihre Wahlkreise, im dritten setzt sich erneut Adolph Woermann (nationalliberal) durch.

4. 4. Carl Hagenbeck eröffnet auf dem Heiligengeistfeld seinen »Internationalen Circus und Singhalesen-Carawane«.

1. 5. Auf St. Pauli findet die erste deutsche Fischauktion statt. → S. 303

16. 7. Die Straßenbrücke über die Norderelbe wird für den Verkehr freigegeben.

2. 8. Die Frauenbadeanstalt auf der Veddel eröffnet. → S. 303

19. 8. In Hamburg ist eine totale Sonnenfinsternis zu beobachten. Die nächste folgt voraussichtlich erst am 7. Oktober 2135.

5. 9. Die im Dezember 1886 gegründete Große Hamburg-Altonaer-Straßenbahn-Gesellschaft nimmt die Pferdebahn zwischen Großer Allee und Klopstockstraße in Betrieb.

29. 9. Der SC Germania 1887 gründet sich, ein Vorläufer des Hamburger Sportvereins.

2. 10. Das »Hamburger Echo« erscheint erstmals. → S. 302

1. 11. Hans von Bülow legt aus Empörung über die Arbeitsbedingungen sein Dirigat am Stadt-Theater nieder. → S. 303

2. 12. Das Concerthaus Hamburg (früher Ludwig) eröffnet.

8. 12. Auf der Kaffeebörse am Sandtorkai findet die erste Auktion statt.

GEBOREN:

23. 3. Finkenwerder: Rudolf Kinau († 19. 11. 1975, Hamburg), Schriftsteller.

2. 4. Altona: Louise Dorothea Schroeder († 4. 6. 1957, Berlin), Politikerin (SPD).

3. 9. Ottensen: Max Brauer († 2. 2. 1973, Hamburg), Bürgermeister.

GESTORBEN:

7. 2. Hamburg: Ferdinand Laeisz (* 1. 1. 1801, Hamburg), Großkaufmann und Reeder.

4. 3. Gustav Heinrich Kirchenpauer (* 2. 2. 1808, Hamburg), Jurist und Bürgermeister.

An die Leser.

Hamburg, d. 1. Oktober 1887.

Erste Nummer des SPD-Organs »Hamburger Echo«; die Zeitung erscheint täglich außer montags.

»Hamburger Echo« tarnt seine Herkunft

2. Oktober 1887. Nach dem Verbot der »Bürger-Zeitung« am 20. September erscheint als neues Organ der Hamburger Sozialdemokratie das »Hamburger Echo«.

Schriftleiter des Blattes ist zunächst Johannes Wedde. Als er zehn Tage später aus Hamburg ausgewiesen wird, übernimmt Otto Stolten die Chefredaktion. Angesichts der Unterdrückung sozialdemokratischer Presseorgane durch Polizeisenator Gerhard Hachmann formuliert das »Echo« in seiner ersten Ausgabe ironischbescheiden, die Zeitung wolle ein »ganz neutrales, politisch vollständig unabhängiges und farbloses Tageblatt« sein, das »gar kein eigenes Raisonnement« pflegen will.

Das »Echo« wächst nur langsam und erreicht Anfang 1890 etwa 15 000 Abonnenten. Zur Förderung einer Arbeiterkultur enthält es ein »unterhaltendes und belehrendes Feuilleton« sowie Bücherrezensionen und Theaterkritiken.

Postgebäude am Stephansplatz eröffnet

5. Februar 1887. Mit einer Ansprache übergibt Heinrich von Stephan, Wirklicher Geheimer Rat und Staatssekretär im Kaiserlichen Reichspostamt, das neue Gebäude der Reichspost am Stephansplatz seiner Bestimmung.

Nach der Eröffnung ehrt der Senat den Gast mit einem 15gängigen Menü, das von Austern über Schildkrötensuppe, russischen Kaviar, getrüffeltes Masthuhn bis zu gebratener Wald- oder Sumpfschnepfe kaum eine Gaumenfreude ausläßt. Die Speisekarte ist in französischer Sprache abgefaßt, was einige Presseorgane – wegen Stephans Abneigung gegen den Fremdwörtergebrauch – zu bissigen Kommentaren veranlaßt.

Die Ober-Postdirection Hamburg wurde am 1. April 1873 gegründet. Drei Jahre später fusionierte sie mit der Telegraphen-Direction und dem Postamt Lübeck, betreut also das Gebietsdreieck Lübeck-Lüneburg-Cuxhaven.

Das Gebäude in der Poststraße genügte den gewachsenen Aufgaben nicht mehr. Für den erforderlichen Neubau stellte die Stadt Hamburg ein 8000 m² großes Grundstück am

Das Postdienstgebäude am Stephansplatz; der Neorenaissance-Bau wird von Skulturengruppen gekrönt, die den Nutzen der Post verdeutlichen sollen.

Dammtorwall zur Verfügung. Die Kaufsumme von 1,75 Mio. Mark wurde zum größten Teil durch den gewinnbringenden Verkauf anderer Hamburger Postgebäude gedeckt. Am 26. April 1883 erfolgte der erste Spatenstich. Das dem italienischen Renaissancestil nachempfundene Gebäude kostet 2,06 Mio. Mark. Es beherbergt die Ober-Postdirection, das Briefpostamt Hamburg 1 und das Haupttelegraphenamt. In Hamburg arbeiten 1250 Beamte und 1400 Unterbeamte. 66 Postillione und 102 Pferde sind fünfmal täglich im Einsatz.

Strauss behält recht: von Bülow gibt auf

1. November 1887. Während der Proben zur Mozart-Oper »Die Entführung aus dem Serail« legt der im Januar an das Stadt-Theater verpflichtete Dirigent Hans von Bülow den Taktstock nieder.

Er protestiert gegen die unzumutbaren Arbeitsbedingungen und Gehälter, die Intendant Bernhard Pollini dem Orchesterpersonal zahlt. Dessen Konzept des Star-Theaters beschert nur den Solisten hohe Gagen (→ 16. 9. 1874/S. 280).

Mit einer aufsehenerregenden Inszenierung von Georges Bizets »Carmen« hatte von Bülow am 12. Januar die Herzen der Hamburger Musikfreunde gewonnen. Aber wie frühzeitig von Richard Strauss prophezeit, wird er seiner Arbeit nicht froh: »Es ging so nichtswürdig lumpig in der heutigen Don-Juan-Probe her, daß ich meinen Ekel an dieser Wirtschaft nicht länger zu bemeistern vermag«, klagt von Bülow seinem Agenten. Die ständigen Wechsel zwischen Hamburg und Altona – die beiden Theater werden von Pollini in Personalunion geführt – ermüden von Bülow körperlich und künstlerisch.

Getrennter Schwimmspaß

2. August 1887. Auf der Veddel ist das Schwimmvergnügen nicht mehr Männern vorbehalten. Nach dem Herrenbad (1. Juli) eröffnet dort die Frauenbadeanstalt.

Der Ausbau der Hafenanlagen und der zunehmende Schiffsverkehr machten eine Verlegung des Badeplatzes auf dem Grasbrook notwendig. Das Schwimmen im städtischen Freibad ist unentgeltlich. Die Anlage ist nach außen durch einen Bretterzaun gesichert. Zur Ausstattung gehören eine Badeaufsicht, Umkleideräume, Abgrenzungen im Wasser und Badestege.

Fischpreise per Zuschlag

1. Mai 1887. Auf St. Pauli findet die erste deutsche Fischauktion statt. Am 22. Juni folgt Altona mit der ersten Versteigerung.

Die Fischer können ihre Ware an den Meistbietenden verkaufen und sind nicht mehr auf Angebote der Reisekäufer angewiesen, die ihnen die Fische auf der Elbe abnehmen. In Altona geht man angesichts der Hamburger Konkurrenz im folgenden Jahr noch einen Schritt weiter: Dort entsteht eine provisorische Auktionshalle, die im Februar 1889 durch einen Neubau ersetzt wird, der bis 1894 in Benutzung bleibt.

Einige Badekarren am Strand bei Neumühlen; in angemessener Abgeschiedenheit von Voyeuren sucht hier die Dame von Stand das nasse Element auf.

Fischauktion in Altona; 1895/96 entsteht hier die große Fischauktionshalle, deren Eisenkonstruktion im Querschnitt einer Basilika ähnelt.

Großprojekt Freihafen zerstört gewachsene Viertel

1887. Ein Jahr vor dem Beitritt Hamburgs zum deutschen Zollgebiet (→ 25. 5. 1881/S. 291; 29. 10. 1888/S. 306) herrscht im Bereich des Freihafens auf dem Grasbrook und den südlich gelegenen Elbinseln lebhafte Betriebsamkeit. Hier entstehen neue Hafenbecken und Kaianlagen, Verkehrswege um das Freihafengebiet herum und als Kernstück die Speicherstadt.

Das Reich beteiligt sich mit 40 Mio. Mark an den veranschlagten Baukosten von 112,7 Mio. Mark. Allein der Kauf von insgesamt 930 Grundstücken im niedergerissenen Viertel Kehrwieder-Wandrahm verschlingt fast die Hälfte dieser Summe.

Die wasser-, hafen- und strombautechnischen Maßnahmen liegen in der Hand von Wasserbauinspektor Christian Nehls. Mit ihm sind Baudirektor Carl Johann Christian Zimmermann und der Architekt Franz Andreas Meyer, Oberingenieur der Baudeputation, leitend an der Planung beteiligt.

Grundlage der Arbeiten ist ein im Februar 1882 gebilligter Generalplan. Als stadtnaher Hafen entsteht 1887 der Baakenhafen mit dem Versmannkai (Schuppen A und B, 22–25) und dem Petersenkai (Schuppen 26–29). Erster Schritt zur Nutzung des Kleinen Grasbrooks wird der 1888 gebaute Segelschiffhafen. Auf einer Länge von über 3 km verteilen sich hier der Asiakai (Schuppen 34–37), der Segelschiffkai (Schuppen 48) und der Amerikakai (Schuppen 38–42).

Zur Lagerung und Bearbeitung der Waren entsteht mit der Speicherstadt der weltweit größte Lager-

Großbaustelle Speicherstadt vor dem Panorama der Hafenkante; bis vor kurzem lebten hier noch Tausende.

hausbezirk. Diese »Stadt in der Stadt« wird bis 1910 mehrfach erweitert und umfaßt die Kehrwieder-Wandrahm-Insel zwischen Poggenmühle und Kehrwiederspitze.

Da die Speicherstadt auf feinem Elbsand steht, mußten Tausende von 30 cm dicken Eichenpfählen 3 m tief in den Boden gerammt werden. Jeder soll 20 t tragen können. Weil die Keller nicht sturmflutsicher sind, werden Wände und Böden so massiv ausgelegt, daß sie dem Wasserdruck standhalten.

Die Einbeziehung dieses Gebietes in den Freihafen zerstört eines der schönsten Viertel der Stadt, das

niederländische Emigranten seit dem 16. Jahrhundert entwässert und aufgehöht hatten. Mehr als 1000 Speicher und Wohnhäuser bildeten hier eine ideale Verbindung von Arbeiten und Wohnen.

Etwa 20 000 Menschen müssen nun ihre Heimat verlassen und in Hammerbrook, Barmbek und Eimsbüttel neu anfangen. Für sie bedeutet

die Umsiedlung zwar bessere hygienische Verhältnisse, zugleich aber einen erheblich weiteren Weg zur Arbeit. Das sog. Arme-Leute-Viertel fällt ebenso der Spitzhacke zum Opfer wie die herrlichen Barock-Wohnhäuser in holländischem Stil auf dem Alten Wandrahm, wo früher die reichen Tuchhändler zu Hause waren.

◁◁ *Zum Bau der Speicherblocks im Freihafen verwendete man zunächst schmiedeeiserne Träger. Als diese bei einem Brand wegknickten, traten Föhren- und Eichenholz an ihre Stelle.*

◁ *Reger Hafenverkehr am Dovenfleet; durch die zunehmende Trennung von Wohnen und Arbeiten – wozu die Errichtung der Speicherstadt beiträgt – sind die Arbeiter stärker als bisher auf Fähren angewiesen.*

1888

Hertz entdeckt Basis für Rundfunktechnik

13. Dezember 1888. Die Berliner Akademie der Wissenschaften publiziert die Arbeit »Strahlen elektrischer Kraft« von Heinrich Hertz. Darin beschreibt der Physiker die Entdeckung der Radiowellen.

Hertz wurde am 22. Februar 1857 als Sproß einer Senatorenfamilie in Hamburg geboren und fiel schon in der Schule durch sein Interesse an Mathematik und Naturwissenschaften auf. Entscheidend gefördert wurde Hertz durch den Physiker Hermann von Helmholtz in Berlin, wohin er im Herbst 1878 zum Studium gegangen war. Als 23jähriger promovierte er mit Bestnote und ging 1885 an die Technische Hochschule Karlsruhe.

Dort gelang es Hertz mittels der ersten Parabolantenne, auf einer Wellenlänge von 60 cm das optische Verhalten elektrischer Schwingungen nachzuweisen. In einem Reflektor brachte er die sendende Funkenstrecke, in einem anderen die Empfangsfunkenstrecke an. Mit einem zwölf Zentner schweren Prisma aus Hartpech konnte Hertz die elektromagnetischen Wellen ähnlich wie das Licht beugen.

Die Entdeckung elektromagnetischer Wellen verschafft Hertz große wissenschaftliche Reputation. Er folgt einem Ruf nach Bonn, wo er am 1. Januar 1894 stirbt.

Die »Centrale Poststraße«, das erste städtische Kraftwerk in Hamburg

Strom aus der alten Mühle

18. Dezember 1888. Die Elektrische Zentralstation in der Poststraße geht in Betrieb. Das Elektrizitätswerk in der alten Stadtwassermühle liefert von 13 bis 23 Uhr Strom.

Das »Hamburger Fremdenblatt« beschreibt die Elektrizitätsgewinnung so: »Rascher und rascher begannen die Kolben der mächtigen Dampfmaschinen sich zu regen, dann verschwand das pfeifende Geräusch und an den Leitungsbürsten der Dynamomaschinen zeigten bläuliche Funken, daß die Strombildung begonnen hatte.«

Das erste Hamburger Kraftwerk der »Städtischen Electricitäts-Werke« leistet 700 Kilowatt. Direktor der Anstalt ist Carl Haase, vormals Direktor der Berliner und seit 1874 Pächter der Hamburger Gaswerke. Allzu groß ist der Strombedarf noch nicht. Am 25. und 26. Dezember stehen die Maschinen still.

Auf einem anderen Gebiet wirkt die »Centrale Poststraße« wegweisend: Ab 1893 verbindet eine 300 m lange Dampfrohrleitung Zentralstation und neues Rathaus – ein Prototyp der Fernheizung.

Bürger verlustieren sich im Sportverein

4. März 1888. In Hamburg wird der Deutsche Segler-Verband gegründet. Am 26. Oktober konstituiert sich der »Eisbahn-Verein auf der Uhlenhorst«, der Vorläufer des Klipper THC (ab 1935).

Die 37 Delegierten von zwölf Seglervereinen repräsentieren vor allem das Großbürgertum. Den Vorsitz hat der Hamburger Kaufmann und Chef des gastgebenden Norddeutschen Regatta Vereins, Adolf Burmester. Die Gründer vereint vor allem der Wunsch, die Wettsegelbedingungen und die Klassifikation zu vereinheitlichen. Das Großbürgertum dominiert auch im Uhlenhorster Eisbahn-Verein, vertreten durch den Vorsitzenden Carl Heinrich Laeisz (bis 1901). Vereinszweck ist zunächst die Ausnutzung eines zum »Waisenhaus-Gebiet« gehörigen Platzes zum Bau »einer Eisbahn und sonstigen Sport- und Vergnügungszwecken«. 1892 sieht die Anlage auf der Uhlenhorst jedoch schon die ersten Internationalen Tennis-Meisterschaften von Deutschland.

Mit geblähten Segeln bei der Regatta; der Segelsport ist mehr Einzel- als Mannschaftswettbewerb und wird deshalb weniger im Verein betrieben.

Kaiserlicher Hammerschlag vollendet die Speicherstadt

29. Oktober 1888. Der erst vier Monate zuvor inthronisierte Kaiser Wilhelm II. legt im Beisein Zehntausender Hamburger den Schlußstein zur Brooksbrücke. Der feierliche Akt gilt als Einweihung des Hamburger Freihafens. Am 15. Oktober war Hamburg unter Ausschluß des Freihafens dem deutschen Zollgebiet beigetreten (→ 25. 5. 1881/S. 291).

Nach einer Ansprache von Bürgermeister Johann Georg Andreas Versmann wird eine Urkunde verlesen, welche die Bedeutung des Zollausschlusses betont. Sodann nimmt der Kaiser Kelle und Hammer zur Hand. Mit den Worten »Zur Ehre Gottes, zum Besten des Vaterlandes, zu Hamburgs Wohl!« führt der Monarch den Mörtelwurf und die Hammerschläge aus. Dann folgen ihm die übrigen Ehrengäste. An die Schlußsteinlegung schließen sich eine Hafen- und Elbfahrt sowie ein Gang durch das festlich geschmückte Hamburg zum Festmahl in der Kunsthalle an. Der Erste Bürgermeister Carl Friedrich Petersen begrüßt den Monarchen, der »mit mächtiger Hand und unermüdlicher Kraft die Zügel der Regierung« ergriffen habe, in der ihm »opferwillig ergebenen« Stadt.

Die Brooksbrücke bildet den Hauptzugang von der Stadt über den Zollkanal zum neuangelegten Freihafengelände. In ihrer architektonischen Gestaltung mit den an mittelalterliche Stadteingänge erinnernden Torbauten ist sie ebenso Zeugnis für den historisierenden Zeitgeschmack wie ein Zeichen für die Öffnung Hamburgs zum Reich. Programmatisch für die Speicherstadt ist das Schiller-Zitat auf der Westseite der Brooksbrücke: »Das Alte stürzt, es ändert sich die Zeit; und neues Leben blüht aus den Ruinen.«

Auch die Speicherstadt selbst vermittelt durch reich verzierte Gebäude aus rotem Backstein und kunstvoll gestaltete architektonische Details wie runde Ecktürme, farbige Ziegel und im Sonnenschein funkelnde Glassteine den Eindruck eines mittelalterlichen Ensembles in Hanse-Tradition. Hinter dem historisierenden Äußeren verbirgt sich moderne Technik. Die massiven Mauern der Speicher sorgen dafür, daß die Temperaturen im Innern nie über 20 °C stei-

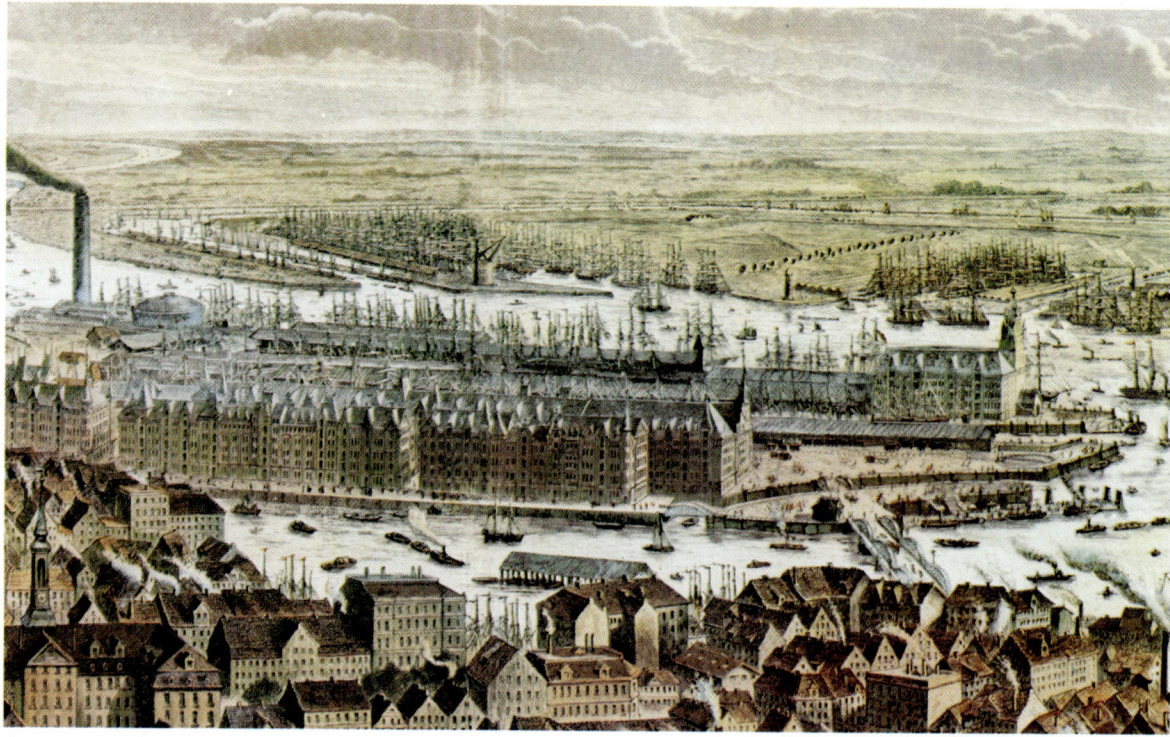

Separate Geschäftsstadt in trutzigem Backstein: Gesamtansicht der Speicherstadt vom nördlichen Stadtgebiet aus

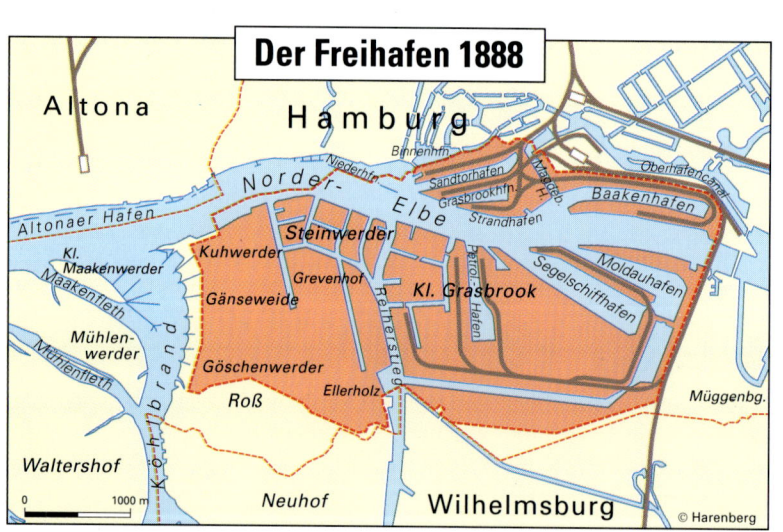

Der Freihafen 1888

gen oder auf Null fallen – ideale Bedingungen für die Lagerung und Bearbeitung hochwertiger Waren wie Kaffee, Tee, Kakao, Tabak und Gewürze. Zahlreiche Winden, Aufzüge und Krane sorgen für einen schnellen Warenumschlag. Alle Hebezeuge der Speicherstadt werden von einer zentralen Maschinenstation am Sandtorkai angetrieben und mit Licht versorgt. Erst nach dem Beschluß eines Generalplans zur Anlage des Freihafens (→ S. 304) fiel die Entscheidung über die Finanzierung und Verwaltung der Speicherstadt. Grund und Boden im Freihafenge-

biet befinden sich in Staatsbesitz. Um staatliches Engagement und privatwirtschaftliche Interessen in Einklang zu bringen, wurde nach langen Debatten am → 7. März 1885 (S. 297) die Hamburger Freihafen-Lagerhaus-Gesellschaft gegründet. Durch den Freihafenausbau steigt der Umschlag zwischen 1888 und 1891 von 6,3 auf 8,7 Mio. t. Bis 1913 verdreifacht sich dieser Wert. Damit ist Hamburg zweitgrößter Hafen Europas nach Rotterdam. Nimmt man die Anlagen in Altona und Harburg-Wilhelmsburg hinzu, ist der Gesamthafen Hamburg 1913 sogar der größte in Europa.

»Ein großer Dienst für das Vaterland«

Chronik Zitat

Auf einem Bankett in der Kunsthalle im Anschluß an die Schlußsteinlegung sagt Kaiser Wilhelm II. über Hamburgs Rolle im Kaiserreich (Auszug):

»Das Werk, dem die heutige Feier galt, ist das erste, welches als eine bedeutende Leistung der inneren Politik des Reiches unter Meiner Regierung zur Vollendung gereift ist . . . Mit hoher Genugthuung erfüllt Mich der heutige Tag und ich hoffe, daß Gottes Segen auf demselben ruhen wird, und daß die Stadt Hamburg durch diese That einen Aufschwung nehmen wird, der alle unsere Hoffnungen übersteigt. Sie haben einen großen Dienst für das Vaterland geleistet; Sie sind ja Diejenigen, die das Vaterland mit unsichtbaren Banden an die fernen Welttheile weithin anknüpfen, seine Erzeugnisse herüberbringen. Und nicht nur das; Sie sind es, die auch unsere Gedanken und Ideen der Welt mitteilen, wofür Ihnen das Vaterland besonderen Dank schuldet.«

Lagerhausreihe am Kehrwiederfleet; in den Fassadenvorsprüngen Flaschenzüge für die Be- und Entladung der Schuten, mit denen der Wasserverkehr in der Speicherstadt abgewickelt wird

Wilhelm II. legt den Schlußstein. Am Ende der Brooks-brücke Statuen von Hammonia und Germania

Eingang zum Kontor und zu den Lagerräumen von Storz & Consorten und anderen Firmen

Rote Backsteinmauern und historisierende Fassa-dengestaltung im Stil der Gotik

Hamburgs erstes modernes Hafenbecken, der Sandtorkai; hier stehen Krane, unmittelbarer Gleisanschluß und Lagerraum zur Verfügung (Foto, 1888).

Freihafenspeicher am Sandtorkai (1889); auch weniger bedeutende Details wie Schleusenhaus (r.) oder Treppengeländer sind sorgfältig ausgearbeitet.

»Ruhelosigkeit in buntfarbigsten Bildern«

Chronik Zeitzeuge

Im zweiten Band seiner »Hamburger Schlendertage« beschreibt der Schriftsteller August Trinius das pulsierende Leben im Hamburger Hafen nach dem Zollanschluß (Auszug):

»Hier ›an der Waterkant‹ fühlt man am lebhaftesten den Pulsschlag der stolzen Handelsempore [Handelszentrum]; in dem Treiben, dem ruhelosen Wirrwar auf und niederflutender Bilder offenbart sich am charakteristischsten noch althamburgische Art wie die Weltstellung, welche die Elbkönigin im Handel einnimmt.
Drüber die gewaltigen und zum Teil architektonisch sehr wirksamen Bauten innerhalb des Freihafengebietes, die Fülle der Brücken, das bewegte Strombild, das sich immer mehr erweitert, je näher wir gegen St. Pauli vorrücken, – und hier am Ufer nun der hastende Verkehr, das Gewühl von Menschen, das bunte Sprachgewirr, das interessante Leben vor und in den kaum übersehbaren Gaststuben, Tavernen und Bierhäusern ... Hier an der Waterkant liegen die Heuerbüros und Bugsiergeschäfte [Schlepper]. Heizer, Trimmer, Auflader, Ewerführer und Arbeiter bilden hier Gruppen von oft mehr denn tausend Mann. Denn hier ist gleichsam ihre Börse, wo sie für eine bestimmte Zeit von den

Hafenansicht vom Elbufer nach Osten in Richtung Meßberg; die gotischen Formen im Freihafen werden ab 1904 durch einfachere, strengere abgelöst.

Schiffsherren gechartert werden. Stunden-, tagelang stehen sie hier abwartend, ein Bild, das einen starken Stich ins Sozialistische besitzt.
Hier längs der Ufer ruht das Leben niemals. Nur des Nachts, wenn die elektrischen Bogenlampen ihr silbermattes Licht über den Zollkanal und die Uferstraßen werfen ... klingt das Leben etwas gedämpfter ... Dann lugen die schmalen Fleete noch düsterer, unheimlicher zwischen den spitzgiebeligen Häusern und verwetterten Lagereien hervor. Da

und dort grüßt noch ein Licht aus dem Dunkel, leise schlägt ein Ruder in die Flut. Wir sehen den Kahn nicht, nur der Klang aufgurgelnden Wassers tönt herauf. Doch noch ehe der Morgen graut, erhebt sich Hamburg zur Arbeit, zum Handel. Wenn noch Nebeldunst über den Dächern schwelt, erwacht das vielgestaltige Leben an der Waterkant und den nachbarlichen Gassen ... Hast und Ruhelosigkeit in buntfarbigsten Bildern geben den Uferstraßen gegenüber dem Freihafengebiet das charakteristische Gepräge.«

Ein Hapag-Schiff an Speichern der Reederei; l. neben dem Pegelmesser weht die Hamburger Admiralitätsflagge.

HADAG übernimmt Hafenfährverkehr

8. August 1888. Als Antwort auf den erweiterten Hafenbetrieb gründet sich die Hafen-Dampfschiffahrt Actien-Gesellschaft zu Hamburg (HADAG), die den Personenverkehr übernehmen will.
Die fünf Fährpächter, die bisher diese Aufgabe erfüllten, sind untereinander zerstritten und jagen sich lieber gegenseitig Fahrgäste ab als einen gemeinsamen Fahrplan aufzustellen. In dieser Situation hatten der Ingenieur Ernst Hadenfeldt und der Rechtsanwalt Johannes Semler am 14. Februar 1888 beim Senat eine Konzession für den gesamten Hafenfährverkehr beantragt. Sie wird ihnen erteilt, nachdem sie das Aktienkapital von 1,2 Mio. Mark aufgebracht haben. Allerdings sind die Pächter, deren Konzessionen teilweise erst 1893 auslaufen, nicht zu einem kampflosen Verzicht bereit.
Sie machen der Stadt ein Angebot für einen gemeinsamen Fährverkehr, welches für diese günstiger wäre als das der HADAG. Doch der Senat bleibt bei seinem Entschluß, und zwischen September 1888 und Januar 1889 übernimmt die HADAG die Konzessionen, Dienste und Schiffe der fünf Fährpächter. Wegen der »Schwarzfahrer« werden 1890 Drehkreuze an den Fähranlegern installiert, die das Kassieren erleichtern.

In Hamburg blüht der Mädchenhandel

10. Juli 1888. In einem Bericht über die »Unterdrückung des Mädchenhandels« gibt die Polizeibehörde die Festnahme von vier Mädchenhändlern und -händlerinnen bekannt. Sie wollten sechs in Warschau angeworbene Frauen zwischen 17 und 22 Jahren nach Südamerika verschleppen.
Hamburg ist der »Hauptausfuhrhafen« für den Mädchenhandel. Von hier aus geht es in die Bordelle der Hafenstädte Asiens oder nach Südamerika, vor allem nach Buenos Aires und Rio de Janeiro.
Mit der Aussicht auf leichte Arbeit und guten Verdienst locken die gerissenen Schlepper vor allem Frauen aus Polen, Teilen Österreich-Ungarns und Rußlands sowie Rumäniens in die Prostitution.

Die Jahrhundertwende: Boomphase mit Schattenseiten

1888–1914

Der Beitritt Hamburgs zum Norddeutschen Bund und wenige Jahre später zum neuen Deutschen Reich war für die Bewohner der Stadt mit erheblichen Umstellungsschwierigkeiten verbunden. Sie hatten seit Jahrzehnten lebhaften Anteil am geistigen und kulturellen Leben der Nation genommen, versprachen sich von der Einheit auch in dieser Hinsicht einen Zugewinn. Dazu kam die Hoffnung auf größere berufliche und gesellschaftliche Entfaltungsmöglichkeiten. Gleichwohl war die Mehrheit der Bürger nicht bereit, einen höheren Preis für diese Vorteile zu zahlen. Sie wollten an den vertrauten Einrichtungen festhalten.

Angesichts ihres ausgeprägten Selbstbewußtseins fiel der Führungsschicht zunächst der Verzicht auf wichtige Souveränitätsrechte schwer. Gravierende Belastungen brachte allen Bewohnern u. a. die Einführung einer einheitlichen Währung, neuer Maße und Gewichtseinheiten, die Umgestaltung und Koordinierung des Schul- und Bildungswesens und die Neuordnung des gesamten Rechtswesens. Der Architekt des neuen Reiches, Reichskanzler Otto von Bismarck, erkannte sehr klar, wie schwer den Menschen eine rasche Umstellung auf neue Gegebenheiten fiel. Um keine Reichsverdrossenheit aufkommen zu lassen und die Bürger mit der Einheit zu versöhnen, verzichtete er auf alle Eingriffe in die Verfassungs- und Verwaltungsstruktur der Länder. Seiner Meinung nach würde die Bevölkerung der Länder leichter in den neuen Staatsverband hineinwachsen, wenn sie im überschaubaren regionalen Bereich ein vertrautes Bezugssystem behielt. Da der Reichskanzler die Auslandskontakte der Stadt – sie unterhielt zur Zeit der Reichsgründung 279 Konsulate in aller Welt – auf das Reich übertragen wollte, war ihm an der vorbehaltlosen Bejahung des Reichsgedankens durch die Hamburger besonders gelegen.

Ringen um hamburgische Privilegien

Hier brachte nun das Jahr 1878 erhebliche Irritationen, die sehr schnell zu einer schweren Belastung für das Verhältnis Hamburgs zum neuen Reich und seinem Kanzler wurden. Bismarck wollte die Wirtschaftseinheit des neuen Staates vollenden und Hamburg zum Eintritt in den gemeinsamen Zollverband veranlassen. Die Stadt war, weil sie den freien Handel und Güterumschlag sichern wollte, für das neue Reich Zollausland geblieben. Nun, da die Reichsregierung die aufstrebende deutsche Industrie durch Zollschranken gegen ausländische Konkurrenz schützen und dem Reich eine neue Einnahmequelle erschließen wollte, sollte der bestehende Zustand beendet werden.

Senat, Handelskammer und starke Gruppen des gewerblichen Mittelstandes sahen die Lebensinteressen des Gemeinwesens bedroht und widersetzten sich dem Kanzler. Dieser reagierte sofort mit Kampfmaßnahmen. Als der Senat die Schwäche der eigenen Position erkannte, lenkte er ein und nahm Verhandlungen auf. Nach intensivem Ringen verpflichtete sich Hamburg im Mai 1881 zum Beitritt zum deutschen Zollverband. Es sicherte sich aber ein großes Hafengebiet, in dem Güter zollfrei umgeschlagen werden und Werften sowie andere exportorientierte Betriebe arbeiten durften. Da dieses Freihafengebiet von der übrigen Stadt abgegrenzt und alle Bewohner des Bezirks in neue Wohngebiete umgesiedelt werden mußten, erhielt die Stadt bis zum Vollzug des Beitritts eine Frist bis zum Oktober 1888 zugestanden.

Der Bau des Freihafens bei wachsender Wirtschaftskraft Deutschlands, die Verlagerung und Modernisierung der Industrie- und Gewerbebetriebe in diesem Raum und die Umquartierung von rund 20 000 Menschen in neue Wohnviertel mußten auch die Lebens- und Arbeitsverhältnisse des Gemeinwesens tiefgreifend verändern. Zeitgleich mit dem Zollanschluß begann ein außerordentlicher Konjunkturaufschwung. Der Güterumschlag nahm – entgegen allen Vorausberechnungen – so rasch zu, daß das Freihafengebiet schrittweise erweitert werden mußte. Das Geschäft der Reedereien expandierte. Hamburger Schiffe – die von Jahrzehnt zu Jahrzehnt größer und leistungsfähiger wurden – drangen bald in entlegene Weltregionen vor. Hapag, Levante-Linie, Hamburg-Süd und Deutsche Ostafrika-Linie legten Zeugnis von der Leistungsfähigkeit Hamburger Unternehmer und Betriebe ab. Und dieses Wachstum kam auch den zahlreichen mittleren und kleinen Zulieferbetrieben und Handelsfirmen zugute, die in der Stadt heimisch waren.

Mit gebührendem Abstand profitierten in der Handelsmetropole auch Industrie und Handwerk vom Aufschwung. 1880 waren in den rund 600 Betrieben nur etwa 18 000 Arbeiter beschäftigt, kurz vor Beginn des Ersten Weltkrieges verdienten sich in den 5000 Unternehmen mehr als 115 000 Arbeiter ihren Lebensunterhalt. Außer den Werften, bei denen das Gros der Arbeitnehmer beschäftigt war, erlangten noch einige andere Firmen Weltruf, so die Norddeutsche Affinerie und die Firma Beiersdorf. Aber obwohl zu Beginn des 20. Jahrhunderts 48% der Arbeitnehmer in der Hansestadt in Industrie und Handwerk beschäftigt waren, bestimmten den politischen und wirtschaftlichen Kurs der Stadt ausschließlich die Repräsentanten des Handels und der Schiffahrt.

Schon lange vor der Reichsgründung waren Hamburger Kaufleute in überseeische Gebiete vorgedrungen und hatten dort Niederlassungen errichtet. Nachdem sich nun der binnendeutsche Markt für sie öffnete, erweiterten sie ihren Einfluß und stießen in neue Räume vor. Dabei trafen sie bald auf die Konkurrenz der Kaufleute und Unternehmer anderer europäischer Staaten, deren Regierungen nicht selten die eigenen Staatsangehörigen förderten und schützten. Obwohl sich die Hamburger Überseekaufleute lange gegen Eingriffe des Staates in das Wirtschaftsleben gewehrt hatten, riefen sie unter den so veränderten Verhältnissen das Reich um Hilfe an. 1883 gab die Handelskammer mit einer Denkschrift den Anstoß für eine aktive deutsche Kolonialpolitik.

Nachdem die Regierung des Reiches den Schutz überseeischer Besitzungen übernommen hatte, mußte sie sich Gedanken darüber machen, wie sie diesen im Falle einer Gefährdung gewähren konnte. Staatssekretär Alfred von Tirpitz gelang es sehr schnell, die Hamburger Überseekaufleute von der Notwendigkeit eines militärischen Schutzes ihrer Interessen in Form einer starken Kriegsflotte zu überzeugen. Die Kaufleute unterstützten die Pläne des Monarchen und bejahten die damit eingeleitete Politik der Stärke. Erst vor Beginn des Ersten Weltkrieges kamen vereinzelt Zweifel auf, ob die Wirtschafts- und Handelsinteressen wirklich nur militärisch gesichert werden konnten.

Die Wirtschaft expandiert – das soziale Elend auch

Die Bejahung der Flottenpolitik des Kaisers durch Hamburger Wirtschaftskreise zeigte an, wie stark sich das politische Bewußtsein der Hamburger seit der Reichsgründung gewandelt hatte. Die ursprüngliche Zurückhaltung und Skepsis war gewichen, die Erfolge hatten das Selbstvertrauen gestärkt und Optimismus verbreitet. Die Bevölkerungsmehrheit strebte gleich dem Kaiser mit Volldampf in eine neue Zukunft.

Das rasche Wirtschaftswachstum veränderte auch das gesellschaftliche Leben grundlegend. Handel und Verkehr und die aufstrebende Industrie saugten den Bevölkerungsüberschuß aus der näheren und weiteren Umgebung der Stadt regelrecht auf. Hatte Hamburg beim Eintritt in den deutschen Staatsverband knapp 300 000 Einwohner gehabt, so waren es um die Jahrhundertwende bereits etwa 750 000 und vor Beginn des Ersten Weltkrieges war die Millionengrenze überschritten.

Die neuen Bewohner – um die Jahrhundertwende war die Hälfte von ihnen schon nicht mehr in der Stadt geboren – fühlten sich keiner Tradition mehr verpflichtet. Aber auch viele Hamburger, die aus dem Freihafengebiet in die neuen Vorstädte und Stadtteile umgezogen waren, hatten mit den sozialen Kontakten auch vertraute Lebensgewohnheiten aufgegeben. Die Auflösung gewachsener städtischer Gemeinschaften vollzog sich auch dadurch, daß immer mehr Menschen die Innenstadt verlassen mußten, weil dort Platz für Handelshäuser, Banken, Versicherungen und Verwaltungsgebäude gebraucht wurde. Letztendlich hat der Ausbau der Verkehrswege viele Hamburger aus der gewohnten Umgebung gerissen und damit auch ihre Lebensqualität verändert.

Hier zeigten sich nun die Schattenseiten des Wachstums. Der Senat war so voll damit beschäftigt, die Voraussetzungen und Rahmenbedingungen für das Wirtschaftswachstum zu schaffen, daß er die sozialen Folgen nicht hinreichend bedachte. Da vorübergehend eine Stadtplanung fehlte, wucherten Vororte, die bis zur Reichsgründung einige hundert oder tausend Einwohner gezählt hatten, in zwei Jahrzehnten zu Wohnbezirken mit 100 000 und mehr Menschen empor. Auf engem Raum zusammengedrängt, unter ungenügenden hygienischen Bedingungen und schlechten Verkehrsverhältnissen mußten dort Menschen leben, die durch ihr Können und ihre Arbeit zur Mehrung des Wohlstandes der Stadt beitrugen.

Noch schlechter sah es in den alten Wohnbezirken der Innenstadt aus. Häuser und Wohnungen waren hoffnungslos überbelegt, oft fehlten auch die primitivsten sanitären Einrichtungen. Hier wütete 1892 die Cholera, an der ca. 17 000 Menschen erkrankten und mehr als 8600 starben. Diese Katastrophe rüttelte Senat und Bürgerschaft auf, zumal die Stadt im Reichstag und in der Presse hart kritisiert wurde und damit eine Schädigung des internationalen Ansehens zu befürchten war. Kurzfristig wurde die Trinkwasserversorgung verbessert, langfristig ein Plan zur Sanierung gefährdeter Innenstadtviertel entworfen. Spürbare Fortschritte bei der Verbesserung der Wohnqualität für die Unterschichten blieben aber aus, da sich die Grundeigentümer mit ihren Interessen durchsetzten.

Daß die durch das rasche Wirtschaftswachstum entstandenen sozialen Nöte gemildert werden konnten und das geistige und kulturelle Leben der Stadt nicht ganz dahinsiechte, war der Aktivität und Dynamik einflußreicher bürgerlicher Kreise zu danken. Sie fühlten sich auch dem Gemeinwohl verpflichtet. Die zahlreichen Bürgervereine, die sich alle scharf von den Unterschichten abgrenzten, leisteten in ihren Stadtteilen viel zur Verbesserung des Wegenetzes, zur Förderung von Kindergärten, zur Versorgung der Schulen mit Unterrichtsmaterial und zur Beseitigung von Umweltschäden. Die Vereinsmitglieder übernahmen kommunale Ehrenämter, sie waren insbesondere als Armenpfleger tätig.

Zum Motor vieler neuer Entwicklungen wurde die Patriotische Gesellschaft, die in diesen Jahrzehnten vielfach die Funktion einer Bürgerbewegung wahrnahm. Sie schuf die Voraussetzungen für die Errichtung des Museums für Kunst und Gewerbe, ergriff die Initiative zur Schaffung öffentlicher Lesehallen, förderte die Herausgabe guter und preiswerter Jugendliteratur. Auch um die berufliche Aus- und Fortbildung hat sich diese Gesellschaft zielbewußt bemüht.

Theater und Musikleben, Kunsthalle und literarische Gesellschaft sowie zahlreiche wissenschaftliche Einrichtungen verdankten privaten Initiativen Blüte und oft auch Entstehung. Nachhaltig haben kirchliche Stellen, die jüdische Gemeinde und gesellschaftliche Gruppen zum Bau und Unterhalt von Krankenhäusern und Altersheimen beigetragen.

Da das Bürgertum seine Verantwortung für das Allgemeinwohl so unmittelbar wahrnahm, hat es sich politisch kaum organisiert. Weil der Mittelstand im Landesparlament den beherrschenden Einfluß besaß, brauchte er keine Parteien zur Interessenvertretung. Die politisch und wirtschaftlich führenden Kreise der Stadt vertraten ihre Interessen direkt über die Handelskammer und den Senat im Reichsrat.

Im Gegensatz dazu mußten die Arbeiter, die – von Ausnahmen abgesehen – kein Bürgerrecht besaßen und in der Stadt nicht wählen durften, sich solidarisch verhalten und zusammenschließen. Da die Hansestadt auch den Arbeitern gute Ausbildungsmöglichkeiten und viele Formen der Kommunikation bot, entstand hier schon vor der Reichsgründung eine respektable Gewerkschaftsorganisation. Nach 1890 wurde Hamburg zum Sitz des Leitungsgremiums der deutschen Gewerkschaften, der Generalkommission. Von den 58 Einzelverbänden der Gewerkschaftsbewegung hatten 25 ihre Zentrale in der Hansestadt.

Sehr früh formierte sich auch die Sozialdemokratische Partei in der Stadt. Ferdinand Lassalle fand unter den gut unterrichteten Arbeitern einen großen Anhang. Nach der Reichsgründung fanden sich die nach dem Tode Lassalles (1864) zerstrittenen Flügel schnell wieder zusammen. Für die meisten Arbeiter Deutschlands, vor allen Dingen aber ihre Führer, war Hamburg lange Zeit ihre heimliche Hauptstadt. Die Kraft wurde auch durch das Verbot und die Verfolgung nicht gebrochen. Die SPD konnte in der Illegalität ihren Einfluß ausbauen. 1881 eroberten die Sozialdemokraten den ersten, 1883 den zweiten Reichstagswahlkreis, und 1890 fiel ihnen auch der dritte zu. Noch bevor 1901 der erste Sozialdemokrat in das Landesparlament einziehen konnte, gaben über die Hälfte der Hamburger Reichstagswähler ihre Stimme der SPD.

Über der Frage, ob auf die Dauer gegen die Bevölkerungsmehrheit regiert werden könne, spaltete sich schließlich das bürgerliche Lager. Einzelne Abgeordnete verließen ihre Fraktionen und formierten sich als Vereinigte Liberale, die sich der Fortschrittlichen Volkspartei anschlossen. Sie stritten mit wachsendem Erfolg dafür, die Arbeiter in die Verantwortung für das Gemeinwesen einzubeziehen, da sie nicht weniger als Kaufleute und Unternehmer zum Gedeihen des Stadtstaates beigetragen hatten.

Überkommene Verwaltung lähmt die Millionenstadt

Mit dem Wirtschaftsaufschwung und dem dadurch ausgelösten Strukturwandel in der Gesellschaft wurde eine Anpassung der alten Landesverfassung an die neuen Gegebenheiten erforderlich. Sie erfolgte aber nicht, obwohl die Mehrheit diese Verfassung nicht mehr akzeptierte und auch zahlreiche etablierte Bürger ihr entwachsen waren. Mit Recht konstatierten die Vereinigten Liberalen 1912: »Die Millionenstadt kann nicht wie die mittelalterliche Reichsstadt verwaltet werden.«

Damit war das Kernproblem getroffen. Die politische Ordnung trug weder den wirtschaftlichen Erfordernissen noch der gesellschaftlichen Dynamik in der Stadt Rechnung. Die 18 Mitglieder des Senats wurden auf Lebenszeit gewählt, manche von ihnen konnten im hohen Alter die Entwicklung nicht mehr nachvollziehen. Das Wahlverfahren lief praktisch auf eine Selbstergänzung des Senats hinaus. Da der Senat das Patronat über die evangelisch-lutherische Kirche innehatte, konnten Katholiken, Angehörige anderer Glaubensgemeinschaften und Juden niemals in den Senat gewählt werden, auch wenn sie sich noch so verdient um die Stadt gemacht hatten.

Zur Wahl für die Bürgerschaft war nur zugelassen, wer das Bürgerrecht besaß. Dies konnte aber nur erwerben, wer ein bestimmtes Einkommen versteuerte. Damit blieb der Kreis der Berechtigten klein.

Die Verwaltung war unzureichend entwickelt, zumal die Parlamentarier in der Stadt viele Funktionen wahrnahmen, die in den Flächenstaaten in den Zuständigkeitsbereich von Berufsbeamten fielen. Zu Beginn des 20. Jahrhunderts herrschte ein ausgesprochener Instanzenwirrwarr. Es gab 50 Deputationen, Senatskommissionen und Kommissariate, die die Staatsgeschäfte leiteten. An der Spitze der einzelnen Behörden standen zwei bis drei Senatoren, die nicht immer reibungslos zusammenarbeiteten. Funktionsfähig blieb dieses System, weil es relativ bürgernah war und die Deputierten die Verhältnisse vor Ort kannten. Gleichwohl machte sich das Fehlen einer leistungsfähigen Verwaltungsorganisation immer wieder bemerkbar. Den Belastungen des Ersten Weltkrieges war die politische Ordnung in Hamburg nicht mehr gewachsen.

Noch entscheidender für die Abkehr vom alten Verfassungssystem war aber der Bewußtseinswandel bei den Menschen. Die Unterschichten waren sich ihrer Leistungen bewußt, sie nahmen deshalb nicht länger hin, von jeder Mitsprache ausgeschlossen und zurückgesetzt zu werden. Auch religiöse Minderheiten und andere benachteiligte Gruppen fanden sich nicht mehr damit ab, als Bürger zweiter Klasse behandelt zu werden.

Werner Jochmann

1889

1. 1. Die Buchhandlung Boysen & Maasch eröffnet.

1. 3. Das Allgemeine Krankenhaus in Eppendorf nimmt den Betrieb auf. → S. 311

1. 4. Der Fotograf Johann Hamann richtet ein Atelier in der Neustadt ein. → S. 312

22. 4. Der Neubau des Circus Renz ist fertiggestellt. → S. 313

14. 5. Der Reichstag kritisiert den ungehemmten Export von Alkohol in die deutschen »Schutzgebiete«. → S. 311

15. 5. In Hamburg beginnt die große Gewerbe- und Industrieausstellung. → S. 312

2. 6. Im »Concerthaus Flora« am Schulterblatt eröffnet ein »Concert-Garten«. → S. 314

12. 6. Der »Männer-Turnverein Eimsbüttel-Hoheluft« entsteht, der Vorläufer des Eimsbütteler Turnverbandes. → S. 314

14. 6. Die Stadt Hamburg ernennt Johannes Brahms zum Ehrenbürger. → S. 313

23. 6. In Horn findet das erste Deutsche Galoppderby statt (→ 12. 6. 1889/S. 314).

1. 7. Der Ort Ottensen wird in Altona eingemeindet. → S. 315

11. 8. Der Victoria-Garten in Barmbek steht der Öffentlichkeit zur Verfügung.

6. 9. Zur Einrichtung eines Linienverkehrs in das Mittelmeer gründet sich die Deutsche Levante-Linie. → S. 311

13. 11. Der nach einem Entwurf von Johannes Vollmers gestaltete Kaiser-Karl-Brunnen auf dem Fischmarkt wird eingeweiht. Bomben beschädigen das Kunstwerk 1941 so stark, daß man es abträgt. Die Figur steht heute in einer Anlage an der Michaelisstraße.

12. 12. Mit einer Butter-Versteigerung in Hamburg beginnt die Geschäftstätigkeit der Meiereizentrale Nordmark e. G. → S. 315

1889. Emil Dralle erprobt in Hamburg die Verwendung von Birkensaft für Haarwasser und bringt das Produkt unter dem Namen »Dr. Dralle's Birkenhaarwasser« heraus.

1889. Das »Oxford English Dictionary« erwähnt erstmals den Begriff »Hamburger« als Bezeichnung für eine Hackfleisch-Mahlzeit. → S. 314

GEBOREN:

13. 9. Hamburg: Wilfried Wroost († 14. 8. 1959, Hamburg), Schriftsteller.

3. 10. Hamburg: Carl von Ossietzky († 4. 5. 1938, Berlin), Publizist.

28. 12. Hamburg: Walther Rothenburg († 10. 3. 1975, Hamburg), Schlagerdichter und Boxveranstalter.

Kalender der Hamburg-Süd für 1889 mit einem Hinweis auf die Schiffsverbindungen nach Südamerika

Kalender weckt Sehnsucht nach fernen Ländern

1889. Mit einem bunten Marine-Kalender wünscht die Hamburg-Südamerikanische Dampfschifffahrts-Gesellschaft ihren Passagieren und Kunden ein gutes Jahr 1889 und weckt zugleich die Lust auf Seereisen und ferne Länder.
Für die Hamburg-Süd ist 1889 wenig angenehm: Am 28. September 1888 hatte ihr Kaiser Peter II. von Brasilien eine Schiffahrtslizenz erteilt; sein überraschender Sturz am 15. November führt zu einem empfindlichen Rückgang des Handels.

Krankenhaus im Villenstil

1. **März 1889.** Nach fünfjähriger Bauzeit geht das Allgemeine Krankenhaus auf dem Eppendorfer Feld in Betrieb. Mit den mehr als 60 in eine großzügige Parkanlage eingebetteten, zumeist nur einstöckigen Gebäuden gleicht es einer großen Villen-Kolonie.

Die Krankenversorgung in Pavillons soll die Verbreitung der gefürchteten Hospitalinfektionen verhindern. Die hellen und gut belüfteten Gebäude erinnern in nichts mehr an die kasernenartigen Krankenhausbauten früherer Zeit, die zugleich als Pflegeheime für Behinderte und Gebrechliche dienten. Jedes Gebäude ist sozusagen ein Krankenhaus für sich.

Maßgeblichen Anteil an dem rund 10 Mio. Mark teuren Projekt hatte Heinrich Curschmann, ab 1879 Leiter des Krankenhauses in St. Georg, der 1888 nach einem Streit mit dem Senat Hamburg in Richtung Leipzig verlassen hatte. 1934 wird die Eppendorfer Klinik Universitäts-Krankenhaus.

Levante-Linie erobert östliches Mittelmeer

6. September 1889. Auf Initiative von Carl Heinrich Laeisz, Adolph Woermann und anderen Reedern entsteht in Hamburg die Deutsche Levante-Linie (DLL).

Ein Liniendienst kommt zuerst nicht zustande, weil der »Levante-Tarif« noch nicht ausgearbeitet ist, der die Wettbewerbsfähigkeit deutscher Güter auf den Märkten im östlichen Mittelmeer erleichtern soll. Erst am 28. Juni 1890 ist es soweit: Der Dampfer »Chios« eröffnet den Linienverkehr.

Die Geschäftsentwicklung verläuft uneinheitlich. Zwar fahren im Jahr 1904 bereits 30 Schiffe für die DLL, doch vielfach liegen sie aufgrund von Seuchen in den Mittelmeerhäfen oder in Hamburg fest. Das Laden oder Löschen von Gütern ist dann unmöglich. Andere Reedereien machen der DLL ab 1908 heftige Konkurrenz. Die Geschäftsflaute kann erst durch die Hereinnahme neuer Aktionäre, der sog. Fürstengruppe, beendet werden.

Bis 1914 wächst der Schiffsbestand auf 63 Dampfer mit 296 122 tons deadweight (ca. 301 000 t) Tragfähigkeit an, die Malta sowie die Häfen des östlichen Mittelmeeres und des Schwarzen Meeres anlaufen. Dies reicht aber nicht aus: 1913 geht die Mehrheit des Aktienkapitals auf die Hapag über.

Reichstag kritisiert Alkohol in Kolonien

14. Mai 1889. Der Reichstag bittet Kanzler Otto von Bismarck um eine Initiative gegen den »Handel mit Spirituosen in den deutschen Kolonien«. Zahlreiche Hamburger Kaufleute, wie z. B. der nationalliberale Reichstagsabgeordnete Adolph Woermann, verdienen blendend am Alkoholexport.

Die Schnapsgegner stammen vorwiegend aus den Reihen der lutherischen Mission. Ihre Schreckensberichte über die verderbliche Wirkung des aus Deutschland importierten Alkohols auf die Farbigen haben das Parlament mobil gemacht. Sie halten den Kaufleuten vor, ein Großteil ihrer Alkoholexporte nach Afrika sei minderer Qualität. Wirtschaftliche Interessen verhindern eine Wirksamkeit der Reichstagserklärung.

Hamburger Wirtschaft präsentiert Schokoladenseite

15. Mai 1889. Die Hamburger Gewerbe- und Industrieausstellung öffnet ihre Pforten. Bis zum 7. Oktober geben 1100 Firmen den Besuchern einen Einblick in die wirtschaftliche Leistungsfähigkeit der Hansestadt. Den Schwerpunkt bilden Informationen über die im Hafen umgeschlagenen Großprodukte und Halbfabrikate. Hamburgs Wirtschaft, so der vermittelte Eindruck, hat den Zollanschluß gut verkraftet.

Allein am Schlußtag drängen rund 30 000 Menschen auf das Ausstellungsgelände. Mehrere hunderttausend Besucher, darunter viele mit Dauerkarten, haben sich die spektakuläre Leistungsschau angesehen. Die Einnahmen aus Eintrittsgeldern sind so hoch, daß den Ausstellern die Standmieten zurückgezahlt werden können.

Um dem übrigen Deutschland mit Hamburgs Leistungskraft zu imponieren, wurden weder Kosten noch Mühen gescheut. Am 9. Juni 1887 hatte sich ein »Ausstellungs-Comité« aus einflußreichen Persönlichkeiten konstituiert. Die Leitung übernahmen Museumsdirektor Justus Brinckmann und der Kaufmann Albertus Freiherr von Ohlendorff. Versehen mit einem Garantiefonds von 0,5 Mio. Mark, ging der Ausschuß daran, die als Ausstellungsgelände vorgesehenen Wallanlagen zwischen Holsten- und Millerntor in angemessener Weise herzurichten.

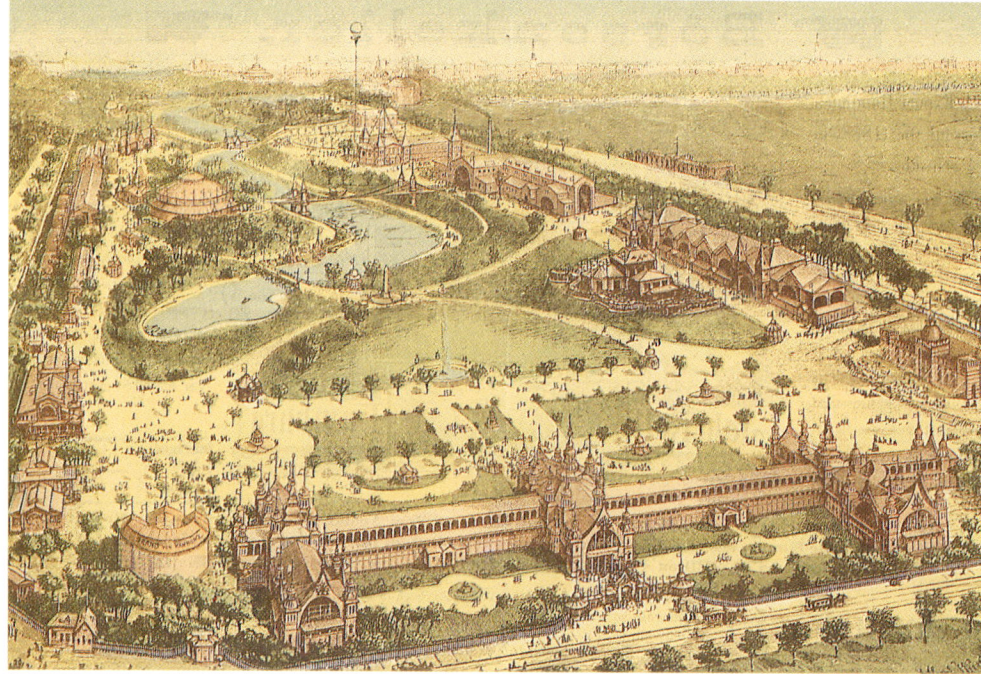

Gesamtplan der Hamburgischen Gewerbe- und Industrieausstellung: Im Vordergrund der Haupteingang im Norden des Geländes am Holstenplatz mit dem Hauptgebäude, dahinter eine große Terrassenanlage; auf der rechten Seite befinden sich u. a. die Halle der Chemischen Industrie, die Handelsausstellung und die Maschinenhalle, l. die Hängebrücke sowie die Festhalle.

Die Bauleitung übernahmen Bernhard Georg Hanssen und Emil Meerwein, die auch beim Rathausneubau engagiert sind (→ 26. 10. 1897/S. 334). Der Baubeginn verzögerte sich bis zum Herbst 1888, so daß die ganze Anlage in nur neun Monaten fertiggestellt werden mußte. Diese Hast ist der Gewerbe- und Industrieschau nicht anzumerken. Auf dem rund 15 ha großen Gelände bieten vier Hauptgebäude, zwei gesonderte Hallen für eine Kunst- und eine Handelsausstellung sowie eine Vielzahl kleinerer Pavillons zusammen etwa 20 000 m² an überdachter Fläche.

Das Gelände präsentiert sich dem Besucher als kunstvolles Ensemble: Neben wetterfesten Hallen im Stil der deutschen Renaissance erwarten ihn sorgfältig präparierte Gartenanlagen mit Freiplastiken und allegorischen Figuren sowie reizvoll angelegte Wege, Stege und Brücken, allen voran die 76 m lange Hängebrücke über den Stadtgraben, die nach Schluß der Ausstellung stehen bleibt. Das markanteste Bauwerk ist das 180 m lange Hauptgebäude von Hanssen & Meerwein am Holstenplatz, das sowohl großen Einzelausstellern als auch ganzen Handwerkerinnungen offensteht.

Für das Rahmenprogramm haben sich die Veranstalter einiges einfallen lassen. Neben Ballonfahrten und einem schaurig-schönen Panorama des Großen Brandes von 1842 ist vor allem die 3000 Besucher fassende Festhalle Schauplatz verschiedenster Darbietungen und Tanzveranstaltungen, bei denen der Walzer »Hoch Hammonia« erklingt.

Fotopionier Hamann geht auf Motivjagd

Chronik Dokument

1. April 1889. Der 30 Jahre alte Fotograf Johann Hamann eröffnet ein Atelier in der Neustädter Neustraße 65. Für genug Tageslicht sorgt ein Glasdach. Die Stadt und der Hafen sind seine bevorzugten Motive. Als er 1935 stirbt, setzt Sohn Heinrich die Arbeit fort.

Auf seinen Bildern dokumentiert Hamann ein bewegtes Kapitel Stadtgeschichte für die Nachwelt. Am Anfang seiner Arbeit steht allerdings die Porträtaufnahme. Auch hier ist er Pionier: Als einer der ersten in Hamburg benutzt er Magnesium-Blitzlichtpulver.

Seeleute, Schauermänner, Stauervizen – das sind die bevorzugten Motive für den Fotografen Johann Hamann, der die Menschen im Hafen und ihre Arbeit in seinen stets gestochen scharfen Aufnahmen für die Nachwelt festhält.

Arbeitsalltag im schnellen Welthafen Hamburg: Moderne Kaistrecke mit Gleisanschluß, vorn ein Elevator (Fördereinrichtung) für die Massengutverladung, dahinter einer der in Hamburg üblichen Dampfkräne

Circus Renz feuersicher, aber unrentabel

△ *Plakat für den Circus Busch von 1892; nach dem Erfolg mit der Wasserpantomime setzt Busch auf buntes Treiben in der Luft.*

◁ *Eingangsportal zum alten Circus Renz am Circusweg. Die Figuren über und neben dem Portal zeigen Szenen aus der Pferdedressur.*

22. April 1889. Der Circus Renz am Circusweg nahe der Reeperbahn gibt seine Eröffnungsvorstellung. Weil der Vorgängerbau am 2. November 1887 durch ein Feuer vernichtet wurde, besteht das neue Haus ganz aus Eisen und Stein.

Der feuersichere Circus Renz wird zum Vorbild für feste Zirkusbauten überall in Europa. Um das Publikum zu beruhigen und das Gebäude bei einem Brand schnell räumen zu können, sind die Treppenhäuser so großzügig angelegt worden, daß auch ein voll besetztes Haus in wenigen Minuten geräumt ist. Eine eigene Lichtanlage versorgt die Bogenlampen und Hunderte Glühbirnen mit Strom.

Der aus Karlsruhe gebürtige Ernst Renz war mit seinem »Olympischen Circus« am 1. November 1855 erstmals in Hamburg aufgetreten, wo er in den folgenden Jahren große Erfolge feiern und 1864 einen ersten Zirkusbau eröffnen konnte. Die durch den Brand erzwungene Abstinenz bescherte dem Unternehmen Konkurrenz: Im Mai 1888 errichtete der Zirkusdirektor Paul Busch an der Lerchenstraße in Altona ein Gebäude aus Holz mit Pappdach, das später einer Wellblechkonstruktion weicht. Hier führt er mit Erfolg seine Tierdressuren und spektakulären Wasser-Pantomimen vor. Als Renz 1893 stirbt, kann sein Sohn das Unternehmen nicht halten und muß es 1897 an Busch verkaufen.

Johannes Brahms lebt seit 1875 als freischaffender Künstler in Wien.

Später Stadtlorbeer für Johannes Brahms

14. Juni 1889. Der Senat verleiht dem »im In- und Auslande in Folge seines hervorragenden schöpferischen Genies und edlen Wirkens hochgefeierten Tonkünstler und Komponisten« Johannes Brahms die Ehrenbürgerwürde.

Dem Dirigenten Hans von Bülow ist es zu verdanken, daß sich die Stadt zu dieser späten und praktisch kostenlosen Ehrung für den am 7. Mai 1833 in Hamburg Geborenen entschließt, die Brahms sehr glücklich macht. Als die Stadt ihm – nach zweimaligem Übergehen – 1894 den Dirigentenposten der Philharmonischen Gesellschaft anbietet, lehnt Brahms freilich ab.

Dampfer und Kähne am Versmannkai mit den Schuppen A, B und 22–25; hier entsteht 1895 eine Landungsanlage für importiertes Schlachtvieh.

◁ *Hafenszene; einige Kinder posieren bereitwillig für den Fotografen.*

»Flora« – Tempel gediegener Vergnügen

2. Juni 1889. Am Schulterblatt 71 bis 73 eröffnet der 6000 Personen fassende »Concert-Garten« der »Flora«. Das dreistöckige Zentralgebäude im Stil der Neo-Renaissance mit den Seitentürmen beiderseits des Haupteingangs repräsentiert die aktuelle Form bürgerlicher Prachtentfaltung. Hier bieten ein Wiener Café, Billardzimmer, Restaurant und kleinere Gesellschaftsräume gediegene Gemütlichkeit.

Rechts neben dem Haus führt ein Portal in den kunstvoll angelegten, blumengeschmückten Garten, den abends Hunderte von Lampen in Blütenkelchform erhellen. Die »Flora« ist erst recht Stadtgespräch, als ein großer Teil des Gartens – der Bereich zwischen dem Restaurant am Schulterblatt und dem Konzertsaal an der Lippmannstraße – mit einer dreischiffigen Eisenfachwerk-Konstruktion überdacht wird. Durch die Verglasung dieses Gerüsts entsteht der »Crystallpalast«. Nach dem Einbau einer festen Bühne im Jahr 1900 rückt die »Flora« in die erste Reihe der deutschen Varieté-Theater.

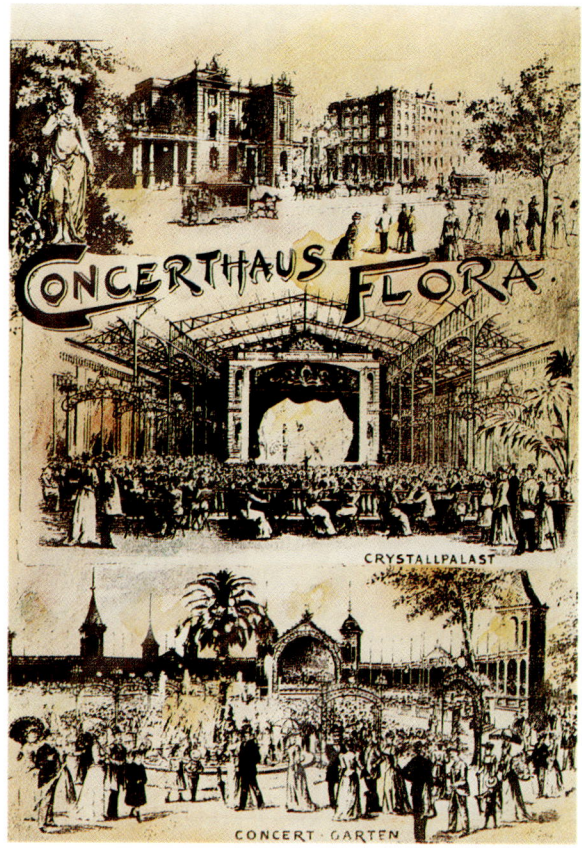

Plakat des »Concerthauses Flora« mit der Eingangsfront, dem »Crystallpalast« und dem »Concert-Garten«; bereits um 1835 war hier ein runder Holzpavillon als Ausflugs- und Vergnügungslokal erbaut worden, das »Tivoli«. Es wechselte mehrfach seinen Besitzer und seinen Namen und wurde schließlich abgerissen. An dessen Stelle setzte das bereits an der Reeperbahn überaus erfolgreiche Theaterunternehmer-Duo Mutzenbecher/Lerch sein neues »Concerthaus Flora«.

»Hamburger« kommt nicht aus Hamburg

1889. Der »Hamburger« erscheint erstmals im »Oxford English Dictionary«. Gemeint ist nicht ein Bewohner der Elbmetropole, sondern das »Hamburger Steak«, ein Klops aus gehacktem Rindfleisch.

Ob der »Hamburger« etwas mit Hamburg zu tun hat, beschäftigt die Historiker. Denkbar ist auch die Bildung eines Kunstbegriffs aus den englischen Worten »ham« (Schinken) und »burger« (Brötchen). Dagegen spricht, daß deutsche Einwanderer dem »Hamburger Steak« erst um 1900 Brötchenhälften beifügten.

Neuere Untersuchungen förderten folgende Version über die Schöpfungsgeschichte des »Hamburgers« zutage: Hamburger Kaufleute haben vermutlich in der Mitte des 19. Jahrhunderts im Baltikum ihre Vorliebe für kleingehacktes, rohes Rindfleisch entdeckt. Zuhause ging man dazu über, das Fleisch vor dem Verzehr zu braten. Um 1884 brachten dann deutsche Matrosen das »Hamburger Steak« nach New York und Boston.

Turn- und Turffreunde geben dem Sport neue Impulse

12. Juni 1889. In Jappes Wirtschaft an der heutigen Fruchtallee folgen rund 60 Herren der Einladung zur Gründung eines Männer-Turnvereins für Eimsbüttel-Hoheluft. Am östlichen Ende Hamburgs, in Horn, wird knapp zwei Wochen später das erste offizielle Deutsche Galopp-Derby gelaufen.

Die Turnbrüder sind zunächst wenig einträchtig. Die einen wollen im Clubraum einer Wirtschaft, die anderen in einer Schulturnhalle der Leibesertüchtigung frönen. Die Kneipenfraktion behält die Oberhand: Der »Eimsbütteler Männer-Turnverein von 1889« entsteht.

Das läßt die Turnhallen-Freunde jedoch nicht ruhen: Sie machen sich kurz darauf mit der »Eimsbütteler Turnerschaft« selbständig. Der geplante Bau einer Turnhalle führt 1893 zu einer Fusion; aber kaum vereint, zerstreiten sich die Turner wieder. Erst im Februar 1898 tun sie sich erneut und diesmal endgültig zusammen, um als »Eimsbütteler Turnverband« 1910 ihre Halle zu bauen.

Kontinuierlicher als in Eimsbüttel geht es bei den Hamburger Turf-Freunden voran. Die erstmals am → 11. Juli 1869 (S. 265) als Norddeutsches Derby ausgeschriebene Prüfung für Dreijährige wird am 23. Juni mit sechs Startern als Deutsches Derby gelaufen. Der Sieger »Uram-batyam« des Herrn von Blascovits erhält 37 500 Mark.

Starke Männer gibt es auch in Hamburg: Angehörige des Kraftsportvereins »Siegfried«, gegründet im Jahr 1887

◁ *Öffentlicher Aufruf zur Gründung eines Männer-Turnvereins, des späteren Eimsbütteler Turnverbandes*

Kornumstecher bei ihrer Arbeit am Getreideheber – der Hamburger Hafen ist wichtig für Getreideexporte.

Grandioser Kontrast zur Plackerei im Hafen: Taufe des Dampfers »Auguste Viktoria« durch die Kaiserin (1889)

Eine sicherer Schritt ist nötig, um auf schmalem Brett solche Last zu tragen: Kohlenträger entladen eine Schute.

An Deck eines Frachtseglers stellt sich eine Gang Schauerleute hinter der letzten Hieve zum Foto auf.

»Dann hebt es sich stolz wieder empor«

Chronik Zitat

In dem Buch »Unser Elternhaus« (1895) beschreibt Paul Hertz einen Stapellauf bei Blohm & Voss (Auszug):

»Der Stapellauf eines großen Schiffes ist ein so großartiger, erregender Anblick. Wir erleben sonst nie, daß sich ein so gewaltiger Körper auf dem festen Lande bewegt. Da steht das schöne neue Schiff mit dem funkelnden Metallboden frei auf dem Helgen [Baugerüst], fast ohne Stützen . . . Atemlos starrt jeder auf das Schiff – jeden Augenblick kann es sich in Bewegung setzen! Niemand aber kann bestimmt voraussehen, wann das sein wird, das ist das Aufregende!

Da, endlich, fängt es an zu gleiten, erst ganz langsam, kaum merklich! Krachend fallen die letzten Stützen zur Seite, die Leute werfen sich platt auf den Boden, über sie hinweg geht das riesige Schiff! Es neigt sich ein wenig nach links oder rechts gegen die »Schlagbetten« – rascher und rascher wird der Lauf; endlich saust es dahin. – Der Helgen, die Schlagbetten erzittern und rauchen unter der ungeheueren Reibung! Endlich schießt es ins Wasser, eine mächtige, brausende Welle vor sich hertreibend!

Sobald es vom Helgen frei ist, taucht es tief mit dem Bug ein, als wollte es sich vor den am Ufer Befindlichen verbeugen. Dann hebt es sich stolz wieder empor und treibt schmuck und schön wieder auf dem Wasser, eine Freude dem Erbauer wie dem Reeder, die es mit ihren Augen verschlingen. Bisher ein toter Körper, hat es nun Leben gewonnen. Jedem ist ein Stein vom Herzen gefallen.«

Bauern wehren sich: Gebot statt Festpreis

12. Dezember 1889. Im Auftrag ostholsteinischer Bauern versteigert die Firma Kroplin in Hamburg 55 Faß Butter. Dies ist die Geburtsstunde der heutigen Meiereizentrale Nordmark e.G., Hamburg.

Die Landwirte wehren sich mit der Gründung einer eigenen Verkaufsorganisation gegen die niedrigen Erzeugerpreise. Zahlreiche Meiereigenossenschaften sind in den Jahren zuvor in Schleswig-Holstein gegründet worden. Die vermehrte Milchviehhaltung hat die Bauern jedoch nicht reicher gemacht. Den Verkauf übernehmen freie Butterhändler.

Während sie den Bauern aber nur einen niedrigen Einheitspreis bezahlen, verteuern sie die Butter für den Endverbraucher durch eine hohe Handelsspanne.

Um dies zu ändern, beschloß der im Juli 1886 von 19 schleswig-holsteinischen Landwirten in Lensahn gegründete Ostholsteinische Meiereiverband am 2. November 1889, ihre gute Butter künftig meistbietend zu versteigern.

Altona »schluckt« seine Nachbarorte

1. Juli 1889. Der aufblühende Industrie- und Handelsort Ottensen wird in Altona eingemeindet. Die Großraumbildung im Westen Hamburgs setzt sich durch die Angliederung der Landgemeinden Bahrenfeld, Othmarschen und Övelgönne an Altona zum 1. April 1890 fort. Dessen Stadtgebiet wächst von 448 auf 2180 ha, die Einwohnerzahl steigt von 114 000 auf 143 000. Lange Zeit hatte sich Ottensen gegen diesen Schritt gesträubt. Sein Aufstieg war Folge der zollrechtlichen Benachteiligung Altonas – zuerst durch Dänemark, dann durch den Zollverein (→ 26. 10. 1871/S. 270). Mit Altonas Anschluß an das deutsche Zollgebiet 1888 sind diese Nachteile entfallen.

Die Gebietsreform macht den Weg frei für eine gemeinsame Industrieansiedlungspolitik. Altona erhofft sich Mehreinnahmen. Als Wohnstadt für Arbeiter, die in Hamburg oder Ottensen tätig sind, hatte es bisher soziale Lasten tragen müssen, ohne am Gewerbesteueraufkommen der Nachbarn teilzuhaben.

1890

Forcierter Handel mit »Reich der Mitte«

1. Januar 1890. Die »China Export-, Import- und Bank-Compagnie« richtet in Hamburg ein Büro ein. Im Vorjahr hatte bereits die »Hongkong und Shanghai Banking Corporation« als erste außereuropäische Bank eine Filiale in der Han-

sestadt eröffnet. In dieser internationalen Handelsbank sind neben britischen Firmen auch einige der in China tätigen Hamburger Firmen leitend vertreten.

Lange Zeit unterschätzten die Verantwortlichen den Wert des China-

Geschäfts-Präsent: Blatt aus einem Kalender der Hamburg-Amerikanischen-Packetfahrt-Aktiengesellschaft für ihre Kunden in China aus dem Jahr 1908; in Bild und Text stellt sich die Hamburg-Amerika Linie als die größte Reederei der Welt vor, unter deren Flagge mehr als 310 Schiffe fahren, von denen ein Teil auch im regelmäßigen Liniendienst nach Ostasien verkehrt. Im Jahr 1898 nimmt die Hapag darüber hinaus einen regelmäßigen Frachtdienst nach Ostasien auf und eröffnet zwei Jahre später sogar eigene Linien an der chinesischen Küste.

Handels. Während die Commerz-Deputation für Südamerika eine aktive Handelsvertragspolitik verlangte (→17.11.1827/S.198), hielt sie sich in bezug auf China merklich zurück. Erst → 1861 (S. 250) kam es zum Abschluß eines Freundschafts-, Handels- und Schiffahrts-Abkommens der drei Hansestädte. Zu diesem Zeitpunkt hatten sich andere Nationen schon lange in dem »Reich der Mitte« festgesetzt. Allen voran die Briten, die China nach Ende des »Opiumkrieges« im Frieden von Nanking am 26. August 1842 zur Abtretung Hongkongs und zur Öffnung mehrerer Hafenstädte zwangen.

Anders als in Südamerika und Afrika (→ 14. 7. 1884/S. 296) spielte die Initiative der Stadt und der in Hamburg ansässigen Handelshäuser bei der Ausbreitung des Handels im Fernen Osten nur eine untergeordnete Rolle. Es waren vielmehr einzelne deutsche Kaufleute, die in Ostasien Firmen gründeten und erst sehr viel später in der Heimat Dependancen ihrer im Fernen Osten beheimateten Unternehmen einrichten. Demgegenüber unterstehen die auswärtigen Niederlassungen im Afrikageschäft der Leitung der deutschen Mutterfirmen. Zu den Pionieren des Ostasienhandels zählen die Kaufleute August Behn und Valentin Lorenz Meyer, die 1840 die Firma Behn, Meyer & Co. in Singapur gründeten.

Woermann zieht Fäden der Afrika-Linie

19. April 1890. Ein Firmenkonsortium unter Leitung des Reeders Adolph Woermann gründet in Hamburg die Deutsche Ost-Afrika-Linie (D.O.A.L.). Die Routen der D.O.A.L. sind mit denen der Reederei Woermanns abgestimmt, die im Jahr 1885 als »Afrikanische Dampfschiffahrts-Actiengesellschaft, Woermann-Linie«, vom eigentlichen Handelsgeschäft abgetrennt wurde.

Die D.O.A.L. ist ein Zweckverband aus den Firmen C. Woermann, Hansing & Co., F. Laeisz und August Bolten. Zwar ist der Anteil des Hauses Woermann mit 150 000 Mark angesichts des Aktienkapitals von insgesamt 6 Mio. Mark nominell gering, doch hält Woermann den Vorsitz im Aufsichtsrat

und hat zwei seiner Teilhaber im Vorstand plaziert.

Bei der Gründung der Ost-Afrika-Linie hat Woermann die sonst von

Reedereiflagge der Ost-Afrika-Linie (Ausschnitt aus einem Plakat von 1890, gestaltet von Charles Fuchs)

ihm vehement vertretene Position des Freihandels verlassen. Aufgrund des im Mai mit der D.O.A.L. geschlossenen Postdampfervertrages subventioniert das Reich den Schiffsverkehr zwischen dem Deutschen Reich und seinem »Schutzgebiet« Deutsch-Ostafrika mit jährlich 900 000 Mark. Im Gegenzug verpflichtet sich die D.O.A.L. zu einem mit dem Reich abgesprochenen Liniendienst, der die bedeutendste Strecke Hamburg–Delagoa Bai einschließt.

Am 23. Juli 1890 verläßt der erste Postdampfer der D.O.A.L. Hamburg. Die Schiffe verkehren zunächst alle acht, später sogar alle vier Wochen. 1892 wird die Hauptlinie bis nach Durban in Britisch-Südafrika verlängert.

Gedenkblatt zum Auslaufen des »Sozialistengesetzes« 1890 mit einer Darstellung der Ausweisung und der Heimkehr aus dem meist jahrelangen Exil

Sozialdemokraten gehen aus zwölfjähriger Verfolgung gestärkt hervor

30. September 1890. *Nach zwölfjähriger Dauer läuft das »Sozialistengesetz« aus, nachdem der Reichstag am 25. Januar 1890 eine weitere Verlängerung abgelehnt hatte. Zugleich endet der seit zehn Jahren bestehende kleine Belagerungszustand für Hamburg, Altona und Umgebung. In der Nacht zum 30. September veranstalten die Sozialdemokraten eine Feier zu Ehren der unter dem »Sozialistengesetz« ausgewiesenen Genossen (→ 31. 12. 1880/S. 290).*
Das am 21. Oktober 1878 in Kraft getretene »Gesetz gegen die gemeingefährlichen Bestrebungen der Sozialdemokratie« hat zwar deren Anhänger in die Illegalität gedrängt

und viele aktive Parteigenossen aus ihrer Heimat vertrieben, den Zusammenhalt der Verfolgten aber nicht schwächen können. Im Gegenteil: Die staatlichen Zwangsmaßnahmen haben die Partei gestärkt und ihr Wählersympathien und -stimmen verschafft (→ 20. 2. 1890/S. 317). Das »Sozialistengesetz« hat große Teile der Arbeiterschaft dem Kaiserreich entfremdet und bürgerliche Parteien sowie Arbeitgeber herausgefordert, sich dem Wachstum der organisierten Arbeiterschaft entgegenzustellen. Eine tiefe Kluft trennt fortan die Sozialdemokraten, die Kaiser Wilhelm II. als »vaterlandslose Gesellen« diffamiert, vom Bürgertum.

Dreifacher SPD-Sieg bei Reichstagswahl

20. Februar 1890. Die Sozialdemokraten August Bebel, Johann Heinrich Wilhelm Dietz und Wilhelm Metzger setzen sich bei den Reichstagswahlen erstmals in allen drei Hamburger Abstimmungsbezirken durch. Die SPD erringt 58,7% der Wählerstimmen.
Den Wahlkreis Hamburg III, zu dem auch das Landgebiet gehört, nimmt Metzger, Redakteur beim »Hamburger Echo«, dem bisherigen – nationalliberalen – Abgeordneten Adolph Woermann ab. Den Einzug der Sozialdemokraten in die Bürgerschaft verhindert weiterhin das restriktive Wahlrecht.
Mit wenigen Ausnahmen hat die SPD in allen Wahlkreisen Hamburg-Altonas kontinuierlich an Stimmen gewonnen. Am 27. April 1880 war zunächst Georg Wilhelm Hartmann in einer Nachwahl im Wahlkreis Hamburg II erfolgreich (→ 31. 12. 1880/S. 290), vier Jahre später eroberte Bebel den ersten Reichstagswahlkreis.
Hamburg ist auch ein Zentrum der SPD-nahen Gewerkschaften. Am 16./17. November wählen deren Delegierte in Berlin eine Generalkommission unter dem Vorsitz von Carl Legien als neues Führungsgremium mit Sitz in Hamburg. Von den bereits bestehenden 57 gewerkschaftlichen Zentralverbänden haben 24 ihren Sitz in Hamburg, Altona oder Wandsbek.

Arbeitsniederlegung für Achtstundentag

1. Mai 1890. Rund ein Drittel aller Hamburger Arbeiter folgt dem Aufruf einer Versammlung vom 25. April zum Streik. Sie demonstrieren für die Einführung des achtstündigen Arbeitstags, den bereits im Vorjahr ein internationaler Arbeiterkongreß gefordert hatte.
Besonderen Widerhall findet der Maiaufruf bei Werftarbeitern, Ewerführern, Tischlern, Maurern und Zimmerern. Zu einer vollständigen Arbeitsniederlegung kommt es nirgends, zumal die SPD-Reichstagsfraktion am 13. April zur Vorsicht gemahnt hatte. Die Arbeitgeber reagieren mit der Aussperrung von rund 20 000 Beschäftigten, die sie zum Teil erst nach fünf Monaten wieder einstellen.

Arbeitgeber machen mobil

21. April 1890. Auf Initiative des Verbandes der Eisenindustrie Hamburgs unter Vorsitz von Hermann Blohm konstituiert sich der Industrie- und Gewerbeverband Hamburg-Altona (später Arbeitgeberverband Hamburg-Altona).

Die vereinten Unternehmer reagieren damit auf den Streikaufruf der Gewerkschaften zum → 1. Mai (S. 317). Sie verfolgen zwei Ziele: Arbeiter, die wegen ihrer Gewerkschaftätigkeit entlassen werden, sollen schwerer eine Stelle finden. Außerdem will der Verband die Branchen unterstützen, die sich nicht allein gegen Streiks wehren können.

Seine erste Bewährungsprobe besteht der Verband bei der Aussperrung 1890. Die Unterstützung ihrer streikenden oder ausgesperrten Mitglieder belastet die Gewerkschaften mit rund 470 000 Mark. Dadurch ermutigt, können die Eisenindustriellen die Gewerkschaften zwingen, auf die im Juni 1888 gegründete Arbeitsvermittlung zu verzichten und statt dessen das Arbeitgeberbüro am Krayenkamp anzuerkennen.

Dort werden zwar alle Arbeitsuchenden erfaßt, Gewerkschafter und andere mißliebige Personen bleiben nach diesem »Hamburger System« aber unvermittelt.

Schikanen der Unternehmer wie dem »Hamburger System« der Stellenvermittlung treten die Arbeiter mit Kundgebungen entgegen (1. Mai 1893, Barmbek).

Ins Leben mit Weihe statt Konfirmation

24. März 1890. Als »eigenartige, recht ansprechende und erhebende Familienfeier« beschreibt das SPD-Organ »Hamburger Echo« die erste freidenkerische Jugendweihe im Victoria-Garten in Barmbek.

An der Feier nehmen 23 Schüler und Schülerinnen mit ihren Eltern, Angehörigen und Freunden teil. Für sie steht statt der kirchlichen Konfirmation die Jugendweihe am Ende ihrer Schulzeit.

Die Jugendlichen erhalten ein Buch mit Vorträgen des Schweizer Professors Arnold Dodel-Port. Sie befassen sich auf der Grundlage der Entwicklungslehre von Charles Darwin überaus kritisch mit dem christlichen Glauben.

Verein gegen Mängel und Vermieterwillkür

15. April 1890. Aus Widerstand gegen Vermieterwillkür und gesundheitsschädliche Wohnverhältnisse gründet sich der »Mieterverein zu Hamburg«.

Ziel ist die Wahrung der »berechtigten Interessen seiner Mitglieder in Bezug auf Miethe- und Wohnungsverhältnisse«. Dies ist besonders in Hamburg nötig, wo – wie die »Hamburger Nachrichten« am 11. Mai schreiben – »der bauliche Zustand der Wohnungen viel zu wünschen übrig läßt und wo Differenzen zwischen Miethern und Vermiethern wegen Nichterfüllung der gesetzlichen oder vertragsmäßig übernommenen Verpflichtungen an der Tagesordnung sind«.

9. 1. Altona ernennt Oberbürgermeister Franz Adickes für die Eingliederung der Vororte (→ 1. 7. 1889/S. 315) zum Ehrenbürger.

20. 1. Die in Hamburg ansässige und von Carl Legien geführte Generalkommission der Gewerkschaften Deutschlands gibt die erste Ausgabe ihres »Correspondenzblattes« heraus. Es erscheint zunächst nach Bedarf, später wöchentlich.

22. 1. Mit ihrem Schnelldampfer »Auguste Victoria« eröffnet die Hapag das Zeitalter der Kreuzfahrten. → S. 318

8. 2. Das neue Freimaurer-Logenhaus in der Welckerstraße ist fertiggestellt.

29. 3. Gustav Mahler debütiert als Erster Kapellmeister am Stadt-Theater. → S. 319

1. 4. Zur Geburtstagsfeier für den früheren Reichskanzler Otto von Bismarck reisen Tausende von Anhängern nach Friedrichsruh. → S. 319

6. 5. In Hamburg werden Taxameter für Pferdedroschken in Betrieb genommen.

9. 5. Als neue Zeitung für die Elbinseln gibt Franz Kämmerer zweimal wöchentlich die »Wilhelmsburger Gemeinde-Zeitung« heraus (ab 1911 »Wilhelmsburger Zeitung«).

23. 7. Auf der Galopprennbahn in Groß-Borstel finden die ersten Rennen statt.

17. 9. In einem Gebäude an der Ecke Steintorwall und späterer Mönckebergstraße eröffnet das Naturhistorische Museum. → S. 319

6.–28. 9. Die Hanseatischen Infanterie-Regimenter Nr. 75 und Nr. 76 feiern ihr 25jähriges Bestehen.

24. 9. Die Literarische Gesellschaft zu Hamburg hält ihre konstituierende Sitzung ab. → S. 319

7. 12. Am Petersenkai geht der erste elektrische Kaikran der Welt in Betrieb. → S. 319

1891. Der Maler Max Liebermann porträtiert den Hamburger Bürgermeister Carl Friedrich Petersen. Das Bild findet jedoch beim Dargestellten keinen Anklang. → S. 319

GEBOREN:

14. 2. Hamburg: Erich Engel († 10. 5. 1966, Berlin), Regisseur.

22. 4. Schöneberg: Lothar Danner († 2. 2. 1960, Hamburg), Polizeichef.

22. 9. Hamburg: Hans Albers († 24. 7. 1960, Kempfenhausen), Schauspieler.

GESTORBEN:

13. 1. Hamburg: Anton Rée (*9. 11. 1815, Hamburg), Pädagoge.

Ein Plakat der Hamburg-Amerika-Linie wirbt für Vergnügungsreisen zur See in alle Teile der Welt.

Luxus-Kreuzfahrten schließen Winterloch

22. Januar 1891. Kaiser Wilhelm II. gibt sich die Ehre und kommt nach Cuxhaven. Hier läuft der Schnelldampfer »Auguste Victoria« zur ersten Winter-Kreuzfahrt der Hapag ins Mittelmeer aus.

Die Kaiser-Visite verleiht einem kühnen Unternehmen des Hapag-Vorstandsmitglieds Albert Ballin allerhöchste Gunst. Um seine im Winter nur mäßig ausgelasteten Luxusliner auch in dieser Zeit gewinnbringend einsetzen zu können, hat Ballin eine attraktive Reiseroute inklusive reizvoller Landausflüge ausarbeiten lassen und sie über europäische und US-Agenturen angeboten.

Der Erfolg gibt ihm recht: 241 Passagiere, darunter 49 Ausländer aus zehn Nationen und 76 Damen, genießen auf der »Auguste Victoria« die Annehmlichkeiten einer 58tägigen Seereise. Sie führt über britische, portugiesische, italienische und griechische Häfen bis Konstantinopel, dem heutigen Istanbul, und von dort nach Jaffa und Beirut. Ballin selbst ist auf dieser Jungfernfahrt Gastgeber.

Ganz neu ist seine Idee nicht: Am 24. Juli 1890 lief der Dampfer »Kaiser Wilhelm II.« des Norddeutschen Lloyd von Bremerhaven zu einer »Fahrt nach Norwegen bis zum Nordkap« aus. 215 Passagiere, darunter 14 Frauen, vergnügten sich an Bord des Schiffes.

Schlechtbezahlte Dirigentenkünste

29. März 1891. In einer Aufführung des »Tannhäuser« von Richard Wagner debütiert Gustav Mahler als Erster Kapellmeister am Stadt-Theater. Zuvor leitete der 30jährige zwei Jahre die Budapester Oper.

Der Komponist und Dirigent Gustav Mahler (* 7. 7. 1860 in Kalischt/Böhmen) bleibt von 1891–1897 in Hamburg, geht dann nach Wien an das Hofoperntheater und gastiert ab 1907 in New York. Mahler stirbt am 18. Mai 1911 in Wien.

Ähnlich wie Hans von Bülow (→ 1. 11. 1887/S. 303), nach dessen Tod 1894 Mahler die Leitung der Philharmonischen Konzerte übernimmt, kämpft Mahler vergeblich gegen die miserablen Arbeitsbedingungen an. Das Orchester wird von Direktor Bernhard Pollini schlecht bezahlt und soll trotzdem Höchstleistungen bringen. Sechs Jahre später hat Mahler genug: Nach der Abschiedsvorstellung am 24. April 1897 geht er nach Wien.

Hamburger feiern »Eisernen Kanzler«

1. April 1891. Tausende seiner Anhänger feiern den 76. Geburtstag Otto von Bismarcks auf dessen Alterssitz Friedrichsruh. Kaiser Wilhelm II. entließ den Reichskanzler im März des Vorjahrs, als Bismarck

Otto von Bismarck (* 1. 4. 1815, Schönhausen) wurde als energischer Reichseiniger in Hamburg lange skeptisch beurteilt. Er stirbt am 30. Juli 1898 in Friedrichsruh.

den Kurs des Monarchen gegenüber der Sozialdemokratie als zu »weich« kritisierte.
Im Rahmen eines Fackelzuges bringt ein Sprecher des nationalliberalen Reichstagswahlvereins aus Hamburg dem in der Uniform der Halberstädter Kürassiere erscheinenden Gründer des Deutschen Kaiserreiches seinen Glückwunsch dar. Die Feiern des »Eisernen Kanzlers« im Sachsenwald werden zu einer ständigen Einrichtung.

Gesellschaft fördert moderne Literatur

24. September 1891. Als Ergebnis eines Aufrufs von 13 Schriftstellern, darunter Otto Ernst, Detlev von Liliencron und Gustav Falke, gründet sich die Literarische Gesellschaft zu Hamburg.

Der durch seine impressionistische Natur- und Liebeslyrik bekanntgewordene Detlev von Liliencron (* 3. 6. 1844 in Kiel) verließ 1875 wegen hoher Schulden die Armee. Er stirbt am 22. Juni 1909 in Alt-Rahlstedt.

Als Vorsteher des Provisorischen Gründungs-Komitees kann Otto Ernst rund 250 Personen auf der konstituierenden Sitzung bei Sagebiel begrüßen. Aus den Statuten: »Die Literarische Gesellschaft zu Hamburg will: 1. das Interesse für die Erzeugnisse namentlich der zeitgenössischen Literatur wecken und beleben, 2. Gelegenheit bieten zu freiem Meinungsaustausch in literarischen Dingen und zwanglos geselligem Verkehr.«

Liebermann-Porträt empört Dargestellten

1891. Das Porträt des 82jährigen Hamburger Bürgermeisters Carl Friedrich Petersen in seiner Amtstracht, ein Werk des Malers Max Liebermann, stößt beim Dargestellten auf wenig Gegenliebe.

Carl Friedrich Petersen (* 6. 7. 1809) amtiert bis zu seinem Tod am 14. 11. 1892 insgesamt sechsmal als Erster Bürgermeister.

Sowohl Petersen, der 1855 in den Senat und 1876 zum Bürgermeister aufrückte, als auch seine Familie sind über die lebensechte Darstellung empört. Erst 1902, zehn Jahre nach Petersens Tod, darf das Bild in der Kunsthalle gezeigt werden.
Liebermann zählt zu jenen zeitgenössischen Künstlern, die dem Kunsthallen-Direktor Alfred Lichtwark besonders nahe stehen. Als erstes Liebermann-Bild erwarb er »Die Netzflickerinnen« (1887/89).

Elektrokran am Kai auf dem Vormarsch

7. Dezember 1891. Am Petersenkai beginnt der erste elektrische Kaikran der Welt mit Verladetätigkeiten. Seine Hebefähigkeit beträgt 1500 kg. Ein zweiter Kran kommt im April 1892 hinzu.
Der »Hamburgische Correspondent« beschreibt den Kran am 10. Januar 1892 so: »Der neuerdings aufgestellte Krahn, ein sogenannter Portalkrahn, dient zur Verladung der Waren von den am Kai ankernden Schiffen direkt auf Eisenbahnwagen oder in die Lagerschuppen und umgekehrt. Zu diesem Zweck ist er längs des Kais innerhalb eines Bereichs von ungefähr 30 Metern verschiebbar.«
Um Erfahrungen mit dem Elektroantrieb zu gewinnen, entwickelte und baute die AEG zusammen mit der Gutehoffnungshütte, Siemens & Halske sowie Nagel & Kaemp diese Prototypen. Es gibt jedoch Probleme, weil das Kraftwerk am Petersenkai, das die Spannung von 65 Volt liefern soll, durch den Kranbetrieb überlastet ist. Nachdem

diese Mängel überwunden sind, zeigen die Elektrokräne vor allem im Winter ihre Überlegenheit gegenüber dem Dampfbetrieb. Im

Frühjahr 1893 werden sie an den Kirchenpauerkai verlegt, weil die Hapag den Petersenkai gemietet hat und Dampfkräne bevorzugt.

Der erste Elektrokran; angesichts der modernen Hafenbecken werden effizient arbeitende Kräne für den raschen Güterumschlag immer wichtiger.

Walskelett lockt zum Steintorwall

17. September 1891. Das bislang im Parterregeschoß des Johanneums untergebrachte Naturhistorische Museum präsentiert seine Sammlungen erstmals im neuen Gebäude an der Ecke Steintorwall und späterer Mönckebergstraße (heute Standort des Kaufhauses Horten).
Der dem Zeitgeschmack folgend im Stil der Renaissance gehaltene Museumsbau bildet vom Erdboden bis zum Glasdach eine große Halle mit drei breiten Galerien. Die Ausstellungsstücke stammen aus den Bereichen Mineralogie, Zoologie und Geologie. Prunkstücke der Sammlung sind die im Mittelraum aufgestellten Walskelette.
Vor allem der Schädel eines Narwals fasziniert Fachleute und Laien. Er wurde 1684 vom Walfänger Dirk Petersen aus den Gewässern von Spitzbergen nach Hamburg gebracht und ist das einzige Ausstellungsstück, das 1943 aus den Trümmern des zerstörten Museums geborgen werden kann.

1892

19. 1. In Anwesenheit des Komponisten findet in Hamburg die deutsche Erstaufführung der Oper »Eugen Onegin« von Peter Tschaikowski statt. → S. 321

1. 2. Nach Einführung der Meldepflicht 1891 beginnt in Hamburg die amtliche Erfassung der Bevölkerung.

28. 2. Die 1848 gegründete Zeitung »Reform« erscheint aus wirtschaftlichen Gründen zum letztenmal.

15. 3. Das Altonaer Elektrizitätswerk wird eingeweiht.

3. 4. Das Rote Kreuz gründet eine Abteilung für Barmbek, Uhlenhorst und Umgebung.

1. 5. Der Volkssänger Hein Köllisch debütiert im »Siebenten Himmel«. → S. 322

8. 6. Der Zentralverein der Frauen und Mädchen Deutschlands entsteht. → S. 321

26. 6. Wegen der Verfügung strikter Sonntagsruhe findet auf dem Spielbudenplatz in St. Pauli zum letztenmal der Sonntags-Jahrmarkt statt.

18. 8. Hamburg meldet die ersten Cholera-Fälle. Innerhalb von zehn Wochen fordert die Seuche 8605 Tote. → S. 320

1. 10. Auf Initiative des Evangelisch-sozialen Arbeitervereins gründet sich in Eimsbüttel ein Bau- und Sparverein.

10. 10. Der Hamburger Central-Schlachthof nimmt den Betrieb auf. → S. 322

15. 10. Das von Christoph Hehl im Stil der deutschen Renaissance gestaltete Harburger Rathaus ist fertiggestellt.

21. 10. Durch das Gesetz über die Abänderung der Organisation der Polizeibehörde wird das Armenwesen der Zuständigkeit der Polizei entzogen und einem eigens gegründeten Collegium unterstellt. Ferner werden besondere Abteilungen für die Alster-, Hafen- und Schiffahrtspolizei errichtet.

22. 10. Bei einem Großfeuer auf dem Kleinen Grasbrook erschlägt eine einstürzende Giebelmauer Branddirektor Friedrich Wilhelm Kipping. Der Kaispeicher A brennt vollkommen aus, wird jedoch wieder aufgebaut.

19. 11. Im Hamburger Krematorium erfolgt die erste Leichenverbrennung. → S. 322

30. 12. Ein Bebauungsplan für die Hamburger Vororte auf dem rechten Elbufer soll dem unkontrollierten Wachstum der Stadt ein Ende bereiten. → S. 323

GESTORBEN:

15. 11. Hamburg: Carl Friedrich Petersen (* 6. 7. 1809, Hamburg), Bürgermeister.

In Tag- und Nachtarbeit werden auf dem Friedhof in Ohlsdorf Massengräber für die Opfer der Cholera ausgehoben.

Cholera: Massenhafter Tod in Hamburg

18. August 1892. In Hamburg treten die ersten Fälle der asiatischen Cholera auf. Während der nächsten Wochen erkranken 16 596 Menschen, von denen 8605 sterben. Einmal eingeschleppt, verbreitet sich die Cholera mit rasender Geschwindigkeit. Am 27. August werden die Schulen geschlossen. Allein an diesem Tag erkranken 1102 Menschen.

Die Epidemie konzentriert sich auf die Gängeviertel der Kirchspiele St. Michaelis und St. Jacobi. Die hier im Zuhause der Ärmsten herrschenden katastrophalen hygienischen Bedingungen begünstigen die Ausbreitung der schweren Infektionskrankheit. Im übrigen wurde bereits vor 20 Jahren die schlechte Qualität des aus der Elbe gewonnenen Trinkwassers bemängelt (→ 29. 8. 1872/S. 273). Aber erst 1891 konnten sich die Stadtväter zum Bau eines Filtrierwerks durchringen (→ 1. 5. 1893/S. 324).

Der Mediziner Robert Koch, Entdecker des Cholera-Erregers, kommt am 24. August nach Hamburg. Er erinnert daran, daß die Krankheit dort ausbricht, wo die Hamburger Wasserversorgung aufhört und erklärt: »Ich vergesse, daß ich mich in Europa befinde.«

Als die Stadt am 16. November amtlich für seuchenfrei erklärt wird, ist der Ruf Hamburgs ruiniert. Die Dampfschiffahrt auf der Elbe liegt mehr als drei Wochen lang lahm, und die Grenze nach Altona ist vom 22. September bis zum 30. Oktober gesperrt.

△ *Desinfektionskolonne auf den Straßen Hamburgs unterwegs; mit Chlorkalk versuchen die Helfer, die weitere Seuchenverbreitung zu verhindern.*

◁ *Die unzumutbaren Wohnverhältnisse im Gängeviertel begünstigen die Ausbreitung von Krankheiten und Seuchen: Hof Langer Jammer am Brauerknechtgraben (Foto, um 1900).*

»Alles stinkt hier von Chlorkalk . . .«

Chronik Zeitzeugen

Detlev von Liliencron zeichnet in einem Brief ein drastisches Bild der Umstände während der Cholera-Epidemie (Auszug):

»Du hast keinen Begriff, wie hier der schwarze Tod herrscht. Ich gehe unbekümmert darin herum. Was soll man anders machen . . . Denke dir also: Da gehe ich so durch die Straßen bei Tag oder Nacht: Geschrei (der Sterbenden, der Hinterbliebenen) die Polizei-(Sanitäts-) Beamten alle besoffen, roh; der Kadaver oder noch Lebende (meistens in drei Stunden futsch) wird aus den Häusern herausgerissen (sehr richtig), Geheul, weißes Laken, einige Sanitätsbeamte sprengen mit großen Maler-Quasten, ob auf Tote oder Kranke, große Massen Chlorkalk. Alles stinkt hier von Chlorkalk. Der Pferdebahnbetrieb hat fast ganz aufgehört. Alle Theater, Musiken und so weiter geschlossen.«

Georg Behrmann, Senior der Kirche St. Michaelis, beschreibt in seinen 1904 erscheinenden »Erinnerungen« den Anblick der Stadt während der Cholera (Auszug):

»Alsbald wurden die Straßen durchkreuzt von den zum Krankentransport eingerichteten Wagen, die den großen Krankenhäusern und den Cholerabaracken zustrebten. Man denke sich, wie furchtbar gesteigert die Ansprüche wurden, die an diese Anstalten und ihr Personal gestellt wurden, indem der Transport unablässig fortdauerte, Tag und Nacht durchschnittlich nicht fünf Minuten lang eingestellt wurde. Man stelle sich den Triumphzug des Todes vor, der vom frühen Morgen bis zum späten Abend sich fortbewegte bis zum Zentralfriedhof, wo 250 Arbeiter, in eine Tag- und eine Nachtschicht geteilt, beschäftigt waren, die nötigen Erdarbeiten vorzunehmen. Mir ist unvergeßlich die Nacht vom 27. zum 28. August, in der ich bis zwei Uhr beschäftigt war. Es war totenstill in meiner großen Amtswohnung; von meinem zu ebener Erde gelegenen Arbeitszimmer aus, dessen Fenster in der schwülen Sommernacht geöffnet waren, sah ich in meiner Nachbarschaft unaufhörlich Krankenwagen vorfahren und verschwinden; es war, wie wenn in diesem Stadtviertel, in dem die meisten

△ »Kokt Woter von Senotor«: Abgekochtes Wasser wird an die Bewohner der am meisten von der Seuche betroffenen Viertel abgegeben.

◁ Kombinierter Wohn- und Schlafraum in einer Arbeiterwohnung in Hamburg; keineswegs untypisches Beispiel für die »Lebensqualität« der Unterschichten in den 90er Jahren

Cholerafälle vorkamen, der Würgeengel von Haus zu Haus ginge. Der Morgen brachte dann eine Trauernachricht nach der anderen. Der Weinhändler mir gegenüber, den ich am Abend vorher hatte mit den Nachbarn sich unterhalten sehen, war am anderen Morgen nicht mehr unter den Lebenden; zwei Kinder, die noch am letzten Sonntag am Kindergottesdienst teilgenommen hatten, hatte der himmlische Kinderfreund zu sich gerufen.«

Der Senat lehnt auch im nachhinein ein Mitverschulden an der Seuchenverbreitung ab. Der spätere Bürgermeister Carl August Schröder schreibt in seinen 1921 erscheinenden Memoiren »Aus Hamburgs Blütezeit«:

»Ferner kann kein Zweifel bestehen, daß . . . Hamburg [im übrigen] in hygienischer Beziehung schon derzeit mindestens ebenso

gut versorgt war, wie die meisten sonstigen deutschen Großstädte. Ich bin fest davon überzeugt, daß keine einzige deutsche Stadt dem explosionsartigen Auftreten der Seuche gegenüber ausreichend gewappnet gewesen wäre. Auf solche elementaren Ereignisse kann man sich überhaupt nicht vorbereiten . . . Es war eine harte Prüfung, die der Herr unserer Stadt auferlegt hat, und wir haben eine Fülle schmerzlicher Erfahrungen machen müssen; schließlich aber ist es 1892 ebenso ergangen wie einst mit den beiden anderen schweren Schicksalsschlägen . . . mit der Franzosenzeit und dem Brande: treue, zielbewußte Arbeit, opferwillige Energie und zähe Ausdauer haben die Schläge . . . pariert.«

Frauen-Central-Verein ermutigt zur Politik

8. Juni 1892. Mit fünf Zweigstellen in den Hamburger Arbeitervororten nimmt der Central-Verein der Frauen und Mädchen Deutschlands die Arbeit auf. Sein Ziel: Er will alle proletarischen Frauenorganisationen der Hansestadt zusammenfassen.

Der Central-Verein ersetzt die Organisation zur Vertretung der gewerblichen Interessen der Frauen und Mädchen in Hamburg. Diese hatte es sich vorrangig zur Aufgabe gemacht, die materiellen Anliegen ihrer Mitglieder zu vertreten. Weil der zuvor abgehaltene Gewerkschaftskongreß in Halberstadt entschied, die Interessenvertretung der Arbeiterfrauen sei seine Sache, konzentriert sich der Central-Verein auf politische Fragen. Beitreten kann jede Frau nach Vollendung des 17. Lebensjahres. Der Central-Verein muß allerdings nach drei Jahren seine Arbeit einstellen, nachdem 121 Frauen des Filialvereins Ottensen am 12. Juli 1895 wegen ihrer politischen Arbeit verurteilt werden.

Theater-Glanz durch Tschaikowski-Besuch

19. Januar 1892. »Herr Hofrath P. v. Tschaikowsky, der nach Hamburg gereist war, um die Erstauführung seiner Oper ›Eugen Onegin‹ persönlich zu leiten, fühlt sich etwas unpäßlich und hat daher die Leitung der Vorstellung Herrn Capellmeister Mahler übertragen, wird derselben aber beiwohnen.«

Mit diesen Worten kündigt Stadt-Theater-Direktor Bernhard Pollini eine Umbesetzung bei dem lang erwarteten Opernspektakel an. Sie bedeutet keinen Verlust an Qualität, sondern bringt dem Ersten Kapellmeister Gustav Mahler (→ 29. 3. 1891/S. 319) vielmehr allseitige Bewunderung ein.

Mit der vielbeachteten Einladung an Peter Tschaikowski hat Pollini einmal mehr das Geschick bewiesen, seinem Hause durch große Namen Glanz zu verleihen. Die erste große Oper des russischen Komponisten nach dem gleichnamigen Roman von Alexandr Sergejewitsch Puschkin war am 17. März 1879 in Moskau mit Erfolg uraufgeführt worden.

Hygienisches Schlachten auf St. Pauli

10. Oktober 1892. Bei gleichzeitiger Schließung der neuen, hygienischen Erfordernissen längst nicht mehr entsprechenden privaten Schlachtstätten eröffnet der Central-Schlachthof an der Sternschanze. Gesetzlich bestellte Veterinäre überprüfen per Beschau die Fleischqualität.

Erster Direktor des Schlachthofes ist Carl Georg Andreas Boysen, vormals Generaldirektor des Landwirtschaftsvereins Schleswig-Holstein. Die Viehmarkt- und Schlachthof-Anlagen Hamburgs sind in St. Pauli auf einer Fläche von rund 1050 m Länge und 70 bis 340 m Breite zusammengefaßt. Die Ge-

samtanlage besteht aus dem Viehhof Sternschanze (→ 21. 10. 1867/ S. 261) zum Umschlag von Kälbern und Schweinen, dem Central-Schlachthof auf dem Gelände zwischen Lagerstraße, Feldstraße und Sternstraße, dem Central-Viehmarkt auf dem nordöstlichen Ende des Heiligengeistfeldes – hier wird Großvieh und Hammel angeboten – und dem Contumazhof an der Kampstraße. Er dient als Quarantänestation. Ein Tunnel verbindet Viehmarkt und Schlachthof.

Die von der Kampstraße durchschnittene Schlachthofanlage umfaßt ein Areal von rund 53 600 m². Der großzügige Neubau ist notwendig geworden, weil der seit 1841 benutzte alte Schlachthof an den Vorsetzen nicht mehr den Bedürfnissen der ständig wachsenden Stadt und den Erfordernissen der Hygiene entspricht. Zwar hatte der Senat schon mit Wirkung vom 27. August 1864 die Schlachter der Innenstadt zwingen wollen, Vieh nur noch im Schlachthof zu töten, aber schon aus räumlichen Gründen ließ sich dies nicht durchsetzen.

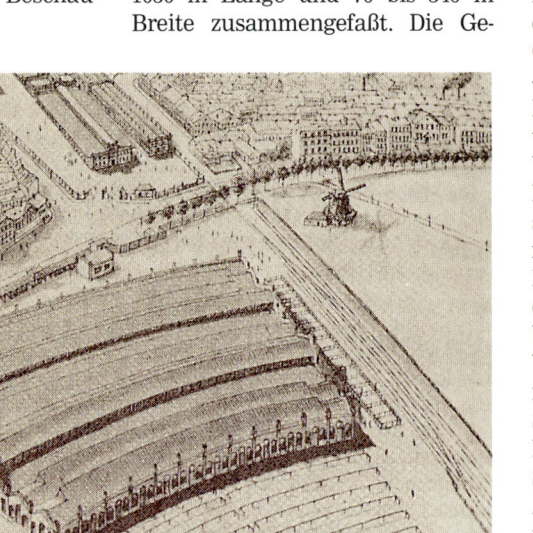

Central-Viehmarkt mit Rinderhalle auf dem Heiligengeistfeld; im Hintergrund die Schlachthof-Gebäude; rechts die 1939 abgerissene Windmühle

Krematorium trotz konservativer Kritik

19. November 1892. Im Krematorium an der Ohlsdorfer Straße (heute Alsterdorfer Straße) findet die erste Einäscherung statt. Damit ist Hamburg die dritte Stadt des Deutschen Reiches mit einer Feuerbestattungsanlage.

Die Inbetriebnahme des Krematoriums geht auf das Engagement eines 1883 gegründeten Feuerbestattungsvereins unter Leitung von Rudolf Krause (später Eduard Brackenhoeft) zurück. Dieser hatte erstmals 1884 um die gesetzliche Zulassung der Feuerbestattung in Hamburg ersucht. Während die Bürgerschaft dem Vorhaben von Beginn an positiv gegenüberstand, sperrte sich der Senat gegen die staatliche Einführung der Feuerbestattung. Er signalisierte allerdings Wohlwollen gegenüber einem privat betriebenen Krematorium. Vor diesem Hintergrund betrieb der Verein die Errichtung eines Krematoriums in eigener Regie; der von Ernst Paul Dorn konzipierte Bau wurde am 22. August 1891 eingeweiht. Wegen anhaltender Konflikte zwischen Senat und

Bürgerschaft um einzelne Bestimmungen fand jedoch vorerst keine Einäscherung statt. Erst nach der Cholera-Epidemie wurde die fakultative Verbrennung zugelassen.

Seit den 70er Jahren kämpft eine regelrechte Feuerbestattungsbewegung, getragen vom modernen, aufgeklärten Bürgertum, für den Bau von Krematorien. Trotz heftiger Polemik konservativer Kreise – vor allem der Kirchen – entstanden zwei Krematorien, in Gotha (1878) und in Heidelberg (1891).

Hamburger Krematorium, Beispiel für Spätformen des Historismus: Technik wird durch Stilelemente aus verschiedenen Architekturepochen »verkleidet«.

Der Grabstein für Hein Köllisch auf dem Ohlsdorfer Friedhof mit einem Porträt des beliebten Künstlers

Köllisch glänzt im »Siebenten Himmel«

1. Mai 1892. Der Volkssänger Heinrich (»Hein«) Köllisch gastiert erstmals im »Siebenten Himmel« an der Reeperbahn. Für eine Monatsgage von 300 Mark trägt er hier seine beliebten niederdeutschen Couplets, Lieder und Parodien vor. Als Sohn eines kleinen Schuhcreme-Fabrikanten wurde Köllisch 1857 an dem später nach ihm benannten Platz auf St. Pauli geboren. Er lernte das Schlosserhandwerk und ging auf Wanderschaft. Als sein Vater starb, übernahm er Herstellung und Vertrieb von »Köllisch's Glanzwichse«. Um 1890 verfaßte Köllisch sein erstes Couplet, »De Orgel kummt«, und trug es Bekannten vor.

Sein Engagement im »Siebenten Himmel« ist der Auftakt zu einer kurzen, aber um so glanzvolleren Karriere. 1894 eröffnet er sein »Hein Köllisch's Universum« am Spielbudenplatz 21, wo er allabendlich in Frack und Zylinder auf der Bühne steht und seine Couplets vorträgt. Den größten Erfolg hat Köllisch mit »De Reis' no Helgoland« und der »Pingsttour«. Sie werden rasch zu echten Hamburger Gassenhauern.

Erst 43 Jahre alt, stirbt er auf einer Erholungsreise am 18. April 1901 in Rom. Ganz Hamburg trauert um den populären Künstler, der drei Tage lang in seinem »Universum« aufgebahrt liegt und dann nach Ohlsdorf überführt wird.

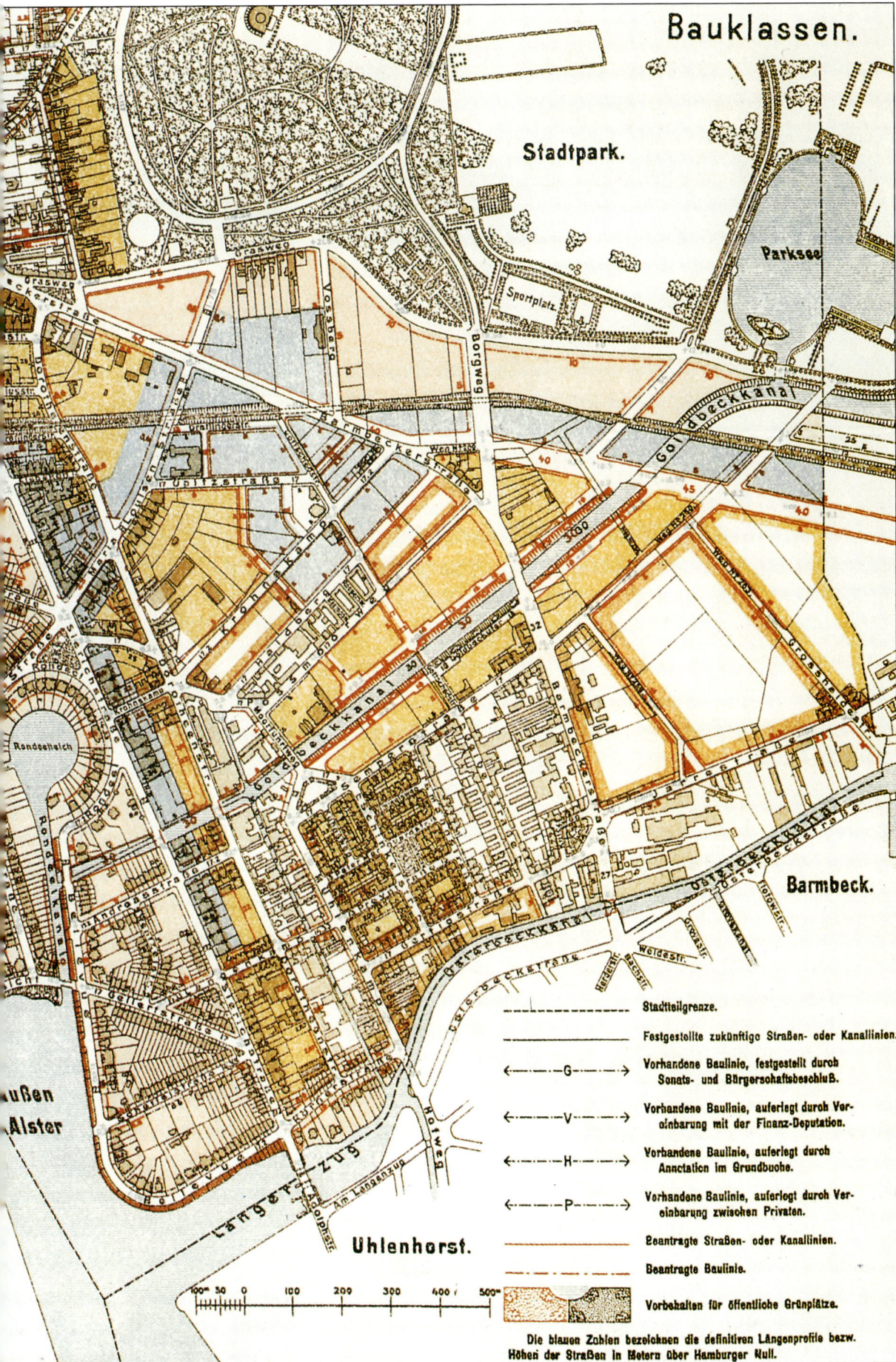

Plan für die Neugestaltung von Winterhude zwischen Außenalster, Osterbek-Kanal und späterem Stadtpark mit den Baulinien und der Festlegung der Höchstmaße für den Wohnungsbau (aus: »Hamburg und seine Bauten«, 1914)

Baupläne für Vororte beenden Wildwuchs

30. Dezember 1892. Nachdem der Senat 1889 einen Generalbebauungsplan fertiggestellt hat, verabschiedet er nun das entsprechende Gesetz »für die Vororte auf dem rechten Elbufer«. Es soll das unkontrollierte Wachsen der Stadt beenden.

Der Generalplan bildet die Grundlage für die städtebauliche Entwicklung der Hamburger Vororte. Eine aus drei Mitgliedern des Senats und sechs Angehörigen der Bürgerschaft bestehende Kommission erstellt einen detaillierten Bebauungsplan, den die Öffentlichkeit einsehen kann. Falls notwendig, darf der Staat gegen Entschädigung die »Abtretung der zur Ausführung des Bebauungsplanes erforderlichen Theile des Privatgrundes zu jeder Zeit verlangen« (§ 6). Der Bau von Häusern ist im Geltungsbereich dieses Gesetzes in Zukunft nur noch »da gestattet, wo zur Ableitung des Regen- und Wirtschaftswassers sowie für Aufbewahrung und Abfuhr der Abfallstoffe geeignete Einrichtungen vorhanden sind« (§ 11).

Drei Ringstraßen sollen die Hauptausfallstraßen miteinander verbinden: Der innere Ring führt entlang der Wallanlagen, der mittlere um Binnen- und Außenalster und der äußere entlang des Hafenbereichs und durch die Vororte.

Endgültig festgelegt werden die Ausmaße der beiden Alsterbecken sowie das Kanalsystem der Isebek, Eilbek, Osterbek und Goldbek. Zudem ist geplant, den Personennahverkehr auszubauen.

Außer für den Bau von Straßen sowie Wohn- und Gewerbeflächen legt der Entwurf erstmals Grundstücke für die Anlage von öffentlichen Grünanlagen und Spielplätzen fest. Es gibt grundsätzlich drei Arten von Neubaubezirken: Reine Wohngebiete, gemischte Wohn- und Gewerbegebiete sowie reine Gewerbe- und Industrieansiedlungsgebiete. Innerhalb dieser Grobgliederung schreiben die Bebauungspläne exakt vor, wo und in welchen Zonen bestimmte Gebäudearten zulässig sind.

Die Bausünden früherer Tage kann der Bebauungsplan nicht ausbügeln. In den Vororten beherrschen Terrassen und lichtlose Wohnhöfe das Bild der Arbeiterquartiere.

1893

Elbwasser-Filter stoppen Seuchengefahr

1. Mai 1893. Das neue Schöpfwerk und eine Anzahl Filter in den Sandfiltrationswerken auf der oberhalb Hamburgs liegenden Elbinsel Kaltehofe gehen in Betrieb, um das für Trinkzwecke genutzte Elbwasser zu reinigen. Am 27. Mai schließt die alte Schöpfstelle.

Die Anlage besteht aus vier hochliegenden Ablagerungsbassins auf der Billwerder Insel und 18 Filterbassins auf Kaltehofe. Das zu reinigende Wasser wird mittels einer 2,6 km langen unterirdischen Kanalleitung aus den Ablagerungsbassins zur Filteranlage geführt. Jeder der aus Sand und Kies aufgebauten Filterkörper liefert pro Tag rund 12 000 m³ reines Wasser, das – durch gemauerte Kanäle und schmiedeeiserne Röhren – unter der alten Norderelbe hindurch in zwei Vorratsbassins und von dort in die Pumpbrunnen der Maschinenanlage der Stadtwasserkunst in Rothenburgsort fließt.

Damit besitzt Hamburg wenige Monate nach der verheerenden Cholera-Epidemie (→ 18. 8. 1892/S. 320) endlich ein dem modernsten Stand der Technik entsprechendes Filtersystem, das zwar schon 1887 beschlossen, für das aber erst im Juli 1890 die Mittel bewilligt worden waren. Aufgrund der Seuche ist der Bau ein Jahr früher fertiggestellt als geplant.

Maßgeblichen Anteil am Bau der rund 9 Mio. Mark teuren Sandfiltrationswerke hat Franz Andreas Meyer, seit 1872 Oberingenieur der Baudeputation und damit oberster Ingenieur der Stadtwasserkunst. Meyer hatte sich auf Studienreisen durch Großbritannien und Frankreich über die Möglichkeiten, Trinkwasser durch schadstoffilternden Sand zu reinigen, informiert und Senat und Bürgerschaft von den Vorzügen überzeugt.

Blick vom Wasserturm Rothenburgsort auf die Filtrationsanlagen Kaltehofe

Schneise im Gängeviertel

1893. Drei Jahre nach Baubeginn sind die Arbeiten an der neuen Kaiser-Wilhelm-Straße abgeschlossen. Nach der Wexstraße (→ 27. 4. 1867/S. 260) schlägt sie die zweite große Schneise durch das Gängeviertel der nördlichen Neustadt.

Die Kaiser-Wilhelm-Straße schafft eine bessere Verbindung zwischen dem Stadtzentrum und der Vorstadt St. Pauli sowie dem Vorort Eimsbüttel. Zunächst wirkt die Straße wenig prächtig, denn repräsentative Wohnhäuser sind selten. Eine Ausnahme bilden die an der Einmündung in den späteren Karl-Muck-Platz in den Jahren 1885/86 errichteten Etagenhäuser des Architekten Arthur Viol.

Für eine großzügige Bebauung fehlt der Platz, weil nur die unmittelbar an der neuen Trasse liegenden Häuser abgerissen worden sind. Die so freigewordenen Grundstücke reichen häufig nicht aus, um dort Neubauten aufzustellen. Etliche Baulücken werden erst sehr viel später geschlossen. Daher zeigt die Kaiser-Wilhelm-Straße kein geschlossenes Äußeres. Neben zahlreichen späthistorischen Etagenwohnhäusern finden sich einige den Zeitgenossen futuristisch anmutende Kontorhäuser, wie der 1900/01 von Albert Lindhorst in Nr. 79 erbaute Holstenhof.

Enge Gassen wie hier der Schulgang (1930) prägen das Erscheinungsbild des Gängeviertels in der Neustadt.

Bewegungsfreiheit statt Zwangsjacke

1. April 1893. Die durch Bürgerschaftsbeschluß vom 15. Juli 1891 gegründete Kolonie für Geisteskranke in Ochsenzoll erhält einen eigenen Einnahme- und Ausgabeetat. Ende Juli ziehen 200 Patienten in die ersten vier Pavillons.

Die Anstalt in Ochsenzoll soll die am 20. Oktober 1864 eröffnete Irrenanstalt Friedrichsberg (das heutige Allgemeine Krankenhaus Eilbek) ergänzen (→ 5. 12. 1861/S. 250).

Am 9. September 1888 hatte der Anstaltsleiter von Friedrichsberg, Wilhelm Reye, in Langenhorn eine rund 75 ha große Tannenkoppel gefunden, die ihm zur Gründung einer landwirtschaftlichen Kolonie für geistig Behinderte geeignet schien. Zur Versorgung der 200 Patienten steht zunächst ein Arzt zur Verfügung. Der Pflegesatz beträgt 1 Mark pro Tag.

Anstelle von Zwangsjacken tritt in Ochsenzoll das therapeutische Prinzip, praktische Arbeit mit gemeinsamem Wohnen und Bewegungsfreiheit auf dem Anstaltsgelände zu verbinden.

Vor Weihnachten ist wieder Dom-Zeit: Stimmungsbild vom lebhaften Jahrmarkttreiben auf dem Heiligengeistfeld (Zeichnung, erschienen im Jahrgang 1924 der »Leipziger Illustrirten Zeitung«)

Dom zieht um – Buntes Weihnachtsmarkttreiben rund um Spielbudenplatz und Heiligengeistfeld

1. November 1893. Die Polizeibehörde ordnet die Verlegung des Doms vom Pferdemarkt auf den Spielbudenplatz und die außerhalb des Stadtgrabens gelegenen Anlagen zwischen Millerntor und Holstentor an. Im Jahr 1900 wird das Heiligengeistfeld zum alleinigen Platz für den Weihnachtsmarkt bestimmt. Zuvor hatten die Schausteller nach dem Domabriß (→ 25. 2. 1803/S. 182) auf dem Gänsemarkt (seit 1804) und dem Zeughausmarkt (1820) sowie dem Holstenwall (1881) ihre Buden aufgeschlagen. Seit 1922 lockt der Dom auch im Frühjahr und seit 1949 zusätzlich im Sommer die Besucher an.

Als »Dom« bezeichnete man bereits im 17. Jahrhundert den Weihnachtsmarkt im und beim Mariendom (→ 18. 6. 1329/ S. 44). Aber auch schon vorher war dort ein lebhaftes Treiben zu beobachten. Zwar hatte der Bremer Erzbischof im Jahr 1334 jedweden Markttrubel im Dom verboten, doch der Volksbrauch blieb davon fast unbeeindruckt. Dann wurde es den Händlern bei plötzlichem schlechten Wetter erlaubt, in den Dom zu flüchten. So verkam ein Teil des Gotteshauses, der Schappendom (Kreuzgang), mit der Zeit zum Jahrmarkt. Die Miete für die Verkaufsfläche füllte allerdings die Kasse des Domstiftes.

Gehilfenverband gegen SPD und Juden

7. September 1893. Der Deutsche Handlungsgehilfenverband hält in Hamburg seine Gründungsversammlung ab. Um seine politische Ausrichtung als antisozialistische Berufsorganisation der Angestellten zu betonen, ändert er am 1. Dezember 1895 seinen Namen in Deutschnationaler Handlungsgehilfenverband (DHV).

Mit 76 Mitgliedern (1894) zunächst nur eine lokale Gegengründung zum SPD-nahen Verein »Vorwärts«, wächst der DHV in kurzer Zeit zur stärksten Berufsorganisation der Angestellten neben dem Hamburger Verein für Handlungs-Commis (→ 23. 7. 1858/S. 244) und dem Verband Deutscher Handlungsgehilfen zu Leipzig heran.

Politisch ist der DHV, vor allem durch seinen Vorsitzenden Wilhelm Schack, eng mit völkisch-antisemitischen Gruppierungen verbunden. Nur deutsche Nicht-Juden dürfen eintreten. Zugleich polemisiert der DHV gegen die als »Harmonieverbände« bezeichneten anderen Berufsvereine, weil sie auch Selbständige aufnehmen.

Plakat des Deutschnationalen Handlungsgehilfen-Verbandes; Hamburg ist Sitz des DHV und seines Verbandsorgans »Deutsche Handels-Wacht«. Zur Absicherung seiner Mitglieder hat der DHV eine Kranken- und Begräbniskasse.

Skepsis gegenüber dem Fußballsport

29. Juni 1893. Zehn Sportler, meist Schüler der Reallehranstalt an der Königstraße, gründen den Altonaer Cricket-Club. Ab 1894 nennt sich der Verein Altonaer Fußball-Club (AFC) von 1893.

Leicht haben die Sportler es nicht: Die meisten Lehrer und Eltern sind Gegner des aus Großbritannien importierten »Stauchballspiels«, bei dem der Ball – für einen Turner z. B. völlig unmöglich – in vorgebeugter Haltung mit einem »Hundstritt« über den Platz gejagt wird. Gespielt wird zunächst auf einer Wiese an der Tresckowallee, später auf dem Exerzierplatz. 1897/98 wird der AFC erstmals Hamburg-Altonaer Fußballmeister.

1894

Blick auf den Meßberg an einem Markttag; in der Mitte der Meßberg-Brunnen, im Hintergrund die Ecke Fischertwiete und Pumpen (Fotografie, 1894)

Steinerne Vierländerin betrachtet lebhaftes Treiben auf dem Meßberg

Der Meßberg bietet vor allem während der Markttage einen reizvollen Anblick. Optischer Blickfang zwischen den zahlreichen Ständen mit Obst und Gemüse ist der Meßberg-Brunnen, den die Baudeputation in Auftrag gegeben hat und der im Dezember 1878 eingeweiht wurde.

Der von Engelbert Peiffer gestaltete Brunnen ist Wasserspender und Hamburger Wahrzeichen zugleich. Aus einem achteckigen Brunnenbecken erhebt sich der steinerne Sockel eines Gußeisen-Baldachins, darunter die Steinfigur einer Vierländerin – sehr reizvoll im kurzen Rock.

Pferde haben ausgedient

5. März 1894. Die Straßenbahn-Ringlinie fährt erstmals elektrisch. Vom Holstentor aus verkehrt die spätere Linie 26 täglich von 7.24 Uhr bis 23.18 Uhr in beiden Richtungen auf der Strecke St. Pauli-Bahnhof – St. Pauli alle sechs Minuten. Die Rundtour kostet 10 Pfennig.

Die Union Electricitäts-Gesellschaft soll drei Linien der Straßen-Eisenbahn-Gesellschaft von Pferdekraft auf Elektroantrieb umstellen. Am 9. April wird die Linie Veddel – Schlump und am 13. Mai die Strecke Pferdemarkt – Eimsbüttel umgestellt.

Die Straßenbahn-Ringlinie Nr. 26 beim Meßberg; diese Bahn ist im Jahr 1894 Hamburgs erste elektrisch betriebene Staßenbahnlinie. Sie fährt auf der Strecke St. Pauli-Bahnhof – St. Pauli. Am 27. Oktober 1942 wird die Linie um die innere Stadt kriegsbedingt stillgelegt.

»Blüten«-Werkstatt in der Osterstraße

7. Juni 1894. Ein spektakulärer Fang gelingt der Polizei: In der Osterstraße Nr. 69 verhaftet sie Kaufmann August Thies und den Lithographen Hermann Cronemeyer in ihrer Fälscherwerkstatt. Im April tauchten in Hamburg zwei falsche 5-Pfund-Noten der Bank von England und fünf falsche 5-Dollar-Noten auf. Die Suche nach den Falschmünzern führte nach Eimsbüttel. Hier findet die Polizei verschiedene Gerätschaften und beschlagnahmt falsche Banknoten im Wert von etwa 2 Mio. Mark. Selbst ins ferne Australien reicht der lange Arm der Hamburger Behörden: Am 28. Juni wird der Schlachter Theodor Nester bei seiner Ankunft in Melbourne verhaftet. Er sollte dort Pfund-Noten im Wert von 150 000 Mark absetzen. Thies und Cronemeyer müssen für je acht Jahre, Nester für vier Jahre ins Zuchthaus.

Electricitäts-Werke decken wachsenden Strombedarf

15. März 1894. Im Büro des Notars Hermann Stockfleth in der Großen Bäckerstraße 13–15 gründen führende Banken (Schaaffhausen'scher Bankverein, Köln und Commerz- und Disconto-Bank, Hamburg) sowie mehrere Handelshäuser und Reedereien die Hamburgischen Electricitäts-Werke (HEW).

An dem Gründungskapital von 6 Mio. Mark ist auch die Nürnberger Elektrizitätsfirma Schuckert beteiligt. Als der Senat vor einem Jahr die Stromversorgung privatisierte, hatte sie zunächst den Zuschlag bekommen.

Zum Aufsichtsratsvorsitzenden wird Baron Conrad Hinrich von Donner bestellt, als leitender Ingenieur übernimmt der aus Bayern an die Elbe geholte Max Rupprecht die Verantwortung für die Technik. Seit dem → 18. Dezember 1888 (S. 305) liefert die »Centrale Poststraße« als erstes hamburgisches Elektrizitätswerk Strom. Obwohl die Kapazität auf 2400 kW erweitert wird, ist das Werk bald überfordert, so daß 1896 auf dem Gelände der früheren Zollvereinsniederlassung in der Karolinenstraße eine zweite Zentrale mit einer Leistung von zunächst 800 kW in Betrieb geht.

Der Personalbestand der HEW in ihrem Gründungsjahr ist sehr klein: Die am Gänsemarkt 22 untergebrachte kaufmännische Abteilung zählt gerade elf Mann. Zu

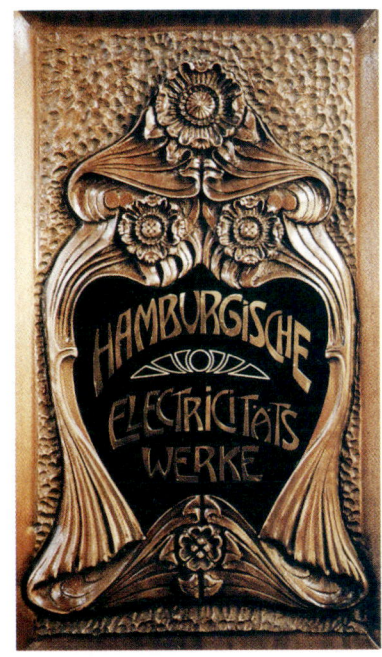

Würdevolles Firmenschild der Hamburgischen Electricitäts-Werke, die bis zur Jahrhundertwende zu einem Großunternehmen mit einem Reingewinn von 1,5 Mio. Mark wachsen

Schaltwarte in der 1896 eröffneten Centrale der Hamburgischen Electricitäts-Werke in der Karolinenstraße, dem späteren Heizkraftwerk »Caroline«

dieser Zeit werden 3000 Stromkunden bedient, darunter 200 »Wochenkonsumenten«, die alle acht Tage ihre Rechnungen erhalten.

Bis zur Jahrhundertwende erlebt die HEW einen enormen Aufschwung der Energieerzeugung, weil viele Gewerbebetriebe die Petroleumlampe an den Nagel hängen und sich auch die Straßenbahnen rasch auf elektrische Energie umstellen. Der gestiegene Absatz macht 1896 sogar eine Senkung des Preises für Lichtstrom von 80 auf 60 Pfennig pro Kilowattstunde möglich. Um 1900 versorgen die HEW rund 4500 Abnehmer mit elektrischem Strom.

Zu diesem Zeitpunkt verfügen die Elektrizitätswerke bereits über eine dritte Zentralstation auf einem 1898 erworbenen Grundstück in Barmbek. Der Vorteil des Geländes: Die für die Stromerzeugung notwendige Kohle kann über den direkt angrenzenden Osterbekkanal per Schiff angeliefert werden.

Doppelerfolg mit Bier und Attraktionen

5. März 1894. Der Bierbrauer Paul Wilhelm Grell aus Heide eröffnet am Steindamm in St. Georg das Hansa-Theater im vormaligen Hansa-Concertsaal.

Eigentlich wollte Grell in Hamburg nur sein »Heide«-Bier populär machen. Doch auch das Unterhaltungsangebot kommt beim zahlenden Publikum an. In seinem Theater treten jene leichtgeschürzten Damen auf, die sonst nur in weniger vornehmen Etablissements zu sehen sind. Sie locken die »feinen« Herren an den Steindamm.

Grell kann seine 1500 Plätze um so schneller füllen, als er Attraktionen auf die Bühne bringt, von denen ganz Hamburg spricht: Im September 1898 kommt die »schönste Frau der Welt« nach St. Georg, die Ballett-Tänzerin Cléo de Mérode.

Sie ist kurz zuvor in Paris zur »Miß Universum« gekürt worden. Ihre Tagesgage von 16 000 Goldmark verdient die bildhübsche Frau

Sie ist 1894 – so wissen Eingeweihte – die Geliebte des belgischen Königs Leopold II. gewesen.

Cléo de Mérode: Zwischen 1888 und 1913 vier Engagements in Hamburg

Begeistern im Hansa-Theater mit Drahtseilakten: »The Four Harveys«

Theater in Harburg für jeden Geschmack

23. März 1894. Das privatwirtschaftlich betriebene Theater an der Turnstraße (heute Friedrich-Ludwig-Jahn-Straße) in Harburg gibt die erste Vorstellung. Den Premierenbesuchern wird Carl Maria von Webers »Jubelouvertüre«, ein Prolog und das populäre Lustspiel »Goldfische« geboten.

Schon dieses Eröffnungsprogramm zeigt, daß Theaterdirektor Hugo Gerlach mit seinem 30köpfigen Ensemble ein möglichst breites Publikum ansprechen will.

Ende 1893 hatten mehrere angesehene Bürger eine Aktiengesellschaft »Stadttheater in Harburg« zur Eintragung ins Handelsregister angemeldet. Ihr Grundkapital beträgt 43 600 Mark. 1898/99 bewilligt die Stadt erstmals einen Zuschuß.

Handel und Verkehr größte Arbeitgeber

14. Juni 1895. Die im gesamten Reich durchgeführte Berufs- und Gewerbezählung ergibt für Hamburg, daß 40% der Berufstätigen in Industrie und Handwerk arbeiten. Dieser Anteil ist bei steigender Einwohnerzahl gegenüber 1882 (41,9%) gesunken.

Ähnlich wie die Reichshauptstadt Berlin zeigt die Wirtschaftsstruktur der größten deutschen Hafenstadt einen überdurchschnittlich hohen Beschäftigungsanteil der Sektoren Handel und Verkehr. Einzeln aufgeschlüsselt ergibt die Zählung 30 132 Gewerbebetriebe mit 187 597 Beschäftigten. Allein im Handelsgewerbe (12 907 Betriebe) und im Verkehrswesen (1691 Betriebe) finden zusammen 105 511 Arbeitnehmer ihr Auskommen, rund die Hälfte der Beschäftigten in den Gewerbebetrieben.

Ferner ergibt die Zählung, daß von den 663 959 Einwohnern im hamburgischen Staatsgebiet 297 042 erwerbstätig sind, davon 24,5% Frauen. Unberücksichtigt blieben hierbei Hausbedienstete und Angehörige ohne Hauptberuf. Von der arbeitenden Bevölkerung des hamburgischen Staates sind einschließlich der Selbständigen 104 642 Personen oder 35,2% im Bereich Handel und Verkehr tätig.

Dies bedeutet eine Steigerung gegenüber dem Stand von 1882 (30,7%) und ist erheblich mehr als der Reichsdurchschnitt von 10,2%.

△ *Angestellte einer Weinhandlung bei der Anlieferung von Fässern und Flaschen. Für den Warentransport innerhalb der Stadt ist nach wie vor das Pferdefuhrwerk wichtigstes Beförderungsmittel. Die Angehörigen vieler angestammter Berufe achten noch auf eine standesgemäße Kleidung und Habitus.*

◁ *Arbeiter in einer Segelmacherei; die arbeitsintensive Herstellung von Segeln hat sich über die Jahrhunderte kaum verändert. Die einzige Form der Mechanisierung ist die Nähmaschine. Während im 19. Jahrhundert auch Dampfschiffe meist noch Segel führen, entzieht der sinkende Bedarf in den folgenden Jahrzehnten dem Gewerbe den Boden.*

Volksschwimmen nach antikem Vorbild

30. März 1895. Die Volksbadeanstalt an der Hohen Weide nimmt den Schwimmbetrieb auf. Sie verfügt über 60 Wannenbäder und eine Schwimmhalle. Mit ihrer an antiken Thermen orientierten Architektur, wird sie wegweisend für den Schwimmhallenbau.

Das Männerbad hat eine Größe von 12×24 m und einen Rauminhalt von 540 m³, das Becken für Frauen mißt 12×19 m und 360 m³.

Auftraggeber der 706 000 Mark teuren Anlage ist der Staat. Er stellt sie der Gemeinnützigen Gesellschaft zur Verfügung, die bereits die Badeanstalten in der Steinstraße (→ 5. 4. 1855/S. 240) und am Schaarmarkt (1881) betreibt. Zum 1. Januar 1903 überläßt die Gesellschaft ihr Eigentum dem Staat.

Badespaß wie in einer antiken Therme: Blick in die Schwimmhalle an der Hohen Weide, die als Vorbild für weitere Hallenbäder dient

Glanzvoller Empfang für flottenbegeisterten Kaiser

19. Juni 1895. Gegen 16 Uhr trifft Kaiser Wilhelm II. aus Anlaß der Eröffnung des Kaiser-Wilhelm-Kanals (heute: Nord-Ostsee-Kanal) mit den vier ältesten Prinzen in Hamburg ein. Die Kaiserin Auguste Viktoria ist unpäßlich. So entgeht ihr der festliche Empfang ebenso wie das abendliche Diner im Rathaus und die Illumination der Alster.

Hamburg zeigt sich aus Anlaß des Besuches Seiner Majestät in vollster Pracht, und der Kaiser weiß es zu würdigen. In seiner Tischrede im Rathaus zeigt er sich »tief ergriffen vor allem von dem Empfang, den mir Hamburg soeben bereitet hat, wie ich desgleichen selten einmal erlebt. Der Geist, der mir entgegenschlug, war kein gemachter, kein gewöhnlicher. Gleich einer Windsbraut schallte mir der Jubel der Stadt entgegen«. Doch das Beste kommt noch. Ähnlich wie beim Hamburg-Besuch des damaligen preußischen Königs Wilhelm I. (→ 1.–4. 9. 1868/S. 262) ist zu Ehren Seiner Majestät mitten in der Alster eigens eine auf 723 Pfählen ruhende, romantische Garten- und Strandinsel von 6000 m² Grundfläche erbaut worden. Für den Empfang der hohen Gäste stehen dort Pavillons und Zelte bereit. Das Prunkstück der Anlage ist ein 23 m hoher Leuchtturm mit der Hamburger Flagge. Am Abend des Besuchstages ist die Alster von Scheinwerfern taghell erleuchtet.

Am folgenden Tag reist der Kaiser auf seiner Jacht »Hohenzollern« nach Kiel, wo am 21. Juni die Schlußsteinlegung des nach achtjähriger Bauzeit mit einem Kostenaufwand von 156 Mio. Mark vollendeten Kaiser-Wilhelm-Kanals (benannt nach Wilhelm I.) erfolgt. Am 1. Juli wird die annähernd 100 km lange künstliche Wasserstraße für die Schiffahrt freigegeben.

Für den Kaiser mit seiner Flottenbegeisterung und – wie er in seiner Hamburger Tischrede sagt – die »erzgepanzerte Macht, die versammelt auf dem Kieler Hafen ist«, hat der Kanal vor allem militärische Bedeutung. Dieser Wasserweg zwischen Nord- und Ostsee ermöglicht erst den Aufbau einer an allen deutschen Küsten einsetzbaren Kriegsflotte, weil er die lange Fahrt um Dänemark herum nun endlich überflüssig macht.

△ *Staatsjachten der teilnehmenden ausländischen Fürsten bei der Feier zur Vollendung des Kaiser-Wilhelm-Kanals; neben dem Kaiser und seinen Söhnen sind sämtliche Fürsten des Deutschen Bundes sowie Prinzen der britischen, italienischen, russischen, österreichischen und belgischen Königsfamilien bei der Eröffnung des neuen Wasserweges zugegen.*

◁ *Kanalfeier; der Kaiser legt den Schlußstein mit den Worten: »Zum Andenken an Kaiser Wilhelm den Großen, zum Ruhm des Reiches taufe ich dich Kaiser-Wilhelm-Kanal.« Die drei Hammerschläge begleitet er so: »Im Namen . . . Gottes, zur Ehre Kaiser Wilhelms, zum Heile Deutschlands, zum Wohle der Völker«.*

Das Innere eines festlichen Pavillons auf dem Eiland in der Alster: Korbstühle warten auf den kaiserlichen Gast.

Jubel, Trubel und volle Straßen im Reichskriegshafen Kiel, den der flottenbegeisterte Kaiser gern besucht

1896

Das Flaggschiff der Reederei F. Laeisz und der Stolz der Hamburger: Die stählerne Fünfmast-Bark »Potosi« (l.) an ihrem Liegeplatz im Hamburger Hafen

Meisterwerk des Segelschiffbaus erringt durch Rekorde legendären Ruf

14. Januar 1896. *Die stählerne Fünfmast-Bark »Potosi« verläßt den Hamburger Hafen mit Ziel Chile. Von Lizard Point an der Südspitze Cornwalls bis zum Hafen Caleta Buena braucht die »Potosi« 65 Tage, die Rückfahrt absolviert sie in 78 Tagen. Die »Potosi« ist das bislang größte Schiff der Hamburger Reederei F. Laeisz (→ 1878/S. 286). Sie wurde auf der Werft von Joh. C. Tecklenborg in Geestemünde gebaut. Das Schiff von 4026 BRT kann 5000 t Ladung aufnehmen. Die »Potosi« ist 111,6 m lang, 15,2 m breit und hat eine Tiefgang von 8,7 m. Unter dem Kommando von Kapitän Robert Hilgendorf erringt die »Potosi« einen legendären Ruf. Nachdem sie schon auf ihrer Jungfernreise dem britischen Wollklipper »Cimba« davongesegelt ist, stellt sie in der Salpeter-Fahrt nach Chile immer neue Rekorde auf. So segelt sie im Jahr 1900 in fünf Tagen 1606 Seemeilen (2174 km) mit maximal 16,5 Knoten.*

Fischversteigerung in breitestem »Platt«

1896. Anstelle des Fachwerkbaus (→ 1. 5. 1887/S. 303) entsteht an der Großen Elbstraße in Altona die neue Fischauktionshalle. Auf einer Grundfläche von 103 × 22 m bietet sie genügend Raum für Versteigerung, Verpackung und Versand.

Das Treiben in der Halle beschreibt ein Fremdenführer 1909 sehr anschaulich so: »Die Fischauktion beginnt morgens um 6 Uhr und dauert, je nachdem Fischer ›aufgekommen‹ sind, bis 2 Stunden. Der Binnenländer wird dem Leben und Treiben hier ein umso größeres Interesse abgewinnen, als er in eine ihm in allen Stücken fremde Sphäre versetzt wird und auch von allem, was hier in breitestem ›Platt‹ gesprochen wird, kein Sterbenswörtchen versteht.«

Fischhalle in Altona mit ihrem 10 m breiten Mittelschiff, das nach Art einer Basilika die Seitenschiffe um 2 m überragt; in unmittelbarer Nähe zur Altonaer Konkurrenz, aber ohne wie diese mit einem direkten Gleisanschluß versehen, entsteht 1898 für mehr als 630 000 Mark in St. Pauli eine Hamburger Fischauktionshalle.

Arbeiter scheitern am Schulterschluß der Mächtigen

21. November 1896. Gegen das Votum ihres Verbandes streiken die Schauerleute im Hamburger Hafen. Der Ausstand weitet sich so sehr aus, daß er den Hafenbetrieb für elf Wochen fast völlig lahmlegt. In nicht erwartetem Ausmaß schließen sich auch die anderen im Hafen Beschäftigten, die Ewerführer, Hafenarbeiter und Seeleute dem Ausstand an. Am 28. November streiken 7678 Personen, am 21. Dezember schon 16 458. Angesichts der harten Haltung der Arbeitgeber erkennt das Hamburger Gewerkschaftskartell die Arbeitsniederlegungen am 27. November an und proklamiert am 5. Dezember den Generalstreik. Bis zum 6. Februar schließen sich ihm 16 609 Männer an, die höchste während des Arbeitskampfes erreichte Zahl. Es geht den Streikenden um eine Erhöhung der Tageslöhne von 3,00 bis 4,20 Mark auf 4,20 bis 5,00 Mark und die Verkürzung der täglichen Arbeitszeit auf zwölf Stunden.

Der Streik im Hamburger Hafen gerät zu einer grundsätzlichen Kraftprobe zwischen Arbeit und Kapital. Der Aufruf der Gewerkschaften, die Hamburger Kollegen zu unterstützen, findet ein breites Echo. Am 2. Dezember kann die Streikleitung jedem unverheirateten Streikenden 8 Mark, jedem Verheirateten 9 Mark und für jedes Kind 1 Mark pro Woche auszahlen. Auch kleine Handwerker und Gewerbetreibende engagieren sich für die Arbeiter.

Die Unternehmer bleiben hart. Für sie ist, so erklärt Hermann Blohm am 6. Dezember, der Streik »ein politischer Kampf, viel mehr als ein wirtschaftlicher«. Sie lehnen jede, auch die vom Senat angebotene Vermittlung ab und organisieren ein Heer von Streikbrechern.

Immer deutlicher wird die Unterstützung des Staates für die Unternehmer. Am 14. Dezember verbietet der Senat Haussammlungen für die Streikenden und fordert vier Tage später, den Ausstand zu beenden. Dafür sollen die Arbeitsbedingungen untersucht werden.

Am 21. Dezember stellt der Senat Streikbrecher unter Polizeischutz. Als sich Anfang Februar 1897 zwei Drittel aller im Ausstand Befindlichen für die Wiederaufnahme der Arbeit aussprechen, gibt auch die Zentral-Streikkommission auf.

»Freiwillige Arbeiter« heißen die Streikbrecher auf dem Schild der Polizisten (Karikatur aus dem »Wahren Jacob«).

Tägliche Aufgabe der im Ausstand befindlichen Arbeiter: Abstempelung der persönlichen Streikkarten im Streikbüro

»Jungens holt fast!«: Ein schon beinahe resigniert klingender Appell der Zentral-Streikkommission an die streikenden Arbeiter

◁ *Flugblatt mit »Verhaltensmaßregeln für die Streikenden«*

Viel Arbeit, wenig Geld – Streik ist für manche Kampf ums Überleben

Chronik Hintergrund

Lange Arbeitszeiten, unzureichende Löhne und lange Anfahrtswege kennzeichnen die Arbeitsbedingungen im Hafen.

Ein genaues Bild geben die 1898 publizierten »Protocolle« der Senatscommission für die Prüfung der Arbeitsverhältnisse. Hier legt z. B. der Schauermann Wroost die Einnahmen und Ausgaben seiner fünfköpfigen Familie in den Jahren 1894 und 1895 offen. 1894 verdiente Wroost 1182,50 Mark: 235 Tagessätze à Mark 4,20 = 987 Mark, 229 Überstunden à Mark 0,50 = 114,50 Mark und 15 Nächte à 5,40 Mark. Die Ausgaben beliefen sich auf 899,50 Mark. Im Jahr darauf verdiente er 1415,90 Mark und gab 1127,90 Mark aus.

Damit zählt Wroost zu den Spitzenverdienern, denn die durchschnittlichen Jahresverdienste liegen kaum über 800 bis 900 Mark. Das meiste verdienen 1896 Kohlenschauerleute mit 8,43 Mark pro Tag, am wenigsten die Kesselreiniger der Hapag mit 2,44 Mark. Im Schnitt erhalten regelmäßig Beschäftigte 4,46 Mark.

Viele durch die Hafenerweiterung zum Umzug nach Hammerbrook, Eimsbüttel oder Barmbek genötigten Arbeiter brauchen bis zu anderthalb Stunden für den Weg zur Arbeit. Mit Ausnahme der Kaiarbeiter, für die ein staatlicher Arbeitsnachweis besteht, müssen sie in Hafenkneipen um Beschäftigung nachsuchen. Wer die größte Zeche macht, wird am ehesten vermittelt. Am Kai dauert die tägliche Arbeitszeit von 6 bis 18 Uhr, unterbrochen von zwei Stunden Pause. Die in den Kneipen verbrachten Zeiten werden ihnen ebensowenig ersetzt wie die dort getätigte Zeche oder das Geld für die Hafenfähre. Hat diese Verspätung, werden die Arbeitsuchenden wegen Zuspätkommens nicht angenommen.

Hamburg löst Müllproblem in Rauch auf

1. Januar 1896. Hamburg befeuert am Bullerdeich seine erste Müllverbrennungsanlage. Das rasch anwachsende Müllaufkommen hatte schon kurz nach der Verstaatlichung der Stadtreinigung am → 1. Januar 1886 (S. 299) zu Problemen geführt.

1889 war deshalb ein Vertreter der Hamburger Stadtreinigung nach

Großbritannien gefahren, um sich dort über die Praxis der Müllverbrennung zu informieren. Einen weiteren Anstoß zum Bau der Anlage gab die Cholera-Epidemie von 1892. Daraufhin billigte die Bürgerschaft am 12. Juli 1893 eine Verbrennungsanstalt, mit deren Errichtung im März 1894 begonnen wurde. Technische Schwierigkei-

ten verzögerten jedoch die endgültige Inbetriebnahme.

Der Bau der Anlage am Bullerdeich kostet die Stadt 510 000 Mark, davon entfallen je 51 000 Mark auf die Fundamente und die Eisenkonstruktion der Ofenhalle und 130 000 Mark auf die Verbrennungsöfen. Die Anlage entspricht dem neuesten Stand der Technik.

Eigens konstruierte Kippwagen beschicken die Öfen mit den Abfällen. Beim Verbrennen reduzieren sich Volumen und Gewicht der Müllmenge erheblich, die verbleibenden Schlacken sind für Bauzwecke wiederverwertbar. Die im Zuge der Verfeuerung entstehende Abwärme wird nicht etwa vergeudet, sondern vielmehr zur Kraft-, Licht- und Wärmeerzeugung für den Eigenbetrieb und andere Abnehmer verwendet.

Im ersten Betriebsjahr werden 45,683 Mio. kg Abfall verbrannt, das meiste davon sind Hausabfälle. Die Betriebskosten betragen 74 444,42 Mark, die Einnahmen 16 419,52 Mark. Pro 1000 kg verbrannten Unrats muß die Stadt einschließlich der Kosten für Amortisation und Verzinsung des Anlagekapitals 1,664 Mark aufwenden.

Hierher wandert Hamburgs Abfall: Entleerung eines Müllwagenkastens in der ersten Müllverbrennungsanlage der Stadt am Bullerdeich (Fotografie, 1909)

Zeitungskiosk (Fotografie, um 1895); die »Hamburger Nachrichten« sind das Sprachrohr Otto von Bismarcks.

Bismarck enthüllt Geheimabkommen

24. Oktober 1896. In den »Hamburger Nachrichten« publiziert der frühere Reichskanzler Otto von Bismarck das geheime Zusatzprotokoll zum deutsch-russischen Rückversicherungsvertrag vom 18. Juni 1887. Das Deutsche Reich toleriert darin die russische Balkanpolitik.

Bürgerrecht bleibt Privileg

2. November 1896. In Hamburg gilt ein neues Bürgerrecht. Es erleichtert den Erwerb des Bürgerrechts durch Aufhebung der 30 Mark Stempelgebühr für den Bürgerbrief.
Wie sehr diese Zwangsabgabe die ohnehin benachteiligten Bevölkerungsschichten erboste, zeigt ein Zitat aus einem Ende 1892 veröffentlichten Flugblatt der SPD: »Für einen den Verhältnissen fernstehenden Menschen muß es fast unverständlich erscheinen, daß man in einer Republik am Ende des 19. Jahrhunderts sich das allereinfachste Recht eines jeden Staatsbürgers, seine Vertreter selbst zu wählen, erst mit Mk. 30 erkaufen muß.«
Das »Gesetz betreffend die hamburgische Staatsangehörigkeit und das hamburgische Bürgerrecht« ist eine Reaktion auf die durch die Cholera-Epidemie von 1892 offenkundig gewordene Reformbedürftigkeit der Verwaltung.
Künftig gilt: Wer als männlicher Staatsangehöriger über fünf Jahre

jedes Jahr mindestens 1200 Mark versteuert, kann das Bürgerrecht kostenlos erwerben. Ein Bürgerrechtszwang gilt für Personen, die drei Jahre lang 2000 Mark oder mehr versteuern.
Durch die Aufhebung des Bürgergeldes soll mehr Einwohnern als bisher der Weg zum Bürger- und damit zum Wahlrecht gebahnt werden. Zugleich liegt der zur Wahl berechtigende Steuersatz so hoch, daß Anhänger der Sozialdemokratie weiterhin von der Bürgerschaft ferngehalten werden.
Der Anteil wahlfähiger Bürger an der Einwohnerschaft wächst zwischen 1893/94 und 1903/04 zwar von 3,5% auf 5,2%, dafür ist aber nicht allein die Bürgerrechtsreform verantwortlich. Sehr viele Arbeiter leisten nämlich den Bürgereid und versteuern freiwillig mehr als sie verdienen, um endlich wählen zu können. Dies verunsichert die Anhänger des alten Systems zunehmend (→ 17. 1. 1906/S. 358).

Winkelmessung bei Nacht

26. Oktober 1896. Der Nautische Verein zu Hamburg befaßt sich mit einem von Kapitän Robert Hilgen-

dorf, dem Kommandanten der »Potosi« (→ 14. 1. 1896/S. 330), entwickelten und von der Hamburger Firma C. Plath gebauten »Octanten für Nachtbeobachtungen«.
Der Nautische Verein, am 11. Januar 1868 gegründet und damit drei Monate älter als der Deutsche Nautische Verein, würdigt das Meßgerät als besonderen »Fortschritt und eine wesentliche Verbesserung der bisherigen Instrumente«.
Die Hamburger Firma C. Plath genießt schon seit längerem den Ruf, besonders leistungsfähige optische Geräte zu bauen. Die Geschichte des Unternehmens reicht bis 1837 zurück. Im Juli 1862 hatte der Gründer, David Philby, das Handelsgeschäft an den Hamburger Mechaniker Carl Plath verkauft. Dieser war Mitbegründer des Nautischen Vereins. Zu Plaths ersten Erfolgen gehören »Normalsextanten« und die Kompaßrose für den Magnetkompaß nach Kelvin, für den er 1887 ein Patent erhält.

Preis-Verzeichniss
über
Nautische Instrumente

C. Plath, Hamburg.

Stubbenhuk 25.

Katalog mit Jugendstil-Ornamentik für C. Plaths Instrumente (um 1895)

1897

1. 1. Die Deputation für das Beleuchtungswesen übernimmt die Verwaltung der Hamburger Gaswerke (bis 1924).

12. 1. Der Verein geborener Hamburger entsteht. → S. 336

7. 2. Nach elf Wochen endet der Streik der Hafenarbeiter (→ 21. 11. 1896/S. 331).

10. 2. Der Hamburger Senat beschließt die Einsetzung einer Kommission zur Untersuchung der Lohn- und Arbeitsbedingungen im Hafen. Sie soll Vorschläge machen, wie bestehende Mißstände beseitigt werden können (→ S. 331).

24. 2. Friedrich Haerlin übernimmt das Hotel »Vier Jahreszeiten«. → S. 337

24. 4. Gustav Mahler (→ 29. 3. 1891/S. 319) wird an das Hofoperntheater in Wien berufen.

1. 5. Der Bahnhof Harburg ist fertiggestellt. → S. 336

21. 6. Nach 18jährigem Betrieb fährt infolge der Elektrifizierung dieser Strecke der letzte Dampfwagen von Hamburg nach Wandsbek.

1. 9. Als Mitteilungsblatt des Seemann-Vereins zu Hamburg erscheint erstmals die Zeitschrift »Der Seemann«.

1. 9. Der Bürgerverein Fuhlsbüttel wird gegründet.

3.–9. 10. In Hamburg tagt der SPD-Parteitag. → S. 333

11. 10. Als neunklassige Erziehungsanstalt nimmt die Emilie-Wüstenfeld-Mädchenschule an der Bundesstraße den Unterricht auf.

26. 10. Nach elfjähriger Bauzeit ist das neue Rathaus vollendet. → S. 334

3. 11. Die Bürgerschaft tagt erstmals im neuen Rathaus. Am 20. Oktober hatten sich die Abgeordneten zum letztenmal im Patriotischen Gebäude versammelt.

26. 11. Max Bachur und Franz Bittong übernehmen als Nachfolger des verstorbenen Bernhard Pollini die Direktion des Stadt-Theaters. Nach dem Tode Bittongs (1904) führt es Bachur bis 1912 allein weiter.

1897. Die Kersten-Miles-Brücke wird fertiggestellt. → S. 336

1897. Der Hamburger Künstlerclub entsteht. → S. 337

1897. Die Wagenbauanstalt Falkenried wird überregional bekannt. → S. 337

GEBOREN:

21. 2. Hamburg: Kurt Sieveking († 16. 3. 1986, Hamburg), Politiker (CDU), Erster Bürgermeister 1953–1957.

GESTORBEN:

3. 4. Wien: Johannes Brahms (* 7. 5. 1833, Hamburg), Komponist.

SPD-Delegierte im mit Fahnen der Hamburger Gewerkschaften und Kulturorganisationen geschmückten Sitzungssaal

SPD-Parteitag wählt Bebel an die Spitze

3. bis 9. Oktober 1897. In »Tütges' Etablissement« am Valentinskamp 40–42 tagt der SPD-Parteitag. 186 sozialdemokratische Delegierte sind zu diesem Anlaß in die »heimliche Hauptstadt« des deutschen Sozialismus gekommen.

»Tütges« bietet für eine so große Veranstaltung die besten Voraussetzungen. Neben Sagebiel ist dessen 39 m langer und 20,5 m breiter »Unionssaal« das größte Versammlungslokal in Hamburg.

Auf der Tagesordnung stehen u. a. die Beteiligung an den preußischen Landtagswahlen, die Maifeier von 1898, Organisationsfragen und ein Bericht über den Arbeiterschutzkongreß in Zürich. Tagungszeit ist täglich zwischen 9 und 13 Uhr sowie von 15 bis 19 Uhr.

Die Delegierten beschließen einen langen Katalog von Bedingungen für die Unterstützung bürgerlicher Kandidaten bei den Stichwahlen zum Reichstag – wichtig angesichts des Mehrheitswahlrechts – und eine Beteiligung an den preußischen Landtagswahlen. Damit heben sie den vor vier Jahre verabschiedeten Beschluß auf, der eine Beteiligung an diesen Wahlen angesichts des diskriminierenden Dreiklassenwahlrechts verbot.

Um der Partei neue Mitglieder und Anhänger zu verschaffen, soll unter ländlichen Arbeitern für die Abschaffung der Gesindeordnung und sonstiger Ausnahmeregelungen sowie für die Forderung nach Gleichstellung mit den gewerblichen Arbeitern agitiert werden.

Durch Vorstandswahlen installiert die Partei wieder eine reguläre Führungsspitze, nachdem die Reichstagsfraktion im Dezember 1895 die vorläufige Leitung der Sozialdemokratischen Partei übernommen und in Hamburg einen geschäftsführenden Ausschuß eingesetzt hatte. An der Spitze des neugewählten fünfköpfigen Parteivorstands steht August Bebel, der 184 der 185 abgegebenen Stimmen auf sich vereinigen kann, ebensoviele wie Paul Singer.

Baumeister der Arbeiterpartei
Der am 22. Februar 1840 in Deutz bei Köln geborene August Bebel (Abb.) erlernte das Drechslerhandwerk und machte sich 1864 selbständig. Mit Wilhelm Liebknecht gründete der zuvor in der Arbeitervereinsbewegung tätige Bebel 1866 die »Sächsische Volkspartei«, 1869 die »Sozialdemokratische Arbeiterpartei Deutschlands«. Nach 1875 wurde er Vorstandsmitglied der späteren Sozialdemokratischen Partei und vertrat von 1884 bis zu seinem Tod am 13. August 1913 den Wahlkreis Hamburg I im Reichstag. Kaum ein anderer Führer der Sozialdemokraten wird so sehr verehrt wie Bebel (kolorierte Postkarte, um 1905).

Politischer Mittelpunkt Hamburgs festlich eingeweiht

26. Oktober 1897. Das neue Hamburger Rathaus wird seiner Bestimmung übergeben. Mehr als 55 Jahre nach dem Großen Brand von 1842 und elf Jahre nach der Grundsteinlegung am → 6. Mai 1886 (S. 302) endet für Senat und Bürgerschaft die Zeit der Provisorien.

Die Feier gliedert sich in drei Teile: Zunächst erfolgt die symbolische Hausübergabe an Senat und Bürgerschaft, dann ziehen beide Gremien in ihre Räume ein, und schließlich betreten sie jeweils von ihrer Seite den Großen Saal zum Festakt. Die noch unvollendeten Wandgemälde werden durch Leihgaben der Kunsthalle ersetzt, Blumen und andere Pflanzen schmücken den Saal.

Das Rathaus ist in seinem Grundriß und seiner künstlerischen Ausgestaltung sowohl ein Ausdruck der republikanischen Ordnung des hamburgischen Staates als auch ein Denkmal des Historismus. So erinnern die Statuen von 20 Kaisern des alten deutschen Reiches an die Tradition Hamburgs als freie Reichsstadt.

Auf das republikanische Erbe der Stadt verweisen u. a. die Familienwappen ehemaliger Senatoren, die in die Schlußsteine der Erdgeschoßfenster eingelassen sind. Dazu passen die zunächst 56, später 61 Medaillons bedeutender Hamburger Persönlichkeiten, darunter vier Frauen, an den 16 Rundpfeilern der Rathausdiele. Hier ist eine Art Hamburger Ehrenhalle entstanden, vergleichbar dem Panthéon in Paris und der Westminster-Abtei in London.

Die Ausführung der Arbeiten lag in den Händen einer Gruppe von Rathausbaumeistern unter Führung des Architekten Martin Haller. Nach dem ergebnislosen Verlauf der Architektenwettbewerbe erhielten sie im Jahr 1886 den Auftrag zur Gestaltung des Rathauses. Anfangs beteiligten sich fünf Büros mit je zwei Baumeistern an dem Großprojekt. Von ihnen schied einer im Laufe der Arbeiten aus, einer starb 1882, und ein weiterer zog sich im Jahr darauf aus Krankheitsgründen zurück.

Die führenden Privatarchitekten Hamburgs, die den Bau zu Ende brachten, waren 1880, im Jahr der Gründung der Arbeitsgemeinschaft, zwischen 36 und 49 Jahre

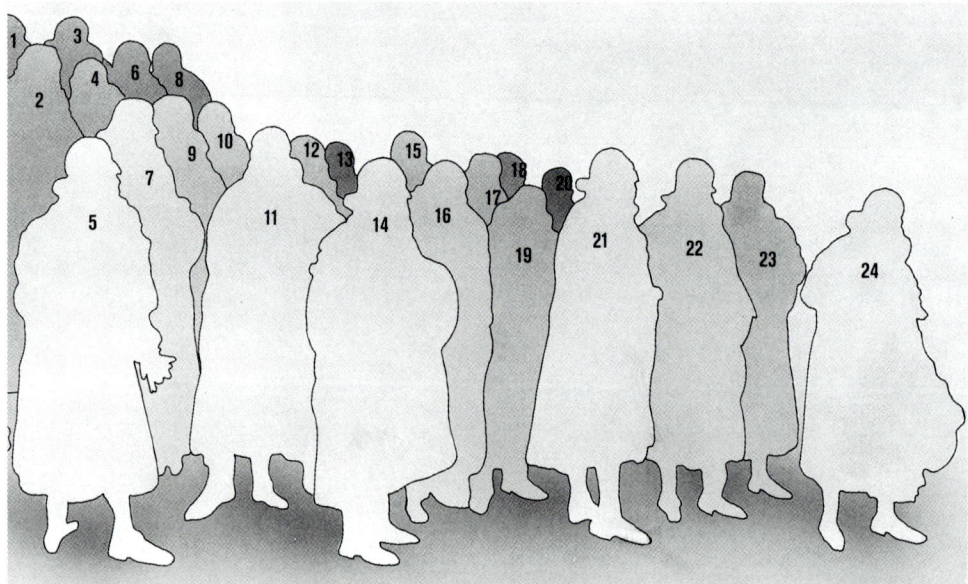

Die politische Creme des Stadtstaates, der Hamburger Senat hält in seiner altehrwürdigen Amtstracht Einzug ins neue Rathaus (Gemälde von Hugo Vogel): Syndikus Leo (1), Holthusen (2), Syndikus Roeloffs (3), Rudolph Roosen (4), Johann Predöhl (5), Syndikus Zellmann (6), Schemmann (7), Senatssekretär Arnold Diestel (8), Friedrich Lappenberg (9), Refardt (10), Johann Heinrich Burchard (11), Gustav Roscher (12), Syndikus Werner von Melle (13), Gustav Hertz (14), Kähler (15), Gerhard Hachmann (16), Adolph Hertz (17), Carl Möring (18), Johann Otto Stammann (19), Senatssekretär Hagedorn (20), Bürgermeister Johann Georg Mönckeberg (21), Bürgermeister Johannes Lehmann (22), William Henry O'Swald (23), Erster Bürgermeister Johann Georg Andreas Versmann (24; alle nicht näher Bezeichneten sind Senatoren.)

alt. Neben Haller gehörten dazu Johannes Grotjahn, Bernhard Georg Hanssen, Wilhelm Hauers, Emil Meerwein, Hugo Stammann und Gustav Zinnow. Aus ihren Entwürfen und den Anregungen von Senat, Bürgerschaft und der von Carl Friedrich Petersen bzw. Johann Heinrich Burchard geführten Rathausbaukommission entwickelte sich das endgültige Konzept, das ungeteilten Beifall findet. Das Rathaus ist zum Zeitpunkt der Einweihung noch nicht fertig. Erst die Vollendung der Wandgemälde durch Hugo Vogel komplettiert die Innenausstattung.

Wie bei einem Bau dieser Größenordnung nicht anders zu erwarten, sind die veranschlagten Kosten weit überschritten worden. Von zunächst 5,6 Mio. schnellten sie auf 11 Mio. Goldmark hoch.

Im Unterschied zu den anderen Rathausplanern hatten sich Haller und seine Kollegen von vornherein darauf beschränkt, dem Senat und der Bürgerschaft als den zwei Säulen der Verfassung repräsentative Arbeitsmöglichkeiten zu verschaffen. Ein Haus für die gesamte Verwaltung zu bauen, schien angesichts der rasch wachsenden Bevölkerung unmöglich.

So prägte stattdessen der Dualismus zwischen dem Senat und der gewählten Bürgerschaft das Bauprogramm: Den beiden Verfassungsorganen ist jeweils ein Flügel des Rathauses vorbehalten, die durch eine gemeinsame Mitte, den Turm, verbunden sind. Er trägt in lateinischer Sprache die vom alten Millerntor übernommene eindringliche Mahnung: »Libertatem quam peperere maiores digne servare studeat posteritas«, was übersetzt heißt: »Die Freiheit, die die Vorfahren errungen haben, ist es wert, daß die Nachwelt sich darum mühe, sie zu erhalten.«

Xylographie des neuen Rathauses nach dem Entwurf der Architektengruppe (um 1887, kurz nach der Grundsteinlegung)

Rathausbesichtigung in Zahlen und Fakten

Das Rathaus hat 647 Räume, sechs mehr als der Buckingham-Palast, die Residenz der englischen Könige in London. Die Fassade ist 111 m lang. Granit, Sandstein und hohe Kupferdächer bestimmen das Erscheinungsbild.

Der nach dem Vorbild flandrischer und deutscher Rathäuser des Spätmittelalters und der Renaissance gehaltene Mittelturm ist 112 m hoch. Die Turmuhr hängt 41 m über dem Rathausmarkt und wird von drei jeweils 1800 kg schweren Gewichten angetrieben.

Zwischen zwei rückwärtigen Flügeln, die Rathaus und Börse verbinden, liegt ein Innenhof mit dem in den Jahren 1895/96 von dem Bildhauer Joseph von Cramer (1841–1908) modellierten Hygieia-Brunnen, der an die Cholera-Katastrophe im Jahr 1892 erinnern soll. Nach dem Betreten des Rathauses gelangt der Besucher zunächst in die Rathausdiele, links geht es über ein Treppenhaus und durch eine Vorhalle zum schlicht gestalteten Bürgerschaftssaal.

Über die rechte Treppe gelangt man zu einer Flucht von Repräsentationsräumen im Hauptgeschoß, die sich entlang der Front zum Rathausmarkt hinziehen. Ihr folgen rechts anschließend der nach Wilhelm I. benannte, prunkvolle Kaisersaal, der Saal der Republiken im Mittelturm sowie der zur Senatsseite hin anschließende Bürgermeister-Saal. Dahinter liegt das Waisenzimmer, das seinen Namen 80 Waisenkindern verdankt, welche die Kerbschnitzereien an den Türen, Wänden und Täfelungen ausgeführt haben, sowie der in seiner Innenausstattung an den Großen Brand von 1842 gemahnende Phönix-Saal. Durch ein Sitzungszimmer und einen Vorraum geht es in das Bürgermeisteramtszimmer, das dem Regierungschef als Repräsentationsraum dient. Der Senat tagt in der Ratsstube, in die das Tageslicht nur durch einen 8 m hohen Lichtschacht fällt.

Kernstück der Rathausfestsäle ist der Große Festsaal, der in einer Länge von 46 m hinter den anderen Sälen liegt und eine Verbindung zwischen Ratsstube und Bürgerschaftssaal schafft. Seine reiche Ausstattung spiegelt das Selbstbewußtsein der traditionsreichen Freien und Hansestadt.

Die Kersten-Miles-Brücke über die Helgoländer Allee – den früheren Stadtgraben – bei der Deutschen Seewarte

Statue von Bürgermeister Kersten Miles, 1393 Eroberer von Ritzebüttel

Simon von Utrecht, Kaufmann der Flandernfahrt und Bürgermeister

Bürgermeister Ditmar Koel; er beseitigte 1525 die Piratengefahr.

Berend Jacob Karpfanger, der berühmteste von allen Konvoikapitänen

Hamburgs Historie im Denkmal verklärt

1897. An der Helgoländer Allee ist die Kersten-Miles-Brücke nach zwei Jahren vollendet. Vier Statuen Hamburger Seehelden, jede von einem anderen Künstler entworfen, sind Teil des Bauwerks.

Die Errichtung der Kersten-Miles-Brücke ist eine Folge der Umgestaltung des Areals zwischen Holstenwall und Hafentor. Sie überbrückt mit einer Spannweite von 37 m als Teil der neuangelegten Seewartenstraße die Helgoländer Allee.

Die Brücke ist in den Formen der Frühgotik gehalten und zeigt den historisierenden Stil der Kaiserzeit, der sich bei der Gestaltung öffentlicher Bauten immer wieder von der Formgebung mittelalterlicher Wehrtürme und Burgen leiten läßt. Sie trägt als Schmuck die Wappen von 32 früheren Hansestädten. An den Brückenköpfen stehen vier Häuschen mit Flaggenmasten und Laternen.

Darunter wachen die in Sandstein gehauenen Kolossalstatuen der Seehelden. Sie zeugen – wie es in einem 1909 erscheinenden Reiseführer heißt – von »Hamburgs Seetüchtigkeit zu den Zeiten des Hansebundes, und wie Hamburg nach dem Verfall der Hanse zuletzt noch allein von allen deutschen Staaten des grossen Heiligen Römischen Reiches Deutscher Nation die deutsche Kriegsflagge auf dem Meere siegreich zu führen verstand«.

An der Südwestseite steht das Denkmal des früheren Bürgermeisters Kersten Miles, entworfen von Carl Boerner. An der Südostseite ist das von Carl Garbers konzipierte Standbild des Simon von Utrecht angebracht, dem zu dieser Zeit noch der Sieg über Klaus Störtebeker zugeschrieben wird (→ 20. 10. 1401/S. 56). Auf der Nordseite links steht das Denkmal des Piraten-Bezwingers Ditmar Koel (→ 25. 10.

1525/S. 85), entworfen von Wilhelm Giesecke, an der Nordwestseite die von Robert Ockelmann geschaffene Statue des Konvoikapitäns Berend Jacob Karpfanger (→ 10. 10. 1683/S. 134).

Die Kersten-Miles-Brücke setzt eine Tradition der Verklärung hamburgischer Geschichte in denkmalhafter Form fort, die nach der Reichsgründung 1871 begonnen hat. Unter Anknüpfung an wahre oder sagenhafte Ereignisse der Geschichte will man auf die jahrhundertealten Traditionen Hamburgs hinweisen, die der Stadt auch im Kaiserreich einen bedeutenden Platz sichern sollen. In diese Kategorie gehören der Hansa-Brunnen (→ 10. 7. 1878/S. 286), der Meßberg-Brunnen (→ S. 326), die 1881 entstandene Trostbrücke, die Brooksbrücke (→ 29. 10. 1888/S. 306) und der Kaiser-Karl-Brunnen auf dem alten Fischmarkt (1889).

(→ 20. 10. 1401/S. 56); (→ 25. 10. 1525/S. 85); (→ 10. 10. 1683/S. 134); (→ 10. 7. 1878/S. 286); (→ S. 326); (→ 29. 10. 1888/S. 306)

Nur »Eingeborene« dürfen mitmachen

12. Januar 1897. Zum engeren Zusammenschluß der gebürtigen Hamburger sowie zur Pflege der vaterstädtischen Geschichte und der niederdeutschen Sprache gründet sich der Verein der (ab 1899: geborenen) Hamburger. Zunächst ist es ein reiner Männerklub.

Die sieben Initiatoren glauben, man müsse der »Überfremdung« durch den starken Zuzug von Mecklenburgern, Hannoveranern, Schleswig-Holsteinern und anderen Nachbarn etwas entgegensetzen, um den eigentlichen Charakter Hamburgs zu erhalten.

Bereits im Gründungsjahr gehören dem Verein mehr als 100 Mitglieder an. Ihrer unregelmäßigen Beteiligung an Versammlungen versucht die Führung durch gelegentliches Freibier zu begegnen.

Erst unter Johannes Schalmeyer (ab 1900) geht es aufwärts. Gesellige Großveranstaltungen wie Dampferfahrten, Sommernachtsbälle, Herrentouren und Kindervergnügen bilden die Grundlage für das weitere Wachstum der Organisation, die sich 1899 parteipolitisch und religiös für neutral erklärt. Das ursprüngliche Vereinsmotiv, der Kampf gegen die »Überfremdung«, tritt in den Hintergrund.

Harburger Bahnhof bündelt die Gleise

1. Mai 1897. Harburgs neuer Bahnhof wird eröffnet. Der Backsteinrohbau mit romanischen und norddeutsch-gotischen Formen sowie den von preußischen Adlern bekrönten Sandsteinportalen ist das Werk des Architekten Hubert Stier. Er ersetzt die bisherigen Bahnhöfe. Die Station Unterelbe bleibt wichtig für den Stadtverkehr.

Bislang gab es in Harburg den Bahnhof für die am 1. Mai 1847 eröffnete Strecke nach Hannover, die Durchgangsstation von 1872 an der ehemaligen Grubestraße und den Bahnhof der am 1. April 1881 eröffneten Unterelbebahn. Durch ihre Verlängerung nach Cuxhaven gewinnt sie große Bedeutung für die Auswandererbeförderung der Hapag. Die einzige Schienenverbindung untereinander und damit zwischen Hamburg und Cuxhaven war ein Gleis im Straßenpflaster.

Vom soliden Gasthaus zum Grandhotel

24. Februar 1897. An seinem 40. Geburtstag ersteigert Friedrich Haerlin für 450 000 Mark das Hotel »Vier Jahreszeiten« am Neuen Jungfernstieg 11. Unter seiner Leitung erlangt das 1887 aus einem Umbau zum Gasthof entstandene Haus Weltgeltung.

Das »Vier Jahreszeiten« genießt den Ruf eines soliden, aber nicht sonderlich herausragenden Gasthauses, im Gegensatz zu benachbarten Nobelunterkünften wie dem »Hotel de Russie«, »St. Petersburg« und »Streit's.«

Das von Haerlin erworbene Haus ist ein schmaler Bau im Stil der Gründerzeit mit auffälligen Balkonen, Erkern und Türmchen. Schon ein erster Rundgang macht dem erfahrenen Hotelier klar, daß es hier viel zu verbessern gibt. Haerlin schätzt die Umbaukosten auf rund 40 000 Mark, kommt damit jedoch bei weitem nicht aus. Haerlin entstammt einer schwäbischen Gastwirtsfamilie. In Genf, Zürich und Cannes hatte er das Hoteliergewerbe erlernt und als 26jähriger erstmals ein Hotel geleitet, das »Bellevue« in Bern.

Mit schwäbischer Gründlichkeit packt Haerlin die Erweiterung des Hotels an. Im Februar 1903 kauft er das Gebäude am Neuen Jungfern-

Das »Vier Jahreszeiten« nennt sich als einziges Hamburger Haus »Grand-Hotel«. In zehn Jahren wächst es auf das Dreifache seiner ursprünglichen Breite.

stieg 12, zwei Monate später auch das Haus Nr. 13. Nun beginnt der vollständige Umbau des Gesamtkomplexes zum Grandhotel. Der Eröffnungsfeier am 23. September 1905 verleiht Prinz Heinrich von Preußen durch seine Anwesenheit allerhöchste Gunst.

Ende 1907 geht auch das Haus am Neuen Jungfernstieg 10 in Haerlins Besitz über. Innerhalb eines guten Jahrzehnts hat der regsame Schwabe auf diese Weise stückweise eine zusammenhängende Häuserzeile am Neuen Jungfernstieg in seinen Besitz gebracht.

1897. Neue Erfindungen erhöhen in Fachkreisen das Ansehen der Wagenbauanstalt Falkenried. Als Gast der Ausstellung des Vereins Deutscher Straßenbahn- und Kleinbahn-Verwaltungen präsentiert sie im Sommer 1897 Möglichkeiten zur Elektrifizierung der Straßenbahn und zur Motorisierung des Omnibusses.

Der weltweit gute Ruf der Wagenbauanstalt Falkenried gründet sich auf ihre Qualitätsarbeit. Bis 1914 entstehen hier annähernd 6000 Fahrzeuge aller Art für fast sämtliche Verkehrsunternehmen in Deutschland und ausländische Abnehmer bis hin nach Südamerika. Für die Hamburger Straßen-Eisenbahn-Gesellschaft baut die Fabrik im Falkenried 1897 vierachsige Straßenbahntriebwagen.

Die Umstellung der Pferdebahnen auf Elektroantrieb ist die große Chance der Wagenbauanstalt, die sich seit 1866 in Wandsbek überwiegend mit der Wartung von Pferdebahnwagen befaßte. Im Jahr 1885 baute das Unternehmen den ersten eigenen Wagen. 1892 zog das Werk an die Straße Falkenried, wo die Straßen-Eisenbahn-Gesellschaft einen Betriebshof errichtet hatte (→ 1902/S. 351).

Ausstellungsplakat von Arthur Illies

Ausstellungsplakat von Ernst Eitner

Deckblatt einer Grafikmappe (Illies)

Zweite Grafikmappe von 1898 (Illies)

Impressionistische Freilichtmalerei – Künstler der Moderne schließen sich zum Club zusammen

1897. Neun Maler der Hansestadt gründen den Hamburger Künstlerclub von 1897. Dazu gehören u. a. Ernst Eitner, Arthur Illies, Julius von Ehren, Paul Kayser, Julius Wohlers und Arthur Siebelist. Sie setzen dem traditionellen Kunstempfinden eine völlig neue Sichtweise der Natur entgegen. Angeregt durch eine erste Ausstellung französischer Impressionisten in der Hamburger Kunsthalle im Jahr 1895, ziehen die jungen Maler hinaus in das Gebiet der Oberalster und an die Elbe. Sie erfassen das ländliche Leben mit einer bis dahin in Hamburg unbekannten Farbgebung. Einmal wöchentlich treffen sich die Künstler im Café Felber am Steindamm, wo sie emsig diskutieren, welchen Weg ihre Malerei nehmen und welchem Ziel sie dienen soll.

Flottenprogramm schafft Arbeitsplätze

28. März 1898. Mit 212 gegen 139 Stimmen verabschiedet der Reichstag das erste Flottengesetz. Es markiert den Beginn des deutsch-britischen Wettrüstens zur See. Vom Ausbau der Marine profitieren auch die Werften in Hamburg.

Der 1898 zum Staatssekretär im Reichsmarineamt ernannte Alfred (ab 1900 von) Tirpitz überzeugt das Parlament von folgendem Programm: Neben den vorhandenen acht Küstenpanzerschiffen wird die Zahl der Linienschiffe um 7 auf 19, die der großen Kreuzer um 2 auf 12 und die der kleinen Kreuzer um 7 auf 30 erhöht.

Dies bedeutet den Aufbau einer Schlachtflotte, die den offensiven Seekrieg gegen Frankreich und Rußland führen und die deutschen Küsten gegen die Briten verteidigen könnte. Zugleich aber wächst die deutsche Hochseeflotte nicht so stark an, daß sich Großbritannien durch den Flottenbau um jeden Preis herausgefordert fühlen muß. Dessen Seemacht ist dann immer noch doppelt so stark wie die jeder anderen europäischen Macht.

Tirpitz fand in Hamburg offene Ohren für seine Pläne. Wie gewünscht setzten sich Gesprächspartner wie Adolph Woermann bei ihnen nahestehenden Reichstagsabgeordneten für die Realisierung des Programms ein.

△ *Die deutsche Kriegsmarine zeigt Flagge: In der Mitte vorn das Panzerschiff »Aegir«*

◁ *Alfred Freiherr von Tirpitz, ein Karriereoffizier: Mit 28 Jahren Schöpfer der Torpedowaffe, mit 43 Marine-Stabschef und als 49jähriger Staatssekretär im Marineamt*

Antisemiten erobern Sitz im Parlament

15. Februar 1898. Bei den Wahlen zur teilweisen Erneuerung der Bürgerschaft behauptet der Kandidat der Deutschsozialen Reformpartei, Friedrich Raab, seinen Parlamentssitz. Der Sieger im Wahlbezirk 23 in Eimsbüttel war am 9. Juli 1897 als erster ausgesprochener Parteivertreter in die Volksvertretung gewählt worden.

Zwei Jahre später, am 25. Juni 1900, setzt sich bei einer Nachwahl in Billwerder ein Parteifreund Raabs – Wilhelm Schack (→ 7. 9. 1893/S. 325) – durch und zieht ebenfalls in die Bürgerschaft ein.

Die antisemitischen Parolen dieser Partei finden vor allem beim Mittelstand Anklang, der wegen der fortschreitenden Judenemanzipation um seinen Einfluß bangt. Im Jahr 1898 entstehen in Hamburg mehrere rein antisemitische Bürgervereine. Sie bilden in den nächsten Jahren die Basis für eine Verbreitung der Bewegung. Ihr Sprachrohr werden die 1886 gegründeten »Deutsch-sozialen Blätter«, später »Deutsches Blatt«.

In der Bürgerschaft machen Raab und seine Freunde durch viele Anträge auf sich aufmerksam, die keine Aussicht auf Erfolg haben und nur agitatorischen Charakter tragen. Sie fordern den Schutz des Mittelstandes und polemisieren gegen die großen Kaufhäuser.

Zielscheibe der Kritik sind auch die Hamburger Reeder, die Raab in der 1900 veröffentlichten Schrift »Die Nothflagge weht« attackiert. Dies erbost den erklärten Nationalliberalen Adolph Woermann so sehr, daß er 1901 erklärt, er würde sich gegebenenfalls lieber den Sozialdemokraten als den Antisemiten an-

schließen. Am 19. April 1898 erklärt Max Liebermann von Sonnenberg, Gründer der seit 1894 bestehenden Deutschsozialen Reformpartei: »Hier in Hamburg wird es zwar jetzt noch nicht möglich sein, praktische Erfolge zu erringen; aber die Partei wird zeigen, daß sie an Umfang zugenommen hat.« Am 10. und 11. September 1899 veranstaltet der antisemitische Zusammenschluß ein Treffen in Hamburg und billigt ein Aktionsprogramm. Man will Kenntnisse über »das wahre Wesen des Judenvolkes« vertiefen, per Gesetz eine genaue Erfassung aller Israeliten in Deutschland durchsetzen und fordert zur Beseitigung der »Judenplage« öffentlich die »völlige Absonderung und (wenn die Notwehr es gebietet) schließlich Vernichtung des Judenvolkes«.

Großes Fest der Turner mit patriotischen Untertönen

23. Juli 1898. Auf dem Heiligengeistfeld wird das 9. Deutsche Turnfest eröffnet, an dem mehr als 10 000 Turner teilnehmen. Höhepunkt der fünftägigen Veranstaltung: Ein Festumzug am 24. Juli. Daran beteiligen sich neben den Turnverbänden auch Kunst- und Gewerbevereine sowie zahlreiche Militärkapellen. Die mitgeführten Festwagen zeigen allegorische Darstellungen wie die »Germania« und die von sechs Pferden gezogene »Hammonia«, das Turnermotto »Frisch Fromm Froh Frei« und »Turnerrast«.

Gegen das Turnfest verteilen die Arbeitersportler 11 000 Flugblätter. Das »Hamburger Echo« nennt das Ganze einen »Riesenklimbim der Bourgeoisie«. Dies ändert jedoch nichts am Erfolg der Veranstaltung, für deren Abhaltung Senat und Bürgerschaft immerhin mit 30 000 Mark gebürgt haben.

Als größter Verein der Hansestadt beteiligt sich die Hamburger Turnerschaft von 1816 besonders stark. Sie stellt mit dem Vereinsturnlehrer Hermann Siepelt auch den Festturnwart. Einziger Hamburger Turnfestsieger ist Walter Hojer vom Hamburg-St. Pauli Turnverein.

Die Tradition der Turnfeste reicht bis 1860 zurück, als sich in Coburg erstmals Turner versammelten. In Hamburg wurde bereits am → 2.

Turnübungen an Barren und Reck beim Turnfest auf dem Heiligengeistfeld (Holzstich, »Leipziger Illustrirte«)

September 1816 (S. 193) die spätere Turnerschaft von 1816 gegründet. Ihr folgten Vereine wie der Altonaer Turnverein von 1845, der Hamburger Turnverein von 1852, der Bergedorfer Männer-Turnverein von 1860 (Vorläufer der TSG Bergedorf von 1860 e. V.), der Hamburger Turnerbund von 1862 und schließlich der Hamburg-St. Pauli Turnverein (→ 1. 4. 1862/S. 252).

In den meisten Vereinen herrscht ein »nationaler« Geist, genährt aus der Tradition der Befreiungskriege 1812/13, als auch die Turner freudig zu den Fahnen geeilt waren. Das Bekenntnis zu Kaiser und Reich führt zum Austritt vieler Arbeitersportler aus den bürgerlichen Turnvereinen. Sie gründeten – wie in Wandsbek (→ 21. 9. 1881/S. 292) und Bergedorf (→ 3. 4. 1885/S. 297) – eigene Vereine und bildeten 1893 in Gera den Arbeiter-Turnerbund (ATB). 1898 zählt die Deutsche Turnerschaft 626 000 Mitglieder, der ATB knapp 28 000.

Feierliche Enthüllung des 3 m hohen Bismarck-Denkmals in Altona

Altona ehrt Otto von Bismarck

9. Juli 1898. *In der Altonaer Königstraße wird die von Adolf Brütt entworfene Bronzestatue Otto von Bismarcks enthüllt. Das von den Einwohnern gestiftete Werk zeigt den früheren Reichskanzler in Uniform. Es ist deutlich kleiner als das Kaiser-Denkmal.*

Hochkonjunktur für Denkmäler: Die Altonaer Wilhelm I.-Skulptur

Wilhelm I. vor dem Rathaus

18. Juni 1898. *In Anwesenheit von Kaiser Wilhelm II. und seiner Gemahlin Auguste Viktoria findet vor dem Altonaer Rathaus die Enthüllung des Reiterstandbilds Kaiser Wilhelms I. statt. Die Bronzeskulptur entstand nach einem Entwurf Gustav Eberleins.*

Der Bahnhof Altona wenige Wochen vor seiner endgültigen Eröffnung

Ein Bahnhof aus Backstein

30. Januar 1898. *Der von Georg Eggert gestaltete Altonaer Bahnhof mit seinem mittelalterlich anmutenden Backsteinportal ist fertiggestellt. Vier verglaste Hallen mit einer Spannweite von 82 m überdachen die vier Personen- und fünf Gepäckbahnsteige.*

1899

Nach der 1872 angelegten Eisenbahnverbindung ist die Harburger Elbbrücke die erste Straßenbrücke über die Süderelbe.

Brücke bringt Hamburgern Harburg nahe

30. September 1899. Die Straßenbrücke über die Süderelbe macht die bislang verkehrende Dampffähre überflüssig, die den Betrieb einstellt. Die Brücke rückt Harburg näher an Hamburg heran.

Mit dem Bau der Elbbrücke, deren prächtige Sandsteinportale von preußischen Adlern gekrönt sind, war 1897 begonnen worden. Lange Zeit hielten Provisorien die Verbindung zwischen Hamburg und Harburg aufrecht. Die am → 12. Januar 1853 (S. 238) eröffnete »Wilhelmsburger Kunststraße« hatte zwar den Verkehr erleichtert, war aber bei der Elbüberquerung auf Fähren angewiesen. Weitaus fortschrittlicher war die Eisenbahn, die am → 1. Dezember 1872 (S. 273) beide Elbarme überbrückte. Am 16. Juli 1887 ging die Straßenbrücke über die Norderelbe mit den schon bei der Eisenbahn bewährten sog. Lohse-Trägern in Betrieb. Die 474,65 m lange Süderelbbrücke verbessert nun auch den öffentlichen Personennahverkehr. 1897 hatte der Harburger Magistrat einen Vertrag mit der Hamburg-Altonaer-Trambahn-Gesellschaft geschlossen. Er sah vor, in Harburg zwei Straßenbahnlinien zu bauen und sie durch die Trambahn-Gesellschaft über Wilhelmsburg bis zur Veddel zu verlängern. Daraus wird zunächst nichts, weil die Veddeler Anschlußlinie der Hamburger Straßen-Eisenbahn-Gesellschaft (SEG) gehört. Erst als die Trambahn-Gesellschaft von der SEG »geschluckt« worden ist, fährt am 24. Mai 1902 die erste Straßenbahn von Hamburg nach Harburg.

So half man sich, als es noch keine Elbbrücken gab: Dampffähre an der Landungsstelle beim Kleinen Grasbrook; hinten die Kirchtürme Hamburgs

Gute Bücher »veredeln« das breite Volk

2. Oktober 1899. Auf Initiative der Patriotischen Gesellschaft entsteht an den Kohlhöfen die erste Öffentliche Bücherhalle. Die neue Einrichtung will den »breiten Volksschichten guten, einwandfreien Lesestoff zugänglich machen« und dadurch »veredelnd und fördernd auf die Leser« einwirken.

6000 Bücher stehen zur Ausleihe bereit, hinzu kommen 200 Nachschlagewerke und 120 Zeitschriften. 60 Arbeits- und Leseplätze erlauben ein ungestörtes Lesen in den Büchereiräumen. Der Start ist vielversprechend: Bereits am ersten Tag kommen 420 Interessenten, in der ersten Woche sind es 3336, nicht weniger als 1100 Bücher werden allein in den ersten 14 Tagen ausgeliehen.

Öffentlich diskutiert wurde das Bücherhallen-Projekt seit zwei Jahren. Am 22. Oktober 1897 hatte »Ein Bürger« im »Hamburgischen Correspondenten« für die Einrichtung öffentlicher Büchereien plädiert. Daß sich zu dieser Zeit schon ein »Ausschuß für Arbeiterwohlfahrt« im Rahmen der Patriotischen Gesellschaft mit einem solchen Plan befaßte, erfuhr die Öffentlichkeit sechs Tage später aus einer Entgegnung des Rechtsanwalts Eduard Hallier in der gleichen Zeitung.

Diese Anregung fand ein lebhaftes Echo. Die ersten Geldsammlungen wurden initiiert, und im Juli 1898 trat erstmals eine »Bücherhallen Commission« zusammen. Sie beschloß, mit dem zur Verfügung stehenden Kapital von 25 000 Mark an den Kohlhöfen eine Bücherhalle einzurichten. Das vom Staat zur Verfügung gestellte alte Lombard-Gebäude wurde entsprechend der neuen Verwendung umgebaut und eingerichtet. 6000 Mark pro Jahr werden für die laufenden Personalkosten und die Anschaffung neuer Bücher veranschlagt.

Blick in die älteste Öffentliche Bücherhalle Hamburgs an den Kohlhöfen (1925)

Werbetrommel gegen angeschlagenen Ruf

17. Februar 1899. In Hamburg konstituiert sich der Verein zur Förderung des Fremdenverkehrs. Er will im In- und Ausland u. a. durch die Herausgabe eines »Wegweisers durch Hamburg und seine Umgebung« um Besucher werben. Vielfältige kleine Aktionen zielen außerdem darauf, die Hansestadt

Ausschnitt aus einem Plakat des Vereins zur Förderung des Fremdenverkehrs; Seebär-Folklore soll das Image der Stadt verbessern, die als nicht sonderlich sehens- und besuchenswert gilt.

gastfreundlicher zu gestalten. Der Verein, in dessen Vorstand Persönlichkeiten wie Albert Ballin und Edmund J. A. Siemers sitzen, bemüht sich redlich, den durch die Cholera-Katastrophe von 1892 angeschlagenen Ruf der Stadt aufzupolieren. So besorgt man einem Lehrer aus Sachsen einen Sponsor, damit er Hamburg besuchen kann.

Dienstpersonal bleibt Herrschaftswillkür ausgeliefert

15. April 1899. Die Dienstbotenordnung tritt in Kraft. Sie legt das rechtliche Verhältnis zwischen Herrschaft und Hausangestellten in Hamburg fest. Die bestehenden Mißstände bleiben erhalten: Es gibt keine tariflich festgelegte Entlohnung und keinen einklagbaren Anspruch des Personals auf die Gewährung von Freizeit.

Weil nach § 13 der Dienstbotenordnung der oder die Beschäftigte »in dringenden Fällen« auch zu anderen als ursprünglich vereinbarten Arbeiten herangezogen werden kann, wird der in den meisten Verträgen zugestandene »Ausgehtag« oft willkürlich gestrichen. § 11 verpflichtet die Dienstherrschaft lediglich, ihren Beschäftigten zur »Beiwohnung des Gottesdienstes, zur Besorgung eigener Angelegenheiten und zum Genuß erlaubter Vergnügungen« Zeit zu geben.

Dienstmädchen beim Einkochen; 1895 gab es in Hamburg 29 483 Dienstmädchen, die bei ihrer Herrschaft wohnten.

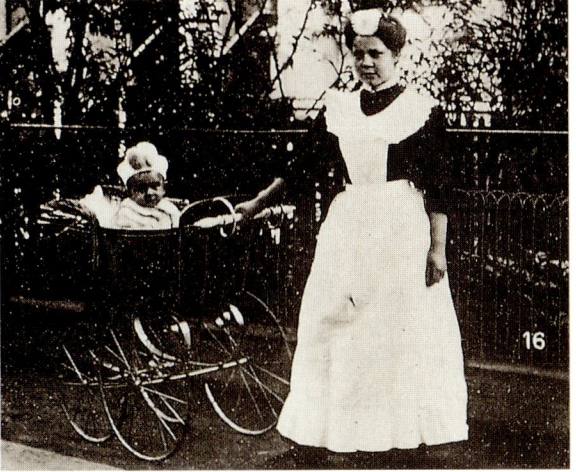

Ein Kinderfräulein; im Jahr 1895 lebten allein in Harvestehude und Rotherbaum 6205 Dienstboten bei der Herrschaft.

Das Einkaufen gehört zu den Hauptaufgaben der Dienstmädchen außer Haus.

Postkarte mit einem Bild von Kapitän Gustav Schmidt und der bei Blohm & Voss gebauten »Bulgaria« (10 237 BRT)

Verloren geglaubte »Bulgaria« gerettet

1. April 1899. Der Hamburger Senat gibt zu Ehren von Kapitän Gustav Schmidt und der Besatzung des verloren geglaubten, ein Jahr alten Hapag-Dampfers »Bulgaria« einen festlichen Empfang.

Am 28. Januar war das Schiff in New York ausgelaufen. Drei Tage später geriet es rund 800 Seemeilen westnordwestlich der Azoren in einen Orkan. Am 2. Februar feuerten die Seeleute Notraketen ab, denn die Lage schien hoffnungslos: Das Ruder war gebrochen, die Getreideladung verrutscht, die meisten der 100 Pferde an Bord mußten getötet werden. Am 3. Februar retteten drei britische Dampfer zehn der 54 Passagiere sowie 13 der 80 Mann Besatzung und meldeten die »Bulgaria« als gesunken. Doch die verbliebene Besatzung machte ihr Schiff wieder seeklar, installierte ein Notruder und erreichte am 24. Februar die Azoren. Dort wurde die »Bulgaria« notdürftig repariert und dampfte nach Hamburg.

Thema »dicke Luft« vor der Bürgerschaft

1. November 1899. Die Bürgerschaft diskutiert auf der Grundlage eines Ausschußberichts über die zunehmende Luftverschmutzung und beschließt eine Verordnung zur besseren Heizer-Ausbildung.

Der Ausschuß hatte festgestellt, daß die Schadstoffemissionen der Industrie Ursache für Ruß und Rauch in der Hamburger Luft sind. Es wurde vorgeschlagen:

▷ In das neue Baupolizeigesetz Vorschriften über die Einrichtung von Schornsteinen einzufügen

▷ Einen Lehrheizer für die öffentlichen Gebäude einzustellen

▷ Der Bürgerschaft einen Gesetzentwurf zur Mitgenehmigung vorzulegen. Darin sollte die »Entwicklung dicken und schwarzen Rauches bei Strafe untersagt werden«. Weiter regte das Gremium an, bei Feuerungsstellen, die gewerblichen Zwekken dienen, die »Erlaubnis zum Betriebe von der Einrichtung rauchverzehrender Apparate abhängig zu machen«.

Die Bürgerschaft billigt den ersten Punkt der Ausschußvorlage, ändert den zweiten dahingehend ab, daß die in der Privatindustrie eingesetzten Heizer in Staatsbetrieben ausgebildet werden sollen und lehnt Punkt 3 ab.

Klassenbewußte Arbeiter kaufen bei der »Produktion«

17. Juli 1899. Am Großneumarkt Nr. 17 richtet der Konsum-, Bau- und Sparverein »Produktion« die erste Verkaufsstelle ein. Hier können die Mitglieder der Genossenschaft billig und gut Waren kaufen, die zum Großteil in eigenen Unternehmen hergestellt worden sind. Wohnungsbau und Sparkasse sollen das Unternehmen absichern.

Initiator der »Pro« ist der frühere Zigarrenarbeiter, Gewerkschaftler und SPD-Reichstagsabgeordnete Adolf von Elm. Hierzu angeregt wurde er von dem Kaufmann und Ökonomen Raphael Ernst May und durch das Vorbild der Genossenschaften in Großbritannien. Elm stieß aber mit seinen Plänen auch auf herbe Kritik. Viele Sozialdemokraten glauben, eine Genossenschaft lenke die Arbeiter vom politischen Kampf ab. Die »Pro« nähre die Illusion, man könne durch den Konsumverein friedlich aus dem Kapitalismus in den Sozialismus hineinwachsen. Doch die Entwicklung der »Pro« gibt Elm recht: Bis 1914 wächst die »Produktion« auf 74 328 Mitglieder an und gibt an diese 1 075 000 Mark Rückvergütung auf den Umsatz aus.

Ladenbedienstete vor ihrer Verkaufsstelle Nr. 8 der »Produktion« in der Frankenstraße (Postkarte, um 1910)

Blick in das Innere einer Verkaufsstelle der genossenschaftlich organisierten »Produktion« (Postkarte, 1911)

1900

1. 1. Der Hamburger Staat übernimmt die auf Initiative der Patriotischen Gesellschaft gegründete Rettungsanstalt in Eigenregie.

1. 1. Die Hamburger Polizei verzeichnet 902 gemeldete Prostituierte. → S. 345

20. 1. Der vierte Alsterpavillon ist fertiggestellt.

1. 2. Gustav Heinrich Theodor Roscher wird Leiter der Polizeibehörde. → S. 344

2. 2. In Altona wird der Grundstein für das Städtische Museum gelegt. → S. 345

24. 2. Zur besseren Interessenvertretung der Hamburger Industrie konstituiert sich eine Kommission aus sechs Mitgliedern der Handelskammer und 18 Repräsentanten der Industrie.

17./18. 3. Der Hamburger Polo-Club veranstaltet am Rothenbaum die erste Turniersportveranstaltung. → S. 346

1. 6. In Altona wird der Stuhlmann-Brunnen enthüllt. → S. 344

4. 7. Der Schnelldampfer »Deutschland« gewinnt das »Blaue Band« für die schnellste Überquerung des Nordatlantiks. → S. 344

26./27. 8. Bei den Olympischen Sommerspielen in Paris (20. 5.–24. 10.) erringen Hamburger Ruderer zwei Medaillen. → S. 346

15. 9. Das Deutsche Schauspielhaus wird eröffnet. → S. 345

24. 9. Die Werftarbeiter beenden den Ende Juni begonnenen Streik, ohne ihre Forderungen nach mehr Lohn und dem Neunstunden-Arbeitstag erreicht zu haben.

1. 11. Das Hafenkrankenhaus wird nach zweijähriger Bauzeit eröffnet. → S. 345

1. 12. Eine Volkszählung ergibt für Hamburg 705 738 Einwohner. → S. 343

14. 12. Die SPD-Politikerin Rosa Luxemburg spricht auf einer von 700 Menschen besuchten Veranstaltung ihrer Partei in einem Lokal am Mühlenkamp.

GEBOREN:

15. 4. Hamburg: Eric M. Warburg († 9. 7. 1990, Hamburg), Bankier.

9. 7. Prerau (Mähren): Ida Ehre († 16. 2. 1989, Hamburg), Schauspielerin.

24. 12. Hamburg: Carl Voscherau († 24. 8. 1963, Hamburg), Schauspieler.

GESTORBEN:

24. 1. Hamburg: Emil Naucke (* 2. 5. 1855, Insel Poel bei Wismar), Kraftathlet. → S. 346

21. 8. Hamburg: Carl Ferdinand Laeisz (* 10. 8. 1853, Hamburg), Reeder.

So können die Hamburger feiern: Festlicher Abend auf der Alster mit Feuerwerk (kolorierter Holzstich).

Mit voller Fahrt in das neue Jahrhundert

1. Dezember 1900. Eine reichsweit durchgeführte Volkszählung ergibt für die Stadt Hamburg 705 738 Einwohner. Im Landgebiet wohnen weitere 62 611 Menschen.

Unter den 768 349 Bewohnern des hamburgischen Staates ist der älteste eine 1802 geborene Frau. Auch sonst hat die Volkszählung Interessantes zu Tage gefördert. So ist der Billhorner Röhrendamm die meistbewohnte Straße. Hier wohnen 9198 Menschen, von denen 721 erst in den letzten fünf Jahren zugezogen sind. Den größten Sprung bei den Einwohnerzahlen machte die Osterstraße in Eimsbüttel. Durch Zulegung anderer Straßen haben jetzt 4952 statt 3564 im Jahr 1895 hier ihr Zuhause. Der bevölkerungsreichste Stadtteil ist Eimsbüttel (64 032 Einwohner).

Der Zuzug von außerhalb hat die Zahl der »eingeborenen« Hamburger stark zurückgehen lassen: In der Stadt sind 51% der Einwohner auch hier geboren, aber 14,9% kommen aus Schleswig-Holstein, 18,71% aus anderen preußischen Provinzen und immerhin 6,67% waren einst in Mecklenburg-Schwerin zu Hause.

An der Dominanz des evangelisch-lutherischen Glaubens hat dies nichts geändert: 91,38% der Menschen im Staate Hamburg sind evangelisch, 4,02% katholisch und 2,33% sind jüdischen Glaubens.

An der Schwelle zum 20. Jahrhundert zeigt sich die größte Hafenstadt des Reiches als pulsierende Metropole. Spektakuläre Ereignisse gibt es im Jahr 1900 genug.

Bevölkerungsstruktur 1900*

Familienstand	männlich	weiblich
Ledig	225 976	218 695
Verheiratet	138 937	137 383
Verwitwet	8 886	33 743
Geschieden	1 306	2 435
Unbekannt	706	282
Total	375 811	392 538

* Im hamburgischen Staat mit Einschluß der Bewohner ohne Altersangabe

Da ist der neue Alsterpavillon, der ab dem 20. Januar bis zu 1000 Gästen Gelegenheit zum Vergnügen bietet. Hermann Jacobsohn gibt seiner Freude in den anmutigen Versen Ausdruck: »Es winket uns wieder ein Plauderstündchen Nun nachmittags in dem berühmten Kreis, Und wieder wispert holder Damen Mündchen, Sich über uns Moquierend, lachend leis.«

Vier Tage später, am → 24. Januar (S. 346), sorgt der plötzliche Tod des »Kolossalmenschen« Emil Naucke für Schlagzeilen. Am → 4. Juli (S. 344) läßt die Jungfernfahrt des Hapag-Schnelldampfers »Deutschland« das Herz des seefahrtbewußten Hanseaten höher schlagen. Laut Hapag vereinigt die »innere Einrichtung« des Schiffes »Eleganz und künstlerische Schönheit mit Rücksicht auf den Comfort der Passagiere in glücklichster Weise«.

Stolz nehmen die Sportanhänger die Erfolge der Hamburger Ruderer in Paris zur Kenntnis (→ 26./27. 8./S. 346). Für die Freunde des Sprechtheaters ist die Eröffnung des Deutschen Schauspielhauses (→ 15. 9./S. 345) Anlaß zur Freude, während es die Anhänger der leichten Muse eher in die »American Bar« zum Spielbudenplatz 28 zieht, die »größte Bar Deutschlands«.

Stark von sich reden macht die Frauenbewegung, vor allem die radikale Richtung, die in Hamburg Lida Gustava Heymann repräsentiert. Sie gründet im Februar den »Verein Frauenwohl« und macht dem gemäßigten Bund Deutscher Frauenvereine mit ihren Forderungen nach Einführung des Frauenstimmrechts und Aufhebung der Bordelle heftige Konkurrenz.

Am ersten Sonntag im Dezember lockt wieder der »Dom«, der jetzt ausschließlich auf dem Heiligengeistfeld abgehalten wird. Denn, wie heißt es so schön: »Was der Papst für's heilige Rom, Ist für Hamburg jetzt der Dom.«

Mit ihren vier Schornsteinen macht die »Deutschland« kräftig Dampf. Das Gemälde (um 1900) zeigt das Schiff beim Passieren von Helgoland.

Hapag-Flaggschiff »Deutschland« überquert Nordatlantik in Rekordzeit

4. Juli 1900. *Der Doppelschrauben-Schnelldampfer »Deutschland« der Hapag verläßt auf seiner Jungfernreise Cherbourg mit Ziel New York und holt sich mit einer Durchschnittsgeschwindigkeit von 22,42 Knoten (knapp 43 km/h) das »Blaue Band« für die schnellste Überquerung des Nordatlantiks. Das Schiff braucht 5 Tage, 15 Stunden und 46 Minuten für die 3044 km vom Eddystone Leuchtturm bis Sandy Hook. – Am 10. Januar war die »Deutschland« auf der Vulkanwerft in Stettin vom Stapel gelaufen. Das mit 16 502 BRT größte deutsche Schiff ist 208,5 m lang, die Maschinen leisten 37 800 PS, und es kann in drei Klassen bis zu 1050 Passagiere befördern.*

Der Stuhlmann-Brunnen mit den Wasserspeiern, r. liegt der Bahnhof.

Stifter Stuhlmann läßt Wasser fließen

1. Juni 1900. Der nach einem Entwurf des Berliner Bildhauers Paul Türpe gestaltete Stuhlmann-Brunnen in der Museumstraße am Eingang zum heutigen neuen Altonaer Bahnhof wird enthüllt.

Mit diesem Werk setzt Stifter Günther Ludwig Stuhlmann nicht nur sich selbst, sondern auch der in stetem Ringen mit Hamburg befindlichen Altonaer Fischindustrie ein Denkmal. Es zeigt eine 7,50 m hohe Figurengruppe, die um einen ins Netz gegangenen Fisch kämpft.

Polizeichef mit neuen Methoden auf Verbrecherjagd

1. Februar 1900. Der bisherige Kriminalpolizeidirektor Gustav Heinrich Theodor Roscher wird Leiter der Hamburger Polizeibehörde. Als Polizeidirector (ab 1. 7. 1912 Polizeipräsident) verschafft er den Hamburger Sicherheitskräften einen international guten Ruf.

Roscher war als Leiter der am 21. Oktober 1892 neu eingerichteten Abteilung II – Kriminal- und Politische Polizei – Anfang 1893 in den Staatsdienst eingetreten. In diesem Amt führte er nach französischem Vorbild ein verbessertes Personenerfassungssystem ein. Kernstück ist die erkennungsdienstliche Erfassung aller Straftäter, die älter als 20 Jahre sind. Dadurch soll Verbrechern die Möglichkeit genommen werden, sich durch Zulegen eines neuen Namens der Verfolgung zu entziehen.

Am 1. August 1903 folgt die Einführung eines von Roscher selbst entwickelten Systems zur Identifizierung von Fingerabdrücken, das mehrere europäische Länder und Japan übernehmen. Sein besonderes Interesse gilt der Polizeifotografie, die er stets auf dem neuesten Stand der Technik hält.

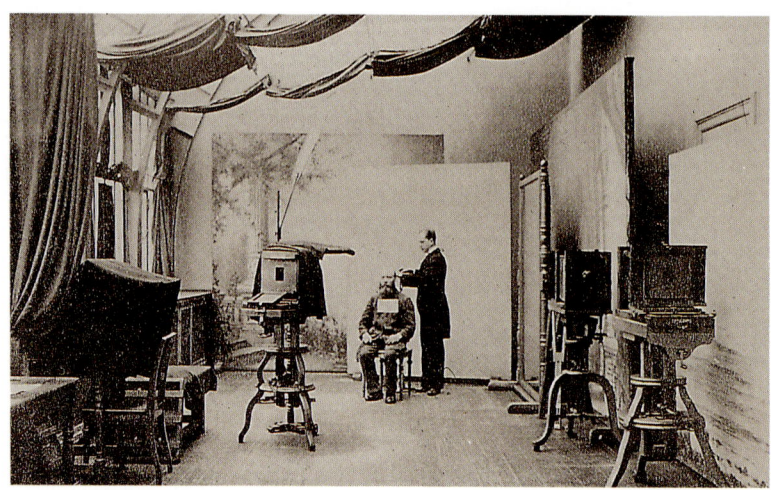

Das Fotografieren eines Straftäters gehört zu den neuen Methoden, um Verbrechern im Wiederholungsfall schneller auf die Spur zu kommen (Foto, 1898).

Ein Polizeifotograf nimmt am Tatort das Bild eines Mordopfers auf (1897).

Luftbild des Hafenkrankenhauses am Elbpark, das aus Sicherheitsgründen von einer Mauer umgeben ist

Der dreigeschossige Neubau des 1901 vollendeten Städtischen Museums in Altona am Kaiser-Platz

Hafenkrankenhaus auch für »Tobsüchtige«

1. November 1900. *Nach zweijähriger Bauzeit nimmt das Hafenkrankenhaus den Betrieb auf. Die Erstellungskosten betrugen 828 000 Mark, für die Einrichtung wurden weitere 252 000 Mark ausgegeben. Es ist als Polizeikrankenhaus konzipiert und verfügt über folgende Abteilungen: Eine Krankenabteilung mit 90 Betten für Männer und 20 für Frauen, ein gesichertes Unruhigenhaus zur Verwahrung von »Tobsüchtigen und Deliranten«, ein Beobachtungshaus für Seuchenverdächtige, wo bis zu 150 Personen untergebracht werden können, eine Reinigungs- und Desinfektionsanstalt sowie ein gekühltes Leichenschauhaus der Polizei für die Aufnahme der Leichen von Selbstmördern oder Unbekannten.*

Städtisches Museum Altona in neuem Haus

2. Februar 1900. *In Altona findet die Grundsteinlegung zum Bau des Städtischen Museums statt. Das dreigeschossige Gebäude im Stil der nordischen Renaissance wird am 16. September 1901 eröffnet. Das Museum bildet zusammen mit dem Rathaus (1896–1898), dem Bahnhof (→ 30. 1. 1898/S. 339) und dem dazwischenliegenden Kaiser-Platz (heute Platz der Republik) ein neues repräsentatives Zentrum. Am 11. Oktober 1863 war das Öffentliche Museum Altona, damals noch in der Palmaille, der Allgemeinheit zugänglich gemacht worden. Erster hauptamtlicher Leiter ist ab 1899 Otto Lehmann, der vor allem kunst- und kulturgeschichtliche Exponate aus dem Niederelbegebiet sammelt.*

»De Kunstapler kummt«: Die Bordellstraße im Specksgang (Gouache, 1891)

»Leichtes Gewerbe« in der Herbertstraße

1. Januar 1900. Bei der Hamburger Polizei sind 902 Prostituierte gemeldet. Die Dunkelziffer ist wesentlich höher: Im selben Jahr werden 1915 Frauen (aber keine Männer . . .) wegen Übertretens sittenpolizeilicher Vorschriften bestraft. Um die Straßenprostitution auf der Davidstraße, der Hauptflaniermeile für liebeshungrige Männer auf St. Pauli, zu unterbinden, richtet die Stadt die Heinrichstraße (später Herbertstraße) zur Bordellpassage her.

Goethe im »Burgtheater an der Alster«

15. September 1900. Unter der Direktion von Alfred Freiherr von Berger eröffnet das Deutsche Schauspielhaus mit einer Aufführung von Johann Wolfgang von Goethes »Iphigenie auf Tauris«. Hier soll das klassische und zeitgenössische Sprechtheater gepflegt werden, nachdem sich das Stadt-Theater immer mehr zur Opernbühne entwickelt hat.

Direktor Berger, dem in Wien die Leitung der »Burg« verwehrt worden ist, möchte das Haus an der Kirchenallee zum »Burgtheater an der Alster« machen. Der von ihm verfaßte Prolog fordert: »Nur nach den höchsten Zielen darf hier der Künstler seine Blicke heben.« Das Grundkapital von 1 Mio. Mark haben 84 Mitglieder der Aktiengesellschaft Deutsches Schauspielhaus aufgebracht. Zu den Gründungsmitgliedern zählen die Schauspieler Franziska Ellmenreich und Carl Wagner (vorher Stadt-Theater) sowie Robert Nhil und Ludwig Max (Thalia Theater). Das Haus mit seinen 1831 Plätzen zwischen 1 und 30 Mark entstand in 13 Monaten nach Plänen der Wiener Architekten Ferdinand Fellner und Hermann Helmer.

◁ *Das Schauspielhaus um 1900; im Hintergrund die Dreieinigkeitskirche*

▽ *In der Eröffnungsvorstellung mit Goethes »Iphigenie« agieren Carl Wagner, Stella Hohenfels und Carl Bender.*

Germania-Vierer siegt im zweiten Finale

26./27. August 1900. Bei den Olympischen Wettkämpfen im Rahmen der Weltausstellung in Paris (20. 5.– 24. 10.) gewinnt der Vierer mit Steuermann vom RCF Hammonia Hamburg die Bronzemedaille. In einem aufgrund verschiedener Proteste zusätzlich ausgetragenen zweiten Finallauf belegt der Germania RC Hamburg den ersten Platz und holt einen »Siegerpreis«.

Wegen der nach Ansicht der Hamburger Ruderer mangelhaften Organisation der Regatta und der Ungleichheit der Startplätze kommt es schon vor Beginn zu Meinungsverschiedenheiten. In den drei Vorrennen siegen Minerva Amsterdam, der Ludwigshafener Ruderverein und der Germania Ruder-Club Hamburg in der Besetzung Oskar Gossler, Walter Katzenstein, Waldemar Tietgens, Gustav Ludwig Gossler und Carl Gossler. Für Favorite Hammonia rudern Hugo Rüster, Wilhelm Carstens, Julius Körner, Adolf Möller und Max Ammermann.

Die Regattaleitung bestimmt im Nachhinein allerdings, daß ein weiteres Ausscheidungsrennen gefahren werden müsse, da Lyon und Favorite Hammonia Hamburg in ihren Vorläufen bessere Zeiten als der Vorlaufsieger Ludwigshafen erzielt hätten. Dieser Lauf findet dann aber doch nicht statt, da nicht alle Teams verständigt worden sind. Nun sollten Lyon und Favorite Hammonia neben vier anderen Booten am Finale teilnehmen, doch ist die Bahn nur für vier Boote breit genug. Es gibt Proteste, drei Teams treten nicht an. Roubaix gewinnt schließlich vor Lyon und Favorite Hammonia.

Da dieses ohne die eigentlichen Vorlaufsieger erzielte Endergebnis niemanden zufriedenstellt, entscheidet man sich zu einem zweiten Finale mit den drei Vorlaufschnellsten einen Tag später, das Germania vor Minerva und Ludwigshafen gewinnt.

Olympia-Gold (v. l.): Oscar Gossler, Walter Katzenstein, Gustav Gossler, Steuermann Gleichmann (in Paris: Carl Gossler), Waldemar Tietgens

Emil Naucke in seiner Glanzrolle als sehr grazile »Pauline vom Ballet«

Letzte Vorstellung für »dicken Naucke«

24. Januar 1900. Kurz nach seinem Auftritt bei einer Wohltätigkeitsveranstaltung bei Sagebiel auf der Drehbahn stirbt der populäre Kraftathlet Emil Naucke an einem Herzschlag. Am Tag seiner Beerdigung säumt eine riesige Menschenmenge den Weg, den der Trauerzug von Nauckes Lokal auf St. Pauli zum Friedhof Ohlsdorf nimmt.

Statt eines tränenreichen Nachrufes veröffentlicht die Hamburger Presse Anekdoten aus Nauckes bewegtem Leben. So notiert der »General-Anzeiger« am 27. Januar: »Auf Reisen führte Naucke stets eine Portion Ziegelsteine mit sich, die unter das Hotelbett geschoben wurden, denn der Dicke hatte ständig Angst, daß er mit dem Bett zusammenbräche.«

Über die Kindheit des am 2. Mai 1855 auf der Insel Poel bei Wismar geborenen Kolossalmenschen wird berichtet, daß er im zarten Alter von einem Monat schon 28 Pfund gewogen haben soll.

Als 14jähriger brannte er mit einer Artistengruppe durch und reiste in Europa und den USA umher. Er schleuderte z. B. eine Eisenkugel von 70 Pfund an einer Kette durch die Luft und fing sie mit seinem Genick auf. Mit einer Hand stemmte er eine 212 Pfund schwere Hantel. 1896 eröffnete der 1,75 m große und 467 Pfund schwere »dicke Naucke« ein Varieté am Spielbudenplatz 23/24 und war dort stets seine größte Attraktion.

Rothenbaum – Heimat des Turniersports

17./18. März 1900. Der 1898 gegründete Hamburger Polo-Club richtet im Velodrom am Rothenbaum die erste Turniersportveranstaltung in Hamburg aus. Wegen der guten Lichtverhältnisse finden die Wettbewerbe nachmittags bei Tageslicht statt. Ein weiterer Platz bietet die Möglichkeit zum Einspringen.

Die Hamburger Pferdesportveranstaltung, der sog. Concours hippique, entwickelt sich zu einer ständigen Einrichtung, bis das Velodrom 1910 wegen Baufälligkeit abgerissen wird. Der Polo-Club veranstaltet seine Turniere fortan im Freien und gehört auch zu den Mitbegründern des Deutschen Spring-Derbys (→ 26. 6. 1920/S. 411). Daß man nämlich Pferde nicht nur dazu bringen kann, auf Bahnen schnell zu laufen, sondern auch auf einem Parcours über Hindernisse zu springen, ist noch neu. Paris erlebt vom 29. Mai bis zum 1. Juni diesen Jahres das erste international ausgeschriebene Reitturnier.

Polospieler auf dem Geläuf des Hamburger Polo-Clubs, der 1898 als erster in Deutschland entstand; gespielt wird zunächst in Bahrenfeld, ab 1907 auf der neugebauten Anlage in Klein-Flottbek. Das Spielfeld ist 300 m lang und etwa 175 m breit, zu einer Mannschaft gehören vier Reiter.

3. 1. Im Deutschen Schauspielhaus findet die Uraufführung des Stücks »Jugend von heute« von Otto Ernst statt. → S. 348

30. 1. Die Hapag und die Hamburg-Süd gehen eine Geschäftsgemeinschaft im Südamerikadienst ein.

15. 2. Als erster Sozialdemokrat zieht Otto Stolten in die Bürgerschaft ein. → S. 347

22. 2. In seinem Lokal am Spielbudenplatz 21 führt Eberhard Knopf Kinofilme vor. → S. 348

Ende März. Im Eilbeker Weg, in Rothenburgsort und in der Osterstraße entstehen staatliche Schulen für geistig behinderte Kinder.

1. 4. Wandsbek scheidet aus dem Kreis Stormarn aus und erhält mit einem Areal von 1085 ha den Titel kreisfreie Stadt.

17. 6. Die Schiffsmaklerfirma Blumenthal & Böse nimmt die Arbeit auf. Aus ihr geht die Reederei Johann M. C. Blumenthal hervor.

17. 7. Der Volksheim-Verein wird gerichtlich eingetragen. → S. 347

22. 9. Die neugotische Christuskirche in Wandsbek ist fertig.

1. 10. Das Botanische Museum bildet zusammen mit dem Botanischen Garten fortan die sog. Botanischen Institute.

17. 10. Am Spielbudenplatz gibt ein »Modernes Künstler-Cabaret« die erste Vorstellung.

1901. Carl Pfingsthorn publiziert eine Untersuchung über die »Verhältnisse kleiner Wohnungen in Alt-Hamburg«. → S. 347

1901. In Barmbek wird mit der Verlängerung des Osterbekkanals begonnen. → S. 348

1901. Der Verein »Frauenbildung, Frauenstudium« richtet Mädchenklassen in Realgymnasien ein. Dafür erhält er eine bis Ostern 1914 befristete staatliche Subvention.

GEBOREN:

30. 1. Hamburg: Hans Erich Nossack († 2. 11. 1977, Hamburg), Schriftsteller.

8. 2. Hamburg: Gustav Dahrendorf († 30. 10. 1954, Braunlage), Genossenschaftler.

23. 3. Hamburg: Hans Harder Biermann-Rathjen († 25. 4. 1969, Hamburg), Politiker (FDP), Senator.

2. 5. Hamburg: Willi Bredel († 27. 10. 1964, Berlin-Ost), Schriftsteller.

GESTORBEN:

22. 3. Hamburg: Carl Heinrich Laeisz (* 27. 4. 1828, Hamburg), Großkaufmann und Reeder.

18. 4. Rom: Heinrich Köllisch (* 19. 9. 1857, Hamburg), Volkssänger.

Neunköpfige Familie lebt auf 20,5 qm

1901. Im Jahrbuch für Gesetzgebung, Verwaltung und Volkswirtschaft erscheint eine Untersuchung über die »Verhältnisse kleiner Wohnungen in Alt-Hamburg«. Sie beschreibt die erschreckenden Zustände im Sanierungsgebiet Steinstraße und Neustadt.

Bei seinen Gängen durch dieses Viertel stößt der Autor Carl Pfingsthorn auf die charakteristischen Hinterhöfe mit den ein- und zweistöckigen Buden mit aufgebauten »Sählen«. Diese Stockwerkswohnungen sind durch eine Stiege vom Hof her erreichbar. In einem Hof am Großen Bäckergang zählt Pfingsthorn 22 Häuser. Die 22 Familien dort teilen sich »eine halbdunkle Abortanlage mit fünf Abteilungen« und einen Wasserhahn mit Ausguß. Weil dies nicht ausreicht, schütten die Hausfrauen das benutzte Spül- oder Waschwasser oft direkt auf dem Hof aus.

Pfingsthorn besichtigt eine sog. Sahlwohnung, die ein Werftarbeiter für 3,20 Mark pro Woche gemietet hat: »Raumverschwendung kann die Familie allerdings nicht treiben bei einer Bodenfläche der Wohnung von 20,5 qm – für 1 qm also 8,10 RM

In der Küche eines Arbeiterhaushalts; um die Mietkosten zu senken, schränken sich die Bewohner oft ein und nehmen Einlogierer oder Schlafburschen auf.

Jahresmiete – und einem Luftraum von 41 cbm (2 m Höhe), sondern muß jeden Winkel am Tage wie bei Nacht ausnutzen; es schlafen in einem Raum, mit einem Kochofen versehen, zwei Knaben; in dem zweiten, der sog. Wohnstube, die Eltern mit den drei jüngsten Kindern, in dem dritten, der nur 3,75 qm groß ist, zwei Mädchen.«

Um Wohnungen wie diese entbehrlich zu machen, gründen Arbeiter und unselbständige Handwerker im Dezember 1901 den Gemeinnützigen Bauverein Reiherstieg. Er widmet sich dem Bau von hafennahen Arbeiterwohnungen in Wilhelmsburg. Bis 1910 entstehen 115 Wohnungen zwischen Fährstraße und Julius-Ertel-Straße.

SPD nicht mehr außen vor

15. Februar 1901. Als erstem Sozialdemokraten gelingt Otto Stolten der Sprung in die Bürgerschaft. Stolten erhält in Hammerbrook 184 Stimmen, 25 Stimmen hinter einem bürgerlichen Kandidaten, aber vor fünf anderen Bewerbern. In 37 Bezirken hatte die SPD Kandidaten benannt.

Stoltens Wahl im Arbeiterviertel Hammerbrook ist das Ergebnis des Bürgerrechtsgesetzes, das Arbeitern – oft unter großen finanziellen Opfern – die Erlangung des Bürger- und damit auch des Wahlrechts erleichtert (→ 2. 11. 1896/S. 332).

Das SPD-Parteiorgan »Hamburger Echo« feiert Stoltens Sieg am folgenden Tag so: »Dieser Erfolg muß uns ein Ansporn sein, alle Kraft einzusetzen, um nunmehr weiter vorwärts zu schreiten und der werkthätigen Bevölkerung Hamburgs in der Bürgerschaft den Platz zu erringen, der ihr gebührt. Vorwärts zu neuen Siegen!«

Der gelernte Schlosser und Maschinenbauer trat 1874 den Sozialdemo-kraten bei, wurde 1880 Mitglied des Vorstandes der Zentralkranken- und Sterbekasse der Metallarbeiter und übernahm nach dessen Gründung die Leitung des »Hamburger Echo« (→ 2. 10. 1887/S. 302).

Otto Stolten, erster Sozialdemokrat in der Bürgerschaft und von 1919 bis 1924 Zweiter Bürgermeister Hamburgs

Bürger unterstützen Belange der Arbeiter

17. Juli 1901. Der Volksheim-Verein läßt sich gerichtlich eintragen. Hier sammeln sich sozial engagierte Angehörige des Bürgertums, um die soziale Lage der Arbeiter zu erforschen und zu verbessern.

Dieser Kreis um den Unternehmer und Senator Heinrich Traun plant, Begegnungsstätten für Jugendliche und Erwachsene aus verschiedenen Bevölkerungsschichten zu schaffen. Die Idee stammt aus Großbritannien, wo der Sozialreformer Arnold Toynbee die sog. Settlements (engl.; [An]Siedlung) gegründet hatte. Am 5. Februar 1905 eröffnet der Verein sein erstes Haus in Rothenburgsort. Später kommen Einrichtungen in Hammerbrook, Barmbek und Eimsbüttel hinzu. Hier wird gewandert, gelesen, getanzt und musiziert. Neben der Beschäftigung mit Arbeiterjugendlichen bieten die Mitarbeiter des »Volksheims« auch Fortbildungskurse sowie Rechts- und Sozialberatung für Erwachsene an.

Osterbekkanal spült und transportiert

1901. In Barmbek beginnen die Arbeiten zur Verlängerung des Osterbekkanals. Die Wasserstraße, die bis zur Kanalisierung zwischen 1863 und 1865 ein schmaler Bach war, reichte 1874 bis zum Gelände des Gaswerks. 1902 ist die Verlängerung zur Bramfelder Straße abgeschlossen, 1914 der Ausbau bis zur Habichtstraße.

Am 29. November 1899 hatte die Bürgerschaft einen Grundsatzbeschluß über die Verlängerung des Kanals gefaßt. Er soll die Abwasserentsorgung verbessern. Alle Siele führen zur Elbe hin und müssen regelmäßig mit dem Wasser der Alster und der Kanäle durchgespült werden, damit sich dort keine Ablagerungen bilden.

Der Osterbekkanal dient überdies als billiger Transportweg für Kohlen, Rohstoffe und Baumaterial. Die New York-Hamburger Gummi-Waaren-Compagnie (→ 21. 10. 1871/ S. 271), mit rund 1000 Beschäftigten der größte Arbeitgeber in Barmbek, bezieht ihre Kohlen auf dem Wasserwege.

Bis zum Zollanschluß Hamburgs (→ 29. 10. 1888/S. 306) bildeten die Osterbek und der gleichnamige Kanal die Zollgrenze zwischen Hamburg und dem Zollvereinsgebiet. Diese Gegebenheit führte dazu, daß sich zahlreiche Gewerbebetriebe unmittelbar nördlich des Kanals ansiedelten, was zwei Vorteile hatte: Die benötigten überseeischen Rohstoffe konnten in den gewünschten Mengen aus dem Freihafen rasch herangeschafft werden, die Fertigprodukte hingegen entstanden bereits im Zollinland des deutschen Zollgebietes.

Weiter südlich in Winterhude, haben sich nach 1871 vor allem Fabriken zur Herstellung von Stearin, Seife, Chemikalien und Maschinen niedergelassen. Dazu gehört das Eisenwerk Nagel & Kaemp, das auf einem Areal zwischen Osterbekkanal, Jarrestraße und Barmbeker Straße vor allem Hafenkräne baut.

Sorgt sich um das Schulwesen: Otto Ernst

Ernst-Stück vor Kaiser

3. Januar 1901. *Im Beisein von Kaiser Wilhelm II. findet im Deutschen Schauspielhaus die Uraufführung des Stücks »Jugend von heute« statt. Autor ist Otto Ernst, eigentlich Otto Ernst Schmidt, Lehrer und als Sohn eines Zigarrendrehers 1862 in Ottensen geboren. Am 1. Dezember 1900 hatte am Königlichen Schauspielhaus in Dresden sein Stück »Flachsmann als Erzieher« Premiere, das Mißstände im Schulwesen beschreibt. Sein Bühnenerfolg erlaubt es Ernst, den Schuldienst aufzugeben und sich in Othmarschen als Schriftsteller niederzulassen.*

Ein »Drehewer« auf dem Osterbekkanal, vermutlich in Winterhude; mit Hilfe der Schöpfeinrichtung dieses Bootes wird das Kanalbett vertieft (um 1909).

Am Spielbudenplatz gibt es »Lebende Bilder« zu sehen

22. Februar. In dem ein Jahr zuvor eröffneten Lokal von Eberhard Knopf am Spielbudenplatz 21 auf St. Pauli findet die erste gesicherte Kinovorführung statt. Das Lokal bietet 317 Sitzplätze und ist eine Mischung aus Lichtspieltheater, Bierhalle und Speisewirtschaft. Die Leinwand ist in der Mitte des Raumes angebracht und wird in den Pausen hochgezogen. Wer auf der falschen Seite sitzt und die Bilder daher nur spiegelverkehrt sehen kann, zahlt weniger.

Die Vorführung »Lebender Bilder« ist an sich nichts Neues, Knopf ist aber der erste, der dafür eigens einen Saal herrichtet. 1895 waren in der Innenstadt die ersten »Lebenden Photographien« nach den Verfahren verschiedener Erfinder gezeigt worden. 1896 konnten die Hamburger den Kinematographen Marke Lumière bestaunen.

Der perforierte Zelluloidfilm mit einer Aufnahmefrequenz von 16 Bildern pro Sekunde markiert den Beginn der modernen Kinotechnik.

Gespannt verfolgt das Publikum in Knopfs 1906 am Spielbudenplatz 19 eröffneten Kinematographentheater das Geschehen auf der Leinwand (um 1910).

▷ *Filmplakat mit Werbung für den Kinematographen der Brüder Louis Jean und Auguste Lumière; 1895 eröffneten sie in Paris das erste Lichtspielhaus.*

1902

1. 1. Der Hamburger Polizeibehörde wird die Gründung des Deutschen Vereins für Frauenstimmrecht angezeigt. → S. 351

12. 1. Der St. Pauli Turnverein weiht seine neue Turnhalle auf dem Heiligengeistfeld ein, die größte Anlage ihrer Art in Norddeutschland.

6. 2. Das »Hamburger Echo« beschreibt die Vermittlung von Hafenarbeitern. → S. 350

1. 4. Die Stadt Hamburg kauft das rund 36 ha große sog. Sierichsche Gehölz des Winterhuder Kaufmanns Adolph Sierich, um dort eine Grünfläche anzulegen.

1. 5. Wegen starker Beteiligung an der sozialdemokratischen Maifeier sperren die Unternehmer der größeren Wandsbeker Betriebe die Arbeiter für zehn Tage aus.

24. 5. Zwischen Hamburg und Harburg verkehrt erstmals eine durchgehend elektrifizierte Straßenbahn.

28. 5. Ein Vertrag regelt den Linienverkehr zwischen Deutschland und Nordamerika. → S. 350

9. 6. Die Fortbildungsschule für weibliche Handelsbeflissene im Volksschulgebäude Bäckerbreitergang 72 nimmt den Unterrichtsbetrieb auf.

21. 7. Bei einem Schiffsunglück auf der Elbe sterben 101 Menschen. → S. 350

25. 7./9. 10. Die Stadt Harburg und der Staat Preußen beschließen den Bau eines neuen Seehafens. → S. 350

12. 10. Richard Ohnsorg gründet die »Dramatische Gesellschaft«. → S. 351

24. 10. Der »Hamburgische Correspondent« berichtet über Pläne zur Aufhebung der »Judenbörse«. → S. 350

1902. Aby Warburg baut die »Bibliothek Warburg« zur Geschichte der europäischen Kultur auf. → S. 350

1902. Die Arbeiterwohnungen in den Falkenried-Terrassen werden fertiggestellt. → S. 351

1902. Das Fünfmastvollschiff »Preussen« läuft in Geestemünde vom Stapel. → S. 349

GEBOREN:

1. 2. Hamburg: Erich Lüth († 1. 4. 1989, Hamburg), Publizist.

5. 2. Hamburg: Paul Nevermann († 22. 3. 1979, Puerto de la Cruz/Teneriffa), Politiker (SPD), Erster Bürgermeister 1961–1965.

11. 4. Hamburg: Fritz Krüger, gen. Oskar vom Pferdemarkt († 18. 2. 1969, Hamburg), Straßenhändler.

21. 12. Hamburg: Anni Ahlers († 14. 3. 1933, London), Operettensängerin.

Stolz seiner Eigner: Das Fünfmastvollschiff »Preussen« der Reederei F. Laeisz unter vollen Segeln

»Preussen« – ein Superlativ unter Segeln

1902. Für die Hamburger Reederei F. Laeisz läuft auf der Werft Joh. C. Tecklenborg in Geestemünde der von Georg W. Claussen konstruierte Segler »Preussen« vom Stapel. Das Schiff mit seinem stählernen Rumpf ist das einzige Fünfmastvollschiff der Seefahrtgeschichte.

Die technischen Daten der »Preussen« mit ihren 5081 BRT sind beeindruckend: Sie ist 124,4 m lang, 16,3 m breit und hat einen Tiefgang von 8,2 m. Die »Preussen« kann 8000 t Ladung aufnehmen, die durch fünf Luken in den Schiffsbauch gelangen – das Fassungsvermögen von 18 Güterzügen. Hinter jedem der fünf Masten sind Versteifungsschotte angebracht. Sie fangen den enormen Zug der Takelage auf die Schiffsseiten ab. Die 48 Segel haben eine Gesamtfläche von 5560 m². Der Flaggenkopf des Mittelmastes, des höchsten aller fünf, liegt 68 m über dem Kiel.

Bei traditionellem Antrieb hat die »Preussen« modernste Technik an Bord, nämlich u. a. zwei Hilfskessel, um die dampfgetriebenen Einrichtungen in Gang zu setzen. Dazu gehört auch das Ankerspill mit seiner 66 t schweren und 560 m langen Ankerkette.

Über einen Hilfsantrieb verfügt das Schiff nicht. Es ist allein auf den Wind angewiesen und erreicht Spitzengeschwindigkeiten von 18,7 Knoten (knapp 35 km/h). Im Jahr 1903 absolviert die »Preussen« die Strecke vom südenglischen Lizard Point bis zum chilenischen Salpeterhafen Iquique in nur 58 Tagen.

Der Fünfmaster krönt die »Flying P-Line« der Reederei F. Laeisz, eine Flotte schneller Segler für die Salpeterfahrt, deren Namen alle mit »P« beginnen (→ 1878/S. 286). F. Laeisz kann sich an diesem Höhepunkt des Segelschiffbaus nicht lange erfreuen: Am 5. November 1910 kollidiert die »Preussen« mit einem vorschriftswidrig fahrenden Dampfer und strandet bei Dover.

Die »Preussen« an der Ankerkette im Hafen (Foto, 1906); das stählerne Schiff ist ein Meisterwerk der Schiffbaukunst, zugleich aber auch eines der letzten seiner Art: Seit 1890 geht die Zahl der Großsegler im Vergleich zu den ständig verbesserten Dampfschiffen zurück. Nur mit Wunderwerken der Segelschifftechnik wie der »Preussen« läßt sich die Frachtsegelei nach Südamerika noch gewinnbringend weiterführen.

Vertrag mit Morgan regelt Linienverkehr

28. Mai 1902. Die Generalversammlung der Hamburg-Amerika-Linie billigt, ebenso wie am 23. Juni der Norddeutsche Lloyd, einen Pool-Vertrag mit dem Schiffahrtstrust des New Yorker Bankhauses J. P. Morgan & Co.

Auf Vorschlag von Hapag-Generaldirektor Albert Ballin verzichtet das von John Pierpont Morgan aufgebaute Syndikat auf eigene Linien nach Deutschland.

Ausgehend von einer fiktiven Beteiligung Morgans am Aktienkapital der deutschen Reedereien in Höhe von 20 Mio. Mark bzw. 25% im Falle einer Kapitalerhöhung, ist Morgan künftig an der Dividendenausschüttung beteiligt. Morgan muß seinen deutschen Partnern diejenige Summe vergüten, die bei einer Ausschüttung an 6% fehlt.

Mit viel Geld hat Morgan 1901/02 ein Schiffahrtsimperium zusammengekauft, zu dem u. a. die britische White Star Linie, die American Line und die belgische Red Star zählen. 1903 fahren für Morgans International Mercantile Marine Company 133 Schiffe mit 922 110 BRT. Um 1900 hatte die Hapag 113 Seedampfer mit 585 128 BRT.

»Primus«-Passagiere rettungslos verloren

21. Juli 1902. Ein Ausflug zur Kirschernte nach Cranz endet kurz nach Mitternacht mit einer Katastrophe: Bei der Kollision des Este-Dampfers »Primus« mit dem Hochseeschlepper »Hansa« auf der Elbe ertrinken 101 Menschen.

206 Mitglieder und Freunde der Liedertafel »Treue von 1887« aus Eilbek sind an Bord, als Kapitän Johannes Peters die Anker lichtet. Er weiß, daß die »Primus« nur für 172 Passagiere zugelassen ist.

Die Stimmung an Bord ist gut, als das Schiff die Elbe überquert. Kapitän Peters steuert nicht die richtige, die südliche Seite des Fahrwassers an, sondern fährt auf die Nordseite der Elbe zu. Hier, meint er, werde die altersschwache Maschine den Dampfer besser gegen die Strömung voranbringen.

Die Uhren zeigen 0.30 Uhr, als der stromabwärts fahrende Schlepper »Hansa« die »Primus« etwa 300 m unterhalb der Anlegebrücke Nienstedten mittschiffs rammt. Das Boot sinkt innerhalb von 13 Minuten. Für die ins Wasser springenden Passagiere gibt es weder Rettungsringe noch Schwimmwesten, das einzige Rettungsboot kentert.

Jeden Morgen hoffen Hunderte auf eine Anstellung durch den Heuerbaas.

Jeden Morgen Kampf um Arbeit im Hafen

6. Februar 1902. Das »Hamburger Echo« beschreibt die wegen des großen Andrangs nach draußen verlegte Anwerbung von Hafenarbeitern so: »Dann stehen Tausende auf eine Heuer wartende Leute längs den Vorsetzen in drei Gliedern aufmarschiert … Jeden Morgen bemühen sich dort etwa sechs bis acht Schutzleute, das Trottoir freizuhalten, aber fast vergeblich.«

Neuer Seehafen hilft Harburgs Betrieben

25. Juli/9. Oktober. Durch zwei Verträge beschließen die Stadt Harburg und der preußische Staat den Bau eines neuen Seehafens mit vier Becken als sog. offene Tidehäfen. Standort soll das Gebiet der westlich angrenzenden, noch eigenständigen Gemeinde Lauenbruch sein. Das Finanzvolumen beträgt rund 8,8 Mio. Mark.

Anlaß für den Bau der neuen Seehafenbecken ist zum einen der Mangel an ausreichenden Gewerbeflächen für die Erweiterung der ortsansässigen Industrie und zum anderen der deutlich spürbare Rückgang der Seeschiffstonnage.

Preußen gewährt eine Subvention in Höhe von 2,5 Mio. Mark. Den Rest bringt ein gemischtes Konsortium auf, an dem neben der Stadt Harburg auch die Hannoversche sowie die Deutsche Bank beteiligt sind. Die ersten drei Hafenbecken sind bis 1907 fertig.

Vor allem Betriebe der Grundstoffindustrie (Brikettwerk, Kohleumschlag) und der Gummiwarenindustrie, Getreidehandelsgesellschaften sowie Unternehmen aus der Kautschuk- und Ölbranche siedeln sich hier an.

»Judenbörse« – Markt und Attraktion

24. Oktober 1902. Die »Judenbörse«, der folkloristisch anmutende Karrenhandel in der zweiten Elbstraße, soll geschlossen werden, so berichtet wenigstens der »Hamburgische Correspondent«.

Die Zeitung kommentiert: »Jedenfalls verschwindet mit ihr eine höchst charakteristische Erscheinung aus Alt-Hamburg.« Doch der Markt, der schon zu Beginn des 19. Jahrhunderts als »Judenbörse« bekannt war, besteht noch bis 1925. Er ist auch eine Touristenattraktion. So schildert der »Wegweiser durch Hamburg und Umgebung« 1909: »Alles Mögliche und Unmögliche kommt hier zum Verhandeln: Zeugreste jeglicher Art, zerknitterte Blechgefässe, sonnenvergilbte Teppiche, verbogene Vogelbauer, vergilbte Wandbilder, in deren Rahmen der Holzwurm sein Zerstörungswerk betrieben, Kleidungsstücke für jung und alt beiderlei Geschlechts, Messer, Lampen, Porzellan, Mützen, Uhren,

Filzsocken, Geschmeide, Kalender, Holzpantoffeln, Zauberbücher und weiss Gott was für hunderterlei Artikel in neuen Schundwaren und

altem Trödelkram bunt durcheinander, und zwischen den beiden Karrenreihen flutet langsam der Menschenstrom.«

Die »Judenbörse« in der Elbstraße (heute z. T. die Neanderstraße) fungiert als Zentrum des auf die Straße verlegten jüdischen Kleinhandels (Foto, 1892).

Rechte des Ältesten für Bücher verkauft

1902. Der Hamburger Kunst- und Kulturwissenschaftler Aby Warburg beendet in Florenz seine Forschungen über die italienische Renaissance. Er kehrt im folgenden Jahr nach Hamburg zurück, um hier die »Bibliothek Warburg« zur Geschichte der europäischen Kultur zu gründen.

Aby Warburg ist der älteste von fünf Söhnen des jüdischen Bankiers Moritz Warburg. Als Zwölfjähriger trat er seinem Bruder Max alle Rechte als Erstgeborener unter der Bedingung ab, daß dieser ihm zeitlebens alle Bücher kaufen soll, die Aby haben will.

Dieses Versprechen kostet Max Warburg viel Geld: Die Bibliothek, die 1926 ein eigenes Gebäude in der Heilwigstraße 116 erhält, wächst auf 80 000 Bände an. Vier Jahre nach Warburgs Tod, am 12. November 1933, wird der gesamte Buchbestand vor den Nationalsozialisten nach London gerettet.

1903

Frauen fordern das gleiche Wahlrecht

1. Januar 1902. Der Deutsche Verein für Frauenstimmrecht meldet bei der Polizei seine Gründung an.

Lida Gustava Heymann (1868–1943): »Schon als ganz junger Mensch – wohl mehr intuitiv – empörte mich die Selbstüberschätzung und eitle Überheblichkeit der Männer.«

In dieser Organisation, die ab Herbst 1904 nach einer Neugliederung als Hamburg-Altonaer Verein für Frauenstimmrecht im Verband Deutscher Stimmrechtsvereine auftritt und ein Büro in der Paulstraße 9 unterhält, organisieren sich die Vertreterinnen der radikalen bürgerlichen Frauenbewegung. Diese Richtung wird in Hamburg vor allem durch Lida Gustava Heymann vertreten. Sie fordert das allgemeine Wahlrecht. Der Bund Deutscher Frauenvereine sorgt sich zunächst um Wohltätigkeit sowie bessere Ausbildungs- und Arbeitsbedingungen für Mädchen.

Ohnsorg legt Basis für eigenes Theater

12. Oktober 1902. Richard Ohnsorg gründet die »Dramatische Gesellschaft«, Vorläufer seines Theaters.

Erst Schauspieler, dann Leiter seiner eigenen Bühne: Richard Ohnsorg (3. 5. 1876–10. 5. 1947) arbeitet mit Laiendarstellern.

Sie veranstaltet zunächst Leseabende und führt am 3. Dezember das Stück »Liebesträume« von Max Dreyer auf. Ohnsorg hatte schon als Schüler der Realschule St. Pauli sein Herz für das Theater entdeckt. Als die eigenen literarischen Versuche erfolglos bleiben – seine am 1. August 1902 im St. Georg-Tivoli-Theater uraufgeführte Posse »Rentier Brenzlich's Abenteuer« hat nur wenig Erfolg –, wendet er sich der Schauspielerei zu. Er findet Kontakt zum Dichtermatrosen Gorch Fock, und seine Vereinigung spezialisiert sich ab 1914 auf niederdeutsches Theater.

Domizile für die Arbeiter des Straßenbahnbetriebshofs und der Fahrzeugwerke Falkenried

Bessere Wohnqualität in Falkenried-Terrassen

1902. *Die Arbeiterwohnungen in den Falkenried-Terrassen sind bezugsfertig. Im Jahr 1890 war mit dem Bau begonnen worden. Die Hinterhausanlage zwischen Falkenried und Löwenstraße entspricht den gesetzlichen Auflagen, die eine uferlose Grundstücksbebauung verhindern sollen, und weisen gegenüber älteren Terrassen einige Vorzüge auf. Gemäß dem Baupolizei-Gesetz vom 23. Juni 1882 haben die Häuserzeilen einschließlich Erdgeschoß nur drei Stockwerke und keinen Wohnkeller. Die fehlende Straßenfront zum Falkenried hin gewährt den Bewohnern mehr Tageslicht als die bisher gängige Bebauung.*

---

15. 1. Am Pferdemarkt eröffnet die erste Filliale der Öffentlichen Bücherhalle (→ 2.10.1899/S. 341).

4. 2. Die Bürgerschaft gewährt dem Dichter Gustav Falke jährlich 3000 Mark. → S. 351

1. 4. Ein Reichsgesetz verbessert die Stellenvermittlung der Seeleute. → S. 352

1. 5. Eine Übergangshaltestelle an der Lippeltstraße ersetzt den geschlossenen Berliner Bahnhof.

15. 5. Der neue Bahnhof Sternschanze geht in Betrieb.

19. 5. Die Hamburger Exporteure schließen sich zu einem Verein zusammen. Er erstrebt eine gemeinsame Interessenvertretung gegenüber den Reedereien und dem Gewerbe sowie eine Klärung der rechtlichen Stellung des Export-Kommissionärs.

31. 5. Auf der Altonaer Exerzierweide gewinnt der VfB Leipzig vor 2000 Zuschauern das erste Endspiel um die Deutsche Fußballmeisterschaft 7:2 (1:1) gegen den DFC Prag.

7. 6. Der neue Dammtorbahnhof ist fertiggestellt (→ 28. 6. 1904/S. 353).

16. 6. Bei der Reichstagswahl verteidigt die SPD ihre drei Hamburger Wahlkreise. → S. 352

20. 6. Auf dem Rathausmarkt wird das Kaiser-Wilhelm-Denkmal eingeweiht. → S. 351

10. 11. In der neuromanischen Erlöserkirche in Borgfelde findet der erste Gottesdienst statt.

1. 12. Die Heiligengeist-Kirche wird eingeweiht. Sie ist die erste evangelisch-lutherische Hauptkirche in Barmbek. Mehr als 10% der Baukosten sind durch eine Straßensammlung aufgebracht worden.

1. 12. Das Theater in der Central-Halle an der Reeperbahn auf St. Pauli muß wegen Baufälligkeit schließen. 1904 eröffnet es als »Neues Operetten-Theater« wieder.

8. 12. In einem gemieteten Tanzsaal in der Wexstraße finden bei Hamburgs bisher größten Obstauktion 43 387 Fässer mit Äpfeln aus den USA einen Käufer.

23. 12. Die Schiffsmaklerfirma Carsten Rehder eröffnet ihr Unternehmen. Sie errichtet am 17. Februar 1904 eine Filiale in Altona.

1903. Hamburger Reeder gründen eine Versorgungskasse für Seeleute. → S. 352

GEBOREN:

10. 1. Hamburg: Walter Scherau († 13. 5. 1962, Hamburg), Schauspieler.

16. 4. Lübeck: Hans Fitze, Theaterleiter.

Enkel »tief gerührt« von Kaiser-Denkmal

20. Juni 1903. Im Beisein von Kaiser Wilhelm II. findet auf dem Rathausmarkt die feierliche Enthüllung des Kaiser-Wilhelm-Denkmals statt. Die Stadt hat sich die von Johannes Schilling entworfene Reiterstatue Wilhelms I. 720 000 Mark kosten lassen.

Am Tag der Weihe sind die Querelen verflogen, die es um die Ausschreibung, Finanzierung und den Standort eines Monument für den Kaiser gegeben hatte, dessen Vorläufer die Festdekoration zum Einzug der siegreichen Truppen aus dem Frankreich-Feldzug (→ 17. 6. 1871/S. 269) gewesen war.

Wilhelm II. würdigt den Bau des Denkmals in einer Rede: »Das hat Meinem Herzen als seinem Enkel wohlgetan und Mich tief gerührt.« Am selben Tag wird der Kaiser-Wilhelm-Hafen eingeweiht.

Das Reiterstandbild erhebt sich auf einem 6 m hohen Unterbau aus Granit bis zu einer Höhe von 11,50 m. Es steht inmitten eines 1800 m² großen erhöhten Platzes gegenüber dem Rathaus. Da bleibt es aber nur 26 Jahre: 1929 wird das Denkmal in seinen wesentlichen Teilen zum Sievekingplatz verlegt.

Parlamentsbeschluß rettet armen Poeten

4. Februar 1903. Die Hamburgische Bürgerschaft beschließt einen jährlichen »Ehrensold« von 3000 Mark für den Dichter Gustav Falke.

Diese Tat bringt der Stadt viel Anerkennung, aber auch Kritik ein. »Warum der und nicht ich?« fragen sich jetzt viele Poeten und die satirische Zeitschrift »Kladderadatsch« schreibt: »Seitdem der Hamburgische Staat dem Dichter Gustav Falke einen jährlichen Ehrensold bewilligt hat, bringt jeder Eisenbahnzug Hunderte von Dichtern in die freigebige Elbestadt.«

Der in Lübeck geborene Falke lebt mehr schlecht als recht mit seiner Frau und drei Kindern in der Brückwiesenstraße in Groß-Borstel. Die schlechte Lage des Lyrikers hatte seine Freunde veranlaßt, sich am 1. Dezember 1902 mit einer Eingabe an den Senat zu wenden. Sie baten um eine Anstellung in den Staatsdienst oder eine öffentliche Unterstützung.

Hamburg bleibt bei Wahlen SPD-Hochburg

16. Juni 1903. Bei der Hauptwahl zum Deutschen Reichstag verteidigt die Sozialdemokratische Partei ihre drei Hamburger Wahlkreise. Gespannt verfolgt eine große Menschenmenge trotz regnerischen Wetters die Bekanntgabe der Wahlergebnisse in den Fenstern des Zeitungsgebäudes am Gänsemarkt. Wieder heißen die gemäß dem Mehrheitswahlrecht gewählten Hamburger Abgeordneten August Bebel, Johann Wilhelm Heinrich Dietz und Wilhelm Metzger.

100 112 Wähler geben der SPD in Hamburg ihre Stimme. Dies entspricht angesichts der stark angewachsenen Zahl der Wahlberechtigten einem Stimmenanteil von 60,6%. Hinzu kommt, daß die Nationalliberalen keine Kandidaten aufgestellt hatten und in den Wahlkreisen I und II je ein Angehöriger der Freisinnigen Volkspartei und im III. Wahlkreis ein gemeinsamer Kandidat der gemäßigten Liberalen kandidiert hatte.

Dies sollte die Wahlchancen der Liberalen verbessern, beschert ihnen aber nur 33,8% der Wählerstimmen in Hamburg.

Mit einer Postkarte der Kandidaten unter dem Appell »Hamburg die Hochburg« und dem Aufruf »Wir bleiben die Alten! Das freie Wahlrecht ist das Zeichen, in dem wir

Köpfe, die in Hamburg Vertrauen genießen; trotz Attacken der bürgerlichen Parteien erringen sie für die SPD erneut einen deutlichen Sieg (Postkarte).

siegen!« hatte die SPD ihre Anhänger einmal mehr erfolgreich mobilisieren können.

Die Zustimmung zu den Zielen der SPD, die erstmals am → 20. Februar 1890 (S. 317) alle drei Wahlkreise für sich verbuchen konnte, ist seither noch gewachsen. Dies, obwohl die bürgerlichen Gegner immer schärfer gegen das Anwachsen der SPD vorgehen und die Einteilung der Wahlkreise sie in krasser Weise benachteiligt.

Immer mehr dringen die Sozialdemokraten auch in Wählerschichten ein, die nicht der Arbeiterschaft

zuzurechnen sind. Innerhalb von zehn Jahren wächst ihre Wählerzahl um mehr als 40 000. Dabei ist zu berücksichtigen, daß 1903 insgesamt 192 937 eingeschriebene Wähler verzeichnet werden, dies sind 24,30% der Einwohner. 83,61% der Wahlberechtigten haben eine gültige Stimme abgegeben.

Bei der Hauptwahl am 15. Juni 1893 konnte die SPD in Hamburg mit 70 552 der abgegebenen Stimmen im Durchschnitt der drei Wahlkreise 59,2% für sich verbuchen. Am 16. Juni 1898 waren es bereits 82 095 Stimmen und 62,1%.

Reeder versorgen ihre Seeleute selbst

1903. Auf Initiative von Adolph Woermann konstituiert sich in Hamburg eine »Versorgungskasse Vereinigter Rhedereien auf Gegenseitigkeit«. Sie bietet Seeleuten, die bei den beteiligten Firmen beschäftigt sind, die Möglichkeit an, hier eine Alters- und Invaliditätsversicherung abzuschließen.

Bei Ausbruch des Ersten Weltkrieges 1914 gehören 7700 Seeleute der Versorgungskasse an. Woermann hält wie andere Reeder in Hamburg nichts von einer staatlichen Sozialversicherung und nimmt die Versorgung seiner Arbeiter lieber in die eigene Hand.

»King Woermann«, wie er respektvoll in Afrika heißt, beschäftigt in seinem Handelshaus C. Woermann und der Woermann-Linie rund 2000 Mitarbeiter, davon sitzen rund 350 in der im Jahr 1900 errichteten Woermann-Zentrale in der Reichenstraße 27, dem »Afrikahaus«. In den Woermann-Faktoreien in Afrika sind 60 Personen beschäftigt, rund 1600 Seeleute tun bei der Woermann-Linie Dienst.

Die Hapag, deren Geschäftsleitung im Jahr 1903 ein Gebäude am Alsterdamm (heute Ballindamm) bezieht, faßt ihre sozialpolitischen Einrichtungen 1907 in einer eigenen Sozialabteilung zusammen.

Macht der Heuerbaase bei der Stellenvergabe beseitigt

1. April 1903. Durch ein Reichsgesetz wird die Stellenvermittlung der Seeleute geregelt. Die Heuerbaase brauchen für ihre Vermittlungstätigkeit eine Erlaubnis.

Um die bisherigen Mängel bei der Arbeitsplatzvergabe zu beseitigen, wird es ihnen untersagt, nebenher eine Pension zu führen, eine Gastwirtschaft zu betreiben oder als

Schiffsausrüster tätig zu werden. Seit November 1897 betrieb der »Verein Hamburger Rheder« ein gemeinsames Heuerbüro im Seemannsheim, an dem sich aber nur

16 Reeder mit 191 Schiffen beteiligten. Mit Inkrafttreten des Gesetzes gründen Reeder aus Hamburg und der Unterweser ein Heuerbüro und stellen zwei Heuerbaase in Dienst.

Auf einem Segelschiff gibt es immer etwas zu tun: Seeleute beim Ausweben der Wanten auf der deutschen »Großherzogin Elisabeth« (Fotografie, 1905)

»Eine Hand für den Mann und eine Hand für das Schiff«: Segelschiffsmatrosen an Deck der Viermastbark »Pangani« (Fotografie, um 1912)

Ein »Feuermeister« kontrolliert die von Hitze, Staub und Dreck geprägte Arbeit der Heizer und Trimmer im Maschinenraum eines Schnelldampfers (um 1910).

1904

→ S. 354

4. 1. Eine Änderung der Wahlbezirke trägt der verstärkten Besiedelung der Vororte Rechnung. Das Gesetz schreibt ferner vor, daß die Abgeordneten in den einzelnen Bezirken mit absoluter Mehrheit gewählt werden müssen. Sonst wird eine Stichwahl erforderlich.

30. 3. Auf zwei Schiffen der Woermann-Linie werden die ersten 1151 Pferde für die deutsche Schutztruppe eingeschifft, die den Herero-Aufstand in Deutsch-Südwestafrika niederschlagen soll. → S. 354

18. 4. In der Hegestraße in Eppendorf nimmt eine Realschule den Unterrichtsbetrieb auf. Sie wird zwischen 1910 und 1912 zu einer Oberrealschule erweitert.

1. 6. Das »Rathaus« der Speicherstadt, das Verwaltungsgebäude der Freihafen-Lagerhaus-Gesellschaft Bei St. Annen 1, wird eröffnet.

28. 6. Als erster britischer Monarch ist Eduard VII. in Hamburg zu Gast. → S. 353

27. 7. Das mit einem Kostenaufwand von 866 000 Mark erbaute Schwimmbad Lübeckertor öffnet seine Pforten. Es bietet je ein Schwimmbad für Männer und Frauen in einer Größe von 288 m² bzw. 228 m².

5. 9. Aus Anlaß der Herbstmanöver ist Kaiser Wilhelm II. in Altona zu Besuch. → S. 353

23. 10. In Bahrenfeld veranstaltet der 1902 gegründete Norddeutsche Automobilclub das erste Autorennen in Hamburg. → S. 354

15. 11. Eine Untersuchung an den Hamburger Volksschulen ergibt einen großen Umfang der Kinderarbeit. → S. 354

12. 12. Im »Ohlsdorfer Vertrag« vereinbaren die Preußisch-Hessische Staatsbahnverwaltung und die Stadt Hamburg den Ausbau der Bahnverbindung vom künftigen Hauptbahnhof über Barmbek nach Ohlsdorf und die Elektrifizierung der 26,6 km langen Strecke zwischen Blankenese und Ohlsdorf. Der Betrieb wird am 29. Januar 1908 aufgenommen.

1904. Im bisherigen Theater der Central-Halle in St. Pauli wird das Neue Operettentheater eröffnet. → S. 354

GEBOREN:

29. 1. Hamburg: Otto Tenne († 15. 4. 1971, Hamburg), Schriftsteller und Komponist.

8. 11. Lüneburg: Heinrich Braune († 14. 11. 1990, Hamburg), Journalist.

GESTORBEN:

5. 7. Hamburg: Gerhard Hachmann (* 10. 5. 1838, Hamburg), Bürgermeister.

Willkommen auf dem Dammtorbahnhof

28. Juni 1904. König Eduard VII. besucht als erster britischer Monarch Hamburg. Er trifft mit einem Sonderzug im Dammtorbahnhof ein, der zu diesem Anlaß erstmals als Empfangsort für hohe Gäste aus dem Ausland dient.

Eduard VII. zeigt sich von der Begrüßung angetan und erwidert auf die Willkommensworte des Senats: »Ich habe öfter das Glück gehabt, Hamburg flüchtig zu besuchen. Aber ich bin besonders erfreut, Ihre gütige Einladung habe annehmen zu können.«

Vor Eduard VII. hatte am 20. Juni 1903 schon Wilhelm II. den Dammtorbahnhof besichtigt und ihn mit dem Ausspruch »sieht ja ganz nett aus« beiläufig gewürdigt.

Am 7. Juni 1903 um 5.37 Uhr passierte der erste Zug den neuen Dammtorbahnhof, der in zwei Jahren für 1,12 Mio. Mark gebaut wurde. Eine Gesellschaft von 76 Personen veranstaltete in der Nacht zwischen Schließung des alten und Eröffnung des neuen Dammtorbahnhofs dort eine Eröffnungsfeier. Der doppelstöckige Jugendstilbau ist 112 m lang, 35 m breit und 23,5 m hoch. Er hat einen rechteckigen Grundriß, dessen Längsachse von Südost nach Nordwest verläuft. Entlang dieser Achse liegen die vier Schienenstränge.

Krieg und Theater für Seine Majestät

5. September 1904. Im Rahmen der Herbstmanöver besucht Kaiser Wilhelm II. Altona und im dortigen Theater eine Aufführung von Gotthold Ephraim Lessings »Minna von Barnhelm«.

Begleitet wird der Kaiser, der im 1902 eröffneten Hotel »Kaiserhof« absteigt, von der Kaiserin, die hier auf Heimatboden weilt: Auguste Viktoria ist Tochter des Herzogs Friedrich VIII. von Schleswig-Holstein-Sonderburg-Augustenburg.

So erhebt der Monarch in seiner Tischrede das Glas auf das Wohl »Meiner geliebten Frau Gemahlin, als der edlen Tochter des schönen, meerumschlungenen Landes«.

Tags darauf gibt Wilhelm II. in Hamburg bekannt, daß die in den drei Hansestädten stationierten Infanterieregimenter den Namen der jeweiligen Stadt tragen sollen.

△ Empfang für Eduard VII. am Dammtorbahnhof, den die preußische Eisenbahnverwaltung nach dem Muster der Berliner Bahnhöfe Friedrichstraße und Alexanderplatz errichten ließ.

◁ Der königliche Troß Eduards VII. verläßt die Stadt wieder via Dammtor.

Wilhelm II. und Auguste Viktoria; in den letzten 20 Jahren ist die Stimmung bei den (bürgerlichen) Hamburgern von einer eher skeptischen Haltung gegenüber dem Kaiserreich in nationale Begeisterung umgeschlagen.

Kinderarbeit »verfeinert«

15. November 1904. Auf Weisung der Hamburger Oberschulbehörde wird an den Volksschulen der Stadt eine Untersuchung über das Ausmaß der Kinderarbeit durchgeführt. Danach sind 72% der befragten Mädchen und 31,8% der Jungen in irgendeiner Form erwerbstätig. Die meisten von ihnen sind zwischen zehn und 14 Jahren alt.

Die Oberschulbehörde nennt vor allem zwei mögliche Ursachen für die Kinderarbeit: Viele Heranwachsende müssen zur Finanzierung des Haushalts beitragen, weil die Familie entweder sehr zahlreich oder einer der Eltern arbeitsunfähig ist. Andere Kinder sparen für eine besonders wertvolle Anschaffung. In der Kinderarbeit an sich erblickt die Oberschulbehörde nichts Verwerfliches: Die Kinder würden dadurch eher an Sauberkeit, Pünktlichkeit und regelmäßige Arbeit gewöhnt.

Darüber hinaus würden die Sitten in den Privathaushalten, in denen besonders Mädchen tätig sind, sich verfeinernd auf die Kinder von Arbeitern auswirken, und außerdem sei das Essen dort besser.

Erst durch ein im Januar 1904 in Kraft getretenes Kinderschutzgesetz hat sich der Reichstag dazu aufgerafft, wenigstens die Beschäftigung fremder Kinder unter zwölf Jahren in Gewerbe, Handel und Verkehr zu unterbinden. Im übrigen gilt bei der Beschäftigung von Jugendlichen ein Verbot von Sonntags- und Nachtarbeit sowie der Beschäftigung vor Schulbeginn.

Unterhaltung am Spielbudenplatz 1

1904. An der Stelle des 1903 geschlossenen Theaters der Central-Halle in St. Pauli eröffnet das Neue Operettentheater.

Hier am Spielbudenplatz 1 lockte zunächst 1841 ein »Circus Gymnasticus« die Besucher, dann ab 1864 die »Central-Halle«, die jedoch am → 23. Juli 1876 (S. 283) in Flammen aufging. Später wechselte der Name ebenso häufig wie die Besitzer. Dies geht so weiter: 1920 wird die Bühne in Operettenhaus umbenannt, 1935 in Edentheater und heißt von 1939 bis zur Zerstörung 1945 Theater an der Reeperbahn.

Motoren heulen auf der Trabrennbahn

23. Oktober 1904. Auf der Bahrenfelder Trabrennbahn führt der Norddeutsche Automobilclub (NAC) das erste Autorennen in Hamburg durch. 102 Fahrzeuge sind für die in drei Kategorien ausgetragenen Rennen gemeldet worden: Ein »Luruper Fahren« für Autos mit einem Gewicht von 400 bis 650 kg, ein »Bahrenfelder Rennen« für Tourenwagen bis zu 30 PS und ein »Internationales Hauptfahren«, das Willi Pöge auf einem 38 PS starken Mercedes gewinnt. Der am 20. März 1902 gegründete NAC verdient über 300 Mark.

Probleme für Woermann

30. März 1904. Zwei Schiffe der Woermann-Linie mit Kurs auf Swakopmund nehmen 1151 Pferde an Bord. Sie sind für die Truppen in Deutsch-Südwestafrika bestimmt, die den im Januar ausgebrochenen Herero-Aufstand gegen die Kolonialherren bekämpfen.

Der Aufstand wird in drei Jahren blutig niedergeschlagen. Die Woermann-Linie muß Tonnage hinzuchartern, um 15 000 Soldaten und 11 000 Pferde hinüberzuschaffen. Später beschuldigt der Reichstagsabgeordnete Matthias Erzberger (Zentrum) Adolph Woermann, die Notlage des Reiches für überhöhte Frachtraten ausgenutzt zu haben.

Adolph Woermann, Großkaufmann und Gründer einer eigenen Linie

1905

2. 2. In Hamburg wird die wegen fünffachen Kindermordes verurteilte Elisabeth Wiese hingerichtet. → S. 354

25. 3. Der Kirchenvorstand St. Nikolai ordnet die Schließung seiner Kirchenschule an. Die Bildungseinrichtung war eine der ältesten Stadtschulen Deutschlands (→ 7. 7. 1281/S. 39).

3. 4. Der Senat beschließt einen Architektenwettbewerb für die Anlage eines Stadtparks. Zwar gehen 66 Vorschläge ein, doch der Senat beauftragt 1906 Baudirektor Fritz Schumacher, eine Konzeption zu entwerfen (→ 1. 7. 1914/S. 388).

20. 4. Im früheren Circus Busch in Altona wird das Schiller-Theater eröffnet. → S. 355

5. 5. Francesco Antonio Cuneo eröffnet seine Trattoria in der Davidstraße. → S. 355

10. 5. Der Senat leitet der Bürgerschaft einen Antrag über die Einführung eines Klassenwahlrechts zu. Dagegen protestieren am 20. Mai öffentlich die Liberalen und die Freisinnigen (→ 17. 1. 1906/S. 358).

23. 5. In Hamburg gründet sich der Alster-Canoe-Club, der älteste noch bestehende Kanuverein Deutschlands.

6./7. 10. Durch ein Feuer werden die Fabrikationsanlagen der Harburger Phoenix Gummiwerke AG fast völlig zerstört. Der Wiederaufbau kostet 2,3 Mio. Mark.

16. 10. In den ehemaligen Räumen des Realgymnasiums am Steintorplatz (Schul- und Museumsgebäude) wird die Realschule St. Georg eröffnet. Sie bezieht 1907 einen Neubau an der Rostockerstraße und wird bis 1911 zur Oberrealschule erweitert.

10. 12. Im Stadt-Theater findet die Uraufführung des niederdeutschen Dramas »Mudder Mews« von Fritz Stavenhagen statt. → S. 355

Dezember. Der Kinounternehmer James Henschel eröffnet das Lichtspieltheater »Helios« in der Altonaer Großen Bergstraße. 1906 folgen zwei weitere Kinos, das »Bellealliance-Theater« am Schulterblatt und das »Victoria-Theater« in Hammerbrook (→ 22. 2. 1901/S. 348).

1905. In Billbrook geht das erste Hamburger Grundwasserwerk in Betrieb. → S. 354

GEBOREN:

16. 3. Hamburg: Elisabeth Flickenschildt († 26. 10. 1977, Stade), Schauspielerin.

GESTORBEN:

17. 1. Hamburg: Valentin Ruths († 6. 3. 1825, Hamburg), Maler.

Wasser jetzt nicht mehr aus der Elbe

1905. Als bedeutender Schritt zur Loslösung der Hamburger Wasserversorgung von der Elbe geht in Billbrook das erste Grundwasserwerk der Stadt in Betrieb.

Die Stadtwasserkunst reagiert damit auf die schlechter werdende Wasserqualität der Elbe und die zunehmende Verschlammung der Filterwerke auf Kaltehofe (→ 1. 5. 1893/S. 324). Durch Abwässereinleitungen der Mansfelder Kupferbergwerke und der Kaliindustrie ist der Anteil an Chlor im Elbwasser von etwa 50 mg auf mehr als 300 mg pro Liter angestiegen. Die Grundwasseraufbereitung in Billbrook endet 1985, das dort geförderte Wasser wird im Hauptpumpenwerk Rothenburgsort aufbereitet.

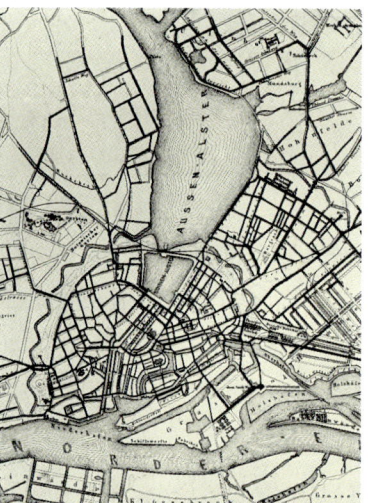

Ausschnitt aus dem Leitungsnetz der Stadtwasserkunst (Jh.-Wende)

Urteil: Hinrichtung im Gefängnishof

2. Februar 1905. Im Hof des Untersuchungsgefängnisses am Holstentor wird das Todesurteil an Elisabeth Wiese aus Harburg vollstreckt. Zuvor befand sie das Gericht für schuldig, drei Mädchen und einen Jungen getötet zu haben, die sie gegen eine Abfindung von unverheirateten Müttern in Pflege genommen hatte.

Sie gab vor, Adoptiveltern suchen zu wollen und kassierte Honorare in Höhe von 100 bis 300 Mark. Ferner soll die nicht geständige Wiese ihre Tochter zur Prostitution gezwungen und deren Neugeborenes getötet haben.

Italienisches Flair nahe der Reeperbahn

5. Mai 1905. In der Davidstraße 11 eröffnet Francesco Antonio Cuneo das erste italienische Speiselokal in der Hansestadt.

Der Gründer von »Cuneo« kam mit einer »banda« von Straßenmusikanten aus Italien über die Alpen und blieb in »Amburgo« hängen. Er übernahm die Wirtschaft auf St. Pauli von der Witwe des Vorbesitzers und bietet hier italienisches Ambiente unweit der Reeperbahn. Zu trinken gibt es neben Bier auch Wein, gekocht wird wie in »bella italia«, und der Wirt macht das, womit er auch nach Hamburg gekommen ist: »Tutte le sere concerti«, den ganzen Abend Musik.

In dem Völkergemisch auf St. Pauli werden die Cuneos rasch heimisch. Die Volkszählung vom → 1. Dezember 1900 (S. 343) hat für das Hamburger Stadtgebiet ermittelt, daß 1,99% der Bevölkerung aus dem europäischen Raum und weitere 0,47% aus dem außereuropäischen Ausland kommen. Den größten Ausländeranteil verzeichnet St. Pauli-Süd mit 3,38%.

Eine Enklave von Quasi-Ausländern liegt außerhalb der hamburgischen Stadtgrenzen: In Wilhelmsburg lebt eine Kolonie polnischer Arbeiter aus den preußisch-deutschen Ostprovinzen mit ihren Familien, die bis 1913 auf 18,2% der Gesamtbevölkerung wächst.

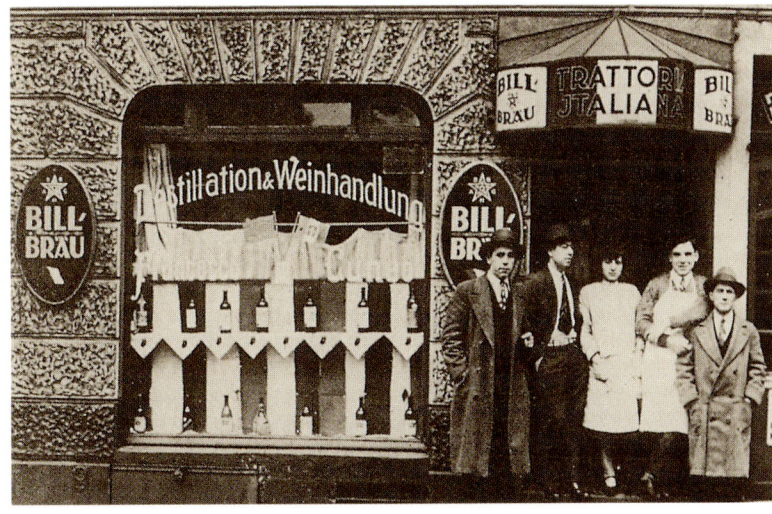

△ *Das »Cuneo« am Eröffnungstag; andere Italiener in Hamburg betreiben Eiskarren oder fertigen als Terrazzo-Handwerker Fußböden aus Marmor.*

◁ *Polnische Familien, die in der Wollkämmerei am Reiherstieg arbeiten; 1913 leben ca. 6000 Polen in Wilhelmsburg.*

Lotsen sorgen für sichere Fahrt im Hafen

1905. Unter der Leitung von Marine-Inspektor Alwin Fokkes sorgen 32 Beamte im Hafen-, Lots-, Leucht- und Tonnenwesen für die Sicherheit der Schiffahrtswege.

Im Unterschied zu den freigewerblichen Elblotsen bezahlt in Hamburg und Harburg der Staat die Hafenlotsen, die zumeist Kapitäne kleinerer Küstenfahrzeuge sind.

Der Lotsendienst auf der Elbe auf den 42 Seemeilen zwischen Hamburg und Brunsbüttel ist Aufgabe der mehr als 120 preußischen und über 40 hamburgischen Elblotsen.

Provisorischer Lotsenausguck vor den Schleusen in Brunsbüttel im Jahr 1895; die Elblotsen sind Mitglieder der Brüderschaften Övelgönne, Blankenese, Glückstadt und Grünendeich. Die 1858 eingestellten drei ersten Hafenlotsen mußten in der Umgebung des Hafens wohnen und ein eigenes Ruderboot unterhalten.

Ernsthaftes Stück in Niederdeutsch

10. Dezember 1905. In einer Matinee der Literarischen Gesellschaft im Stadt-Theater wird das Drama »Mudder Mews« von Fritz Stavenhagen uraufgeführt.

Das zwischen September und Oktober 1903 in Berlin entstandene Drama in fünf Akten versucht, das ernste niederdeutsche Theaterstück wiederzubeleben.

Die Titelfigur »Mudder Mews« ist eine tyrannische Schwiegermutter, die ein glückliches Familienleben vernichtet, indem sie den Mann von der Frau fortzieht und diese in den Tod treibt.

Der Kutschersohn Stavenhagen widmete sich nach einer Drogistenlehre ganz der Schriftstellerei. Als 24jähriger schrieb er im Jahr 1900 zwei hochdeutsche Trauerspiele, »Die Steininger« und »Der Verfluchte«, die jedoch nicht aufgeführt wurden. Stavenhagen stirbt am 9. Mai 1906, noch nicht 30 Jahre alt, an einem Gallenleiden.

Einzug der Klassiker in alten Circus Busch

20. April 1905. Mit der Ouvertüre zur Oper »Wilhelm Tell« von Gioacchino Rossini und einer Aufführung von Friedrich von Schillers »Wilhelm Tell« eröffnet im früheren Circus Busch an der Lerchenstraße das Schiller-Theater (später »Schilleroper«). Es hat 1400 Plätze. Am 27. November 1904 hatte der Zirkusbesitzer Paul Busch das seit fünf Jahren leerstehende Gebäude an den Architekten Ernst Friedrich Michaelis aus Lokstedt verkauft. Für 120 000 Mark baut er u. a. eine Dampfheizung ein.

Für die Premiere hat Direktor Hermann Kampehl-Gürcke den Weimarer Hofschauspieler Carl Grube verpflichtet. Schon zum 1. September 1906 tritt Carl Meyerer die Leitung an, vormals Kassierer des Thalia Theaters. Der als Dramaturg verpflichtete Fritz Stavenhagen stirbt vor Antritt seiner Arbeit. Wegen der niedrigen Eintrittspreise und des zahlungsschwachen Publikums stets am Rande der Pleite lavierend, übernimmt 1909 der Hauptfinanzier Michaelis das Haus. Er zeigt im Winter Klassik, im Sommer dagegen Opern, Artisten und Ringkämpfer.

1906

Enthüllungsfeier des Bismarck-Denkmals; bald ist der auf das Reichsschwert gestützte Kanzler vollends sichtbar.

»Eiserner Kanzler« blickt über den Hafen

2. Juni 1906. Das Bismarck-Denkmal an der Helgoländer Allee, ein Werk des Bildhauers Hugo Lederer, wird feierlich enthüllt.

»Wahrhaft und stolz, als ein Wahrzeichen von Hamburg«, nennt Bürgermeister Johann Heinrich Burchard die Statue des Mannes, dem Hamburg den Freihafen abrang. Wahrhaft stolz sind auch die Ausmaße: Der Scheitel des Denkmals erhebt sich 59,30 m über die Elbe. Das Standbild allein hat eine Höhe von 34,30 m. Es wurde aus 100 Steinen in zehn Schichten zusammengefügt und wiegt 625 000 kg.

Nach dem Tode Otto von Bismarcks 1898 konstituierte sich ein Hamburger »Comité für die Errichtung eines Bismarck-Denkmals«. Den Vorsitz übernahm der Erste Bürgermeister, Johann Georg Mönckeberg. Bürgerschaft und Senat stellten den Bauplatz zur Verfügung, für das 503 000 Mark teure Granitmonument wurden 400 000 Mark gesammelt.

Von den 239 Entwürfen erhielten Lederer und der gleichfalls aus Berlin stammende Emil Schaudt den ersten Preis. Ihr Plan entsprach am besten den Wünschen der Hamburger: Der reckenhafte Roland verkörpert in idealer Weise den Nationalhelden der jüngsten Geschichte und den Einiger des Deutschen Reiches. Gleichzeitig macht es den Anspruch deutlich, des Reiches Tor zur Welt zu sein.

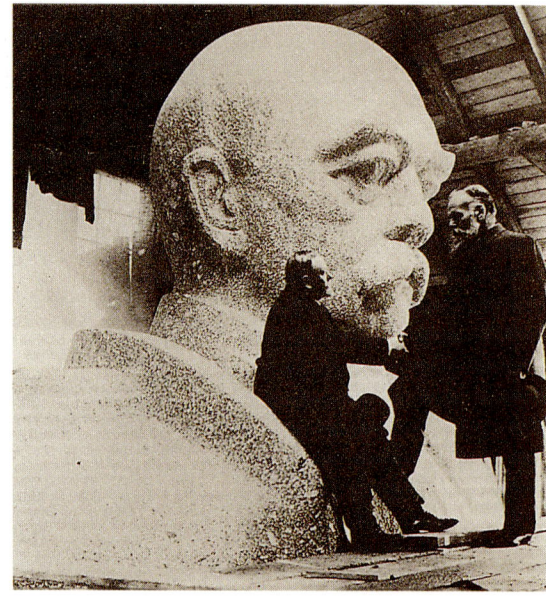

◁ *Bildhauer Hugo Lederer (l.) vor dem 1,83 m hohen und 1,47 m breiten Kopf seines monumentalen Bismarck-Denkmals aus Schwarzwälder Granit*

▽ *Das Bismarck-Denkmal ruht auf einem Sockel aus gemauerten Ziegeln mit einem äußeren Durchmesser von 6,30 m, der mit Natursteinen verkleidet auf einem Fundament aus Kiesbeton steht (Konstruktionszeichnung).*

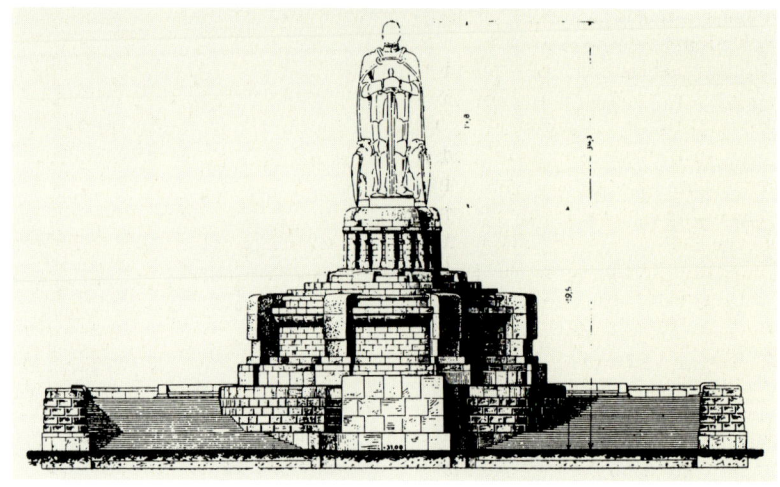

Der »Michel« in Schutt und Asche gelegt

3. Juli 1906. Die Hauptkirche St. Michaelis wird durch einen Brand völlig zerstört. Zwischen der Entdeckung des Feuers und dem Einsturz des Turms vergehen kaum mehr als 40 Minuten.

Zwei Dachdecker sind an diesem Tag mit Lötarbeiten an den Kupferplatten der südlichen Außenseite des hölzernen Turms beschäftigt. Dabei gerät die Holzverschalung in Brand. Den Handwerkern gelingt es ebensowenig wie dem herbeigerufenen Feuerwehrmann Carl Anton August Beurle, die Flammen zu löschen. Während die beiden Dachdecker flüchten, eilt Beurle trotz Lebensgefahr zum Feuermelde-Wachtzimmer und alarmiert um 14.22 Uhr über Telegraph die Hauptfeuerwache. Drei Feuerwehrfahrzeuge rücken mit einer großen Dampfspritze aus. Um 14.25 Uhr dringt schon aus dem unteren Teil des Turms dicker schwarzer Qualm. Um 15.07 Uhr stürzt der Turm in sich zusammen und begräbt Beurle, dessen Leiche nie gefunden wird. Um 16 Uhr stürzt der Dachstuhl ein und durchschlägt das hölzerne Gewölbe.

Bereits am Tag darauf berät die Bürgerschaft über den Wiederaufbau des zerstörten Wahrzeichens, das dann am 19. Oktober 1912 erneut eingeweiht werden kann.

Flammen schlagen am Nachmittag des 3. Juli 1906 aus dem Turm der Hauptkirche St. Michaelis; ein Dokument des Hamburger Fotografen Georg Koppmann.

Aus für Strafschule der Armenanstalt

31. März 1906. Die Strafschule der Hamburger Armenanstalt wird abgeschafft. Als eine Art Mittelding zwischen Schuldisziplin und Polizeistrafe sollte sie ursprünglich solche Kinder aufnehmen, die durch gewöhnliche Disziplinarstrafen nicht zu bessern sind, aufgrund relativ leichter Delikte jedoch noch nicht unter die Strafvollzugsgewalt des Staates fallen.

Die Strafschule wurde 1833 eingerichtet und erhielt im Zuge der Umwandlung der Armen- in Volksschulen 1870 den Charakter einer reinen Arrestschule. 1905 waren noch 0,18% aller Volksschüler dort eingewiesen worden – zuletzt mit Einwilligung der Eltern.

Bei Gründung der Strafschule bestand für die Kinder wochentags von 8 bis 19 Uhr oder 20 Uhr sowie am Sonntag nachmittag Anwesenheitspflicht. Bis auf etwa fünf Unterrichtsstunden mußten die Kinder zugunsten der Armenanstalt arbeiten und dabei z. B. rohe Schafswolle mit den Händen von Kletten und Fremdkörpern reinigen. Die Einweisung erfolgte mindestens für die Dauer von sechs Wochen. Gegen unentschuldigtes Fehlen wurde mit Verlängerung der Strafzeit und 24 Stunden Arrest bei Wasser und Brot vorgegangen.

Synagoge als Symbol der Emanzipation

13. September 1906. Die nach Plänen der Architekten E. Friedheim und S. Engel erbaute Gemeindesynagoge am Bornplatz wird eingeweiht. Das eindrucksvolle Gotteshaus mit seiner mächtigen Kuppel ist der erste freistehende und in seinen Ausmaßen größte jüdische Sakralbau in Hamburg.

Die neue Hauptsynagoge ist nicht bloß ein Gotteshaus, sondern auch eine politische Demonstration: Sie soll die Emanzipation des Judentums im Kaiserreich symbolisieren. Aufgrund des Gesetzes vom → 7. September 1710 (S. 142) wurden jüdische Gotteshäuser lange Zeit vorzugsweise in Hinterhöfen errichtet. Erst die Synagoge auf den Kohlhöfen wandte sich mit einer repräsentativen Fassade zur Straße hin (→ 22. 9. 1859/S. 247).

Zur Hamburger Judengemeinde zählen so erfolgreiche Geschäftsleute und national eingestellte Deutsche wie Albert Ballin und der Bankier Max Warburg – von 1903 bis 1919 Mitglied der Bürgerschaft –, der 1917 kein Senator wird, weil er ein nicht getaufter Jude ist.

Die Hauptsynagoge am Bornplatz wird bei dem Pogrom der »Reichskristallnacht« 1938 geschändet und angezündet, 1939 abgerissen (Fotografie, 1906).

Grindel – Zentrum jüdischen Lebens

Chronik Hintergrund

Durch die Eröffnung der Synagoge der Deutsch-Israelitischen Gemeinde am Bornplatz und der Talmud-Tora-Realschule am Grindelhof (→ 20. 12. 1911/S. 375) entwickelt sich das Grindel-Viertel zum Zentrum jüdischen Lebens.

Nach Aufhebung der Torsperre 1860 haben vor allem wohlhabende Juden ihre Quartiere in der Neustadt verlassen. Sie zogen nach Rotherbaum, Harvestehude, Eppendorf und Eimsbüttel, wo 1900 49,3% der Hamburger Juden lebten. Die Mehrzahl ist im Handel, der Textilindustrie sowie als Lehrer und in verschiedenen freien Berufen tätig.

Massendemonstration gegen den »Wahlrechtsraub«

17. Januar 1906. Die Sozialdemokraten fordern zum Widerstand gegen den »Wahlrechtsraub« auf. Sie protestieren gegen die an diesem Tag in der Bürgerschaft beratene Wahlgesetzvorlage, die Kleinverdiener von politischen Entscheidungen ausschließt. Die Kundgebung ist für 16 Uhr angesetzt worden, also nicht wie üblich erst nach Ende der Arbeitszeit. Es ist damit der erste politische Generalstreik Deutschlands.

Zehntausende eilen in die Versammlungen und demonstrieren auf den Straßen. Es kommt zu Auseinandersetzungen und Plünderungen im Gebiet um Fischmarkt und Schopenstehl, wo vor allem sozial benachteiligte Familien wohnen. Die Polizei reagiert mit Waffengewalt und tötet mehrere Demonstranten.

Polizei und konservative Presse sind sich einig: Die SPD hat die Krawalle inszeniert, der Protest gegen den »Wahlrechtsraub« ist ein Vorspiel zum Bürgerkrieg.

Aus Sorge um ein Überhandnehmen der Sozialdemokratie (→ 15. 2. 1901/S. 347) empfahl der konservative Senat am 10. Mai 1905 der Bürgerschaft, für die Wahl der 80 durch alle Bürger gewählten Parlamentarier (→ 4. 3. 1880/S. 289) das Klassenwahlrecht einzuführen. Im Parlament stieß die Vorlage nicht nur auf den energischen Protest der SPD um Otto Stolten, sondern auch der Altliberale Albert Wolfsson und der spätere Bürgermeister Carl Petersen übten Kritik. Doch am 31. Januar wird die Änderung in der Bürgerschaft mit 120 gegen 35 Stimmen gebilligt und am 5. März tritt sie in Kraft. Künftig wählen alle drei Jahre die einkommensteuerzahlenden Bürger des Stadtkreises bei der halbschichtigen Erneuerung 36 Abgeordnete; 24 davon wählt die zahlenmäßig kleine Gruppe der Bürger mit einem Jahreseinkommen von über 2500 Mark; 12 wählen die Bürger mit einem Einkommen von 1200 bis 2500 Mark.

»Der Wahre Jacob«, das Satiremagazin der SPD, karikierte am 13. Juni 1905 die Verteidiger der »Protzenrepublik« Hamburg gegen die Forderung der SPD nach Gewährung des allgemeinen, gleichen und direkten Wahlrechts. Das Lied der »roten Hansa« wird nach der Melodie des »Hecker-Liedes« von 1848 gesungen.

Bürgerschaft wird ein Ort der Parteipolitik

Chronik Hintergrund

Der Streit um den »Wahlrechtsraub« führt zu einer Politisierung der Bürgerschaft: An die Stelle von »Wahlvereinen« und unabhängigen Abgeordneten treten mehr oder weniger straffe Gruppierungen, die sich inhaltlich von den politischen Gegnern abheben wollen.

Die von Rudolf Mönckeberg geführten Rechten sind gegen »jedes Vorwalten einseitiger Standes- und Klassen-Interessen« und setzen sich u. a. für die Förderung von Handel, Schiffahrt und Handwerk, eine sparsame Verwaltung, gerechte Besteuerung und den »Kampf gegen die Sozialdemokratie« ein.

Das Linke Zentrum ist gleichfalls Gegner der SPD, weil diese »den Umsturz der bestehenden Staats- und Wirtschaftsordnung« wolle, was durch die »grundsätzliche Verweigerung des Budgets alljährlich zum Ausdruck« komme. Es will Handwerk und Kleingewerbe fördern und erstrebt – ebenso wie die Rechten – die »Er-

leichterung des Übertritts befähigter Volksschüler in die höheren Schulen«.

Die Linke will die SPD weitgehend von der Gesetzgebung fernhalten, erstrebt eine Mitwirkung der Bürgerschaft bei der Senatswahl, betont die Glaubens- und Gewissensfreiheit und fordert öffentliche Arbeitsnachweise.

Die Vereinigten Liberalen wollen den Interessen »aller Klassen und aller Berufe« Geltung verschaffen: Sie fordern die Abschaffung des Klassenwahlrechts, ein Gesetz über die Verantwortlichkeit der Senatoren, die Einführung der »Allgemeinen Volksschule« und die Förderung billiger Kleinwohnungen.

Die SPD verlangt allgemeines Wahlrecht für alle Bürgerschaftssitze, die Wahl des Senats durch die Bürgerschaft unter Aufhebung der Lebenslänglichkeit des Senatorenamtes, eine progressive Vermögenssteuer, Errichtung eines Arbeitsamtes, Einführung des Achtstundentages in Staatsbetrieben und unentgeltliche ärztliche Hilfe.

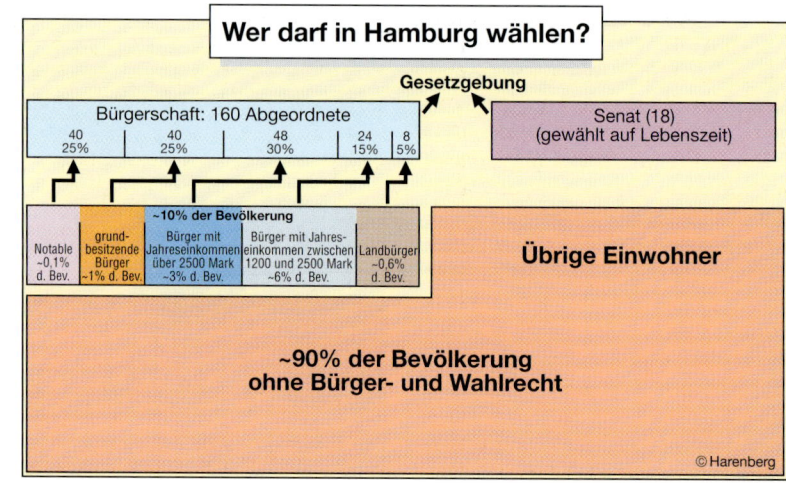

Die »Waffenschmiede des Proletariats«

29. Dezember 1906. Der SPD-Vorsitzende August Bebel weiht das Gewerkschaftshaus am Besenbinderhof ein. Er nennt es eine »geistige Waffenschmiede des Proletariats«, ein Zeichen der Solidarität, Opferwilligkeit und des Selbstbewußtseins der Arbeiterschaft.

Die Reden Bebels, des Gewerkschaftsfunktionärs Berthold Grosse und des Vorsitzenden des sozialdemokratischen Vereins für den ersten Wahlkreis, Louis Grünwaldt, werden von Liedvorträgen des Arbeiter-Sängerbundes umrahmt. Am Ende ertönt die obligatorische »Arbeiter-Marseillaise«.

Der Bau war bei den Gewerkschaften lange Zeit umstritten. Viele Verbände hätten angesichts der Kosten lieber darauf verzichtet, zumal ein zentraler Tagungsort vielen sozialdemokratischen Gastwirten schaden muß. Im März 1904 erwarb das Kartell der Hamburger Gewerkschaftsverbände das Grundstück Besenbinderhof 60–66. Im Juni wurde die Firma Gewerk-

Der Altbau des Gewerkschaftshauses; die bürgerlichen »Hamburger Nachrichten« nennen es ironisch den »Zukunftsstaat am Besenbinderhof« (Postkarte).

schaftshaus Hamburg GmbH mit einem Stammkapital von 350 000 Mark (ab 1909) gegründet.

Allerdings erweist sich das neue Haus der Arbeiterschaft schon bald als zu klein. Im Oktober 1913 wird ein – im Vergleich zum Altbau – äußerlich schlichter gehaltener Neubau eingeweiht, der mit 1,5 Mio. Mark aber ebenso teuer ist. Insgesamt stehen nun 83 Büroräume zur Verfügung.

Unternehmer-Rache für die Maifeiern

1. Mai 1906. Als Reaktion auf die große Beteiligung vieler Arbeiter an der Maifeier werden tags darauf rund 6000 Hafenarbeiter für zehn Tage ausgesperrt.

Die Arbeitgeber werben Streikbrecher aus Deutschland sowie aus Großbritannien an. Der Verband der Hafenarbeiter ruft dazu auf, bis zum 11. Mai den Hafen zu meiden, um den Ausgesperrten nicht in den Rücken zu fallen.

Eine weitere Reaktion auf die Maifeier ist die Gründung des Hafenbetriebsvereins (HBV) am 22. Mai. Die Reeder, Stauer, Schiffsmakler und Schiffsagenturen organisieren auf der Grundlage des HBV einen Arbeitsnachweis für Schauerleute. Der Hafenarbeiterverband muß das Einstellungsmonopol dulden. Als die Schauerleute im April 1907 ihren sechswöchigen Streik gegen Nacht- und Sonntagsarbeit und für eine Beteiligung am Arbeitsnachweis abbrechen müssen, haben sich die Arbeitgeber durchgesetzt.

Traditionelle Architektur für den neuen Hauptbahnhof

5. Dezember 1906. Der Hauptbahnhof wird offiziell eröffnet. Bis dahin gab es für die verschiedenen Züge eigene Endbahnhöfe (Berliner Bahnhof, Klostertorbahnhof für die Verbindungsbahn nach Altona, Lübecker und Hannoverscher Bahnhof, auch Venloer oder Pariser Bahnhof genannt).

Während die am Nachmittag begonnenen Festlichkeiten mit einem Galadiner im Ratsweinkeller enden, herrscht am Lübecker Bahnhof noch turbulentes Treiben. Brechend voll ist der letzte Zug nach Lübeck um 23.40 Uhr. Um 1.15 Uhr läuft der letzte Zug aus Blankenese im Bahnhof Klostertor ein. Am nächsten Tag schon geht die mit Dampf betriebene Stadt- und Vorortbahn zwischen Blankenese und Ohlsdorf über den Hauptbahnhof in Betrieb.

Während noch gefeiert wird, stellen die Techniker die Stellwerke um. In den Hauptbahnhof münden folgende besonders wichtige Linien: Von Norden die zweigleisigen Hauptbahnen aus Kiel, Flensburg und Eidelstedt-Langenfelde über Altona, von Osten die Hauptbahn aus Lübeck und Berlin sowie von

Süden die viergleisige Strecke nach Harburg und Hannover.

Auf den am 6. Mai 1900 ausgeschriebenen Architektenwettbewerb gingen 16 Entwürfe ein, von denen die des Eisenbahningenieurs Ernst Moeller und des Architektenbüros Reinhard &

Suessenguth als Grundlage dienten. Die ursprünglich geplante Jugendstilarchitektur fand keine Gnade: »Einfach scheußlich«, da viel zu modern, befand Kaiser Wilhelm II., so daß die Wandelhalle ein zurückhaltendes Äußeres aus Natursteinen aufweist.

Besonders imposant ist die 73 m breite und 37 m hohe Mittelhalle, der sich zwei niedrige Seitenschiffe mit Querdächern anschließen. Quer über den Gleisen liegt schließlich die 28 m breite Verbindungshalle, von der aus alle Räumlichkeiten zugänglich sind.

Der Hauptbahnhof mit der Empfangshalle und den beiden Türmen 1912; Hamburg kostete der Bahnhof »nur« 9,25 Mio. Mark, das meiste Geld brachte der Staat Preußen auf. Für den Bauplatz wurde der alte Friedhof an der Kirchenallee geräumt. Auf dem 450 m langen Areal finden die Gleise, fünf Bahnsteige und sieben, bis 367 m lange Gepäckbahnsteige Platz.

Marine rüstet weiter auf

22. März 1906. Bei Blohm & Voss wird der Große Kreuzer SMS »Scharnhorst« erstmals zu Wasser gelassen und am 8. Oktober 1907 an die Marine ausgeliefert.

Der Stapellauf der »Scharnhorst« ist Teil der verstärkten deutschen Marinerüstung (→ 28. 3. 1898/ S. 338). Die »Scharnhorst« ist die laufende Baunummer 175 der Werft und der sechste Auftrag für die kaiserliche Marine. Das 11 616 BRT große Schiff ist 143,80 m lang

und 21,60 m breit. Die 26 000 PS starke Maschine ermöglicht der von drei Propellern angetriebenen »Scharnhorst« eine Höchstgeschwindigkeit von 22,5 Knoten. Die »Scharnhorst« und ihr Schwesterschiff »Gneisenau« bilden das Herzstück des Kreuzergeschwaders, das vor allem in Südostasien eingesetzt wird. Von der Flottenstation im chinesischen Tsingtau aus soll es im Kriegsfall feindliche Streitkräfte fern der Heimat binden.

Eindocken des Großen Kreuzers SMS »Scharnhorst«; Blohm & Voss profitiert besonders von der massiven Aufrüstung der kaiserlichen Marine. Hier wird bis 1914 rund eine Viertelmillion Kriegsschiffstonnage gebaut. Das Schlachtschiffprogramm des Deutschen Reichs sichert und schafft in Hamburg viele Arbeitsplätze.

Hamburger feiern Startenor Caruso

16. Oktober 1906. In einer Aufführung von Giuseppe Verdis Oper »Rigoletto« steht der italienische Tenor Enrico Caruso erstmals auf der Bühne des Stadt-Theaters.

Zunächst zeigen sich die Hamburger reserviert: Die erste Vorstellung ist nicht ausverkauft. Aber als die Presse von den Sangeskünsten des 33jährigen Neapolitaners in den höchsten Tönen schwärmt, gibt es kein Halten mehr. Zwei Tage später stürmt das Publikum trotz der um das Vierfache erhöhten Eintrittspreise die Bühne an der Dammtorstraße. Wenn Caruso die Canzone »La donna è mobile« aus dem »Rigoletto« schmettert, kennt der Jubel keine Grenzen. Jeder Caruso-Abend wird zu einem gesellschaftlichen Ereignis. Bis 1914 gastiert der weltberühmte Künstler jährlich im Herbst einige Abende am Stadt-Theater.

Erfolg der Moderne am Thalia Theater

27. September 1906. Als erstes Stück von Frank Wedekind inszeniert der 28jährige Leopold Jessner am Thalia Theater den »Erdgeist«. Die Lulu spielt Käthe Franck-Witt. Mit Rücksicht auf sein Publikum entscheidet sich Jessner bei seinen ersten Wedekind-Inszenierungen noch für eine zurückhaltende Interpretation des Stoffes. Bis 1914 folgen vier weitere Stücke Wedekinds, zuletzt am 25. Mai 1914 »Der Marquis von Keith«. Dabei entwickelt Jessner eine neue Art der Bühnengestaltung in vollkommener Abkehr vom überkommenen naturalistischen Bühnenbild.

Der in Königsberg geborene Jessner war zunächst als Schauspieler, ab 1901 auch als Regisseur tätig. Er bringt naturalistische und sozialkritische Stücke auf den Spielplan der einst dem Lustspiel verpflichteten Bühne am Pferdemarkt.

1907

25. 1. Bei der Reichstagswahl verteidigt die SPD mit einem Stimmenanteil von 60,6 % ihre drei Hamburger Wahlkreise.

1. 2. Nach den Erneuerungswahlen zur Bürgerschaft stellt die SPD 19 statt 13 Abgeordnete. Die Vereinigten Liberalen holen auf Anhieb 23 Sitze.

2. 3. Aus Protest gegen die Nachtarbeit treten die Hamburger Schauerleute in den Ausstand. Nachdem 2000 britische Arbeiter als Streikbrecher nach Hamburg gebracht worden sind, endet der Ausstand am 22. April (→ 1. 10. 1907/S. 363).

3. 4. Die Woermann-Linie geht mit der Hamburg-Amerika Linie eine Betriebsgemeinschaft ein. → S. 362

1. 5. Der Haltepunkt Rothenburgsort wird eröffnet. Im selben Jahr folgt die Eröffnung der Bahnhöfe Hasselbrook (12. 8.) und Tiefstack (1. 10.) sowie der Haltepunkte Wandsbeker Chaussee (1. 10.) und Veddel (15. 11.).

7. 5. Carl Hagenbeck eröffnet in Stellingen einen Tierpark. → S. 361

7. 5. Arbeitersportler gründen die »Freie Turnerschaft Blankenese«. → S. 360

9. 5. In Wandsbek wird der SC Concordia gegründet.

12. 6. In Hamburg sind ein Drittel aller Frauen erwerbstätig. → S. 362

7. 7. Das Uhrengeschäft Wempe eröffnet. → S. 360

30. 8. Die Auswanderersiedlung auf der Veddel bietet 5000 Menschen Platz. → S. 362

22. 9. Der Fußballclub Victoria weiht seinen Platz auf der Hoheluft ein. → S. 360

1. 10. Im Hamburger Hafen wird der regelmäßige Schichtwechsel eingeführt. → S. 363

2. 10. Die Bürgerschaft stimmt zu, einen Bauplatz auf der Moorweide für das neu zu errichtende Vorlesungsgebäude zu bewilligen und den Stifter zu Ehren die Grindelallee zwischen Moorweidenstraße und Loignyplatz in Edmund-Siemers-Allee umzubenennen.

11. 12. Senat und Bürgerschaft beschließen, die »Sammlung hamburgischer Altertümer« in »Museum für Hamburgische Geschichte« umzubenennen. Direktor wird Otto Lauffer.

GEBOREN:

20. 1. Hamburg: Manfred Baron von Ardenne, Physiker.

GESTORBEN:

4. 11. Hamburg: Elise Averdieck (* 26. 2. 1808, Hamburg), Pädagogin.

Klassefußball auf dem Hoheluft-Platz

22. September 1907. Mit einem Freundschaftsspiel gegen den VfB Leipzig weiht der Fußballclub Victoria seinen Platz auf der Hoheluft ein. Rund 2000 Zuschauer sehen einen 5:4-Sieg der Gastgeber.

Die Wiege der Victoria stand nicht an der Hoheluft. Der Verein wurde am 5. Mai 1895 im Lokal »Gemperle« nahe des Millerntors gegründet. Geführt von Hugo E. Kubaseck, Mitbegründer des Deutschen Fußball-Bundes, nahm Victoria einen raschen Aufschwung. Zwischen 1904 und 1908 werden die Blau-Gelben Meister des Fußballverbandes Hamburg-Altona, 1906 und 1907 auch Norddeutscher Meister. Zur Zeit stehen namhafte Spieler wie die in der Nationalelf erprobten Hans Weymar und Hermann Ehlers (genannt Etje Garrn) im Team.

Arbeitersportler turnen auf Tischen

7. Mai 1907. In der Gaststätte »Johannisburg« gründen 30 Sportbegeisterte den Arbeitersportverein »Freie Turnerschaft Blankenese« (ab 1925 FTSV Komet Blankenese). Weil ihnen der Zugang zu den staatlichen Turnhallen verwehrt ist, bildet der Tanzsaal der »Johannisburg« eine erste provisorische Sportmöglichkeit. Stühle und Tische dienen als Geräte, oder die Turner weichen auf Gymnastik bzw. Ball- und Wettspiele aus. Weil dies auf Dauer unbefriedigend ist, baut der Verein 1909 einen Kohlenschuppen an der Dockenhudener Straße zur Turnhalle um, wo ein geregelter Turnbetrieb erfolgt.

Uhren von Wempe am Schulterblatt

7. Juli 1907. Am Schulterblatt 141 eröffnet Gerhard Diedrich Wempe ein Uhrengeschäft.

Mit 80 Mark Startkapital hatte der Uhrmacher 1878 im heimischen Elsfleth an der Unterweser seine erste eigene Firma gegründet. Später zog es ihn nach Oldenburg und Wilhelmshaven. Um dem Verkauf am Schulterblatt nachzuhelfen, erwirbt er für 500 Mark eine riesige eiserne Straßenuhr mit drei Zifferblättern und Schlagwerk.

Hagenbeck erfüllt sich seinen Traum vom Tierparadies

7. Mai 1907. Der Tierhändler Carl Hagenbeck erfüllt sich mit der Gründung des Tierparks in Stellingen seinen Traum vom Freigehege. Tausende drängen am Eröffnungstag auf die Anlage, wo sie ein grandioses Spektakel erwartet: Der Somali-Häuptling Hersy Eggeh hat eine »Völkerschau« aus verschiedenen Stämmen zusammengestellt. In der Dressurhalle führt Fritz Schilling Raubtiergruppen vor.

Auf der Suche nach einem geeigneten Grundstück für seinen ständig wachsenden Tierpark und seine Zoohandlung war Hagenbeck ins preußische Stellingen gekommen. Hier kaufte er für wenig Geld ein insgesamt 27 ha großes Gelände. Im Oktober 1902 begannen die Bauarbeiten, bei denen u. a. 40 000 m³ Erde bewegt werden mußten.

Hagenbeck will ein modernes Tierparadies einrichten, wo die Tiere aller Zonen, jede Art in einer ihrer Heimat angepaßten Umgebung, sich fast frei bewegen können. Die Gemsen, Wildschafe und Steinböcke sollen auf künstlichen Gebirgen herumtollen, die Steppentiere auf freien, ebenen Flächen und die Löwen und andere Raubtiere in unvergitterten Schluchten leben können, nur durch einen Graben von den Besuchern getrennt.

Um dies zu verwirklichen, beschäftigt Hagenbeck einen ganzen Stab von Künstlern, Ingenieuren, Architekten und Landschaftsgärtnern. Wichtigste Grundlage war eine Urkunde, ausgestellt am 7. Februar 1896 vom kaiserlichen Patentamt. Dadurch hat sich Hagenbeck seine schon lange projektierten Panoramabauten (Freisichtanlagen) rechtlich schützen lassen.

Hagenbecks Tierpark wird zum Anziehungspunkt für Besucher aus nah und fern. Einen besonderen Gast empfängt Carl Hagenbeck am 20. Juni 1908: Zur Hamburger Derbywoche erscheint Kaiser Wilhelm II. im Tierpark. Hier wartet nicht nur das herausgeputzte Zoopersonal auf Seine Majestät; auch die Stellinger Veteranenvereine harren mit ihren Fahnen am Eingang des Tierparks aus, bis der Kaiser kommt. Dieser zeigt sich vom Gesehenen so erbaut, daß er den indischen Zauberer aus der Singhalesen-Völkerschau zu einer Vorstellung auf seine Yacht »Hohenzollern« einlädt.

△ Der Haupteingang zu Hagenbecks Tierpark mit dem charakteristischen Portal; dahinter empfängt heute ein Hagenbeck-Denkmal die Gäste aus aller Welt.

▷ Der Tierpark-Gründer Carl Hagenbeck in der Raubtierschlucht ohne trennende Gitter, einer Attraktion des Parks

▽ »Carl Hagenbeck im Tierpark«; Gemälde von Lovis Corinth (1911)

Geehrt selbst von gekrönten Häuptern

Chronik Zur Person

Mit der Eröffnung seines Tierparks steht Carl Hagenbeck auf der Höhe seines Ruhms. In gut 40 Jahren vollzog sich sein Aufstieg vom Besitzer der elterlichen Tierhandlung (→ 8. 3. 1848/S. 232) und Veranstalter erfolgreicher Völkerschauen (→ 11. 3. 1874/S. 278) zum führenden Zoologen der Welt. Er wird von naturkundlichen und zoologischen Gesellschaften Europas und der USA geehrt und von Kaisern, Königen und Staatsoberhäuptern ausgezeichnet. In Stellingen präsentiert er – so heißt es im Reiseführer – den »zoologischen Garten der Zukunft«, der dem Zoologischen Garten am Dammtor (→ 17. 5. 1863/S. 253) bald den Rang abläuft. 1913 komponiert der Hamburger Jean Gilbert das Marschlied »Geh'n wir mal nach Hagenbeck«, das der Popularität von Carl Hagenbeck ihren akustischen Ausdruck verleiht.

Tor zur Welt liegt für viele auf der Veddel

30. August 1907. »Man kann Hamburg und alles, was Hamburg ist, kennen wie seine Tasche, ohne daß man auch nur mit einem Fuß den Platz betreten hat, den der Fremdling zwischen zwei Sonnenaufgängen als Ruhestätte benutzt.«

So beschreibt der »Berliner Lokal-Anzeiger« die Auswandererstadt der Hapag auf der Veddel. Hier an der hamburgischen Landesgrenze ist eine Siedlung entstanden, die 5000 Menschen zugleich kurzen Aufenthalt gewährt. Es gibt 27 Wohnhäuser, Kirchen und Speisehallen, wo für die vielen jüdischen Emigranten auch koschere Kost ausgegeben wird. Diese hermetisch abgeschlossene Siedlung ist die letzte Etappe des Auswanderertransports auf deutschem Boden.

Die Unterbringung auf der Veddel hat für die Hapag Vorteile: Die Auswanderer kommen nicht mehr in die Stadt, es wird Zeit gespart, und das Geld für die Unterbringung fließt nicht mehr in die Taschen der Herbergswirte und Auswandereragenten. Für den Beobachter aus Berlin ist die Auswandererstadt nicht nur »wie eine Welt für sich«, sondern es »kann auch sein, daß man hier draußen den interessantesten Stadtteil Hamburgs zu entdecken glaubt«.

△ *Blasmusik begleitet den Weg zum Schiff: Für Hunderttausende ist Veddel die letzte Station auf dem Weg in die Neue Welt. 1938/39 werden die Gebäude – mit Ausnahme des Turmes – beim Bau der Wilhelmsburger Reichsstraße abgerissen. Zu dieser Zeit ist die Auswanderung abgeflaut.*

◁ *Augenuntersuchung für die Frauen unter den Emigranten im Abfertigungsraum der Auswanderersiedlung auf der Veddel; an der Wand das Motto der Hamburg-Amerika-Linie: »Mein Feld ist die Welt«. Der Fotograf Johann Hamann macht diese und andere Aufnahmen im Jahr 1909 als Werbematerial für die Hapag.*

Frauen wollen arbeiten, nicht bedienen

12. Juni 1907. Die Gewerbezählung ergibt, daß in Hamburg 141 668 Frauen einer bezahlten Beschäftigung nachgehen, etwa doppelt so viele wie 1882. Dies entspricht einem Anteil von 30,4% aller Erwerbstätigen. Anders ausgedrückt: Knapp ein Drittel der in Hamburg wohnhaften Frauen bezieht ein eigenes Einkommen.

Die Struktur der Frauenarbeit hat sich seit der Mitte des 19. Jahrhunderts geändert: Nur noch 27,6% der erwerbstätigen Frauen stehen in häuslichen Diensten, bereits 27,8% arbeiten in Industrie und Gewerbe, vor allem in der Textilbranche.

Immer weniger junge Mädchen aus Arbeiterhaushalten sind bereit, die schlecht bezahlte und gering angesehene Tätigkeit in großbürgerlichen Haushalten auf sich zu nehmen. Die meisten Dienstmädchen kommen »vom Lande«. In der Fabrik verdienen die »Miedjes« jedoch weit weniger als ihre männlichen Kollegen. Ein neue Chance bieten Tätigkeiten im Laden und im Büro, die aber eine kaufmännische Ausbildung erfordern.

Ein neuer Beruf für Frauen: »Dame vom Amt« in der Fernsprechvermittlung Schlüterstraße; die ersten Fernsprechvermittlungsämter des Deutschen Reiches wurden 1880 bzw. 1881 im elsässischen Mühlhausen und in Berlin in Betrieb genommen. Damals mußten noch alle Gespräche handvermittelt werden.

Hamburger Linien auf Afrika-Kurs

3. April 1907. Die Woermann-Linie bildet mit der Hapag eine Betriebsgemeinschaft. Woermann tritt acht Dampfer an den Konkurrenten ab und räumt ihm einen Anteil von 25% im Liniendienst nach West- und Südwestafrika ein.

Gegen Reeder Adolph Woermann war in der Öffentlichkeit der Vorwurf laut geworden, als alleiniger Anbieter überhöhte Preise für die Beförderung deutscher Kolonialtruppen kassiert zu haben (→ 30. 3. 1904/S. 354). Um Woermanns Monopol zu brechen, gründeten andere Schiffseigner die Hamburg-Bremer Afrika-Linie.

Im März 1908 räumen Woermann, die eng mit ihm kooperierende Deutsche Ost-Afrika-Linie und die Hapag dieser neuen Reederei eine Beteiligung von 14% am Schiffsverkehr nach Ostafrika ein.

Ab jetzt regelmäßiger Schichtwechsel

1. Oktober 1907. Durch eine Tarifvereinbarung wird im Hafen anstelle der bisher üblichen 36stündigen Arbeitsverpflichtung (d. h. Verfügbarkeit) der regelmäßige Schichtwechsel eingeführt.

Diese Änderung ist das indirekte Resultat eines Arbeitskampfes. Am 2. März traten die Schauerleute aus Protest gegen die Nachtarbeit und mit der Forderung nach Beteiligung am Arbeitsnachweis der Hafen-Arbeitgeber in den Ausstand (→ 1. 5. 1906/S. 359).

Nachdem 2000 britische Arbeiter als Streikbrecher nach Hamburg gebracht wurden, endete der Streik am 22. April mit einer Niederlage der Schauerleute.

Barkassen und Ruderboote bringen die von der Schicht heimkehrenden Arbeiter an den Baumwall bzw. zu den Vorsetzen zurück (Ölgemälde, um 1910).

Arbeit am Staatskai; im Jahr 1908 sind dort täglich im Durchschnitt 2629 Arbeiter beschäftigt, bei den Pachtbetrieben sind es noch einmal 1650.

1902 entstandene Fotografie einer Trauben-Auktion im heizbaren Südfruchtschuppen des Baakenhafens, der südöstlich des Komplexes Sandtor-/Grasbrookhafen liegt

Die Quartiersleute besorgen die Wareneinlagerung in der Speicherstadt.

Kohlenträger bei seiner Arbeitspause auf einem Ponton am Zollkanal (1907)

Auch Frauen gibt der Hafen Arbeit: Fischhändlerin in der Auktionshalle

Arbeitsplätze im Hamburger Hafen

Chronik Hintergrund

Zu den wichtigsten Hafenarbeiterberufen zählen die Ewerführer, die Schauerleute, die Kaiarbeiter sowie die Speicher- und Lagerhausarbeiter.

Der Ewerführer steuert eine Schute, ein kleines Segelboot. Er befördert Güter im Hafen und in den hafennahen Gewässern und sorgt für das ordentliche Stauen der Ladung. Die Ewerführerei ist der einzige Lehrberuf im Hafen. Meist tritt der Nachwuchs mit 14 Jahren nach der Volksschule in die dreijährige Ausbildung ein.

Die Schauerleute beladen und löschen (entladen) die Seeschiffe. Je nach Art der Ladung unterscheidet man die »schwarzen« Schauerleute, die Kohlen schleppen, von den »weißen« Schauerleuten: Getreide-, Eisenakkord- und Stückgutschauerleute. Erstmals urkundlich erwähnt wurden Schauerleute im Hamburger Hafen bereits 1759.

Die Kaiarbeiter besorgen den Güterumschlag zwischen Seeschiff und Land von der Uferbefestigung aus. Darunter fällt die Annahme der Waren, ihre kurzfristige Lagerung, Sortierung und Auslieferung sowie der Transport der Güter an Land. Den Beginn der modernen Kaiarbeit markiert die Eröffnung des Sandtorkais (→ 11. 8. 1866/S. 258). Neben der staatlichen Kaiverwaltung haben seit 1888 die Hapag und andere Reedereien Kaiflächen.

Die Speicher- und Lagerhausarbeiter sorgen für die längerfristige Aufbewahrung und Veredelung der Güter sowie ihre Auslieferung. Ihre Arbeitsplätze waren bis zur Eröffnung des Freihafens (→ 29. 10. 1888/S. 306) die oberen Stockwerke der Kaufmannshäuser sowie deren Speicher und Lagerhäuser, später vor allem die Speicherstadt. Einen Teil der Lagerfläche nutzt die Freihafen-Lagerhaus-Gesellschaft (→ 7.3. 1885/S. 297), einen anderen hat sie an Quartiersleute und Importeure vermietet.

1908

Blick auf die Hamburger Musikhalle (Laeiszhalle) an der Ringstraße am Holstenplatz, dem heutigen Karl-Muck-Platz

Reeder stiftet öffentliches Konzerthaus

4. Juni 1908. Die von dem Reeder Carl Heinrich Laeisz und seiner Frau Sophie Christine gestiftete Musikhalle wird mit einem festlichen Konzert eröffnet.

Hamburgs erstes öffentliches Konzerthaus am Holstenplatz wurde innerhalb von vier Jahren im Stil des um die Mitte des 18. Jahrhunderts in Hamburg üblichen Barock nach Plänen der Architekten Martin Haller und Emil Meerwein errichtet. Der Hauptsaal im Erdgeschoß hat 1897, der kleine Saal 500 Sitzplätze. Vor Eröffnung der Musikhalle bot nur der »Conventgarten« Platz für große Konzerte.

Der Orchesterraum bei dem Konzert im Anschluß an die feierliche Übergabe der Musikhalle; an dem vierteiligen Musikprogramm mit klassischen Werken wirken mit: Der Organist Afred Sittard (Dresden), der Cäcilienverein, die Hamburger Singakademie sowie das Orchester des Vereins Hamburgischer Musikfreunde.

Wissenschaft für die koloniale Sache

20. Oktober 1908. Das Kolonialinstitut in Hamburg nimmt seine Arbeit auf. Sprachen, Kolonialwirtschaft, Orient- und Afrikageschichte sowie praktische Naturwissenschaften werden hier gelehrt.

Der Eröffnung des Instituts zur Ausbildung von Beamten, Kaufleuten und Technikern für die Arbeit in den deutschen »Schutzgebieten« folgt am 27. Oktober die Gründung des Welt-Wirtschafts-Archivs – Institut für Wirtschaftsforschung – in Hamburg.

Am 12. April 1907 haben mehrere vermögende Privatleute im übrigen eine wissenschaftliche Stiftung mit einem Grundkapital von 3,815 Mio. Mark begründet.

Ballin will Frieden mit London halten

15. Juli 1908. In einem Geheimbericht informiert Reichskanzler Bernhard Fürst von Bülow Kaiser Wilhelm II. über die Versuche des Hapag-Chefs Albert Ballin zur Verständigung mit Großbritannien.

Im Gespräch mit dem britischen Politiker Sir Ernest Cassel hat Ballin zwar eine Begrenzung der deutschen Flottenrüstung abgelehnt und darauf hingewiesen, daß man schon aus finanziellen Gründen – seines großen Landheeres wegen – Großbritannien zur See niemals überflügeln könne. Zugleich aber sucht Ballin den Ausgleich in der Flottenfrage und kritisiert den Pomp, mit dem hier Kriegsschiffe vom Stapel gelassen werden.

Der Köhlbrand soll noch tiefer werden

14. November 1908. Nach den Verträgen vom → 24. Juni 1868 (S. 261) und 1896 schließt Hamburg mit Preußen den dritten Köhlbrandvertrag. Er sieht die Vertiefung des Köhlbrand-Fahrwassers um 4 m auf 8,4 m über Normalnull und Stromverbesserungen vor.

Damit Norder- und Süderelbe sich in Breite, Länge und Tiefenverhältnissen soweit wie möglich angleichen, wird ferner vereinbart, die Köhlbrandmündung um ca. 600 m stromabwärts zu verlegen und sie auf 300 m zu verbreitern. Darüber hinaus wird der Lauf der Süderelbe bis zur um 400 m stromaufwärts verlängerten Bunthäuser Spitze begradigt.

Schreibwaren von der Sternschanze

9. September 1908. In Hamburg wird die Schreibgerätefirma Simplo Fillerpen Company gegründet. Sie macht sich rasch einen Namen auf dem expandierenden Markt der teuren Füllfederhalter.

1906 taten sich ein Schreibwarenhändler und ein Bankier aus Hamburg sowie ein Berliner Ingenieur zusammen, um exklusive Füllfederhalter zu entwickeln und zu verkaufen. 1909 kommt der Tintenröhrenschreiber »Rouge et Noir« heraus, im Jahr darauf der »Montblanc«. Er gibt der 1934 in Montblanc-Simplo GmbH umbenannten Firma mit Stammsitz Schulterblatt 75–77 den Namen.

Drahtlos über den Ozean verbunden

27. März 1908. Auf der »Cap Frio« und der »Cap Vilano« der Hamburg-Südamerikanischen Dampfschifffahrts AG wird erstmals der drahtlose Depeschendienst erprobt. Die Schiffe liegen beim Nachrichtenaustausch 1216 km auseinander, rund 440 Seemeilen südwestlich bzw. 220 Seemeilen nordöstlich von Madeira.

Ehrengast an Bord der »Cap Frio« ist Friedrich August III., König von Sachsen. Er ist von dieser technischen Novität so begeistert, daß er zahlreiche Telegramme an verschiedene Schiffe aufgibt.

Blick in den »Englischen Garten« bei der Kundgebung der Sozialdemokraten

Gegen Klassenwahlrecht

12. Januar 1908. Im vollbesetzten Saal des »Englischen Gartens« in Altona veranstaltet die dortige SPD eine Großkundgebung gegen das preußische Dreiklassenwahlrecht. Vor allem in den größeren Städten Preußens kommt es zwischen dem 9. und 12. Januar zu Protestversammlungen gegen das Wahlsystem. Bei Zusammenstößen mit der Polizei werden in Berlin rund 30 Menschen verletzt.

Die Aufhebung des seit 1849 bei der Wahl zum Abgeordnetenhaus und den preußischen Gemeindevertretungen geltenden Klassenprinzips gehört zu den Hauptforderungen der SPD. Bei diesem indirekten Wahlsystem ist die Bevölkerung eines Wahlkreises so aufgeteilt, daß auf jede Klasse ein Drittel des gesamten Aufkommens an direkten Steuern entfällt. Jede Klasse stellt die gleiche Zahl von Wahlmännern, die den Abgeordneten bestimmt. Naturgemäß besteht die erste Wahlklasse aus nur wenigen höchstbesteuerten Wählern. Sie verfügt aber über denselben Einfluß wie der zahlenmäßig größere Mittelstand der zweiten Wahlgruppe und die größte Bevölkerungsschicht, die gering besteuerte Arbeiterschaft in der dritten Klasse.

Springer-Gold für ehemaligen Turner

18. Juli 1908. Bei den Olympischen Sommerspielen in London gewinnt Albert Zürner das Kunstspringen. Er ist der erste Einzel-Olympiasieger aus der Hansestadt.

Der 1888 in Hamburg geborene Zürner war Mitglied des Hamburg-St. Pauli Turnvereins. Als 12jähriger zog es ihn zu den Schwimmern und Wasserspringern.

Er trat zunächst dem Schwimmverein »Poseidon«, später »Stern« bei und war schon als 16jähriger Hamburger Meister im Springen. Nach fast 100 Siegen bei nationalen und internationalen Wettkämpfen verunglückt Zürner 1920 beim Training in der »Alsterlust« tödlich.

Albert Zürner – Gold im Kunstspringen 1908 und Silber vom Turm 1912

Schlüterstraße bündelt Fernsprechdrähte

30. August 1908. Als erste Einrichtung der neuen Hamburger Fernsprechzentrale nimmt in der Schlüterstraße die Fernvermittlungsstelle ihren Betrieb auf.

Für den Bau einer Zentrale zur Vereinigung aller Fernsprechanschlüsse von Hamburg, Altona und Wandsbek in einem Gebäude erwarb die Reichspostverwaltung 1901 vom hamburgischen Staat einen 11 430 m² großen Bauplatz zum Quadratmeterpreis von 75 Mark an der Schlüterstraße/ Ecke Binderstraße. In das der märkischen Backsteingotik nachempfundene Gebäude ziehen am 10. Juli 1910 auch die zuvor am Alten Wall untergebrachten Vermittlungsämter I und Ia für den Ortsverkehr ein.

Meldeplätze und Rohrpostverteiler im Fernamt; die Rohrpost befördert die Zettel mit den Anmeldungen für Ferngespräche zu den Vermittlungsstellen.

Gasglühlicht erhellt Hamburgs Straßen

1908. Die Straßen Hamburgs werden einheitlich durch Glühlichtbrenner in Gasmantellaternen erhellt. Das Gasglühlicht für die öffentliche Beleuchtung wurde in Hamburg erstmals im Herbst 1894 an der Rothenbaumchaussee erprobt. Zugleich finden erste Experimente zur Fernentzündung der Straßenbeleuchtung statt.

Das Patent stammt von dem Österreicher Carl Auer Freiherr von Welsbach im Jahr 1885. Die Lichtwirkung beruht nicht, wie bisher, auf der Leuchtkraft der Flamme, sondern auf deren Heizkraft. Das so entstehende Licht ist nicht nur viel heller als das bisherige, es verbraucht auch weniger Gas.

Mönckebergstraße hebt Hamburgs Image

26. Oktober 1909. Die 30 m breite Mönckebergstraße wird für den Verkehr freigegeben. Sie verbindet zwei Zentren des öffentlichen Lebens: Den Hauptbahnhof und den Rathausmarkt. Ihren Namen erhielt sie 1908 nach dem kurz zuvor verstorbenen Bürgermeister Johann Georg Mönckeberg.

Für die Anlage von Hamburgs repräsentativem Boulevard ist ein dichtbebautes Altstadtquartier des Jacobi-Kirchspiels abgerissen worden. In den Fachwerkhäusern dieses zum Sanierungsgebiet »Altstadt-Nord« erklärten Viertels hatten Arbeiter und kleine Handwerker ebenso ihr Zuhause wie Stifte für Alte, Arme und Kranke.

Mit dem Straßendurchbruch wird das Bild der City der wirtschaftlichen Bedeutung Hamburgs angepaßt. Außerdem schafft er Platz für Straßen- und Hochbahn (→ 29. 6. 1912/S. 376).

Von den 39,4 Mio. Mark Gesamtkosten trägt die Stadt nur 2,7 Mio. Mark, den Rest bringt der Verkauf des Baulandes wieder herein. Entgegen dem Wunsch der SPD entstehen entlang der Mönckebergstraße und der benachbarten Spitalerstraße ausschließlich Geschäftshäuser. Eine Baukommission sorgt dafür, daß alle Neubauten einheitlichen Vorgaben folgen.

Eines der repräsentativen Gebäude an der neuerrichteten Mönckebergstraße: Das 170 m lange Kontorhaus Barkhof, erbaut in den Jahren 1909/10

Heine ist nicht erwünscht

17. September 1909. Ohne Begründung lehnt der Senat den Antrag des Verlegers Julius Campe ab, für ein Heinrich-Heine-Denkmal einen öffentlichen Platz auszuweisen. Campe hatte schon 1898 durch die Anbringung einer Heine-Plakette an der Fensterbrüstung im Obergeschoß seines Privathauses in der Schaumburger Straße 59 die Verbundenheit des Verlages Hoffmann und Campe mit dem Dichter deutlich gemacht (→ 10. 12. 1835/S. 204). Das 1883 von dem dänischen Bildhauer Louis Hasselrijs gestaltete Monument ist ebenso unerwünscht, wie es der Restaurationsfeind Heine zu Lebzeiten war. Es wurde aus dem Park von Schloß »Achilleion« auf Korfu entfernt, als Kaiser Wilhelm II. 1907 das Schloß kaufte. Das Denkmal wird 1910 im Hof des Kontorhauses Barkhof an der Mönckebergstraße aufgestellt, 1927 nach Altona überführt und 1939 durch Campes Erben der Stadt Toulon geschenkt.

Der sitzende Heine im Barkhof; um es vor den Nationalsozialisten zu retten, kommt das Denkmal nach Toulon.

Harburg zieht Orte und Menschen an

11. Februar 1909. Der Vertrag über die Eingemeindung von Eißendorf in die Stadt Harburg wird unterzeichnet. Er tritt 1910 in Kraft. Zuvor waren bereits Wilstorf und Heimfeld (1888) sowie Lauenbruch (1906) Harburg angeschlossen worden. Hinzu kamen kleinere Teile von Neuland (1888 und 1893). Damit wuchs die Fläche des Stadtkreises von 330 ha im Jahr 1885 auf rund 2000 ha an.

Zugleich steigt die Einwohnerzahl rapide: Hatte Harburg nach den ersten Eingemeindungen noch etwa 35 000 Einwohner, so waren es 1900 schon 49 155, fünf Jahre später 55 679 und 1910 mehr als 67 000.

Neben den Eingemeindungen resultiert der Bevölkerungszuwachs aus dem raschen Zuzug von Arbeitskräften in die expandierende Industriestadt Harburg.

Nobelhotel an der Außenalster eröffnet

2. Mai 1909. An der Alster 72 eröffnet das Hotel »Atlantic«. Der »Hamburgische Correspondent« hatte in einem Vorbericht den Neubau so beschrieben: »Er bedeckt fast das ganze Viertel, das von der Straße An der Alster, dem Holzdamm und der Alsterwiete umgrenzt wird, und stellt sich als ein Gebäude dar, das nicht nur in Hamburg seinesgleichen sucht.«
Der Reporter zeigt sich angetan von Größe und »innerer Pracht, die sich mit einer höchst praktischen Einrichtung verbindet«. Die große Halle, gestaltet von den Berliner Hoflieferanten Gebr. Bauer, präsentiert sich in nobler Schlichtheit; elegant und ohne überflüssigen Pomp auch der Sommer- und die Wintergärten sowie der Festsaal.
Hamburgs neue Nobelherberge hat 250 Zimmer mit 350 Betten und 100 Badezimmer. Es fehlt weder eine Ventilation, Luftfilterung und Wasserdestillationsanlage noch eine hauseigene Rohrpost.
Bauherr des »Atlantic« ist die Berliner Hotelgesellschaft, die in der Reichshauptstadt den »Kaiserhof« betreibt. Sie ist in die Rechte des Unternehmers Adolf C. Eberbach eingetreten, dem während des Baues die Mittel ausgingen. Die Gesellschaft beziffert den Wert des »Atlantic« mit 5 533 360 Goldmark.

△ Das Hotel »Atlantic« an der Außenalster; auf dem Dach der Firmenname und auch der des Restaurateurs Franz Pfordte

◁ Der Sommergarten im »Atlantic« bietet zwischen den beiden Wintergärten Entspannung bei Wassergeplätscher und Musik.

Schützen zelebrieren Stadtgeschichte

11. bis 18. Juli 1909. In Hamburg findet das 16. Bundesschießen des 1861 gegründeten Deutschen Schützenbundes statt. Das Treffen wird mit einem prachtvollen Festumzug durch die Alt- und Neustadt eröffnet.
Um 11 Uhr marschieren die Teilnehmer vom Steindamm zur Festwiese auf dem Heiligengeistfeld. Unterwegs zeichnen fünf Abteilungen mit 30 Bildern die »Entwicklung Hamburgs vom Fischerdorf zur Welthandelsstadt« nach. Es ist dies ein verklärter Blick auf die als stets ruhmvoll empfundene Stadtgeschichte, wobei weder »Unsere Kolonien in Afrika« und in der Südsee noch Hamburger Sportleben und Gartenkunst fehlen.
Die künstlerische Leitung des Zuges liegt in den Händen des Kunstmalers Hermann de Bruycker und des Bildhauers Otto Dobberthien.

Zwei Entwürfe des Kunstmalers Hermann de Bruycker für den Festzug 1909: »Entstehung des Hafens« (o.), wo aufrechte Hamburger den Fremden Schutz bieten und »Die Innungen zur Jetztzeit« mit einer Würdigung des Handwerks

Henschel-Kino lockt »gehobene Stände«

November 1909. In der Dammtorstraße 14 eröffnet der Lichtspieltheater-Besitzer James Henschel das »Waterloo«-Kino. In unmittelbarer Nachbarschaft zum Stadt-Theater bietet es eine luxuriöse Innenausstattung im Stil des Rokoko. Während der Vorführung und in den Pausen unterhält ein hauseigenes Orchester die Besucher. Mit dem »Waterloo« und anderen Häusern des Kino-Moguls Henschel verliert das Medium Film seinen Jahrmarkt-Charakter. Es erreicht – so notiert das Fachorgan »Kinematograph« – ein »festes Stammpublikum der gehobenen Stände«.

Jüdischer Siedler in Palästina mit einer der arabischen Umgebung angepaßten Kleidung (1905)

Zionisten beraten über Palästinapläne

26. bis 31. Dezember 1909. Der in Hamburg tagende 9. internationale Zionistenkongreß ist die erste Veranstaltung dieser Art auf deutschem Boden. Er wurde von den Hamburger Zionisten und dem Synagogenverband organisiert.
Das beherrschende Thema ist die Schaffung einer jüdischen Heimstätte in Palästina, das zum Osmanischen Reich (Türkei) gehört.
Die 600 Teilnehmer, darunter 140 aus Rußland, kritisieren die Einwanderungsschranken für Juden und die Schwierigkeit, dort Boden zu erwerben. Der Kongreß sammelt Spenden für die zu gründenden Arbeiter-Siedlungsgenossenschaften. Als wichtigster Faktor für die wirtschaftliche Erschließung des Landes gilt die Landwirtschaft, der Anbau von Öl- und Obstbäumen sowie Baumwolle.

Schiffsbahnhof mit Weltflair auf St. Pauli

1909. Nach zweijähriger Bauzeit sind die St. Pauli-Landungsbrücken fertiggestellt. Neun Übergänge führen vom festen Land auf den 420 m langen Landungssteg.

Der großvolumige Quaderbau aus Tuffstein nach Plänen des Wasserbauinspektors Johann-Friedrich Bubendey mit der Gepäckhalle im Zentrum des Gesamtkomplexes ist ein Symbol für den unerschütterlichen Fortschrittsglauben im Hamburger Hafen. Der Turm am Ostende zeigt nicht nur die Uhrzeit, sondern auch weithin sichtbar den Wasserstand der Elbe an.

An den Landungsbrücken läßt sich der Duft der »großen weiten Welt« schnuppern. Die großen Überseeschiffahrtslinien haben hier ihre Abfertigungsstellen. Aber auch die Schiffe im Nahverkehr legen von den Pontons ab: Nach Harburg durch den Köhlbrand, mit der HADAG nach Finkenwerder, nach Blankenese mit den Raddampfern der Hamburg-Stade-Altländer Linie, nach Brunshausen, Stade und Wischhafen mit dem Stader Dampfschiff sowie im Sommer täglich nach Cuxhaven.

An der Stelle der Landungsbrükken bestand in Höhe der Sylter

Blick auf die Landungsbrücken; die Pontonanlage wird im Zweiten Weltkrieg zerstört und als 688 m lange Betonkonstruktion 1953 bis 1955 neu gebaut.

Allee ab 1839 ein Landungsplatz für Dampfschiffe, die wegen Feuergefahr nicht nach Hamburg hineinfahren durften.

Seit der Jahrhundertwende ist der Bereich Landungsbrücken erheblich umgestaltet worden und hat als Visitenkarte Hamburgs ein repräsentatives Gepräge erhalten. Zu den markanten architektonischen Elementen zählen die Kersten-Miles-Brücke (→ 1897/S. 336) und das

Bismarck-Denkmal (→ 2. 6. 1906/ S. 356), später die Hochbahn mit Viadukt und Haltestelle Landungsbrücken und schließlich der Elbtunnel (→ 7. 9. 1911/S. 372). Zu den schiffahrtsbezogenen Bauten auf dem Geesthang oberhalb der Landungsbrücken zählen das Hafenkrankenhaus (→ 1. 11. 1900/S. 345), das Tropenkrankenhaus (1910–1914) und die 1905 fertiggestellte Navigationsschule.

Gasbehälter fliegt in die Luft – 13 Tote

7. Dezember 1909. 13 Arbeiter, Handwerker und Angehörige des Kantinenpersonals sterben bei der Explosion eines Gasometers auf dem Grasbrook. 42 weitere Menschen werden verletzt.

Die Katastrophe ereignet sich kurz nach 15 Uhr. Den ganzen Tag über ist Gas in den erst kurz zuvor in Betrieb genommenen Gasometer gedrückt worden, der mit einem Volumen von 200 000 m³ der größte des Kontinents ist. Als der 71 m hohe Behälter knapp zur Hälfte gefüllt ist, brechen plötzlich die Eisenträger der Bodenkonstruktion zusammen. Die Blechhaut reißt, das ausströmende Gas entzündet sich sofort. Innerhalb von Sekunden ist der Gasbehälter ein Feuerkrater. Riesige Wassermassen quellen aus dem Innern hervor und überschwemmen das Werksgelände. Auch ein benachbarter Gasbehälter fängt Feuer. Erst am späten Abend ist der Brand unter Kontrolle.

Paloma schlägt am besten

August 1909. Im Lokal »Bei Schmidt« in der Humboldtstraße in Uhlenhorst gründet sich der Sport-Club Paloma. Zu den ersten Mitgliedern gehören neben sportbegeisterten Erwachsenen viele Jungkaufleute und Schüler der dortigen Knaben-Volksschule.

Die »Palomaten« widmen sich zuerst dem Schlagballspiel, das sich zu dieser Zeit großer Beliebtheit erfreut. Der Sport-Club Paloma bringt es darin zu besonderer Meisterschaft. Nach der Fusion mit dem Uhlenhorster Sportclub 1914 spielen sie auch Fußball.

Schlagball im Zeichen der »weißen Taube«: Das Team des Sport-Club Paloma von 1909, dreimal Hamburger Meister und einmal Norddeutscher Pokalsieger

Vulcan-Werft zieht von der Oder zur Elbe

21. Juni 1909. Auf einem vom Hamburger Staat für 50 Jahre gepachteten, 23,6 ha großen Gelände nimmt die Vulcan-Werft den Betrieb auf. Das Unternehmen ist aus der im Jahr 1851 in Stettin gegründeten Schiffsreparaturwerkstatt Früchtenicht und Breck hervorgegangen und expandiert stark.

Prominentester Gast bei der Eröffnungsfeier ist Kaiser Wilhelm II., dessen Frau Auguste Viktoria am selben Tag bei Hagenbeck Deutschlands erste Straußenfarm eröffnet.

Der Erhalt der Konkurrenzfähigkeit machte den Umzug der Vulcan-Werft an die Nordsee notwendig, weil die Fahrwasserbreite auf der Oder dem Schiffbau in Stettin natürliche Grenzen setzt. Zunächst nur als Sitz eines Zweigbetriebs geplant, wird Hamburg im Oktober 1911 auch Standort der Zentralverwaltung. Die Vulcan wächst neben Blohm & Voss zur zweiten Hamburger Großwerft heran. Sie baut Kriegs- und Passagierschiffe. Renommierprojekte sind u. a. das Schlachtschiff »Friedrich der Große«, das am 20. Juni 1911 vom Stapel läuft und der Hapag-Liner »Imperator« (→ 3. 4. 1913/S. 380).

Kleiderzucht beim ersten Staffellauf

2. August 1909. Fast unter Ausschluß der Öffentlichkeit tragen 112 Aktive den ersten »Stafetten-Wettlauf um die Alsterstaffel« aus. Es siegt die Mannschaft von Hamburg 88 vor dem SV St. Georg und dem ausrichtenden FC Victoria.

Bis zur Durchführung der Veranstaltung mußten die Initiatoren vom FC Victoria vielerlei Hindernisse überwinden. Einen Staffellauf durch die dichtbevölkerte Innenstadt hatte die Polizei abgelehnt. Um die Erlaubnis für eine Staffel um die Alster zu bekommen, hatten die Verantwortlichen die Gewähr dafür übernehmen müssen, daß die Hosen der Läufer bis über das Knie reichen, um öffentliches Ärgernis zu vermeiden. Der Start ist vor dem gerade eröffneten »Hotel Atlantic«, das Ziel die Ecke Alsterufer und Alsterglacis. Jede Mannschaft besteht aus 16 Läufern, die nach jeweils 400 m den Stab weiterreichen.

1910

13. 2.–5. 3. Der Maler Emil Nolde ist zu Besuch in Hamburg und läßt sich zu zahlreichen Hafen-Ansichten inspirieren. → S. 371

1. 3. Dem Direktor des Waisenhauses wird die Vormundschaft für unehelich geborene Kinder übertragen. → S. 370

5. 3. Zu Ehren des Luftschiffpioniers Ferdinand Graf von Zeppelin gibt Edmund J. A. Siemers einen Empfang. Er und andere Prominente rufen zur Gründung eines Luftschiffhafens auf (→ Januar 1912/S. 379).

18. 3. Die Straßenbahn fährt erstmals durch die Mönckebergstraße.

20. 3. Zu Ostern werden die beiden ersten staatlichen höheren Mädchenschulen in Hamburg an der Hansastraße und am Lerchenfeld eröffnet. → S. 370

22. 4. Ein Protokoll des Hamburg-St. Pauli Turnvereins verzeichnet einen »beträchtlichen Aufschwung« der Fußballabteilung. → S. 371

29. 4. Anton-Emil und Martha Langer gründen am Hauptbahnhof das »Hotel Reichshof«. Der Neubau ist einer der ersten Stahlbetonbauten der Stadt. Das Haus verfügt über drei elektrische Lifte und 300 Zimmer und Salons.

5. 6. Der Bischof von Hildesheim weiht die Bonifatiuskirche am Weiher für die Katholiken aus Eimsbüttel und Umgebung.

21. 6. Bei der großen Unterelbe-Regatta des Norddeutschen Regatta-Vereins wird die Jacht »Hamburg« Zweiter vor der viertplazierten »Meteor« mit Kaiser Wilhelm II. an Bord. → S. 370

3. 9. Der 25jährige Otto Klemperer debütiert am Stadt-Theater (→ 26. 12. 1912/S. 377).

6. 10. Auf den Schiffswerften endet der am 5. August begonnene Streik. Die wöchentliche Arbeitszeit wird von 60 auf 55 Stunden reduziert und der Lohn um 8 % (2 Pfennig pro Stunde) erhöht.

1. 11. Der Hamburger FC von 1888 pachtet das Gelände an der Rothenbaumchaussee. Hier entsteht später der Sportplatz des Hamburger Sportvereins.

4. 11. In Neuengamme bricht eine Erdgasquelle aus. → S. 370

1. 12. Nach einer im ganzen Deutschen Reich durchgeführten Volkszählung leben in Hamburg 1 014 664 Menschen. → S. 369

1910. Das »Ostasien-Haus« eröffnet. → S. 371

1910. Der Wasserturm auf der Sternschanze wird fertiggestellt. → S. 371

In raschen Schritten zur Millionenstadt

1. Dezember 1910. Die reichsweit durchgeführte Volkszählung ergibt eine ortsanwesende Bevölkerung für den Staat Hamburg von 1 014 664. Die Stadt allein zählt 931 035 Einwohner.

Innerhalb von fünf Jahren hat die Zahl der Bewohner um 15,97% zugenommen. Auf einem Hektar des Staatsgebietes leben durchschnittlich 143,67 Personen, im ebenfalls boomenden Berlin sind es 334,33. Die Millionengrenze überspringt die Stadt Hamburg 1912. Sie zählt dann 1 006 748 Personen.

Die Bevölkerung im Jahr 1910

	Männer	Frauen	Gesamt
Staat Hamburg	504 902	509 762	1 014 664
davon: Stadt Hamburg	461 221	469 814	931 035
Landgebiet insgesamt	43 681	39 948	83 629
davon: Geestlande	10 722	9 122	19 844
Marschlande	7 684	7 574	15 258
Bergedorf	14 978	15 267	30 245
Ritzebüttel	10 297	7 985	18 282

Ähnlich rasch wächst die Zahl der Wohnhäuser: 1910 gibt es in der Stadt 191 322 nur zu Wohnzwecken benutzte Gebäude, dies sind 24,04% mehr als fünf Jahre zuvor. Gebaut wird in erster Linie außerhalb des Geschäftszentrums.

Ursache hierfür ist die zunehmende Entvölkerung des Zentrums. Im Jahr 1910 wohnen in der inneren Stadt 102 069 Menschen, das entspricht 59,7% des Standes von 1880.

Da sich die City mehr und mehr zu einer Geschäftsstadt entwickelt, siedeln sich die aus der Innenstadt vertriebenen Menschen ebenso wie die Zuwanderer in den angrenzenden Zonen an. Allein die Stadtteile St. Pauli, Rotherbaum, St. Georg-Nord, Steinwerder und Kleiner Grasbrook wachsen zwischen 1880 und 1910 von 109 745 auf 150 884 Einwohner an. Einen noch größeren Zustrom verzeichnen die äußeren Stadtteile, wo mittlerweile rund die Hälfte aller Bewohner der Stadt Hamburg zuhause ist.

Auf die wirtschaftliche Bedeutung Hamburgs verweist nicht nur das ungebrochene Bevölkerungswachstum. Auch die Zahl der im Hafen umgeschlagenen Güter erreicht immer neue Höchstmarken. Am 1. Januar lagern hier z. B. 118 000 t Salpeter, mehr als ein Drittel der in europäischen Häfen vorhandenen Bestände. 3 212 800 Sack Reis werden eingeführt, soviel wie noch nie.

Eine pulsierende Stadt mit einer kräftigen Wirtschaft: Die Werftanlagen von Blohm & Voss vor dem Panorama der Stadt Hamburg; der Hamburger Hafen steigt bis 1914 – nach mengenmäßigem Umschlag – zum größten europäischen See- und Binnenhafen auf und überflügelt dabei sogar Rotterdam.

Die Straße Dovenfleet; davor einige Binnenkähne auf dem Zollkanal, der die Speicherstadt auf der Wandrahm- und Brook-Insel von der Hamburger Innenstadt trennt (Fotografie aus dem Jahr 1912)

Höhere Bildung ist kein Männerprivileg

20. März 1910. An der Hansastraße und am Lerchenfeld nehmen die beiden ersten staatlichen höheren Mädchenschulen Hamburgs den Unterrichtsbetrieb auf. Die beiden Lyzeen haben zusammen 28 Klassen. Hier unterrichten 38 Lehrkräfte die 634 Schülerinnen.

Am 15. Januar 1908 hatte der Senat den Beschlüssen der Bürgerschaft über die Errichtung der Schulen zugestimmt. Zuvor arbeiteten folgende staatliche Lehranstalten in Hamburg: Je zwei Gymnasien und Realgymnasien, vier Oberrealschulen, neun Realschulen, je zwei Lehrer- und Lehrerinnen-Seminare, 160 siebenstufige städtische Volksschulen und zehn Volksschulen für schwachbefähigte Kinder, je ein Gymnasium mit Realschule in Bergedorf und Cuxhaven und 52 Gemeindeschulen im Landgebiet.

Unter den halböffentlichen Stiftungsschulen im hamburgischen Staat sind zwei höhere Mädchenschulen, von den 52 Privatschulen sind 40 höhere Mädchenschulen. Zahlreichen privaten Initiativen verdankt es die weibliche Jugend, daß sie nicht ohne weiterführende Ausbildung bleibt. So eröffnete im

Eine der ersten Klassen der im Jahr 1902 eröffneten Städtischen Gewerbe- und Handelsschule (zuvor Fr.-Schmidt-Stiftung) in der Dritten Bergstraße

Jahr 1901 der Verein »Frauenbildung, Frauenstudium« Realgymnasialklassen für Mädchen.

957 weibliche Jugendliche erhalten eine kaufmännische Schulausbildung neben 7559 gewerblichen und 3615 kaufmännischen Lehrlingen. Ferner ist u. a. am 9. Juni 1902 eine Fortbildungsschule für »weibliche Handelsbeflissene« im Volksschul-

gebäude Bäckerbreitergang 72 eröffnet worden. Seit dem 15. April 1909 besteht eine Fortbildungsschule für Verkäuferinnen.

Nicht nur in Hamburg ist der Frauenanteil in höheren Bildungseinrichtungen gering: 12,2% der Schüler der kaufmännischen Schulen Preußens und 3,9% der deutschen Studenten sind weiblich.

Seine Majestät schmollt nach Niederlage

21. Juni 1910. Kaiser Wilhelm II. belegt an Bord der »Meteor« bei der Unterelbe-Wettfahrt des Norddeutschen Regatta-Vereins nur den vierten Platz. Vor ihm gehen die US-Jacht »Westward«, der Schoner »Hamburg« und die Krupp-Jacht »Germania« durchs Ziel.

Der Monarch ist ob der Niederlage so verärgert, daß ihm eine Beinverletzung als willkommener Vorwand dient, sich dem obligaten Festessen an Bord des Hapag-Dampfers »Amerika« zu entziehen. Bei der Regatta auf der Ostsee am 26. Juni gibt die zweitplazierte

»Hamburg« auf, um der kaiserlichen «Meteor« wenigstens noch den dritten Platz zu überlassen.

Der Steuermann der »Hamburg« und Mitbegründer des Norddeutschen Regatta-Vereins, Adolph Tietgens, legt daraufhin aus Protest sein Ehrenamt nieder.

Nach der Niederlage verschnupft: Wilhelm II., oberster Förderer des Segelsports, am Steuer seiner Jacht »Meteor«

Die Crew der »Hamburg« nach Beendigung der Regatta auf der Ostsee; 3. v. l. der Kaufmann Adolph H. Tietgens

Der Staat sorgt für uneheliche Kinder

1. März 1910. Durch eine Novelle zum Privatkostkindergesetz wird die Berufsvormundschaft des Waisenhausdirektors eingeführt. Aufgrund einer am selben Tag in Kraft tretenden Gesetzesänderung heißt er nunmehr »Direktor der öffentlichen Jugendfürsorge«.

Erster Leiter dieses Amtes ist der bisherige Waisenhausdirektor Johannes Petersen. Seiner Initiative verdankt Hamburg viele Reformen in der Betreuung Jugendlicher. Bis zum Ende des Jahres 1910 stehen 6836 uneheliche Mündel unter der Berufsvormundschaft des Leiters der öffentlichen Jugendfürsorge (früher Waisenhauskollegium).

Diplom für Zöglinge des Waisenhauses (Lithographie, um 1900)

Profitables »Wunder in der Tiefebene«

4. November 1910. Bei einer Bohrung nach Grundwasser an der Westseite des Kirchwerder Landweges in Neuengamme bricht aus 248 m Tiefe Erdgas hervor. Es entzündet sich am folgenden Tag, und aus den drei Bohrlöchern schießen Stichflammen hervor.

Die Presse feiert dieses Ereignis als »Feuerwunder in der norddeutschen Tiefebene«, und auch die Hamburger Gaswerke sind begeistert. Am 2. Dezember gelingt die Abschließung der Quelle. Bis zu ihrem Versiegen im Mai 1930 werden rund 213 Mio. m³ Erdgas erschlossen und über eine 1912 gebaute, 15 km lange Leitung zum Gaswerk Tiefstack gepumpt.

Künstler der Moderne malen pulsierendes Leben

13. Februar bis 5. März 1910. Der Maler Emil Nolde wohnt in einer Pension an den Vorsetzen 49/51. Berauscht vom pulsierenden Leben der Stadt, von der Hektik der Arbeitswelt im Hafen und dem Anblick der Dampfer auf der Elbe hält Nolde seine Eindrücke in einer Unmenge von Zeichnungen, Bildern, Holzschnitten und Radierungen fest; darunter ist auch das Gemälde »Schiff im Dock«.
Rückblickend schreibt der aus Südtondern gebürtige Nolde über seine Hamburger Wochen: »Ich kam ins Arbeiten hinein und nichts mehr störte mich«. Nolde weiter: »Mit den Pinassen voll Menschen ging ich fahrend, arbeitend, bei dem Getriebe auf den Landungsbrücken saß ich, immer arbeitend«. Eigentlich war Nolde nur zu einer Ausstellung nach Hamburg gekommen. Nicht einmal engste Freunde wissen, wo er in diesen drei Wochen wirklich steckt.
Auf Einladung von Kunsthallendirektor Alfred Lichtwark malt auch Max Liebermann in Hamburg; 1902 entsteht hier u. a. sein Bild »Polospiel in Jenischs Park«.

▷ *»Schiff im Dock« von Emil Nolde (1867–1956), einem führenden Expressionisten (Hamburg, Kunsthalle)*

Kicken auf St. Pauli wird immer beliebter

22. April 1910. Ein Protokoll des Hamburg-St. Pauli Turnvereins meldet Erfreuliches: »Der Mitgliederbestand hat in letzter Zeit wohl hauptsächlich durch die Pflege des Fußballspiels einen beträchtlichen Aufschwung genommen.«
Seit der Jahrhundertwende wird am Millerntor Fußball gespielt, aufgrund eines Beschlusses vom 21. März 1909 in dunkelbraunem Jersey und weißer Hose. Die Selbständigkeitsbemühungen gegenüber den Turnern führen dazu, daß die Fußballabteilung im selben Jahr Mitglied des Norddeutschen Fußballverbandes wird. Dies ist die Geburtsstunde des FC St. Pauli, der 1925 den Turnverein verläßt.
1910 müssen sich die Verbands-Neulinge vom Millerntor zunächst gegen dritte und vierte Mannschaften der etablierten Konkurrenz – z. B. Altona 93 – abmühen.

Ein Haus für Teegenießer

1910. In der Innenstadt, am Speersort 19/Ecke Schmiedestraße, eröffnet das Hamburger Tee-Handelshaus Theodor Maass sein »Ost-Asien-Haus«. Es bildet mit seinem fernöstlichen Ambiente und dem chinesischen Vorbildern nachempfundenen Turm einen besonderen Blickfang an dieser belebten Straßenkreuzung.
Neben Tee und Chinawaren bietet das Geschäft auch Kaffee an. Die Firma wurde am 1. Mai 1887 von Theodor Maass gegründet.
Das als »anglophil« geltende Hamburg hat schon von jeher viele Teetrinker unter seinen Bürgern. Zu den bevorzugten Treffpunkten der Teefreunde zählt u. a. die Teestube im »Châtelaine« am Rathausmarkt 3 neben der Schleuse.
Im Jahr 1912 importiert Hamburg 85 000 Kisten Tee (4250 t) im Wert von 6,7 Mio. Mark allein aus China. Um die Jahrhundertwende sind besonders Ceylon und Indien als zusätzliche Tee-Exporteure neben dem »klassischen« Teeproduzenten China hervorgetreten.

Das »Ost-Asien-Haus« der Teehandelsfirma Th. Maass am Speersort

Sternschanzenturm löst Druckproblem

1910. Der 59 m hohe Wasserturm auf der Sternschanze kann in Betrieb genommen werden. Die zwei übereinander angeordneten Behälter können 4700 m³ Wasser speichern. Sie wiegen dann ca. 5000 t. Dieser und die später folgenden Türme im Stadtpark und auf der Uhlenhorst ergänzen die Kapazität des Werkes Rothenburgsort (1848) und ersetzen den Turm Berliner Tor (1855–1911). Weil die Gebäude immer höher gebaut werden, reichte der Wasserdruck kaum noch aus. Nun können die auf den Dachböden der Häuser installierten Hausbehälter entfernt werden, die nachts bei höherem Druck aus Rothenburgsort aufgefüllt wurden.
Auf dem Gelände der Sternschanze, einem 1682 errichteten sternförmigen Fort, stand bereits seit 1863 ein kleinerer Hochbehälter für die Wasserversorgung.

1911

Das Eingangsgebäude für den Elbtunnel auf Steinwerder im Eröffnungsjahr dieses Verkehrsweges unter der Elbe

Elbtunnel: Ein Meisterwerk der Technik

7. September 1911. Nach vierjähriger Bauzeit ist der Elbtunnel fertig. Das von den St. Pauli-Landungsbrücken bis Steinwerder führende Bauwerk verbessert den Fahr- und Personenverkehr zwischen der Stadt und den Hafengebieten südlich der Elbe.

Das Meisterwerk der Technik erregt allgemeine Bewunderung. Die »Neue Hamburger Zeitung« schildert das Niederlassen des ersten Fahrkorbes: »Ein 25-Sekunden-Fall auf den Grund der Elbe. Drunten, als das schwere hölzerne Abschlußtor des Fahrkorbes, das mit hydraulischem Antrieb bewegt wird, sich wieder öffnete, war's wie beim Vorhangaufgehen im Theater: ein bewunderndes Ah!«

Am 7. November 1906 hatte die Bürgerschaft den Bau des 448,5 m langen Tunnels gebilligt und dafür 10,7 Mio. Mark veranschlagt. Am 22. Juli 1907 erfolgte der erste Spatenstich durch die Frankfurter Baufirma Ph. Holzmann & Cie. auf Steinwerder. Täglich wurden drei Schichten gefahren, die Arbeiter – darunter viele Auswärtige – hatten nur jeden sechsten Sonntag frei. Die Unterführung ist der erste Fahrstuhltunnel der Welt und der erste Flußtunnel Kontinentaleuropas. Die beiden durch getrennte, je 6,06 m weite Röhren verlaufenden Fahrbahnen sind nur durch Aufzüge und über Treppenhäuser zu erreichen. Die Tunneloberdecke liegt in der Mitte des Bauwerks lediglich 6 m unterhalb der Elbsohle.

Fußwege sind 1,25 m breit, Fahrzeuge dürfen eine Spurweite von 1,82 m haben.

Das Flußbett aus losem Sand erfordert den Bau im Schildvortrieb.

▷ *Schnitt durch einen der Schächte*

»Schnee« pflegt die Haut

Dezember 1911. Die Hamburger Firma P. Beiersdorf & Co. bringt die Nivea-Creme auf den Markt. Der Name leitet sich vom lateinischen Wort nix, nivis (Schnee) ab. Die Nivea ist ähnlich erfolgreich wie das Leukoplast-Pflaster (1901) und die Pebeco-Zahnpasta (1905) aus dem gleichen Haus.

Die Grundlage für die Entwicklung des Hautpflegemittels legte der Kauf einer Eucerinfabrik in Aumund und der damit verbundene Erwerb eines Patents von Isaac Lifschütz. Er hatte aus Wollfett den für die Wasseraufnahme wesentlichen Emulgator isoliert. Auf dieser Basis entwickelte Beiersdorf-Leiter Oscar Troplowitz die Nivea-Creme.

Werbeplakat für Nivea-Seife (1924)

Revue mit Reeperbahn-Hit

30. September 1911. Im Neuen Operetten-Theater wird die Revue »Rund um die Alster« uraufgeführt. Beim Finale erklingt »Auf der Reeperbahn nachts um halb eins . . .«, komponiert von zwei Nicht-Hamburgern: Alfred Müller-Förster und Ralph Arthur Roberts. Die Bilder der Revue spielen u. a. in einer Singspielhalle auf St. Pauli und auf einem Auswandererdampfer. Zugnummer ist das Volkssänger-Duo »Gebrüder Wolf«, die als Fietje und Thetje das Haus allabendlich zu Lachstürmen hinreißen und das Couplet vom Nationalgericht »Snuten un Pooten« (Schweinekopf und Schweinsfuß) populär machen.

1954 im Film: »Auf der Reeperbahn …«

Kaufmann unterstützt die Wissenschaft

13. Mai 1911. Das von Edmund J. A. Siemers gestiftete Vorlesungsgebäude wird eingeweiht. Das Bauwerk mit seiner kupfergedeckten Kuppel, gestaltet vom Architektenbüro Distel & Grubitz, ist für das Allgemeine Vorlesungswesen bestimmt (→ 21. 5. 1883/S. 295).

Am 2. Oktober 1908 hatte die Bürgerschaft den Senatsantrag gebilligt, einen Bauplatz auf der Moorweide zu bewilligen und die Grindelallee zwischen Moorweidenstraße und Loignyplatz in Edmund-Siemers-Allee umzutaufen.

In seiner Festrede weist Senator Werner von Melle auf die Möglichkeit hin, die Wissenschaftliche Stiftung zu einer Hochschule auszubauen (→ 10. 5. 1919/S. 408).

Das Vorlesungsgebäude an der Edmund-Siemers-Allee, ein breit gelagerter Putzbau mit Werksteingliederungen in Formen des deutschen Spätbarock; in diesem Haus nimmt 1919 die neue Universität ihren Hauptsitz.

Flint gewinnt ersten Mittelgewichtstitel

7. November 1911. Der Hamburger Boxer Otto Flint gewinnt in Berlin durch einen K.-o.-Sieg in der zweiten Runde über den Lokalmatador Paul Mond die erste Deutsche Meisterschaft im Mittelgewicht.

Bis auf Hamburg ist der Boxsport im Deutschen Reich verboten, Kämpfe finden hinter verschlossenen Türen statt. In der Hansestadt pflegen vor allem die Vereine »Rollon«, »Sportingman« und »Alarich Condor« den aus Großbritannien importierten Sport. 1912 wird mit Sitz in Hamburg der Deutsche Box-Verband gegründet. Bei dessen ersten Meisterschaften im Curiohaus stellt Hamburg fünf der sieben Sieger.

Lehrerverband trotzt »feinen« Anwohnern

4. November 1911. Nach gut einjähriger Bauzeit weiht die »Gesellschaft der Freunde des vaterländischen Schul- und Erziehungswesens« ihr Curiohaus an der Rothenbaumchaussee 13/15 ein.

Der voluminöse Bau mit seiner an Barock und Klassizismus orientierten Fassadengestaltung paßt zu den vornehmen Wohnhäusern in dieser Straße. Dennoch wollten viele Anwohner verhindern, daß die Lehrerorganisation, der auch zahlreiche Volksschullehrer angehören, sich ausgerechnet hier ein Vereinshaus baut.

Frauen fordern Wahlrecht

19. März 1911. Auf Initiative der Sozialdemokraten wird in Hamburg erstmals der Internationale Frauentag begangen. Dieser »Kampftag«, dem 1. Mai ähnlich, soll vor allem die Forderung nach Einführung des Frauenwahlrechts unterstützen. An 16 öffentlichen Versammlungen nehmen 4500 überwiegend weibliche Besucher teil. Einige Arbeiterfrauen demonstrieren auch auf die Straße.

Die SPD fordert als einzige deutsche Partei die Einführung des allgemeinen, gleichen und geheimen Wahlrechts für Männer und Frauen. Dennoch ist vielen führenden Sozialdemokraten eine zu starke Politisierung der Frauen ein Dorn im Auge, weil sie die Gesamtpartei von ihren eigentlichen Zielen ablenken könnte.

Die bürgerliche Frauenbewegung ist in der Wahlrechtsfrage gleich zweifach gespalten: Für die Mehrheit im Bund Deutscher Frauenvereine ist die Wahlrechtsfrage nachrangig, eine Minderheit streitet darüber, ob man sich mit der Erlangung des zur Zeit geltenden Wahlrechts – in Preußen das Dreiklassenwahlrecht – begnügen oder das allgemeine und gleiche Wahlrecht fordern soll.

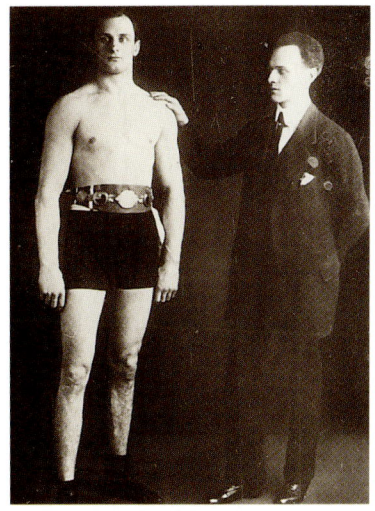
Paul Flint (hier 1912) wird 1919 auch Meister im Schwergewicht.

Deichtormarkt bietet Waren aus aller Herren Länder

23. September 1911. Auf dem Gelände des früheren Berliner Bahnhofes (→ 5. 12. 1906/S. 359) öffnet erstmals der Deichtormarkt.

Er bietet eine Verkaufsfläche von 29 000 m² und ist größtenteils unterkellert, damit die Marktbeschicker ihre Waren einlagern können. Er verfügt über einen Zugang zu den Kaianlagen am Oberhafen und einen direkten Bahnanschluß.

Unter Aufsicht der Abteilung Ingenieurwesen der Baudeputation entstehen hier zwischen 1911 und 1914 ferner zwei große Markthallen für den Gemüsehandel und eine kleinere für den Blumengroßmarkt. Die bisher zur Versorgung der Einzelhändler dienenden Märkte am Meßberg und am Hopfenmarkt sind zu klein geworden.

Gemüsehändler vor den Deichtor-Markthallen; die beiden 1911/12 errichteten großen Hallen sind zunächst nur als Provisorium gedacht, deren Stahlskelette später mit Backsteinen ausgemauert werden. 1913/14 komplettiert die kleinere Blumenmarkthalle das Ensemble, das einen städtebaulichen Akzent in der Südwestecke Hamburgs setzt.

Blick auf die Straße Kleiner Burstah; an den Hauptmarkttagen Dienstag und Freitag herrscht hier lebhafter Zubringerverkehr für den Hopfenmarkt (1905).

Markt auf dem Deichtorgelände vor Errichtung der Markthallen; im Hintergrund die Oberbaumbrücke vor der Silhouette der Stadt mit dem Nikolai-Turm.

Szene auf dem pulsierenden Hopfenmarkt: Vor der Nikolaikirche warten die Händler mit großen Mengen aufgestapelter Obst- und Gemüsekörbe.

Frauen aus den Vier- und Altlanden bieten auf dem Hopfenmarkt ihre Waren an. Ein Reiseführer empfiehlt einen Besuch wegen der »Verschiedenheit der fesselnden Volkstrachten aus der Umgegend Hamburgs«.

Anlanden von Obst und Gemüse an der Holzbrücke am Nikolaifleet; die Häuser l. gehören zum Cremon.

1912

Rekordjahr für die weiße Alsterflotte

20. Oktober 1911. Die Dampferlinien auf der Alster befahren die wichtigsten Strecken ohne Unterbrechung. Bislang ruhte der Verkehr zwischen 1 und 4 Uhr.

Allmorgendlich begegnen sich zwei Welten: Wenn die eleganten Damen und Herren vom Theater oder Ball spät nach Hause fahren, kommen ihnen aus der anderen Richtung bereits die Scharen der Arbeiter entgegen, die in den Hafen oder in die Stadt eilen.

38 Personendampfer, seit 1902 einheitlich weiß angestrichen, verkehren in diesem Jahr auf der Alster. Seit 1887 ist Otto Wichmann Alleinbetreiber der Alsterflotte. Für ihn ist 1911 ein Rekordjahr: Die Linie registriert 10 969 155 Fahrgäste.

Altona kritisiert sein Aschenputtel-Dasein

10. März 1911. Hamburgs Senat befaßt sich mit einer Denkschrift des Altonaer Oberbürgermeisters Bernhard Schnackenburg zur »Eigenart der wirtschaftlichen Lage der Stadt Altona infolge der . . . Nachbarschaft Hamburgs«.

Darin nennt der Autor viele Beispiele für die Benachteiligung Altonas. Er fordert den Staat Preußen auf, Subventionen zum Ausbau von Fischmarkt und Hafen und zur Sanierung der Altstadt zu gewähren, die zur »Wohnstätte des Abschaums« aus Hamburg werde.

Die vom Senat befragten hamburgischen Behörden erklären die Klagen für übertrieben.

Jüdische Schule zieht zum Grindel

20. Dezember 1911. Mit der Talmud-Thora-Realschule etabliert sich im Grindelviertel nach der Synagoge (→ 13. 9. 1906/S. 357) ein zweites Zentrum jüdischen Lebens. Der Bau wurde vorwiegend von der Familie Warburg finanziert.

Die von Joseph Goldschmidt geführte Bildungseinrichtung ist bekannt für ihre Erziehung zu einem orthodoxen Judentum. Die Talmud-Thora-Schule wurde 1805 als Volksschule gegründet und 1869 in den Rang einer neunklassigen Mittelschule erhoben.

---

2. 1. Die Schwimmhalle in Hammerbrook wird eingeweiht. Sie verfügt über je ein Becken für Männer und Frauen in der Größe von 288 m² bzw. 228,8 m².

12. 1. Bei den Reichstagswahlen erhält die SPD in Hamburg 61,2 % der Stimmen und stellt erneut alle drei Abgeordneten.

Januar. Die Luftschiffhalle in Fuhlsbüttel wird in Betrieb genommen. → S. 379

14. 5. In Hamburg stirbt der dänische König Friedrich VIII. → S. 377

23. 5. Auf der Vulcan-Werft tauft Kaiser Wilhelm II. den neuen Luxusdampfer der Hamburg-Amerika Linie auf den Namen »Imperator« (→ 3. 4. 1913/ S. 380).

29. 6. Die Ringstrecke der Hamburger Hochbahn ist fertig. → S. 376

6. 7. Die Sternwarte in Bergedorf nimmt die Arbeit auf. → S. 375

8. 7. Bei den Olympischen Spielen in Stockholm erringt Hans Liesche (Eimsbütteler Turnverband) im Hochsprung mit 1,91 m die Silbermedaille.

31. 8. Das neuerbaute Thalia Theater am Pferdemarkt gibt die erste Vorstellung. → S. 377

1. 10. An der Mönckebergstraße eröffnet das Kaufhaus Karstadt. → S. 378

4. 10. Das von dem Hamburger Lehrer Wilhelm Lamszus veröffentlichte Buch »Das Menschenschlachthaus. Bilder vom kommenden Krieg« stößt auf Protest bei der nationalen Presse. → S. 379

9. 10. Die Bürgerschaft billigt den Senatsantrag zum Anschluß der Landgemeinden Großborstel, Alsterdorf, Ohlsdorf, Fuhlsbüttel, Kleinborstel sowie Teile von Billwerder und Niederborstel an die Stadt Hamburg.

16. 12. Die Volksfürsorge-Versicherung wird gegründet. → S. 375

26. 12. Ein Ehemann greift im Stadt-Theater den Dirigenten Otto Klemperer an. → S. 377

1912. Die Hamburg-Mannheimer Versicherung (1899 als Vita-Versicherung gegründet) verlegt ihren Sitz nach Hamburg.

1912. Das Hanseatische Oberlandesgericht am Sievekingplatz ist bezugsfertig. → S. 379

GEBOREN:
2. 5. Altona: Axel Springer († 22. 9. 1985, Berlin-West), Zeitungsverleger.

GESTORBEN:
6. 9. Hamburg: Johann Heinrich Burchard (* 26. 7. 1852, Bremen), Bürgermeister.

Versicherung für Arbeiter

16. Dezember 1912. Die genossenschaftlich inspirierte Volksfürsorge-Versicherungsgesellschaft wird in das Handelsregister eingetragen. Sie nimmt am 1. Juli 1913 den Betrieb auf.

Die mit einem Grundkapital von 1 Mio. Mark gegründete Volksfürsorge stützt sich auf den Apparat der Gewerkschaften und Konsumvereine und hält so die Abschluß- und Inkassokosten klein. Angeboten werden sieben Tarife von der Versicherung auf den Todesfall bis zur Kinderversicherung.

Die Assekuranz für Arbeiter floriert von Beginn an. Bereits am 31. Dezember 1913 hat sie 70 401 Verträge mit einer Versicherungssumme von rund 13 Mio. Mark abgeschlossen; am 28. Februar 1914 wird die 100 000. Police ausgestellt. Initiator und erstes geschäftsführendes Vorstandsmitglied ist Adolf von Elm, gelernter Zigarrensortierer und Mitbegründer der »Produktion« (→ 17. 7. 1899/S. 342).

Mit der Gründung der Volksfürsorge durch je drei Gewerkschaftler und Genossenschaftler reagieren die Verbände auf die Mißstände in den von einigen Assekuranzunter-

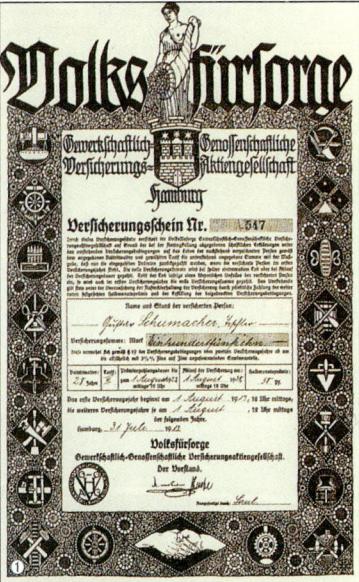

Versicherungsschein der Aktiengesellschaft Volksfürsorge von 1913

nehmen angebotenen »Volksversicherungen« von bis zu 1500 Mark. Diese verzichten auf ärztliche Untersuchungen, haben oft nur 15 Jahre Laufzeit und verfallen vielfach durch Nichtfortzahlung der Prämien aufgrund von langfristiger Arbeitslosigkeit.

Sternwarte mit Zeitansage

6. Juli 1912. Auf dem Gojenberg bei Bergedorf, 20 m oberhalb der Elbe, wird die Sternwarte eingeweiht. Das Observatorium am Holstenwall genügte nicht länger wissenschaftlichen Ansprüchen.

Von praktischer Bedeutung für die Schiffahrt ist der Zeitdienst der Sternwarte. Er regelt den Betrieb der Zeitbälle am Hafen in Hamburg (→ 16. 9. 1876/S. 283), in Cuxhaven und Bremerhaven, übernimmt die Kontrolle von sechs Normaluhren in Hamburg und gibt an vier transatlantische Kabelstationen telegraphische Zeitsignale aus.

Das Gebäude für den großen Refraktor (Fernrohr mit Glaslinsen); er verfügt über eine Objektivlinse von 60 cm Durchmesser und 9 m Brennweite.

Hochbahnviadukt am Rödingsmarkt, kurz bevor die Strecke Richtung Rathaus unter der Erde verschwindet; darunter ein Wagen der elektrischen Centralbahn

Hochbahn im Ringbetrieb

29. Juni 1912. Mit der Inbetriebnahme der Strecke von den Landungsbrücken bis zum Rathausmarkt ist die 17,48 km lange Ringstrecke der Hamburger Hochbahn fertiggestellt.

Am 15. Februar war als erste Etappe die Strecke zwischen den Stationen Rathausmarkt und Barmbek mit einem zweiwöchigen kostenlosen Probebetrieb eröffnet worden. Im ersten Jahr verzeichnet die Hochbahn bereits 24,8 Millionen »Beförderungsfälle«.

Am 27. Mai 1911 ist die Hamburger Hochbahn AG (HHA) durch Siemens & Halske und AEG unter Beteiligung der Deutschen Bank gegründet worden. Das Grundkapi-

tal beträgt 15 Mio. Mark. An der Spitze des Aufsichtsrates steht der Hapag-Chef Albert Ballin. Die beiden Elektrizitätsfirmen hatten bereits am 7. Oktober 1906 mit dem Bau der 23 Haltestellen umfassenden Strecke begonnen.

Der Anblick der Viadukte am Rödingsmarkt verwandelt Journalisten in Poeten. Der »Hamburgische Correspondent« schreibt: »In gewaltiger Anspannung legt sich der gleißende Leib der Hochbahnschienen über Hamburgs Straßen und Wasser, drängt sich hinunter mit wühlenden Kräften in der Erde Dunkelheiten, ausgereckt zu fossiler Größe wie ein Nachkomme der Midgardschlange.«

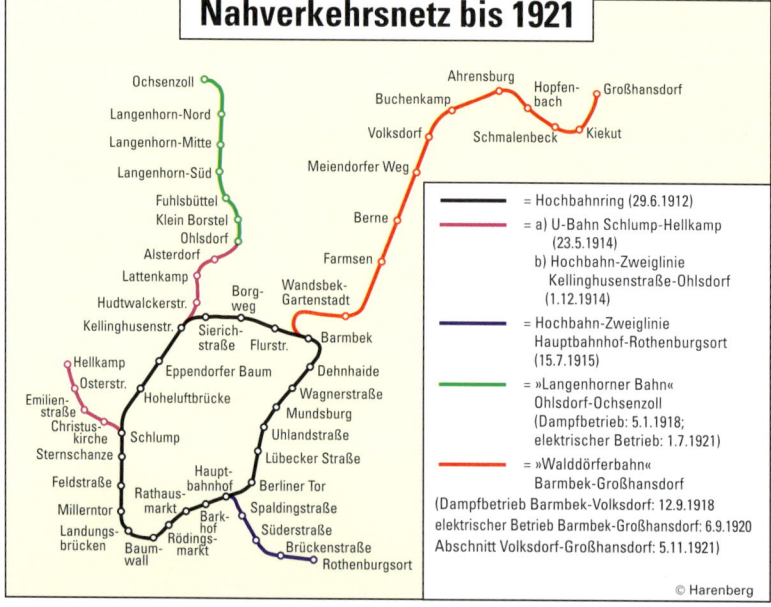

Nahverkehrsnetz bis 1921

— = Hochbahnring (29.6.1912)
— = a) U-Bahn Schlump-Hellkamp (23.5.1914)
b) Hochbahn-Zweiglinie Kellinghusenstraße-Ohlsdorf (1.12.1914)
— = Hochbahn-Zweiglinie Hauptbahnhof-Rothenburgsort (15.7.1915)
— = »Langenhorner Bahn« Ohlsdorf-Ochsenzoll (Dampfbetrieb: 5.1.1918; elektrischer Betrieb: 1.7.1921)
— = »Walddörferbahn« Barmbek-Großhansdorf (Dampfbetrieb Barmbek-Volksdorf: 12.9.1918 elektrischer Betrieb Barmbek-Großhansdorf: 6.9.1920 Abschnitt Volksdorf-Großhansdorf: 5.11.1921)

© Harenberg

Baugrube am Steintorplatz im Jahr 1910 für die Errichtung der beiden Tunnelröhren der Hochbahn

Hamburg ist nach Berlin die zweite deutsche Stadt mit einer Untergrundbahn: Ein Zug der Hochbahn-Linie 1912 am Barkhof (Mönckebergstraße) zwischen Rathausmarkt und Hauptbahnhof.

Es begann mit Pferdebussen

In wenig mehr als sieben Jahrzehnten wuchs die Bevölkerung Hamburgs um mehr als das Fünffache. Sie überschreitet zum Zeitpunkt der Hochbahn-Eröffnung die Millionengrenze. Durch immer neue Beförderungsmittel hat der öffentliche Personennahverkehr mit dieser Entwicklung Schritt gehalten.

Hamburg und die Vorstädte St. Georg und St. Pauli zählten gerade 154 069 Einwohner, als am → 31. Oktober 1839 (S. 208) der erste Pferdeomnibus von Hamburg nach Altona fuhr. 27 Jahre später hatte die Stadt Hamburg bereits 262 122 Einwohner, als mit der Eröffnung der ersten Pferdebahn zwischen Rathausmarkt und Wandsbek (→ 16. 8. 1866/S. 259) ein neues Kapitel in Hamburgs Stadtverkehr aufgeschlagen wurde. Am 14. Juni 1881 fuhr die Pferde-Ringbahn »um die innere Stadt«, doch bereits zwei Jahre zuvor leitete die Umstellung der Bahn nach Wandsbek auf Dampfbetrieb das allmähliche Ende der Pferdebahn ein.

Allerdings erwies sich der Dampfantrieb als zu wenig konkurrenzfähig, um dauerhafter Nachfolger des Pferdes zu werden. Die Elektrizität drängte in den Vordergrund.

Als die erste elektrische Straßenbahn (Ringbahn) am → 5. März 1894 (S. 326) in Betrieb ging, hatte die Stadt Hamburg einschließlich der Vororte mehr als 600 000 Einwohner. Rasch dehnte »die Elektrische« ihre Linienführung aus. Doch die Straßenbahn stieß in der Innenstadt schon bald nach der Jahrhundertwende an die Grenzen ihres Wachstums. Im Jahr 1902 fuhren durch den Glockengießerwall tagsüber jede Stunde 204 Straßenbahnwagen. Die zukünftige Millionenstadt brauchte dringend Alternativen. Gedacht wurde an eine Hoch- und Untergrundbahn nach Berliner Vorbild oder an eine Schwebebahn nach dem Muster von Wuppertal. Die Entscheidung fiel für den Bau einer Hochbahn-Ringlinie um die Alster herum, die das Zentrum und den Hafenrand mit den rasch wachsenden Arbeiter-Stadtteilen Barmbek, Winterhude und Eppendorf verbinden sollte.

Ferner wurden drei Zweiglinien projektiert: Die 2,65 km lange Verbindung vom Schlump bis zum Hellkamp in Eimsbüttel (fertiggestellt am 23. 5. 1914), die 5,38 km lange Strecke vom Bahnhof Kellinghusenstraße nach Ohlsdorf (1. 12. 1914) und der 3,23 km lange Anschluß vom Hauptbahnhof nach Rothenburgsort.

Elektrische Straßenbahn, Pferdefuhrwerke und Handkarren im engen Nebeneinander am Großen Burstah (1897, von der Ecke Rödingsmarkt aus gesehen); der Hochbahnring entlastet die überfüllte Innenstadt.

Blick in den Zuschauerraum des neuerbauten Thalia Theaters am Pferdemarkt

Lustspiel und Sozialkritik

31. August 1912. Das neuerbaute Thalia Theater an der Ecke Pferdemarkt (heute Gerhart-Hauptmann-Platz) und Kleiner Rosenstraße eröffnet mit dem Stück »Der Einzug« von Otto Ernst. Die Direktion liegt seit 1904 bei Max Bachur.

Der Neubau des Architektenbüros Lundt & Kallmorgen entsteht auf einem zuvor von Markthallen eingenommenen Grundstück gegenüber dem Altbau des Thalia an der Stelle des späteren Thalia-Hofes.

Das Thalia Theater ist – so schreibt der offizielle Hamburger Reiseführer – sehr »berühmt auf dem Felde des feineren Lustspiels und gilt hierin mit Recht als Musterbühne«. Allerdings stimmt diese Einschätzung nur noch bedingt, denn seit der Berufung Leopold Jessners als Regisseur an das Theater am Pferdemarkt (→ 27. 9. 1906/S. 360) finden vermehrt realistische und sozialkritische Stücke Eingang in den Spielplan.

Gehörnter Ehemann peitscht Dirigenten

26. Dezember 1912. Bei einer Aufführung von Richard Wagners »Lohengrin« im Stadt-Theater bearbeitet ein gehörnter Ehemann den Dirigenten Otto Klemperer auf offener Bühne mit einer Reitgerte. Klemperer wird zweimal auf der linken Wange getroffen und stürzt in den Orchestergraben.

Dies ist das Ende seiner im September 1910 begonnenen Tätigkeit in Hamburg. Erst wenige Wochen zuvor hatte Klemperer sich in die frisch verheiratete Sängerin Elisabeth Puritz-Schumann verliebt. Eine Duellforderung des Ehemanns hatte der Dirigent abgelehnt. Ende März 1913 endet die Affäre. Klemperer geht nach Barmen, Frau Schumann nach Hause.

Bordellbesuch bringt dänischen König um

14. Mai 1912. Nach dem Besuch eines Hamburger Nobelbordells stirbt der dänische König Friedrich VIII. an einem Schwächeanfall.

Die Hamburger Polizei findet ihn in den frühen Morgenstunden auf der Straße. Erst in der Leichenhalle im Hafenkrankenhaus stellt sich die Identität des Toten heraus, der inkognito in Hamburg geweilt hat. Sein letzter Aufenthaltsort zu Lebzeiten ist dennoch bald stadtbekannt: Es handelt sich um ein Etablissement im Kalkhof in der Nähe des Gänsemarktes. Hier befinden sich die vornehmsten Bordelle Hamburgs. Daß der König den anstrengenden Liebesfreuden nicht gewachsen war, verwundert nicht: Friedrich VIII. war fast 70.

Konsumtempel laden zum Erlebniseinkauf

1. Oktober 1912. In der Mönckebergstraße richtet Rudolph Karstadt ein Kaufhaus ein. Im gleichen Jahr eröffnet Hermann Tietz ein Warenhaus am Jungfernstieg (heute Alsterhaus). Tietz besitzt bereits das Einkaufszentrum am Großen Burstah 12/14. Ihr größter Konkurrent ist die Firma Gebr. Heilbuth in der Dammtorstraße 7/9.

Für die Firma Karstadt, die 1881 in Wismar entstand, ist es das erste Warenhaus in einer Großstadt. Der Erfolg hier bedeutet den Durchbruch für die Gesamtfirma, die ab den 20er Jahren von Hamburg aus geleitet wird. Den Kunden vermittelt der Konsumtempel an der Mönckebergstraße ein ganz neues Einkaufsgefühl: Ähnlich wie einst Sillem's Bazar (→ 1843/S. 222) steht das Einkaufen als Erlebnis im Vordergrund. Das großstädtische Warenhaus mit seinen breiten Treppenaufgängen, den stets gefüllten Auslagen und der großzügig installierten elektrischen Beleuchtung läßt den Zweck des Besuches in den Hintergrund treten.

Karstadt beherrscht optisch den westlichen Teil der Mönckebergstraße und den Pferdemarkt (heute Gerhart-Hauptmann-Platz). Architekt Carl Bensel knüpft durch die Sandsteinverkleidung und die eng gesetzten Fassadenpfeiler an die Tradition der Hamburger Kontorhäuser an und entspricht so den baulichen Vorgaben für die Mönckebergstraße (→ 26. 10. 1909/S. 366).

Um diese Zeit entstehen an dieser Straße außerdem in Nr. 11 gegenüber dem Mönckeberg-Brunnen das Rappolthaus (1911/12) des Architekten Fritz Höger, das 170 m lange Kontorhaus Barkhof (1909/10) in Nr. 8 bis 12 und das Geschäftshaus Klöpperhaus (1912/13) in Nr. 3, ebenfalls nach Högers Entwurf.

Der Vorgabe, ihrer Straße eine einheitliche Gesamtsilhouette zu geben, entspricht auch die Fassade von Tietz am Jungfernstieg 15. Der Entwurf des Berliner Architektenbüros Cremer & Wolffenstein orientiert sich mit seiner Pfeilerfront an den Nachbarhäusern, die seit dem Wiederaufbau nach dem Großen Brand von 1842 entstanden sind.

▷ *Blick in die großzügig gestaltete Treppenanlage des Warenhauses Tietz am Großen Burstah (Foto um 1912)*

Steinerne Machtzeugen

1912. Der als Zentrum des sog. Justizforums angelegte Sievekingplatz ist fertiggestellt. Zu der Anlage gehören das Strafjustizgebäude (→ 25.9.1882/S. 294), das Ziviljustizgebäude (1897–1903) und das Gebäude des Hanseatischen Oberlandesgerichts (1907–1912).

Das Oberlandesgericht in der Mitte des Forums ist Sitz der höchsten hamburgischen Gerichte und zugleich oberstes Verfassungsgericht für Hamburg, Lübeck und Bremen. Der kuppelbekrönte Bau schließt den Platz zum Forum. Imposanter noch als die Straf- und Ziviljustizgebäude verkörpert diese Werksteinkonstruktion den Machtanspruch der Staatsgewalt.

Den Freiraum zwischen den Justizgebäuden füllt eine Anlage mit dem von Arthur Bock gestalteten Monumentalbrunnen als Mittelpunkt. Die allegorischen Figurengruppen aus Muschelkalk stehen für Handel, Technik und Seefahrt sowie die drei Hansestädte. Zwei Kinderskulpturen zu den Themen »Streit« und »Frieden« verweisen auf die Rolle der Justiz.

Das Hamburger Ziviljustizgebäude, im September 1903 eröffnet, ist Sitz des Hamburger Landgerichts und des Amtsgerichts für Zivil- und Handelssachen.

Hafen für »Hansa« und »Victoria Luise«

Januar 1912. Die Luftschiffhalle in Fuhlsbüttel ist fertiggestellt. Sie wird abwechselnd von den Passagierluftschiffen »Hansa« und »Victoria Luise« benutzt. Ein zweistündiger Rundflug von etwa 120 km Länge über Hamburg und Umgebung kostet 200 Mark. Der zweitorige Hangar ist 160 m lang, 45 m breit und 25 m hoch.

Bauherr ist die Hamburger Luftschiffhallen GmbH (HLG), die unter Vorsitz von Edmund J. A. Siemers am 10. Januar 1911 mit einem Grundkapital von 685 000 Mark gegründet wurde. Die Stadt, Eignerin des Grundstücks, hat für dessen Erschließung 119 500 Mark bezahlt. Neben Zeppelinen starten in Fuhlsbüttel auch Flugzeuge, nachdem Carl Caspar seine sog. Centrale für Aviatik vom Exerzierplatz Wandsbek hierher verlegt hat.

Grauenhaftes vom kommenden Krieg

4. Oktober 1912. »Die Oberschulbehörde hat die unbedingte Pflicht, hier energisch einzuschreiten und ein warnendes Exempel zu statuieren«, fordern die »Hamburger Nachrichten« und meinen die von dem Lehrer Wilhelm Lamszus veröffentlichte Schrift »Das Menschenschlachthaus. Bilder vom kommenden Krieg«.

Lamszus zeige mit seinem zuerst als Fortsetzungsroman im SPD-Blatt »Hamburger Echo« veröffentlichten Buch eine »jämmerlich-unmännliche Angst vor Krieg und Blutvergießen«. Dahinter stecke vermutlich die Absicht, das Volk mit »Abscheu vor der freudigen Hingabe an das Vaterland bis in den Tod« zu erfüllen.

Lamszus, der das Grauen künftiger Kriege ahnt, wird beurlaubt, später aber wieder eingestellt.

---

24. 3. Mit einem Festzug wird die 100. Wiederkehr der Befreiung Hamburgs von der Franzosenherrschaft gefeiert. → S. 382

3. 4. Bei Blohm & Voss läuft der größte Passagierdampfer der Welt, die 54 282 BRT große »Vaterland« vom Stapel. → S. 380

9. 4. Mit einer Kapazität von zunächst 40 Betten wird das Krankenhaus der Jerusalem-Gemeinde am Moorkamp seiner Bestimmung übergeben.

5. 7. Der im hamburgischen Justizdienst beschäftigte Carl von Ossietzky protestiert in einem Zeitungsartikel gegen ein militärgerichtliches Urteil. → S. 379

15. 7. Durch einen neuen Konzessionsvertrag für die Hamburgischen Electricitätswerke sichert sich der Hamburger Staat gegen eine Kapitalerhöhung um 22 Mio. Mark eine Beteiligung von 50% an dem Energieunternehmen.

2. 8. Vor 1500 Zuschauern auf dem Rothenbaumsportplatz erzielt Tull (eigentl. Otto Fritz) Harder beim Sieg über Borussia Bahrenfeld seine ersten drei Tore für den Hamburger FC 88, dem Vorläufer des Hamburger Sportvereins.

13. 8. Um die seit dem 14. Juli streikenden Werftarbeiter zur Wiederaufnahme der Arbeit zu bewegen, öffnen die Hamburger Werftbesitzer die seither geschlossenen Arbeitsnachweise. Der außer in Hamburg auch in Bremen und Stettin geführte Ausstand wird am 9. September ergebnislos aufgegeben.

29. 9. Mit öffentlicher Unterstützung wird die Hamburgische Schiffbau-Versuchsanstalt gegründet. → S. 379

1. 10. Der Neubau der Staatlichen Kunstgewerbeschule ist bezugsfertig. → S. 382

26. 10. Ein Fußball-Länderspiel zwischen Deutschland und Dänemark endet auf dem Victoria-Sportplatz vor 10 000 Zuschauern 1:4.

1. 11. Als drittes Allgemeines Krankenhaus nach St. Georg (1823) und Eppendorf (1889) wird das Krankenhaus in Barmbek in Betrieb genommen. → S. 382

1913. Die Seemannsschule wird nach Finkenwerder verlegt. → S. 382

GEBOREN:

31. 5. Berlin: Peter Frankenfeld († 4. 1. 1979, Hamburg), Unterhaltungskünstler.

22. 12. Hamburg: Hans-Otto Wölber († 10. 8. 1989, Hamburg), evangelischer Landesbischof.

GESTORBEN:

14. 4. Hamburg: Carl Hagenbeck (* 10. 6. 1844, Hamburg), Tierhändler.

Carl von Ossietzky stirbt 1938 an den Folgen fünfjähriger Gestapo-Haft.

Ossietzky-Schelte gegen Militärjustiz

5. Juli 1913. Der 23jährige Carl von Ossietzky – Angestellter im Hamburger Justizdienst – veröffentlicht in der Berliner Wochenzeitung »Das freie Volk« einen Artikel unter dem Titel »Das Erfurter Urteil«. Der radikale Pazifist prangert darin militaristisches Denken am Beispiel eines überharten militärgerichtlichen Urteils an. Wegen dieses Artikels wird der gebürtige Hamburger von Ossietzky am 7. Mai 1914 zu einer Geldstrafe von 200 Mark verurteilt.

Geballtes Know-how für den Schiffbau

29. September 1913. Die Hamburgische Schiffbau-Versuchsanstalt GmbH (HSVA) wird gegründet. Sie dient der Erforschung elementarer Grundlagen der Schiffahrt.

Die HSVA wird gemeinsam von Werften und Reedereien betrieben. 1915 fertiggestellt, vereinigt sie mit ihren Schleppkanälen und ähnlichen Versuchsanlagen technisch-praktische mit theoretisch-wissenschaftlichen Zielen. Als Privatgesellschaft wird sie mit öffentlichen Mitteln subventioniert. Neben finanziellen Zuwendungen – u. a. Baukostenzuschüsse in Höhe von 1,25 Mio. Mark – wird ihr unentgeltlich ein Grundstück überlassen. Die Hamburger Bürgerschaft hat am 26. Juni 1913 einem Gesetzantrag des Senats zur Errichtung und Finanzierung der Schiffbauversuchsanstalt zugestimmt.

Riesendampfer erobern die Weltmeere

Hapag-Reedereiplakate mit Werbung für den Postdienst nach den USA in den 1880er Jahren (o. und u.) sowie für die »Imperator« mit ihrem pompösen Kaiseradler am Bug

3. April 1913. Großer Tag bei Blohm & Voss: Der Passagierdampfer »Vaterland« läuft vom Stapel, mit stolzen 54 282 BRT das größte Schiff der Welt. Wie das am 23. Mai 1912 zu Wasser gelassene Schwesterschiff »Imperator« gilt die »Vaterland« nicht zuletzt als Symbol deutschen Strebens nach Macht auf den Weltmeeren.

Die 22,5 Knoten (41,7 km/h) schnelle und 276 m lange »Vaterland« wird für die von Albert Ballin geführte Hamburg-Amerika-Linie gebaut. Endgültig fertiggestellt ist sie am 29. April 1914; zwei Wochen später tritt sie ihre Jungfernfahrt nach New York an.

Im Vorjahr lief bereits die 52 117 BRT große »Imperator« bei der Vulcan-Werft vom Stapel. Bei der Fahrt nach Cuxhaven läuft das Schiff am 22. April auf den Elbgrund und kann erst nach mehreren Stunden freigeschleppt werden. Ihre Jungfernfahrt Cuxhaven–New York beginnt die »Imperator« am 10. Juni 1913.

Beide Riesendampfer sind mit modernster Technik ausgestattet. So verfügt die 61 000 PS starke »Vaterland« u. a. über drahtlose Telegrafie. Die »Imperator«, die 1184 Mann Besatzung benötigt und 4178 Passagiere aufnehmen kann, ist mit einem Kreiselkompaß ausgerüstet und hat als erster Dampfer ein Schwimmbad. Sie liegt am Steubenhöft in Cuxhaven, da sie wegen ihres Tiefganges Hamburg nur bei Hochwasser erreichen kann. Mit der »Bismarck« läuft am → 20. Juni 1914 (S. 390) ein weiterer Dampfer der »Imperator«-Klasse vom Stapel, wird aber erst nach Ende des Krieges fertiggestellt.

Die »Imperator« und ihre Schwesterschiffe, die für rund 20 Jahre die weltweit größten Dampfer bleiben, markieren einen neuen Höhepunkt im Wettrennen um die gewaltigsten und schnellsten Ozeandampfer. Dabei überrundet die Hapag mit ihren gigantischen Schiffen kurz vor dem Ersten Weltkrieg – parallel zur Aufrüstung der deutschen Kriegsflotte – ihre hartnäckigsten Konkurrenten, die britischen Reedereien White Star Line und Cunard Line. Erstere glänzte 1911 mit dem Stapellauf der 45 000 BRT großen »Olympic«, der das Unglücksschiff »Titanic« folgte.

Die Hapag steigt mit ihren schnellen und komfortablen Passagierdampfern zur größten Reederei der Welt auf. Einen ersten wichtigen Schritt dahin bildete die Aufnahme des Dampfschiffverkehrs mit den USA am → 1. Juni 1856 (S. 243). Mit 175 Schiffen verfügt die Hapag jetzt über insgesamt 1,3 Mio. BRT. Ihren Aufstieg verdankt die Reederei vor allem Albert Ballin, der ihr seit 1886 angehört und seit 1899 Generaldirektor ist (→ 9. 11. 1918/ S. 403). Unter ihm stieg die Hamburg-Amerika-Linie massiv in den Schnelldampferverkehr ein, der bisher eine Domäne britischer Reedereien bzw. des Norddeutschen Lloyd (Bremen) war, und errang als erste Hamburger Reederei mit dem Schnelldampfer »Deutschland« (→ 4. 7. 1900/S. 344) das »Blaue Band« für die schnellste Atlantiküberquerung.

Politisch setzt sich Ballin, ein Vertrauter von Kaiser Wilhelm II., erfolglos für eine Verbesserung des deutsch-britischen Verhältnisses ein, das sich angesichts der deutschen Flottenaufrüstung zusehends verschlechtert hat.

Neben den Reedereien verschärft sich auch unter den Werften der Konkurrenzdruck immer mehr. 1906 hatte der damals führende deutsche Schiffbaubetrieb, die Stettiner AG Vulcan, im Hamburger Hafen mit dem Aufbau einer modernen Großwerft begonnen. Zugleich pachtete Blohm & Voss vom Senat ein Erweiterungsgelände zwischen Norderelbe, Schanzengraben und Kuhwerder Hafen, womit die Hamburger nunmehr über das größte Werftgelände der Welt verfügen. In der Folgezeit kommt es zwischen beiden Unternehmen zu einem erbitterten Kampf um die Führungsposition im Deutschen Reich. Blohm & Voss engagiert sich dabei besonders im Bau von Schlachtkreuzern für die deutsche Kriegsmarine (→ 13. 6. 1918/S. 403).

▷ *Die »Imperator« läuft bei ihrer ersten Fahrt gleich auf Grund, nimmt aber dabei keinen Schaden.*

▽ *Stapellauf des 276 m langen und 30,5 m breiten Passagierdampfers »Vaterland« am 3. April 1913*

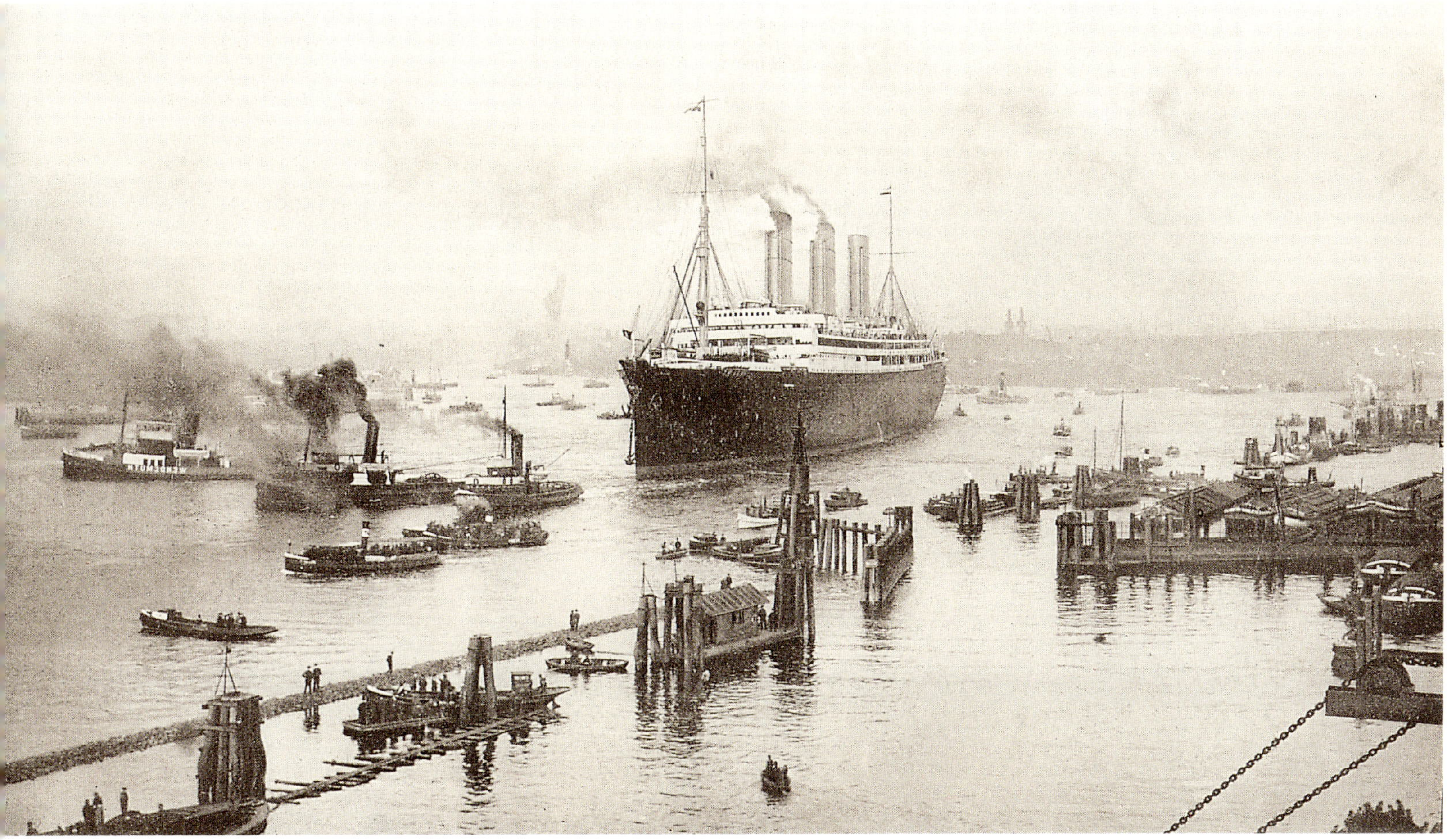

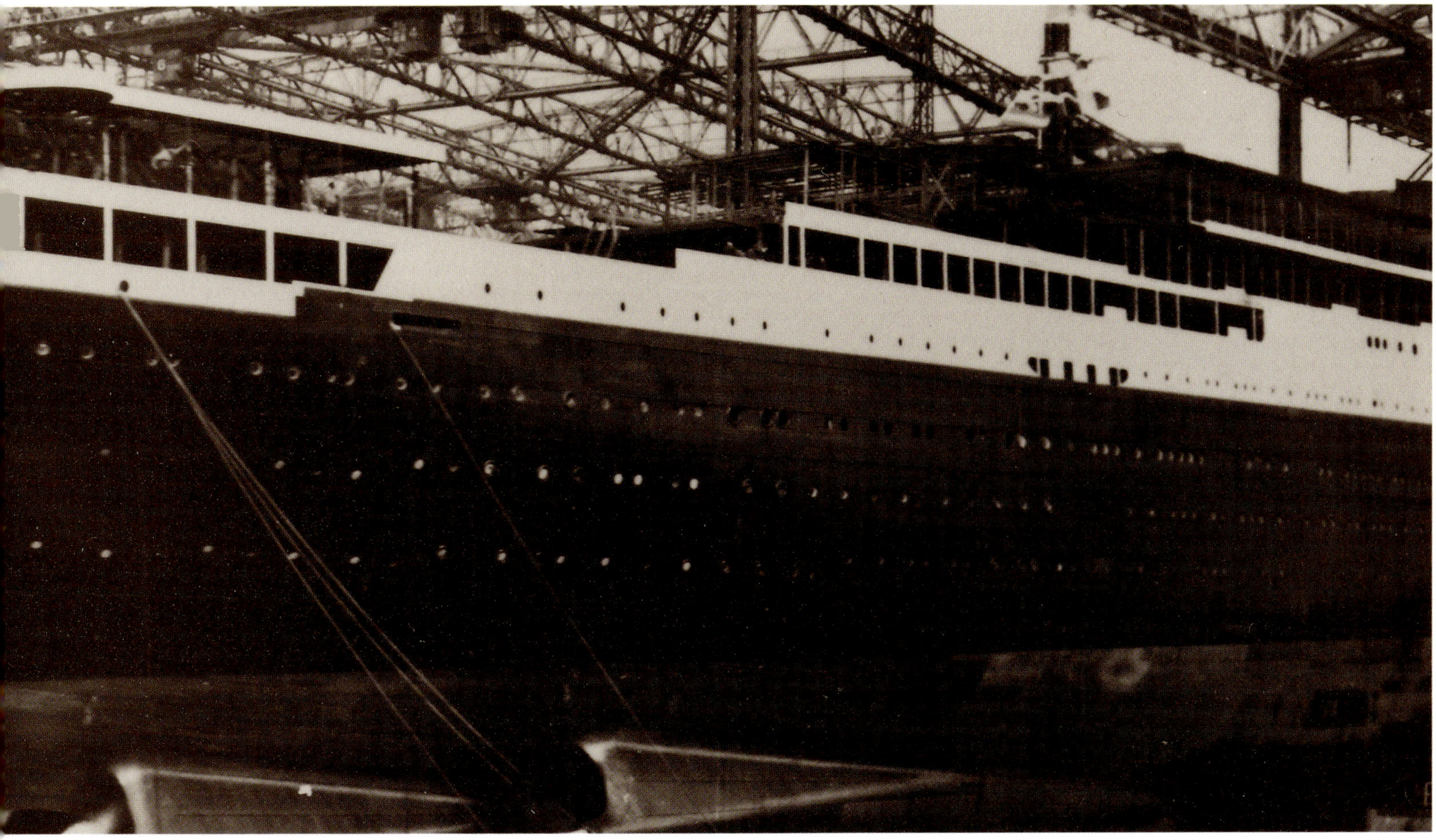

Der Neubau der Staatlichen Kunstgewerbeschule am Lerchenfeld, ein Werk von Fritz Schumacher

Vorbildliche Kunstgewerbeschule am Lerchenfeld

1. Oktober 1913. *Die Staatliche Kunstgewerbeschule bezieht ihren Neubau am Lerchenfeld. Das von dem Hamburger Oberbaudirektor Fritz Schumacher für rund 2 Mio. Mark errichtete Gebäude gilt mit seinen auf das gesamte kunstgewerbliche Spektrum ausgerichteten Werkstatträumen als vorbildlich für den Hochschulbau. Pflanzen- und Tierhäuser sollen das Zeichnen »nach der Natur« ermöglichen. Am 19. Oktober wird das Gebäude mit einen Festakt offiziell eingeweiht. Seit 1909 residierte die Schule u. a. in der Spaldingstraße.*

Nautischer Nachwuchs vor dem neuen Gebäude der Deutschen Seemannsschule in Finkenwerder

Junge Seefahrer lernen jetzt in Finkenwerder

1913. *Die Deutsche Seemannsschule wird im Zuge der Hafenerweiterung nach Finkenwerder verlegt. Sie war am → 1. Dezember 1862 (S. 252) auf Steinwerder eröffnet worden, um die Qualifikation des nautischen Nachwuchses zu erhöhen. Ein erster seemännischer Berufsverein mit gewerkschaftlicher Zielsetzung entstand 1886 in Flensburg, dem in Hamburg 1891 das sog. Seemaschinisten-Kollegium folgte. Beide Vereinigungen schlossen sich zwei Jahre später zum Central-Verband deutscher Seemaschinisten zusammen.*

Historienspektakel zur 100-Jahr-Feier

24. März 1913. Mit einem Festzug feiert Hamburg den 100. Jahrestag seiner Befreiung von der französischen Besetzung. Die Zeremonie gibt der nationalistischen Stimmung in der Hansestadt Ausdruck. Unterteilt in 30 Bilder, zeigt der Festzug das Leben der Bevölkerung während der Franzosenherrschaft. Die einzelnen Darstellungen werden jeweils von bürgerlichen Vereinen oder Verbänden gestellt. Eine große Zuschauermenge verfolgt das knapp anderthalbstündige Historienspektakel; die Platzkarten auf eigens errichteten Tribünen kosten zwischen 5 und 12 Mark. In Zeitungsanzeigen werden Eckfenster und Balkons als Zuschauerplätze angeboten.

Die Feiern begannen schon am 10. März, u. a. mit Militärparaden, Festgottesdiensten und Ansprachen. Die Sozialdemokraten distanzieren sich von dem bürgerlichen »März-Jubel«. Sie kritisieren den hohen finanziellen Zuschuß des Senats und weisen ironisch darauf hin, daß mit dem Engagement für das festliche Treiben häufig eigensüchtiger Geschäftssinn verbunden ist. Bereits zur 50-Jahr-Feier der Befreiung Hamburgs gab es am 18. März 1863 einen Festzug.

Der St. Pauli-Bürgerverein stellt die Eröffnungsgruppe des Festzuges.

Fahrt ins Grüne neben exerzierenden Dragonern: Vorne ein Zuckerbäcker, dahinter eine Amme mit ihrem ehemaligen Pflegling (Bild 3 des Zuges)

Trotz Spitalneubau Betten in Baracken

1. November 1913. Nach St. Georg und Eppendorf eröffnet mit dem Krankenhaus Barmbek das dritte große Allgemeine Krankenhaus in der Hansestadt.

Die Anlage zeichnet sich durch intensive Ausnutzung des zur Verfügung stehenden Raumes und pragmatische Innenarchitektur aus. Mit einem Kostenaufwand von 13,75 Mio. Mark entstand ein Krankenhaus mit 2000 Betten. Angesichts unzureichender Spitalkapazitäten in Hamburg kommt noch während der Bauarbeiten ein Provisorium mit 250 Betten in zehn Holzbaracken hinzu. Erster Direktor des Allgemeinen Krankenhauses Barmbek ist Theodor Rumpel. Angesichts der Überbeanspruchung der beiden anderen Krankenhäuser gab es schon Ende des 19. Jahrhunderts erste Überlegungen für eine weitere Anstalt. Nachdem Senat und Bürgerschaft 1907 einen Bauplatz zur Verfügung gestellt hatten, legte die Baubehörde im Juni 1909 einen Bauplan vor. Endgültig gebilligt wurde das Projekt im Februar 1910; die Bauarbeiten auf dem 22,6 ha großen Gebiet zwischen Fuhlsbüttler Straße und Rübenkamp begannen am Ende desselben Jahres.

Krieg und Not vor demokratischem Intermezzo

1914–1933

Der Erste Weltkrieg führte in Hamburg wie überall in Deutschland zu tiefgreifenden wirtschaftlichen, sozialen und politischen Veränderungen. Die Stadt, deren Wirtschaft durch den Hafen ihr Gepräge erhielt und deren Erwerbstätige zu mehr als Dreivierteln für den internationalen Güteraustausch arbeiteten, wurde durch die Seeblockade schwer getroffen. Reedereien, Banken und Außenhandelsfirmen, aber auch für den großstädtischen Konsum produzierende Betriebe mußten gravierende Einbußen hinnehmen. Nur die Rüstungsbetriebe, an erster Stelle die Werften, expandierten. Die Arbeitslosigkeit, die bei Kriegsausbruch entstand, wurde dadurch und durch die zunehmende Einberufung zum Militär rasch überwunden. In vielen Firmen mußten Frauen und Jugendliche die Arbeitsplätze der eingezogenen Männer einnehmen. Bei Kriegsende war die Zahl der Beschäftigten in der Hamburger Industrie von 109 203 auf 91 711 zurückgegangen, der Frauenanteil aber von 20% auf 33% gewachsen. Die patriotische Hochstimmung, die bei Kriegsbeginn bei Teilen des Bürgertums herrschte, wurde in den Arbeitervierteln, aber auch in vielen Kaufmannskontoren nicht geteilt. Der vom Kaiser proklamierte und von allen gesellschaftlichen Gruppen zunächst begrüßte »Burgfrieden« erwies sich rasch als Illusion. Er verhinderte die öffentliche Diskussion über soziale Konflikte und unterschiedliche Kriegsziele und machte es der Arbeiterschaft sehr schwer, berechtigten Forderungen durch Streiks Nachdruck zu verleihen; die Verschärfung der gesellschaftlichen Gegensätze konnte er jedoch nicht aufhalten. Obwohl der Hamburger Senat schon früh, im Februar 1915, mit der zentralen Beschaffung und Verteilung von Lebensmitteln begann, kam es zu einer immer bedrohlicheren Unterernährung der breiten Bevölkerung. Wegen der »Teuerung«, der Geldentwertung infolge der Finanzierung des Kriegs durch hemmungslose Kreditausweitung, reichten die Löhne und Gehälter sowie die geringen Unterstützungen der Soldatenfamilien nicht mehr zur Bestreitung des notwendigen Lebensunterhalts. Selbst die am besten bezahlten Arbeiter in den Rüstungsbetrieben mußten viele Überstunden leisten, um ihre Familien zu ernähren. Der Senat und private Organisationen bemühten sich, durch Massenspeisungen, die Einrichtung von Wärmehallen und andere Hilfsaktionen der schlimmsten Not abzuhelfen. Vor allem die Gewerkschaften und die SPD stellten ihren weitverzweigten Apparat in den Dienst dieser Aufgabe und wuchsen dadurch, wie bürgerliche Politiker anerkannten, »mehr und mehr in den Staat hinein«.

In fortschrittlichen Kreisen setzte sich allmählich die Meinung durch, daß der Arbeiterschaft, die an der Front und in der Heimat die Hauptlast des Krieges trug, ein entsprechender Anteil an der politischen Macht, vor allem das allgemeine Wahlrecht, nicht länger zu verweigern war. Andere suchten gerade diese Konsequenz zu vermeiden, indem sie durch die Propagierung weitreichender imperialistischer Kriegsziele die »Massen« unter ihrer Führung zu mobilisieren und von innenpolitischen Forderungen abzulenken trachteten. Dadurch trugen sie wesentlich zur Verschärfung der sozialen und politischen Gegensätze bei. Obwohl die Verantwortung für die innere Sicherheit bei Kriegsbeginn vom Senat auf die Militärbehörden übergegangen war und oppositionellen Arbeitern die Einberufung zum Heeresdienst drohte, kam es im August 1916 zu ersten Hungerunruhen. 1917 erhielt der Protest eine politische Komponente, und im Januar 1918 traten 25 000 Hamburger Werft- und Metallarbeiter in den Streik, um nicht nur eine Verbesserung ihrer Alltagssituation, sondern die Beendigung des Krieges und die Einführung der Demokratie zu erreichen. Nur dem Einsatz der Gewerkschafts- und der SPD-Führung war es zu danken, daß sie nach fünf Tagen an die Arbeit zurückkehrten. Gleichzeitig gewannen aber die linken Oppositionsgruppen, die Unabhängigen Sozialdemokraten (USPD) und die »Linksradikalen« (später KPD), die sich 1917 von der SPD getrennt hatten, an Einfluß. Halbherzige politische Zugeständnisse genügten in dieser Situation nicht mehr, um den Zusammenbruch des bestehenden Staates zu verhindern. Am 6. November 1918 erreichte die Revolution Hamburg.

Ausgelöst durch eine Meuterei in der Kriegsmarine, brach sie hier drei Tage früher aus als in der Reichshauptstadt. Während die Arbeiterschaft noch in zahlreichen Versammlungen über die Proklamation des Generalstreiks beriet, ergriff ein Trupp aufständischer Matrosen in der Nacht vom 5. zum 6. November die Initiative und brachte einige militärische Schlüsselpositionen in seine Gewalt. Nachdem im Lauf des Tages in kurzen Kämpfen, bei denen acht Soldaten und zwei Zivilisten den Tod fanden, die letzten regierungstreuen Einheiten ausgeschaltet worden waren, bildete sich mit Unterstützung der USPD-Führung ein provisorischer Arbeiter- und Soldatenrat, der am Abend vom Senat die Zusicherung erhielt, daß er »sich in den Dienst dieser neuen Zeit stellen« wolle. Der Senat hatte damit den Übergang der Herrschaft auf den A.u.S.-Rat faktisch anerkannt.

Vier Monate lang, bis zur Wahl der Verfassunggebenden Bürgerschaft am 16. März 1919, bestimmte der Arbeiter- und Soldatenrat die Politik in Hamburg. Durch Wahlen hatte er sich am 8. November eine breitere Legitimation verschafft. Die Linkssozialisten hatten in dem Gremium die Mehrheit, waren aber doch zu Kompromissen mit der SPD und den Gewerkschaften gezwungen, die, wie sich bei verschiedenen Konflikten zeigte, noch immer weit größere Teile der Arbeiterschaft für ihre Ziele mobilisieren konnten. Senat und Bürgerschaft wurden am 12. November 1918 für abgesetzt erklärt, sechs Tage später jedoch als kommunale Verwaltungsorgane wieder eingesetzt. Weil sie einander brauchten, arbeiteten in Hamburg ein Rat mit einer linken Mehrheit und eine überwiegend konservative Vorkriegsregierung zusammen, in die nicht einmal Vertreter der SPD aufgenommen wurden. In einer Übergangzeit füllte der A.u.S.-Rat das Machtvakuum aus, das durch den widerstandslosen Zusammenbruch des alten Regimes entstanden war. Zwar war er auf den Sachverstand der Beamten angewiesen, aber nur er besaß genügend Autorität, um Arbeiten zur Sicherstellung der Versorgung und Maßnahmen zum Schutz der öffentlichen Ordnung durchzusetzen. Von seinen 135 Verordnungen hatten vor allem die sozialpolitischen Bestand, z. B. die Bestimmungen über den Achtstundentag, die Beseitigung der Akkordarbeit oder den Kündigungsschutz bei zeitweiliger, durch Arbeits-, Material- oder Energiemangel bedingter Betriebseinschränkung. Sie wurden später von der Bürgerschaft bestätigt. Initiativen für eine grundlegende Veränderung der politischen und gesellschaftlichen Strukturen entwickelte der Rat dagegen nicht. Diese Aufgabe überließ er der Verfassunggebenden Bürgerschaft.

Bei der Wahl am 16. März 1919 gewann die SPD 50,5%, die linksliberale Deutsche Demokratische Partei (DDP) 20,5% und die USPD 8% der Stimmen. Trotz ihrer knappen absoluten Mehrheit entschied sich die SPD, die Regierung nicht allein oder mit der USPD zu bilden, sondern die Hälfte der Senatsposten Repräsentanten der DDP und des Vorkriegssenats zu überlassen. Durch diesen Entschluß zur Zusammenarbeit mit dem kooperationsbereiten Bürgertum legte sie den Grund für die ungewöhnliche politische Stabilität und Kontinuität, die Hamburg in der Weimarer Republik auszeichnete. Bis zur nationalsozialistischen »Gleichschaltung« des Senats im März 1933 trugen immer sozialdemokratische, liberale und gemäßigt konservative Politiker gemeinsam die Regierungsverantwortung, gestützt auf das feste Bündnis von SPD und DDP, das nach der Wahlniederlage dieser beiden Parteien 1925 um die Deutsche Volkspartei (DVP) erweitert wurde.

Ermöglicht wurde diese günstige Entwicklung durch die besondere Prägung der Hamburger Parteien: In der SPD dominierten die pragmatischen, reformorientierten Kräfte, die der Überzeugung waren, in einer Koalitionsregierung trotz notwendiger Kompromisse mehr für die Arbeitnehmer erreichen zu können als aus der Opposition heraus. Die DDP zeichnete sich durch eine sozial vielschichtig zusammengesetzte Mitgliederschaft aus, die es ihr ermöglichte, einen fortschrittlichen, von organisierten Wirtschaftsinteressen weitgehend unabhängigen Kurs zu verfolgen. Die DVP als Repräsentantin des Hamburger Großbürgertums ließ zwar an ihrer Abneigung gegen die Demokratie keinen Zweifel, war aber doch an der Stabilität des bestehenden Staates und an Einfluß auf die Regierung zu sehr interessiert, um ihre Mitarbeit abzulehnen. Von der Deutschnationalen Volkspartei (DNVP) mit ihrer überwiegend kleinbürgerlichen Mitglieder- und Anhängerschaft und ihrer radikal antirepublikanischen und antisemitischen Programmatik trennte sie eine soziale und ideologische Kluft. Unter dem Aspekt des Ausbaus der sozialen Demokratie verhängnisvoll verlief dagegen die Entwicklung der USPD: Schon 1919 gewannen in ihr die Befürworter der »Diktatur des Proletariats« in Gestalt eines Rätesystems nach russischem Vorbild die Oberhand, so daß sie als Verbündete bei der Durchsetzung demokratisch-sozialistischer Lösungen nicht mehr in Frage kam. Bis auf einen kleinen Rest, der zwei Jahre später zur SPD zurückkehrte, ging die Hamburger USPD 1920 zur KPD über, die erst dadurch zu einer großen Partei wurde.

Die 1919 neugewählte Bürgerschaft und der Senat standen vor einer Fülle akuter Probleme: Wegen der andauernden Blockade blieb die Lebensmittelversorgung prekär. Der Schwarzmarkt spielte eine immer größere Rolle. Kohlenmangel legte zeitweise Fabriken, öffentliche Verkehrsmittel und sogar die Fischereiflotte lahm; in Wohnungen und Büros herrschte bittere Kälte. 120 000 Soldaten mußten wieder in den Arbeitsprozeß eingegliedert, gleichzeitig viele Betriebe von Kriegs- auf Friedensproduktion umgestellt werden. Durch den Versailler Vertrag, etwa die Bestimmungen über den Verlust der Kolonien und die Auslieferung der Handelsflotte, wurde Hamburg schwer getroffen. Noch gravierender aber waren die indirekten Kriegsfolgen: die »Enteuropäisierung der Weltwirtschaft« durch die Entstehung neuer Zentren in den USA und im Fernen Osten. Die beschleunigte Inflation erleichterte durch die Verbilligung der Kredite und inländischen Kosten zwar zunächst den Wiederaufbau der Betriebe und Überwindung der Arbeitslosigkeit, sie führte aber auch zu schweren ökonomischen Verwerfungen und sozialen Umschichtungen, und mit dem Beginn der Hyperinflation im Juli 1922 überwogen die Nachteile so sehr, daß Wirtschaft und Staat an den Rand des Zusammenbruchs gerieten.

Die Unzufriedenheit über die Nachkriegsentwicklung kam in dieser ersten Phase der Republik in häufigen politischen Unruhen und Umsturzversuchen zum Ausbruch. Im Juni 1919 entwickelte sich aus einem Lebensmittelskandal ein Aufruhr, den der Senat schließlich nur noch mit Hilfe herbeigerufener Reichswehrtruppen unterdrücken zu können glaubte, die die Gelegenheit dann zur Abrechnung mit der linken Arbeiterschaft benutzten. 1920 beteiligten sich Teile der Polizei und der in Hamburg stationierten Truppen am Kapp-Putsch, konnten aber durch die geschlossene Abwehr der USPD, SPD, DDP und Gewerkschaften früher als im Reich zur Aufgabe bewegt werden. 1921 fand die »März-Aktion« der KPD auch in Hamburg Unterstützung. 1922 erschütterten Bombenanschläge und Mordpläne der rechtsradikalen Organisation Consul die Stadt. Im Oktober 1923 versuchte die KPD, durch den »Hamburger Aufstand« – mehrtägige Barrikadenkämpfe gegen Polizei und Militär – den Anstoß zur Errichtung der proletarischen Diktatur in Deutschland zu geben; sie erlitt jedoch, da sich die Mehrheit der Arbeiterschaft einer solchen abenteuerlichen Politik verweigerte, einen schweren Rückschlag, von dem sie sich erst in den letzten Jahren der Weimarer Republik wieder erholte. Etwa gleichzeitig wurden Putsch-Pläne von Reichswehroffizieren in Hamburg aufgedeckt, und als Hitler am 9. November 1923 in München seinen Umsturzversuch inszenierte, bemühten sich Hamburger Sympathisanten, auch ihren Teil beizutragen.

Bei allen diesen aktuellen Belastungen blieb für weitreichende politische Entscheidungen wenig Raum. Zu nennen ist u. a. die Gründung der Universität und der Volkshochschule im Jahr 1919. Von langfristiger Bedeutung war insbesondere die Verabschiedung der demokratischen Verfassung am 9. Januar 1921, deren wesentliche Teile nach dem Ende des Dritten Reichs wieder in Kraft traten. Infolge der konsequenten Betonung der Grundprinzipien parlamentarischer Regierung bewährte sie sich besser als die Reichsverfassung. Weniger gut gelang dagegen die Absicherung des Staatsumbaus durch Veränderung der gesellschaftlichen Machtstrukturen. Beratungen über die Sozialisierung der Wirtschaft und die Demokratisierung der Verwaltung führten zu keinem Ergebnis. Teile der Arbeiterschaft wandten sich infolgedessen enttäuscht von der Demokratie ab, die ihnen nur als eine formale Ordnung erschien. Sie durch großzügige soziale Reformen für den neuen Staat zu gewinnen, konnte erst nach dem Ende der Inflation versucht werden.

Nach der Währungsstabilisierung im November 1923 erholte sich die Hamburger Wirtschaft verhältnismäßig rasch. Infolge der dominierenden Rolle des Überseehandels profitierte sie besonders von dem Konjunkturaufschwung, der nach der Regelung der Reparationsfrage im Dawes-Plan durch den Zustrom internationalen Anleihekapitals nach Deutschland ausgelöst wurde. Die verantwortlichen Politiker Hamburgs nutzten die entsprechend günstige Finanzentwicklung, um im Jahrfünft von 1924 bis 1929 auf vielen Gebieten Reformen im Interesse der früher benachteiligten Bevölkerungsschichten einzuleiten, ihnen gute Arbeitsbedingungen, Wohnungen und Freizeiteinrichtungen, Bildungs- und Ausbildungsmöglichkeiten sowie sozialen Schutz zu sichern. Wie die Beruhigung der politischen Szene und das gute Abschneiden der Regierungsparteien, besonders der SPD, bei der Bürgerschaftswahl 1928 zeigten, fand diese eindeutige Reformpolitik bei den Schichten, denen sie primär zugute kam, zunehmend Anerkennung. Die Demokratie hatte durchaus eine Chance zur Konsolidierung.

Der Einbruch der Weltwirtschaftskrise im Herbst 1929 machte dieser günstigen Entwicklung ein jähes Ende. Hamburg wurde von ihr später als das übrige Deutschland, dann aber besonders nachhaltig getroffen: Die Beschäftigung der Betriebe ging zwischen 1928 und 1932 auf 60%, im Schiffbau auf 40% und im Baugewerbe sogar auf 20% zurück. Der Einzelhandel erlitt Umsatzverluste von 40% bis 60%. Die Zahl der Arbeitssuchenden wuchs in diesem Zeitraum von rund 50 000 auf knapp 165 000. Im Juni 1933 waren fast 40% der Arbeitnehmer erwerbslos. Trotz drastischer Einsparungen und rigoroser Steuererhöhungen reichten die rapide sinkenden Staatseinnahmen immer weniger, um die unaufhaltsam wachsenden Sozialausgaben zu decken. Für eine Fortsetzung der Reformpolitik war kein Geld mehr vorhanden. Im August 1931 drohte der Staatsbankrott und konnte nur mit Hilfe des Reiches abgewendet werden.

Die meisten Menschen wünschten nichts sehnlicher, als einen Ausweg aus dem Elend zu sehen; die demokratischen Politiker aber glaubten, an dem krisenverschärfenden Kurs festhalten zu müssen. Den Nutzen hatten die extremen Parteien, die eine andere Gesellschaftsordnung oder einen völlig neuen Staat versprachen: die KPD, die ihren Stimmenanteil bei der Bürgerschaftswahl am 27. September 1931 von 17% auf 22% vergrößern konnte, und vor allem die NSDAP, die sich gegenüber 1928 von 2% auf 26% steigerte. Es gelang ihr, eine in sich vielschichtige Protestwählerschaft mit einem gewissen Übergewicht mittelständischer Kreise zu gewinnen. Durch ihren Aktionismus und ihre Bereitschaft zur gewaltsamen Auseinandersetzung beherrschten die beiden Parteien die Straße. Der Senat setzte die ihm zur Verfügung stehenden Abwehrmittel nicht nur gegen die KPD, sondern auch gegen die NSDAP energisch ein. Da er aber für die zentralen politischen Probleme keine Lösung wußte, blieb ihm der Erfolg letzlich versagt.

Bei der Bürgerschaftswahl im September 1931 verlor die regierende Große Koalition die absolute Mehrheit. Weil jedoch auch eine andere Mehrheitsbildung nicht möglich war und Neuwahlen im April 1932 daran nichts änderten, blieb der Senat geschäftsführend im Amt. Erst nach dem Machtwechsel im Reich gelang es den Hamburger Nationalsozialisten, mit Hilfe der Berliner Stellen seine Ablösung zu erzwingen. Drei Tage nach der entscheidenden Reichstagswahl am 5. März 1933 wurde in Hamburg ein Rechtssenat gewählt, in dem die Nationalsozialisten die Mehrheit hatten und den Ersten Bürgermeister stellten.

Ursula Büttner

1914

13. 3. In Hamburg gründen 51 Freunde des Bootssports den Deutschen Kanu-Verband.

1. 5. Der Neubau des Instituts für Schiffs- und Tropenkrankheiten ist bezugsfertig. → S. 389

28. 5. Auf Initiative des Lehrers Oskar Lorenzen entsteht in Altona der Jugendherbergsverband Nordmark.

9. 6. Der neue (fünfte) Alsterpavillon wird eröffnet. → S. 390

20. 6. Zu Beginn seines viertägigen Besuchs in Hamburg wohnt Kaiser Wilhelm II. dem Stapellauf des 55 551 BRT großen Hapag-Dampfers »Bismarck« bei. → S. 390

1. 7. Der Großteil des Hamburger Stadtparks wird der Öffentlichkeit übergeben. → S. 388

1. 7. Als Nachfolger von Alfred Lichtwark übernimmt Gustav Pauli die Leitung der Kunsthalle. Er bleibt bis 1933 im Amt.

30. 7. Die vollziehende Gewalt in Hamburg geht im Rahmen der Kriegsvorbereitungen an den Kommandierenden General des IX. Armeekorps in Altona über (→ 4. 8. 1914/S. 385).

4. 8. Der Kriegsausbruch verändert das Leben in Hamburg. → S. 385–387

6. 8. Auf der ersten Sitzung der Bürgerschaft seit Kriegsausbruch betont der SPD-Fraktionsvorsitzende Otto Stolten, man wolle während des Krieges in Hamburg wie im Reich den Burgfrieden wahren (→ 7. 2. 1915/S. 390).

13. 8. Das letzte Schiff aus Übersee läuft den Hafen an. Danach ist Hamburg infolge der britischen Blockade von Seeeinfuhren abgeschnitten. → S. 387

21. 8. Das SPD-Organ »Hamburger Echo« weist darauf hin, daß infolge der schlechten Ernährungslage in einzelnen ärmeren Stadtteilen regelrecht gehungert werde. Die Zahl der Obdachlosen nimmt seit Kriegsbeginn sprunghaft zu. → S. 386

10. 9. Die Warmbadeanstalt Kellinghusenstraße in Eppendorf öffnet ihre Pforten.

25. 11. Die Gelehrtenschule des Johanneums bezieht ihr neues Gebäude an der Maria-Louisen-Straße. → S. 389

10. 12. Der Neubau der Davidswache wird bezogen.

GEBOREN:

18. 1. Hamburg: Arno Schmidt († 3. 6. 1979, Celle), Schriftsteller.

27. 8. Hamburg: Heidi Kabel, Schauspielerin.

GESTORBEN:

13. 1. Hamburg: Alfred Lichtwark (* 14. 11. 1852, Reitbrook), Kunsthistoriker.

Erste Augusttage 1914: Das Infanterieregiment Hamburg auf dem Marsch in den Krieg (hier im Papendamm)

Hamburger im nationalistischen Taumel

4. August 1914. Mit dem Einmarsch von deutschen Truppen in Belgien beginnt der Erste Weltkrieg. Auch in Hamburg dominiert der »Hurra-Patriotismus«.

Bereits in den letzten Julitagen bestimmte der drohende Kriegsausbruch das öffentliche Leben in der Hansestadt. Im Zuge des eskalierenden österreichisch-serbischen Konflikts versammelten sich auf den Straßen und in der Innenstadt von nationalistischem Taumel erregte Menschenmengen. Die Leute rissen sich um die noch druckfrischen Extrablätter, und in den Cafés war der mögliche Krieg zwischen den Großmächten das alles beherrschende Thema. Auch nach Kriegsausbruch hielten Euphorie und Siegeszuversicht zunächst an. Die Hamburger Sozialdemokraten versammelten sich noch Ende Juli zu massiven Protesten »gegen die Kriegshetze«, unterstützen dann aber nach Kriegsausbruch im Rahmen der sog. Burgfriedenspolitik (→ 7. 2. 1915/S. 390) den Kurs der Reichsführung.

HK Hamburgische Kriegshilfe.

An unsere Mitbürger!

Hamburgs beste Söhne ziehen das Schwert, um in höchster Not tückische Anfeindungen mit Ehren bestehen zu können. Unsere starken und erfahrenen Kräfte werden der Heimat geraubt und die lahm gelegten Betriebe bieten auch den zurückgebliebenen keine Stätte wirtschaftlichen Aufkommens mehr. So fehlt der Familie der Ernährer und die eigene Arbeit zugleich.

Um geordnete wirtschaftliche Verhältnisse wieder herstellen zu können, haben sich unter dem Ehrenvorsitz der Bürgermeister und des Vorstandes der Bürgerschaft eine große Anzahl maßgebender Verbände als

Hamburgische Kriegshilfe

zusammengeschlossen. Sie haben ein über die ganze Stadt verbreitetes Netz von Bezirksausschüssen geschaffen. Um

rasche Hilfe überall

zu bringen, bedarf es **sofort ungewöhnlich großer Mittel.**

Die Hamburgische Kriegshilfe wendet sich an das vaterländische Pflichtgefühl ihrer Mitbürger und ruft sie auf, „den Krieg der guten Sache" durch Geldmittel zu unterstützen. Auch kleine Beiträge sind willkommen und Zeichnung von Spenden für spätere Zeit.

Zahlungen werden erbeten für:

Hamburgische Kriegshilfe
an die **Reichsbankhauptstelle,**
" " **Norddeutsche Bank in Hamburg,**
" " **Vereinsbank in Hamburg,**
" " **Commerz- und Disconto-Bank,**
" " **Deutsche Bank Filiale Hamburg,**
" " **Dresdner Bank in Hamburg,**
" " **Bank für Handel und Industrie Filiale Hamburg.**

Hamburgische Kriegshilfe
Lattmann.

Der Krieg ist da, die Bevölkerung wird sogleich im Namen der nationalen Sache zur Kasse gebeten: Die Hamburgische Kriegshilfe, ein Zusammenschluß heimischer Verbände, ruft in den »Hamburger Nachrichten« vom 5. August 1914 zu Spenden auf. Das Geld soll die Kriegsfolgen in Hamburg lindern. Unter den Versorgungsengpässen, die sich bald abzeichnen, leiden vor allem die ohnehin Ärmeren. Hoffnungen auf kriegsbedingte Beseitigung der Klassenschranken erfüllen sich nicht.

Großes Spektakel am 5. November 1914: Vor dem Rathaus werden erbeutete britische Geschütze aufgestellt; die Zeppelin-Passagiere genießen die beste Sicht.

Hunger und Elend verdrängen die Kriegsbegeisterung

1914. Bald nach Beginn des Krieges prägen Not und Elend das Alltagsleben breiter Bevölkerungskreise in Hamburg. Arbeitslosigkeit und Geldmangel bei steigenden Preisen stürzen viele Haushalte ins Unglück.

Zunächst treibt der chauvinistische Kriegstaumel seltsame Blüten. Viele versuchen, ihre »vaterländische Gesinnung« nach außen hin zu dokumentieren. Deutlichster Ausdruck hierfür ist das Umbenennen von Geschäften: Aus dem »Café Belvedere« wird das »Kaffeehaus Vaterland«, aus dem »Moulin Rouge« die »Jungmühle«. Eine Hamburgerin berichtet über ein anderes Merkmal des Nationalrausches: »Wie die Deutschen sich gegen ausländische Produkte verhalten, grenzt bald ans Lächerliche. Englische Marmelade ist verpönt, französischen Camembert will kein Mensch . . .«

Im Alsterpavillon – bereits in den letzten Julitagen eine Hochburg des Chauvinismus – kommt es zu gewalttätigen Auseinandersetzungen, als ein Besucher ein veraltetes Extrablatt nicht vorlesen darf.

Aber rasch machen sich die ernsten Probleme der Kriegswirtschaft bemerkbar. Hamburg leidet vor allem unter der britischen Seeblockade. Viele Geschäfte und Betriebe verfügen Lohnkürzungen und Entlassungen. So kommt es trotz der Einberufungen zu Massenarbeitslosigkeit; im August/September ist in Hamburg jeder Zehnte aller Beschäftigten arbeitslos. Zugleich steigen die Preise. Wegen fehlender öffentlicher Arbeitslosenunterstützung können viele das Geld für Lebensmittel und Mieten nicht mehr aufbringen. Im August sind 16 000 obdachlos (Juli: 7000). Viele Frauen, deren Männer eingezogen werden, sind auf zusätzlichen Verdienst angewiesen, da die Kriegsunterstützung mit der Teuerung nicht Schritt hält.

»Wenn die Verwundeten jammern, krampft sich das Herz zusammen«

Chronik Zeitzeuge

30. August. Für viele Kriegsfreiwillige wird das »Fronterlebnis« zum Schock. Ein 37jähriger Kolonialwarenhändler aus der Hoheluftchaussee, schreibt von der Ostfront diesen Brief an seinen Bruder:

»Wir haben einige ganz schwere und sehr wenig schöne Tage hinter uns. Nach 60-stündiger Bahnfahrt wurden uns zehn Minuten Zeit zum Mittagessen gelassen. Ein Eilmarsch von fast vier Stunden bei glühendem Sonnenbrand und dem dazugehörigen Staub brachte uns direkt auf's Schlachtfeld. Wir mußten sofort eingreifen, denn es stand für uns etwas mulmig. Um 1 1/2 bekam ich die Feuertaufe . . . Die Eindrücke, die ich empfing, kann ich Dir unmöglich schildern. Der Krieg ist etwas sehr, sehr Schreckliches. Wenn die Verwundeten jammern, krampft sich das Herz zusammen. Gestern früh rückten wir wieder aus, um die Russen weiter zu treiben. Wir kriegten aber nur gefangene Feinde zu sehen . . . Gegen Abend rückten wir durch Hohenstein . . . Von dieser freundlichen Stadt ist fast nichts übrig geblieben; und was an Gebäuden noch da ist, brennt oder ist bereits verwüstet. In den Straßen liegen verkohlte Leichname. Schauerlich. Da es für uns Landwehrleute jedenfalls noch recht viel zu tun gibt, möchte ich Dich bitten, den einliegenden Trauring in Verwahrung zu nehmen und ihn meiner Frau Hanna als letztes Andenken von mir zu übergeben, sobald du völlige Gewißheit hast, daß ich nicht wiederkomme. Sage Hanna und Mutter auch nichts von dem hier Geschriebenen. Ich werde stets nur harmlose Berichte geben.«

Mittwoch, 30. September 1914, 9 Uhr: Mitglieder des Norddeutschen Automobilclubs brechen von den Colonnaden aus auf zum ersten »Liebesgabentransport« Hamburger Bürger für deutsche Soldaten an der Front.

August 1914: Ein Hamburger Infanteriebataillon marschiert auf dem Weg in den Krieg durch die Spitaler Straße. Zu diesem Zeitpunkt geht man im Deutschen Reich allgemein von einem schnellen Sieg der eigenen Truppen aus, weshalb auch kaum ernsthafte Vorsorgemaßnahmen, z.B. in Hinsicht auf die prekäre Lebensmittelversorgung, getroffen worden sind.

Die ersten Freiwilligen der Polizeihilfstruppe in Hamburg (Fotografie vom 1. November 1914); obwohl der Krieg der Wirtschaft und dem öffentlichen Leben zahlreiche Arbeitskräfte entzieht, steigt die Arbeitslosigkeit.

Blockade legt Handel lahm

Chronik Hintergrund

Der Hafenbetrieb kommt während des Krieges beinahe zum Erliegen. Hamburg ist durch die britische Seeblockade von der internationalen Schiffahrt weitgehend abgeschnitten. Zu den nennenswerten Umschlaggütern zählen lediglich schwedische Erze (Einfuhr) und Kohle (Ausfuhr). Waren 1913 noch durchschnittlich 17 000 Personen täglich im Hafen beschäftigt, sind es während des Ersten Weltkriegs lediglich rund 3000. Die meisten Arbeitskräfte werden nur kurzfristig benötigt.

Die Alliierten setzen gegen das Deutsche Reich – das als einer der Hauptverantwortlichen für den Ausbruch des Ersten Weltkriegs gilt – nicht nur militärische, sondern auch massive wirtschaftliche Mittel ein. Sie versuchen, durch sog. Schwarze Listen von Lieferanten den deutschen Außenhandel auch mit neutralen Staaten lahmzulegen.

Vor allem aber die britische Seeblockade stört die Rohstofftransporte ins Deutsche Reich empfindlich. Dabei arbeitet die britische Marine nicht mit einer Nahblockade der Deutschen Bucht, sondern mit einer Fernblockade durch Minensperren und Patrouillenfahrten. Die Verminung zwingt die Schiffe auf Routen, die direkt an der britischen Küste liegen. Am 2. November 1914 erklärt Großbritannien die gesamte Nordsee zum Kriegsgebiet. Im ersten Halbjahr 1915 werden von 2466 in die Nordsee einlaufenden Schiffe 2132 kontrolliert. Von der Blockade ist nicht nur der Seeverkehr in die deutschen Häfen, sondern auch in die Niederlande und nach Skandinavien betroffen. Der britische Außenminister Sir Edward Grey begründet die umfassende Abriegelung mit dem Hinweis, daß neutrale Länder, die an das Deutsche Reich grenzen, auch als Zufuhrquellen für Rohstoffe der Waffenindustrie dienen können.

Im weiteren Verlauf des Jahres 1915 verschärfen die Alliierten ihre Blockademaßnahmen weiter. Nur wenige Schiffe durchbrechen den dichten Sperriegel – so wie der Dampfer »Rio Negro« der Reederei Hamburg-Süd am 25. Dezember 1914.

Die meisten Schiffe der Hamburger Reedereien laufen nach Kriegsausbruch neutrale Häfen an. Zahlreiche deutsche Handelsschiffe werden in ausländischen Häfen interniert, d.h. von Kriegsgegnern oder neutralen Staaten für die Dauer des Krieges am Auslaufen gehindert. Zu den internierten Schiffen zählen u. a. die Hamburger Hapag-Dampfer »Pennsylvania« (August 1914 in New York), »Bulgaria« (August 1914 in Baltimore) und »Amerika« (August 1914 in Boston). Auch der neue Riesendampfer »Vaterland« (→ 3. 4. 1913/S. 380) – das größte bisher in Dienst gestellte Schiff überhaupt – wird im August 1914 nach Beendigung seiner Jungfernfahrt in New York festgehalten.

Zur Verstärkung der deutschen Kaiserlichen Marine, die in Übersee gegen die Entente-Staaten einen sog. Kreuzerkrieg führt, werden einige der nicht internierten deutschen Handelsschiffe in den Heimathäfen oder auf offener See zu »Hilfskreuzern« umgerüstet. Zu ihnen gehört die 18 805 BRT große »Cap Trafalgar« der Hamburg-Süd.

Sie erhält nach Kriegsausbruch vor der südamerikanischen Küste vom Kanonenboot »Eber« Geschütze und Maschinenkanonen. Nach Abbau des dritten Schornsteins stellt sie die Marine am 31. August in Dienst. Bereits einen halben Monat später – am 14. September – versenkt ein britisches Schiff die »Cap Trafalgar« allerdings bei der Kohlenübernahme vor Trinidad.

Der ebenfalls zur Hamburg-Süd gehörende 20 576 BRT große neue Dampfer »Cap Polonio« (Stapellauf: 25. März 1914) wird im Winter 1914/15 zum Hilfskreuzer umgerüstet und mit acht Geschützen versehen. Nach einer Probefahrt am 10. Februar 1915 muß er aufgrund technischer Schwierigkeiten bereits wieder außer Dienst gestellt werden und wird infolgedessen abgerüstet.

Stadtpark setzt Maßstäbe für Landschaftsgestaltung

1. Juli 1914. Der größte Teil des Stadtparks in Winterhude ist ab sofort der Öffentlichkeit zugänglich. Mit einem Kostenaufwand von 7,7 Mio. Mark entstand mit dieser rund 150 ha großen Anlage der erste großstädtische »Volkspark« neuen Stils. Der von Baudirektor Fritz Schumacher geschaffene Stadtpark – weder ausschließlich dem Landschaftspark- noch dem architektonischen Prinzip verpflichtet – gilt als einer der bedeutendsten deutschen Volksparks im 20. Jahrhundert.

Die Diskussion um die Anlage von Grünflächen reicht in die Zeit um die Jahrhundertwende zurück. Hohe Bevölkerungsdichte und enge Bebauung der Stadt führten zu häufiger Kritik an den Licht- und Luftverhältnissen in der Hansestadt. Alfred Lichtwark, Direktor der Kunsthalle, meinte 1897: »Der Hamburger fragt sich, ob seine Vaterstadt, wenn nicht ein großer Stadtpark geschaffen wird, auf die Dauer bewohnbar bleibt.« Auch in Senat und Bürgerschaft stand die Anlage von großzügigen Grünflächen zur Diskussion.

Am 1. April 1902 erwarb die Stadt ein 36 ha großes Waldstück in Winterhude, das sog. Sierichsche Gehölz, das bis dahin als privates Jagdrevier genutzt wurde und nur gegen Eintritt zugänglich war. Wenige Jahre später schrieb der Senat einen Ideenwettbewerb für einen großen Stadtpark aus, auf den 66 landschaftsarchitektonische Entwürfe eingingen.

Allerdings wurde keiner dieser Pläne realisiert. In Hamburg drängten maßgebliche Kreise auf einen »Stadtpark für alle sozialen Schichten«. Lichtwark forderte: »Wir brauchen einen Park zum Aufenthalt, nicht bloß zum gelegentlichen Spazierengehen. Wir brauchen einen Park, der bei jedem Wetter und auch im Winter die ganze Bevölkerung dauernd anzieht und festhält, der eine reiche Quelle edler Lebensfreude bietet.«

So wurde auf Weisung des Senats der Architekt Schumacher – ab 1909 Baudirektor in der Hansestadt – mit der Stadtparkgestaltung beauftragt. Er erarbeitete aus Plänen des Hamburger Oberingenieurs Fritz Sperber sowie eigenen Vorschlägen einen einheitlichen, sozialverpflichteten Entwurf.

Bootsbetrieb am Parkcafé (Postkarte um 1930); der Stadtparksee lädt zu Paddeltouren durch Kanäle und die Alster.

Kurgarten des Stadtparks (Postkarte um 1915); die Ausführung aller Anpflanzungen im Park zieht sich noch bis in die 20er Jahre hin.

Schumacher legte sich bei der Stadtparkgestaltung auf bestimmte Schwerpunkte fest. Zu ihnen zählt vor allem die 1400 m lange Hauptachse zwischen Wasserturm (heute Planetarium) und Stadtparksee. Der See ist über den Goldbekkanal mit der Außenalster verbunden. Daneben ließ Schumacher am Stadtparksee – als sichtbare Begrenzung der Achse – ein Hauptrestaurant mit Gartenterrasse für 10 000 Gäste und Bootsanleger errichten (fertiggestellt 1916).

Hinzu kommt eine 12 ha große, von Alleebäumen begrenzte Festwiese, über deren Charakter und Zweckbestimmung Schumacher 1913 in einem Vortrag äußerte: »Ich bin nun im Laufe der Zeit in steigendem Maße zur Überzeugung gekommen, daß das Raumgebilde der großen Wiese eine ganz klare Fassung haben muß ...«

Am Wasserturm, dem westlichen Endpunkt der Achse, entstanden Wasserspiele (Kaskaden). Kreislaufförmig strömen stündlich rund 400 000 Liter Wasser aus zwei modellierten Löwenköpfen und Schalen in vier Becken, die terrassenförmig angelegt wurden.

Viele Grünanlagen in privater Hand

Chronik Hintergrund

Hamburg und Altona verfügen über eine Reihe bedeutender Parks und Gärten, die allerdings häufig vor den Stadttoren liegen und sich noch in Privatbesitz befinden.

Dem Vorbild englischer Landschaftsparks folgt das frühere Voght'sche Mustergut in Flottbek (Süderpark, heute Jenischpark). Angelegt 1785/86 als »ornamented farm«, ist es Beispiel für ähnliche, an der Elbe gelegene Privatparks reicher Hamburger Kaufleute. Auch der Parkfriedhof Ohlsdorf orientiert sich an englischen Vorbildern (→ 1. 7. 1877/S. 285). Gegen Ende des 19. Jahrhunderts entstand in Blankenese oberhalb des Falkensteiner Ufers mit dem Römischen Garten eine weitere bedeutende private Grünanlage. Vor 1914 noch errichtete der Gartenarchitekt Leberecht Migge den Öffentlichen Garten Fuhlsbüttel. 1914 beginnen die Arbeiten an dem von Gartenbaudirektor Ferdinand Tutenberg angeregten Volkspark Altona.

Mit modernen Laboratorien gegen Tropenkrankheiten

1. Mai 1914. Das Institut für Schiffs- und Tropenkrankheiten (ab 1942 Bernhard-Nocht-Institut) erhält einen Anbau. Schwerpunkt der Erweiterung ist der Laboratoriumsbereich. Neben Verwaltungsräumen beherbergt der Neubau des am Hafen gelegenen Instituts wissenschaftliche Laboratorien. Mit sieben Abteilungen, in denen 14 Forscher tätig sind, deckt es das gesamte Spektrum der Tropenmedizin ab (u. a. Erforschung von Malaria und Typhus).

Für den Lehrbetrieb bzw. die ärztliche Ausbildung stehen große Arbeits- und Hörsäle zur Verfügung. Das Institut für Schiffs- und Tropenkrankheiten wird von dem deutschen Tropenpathologen Bernhard Nocht geleitet, der auch die entscheidenden Anstöße zur Gründung des Instituts im Jahr 1900 gab. Zunächst war Nocht als Marinearzt (ab 1883), dann als Mitarbeiter des deutschen Bakteriologen Robert Koch am Hygienischen Institut der Universität Berlin tätig (1887–1890), um anschließend Hafenarzt in Hamburg zu werden. Seit 1906 wirkt Nocht auch als Professor und ist Leiter des Hamburger Medizinalwesens. Zu seinen Werken zählt u. a. das 1908 erschienene Buch »Tropenhygiene«.

Die Tropenmedizin entwickelte sich im 19. Jahrhundert parallel zum europäischen Kolonialismus. Ausgangspunkt moderner Behandlungsmethoden wurde 1897 die Erkenntnis, daß der Malariaerreger durch Moskitos übertragen wird.

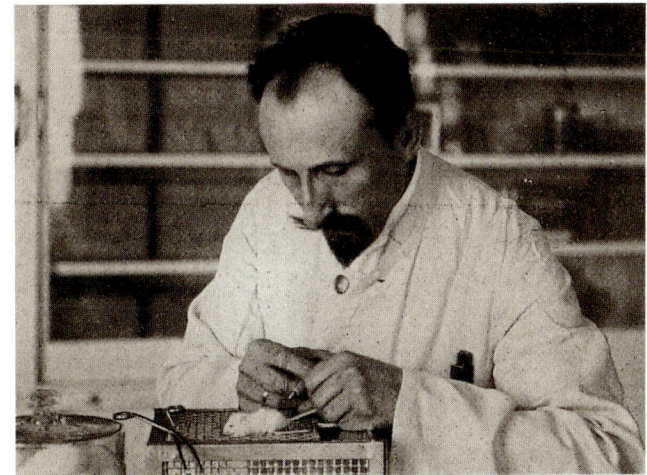

△ Der Neubau des Instituts für Schiffs- und Tropenkrankheiten in Hamburg mit Krankenhaus (r.) und Hauptgebäude; es handelt sich um ein Werk des Hamburger Baudirektors Fritz Schumacher. Konkrete Planungen für einen Neubau gab es seit Anfang 1910, als sich die 1906 vorgenommene Betriebserweiterung als nicht ausreichend erwies. Der Neubau kostete 1,5 Mio. Mark, für die erforderlichen Inneneinrichtungen kamen weitere 800 000 Mark hinzu.

◁ Ein Wissenschaftler des Tropeninstituts verabreicht einer mit der Schlafkrankheit infizierten Maus eine Injektion. Die in Äquatorial- und im südlichen Afrika verbreitete Krankheit dauert bei Menschen bis zu sechs Jahren und kann tödlich enden. 1894 wurde entdeckt, daß – ähnlich wie bei der Malaria – Stechfliegen die Erreger übertragen.

Johanneum zieht um – Stadtbibliothek atmet auf

25. November 1914. Das Johanneum nimmt seinen Schulbetrieb in dem neuen, von Baudirektor Fritz Schumacher errichteten Gebäude an der Maria-Louisen-Straße auf. Dies schafft zusätzlichen Platz für die Stadtbibliothek.

Seit dem → 5. Mai 1840 (S. 209) waren Johanneum und Bibliothek in einem von Carl Ludwig Wimmel im Renaissancestil errichteten Bau am ehemaligen Domplatz untergebracht. Durch das rasche Anwachsen der Buchbestände ergaben sich für die Stadtbibliothek erhebliche Platzprobleme. Allerdings werden die Umbauarbeiten erst nach Kriegsende 1920 abgeschlossen.

Der Neubau für das Johanneum an der Maria-Louisen-Straße in Winterhude (Aufnahme um 1920); als humanistisches Gymnasium ist die Traditionsschule nach ihrem Selbstverständnis eine »Standesschule der Gebildeten«. 1881 kam die »Neue Gelehrtenschule« hinzu (ab 1883 »Wilhelm-Gymnasium«); für sie wurde 1883/84 ein Neorenaissancebau mit glasüberdachtem Innenhof an der Moorweidenstraße errichtet.

Auf Barkassen verfolgen Schaulustige den Stapellauf; auch Kaiser Wilhelm II. wohnt zu Beginn eines viertägigen Hamburg-Besuchs dem Ereignis bei.

Stapellauf der »Bismarck«

20. Juni 1914. Als drittes Schiff der »Imperator«-Klasse läuft bei Blohm & Voss der Passagierdampfer »Bismarck«, mit 56 551 BRT der größte der Welt, vom Stapel.

Die 291,4 m lange und 30,5 m breite »Bismarck« wird in Anwesenheit des deutschen Kaisers Wilhelm II. zu Wasser gelassen. Wie zuvor die Schwesterschiffe »Imperator« und »Vaterland« (→ 3. 4. 1913/S. 380) gab die Hamburg-Amerika-Linie das 24,75 Knoten (43,5 km/h) schnelle Turbinenschiff in Auftrag.

Nach Ausbruch des Ersten Weltkrieges werden im August 1914 die weiteren Arbeiten am Schiff für die Dauer des Krieges eingestellt. Der Versailler Vertrag vom → 28. Juni 1919 (S. 406) verpflichtet Deutschland, die »Bismarck« an Großbritannien abzuliefern. Dort wird sie am → 28. März 1922 (S. 414) fertiggestellt. Fünf Wochen später tritt der mittlerweile in »Majestic« umgetaufte Riesendampfer seine Jungfernfahrt von Southampton nach New York an.

Alsterpavillon neueröffnet

9. Juni 1914. Am Jungfernstieg wird der Neubau des Alsterpavillons eingeweiht. Es handelt sich nunmehr um das fünfte Haus dieses Namens (→ 19. 4. 1799/S. 173). Der Bauentwurf ist das Ergebnis eines im Jahr 1911 durchgeführten Architektenwettbewerbs. Eine neugegründete Alsterpavillon Gesellschaft m.b.H. unter Geschäftsführung des Biergroßhändlers Johannes Eduard Jepp übernahm den Ausbau mit dem Ziel einer möglichst »harmonischen« Gestaltung.

Auf symmetrische Formen bedacht und weniger pathetisch als sein Vorgänger präsentiert sich der fünfte Alsterpavillon in 115 Jahren; die vornehme Vergnügungs-Institution an der Binnenalster ist nicht mehr aus der Stadt wegzudenken.

1915

1. 2. Der Brot- und Mehlverbrauch wird rationiert. → S. 391

7. 2. Als ersten Sozialdemokraten wählt die Bürgerschaft Emil Krause in eine Hamburger Behörde. → S. 390

3. 4. Der Hamburger Hans Leip dichtet den Text von »Lili Marleen«. → S. 393

1. 6. Das privat betriebene Krematorium in Hamburg-Ohlsdorf geht in kommunale Regie über (→ 19. 11. 1892/S. 322).

7. 6. Der Senat beantragt bei der Bürgerschaft weitere 10 Mio. Mark außerordentlicher Haushaltsmittel. Damit erreicht die angesichts des Krieges bewilligte Summe 45 Mio. Mark. Hinzu kommen weitere 18 Mio. für die Anschaffung von Lebensmitteln.

15. 7. Bei einem Sportfest des Hamburger Leichtathletik-Verbandes steht als neue Sportart »Handgranatenwerfen« auf dem Programm (→ 1916/S. 396).

18. 7. Im neuen Museum für Völkerkunde an der Rothenbaumchaussee werden die Schausäle Ost- und Südasiens eingeweiht. → S. 393

15. 8. Zunehmend füllen Traueranzeigen für gefallene Soldaten die Tageszeitungen. → S. 392

15. 9. Der hamburgische Staat stiftet das Hanseatenkreuz als Ehrenzeichen für Kriegsteilnehmer.

23. 10. Hamburgs Haushalt für 1916 sieht eine Unterdeckung von 28,8 Mio. Mark vor. Zum teilweisen Ausgleich wird die Einkommensteuer von 8,5 auf 10 % angehoben. Bei der Schlußabstimmung billigt die SPD-Fraktion erstmals den Etat.

15. 11. Der Senat billigt das Initiativgesetz der Bürgerschaft über die Beeinträchtigung der politischen Rechte durch den Krieg. Solange dieser andauert, sollen Steuerausfälle keine nachteiligen Wirkungen auf den Erwerb des Bürgerrechts und die Ausübung des Wahlrechts haben.

18. 11. Die Firma J. J. Darboven läßt den Namen »Idee-Kaffee« schützen. → S. 393

26. 11. Die Bürgerschaft lehnt die Forderung der SPD-Fraktion ab, energisch gegen die Teuerung vorzugehen. → S. 393

Jahresende. Wegen des Arbeitskräftemangels werden zunehmend Frauen im Hamburger Hafen beschäftigt. → S. 391

GEBOREN:

27. 3. Hamburg: Erik Blumenfeld, Politiker (CDU).

GESTORBEN:

8. 2. Hamburg: Justus Brinckmann (* 28. 5. 1843, Hamburg), Museumsleiter.

»Burgfriedenspolitik« zahlt sich nicht aus

7. Februar 1915. Die Hamburger Bürgerschaft wählt Emil Krause als ersten SPD-Politiker in eine Behörde (Deputation für das Gewerbe- und Fortbildungsschulwesen). Die Wahl des Sozialdemokraten ist ein Ergebnis der zu Kriegsbeginn proklamierten »Burgfriedenspolitik« zwischen SPD und Regierungsvertretern.

Im Rahmen dieses Einverständnisses hatte die SPD-Fraktion im Reichstag im August und Dezember 1914 den von der Reichsregierung geforderten Kriegskrediten zugestimmt. Im Gegenzug wurde der Partei eine größere Integration in Staat und Gesellschaft in Aussicht gestellt. Auch in Hamburg arbeiten nach Ausbruch des Krieges Sozialdemokraten und Gewerkschafter mit den Behörden zusammen. Die Gegenleistungen bleiben jedoch bescheiden: Neben der Wahl von Emil Krause in die relativ ein-

Emil Krause (1870–1943) arbeitete ab 1893 beim sozialdemokratischen »Hamburger Echo«; in die Bürgerschaft wurde er 1907 gewählt. 1919 bis 1933 amtiert der gelernte Lehrer Krause als Schulsenator.

flußlose Behörde wird zwar der SPD-Politiker Georg Blume am 25. März 1915 als erster Sozialdemokrat in den Vorstand der Bürgerschaft gewählt; die von der SPD geforderte Abschaffung des Klassenwahlrechts in Hamburg dagegen stößt zunächst auf nachhaltigen Widerstand (→ 11. 7. 1917/S. 399). Ohnehin ist ein Teil der Mitgliedschaft, vor allem die Parteijugend, gegen die »Burgfriedenspolitik«, da Bürgerschaft und Unternehmer Hamburgs ihrer Ansicht nach weiterhin eigene Interessen radikal durchsetzen; die von daher umstrittene Kompromißbereitschaft der SPD zahlt sich auch sonst nicht aus; so weisen die innerparteilichen Kritiker darauf hin, daß durch den »Burgfrieden« jede Diskussion von Problemen und Mißständen in der Kriegszeit unterbunden wird. Der Konflikt führt zur Spaltung der Sozialdemokratischen Partei (→ 11. 2. 1917/S. 398).

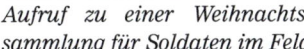

Aufruf zu einer Weihnachts-sammlung für Soldaten im Feld

Am Hamburger Hafen eingelagerte Nahrungsmittelvorräte; Vertreter von Senat und Bürgerschaft bildeten kurz nach Kriegsbeginn eine Versorgungs-Kommission, die Lebensmittel aufkaufte. Dennoch müssen Nahrungsmittel 1915 rationiert werden.

Krieg diktiert Speiseplan: Meist nur Brot und Kartoffeln

1. Februar 1915. Wie andere Reichsteile rationiert auch Hamburg den Brot- und Mehlverbrauch. Einen entsprechenden Beschluß hatte der Bundesrat am 25. Januar getroffen. Breite Bevölkerungskreise sehen sich einer anhaltenden Versorgungskrise gegenüber.

Die Einführung der »Brotkarte« in der Hansestadt Ende März ist sichtbarer Ausdruck der zugespitzten Situation: Im zweiten Kriegsjahr sind viele Nahrungsmittel für Personen, die nicht über hohe Einkommen verfügen, kaum noch erhältlich. Die Masse der Bevölkerung ernährt sich daher vorwiegend von Brot und Kartoffeln.

Die »Produktion« – eine der Arbeiterbewegung verbundene Konsumgenossenschaft – verkündet in einer Anzeige im SPD-Organ »Hamburger Echo« am 6. Januar 1915 die Einführung des sog. Kriegsbrotes – einer ungeliebten Brotart, die mit Zusatz von Kartoffelmehl gebacken wird. Indes häufen sich Klagen über illegale Vorratshaltung, Schleichhandel, Preistreiberei und Schiebergeschäfte. Alle Versuche, etwa seitens der Sozialdemokraten, über die Mängel der Lebensmittelversorgung öffentlich zu diskutieren, werden von der Ob-

rigkeit aus Angst vor Unruhen untersagt (→ 22./23. 2. 1917/S. 397).

So bleibt der Bevölkerung nichts anderes übrig, als sich auf den Mangel einzustellen, der zugleich »Raubbau« an der Gesundheit zur Folge hat. Von großer Bedeutung für die Volksernährung ist die private Hamburgische Kriegshilfe. Bereits im Juni 1915 gibt es in den ärmeren Stadtteilen 58 öffentliche Kriegsküchen; im März 1916 speisen 70 dieser Einrichtungen mehr als 100 000 Menschen.

Kriegsteuerung in Hamburg

(Preise je kg in Mark)	Juni 1914	Juni 1915
Schweinefleisch	0,70	1,10
Schmalz	0,75	1,70
Speck	0,90	1,80
Feinbrot	0,14	0,25

Frauen halten Einzug in »Männerberufe«

Jahresende 1915. Da viele bisherige Arbeiter zum Kriegsdienst eingezogen oder in »kriegswichtige« Branchen versetzt worden sind, besteht in zahlreichen Betrieben erheblicher Personalmangel. Um dem entgegenzuwirken, übernehmen immer mehr Frauen Funktionen, die bislang ausschließlich Männern vorbehalten waren. So werden im Hamburger Hafen erstmals Arbeiterinnen beschäftigt.

Bereits seit Herbst 1914, als der erwartete rasche Sieg der deutschen Truppen ausblieb, arbeiten Frauen u. a. als Personal im öffentlichen Nahverkehr, als Kutscherinnen und Schornsteinfegerinnen. Diese Umschichtung hebt die traditionelle Rollenverteilung auf. Die bisherige Diskriminierung erweist sich als nicht mehr funktional – Frauen werden im Arbeitsprozeß

unentbehrlich. Einige erlangen sogar eine gewisse Berühmtheit, so etwa Berta Säverin, seit 1910 in

Hamburg ansässig und während des Krieges als Straßenbahnschaffnerin tätig (Linien 6 und 14).

Frauen halten in den Kriegsjahren den U-Bahnbetrieb aufrecht: Fahrerin, Zugbegleiterin und Haltestellenwärterin der Ringbahn (1917)

Berta Säverin, 1914 bis 1918 beliebte Straßenbahnschaffnerin

Kriegstod läßt sich nicht verleugnen

15. August 1915. Im »Hamburger Fremdenblatt« erscheint eine Traueranzeige mit folgendem Text: »Noch trauernd um den Verlust unseres lieben Vaters und unserer zwei im Felde gefallenen guten, unvergeßlichen Brüder Jonny und Heinrich, traf uns der harte Schlag, unseren dritten guten Bruder, Otto Möller, durch den mörderischen Krieg zu verlieren.« Die zahlreichen mit Todesanzeigen gefüllten Zeitungsseiten dokumentieren, daß der Krieg unersetzliche Lücken in Tausende von Familien reißt.

In den Wochen nach Kriegsausbruch gab es noch keine privaten Gefallenenanzeigen. Die Presse veröffentlichte nur offizielle Verlustlisten mit den Namen und Truppenteilen der Toten. Mitte September 1914 erschien im »Fremdenblatt« die erste individuelle Gefallenenanzeige, der eine Flut von trauerumrandeten Annoncen auch in anderen Zeitungen folgte.

Der Text dieser Traueranzeigen mit Eisernem Kreuz im Kopf ähnelte sich zunächst; es hieß: »Den Heldentod fürs Vaterland . . .« Aber später kann man gelegentlich auch lesen: »Dem grausamen Krieg zum Opfer gefallen . . .« – eine von offiziellen Stellen natürlich beanstandete Formulierung. Betriebe, Verbände und Vereinigungen lassen »Ehrentafeln« mit den Namen ihrer Gefallenen abdrucken. Manchmal zeigt dabei ein Hinweis (etwa: »5. Anzeige«), daß es sich hier keineswegs um die erste Auflistung handelt.

Der Kriegstod prägt die Anzeigenseiten noch auf eine andere Art: Geschäftsleute bieten ihre Dienste für Hinterbliebene an. Zwar hieß es zu Kriegsbeginn in einer Zuschrift an die »Hamburger Nachrichten«: »Legt keine Trauerkleidung an!, sie wäre nicht Ausdruck unserer Stimmung in dieser großen Zeit.« Bald darauf aber erscheinen Anzeigen von Modehäusern, die ausschließlich für schwarze Kleidung werben. Beerdigungsinstitute bieten die Überführung Gefallener an, und Fotografen offerieren »lebensnahe« Porträts toter Soldaten »in künstlerischer Ausführung«.

▷ *Der »Heldentod fürs Vaterland« dominiert die Todesanzeigen im »Fremdenblatt« (August 1915).*

»Vor der Kaserne, vor dem großen Tor«

3. April 1915. Der später als Schriftsteller bekannte Hans Leip dichtet während seiner Soldatenzeit den Text von »Lili Marleen«. In der Vertonung Norbert Schultzes (1938) wird das Lied während des Zweiten Weltkriegs und in der Folgezeit weltberühmt.

Das Lied entsteht vor einer Kaserne in Berlin, wo Leip in der Nacht vom 3. zum 4. April eine Nachtwache abzuleisten hat. Nach seiner Darstellung bezieht sich der Titel auf zwei junge Frauen namens Lili

Abenteuerlust und Verbundenheit mit dem Meer prägen sein Werk: Hans Leip (22. 9. 1893–6.. 6. 1983)

und Marleen, denen seine Liebe gehört. Hans Leip nimmt das Lied später in seine 1937 erscheinende Gedichtsammlung »Die kleine Hafenorgel« auf. Die von ihm selbst verfaßte Melodie bleibt allerdings weitgehend unbekannt.

Weltruhm erlangt das Lied in der Vertonung des deutschen Komponisten Norbert Schultze und der Interpretation von Lale Andersen (eigtl. Liselotte Helene A.). Sie singt das Lied 1939 auf Schallplatte. Zwei Jahre später geht es – über den Sender Belgrad – um die Welt. Hans Leip wurde am 22. September 1893 als Sohn eines Seemanns in Hamburg geboren. Die meisten seiner ab den 20er Jahren erscheinenden Romane schildern das Leben an der Küste, auf dem Meer sowie die christliche Seefahrt. Zu seinem lyrischen Werk zählen u.a. shantieähnliche Balladen.

Museum für Völkerkunde zeigt Asiensäle

18. Juli 1915. Besuchern des Museums für Völkerkunde stehen ab sofort die Schausäle Ost- und Südasien offen. Wenig später folgen die Eurasienräume, am 13. Dezember 1916 wird schließlich auch die Südsee-Abteilung eröffnet.

Damit sind die ersten Dauerausstellungen in dem am 26. April 1912 offiziell übergebenen Neubau an der Rothenbaumchaussee zugänglich. Allerdings befinden sich die genannten Schausäle noch in provisorischem Zustand; u. a. bleiben die Beschriftungen und Erläuterungstafeln unvollständig. Der Ausbruch des Weltkrieges hat die Arbeit im Museum erheblich beeinträchtigt. Teile des wissenschaftlichen und technischen Personals stehen an der Front.

Der Innenausbau des seit 1904 unter Leitung des deutschen Ethnologen und Anthropologen Georg Thilenius stehenden Völkerkundemuseums war erst 1914 abgeschlossen. Doch schon im Frühjahr 1912 begann die Überführung der Sammlungen, die sich bis dahin im Naturhistorischen Museum und in angemieteten Magazingebäuden bzw. im Freihafen befanden. Eine Sonderausstellung im neuen Gebäude zeigte im Juni 1912 Teile der Sammlungen von der sog. Hamburger Südsee-Expedition (1908–1910).

△ *Der Neubau des Hamburger Museums für Völkerkunde; vorher waren die Sammlungen an verschiedenen Orten verstreut untergebracht.*

◁ *Dieses japanische Rollbild – 1700 für einen Tempel geschaffen – bekam das Museum 1907 geschenkt; das über 9 m² große Werk stellt den Tod des Buddha dar.*

Wucher verschärft die Not

26. November 1915. Die Bürgerschaft lehnt einen Antrag der SPD ab, mit Beschlagnahmungen von Lebensmitteln und Höchstpreisverordnungen gegen die Teuerung vorzugehen. Zahlreiche Händler nutzen die Notlage während des Krieges für überhöhte Preise.

Vor allem in den unteren sozialen Schichten wächst der Unmut über die enorme Verteuerung von Lebensmitteln. Viele machen Wucher und künstliche Vorratshaltung für die Preissteigerungen verantwortlich. Tatsächlich begünstigt die Mangelwirtschaft im Krieg trotz staatlicher Lenkung die Geschäftemacherei. Landwirte und Händler halten ihre Produkte so lange zurück, bis sie – entweder von staatlichen Aufkäufern oder von zahlungskräftigen Schwarzmarktkunden – höhere Preise erzielen können (→ 22./ 23. 2. 1917/S. 397).

Reklame für »deutsches« Tafelwasser; seit Kriegsbeginn versuchen viele Unternehmen, mit der zunächst verbreiteten nationalistischen Hochstimmung ihre Geschäfte zu machen.

Vom Würfelzucker zum »Idee-Kaffee«

18. November 1915. Die Hamburger Firma J. J. Darboven erhält für den Namen »Idee« den Schutz als Warenzeichen. Ihr »Idee-Kaffee« wird mit der 1928 einsetzenden Großproduktion ein außergewöhnlicher Geschäftserfolg.

Die Firma geht auf ein Handelsgeschäft zurück, das der Gewürzwarenhändler Johann Joachim Darboven am 21. März 1866 begründete. Bereits 1869 erhielt er eine Auszeichnung für das »reichste Sortiment von Caffeesorten«. Im Gegensatz zu anderen Händlern, die grüne, selbst zu röstende Bohnen anboten, verkaufte Darboven bereits gerösteten Kaffee. Dafür legte er sich eine Rösterei zu. Zugleich führte er – lange vor Entstehen der Würfelzuckerindustrie – mit dem gewürfelten Zucker eine weitere Neuerung ein.

1916

Aufmarsch der Honoratioren zur Eröffnung der Deutschen Kriegsausstellung im Mai 1916 (Hauptgebäude des Zoologischen Gartens am Dammtorbahnhof)

»Kriegsausstellungen« verherrlichen Waffentechnik und Soldatenleben

20. Mai 1916. *In der Hansestadt beginnt eine Kriegsausstellung; sie präsentiert u. a. Gegenstände, die von deutschen Soldaten im bisherigen Verlauf des Krieges erbeutet wurden (u.a. Geschütze, Uniformen und Munition). Besonderer Anziehungspunkt der Ausstellung sind gegnerische Kriegsflugzeuge. Im Sommer 1915 gab es auf dem Eppendorfer Reinckeplatz bereits eine ähnliche Schau. Dort wurde u. a. mit Hilfe nachgebauter Schützengräben, Drahtverhaue, Unterstände und Lazarette eine »Kriegslandschaft« imitiert. Der Eintritt – Erwachsene: 50 Pfennig, Kinder: 25 Pfennig – kam der Kriegerhilfe zugute. Auch andere deutsche Kriegsschauen verwandeln das Frontgeschehen in martialische Inszenierungen. Die am 7. Januar 1916 eröffnete »Deutsche Kriegsausstellung« in der Reichshauptstadt Berlin präsentiert u.a. Kanonen, Maschinengewehre, Mörser und Granatsplitter. Auch hier üben erbeutete Flugzeuge eine besonders große Anziehungskraft aus. Im Mittelpunkt dieser Kriegsausstellungen steht die Technik der Kriegführung; Not und Elend des Kriegsalltags im Schützengraben sind dagegen kein Thema.*

Gorch Fock stirbt in Skagerrak-Schlacht

31. Mai 1916. Bei der deutsch-britischen Seeschlacht vor dem Skagerrak (31. 5./1. 6.) kommt der Finkenwerder Schriftsteller Gorch Fock (eigtl. Hans Kinau) ums Leben. Der 35jährige fällt als Matrose an Bord des Kleinen Kreuzers »Wiesbaden«. Er hatte sich bei Ausbruch des Ersten Weltkrieges freiwillig zur Marine gemeldet.

In seinen realistisch gestalteten Werken beschäftigte sich der Schriftsteller – teilweise in niederdeutscher Sprache – vorwiegend mit der See sowie mit Landschaft und Menschen seiner Heimat. Bekannt macht Fock vor allem sein 1913 erschienener Roman »Seefahrt ist not!«

Daneben gehören der 1911 erschienene Band »Schullengrieper und Tungenknieper (Erzählungen) und die Erzählung »Hein Godenwind« (1912) zu seinen wichtigsten Arbeiten. Am 22. September 1916 wird im Thalia Theater sein Volksstück »Die Königin von Honolulu« von Richard Ohnesorg uraufgeführt.

Romanerfolg nicht mehr erlebt

Der Schriftsteller Gorch Fock (Abb.) wurde als Hans Kinau am 22. August 1880 in Finkenwerder (heute zu Hamburg gehörig) geboren. Sein Vater war Hochseefischer. Ab 1906 arbeitete Gorch Fock als Angestellter für die Hamburg-Amerika Linie. Den Millionen-Erfolg seines Romans »Seefahrt ist not!« (1913) erlebt er aufgrund des Kriegstodes am 31. Mai 1916 nicht mehr. Gorch Focks jüngere Brüder Jacob (28. 8. 1884) und Rudolf Kinau (* 23. 3. 1887) werden ebenfalls als Schriftsteller bekannt; Jacob verfaßt außerdem eine Biographie Gorch Focks und gibt dessen Werke heraus.*

Erste Friedensappelle verhallen ungehört

18. August 1916. Auf Initiative der sozialistischen »Freien Jugendorganisation« kommt es vor dem Gewerkschaftshaus zur ersten Friedensdemonstration in Hamburg seit Kriegsausbruch.

An der illegalen Kundgebung beteiligen sich rund 2000 Menschen. Obwohl staatliche Ordnungskräfte die Teilnehmer davon abzuhalten versuchen, formiert sich ein Demonstrationszug. Dieser versucht – allerdings erfolglos – zum Rathausmarkt vorzudringen. Trotz ihrer geringen Wirkung gilt die Kundgebung als bemerkenswertes Ereignis, da erstmals der Protest gegen den Krieg öffentlich wird.

Die »Freie Jugendorganisation von Hamburg-Altona und Umgebung« ging am 17. März 1916 aus dem oppositionellen SPD-Jugendbund hervor, dessen weitere Betätigung von der Hamburger Parteiführung kurz zuvor offiziell untersagt worden war. Sie gilt als ein Zentrum der sozialistischen Kriegsgegner. Als Reaktion auf die Friedensdemonstration erklären die Militärbehörden die Jugendorganisation am 28. August 1916 für aufgelöst.

Proletarier-Jugend

Mitteilungsblatt der »Freien Jugendorganisation von Hamburg-Altona und Umg.«

1. Jahrgang   Hamburg, 15. Mai 1916   Nummer 2

Ausflug

Es war ein sommerwarmer Frühlingstag, mit dunklen Wolken, oftmals etwas Regen, mit etwas Sturm, sogar mit Hagelschlag, jedoch vor allem: reich an Sonnensegen.

Wir zogen froh hinaus – dort wo der Friede sich mit der Freiheit eng umschlungen hält, da hielten wir – und mit dem schönsten Liede begrüßten wir die Heide, Wald und Feld.

Dann sind wir andachtsvoll aufs Knie gesunken und haben dann, Natur, an deiner Brust, an deiner Schönheit uns recht satt getrunken und standen auf voll Kraft und Lebenslust.

Und dann ein Spiel. Ein Sonnenuntergang . . . Nun sind wir glückerfüllt nach Haus gegangen; in unsern Herzen lag ein froher Klang und hielt uns lange, lange noch umfangen.

Karl Lerbs

▽ *Mitglieder der »Jungen Garde«, der am stärksten politischen und antimilitaristischen Gruppierung der Hamburger Arbeiterjugend*

◁ *Nummer der pazifistischen und SPD-kritischen »Proletarier-Jugend«*

AKN-Eisenbahn bis Neumünster

1. August 1916. Mit der Verlängerung der Altona-Kaltenkirchener Bahn bis Neumünster ist die Bahnlinie jetzt 67 km lang. Es gibt 22 Haltepunkte. In Altona endet die Bahn am Kaltenkirchener Platz. Die AKN (Eisenbahn-Gesellschaft Altona-Kaltenkirchen-Neumünster A. G.) wurde 1884 gegründet; am 1. September desselben Jahres nahm die Eisenbahnlinie von Altona über Ulzburg nach Kaltenkirchen den Betrieb auf. Im Hintergrund der Inbetriebnahme standen Abbau und Transport von Torf. Ursprünglich sollte die Linie durch die Stadt bis zum Altonaer Fischmarkt führen, was aber nie realisiert wurde. Zunächst bildete der damalige Gählersplatz (heute Ecke Thede- und Holstenstraße) den Endpunkt; 1912 wurde ein Endbahnhof am Kaltenkirchener Platz in Betrieb genommen. Umsteigemöglichkeiten zur Staatsbahn gibt es für die AKN-Fahrgäste – seit 1898 ist auch die Verlängerung nach Bad Bramstedt in Betrieb – am Bahnhof Holstenstraße, in dem auch Personenzüge halten.

Stern entwickelt die individuelle Berufsberatung

1. März 1916. Der deutsche Psychologe und Philosoph William Stern wird auf den Lehrstuhl für Psychologie des Allgemeinen Vorlesungswesens berufen. Stern bewirkt mit seiner Arbeit u. a. wesentliche Fortschritte auf dem Gebiet der psychologischen Berufsberatung.

Der am 29. April 1871 in Berlin geborene und bisher in Breslau wirkende Stern gilt als einer der Pioniere moderner Psychologie und begründete die Konvergenztheorie, die für die Persönlichkeitsentwicklung vom Zusammenwirken von Anlage und Umwelt ausgeht. In Hamburg kooperiert Stern mit der »Arbeitsgemeinschaft für Berufsberatung«, deren Ziel eine individuelle Förderung der Berufsanfänger und Verteilung auf entsprechende Branchen ist. Damit sollen Folgekosten, wie sie z. B. bei Umschulungsmaßnahmen entstehen, vermieden werden. Im Gegensatz zu der bisher geprüften körperlichen Eignung werden dabei auch psychologische Kriterien und der von Stern geprägte Begriff des Intelligenzquotienten beachtet.

William Stern treibt daneben die weitere Entwicklung des Vorlesungswesens voran. Auf seine Initiative werden bis zur Gründung der Universität (→ 10. 5. 1919/S. 408) sog. Notkurse für heimkehrende Studenten abgehalten. Als Leiter des Psychologischen Instituts befaßt sich Stern u. a. mit experimenteller Psychologie.

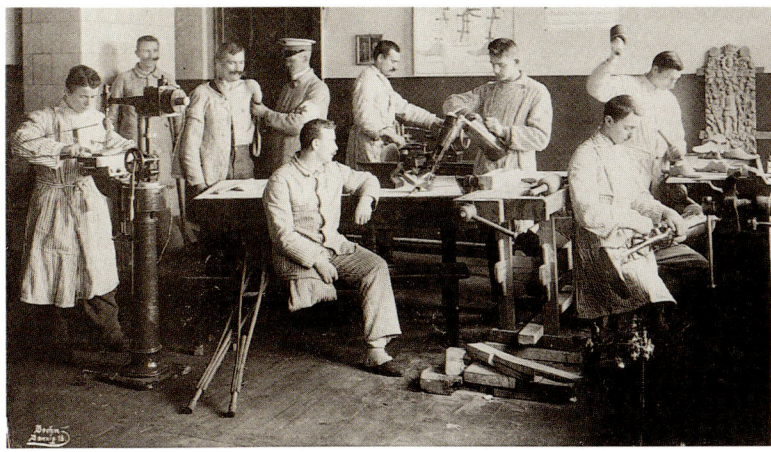

Kandidaten für eine notgedrungene Umschulung: Verwundete Soldaten, denen in einem Lazarett orthopädisch-mechanische Hilfen angepaßt werden

Armamputierte Soldaten bei Turnübungen; viele Kriegsbeschädigte werden durch Fürsorgeprogramme auf die Rückkehr ins zivile Leben vorbereitet.

Stadt-Theater verliert Lotte Lehmann an Wiener Oper

Sommer 1916. Die 28jährige Star-Sopranistin Lotte Lehmann verläßt nach Ablauf der Opernspielzeit 1915/16 Hamburg, um ein Engagement in Wien anzutreten. Seit 1910 hatte sich Lotte Lehmann am Stadt-Theater (heute Staatsoper) einen Namen gemacht.

Die Lehmann nimmt mit der Anstellung in der österreichischen Metropole ein gut dotiertes Angebot vom Direktor der Wiener Hofoper, Josef Gregor, an. Zuvor hatte Hans Löwenfeld als Stadt-Theater-Direktor eine höhere Gage für Lotte Lehmann trotz der Fürsprache von Spielleiter Siegfried Jelenko abgelehnt.

Die Sopranistin kam mit 22 Jahren nach Hamburg und erhielt für 200 Mark Monatsgage am Stadt-Theater ein Engagement. Zuvor hatte sie das Konservatorium in Berlin besucht. Ihre ersten Rollen waren Pagen, Edelknaben und Brautjungfern, aber schon nach kurzer Zeit sang sie – unter dem Dirigenten Arthur Nikisch – die Freia in der Wagner-Oper »Rheingold«. Ihre erste Premierenrolle erhielt sie unter Otto Klemperer, der seit 1910 als Kapellmeister in Hamburg engagiert war, in dem Einakter »Fortunios Lied« von Jacques Offenbach – allerdings nur in der kleinen Hosenrolle des Max. Über ihre folgende Rolle – Jungfer Anna in den »Lustigen Weibern von Windsor« – urteilte Lotte Lehmann später:

Der Star des Stadt-Theaters: Die Sopranistin Lotte Lehmann als Myrtocle in »Die toten Augen« (1916)

Eine dankbare Rolle für den Liebling des Publikums: Als Micaëla in einer »Carmen«-Inszenierung (1912)

Lotte Lehmann als verliebte Schwester Dorabella in der komischen Oper »Così fan tutte« (1913)

»Die erste wirklich hübsche Partie.« Rund neun Monate nach ihrem Debüt sang die Sopranistin ihre ersten bedeutenden Rollen, nicht zuletzt wegen der positiven Resonanz auf die Jungfer Anna. Im »Rosenkavalier« übernahm sie 1911 abwechselnd mit Elisabeth Schumann, dem großen Star an der Hamburger Oper, die Sophie. Die Hamburger Premiere des Richard-Strauss-Werks fand drei Wochen nach der Dresdner Uraufführung statt. Nur wenig später sang sie die Agathe im »Freischütz«.

Die Elsa im »Lohengrin« legte 1912 den Grundstein zu Lotte Lehmanns großer Karriere. Gegen die

Vorbehalte des seit 1911 amtierenden Direktors Hans Löwenfeld setzte Otto Klemperer die Besetzung dieser Rolle mit der Lehmann durch. Die Aufführung wurde zu einem herausragenden Erfolg, und Lotte Lehmann erhielt eine Reihe weiterer wichtiger Rollen. U. a. sang sie im September 1914 – erneut unter Leitung von Arthur Nikisch – die Sieglinde sowie Eva aus den »Meistersingern«.

Zusammen mit Elisabeth Schumann, mit der sie auch privat befreundet war und einige gemeinsame Auftritte hatte, zählte Lotte Lehmann zu den Lieblingen des Hamburger Opernpublikums. 1914/

15 trat sie auch als Lied-Interpretin im Hamburger Stadt-Theater auf. Ihre letzte Premiere in der Hamburger Zeit war Eugen d'Alberts »Tote Augen« in der Spielzeit 1915/16 – wiederum zusammen mit Elisabeth Schumann.

In der Folgezeit avanciert Lotte Lehmann zur gefeierten Primadonna der Hof- bzw. Staatsoper in Wien sowie – ab 1934 – der Metropolitan Opera in New York. Aus Protest gegen die Nazidiktatur meidet sie ab 1933 Auftritte in Deutschland; nach der Machtübernahme der Nationalsozialisten in Österreich 1938 emigriert Lotte Lehmann in die USA.

Lehrling Schmidt gewinnt mit Meisterritt

25. Juni 1916. Der 20jährige deutsche Jockeylehrling Otto Schmidt gewinnt auf Gestüt Weinbergs »Amorino« das Deutsche Derby auf der Galopprennbahn in Horn.

In dem mit 125 000 Mark dotierten und über 2400 m führenden Rennen geht Weinbergs Hengst mit knappem Vorsprung vor Gestüt Oppenheims »Antivari« durchs

Ziel. Für den Überraschungssieg zahlt der Wettschalter 238 für 10. Otto Schmidt gewinnt hier sein erstes großes Rennen. Dem Derby-Sieg folgen noch sechs weitere.

Handgranatenwerfen statt Kugelstoßen

1916. Der Krieg verändert auch das Sportleben massiv. Wo breite Bevölkerungskreise um die nackte Existenz kämpfen und viele Sportler zum Kriegsdienst eingezogen worden sind, bleiben normale sportliche Wettkämpfe naturgemäß die Ausnahme.

Dennoch werden in einzelnen Sportarten Konkurrenzen durchgeführt. Dabei erhalten viele Veranstaltungen – etwa im Bereich der Athletik – einen paramilitärischen Zuschnitt. So stehen z. B. »Armeegepäckmärsche« und »Handgranatenwerfen« auf dem Programm. Erstmals durchgeführt wurde das Handgranatenwerfen bei einem Sportfest des Hamburger Leichtathletik-Verbandes am 15. Juli 1915.

Otto Schmidt steht am Anfang einer großen Laufbahn im Galoppsport.

Finish beim Deutschen Derby 1916; »Amorino« sichert sich einen knappen Sieg. Am Totalisator setzen die Freunde des Pferdesports 1,25 Mio. Mark um.

1917

11. 2. Eine Delegiertenversammlung der Hamburger SPD beschließt den Ausschluß von Anhängern der innerparteilichen Opposition. → S. 398

22./23. 2. In vielen Stadtteilen kommt es zu schweren Hungerunruhen. → S. 397

8. 4. Nach 18 Luftsiegen fällt der Hamburger Jagdflieger Wilhelm Frankl 24jährig im Luftkampf. Er war der einzige Pilot des Kaiserlichen Flieger-Corps jüdischen Glaubens.

29. 4. Die oppositionelle Unabhängige Sozialdemokratische Partei gründet den Kreisverein Hamburg-Altona. Bis Ende 1918 verzeichnet er allerdings nur rund 500 Mitglieder. Am 11. August bringt die neue Partei mit den »Partei-Mitteilungen« ihr erstes Organ heraus.

30. 4. In Hamburg eröffnen die Soziale Frauenschule und das Sozialpädagogische Institut. → S. 399

16. 6. In Norddeutschland treten mehr als 2000 Pockenerkrankungen auf. Etwa 200 Menschen sterben an der Infektion.

5. 7. In einem Brief an Maximilian Harden karikiert Hapag-Generaldirektor Albert Ballin die Kriegszielforderungen der Rechten. → S. 398

7. 7. Der stellvertretende kommandierende General des IX. Armeekorps in Altona stellt den Diebstahl von Geld und Gartenfrüchten unter strenge Strafe. Bei Vorliegen mildernder Umstände kann auf Haft oder Beldbuße bis 1500 Mark erkannt werden, in schwereren Fällen droht bis zu ein Jahr Gefängnis.

11. 7. Das seit 1906 geltende Klassenwahlrecht wird erstmals aufgehoben. → S. 399

1. 8. Am dritten Jahrestag des Kriegsausbruchs demonstrieren rund 10 000 Arbeiter und Arbeiterinnen auf dem Heiligengeistfeld für Frieden, Freiheit, Gleichheit und Brot.

1. 10. Carl und Alexander Richter eröffnen die »Hamburger Volksoper«. → S. 399

23. 12. Der wegen Einbruchdiebstahls inhaftierte Julius A. Petersen, der »Lord von Barmbeck«, flieht erstmals aus der Haft (→ 20. 4. 1922/S. 417).

Dezember. Der »Vaterländische Frauen-Hülfs-Verein« verzeichnet den Einsatz von 274 Frauen im karitativen Dienst. → S. 398

1917. Die Hamburgische Electricitätswerke nehmen das Heizkraftwerk Tiefstack in Betrieb.

GESTORBEN:

31. 8. Hamburg: Wilhelm Cordes (* 11. 3. 1840, Hamburg), Friedhofsdirektor

Auch die Freimaurer beteiligen sich an den Hilfsaktionen für verwundete Soldaten: Lazarettzug der Loge »Absalom«

Freiwillige Helfer lindern Soldatennöte

Dezember 1917. Der im Rahmen des Roten Kreuzes tätige »Vaterländische Frauen-Hülfs-Verein« registriert 274 Frauen, die karitativen Dienst in der Hansestadt leisten. Das Rote Kreuz übernimmt während des Krieges wichtige ehrenamtliche Aufgaben.

Bereits seit 1914 faßt der Hamburgische Landesverband vom Roten Kreuz verschiedene karitative Organisationen zusammen: Neben dem Frauen-Hülfs-Verein handelt es sich u.a. um die Genossenschaft freiwilliger Krankenpfleger und den Schwesternverein der Hamburgischen Staats-Krankenanstalten. Während des Krieges spielt die aus eigenem Antrieb geleistete Krankenpflege bei der karitativen Tätigkeit die Hauptrolle.

Daneben werden erhebliche finanzielle Mittel zur Erfüllung von Wünschen Verwundeter aufgewendet (Bücher, Spiele, Musikinstrumente u. ä.). Mit der »Liebesgaben«-Versorgung vermittelt das Rote Kreuz außerdem Sendungen für die Soldaten auf den Schlachtfeldern. Das meiste des durch Spenden aus der Bevölkerung zusammengekommenen Geldes fließt allerdings in die Lazarettarbeit. Neben der örtlichen Krankenpflege betreibt das Hamburger Rote Kreuz mobile Züge für die Behandlung Kriegsverwundeter.

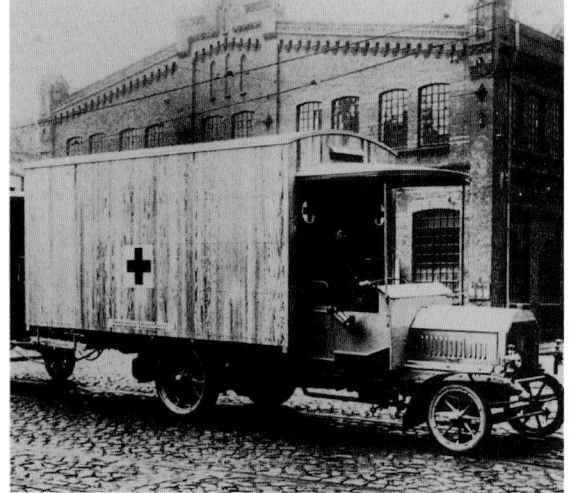

◁ *Diese Sanitätsfahrzeuge sind Spezialanfertigungen aus der Waggonfabrik der Straßen-Eisenbahn-Gesellschaft am Falkenried.*

▽ *Freiwillige Helfer packen Winterausrüstung für deutsche Kriegsgefangene in Sibirien zusammen. Ort der Aktion: Der Hapag-Pavillon am Hauptbahnhof*

SPD bleibt auf Kurs: Querdenker entlassen

11. Februar 1917. Eine Delegiertenversammlung der Sozialdemokraten schließt die Vertreter der parteiinternen Opposition aus der SPD-Landesorganisation aus. Der Spaltung voraus gingen Konflikte zwischen den Anhängern und Gegnern der sog. Burgfriedenspolitik (→ 7. 2. 1915/S. 390).

Zu den Führern im Widerstand gegen die kritiklose Unterstützung des Regierungskurses zählen in Hamburg und Altona der Schriftsteller Heinrich Laufenberg, der Journalist Fritz Wolffheim und der Rechtsanwalt Carl Herz. Trotz Disziplinierungsversuchen seitens der Partei und Bespitzelung durch staatliche Organe verfechten sie einen antimilitaristischen Kurs. Nach dem Ausschluß teilt sich die Opposition: Eine »zentristische« Gruppe konstituiert sich am 29. April 1917 unter Paul Dittmann als Kreisverband der Unabhängigen Sozialdemokratischen Partei (USPD) Hamburg und Altona. Eine kleinere Gruppe um Laufenberg und Wolffheim kämpft für den Massenstreik als Mittel zur Beendigung des Krieges (→ 5. 11. 1918/S. 401).

Rechte träumen noch vom »Siegfrieden«

5. Juli 1917. Hapag-Generaldirektor Albert Ballin kritisiert in einem Brief an den Publizisten Maximilian Harden die seiner Ansicht nach völlig überzogenen Kriegszielforderungen politisch rechtsorientierter Kreise in der Hansestadt.

In ironischer Überspitzung der aufgestellten Kriegsziele fordert der 59jährige Ballin in dem Schreiben die »Evakuierung der Engländer aus England« und ihre »Ansiedlung im französischen Kongo«. Ballin spielt damit auf die Irrationalität von Teilen des Hamburger Bürgertums an, die in Verkennung der tatsächlichen Kriegslage nach wie vor für einen »Siegfrieden« eintreten. Zugleich kritisiert der Hapag-Generaldirektor die politisch Verantwortlichen, da sie es nicht wagen, die Bevölkerung über die sich verschlechternde Situation an der Front zu informieren. Albert Ballin befürwortete vor dem Krieg eine enge deutsch-britische Zusammenarbeit (→ 9. 11. 1918/S. 403).

Wahlrecht statt Revolte

11. Juli 1917. Die Bürgerschaft beschließt ein Gesetz zur Wahlrechtsänderung. Es macht den »Wahlrechtsraub« (→ 17. 1. 1906/S. 358) rückgängig. Zu einer umfassenden Demokratisierung kommt es im Stadtstaat noch nicht.

Unter dem Eindruck der durch das Kriegselend ständig wachsenden Unzufriedenheit in der Bevölkerung (→ 22./23. 3. 1917/S. 397) und vor dem Hintergrund der revolutionären Ereignisse in Rußland sah sich der Senat im Frühjahr zu einer Wahlrechtsreform genötigt – vor allem auf Druck der Sozialdemokraten. In einem Antrag an die Bürgerschaft vom 13. April 1917 gibt er bekannt, daß »die unter anderen Verhältnissen eingeführte Verteilung der wahlberechtigten Bürger auf zwei nach dem Einkommen getrennte Wählergruppen angesichts der heutigen veränderten Sachlage nicht ferner beizubehalten sein wird«. Allerdings versucht der bürgerlich-konservative Senat zunächst noch, die ungeliebte Reform durch Einsetzung einer Wahlrechtskommission hinauszuzögern. Erst der gemeinsame Druck von Sozialdemokraten und Vereinigten

Liberalen sorgt für die Verabschiedung des Gesetzes. Die bestehenden Privilegiertenwahlen (Grundeigentümer, Notabeln) bleiben vorläufig erhalten (→ 16. 3. 1919/ S. 404). Seit Beginn der sog. Burgfriedenspolitik (→ 7. 2. 1915/S. 390) zählt die Reform des reaktionären Hamburger Wahlrechts zu den wichtigsten Anliegen der SPD.

Von Anfang an ein entschiedener Gegner des Klassenwahlrechts: Carl Petersen (Vereinigte Liberale)

Frauen lernen Sozialarbeit

30. April 1917. Als Doppelinstitution der beruflichen Fortbildung eröffnen in Hamburg eine soziale Frauenschule und ein sozialpädagogisches Institut. Ziel dieser Einrichtungen ist die Qualifizierung von Sozialarbeiterinnen.

Dabei bietet die Frauenschule eine zweijährige allgemeine soziale Ausbildung, während das Institut der fachlichen Spezialisierung dient. Aufgenommen werden nur Schülerinnen, die neben ihrer schulischen eine praktische Ausbildung absolviert haben.

Neben Fächern wie Geschichte und Bürgerkunde beinhaltet der Lehrplan der Frauenschule vor allem Unterricht in der »Praxis der Wohlfahrtspflege«, Psychologie, Pädagogik und Gesundheitslehre. Die Ausbildung erfolgt in einem Unter- und einem Oberkursus. Der Aufbau des Sozialpädagogischen Instituts gliedert sich in Sozialpolitik, Volksgesundheit, Jugendfürsorge und allgemeine Fürsorge.

Die Frauenrechtlerin Gertrud Bäumer schreibt über »Die Ziele der sozialen Frauenschule und des sozialpädagogischen Instituts in Hamburg« u. a.: »Demzufolge steht

Gertrud Bäumer (1873–1954), von 1919 bis 1933 Reichstagsabgeordnete der Deutschen Demokratischen Partei

in der sozialen Frauenschule der Unterricht im Vordergrund, im Institut die Praxis. In der sozialen Frauenschule dient die Praxis der Gewinnung von Anschauungen über das Gesamtgebiet der sozialen Arbeit . . . Im Institut dienen die Vorlesungen und seminaristischen Übungen der geistigen Durchleuchtung der Praxis.«

Ablenkung und Propaganda im Unterhaltungsbetrieb

1. Oktober 1917. Unter dem Namen »Hamburger Volksoper« eröffnen Carl und Alexander Richter eine Boulevardbühne im früheren Deutschen Operettenhaus in St. Pauli. Auch während des Krieges geht der Vergnügungsbetrieb in der Hansestadt weiter.

Die neueröffnete Bühne residiert in dem 1887 eingeweihten Konzerthaus Hamburg an der Reeperbahn Nr. 98. Das Gebäude wurde 1910 –im Rahmen des Operettenbooms– zum Deutschen Operettentheater umgebaut. 1914 erhielt die Bühne die Bezeichnung Neue Oper. Opern-, Operetten- und Schauspielhäuser laufen während des Ersten Weltkrieges mit eingeschränktem Programm weiter. So gibt es Konzerte, in denen beliebte Stars wie Claire Waldoff und Leo Slezak mitwirken. Auf der Freilichtbühne des Zoologischen Gartens präsentiert das Deutsche Schauspielhaus seine »Sommerspiele«, aufgeführt werden u. a. deutsche und antike Klassiker. Auch in den Kinos geht der

Betrieb weiter, zumindest eine Nebenrolle spielt der Krieg aber auch hier. So ist im Beiprogramm zu Paul Wegeners »Golem« ein deutscher Zeppelin-Angriff auf die britische Küste zu sehen.

Ohnehin dienen die Stätten von

Kultur und Unterhaltung von Beginn an auch der Kriegspropaganda. Gerade in den ersten Kriegswochen sorgen »patriotische« Aufführungen für gute Geschäfte. In Kinos wie dem Waterloo-Theater und den Harvestehuder Lichtspielen

läuft »Leben heißt kämpfen!« neben Filmaufnahmen vom Kriegsschauplatz. Das Thalia Theater bietet einen »Zyklus deutscher Militärstücke« mit Titeln wie »Die Generalsecke«, das Köllisch-Varieté das Kriegsspiel »Sturmeszeichen«.

Carl Richter, Chef der Volksoper, macht aus einem verkrachten Unternehmen eine erfolgreiche Bühne.

Außenansicht des Boulevardtheaters an der Reeperbahn; in Richtung Millerntor entstanden in der Gründerzeit eine Reihe solcher »Vergnügungspaläste«, in denen leichte Unterhaltung wie z. B. Revuen geboten werden.

1918

Kriegsende ist Anfang vieler Probleme

11. November 1918. Mit der Unterzeichnung des Waffenstillstandes zwischen der deutschen Revolutionsregierung und den Alliierten in einem Eisenbahnwaggon im Wald von Compiègne nahe Paris endet der Erste Weltkrieg. Für Hamburgs soziales und wirtschaftliches Leben hat der Krieg einschneidende Folgen:

▷ 34 519 Hamburger Soldaten sind im Krieg gefallen, knapp 7% der männlichen Bevölkerung. Gut 12 000 von ihnen waren verheiratet, viele haben Kinder

▷ Im März 1920 verzeichnet die Hansestadt etwa 23 000 Kriegswaisen

▷ Die Zahl der männlichen Arbeitskräfte ist zwischen 1914 und 1918 von 203 000 auf 122 500 gesunken

▷ Der Anteil der Frauenarbeit in Industrie und Handwerk (→ Jahresende 1915/S. 391) ist von durchschnittlich rund 20% auf ein Drittel gestiegen.

Dieser Strukturwandel bleibt über das Kriegsende hinaus zunächst bestehen, denn viele Frauen sind zum Überleben auf ihre Erwerbstätigkeit angewiesen. Daher finden ehemalige Soldaten zunächst nur selten einen Arbeitsplatz. Anfang 1919 gibt es 60 000 Erwerbslose.

Zusätzlich lastet auf der Bevölkerung die Lebensmittel- und Wohnungsnot. Ende 1918 geht Hamburg bereits dem dritten Hungerwinter entgegen (→ 22./23. 2. 1917/S. 397). Die Rationierungsmaßnahmen laufen erst Mitte 1919 aus. Wohnungen, vor allem Kleinwohnungen, stehen für die Kriegsheimkehrer kaum zur Verfügung.

Der Erste Weltkrieg und dessen Folgen beeinträchtigen auch die Hamburger Wirtschaft massiv. Geprägt von Schiffahrt und internationalem Handel, hat sie besonders unter der erst im Sommer 1919 aufgehobenen britischen Seeblockade zu leiden. Auch die Industrieproduktion wird nach Kriegsende über Monate hinweg durch Rohstoff- und Kohlenmangel stark behindert; zeitweise müssen große Betriebe ganz schließen. Zudem verpflichten Waffenstillstandsabkommen und Friedensvertrag zur Ablieferung des größten Teils der deutschen Handelsflotte und einem Viertel der Fischereiboote an die Alliierten (→ 28. 6. 1919/S. 406).

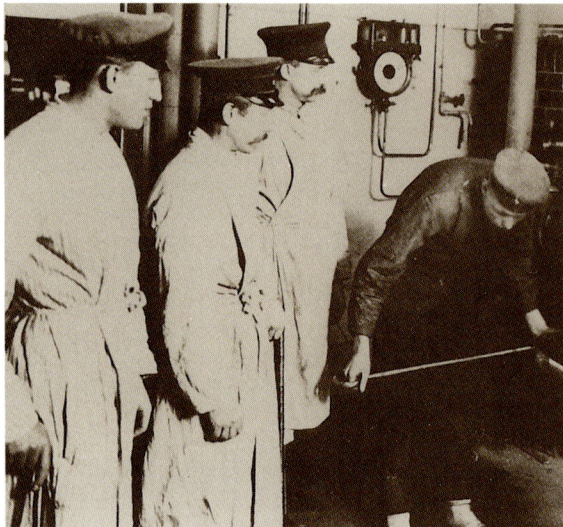

Der Krieg hat nicht nur Zehntausenden das Leben gekostet, viele kamen auch als Krüppel zurück. Häufig können sie ihre alte Arbeit nicht wieder aufnehmen, sondern müssen umschulen: Kriegsbeschädigte Soldaten erhalten in Altona Schreibmaschinenunterricht (o.). Links arbeiten Kriegsinvaliden als Heizer.

Menschentrauben am (und sogar auf dem) Hauptbahnhof, als Bürgermeister Werner von Melle die heimgekehrten Soldaten des Infanterieregiments Nr. 76 (»76er«) am 18. Dezember begrüßt; nur wenige haben überlebt.

Novemberrevolution fegt alte Machthaber hinweg

5. November 1918. Mit dem Übergreifen des Aufstands von Kieler Matrosen, Soldaten und Arbeitern auf Hamburg beginnt in der Hansestadt die Novemberrevolution. Eine Versammlung von Vertrauensleuten der Großbetriebe fordert sofortigen Friedensschluß und Demokratisierung der politischen Verhältnisse. Auf einer überfüllten USPD-Kundgebung im Hamburger Gewerkschaftshaus wird der Generalstreik und eine Massenversammlung für den folgenden Tag beschlossen. In der Nacht brechen aufständische Soldaten die Macht des Militärs in Hamburg.

Die revolutionären Aktionen verändern schlagartig die politischen Rahmenbedingungen in der Hansestadt. Ferdinand Kalweit, Paul Dittmann, Jacob Rieper und Paul Wagner (alle USPD) bilden einen provisorischen Arbeiterrat. Zusammen mit dem Soldatenrat unter dem Matrosen Friedrich Zeller gibt er am Morgen des 6. November die Übernahme der Macht bekannt und verspricht die »Aufrechterhaltung der Ordnung«. Nach der Besetzung des Stellvertretenden Generalkommandos in Altona ist die Herrschaft des Arbeiter- und Soldatenrates in Hamburg gefestigt. Während der Kämpfe am 6. November kommen acht Soldaten und zwei Zivilisten ums Leben.

Im Anschluß an eine Unterredung mit Vertretern der Räte erklären Bürgermeister Werner von Melle und Senator Carl Petersen die Bereitschaft von Bürgerschaft und Senat, sich in den Dienst der »neuen Zeit« zu stellen (→ S. 402). Damit sind – drei Tage vor Ausrufung der Republik in der Reichshauptstadt Berlin – die äußeren Bedingungen für eine politische Umstrukturierung gesichert.

Wie in Kiel und anderen deutschen Städten ist der Aufstand der Soldaten und Arbeiter spontaner und unorganisierter Ausdruck der Empörung über die alten militärischen und politischen Machthaber. Nach deren Sturz füllen die Arbeiter- und Soldatenräte das entstandene Vakuum, sorgen für Schutz vor Plünderern und halten das öffentliche Leben aufrecht.

Mit der USPD übernimmt die Partei eine dominierende Rolle, die zuvor konsequent gegen den Krieg gekämpft hat. In den politischen Vordergrund rückt außerdem die Gruppe Hamburger Linksradikaler um Heinrich Laufenberg. Die SPD hingegen stellt sich mit ihrer hinhaltenden Taktik vorübergehend selbst ins Abseits.

In der Folgezeit allerdings beherrscht der Kampf zwischen diesen drei Gruppen um den Einfluß auf die revolutionären Organe das politische Geschehen. In dem am 8. November von den Betrieben gewählten sog. Großen Arbeiterrat haben USPD und Linksradikale die Mehrheit; entsprechend einer Vereinbarung aller drei Gruppen wird die Exekutive paritätisch besetzt, hinzu kommen 18 Betriebsdelegierte. Die Exekutive des Großen Arbeiterrats wählt am 11. November Laufenberg zu ihrem Vorsitzenden und gliedert seine Arbeit in zwölf Kommissionen. Auf einer gemeinsamen Sitzung von Arbeiter- und dem inzwischen von Wilhelm Heise geleiteten Soldatenrat billigen die Delegierten dieses Vorgehen gegen den Willen der SPD, die für eine Neubildung der bestehenden Institutionen eintritt.

Die Führer des Umsturzes

Zu den wichtigsten Persönlichkeiten der Räteregierung in Hamburg zählt Heinrich Laufenberg (l., aufgenommen im Hamburger Rathaus im Dezember 1918), der am 11. November zum Vorsitzenden der Exekutive des Arbeiter- und Soldatenrates gewählt wird. Der am 19. Januar 1872 geborene Laufenberg war bis in die Zeit des Weltkriegs Vertreter des linken Parteiflügels in der Hamburger SPD. Die Partei übertrug ihm 1907 die Abfassung einer Geschichte der Hamburger Arbeiterbewegung. 1917 schloß die Parteiführung Laufenberg zusammen mit weiteren Anhängern der Linksopposition aus der SPD aus (→ 11. 2. 1917/S. 398). Wegen »oppositioneller Aktivitäten« wurde der dann zu den Linksradikalen zählende Laufenberg in »Schutzhaft« genommen und später an die Westfront abkommandiert, von wo er erst nach Beginn der Novemberrevolution zurückkehren konnte. Wilhelm Heise (r. neben Laufenberg) ist Vorsitzender des Hamburger Soldatenrates mit anfangs 15, dann 30 Mitgliedern.

»Der Arbeiter- und Soldatenrat hat die politische Gewalt übernommen«

Chronik Protokoll

5. 11., morgens: Nach Bekanntwerden des Kieler Aufstandes beschließen Werftarbeiter in Hamburg einen Sympathiestreik.

5. 11., 17 Uhr: Eine Versammlung von 200 Betriebsdelegierten verabschiedet eine Resolution mit weitreichenden Forderungen u. a. nach sofortigem Friedensschluß, Rücktritt der Hohenzollern, sofortiger Demokratisierung im Deutschen Reich und Amnestie für politische Gefangene.

5. 11., abends: USPD-Kundgebung im Gewerkschaftshaus mit rund 6000 Teilnehmern beschließt Generalstreik und Massenkund-

gebung für den folgenden Tag.

5./6. 11., nachts: Revolutionäre Matrosen unter Führung des Maats Friedrich Zeller entwaffnen die im Hamburger Hafen liegenden Torpedoboote.

6. 11., morgens: Die Revolutionäre besetzen den Elbtunnel und überwältigen die Zollwache. Das Gewerkschaftshaus wird als Hauptquartier durch Barrikaden militärisch gesichert und dient als Gefängnis für monarchistische Offiziere. Der Hauptbahnhof wird besetzt, nach einer Schießerei auch die Kaserne in der Bundesstraße. In den meisten Betrieben ruht die Arbeit.

6. 11., mittags: Großkundgebung

mit 40 000 Teilnehmern auf dem Heiligengeistfeld; ein provisorisch gebildeter Arbeiter- und Soldatenrat verkündet die Übernahme des »größten Teils der politischen Macht« in Hamburg. Nach heftigen und blutigen Kämpfen besetzen revolutionäre Soldaten das Generalkommando in Altona.

8.–10. 11.: Wahl des Großen Arbeiterrates, der am 11. November Heinrich Laufenberg zu seinem Vorsitzenden bestimmt.

12. 11.: Proklamation: »Der Arbeiter- und Soldatenrat hat die Ausübung der politischen Gewalt im Hamburger Staatsgebiet übernommen.«

Der Oberste Marinerat der Niederelbe im Dezember 1918 vor dem Hotel Vierjahreszeiten, das als Dienststelle dieser revolutionären Institution fungiert; in der Mitte der 1. Vorsitzende des Marinerats Stürmer, l. daneben der Unterstaatssekretär im Reichsmarineamt Vogtheer.

Hamburg unter der roten Fahne

Das Rathaus

Zur Erinnerung an die November-Revolution 1918

Daß die Losung »Hamburg unter der roten Fahne« als Realität nicht lange Bestand haben wird, scheinen die Gestalter dieser Bildpostkarte, die noch im Jahr 1918 erscheint, zu ahnen.

Senat und Bürgerschaft jetzt im Dienst der Arbeiter

Die bisherigen politischen Machthaber arrangieren sich angesichts des zusammenbrechenden Militärapparates rasch mit den Revolutionären. Bürgermeister Werner von Melle erklärt bereits am 6. November die Bereitschaft des Senats zur Zusammenarbeit. Zwar proklamiert der Arbeiter- und Soldatenrat am 12. November die Absetzung von Senat und Bürgerschaft, beauftragt sie aber sechs Tage später unter Beibehaltung eines Vetorechts wieder mit administrativen Aufgaben. Die alten Körperschaften erweisen sich in lebenswichtigen Fragen – z.B. bei den dringend notwendigen internationalen Krediten – als unentbehrlich für die Rückkehr zu geordneten Verhältnissen. Im übrigen bleibt die beherrschende Stellung des Arbeiterrates zunächst ungefährdet. Durch 135 Verordnungen regelt er das öffentliche Leben nach Kriegsende und Revolution und verwirklicht dabei eine Reihe dringender Forderungen der Arbeiterschaft.

Wie in Kiel sind es auch in Hamburg die Matrosen, die die revolutionäre Erhebung einleiten. Sie stehen unter der Führung des Maats Friedrich Zeller (Abb.).

Bei dieser Massenversammlung auf dem Heiligengeistfeld am 24. November 1918 ehren Arbeiter, Matrosen und Soldaten die Toten der Revolution. Den Arbeitern und Soldaten ist es zwar im ganzen Reich ohne größere Gegenwehr gelungen, die Macht zu erobern, trotzdem gab es aber einige Todesopfer.

Kammerspiele Bühne der Expressionisten

30. August 1918. Erich Ziegel und seine Frau Mirjam Horwitz eröffnen im Besenbinderhof die Hamburger Kammerspiele. Sie erlangen Bedeutung durch die Inszenierung expressionistischer Dramen und das Engagement von Schauspielern wie Fritz Kortner.

Als erstes Stück bringen die Kammerspiele im Rahmen einer Frank-Wedekind-Woche »Hidalla« auf die Bühne. Der Wedekind- und Strindberg-Spezialist Ziegel fördert in seinem Theater vor allem zeitgenössische, expressionistisch orientierte Autoren. Aufgeführt werden zwischen 1918 und 1923 beispielsweise Stücke von Hanns Johst, Georg Kaiser, Ernst Toller, Fritz von Unruh und Bertolt Brecht. Als Dramaturg und Regieaspirant verpflichtet Erich Ziegel, der von 1913 bis 1916 die Münchner Kammerspiele leitete, den 27jährigen Hamburger Erich Engel. Zu den großen Schauspielerentdeckungen Ziegels zählt Fritz Kortner, der zwischen Oktober 1918 und Juli 1919 in nicht weniger als acht Rollen an den Kammerspielen zu sehen ist. Zum Ensemble der Kammerspiele gehört ab 1923 auch der Nachwuchsschauspieler Gustaf Gründgens (Jahrgang 1899).

Als erster künstlerischer Höhepunkt gilt Erich Engels Inszenierung des Stückes »Gas I« von Georg Kaiser im Jahr 1920 mit einem von Johannes Schröder gestalteten Bühnenbild. Ebenfalls viel Lob erntet Engel, dessen Laufbahn als Regisseur an den Kammerspielen beginnt, mit Ernst Tollers »Die Wandlung« und Kaisers »Gas II« (beide 1920). Herausragende Inszenierungen von Erich Ziegel aus der Anfangzeit der Kammerspiele sind zwei Uraufführungen des auch als Bildhauer hervorgetretenen Ernst Barlach, einem bis dahin noch nicht gespielten Autor (»Der arme Vetter«, 1919; »Die echten Sedemunds«, 23. 3. 1921).

Zwischen 1926 und 1928 wird Erich Ziegel, der sich nicht als Expressionist im eigentlichen Sinne versteht, Leiter des Deutschen Schauspielhauses in Hamburg.

Frank Wedekinds »Die Büchse der Pandora« in einer Aufführung der Hamburger Kammerspiele 1919: In der Mitte Fritz Kortner als Schigolch und Mirjam Horwitz als Lulu; die Dramaturgie bedient sich greller Effekte.

Manifest beschwört neue Weltvisionen

Chronik Zitat

Die folgende, von dem Dramaturgen der Kammerspiele Erich Engel im »Freihafen« (»Blätter der Hamburger Kammerspiele«) veröffentlichte Zielsetzung der Kammerspiele als neuer Bühne gilt als eines der frühesten expressionistischen Manifeste in Hamburg. Im Vergleich zu Metropolen wie Berlin erscheint es allerdings relativ spät.

»Die Hamburger Kammerspiele wollen dem lebendigen Geist dienen. Wollen in einer Zeit, da die vom Stofflichen Bestimmten sich grauenvoll ad absurdum führen, Forderung und Weltvision der Wertvollsten zu eindringlicher Gestaltung bringen . . . Diese hohe Aktualität, dieses Bestreben, ohne philologische Experimentiersucht und dienerische Verbeugung vor ehrwürdiger Patina an der Formung des neuen Weltbildes tätigen Anteil zu nehmen, ist einzige Norm . . .«

Erich Ziegel schreibt zur Neugründung:

»Die Gründung einer modernen Bühne in dieser Zeit wird nur gerechtfertigt durch das reine Bestreben gegen Trostlosigkeit und Zerstörung die erwachenden Stimmen neuer Gläubigkeit und Lebensbejahung zu führen.«

Hapag-Chef Ballin nimmt sich das Leben

9. November 1918. Der 61jährige Hapag-Generaldirektor Albert Ballin nimmt sich in seinem Haus in Rotherbaum das Leben. Im Hintergrund des Selbstmords stehen offenbar psychische Erschütterungen aufgrund der politischen Ereignisse im Zusammenhang mit dem Ende des Ersten Weltkriegs und der Novemberrevolution.

Noch für den Vortag hatte Ballin, der sich aktiv am politischen Leben Hamburgs beteiligte, als Vorsitzender den Verwaltungsrat des Vereins Hamburger Reeder zu einer Sitzung einberufen. Dort legte er Vorschläge zur Verbesserung der Lebensmittelversorgung dar. Ballin fürchtete, die schlechte Ernährungs- und Wohnraumsituation könne die ohnehin brisante politische Lage beim Zurückströmen der Soldaten weiter verschärfen. Auf seinen Vorschlag beschloß der Verein, eine gemeinsame Sitzung mit dem Hamburger Arbeiter-

und Soldatenrat (→ 5. 11. 1918/S. 401) abzuhalten.

Im Anschluß an die Sitzung zieht sich Ballin in seine Wohnung Feldbrunnenstraße 58 zurück. Offenbar unter extremer nervlicher Belastung nimmt er eine Überdosis Beruhigungsmittel zu sich. Mit schweren Magenblutungen bringt ihn sein Diener in eine Klinik, wo Ballin nach mehreren Stunden Bewußtlosigkeit stirbt.

Reeder mit politischen Zielen

Albert Ballin (Abb.) kam am 15. August 1857 in Hamburg als Sohn eines Auswandereragenten zur Welt. Am → 1. Juni 1886 (S. 301) übernahm er die Passage-Abteilung der Hapag. Drei Jahre später rückte er in deren Vorstand auf und wurde 1899 Generaldirektor. Unter Ballin wuchs die Hapag zur größten Reederei der Welt (→ 3. 4. 1913/S. 380). Zugleich wirkte Ballin auf politischem Gebiet. Als Freund und Berater Kaiser Wilhelms II. trat er für eine intensive Kooperation mit Großbritannien ein, konnte sich damit aber nicht durchsetzen. Zu Beginn des Krieges initiierte er die sog. Zentral-Einkaufs-Genossenschaft.

Deutsche Werft AG belebt Handelsflotte

13. Juni 1918. Im großen Sitzungssaal des Hapag-Hauses am Alsterdamm (heute Ballindamm) gründen drei Anteilseigner die Deutsche Werft AG. Sie soll dem Wiederaufbau der deutschen Handelsflotte dienen und entwickelt sich neben Blohm & Voss zur führenden Hamburger Werft.

Neben der Hapag beteiligen sich die Gutehoffnungshütte AG für Bergbau und Hüttenbetrieb (Oberhausen) und die Berliner Allgemeine Electrizitäts-Gesellschaft (AEG) an der zunächst mit einem nominellen Kapital von 10 Mio. Mark ausgestatteten Werft. Die ersten Anlagen entstehen in Finkenwerder; Schiffe werden zunächst auf dem Tollerort gebaut. Die schlechte Wirtschaftslage lähmt anfangs den Betrieb. 1919 baut die Werft zwei Schwimmdocks für die Marine, 1921 liefert sie die ersten drei Dampfer an die Hapag.

1919

SPD gewinnt erste demokratische Wahl

16. März 1919. Die SPD erringt bei der Wahl zur Bürgerschaft die absolute Mehrheit. Es ist die erste gleiche, allgemeine und geheime Wahl zum Landesparlament.

Durch einen Stimmenanteil von 50,5% sichern sich die Sozialdemokraten 82 von 160 Sitzen. Zweitstärkste Kraft wird die linksliberale Deutsche Demokratische Partei (DDP) mit 33 Abgeordneten. Die USPD erhält – wie die Deutsche Volkspartei (DVP) mit dem sog. Wirtschaftsbund – 13 Mandate. Trotz ihrer absoluten Mehrheit verzichtet die SPD auf eine Alleinregierung. Die Hälfte der bisherigen 18 Senatoren bleibt im Amt; auch der Erste Bürgermeister Friedrich Sthamer kommt aus den Reihen der Bürgerlichen. Die SPD stellt neun Senatoren und mit Otto Stolten den Zweiten Bürgermeister.

Die Demokratisierung des Wahlrechts geht auf eine Verfügung des Arbeiter- und Soldatenrats vom 18. November 1918 zurück. Erstmals dürfen auch Frauen ihre Stimmen abgeben; das Wahlalter wurde von 25 auf 20 Jahre gesenkt.

Damit endet die Regierungszeit des Arbeiter- und Soldatenrates (→ 5. 11. 1918/S. 401). Bereits seit Jahresbeginn hatte die SPD hier wieder größeren Einfluß erhalten. Auf ihren Druck hin erklärte der Ratsvorsitzende Heinrich Laufenberg am 20. Januar seinen Rücktritt.

Verordnung des Arbeiter- und Soldatenrates betreffend Neuwahl der Bürgerschaft.

§ 1.
Auf den 1. April 1919 wird eine aus 160 Mitgliedern bestehende Bürgerschaft neugewählt, die an die Stelle der jetzigen Bürgerschaft tritt und deren Aufgabe außer der Erledigung der laufenden Angelegenheiten die alsbaldige Inangriffnahme der Beratung und Beschlußfassung über eine neue Verfassung und die zu ihrer Ergänzung erforderlichen Gesetze ist. Die Mitglieder dieser Bürgerschaft werden in allgemeinen, unmittelbaren und geheimen Wahlen nach den Grundsätzen der Verhältniswahl gewählt. Jeder Wähler hat eine Stimme.

§ 2.
Wahlberechtigt und wählbar sind alle deutschen oder in Deutschland geborenen Männer und Frauen, einschließlich der Personen des Soldatenstandes, die seit dem 15. Februar 1919 im hamburgischen Staatsgebiet wohnen und am Wahltage das 20. Lebensjahr vollendet haben. Wahlberechtigt sind auch Deutsch-Oesterreicher nach Maßgabe der Verordnung des Reichswahlgesetzes.

△ Beginn des allgemeinen Wahlrechts: Erlaß des Arbeiter- und Soldatenrats über die Bürgerschaftswahl

◁ Verdienst der Revolution: Zum erstenmal in der Geschichte Hamburgs können auch Frauen an den Bürgerschaftswahlen teilnehmen: Frauen bei der Stimmabgabe in einem Wahllokal im Wörmannhaus.

Hamburg in Not – leere Regale überall

1919. Die Misere bei Gütern des täglichen Bedarfs nimmt in der Hansestadt dramatische Formen an. Ursachen sind eine schwere Versorgungskrise und die Rückkehr zahlreicher Soldaten aus dem Krieg. Durch den Schwarzmarkthandel werden dem regulären Wirtschaftsleben immer mehr Waren entzogen. So fällt beispielsweise der wöchentliche Pro-Kopf-Verbrauch an Kartoffeln 1919 auf die Hälfte des Vorkriegsstandes – bei weiter sinkender Tendenz.

Die Milchlieferungen betragen nur noch rund 20% der vor Kriegsausbruch 1914 verfügbaren Menge. Auch die Qualität der Waren verschlechtert sich zum Leidwesen der Konsumenten weiter (→ 23. 6. 1919/S. 405). Brennmaterial zum Heizen ist kaum erhältlich und

bleibt – wie Lebensmittel und Wohnraum – zunächst noch streng rationiert. Durch die Zuteilung der Waren über ein Kartensystem versucht der Staat, wenigstens die wichtigsten materiellen Bedürfnisse der Bevölkerung zu befriedigen. Erst ab Sommer 1919 können die Rationierungsmaßnahmen allmählich zurückgenommen werden.

Neben der kriegsbedingten Knappheit leidet die Hamburger Bevölkerung unter dem Schieber-Handel und einer einsetzenden Teuerungswelle. Über den Schwarzmarkt, der einen enormen Aufschwung verzeichnet, können sich wohlhabende Kreise zu hohen Preisen mit besseren Nahrungsmitteln versorgen. Diese fehlen dann der übrigen Bevölkerung; deswegen muß etwa die staatliche Fleischversorgung

Mitte des Jahres eingestellt werden. Obwohl der Staat viele hundert Millionen Mark für den Ankauf und die Lagerung von Lebensmitteln und für Subventionen ausgibt, werden insbesondere die Wintermonate zu einer weiteren Belastungsprobe nach den harten Kriegsjahren.

In der Bevölkerung wächst die Aggression gegen Schieber und Kriegsgewinnler, aber auch gegen staatliche Stellen, die sich gegenüber diesen Wirtschaftskriminellen fast hilflos erweisen.

Verschärft wird die Versorgungs- und Wohnungsnot durch Kriegsheimkehrer und den Zuzug von Flüchtlingen aus ehemals deutschen Regionen an der Ostgrenze des Reiches, die die Einwohnerzahl rasch wieder anwachsen lassen.

»Sülze-Unruhen« enden im Kugelhagel der Reichswehr

23. Juni 1919. Proteste der Bevölkerung gegen verdorbenes Fleisch eskalieren in den sog. Sülze-Unruhen, zu deren Niederschlagung die Reichswehr eingesetzt wird. Auslöser des Volkszorns ist der Fund eines Fasses mit verfaulten Tierkadavern vor der Fleischwarenfabrik Heil & Co. Aufgebracht durch viele Fälle des Verkaufs minderwertigen Fleisches, sammelt sich eine empörte Menschenmenge vor der Fabrik. Sie glaubt, daß diese Kadaver zur Herstellung von Heil's Delikateß-Sülze verwendet werden. Dabei greifen die wütenden Demonstranten – vor dem Hintergrund verbreiteten Unmuts gegen »Lebensmittelverbrecher« – zur Selbstjustiz und stürmen die Fabrik. Deren Leiter entgeht nur knapp dem Tod.

Die Empörung der hungernden Bevölkerung führt am folgenden Tag zu weiteren Unruhen. Der SPD-Politiker Walther Lamp'l, Kommandant für Groß-Hamburg, läßt nun am Abend des 24. Juni Angehörige des in der Arbeiterschaft verhaßten Zeitfreiwilligen-Regiments aus Bahrenfeld (»Bahrenfelder«) zum Schutz des Rathauses anrücken. Bereits beim Einzug der »Bahrenfelder« ins Rathaus kommt es zu Kämpfen mit den Protestierenden, die einen Toten und 15 Verletzte fordern. Daraufhin belagern und beschießen militante Gruppen das Rathaus die ganze Nacht über. Die inzwischen verstärkten »Bahrenfelder« müssen sich auf die Verteidigung ihrer Stellungen beschränken. Am nächsten Morgen verkündet Lamp'l den Belagerungszustand; am Nachmittag ruft der Senat die Reichswehr zu Hilfe. Obwohl sich die Lage allmählich beruhigt, rücken – nach dem Scheitern eines ersten Vorstoßes am 27. Juni und der inzwischen von Reichswehrminister Gustav Noske (SPD) angeordneten sog. Reichsexekution – rund 10 000 Mann unter Führung von General Paul von Lettow-Vorbeck am 1. Juli in die Hansestadt ein. Die anti-republikanisch eingestellten Einheiten machen rücksichtslos von ihren Waffen Gebrauch, nehmen willkürlich Verhaftungen vor und führen Kriegsgerichte ein. Zudem wird ihnen die Neuordnung der Hamburger Polizei- und Sicherheitskräfte übertragen.

△ *Demonstration im Rahmen der »Sülze-Unruhen«; der Besitzer sowie Angestellte einer Barmbeker Fleischwarenfabrik werden von der aufgebrachten Menge auf einem Karren durch die Stadt gezogen. Kontrollen in verschiedenen Firmen decken weitere Mißstände auf.*

◁ *Freikorps-Truppen auf dem Rathausmarkt; die weißen Punkte sind in das Foto hineinretuschiert, um die Schäden am Rathaus durch die Beschießung zu kennzeichnen.*

▽ *Straßensperre im Rahmen des Belagerungszustands; vielen erscheint der massive Aufmarsch der Reichswehr überzogen, da sich die Situation in Hamburg rasch wieder entspannt.*

Versailler Vertrag lähmt Hamburger Wirtschaftsleben

28. Juni 1919. Das Deutsche Reich und die alliierten Siegermächte des Ersten Weltkriegs unterzeichnen den Versailler Friedensvertrag. Mit seinen Gebietsabtretungen, Reparationszahlungen und scharfen Handelsrestriktionen beeinflußt er die wirtschaftliche Entwicklung der Hansestadt auf Jahre hinaus negativ.

Zu den für Hamburg besonders schwerwiegenden Bestimmungen gehört die Ablieferung des größten Teils der deutschen Handels- und eines Viertels der Fischereiflotte. So verliert Hamburg 1919 fast seine gesamte Handelsflotte von 764 Dampf- und Segelschiffen (zusammen über 2,5 Mio. BRT). Unter den abzuliefernden Schiffen befinden sich auch Riesendampfer wie die erst 1918 fertiggestellte »Bismarck« (→ 20. 6. 1914/S. 390).

Außerdem gesteht der Versailler Vertrag der deutschen Regierung im internationalen Handel »keinerlei Rechte, Vorrechte und Freiheiten der Souveränität« zu. Darüber hinaus muß das Deutsche Reich einseitig die sog. Meistbegünstigung (d. h. Gewährung von Handelsvorteilen, die auch andere Außenhandelspartner erhalten) einräumen, ohne umgekehrt davon profitieren zu können.

Deutsche Auslandsvermögen werden beschlagnahmt. Die erzwungene Ablieferung eines großen Teils der deutschen Kohleproduktion behindert – wie in anderen Städten – auch in Hamburg die industrielle Produktion. Besonders betroffen wird die Hansestadt von der Regelung, daß die Alliierten für Güter und Schiffe in deutschen Häfen und auf den Binnenschiffahrtswegen Privilegien ohne Gegenleistungen erhalten.

Zu harten Auseinandersetzungen kommt es um die Auslieferung der Schiffe. Sie ist im Rahmen einer am 17. Januar in Trier unterzeichneten Vereinbarung im Gegenzug zu Lebensmittellieferungen vorgesehen. Im März weigern sich in Hamburg Seeleute, Schiffe durch die Nordsee zu den Siegermächten zu überführen, da sie damit ihre eigenen Arbeitsplätze vernichten würden. Erst nach eindringlichen Appellen von SPD, Gewerkschaftskartell und bürgerlichen Politikern, die auf die Konsequenzen eines solchen Boykotts für die ohne-

Frostige Aussichten für die Zukunft: Eisgang im Hamburger Hafen (Winter 1919); die Hafenwirtschaft liegt am Boden.

Mit den Zeiten kolonialer Herrlichkeit, wie sie diese Postkarte mit ihrem »Gruss aus Tanga« (Ostafrika) 1898 repräsentiert, ist es vorbei: Hamburger Handelshäuser beklagen den Verlust von Plantagen in den Kolonien.

hin katastrophale Lebensmittelversorgung der Bevölkerung hinweisen (→ 1919/S. 404), ändern die Seeleute ihre Einstellung.

Auch der Verlust aller deutschen Kolonien trifft Hamburger Unternehmen. Bereits im Verlauf des Krieges hatten die Überseefirmen ihre Niederlassungen, Pflanzungen und Betriebsvermögen in den »Schutzgebieten« in Afrika und in der Südsee verloren.

Neben diesen konkreten Konsequenzen aus der deutschen Niederlage wirken sich indirekte Folgen des Ersten Weltkriegs negativ für Hamburg aus. Die internationalen Absatzmärkte sind aufgrund des kriegsbedingten Kaufkraftverlustes vor allem in Europa geschrumpft. Viele Überseestaaten haben angesichts ausbleibender Lieferungen aus den kriegführenden Industriestaaten eigene Handelsorganisationen und Schiffahrtslinien eingerichtet.

Besonders in den USA erwächst allen europäischen Nationen ein starker Handelskonkurrent, dessen Produktionsanlagen durch den Weltkrieg nicht in Mitleidenschaft gezogen wurden. Diese Entwicklungen sorgen für hohe Hürden bei der Rückkehr Hamburger Unternehmen auf den Weltmarkt im Verlauf der 20er Jahre.

Schlußstrich unter Ersten Weltkrieg

Chronik Stichwort

Der am 28. Juni 1919 im Spiegelsaal des Schlosses von Versailles (bei Paris) zwischen 27 alliierten bzw. assoziierten Mächten und dem Deutschen Reich unterzeichnete Vertrag beendet den Ersten Weltkrieg. 440 Artikel regeln Gebietsabtretungen, Demilitarisierung der Reichswehr, allgemein formulierte, mit der deutschen Alleinschuld begründete Reparationsforderungen und die Besetzung westdeutscher Gebiete. Der Text des Versailler Vertrags wurde seit dem 18. Januar 1919 auf der Pariser Friedenskonferenz ohne deutsche Beteiligung ausgehandelt. Die Reichsregierung erhielt den Vertragstext am 7. Mai; deutsche Gegenvorschläge stießen fast ausnahmslos auf Ablehnung. Angesichts einer drohenden militärischen Besetzung und in der Hoffnung auf eine baldige Revision stimmte die Weimarer Nationalversammlung trotz großer Bedenken am 22. Juni der Unterzeichnung zu. Zuvor trat das Kabinett unter Philipp Scheidemann (SPD) zurück.

Staatliches Arbeitsprogramm Tropfen auf heißen Stein

16. Juli 1919. Im Rahmen von Notstandsmaßnahmen setzt der Hamburger Senat 500 Arbeitslose für 13 Wochen bei der Instandsetzung des Hauptfriedhofes Ohlsdorf ein. Im Verlauf des Jahres führt die Landesregierung weitere großangelegte Maßnahmen zur Arbeitsbeschaffung durch.

Bereits im Juni gab der Senat bekannt, durch die Anlage des Planschbeckens im Stadtpark (→ 1. 7. 1914/S. 388) seien rund 550 Menschen für 13 Wochen beschäftigt worden. Auch durch die Herrichtung von Kleingärten erhielten 300 Arbeitslose vorübergehend eine Verdienstmöglichkeit. Gegen Ende des Jahres übernimmt die neugegründete Deutsche Werft AG (→ 13. 6. 1918/S. 403) 200 zusätzliche Arbeitskräfte für den Ausbau ihrer Anlagen im Hafen.

In Hamburg nimmt die Erwerbslosigkeit seit Kriegsende erheblich zu. Im monatlichen Durchschnitt verzeichnet die Hansestadt im Jahr 1919 rund 65 000 Arbeitslose. Für diesen Anstieg gibt es mehrere Gründe. So steht einer wachsenden Zahl zurückkehrender Soldaten eine Industrie gegenüber, die aufgrund von Rohstoff-, Energie- und Kapitalmangel erhebliche Produktionsrückgänge verzeichnet. Wegen kriegsbedingter Umstände (→ 28. 6. 1919/S. 406) können auch traditionelle Stützen der hanseatischen Wirtschaft wie Seeschiffahrt und Außenhandel nur wenig zu einer Entspannung der Lage beitragen. Schließlich bewirkt die Um-

Arbeitsuchende in einer der am 2. Dezember 1918 eröffneten 14 Meldestellen des staatlichen Arbeitsnachweises

stellung von Kriegs- auf Friedensproduktion einen weiteren Verlust von Arbeitsplätzen. Beispielsweise wurden die Kapazitäten der Werften während des Krieges ohne Rücksicht auf spätere Produktionsmöglichkeiten ausgebaut. Die zum hamburgischen Staatsgebiet zählende Stadt Geesthacht leidet unter der Stillegung der dort dominierenden Sprengstoffindustrie. Die von

der Räteregierung erlassenen Verfügungen wie die Einführung des Achtstunden-Arbeitstages und die Einschränkung der Akkordarbeit können den Arbeitsplatzmangel nicht annähernd kompensieren.

Auch die genannten Arbeitsbeschaffungsmaßnahmen wirken angesichts der hohen Zahl Erwerbsloser nur als Tropfen auf den heißen Stein. Zu durchgreifenden sozialen

Maßnahmen ist das mit rund 2,16 Mrd. Mark (Ende 1919) verschuldete Hamburg nicht in der Lage. Allerdings steigt die Zahl der Arbeitsplätze parallel zur sich erholenden Konjunktur in den folgenden Jahren wieder erheblich an. 1920 werden in Hamburg bereits rund 375 000 Arbeitskräfte beschäftigt, im Jahr darauf mehr als 400 000 (zum Vergleich 1914: 280 000).

Medizinische Versorgung unabhängig vom Geldbeutel

Oktober 1919. Alle 19 Hamburger Ortskrankenkassen sowie drei Betriebs- und zwei Innungskrankenkassen schließen sich zur Allgemeinen Ortskrankenkasse (AOK) Hamburg zusammen. Sitz der Hauptverwaltung wird das Haus Kaiser-Wilhelm-Straße 93.

Die ersten Ortskrankenkassen als eine jedermann zugängliche Versicherung entstanden 1884 im Rahmen des Gesetzes über die Krankenversicherung der Arbeiter vom 15. Juni 1883. 1895 gab es in Hamburg bereits 19 nach Berufen gegliederte Ortskrankenkassen (sowie 25 Betriebs- und 100 sonstige Kassen). Nach Zusammenfassung

der verschiedenen Zweige der Sozialversicherung durch die erste Reichsversicherungsordnung von 1911 schritt die Konzentration der Krankenkassen rasch voran.

Neben der Bildung der AOK kommt es nach der Novemberrevolution zu einer weiteren organisatorischen Neuerung auf dem Hamburger Gesundheitssektor. Im März 1920 entsteht das Gesundheitsamt als erste Großbehörde der Hansestadt; sie ist das Ergebnis der Konzentration verschiedener Dienststellen mit medizinischen und sozialhygienischen Aufgaben. Vor allem die SPD als stärkste Partei der Bürgerschaft sieht in der

Gesundheitspolitik einen Schwerpunkt ihrer Arbeit. Im Hintergrund steht das Ziel, der gesamten Bevölkerung unabhängig vom Einkommen eine gute medizinische Versorgung zu bieten. Allerdings fehlen in der Nachkriegszeit die finanziellen Mittel für eine umfassende staatliche Regelung vieler gesundheitspolitischer Probleme (z. B. staatliche Krankenhäuser). So unterstützen staatliche Stellen häufig bestehende private Einrichtungen mit öffentlichen Geldern, um Neubau- oder Übernahmekosten zu sparen. Bereits nach 1892 wurden – als Konsequenz aus der Cholera-Epidemie (→ 18. 8. 1892/

S. 320) – große Summen für den Ausbau des Gesundheitssystems aufgewendet.

Grundlegende sozialpolitische Entscheidungen fallen seit dem Zusammentritt der Nationalversammlung am 6. Februar 1919 meist in die Reichszuständigkeit. Wichtige neue Ansätze werden hier erst im Verlauf der 20er Jahre realisiert (u. a. Einführung der gesetzlichen Arbeitslosenversicherung 1927). In Hamburg hatte noch die alte Bürgerschaft am 6. November 1918 die Errichtung eines staatlichen Arbeitsamtes beschlossen. Die ersten 14 Arbeitsnachweise werden am 2. Dezember 1918 eröffnet.

Vorlesungsgebäude der neugegründeten Hamburger Universität; es wurde von dem vermögenden Großkaufmann Edmund J. A. Siemers gestiftet.

Hochschule erlöst Studenten vom Notkurs

10. Mai 1919. Nach jahrelangen Diskussionen über das Für und Wider ihrer Gründung wird die Hamburger Universität mit Ansprachen des Bürgermeisters Werner von Melle und des ersten Rektors Karl Rathgen eröffnet.

Am 31. März hatte die Bürgerschaft mit Verabschiedung des »Vorläufigen Gesetzes über eine Hamburgische Universität und Volkshochschule« die rechtlichen Voraussetzungen zur Einrichtung der Hochschule geschaffen.

Die Universität entsteht u. a. aus dem sog. Allgemeinen Vorlesungswesen, aus mehreren naturwissenschaftlichen Staatsinstituten, dem Kolonialinstitut und dem Allgemeinen Krankenhaus Eppendorf. Bereits vor Beginn des Ersten Weltkriegs waren grundlegende Einrichtungen einer Hochschule in Hamburg vorhanden. Den konkreten Anstoß zur Universitätsgründung gab eine Professoreninitiative, in deren Rahmen seit dem 6. Januar 1919 sog. Notkurse stattfinden. Nach den Bürgerschaftswahlen gibt es keinen Aufschub mehr. Die Zahl der ordentlichen Professuren wird von 19 auf 39 erhöht.

Zu den wissenschaftlichen Schwerpunkten der Universität zählen u.a. Auslandskunde (Albrecht Mendelssohn-Bartholdy, ab 1920), Psychologie (William Stern, → 1. 3. 1916/ S. 395) und Medizin sowie Philosophie, die Ernst Cassirer lehrt.

◁ *Karl Rathgen, Professor für Nationalökonomie und erster Rektor der Universität, deren Studentenzahlen während der Weimarer Republik zwischen ca. 2000 und 4500 liegen*

◁▽ *Einer der renommiertesten Wissenschaftler der Hamburger Hochschule ist der Psychologe und Philosoph William Stern, der besonders durch seine Beiträge zur Kinder- und Jugendpsychologie und zur Berufsberatung von sich reden macht.*

▽ *Albrecht Mendelssohn-Bartholdy übernimmt 1924 die Leitung des neuen Instituts für auswärtige Politik, dessen Forschungen einen Beitrag zur Bewahrung des Friedens leisten sollen.*

Langes Tauziehen um die Universität

Chronik Hintergrund

Bereits vor dem Ersten Weltkrieg gab es massive Bestrebungen zur Gründung einer Universität in Hamburg durch Zusammenfassung der bestehenden Forschungsinstitute. Zu den profiliertesten Fürsprechern zählte Senator und Bürgermeister Werner von Melle. Die Bürgerschaft lehnte einen entsprechenden Antrag jedoch zweimal ab. Zuvor hatte u. a. die Handelskammer vor den entstehenden, nach ihrer Ansicht zu Lasten der Wirtschaft gehenden Kosten gewarnt. Neben der Wirtschaft zählten auch etablierte Akademiker, die neue Konkurrenz fürchteten, zu den Gegnern einer Universitätsgründung. Parallel zu diesen Widerständen bauten die Universitätsförderer das »Allgemeine Vorlesungswesen« aus (1913/14: mehr als 17 000 Hörer bei 301 Veranstaltungen mit 236 Dozenten). Außerdem entstanden die Hamburgische Wissenschaftliche Stiftung (1907) und das Kolonialinstitut (1908). Bedeutend für die Anbahnung der Universität war daneben die Einrichtung fester Lehrstühle (→ 1. 3. 1916/S. 395).

Berlin per Flugzeug – ein kaltes Abenteuer

1. März 1919. Die Deutsche Luftreederei GmbH richtet als eine von fünf Fluglinien eine regelmäßige Verbindung zwischen Hamburg und Berlin ein. Im ersten Jahr nutzen 233 Fluggäste das Angebot.

Die Bedingungen für die ersten Linienflüge sind abenteuerlich. Der Boden des Flugfeldes ist uneben und feucht. Ein ehemals vorhandener Holzzaun um das Gelände wurde als Brennstoff verfeuert. Wegen des Raummangels stehen einige Flugzeuge notdürftig in Zelten. Als Flugmaschinen dienen umgebaute Militärflugzeuge, in denen von Komfort nicht die Rede sein kann. Warme Kleidung ist für den Piloten und die Passagiere lebenswichtig, weil der Linienverkehr im Jahr 1919 noch auf offene Maschinen zurückgreifen muß.

Die Deutsche Luftreederei wurde im Dezember 1917 durch die Allgemeine Electricitäts-Gesellschaft gegründet. Sie verfügt über den Großteil der 150 Flugzeuge, die dem Deutschen Reich von den Siegermächten belassen worden sind.

Aus drei mach eins: HSV wird gegründet

1. Juni 1919. Drei Klubs, die jeder für sich bereits ein Stück Hamburger Sporthistorie geschrieben haben, schließen sich zum Hamburger Sportverein zusammen. Die Farben des HSV sind die Farben der Hansestadt: Weiß und Rot. Auf dem Trikot prangt ein Rhombus in den Farben Blau-Weiß-Schwarz. Ältester Gründerverein ist der SC Germania, dessen Gründungsdatum, der 29. September 1887, vom HSV übernommen wird. Die beiden anderen Klubs sind der Hamburger FC von 1888 sowie der SC Falke von 1906. Hamburg 88 bringt mit dem am 1. November 1910 gepachteten Sportgelände am Rothenbaum und dem aus Braunschweig gekommenen Mittelstürmer Otto Fritz (»Tull«) Harder zwei wichtige Garanten künftiger Erfolge ein.

In 28 Mannschaften wird beim HSV bereits Fußball gespielt, am Ende der Saison 1919/20 der Hamburger Fußball-Meisterschaft belegt er knapp hinter Victoria den zweiten Platz. 1921 erringt der Klub seine erste Norddeutsche Meisterschaft.

Hockeysport – aber bitte nur im Winter

28. November 1919. »Zweck des Club ist . . . die Betreibung des Hockeysports in der Wintersaison. Im Sommer entstehen dem Club keinerlei Aufgaben.«

So steht es in der Satzung des Vereins »Der Club an der Alster«, in dem sich sechs Hockey-Enthusiasten zusammenfinden, die bisher nur am Wochenende im Stadtpark spielten. Der Vereinsname verweist darauf, daß die Gründer ursprünglich Segler gewesen sind. Das »Der« soll dem Ganzen Renommee verleihen, denn – so Mitinitiator Werner Krogmann rückblickend – was »Der Hamburger Ruderclub kann, konnten wir auch.«. Nach den geforderten drei Probespielen wird der Club an der Alster in den Norddeutschen Hockeyverband aufgenommen und erlebt einen rasanten Aufschwung. Aufgrund einer Vereinbarung mit dem Eisbahnverein Vor dem Dammtor können am Mittelweg zwei Hockeyplätze angelegt werden. Mitte der 20er Jahre richtet der Club auch eine Tennisabteilung ein.

Probephase für die Schule von morgen

1. April 1919. Die Oberschulbehörde richtet am Berliner Tor 29 und in der Telemannstraße 10 in Eimsbüttel Versuchsschulen (Gemeinschaftsschulen) ein.

Diese Einrichtungen sind von den herkömmlichen Bindungen an Lehr- und Stundenplan befreit. Das Kollegium besteht aus Freiwilligen. Wenig später kommen elf weitere Reformschulen hinzu. Sie bilden die »Hamburgische Schulgemeinschaft«.

Die Modellschulen, deren Wurzeln bis ins Jahr 1899 zurückreichen, sind der Versuch, die starre Dreigliedrigkeit von Volksschule, Mittelschule und Gymnasium aufzubrechen. Es sind Volksschulen mit Aufbaustufen, an deren Ende die Mittlere Reife steht. Die Eltern sind in keiner Weise auf die neue Schulform vorbereitet, in der – jedenfalls der Theorie nach – auf alle Anordnungen verzichtet und nur »vom Kinde her« gearbeitet wird. Nur wenige Eltern schulen ihre Kinder um, weil ihnen die ganze »antiautoritäre« Richtung nicht paßt.

Unterricht in einer Mädchenklasse der Grundschule (1919)

Der »Hamb. Correspondent« meldet die Gründung der Volkshochschule.

Erholungsheim der sozialdemokratischen »Produktion« in Haffkrug

Höhere Bildung für das Volk

31. März 1919. *Zeitgleich mit dem Beschluß der Bürgerschaft über die Universitätsgründung entsteht die Hamburger Volkshochschule. Die Initiatoren wollen jedoch nicht warten, bis ein endgültiges Hochschulgesetz erlassen ist. Unter Leitung des Sozialdemokraten Rudolf Roß beginnt der Unterrichtsbetrieb hier bereits im Sommer mit 25 Kursen und 1073 Teilnehmern. Für die Vorlesungsreihen konnten zehn Professoren gewonnen werden. Ferner umfaßt das Lehrangebot Übungen, die in den richtigen Umgang mit wissenschaftlicher Arbeit einweisen.*

Vier Jahre gleiche Erziehung

14. Mai 1919. *Als Ergebnis des Gesetzes über die Einheitsschule führt Hamburg die vierklassige Grundschule ein, die von allen Kindern besucht werden muß. Ferner werden das Schulgeld an den Volksschulen abgeschafft und die bisherigen staatlichen Vorschulen schrittweise abgebaut. Ein vielfältiges System von Schulgeldermäßigungen und Beihilfen soll sicherstellen, daß auch Kinder aus sozial schwachen Familien die höheren Schulen besuchen können. Im Jahr 1920 folgen die ersten Aufbauschulen, die Volksschüler zum Abitur führen.*

Erholung von Hamburg auf Sylt

1. Juli 1919. *Die ersten 350 Hamburger Jungen und Mädchen fahren mit dem Seebäderdienst nach Sylt, um sich vier Wochen fern der Großstadt zu erholen und sich endlich einmal wieder sattzuessen. Als Unterkunft dienen ehemalige Baracken des Küstenschutzes im Lager Vogelkoje. Am 23. Mai hatte der Senat 135 000 Mark für den Erwerb dieser sehr einfach ausgestatteten Häuser bewilligt und sie dem Hamburger Schulverein zur Verfügung gestellt. Diese Organisation gründete sich 1875 mit dem Ziel, soziale Mißstände an den Volksschulen zu beheben.*

1920

3. 2. Als Nachfolger des zum Geschäftsträger des Deutschen Reiches in London ernannten Friedrich Sthamer wird der parteilose Senator und Finanzexperte Arnold Friedrich Georg Diestel Bürgermeister von Hamburg.

Februar. Im Curio-Haus findet ein großes Künstlerfest statt. → S. 411

13. 3. In Berlin unternimmt der Politiker und Jurist Wolfgang Kapp einen Putschversuch. Die Gewerkschaften rufen den Generalstreik aus. → S. 410

6. 6. Bei der ersten Wahl zum Deutschen Reichstag verliert die Weimarer Koalition aus SPD, linksliberaler DDP und katholischer Zentrumspartei ihre bisherige Mehrheit. In Hamburg erzielt die SPD 53,4% der Stimmen.

26. 6. In Klein-Flottbek findet das erste Deutsche Springderby statt. → S. 411

27. 6. Nach schweren Hungerunruhen verhängt Reichspräsident Friedrich Ebert (Mehrheits-SPD) über Groß-Hamburg den Ausnahmezustand. Damit geht bis zum 5. August die Exekutive an den Hamburger Polizeiherrn Karl Hense über.

27. 6. Adolf Jäger (Altona 93) erzielt den Ehrentreffer beim ersten Nachkriegsländerspiel der deutschen Fußballnationalelf. Die Deutschen verlieren in Zürich 1:4 gegen die Schweiz. → S. 411

22. 7. Die Brüder Gerhard und Hinrich Buss gründen im Hamburger Hafen einen Stauereibetrieb.

1. 9. In Hamburg werden die Straßenbahnbriefkästen in Betrieb genommen. Der populäre Beförderungsdienst wird im Juli 1943 – kriegsbedingt – vorerst aufgegeben.

10. 9. Die ein Jahr zuvor aufgestellte Hamburger Sicherheitspolizei wird aufgelöst. An ihre Stelle tritt eine kasernierte Ordnungspolizei.

28. 10. Die Hamburg-Amerika Linie stellt den ersten Nachkriegsdampfer in Dienst. → S. 411

29. 12. Die Hamburger Bürgerschaft billigt die neue Verfassung der Freien und Hansestadt. → S. 410

29. 12. Auf dem Friedhof Ohlsdorf wird ein von Fritz Schumacher konzipiertes Denkmal für die Opfer der Revolutionsjahre 1918/19 errichtet.

GESTORBEN:

8. 2. Blankenese: Richard Dehmel (* 18. 11. 1863, Wendisch-Harmsdorf), Dichter.

1. 8. Hamburg: Ernst Christian Voss (* 12. 1. 1842, Fockbek), Werftbesitzer.

Arbeiter unterbinden Putsch von rechts

13. März 1920. In Berlin proklamiert der rechtsextreme Politiker Wolfgang Kapp mit Unterstützung ihm getreuer Truppenteile eine neue Regierung. Die Gewerkschaften reagieren mit einem Generalstreik, der ab Mittag auch in Hamburg nahezu das gesamte öffentliche Leben lahmlegt.

Am Abend bekennt sich die Bürgerschaft mehrheitlich zur Republik. Die Arbeiterparteien SPD und USPD und die DDP rufen ihre Anhänger auf, sich zu bewaffnen. Sympathie finden die Putschisten in Altona, wo sich der Garnisonsälteste, Oberst Adolf Freiherr von Wangenheim, am selben Abend offen auf ihre Seite stellt. Er läßt in der Nacht die Rathäuser in Hamburg und Altona sowie das Gewerkschaftshaus am Besenbinderhof von Reichswehr bzw. Zeitfreiwilligen besetzen. Sie rücken aber wieder ab, als sich die SPD-nahe Einwohnerwehr und auch Teile der Sicherheitspolizei unter den Befehl des Senats stellen. Am Abend des 15. März verläßt der tags zuvor vom Senat kurzerhand für

Von Berlin ausgehend, findet der Kapp-Putsch auch in Hamburg Anhänger in der Reichswehr: Soldaten sperren den Großen Burstah neben der Börse ab.

abgesetzt erklärte Wangenheim in zivil die Stadt.

Am selben Tag kommt in der Schule Woellmerstraße in Harburg-Heimfeld der Führer des Freikorps »Eiserne Schar«, Rudolf Berthold, im Handgemenge mit aufgebrachten Demonstranten ums Leben.

Eine Betriebsräteversammlung erklärt am 16. März den Streik für beendet. Daraufhin kommt es in Barmbek zu blutigen Auseinandersetzungen zwischen der Polizei und Demonstranten, die ein energisches Vorgehen gegen alle Putschversuche von rechts fordern.

Bürgerschaft sagt »Ja« zur Verfassung

29. Dezember 1920. Die Bürgerschaft billigt in zweiter Lesung mit 95 Stimmen der SPD und der DDP gegen 40 Stimmen der Rechten und der äußersten Linken die Verfassung der Freien und Hansestadt, die am 7. Januar 1921 verkündet wird. Sie löst ein am 26. März 1919 von der ersten demokratisch gewählten Bürgerschaft beschlossenes Gesetz über die vorläufige Staatsgewalt ab. Die Konstitution beruht in ihren Grundzügen auf einem Entwurf des altgedienten Staatsrates Karl Struve. Bei der Formulierung des Textes hatten die Mehrheitsparteien für ein Übergewicht der Bürgerschaft gegenüber dem Senat gesorgt.

Die höchste Staatsgewalt liegt nunmehr bei dem vom Volk in allgemeiner, unmittelbarer, gleicher und geheimer Abstimmung nach den Grundsätzen der Verhältniswahl gewählten Parlament, nicht mehr bei Senat und Bürgerschaft zusammen. Für die Stimmabgabe ist ein Alter von 20 Jahren erforderlich, um zu kandidieren, muß man mindestens 25 Jahre alt sein.

Der Senat wird von der 160köpfigen Bürgerschaft in Zukunft mit einfacher Mehrheit gewählt und ist dem Parlament verantwortlich. Die Bürgerschaft kann den Senatoren – mit absoluter Mehrheit – das Mißtrauen aussprechen. Sie tritt auf eigenes Ermessen oder auf Ersuchen des Senats zusammen und darf mit absoluter Mehrheit ihre Selbstauflösung vor Ablauf der

dreijährigen Legislaturperiode beschließen.

Der Senat kann gegen Entscheidungen der Bürgerschaft sein Veto einlegen, das vom Parlament nur mit absoluter Mehrheit zurückgewiesen werden kann. Lehnt der Senat immer noch ab, das betreffende Gesetz in Kraft zu setzen, besteht die Möglichkeit, darüber einen Volksentscheid herbeizuführen.

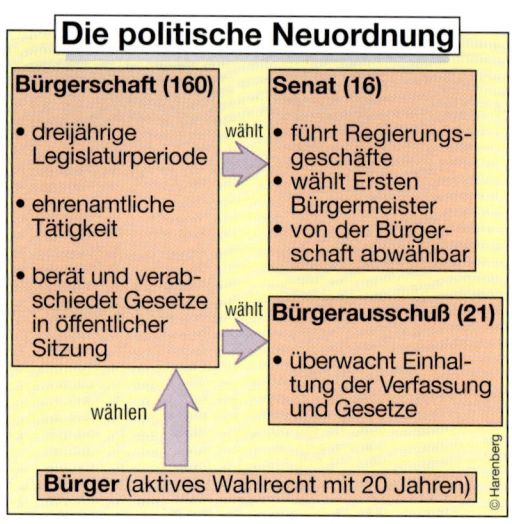

Grafische Darstellung der hamburgischen Verfassung, die am 7. Januar 1921 veröffentlicht wird; die ehrenamtlich tätige Bürgerschaft übt die gesetzgebende Gewalt aus, der Senat die vollziehende. Drittes Organ der Gewaltenteilung sind die Gerichte. In der Verfassung findet sich einiges Vertrautes wieder: So bleibt der Bürgerausschuß ebenso erhalten wie die Mitarbeit der Deputationen in der Verwaltung.

Wieder Aufträge für deutsche Werften

28. Oktober 1920. Die Hamburg-Amerika Linie stellt ihren ersten Schiffsneubau seit 1918 in Dienst. Es ist die bei der Bremer Vulkan-Werft in Vegesack gebaute »Abessinia«, ein Frachter von 1566 BRT, der im Levante- und Westindien-Dienst fahren soll. Am 27. November liefert dieselbe Werft die »Alexandria« (1575 BRT) an die Hapag. Das Unternehmen hatte 1919 bei deutschen Werften mehrere Neubauten in Auftrag gegeben. Sie bleiben unter 1600 BRT, weil die Siegermächte des Ersten Weltkrieges die Ablieferung aller größeren deutschen Schiffe fordern. Die einst so bedeutende Firma muß nun ihrem von rund 22 000 auf 3570 Mann geschrumpften Personal zunächst Arbeit verschaffen.

Um sich neue Märkte zu erschließen, übernahm die Hapag am 8. Januar dieses Jahres die Deutsche Levante-Linie; sie verfügt auch ohne ihre Schiffe über eine intakte Organisation im Mittelmeer. Gut zwei Wochen später, am 24. Januar, kam die Firma Lütgens & Reimers hinzu; damit sicherte sich die Hapag im Hamburger Hafenverkehr eine führende Position.

Die »Mount Clay« eröffnet am 28. Dezember mit der ersten Abfahrt von New York nach Cuxhaven den gemeinsamen Passagierdienst Harriman-Hapag.

Am 29. Januar eröffnete mit Unterstützung des Reichs der Seebäderdampfer »Hörnum« den »Seedienst Ostpreußen« von Swinemünde nach Pillau. Wenig später konnte mit gecharterten Schiffen der Linie der Liniendienst nach Ostasien, Kuba/Mexiko und Großbritannien wieder aufgenommen werden, und ein am 4. Juli in New York unterzeichneter Vertrag mit der Reederei Harriman begründete einen Ende 1920 beginnenden gemeinsamen Passagierdienst auf dem Nordatlantik.

Das erste Mal über Pulvermanns Grab

26. Juni 1920. Beim ersten Deutschen Springderby gelingt dem Frankfurter Paul Heil ein Bravourstück: Mit seinen Pferden »Cyrano«, »Hexe«, und »Grey Lad« belegt er Platz eins bis drei. Dieser »Hattrick« krönt die Reitveranstaltung des Norddeutschen Vereins für Zucht und Prüfung deutschen Halbbluts in Klein-Flottbek.

Der Hamburger Kaufmann Eduard F. Pulvermann, ein passionierter Springreiter und ehemaliger Offizier des 15. Husaren-Regiments im Ersten Weltkrieg, hat den Parcours auf einem ehemaligen Poloplatz angelegt. Er ist 1350 m lang, mit Naturhindernissen ausgestattet und gilt zwar als schwierig, aber sportlich fair. Das schwerste der 17 Hindernisse mit 24 Sprüngen ist das nach ihm benannte »Pulvermanns Grab«, 5 m breit und 1,40 m hoch. Dazwischen liegt ein 2 m breiter Wassergraben, Ein- und Aussprung sind 15 m voneinander entfernt. Hier müssen in den folgenden Jahren viele Reiter ihre Hoffnung auf den Sieg begraben.

Kopfballstarker Tor-Jäger

27. Juni 1920. Im ersten Nachkriegsländerspiel der deutschen Fußballnationalmannschaft in Zürich schießt Mittelstürmer Adolf Jäger (Altona 93) bei der 1:4-Niederlage gegen die Schweiz das einzige Tor für die Deutschen.

Der bereits 31jährige Mannschaftskapitän ist der herausragende Spieler in Zürich. Gestalter und »Vollstrecker« in einem, schlägt er lange Pässe auf die Flügel, plaziert kluge Bälle und sorgt kopfballstark immer wieder für Gefahr im gegnerischen Torraum.

Seinen Länderspieleinstand feierte der Torjäger am 7. Juni 1908 mit einem Treffer beim 2:3 gegen Österreich in Wien. In Stockholm gehörte er vier Jahre später zu den Stützen im Olympia-Aufgebot. Er ist einer der wenigen Fußballstars aus der Vorkriegszeit, die nach 1918 wieder an ihre früheren Glanzzeiten anknüpfen können.

Mit der Norddeutschen Auswahl gewann er 1911, 1914 und 1917 den Kronprinzenpokal und 1919 den Bundespokal (Länderpokal). Bis 1924 spielt er in der Nationalmannschaft und erzielt bei seinen 18 Einsätzen insgesamt elf Tore. Rückblickend heißt es über Adolf Jäger 1937 im »Reichssportblatt«: »Die außergewöhnliche Klasse Jägers konnte vielleicht zu seiner Zeit nicht einmal so sehr gewürdigt werden wie heute, wo man Abstand zu den Dingen hat.«

Adolf Jäger im Dreß von Altona 93 beim Tee während der Halbzeitpause

Verrückte Künstlerfeste

Februar 1920. »Die Gelbe Posaune« lockt nicht nur die Hamburger Kunstschüler ins festlich dekorierte Curio-Haus. Nach der kriegsbedingten Unterbrechung kann die Reihe der Künstlerfeste, die 1913 am Lerchenfeld unter dem Namen »Futurumbumbum« begonnen hatte, fortgesetzt werden.

Veranstalter der skandalumwitterten und nicht jugendfreien Festivitäten ist der Verein Hamburger Künstlerhilfe. Eine eigens eingesetzte vorbereitende Kommission befaßte sich schon ab Oktober des Vorjahres mit der Organisation, suchte ein Thema und ließ eine Revue texten und komponieren.

Die aufwendigen Dekorationsarbeiten übernahmen die Schüler der Kunstgewerbeschule nach den Entwürfen ihrer Lehrer. Ihr Entgelt besteht darin, daß sie am ersten Abend freigehalten werden. Der große Saal des Curio-Hauses ist beim diesjährigen Fest ganz in Rot und Gelb gehalten. Wegen des Textilienmangels kommen viele Besucher einfach in handbemalten Säcken. Mit der Polizeistunde

»Krawall im All« ist das Motto des Künstlerfestes im Jahr 1932.

endet der offizielle Teil, anschließend wird privat weitergefeiert.

Ob man nun darüber begeistert oder sittlich empört ist: Die Künstlerfeste gehören zum Hamburger Ballkalender einfach dazu.

1921

SPD stärkste Kraft trotz hoher Verluste

20. Februar 1921. Bei den Wahlen zur Bürgerschaft bleibt die SPD trotz des Verlustes von 15 Mandaten mit 67 Sitzen die stärkste Partei. Gegenüber 1919 verliert sie über 50 000 Stimmen u. a. an die KPD, die im Wahlkampf gefordert hatte, den Sozialdemokraten die »Masken« herunterzureißen.

Die KPD zieht mit 17 Abgeordneten erstmals in das Parlament ein, in dem je 23 Sitze von der linksliberalen DDP (minus zehn) und von der rechtsliberalen DVP (plus zehn) gehalten werden. Die Deutschnationale Volkspartei gewinnt 18 Mandate, die USPD zwei.

Am 5. März tritt die neugewählte Bürgerschaft zu ihrer konstituierenden Sitzung zusammen und bestätigt Rudolf Roß (SPD) als ihren Präsidenten. Das Parlament wählt am 23. März einen Senat aus acht Vertretern der Mehrheits-SPD, fünf Demokraten und vier Parteilosen. Als Bürgermeister bestätigt werden Arnold F. G. Diestel (DDP) und Otto Stolten (SPD).

»Märzaktion« wird Schlag ins Wasser

23. März 1921. Das KPD-Blatt »Hamburger Volkszeitung« meldet auf der ersten Seite »Rote Fahnen über Blohm & Voß«. Dort sind am Morgen Erwerbslose unter Führung von KPD-Bürgerschaftsabgeordneten eingedrungen, ein kleiner Teil der Belegschaft streikt.

Die Besetzung ist Teil einer großen »Märzaktion« der KPD, die – ausgehend von einem zwei Tage zuvor proklamierten Generalstreik im Mansfelder Kohlerevier – die Bedingungen für die Errichtung der Räterepublik schaffen soll. Doch die KPD-Führer, unter ihnen Ernst Thälmann, haben die eigene Stärke ebenso überschätzt wie die Resonanz ihrer Forderungen bei den Arbeitern. Zudem unterbindet die Sicherheitspolizei eine geplante Massenkundgebung auf dem Heiligengeistfeld. Nur in Geesthacht wird am 26. März noch gekämpft. Am 29. und 31. März nehmen dann die Arbeiter der Deutschen Werft bzw. bei Blohm & Voss ihre Arbeit wieder auf.

Schiedsgericht wacht über Tarifeinhaltung

April 1921. Im Hamburger Hafen wird eine Schlichtungsstelle eingerichtet, die über die Einhaltung der Tarife und sonstiger arbeitsrechtlicher Vereinbarungen wachen soll.

Das aus je drei Vertretern der Tarifparteien und einem unparteiischen Vorsitzenden bestehende Gremium befaßt sich außer mit Tariffragen auch mit Konflikten, die aus dem Arbeitsverhältnis, der Verteilung der Arbeit und der Entziehung von Arbeitskarten resultieren.

Aufgrund der seit Dezember 1918 reichsweit verbindlichen Tarifvertragsordnung gelten auch im Hamburger Hafen diverse Tarifvereinbarungen, die der Hafenbetriebsverein (HBV) mit den zuständigen Gewerkschaften ausgehandelt hat. In ihrem Gründungsjahr muß die Schlichtungsstelle rund 3000 Klagen bearbeiten. 1921 sind beim HBV 3154 Schauerleute eingeschrieben, weniger als die Hälfte im Vergleich zu 1913. An den Kaianlagen sind pro Tag im Durchschnitt 6396 Arbeiter beschäftigt.

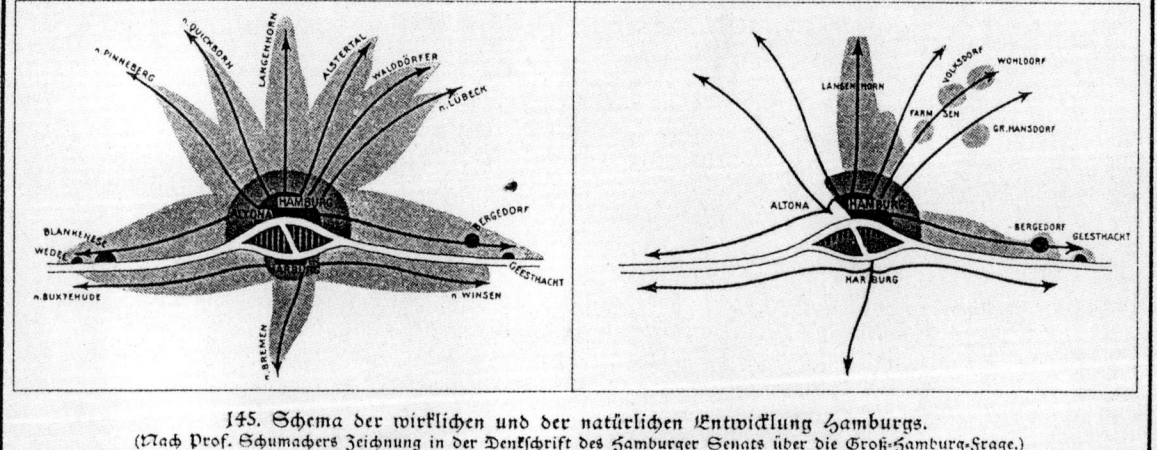

145. Schema der wirklichen und der natürlichen Entwicklung Hamburgs.
(Nach Prof. Schumachers Zeichnung in der Denkschrift des Hamburger Senats über die Groß-Hamburg-Frage.)
Um im Wettbewerb mit den großen Nordseestädten zu bestehen, muß Hamburg dafür Raum bekommen: 1. seine Hafenanlagen auszubauen, 2. seine Hafenindustrie zu entwickeln und 3. die Arbeiter anzusiedeln.

Der »Achsenplan« des Jahres 1921 über die »natürliche« (l.) und die »wirkliche« Entwicklung in Hamburg

Raumplan für künftiges Groß-Hamburg

22. September 1921. Der Senat richtet eine Denkschrift über die künftige Gliederung eines Staates Groß-Hamburg an die 1920 gegründete Zentralstelle für die Gliederung des Deutschen Reiches beim Reichsinnenministerium in Berlin sowie an alle Landesregierungen.

In dem 65seitigen Papier begründet der Senat seine Ziele und Vorstellungen hinsichtlich der Vergrößerung des Staates Hamburg durch Angliederung einiger umliegender preußischer Gemeinden. Um im Wettbewerb mit den Nordseehäfen bestehen zu können, müsse Hamburg den notwendigen Raum bekommen, um seine Hafenanlagen und -industrie auszubauen und Arbeiter dort anzusiedeln.

Die Darstellung wird durch Karten- und Bildmaterial ergänzt, darunter ein von Fritz Schumacher konzipierter »Achsenplan« über die »natürliche« und »wirkliche« Entwicklung des Organismus Hamburg«. Natürlich wäre, so Schumacher, die Angliederung von Harburg, Wilhelmsburg und Altona an die Metropole Hamburg.

»He lücht« erklärt Touristen den Hafen

1. Juli 1921. Die Finanzdeputation überträgt der Hafen-Dampfschifffahrts-AG (HADAG) die alleinige Konzession für die »Große Hafenrundfahrt«. Damit verschafft der Senat der HADAG eine krisenfeste Einnahmequelle und zugleich die Möglichkeit, die außerhalb der Stoßzeiten des Arbeiterverkehrs stilliegenden Hafenfähren nutzbringend einzusetzen.

Seit 1919 ist der Staat Hamburg der alleinige Aktienbesitzer der HADAG. Die alte Konzession für die Hafenfähren war Ende 1918 ausgelaufen. Angesichts der gestiegenen Kosten für Material und Löhne hätte die HADAG schließen müssen, sofern der alte »Fährkontrakt« unverändert beibehalten worden wäre (→ 8. 8. 1888/S. 308). Eigentlicher Anlaß für die Übertragung des Rundfahrt-Monopols an die HADAG sind die vielkritisierten Mängel bei den bisherigen Rundfahrten: Einige Schiffsbesitzer versuchen, sich durch Gewährung hoher Rabatte gegenseitig die Fahrgäste auszuspannen. Nicht selten erpressen sie mit rabiaten Methoden Trinkgelder von ihren arglosen Kunden.

Allerdings hat die HADAG bei der Organisation der »Großen Hafenrundfahrt« auch einige Schwierig-

Hafenrundfahrten gibt es schon lange: Auf dieser Postkarte von 1906 sieht man einen Anlegeplatz für Vergnügungsdampfer an den Landungsbrücken.

keiten zu überwinden: Sie benötigt Schiffe, auf denen die zahlenden Fahrgäste auch bei schlechtem Wetter komfortabel sitzen können. Der Schiffspark der HADAG stammt im wesentlichen aus der Vorkriegszeit. Ferner braucht der Veranstalter einen Begleiter, einen Hafenerklärer, der den Binnenländlern wie auch den Einheimischen möglichst einfach und sachkundig über alle Einzelheiten im Hafen Auskunft geben kann.

Allzu ernsthaft soll dies jedoch nicht geschehen, denn die Zeiten sind ohnehin schon schwer genug. Die Hafenkenner müssen im übrigen über ein gesundes Selbstbewußtsein verfügen. Nicht selten ertönt ihnen nämlich nach den wortreichen Erklärungen ein kräftiges »He lücht« (Er lügt) seitens der Arbeiter entgegen, sei es, um sie zu ärgern oder um die Touristen davor zu bewahren, jedes »Seemannsgarn« für bare Münze zu nehmen.

21. November 1921. Ein Brand im Harburger »Welt-Kino« führt unter den völlig verwirrten Besuchern zu einer Panik, bei der 13 Kinder ums Leben kommen.

Der Brand in dem Filmtheater ist die erste größere Bewährungsprobe für die Harburger Berufsfeuerwehr. Sie hat am 1. Oktober unter Leitung des Brandingenieurs Johannes Westphal mit 20 Männern ihren Dienst aufgenommen und folgt damit dem Hamburger (→ 12. 11. 1872/S. 273) und dem Altonaer (1. 4. 1890) Vorbild.

Zum Fahrzeugbestand der Harburger Wehr gehören zwei Krankenwagen, eine mechanische Drehleiter mit Kohlensäuremotoren, ein Mannschaftswagen, ein Schlauchtender sowie je zwei pferdebespannte Dampfspritzen und Dampfschlepper mit Dampf-Feuerlöschpumpen.

Bisher waren Löscharbeiten Sache des 1856 gegründeten »Feuer-Rettungs-Vereins zu Harburg«, in dem prinzipiell alle Bürger Mitglied sein sollten, und des weitaus effektiver arbeitenden »Feuerlösch- und Rettungsvereins«. Dieser im Jahr 1860 gegründete Verein war die erste freiwillige Feuerwehr im Großraum Hamburg.

Opiumhöhlen in St. Paulis »Chinesenviertel« enttarnt

4. August 1921. »Der Polizei ist bekannt, daß sich in Hamburg eine Reihe von Opiumhöhlen befinden, in denen nicht nur die in Hamburg zahlreich weilenden Kulis und anderen Chinesen, sondern auch Japaner und Deutsche sich dem Genuß dieses Giftes hingeben. Der Polizei gelang es, zwei dieser gefährlichen Stätten ausfindig zu machen, und zwar in der Hafenstraße 126 und Pinnasberg 77.« So dokumentiert ein Polizeibericht den bisher größten Schlag gegen das Rauschgiftgeschäft einiger Chinesen auf St. Pauli. In den Hinterräumen einer Wäscherei und eines Gemüseladens ertappen die Beamten rund 50 Opiumsüchtige.

Das Zentrum von Hamburgs »Chinatown« ist die Schmuckstraße. Die meisten der hier lebenden Chinesen schlagen sich als Köche, Restaurant- oder Wäschereibesitzer, oft aber auch mit illegalen Be-

schäftigungen durch. Ein Bericht aus dem Jahr 1930 beschreibt die Situation in dieser Straße so: »Die Fenster sind dicht verhängt, über schmale Lichtritzen huschen

Schatten, kein Laut dringt nach außen. Alles trägt den Schleier eines großen Geheimnisses.«

Der Kampf um Marktanteile im Drogenhandel verschärft sich. Be-

reits am 13. März wurde der Besitzer einer »Chinesischen Feinwäscherei« tot aufgefunden. Im Keller seines Ladenlokals fanden sich u. a. größere Mengen Opium.

Chinesen auf St. Pauli; über diese Gruppe Hamburger Ausländer – 207 waren es 1910 – ist außer exotischen Schilderungen wenig bekannt. Die meisten kamen als See-, einige als Kaufleute. 1921 eröffnet ein chinesisches Generalkonsulat.

1922

Aus der »Bismarck« wird die »Majestic«

28. März 1922. Trotz eisiger Kälte sind viele tausend Menschen auf den Beinen, um am Nachmittag dem größten Schiff der Welt Lebewohl zu sagen: Die »Bismarck« der Hamburg-Amerika Linie (56 551 BRT) fährt nach Großbritannien. Entsprechend dem Versailler Vertrag (→ 28. 6. 1919/S. 406) mußte das Schiff an die Siegermacht abgeliefert werden. Im Februar 1921 verkaufte die britische Regierung die »Bismarck« an die Reederei White Star Line, die den Koloß nach Beendigung der zehntägigen Probefahrt unter dem Namen »Majestic« weiterbetreibt.

Am → 20. Juni 1914 (S. 390) war das Schiff bei Blohm & Voss vom Stapel gelaufen. Es wurde wegen des Krieges erst 1918 fertiggestellt. Das größte bis dahin in Deutschland gebaute Passagierschiff ist 291,4 m lang, 30,5 m breit und verfügt über vier Turbinenmotoren mit einer Leistung von 86 000 PS, die den Dampfer auf ein Höchsttempo von 24,75 Knoten bringen. 2145 Passagiere können in drei Klassen komfortabel reisen.

◁ *Werbeplakat der britischen White Star Line, Eignerin der »Majestic«*

37 Tote beim Untergang der »Avaré«

16. Juni 1922. Beim Ausdocken auf der Vulcan-Werft kentert innerhalb weniger Minuten das brasilianische Frachtschiff »Avaré« (später Sierra Nevada«).

Der Dampfer gerät beim Verholen in den Ellerholzhafen in eine schlingernde Bewegung und legt sich querab von Ellerholzhöft auf die Steuerbordseite. Acht der an Bord Eingeschlossenen können sich retten, für 37 Werftarbeiter und brasilianische Seeleute kommt jede Hilfe zu spät. Die Verantwortung für die verhängnisvolle Havarie fällt eindeutig der Schiffsleitung zu. Sie hat den Dampfer ohne jeden Ballast aus dem Dock ziehen lassen.

Der brasilianische Dampfer »Avaré« nach dem Kentern; das Schiff war 1902 beim Stettiner Vulcan vom Stapel gelaufen. Als »Sierra Nevada« unter Flagge des Norddeutschen Lloyd in Bremen, fährt der Frachter später noch bis zum Jahr 1955 für eine sowjetische Gesellschaft auf allen Meeren.

Rechter Terror gegen »Judenrepublik«

1. Juni 1922. Mehrere rechtsextreme Täter verüben einen Sprengstoffanschlag auf das Denkmal für die Opfer der Revolution von 1918/19 auf dem Hauptfriedhof Ohlsdorf. Dies ist der Auftakt für eine Serie von Bombenattentaten, die sich gegen linke Einrichtungen und Politiker in Hamburg wenden.

Am 3. und 13. Juni sind die kommunistische Buchhandlung Carl Hoym Nachf. in der Admiralitätsstraße, das Haus der Freideutschen Jugend und das Büro des KPD-Organs »Hamburger Volkszeitung« Ziele von Anschlägen.

Am 17. Juni wird auf die Wohnung des KPD-Funktionärs Ernst Thälmann in der Siemssenstraße 4 in Eppendorf ein Attentat verübt. An seinem Wohnzimmerfenster explodiert eine mit Zeitzünder versehene Handgranate. Die Täter sind bald entdeckt: Es ist die »Sprengkolonne Warnecke«, die wiederum der rechtsextremen Münchner Organisation Consul angehört.

Dieser militante Geheimbund vereint vor allem nationalistische stellungslose Offiziere und Soldaten, die sich den radikalen Kampf gegen die Republik zum Ziel gesetzt haben. Die Polizei lastet dem Bund die Morde an dem Zentrumspoliti-

Siemssenstraße 4, Schauplatz des Handgranaten-Anschlags auf Ernst Thälmann am 17. Juni; der prominente KPD-Funktionär überlebt das Attentat.

ker Matthias Erzberger (26. 8. 1921) und an Reichsaußenminister Walther Rathenau (24. 6.) in Berlin an. Bei ihren Nachforschungen entdeckt die Behörde, daß u. a. der Privatbankier Max Warburg zu den nächsten Opfern gehören sollte.

Gegen den wachsenden Mordterror von rechts protestieren in Hamburg und Umgebung die organisierten Arbeiter am 27. Juni, dem Tag von Rathenaus Beisetzung.

Der Haß auf die »Judenrepublik« ist im gesamten rechten bürgerlichen Lager verbreitet. In Bergedorf wird am 5. Juli bei Renovierungsarbeiten im Gasthof »Stadt Hamburg« eine Kiste mit Stahlhelmen und Waffen gefunden. Nach weiteren Waffenfunden verhaftet die Polizei zeitweilig einen führenden Funktionär der rechtsliberalen Deutschen Volkspartei und mehrere andere Verdächtige.

NS-Partei ist auch in Hamburg illegal

25. November 1922. Nachdem 24 rechtsextreme Vereinigungen bereits im Sommer 1922 verboten wurden, erklärt die Polizeibehörde in Hamburg auch die Nationalsozialistische Deutsche Arbeiterpartei (NSDAP) als »staatsfeindliche Vereinigung« im Sinne des kurz zuvor erlassenen Republikschutzgesetzes für illegal.

Seit Anfang 1922 besteht die NSDAP–Ortsgruppe in Hamburg, erster Leiter ist der Tabakladenbesitzer Josef Klant. Ende Juli verzeichnete sie in Hamburg 32 Mitglieder, galt aber nur als einer von vielen nationalistischen Zirkeln.

Nach mehrfachen Versammlungsverboten führte die NS-Ortsgruppe unter der Bezeichnung »Wanderbund e.V.« ihre Arbeit getarnt fort. Als besonders belastend bewertet es die Polizeibehörde der Hansestadt, daß die Hamburger NSDAP Kontakte zu rechtsradikalen Bombenlegern unterhält, einen »Sturmtrupp« gebildet hat, eine Fahne besitzt und daß die Mitglieder einen Treueid leisten, der den »Führern Treue und Gehorsam bis in den Tod und der Fahne Treue und Gefolgschaft bis zur Erkämpfung des Sieges« gelobt.

Cuno wechselt vom Alsterdamm in die Reichskanzlei

22. November 1922. Der parteilose Hapag-Generaldirektor Wilhelm Cuno bildet als Nachfolger von Joseph Wirth (Zentrum) ein Kabinett aus Angehörigen der linksliberalen DDP, des Zentrums der Bayerischen Volkspartei und der rechtsliberalen DVP. Sein »Wirtschaftskabinett« verfügt im Reichstag über keine erkennbare Mehrheit.

Wirth ist an seiner »Erfüllungspolitik« gegenüber den Reparationsforderungen der Siegermächte gescheitert. Diese waren nicht mehr bereit, dem finanzschwachen Deutschen Reich entgegenzukommen, der deutschen Rechten hingegen gingen Wirths außenpolitische Konzessionen zu weit. Die Berufung Cunos stößt vor allem bei der SPD auf Ablehnung. Sie sieht in dem Wirtschaftsführer die personifizierte Gegenrevolution.

Schon lange galt Cuno aufgrund seiner wirtschaftspolitischen Aktivitäten und seines internationalen Ansehens als Kandidat für ein Regierungsamt. Er hatte dies stets abgelehnt und erklärt, daß er als Privatmann für die wirtschaftliche Belebung und eine Revision des Versailler Vertrages von 1919 besser wirken könnte als in einem Regierungsamt. Diese Voraussage bewahrheitet sich: Auch er scheitert als Reichskanzler an der Lösung der Reparationenfrage und tritt am 13. August 1923 zurück.

Reichskanzler Wilhelm Cuno bei einem Besuch in München im März 1923 (auf der Fahrt ins bayerische Außenministerium; im Auto 1. v. l.)

Hapag-Direktor wird Kanzler
Wilhelm Cuno (Abb.), geboren am 2. Juli 1876 in Suhl, trat am 1. November 1917 in den Hapag-Vorstand ein. Seit dem 20. Dezember 1918 ist er Vorstandsvorsitzender (→ 9. 11. 1918/ S. 403), seit dem 31. Oktober 1919 Generaldirektor. Nach knapp einjähriger Kanzlerschaft kehrt er am 1. September 1923 zur Hapag zurück, am 3. Januar 1933 stirbt er in Aumühle.

Gemeinnütziger Siedlungsbau in Altona

29. Dezember 1922. Zur Wiederbelebung des seit Kriegsende brachliegenden Wohnungsbaus gründet sich die Gemeinnützige Siedlungs-Aktiengesellschaft Altona (SAGA). Das erste Projekt der SAGA ist die Fortführung der Eigenheimsiedlung Steenkamp in Groß-Flottbek. Die Geschichte dieses Siedlungsbauvorhabens reicht bis 1914 zurück. Bauträger war damals der Gemeinnützige Bauverein Altona-Ottensen, dessen Pläne aber durch den Kriegsausbruch gestoppt wurden. Mit Hilfe der Stadt Altona und der Reichsversicherungsanstalt für Angestellte wurde dann 1919 mit dem Bau begonnen, und Ende 1920 waren 478 Wohnungen und elf Läden bezugsfertig. Finanzielle Probleme führten dazu, daß die Stadt Altona einen Großteil der Wohnungen übernehmen und selbst fertigstellen mußte.

Die SAGA übernimmt mit Wirkung vom 1. April 1923 die Verwaltung der bisher städtischen Siedlungshäuser. Ihre erste Bilanz verzeichnet zu diesem Zeitpunkt einen Ausgabenüberschuß von 3,62 Mio. Mark. Bis 1929 bleibt sie eine Verwaltungsgesellschaft für die von der Stadt Altona errichteten Wohnungen ohne eigenen Grundbesitz. Defizite werden erstattet, Überschüsse sind abzuführen. Bis 1930 wächst die Zahl der verwalteten Wohnungen durch städtische Neubauten und Übernahmen auf 2897 an, die Bilanzsumme der SAGA steigt auf über 58 Mio. RM.

Angesichts der schlechten Wirtschaftslage wachsen die Probleme: Die Anfang der 20er Jahre übliche Sparbauweise durch Einsatz von Schlackenbeton verlangt kostspielige Renovierungen, die mangelnde Rentabilität erfordert dreimal pro Jahr Mieterhöhungen. Viele Mieter geraten infolge langer Arbeitslosigkeit in Mietrückstand; es gelingt nur teilweise, in Not geratenen Mietern billige Altbauwohnungen zu verschaffen.

SAGA-Siedlung Steenkamp, wo nach Abschluß der Bauarbeiten 753 Wohnungen in Einzel-, Doppel- und Reihenhäusern beziehbar sind (moderne Aufnahme)

Das Wissmann-Denkmal vor der Universität

Kolonial-Erinnerung

1922. Vor dem Hauptgebäude der Universität wird das Wissmann-Denkmal aufgestellt, das 1908 in der damaligen Kolonie Deutsch-Ostafrika enthüllt worden war. Es zeigt den Kolonialpionier Hermann von Wissmann auf einem Podest, davor steht ein ihm ergebener Askari, ein einheimischer Soldat der deutschen Kolonialtruppen. Wissmann nahm 1891 Deutsch-Ostafrika für das Reich in Besitz, nachdem er dort einen Aufstand arabischer Sklavenhändler niedergeschlagen hatte.

Sommerliche Idylle auf dem Köhlbrand

Sommer 1922. Rund 1000 Arbeiterkinder erholen sich in der von der Hamburger Arbeiterwohlfahrt erstmals eingerichteten Kinderferienkolonie Köhlbrand auf der Elbinsel Maakendamm. Für viele ist es die erste Gelegenheit, einmal ausgiebig Licht, Luft und Sonne zu genießen. Den Kindern wird jeden Tag etwas anderes geboten: Strandfeste, Theateraufführungen, Wettbewerbe im Sandburgenbauen und sportliche Veranstaltungen.

Diese Tagesferieneinrichtung ist so erfolgreich, daß im Jahr 1924 eine »Arbeitsgemeinschaft Köhlbrand« gegründet wird, dem die Arbeiterwohlfahrt, der Verein Kinderspielplatz am Köhlbrand, die Hamburgische Gesellschaft für Wohltätigkeit sowie der Arbeiterverein Kinderfreunde angehören. Aufgrund der großen Resonanz bezuschussen die Hamburger Jugendbehörde und die Oberschulbehörde das Projekt. Höhepunkt der alljährlichen Freizeit ist die am 11. August anläßlich der Verabschiedung der Wei-

marer Reichsverfassung veranstaltete Verfassungsfeier, auf der die Kinder über den Wert der demokratischen Staatsordnung aufgeklärt werden, und die Anti-Kriegskundgebung zum Gedenken an den Ausbruch des Ersten Weltkrieges im August 1914.

Ein großer Teil der Helfer und Helferinnen kommt aus der Arbeiterjugend. Sie erhalten für die Zeit ihrer Tätigkeit eine Unterstützung, wenn sie arbeitslos sind. Bis 1930 können sich rund 100 000 Kinder in der Kolonie Köhlbrand erholen. Dann streicht die Jugendbehörde aufgrund der angespannten Haushaltslage die meisten Zuschüsse. Das Defizit kann durch Spenden nur mühsam ausgeglichen werden.

Kindergruppe in der Ferienkolonie Köhlbrand (um 1925); bis zu 2750 Schul- und 250 Kleinkinder werden täglich verpflegt und ärztlich betreut. Allein von Mai bis September 1928 kommen rund 28 000 Kinder im Alter von drei bis 14 Jahren zur Erholung hierher.

Selbsthilfe gegen Not der Studenten

12. April 1922. Der Verein Hamburger Studentenhilfe wird gegründet. Er soll die Notlage vieler Studenten lindern, deren Existenz angesichts der desolaten Wirtschaftslage »unmittelbar bedroht« ist.

Mit zwei hauptberuflichen und etwa 30 freiwilligen Mitarbeitern beginnt die Arbeit. Die 4646 Studenten zahlen pro Semester einen Beitrag von 5 Mark an die Studentenhilfe, die zur Linderung der Wohnungsnot im Herbst 1922 in der Elsässer Straße das frühere Ledigenheim »Am Dulsberg« mit 104 Einzel- und fünf Doppelzimmern mietet. Ein Einzelzimmer kostet pro Monat 12 Mark.

Am 17. Juli 1923 eröffnet der Verein im ehemaligen Central-Hotel in der Rentzelstraße eine Mensa, wo bis zur Schließung der Einrichtung 1928 täglich etwa 300 Mahlzeiten ausgegeben werden. Im ersten Geschäftsjahr verzeichnet die Statistik 60 000 ausgegebene Portionen, das Stammessen kostet 25 Pfennig.

»Lord von Barmbeck« muß für 15 Jahre hinter Gitter

20. April 1922. Der Ein- und Ausbrecher Julius Adolf Petersen will nach neun Monaten Untersuchungshaft »auspacken«. Er gesteht über 49 »bandenmäßig ausgeführte Einbrüche und Räubereien« und benennt 63 Mittäter und Hehler, von denen 25 zum inneren Kreis der Bande zählen.

Der stets elegant auftretende »Lord von Barmbeck«, geboren am 7. Oktober 1882 in einer Kellerwohnung am Borstelmannsweg, geriet schon als 13jähriger ins Strafregister: Gegen einige Bonbons hatte ihm ein Freund eine gefundene Geldbörse inklusive Inhalt überlassen. Die Sache kam heraus, und Adolf mußte fünf Tage in Haft.

Nach einigen erfolgreichen Einbruchtouren wurde er erneut verhaftet. Vorzeitig entlassen, heiratete Petersen 1911 und führte nach außen hin ein solides Leben als Besitzer einer Kellerkneipe an der Ecke Am Schützenhof/Bartholomäusstraße. Wegen seiner »Arbeit« im Untergrund als Einbrecher und Bankhalter in illegalen Spielclubs landete er wieder im Gefängnis, wo ihm am 23. Dezember 1917 der erste Ausbruch gelang.

Der weit über Hamburg hinaus bekannte Gangster Julius Adolf Petersen in der Pose des Gentleman-Verbrechers

Die Karriere des »Lord von Barmbeck« inspiriert mehrere Filme; hier spielt Martin Lüttge die Hauptrolle (1973).

Nach Kriegsende schlug die große Zeit von Petersens »Barmbecker Verbrechergesellschaft«. Zwischen dem 2. und 29. September 1920 erbeutete sie bei einem Überfall auf einen Geldtransportwagen der Farmsener Trabrenngesellschaft 190 000 Mark, in der Amtskasse der Seewarte 53 000 Mark und im Postamt 6 in der Susannenstraße 222 300 Mark.

Zu dieser Zeit war Petersen als »kaufmännischer Angestellter« am Pulverteich 25 gemeldet und legte Wert darauf – so das »Hamburger Fremdenblatt« am 7. September 1920 –, kein »Einbrecher, sondern höchstens ein Ausbrecher« zu sein. Am 29. Juni 1921 wurde Petersen in den Colonnaden 21 verhaftet. Zwischen dem 10. November 1922 und dem 11. Juli 1923 wird er in mehreren Verfahren zu insgesamt über 50 Jahren Zuchthaus verurteilt; am 31. März 1924 wird dies zu einer Gesamtstrafe von 15 Jahren Zuchthaus zusammengezogen. Der wegen guter Führung am 29. April 1932 vorzeitig entlassene Petersen wird am 26. Oktober 1933 erneut verhaftet (→ 5. 3. 1934/S. 461) und erhängt sich am 21. November 1933 in seiner Zelle.

Ende der staatlichen Bordellwirtschaft

17. März 1922. Die Bürgerschaft ersucht den Senat, noch bestehende Bordelle innerhalb von drei Monaten zu schließen. Dieser Beschluß bedeutet das endgültige Ende der kasernierten Prostitution in Hamburg (→ 16. 6. 1876/S. 282).

Gegen die staatlich reglementierte Bordellwirtschaft hatten vor allem die 1899 von radikalen Frauen gegründete Abolitionistenvereinigung und die SPD Kritik erhoben. Seit der Jahrhundertwende ist infolge der Altstadtsanierung die Zahl der Bordellstraßen stark zurückgegangen. Nacheinander wurden die Straßen Hütten, Pilatuspool, Specksgang, Gängeviertel, Neue Springeltwiete und Schützenstraße von Bordellen geräumt. Am Protest der Einwohner scheiterte 1913 der Plan, statt dessen in Hammerbrook und Barmbek Bordellstraßen einzurichten.

Die Revolution und der Einzug der SPD in den Senat gaben den Bordellgegnern Auftrieb. Ein auf Antrag der demokratischen Abgeordneten Frieda Radel eingesetzter Ausschuß empfahl die Beendigung der Neueinschreibung in die Prostitutionslisten und die Schließung der Bordelle, was am 17. Juni 1921 von der Bürgerschaft gebilligt wurde.

Der Senat läßt daraufhin die Etablissements hinter der Markthalle, in der Klefekerstraße, in der Schwierstraße und in der Ulricusstraße schließen; Ende Juni 1922 ist die Aktion beendet.

Prostituierte in der Erichstraße: Auch nach Aufhebung der polizeilich überwachten Bordelle blüht in der Hafenstadt Hamburg das Gunstgewerbe.

Carl Muck dirigiert die Philharmonie

9. Oktober 1922. Carl Muck dirigiert erstmals öffentlich das Orchester der Philharmonischen Gesellschaft. Der neue Kapellmeister verleiht dem traditionsreichen Klangkörper frischen Glanz, und es gelingt ihm, dem Publikum immer wieder namhafte Dirigenten und Solisten vorzustellen.

Der am 22. Oktober 1859 in Darmstadt geborene Muck hat schon reiche Erfahrungen an Opernhäusern des In- und Auslandes sammeln können. Er promovierte zunächst 1880 in Heidelberg zum Dr. phil., trat dann zuerst als Pianist auf und erhielt Engagements als musikalischer Leiter u. a. in Zürich, Salzburg, Brünn und Prag. Von 1892 bis 1912 wirkte er am Berliner Opernhaus und war zwischen 1906 und 1908 sowie von 1912 bis 1918 als Dirigent des Boston Symphony Orchestra tätig. Seit 1901 dirigiert er bei den Bayreuther Festspielen sämtliche »Parsifal«-Aufführungen.

HSV gegen den Club: Fußball bis zum Zusammenbruch

6. August 1922. Erstmals in der Geschichte des Deutschen Fußball-Bundes (DFB) wird kein Meister ermittelt: Nach zwei Endspielen trennen sich der Hamburger Sportverein und Titelverteidiger 1. FC Nürnberg (der »Club«) unentschieden. Der DFB spricht den Titel am 1. Oktober dem HSV zu, der aber auf die Meisterschaft verzichtet.

25 000 Zuschauer verfolgten am 18. Juni das erste Spiel im Berliner Grunewaldstadion. Nach 90 Minuten stand es 2:2; für den erstmals im Meisterschaftsfinale stehenden HSV hatten Hans Flohr und Hans Rave getroffen. Nach mehreren Verlängerungen brach der Unparteiische Peco Bauwens das Spiel erst ab, nachdem er selbst und einige Fußballer wegen des großen Kräfteverlusts bereits zusammengebrochen waren.

50 000 Besucher kommen am 6. August zum Wiederholungsspiel ins Leipziger Stadion: Die Mannschaften kämpfen verbissen, doch nach Ende der regulären Spielzeit steht es wieder unentschieden 1:1; Karl Schneider war für den HSV erfolgreich. Spektakuläre Höhepunkte der Verlängerung sind die roten Karten für zwei Nürnberger. Nachdem zwei weitere Spieler des FCN verletzungsbedingt ausgeschieden sind, bricht Schiedsrichter Bauwens das ungleiche Duell in der 110. Minute schließlich ab.

Der Club-Schlußmann Heiner Stuhlfauth rettet in Leipzig das Unentschieden.

◁ *Mit Leitern verschaffen sich die Leipziger Zuschauer ein freies Blickfeld.*

Ein Haus für die Geschichte Hamburgs

13. August 1922. Die nach einem Entwurf von Museumsdirektor Otto Lauffer gestalteten Schauräume des Museums für Hamburgische Geschichte werden eröffnet. Das Gebäude auf dem Platz der alten Sternwarte wurde zwischen 1913 und 1916 nach Plänen von Fritz Schumacher erbaut.

Das Museum ist aus der »Sammlung der Hamburgischen Altertümer« des Vereins für Hamburgische Geschichte hervorgegangen (→ 19. 3. 1839/S. 208). Die seit 1849 staatliche Sammlung wurde aufgrund eines Bürgerschaftsbeschlusses vom 15. November 1907 in das Museum für Hamburgische Geschichte umgewandelt, dessen Leitung der renommierte Altertumswissenschaftler Otto Lauffer übernahm.

Der ehemalige Leiter des Frankfurter Städtischen Historischen Museums strebt eine stofflich, nicht chronologisch, gegliederte Aufbereitung der Objekte an und bietet die Exponate aus unterschiedlichen Epochen unter einem gemeinsamen Oberbegriff dar.

Die Eingangsseite des Museums für Hamburgische Geschichte am heutigen Holstenwall, erbaut nach den Plänen von Baudirektor Fritz Schumacher

»Aalweber«-Sprüche auf Notgeldscheinen

31. Mai 1922. »Mensch, schimp nicht op de schlechte Tied – wi hebbt hüt Geld mehr noch als Schiet.« Diese aufmunternden Worte mit dem Bild des Originals »Aalweber« finden sich auf 50-Pfennig-Scheinen des Zoologischen Gartens in Hamburg. Auch andere Institutionen, Gemeinden und Firmen geben eigene Banknoten aus.

Begonnen hatte die Sache mit dem Notgeld im August 1914, als die Kleinmünzen gehortet wurden, deren Materialwert den Nennwert überstieg. Nach 1918 erschien aufgrund der starken Mark-Entwertung mit Billigung der Reichsbank zeitlich befristetes Notgeld, was 1921 ein Notgeld-Sammelfieber provozierte. Zudem wurden viele Fälscher aktiv. Am 17. Juli 1922 wird die Notgeldausgabe verboten und die Notenpresse angeworfen.

1923

Inflation: Alles gerät aus den Fugen

24. Oktober 1923. Als Maßnahme gegen die große Teile der Hamburger Bevölkerung in eine Existenzkrise stürzende Hyperinflation wird die Hamburger Bank von 1923 AG gegründet. Die AG aus 120 Unternehmen gibt gegen Einzahlung von US-Dollars auf Goldmark lautende wertbeständige Verrechnungsanweisungen (»Hamburger Goldmark«) aus. Durch Einführung der Rentenmark am 16. November wird die Inflation auf Reichsebene beendet.

Die seit Juli 1922 katastrophal beschleunigte Inflation der Mark begann bereits während des vorwiegend über Kredite finanzierten Ersten Weltkriegs. Durch die entsprechende Ausweitung des Geldumlaufs bei gleichzeitiger Verknappung des Warenangebots besaß die Mark bei Kriegsende nur noch etwa die Hälfte ihres Vorkriegswerts. Bis 1922 wirkte sich die Geldentwertung noch positiv auf die Entwicklung der deutschen Wirtschaft aus, deren internationale Wettbewerbsposition durch sinkende inländische Kosten verbessert wurde. Davon profitierte vor allem der Export. Die Währungszerrüttung von 1922/23 stürzte dann allerdings die Wirtschaft ins Chaos.

Von Woche zu Woche, ja von Tag zu Tag explodieren die Preise im Herbst 1923 um Millionenbeträge; Abb.: Notgeldschein im Wert von 1 Mrd. Mark.

Für die Arbeiter und Angestellten brachte die Nachkriegskonjunktur zunächst ein Absinken der Arbeitslosigkeit, die aber ab August 1923 wieder rasch anstieg. Waren im Juni 1922 in Hamburg nur 8000 Erwerbslose registriert, so sind es im Dezember 1923 fast 21 000. Durch die inflationäre Entwertung der im Reichsvergleich überdurchschnittlich hohen Löhne und Gehälter liegt das reale Einkommen unter dem der Vorkriegszeit. Als vom Sommer 1923 an die Preise völlig aus den Fugen geraten – Ende September lag der Brotpreis in Hamburg bei 17 bis 18 Mio. Mark, ein Pfund Butter kostet im Oktober 60 Mio. Mark –, leidet die Mehrheit der Bevölkerung bittere Not. Schon im August haben sich die Beschäftigten auf den Werften mit einem Streik gegen die ausbleibende Löhnung infolge des Bargeldmangels gewehrt. Im Oktober schließlich kommt es zu Teuerungskrawallen und Plünderungen von Lebensmittelgeschäften.

»Notwechselgeld« 1921 bis 1923; schon vor der Phase der unkontrolliert galoppierenden Inflation 1923 druckten viele Städte und Gemeinden (l. Finkenwerder und Altenwerder) eigene Banknoten, um die Entwertung zu unterlaufen.

Fehlspekulation – »Hamburger Aufstand« scheitert

23. Oktober 1923. »In Hamburg haben sich heute ernste Ereignisse abgespielt. Gegen 5 Uhr morgens drangen plötzlich in verschiedenen Stadtteilen, hauptsächlich in Barmbeck, Eimsbüttel, Hamm größere teilweise bewaffnete Trupps in eine Anzahl Polizeiwachen ein.«

So meldet die »Bergedorfer Zeitung« am 23. Oktober den Beginn eines Aufstands der Kommunistischen Partei in Hamburg.

In den frühen Morgenstunden des 23. Oktober greifen kommunistische Kampfgruppen Polizeiwachen in verschiedenen Stadtteilen Hamburgs und den preußischen Nachbargemeinden Wandsbek und Schiffbek an. Sie wollen Waffen erobern und die Polizei außer Gefecht setzen. Die Zahl der überaus schlecht bewaffneten kommunistischen Kämpfer (nach eigenen Angaben ca. 300) ist zu gering für einen gleichzeitigen Angriff auf sämtliche Polizeiwachen. Insgesamt werden 26 Polizeireviere (von ca. 50) hauptsächlich in Eimsbüttel, Winterhude, Langenhorn, Barmbek, Hamm, Borgfelde-Hamm, Wandsbek und Schiffbek bestürmt und 17 entwaffnet. Der Plan, die Innenstadt ringförmig einzuschließen und dann anzugreifen, scheitert an der Übermacht der insgesamt aufgebotenen 5000 Hamburger Ordnungspolizisten.

Zentren der Kämpfe sind Eimsbüttel, Barmbek und Schiffbek. In Eimsbüttel besetzt am Morgen des 23. Oktober ein kommunistischer Kampfverband die Polizeiwache an der Müggenkampstraße und bezieht auf den Dächern benachbarter Häuser Stellung. Gegen Mittag erobert die Polizei die Wache und die umkämpften Straßen zurück. Länger dauern die Auseinandersetzungen in den kommunistischen Hochburgen Barmbek und Schiffbek, wo der Aufstand von der Bevölkerung unterstützt wird. Nach Eroberung einiger Polizeiwachen verschanzen sich die Rebellen in und auf Mietshäusern zwischen der Volksdorfer Straße, der Drosselstraße, der Hochbahnstrecke und dem Pfennigsbusch. Sie errichten über 50 Straßenblockaden aus gefällten Bäumen und Pflastersteinen. Nach heftigen Feuergefechten zieht sich die Polizei zunächst zurück, kann sich aber schon am folgenden Tag in verbissenen Barri-

kadenkämpfen durchsetzen. Zahlreiche Personen werden verhaftet.

In Schiffbek, das die Aufständischen weitgehend unter Kontrolle haben, kommt es am 24. Oktober zu einem etwa einstündigen Feuergefecht mit der Polizei. Es endet mit der Rückeroberung des Ortes und zahlreichen Verhaftungen. Hier versuchten die Kommunisten, eine Räterepublik zu errichten. Überall bauen sie Barrikaden auf, die jedoch ihre Wirkung verfehlen, weil die Sicherheitskräfte mit Panzerwagen anrücken.

Die letzten größeren Gefechte finden am Vormittag des 25. Oktober in den preußischen Orten Bramfeld

und Hellbrook statt, wo Aufständische aus Barmbek erneut Straßenbarrikaden errichten und den Bahnhof Gartenstadt sowie einige Brücken der Walddörferbahn nach Hamburg besetzen.

Beim »Hamburger Aufstand«, der schließlich eine isolierte Erhebung ohne Signalwirkung für ähnliche Aktionen im Deutschen Reich bleibt, kommen 17 Polizisten ums Leben, mehr als 60 werden verletzt. 24 Aufständische und mindestens 61 Passanten werden bei den heftigen Feuergefechten getötet, und mehr als 250 gänzlich Unbeteiligte erleiden Verletzungen.

Die Hamburger KPD wählt den

△ *Hamburger Ordnungspolizei in Barmbek, neben Eimsbüttel und Schiffbek Zentrum der von der KPD initiierten Kämpfe; die in ihrer Uniform an Soldaten erinnernden Polizisten werden von ca. 800 Freiwilligen der »Vereinigung Republik« unterstützt. Dabei handelt es sich um eine sozialdemokratische Organisation zur Verteidigung der Republik.*

◁ *Passanten werden im Kampfgebiet in Barmbek von den Ordnungskräften nach Waffen durchsucht. Nach der Niederschlagung des Aufstandes in diesem Arbeiterviertel, wo bei den Bürgerschaftswahlen von 1921 fast jeder fünfte Wähler für die KPD gestimmt hatte, errichtet die Polizei Barrikaden, um weitere Unruhen von vornherein zu unterbinden.*

Weg des bewaffneten Umsturzes vor dem Hintergrund der wirtschaftlichen und politischen Krise, die sich parallel zur galoppierenden Inflation (→ 24. 10. 1923/S. 419) verschärft. Das Schicksal des Putschversuchs besiegeln letztlich die Hamburger Arbeiter, indem sie sich der Erhebung nicht anschließen. Das aber hatte sich die KPD besonders von den seit dem 20. Oktober streikenden Hafen- und Werftarbeitern erhofft.

Der »Hamburger Aufstand« zieht nicht nur ein reichsweites KPD-Verbot bis zum 1. März 1924, sondern auch eine schwere innerparteiliche Krise nach sich.

Polizisten hinter einer Straßensperre; der Putschversuch und die folgende Verhärtung der politischen Linien kostet die KPD zahlreiche Mitglieder.

Gefallener Kommunist in einem Straßengraben; gegen die sogar mit Panzerwagen anrückende Ordnungspolizei sind die Aufständischen machtlos.

Ordnungspolizei mit den Stahlhelmen des Heeres auf einem Hausdach; in Barmbek kommt es den ganzen 23. Oktober über zu heftigen Schießereien.

Flügelkämpfe in der KPD

Chronik Hintergrund

Unter dem Eindruck der sich im August 1923 im gesamten Reich verschärfenden politischen Auseinandersetzungen fand die Forderung nach einem bewaffnetem Aufstand in der KPD immer mehr Freunde. Die Führung war gespalten: Während der von den Parteiführern Heinrich Brandler und August Thalheimer repräsentierte rechte Parteiflügel eine Zusammenarbeit mit den SPD-Spitzen bis hin zu Koalitionen nicht ausschloß (»Einheitsfront von oben«), forderten die Parteilinken um Ruth Fischer, Arkadi Maslow und den Vorsitzenden der Hamburger Ortsgruppe Ernst Thälmann eine Politik der »Einheitsfront von unten«, die auf eine Entfremdung der SPD-Mitglieder von ihrer als arbeiterfeindlich zu entlarvenden Parteileitung abzielte.

Allerdings wurde – im Sinne der offiziellen Einheitsfrontpolitik – die Ausrufung des Generalstreiks in Sachsen, der die allgemeine Erhebung einleiten sollte, von der Zustimmung sozialdemokratischer Arbeitervertreter abhängig gemacht. Obwohl die KPD fast 300 000 Mitglieder zählt, wäre ein Alleingang wenig erfolgversprechend gewesen.

Nach dem Eintritt der KPD in die sächsische SPD-Regierung am 10. Oktober marschierten am 22. Oktober Reichswehrtruppen in Sachsen ein, um den von der Regierung befürchteten kommunistischen Umsturzversuch zu verhindern. Bereits am 21. Oktober beschloß die KPD-Zentrale, den geplanten bewaffneten Aufstand zu verschieben, weil Vertreter der SPD bei der allgemeinen Betriebsrätekonferenz in Chemnitz am selben Tag den Generalstreik abgelehnt hatten. Weshalb es trotzdem am 23. Oktober zu dem isolierten Aufstand in Hamburg kommt, bleibt ungeklärt. Vermutlich hat sich die Hamburger Parteileitung damit bewußt gegen die Zentrale gestellt. In Hamburg, dem Zentrum des wichtigen »linken« Parteibezirks Wasserkante, haben gegen die gemäßigte Parteizentrale opponierende Politiker wie Thälmann das Sagen. Daß die Hamburger zu spät von der Absage der Zentrale erfahren haben, ist unwahrscheinlich.

Nach der überstürzten Vorbereitung des Hamburger Aufstands – die kleinen und schlecht bewaffneten Kampfverbände des kommunistischen Ordnerdienstes bzw. der proletarischen Hundertschaften umfassen im Oktober vermutlich nur rund 900 Mitglieder – scheitert die Erhebung vor allem an mangelnder Unterstützung seitens der notleidenden Bevölkerung, mit der die Kommunisten gerechnet hatten. Die bürgerlichen Parteien und die Hamburger SPD verurteilen den »unsinnigen Putsch« scharf. Im folgenden Jahr wird gegen acht führende Parteimitglieder, darunter Hugo Urbahns, Karl Rühl, Fritz Esser, Alfred Levy und Karl Köppen, ein Hochverratsprozeß eröffnet (bis 18. 2. 1925). Urbahns, Leiter des Bezirks Wasserkante, erhält eine zehnjährige Haftstrafe. Andere Hamburger Parteiführer wie Thälmann, Hans Kippenberger und der militärische Leiter des Schiffbeker Aufstands, Fritz (»Fiete«) Schulze, entziehen sich durch Flucht ihrer Verhaftung. Von den etwa 1400 im Zusammenhang mit dem Hamburger Aufstand Angeklagten werden rund 300 zu teilweise langjährigen Haftstrafen verurteilt.

In den nun folgenden heftigen Auseinandersetzungen innerhalb der KPD über die Entscheidung, den Aufstand vorerst zu verschieben, setzen sich die Parteilinken mit Unterstützung aus Moskau durch. Auf dem Parteitag im April 1924 werden elf Linke in die 15köpfige Zentrale gewählt; die Parteileitung bilden fortan Fischer, Maslow und Thälmann. Der Hamburger Aufstand, dessen Scheitern sie der abgelösten Zentrale anlasten, wird nun zum proletarischen Heldenepos hochstilisiert. Diese Linkswendung der KPD, die in den folgenden Jahren in erster Linie gegen die SPD agitiert, zieht Massenaustritte von etwa zwei Dritteln der Mitglieder nach sich.

Neue Hapag-Dampfer der »Ballin«-Klasse

16. Juni 1923. Die Hamburg-Amerikanischen Packetfahrt-Actien-Gesellschaft (Hapag) stellt die »Albert Ballin« (20 815 BRT) als Flaggschiff der Reederei auf der Linie Hamburg – New York in Dienst. Die »Albert Ballin«, nach deren Muster in den folgenden Jahren noch drei weitere Turbinenschiffe gebaut werden (»Albert Ballin«-Klasse), läuft am 4. Juli zur Jungfernfahrt nach New York aus.

Nachdem die Hapag, die unter Leitung Albert Ballins (Generaldirektor 1899–1918) zur größten Reederei der Welt aufgestiegen war, nach Kriegsende praktisch ihre gesamte Flotte an die Alliierten ausliefern mußte, wird nun der Wiederaufbau vorangetrieben. 1923 verfügt die Gesellschaft bereits wieder über 76 Seeschiffe (mit 373 027 BRT).

Zur »Albert Ballin«-Klasse gehören neben der »Ballin« die »Deutschland« (Indienstnahme 1924, 20 607 BRT) sowie die »Hamburg« (1926, 21 132 BRT) und die »New York« (1927, 21 455 BRT). Diese gut ausgestatteten Schiffe der Mittelklasse zählen schon bald zu den beliebtesten auf dem Nordatlantik. Gelobt wird vor allem die Hebung des Ausstattungsniveaus der zweiten und dritten Klasse auf Kosten der ersten Klasse.

Flaggschiff der Hapag im Liniendienst Hamburg – New York: Die »Albert Ballin«; den Qualm links oben im Bild produziert ein Hafenschlepper.

Altonaer Volkspark endlich fertiggestellt

1. November 1923. Mit der Eröffnung des Altonaer Hauptfriedhofs wird zugleich der Bau der neuen Grünanlage, die den Friedhof mit dem Altonaer Volkspark verbindet, abgeschlossen. Bereits 1914 begann unter Leitung Ferdinand Tutenbergs, seit 1913 Leiter des neu eingerichteten Gartenamts Altona, die Gestaltung der insgesamt 250 ha großen Volksparkanlagen.

Vor dem Hintergrund der raschen Industrialisierung Altonas mit entsprechender Zunahme der Bevölkerung in der zweiten Hälfte des 19. Jahrhunderts entstanden die Pläne für den Volkspark, um »der Großstadtbevölkerung . . . Luft und Licht, in welcher sie gesund leben kann, zu erhalten und zu sichern« (Tutenberg). Das Parkgelände wird durch die Straßen Eidelstedter Weg (heute Schnackenburgallee), Krieshöhe (Nansenstraße) und Roehlstraße (Stadionstraße) in vier Teile gegliedert, die jeweils besonderen Zwecken dienen: Neben einer 60 000 m² großen Spiel- und Liegewiese (»Narzissenwiese«) im ersten Parkabschnitt gibt es einen botanischen Garten, ein hügeliges Waldgelände und schließlich umfangreiche Sportanlagen mit Stadion, Sportplätzen und einem Freibad.

Zigarettenfabrikation floriert mit Reemtsma und BAT

1923. Die Zigarettenfirma B. Reemtsma & Söhne siedelt von Erfurt, wo das Unternehmen im Jahr 1910 von Bernhard Reemtsma gegründet wurde, nach Bahrenfeld über. In einem ausgedienten Kasernenkomplex wird hier die Fabrikation aufgenommen.

Für die Stadt Altona, zu der Bahrenfeld seit 1890 (→ 1. 7. 1889/S. 315) gehört, bringt die Ansiedlung eines expandierenden Industriezweigs zusätzliche Steuereinnahmen und über 1000 Arbeitsplätze. In dem Werk werden bis in die 70er Jahre bekannte Zigarettenmarken wie Ernte 23, Atika (ursprünglich »Athika«) und Astor hergestellt. Nach Einstellung der Produktion wird hier noch firmeneigene Forschung betrieben.

Auch das Unternehmen British American Tobacco (BAT), das am 23. Juni 1926 in Hamburg seine deutsche Produktion aufnimmt, errichtet 1931 in Bahrenfeld sein erstes deutsches Stammwerk. Die Tabakverarbeitung ist ein traditioneller Industriezweig Altonas, vor allem im 1889 eingemeindeten Ottensen (→ 28. 10. 1871/S. 270).

Die Zahl der sog. Pipendreher geht immer mehr zurück. Als Massenkonsumartikel hat die billigere Zigarette, die maschinell produziert wird, die Zigarre schon seit 1913 überflügelt.

Fertigungshalle der Zigarettenfirma Reemtsma in Bahrenfeld; während die Herstellung von Zigarren noch weitgehend Handarbeit ist, können für die Produktion der immer populärer werdenden Zigaretten in hohem Maß Maschinen eingesetzt werden. Reemtsma etabliert Marken wie »Athika« oder »Astor«.

Prominente vereint: V. l. Philipp Scheidemann, August Brey, Hermann Molkenbuhr, Adolf Braun, Paul Löbe, Wilhelm Dittmann, Eduard Bernstein

Was in Harburg jetzt erreicht ist, dafür demonstrieren auf diesem Foto Berliner Arbeiterkinder um 1920: Eine Schule unabhängig von der Konfession

Sozialisten an der Elbe

21. Mai 1923. In Hamburg beginnt der fünftägige Internationale Sozialistenkongreß, der am 23. Mai die Gründung der Sozialistischen Arbeiter-Internationale (SAI) mit Sitz in London beschließt.

An der Tagung nehmen 426 ordentliche Delegierte aus 30 Ländern teil, darunter prominente Politiker der SPD wie Philipp Scheidemann, Paul Löbe, Wilhelm Dittmann und Eduard Bernstein. Im Rahmen des Kongresses finden Frauenveranstaltungen, Massenkundgebungen auf der Moorweide und im Gewerkschaftshaus sowie turnerische Spiele der Abteilung Arbeiterbildung und Sport statt.

Koedukation ohne Prügel

1./2. April 1923. In Harburg wird die Freie Weltliche Schule in der Maretstraße eröffnet. Ziel der hauptsächlich von Sozialdemokraten und Kommunisten initiierten sog. Sammelschule ist es, an der »Herbeiführung der klassenlosen Gesellschaft« mitzuarbeiten.

Die konfessionslose Schule zeichnet sich durch Koedukation, Abschaffung der sonst in Volksschulen üblichen Prügelstrafe und weitgehende Selbstverwaltung aus. Die Schülerzahlen steigen rasch von 743 auf 1634 (Februar 1932). 1933 wird die Lehranstalt in Volksschule Maretstraße umbenannt und faktisch aufgehoben.

HSV erstmals Deutscher Fußballmeister

10. Juni 1923. Der HSV gewinnt vor 64 000 Zuschauern im Berliner Grunewald-Stadion durch ein 3:0 (1:0) über Union Oberschöneweide zum erstenmal die Deutsche Fußballmeisterschaft.

Die Elf vom Rothenbaum, die in den vorangegangenen Spielen gegen Dresden und VfB Königsberg erhebliche Schwierigkeiten hatte, zeigt im Finale gegen den Favoriten aus Berlin überlegene spielerische und kämpferische Qualitäten. In der ersten Hälfte erzielt Otto Fritz (»Tull«) Harder das 1:0, Ludwig Breuel und Karl Schneider sorgen in der zweiten Halbzeit mit ihren Toren für eine eindeutige Entscheidung.

Nach dem Streit mit dem 1. FC Nürnberg um den Meisterschaftstitel im Vorjahr, auf den der HSV verzichtete (→ 6. 8. 1922/S. 418), ist die Freude unter den Hamburger Fußballfreunden nun umso größer.

Bei ihrer Rückkehr nach Hamburg werden Hans Martens, Albert Beier, Ernst Speyer, Hans Krohn, Asbjorn (»Assi«) Halvorsen, Otto Carlsson, Walter Kolzen, Breuel, Harder, Schneider und Hans Rave am Dammtor von einer jubelnden Menschenmenge empfangen.

Überwiegend enttäuscht sind die Zuschauer im Berliner Stadion vom Spielverlauf: Der HSV läßt Oberschöneweide beim 3:0-Finalsieg keine Chance.

Neue Wohnformen in Dulsbergsiedlung

1923. Der erste Bauabschnitt der unter maßgeblichem Einfluß von Baudirektor Fritz Schumacher entstehenden Dulsbergsiedlung in Barmbek ist fertig. 1367 Wohnungen warten auf Mieter.

Die Dulsbergsiedlung gilt als Experimentierfeld für neue Kleinwohnungsbauten, an deren Errichtung sich neben Schumacher alle führenden Architekten Hamburgs beteiligen, u.a. Hans und Oskar Gerson, Rudolf Klophaus, August Schoch und Erich zu Putlitz. Von Schumacher stammt ein Baublock in moderner Zeilenbauweise. Gemeinschaftseinrichtungen wie Grünflächen und Gärten, Duschen und Sonnenbäder auf den Flachdächern, die den Wohnungskomfort komplettieren, sind typisch für diese Siedlung. Musterhaft sind auch die Laubenganghäuser des Architektenbüros Frank.

1924

9. 1. Als Nachfolger des verstorbenen Arnold G. F. Diestel wird Carl Petersen, Vorsitzender der linksliberalen Deutschen Demokratischen Partei (DDP), zum Ersten Bürgermeister von Hamburg gewählt.

20. 2. Mit der 361. Lotterie nimmt die bisherige Stadtlotterie den Namen Hamburger Staats-Lotterie an.

2. 3. Bei den Wahlen zum Landesausschuß und zu den Gemeindevertretungen im hamburgischen Landgebiet büßen die SPD 27 und die DDP zwei Sitze ein. Von diesen Mandaten entfallen 18 auf die vereinigten Rechtsparteien, sechs auf die KPD, vier auf die Grundeigentümer und ein Sitz auf die Deutschvölkischen.

1. 4. Das Chilehaus des Architekten Fritz Höger wird eingeweiht. → S. 426

1. 4. Die Hamburger Gaswerke GmbH wird gegründet. Ihr ging am 18. 3. die Gründung der Hamburger Wasserwerke GmbH voraus. → S. 425

2. 5. Die Nordische Rundfunk AG (Norag) nimmt den Sendebetrieb auf. → S. 425

4. 5. Bei den Reichstagswahlen wird die SPD in Hamburg mit 27,7% der Stimmen stärkste Partei vor der rechtsextremen DNVP (19,5%) und der KPD (18,3%).

17. 5. Max Brauer (SPD) wird zum Oberbürgermeister von Altona gewählt. → S. 425

21. 5. Auf den norddeutschen Werften endet ein dreimonatiger Arbeitskampf. Zwar wird den Arbeitern die 48-Stunden-Woche gewährt, bis Ende März 1925 gilt jedoch noch eine 54stündige Arbeitswoche.

9. 6. In Berlin unterliegt der HSV im Endspiel um die deutsche Fußballmeisterschaft dem 1. FC Nürnberg 0:2.

27. 9. Kriminalassistent Franz Meyer wird bei Kämpfen zwischen Stahlhelm und Reichsbanner Schwarz-Rot-Gold in Altona erschossen. → S. 425

26. 10. Bei den Bürgerschaftswahlen büßen die Sozialdemokraten ihre dominierende Stellung zugunsten der Rechtsparteien ein. → S. 424

7. 12. Die SPD erhält bei den Reichstagswahlen in Hamburg 32,2% der abgegebenen Stimmen gegenüber 21,6% für die DNVP und 14,3% für die KPD.

GESTORBEN:

3. 1. Hamburg: Arnold Friedrich Georg Diestel (* 2. 3. 1857, Valparaiso), Bürgermeister 1920–1924.

18. 12. Hamburg: Siegfried Simon (* 24. 3. 1875, Hamburg), Theaterleiter.

KPD-Straßenagitation im Stadtteil Eimsbüttel; für die Partei kandidiert im Jahr 1924 u. a. Ernst Thälmann.

Verluste der SPD bei Bürgerschaftswahl

26. Oktober 1924. Bei den Bürgerschaftswahlen in Hamburg verlieren die bisherigen Regierungsparteien, die Sozialdemokratische Partei Deutschlands (SPD) und die linksliberale Deutsche Demokratische Partei (DDP), ihre Mehrheit. Sie müssen die rechtsliberale Deutsche Volkspartei (DVP) in die Koalition aufnehmen.

Nach den Wahlen verfügt die SPD nur noch über 53 Sitze (32,4% der Stimmen), der DDP bleiben 21 (13,2%) Mandate. Dagegen profitieren die rechts- und linksradikalen Parteien von der in den weiten Kreisen der Bevölkerung herrschenden Verbitterung über die katastrophalen Auswirkungen der Inflation (→ 24. 10. 1923/S. 419): Die Deutschnationale Volkspartei (DNVP) verbessert sich um zehn Mandate auf 28 (17%), und die Deutschvölkischen gewinnen auf Anhieb vier Sitze. Die Kommunistische Partei Deutschlands (KPD) erhöht ihre Mandatszahl von 17 auf 24. Die rechtsliberale DVP verfügt wie bisher über 23 Sitze.

Mit 66,1% wird die geringste Wahlbeteiligung bei Bürgerschaftswahlen während der Weimarer Zeit registriert. Darunter leidet sowohl die SPD, die 1919 noch die absolute Mehrheit erringen konnte, als auch die linksliberale DDP, deren Stimmenanteil sich halbiert hat. Die Nicht-Wähler schaden diesen Parteien genauso wie diejenigen, die zu den radikalen Gruppen abwanderten. Allen gemeinsam ist, daß sich ihre Hoffnungen nach 1918 nicht erfüllt haben.

Die SPD versucht, die weibliche Wählerschaft zu mobilisieren.

Arbeiterradler machen ungewöhnliche Straßenagitation für die SPD (zur Reichstagswahl am 4. 5. 1924).

Rechtsparteien im Aufwind

Die stärksten Zugewinne bei der Bürgerschaftswahl verbucht mit 28 Sitzen (plus 10) die Deutschnationale Volkspartei (DNVP). Vor allem beim gewerblich tätigen Mittelstand erweisen sich unter dem Eindruck der Existenzbedrohung durch die Inflation (→ 24. 10. 1923/S. 419) die staatsfeindlichen und antisemitischen Parolen der Hamburger DNVP, die im Mai 1923 den »Arierparagraphen« (Parteiausschluß der Juden) beschloß, als zugkräftig. Allerdings steht die DVP nicht nach: Sie hat Hermann C. Vering für den Senat benannt, der als Leiter der Einwohnerwehr beim Kapp-Putsch (→ 13. 3. 1920/S. 410) gegen die Republik tätig war.

Seefahrt macht sich in Hamburg immer gut: DVP-Wahlplakat für die Bürgerschaftswahl 1924

Der erbitterte Kampf um die Republik

27. September 1924. Bei Auseinandersetzungen zwischen Mitgliedern des rechtsgerichteten Kampfbunds Stahlhelm und des sozialdemokratisch geprägten Reichsbanners Schwarz-Rot-Gold in Altona wird der Kriminalassistent Franz Meyer erschossen.

Der republikfeindliche nationalistische Stahlhelm (seit 1918) hat 1925 bereits rund 400 000 Mitglieder. Bis 1932 entwickelt sich das Reichsbanner (seit 22. 2. 1924), das sich als Schutzwehr der Republik versteht, mit 3,5 Mio. Mitgliedern zum stärksten politischen Kampfverband. Daneben existieren der Rote Frontkämpferbund der KPD (RFB, seit Juli 1924) und die Sturmabteilung der NSDAP (SA, seit 1921).

Bundestag des Reichsbanners Schwarz-Rot-Gold in Hamburg (April 1925); dem der SPD nahestehenden Kampfbund gehören viele Weltkriegsteilnehmer an.

Aufmarsch von Mitgliedern des rechten Kampfbundes Stahlhelm; ihre Einstellung machen sie mit dem Meer von Fahnen deutlich: Es handelt sich um die ehemaligen Reichskriegsflaggen aus Kaisers Zeiten in schwarzweißrot; wer diese Fahnen schwenkt, macht klar, daß er ein Gegner der Republik ist (Aufnahme 1932).

Frischer Wind bei Gas- und Wasserwerken

1. April 1924. Um die Rentabilität der Hamburger Gaswerke (HGW) zu steigern, wird die Hamburger Gaswerke GmbH gegründet. Bereits am 18. März wurden die Hamburger Wasserwerke in eine Gesellschaft mit beschränkter Haftung umgewandelt. Der Staat als Eigentümer beider Werke ist zugleich einziger Gesellschafter.

Bisher betrieb der Staat sowohl die Wasserwerke als auch die Gaswerke, wobei die Deputation für die Stadtwasserkunst bzw. die Deputation für das Beleuchtungswesen (seit 1897) zuständig waren. Die schwerfällige staatliche Regie führte jedoch zu wirtschaftlichen Schwierigkeiten vor allem bei den

Gaswerken, die weder über den Ankauf von Kohlen und den Koksverkauf noch über Modernisierungsmaßnahmen selbständig entscheiden konnten. So sank die Rentabilität der HGW, die 1917 erstmals einen Zuschuß von 330 000 Mark erhielten.

Um dieser hauptsächlich auf die inflationäre Steigerung der Kohlenpreise (→ 24. 10. 1923/S. 418) zurückzuführenden Misere abzuhelfen, beantragte der Senat zunächst im Juni 1919 in der Bürgerschaft die Vereinigung der Gaswerke mit den Hamburgischen Electricitätswerken, die seit 1914 als Aktiengesellschaft mit 50% privatem Kapital (Firma Schuckert & Co.) und

50% staatlichem Kapital organisiert sind. Die SPD-Mehrheit in der Bürgerschaft lehnte jedoch eine private Gasversorgung ab.

Geschäftsführer der neuen HGW GmbH wird der bisherige Direktor Ernst Krause, den Aufsichtsratsvorsitz übernimmt Wilhelm Holthusen. Bereits 1925 erwirtschaftet die HGW einen Reingewinn von etwa 2,4 Mio. Mark. Ihre Rentabilität wird durch Ersetzung der alten Retortenöfen durch Großraumöfen und die Reduzierung der Belegschaft von 2627 (1923/24) auf 2362 Mitarbeiter erheblich verbessert. Am 1. November 1925 sinkt der Gaspreis auf 17 Pfennig pro m³ (1919: 36 Pfennig).

Brauers Aufstieg zum Oberbürgermeister

17. Mai 1924. Max Brauer (SPD), seit 1919 Zweiter Bürgermeister und Stadtkämmerer, wird als erster Sozialdemokrat zum Oberbürgermeister von Altona gewählt.

Bei seiner Amtseinführung sagt der 1887 als Sohn eines Glasbläsers geborene Brauer: »Ich bin in Altona geboren, ... als Arbeiterkind bin ich hier großgeworden ... Die widrigen sozialen Verhältnisse der unteren Volksschichten habe ich am eigenen Leib kennengelernt.«
Der gelernte Glasbläser trat 1903 der SPD bei. Als Oberbürgermeister von Altona fördert er den sozialen Wohnungsbau, läßt Parks anlegen und Schulen bauen. Er setzt die Eingemeindung der reichen Elbvororte durch und engagiert sich für die Hafengemeinschaft des preußischen Altona mit Hamburg (→ 8. 7. 1927/S. 433). 1933 emigriert Brauer in die USA. Nach dem Zweiten Weltkrieg wird er Erster Bürgermeister Hamburgs (1946–1953 und 1957–1960).

Rundfunksender für Norddeutschland

2. Mai 1924. In Hamburg beginnt der Sendebetrieb der Nordischen Rundfunk AG (Norag) als fünfte deutsche Rundfunkanstalt.

Gründer der Norag sind drei Hamburger Kaufleute, die 49% der Anteile besitzen. Das Reichsamt des Inneren und das Reichspostministerium halten die übrigen 51%. Den anfänglich 896 zahlenden Hörern bietet die Norag täglich ein sechs- bis achtstündiges Programm, das von Hans Bodenstedt, dem späteren Norag-Intendanten, zusammengestellt wird.
Es enthält Nachrichten, Reportagen, Hörspiele, Konzertübertragungen und die sog. Hans-Bredow-Schule für Volkswissenschaft. Dabei handelt es sich um eine Art Rundfunk-Volkshochschule mit Sendungen über Volksgesundheit, Fremdsprachen, Musik, Landwirtschaft u. a. Äußerst beliebt ist das Hamburger Hafenkonzert, das vom → 9. Juni 1929 (S. 440) an übertragen wird. Zwei Jahre später erhält die Norag, die bisher vom Fernsprechamt an der Binderstraße sendete, ein Funkhaus am Rothenbaum (→ 8. 1. 1931/S. 449).

Chilehaus: Ganzes Viertel weicht dem »Schiff in Stein«

1. April 1924. Als erster Großbau in Hamburg nach Kriegsende wird das Chilehaus des Architekten Fritz Höger eingeweiht. Der innerhalb von zwei Jahren errichtete monumentale Klinkerbau in Form eines Schiffes gehört zu den bedeutendsten Zeugnissen deutscher Architektur im 20. Jahrhundert.

Mit seiner spitzen bugartigen Ecke und der S-Kurvenfront an den Pumpen präsentiert sich das Chilehaus, das neun Stockwerke (davon vier Staffelgeschosse) hat, dem Betrachter als ein »Schiff in Stein«. Die eindrucksvolle Wirkung erreicht Höger, der sich bereits vor 1914 mit einigen Großbauten (Rappolt-, Klöpper-, Hapaghaus) einen Namen gemacht hat, durch den »kleinachsigen Einzelrhythmus« der Straßenfronten. Die »Gigantik und Monumentalität des Ganzen«, die eben nicht durch »brutale Klobigkeit und großen Maßstab« zu erreichen sei, beruhe, so Höger, auf »der Vielheit der unentwegten großen Reihung der Einheit«. Durch die Aufeinanderfolge von gleichen Dämmen, Pfeilern und Fenstern erhalten die »vollkommen aufgelösten Fronten wieder Wandigkeit«. Darüber hinaus erzielt Höger durch ein kompliziertes Versetzen der für die Fassade verwendeten Bockhorner Klinker unter Ausnutzung ihrer starken Spiegel- und Reflexwirkung ein »lebendiges« Reagieren der Fronten auf »jede Wetter- und Lichtstimmung«. Zusammen mit Baudirektor Fritz Schumacher (seit 1909) setzte Höger den norddeutschen Backsteinbau gegen den zuvor üblichen Putzbau durch.

Für den Bau des Chilehauses als repräsentatives Kontorhaus (mit 35 000 m² Nutzfläche) hatte der Kaufmann Henry Brarens Sloman, der seit Jahrzehnten im Salpetergeschäft in Chile tätig ist, 1921 zwei insgesamt ca. 5000 m² große, durch die Fischertwiete getrennte und später durch das neue Gebäude überbrückte Grundstücke zwischen dem Meßberg und dem Burchardplatz von der Stadt erworben. In der südlichen Altstadt zwischen Steinstraße und Hafen sollen nach Abriß des alten »Gängeviertels«, wie bereits vor 1914 im Bereich der Mönckebergstraße, zahlreiche Geschäfts- und Bürohäuser entstehen (→ 26. 10. 1909/S. 366).

Die Luftbildaufnahme aus dem Jahr 1924 zeigt das neue Chilehaus; von Norden gesehen, werden die gewaltigen Ausmaße des Kontorhauses deutlich. Im Vordergrund sind Reste des bereits weitgehend abgerissenen Gängeviertels zu sehen.

Die markanteste Form erhält das Chilehaus durch seine bugförmige Spitze.

Bei aller Monumentalität des Chilehauses finden sich in und an dem Gebäude – wie hier – zahlreiche filigran gearbeitete Details.

Das Chilehaus ist Fritz Högers (Abb.) bedeutendstes Werk, dessen konkrete Entstehung gleichwohl nicht nur in der Hand des Architekten lag. So hatte Bauherr Sloman den charakteristischen bunten Klinker bereits lange vor Baubeginn und Architektenwahl auf Vorrat eingekauft. Die Idee für die Staffelung der Geschosse steuerte die Baupflegekommission bei.

1925

1. 1. Walter Dudek (SPD), zuvor Stadtrat und Dezernent für Wohnungswesen in Dortmund, tritt sein Amt als Oberbürgermeister Harburgs an.

10. 1. Das Deutsche Reich erhält von den Siegermächten des Ersten Weltkrieges die Freiheit zum Abschluß von Handelsverträgen zurück. Dies eröffnet auch den Hamburger Handelshäusern neue Außenhandelschancen. → S. 427

28. 1. Die Aufführung des Einakters »Sancta Susanna« von Paul Hindemith im Hamburger Stadt-Theater löst einen Skandal aus. → S. 427

1. 2. Auf der Strecke zwischen Volksdorf und Ohlstedt wird der Hochbahnbetrieb aufgenommen. → S. 427

26. 4. Im zweiten Wahlgang wird der von den Rechtsparteien unterstützte frühere Generalfeldmarschall Paul von Hindenburg in Berlin zum Reichspräsidenten gewählt. Die KPD hatte den gebürtigen Hamburger Ernst Thälmann für das höchste Staatsamt nominiert. Das erste demokratisch gewählte deutsche Staatsoberhaupt Friedrich Ebert (SPD) war am 28. Februar gestorben.

30. 5. Das Flaggschiff der Hafen-Dampfschiffahrts AG, das Motorschiff »Jan Molsen«, läuft vom Stapel (→ 1. 7. 1921/S. 413).

16. 6. Eine im ganzen Deutschen Reich durchgeführte Volkszählung ergibt für Hamburg eine Wohnbevölkerung von 1 152 523 Personen, davon 551 473 Männer.

2. 7. In Hamburg stehen rund 2300 Prostituierte unter Polizeikontrolle.

1. 9. Die bisherige Landgemeinde Wilhelmsburg wird zur Stadt erhoben. Sie zählt rund 35 000 Einwohner.

1925. Fritz Höger erbaut für die Zigarettenfabrik »Haus Neuerburg« ein Werksgebäude in der Walddörferstraße in Wandsbek. 1935 fusioniert die Firma mit dem in Bahrenfeld ansässigen Tabakunternehmen Reemtsma (→ 1923/S. 422).

GEBOREN:

5. 6. Hamburg: Boy Gobert († 30. 5. 1986, Wien), Schauspieler und Theaterintendant.

26. 9. Hamburg: Günter Harte, niederdeutscher Autor.

GESTORBEN:

25. 10. Hamburg: Martin Haller (* 1. 12. 1835, Hamburg), Architekt.

19. 11. Hamburg: Eduard Amandus Lippert (* 8. 1. 1844, Hamburg), Kaufmann und Philanthrop.

Freier Außenhandel wieder möglich

10. Januar 1925. Die Siegermächte des Weltkriegs gestehen dem Deutschen Reich die Freiheit zum Abschluß von Handelsverträgen wieder zu, wovon auch die Hamburger Handelshäuser profitieren.

Trotz der Beschränkungen des Versailler Vertrags (1919), der das Reich zur einseitigen Bewilligung der Meistbegünstigung verpflichtete, konnte sich der Hamburger Außenhandel wegen der bis Ende 1923 herrschenden Geldentwertung (→ 24. 10. 1923/S. 419) relativ rasch wieder erholen. Die niedrigen Herstellungskosten ermöglichten den Export deutscher Waren zu Dumpingpreisen, gegen die auch hohe Schutzzölle wirkungslos blieben. So konnten Hamburger Exporthändler schon 1919 wieder Handelsbeziehungen nach Mittel- und Südamerika aufnehmen. Den Zugang zu den afrikanischen Märkten gestattet Großbritannien 1924/ 1925, Frankreich erst 1927. Im Chinahandel wurden viele Hamburger Firmen ab 1923 aktiv, Handelsbeziehungen mit Japan knüpften sie bereits 1919 wieder an.

Zug der Hochbahn zwischen Volksdorf und Ohlstedt; das Teilstück nach Wohldorf bedient eine Straßenbahn.

Walddörferbahn ist bis Ohlstedt ausgebaut

1. Februar 1925. *Zwischen Volksdorf und Ohlstedt wird der letzte Streckenabschnitt der Walddörferbahn eröffnet. Es ist eine aus öffentlichen Mitteln erbaute Staatsbahn, die aber von der Hamburger Hochbahn Aktiengesellschaft betrieben wird. Schon am 12. September 1918 wurde auf der Walddörferbahn die Strecke Barmbek-Volksdorf zunächst mit Dampflokomotiven in Betrieb genommen. Der zweigleisige elektrische Zugbetrieb begann am 20. Mai 1923.*

Mit der Walddörferbahn, welche die nördlichen bzw. nordöstlichen Vororte Hamburgs erschließt, wird das Netz der Hamburger Hochbahn (→ 29. 6. 1912/ S. 376) erheblich erweitert. Angesichts rasch steigender Fahrgastzahlen (1912: 24,6 Mio., 1926: 93,48 Mio.) ersetzt die Hochbahn 1926 das alte Flügelsignalsystem durch ein Selbstblocksystem, das eine wesentlich raschere Zugfolge erlaubt.

Moderne Kunst stößt auf Unverständnis

28. Januar 1925. Über eine in konservativen Kreisen als skandalös empfundene Aufführung der Oper »Sancta Susanna« von Paul Hindemith im Hamburger Stadt-Theater kommt es zu einer erregten Bürgerschaftsdebatte. Abgeordnete der politischen Rechten fordern Maßnahmen des Senats gegen derartige »Attentate« auf das christliche Empfinden der hamburgischen Bevölkerung.

In der Anstoß erregenden »Sancta Susanna«, vor deren Aufführung sich die Besucher verpflichten mußten, nicht zu stören, geht es um eine unkeusche Nonne, die, in sinnlicher Liebe zu Christus entbrannt, einem Kruzifix den Lendenschurz herunterreißt. Während das Stadt-Theater die Kurzoper als echtes Kunstwerk moderner Musik verteidigt, erheben 18 Organisationen in einer in der Presse veröffentlichten Kundgebung heftigen Protest gegen »das Unerhörteste, was an Versauchung unserer Bildungsstätten je dagewesen ist«. Ähnliche Empörung löste bereits 1924 die Anschaffung des Gemäldes »Nana« von Édouard Manet aus. Moderne Kunst, wie z. B. auch der in der Kunsthalle ausgestellte expressionistische »Mandrill« von Franz Marc, hat es schwer.

Ein Anstoß erregendes Gemälde, das jetzt zu den Glanzstücken der Hamburger Kunsthalle zählt: »Nana« des französischen Impressionisten Édouard Manet; die in hellblauem Korsett und Unterrock, mit einer Puderquaste in ihrer Hand vor dem Stehspiegel verweilende Dame erregt wegen des gewagten Sujets (r. im Bild der Kavalier mit Zylinder) und des angeblich hohen Anschaffungspreises den Unmut der politischen Rechten. Das 1877 entstandene Gemälde illustriert Manets Abkehr von der Akademiekunst.

Eine Stadt im Tanzfieber

1925. Vom lockeren Zeitgeist der »Golden Twenties« erfaßt, verabschiedet sich das gesellige Leben in Hamburg von der viktorianischen Prüderie der Vorkriegszeit. Während die ausbrechende »Sittenlosigkeit« noch manche Hanseaten schockiert, schießen die (verbotenen) Spielklubs wie Pilze aus dem Boden, und ein wahres Tanzfieber erfaßt alle Alters- und Gesellschaftsschichten.

In den mehr oder weniger angesehenen Tanzlokalen und Vergnügungsstätten in der Neustadt und auf St. Pauli tanzt man neuerdings Tango und Shimmy, ab 1925 auch Charleston. Das Jazz-Zeitalter hält Einzug auch in Cafés wie dem Alsterpavillon. Abend für Abend herrscht Hochbetrieb im renommierten »Trichter« an der Reeperbahn auf St. Pauli, im »Schieber«, in der »Fledermaus« (Ernst-Merck-Straße), im »Faun«, in der »Bieber-Diele«, im Kaffeehaus »Vaterland« und vielen anderen namhaften Tanzlokalen.

Auch die ältere Generation bleibt von der neuen Welle nicht unberührt. Man besucht Tanzstunden, wo die richtigen Schrittfolgen und auch das Steppen erlernt werden können. Da es nicht länger als unschicklich gilt, zum Tanzen auszugehen, trifft man sich in der Tanzdiele des Hotels Esplanade und im exklusiven »Trocadero« an den Großen Bleichen.

Jährlicher Höhepunkt für die Tanzbegeisterten sind die vom Verein Hamburger Künstlerhilfe veranstalteten Künstlerfeste. Diese nach Ansicht des Schriftstellers Hans Henny Jahnn »unvergleichlich unpolizeilichen« Feiern im Curio-Haus – die erste fand 1913 statt, die folgenden ab 1920 – stehen jeweils unter einem bestimmten Thema: »Die Gelbe Posaune« (→ 1920/ S. 411), »Götzenpauke« (1921), »Der himmlische Kreisel« (1923) mit Weltraumkostümierung. Jedesmal wird eine Revue gezeigt, bei der bekannte hamburgische Künstler auftreten. So tanzten bei der »Götzenpauke« im Curio-Haus Jutta von Collande sowie die Schwestern Gertrud und Ursula Falke, die um 1916 in der Rothenbaumchaussee die erste Schule für moderne künstlerischen Tanz eröffnet hatten. Beim »Komplott der Komplexe« (1931) bittet Ana-Lyse in der Revue der Wortklaubereien, die Komplexe an der Garderobe abzugeben. Der Schlager »Mein Lebenslauf ist Lieb' und – Freud« entwickelt sich dabei zum Hit.

Von Berlin schwappt in den 20er Jahren eine Revue-Welle nach Hamburg über, wobei die beliebte Hamburg-Revue als spezielle Ausprägung entsteht. Zu den zahlreichen Shows mit Hamburger Lokalkolorit gehört z. B. Paul Möhrings »Hamborg hest du di verännert!« Bekannte Vergnügungs-Etablissements wie der »Trichter« zeigen regelmäßig Revuen. Auch die Theaterhäuser steigen teilweise auf diesen Kassenschlager um: So gastiert z. B. 1926 die Berliner Haller-Revue – eine der renommiertesten der Reichshauptstadt – im Deutschen Schauspielhaus.

Im Zuge der allgemeinen Tanzbegeisterung entwickelt sich Hamburg zu einem Zentrum des Ausdruckstanzes, auch als »freier Tanz« oder »moderner Tanz« bezeichnet. Modern vor allem deshalb, weil er die »Rückkehr zu der ursprünglichen Kraft und den natürlichen Bewegungen anstrebt und damit gleichermaßen« gegen die erstarrte Ästhetik des Balletts und gegen alle bürgerlichen Konventionen revoltiert. Inspiriert durch die US-Amerikanerin Isadora Duncan, einer Vorreiterin des Ausdruckstanzes, setzen die Falke-Schwestern Maßstäbe auf dem Gebiet des künstlerischen Tanzes. Sie hatten bei der Ausdruckstänzerin Mary Wigman, die in Hamburg mit ihren Solotanzabenden immer wieder ein begeistertes Publikum findet, und vor allem bei dem Tanztheoretiker und -philosophen Rudolf von Laban gelernt.

Laban gründete 1922 in der Ernst-Merck-Halle des Zoologischen Gartens seine Schule für Bewegungschöre, aus deren Laientanzkursen bekannte Tänzer und Choreographen sowie Gründerinnen hamburgischer Tanzschulen wie Erika Milee, Lola Rogge (→ 1. 4. 1934/ S. 462) und Anneliese Sauer hervorgehen. Zu dieser Zeit tummelte sich in Hamburg bereits eine lebendige Tanzszene. Tänzerinnen wie Gertrud Zimmermann und Laura Oestermann füllten bei ihren umjubelten Auftritten immer wieder aufs Neue die großen Säle im Curio-Haus und bei Sagebiel.

Das junge großstädtische Bürgertum vergnügt sich nicht nur mit Theater, Varieté, Kabarett oder Revuen, sondern – wie hier – auch bei privaten Tanzveranstaltungen. Dabei darf es gern etwas lasziv zugehen.

In barocker Pracht, mit Logen und vor allem mit einer großzügig bemessenen Tanzfläche präsentiert sich das »Trocadero« (Postkarte).

Lockung mit Exotik: Eine Einladung zum Tanz
in die Große Freiheit

Tanzen auf traditionelle Art: Der Geestländer
Volkstanzkreis in Sagebiels Festsälen

▷ Gediegene Unterhaltung im ebenfalls gedie-
genen Alsterpavillon: Francesco Scarpa tritt
mit seinem Orchester auf (1929).

Eher nah- statt fernöstliche Exotik verheißt der maurisch geschwungene Eingang des »Allotria«; dieses Tanzlokal
auf der Reeperbahn signalisiert mit seinem verwackelten Namenszug, daß es hier drunter und drüber geht.

Seit 1920 wieder ein Garant für beste Unterhaltung auf der Reeperbahn: Das
Ballhaus »Trichter« im früher renommierten »Hornhardts Concertgarten«

Das »Schauburg« am Millerntor, eines der drei Hamburger Großkinos neben dem
1929 eröffneten »UfA-Palast« am Gänsemarkt und dem »Emelka-Palast«

1926

Hapag kauft die Konkurrenz zusammen

24. November 1926. Die Hamburg-Amerikanische Packetfahrt-Actien-Gesellschaft (Hapag) erwirbt die Deutsch-Australische Dampfschiff-Gesellschaft (D.A.D.G.) und die Deutsche Dampfschiffahrts-Gesellschaft Kosmos.

Mit den beiden Reedereien gehen die Hugo-Stinnes-Linien auf die Hapag über, das Hapag-Kapital erhöht sich um 55 Mio. RM. Dieser aufsehenerregenden Transaktion ging im Juli/August bereits die Übernahme der United American Lines des US-amerikanischen Harriman-Konzerns durch die Hapag voraus. Dabei wurde das Kapital der Hamburger Reederei um 21 Mio. auf 76 Mio. RM erhöht.

Von Harriman, mit dem die Hapag bereits seit 1920 einen gemeinsamen Passagierdienst zwischen Hamburg und New York betreibt, übernimmt die Hamburger Reederei die Schiffe »Cleveland« (16 960 BRT), »Resolute« (20 200 BRT) und »Reliance« (19 980 BRT). Künftig liegen Leitung und Organisation des transatlantischen Schiffsverkehrs, an dem der Harriman-Konzern finanziell beteiligt bleibt, in der Hand der Hapag.

Die Reederei verfügt nun nach dem Rückkauf der nach dem Weltkrieg ausgelieferten »Deutschland« und mehreren Neubauten, vor allem der vier Dampfer der »Ballin«-Klasse (→ 16. 6. 1923/S. 422), wieder über eine ausreichende Passagierschiffsflotte für die Nordatlantikroute.

Für den Kauf der Reedereien der Austral-Kosmos-Gruppe entschied sich die Hapag, nachdem diese durch den Erwerb der Stinnes-Linien zu einer Konkurrenz auf fast allen Liniendiensten geworden war. Die Hapag übernimmt den Dampfer »General Belgrano« (10 056 BRT) und alle übrigen Schiffe der Hugo Stinnes AG. Die Stinnes-Linien gehörten ursprünglich zum gleichnamigen Konzern, der nach dem Tod des Unternehmers Hugo Stinnes im Jahr 1924 zerfiel.

Deutsch-Australische Dampfschiffs-Gesellschaft

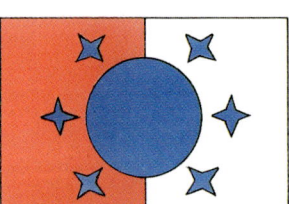

Deutsche Dampfschiffahrts-Gesellschaft Kosmos

Hamburg-Amerikanische Packetfahrt-Actien-Gesellschaft

Schornsteinfarben der Hamburg-Amerika Linie

© Harenberg

Reedereiflaggen (o. und M. l.), die Schornsteinfarben der Hapag (M. r.) und die »Cap Polonio«

»Cap Polonio« bleibt drei Monate auf hoher See

18. Juli 1926. *Die »Cap Polonio« (20 576 BRT), das Flaggschiff der Hamburg-Südamerikanischen Dampfschifffahrtsgesellschaft (Hamburg-Süd), beginnt eine bis zum 4. Oktober dauernde Kreuzfahrt, in deren Verlauf sie auch zweimal ihren Heimathafen Hamburg ansteuert.*

Der 1914 vom Stapel gelaufene Dampfer wurde während des Weltkriegs als Hilfsschiff eingesetzt, erwies sich aber als zu langsam. Nach Kriegsende nahmen ihn die Briten in Besitz, veräußerten ihn aber 1921 wieder an die Hamburg-Süd. Die Gesellschaft ließ das 201,8 m lange Schiff aufwendig umbauen und setzte es 1922 erstmals auf Kreuzfahrten ein, ein Angebot vor allem für gut betuchte Südamerikaner. 1935 wird die »Cap Polonio« in Bremerhaven verschrottet.

Rasanter Aufstieg einer Reederei
Nach ihrer Gründung am → 27. Mai 1847 (S. 229) betrieb die Hapag unter der Leitung von Adolph Godeffroy den Linienverkehr Hamburg – New York zunächst mit Segelschiffen. Das erste Schiff der Gesellschaft war die »Deutschland«. Ab dem → 1. Juni 1856 (S. 243) setzte die Hapag auch Dampfschiffe ein. Sie transportierten neben Fracht, Kajütpassagieren und Post auch Auswanderer. 1889 wurden zwei neue Schnelldampfer, die »Columbia«, und die »Auguste Victoria« in Dienst gestellt. Zusammen mit dem Norddeutschen Lloyd in Bremen und anderen Linien gründete die Hapag 1892 einen Nordatlantischen Dampferlinien-Verband.

Unter der Leitung von Albert Ballin (→ 1. 6. 1886/S. 301) stieg die Hamburg-Amerika-Linie zur größten Reederei der Welt auf. 1913 beförderte sie 464 000 Personen und rund 5 Mio. t Fracht. Bei Ausbruch des Weltkriegs verfügte sie über 175 Seeschiffe, die weltweit auf 74 Linien verkehrten.

Die Flotte wurde laufend erweitert; sie umfaßte u. a. die Schnelldampfer »Deutschland« (16 500 BRT) und »Imperator« (50 000 BRT), das damals größte Schiff der Welt (→ 3. 4. 1913/S. 380). Nach dem Ende des Ersten Weltkriegs mußte die Hapag wie alle deutschen Reedereien sämtliche großen Schiffe an die Siegermächte ausliefern.

NSDAP-Führer Hitler spricht in Hamburg

28. Februar 1926. Auf Einladung des sog. Nationalclubs von 1919 hält Adolf Hitler, Vorsitzender der Nationalsozialistischen Deutschen Arbeiterpartei (NSDAP), erstmals in Hamburg eine Rede.

Hitler legt die politischen Chancen seiner Partei dar, wobei er die national oder nationalistisch eingestellte Wählerschaft auf »eine Gruppe von 10, 12 oder 13 Millio-

Adolf Hitler, geboren 1889, seit 1921 Vorsitzender der rechtsradikalen NSDAP, wurde nach dem Putschversuch im November 1923 in München zu fünfjähriger Festungshaft verurteilt, aber schon Ende 1924 entlassen. 1925/26 erschien seine Programmschrift »Mein Kampf«.

nen« schätzt, der etwa 14 bis 15 Mio. Sozialdemokraten, Kommunisten und pazifistische Demokraten gegenüberständen. Verschiebungen habe es bisher nur innerhalb dieser beiden Gruppen gegeben.

Wenig später, am 1. Mai, ist Hitler Gast bei der Maifeier des Hamburger NSDAP-Landesverbands, die wegen eines behördlichen Redeverbots für den NSDAP-Führer in Schwerin stattfinden muß.

Gedenkfeier am Wissmann-Denkmal (Afrikaforscher und Eroberer Deutsch-Ostafrikas) vor der Universität anläßlich der Kolonialwoche in Hamburg

Sehnsucht nach Kolonien

1. August 1926. In Hamburg wird eine sog. Kolonialwoche eröffnet. Der Erste Bürgermeister Carl Petersen (DDP) weist in seiner Rede am zweiten Tag der Veranstaltung Vorwürfe über eine deutsche Kolonialschuld zurück. Ferner erklärt er die koloniale Sache zu einer deutschen Angelegenheit, die von Parteipolitik unabhängig sei.

Aufgrund des Versailler Friedensvertrags (1919) mußte das Deutsche Reich sämtliche Überseegebiete (Kamerun, Togo, Deutsch-Südwest-

afrika, Deutsch-Ostafrika, Bismarck-Archipel, Marshall-Inseln, Karolinen u. a.) abtreten, die als Mandate des Völkerbunds auf die Alliierten verteilt wurden. Die Siegermächte begründeten dies mit der angeblichen kolonialen Schuld des Deutschen Reichs, das seine Kolonien dazu mißbraucht habe, andere Staaten zu berauben. Diese Behauptung wird von deutscher Seite als »Schuldlüge« zurückgewiesen. Deutsche Forderungen auf Rückgabe bleiben jedoch erfolglos.

Kaiserfarben wehen neben Reichsbanner

5. Mai 1926. Reichspräsident Paul von Hindenburg unterzeichnet eine Flaggenverordnung, wonach die diplomatischen und konsularischen Auslandsvertretungen des Deutschen Reichs die einst kaiserliche schwarzweißrote Handelsflagge neben der schwarzrotgoldenen Reichsflagge setzen sollen.

Damit entspricht er dem Wunsch der Deutschnationalen, der Völkischen und vieler nationalistisch gesinnter Auslandsdeutscher. Auch Hamburger Wirtschaftskreise hatten Vorstöße unternommen, den alten Reichsfarben zu größerer Verbreitung zu verhelfen. Sie begründeten ihre Initiative in der Öffentlichkeit damit, daß in Übersee der 1919 vollzogene Flaggenwechsel vom Schwarzweißrot des alten Kaiserreichs zum republikanischen Schwarzrotgold nicht verstanden worden sei.

Dahinter steckt allerdings ein tieferliegendes Problem: Das Bekenntnis für oder gegen das verfassungsmäßige Schwarzrotgold ist nämlich gleichzeitig ein Bekenntnis für oder gegen die Republik. Reichskanzler Hans Luther (parteilos), der die Verordnung gegenzeichnet, tritt am 12. Mai nach einem Mißtrauensvotum von DDP, SPD und der KPD zurück.

Kalter Klotz am Kai von Neumühlen

August 1926. Das im Auftrag der britischen Fleischimportfirma Lancashire von dem Architekturbüro Schramm & Elingius seit 1924 errichtete Kühlhaus Union am Neumühler Kai wird fertiggestellt. Zugleich entsteht am Roßkai südlich des Schuppens 85 das Kühlhaus der Firma Behr & Mathew, wo vor allem aus China importierte Eier eingelagert werden sollen.

Fortschritte in der Kühltechnik sowie die zunehmende Bedeutung des Lebensmittelimports machen den Bau der großen Anlage möglich. In Neumühlen deponiert Lancashire vor allem Importfleisch aus Argentinien sowie Butter, Eier und Fisch. Von hier werden die Nahrungsmittel per Bahn und Schiff nach Österreich und nach Osteuropa weitertransportiert.

Von der Seeseite her markiert das Kühlhaus Union einen monumen-

talen Eingang zum Hafen. Hier gehen die Elbvororte mit ihren Parks und Villen in die industriell geprägte Hafenlandschaft über. In den 80er Jahren entstehen verschiedene Pläne zu einer neuen Nutzung des mittlerweile stillgelegten Gebäudes. Zur Diskussion steht der Umbau zum Luxushotel bzw. zum Altersheim.

Fester Punkt im Hafenpanorama: Kühlhaus Union am Neumühler Kai; nach Einstellung des Betriebs durch die englische Firma Lancashire, die das Grundstück 1924 für 5000 Pfund Erbbauzins bis zum Jahr 2026 übernahm, ist die neue Nutzung offen.

Neujahrsempfang wird öffentlich

1. Januar 1926. Erstmals sind alle Hamburger Bürgerinnen und Bürger zum Neujahrsempfang im Rathaus zugelassen. Bürgermeister Carl Petersen (DDP) stellt damit eine alte Tradition auf eine demokratische Grundlage.

Bereits seit dem 18. Jahrhundert finden die Audienzen statt, bei denen freilich nur die Honoratioren und in Hamburg residierende Diplomaten dem Bürgermeister Glückwünsche überbrachten.

Nachdem die Empfänge im 19. Jahrhundert im Privathaus des Bürgermeisters stattfanden, verlegte Bürgermeister Gerhard Hachmann sie 1901 in sein Amtszimmer im 1897 fertiggestellten Rathaus. Der alljährliche Neujahrstreff entwickelt sich nun immer stärker zu einer in der Hamburger Bevölkerung beliebten Veranstaltung.

Heine-Denkmal eingeweiht

12. August 1926. Im Stadtpark wird das Denkmal des Dichters Heinrich Heine, das der Bildhauer Hugo Lederer zwischen 1906 und 1913 schuf, feierlich enthüllt. Die Festrede hält der Literaturkritiker Alfred Kerr, der sich seit 20 Jahren für ein Heine-Denkmal eingesetzt hat. Mit dem Memorial wird ein in Wilhelminischer Zeit lange unterdrücktes Projekt, für das hauptsächlich Oppositionelle eintraten, verwirklicht. Inzwischen findet das Heine-Denkmal auch den Beifall bürgerlicher Kreise, die allerdings den Künstler dem »politischen Heine« vorziehen. Die Nationalsozialisten entfernen die Plastik 1933 und lassen sie einschmelzen.

Der Geehrte war Hamburg auf vielfältige Weise verbunden: Hier lebte sein Onkel, der Bankier Salomon Heine, und hier druckte der Verleger Julius Campe Heines im übrigen Deutschland verbotene Schriften (→ 10. 12. 1835/S. 204).

Wegen seiner satirischen Kritik an den deutschen Zuständen, aber auch wegen seiner jüdischen Herkunft wird der Literat 70 Jahre

Zu Kaisers Zeiten verfemt, jetzt akzeptiert: Heine-Denkmal, Stadtpark

nach seinem Tod immer noch angefeindet. Das andere, seit 1910 im Hof des Kontorhauses Barkhof an der Mönckebergstraße stehende Heine-Denkmal wird immer wieder von Rechtsradikalen beschmiert, bis es der sozialdemokratische Bürgermeister Max Brauer 1927 demonstrativ nach Altona holt (→ 17. 9. 1909/S. 366).

Betriebspersonal vor einem Bus der Bergedorf-Geesthachter Eisenbahn

Bergedorfer Busbetriebe

15. Mai 1926. Die im Jahr 1902 gegründete Bergedorf-Geesthachter Eisenbahn richtet eine Kraftomnibuslinie zwischen Bergedorf und Lauenburg als Ergänzung zur bestehenden Zugverbindung Bergedorf–Geesthacht ein. Am 4. Oktober folgt die Eröffnung eines Bus-Stadtverkehrs in Bergedorf. Zunächst verkehren auf beiden

Linien drei Busse. 1929 sind bereits 16 Busse auf weiteren sieben Linien im Gebiet der Vier- und Marschlande, nach Wentorf und Sande/Boberg im Einsatz. Im Stadtverkehr verkehren sie stündlich, sonst maximal fünfmal täglich. 1929 befördern die Busbetriebe fast 1,2 Mio. Personen, das Dreifache des 1927 erzielten Ergebnisses.

1927

8. 1. Die Finanzbehörde bezieht den von Fritz Schumacher gestalteten Bau am Gänsemarkt.

12. 1. Das Krankenhaus Elim wird als Stiftung des Diakonissenhauses Elim an der Hohen Weide eröffnet.

3. 5. Mit einer Aufführung von Mozarts »Zauberflöte« feiert das Stadt-Theater sein 100jähriges Bestehen. → S. 434

3. 6. Das Hamburger Stadt-Theater zeigt erstmals Ernst Křeneks »Jonny spielt auf«. → S. 434

2. 7. Durch ein Gesetz über den Ausbau der preußischen Häfen werden insgesamt 35,4 Mio. RM für die Häfen Rethe, Reiherstieg, Kattwyk, Hohe Schaar und den vierten Harburger Seehafen bewilligt.

8. 7. Das preußische Landesgesetz über die »Neuregelung der kommunalen Grenzen im preußischen Unterelberaum« tritt in Kraft; es sieht Gebietsvergrößerungen und Eingemeindungen vor. → S. 433

10. 7. Auf dem Victoriasportplatz an der Hoheluftchaussee unterliegt eine Auswahl des Arbeiter-Turn- und Sport-Bundes einem Fußballteam aus der UdSSR mit 1:4 Toren. → S. 433

15. 7. Über dem Öresund stürzt der Hamburger Flieger Paul Bäumer ab. → S. 433

11. 8. In Hamburg findet wie überall im Deutschen Reich eine Verfassungsfeier statt. → S. 433

1. 9. An den Hamburger Kammerspielen wird das Stück »Hoppla, wir leben!« von Ernst Toller uraufgeführt. → S. 434

9. 10. Bei den Bürgerschaftswahlen erreichen SPD (63 Sitze, plus zehn) und KPD (27 Sitze, plus drei) zusammen die absolute Mehrheit (→ 26. 10. 1927/ S. 432). Drittstärkste politische Kraft in Hamburg wird die DNVP mit 25 Sitzen (minus drei) vor der DVP (18 Sitze, minus fünf) und der DDP (16 Sitze, minus fünf).

23. 10. In Altona gewinnt die deutsche Fußball-Nationalelf gegen Norwegen 6:2.

26. 10. In Hamburg scheitern die nach der Bürgerschaftswahl am 9. Oktober begonnenen Gespräche über eine parlamentarische Zusammenarbeit von SPD und KPD. → S. 432

1927. Aus einer Spaltung der Proletarischen Bühne entsteht die KPD-nahe Agitpropgruppe »Die Nieter«. → S. 434

1927. Die 1865 von Carl Heinrich Florenz Müller in Hamburg gegründete Firma C.H.F. Müller und ihr seit 1924 bestehendes Tochterunternehmen Valvo gehen in den Besitz des Philips-Konzerns über.

Keine Koalition der zwei Arbeiterparteien

26. Oktober 1927. Bei einer Sitzung im Gewerkschaftshaus scheitern die seit der Bürgerschaftswahl am 9. Oktober geführten Koalitionsverhandlungen zwischen der SPD und der KPD, die zusammen über eine Mehrheit von 55,1% verfügen, an den tiefgreifenden Differenzen zwischen den beiden Arbeiterparteien. Das Angebot der KPD, dennoch einen SPD-Senat zu tolerieren, reicht den Sozialdemokraten, die seit 1919 stärkste Fraktion in der Hamburger Bürgerschaft sind, nicht aus. Sie ziehen eine Zusammenarbeit mit den bürgerlichen Parteien der Kooperation mit den als »Moskauer Reptilien« bezeichneten Kommunisten vor.

Aus einem KPD-Wahlflugblatt
»Die Herrschaft der Pfeffersäcke in Hamburg, der Bürgerblockregierung in Deutschland und ihre brutalen Maßnahmen gegen das arbeitende Volk aller Schichten, die Zoll- und Steuerpolitik, die Mieterhöhung, verbunden mit den frechen Vorstößen der Unternehmer gegen die Erhöhung der Löhne und Herabsetzung der Arbeitszeit kämpfenden Arbeiter, Angestellten und Beamten, ist eine Folge der Koalitions- und Arbeitsgemeinschaftspolitik der SPD.«

In den Koalitionsgesprächen verlangte die SPD als stärkere Partei das Recht, die Richtlinien der Politik vorzugeben. »Mindestforderungen« der KPD lehnte sie ab.

Seit dem gescheiterten »Hamburger Aufstand« (→ 23. 10. 1923/S. 420) betreibt die KPD zwar eine relativ gemäßigte Realpolitik, gegenüber der SPD verfolgt sie aber nach wie vor die Taktik der »Einheitsfront von unten«: Werbung unter SPD-Anhängern bei gleichzeitiger Agitation gegen die Führung.

Die »Große Koalition« aus SPD, der linksliberalen DDP und der rechtsliberalen DVP bleibt auch nach den Wiederholungswahlen am 19. Februar 1928 bestehen. Sie werden notwendig, weil der Staatsgerichtshof der Deutschen Republik am 17. Dezember 1927 die Wahlordnung Hamburgs und anderer Länder wegen Beschränkung der Splitterparteien für ungültig erklärt.

Preußen räumt in Hamburgs Umland auf

8. Juli 1927. Preußen faßt seine Gemeinden im Umland von Hamburg zu größeren und damit gegenüber der Hansestadt konkurrenzfähigeren Einheiten zusammen.

Das Gesetz über die »Neuregelung der kommunalen Grenzen im Unterelberaum« bestimmt, daß Altona und Wandsbek durch Eingemeindungen vergrößert werden; aus Harburg und Wilhelmsburg wird eine Stadtgemeinde; neu entstehen die Großgemeinden Lokstedt und Rahlstedt sowie die Stadt Billstedt. Diesem Schritt gingen jahrelange Verhandlungen voraus, in denen sich Hamburg und Preußen nicht über die sog. Groß-Hamburg-Frage einigen konnten.

Hamburg, das durch sein starkes Wachstum überall an die preußischen Grenzen stößt, verwies bereits 1915 in einer Denkschrift auf die Notwendigkeit der Staatserweiterung. Dabei dachte man vor allem an Gebiete für den Ausbau des Hafens sowie an die Ausdehnung der Wohnstadt zwischen den Walddörfern und der Stadtgrenze. Preußen verweigerte jedoch Gebietsab-

DER MAGISTRAT: den Schülern des letzten Schuljahres anläßlich der Vereinigung der Städte Harburg-Wilhelmsburg — ZUM WERKTÄTIGEN LEBEN

Schülern als Geschenk zur Vereinigung von Harburg-Wilhelmsburg 1927 überreicht: Das berufskundliche Buch »Vor dem Tore des werktätigen Lebens«; Wilhelmsburg wurde erst vor zwei Jahren, als es noch nicht mehr als 35 000 Einwohner hatte, von einer preußischen Landgemeinde zur Stadt erhoben. Die neue Großstadt Harburg-Wilhelmsburg zählt 115 000 Einwohner. Sie existiert allerdings nur zehn Jahre (→ 1. 4. 1937/S. 469).

tretungen an Hamburg und geht jetzt mit der Gebietsreform selbst in die Offensive. Nach weiteren Verhandlungen einigen sich die streitenden Parteien 1928 auf eine gemeinsame Entwicklung des Wirtschaftsgebiets Groß-Hamburg (→ 5. 12. 1928/S. 435).

Festakt auf dem Rathausmarkt. 1. v. l. Polizeichef Lothar Danner, 3. v. l. Bürgerschaftspräsident Rudolf Roß und Reichspräsident Paul von Hindenburg

Republikanisch gesinnte Bürger feiern die Weimarer Verfassung

11. August 1927. *In Hamburg findet wie überall im Deutschen Reich aus Anlaß des achten Jahrestages der Verkündigung der Weimarer Verfassung eine Feierstunde statt. 1923 wurde dieses Datum zum erstenmal als nationaler Feiertag begangen. Der offizielle Festakt in Anwesenheit zahlreicher hochgestellter Repräsentanten des Staates findet auf dem Rathausmarkt statt. Die Verfassung der Weimarer Republik, die aus dem Zusammenbruch des Kaiserreichs am Ende des Weltkriegs und der Novemberrevolution 1918 entstand und aus der schließlich die Republik als erster demokratischer Staat auf deutschem Boden hervorging, wird vor allem von seiten Rechtsradikaler angefeindet (→ 27. 9. 1924/S. 425). Aber auch in der übrigen Bevölkerung ist die Skepsis gegenüber dem Weimarer Staat, der überspitzt als »Republik ohne Republikaner« bezeichnet wird, weit verbreitet.*

Riesiges Interesse an Arbeiterfußball

10. Juli 1927. 25 000 Zuschauer wohnen nach Schätzung des »Hamburger Echo« auf dem Victoriasportplatz einer Demonstration des fußballerischen Internationalismus bei: Das Team des Arbeiter-Turn-und Sport-Bundes (ATSB) unterliegt an der Hoheluftchaussee der Sowjetunion 1:4.

Die Begegnung gilt als das bestbe-

Freie Sport-Woche. Länderspiel Deutschland–Rußland in Hamburg 1:4.

Eine Arbeitersport-Zeitung berichtet über das Länderspiel.

suchte Ereignis in der Geschichte des Hamburger Arbeitersports, dem aus diesem Anlaß sogar das bürgerliche »Fremdenblatt« die Reverenz erweist: »Erstklassig, fair und hingebend in der Form« sei die Veranstaltung gewesen.

1926 ging auf Initiative der Hamburger Arbeitersportler erstmals ein »proletarisches« Fußballspiel gegen ein sowjetisches Team in der Hansestadt über die Bühne, um gegenüber den »bürgerlichen« Vereinen die internationale Solidarität der Arbeiter zu demonstrieren.

Pilot Bäumer über Öresund abgestürzt

15. Juli 1927. Bei einem Testflug mit einer für die Türkei bestimmten Maschine vom Typ Rohrbach stürzt der Kunstflug-Pilot Paul Bäumer über dem Öresund tödlich ab, als er bei einem Trudelversuch in 5000 m Höhe die Kontrolle über die Maschine verliert. Zehntausende geben dem wohl bekanntesten Flieger der Hansestadt, der sich in ganz Deutschland einen Namen machte, auf dem Ohlsdorfer Friedhof das letzte Geleit. »Selten ist ein Hamburger mit solcher Ehre zu Grabe getragen worden«, kommentiert die Presse das Ereignis.

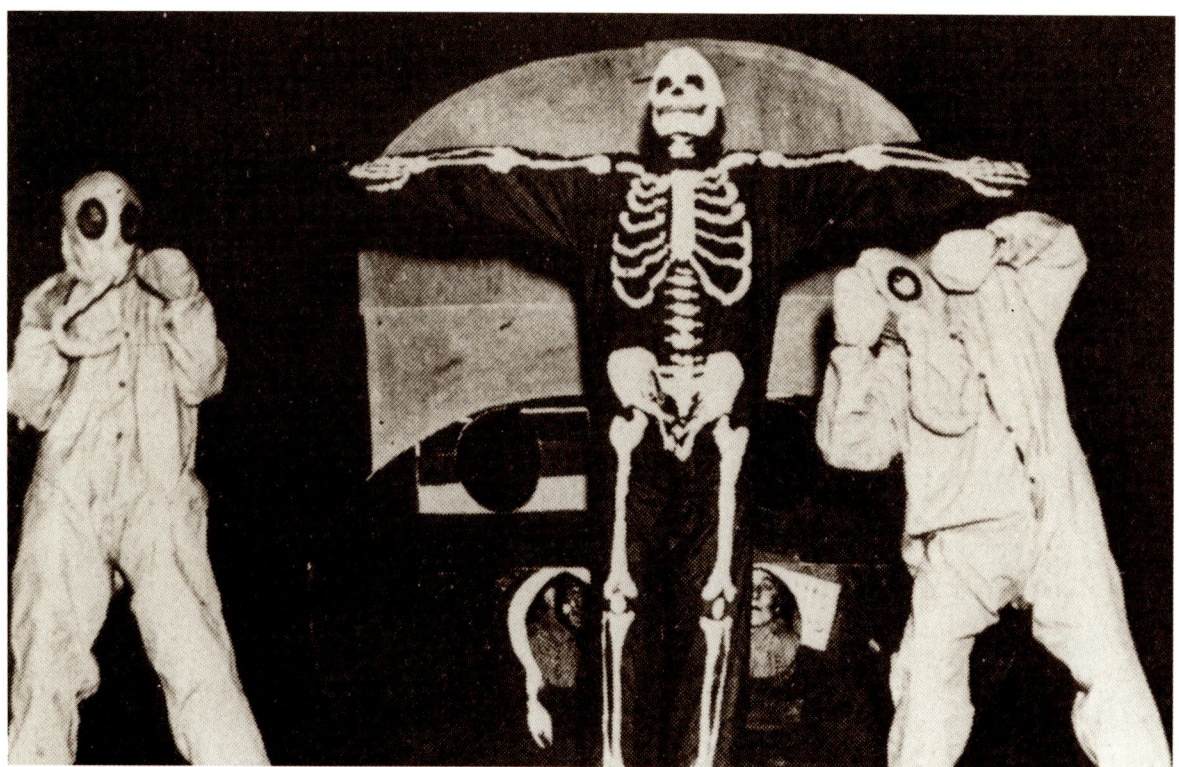

»Die Nieter« attackieren den Giftgasskandal bei der Firma Stoltzenberg auf der Veddel im Jahr 1928.

Agitproptruppe »Die Nieter« gegründet

1927. Nach einem Gastspiel der sowjetischen Agitpropgruppe »Blaue Blusen« gründen die kommunistischen Mitglieder der Proletarischen Bühne das rote Kabarett »Die Nieter«. Leiter der überaus aktiven Laien-Agitproptruppe wird Hans Käbnick, Lehrer und Kritiker des KPD-Organs »Hamburger Volkszeitung«.

Während die von Sozialdemokraten und Kommunisten 1922 gegründete Proletarische Bühne klassische Dramen und moderne Bühnenstücke aufführt (u. a. Rudolf Selkes »Rot gegen Weiß«, Georg Büchners »Dantons Tod«), erteilen die nach den Nietkolonnen auf den Hamburger Werften benannten »Nieter« (Motto: »Wir nieten zusammen die rote Front«), dem »alten, lächerlichen ›Liebhaber-Schmierentheater‹« eine Absage.

Nach Ansicht Käbnicks erfordern revolutionäre Stoffe auch einen entsprechenden Stil, sonst werde das Bemühen um ein proletarisch-revolutionäres Theater zunichte gemacht. Unter Verzicht auf dramatische Handlungen wollen »Die Nieter« mit kurzen, bildartigen »Nummern« aktuelle Ereignisse »klar, kraß und eindeutig den Zuhörern vor Augen führen«, um »ihr Urteil, ihre Kritik und ihr La-

chen« herauszufordern (»Hamburger Volkszeitung«, 28. 12. 1928).

In ihren satirischen Programmen setzen sich die in Schauermannskitteln auftretenden »Nieter« u. a. kritisch mit dem Abtreibungsparagraphen 218, dem Wohnungselend, dem Faschismus und der Kriegsgefahr auseinander. Überwiegend tritt die Truppe bei KPD-Veranstal-

tungen und in Hamburger Großbetrieben auf. In den folgenden Jahren entstehen in Hamburg weitere Arbeitertheatergruppen: »Die Proleten«, der »Rote Ring«, »Die rote Kolonne« sowie das sozialdemokratische Kabarett »Lachen links«, das seinen Namen einem sozialdemokratischen satirischen Wochenblatt entnommen hat.

Besetzungsliste für die Festaufführung der »Zauberflöte« am 3. Mai

Schatten über Theater-Jubiläum

3. Mai. Zum 100jährigen Bestehen des Stadt-Theaters in der Dammtorstraße führt das Schauspielhaus-Ensemble eine Neuinszenierung der »Zauberflöte« von Wolfgang Amadeus Mozart auf. Das Jubiläum wird jedoch überschattet von dem empfindlichen Besucherrückgang, den das Stadt-Theater wie die anderen Bühnen in Hamburg seit Mitte der 20er Jahre zu verkraften haben. Vor allem die früher üblichen Dauerabonnenten der Hamburger Patrizierfamilien machen sich seit einiger Zeit rar. Außerdem bereiten Kino, Kabarett und Tanzvergnügen den Theatern Konkurrenz. Deshalb bleiben zahlreiche Stuhlreihen des erst im Jahr 1926 umgebauten Stadt-Theaters mit seinen 1563 Sitzen und etwa 250 Stehplätzen häufig leer.

Toller-Premiere an den Kammerspielen

1. September 1927. An den Kammerspielen wird »Hoppla, wir leben!« von Ernst Toller uraufgeführt. Zwei Tage später eröffnet der kommunistisch orientierte Regisseur Erwin Piscator mit dem revueartigen Stück des radikalsozialistischen Autors sein Agitationstheater in Berlin (Piscator-Bühne). Toller, der wegen seiner Beteiligung an der Münchner Räterepublik 1919 zu fünf Jahren Festungshaft verurteilt wurde, verarbeitet in »Hoppla, wir leben!« eigene Erfahrungen: Protagonist Karl Thomas wird wegen Teilnahme an der Revolution 1919 zum Tode verurteilt. Während der Vollstreckungshaft wird er wegen Wahnsinns in eine Anstalt eingeliefert. Nach seiner Entlassung stellt er fest, daß frühere Freunde die Revolutionsideale verraten haben. Daraufhin begeht Thomas Selbstmord.

»Jonny spielt auf« begeistert Publikum

3. Juni 1927. Im Hamburger Stadt-Theater wird erstmals Ernst Kreneks »Jonny spielt auf« mit Maria Hussa, Aida Montes und Hans Reinmar in den Hauptrollen gezeigt. Regie führt Leopold Sachse, die musikalische Leitung hat Egon Pollak. Beim Publikum stößt die Mischung aus Revue, Jazzoper und Operette auf große Begeisterung. Held der Oper ist der schwarze US-amerikanische Jazzgeiger Jonny, der mit seinem Spiel auf einer gestohlenen Geige die ganze Welt erobert. Das letzte Bild zeigt einen Bahnhof, in den eine Lokomotive einfährt. Jonny steht geigend auf der sich zum Erdball wandelnden Bahnhofsuhr.

Mit der musikalischen Mixtur aus Jazz-, Tango-, Blues- und Shimmy-Nummern stellt Krenek die herkömmliche Opernmusik und das Atonalitätsprinzip in Frage. Konservative Kritiker sehen in der »primitiven Rhythmik aus schwarzen Gehirnkästen« (»8 Uhr Abendblatt«) eine Schmähung europäischer Musiktradition. »Was soll uns der ganze Zivilisationskehricht, die geile, Szenen von vollendeter Schamlosigkeit umspielende Jazzmusik« empört sich der »Hamburgische Correspondent«.

1928

1928

19. 2. Bei den Bürgerschaftswahlen bleibt die SPD trotz des Verlustes von drei Mandaten mit 60 der 160 Sitze stärkste Partei (→ 26. 10. 1927/S. 432).

19. 4. Gustaf Gründgens verabschiedet sich von den Hamburger Kammerspielen. → S. 437

13. 5. Zum 100. Jubiläum der Philharmonischen Gesellschaft stiftet der Senat eine Johannes-Brahms-Medaille und verleiht sie als erstem Carl Muck, dem Leiter der Philharmoniker.

18. 5. Die Straßenbahnlinie zum Flughafen Fuhlsbüttel wird eröffnet.

20. 5. Bei der Firma Stoltzenberg in Wilhelmsburg explodiert ein Giftgaskessel. → S. 435

20. 5. Bei der Reichstagswahl wird die SPD mit 36,8% der abgegebenen Stimmen (plus 4,6% gegenüber 1924) stärkste Partei in Hamburg und erzielt ihr bestes Ergebnis bei Reichstagswahlen. Für die KPD werden in Hamburg 16,8% und für die rechtsliberale DVP 13,8% der Stimmen abgegeben.

1. 6. In Hamburg wird die Staatliche Landesbildstelle gegründet.

29. 7. Im Altonaer Stadion gewinnt der HSV durch ein 5:2 über Hertha BSC Berlin zum zweitenmal nach 1923 die Deutsche Fußballmeisterschaft. → S. 437

5.–12. 8. In Hamburg finden die Internationalen Tennismeisterschaften mit Deutschland statt, die erstmals von der Fédération internationale de Lawn Tennis anerkannt werden. → S. 437

25. 9. Die Firma Vidal & Sohn wird gegründet, die später die Fertigung von Dreirad-Lieferwagen der Marke »Tempo« übernimmt. → S. 436

26. 9. Das Zentralkomitee der KPD enthebt Ernst Thälmann wegen einer Unterschlagungsaffäre aller Ämter. → S. 436

1. 10. In den deutschen Werften streiken rund 42 000 Beschäftigte (bis 3. 1. 1929). → S. 436

5. 12. Hamburg und Preußen beschließen eine Hafengemeinschaft. → S. 435

1928. Georg Lingenbrink gründet in Hamburg eine Buchgroßhandlung. → S. 436

GEBOREN:

23. 6. Hamburg: Klaus von Dohnanyi, Politiker (SPD), Erster Bürgermeister 1981–1988.

GESTORBEN:

8. 1. Hamburg: Otto Stolten (* 4. 4. 1853, Hamburg), Politiker (SPD), Bürgermeister.

3. 7. Hamburg: Heinrich Freiherr von Ohlendorff (* 17. 3. 1836, Hamburg), Kaufmann.

Hamburg-Preußische Hafengemeinschaft

5. Dezember 1928. Hamburg und Preußen schließen anläßlich eines Besuchs des preußischen Ministerpräsidenten Otto Braun (SPD) in der Hansestadt ein Staatsabkommen über eine Hafengemeinschaft und Hafenerweiterung. Ziel der Vereinbarung ist der gemeinschaftliche Ausbau des Hamburger Hafens unabhängig von den existierenden Landesgrenzen. Zugleich soll die bisherige Konkurrenz der Häfen Hamburg, Altona und Harburg (beide preußisch) beendet werden. Die beiden Länder einigen sich auf diesen als »Locarno an der Unterelbe« bezeichneten Kompromiß, wobei die Groß-Hamburg-Frage zunächst offen bleibt (→ 1. 4. 1937/S. 469).

Nach abschließender Gründung durch einen weiteren Staatsvertrag vom 9./13. März 1929 nimmt die Hamburgisch-Preußische Hafengemeinschaft GmbH am 1. Juli 1929 ihren Betrieb auf. Sie ist mit einem Aktienkapital in Höhe von 70 Mio. RM ausgestattet, das Hamburg und Preußen paritätisch einbringen. Mit der Hafengemeinschaft tritt neben die verbleibenden Einzelverwaltungen für die Häfen Hamburg, Altona und Harburg nunmehr eine weitere, also vierte Verwaltung.

Neben Landesplanung und Verkehrswesen im Gebiet der Unterelbe übernimmt sie den Bau und Betrieb künftiger Hafenerweiterungen zunächst im Gebiet Kattwyk, Hohe Schaar und Neuhof. Als weitere Ausbaugebiete sind Moorburg, Altenwerder, Finkenwerder und Dradenau vorgesehen. Ferner sollen die Hafenordnungen, das Hafenlotsenwesen, die Strandämter, die Hafenpolizei und die Hafengeldordnungen der beteiligten Häfen vereinheitlicht werden. Durch

die Teilung des Hafengebiets verursachte bürokratische Hemmnisse sollen damit beseitigt werden.

In den Vereinbarungen über die Hafengemeinschaft, die Hamburgs Bürgermeister Carl Petersen (DDP) bei der Unterzeichnung am 5. Dezember 1928 als eine »deutsche Lösung« würdigt, manifestiert sich das Interesse Hamburgs und Preußens an einer Expansion des größten deutschen Hafens, die jedoch zunächst an der Weltwirtschaftskrise 1929 bis 1933 scheitert.

Nach der Vertragsunterzeichnung in Altona: Otto Braun (Bildmitte, Hand in der Hosentasche) sowie rechts neben ihm Max Brauer und Carl Petersen

Giftgaskatastrophe bei Stoltzenberg

20. Mai 1928. Bei der Firma Stoltzenberg in Wilhelmsburg explodiert ein mit hochgiftigem Gelbkreuzgas gefüllter Kessel. Infolge des ausströmenden Giftgases sterben neun Personen, 150 müssen in Krankenhäuser eingeliefert werden. Da die Giftwolke auf die Hamburger Innenstadt zutreibt, werden mehrere Viertel evakuiert.

Beim auch als Lost bzw. Senfgas bezeichneten Gelbkreuz, das im Ersten Weltkrieg als chemischer Kampfstoff verwendet wurde, handelt es sich um ein starkes Zellgift, das besonders die Augen und Atmungsorgane angreift. Es dient u. a. zur Herstellung von Arzneimitteln und Kunststoffen.

Der Unfall bei Stoltzenberg löst in Hamburg eine heftige öffentliche Diskussion über die Ursachen der Katastrophe aus. Darüberhinaus weitet sich das Unglück zu einem politischen Skandal aus, denn die

auf dem Stoltzenberg-Gelände gelagerten Giftgase hätten, da sie aus den Demobilisierungsbeständen des alten Heeres stammen, nach Kriegsende vernichtet werden müssen. Die Reichsregierung bestreitet jedoch, daß es sich hierbei

um »für Kriegszwecke bestimmte, giftige, erstickende oder ähnliche Erzeugnisse« handelt. Dennoch werden die restlichen Giftgasbestände (zwei Kessel mit je 10 000 kg und 3000 Stahlflaschen mit ca. 50 000 kg) vernichtet.

Mit Gasmasken ausgerüstete Chemiearbeiter auf dem Gelände der Firma Stoltzenberg, wo Gelbkreuzgas explodiert ist; das Unglück bringt auch die Reichsregierung in Verlegenheit, denn Deutschland ist seit Kriegsende der Besitz solcher Kampfstoffe untersagt.

»Versöhnler« wollen Thälmann stürzen

26. September 1928. Das Zentralkomitee (ZK) der KPD enthebt den Vorsitzenden der Partei, Ernst Thälmann (seit 1925), seiner Parteifunktionen. Das ZK wirft ihm die Vertuschung größerer Unterschlagungen von Parteigeldern durch seinen Schwager John Wittorf, Politischer Leiter der KPD in Hamburg und Fraktionsvorsitzender in der Bürgerschaft, vor.

Im ZK-Beschluß gegen Thälmann wird »die Geheimhaltung der Hamburger Vorgänge gegenüber den leitenden Instanzen der Partei durch den Genossen Thälmann« als »unvereinbar mit der Disziplin der Partei« scharf verurteilt. Allerdings wird Thälmann nicht der Vorwurf der Beteiligung an den Unterschlagungen gemacht. Die Wittorf-Affäre dient den »Rechten« (sog. Versöhnler) innerhalb der Partei, u.a. Hugo Eberlein, Arthur Ewert, Gerhart Eisler, als Anlaß für diesen letzten – erfolglosen – Versuch, Thälmann zu stürzen und dadurch die Herrschaft des von Moskau gesteuerten Parteiapparats zu brechen.

Per Beschluß der Kommunistischen Internationale (Komintern) wird Thälmann am 6. Oktober wieder in seine Ämter eingesetzt.

KPD-Demonstration in Altona anläßlich der Reichstagswahl im Mai des Jahres 1928 (2.–5. v. l.): John Schehr, Ernst Thälmann, Karl Rokohl, Walter Lotters

Nach seiner Rehabilitation betreibt er die endgültige Ausrichtung der Partei auf den »linken« Moskauer Kurs. Gleichzeitig werden die »Rechten« und »Versöhnler«, die eine taktische Zusammenarbeit mit der ansonsten von der KPD heftig bekämpften SPD befürworten, nach und nach ausgeschaltet.

In der Hamburger KPD reagieren viele Funktionäre und Mitglieder empört auf diesen Ausgang des Unterschlagungsskandals, obgleich der Bezirk Wasserkante einer der komintorntreuesten ist. Die Parteileitung verhindert eine größere Austrittswelle, indem sie die Aufmerksamkeit auf den → 1. Oktober 1928 (S. 436) begonnenen Werftarbeiterstreik lenkt. Die Anziehungskraft der KPD sinkt jedoch infolge der Unterdrückung abweichender Meinungen. Bereits nach dem »Hamburger Aufstand« (→ 23. 10. 1923/S. 420) verlor die Partei zwei Drittel ihrer Mitglieder.

Neuer Lieferwagen: »Tempo« mit 5 PS

25. September 1928. Der Kohlenhändler Max Vidal und sein Sohn Oscar gründen die Firma Vidal & Sohn, die den Vertrieb eines Dreirad-Lieferwagens der Marke »Tempo« übernimmt. Wegen mangelnder technischer Qualität der ersten Modelle, die von einem Schlossermeister außerhalb Hamburgs gebaut werden, beginnt Vidal & Sohn ab Sommer 1929 auch mit der Fertigung von Tempo-Wagen in ihrer Fabrik in Wandsbek.

Das erste vom Motorrad abgeleitete Tempo-Automobil ist ein Vorderlader mit Drahtspeichenrädern, 5-PS-Motor, Kick-Starter und einem Dreiganggetriebe ohne Rückwärtsgang. Unter der technischen Leitung von Ingenieur Otto Daus bringt Vidal & Sohn im Januar 1930 den Tempo T 6 als erstes Serienmodell auf den Markt. Es wird ein großer Verkaufserfolg. 1933 wird der Vorderlader von einem automobilähnlicheren Hinterlader mit Frontantrieb und geschlossenem Fahrerhaus abgelöst. Das Tempo-Werk, seit 1935 in Harburg, erzielt auch nach dem Zweiten Weltkrieg noch gute Absätze. Später verdrängen allerdings die neuen Vierrad-Lieferwagen von VW und Ford das Tempo-Dreirad.

Auch mit drei Rädern ein zuverlässiger Transporter: Dieses »Tempo«-Exemplar ist für die Hamburgischen Elektricitäts-Werke im Einsatz.

14wöchiger Streik der Werftarbeiter

1. Oktober 1928. Etwa 42 000 Arbeiter der deutschen Werften an Nord- und Ostsee treten in den Ausstand, um Lohnerhöhungen und die Einführung der 48-Stunden-Woche (bisher: 52-Stunden-Woche) durchzusetzen. Nach fast 14wöchiger Dauer endet der Arbeitskampf am 3. Januar 1929 mit der Verbindlichkeitserklärung eines Schiedsspruchs durch Reichsarbeitsminister Rudolf Wissell (SPD). Am 8. Januar wird auf den Werften wieder gearbeitet.

Der Schiedsspruch sieht eine Verkürzung der Wochenarbeitszeit auf 50 Stunden bis zum 31. Oktober 1929, danach auf 49 Stunden vor. Die Stundenlöhne sollen um durchschnittlich 4 Rpf steigen. Die Streikenden, die eine Erhöhung um 12 Rpf fordern, lehnen den Schlichtungsspruch in einer Urabstimmung am 28. Dezember 1928 mit 90% der Stimmen ab. Dennoch tritt diese Regelung durch die Ministererklärung in Kraft. Obwohl auch die Werftindustriellen den Spruch ablehnen, begrüßen sie das Streikende, da sonst die planmäßige Fertigstellung der Luxusdampfer »Bremen« und »Europa« (→ 25. 3. 1930/S. 443) in Frage stünde.

»Libri«: Buchgrossist mit Sinn für Kürzel

1928. In Hamburg gründet Georg Lingenbrink die Buchgroßhandlung Libri. Dahinter verbirgt sich das lateinische Wort für »Bücher« und zugleich der abgekürzte Name des Firmengründers.

Anfangs in einer einfachen Lager- und Auslieferungshalle untergebracht, entwickelt sich das Familienunternehmen nach dem Zweiten Weltkrieg unter Leitung von Georg Lingenbrinks Sohn Kurt zu einem international operierenden Grossisten. Libri erhält ein besseres Vertriebssystems und 1968 eine eigene Vertriebszentrale in Frankfurt am Main. Moderne Hochregallager und EDV-Bestellsysteme reduzieren die Zeit zwischen Bestellung und Auslieferung. 1978 zieht Libri von der Amelungstraße in ein Haus an der Stresemannstraße. Lingenbrink verkauft sein Unternehmen 1989 an die US-Firma Bain & Company.

Szene aus dem Endspiel zwischen dem Hamburger SV und Hertha BSC in Altona: Der Hamburger Torwart Wilhelm Blunk fängt einen Flankenball ab.

Szene aus dem Finale der Damenkonkurrenz: Die Australierin Daphne Akhurst (l.) schlägt Vorjahressiegerin Cilly Aussem (Köln) mit 2:6, 6:0 und 6:4.

HSV erneut Fußballmeister

29. Juli 1928. Im Altonaer Stadion wird der HSV vor 50 000 Zuschauern durch ein 5:2 über Hertha BSC Berlin zum zweitenmal Deutscher Fußballmeister. Der HSV gewann diesen Titel erstmals am → 10. Juni 1923 (S. 423). Hertha BSC hingegen verliert zum drittenmal in Folge das Meisterschaftsfinale. Bereits in der fünften Spielminute bringt Otto »Tull« Harder den überlegen spielenden HSV in Führung. Franz Horn und Hans Rave bauen den Vorsprung auf 3:0 aus. In der 30. Minute fällt das erste Gegentor durch Willi Kirsei. In der zweiten Halbzeit ist Walter Kolzen zweimal für den HSV erfolgreich, bevor kurz vor Spielende der Anschlußtreffer für Hertha fällt.

Tennissiege für Australier

12. August 1928. Nach einwöchiger Dauer enden in Hamburg die erstmals von der Fédération internationale de Lawn Tennis anerkannten Internationalen Tennismeisterschaften von Deutschland mit drei Finalsiegen der Australier im Dameneinzel – hier siegt Daphne Akhurst – sowie im Herren- und Damendoppel. Das Herreneinzel gewinnt der Berliner Daniel Prenn. Ein weiteres Tennis-Großereignis steht den Tennisfreunden am 1./2. Dezember bevor: An diesem Wochenende wird mit einem Schaukampf zwischen Klipper/Rot-Weiß Berlin/Bremen 96 und dem französischen Starverein Racing Club de France die Klipper-Tennishalle in Uhlenhorst eingeweiht.

Schauspielstar Gründgens verläßt die Kammerspiele

19. April 1928. Der Theaterschauspieler und -regisseur Gustaf Gründgens verabschiedet sich mit der Premiere von Carl Sternheims Schauspiel »Der Snob« von seinem Hamburger Publikum. Von den Kammerspielen wechselt er an Max Reinhardts renommiertes Deutsches Theater in Berlin.

Mit dem ehrgeizigen Gründgens, der durch sein Talent und seine Arbeitswut, aber auch durch sein exzentrisches Wesen von sich reden macht, verlieren die Kammerspiele den Star ihres Ensembles. Dank seines Einfallsreichtums und seiner Wandlungsfähigkeit feierte er hier als Schauspieler (seit 1923) und auch als Regisseur (seit 1924) große Erfolge. In der Theatermetropole Berlin faßt der 28jährige Gründgens bald Fuß: Am Deutschen Theater schafft er am 23. Oktober 1928 den Durchbruch mit seiner Darstellung des sadistischen Homosexuellen Ottfried Berlessen in der Uraufführung von Ferdinand Bruckners »Verbrecher«. In den folgenden Jahren gehört Gründgens, ein Spezialist für leichte Stücke, Revuen und – im Film – für Gentleman-Verbrecher, zu den meistbeschäftigten Schauspielern und Regisseuren Berlins.

Gründgens-Inszenierung von Klaus Manns »Revue zu Vieren« (v. l.): Martin Kossleck, Pamela Wedekind, Gründgens, Klaus Mann, Erika Mann, Ballhaus

Ein Exzentriker auf dem Weg nach oben

Chronik Zur Person

Der am 22. Dezember 1899 in Düsseldorf geborene Gustaf Gründgens absolvierte nach dem Ersten Weltkrieg, an dem er als Mitglied und Leiter des Fronttheaters Saarlouis teilnahm, 1919/20 eine Ausbildung an der Düsseldorfer Theaterakademie unter Louise Dumont und Gustav Lindemann. Nach Engagements in Halberstadt, Kiel und Berlin kam der als Exzentriker geltende Gründgens 1923 an die Hamburger Kammerspiele, wo er in klassischen und modernen Rollen Erfolge feierte. Jetzt zieht es Gründgens nach Berlin, in die deutsche Theatermetropole.

1929

Bürgermeister erstmals von SPD gestellt

31. Dezember 1929. Mit Rudolf Roß wird erstmals ein Sozialdemokrat Erster Bürgermeister. Aufgrund einer Absprache zwischen den Koalitionsparteien SPD und Deutsche Demokratische Partei (DDP) wechseln Roß, bisher Zweiter Bürgermeister, und der bisherige Erste Bürgermeister Carl Petersen (DDP) die Ämter. Der Führungswechsel wird zum 1. Januar 1932 rückgängig gemacht.

Die SPD, seit 1919 die stärkste Partei der jeweiligen Regierungskoalitionen, verzichtete bisher auf das höchste Regierungsamt, das bis zu Petersens Wahl 1924 parteilose Repräsentanten des Vorkriegssenats innehatten. Die SPD hielt dies zur Sicherung der Funktionsfähigkeit von Staatsführung und Verwaltung für nötig.

Nach der Bürgerschaftswahl am 19. Februar 1928, aus der die Sozialdemokraten mit 60 Sitzen (von 160) als stärkste Fraktion hervorgegangen waren, beanspruchte die SPD zunächst das Amt des Zweiten Bürgermeisters. Am 5. April 1928 wurde Roß, seit 1920 Präsident der Bürgerschaft, in dieses Amt gewählt. Der am 22. März 1872 geborene Volksschullehrer trat 1918 der SPD bei und wurde 1919 Mitglied der Bürgerschaft. Bis 1928 leitete er die Hamburger Volkshochschule.

△ Wahlplakat der SPD; in den Bürgerschaftswahlkämpfen der 20er Jahre wirbt die SPD mit ihrer »Aufbauarbeit« im Bereich der Sozial- und Schulpolitik sowie im öffentlichen Wohnungsbau (→ 1929/S. 439).

◁ Rudolf Roß, vom Senat mit Wirkung vom 1. Januar 1930 zum Ersten Bürgermeister gewählt, war von 1903 bis 1911 Redakteur der demokratischen Lehrerzeitung »Pädagogische Reform«. 1918 trat er der SPD bei.

Hoher Besuch vom päpstlichen Legaten

30. Juli 1929. Der päpstliche Gesandte im Deutschen Reich Eugenio Pacelli (der spätere Papst Pius XII.) stattet Hamburg einen Besuch ab.

Pacelli, seit 1917 Gesandter für Bayern und seit 1920 zugleich päpstlicher Legat bei der Reichsregierung, engagiert sich besonders für die vertragliche Regelung der Beziehungen zwischen den deutschen Ländern und dem Vatikan. Nachdem bereits 1924 ein Konkordat mit Bayern abgeschlossen wurde, folgte am 14. Juni 1929 ein entsprechender Vertrag mit Preußen. Er stellt die Ausübung des katholischen Glaubens in Preußen unter den Schutz des Staates und regelt die Kirchenorganisation teilweise neu. So kommen die Erzbistümer Paderborn und Breslau zum Erzbistum Köln. Ferner wird die Bischofswahl durch das jeweilige Domkapitel weiterhin garantiert.

Die Diözesen erhalten eine jährliche Unterstützung von 2,8 Mio. RM. Ausgeklammert bleibt weiterhin die umstrittene Schulfrage, bei der die katholische Kirche ein Mitwirkungsrecht beansprucht.

Der päpstliche Gesandte Eugenio Pacelli (r.) in Begleitung des Osnabrücker Bischofs Berning bei der Besichtigung des Hamburger Hafens am 30. Juli

»Neues Bauen«: Mehr Wohnqualität in der Jarrestadt

1929. Mit der unter Leitung von Oberbaudirektor Fritz Schumacher fertiggestellten sog. Jarrestadt, einer Großsiedlung im Stadtteil Winterhude, erreicht der Hamburger Wohnungsbau der Weimarer Zeit seinen städtebaulichen Höhepunkt. Ebenfalls unter der Leitung Schumachers entstehen zur gleichen Zeit die Dulsberg-Siedlung und die große Wohnanlage im Stadtteil Barmbek-Nord.

Neubaugebiete befinden sich zudem in Langenhorn, Groß Borstel/Alsterdorf, Hamm und Eimsbüttel. Hier wird 1929 im Bereich Schlankreye/Bogenstraße das Wohnprojekt »Der Klinker« des Gewerbe-Bauvereins vollendet.

Im Gegensatz zu den in Schlitzbauweise dicht bebauten gründerzeitlichen Quartieren (z. B. in Eimsbüttel und Barmbek) zeichnen sich die neuen Siedlungen durch parallel angeordnete Blocks in Zeilenbauweise aus, wobei auf bewohnerfeindliche Maximalnutzung verzichtet wird. Grünanlagen und große Innenhöfe sorgen für ruhige und gesunde Wohnverhältnisse bei diesen Reformprojekten. Das einzelne Haus ist in den Baublock integriert, wobei die für Hamburg typischen Backsteinfassaden durch Variation von Vor- und Rücksprüngen, individuell gestaltete Eckpartien, Hofeinfahrten und Türumrahmungen rhythmisiert werden.

Als bestimmende Architekturstile finden sich die Neue Sachlichkeit, charakterisiert durch Schlichtheit und Hervorhebung der kubischen Form (Flachdächer), sowie der zum Ornamentalen neigende expressionistische Stil.

Vor allem die Jarrestadt und die Dulsberg-Siedlung finden als Modelle des »Neuen Bauens« internationale Anerkennung. Ziel dieses Baustils der 20er Jahre ist neben der Verbesserung der Wohnqualität eine Verknüpfung individueller und kollektiver Interessen. Dieser Gedanke schlägt sich in neuen Bautypen (z. B. Laubenganghäuser der Gebrüder Paul R. und Herrmann Frank in der Dulsberg-Siedlung) und Gemeinschaftseinrichtungen (Duschen und Sonnenbäder auf den Flachdächern) nieder.

Angesichts der Wohnungsknappheit – 1923 fehlen mindestens 29 000 Wohnungen – werden die großen Neubauanlagen zwar mit öffentli-

Homogene Großwohnanlage mit geräumigen Innenhöfen: Luftaufnahme der neuen Jarrestadt in Winterhude

Dulsberg-Siedlung im östlichen Barmbek (Luftbild um 1930); im Vordergrund die halbrund angelegte Schule Ahrensburger Straße von Fritz Schumacher

Neubaugebiete 1919 bis 1931

❶ Langenhorn-Nord Kleinhaus-Siedlung 1919/21
❷ Barmbek-Nord
❸ Dulsberg-Gelände Mietwohnungsbau ab 1921
❹ Jarrestadt Mietwohnungsbau ab 1927
❺ Uhlenhorst
❻ Winterhude

chen Mitteln gefördert. Dennoch sind die als Arbeitersiedlungen geplanten Neubauviertel wegen ihrer hohen Mieten für die eigentlich vorgesehene Klientel kaum erschwinglich. Die KPD bezeichnet die Gebäude polemisch als »sozialdemokratische Bonzenburgen«.

Als Bauträger der richtungweisenden Siedlungen fungieren private Unternehmen sowie gemeinnützige Baugesellschaften und -genossenschaften, z. B. die 1926 gegründete Gemeinnützige Kleinwohnungsbau GmbH Groß-Hamburg (GEWOG), eine Vorläuferin der Neuen Heimat.

Schumachers Hochbaukarriere

Der Architekt und Stadtplaner Fritz Schumacher (Abb.), geboren am 4. November 1869 in Bremen, wurde 1909 zum Baudirektor von Hamburg berufen; er prägt in diesem Amt bis 1933 maßgeblich die städtebauliche Entwicklung der Hansestadt. Dem »Neuen Bauen« verpflichtet, leitet Schumacher die Errichtung mehrerer Großsiedlungen, wobei er besonderen Wert auf funktionales Wohnen legt. Im übrigen macht sich der Protagonist des Baumaterials Backstein mit seinen Entwürfen für zahlreiche öffentliche Gebäude einen Namen.

»Rush Hour« in der Hamburger Innenstadt; knapp 11 000 Pkw verzeichnet die Stadt 1929 (1989: 661 000), im ganzen Deutschen Reich sind es 430 000. Zum Vergleich: In den USA waren schon 1926 19 Mio. Pkw auf den Straßen unterwegs.

Über 10 000 Autos rollen durch die Stadt

1. Juli 1929. In Hamburg sind bereits 10 854 Personenkraftwagen zugelassen, womit die Freie und Hansestadt unter den deutschen Großstädten nach Berlin an zweiter Stelle steht. Gegenüber dem Vorjahr stieg die Zahl der Pkw reichsweit um 23%.

Bis zum 1. Juli 1930 erhöht sich die Zahl der Kraftfahrzeuge auf Hamburgs Straßen bis auf 29 555. Mit dem wachsenden Verkehrsaufkommen durch Pkw, Lkw, Kraftomnibusse und Krafträder entsteht vor allem in den Großstädten und Ballungsgebieten ein Bedarf an Verkehrsregeln. Sie werden von den jeweiligen Kommunen festgelegt.

Kraftfahrzeuge in Großstädten

Stadt	Pkw*	Lkw	Krafträder**
Berlin	42 844	14 766	22 904
Hamburg	10 854	4 777	5 581
Köln	8 291	3 138	3 998
München	9 744	3 589	8 719

* einschl. Kraftomnibusse ** ohne Kleinkrafträder

Die verkehrsreichste Kreuzung in Hamburg befindet sich an der Esplanade/Neuer Jungfernstieg. Eine regelmäßige Zählung registriert an dieser lebhaften Straßenkreuzung nicht weniger als 1541 Straßenbahnen, 22 073 Kraftfahrzeuge, 1598 Pferdefuhrwerke und 12 957 Radfahrer täglich. Für Fahrräder wird 1929 mit dem obligatorischen Rückstrahler erstmals eine Beleuchtung eingeführt.

Arrangement mit den »Herren Einbrechern«

13. Januar 1929. Kurz nach Mitternacht ereignet sich ein Schaufenstereinbruch im Juweliergeschäft Wempe in den Alsterarkaden, bei dem Brillantringe und -broschen im Wert von etwa 30 000 RM gestohlen werden. Mit einer originellen Eigeninitiative gelingt es allerdings dem Chef des geschädigten Unternehmens, Herbert Wempe, wieder in den Besitz des gestohlenen Schmucks zu kommen.

Da Herbert Wempe wenig Vertrauen in die polizeilichen Ermittlungen hat, setzt er in die Hamburger Zeitungen eine Anzeige, in der er den Schmuckdieben den Rückkauf der Beute anbietet. Daraufhin kommt es zu einem Treffen Wempes mit den »Herren Einbrechern« im Stadtpark, bei dem der couragierte Juwelier die geraubten Brillanten zurückkauft. Über diesen für beide Seiten befriedigenden Handel (»System Wempe«) wird selbst im Ausland berichtet, Wempe erlangt einige Popularität. Die später gefaßten Diebe werden zu drei Jahren Gefängnis verurteilt.

Dieser aufsehenerregende Fall findet seinen literarischen Niederschlag in Hans Falladas Roman »Wer einmal aus dem Blechnapf frißt« (1934).

Hafenkonzert geht auf Sendung – Musik und Talk live

9. Juni 1929. Erstmals sendet der Nordische Rundfunk (Norag) das Hamburger Hafenkonzert als Live-Übertragung von Bord des Hamburg-Süd-Dampfers »Antonio Delfino«. Die von Kurt Esmarch konzipierte und geleitete Sendung entwickelt sich zu einer der erfolgreichsten und langlebigsten des Hamburger Rundfunks.

Die Idee einer Live-Ausstrahlung, »die nach Teer und Tang riecht« und in der »die See zu den Hörern spricht«, findet großen Anklang. Übertragungsorte sind die großen Passagierschiffe der Hapag (z. B. »Deutschland«), der Hamburg-Süd (z. B. »Cap Polonio«) und des Norddeutschen Lloyd (z. B. »Columbus«). Die schwimmenden Paläste bieten der Originalübertragung, die jeden Sonntag zunächst um 7.00 Uhr, dann um 6.00 Uhr ausgestrahlt wird, eine faszinierende Kulisse. Gesendet wird ein von Berichten und Interviews über Themen der Seefahrt unterbrochenes maritimes Musikprogramm. Die Shantys von der Waterkant untermalt ein Blasorchester unter der Leitung von Reinhold Bartsch. Andere deutsche Sender übernehmen bald das Hafenkonzert in ihre Programme.

Hamburger Hafenkonzert an Bord eines Afrika-Dampfers; die Shanty- und Döntjes-Sendung entwickelt sich zum Markenzeichen der Hansestadt.

Blasmusik für die Hörer an Bord des Afrika-Dampfers »Watussi«

»Pro«-Läden: Billigangebote für Arbeiter und Genossen

1929. Die 30 Jahre zuvor gegründete Hamburger Konsumgenossenschaft Produktion (→ 17. 7. 1899/S. 342), der auch ein Bau- und Sparverein angegliedert ist, erfreut sich wachsender Beliebtheit. Ihre Mitgliederzahl steigt von rund 110 000 (1927) auf fast 127 000 (1930).

Die »Pro« (1930: 254 Kolonialwarenläden, 118 Schlachtereien, 92 Brotläden, 2 Kaufhäuser, je 2 Läden für technische Artikel, Möbel und Kohlen) bietet preiswerte Qualitätswaren an, die zumeist in Fabriken der Großeinkaufs-Gesellschaft Deutscher Konsumvereine (GEG) hergestellt werden.

Einkaufsberechtigt sind bei der »Pro« nur Genossenschaftsmitglieder. Sie erhalten beim Kauf Prozente (Rabatt). Viele Arbeiter, besonders auch die Mitglieder der SPD, sehen es als ihre Pflicht, Mitglied in der »Pro« zu sein, unterstützen sie damit doch die Genossenschaft, deren Gewinne ihnen wieder zugute kommen, als »Arbeiterunternehmen«.

Die erste »Pro«-Verkaufsstelle, Kohlhöfen 31, feiert ihr 30jähriges Bestehen; die »Pro«-Genossenschaft wird von den Gewerkschaften Hamburgs intensiv unterstützt. Die Genossenschaften gelten als »dritte Säule« der Arbeiterbewegung neben der SPD und den Gewerkschaften.

◁ *Von Adolf Wilhelm Bauche entworfenes Werbeplakat für die genossenschaftliche Sparkasse Produktion; mit der Ausweitung zum Großunternehmen ist die »Pro« zunehmend auf Werbemaßnahmen angewiesen, die ursprünglich abgelehnt wurden.*

Versicherungen im Zeichen des Rings

20. April 1929. Durch die Vereinigung verschiedener Assekuranzunternehmen – u. a. der Deutschnationalen Feuer- bzw. Krankenversicherungsgesellschaften –, die seit 1926 die Arbeitsgemeinschaft Deutschnationaler Versicherungsring bilden, entsteht der Versicherungsverein Deutscher Ring mit Geschäftssitz in Hamburg.

Der Deutsche Ring verfügt über ein Aktienkapital von 8 Mio. RM; 1929 überschreitet die Zahl der abgeschlossenen Lebensversicherungen die 3-Mio.-Grenze. Das neue Firmenzeichen des Versicherungsunternehmens zeigt einen von W. Zeppenfeld entworfenen roten Ring, aus dem in Anlehnung an das Hamburger Stadtwappen drei Säulen aufragen. Am Holstenplatz (heute Karl-Muck-Platz) entsteht für das Versicherungsunternehmen ein Bürohochhaus in Backsteinbauweise.

Die im Deutschen Ring zusammengeschlossenen Versicherungsgesellschaften wurden vom Deutschnationalen Handlungsgehilfen-Verband (DHV) gegründet, um eine soziale Sicherung für die wachsende Zahl der Angestellten zu schaffen (→ 7. 9. 1893/S. 325).

Brinkmann erschließt Technikwaren-Handel

4. Mai 1929. In Harburg eröffnet der Werkzeugkaufmann Ernst Brinkmann ein kleines Geschäft für Rundfunk, Fahrräder und Installationen. Dies ist zugleich die Geburtsstunde des Großkaufhauses Brinkmann.

Das Motto des Geschäftsmannes, Technik für alle anzubieten, erweist sich als erfolgreich. Die Produktpalette wird entsprechend der technischen Entwicklung ständig ausgeweitet. Sonderangebote ziehen schon bald die Kunden in den Laden. Bereits 1931 eröffnet Brinkmann die erste Filiale in der expandierenden Hafenstadt Kiel.

Nach dem Zweiten Weltkrieg zieht das Stammhaus in die Spitaler Straße in der Hamburger Innenstadt um. Neben der Zentrale, die heute über 18 000 m² Betriebsfläche verfügt, werden nach und nach insgesamt sieben Dependancen in verschiedenen nord- und westdeutschen Städten eröffnet. Das Angebot reicht von Haushaltsgegenständen und -geräten wie Porzellan, Lampen und Staubsaugern über Fernseh- und Fotoapparate bis zu Computern.

Plakat des Deutschnationalen Handlungsgehilfen-Verbandes (DHV)

DHV-Karte gegen die Sonntagsarbeit der Handlungsgehilfen (Büroangestellte); die Büros sind von einem Teil der Belegschaft auch sonntags besetzt.

Die Presse schreibt über den neuen Ufa-Palast: »Der Bau wird eine weitere Sehenswürdigkeit in Hamburg sein.«

Neuer Ufa-Palast größtes Kino Europas

21. Dezember 1929. Der Ufa-Palast im Deutschlandhaus (Ecke Dammtorstraße/Valentinskamp) wird mit einer Aufführung des Bergsteigerdramas »Die weiße Hölle von Piz Palü« von Arnold Fanck eröffnet. Mit seinen insgesamt 2667 Plätzen ist der prachtvolle Bau das größte Kino Europas.

Hamburg erlebt, wie andere deutsche Städte auch, um 1929 einen Kinoboom. Bis 1930 warten in der Elbmetropole schon 70 Kinos mit 47 000 Plätzen auf die Gäste. 1929 werden 14 Mio. Kinobesucher gezählt; jeder Hamburger war im Schnitt also 13mal im Kino. Vor allem die Konzerne Emelka, Hirschel, Ufa und Henschel, die 22 der Kinos mit mehr als der Hälfte aller Plätze betreiben, profitieren von diesem Massen-Vergnügen.

Weiteren Auftrieb erfährt die Branche durch die Einführung des Tonfilms. Am 23. Januar zeigte die Schauburg am Millerntor (Eröffnung 1927) mit »Ich küsse Ihre Hand, Madame« von Robert Land den ersten deutschen Spielfilm mit einer kurzen Tonpassage.

Wenig später, am 12. März, lief der erste abendfüllende deutsche Tonfilm »Melodie der Welt« von Walter Ruttmann, den die Hamburger Reederei Hapag finanzierte, in Berlin an. Es handelt sich um einen Dokumentarfilm.

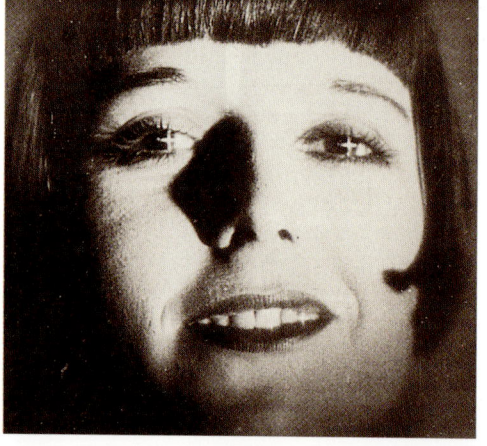

1929 neu im Kino: »Die Büchse der Pandora« des Regisseurs G. W. Pabst nach den Bühnenstücken »Der Erdgeist« (1895) und »Die Büchse der Pandora« (1902) von Frank Wedekind; die Abbildung zeigt Louise Brooks in einer Originaleinstellung dieser zweiten Verfilmung des »Lulu«-Stoffes, die als Meisterwerk der Erotik im deutschen Stummfilm gilt und internationale Anerkennung findet.

1929 neu im Kino: »Das Tagebuch einer Verlorenen« nach dem gleichnamigen Roman von Margarete Böhme; Abb.: Louise Brooks als Thymian in der Titelrolle

Pädagoge Flitner hält erste Uni-Vorlesung

1. April 1929. Der Pädagoge Wilhelm August Flitner, der 1928 auf den neu eingerichteten Ordentlichen Lehrstuhl für Erziehungswissenschaften (II) der Hamburger Universität berufen wurde, hält seine Antrittsvorlesung.

Die Berufung Flitners steht im Zusammenhang mit dem Ausbau der 1919 gegründeten Universität. Allein im ersten Jahr wurden 20 ordentliche Professoren berufen; 1923 sind es bereits 51 und 1931 insgesamt 75 Professoren.

Bisher war Flitner, einer der Begründer der modernen Erziehungswissenschaft, Professor an der Kieler Pädagogischen Akademie und Universität. In seiner neuen Wirkungsstätte ist er auch für die Lehrerbildung zuständig, die bis 1936 vollständig der Universität übertragen wird. Über seine Beweggründe, nach Hamburg zu kommen, schreibt Flitner in seinen »Erinnerungen«: »Mich zog Hamburg als freier Stadtstaat an, er galt als Stätte schulreformerischer Sympathien und hatte eine sehr aufgeschlossene, an neuen Lehr- und Erziehungsmodellen interessierte Lehrerschaft.«

Zusammenschluß der Künstlerverbände

20. Februar 1929. In Hamburg schließen sich verschiedene Künstlerverbände zu einem Kartell zusammen, um so ihre politischen und rechtlichen Interessen besser als bisher zu vertreten. Erster Verbandspräsident ist der Schriftsteller Hans Henny Jahnn. Auch der Architekt Fritz Höger und der Schriftsteller Hans Leip sind führende Mitglieder der Künstlerliga.

Im Kartell organisieren sich u. a. die Hamburger Künstlerschaft, der Altonaer Künstlerverein, die Hamburger Sezession und die Vereinigung Hamburger Komponisten. Zu seinen zentralen Aufgaben zählt die Unterstützung mittelloser Künstler, die Hilfeleistung bei Problemen mit der Zensur, Klärung von Urheberrechtsfragen sowie die Forderung nach einer Beteiligung der Künstler an Entscheidungen der Kulturbehörde, vor allem bei der Vergabe von öffentlichen Aufträgen an Künstler.

1930

1. 1. Die Howaldtswerke übernehmen die Hamburger Vulcan-Werft.

3. 3. Auf der Reeperbahn eröffnet des »Groß-Ballhaus-Varieté Alkazar«. → S. 445

25. 3. Die Hapag und der Norddeutsche Lloyd in Bremen vereinbaren einen auf 50 Jahre befristeten Unionsvertrag. → S. 443

25. 3. Die in Hamburg gebaute »Europa« erringt das »Blaue Band«. → S. 443

22. 4. Der Hamburg-Süd Passagierdampfer »Cap Polonio« macht als erstes Schiff an der neuen Überseebrücke fest.

30. 4. Im Wasserturm im Stadtpark wird das Planetarium eröffnet. → S. 445

23. 6. Das Luftschiff »Graf Zeppelin« landet in Fuhlsbüttel. → S. 444

23. 6. Die Hochbahn-Haltestelle Habichtstraße wird eröffnet.

12. 8. Der deutsche Literaturhistoriker Friedrich Gundolf ist erster Träger des im Jahr 1929 von der Stadt Hamburg gestifteten Lessing-Preises.

14. 9. Bei den Reichstagswahlen bleibt die SPD in Hamburg mit 32,0% der abgegebenen Stimmen stärkste Partei vor der NSDAP (19,2%) und der KPD (18,0%). → S. 444

21. 12. Insgesamt elf Schiffsunglücke werden an diesem »Schwarzen Sonntag« infolge dichten Nebels auf der Elbe verzeichnet.

24. 12. Auf die Wohnung von Polizeisenator Adolph Schönfelder (SPD) im Haus Moorende 29 wird ein Bombenanschlag verübt. Die Täter sind vermutlich Kommunisten.

31. 12. Hamburg verzeichnet 93 343 Arbeitssuchende.

1930. Die Deutsche Shell AG verlegt die Zentrale von Düsseldorf nach Hamburg und bezieht ihren Firmensitz an der Außenalster.

1930. Erstmals wird mit dem Philosophen Ernst Cassirer in Hamburg ein Jude Rektor einer deutschen Universität. → S. 445

GEBOREN:

14. 3. Hamburg: Helga Feddersen († 24. 11. 1990, Hamburg), Schauspielerin.

25. 4. Rostock: Peter Schulz, Politiker (SPD), Erster Bürgermeister 1971–1974.

GESTORBEN:

12. 3. Hamburg: Hermann Blohm (* 23. 7. 1848, Lübeck), Schiffbauer.

22. 10. Hamburg: Wilhelm Seybold (* 1. 11. 1847, Hamburg), Schauspieler.

Vor der Generalversammlung des Schiffahrtsunternehmens Norddeutscher Lloyd befürwortet Lloyd-Präsident Philipp Heineken (stehend) den Zusammenschluß mit der Hamburger Reederei Hapag. Die beiden unter den Auswirkungen der Wirtschaftskrise leidenden Großreedereien erhoffen sich von dieser Union eine Verbesserung ihrer Geschäftslage.

Unionsvertrag zwischen Hapag und Lloyd

25. März 1930. Die Schiffahrtsunternehmen Hamburg-Amerikanische Packetfahrt-Actien-Gesellschaft (Hapag) und der Norddeutsche Lloyd mit Sitz in Bremen geben in Hamburg ihren Zusammenschluß zu einer Arbeits- und Interessengemeinschaft bekannt.

Die beteiligten Firmen bringen dafür jeweils ein Kapital in Höhe von 160 Mio. RM auf. Zu diesem auf 50 Jahre geschlossenen Vertrag kommt es unter dem Druck der sich verschlechternden Geschäftslage infolge der seit 1929 andauernden Weltwirtschaftskrise; zudem wirkte sich die bisherige Konkurrenz der beiden Großreedereien im Bereich der gesamten Überseeschiffahrt ungünstig aus.

Mit Rücksicht auf die bestehenden Gegensätze werden die beiden Gesellschaften in der nun gegründeten Hapag-Lloyd-Union nicht verschmolzen, sondern lediglich in einer Personalunion der Vorstände und Aufsichtsräte geleitet. Die Union soll die Vorteile einer Fusion bringen – vor allem Kostensenkung und Rationalisierung durch gemeinsame Organisation und Abwicklung des Schiffsverkehrs –, ohne daß die in Hamburg und Bremen angestammten Unternehmen ihre Standorte bzw. Namen aufgeben müssen. Grundlage der Gemeinschaft ist die absolute Gleichberechtigung der beiden Firmen: Gewinne und Verluste werden gleichmäßig verteilt.

Trotz der Union verschlechtert sich die Lage von Hapag und Norddeutschem Lloyd weiter, wobei besonders die Abwertung der britischen und US-amerikanischen Währung (1931) hohe Verluste nach sich zieht. Beide Reedereien müssen den Betrieb stark reduzieren.

»Europa« gewinnt das »Blaue Band«

25. März 1930. Der neue Schnelldampfer »Europa« des Norddeutschen Lloyd (Bremen) trifft nach seiner ersten Atlantiküberquerung in vier Tagen, 16 Stunden und 48 Minuten in New York ein.

Damit erringt das Schiff das »Blaue Band« für die schnellste Atlantiküberquerung zwischen Bishop's Rock (Scilly-Inseln) und dem Ambrose-Leuchtschiff vor New York. Trotz schlechter Wetterlage machte die bei Blohm & Voss in Hamburg gebaute »Europa« (49 764 BRT) eine Durchschnittsgeschwindigkeit von 27,91 Knoten.

Die »Europa« ist bei ihrer Atlantiküberquerung noch um 0,19 Knoten schneller als ihr Schwesterschiff »Bremen«, die vorher das »Blaue Band« trug.

Jeder fünfte Hamburger wählt Hitler

14. September 1930. Bei den Reichstagswahlen stimmen 144 684 Hamburger, d. h. jeder fünfte Wähler, für die Nationalsozialistische Deutsche Arbeiterpartei (NSDAP), deren Stimmenanteil damit auf 19,2% (1928: 2,6%) hochschnellt.

Die NSDAP wird zweitstärkste Partei hinter der SPD, die 32,0% der Stimmen erhält (36,8%). Während die KPD sich auf 18% verbessert (16,8%), müssen die bürgerlichen Parteien hohe Verluste hinnehmen: Die DNVP kommt auf 4,2% (12,8%), die DVP auf 9,2% (13,8%) und die linksliberalen Demokraten auf 8,5% (11,6%).

In dem viele überraschenden Erdrutschsieg der Nationalsozialisten, die im Reichstag nun 107 Abgeordnete (bisher zwölf) stellen, drückt sich der Vertrauensschwund der Bevölkerung gegenüber dem parlamentarischen System und den Parteien, die es unterstützen, aus. Unter dem Eindruck der katastrophalen Wirtschaftslage im Deutschen Reich fallen die Parolen der NSDAP zur Bewältigung der Konjunkturkrise und Arbeitslosigkeit vor allem bei Jungwählern sowie »national« denkenden Angestellten und Gewerbetreibenden auf fruchtbaren Boden. Zudem profitieren NSDAP wie auch KPD von der mit rund 82% hohen Wahlbeteiligung (1928: 76%).

△ *Fast zwei Monate vor den Reichstagswahlen am 14. September läßt die SPD Wahlplakate mit der Parole »Gegen Bürgerblock und Hakenkreuz« drucken. Das SPD-Blatt »Hamburger Echo« schreibt am 10. August über die Nationalsozialisten: »Freilich, zu entscheiden haben diese Burschen ja nicht.«*

◁ *Joseph Goebbels (l.), der Gauleiter der NSDAP von Berlin-Brandenburg und begabtester Propagandist der Hitler-Partei, spricht am 12. Februar 1930 auf einer Großkundgebung seiner Partei in Sagebiels Festsälen. Er nutzt seine parlamentarische Immunität zu dreister Polemik.*

»Führer« spricht vor 500 Honoratioren

Chronik Zitat

1. Dezember. Nach dem Erdrutschsieg der NSDAP bei den Reichstagswahlen am 14. September spricht Parteiführer Adolf Hitler zum zweitenmal im konservativen Hamburger Nationalclub von 1919 (→ 28. 2. 1926/S. 431). Vor etwa 500 Honoratioren, darunter Hapag-Chef Wilhelm Cuno, erläutert Hitler allgemeine Grundgedanken seiner Politik. Die Rede wird im folgenden nach der Niederschrift eines unbekannten Verfassers in Auszügen zitiert:

»Früher hatten wir ein stehendes Heer von etwa 840 000 Mann, ebenso viele Menschen wurden durch die Kriegsindustrie beschäftigt. Diese ... sind zu Arbeitslosen geworden ... Der Krieg wird als Zerstörer der Wirtschaft hingestellt ... Das ist eine ... Unwahrheit ... Manche sagen, nach einigen Jahrzehnten sind wir ja mit den Tributen [Reparationen] fertig. Ich aber sage, schon viel früher sind wir selbst fertig. Denn wir gelangen nicht an die Rohstoff-Quellen. Diese und die Absatzmärkte werden ... nur durch die Kraft der Völker [gewonnen] ... Aber es handelt sich nicht lediglich darum, im Innern Boden zu gewinnen. Es ist Irrsinn, wenn Deutschland verhungern soll, wo doch nebenan faule Völker weite Gebiete unausgenutzt lassen.«

Luftschiff »Graf Zeppelin« landet in Fuhlsbüttel

23. Juni 1920. Das Luftschiff »Graf Zeppelin« (LZ 127) landet auf dem Flughafen Fuhlsbüttel. Wie überall, wo das wohl bekannteste Luftschiff der Welt auftaucht, versammeln sich viele Zuschauer, um den »Giganten der Lüfte« aus der Nähe zu bewundern.

Der Name des LZ 127 erinnert an den Erfinder des lenkbaren Starr-Luftschiffs, Ferdinand Graf von Zeppelin, der 1900 den ersten Zeppelin (LZ 1) baute. 1908 gründete er die Firma Luftschiffbau Zeppelin GmbH in Friedrichshafen, wo auch der LZ 127, das bisher größte Luftschiff der Werft, gebaut wurde. Der 1928 fertiggestellte »Graf Zeppelin« gilt vielen als eine Art nationaler Errungenschaft. Er hat einen Gasinhalt von 105 000 m^3, eine Motorhöchstleistung von 2650 PS und eine Länge von 237 m.

Aufsehen erregte die erste Atlantiküberquerung des LZ 127 im Oktober 1928, bei der das zigarrenförmige Fahrzeug in einen heftigen Gewittersturm geriet. Trotz einiger Schäden, die die Manövrierfähig-keit des Luftschiffes einschränkten, gelang dem Piloten Hugo Eckener eine sichere Weiterfahrt und Landung im Zielhafen Lakehurst/USA. Damit demonstrierte Eckener, der seit dem Tod Zeppelins im Jahr 1917 das Werk führt, daß Zeppeline, die sich gegen die zunehmende Konkurrenz der Flugzeuge behaupten müssen, Passagiere schnell, sicher und bequem in die USA bringen können.

Luftschiff »Graf Zeppelin« über der Binnenalster, ganz links die Lombardsbrücke; in der Gondel können maximal 20 Passagiere bzw. 30 t Nutzlast mitgeführt werden. Bei 12 t Nutzlast macht das Luftschiff eine mittlere Geschwindigkeit von 110 km/h.

Ewiger Sternenhimmel im Wasserturm

30. April 1930. Das im Wasserturm im Stadtpark untergebrachte Planetarium wird eröffnet.

Dieser 1912 bis 1915 nach einem Entwurf des Dresdner Architekten Otto Menzel unter der Regie von Oberbaudirektor Fritz Schumacher erbaute Turm erfüllt nur noch den Zweck eines Reservewasserspeichers. Im Stadtpark bildet er den Endpunkt der zentralen Parkachse, eine reizvolle Lage auch für das

neue Planetarium. Das nicht als Sternwarte, sondern als Volksbildungseinrichtung gedachte Planetarium fügt sich in das Konzept des Stadtparks ein, der als ein auf die Bedürfnisse der Bevölkerung zugeschnittener öffentlicher Volkspark konzipiert wurde.

Kernstück des Planetariums ist eine große Projektionskuppel. In ihrem Zentrum steht ein Zeiss-Planetariumsgerät (Modell II), das einen

naturgetreuen Sternenhimmel auf die Innenseite der Kuppel projiziert. In den Vorführungen für interessierte Laien werden die Bewegungen der Gestirne, so der Tages- und Jahreslauf, demonstriert.

Die Bürgerschaft hatte den Kauf des Projektionsgerätes schon 1925 beschlossen; es wurde dann aus Kostengründen einfach in den kaum genutzten Speicherturm eingebaut. Im Planetarium befindet sich im übrigen eine Sammlung zur Geschichte von Sternkunde und Sternglaube, die der Kunsthistoriker Aby Warburg zusammenstellte, von der allerdings nur noch Reste erhalten sind. Warburg war wesentlich an der Einrichtung des Planetariums als Volksbildungsanstalt beteiligt. Während des Zweiten Weltkriegs wird auf dem Turm eine Flak-Beobachtungsstation installiert. 1944 zerstört eine Luftmine die Hauptrohrleitung des Wasserturms, der fortan nur noch als Planetarium dient. Später werden die Optik und Akustik durch Einbau einer Aluminiumkuppel anstelle der alten Stoffbespannung erheblich verbessert. 1983 erhält das Planetarium, das 270 Besuchern Platz bietet und damit die größte Einrichtung dieser Art in der Bundesrepublik ist, mit dem Zeiss-Projektor Modell VI das vielseitigste und komplizierteste Planetariumsgerät der Welt.

Der Wasserturm im Stadtpark beherbergt das neue Planetarium. Dieses imposante, zylinderförmige Backsteingebäude mit der Schildwand an der Hauptseite steht an optisch herausgehobener Stelle in dem vielbesuchten Hamburger Park. Die Vorführungen des Planetariums, das keine Sternwarte, sondern eine Volksbildungseinrichtung ist, erfreuen sich beim Hamburger Publikum bald großer Beliebtheit.

E. Cassirer (28. 7. 1874–15. 5. 1945) emigriert 1933 und lehrt u. a. in Oxford.

Cassirer leitet die Universität

1930. Der Philosoph Ernst Cassirer ist für ein Jahr Rektor der Hamburger Universität. Cassirer, der seit 1919, dem Gründungsjahr der Hochschule, eine Professur in Hamburg innehat, übernimmt damit als erster Jude die Leitung einer deutschen Akademie. Allerdings hat Cassirer wie viele andere Berufskollegen bald unter den antidemokratischen und antisemitischen Strömungen zu leiden.

Varieté »Alkazar« auf St. Pauli eröffnet

3. März 1930. Nach einem Umbau wird das »Groß-Ballhaus-Varieté Alkazar« an der Reeperbahn neu eröffnet. Um dem anspruchsvollen Varieté-Programm einen entsprechenden Rahmen zu geben, hat »Alkazar«-Chef Arthur Wittkowsky vor allem die Innenausstattung noch prächtiger gestaltet.

Lobend berichtet der »Hamburgische Correspondent« über den Neubau: »Die Anordnung der Tische ist gefällig, bequem. Eine weitere Bar und eine kleine Tanzfläche schließen harmonisch, wirkungsvoll den Raum hinter dem der Bühne gegenüberliegenden Balkon im mittleren Rang ab. Farbenfreudig ist der große Raum gehalten, modern, aber nirgends aufdringlich, nicht quälend und beunruhigend. Für Tempo und Unruhe wird wie immer das Programm sorgen.«

Das nach dem Weltkrieg im Gebäude des ehemaligen »Hamburger-Bier-Palastes« eröffnete Varieté hat einen guten Namen auf der Reeperbahn: Schon ab 1875 nämlich bot sein Vorgänger namens »Salon Alcazar« jahrelang gepflegte St.-Pauli-Unterhaltung.

Geselligkeit im »Alkazar«, das unter den vielen Tanzpalästen, Varietes und Revuetheatern auf der Reeperbahn einen hervorragenden Platz einnimmt

»Fahrensleute und huschende Farben«

Chronik Zitat

In seinem Buch »Sankt Pauli. Bilder aus einer fröhlichen Welt« schreibt Ludwig Jürgens 1930 über das weltweit bekannte Hamburger Vergnügungsviertel:

»St. Pauli! Mit Yoshiwara, Whitechapel, Montmartre, Sin-Sing und – last not least – Hollywood ein Gemeinsames: der internationale Klang des Namens. Rund um die Erde dieselbe farbenbunte Vorstellung dessen, der diesen Namen spricht, hört, liest: Hafen, Fahrensleute, Tingeltangel, verwehte Klänge und – Mädchen, ach ja, die Mädchen von St. Pauli . . . und neben den huschenden Farben Sehnsucht nach Rausch, Freiheit, Weite, Lebensfreude . . .«

Das Land Hamburg steht vor der Pleite

8. Oktober 1931. Das Land Hamburg steht vor dem finanziellen Ruin: Nur noch über Anleihen gelingt es, den drohenden Staatsbankrott abzuwenden.

Mitte September stellte das Bankhaus Warburg dem Staat ein 14-tägiges Darlehen in Höhe von 3,5 Mio. RM aus; dieses wird jetzt durch einen Kredit des Reichsfinanzministeriums abgelöst.

Seit 1929 klafft die Schere zwischen sinkenden Einnahmen und ständig steigenden Ausgaben immer weiter auseinander. Deshalb legte der Senat am 15. August ein Sparprogramm vor: Danach fallen Ausbildungsbeihilfen sowie Gelder für die Gesundheitsfürsorge und die Förderung des Wohnungsbaus weg. Stellen im Staatsdienst werden abgeschafft, verheiratete Beamtinnen sollen ihre Stellung aufgeben. Diese Maßnahmen konnten jedoch nicht verhindern, daß Ende September sogar die Unterstützungshilfen für die 35 000 Arbeitslosen fehlen, die auf Wohlfahrtszahlungen angewiesen sind.

Schlechte Nachrichten kommen auch aus der Privatwirtschaft: Am 11. Juni mußte die Überseefirma Schlubach, Thiemer & Co. wegen eines Fehlbetrages von rund 6 Mio. RM ihre Zahlungen einstellen. Am 13. und 14. Juli blieben wegen der Zahlungseinstellung der Darmstädter- und Nationalbank (Danatbank) alle Kreditinstitute zu.

Die konjunkturelle Krise verunsichert die Bevölkerung, zumal auch die Zahl der Arbeitslosen rasant ansteigt: Zum Jahresende registriert die Reichsstatistik für Hamburg 139 843 Arbeitssuchende.

Am Auszahlungstag vor einem Arbeitsamt: Das Schlangestehen gehört für Arbeitslose zum grauen Alltag – nicht nur in Deutschland.

Mittagspause im Hafen, wo am 30. Oktober der Tageslohn von 8,80 RM auf 8,30 RM heruntergesetzt wird.

Arbeitsloser mit seinem eben empfangenen Stempelgeld; eine Studie der Not, fotografiert von Erich Andres

Arbeitslose vor dem Arbeitsamt am Sägerplatz; die Arbeitsämter sind bevorzugte Agitationsstätten der KPD.

Warten auf die Unterstützung: Erwerbslose vor der Zahlstelle im Hof des Arbeitsamtes in der ABC-Straße

Politischer Mord am falschen Mann

15. März 1931. Der Bergedorfer KPD-Funktionär Ernst Henning fällt einem Anschlag zum Opfer. Dies ist das zweite politische Attentat in Hamburg innerhalb von zwei Tagen. Am 13. verletzte ein nationalsozialistischer Polizist einen Beamten im Polizeihaus schwer.

Ernst Henning war seit Kriegsende in Bergedorf politisch aktiv. Der gelernte Former, ursprünglich SPD-Mitglied, wechselte 1920 zur KPD und gehörte seit 1928 der Bürgerschaft an. Wegen seiner Beteiligung am Schiffbeker Außland (→ 23. 10. 1923/S. 240) saß er vier Jahre in Haft. Am Abend des 14. März referierte Henning in Kirchwerder

über »Die Ausplünderung der Werktätigen in Stadt und Land«. Gegen Mitternacht bestieg er mit seinem Genossen Louis Cahnbley den letzten Autobus nach Bergedorf. Im Bus überfallen ihn drei junge Nationalsozialisten, die glauben, den KPD-Bürgerschaftsabgeordneten Etkar André vor sich zu haben. Sie geben mindestens zwölf Schüsse ab, die Henning sofort töten und Cahnbley verletzen. Die drei Täter werden am 16. März verhaftet und am 16. November zu Zuchthausstrafen von sieben bzw. sechs Jahren verurteilt. Hennings Beisetzung am 21. März auf dem Hauptfriedhof Ohlsdorf wird zu einer eindrucksvollen antifaschistischen Massendemonstration, die Trauerrede hält der KPD-Vorsitzende Ernst Thälmann.

Opfer der Bluttat im Polizeipräsidium wurde Regierungsrat Oswald Lassally, der den Polizeiwachtmeister Friedrich-Franz Pohl wegen dessen Betätigung für die NSDAP vernehmen wollte. Pohl weigerte sich, zog dann plötzlich seine Dienstpistole und schoß den parteilosen jüdischen Beamten nieder.

Ernst »Teddy« Thälmann in Lenin-Pose auf einem KPD-Wahlplakat

Die »Hamburger Volkszeitung« berichtet auf Seite eins von dem Mordanschlag.

Denkmal für 40 000 »Söhne der Stadt«

2. August 1931. Am Treppenbassin der Binnenalster am Rathausmarkt wird das Denkmal für die Toten des Ersten Weltkriegs ohne Feier in einer schlichten Zeremonie enthüllt: Der Erste Bürgermeister Rudolf Roß (SPD) legt frühmorgens einen Kranz nieder.

Gleichsam als Ersatz für das vom Rathausmarkt entfernte Kaiser-Wilhelm-Denkmal (→ 20. 6. 1903/ S. 351), hatte die Stadt 1929 die Errichtung eines Ehrenmals ausgeschrieben. Den Zuschlag erhielt der Architekt Klaus Hoffmann, der sich auf eine senkrechte Stele beschränkt. Das Monument besteht aus einer 7,5 m hohen Granittafel, die zum Rathausmarkt die Inschrift trägt »40 000 Söhne der Stadt ließen ihr Leben für Euch!« Die den Alsterarkaden zugewandte Seite zeigt das Bildwerk »Mutter und Kind« von Ernst Barlach. Er wurde im Dezember 1930 mit der Ausführung beauftragt und hatte das Relief fast heimlich, durch einen Verschlag geschützt, hergestellt. Gegen den Bildhauer richte-

te sich die Wut der Rechten: Noch am 21. Mai 1931 hatte die Bürgerschaft einen Antrag der Deutschnationalen Volkspartei, das Denkmal nicht aufzustellen, abgelehnt. Deren Abgeordneter Joseph Hoffmann erklärte: »Wenn das Barlach-

Werk erst fertig ist, dann werden Sie es ablehnen, wie ich es ablehne und der Stahlhelm und die vaterländischen Verbände.« 1939 lassen die Nationalsozialisten das Relief durch einen aufsteigenden Phoenix ersetzen.

Die Schriftseite der wenig heroischen, deshalb umstrittenen Stele

Das Barlach-Relief auf der Rückseite des Denkmals wird 1949 erneuert.

Mitte-Links-Senat nun ohne Mehrheit

27. September 1931. Die NSDAP erreicht bei den Bürgerschaftswahlen 26,2% der Stimmen; mit 43 von 160 Mandaten wird sie zweitstärkste Partei hinter der SPD mit 27,8% und 46 Mandaten. Die große Koalition aus SPD, Deutscher Staatspartei (DStP) und DVP verliert damit ihre Mehrheit.

Vergeblich hatten diese Parteien in Anspielung auf das Staatswappen gefordert, die »Tore offenzuhalten«. Erfolglos blieb auch der Senatsaufruf vom 25. September: »Zeigt der Welt, daß Vernunft und klare Überlegung noch guten Boden in Hamburg haben«.

Diese Appelle erwiesen sich als unwirksam sowohl gegenüber der Polemik der NSDAP, die das Ende der SPD-»Bonzenwirtschaft« verlangte, als auch gegenüber der KPD, die als Sprecher der Arbeitslosen auftrat: »Wir werden die Reichen aus ihren Villen und Luxuswohnungen in die Obdachlosenasyle umquartieren und in die Wohnungen der Reichen kinderreiche Proletenfamilien einziehen lassen«.

Am 3. Oktober tritt der Senat zurück, führt aber zunächst die Geschäfte weiter, weil die Regierungsneubildung nicht vorankommt. Am 10. Dezember erklärt die Deutsche Volkspartei, sich nicht mehr an die alte Koalition gebunden zu fühlen und verlangt Neuwahlen. Neun Tage später fordert die NSDAP im Falle des Regierungseintritts das Amt des Ersten Bürgermeisters und die Leitung der Polizeibehörde (→ 24. 4. 1932/S. 450).

Hamburg–Berlin in anderthalb Stunden

21. Juni 1931. Um 3.27 Uhr startet auf dem Bahnhof Hamburg-Bergedorf der »Schienenzeppelin« mit sechs Personen an Bord und erreicht auf der dafür reservierten Strecke der Deutschen Reichsbahn nach 1:37 h den Bahnhof Berlin-Spandau. Dort wird das Gefährt zum Bahnhof Grunewald-Stadion überführt, wo es von Interessierten besichtigt werden kann.

Trotz der frühen Stunde und der Warnung der Bahndirektion Altona, daß die Steine der Schienenbettung davongeschleudert werden, wenn der Wagen Fahrt aufnimmt, verfolgen Hunderte den Start. Die Höchstgeschwindigkeit auf der 257 km langen Strecke beträgt 230 km/h, das Durchschnittstempo 170 km/h. Der 26 m lange silbergraue »Schienenzepp«, ein propellergetriebener Eisenbahntriebwagen, wurde von den Flugzeugkonstrukteuren Franz Kruckenberg, Kurt Stedefeld und Willi Black gebaut. Ein riesiger Holzpropeller, den ein 550 PS starker Benzin-Flugzeugmotor von BMW antreibt, versetzt das spektakuläre Gefährt in Bewegung. Der Triebwagen hat eine aerodyna-

Bestaunt als Wunder der Technik: Der silberne »Schienenzeppelin« mit der an ein Flugzeug erinnernden Bugspitze auf dem Hauptbahnhof Hannover

misch optimale Form. Der Wagenkörper besteht aus einem Stahlskelett, das karosseriemäßig umbaut wurde. Hinter dem Führerstand liegen der Gepäckraum und das Nichtraucherabteil für 20 Fahrgäste, in der Wagenmitte befindet sich der Einstiegsraum mit einer Anrichte, dann folgt das Raucher-

abteil für zwölf Personen und ganz hinten der Maschinenraum. Der »Schienenzepp« wiegt ohne Brennstoff 18,5 t und ist damit um die Hälfte leichter als eine D-Zug-Lokomotive vergleichbarer Leistung. Mit 70 l Benzin auf 100 km verbraucht er nur doppelt so viel wie eine Limousine mit sechs Insassen.

Ausflaggung auf See »Akt der Notwehr«

9. Februar. Die anhaltende Krise in der Linien- und Trampschiffahrt läßt Hamburgs Reeder neue Wege gehen: Der Frachter »Vogtland« der Hamburger Reederei Vogemann wechselt auf hoher See seine Flagge und fährt künftig unter der Fahne der Republik Panama. Damit will das Schiffahrtunternehmen den deutschen Heuersätzen und Sozialabgaben entgehen.

Die seit 1886 in Hamburg bestehende Reederei, die mit »Vogtland« und »Vogesen« zwei Schiffe mit insgesamt 8398 BRT besitzt, erklärt die Ausflaggung als »Akt der Notwehr«: Durch die Panama-Flagge spart die Firma 44% an Abgaben und Soziallasten.

Für die Besatzung hat der Flaggenwechsel, gegen den keine rechtlichen Maßnahmen seitens der deutschen Behörden möglich sind, große Nachteile: Neben der Gehaltskürzung verlieren sie bei einer Weiterbeschäftigung auch den Anspruch auf den Arbeitgeberbeitrag zur Sozialversicherung. Durch die Personalreduzierung wird die Arbeitsbelastung größer.

Volksschullehrer unterrichten 33 Schüler pro Klasse

15. Mai 1931. Aus einer reichsweit angelegten Schulzählung ergibt sich eine Momentaufnahme in Sachen hamburgisches Schulwesen: Hier existieren 246 Öffentliche Volksschulen mit 2906 Klassen und 96 931 Schülern. Konfessionell gebundene Grundschulen wie z.B. in Bayern oder Oldenburg gibt es in der Freien und Hansestadt nicht. Zum hamburgischen Bildungssystem gehören zudem u.a. zehn Mittelschulen mit 1721 Schülern sowie 28 Höhere Lehranstalten für die männliche und 21 für die weibliche Jugend mit 11 841 Schülern bzw. 7010 Schülerinnen.

Im Vergleich mit anderen Stadtstaaten und Ballungsgebieten kann das Land mit diesem Ergebnis durchaus zufrieden sein: Statistisch besuchen im Durchschnitt 33,4 Schüler jeweils eine Volksschulklasse. In Berlin sind es 33,6, in Bremen 33,1 und in Lübeck sogar 34,8. Noch günstiger stellt sich die Lehrerdichte dar: In Hamburg muß ein Lehrer im Schnitt 26,8 Schüler unterrichten, in Berlin 28,5, in Bre-

men 29,5 und in Lübeck 30,6. Auch die »Emanzipation« im Lehrerzimmer ist in der Elbmetropole schon fortgeschritten: Auf 100 Lehrer entfallen hier – statistisch gesehen – immerhin 43,7 Lehrerinnen, im Reichsdurchschnitt sind es dagegen nur 25,6.

Der in allen Ballungsgebieten spürbare Trend zu großen Schulen ist in Hamburg ebenfalls zu beobachten: Eine Volksschule hat hier im Schnitt 11,8 Klassen, fast so viel wie in der Reichshauptstadt Berlin (12,6) und in Bremen (12,4).

Zur Schulwirklichkeit des Jahres

1931 zählt aber auch folgendes: Von den 6418 Schulabgängern erreichen nur 4472 – also gut zwei Drittel – den Abschluß der Volksschule.

Die zeitgemäß eingerichteten Wasch- und Duschräume in einer Hamburger Volksschule sollen eine moderne Schulhygiene möglich machen.

Ein Sparautomat steht in allen Öffentlichen Volksschulen Hamburgs.

Kunstschätze fallen Flammen zum Opfer

6. Juni 1931. Einen schmerzhaften Verlust erleidet die Hamburger Kunsthalle im fernen München: Die Leihgaben für eine Romantikerausstellung fallen einem Brand im dortigen Ausstellungspavillon, dem Glaspalast am Alten Botanischen Garten, zum Opfer.

Kurz nach 3 Uhr bricht das Feuer aus. Obwohl die rasch alarmierte Feuerwehr in kürzester Zeit am Brandort eintrifft, ist nichts mehr zu retten. In knapp einer Stunde brennt die 1854 erbaute, 233 m lange Glas-Stahlkonstruktion vollständig aus. Als Ursache vermutet die Polizei Selbstentzündung von öltgetränkter Putzwolle. Gerüchte, ein enttäuschter Maler habe das Feuer gelegt, bestätigen sich nicht. Mit dem Glaspalast verbrennen etwa 3000 Bilder und Skulpturen, darunter 110 Gemälde einer Ausstellung deutscher Romantiker. Für die Hamburger Kunsthalle als Leihgeber beläuft sich der Verlust auf insgesamt 17 wertvolle Bilder, darunter »Die Furt« von Ludwig Richter und drei Gemälde von Philipp Otto Runge, u. a. »Wir drei«. Gerade das Werk dieses bedeuten-

»Wir drei« von Philipp Otto Runge gehört zu den in München verbrannten Kunstwerken; von dem Bild existieren lediglich Schwarzweiß-Fotografien.

den Frühromantikers (→ 1805/ S. 183) wurde unter der Ägide von Alfred Lichtwark in der Kunsthalle besonders gepflegt.

Ferner verbrennen neun Bilder von Caspar David Friedrich, darunter »Winterlandschaft mit der Ruine des Klosters Eldena« sowie drei Werke von Karl Blechen, vier von

Peter Cornelius und neun von Joseph Anton Koch.

Das staatliche Gebäude war aus Sparsamkeitsgründen nicht versichert. Für die Romantikerausstellung und andere Leihgaben war eine Versicherung in Höhe von nur 1,3 Mio. RM abgeschlossen worden, eine völlig unzureichende Summe.

Funkhaus an der Rothenbaumchaussee

8. Januar 1931. Mit der Ausstrahlung des »1. Europäischen Konzerts« der Hamburger Philharmoniker unter der Leitung von Carl Muck weiht die Nordische Rundfunk-AG (Norag) ihr Funkhaus an der Rothenbaumchaussee ein. Damit beginnt zugleich die Zusammenarbeit zwischen der Norag und dem Orchester. Viele europäische Sender übernehmen das Festprogramm, in dessen Mittelpunkt Werke von Johannes Brahms stehen.

Bei der Innenausstattung des Norag-Hauses wurde besonderer Wert auf schallschluckende Räume und hochmoderne technische Anlagen gelegt. Neben dem großen Sendesaal bieten ein Kammermusikraum im zweiten Obergeschoß und der Funksaal 3 hervorragende Aufnahmemöglichkeiten.

Das Gebäude ist streng funktional gehalten: Außer zwei Reliefs von Ernst Barlach im Funksaal 3 und einer Heinrich-Hertz-Büste im gleichnamigen Raum (Ludwig Kunstmann) finden sich keinerlei Kunstwerke in dem Funkhaus.

Die Norag, unter Leitung von Intendant Hans Bodenstedt und Hauptfunkleiter Kurt Stapelfeldt bietet Berichte, Reportagen und

Unterhaltung. Großer Beliebtheit erfreut sich die Hans-Bredow-Schule für Volkswissenschaft, eine Art tönende Volkshochschule.

Der große Sendesaal im Norag-Gebäude, das Herzstück des von der Architektenfirma Puls & Richter gestalteten Hauses. Akustische Gesetze bestimmen seine Größenverhältnisse und seine architektonische Ausbildung. Die Stalaktitenreihen unterhalb der Decke haben die Aufgabe, geschlossene Schallreflexe zu verhindern. Die schallschluckende Rückwand ist beweglich.

Doppelselbstmord bei weiblicher Kripo

5. Juli 1931. Am Strand der Nordseeinsel Pellworm werden die Leichen von zwei Hamburger Polizeibeamtinnen gefunden, die sich offenbar am Vortag nach einem Streit mit der Leiterin der weiblichen Kriminalpolizei in Hamburg, Regierungsrätin Josephine Erkens, vergiftet haben.

Der aufsehenerregende Doppelselbstmord führt zunächst zu einer Untersuchung der Amtsführung von Regierungsrätin Erkens. Dann zieht die Polizeibehörde innerhalb kurzer Zeit ihre Konsequenzen: Weil angeblich die Existenz einer eigenständigen weiblichen Dienststelle unter der Leitung einer Frau zu besonderen Konflikten führt, wird die weibliche Polizei vom 13. Juli an männlichen Vorgesetzten unterstellt. In dieser Konstellation soll sie sich weiterhin der Fürsorge für Frauen und sittlich gefährdete Mädchen widmen.

Die weibliche Kriminalpolizei in Hamburg besteht erst vier Jahre. Sie wurde am 1. April 1927 unter Leitung der damaligen Kriminalkommissarin Erkens gegründet.

Böhm feiert Einstand mit »Meistersingern«

7. August 1931. Mit Begeisterung feiert das Publikum den ersten Auftritt von Karl Böhm im Stadt-Theater. Der aus Darmstadt verpflichtete Böhm dirigiert Richard Wagners »Die Meistersinger von Nürnberg«.

Die Kritik lobt an dem neuen Generalmusikdirektor, der in Hamburg klassische und moderne Werke zur Aufführung bringen sowie ältere Opern neu inszenieren will, vor allem seine Souveränität und sein Gespür für richtiges Zeitmaß und dramaturgische Effekte.

Böhms Verpflichtung bedeutet für zahlreiche Opernfreunde einen Lichtblick in einer krisengeschüttelten Zeit. Trotz erhöhter Subventionen wird die finanzielle Lage der Bühne langsam prekär, zumal sie auch 1931 mit Führungsproblemen zu kämpfen hat: Im Frühjahr ging der bisherige Generalmusikdirektor Egon Pollak nach Prag, im August wurde der zuletzt glücklose Intendant Leopold Sachse (seit 1921) durch Albert Ruch ersetzt.

1932

12. 2.–4. 3. Mit einem »Bierstreik« protestieren Wirte und Einzelhändler in Hamburg gegen die Biersteuerbelastung.

14. 2. Erwin Seeler, mehrfacher Nationalspieler im Arbeiterfußball, gibt sein Debüt beim bürgerlichen FC Victoria. → S. 452

19. 3. Eine Kreditgarantie der Reichsregierung in Höhe von 77 Mio. RM verhindert die Zahlungsunfähigkeit deutscher Reedereien. → S. 450

6. 4. Die Hamburger Hochbahn gibt Revolver an ihre Angestellten aus, nachdem Personal und Fahrgäste wiederholt überfallen und ausgeraubt wurden.

10. 4. Paul von Hindenburg wird erneut zum Reichspräsidenten gewählt. In Hamburg erhält er 56,8%, Adolf Hitler 30,8% und Ernst Thälmann 12,4% der Stimmen.

24. 4. Bei den Bürgerschaftswahlen rückt die NSDAP erstmals zur stärksten Fraktion im Landesparlament auf. → S. 450

6. 6. An der Ecke Bremer Straße/Maretstraße in Harburg wird ein von Hermann Hoseäus entworfenes Bronzestandbild zum Gedenken an die 2000 Harburger Gefallenen des Ersten Weltkriegs enthüllt.

17. 7. Ein Propagandamarsch der SA durch die Altonaer Altstadt eskaliert im »Blutsonntag«. → S. 451

9. 8. Bei einer Großrazzia im Gängeviertel in der Neustadt wird die Gauleitung des illegalen Roten Frontkämpferbundes ausgehoben.

August. In der Jarrestraße beginnt der Küchenbetrieb der »Erwerbslosen-Selbsthilfe-Küche«. → S. 452

4. 9. Der Hamburger Rundfunk überträgt die Eröffnungsveranstaltung aus der Schilleroper (Lerchenstraße). Das frühere Schillertheater (→ 20. 4. 1905/ S. 355) wurde in ein Musiktheater mit 1400 Plätzen umgebaut.

1.–4. 10. Die Angestellten der Hamburger Verkehrsbetriebe streiken gegen den Schiedsspruch des Schlichters, der eine Lohnkürzung vorsieht. Der Ausstand wird nach der Verbindlichkeitserklärung des Reichsarbeitsministers abgebrochen.

6. 11. Bei den Reichstagswahlen erhält die NSDAP 27,2% der abgegebenen Stimmen. Stärkste Partei in Hamburg wird wieder die SPD mit 28,6% vor der KPD mit 21,9%.

19. 12. Zwischen Hamburg und Berlin erreicht der Schnelltriebwagen »Fliegender Hamburger« 160 km/h. → S. 452

31. 12. 164 359 Menschen sind in Hamburg als Arbeitssuchende registriert.

Keine NSDAP-Regierung trotz Mehrheit

24. April 1932. Bei den Bürgerschaftswahlen wird die NSDAP erstmals stärkste Fraktion und könnte mit den bürgerlichen Parteien einen Senat bilden. Der Koalitionsplan scheitert, weil die Deutsche Staatspartei (DStP) an ihrem Bündnis mit der SPD festhält.

Neuwahlen wurden nötig, nachdem die Senatskoalition seit der Wahl am → 27. September 1931 (S. 447) über keine ausreichende Mehrheit verfügte. Mehrwöchige Verhandlungen führten zu keinem Ergebnis; schließlich löste sich die Bürgerschaft am 23. März auf Antrag der NSDAP in einer turbulent verlaufenden Sitzung auf. Der dabei von Bürgermeister Carl Petersen (DStP) geäußerte Wunsch, daß die »kommenden Wahlen ein Parlament ergeben werden, das zu sachlicher Arbeit fähig und bereit ist«, bleibt allerdings unerfüllt.

So führt der alte Senat die Geschäfte weiter. Er tut dies vor dem Hintergrund eines schon seit geraumer Zeit schwelenden Bürgerkrieges. So wurde am 14. Februar ein Flugblattverteiler der NSDAP an der Ecke Pilatuspool/Kurze Straße von einem Kommunisten erschossen.

Am 10. April töteten kommunistische Fanatiker zwei Nationalsozialisten im Ausschlägerweg. Die SA demolierte daraufhin in mehreren Stadtteilen Altonas Reichsbannerlokale und Pro-Läden.

Die Serie der Gewalttaten reißt auch nach den Wahlen nicht ab:

▷ **19. Mai:** Bei Zusammenstößen zwischen Anhängern von KPD und NSDAP am Schaarmarkt stirbt ein Nationalsozialist

▷ **17. Juni:** Bei Schießereien zwischen KPD-Anhängern und der Polizei in St. Georg werden drei Menschen getötet.

▷ **1. August:** Am Rademachergang sterben der KPD-Funktionär Georg Rödl und ein Polizeimeister nach einem Schußwechsel

▷ **29. Oktober:** Nationalsozialisten erschießen in der Fruchtallee einen Reichsbanner-Angehörigen, der Plakate klebte

▷ **30. Oktober:** In der Holstenstraße wird ein Kommunist von Nationalsozialisten ermordet.

Titelseite der KPD-Zeitung »Roter Stern« vor der Septemberwahl 1930

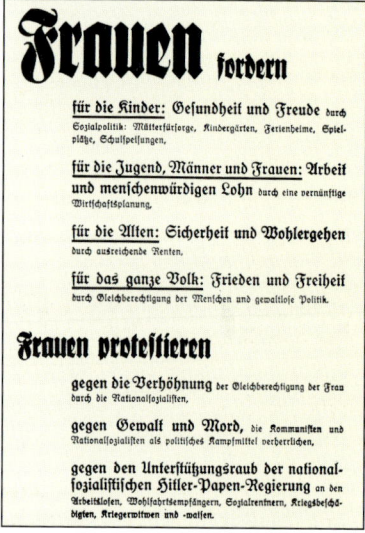

Vorderseite eines SPD-Flugblattes zur Reichstagswahl am 31. Juli 1932

Ergebnisse der großen Parteien

Partei	Stimmen	Anteil*		Mandate*
NSDAP	233 750	31,2%	(26,3%)	51 (43)
SPD	226 242	30,2%	(27,8%)	49 (46)
KPD	119 481	16,0%	(21,9%)	26 (35)
DStP***	84 146	11,3%	(8,7%)	18 (14)
DNVP	32 356	4,3%	(5,6%)	7 (7)
DVP	23 807	3,2%	(4,8%)	5 (7)
WP**	4 880	0,7%	(1,5%)	1 (2)

* in Klammern Ergebnis von 1931
** Wirtschaftspartei
*** Deutsche Staatspartei

Staatskredite für Reedereien in Not

19. März 1932. Eine Kreditgarantie der Reichsregierung in Höhe von 77 Mio. RM macht die Hamburg-Amerika Linie und andere Reedereien wieder zahlungsfähig. Von der Gesamtsumme werden 70 Mio. für die großen Gesellschaften und der Rest für die Tramp- und Küstenschiffer genutzt. Die Banken verlängern daraufhin die am 1. April 1932 fälligen Kredite um ein Jahr und stellen neue zur Verfügung.

Die Hapag sieht sich genötigt, zur Deckung der Zinsverbindlichkeiten und der laufenden Verluste einen neuen Überbrückungskredit von 8 Mio. RM aufzunehmen. Die dafür erforderliche Ausfallgarantie übernimmt die Reichsregierung allerdings nur unter der Voraussetzung, daß gleichzeitig eine Kapitalzusammenlegung mit dem Bremer Norddeutschen Lloyd (NDL) erfolgt. Im Mai stimmen Hapag und NDL einer Zusammenlegung im Verhältnis 3:1 zu. Durch die Bestellung von Siegfried Graf von Rödern sichert sich die Regierung zusätzlichen Einfluß auf die Hapag-Lloyd-Union.

Die seit 1929 andauernde Weltwirtschaftskrise bringt Reeder, Werften und vom Hafengeschäft abhängige Betriebe zunehmend in Bedrängnis. Die Frachttarife fallen bis 1932 auf 69% des Standes von 1913, obwohl die Betriebskosten weitaus höher sind. Um unrentable Leerfahrten zu verringern, werden Anfang April insgesamt 460 deutsche Schiffe mit 1,3 Mio. BRT aufgelegt, mehr als ein Drittel der gesamten deutschen Handelsflotte, darunter die als Kreuzfahrtschiff bekannte »Cap Polonio« der Hamburg-Süd und die »Cleveland« der Hapag. Die Hapag hat 21% ihres Schiffsraumes wegen der Krise aus dem Verkehr gezogen.

Der Gesamtumschlag im Hafen geht 1932 gegenüber dem Stand des Jahres 1928 um 32% zurück. Nur noch etwa 10 000 Menschen finden im Hafen täglich Arbeit, vor Beginn der Krise waren es mehr als doppelt so viele. Die größte deutsche Schiffswerft, Blohm & Voss, beschäftigt im Dezember 1932 nur noch 2840 Arbeitskräfte, vor 1929 waren es über 10 000.

Für die Arbeiter in der Schiffbauabteilung bei Blohm & Voss wurde am 1. Januar 1932 die 24-Stunden-Woche ohne jeden Lohnausgleich eingeführt, was eine Lohneinbuße von 50% bedeutet.

Am Tag nach dem »Altonaer Blutsonntag«: Mannschaftswagen der Polizei an der Kreuzung Große Johannisstraße/Große Marienstraße in Altona

Nationalsozialisten provozieren »blutigen Sonntag«

17. Juli 1932. Bei einem von der Polizei geschützten Propagandamarsch der Sturmabteilung (SA) der NSDAP durch die Altonaer Altstadt werden 18 Menschen getötet und über 60 verletzt. Unter den Toten sind zwei SA-Männer, drei Kommunisten und 13 unbeteiligte Passanten. Es sind die bislang schwersten politischen Gewalttaten in Hamburg und Umgebung – ein Beispiel für den Straßenterror der SA und die Schwäche der Demokratie. Am folgenden Tag erläßt die Reichsregierung ein Demonstrationsverbot, das bis zu den Reichstagswahlen am 31. Juli in Kraft bleibt.

Der Polizeipräsident von Altona, Otto Eggerstedt (SPD), hatte den »Werbemarsch« der NSDAP durch die Arbeiterviertel genehmigt, weil seiner Ansicht nach ein Verbot ohnehin durch die oberen Reichsstellen aufgehoben worden wäre. Er blieb auch bei seiner Entscheidung, als ihm die KPD mitteilte, man würde einen »Massenselbstschutz« organisieren, um den NS-Zug durch die Arbeiterquartiere zu verhindern.

In Bahrenfeld und Ottensen bleibt der Zug der rund 7000 SA-Angehörigen noch unbehelligt, obwohl die Nationalsozialisten die ihnen ablehnend gegenüberstehenden Zuschauer durch Zurufe und Schlägereien laufend provozieren.

Erst in der Schauenburger Straße wird der Zug gestoppt. Anhänger der KPD schießen aus den Häusern heraus und von den Dächern herab auf die SA-Männer. Die Polizei feuert sofort zurück und schießt teilweise unkontrolliert auf die Häuser und in die Menge. Die SA-Leute errichten Barrikaden und versuchen, in die Häuser einzudringen. Erst nach einer vierstündigen Straßenschlacht bringt die Polizei unter Einsatz von Panzerwagen die Lage unter Kontrolle.

Nach dem »Altonaer Blutsonntag« weisen sich beide Seiten gegenseitig die Schuld zu: Die rechtsgerichtete »Deutsche Allgemeine Zeitung« klagt am 18. Juli den »beispiellosen Terror« der Kommunisten an; das KPD-Organ »Hamburger Volkszeitung« attackiert die Polizei: Sie schieße mit »Maschinengewehren und Karabinern« der »Mord-SA« die Straße frei.

Der »Blutsonntag« liefert Reichskanzler Franz von Papen am 20. Juli den Vorwand, die geschäftsführende preußische Staatsregierung (SPD/Zentrum) abzusetzen.

Polizeibeamte bei einer Razzia im Hamburger Gängeviertel, in dessen engen Gassen es immer wieder zu bewaffneten Auseinandersetzungen kommt

Der »Fliegende Hamburger«, der 160 km/h schnelle Trieb-wagen der Reichsbahn, im Hamburger Hauptbahnhof

Spektakel für Hanseaten: Die gigantische Do X macht nach ihrer Landung auf der Außenalster an der »Alsterlust« fest.

»Old Erwin« wechselt die Fußball-»Klasse«

14. Februar 1932. Der mehrfache Auswahlspieler im Arbeiterfußball, Erwin Seeler, spielt – ebenso wie Mittelläufer Alwin Springer – nach seinem Austritt bei Lorbeer 06 Rothenburgsort erstmals für den bürgerlichen Verein FC Victoria.

Für ihre früheren Freunde im Arbeitersport bedeutet dies Klassenverrat. Das SPD-Organ »Hamburger Echo« kommentiert: »Jetzt, wo sie auf der Höhe ihres Könnens stehen, haben sie plötzlich alle Beziehungen zu ihrer bisherigen Umgebung abgebrochen und sind Überläufer geworden ... Lorbeer und auch die Bewegung aber weinen Euch keine Träne nach, wir sind eine Massenbewegung und keine Kanonenzuchtanstalt.«

Der 1910 geborene Seeler arbeitet seit 1925 im Hafen. Mit 17 Jahren spielte er bereits als Mittelstürmer in der ersten Mannschaft des SC Lorbeer und wurde mit dem Team 1929 und 1931 Bundesmeister der Arbeiterfußballvereine. Im gleichen Jahr nahm Seeler mit der Bundesauswahl an der II. Arbeitersport-Internationale in Wien teil und schoß im Vorrundenspiel gegen Ungarn sieben Tore. Daraufhin wurden auch die bürgerlichen Vereine auf Seeler aufmerksam.

»Fliegende« Eisenbahn und Riesenvogel

19. Dezember 1932. Der »Fliegende Hamburger«, ein Schnelltriebwagen der Deutschen Reichsbahn, erreicht auf der 286,6 km langen Strecke zwischen Berlin und Hamburg (Lehrter Bahnhof – Hauptbahnhof) eine Geschwindigkeit von 160 km/h; er bewältigt die Distanz in nur 142 Minuten.

Angetrieben wird der rasende Zug von zwei mächtigen Maybach-Zwölfzylinder-Dieselmotoren mit einer Leistung von je 410 PS. Der komfortable Schnelltriebwagen bietet 102 Personen in der 1. Klasse Platz und verfügt sogar über ein Büfett. Ab 15. Mai 1933 verkehrt er fahrplanmäßig.

Vier Monate zuvor, am 13. August, landete die Do X, das größte Flugboot der Welt, auf der Außenalster und machte an der »Alsterlust« fest. Die Do X hatte zum Zeitpunkt des Ankerns eine spektakuläre Rei-

se hinter sich: Im November 1930 war das von Claudius Dornier konstruierte Flugboot in Friedrichshafen am Bodensee zu einer Reise über 34 000 km nach Süd- und Nordamerika und zurück aufgebrochen. Der Riesenvogel ist 40 m lang, 10 m hoch und hat eine Spannweite von 48 m. Zwölf Curtiss-Motoren mit je 650 PS bringen den 56 t schweren Koloß und seine 150 Fluggäste auf 170 km/h.

Erwerbslose organisieren warmes Essen in Selbsthilfe

August 1932. In einer Baracke der Maschinenfabrik Nagel & Kaemp, Jarrestraße 18, wird die »Erwerbslosen-Selbsthilfe-Küche« aktiv. Für Mitglieder kostet eine Portion Essen 30 Pf, für Erwerbslose 15 Pf. Der niedrige Preis ist nur zu halten, weil diejenigen Vereinsmitglieder, die Arbeit haben, für die Erwerbslosen spenden.

Die Organisation ist eine von 15 Einrichtungen dieser Art, die seit Anfang 1932 in Hamburg entstanden sind. Sie geht zurück auf die Initiative junger Erwerbsloser und sozial engagierter Personen, die den Verein Erwerbslosen-Selbsthilfe Groß-Hamburg e. V. ins Leben gerufen haben.

In einem Büro im Raboisen 70 vermitteln sie Arbeitskräfte, organisieren Baumaterialien, Lebensmittel und Spendenaktionen. Viele Firmen geben zudem Geld und stellen Räume zur Verfügung.

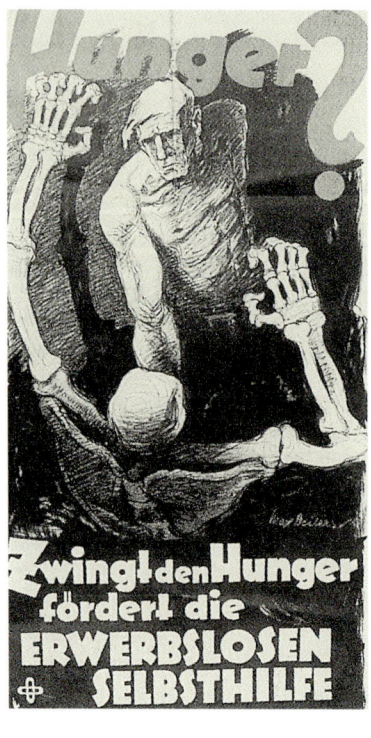

Arbeiterfrauen treffen sich in der Küche der Eimsbütteler Erwerbslosen-Selbsthilfe in der Schwenckestraße. Auch Schuhmacher, Tischler, Schneider und andere Handwerker arbeiten hier zum Selbstkostenpreis für die Erwerbslosen.

◁ *»Zwingt den Hunger!«, ein Plakat von Max Deiters zur Unterstützung des Anfang 1932 gegründeten Vereins Erwerbslosen-Selbsthilfe Groß-Hamburg e.V.*

Hoher Preis für Machtübergabe an Nationalsozialisten

1933–1945

Am 8. März 1933 wurde auch in Hamburg Wirklichkeit, was noch wenige Jahre zuvor niemand für möglich gehalten hatte: Die NSDAP gelangte an die Regierung. Anfang 1922 gegründet, war sie zunächst nicht mehr als ein Zirkel von wenigen Veteranen aus der antisemitischen Bewegung der Vorkriegszeit gewesen, politisch so unbedeutend, daß sie beim Verbot der rechtsradikalen Organisationen nach dem Mord an Außenminister Walther Rathenau vergessen und erst einige Monate später, am 25. November 1922, ebenfalls verboten worden war. Nach der Neugründung im März 1925 behinderten innerparteiliche Fehden den Aufschwung, aber in ihnen setzte sich eine neue Generation junger, dynamischer »Frontkämpfer« durch, die durch ihren rückhaltlosen Einsatz wesentlich zum weiteren Erfolg der NSDAP beitrugen. Ein Protagonist dieser Generation war Karl Kaufmann, der vom 15. April 1929 bis zur Kapitulation Hamburgs die NSDAP der Stadt führte. Unter ihm ging die Partei zu jener Doppelstrategie über, die nach Hitlers Entscheidung für den scheinlegalen Weg zur Macht notwendig war: Sie umwarb die Arbeiterschaft und das konservative Bürgertum. Sie beteuerte ihre Gesetzestreue und übte und provozierte Gewalt. Abschreckend wirkte dieser Terrorismus nicht; zu viele waren bereit, darüber hinwegzusehen, weil die NSDAP den radikalen Bruch mit der bisherigen Politik und die Überwindung des Wirtschaftselends versprach. Es gelang den Nationalsolzialisten, die Proteststimmung weiter Bevölkerungskreise zu einem guten Teil aufzufangen. Während sie bis 1928 nie mehr als 15 000 Stimmen gewonnen hatte, entschieden sich bei den Bürgerschaftswahlen 1931 203 000 und 1932 234 000 Hamburger für die NSDAP. Ihre organisatorische und finanzielle Schwäche konnte sie dagegen erst nach der »Machtergreifung« überwinden. Im September 1930 hatte sie in Hamburg erst 1700 und am 30. Januar 1933 13 200 Mitglieder.

Trotz der großen Erfolge führte die Strategie, über Wahlen an die Macht zu gelangen, in Hamburg ebensowenig zum Ziel wie im Reich. Die Deutsche Staatspartei, wie sich die Demokratische Partei jetzt nannte, weigerte sich, ihr Bündnis mit der SPD gegen eine Koalition mit der NSDAP einzutauschen, und so war massiver Druck aus Berlin notwendig, um die »Gleichschaltung« der Hamburger Regierung zu erzwingen. Am 5. März, unmittelbar nach Schließung der Wahllokale, erfolgte der entscheidende Schlag: Die Hamburger Polizei mußte einem zum Reichskommissar ernannten SA-Führer unterstellt werden. Am 8. März konnte daraufhin ein neuer Senat gewählt werden, in dem die NSDAP über die Mehrheit verfügte. Hoffnungen, daß die beiden wiedergewählten Senatoren der Staatspartei und der DVP mäßigend auf die Hamburger Politik einwirken könnten, erwiesen sich rasch als Illusion. Nachdem die Reichsregierung durch das »Ermächtigungsgesetz« vom 24. März 1933 fast unbegrenzte Befugnisse erhalten hatte, beseitigte sie Zug um Zug alle Voraussetzungen für eine selbständige Rolle der Länder. Am 31. März wurde die Umbildung der Parlamente nach dem für die NSDAP günstigeren Ergebnis der Reichstagswahl am 5. März vorgeschrieben. Durch Streichung der KPD-Mandate und weitere Manipulationen gelang es, der NSDAP die absolute Mehrheit in der Bürgerschaft zu verschaffen. Diese trat aber bis zu ihrer endgültigen Auflösung am 14. Oktober 1933 nur noch wenige Male zusammen, um Senatsvorlagen ohne Beratung anzunehmen. Mit der Ernennung des Gauleiters Karl Kaufmann zum Reichsstatthalter am 16. Mai 1933 wurden die Handlungsmöglichkeiten des Senats weiter reduziert. Am 30. Januar 1934 wurden die Landesregierungen der Reichsregierung förmlich unterstellt. Ein Jahr später erhielt der Reichsstatthalter die alleinige Verantwortung für die gesamte Zivilverwaltung in seinem Gebiet, und am 30. Juli 1936 wurde Kaufmann mit der »Führung« der Landesregierung betraut, der Senat dadurch zum bloßen Beratungsgremium degradiert. Mit der Aufteilung der traditionellen Einheitsverwaltung in einen staatlichen und einen kommunalen Zweig, beide unter der Leitung des Reichsstatthalters, ging Ende 1937 eine letzte Sonderheit Hamburgs verloren. Ihren Abschluß fand die Entwicklung bei Beginn des Krieges mit der Ernennung Kaufmanns zum Reichsverteidigungskommissar im Wehrkreis X,

wodurch er weitere Kompetenzen in der gesamten Küstenregion erhielt und in dieser Funktion vier anderen Gauleitern übergeordnet war.

Die Gleichschaltung der politischen Institutionen reichte den Nationalsozialisten jedoch nicht. In der gesamten Gesellschaft sollte es keinen Raum für abweichendes Denken und eigenständige Entscheidungen mehr geben. Am schwersten wurde sofort die KPD verfolgt. Alle öffentlichen Äußerungen wurden ihr verboten, 75 Funktionäre in der Nacht nach dem Reichstagsbrand am 28. Februar allein in Hamburg verhaftet und auch Abgeordnete mit Haftbefehl gesucht, so daß sie ihre Mandate nicht mehr ausüben konnten. Vorsichtiger gingen die Nationalsozialisten gegen die SPD vor; aber auch ihr wurde durch vielfältige Repressalien die Weiterarbeit erschwert und im Juni 1933 wegen angeblicher illegaler Kontakte zu ihrem Exilvorstand jede Betätigung verboten. Von den bürgerlichen Parteien entschied sich die DVP mit Mehrheit für den geschlossenen Übertritt zur NSDAP. Die übrigen lösten sich nach mehr oder weniger zähem Widerstand Ende Juni 1933 selbst auf. Seit dem 14. Juli 1933 war die NSDAP die einzige erlaubte Partei in Deutschland.

Ebenso zügig gelang im ersten Halbjahr 1933 die Gleichschaltung der Berufs- und Wirtschaftsverbände. Die größte Arbeitnehmerorganisation, der ADGB, versuchte, durch Distanzierung von dem traditionellen Partner SPD und Annäherung an die NSDAP Einrichtungen und Wirkungsmöglichkeiten zu retten. Eine Gruppe von Bürgerschaftsabgeordneten ging so weit, bei den Nationalsozialisten zu hospitieren. Dennoch wurden nur einen Tag nach der pompösen Feier des »Tags der nationalen Arbeit« am 1. Mai 1933 überall die Gewerkschaftsbüros besetzt, viele Funktionäre verhaftet und die Mitglieder in die Deutsche Arbeitsfront überführt. Bei den mittelständischen Verbänden verlief alles noch reibungsloser, weil es schon seit 1932 starke nationalsozialistische Oppositionsgruppen oder Konkurrenzvereine gab, die nun die Führung übernahmen. Auch die Unternehmerorganisationen beeilten sich, ihre Leitung nach den Wünschen des Regimes neuzubilden. Leichtes Spiel hatten die Nationalsozialisten zunächst auch mit der evangelischen Kirche, die sich mehrheitlich die Überwindung der inneren Zerrissenheit des deutschen Volkes und eine Stärkung seiner christlichen Gesinnung erhoffte. Die Synode beschloß Ende Mai 1933 die Einführung des Bischofsamts und wählte den braunen Machthabern genehme Männer an die Spitze. Als Bischof (1934–1945) löste sich Franz Tügel jedoch von den Deutschen Christen und verteidigte die Eigenständigkeit der Kirche in der Bindung an das Bekenntnis. Zu den Verbrechen des Regimes allerdings schwieg er, zu groß war noch immer die politische Übereinstimmung mit dem Nationalsozialismus.

Um eine Fortführung der zerschlagenen Organisationen und jede unabhängige politische Betätigung zu verhindern, begannen die Nationalsozialisten sofort mit dem Aufbau ihres Überwachungs- und Terrorapparats. Am 20. März 1933 wurde zur Verstärkung der Polizei eine Hilfspolizei aus Angehörigen der SA, der SS und des Stahlhelms gebildet, drei Tage später eine Spezialeinheit zur Verfolgung politischer Gegner geschaffen. Am 18. April trat das Hamburger Sondergericht zu seiner ersten Sitzung zusammen. In Wittmoor und in einem stillgelegten Trakt des Zuchthauses Fuhlsbüttel entstanden die ersten Konzentrationslager. Viele Hamburger begrüßten die scheinbare Beruhigung der politischen Verhältnisse; sie übersahen dabei allerdings, daß die Gewalt nur von der Straße fort hinter Zuchthaus- und Lagermauern verlegt worden war und sich jetzt gegen wehrlose Häftlinge richtete.

Trotz des sofort einsetzenden Terrors versuchte vor allem die KPD, einen verzweigten illegalen Apparat aufzubauen und durch die Verbreitung von Flugblättern und andere Aktionen immer wieder ihre Existenz unter Beweis zu stellen. Sie bezahlte diesen Einsatz mit hohen Verlusten unter den Genossen. Auch im Umkreis der SPD entstanden illegale Gruppen, die auf Flugblättern über das NS-Regime aufklären und im übrigen den inneren Zusammenhalt der Sozialdemokratie bewahren wollten. Alle diese Widerstandskreise wurden bis 1936 zerschlagen. Erst im Krieg, nach dem Angriff auf die Sowjetunion, entwickelte eine kommunistische Gruppe wieder größere Aktivität. An der Universität entstand ein studentischer Oppositionszirkel, der sich ebenso wie ein seit 1933 existierender liberaldemokratischer Kreis um die Erarbeitung politischer Konzeptionen für die Zeit nach dem Ende der nationalsozialistischen Herrschaft bemühte. An die 1000 Hamburger wurden im Dritten Reich aus politischen Gründen umgebracht, vielleicht 20 000 in Zuchthäusern und Lagern gefangengehalten.

Das Bestreben, alle aus der »Volksgemeinschaft« auszuschalten, die den nationalsozialistischen Anforderungen nicht entsprechen wollten oder konnten, richtete sich von Anfang an in besonderem Maß gegen die Juden. In Hamburg geschah dasselbe wie überall in Deutschland: 1933 wurden sie aus zahlreichen Berufen verdrängt, 1935 durch die »Nürnberger Gesetze« von der übrigen Bevölkerung isoliert und zu Staatsbürgern zweiter Klasse erklärt, in den folgenden Jahren zunehmend in den wirtschaftlichen Ruin getrieben, 1938 durch besondere Namen gekennzeichnet, kriminalisiert und nach dem November-Pogrom in Massen in Konzentrationslager verschleppt. Sie wurden von Staats wegen ausgeraubt und um ihre Betriebe und alle qualifizierten Berufe gebracht; sie mußten die öffentlichen Schulen verlassen und durften kulturelle Veranstaltungen und Freizeiteinrichtungen nicht mehr besuchen. Nach Kriegsbeginn folgten weitere drastische Einschränkungen: Nächtliches Ausgehverbot, Reduzierung der Lebensmittelversorgung auf ein Minimum, Arbeitspflicht unter Aufhebung aller Schutzbestimmungen und bei geringer Bezahlung, Wegnahme aller knappen Güter. Am 25. Oktober 1941 begannen die Deportationen aus Hamburg in die Ghettos und Vernichtungslager im Osten. Von den rund 20 000 Hamburger Juden im Jahr 1933 wurden bis 1945 fast 8000 ermordet. Mit Ausnahme des letzten Akts geschah die Verfolgung vor den Augen der Nachbarn und Kollegen und unter Beteiligung vieler Behörden. Dennoch gab es keinen Protest und keine wahrnehmbare Verschlechterung der »Stimmung«. Nur wenige versuchten, zu helfen und Solidarität zu zeigen. Nicht selten wurden Maßnahmen gegen Juden aus der Bevölkerung heraus gefordert, bevor sie von den Machthabern realisiert wurden.

Die in sich geschlossene, starke »Volksgemeinschaft«, die den Belastungen des von vornherein geplanten Krieges standhalten würde, war jedoch mit den negativen Mitteln der Unterdrückung und Ausrottung allein nicht zu erreichen. Obwohl die NSDAP nach dem 30. Januar 1933 großen Zulauf hatte – 1935 zählte sie in Hamburg 46 000 Mitglieder –, brauchte sie die Mitarbeit der Experten in Verwaltung und Wirtschaft und die Zustimmung der Bevölkerungsmehrheit, um ihre weitgesteckten Ziele zu verwirklichen. Ebenso großen Wert legten die braunen Machthaber daher auf Nachrichtenlenkung und Propaganda. Aber sie wußten auch, daß konkrete Erfolge, vor allem bei der Bekämpfung der Arbeitslosigkeit, nötig waren, um die Zustimmung der Bevölkerungsmehrheit auf Dauer zu behalten. In dieser Hinsicht verlief die Entwicklung in Hamburg nicht günstig. Die nationalsozialistische Arbeitsbeschaffungs- und Aufrüstungspolitik kam hauptsächlich der Industrie zugute, die in der Hansestadt eine untergeordnete Rolle spielte. Der dominierende Überseehandel mit allen seinen Hilfsgewerben wurde dagegen durch die Neuorientierung der deutschen Wirtschaftspolitik schwer geschädigt. Die Arbeitslosigkeit blieb überdurchschnittlich hoch, wenn sie auch wesentlich geringer war als am Ende der Weimarer Republik. 1939 galt Hamburg noch immer als »Notstandsgebiet«.

Um diese strukturellen Probleme zu beseitigen und Hamburg die Bewältigung der Aufgaben zu ermöglichen, die ihm im Rahmen der Kriegsvorbereitung zugedacht waren, wurden seit Jahrzehnten erfolglose Bestrebungen am 1. April 1937 plötzlich verwirklicht: Durch Reichsgesetz wurden Hamburg die preußischen Nachbarstädte Altona, Harburg-Wilhelmsburg und Wandsbek sowie das umliegende Landgebiet mit 27 Gemeinden eingegliedert. Das Territorium des Stadtstaats vergrößerte sich dadurch um 80%, die Einwohnerzahl um 40% von 1,2 auf 1,7 Millionen Menschen. Da Harburg-Wilhelmsburg und Altona bedeutende Industrien besaßen,

arbeiteten im neuen Hamburg erstmals mehr Erwerbstätige im Produktionsbereich als im Verteilungssektor. Hamburg war zu einem wichtigen Industriestandort und Rüstungszentrum geworden.

Diese Strukturverschiebung setzte sich im Zweiten Weltkrieg verstärkt fort. Bei Kriegsbeginn wurden Zehntausende von Hamburgern zur Wehrmacht einberufen; 358 fielen im September 1939 im Polenfeldzug, 974 im Mai/Juni 1940 im Westfeldzug. Schiffahrt und Überseehandel kamen fast völlig zum Erliegen. Der gesamte Handel und alle nicht unmittelbar kriegswichtigen Produktionszweige mußten infolge der staatlichen Lenkung schwere Einbußen hinnehmen. Die dadurch freiwerdenden Arbeitskräfte wurden in Rüstungsfirmen »umgesetzt« und zu diesem Zweck in der Phase des »totalen Krieges« seit 1943 auch zahlreiche Betriebe geschlossen. Bis zum Angriff auf die Sowjetunion im Sommer 1941 gelang es, die einberufenen Arbeiter durch Frauen und mehr oder weniger zwangsweise herangezogene Ausländer zu ersetzen; danach war das nicht mehr möglich. Der Anteil von Frauen unter den Erwerbstätigen wuchs zwischen 1938 und August 1941 von 30% auf 43%; die Zahl der ausländischen Zwangsarbeiter erreichte bei 70 000 ihren höchsten Stand.

Die nach Hamburg verschleppten Arbeitskräfte aus den besiegten Ländern waren rechtlos und oft unmenschlicher Behandlung ausgesetzt, die viele nicht überlebten. Darüber hinaus nutzte das NS-Regime die Gewöhnung an Gewalt und Tod im Krieg, um die »Säuberung« der »Volksgemeinschaft« von allen Gegnern und Andersdenkenden, »Rassefremden«, unheilbar Kranken und Behinderten zu vollenden. Schon Ende 1938 war in Neuengamme ein Außenlager des KZs Sachsenhausen errichtet worden, das 1940 selbständig wurde. Ca. 50 000 Häftlinge aus ganz Europa wurden in ihm und in seinen Außenlagern »durch Arbeit vernichtet«. Mehr als 2000 Hamburger fielen dem als »Euthanasie« bezeichneten Mord in den Heilanstalten zum Opfer, ca. 24 000 wurden wegen angeblicher »erbbiologischer« Defekte durch Zwangssterilisation verstümmelt. Diese Menschenrechtsverletzungen riefen zwar einiges Unbehagen hervor, störten aber nicht die breite Übereinstimmung mit dem Staat Hitlers, solange von den Fronten Siegesmeldungen kamen. Erst die Verschärfung des Luftkrieges führte einen Wandel herbei.

Am 18. Mai 1940 fielen die ersten Bomben auf Hamburg. In den nächsten drei Jahren kamen bei Luftangriffen rund 1400 Menschen ums Leben. Die Katastrophe brach am 25. Juli 1943 über die Stadt herein: Bei vier Nacht- und zwei Tagesangriffen wurden bis zum 3. August weite Teile in Schutt und Asche gelegt. Mindestens 34 000 Menschen fanden den Tod; ca. 125 000 wurden verletzt, 900 000 obdachlos. Nach der Serie von Niederlagen seit Stalingrad ließ dieses Desaster die Identifikation vieler Hamburger mit dem NS-Regime zerbrechen. Die Behörden hatten einen schweren Autoritätsverlust zu verzeichnen. Sie konnten die Massenflucht aus Hamburg während der Angriffe nicht verhindern und dringend benötigte Arbeiter später nicht zurückholen. Obwohl alle Kräfte auf den Wiederaufbau der Rüstungsindustrie konzentriert wurden, gelang es – außer beim U-Boot-Bau – bis zum Ende des Krieges nicht mehr, den Produktionsstand aus der Zeit vor dem Großangriff zu erreichen. Die Erfahrung, daß Großstädte wie Hamburg schutzlos dem Bombenkrieg ausgeliefert waren, ließ auch Gauleiter Kaufmann erstmals an der Politik Hitlers zweifeln. Das war eine wichtige Voraussetzung für den Entschluß der politischen und militärischen Führung, Hamburg durch kampflose Übergabe weitere Zerstörungen zu ersparen. Mit der Besetzung durch englische Truppen am 3. Mai 1945 fanden der Zweite Weltkrieg und die nationalsozialistische Herrschaft für die Stadt ein Ende. 44 356 Hamburger Soldaten waren gefallen, etwa 41 000 Zivilisten im Bombenhagel gestorben. Ungefähr 900 000 Hamburger hatten ihre gesamte Habe verloren, mehr als 50% der Wohnungen waren völlig zerstört. Für die Auslieferung der Macht an die Nationalsozialisten und die Duldung ihres Unrechtsregimes hatten die Hamburger wie alle Deutschen einen hohen Preis bezahlen müssen.

Ursula Büttner

1933

10. 2. Die Beisetzung des von Nationalsozialisten ermordeten Schlossers Martin Leuschel wird zur letzten großen Demonstration der Linken in Harburg.

5. 3. Bei den Reichstagswahlen wird die NSDAP in Hamburg stärkste Partei mit 38,8% der abgegebenen Stimmen vor der SPD (26,9%) und der KPD (17,6%). → S. 455

1. 4. Die NSDAP organisiert in Hamburg einen Judenboykott. → S. 456

1. 5. Die Reederei H. Schuldt siedelt von Flensburg nach Hamburg um.

3. 5. Bei Blohm & Voss läuft die »Gorch Fock« vom Stapel. → S. 459

15. 5. Am Kaiser-Friedrich-Ufer findet im Rahmen der reichsweiten Aktion »Wider den undeutschen Geist« eine Bücherverbrennung statt. → S. 457

16. 5. Der NSDAP-Gauleiter Karl Kaufmann wird zum Reichsstatthalter für Hamburg ernannt.

16. 6. Die Stadt Hamburg hat eine Wohnbevölkerung von 1 129 307 Personen. → S. 459

15. 7. Die Hamburger Polizeibehörde verbietet die sog. Bibelforscher (Zeugen Jehovas).

1. 8. In Altona werden die wegen angeblichen Mordes an zwei SA-Leuten zum Tode verurteilten Kommunisten August Lüttgens, Walter Möller, Karl Wolff und Bruno Tesch enthauptet.

4. 9. Das Konzentrationslager Fuhlsbüttel wird eingerichtet. → S. 456

7. 10. Im Hamburger Rathaus tritt der neugebildete »Staatsrat« zusammen. → S. 458

Oktober. Nach einer Massentrauung in der Tabakwarenfabrik Reemtsma scheiden 122 Arbeiterinnen aus der Firma aus. → S. 459

12. 11. Bei der Volksabstimmung über den Austritt Deutschlands aus dem Völkerbund stimmen in Hamburg 87,0% der Stimmberechtigten mit Ja (Reichsdurchschnitt 95,1%). Bei der gleichzeitigen Reichstagswahl geben 83,6% (92,1%) ihre Stimme der Liste der NSDAP.

31. 12. In Hamburg gibt es 155 914 Arbeitssuchende.

GESTORBEN:

14. 3. London: Anni Ahlers (* 21. 12. 1902, Hamburg), Opernsängerin.

7. 11. Hamburg: Carl Petersen (* 31. 1. 1868, Hamburg), Bürgermeister.

21. 11. Hamburg: Julius Adolf Petersen (* 7. 10. 1882, Hamburg), Ein- und Ausbrecher.

In Abwesenheit von SPD und KPD wählt die Bürgerschaft am 8. März einen von der NSDAP dominierten Senat.

NSDAP erobert das Hamburger Rathaus

5. März 1933. Bei den Reichstagswahlen wird die NSDAP in Hamburg mit 38,8% der abgegebenen Stimmen stärkste Partei. Am selben Abend besetzen SA und SS das Rathaus. Reichsinnenminister Wilhelm Frick (NSDAP) erzwingt die Einsetzung von SA-Standartenführer Alfred Richter zum kommissarischen Polizeiherrn.

Seit der Ernennung Adolf Hitlers zum Reichskanzler am 30. Januar hat es die NSDAP-Regierung verstanden, ihre Gegner völlig einzuschüchtern. SPD und KPD blieben uneins, das Bürgertum stimmte meist für Hitler. Wegen des geplanten 14tägigen Verbots ihres Parteiorgans »Hamburger Echo« traten am 3. März die SPD-Senatoren zurück. Tags darauf gab Bürgermeister Carl Petersen (Deutsche Staatspartei) seinen Posten auf.

Am 8. März wählt die Bürgerschaft einen Senat (NSDAP 6, DNVP und Stahlhelm je 2, DVP und Staatspartei je 1 Senator) unter Führung von Carl Vincent Krogmann (NSDAP). Am 10. März wird das Altonaer Rathaus besetzt, Oberbürgermeister Max Brauer (SPD) kann fliehen. Einen Tag später wird sein Harburger Amtskollege Walter Dudek (SPD) aus dem Amt gejagt.

Hamburgs Bürgermeister Carl Vincent Krogmann (r.) auf dem Balkon des Rathauses nach seiner Wahl durch die Bürgerschaft am 8. März; seit drei Tagen ist die Zentrale der Landespolitik nun in »brauner« Hand.

Der NSDAP-geführte Senat zieht ins Rathaus: Vergeblich sind Hoffnungen, die Senatoren von DVP und Staatspartei könnten die Diktatur noch aufhalten.

Jegliche Opposition brutal unterdrückt

4. September 1933. In dem ehemaligen Frauengefängnis Fuhlsbüttel wird ein Konzentrationslager eingerichtet. Dafür lassen die Nationalsozialisten das am 31. März durch den Hamburger Polizeipräsidenten Hans Nieland (NSDAP) installierte Lager für politische Häftlinge am Wittmoor auflösen. Die Zuständigkeit geht vom Strafvollzugsamt auf die Hamburger Staatspolizei über. Mitte November kommen die Gefangenen von Wittmoor nach Fuhlsbüttel. Dort sitzen Ende des Monats 820 Personen ein, in anderen Haftanstalten weitere 3585.
Wichtigste Organe bei der Verfolgung der politischen Gegner sind die am 20. März aufgestellte Hilfspolizei aus Mitgliedern von SA, SS und Stahlhelm und das am 24. März aufgestellte »Kommando z. b. V.« (»zur besonderen Verwendung«; bis zum 4. 1. 1934). Zur Aburteilung politischer Straftaten besteht beim Landgericht Hamburg seit dem 18. April ein Sondergericht.
Der Verfolgung sehen sich zunächst vor allem die Mitglieder und Funktionäre von SPD und KPD ausgesetzt. Am 2. Mai wurden wie im übrigen Reichsgebiet die Einrichtungen der freien Gewerkschaften in Hamburg und Umgebung besetzt. Prominente NS-Geg-

Stolz posiert die SA mit den eroberten Emblemen des politischen Gegners, einer Fahne des 1924 von der KPD gegründeten Roten Frontkämpferbundes.

Wie hier in der Straße Kohlhöfen unterdrückte die Polizei schon vor 1933 kommunistische Agitation.

ner fielen den »Mördern in braun« zum Opfer: Am 11. Mai wurde der Hamburger SPD-Reichstagsabgeordnete Adolf Biedermann bei Recklinghausen tot aufgefunden. Am 27. Mai wurde in der Nähe von Reinfeld der frühere Polizeipräsident von Altona, Otto Eggerstedt (SPD), verhaftet und am 12. Oktober im KZ Papenburg ermordet. Reichsinnenminister Wilhelm Frick erklärte die SPD am 22. Juni

für verboten, die KPD ist schon seit dem Reichstagsbrand am 27. Februar illegal.
Die bürgerlichen Parteien lösten sich von selbst auf: So stellte die rechtsliberale DVP am 10. April ihre Arbeit ein. Ihre Vertreter in Senat und Bürgerschaft wechselten zur NSDAP. Am 26. Juni löste sich der Landesverband der Deutschen Staatspartei, zwei Tage später auch die rechtsextreme DNVP auf.

NSDAP organisiert Boykott gegen die deutschen Juden

1. April 1933. Zur »Abwehr« der angeblichen jüdischen »Greuelhetze gegen das neue Deutschland«, die nach der NS-Propaganda von emigrierten Juden im Ausland gesteuert wird, beginnt um 10 Uhr in Hamburg wie im ganzen Reich ein eintägiger »Judenboykott«.
Unter der Parole »Kauft nicht in jüdischen Geschäften und Warenhäusern! Geht nicht zu jüdischen Rechtsanwälten! Meidet jüdische Ärzte!« patrouillieren SA-Männer in den Straßen. Sie sollen die potentiellen Kunden darüber informieren, daß der Inhaber Jude ist und sie – unterstützt durch ihr einschüchterndes Auftreten – bedrängen, stattdessen in »deutschen« Geschäften einzukaufen.
Zwar funktioniert der Boykott nicht vollständig, der 1. April markiert jedoch den Beginn der Ausschließung von Juden aus dem öffentlichen und wirtschaftlichen Leben.

Propagandawagen der SA in Harburg: Der Terror gilt nicht nur Juden, sondern auch dem Einfluß der katholischen Kirche. Schon am 30. März 1933 hat der Harburger Magistrat beschlossen, jüdische Geschäfte, Ärzte und Rechtsanwälte von städtischen Lieferungen und Aufträgen künftig auszuschließen.

◁ *»Deutsche, kauft nicht bei Juden«, fordert das Plakat eines SA-Postens vor einem Geschäft in der Grindelallee; im Grindelviertel gibt es besonders viele jüdische Geschäfte. Organisiert wird der reichsweite Boykott von einem eigens gegründeten »Zentralkomitee« unter dem Vorsitz des fränkischen NSDAP-Gauleiters und »Stürmer«-Herausgebers Julius Streicher.*

»Undeutscher Geist« wandert auf den Scheiterhaufen

15. Mai 1933. Nach einer großangelegten Bücherverbrennung am 10. Mai in Berlin wandern nun auch am Hamburger Kaiser-Friedrich-Ufer die Schriften mißliebiger Autoren auf den Scheiterhaufen. Die geistfeindliche Gewalttat bildet den Abschluß der Aktion »Wider den undeutschen Geist«. Sie wurde am 13. April von der Deutschen Studentenschaft, der Vereinigung der Allgemeinen Studentenausschüsse der Hochschulen, begonnen. Seitdem sind in fast allen deutschen Universitätsstädten Bibliotheken und vielfach auch Buchhandlungen geplündert worden, um den »undeutschen Geist« aus den Büchereien »auszumerzen«.

Die Verbrennung erfolgt nach einem mittelalterlich anmutenden Ritual: Gegen 23 Uhr marschieren der SA-Studentensturm 6/76, Angehörige schlagender Verbindungen und die Hochschulgruppe des Stahlhelm am Kaiser-Friedrich-Ufer auf. Dabei deklamieren die Studenten Sprüche wie: »Gegen Frechheit und Anmaßung, für Achtung und Ehrfurcht vor dem unsterblichen Volksgeist! Verschlinge, Flamme, auch die Schriften der Tucholsky und Ossietzky.«

Eine zweite Büchervernichtung dieser Art veranstalten Hitler-Jugend und die Jugend des Deutschnationalen Handlungsgehilfen-Verbandes am 30. Mai auf dem Lübeckertorfeld. Den Vorabend des 17. Todestages von Gorch Fock (→ 31. 5. 1916/S. 394) wählten die Initiatoren, weil dieser sein »deutsches Dichterleben mit dem Heldentod in opferbereiter Tat bewies«.

△ *SA-Leute und willige Hilfskräfte beschlagnahmen unerwünschte Literatur für die erste Hamburger Bücherverbrennung. Vorbild der Aktion: Die Bücherverbrennung auf dem Berliner Opernplatz, wo Nationalsozialisten am 10. Mai 20 000 Werke vernichteten.*

◁ *Angehörige der SA in Uniform salutieren vor dem langsam niederbrennenden Scheiterhaufen verfemter Literatur am Kaiser-Friedrich-Ufer. Ein Gedenkplatz erinnert an dieser Stelle ab 1983 an das Geschehen.*

»Jeder . . . muß sich empören über solche Zustände«

Chronik **Dokument**

Der Sozialdemokrat Walter Schmedemann schildert in einem Flugblatt, das im Januar 1934 an ranghohe Vertreter der NSDAP und des Staates verschickt wird, seine schrecklichen Erlebnisse im Konzentrationslager Fuhlsbüttel (Auszug):

»Bei der Einlieferung müssen alle . . . mit dem Gesicht zur Wand vor dem Wachtlokal Aufstellung nehmen . . . Ein oder mehrere SS-Leute gehen hier auf und ab und beobachten jeden einzelnen. In dieser Stellung müssen die Gefangenen 4–5 Stunden stehen. Die geringste Bewegung wird sofort mit Mißhandlungen beantwortet. Man schlägt sie ins Gesicht, tritt sie mit den Füßen, befiehlt einem Gefangenen den anderen zu treten. Ein sehr beliebtes Mittel ist auch, mit dem großen Zellenschlüssel auf die Gefangenen einzuschlagen. Mindestens die Hälfte der Eingelieferten muß im Laufschritt mehrere Male um den Hof herumlaufen: der Hof mißt im Umkreis ca. 350 m. Alle diese Mißhandlungen können von den um das Gefängnis herumliegenden Häusern beobachtet werden. Die . . . [dort] wohnenden Gefängnisbeamten haben sich auch schon empörend darüber ausgelassen . . . Der Hund des Lagerkommandanten Dusendschön [Willi Dusendschön] war bei den Mißhandlungen oft mit dabei. Er riß den Leuten das Zeug vom Leibe und hat auch öfters Gefangene dabei verletzt . . . Wachtmeister Zirbitz [Robert Zirbes] hat in einer Nacht fast alle Gefangenen . . . unseres Saales verprügelt. Viele kamen in Einzelhaft. Unser Barbier hatte am anderen Morgen einen Selbstmordversuch gemacht, indem er sich die Pulsadern aufschnitt . . . Jeder wahrhaft national denkende deutsche Mann und jede wahrhaft deutsche Frau muß sich empören über solche Zustände . . . Darum muß jeder deutsche Mann und jede deutsche Frau, jeder wahrhafte Christ mit dafür sorgen, daß Deutschland bald aus diesem bösen Traum erwacht.«

Nationalsozialisten besetzen alle Machtpositionen

7. Oktober 1933. Im Hamburger Rathaus nimmt der sog. Staatsrat die Arbeit auf. Dieses Gremium aus NSDAP-Vertretern und Repräsentanten verschiedener gesellschaftlicher Gruppen soll eine »Mittlerrolle« zwischen Bevölkerung und Senat ausüben.

Zwar hat der »Staatsrat« keinerlei politische Bedeutung, seine Einrichtung flankiert aber die nationalsozialistischen Bemühungen um die »Gleichschaltung« des öffentlichen Lebens.

Seit dem → 5. März 1933 (S. 455) haben die Nationalsozialisten die demokratische Ordnung beseitigt, die Parteien verboten oder zur Auflösung gezwungen. Die Hamburger Behörden sind zum ausführenden Organ von NSDAP- und Staatsführung degradiert worden. Das Sagen hat nicht das Parlament, sondern Reichsstatthalter Karl Kaufmann. Am 28. Oktober 1933 wird die Bür-

Der am 8. März gewählte Senat, sitzend Carl V. Krogmann (NSDAP), 2. v. r. Wilhelm Amsinck Burchard-Motz (DVP), r. Walter Matthaei (Staatspartei)

Reichspräsident und -kanzler in Einem: Das »Ja« ist nur Formsache.

gerschaft aufgelöst und ihre Befugnisse und Aufgaben durch Kaufmann dem Senat übertragen.

Parallel zur Ausschaltung der demokratischen Gremien wurden die Landesbehörden von »rassisch« oder politisch mißliebigen Personen »gesäubert«. Kein Bereich des öffentlichen Lebens blieb von der »Gleichschaltung« verschont: Am 26. April wurde eine Reihe namhafter Universitätslehrer zum Verzicht auf weitere Vorlesungen gedrängt und später in den Ruhestand versetzt, so der Philosoph Ernst Cassirer, der Kulturgeschichtler Erwin Panofsky und der Psychologe William Stern. Einen Tag darauf trat die Gesellschaft der Freunde des vaterländischen Schul- und Erziehungswesens geschlossen zum NS-Lehrerbund über.

Zugleich drang die NSDAP in die Verbände der Wirtschaft ein. So benannte der Senat am 14. April vier Staatskommissare für die Handelskammer. Mißliebige Unternehmer und Verbandsvertreter können jetzt kurzerhand abgesetzt werden.

»Das Führerprinzip entspringt deutscher Wesensart«

Chronik Zitat

Am 7. Oktober erläutert Hamburgs Regierender Bürgermeister Carl Vincent Krogmann (NSDAP) den neuernannten Staatsräten ihre Aufgaben. Der Staatsrat ersetzt die Bürgerschaft, die im nationalsozialistischen Hamburg nicht mehr benötig wird. Das Gremium hat zum Zeitpunkt seiner Konstituierung 18 Mitglieder. Neben Vertretern der NSDAP gehören ihm auch Repräsentanten des öffentlichen Lebens an, wie der Unternehmer Rudolf Blohm, der Reeder John T. Essberger, die Hapag-Aufsichtsratsmitglieder Emil Helfferich und Louis Leisler-Kiep und der am 29. Mai zum ersten Hamburger Landesbischof gewählte protestantische Geistliche Simon Schöffel. Die Rede Krogmanns ist mit seinen Ausführungen über das angeblich »natürliche« Führerprinzip zugleich ein Ausdruck der NSDAP-Ideologie (Auszug):

»In Hamburg wurde der Weg zum absoluten Führertum sofort nach der Machtergreifung durch die N.S.D.A.P. bewußt und folgerichtig beschritten. Die Amtsbezeichnung ›Regierender Bürgermeister‹ war der erste Wegweiser auf einem Wege, welcher durch die beiden grundlegenden verfassungsändernden Gesetze: Landesverwaltungsgesetz, Gesetz über die Neuordnung der Selbstverwaltung im Landgebiet ein erstes Ziel zunächst erreicht hat. Das Anweisungsrecht des Regierenden Bür-

germeisters und der Senatoren bietet die absolute Gewähr dafür, daß der Wille des Führers auf schnellstem Wege in die Tat umgesetzt wird und somit das Führerprinzip in der Verwaltung restlos durchgeführt werden kann. Der Senat und ich sind uns voll bewußt, daß eine Tradition von Jahrhunderten durchbrochen wird und durchbrochen werden mußte, um das einige Deutsche Volk zu formen, welches der Wunschtraum eines Jahrtausends . . . [war].

Das Führerprinzip entspringt, so neuartig es vielen heute noch erscheint, deutscher Wesensart. Auch in Hamburg hat durch Jahrhunderte das absolute Führerprinzip geherrscht, und es wird nur wenigen bekannt sein, daß der Rat bis . . . 1529 unbeschränkte Rechte hatte. Erst seit der Reformation, welche von einem großen Teile des Deutschen Volkes mißverstanden wurde, begann das Abgleiten . . . in den uns wesensfremden Parlamentarismus.

Das Ziel der Gleichschaltung

Mit der sog. Gleichschaltung staatlicher, gesellschaftlicher und wirtschaftlicher Institutionen verfolgt die NSDAP die Ausrichtung aller politisch bedeutsamen Bereiche auf den Willen der Partei und die Ersetzung von Wahlen durch das Führerprinzip. Erstmals offiziell verwendet wurde der aus der Elektrotechnik stammende Begriff beim Gesetz über die Auflösung und Neuordnung der Länderparlamente am 31. März 1933.

Der Nationalsozialismus hat das deutscher Art entsprechende Führertum neu geschaffen, und wir, als Führer der hamburgischen Landesregierung, sind uns bewußt, daß nur das absolute Führerprinzip zum Erfolge führen kann. Wir sind uns aber gleichfalls bewußt, daß das Führen nie Selbstzweck sein darf, sondern daß das Führen nur geschieht, um

der Geführten, um des Volkes willen . . . Es mußte deshalb ein Instrument geschaffen werden, welches die Mittlerrolle zwischen der Bevölkerung und der Regierung übernahm. Der Senat hat Sie, meine Herren Staatsräte, berufen, diese Mittlerrolle zu übernehmen. Es ist eine schwere und verantwortungsvolle Aufgabe, welche der Senat Ihnen übertragen hat. Sie sollen das Ohr und der Mund des Senats sein! . . . Es ist selbstverständlich die Pflicht des Senats, den besten Weg zu suchen. Ob es ihm immer gelingen wird, mag dahingestellt bleiben, aber der Senat trägt die volle Verantwortung in allem, nicht Sie . . . Wir fordern deshalb als Zweites von Ihnen, daß, wenn der Senat eine Entscheidung gefaßt hat, ob Sie diese als richtig oder als falsch empfinden, daß Sie, meine Herren Staatsräte, sich voll hinter diese Entschlüsse stellen und den Willen des Senats hinaustragen in die hamburgische Bevölkerung.«

Kampagne gegen »Doppelverdienertum«

Oktober 1933. Die Firma Reemtsma in Bahrenfeld veranlaßt 122 weibliche Werksangehörige zu einer Massentrauung. An ihrer Stelle treten die arbeitslosen Verlobten und nunmehr frischgebackenen Ehemänner in den Betrieb ein.

Die schon vor 1933 geführte Kampagne gegen das »Doppelverdienertum« der verheirateten Frauen wird nach dem Machtantritt der Nationalsozialisten in dieser verschärften Form fortgesetzt. Das zum 1. Juni in Kraft getretene »Gesetz zur Verminderung der Arbeitslosigkeit« verlockt arbeitende Frauen durch die Gewährung von großzügigen Ehestandsdarlehen zur Heirat und damit zur Aufgabe ihres Berufes. Ein am 30. Juni erlassenes Reichsgesetz erlaubt die Kündigung weiblicher Beamter, was vor allem bei verheirateten Lehrerinnen zu einer Entlassungswelle führt. Nach Ansicht der Nationalsozialisten gehört eine Frau in den Haushalt.

Bis Ende August wurden in Hamburg 103 festangestellte und 68 nicht in fester Stellung beschäftigte verheiratete Lehrerinnen entlassen, weil sie als »wirtschaftlich versorgt« gelten. Staatliche Mädchenschulen werden unter die Aufsicht männlicher Schulleiter gestellt.

Um die weiblichen »Doppelverdiener« aus der Privatwirtschaft zu entfernen, werden die Arbeitgeber ultimativ zu entsprechenden Entlassungen aufgefordert. Man schreckt auch nicht davor zurück, widerspenstigen Arbeitgebern mit der »Schutzhaft« in einem Konzentrationslager zu drohen und hartnäckige Gegner durch die Organisation der NSDAP namhaft zu machen und dadurch öffentlich anzuprangern.

Auszug der 122 frischgetrauten Arbeiterinnen mit ihren Ehegatten aus der Tabakfabrik Reemtsma

Marinenachwuchs lernt auf »Gorch Fock«

3. Mai 1933. Bei Blohm & Voss in Hamburg läuft das neue Segelschulschiff für die Kadetten der Deutschen Reichsmarine vom Stapel. Marie Fröhlich, die Vorsitzende des Flottenbundes deutscher Frauen, tauft den Segler, der am 7. Juni in Dienst gestellt wird, auf den Namen »Gorch Fock«.

Anwesend sind auch die Angehörigen des → 31. Mai 1916 (S. 394) in der Seeschlacht am Skagerrak gefallenen Dichtermatrosen Johann Kinau aus Finkenwerder, dessen Schriftsteller-Pseudonym Gorch Fock dem Schiffsneubau den Namen gibt.

Der nach nur fünfmonatiger Bauzeit vom Stapel laufende Dreimaster – er hat eine Wasserverdrängung von 1354 t – ersetzt die als Schulschiff für den Marinenachwuchs auf tragische Weise verlorengegangene Dreimastbark »Niobe«. Das Schiff war am 26. Juli 1932 vor Fehmarn in eine Gewitterböe geraten und sank nach Augenzeugenberichten innerhalb von lediglich zwei Minuten. Von den 100 Seeleuten an Bord überlebten nur 31.

Die stählerne Bark »Gorch Fock«, das neue Segelschulschiff der Deutschen Reichsmarine; das Schiff wird 1939 stillgelegt, 1944 für Ausbildungszwecke reaktiviert und im Mai 1945 vor Stralsund versenkt. Die Sowjets heben das Schiff und stellen es 1951 als »Towarischtsch II« wieder in Dienst.

1,1 Mio. Einwohner – 168 426 Arbeitslose

16. Juni 1933. Die reichsweit durchgeführte Volkszählung ergibt für die Stadt Hamburg eine Wohnbevölkerung von 1 129 307 Personen. Gegenüber dem Vorjahr bedeutet dies eine Zunahme von 0,4%. Hamburg ist hinter dem mehr als dreimal so großen Berlin die Stadt mit den meisten Einwohnern im Deutschen Reich.

Altona hat nach dem Ergebnis der Volkszählung eine Wohnbevölkerung von 241 970 Personen, Harburg-Wilhelmsburg verzeichnet 112 593 Einwohner, Bergedorf 19 564, Billstedt 12 852, Cuxhaven 22 094, Lokstedt 17 868, Rahlstedt 14 349 und Wandsbek 46 255 Einwohner. Der 415,02 km² große Staat Hamburg zählt 1,218 Mio. Personen, rund 203 000 mehr als am → 1. Dezember 1910 (S. 369); damals wurde allerdings nur die ortsanwesende Bevölkerung erfaßt.

Bevölkerung im Staat Hamburg

Tag der Zählung	Einwohner	davon Männer	pro km²
1. 12. 1910	1 014 664	504 902	2 444,9
16. 6. 1925	1 152 523	551 473	2 777,0
16. 6. 1933	1 218 447	581 988	2 935,9

Die gleichzeitig durchgeführte Betriebsstättenzählung wirft ein düsteres Licht auf die Beschäftigungssituation der Hansestadt. Aus den Unterlagen des Landesarbeitsamtes Nordmark ergibt sich, daß den 392 448 Erwerbstätigen nicht weniger als 168 426 Menschen ohne Arbeit gegenüberstehen.

Besonders stark von der Arbeitslosigkeit betroffen ist der Bereich Industrie und Handwerk: Hier sind 108 092 Personen beschäftigt, während 81 476 erwerbslos sind.

In diesem Bereich werden 27 107 Betriebe gezählt (von insgesamt 83 160 »gewerblichen Niederlassungen«); bei 24 260 handelt es sich um Kleinbetriebe mit einem bis fünf Beschäftigten. Nur die vier großen in Hamburg ansässigen Werften mit über 100 Beschäftigten gelten statistisch als Großbetriebe.

Vergleichsweise günstig sieht es im Handel und Verkehr aus (197 352 Beschäftigte und 67 824 Arbeitslose), obwohl auch der Hafenbetrieb unter den Auswirkungen der Wirtschaftskrise leidet – so ist z. B. der Stückgutumschlag im Hafen gegenüber 1928 um 52% zurückgegangen.

1934

15. 1. Im Billbrook nimmt die Deutsche Reichspost einen 125 kW starken Mittelwellensender in Betrieb. Die 1925 errichtete Sendeanlage in Lokstedt wird am 4. März stillgelegt.

20. 1. Am Staatstheater (vorher Stadt-Theater) hat die Neuinszenierung von Wagners »Lohengrin« Premiere. → S. 462

5. 3. Der Gau-Obmann der »Deutschen Christen«, Franz Tügel, wird neuer Hamburgischer Landesbischof. → S. 461

5. 3. Der Räuber Ernst Hannack wird exekutiert. → S. 461

28. 3. Wie die anderen deutschen Sender geht die Nordische Rundfunk-Aktiengesellschaft in der Reichsrundfunkgesellschaft auf und ist fortan Reichssender.

1. 4. Lola Rogge übernimmt die »Hamburger Bewegungschöre Rudolf von Laban«. → S. 462

8. 4. Reichsjugendführer Baldur von Schirach tauft den Segler »Pellworm« als erste schwimmende Jugendherberge in »Hein Godenwind« um.

19. 4. Nichtarische Mitglieder werden aus den Bürgervereinen ausgeschlossen. → S. 461

28. 4. Die Haltestelle Jungfernstieg der Hochbahn wird eingeweiht.

11. 5. Am Jahrestag des Todes des Hamburger SPD-Reichstagsabgeordneten Adolf Biedermann suchen über 5000 Menschen sein Grab auf.

7. 7. Hans-Heinrich Sievert (ETV) stellt mit 8790,46 Punkten einen Weltrekord im Zehnkampf auf. → S. 463

12. 8. Erwin Sietas (HSC) wird Europameister über 200 m Brust. → S. 463

17. 8. Reichskanzler Adolf Hitler ist in Hamburg. → S. 460

1. 9. Der Zuzug von Arbeitern nach Hamburg, Altona, Wandsbek und Harburg-Wilhelmsburg wird untersagt. → S. 461

9. 10. Das Winterhilfswerk 1934/35 beginnt. → S. 461

23. 10. Der neue Bahnhof in Bergedorf wird eröffnet.

1. 11. Die Hapag schließt ihre Auswandererstadt auf der Veddel (→ 30. 8. 1907/S. 362). Die Anlagen übernimmt die SS.

3. 11. Der 1933 emigrierte frühere Oberbürgermeister von Altona, Max Brauer (SPD), und der Schriftsteller Willi Bredel werden ausgebürgert. → S. 462

4. 12. Die Freireligiöse Gemeinde Groß-Hamburg wird »wegen Gefährdung der öffentlichen Sicherheit« verboten.

6. 12. Die Hamburger Polizei verhaftet in einer Großaktion 142 Angehörige der Glaubensgemeinschaft Zeugen Jehovas.

Spalierstehen für den »Führer«: Adolf Hitler gibt sich im offenen Automobil die Ehre (hier an den Vorsetzen).

NS-Prominenz besucht die Hansestadt

17. August 1934. Drei Tage nach Reichspropagandaminister Joseph Goebbels besucht auch Reichskanzler Adolf Hitler die Hansestadt. Vom Flughafen Fuhlsbüttel fährt er zum Rathaus, wo ein Empfang stattfindet. Anschließend besichtigt er im Hafen das Linienschiff »Schleswig-Holstein« und die Werft Blohm & Voss.

Um 20.30 Uhr spricht der »Führer« im großen Sitzungssaal des Rathauses über die Bedeutung der Volksabstimmung am 19. August.

Dann sollen die Bürger über eine Zusammenlegung der Ämter des Reichspräsidenten und -kanzlers entscheiden. Alle deutschen Radiosender übertragen die Ansprache. Der Aufmarsch der NS-Prominenz zeitigt nicht die gewünschte Wirkung: In Hamburg votieren 20,4% der Stimmberechtigten mit Nein (Reichsdurchschnitt 10,1%). Wegen des schlechten Ergebnisses z. B. in der Wohnsiedlung Langenhorn erhalten 45 »Marxismus-verdächtige« Mieter die Kündigung.

Hitler wird nun auch mit Hamburg warm

Chronik Zitat

Auszug aus der Rede von Reichskanzler Adolf Hitler über die Bedeutung der Volksabstimmung:

»Gerade hier in dieser gewaltigen alten Hansastadt des Reiches muß aber die Einsicht in Fleisch und Blut übergehen, daß die Blüte jedes einzelnen Zweiges der deutschen Wirtschaft nur dann denkbar ist, wenn der Baum als solcher gesund, stark und lebensfähig ist . . . Nicht ich benötige zur Stärkung oder Erhaltung meiner Position ein solches Vertrauensvotum, sondern das deutsche Volk braucht einen Kanzler, der vor der ganzen Welt von einem solchen Vertrauen getragen wird.«

In seinem Rechtfertigungsbuch »Es ging um Deutschlands Zukunft 1932–1939« schildert der Regierende Bürgermeister Carl Vincent Krogmann Hitlers Eindrücke nach dessen Auftritt in Hamburg:

»Es muß selbst für Hitler ein überraschender Anblick gewesen sein, als er auf den Balkon heraustrat und die ungeheure Menschenmenge unter sich sah. Er war tief gerührt . . . Hitler hat mir . . . gesagt, er sei früher sehr ungern nach Hamburg gekommen; er wäre in Hamburg nie so recht warm geworden. Das sei jetzt anders.«

Nach Beendigung seiner Rundfunkansprache spricht Hitler vom Balkon des Rathauses zur Bevölkerung.

Begeistert gefeiert von seinen gleichfalls uniformierten Anhängern: Hitler bei seinem Besuch in Hamburg

Bürgervereine dienen »Volkskulturarbeit«

19. April 1934. Das »Hamburger Fremdenblatt« meldet, daß bis zum 15. Mai alle »Nichtarier« die Organisationen verlassen müssen, die dem Zentralausschuß der Hamburger Bürgervereine angehören. Der Ausschluß jüdischer Bürger aus den Verbänden (im NS-Jargon »Entjudung« genannt) geht einher mit deren Eingliederung in die nationalsozialistische »Volkskulturarbeit«.

So werden die Bürgervereine dem NS-Reichsbund »Volkstum und Heimat« einverleibt. Sie seien kein Hort »liberalistischer Reaktion«, sondern umfaßten den Kreis jener Hamburger, die »sich mit ihrer Vaterstadt aufs engste und innigste verbunden fühlten«, tönt das »Fremdenblatt«. Gleichwohl müssen die Verbände ihren alten Namen ablegen und heißen künftig »Heimatvereine«. Dementsprechend wird der bisherige Zentralausschuß in »Ring der Heimatvereine Großhamburgs« umbenannt; ihm gehören 13 Bürger- und zehn Gewerbevereine an.

Arbeitslosigkeit – »Rekord« in Harburg

1. September 1934. Die Reichsanstalt für Arbeitsvermittlung und Arbeitslosenversicherung untersagt den Zuzug von Arbeitern nach Hamburg, Altona, Wandsbek und Harburg-Wilhelmsburg, da dort wegen der hohen Erwerbslosigkeit keine Kräfte gebraucht würden. Besonders kraß zeigt sich der Beschäftigungsnotstand in Harburg-Wilhelmsburg, das am 5. Juli auf Weisung des preußischen Ministerpräsidenten Hermann Göring zur Notstandsgemeinde erklärt wurde. Die Stadt hat prozentual die höchste Arbeitslosigkeit im Deutschen Reich. Bei einer Erhebung im Juni 1934 wurden in Harburg 9249 Arbeitssuchende gezählt, noch fast die Hälfte des Höchststandes vom Juni 1933 mit 18 203 Erwerbslosen. Wegen der oft langen Erwerbslosigkeit können nur 594 Personen die Hauptunterstützung der Erwerbslosenfürsorge in Anspruch nehmen, insgesamt 3286 sind auf die reduzierte Krisenfürsorge, weitere 4215 auf die Leistungen der städtischen Wohlfahrt angewiesen.

Kirchenoberhaupt in nationalem Geist: Landesbischof Franz Tügel

Deutsche Christen stellen den Bischof

5. März 1934. Die Synode der Hamburger Evangelisch-lutherischen Kirche wählt Pastor Franz Tügel von den NS-nahen Deutschen Christen zum Landesbischof. Er folgt seinem am 29. Mai 1933 gewählten Vorgänger Simon Schöffel im Amt des Kirchenoberhaupts.

»Gewohnheitsräuber« Hannack enthauptet

5. März 1934. Rote Plakate verkünden es von allen Litfaßsäulen: »Der Gewohnheitsverbrecher Ernst Paul August Hannack, geboren am 28. 8. 1900 in Harburg, zuletzt in Hamburg wohnhaft, wurde heute morgen durch das Beil hingerichtet. Wegen der Gemeingefährlichkeit des wiederholt schwerbestraften Täters hat der Herr Reichsstatthalter von seinem Begnadigungsrecht keinen Gebrauch gemacht.«

Ausschlaggebend für die Verurteilung des Serientäters am 28. Februar waren jedoch nicht seine 34 nachgewiesenen Einbrüche, sondern eine Schießerei mit der Polizei, die per »Gesetz zur Gewährleistung des Rechtsfriedens« mit dem Tode geahndet werden kann. Mit der Enthauptung Hannacks endet eine Gangsterkarriere, die Hamburg lange in Atem gehalten hatte. Zu den spektakulärsten Taten gehörte der Überfall Hannacks und seines Kumpanen Ernst Külsen auf die Filiale der Westholsteinischen Bank in Bramfeld (27. 6. 1928); dabei erschossen sie den Kassierer, konnten dann fliehen. Sarkastische Pointe des Verbrechens war ein Brief des mehrfach vorbestraften Hannack, in dem er den ermittelnden Staatsanwalt um Verständnis für seine »Karriere« bat.

Am 10. Dezember 1928 wurden Hannack und Külsen in Amsterdam verhaftet. Die Richter verurteilten Hannack am 16. März 1929 wegen Raubs mit Todesfolge zu zwölf Jahren Zuchthaus. Zweieinhalb Jahre saß Hannack in Haft, zuerst in Rendsburg, dann in Bremen-Oslebshausen. Am 5. Dezember 1932 gelang ihm die Flucht.

Über ein dreiviertel Jahr blieb er verborgen. Dann wäre ihm beinahe seine Bekanntschaft mit Julius Adolf Petersen, dem »Lord von Barmbeck« (→ 20. 4. 1922/S. 417), zum Verhängnis geworden. Petersen lockte Hannack am 24. Oktober 1933 in die Nähe der Johanniskirche am Mittelweg.

Hier wartete die Polizei, um den Raubmörder zu verhaften, doch noch einmal gelang ihm die Flucht. Zwei Tage später wurde Hannack, der eigentlich nach Berlin wollte, im Bahnhof Bergedorf von einem Bahnbeamten erkannt und nach einem Feuergefecht von der Polizei festgenommen.

Abgabe von Kleiderspenden als Akt der »Solidarität mit wirklich Bedürftigen« im Rahmen des Winterhilfswerkes

Hohe Erträge bringt der »Tag der nationalen Solidarität« im Dezember, wenn die Prominenz sammelt.

Eintopfsonntag für das Winterhilfswerk

9. Oktober 1934. Zum zweitenmal beginnt das Winterhilfswerk des Deutschen Volkes (WHW). Die Hamburger Organisation hat ihr Büro in den Räumen des Roten Kreuzes bezogen. Herbst und Winter stehen im Zeichen von »Spenden« und Eintopfsonntagen.

Die von der Nationalsozialistischen Volkswohlfahrt (NSV) gelenkte Aktion ersetzt die früher von Städten und Gemeinden organisierte Winterhilfe für Arbeitslose. Das WHW hilft vor allem Bedürftigen aus NSDAP-Kreisen. Einnahmequellen sind die Eintopfsonntage: An jedem ersten Sonntag im Monat darf es in Privathaushalten und mittags auch in Lokalen nur Eintopf geben, dessen Herstellung höchstens 50 Rpf pro Portion kosten darf. Die Differenz zum sonst üblichen Preis kassiert das WHW. Ferner werden Lohn- und Gehaltsempfängern »Spenden« abgezogen und Haus- und Straßensammlungen veranstaltet.

NS-Gegner Max Brauer und Willi Bredel ausgebürgert

3. November 1934. Der Deutsche Reichs- und Preußische Staatsanzeiger veröffentlicht die dritte Liste von ausgebürgerten Personen. Unter den 28 Namen finden sich auch zwei prominente Hamburger: Der kommunistische Arbeiterschriftsteller Willi Bredel und der frühere Altonaer Oberbürgermeister Max Brauer (SPD).

Bredel flüchtete 1933 aus der Lagerhaft nach Prag und veröffentlicht im November 1934 seinen Roman »Die Prüfung«, gewidmet – wie es in einem offenen Brief an Reichspropagandaminister Joseph Goebbels heißt – den »Helden meiner Heimatstadt Hamburg«. Darin schildert er seine Erlebnisse während der 13 Monate Haft im Konzentrationslager Fuhlsbüttel. Bredel wird – aufgrund eines Gesetzes vom 14. Juli 1933 – die deutsche Staatsbürgerschaft aberkannt, weil er durch sein »Verhalten, das gegen die Pflicht zur Treue gegen Reich und Volk verstößt, die deutschen Belange aufs schwerste geschädigt« hat.

Brauer war nach der nationalsozialistischen Machtübernahme mit dem Paß eines Freundes zunächst nach Österreich und dann nach China emigriert, wo er im Auftrag

Emigranten in einer Warteschlange; von den über 500 000 Menschen jüdischen Glaubens, die 1933 in Deutschland lebten – davon ca. 400 000 deutsche Staatsangehörige –, verlassen 129 000 das Reich bis 1937.

Willi Bredel, vom Reichsgericht in Leipzig wegen »literarischen Hoch- und Landesverrats« verurteilt

des Völkerbundes als beratender Verwaltungsbeamter bei der Regierung von Chiang Kai-shek tätig wurde. Er verfaßte dort u. a. ein Gutachten über die Sozialfürsorge Chinas. Nicht zuletzt auf deutschen Druck hin hatte er seine Arbeit nach einem Jahr beenden müssen. Weil er einer Aufforderung zur Rückkehr vom 12. April 1934 nicht gefolgt ist, »rechtfertigt sich seine Ausbürgerung«, so das Ministerium.

Inzwischen lebt Brauer in Frankreich, emigriert mit seiner Frau und seinen beiden Kindern 1936 in die USA und wird US-Bürger.

Die Ausbürgerung ist ein Mittel der Nationalsozialisten zur Diffamierung der emigrierten Oppositionellen. Sie werden als »Volksverräter« aus der »deutschen Volksgemeinschaft« ausgestoßen.

Die erste Liste von Ausgebürgerten wurde am 23. August 1933 veröffentlicht, eine weitere folgte am

29. März 1934. Über jeden Fall entscheidet der Reichsinnenminister im Einvernehmen mit dem Reichsaußenminister nach Anhörung derjenigen Länderregierung, wo der Betroffene seinen letzten deutschen Wohnsitz hatte.

Durch Nebenstrafen kann die Ausbürgerung verschärft werden; hierzu gehören in erster Linie der Verlust des Vermögens und die zusätzliche Ausbürgerung der Familienangehörigen.

»Lohengrin« prägt Hamburger Opernstil

20. Januar 1934. Im Hamburgischen Staatstheater feiert Richard Wagners Oper »Lohengrin« Premiere. Die musikalische Leitung hat Eugen Jochum, Regie führt der Intendant des Hauses, Heinrich K. Strohm, das Bühnenbild schuf Wilhelm Reinking.

Die »Lohengrin«-Inszenierung gilt als Wegweiser für den »Hamburger Opernstil« der 30er Jahre. Er versteht sich selbst – so eine 1940 verfaßte Würdigung – als »gleichberechtigte Zusammenfassung von Ton, Wort und Bewegung«, als Hinwendung zu einer »echten Ensemble-Kunst« unter »Verzicht auf Startum und einseitige Bevorzugung des Gesanglichen«. Dabei bemüht er sich um »dichte Bildhaftigkeit« und plastische Elemente beim Aufbau des Bühnenbildes.

Am 26. September wird die Bühne, das ehemalige Stadt-Theater in der Dammtorstraße, nochmals umbenannt in Hamburgische Staatsoper.

Der Höhepunkt des »magischen Realismus« in den Aufführungen der Hamburgischen Staatsoper, der das Geschehen auf der Bühne in eine faszinierend-bedrohliche Wirklichkeitsnähe rückt: Die Neuinszenierung von »Der Fliegende Holländer« mit Hans Hotter in der Titelrolle (Regie Heinrich K. Strohm, musikalische Leitung Hans Schmidt-Isserstedt, Bühnenbild Wilhelm Reinking, Premiere am 20. März 1937); Bühnenbildner Reinking verläßt die Hamburgische Staatsoper im Jahr 1940 zusammen mit Intendant Strohm. Dessen Nachfolger Alfred Noller engagiert den ehemaligen Brecht-Mitarbeiter Caspar Neher als Bühnenbildner.

Lola Rogge leitet nun die Bewegungschöre

1. April 1934. Die Tänzerin und Choreographin Lola Rogge übernimmt die Leitung der »Hamburger Bewegungschöre Rudolf von Laban« und legt sie mit ihrer im Jahre 1927 gegründeten »Altonaer Labanschule« zusammen.

Die 1908 in Altona geborene Kreativkünstlerin besuchte gegen den Willen ihrer Eltern die Schule des Ausdruckstänzers, Choreographen und Tanzpädagogen Rudolf von Laban in Hamburg.

Lola Rogge schuf die Choreographie zu »Die Rattenfänger von Hameln« (1931) und zu dem von ihrem Lebensgefährten Hans Meyer-Rogge geschriebenen Tanzschauspiel »Thyll«, das 1933 im Stadttheater Altona uraufgeführt worden ist. 1934 erhält sie die staatliche Genehmigung des für Schleswig-Holstein zuständigen Unterrichtsministeriums zur Ausbildung von Gymnastiklehrern und Tänzern.

Sievert ist der »König der Leichtathleten«

7. Juli 1934. Hans-Heinrich Sievert vom Eimsbütteler Turnverein (ETV) stellt in Hamburg mit 8790,46 Punkten einen Weltrekord im Zehnkampf auf.

Hans-Heinrich Sievert, geboren am 1. Dezember 1909 in Liensfeld bei Eutin (Holstein), wird 1931, 1933, 1934 und 1938 Deutscher Zehnkampfmeister und 1934 Europameister der Zehnkämpfer.

Vor 2000 Zuschauern bei den Leichtathletik-Meisterschaften des Gaues Nordmark im Hammer Park verbessert Sievert seinen eigenen, erst im Vorjahr aufgestellten Rekord um 322,54 Punkte, obwohl er am ersten Tag des Wettbewerbs beim Hochsprung stürzt und sich eine Rippenprellung zuzieht. Stark verbessert zeigt sich Sievert im Weitsprung mit 7,48 m (1933: 7,09 m), im Kugelstoßen mit 15,31 m (14,55 m) und über 400 m, die er in 52,5 sec (54,0 sec) läuft. Bei den Olympischen Spielen 1932 hatte er eine Medaille verpaßt.

Sietas holt EM-Gold über 200 m Brust

12. August 1934. Bei den Schwimmeuropameisterschaften in Magdeburg siegt der Hamburger Erwin Sietas über 200 m Brust in 2:49,0 min.

Erwin Sietas, geboren am 24. Juli 1910 im Alten Land und auch dort aufgewachsen, stellt in seiner aktiven Schwimmerkarriere acht deutsche und je einen Europa- und Weltrekord auf.

Sietas startet für den Hamburger Schwimm-Club von 1879. In seiner Spezialdisziplin 200 m Brust wird er von 1932 bis 1934 und 1937 Deutscher Meister und stellt auf dieser Distanz im Jahr 1935 in 2:42,4 min einen Weltrekord auf. Bei den Olympischen Spielen 1928 und 1932 wurde er über 200 m Brust Vierter.

1935

1. 1. Der NSDAP gehören in Hamburg 3,8% der Bevölkerung an. → S. 464

5. 2. Die Mezzosopranistin Sabine Kalter steht zum letztenmal auf der Bühne der Hamburgischen Staatsoper. → S. 465

10. 3. In der neuen Hanseatenhalle besiegt Ex-Weltmeister Max Schmeling den US-Amerikaner Steve Hamas durch technischen K.o. in der neunten Runde. → S. 466

12. 4. Bei den Vertrauensrätewahlen in den großen Betrieben bleibt die Zustimmung für die NS-Liste gering. → S. 464

21. 4. In der Volksschule Meerweinstraße endet die Koedukation. → S. 465

5. 5. Die Elf des Eimsbütteler Turnvereins (ETV) ist das erste »fliegende« deutsche Fußballteam. Eine Ju 52 bringt sie zum Vorrundenspiel um die Deutsche Meisterschaft nach Stettin. Der ETV spielt beim dortigen Sportclub 2:2.

11. 5. Zu einem Eklat führt das Bühnenbild von Lessings »Minna von Barnhelm« am Staatlichen Schauspielhaus. → S. 466

6. 6. Der Kommunist Fritz (»Fiete«) Schulze wird hingerichtet. → S. 464

6. 6. Am Dammtorbahnhof wird der Park »Planten un Blomen« eröffnet. → S. 463

17. 6. Auf dem Heiligengeistfeld wird ein fahrbarer Fernsehsender mit einer Leistung von 10 kW gezeigt. → S. 466

12. 7. Das Reichsluftfahrtministerium stimmt der Erweiterung des Flughafens Fuhlsbüttel zu. → S. 465

9. 8. Harburg wird wieder Garnisonsstadt. Bis 1936 entsteht auf dem Gelände eines früheren Truppenübungsplatzes die heutige Scharnhorst-Kaserne.

15. 9. Im Saal des Conventgartens veranstaltet der Jüdische Kulturbund seine erste Theateraufführung (→ 5. 2. 1935/S. 465).

19. 9. Das Freimaurer-Krankenhaus beim Kleinen Schäferkamp wird in »Elisabeth-Krankenhaus« umgetauft, um es vor der Enteignung zu bewahren.

1. 10. Auf Druck der Reichsregierung tauft die Hamburg-Amerika Linie ihr nach dem jüdischen Reeder und früheren Vorstandsvorsitzenden Albert Ballin benanntes Turbinenschiff in »Hansa« um.

6. 12. Ministerpräsident Hermann Göring stellt seine Hamburger Zuhörer vor die Alternative »Butter oder Kanonen?« → S. 464

GEBOREN:

21. 3. Perleberg: Hubert Fichte († 8. 3. 1986, Hamburg), Schriftsteller.

Das Ausstellungsgelände der »Niederdeutschen Gartenschau« wird als Park »Planten un Blomen« ein beliebter innerstädtischer Erholungsort.

Auf zu Planten un Blomen

6. Juni 1935. Hamburgs Regierender Bürgermeister Carl Vincent Krogmann eröffnet den Park »Planten un Blomen«, der für die »Niederdeutsche Gartenschau« auf dem ehemaligen Zoo- und Friedhofsgelände am Dammtorbahnhof angelegt wurde.

Am 29. Oktober 1934 hatte der Senat beschlossen, das Gelände des ehemaligen Zoologischen Gartens (→ 17. 5. 1863/S. 253), der 1930 wegen der übermächtigen Konkurrenz von Hagenbecks Tierpark schließen mußte, unter Hinzuziehung der angrenzenden Friedhofsflächen (→ 12. 9. 1794/S. 175) für eine Gartenschau und später dann als Park zu nutzen.

Die gestalterische Leitung oblag dem Leiter des Garten- und Friedhofsamtes Hans Meding und dem Gartenarchitekten Karl Plomin. Sie unterteilten das Gelände entlang einer Hauptpromenade zunächst in großzügige geometrische Einheiten. Als Gegengewicht zur angeblich von auswärtigen Einflüssen »überfremdeten« Gartenarchitektur der Weimarer Zeit wurden dann ausschließlich nord- und niederdeutsche Gewächse angepflanzt, darunter 276 000 Sommerblumen und 35 000 Nelken.

Der »Planten un Blomen«-Park gilt als ein Musterbeispiel für die gigantische und um »dauerhafte Größe« bemühte NS-Kulturpolitik sowie für umfangreiche Arbeitsbeschaffungsmaßnahmen.

Der Senat stellte insgesamt 4 Mio.

RM für das Projekt bereit, bis zu 1800 meist erwerbslose Arbeiter wurden dafür herangezogen; sie waren allein damit beschäftigt, die über 150 000 m³ Boden umzugraben und Pflanzen zu setzen.

Als Publikumsmagnet erweisen sich die in Rechtecken angeordneten, mit weißen Mauern abgeteilten Rosengärten, die zum Verweilen und Besinnen einladen.

Luftaufnahme von Planten un Blomen; unten ist noch die Eulenburg zu sehen, ein Relikt des alten Zoologischen Gartens, der 1863 unter der Leitung von Alfred Brehm an dieser Stelle seine Pforten öffnete. Das neue Parkgelände mit seiner gezielt »unexotischen«, um eine möglichst heimatliche Ausstrahlung bemühten Bepflanzung grenzt an die Wallanlagen.

Jeder 26. Bürger ist schon Parteimitglied

1. Januar 1935. Die NSDAP zählt im Land Hamburg 42 170 Männer und 4316 Frauen. 3,8% der Bevölkerung sind Parteimitglied, mehr als im Reichsdurchschnitt.

Der Gau Hamburg ist der neunte von insgesamt 32 Gauen der NSDAP. Seit dem 1. Mai 1933 gilt ein Eintrittsstop für die Hitler-Partei, um den ungebremsten Zulauf von Karrieristen aufzuhalten. Die Hamburger NSDAP ist auch keine Partei der »Alten Kämpfer«, denn über 70% sind nach der »Machtergreifung« der einzig zugelassenen Partei beigetreten.

Weitaus größer ist die Zahl der Mitglieder in den angeschlossenen Verbänden, wie der Deutschen Arbeitsfront, der NS-Gemeinschaft Kraft durch Freude, der NS-Frauenschaft oder der NS-Volkswohlfahrt. Die Hamburger Gauleitung gliedert sich in 16 Gauämter, jedes mit eigenem Büro und oft mit mehreren Nebenstellen. Zahllose Amtsträger werden hier gebraucht, vom mächtigen Gauleiter bis hinunter zum einfachen Blockwart.

Schulze: »Aber siegen werden wir doch!«

6. Juni 1935. In Hamburg wird der Kommunistenführer Fritz »Fiete« Schulze hingerichtet. Mit ihm verliert die KPD einen ihrer bekanntesten Repräsentanten. Der Mitorganisator des »Hamburger Aufstands« (→ 23. 10. 1923/S. 420) war nach dessen blutiger Niederschlagung zuerst nach Chile und dann in die Sowjetunion emigriert.

Im Sommer 1932 kehrte Schulze nach Hamburg zurück und arbeitete an der Parteispitze und im illegalen Roten Frontkämpferbund des Gaues Wasserkante. Am 16. März 1933 wurde er von der Polizei in Gewahrsam genommen. Schulze hatte während der Haft unter Mißhandlungen und Folter zu leiden. Die Richter des Hanseatischen Oberlandesgerichts warfen dem KPD-Funktionär Hochverrat und Mord in drei Fällen vor: Sie gaben ihm die Hauptschuld an den Anschlägen gegen die Nationalsozialisten, denen im Vorfeld der »Machtergreifung« zwei Passanten und ein Hitlerjunge zum Opfer gefallen waren. Nach dem Urteil verteilten

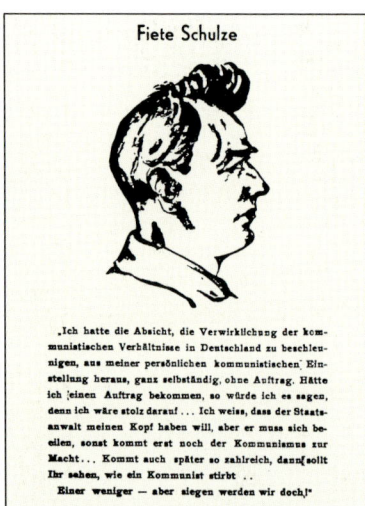

Fiete Schulze

„Ich hatte die Absicht, die Verwirklichung der kommunistischen Verhältnisse in Deutschland zu beschleunigen, aus meiner persönlichen kommunistischen Einstellung heraus, ganz selbständig, ohne Auftrag. Hätte ich einen Auftrag bekommen, so würde ich es sagen, denn ich wäre stolz darauf ... Ich weiß, dass der Staatsanwalt meinen Kopf haben will, aber er muß sich beeilen, sonst kommt erst noch der Kommunismus zur Macht ... Kommt auch später so zahlreich, dann sollt Ihr sehen, wie ein Kommunist stirbt ...

Einer weniger – aber siegen werden wir doch!"

Kommunistisches Flugblatt mit Schulzes Erklärung vor Gericht

KPD-Genossen Flugblätter mit einer Erklärung Schulzes vor Gericht: »Ich weiß, daß der Staatsanwalt meinen Kopf haben will, aber er muß sich beeilen, sonst kommt erst noch der Kommunismus an die Macht ... Einer weniger – aber siegen werden wir doch!«

Seit 1933 ist auch der KPD-Funktionär Etkar André in Haft. Er wird am 4. November 1936 trotz internationaler Proteste hingerichtet.

Butter oder Waffen – das ist hier die Frage

6. Dezember 1935. In Hamburg hält der preußische Ministerpräsident und Reichsluftfahrtminister Hermann Göring eine vielbeachtete Rede, in der er die Aufrüstung und die Lebensmittelknappheit unmittelbar miteinander verknüpft. Seiner Meinung nach sind zur Verteidigung der deutschen Ehre Waffen wichtiger als eine ausreichende Lebensmittelversorgung.

Göring führt aus: »Entweder kaufen wir Butter und verzichten auf die Freiheit, oder aber wir erstreben die Freiheit und verzichten dann auf die Butter.«

Was für Göring, wie seine Leibesfülle zeigt, kein Problem ist, macht dem Normalbürger Sorgen: Die »Fettlücke«. Die Kaufkraft der meisten »Volksgenossen« läßt hohen Butterkonsum ohnehin nicht zu: Ein Pfund Butter kostet im Schnitt 1,50 RM, dies entspricht zwei Bruttostundenlöhnen eines Facharbeiters. Ähnlich teuer sind Eier, Kaffee oder Speck. Anstelle von Fleisch soll Fisch und statt Fett mehr Marmelade verzehrt werden.

Zustimmung für DAF-Vertrauensleute bleibt mäßig

12. April 1935. Wie überall im Reich finden auch in Hamburg die Wahlen der Vertrauensleute in Betrieben mit mehr als 20 Mitarbeitern statt. Die Vertrauensräte werden aus Unternehmern und Arbeitnehmern gebildet und ersetzen die Betriebsräte, ohne allerdings deren Mitbestimmungsrechte zu haben.

Die Unternehmer stellen die Kandidaten in Absprache mit der Deutschen Arbeitsfront (DAF) und den »Treuhändern der Arbeit« auf. Sie werden für einzelne Wirtschaftsregionen ernannt und sind staatliche Kontrollorgane. Die DAF-»Wunschkandidaten« konnten allerdings in der Vergangenheit kaum Stimmenmehrheiten auf sich vereinigen. Auch verstärkte Propaganda konnte daran nichts ändern. Deshalb werden die Abstimmungsergebnisse in manchen Betrieben erheblich manipuliert. Bei der Firma Heidenreich & Harbeck z. B. erreichen mehrere ehemalige SPD-Mitglieder die nötige Stimmenzahl für den Vertrauensrat, doch gibt die DAF den Zustimmungsgrad für ihre Einheitsliste mit 98% an.

Nach offiziellen Angaben haben die Ja-Stimmen für die Einheitsliste reichsweit einen Anteil von 84,5%. In Hamburg bleibt die Zustimmung jedoch gering: So sollen bei der Deutschen Werft, bei den Kaibetrieben der Hapag und bei der Commerzbank jeweils 70,0% für die Einheitsliste gestimmt haben. Noch niedriger ist die Resonanz bei der Deutschen Bank mit angeblich 63,4% und bei der Hamburg-Süd mit 64,4%.

Das »magere« Ergebnis verwundert nicht angesichts der Tatsache, daß auch das dritte Jahr der nationalsozialistischen Herrschaft den wirtschaftlichen Aufschwung noch nicht gebracht hat. Zwar geht es nach den Elendsjahren 1931 bis 1933 mittlerweile wieder bergauf, und die Arbeitslosigkeit sinkt, doch liegt beispielsweise der durchschnittliche Stundenlohn eines Industriearbeiters mit 0,87 RM noch immer um mehr als 20 Rpf unter dem Stand von 1929.

Geringes Interesse in den hinteren Reihen beim Betriebsappell der Deutschen Arbeitsfront in einem Kaischuppen

Vorerst nur die Schippe geschultert: Aufmarsch von Angehörigen des Reichsarbeitsdienstes in der Innenstadt.

Flughafen »verschluckt« Groß-Borstel

12. Juli 1935. Der Flughafen Fuhlsbüttel soll modernisiert und erweitert werden. Dies sieht ein Beschluß des Reichsluftfahrtministeriums in Berlin vor.

Wegen des seit 1934 wieder gestiegenen Flugzeugaufkommens hatte die Flughafen-Verwaltung GmbH, deren Entscheidungen maßgeblich von der Stadt Hamburg beeinflußt werden, eine Erweiterung des Geländes beantragt. Die Entscheidung des Reichsluftfahrtministeriums bedeutet einen Ausbau des Rollfeldes in Richtung Südwesten und damit – nach der Einverleibung des Geländes der alten Borsteler Rennbahn – auch den Abriß der Wohnsiedlung Groß-Borstel. Insgesamt wächst das Flughafengelände um 95,9 auf 222,9 ha an.

Um die Forderung des Ministeriums nach Überholung der teilweise unebenen und lückenhaften Grasnarbe des Rollfeldes zu erfüllen, werden Teile dieser Piste im Norden und Westen planiert.

Die Pflege der Grasnarbe übernehmen in Fuhlsbüttel Schafe, die allerdings bei stärkerem Flugver-

Postverladung in ein Flugzeug der Lufthansa vom Typ Heinkel He 111 in Fuhlsbüttel; Mitte der 30er Jahre werden von hier aus 22 Flugstrecken bedient.

kehr von den Start- und Landepisten ferngehalten werden. Zur Versorgung der Tiere wird regelmäßig im Sommer Heu geerntet und in einer Lagerhalle auf dem Gelände gesammelt. Im Nordteil des Flughafens wird eine neue, erheblich größere Schafhalle gebaut.

Die Zeit ist vorbei für Schulversuche

21. April 1935. Mit Beginn des Schuljahres 1935/36 wird in der Volksschule Meerweinstraße in der Jarrestadt der Jungen- und Mädchenunterricht getrennt. Die Lehranstalt erhält nach dem am 6. März verstorbenen NS-Gauleiter der »Bayerischen Ostmark«, Hans Schemm, ihren neuen Namen.

Die Koedukation an der 1930 mit 30 Klassen gegründeten Volksschule war der NSDAP seit geraumer Zeit ein Dorn im Auge. Nach Inkrafttreten des Berufsverbote-Gesetzes am 7. April 1933 wurden, mit über 600 weiteren Lehrern in Hamburg, viele Pädagogen an der Meerweinschule entlassen.

In dem Maße, wie die Reste der Reformpädagogik beseitigt werden, wächst der Einfluß der Nationalsozialisten auf die Schule. Zum 1. Mai läßt Reichsstatthalter Karl Kaufmann durch die Oberschulbehörde die Zugehörigkeit der Schüler zur Hitler-Jugend ermitteln. An der Spitze der Volksschulen steht Moorburg, wo 94 der 103 Schüler, also 91,26%, der HJ angehören.

Jüdische Künstler ohne Chance an deutschen Bühnen

5. Februar 1935. Die Sängerin Sabine Kalter steht als »Lady Macbeth« zum letztenmal auf der Bühne der Staatsoper. Mit lautstarken Ovationen wird sie vom Publikum gefeiert – dagegen verstummen sogar die Anti-Parolen eines eigens mobilisierten SA-Trupps. Die bei den Nationalsozialisten wegen ihres jüdischen Glaubens in Ungnade gefallene Künstlerin emigriert am darauffolgenden Tag nach London. Die Mezzosopranistin feierte gerade in Bühnenwerken des von den Nationalsozialisten verehrten Richard Wagner ihre größten Erfolge, so z.B. als Fricka in der »Walküre«. Auf Dauer konnte die Partei eine solche Provokation nicht dulden. Sie drängte Intendant Heinrich K. Strohm und Verwaltungsdirektor Albert Ruch, den noch bis August gültigen Vertrag mit der Kalter vorzeitig zu lösen.

Weil jüdischen Künstlern Auftritte an deutschen Bühnen mehr und mehr verwehrt werden, hat die Jüdische Gemeinde Hamburgs 1934 einen eigenen Kulturbund gegründet. Vorbild ist Berlin, wo der Bund

am 1. Oktober 1933 erstmals Theateraufführungen organisierte. Nur bei diesen Veranstaltungen dürfen die Künstler, die nicht emigrieren können oder wollen, noch auftreten – allerdings ausschließlich vor jüdischem Publikum.

Am 15. September beginnt der Kulturbund im Saal des Conventgartens mit Richard Beer-Hofmanns »Jaákovs Traum« die Reihe seiner Vorstellungen. »Mehr darf man von einem Theaterabend nicht verlangen«, schreibt das deutsch-israelitische Gemeindeblatt darüber. Im Januar 1938 zieht das Kulturbund-Ensemble in das jüdische Gemeindehaus in die Hartungstraße

im Grindelviertel um, wo noch bis Oktober des Jahres Aufführungen zu sehen sind.

Die gefeierte Mezzosopranistin Sabine Kalter in ihrer Garderobe im Stadt-Theater: Die Künstlerin findet 1935 zunächst in London eine neue Heimat.

Sabine Kalter als eindrucksvolle Fricka im Bühnenfestspiel »Walküre«

Fernsehfunk auf dem Heiligengeistfeld

17. Juni 1935. Anläßlich der Jahrestagung des Verbandes deutscher Elektrotechniker wird auf dem Heiligengeistfeld ein fahrbarer Fernsehsender mit einer Leistung von 10 kW vorgeführt.

Knapp drei Monate zuvor, am 22. März, wurde in Berlin der erste reguläre vollelektronische Fernsehbetrieb der Welt eröffnet. Für weitere Versuche hat die Reichspost von den Firmen Telefunken, AEG und Daimler-Benz einen fahrbaren Sender bauen lassen. Zum Transport der gesamten Anlage werden zwölf Fahrzeuge von je 4,6 t Tragfähigkeit benötigt. Sie befördern Ton- und Bildsender, Verstärker, Filmabtastgeräte und eine Werkstatt. Die Dipolantenne ist an zwei ca. 20 m hohen Holzmasten auf dem Gelände installiert.

Von diesem Sender aus werden Szenen aus Tonfilmen ausgestrahlt. Zuschauer können das Programm in der Musikhalle, in Postämtern und anderen provisorischen Vorführstellen sehen.

Besonderes Aufsehen erregt der drahtlose Empfang auf dem im Hafen liegenden Motorschiff »Caribia« (12 049 BRT) der Hamburg-Amerika Linie, das erste Schiff der Welt mit einem Fernseher.

Es bedarf aber Geduld und scharfer Augen, um das Programm zu verfolgen. Verwendet wird eine 180-Zeilen-Bildtechnik, die – gemessen an der späteren 625-Zeilen-Norm – ein höchst mangelhaftes, flimmerndes Bild hergibt.

Auch ein Fernsehtelefon wird gezeigt. Ab Ende 1938 können die Hamburger dieses Medium in den durch Kabel miteinander verbundenen Sprechstellen am Jungfernstieg und in der Altonaer Poststraße (heute Goethestraße) testen.

Übertragungswagen des Reichsrundfunks, der aktuelle Ereignisse für die montags, mittwochs und samstags zwischen 20.30 und 22 Uhr ausgestrahlte Fernsehsendung »Spiegel des Tages« einfängt; das neue Medium wird zunächst Reichsluftfahrtminister Hermann Göring unterstellt, nach Protesten erhalten jedoch auch das Reichspostministerium und Propagandaminister Joseph Goebbels Einfluß auf das vielversprechende Massenkommunikationsmittel.

Lessing-Inszenierung führt zu einem Eklat

11. Mai 1935. Jürgen Fehling inszeniert am Hamburger Staatlichen Schauspielhaus Gotthold Ephraim Lessings »Minna von Barnhelm«. Die Ausstattung kostet Bühnenbildner Cesar Klein seine Professur an der Berliner Kunsthochschule, weil er die übergroße Skulptur eines Schwarzen als Säule auf der Bühne placierte.

Dennoch gelangt die Inszenierung der »Minna« insgesamt 49mal zur Aufführung und gehört zu den beliebtesten Stücken des Theaters.

Das Staatliche Schauspielhaus (bis Herbst 1933 Deutsches Schauspielhaus) sieht sich ebenso wie die anderen deutschen Bühnen im Zwiespalt zwischen der künstlerischen Freiheit und den Verpflichtungen gegenüber der Kulturverwaltung in Gestalt des Reichsdramaturgen. So mußten an der seit 1932 von Karl Wüstenhagen geführten Bühne schon 1933 die jüdischen Schauspieler und Regisseure entlassen werden. Man setzt verstärkt auf Klassiker, ergänzt durch einige Volksstücke, weil sich die von der Reichstheaterkammer stark geförderten zeitgenössischen Autoren als kaum spielbar und wenig publikumswirksam erweisen.

Schmeling-Sieg weiht Hanseatenhalle gebührend ein

10. März 1935. Mit einem Ausscheidungskampf um die Box-Weltmeisterschaft im Schwergewicht weihen der deutsche Ex-Weltmeister Max Schmeling und der US-Amerikaner Steve Hamas die neue Hanseatenhalle ein. Schmeling gewinnt das Duell durch technischen k.o. in der neunten Runde.

25 000 Zuschauer verfolgen den zunächst ausgeglichenen Fight: In der dritten Runde landet Schmeling erstmals eine Serie von Treffern, die den Amerikaner in die Defensive drängen. Der bereits stark angeschlagene Hamas boxt sich noch bis zur neunten Runde durch. Dann bricht der Ringrichter den ungleichen Kampf ab, da der US-Boxer, ein Student, stark aus Nase und Mund blutet.

Mit diesem Sieg revanchiert sich Schmeling für die im Februar des Vorjahres in Philadelphia erlittene Punktniederlage gegen Hamas. Er bestätigt auch seine Leistung vom

26. August 1934, als er in der Dirt-Track-Bahn in Lokstedt den »blonden Tiger« – Aufsteiger Walter Neusel – vorzeitig besiegte und bekräftigt zugleich seinen Anspruch, den Box-Thron zurückzuerobern. Nicht weniger beeindruckt als von Schmelings Leistung sind die Hamburger auch von der Hanseatenhal-

le in Rothenburgsort, die von dem rührigen Veranstalter und Schlagerdichter Walter (»Wero«) Rothenburg konzipiert und in der Rekordzeit von weniger als sechs Wochen hochgezogen wurde.

Der überglückliche Max Schmeling nach seinem überzeugenden Kampf

Die Hanseatenhalle im Hamburger Stadtteil Rothenburgsort; in kurzer Zeit aus dem Boden gestampft, ist sie die größte Halle des europäischen Kontinents.

1936

15. 3. Das 76er-Ehrenmal am Dammtor wird eingeweiht. → S. 467

25. 3. Das Karstadt-Verwaltungsgebäude in der Steinstraße wird als Landesfinanzamt neueröffnet.

29. 3. Die Reichstagswahlen ergeben in Hamburg eine unterdurchschnittliche Zustimmung für die NSDAP. → S. 468

1. 4. Der Mediziner Hans Bürger-Prinz wird von Leipzig auf den Ordentlichen Lehrstuhl für Psychiatrie und Nervenheilkunde der Universität Hamburg berufen. Er bleibt bis zu seiner Emeritierung am 31. März 1966 im Amt.

28. 4. Die deutsche Werft erhält den Bauauftrag für ein Walfangschiff. → S. 468

13. 6. In Gegenwart von Adolf Hitler läuft bei Blohm & Voss das Segelschulschiff »Horst Wessel« vom Stapel.

30. 6. In Hamburg werden sechs Sozialdemokraten wegen »Vorbereitung zum Hochverrat« zu insgesamt 15 Jahren und neun Monaten Zuchthaus verurteilt.

25. 7. Die Reichsautobahn Bremen–Harburg wird für den Verkehr freigegeben. → S. 468

30. 7. Anstelle von Carl Vincent Krogmann wird Reichsstatthalter Karl Kaufmann mit der Führung der Hamburger Landesregierung beauftragt. Krogmann bleibt Leiter der kommunalen Verwaltung.

3. 8. Bei den Olympischen Spielen in Berlin holt der Hamburger Hammerwerfer Karl Hein eine Goldmedaille. → S. 467

1. 9. Die von Richard Ohnsorg begründete Niederdeutsche Bühne wird ein Berufstheater. → S. 468

27. 10. Bei heftigem Sturm kentert das Feuerschiff »Elbe I«, alle 15 Mann Besatzung kommen ums Leben.

4. 11. Trotz internationaler Proteste wird der ehemalige Vorsitzende des Roten Frontkämpferbundes in Hamburg, Etkar André, wegen angeblichen Mordes an einem Nationalsozialisten hingerichtet.

9. 11. Auf dem Ohlsdorfer Friedhof wird eine »Ehrengruft« für die Gefallenen der nationalsozialistischen Bewegung in Hamburg eingeweiht.

17. 11. Vier Funktionäre der früheren Sozialistischen Arbeiterjugend aus Winterhude werden zu insgesamt neun Jahren Zuchthaus verurteilt.

GEBOREN:

5. 11. Hamburg: Uwe Seeler, Fußballspieler.

15. 11. Hamburg: Wolf Biermann, Lyriker und Kabarettist.

Erfolge für Hamburger Sportler in Berlin

3. August 1936. Bei den ersten auf deutschem Boden ausgetragenen Olympischen Sommerspielen in der Reichshauptstadt Berlin (1.–16. 8.) holt der Hamburger Hammerwerfer Karl Hein mit seinem Wurf über 56,49 m eine Goldmedaille. Wie er tragen noch einige andere Sportlerinnen und Sportler aus der Hansestadt zum Erfolg der deutschen Mannschaft bei, die mit insgesamt 33 Gold-, 26 Silber- und 30 Bronzemedaillen erstmals Platz eins in der inoffiziellen Nationenwertung belegt.

Die Turner Walter Steffens und Paula Pöhlsen kehren ebenfalls mit Olympiagold in die Elbmetropole zurück – sie gewinnen mit der Mannschaft den Mehrkampf.

Der Boxer Richard Vogt erkämpft sich im Halbschwergewicht eine Silbermedaille. In seiner Paradedisziplin 200 m Brust schlägt Weltrekordler Erwin Sietas vom Hamburger Schwimm-Club als Zweiter an und gewinnt damit die Silbermedaille (→ 12. 8. 1935/S. 463).

Mit Edelmetall aus Bronze wird Paula Mollenhauer für ihre 39,80 m im Diskuswurf belohnt: Die für den Eimsbütteler Turnverband startende Leichtathletin begann ihre Karriere im Hoch- und Weitsprung

Walter Steffens beim Abgang vom Reck; Steffens gewinnt die Olympia-Ausscheidungswettkämpfe der deutschen Turner in Hamburg, bei den Spielen selbst bleibt ihm eine Einzelmedaille versagt. Mit der Mannschaft kann er aber im Mehrkampf Gold holen.

beim FC Victoria, wechselte dann zum Diskus und wurde in den Jahren 1929 und 1931 deutsche Meisterin in dieser Disziplin.

Erich Koschik (Polizei Hamburg) gewinnt ebenfalls eine olympische Bronzemedaille – er belegt Platz drei im Finale der Einer-Kanadier über 1000 m.

In Berlin wie auch bei den vorausgegangenen Winterspielen in Garmisch-Partenkirchen (6.–16. 2.) spielt das nationalsozialistische Deutschland den perfekten Gastgeber: Um den rund 150 000 Gästen aus aller Welt ein möglichst positives Bild des »neuen Deutschland« zu vermitteln, werden die antisemitischen Hetzparolen für die Dauer der Spiele entfernt, namhafte Oppositionelle »vorsorglich« in Haft genommen.

76er-Denkmal: »Im Innern Augen rechts«

15. März 1936. »Deutschland muß leben, und wenn wir sterben müssen.« Diese Worte von »Arbeiterdichter« Heinrich Lersch zieren das Ehrenmal des Hanseatischen Infanterieregiments Nr. 76, das mit großem Propagandaaufwand am Dammtor eingeweiht wird.

Vor den Ehrengästen, Senator Georg Ahrens als Vertreter des Senats, und zahlreichen Offizieren des alten und neuen Heeres, darunter General Wilhelm Knochenhauer, defilieren die ehemaligen 76er, eine Ehrenkompanie der SS-Verfügungstruppe sowie Abordnungen der Organisationen von NSDAP und Reichswehr. Die Bedeutung des Denkmals, auf dem uniformierte Soldaten in Viererreihen um einen grauen Klotz aus Kalkstein herummarschieren, erläutert General Knochenhauer: »Wir werden den jungen Hamburger Soldaten dahin bilden und formen, daß er mit weit geöffnetem

Herzen und im Innern mit ›Augen rechts‹ an diesem wundervollen Denkmal des stolzen Regiments vorüberschreitet, um aus den unvergeßlichen Heldentaten der 76er und aus dem großen Heldentum deren Gefallener Kraft und Stärke für das eigene Tun zu erringen.«

Der Bund der 76er-Vereine hatte schon 1925 ein Ehrenmal für das Regiment gefordert, dies aber erst nach 1933 durchsetzen können.

Der Bildhauer Richard Kuöhl in seinem Atelier: Hier entsteht der Denkmalsklotz zur steten Erinnerung an die Kriegstaten des Regiments Nr. 76.

Ohnsorg-Mimen wechseln ins Profi-Lager

1. September 1936. Heidi Kabel, Rudolf Beiswanger, Hans Mahler und die anderen Akteure der von Richard Ohnsorg gegründeten Niederdeutschen Bühne (→ 12. 10. 1902/S. 351) werden Berufsschauspieler. Zeitgleich zieht das Ensemble in das Kleine Lustspielhaus an den Großen Bleichen.

Der Wechsel vom Laien- zum Profitheater wird durch die finanzielle Förderung durch den Senat und die große Resonanz auf mundartliche Volksstücke möglich.

So wurden die Ohnsorg-Mimen bei einem Gastspiel in Berlin im Frühjahr 1936 selbst in Häusern, die sonst dem hochdeutschen Sprechtheater vorbehalten sind, von Publikum und Kritik bejubelt. Viele der ehemaligen Laienschauspieler haben inzwischen ein Niveau erreicht, das dem der Berufsschauspieler in nichts nachsteht.

Das Kleine Lustspielhaus mit seinen 364 Plätzen und der niedrigen Bühne ohne Schnürboden stellt besondere Anforderungen an Bühnenbildner Hans Albert Dithmer. Aber er ist seinen Aufgaben gewachsen, wie das gelungene Bühnenbild zum Eröffnungsstück des Hauses, der im Jahr 1921 entstandenen Alltagskomödie »Stratenmusik« von Paul Schurek, zeigt.

Eine Szene aus dem niederdeutschen Stück »De Fährkrog« von Hermann Boßdorf, das vom Ohnsorg-Theater im Jahr 1943 aufgeführt wird

Waltran muß die »Fettlücke« schließen

28. April 1936. Fast 80 Jahre nach der Ausfahrt des letzten Hamburger Walfängers (1858) erfährt die jahrhundertealte Tradition in Hamburg eine Wiederbelebung: Bei der Deutschen Werft wird ein Walfangmutterschiff mit sieben Fangbooten in Auftrag gegeben.

Anders als in früheren Jahrhunderten (→21.4.1643/S.120) diktieren nicht private Interessen, sondern staatliche Erwägungen den Weg zum Wal: Die nationale »Fettlücke« soll geschlossen werden. Ziel ist zunächst die Gewinnung von rund 100 000 t Walöl, rund ein Viertel des deutschen Jahresbedarfs.

1934 wurde die Erste Deutsche Walfang-Gesellschaft (EDWG) gegründet, die die Firma Henkel & Cie. 1935 übernahm. Sie kauft den in Hamburg aufliegenden Hapag-Dampfer »Württemberg« und läßt ihn bei Blohm & Voss zur Transfabrik herrichten.

Im Auftrag der Neußer Oelwerke kommen 1937 zwei werftneue Walfangmutterschiffe hinzu, die »Walter Rau« und die »Unitas«. Bis 1939 wächst die deutsche Walfangflotte auf sieben Mutterschiffe und 56 Fangboote an. Sie ist damit bereits die drittgrößte der Welt.

Ein Buckelwal wird abgespeckt. Lebensmitteleinfuhren nehmen zugunsten von Rohstoffimporten für die Rüstung ab; Fett soll »autark« gewonnen werden.

Autobahnteilstücke erreichen Hamburg

25. Juli 1936. Das Reichsautobahnteilstück Bremen – Harburg ist fertig. Damit erreicht das ehrgeizige Bauprojekt, zu dem Reichskanzler Adolf Hitler am 23. September 1933 den ersten Spatenstich machte, auch den Hamburger Raum.

In rascher Folge werden neue Teilstrecken, fast immer begleitet von propagandistischen Reden, eingeweiht: Am 13. Mai 1937 die Verbindung Hamburg – Lübeck sowie die Straßenbrücke über die Süderelbe, am 4. Dezember 1938 der Abschnitt Hamburg – Harburg bis Maschen.

Mit dem Bau der neuen Verkehrswege verfolgen die Nationalsozialisten drei vorrangige Ziele: Zum einen schafft er Arbeitsplätze und trägt damit zur Senkung der Erwerbslosenzahlen bei, zum anderen bahnt er der Massenmotorisierung den Weg und ermöglicht schließlich zügige Truppenbewegungen im Kriegsfall.

Das Streckennetz, zu dessen Planung bereits in der Weimarer Republik Initiativen ergriffen wurden, gewinnt an Dichte: Am 19. Mai 1935 eröffnete Hitler das erste Teilstück zwischen Frankfurt am Main und Darmstadt, bis Ende 1938 sind insgesamt schon 3062 km der Reichsautobahn fertiggestellt.

Schlechter Schnitt bei den Arbeitern

29. März 1936. Bei den Reichstagswahlen geben im Wahlkreis Hamburg 95,9% aller Wahlberechtigten der »Liste des Führers« ihre Stimme. Im Reichsdurchschnitt stimmen 98,9% für die NSDAP.

Wie schon 1934 (→ 17. 8. 1934/S. 460) bleibt das Ergebnis in Hamburg unter dem Durchschnitt, obwohl Reichskanzler Adolf Hitler noch am 20. März in der Hanseatenhalle um Stimmen geworben hat.

Das schlechte Resultat in den Arbeiterstadtteilen, so z. B. im Wahllokal Ortrudstraße in Barmbek, wo 26,7% der Wahlberechtigten mit Nein stimmen, veranlaßt die Sozialverwaltung zu einer Untersuchung. Sie zeigt, daß weniger die noch bestehende Arbeitslosigkeit als vielmehr ein traditionell festgefügtes proletarisches Sozialmilieu für die Abneigung gegenüber der NSDAP verantwortlich ist.

1937

25. 1. Das Generalkommando für das X. Armeekorps bezieht den Neubau in der General-Knochenhauer-Straße (heute Sophienterrasse). → S. 470

6. 2. Auf der Werft Blohm & Voss läuft der erste schwere Kreuzer der deutschen Kriegsmarine vom Stapel. → S. 470

1. 4. Das Groß-Hamburg-Gesetz tritt in Kraft. → S. 469

1. 4. Die seit 1904 bestehende Detaillistenkammer geht in der Hamburger Industrie- und Handelskammer auf. Seit dem 1. Januar 1934 ist die frühere Handelskammer alleinige Interessenvertreterin von Hamburgs Industrie.

1. 5. Die Hamburger Verkehrsmittel-Werbung wird gegründet.

10. 5. Das Sommerbad neben der Schwimmanlage in der Kellinghusenstraße eröffnet.

10. 6. Reichsstatthalter Karl Kaufmann gibt ambitionierte NS-Baupläne für Hamburg bekannt. → S. 471

30. 6. Die Beschlagnahmeaktion moderner Malerei und Plastik für die Ausstellung »Entartete Kunst« beginnt. → S. 471

29. 8. In Rönneburg treffen sich zum letztenmal die Hamburger Mitglieder der Glaubensgemeinschaft Zeugen Jehovas. Am 20. Juni hatten sie in einem massenhaft verteilten Flugblatt auf ihre Verfolgung aufmerksam gemacht und ihre Leiden mit der spanischen Inquisition verglichen.

18.–26. 9. In Hamburg finden Verdunkelungsübungen statt, nachdem am 11. September eine Luftschutz-Sirenenprobe durchgeführt worden war.

18. 10. Die Hamburger Hochbahn-Aktiengesellschaft übernimmt die Verkehrs-AG Altona.

15. 11. Der Prozeß gegen den Reeder Arnold Bernstein beginnt. → S. 471

21. 11. In Altona besiegt die deutsche Fußball-Nationalelf vor 50 000 Besuchern das Team Schwedens 5:0.

9. 12. Das Reichskabinett verabschiedet ein Gesetz über die Verfassung und Verwaltung Hamburgs. Senat und Staatsrat werden aufgehoben.

1937. Die Elefanten-Freianlage im Tierpark Carl Hagenbeck wird eröffnet. → S. 471

GEBOREN:

14. 6. Breslau: Hans-Ulrich Klose, Politiker (SPD), Erster Bürgermeister 1974–1981.

GESTORBEN:

19. 2. Hamburg: Hermann Kümmell (* 22. 5. 1852, Corbach), Chirurg.

Hansestadt per Gesetz fast verdoppelt

1. April 1937. Mit dem Inkrafttreten des »Groß-Hamburg-Gesetzes« vom 26. Januar wächst Hamburg um die bisher preußischen Orte Altona, Harburg-Wilhelmsburg, Wandsbek sowie 27 Gemeinden der Kreise Stormarn, Pinneberg, Harburg und Stade. Die Stadt Cuxhaven mit der Insel Neuwerk und das Amt Ritzebüttel fallen an die Provinz Hannover; Geesthacht, Großhansdorf und Schmalenbek gehen an die preußische Provinz Schleswig-Holstein über.

Das Gebiet des Staates Hamburg verdoppelt sich fast von 41 500 ha auf 74 700 ha, die Bevölkerung steigt um 41% von 1 192 862 auf 1 681 187 Menschen an. Bis zum 1. April 1938 ist die staatsrechtliche Überleitung der zuvor selbständigen Gebietsteile in ein Groß-Hamburg abgeschlossen. Durch eine Bekanntmachung vom 26. Oktober 1938 wird die Neueinteilung der Hansestadt Hamburg vollzogen, die auch für den Gau Hamburg der NSDAP gilt.

Ein Festakt im Hamburger Rathaus und eine abendliche Kundgebung von 30 000 Parteimitgliedern, die mit Fackeln auf dem Adolf-Hitler-Platz vor dem Rathaus antreten, bildeten am 31. März den Höhepunkt der Groß-Hamburg-Feiern.

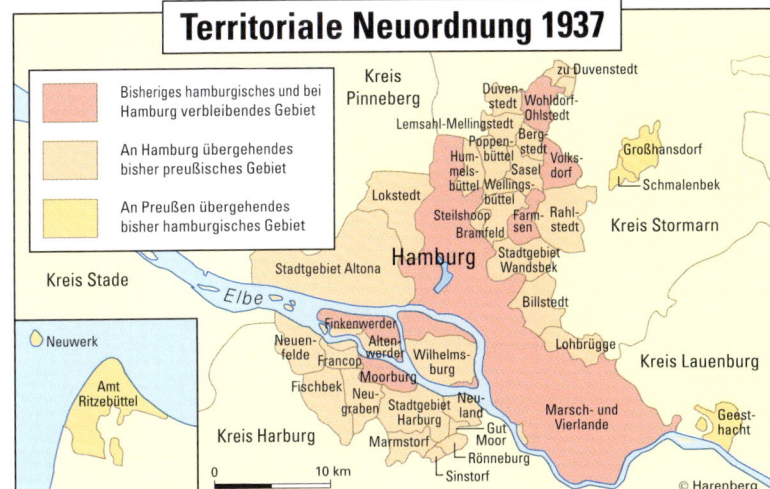

Territoriale Neuordnung 1937

Bisheriges hamburgisches und bei Hamburg verbleibendes Gebiet

An Hamburg übergehendes bisher preußisches Gebiet

An Preußen übergehendes bisher hamburgisches Gebiet

© Harenberg

Dabei begründete Reichsinnenminister Wilhelm Frick die Maßnahme mit der notwendigen Vergrößerung des Hafen- und Siedlungsgebietes. Zugleich erlaubt ein einheitlicher Verwaltungsbezirk Hermann Göring, dem Beauftragten für den Vierjahresplan, eine bessere Durchsetzung seiner Wirtschaftspläne. In Groß-Hamburg ist u. a. ein Drittel der Fischindustrie, ein Viertel der deutschen Werften und ein Fünftel der Mineralölindustrien zu Hause.

Die Schaffung von Groß-Hamburg stößt nicht in allen bisher selbständigen Kommunen auf Begeisterung. Während Altona und Wandsbek schon vorher wirtschaftlich und verkehrsmäßig ganz auf Hamburg orientiert waren, sind die Meinungen in Harburg-Wilhelmsburg geteilt: Zwar arbeiten viele Wilhelmsburger ohnehin in Hamburg, aber die Industriestadt Harburg ist auf ihr preußisches Hinterland ausgerichtet. Hier gibt es Widerstände gegen die Vereinnahmung. Öffentlich diskutiert wird aber nicht: »Heil Dir, Groß-Hamburg« titeln die »Harburger Anzeigen und Nachrichten« am 31. März.

Von NS-Zentralismus begünstigt: Vier Städte verschmelzen zu einer

Chronik Rückblick

Ein Federstrich hat genügt, um die jahrhundertelangen Streitigkeiten um die Grenzen des hamburgischen Staatsgebietes zu beenden, die im 20. Jahrhundert vor allem von wirtschaftlichen Erwägungen geprägt waren:

▷ **1910:** Altonas Oberbürgermeister Bernhard Schnackenburg beklagt in einer Denkschrift die wirtschaftliche Benachteiligung Altonas gegenüber Hamburg (→ 10. 3. 1911/S. 375).

▷ **7. 12. 1915:** Der Hamburger Senat leitet der Reichsregierung eine umfangreiche »Denkschrift über die Notwendigkeit einer Erweiterung des hamburgischen Staatsgebietes« zu.

▷ **22. 9. 1921:** Der Senat richtet eine Denkschrift über die zukünftige Gliederung eines Groß-Hamburg an das Reichsinnenministerium.

▷ **27./28. 7. 1922:** In Berlin beginnen Gespräche zwischen Hamburg und Preußen über die Groß-Hamburg-Frage. Die Vertreter der Hansestadt verzichten auf die Forderung nach Anschluß von Altona, Wandsbek und Harburg.

▷ **3. 7. 1926:** Hamburgs Erster Bürgermeister Carl Petersen weist den Wunsch Preußens nach Förderung der Randgemeinden als Vorbedingung für eine Hafenerweiterung zurück. Damit sind die Groß-Hamburg-Gespräche zunächst gescheitert.

▷ **1. 7. 1927:** Altona und Wandsbek werden durch Eingemeindungen vergrößert und Harburg mit Wilhelmsburg vereinigt (→ 8. 7. 1927/S. 433).

▷ **1. 7. 1929:** Die Hafengemeinschaft mit Preußen (→ 5. 12. 1928/S. 435) tritt in Kraft.

▷ **12. 11. 1936:** Aus privatem Anlaß ist der preußische Ministerpräsident und Beauftragte für den Vierjahresplan, Hermann Göring, in Hamburg. Nach Gesprächen mit den Spitzen der Verwaltung überträgt Göring zur Lösung einiger verwaltungsrechtlicher Probleme dem Reichsstatthalter Karl Kaufmann die eingeschränkte Weisungsbefugnis gegenüber mehreren preußischen Dienststellen. Weil dies Probleme aufwirft, wird eine grundsätzliche Lösung gesucht und mit Abtretung preußischer Gebiete gegen Konzessionen Hamburgs gefunden: Am 26. Januar 1937 entsteht per Gesetz das Land Groß-Hamburg.

Hamburger Werften profitieren von der Aufrüstung

6. Februar 1937. Als erster schwerer Kreuzer der deutschen Kriegsmarine läuft auf der Werft Blohm & Voss in Hamburg die »Admiral Hipper« vom Stapel.

Das Schiff hat eine Wasserverdrängung von 10 000 t und ist u. a. mit acht 20,3-cm-Geschützen bewaffnet. Seine beiden Schwesterschiffe folgen noch 1937: Im Juni läuft in Kiel die »Blücher« vom Stapel, wenig später die »Prinz Eugen«.

Die Werft Blohm & Voss gehört zu denjenigen Industriebetrieben, die am meisten von der ungehemmten Aufrüstungspolitik des nationalsozialistischen Deutschland profitieren. So erhält sie auch den Auftrag zum Bau des größten deutschen Kriegsschiffes überhaupt, des Schlachtschiffes »Bismarck« (→ 13. 2. 1939/S. 476).

Die Hamburger Werft ist noch auf einem anderen erfolgversprechenden Gebiet aktiv: 1933 gründete Blohm & Voss angesichts der weltweiten Krise im Schiffbau die Firma Hamburger Flugzeugbau. 1935/36 entsteht das Flugboot BV 138, der »Fliegende Holzschuh«, der über 300mal gebaut wird. Für den transatlantischen Postverkehr entwickelt die Firma in Steinwerder das viermotorige Katapultflugzeug

Stapellauf der »Admiral Hipper«; die Taufrede hält der Oberste Befehlshaber der Kriegsmarine, Generaladmiral Erich Raeder. Er würdigt die Verdienste des Namensgebers, des Admirals Franz von Hipper. Der Kreuzer verfügt über acht 20,3-cm-Geschütze, zwölf 10,7-cm-Geschütze und zwölf 3,7-cm-Flakgeschütze, hat zwölf Torpedo-Rohre und führt zwei Flugzeuge mit sich.

Ha 139. Im Jahr 1940 nimmt das Werk Finkenwerder mit größerer Kapazität den Betrieb auf; vier Jahre später geht auf Finkenwerder das größte Flugboot der Welt in die Luft (→ 12. 3. 1944/S. 487).

Ebenso wie die Werftindustrie ist auch der Flugzeugbau ein für die Rüstung wichtiger Bereich. Schon im Januar 1934 mußten sich die dort tätigen Arbeitnehmer schriftlich verpflichten, über alle Geschäftsvorgänge zu schweigen.

Die Hochrüstung bleibt im Ausland nicht verborgen; Anlaß genug für Außenminister Konstantin Freiherr von Neurath, im »Hamburger Fremdenblatt« vom 15. Februar den Eindruck zu zerstreuen, als sei man international über die deutsche Aufrüstung besorgt.

Wehrpflicht überzieht Hansestadt mit neuen Kasernen

25. Januar 1937. Das Generalkommando für das X. Armeekorps bezieht den Neubau in der General-Knochenhauer-Straße (heute Sophienterrasse). Seit Wiedereinführung der allgemeinen Wehrpflicht am 21. Mai 1935 sind in Hamburg zahlreiche Kasernen entstanden.

Nach nur dreieinhalb Monaten Bauzeit fand im Mai 1936 an der Sophienterrasse die Richtfeier statt. Den Bau mit seiner adlerbekrönten Pfeilervorhalle schufen die Architekten Distel & Grubitz.

In seiner Richtfestrede erklärte General Wilhelm Knochenhauer, Befehlshaber des X. Armeekorps: »In diesem Hause soll bewiesen werden, daß Hamburg die Tat des Führers, der uns das Volksheer gegeben hat, verstanden hat. Die Wucht und Schönheit des Hauses soll Ansporn sein, dem Volk und Führer Soldaten hinzustellen, die den Soldaten von 1914 gleichen.«

Nachdem Hamburg von 1920 bis 1935 keine Soldaten beherbergte, entstehen bis 1939 mehr als 30 neue Kasernen. Dazu gehören die zwischen 1935 und 1937 erbauten Anlagen in Osdorf (heute General-Schwartzkopff-Kaserne) und die Iserbrook-Kaserne (Reichspräsident-Ebert-Kaserne), die 1940 vollendete Kaserne in Fischbek (Röttiger-Kaserne), die 1936 erbaute Kaserne in Harburg (Scharnhorst-Kaserne) und die Anlagen in Rahlstedt (Graf-Goltz- und Boehn-Kaserne) mit dem am 4. August 1937 eröffneten 430-Betten-Lazarett.

Junge Männer bei Turnübungen im Rahmen des halbjährigen Arbeitsdienstes; dieser seit Juni 1935 für alle Frauen und Männer zwischen 18 und 25 Jahren obligatorische »Ehrendienst am Deutschen Volk« (so das Reichsarbeitsdienstgesetz) soll neben der kostengünstigen Erledigung gemeinnütziger Aufgaben die vormilitärische Ausbildung fördern.

Jüdischer Reeder verliert seine Flotte

15. November 1937. In Hamburg beginnt der Prozeß gegen den wegen angeblicher Devisenvergehen im Januar 1937 verhafteten jüdischen Reeder Arnold Bernstein. Das Urteil: Er verliert die Verfügung über seine Flotte.

Bernstein gründete seine Reederei 1926 und betrieb einen Fracht-, ab 1931 auch einen Passagierdienst nach New York. 1935 hatte er die Anteilsrechte und die letzten Schiffe der belgisch-britisch-amerikanischen Red Star Line gekauft. Es sind die 1917 bzw. 1920 in Belfast vom Stapel gelaufenen Passagierschiffe »Westernland« (16 231 BRT) und »Pennland« (16 082 BRT).

Auch nach ihrem Umbau fuhren die beiden Dampfer für die in Hamburg beheimatete Red Star Line GmbH auf der alten Route von Antwerpen nach New York und beförderten je 550 Personen in der Touristenklasse über den Nordatlantik. Die Reederei erlischt mit dem Verkauf der Schiffe im Juni 1939 an die Holland Amerika Lijn (Rotterdam). Der »Westernland« steht noch eine besondere Episode bevor: Im Mai 1940 dient das in Falmouth ankernde Schiff zeitweilig als Sitz der niederländischen Exilregierung.

Hagenbeck erweitert naturnahen Tierpark

1937. Als Ergebnis der 1936 begonnenen Neugestaltung des Tierparks in Stellingen präsentiert Heinrich Hagenbeck die bislang einmalige Elefanten-Freisichtanlage.

In dem großzügigen Gehege finden indische Elefanten – sie haben kleinere Ohren als die afrikanischen, und nur der Bulle besitzt lange Stoßzähne – ein naturähnliches Lebensfeld vor. Im Jahr 1933 ist zuletzt ein indischer Elefant im Tierpark geboren worden.

Seit der Wiedereröffnung nach vierjähriger Schließung am 24. Mai 1924 ist die weltberühmte Anlage in Stellingen erheblich ausgeweitet worden. 1927 sind neue Freigehege entstanden. Die Beseitigung der den Park teilenden Kaiser-Friedrich-Straße (heute Hagenbeckstraße) 1936 bot die Gelegenheit, im Ostteil des Parks die Region »Asien« mit großzügigen Freisichtanlagen für Großtiere zu erbauen.

Blick von Süden auf das Modell des bei Neumühlen geplanten Gauhauses

Albert Speer (l.) und Adolf Hitler (r.) am 19. Juni 1936 vor einem Übersichtsmodell der geplanten »Bauten des Führers« in Hamburg und der Elbhochbrücke

Gigantische Pläne für »Elb-Manhattan«

10. Juni 1937. Reichsstatthalter Karl Kaufmann veröffentlicht Pläne für umfangreiche Bauarbeiten in der Hansestadt. Neben anderen Projekten soll eine Hoch-Hängebrücke die Elbe überspannen.

Auf diese Weise erfahren die Hamburger auch erstmals von den monströsen Planungen, mit denen die NS-Baustrategen das Ufer zwischen Landungsbrücken und Altona in eine Art »Manhattan an der Elbe« verwandeln wollen.

Knapp zwei Jahre zuvor, am 23. Juni 1935, hatte Reichskanzler Adolf Hitler anläßlich einer Elbkreuzfahrt erstmals den Wunsch geäußert, in Höhe des Kühlhauses Neumühlen solle eine Brücke den Fluß überspannen. Am 19. Juni 1936 zeigte Architekt Albert Speer dem »Führer« ein Modell.

Der nächste wichtige Schritt erfolgt am 2. Februar 1939, als Hitler den Ausbau Hamburgs entsprechend seiner Bedeutung als größter deutscher Seehafen anordnet und Konstanty Gutschow zum »Architekten des Elbufers« ernennt.

Dessen Planungen sind wahrhaft gigantisch: Um – wie gewünscht – das »Gesicht Hamburgs von der

Alster weg zum Elbstrom zu wenden«, sind u. a. geplant: Die Hängebrücke mit einer Spannweite von etwa 750 m, einer Fahrbahnbreite von 47 m und mit 180 m hohen Pfeilern – 20 m höher als der Kölner Dom –, ein 250 m hohes Gauhochhaus der NSDAP, ein Passagierschiffsterminal in Höhe des Fischereihafens, ein Aufmarschplatz für 100 000 Menschen, eine 50 000 Personen fassende Volkshalle und ein 80 m hohes »Kraft-durch-Freude«-Hotel. Diese Entwürfe bleiben Makulatur, im April 1942 werden alle Planungsarbeiten eingestellt.

Trachtengewandete Bückeburgerinnen begutachten eine Holzskulptur Ernst Ludwig Kirchners (»Paar«).

Staatlicher Kunstraub

30. Juni 1937. Reichskanzler Adolf Hitler ermächtigt den Präsidenten der Reichskunstkammer, Adolf Ziegler, die in deutschen Museen befindlichen Werke der »Verfallskunst« seit 1910 zum Zweck einer Ausstellung zu beschlagnahmen.

Im Rahmen dieser Aktion werden aus der Hamburger Kunsthalle 983 und aus dem Museum für Kunst und Gewerbe 269 Exponate »sichergestellt«, so der offizielle Ausdruck für den Kunstraub. Am 19. Juli beginnt die Schau »Entartete Kunst« in München. Sie zeigt in neun Abteilungen die Werke unerwünschter Künstler. Als Parallelveranstaltung zu der am Vortag im neuen »Haus der Deutschen Kunst« eröffneten »Großen deutschen Kuntausstellung 1937« sind hier u. a. Werke von Ernst Barlach, Ernst Ludwig Kirchner, Emil Nolde, Oskar Kokoschka, Paul Klee und Otto Dix zu sehen. Viele von ihnen wurden im Vorfeld dieser Propagandaveranstaltung aufgefordert, aus der Preußischen Akademie der Künste in Berlin auszutreten, denn ihre Kunstauffassung und die daraus entstandenen Werke sind in den Augen der Nationalsozialisten ein »Angriff auf die Ideale der germanischen Rasse«.

8. 2. Das Hapag-Segelschulschiff »Admiral Karpfanger« bricht zu seiner letzten Reise auf. → S. 473

1. 3. Die Hamburgische Landesbank Girozentrale wird gegründet. → S. 473

10. 6. In Hamburg beginnt die vierte Reichstagung der NS-Gemeinschaft »Kraft durch Freude«. → S. 472

8. 7. Beim Eindocken nach der Probefahrt schlägt das Hapag-Schiff »Patria« leck. → S. 473

10. 7. Der Hamburger Hans Theilig ist der erfolgreichste Torschütze für die deutsche Feldhandball-Nationalelf bei den Weltmeisterschaften in Deutschland. → S. 473

16. 8. Reichskanzler Adolf Hitler ernennt Senator Georg Ahrens zum Vertreter des Reichsstatthalters im Bereich der staatlichen Verwaltung.

21./22. 8. In Hamburg sammeln 6000 SA-Männer Alteisen für den Vierjahresplan.

23. 8. Der Bankier Eric M. Warburg emigriert. → S. 473

18. 9. Der »Hummel-Brunnen« von Richard Kuöhl wird im ehemaligen Gängeviertel der Neustadt enthüllt. → S. 473

18.–25. 9. In Hamburg findet die »Woche der Volksgasmaske« statt.

9. 11. Die SA organisiert im ganzen Deutschen Reich ein Judenpogrom. Die Zerstörung jüdischer Einrichtungen und die Verfolgung jüdischer Bürger geht unter der euphemistischen Bezeichnung »Reichskristallnacht« in die Geschichte ein. → S. 474

22. 11. Reichspropagandaminister Joseph Goebbels legt den Grundstein zum Pressegebäude am Speersort 1.

2. 12. Eine größere Zahl jüdischer Kinder, die aus Hamburg emigrierten, erreicht Großbritannien.

13. 12. Das Konzentrationslager Neuengamme wird eingerichtet. → S. 474

21. 12. Durch ein Reichsgesetz gehen die Lotterien der Länder einschließlich der Hamburger Klassenlotterie an die Reichslotterie in Berlin über.

GEBOREN:

10. 9. Hamburg: Karl Otto Lagerfeld, Modeschöpfer.

GESTORBEN:

5. 1. Hamburg: Heinrich Bötel (* 6. 3. 1854, Hamburg), Tenor.

4. 5. Berlin: Carl von Ossietzky (* 3. 10. 1889, Hamburg), Publizist. → S. 474

31. 10. Hamburg: Robert Nhil (* 18. 7. 1858, Hamburg), Schauspieler.

Das KdF-Schiff »Sierra Córdoba« verläßt den Hafen; ein Arbeiter hat zwischen sechs und 15 Tagen Jahresurlaub.

KdF-Reisen belohnen »rechte Gesinnung«

10. Juni 1938. Hamburg steht drei Tage lang im Zeichen der vierten Reichstagung der NS-Gemeinschaft »Kraft durch Freude«. Höhepunkt und Abschluß der Veranstaltung ist ein Umzug durch die City. Die Gemeinschaft »Kraft durch Freude« (KdF) ist eine Untergliederung der Deutschen Arbeitsfront, die als Einheitsorganisation nach Zerschlagung der Gewerkschaften im Mai 1933 gegründet worden war. Die KdF gehört zu den wichtigsten Propagandainstrumenten des Nationalsozialismus: Sie sorgt durch Ferienreisen ins In- und Ausland dafür, daß der von der NSDAP propagierte »Sozialismus der Tat« scheinbar durchgesetzt wird. Besonders begehrt sind Auslandsreisen ans Mittelmeer oder an die Küsten Norwegens. Nur betuchte »Volksgenossen« können diese Fahrten aus eigener Tasche bezahlen, die anderen sind auf Unterstützung durch den Betrieb angewiesen. So ist die KdF auch ein Instrument, um die »rechte Gesinnung« zu belohnen und Querdenker auszuschließen.

Eine siebentägige Nordlandreise ohne Landgang kostet 1938 rund 60 RM. Die Gemeinschaft hat seit 1934 für die Durchführung solcher Fahrten Schiffe zunächst gechartert, dann gekauft und zuletzt eigens in Auftrag gegeben.

Am 24. März ist die von der Hamburg-Süd bereederte »Wilhelm Gustloff« (25 484 BRT) zu einer zweitägigen Probefahrt in die Nordsee ausgelaufen. Das bei Blohm & Voss gebaute Motorschiff kann 1465 Passagiere in der Touristenklasse befördern.

Fünf Tage später lief bei den Howaldtswerken in Hamburg das Elektro-Motorschiff »Robert Ley« (27 288 BRT) vom Stapel. Die Taufrede hielt Reichskanzler Adolf Hitler. Für ihn sind die »KdF«-Dampfer ein Teil des Kampfes gegen »Elemente« wie die verbotenen Arbeiterparteien, die »früher als asozial und klassenspalterisch angesehen werden konnten«. 30 weitere »KdF«-Schiffe sind geplant.

In reckenähnlicher Phantasietracht präsentieren sich diese Sportler zum Umzug anläßlich der vierten KdF-Reichstagung. Ihr Aufzug illustriert die Vorliebe des Nationalsozialismus fürs Mythisch-Germanische.

Eigene Landesbank für wachsende Stadt

1. März 1938. Als Reaktion auf die Erweiterung des Staatsgebiets durch das Groß-Hamburg-Gesetz (→ 1. 4. 1937/S. 469) gründet der Senat die Hamburgische Landesbank-Girozentrale.

Dieses öffentlich-rechtliche Geldinstitut entsteht aus der Zusammenfassung der im April 1920 eröffneten Zweiganstalt Hamburg der Girozentrale Hannover und der 1933 eingerichteten Hamburgischen Baubank. Sie ist sowohl Staats- als auch Geschäftsbank, Realkredit- und Emissionsinstitut sowie Girozentrale. Als Staatsbank soll sie die finanzielle Betreuung der Stadt und der ihr nahestehenden Unternehmen besorgen und die Entwicklung der hamburgischen Wirtschaft fördern. Die Eingliederung der früheren Baubank erlaubt es dem neuen Kreditinstitut, auch eigene Schuldverschreibungen auszugeben.

Ihr Stammkapital in Höhe von zunächst 10, später 20 Mio. RM, liegt in den Händen der Stadt Hamburg. Am Ende des ersten Geschäftsjahres weist das in der Bergstraße 16/ Ecke Hermannstraße beheimatete Institut eine Bilanzsumme von 154,6 Mio. RM auf.

Hamburger Sportler auf Siegertreppchen

10. Juli 1938. Die deutsche Feldhandball-Nationalmannschaft gewinnt durch ein 23:0 gegen die Schweiz in Berlin den Weltmeistertitel. Mit 13 Treffern hat der Hamburger Hans Theilig (Oberalster) maßgeblichen Anteil am Sieg.

Der knapp 24jährige Theilig ist der einzige Hamburger in der Endspielmannschaft und zugleich einer der Besten. Rund 150 000 Zuschauer verfolgen die zwischen dem 7. und 10. Juli in vier mitteldeutschen Städten und Berlin ausgetragenen Spiele. Dies spricht für die Popularität des Feldhandballs, zu der Theilig mit seinen fünf Toren beim Sieg im Olympia-Finale 1936 gegen Österreich (10:6) beigetragen hat. Noch ein weiterer Athlet aus Hamburg feiert im Juli einen sportlichen Triumph: Beim deutschen Turnfest in Breslau gewinnt Walter Richter (Eimsbütteler Turnverein) den Titel im Zwölfkampf.

»Hummel«-Brunnen statt Gängeviertel

18. September 1938. 10 000 Menschen feiern die Enthüllung des »Hummel«-Brunnens an der Ecke Breiter Gang/Rademachergang.

Das Kunstwerk gibt sich als volkstümliche Darstellung des Wasserträgers Johann Wilhelm Bentz, genannt Hummel (→ 5. 3. 1854/S. 239) und ist doch eminent politisch: Die Brunnenfeier markiert den vorläufigen Abschluß der am 25. April 1933 vom Senat aus »kriminellen und hygienischen« Gründen beschlossenen Flächensanierung der noch verbliebenen Reste des Gängeviertels in der Neustadt. Rund 12 000 Menschen lebten hier in den engen, lichtlosen Häuserzeilen rund um den Großneumarkt.

Diese Hochburg der KPD war den Nationalsozialisten schon lange ein Dorn im Auge. Die Häuser wurden abgerissen, die Bewohner umgesiedelt und neue Mehrgeschoßbauten errichtet. Die Sanierung wird als »Kulturtat ersten Ranges« gefeiert. Wo sich vor 1933 in dunklen Hinterhöfen »lichtscheues Gesindel« verbarg, zeigt sich jetzt eine »lichte Weite«, in »der sich gesundes Leben und reine Gesinnung entwickeln« können, jubelt das »Hamburger Tageblatt«.

Der »Hummel«-Brunnen in der Neustadt, entworfen und ausgeführt von dem Bildhauer Richard Kuöhl

Der Verein geborener Hamburger (→ 12. 1. 1897/S. 336) hatte es übernommen, das »unpolitisch« gedachte Denkmal zu stiften. Mit diesem Auftrag wurde der Bildhauer Richard Kuöhl bedacht, der u. a. das 76er-Denkmal am Dammtorwall gestaltet hatte. Sein Hummel-Denkmal aus Muschelkalk zeigt den Wasserträger auf der einen und die ihn hänselnden Kinder auf der anderen Seite eines aus dem Becken aufragenden Pfeilers.

Unerträglicher Druck: Warburg geht ins Exil

23. August 1938. Kurz vor dem Novemberpogrom vom → 9. 11. 1938 (S. 447) emigriert der jüdische Bankier Eric M. Warburg aus Hamburg in das schwedische Stockholm. Nach einer gefährlichen Blinddarmoperation und einer zehntägigen Schiffsreise trifft er Ende September in New York ein, wo er Familienangehörige hat.

Eric Warburg wurde 1900 in Hamburg geboren, machte hier Abitur und lernte in Berlin, London und New York das Bankgeschäft kennen. Im Ersten Weltkrieg diente er als Kriegsfreiwilliger. Ab 1927 Einzelprokurist, stieg er 1929 zum Teilhaber im Familienbankhaus M. M. Warburg & Co. auf. Sein Vater, Max Warburg, war seit 1893 Teilhaber des väterlichen Bankhauses, Berater von Kaiser Wilhelm II. und als Anhänger der Nationalliberalen von 1903 bis 1919 Mitglied der Bürgerschaft sowie bis 1933 im Generalrat der Reichsbank.

Nicht nur Eric, auch sein Vater geht 1938 in die USA, weil die antijüdische Politik in Deutschland ein Verbleiben unmöglich macht. Ihr 1938 »arisiertes« Bankhaus übernehmen die Kaufleute Rudolf Brinckmann und Paul Wirtz.

Stapellauf einer Segeljacht, von den Nationalsozialisten gewohnt prunkvoll inszeniert

»Admiral Karpfanger« verschollen

8. Februar 1938. *Der 1937 unter dem Befehl von Kapitän Reinhold Walker von der Hamburg-Amerika Linie als Schulschiff in Dienst gestellte Segler »Admiral Karpfanger« verläßt mit 3500 t Weizen an Bord den australischen Hafen Port Germain. Am 12. März bestätigt die Viermastbark einen Funkspruch von Norddeich Radio. Das ist das letzte Lebenszeichen der Besatzung. Dann schweigt der Segler der Hapag. Mit 60 Seekadetten an Bord ist der 1908 auf belgische Rechnung auf der Rickmers-Werft in Bremerhaven gebaute Viermaster vermutlich bei der Umrundung von Kap Hoorn gesunken.*

Die »Patria« mit Schlagseite; sie kann 349 Passagiere befördern.

Leck vor Jungfernreise

8. Juli 1938. *Beim Eindocken nach der Probefahrt beginnt die »Patria« (16 595 BRT) der Hamburg-Amerika Linie auf der Deutschen Werft infolge Wassereinbruchs zu kentern. Bodenberührung verhindert bei 30° Schlagseite ein Sinken. Das Schiff wird wieder flottgemacht und geht am 27. August auf erste Fahrt. Die »Patria«, der erste große Liner mit diesel-elektrischem Antrieb, läuft 18 Knoten (etwa 34 km/h).*

Die Nacht des organisierten Terrors

9. November 1938. Wie im übrigen Deutschen Reich organisiert die Sturmabteilung (SA) in Hamburg ein Judenpogrom. Der Mordanschlag eines polnischen Juden auf den deutschen Legationssekretär Ernst vom Rath zwei Tage zuvor in Paris liefert dazu den Vorwand.

Anhänger der Nationalsozialisten zerstören in Hamburg u. a. die Talmud-Tora-Schule am Grindelhof und die Mädchenschule in der Karolinenstraße, die Synagoge am Bornplatz, die jüdischen Geschäfte von Robinsohn (→ 30. 3. 1939/S. 477), von Hirschfeld und Campbell am Neuen Wall und Unger am Jungfernstieg. Bei Robinsohn schlagen sie dutzende große Schaufenster ein und plündern die Auslagen. Die Polizei sieht tatenlos zu, wie sie auch Läden in der Kaiser-Wilhelm-Straße und am Steindamm demolieren. In der Osterstraße wird ein schwer kriegsbeschädigter Ladenbesitzer getötet.

Die verharmlosend »Reichskristallnacht« genannte Terroraktion kostet 91 Menschen das Leben und Zehntausende die Freiheit. Am

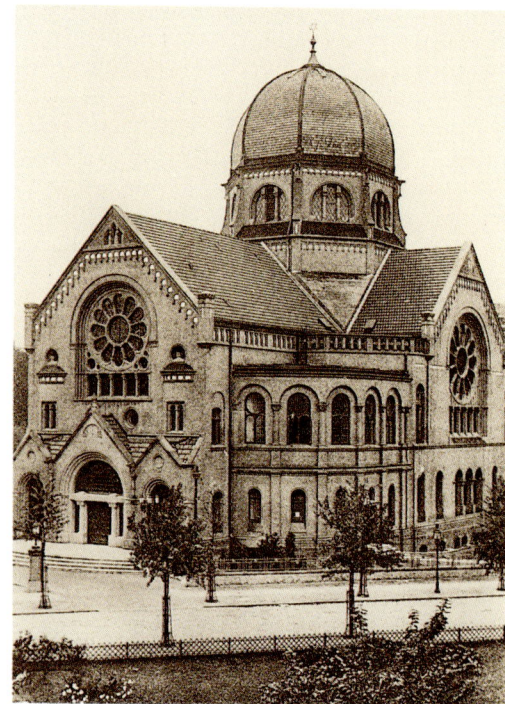

Die Synagoge am Bornplatz, die mehrfach von Angehörigen der NSDAP und der SA in Brand gesteckt wird, aber dennoch zunächst erhalten bleibt; außer der großen Synagoge sind in Hamburg u. a. die Synagogen in der Rutschbahn 11a, das Haus der Israelitischen Gemeinde in der Rothenbaumchaussee sowie der 1931 geweihte jüdische Tempel in der Oberstraße Ziel von Gewalttaten; hier, am Grindel, lebt die Mehrheit der Hamburger Juden. Am 10. November demoliert die SA in Harburg die jüdische Leichenhalle auf dem Schwarzenberg und die Synagoge Eißendorfer Straße.

10. November führt die Polizei in Hamburg eine Massenverhaftung von Juden zwischen 18 und 60 Jahren durch, wobei vor allem finanz-kräftige Bürger festgenommen und nach Monaten im Konzentrationslager oft nur gegen ein hohes Lösegeld freigelassen werden.

Wahrheit und Lüge
Chronik Zeitzeuge

In den »Deutschland-Berichten« der Exil-SPD berichtet ein Augenzeuge:

»Als die Nachricht vom Tode [Ernst] vom Rath's um 4 Uhr bekannt wurde, war die Stadt genau so ruhig wie die Tage vorher … Ich muß aber sagen, es lag etwas in der Luft und gegen 2 Uhr nachts setzten sich dann auch Kolonnen ›schlagartig‹ in Bewegung. Die … Kolonnen trugen je ein Schild, auf dem die Namen der jüdischen Geschäfte standen, die geplündert werden sollten.«

Das »Hamburger Tageblatt« spricht am 10. November von spontanen Kundgebungen:

»Aus der empörten Menge heraus wurde gegen einzelne jüdische Geschäfte und Gebäude vorgegangen … Es wurden, um den beleidigten Gefühlen des Volkes gegen das Weltjudentum einen deutlichen Ausdruck zu geben, Schaufenster zertrümmert und die jüdischen Namen abgerissen.«

KZ Neuengamme verwertet Arbeitskraft

13. Dezember 1938. Aus dem Konzentrationslager Sachsenhausen werden die ersten 100 Häftlinge in das Außenlager Neuengamme gebracht. Die SS hat hier am 3. September ein altes Klinkerwerk gekauft, das die Gefangenen wieder in Betrieb setzen sollen.

Mit Neuengamme errichtet die SS wie zuvor in Sachsenhausen (August 1936), Buchenwald (15. 7. 1937), Flossenbürg (3. 5. 1938) und Mauthausen (8. 8. 1938) im ehemaligen Österreich dort ein Konzentrationslager, wo sich die Arbeitskraft der Häftlinge unmittelbar industriell verwerten läßt.

Das Lager Neuengamme soll – so das Ziel der SS-eigenen Deutschen Erd- und Steinwerke GmbH (DEST) – der Stadt Hamburg »erstklassige Klinkerware preiswert« liefern, die für den Ausbau des »Deutschen Reiches Tor zur Welt« gebraucht werden (→ 10. 6. 1937/S. 471). Am 6. Mai 1940 läßt Reichsstatthalter Karl Kaufmann für Hamburg einen Vertrag mit dem Reichsführer SS und der DEST unterzeichnen, der u. a. vorsieht, daß das

Klinkerwerk zu erweitern, die Dove-Elbe als Transportweg zu regulieren und 75% der jährlich erwarteten 20 Mio. Steine abzunehmen.

Die ersten 100 Häftlinge, deren Zahl im März 1939 durch einen Transport aus Sachsenhausen um 400 steigt, sollen das Klinkerwerk auf die Produktion vorbereiten. Bis

April 1940 hausen die Lagerinsassen unter primitivsten Bedingungen in dem KZ. Erst im Juni 1940 beginnt der Bau von Baracken. Zu diesem Zeitpunkt zählt Neuengamme rund 1000 Häftlinge. Es hat den Status eines selbständigen Lagers unter Befehl von SS-Hauptsturmführer Martin Weiß (ab 15. 4. 1940).

NS-Wachmannschaft des KZ Neuengamme; sie beaufsichtigt die Häftlinge auch bei der Arbeit im Klinkerwerk, das den Bedarf Hamburgs decken soll.

Carl von Ossietzky stirbt an Haftfolgen

4. Mai 1938. Im Berliner Sanatorium Nordend, wo er seit Dezember 1936 unter Aufsicht der Geheimen Staatspolizei hatte leben müssen, stirbt Carl von Ossietzky an Hirnhautentzündung. Schon seit längerem litt der 48jährige an Tuberkulose, nicht zuletzt eine Folge der mehr als dreijährigen Haft.

Der am 3. Oktober 1889 in Hamburg geborene Ossietzky schrieb ab 1911 für die Wochenzeitung »Das freie Volk« (→ 5. 7. 1913/S. 379). Ab 1916 diente er als Armierungssoldat an der Westfront. Im Herbst 1919 ging Ossietzky nach Berlin, wo er sich als Redakteur der Zeitschriften »Das Tage-Buch« (Mai 1924–1926) und »Die Weltbühne« (Januar 1927 bis Februar 1933) vor allem bei der Rechten verhaßt machte. 1933 wurde er verhaftet und von Februar 1934 bis Mai 1936 im KZ Papenburg-Esterwegen gefangengehalten. Das Nobel-Komitee erkannte Ossietzky 1936 nachträglich den Friedensnobelpreis für 1935 zu, den er aber nicht annehmen durfte.

1939

26. 1. An 265 Stellen Hamburgs finden im Rahmen des probeweisen Luftschutzes Feuerlöschübungen statt.

13. 2. Zum Stapellauf des Schlachtschiffs »Bismarck« auf der Werft Blohm & Voss trifft Führer und Reichskanzler Adolf Hitler in Hamburg ein. → S. 476

19. 3. Mit einer Predigt des Stormarner Propstes Gustav Dührkop, der den sog. Deutschen Christen angehört, wird die erste Kirche in der Gartenstadt Berne eingeweiht.

30. 3. Als eines der letzten großen jüdischen Geschäfte Hamburgs geht das Modehaus Gebrüder Robinsohn am Neuen Wall in »arischen« Besitz über. → S. 477

30. 3. Die Jüdische Gemeinde Hamburgs muß einem Abbruch der Synagoge am Bornplatz zustimmen. Bis Januar 1940 ist die Zerstörung abgeschlossen.

7. 5. In Hamburg wird der 750. Hafengeburtstag begangen. → S. 475

13. 5. Mit 936 deutschen Juden an Bord läuft das Hapag-Motorschiff »St. Louis« Richtung Kuba aus, das den Flüchtlingen die Landung verwehrt. → S. 477

17. 5. Hamburg hat 1 711 877 Einwohner. → S. 477

9. 7. Im Freibad am Kaiser-Friedrich-Ufer enden nach drei Tagen die Deutschen Schwimmmeisterschaften. Dabei holt die noch nicht 14jährige Inge Schmidt (Eimsbütteler Turnverein) ihre erste von elf deutschen Meisterschaften über 200 m Brust.

28. 8. Die Deutsche Luftwaffe beschlagnahmt den Flughafen Fuhlsbüttel. Von hier aus starten bis 1945 Versorgungs-, Kurier- und Aufklärungsflugzeuge. Der aufwendig getarnte Flughafen bleibt unbeschädigt.

1. 9. Der deutsche Überfall auf Polen löst den Zweiten Weltkrieg aus. → S. 475

25. 9. Die Kriegsmarine gibt bei der Deutschen Werft in Finkenwerder sechs U-Boote vom Typ IX C in Auftrag. Blohm & Voss soll acht U-Boote des Standardtyps VII C bauen.

1. 10. Die von dem Reeder Ernst Behnke 1931 in Rostock gegründete Orion Schiffahrts-Gesellschaft siedelt nach Hamburg über. Ihre vier Schiffe gehen während des Zweiten Weltkrieges verloren.

25. 11. Im Standesamt Eilbek findet die erste Ferntrauung mit einem an der Front stehenden Soldaten statt.

GEBOREN:

18. 5. Hamburg: Hark Bohm, Filmemacher.

»Seit 5.45 Uhr wird zurückgeschossen«

1. September 1939. Um 10 Uhr sitzt ganz Hamburg vor den Radiolautsprechern, als Reichskanzler Adolf Hitler verkündet:»Seit 5.45 Uhr wird zurückgeschossen.« Der deutsche Angriff auf Polen hat begonnen. Von Begeisterung ist wenig zu spüren. Für viele, die bis zuletzt den Friedensbeteuerungen Hitlers geglaubt hatten, gibt es ein böses Erwachen. Dabei waren die Warnzeichen der letzten Tage nicht zu übersehen. Am 27. August wurden Bezugsscheine für Grundnahrungsmittel ausgegeben. Reichsstatthalter Karl Kaufmann ließ Merkblätter über das Verhalten bei Luftalarm verteilen: Man soll behelfsmäßige Luftschutzräume bauen und Kisten mit festgestampfter Erde als Splitterschutz vor die Kellerfenster stellen. Kaufhäuser bieten Verdunkelungspapier, Hacken, Feuerpatschen, Spritzen und Notapotheken für den Luftschutz an. Vom ersten Kriegstag an ist strikte Verdunkelung befohlen. Die Straßenlampen und Lichtreklamen erlöschen, Fahrzeuge müssen ihre Scheinwerfer abdecken.

Verschärfte Strafandrohungen sollen jeden Widerstand unterbinden: Mit dem 1. September gilt ein Abhörverbot für »Feindsender«, viele Oppositionelle werden verhaftet, und Juden dürfen abends nicht mehr ausgehen. Am 4. September, einen Tag nach dem Kriegseintritt Frankreichs und Großbritanniens, ertönt erstmals Fliegeralarm. Bomben fallen jedoch noch nicht, und zunächst geht das Leben äußerlich unverändert weiter: Kinos, Theater und Varietés öffnen, nur Veranstaltungen wie der »Tanz für die reifere Jugend« im Café Corso am Schulterblatt fallen bis zum 30. September aus.

Schon lange vor Ausbruch des Krieges wurde in Hamburg der Ernstfall geprobt: Angehörige des zivilen Luftschutzes bei einem Übungsalarm im Jahr 1935

Hafen ist seit 750 Jahren Tor zur Welt

7. Mai 1939. Hamburg feiert den 750. Hafengeburtstag. Höhepunkt der Festlichkeiten zum Gedenken an die Verleihung des Hafenprivilegs (→ 7. 5. 1189/S. 23) ist eine Feier in der Musikhalle.

Nach der Ouvertüre zu Richard Wagners »Fliegendem Holländer«, gespielt vom Philharmonischen Staatsorchester unter Leitung von Hans Schmidt-Isserstedt, begrüßt Bürgermeister Carl Vincent Krogmann die Gäste. Als Vertreter der Reichsregierung ist Verkehrsminister Julius Dorpmüller erschienen, ferner Vertreter von 49 Hafenstädten aus 16 Nationen. Sie haben Gelegenheit, sich auf einer Hafenrundfahrt und bei einem Gang durch das Museum für Hamburgische Geschichte über Gegenwart und Historie von Deutschlands größter Hafenstadt zu informieren. Der Tag schließt mit einer Festaufführung von Wolfgang Amadeus Mozarts »Entführung aus dem Serail« in der Staatsoper.

Die »Medienecke« in der Volksschule am Graudenzer Weg (Dulsberg): Hinter dem Diaprojektor teilen sich Plakate zum Hafengeburtstag und Werbematerial fürs Fallschirmspringen bei der Wehrmacht den Platz an der Wand. Die Kombination ist nicht untypisch: Ganz selbstverständlich hält die Militarisierung Einzug in den Alltag von Kindern und Jugendlichen – erfolgreich besonders, wenn sie als Freude am Abenteuer verkauft wird.

Stapellauf der »Bismarck«; sie sinkt am 27. Mai 1941.

Reichsluftfahrtminister Hermann Göring begrüßt ein Hamburger »Original«, den »Aalweber« (1938).

Leichenzug von General Wilhelm Knochenhauer

Göring begrüßt auf der Moorweide die aus Spanien heimgekehrte »Legion Condor«.

Seit 1933 ist der 1. Mai im Deutschen Reich ein »Feiertag der nationalen Arbeit«.

Stapelläufe und Paraden: NS-Spektakel am Fließband

13. Februar 1939. Reichskanzler Adolf Hitler trifft zum Stapellauf der »Bismarck« in Hamburg ein und spricht vom Balkon des Rathauses. Während sich in Europa die Lage zuspitzt und Hitler durch die Annexion des noch unabhängigen Teils der Tschechoslowakei (15. 3.) sowie des Memellandes (22. 3.) unaufhaltsam auf den Krieg zusteuert, steht Hamburg im Zeichen eindrucksvoller Aufmärsche und anderer Feierlichkeiten.

Am 14. Februar läuft das Schlachtschiff »Bismarck« (35 000 BRT) bei Blohm & Voss vom Stapel. Das bisher größte auf dieser Werft gebaute Kriegsschiff ist 241 m lang und 36 m breit. Die »Bismarck« verfügt über acht Geschütze vom Kaliber 38 cm und zwölf 15-cm-Geschütze. Ihre Maschinen mit 138 000 PS bringen es auf eine Höchstgeschwindigkeit von 30 See-

meilen (rund 55 km) pro Stunde. Wie bei seinen Aufenthalten üblich, logiert Hitler im Hotel »Atlantic«. Seit 1926 ist es der 31. Besuch, den er Hamburg abstattet.

Die nächste Großveranstaltung folgt am 29. April: Reichsbauernführer Richard Walther Darré eröffnet die Ausstellung »Segen des Meeres«, die erste deutsche Fischerei- und Walfangschau. Sie soll den hohen Stellenwert der Fischwirtschaft und des Walfangs (→ 28. 3. 1936/S. 468) für die Versorgung der Bevölkerung dokumentieren.

Am 1. Mai erlebt das Heiligengeistfeld die letzte große NS-Maifeier in Hamburg, an der laut »Hamburger Tageblatt« 156 000 Menschen teilnehmen. Kundgebungen gibt es auch auf der Moorweide (angeblich mit 70 000 Teilnehmern), im Traunspark (50 000), auf dem Sportplatz an der Allee in Altona

(80 000), auf dem Wandsbeker Marktplatz (11 000), in Harburg (20 000), Bergedorf (10 000) und in der Hanseatenhalle (25 000).

Schauplatz eines kriegerischen Spektakels ist am 31. Mai die Moorweide: Hier begrüßt Luftwaffen-Oberbefehlshaber Hermann Göring die aus Spanien heimgekehrten Soldaten der »Legion Condor«. Sie hatten auf Seiten der siegreichen Nationalisten im Spanischen Bürgerkrieg gekämpft. Hamburg spielte dabei eine besondere Rolle: Am 1. August 1936 war auf dem Woermann-Dampfer »Usaramo« eine erste Gruppe von Luftwaffenoffizieren nach Spanien abgereist; außerdem lief über die Hansestadt ein Großteil des Nachschubs für die Nationalisten. Über 6000 deutsche Soldaten kämpften – lange geheimgehalten – im Spanischen Bürgerkrieg.

Mit großem Propagandaaufwand erfolgt am 2. Juli die Beisetzung des am 28. Juni verstorbenen Befehlshabers des X. Armeekorps, General der Kavallerie Wilhelm Knochenhauer. Er hatte sich mehrfach öffentlich zum Nationalsozialismus bekannt (→ 15. 3. 1936/S. 467; 25. 1. 1937/S. 470).

Vom 21. bis 25. Juli findet in Hamburg die fünfte Reichstagung der NS-Gemeinschaft »Kraft durch Freude« (→ 10. 6. 1938/S. 472) statt, mit dem Festzug »Schönheit und Freude« als Höhepunkt und Abschluß. Der Leiter der Deutschen Arbeitsfront, Robert Ley, gibt die Parole aus: »Kraftvolle Männer und schöne anmutige Frauen«. Es ist die letzte Veranstaltung dieser Art. Dann ziehen die »kraftvollen Männer« in den Krieg und die »anmutigen Frauen« dienen an der »Heimatfront«.

Einschiffung der Passagiere auf der »St. Louis« am 13. Mai; da ihre Einreisevisa in Kuba ungültig erklärt werden, muß das Schiff unverrichteter Dinge umkehren. Es teilt das Schicksal vieler »Geisterschiffe« mit Emigranten an Bord.

1,7 Millionen leben in Groß-Hamburg

17. Mai 1939. Eine Volks-, Berufs- und Betriebszählung ergibt für Hamburg 1 711 877 Einwohner. Das »Großdeutsche Reich« hat nach dem »Anschluß« Österreichs, des Sudetenlandes (März und Oktober 1938) und des Memellandes (März 1939) eine Bevölkerung von 79,375 Millionen auf 583 408,6 km². Im alten Reichsgebiet (Stand 31. 12. 1937, 470 714,1 km²) wohnen 69,314 Mio. Menschen.

Fläche und Bevölkerung*

Bezirk	Fläche (ha)	Einwohner
Mitte	9 942,7	435 807
Nord	5 747,4	424 114
Eimsbüttel	4 982,6	244 535
Altona	7 830,7	220 298
Wandsbek	14 767,2	166 676
Harburg	16 053,5	135 689
Bergedorf	15 428,5	52 587
Hamburg	74 753,3	1 711 877

* In den späteren Bezirksgrenzen, mit Einschluß von Seeleuten und Binnenschiffern sowie Militär und Arbeitsdienst

Gegenüber der Zählung vom → 1.12. 1910 (S. 369) ist die Einwohnerzahl Hamburgs um 84% gestiegen, vor allem eine Folge der Eingliederungen vom → 1. April 1937 (S. 469). Damit ist die Hansestadt nach Essen und Berlin die am raschesten gewachsene Metropole. Die Erhebung, bei der erstmals die NS-Rassekriterien Anwendung finden, registriert in Hamburg 10 131 Juden.

Flucht für Juden wird qualvolle Odyssee

13. Mai 1939. Das Motorschiff »St. Louis« verläßt den Hamburger Hafen. An Bord sind 937 jüdische Emigranten, die hoffen, in Kuba eine neue Heimat zu finden.

Doch in Havanna verweigern die dortigen Behörden den Flüchtlingen die Aufnahme, obwohl sie über teuer bezahlte, gültige Visa verfügen. Schließlich muß Kapitän Gustav Schröder wieder in See stechen. Er wird nach Cuxhaven zurückbeordert, versucht aber, seine Passagiere unterwegs zu retten. Sein Plan, sie heimlich in der Karibik oder an der US-Küste abzuset-

zen, scheitert an der US-Küstenwache. Schröder will Zeit gewinnen und dampft mit halber Kraft nicht weniger als 35 Tage lang Richtung Heimat. Endlich erklären sich Belgien, Frankreich, Großbritannien und die Niederlande zur Aufnahme bereit. Am 17. Juni läuft Schröder Antwerpen an.

Die Odyssee der »St. Louis« ist kein Einzelfall: Am 15. Juni erreicht das Motorschiff »Monte Olivia« der Hamburg-Süd Buenos Aires. An Bord sind 78 Juden mit einem Einreisevisum für Paraguay. Weil Uruguay die Durchreise verweigerte,

hat das Schiff Argentinien angelaufen, wo die Juden für 20 Tage an Land gehen können. Chile nimmt sie schließlich auf.

Schlechter ergeht es vielen tausend anderen, denen die Landung verboten wird. Am 19. Juni etwa trifft der Dampfer »Flandre« in St. Nazaire ein, nachdem Kuba und Mexiko den rund 100 Flüchtlingen die Einreise verweigert haben. Die »Cap Norte« verließ am 28. April mit 15 Flüchtlingen an Bord Hamburg. Weil die Zielländer keine Einreise erlauben, landet das Schiff am 26. Juni in Boulogne-sur-Mer.

Jüdische Geschäfte durch Druck planmäßig »arisiert«

30. März 1939. Das bekannte Modewarengeschäft Gebrüder Robinsohn, das vor 1933 noch rund 700 Mitarbeiter beschäftigte, wird zwangsweise »arisiert«. Das gleiche geschieht mit den anderen jüdischen Geschäften in Hamburg. Dem Novemberpogrom von 1938 (→ 9. 11. 1938/S. 474) folgt die planmäßige »Ausschaltung der Juden aus dem deutschen Wirtschaftsleben«. Bereits am 12. November 1938 war den deutschen Juden als Sühne für den Mord an Ernst vom Rath eine Kontribution von 1 Mio. RM auferlegt und der Betrieb von Einzelhandelsverkaufsstellen, Versandgeschäften und Handwerksbetrieben sowie eine Tätigkeit als Betriebsführer untersagt worden.

Mit immer neuen juristischen Schikanen und wirtschaftlichem Druck drängen NS-Behörden Juden dazu,

ihre Firmen zu verkaufen und möglichst auszuwandern. Dabei werden die Geschäfte zwar nicht

Gewalt per Einschüchterung: Uniformierte Nationalsozialisten rufen reichsweit mit Sprechchören zum Boykott jüdischer Großwarenhäuser auf.

einfach enteignet, sondern verkauft, aber zu einem behördlich festgelegten Preis, der meist weit

unter dem tatsächlichen Wert des Unternehmens liegt.

Am 2. Dezember 1938 meldete das »Hamburger Tageblatt«, daß alle jüdischen Gewerbebetriebe geschlossen oder in andere Hände überführt werden sollen. Dies betrifft rund 1200 Firmen; neben den Gebrüdern Robinsohn u.a. das Modehaus Hirschfeld, das ab 30. November 1938 als »arisch« firmiert, das im Dezember 1938 zwangsweise »arisierte« Bucky-Kaufhaus in der Eimsbütteler Chaussee, die Optikfirma Campbell am Neuen Wall 30, deren Eigner Julius Flaschner 1939 in die USA emigriert, ferner das Bergedorfer Kaufhaus Schäfer, das 1938 von den Nachbarn übernommen worden ist und das Bankhaus M. M. Warburg, das 1938 in die Hände zweier »Arier« überging (→ 23. 8. 1938/S. 473).

1940

9. 2. Wegen des Empfangs von »Feindsendern« und der Verbreitung ihrer Nachrichten verurteilt das Hanseatische Sondergericht in Hamburg einen Gastwirt zu fünf Jahren Zuchthaus.

13. 2. Im bisher kältesten in Hamburg registrierten Winter fällt das Thermometer auf minus 29 °C.

2. 3. Ein Großaufgebot von Gestapo und HJ löst einen Tanzabend der Hamburger Swingjugend im Curio-Haus auf. Jede Form des Jazz ist den Nationalsozialisten als »Negermusik« suspekt.

20. 4. Anläßlich des »Führergeburtstages« finden in ganz Hamburg Sammelaktionen statt. Es kommen 100 Güterwagen voll Schrott zusammen, der Rüstungszwecken dienen soll.

16. 5. 551 Zigeuner werden in Hamburg verhaftet und von sechs Sammelstellen aus in Richtung Osten abtransportiert. Viele sterben später in dem polnischen Vernichtungslager Belzéc.

18. 5. Der erste Luftangriff auf Hamburg fordert 34 Tote und 72 Verletzte. → S. 478

24. 8. Bei Blohm & Voss läuft das Turbo-Elektroschiff »Vaterland« (rund 41 000 BRT) der Hapag vom Stapel. Das Schiff liegt während des Krieges im Kuhwerder Hafen und wird 1948 verschrottet.

9. 11. Zum Zeichen der Trauer um den verstorbenen früheren britischen Premierminister Arthur Neville Chamberlain erscheinen in einigen Hamburger Schulen Swing-Jugendliche mit Trauerflor. Auf Nachfrage erklären sie: »Meine Tante ist gestorben.«

17. 11. In Hamburg gewinnt die deutsche Fußball-Nationalmannschaft vor 28 000 Zuschauern ein Länderspiel gegen Dänemark 1:0 (0:0).

20. 11. Der KdF-Dampfer »Wilhelm Gustloff« geht als Wohnschiff der Marine in Gotenhafen bei Danzig vor Anker. Auch die übrigen großen deutschen Passagierdampfer dienen, sofern sie nicht im Ausland vom Krieg überrascht worden sind, der Kriegsmarine.

17. 12. Reichspropagandaminister Joseph Goebbels spricht auf einer Weihnachtsfeier der Werft Blohm & Voss. Er richtet heftige Angriffe gegen die britischen »Plutokraten« und erklärt, Hitler habe diesen Krieg nicht gewollt.

GESTORBEN:

27. 2. Berlin: Peter Behrens (* 14. 4. 1868, Hamburg), Architekt.

Hamburg lebt in trügerischer Normalität

18. Mai 1940. In der Feuerwache Harburg klingeln um 0.41 Uhr die Feuermelder. Ein Ölbetrieb brennt, und im Petroleumhafen ist Feuer ausgebrochen. Der erste Luftangriff auf Hamburg beginnt.

Eigentlich gilt diese Offensive der Werft Blohm & Voss, doch die meisten Bomben fallen auf das Harburger Industriegebiet, töten 34 und verletzen 72 Menschen. Von nun an kommen die Briten fast jeden Abend. 70 Angriffe fordern 1940 125 Tote und 567 Verletzte.

Noch meldet der Wehrmachtbericht detailliert den Ort der Abwürfe und die Zahl der Opfer. Reichsstatthalter Karl Kaufmann läßt die ersten Bombentoten feierlich auf dem Friedhof Ohlsdorf beisetzen.

Am 3. Oktober werden im Rahmen der »Erweiterten Kinderlandverschickung« die ersten 3000 Jungen und Mädchen aus Hamburg und Berlin in ländliche Regionen des Deutschen Reiches evakuiert.

Abgesehen von den Luftangriffen vollzieht sich das Leben aber in trügerischer Normalität.

Noch ist Platz für Freizeitvergnügen. Hamburgs Fußball-Lieblinge sind die Kicker des ETV um Karl Heinz und Kurt Manja sowie Walter Risse, auch wenn sie am 23. Juni durch ein 0:3 gegen den Dresdner SC vor 15 000 Besuchern auf der Hoheluft den Sprung in die Vorschlußrunde der Deutschen Meisterschaft verpassen. Auf St. Pauli ist ebenfalls noch nichts von Bedrückung zu spüren: Am 15. Oktober führt das Theater an der Reeperbahn die Operette »Ein Liebestraum« von Paul Lincke erstmals auf. Am 21. Dezember bejubeln Besucher des Ernst-Drucker-Theaters Ernst Budzinski in Paul Möhrings Volksstück »Zitronenjette«.

Die nach der erfolgreichen Beendigung des Westfeldzuges gegen Frankreich, Belgien, Luxemburg und die Niederlande nach Hamburg heimkehrenden Soldaten werden von der Bevölkerung stürmisch gefeiert; der Frieden scheint nahe.

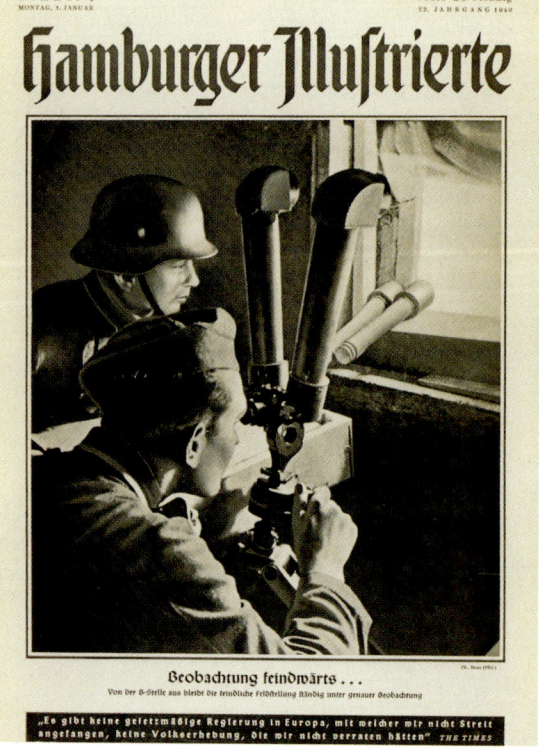

Nach einem der vielen Angriffe britischer Bomber: Zerstörungen durch eine in der Nacht vom 13. zum 14. März abgeworfene Sprengbombe im Krankenhaus St. Georg

◁ *Die »Hamburger Illustrierte« zeigt auf der Titelseite ihrer Ausgabe vom 1. Januar 1940 zwei deutsche Soldaten an ihrem Scherenfernrohr auf Beobachtungsposten.*

Kinderlandverschickung: Schulmädchen im Lager Hohenburg

Für die Deutsche Wehrmacht ist 1940 das Jahr der großen militärischen Erfolge: Neugierige Passanten am 17. Juni vor dem Schaukasten des »Hamburger Anzeigers«, der den Stand des Vormarsches in Frankreich zeigt

◁ *Eintopfessen in Volksdorf; die mehrmals im Jahr stattfindenden »Eintopfsonntage« veranstaltet das Winterhilfswerk. Die finanzielle Differenz zur üblichen Mahlzeit soll für die »Volksgemeinschaft« gespendet werden.*

Ein sommerliches Bild wie aus Friedenszeiten bietet der Alster-Pavillon; das einzige, was an den Krieg erinnert, sind die vielen Soldatenuniformen.

Schaufensterauslage mit einem Aufruf zur »Metallspende des Deutschen Volkes«; anläßlich des Hitler-Geburtstages finden Metallsammlungen statt.

Ein frischvermähltes Paar: Sie in Weiß, er in Uniform; für solche Ereignisse halten die Verkehrsbetriebe einen Sonder-Straßenbahnwagen bereit.

1941

1. 1. Wegen des gestiegenen Wohnungsbedarfs richtet die Hamburgische Landesbank die Abteilung Öffentliche Bausparkasse ein.

21. 3. Mit Hans Albers in der Titelrolle des gleichnamigen Kolonialpioniers hat der in Prag gedrehte Spielfilm »Carl Peters« im Hamburger Ufa-Palast Premiere. Regie führte Herbert Selpin.

25. 3. Staatssekretär Friedrich Syrup spricht in Hamburg über den Arbeitseinsatz. → S. 481

25./26. 3. Die Hamburger Sozialbehörde läßt 280 Heimbewohner, vor allem ältere und gebrechliche Personen, in die psychiatrische Anstalt Meseritz-Obrawalde bringen, wo sie ermordet werden (→ 25. 10. 1941/ S. 480).

24. 5. Das Ernst-Drucker-Theater (heute St. Pauli-Theater) am Spielbudenplatz begeht sein 100jähriges Bestehen. → S. 481

18. 7. Die britische Presse berichtet über Tarnmaßnahmen in Hamburg. → S. 480

28. 7. Aus dem Kriegsgefangenenlager in Fischbek entfliehen 15 französische Offiziere.

28. 7./1. 8. 70 Patienten der Alsterdorfer Anstalten werden zunächst nach Langenhorn verlegt und wenige Monate später in Tiegenhof bei Gnesen ermordet (→ 25. 10. 1941/S. 480).

11. 9. Der Jüdische Kulturbund in Hamburg wird verboten. Auf Anweisung der Gestapo kauft der Bauverein der Anthroposophischen Gesellschaft dessen Haus in der Hartungstraße. 1943 erwirbt es die Stadt Hamburg. Sie eröffnet dort noch im selben Jahr die Thalia-Kammerspiele.

19. 9. Für die jüdische Bevölkerung gilt der Zwang zum Tragen des Judensterns (→ 25. 10. 1941/ S. 480).

5. 10. Der Hamburger Berufsboxer Richard Vogt gewinnt in Berlin die Deutsche Meisterschaft im Halbschwergewicht. → S. 481

25. 10. Die ersten 1034 Hamburger Juden werden nach Litzmannstadt (heute Lodz) im besetzten Polen abtransportiert. → S. 480

18. 11. Die Kriegsmarine kauft die 1912 vom Stapel gelaufene Staatsjacht »Hamburg«.

30. 11. 84 britische Flugzeuge werfen bei einem Angriff auf Hamburg 138 t Bomben ab. Bei 42 Luftangriffen sterben im Verlauf des Jahres 626 Menschen, 1959 werden verletzt.

GEBOREN:

13. 8. Hamburg: Henning Voscherau, Politiker (SPD), Erster Bürgermeister seit 1988.

Alster getarnt – aber Briten wissen alles

18. Juli 1941. »Alle Londoner Blätter bringen heute eine Luftaufnahme der R. A. F. [Royal Air Force], aus der hervorgeht, daß die Deutschen in Hamburg riesige Tarnungen vornahmen zur Irreführung der angreifenden Flieger.« Diese Meldung der britischen Nachrichtenagentur Exchange zerstört die Illusion, man könne die Briten durch die Abdeckung der Binnenalster und des Hauptbahnhofs täuschen. Attrappen aus Holz, Pappe und Tuch hatten das Areal optisch in ein Wohngebiet verwandelt.

Die Briten aber wissen nun: »So wurde das etwa 600 m lange und fast ebenso breite Wasserbecken der Binnenalster mit großen bemalten und mit Aufbauten versehenen Flößen bedeckt, die vortäuschen sollen, daß es sich um einen Kanal und Straßen mit Häusern handele. Sodann wurde aus einem Teil der Außenalster eine neue Binnenalster geschaffen. 600 m von der Lombardsbrücke entfernt, die die Binnenalster von der Außenalster trennt und über die die Eisenbahnverbindung vom Hamburger Hauptbahnhof nach Altona sowie eine belebte Verkehrsstraße führen, wurde eine neue angebliche Lombardsbrücke gebaut, so daß das Wasser zwischen der richtigen und der falschen Lombardsbrücke die Binnenalster vortäuschen soll.« Weder Tarnung noch Luftabwehr verhindern, daß 1941 in Hamburg 626 Menschen bei Luftangriffen sterben und 1959 verletzt werden.

Blick auf die als Wohngebiet getarnte Binnenalster; im Hintergrund die imaginäre Lombardsbrücke

Die mit Holz- und Pappattrappen abgedeckte Innenalster vor der Kulisse des Neuen Jungfernstiegs

Die Tarnung der Alster soll vor allem die für den Nord-Süd-Verkehr wichtige Lombardsbrücke schützen, die auch weitgehend unbeschädigt bleibt.

Mord an Juden und psychisch Kranken

25. Oktober 1941. Erstmals werden Hamburger Juden in die Gettos und Vernichtungslager der besetzten östlichen Nachbarländer des Deutschen Reiches deportiert. Zeitgleich vernichten Hamburger Heil- und Pflegeanstalten auf der Grundlage des »Euthanasieprogramms« vom Oktober 1939 angeblich »lebensunwertes Leben«.

Seit dem 23. Oktober 1941 ist Juden die Auswanderung verboten. Vor 1933 wohnten fast 20 000 Menschen jüdischer Religion in Hamburg, im Mai 1939 noch etwa die Hälfte. Nur rund 600 erleben das Kriegsende in der Hansestadt. Hatten die Juden schon am 1. Januar 1939 den zusätzlichen Vornamen Sarah oder Israel annehmen müssen, folgt am 19. September 1941 die Pflicht zum Tragen des »Judensterns«.

Der erste von 17 Transporten geht am 25. Oktober nach Litzmannstadt (heute Lodz) im besetzten Polen. 1034 Hamburger Juden müssen sich am Vortag im ehemaligen Logenhaus in der Moorweidenstraße zur »Evakuierung« einfinden. In Lodz leisten sie in Gettos Zwangsarbeit, bis sie in die Vernichtungslager gebracht werden.

Weitere Transporte gehen am 8. und 18. November nach Minsk sowie am 6. Dezember nach Riga. Unter den 747 Menschen befindet sich auch Hamburgs Oberrabbiner Joseph Carlebach, der mit seiner Frau und drei Kindern im März 1942 ermordet wird.

Nachdem im Oktober 1938 jüdische Patienten aus den Alsterdorfer Anstalten abtransportiert worden waren, kommen 70 weitere Menschen am 28. Juli und 1. August 1941 zunächst nach Langenhorn. Wenige Monate später ermordet man sie in Tiegenhof bei Gnesen. Alte, Kranke und Gebrechliche gehören ebenfalls zu den Mordopfern. Am 25. und 26. März 1941 ließ die Sozialbehörde 280 Heimbewohner in die psychiatrische Anstalt Meseritz-Obrawalde verlegen. Weitere Transporte gingen am 23. April und 21. Mai dorthin sowie nach Zwiefalten und Schussenried.

Frauen sollen Kriegsdienst an »Heimatfront« leisten

25. März 1941. Staatssekretär Friedrich Syrup zieht in Hamburg eine Zwischenbilanz des Arbeitseinsatzes. Wegen der hohen Zahl der Einberufenen braucht die Industrie Ersatzarbeitskräfte.

Eine spürbare Entlastung des Arbeitsmarktes sei – so Syrup – durch die Kriegsgefangenen eingetreten, von denen 90% in Beschäftigung seien. Ihre Zahl wächst zunächst durch Anfangserfolge im Krieg gegen die UdSSR, der am 22. Juni 1941 beginnt. Ab 1942 arbeiten auch KZ-Häftlinge in der Rüstungsproduktion (→ 2. 5. 1944/S. 487).

Zugleich fordert Syrup, die Zahl der weiblichen Arbeitskräfte zu erhöhen, die Anfang 1941 im Deutschen Reich bei 8,3 Millionen gelegen habe. Ähnlich wie im Ersten Weltkrieg nehmen Frauen in Verwaltungen und Industriebetrieben Positionen ein, die bislang Männern vorbehalten waren.

So muß die Hamburger Hochbahn 2200 Fachkräfte durch Angehörige des weiblichen Arbeitsdienstes ersetzen. Immer häufiger beschäftigen Unternehmen ältere Arbeitskräfte weiter, kehren pensionierte Beamte in ihren Beruf zurück und schulen Kriegsversehrte.

Je länger der Krieg dauert, desto mehr orientiert sich die Wirtschaft an dessen Bedürfnissen. Die Werften und die übrige Industrie arbeiten fast nur noch für die Rüstung, der Handel sucht sich für den fehlenden Ex- und Import einen Ausgleich im Binnengroßhandel.

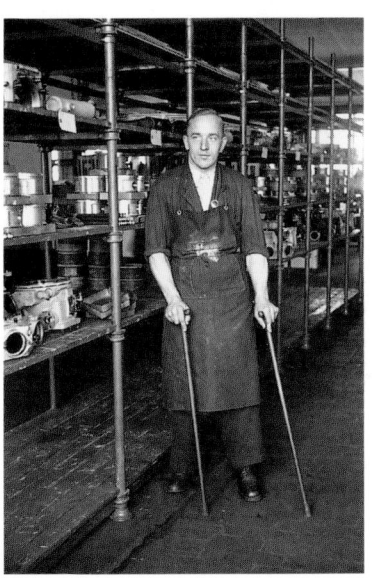

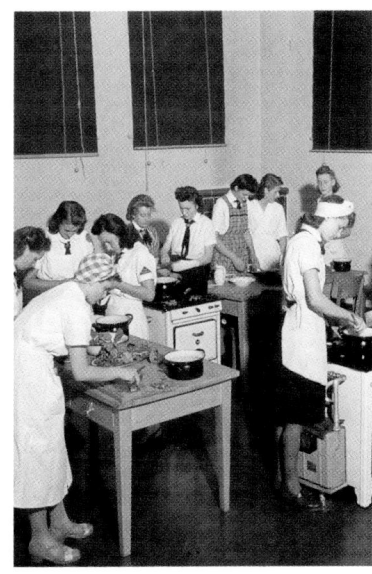

◁△ 1944 beginnt die Ausbildung von Frauen zu Straßenbahn-Führerinnen (auf dem Bild in Köln).

△ Junge Frauen, die eine Ausbildung als Funkerinnen erhalten haben, bei einer Einsatzübung

◁◁ Selbst Kriegsversehrte arbeiten in den Klöckner-Werken für den »Endsieg«; hier in Moorfleeth werden vor allem Flugzeugmotoren im Auftrag der Luftwaffe gebaut.

◁ Trotz großangelegter Propagandafeldzüge gelingt es den Nationalsozialisten nur begrenzt, Frauen zur Abkehr vom lange gehegten Klischee der treusorgenden Hausfrau und Mutter zu bewegen.

Namenswechsel zum Hundertjährigen

24. Mai 1941. Mit Paul Möhrings Volksstück »Hamborger Luft vor hunnert Johr« begeht das Ernst-Drucker-Theater am Spielbudenplatz sein 100jähriges Bestehen (→ 24. 5. 1841/S. 210).

Auf Befehl der Nationalsozialisten muß sich das Haus in St. Pauli-Theater umbenennen, weil der frühere Besitzer Ernst Drucker Jude war. Obwohl das Publikum auf unbequemen, schmalen Holzbänken sitzen muß, ist das Volkstheater wegen seiner plattdeutschen Lokalpossen sehr beliebt. Seit Dezember 1924 leitet es Anna Simon. Sie ist die Witwe von Siegfried Simon, der das Ernst-Drucker-Theater im April 1921 kaufte.

Bühnenbild aus »Hamborger Luft vor hunnert Johr« von Paul Möhring; bei diesem Alt-Hamburger Volksstück hat erstmals Kurt Simon die Spielleitung.

Profi »Riedel« Vogt erboxt ersten Titel

5. Oktober 1941. Der Hamburger Berufsboxer Richard (»Riedel«) Vogt sichert sich in der Berliner Deutschlandhalle durch einen K.o.-Sieg in der achten Runde über Heinz Seidler die Deutsche Meisterschaft im Halbschwergewicht. Damit nimmt er Revanche für die K.o.-Niederlage vom 4. Mai 1941.

Der 1913 geborene Vogt war zunächst erfolgreich Amateur und Olympia-Zweiter 1936 in Berlin, ehe er zu den Professionals wechselte. Sein Griff zum Europatitel scheitert am 5. April 1942 in Berlin. »Riedel« boxt bis 1952, wird dreimal Deutscher Meister und verliert von 72 Profikämpfen nur acht.

1942

Sabotage und Swing gegen NS-Regime

1. November 1942. In Hamburg verhaftet die Geheime Staatspolizei den 47jährigen Bernhard Bästlein und zerschlägt in den Tagen darauf eine von Bästlein, Franz Jacob und Robert Abshagen gemeinsam aufgebaute kommunistische Widerstandszelle.

Seit Anfang 1942 hatte die Gruppen versucht, die Arbeiter bei Blohm & Voss und anderen kriegswichtigen Betrieben zu Sabotageakten zu bewegen. Bästlein und Jacob, der sich bis Anfang Juli 1944 in Berlin verbergen kann, werden am 18. September 1944 hingerichtet. Das gleiche Schicksal widerfährt in Berlin dem 17jährigen Helmuth Hübener aus Hamburg. Er hatte »Feindsender« abgehört und ihre Nachrichten verbreitet.

Die Gestapo verfolgt neben solch aktivem Widerstand jede Form abweichenden Verhaltens, wie sie es z. B. bei der sog. Swing-Jugend vermutet. Seit Ende der 30er Jahre entstanden in Hamburg unter Jugendlichen aller Bevölkerungsschichten unabhängig voneinander sog. Swing-Cliquen. Die Begeisterung für Musiker wie Louis Armstrong, Teddy Stauffer oder Benny Goodman bringt sie in Konflikt mit dem Staat.

Weil die Störung ihrer Tanzfeste und erste Verhaftungen nichts helfen, muß der Alsterpavillon ab 25. Juni um 17 Uhr schließen. Wie das »Kleine Fährhaus« von Helene Prien (»Tante Lo«) an der Alster und die »Caricata-Bar« ist er ein

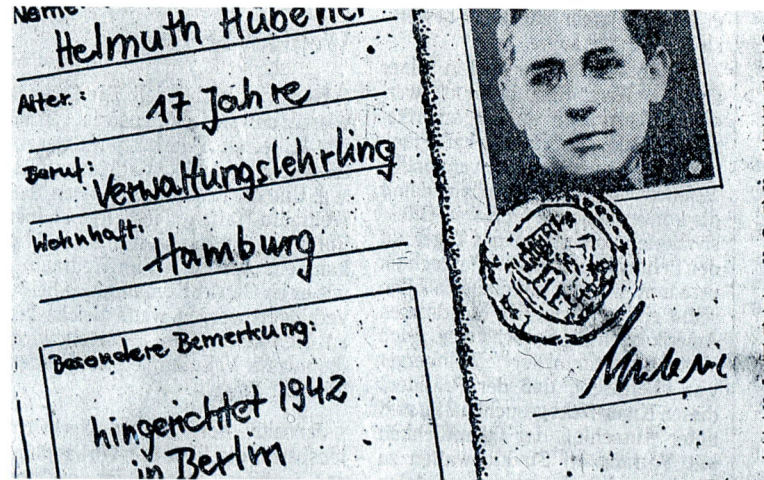

△ Der 17jährige Verwaltungslehrling Helmuth Hübener wird 1942 hingerichtet, weil er die Nazi-Propaganda durch Verbreitung von »Feindsender«-Informationen unterlief. Je aussichtsloser die militärische Lage des Dritten Reichs wird, desto brutaler unterdrücken die Nationalsozialisten jede Form des Widerstands.

◁ Franz Jacob bezahlt ebenso wie Bernhard Bästlein seine Mitarbeit in einer kommunistischen Widerstandsgruppe 1944 mit dem Leben, nachdem es ihm gelungen war, sich noch zwei Jahre lang in Berlin dem Zugriff der Gestapo zu entziehen.

beliebter Treffpunkt. Die »Swinger« sind an ihrer betont lässigen, an britischen Vorbildern orientierten Kleidung zu erkennen, die gehobene Kreise möglichst bei Ladage & Oelke oder Peter Wilkens kaufen. Bis 1944 werden von den rund 1500 »Swingern« etwa 400 zeitweise verhaftet und 40 bis 70 in Konzentrationslager gesperrt.

Judenverfolgung endet im Holocaust

26. März 1942. Im Deutschen Reich gilt ab sofort eine Kennzeichnungspflicht für Wohnungen, in denen Juden leben. Die Hamburger Behörden fassen die in der Stadt verbliebenen Bürger jüdischer Abstammung jetzt in »Judenhäusern« zusammen, um sie leichter kontrollieren und deportieren zu können. Die Gebäude liegen meist im Grindelviertel, so in der Heinrich-Barth-Straße 8 und 19, in der Rutschbahn 15 und 25a, der Dillstraße 15 und 16 sowie in der Bornstraße 16 und 22, wo noch bis Februar 1943 Hauskonzerte und Schallplattenabende stattfinden. Ab September werden jüdische Einwohner in den Häusern Benek-

kestraße 2, 4 und 6 »zusammengefaßt«. Völlig zum Erliegen kommt der Schulunterricht: Am 1. Januar unterrichten noch elf Lehrer 76 Kinder in der sog. Volks- und Höheren Schule für Juden in der Karolinenstraße 35. Diese entstand aus dem zwangsweisen Zusammenschluß von Jüdischer Mädchenschule und der früheren Talmud-Tora-Schule (→ 20. 12.1911/S. 375). Am 29. April verbietet Reichsstatthalter Karl Kaufmann den Unterricht für jüdische Kinder. Die im jüdischen Waisenhaus am Papendamm 3 abgehaltenen Schulstunden enden am 30. Juni 1942.
Wenig später kommt es zu erneuten Deportationen (→ 25. 10. 1941/

S. 480), nachdem die Nationalsozialisten auf der »Wannsee-Konferenz« am 20. Januar die Ausrottung des europäischen Judentums beschlossen haben. Ende März treffen die ersten Transporte in Auschwitz ein, wo Anfang Juni die Massenvergasungen beginnen. Zu den am 11. Juli Deportierten gehört der frühere Lehrer an der Landeskunsthochschule, Friedrich Adler. Am 15. und 19. Juli gehen zwei Transporte mit 925 bzw. 801 jüdischen Bürgern – darunter Ex-Senator Max Mendel – nach Theresienstadt ab; der Deportationsbefehl trifft auch Agathe Lasch, die 1923 als erster weiblicher Professor in Hamburg gefeiert worden war.

Verbraucher schnallen Gürtel noch enger

6. April 1942. Die Brotration eines Normalverbrauchers wird von 2250 auf 2000 g pro Woche reduziert. Die Kürzung wirkt – so die Beurteilung der SS – geradezu »niederschmetternd« auf die Bevölkerung.

Statt wöchentlich 400 g Fleisch gibt es nur noch 300 g, die Fettration sinkt von 269 auf 206 g. Diese Bezugsgrößen gelten für die »Normalverbraucher«, d. h. für rund 40% der Bevölkerung. Bei Kindern und Jugendlichen vermindert sich die Fleischration um 50 g. Von den Erwachsenen behält die höhere Brotration nur, wer als Lang-, Nacht- und Schwerstarbeiter im Besitz der begehrten Zusatzkarten ist. Sie erhalten zwar höhere Fleisch- und Fettzuteilungen, müssen aber auch Kürzungen um etwa 20% hinnehmen.

Zuvor hatte es sich in Hamburg noch verhältnismäßig gut leben lassen. Anders als bei Ausbruch des Ersten Weltkrieges gelang die Umstellung auf die Rationierung im September 1939 recht gut. 1940 wurde aber das Brot knapp, im Juni 1941 schrumpften die Fleischrationen, nur die Lang- und Nachtarbeiter wurden bevorzugt.

Die jetzt bekanntgegebenen drastischen Einschränkungen lösen Unmut aus. Mütter haben Sorge, ihre Kinder sattzubekommen, Arbeiter und berufstätige Frauen müssen wegen der Brotrationierung auf ihre »Butterstulle« verzichten, obwohl Brot schon die fehlenden Kartoffeln und Gemüse ersetzen muß.

Ausstellung über neue Versorgungsgüter; weil Lebensmittel immer knapper werden, gibt es für Kaffee, Honig und vieles andere nur noch »Ersatz«.

Die wohlgefüllten Regale täuschen: So sieht es im April 1942 nicht in real existierenden Hamburger Lebensmittelläden aus, sondern bei einer Prüfung angehender Feinkosthändler in der Gewerbeschule Holzdamm.

Notverpflegungsstelle auf der Moorweide; hier bekommen die obdachlos gewordenen Opfer der Bombenangriffe vom → 25. Juli 1943 (S. 484) Nahrungsmittel ausgehändigt.

Der Krieg beginnt das Leben unter die Erde zu verlegen: Essenausgabe in einem Bunker unter der Reeperbahn; besonders schlecht ist die Versorgung mit Obst und Gemüse.

Tötung durch Arbeit im KZ Neuengamme

September 1942. Im Konzentrationslager Neuengamme kommen in zwei Schüben rund 450 sowjetische Kriegsgefangene an. Sie werden nach ihrem Eintreffen in den »Bunker«, das Lagergefängnis, geschafft und dort mit als Zyklon B bezeichneter Blausäure vergast. Zwischen 1942 und 1945 exekutiert die SS in diesem Lager etwa 2000 Menschen. Weitaus mehr Opfer fordert die in Neuengamme praktizierte »Vernichtung durch Arbeit«. Im Winter 1941/42 starben bis zu 120 Häftlinge pro Tag an Typhus. Bis zum Jahresende gibt die Lagerleitung mehr als 13 000 Häftlingsnummern aus. Zu diesem Zeitpunkt zählt Neuengamme 5000 Internierte. Neben der harten Arbeit schwächen mangelhafte Ernährung, unzureichende Kleidung und Unterbringung sowie schlechte hygienische Verhältnisse die Widerstandskraft der Häftlinge.

Im November werden rund 2500 Männer und Frauen nach Drütte bei den Reichswerken Hermann Göring in Salzgitter verlegt. Es ist eines der ersten Außenlager des KZ Neuengamme (→ 2. 5. 1944/S. 487). Die Lagerleitung ermordet nicht nur skrupellos Tausende von Menschen, sondern ist zynisch genug, die Häftlingsmoral durch einen Musik-»Wettbewerb« zu heben, bei dem sie aus 30 Vorschlägen den Song »Konzentrationäre« nach der Melodie »Fern von Sedan« als Lagerlied auswählt.

Überleben im Hagel britischer Bomben

27. Juli 1942. Hamburg verzeichnet den 122. und bisher schwersten britischen Luftangriff. 403 Flugzeuge werfen zwischen 0.43 Uhr und 2.07 Uhr fast 600 Sprengbomben aller Kaliber und rund 70 000 Brand- und Phosphorbomben ab. 523 Großfeuer machen mehr als 12 000 Menschen obdachlos. 337 Hamburger kommen ums Leben, 211 werden schwer und 816 leicht verletzt. Besonders betroffen sind der Jungfernstieg mit dem Kontorhaus Hamburger Hof und dem Alsterpavillon, der Schwalbenplatz in Barmbek und die Hamburger Straße. Am 29. Juli beschädigt ein Angriff die Klinik Eppendorf schwer.

1943

»Gomorrha« bringt tausendfachen Tod

25. Juli 1943. Um 0.57 Uhr beginnt die bis zum 3. August dauernde anglo-amerikanische »Operation Gomorrha« zur Zerstörung Hamburgs. Schon der erste britische Luftangriff richtet nach Angaben des Wehrmachtberichts »schwere Verluste unter der Bevölkerung und starke Zerstörungen an Wohnvierteln, Kulturstätten und öffentlichen Gebäuden« an.

Als um 0.33 Uhr Fliegeralarm ertönt, ahnt niemand, welches Inferno in den nächsten Stunden über Hamburg hereinbricht. Die Nacht ist sommerlich warm. Seit Ende März hat am Himmel weitgehend Ruhe geherrscht. Keiner ahnt, daß der britische Luftmarschall Arthur Travers Harris die örtliche Rüstungsindustrie durch Zerstörung der Arbeiterwohnstätten lahmlegen und die Widerstandskraft der Bevölkerung brechen will.

Die Besatzungen der 791 Bomber brauchen diesmal die deutsche Luftabwehr kaum zu fürchten: Die Briten werfen sog. Windows ab – Stanniolstreifen von 24,8 cm Länge und 2 cm Breite –, mit denen sie die deutschen Radargeräte stören. Deshalb können die Flakbatterien nur Sperrfeuer schießen.

Besonders schwer trifft es die Innenstadt, die Stadtteile Hoheluft und Eimsbüttel, Altona sowie die nordwestlichen Vororte. Reihen- und Flächenbrände bisher nicht gekannten Ausmaßes legen sie in Schutt und Asche. Auch die Nikolai-Kirche brennt aus. Etwa 1500 Menschen sterben.

Angriffe der 8. US-Luftflotte am Nachmittag des 25. Juli und am Vormittag des 26. Juli, die vorwiegend dem Hafengebiet gelten, erschweren die Brandbekämpfung, die Versorgung der Verwundeten und die Bergung der Toten.

Die schwerste Prüfung steht Hamburg jedoch noch bevor: Am 27. Juli wird um 23.40 erneut Fliegeralarm ausgelöst. Ab 1 Uhr werfen 739 britische Bomber ihre tödliche Last über Wandsbek, Eilbek, Hohenfelde, Borgfelde, Hamm, Horn, Hammerbrook und Rothenburgsort ab. Rund 1100 t Bomben treffen Hamm, Hammerbrook und Rothenburgsort, die am schwersten betroffen sind: Schon nach einer halben Stunde steht ein Großteil der Häuser in Flammen. Phosphor- und Flüssigkeitsbrandbomben setzen selbst große Wohnhäuser vom untersten Geschoß her schlagartig in Brand. Das Feuer breitet sich rasend schnell aus, weil Spreng- und Minenbomben Dächer abdecken und Fenster und Türen aus ihren Verankerungen reißen.

Der gefürchtete »Feuersturm«

Der »Feuersturm« ist die Folge der Großbrände, die mit ihrer ungeheuren Lufterwärmung und beträchtlichem Sauerstoffverbrauch zu Luftbewegungen von bis zu 75 m pro Sekunde führen. Ein amtlicher Bericht stellt fest: »Es entwickelten sich Feuerstürme von orkanartiger Gewalt, die 25- bis 30jährige Bäume glatt abdrehten.«

Die baulichen Verhältnisse, viele Terrassen und enge Gassen, begünstigen das Entstehen von äußerst heißen Luftwirbeln. Der »Feuersturm« entwurzelt Bäume und reißt brennende Balken und Gesimsteile mit sich. Flammen, Funkenflug und die unerträgliche Hitze lassen den Sauerstoff knapp werden. Tausende sterben in ihren Luftschutzkellern an Kohlenmonoxydvergiftung. Wer es schafft, auf die Straße zu kommen, wird oft in Sekundenschnelle vom Feuersturm erfaßt und verbrennt. Straßen und Kanäle sind voll von Leichen.

Die Feuerwehr versucht, vom Feuer Eingeschlossenen den Weg in die Sicherheit zu bahnen. Über dem Feuersturmgebiet steht am folgenden Tag eine etwa 7000 m hohe Qualmwolke. Hammerbrook westlich des Heidenkampswegs wird zur toten Zone erklärt.

Am 29. Juli heulen um 23.58 Uhr erneut die Sirenen. Bis zur Entwarnung um 2.08 Uhr sind Harvestehude, Rotherbaum, Uhlenhorst, Winterhude und Barmbek schwer getroffen worden. Die Hauptkirche St. Katharinen ist zerstört. 370 Menschen sterben allein im Luftschutzkeller des Kaufhauses Karstadt an der Hamburger Straße.

Zum letztenmal ertönen die Sirenen am 3. August um 0.59 Uhr. Heftige Gewitter begleiten den Angriff, die Bomben fallen verstreut auf das Stadtgebiet. Das Zuschauerhaus der Hamburgischen Staatsoper zerfällt unter der Bombardierung in Schutt und Asche.

Damit ist die Luftoffensive beendet. 3000 Flugzeuge haben mehr als 9000 t Bomben abgeworfen. Bis zum 30. November finden Rettungsmannschaften 31 647 Tote, von denen nur die Hälfte identifiziert werden kann. Auch das Ausmaß der Sachschäden ist kaum vorstellbar: Neben einem Drittel aller Wohnhäuser sind 24 Krankenhäuser, 277 Schulen und 58 Kirchen entweder vollkommen zerstört oder schwer beschädigt.

Doch das Leben in der Stadt geht weiter. Schon am 28. Juli erhalten die auf der Moorweide versammelten Flüchtlinge Nahrungsmittel zugeteilt, und am 16. August werden die Lebensmittelkarten für die 53. Zuteilungsperiode an ca. 800 000 Menschen ausgegeben, 62 000 weniger als vor den Angriffen.

Zerstörungen im Zweiten Weltkrieg

Totalzerstörung
Teilzerstörung

0   1   2 km

Barmbek

Wandsbek

Alster

Altona

Elbe

Elbe

Quelle: Nach Ilse Möller, Hamburg (Klett Länderprofile)

© Harenberg

Hamburg ist nur noch ein Trümmermeer: Eine Aufnahme von der Nikolaikirche im August 1943 auf das Nikolaifleet und die Reimersbrücke

Hamburg nach dem Angriff »Schlucht des Schreckens«

Chronik Zeitzeuge

Der 17jährige Uwe Storjohann ist während des ersten Angriffs mit seiner Mutter in Quickborn. Am folgenden Tag (25. 7.) versuchen sie, zu ihrem Haus in Hoheluft zu gelangen:

»Die brennende Stadt schickt uns ihren Rauch entgegen. Mit jedem Kilometer, den wir vorwärts hetzen, wird er dichter, stechender und heißer; verwandelt er den hellen, blauen Sommermorgen in ein diffuses Grau aus Qualm und Brandschwaden. Ein scharfer, übler Geschmack klebt auf der Zunge. Die Augen tränen, die Ohrläppchen brennen – jeder Atemzug ist eine Qual. Wo wir gehen – Schnelsen, Niendorf, Lokstedt – bin ich gestern abend noch mit der Straßenbahn gefahren. Linie 22. Nun ist die Straße wie nach einer Schlacht: Herabgestürzte

Oberleitungen, Bombentrichter, aus dem Boden gerissene Schienen, Glas- und Trümmerberge. Es sieht schlimm aus. Trotzdem: die meisten Häuser links und rechts der Straße sind nur beschädigt; nicht zerstört, sie stehen noch. Vielleicht haben auch wir Glück gehabt.

Menschen kommen uns entgegen. Menschenströme. Männer, Frauen, Kinder, Greise; viele bepackt mit Bündeln, Taschen, Pappkartons, Rucksäcken und Koffern. Übernächtigte Gesichter. Eingefallen, rußgeschwärzt – von Schrecken, Angst, Verzweiflung, Fassungslosigkeit gezeichnet. Überlebende der Bombennacht. Meine Mutter spricht einen älteren Mann an. Ob er aus Eimsbüttel . . .? Ja, er kommt aus Eimsbüt-

tel . . . aus unserem Viertel. Hoheluft. Was wir erfahren, ist niederschmetternd: ›Eppendorfer Weg? Da brauchen Sie gar nicht weiterzulaufen. Eppendorfer Weg ist alles kaputt. Phosphor. Die haben Phosphor geschmissen, diese Schweine.‹ Dann fängt er an, zu heulen; schluchzt immer wieder dieselben Worte: ›Alles weg! Alles verloren! Alles verloren! Diese Schweine!‹ Die Worte treffen mich wie Peitschenhiebe. Ich renne, renne, renne; lasse meine Mutter hinter mir. Egal. Nur hin – und sehen, ob noch etwas da ist von unserer Wohnung. Die Hitze sticht in alle Poren. Ich laufe, keuche durch sengende Glut.

Am Eingang zur Hoheluftchaussee komme ich nicht weiter. Feuerwehrleute, Männer vom Techni-

schen Hilfsdienst, die ein Inferno absperren. Hoheluftchaussee – gestern abend noch ein Flanierweg für verliebte Pärchen. Heute: Eine Schlucht des Schreckens. Mauerskelette, leere Fensterhöhlen, schwelender Trümmerschutt hinter einer schwarzen Rauchwand. Ich versuche, mich auf Umwegen, durch Nebenstraßen, zum Eppendorfer Weg durchzuschlagen . . . Die Fußwege sind übersät von herabgestürzten Dachbalken, Balkongittern und Mauerteilen. Und dann stehe ich vor unserem Haus. Eppendorfer Weg 179. Ich stehe vor einer nackten, trostlos schwarz gewordenen Fassade, an der als letzte Zeugen bürgerlicher Saturiertheit die Balkonvierecke kleben; dahinter nichts mehr. Nichts.«

1944

Widerstand bis zum Tod

Oktober 1943. In München verhaftet die Polizei den aus Hamburg stammenden Chemiestudenten Hans Leipelt. Ihm werden Verbindungen zur studentischen Widerstandsorganisation »Weiße Rose« nachgewiesen, die auch Kontakte nach Hamburg hatte.

Die vor allem von Hans und Sophie Scholl getragene Gruppe hatte seit Herbst 1942 in München, später auch an anderen Hochschulorten durch Flugblätter zum Widerstand gegen den Nationalsozialismus aufgerufen. Die Geschwister wurden am 18. Februar 1943 verhaftet und vier Tage später hingerichtet.

Leipelt studierte seit 1941 in München. Seine Verhaftung macht die Geheime Staatspolizei auf Hamburger Freunde aufmerksam. Ein eingeschleuster Spitzel forscht den Teilnehmerkreis systematisch aus. Bis März 1944 kommt es zur Verhaftung von 30 weiteren Sympathisanten der »Weißen Rose«.

Unter den Festgenommenen ist Katharina Leipelt, die Mutter des »Weiße Rose«-Mitglieds. Sie kommt am 9. Januar 1944 im Polizeigefängnis Fuhlsbüttel ums Leben. Ihr Sohn wird am 29. Januar 1945 in München hingerichtet. Außer ihm sterben sieben Gruppenangehörige in der Haft oder werden – wie Margarethe Mrozek und der frühere Richter Curt Ledien, gegen die das Belastungsmaterial nicht ausreicht –, im April 1945 im KZ Neuengamme umgebracht.

EIN DEUTSCHES FLUGBLATT

DIES ist der Text eines deutschen Flugblatts, von dem ein Exemplar nach England gelangt ist. Studenten der Universität München haben es im Februar dieses Jahres verfasst und in der Universität verteilt. Sechs von ihnen sind dafür hingerichtet worden, andere wurden eingesperrt, andere strafweise an die Front geschickt. Seither werden auch an anderen deutschen Universitäten die Studenten „ausgesiebt". Das Flugblatt drückt also offenbar die Gesinnungen eines beträchtlichen Teils der deutschen Studenten aus.

Aber es sind nicht nur die Studenten. In allen Schichten gibt es Deutsche, die Deutschlands wirkliche Lage erkannt haben ; Goebbels schimpft sie „die Objektiven". Ob Deutschland noch selber sein Schicksal wenden kann, hängt davon ab, dass diese Menschen sich zusammenfinden und handeln. Das weiss Goebbels, und deswegen beteuert er krampfhaft, „dass diese Sorte Mensch zahlenmässig nicht ins Gewicht fällt". Sie sollen nicht merken, wie viele sie sind.

Wir werden den Krieg sowieso gewinnen. Aber wir sehen nicht ein, warum die Vernünftigen und Anständigen in Deutschland nicht zu Worte kommen sollen. Deswegen werfen die Flieger der RAF zugleich mit ihren Bomben jetzt dieses Flugblatt, für das sechs junge Deutsche gestorben sind, und das die Gestapo natürlich sofort konfisziert hat, in Millionen von Exemplaren über Deutschland ab.

Manifest der Münchner Studenten

Erschüttert steht unser Volk vor dem Untergang der Männer von Stalingrad. 330.000 deutsche Männer hat die geniale Strategie des Weltkriegsgefreiten sinn- und verantwor-

Der Tag der Abrechnung ist gekommen, der Abrechnung unserer deutschen Jugend mit der verabscheuungswürdigsten Tyrannei, die unser Volk erduldet hat. Im Namen

Flugblatt der »Weißen Rose, das von RAF-Fliegern abgeworfen wurde

Aus Hitlerjungen werden Luftwaffenhelfer; schlecht ausgebildet und ausgerüstet, fallen viele von ihnen noch den Angriffen alliierter Bomber zum Opfer.

Schüler helfen an der Flak

11. Februar 1943. Im Deutschen Reich beginnt die Einberufung von 15jährigen Schülern. Sie sollen als Luftwaffenhelfer in oder nahe ihrer Heimatorte Dienst tun. Die Jungen der Albrecht-Thaer-Schule am Sievekingplatz werden als Flakhelfer auf dem Bunker an der Feldstraße eingesetzt.

Im April 1942 ist mit dem Bau des 47 m hohen Flakbunkers begonnen worden. Der auf einer Grundfläche von 70,5 × 70,5 m errichtete Gefechtsturm bildet mit dem weiter südlich stehenden und gleich hohen, aber kleineren Leitturm die Batterie 1/414 mit Zwillingskanonen und mehreren leichten Geschützen.

12. 3. Auf der Elbe besteht das Riesen-Flugboot BV 238 einen ersten Test. → S. 487

2. 5. In einem Außenlager des KZ Neuengamme fertigen mehr als 500 Zwangsarbeiterinnen Gasmasken. → S. 487

13. 5. Alle in Hamburg wohnhaften Chinesen werden verhaftet. → S. 487

18. 6. St. Jacobi brennt nach einem alliierten Luftangriff vollständig aus. → S. 486

18. 6. Der Luftwaffen-SV Hamburg unterliegt im Finale um die Deutsche Fußballmeisterschaft in Berlin Titelverteidiger Dresdner SC 0:4. → S. 488

20. 6. Die Raffinerien in Harburg-Wilhelmsburg sind Ziel eines US-Luftangriffs. 39 Bombardements fordern 1944 in Hamburg 3671 Tote und 4319 Verletzte. → S. 487

12. 7. Hamburg erhält ein Stadtjugendamt. → S. 486

18. 7. Um das streng rationierte Benzin zu sparen, beginnt in Hamburg die Stückgutbeförderung auf mehreren Linien der Straßenbahn. Andere Städte folgen diesem Beispiel.

1. 9. Reichspropagandaminister Joseph Goebbels läßt alle Theater im Deutschen Reich schließen. Auf Wunsch von Reichsstatthalter Karl Kaufmann spielt das Ensemble der Hamburgischen Staatsoper in geschlossenen Vorstellungen vor Soldaten und Betriebsbelegschaften.

1. 9. Die drei Hamburger Tageszeitungen werden zur »Hamburger Zeitung« zusammengeschlossen. → S. 488

3. 9. Der Hamburger Berufsboxer Richard Vogt verliert in Berlin seinen Titel als Deutscher Meister im Halbschwergewicht durch eine Niederlage nach Punkten an den Berliner Heinz Seidler (→ 5. 10. 1941/ S. 381).

14. 10. 589 männliche Bewohner des niederländischen Dorfes Putten, wo am 30. September ein deutsches Militärfahrzeug beschossen worden war, werden in das KZ Neuengamme verschleppt. Von ihnen erleben nur 37 das Kriegsende.

15. 12. In Prag wird der Spielfilm »Große Freiheit Nr. 7« mit Hans Albers in der Hauptrolle uraufgeführt. → S. 488

GESTORBEN:

9. 4. Hamburg: Eduard F. Pulvermann (* 2. 9. 1882, Hamburg), Kaufmann und Pferdesportler.

18. 8. KZ Buchenwald (ermordet): Ernst Thälmann (* 16. 4. 1886, Hamburg), Politiker (KPD).

US-Bomber zerstören Teile der Innenstadt

18. Juni 1944. »Der Feind führte in den Vormittagsstunden des 18. Juni mit starken Bomberkräften einen Terrorangriff auf Hamburg durch. Durch Abwurf zahlreicher Brand- und Sprengbomben entstanden Schäden. Zahlreiche Wohnhäuser wurden zerstört und beschädigt.« So beginnt im »Hamburger Tageblatt« der Bericht über den Angriff von etwa 800 US-Bombern auf die Innenstadt.

Die Kirche St. Jacobi brennt nach einem Treffer vollständig aus. Das Deutschlandhaus in der Dammtorstraße 1/ Ecke Valentinskamp wird weitgehend zerstört. Viele Waren- und Kontorhäuser in der Mönckebergstraße gehen ebenso in Flammen auf wie die Anlagen von Beiersdorf am Eidelstedter Weg und die Bavaria und St. Pauli-Brauerei in der Taubenstraße. Ein Zielangriff von 30 US-Flugzeugen legt einen Großteil der Hauptfeuerwache am Berliner Tor in Schutt und Asche. Die einzige noch intakte Fernsprechzentrale Hamburgs bleibt überwiegend unbeschädigt.

Neue Behörde gegen verwahrloste Jugend

12. Juli 1944. Mit dem »Stadtjugendamt« richtet Hamburg eine neue Behörde ein, die sich dem wachsenden Problem verwahrloster Jugendlicher widmen soll. Auf übergeordneter Ebene arbeiten Kreisjugendämter. Mit dieser Maßnahme wird die Aufhebung der Jugendbehörde 1933 rückgängig gemacht. Seither waren die Aufgaben der Jugendhilfe verteilt.

Nach den schweren Bombenangriffen auf die Hansestadt sind immer mehr Jugendliche ohne Wohnung. Die Sozialbehörde befürchtet, daß sie sich noch stärker als bisher in Banden zusammenschließen und die öffentliche Ordnung gefährden könnten. Bereits am 9. August 1943 war ihre Erfassung in »Zwangsarbeiterkolonnen« beschlossen worden. Streifendienste der Kriminalpolizei sind im Einsatz, um die jungen Leute auf den Straßen oder in Lokalen während der Verdunkelung aufzugreifen. Unter den Verhafteten sind auffallend viele Mädchen, die »herumbummeln«, anstatt für den »Endsieg« zu arbeiten.

Kriegsindustrie schindet KZ-Häftlinge

2. Mai 1944. In einem Außenlager des Konzentrationslagers Neuengamme an der Ahrensburger Straße in Wandsbek fertigen über 500 Arbeiterinnen Gasmasken für die Draegerwerke. Auch in anderen kriegswichtigen Betrieben arbeiten KZ-Häftlinge unter schwersten Bedingungen.

So müssen sie z. B. zerstörte Betriebsanlagen wiederherstellen oder beim Bombensuchkommando Blindgänger beseitigen (ab Juli 1943). Viele sterben an Entkräftung oder werden ein Opfer der Bomben. Zu den wichtigsten Außenlagern gehört der Getreidespeicher G am Dessauer Ufer. Von Juni bis September 1944 müssen etwa 500 Frauen den Hafen aufräumen und in Raffinerien und Ölfirmen arbeiten, so bei der Rhenania-Ossag (Shell) in Moorburg und Wilhelmsburg, der Europäischen Tanklager- und Transport AG (Eurotank), den Ölwerken Julius Schindler und den Ebano Asphalt-Werken. Sie kommen zum Teil aus Auschwitz direkt nach Hamburg, wo sie – nur unzureichend bekleidet und mit kaum mehr als einer dünnen Suppe im Bauch – von 4 Uhr morgens an täglich mehr als zwölf Stunden zu arbeiten haben. Nach den schweren Bombenangriffen wird das Frauenlager nach Neugraben und im Februar 1945 nach Tiefstack verlegt. Den Platz der Frauen in der Mineralölindustrie nehmen rund 3000 männliche Häftlinge ein.

Von einem Aufseher bewachte KZ-Häftlinge sprengen eine zerbombte Hausruine in der heutigen Gerhofstraße (früher Königstraße) in der Innenstadt; seit September 1944 besteht ein Bombenräumkommando Spaldingstraße.

Russen in einer Boberger Motorenfabrik; auch mit Zwangsarbeitern hält die NS-Führung die ganz auf den Krieg ausgerichtete Industrieproduktion aufrecht. Ab 1942 steigt die Zahl der ins Reichsgebiet Deportierten, weil immer mehr deutsche Arbeitskräfte an die Front müssen (Fotografie von 1942).

Schlag gegen Treibstoffversorgung

20. Juni 1944. Bei einem Großangriff der 8. US-Bomberflotte auf die Anlagen der Mineralölindustrie werden die Raffinerien in Harburg-Wilhelmsburg trotz künstlicher Vernebelung schwer getroffen. Auf dem Gelände der Rhenania-Ossag, der Ebano und des vierten Seehafenbeckens in Harburg stehen 800 000 m² in Flammen.

Trotz der erheblichen Schäden sind die meisten Anlagen nach sechs Wochen wiederhergestellt, als ein weiterer Großangriff am 6. August die Hamburger Mineralölindustrie langfristig betriebsunfähig macht. Besonders heftige Brände entstehen auf dem Kleinen Grasbrook und in Wilhelmsburg bei den Deutschen Erdölwerken.

Brennende Öltanks am Reiherstieg-Kanal/Ecke Grevenhof-Kanal am 20. Juni; die Luftangriffe sollen die Treibstoffversorgung der Wehrmacht unterbinden.

Gestapo macht Jagd auf jeden Chinesen

13. Mai 1944. Weil sie im Verdacht stehen, für die Westalliierten zu spionieren, verhaftet die Geheime Staatspolizei alle in Hamburg wohnhaften Chinesen.

Anlaß für die spektakuläre »Chinesenaktion« ist die Erkenntnis, daß viele der als Besatzungsmitglieder versenkter britischer Schiffe in deutsche Internierung geratenen Chinesen nach ihrer Überführung via Hamburg in die Türkei wieder auf britischen Schiffen fahren. Sie lockt die in Aussicht stehende doppelte Kriegsheuer vom Zeitpunkt der Versenkung an.

Unter Hinzuziehung der Schutz- und Kriminalpolizei werden in den frühen Morgenstunden des 13. Mai 165 Chinesen verhaftet und in das Gefängnis Fuhlsbüttel gebracht. Obwohl sich der Verdacht der Zusammenarbeit mit den Alliierten nicht beweisen läßt, kommen die Verhafteten im Spätsommer 1944 ins Arbeitslager »Langer Morgen« in Wilhelmsburg, das der Gestapo untersteht. 17 von ihnen erleben das Kriegsende nicht.

Fliegender Riese aus Finkenwerder

12. März 1944. In Finkenwerder wird ein neues Kapitel der Luftfahrtgeschichte aufgeschlagen: Das bei der Hamburger Flugzeugbau GmbH konstruierte Riesenflugzeug BV 238 ist in der Luft.

Sechs Motoren treiben das größte Flugboot der Welt an. Es hat eine Tragflächenspannweite von 60,1 m, verfügt über 6100 km Reichweite und kann 30,5 Stunden in der Luft bleiben – ideale Werte für einen Fernaufklärer. Der Neubau übertrifft noch den gleichfalls in Finkenwerder gebauten Typ BV 222. Die Flugzeugbau GmbH entstand 1933 als eine Tochterfirma der Werft Blohm & Voss (→ 6. 2. 1937/ S. 470). Das 1940 fertiggestellte Werk in Finkenwerder vereint alle Sektoren des Flugzeugbaus: Konstruktion, Entwicklung, Versuch sowie Muster- und Serienbau und hat einen Land- und Seeflugplatz.

Die BV 238 kommt nicht mehr zum Einsatz: Wegen der Luftangriffe wird das Flugboot zum Schaalsee ausgelagert, wo alliierte Piloten es entdecken und zerstören.

Hilde Hildebrands schmachtender Blick nützt nichts: Ihr Filmpartner Hans Albers zieht letzten Endes – wie könnte es anders sein – die See vor.

Die »Große Freiheit Nr. 7«

15. Dezember 1944. Nicht an seinem Schauplatz Hamburg, sondern in Prag feiert der Film Premiere, dessen Star Hans Albers kein Happy-End erlebt: »Große Freiheit Nr. 7«. Die melancholisch-poetische Filmgeschichte von Helmut Käutner paßt Reichspropagandaminister Joseph Goebbels nicht ins Konzept, weil das angesprochene Prostituiertenmilieu dem staatlich diktierten Ideal der deutschen Frau widerspricht. Im Reichsgebiet ist der Film verboten. Wer ihn sehen will, muß ins besetzte Ausland oder ins Reichsprotektorat Böhmen und Mähren fahren.

Die Geschichte ist schnell erzählt: Der St. Paulianer Stimmungssänger Hannes Kröger (gespielt von Hans Albers) verliebt sich in das junge Mädchen Gisa (Ilse Werner) und macht sich Hoffnungen, verliert seine späte Liebe aber an den flotten Werftarbeiter Willem (Hans Söhnker). Deshalb sticht er mit seinen Freunden Fiete (Gustav Knuth) und Jens (Günther Lüders) auf der »Padua« in See.

In diesem Film kann Albers alle Register seines schauspielerischen und stimmlichen Könnens ziehen. Zwei Lieder, die nicht für ihn geschrieben wurden, macht er populär: »La Paloma«, ein mexikanisches Volkslied von 1865 und »Auf der Reeperbahn nachts um halb eins« (→ 30. 9. 1911/S. 373).

»Hamburger Zeitung« entsteht aus Mangel

1. September 1944. Der zunehmende Papiermangel dünnt den Zeitungsmarkt immer mehr aus. Das »Hamburger Tageblatt«, das »Hamburger Fremdenblatt« und der »Hamburger Anzeiger« bilden jetzt notgedrungen zusammen die »Hamburger Zeitung«. Zum 1. März 1943 waren bereits die »Harburger Anzeigen und Nachrichten« in der Bezirksausgabe B des »Tageblatts« aufgegangen.

Am 24. August hat Reichspropagandaminister Joseph Goebbels Sparmaßnahmen verkündet. Künftig dürfen fast alle Tageszeitungen nur noch vier Seiten haben.

Nur zweite Plätze für Luftwaffen-Fußballer

18. Juni 1944. Im Finale um die Deutsche Fußballmeisterschaft verliert der Luftwaffen-SV Hamburg vor 70 000 Zuschauern im Berliner Olympiastadion gegen Titelverteidiger Dresdner SC 0:4 (0:2).

Am 31. Oktober 1943 hatte die Elf das Finale um den Vereinspokal mit 2:3 gegen Vienna Wien verloren. Die Abwehr der Hamburger bilden die Nationalspieler Willy Jürissen (eigtl. Rot-Weiß Oberhausen), Karl Miller (FC St. Pauli) und Reinhold Münzenberg (Aachen). Im Hockey wurden die Soldaten am 4. Juni Meister durch ein 1:0 über TV Sachsenhausen.

17. 1. US-Flugzeuge bombardieren den Hafen und Industrieanlagen in Harburg. → S. 489

30. 1. Der Dampfer »Wilhelm Gustloff« sinkt mit 6100 Flüchtlingen an Bord. → S. 488

21. 4. In der Schule am Bullenhuser Damm ermordet die SS 20 jüdische Kinder und ihre Begleiter sowie 24 sowjetische Kriegsgefangene. → S. 489

3. 5. Britische Truppen rücken in Hamburg ein. → S. 490

3. 5. Britische Jagdbomber versenken die Passagierdampfer »Cap Arcona« und »Thielbek« mit mehr als 7000 KZ-Häftlingen aus Neuengamme. → S. 489

11. 5. In Hamburg entsteht eine Sozialistische Freie Gewerkschaft. → S. 494

15. 5. Die Briten ernennen Rudolf H. Petersen zum Hamburger Bürgermeister. → S. 492

14. 7. Die neukonstituierte Hamburger SPD wählt Karl Meitmann zu ihrem Ersten Vorsitzenden. → S. 494

6. 8. Hamburgs Volksschulen beginnen wieder mit dem Unterricht. → S. 494

22. 9. Der britische Sender Radio Hamburg wird in Nordwestdeutscher Rundfunk (NWDR) umbenannt. Er soll nach dem Vorbild der britischen BBC als staats- und parteiunabhängige Anstalt arbeiten.

1. 10. Hans Fitze wird Intendant der Städtischen Bühne Hamburg-Harburg.

20. 10. Durch die Wiederaufnahme der Gasversorgung steht rund 60% der Hamburger wieder an jedem zweiten oder dritten Tag Stadtgas zur Verfügung.

4. 11. 15 000 Menschen nehmen auf dem Ohlsdorfer Friedhof an einer Gedenkfeier für die Opfer der Konzentrationslager teil.

6. 11. Heinrich Maria Ledig-Rowohlt erhält von der Besatzungsmacht eine Lizenz für den Rowohlt-Verlag in Hamburg.

6. 11. An der Hamburger Universität beginnt wieder der Vorlesungsbetrieb.

9. 12. Die britische Militärregierung hebt das in Hamburg geltende Tanzverbot auf.

10. 12. Ida Ehre eröffnet die Kammerspiele. → S. 494

1945. Der Ingenieur Friedrich Jungheinrich eröffnet in Hamburg ein Unternehmen zur Herstellung von Gabelstaplern.

GESTORBEN:

4. 2. Hamburg: Heinrich Hagenbeck (* 5. 7. 1875, Hamburg), Tierparkdirektor.

3. 11. Hamburg: Carl August Schröder (* 21. 11. 1855, Hamburg), Bürgermeister.

Ein deutsches Schiff nimmt im pommerschen Kolberg Flüchtlinge auf.

Ostsee als Fluchtweg oder Fahrt in den Tod

30. Januar 1945. Der zur Rettung von Flüchtlingen eingesetzte Hamburger KdF-Dampfer »Wilhelm Gustloff« (→ 10. 6. 1938/S. 472) beginnt zu sinken, als ihn um 21.06 Uhr vor Stolpmünde drei Torpedos des sowjetischen U-Bootes S 13 treffen. Von den 6100 Flüchtlingen und Verwundeten an Bord ertrinken mehr als 5000 in der Ostsee.

Anfang 1945 ist der Weg über die Ostsee die letzte Hoffnung für hunderttausende Deutsche aus Ostpreußen und Pommern auf der Flucht vor der rasch vordringenden Roten Armee.

Seit der sowjetischen Offensive am 12. Januar ist die Bevölkerung bei Temperaturen von unter minus 20 °C auf der Flucht nach Westen und zu den Häfen Pillau, Gotenhafen (Gdingen) bei Danzig und Kolberg. Geschützt von der Kriegsmarine, entkommen über die Ostsee bis Ende April 1958 014 Menschen. Das Rückgrat dieser Flotte bilden große Passagierschiffe wie die »Gustloff«, »Robert Ley«, »Hansa« (ehemalige »Albert Ballin«), »Deutschland« oder »Hamburg« der Hapag sowie die »Antonio Delfino«, »General San Martin« und »Cap Arcona« der Hamburg-Süd. Tausende fahren in den Tod: Rund 3000 Tote fordert am 9. Februar der Untergang des Lloyd-Dampfers »General von Steuben«. Am 16. April sinkt vor Rixhöft (Hela) das Hapag-Motorschiff »Goya«. Von 7000 Passagieren überleben 170.

Die »letzte Schlacht« fordert noch zahlreiche Opfer

17. Januar 1945. Gegen Mittag werfen über 250 US-Flugzeuge Bombenteppiche auf den Hafen und die Industrieanlagen in Harburg. Während die Wehrmacht an allen Fronten zurückweicht, geht die alliierte Luftoffensive auf deutsche Städte weiter. Der Volkssturm rüstet zur »Schlacht um die Heimat«.

Die Angriffe im Januar und Februar gelten Betrieben, die immer noch fieberhaft für den »Endsieg« arbeiten. Im März und April fallen auch wieder Bomben auf das Zentrum sowie Altona und St. Pauli. Am 11. März werden die letzten noch stehenden Gebäude am Eingang zur Reeperbahn zerstört, darunter das »Theater an der Reeperbahn« (Operettenhaus). Ein anderer Treffer beschädigt die Hauptkirche St. Michaelis schwer. Am 14. April steht Hamburg kurz nach Mitternacht wieder im Hagel alliierter Bomben, die u. a. das Thalia Theater zerstören. Danach gibt es nur noch Tieffliegerangriffe. Die letzten Bomben fallen am 29. April auf Bergedorf und Friedrichsruh.

Bereits im Oktober 1944 ist in Hamburg der Volkssturm einberufen worden. Jugendliche und alte Männer sollen mit den letzten regulären Soldaten den dürftigen Verteidigungsring südlich und nördlich der Elbe halten. Auch die Feuerwehr macht mobil. Ihre Ausrüstung besteht im wesentlichen aus 715 alten Gewehren mit 32 000 Schuß Munition und Handgranaten. Anders als ihre übergeordneten Dienststellen denken die für die Verteidigung Hamburgs zuständigen Männer – NSDAP-Gauleiter und Reichsverteidigungskommissar Karl Kaufmann und der am 15. April auf Kaufmanns Wunsch zum Kampfkommandanten ernannte Generalmajor Alwin Wolz, Befehlshaber der 3. Flakdivision – an eine kampflose Übergabe. Die Bevölkerung sieht einem etwaigen Kampf um Hamburg mit Furcht entgegen. Dem versucht die NSDAP durch Appelle an Solidarität und Opferbereitschaft sowie die Androhung drakonischer Strafen bei »Zersetzung« der Disziplin entgegenzuwirken.

Zwar meldet die seit Anfang Januar in der Regel nur noch aus einem Blatt bestehende »Hamburger Zeitung« immer wieder »Abwehrerfolge«, um die Moral zu heben, aber jeder weiß, daß der Krieg verloren und bald zu Ende ist.

Ablenkungen von den täglichen Sorgen sind rar. Am 1. September 1944 sind alle Theater im Reich geschlossen worden. Auf Bitten Kaufmanns spielt das Ensemble der Hamburgischen Staatsoper vor Soldaten und in Betrieben, zum letztenmal am 9. April vor Angehörigen der 3. Flakdivision.

Die Versorgungslage verschlechtert sich weiter. Am 25. Januar meldet die »Hamburger Zeitung«, daß jeder Tag ein freiwilliger Spartag für Kohle, Gas und Strom sein müsse. Am Abend des 16. April wendet sich Kaufmann im Rundfunk an die Hamburger Bevölkerung: »Ich werde bei Euch bleiben, komme, was kommen mag, und Hamburg nicht verlassen. Ich weiß, daß Sie mir vertrauen.«

Volksdorf: Aufstellung des Volkssturms im März 1945; die Reichsregierung schickt lieber Kinder und alte Männer an die Front, als die Niederlage einzugestehen.

Mitglieder des Volksdorfer Volkssturms beim Bau einer Fallgrube; mit solchen Aktionen ist der Siegeszug der weit überlegenen Alliierten aber natürlich nicht aufzuhalten.

KZ-Häftlinge: Tod auf der »Cap Arcona«

3. Mai 1945. Die Passagierschiffe »Cap Arcona« und »Thielbek«, auf denen sich mehr als 7000 Häftlinge aus dem KZ Neuengamme befinden, sinken nach Bombenangriffen britischer Jagdflugzeuge in der Neustädter Bucht.

Viele Häftlinge sterben noch an Bord der Schiffe, die nach wenigen Minuten in Brand geraten. Einigen Hunderten sowie ihren Bewachern und der Besatzung gelingt es, ins Wasser zu springen. Ein erbitterter Kampf um Rettung verheißende Bootstrümmer, Rettungsringe und Holzplanken entbrennt. Nur etwa 200 der entkräfteten Häftlinge überleben die Katastrophe.

Am 19. April begann die SS mit der Evakuierung des Lagers Neuengamme. In Güterzügen wurden die Häftlinge nach Lübeck gebracht, angeblich, um sie dem schwedischen Roten Kreuz zu übergeben. Außer der »Cap Arcona« und der »Thielbek« hat die SS auch das Motorschiff »Athen« requiriert. 1998 Häftlinge auf diesem Schiff überleben, weil die »Athen« den Hafen angelaufen hat.

Das Wrack des ausgebrannten Luxusdampfers »Cap Arcona« der Hamburg-Süd; die Briten wußten nicht, daß sich KZ-Häftlinge an Bord befanden.

SS-Mord an Kindern soll Spur verwischen

21. April 1945. Die Schule am Bullenhuser Damm im ausgebombten Rothenburgsort ist Schauplatz eines Massenmordes: SS-Angehörige bringen 20 jüdische Kinder, zwei Pfleger, zwei Ärzte und 24 sowjetische Kriegsgefangene um.

Die 20 jüdischen Kinder im Alter von fünf bis zwölf Jahren aus Polen, den Niederlanden, Frankreich und Jugoslawien waren im Dezember 1944 von Auschwitz nach Neuengamme gebracht worden. Sie dienten als Versuchsobjekte für den SS-Arzt Kurt Heißmeyer, der ihnen tuberkulöse Erreger verabreichte. Als die Briten immer näher kommen, will die SS die Spuren ihrer Verbrechen beseitigen. Sie verlegt die Kinder ins Außenkommando Bullenhuser Damm, betäubt sie mit Spritzen und erhängt sie in einem Kellerraum.

Soldaten der 7. britischen Panzerdivision, die aus dem Afrikafeldzug berühmten »Wüstenratten«, rücken über die Elbbrücken nach Hamburg vor.

Kriegsende in Hamburg ohne sinnloses Blutvergießen

3. Mai 1945. Um 18.25 Uhr übergibt Generalmajor Alwin Wolz vor dem Portal des Rathauses in seiner Eigenschaft als Kampfkommandant Hamburg an den britischen Brigadegeneral Douglas Spurling.

Reichsstatthalter Karl Kaufmann begründet die kampflose Übergabe der Stadt Spurling gegenüber mit der Sorge um das Leben von hunderttausenden ihm anvertrauter Frauen und Kinder.

Beide Männer – Flakgeneral Wolz ebenso wie der »Alte Kämpfer« und NSDAP-Gauleiter Kaufmann – haben sich angesichts der aussichtslosen Lage dazu entschieden, Hamburg eine gewaltsame Eroberung und damit das Schicksal Bremens zu ersparen. Noch am selben Tag verhandelt ein Beauftragter Spurlings mit Bürgermeister Carl Vincent Krogmann über die Verwaltung der Stadt. Außerdem trifft Oberst H.W.H. Armytage ein, der künftige britische Militärgouverneur.

In drei Marschsäulen von Hittfeld über Sinsdorf, von Nenndorf über Tötensen und von Buxtehude über Fischbek rückte die 7. britische Panzerdivision auf Hamburg vor. Sie vereinigten sich vor den Elbbrücken und fuhren über den Heidenkampsweg und die Mönckebergstraße zum Rathaus. Nur Polizei war zu sehen, die Bevölkerung blieb, wie befohlen, in ihren Häusern. Der für 13.00 Uhr vorgesehene Einmarsch mußte verschoben wer-

den, weil Wolz zu diesem Zeitpunkt noch bei der 2. britischen Armee südlich von Lüneburg war.

Die Briten verhaften Kaufmann am 4. Mai, eine Woche später auch Bürgermeister Krogmann sowie andere wichtige NSDAP-Funktionäre und hohe Beamte. Oberst Armytage beauftragt die noch im Amt befindlichen Senatsmitglieder, ihm einen Vorschlag für das Amt des Bürgermeisters zu machen (→ 15. 5. 1945/S. 492). Am 5. Mai wird das Ausgangsverbot von 9 Uhr an für einige Stunden ausgesetzt, die Geschäfte öffnen eine Stunde später. Schulen und Lehranstalten bleiben allerdings

geschlossen. Vorsichtig wagen sich die Hamburger hinaus. Die ganze Innenstadt ist voller Soldaten. Britische Panzer stehen auf der Esplanade, »Tommies« biwakieren auf der Moorweide, der britische »Town-Major« residiert im »Vier Jahreszeiten«. Erlaubnisscheine für Dinge des Alltags gibt es in der Moorweidenstraße.

Die britische Militärregierung sendet über Radio Hamburg täglich um 20.00 Uhr und 22.00 Uhr Nachrichten in deutscher Sprache; offizielle Verlautbarungen werden um 18.15 Uhr und 20.15 Uhr bekanntgegeben. Täglich um 17.00 Uhr, mit einer Wiederholung am folgenden

Tag um 12.00 Uhr, läuft eine Sendereihe mit »Berichten über deutsche Konzentrationslager«. Jeder Deutsche soll wissen, welche Greueltaten dort verübt wurden. Wichtige Informationen liefert im übrigen auch das Nachrichtenblatt der Militärregierung.

Am 15. Mai verkürzen die neuen Machthaber die Ausgangssperre auf die Zeit zwischen 21.00 Uhr und 6.00 Uhr. Sieben Tage nach Kriegsende setzen sie zugleich die strengen Verdunkelungsvorschriften offiziell außer Kraft.

Der Alltag ist genau geregelt: Für die Benutzung von Fahrrädern bedarf es einer Genehmigung, an den

Die Übergabe der Stadt Hamburg an das britische Militär: Vor dem Portal des Rathauses der Kampfkommandant, Generalmajor Alwin Wolz (salutierend), hinter ihm, in Zivil, der frühere Bürgermeister Wilhelm Amsinck Burchard-Motz, der auch an den Kapitulationsverhandlungen beteiligt gewesen war; in der Bildmitte ist mit weißer Pistolentasche der britische Brigadegeneral Douglas Spurling zu sehen, der anschließend zu Gesprächen mit NSDAP-Gauleiter und Reichsverteidigungskommissar Karl Kaufmann im Bürgermeistersaal des Rathauses zusammentrifft.

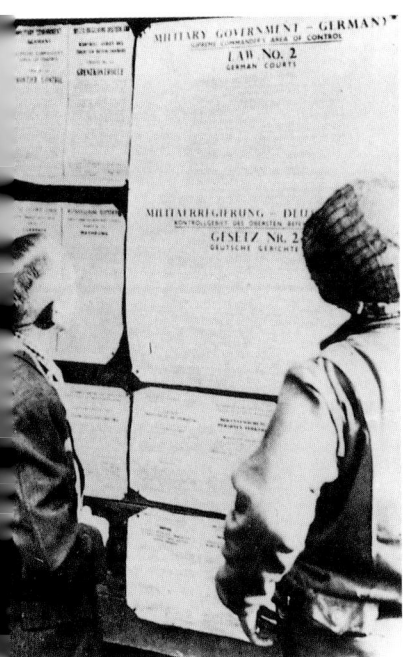

Eine wichtige Quelle für den, der wissen will, was er tun darf und was verboten ist: Die zweisprachigen Verordnungen der Militärregierung

General Brian H. Robertson, von 1947 bis 1950 Oberbefehlshaber der britischen Truppen in Deutschland

Wohnungstüren muß eine Liste mit den Namen der Bewohner hängen, Soldaten müssen sich bei der Polizei melden und vor ihrer Entlassung Arbeitseinsätze leisten. Die Elbbrücken bleiben bis zum 30. Juli für jeden zivilen Fahrzeug- und Personenverkehr gesperrt. Militärregierung, Senat und Bevölkerung stehen vor gewaltigen Aufgaben: Neben der Versorgung mit Strom, Gas, Wasser und Lebensmitteln gehören dazu die Beseitigung der Trümmer und die Wiederherstellung von Wohnraum. Die Trümmermenge würde ausreichen, die Außenalster zuzuschütten und 23 m hoch aufzufüllen.

Zwei lange Wochen bis zur Kapitulation

Chronik Protokoll

▷ **22. 4.** Hamburg wird zur Festung erklärt. Die vollziehende Gewalt übernimmt der Kampfkommandant, Generalmajor Alwin Wolz.

▷ **23. 4.** Der Oberbefehlshaber der Heeresgruppe Nordwest, Generalfeldmarschall Ernst Busch, konferiert am Vormittag in Wohltorf mit Reichsstatthalter Karl Kaufmann, anschließend mit Wolz. Anders als dieser ist Busch zur Verteidigung Hamburgs entschlossen. Bis zu diesem Zeitpunkt hat der am 6. April mit der Zerstörung der Hafenanlagen beauftragte Konteradmiral Hans Bütow ohne Wissen der Seekriegsleitung u. a. 70 Handelsschiffe aus dem Hafen hinausgeschafft.

▷ **24. 4.** Über Drahtfunk erklärt Staatssekretär Georg Ahrens – wegen seiner beruhigenden Stimme bei Luftlagemeldungen »Onkel Baldrian« genannt – die »Aktion Sonderzuteilungen« für beendet. Seit dem 16./17. April waren Lebensmittel- und Kleidungsvorräte an die Hamburger Bevölkerung ausgegeben worden.

▷ **25. 4.** Eine anonyme »Kampfgemeinschaft für Frieden und Wiederaufbau« ruft auf Flugblättern zu einer Friedenskundgebung zwischen 17 und 18 Uhr auf. Doch um 17 Uhr ist Fliegeralarm, die Straßen bleiben leer.

▷ **26. 4.** Auf Befehl von Kampfkommandant Wolz unternehmen die verbliebenen Kräfte bei Hoopte und im Raum Kiekeberg zwei gewaltsame Kommandoaktionen gegen britische Stellungen.

▷ **27. 4.** Nach zweitägigen schweren Kämpfen erobern die Briten Bremen.

▷ **28. 4.** Radio Luxemburg strahlt einen Aufruf des früheren KPD-Bürgerschaftsabgeordneten Erich Hoffmann aus, die »braune Blutherrschaft« zu beenden.

▷ **29. 4.** *5.30 Uhr:* Die britischen Truppen setzen bei Artlenburg über die Elbe.

Vormittags: Phoenix-Generaldirektor Albert Schäfer, Stabsarzt Hermann Burchard und Leutnant Otto von Laun überqueren die britischen Linien, um über eine Schonung des Reservelazaretts in den Phoenix-Werken zu verhandeln.

16.00 Uhr: Der Kampfkommandant von Lauenburg will entlang der Bille mitten durch Bergedorf eine Hauptkampflinie errichten. Reichsstatthalter Kaufmann schickt einen Beauftragten nach Bergedorf, um beim Herannahen der Briten in Kaufmanns Namen die sofortige Kapitulation der hamburgischen Landgebiete durchzusetzen.

20.00 Uhr: Reichsstatthalter Kaufmann bittet die Hamburger über Rundfunk um Vertrauen: »Der Weg, den mir Herz und Gewissen vorschreiben, ist klar.« Er hat sich in einem Gefechtsstand in Pöseldorf eingeschlossen, weil er eine Gewaltaktion der SS oder eines Marinekommandos befürchtet. Kaufmann hatte sich am 25. April geweigert, zu Großadmiral Karl Dönitz nach Plön zu kommen.

▷ **30. 4.** *Gegen 15.00 Uhr:* Parlamentär Schäfer überbringt Kampfkommandant Wolz zwei Briefe der Briten.

21.00 Uhr: Kaufmann telegrafiert an Dönitz, der nach dem fünf Stunden zuvor erfolgten Selbstmord Adolf Hitlers Staatsoberhaupt ist. Kaufmann will wissen, ob die militärische Führung noch vorhabe, Städte und Ortschaften gegen die Westalliierten zu verteidigen. Dönitz ordnet das Halten der Elbstellung an.

▷ **1. 5.** *15.00 Uhr:* Die Parlamentäre Burchard und von Laun überbringen Generalmajor Wolz mündlich eine Kapitulationsaufforderung der Briten.

17.00 Uhr: Großadmiral Dönitz befiehlt Wolz, Hamburg kampflos zu räumen.

18.00 Uhr: Wolz schickt zwei Abgesandte zu den Briten.

22.30 Uhr: Generalfeldmarschall Busch befiehlt, Hamburg zur »Offenen Stadt« zu

erklären. Um die gleiche Zeit gibt Dönitz im Hamburger Rundfunk den Tod Adolf Hitlers bekannt.

23.00 Uhr: Reichsstatthalter Kaufmann bittet im Radio erneut um das Vertrauen der Bevölkerung.

▷ **2. 5.** *Vormittags:* Generalmajor Wolz gibt den ihm unterstellten Einheiten des Heeres und der Luftwaffe den Befehl, nicht mehr auf vordringende Gegner zu schießen, sondern sich langsam zurückzuziehen. Die von ihm befehligten SS-Einheiten setzen sich nach Nordosten in Marsch. Der darüber nicht informierte Marinebefehlshaber Bütow zieht seine Einheiten auf eigene Faust aus dem Fronteinsatz ab.

13.00 Uhr: Der Kapitulationsaufruf von Reichsstatthalter Kaufmann wird im Schaufenster der »Hamburger Zeitung« am Gänsemarkt veröffentlicht.

21.30 Uhr: Generalmajor Wolz überschreitet mit drei Begleitern die britischen Linien, um die Einzelheiten des Truppeneinmarsches festzulegen. Sie treffen General Lewis D. Lyne und Brigadegeneral Douglas Spurling bei Klecken.

▷ **3. 5.** *8.00 Uhr:* Wolz bringt Generaladmiral Hans-Georg von Friedeburg und seine Begleiter zu den Briten. Sie unterzeichnen am 4. Mai südlich von Lüneburg zwischen Deutsch- und Wendisch-Evern die Kapitulation der deutschen Streitkräfte in Holland, Nordwestdeutschland und Dänemark.

13.00 Uhr: Die Hamburger Bevölkerung bleibt, wie angeordnet, in ihren Häusern.

18.25 Uhr: Kampfkommandant Wolz übergibt Hamburg den Briten.

▷ **4. 5.** Als erster deutscher Sender unter britischer Regie strahlt Radio Hamburg wieder ein Programm aus.

▷ **9. 5.** *0.01 Uhr:* Radio Hamburg sendet eine Rede des britischen Premierministers Winston Churchill über das Inkrafttreten der bedingungslosen Kapitulation der Deutschen Wehrmacht.

Unter neuer Führung regt sich erstes Leben in Ruinen

15. Mai 1945. Die britische Besatzungsmacht ernennt den Kaufmann Rudolf H. Petersen zum Hamburger Bürgermeister.

Auf Wunsch von Militärgouverneur Oberst H. W. H. Armytage hatte der Restsenat (→ 3. 5. 1945/S. 490) nach einem kompetenten Kandidaten für dieses Amt gesucht, der kein Nationalsozialist sein durfte. Auf Vorschlag der Handelskammer fällt die Wahl auf Petersen, den Bruder des früheren Ersten Bürgermeisters Carl Petersen. Weil seine Mutter aufgrund der NS-Rassengesetze als Jüdin galt, hatte Rudolf Petersen alle Ehrenämter in der Wirtschaft verloren, durfte seine Firma aber behalten.

Als Bürgermeister verfügt Petersen u. a. über das Recht, sich die Senatsmitglieder selbst auszusuchen. Auf seine Bitte hin wird am 6. Juni Adolph Schönfelder (SPD) zum Zweiten Bürgermeister ernannt (→ 22. 11. 1946/S. 497).

Zu den wichtigsten Aufgaben zählt die Entnazifizierung der Verwaltung. Am 26. Mai übernimmt der 1933 als Polizeihauptmann entlassene Bruno Georges die Leitung der Hamburger Polizei. Rund 60% der höheren Polizeibeamten werden entlassen, im Erziehungswesen müssen 16% aller Schullehrer und 30% des Lehrkörpers der Universität gehen, mehr als 40% aller Bediensteten der Arbeitsämter kehren nicht auf ihre Posten zurück.

Währenddessen normalisiert sich das Alltagsleben allmählich. Am 1. Juni erscheint die erste Ausgabe des gratis verteilten »Hamburger Nachrichtenblattes« der Militärregierung. Der britische Oberkommandierende, Feldmarschall Bernard Law Montgomery, erlaubt seinen Soldaten am 14. Juli Kontakte zur Bevölkerung.

Zehn Hamburger Kinos erhalten am 27. Juli eine Betriebsgenehmigung. Als erste Bühne eröffnet am 29. August das St. Pauli-Theater den Spielbetrieb mit einer Aufführung der »Zitronenjette«.

Auch Wirtschaft, Verkehr und Post kommen wieder in Gang: Am 28. Mai verkehrt als erste von der Militärregierung genehmigte Fahrgelegenheit ein Güterzug von Hamburg über Uelzen ins Ruhrgebiet. Ab 1. Juni werden im Hafen wieder Schiffe be- und entladen. Drei Wochen später nimmt der Postdienst den Betrieb wieder auf. Am 3. Juli läuft auf der Stülckenwerft ein Schwimmkran vom Stapel, das erste Wasserfahrzeug seit Kriegsende. Große Sorgen bereitet die Ernährung (→ 22. 11. 1946/S. 497).

Die von Briten aufgestellten »Nissen-Hütten« bieten Ausgebombten ein notdürftiges Dach über dem Kopf.

Eine Frau mit ihren vier Kindern; sie leben in einem feuchten Kellerraum unter einer Ruine in Eimsbüttel.

▷ *Blick von der St. Michaelis-Kirche auf Hamburg im Mai 1945*

Tausende Opfer und ein deprimierender Trümmerhaufen

Chronik Fazit

Am Ende des Zweiten Weltkrieges liegen weite Teile Hamburgs in Trümmern. Kaum jemand glaubt an einen raschen Wiederaufbau. Bei 213 Luftangriffen haben rd. 17 000 Bomben- und Kampfflugzeuge der britischen Royal Air Force und der 8. US-Luftflotte etwa 101 000 Sprengbomben aller Kaliber und ungefähr 1,6 Mio. Brandbomben aller Art auf Hamburg abgeworfen.

Etwa 45 000 Menschen sind dem verheerenden Luftkrieg zum Opfer gefallen, die meisten im Juli 1943 (→ 25. 7. 1943/S. 484). Rund 63 000 Hamburger fielen an der Front. Im Mai zählt die Hansestadt 1 110 539 Bewohner.

Nach einer Aufstellung der Jüdischen Gemeinde Hamburgs wurden allein hier 7812 Semiten ermordet (→ 26. 3. 1942/S. 482). Weitere 1417 Männer, Frauen und Jugendliche bezahlten ihre Opposition gegen das NS-Regime mit dem Leben. Unter ihnen 20 Abgeordnete der Bürgerschaft, von denen 13 bis 1933 der KPD und vier der SPD angehörten.

Schätzungsweise 51 000 Häftlinge des Konzentrationslagers Neuengamme sind zwischen 1938 und 1945 umgekommen, darunter etwa 38 000 im Lager selbst, rund 7000 bei der Versenkung der »Cap Arcona« und der »Thielbek« am → 3. Mai 1945 (S. 489) sowie weitere 6000, die entweder auf den Evakuierungsmärschen oder aber in den Auffanglagern an Entkräftung gestorben sind.

Nach Erhebungen der Baubehörde sind von den 563 533 Wohnungen, die es 1939 in Hamburg gab, nur 20,5% unbeschädigt geblieben, von den übrigen gelten 49,2% als vollkommen zerstört. Rund 43 Mio. m³ Trümmer bedecken das Stadtgebiet. Etwa 69% der Bevölkerung haben durch Bombenangriffe ganz oder teilweise ihre Habe verloren. Als Notunterkünfte für 42 000 ausgebombte Hamburger stellt die britische Besatzungsmacht sog. Nissen-Hütten zur Verfügung, die auf den Fundamenten zerstörter Häuser oder in Grünanlagen errichtet werden.

Von den 33 Kirchen der Stadt sind fünf schwer beschädigt und zehn ganz zerstört worden, darunter die Hauptkirchen St. Katharinen, St. Jacobi und St. Nikolai. Von 70 unter Denkmalschutz stehenden Gebäuden liegen 54 in Schutt und Asche, darunter das Alte Stadthaus am Neuen Wall, das Alte Johanneum, die Neue Börse und das alte Altonaer Rathaus.

Nur leichte Schäden erlitten hingegen das Hamburger Rathaus und die Musikhalle. Einen Großteil ihrer Bestände haben die Staats- und Universitäts- sowie die Commerzbibliothek durch die Bombenangriffe eingebüßt.

Rund 80% des Hafengebietes fiel den Bomben zum Opfer. Benutzbar oder kurzfristig wiederherstellbar sind nur 11,7% der Schuppenfläche, 28,4% der Kapazitäten in Speicherböden und Lagerhäusern, 86,7% der Kaimauern, 32,2% der Hafenbahngleise, 21,4% der Kräne, 45,4% der Landungsanlagen und 57,6% der Brücken.

Einigermaßen erhalten geblieben sind im Hafengebiet nur wenige Umschlaganlagen für Massengüter, zwei Kühlhäuser, die Kaischuppen 80 bis 85 im Oder- und Roßhafen sowie der Schuppen 29 am Petersenkai.

Wege zu einem politischen Neuanfang

14. Juli 1945. Noch vor der offiziellen Zulassung von vier politischen Parteien am 21. November bilden sich in der Hansestadt mehrere linke, christlich-konservative und liberale Gruppen.

Die wiederbelebte Hamburger SPD wählt im »Volkshaus« Wandsbek Karl Meitmann zu ihrem Vorsitzenden. Seit Kriegsende sind bereits 35 Distrikte und zehn Parteikreise gegründet worden. Zwar ist die SPD noch illegal, doch die Besatzungsmacht duldet sie. Am 11./12. August spricht der spätere Bundesvorsitzende Kurt Schumacher in Hamburg. Er lehnt eine baldige Fusion mit der KPD im Sinne einer »Einheit der Arbeiterklasse« strikt ab. Immerhin hat sich am 2. Juli ein von beiden Arbeiterparteien paritätisch besetzter zehnköpfiger »Aktionsausschuß« etabliert. Bis zu dessen letzter Tagung am 13. Oktober scheitert ein Zusammengehen u. a., weil die SPD einen »demokratischen Zentralismus« sowjetischer Prägung verwirft.

Am 14. August bilden christlich-demokratische Gruppen in der Wohnung des katholischen Schriftstellers Rudolf Beissel in der Hochallee 44 eine Arbeitsgemeinschaft, aus der am 1. Oktober die Christlich Demokratische Partei (später Christlich Demokratische Union) Hamburgs hervorgeht. Sie knüpft an die katholische Zentrumspartei an, will aber die konfessionellen Grenzen überwinden und erstrebt – so die am 1. Oktober formulierten Leitsätze – u. a. die Wiederherstellung des Rechtsstaates, das Recht auf Arbeit und Privateigentum.

Die Partei Freier Demokraten (später Freie Demokratische Partei Hamburgs) entsteht am 20. September. Einige Mitglieder kommen aus der kurz nach 1933 von Friedrich Ablass gegründeten Gruppe »Freies Hamburg«. Sie fordert u. a. den demokratischen Neuaufbau Deutschlands, die Überführung der Bodenschätze in Gemeineigentum sowie eine Bodenreform zugunsten von Siedlern und Kleinbauern.

Wird im Mai 1946 SPD-Vorsitzender: Kurt Schumacher (1895–1952)

Unterricht beginnt mit vielen Problemen

6. August 1945. Hamburgs Volksschulen sind wieder geöffnet. Die Wiederaufnahme des seit Kriegsende eingestellten Schulunterrichts erfolgt unter äußerst primitiven Bedingungen: Es fehlt an Räumen, Schulbänken, Lehrern und Unterrichtsmitteln.

Von den 1938 vorhandenen 467 Schulgebäuden sind 21% völlig zerstört. 260 benutzbare Lehranstalten sind durch Behörden, Krankenhäuser und die Besatzungsmacht belegt. Nur 60 Schulhäuser, zumeist am Stadtrand und im Landgebiet, stehen für Unterrichtszwecke zur Verfügung.

Am 1. September 1945 unterrichten 1657 Lehrer an Hamburger Volksschulen 80 852 Schüler. In den Ober- und Berufsschulen finden die ersten Stunden erst nach dem 1. Oktober statt.

Der Lehrkörper ist überaltert. Viele Pädagogen befinden sich noch in Gefangenschaft. Im August 1945 sind 78,6% der Lehrer und 61,3% der Lehrerinnen älter als 40 Jahre. Der Nahrungsmangel macht am 17. September die Ausgabe einer zusätzlichen warmen Mahlzeit an zunächst 6000, ab Dezember 12 000 Schulkinder erforderlich.

Gewerkschaften leben auf

11. Mai 1945. Im Restaurant des Gewerkschaftshauses gründen vorwiegend frühere Funktionäre von SPD und KPD eine Sozialistische Freie Gewerkschaft (SFG).

Neben dem 36köpfigen Vollzugsausschuß arbeitet ein fünfköpfiger Vorstand, dem je zwei Sozialdemokraten und Kommunisten sowie ein Anhänger des Internationalen Sozialistischen Kampfbundes angehören. Konflikte zwischen den »alten« Gewerkschaftern sowie dem politisch aktiven Vorstand mit den Briten führen am 1. Juli zur Auflösung der SFG. Ihre Mitglieder treten den neuen Berufsverbänden bei. So bitten die Beauftragten zur Gründung einer Deutschen Angestellten-Gewerkschaft die Besatzungsmacht am 23. Juni um Zulassung. Sie erfolgt im Oktober.

Der Vorsitzende der neugegründeten Hamburger Baugewerkschaft, Paul Bebert, entfernt am 6. September 1945 das Hakenkreuz-Emblem vom Gewerkschaftshaus am Besenbinderhof; die freien Arbeitnehmerorganisationen können wieder in ihre Zentrale einziehen, aus der sie die Nationalsozialisten am 2. Mai 1933 vertrieben hatten. Seit dem 18. August 1945 waren die Gewerkschaften provisorisch in einem Gebäude am Nagelsweg untergebracht.

Ida Ehre überwindet Phase der Isolation

10. Dezember 1945. Im ehemaligen Theatersaal der Anthroposophischen Gesellschaft an der Rothen-

Ida Ehre (1900–1989) führt die Kammerspiele mit großem Erfolg.

baumchaussee eröffnet Ida Ehre die Hamburger Kammerspiele mit der deutschen Erstaufführung des Stücks »Leuchtfeuer« des US-Amerikaners Robert Ardrey.

Kurz darauf zieht die Bühne in die Hartungstraße um. Das Haus hat 507 Plätze. Auf der gerade 12 m breiten Bühne sehen die Besucher in den folgenden Jahren großes Theater. Neben im Nationalsozialismus verpönten Ausländern wie Jean Anouilh, Jean Giraudoux und William Saroyan stehen zeitgenössische deutsche Autoren, u.a. Axel von Ambesser und Wolfgang Borchert (→ 21. 11. 1947/ S. 501) auf dem Spielplan.

Das Programm prägen namhafte Regisseure wie Robert Michal, Helmut Käutner, Wolfgang Liebeneiner und Ulrich Erfurth und herausragende Schauspieler: Hermann Schomberg, Erwin Geschonnek, Hermann Lenschau, Hilde Krahl und Hans Quest.

Die am 9. Juli 1900 in Prerau (Mähren) geborene Ida Ehre debütierte 1919 in Bielitz und kam über Bukarest, Cottbus, Bonn und Stuttgart 1927 nach Mannheim. Sie ging nach dreijähriger Bühnenabstinenz 1930 nach Berlin an das Lessing-Theater. Als Jüdin erhielt sie 1933 Berufsverbot. Sie überlebte das »Dritte Reich« mit ihrem Mann in Hamburg.

Der Wiederaufbau des zerstörten Hamburg

1945–1955

Als der Zweite Weltkrieg zu Ende ging, lag Hamburg weithin in Trümmern. Die Stadt wurde am 3. Mai 1945 den von Süden heranrückenden britischen Truppen kampflos übergeben; ihr Einzug hatte keine weiteren Zerstörungen zur Folge. Aber die Zeit der Not und Bedrängnis war damit nicht vorüber, für viele Bewohner begann sie erst. Als nördlichster deutscher Knotenpunkt des Nord-Süd- und Ost-West-Verkehrs wurde Hamburg zur Durchgangsstation mehrerer Millionen Deutscher, die in den letzten Kriegs- und ersten Nachkriegsmonaten auf der Suche nach einer neuen Bleibe oder nach ihren Familien waren. Flüchtlinge und Vertriebene aus dem Osten des Reiches, entlassene Kriegsgefangene, »Fremdarbeiter« und befreite Konzentrationslagerhäftlinge mußten vorübergehend untergebracht und versorgt werden; »Displaced Persons« (d. h. Ausländer, die nicht in ihre Heimat zurückkehren wollten oder konnten), Jugendliche, die es ins Großstadtmilieu zog, und nicht zuletzt evakuierte Hamburger, die in »ihre« Stadt zurückdrängten, ließen eine zuweilen explosiv anmutende Situation entstehen. Ohne daß nennenswerter Wohnraum neu geschaffen wurde, stieg die Zahl der Einwohner von 1 Mio. bei Kriegsende auf 1,5 Mio. Ende 1947 – ein Hinweis sowohl auf Reserven in den weniger zerstörten Vorstadtvierteln als auch auf die Bereitschaft der Bevölkerung zum Zusammenrücken und Teilen. Freilich geschah dies nicht ohne Zwang: Die britische Militärregierung fragte bei der Beschlagnahme von Raum für Zwecke der Besatzung durch ihre etwa 30 000 Soldaten nicht lange danach, wen sie schädigte. Für über 200 000 Menschen gab es 1948 nur Notunterkünfte.

Am »absoluten Nullpunkt« 1946/47

Dabei bot die Stadt den trotz Zuzugssperre Hereinströmenden bald kaum noch Existenzmöglichkeiten. Der Hafen, das traditionelle Herzstück der hamburgischen Wirtschaft, lag in weiten Teilen noch lange ungenutzt, weniger wegen zerstörter Kaiaufbauten und (bald gehobener) Wracks als wegen ausbleibender Schiffe. Die Güter, die jetzt vor allem zur Versorgung der britischen Besatzungstruppen eingingen, ersetzten nicht den Überseehandel, der Hamburgs Hafen hatte groß und umschlagstark werden lassen, aber schon während des Krieges zum Erliegen gekommen war. Die fortdauernde Ruhe des Import- und Exportgeschäfts, jetzt verursacht durch die Unentschiedenheit der Vier-Mächte-Besatzungspolitik, sorgte auch in Lagerhallen, Exportunternehmen, Kaufmannskontoren und Versicherungsagenturen für nur schwache Beschäftigung. Ebenso war auf den Werften, die bis in den Krieg hinein viele Arbeitsplätze geboten hatten, nach den Aufräumungsarbeiten kaum noch etwas zu tun; der Großschiffbau blieb den Deutschen bis zu Beginn der 50er Jahre von den Siegermächten verboten, und einige noch erhaltene Helgen wurden zum Zeichen wirtschaftlicher Abrüstung demontiert. Deshalb lagen auch Schiffbau-Zulieferungs- und Schiffsausrüstungsbetriebe brach. Überdies fehlte es der örtlichen verarbeitenden Industrie an Rohstoffen.

Ursachen für Hamburgs schwere Wirtschaftskrise waren die Unzulänglichkeit von Transport und Verkehr im zonal und regional zersplitterten Deutschland, die sich erst allmählich einspielenden und äußerst umständlichen Bewirtschaftungspraktiken der deutschen und Besatzungsbehörden sowie anfangs die unzureichende Kohleförderung im Ruhrgebiet. Im kalten Winter 1946/47 konnte die Kohlezufuhr von dort nur dank des hamburgischen Bürgermeisters, der die Verantwortung für technische Risiken bei den Elektrizitätswerken übernahm, gesichert werden. Die Stadt durchlief in diesen Monaten ihren »absoluten Nullpunkt«, wie Erich Lüth, ihr prominentester Chronist dieser Zeit, einmal schrieb. Bei nur stundenweise erhältlichem elektrischem Strom oder Gas und minimalen Nahrungsmittelrationen ging es besonders den Bevölkerungsgruppen schlecht, die auf dem überall in Deutschland wuchernden »schwarzen Markt« nichts anzubieten hatten, sowie allein lebenden alten Menschen. Auch die absehbare weitere Zukunft versprach wenig Gutes. 1947 rechne-

ten informierte Kreise der Wirtschaft, Verwaltung und Politik damit, daß Hamburg sein traditionelles Einzugs- und Absatzgebiet für den Handel im Osten Deutschlands vorläufig nicht wiedererhalten würde. Die Stadt lag ungefähr 50 km westlich des »Eisernen Vorhangs«, der sich vier Jahrzehnte lang für den Hamburger Osthandel tatsächlich nur wenig hob. Allerdings wurden Pläne für eine stärkere industrielle Ausrichtung der hamburgischen Wirtschaft ab 1949 nicht weiterverfolgt. Nach der Währungsreform im Juni 1948 und der Einbeziehung Westdeutschlands in den Welthandel – der im Herbst 1948 greifende, in Hamburg sofort nach seiner Ankündigung im Sommer 1947 heftig begrüßte Marshall-Plan war hier der Schlüssel – zeigten sich schnell Wiederaufstiegstendenzen in den traditionellen Hauptsektoren der Wirtschaft, in Handel und Schiffahrt. Hinzu kam bald die Bedeutung als Medienzentrum (Zeitungen, Rundfunk, Fernsehen). Zu meistern war allein der Standortnachteil Hamburgs gegenüber den näher an den Industriebetrieben im Ruhr- und Rhein-Main-Gebiet gelegenen Häfen Rotterdam (mit Duisburg) und Bremen. Doch die Umsteuerung vom West-Ost- auf den Nord-Süd-Umschlag gelang bis Mitte der 50er Jahre. Der modernisierte Hafen und die ortsansässige Industrie hatten – etwas später als andere Handels- und Industriezentren – ihren Vorkriegsstand erreicht und übertroffen; die seit 1949 aufkommende Arbeitslosigkeit senkte sich auf ein durchschnittliches Maß.

Hochhäuser als Symbole einer neuen Zeit

Die Wiederbelebung der Stadt vollzog sich, ohne daß ein Vorhaben verwirklicht wurde, von dem Ende 1945 in öffentlichen Andeutungen die Rede war: Hamburg war nicht Hauptstadt der Britischen Besatzungszone und damit Sitz der zentralen britischen Militärregierung geworden. Mit der Zusammenlegung der Amerikanischen und Britischen Besatzungszone zum Vereinigten Wirtschaftsgebiet (Bizone) am 1. 1. 1947, dessen Zentrale in Frankfurt am Main entstand, wurde dieses »Hamburg project« aufgegeben. Übrig blieb allein ein Baudenkmal, das bald weniger an den verlorenen Krieg und die britische Besetzung erinnerte, als den Aufbruch in eine neue Zeit symbolisierte: Die erste Wohnhochhausanlage Deutschlands, die zunächst für die Familien der Militärregierungsangehörigen konzipiert war und dann als Paradebeispiel »gehobenen« sozialen Wohnungsbaus entstand. Hier wurde city-nah jenes »moderne« Stadtbild Wirklichkeit, von dem manche Architekten und Stadtplaner seit den 20er Jahren träumten, das in Ansätzen zu schaffen aber in Deutschland erst die Kriegszerstörungen erlaubten. Doch auch im zerbombten Hamburg, wo 1949 der Wohnungsbau mit jährlich steigenden Fertigstellungszahlen einsetzte, blieben diese Hochhäuser und städtebauliche Verbesserungen wie die zweite Lombardsbrücke (Kennedybrücke) Ausnahmen. Die meisten Straßenzüge, die wieder geschlossen wurden, signalisierten nicht »Neu-«, sondern »Wiederaufbau«. Standards, die in den 20er Jahren entstanden, während des »Dritten Reiches« jedoch gesenkt worden waren, bestimmten die Ausstattung der Wohnungen. Zu den roten Klinkern, die besonders in den wiederaufgebauten Stadtvierteln üblich blieben, kamen gelbe Ziegel als Merkmal neuer Wohnanlagen. Trümmerhalden wurden erst nach und nach in Grünflächen umgewandelt.

Traditionen beim politischen Wiederaufbau

Das Gemisch aus Fortdauer des Bestehenden, Wiederaufbau und Neugestaltung war auch für das politische System, seine Organisationen und Instanzen sowie die Formen der Willensbildung charakteristisch. Das Bekenntnis zu hansestädtischen Traditionen wurde schnell zu einem Feld der politischen Übereinstimmung aller sich regenden Gruppierungen. Das Gewicht dieser Traditionen zeigte sich, als das erste Stadtoberhaupt, der Kaufmann Rudolf Petersen, es ablehnte, den Titel eines »Oberbürgermeisters« zu führen. Der Stadtregierung, dem Senat, stand seit jeher ein

»Erster Bürgermeister« vor, und es gelang Petersen, mit dem Beharren auf diesem Titel auch Hamburgs Stellung als Staat und Bundesland vorzubereiten, die mit der Bildung der Länder Schleswig-Holstein und Niedersachsen im Frühjahr 1947 als gegeben gelten konnte.

Vom hamburgischen Staat der Weimarer Republik, dessen Verfassung in weiten Teilen übernommen wurde, unterschied sich das Land »(Freie und) Hansestadt Hamburg« vor allem in der Ausdehnung: Der 1937 mit dem Gebietstausch zwischen Cuxhaven, Groß-Hansdorf und Geesthacht einerseits und den jetzt von Hamburg regierten Städten Harburg, Altona und Wandsbek andererseits erreichte Gebietsstand wurde beibehalten.

Personell fand diese Verschmelzung im hamburgischen Vier-Städte-Gebiet auch darin Ausdruck, daß der letzte Oberbürgermeister des damals noch preußischen Altona, der Sozialdemokrat Max Brauer, im Oktober 1946 zum Ersten Bürgermeister bestellt wurde. Im Unterschied zu den meisten führenden Sozialdemokraten aus der Hamburger Region, die 1945 wieder in die Öffentlichkeit traten, hatte er die Zeit der nationalsozialistischen Herrschaft nicht im »Dritten Reich«, sondern im Exil – seit 1936 in den USA – verbracht. Es waren wohl beide Eigenschaften, seine Vertrautheit mit den örtlichen Verhältnissen und seine Welterfahrung, die ihn seinen Genossen als Repräsentanten empfahlen. Für Hamburg, aber auch für Westdeutschland insgesamt hat Max Brauer als angesehener Gegner des Nationalsozialismus im Ausland manche Tür öffnen können.

Parteien in der Regierung und Opposition

Die ersten Wahlen zum Stadt- und Landesparlament, der »Bürgerschaft«, hatten der SPD bei 43% der Wählerstimmen eine breite absolute Mehrheit der Abgeordneten verschafft. Zwar war sie zu einer Allparteienkoalition bereit, wie sie damals in den deutschen Ländern üblich war, doch die in Hamburg erst kurz vor den Wahlen zu einer zahlenmäßig respektablen Partei gewordene Christliche Demokratische Union (CDU) entzog sich dem Angebot. Deshalb konnte das nach 14 Jahren wieder in Gang gesetzte Wechselspiel zwischen Regierung und Opposition früher als andernorts geübt werden. Not und Mangel sowie situationsbedingte Nüchternheit sorgten dafür, daß die Sachorientierung bei Entscheidungen lange den Vorrang vor einer politischen Profilierung als Selbstzweck behielt. Bezeichnend war auch, daß der höchste Beamte der Stadt bis 1949, der Syndicus Kurt Sieveking, kein Mitglied einer der Regierungsparteien war. Als Sieveking 1953 Max Brauer als Erster Bürgermeister ablöste und einem CDU-geführten »Hamburg-Block«-Senat präsidierte, war diesem Wechsel erstmals ein Wahlkampf vorausgegangen, der von demagogischen Zügen nicht frei war. Schon 1949 hatte die CDU versucht, die SPD-Mehrheit mit einem die bürgerlichen Parteien übergreifenden »Vaterstädtischen Bund Hamburg« zu brechen; die Freie Demokratische Partei (FDP), die sich in Fortsetzung des langlebigen sozialliberalen Bündnisses aus den Jahren der Weimarer Republik 1946 auf die Koalition mit der SPD eingelassen hatte, ließ sich dafür zwar nicht gewinnen, hatte aber auch das Angebot zur Fortsetzung der Koalition mit der über die absolute Mehrheit der Sitze verfügenden SPD abgelehnt.

Der Kommunistischen Partei Deutschlands (KPD), die seit 1946 die Senatoren für Gesundheit und Wiedergutmachung stellte, war 1948 die Koalition durch Abwahl ihrer Senatsvertreter gekündigt worden, da sie nicht bereit war, sich von der sowjetischen Blockade (West-)Berlins zu distanzieren. Zwar sorgte sie seitdem inner- und außerparlamentarisch für eine gelegentlich lautstarke Opposition, verlor jedoch durch zuweilen grotesk anmutende Kampagnen und einen von ihren Gegnern massiv entfalteten Antikommunismus schnell Mitglieder und Wählerzuspruch. Ähnlich erging es den Deutsch-Konservativen (DKP) und der Deutschen Partei (DP) sowie dem Gesamtdeutschen Block/Bund der Heimatvertriebenen und Entrechteten (GB/BHE), die nach 1953 nur dank des »Hamburg-Blocks« in die Bürgerschaft einzogen. Obwohl viele Vertriebenen-Verbände Hamburg zu ihrem Hauptsitz wählten, haben sie in der Stadt- und Landespolitik keine nennenswerte Wirkung entfaltet.

Gewerkschaften und kooperative Wirtschaftspolitik

Episode blieb auch die »Sozialistische Freie Gewerkschaft« (SFG) in den Monaten Mai und Juni 1945. Entstanden war sie aus Bestrebungen ortsansässiger Sozialisten und Kommunisten gegen Ende des Deutschen Reiches, die Arbeiter durch eine einheitliche politische Organisation zur führenden Klasse werden zu lassen. Da die britischen Behörden die Bildung von Parteien noch nicht erlaubten, erhielt sie die Form der genehmigten Gewerkschaft. Der politische Anspruch der SFG sowie die starke Rolle, die Kommunisten in ihr spielten, veranlaßte traditionsorientierte Gewerkschafter, für die Interessenvertretung der abhängig Beschäftigten jenes Organisationsmodell zu reaktivieren, das vor 1933 den mitgliederstarken sozialdemokratisch orientierten Allgemeinen Deutschen Gewerkschaftsbund (ADGB) gekennzeichnet hatte. Unter der Parole »Einheitsgewerkschaft« entstand in Hamburg wieder eine auf die Einzelgewerkschaften gestützte breite Bewegung, die mit Zustimmung der westlichen Besatzungsmächte auch den 1949 gegründeten Deutschen Gewerkschaftsbund (DGB) prägte, während das mancherorts favorisierte Modell der zentralistischen »Einheitsgewerkschaft« auf die Sowjetisch Besetzte Zone (SBZ) begrenzt blieb.

Solche Entwicklungen können erklären helfen, warum auch in Hamburg politische Programme, die eine Umgestaltung in sozialistischem Sinne fördern sollten, keine Durchschlagskraft gewannen. Zwar sprach sich die regierende SPD 1947 für die Privatisierung der »reifen« Großunternehmen aus, der Senat jedoch verfolgte das Ziel, Aufträge für Industrie- und Dienstleistungsbetriebe nach Hamburg zu holen, um Arbeitsplätze und das wirtschaftliche Überleben der Stadt zu sichern. Diese Absicht schlug sich in einer engen Kooperation aller am Wirtschaftswachstum interessierten Instanzen und Organisationen nieder, für die ab Ende 1948 der Wirtschaftssenator Karl Schiller politisch verantwortlich war. Die Verpflichtung auf die Wirtschaftsinteressen machte Hamburg eine Zeitlang zum Motor der Europabewegung und damit zu einer Stütze der Außenpolitik von Bundeskanzler Konrad Adenauer. Die Opposition zur eigenen Parteiführung nahmen die Hamburger Sozialdemokraten dabei in Kauf.

Im »Schatten der Bundesrepublik Deutschland«?

Von den programmatischen Ansätzen der Gesellschaftsreform wurde 1949 mit britischer Förderung der Bruch mit dem überkommenen dreigliedrigen Schulsystem eingeleitet. Die Differenzierung in einen »praktischen«, einen »technischen« und einen »wissenschaftlichen« Zweig der »Oberschule« nach sechsjähriger »Grundschule« sollte den unterschiedlichen Begabungen und der sozialen Gerechtigkeit gleichermaßen Rechnung tragen. Vermutlich hat diese Reform, die Hamburg schulpolitisch isolierte, 1953 zur Abwahl der SPD-Regierung beigetragen. Für den »Hamburg-Block« war die Rücknahme dieser Reform einer der wichtigsten Punkte im Wahlkampf, und diese Rücknahme erscheint im nachhinein auch als markanteste politische Leistung des Sieveking-Senats. Weitere bleibende Akzente zu setzen, reichten weder Zeit noch Kompetenzen. Sowohl langfristige Wiederaufbaupläne als auch die schnell spürbare Einbindung Hamburgs in zentrale Vorgaben der 1949 gebildeten Bundesrepublik engten den Spielraum für landespolitische und kommunale Experimente stark ein. Ob die Hansestadt allerdings wirklich im »Schatten der Bundesrepublik« stand, wie es 1953 in einer Senatsdenkschrift hieß, erscheint prüfenswert. Der Glanz, den Hamburgs Innenstadt in diesen Jahren wieder entfaltete, spricht ebenso dagegen wie das damals beginnende und bis heute kaum beherrschte Anwachsen des innerstädtischen Verkehrs.

Arnold Sywottek

1946

Demokratie erfordert 2500 Kalorien

22. November 1946. »Unser Kampf gilt also vor allem dem Hunger. Wir haben nicht nur die drohenden Gefahren der nächsten Wochen und Monate abzuwehren, wobei wir auf hilfsbereites Verständnis des Auslands rechnen müssen: es muß unser Streben sein, den Stand der Kalorien zu erhöhen. Mit 1500 Kalorien läßt sich keine neue Stadt und keine Demokratie aufbauen. 2500 Kalorien sind der Normalsatz, den wir erreichen müssen.«

Mit diesen dramatischen Worten beschreibt der SPD-Politiker Max Brauer in seiner Antrittsrede als Erster Bürgermeister die gegenwärtigen Aufgaben. Am 15. November war der erst Anfang Juli als Repräsentant der US-Gewerkschaften zurückgekehrte Brauer (→ 3. 11. 1934/S. 462) nach dem Rücktritt von Rudolf H. Petersen an die Spitze eines SPD/FDP-Senats getreten. Gesundheitssenator blieb Friedrich Dettmann (KPD).

Die Bürgerschaftswahl am 13. Oktober, bei der entsprechend dem Wahlgesetz vom 20. April 1946 ein relatives Mehrheitswahlrecht galt, hatte die SPD klar für sich entschieden. Mit 43,1% der Stimmen

Nach der Vereidigung des Senats: L. Adolph Schönfelder, 4. v. l. Zivilgouverneur Sir Henry Vaughan Berry und (r.) Erster Bürgermeister Max Brauer

errang sie 83 der insgesamt 110 Mandate, also die absolute Mehrheit. Die CDU erhielt 16, die FDP sieben und die KPD vier Sitze.

Am 27. Februar hatte Hamburg zunächst eine von der britischen Besatzungsmacht ernannte Bürgerschaft erhalten. Sie zählte einschließlich der Bürgermeister Petersen und Adolph Schönfelder (SPD) sowie der elf Senatoren 81 Mitglieder. Als Sitzungspräsident amtierte Herbert Ruscheweyh (SPD), der auch letzter Präsident einer frei gewählten Bürgerschaft gewesen war (→ 5. 3. 1933/S. 455). Das Parlament sah seine wesentlichen Aufgaben darin, Maßnahmen gegen Hunger, Wohnungsnot und Demontage zu fordern und die Bürgerschaftswahl vorzubereiten. Am 15. Mai trat die vorläufige Verfassung in Kraft, die an jene von 1921 anknüpft (→ 29. 12. 1920/S. 410).

Briten nehmen rücksichtslos Quartier

27. Juni 1946. Mehrere tausend Menschen demonstrieren gegen die Vertreibung von rund 40 000 Mietern aus ihren Wohnungen westlich und nördlich der Außenalster, wo jetzt Unterkünfte für die britische Kontrollkommission entstehen sollen.

Die Umquartierungen belasten wie die Demontagepolitik (→ 1. 2. 1948/ S. 502) das Verhältnis zwischen Besatzern und Besetzten. Am 15. Juli beginnen die Ausquartierungen in Harvestehude mit der Räumung von Wohnungen in der Isestraße, der St. Benedikt-Straße und im Nonnenstieg. Der am 19. August zum Zivilgouverneur ernannte Sir Henry Vaughan Berry läßt die Requisitionen im November 1946 einstellen. Zunächst fortgeführt wird der Bau von 900 Offizierswohnungen in fünf großen Blocks am Grindel (→ April 1950/S. 510).

Britische Soldaten und deutsche Frauen – am 3. August 1946 heben die Briten das Heiratsverbot auf.

Die Besatzer schaffen sich ihre Infrastruktur: Soldaten vor einem Theaterplakat zu einem englischen Gastspiel.

Schwarzmarkt und »Hamsterfahrten« zum Überleben

31. Januar 1946. Bei einer Razzia gegen Schwarzhändler in den Stadtteilen St. Pauli und Eppendorf stellt die Polizei 34 000 Zigaretten und 25 Zentner Butter sicher.

Die schlechte Ernährungslage sowie der Mangel an Kleidung und Brennmaterial führen zu einem starken Anstieg der Kriminalität. Allein im März 1946 registrieren die Wachen 456 Einbrüche in Betriebe und Geschäfte des Lebensmittel- und Textilhandels. Weil die Rationen für »Otto Normalverbraucher« nicht ausreichen, sind »Hamsterfahrten« an der Tagesordnung.

Zu den Zentren des Schwarzhandels gehören die Talstraße auf St. Pauli, der Großneumarkt und der Bereich hinter dem Hauptbahnhof um den Hansaplatz. Die »Versilberung« von Schmuck, Einrichtungsgegenständen, Mänteln und anderen Wertsachen ist oft die einzige Möglichkeit, an Nahrungsmittel zu kommen. Als Leitwährung gelten »Ami«-Zigaretten.

Mit immer neuen Razzien versucht die Polizei den Schwarzhandel zu unterbinden. Das Spektrum reicht vom Tauschgeschäft auf Zigarettenbasis bis zur Verschiebung verheimlichter Ausweichlager des Großhandels, vom organisierten Kartendiebstahl in den Landgebieten bis zur Fälschung von Lebensmittelmarken mit Hilfe der gestohlenen Originalpapiere.

Allein 1946 beschlagnahmen die ermittelnden Stellen bei Schwarzmarkthändlern 2156 t hochwertige Lebensmittel und Gebrauchsgüter sowie 8,4 Mio. Reichsmark in bar; außerdem entdecken sie 725 illegale Brennereien und 70 Markenfälscherwerkstätten.

Ein weiterer Schwerpunkt der polizeilichen Arbeit ist ihr Kampf gegen die »Kohlensammler«. Auf den großen Güterbahnhöfen lauern täglich Tausende darauf, Kohlenzüge zu stoppen und zu plündern.

Die Ernährungslage spitzt sich zu, als im März 1946 die Brotration wegen unzureichender Einfuhren von 10 auf 5 kg pro Monat und die Nährmittelration von 2 auf 1 kg gekürzt werden muß. Der Normalverbraucher erhält nur noch 1014 Kalorien pro Tag.

Ein am 5. April von Senator Friedrich Dettmann (KPD) vorgelegter Gesundheitsbericht meldet ein durchschnittliches Untergewicht bei Schulkindern von 8 kg.

Bis August steigt der offizielle Tageskaloriensatz nur geringfügig auf 1236 Kalorien. Am 18. August weisen die Hamburger Kleingärtner alle Versuche zurück, ihnen die Gemüsekarten zu entziehen und die bewirtschaftete Kartoffelanbaufläche auf die Lebensmittelkarten anzurechnen.

Der Ausweg für viele sind »Hamster-« oder »Kartoffelfahrten« ins Umland, vor allem nach Lüneburg, um etwas zu erbetteln oder Nah-

Schwarzhändler in Aktion; hier wird auch mit kriminellen Methoden das beschafft, was es sonst nicht gibt.

rungsmittel gegen irgendwelche Wertgegenstände einzutauschen.

Oft genug vergeblich: Entweder haben die Bauern nichts mehr oder geben nichts; anderen wird das sauer erbeutete Gut auf dem Bahnhof genommen. Am 11. September entdeckt die Polizei bei einer einstündigen Kontrolle 36 Personen mit 744 kg Kartoffeln im Gepäck.

Großrazzia in der Talstraße auf St. Pauli: Ein Aufgebot Schutzpolizei sperrt den Zugang zur Straße ab, ihre Kollegen kontrollieren Passanten auf Schwarzmarktware hin. Da fast alle Hunger leiden, ist die »Trefferquote« hoch.

Ein gewohntes Bild auf Hamburgs Schienenwegen in den Jahren 1946/47: Ohne an die damit verbundenen Gefahren zu denken, suchen die Menschen auf den Trittbrettern der völlig überfüllten Züge notdürftig Halt.

Hamburg zieht düstere Handelsbilanz

30. April 1946. In ihrer Denkschrift über »Grundsätze einer Außenhandelsplanung für die britische Zone« regt die Handelskammer Hamburg u. a. die Schaffung eines Außenhandelskontors an.

Dieses Memorandum, das der am selben Tag in Hamburg stattfindenden Außenhandelstagung des Deutschen Wirtschaftsrates vorliegt, stößt auf Kritik: Während die Autoren des »Hamburg-Planes« davon ausgehen, daß eine Wiederaufnahme des individuellen Exports in nächster Zukunft nicht denkbar und deshalb für eine begrenzte Zeit die Zusammenfassung der Export-

interessenten unter dem Dach eines Kontors sinnvoll sei, kommt aus Kreisen der Wirtschaft und teilweise des Außenhandels selbst heftiger Widerspruch.

Ein deutscher Außenhandel findet seit Kriegsende praktisch nicht mehr statt. Als Gegenleistung für Lebensmittel und andere Waren, die zur Vermeidung von Unruhen und Seuchen als unverzichtbar angesehen werden und aus dem Ausland in die britische Zone kommen, führt Deutschland fast ausschließlich Grundstoffe, aber keine Fertigwaren aus. Im- und Export organisiert die Militärregierung.

Dies ist für Hamburg besonders nachteilig, weil rund 30% aller Beschäftigten von Handel und Verkehr leben. Außerdem liegt der Schwerpunkt der örtlichen Industrie auf der Verarbeitung, so daß sie auf angelandete Rohstoffe bzw. auf Grundstoffe aus dem Hinterland angewiesen ist.

Im Mai 1945 belief sich Hamburgs Industriekapazität auf etwa 75% des Standes von 1938. Einige Zweige wie der Schiffbau (38%) und die Mineralölindustrie (21%) lagen aufgrund der starken Kriegsschäden darunter, andere wesentlich darüber. Bedingt durch den Mangel an Grundstoffen werden die zur Verfügung stehenden Kapazitäten 1946 nur zum Teil genutzt.

In diesem Jahr laufen 3041 Seeschiffe in den Hafen ein, 1938 waren es 18 149. Befördert werden 4,18 Mio. t Güter, davon sind bei den Einfuhren 30% Lebens- und Futtermittel und 55,6% Rohstoffe, bei den Ausfuhren 61% Rohstoffe sowie 20% Nahrungs- und Futtermittel.

Nach der provisorischen Wiederherstellung der Anlagen im Roß- und Oderhafen, im Kuhwerdergebiet und im Altonaer Fischereihafen bis Frühjahr 1946 läuft in Kooperation mit der Militärregierung ein Wiederaufbauprogramm an, mit dem in vier Jahren die Umschlagskapazität 70% des Standes von 1936 erreichen soll.

Arbeiten am Fundament eines neuen Hauses; der Wohnungsbau vollzieht sich vorerst nur schleppend, zunächst geht es darum, beschädigte Häuser zu reparieren. Der Krieg hat in Hamburg 40 Mio. m³ Trümmer hinterlassen.

Hein ten Hoff Meister der schweren Boxer

3. August 1946. Vor 30 000 Zuschauern besiegt Hein ten Hoff Walter Neusel in einem 12-Runden-Boxkampf auf dem HSV-Sportplatz und wird Deutscher Meister im Schwergewicht.

Im ersten Meisterschaftskampf seit Kriegsende kann ten Hoff gegen den um acht Jahre älteren Titelverteidiger fünf Runden für sich verbuchen, drei gehen an Neusel und vier enden unentschieden.

Der 1919 in Oldenburg geborene ten Hoff ist seit September 1945 Berufsboxer. Als Amateur gewann er 185 von seinen 194 Kämpfen.

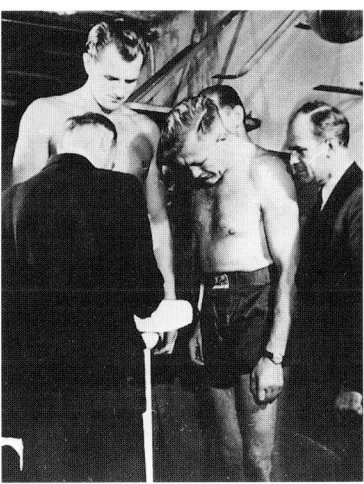

Hein ten Hoff (l.) und Walter Neusel beim Wiegen vor einem erneuten Duell, diesmal in Düsseldorf (1947)

Militärregierung läßt deutschen Blätterwald grünen

21. Februar 1946. Die erste Ausgabe der Wochenzeitung »Die Zeit« markiert das Wiederaufleben der Presse in Hamburg. Das Blatt mit einer Auflage von 25 000 Exemplaren wird u. a. von Gerd Bucerius und Lovis H. Lorenz herausgegeben.

Wer eine Zeitung machen will, braucht die Erlaubnis der Militärregierung, die NS-belasteten »Alt-Verlegern« verwehrt bleibt. Am 27. März erfolgt die Lizenzvergabe für parteigebundene Tageszeitungen: »Hamburger Echo« (SPD), »Hamburger Allgemeine Zeitung« (CDU), »Hamburger Freie Presse« (FDP) und »Hamburger Volkszeitung« (KPD). In Hamburg und Berlin erscheint am 2. April erstmals die Tageszeitung »Die Welt«, vorerst noch als Organ der britischen Militärverwaltung.

Am 5. April geben die Publizisten Peter von Zahn und Axel Eggebrecht im Auftrag des NWDR das

erste Exemplar der »Nordwestdeutschen Hefte« heraus, am 13. Dezember erscheint bei Axel Springer

die Programmzeitschrift »Hör zu« mit 250 000 Exemplaren. Chefredakteur ist Eduard Rhein.

Der Schriftsteller und Journalist Axel Eggebrecht arbeitete vor dem Krieg bei der Wochenschrift »Weltbühne«.

Gerd Bucerius, Mitherausgeber der »Zeit«, amtiert bis November 1946 als Bausenator in Hamburg.

Peter von Zahn ist am Aufbau des NWDR beteiligt. Später tritt er u. a. als Fernsehproduzent hervor.

1947

Verzweifelter Kampf gegen kalten Tod

15. Februar 1947. »Die Krise . . . hat ein unerträgliches Ausmaß erreicht. Gas- und Energieversorgung sind zusammengebrochen. Die Krankenhäuser können nicht mehr beheizt werden. Die Haushaltungen sind ohne Licht, Heizungen und Kochmöglichkeiten.«

Mit diesen eindringlichen Worten bittet der Erste Bürgermeister Max Brauer (SPD) den Generalgouverneur für die britische Zone, Sir Brian Robertson, um Hilfe für die vom Kollaps bedrohte Stadt.

Der strenge Winter bei gleichzeitigem Kohlenmangel droht Hamburg lahmzulegen. Anfang Januar meldete die Presse erste Kältetote. Bis zum Winterende erfrieren 85 Menschen. Je ein Drittel der Haushalte erhält zwischen 7 und 22 Uhr keinen Strom mehr. Ab 8. Februar dienen die Hamburger Schulen, die erst am 15. Januar wieder geöffnet worden sind, als Wärmehallen.

Am 25. Februar fällt das Thermometer auf den Rekordwert von minus 25 °C. Sechs Tage zuvor sind 1200 Polizisten zum Schutz der Kohlentransporte abkommandiert worden. Bis zu 30 000 Menschen warten an den Strecken und stürmen oft mit Gewalt die Züge. Fast 50% der Kohlen erreichen nicht den Bestimmungsort. Zu Tausenden verschwinden Bäume aus Parks und von Chausseen. Trotz Explosionsgefahr durchwühlt die frierende Bevölkerung Trümmergrundstücke nach Brennbarem. Auf dem Höhepunkt der Krise kommt die Wende: Am 4. März, als 42 000 Menschen arbeitslos und 1354 Betriebe aus Strommangel geschlossen sind, verfeuern die Hamburgischen Electricitätswerke die letzten Kohlen, um die Versorgung notdürftig aufrechtzuerhalten. Zur gleichen Zeit treffen endlich die von den Briten bereitgestellten Kohlenzüge in Hamburg ein.

◁ *Ein Paar auf der verzweifelten Suche nach etwas Brennbarem; erst Mitte März ist nach vielen Wochen mit dem Einbruch des Tauwetters die ärgste Not vorbei.*

◁◁ *Kinder und Erwachsene plündern einlaufende Güterzüge, nachdem sie sie durch Eingriffe in das Signalsystem gestoppt haben.*

Schulspeisung lindert den ärgsten Hunger

1. April 1947. Die Englische Speisung geht in die sog. Hoover-Speisung über, die täglich bis zu 216 000 Portionen umfaßt. Dadurch erhalten mehr Hamburger Schulkinder eine warme Mahlzeit am Tag.

Seit dem 11. März 1946 waren aus britischen Lieferungen gegen geringes Entgelt 46 000 Tagesrationen verteilt worden. Ab Juli erhielten alle Hamburger Schüler von 6 bis 18 Jahren täglich Suppe. Der Zusammenschluß von US- und britischer Zone zur Bizone am 1. Januar 1947 erlaubte eine Neuregelung. Ab dem 24. Februar 1947 geben die freien Wohlfahrtsverbände die sog. Schwedenspeisung an 42 000 Schüler und ca. 35 000 Erwachsene aus. Dänische Hilfe ermöglicht bis Juni 1948 weitere 12 000 Mahlzeiten.

Die Mütter dürfen nur zuschauen, wie sich ihre hungrigen Kinder die kostbaren zusätzlichen Nahrungsspenden aus den USA schmecken lassen.

Schillers Gedanken zu Hamburgs Zukunft

3. April 1947. Auf Wunsch der britischen Militärregierung legt der Senat einen maßgeblich von Karl Schiller beeinflußten Wirtschaftsplan für Hamburg vor.

Als der Auftrag am 28. Juni 1946 vergeben wurde, hatten die Siegermächte für Hamburg noch eine Obergrenze von 1,3 Mio. Menschen geplant. Notfalls solle »die überzählige Bevölkerung« die Stadt verlassen. Ausgehend von einer Inventur der Lage des Jahres 1946 (→ 30. 4. 1946/S. 499) formuliert die Kommission ein Sofort- oder Notprogramm (u. a. Freigabe der Küstenschiffahrt, Wohnungsbau). Einer Übergangsphase nach vorausgegangener Währungsreform sollen in der dritten Phase strukturelle Umwandlungen folgen, wobei die »periphere Standortlage Hamburgs« infolge der deutschen Teilung zu beachten sei. Für Ende 1949 erwartet der Plan 1,6 Mio. Einwohner. Die Steigerung der Industriekapazität auf den Stand von 1938 soll bis 1951 eintreten.

SPD-Wirtschaftspläne für Verstaatlichung

19. März 1947. Gegen die Stimmen von CDU und FDP billigt die Bürgerschaft mit der erforderlichen Zwei-Drittel-Mehrheit die Verstaatlichung der Hamburger Hochbahn AG. Die Militärregierung stimmt am 24. Juli zu. Die SPD hatte am 12. Februar den Antrag gestellt. Sie will die Aktionäre auszahlen, während die KPD ihre entschädigungslose Enteignung fordert.

Die SPD sieht in der Sozialisierung der Schlüsselindustrien das wichtigste Mittel des »Sozialismus als Tagesaufgabe«. In der Privatwirtschaft will die Partei damit erst beginnen, wenn die Demontage deutscher Industriebetriebe beendet, die Ernährung der Bevölkerung gesichert und ein einheitliches Wirtschaftsgebiet geschaffen worden ist. Am 10. Februar hatte ein zur Hälfte von der SPD gestellter Sachverständigenrat ein Sozialisierungskonzept für die Groß- und Grundstoffindustrie zugunsten von Gewerk- und Genossenschaften vorgelegt.

Kriegsverbrecher in Curio-Haus-Prozessen

27. August 1947. Das im Curio-Haus verhandelnde britische Militärgericht spricht den früheren SS- und Polizeioffizier Henning Graf von Bassewitz-Behr vom Vorwurf frei, im November 1943 sowjetische Frauen sowie Insassen des Zuchthauses Fuhlsbüttel ermordet zu haben. Er hatte sich erfolgreich auf »Befehlsnotstand« berufen.

Im Rahmen der »Curio-Haus-Prozesse« hatte am 7. Mai 1946 ein Militärgericht elf Angehörige der Wachmannschaften und des Stabes des ehemaligen KZ Neuengamme zum Tode, drei weitere zu langjährigen Haftstrafen verurteilt. Am 13. Juli wurden gegen fünf andere KZ-Bewacher Todesurteile verhängt, ein Angeklagter erhielt 15 Jahre Gefängnis. Der dritte Prozeß endete am 31. Juli mit zwei Todesurteilen und einer Freiheitsstrafe. Das Gericht verurteilt am 3. September 1947 14 der 18 wegen Erschießung 50 britischer Fliegeroffiziere angeklagten SS-Führer und Gestapo-Beamten zum Tode.

Britische Verwaltung schließt Nazi-Kapitel

31. Dezember 1947. Laut einer abschließenden Statistik hat die britische Militärverwaltung seit Mai 1945 in Hamburg 327 157 Personen im Rahmen der Entnazifizierung überprüft. Zu den Gruppen I und II – Hauptschuldige bzw. Schuldige und Belastete – gibt es keine Angaben. Von den Kontrollierten galten 179 902 als unbelastet, 131 119 wurden entlastet (Gruppe V). Weitere 15 052 stufte die Kommission als Mitläufer (Gruppe IV) ein, 1084 als Minderbelastete (Gruppe III).

Mit einer am 6. Januar 1948 veröffentlichten Erklärung sind künftig Entlassungen aus öffentlichen Ämtern oder einer verantwortlichen Stellung in privaten Betrieben fast unmöglich. Die Entnazifizierung gilt als abgeschlossen.

In der britischen Zone mußten 2,2 Mio. Menschen die Fragebögen über ihr Leben während des »Dritten Reiches« ausfüllen. Je nach Ergebnis wurden sie aus dem Amt entfernt oder »gecleared«, also für ganz oder fast unschuldig erklärt.

»Gibt denn keiner, keiner Antwort?«

21. November 1947. »Ein Stück, das kein Theater spielen und kein Publikum sehen will« erlebt seine Uraufführung in den Hamburger Kammerspielen: Das Drama »Draußen vor der Tür«, dessen Autor Wolfgang Borchert tags zuvor in Basel gestorben ist. »Gibt denn keiner, keiner Antwort?«

fragt der aus Sibirien heimkehrende Unteroffizier Beckmann, der im Bett seiner Frau einen fremden Mann vorfindet, in die Elbe springt und wieder ans Land geworfen wird. Niemand versteht ihn auf seinem Passionsweg, und Beckmann verzweifelt an der Frage nach dem Sinn des Daseins.

Mit seinem Stück macht sich Borchert zum Sprecher der entwurzelten Kriegsjugend. Gerhard Sanden, Kritiker der Tageszeitung »Die Welt«, urteilt über den Hauptdarsteller: »In den Kammerspielen erlebte man mit tiefer Teilnahme, wie Hans Quest – dem Borchert sein Werk gewidmet hat – den riesigen Verzweiflungsmonolog mit einer schlechterdings ungeheuerlichen Intensität ins Bühnenleben riß. Das war keine Leistung mehr, das war eine Tat.« Unter der Regie von Wolfgang Liebeneiner brillieren neben Quest Erwin Geschonnek als Kabarettdirektor und Käte Pontow als Kriegerfrau.

Ein Theatererlebnis ganz anderer Art gibt es vom 28. Juni bis 2. Juli in Recklinghausen. Das Gastspiel der Hamburgischen Staatsoper, des Deutschen Schauspielhauses und des Thalia Theaters ist ein Dank dafür, daß die Kumpel der Zeche König Ludwig 4/5 in Recklinghausen-Suderwich den Bühnen Ende 1946 dringend benötigte Kohlen zur Verfügung gestellt hatten. Aus der Aktion »Kunst gegen Kohle« gehen die Ruhrfestspiele hervor.

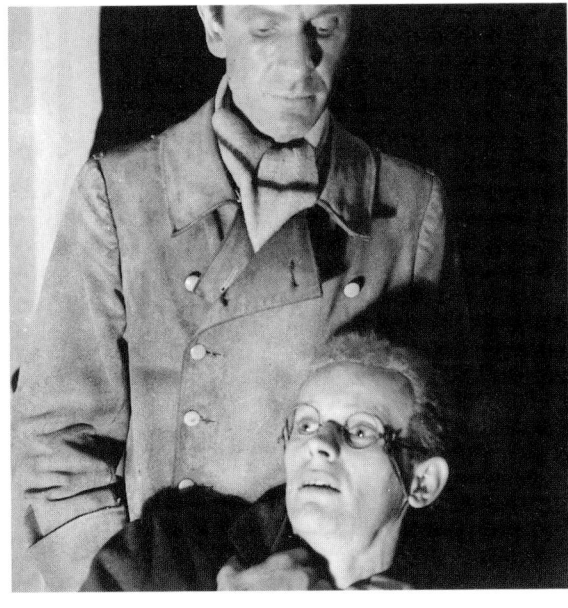

Hans Quest als Beckmann (u.) und Herrmann Lenschau als Der Andere in einer Aufführung von »Draußen vor der Tür« an den Kammerspielen (1947); der NWDR strahlte das bittere Zeitstück in einer Hörspielversion bereits am 13. Februar aus. Die Reaktionen waren heftig und kontrovers. Das Theaterstück wird zum meistgespielten Drama der »Trümmerliteratur«.

Zentrum des Vergnügens inmitten einer Trümmerlandschaft: Die »Scala«

»Scala«: Revue bietet Vergnügen im Bunker

17. Mai 1947. »In Hamburg geht man seit einiger Zeit in den früheren Flakturm auf dem Heiligengeistfeld, um eine Revue zu sehen«, meldet das Nachrichtenmagazin »Der Spiegel«. Gemeint ist die »Scala«, ein Saal mit 500 Sitzplätzen in den Bunkerräumen. Hier steht die freizügige Revue »Tausend und eine Frau« auf dem Programm.

1948

Britische Soldaten im Mai 1945 bei Blohm & Voss; im Hintergrund halbfertige U-Boote des Typs XXI auf den Helgen

Demontage dient als Schadensersatz

1. Februar 1948. Die britische Besatzungsmacht befiehlt die Demontage der Werft Blohm & Voss, die Mitte November 1950 abgeschlossen ist. Das prominente Unternehmen steht auf der Liste der Reparationsbetriebe, die den Siegermächten als Ausgleich für die Kriegsschäden zufallen sollen.

Blohm & Voss, das von 1940 bis 1945 256 U-Boote abgeliefert hatte, war sofort nach dem Einmarsch am → 3. Mai 1945 (S. 490) von den Briten besetzt worden. Ein Teil der Belegschaft arbeitete bis Anfang 1946 unter neuer Leitung weiter. Dann stoppten die Briten die Produktion völlig. Sie sprengten die Helgengerüste der Werft und andere Einrichtungen. Im März 1947 gaben sie einen Teil des Geländes für die Reparatur von Lokomotiven frei (→ 12. 11. 1949/S. 507).

Während dessen lief auf politischer Ebene der Kampf um die Demontage. 1945 hatten die Siegermächte 1800 Betriebe abbauen und die Industrieproduktion auf etwa die Hälfte des Stands von 1938 begrenzen wollen. Zwei Jahre später sollten es in der britischen Zone noch 496 Unternehmen sein – darunter auch Blohm & Voss, obwohl Senat, Bürgerschaft und Handelskammer ein Gutachten vorlegten, wonach die Werft »weder ein Rüstungsbetrieb noch ein Kriegsbetrieb im Sinne des allgemeinen Völkerrechts« gewesen sei. Rund 40 000 Menschen verlieren in Hamburg durch die Demontage ihren Arbeitsplatz, die meisten bei Blohm & Voss.

Hamburgs Hafenarbeiter streiken

5. Januar 1948. Rund 5000 gelegentlich beschäftigte Hafenarbeiter, 1000 festangestellte Kollegen und 2600 Arbeiter der Deutschen Werft streiken gegen die unzureichende Lebensmittelversorgung.

Die Hafenarbeiter fordern eine 30%ige Erhöhung der seit 1929 geltenden Löhne, den Erhalt von Schwerstarbeiterkarten und bevorzugte Belieferung mit Kleidung. Am 9. Januar endet der Ausstand, nachdem es in der Tariffrage zu einer Verständigung gekommen ist. Am 8. Februar gehen Gewerkschaften und Arbeitgeber ein Lohngarantieabkommen ein.

◁ »Erst sattessen, dann arbeiten« fordern zu Jahresbeginn 1948 die Arbeiter in Hamburg.

Währungsreform füllt leere Schaufenster über Nacht

20. Juni 1948. Um 5.30 Uhr stauen sich an einem regnerischen Sonntag vor dem Portal der Landeszentralbank Kraftwagen, der Kassenraum und die Vorhalle wimmeln von Polizei: Das neue Geld ist da! Erst zwei Tage vorher war es bekanntgeworden: Am Sonntag gibt es von 7 bis 18 Uhr die Deutsche Mark. Rund 12 000 Arbeitskräfte stehen bereit, um die neue Währung in der Landeszentralbank abzuholen und es zu den über 1300 Dienststellen zu bringen. Hier gibt es die 40 DM »Kopfgeld«.

Unangenehm überrascht von der heimlich vorbereiteten Währungsreform sind Besitzer von Bank- und Sparguthaben: Ihre Einlagen sowie Verbindlichkeiten werden im Verhältnis von 10:1 abgewertet, das umlaufende Altgeld 100:5. Zwischen dem 21. und 26. Juni tauschen die Hamburger rund 400 Mio. RM um und melden 7,1 Mrd. RM Altgeldguthaben an.

Am 21. Juni sind die Läden voll mit gehorteten Waren. Das SPD-Blatt »Hamburger Echo« schreibt: »In den Schaufenstern der Läden tauchen plötzlich Waren auf, die seit Jahren nur auf dem Schwarzen Markt gehandelt wurden . . . Schwarze Waren von gestern sind über Nacht weiß geworden.« Als negative Auswirkung kommt es vor allem im Handel und im Gaststättengewerbe zu Entlassungen, am 31. Juli hat Hamburg 25 466 Arbeitslose. Das Geld wird zunächst für die Dinge ausgegeben, die man wirklich braucht. Darunter haben u. a. Kinos zu leiden.

Am Morgen der Währungsreform, dem »Tag X«: Käufer drängen sich vor einem Schaufenster; lange entbehrte Waren sind nun endlich wieder – wenn auch teuer – zu haben.

Jahre der Gewöhnung an rationierte oder jedenfalls knappe Güter des täglichen Gebrauchs lassen den Hinweis »bezugscheinfrei« als plötzlichen Luxus erscheinen.

Staunen vor dem Schaufenster: Plötzlich tauchen gehortete Waren auf, die man vorher nur auf dem Schwarzmarkt kaufen konnte. Am 23. Juni 1948 wird auch in der sowjetisch besetzten Zone eine neue Währung eingeführt.

Erst Skepsis, dann Kaufrausch

In den ersten Tagen der Währungsreform reagieren die Menschen auf die ungewohnte Warenfülle noch zurückhaltend. Umfragen ergeben, daß zwei Tage nach der Ausgabe des neuen Geldes noch rund 65% der Bürger ihre »Kopfquote« von 40 DM unangetastet gelassen haben. Erst allmählich steigt die Kauflust, besonders Kleidung und Haushaltswaren finden reißenden Absatz. Schon bald sind die gehorteten Vorräte verkauft, die Verknappung der Waren führt zu Preisanstiegen. Der allgemeine Lohnstopp bleibt vorerst bestehen, um die Kaufkraft zu bremsen. Gewinner der Währungsreform sind Eigentümer von Immobilien und Sachwerten, hart betroffen dagegen die Besitzer der abgewerteten Sparguthaben in Reichsmarkwährung.

Landeszentralbank regelt Geldumlauf

1. April 1948. Nach Auflösung der Leitstelle Hamburg der Reichsbank nimmt die Landeszentralbank (LZB) Hamburg die Geschäftstätigkeit auf. Ihr Präsident ist Karl Klasen, ab 1935 Syndikus bei der Deutschen Bank AG.

Einen Monat vorher wurde die Bank deutscher Länder in Frankfurt als Spitzeninstitut für alle Landeszentralbanken der Westzonen errichtet. Die LZB Hamburg übernimmt – ohne Rechtsnachfolgerin zu sein – die Aufgaben der Reichsbankstelle und soll u. a. Geldumlauf und Kreditversorgung regeln.

»Zigarettenzar« unter Bestechungsvorwurf

2. Oktober 1948. Ein Hamburger Gericht verurteilt den Tabakindustriellen Philipp F. Reemtsma zu 10 Mio. DM Geldstrafe, ersatzweise zehn Monate Haft. Durch Anrechnung der fünfmonatigen Untersuchungshaft gilt die Hälfte der Strafe als verbüßt.

Reemtsma soll den früheren preußischen Ministerpräsidenten Hermann Göring zur Abwendung einer Steuerforderung zwischen 1934 und 1944 mit rund 14 Mio. RM bestochen haben. Das Hanseatische Oberlandesgericht hebt das Urteil am 30. Juni 1949 auf.

Mißtrauensantrag stürzt KPD-Senator

28. Juli 1948. Gesundheitssenator Friedrich Dettmann (KPD) tritt zurück, nachdem die Bürgerschaft gegen die vier Stimmen der KPD ein Mißtrauensvotum der SPD-Fraktion gebilligt hat.

Anlaß ist die Verschärfung des kalten Krieges durch die am 24. Juni von der UdSSR verhängte Blockade West-Berlins. Weil Dettmann einen Protest der Bürgerschaft nicht mittragen wollte, hatte die SPD am 5. Juli das Mißtrauensvotum eingebracht. Walter Schmedemann (SPD) übernimmt am 12. Oktober Dettmanns Posten.

Ehrenrettende Strafe für NS-Bürgermeister

18. August 1948. Die 13. Spruchkammer in Bielefeld verurteilt den früheren Bürgermeister von Hamburg, Carl Vincent Krogmann, zu 10 000 DM Geldstrafe, weil er von NS-Verbrechen gewußt habe. Das Gericht erspart Krogmann eine »entehrende« Haftstrafe.

Am 5. Juli war der frühere Staatssekretär Georg Ahrens unter Anrechnung seiner zweieinhalbjährigen Internierung zu sechs Jahren Haft verurteilt worden. Das Verfahren gegen Karl Kaufmann (→ 3. 5. 1945/S. 490) endet am 9. Dezember wegen Verhandlungsunfähigkeit.

»Abendblatt« ist anders

14. Oktober 1948. In einer Auflage von 60 000 Exemplaren erscheint die erste Ausgabe des »Hamburger Abendblatts«. Sie kostet 20 Pfennig und ist die erste Zeitung, deren Zulassung der Senat und nicht mehr die Briten verfügten.

Unter dem Motto »An die Arbeit« beschreibt die Redaktion auf Seite 2 ihre Ziele: »Nach dem Willen seiner Schöpfer soll das ›Hamburger Abendblatt‹ im Zeitungsleben unserer Stadt eine fühlbare Lücke schließen; es soll eine unabhängige und überparteiliche Hamburger Zeitung sein.«

Die Redaktion des Blattes sitzt An der Alster 61 und ist eine Mischung aus »gestandenen« Hamburger und Berliner Journalisten, die zuvor vielfach beim »Hamburger Fremdenblatt« und bei der Ullstein-Presse tätig waren. Die Zeitung erscheint wie die Konkurrenz dreimal in der Woche: Am Montag, Mittwoch und Samstag. Sie ist von Beginn an anders: Wichtige lokale Ereignisse stehen neben der Politik auf Seite 1, die letzte Seite ist aktuellen Bildberichten statt Familienanzeigen vorbehalten.

Am Ende des Jahres hat das »Abendblatt« eine verkaufte Auflage von 100 000 Exemplaren, ihr größter Konkurrent, das SPD-Organ »Hamburger Echo«, 224 000.

▷ *Axel Springer (l.) mit dem Schriftsetzer am Umbruchtisch; Springer ist Lizenzträger des »Abendblattes«, die Zulassung hatte ihm Bürgermeister Max Brauer am 12. Juli 1948 erteilt. Der am 2. Mai 1912 in Altona geborene Springer lernte im väterlichen Verlag Hammerich & Lesser.*

▷▷ *Titelseite des ersten »Abendblatts« vom 14. Oktober*

Ein »Theater im Zimmer«

24. März 1948. Im vierten Stock des Hauses Alsterchaussee 5 eröffnet Helmuth Gmelin sein »Theater im Zimmer« mit Friedrich Hebbels »Maria Magdalena«. »Kein Zufallstreffer, sondern planvolle, sehr gewissenhafte Arbeit«, attestiert die Presse der mit größter Werktreue gestalteten Inszenierung. Gmelin selbst spielt den Meister Anton.

Die Idee des Zimmertheaters hatte Gmelin schon in den 30er Jahren formuliert. Es soll einen besonderen Stil der »Verinnerlichung und Verdichtung« ermöglichen. Im Juli 1947 verwirklichte der zuvor im Ensemble des Deutschen Schauspielhauses tätige Gmelin mit einer Aufführung von Henrik Ibsens »Gespenster« (mit Boy Gobert) erstmals sein Anliegen, das Publikum ohne jeden vergröbernden Naturalismus des Bühnenbildes und ohne jedes darstellerische Pathos des Schauspielers anzusprechen.

Magda Stephanie und Helmuth Gmelin in »Gespenster« im Juli 1947

Realfilm feiert Premiere

6. Februar 1948. Im Waterloo-Filmtheater hat der Spielfilm »Arche Nora« Premiere, die erste Produktion der 1947 gegründeten Realfilm. Zwei auf einem Kahn lebende Kriegsheimkehrer retten eine schwangere Frau vor dem Selbstmord und sorgen mit Humor und Tatkraft dafür, daß ihr mutlos gewordener Mann einen neuen Anfang wagt. Die Hauptrollen spielen Edith Schneider, Claus Hofer und Willy Maertens.

Die Gründer der Realfilm, der gebürtige Ungar Gyula Trebitsch und der Kölner Walter Koppel, waren vor dem Krieg als Produzenten und im Filmverleih tätig. Die »Arche Nora« wird im Tanzsaal eines alten Gasthauses in Ohlstedt gedreht. Der Erfolg ermutigt Trebitsch und Koppel, eine alte Villa in Wands-

Harry Meyen (l.) und Claus Hofer in dem Film »Arche Nora« (1948)

bek zu einem Atelier auszubauen. Von 1948 bis 1960 entstehen hier 126 Spielfilme (→ 1960/S. 534).

Im Nordderby hat HSV die Nase vorn

2. Mai 1948. Durch einen 2:1-Sieg über den FC St. Pauli wird der Hamburger SV Norddeutscher Fußballmeister. Er sichert sich mit einem 6:1 über den gleichen Gegner auch die Meisterschaft der britischen Zone.

Die »Braunhosen« vom Millerntor sind der große Rivale des HSV, wie in den 40er Jahren die Rot-Weißen vom ETV. Dabei haben die »Rothosen« um Friedo und Richard Dörfel, Erwin Seeler und Heinz Spundflasche im entscheidenden Moment stets die Nase vorn.

Die zentrale Figur des FC St. Pauli ist Verteidiger Karl Miller, Schlachtermeister von Beruf. Neben »Eigengewächsen« wie Harald Stender spielen Stars von auswärts: Aus Dresden Walter Dzur, Heinz Hempel, Heiner Schaffer, Fritz Machate und Helmut Schön, der mehrfach als Gastspieler mitwirkt, aus Berlin Hans (»Hänschen«) Appel und Heinz (»Tute«) Lehmann.

1947 war der FC St. Pauli Hamburger Meister mit drei Punkten Vorsprung vor dem HSV, der im gleichen Jahr durch ein 1:0 über Borussia Dortmund erstmals Meister der britischen Zone wurde. 1948 qualifizierte sich der FC St. Pauli für die Endrunde um die Deutsche Fußballmeisterschaft, verliert aber am 25. Juli in Mannheim im Halbfinale gegen den späteren Deutschen Meister 1. FC Nürnberg 2:3.

△ *Die Zonenmeister-Mannschaft des HSV 1948, stehend v. l. Reinhardt, Werner, Adamkiewicz, Holdt, Trenkel, Erwin Seeler, Richard Dörfel, Tauchert; kniend v. l. Friedo Dörfel, Grote und Jessen*

◁ *Karl Miller führt die »Braunhosen« am 15. August 1948 ins Freundschaftsspiel gegen den 1. FC Nürnberg am Millerntor; der FC St. Pauli entzaubert den frischgebackenen Deutschen Meister 5:0.*

Altmeister von Cramm gewinnt weiter

9. August 1948. In Hamburg gewinnt ein Vorkriegs-Star, der dreimalige Wimbledon-Finalist Gottfried von Cramm, die ersten Internationalen Tennismeisterschaften von Deutschland seit 1939.

Der deutsche Altmeister schlägt den Wuppertaler Helmut Gulc 6:4, 6:1, 4:6 und 6:4. Spannend wird es nur im dritten Satz, in dem von Cramm schon 3:0 führt, ihn dann aber doch noch verliert. Der 39jährige von Cramm ist ein alter Bekannter in Hamburg: Er gewann die »Internationalen Deutschen« zwischen 1932 und 1937 bereits viermal. Noch erfolgreicher waren der deutsche Tennisstar Otto Froitzheim, der siebenmal siegte (1907, 1909–1911, 1921/22 und 1925) und der Brite Josiah G. Ritchie, Sieger von 1903 bis 1906 und 1908.

Gottfried von Cramm knüpft in Hamburg an frühere Erfolge an; die Krönung seiner Laufbahn, ein Wimbledon-Sieg, ist ihm freilich versagt geblieben.

Neue Gewinnchance für Fußballexperten

14. November 1948. In Hamburg wird erstmals das Fußballtoto ausgespielt. Fußballfreunde können ihren Sachverstand versilbern, indem sie die Ergebnisse von zehn Paarungen tippen, bei der Premiere u. a. die Oberligabegegnung Bremer SV – HSV (2:2).

Keiner tippt »alle Zehne« richtig, aber acht Mitspieler gewinnen immerhin je 1440 DM. Der erste Wettsonntag erbringt einen Umsatz von 46 162 DM. Träger ist die Gesellschaft für Fußballwetten mbH, an der je zur Hälfte der Hamburger Sportbund und der Hamburger Fußball-Verband beteiligt sind.

Schmidt Champion der Mittelgewichtler

20. Juni 1948. Am Tag der Währungsreform wechselt im Berliner Olympiastadion der Meistergürtel im Mittelgewichtsboxen: Der Hamburger Carl Schmidt besiegt den bisherigen Titelträger Fritz Gahrmeister aus Berlin nach Punkten. Nach Otto Flint (→ 7. 11. 1911/S. 373) ist damit wieder ein Hamburger Deutscher Meister in der vierthöchsten Gewichtsklasse. Ein Jahr kann sich Schmidt seines Titels erfreuen; am 14. Mai 1949 verliert er ihn durch Disqualifikation an den Kölner Peter Müller.

Schmelings Karriere endet mit Niederlage

24. Mai 1948. Vor 40 000 Zuschauern unterliegt der frühere Schwergewichtsweltmeister Max Schmeling in Hamburg seinem alten Rivalen Walter Neusel über zehn Runden nach Punkten.

Gegen den um drei Jahre jüngeren Neusel kann der 42jährige Schmeling nur zwei Runden für sich verbuchen, an Neusel gehen vier, die übrigen sind ausgeglichen. Der Sieger des Kampfes tritt gegen Titelträger Hein ten Hoff um die Deutsche Meisterschaft an.

Für Schmeling ist das Ende seiner 1924 begonnenen Karriere als Berufsboxer gekommen. Seinen endgültig letzten Kampf bestreitet er am 31. Oktober in Berlin, wo er dem Hamburger Richard (»Riedel«) Vogt nach Punkten unterliegt.

1949

28. 1. Das Schwurgericht beim Hamburger Landgericht verurteilt Erich Liebenow wegen zweifachen Kindermords zum Tode. → S. 508

22. 2. 53 480 Wohnungen wurden in Hamburg seit 1945 renoviert oder neu gebaut. → S. 508

15. 3. Schulsenator Heinrich Landahl (SPD) legt in Iserbrook den Grundstein für den ersten Schulneubau. → S. 507

30. 4. Der britische Gouverneur Sir Henry Vaughan Berry übergibt sein Amt an Sir John Kirningmont Dunlop. Dessen Amtsbezeichnung lautet Britischer Landeskommissar.

30. 4. Das Oberhafenamt meldet Erfolge bei der Wrackbeseitigung. → S. 507

18. 5. Die Hamburger Bürgerschaft billigt das Grundgesetz. → S. 506

22. 5. Vor mehr als 40 000 Zuschauern gewinnt der Hamburger SV das Entscheidungsspiel um die Norddeutsche Fußballmeisterschaft 5:3 gegen den FC St. Pauli.

1. 6. Die Hamburger Illustrierte »die strasse« veröffentlicht erste Karikaturen Vicco von Bülows (Loriot).

18. 7. In Hamburg sind die Straßenbahnbriefkästen der Post wieder benutzbar.

25. 7. Der erste Sommerschlußverkauf seit 1939 beginnt.

1. 8. An der Hamburger Börse gibt es wieder die amtliche Notierung von Wertpapieren. Seit dem 8. Juli 1945 fand die Feststellung der Kurse nur im sog. kontrollierten Freiverkehr statt.

14. 8. Bei der Wahl zum ersten Deutschen Bundestag erhält die SPD in Hamburg 39,6% der Stimmen, die CDU 19,8%, die FDP 15,8%, die Deutsche Partei 13,1% und die KPD 8,5%.

17. 8. Der Kaufmann Werner Otto gründet in Hamburg den Otto Versand. → S. 507

1. 9. Die deutsche presse-agentur (dpa) nimmt in Hamburg die Arbeit auf. → S. 508

5. 9. Die Konsumgenossenschaft Produktion eröffnet in Hamburg ihren ersten Selbstbedienungsladen.

16. 9. Die erste »Hamburger Morgenpost« erscheint. → S. 508

16. 10. Bei den Wahlen zur Hamburger Bürgerschaft erringt die SPD 65 Sitze. → S. 506

12. 11. Die Werftbesitzer Rudolf und Walther Blohm werden wegen Demontagevergehen zu einer Geldbuße verurteilt. → S. 507

26. 11. Als erstes deutsches Nachkriegsschiff läuft die »Brook« vom Stapel. → S. 507

Hamburg ist ein Land im neuen Staat

Für die Menschen in Deutschland bringt das Jahr 1949 eine entscheidende politische Wende. Das spätestens seit der Währungsreform (→ 20. 6. 1948/S. 503) und der sowjetischen Berlin-Blockade deutlich gewordene Auseinanderbrechen der alliierten Koalition führt zur Gründung von zwei Staaten auf deutschem Boden. Hamburg ist nun ein Land der Bundesrepublik; es erhält ein Wahlgesetz und eine Bezirksverfassung.

18. Mai 1949. Mit 97 gegen drei Stimmen der KPD billigt die Hamburger Bürgerschaft das Grundgesetz der Bundesrepublik Deutschland. Die vom Parlamentarischen Rat erarbeitete Verfassung für einen freiheitlichen und demokratischen Bundesstaat tritt am 23. Mai in Kraft. Als Vizepräsident des Parlamentarischen Rates zählt der Hamburger Adolph Schönfelder (SPD) zu den Unterzeichnern.

Bei den ersten Wahlen zum Deutschen Bundestag am 14. August erhält die SPD in Hamburg mit 39,6% der Stimmen die Mehrheit, im Bonner Parlament aber stellt die CDU/CSU die stärkste Fraktion. Am 7. September eröffnet der 71jährige Hamburger Senator Johannes Büll (FDP) als Alterspräsident die erste Sitzung des Bundesrats. Zur gleichen Zeit konstituiert sich der Bundestag, der am 15. September den 73jährigen Konrad Adenauer (CDU) zum Kanzler wählt.

In Hamburg billigt die Bürgerschaft am 2. September das »Gesetz über die Bezirksverwaltung in der Hansestadt Hamburg«. Es tritt am 21. September in Kraft und sieht die Aufteilung Hamburgs in die Bezirke Mitte, Altona, Eimsbüttel, Nord, Wandsbek, Bergedorf und Harburg vor. Einem Gutachten des früheren Präsidenten des Deutschen Städtetages Oskar Mulert entsprechend, soll die Einrichtung von Bezirksparlamenten und ortsnahen Unterausschüssen die Mitwirkung der Bürger an der Kommunalpolitik stärken. Bis auf Wandsbek und Harburg, die aufgrund ihrer Größe 50 Abgeordnete wählen, gilt für die Bezirke eine Vertreterzahl von 40.

Allerdings stehen die Bezirke bei ihrer örtlichen Zuständigkeit oft im Widerstreit mit den zentralen Fachbehörden und dem Senat, der den Vorsitzenden der Bezirksausschüsse bestellt.

Am 18. August billigt die Bürgerschaft ein neues Wahlgesetz (→ 22. 11. 1946/ S. 497). 72 der 120 Sitze werden nach dem Mehrheitswahlrecht, die übrigen 48 unter Berücksichtigung der Reststimmen gemäß Verhältniswahlrecht verteilt.

So wirbt die SPD für eine Kandidatin zur Bürgerschaftswahl...

... und zur Bundestagswahl (14. 8.). Die Unterzeile: »Nie wieder Krieg«

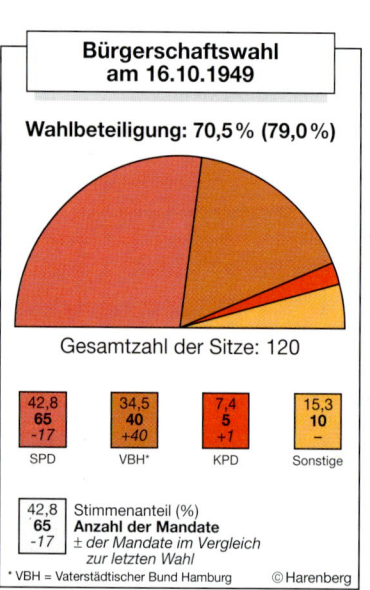

Bürgerschaftswahl am 16.10.1949

Wahlbeteiligung: 70,5% (79,0%)

Gesamtzahl der Sitze: 120

	SPD	VBH*	KPD	Sonstige
Stimmenanteil (%)	42,8	34,5	7,4	15,3
Anzahl der Mandate	65	40	5	10
± der Mandate im Vergleich zur letzten Wahl	-17	+40	+1	-

* VBH = Vaterstädtischer Bund Hamburg   © Harenberg

SPD verteidigt ihre Mehrheit

16. Oktober 1949. Bei den Wahlen zur Hamburger Bürgerschaft, die zum erstenmal nach einem gemischten Mehrheits- und Verhältniswahlrecht durchgeführt werden, erhält die SPD bei 42,8% der abgegebenen Stimmen 65 von 120 Sitzen. Der Vaterstädtische Bund aus CDU, FDP und Deutscher Konservativer Partei (34,5% der Stimmen) zieht mit 40 Abgeordneten ins Parlament ein. Die erhoffte Mehrheit verfehlt er, weil sich die Deutsche Partei (DP) nicht anschließt. Aufgrund des Ergebnisses bildet Max Brauer einen SPD-Senat. Bei den gleichzeitig stattfindenden Wahlen zu den Bezirksausschüssen erhält die SPD 135 der 300 Sitze.

Bezirksaufteilung 1949

WANDSBEK Bezirk 5
EIMSBÜTTEL Bezirk 3
HAMBURG NORD Bezirk 4
ALTONA Bezirk 2
HAMBURG MITTE Bezirk 1
HARBURG Bezirk 7
BERGEDORF Bezirk 6

0   10 km

© Harenberg

Bezirkseinteilung Hamburgs entsprechend dem Gesetz über die Bezirksverwaltung vom 21. September 1949 und die endgültige Grenzziehung, die unter Beteiligung der sieben Bezirksausschüsse am 11. Mai 1951 definitiv festgelegt wird. Grundlage der Einteilung ist das 1948 vorgelegte Gutachten von Oskar Mulert.

Werftleitung raubte die eigenen Geräte

12. November 1949. Im Strafjustizgebäude verurteilt der britische High Court die Werftbesitzer Rudolf und Walther Blohm zu einer Geldbuße von 5000 bzw. 10 000 DM. Sie hatten versucht, aus der Demontagemasse ihrer Firma Maschinen beiseite zu schaffen.

Direktor Heinrich Lorenzen und Betriebsleiter Otto Dalldorf erhalten je zwölf Monate Gefängnis ohne Bewährung, zwei weitere Angeklagte Haftstrafen auf Bewährung. Der am 4. Oktober eröffnete Prozeß hat weit über Hamburg hinaus für Aufsehen gesorgt.

Im Frühjahr 1948 entstand unter Leitung von zwei früheren Blohm & Voss-Direktoren die Bau- und Montage GmbH in Altona, die rund 350 ehemalige Werftarbeiter im Wohnungsbau beschäftigte. Währenddessen ging bei Blohm & Voss die Demontage weiter (→ 1. 2. 1948/ S. 502). Dalldorf sorgte nun dafür, daß 65 Maschinen und 135 Maschinenteile der Bau- und Montage GmbH zugeführt und mittels falscher Papiere als »aus der Ostzone angekauft« deklariert wurden.

Die Verteidiger legen ohne Erfolg Berufung ein. Am 25. Januar 1950 treten Lorenzen und Dalldorf ihre Strafe an, werden aber nach wenigen Monaten entlassen.

1949 im Hamburger Hafen; hier gibt es zur Zeit mehr Arbeitsplätze in der Trümmerbeseitigung und beim Bau als im Bereich eigentlicher Hafenarbeit.

Schiffsbau stark behindert

26. November 1949. Für die Hamburger Reederei H. M. Gehrckens läuft als erstes deutsches Nachkriegsschiff die »Brook« vom Stapel. Sie entspricht mit 1489 BRT der von den Alliierten erlassenen Baubegrenzung von 1500 BRT. Vier Tage zuvor sind die Reglementierungen gelockert worden.

Als die »Brook« in Auftrag gegeben wurde, galt noch eine Direktive des Alliierten Kontrollrats von 1946. Sie schrieb für deutsche Schiffsneubauten eine maximale Größe von 1500 BRT, 12 Knoten Höchstgeschwindigkeit und Antrieb durch Kolbendampfmaschinen vor.

Solche Schiffe sind international nicht konkurrenzfähig. Das gilt auch nach den Erleichterungen, welche die Westalliierten der Bundesrepublik am 22. November im »Petersberger Abkommen« gewährten: Erlaubt ist der Bau von Hochseeschiffen – außer Passagierdampfern – und Tankern bis zu 7200 BRT, von Fischereifahrzeugen bis zu 650 BRT und Küstenfahrzeugen bis zu 2700 BRT mit maximal 12 Knoten (→ 4. 4. 1951/S. 511).

Wrackhebung läuft auf vollen Touren

30. April 1949. Nachdem 1767 Hindernisse bis Dezember 1945 aus der Elbe beseitigt waren, meldet das Hamburger Oberhafenamt die Hebung weiterer 950 Wracks seit dem 1. Januar 1946.

Unter den gehobenen Booten sind 36 Seeschiffe, 21 Kriegsfahrzeuge, 581 Schuten, 79 Flußfahrzeuge, 20 Spezialschiffe, 120 Pontons und acht Schwimmdocks. Im Hafengebiet liegen noch 150 Wracks auf Grund. Die rasche Beseitigung ist möglich gewesen, weil das Oberhafenamt die Wrackteile frühzeitig in Listen erfaßt hatte.

Der Schiffsverkehr normalisiert sich allmählich: Im Sommer 1949 laufen 121 Liniendienste den Hafen an gegenüber 184 vor 1939. In den ersten vier Monaten des Jahres 1949 werden 6709 Schiffe gezählt, mehr als im ganzen Jahr 1946.

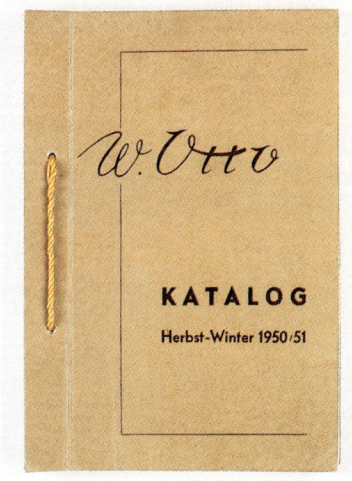

Ottos bescheidener Anfang: Deckblatt des ersten Versandhauskatalogs

Erster Otto-Katalog zeigt 28 Paar Schuhe

17. August 1949. Mit 6000 DM Startkapital läßt der Kaufmann Werner Otto in Hamburg den Otto Versand in das Handelsregister eintragen. Das Geld stammt aus seiner Schuhfirma, die nach der Währungsreform nicht mehr konkurrenzfähig war. Mit fünf Helfern stellt er 1950 in Schnelsen seine ersten 300 Kataloge her, in denen er 28 Paar Schuhe anbietet. Später wächst das Sortiment um zwei Trenchcoats, vier Aktentaschen und Marine-Klapphosen.

Schüler lernen in mehreren Schichten

15. März 1949. In Iserbrook legt Schulsenator Heinrich Landahl (SPD) den Grundstein für zwei Pavillons mit acht Klassen, den ersten Schulneubau in den Westzonen. Im selben Jahr folgen zwei Bauten in Niendorf und Flottbek.

Am 1. April zählt Hamburg 184 692 Volks- und 17 941 Oberschüler. Für die Volksschüler stehen 4279 Lehrer und 249 Gebäude bereit, für die Oberschüler 34. Der Unterricht erfolgt bei beiden in der Regel in mehreren Schichten, nur 11% kennen den Einschichtbetrieb.

Für Debatten sorgt das Schulgesetz vom 25. Oktober. Es sieht eine um zwei Jahre verlängerte Grundschulzeit vor. Im Anschluß an den »Mittelbau« im 5. und 6. Schuljahr soll der Wechsel zu einer praktischen, technischen oder wissenschaftlichen Oberschule folgen, die zur Hochschulreife führt.

Gegen die sechsjährige Grundschulzeit wenden sich vor allem die Eltern begabter Schüler. Sie wollen, daß ihre Kinder bereits nach vier Jahren zur Oberschule aufrücken können. Die Schulbehörde glaubt, daß am Ende des 6. Schuljahres zuverlässiger entschieden werden kann, welche Oberschulform die richtige ist.

Im Zuge des Wiederaufbaus entstehen neue und schönere Ausbildungsstätten für Hamburgs Schuljugend: Die Walddörferschule in Hamburg-Volksdorf

Mord an eigenen Kindern

28. Januar 1949. Das Schwurgericht beim Hamburger Landgericht verurteilt Erich Liebenow zum Tode. Er wird für schuldig befunden, am 27. Oktober 1948 seine Kinder

Erich Liebenow, als zweifacher Kindermörder zum Tode verurteilt

Dietmar und Ingrid in das Volksdorfer Kiebitzmoor gelockt und dort erwürgt zu haben. Anschließend hatte er sich 60 Wunden an den Fingerkuppen beigebracht, da er hoffte, seine Fingerspuren seien so nicht mehr nachweisbar.

Vor Gericht enthüllte sich ein menschliches Drama: Liebenow bekam nach Kriegsende Arbeit bei einem Friseur in Volksdorf und verliebte sich in die Tochter seiner Vermieter. Bald darauf fand er seine in Berlin lebende Familie wieder. Seine Frau zog im Herbst 1946 mit den beiden Kindern zu ihm. Zwei Jahre lebte Liebenow zwischen beiden Frauen, zwischen dem gemütlichen Heim und dem heimlichen Glück.

Scheinbar unrettbar in seine Konflikte verstrickt, vergriff sich Liebenow am schwächsten Glied der so unheilvoll miteinander verbundenen Menschen und tötete seine Kinder. Vor Gericht zeigt er sich fast ungerührt. Das Beil oder der Strick bleiben ihm erspart: Wegen der im Grundgesetz festgeschriebenen Aufhebung der Todesstrafe, die auch rückwirkend gilt, wird das Urteil nicht vollstreckt.

Sozialdemokratisches Boulevardblatt: Erste Ausgabe der »Morgenpost«

»MoPo« bereichert den Frühstückstisch

16. September 1949. Um 3 Uhr am frühen Morgen kommt der erste Probedruck der »Morgenpost« aus einer Maschine im Pressehaus Speersort 1. Bald darauf halten viele Hamburger die Erstausgabe des neuen Morgenblattes in Händen. Die »MoPo« kostet 10 Pfennig; sie ist eine 100%ige Tochter des SPD-Organs »Hamburger Echo«.

Agenturen der Zonen zur dpa verschmolzen

1. September 1949. Um 6 Uhr tickt die erste Meldung über den Fernschreiber: »Mit dem 1. September 1949 nimmt die am 18. August 1949 gegründete deutsche presse-agentur ihren Dienst auf.« Die dpa ist ein Gemeinschaftswerk der bundesdeutschen Medien und hat ihren Sitz in Hamburg.

Die »Geburt« der dpa erfolgte auf einem Treffen der deutschen Zeitungsverleger in Goslar. »Geburtshelfer« waren einige britische Presseoffiziere, darunter Sefton Delmer vom »Daily Express«.

Die dpa geht aus der Fusion des in Hamburg erscheinenden Deutschen Pressedienstes (dpd) der britischen Zone mit der Deutschen Nachrichtenagentur (dena) der US-Zone und der Süddeutschen Nachrichtenagentur (südena) hervor.

Die Genossenschafter dieser Agenturen übernehmen die Anteile der dpa. Ein Statut garantiert die politische und wirtschaftliche Unabhängigkeit. Den Aufsichtsratsvorsitz des mit 350 000 DM Stammkapital gegründeten Unternehmens übernimmt Anton Betz, erster Chefredakteur wird Fritz Sänger.

Optimismus nach ersten Erfolgen beim Wiederaufbau

22. Februar 1949. Seit Kriegsende sind in Hamburg 53 480 Wohnungen neu gebaut oder instand gesetzt worden, bis 1954 sollen rund 60 000 weitere folgen. Fast die Hälfte des Wohnraumbestandes war 1945 völlig zerstört und nur ein Fünftel unbeschädigt. Dies ergibt eine Umfrage der in München erscheinenden »Süddeutschen Zeitung«, aus der hervorgeht, daß Hamburg zu den am schwersten zerstörten deutschen Städten zählt. Die Schaffung neuen Wohnraums erfolgte unter schwierigsten Bedingungen: 1946 standen nur 10% aller hamburgischen Baustoffe für den Wohnungsbau zur Verfügung, im Jahr darauf waren es bei stark gesunkener Gesamtmenge 35%. Durch Reparatur leicht beschädigter Häuser konnten bis März 1947 rund 35 000 Wohnungen bezogen werden. 22 000 neue Wohnungen entstehen bis August 1949; im Sommer 1949 kommen monatlich mehr als 1000 hinzu. Der Hamburger Staat gibt dafür 118 Mio. DM aus,

wobei ein Schwerpunkt auf der Rettung beschädigter Wohnblocks liegt. Von den im Rahmen des britischen Hamburg-Projektes geplanten zwölf Hochhäusern am Grindelberg nähern sich zwei der Fertigstellung (→ April 1950/S. 510). Bis März 1947 brannten wieder 1800 Laternen an den wichtigsten Straßen- und Verkehrsknotenpunkten, im Juli 1949 sind es 22 000, ein – so die Senatsbroschüre »Drei Jahre Arbeit« – wichtiger »psychologischer Faktor, der den Optimismus der Bevölkerung spürbar hob«. Als »Erbe« des Krieges mußten rund 43 Mio. m³ Trümmer beseitigt werden. In der City beginnend, ist bereits im Sommer 1949 ein Fünftel dieser enormen Menge abgeräumt. Der Trümmerschutt lieferte 326 Mio. Backsteine und 210 000 m³ Splitt für den Wiederaufbau von zerstörten Wohn- und Geschäftshäusern.

Ein »Trümmerexpress« bringt Schutt aus dem völlig zerstörten Hamburger Osten nach Öjendorf in Kiesgruben.

Anlage zur Trümmerverwertung im Thörlspark in Hamm; hier wird Schutt sortiert und zu Granulat vermahlen.

1950

18./19.2. Polizei Hamburg gewinnt in Berlin (West) die erste Deutsche Meisterschaft im Hallenhandball (→ 14.2.1954/S. 521).

24. 2. Hamburgs Erster Bürgermeister Max Brauer (SPD) bildet seinen zweiten Koalitionssenat aus SPD und FDP.

1. 4. Der Suchdienst des Deutschen Roten Kreuzes für Kinder und Zivilpersonen wird in Hamburg zentralisiert. → S. 509

5. 4. Die Bürgerschaft verleiht ihrem Präsidenten Adolph Schönfelder (SPD) an dessen 75. Geburtstag das Ehrenbürgerrecht.

12. 4. Die Staatliche Hochschule für Musik und darstellende Kunst wird eröffnet. → S. 509

29. 4. Der britische Oberkommissar für die britische Zone, Sir Brian Robertson, verzichtet auf die Sprengung des Docks »Elbe 17«. → S. 509

April. Die ersten Grindelhochhäuser sind fertig. → S. 510

1. 5. In Hamburg endet die Lebensmittelrationierung.

4.–24. 5. Als erste deutsche Fußballmannschaft seit Kriegsende gastiert die Elf des Hamburger SV in den USA.

25. 5. Entgegen dem Votum des Ersten Bürgermeisters Max Brauer stimmt Hamburg im Bundesrat gegen den Beitritt der Bundesrepublik zum Europarat, der aber mit 27 gegen 16 Stimmen gebilligt wird.

2. 6. Das erste Hamburger Seifenkisten-Derby beginnt. → S. 510

11. 6. Der NWDR in Hamburg beginnt mit Fernseh-Probesendungen.

9. 7. Auf der Galopprennbahn in Hamburg-Horn feiert der 54jährige Jockey Otto Schmidt auf »Niederländer« seinen sechsten Derbysieg.

13. 9. Eine bundesweite Volkszählung ergibt für Hamburg 1 605 606 Einwohner, rund 202 000 mehr als 1946.

6. 12. Das Hamburger Landgericht spricht den Arzt Martin-Heinrich Corten frei. Er hatte seine Frau in Irrenanstalten einweisen lassen, um mit seiner Freundin leben zu können.

1950. Aus der Fusion von Olex Deutsche Benzin- und Petroleum-Gesellschaft mbH mit der Europäischen Tanklager- und Transport AG, beide Tochterfirmen der Anglo Iranian Oil Company, geht die BP Benzin und Petroleumgesellschaft mbH mit Sitz in Hamburg hervor.

1950. Die Verwaltung des 1898 gegründeten Kosmetikunternehmens Schwarzkopf verlegt ihren Sitz von Berlin (West) nach Hamburg.

Schäden am Tunnel retten »Elbe 17«

29. April 1950. In einer persönlichen Botschaft unterrichtet Sir Brian Robertson, Hoher Kommissar für die britische Zone, den Ersten Bürgermeister Max Brauer vom Verzicht auf eine Sprengung des Trockendocks »Elbe 17«.

Das Schicksal von »Elbe 17« hat Hamburg monatelang in Atem gehalten. Nach Ansicht der Briten ist das zwischen 1938 und 1942 von Blohm & Voss im Marineauftrag gebaute Dock nur für Großkampfschiffe, nicht für zivile Zwecke zu verwenden. Daher falle es unter die Entmilitarisierung und müsse gesprengt werden. Der britische Landeskommissar für Hamburg, Sir John Kirningmont Dunlop, war nur zu der Konzession bereit, die Ostmauer als Kai zu erhalten. Britische Experten glaubten, die Sprengungen würden den Elbtunnel nicht beschädigen. Doch die Hamburger Bevölkerung war anderer Ansicht. So setzte sich Dunlop trotz starker Erkältung – dick in Wolldecken eingehüllt – in den Elbtunnel, um während der Probesprengungen seinen Glauben an die Ungefährlichkeit der Aktion zu demonstrieren. Nachdem im Umkreis von 500 m um »Elbe 17« alles abgesperrt worden war, begannen am 18. März um 15 Uhr die ersten der in Abständen von fünf Sekunden gezündeten 24 Probesprengungen. Der Elbtunnel blieb unversehrt, doch nahmen Bleidichtungen Schaden, es zeigten sich Risse, und es trat Sickerwasser ein.

Tausende von Hamburgern verfolgen auf dem Pinnasberg, auf dem Stintfang vor dem Deutschen Hydrographischen Institut und vor dem Tropeninstitut die Probesprengungen an der Westmauer des Trockendocks »Elbe 17«.

Rotes Kreuz sucht weiter

1. April 1950. Die Hamburger Dienststelle des Deutschen Roten Kreuzes übernimmt bundesweit die Suche nach Zivilpersonen und Kindern, die während und kurz nach dem Krieg verschollen sind. Das Schicksal vermißter Wehrmachtsangehöriger erforscht eine Dienststelle in München.

Schon am 18. Oktober 1945 war in Hamburg mit dem Aufbau eines Suchdienstes begonnen worden. Besonders schwierig ist es, Angehörige von Kindern ausfindig zu machen, die während der Kriegs- und Nachkriegswirren von ihren Eltern oder Angehörigen getrennt wurden und manchmal nicht einmal wissen, wie sie heißen.

Kinder ohne Eltern auf den Fotowänden des Suchdienstes in Hamburg

---

Hochschule für Musik nimmt die Arbeit auf

12. April 1950. Mit einer Festveranstaltung und Ansprachen von Wirtschaftssenator Karl Schiller (SPD) und des ersten Rektors Philipp Jarnach eröffnet die Staatliche Hochschule für Musik und darstellende Kunst Hamburg.

Die neue Bildungseinrichtung ist eine künstlerisch-wissenschaftliche Hochschule und gliedert sich in drei Hauptabteilungen: In eine künstlerische, eine berufliche und eine musikpädagogische. Trotz des mangelhaften Raumangebots im Curio-Haus und an der Rothenbaumchaussee 160 erwirbt sich die Hochschule dank des Lehrkörpers bald einen hervorragenden Ruf.

Blick auf die Grindelhochhäuser nach Fertigstellung der Siedlung; 1956 sind die letzten der auf zwölf Blöcke verteilten 2121 Wohnungen bezugsfertig.

Erste Grindelhochhäuser

April 1950. Die ersten beiden 15geschossigen Grindelhochhäuser, die Blocks 1 und 4 an der Ecke Grindelberg/Oberstraße, sind bezugsfertig (→ 27. 6. 1946/S. 497).

Wohnhochhäuser dieser Art waren im Bundesgebiet bisher unbekannt. Der 109 m lange und 43 m hohe Block 1 hat 294 Ein-Zimmer-Wohnungen, der gleichgroße Block 4 bietet 188 Unterkünfte mit ein bis drei Zimmern. In den Kellergeschossen liegen die zentralen Versorgungseinrichtungen; die Erdgeschosse sind hier Läden, in Block 1

einem Postamt vorbehalten. Für den Bau der ersten beiden Blocks hat die Stadt im März 1949 7,8 Mio. DM bewilligt.

Trotz Fernheizung, Fahrstühlen, Müllschütten und Gemeinschaftsantennen entspricht die Miete den Grundsätzen des öffentlich geförderten Wohnungsbaus; sie beträgt pro m² und Monat 1,10 DM plus 0,15 DM Komfortzuschlag, also monatlich 75 DM für eine 60 m² große Zwei-Zimmer-Wohnung. Die ersten Mieter leisten Finanzierungsbeiträge durch Baudarlehen.

»Start frei« beim Seifenkisten-Derby; schnellster Nachwuchsfahrer ist Manfred Clausen .

Seifenkisten-Derby mit Rennern Marke Eigenbau

2. Juni. *Am Venusberg unterhalb der Hauptkirche St. Michaelis beginnt das erste Hamburger Seifenkisten-Derby. Drei Tage lang sausen die selbstgebauten Flitzer die steile Holzpiste herunter, versuchen Nachwuchsrennfahrer noch in letzter Sekunde, ihre Wagen in Schwung zu bringen und drücken Hunderte von Freunden und Angehörigen ihren Lieblingen kräftig die Daumen.*

1951

15. 1. In Hamburg sind 100 137 Menschen arbeitslos. → S. 510

23. 2. Anstelle der seit Kriegsende von den Alliierten zugelassenen Signalflagge C hissen westdeutsche Schiffe die schwarzrotgoldene Flagge der Bundesrepublik (→ 4. 4. 1951/ S. 511).

1. 4. Bei seinem höchsten Sieg über den HSV seit Kriegsende gewinnt der FC St. Pauli auf eigenem Platz 5:0. Dennoch wird der HSV 1951 wieder Nordmeister und stellt mit Herbert Woitkowiak, der 40 Saisontore erzielt, den deutschen Torschützenkönig.

4. 4. Der deutsche Schiffbau unterliegt keinen alliierten Begrenzungen mehr. → S. 511

20. 4. Auf dem Platz des ehemaligen Friedhofes an der Eppendorfer Landstraße eröffnet das Warenhaus »Karstadt«.

10. 5. Eine Demonstration in der Bannmeile um das Rathaus wird aufgelöst. → S. 510

16. 5. In den S-Bahnen gibt es keine Sonderabteile für Alliierte mehr.

1. 6. Der Hamburger Zentral-Omnibus-Bahnhof (ZOB; neben dem Hauptbahnhof) nimmt den Betrieb auf.

1. 7. Durch ein 12:4 über den THW Kiel wird die Mannschaft von Polizei Hamburg vor 20 000 Zuschauern auf dem HSV-Sportplatz erstmals Deutscher Meister im Feldhandball. Die Mannschaft wiederholt den Erfolg 1952, 1953 und 1955 (→ 14. 2. 1954/S. 521).

16. 7. Der Kaufmann Alfred Tauszky flieht vor der Steuerfahndung. → S. 511

Juli. In der Kunsthalle wird ein Porträt des Ersten Bürgermeisters Max Brauer von Oskar Kokoschka gezeigt. → S. 511

13. 10. Friedrich Schütter eröffnet das Junge Theater. → S. 511

22. 10. 3500 Hafenarbeiter streiken für höhere Löhne (→ 15. 1. 1951/S. 510).

23. 11. Im Hamburger Studio präsentiert Friedrich Krügler die erste Wetterkarte des deutschen Fernsehens. Die Sendung wird ab 1953 durch die Figuren »Sehbastian« und »Sehbinchen« aufgelockert. Die letzte Wetterkarte aus Hamburg wird am 29. Februar 1960 ausgestrahlt, dann übernimmt der Deutsche Wetterdienst in Frankfurt die Vorhersage.

23. 11. Die 5,8 km lange Wilhelmsburger Reichsstraße wird für den Verkehr freigegeben.

GESTORBEN:

16. 2. Hamburg: Rudolf Roß (* 22. 3. 1872, Hamburg), Politiker (SPD), Bürgermeister.

Neue Arbeitsplätze bleiben Mangelware

15. Januar 1951. Mit 100 137 Erwerbslosen erreicht die Arbeitslosigkeit in Hamburg ihren höchsten Stand seit Kriegsende. Hauptursachen: Die Strukturkrise der Wirtschaft und ein starker Zuzug.

Die Währungsreform und die sinkende Nachfrage nach bestimmten Dienstleistungen zogen Entlassungen in personell überbesetzten Branchen nach sich. Hinzu kam eine erste Rationalisierungswelle, die vor allem viele ältere Angestellte arbeitslos machte.

Trotz der im April 1946 verfügten Zuzugssperre, von der nur ledige Fachkräfte in Mangelberufen ausgenommen wurden, ist die Einwohnerzahl Hamburgs bis 1950 um 202 000 auf 1,6 Mio. gestiegen. Das Arbeitsplatzangebot konnte da nicht Schritt halten; so wuchs die Zahl der Beschäftigten in der örtlichen Industrie zwischen 1949 und 1950 nur um 2900.

Die immer noch niedrigen Löhne führen zu Streiks. So treten am 22. Oktober 3500 Hafenarbeiter aus Protest gegen die Nichtberücksichtigung ihrer Forderung nach Erhöhung des Stundenlohns um 23 Pfennig bzw. 15% in den Ausstand. Der Streik, den die zuständige Gewerkschaft ÖTV nicht unterstützt und der in der Öffentlichkeit als »kommunistisch gesteuert« gilt, endet am 8. November erfolglos.

Knüppel der Polizei schützen Bannmeile

10. Mai 1951. Die Polizei treibt Studenten auseinander, die in der sog. Bannmeile um das Rathaus gegen den Wegfall verbilligter Hochbahntarife demonstrieren.

Auf beiden Seiten gibt es Verletzte, zahlreiche Teilnehmer werden festgenommen. Der harte Polizeieinsatz führt zu Protesten in der Öffentlichkeit und zu Angriffen der Oppositionsparteien auf den SPD-Senat in der Bürgerschaft. Demgegenüber erklärt Senator Paul Nevermann, es gehe hier um »das Ansehen und die Autorität der demokratischen Staatsgewalt«.

Durch ein Landesgesetz vom 15. März 1950 waren große Teile der Innenstadt zur Bannmeile erklärt worden, in der öffentliche Versammlungen verboten sind.

Deutscher Schiffbau von Fesseln befreit

4. April 1951. In sämtlichen Hamburger Schulen gibt es schulfrei. Die Schiffe im Hafen haben über alle Toppen geflaggt. Vor Senat und Bürgerschaft gibt der Erste Bürgermeister Max Brauer eine Regierungserklärung ab. So feiert Hamburg die Freigabe des deutschen Handelsschiffbaus.

Durch Aufhebung fast aller Bestimmungen des Gesetzes Nr. 24 des Alliierten Kontrollrats ist der zivile deutsche Schiffbau im Rahmen der bestehenden Kapazitäten nunmehr freigegeben. Nach Abschluß des Deutschlandvertrages

im Mai 1952 wird die deutsche Gleichberechtigung sogar vollständig wiederhergestellt.

Schritt für Schritt waren die 1945 von den Siegermächten verhängten Baubegrenzungen gefallen (→ 26. 11. 1949/S. 507). So lieferten bereits im Dezember 1950 die Howaldtswerke an die Hamburg-Süd mit der 6300 BRT großen »Santa Ursula« den größten deutschen Nachkriegsneubau ab.

Der Bestand an deutschen Schiffen beträgt etwa 350 Einheiten mit rund 600 000 BRT. Im Jahr 1951 liefern die deutschen Werften 290 000

BRT Schiffsraum ab. Die großen Hamburger Werftbetriebe bauen davon: Deutsche Werft AG 13 Schiffe mit 38 276 BRT, Howaldt sieben Schiffe mit 37 721 BRT und H. C. Stülcken fünf Schiffe mit 5954 BRT. Seit dem 23. Februar führen deutsche Schiffe die schwarzrotgoldene Fahne der Bundesrepublik anstelle der seit 1945 von den Alliierten vorgeschriebenen Signalflagge C. Der erste Flaggenwechsel erfolgte im Beisein von Bundesverkehrsminister Hans-Christoph Seebohm (CDU) auf dem Hamburger Motorschiff »Messina«.

Einer vollständigen Wiederherstellung der Rolle Hamburgs als großer Werftstadt wie vor dem Zweiten Weltkrieg stehen allerdings noch einige Schwierigkeiten entgegen: Die heimischen Reeder haben zu wenig Geld, um in großem Stil neue Schiffe in Auftrag geben zu können. Es bedarf öffentlicher Hilfen, um der Werftindustrie auf die Beine zu helfen. An eine Wiederaufnahme des transatlantischen Passagierverkehrs mit komfortablen Schnelldampfern ist nicht zu denken. Zwar floriert das Emigrantengeschäft, doch der Auswandererhafen Nr. 1 ist Bremerhaven. Um an die lange Kreuzfahrttradition anknüpfen zu können, fehlt es zunächst noch an einer zahlungskräftigen Klientel. Was vorläufig bleibt, ist der Frachtschiffbau.

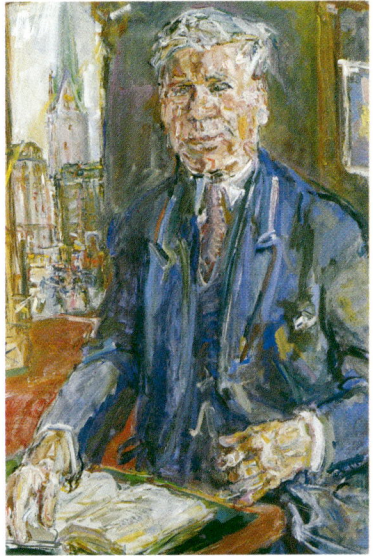

Ölporträt von Bürgermeister Max Brauer des Malers Oskar Kokoschka

Am 16. Juni läuft das Turbinenschiff »Homeland« (10 043 BRT) unter Bereederung der Hapag in Hamburg erstmals nach New York aus. Das Schiff gehört der Home Lines Inc. aus Panama und fährt bis Frühjahr 1952 für die Hapag.

Stadtoberhaupt in Öl spaltet das Publikum

Juli 1951. In der Kunsthalle ist ein Porträt des Bürgermeisters Max Brauer von Oskar Kokoschka ausgestellt. Die ungewohnte Ansicht eines Hamburger Regierungschefs stößt auf ein sehr geteiltes Urteil bei Publikum und Kritik. Nicht alle erkennen in dem Abgebildeten ihr Stadtoberhaupt wieder. Brauer und Kokoschka hatten während der Arbeit an dem Bild viel Zeit miteinander verbracht und in stundenlangen Gesprächen viele gemeinsame Interessen entdeckt.

Junges Theater will Lücken schließen

13. Oktober 1951. Mit einer Aufführung des Stücks »Gefährliches Spiel« des britischen Autors John Boynton Priestley eröffnet das Junge Theater (ab 22. 3. 1973 Ernst-Deutsch-Theater). Erste Spielstätte ist das britische Begegnungszentrum »Die Brücke« an den Großen Bleichen. Initiator ist der Schauspieler Friedrich Schütter.

Er hat die Spielgemeinschaft gegründet, weil ein Theater fehlt, das »jungen und begabten Schauspielern die Möglichkeit gibt, sich zu entwickeln, um eines Tages nicht nur bereit, sondern auch berechtigt zu sein, die Lücken auszufüllen, die Zeit und Alter reißen«.

Leopold Ludwig verleiht der Hamburgischen Staatsoper neue Impulse. Der im März zum Generalkapellmeister berufene Ludwig

war während des Zweiten Weltkrieges Erster Kapellmeister an der Wiener Staatsoper. Er dirigiert am

15. September den »Fidelio« von Ludwig van Beethoven. Bis 1972 bleibt Ludwig in Hamburg.

Generalkapellmeister Leopold Ludwig bei Probenarbeiten

Seit 1973 heißt das »Junge Theater« »Ernst-Deutsch-Theater«.

Nach dem Geständnis ins Ausland geflohen

16. Juli 1951. Der Hamburger Kaufmann Alfred Tauszky, ein staatenloser Ungar, entkommt vor der Steuerfahndung ins Ausland. Er soll bei seinen vielen Textilgeschäften mehrere hunderttausend DM Steuern hinterzogen haben.

Tauszky war erst zwei Tage vor der Flucht von den Fahndern entlassen worden, nachdem er Steuerschulden von 400 000 DM zugegeben hatte. Vor seiner Abreise räumte er noch seine luxuriös eingerichtete Wohnung in der Heilwigstraße 123 aus und verteilte die Möbel an seine Bekannten.

Dank seiner zwei Firmen und einer Bank in Westdeutschland war es Tauszky jahrelang möglich, Gewinne zu verschleiern und »Schwarzgelder« zu legalisieren.

1952

»Freie und Hansestadt« wiedererstanden

6. Juni 1952. »Die Freie und Hansestadt Hamburg hat als Welthafenstadt eine ihr durch Geschichte und Lage zugewiesene, besondere Aufgabe gegenüber dem deutschen Volke zu erfüllen. Sie will im Geiste des Friedens eine Mittlerin zwischen allen Erdteilen und Völkern der Welt sein.«

Mit diesen Worten beginnt die Verfassung der »Freien und Hansestadt« (das »Freie« war 1937 gestrichen worden), die am 1. Juli 1952 in Kraft tritt und die vorläufige Verfassung vom 15. Mai 1946 ersetzt. Danach ist Hamburg »ein Land der Bundesrepublik Deutschland« (Art. 1) und ein »demokratischer und sozialer Rechtsstaat« (Art. 3). Die Bürgerschaft besteht aus mindestens 120 Abgeordneten (Art. 6), die ehrenamtlich tätig sind (Art. 13); sie wird auf vier Jahre gewählt (Art. 10), kann sich aber vorzeitig auflösen (Art. 11). Der Senat wird von der Bürgerschaft gewählt (Art. 34) und bestimmt in geheimer Wahl für ein Jahr den Präsidenten (Erster Bürgermeister) sowie dessen Stellvertreter (Art. 41). Die Bürgerschaft kann dem Senat und einzelnen Senatoren das Vertrauen entziehen (Art. 35.2).

Am 4. Juni hatte die Bürgerschaft gegen die drei Stimmen der KPD die Verfassung gebilligt, der zwei Jahre intensiver Beratungen vorangegangen waren. Der Senatsentwurf vom 20. Januar 1950 gab vor allem in der Wahlrechtsfrage Anlaß zum Streit: Die SPD wollte das Wahlrecht in die Verfassung aufnehmen; gegen ein Mehrheitswahlrecht protestierten die kleineren Parteien erfolgreich. Die SPD mußte auch auf einen Passus über die Rolle des Arbeitnehmers als Mitgestalter der Wirtschaft verzichten.

Zu harten Auseinandersetzungen kam es in der Frage der halbamtlichen Senatoren. Die SPD wollte ihnen auf jeden Fall die Ausübung eines anderen besoldeten Amtes oder Berufes verbieten. Dagegen erklärte Paul de Chapeaurouge für die CDU: »Die Beseitigung des halbamtlichen Senators bedeutet den Ausschluß der hamburgischen Kaufmannschaft aus dem Senat.« In dieser Frage setzte sich Max Brauer durch. Artikel 39.1 legt fest: »Mit dem Amt der Senatoren ist die Ausübung jedes anderen besoldeten Amtes und jeder sonstigen Berufstätigkeit unvereinbar.«

Schließlich kann sich die neue Verfassung auf breite Zustimmung stützen. Der Verabschiedungstermin lange nach Inkrafttreten des Grundgesetzes erlaubte, auf übergeordnete Artikel, z. B. über die Grundrechte, zu verzichten.

Der Passagierdampfer »Italia« der Hapag passiert »Willkomm Höft«. Die Schiffsbegrüßungsanlage entwickelt sich zu einem beliebten Ausflugsziel.

Willkommen in Hamburg

11. Juni 1952. Weltumsegler Carl Kircheiß läßt eine Flasche Jamaika-Rum am Flaggenmast zerschellen, und erstmals schallt es über den Strom: »Willkommen in Hamburg, wir freuen uns, Sie in unserem Hafen begrüßen zu können.«

So zünftig eröffnet als neue Hafenattraktion die Schiffsbegrüßungsanlage am Schulauer Fährhaus. In zweijähriger Arbeit haben der Gastronom Otto Friedrich Behnke und die Nautische Kameradschaft »Hansea« Flaggen und Hymnen von 42 Nationen beschafft und den »Welcome-Point« hergerichtet. Jedes Schiff über 500 BRT, das den deutschen Küstenbereich verläßt, wird hier tagsüber mit dem Dippen der Flagge und akustisch begrüßt oder verabschiedet. Geht es elbaufwärts, ertönt das Lied »Stadt Hamburg an der Elbe Auen« und dann die Nationalhymne des Herkunftslandes, beim Auslaufen erklingt ein »Muß i'denn«.

Ungewöhnliche Perspektive: Der »Michel« neben einem alten Schornstein der Krameramtswohnungen

»Michel« erstrahlt in alter Schönheit

19. Oktober 1952. Mit einer Weihepredigt von Landesbischof Simon Schöffel wird die Hauptkirche St. Michaelis wiedereröffnet. Das Wahrzeichen der Stadt war 1945 schwer beschädigt worden.

Wohnungsbau – nicht schön, aber schnell

Norddeutsche Narren bleiben ohne Festzug

3. Dezember 1952. In einem Wohnblock der Hanseatischen Baugenossenschaft am Landwehrbahnhof wird die 100 000. Nachkriegswohnung in Hamburg fertiggestellt. Der Zweite Bürgermeister Paul Nevermann (SPD) sagt: »Dieser Richtkranz soll kein Lorbeerkranz sein, unter dem wir uns ausruhen, sondern ein Ansporn, jede Ermüdung im Wohnungsbau zu bekämpfen.«

Trotz aller Bemühungen ist bislang lediglich ein gutes Drittel der während des Zweiten Weltkriegs zerstörten Häuser ersetzt worden. Nevermann kündigt an, beim zweiten Drittel des Wiederaufbaus die Ideen der »gesunden Großstadt« zu verwirklichen. Man wolle Wohnungen, die »städtebaulich und sozial das Maximum dessen darstellen, was sich in dieser Zeit überhaupt erreichen läßt«.

Die neuen Wohnsiedlungen stoßen auch auf Kritik. So schreibt die Tageszeitung »Die Welt« am 3. Dezember: »Es ist nicht immer eine Augenweide, zusammenhängende große Neubaugebiete zu sehen. Die Häuser sind oftmals in ihrem Äußeren so gleichförmig und stehen

Die schnelle Fertigstellung von Häusern hat Vorrang vor ästhetischen Gesichtspunkten: Wohnanlage auf dem Steenkamp in Großflottbek.

so lieblos in der Gegend, daß man die Erinnerung an Kasernen nicht los wird, auch wenn es sich hier nicht mehr um Mietskasernen alten Stils handelt.«

Zunächst einmal steht die Behebung der Wohnungsnot im Vordergrund. Eine Wohnraumzählung im Herbst 1951 hat ergeben, daß nur ein Drittel aller »Wohnparteien« Hamburgs eigene vier Wände besitzt, 111 000 Menschen noch in

Notunterkünften und 60 000 in Behelfsheimen oder Wohnlauben »zu Hause« sind. Der Staat hat sich bemüht, den sozialen Wohnungsbau anzukurbeln. Am 28. März 1950 hatte der Bundestag ein Gesetz gebilligt, das den Bau von 1,8 Mio. billigen Wohnungen innerhalb von sechs Jahren vorsieht. Hamburg ergänzte es durch ein Gesetz, das besonders den Bau von Kleinwohnungen mit Darlehen fördert.

24. Februar 1952. Hamburg erlebt erstmals einen Karnevalsumzug. Zwar sind rund 500 000 Menschen Zeugen des Festzugs vom Steindamm zur Reeperbahn, doch das Experiment wird nicht wiederholt. Einen Tag vor Rosenmontag versucht die Karnevalsgesellschaft »Klimperkasten«, den Hanseaten das närrische Treiben nahezubringen. Im Jahr ihres 80jährigen Bestehens will sie an die Festivitäten vom → 23. Februar 1873 (S. 277) anknüpfen. Zwar zeigt sich Karnevalist Hein Köllisch voll närrischer Ambitionen als Neptun I. dem jubelnden Volk, doch die Karawane ist im Vergleich zum rheinischen Vorbild eher spärlich.

Wie schon 1873 fehlt dem Unternehmen der Segen der Obrigkeit. Der Erste Bürgermeister Max Brauer wollte auch nicht die Bannmeile (→ 10. 5. 1951/S. 510) um das Rathaus aufheben. »So'n Quatsch«, ist sein überlieferter Kommentar. So bleibt es dabei: Der Hamburger Karneval findet im Saale statt, wo die Narren ihren Schlachtruf »Ahoi« dem rheinischen »Alaaf« und »Helau« entgegensetzen.

Nobelhotels schmücken sich jetzt für zivile Gäste

4. April 1952. Nach der Räumung durch die britische Besatzungsmacht steht das Hotel »Vier Jahreszeiten« wieder zivilen Gästen zur Verfügung. Bereits zwei Jahre vorher hatten die Militärs das »Atlantic« freigegeben.

Gleich nach ihrem Einmarsch beschlagnahmten die Briten beide Hamburger Nobelhotels. Das »Atlantic« sah sich vorübergehend in eine Residenz britischer und alliierter Offiziere sowie offizieller Besucher der Militärregierung umgewandelt. Ein Teil des Hauses diente als Clubraum.

Die Freigabe des »Atlantic« erfolgte in zwei Etappen bis zum 14. Februar 1950. Bereits am 1. März desselben Jahres fand die Wiedereröffnung statt. Dank eines Zuschusses der Stadt konnte das Hotel hergerichtet werden, und in den restlichen zehn Monaten des Jahres war das Haus schon wieder zu mehr als der Hälfte belegt. Währenddessen befanden sich in den »Vier Jahreszeiten« immer noch

die Briten. Im Juli 1951 begannen Gespräche zwischen deutschen und britischen Dienststellen über die Freigabe des Hotels für deutsche Gäste. Daran waren auch die Briten interessiert, weil das Haus nur zu einem Drittel ausgelastet war und es andererseits in Hamburg an guten Hotelzimmern mangelte. Am 30. Januar 1952 konnte Hotelchef Fritz Haerlin sein Haus dann in Besitz nehmen.

Für 1,6 Mio. DM läßt Haerlin die 210 Zimmer stilvoll renovieren, einen Teil der Eingangshalle umbauen und eine moderne Telefon-

und Fernschreibanlage installieren. Ähnlich wie beim »Atlantic« lassen die alten Kunden auch das »Vier Jahreszeiten« nicht im Stich: 60 Gäste ziehen schon einen Tag vor der Eröffnung ein, und für die erste Woche liegen am Eröffnungstag über 100 Reservierungen vor.

Das Hotel »Atlantic« an der Alster, seit Frühjahr 1951 wieder Unterkunft für zahlungskräftige Touristen in Zivil

Hotel »Vier Jahreszeiten«, traditionsreicher Treffpunkt des internationalen Reiseverkehrs am Neuen Jungfernstieg

30 000-DM-Bild-Wettbewerb
Grenze bei Helmstedt wird gesichert!

Erstes Titelblatt von »Deutschlands modernster Zeitung« des Springer Verlags

»Bild« lockt mit Fotos und Comics

24. Juni 1952. *»Täglich aus Hamburg – heute kostenlos. Ab morgen überall für 10 Pfennig.«* Mit diesem Hinweis versehen erscheint in einer Auflage von 250 000 Exemplaren die erste »Bild-Zeitung« als jüngstes »Kind« des Verlagshauses Axel Springer. Mit dem Boulevard-Blatt verwirklicht Springer seine Vorstellung von einem Fernsehen in starren Bildern: Eine »Tagesillustrierte«, im Rotationsdruck in Massenauflage hergestellt, bei der die Schauflächen vorn und hinten mit attraktiven Fotos, knapp gehaltenen Informationen und Comic-Strips wie »Bei Lottchen geht es lustig zu« gefüllt werden. Im Innern entspricht die erste »Bild«-Ausgabe hingegen noch dem soliden Vorbild des »Hamburger Abendblatts« (→ 14. 10. 1948/S. 504).

Ein bekanntes Gesicht ziert das Titelblatt des ersten Hamburger »Spiegel«.

»Der Spiegel« jetzt aus Hamburg

8. Oktober 1952. *Ein Bild des britischen Filmschauspielers Charlie Chaplin prangt auf der Titelseite, und erstmals kündet ein Hinweis »Verlagsort Hamburg« vom Ortswechsel des »Spiegel«.* Herausgeber Rudolf Augstein, der geschäftsführende Redakteur Hans Detlev Becker und die übrigen Mitarbeiter des »deutschen Nachrichtenmagazins« sind von der Goseriede 5/6 in Hannover ins Pressehaus am Speersort 1 umgezogen. Jeden Mittwoch kommt das 1 DM teure Magazin jetzt aus Hamburg, das unter dem Titel »Diese Woche« erstmals am 16. November 1946 erschienen war. Nicht zuletzt durch die Aufdeckung von Affären hat es sich in kurzer Zeit einen Namen als regierungskritisches Meinungsblatt gemacht.

Tote und Verletzte durch Schienenriß

18. September 1952. In der Nähe des S-Bahnhofs Berliner Tor entgleist ein aus Lübeck kommender Eilzug. Das bisher schwerste Verkehrsunglück in Hamburg seit 1945 fordert acht Tote und 35 Verletzte. Ursache der Katastrophe ist ein Schienenbruch etwa 150 m vor der Wallstraßenbrücke. Dort springt um 7.58 Uhr der erste Wagen des Städte-Schnellverkehrszuges 902, der um 8.01 Uhr in den Hauptbahnhof einlaufen soll, aus den Schienen. Er wickelt sich um den Brückenpfeiler und blockiert beide S-Bahn-Gleise. Der zweite Wagen schiebt sich unter der Wallstraßenbrücke auf das linke Gleis der Fernbahn. Die schwere Lokomotive, die sich losgerissen hat, kommt erst etwa 50 m hinter der Unfallstelle zum Stehen.

Mit Schneidbrennern, Sägen und Äxten müssen sich die Rettungsmannschaften mühsam einen Weg zu den Verletzten bahnen. Kolonnenweise rücken Krankenwagen aus, um Überlebende in umliegende Krankenhäuser zu bringen. Glück im Unglück: Die normalerweise vielbefahrene S-Bahn-Strecke ist zum Zeitpunkt der Entgleisung des Eilzuges frei.

Die Schienen am Berliner Tor sind seit 1934 in Betrieb. Sie werden wie alle Hauptstrecken der Deutschen Bundesbahn regelmäßig kontrolliert. Allerdings war der Schienenriß bei einer Routinekontrolle nicht entdeckt worden.

Fernsehen startet als exklusives Weihnachtsgeschenk

25. Dezember 1952. Mit dem Satz: »Das Fernsehen schlägt eine Brücke von Mensch zu Mensch«, den NWDR-Intendant Werner Pleister um 20 Uhr im Hochbunker auf dem Heiligengeistfeld spricht, beginnt das erste reguläre Fernsehprogramm. Es dauert 118 Minuten.

Um 20.10 Uhr sagt Irene Koss das Fernsehspiel »Stille Nacht, heilige Nacht« an, um 20.45 Uhr folgen Grüße aus aller Welt und 60 Minuten später das Tanzspiel »Max und Moritz«. Am nächsten Tag können die 4664 Gerätebesitzer das DFB-Pokalspiel FC St. Pauli – Hamborn 07 am Bildschirm erleben. Um 21 Uhr folgt »Eine nette Bescherung« mit Peter Frankenfeld.

Fernseh- und Richtfunkantennen auf dem früheren Flak-Leitbunker

Der »Ruhestifter« und der Requisiteur wollen auch etwas sehen.

Beleuchtungsprobe am neuen »Ü-Wagen« vor Ort bei Außenaufnahmen

1953

Hamburg-Block erobert SPD-Hochburg

1. November 1953. Bei den Bürgerschaftswahlen gewinnt der bürgerlich-konservative Hamburg-Block knapp die absolute Mehrheit. CDU, FDP, Deutsche Partei (DP) sowie der Gesamtdeutsche Block/Bund der Heimatvertriebenen und Entrechteten (GB/BHE), die im Hamburg-Block zusammengeschlossen sind, erhalten 50,0% der Stimmen. Dieses Bündnis, mit 62 von 120 Sitzen (bisher 44) stärkste politische Kraft in der Bürgerschaft, löst den bisherigen SPD-Senat ab.

Obwohl die Sozialdemokraten ihren Stimmenanteil von 42,8% auf 45,2% verbessern können, verlieren sie mit 58 Mandaten (bisher 66) ihre Mehrheit in der Bürgerschaft.

Am 2. Dezember erhält der zwei Wochen vorher eingebrachte konstruktive Mißtrauensantrag des Hamburg-Blocks gegen den amtierenden SPD-Senat die erforderliche Zustimmung des Landesparlaments. Kurt Sieveking, Mitglied einer alteingesessenen hamburgischen Familie und bisher Gesandter der Bundesrepublik Deutschland in Stockholm, löst den seit 1946 amtierenden Max Brauer als Ersten Bürgermeister ab.

Ein wichtiges Vorhaben des neuen Senats ist die Zurücknahme der Schulreform von 1949. Die geplante Rückkehr von der sechs- zur vierjährigen Grundschule war bereits im Wahlkampf ein heftig umstrittenes Thema. Ferner will der neue Senat mit einer aktiven Politik in Richtung Osten zu einer möglichen gesamteuropäischen Lösung der deutschen Frage beitragen.

Durch den Regierungswechsel in Hamburg besitzt die Bonner Regierungskoalition im Bundesrat eine Zweidrittelmehrheit.

Wer wird Bürgermeister?

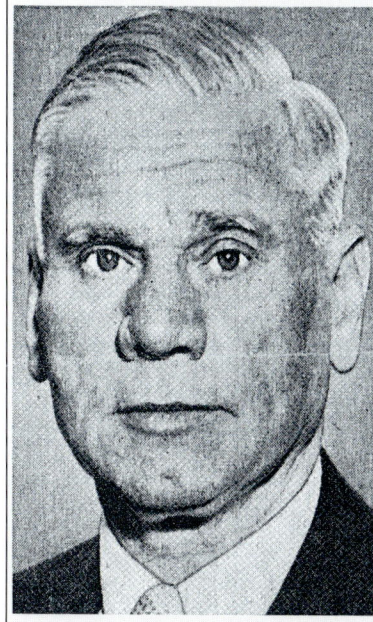

Max Brauer, Kandidat der SPD
1887 in Altona geboren. Lehre als Glasbläser. Schon als Sechzehnjähriger ging er zur sozialistischen Bewegung. 1916 Stadtverordneter in Altona, 1919 Bürgermeister und 1924 Oberbürgermeister von Altona. 1946 Rückkehr nach Hamburg und Erster Bürgermeister der Hansestadt.

Dr. Kurt Sieveking, Kandidat des Hamburg-Blocks
1897 in Hamburg geboren. Jurastudium, zunächst in Hamburger Anwaltfirma tätig. 1929 als Finanzfachmann im Völkerbund, dann Tätigkeit im Bankhaus Warburg. 1944 Soldat, 1945 Senatssyndikus. 1951 Generalkonsul in Stockholm, erhielt bald darauf den Titel eines Gesandten.

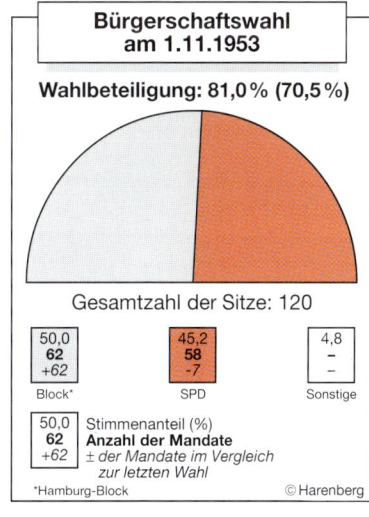

Bürgerschaftswahl am 1.11.1953

Wahlbeteiligung: 81,0 % (70,5 %)

Gesamtzahl der Sitze: 120

Block*	SPD	Sonstige
50,0 **62** +62	45,2 **58** -7	4,8 — —

50,0 **62** +62	Stimmenanteil (%) **Anzahl der Mandate** ± der Mandate im Vergleich zur letzten Wahl

*Hamburg-Block

© Harenberg

△ *»Wer wird Bürgermeister?«, fragt am 31. Oktober das »Hamburger Abendblatt« und stellt die Spitzenkandidaten der SPD und des Hamburg-Blocks der bürgerlichen Parteien vor: Amtsinhaber Max Brauer (SPD, l.), 1887 in Altona geboren und dort von 1924 bis 1933 Oberbürgermeister; rechts Herausforderer Kurt Sieveking (CDU), 1897 als Sproß einer traditionsreichen Hamburger Familie geboren. Der Jurist war ab 1929 als Finanzfachmann für den Völkerbund und später im Bankhaus Warburg (ab 1938 Brinckmann & Wirtz) tätig. Ab 1951 vertrat er die Bundesrepublik in Stockholm, zuerst als Generalkonsul, später als Gesandter.*

Sieveking: »Brauer bewahrte die Stadt vor dem Zusammenbruch«

Chronik Dokument

Hamburgs neuer Erster Bürgermeister Kurt Sieveking (CDU) würdigt in seiner Regierungserklärung vom 9. Dezember vor der Bürgerschaft die großen Leistungen seines Vorgängers Max Brauer (SPD), der die Hansestadt seit 1946 regierte:

»Im Gegensatz zu manchen anderen deutschen Städten hat Bürgermeister Brauer in Hamburg die Räumung der Trümmer energisch vorangetrieben. In dem furchtbaren Winter 1946/47 sind es zwei Männer gewesen, die die Stadt vor dem Zusammenbruch bewahrt haben: [Der britische Zivilgouverneur] Sir [Henry] Vaughan Berry, unser guter Geist, und Bürgermeister Brauer. Sein Glaube an die Zukunft, begründet auf einer genauen Kenntnis der Entwicklung in den Vereinigten Staaten [von Nordamerika] hat Recht behalten, bis mit der Währungsreform, mit der neuen Wirtschaftspolitik der Regierung [Konrad] Adenauer und mit der Marshall-Hilfe die eigentlichen Voraussetzungen für den Wiederaufbau geschaffen wurden. Diese Möglichkeiten hat Bürgermeister Brauer in seiner Stellung tatkräftig genutzt; er ist der Motor der Hamburger Verwaltung gewesen . . . Mit diesen Jahren des Aufbaus wird sein Name immer verbunden bleiben.«

Großereignisse rücken Hamburg in den Mittelpunkt

30. April 1953. Bei strahlendem Sonnenschein erlebt Hamburg einen einzigartigen Festtag: Gleichzeitig werden die Internationale Gartenbau-Ausstellung (IGA), die Neue Lombardsbrücke (→ S. 517) und das neue, sechste Café Alsterpavillon eröffnet.

60 000 Besucher kommen bereits an den ersten beiden Tagen zur IGA, für die das Gelände von Planten un Blomen völlig umgestaltet worden ist. Vom neuen Restaurant Seeterrassen hat man einen schönen Blick auf den großen Parksee mit 50 m hohen Wasserfontänen.

Schon wenige Monate später steht Hamburg erneut mit zwei Großveranstaltungen im Mittelpunkt des öffentlichen Interesses: Am 5. August beginnt das viertägige Deutsche Turnfest, genau eine Woche später der Deutsche Evangelische Kirchentag. Höhepunkt des Turnfestes mit rund 250 000 Besuchern ist ein Festzug durch die Innenstadt und ein Lichterfest auf der Alster. Der Kirchentag, an dem auch etwa 15 000 DDR-Bürger teilnehmen, führt unter dem Motto »Werft Euer Vertrauen nicht weg« Christen aus beiden deutschen Staaten zusammen. Zur großen Abschlußfeier auf der Stadtparkwiese treffen sich noch einmal etwa 250 000 Menschen.

Alle wollen nur das Eine: Tausendfache Liegestützen beim Deutschen Turnfest, das mit einem Fanfarenstoß vom Rathausbalkon eröffnet wurde

Ein völlig neues Bild bietet das Gelände der am 30. April eröffneten Internationalen Gartenbau-Ausstellung (IGA) in Planten un Blomen (Luftaufnahme).

Im Rahmen des Deutschen Evangelischen Kirchentags veranstalteter Jugendgottesdienst auf dem Rathausmarkt (16. 8.); viele Teilnehmer kommen aus der DDR.

Neue Lombardsbrücke hilft der »Schwester«

30. April 1953. In Anwesenheit von Bundespräsident Theodor Heuss (FDP) gibt Hamburgs Erster Bürgermeister Max Brauer (SPD) die Neue Lombardsbrücke (später Kennedy-Brücke) frei.

Als zweite, den Autofahrern vorbehaltene Brücke über den Alsterdurchfluß zwischen Binnen- und Außenalster soll sie die alte, zwischen 1865 und 1868 gebaute Lombardsbrücke entlasten. Dies ist angesichts des wachsenden Großstadtverkehrs notwendig geworden. Die Neue Lombardsbrücke des Architekten Bernhard Hermkes, die in knapp einem Jahr errichtet wurde, verläuft in geringem Abstand nördlich der alten Brücke.

◁ *Hamburger ergreifen Besitz von der Neuen Lombardsbrücke.*

Volksparkstadion während der Einweihung am 12. Juli; ähnlich wie beim drei Wochen später beginnenden Turnfest ist »Feiern mit Disziplin« angesagt.

Durch sein neues TV-Gebäude im Stadtteil Lokstedt dokumentiert der NWDR, daß er sich vom Medium Fernsehen in Deutschland noch viel verspricht.

Neubauten setzen Akzente

1953. Im Rahmen der umfangreichen Baumaßnahmen im Nachkriegs-Hamburg werden u. a. eine neue Jugendherberge, das Volksparkstadion und das Fernsehhaus in Lokstedt fertiggestellt.

Im Juni eröffnet die Jugendherberge auf dem Stintfang. Bisher stand hier – hoch über den Landungsbrücken – die im Zweiten Weltkrieg zerstörte Seewarte (→ 1. 1. 1953/S. 518). Am 12. Juli weiht der Erste Bürgermeister Max Brauer das Volksparkstadion ein, nach dem Berliner Olympiastadion die zweitgrößte bundesdeutsche Sportstätte. Am 23. Oktober nimmt das neue Fernsehhaus des Nordwestdeutschen Rundfunks in Lokstedt den Betrieb auf.

Die Jugendherberge auf dem Stintfang; mit ihrer Eröffnung 1953 wird das Jugendherbergsschiff »Hein Godewind« überflüssig und deshalb verschrottet.

Onassis tauft Supertanker

25. Juli 1953. Vor den Augen einer gebannten Zuschauermenge läuft bei den Howaldtswerken der Supertanker »Tina Onassis« (45 720 t Tragfähigkeit) vom Stapel. Auftraggeber dieses größten Tankschiffs der Welt ist der griechische Privatreeder Aristoteles Onassis.

Christina Onassis, hier mäßig gelaunt auf dem Arm des Herrn Papa, vollzieht die Schiffstaufe bei Howaldt.

Zum Stapellauf der »Tina Onassis« hat sich Hamburgs Prominenz auf der Werft eingefunden. Auch der Bauherr selbst ist anwesend. Sein Töchterchen Christina tauft – durch Knopfdruck – das nach ihr benannte Schiff. Als die Sektflasche am Bug des Kolosses zerschellt, gibt es tosenden Beifall. Anschließend herrscht atemlose Stille – der Riesentanker gleitet mit immer größer werdender Geschwindigkeit ins Wasser. Applaus und Hochrufe ertönen von den eigens errichteten Tribünen.

In seiner Ansprache dankt der Direktor der Howaldtswerke, Theodor Schecker, Onassis für sein Vertrauen und die Aufträge. Insgesamt hat der Reeder, dessen überwiegend aus Tankern bestehende Flotte mehr als 90 Schiffe mit 1,2 Mio. BRT umfaßt, für 300 Mio. DM Aufträge an bundesdeutsche Werften vergeben. Allein der Wert der »Tina Onassis« beläuft sich auf 25 bis 30 Mio. DM. Bereits 1949 erhielten die Kieler Howaldtswerke den ersten großen Onassis-Auftrag im Umfang von etwa 20 Mio. DM.

Mit der bei den Howaldtswerken in Hamburg gebauten »Tina Onassis« verfügt der Reeder Aristoteles Onassis über den weltweit größten Tanker; er hat eine Länge von 236,4 m und eine Breite von 29 m. Mit seinem Tiefgang von 11,45 m kann der Supertanker nicht mehr den Panamakanal (etwa 10,5 m tief) passieren. Die Ladung wird von 29 großen Tanks aufgenommen. Die fünf an Bord befindlichen leistungsstarken Pumpen können die »Tina Onassis« innerhalb von lediglich sieben bis acht Stunden entladen.

Ost-West-Straße zerschneidet Innenstadt

23. September 1953. Am Hopfenmarkt beginnen die Arbeiten zum Bau der Ost-West-Straße. Die sechsspurige Verkehrsader zwischen Millerntor und Amsinckstraße soll den Zu- und Abgangsverkehr der Innenstadt aufnehmen. 1960 kann die 2,5 km lange und 36 m breite Ost-West-Straße für den Verkehr freigegeben werden.

Sie führt überwiegend durch kriegszerstörtes Gebiet, wobei die Trasse ehemals dicht besiedeltes Wohngebiet zerschneidet. Außerdem trennt sie den südlichen Cityteil von der übrigen Stadt ab. Wegen dieser erheblichen Beeinträchtigung des Stadtbildes stößt das Projekt auf heftige Kritik.

Später ist im Zusammenhang mit der Ost-West-Straße überhaupt von Fehlplanung die Rede. Denn die als Sammler für den City-Verkehr konzipierte Straße entwickelt sich nach der Fertigstellung bald zu einer überlasteten Durchgangsstraße von den Elbbrücken nach Westen: Da andere vernünftige Verbindungen fehlen, verstopft häufig Durchgangs- und Lkw-Verkehr die Ost-West-Straße. Vorschläge, sie durch Über- und Unterführungen zur kreuzungsfreien Straße auszubauen, lehnen die verantwortlichen Politiker mit Hinweis auf ihre Funktion für den City-Verkehr ab.

Baustelle der Ost-West-Straße; die Verkehrsader zwischen Millerntor (im Bild) und Amsinckstraße ist als Sammelstraße für den City-Verkehr gedacht.

Seewetteramt warnt Schiff- und Luftfahrt

1. Januar 1953. Das Meteorologische Amt für Nordwestdeutschland wird in das Seewetteramt des 1952 gegründeten Deutschen Wetterdienstes umgewandelt.

Seit dem 1. April 1946 hatte das Meteorologische Amt die wetterdienstlichen Aufgaben der zuvor von den Alliierten aufgelösten Deutschen Seewarte (→ 16. 2. 1876/ S. 282) wahrgenommen. Die nautischen und gewässerkundlichen Tätigkeitsfelder übernahm das Hydrographische Institut in Hamburg. Neben Forschungen auf dem Gebiet der Wettervorhersage ist die Sicherung der See- und Luftfahrt die primäre Aufgabe des Seewetteramts. Dazu gehören Sturmwarnungen und regelmäßige Seewetterberichte. Ferner arbeitet im Seewetteramt die regionale Wettervorhersagezentrale.

Da das Gebäude der Deutschen Seewarte auf dem Stintfang 1945 zerstört wurde, sind die Mitarbeiter des Seewetteramts in der ehemaligen Navigationsschule 300 m weiter westlich untergebracht.

1954

14. 2. Polizei Hamburg verliert das Endspiel um die Deutsche Hallenhandball-Meisterschaft gegen Frischauf Göppingen. → S. 521

4. 3. Die Bürgerschaft beschließt mit den Stimmen des Hamburg-Blocks die Wiedereinführung der vierjährigen Grundschule.

29. 4. Die Esso AG eröffnet in Harburg die modernste Raffinerie Europas. → S. 520

April. Der Dreimaster »Seute Deern« (814 BRT) wird aus dem Hamburger Hafen in das niederländische Delfzijl überführt. Die »Seute Deern« lag seit Kriegsende als Hotelschiff an den Landungsbrücken. → S. 520

3. 5. Die »Alsterring«-Straßenbahn (Linie 18) stellt den Betrieb ein.

21. 5. Rund 100 Verletzte fordert ein Unglück in der Nähe des Bahnhofs Stephansplatz, als drei U-Bahnen ineinander fahren.

30. 5. Hans Fitze etabliert das Altonaer Theater. → S. 521

4. 7. Durch ein 3:2 (2:2) über Ungarn in Bern wird die deutsche Fußball-Nationalelf mit Josef Posipal (HSV) erstmals Weltmeister. → S. 521

9. 7. Die Sozialsenatorin Emilie Kiep-Altenloh (FDP) beziffert die Vertriebenenzahl in Hamburg auf 275 000. → S. 519

12. 8. Nach acht Tagen endet in Hamburg ein Verkehrsstreik. → S. 519

22. 8. Die Hamburger Kriminalpolizei beschuldigt den CDU-Bundestagsabgeordneten Karlfranz Schmidt-Wittmack der Spionage für die DDR. Er hatte einen Tag vorher in Berlin (Ost) um politisches Asyl gebeten.

1. 9. In Hamburg erscheint ein neues »Fremdenblatt«. → S. 520

29. 9. Das deutsche Fernsehen startet die beliebte Familienserie »Unsere Nachbarn heute abend: Familie Schölermann«. → S. 521

16. 10. Beim 1:3 gegen Frankreich in Hannover absolviert der 17jährige Hamburger Uwe Seeler sein erstes Fußball-Länderspiel (→ 4. 7. 1954/S. 521).

29. 11. Die ersten Flugzeuge der neuen Deutschen Lufthansa landen in Fuhlsbüttel. → S. 520

7. 12. Auf dem Lotsenhöft geht die erste Radarstation zur Überwachung des Schiffsverkehrs auf der Elbe in Betrieb.

GESTORBEN:

11. 9. München: Reinhold Schünzel (* 7. 11. 1888, Hamburg), Filmregisseur.

30. 10. Braunlage: Gustav Dahrendorf (* 8. 2. 1901, Hamburg), Politiker (SPD).

Mönckebergstraße um 8.00 Uhr während des Verkehrsstreiks: Ein Strom von Fußgängern auf dem Weg zur Arbeit

Streik macht Hamburger zu Fußgängern

12. August 1954. Nach achttägiger Dauer endet ein Streik der Verkehrs- und Versorgungsbetriebe in Hamburg mit einem Schiedsspruch. Während des Ausstands verkehrten außer den von der Bundesbahn betriebenen S-Bahnen keine öffentlichen Verkehrsmittel. Die Gas- und Wasserwerke arbeiteten mit einem Notdienst. Trotz des Verkehrsstreiks sind die Arbeiter und Angestellten fast überall in ihren Betrieben erschienen.

Der von der Gewerkschaft Öffentliche Dienste, Transport und Verkehr (ÖTV) und dem Senat als Aufsichtsbehörde der Hochbahn sowie der Gas- und Wasserwerke unter Vermittlung eines Schlichters akzeptierte Schiedsspruch sieht mit Wirkung vom 1. August eine Erhöhung der Stundenlöhne um sieben Pfennig und der Gehälter um 4,5% vor. Ferner erhalten die Beschäftigten für die Zeit vom 1. Mai bis 31. Juli Lohnnachzahlungen von 35 DM bzw. eine Gehaltserhöhung um 3%. Die höhere Forderung der Gewerkschaft war vom Senat strikt abgelehnt worden.

Während des Streiks beherrschen Fußgänger und Radfahrer das Straßenbild. Pkw-Fahrer nehmen Passanten mit. Viele Firmen setzen betriebseigene oder angemietete Fahrzeuge ein. Die S-Bahnen sind völlig überfüllt; die Fernzüge der Bundesbahn machen auch in den Vororten Station.

Enge in »Hauptstadt der Vertriebenen«

9. Juli 1954. Laut Sozialsenatorin Emilie Kiep-Altenloh (FDP) leben derzeit 275 000 Vertriebene in Hamburg, das damit die »Hauptstadt der Vertriebenen« sei. Mit der zu erwartenden Rückkehr von etwa 26 000 »Butenhamburgern«, die nach den Bombennächten 1943 evakuiert worden waren, droht sich die katastrophale Wohnsituation in der zerstörten Hansestadt weiter zu verschärfen. Angesichts des gleichzeitigen Zustroms von DDR-Flüchtlingen schaffen Neubauten nur wenig Entlastung.

Im Zweiten Weltkrieg wurde in Hamburg die Hälfte des Wohnnungsbestandes vollständig zerstört (→ S. 492). Viele Familien hausen noch immer in provisorischen Unterkünften und Lagern. Rund zwei Drittel aller Mieter teilten 1951 die Wohnung mit eingewiesenen Parteien.

Allmählich aber kommt der Wohnnungsbau auf Touren (→ 3. 12. 1952/S. 513). Als vorbildlich gilt die nun bezugsfertige Gartenstadt Hohnerkamp/Bramfeld (1520 Wohnnungen) der Neuen Heimat.

Gartenstadt Hohnerkamp; in den locker in Grünflächen eingebetteten hellen Reihenhäusern und Wohnblocks finden 3500 Hamburger eine neue Heimat.

Die ersten beiden Lufthansa-Maschinen (Convair 340) sind am 29. November auf dem Flughafen Fuhlsbüttel gelandet.

Lufthansa spreizt wieder die Schwingen

29. November 1954. Auf dem Flughafen Fuhlsbüttel landen die ersten Flugzeuge der neuen Lufthansa. Die vier Convair 340 sind von San Diego (US-Bundesstaat Kalifornien) überführt worden.

Der Eröffnung selbständiger Lufthansa-Linien steht vorerst noch das Verbot eines eigenen deutschen Luftverkehrs durch die Alliierten im Wege. Am 6. Januar 1953 hatte sich – 27 Jahre nach der Gründung der Lufthansa – zunächst die Aktiengesellschaft für Luftverkehrsbedarf (Luftag) kon-

stituiert, ab 1954 Deutsche Lufthansa Aktiengesellschaft.

Erst die Pariser Verträge vom Mai 1955 geben der Bundesrepublik Deutschland ihre volle Lufthoheit zurück. Am 1. April 1955 startet in Fuhlsbüttel eine Convair zum ersten Flug nach München, womit die Lufthansa den innerdeutschen Liniendienst aufnimmt. Rasch weitet sie ihr Flugnetz aus: Am 8. Juni 1955 absolviert die erste Super Constellation der Lufthansa einen Nordatlantikflug von Hamburg nach New York. Noch ist der Flug-

zeugbestand der Gesellschaft klein: Neben den vier zweimotorigen Convair-Maschinen wurden acht viermotorige Super Constellations bei den Lockheed-Werken bestellt. Der Flughafen Fuhlsbüttel (»Luftkreuz des Nordens«), bisher vorwiegend von skandinavischen Gesellschaften und dem US-Unternehmen Pan Am angeflogen, verzeichnet deutliche Zuwächse. Mit Beginn der Düsenflugzeug-Ära wird ein Ausbau, vor allem die Verlängerung der Startbahnen, unumgänglich (→ 13. 10. 1959/S. 531).

Hamburger trauern um die »Seute Deern«

April 1954. Der Dreimaster »Seute Deern« (814 BRT) wird aus dem Hamburger Hafen nach Delfzijl in den Niederlanden überführt, wohin es seine Besitzer verkauft haben. Damit nimmt das Schiff, das nach der Währungsreform 1948 neben dem Hamburger »Michel« zum Wahrzeichen der Hansestadt geworden war, endgültig Abschied von Hamburg. Seit Kriegsende lag die »Seute Deern« als Hotelschiff neben den Landungsbrücken. In dieser Funktion hatte sie sich, beliebt wegen der guten Küche und des ganz eigenen Flairs, einen guten Ruf über Hamburgs Grenzen hinaus erworben. In Delfzijl soll das Schiff als schwimmende Jugendherberge Verwendung finden.

Die »Seute Deern« wird aus dem Hamburger Hafen geschleppt; der Dreimaster, ein Wahrzeichen Hamburgs, ist in die Niederlande verkauft worden.

Neue Esso-Raffinerie modernste in Europa

29. April 1954. In Harburg eröffnet die Esso AG eine neue Raffinerie. Es handelt sich um die modernste Anlage dieser Art in Europa. An der Einweihungsfeier nehmen u. a. Bundeskanzler Konrad Adenauer (CDU), Bundeswirtschaftsminister Ludwig Erhard (CDU) sowie Hamburgs Erster Bürgermeister Kurt Sieveking (CDU) teil.

Durch Erweiterung und Umbau der bisherigen Raffinerie weitet das Unternehmen die Produktion auf weitere Mineralölprodukte wie Benzin aus. Neu gebaut wurden eine Crackanlage und ein zusätzliches Tanklager. Die neuen Schwimmdachtanks haben ein Fassungsvermögen von 20 000 m^3. Die Esso-Raffinerie Harburg verzeichnet 1954 mit einem Rohöldurchsatz von 1,6 Mio. t gegenüber dem Vorjahr eine Steigerung um etwa 100 %. 1955 werden mehr als 2 Mio. t Rohöl verarbeitet.

Mit dem Benzin-Überschuß am bundesdeutschen Markt verschärft sich der Konkurrenzkampf unter den Mineralölgesellschaften. Sie bringen nach US-amerikanischem Vorbild neuartige Additiv-Kraftstoffe auf den Markt. Esso führt 1954 das Additiv E 54 ein, das die Bildung von schädlichen Ablagerungen an Kolben und Zylindern verhindern soll.

Die Deutsche Shell A.G. versetzt ihre Kraftstoffe mit mit dem sog. Ignition Control Additive (I.C.A.).

Keine Wiedergeburt des »Fremdenblatts«

1. September 1954. Erstmals seit Kriegsende erscheint wieder das »Hamburger Fremdenblatt«. Dieser Wiederbelebungsversuch durch zwei frühere Angestellte der Traditionszeitung scheitert an mangelhafter Kapitalausstattung. Am 31. Oktober endet die Geschichte des Blatts (→ 22. 7. 1828/S. 202).

Weil die Annoncen ausblieben, hatten die beiden Gesellschafter durch fiktive Anzeigen ein blühendes Geschäft vortäuschen wollen. In einem Vertrag mit Axel Springer verzichtet der Broschek-Verlag auf die weitere Herausgabe des »Fremdenblatts«. Nur sein alter Titel erscheint künftig als Untertitel des »Hamburger Abendblatts«.

»Helden von Bern« (v. l.): F. Walter, Turek, Eckel, Rahn, O. Walter, Liebrich, Posipal, Schäfer, Kohlmeyer, Mai, Morlock

Fußballfans feiern Weltmeister Posipal

4. Juli 1954. Die deutsche Fußballnationalelf wird durch ein 3:2 (2:2) über Ungarn in Bern erstmals Weltmeister. Der gebürtige Rumäniendeutsche Josef (»Jupp«) Posipal vom HSV ist der einzige Hamburger im Finalaufgebot.

Wie Millionen Bundesdeutsche sind die Hamburger begeistert über den Triumph von Bern. Erstmals seit Kriegsende kommt wieder so etwas wie Nationalstolz auf. Sie feiern »ihren« Posipal, der als Abwehrspieler an diesem Erfolg wesentlichen Anteil hatte.

Am 16. Oktober absolviert Uwe Seeler bei der 1:3-Niederlage gegen Frankreich in Hannover sein erstes Fußball-Länderspiel; Josef (»Sepp«) Herberger wechselt den erst 17jährigen Mittelstürmer des HSV nach 20 Minuten ein. Zusammen mit seinem 19jährigen Klubkameraden Klaus Stürmer belebt Seeler den Angriff der nach dem Gewinn der Weltmeisterschaft neuformierten deutschen Nationalelf.

TV lockt mit Schölermanns und Ohnsorg

29. September 1954. Im Deutschen Fernsehen läuft die erste Folge von »Unsere Nachbarn heute abend: Familie Schölermann«. Bis 1959 flimmert die erste TV-Familienserie mit großem Erfolg 111mal über die Mattscheibe.

Bei den Zuschauern kommt diese Art der Fernsehunterhaltung gut an. Sie bietet die Möglichkeit, sich mit den alltäglichen Problemen einer »ganz normalen« deutschen Familie zu identifizieren.

Noch im selben Jahr überträgt das Fernsehen ein Stück aus dem Hamburger Ohnsorg-Theater. Durch den Erfolg des neuen Mediums Fernsehen gerät das Kino zunehmend unter Konkurrenzdruck (→ 1. 5. 1955/S. 524).

Die Premiere des Lustspiels »Seine Majestät Gustav Krause« 1954 gerät für das Ohnsorg-Theater gleichzeitig zur Fernseh-Premiere; 4. v. l.: Heidi Kabel

Fehlende Verjüngung führt zu Titelverlust

14. Februar 1954. Die Sportvereinigung Polizei Hamburg unterliegt im Endspiel um die Deutsche Hallenhandball-Meisterschaft in Krefeld 7:10 gegen Frischauf Göppingen. Mit dieser überraschenden Niederlage endet die Erfolgsserie des Favoriten, der den Hallentitel seit 1950 viermal gewann.

In der Krefelder Eishalle werden die Altmeister aus Hamburg von der mit durchschnittlich 22 Jahren wesentlich jüngeren Mannschaft aus Göppingen »einfach überrannt« (»Hamburger Abendblatt«). Dies, obwohl die Hamburger in bester Besetzung angetreten sind: Heinz Singer und Willi Behrens; Werner Vick, Otto Maychrzak, Karl-Heinz Weist; Peter Gade, Karl Hebel, Herbert Bossenz; Paul Wanke, Claus Velewald, Marchi.

Zwar erzielt »Atom-Otto« Maychrzak, der durch eine Kapselprellung am rechten Ellenbogen gehandikapt ist, kurz nach der Pause (Halbzeitstand: 4:3 für Göppingen) den Anschlußtreffer. Die Göppinger sind jedoch nicht aufzuhalten. Innerhalb von sechs Minuten schießen sie sechs Tore. Vier davon erzielt Bernhard Kempa, der Torschützenkönig der Meisterschaft.

1955 gewinnt die Sportvereinigung nach 1951 und 1953 noch einmal die Deutsche Feldhandball-Meisterschaft; ihr Abstieg ist aber nicht aufzuhalten, weil die Mannschaft nicht rechtzeitig verjüngt wird.

Hans Fitze etabliert das Altonaer Theater

30. Mai 1954. Im Rahmen einer Werbeveranstaltung stellt sich das Harburger Theater unter Hans Fitze mit Bruno Franks »Zwölftausend« dem Altonaer Publikum im Haus der Jugend vor. Fitze übernimmt das vom Deutschen Schauspielhaus aufgegebene Haus der Jugend; mit seinem »Altonaer Theater« genannten Ensemble macht er die Bühne in der Museumstraße zu einem der größten deutschen Privattheater.

Ab 1958 gastiert das Altonaer Theater in Wandsbek, ab 1960 in Berne. 1977 übernimmt es offiziell die Stadtteilbespielung. Fitze schlüpft auch als Intendant in viele Rollen und führt Regie.

1955

Gesetz schützt Hafen vor Ölverschmutzung

1. Januar 1955. Ein neues Hafengesetz löst die Hafenordnung von 1930 ab. Es führt erstmals Bestimmungen gegen die zunehmende Verschmutzung des Hafens ein.

Nach Paragraph 54 des neuen Gesetzes dürfen Öl, Ölrückstände, stark ölhaltige Bilgenwässer sowie Asche, Schlacken und Abfall nicht mehr ins Wasser geworfen oder eingeleitet werden. Die Entsorgung dieser und anderer verunreinigender Stoffe ist allerdings noch ungeregelt. Beim Löschen und Laden von Gütern, die den Hafen verschmutzen können, müssen Vorkehrungen getroffen werden. Daneben regelt das Gesetz das Hafenlotsenwesen sowie das Liegen und Fahren der Schiffe im Hafen.

Nach »wildem Streik« 1,75 DM für Metaller

22. August 1955. Bei den Howaldtswerken und der Stülcken-Werft beginnt ein 14tägiger »wilder Streik«. Etwa 11 000 Beschäftigte treten in den Ausstand, um 20 Pfennig mehr Lohn pro Stunde durchzusetzen. Die zuständige Gewerkschaft IG Metall lehnt den Streik ab.

Nachdem eine mehrheitlich aus Kommunisten bestehende Streikleitung gewählt worden war, gilt die Arbeitsniederlegung als kommunistisch gesteuert. Weitere »wilde Streiks« – u. a. in Bremen und Kassel – beschleunigen die laufenden Tarifverhandlungen. Die vom 15. September an geltenden neuen Ecklöhne der etwa 100 000 Hamburger Metallarbeiter liegen bei 1,75 DM, 13 Pfennig mehr als bisher.

Raffineriegas deckt steigenden Verbrauch

15. März 1955. Die Hamburger Gaswerke (HGW) vereinbaren mit der Esso AG die Abnahme von Raffineriegas, das in Stadtgas umgewandelt werden soll. Dafür geht Ende 1956 eine sog. Lurgi-Anlage, die erste dieser Art in der Bundesrepublik, in Tiefstack in Betrieb. Sie arbeitet ohne Einsatz von Kohlen und ohne Anfall von Koks.

Das bei der Erdölverarbeitung anfallende Raffineriegas gelangt durch eine 16 km lange Rohrleitung zum Werk Tiefstack, wo eine Spaltanlage es durch ein thermisch-katalytisches Verfahren in Stadtgas umwandelt. Diese Anlage liefert 400 000 m³ Gas pro Tag, das den wachsenden Spitzengasbedarf decken soll.

Spätheimkehr in fremdgewordene Welt

11. Oktober 1955. Tausende finden sich auf dem Hauptbahnhof zur Begrüßung von 50 Hamburger Spätheimkehrern aus der UdSSR ein. Sie gehören zum ersten Transport, der die letzten 10 000 deutschen Kriegsgefangenen zurückbringt.

Die am 9. Oktober im Lager Friedland bei Göttingen eingetroffenen Heimkehrer werden in Hamburg begeistert empfangen. Die Familien sind überglücklich, ihre Väter, Männer und Söhne endlich wiederzusehen. Für die Spätheimkehrer, häufig gezeichnet von den Strapazen der langjährigen Kriegsgefangenschaft, ist – bei aller Freude – das neue Leben in der Heimat nicht einfach. Sie treffen auf eine völlig veränderte Welt und brauchen lange, um sich einzugewöhnen. Die Sozialbehörde gewährt für die erste Zeit finanzielle Unterstützung. Auch die berufliche Eingliederung ist sichergestellt.

Als Gegenleistung für die von der Sowjetunion gewünschte Aufnahme diplomatischer Beziehungen hatte Bundeskanzler Konrad Adenauer bei seinem Moskau-Besuch vom 8. bis 14. September die Freilassung der – nach sowjetischen Angaben letzten – 10 000 Kriegsgefangenen erreicht. Mehr als 1 Mio. der 1945 laut TASS-Meldung 3,5 Mio. Internierten sind in sowjetischen Lagern gestorben.

Bitter für einen Heimkehrer: Seine Angehörigen sind nicht zum Hauptbahnhof gekommen. Manche Frauen von Gefangenen haben sich neu verheiratet.

Auf dem Hauptbahnhof trifft ein Transport mit Heimkehrern ein.

Musentempel mit strenger Fassade

15. Oktober 1955. Das neue Zuschauerhaus der Hamburgischen Staatsoper in der Dammtorstraße wird mit einer Festaufführung von Wolfgang Amadeus Mozarts »Zauberflöte« feierlich eröffnet. Unter dem prominenten Publikum befindet sich auch Bundespräsident Theodor Heuss.

Seit Kriegsende mußte das Opernpublikum zunächst im Bühnenhaus, dann in einem Interimsbau Platz nehmen, nachdem der alte Zuschauerraum 1943 zerstört worden war. Der 5 Mio. DM teure Neubau wurde überwiegend durch Spenden an die 1952 gegründete Stiftung »Wiederaufbau Hamburgische Staatsoper« finanziert.

Das neue Opernhaus des Architekten Gerhard Weber ist umstritten. Vor allem die strenge Fassade aus Glas und Beton und die weit in den Zuschauerraum vorspringenden »Schubkastenlogen« sind Gegenstand der Kritik. Doch der schlichte »Zweckbau« setzt Zeichen für die Theaterarchitektur der 50er Jahre. Kurz nach der Eröffnung des Opernhauses erklärt Intendant Günther Rennert – aus künstlerischen Beweggründen – nach neun Amtsjahren überraschend seinen Rücktritt. Neuer Leiter der Staatsoper wird Heinz Tietjen.

Bei der Eröffnungsfeier des neuen Hauses der Staatsoper beglückwünscht Bundespräsident Theodor Heuss (r.) Intendant Günther Rennert zu dem gelungenen Bau.

◁ *Wie »Luftschaukeln« stoßen die Logen des neuen Hauses der Hamburgischen Staatsoper in den hohen Zuschauerraum hinein; sie erregen den größten Anstoß. Kritiker fühlen sich an die kahlen Fassaden von Hochhäusern erinnert. Intendant Günther Rennert verteidigt die Gestaltung von Gerhard Weber als angemessen für »die sachlich-künstlerische Aussage zu den von der Zeit gestellten Aufgaben«. Ein Vorteil des trotz seiner Schlichtheit festlichen Zuschauerraums ist die gute Akustik. Auch kann der Besucher von jedem der 1679 Plätze aus die Bühne gut einsehen.*

Abendempfang im Rathaus (v.l. am Tisch): Frau Sieveking und Frau Engelhard, Kaiserin Soraya, Schah Resa Pahlawi, Bürgerschaftspräsident Adolph Schönfelder, Erster Bürgermeister Kurt Sieveking

Gekrönte Häupter sind immer wieder gern gesehen: Iranisches Kaiserpaar an der Waterkant

23. Februar 1955. *Das iranische Kaiserpaar, Schah Resa Pahlawi und seine Frau Soraya, besucht Hamburg. Vor allem Kaiserin Soraya, Tochter einer deutschen Mutter und populär durch zahlreiche Geschichten in der »Regenbogenpresse«, wird von den Hanseaten begeistert empfangen.*
Vor dem Hotel »Atlantic«, wo das Kaiserpaar untergebracht ist, versammelt sich eine Menge Schaulustiger. Als immer wieder die Rufe »Soraya! Soraya!« ertönen, zeigen sich die kaiserlichen Majestäten am Fenster. Die Kaiserin winkt, lächelt und wirft Blumen herab. Unten veranstalten Autofahrer jedesmal, wenn

Soraya erscheint, ein ohrenbetäubendes Hupkonzert. Schließlich ertönt eine Lautsprecherstimme: »Die Kaiserin läßt vielmals danken, aber sie möchte jetzt nach dem Flug bis zum nächsten Empfang eine kurze Zeit ausruhen.«
Anläßlich des Besuchs des iranischen Staatsoberhaupts gibt die Stadt einen feierlichen abendlichen Empfang im Rathaus. Ferner unternimmt das Kaiserpaar, dessen 1951 geschlossene Ehe bisher kinderlos geblieben ist, in der Staatsbarkasse »Hamburg« bei herrlichem Wetter eine Rundfahrt durch die Eisfelder des winterlich kalten Hamburger Hafens.

Hausfrauen-Messe mit Besucherrekord

4. September 1955. Auf dem Gelände von Planten un Blomen öffnet erstmals die Messe »Schau für die Frau« (später »Du und Deine Welt«) ihre Pforten. Die Ausstellung, die sich zunächst nur an Hausfrauen wendet, entwickelt sich in den folgenden Jahren zur bedeutendsten internationalen Familienmesse in der Bundesrepublik.

180 000 Menschen besuchen die größte Publikumsausstellung in Planten un Blomen seit dem Zweiten Weltkrieg. Dieser Ansturm übertrifft selbst die kühnsten Erwartungen der Veranstalter, der Arbeitsgemeinschaft Hamburger Frauenorganisationen. Eintrittskarten müssen nachgedruckt werden; der Messekatalog ist vergriffen. Eine durchweg positive Bilanz ziehen auch die Anbieter.

Besonderen Anklang findet beim Messepublikum das Ausstellungsspiel in der Ernst-Merck-Halle: »Bequemer wirtschaften und wohnen«. Eine weitere Attraktion für die zahlreich erschienenen Neugierigen ist die »Bar der 100 000 Kekse«, an der 30 Zentner Gebäck kostenlos als Proben verteilt werden.

Frankenfelds Karrierestart

1. Mai 1955. Peter Frankenfelds Quizsendung »1:0 für Sie« hat im Nordwestdeutschen Rundfunk Premiere. Sie soll Geld für erholungsbedürftige Berliner Schulkinder erbringen. Der meist im großkarierten Sakko auftretende Unterhaltungskünstler erfreut sich bald größter Beliebtheit.

Die karierte Jacke ist sein Markenzeichen: Quizmaster Peter Frankenfeld

In der Sendung versuchen die Kandidaten, vor den Augen eines gespannten Publikums knifflige Aufgaben zu lösen. Sie müssen z. B. Luftballons mit menschlichem Profil rasieren oder Zigaretten mit Boxhandschuhen anzünden. In jeder Sendung tritt der echte Postbeamte Walter Spahrbier aus Hamburg-Lokstedt auf, der zwei Kuverts mit den Gewinnen abgibt. Der Sieger kann wählen (»hell oder dunkel?«) und erhält dann eine Gans, ein Nudelbrett oder auch mal eine Ferienreise. Mit großer Schlagfertigkeit läßt Frankenfeld seine Kandidaten zum Vergnügen der Zuschauer immer wieder rhetorisch ins Messer laufen. Diese Eigenart begründet seinen enormen Erfolg als Showmaster.

1913 in Berlin geboren, kam Frankenfeld auf Umwegen zur Unterhaltung: Der Sohn eines Mechanikermeisters arbeitete zuerst als Hotelpage, dann als Plakat- und später als Kunstmaler. Nach Tanzunterricht bei Valeska Gert schloß er sich bei Kriegsbeginn dem renommierten »Kabarett der Komiker« in Berlin an, bevor er 1940 Soldat wurde.

Kunstschule erhält die höheren Weihen

16. Juni 1955. Die durch Landesgesetz ermöglichte Umwandlung der Landeskunstschule in die Staatliche Hochschule für Bildende Künste wird mit einem Festakt in der Musikhalle begangen.

Schon lange nahm die Landeskunstschule die Funktion einer Kunsthochschule wahr. So legten hier die Kunsterzieher-Studenten seit 1948 ihr Examen ab. Um der Schule am Lerchenfeld einen hochschulmäßigen Etat und Stellenplan zu verschaffen, setzte sich Direktor Gustav Hassenpflug für die Umwandlung ein. Sie ermöglicht den Ausbau der Architekturabteilung sowie die Einrichtung einer zusätzlichen Bildhauer- und Zeichenklasse. Zudem erhalten elf bisherige Dozenten Professorenstellen. Vielen Hamburgern ist die Schule durch das seit 1951 jährlich stattfindende Künstlerfest »Li La Lerchenfeld« bekannt.

1896 entstand in Hamburg eine Staatliche Kunstgewerbeschule, aus der die Landeskunstschule hervorging. Seit dem → 1. Oktober 1913 (S. 382) ist sie in einem Gebäude am Lerchenfeld untergebracht.

Schauspielhaus erlebt Beginn der »Ära Gründgens«

1. August 1955. Als Nachfolger von Albert Lippert übernimmt Gustaf Gründgens die Leitung des Deutschen Schauspielhauses. Seine bis 1963 dauernde erfolgreiche Intendanz geht als die »Ära Gründgens« in die Theatergeschichte der Hansestadt ein.

Zuvor leitete Gründgens, dessen Karriere als einer der bedeutendsten Schauspieler und Regisseure in Hamburg begonnen hatte (→ 19. 4. 1928/S. 437), die Städtischen Bühnen Düsseldorf. Seinen Wechsel nach Hamburg, den die lokale Presse teilweise überschwenglich begrüßt, begründet er mit der Furcht vor künstlerischer Stagnation. Zum Amtsantritt äußert er sich in einer programmatischen Rede an die Mitglieder des Schauspielhauses über seine Arbeit im allgemeinen: »Ich vermag nicht einzusehen, warum unser Beruf der einzige sein soll, in dem das Können leicht verdächtig ist. Daß ich hier nicht leerer Routine das Wort rede, muß ich wohl nicht betonen. Aber ich würde wünschen, daß die drei Stunden, in denen wir abends unseren Beruf ausüben, festliche Stunden sind, besondere Stunden für jeden von uns. Nur dann werden sie besondere Stunden für die Zuschauer sein!«

Gründgens bringt einige Schauspieler, u. a. Elisabeth Flickenschildt, und den Bühnenbildner Caspar Neher mit nach Hamburg. Andererseits entläßt er 17 Akteure des Schauspielhauses.

Schon die erste Aufführung unter neuer Leitung, Friedrich von Schillers »Wallensteins Tod« mit Gründgens als Wallenstein, ist ein großer Erfolg. Weitere Höhepunkte sind Johann Wolfgang von Goethes »Faust I und II« (Regie und Mephisto-Darsteller: Gründgens) sowie die Uraufführung von Bertolt Brechts »Die heilige Johanna der Schlachthöfe« (→ 30. 4. 1959/S. 532).

Mit »Wallensteins Tod« beginnt Gustaf Gründgens seine Intendanz; hier Gründgens als Wallenstein im Jahr 1953

Paraderolle für Gustaf Gründgens: Der Mephistopheles im »Faust«, den er 1960 auch auf der Leinwand verkörpert

1956

1. 2. Hamburg erlebt den kältesten Februar seit Menschengedenken. → S. 525

22. 2. In der Hamburger Musikhalle nimmt der österreichische Sänger Freddy Quinn seine erste Schallplatte auf. → S. 527

1. 4. Die Bundeswehr richtet in Hamburg eine Standortkommandantur ein. Kurz darauf folgt die Aufstellung der ersten Einheiten. → S. 526

4. 4. In der Paul-Roosen-Straße/Ecke Lammstraße findet die Grundsteinlegung für die ersten Wohnbauten im Rahmen des Projektes »Neu-Altona« statt.

26. 4. Gustaf Gründgens inszeniert im Deutschen Schauspielhaus die Uraufführung der Tragödie »Thomas Chatterton« von Hans Henny Jahnn.

30. 5. Die Hamburger Polizei erprobt die Verkehrssteuerung mittels Fernsehkameras. → S. 525

Anfang Mai. Die britische Besatzungsmacht gibt die letzten 256 beschlagnahmten Wohnungen frei.

3. 6. Bei der S-Bahn wird die 3. Wagenklasse abgeschafft, es gibt nur noch Wagen erster und zweiter Klasse.

1. 7. In Hamburg zugelassene Kraftfahrzeuge erhalten wieder das Kennzeichen HH. → S. 526

16. 7. Indiens Ministerpräsident Jawaharlal Nehru und seine Tochter Indira Gandhi besuchen Hamburg. → S. 526

23. 7. Aus dem Tierpark Carl Hagenbeck brechen 45 Rhesusaffen aus. Bis zum 2. August sind alle wieder eingefangen.

25. 8. Infolge eines plötzlich einsetzenden orkanartigen Unwetters ertrinken fünf Segler bei der Unterelbe-Regatta. Zahlreiche der 73 in Nienstedten gestarteten Boote werden beschädigt.

1. 10. Das Deutsche Fernsehen beginnt mit der täglichen Ausstrahlung der Tagesschau, die bislang nur dreimal wöchentlich zu sehen war.

1. 10. Im Thalia Theater hat die Dramatisierung des »Tagebuchs der Anne Frank« Premiere. → S. 527

4. 11. Die restaurierte Hauptkirche St. Katharinen wird geweiht.

6. 11. Das Kirchspiel St. Nikolai entsteht in Harvestehude neu. → S. 526

GESTORBEN:

26. 2. Hamburg: Lorenz Hagenbeck (* 2. 4. 1882, Hamburg), Zirkusdirektor.

26. 4. Hamburg: Gustav Oelsner (* 23. 2. 1879, Posen), Baumeister und Städteplaner.

Das Eis trägt; viele Hamburger nutzen bei klirrender Kälte die seltene Gelegenheit, auf der Elbe spazierenzugehen.

Rekordkälte legt Schiffsverkehr lahm

1. Februar 1956. In Hamburg fällt das Thermometer in der Nacht auf –20 °C. Dies ist der Tiefpunkt im kältesten Februar seit Menschengedenken. Bei wochenlangem Frost (Monatsdurchschnitt: –8,1 °C) frieren Schiffe vor der Elbmündung und in der Ostsee ein.

Der Schiffsverkehr auf der Elbe ist durch aufgetürmte Eisschollen erheblich behindert, teilweise unmöglich. Eisbrecher versuchen, eine Fahrrinne freizuhalten und steckengebliebene Schiffe zu befreien. Die HADAG-Fähren stellen ihren Betrieb ein. Auch die Binnenschiffahrt ruht wegen der zugefrorenen Kanäle.

In Hamburg herrscht wie in weiten Teilen Mitteleuropas eine regelrechte »Eiszeit«. Trotzdem funktioniert der Nahverkehr reibungslos, nur Fernzüge treffen zum Teil erheblich verspätet ein. Die meisten Hamburger lassen wegen der Straßenglätte ihren Pkw stehen.

Bei vielen Wagen ist ohnehin das Getriebeöl zähflüssig geworden. Die Hamburger Gaswerke verzeichnen Spitzenverbrauchswerte; Engpässe gibt es aber nicht. Für Bürger, die keine Feuerung mehr haben, richtet die Schulbehörde von 9.00 bis 18.00 Uhr Wärmeräume in Schulen ein. Die Feuerwehr hat über 50 »Eisbomben«-Einsätze: Sie nimmt riesige Eiszapfen ab, die von Dachrinnen und Balkonen herabfallen könnten.

Verkehrsüberwachung per Kamera

30. Mai 1956. In Hamburg setzt die Polizei erstmals Fernsehkameras zur Steuerung des Straßenverkehrs ein. Bei erfolgreichem Verlauf der Versuchsreihe soll die neue Technik im gesamten Stadtgebiet Anwendung finden.

Zunächt sind an mehreren verkehrsreichen Kreuzungen, u. a. an der Wandsbeker Chaussee/Wartenau und am Lübecker Tor Fernsehkameras installiert worden. Auf großen Bildschirmen beobachten Polizisten in besonderen Kontrollräumen den fließenden Verkehr. Sie schalten die Ampeln dann entsprechend der jeweiligen Verkehrssituation und vermindern dadurch die Wartezeiten.

Der Schupo wird bald beschäftigungslos: Fernsehauge zur Überwachung des Straßenverkehrs über der belebten Kreuzung Wandsbeker Chaussee/Wartenau

St. Nikolai entsteht am Klosterstern neu

6. November 1956. Die Gemeinde der Hauptkirche St. Nikolai wird in den Stadtteil Harvestehude »verlegt«. Für den Wiederaufbau der im Zweiten Weltkrieg durch einen Bombenangriff zerstörten alten Nikolaikirche am Hopfenmarkt besteht kein Bedarf, nachdem die Innenstadtgemeinde der Cityneugestaltung gewichen ist.

Der ausgebrannte Turm der Kirche soll nicht abgerissen, sondern als Mahnmal für die Opfer von Krieg und Gewaltherrschaft des Dritten Reichs erhalten bleiben.

In der Gegend um den Klosterstern entsteht ein neues Kirchspiel St. Nikolai, das den Organen des alten Nikolai-Kirchspiels überantwortet wird. 1962 findet am Klosterstern die Einweihung der modern gestalteten neuen Hauptkirche St. Nikolai statt, die der Architekt Gerhard Langmaack entwarf.

Bereits der Große Brand von 1842 hatte St. Nikolai völlig zerstört. Am → 26. August 1874 (S. 279) wurde der neugotische Kirchturm des

Briten George Gilbert Scott eingeweiht, mit 147 m der höchste im Stadtgebiet. Im Gegensatz zur Nikolaikirche entstehen die anderen vier Hamburger Hauptkirchen St. Petri, St. Katharinen, St. Jacobi und St. Michaelis an alter Stelle neu (→ 19. 10. 1952/S. 512).

Ein Mahnmal gegen den Krieg: Der 147 m hohe Turm der 1943 ausgebrannten Hauptkirche St. Nikolai

Die neue Nikolaikirche wird 1960 bis 1962 nahe des Klostersterns am Harvestehuder Weg gebaut.

»Hummel Hummel« für Hansestadt-Pkw

1. Juli 1956. Hamburgs Autos tragen wieder das Kennzeichen mit der traditionellen Bezeichnung HH. Sie ersetzt das seit 1948 gültige Kürzel BH (Britische Zone Hamburg). Die Wiedereinführung des alten Kennzeichens steht im Zusammenhang mit einer bundesweiten Neuregelung des Kennzeichensystems für Kraftfahrzeuge.

Für viele Pkw-Fahrer ist die alte Bezeichnung mehr als ein Kennzeichen. Das »HH« (auch mit Hummel Hummel übersetzt) ist für sie ein Stück Hamburg. Von 1910 bis zum Ende des Zweiten Weltkriegs waren die in der Hansestadt zugelassenen Kraftwagen mit HH (und einer Nummernfolge) gekennzeichnet. 1945 führten die britischen Besatzungsbehörden zunächst MGH-Schilder (Military-Government) ein. Ab Ende 1945 fuhren Hamburgs Kraftfahrzeuge mit einem einfachen H, das 1947 zum HG (Hamburg Government) und 1948 zum BH wurde. Während diese Schilder weiße Buchstaben und Ziffern auf schwarzem Grund hatten, ist es bei den neuen HH-Kennzeichen umgekehrt.

Schwarz auf weiß statt weiß auf schwarz: Fahrzeuge mit altem (u.) und neuem (o.) Kennzeichen

Jetzt kommt »der Bund«

1. April 1956. Die Bundeswehr richtet in der Sophienterrasse 14 eine Standortkommandantur ein. Zwei Tage später folgt die Aufstellung des Flugabwehrregiments 3. Ferner beginnt der Aufstellungsstab der 3. Panzerdivision am 1. Juli mit seiner Arbeit. Noch im gleichen Monat bezieht das Panzer-

bataillon 3 die Graf-Goltz-Kaserne in Rahlstedt. Die Musterung der 3387 Hamburger Wehrpflichtigen des Jahrgangs 1937 beginnt im Januar 1957. Nur zehn stellen einen Antrag auf Anerkennung als Kriegsdienstverweigerer. Am 1. April 1957 rücken in Hamburg die ersten Wehrpflichtigen ein.

Als erster Wehrpflichtiger rückt der künftige Panzergrenadier Helmuth Buchin aus Bramfeld am 1. April 1957 in die Boehn-Kaserne in Rahlstedt ein.

Hamburg begrüßt Staatsgast Nehru

16. Juli 1956. Mit Indiens Ministerpräsident Jawaharlal Nehru und seiner Tochter Indira Gandhi besuchen zwei hochgestellte ausländische Persönlichkeiten Hamburg.

Nehru beim Empfang der Ehrendoktorwürde der Universität Hamburg

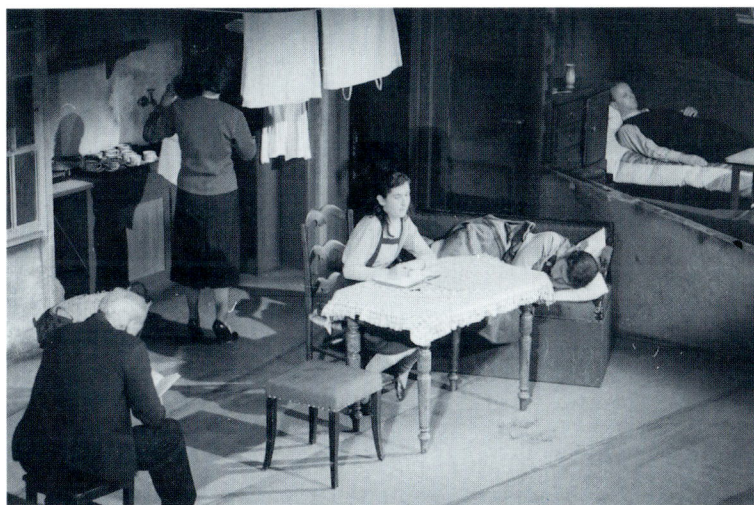

Anne Frank (Dorit Fischer, M.) bewältigt durch das Schreiben ihre Ängste und vergißt für kurze Zeit die bedrückende Enge im Hinterhof-Versteck.

»Anne Frank« im Thalia

1. Oktober 1956. Wie zeitgleich an mehreren anderen deutschsprachigen Bühnen hat im Thalia Theater die dramatisierte Fassung des autobiographischen »Tagebuchs der Anne Frank« Premiere.

Beim Hamburger Publikum findet die eindrucksvolle Inszenierung von Willy Maertens großen Beifall. Vor allem Dorit Fischer überzeugt als Darstellerin der Anne Frank. Bis zum 18. Oktober sehen 35 000 Zuschauer das vieldiskutierte Stück. Am 31. Januar 1958 erlebt es die 100. Aufführung und steht noch zwei weitere Spielzeiten auf dem Theaterplan.

Das »Tagebuch der Anne Frank« ist ein erschütterndes Dokument der nationalsozialistischen Judenverfolgung. Anne Frank, Kind einer 1933 emigrierten und 1940 in Amsterdam untergetauchten jüdischen Familie, beschrieb von 1942 bis 1944 in Tagebuchaufzeichnungen ihr von großer Angst vor Entdeckung geprägtes Leben in einem Hinterhof-Versteck. Nach der Aufspürung und Deportation der Familie wurde das Tagebuch gefunden und nach Ende des Zweiten Weltkriegs publiziert. Anne Frank starb im März 1945 im Konzentrationslager Bergen-Belsen.

Freddy landet ersten Hit

22. Februar 1956. Freddy Quinn (eigentl. Manfred Nidl-Petz) nimmt im Großen Saal der Hamburger Musikhalle seine erste Schallplatte auf: »Heimweh«/»Sie hieß Mary-Ann«. Damit gelingt dem aus Österreich stammenden Sänger, der seine Karriere in der »Washington-Bar« auf St. Pauli begann, der Durchbruch. Wochenlang führt »Heimweh« die Hitparaden an.

Seit Freddy 1951 nach einem Vagabundenleben als »Deckshand« und Leichtmatrose in Hamburg hängenblieb, spielt er in der »Washington-Bar« und im Nachtclub »Tarantella« Country-music. Später tritt der populäre Sänger auch in Musicals (»Der Junge von St. Pauli« u. a.) auf. 1959 kommt sein erster Spielfilm »Freddy, die Gitarre und das Meer« in die Kinos.

Freddy, Showmaster Peter Frankenfeld, Komponist Michael Jary (v. l.)

28. 1. Das Deutsche Fernsehen strahlt aus Hamburg erstmals das Magazin »Panorama« aus.

23. 2. Bei seinem höchsten Erfolg über den FC St. Pauli seit Kriegsende siegt der HSV am Rothenbaum 9:0, Klaus Stürmer erzielt allein fünf Tore.

15. 3. Die Universität Hamburg gibt offiziell bekannt, daß der in Göttingen lehrende Physiker Carl Friedrich von Weizsäcker den Ruf auf den Lehrstuhl für Philosophie angenommen hat.

1. 4. In Hamburg rücken die ersten Wehrpflichtigen ein (→ 1. 4. 1956/S. 526).

21. 4. Gustaf Gründgens inszeniert am Deutschen Schauspielhaus »Faust I« von Johann Wolfgang von Goethe und spielt selbst den Mephistopheles. Will Quadflieg übernimmt die Titelrolle, als Gretchen ist Antje Weisgerber zu sehen.

20. 6. Das Amerika-Haus zieht von der Lombardsbrücke in einen Neubau an der Moorweide.

23. 6. Vor 78 000 Zuschauern im Niedersachsenstadion von Hannover unterliegt der HSV im Endspiel um die Deutsche Fußballmeisterschaft gegen Borussia Dortmund 1:4 (1:3).

24. 6. In Baden-Baden wird die 19jährige Hamburgerin Gerti Daub Miß Germany 1957.

29. 6. Die Hamburger SPD weiht ihre neue Parteizentrale ein, das Kurt-Schumacher-Haus am Besenbinderhof.

5. 8. Auf Anordnung der Baubehörde sollen einige öffentliche Gebäude wie die Hauptkirchen, das Bismarckdenkmal und die Lombardsbrücke nachts angestrahlt werden.

15. 9. Bei der Wahl zum 3. Deutschen Bundestag erhält die CDU/CSU 50,2% der abgegebenen Stimmen. In Hamburg entfallen 45,8% auf die SPD, 37,4% auf die CDU und 9,4% auf die FDP.

21. 9. Die Viermastbark »Pamir« gerät in einen Hurrikan und sinkt. → S. 529

23. 9. Wegen der Grippeerkrankung von rund 30 000 Schülern bleiben alle Hamburger Schulen vorübergehend geschlossen. → S. 529

10. 11. Die Sozialdemokraten gewinnen die Wahl zur Hamburger Bürgerschaft. → S. 527

7. 12. Das Hamburger Fernsehen strahlt erstmals die »Aktuelle Schaubude« aus.

7. 12. Bundespräsident Theodor Heuss bittet um Verlegung des Schiller-Denkmals. → S. 529

GESTORBEN:

4. 6. Berlin: Louise Dorothea Schroeder (* 2. 4. 1887, Altona), Politikerin (SPD).

SPD gewinnt wieder absolute Mehrheit

10. November 1957. Mit einem Zuwachs um 8,7% auf 53,9% der abgegebenen Stimmen erobert die SPD bei der Wahl zur Bürgerschaft die absolute Mehrheit zurück. Die Parteien des regierenden Hamburg-Blocks erreichen 32,2% (CDU), 8,6% (FDP), 4,1% (Deutsche Partei, DP) und 1,5% (Gesamtdeutscher Block/Bund der Heimatvertriebenen und Entrechteten, GB/BHE). DP und GB/BHE scheitern an der Fünfprozentklausel. Die Wahlbeteiligung liegt bei 77,3%.

Bei der Wahl am → 1. November 1953 (S. 515) hatte der Hamburg-Block 50,0% der Stimmen erhalten. Diesmal sind die ihm angehörenden Parteien nicht geschlossen, sondern mit separaten Listen angetreten. Die FDP hatte am 6. Oktober mit der Aufstellung einer eigenen Liste für die Bürgerschaftswahl die Auflösung des Hamburg-Blocks eingeleitet.

Aufgrund des Wahlergebnisses löst eine SPD/FDP-Regierung den bisherigen Senat unter Kurt Sieveking (CDU) ab. Vor der Wahl hatten sich die Sozialdemokraten auf eine Koalition mit der FDP festgelegt. Max Brauer (SPD) übernimmt – wie bereits 1946 bis 1953 – das Amt des Ersten Bürgermeisters.

Bei der Bundestagswahl am 15. September hatte die SPD in Hamburg mit 45,8% der abgegebenen Stimmen schlechter als bei der Bürgerschaftswahl abgeschnitten. Dagegen verzeichneten die bürgerlichen Parteien CDU (37,4%) und FDP (9,4%) bessere Ergebnisse.

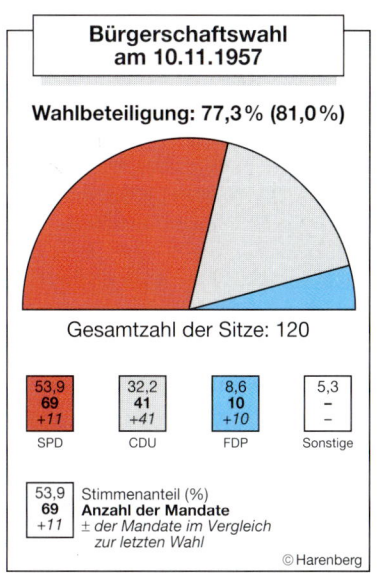

Bürgerschaftswahl am 10.11.1957

Wahlbeteiligung: 77,3% (81,0%)

Gesamtzahl der Sitze: 120

53,9 / 69 / +11	32,2 / 41 / +41	8,6 / 10 / +10	5,3 / – / –
SPD	CDU	FDP	Sonstige

53,9 / 69 / +11	Stimmenanteil (%) / Anzahl der Mandate / ± der Mandate im Vergleich zur letzten Wahl

© Harenberg

Tanz-Café »Chérie« am Steindamm hinter dem Hauptbahnhof, nach der Reeperbahn das zweite Zentrum leichter Unterhaltung in der »Frohen und Hansestadt«

Das Hamburger Modehaus Topp & Franck bietet internationale Haute Couture für die modebewußte Dame; Konfektion für die Masse gibt es in Kaufhäusern.

Mit dem »Wirtschaftswunder« zur Konsumgesellschaft

In den 1950er Jahren erleben die Hamburger wie alle Bundesdeutschen mit dem »Wirtschaftswunder« einen einmaligen ökonomischen Aufschwung. Die Hungerjahre sind vorbei. Nach der Währungsreform 1948 steigt der Lebensstandard rapide an.

Zunächst beginnt die »Freßwelle«: Jeder will sich wieder richtig satt essen. Doch dabei bleibt es nicht. Sprunghaft steigender Verzehr von Fleisch, Butter und Kaffee zeigt, daß der Trend immer mehr zu kalorienreicher und fetter Kost sowie zu Genußmitteln geht.

Typisch für die »Bekleidungswelle« der 50er Jahre sind die weißen Nyltesthemden, Petticoats, Nylonstrümpfe mit dunkler Mittelnaht und Kreppsohlenschuhe.

Wer eine der nach und nach fertiggestellten Neubauwohnungen bezieht (→ 9. 7. 1954/S. 519), richtet sich mit Nierentisch, Schalensesseln, (ausziehbarer) Couch, Schrankwand und Tütenlampen ein. Vorhänge und Tapeten sind großgemustert. Der »Einrichtungswelle« folgt die »Motorisierungswelle«. Die Zahl der Automobile, Statussymbole des neuen Wohlstands, steigt rasch an. 1950 gab es in der Bundesrepublik etwa 500 000 Pkw, zehn Jahre später sind es bereits 4,5 Millionen Waschmaschinen und andere Elektrogeräte halten ebenfalls Einzug in die Haushalte. Wer es sich leisten kann, kauft einen Fernsehapparat. Das neue Medium setzt sich schnell durch: 1958 verfolgen schon etwa 2 Mio. Zuschauer das umfangreicher und bunter werdende Programm, darunter die »Aktuelle Schaubude«.

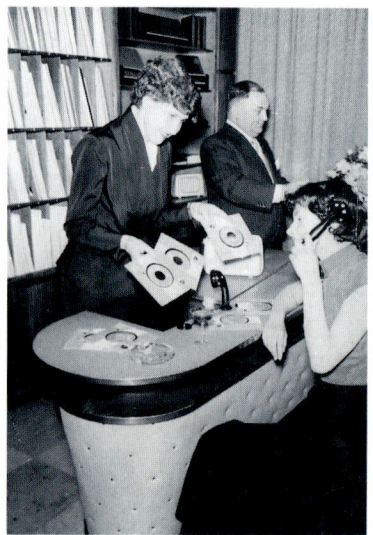

Schallplattenverkauf in den 50er Jahren; nach Befriedigung der Grundbedürfnisse (»Freßwelle«) gewinnt die Unterhaltung an Bedeutung.

Otto Bender beweist in den 50er Jahren mit »Ottos Swing Harmonika«, daß ein Schifferklavier durchaus nicht altmodisch klingen muß.

»Was ziehe ich an?« und »Was lege ich auf?«; diesen nicht unerheblichen Fragen sehen sich Hamburgs Teenager zunehmend ausgesetzt.

Die »Miß Germany« des Jahres 1957 kommt aus Hamburg: Gerti Daub (M.), 19 Jahre alt, arbeitet als Kosmetikerin.

Modenschauen präsentieren die aktuellen Trends; 1957 sind u. a. Sacklinie und Capri-Hose angesagt.

Das Segelschulschiff der Handelsmarine »Pamir« (3103 BRT) wurde auf seiner letzten Fahrt vertretungsweise von Kapitän Johannes Diebitsch geführt.

»Pamir« sinkt im Hurrikan

21. September 1957. Das Segelschulschiff »Pamir« gerät westlich der Azoren in den Hurrikan »Carrie«, kentert und sinkt. 80 der 86 Besatzungsmitglieder ertrinken.
Am 23. September wird ein Rettungsboot mit fünf Überlebenden geborgen, am Tag darauf ein weiteres Besatzungsmitglied gerettet. Die 1905 bei Blohm & Voss in Hamburg gebaute Viermastbark »Pamir« sank aufgrund falscher Besegelung. Während des Sturms war die Getreideladung verrutscht.

30 000 Schulkinder an Grippe erkrankt

23. September 1957. Sämtliche Hamburger Schulen bleiben geschlossen, um eine weitere Ausbreitung der Grippe-Epidemie zu verhindern. Derzeit sind etwa 70 000 Hamburger grippekrank, darunter 30 000 Schulkinder.
Das genaue Ausmaß der Grippewelle ist nicht bekannt, weil die meisten Kranken auf ärztliche Hilfe verzichten. Nur vereinzelt sind Grippekranke in Krankenhäuser eingeliefert worden. Im übrigen Bundesgebiet flaut die Grippewelle bereits ab. Ein großer Teil der Bevölkerung hat vermutlich eine »stille« Infektion durchgemacht.

Heuss gegen Schiller als Parkplatzwächter

7. Dezember 1957. Die Tageszeitung »Die Welt« veröffentlicht einen Brief von Bundespräsident Theodor Heuss an Hamburgs Ersten Bürgermeister Max Brauer; Heuss kritisiert den Standort des Schiller-Denkmals vor der Kunsthalle als »unwürdig«.
Der Bundespräsident bittet darum, »den Schiller dort wegzutun«, denn er sei »zu einem Parkplatzwächter in der Besoldungsklasse so und so geworden«. Das ursprünglich in einem Park aufgestellte Denkmal ist derzeit von parkenden Autos umringt. 1958 wird es in die Dammtoranlagen versetzt.

1958

26. 2. In Anwesenheit deutscher und internationaler Filmstars wird der Ufa-Palast am Gänsemarkt eingeweiht.

28. 3. Rund 5000 Hafenarbeiter legen aus Protest gegen eine mögliche Atombewaffnung der Bundeswehr die Arbeit für eine halbe Stunde nieder (→ 17. 4. 1958/S. 530).

12. 4. Hamburgs Schulen erproben den »freien Sonnabend«. → S. 529

17. 4. Rund 100 000 Menschen demonstrieren gegen eine Atombewaffnung der Bundeswehr. → S. 530

7. 5. Zum 125. Geburtstag von Johannes Brahms veranstaltet der Hamburger Senat einen Festakt. → S. 530

9. 5. Im Deutschen Schauspielhaus hat »Faust II« in der Inszenierung von Gustaf Gründgens Premiere. Wie in »Faust I« spielt Gründgens den Mephistopheles.

14. 5. Der Hamburger Senat beschließt einen Sanierungsplan für die Neustadt zwischen Caffamacherreihe, Valentinskamp und Dammtorwall. Das Gelände des Abrißviertels erwirbt der Unilever-Konzern.

18. 5. Vor 81 000 Zuschauern im Niedersachsenstadion von Hannover unterliegt der HSV im Endspiel um die Deutsche Fußballmeisterschaft 0:3 (0:2) gegen den FC Schalke 04.

24. 6. Im Halbfinale der Fußball-Weltmeisterschaft in Schweden unterliegt die mit Uwe Seeler (HSV) als Mittelstürmer antretende deutsche Elf den Gastgebern 1:3 (1:1). Das deutsche Team belegt am Ende den vierten Platz, Weltmeister wird Brasilien.

10. 8. Das Turbinenschiff »Hanseatic« (30 030 BRT) kehrt von seiner Jungfernfahrt zurück. → S. 530

23. 8. Auf der Werft Blohm & Voss läuft die »Gorch Fock« vom Stapel. → S. 531

28. 10. Die Führungsakademie der Bundeswehr verlegt ihren Sitz von Bad Ems nach Hamburg-Hochkamp. → S. 529

28. 10. Das Konzert des Rock-'n'-Roll-Musikers Bill Haley in der Ernst-Merck-Halle endet mit einer Saalschlacht. → S. 530

9. 11. In der Straße Hohe Weide findet die Grundsteinlegung zum Bau der ersten Synagoge in Hamburg nach dem Zweiten Weltkrieg statt.

GESTORBEN:

13. 8. Hamburg: Otto Witte (* 16. 10. 1872, Hamburg), Schauspieler, selbsternannter König von Albanien 1913.

9. 9. Hamburg: Carl Günther (* 22. 11. 1885, Altona), Kammersänger.

Schulbänke bleiben an Samstagen leer

12. April 1958. Erstmals haben Hamburger Schulkinder einen »freien Sonnabend«. Zunächst kommen 1250 Schüler von drei Lehranstalten in den Genuß des Fünftageunterrichts. Wie die Schulbehörde betont, handelt es sich vorerst um ein Experiment.
An dem Versuch beteiligen sich die zugleich in eine Ganztagsschule umgewandelte Volksschule am Volkspark (Altona), die Volksschule am Hermannstal (Horn) und die Sonderschule an der Notkestraße (Bahrenfeld). Später führen alle Hamburger Schulen den unterrichtsfreien Samstag ein.

Brauer (l.) und Verteidigungsminister Strauß eröffnen die Akademie.

Bundeswehrführung lehrt in Hochkamp

28. Oktober 1958. Die Führungsakademie der Bundeswehr bezieht ihre neuen Gebäude in Hamburg-Hochkamp. Bisher hatte die höchste Bildungsanstalt der noch jungen Armee ihren Sitz in Bad Ems. An der Eröffnungsfeier nehmen der Bundesverteidigungsminister Franz Josef Strauß (CSU) und Bürgermeister Max Brauer (SPD) teil.
Die Führungsakademie, die sich in einem der schönsten Villenvororte Hamburgs angesiedelt hat, bildet Generalstabsoffiziere aller Waffengattungen aus. Etwa 150 Soldaten können in den Räumen der Akademie untergebracht werden.

Massenprotest gegen Atombewaffnung

17. April 1958. Auf dem Rathausmarkt versammeln sich etwa 100 000 Menschen zu einer Protestkundgebung gegen die geplante Atombewaffnung der Bundeswehr. In seiner Ansprache begründet Bürgermeister Max Brauer die Absicht, in Hamburg eine Volksbefragung zu dem heftig umstrittenen Thema durchzuführen. Am 25. März hatte der Bundestag die Ausrüstung der Bundeswehr mit taktischen Atomwaffen beschlossen, falls die »strategische Planung der NATO das erforderlich macht«.

Um 17.00 Uhr beginnt die Massenkundgebung auf dem Rathausmarkt. Gleichzeitig legen die Beschäftigten der Hamburger Hochbahn für 45 Minuten die Arbeit nieder, um gegen die Atomrüstung zu protestieren. Als Brauer den vor dem Rathaus versammelten Demonstranten zuruft: »Hat in einer Demokratie das Volk angesichts solcher ungeheuerlichen Entscheidungen das Recht, seine Meinung auszusprechen oder nicht?«, ertönt ein vielstimmiges »Ja«. Die nächste Frage, »Kann eine Regierung es wagen, hierüber einsame Entschlüsse zu fassen«, beantworten

Protestmarsch gegen die Atomrüstung auf dem Jungfernstieg; 100 000 Hamburger folgen dem Aufruf des Arbeitsausschusses »Kampf dem Atomtod«.

die Versammelten ebenso entschieden: »Nein«. Eine Volksbefragung, so Brauer, untergrabe die Demokratie nicht, sondern rette sie.

Schon am 28. März hatte der frühere Bundesinnenminister Gustav Heinemann (seit 1957 SPD) in der überfüllten Ernst-Merck-Halle vor der atomaren Bedrohung eindringlich gewarnt: »Es kann nicht der Sinn der Politik sein, daß man zu den Toten gehört.«

Gegen die von der Hamburger Bürgerschaft beschlossene Volksbefragung erhebt die Bundesregierung am 14. Mai Normenkontrollklage beim Bundesverfassungsgericht. Am 30. Juli erklärt es das entsprechende Hamburger Gesetz für verfassungswidrig.

Die zum Luxusliner umgebaute »Hanseatic« an der Überseebrücke im Hamburger Hafen; 200 000 Menschen begrüßen den Passagierdampfer.

Schwimmendes Hotel für betuchte Reisende: Luxuslinie nach New York

10. August 1958. Die »Hanseatic« (30 030 BRT) der Hamburg-Atlantik-Linie kehrt von ihrer Jungfernfahrt nach New York in ihren Heimathafen zurück. Entlang des Elbufers von Wittenbergen bis zu den Landungsbrücken verfolgen 200 000 Schaulustige die Einfahrt der »schönen Hamburgerin«. Die »Hanseatic« ist der erste deutsche Passagierdampfer, der seit Kriegsende den Liniendienst von Hamburg in die USA aufgenommen hat. Seit Januar war der 1929 in Glasgow vom Stapel gelaufene Turbinendampfer bei der Hamburger Howaldtswerft für etwa 20 Mio. DM renoviert und umgebaut worden. Die Zahl der Kabinen wurde von 700 auf etwa 400 reduziert; in ihnen finden rund 1250 Fahrgäste Platz. Eine Passage von Cuxhaven nach New York dauert acht Tage (→ 22. 3. 1967/S. 549).

Bill-Haley-Konzert endet mit Krawall

28. Oktober 1958. Ein Konzert des US-amerikanischen Rock-'n'-Roll-Königs Bill Haley in der Ernst-Merck-Halle führt zu einer Saalschlacht. Bei dem Krawall jugendlicher Randalierer werden fünf Polizisten verletzt. Es entsteht ein Sachschaden von etwa 10 000 DM.

Das Vorprogramm mit der Big Band von Kurt Edelhagen verläuft noch einigermaßen ruhig. Nach dem Auftritt Bill Haleys und seiner Band »The Comets« drängen einige hundert Jugendliche zur Bühne. Während sich die Masse der 6000 meist jungen Zuschauer vom Hit »Rock around the clock« begeistern läßt, beginnt eine Schlägerei zwischen »halbstarken« Rowdys und Ordnern. Hallenscheiben gehen zu Bruch, ganze Stuhlreihen werden niedergetrampelt. Bill Haley bricht sein Konzert ab und flieht hinter die Bühne. Die durch massiven Polizeieinsatz aus der Halle gedrängten Randalierer ziehen zum Dammtorbahnhof. Erst nach Einsatz von Tränengas gelingt gegen 24.00 Uhr die Räumung des Bahnhofs. Elf Jugendliche werden festgenommen.

Festwoche erinnert an Brahms-Werke

7. Mai 1958. Mit einem Festakt des Senats in der Musikhalle begeht Hamburg den 125. Geburtstag des Komponisten Johannes Brahms, der 1833 hier zur Welt kam. Im Rahmen dieser Veranstaltung erhalten die Künstler Robert Casadeus, Hans Schmidt-Isserstedt, Heinz Tietjen und Henny Wolff Brahms-Medaillen. In seiner Gedenkrede würdigt der Regisseur und Schriftsteller Ludwig Berger Leben und Werk des geehrten Komponisten.

Damit beginnt eine von der Stadt ausgerichtete neuntägige Festwoche, an der sich prominente Künstler aus aller Welt beteiligen. Ferner ruft Hamburg das Brahms-Archiv der Staats- und Universitätsbibliothek ins Leben, das sich durch Forschungen zum »Antipoden Wagners« Verdienste erwirbt.

In den folgenden Jahren entwickelt sich das Brahms-Gedenken in Hamburg zu einer Institution mit jährlichen Konzerten.

Oskar Kokoschka an seiner im Haus des Axel Springer Verlags aufgestellten Staffelei, wo der Künstler – über den Dächern der Stadt – ein neues Bild malt.

Kokoschka malt Hamburg

1958. Der Maler Oskar Kokoschka arbeitet an einem neuen Hamburg-Bild, wofür er als Schaupunkt einen Raum im Gebäude des Axel Springer Verlags auswählte. Von dort hat der Künstler einen großartigen Blick über die Dächer der Hansestadt. Auch vom Himmelspanorama, das sich ihm hier bietet, zeigt er sich beeindruckt.

In den letzten Jahren sind bereits zwei bekannte Bilder Kokoschkas in Hamburg entstanden: Ein Porträt des Bürgermeisters Max Brauer (→ Juli 1951/S. 511) und ein Hafenbild. Der Künstler, wegen eines Lübecker Auftrags nach Norddeutschland gekommen, nutzt die Gelegenheit, um Hamburg erneut zu malen.

Von Kokoschka, einem der führenden Künstler des Expressionismus, stammen auch Dramen, Dichtungen und Erzählungen.

Segelschule »Gorch Fock«

23. August 1958. Bei Blohm & Voss läuft die »Gorch Fock« vom Stapel. Das erste Segelschulschiff der Bundesmarine wurde nach dem »Pamir«-Unglück (→ 21. 9. 1957/S. 529) besonders kentersicher gebaut.

Die »Gorch Fock« geht am 3. August 1959 mit 156 Seeoffiziersanwärtern auf die erste große Fahrt nach Teneriffa. Mit ihrem Kielballast soll sich die Dreimastbark selbst dann wieder aufrichten können, wenn die Masten das Wasser berühren.

2. 3. Karl-Heinz Köpcke moderiert erstmals die neugestaltete Tagesschau des Deutschen Fernsehens.

1. 4. Der Norddeutsche Rundfunk strahlt zum erstenmal Werbesendungen aus. Die Werbespots laufen unter dem Motto »Seepferdchen zeigt« zwischen 19.30 Uhr und 20 Uhr.

16. 4. Am Großneumarkt eröffnet das Jazzlokal »Cotton Club«. → S. 532

30. 4. Im Deutschen Schauspielhaus hat das Drama »Die heilige Johanna der Schlachthöfe« von Bertolt Brecht Premiere. → S. 532

15. 5. Die italienische Sängerin Maria Callas gibt in der Musikhalle ihr erstes Gastspiel auf deutschem Boden.

20. 5. Im ersten Fußball-Länderspiel zwischen beiden Nationen seit 1938 trennen sich Deutschland und Polen im Hamburger Volksparkstadion 1:1 (0:1).

21. 5. Das Unfallkrankenhaus Boberg nimmt den Betrieb auf.

24. 5. Die bis auf den Turm wiederhergestellte Kirche St. Jacobi wird eingeweiht.

Juli. Mit Billigung der Bürgerschaft lassen die Bezirksämter rund 15 000 Tauben töten, die Hälfte des gesamten Bestandes.

1. 8. Der Schweizer Komponist Rolf Liebermann übernimmt die Leitung der Hamburgischen Staatsoper. → S. 532

3. 10. Der Friedensnobelpreisträger Albert Schweitzer trifft zu einem kurzen Besuch in Hamburg ein. → S. 531

13. 10. Auf dem Flughafen Fuhlsbüttel landet das erste Düsenflugzeug. → S. 531

November. Das Auditorium Maximum der Universität Hamburg ist fertiggestellt. → S. 532

18. 12. Der Erste Bürgermeister Max Brauer (SPD) und Bundesminister für Atomenergie Siegfried Balke (CDU) unterzeichnen den »Staatsvertrag über Errichtung und Betrieb des Deutschen Elektronen-Synchrotons«. Die Großanlage für die Grundlagenforschung soll auf dem Gelände des ehemaligen Flugplatzes Bahrenfeld entstehen (→ 11. 11. 1964/S. 541).

31. 12. In Hamburg suchen noch 81 000 Familien eine Wohnung, davon verfügen 15 000 über die Voraussetzungen für eine dringliche Vermittlung.

GESTORBEN:

14. 8. Hamburg: Wilfried Wroost (* 13. 9. 1889, Hamburg), niederdeutscher Schriftsteller.

29. 11. Hamburg: Hans Henny Jahnn (* 17. 12. 1894, Stellingen), Schriftsteller, Essayist und Orgelbauer.

Albert Schweitzer (84) in der nach ihm benannten Schule in Klein-Borstel

Der »Urwalddoktor« in Klein-Borstel

3. Oktober 1959. Der Arzt und Friedensnobelpreisträger Albert Schweitzer besucht Hamburg. Während des Aufenthalts besichtigt er die nach ihm benannte Schule in Klein-Borstel und die Albert-Schweitzer-Siedlung (Rahlstedt).

In der Albert-Schweitzer-Schule überreicht Senator Heinrich Landahl dem hochbetagten »Urwalddoktor« für seine Arbeit in Afrika als Geschenk Hamburgs 5000 DM. Die Öffentlichkeit nimmt regen Anteil am Besuch des populären Arztes, der sich gerührt zeigt »über die Liebe und Verehrung, die mir entgegen gebracht wurde«.

Fuhlsbüttel Station für Düsenflugzeuge

13. Oktober 1959. Mit einer Boeing 707 »Intercontinental« der Pan Am landet auf dem Flughafen Fuhlsbüttel erstmals ein Düsenflugzeug. Am 25. Oktober fliegt die erste planmäßige Düsenmaschine von Kopenhagen via Hamburg und London nach New York. In Fuhlsbüttel ist die Öffnung des Flughafens für Düsenjets umstritten.

Vor allem unmittelbare Anwohner protestieren gegen den im Vergleich zu Propellermaschinen höheren Lärm. Aus Kostengründen kommt es dennoch zum Ausbau des bestehenden Flughafens (70 Mio. DM) statt zu seiner Verlegung nach Kaltenkirchen (115 Mio. DM).

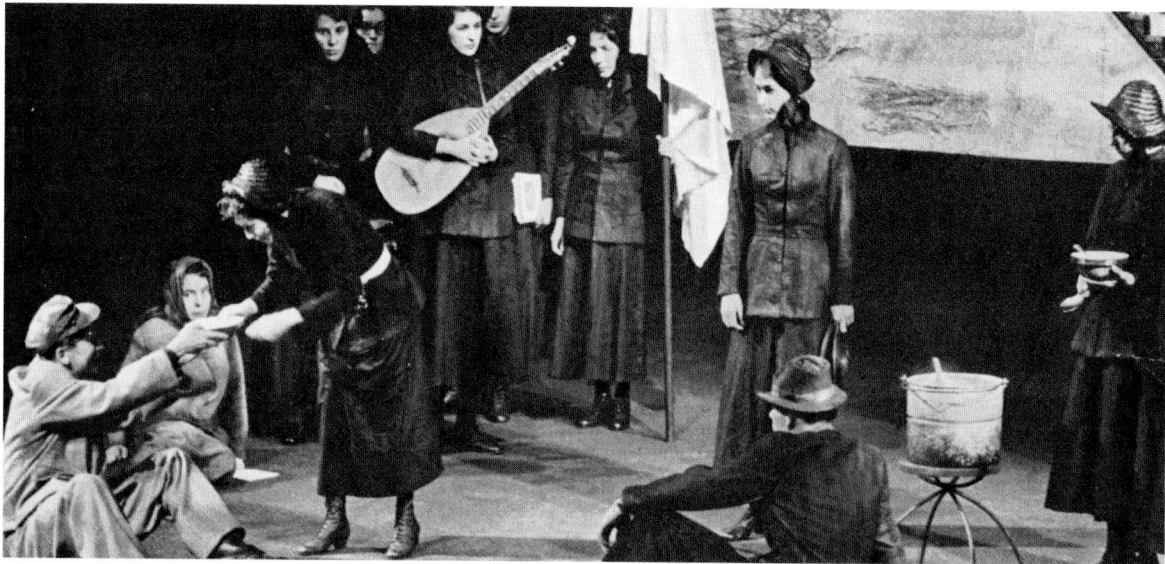

Brecht-Tochter Hanne Hiob (3. v. l.) als Johanna in »Die heilige Johanna der Schlachthöfe« von Bertolt Brecht

1. August 1959. Der 48jährige Rolf Liebermann wird als Nachfolger von Heinz Tietjen (seit 1956) Intendant der Hamburgischen Staatsoper. Unter seiner Leitung erreicht die Staatsoper Weltniveau.

Schon in der ersten Spielzeit läßt Liebermann beliebte Opern-Klassiker von hochrangigen Regisseuren wie Walter Felsenstein, Günther Rennert und Wieland Wagner inszenieren. Ein Schwerpunkt Liebermanns ist die moderne Musik. 1960 wird Hans Werner Henzes »Der Prinz von Homburg« uraufgeführt, das erste einer Reihe von Auftragswerken für die Staatsoper.

Brechts »Heilige Johanna« uraufgeführt

30. April 1959. Am Deutschen Schauspielhaus wird »Die heilige Johanna der Schlachthöfe« von Bertolt Brecht uraufgeführt. Die Inszenierung gehört zu den großen Erfolgen der »Ära Gründgens« (→ 1. 8. 1955/S. 524). Besonderen Beifall des Premierenpublikums erhält die Brecht-Tochter Hanne Hiob für ihre Darstellung der Titelfigur. Hermann Schomberg verkörpert den Mauler. Von Caspar Neher stammt das Bühnenbild.

Gustaf Gründgens inszeniert das 1929/30 entstandene antikapitalistische Lehrstück, das in der Weimarer Zeit keine Bühne fand, als historische Tragödie. Brecht, der mit dem Stück politische Einsichten mit dem Ziel einer Veränderung der gesellschaftlichen Verhältnisse vermitteln will, verlegt den historischen Stoff der französischen Nationalheldin Jeanne d'Arc in die Schlachthöfe Chicagos. Vergeblich kämpft die tragische Heldin Johanna Dark, Leutnant der Heilsarmee, für die verelendeten Schlachthofarbeiter. Den Sieg trägt der Fleischkönig Mauler davon.

Rolf Liebermann trat auch schon mit eigenen Kompositionen wie »Leonore 40/45« (1952) hervor.

Hermkes' Audimax setzt neue Akzente

November 1959. Das Auditorium Maximum der Universität Hamburg wird eingeweiht. Als zentrales Hörsaalgebäude bildet es den Mittelpunkt der Campus-Universität am Von-Melle-Park.

Bernhard Hermkes' Audimax ist ein auffälliger Beton-Schalenbau. Schon die Kongreßhalle in Berlin (West) war 1956/57 als Spannbetonkuppel ausgeführt worden. Mit dieser modernen Konstruktion orientiert sich der Architekt in demonstrativer Abkehr von der Tradition an US-amerikanischen Vorbildern (z. B. Audimax der Harvard-Universität). In seiner Modernität steht das Hamburger Audimax, das auch außeruniversitären Veranstaltungen Platz bietet, für eine Neuorientierung der gesamten Universität. Der offene Campus soll ein bürgernahes Hochschulleben ermöglichen. Zugleich wird die Universität ausgebaut (Studentenhaus mit Mensa 1950/51, Philosophen-Turm 1957–62, Rechtshaus 1960–65).

16. April 1959. Am Großneumarkt eröffnet Dieter Roloff den Jazzkeller »Cotton Club«. Das in einem kleinen, winkligen Gewölbe untergebrachte Lokal entwickelt sich zu einer Hochburg des New Orleans- und Dixieland-Jazz.

Die Anfangszeit ist für den »Cotton Club« schwierig. Zur Eröffnung kommt kein einziger Gast. Die Miete (3200 DM) ist höher als der Monatsumsatz (2900 DM). Für eine lange Jazz-Nacht erhalten die Musiker 5 DM pro Mann plus drei Flaschen Bier. Sie treten im besten Anzug und mit Schlips auf. Im Laufe der Zeit kommen viele bekannte Jazz-Bands und Swing-Stars in den »Cotton Club«, darunter Chris Barber, Mr. Acker Bilk und das Pasadena Roof Orchestra.

◁◁ *Universitätsrektor Karl Schiller (r.) erläutert das Modell des geplanten Universitätsviertels rund um das Audimax.*

◁ *Nach vierjähriger Bauzeit als Zentrum von Hamburgs Campus-Universität fertig: Das gewölbte Audimax, dahinter der »Phil-Turm«*

1960

15. 4. Rund 120 Demonstranten versammeln sich in Hamburg zum ersten Ostermarsch der Atomkriegsgegner. → S. 534

25. 6. Durch ein 3:2 über den 1. FC Köln wird der HSV zum drittenmal Deutscher Fußballmeister. → S. 534

26. 7. Die Baubehörde gibt eine Mietsteigerung bei rund 60% der Hamburger Wohnungen zwischen 15 und 38% bekannt. Die Preissteigerungen sind eine Folge der Lockerung der Wohnungsbewirtschaftung durch die Bundesregierung.

28. 7. Der thailändische König Bhumipol und seine Frau Sirikit statten Hamburg einen Besuch ab. → S. 534

17. 8. Die »Beatles« aus Liverpool treten erstmals in Hamburg auf. Ihr Engagement im Indra-Club dauert bis zum 16. Oktober (→ 13. 4. 1962/S. 539).

30. 9. Der »Faust«-Film nach Gustaf Gründgens Hamburger Inszenierung mit dem Ensemble des Deutschen Schauspielhauses kommt in die Filmtheater.

1. 10. Als erster Theologe wird Helmut Thielicke Rektor der Universität Hamburg.

17. 11. Bei der 300 000. Neubauwohnung seit 1945 wird Richtfest gefeiert. Zwar ist damit der Wohnungsverlust infolge des Zweiten Weltkrieges ausgeglichen, als Folge der erhöhten Bevölkerungszahl fehlen aber noch rund 100 000 Wohnungen.

5. 12. Das nach einem Entwurf des Architekten Werner Kallmorgen renovierte Thalia Theater wird eröffnet. → S. 534

16. 12. Ein neuer sog. Aufbauplan geht von zukünftig 2,2 Mio. Einwohnern in Hamburg aus. → S. 533

20. 12. Max Brauer (SPD) nimmt im Rahmen einer Kundgebung vor dem Rathaus seinen Abschied vom Amt des Ersten Bürgermeisters (→ 12. 11. 1961/S. 535).

31. 12. Mit einem Güterumschlag von rund 31 Mio. t erreicht der Hamburger Hafen das beste Jahresergebnis seiner bisherigen Geschichte.

1960. An der Jenfelder Allee gründet Gyula Trebitsch die Filmproduktionsgesellschaft Studio Hamburg. → S. 534

GEBOREN:

9. 11. Hamburg: Andreas Brehme, Fußballspieler.

GESTORBEN:

2. 2. Hamburg: Lothar Danner (* 22. 4. 1891, Schöneberg), Polizeichef.

24. 7. Kempfenhausen: Hans Albers (* 22. 9. 1891, Hamburg) Schauspieler. → S. 533

Hamburger trauern um »blonden Hans«

24. Juli 1960. Im Alter von 68 Jahren stirbt der Filmschauspieler und Volkssänger Hans Albers im oberbayerischen Kempfenhausen. 10 000 Menschen geben dem gebürtigen Hamburger das letzte Geleit, als er am 29. Juli auf dem Ohlsdorfer Friedhof beerdigt wird.

Die Hansestädter trauern um ihren »blonden Hans«, der als der Hamburger schlechthin galt. Schon in Stummfilmen als Schauspieler tätig, gewann Hans Albers vor allem mit Seemannsrollen in zahlreichen Tonfilmen eine außerordentliche Popularität. Zu seinen bekannten Filmen gehören »Der blaue Engel« (1930), »Bomben auf Monte Carlo« (1931), »Unter heißem Himmel« (1936), »Große Freiheit Nr. 7« (→ 15. 12. 1944/ S. 488), »Auf der Reeperbahn nachts um halb eins« (1954), »Das Herz von St. Pauli« (1954). Albers ist der Kino-Seemann, obwohl er selbst nie zur See gefahren ist. Seine Fans lieben den »großartigen Hamburger Jung« (Bürgermeister Max Brauer). Für sie ist er ein »grundanständiger ... Mordskerl, ein Matrosen-Don-Juan, mit Heimweh nach der See im Herzen, menschlich und männlich« (»Echo der Woche«, 1949).

Um den großen Sohn der Stadt zu ehren, wird 1964 der Wilhelmsplatz in St. Pauli nach ihm benannt. 1986 errichtet dort Jörg Immendorf ein Albers-Denkmal.

△ Hans Albers (l.) in der Rolle des Lügenbarons Münchhausen, hier in einer Szene mit Hubert von Meyerinck; der nach einem Buch Erich Kästners von Regisseur Josef von Baky gedrehte Film entstand 1942/43. Kästners Schreibverbot wurde von den Nationalsozialisten für die Produktionszeit ausgesetzt. Das Werk findet internationale Beachtung.

◁ Karin Hardt ist Hans Albers' Partnerin in dem 1933 uraufgeführten UFA-Film »Ein gewisser Herr Gran« in der Regie von Gerhard Lamprecht. Das Drehbuch schrieb Philipp Lothar Mayring, die Musik stammt von Hermann Schulenburg und Hans-Otto Borgmann.

Aufbauplan für eine 2,2-Millionen-Stadt

16. Dezember 1960. Die Aufbaueuphorie der 50er Jahre läßt die Stadtplaner mit großen Erwartungen und noch größeren Plänen in die Zukunft schauen. Ausdruck der optimistischen Grundstimmung ist der neue sog. Aufbauplan für Hamburg, der jetzt Gesetzeskraft erlangt.

Nach der kriegsbedingten Zerstörung von mehr als der Hälfte aller Hamburger Wohnungen will die Stadt die Entstehung eines »neuen Hamburg« durch Aufbaupläne lenken. Der erste aus dem Jahr 1950 ging dabei noch von zukünftig 1,7 Mio. Einwohnern aus. Dieser zweite Plan kalkuliert sogar mit 2,2 Mio. Bewohnern der Hansestadt (derzeit 1,8 Mio.).

Wesentliche Ziele dieses neuen Flächennutzungsplanes sind u. a.:

▷ Die Entlastung der Innenstadt durch Schaffung neuer dezentraler Wohn- und Geschäftsregionen
▷ Die Ausweisung von Hafenerweiterungsflächen (u. a. in den Ortsteilen Moorburg und Altenwerder), um die Wettbewerbsfähigkeit des Hafens zu sichern (→ 20. 1. 1982/S. 584)
▷ Ausbau der S- und U-Bahn
▷ Anlage eines Netzes von sieben Stadtautobahnen – eine soll genau entlang des Isebekkanals zwischen Sternschanze und Hoheluft verlaufen.

Mit dem neuen Aufbauplan soll das bisherige Ungleichgewicht der Bebauungsdichte, die pyramidenförmig vom Zentrum zur Peripherie abfällt, verringert werden. Dafür werden vor allem in den Rand-gebieten neue Wohngebiete und Gewerbeflächen ausgewiesen.

Wie in den Randbezirken sollen auch in den Altbaugebieten – die es zu sanieren gilt – möglichst selbständige, verkehrsmäßig gut angebundene Stadtviertel mit eigener Infrastruktur entstehen. Damit will man den Verkehrsdruck auf die Innenstadt verringern. Dem gleichen Zweck dient die geplante City Nord nördlich des Stadtparks. Zugleich soll die Einwohnerzahl der Innenstadt zugunsten von Büro- und Geschäftsräumen auf 16 000 reduziert werden (1956: 32 000).

Eine wesentliche Voraussetzung des Konzepts erweist sich schon bald als unzutreffend: Hamburgs Einwohnerzahl wächst nicht mehr weiter, sondern stagniert bzw. sinkt sogar ab Mitte der 60er Jahre.

Demonstranten auf dem Weg zum Truppenübungsplatz Bergen-Hohne

Luftaufnahme von Europas modernstem Film- und Fernsehstudio

Die Sieger im Cabrio am Rothenbaum (v. l.): Klaus Stürmer, Seeler, Dörfel

König Bhumipol von Thailand mit seiner Frau Sirikit (r.) in Hamburg

Ostermarsch gegen atomare Aufrüstung

15. April 1960. Am Karfreitag versammeln sich rund 120 Atomkriegsgegner in Hamburg zum ersten Ostermarsch. Er endet am Ostermontag mit einer Abschlußkundgebung auf dem Raketenübungsgelände Bergen-Hohne.

In den folgenden Jahren entwickeln sich die Ostermärsche zu Massenveranstaltungen. 1963 demonstrieren bereits rund 14 000 Kernwaffengegner in der Bundesrepublik mit solchen Märschen gegen den Atomtod (→ 17. 4. 1958/S. 530).

Traumfabrik an der Jenfelder Allee

1960. In Wandsbek gründet Gyula Trebitsch die »Studio Hamburg Betriebsgesellschaft mbH«. »Hamburgs Traumfabrik« an der Jenfelder Allee entwickelt sich in den folgenden Jahrzehnten zum modernsten Atelierbetrieb Europas (→ 6. 2. 1948/S. 504).

Neben Kinofilmen produziert Studio Hamburg zunehmend Fernsehfilme. 1961 wird der erste Dienstleistungsvertrag mit dem NDR abgeschlossen. Das ZDF mietet sich 1962 in die Produktionsfirma ein.

»Uns Uwe« sichert HSV den dritten Titel

25. Juni 1960. Durch ein 3:2 über den 1. FC Köln in Frankfurt wird der HSV zum drittenmal Deutscher Fußballmeister.

35 Grad Hitze machen weder den Spielern noch den 70 000 Zuschauern das Leben leicht; auch dem Schiedsrichter nicht, der sieben Minuten vor Schluß mit einem Wadenkrampf zusammenbricht. Für den HSV ist Uwe Seeler zweimal – zum 1:1 und 3:2 – erfolgreich, das zweite Tor erzielt Außenstürmer Gert »Charly« Dörfel.

Schöne Sirikit hat Lächeln im Gepäck

28. Juli 1960. König Bhumipol von Thailand und seine Frau Sirikit kommen zu einem Staatsbesuch nach Hamburg. Tausende begrüßen das im Hotel »Atlantic« residierende Königspaar aus Thailand.

Vor allem die bezaubernde Königin, die als schönste Lady Asiens gilt, erobert die Herzen der Elbstädter. Das »Hamburger Abendblatt« schwärmt: »Sirikit, die Gemahlin des Königs Bhumipol von Thailand, brachte das Lächeln des Fernen Ostens nach Hamburg.«

Vollständig renoviertes Gebäude für das Thalia Theater

5. Dezember 1960. Nach vier Jahren Bauzeit wird das renovierte Thalia Theater feierlich eröffnet. Architekt Werner Kallmorgen, der den Neubau entworfen hat, ließ von dem alten Theatergebäude (errichtet 1911/12), das im Zweiten Weltkrieg zerstört wurde, lediglich die Vorderfront stehen.

In der Kriegsruine hatte Kallmorgen bereits 1945 ein provisorisches Theater hergerichtet. Daneben gastierte das Ensemble des Thalia Theaters seit Wiederaufnahme des Spielbetriebs 1946 im Haus Schlankreye, im Eppendorfer Gemeindehaus und zahlreichen anderen Spielstätten.

In den folgenden Jahren entwickelt sich das Thalia nach einer Kurskorrektur im Repertoire zu einem der bestbesuchten Theater in der Bundesrepublik. Intendant Kurt Raeck (ab 1964) nimmt in den Spielplan der bisher als Boulevardtheater geltenden Bühne Shakespeare-Stücke, ernste Klassik und Klassiker der Moderne auf.

Das Thalia Theater; hinter der Tempelfront des Theatergebäudes am Alstertor, das 1911/12 gebaut wurde, entstand der jetzige moderne Neubau.

Der steile Zuschauerraum des Thalia erstrahlt in neuem Glanz.

1961

1. 1. Paul Nevermann (SPD) wird als Nachfolger von Max Brauer (SPD) Erster Bürgermeister von Hamburg (→ 12. 11. 1961/S. 535).

1. 2. Hamburg erhält von Niedersachsen die Insel Scharhörn und Neuwerk. Dort soll ein Tiefwasserhafen entstehen. → S. 536

21. 4. Die Flutlichtanlage im Volksparkstadion wird fertiggestellt.

26. 4. Durch ein Gegentor zehn Sekunden vor Schluß verpaßt der HSV vor 70 000 Zuschauern im Volksparkstadion gegen den FC Barcelona den Einzug in das Europapokalfinale. → S. 536

23. 5. An der Ecke Himmelstraße/Krochmannstraße stürzt ein fünfstöckiges Wohnhaus ein. Drei Menschen werden verletzt.

27. 7. Neun Verletzte fordert ein Unglück auf dem Flughafen Fuhlsbüttel: Eine Boeing 707 der Air France stürzt beim Start infolge eines gebrochenen Bugrades in eine Baugrube (→ 5. 10. 1961/S. 535).

18. 8. Rund 100 000 Menschen demonstrieren auf dem Rathausmarkt gegen den Bau der Berliner Mauer am 13. August. → S. 536

22. 8. Durch eine Sperrgebietsverordnung untersagt der Hamburger Senat die Prostitution in St. Georg sowie in Teilen der Alt- und Neustadt. → S. 536

17. 9. Bei den Wahlen zum 4. Deutschen Bundestag büßt die CDU/CSU mit 45,9% ihre absolute Mehrheit ein. In Hamburg erringt die SPD 46,9% der abgegebenen Stimmen, die CDU 31,9% und die FDP 15,7%.

5. 10. 28 Tote und zahlreiche Verletzte fordert die Kollision eines Zuges der S-Bahn mit einem Bauzug in der Nähe des S-Bahnhofes Berliner Tor. → S. 535

25. 10. Mit einer Feierstunde im Rathaus verabschiedet die Bürgerschaft ihren langjährigen Präsidenten Adolph Schönfelder (SPD).

30. 10. Durch das Gesetz über die Hafenerweiterung soll dem Hafen rund 1400 ha Reservefläche zur Verfügung stehen. Dieser Plan bedeutet u.a. das Aus für das Dorf Altenwerder.

12. 11. Bei den Wahlen zur Hamburger Bürgerschaft erhält die SPD 57,4% der abgegebenen Stimmen, die CDU 29,1% und die FDP 9,6%. → S. 535

15. 12. Als sechstes und letztes Schiff der Bauserie der »Cap San«-Schiffe läuft bei der Deutschen Werft in Finkenwerder der Schnellgutfrachter »Cap San Diego« (8981 BRT) vom Stapel. Auftraggeber ist die Reederei Hamburg-Süd.

Wahlsieg für Bürgermeister Nevermann

12. November 1961. Bei der Bürgerschaftswahl bauen die regierenden Sozialdemokraten ihre absolute Mehrheit um 3,5% auf 57,4% aus. Auch ihr Koalitionspartner FDP verbessert gegenüber 1957 den Stimmenanteil um einen Prozentpunkt auf 9,6%. Dagegen sackt die oppositionelle CDU mit einem Verlust von 3,1% auf 29,1% ab.

Das Wahlergebnis ist ein eindeutiges Votum für die SPD-FDP-Koalition unter dem Sozialdemokraten Paul Nevermann, die am 13. Dezember von der Bürgerschaft bestätigt wird. Helmut Schmidt, bisher SPD-Bundestagsabgeordneter, tritt in die Landesregierung ein; er wird Hamburgs erster Innensenator. In seiner Regierungserklärung am 17. Januar 1962 gibt Nevermann den Bau von über 300 000 Wohnungen seit 1945 bekannt. Ferner fordert er die Erhöhung des EWG-Anteils an dem über Hamburg getätigten Außenhandel.

Nach dem Rücktritt des langjährigen und bei den Hamburgern beliebten Ersten Bürgermeisters Max Brauer (SPD) zum 31. Dezember 1960 hatte Nevermann am 1. Januar 1961 dieses Amt übernommen. Der zum Populismus tendierende »bürgernahe« Politiker stammt aus einfachen Verhältnissen. In der Landespolitik profilierte er sich als Bausenator (1946 – 1953 und 1957 – 1960) und als SPD-Fraktionschef.

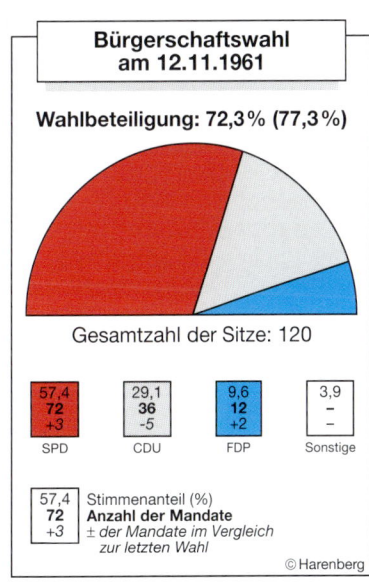

Bürgerschaftswahl am 12.11.1961

Wahlbeteiligung: 72,3% (77,3%)

Gesamtzahl der Sitze: 120

SPD	CDU	FDP	Sonstige
57,4	29,1	9,6	3,9
72	36	12	
+3	-5	+2	

57,4 — Stimmenanteil (%)
72 — Anzahl der Mandate
+3 — ± der Mandate im Vergleich zur letzten Wahl

© Harenberg

△ *Zweimal der Erste Bürgermeister Paul Nevermann: L. auf dem Wahlplakat, r. in natura nach der Stimmabgabe für die Bürgerschaftswahl am 12. November; den Hamburger »Landesvater« haben seine Frau Grete (r.) und seine 24jährige Tochter Anke zum Wahllokal begleitet. Für den Sohn eines ungelernten Brauereiarbeiters aus Klein Flottbek ist der Wahlausgang auch ein großer persönlicher Erfolg. Er hatte sich über den »zweiten Bildungsweg« vom Schlosserlehrling zum Juristen hochgearbeitet, war 1933 wegen seiner Mitgliedschaft in der SPD aus dem öffentlichen Dienst entfernt worden und gehört seit 1945 (als Sozialsenator, ab 1946 als Bausenator) mit einer Unterbrechung (1953–1957) dem Senat an.*

Stunden des Grauens am Berliner Tor

5. Oktober 1961. Ein schweres Zugunglück beim Bahnhof Berliner Tor fordert 28 Tote und zahlreiche Verletzte. Um 22.38 Uhr rast ein S-Bahn-Zug infolge falscher Signalstellung in einen Bauzug. Der verantwortliche Fahrdienstleiter hat nach seiner späteren Aussage den Bauzug »einfach vergessen« und das Ausfahrtsignal für den im Bahnhof Berliner Tor haltenden S-Bahn-Zug Richtung Bergedorf gegeben. Eine Minute später passiert das Unglück. Die Rettung der häufig eingeklemmten Verletzten ist schwierig. Erst um 4.45 Uhr bergen die Helfer den letzten noch lebenden Menschen. Der Fahrdienstleiter wird 1963 zu einem Jahr Gefängnis verurteilt.

Glimpflicher verlief das erste große Flugzeugunglück auf dem Flugplatz in Fuhlsbüttel am 27. Juli. Beim Start einer Boeing 707 klemmte ein Bugrad, so daß die Maschine ins Schleudern kam und in eine 3 m tiefe Baugrube stürzte: Kein Todesopfer, neun Verletzte.

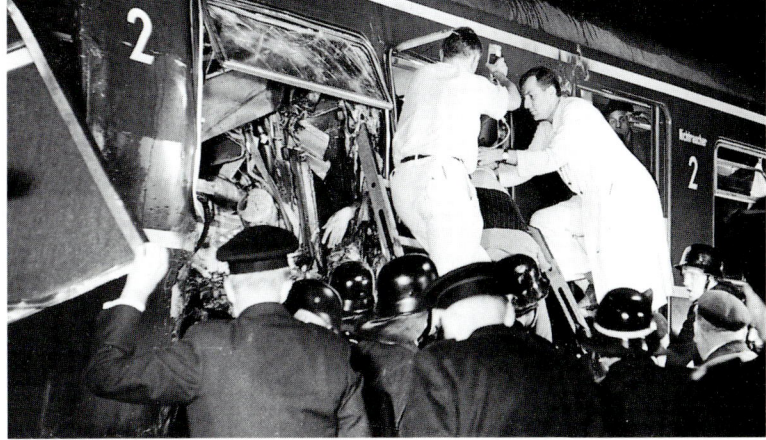

S-Bahn-Unglück am Berliner Tor; Feuerwehrmänner, Polizisten und Notärzte arbeiten in fieberhafter Eile, um Verletzte aus den Trümmern zu befreien.

Hamburger SV verpaßt Europapokalfinale

26. April 1961. Ein Gegentor zehn Sekunden vor Schluß kostet den HSV im Spiel gegen den FC Barcelona den Einzug ins Europapokalfinale der Landesmeister.
Volksparkstadion, 89. Minute: 2:0 führt der HSV vor 70 000 begeisterten Zuschauern. Nach der 0:1-Hinspielniederlage in Barcelona würde das reichen. Was dann geschieht, beschreibt »Abendblatt«-Reporter Jupp Wolff so: »Alles sah ungefährlich aus, als die letzte Spielminute anbrach ... Der HSV spielte den Ball im Mittelfeld, spielte ihn von Mann zu Mann, ließ keinen Spanier herankommen ... Da gab es plötzlich einen Fehlpaß zwischen Uwe Seeler und [Klaus] Neisner. Sofort griffen die Spanier an, eine Flanke kam, und vom Kopf des Halbrechten [Sandor] Kocsis flog das Leder ins Hamburger Tor.«
Weil Hin- und Rückspielergebnis zusammengenommen Punkt- und Torgleichheit ergeben, wird ein Entscheidungsspiel fällig, das die Hamburger gegen den spanischen Meister am 3. Mai in Brüssel etwas unglücklich mit 0:1 verlieren.

Das gab es noch nicht: Ein Farbfoto vom Fußballspiel des Vortages

»Abendblatt« beeindruckt Leser erstmals mit aktuellem Farbfoto

Das »Hamburger Abendblatt« veröffentlicht als erste Zeitung auf dem europäischen Kontinent ein aktuelles Farbfoto (Abb. oben). Auf der Titelseite der Abendblattausgabe vom 27. April erscheint ein Bild vom Europapokalspiel des HSV gegen den FC Barcelona.
Zu sehen ist ein Angriff der Spanier in der Mitte der ersten Halbzeit mit (v. l.) Peter Wulf (HSV), Jürgen Kurbjuhn (HSV), Evaristo de Macedo, Sandor Kocsis (beide FC Barcelona), Jochen Meinke (HSV) und Gerhard Krug (HSV).
Bisher war die Reproduktion eines Farbfotos im Zeitungsdruck in so kurzer Zeit technisch unmöglich.

100 000 protestieren gegen den Mauerbau

18. August 1961. Mehr als 100 000 Hamburger protestieren auf dem Rathausmarkt gegen den Bau der Mauer in Berlin. Es sprechen u. a. Hamburgs Erster Bürgermeister Paul Nevermann, Handelskammer-Präsident Hans Rudolph Freiherr von Schröder und Wilhelm Walcher, Vorsitzender des DGB-Bezirks Nordmark.
Am 13. August sperrte die DDR die Übergänge zwischen Ost- und West-Berlin und begann mit der Errichtung einer Stacheldrahtgrenze quer durch die Stadt. Dies ruft in Hamburg wie überall in der Bundesrepublik Empörung hervor. Unter tosendem Beifall appelliert Nevermann an die Alliierten, bei den Vereinten Nationen Anklage zu erheben: »Hamburg ruft das Gewissen der Welt.«
Weiter sagt Nevermann, die Flüchtlinge aus der DDR hätten mit den Füßen abgestimmt und das Stacheldrahtgesetz sei ein Gesetz der Angst der DDR-Regierung. Der Stacheldraht sei zum »Symbol des Kommunismus« geworden.

Verbot der Prostitution in St. Georg

22. August 1961. Der Senat erläßt eine Sperrgebietsverordnung zum Verbot der Prostitution im Stadtteil St. Georg sowie in Teilen der Alt- und der Neustadt. Vorausgegangen waren Bürgerproteste gegen den Straßenstrich in St. Georg. Hamburgs weltbekanntes Vergnügungsviertel St. Pauli bleibt von dem Verbot ausgenommen.
Im März hatten der Grundeigentümer-Verein St. Georg-Borgfelde, die Raab-Erbengemeinschaft, das katholische Pfarramt St. Marien und rund 200 Bürger dem Senat eine Petition gegen das »Dirnenunwesen in St. Georg« übergeben. Die Unterzeichner fühlen sich durch den Straßenstrich belästigt und sehen darin eine sittliche Bedrohung für spielende Kinder. Da auch auf St. Pauli die Bürgerproteste immer lauter werden, beschränkt der Senat 1970 die »Gewerbsunzucht« auf die durch Sperrtore abgeschottete Herbertstraße und abgeschlossene »Kontakthöfe«. Ansonsten ist die Straßenprostitution in St. Pauli nur in der Zeit zwischen 20.00 Uhr und 6.00 Uhr erlaubt.

Herbertstraße auf St. Pauli; Schlepper sorgen dafür, daß auch US-Matrosen die für »alliiertes Personal« verbotene Bordellstraße gleich neben der Reeperbahn finden. Die Sperrtore an den Ausgängen der Herbertstraße sind ein Zugeständnis an diejenigen Einwohner des Viertels, die sich gegen die Straßenprostitution zur Wehr setzen. Ein Verbot des Straßenstrichs wie in St. Georg kommt für Hamburgs berühmtes Vergnügungsviertel St. Pauli nicht in Frage, denn gerade die »Anmache« auf der Straße empfinden viele Freier als besonders reizvoll.

Gebietstausch an der Elbmündung

1. Februar 1961. Hamburg und Niedersachsen einigen sich auf einen Staatsvertrag über einen Geländetausch in Cuxhaven und im Gebiet der Elbmündung. Der Vertrag tritt im Oktober 1969 in Kraft.
Danach erhält Hamburg ein 90 km² großes Wattenmeergebiet mit den Inseln Neuwerk und Scharhörn. Niedersachsen bekommt hamburgischen Besitz in Cuxhaven, was den Ausbau des Cuxhavener Fischereihafens ermöglicht.
Hamburg sichert sich damit Gelände für einen künftigen Tiefseehafen an der Elbmündung (Wassertiefe mindestens 20 m), der jedoch nur bei entsprechender Entwicklung der Schiffahrt gebaut werden soll. Zunächst soll für die modernen Supertanker das Elbfahrwasser auf 12 m vertieft werden. Um den Hamburger Hafen konkurrenzfähig zu halten, beschließt die Bürgerschaft im Oktober 1961 ein Hafenerweiterungsgesetz. Zu den darin vorgesehenen Reserveflächen (insgesamt rd. 1400 ha) gehört auch das Dorf Altenwerder (→ 20. 1. 1982/S. 584).

1962

16./17. 2. Eine schwere Sturmflut fordert in Hamburg 317 Tote und macht rund 20 000 Menschen obdachlos. → S. 537

28. 2. Die Bundesregierung beschließt ein Soforthilfeprogramm für Hamburg, das u. a. einen zweijährigen Überbrückungskredit vorsieht (→ 16./17. 2. 1962/S. 537).

2. 4. Im St. Pauli-Theater geht zum 750. Mal Paul Möhrings Volksstück »Die Zitronenjette« über die Bühne.

11. 4. Die deutsche Fußball-Nationalelf schlägt im Volksparkstadion Uruguay 3:0.

13. 4. Unter dem Motto »Die Zeit der Dorfmusik ist vorbei!« wird in der Großen Freiheit der Star-Club eröffnet. Gäste im Programm sind die »Beatles« aus Liverpool. → S. 539

Anfang Juni. Das neue Polizeipräsidium am Berliner Tor kann nach vierjähriger Bauzeit bezogen werden. Zuvor waren die rund 1200 Beamten im Hochhaus am Karl-Muck-Platz untergebracht (→ 4. 6. 1962/S. 539).

4. 6. Hamburgs Erster Bürgermeister Paul Nevermann (SPD) eröffnet den neuen Obst- und Gemüsemarkt in Hammerbrook (Großmarkt Hamburg). → S. 539

10. 8. Das Hamburger Amtsgericht eröffnet das Konkursverfahren über die Werft Willy H. Schlieker KG. → S. 538

7. 9. Der französische Staatspräsident Charles de Gaulle ist im Rahmen seines Deutschlandbesuchs (4.–9. 9.) in Hamburg zu Gast. → S. 538

30. 9. Die Hauptkirche St. Nikolai am Klosterstern wird geweiht (→ 4. 6. 1962/S. 539).

25. 10. Die U-Bahn-Strecke zwischen dem Jungfernstieg und Wandsbek-Gartenstadt geht nach Vollendung der Teilstrecke von Wartenau nach Wandsbek in Betrieb.

26. 10. Im Auftrag der Bundesanwaltschaft besetzen Polizeibeamte die Redaktionsräume des in Hamburg erscheinenden Nachrichtenmagazins »Der Spiegel« wegen des Verdachts auf Landesverrat. → S. 538

14. 11. Im Jenischpark eröffnet das von Hermann F. Reemtsma gestiftete Ernst-Barlach-Museum. Architekt des Gebäudes ist Werner Kallmorgen (→ 4. 6. 1962/S. 539).

GESTORBEN:

13. 5. Hamburg: Walter Scherau (* 10. 1. 1903, Hamburg), Schauspieler.

22. 5. Hamburg: Paul Schurek (* 2. 1. 1890, Hamburg), niederdeutscher Dichter.

10. 9. Wentorf: Rudolf H. Petersen (* 30. 12. 1879, Hamburg), Bürgermeister 1945/46.

Überschwemmung im Stadtteil Wilhelmsburg; in den tiefgelegenen Gebieten kam für viele Menschen jede Hilfe zu spät.

»Jahrhundertflut« fordert 317 Tote

16./17. Februar 1962. Ein Fünftel des hamburgischen Staatsgebietes ertrinkt in ungeahnten Wassermassen: Die seit 1855 schwerste Flutkatastrophe fordert insgesamt 340 Todesopfer, davon 317 in Hamburg. 20 000 Menschen werden obdachlos. Es entsteht ein Sachschaden in Höhe von 2,9 Mrd. DM.

Ein bis zur Orkanstärke 13 ansteigender Sturm aus nordwestlicher Richtung treibt die tosenden Nordseefluten gegen die Küste und in die Elbmündung. In Cuxhaven, an der Unterelbe, in der Wesermarsch, bei Wilhelmshaven und in Süderdithmarschen wird Katastrophenalarm ausgelöst. Die Deiche in Hamburg, in Kirchwerder, bei Cranz und Neugraben sowie in Wilhelmsburg halten der heranbrausenden Wasserwand nicht stand. Um 0.14 Uhr bricht der erste Deich am Neuenfelder Rosengarten. Insgesamt kommt es an 60 Stellen zu Deichbrüchen. Gegen 3.00 Uhr ist der Deich am Spreehafen fällig: Eine meterhohe Flutwelle überschwemmt die von Norder- und Süderelbe umschlossene Insel Wil-

helmsburg. Besonders in den tiefgelegenen Gartenkolonien werden viele Menschen in Behelfsheimen und Schreberbuden im Schlaf von der Flut überrascht. Viele ertrinken bei dem Versuch, sich auf Dächer oder hohe Bäume zu retten. Später werden einige – vor allem Kinder – tot in den Bäumen hängend gefunden. Allein in dem am schwersten betroffenen Stadtteil Wilhelmsburg sind 60 000 Menschen eingeschlossen.

Eine Warnung der bedrohten Bevölkerung ist bereits nach den ersten Deichbrüchen nicht mehr möglich, denn Strom- und Telefonleitungen sind tot. In Hamburg fällt zeitweise die gesamte Beleuchtung aus. 2 Mio. Einwohner müssen ohne Strom, Gas und Telefon ausharren. In der Innenstadt stehen der Rödingsmarkt, die Ost-West-Straße und alle hafennahen Straßen unter Wasser.

Unter der Leitung von Senator Helmut Schmidt (SPD) sind mehr als 25 000 Helfer im Einsatz: Neben 8500 Bundeswehrsoldaten, 300 US-Soldaten, 200 britischen und 50 nie-

derländischen Soldaten beteiligen sich u. a. der Bundesgrenzschutz, das Deutsche Rote Kreuz und das Technische Hilfswerk an den Rettungsmaßnahmen. Auch Feuerwehr und Polizei arbeiten bis zur Erschöpfung im Katastropheneinsatz. Mit mehr als 150 Hubschraubern werden über 1000 Menschen von den Dächern ihrer von den Fluten eingeschlossen Häuser gerettet. Ursache für das Ausmaß der Katastrophe in Hamburg, das mit Abstand die meisten Toten zu verzeichnen hat, ist die zu geringe Deichhöhe. Hamburgs Deiche sind einem mittleren Hochwasser über 4 m nicht gewachsen. In der Katastrophennacht liefen die Deiche schon bei 3,80 m über. Zudem sind die Bewohner in den bedrohten Gebieten nicht oder zu spät gewarnt worden. Obwohl bereits am 16. Februar um 23.30 Uhr das Wasser in Cuxhaven fast 4,50 m über Normalstand, gab es in Hamburg keinen Katastrophenalarm.

Am 26. Februar nehmen ca. 100 000 Menschen auf dem Rathausmarkt Abschied von den Flutopfern.

Begeisterter Empfang für de Gaulle

7. September 1962. Im Rahmen seines Staatsbesuchs in der Bundesrepublik (4.–9. September) ist der französische Staatspräsident Charles de Gaulle für einen Tag in Hamburg zu Gast. Die Hamburger bereiten dem großen Franzosen einen herzlichen Empfang.

Fast 30 000 Schaulustige kommen zur Begrüßung de Gaulles auf den Rathausmarkt. Aus der jubelnden Menge ertönen Rufe: »Vive de Gaulle! Vive la France!«. Das Protokoll durchbrechend, verläßt de Gaulle den Wagen, um den Menschen die Hand zu schütteln. Vom Rathausbalkon aus ruft er der begeisterten Menge zu: »Es lebe Hamburg, es lebe Deutschland, es lebe die deutsch-französische Freundschaft!«. Für die Bevölkerung Hamburgs und der übrigen Bundesrepublik ist de Gaulle Repräsentant eines befreundeten Landes. Frankreich wird nicht mehr als der Erbfeind betrachtet.

Das Besuchsprogramm de Gaulles umfaßt eine Hafenrundfahrt, einen Empfang im Rathaus und eine Ansprache vor Mitgliedern der Führungsakademie der Bundeswehr. Dort regt der Präsident eine umfassende militärische Zusammenarbeit zwischen Frankreich und der

Charles neben Karl dem Großen: Zwei Staatsmänner auf dem Balkon des Hamburger Rathauses; das Protokoll sah diesen Auftritt de Gaulles nicht vor.

Bundesrepublik Deutschland an. Beiden Völkern sei der Widersinn ihrer jahrhundertelangen Feindschaft bewußt geworden.

Während de Gaulle in seinen Reden vor allem das französische Interesse an einem engen deutsch-französischen Bündnis betont, heben Politiker der Hansestadt darüber hinaus die Notwendigkeit des Ausbaus der Europäischen Wirtschaftsgemeinschaft hervor.

Regierungskrise wegen »Spiegel-Affäre«

26. Oktober 1962. Die Bundesanwaltschaft läßt die Redaktionsräume des in Hamburg erscheinenden Nachrichtenmagazins »Der Spiegel« von der Polizei besetzen. »Spiegel«-Herausgeber Rudolf Augstein und weitere leitende Redakteure werden in den folgenden Tagen verhaftet. Diese Maßnahmen (»Spiegel-Affäre«) führen zu einer Regierungskrise in Bonn.

Anlaß der Aktion ist die am 10. Oktober im »Spiegel« veröffentlichte Titelgeschichte »Bedingt abwehrbereit«. Wegen der darin enthaltenen Ausführungen über das diesjährige NATO-Herbstmanöver »Fallex 62« erhebt die Bundesanwaltschaft Anklage wegen Landesverrats. Im In- und Ausland ruft das Vorgehen gegen den »Spiegel« als eine Verletzung der Pressefreiheit allgemeine Empörung hervor. Am 30. November tritt Bundesverteidigungsminister Franz Josef Strauß (CSU), der sich bei Angaben

über seine Rolle bei der »Spiegel«-Aktion zunehmend in Widersprüche verwickelt, zurück. Bereits am 19. November verließen die fünf FDP-Minister der Bonner Koalition

aus Protest gegen die »Spiegel«-Aktion das Kabinett. Als letzter der inhaftierten »Spiegel«-Mitarbeiter wird Augstein schließlich am 7. Februar 1963 freigelassen.

30. Oktober: Da die Bundesanwaltschaft die Redaktionsräume noch unter Verschluß hält, muß die »Spiegel«-Redaktion in Notquartieren arbeiten.

Schlieker-Konkurs macht Schlagzeilen

10. August 1962. Das Hamburger Amtsgericht eröffnet das Konkursverfahren über die Werft Willy H. Schlieker KG. Die 170-Millionen-Pleite des zuvor als »Wirtschaftswunderknabe Nr. 1« (»New York Times«) titulierten Konzernchefs Schlieker ist eine Sensation.

Eine Flaute im Schiffbau steckt hinter dem spektakulären Zusammenbruch der Schlieker-Werft. Auch verfügt die 1954 auf ehemaligem Blohm & Voss-Gelände – der sog. Steinwerder Nordkante – errichtete Großwerft über zu wenig

Die Karriere eines Außenseiters

Der Eppendorfer Arbeitersohn Willy H. Schlieker (geboren 1914) wurde 1942 Abteilungschef im Rüstungsministerium für die Überwachung und Verteilung der Stahlproduktion im Deutschen Reich. Nach Kriegsende leitete er zunächst das Amt für Eisen und Stahl in Düsseldorf. Zur Legende schon zu Lebzeiten wurde »Deutschlands jüngster Selfmade-Multimillionär« (»Die Welt«) durch den Aufbau seiner Willy H. Schlieker KG mit 25 in- und ausländischen Tochterunternehmen. Wie kaum ein anderer verkörpert Schlieker das sog. Wirtschaftswunder der Nachkriegszeit.

Ausbauflächen. Als Schlieker einen Wechsel über 7 Mio. DM nicht einlösen konnte, stellte er am 24. Juli einen Vergleichsantrag.

Das Unternehmen hätte vielleicht gerettet werden können, aber der Senat verweigerte eine Bürgschaft. Finanzsenator Herbert Weichmann (SPD) ist gegen eine Unterstützung des Aufsteigers Schlieker: »Ich halte nichts von ihm. Ich habe von ihm auch niemals eine Einladung angenommen. Was sind denn 7 Millionen Lohnsteuer im Jahr?! Die bekommen wir morgen auch, wenn die Arbeiter woanders beschäftigt sind . . .«

Bei seinen Beschäftigten ist der Emporkömmling, dessen Luxusvilla an der Elbchaussee versteigert wird, sehr beliebt. Zu Weihnachten verteilte der Chef eigenhändig Gänse an die Belegschaft. »Den haben die ›Pfeffersäcke‹ kaputt gemacht«, wissen die Arbeiter.

Außenansicht der neuen Großmarkthallen; drei freitragende, wellenförmige Betondächer geben dem Großmarkt seine charakteristische Gestalt. Die Anlage kostet insgesamt 91,5 Mio. DM.

Betonwellen und Stahlskelette

4. Juni 1962. In Hammerbrook eröffnet der neue Großmarkt Hamburg. In dem modernen Betonschalenbau von Bernhard Hermkes sollen auf 40 000 m² Obst und Gemüse für etwa zehn Mio. Menschen verkauft werden. Auch das Anfang Juni fertiggestellte Hochhaus des Polizeipräsidiums am Berliner Tor markiert neue Gestaltungsabsichten im Hamburger Stadtbild. Als dominierender östlicher Eckpfeiler des Stadtteiles steigt der kühne Skelettbau der Architekten Hans Atmer, Jürgen Marlow u. a. aus breit gelagerten Flachbauten auf.

Andere wichtige Neubauten: Am 30. September wird die neue Hauptkirche St. Nikolai in Harvestehude (Entwurf Gerhard Langmaack) und am 14. November das Ernst-Barlach-Haus im Jenischpark eingeweiht. In diesem Museum ist u. a. Ernst Barlachs »Fries der Lauschenden« zu sehen.

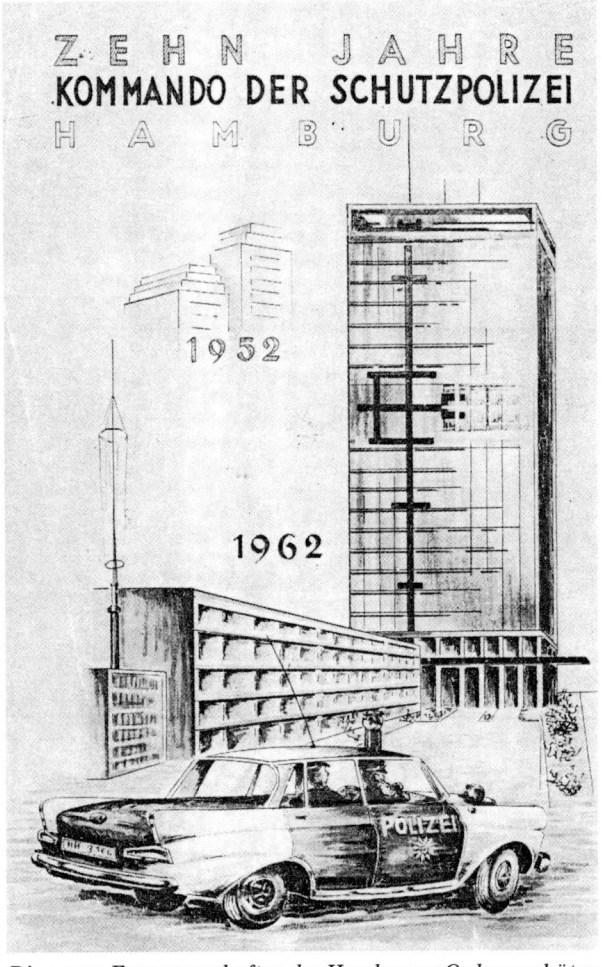

Die neuen Errungenschaften der Hamburger Ordnungshüter: Das steil emporragende Hochhaus am Berliner Tor und vorn ein schneller Peterwagen einer Stuttgarter Nobelfirma.

Star-Club-Eröffnung auf St. Pauli mit den »Beatles«

13. April 1962. Im früheren Stern-Kino in der Großen Freiheit 39 öffnet der Star-Club seine Pforten. Zur Premiere tritt auch die wenig bekannte Rock-Gruppe »The Beatles« aus Liverpool auf. Unter dem Motto »Die Not hat ein Ende! Die Zeit der Dorfmusik ist vorbei!« macht Gastronom Manfred Weißleder seinen Star-Club zum erfolgreichsten Rockladen Hamburgs. Nachdem anfangs hauptsächlich Twist, der neue Modetanz aus den USA, gespielt wird, gastieren in den folgenden Jahren alle Rock-'n'-Roll-Größen außer Elvis Presley im Star-Club auf St. Pauli: Die »Beatles« ebenso wie später die »Everly Brothers«, »Cream« und »Jimi Hendrix Experience« begeistern hier das meist jugendliche Publikum. Eine besondere Attraktion werden die jährlichen Bandwettbewerbe. Wer es schafft, den »Kapellenwettstreit« zu gewinnen, kann ähnlich populär werden wie die »Rattles« oder »Mama Betty's Band«. Als der Rock Eingang ins Fernsehen und in die großen Konzerthallen findet und die Diskotheken aufkommen, muß der Star-Club Ende 1969 schließen; das Sex-Theater Salambo übernimmt die Räume. Für die »Beatles«, die 1962 insgesamt dreimal im Star-Club auftreten, ist Hamburg das Sprungbrett zum späteren Welterfolg. Auf dem Kiez der Hansestadt beginnt ihre märchenhafte Karriere. Die vier jungen »Pilzköpfe« Paul McCartney, George Harrison, John Lennon und Ringo Starr, der 1962 Peter Best am Schlagzeug ablöst, werden von der lokalen Rock-Szene begeistert aufgenommen. Erstmals spielten sie 1960 in Hamburg, als sie in der Ur-Besetzung (Lennon, McCartney, Harrison, Stuart Sutcliffe, Best) im Indra-Club (Große Freiheit) für die Gage von 180 DM wöchentlich auftraten und ein wildes Leben auf dem Kiez führten.

Die erste »Beatles«-Single »Love Me Do« erscheint 1962. Wenig später gehören die »Beatles« zu den erfolgreichsten Rock-Bands. Sie werden zu Idolen für Millionen Teenager. Die »Beatles« sind untrennbar mit der gegen bürgerliches Spießertum rebellierenden Jugend(musik)kultur der 60er Jahre verbunden (→ 26. 6. 1966/S. 547).

Die »Beatles« mit (v. l.) George Harrison, Paul McCartney, Peter Best und John Lennon; für Best kommt im Lauf des Jahres 1962 Ringo Starr in die Band.

1963

Die »Esso Deutschland« unterwegs; aufgrund des weltweit wachsenden Erdölverbrauchs werden bis in die 70er Jahre hinein auch die Tanker immer größer.

Stapellauf mit den Lübkes

23. Februar 1963. Bei den Howaldtswerken Hamburg läuft die »Esso Deutschland« vom Stapel. Der Tanker mit über 91 000 t Tragfähigkeit ist das größte Schiff der bundesdeutschen Handelsmarine. Trotz der Kälte sind über 80 000 Schaulustige gekommen, um den Koloß ins Wasser gleiten zu sehen. Unter der anwesenden Prominenz befinden sich Bundespräsident Heinrich Lübke (CDU) und seine Frau Wilhelmine, die das Schiff tauft. Während sie die Flasche Sekt gegen den gewaltigen Bug schleudert, wünscht sie dem Schiff und seiner Besatzung »Gottes Segen und allzeit glückliche Fahrt«. Danach rauscht der Riese mit der 34-t-Schraube unter dem Geheul der Sirenen ins Hafenbecken. Der Stapellauf verläuft problemlos.

Die 261 m lange »Esso Deutschland« soll bis zum Juni fertiggestellt sein. Dann wird sie zwischen den Ölhäfen des Nahen Ostens und der französischen Hafenstadt Marseille pendeln. Pro Fahrt kann der Tanker bis zu 100 000 t Rohöl transportieren.

»Kehrwiederturm« wird gesprengt

27. Februar 1963. Der »Kehrwiederturm« an der Kaiserspitze im Freihafen wird gesprengt. Das vor 60 Jahren errichtete Wahrzeichen der Hansestadt muß einem neuen Lagerhaus weichen.

Der einst 56 m hohe Turm des im Zweiten Weltkrieg zerstörten Kaiserspeichers A zwischen Sandtor- und Grasbrookhafen diente ursprünglich als Signalturm, der den Seeleuten die genaue Zeit anzeigte. Punkt 12.00 Uhr Greenwich fiel ein schwarzer Zeitball an der Spitze des Turms herab (→ 16. 9. 1876/ S. 283). Schon vor dem Zweiten Weltkrieg übernahm der Rundfunk die Zeitansage. Auch Feuerglocke und Pegeltafel des beschädigten Turms wurden durch moderne Einrichtungen überflüssig.

»Flanke Charly – Kopfball Uwe – Tor«

14. August 1963. Vor 70 000 Zuschauern im Niedersachsen-Stadion in Hannover gewinnt der Hamburger SV erstmals den Vereins-Pokal des Deutschen Fußball-Bundes. Beim 3:0 gegen Meister Borussia Dortmund erzielt Mittelstürmer Uwe Seeler alle drei Tore. Borussia Dortmund, in den letzten Jahren in fünf aufeinanderfolgenden Spielen siegreich gegen den HSV und deshalb als »Angstgegner« der Hamburger gefürchtet, ist im Pokal-Finale die eindeutig schwächere Mannschaft.

Der Erfolg des HSV beruht vor allem auf der Zusammenarbeit zwischen Linksaußen Gert (»Charly«) Dörfel und Mittelstürmer Seeler (Reporterspruch: »Flanke Charly – Kopfball Uwe – Tor«).

Erster Prozeß um Contergan-Skandal

23. Januar 1963. In Hamburg wird der erste Prozeß wegen des Schlafmittels Contergan nach fünf Minuten vertagt. Das Gericht fordert den Kläger – Vater eines 16 Monate alten mißgebildeten Kindes – auf, Beweismaterial für seinen Schadenersatzanspruch in Höhe von 30 000 DM gegen die Herstellerfirma Chemie Grünenthal GmbH vorzulegen.

Der Hamburger Kinderarzt Widukind Lenz hatte nachgewiesen, daß die Einnahme des thalidomidhaltigen Contergan durch schwangere Frauen zu Mißbildungen bei Neugeborenen führen kann. Nachdem der Pharma-Skandal an die Öffentlichkeit gelangt war, zogen die Hersteller das seit 1957 vertriebene Medikament 1961 aus dem Handel.

Das 1968 beginnende Verfahren gegen sieben leitende Angestellte der Firma Chemie Grünenthal vor dem Landgericht Aachen endet 1970 mit der Einstellung des Verfahrens. Obwohl Contergan generell geeignet sei, Mißbildungen bei Neugeborenen zu bewirken, sei persönliches Verschulden nicht nachzuweisen. Für rund 2600 contergangeschädigte Kinder in der Bundesrepublik und 300 Erwachsene, bei denen nach Einnahme des Mittels Nervenschädigungen aufgetreten sind, stellt die Firma 114 Mio. DM zur Verfügung.

Das Ende einer Ära: Gründgens geht

31. Juli 1963. Gustaf Gründgens beendet seine Intendanz am Deutschen Schauspielhaus. Sein Nachfolger wird Oscar Fritz Schuh, bisher Generalintendant der Städtischen Bühnen Köln.

Gründgens will seinen auslaufenden Intendantenvertrag nicht mehr verlängern, um sich künftig nur noch schauspielerischen Aufgaben zu widmen. In achtjähriger Tätigkeit am Schauspielhaus feierte Gründgens mit seinen Inszenierungen, in denen er häufig selbst die Hauptrolle übernahm, zahlreiche Triumphe. Der geniale Regisseur und Schauspieler führte das Theater auf Weltniveau (→ 1. 8. 1955/S. 524). Am 7. Oktober stirbt Gründgens während einer Weltreise in Manila auf den Philippinen.

1964

24. 1. Für die Ergreifung des Bankräubers »Spitznase« setzt die Hamburger Polizei eine Belohnung in Höhe von 20 000 DM aus. → S. 542

6. 5. Ein unvorhergesehener Besucherandrang zum Feuerwerk anläßlich des 775. Hafengeburtstages führt zu einem Verkehrschaos. → S. 541

28. 6. Der FC St. Pauli, Meister der Regionalliga Nord, scheitert in der Aufstiegsrunde zur Fußball-Bundesliga. Das Team belegt mit 3:9 Punkten den vierten und letzten Platz der Aufstiegsrundengruppe.

10. 9. Der um eine milieugetreue Darstellung der Reeperbahn-Szenerie bemühte Spielfilm »Polizeirevier Davidswache« von Jürgen Roland kommt in die Kinos. → S. 542

30. 9. Mit einer Feierstunde im Rathaus wird Erich Lüth als Direktor der Staatlichen Pressestelle verabschiedet. Seine Nachfolge übernimmt Paul Otto Vogel.

9. 10. Der Hamburger Entertainer Peter Frankenfeld startet im Zweiten Deutschen Fernsehen sein Quizspiel »Vergißmeinnicht« zugunsten der Aktion Sorgenkind für geistig und körperlich behinderte Kinder.

26. 10. Der Fernsehsender im Bunker 2 auf dem Heiligengeistfeld strahlt erstmals das dritte Fernsehprogramm des Norddeutschen Rundfunks aus.

3. 11. Die Freie und Hansestadt Hamburg zahlt an die ersten 2000 Rentner aus der DDR ein Begrüßungsgeld von 50 DM aus. Aufgrund einer Entscheidung des DDR-Ministerrats vom 9. September dürfen DDR-Bürger im Rentenalter pro Jahr für jeweils bis zu vier Wochen auf Verwandtenbesuch in die Bundesrepublik reisen.

11. 11. Das Deutsche Elektronen-Synchroton (DESY) für Grundlagenforschung in Hamburg-Bahrenfeld geht in Betrieb. → S. 541

1964. Die Verwaltungsgebäude des Versicherungsunternehmens Deutscher Ring an der Ost-West-Straße und des Nahrungsmittelkonzerns Unilever am Dammtorwall werden fertiggestellt. → S. 542

GESTORBEN:

21. 5. Göttingen: James Franck (* 26. 8. 1882, Hamburg), Physiker.

27. 10. Berlin (Ost): Willi Bredel (* 2. 5. 1901, Hamburg), Schriftsteller.

21. 12. Hamburg: Bertha Keyser (* 24. 6. 1868, Maroldsweisach bei Coburg), Schwester der Straßenmission (→ 10. 9. 1964/S. 542).

Teilchenbeschleuniger beglückt Physiker

11. November 1964. Das Deutsche Elektronen-Synchroton (DESY) in Bahrenfeld wird eröffnet. Mit dem weltweit größten Elektronenbeschleuniger DESY, nach dem das physikalische Forschungszentrum benannt ist, sollen Elementarteilchen, die Grundbausteine der Natur, erforscht werden.

Zur Förderung des Beschleunigers (Baukosten: 110 Mio. DM) unterzeichneten Hamburgs Erster Bürgermeister Max Brauer und der Bundesminister für Atomenergie und Wasserwirtschaft, Siegfried Balke, am 18. Dezember 1959 den Staatsvertrag zur Gründung der Stiftung »Deutsches Elektronen-Synchroton DESY«. Mit DESY verfügt nun auch die Bundesrepublik über einen für die physikalische Grundlagenforschung unerläßlichen Großbeschleuniger. Später kommen als weitere Teilchenbeschleuniger die Speicherringe DORIS (1974), PETRA (1978) und HERA (1990) hinzu.

Im Beschleuniger DESY werden Elektronen, negativ geladene Elementarteilchen, auf annähernde Lichtgeschwindigkeit gebracht. Dafür durchlaufen sie auf einer Kreisbahn (Durchmesser: 100 m) immer wieder ein elektrisches Spannungsfeld. DESY erreicht dabei eine Maximal-Energie von 7,5 Giga-Elektronenvolt. Ablenkmagneten halten die Elektronen auf einer stabilen Umlaufbahn. Nur so laufen sie phasensynchron (deshalb: Synchroton), d. h. sie erreichen bei jedem Umlauf automatisch die richtige Hochfrequenzphase für die Beschleunigung.

Mit den Elektronen sehr hoher Energie können die kleinsten Bestandteile der Materie erforscht werden. So weisen die DESY-Physiker 1965/66, indem sie mit den Elektronen Protonen beschießen, das Elementarteilchen Quark nach.

DESY-Projektleiter Willibald Jentschke (3. v. l.) erläutert Bundesforschungsminister Hans Lenz (wegen einer Gehbehinderung im Auto) die neue Anlage.

Ferner wird mit extrem harter Gamma-Strahlung, die beim Aufprall der Elektronen auf Materie entsteht, experimentiert. Von einem »Abfallprodukt« des Beschleunigers, der Synchroton-Strahlung, profitieren Wissenschaftler anderer Fachgebiete. Im DESY-Labor HASYLAB nutzen z. B. Kristallographen dieses aus allen Wellenlängen des Spektralbereiches bestehende Licht, das kleinste Kristallstrukturen sichtbar macht.

Verkehrschaos beim Hafengeburtstag

6. Mai 1964. Zum Feuerwerk anläßlich des 775. Hafengeburtstags kommen statt der erwarteten 200 000 etwa 800 000 Besucher. Ein Verkehrschaos ist die Folge. 139 Personen werden verletzt.

Bereits um 19.00 Uhr sind die S-Bahn-Züge in Richtung Elbvororte so hoffnungslos überfüllt, daß die Fensterscheiben zu Bruch gehen. Auf den Bahnhöfen herrscht ein fürchterliches Gedränge. Der Autoverkehr bricht vielerorts zusammen. Als nach dem grandiosen Spektakel über der Elbe gegen 22.00 Uhr der Rückmarsch beginnt, ist das Chaos vollkommen: Die Heimkehrer treffen auf die vielen unterwegs Steckengebliebenen. Im S-Bahnhof Klein-Flottbek bricht eine Panik aus: 55 Verletzte. Erst gegen 2.00 Uhr früh normalisiert sich der Verkehr. Bundesbahn, Hochbahn und Polizei weisen die Schuld an dem Chaos zurück. Laut Bürgermeister Paul Nevermann muß künftig auf derartige Veranstaltungen verzichtet werden.

Im Bahnhof Altona ist das Gedränge auf den Bahnsteigen so groß, daß viele Fahrgäste auf die Prellböcke ausweichen müssen, um nicht abzustürzen.

18stöckiges Unilever-Hochhaus am Dammtorwall 15; bis 1960 wohnten in diesem Gängeviertel noch 520 Familien.

Optische »Konkurrenz« für die Michaeliskirche: Verwaltungsgebäude des Deutschen Rings an der Ost-West-Straße

Räuber »Spitznase« immer noch gesucht

24. Januar 1964. Die Hamburger Polizei setzt auf den Bankräuber »Spitznase« eine Belohnung in Höhe von 20 000 DM aus. Dem unbekannten Täter werden zehn Raubüberfälle auf Geldinstitute in Hamburg und Umgebung zur Last gelegt. Dabei erbeutete er zwischen dem 3. Januar 1953 und dem 13. Januar 1964 mehr als 150 000 DM. Nach bisherigen Erkenntnissen der Polizei ist »Spitznase« ein zwischen 1,70 m und 1,83 m großer, schlanker Mann mit einer spitzen Nase und Kopfbedeckung. Innerhalb der Kriminalpolizei ist umstritten, ob »Spitznase« überhaupt existiert. Einerseits scheint der stets gleiche Ablauf der Tatausführung für seine Existenz zu sprechen; andererseits sind die bisherigen Anhaltspunkte sehr vage.

Auf der Suche nach dem Phantom werden über tausend Hamburger mit einer spitzen Nase von der Polizei durchleuchtet. Die Hamburger schließen auf seine Ergreifung Wetten ab. Als der Hamburger Polizeimeister Hugo Alffcke am → 3. Januar 1966 (S. 548) bei einem Banküberfall in Delmenhorst festgenommen wird, glaubt die Polizei, endlich »Spitznase« erwischt zu haben. Das wird zwar nicht letztlich klar, aber seither taucht »Spitznase« nicht mehr auf.

Strenge Moderne prägt »neue« Neustadt

1964. Die Neustadt erhält zwei architektonische Wahrzeichen der modernen Art: Die Verwaltungs-Hochhäuser der Versicherungsfirma Deutscher Ring an der Ost-West-Straße und des Nahrungsmittelkonzerns Unilever am Dammtorwall werden fertig.

Durch Zerstörungen während des Zweiten Weltkriegs und den anschließenden Wiederaufbau erhält der Stadtteil Neustadt ein völlig neues Gesicht. Als freistehende Solitärhochhäuser entsprechen das Unilever-Gebäude und das Verwaltungsgebäude des Deutschen Rings dem Architekturstil der Nachkriegsmoderne. Während sich letzteres durch seine Kragkonstruktion auszeichnet, fällt das Unilever-Hochhaus durch seinen dreistrahligen Grundriß auf. In dem Riesengebäude sind Arbeitsplätze für 2200 Personen vorhanden. Ferner wurden u. a. eine vollautomatische Sprinkleranlage und ein Aktenpaternoster eingebaut.

Sündige Meile Reeperbahn als Drehort und als Tatort

10. September 1964. Jürgen Rolands Film »Polizeirevier Davidswache« kommt in die Kinos. Der Milieufilm über die sündigste Meile der Welt und ihre Polizeidienststelle Davidwache (ohne »s« geschrieben) ist einer der erfolgreichsten Filme der Nachkriegszeit. Hauptdarsteller sind Wolfgang Kieling, Hannelore Schroth, Günther Ungeheuer, Horst Michael Neutze und Hanns Lothar.

Wenig später verlieren die im Film »Davidswache« als Statisten auftretenden »Penner« auf der Reeperbahn ihren »Schutzengel« Bertha Keyser. Sie stirbt am 21. Dezember im Alter von 96 Jahren. 51 Jahre arbeitete die als »Engel von St. Pauli« bezeichnete Schwester der Straßenmission für die Armen und Obdachlosen auf St. Pauli.

Weniger segensreich für den Kiez wirkte der »Party-Fotograf« Helmut Krüger, der seine mit einer in Aussicht gestellten Filmkarriere geköderten Fotomodelle sexuell mißbrauchte. Am 16. September beginnt vor dem Hamburger Landgericht der Prozeß gegen Krüger, dem Notzucht in 35 Fällen sowie Zuhälterei und Kuppelei vorgeworfen werden. Das Urteil: Vier Jahre Zuchthaus, fünf Jahre Berufsverbot und drei Jahre Ehrverlust.

Szene aus »Polizeirevier Davidswache« mit Hannelore Schroth

Die prominente Polizeistation an der Ecke Reeperbahn/Davidstraße

Dreharbeiten zu Jürgen Rolands Film am Originalschauplatz

1965

16. 2. Auf der Deutschen Werft läuft die »Wappen von Hamburg« vom Stapel, das neue Flaggschiff der HADAG.

20. 2. Im Bundesligaspiel bei Eintracht Frankfurt erleidet HSV-Mittelstürmer Uwe Seeler einen Achillessehnenriß am rechten Fuß. Schon am 26. September schießt Seeler wieder ein Tor beim 2:1 über Schweden im Qualifikationsspiel zur Fußball-Weltmeisterschaft 1966 in England.

25. 3. Die Startbahn II auf dem Flughafen Fuhlsbüttel wird freigegeben.

14. 5. Im Rahmen einer Feierstunde im Rathaus empfangen 30 Hamburger stellvertretend für ihre jeweiligen Berufe Auszeichnungen für hervorragende Leistungen beim Wiederaufbau der Stadt.

28. 5. Die britische Königin Elisabeth II. und ihr Mann Prinz Philipp sind in Hamburg zu Gast. → S. 543

1. 6. Am Doormannsweg (Eimsbüttel) wird die Begegnungsstätte Hamburg-Haus eröffnet.

9. 6. Zum Nachfolger des am 1. Juni zurückgetretenen Paul Nevermann als Erster Bürgermeister wählt der Senat den bisherigen Finanzsenator Herbert Weichmann (beide SPD). → S. 543

1. 7. Durch den Zusammenschluß dreier Verlage entsteht die Gruner + Jahr GmbH & Co. → S. 545

14. 7. Der dritte sog. Mariotti-Prozeß endet vor dem Hamburger Landgericht mit einem Freispruch. → S. 544

13. 9. Eine Straßenschlacht begleitet zwei Auftritte der »Rolling Stones« in der Ernst-Merck-Halle. → S. 544

19. 9. Bei den Bundestagswahlen wird die CDU/CSU mit 47,6% wieder stärkste Partei im Parlament. In Hamburg entfallen auf die SPD 48,3%, auf die CDU 37,6% und auf die FDP 9,4% der Stimmen.

7. 11. Im ehemaligen Konzentrationslager Neuengamme wird eine Gedenkstätte eingeweiht.

13. 11. Das Fernsehen überträgt aus dem Ohnsorg-Theater das Stück »Meister Anecker« mit Henry Vahl. → S. 544

29. 11. Der Hamburger Verkehrsverbund (HVV) wird gegründet. → S. 544

1965. Auf der Unterelbe zwischen Hamburg und Cuxhaven ist jetzt eine 140 km lange Radarkette komplett in Betrieb.

GESTORBEN:

3. 5. Hamburg: Bernhard Jakschtat (* 23. 9. 1896, Hamburg), Volkssänger.

Der hohe Gast im Hamburger Hafen: Die britische Königin Elisabeth II. geht an Bord der königlichen Yacht »Britannia«

Die Königin kommt – Nevermann tritt ab

28. Mai 1965. Um 9.59 Uhr ist es soweit: Der Sonderzug mit Königin Elisabeth II. und ihrem Mann Prinz Philipp rollt im Dammtor-Bahnhof ein. Zehntausende säumen die Straßen, um die beiden ganz in Marineblau gekleideten britischen Gäste zu begrüßen.

Nach ihrer Ankunft geht es im offenen Wagen zum Rathaus, um sich in das Goldene Buch einzutragen. Im Anschluß an eine Alsterfahrt und einen Besuch der Carl-Cohn-Schule in Alsterdorf folgt ein königliches Frühstück im Rathaus. Nach einer Hafenrundfahrt klingt der Tag mit einem Essen auf der Yacht »Britannia« aus.

Der Erste Bürgermeister Paul Nevermann begrüßt die Gäste in Begleitung von Ilse Engelhard, der Frau des Zweiten Bürgermeisters. Das Protokoll hat diesen – allgemein zufriedenstellenden – Ausweg finden müssen, weil Grete Nevermann »aus persönlichen Gründen« abgesagt hatte. Damit wurde das Zerwürfnis in der Bürgermeisterehe offenkundig. Am Tag des Staatsbesuchs druckt die »Bild-Zeitung« eine Meldung, wonach sich in »politischen Kreisen der Hansestadt« die »Diskussionen auf die Frage eines Rücktritts Nevermanns« zugespitzt hätten. Die »politische Heckenschützenaktion« – so die »Hamburger Morgenpost« am 31. Mai – führt am 1. Juni dazu, daß Nevermann sein Amt aufgibt.

Weichmann an der Spitze des Senats

9. Juni 1965. Herbert Weichmann (SPD) wird Erster Bürgermeister von Hamburg. Der Senat wählt den Finanzsenator zum Nachfolger des am 1. Juni zurückgetretenen 62jährigen Paul Nevermann.

Der sechs Jahre ältere Weichmann verkörpert einen anderen Stil als der um stete Bürgernähe bemühte »Populist« Nevermann: Weichmann, der wie Max Brauer (→ 5. 11. 1934/S. 462) vor dem Nationalsozialismus in die USA emigriert war und vom damaligen Bürgermeister Brauer 1948 nach Deutschland zurückgeholt wurde, ist der Typus des nüchternen, korrekten preußischen Bürokraten und »gütigen« Landesvaters.

Wachablösung am 9. Juni im Hamburger Rathaus: Paul Nevermann (l.) übergibt die politische Führung der Stadt an seinen Nachfolger Herbert Weichmann.

Repräsentanten der vier Verkehrsbetriebe, die den Hamburger Verkehrsverbund (HVV) bilden, unterzeichnen im Rathaus die Verbundverträge.

Die »Rolling Stones« in der Ernst-Merck-Halle; l. singt ihr Chef Mick Jagger, in der Mitte Gitarrist Brian Jones, r. Bassist Bill Wyman.

HVV vernetzt Nahverkehr

29. November 1965. Mit der Gründung des Hamburger Verkehrsverbundes (HVV) entsteht in der Hansestadt die erste derartige Vernetzung verschiedener Nahverkehrsbetriebe in der Bundesrepublik. Ein einheitlicher Fahrschein reicht aus für die Verkehrsmittel der
▷ Hamburger Hochbahn (HHA)
▷ Verkehrsbetriebe Hamburg-Holstein (VHH)
▷ HADAG (Hafenfähren)
▷ S-Bahn der Deutschen Bundesbahn einschließlich der Bahnbusse im Nahverkehr.
Am 1. Dezember 1966 treten weitere Partner dem HVV bei: Die Eisenbahngesellschaft Altona-Kaltenkirchen-Neumünster (AKN), die Alsternordbahn (ANB) und die Elmshorn-Barmstedt-Oldesloer Eisenbahn Aktiengesellschaft (EBO).

Randale um die »Stones«

13. September 1965. Eine sechsstündige Straßenschlacht zwischen rund 2000 Jugendlichen und der Polizei, 31 Verletzte, 47 Verhaftete und erheblicher Sachschaden ist die Bilanz von zwei Auftritten der britischen Rock-Gruppe »Rolling Stones« in der Ernst-Merck-Halle. Nachdem bei der ersten Vorstellung um 17.30 Uhr alles ruhig blieb, kommt es vor dem zweiten Konzert zu gewalttätigen Auseinandersetzungen mit den über 700 aufgebotenen Polizeibeamten. Während draußen Autos beschädigt, Wahlplakate demoliert und Straßenlampen eingeworfen werden, umjubeln in der Halle mehr als 8000 Jugendliche die Band um Mick Jagger, die mit ihrem aktuellen Hit »Satisfaction« den Saal in einen Hexenkessel verwandelt.

Freispruch im dritten Mariotti-Prozeß

14. Juli 1965. Nach zwei Jahren und drei Prozessen ein aufsehenerregendes Urteil: Das Schwurgericht des Landgerichts Hamburg spricht Eva Maria Mariotti von dem Vorwurf des Mordes frei. Gemeinsam mit ihrem Landsmann Erich Sterba soll die aus der ČSSR stammende Frau Mariotti ihre Vermieterin, die wohlhabende Zahnarztwitwe Maria Moser, am 28. Juni 1946 im dritten Stock ihres Hauses Loogestieg 8 in Eppendorf erdrosselt haben. Sterba wurde am 1. November 1950 in Mährisch-Ostrau wegen dieser Tat zu 25 Jahren Gefängnis verurteilt. Er belastete Frau Mariotti schwer, erschien aber jetzt nicht selbst vor Gericht. Der erste Mariotti-Prozeß hatte am 3. Juli 1963 in Hamburg begonnen und war dann vertagt worden. Im zweiten Prozeß erhielt Eva Maria Mariotti lebenslänglich Zuchthaus, der Bundesgerichtshof hob dieses Urteil aber im Dezember 1964 auf. Eine überraschende Wendung nahm dieser mit Spannung verfolgte, bis zuletzt völlig offene Fall durch das unübliche Eingreifen des Generalstaatsanwalts Ernst Buchholz, der die Geschworenen an den Rechtsgrundsatz erinnerte: »Im Zweifel für den Angeklagten.«

Geheimnisumwittert

Kaum ein anderes Strafverfahren hat in Hamburg seit Kriegsende für soviel Aufsehen gesorgt wie der Prozeß gegen die vermutlich 45jährige Eva Maria Mariotti; dazu trugen die Tatumstände ebenso bei wie die Person der Angeklagten. Die Tschechoslowakin war nach der Bluttat von Eppendorf verschwunden. Über die Schweiz und Frankreich gelangte sie nach Südamerika, wo sie unter verschiedenen Namen lebte, bis sie im Oktober 1960 in São Paulo (Brasilien) festgenommen wurde (Abb.: Die zusammengebrochene Mariotti wird aus dem Gerichtssaal geführt).

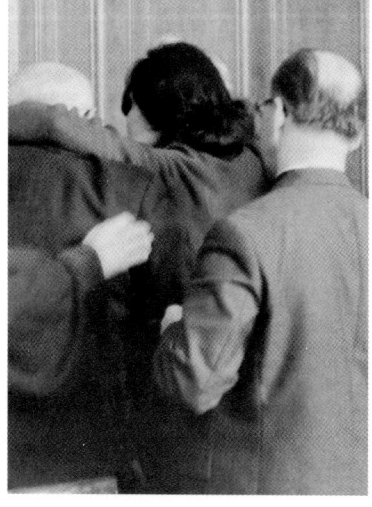

Henry Vahl in »Opa ward verkôfft«

Der »Fernseh-Opa«

13. November 1965. *Das Erste Deutsche Fernsehen zeigt aus dem Hamburger Ohnsorg-Theater die Komödie »Meister Anecker« von August Lähn. Es macht den 68 Jahre alten Henry Vahl bundesweit bekannt. Vahl spielt den Knecht Matten, der seinem eifersüchtigen Chef (Jochen Schenck) ständig Streiche spielt.*

Pressekonzerne drängeln sich an Alster und Elbe

1. Juli 1965. Die drei Verleger Gerd Bucerius, John Jahr und Richard Gruner schließen ihre Firmen zur Gruner+Jahr GmbH & Co. zusammen. Damit entsteht der zweitgrößte Pressekonzern der Bundesrepublik nach dem Haus Axel Springer. Gruner+Jahr hat ein Stammkapital von 30 Mio. DM. Der Einsatz der drei Verleger ist unterschiedlich hoch: Gruner hält zunächst 39,5%, Jahr 32,25% und Bucerius 28,25% der Anteile. Der Jahresumsatz der Presseorgane sowie der zum Konzern gehörenden Druckerei liegt bei etwa 400 Mio. DM.

Gruner+Jahr publiziert jetzt Zeitungen und Zeitschriften in einer Auflage von knapp 5 Mio. Exemplaren. Dazu gehören die Publikumszeitschriften »stern«, »Brigitte«, »Constanze« und »Schöner Wohnen« sowie die Wochenzeitung »Die Zeit« und das Wirtschaftsmagazin »Capital«.

Der Jahresumsatz des Springer-Konzerns liegt bei etwa 750 Mio. DM. Springer beherrscht vor allem das Tageszeitungsgeschäft: Fast ein Drittel der gesamten bundesdeutschen Tageszeitungsauflage erscheint hier, mit einer verkauften Auflage von rund 4,4 Mio. Exemplaren ist die »Bild-Zeitung« die größte deutsche Tageszeitung.

Zum Springer-Konzern gehören das »Hamburger Abendblatt«, »Die Welt«, die Berliner »B.Z.«, die »Berliner Morgenpost«, die »Elmshorner Nachrichten« sowie die »Lübecker Nachrichten« und die »Bergedorfer Zeitung«, an denen Springer eine Beteiligung von 20% hält. Umsatzträger sind weiterhin die Sonntagsblätter »Bild am Sonntag« und »Welt am Sonntag« sowie die Publikumszeitschriften »Hör zu«, »Funk Uhr« und »Dialog«.

In die Reihe Hamburger Großverlage gehört auch die Heinrich Bauer Verlag KG, die zu 84% Heinrich Bauer gehört. Dieses expandierende Unternehmen ist Marktführer bei den Publikumszeitschriften; hier erscheinen später u. a. die »Neue Revue«, »TV – Hören und Sehen«, »Wochenend«, »Neue Post«, »Quick« und »Praline«.

Zu den größeren Zeitschriftenverlagen in der Hansestadt zählt schließlich die Ganske-Gruppe des Verlegers Kurt Ganske mit dem Jahreszeiten-Verlag und dem Hoffmann & Campe Verlag.

Titelblatt der im Münchner Verlag Martens erscheinenden Illustrierten »Quick«; dieser Verlag wird 1966 vom Hamburger Verlagshaus Heinrich Bauer aufgekauft.

Das in Hamburg erscheinende Nachrichtenmagazin »Der Spiegel« mit einem Titelbericht über de Gaulles Staatsbesuch in der Bundesrepublik im Juni 1965

Der erste »stern« des Jahres 1965; die Illustrierte ist das »Flaggschiff« von Gruner+Jahr; sie erscheint in einer wöchentlichen Auflage von 1,9 Mio. Exemplaren.

Der Deutschlandbesuch der Queen zum Miterleben in Springers Programmgazette »Hör Zu«, die im Jahr 1965 mit einer Auflage von 3,7 Mio. der Marktführer ist

Blick in die Maschinensetzerei in einem großen Hamburger Pressebetrieb; mit hohem Tempo und in großer Präzision sorgen die Maschinensetzer an ihren Linotype-Geräten dafür, daß an jedem Werktag die Hamburger ihre Lieblingszeitung in Händen halten können.

Das Pressehaus am Speersort; hier werden Tag für Tag und Woche für Woche Meldungen, Kommentare, Glossen und Leitartikel verfaßt. Die Redakteure des »Spiegel« sind hier ebenso zu Haus wie die Redaktion des »stern« und die SPD-Blätter »Hamburger Echo« und »Hamburger Morgenpost«.

Rudolf Augstein, seit Januar 1947 Herausgeber und Mitbesitzer des »Spiegel«, für den er oft unter den Pseudonymen Jens Daniel und Moritz Pfeil schreibt

John Jahr, 1900 in Hamburg geboren, ist seit 1924 als Verleger aktiv und Herausgeber der »Constanze«, die seit 1948 vielen Frauenmagazinen als Vorbild dient.

Der Journalist Henri Nannen ist Gründer und Chefredakteur der seit 1948 erscheinenden Illustrierten »stern« und Vorstandsmitglied bei Gruner+Jahr.

Axel Springer, erfolgreicher Zeitungsverleger, der allein von der »Bild«-Zeitung täglich über 4 Mio. Exemplare verkauft und die Konkurrenz weit hinter sich läßt

1966

Weichmann gewinnt der SPD die Wahlen

27. März 1966. Bei den Wahlen zur Hamburger Bürgerschaft erzielt die SPD und ihr Spitzenkandidat Herbert Weichmann mit 59,0% der abgegebenen gültigen Stimmen das beste Ergebnis seit Kriegsende. Im Parlament entfallen auf die SPD 74 Sitze (zuvor 72), auf die CDU 38 (36) und die FDP 8 (12).

Enttäuschend ist der Wahlausgang für die Christ- und die Freien Demokraten. Zwar gewinnt die CDU 0,9% und zwei Mandate hinzu, aber ihr Stimmenanteil von 30,0% liegt deutlich unter den 37,6% bei der Bundestagswahl 1965.

Die FDP erleidet mit 6,8% der Stimmen (1961: 9,6%) und einem Verlust von vier Mandaten einen herben Rückschlag, den sie als Votum der Wähler gegen eine weitere Koalition mit der SPD deutet.

Die Wahlbeteiligung von 69,8% ist die geringste Resonanz auf eine Bürgerschaftswahl seit Kriegsende. 415 987 Bürger sind diesmal der Wahlurne ferngeblieben.

Nach dem Verzicht der Freien Demokraten bildet Weichmann am 6. April einen reinen SPD-Senat, dem als neue Mitglieder Wilhelm Eckström (Ernährung und Landwirtschaft), Ernst Heinsen (Bevollmächtiger beim Bund), Helmuth Kern (Wirtschaft), Caesar Meister (Baubehörde) sowie Peter Schulz angehören, der aus der Gefängnisbehörde und der Senatskommission für die Justizverwaltung eine neue Justizbehörde aufbaut.

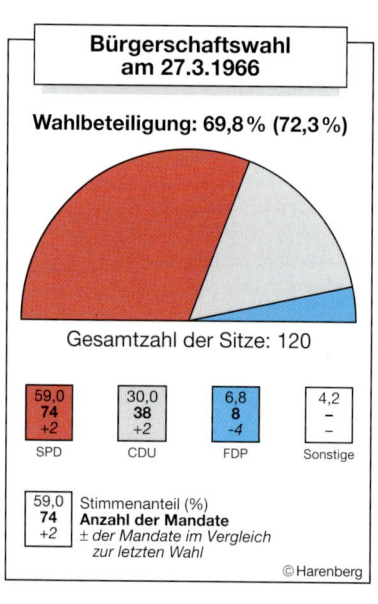

Bürgerschaftswahl am 27.3.1966

Wahlbeteiligung: 69,8% (72,3%)

Gesamtzahl der Sitze: 120

59,0 / **74** / **+2**	**30,0** / **38** / **+2**	**6,8** / **8** / **−4**	**4,2** / **–** / **–**
SPD	CDU	FDP	Sonstige

59,0 Stimmenanteil (%)
74 Anzahl der Mandate
+2 ± der Mandate im Vergleich zur letzten Wahl

© Harenberg

△ *Wähler vor und nach der Stimmabgabe im Bezirksamt Eimsbüttel bei der Bürgerschaftswahl am 27. März 1966; mit der Plazierung ihrer Plakate an der Tür zum Wahllokal versuchen die Parteien, auch in letzter Minute noch auf die Stimmabgabe Einfluß zu nehmen. Die SPD verdankt ihr Rekordergebnis, mit dem sie ihr ohnehin schon gutes Abschneiden vom → 12. November 1961 (S. 535) noch um 1,4% überbietet, vor allem der Popularität des Ersten Bürgermeisters Weichmann, aber auch dem Fernbleiben der Deutschen Friedens-Union. Diese linke Partei hatte bei den Bürgerschaftswahlen im Jahr 1961 immerhin 2,9% der Stimmen erreicht und ihren Wählern diesmal ein Votum für die SPD empfohlen.*

Sanierung total: »St. Georg-Manhattan«

Juni 1966. Der Wohnungsbaukonzern Neue Heimat legt unter der Bezeichnung »Alsterzentrum« ein Modell für den Bau eines Wolkenkratzerviertels im Sanierungsgebiet zwischen Hauptbahnhof, Hotel »Atlantic«, Lohmühlenstraße und Rostocker Straße vor.

Auf diesem 19 ha großen Gebiet soll der alte Baubestand abgebrochen und ein über 600 m weit ausladender Bebauungskranz entstehen, aus dem fünf zwischen 130 und 200 m hohe Wohnpyramiden herausragen.

Wo jetzt 6500 Menschen wohnen, sollen 1975 nicht weniger als 20 000 leben. Die Neue Heimat gibt das auf über 2 Mrd. DM veranschlagte Mammutprojekt 1973 auf.

Modellfoto des geplanten Wolkenkratzerviertels in St. Georg; zum Holzdamm um die St. Georg-Kirche herum sind drei Hochhäuser mit 62, 57 und 51 Etagen geplant, an der Kirche Danziger Straße sollen es 44 und 40 Stockwerke sein.

Konzentration in der Werftindustrie

17. Mai 1966. Die Howaldtswerke in Hamburg und Kiel und die Deutsche Werft in Hamburg fusionieren zu den Howaldtswerken Deutsche Werft AG. Die Fusion wird zum 21. Dezember 1967 wirksam.

Im Jahr 1965 hatten die drei Werften bei einem Gesamtumsatz von 810 Mio. DM mit rund 40% zum deutschen Schiffneubau beigetragen. In der Weltrangliste der Neubaumontage rangieren die Howaldtswerke Kiel auf dem 10. Platz, die Deutsche Werft auf Platz 16 und die Howaldtswerke Hamburg AG auf Rang 27. In diesem Zusammenhang wird die bundeseigene Salzgitter AG nach der Kieler auch die Hamburger Firma übernehmen. Die Aktien der Deutschen Werft sind mehrheitlich im Besitz der Gutehoffnungshütte (Oberhausen) und des Elektrokonzerns AEG (→ 12. 9. 1983/S. 586).

Im Februar 1966 hatte sich die vom Bundesfinanzministerium favorisierte Großfusion von Blohm + Voss, Howaldt und Stülcken zerschlagen. Blohm + Voss kaufte die Werft H. C. Stülcken & Sohn, die ihrerseits vom früheren Schlieker-Konzern (→ 10. 8. 1962/S. 538) u. a. das Dock »Elbe 17« und die Ottenser Eisenwerke übernommen hatte. Die Firmen ergänzen sich: Blohm + Voss hat moderne Anlagen und Erfahrungen in schiffbaufremder Fertigung, Stülcken ist führend im Marinegeschäft tätig.

Tribut an den immer dichteren Autoverkehr: Der Wallringtunnel, hier im Bau auf Höhe des Hauptbahnhofs . . .

. . . und an der Einfahrt hinter der Lombardsbrücke; drei Jahre haben die Arbeiten an der Unterführung gedauert.

Verkehrswege über und unter der Erde

20. Oktober 1966. Der Wallring-Straßentunnel zwischen Lombardsbrücke und Deichtorplatz wird für den Verkehr freigegeben. Zugleich wird die Frage immer dringlicher, welche Rolle der Fußgänger im innerstädtischen Verkehr in Zukunft spielen soll.

Nach den im Jahr 1963 vorgelegten Plänen der Baubehörde soll der Wallring in zwei übereinanderliegenden Etagen, teils als Tunnel, teils als Hochstraße, ausgebaut werden. Erstes Teilstück ist der Wallringtunnel. Für die Straße Esplanade ist eine Hochstraße vorgesehen, die allerdings nicht realisiert wird.

Fußgänger haben es in der autoorientierten Stadt immer schwerer.

Der im Sommer dieses Jahres eröffnete Fußgängertunnel zwischen Hauptbahnhof und Spitalerstraße bzw. Mönckebergstraße soll nun dieser gefährdeten Spezies das Leben erleichtern.

Zugleich wird die Frage von Fußgängerzonen intensiv diskutiert. Auf Anregung der Einzelhändler am Neuen Wall billigte die Bezirksversammlung Hamburg-Mitte im September 1964 die Einrichtung einer Fußgängerstraße am Neuen Wall zwischen Bleichenbrücke und Poststraße. Die ursprünglich große Zustimmung zu diesem Projekt hatte zur Folge, daß sich die Bezirksversammlung im Oktober 1964 für eine Ausdehnung der Fußgängerzone am Neuen Wall und im

Februar 1965 für eine Fußgängerzone in der Spitalerstraße aussprach. Inzwischen hatten sich die Geschäftsleute jedoch anders besonnen: Angesichts von Umsatzeinbußen aufgrund fehlender Parkflächen und einem spürbaren Umsatzeinbruch im Weihnachtsgeschäft 1965 beschloß die Bezirksversammlung im Februar 1966 einstimmig, die Fußgängerstraße am Neuen Wall wieder abzuschaffen.

In Altona kann am 24. November Innensenator Heinz Ruhnau (SPD) die Fußgängerzone Neue Große Bergstraße eröffnen. Diese erste auf Dauer eingerichtete Fußgängerzone Hamburgs führt als Durchbruch zum Bahnhofsplatz über frühere Trümmergrundstücke.

Das hochkarätigste Exportgut Liverpools heizt ein

26. Juni 1966. Zum Abschluß einer Drei-Städte-Tournee durch die Bundesrepublik spielen die »Beatles« zweimal in der Ernst-Merck-Halle. Es ist ihr letzter Auftritt in der Stadt ihrer ersten großen Erfolge (→ 13. 4. 1962/S. 539).

Mit elf Songs versetzen die vier »Pilzköpfe« aus Liverpool die Fans in Begeisterung. Im Beiprogramm sind »Cliff Bennett and the Rebel Rousers«, das Duo »Peter and Gordon« und die »Rattles« zu sehen, die als erste auftreten und in ihrer Heimatstadt den »Beatles« fast die Schau stehlen. Nach dem zweiten Konzert kommt es ähnlich wie beim Auftritt der »Rolling Stones« (→ 13. 9. 1965/S. 544) in der Innenstadt zu Krawallen.

Die »Beatles« auf der Bühne der Ernst-Merck-Halle anläßlich der »Bravo-Beatles-Blitztournee«; wie schon zuvor in Essen und München begeistern (v. l.) George Harrison, Ringo Starr, Paul McCartney und John Lennon ihre Fans, über die das »Abendblatt« milde urteilt: »Lassen wir der Jugend ihr tosendes Paradies, aus dem sie eines Tages das Älterwerden ohnehin vertreiben wird.« Nach dem Auftritt trifft sich die »Szene« aber erst einmal auf St. Pauli.

»Jetzt ist alles aus«

3. Januar 1966. In Delmenhorst wird der 51jährige Hamburger Polizeimeister Hugo A. beim Versuch eines Raubüberfalls auf die dortige Filiale der Oldenburgischen Landesbank verhaftet.

Zwei beherzte Kassierer werfen sich auf ihn, als er gerade mit rund 100 000 DM fliehen will. Nach einem heftigen Handgemenge ergibt sich der Beamte in sein Schicksal und läßt sich mit den Worten »Jetzt ist alles aus« von Delmenhorster Polizisten widerstandslos Handschellen anlegen.

A. gesteht noch einen zweiten Banküberfall am 14. Oktober 1974 in Bad Oeynhausen, bei dem die Beute rund 113 000 DM betrug. Am 2. März 1968 spricht ihn ein Gericht in Oldenburg für schuldig, innerhalb von sechs Jahren neun vollendete und zwei versuchte Banküberfälle begangen und dabei 238 898 DM erbeutet zu haben. Das Urteil für den Polizisten lautet auf zwölf Jahre Zuchthaus mit anschließender Polizeiaufsicht.

Auch nach diesem Urteil bleibt eine Frage offen: War A. der legendäre Bankräuber »Spitznase«, dem zwischen 1952 und 1964 zehn Banküberfälle zur Last gelegt werden, bei denen ein Postbeamter erschossen wurde? Seit der Festnahme des 51jährigen taucht die gefürchtete »Spitznase« jedenfalls nicht mehr auf (→ 24. 1. 1964/S. 542).

Tod in Untersuchungshaft

9. März 1966. Die Bürgerschaft diskutiert den Bericht des parlamentarischen Untersuchungsausschusses zum »Fall Haase«. Erst nach fast zwei Jahren wird der Öffentlichkeit bekannt, daß der US-amerikanische Staatsangehörige Ernst Haase am 30. Juni 1964 im Hamburger Untersuchungsgefängnis ums Leben kam.

Der nervenkranke Kellner, der häufiger mit dem Gesetz in Konflikt geraten war, hatte in seiner Zelle randaliert. Daraufhin wurde er drei Tage vor seinem Tod in eine Art »Beruhigungszelle« ohne jedes Mobiliar gebracht (»Glocke«). Dort brach er tot zusammen, nachdem ihn ein Wachtmeister, angeblich in Notwehr, mit einem Gummiknüppel geschlagen hatte.

Der Fall weitet sich besonders deshalb zum Skandal aus, weil die Behörden bei der Ermittlung mit Widersprüchen konfrontiert waren, die bis heute nicht geklärt sind. Bei zwei ebenfalls erst jetzt bekanntgewordenen Todesfällen in Untersuchungshaft in den Jahren 1957 und 1963 verhielt es sich ähnlich. Nach Angaben der Hamburger Staatsanwaltschaft wurden in den letzten vier Jahren 105 Anzeigen wegen Körperverletzung gegen Gefängnisbeamte erstattet, in keinem Fall aber Anklage erhoben.

Bombenleger »Roy Clark«

8. Februar 1966. In einem Schließfach des Hamburger Hauptbahnhofs detoniert eine Bombe. Zur Tat bekennt sich eine Person mit dem Decknamen »Roy Clark«, der durch eine Serie von Attentaten die Deutsche Bundesbahn erpressen will. 22 Monate lang hält er die Öffentlichkeit in Atem.

Sechs Anschläge auf Einrichtungen der Bundesbahn richten zwar Sachschaden an, aber Menschen werden glücklicherweise nicht verletzt. Die Sprengwirkung bleibt gering, weil der Erpresser über keinen Zünder für sein TNT verfügt. Das selbstgemischte Schwarzpulver reicht dafür nicht.

Obwohl die Stimme des Erpressers mit dem charakteristischen rollenden »R« mehrfach im Rundfunk und Fernsehen zu hören ist, dauert es bis zum 21. Dezember 1967, bis »Roy Clark« bei der Übergabe einer erpreßten Geldsumme in Cuxhaven verhaftet wird.

Es handelt sich um den in Celle geborenen 41 Jahre alten Alexander H., einen Speditionsfahrer aus Altenbruch bei Cuxhaven. Der ehemalige Fremdenlegionär, der in finanzielle Schwierigkeiten geraten war, wird am 20. Dezember 1968 in Hamburg wegen versuchten Mordes in drei Fällen, versuchter schwerer Erpressung, Sprengstoffverbrechen und Betriebssabotage zu 15 Jahren Zuchthaus verurteilt.

1967

2. 1. Zwischen dem Berliner Tor und der Horner Rennbahn geht ein Erweiterungsstück der U 3 in Betrieb. Die U-Bahnlinie wird am 24. September zunächst bis Legienstraße verlängert.

8. 1. Placido Domingo singt erstmals in der Staatsoper. → S. 550

19. 1. Im Jungen Theater an der Mundsburg spielt Ernst Deutsch die Titelrolle in Lessings »Nathan der Weise«. → S. 550

14. 2. Im Freihafen wird ein Verteilzentrum für Exportsammelladungen eröffnet. → S. 548

22. 3. Die Deutsche Atlantik Linie in Hamburg erwirbt das 25 320 BRT große israelische Passagierschiff »Shalom« und stellt es als »Hanseatic« in Dienst. → S. 549

10. 5. Egon Monk wird als neuer Intendant des Deutschen Schauspielhauses benannt. → S. 550

30. 5. Anstatt in Fuhlsbüttel landet ein Düsenflugzeug der spanischen Charterfluggesellschaft Spantax in Finkenwerder. → S. 548

3. 6. Der Schah-Besuch in Hamburg führt zu gewaltsamen Protesten. → S. 549

10. 6. Im Endspiel um den deutschen Fußball-Vereinspokal unterliegt vor 68 000 Zuschauern der HSV im Stuttgarter Neckar-Stadion dem FC Bayern München 0:4. Der HSV nimmt trotzdem am Europapokal der Saison 1967/68 teil, weil die Bayern am 31. Mai den Europapokal der Pokalsieger gewonnen haben und als Cupverteidiger ohnehin qualifiziert sind.

4. 8. Für knapp 20 Mio. DM übernimmt die Siemens AG ein Viertel des Aktienkapitals der Werft Blohm + Voss AG.

22. 9. Die S-Bahn zwischen Elbgaustraße und Pinneberg wird eröffnet.

7. 10. Im Volksparkstadion schlägt die deutsche Fußball-Nationalelf Jugoslawien 3:1.

24. 10. Bausenator Caesar Meister (SPD) legt den Grundstein für 1061 Hochhauswohnungen am Osdorfer Born (→ 31. 1. 1972/S. 560).

15. 12. Die als »Banklady« bekannte Gisela W. aus Hamburg-Altona wird nach einem Banküberfall in Bad Segeberg von der Polizei verhaftet. → S. 549

1967. Auf der Reeperbahn geht ein »Eros-Center« in Betrieb. → S. 550

GESTORBEN:

11. 3. Hamburg: Hanns Lothar (* 10. 4. 1929, Hannover), Schauspieler.

28. 11. Hamburg: Willy Maertens (* 30. 10.1893, Braunschweig), Theaterleiter.

Mehr Umschlag mit weniger Arbeitern

14. Februar 1967. Im city-nahen Elbbrücken-Bereich des Freihafens errichtet die Stadt Hamburg auf 145 000 m² Gesamtfläche Europas größtes Verteilungszentrum für Exportsammelladungen. Dies sind Exportgüter, die zu klein sind, um eine Direktablieferung am ladenden Seeschiff zu rechtfertigen.

Während durch immer mehr Technik die Umschlagzahlen rasant in die Höhe schnellen, ist die Zahl der erforderlichen Arbeitskräfte gesunken. Gegenüber 1957 wird im Hamburger Hafen rund 53% mehr Stückgut umgeschlagen – und dies mit weniger Arbeitern.

Der Bedarf nach manueller Arbeitskraft sinkt: Im Februar 1967 teilt die Gesamthafenbetriebsgesellschaft (GHBG) den stufenweisen Abbau des Stammpersonals um 300 Arbeitskräfte mit. Die GHBG beschäftigt 2600 Arbeiter, die immer dann eingesetzt werden, wenn die rund 13 500 Beschäftigten der etwa 600 Einzelbetriebe im Hafen die Arbeit nicht mehr schaffen. Die Einrichtung des Gesamthafenbetriebs resultiert aus einem Abkommen zwischen den Arbeitgebern und der Gewerkschaft Öffentliche Dienste, Transport und Verkehr vom 9. Februar 1951. Darin wird dem Personal der GHBG – eine Art Arbeiter-Reserve – der Lohn für 5,9 Arbeitsschichten je Kalenderwoche garantiert, ohne daß sie einem bestimmten Hafenbetrieb fest zugeordnet sind.

Irrtum: Fehl-Landung in Finkenwerder

30. Mai 1967. Anstatt in Fuhlsbüttel landet eine Convair »Coronado« der spanischen Luftverkehrsgesellschaft Spantax mit 128 Passagieren und neun Besatzungsmitgliedern an Bord irrtümlich auf dem Rollfeld der Hamburger Flugzeugbau GmbH in Finkenwerder.

Warum der Pilot Rodolfo Bay auf der nur 1360 m langen Betonpiste landet, bleibt sein Geheimnis. Aber er bringt die Maschine zu Boden und – nach zweistündigem Aufenthalt – auch wieder in die Luft.

Peinlich für ihn: Mit diesem Flug von Mallorca nach Hamburg wollte die Spantax die Zuverlässigkeit ihres Charterbetriebs illustrieren.

Resa Pahlawi, Schah des Iran, und seine Frau, die Kaiserin Farah Diba, zeigen sich auf dem Balkon des Rathauses am Nachmittag des 3. Juni den Zuschauern.

Polizeieinsatz am Abend des 3. Juni; um 19.11 Uhr erhält die berittene Polizei Befehl, die Dammtorstraße bis zum Stephansplatz zu räumen, um 19.20 Uhr ist die Straße frei.

Studentenprotest gegen Staatsautorität

3. Juni 1967. Der Schah des Iran, Resa Pahlawi, und seine Frau, Kaiserin Farah Diba, statten Hamburg einen 30stündigen Besuch ab. Währenddessen kommt es zu gewaltsamen Auseinandersetzungen zwischen Polizei und Anti-Schah-Demonstranten, bei denen 28 Personen festgenommen werden.

Der Schah reist aus Berlin an, wo am Abend zuvor unweit der Deutschen Oper der Student Benno Ohnesorg von einem Polizisten erschossen worden ist. Der Protest gegen das autokratische Regierungssystem im Iran und der harte Polizeieinsatz gegen die Protestierer stärkt die Reihen derjenigen, die dem Staat kritisch gegenüberstehen und notfalls auch mit Gewalt Reformen erzwingen wollen. Nach Beginn des Herbstsemesters 1967/68 bestimmen die Ereignisse an der Universität die Entwicklung der Außerparlamentarischen Opposition (APO) in Hamburg. Am 9. November wird die traditionelle Rektorsübergabe von Studenten durch Pfiffe, Sprechchöre und Zwischenrufe gestört. Die Studenten zeigen ein Transparent mit dem Motto: »Unter den Talaren – Muff von 1000 Jahren!«. Der Ordinarius Bertold Spuler, der den Demonstranten »Ihr gehört ins KZ!« zuruft, wird später von seinen Dienstgeschäften suspendiert.

Die Reaktion des »Establishments« ist geteilt: Während der Erste Bürgermeister Herbert Weichmann (SPD) die Demonstrationen und Krawalle scharf verurteilt, wirbt der evangelische Landesbischof Hans-Otto Wölber um Verständnis.

Er nennt die unzulänglichen Universitäten die »schwächsten Stellen der Demokratie«.

△ *Studentenprotest bei der Rektoratsübergabe in Hamburg: Der scheidende Vorsteher der Hochschule, der Kinderheilkundler Karl-Heinz Schäfer (l., mit Kette), und der neue Rektor, der Volkswirtschaftler Werner Ehrlicher (mit Amtshut), nehmen bei ihrem Einzug in das bis auf den letzten Platz gefüllte Audimax die Aktion sichtlich verstimmt zur Kenntnis.*

◁ *Ein streitbarer Wissenschaftler: Der Orientalist und Ostkirchenforscher Bertold Spuler, seit 1948 in Hamburg tätig und als Autor wichtiger Werke über die Geschichte des Iran und Zentralasiens hervorgetreten, muß als Ordinarius den Hut nehmen.*

»Hanseatic« – ein Name verpflichtet

22. März 1967. Als Nachfolgerin der ausgebrannten »Hanseatic« kauft die Deutsche Atlantik Linie in Hamburg für rund 75 Mio. DM das 25 320 BRT große israelische Passagierschiff »Shalom«. Am 11. November läuft die neue »Hanseatic« in Hamburg ein.

Mit dem Turbinenschiff »Hanseatic« (30 030 BRT) hatte die Gesellschaft am 19. Juli 1958 zwischen Cuxhaven und New York einen Liniendienst eröffnet. Das 1929 vom Stapel gelaufene Schiff war am 7. September 1966 in New York durch ein Feuer schwer beschädigt worden. Die Reederei ließ das Schiff nach Hamburg schleppen, ausschlachten und abwracken.

Die neue »Hanseatic« lief am 10. November 1962 in St. Nazaire (Frankreich) vom Stapel. Das für 1100 Passagiere ausgelegte Schiff fuhr im Liniendienst zwischen dem israelischen Haifa und New York. Parallel zum Kauf der »Shalom« gibt die Deutsche Atlantik Linie bei der Deutschen Werft das Turbinenschiff »Hamburg« (25 022 BRT) in Auftrag.

»Banklady« in den Händen der Polizei

15. Dezember 1967. Nach einem Banküberfall auf eine Sparkasse in Bad Segeberg wird die Angestellte Gisela W. aus Hamburg-Altona verhaftet. Die berüchtigte »Banklady« und ihre drei Komplizen haben bei mehr als 20 Überfällen auf Kreditinstitute in Schenefeld, Bad Segeberg, Buchholz und anderen Städten in Norddeutschland rund 400 000 DM erbeutet.

Bei ihrem letzten Überfall war die 33jährige Bankräuberin mit einem 39jährigen Taxifahrer aus Eidelstedt in den Kassenraum der Kreissparkasse in Bad Segeberg eingedrungen und mit rund 99 800 DM entkommen. Bei ihrer Flucht schießen die Täter vier Sparkassenangestellte nieder, die sie verfolgen. Auf der Bundesstraße 404 kommt Minuten später das Aus: Die Polizei stoppt den Wagen und überwältigt die Täter.

Am 6. Februar 1969 wird Gisela W. in Kiel u. a. wegen schweren Raubes zu neun Jahren und sechs Monaten Zuchthaus verurteilt.

Käufliche Liebe im Eros-Center zu haben

1967. Die »sündige Meile« hat eine weitere Attraktion: Ein »Mädchenwohnheim« lockt die Freunde der käuflichen Liebe an die Reeperbahn, wo sie die Prostituierten neuerdings im Kontakthof des Eros-Centers erwarten.

Rund 4,5 Mio. DM hat der Bau des Hauses mit seinen 140 Zimmern und ebensovielen Betten gekostet, die Bauherr Willi Bartels an die Prostituierten vermietet. An die Stelle der – oft romantisch verbrämten – Straßenprostitution soll

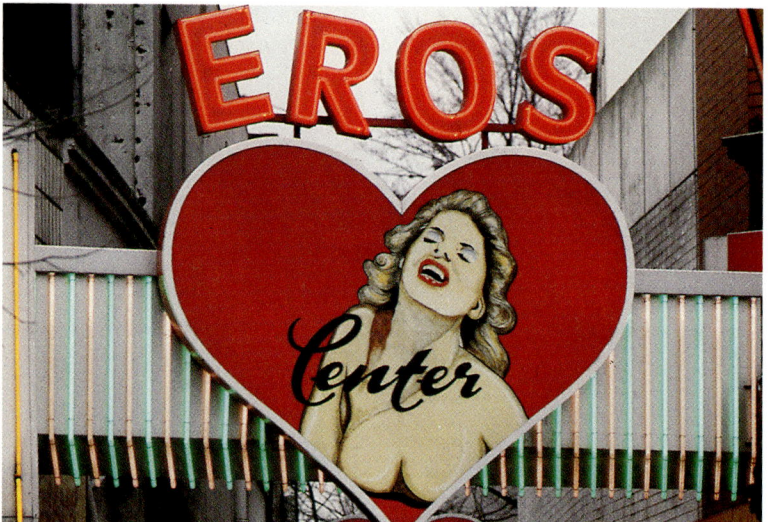

Ein »Mädchenwohnheim« ganz besonderer Art: Das Eros-Center auf der Reeperbahn, wo die käufliche Liebe in besonders steriler Atmosphäre angeboten wird

nach dem Willen der Stadt der kontrollierte Bordellbetrieb im Eros-Center und dem ein Jahr später eröffneten Palais d'Amour treten.

Die nüchterne Atmosphäre dieser Großbordelle mit dem glasüberdachten Kontakthof, wo sich die Freier ein Mädchen aussuchen, den »Serien-Liebeslauben« mit den bequemen Betten und den weißen Alarmknöpfen zum Herbeirufen von Sicherheitsangestellten hat nicht mehr viel gemein mit dem in Schlagern wie »Schön ist die Liebe

im Hafen« besungenen Liebesleben früherer Tage.

Die Freudenmädchen haben beim »Anschaffen« im videoüberwachten Kontakthof nicht mehr wie auf der Straße die Möglichkeit, kurz einmal in ein Lokal zu gehen oder mit der Nachbarin zu sprechen.

Ihre »störende« Anwesenheit auf der Straße war der Anlaß für den Bau der beiden Großbordelle an der Reeperbahn, nachdem der Stadtteil St. Pauli auch nach dem Erlaß einer Senatsverordnung vom 22. August 1961 nicht als Sperrgebiet deklariert worden war. 1964 hatte die Bezirksversammlung Hamburg-Mitte eine Ausweitung des Sperrgebiets auf St. Pauli abgelehnt, zugleich aber gefordert, etwas gegen das offene »Dirnenunwesen« zu unternehmen. Daraufhin beschloß der Senat im April 1964 den Bau der beiden »Mädchenwohnheime« mit insgesamt 300 Zimmern auf St. Pauli.

Dies gibt die Möglichkeit, in einer erweiterten Verordnung über das »Verbot der Gewerbsunzucht« ab 1. Juni 1970 die Straßenprostitution auch auf St. Pauli mit Ausnahme der Herbertstraße sowie in der Zeit von 20 Uhr bis 6 Uhr in zwei genau festgelegten Gebieten rund um den Hans-Albers-Platz und am St. Pauli-Fischmarkt zu verbieten.

Schwierigkeiten mit dem Ensemble des Schauspielhauses: Egon Monk

Kein Glück für neuen Intendanten

10. Mai 1967. Am Deutschen Schauspielhaus wird ein Wachwechsel bekannt: Egon Monk, bisher Leiter der Abteilung Fernsehspiel im NDR, soll Nachfolger des vorzeitig zum 1. August 1968 ausscheidenden Indendanten (seit 1963) Oscar Fritz Schuh werden.

Monk hat aber kein Glück und wirft schon nach 74 Tagen das Handtuch – Teile des Ensembles wenden sich gegen ihn. Monk wollte einen auf die Moderne konzentrierten Spielplan realisieren.

Domingo erobert Herzen

8. Januar 1967. Als Cavaradossi in Giacomo Puccinis Oper »Tosca« beginnt die Weltkarriere des spanischen Tenors Placido Domingo. Ort der Aufführung: Die Hamburgische Staatsoper.

Der Erfolg ist so groß, daß Intendant Rolf Liebermann den vielversprechenden Spanier langfristig verpflichten will. Der zieht freilich Einzelengagements vor – an der Staatsoper beispielsweise im Dezember 1967 als Rodolfo in Puccinis »Bohème«.

Domingo bleibt Hamburg auch in den folgenden Jahren treu. Zu seinen gefeierten Auftritten zählen in der Saison 1970/71 die Inszenierung der »Lucia di Lammermoor« von Gaetano Donizetti, bei der er gemeinsam mit Joan Sutherland auf der Bühne steht, sein besonders gefeiertes Jubiläumsgastspiel am 8. Januar 1977, die »Carmen«-Auf-

führung mit Teresa Berganza im Juni 1980 und sein Auftritt zugunsten der mexikanischen Erdbebenopfer im Mai 1986.

Domingo und Huguette Tourangeau 1971 an der Staatsoper (»Carmen«)

Deutsch bei den »Jungen«

19. Januar 1967. Im Jungen Theater an der Mundsburg hat Gotthold Ephraim Lessings dramatisches Gedicht »Nathan der Weise« in der Inszenierung von Henry-E. Simmon Premiere. In der Rolle des Nathan wird Ernst Deutsch gefeiert. »Eine Stadt liegt ihm zu Füßen«, schreibt die »Bild-Zeitung«. Neben Deutsch spielen u. a. Hans Timmermann (Sultan Saladin), Ursula Sieg (Sittah, dessen Schwester) und Ella Büchi (Nathans Tochter Recha) auf der Bühne des Jungen Theaters, das am 23. März 1964 ein neues Haus mit 721 Plätzen an der Mundsburg bezogen hat (→ 13. 10. 1951/S. 511).

Der am 16. September 1890 in Prag geborene Ernst Deutsch hatte 1916 in der Hauptrolle von Walter Hasenclevers »Der Sohn« seinen Durchbruch als Schauspieler erlebt, wurde von Max Reinhardt

1967 am Jungen Theater: »Ein Mond für die Beladenen« von E. O'Neill

nach Berlin geholt und emigrierte 1933 aus Deutschland. 1947 kehrte er aus den USA wieder nach Europa zurück.

1968

1. 2. Das Musical »Anatevka« erlebt im Hamburger Operettenhaus seine deutschsprachige Erstaufführung. → S. 553

21. 2. Auf der Deutschen Werft AG läuft die »Hamburg« vom Stapel (→ 22. 3. 1967/S. 549).

11. 3. Dietrich Rollmann wird neuer Vorsitzender der Hamburger CDU. → S. 552

12. 4. Vor dem Springer-Gebäude in der Kaiser-Wilhelm-Straße versuchen Demonstranten vergeblich, die Zeitungsauslieferung zu blockieren. → S. 552

April. Die »St. Pauli-Nachrichten« erscheinen erstmals. → S. 553

11. 5. Die Aussichtsterrasse des Fernsehturms wird eröffnet. → S. 552

21. 5. Der Graffitimaler Peter Ernst Eiffe wird verhaftet. → S. 553

23. 5. Im Endspiel um den Europapokal der Pokalsieger in Rotterdam unterliegt der HSV dem AC Mailand 0:2.

31. 5. Die »American Lancer« wird als erstes Vollcontainerschiff im Hamburger Hafen gelöscht. → S. 551

9. 8. In der Großen Freiheit eröffnet das Veranstaltungszentrum »Grünspan«. → S. 553

28. 9. Die letzte dampfbetriebene S-Bahn zwischen Bergedorf und Friedrichsruh wird auf Dieselbetrieb umgestellt.

28. 9. Der Gastronom Eugen Theodor Block eröffnet sein erstes »Block-House«-Restaurant an der Dorotheenstraße.

29. 9. Die U 21 verkehrt erstmals zwischen Berliner Tor und Hauptbahnhof-Nord.

31. 10. Im früheren Klöpperhaus an der Mönckebergstraße eröffnet das Kaufhaus Horten.

1. 11. Der Schwimmclub Poseidon weiht das neue Poseidon-Bad in Eidelstedt ein.

16. 11. Für Egon Monk wird Hans Lietzau als Intendant an das Deutsche Schauspielhaus berufen (→ 10. 5. 1967/S. 550).

19. 11. Hamburg und Schleswig-Holstein unterzeichnen einen Vertrag über den Bau des Großflughafens Kaltenkirchen. Das Projekt scheitert im Jahr 1983.

1968. Das Gebäude des Spiegel-Verlages wird erbaut. → S. 552

1968. Hubert Fichte veröffentlicht seinen Hamburg-Roman »Die Palette«. → S. 553

1968. Uwe Deeken gründet in Altona das Theater für Kinder, das vor allem durch Bühnenbearbeitungen beliebter Kinderliteratur Erfolg hat.

GESTORBEN:

14. 6. Hamburg: Jürgen Fehling (* 1. 3. 1885, Lübeck), Regisseur.

Umschlag im Hafen wird noch schneller

31. Mai 1968. Am Burchardkai wird das erste große Vollcontainerschiff im Hamburger Hafen gelöscht, die 213,55 m lange »American Lancer« der United States Lines. Das Schiff kann 1178 Container befördern. Der Einsatz des Containers zur Beförderung von Gütern bewirkt vor allem im Hafenumschlagsbetrieb einen tiefgreifenden Strukturwandel: Pro Hafenarbeiter und Stunde können bis zu 40mal soviel Güter umgeschlagen werden wie bei herkömmlicher Stückgutverladung.

Bereits im November 1965 hat die Hafen- und Lagerhaus AG (HHLA) beschlossen, die nicht mehr ausgelastete Auto-Umschlagsanlage am Burchardkai in Hamburgs erste Spezialanlage für den Containerumschlag umzubauen. Während an den Liegeplätzen 1 und 2 Semi-Containerschiffe abgefertigt werden, die auch noch konventionelle Ladung befördern, sind die Liegeplätze 3 – mit der ersten Containerbrücke und 40 000 m² Freifläche als Stauraum – sowie 4 den Vollcontainerschiffen vorbehalten.

Dies ist nicht die einzige Anpassung an die neuen Techniken im Seeverkehr. So wie 1952 die ersten Gabelstapler die Sackkarren ablösten, hat die aus dem Fährverkehr übernommene Technik des Ro/Ro-Verkehrs (Für Roll-on/Roll-off) bei geeigneten Schiffen die Beladung durch Kräne ersetzt.

Am 8. November 1966 war die erste Rollanlage in Betrieb gegangen. In Kooperation mit der Reederei Henry Stahl und dem British Transport Docks Board hatte die HHLA eine 1953 von der britischen Armee zum Verladen von Panzern und Lkw errichtete »Hard-Anlage« vom Baakenhafen an den Kaiserkai vor Schuppen 10 verlegt und den Ponton durch eine Auffahrt und eine höhenbewegliche Zufahrtsbrücke ergänzt. An dieser kombinierten Ro/Lo-Anlage (»Lo« für Load = Beladung) können Heck- und Bugpfortenschiffe wahlweise mit rollender Beladung oder durch Kräne abgefertigt werden.

Am 19. Dezember 1966 wurde das Motorschiff »Alster« der Reederei Henry Stahl als erstes Roll-on/Roll-off-Schiff im Hamburger Hafen am Schuppen 10 abgefertigt. Die Ro/Ro- und die Ro/Lo-Abfertigungen sorgen für schnellen Umschlag.

△ *Löschen von Druckpapier aus einem Roll-on/Roll-off-Frachter; es gibt auch die Zwischenform der Container-Ro/Ro-Schiffe.*

◁ *Vorn das Seebäderschiff »Wappen von Hamburg«, dahinter der Containerfrachter »American Liberty«*

Gabelstapler bei der Entladung eines Ro/Ro-Schiffes; beim Ro/Ro-Verkehr werden selbstfahrende Güter wie Lkw, Pkw oder landwirtschaftliche Maschinen sowie fahrbar gemachte Güter – auf rollbare Untersätze gestellte Stückgutladungen etwa – über Heck-, Bug- oder Seitenpforten ins Schiffsinnere gerollt. Die Ro/Ro-Technik ist eine Ergänzung zum Containerumschlag und bietet vor allem für Häfen der Dritten Welt eine alternative Verladeform zum Container, weil nicht immer entsprechende Verladeeinrichtungen vorhanden sind.

Wasserwerfer gegen Springer-Blockade

12. April 1968. Einen Tag nach dem Mordanschlag auf Rudi Dutschke – führender Kopf der Außerparlamentarischen Opposition (APO) – in Berlin erreichen die Studentenproteste in Hamburg ihren Höhepunkt: Demonstranten versuchen die abendliche Zeitungsauslieferung aus dem Verlagshaus Axel Springer zu blockieren.

Nach Ansicht des Sozialistischen Deutschen Studentenbundes (SDS) trifft die Zeitungen des Springer-Konzerns wegen ihrer »hemmungslosen Hetzkampagne« gegen die APO eine Mitverantwortung an dem Mordversuch. Die Tageszeitung »Die Welt« hatte die APO eine »akademische Variante des Gammlertums« genannt, und die »Bild-Zeitung« erklärte:» Unsere Jung-Roten sind inzwischen so rot, daß sie nur noch rot sehen. Stoppt ihren Terror jetzt!«

In Hamburg haben sich gegen 19 Uhr rund 2000 Menschen auf der Moorweide eingefunden, um Reden des zweiten Vorsitzenden des Allgemeinen Studenten-Ausschusses (AStA) der Universität, Jens Litten, und des Studenten Karl-Heinz Roth vom Hamburger SDS zu hören. Dann geht es zum Springer-Verlagshaus in der Kaiser-Wilhelm-Straße. Um 22.40 Uhr versucht die Polizei erstmals an der Ecke Caffamacherreihe/Valentinskamp, den Zeitungswagen einen Weg zu bahnen. Eine halbe Stunde später macht die Polizei unter Einsatz von Wasserwerfern, Tränengas und Gummiknüppeln einem Wagenkonvoi den Weg frei.

In 27 bundesdeutschen Städten beteiligen sich rund 400 000 Menschen an Anti-Springer-Demonstrationen. Nicht nur die Gegenwart, auch die Vergangenheit ist Thema des Studentenprotests: Am 31. Oktober holen Studenten das vor dem Hamburger Universitäts-Hauptgebäude stehende Denkmal des Afrikaforschers Hermann von Wissmann vom Sockel. Sie sehen in dem Denkmal »das versinnbildlichte Ideal vom europäischen Herrenmenschen« (→ 1922/S. 416).

Der »Telemichel« neben dem echten »Michel«

Konfrontation mit der Staatsmacht: Jugendliche Demonstranten und Polizeibeamte bei einer spontanen Kundgebung am Gründonnerstag (11. 4.) in der City

Führungswechsel bei Hamburgs CDU

11. März 1968. In Hamburgs CDU vollzieht sich ein Generationenwechsel: Der Landesausschuß wählt Dietrich Rollmann mit 103 Stimmen zum neuen Landesvorsitzenden, 91 Delegierte votieren für Erik Blumenfeld, der die Partei seit 1958 geführt hat.

Während »Sir Erik« den Typus des hanseatischen Weltmannes verkörpert, der den »Niederungen« der Hamburger Politik gern in den Bundestag (seit 1961) und in die Außenpolitik entfloh, gilt »Didi« Rollmann als umtriebiger und pragmatischer Parteimanager.

In Blumenfelds Amtszeit stagnierte die CDU bei den Bürgerschaftswahlen im »30%-Getto«. Rollmann will seine CDU zur »großen Volkspartei« machen, die »von allen Schichten der Bevölkerung gewählt wird«. Rollmann gründete 1953 den Christlich-Demokratischen Hochschulring und führte von 1956 bis 1963 die Junge Union.

Ein Haus für den »Spiegel«

1968. Das Gebäude des Spiegel-Verlages an der Brandstwiete wird nach einem Entwurf der Architekten Kallmorgen und Partner erbaut. Die gleichen Architekten entwarfen bereits das Domizil des Büromaschinenherstellers IBM an der Ost-West-Straße 25 (1967). Bauherr ist jeweils Robert Vogel.

Zahlreiche neue Verwaltungs- und Geschäftsgebäude sind in den vergangenen Jahren an der Ost-West-Straße fertig geworden. Dazu zählen das Verwaltungsgebäude des Deutschen Rings in Nr. 110 (→ 1964/S. 542) und in Nr. 81 das Haus der Deutschen Genossenschafts-Hypothekenbank AG (1965).

Das Spiegel-Haus an der Brandstwiete 19, ein Werk der Architekten Kallmorgen und Partner; hier findet das Magazin nach seinem Umzug vom Pressehaus eine neue Heimat. In Hamburg sitzen nicht nur die Redaktion des »Spiegel« und die Mitarbeiter des »Spiegel«-Verlages, sondern auch die »Spiegel«-Dokumentation, in der mehr als 300 Zeitschriftentitel systematisch ausgewertet werden.

»Telemichel« ist fertig

11. Mai 1968. Nach knapp dreijähriger Bauzeit wird die Aussichtsterrasse des Heinrich-Hertz-Turms (im Volksmund »Telemichel« genannt) an der Rentzelstraße eröffnet.

Ein Besuch ermöglicht einen luftigen Blick auf die Hansestadt aus 127 m Höhe, nachdem ein Aufzug den Gast in 21 sec hinaufbefördert hat. Der Einbau der fernmeldetechnischen Einrichtungen beginnt am 25. Juli. Am 11. November wird der Fernsehturm seiner Bestimmung übergeben. Die Gesamthöhe des Turms beträgt 271,5 m, der Antennenmast ist noch einmal 67,5 m hoch. In Restauranthöhe beträgt die Schwankung bei Windstärke 12 etwa 20 cm, an der Spitze ungefähr das zehnfache.

So pflegte Eiffe bei studentischen Veranstaltungen aufzutreten.

Der israelische Bühnenkünstler Shmuel Rodensky als Tewje

Dokumentiert literarisch Hamburgs Subkultur: Hubert Fichte (1935–1986)

Eiffe, der Bär malt nicht mehr

21. Mai 1968. »Eiffe schafft ein befriedigtes Deutschland« lautet eins seiner Graffitis, doch dazu kommt es nicht mehr: Die Hamburger Polizei nimmt den 26jährigen früheren Studenten und zeitweiligen Mitarbeiter des Statistischen Landesamtes Peter Ernst Eiffe fest. Er ist der Urheber zahlreicher Graffitis an Hauswänden sowie Plakaten und Tafeln in U-Bahn-Stationen, in denen er teils politische, teils banale Weisheiten verkündete oder auch nur »Eiffe, der Bär geht um« aufmalte, jeweils versehen mit seiner Telefonnummer. Nach seiner Verhaftung auf frischer Tat wegen Sachbeschädigung und groben Unfugs wird Eiffe in die Psychiatrische Klinik Ochsenzoll eingeliefert und bald darauf entmündigt.

»Wenn ich einmal reich wär«

1. Februar 1968. *Mit großem Erfolg wird das Musical »Anatevka« im Operettenhaus erstmals in deutscher Sprache aufgeführt. In der Rolle des fülligen Milchmanns Tewje brilliert Shmuel Rodensky. Der israelische Schauspieler und Sänger hatte den Tewje schon 352mal in seiner Heimat gespielt. Das Original unter dem Titel »Fiddler on the roof« läuft seit dem 22. September 1964 ununterbrochen am New Yorker Broadway. Als Vorlage des erfolgreichen Musicals diente die Erzählung »Tewje, der Milchmann« des jiddischen Schriftstellers Scholem Aleichem, die das dörfliche Leben im jüdischen Ostgalizien vor 1914 zum Inhalt hat. In Hamburg bringt es das Stück auf insgesamt 272 Aufführungen.*

Außenseiter-Kneipe im Roman

1968. *»Jäcki geht über den Gänsemarkt: Die Palette ist neunundachtzig bis hundert Schritte vom Gänsemarkt entfernt.« Mit dieser Ortsbeschreibung entführt der Autor Hubert Fichte den Leser in seinem gleichnamigen Hamburg-Roman, der 1968 bei Rowohlt erscheint, in das Lokal »Die Palette« in der ABC-Straße. Hier lernt »Jäcki« die Welt derjenigen kennen, die so ganz anders sind als die Wohlstandsgesellschaft. Mit seinen Beobachtungen und Kommentaren und der eigenwilligen »Palette«-Sprache (»Da schnallst du ab!«) entfaltet der 1935 in Perleberg geborene und in der Julius-Vosseler-Straße (Niendorf) aufgewachsene Autor ein Panorama des Gegenmilieus in dem Gammler-, Huren- und Stricherlokal.*

Lustblatt Nr. 1 aus St. Pauli

April 1968. Mit einer Auflage von 10 000 Exemplaren erscheint zum Preis von 10 Pfennig die erste vierseitige Ausgabe der »St. Pauli-Nachrichten«. Themen wie »Hei

Zielgruppe Sex-Touristen: Die erste Ausgabe der »St. Pauli Nachrichten« vom April 1968

ßes Eisen Autostrich« oder »Penis unterm Minirock« rufen Sittenwächter und Staatsanwälte auf den Plan, obwohl in der schwarzweiß aufgemachten Lust-Gazette noch keine nackten Busen und Pos, sondern kesse Minis locken.
Die Idee zu dem Blatt, das genau in die Zeit der »sexuellen Revolution« paßt, hatte der Antiquitätenhändler Helmut Rosenberg. Zu der Redaktion, die in der Hein-Hoyer-Straße Nr. 12 arbeitet, gehören u.a. die Publizisten Stefan Aust, Horst Tomayer und Henryk M. Broder. Der Fotograf Günter Zint klappert die Szene ab, befragt Club-Besitzer, Prostituierte und Gäste.
Die »St. Pauli Nachrichten«, zuerst als Klatsch-Blatt für St. Pauli-Touristen gedacht, schlagen voll ein. Im Oktober 1969 werden bereits 205 000 Exemplare mit je zwölf Seiten für 30 Pfennig unters Volk gebracht, 1970 erreicht »Deutschlands Lust-Blatt Nr. 1« eine Wochenauflage von 1,2 Mio.

Psychedelische Musik drinnen, kongeniales Erscheinungsbild nach draußen: Fassade des »Grünspan«

Der »Underground« kommt ins »Grünspan«

9. August 1968. *An der Großen Freiheit auf St. Pauli eröffnet das »Grünspan«. Das Veranstaltungscenter wird über die Grenzen Hamburgs hinaus vor allem durch die von Dieter Glasmacher bemalte Fassade bekannt. Der vormalige »Hit Club« erwirbt sich rasch einen Ruf als wichtiger Treffpunkt besonders für Freunde »psychedelischer« und »bewußtseinserweiternder« Musik. Auch deutsche und internationale »Underground«-Bands finden im »Grünspan«, dem der Autor Hubert Fichte in Form seines Romans »Detlevs Imitationen ›Grünspan‹« (1971 bei Rowohlt) ein literarisches Denkmal setzt, ein dankbares Publikum.*

1969

Subventionsgrab Aluminiumwerk

28. Mai 1969. Zwischen der Stadt Hamburg und dem US-Konzern Reynolds wird ein Vertrag über den Bau eines Aluminiumwerkes unterzeichnet. Die hochsubventionierte Industrieansiedlung erweist sich bald als Fehlschlag.

Hamburg stellt für das geplante Aluminiumwerk u. a. 91 Mio. DM zur Erschließung eines Geländes nahe Finkenwerder, 40 Mio. DM Investitionshilfen sowie Ausfallbürgschaften bis zu 450 Mio. DM bereit. Der Strompreis für »Onkel Kerns Hütte« – wie das Werk nach Wirtschaftssenator Helmuth Kern (SPD) auch genannt wird – ist mit 2 Pf/kWh extrem hoch subventioniert. Bereits 1975 – nur zwei Jahre nach Produktionsbeginn – muß der Senat nach dem Rückzug von Reynolds das mit 150 Mio. DM verschuldete Werk übernehmen (jetzt Hamburger Aluminiumwerke, HAW). Die Verluste bleiben überwiegend an der Stadt hängen.

Drogenkonsum fordert erste Opfer

9. August 1969. In Hamburg gibt es die ersten Toten als Folge von Rauschgiftkonsum. Bei den drei Fällen handelt es sich um junge Menschen im Alter um 20 Jahre.

Seit 1966 registriert die Hamburger Kriminalpolizei eine steigende Zahl von Rauschgiftkonsumenten. Zu körperlicher Abhängigkeit führen allerdings nur sog. harte Drogen (Opium, Heroin). Haschisch oder LSD dagegen gelten als Kultdroge einer Jugendgeneration, die sich von konventionellen Lebensformen emanzipieren will. Zu den Zielen dieses »bewußten« Drogenkonsums zählen die kreative Erweiterung des Bewußtseins, aber auch Visionen eines neuen, freieren Zusammenlebens. In der Öffentlichkeit werden Drogenkonsumenten häufig ausgegrenzt – auch durch Presse-Schlagzeilen wie »Wilde Rauschgiftparties auf dem Kinderspielplatz, neun Hamburger rauchten Hasch«.

»König Oskar vom Pferdemarkt« ist tot

18. Februar 1969. Mit »Oskar vom Pferdemarkt« (eigtl. Fritz Krüger) stirbt eines der letzten Hamburger Originale. Er galt als »König der Straßenhändler«.

Geboren am 11. April 1902, begann der schauspielerisch und rhetorisch begabte Oskar in der Krisenzeit der 20er Jahre mit einem Bauchladen-Handel. Kurz darauf bezog er einen eigenen Verkaufsstand am Pferdemarkt (heute Gerhart-Hauptmann-Platz). Humor, Schlagfertigkeit, mimisches Talent und Sprüche wie »Die Wucht in Tüten« machten ihn zur stadtbekannten Persönlichkeit, noch bevor er 1940 zum Kriegsdienst mußte. Nach 1945 eröffnete er eine Kantine im Stadtpark (»Oskar-Betriebe«). Als er 1951 einen Streit schlichten wollte, wurde ihm der Kehlkopf verletzt. Der »flüsternde Oskar« betrieb weiter Straßenhandel, konnte aber sein rhetorisches Talent nicht mehr entfalten.

Industrie an der Elbe: Flugzeugwerke von Messerschmitt-Bölkow-Blohm (MBB) auf Finkenwerder

Fixerin; der Konsum »harter« Drogen entwickelt sich zu einem schweren Problem (→ 31. 12. 1990/S. 600).

»König Oskar« mit Bauchladen und Ballonmütze in Aktion auf dem Pferdemarkt (Fotografie: 20er Jahre)

Gobert übernimmt Intendanz am Thalia

1. August 1969. Als Nachfolger von Kurt Raeck übernimmt der Schauspieler Boy Gobert die Intendanz des Thalia Theaters. Seinem Anspruch nach soll aus »einem zweiten Theater ein zweites erstes Schauspielhaus« werden.

Boy Gobert bringt viele junge Schauspieler mit an das Thalia Theater. In seiner ersten Spielzeit an dieser Bühne, die weniger als andere Häuser unter der herrschenden Theaterkrise leidet, besteht Goberts Spielplan nur aus Komödien. Später kommen klassische Schauspiele und kritische Zeitstücke hinzu. Zu den charakteristischen Inszenierungen unter Boy Gobert zählen Stücke des Briten Harold Pinter (»Der Liebhaber«, 1970/71; »Alte Zeiten«, 1971/72, mit Gobert und Ingrid Andree). Goberts Inszenierung von Friedrich von Schillers »Maria Stuart« begeistert 1975 bei einem außergewöhnlich erfolgreichen sechswöchigen Gastspiel in der Sowjetunion. Nach Ende der Spielzeit 1979/80 verläßt der Intendant die Hansestadt wieder (→ 1. 11. 1978/S. 576).

Boy Gobert wurde am 5. Juni 1925 in Hamburg geboren. Seit 1947 wurde er durch schaupielerische Engagements in Hamburg, Frankfurt am Main, Zürich, Wien und Berlin (West) bekannt.

1970

19. 2. Die 1948 unter dem Namen »Akademie für Gemeinwirtschaft« gegründete Hochschule des zweiten Bildungsweges wird durch ein Landesgesetz zu einer Körperschaft des öffentlichen Rechts unter der Bezeichnung Hochschule für Wirtschaft und Politik.

1. 3. Peter Fischer-Appelt ist der erste Präsident der Universität Hamburg. → S. 556

12. 3. Das Einkaufszentrum Hamburger Straße öffnet seine Pforten. → S. 555

22. 3. Mit einer absoluten Mehrheit gewinnt die SPD die Bürgerschaftswahlen. → S. 556

1. 4. Vier bisher eigenständige Ingenieurschulen und sechs Höhere Fachschulen werden zur Fachhochschule Hamburg vereinigt. → S. 556

16. 4. Die 212. ist vorläufig auch die letzte Aufführung des Musicals »Hair« im Theater am Besenbinderhof. → S. 556

22. 4. Hamburgs Erster Bürgermeister Herbert Weichmann (SPD) bildet seinen dritten Senat, eine Koalitionsregierung aus SPD und FDP (→ 9. 6. 1971/ S. 558).

1. 5. Durch die Zusammenfassung der Gemeinden Glashütte, Garstedt, Harksheide und Friedrichsgabe entsteht die Stadt Norderstedt.

31. 5. Die Linie U 3 wird von Billstedt bis zur Merkenstraße verlängert und die U 22 zwischen Schlump und Gänsemarkt neu eingerichtet.

1. 7. Aufgrund einer neuen Hafenordnung verliert die Hamburger Hafen- und Lagerhaus Aktiengesellschaft ihre behördlichen und hoheitlichen Funktionen. Sie handelt fortan wie ein selbstverantwortlicher Privatunternehmer.

1. 9. Die Fusion der Schiffahrtsunternehmen Hapag und dem Bremer Norddeutschen Lloyd tritt in Kraft. → S. 556

9. 9. Beim 3:1 über die ungarische Fußball-Nationalelf in Nürnberg absolviert Uwe Seeler sein 72. und letztes Länderspiel (→ 1. 5. 1972/S. 562).

1. 10. Am Lehmweg eröffnet die Musikkneipe »Onkel Pö's Carnegie Hall« (→ 11. 5. 1974/S. 568).

29. 10. Mit dem »Abaton« hat Hamburg sein erstes Programmkino. → S. 556

11. 12. Hans Lietzau tritt von seinem Vertrag als Intendant des Schauspielhauses zurück. Anlaß sind Spekulationen über die Finanzlage des Hauses (→ 1. 1. 1972/S. 562).

GESTORBEN:

12. 11. Göttingen: Percy Ernst Schramm (* 14. 10. 1894, Hamburg), Historiker.

Luftaufnahme der Geschäftsstadt Nord; in den Bürohaus-Riesen arbeiten im Jahr 1976 bereits rund 20 000 Menschen.

Betonklötze verändern das Stadtbild

12. März 1970. Das Einkaufszentrum (EKZ) Hamburger Straße wird eröffnet. Zusammen mit anderen Großprojekten wie der Geschäftsstadt Nord verändert es das Stadtbild erheblich.

Obwohl die offizielle Einweihung des 140 Mio. DM teuren Gesamtkomplexes an der Mundsburg erst für den 8. Mai geplant ist, bieten zahlreiche Läden bereits jetzt ihre Waren an. Das Einkaufszentrum Hamburger Straße zählt zu den größten seiner Art in Europa. Am 6. November 1970 eröffnet mit dem Alstertal-EKZ ein zweites Einkaufszentrum in der Hansestadt.

Auch andere großdimensionierte Bauprojekte variieren das Bild Hamburgs: Am 5. März findet auf dem Gelände von Planten un Blomen am Dammtorbahnhof die Grundsteinlegung für das umstrittene Congress Centrum (CCH) statt (→ 20. 1. 1973/S. 563). Der Bau der sog. City Nord verändert ein umfangreiches Areal nördlich des Stadtparks von Grund auf. Wo früher Schrebergärten lagen, ragen jetzt architektonisch eigenwillige Bürokomplexe in den Himmel. Die ersten beiden Verwaltungsgebäude wurden 1967 bezogen.

Das Einkaufszentrum Hamburger Straße, vom Flugzeug aus gesehen; im Hintergrund sind die nur wenige hundert Meter entfernte Außenalster und der Fernsehturm zu erkennen. Neben zahlreichen Einzelhandelsgeschäften umfaßt der Komplex u.a. auch Großkaufhäuser mit einer Fläche von 7300 bzw. 5300 m². Zuvor galt die Gegend um Hamburger Straße und Oberaltenallee, die im Krieg durch Bombenabwürfe schwer getroffen wurde, als Stiefkind städtischer Planung; allerdings stößt auch das jetzt verwirklichte Projekt aufgrund seiner Riesendimensionen auf Kritik.

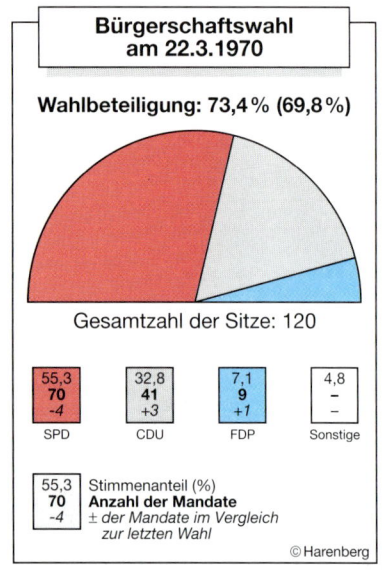

© Harenberg

Bürgerschaftswahl am 22.3.1970

Wahlbeteiligung: 73,4% (69,8%)

Gesamtzahl der Sitze: 120

	SPD	CDU	FDP	Sonstige
Stimmenanteil (%)	55,3	32,8	7,1	4,8
Anzahl der Mandate	70	41	9	–
± der Mandate im Vergleich zur letzten Wahl	-4	+3	+1	–

Bürgerschaft: SPD bleibt an der Macht

22. März 1970. Die SPD wird bei den Bürgerschaftswahlen mit 55,3% der Stimmen erneut stärkste Partei. Sie erhält im Parlament 70 Sitze (bisher 74). Die CDU verzeichnet 32,8%, die FDP 7,1%.

Am 22. April bildet der Erste Bürgermeister Herbert Weichmann seinen dritten Senat als Koalition aus SPD und FDP. Schulsenator Peter Schulz wird Bürgermeister (→ 9. 6. 1971/S. 558).

Ein Assistent wird Präsident an der Uni

1. März 1970. Der Theologe Peter Fischer-Appelt tritt sein Amt als Präsident der Universität Hamburg an. Er ist nach Rolf Kreibich (Freie Universität Berlin) der zweite Assistent an der Spitze einer bundesdeutschen Universität.

Das Konzil der Universität hat den 37jährigen Fischer-Appelt am 12. Dezember 1969 zum Präsidenten gewählt. Dabei erhielt er im fünften von sechs Wahlgängen die erforderliche Mehrheit. Sein Sieg wird vor allem von den Studenten mit Beifall aufgenommen. Fischer-Appelt war bisher als wissenschaftlicher Assistent an der Evangelisch-theologischen Fakultät der Universität Bonn tätig.

Der Wahl ging eine Reform der Hochschulstruktur als Reaktion auf die Studentenbewegung voraus: Im April 1969 wurde neben anderen Reformelementen eine Präsidialverfassung eingeführt.

Hapag-Lloyd-Verschmelzung perfekt

1. September 1970. Die Fusion der beiden deutschen Reedereien Hapag (Hamburg-Amerika Linie; Sitz Hamburg) und Norddeutscher Lloyd (Sitz Bremen) tritt nach längeren Vorbereitungen in Kraft.

Ende Juli haben sowohl die Aktionärsversammlung der Hapag AG als auch der Norddeutschen Lloyd AG der Fusion zugestimmt. Bereits am 10. April gaben die zuständigen Senatoren der Landesregierungen von Hamburg und Bremen grünes Licht für die Verschmelzung beider Reedereien. Der Umsatz des neugebildeten Unternehmens liegt bei rund 1 Mrd. DM: 1969 verzeichnete der Norddeutsche Lloyd einen Umsatz in Höhe von 514,7 Mio. DM, die Hapag von knapp 493 Mio. DM. Zusammen verfügen die Reedereien über rund 1,1 Mio. t Schiffsraum. Vorbereitet wurde die Verschmelzung vor allem von den Reederei-Managern Richard Bertram und Johannes Kuhlenkampff (Norddeutscher Lloyd) sowie Werner Traber (Hapag). Offiziell fungieren Hamburg und Bremen gemeinsam als Doppelsitz der neuen Hapag-Lloyd AG; faktisch allerdings wird die Reederei allein von Hamburg aus geleitet.

Im Hintergrund der Fusion steht die rapide Containerisierung im internationalen Frachtverkehr, die von den Reedereien Großinvestitionen verlangt. Hinzu kommen anhaltende Kostensteigerungen, u. a. bei den Hafengebühren sowie den Lade- und Löschaufwendungen.

Die Fusion betrifft die beiden traditionsreichsten und bedeutendsten deutschen Reedereien. Die am → 27. Mai 1847 (S. 229) gegründete Hamburg-Amerikanische Packetfahrt-Actien-Gesellschaft verzeichnete vor dem Ersten Weltkrieg unter Albert Ballin ihre größte wirtschaftliche Macht. Der Norddeutsche Lloyd wurde 1857 gegründet. Beide Reedereien arbeiteten allerdings bereits vor der Vereinigung bei der Betreibung von Schiffahrtslinien zusammen (→ 25. 3. 1930/ S. 443). Dementsprechend wurde die Fusion schon seit Jahrzehnten diskutiert.

Symbol für die Fusion zweier traditionsreicher Firmen: Der Schornstein mit dem Hapag-Emblem, davor wird die Lloyd-Fahne gehißt. Der zweite Firmensitz Bremen soll die dortigen Kaufleute beruhigen, eigentliche Zentrale ist Hamburg.

Neue Fachhochschule akademisches Puzzle

1. April 1970. Aus der Zusammenlegung von sechs Höheren Fachschulen und vier Ingenieurschulen in der Hansestadt entsteht die Fachhochschule Hamburg.

Die bisher selbständigen Schulen werden in 13 Fachbereiche der Fachhochschule umgewandelt, die in ihren Standorten über das gesamte Stadtgebiet verteilt sind. Teilweise verfügen sie über eine jahrhundertealte Tradition; so wurde die Seefahrtsschule – jetzt Fachbereich Seefahrt – 1749 gegründet (→ 1. 10. 1749/S. 154). Im ersten Jahr lernen 5515 Studenten an der Fachhochschule.

1970 fällt noch eine weitere hochschulpolitische Entscheidung: Die 1948 als »Akademie für Gemeinwirtschaft« gegründete Hochschule des zweiten Bildungsweges wird unter dem Namen »Hochschule für Wirtschaft und Politik« zur Körperschaft des öffentlichen Rechts.

Musical »Hair« mit 212 Vorstellungen

16. April 1970. Nach der 212. Vorstellung werden die Aufführungen des Erfolgs-Musicals »Hair« im Theater am Besenbinderhof beendet. Das Rock-Spektakel hat mehr als 200 000 Besucher angelockt.

Grund für das vorläufige Ende der »Hair«-Aufführungen ist die für den 24. April geplante Wiener Premiere. Allerdings beginnt am 11. Dezember mit einer Neu-Inszenierung eine weitere Aufführungsserie. Das 1967 in New York uraufgeführte Musical (Musik: Galt McDermont; Text: Gerome Ragni, James Rado; deutsche Schlagertexte: Walter Brandin) besteht aus einer lokkeren Szenenfolge, in der das Leben einer Hippie-Gemeinschaft gezeigt wird. Lange Haare gelten als Symbol ihrer Freiheit, Nacktdarstellungen bescheren dem Musical publicityträchtige Skandale. Kritiker beklagen die kommerzielle Ausbeutung der Jugendkultur.

Abaton: Im Alphabet immer ganz oben . . .

29. Oktober 1970. Am Grindelhof (heute Allende-Platz) wird in Anwesenheit internationaler Prominenz das Programmkino »Abaton« eröffnet. Das von Werner Grassmann und Winfried Fedder gegründete neue Kinoprojekt geht auf Ideen aus einem Kreis Hamburger Filmemacher zurück (Film-Coop, Hamburger Filmschau).

Ihr Konzept, das u. a. ein festes Programmschema im Gegensatz zu den rein kommerziell orientierten Erstaufführungskinos vorsieht, gewinnt Modellcharakter für die ganze Bundesrepublik.

Der Phantasiename »Abaton« soll der umgebauten Garage mit angeschlossener Kneipe bei allen Kinoanzeigen und Publikationen alphabetisch die erste Stelle sichern.

An der Einweihung nehmen auch Vertreter des internationalen Films wie Kenneth Anger und Constantin Costa-Gavras teil.

1971

Kurz nach dem Unglück: Das Leitwerk des zerstörten Flugzeugs liegt auf der Autobahn, dahinter der brennende Rumpf.

Flugzeug zerschellt an Autobahnbrücke

6. September 1971. Ein Flugzeugunglück nördlich von Hamburg fordert 22 Tote. Die Chartermaschine vom Typ BAC Super 1–11 zerschellt an einer Autobahnbrücke. Das Flugzeug mit 115 Urlaubsreisenden an Bord befand sich auf dem Flug nach Malaga. Kurz nach dem Start am frühen Abend in Fuhlsbüttel ereignen sich zwei Explosionen, die den Piloten Reinhold Hüls zu einer Notlandung auf der Autobahn Hamburg – Bad Bramstedt (A 7) bei Hasloh zwingen. Nach dem Aufsetzen kann er das Flugzeug nicht mehr rechtzeitig vor einer Brücke zum Stehen bringen. Die Pfeiler reißen die Flügel der Maschine ab, das Leitwerk wird durch das Brückengeländer zerstört. Im Graben neben der Autobahn bricht der Rumpf auseinander. Die Passagiere versuchen verzweifelt, sich aus dem brennenden Wrack zu befreien. Hüls und Kopilotin Elisabeth Friske steigen fast unverletzt aus dem 80 m entfernt aufgeschlagenen Cockpit. Friske berichtet später: »Wir hatten Triebwerksschaden. Deshalb versuchten wir, auf der Autobahn zu landen. Wir waren auch einigermaßen glatt heruntergekommen. Wenn die Brücke nicht gewesen wäre, hätten wir es geschafft.« Unglücksursache ist eine fälschlicherweise mit Kerosin betankte Wassereinspritzanlage. 1976 werden zwei Verantwortliche zu Geldstrafen verurteilt. Elisabeth Friske stirbt 1987 in Lübeck, als sie mit der Maschine des schleswig-holsteinischen Regierungschefs Uwe Barschel abstürzt.

»In der Luft gab es plötzlich einen Knall . . .«

Chronik Zitat

Passagiere und Augenzeugen berichten, wie sie das Flugzeugunglück wahrgenommen haben. Zwei überlebende Insassen erinnern sich an die Momente des Schreckens:

»Kurz nach dem Start knallte es zweimal. Wir dachten, es seien die Bugräder, die eingefahren wurden. Dann verlor das Flugzeug plötzlich an Höhe, der Pilot drehte noch eine Schleife. An mehr kann ich mich nicht erinnern. Ich fand mich auf einem Acker neben der brennenden Maschine wieder.«

»Nach dem Start erschütterten zwei Explosionen den Rumpf und schon sackte die Maschine ab. Die Triebwerke fielen aus. Durch mein Kabinenfenster sah ich uns im Gleitflug aus 50 bis 60 Meter Höhe auf die Autobahn zuschießen. Dann gab es einen ohrenbetäubenden Knall.

Augenzeugen aus den Häusern nahe des Unglücksortes an der Bundesautobahn bei Hasloh berichten, wie sie die Flugzeugkatastrophe erlebt haben:

»Wir saßen in der Stube, da machte es zweimal hintereinander wumm, wumm! Wir stürzten zum Fenster und sahen die große Maschine liegen. Ich habe sofort die Polizei und die Feuerwehr angerufen, und dann halfen wir draußen.«

»Da war eine Frau aus dem Flugzeug, die sagte uns: ›In der Luft gab es plötzlich einen Knall, und dann ging es auch schon runter‹. Mehr brachte sie nicht heraus, denn sie wurde ohnmächtig. Wir stolperten über Tote . . .«

Senat: »Ära Weichmannn« geht zu Ende

9. Juni 1971. Der Senat wählt den bisherigen Schulsenator und Zweiten Bürgermeister Peter Schulz (SPD) als Nachfolger seines Parteifreundes Herbert Weichmann zum Ersten Bürgermeister. Schulz' Stellvertreter wird der 44jährige Wirtschaftssenator Helmuth Kern (SPD).

Herbert Weichmann war eine Woche zuvor nach sechsjähriger Amtszeit zurückgetreten. Damit ging in der Hansestadt eine Ära zuende. In seine Amtszeit fielen u. a. die Projekte Geschäftsstadt Nord, Congress Centrum Hamburg (CCH) und City-S-Bahnlinie.

Der zum Ehrenbürger Hamburgs

Abschiedsfeier für Herbert Weichmann (M.) im Rathaus; die Ehefrau (l.) des 75jährigen scheint ihren Mann endlich ins Privatleben ziehen zu wollen.

Schulz: Pragmatiker aus Rostock

Der 41jährige Peter Schulz wuchs in Rostock als Sohn des dortigen Oberbürgermeisters auf. 1966 stieg der SPD-Politiker in den Hamburger Senat auf, wo er zunächst Justizsenator wurde. 1970 übernahm er das Schulressort und zugleich das Amt des Zweiten Bürgermeisters. Peter Schulz gilt als pragmatischer Politiker; in seine bis 1974 dauernde Amtszeit fällt u. a. eine Verwaltungsreform, die die Kompetenzen der Bezirke stärkt.

ernannte Weichmann äußert sich selbst so über seine Regierungszeit: »Ich könnte sagen, daß ich das Bürgermeisteramt damit angefangen habe, durch die Schaffung des Planungsstabes eine neue moderne Systematik in die Regierungstechnik und Regierungskunst einzuführen. Ich könnte sagen, daß ich gleichzeitig bemüht war, im Teamwork zu arbeiten, und daß ich damit auch dem ... Kollegialprinzip zur Geltung verholfen habe. Ich könnte sagen, daß meine Arbeit dann im wesentlichen darin bestand, die Zukunft Hamburgs im Sinne seiner ökonomischen Produktivität zu sichern.«

Die lange Karriere des Bürgermeisters

Chronik Zur Person

Der SPD-Politiker Herbert Weichmann wurde am 23. Februar 1896 im schlesischen Landsberg geboren. Aus jüdisch-bürgerlichen Verhältnissen stammend, war er als Jurist und Wirtschaftswissenschaftler von 1928 bis 1933 persönlicher Referent des preußischen Ministerpräsidenten Otto Braun. Nach der faschistischen Machtübernahme ging er 1933 ins französische, später US-amerikanische Exil (bis 1948). Zurückgekehrt in die Hansestadt, übernahm er bis 1957 die Leitung des Rechnungshofes. Anschließend wurde Weichmann für acht Jahre Finanzsenator, bis er 1965 sein Amt als Erster Bürgermeister antrat. In seiner sechsjährigen Amtszeit galt er als eher konservativer Bewahrer des Bestehenden, dem die Aufbruchstendenzen Ende der 60er Jahre (Studentenbewegung) vor allem als politische Gefahr erschienen. Herbert Weichmann stirbt am 9. Oktober 1983 in Hamburg.

Oppositions-Rolle in der Verfassung

17. Februar 1971. Eine Reform der hamburgischen Landesverfassung stärkt u. a. die Rolle der parlamentarischen Opposition. In Artikel 23a ist nun erstmals in einer deutschen Verfassung die Opposition als verfassungsrechtliche Institution abgesichert.

Wörtlich heißt es in dem neu eingefügten Artikel: »(1) Die Opposition ist ein wesentlicher Bestandteil der parlamentarischen Demokratie. (2) Sie hat die ständige Aufgabe, die Kritik am Regierungsprogramm im Grundsatz und im Einzelfall öffentlich zu vertreten. Sie ist die politische Alternative zur Regierungsmehrheit.«

Zu den weiteren Punkten der Reform zählen die Unvereinbarkeit von Senats- bzw. Deputiertenamt und Abgeordnetenmandat sowie die Befugnis zur Akteneinsicht als Minderheitenrecht.

Haus ohne Privatstation

6. Mai 1971. In Othmarschen wird das Altonaer Krankenhaus eingeweiht. Es handelt sich um den ersten Krankenhaus-Neubau in Hamburg seit über 50 Jahren.

Das in zehnjähriger Bauzeit errichtete Gebäude mit 1042 Betten kostet rund 155 Mio. DM. Entworfen wurde das 75 m hohe Krankenhaus von Werner Kallmorgen und Gustav Karres. Es umfaßt 13 Fachkliniken, deren Leitung in den Händen eines Ärztegremiums liegt. Neu ist, daß es keine Privatstationen gibt. Die Privatbetten sind in die allgemeinen Stationen eingegliedert.

Allgemeines Krankenhaus Altona in der Paul-Ehrlich-Straße 1 auf der Elbuferhöhe in Othmarschen, eine der ersten »Kompaktkliniken«; während der Bauarbeiten kamen Bereiche wie die Nuklearmedizin und besondere chirurgische Abteilungen hinzu.

Hamburg Vorreiter beim Radikalenerlaß

23. November 1971. In einer Grundsatzentscheidung wendet sich der Senat gegen die Berufung von politischen Extremisten zu Beamten. Wörtlich heißt es, daß »die Ernennung zum Beamten auf Lebenszeit bei ... Aktivitäten des Bewerbers in rechts- und linksradikalen Gruppen unzulässig ist«.

Damit praktiziert Hamburg als erstes Bundesland den »Radikalenerlaß«, der endgültig am 28. Januar 1972 von Bund und Ländern beschlossen wird. Auch im Ausland heftig kritisiert, führt er zu einer massenhaften politischen Überprüfung von Bewerbern für den öffentlichen Dienst. Diese Praxis ist wegen ihres Berufsverbots-Charakters verfassungsrechtlich umstritten. In Hamburg werden vom August 1972 bis März 1976 rund 50 000 Bewerber überprüft und 36 Ablehnungen ausgesprochen.

Konzert in der »Fabrik« mit ihren charakteristischen Galerien

Pastor Weißbach in Horn: Konstruktive Arbeit mit Randgruppen

Bürgermeister Schulz überreicht Juliana das Stadtrecht von 1497.

»Fabrik« zum Leben erwacht

26. Juni 1971. *An der Barnerstraße in Altona wird das Kommunikationszentrum »Fabrik« eröffnet. In dem Gebäude einer ehemaligen, 1889 erbauten Maschinen- und Munitionsfabrik haben der Maler und Grafiker Horst Dietrich sowie der Architekt Friedhelm Zeuner verschiedene Kunst- und Kommunikationsformen zusammengefaßt. Der dreischiffige Holzbau mit Backsteinaußenwänden vereint nun auf drei Etagen Galerien und Werkstätten, Kneipen und Kinderläden, Theater, Film und Musik.*
Die später staatlich subventionierte »Fabrik« wird zum Prototyp für eine entsprechende neue Nutzung alter Zweckbauten auch in anderen Städten.

»Rockerpastor« hat es schwer

12. Februar 1971. *Gegen den evangelischen Seelsorger Wolfgang Weißbach – bekannt als »Rocker-Pastor« von Horn – werden polizeiliche Ermittlungen aufgenommen. Der 34jährige steht in Verdacht, seine Aufsichtspflicht verletzt und Klubgelder veruntreut zu haben. Die Vorwürfe gegen den Pastor, der sich mit unkonventionellen Methoden seiner »Rocker«-Klientel nähert, erweisen sich als haltlos; die von Pressekampagnen begleiteten Ermittlungen beleuchten aber die schwierigen Bedingungen, unter denen kirchliche Sozialarbeit in Problemgruppen geleistet werden muß. Weißbach wird später u. a. persönlicher Referent von Bischof Hans-Otto Wölber (1980).*

Schreck bei Juliana-Besuch

28. Oktober 1971. *Königin Juliana der Niederlande und ihr Mann Prinz Bernhard halten sich zu einem 22stündigen Staatsbesuch in Hamburg auf. Bei einem Empfang im Rathaus überreicht Bürgermeister Peter Schulz der Königin eine Ausgabe des Hamburger Stadtrechts von 1497 (→ 31. 10. 1497/S. 74). Zu einem Zwischenfall kommt es anläßlich des Gala-Essens im Rathaus, als Juliana den Verlust eines großen Brillanten im Wert von rund 1 Mio. DM bemerkt. Aber der Schreck währt nur kurz: Das Juwel wird an der Kante des für die Monarchin ausgerollten roten Teppichs gefunden, das königliche Paar kann die Mahlzeit unbesorgt zu Ende führen.*

Collien geht – Nackt-Revue zum Abschied

22. Mai 1971. Das Operettenhaus an der Reeperbahn schließt vorläufig seine Pforten. Letzte Show: Das Sex-Musical »Oh! Calcutta!«. Danach legt der bisherige Intendant Kurt Collien die Leitung nieder.
Die Premiere des umstrittenen Musicals fand am 8. März 1971 statt. Ein großes Polizeiaufgebot mußte die »Sex-Show« vor den Protesten empörter Bürger schützen, die mit Sprechchören wie »Diese Schweinerei schützt die Polizei« ihren Unmut ausdrückten. Die von Kritikern als belanglos eingeschätzte Nackedei-Show hatte bereits bei der Uraufführung 1969 in New York und der Europa-Premiere 1970 in London für Skandale gesorgt.
Mit der Intendanz Collien geht im Operettenhaus eine Ära zu Ende. Kurt Collien hatte die Leitung Anfang der 60er Jahre übernommen. Er bereicherte den Spielplan um angloamerikanische Erfolgsmusi-

cals wie »My Fair Lady« und »Annie get your Gun«, die nun neben bekannten Operetten wie der »Lustigen Witwe« und dem »Zarewitsch« aufgeführt wurden. Zugleich verpflichtete er Stars, die durch ihre Filmarbeit populär waren (wie Freddy Quinn). Trotz aller

Erfolge blieb der privatwirtschaftliche Betrieb aufgrund notwendiger Investitionen ein großes finanzielles Risiko. Auf Kurt Collien folgt später die Direktion der Brüder Grabowsky, die aber den Glanz der vorangegangenen zehn Jahre nicht wiederholen können.

Probe zur Hamburg-Premiere von »Oh! Calcutta!«; der Titel ist eine Verballhornung des französischen »Oh! Quel cul t'as!« (»Welch ein Hintern!«).

»44 17 77« – Start für Dr. Erwin Marcus

5. November 1971. Der Hamburger Richter Erwin Marcus beginnt mit seiner Lebenshilfe-Sendung »Was wollen Sie wissen?« im 2. Hörfunkprogramm des Norddeutschen Rundfunks (NDR). Die Serie wird zu einer der populärsten norddeutschen Radiosendungen.
Zum Synonym für »Was wollen Sie wissen?« wird die dort angegebene Hamburger Telefonnummer. Unter »44 17 77« können Hörer mit Erwin Marcus – er ist sonst beim Hamburger Landesarbeitsgericht tätig – ihre privaten Probleme telefonisch besprechen. Die interessantesten Telefonate mit dem »Seelendoktor« werden dann Donnerstag abends über NDR II ausgestrahlt.
Die Sendung selbst existiert – mit Walther von Hollander am Mikrofon – bereits seit 1952. Nach 1986 wird sie trotz zahlreicher Proteste mehrmals im Programm verlegt.

1972

Trabantenstadt Osdorfer Born: Die »Wohnmaschinen« führen unter vielen Mietern zu Anonymität und Aggressionen.

Immer stärkere Kritik an Betongettos

31. Januar 1972. Im Neubaugebiet Mümmelmannsberg sind bis Ende des Monats die ersten Wohnungen bezogen. Zugleich gerät die Trabantensiedlung, die als Zeichen eines »Beton-Gigantismus« gilt, ins Schußfeld der Kritik.

Die Planungen zu dem von der Neuen Heimat betriebenen Projekt gehen bis zur Mitte der 60er Jahre zurück. Der 1969 vorgestellte Architektenentwurf sieht die Errichtung von 7200 Wohnungen für rund 24 000 Menschen vor. Die Grundsteinlegung in Mümmelmannsberg fand Ende September 1970 statt. Zwar gab es heftige Kritik am Interessen-»Filz« zwischen SPD-Verwaltung und Neuer Heimat, jedoch nur vereinzelt Stimmen gegen die Dimensionen des Projekts. Die Proteste verstärken sich aber angesichts der eintönigen »Massenunterkünfte« im Laufe des Jahres.

Ebenfalls in den Mittelpunkt der Kritik geraten Trabantensiedlungen wie Osdorfer Born und Steilshoop. Das »Betongetto« Osdorfer Born mit seinen in Montage-Bauweise errichteten Hochhäusern gilt als anonym und unwirtlich, obwohl Ladenzentren und Kinderspielplätze eingeplant wurden. Auch die schlechte Nahverkehrs-Anbindung an die Innenstadt wird angeprangert.

Erfolg für die Deichstraße

5. Mai 1972. Der Senat beschließt den Erhalt einer Gruppe alter Bürgerhäuser aus dem 17. und 18. Jahrhundert an der Deichstraße. Auf der »Milieu-Insel« sollen u.a. kleine Läden und Boutiquen unterkommen. Seit April 1972 wirbt der Verein »Rettet die Deichstraße« u.a. mit einer Lotterie um finanzielle Mittel für das Vorhaben.

Ein letzter Rest des alten Hamburg bleibt in Form der Deichstraße am Nikolaifleet gegenwärtig; die Gebäude aus dem 17. und 18. Jahrhundert repräsentieren z. T. noch die alte Einheit von Wohnhaus, Speicher und Kontor, teilweise handelt es sich um reine Speicher.

Gudrun Ensslin in Boutique verhaftet

7. Juni 1972. Die als Mitglied der Baader-Meinhof-Gruppe gesuchte Gudrun Ensslin wird beim Einkauf in einer Boutique am Jungfernstieg verhaftet. Ihr werden u. a. mehrere Sprengstoffanschläge zur Last gelegt.

Verkäuferinnen haben bei einer Anprobe bemerkt, daß die Kundin eine Waffe in ihrer Jacke mit sich führt und daraufhin die Polizei alarmiert. Nach einem kurzen Handgemenge überwältigen vier Polizisten die 31jährige Philosophiestudentin Gudrun Ensslin. Im April 1977 wird sie, ebenso wie Andreas Baader und Jan-Carl Raspe, u.a. wegen mehrfachen Mordes zu lebenslanger Haft verurteilt. Ensslin, Baader und Raspe nehmen sich am 18. Oktober 1977 im Gefängnis von Stuttgart-Stammheim das Leben.

»Haspa« wird größte Sparkasse der BRD

14. Juni 1972. Mit der Fusion der Hamburger Sparcasse von 1827 (»Haspa«) und der Neuen Sparcasse von 1864 (»neuspar«) entsteht die größte Sparkasse der Bundesrepublik Deutschland. Die Verschmelzung wurde bereits seit 1968 durch Verhandlungen eingeleitet. Mit der Aushändigung der Genehmigungsurkunde durch den Staatsrat in der Finanzbehörde Dietrich Ranft ist die Vereinigung der Banken jetzt unter dem Namen »Hamburger Sparkasse« perfekt.

Sparen zur sozialen Absicherung

Die Hamburger Sparcasse wurde auf Initiative des Senators Amandus Augustus Abendroth am → 16. Juni 1827 (S. 200) von Hamburger Bürgern gegründet. Als eines der vordringlichsten Ziele galt es, das Sparen auch in ärmeren Schichten der Bevölkerung durchzusetzen. Im Hintergrund stand das Fehlen eines Netzes der sozialen Absicherung in Zeiten wirtschaftlicher Not. Die Gründung von Sparkassen sollte nicht zuletzt die bürgerliche Armenunterstützung entlasten. Heftige Auseinandersetzungen innerhalb der Leitung um die Höchstgrenzen von Einlagen führten 1864 zur Abspaltung der Neuen Sparcasse.

Trotz der lange vorbereiteten Fusion läuft der Betrieb in den Filialen der neuspar und der Haspa noch für einige Zeit getrennt. Zusammen verfügt das neue Mammutinstitut derzeit über Kundeneinlagen in Höhe von 7,1 Mrd. DM (davon 5,7 Mrd. DM Spareinlagen). Die Zahl der Sparkonten beläuft sich auf insgesamt 2,3 Mio., der Girokonten auf 750 000.

Im Gegensatz zu den meist öffentlich-rechtlichen Sparkassen zählt die Haspa zu den wenigen privaten bzw. »Freien« Sparkassen. Als Stiftung in der Rechtsform einer juristischen Person alten hamburgischen Rechts ist sie gemeinnützig, wirtschaftlich unabhängig und öffentlich, d. h. sie muß Spargelder von jedermann annehmen. Als höchstes Aufsichtsgremium der Haspa fungiert ein Kuratorium, das zum größten Teil die Zusammensetzung des Verwaltungsrats bestimmt. Letzterer bestellt und entläßt die geschäftsführenden Vorstandsmitglieder.

Filiale der Hamburger Sparkasse im Stadtteil Veddel; die Haspa baut in ganz Hamburg ein Netz von mehr als 200 Zweigstellen auf.

Justizaffäre führt zum Selbstmord

10. Januar 1972. Oberstaatsanwalt Günter von Below erschießt sich in seiner Winterhuder Wohnung. Hintergrund des Selbstmordes: Der 51jährige hat in Zusammenarbeit mit einem dafür nicht zuständigen Amtsgerichtsrat ein millionenschweres Ermittlungsverfahren gegen einen Großkaufmann nach Zahlung einer Buße von 400 000 DM »wegen Geringfügigkeit« eingestellt. 100 000 DM davon erhielt der »Bund gegen Alkohol im Straßenverkehr«, dessen Hamburger Leiter von Below ist und der – wie später bekannt wird – hohe Vortragshonorare u.a. an Below gezahlt hat. Nach Veröffentlichung des Vorfalls wurde der Oberstaatsanwalt von seinen Aufgaben entbunden. Am 18. Dezember führt die Affäre zur Ablösung von Justizsenator Ernst Heinsen (SPD).

Affinerie-Unfall: Gefahr durch Gase

3. Oktober 1972. Bei der Norddeutschen Affinerie auf der Veddel kommt es zu einem schweren Gas-Unglück. Durch die Freisetzung von Schwefelgas erleiden über 200 Menschen Verätzungen an den Augen und den Atemwegen.

Bereits drei Wochen später gibt es erneut Giftgas-Alarm, als in Rothenburgsort beschädigte Transportbehälter entdeckt werden.

Die Vorfälle zeigen, daß die Hamburger Bevölkerung zunehmend durch unkontrollierbare technische Risiken gefährdet ist. Neben der allgemeinen Zunahme der Luftverschmutzung sorgt die Ansiedlung großtechnischer Industrieanlagen für Besorgnis, beispielsweise aufgrund von gesundheitsgefährdenden Fluor-Emissionen aus dem Aluminiumwerk des US-Konzerns Reynolds (→ 28. 5. 1969/S. 554).

Stader Atommeiler jetzt im Probelauf

8. Januar 1972. Das Atomkraftwerk in Stade erzeugt zum erstenmal Energie. Die Hamburgischen Electricitätswerke (HEW) sind an dem Bau zu einem Drittel beteiligt. Zusammen mit den Nordwestdeutschen Kraftwerken (NWK) haben sie von der Siemens AG in Stade dieses erste rein kommerzielle Atomkraftwerk in der Bundesrepublik errichten lassen. Das zur Zeit noch probebetriebene Stader Kraftwerk verfügt über die momentan größten in Europa betriebenen Turbinen mit einer Leistung von 662 000 kW/h.

Parallel zum Probelauf verteilen die HEW eine gegen Kritiker des Baus gerichtete Werbebroschüre. In den 80er Jahren gilt das Stader Atomkraftwerk den Fachleuten als unsicherste Anlage unter den bundesdeutschen Reaktoren.

Hohe Subventionen für neues Stahlwerk

25. April 1972. Das zur Baden-Badener Korf Stahl AG gehörende Stahlwerk im Hafenerweiterungsgebiet auf der Dradenau wird seiner Bestimmung übergeben. Die Anlage gilt als das modernste Stahlwerk der Welt.

Die Hamburger Stahlwerke GmbH betreibt das neue Unternehmen, das der Senat massiv subventioniert hat: Mit einem Kostenaufwand von rund 20 Mio. DM wurden das Gelände aufbereitet, Verkehrsanschlüsse für den See-, Straßen- und Schienenweg geschaffen sowie der Strompreis bezuschußt. Allein der Bau einer Kaimauer hat 5,5 Mio. DM verschlungen.

Das Stahlwerk arbeitet auf der Basis der sog. Direktreduktion von Eisenerzen, d. h. Stahl wird ohne Kohle und Koks produziert. Wirtschaftssenator Helmuth Kern (SPD) bezeichnet das Stahlwerk mit seinen rund 850 Mitarbeitern als ein »Bilderbuchbeispiel für industrielle Strukturpolitik«.

Als Teil der in wirtschaftliche Probleme geratenen Korf-Gruppe muß das Unternehmen im Dezember 1983 Konkurs anmelden. Zu seiner Rettung wird eine Auffanggesellschaft gegründet; für die Sanierung des Stahlwerks bringt Hamburg nochmals 93 Mio. DM auf.

Moskau errichtet Generalkonsulat

1. November 1972. Die Sowjetunion eröffnet in Hamburg ein Generalkonsulat. Es wird von German I. Wladimirow geleitet. Der erste sowjetische Generalkonsul in der Hansestadt war zuvor fünf Jahre Presseattaché der Botschaft seines Landes in Bonn.

Nach Regierungsantritt der SPD/FDP-Koalition 1969 und Abschluß des deutsch-sowjetischen Vertrages 1970 in Moskau hat sich das Verhältnis zwischen beiden Staaten verbessert. Der Moskauer Vertrag sieht Frieden und Entspannung in Europa als wichtigstes Ziel an. Die Bundesrepublik und die Sowjetunion verpflichten sich zum Verzicht auf Gewaltanwendung bzw. -androhung. Das Vertragswerk betont außerdem die Unverletzlichkeit der Grenzen aller europäischen Staaten.

Uwe Seeler: Das Fußball-Idol nimmt seinen Abschied

1. Mai 1972. Mit 35 Jahren verabschiedet sich Uwe Seeler im Volksparkstadion von der Fußball-Bühne. Daß das Spiel seines HSV gegen eine Weltauswahl 3:7 verlorengeht, interessiert nur am Rande.

61 000 verfolgen das letzte Match des populärsten Hamburger Fußballspielers, dem auf seiten der Weltauswahl legendäre Stars wie Eusebio, Bobby Charlton, Gianni Rivera, Bobby Moore und Franz Beckenbauer die Ehre erweisen. Uwe Seeler wendet sich bei seinem Abschied direkt ans Publikum: »Tschüs, Freunde, und danke schön. Es war eine lange und schöne Zeit, die viele von euch mit mir und dem HSV verbracht haben, auch wenn es nicht immer Siege zu feiern gab.«

Seeler wurde in proletarischen Verhältnissen am 5. November 1936 in Hamburg geboren. Seit Anfang 1946 spielte er für den Hamburger SV. Zu seinem ersten Einsatz in der Liga-Mannschaft des HSV kam er im Alter von 16 Jahren am 5. August 1953 (Freundschaftsspiel gegen Göttingen 05); zuvor hatte er am UEFA-Jugendturnier in Belgien teilgenommen. Ein gutes Jahr später – am 16. Oktober 1954 – spielte Seeler erstmals als Auswechselspieler in der Nationalmannschaft. Anschließend folgt eine lange, von zahlreichen Erfolgen gekrönte Laufbahn als Mittelstürmer, in der er bei 72 Länderspiel-Einsätzen insgesamt 43 Tore erzielte. Zu den Höhepunkten zählte die Teilnahme an allen vier Fußball-Weltmeisterschaften zwischen 1958 und 1970. Mit dem Hamburger SV errang der »Dicke« 1960 die Deutsche Meisterschaft und 1963 den Pokalsieg. Sein letztes Länderspiel bestritt Seeler am 9. September 1970 beim 3:1 gegen Ungarn in Nürnberg.

Auf den Schultern von Fans verläßt Seeler nach dem Abschiedsspiel das Volksparkstadion. Bereits nach Abschluß seiner Länderspielkarriere wurde »uns Uwe« zum Ehrenspielführer der Nationalmannschaft ernannt. Weil er als ein Vorbild in Sachen Fairneß gilt, erhielt er am 9. September 1970 auch das Bundesverdienstkreuz.

Berühmt wurden die Tore von »uns Uwe«, mit denen er sich zwischen 1956 und 1964 fünfmal die Krone des deutschen Torschützenkönigs eroberte; unvergessen etwa der 2:1-Siegtreffer in Stockholm gegen Schweden am 25. September 1965, der die Weltmeisterschafts-Qualifikation bedeutete, oder der »Rückkopfball« zum 2:2-Ausgleich im WM-Viertelfinale gegen England am 14. Juni 1970 im mexikanischen Leon (Endstand: 3:2).

Größter Tiefpunkt in Seelers Laufbahn war ein Achillessehnenriß, der ihm 1965 eine sechsmonatige Pause bescherte und zeitweilig seine weitere Karriere gefährdete.

Nagel will Schauspielhaus-Krise lösen

1. Januar 1972. Der deutsche Theaterkritiker und Dramaturg Ivan Nagel übernimmt die Intendanz des Schauspielhauses. Er soll die Bühne aus ihrer anhaltenden wirtschaftlichen und Führungskrise leiten (→ 10. 5. 1967/S. 550).

Der neue Chef hält den Bezug des Theaters zur Gegenwart für das wichtigste Kriterium bei der Spielplangestaltung. Dazu sagt er: »Ich möchte, daß das Deutsche Schauspielhaus zu einem Forum für das kulturelle Leben, für die Stadt Hamburg wird.«

Am Anfang seiner Intendanz versucht Nagel, mit einem vielseitigen Theater das Fundament für eine neue Beziehung zwischen Schauspielhaus und Hamburger Publikum zu schaffen. In diesem Rahmen engagiert er u.a. die Regisseure bzw. Bühnenbildner Claus Peymann, Wilfried Minks, Peter Zadek und Jérôme Savary. Daneben arbeitet der Intendant mit Dieter Giesing und Ulrich Heising sowie Rolf Glittenberg zusammen. Zu den ersten dramaturgischen Höhepunkten zählt die Uraufführung des »Stallerhof« von Franz Xaver Kroetz, die zugleich einen persönlichen Triumph für die erst 17jährige Schauspielerin Eva Mattes bedeutet. Weitere herausragende Aufführungen der ersten Jahre sind die deutsche Premiere von Cyril Tourneurs »Die Tragödie der Rächer« (1972) sowie Friedrich von Schillers »Jungfrau von Orléans« (1973).

Ivan Nagel wurde am 28. Juni 1931 in Budapest geboren. Er arbeitete zunächst als Theaterkritiker für die »Deutsche Zeitung« und Chefdramaturg an den Münchener Kammerspielen. Vor Übernahme der Hamburger Intendanz war er – seit 1968 – Theaterkritiker der »Süddeutschen Zeitung«.

Nach Finanzstreitigkeiten und einem Eklat um den Rücktritt von Intendant Hans Lietzau Ende 1970 hatten Rolf Liebermann und Herbert Paris interimistisch die Leitung des Schauspielhauses inne.

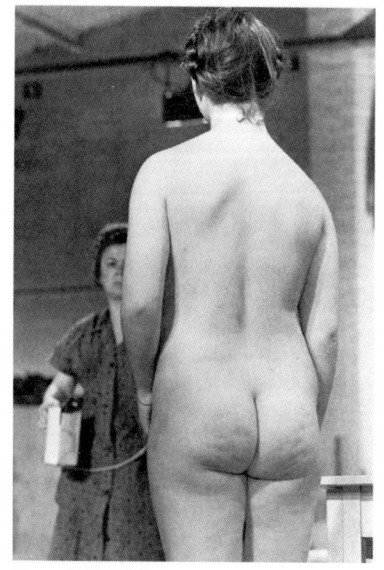

Provokant: Eine nackte Eva Mattes in dem Kroetz-Stück »Stallerhof«

Kottysch kehrt mit Olympiagold heim

13. September 1972. Mit zwei Medaillen kehren Hamburger Sportler von den XX. Olympischen Sommerspielen in München (26. 8.– 11. 9.) in die Hansestadt zurück.

Dabei ist der Boxer Dieter Kottysch der erste Hamburger seit 1936, der eine olympische Goldmedaille gewann. Er besiegte im Finale des Halbmittelgewichts den Polen Wieslaw Rudkowski nach Punkten. Der 29jährige Kottysch wird am Flughafen Fuhlsbüttel von Sportamtsdirektor Gerhard Stöck und dem Harburger Bezirksamtsleiter Hans Dewitz offiziell begrüßt. Anschließend findet im Harburger Rathaus ein Empfang statt.

Ein musikalisches Willkommen erwartet die Dressurreiterin Karin Schlüter, als sie vom Flughafen zu ihrem Flottbeker Haus zurückkehrt: Drei Hornbläser und 18 Reiterinnen feiern ihre Silbermedaille in der Mannschaftsdressur.

1973

20. 1. Die Alsterschwimmhalle an der Sechslingspforte wird eröffnet. → S. 563

9. 2. In der Staatsoper geht die Uraufführung des futuristischen Multimedia-Spektakels »Kyldex I« von Nicolas Schöffer über die Bühne. → S. 565

21. 3. Die Kattwyk-Hubbrücke über den Schiffahrtsweg Süderelbe – Köhlbrand geht in Betrieb. Mit einer Durchfahrtshöhe von 54 m ist sie die größte Hubbrücke der Welt.

29. 3. Das 118 m hohe Plaza-Hotel am Dammtorbahnhof wird eröffnet; am 14. 4. folgt die Eröffnung des Congress Centrum Hamburg (CCH; → 20. 1. 1973/S. 563).

14. 4. Bei einem Überfall von einer Gruppe der Hamburger »Hell's Angels« wird der 20jährige Dieter König erstochen. → S. 564

27. 4. Bundespräsident Gustav Heinemann eröffnet die Internationale Gartenbauausstellung (IGA 73). → S. 565

23. 5. Die Polizei räumt ein besetztes Haus an der Ekhofstraße. → S. 564

3. 6. Der U-Bahnhof Jungfernstieg wird in Betrieb genommen. Die U 2 fährt jetzt vom Gänsemarkt über den Jungfernstieg zum Hauptbahnhof-Nord (→ 20. 1. 1973/S. 563).

23. 7. An der Staatsoper endet die (erste) »Ära Liebermann«. → S. 565

17. 8. Am erstmaligen Sieg eines deutschen Teams im Admiral's Cup sind zwei Hamburger Boote beteiligt. → S. 565

25. 9. Das Kreuzfahrtschiff »Hamburg« der Deutschen Atlantik-Linie wird in »Hanseatic« umgetauft. Am 1. Dezember 1973 muß der Betrieb wegen finanzieller Schwierigkeiten eingestellt werden. Nach seinem Verkauf in die UdSSR fährt das Schiff unter dem Namen »Maxim Gorki« weiter.

1. 10. Der Lehrbetrieb an der Hochschule der Bundeswehr in Hamburg-Jenfeld beginnt. → S. 564

10. 10. Als Nachfolger von Heinz Ruhnau wird Hans-Ulrich Klose (beide SPD) Hamburger Innensenator.

25. 11. Hamburgs Straßen sind am ersten »autofreien Sonntag« wie leergefegt. → S. 565

26. 11. Der 41jährige Peter Krohn wird Präsident des HSV (→ 1. 7. 1975/S. 570).

November. Auch Hamburg ist vom Anwerbestopp für Gastarbeiter betroffen. → S. 564

GESTORBEN

2. 2. Hamburg: Max Brauer (* 3. 9. 1887, Ottensen), Politiker (SPD), Erster Bürgermeister 1946–1953 und 1957–1961.

Für die VIP-Lounge im 118 m hohen Plaza-Hotel-Turm (M.) muß man pro Nacht immerhin 450 DM auf den Tisch blättern.

Das Jahr architektonischer Superlative

20. Januar 1973. An der Sechslingspforte wird die Alsterschwimmhalle eröffnet. Mit dem Congress Centrum (CCH) am Dammtor und dem Bahnhof Jungfernstieg gehört sie zu Hamburgs architektonischen Visitenkarten der 70er Jahre.

Die rund 32 Mio. DM teure Alsterschwimmhalle mit dem kühn geschwungenen Dach und dem wettkampfgerechten, 50 × 25 m großen Sportbecken steht allen Bevölkerungsteilen offen. Weithin begrüßt wird auch die Inbetriebnahme des »Superbahnhofs« Jungfernstieg am 3. Juni. Er gilt als die wichtigste Errungenschaft des öffentlichen Nahverkehrs seit Jahrzehnten. Umstritten dagegen ist der Hotel-, Tagungs- und Veranstaltungskomplex Plaza-Hotel/CCH am Dammtor, der auf einem Teilbereich von Planten un Blomen entstand.

Mit der U 2 (Schlump-Hauptbahnhof), die nach der Eröffnung des Bahnhofs Jungfernstieg in Betrieb geht, ist es nicht getan: Schildvortriebsmaschine für die erste Röhre der City-S-Bahn, die ab 1. Juni 1975 verkehrt.

Das »Butterfly«-Dach der Alsterschwimmhalle; unter ihm liegen mehr als 1500 m² Wasserfläche. Kritik verursachten die permanent steigenden Baukosten.

Brutale Tat im Jugendtreff

14. April 1973. Bei einem Überfall der Motorradgruppe »Hell's Angels« auf einen Jugendtreff der Apostelkirche wird der 20jährige Dieter König erstochen.

Schon mehrere Stunden vor der Tat gab es ein Zusammentreffen mehrerer »Höllenengel« mit König, der ihnen den Einlaß zu einer kirchlichen Kellerbar vor der offiziellen Öffnungszeit verweigerte. Gegen 21.30 Uhr kehrt eine Gruppe von 10 bis 15 »Hell's Angels« zu dem für seine kirchliche Jugendarbeit bekannten Treffpunkt zurück. Mit geschwungenen Ketten und Knüppeln schüchtern sie die rund 20 Gäste ein, bilden einen Ring um den jungen Arbeiter und fügen ihm tödliche Stichverletzungen zu. Die Täter können zunächst unerkannt entkommen. Später werden acht »Hell's Angels« wegen gemeinschaftlicher Körperverletzung mit Todesfolge zu Freiheitsstrafen von mehreren Jahren verurteilt.

Mitglieder der Hamburger Motorradgruppe, die für den Tod des jungen Arbeiters im Jugendtreff der Eimsbütteler Apostelkirche verantwortlich gemacht werden; die Kellerbar schließt sofort nach der Tat. Durch die dort geleistete Jugendarbeit wurden bisher auch viele »Rocker« betreut. Die Öffentlichkeit reagiert mit Erschrecken auf den Mord.

Vielvölkerstadt Hamburg

November 1973. Der Anwerbestopp des Bundesarbeitsministeriums für ausländische Arbeitnehmer wirkt sich auch auf den Hamburger Arbeitsmarkt aus. In den kommenden Jahren geht die Zahl der Beschäftigten aus allen sechs europäischen Anwerbeländern mit Ausnahme der Türkei zurück.

Noch Ende der 60er Jahre forderte das Hamburger Arbeitsamt mehr »Gastarbeiter«: 23 000 unbesetzte Arbeitsplätze und Vollbeschäfti-

Ausländische Arbeitnehmer 1973*	
insgesamt:	69 456
davon aus:	
Türkei	15 812
Jugoslawien	14 054
Portugal	6 010
Italien	5 577
Griechenland	4 808
Spanien	4 101
übrige Staaten	19 094

* in Hamburg beschäftigt

gung ließen den Ruf nach Arbeitern aus anderen Staaten immer lauter werden. 1969 übersprang die Ausländerquote in der Hansestadt die 4%-Marke; insgesamt wurden rund 28 000 Arbeitskräfte aus den sechs europäischen Anwerbestaaten Griechenland, Italien, Jugoslawien, Portugal, Spanien und der Türkei beschäftigt, überwiegend im Bereich un- oder angelernter Industriearbeit bzw. im Dienstleistungssektor. Wie auch anderswo in der Bundesrepublik haben es die Arbeitsmigranten nicht leicht in der Hansestadt: Erst mußten oft menschenunwürdige Sammelunterkünfte für die allein gekommenen Männer herhalten, mittlerweile ist es für die nachziehenden Familien häufig unmöglich, Wohnungen zu finden. Vielfach stoßen die angeworbenen Arbeitskräfte auf Ressentiments.

Schon im 19. Jahrhundert lebten ausländische »Gastarbeiter« in Hamburg, z. B. Polen in Wilhelmsburg. Nach dem Zweiten Weltkrieg waren es zunächst Italiener, die in den 50er Jahren aufgrund von Anwerbevereinbarungen nach Hamburg kamen. Der Ausländeranteil in der Hansestadt war Mitte der 50er Jahre mit gut 1% noch relativ gering. Die größte Gruppe bildeten zu jener Zeit Italiener. 1966 übernahmen Türken die Spitzenposition. Insgesamt allerdings verzeichnet Hamburg im Vergleich zu anderen deutschen Großstädten einen relativ niedrigen Ausländeranteil, der Mitte der 70er Jahre bei etwa 7% liegt und auch danach rund 10% nicht übersteigt.

Ekhofstraße: Besetztes Haus geräumt

23. Mai 1973. Ein von rund 200 Menschen besetztes Haus in der Ekhofstraße 37/39 im Ortsteil Hohenfelde wird von der Polizei geräumt. Bei dem massiven Polizeieinsatz gibt es drei Verletzte. Die Besetzer des vom Abbruch bedrohten Haus wollen auf die Wohnraumnot aufmerksam machen.

Zu der Polizeiaktion werden rund 500 Beamte aufgeboten, die in getarnten Fahrzeugen am frühen Morgen nach und nach an den Einsatzort kommen. Auch Wasserwerfer stehen in Bereitschaft. Die jugendlichen Hausbesetzer leisten kaum Widerstand; dennoch werden drei Personen – darunter ein bereits gefesselter Besetzer – bei der Räumung leicht verletzt. Im Anschluß an den Einsatz werden die Hausbesetzer einzeln und mit gefesselten Händen abgeführt.

Das vom Abbruch bedrohte und zuvor leerstehende Haus ist seit fünf Wochen besetzt gewesen. Unter der Parole »Kampf dem Mietwucher« wollten die Besetzer den Abbruch verhindern und planten eine Nutzung als Studenten-, Lehrlings- und Gastarbeiterwohnhaus. Sie stoßen mit ihren Forderungen in Teilen der Bevölkerung auf Sympathie, aber auch auf Unverständnis.

Transparente vor dem besetzten Gebäude; während der Räumung kommt es noch zu Sympathiekundgebungen für die jugendlichen Hausbesetzer.

Akademische Meriten bei der Bundeswehr

1. Oktober 1973. In Jenfeld nimmt die Bundeswehrhochschule den Lehrbetrieb auf. Parallel zu Hamburg erhält auch München eine Hochschule der Bundeswehr.

Bei der Einrichtung handelt es sich um eine wissenschaftliche Hochschule für die Offiziersausbildung. Zu ihrer Gründung hat die Bundesregierung im September 1972 ein entsprechendes Abkommen mit dem Senat geschlossen.

Die Hochschule gehört zum Geschäftsbereich des Verteidigungsministeriums. Das dreijährige Studium gliedert sich in sog. Trimester; inhaltliche Schwerpunkte liegen vor allem im technischen Bereich. Ab 1978 verfügt die Bundeswehrhochschule über das Recht, akademische Grade zu verleihen, darunter auch das Promotions- und Habilitationsrecht.

IGA bringt Blumenmeer

27. April 1973. Bundespräsident Gustav Heinemann eröffnet die Internationale Gartenbauausstellung (IGA) in Hamburg.

In seiner Begrüßungsansprache im Congress Centrum (→ 20. 1. 1973/S. 563) weist Heinemann auf die Bedeutung größerer Grünbereiche hin: »Wenn wir an die Luftverschmutzung denken, dann erkennen wir, wie notwendig solche grünen Lungen in den Städten sind.«

In diesem Zusammenhang äußert der Bundespräsident Kritik an der herrschenden Stadtplanung. Die IGA 73 ist – nach 1953 und 1963 – bereits die dritte Gartenbauausstellung in der Hansestadt seit Ende des Zweiten Weltkriegs. Sie verwandelt das Gelände zwischen Dammtor und Millerntor bis zum Herbst in ein Blütenmeer, das mit den wechselnden Jahreszeiten variiert. Neben den Freiluftrabatten entstanden in den Messegebäuden auch fünf Hallenausstellungen, bei denen allein die Orchideen einen Wert von annähernd 1 Mio. DM repräsentieren. Insgesamt sind rund 59 Mio. DM in die Anlagen der Gartenschau geflossen.

Das »Hamburger Abendblatt« schreibt über den Charakter der Ausstellung: »Mehr als zuvor verbindet sich diese IGA mit der Kunst. Neben der Begegnung mit dem internationalen Schaffen fordert sie die jungen Hamburger Künstler zur Konfrontation mit dem Publikum. Sie wird freilich nicht bei jedermann immer Verständnis finden, man wird die Partnerschaft suchen müssen. Aber vor dieser Naturkulisse erhebt sie mit ihren oft skurrilen Formen, mit ihrer heiter-ironischen Verspieltheit die IGA 73 gleichsam zum Gesamtkunstwerk.« Dennoch: Die »Betonierungs«-Tendenz der IGA ruft in der Folge die Kritiker auf den Plan.

Naive Kunst ziert das offizielle Plakat der Internationalen Gartenbauausstellung mit »Käpt'n Blume«.

Zuschauer dürfen bei »Kyldex« mitmachen

9. Februar 1973. Die Uraufführung von »Kyldex I« in der Staatsoper wird zu einem turbulenten, euphorisch aufgenommenen Klang- und Lichtereignis.

Der Titel ist die Abkürzung für »kybernetisch-luminodynamische Experimente«. Das Werk des in Ungarn geborenen französischen Objekt- und Lichtkünstlers Nicolas Schöffer und des französischen Komponisten Pierre Henry ist eine Mischung aus audiovisuellen Bildern und elektronischen Klangcollagen vom Band. Für Intermezzi sorgt die Choreographie von Alwin Nikolais (Tanz-Solistin: Carolyn Carlson). Mit Hilfe farbiger Signalkellen können Zuschauer den Ablauf mitbestimmen. Intendant Rolf Liebermann moderiert das Stück als Vermittler zwischen Bühne und Zuschauerraum.

Ein Tag Fußgängerparadies

25. November 1973. Die »Ölkrise« macht's möglich: Am ersten der von der Bundesregierung zwecks Energiesparen verordneten vier autofreien Sonntage herrscht auf Hamburgs Hauptverkehrsstraßen ungewohnter Frieden – ausnahmsweise paradiesische Zustände für Fußgänger und Radfahrer.

Die Polizei stellt kaum Verstöße gegen das Fahrverbot fest. Vorangegangene Appelle an die Vernunft erweisen sich als erfolgreich. Gleichzeitig platzen Busse und Bahnen aus allen Nähten: Der Hamburger Verkehrsverbund verzeichnet über eine Million Fahrgäste – eine Verdoppelung der normalen Zahl. Viele Autofahrer kommen allerdings nur schlecht mit dem für sie ungewohnten HVV-Liniennetz zurecht.

Unterschiedliches Verhalten wird bei Fußgängern beobachtet. Die einen warten trotz leergefegter Kreuzungen auf das Grün der Fußgängerampeln, andere ignorieren dagegen souverän die Signale.

Leer sind an den Fahrverbotssonntagen auch die sonst belebtesten Straßen der Stadt wie hier an den winterlichen Landungsbrücken; anders als sonst bilden sich an vielen Bushaltestellen lange Warteschlangen.

Liebermann verläßt Oper

23. Juli 1973. Mit dem Abschied Rolf Liebermanns von der Hamburgischen Staatsoper geht eine Intendanten-Ära zu Ende. Der Schweizer hat in seiner 14jährigen Tätigkeit der Oper mit Inszenierungen zeitgenössischer Werke zu Weltgeltung verholfen. Sein Nachfolger wird August Everding. 1973/74 beginnt das Engagement des Ballettleiters John Neumeier, der einen bedeutenden Abschnitt Hamburger Tanzgeschichte einleitet (→ 2. 1. 1978/S. 576).

Nachfolger Liebermanns (r.) als Intendant der Staatsoper: August Everding (l.); der Theaterpraktiker, TV-Moderator und Pädagoge plädiert u. a. für mehr experimentelle Produktionen. In der M.: Bundesfinanzminister Schmidt.

Hamburger Erfolg bei Admiral's Cup

17. August 1973. An dem ersten deutschen Sieg im Admiral's Cup – der inoffiziellen Weltmeisterschaft für Hochsee-Segler – sind auch zwei Hamburger Boote beteiligt.

Nach vier Regatten verzeichnet die deutsche Mannschaft 831 Punkte. Auf dem zweiten Platz der Gesamtwertung folgt Australien mit 779 Punkten vor Großbritannien (752). Zum Team der Bundesrepublik gehören die Hamburger »Saudade« und »Rubin« sowie die Aachener »Carina III«. Auf der »Saudade« fahren Albert Büll und Skipper Berend Beilken, auf der »Rubin« u. a. Hans-Otto Schümann.

Bisher dominierten britische Segeljachten im Admiral's Cup, den sie allein fünfmal gewinnen konnten. Die Hochsee-Regatta vor der britischen Küste wird seit 1957 alle zwei Jahre ausgetragen.

1974

Lange Schlangen von Fußgängern auf der Köhlbrandbrücke; an drei Tagen werden rund 630 000 Besucher gezählt.

Spektakuläres über und unter Wasser

20. September 1974. Bundespräsident Walter Scheel gibt die Köhlbrandbrücke für den Verkehr frei. Im Rahmen eines Volksfestes nutzen weit über 100 000 Hamburger die Einweihung zu einem Spaziergang auf der Brücke, die ebenso wie der wenige Monate später eröffnete Elbtunnel als ein »Jahrhundertbauwerk« gilt.

Die 3,94 km (mit Auffahrten) lange und 157 Mio. DM teure Brücke überspannt in 53 m Höhe den Köhlbrand und verbindet den Hafen mit den Autobahnen nach Norden, Süden und Westen. Architekt Egon Jux konstruierte die Köhlbrandbrücke, deren Bau am 8. Mai 1970 begann. Die viertlängste Brücke in Europa wird von 135 m hohen Pylonen getragen, deren 88 Stahlseile nach dreieinhalb Jahren allerdings so stark angerostet sind, daß sie allesamt mit Millionenaufwand erneuert werden müssen. Die damit verbundene Kritik tut freilich der allseits bewunderten Schönheit der »Hamburger Golden Gate« keinen Abbruch.

Am 10. Januar 1975 wird mit dem Elbtunnel ein weiteres wegweisendes Bauwerk freigegeben. Als Teil von Hamburgs westlicher Autobahnumgehung liegt der rund 3,3 km lange Tunnel an seinem tiefsten Punkt 27 m unter dem mittleren Wasserspiegel der Elbe. An der Einweihung des weit über 100 Mio. DM teuren Bauwerks nimmt u. a. Bundeskanzler Helmut Schmidt teil. Im Rahmen der sechseinhalbjährigen Arbeiten zum Elbtunnel, dessen drei Röhren im Schildvortriebverfahren errichtet wurden, verloren fünf Arbeiter ihr Leben.

Noch im Bau: Der neue Elbtunnel Mitte Oktober 1974 (bei Waltershof); über den drei Röhren mit ihren insgesamt sechs Fahrspuren fahren die Schiffe auf der Elbe. Aus dem zur Einweihung geplanten Volksfest 27 m unter dem Fluß wird nichts: Die Baubehörde hat Bedenken.

Nach Wahldebakel: Jetzt übernimmt Klose das Ruder

31. Oktober 1974. In der Nacht zum 1. November nominiert der SPD-Landesvorstand den bisherigen Innensenator Hans-Ulrich Klose für das Amt des Ersten Bürgermeisters. Der amtierende Regierungschef Peter Schulz (SPD) ist zuvor aufgrund des katastrophalen Ergebnisses seiner Partei bei den Bürgerschaftswahlen vom 3. März zurückgetreten.

Der Entscheidung ist eine Serie von Sitzungen der führenden SPD-Gremien nach der 24 Stunden zuvor erfolgten Rücktrittserklärung von Schulz vorausgegangen. Mit 37 Jahren wird Klose damit der jüngste Erste Bürgermeister der Hansestadt und zugleich der jüngste Regierungschef eines Bundeslandes. Der als gemäßigt geltende Jurist Klose, der sich erst später als Vertreter »linker« SPD-Politik profiliert, wurde 1972 Chef der Bürgerschaftsfraktion und im folgenden Jahr Innensenator.

Von den erdrutschartigen Verlusten der Sozialdemokraten bei den Bürgerschaftswahlen profitiert insbesondere die CDU. Sie wählt am 17. Mai den 38jährigen Jürgen Echternach mit 248 von 320 Stimmen zu ihrem Landesvorsitzenden.

Gewinner der Bürgerschaftswahlen: Der CDU-Bürgermeisterkandidat Erik Blumenfeld (l.) und der CDU-Landesvorsitzende (seit 17. 5.), Oppositionsführer Jürgen Echternach.

Noch gezeichnet von den Anstrengungen der vorangegangenen Tage: Peter Schulz nach seinem Rücktritt im Gespräch mit der Journalistin Wibke Bruhns

Bürgerschaftswahl am 3.3.1974

Wahlbeteiligung: 80,4 % (73,4 %)

Gesamtzahl der Sitze: 120

SPD	CDU	FDP	Sonstige
44,9	40,6	10,9	3,6
56	51	13	–
–14	+10	+4	–

44,9	Stimmenanteil (%)
56	Anzahl der Mandate
–14	± der Mandate im Vergleich zur letzten Wahl

© Harenberg

SPD verliert absolute Mehrheit

3. März 1974. Bei den Bürgerschaftswahlen verlieren die Sozialdemokraten nach fast 17 Jahren die absolute Mehrheit. Sie fallen von 55,3% auf 44,9% der Stimmen und verlieren 14 Mandate. Damit beträgt ihr Vorsprung gegenüber der CDU, die auf 40,6% kommt, nur noch fünf Sitze. Die FDP – Koalitionspartner der SPD – gewinnt dagegen bei einem Stimmenanteil von 10,9% vier Sitze hinzu.

Tödliches Finale eines Banküberfalls

18. April 1974. Ein Banküberfall mit Geiselnahme am Steindamm kostet zwei Menschen das Leben. Am Mittag betritt ein maskierter, bewaffneter Bankräuber die Commerzbankfiliale am Steindamm 50. Ein Angestellter löst unbemerkt Alarm aus. Mit heulenden Sirenen erreicht kurz darauf ein Polizeiwagen den Tatort. Als die beiden Beamten die Bank betreten, schießt der Maskierte und verletzt einen von ihnen tödlich. Anschließend nimmt er einen Kassierer als Geisel und fordert über den Polizeinotruf ein Fluchtauto.

Inzwischen sind vor dem Bankgebäude massive Polizeikräfte konzentriert worden, u. a. 70 Peterwagen und das Mobile Einsatzkommando (MEK). Auch das verlangte Fluchtauto trifft ein. Nur mit einer Badehose bekleidet, steigt ein 33-jähriger Kriminalhauptmeister aus und bleibt mit erhobenen Händen stehen. Jetzt geht alles blitzschnell: Beim Verlassen der Bank wird der

Kurz vor den Schüssen: Der Polizist (r.) ist mit dem Fluchtauto vorgefahren, l. der Bankräuber mit Geisel; der MEK-Schütze schaut um die Hausecke.

Täter – ein 28jähriger Kolumbianer – von einem MEK-Schützen tödlich getroffen und sinkt, die Geisel noch mit dem Arm umschlungen, zu Boden. Innensenator Hans-Ulrich Klose (SPD) erklärt später den blutigen Ausgang mit dem »Risikoreichtum von Gewalttaten«.

Bonn: Hamburger wird Bundeskanzler

16. Mai 1974. Mit dem SPD-Politiker Helmut Schmidt wird erstmals ein Hamburger Bundeskanzler. Schmidt wird von den Abgeordneten des Bundestags zum Nachfolger seines Parteifreundes Willy Brandt gewählt. Dieser hatte mit seinem Rücktritt vom 6. Mai die

Geboren am 23. Dezember 1918 in Barmbek, wurde Schmidt 1953 erstmals Bundestagsabgeordneter. Als Hamburger Innensenator machte er sich durch energisches Handeln bei der Sturmflutkatastrophe 1962 einen Namen. 1969 wurde er Verteidigungs-, 1972 Finanzminister.

politische Verantwortung für die Affäre um den Kanzlerreferenten und DDR-Spion Günter Guillaume übernommen. Der 55jährige Schmidt amtierte bisher als Finanzminister in Bonn.

Keiner rechnete mit Sparwasser-Schock

22. Juni 1974. 13 Minuten vor Schluß der WM-Vorrundenbegegnung Bundesrepublik Deutschland gegen die DDR im ausverkauften Volksparkstadion ist die Sensation perfekt: DDR-Stürmer Jürgen Sparwasser läßt den neun Minuten zuvor eingewechselten Horst-Dieter Höttges stehen und schießt das entscheidende 1:0 im deutsch-deutschen Fußball-Duell.

Dieses Tor läßt die 1800 DDR-Schlachtenbummler auf der Gegentribüne wie ein Mann aufspringen, während die übrigen 60 000 vor Schreck erstarren. So hatte sich niemand das erste Länderspiel gegen die DDR-Auswahl vorgestellt. Auch die »Bild-Zeitung«, die während der Weltmeisterschaft im eigenen Land als »Größte WM-Zeitung des Kontinents« firmiert, war optimistisch: »Warum wir heute gewinnen« heißt die Schlagzeile am Spieltag. Doch auf dem grünen Rasen rennen sich die westdeutschen Stürmer immer wieder an der gutgestaffelten DDR-Abwehr fest, nur Gerd Müller (FC Bayern München) trifft in der 40. Minute wenigstens einmal den Pfosten.

Von nun an trennen sich die Wege der deutschen Mannschaften: Während das DFB-Team ins Finale vordringt und durch ein 2:1 gegen die Niederlande Weltmeister wird, muß die DDR bereits in der zweiten Finalrunde die Segel streichen.

77. Spielminute: Jürgen Sparwasser dreht nach seinem Tor jubelnd ab.

18. Juni, Volksparkstadion: BRD–Australien 3:0 (r.: Uli Hoeneß)

Krameramtswohnungen: Volksfest bei der Eröffnung des Kulturzentrums

Besucherrekord in der Kunsthalle

3. November 1974. In der Kunsthalle endet die am 14. September begonnene große Caspar-David-Friedrich-Ausstellung.

Die Schau ist dem 200. Geburtstag des romantischen Malers Caspar David Friedrich gewidmet. Es ist die bisher umfassendste Ausstellung seiner Werke. Während ihrer rund siebenwöchigen Dauer verzeichnet sie 218 000 Besucher. Damit wird die bisherige Rekordzahl der Kunsthalle von 120 000 Besuchern – aufgestellt anläßlich der großen Hamburger Picasso-Ausstellung im Jahr 1956 – deutlich übertroffen. Trotz des Massenandrangs haben sich keine größeren Zwischenfälle ereignet. Vom Ausstellungkatalog wurden bisher rund 40 000 Exemplare zum Preis von 20 DM verkauft; er mußte mehrfach nachgedruckt werden.

Im Frühjahr zeigte die Kunsthalle bereits eine andere bemerkenswerte Ausstellung. Mit »Ossian und die Kunst um 1800« (9. 5.–23. 6.) wies sie auf das Wirken des Schotten James Mcpherson hin, der mit seinen als Übersetzungen gälischer Sagenlieder ausgegebenen Dichtungen einen europaweiten Kunsttrend ausgelöst hatte.

Hamburger Szene im »Pö«

11. Mai 1974. Die »Hamburg All Stars« präsentieren sich dem Publikum als beliebteste Jazzmusiker der Hansestadt. Sie verkörpern ebenso die berühmte »Hamburger Szene« wie etwa Udo Lindenberg.

Die einzelnen Mitglieder der »All Stars« gehen aus der Leserwahl einer Hamburger Tageszeitung hervor, die nach den besten und populärsten Jazzmusikern fragte. Zu ihnen gehören danach u. a. der Pianist Gottfried Böttger und der Trompeter Abbi Hübner.

Höhepunkte ihres kurzen Zusammenspiels sind der Auftritt im CCH am 11. Mai und die Aufnahme einer Doppel-LP.

Zu den Proben treffen sich die »All Stars« in »Onkel Pö's Carnegie Hall« – einer der bekanntesten Musikkneipen in Hamburg. Als ein Brennpunkt der sog. Hamburger Szene treten im »Onkel Pö« und anderen Eppendorfer Kneipen zahlreiche einheimische Künstler auf. Sie machen die »Hamburger Szene« zu einem festen Begriff.

Udo Lindenberg (l.) und Otto Waalkes in »Onkel Pö's Carnegie Hall«, gegründet am 1. 10. 1970; Lindenberg ist 1973 mit seinem Panikorchester und der Platte »Alles klar auf der Andrea Doria« bekanntgeworden. Im August 1974 nimmt er eine weitere Schallplatte auf; ihr Titel: »Ball Pompös«.

Restauriert: Alte Häuser am Michel

14. Juni 1974. Die von Grund auf restaurierten Krameramtswohnungen im Krayenkamp werden als Kulturzentrum eingeweiht. Sie gelten als Musterbeispiel gelungener Altstadt-Sanierung.

In den Gebäuden sind u. a. kleine Läden, Galerien und gastronomische Betriebe angesiedelt. Pächter des städtischen Besitzes ist der bisher am Fischmarkt ansässige Galerist Walter Mensch.

Die an der Michaeliskirche gelegenen Krameramtswohnungen sind eines der letzten erhaltenen Beispiele der früher typischen Hamburger Hofbebauung. Errichtet im 17. Jahrhundert, dienten sie bis 1866 den Witwen des Krameramtes (Krämerzunft) als Heimstätte. Später brachte die Sozialbehörde dort alleinstehende ältere Damen unter. Mangelnde sanitäre Hygiene und Baufälligkeit machten allerdings eine Wohnnutzung allmählich unmöglich. In einem Gutachten wurde 1968 eine gründliche Restaurierung als notwendig erachtet. Die Stadt als alleiniger Träger erarbeitete daraufhin bis 1971 ein Nutzungskonzept. Seit 1972 wurden die Krameramtswohnungen für 1,625 Mio. DM restauriert.

1975

29. 1. Der Erste Bürgermeister Hans-Ulrich Klose (SPD) kündigt vor der Bürgerschaft ein Sparprogramm an. → S. 569

8. 2. Die Hamburgische Staatsoper eröffnet mit dem Ballett »Makrokosmos« von George Crumb ihre Experimentierbühne, die »opera stabile«.

11. 4. Die 35jährige Politikerin Helga Schuchardt wird zur Landesvorsitzenden der Hamburger FDP gewählt.

24. 5. Nach achtjährigem Zwangsaufenthalt im Großen Bittersee des Sueskanals treffen die Motorschiffe »Münsterland« und »Nordwind« in Hamburg ein. → S. 570

30. 5. Der erste Teilabschnitt der City-S-Bahn vom Hauptbahnhof bis zu den Landungsbrücken wird eröffnet.

29. 6. Im Finale um die Deutsche Amateur-Fußballmeisterschaft unterliegt der SC Victoria vor über 6000 Zuschauern in Ludwigsburg dem VfL Bürstadt 0:3 (0:1).

1. 7. Peter Krohn wird Manager beim Hamburger Sportverein. → S. 570

17. 7. Ein Wohnungsbrand in Ottensen führt die Polizei auf die Spur des vierfachen Frauenmörders Fritz Honka. → S. 569

22. 7. Beim Zusammenstoß des Nahverkehrszuges Hamburg – Buxtehude mit einem Güterzug aus Waltershof sterben in Hausbruch elf Passagiere, 65 werden verletzt. Der Personenzug hatte ein Haltesignal überfahren und war frontal auf den Güterzug aufgeprallt.

20. 8. Beim 6:0-Erfolg über Japan bestreitet Gaby Appel vom Klipper THC das erste ihrer über 200 Länderspiele für die deutsche Hockey-Nationalmannschaft.

30. 8. Der Hamburger Ruderer Peter-Michael Kolbe wird in Nottingham erstmals Weltmeister im Einer. → S. 570

12. 9. Die Polizeibehörde läßt 15 Polizeipferde versteigern. → S. 569

13. 10. Das einzige hochseetüchtige Schiffstheater in Europa eröffnet: »Das Schiff« im Nikolaifleet. → S. 570

1. 11. Ein durch Brandstiftung hervorgerufenes Feuer vernichtet fast den gesamten Fundus der Hamburger Staatstheater, der am Schlicksweg in Barmbek lagerte.

GESTORBEN:

10. 3. Hamburg: Walter Rothenburg (* 28. 12. 1889, Hamburg), Schlagerdichter und Boxveranstalter.

19. 11. Hamburg: Rudolf Kinau (* 23. 3. 1887, Finkenwerder), Schriftsteller. → S. 570

Geld fehlt – Fette Jahre sind vorbei

29. Januar 1975. In seiner Regierungserklärung beziffert der Erste Bürgermeister Hans-Ulrich Klose (SPD) das bis 1978 zu erwartende Haushaltsdefizit auf 1,9 Mrd. DM. Der Fehlbestand geht teilweise auf eine Ausweitung der Personalkosten im öffentlichen Dienst zurück; gleichzeitig sinken die Steuereinnahmen. Einer der Gründe: Immer mehr Hamburger ziehen in die Vororte und zahlen dort ihre Steuern. Klose kündigt Sparmaßnahmen mit einem Volumen von insgesamt 1,6 Mrd. DM an.

Das Programm ruft vielfachen Protest der betroffenen Gruppen hervor. So folgen z.B. am 18. Juni über 7000 Menschen einem Aufruf von Hamburger Elternräten und Elternvertretungen zu einer Demonstration gegen die rigiden Sparmaßnahmen im Schulbereich.

In grundsätzlicher Weise äußert sich Klose am 8. Juli auf der 22. Sommertagung des politischen Clubs der Evangelischen Akademie in Tutzing zu den Problemen großstädtischer Politik. Er weist darauf hin, daß der Abwanderungsprozeß jüngerer, mobiler Bevölkerungsgruppen in das Umland die Konzentration sozial schwächerer Gruppen in den inneren Stadtteilen bedeuten werde. Klose fordert ein Umdenken der Stadtplaner: Nötig seien u. a. die Modernisierung alter Wohnungen und neue Freizeitangebote.

Blick auf die City und die Binnenalster – das Herz Hamburgs; Hans-Ulrich Klose nennt »das Funktionieren der Städte oder ihr Nichtfunktionieren« eine Sache »von erheblicher Bedeutung für die ganze Nation«. Die »sozialen, ökonomischen und kulturellen Funktionen« der Städte seien zur Zeit in Frage gestellt. Rezession und Bevölkerungsverlust führen zu einer schwindenden Steuerbasis – mit der Wachstumseuphorie der 50er und 60er Jahre ist es nun vorbei.

Vier Leichen unterm Dach

17. Juli 1975. Bei einem Brand in der Zeißstraße 74 in Ottensen werden in der Wohnung des Wachmanns Fritz Honka durch Zufall die zerstückelten und verwesten Leichen von vier Frauen entdeckt. Am 29. Juli gesteht Honka, die Frauen getötet zu haben.

Im Dezember 1970 hatte er die Prostituierte Gertraud Bräuer erwürgt und ihren Leichnam zerstückelt. Im August 1974 lernte er in einem seiner Stammlokale – dem »Goldenen Handschuh« und im »Elbschloss-Keller« auf St. Pauli – die Prostituierte Anna Beuschel kennen. Sie wurde ebenso ein Opfer Honkas wie im Dezember 1974 Frieda Roblick und im Januar 1975 die Prostituierte Ruth Schult.

Der am 31. Juli 1935 in Leipzig geborene Honka – 1,68 m groß und vor Gericht meist still und unscheinbar – war in einem Heim aufgewachsen und hatte aufgrund seiner Alkoholprobleme nie eine dauerhafte Bindung zu Frauen gefunden. Eine seiner früheren Freundinnen sagte vor Gericht: »Wenn er betrunken war, dann war er wie ein Tier.« Das Schwurgericht des Hamburger Landgerichts wertet nur einen der insgesamt vier zur Verhandlung stehenden Fälle als Mord, die anderen drei hingegen als Totschlag. Begründung: Honka leide an einer »schweren seelischen Abartigkeit mit Krankheitswert«. Es müsse auch nicht zuletzt deshalb von einer verminderten Zurechnungsfähigkeit des Täters ausgegangen werden, weil er jahrelang zusammen mit seinen Opfern unter einem Dach gelebt habe. Die Verstümmelung der Leichen bedeute gewissermaßen die »totale Eliminierung« seines aufgestauten Hasses.

Am 20. Dezember 1976 verurteilt das Schwurgericht Honka zu 15 Jahren Haft und Einweisung in eine psychiatrische Klinik.

Polizei-Vierbeiner Opfer des Sparens

12. September 1975. Die Polizeibehörde läßt 15 Polizeipferde versteigern. Sie erzielen Preise zwischen 2000 und 9100 DM. Damit ist eine Tradition beendet, die am 9. September 1870 mit der Aufstellung des ersten Constabler-Corps zu Pferde begonnen hatte.

Zunächst waren es vielfach Straßenunruhen, die den Constablern mit ihrem blankgezogenen Säbel »Arbeit« verschafften. Die letzten sieben Reiterstaffeln taten vor allem in unwegsamen Gebieten Dienst; so sorgten sie im Eppendorfer Moor oder im Niendorfer Gehege für Sicherheit und Ordnung.

Die vierbeinigen Polizeihelfer fallen der Sparpolitik des Senats zum Opfer. Sechs der noch verbliebenen 15 Dienstpferde dürfen ihre Halter zum (niedrigen) Schätzpreis erwerben, nachdem Finanzsenator Hans-Joachim Seeler am 23. September diesem Verfahren zustimmt.

Eskortiert von vielen Barkassen, Schleppern und anderen kleinen Schiffen laufen die Frachter »Münsterland« und »Nordwind« im Hafen ein. An den Landungsbrücken erwartet sie ein großer Bahnhof.

Zwangsaufenthalt im Sueskanal vorbei: Hamburger Frachter können endlich in Heimathafen zurück

24. Mai 1975. *Im Hamburger Hafen werden die beiden Frachter »Münsterland« und »Nordwind« von über 100 000 Menschen euphorisch willkommen geheißen. Sie hatten seit 1967 zusammen mit zwölf anderen Handelsschiffen im Großen Bittersee – dem Mittelteil des gesperrten Sueskanals – festgelegen und erst am 8. Mai die Genehmigung zum Auslaufen erhalten.*
Ägypten hatte den Sueskanal während des israelisch-arabischen »Sechstage-

krieges« 1967 gesperrt. Die Maßnahme stellte einen Protest gegen das israelische Vordringen auf die zu Ägypten gehörende Sinaihalbinsel dar, die Israel seitdem besetzt hält. Am 5. Juni 1975 gibt Ägypten den Kanal wieder für den internationalen Schiffsverkehr frei. Die Wiedereröffnung der 106 Jahre alten, bis zu ihrer Schließung stark frequentierten Schiffahrtsstraße wird allgemein als hoffnungsvolles Zeichen für eine Entspannung im Nahen Osten angesehen.

»Möbis« Theaterboot auf dem Nikolaifleet

13. Oktober 1975. Ein Krimi zum Mitspielen steht auf dem Programm: Mit Paul Pörtners »Kriminalstunde« eröffnet Theaterleiter Eberhard Möbius Deutschlands einzige schwimmende Bühne.

». . . Dat düsse Lütt ook mol gries ward«

19. November 1975. »Dat ist al jümmer so wesen, un ward woll ook so blieben: Wenn son ganz lütt Kind – son lütten Jungen – bi de Mudder op'n Schoot ligt, – denn könt wi uns dat mit'n besten Willn ne din-

Kolbe ist erstmals Einer-Weltmeister

30. August 1975. Der 22jährige Skuller Peter-Michael Kolbe vom Hammerdeicher RV aus Hamburg holt den einzigen Titel für die bundesdeutsche Mannschaft bei den Ruderweltmeisterschaften im eng-

Elefanten-Nummer im »Zirkus Krohn«

1. Juli 1975. Vereinspräsident Peter Krohn wechselt beim Hamburger Sportverein auf den Managerposten. Seit dem 26. Oktober 1973 führt der Diplom-Kaufmann Hamburgs Renommierklub.

Der 1926 in Wernigerode (Harz) geborene Eberhard Möbius kam 1945 in der DDR zum Theater und ging 1958 nach Hamburg, wo er zunächst im Hafen arbeitete.

Rudolf Kinau wurde am 23. März 1887 auf Finkenwerder geboren. Der Autor vieler Erzählungen und Romane um seine Heimat ist weniger bekannt als sein Bruder Johann, der sich »Gorch Fock« nannte (→1916/S. 394).

Peter-Michael Kolbe, geboren am 2. August 1953, wird 1975, 1978, 1981, 1983 und 1986 Einer-Weltmeister sowie neunmal Deutscher Meister.

Peter Krohn, ab dem 1. Juli 1975 Manager des HSV; unter seiner Leitung wird der Klub DFB-Pokalsieger 1976 und Europapokalsieger 1977.

Die Eröffnung des Kulturdampfers »Das Schiff« im Nikolaifleet bedeutet für »Möbi« die Erfüllung eines langgehegten Traums. Mit viel Mühe und Geld ist die einstige »MS Rita Funck« – im März 1912 vom Stapel gelaufen, 34,5 m lang und 5,29 m breit – in ein Theater mit 120 Plätzen verwandelt worden.

ken, dat düsse Lütt ook mol – oolt und gries ward.«
So wie diese Erzählung aus dem 1970 erschienenen Buch »De beste Freid« beginnen zahlreiche der Geschichten des Finkenwerder Schriftstellers Rudolf Kinau, der im Alter von 88 Jahren stirbt. Er schrieb grundsätzlich plattdeutsch.

lischen Nottingham. Mit einer Zeit von 7:10,08 min deklassiert Kolbe den Iren Sean Drea um 2,44 sec und gewinnt nach der Europameisterschaft von 1973 in Moskau seinen zweiten Einer-Titel.
Bis 1986 kann Kolbe weitere viermal den Weltmeistertitel im Einer nach Hamburg holen.

Mit ungewöhnlichen Methoden versucht Krohn, dem HSV neue Wege zu ebnen: Er verpflichtet nicht nur teure Stars wie Kevin Keegan (1977), sondern läßt seine Spieler auch gelegentlich in rosa Trikots auflaufen und sie zu einem Schautraining am Rothenbaum auf Elefanten einreiten.

1976

3. 1. Die Nordseeküste und die Elbe werden von einer schweren Sturmflut heimgesucht. → S. 571

9. 1. Eine Kesselexplosion an Bord des Frachterneubaus »Anders Maersk« auf der Werft Blohm + Voss fordert 27 Tote. → S. 571

12. 3. In der Eppendorfer Musikkneipe »Onkel Pö's Carnegie Hall« startet der US-amerikanische Sänger Al Jarreau seine Weltkarriere. → S. 572

7. 5. Anerkennung, aber auch viel Kritik löst die Inszenierung von William Shakespeares Schauspiel »Othello« durch Peter Zadek im Deutschen Schauspielhaus aus. → S. 572

7. 6.–25. 7. Sechs Wochen lang fällt in Hamburg kein Regen.

15. 6. Der Elbe-Seiten-Kanal wird eröffnet. → S. 571

16. 6. Die 33jährige Dagmar Berghoff ist die erste Ansagerin in der ARD-Nachrichtensendung »Tagesschau«.

26. 6. Durch Tore von Peter Nogly und Ole Björnmose gewinnt der HSV vor 61 000 Zuschauern im Frankfurter Waldstadion 2:0 gegen den 1. FC Kaiserslautern und wird zum zweitenmal nach 1963 Deutscher Fußball-Pokal-sieger.

6. 8. Die Leitung der SB-Warenhauskette »mehrWert« in Oststeinbek beantragt beim Amtsgericht Ahrensburg die Eröffnung des Konkursverfahrens. → S. 572

3. 10. Bei der Bundestagswahl wird die CDU/CSU mit 48,6% der Stimmen wieder stärkste Partei. In Hamburg wählen 52,6% die SPD, für die CDU stimmen 35,8% und für die FDP 10,2% der Wählerinnen und Wähler.

21. 10. Pastor Paul Schulz von der Kirche St. Jacobi wird von der Hamburger Kirchenleitung beurlaubt. Schulz hatte öffentlich erklärt, nicht an den Gott der Kirche glauben zu können.

13. 11. Bei einer Demonstration rund um den Bauplatz des Atomkraftwerkes Brokdorf an der Niederelbe kommt es zu schweren Auseinandersetzungen mit der Polizei, als gewalttätige Gruppen versuchen, den Bauplatz zu stürmen. An dem Kraftwerk sind auch die Hamburgischen Electricitätswerke beteiligt.

16. 11. Während einer Tournee durch die Bundesrepublik wird der in Ost-Berlin wohnende Sänger Wolf Biermann von der DDR-Regierung ausgebürgert. Der gebürtige Hamburger läßt sich in seiner Heimatstadt nieder.

1976. Der alte Hauptbahnhof Altona wird abgerissen. → S. 572

Diesmal halten die Deiche der Flut stand

3. Januar 1976. Hamburg verzeichnet die höchste Sturmflut seit Beginn der regelmäßigen Aufzeichnungen: Am Pegel St. Pauli werden 6,45 m über Normal Null (NN) gemessen. Das Hochwasser ist die Folge eines schweren Weststurms. Das mit der Flut gekommene Wasser läuft bei Ebbe nicht mehr ab, sondern steigt weiter und erreicht kurz vor dem nächsten Hochwasser einen Pegel, der noch um 70 cm über der Sturmfluthöhe von 1962 liegt (→ 16./17. 2. 1962/S. 537). Zwar melden Oevelgönne, Neumühlen und Finkenwerder Schäden, doch insgesamt halten die Deiche auf Hamburger Gebiet. Schwer getroffen wird allerdings die Hafenregion: Fast alle Kai- und Industrieanlagen im Hafen und im Vordeichland stehen unter Wasser. Im Gebiet des östlichen Freihafens überspült das Wasser sogar die Böden der Lagerschuppen. Stark betroffen ist auch der Containerterminal in Waltershof; am Burchardkai fallen Schäden in Höhe von rund 120 Mio. DM an. Zahlreiche Container werden unter Wasser gesetzt, die Güter verderben. Die Überflutung des Hafens, die viele Industrieunternehmen an den Rand der Pleite bringt, hängt auch mit den seit 1962 eingeleiteten Sicherungsmaßnahmen zusammen. Durch die Abschottung zahlreicher Elbnebenflüsse zwischen der Nordsee und Hamburg sind diese natürlichen Abflüsse versperrt, und die Wassermassen wälzen sich bis in den Hafen. Schwere Schäden verursacht die Sturmflut auch an den Küsten von Niedersachsen und in Schleswig-Holstein. Allein an der Nordsee und im Bereich der Unterelbe brechen mehr als 25 Deiche. Insgesamt kommen in diesen Tagen 16 Menschen wegen der Sturmflut ums Leben.

»Land unter« am Fischmarkt, wo das Wasser so hoch steigt wie noch nie; viele Autobesitzer haben ihre Gefährte nicht rechtzeitig in Sicherheit gebracht.

Kessel explodiert – 27 Tote

9. Januar 1976. Um 18.13 Uhr erschüttert ein dumpfer Knall den Rumpf des Containerfrachters »Anders Maersk«, der bei Blohm + Voss auf Platz 8 eingedockt liegt. Sekunden später dringt Qualm aus dem Schiffsinneren: Ein Kessel des für die Reederei A. P. Möller in Kopenhagen bestimmten Neubaus ist bei Einstellversuchen am Brenner explodiert. 15 Arbeiter werden durch kochendheißen Wasserdampf getötet. Von den 29 Schwerverletzten sterben zwölf im Krankenhaus.

Ohne sichtbare Spuren der Katastrophe: Das Unglücksschiff »Anders Maersk« (26 939 BRT) nach der Explosion; im Februar 1978 wird das Ermittlungsverfahren gegen die Werft eingestellt. Die Ursache des Unglücks bleibt im Dunkeln: Materialfehler konnten nicht festgestellt werden, Blohm + Voss hatte alle Sicherheitsbestimmungen eingehalten.

Wenig Freude mit dem »Heide-Sues«

15. Juni 1976. Der 115,2 km lange Elbe-Seiten-Kanal wird eröffnet. Er verbindet die Elbe bei Artlenburg mit dem Mittellandkanal bei Wolfsburg. Am 18. Juli bricht der Damm in der Nähe von Lüneburg. Der Bau eines Nord-Süd-Kanals, der Hamburg mit dem Mittellandkanal und dem Industriegebiet um Braunschweig verbindet, wurde schon seit Beginn der 60er Jahre von der Hamburger Wirtschaft gefordert. Die Kosten von 1,3 Mrd. DM teilen sich der Bund und Hamburg im Verhältnis 2:1. Der Höhenunterschied von 61 m wird durch Europas größtes Schiffshebewerk in Scharnebeck bei Lüneburg (Hubhöhe 38 m) und eine Schleuse bei Uelzen (Hubhöhe 23 m) überwunden. Der Deichbruch bei Kanalkilometer 102,7 kommt völlig unerwartet. Mehr als 10 km² Land stehen unter Wasser, über 100 Menschen werden evakuiert. Der Kanal kann erst Ende Juli 1977 wiedereröffnet werden.

Altona: »Wo ist denn hier der Bahnhof?«

1976. Nach zweijähriger Arbeit ist der Abriß des alten Bahnhofsgebäudes in Altona vollendet. An die Stelle des charakteristischen Empfangsgebäudes im viktorianischen Stil mit mittelalterlichen Gestaltungselementen (→ 30.1.1898/S.339) tritt jetzt ein »Kaufbahnhof«, hinter dessen Fassade kaum jemand Zugbetrieb vermutet.

Im August 1967 traf die Bundesbahn mit der Stadt Hamburg eine Vereinbarung über den Bau der City-S-Bahn, für die am 17. Oktober an der Binnenalster der »erste Rammschlag« erfolgte. Gleichzeitig wurden der Öffentlichkeit die Planungen für den neuen Altonaer Hauptbahnhof präsentiert. Für den Bau der neuen City-S-Bahn, deren erster Zug am 19. April 1979 im unterirdischen S-Bahnhof Altona einläuft, mußten die Anlagen in Altona umgestaltet werden. Ohne Rücksicht auf die bestehende Bebauung und nach rein funktionellen Gesichtspunkten wird das neue Bahnhofsgebäude konzipiert und bis 1980 ausgeführt. Ein Novum ist der Bau des Empfangsgebäudes als Einheit Bahnhof/Kaufhaus. Bei dieser Kombinationsbebauung verwirklicht die Deutsche Bundesbahn – nicht zuletzt aus wirtschaftlichen Gründen – erstmals die Idee, Dritte in das Bauvolumen und in die Gestaltung des Bahnhofsgebäudes einzubeziehen. Dabei begnügt sich die Bahn mit einem zweigeschossigen Bau, der neben dem fünfgeschossigen Warenhaus der Kaufhof AG im Schnittpunkt der beiden Einkaufsstraßen Neue Große Bergstraße und Ottenser Hauptstraße fast unbemerkt bleibt.

Shakespeare einmal ganz anders: Ulrich Wildgruber als Othello

Der neue Bahnhof Altona von vorne und aus der Luft; viele Altonaer schmerzt der Verlust des gründerzeitlichen Vorgängerbaus. Auch zu Spott gibt das »Kaufhaus mit Gleisanschluß« Anlaß. Über die zugige Bahnhofshalle schreibt ein Stadtführer: »Verschnupft und entgeistert fährt man hier ab.«

Zadek-Aufführung im Meinungsstreit

7. Mai 1976. Die Inszenierung von William Shakespeares »Othello« durch Peter Zadek am Deutschen Schauspielhaus löst zwiespältige Reaktionen aus. Einem Teil der Besucher ist das Stück mit der Shakespeare-Übersetzung von Erich Fried zu modern geraten.

In dem Stück, das Zadek als Absage an das »Kulturtheater« versteht, agieren Ulrich Wildgruber als Othello, Heinrich Giskes als Jago und Eva Mattes als Desdemona.

»mehrWert« und H&H müssen aufgeben

6. August 1976. Die Geschäftsführung der Warenhauskette »mehrWert« in Oststeinbek beantragt beim Amtsgericht Ahrensburg die Eröffnung des Konkursverfahrens. Der spektakuläre »Crash« der allzu rasch gewachsenen Firma hat ein juristisches Nachspiel: Im September 1980 werden zwei Firmenleiter wegen Fälschung von Inventurlisten und Jahresabschlüssen zu Haftstrafen verurteilt.

Am 15. März sorgte eine weitere Betriebsschließung für Aufsehen: Der Werkzeugmaschinen-Konzern Gildemeister AG in Bielefeld gab die weitgehende Stillegung seiner Tochterfirma Heidenreich & Harbek in Barmbek bekannt. Rund 800 Menschen verlieren bis Ende 1977 ihren Arbeitsplatz.

»Onkel Pö« bringt Jarreau den Erfolg

12. März 1976. Rund 150 Zuhörer verfolgen in »Onkel Pö's Carnegie Hall« am Lehmweg gespannt die Darbietungen eines Swing- und Soul-Vokalisten, der mit seiner impulsiven Version des Jazz-Klassikers »Take Five« die Gäste von den Stühlen reißt. Sein Name: Al Jarreau aus Milwaukee.

Für den 36 Jahre alten Jazz-Entertainer aus den USA ist dieser Auftritt in Eppendorf der Start zu einer Weltkarriere. Vom Geheimtip avanciert er zum gefeierten Star.

Al Jarreau ist ein Name unter vielen, die dem von Bernd Cordua gemanagten »Onkel Pö« Glanz verleihen. Hier spielen die deutschen Country-Rock-Gruppen »Truckstop« und »Leinemann« ebenso wie Otto Waalkes und die wiederentdeckte Evelyn Künneke sowie zahlreiche andere Stars aus der internationalen Jazz-Rock-Szene.

»Heidenreich & Harbek darf nicht sterben« fordert die H & H-Belegschaft vor dem Werkstor am Wiesendamm.

1977

1. 1. Die Hamburgische Landeskirche geht in der Nordelbischen Evangelisch-Lutherischen Kirche auf. → S. 574

15. 1. In einem ehemaligen Sängerheim an der Stresemannstraße eröffnet die erste Hamburger Frauenkneipe.

11. 2. Die »Fabrik« im Stadtteil Altona brennt weitgehend aus (→ 25. 9. 1977/S. 573).

23. 2. Nach wiederholten Pannen im Justizapparat erklärt Justizsenator Ulrich Klug (FDP) seinen Rücktritt. Die Nachfolge übernimmt der FDP-Fraktionsvorsitzende in der Bürgerschaft, Gerhard M. Meyer.

4. 3. Kultursenator Dieter Biallas (FDP) überreicht den Lichtwark-Preis für 1976 an den Künstler Joseph Beuys.

5. 3. Unmittelbar neben der Köhlbrandbrücke nimmt eine neue Massengut-Umschlaganlage den Betrieb auf. Der Hansaport hat ein Umschlagvolumen von rund 12 Mio. t pro Jahr.

1. 4. Ein 15jähriger Zuschauer wird getötet und 15 werden verletzt, als beim Bundesligaspiel HSV–FC Bayern München in der Westkurve des Volksparkstadions mehrere hundert Zuschauer die Stufen hinabstürzen.

5. 4. Bei Blohm + Voss läuft das vorerst letzte große Handelsschiff vom Stapel, die »Australian Progress«. → S. 574

11. 5. Im Olympiastadion von Amsterdam gewinnt der HSV den Europapokal der Pokalsieger durch ein 2:0 (0:0) über das belgische Team RSC Anderlecht. Die Tore erzielen Georg Volkert und Felix Magath.

22. 5. Der Museumshafen Oevelgönne wird eingeweiht. → S. 574

21. 6. Senat und Bürgerschaft weihen die zur Gedenkstätte hergerichtete kriegszerstörte Kirche St. Nikolai ein. In der Turmhalle befindet sich das Mosaik »Ecce Homo« nach einem Entwurf von Oskar Kokoschka.

7. 7. Der Rangierbahnhof Maschen wird eingeweiht. → S. 573

1. 8. Christoph von Dohnányi übernimmt die Intendanz der Staatsoper. → S. 574

3. 9. Im ersten Bundesliga-Lokalderby schlägt Aufsteiger FC St. Pauli im Volksparkstadion den HSV 2:0 (1:0). → S. 574

25. 9. Die Apostelkirche in Eimsbüttel brennt aus. → S. 573

GESTORBEN:

26. 10. Stade: Elisabeth Flickenschildt (* 16. 3. 1905, Hamburg), Schauspielerin.

2. 11. Hamburg: Hans Erich Nossack (* 30. 1. 1901, Hamburg), Schriftsteller.

Der Rangierbahnhof Maschen aus der Luft; die Arbeitsabläufe sind vollständig computergesteuert.

Größter Rangierbahnhof Europas fertig

7. Juli 1977. Südlich von Hamburg, in Maschen, geht der erste Teil des größten europäischen Rangierbahnhofs in Betrieb.

Die Zahl sieben spielt dabei eine besondere Rolle: Bei der Eröffnung am 7. Juli löst der siebenjährige Hamburger Schüler Falko Siewerts per Knopfdruck den ersten Rangiervorgang aus. Er wurde am 7. Juli 1970 geboren, als die Bauarbeiten in Maschen begonnen haben. Die Gesamtanlage ist 7 km lang, 700 m breit und rund 770 Mio. Mark teuer. Der Rangierbahnhof Maschen ersetzt fünf inzwischen veraltete Rangierbahnhöfe auf hamburgischem Gebiet, konzentriert die Frachtströme und vermindert den Betriebsaufwand.

Die Gesamtanlage wird 1980 fertig. Dann stehen für die Verschiebung von über 11 000 Waggons pro Tag rund 300 km Gleise zur Verfügung. Auf ihnen können innerhalb von 24 Stunden mehr als 270 Züge zusammengestellt werden.

Apostelkirche und Fabrik abgebrannt

25. September 1977. Turm, Dachstuhl und Hauptschiff der Apostelkirche in Eimsbüttel fallen einem Brand zum Opfer. Fast 200 Menschen aus der Nachbarschaft müssen evakuiert werden.

Eine Stunde vor Mitternacht fällt zwei Polizisten ein roter Schimmer in den Kirchturmfenstern auf. Sie geben Großalarm, doch die Kirche brennt schon lichterloh. Um 3.50 Uhr der gespenstische Höhepunkt: Einen Funkenschweif nach sich ziehend, stürzt die Turmhaube in die Tiefe und zerbirst mit lautem Krachen auf dem Vorplatz. Hilflos schauen die Feuerwehrleute zu.

Es ist nicht das erste Großfeuer dieses Jahres in Hamburg. Schon am 18. Januar brannte es im »Hofbräuhaus« an der Dammtorstraße, zwei Nächte später ging das »Winterhuder Fährhaus« beinahe in Flammen auf. Wesentlich schlimmer erwischte es die »Fabrik« in der Barner Straße: Das beliebte Veranstaltungszentrum in Altona (→ 26. 6. 1971/S. 559) – vor fast 130 Jahren diente es als Munitionsfabrik – wurde am 11. Februar durch Feuer weitgehend zerstört.

Funkensprühend stürzt die Turmspitze herab; die wiederaufgebaute Apostelkirche wird 1982 eingeweiht.

Nur Trümmer bleiben von der alten »Fabrik«; der Neubau – dem Original nachempfunden – ist 1979 fertig.

Bischof Hans-Otto Wölber (l.) beim Festakt am 9. Januar in Lübeck

Letzter Frachterneubau bei Blohm + Voss: Die »Australian Progress«

Hier wird Schiffahrtstradition bewahrt: Museumshafen Oevelgönne

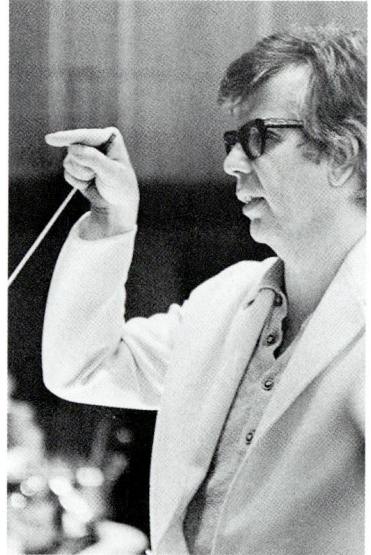

Christoph von Dohnányi gibt jetzt in der Staatsoper den Ton an.

Nordelbische Union eint Landeskirchen

1. Januar 1977. Die Hamburgische Landeskirche geht nach 447jährigem Bestehen in der Nordelbischen Evangelisch-Lutherischen Kirche auf. Mit ihren rund 3,3 Millionen Gemeindemitgliedern vereinigt sie die Landeskirchen von Hamburg, Lübeck, Schleswig-Holstein und Eutin sowie den hannoverschen Kirchenkreis Harburg.

Der letzte Koloß von Blohm + Voss

5. April 1977. Zum 100. Werftgeburtstag läuft bei Blohm + Voss das vorerst letzte große Handelsschiff vom Stapel, die »Australian Progress«. Das Ereignis lockt rund 12 000 Hamburger nach Steinwerder. Fortan baut B + V vor allem Marinefahrzeuge und Offshore-Einrichtungen. Nichtkostendeckende Neubauaufträge lehnt man ab.

Schiffs-Nostalgie im Museumshafen

22. Mai 1977. Der Museumshafen Oevelgönne wird eingeweiht. Ein Verein will hier für den Hafen und die Elbe typische Fahrzeuge erhalten. Zu den Attraktionen zählen das Feuerschiff »Elbe 3« (1888), die Hamburger Dampfschlepper »Tiger« (1910) und »Claus D.« (1913), die Polizeibarkasse »Otto Lauffer« (1928) und ein HHLA-Hafenkran.

Staatsoper unter Dohnányis Leitung

1. August 1977. Christoph von Dohnányi wird Intendant der Hamburgischen Staatsoper. Als Nachfolger von August Everding übernimmt er auch die musikalische Oberleitung. Dohnányi war seit 1968 Generalmusikdirektor der Städtischen Bühnen Frankfurt. Am 17. September dirigiert er zum Einstand Verdis »Maskenball«.

Sensation: FC St. Pauli Sieger im ersten Lokalderby

3. September 1977. Sensation im ersten Bundesliga-Lokalderby: Der große HSV verliert sein Heimspiel im Volksparkstadion gegen Aufsteiger FC St. Pauli 0:2.
48 000 Zuschauer trauen ihren Augen nicht, als die Millerntor-Emporkömmlinge die HSV-Stars um Nationalmannschaftslibero Manfred Kaltz ein ums andere Mal stehenlassen. Der einfallslose HSV-Sturm – mit Neueinkauf Kevin Keegan vom FC Liverpool – läuft sich dagegen immer wieder in der Abwehr der Weiß-Braunen fest.
Die Tore für St. Pauli schießen Franz Gerber (30. Minute) und Wolfgang Kulka (88. Minute).
Der Erfolg des Aufsteigers kommt umso überraschender, als der HSV frischgebackener Europapokalsieger der Pokalsieger ist und im übrigen einen viel besseren Saisonstart erwischt hat.
Rund 2 Mio. DM hat das St. Pauli-Führungsduo Werner Velbinger und Ernst Schacht nach dem Sprung in die Bundesliga in Spielereinkäufe investiert. »Gestandene« Profis wie Torwart Jürgen Rynio (von Rot-Weiß Essen), Walter Frosch (1. FC Kaiserslautern) und Franz Gerber (Wuppertaler SV) sollen für Erfolg sorgen. Doch die Rechnung geht nicht auf: Am Ende der Saison steigt der FC St. Pauli als Tabellenletzter mit 18:50 Punkten ab (→ 23. 7. 1988/S. 596).

Das siegreiche Team des FC St. Pauli in den Traditionsfarben Weiß-Braun

◁ *11. Mai 1977, Amsterdam: Noch ist die HSV-Welt in Ordnung; G. Volkert (l.) und F. Keller bejubeln den Europacup-Sieg (2:0 gegen RSC Anderlecht).*

1978

2. 1. Die Staatsoper feiert ihr 300jähriges Bestehen. → S. 576

20. 1. Im Hotel Intercontinental eröffnet die Spielbank Hamburg ihren Betrieb. → S. 575

25.–28. 1. Der Betrieb im Hafen wird durch einen Hafenarbeiterstreik lahmgelegt. Die Streikenden erzwingen eine siebenprozentige Lohnerhöhung mit Wirkung vom 1. Februar 1978.

6. 3. Die in Hamburg tagende UNO-Seefrachtenkonferenz billigt ein Regelwerk für die Lösung von Streitigkeiten im Seefrachtenverkehr (»Hamburger Regeln«). Infolge der ausbleibenden Ratifizierung durch die beteiligten Staaten tritt es jedoch nicht in Kraft.

21. 4.–20. 8. In Poppenbüttel findet die »Hamburg Bau 78« statt. 85 Hersteller aus sieben Ländern präsentieren den Besuchern 221 Wohnhäuser zu Preisen zwischen 190 000 und 600 000 DM.

25. 4. Die Bürgerschaft billigt das Gesetz zur Errichtung der Technischen Universität Harburg. → S. 576

6. 5. Der sowjetische Partei- und Regierungschef Leonid I. Breschnew ist für 17 Stunden in Hamburg zu Gast. → S. 576

21. 5. Nach zwölf Abenden enden die Laser-Vorführungen im Rahmen des »Kunst-Mai«. → S. 575

4. 6. Bei den Wahlen zur Hamburger Bürgerschaft erringt die SPD die absolute Mehrheit. → S. 575

22. 6. Der Senat verkündet das neue Gesetz über die Bezirksverwaltung. Es stärkt die Rolle der Bezirke gegenüber den Fachbehörden und weist ihnen durch die Überleitung von Zuständigkeiten im Jugend- und Sozialbereich neue Kompetenzen zu.

4. 7. Der Hamburger Senat beschließt die Gründung einer Behörde für Bezirksangelegenheiten, Naturschutz und Umweltgestaltung. Sie nimmt zum 1. Februar 1979 unter Leitung von Senator Wolfgang Curilla (SPD) ihre Arbeit auf.

2. 10. Das Zeitalter der elektrischen Straßenbahnen in Hamburg nach 84 Jahren zu Ende. → S. 575

11. 10. Die Hamburger Bürgerschaft billigt mit den Stimmen der SPD den Verzicht, bei Bewerbungen für den öffentlichen Dienst eine Regelanfrage beim Verfassungsschutz zu stellen (→ 23. 11. 1971/S. 558).

1. 11. Boy Gobert, der Intendant des Thalia Theaters, erklärt seine Absicht, nach Auslaufen seines Vertrages im Jahr 1980 nach Berlin zu gehen. Auch Schauspielhaus-Intendant Ivan Nagel verläßt Hamburg. → S. 576

SPD gewinnt absolute Mehrheit zurück

4. Juni 1978. Bei den Wahlen zur Bürgerschaft gewinnt die SPD ihre 1974 verlorene absolute Mehrheit zurück. Der Sieg gilt vor allem als persönlicher Erfolg für den Ersten Bürgermeister Hans-Ulrich Klose. Klarer Verlierer der Wahl ist die FDP, die nicht mehr in die Bürgerschaft kommt.

Mit 51,5% verzeichnen die Sozialdemokraten einen Zuwachs von 6,6%; die CDU büßt 3% ein. Zu einer schweren Schlappe wird das Wählervotum für die FDP, die mehr als die Hälfte ihrer Stimmen von 1974 verliert und an der Fünf-Prozent-Hürde scheitert. Damit sind SPD (69 Sitze) und CDU (51 Sitze) künftig die einzigen Parteien im 120köpfigen Landesparlament. Einen Achtungserfolg erzielt die erstmals angetretene linksalternative »Bunte Liste – wehrt euch« mit 3,5% der Stimmen; die »Grüne Liste Umweltschutz« erhält ebenso wie die DKP 1%. Bei den gleichzeitig durchgeführten Wahlen zu den Bezirksversammlungen gelingt der Bunten Liste mit zwei Abgeordneten der Sprung ins Bezirksparlament von Eimsbüttel.

In der Hamburger Öffentlichkeit gilt der eindeutige Ausgang der Bürgerschaftswahlen vor allen Dingen als das Verdienst des Ersten Bürgermeisters und SPD-Spitzenkandidaten Hans-Ulrich Klose. Im Verlauf seiner bisherigen, dreieinhalbjährigen Amtszeit ist es ihm trotz vieler Skandale gelungen, die Sozialdemokraten aus ihrem Tief von 1974 herauszumanövrieren. Die FDP unter ihrer Landesvorsitzenden Helga Schuchardt verliert einen großen Teil ihrer

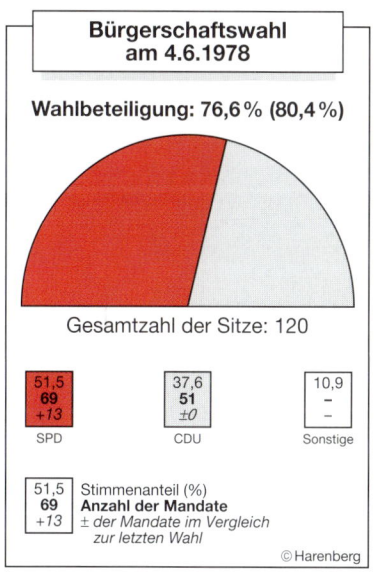

Hans-Ulrich Klose (r.) und Bundeskanzler Helmut Schmidt feiern den großen SPD-Wahlsieg im Rathaus.

Bürgerschaftswahl am 4.6.1978

Wahlbeteiligung: 76,6% (80,4%)

Gesamtzahl der Sitze: 120

SPD	CDU	Sonstige
51,5 / 69 / +13	37,6 / 51 / ±0	10,9 / – / –

51,5 / 69 / +13 — Stimmenanteil (%) / **Anzahl der Mandate** / ± der Mandate im Vergleich zur letzten Wahl

© Harenberg

Wähler an die Bunte bzw. Grüne Liste sowie an die SPD. Immerhin bleiben die Liberalen in sechs von sieben Bezirksversammlungen vertreten (außer Hamburg-Mitte).

Nach dem Ausscheiden der bisherigen FDP-Senatoren Dieter Biallas, Rolf Bialas und Gerhard M. Meyer stellt die SPD künftig allein den Senat. Hans-Ulrich Klose kündigt eine »akzentuierte sozialdemokratische Politik« an.

»Himmelskunst«: Laserstrahl über der Alster

Laser am Himmel

21. Mai 1978. *Zum zwölften und letztenmal erscheint Strahlenkunst an Hamburgs Himmel – ein von zwei Laserkanonen und fünf meist auf Dächern installierten Spiegeln erzeugtes Gebilde aus Laserstrahlen. Es wurde im Rahmen des »Kunst-Mai« vom Foto-Designer Horst H. Baumann konzipiert. Er fordert: »Die Hamburger müssen ihre Phantasie anstrengen . . .«.*

»Alors, faites vos jeux« auch in Hamburg

Spielbank im Hotel

20. Januar 1978. *Im Hotel Intercontinental eröffnet eine Spielbank. Mit dieser 22. Einrichtung ihrer Art in der Bundesrepublik verfügt die Hansestadt erstmals seit dem Glücksspielverbot von 1868 wieder über ein Spielkasino. 80% der Einnahmen fließen in die städtischen Kassen – Finanzsenator Hans-Joachim Seeler (SPD) ist bei der Eröffnung mit von der Partie.*

Girlandengeschmückt: Die letzte »Straba«

Straßenbahn ins Depot

2. Oktober 1978. *Nach 84 Jahren geht das Zeitalter der elektrischen Straßenbahnen in Hamburg zu Ende. Um 0.29 Uhr tritt die Linie 2 vom Rathausmarkt ihre letzte Fahrt nach Schnelsen an – vollbesetzt und begleitet von zahlreichen Autos. Künftig übernehmen Busse den Straßenbahndienst. Trotzdem trauern viele dem bewährten Verkehrsmittel nach.*

Abschied für Breschnew (vorn r.) bei Militärmusik und steifem Wind

Strenge Sicherheitsvorkehrungen: Polizisten kontrollieren Gullys.

TU in Harburg ist beschlossene Sache

25. April 1978. Die Bürgerschaft billigt einstimmig das »Gesetz zur Errichtung der Technischen Universität Harburg«. Damit enden jahrzehntelange Bemühungen um eine Technische Universität (TU) in der Hansestadt.

Der Chemiker Hansjörg Sinn soll zunächst den konkreten Aufbau der neuen, in der Harburger Innenstadt angesiedelten Hochschule betreiben. Als Sinn jedoch bereits nach wenigen Wochen in den Senat berufen wird, folgt ihm der Physiker Hans Günter Danielmeyer als eigentlicher Gründungspräsident. Im Februar 1979 konstituiert sich der Gründungssenat, im folgenden Jahr beginnt der Bau des sog. Technikums. Offizieller Studienbeginn ist 1983.

Erste Initiativen zur Errichtung einer Technischen Hochschule ergriff bereits 1928 der damalige Altonaer Bürgermeister Max Brauer. Es dauerte aber bis 1970, ehe eine zielstrebige Planung begann und – ein Jahr später – der Standort südlich der Elbe bestimmt wurde.

Leonid Breschnew in Hamburg – die Schmidts laden zum Spargelessen

6. Mai 1978. *Der sowjetische Partei- und Regierungschef Leonid I. Breschnew hält sich zu einem 17stündigen Besuch in der Hansestadt auf. Im Rahmen der Visite trägt er sich im Rathaus in das »Goldene Buch« ein und besichtigt die Gedenkstätte des ermordeten früheren KPD-Führers Ernst Thälmann an der Tarpenbekstraße.*

Breschnew kommt nach seinem Bonn-Aufenthalt am Abend des 6. Mai in Begleitung von Bundeskanzler Helmut Schmidt auf dem Flughafen Fuhlsbüttel an. Die Fahrtroute zum Rathaus wird von mehreren tausend Polizisten kontrolliert. In der Innenstadt selbst finden Anti-Breschnew-Demonstrationen statt, organisiert von der mao-

istisch orientierten KPD, der »Liga gegen den Imperialismus« und der Jungen Union; die Teilnehmer protestieren gegen Menschenrechtsverletzungen in der Sowjetunion. Noch am selben Abend wird der hohe Gast im Festsaal des Rathauses von offiziellen Vertretern der Stadt, u. a. dem Ersten Bürgermeister Hans-Ulrich Klose, empfangen.

Am nächsten Tag folgt Breschnew – nach dem Besuch der Thälmann-Gedenkstätte – einer Einladung von Bundeskanzler Helmut Schmidt und dessen Frau Loki zum Essen in ihr Langenhorner Wohnhaus. Es gibt frischen Spargel und zum Nachtisch Rumtopf. Ob es dem Parteichef geschmeckt hat, ist nicht bekannt.

Staatsoper feiert ihr 300jähriges

2. Januar 1978. Viel Glanz bieten die Feiern zum 300. Geburtstag der Hamburgischen Staatsoper. Auch Bundespräsident Walter Scheel gesellt sich zu den Gästen.

Die mehrtägigen Feiern beginnen mit einem eindrucksvollen Festakt. Der frühere Intendant Günter Rennert – er leitete die Staatsoper in den Jahren von 1946 bis 1956 – umreißt in seiner Rede Geschichte, Gegenwart und Zukunft der Oper. Er weist besonders auf die Bedeutung des Publikums hin. Weitere Redner sind der Erste Bürgermeister Hans-Ulrich Klose (SPD) und sein Stellvertreter, Kultursenator Dieter Biallas (FDP). Musikalisch untermalt wird die Festveranstaltung zum 300jährigen Bestehen der »Bürgeroper« mit einer Aufführung von Richard Strauss' »Rosenkavalier«. Abends lädt die »Stiftung zur Förderung der Hamburgischen Staatsoper« im Congress Centrum zu einem Empfang.

Mit einem dreitägigen Opernfest gehen die Jubiläumsfeierlichkeiten weiter. Schauplatz ist die Ernst-Merck-Halle auf dem Messegelän-

de. Die als ausgeprochen nüchtern und charmelos geltende Halle wurde zu diesem Zweck in einen prunkvollen Ballsaal verwandelt. Allerdings sind nicht nur Operntöne zu hören: Neben dem RIAS-Tanzorchester spielt u. a. die Old

Merry Tale Jazzband und die Finkwarder Speeldeel. Zahlreiche Prominente lassen sich auf dem rauschenden Fest blicken. Darunter sind der Tenor René Kollo, der Dirigent Aldo Ceccato und führende Hamburger und Bonner Politiker.

Die Staatsoper in nächtlicher Illumination; drei Tage dauern die Festivitäten zum Geburtstag von Deutschlands erster »Bürgeroper« (→ 2. 1. 1678/S. 132).

Intendantenkarussell dreht sich wieder

1. November 1978. Nach Schauspielhaus-Intendant Ivan Nagel kündigt auch Thalia-Chef Boy Gobert an, Hamburg zu verlassen.

Der 1969 verpflichtete Gobert (→ 1. 8. 1969/S. 554) wechselt 1980 an die Staatlichen Schauspielbühnen Berlins. Als Grund führt er anhaltende Konflikte mit der politischen Führung der Hansestadt an. Auch Ivan Nagel, der im Mai seinen Rücktritt als Intendant des Schauspielhauses ankündigte (→ 1. 1. 1972/S. 562), verweist auf ständige Querelen mit Senatsvertretern, u. a. wegen Finanzierungsfragen. Im Senat wurde vorübergehend erwogen, Boy Gobert als Generalintendanten die Leitung beider Sprechbühnen zu übertragen; auch als alleiniger Schauspielhaus-Chef war er im Gespräch.

In einer Bürgerschaftsdebatte kritisiert die CDU am 1. November den Umgang des SPD-Senats mit den Intendanten. 1980 werden Peter Striebeck (Thalia) und Niels-Peter Rudolph (Schauspielhaus) zu deren Nachfolgern ernannt.

1979

1. 1. Als erste Einrichtung dieser Art in der Bundesrepublik nimmt die Hamburger Leitstelle zur Gleichstellung der Frau ihre Arbeit auf. → S. 578

14. 2. Die anhaltenden Schneefälle der vorangegangenen Tage bringen den Verkehr in Hamburg fast zum Erliegen. → S. 577

1. 4. Die Hauptkirche St. Petri wird für mehr als zwei Wochen von ca. 150 Atomkraftgegnern besetzt. → S. 577

26. 4. Auf dem Gelände des Deutschen Elektronen-Synchrotons (DESY) in Hamburg-Bahrenfeld eröffnet Bundespräsident Walter Scheel der Welt größte Positron-Elektron-Tandem-Ringbeschleuniger-Anlage (PETRA; → 11. 11. 1964/S. 541).

26. 4.–13. 5. Unter Leitung von Ivan Nagel präsentieren Ensembles aus dem In- und Ausland ihr Können beim Festival »Theater der Nationen«.

8. 6.–1. 7. Aussteller aus 28 Ländern beteiligen sich an der Internationalen Verkehrsausstellung in Hamburg. Im Mittelpunkt des Publikumsinteresses steht die Magnetschwebebahn Transrapid.

9. 6. Eine Massenpanik im Volksparkstadion überschattet die Meisterfeier des HSV. → S. 578

6. 7. Der rund 24 ha große Botanische Garten in Klein-Flottbek ist jetzt öffentlich zugänglich. → S. 578

7. 8. Das Winterhuder Fährhaus wird abgerissen. → S. 578

6. 9. Der Tod eines Kindes beim Spielen mit explosiven Chemikalien bringt den sog. Stoltzenberg-Skandal ins Rollen. → S. 578

28. 9. Das Kommunikationszentrum »Fabrik« in der Barner Straße (Altona) wird mit einem großen Fest wiedereröffnet. (→ 25. 9. 1977/S. 573)

13. 10. Mit einer Aufführung des gleichnamigen Films von Fritz Lang eröffnet das kommunale Kino »Metropolis« in der Dammtorstraße.

3. 12. Zu einem aufsehenerregenden Elternmord kommt es in Harvestehude. → S. 578

1979. In der Altonaer Friedensallee eröffnet das Theater Monsun. Es bietet Avantgarde- und Experimentalstücke.

GESTORBEN:

4. 1. Hamburg: Peter Frankenfeld (* 31. 5. 1913, Berlin), Unterhaltungskünstler.

22. 3. Puerto de la Cruz/Teneriffa: Paul Nevermann (* 5. 2. 1902, Hamburg), Politiker (SPD), Erster Bürgermeister 1961–1965.

3. 6. Celle: Arno Schmidt (* 18. 1. 1914, Hamburg), Schriftsteller.

Der Winter läuft zu großer Form auf

14. Februar 1979. Der Winter hat Norddeutschland fest im Griff. Mit seiner weißen Pranke diktiert er auch in Hamburg den Alltag. Die Schneemassen bringen das öffentliche Leben fast zum Erliegen.

Auf mehreren S-Bahn-Linien wird der Verkehr streckenweise unterbrochen; der Flugbetrieb ruht völlig. Zahlreiche Pendler aus den Randgebieten der Hansestadt bleiben im Schnee stecken. Für viele, die dennoch nach Hamburg gelangen, müssen Notquartiere eingerichtet werden: Eine Rückkehr am Abend ist unmöglich, obwohl 120 Schneepflüge und 90 Schaufellader pausenlos im Einsatz sind. Die City präsentiert sich tagsüber ungewohnt verwaist. Viele Läden öffnen erst gar nicht, mehrere Kaufhäuser schicken einen Teil des Personals am Mittag nach Hause.

Die massiven Schneefälle werden begleitet von orkanartigen Stürmen. In den Buchten der Ostsee bilden sich bis zu 5 m hohe Eisberge, zugleich sind ganze Küstenstriche von Hochwasser bedroht. In Niedersachsen und Schleswig-Holstein muß in 21 Kreisen Katastrophenalarm ausgelöst werden.

Bereits seit Dezember des Vorjahres ist Norddeutschland von einer Schneedecke überzogen. Der erste Monat des Jahres 1979 entwickelte sich mit Temperaturen bis –20,8 °C zum kältesten Januar seit 1940.

Anwohner der Gneisenaustraße beim Freischippen ihrer Autos; Bahnbenutzern geht es kaum besser: Der 7-Uhr-Zug Hamburg – Kiel benötigt elfeinhalb Stunden.

Kirchenbesetzer warnen vor Atomkraft

1. April 1979. Rund 150 Atomkraftgegner besetzen die Hauptkirche St. Petri. Sie wollen mit ihrer Aktion anläßlich der Beinahe-Explosion eines Atommeilers in Harrisburg (US-Bundesstaat Pennsylvania) auf die Gefahren der Kernkraft aufmerksam machen.

Zu den meist jugendlichen Besetzern, deren Zahl später auf 400 ansteigt, zählen auch Pastoren der Nordelbischen Kirche. Hauptpastor Carl Malsch fordert sie zwar am 5. April zum Verlassen des Gebäudes auf, lehnt aber eine polizeiliche Räumung ab. Die Gottesdienste finden planmäßig statt; am Palmsonntag sind unter den 1000 Teilnehmern auch viele der Besetzer. Am 17. April wird die Aktion, die auf großen Widerhall in der Bevölkerung stößt, beendet.

Ende der Aktion: Die Besetzer werden von Freunden vor der Petrikirche empfangen und abgeholt. Singend und musizierend verlassen die bunt bemalten Menschen mit Blumenstöcken in den Händen das Gotteshaus. An der Besetzung haben sich auch zehn Pastoren der Nordelbischen Kirche beteiligt, um die Aktion zu unterstützen. Ihre Hilfe führt zu heftigen Auseinandersetzungen innerhalb der Kirche.

Das Stoltzenberg-Gelände in Eidelstedt; schon 1928 gab es einen »Stoltzenberg-Skandal« (→ 20. 5. 1928/S. 435).

Fachleute untersuchen das Erdreich auf Giftstoffe und beginnen mit den Räumungsarbeiten.

Stoltzenberg-Skandal: Behördenpfusch

6. September 1979. Drei Kinder sind die Opfer eines Unfalls, als sie in einem Luruper Keller mit Sprengstoff hantieren. Aus den Ermittlungen entwickelt sich der folgenreiche »Stoltzenberg-Skandal«. Bei der Explosion wird ein achtjähriges Kind getötet, ein anderes erleidet schwere Verbrennungen und einem dritten wird eine Hand abgerissen. Am 10. und 11. September untersucht die Polizei im Rahmen ihrer Ermittlungen zum Unfall das Werksgelände des Eidelstedter Chemie-Unternehmens Stoltzenberg, wo die Kinder den Spreng-

stoff fanden. Fachleute identifizieren dort rund 80 t hochgiftiger Chemikalien, Kampfstoffe und Munition, die offen herumliegen. Das brisante Material reicht zur Entvölkerung eines ganzen Stadtviertels aus. Während der Abräumarbeiten auf dem Stoltzenberg-Gelände vom 17. bis 23. September müssen die Anwohner in Eidelstedt und die Beschäftigten hier täglich evakuiert werden.

Stoltzenberg lieferte in staatlichem Auftrag u. a. für die Bundeswehr und die Polizei. Bis 1977 stellte die Firma Brom und Aceton her, seit-

dem nur noch Atemschutzgeräte. Aufgrund offensichtlicher Nachlässigkeit, was die Aufsicht betrifft – diverse Behörden hatten schon länger Kenntnis von dem Todesarsenal und unternahmen nichts – wächst sich die Affäre zu einem politischen Skandal aus. 1980 beginnt eine Expertenkommission mit der Durchleuchtung der Hamburger Verwaltung. Im selben Jahr fängt die Sanierung des Geländes an: 7500 m² Boden müssen bis auf 2,50 m Tiefe aufgegraben werden, wobei weitere Kampfstoffe gefunden werden.

Familiendrama mit tödlichem Ausgang

3. Dezember 1979. In einer Parterre-Wohnung in der Hochallee (Harvestehude) wird am Abend ein Schlachterehepaar durch Schüsse aus einer Maschinenpistole umgebracht. Die Polizei verhaftet noch in derselben Nacht den 18jährigen Sohn der Toten und dessen 17jährigen Freund als Täter.

Der Sohn hatte seinen jüngeren Freund, der aufgrund einer Krankheit gehandicapt ist und unter Minderwertigkeitskomplexen leidet, zu der Tat angestiftet. Der 18jährige arbeitete als Schlachterlehrling im elterlichen Geschäft und erklärt der Polizei: »Ich hab' mich schon fast wie ein Sklave gefühlt. Im Geschäft haben sie mich ausgebeutet, in der Freizeit hatte ich überhaupt keine Rechte.« Beide Jugendliche werden im Juli 1980 zu acht Jahren Jugendstrafe verurteilt.

Panik bei Meisterehrung

9. Juni 1979. Mit 49:19 Punkten am Ende der Fußball-Bundesligasaison ist der Hamburger SV erstmals

Westkurve: Zuschauer werden überrannt und gegen Gitter gedrückt.

seit 19 Jahren wieder Deutscher Meister. Doch eine Massenpanik während der Ehrung trübt die Freude im Volksparkstadion.

Nach dem Spiel HSV – Bayern München (1:2) reißen Westkurven-Fans das Schutzgitter nieder und laufen in den Innenraum. Zahlreiche Zuschauer werden niedergetreten. In dem Chaos erleiden über 70 Personen z. T. schwere Verletzungen. Fluchtartig verlassen Funktionäre und Spieler das Feld.

Christian Schultz-Gerstein schreibt im »Spiegel«: Die Fans »nahmen in Hamburg lediglich das DFB-offizielle Familiendenken beim Wort, demzufolge Spieler, Zuschauer und Funktionäre die große Fußballgemeinde bilden ... Ohne Gewalt konnte das nicht gehen. Denn die Angehörigen dieser einträchtigen Familie sind durch Stahlgitterzaun voneinander getrennt.«

Winterhude um eine Attraktion ärmer

7. August 1979. Das sanierungsbedürftige Winterhuder Fährhaus wird trotz zahlreicher Proteste abgerissen. Bisher ist die traditionsreiche Veranstaltungsstätte ein beliebtes Kommunikationszentrum für Eppendorf und Winterhude gewesen. Das historisch bedeutende Gebäude im Besitz der städtischen Sprinkenhof AG war vom Verfall bedroht; am 20. Januar 1977 verursachte ein Brand erheblichen Sachschaden. Später wird hier ein Wohn- und Geschäftszentrum sowie ein Boulevardtheater errichtet.

Große Pflanzenwelt in Klein-Flottbek

6. Juli 1979. Am S-Bahnhof Klein Flottbek eröffnet der neue Botanische Garten. Das knapp 24 000 m² große Areal ersetzt die bisherige Anlage am Dammtor. Die einzelnen Teilbereiche, Bäche und kleinen Seen beherbergen über 20 000 Pflanzenarten aus allen Klimazonen. Sie sind entsprechend ihrer entwicklungsgeschichtlichen Abfolge angeordnet. Zunächst ist nur der größere nördliche Teil der Gartenanlage fertiggestellt worden; der südliche Abschnitt folgt in den kommenden Jahren.

Frauen-Leitstelle nimmt Arbeit auf

1. Januar 1979. Die »Leitstelle zur Gleichstellung der Frau« nimmt als erste Einrichtung dieser Art in der Bundesrepublik die Arbeit auf. An ihrer Spitze steht die Psychologin Eva Rühmkorf.

Die Leitstelle dient vor allem dazu, sämtliche geltenden Gesetze sowie alle neuen Gesetzesvorhaben auf die Gleichbehandlung von Frauen hin zu überprüfen. Daneben soll sie eine Anlaufstelle für Beschwerden und Kritik über die Diskriminierung von Frauen werden (schlechtere Bezahlung im Beruf, Beförderungshürden u. ä.) sowie Anregungen zur Gleichstellung fördern.

Das 43jährige SPD-Mitglied Eva Rühmkorf war Wunschkandidatin der Arbeitsgemeinschaft sozialdemokratischer Frauen (AsF) für diese Position. Bisher leitete sie die Jugendstrafanstalt Vierlande.

Wachstum ist nicht alles – Großstadt im Umbruch

Am 14. Mai 1965 lud der Erste Bürgermeister Dr. Paul Nevermann 30 Hamburger ins Rathaus, um ihnen, als Stellvertreter der verschiedenen Berufszweige, für die Mitarbeit am Wiederaufbau Hamburgs zu danken. Die Stadt hatte ein Datum gesetzt. Nach 20 Jahren galt der Wiederaufbau als abgeschlossen.

Der Blick zurück auf das Nichts von 1945, auf das, was seitdem geschaffen worden war, konnte schwindelig machen. Das Hamburger Abendblatt veröffentlichte auf seiner ersten Seite ein Zukunftsbild des Stadtpanoramas. Hinter dem Jungfernstieg stand dicht an dicht eine Mauer von Wolkenkratzern. Nur wenige hielten diese Vision für übertrieben. Das würde der Fortschritt wohl mit sich bringen. Erschreckend wirkte dagegen das gigantomanische St.-Georg-Projekt der Neuen Heimat (1966). Zwischen Hauptbahnhof und Krankenhaus St. Georg, zwischen Außenalster und Steindamm, sollte ein Betongebirge mit Türmen von 51, 57 und 62 Stockwerken hochwachsen, kaum eine Lücke für ein paar Bäume freilassend. Zum Glück wurde die Verwirklichung nicht einmal begonnen.

Planungseuphorie von der Realität eingeholt

1960 hatte Hamburg 1,837 Mio. Einwohner, so viele wie nie zuvor. Im Glauben an einen weiteren Aufschwung und ein damit verbundenes stetiges Wachstum entstand in diesem Jahr ein optimistischer Aufbauplan. Er sah Stadtautobahnen von Nord nach Süd und West nach Ost vor, neue U-Bahnlinien, Industriegebiete, Siedlungs- und Freizeiträume. Er schuf auf dem Papier die Infrastruktur für eine Stadt mit 2,2 Mio. Bürgern. Das hieß, daß Hamburg um weitere 400 000 Menschen wachsen mußte, um in die Maße des Aufbauplans zu passen. Tatsächlich stieg die Bevölkerung bis 1964 noch um 49 000, sank dann aber von Jahr zu Jahr, um 1986 bei 1,57 Mio. anzukommen; dies trotz der Zuwanderung von Ausländern, mit denen man in so großer Zahl 1960 noch gar nicht gerechnet hatte. Es fehlten also bereits an der Ausgangszahl 290 000 Menschen. Das entspricht der Gesamteinwohnerzahl von Bonn oder Gelsenkirchen. Und es fehlten 290 000 Steuerzahler, mit deren Abgaben ein Großteil der genannten Projekte finanziert werden sollte.

Man mußte zurückstecken. Seit 1965 besaß Hamburg einen neuen Bürgermeister: Prof. Dr. Herbert Weichmann. Max Brauer hatte den ehemaligen preußischen Staatsbeamten 1948 aus der New Yorker Emigration geholt, damit er den Rechnungshof aufbaue. Als Bürgermeister begann er, das Staatsschiff mit Hilfe neuer Gedanken (Kreditaufnahme) durch die Untiefen zu steuern. Respektvoll nannte man den Mann, der preußische Korrektheit und hanseatische Liberalität in seiner Person vereinigte, den »hanseatischen Preußen«, und als er 1971 im Alter von 69 Jahren abtrat, sprach jeder vom »Ende einer Ära«.

Bei seinem Amtsantritt waren viele der großen Bauvorhaben, die heute das Stadtbild prägen, schon abgeschlossen. Weichmann setzte durch, daß weitergebaut oder Neues begonnen wurde, was aufgrund der Finanzlage eigentlich nicht möglich gewesen wäre. Das Congress Centrum Hamburg ist in gewisser Weise die sichtbare Krönung seiner Bemühungen, der Stadt einen Mittelpunkt geistiger Ausstrahlung zu geben. Auch der Baubeginn der Geschäftsstadt Nord fällt in die Ära Weichmann. Ihre hochmodernen Verwaltungspaläste wurden nicht nur zum Studienobjekt für Architekten aus aller Welt, die City Nord stellte ebenso eine – zumindest in Europa – ganz neue Konzeption dar: Die Zentralen großer Firmen in einer eigenen Stadt »auf der grünen Wiese« zusammenzufassen.

Der Hafen wandelt sich zum Dienstleistungszentrum

Der spektakulärste Wandel vollzog sich im Hafen. Da er immer als Herz der Hansestadt angesehen worden war, begann der Wiederaufbau hier frühzeitig. Bis zum 7. Mai 1964, dem 775. Hafengeburtstag, verschlang er täglich 300 000 DM. Aber nun war es geschafft. Die Hafenstatistik 1964 zählte schon wieder 21 601 ein- und ausgehende Schiffe, und der Umschlag betrug 35,4 Mio. Tonnen (heute 61,2 Mio. t).

1968 brach das Zeitalter der Container wie eine Sturmflut über die vom Seehandel abhängige Wirtschaft. Wenn sich Hamburg nicht schnell darauf einstellte, konnte es seine Stellung als »schneller Hafen« nicht behaupten. Deshalb begann der zweite Aufbau des Hafens. Seine Doppelfunktion als Universal- und Transithafen erforderte ein leistungsfähiges Transportwesen (Verschiebebahnhof Maschen, Köhlbrandbrücke, Elbtunnel). Mit Hilfe elektronischer Stau- und Ladeeinrichtungen können heute selbst die größten Containerschiffe in höchstens 24 Stunden abgefertigt werden. Zu den vielen Neuerungen gehört DAKOSY. Diese Abkürzung steht für das zur Zeit modernste, höchstentwickelte Seeverkehrs-Daten-Kommunikationssystem der Welt. Der Hamburger Hafen ist auf dem Weg vom reinen Umschlaghafen zum logistischen Dienstleistungszentrum.

Im Laufe der Geschichte schienen Hafen und Hamburg Synonyme zu sein. Unausgesprochen gehörte der Handel dazu, denn was ist ein Hafen ohne Handel? Aber immer wichtiger wurde Hamburg als Industriestadt. Sie steht nach Berlin an zweiter Stelle in Deutschland, trotz des Ausfalls der Werftindustrie, die dem Strukturwandel zum Opfer gefallen ist. Die Industrie beschäftigt 134 000 Menschen in 2240 Betrieben, die von A bis Z, vom Airbus (MBB) bis zur Zigarettenmaschine (Hauni) alles produzieren. Mancher Strukturwandel vollzieht sich lautlos. Mit ungeheurer Kraftanstrengung hatte Hamburg nach dem Krieg versucht, den Verlust an Wohnraum wettzumachen. Obwohl es 1975 etwa 71 000 Wohnungen mehr als vor dem Krieg gab, sprach man immer noch von Wohnungsnot. Die Ansprüche waren gestiegen. Wer gut verdiente, wollte eine größere und komfortablere Unterkunft. Das Problem besteht nach wie vor, denn der Bedarf hat sich abermals gewandelt: Erwachsene Kinder und junge Berufstätige wollen ihre eigenen »vier Wände«, niemand will den Auszug aus dem Elternhaus bis zur Eheschließung oder Familiengründung hinausschieben. Das ist eine allgemeine Erscheinung, aber in Hamburg gibt es mehr »Singles« als anderswo. Hamburg steht mit 46,7% Einpersonenhaushalten an der Spitze der Bundesrepublik.

Was ist Hamburg heute vor allem? Hafen- und Handelsstadt oder Industriestandort? Medienzentrum, Kulturmetropole, Wissenschaftshochburg oder Dienstleistungsstadt? 1985 hielt Bürgermeister Klaus von Dohnanyi im Übersee-Club eine vielbeachtete Rede, in der er u. a. sagte: »Die Verbindung von Wissenschaft, Technik und Wirtschaft gehört nicht zur hamburgischen Tradition.« Und weiter: »Die Zukunft der Stadt erfordert ein neues Unternehmertum, bestimmt von den Fähigkeiten, die der wissenschaftlich orientierte Kaufmann oder eher noch der kaufmännisch orientierte Wissenschaftler und Techniker mitbringt.«

Eigenwerbung für das »Hoch im Norden«

1980 bis 1985 versuchte die Hansestadt, sich in einer Werbekampagne mit dem Slogan »Hamburg ist . . .« darzustellen. Es kamen dabei Sprüche heraus wie »Hamburg ist Oper«, »Hamburg ist Szene«, »Hamburg ist das Hoch im Norden« (unter diesem Motto standen dann die nächsten Werbekampagnen) und »Hamburg ist Spitze«. Das war sehr unhanseatisch selbstgefällig, aber auf vielen Gebieten auch wahr. 50 von 500 der größten deutschen Unternehmen haben ihre Verwaltung in Hamburg. Die Zentralen der Ölgesellschaften sitzen geballt in der City Nord (Esso, Shell, BP, DEA). Von Hamburg aus operieren das größte Versandhaus Europas (Otto Versand), das größte Getreidehandelshaus Europas (Alfred C. Toepfer), die größte Kaffeeimportfirma Europas (Rothfos) und die größte Produktion für Zigarettenmaschinen (Kurt A. Körbers Hauni Werke). Vom Flugzeugbau über Solartechnik bis zum Bau von Mikrochips reicht das Spektrum im Bereich der Spitzentechnologie, die sowohl in firmeneigenen Forschungslabors als auch in Universitätsinstituten laufend fortentwickelt wird. Aufgrund seiner wirtschaftlichen Bedeutung ist Hamburg der zweite deutsche Bankenplatz nach Frankfurt. Als Fachmessen- und Kongreß-stadt schiebt sich die Stadt immer weiter nach vorn. 1990 fanden hier u.a. der Welt-Krebs-Kongreß (10 000 Teilnehmer), der Welt-Reisebüro-Kongreß (7000) und der Internationale Handelskammer-Kongreß (World Business Forum) statt.

Hamburg ist die deutsche Medienhauptstadt. Allein die Presse (Der Spiegel, DIE ZEIT, stern, HÖR ZU; DIE WELT u. a.) beschäftigt 15 000 Mitarbeiter in 500 Unternehmen, darunter die größten deutschen Presse-verlage (Axel Springer, Heinrich Bauer, Gruner + Jahr). Mehr als 50% aller Zeitungen und Zeitschriften der Bundesrepublik kommen aus Hamburg, mit Nachrichten beliefert von dpa, der Deutschen Presseagentur mit Sitz am Mittelweg. Der NDR (Tagesschau, Tagesthemen, ARD aktuell) hat 3600 Mitarbeiter. Dazu kommen noch die Angestellten der Privatsender. Studio Hamburg gehört zu den wichtigsten Film- und Fernsehproduktionsorten in der Bundesrepublik. Jede zweite deutsche Schallplatte kommt aus Hamburg. Die Werbung ist in Hamburg mit 1000 Unternehmen vertreten und verwaltet einen 6-Mrd.-DM-Etat.

In der einst toten Innenstadt pulsiert neues Leben

Ein sehr ernstes Strukturproblem bedrohte Hamburg Anfang der 70er Jahre. Die Innenstadt starb. 1881 hatten in ihr noch 171 000 Menschen gewohnt, jetzt waren es nur noch 12 000. Sie beherbergte fast ausschließ-lich Büros, Banken und dergleichen, nach Geschäftsschluß war sie ausge-storben. Die Bewohner waren an die Stadtränder gezogen, der Einzel-handel folgte ihnen. Riesige Einkaufszentren entstanden und boten die gleichen oder bessere Waren als die Geschäfte der City und noch Parkplät-ze dazu. Der Wandel kam nicht unbemerkt, blieb in seiner weitreichenden Bedeutung aber zunächst unerkannt. 1970 kaufte eine britische Immobi-liengesellschaft ein großes Areal der westlichen City rund um die Straße Große Bleichen. Die Althamburger empörten sich über den Ausverkauf und die Überfremdung, obgleich die Bausubstanz dieses Viertels kaum erhaltenswert war. Die Briten nutzten ihre Erwerbung nicht und gaben das ganze Paket an die Allianz-Versicherung. Das von ihr realisierte Hanse-Viertel grub sich durch die Eingeweide der weitgehend verfallenen alten Häuser. Auf einer Fläche von 9400 m² entstand für 220 Mio. DM eine Passage mit 60 Geschäften. Die Baukosten überstiegen jene für den Umbau des Rathausmarktes, der auch in das neue Konzept gehörte, Leben in die tote Innenstadt zu bringen, um das Fünffache. Neun Passagen sind bis 1990 entstanden. Die City lebt wieder. Es lohnt sich, »in die Stadt« zu fahren. Sie strahlt Eleganz und Großstadtatmosphäre aus. Sogar am Wochenende promenieren Zehntausende durch das glänzende »Gänge-viertel«. Und die lebendige City wächst weiter. Die im Bau befindliche »Fleetinsel« setzt den schon heute größten Geschäftspromenadenkomplex Europas in Richtung Neustadt fort.

Als die Umgestaltung der Innenstadt begann, sagte Professor Dr. Ing. Klaus Müller-Ibold, der damalige Oberbaudirektor: »Es hat in der Weltge-schichte große Städte gegeben, die ohne äußere Einwirkung zerfielen und verwüsteten, es hat viele Städte gegeben, die nach Naturkatastrophen oder Kriegszerstörungen wieder aufgebaut wurden, aber in den 80er Jahren wird sich eine schrittweise Erneuerung Hamburgs von innen heraus vollziehen, die geplant ist und die es in dieser Form in der langen Geschichte der Städte in aller Welt noch nie gegeben hat.«

Für die 90er Jahre sieht der jetzige Oberbaudirektor Prof. Dr. Egbert Kossak eine Fortsetzung der »geplanten Erneuerung« voraus. Da sich der Hafen und die dazugehörige Industrie immer weiter in das Süderelbe-gebiet zurückgezogen haben, ist es eine große (und schöne) städtebauliche Aufgabe, die urbane Stadt bis an die Elbe und noch darüber hinaus in die Speicherstadt auszudehnen. Der Neubau des Verlagshauses Gruner + Jahr am Hafenrand setzte ein erstes deutliches Zeichen.

1990 erscheint Hamburg als große Baustelle. Industrie- und Verwaltungs-bauten entstehen in allen Teilen des Staatsgebiets. Man spricht von »Wachstumsexplosion« und von »Boomtown«. Das sind nicht nur griffige Erfindungen der Lokalpresse. Eine Umfrage des »Manager Magazin« bei 1100 europäischen Unternehmen ergab, daß die Wirtschaft München, Hamburg und das Ruhrgebiet für die Aufsteiger-Regionen des nächsten Jahrzehnts hält. Das vielzitierte Süd-Nord-Gefälle scheint an Schärfe zu verlieren. Hamburg ist für den Eintritt in die Europäische Wirtschafts-gemeinschaft (1992) gerüstet.

Revolution im Osten rückt Hamburg ins Zentrum

Im Oktober 1989 wurde ein neuer Entwicklungsplan für den Hafen fertiggestellt. Schon einen Monat später konnte man ihn ins Archiv geben. Die Wende im Osten Europas, nicht nur die deutsche, gab Hamburg einen neuen Platz auf der Landkarte. Seit 45 Jahren war Hamburg von seinem natürlichen Hinterland, dem Stromgebiet der Elbe, abgeschnitten, seit 45 Jahren war es, wie zur Zeit Karls des Großen, eine Grenzstadt am Rande Westeuropas. Plötzlich lag es wirtschaftsgeographisch wieder in der Mitte Europas. Wenn es seine Chancen nutzt, ist es bald Kreuzpunkt für die Ströme des Welthandels in Nordeuropa. Schon sind die Japaner zur Stelle und erklären Hamburg zu ihrem europäischen Umschlagplatz. Den Japa-nern folgen Firmen aus Korea, Taiwan und Singapur. Der Hafen muß praktisch zum drittenmal seit 1945 neu gebaut werden. Experten rechnen aber auch mit einem Anwachsen der Binnenschiffahrt von heute 17 Mio. t Umschlag auf 50 Mio. t in den nächsten Jahren. Das erfordert einen Ausbau der Oberelbe, deren Fahrwasser gegenwärtig noch zu flach ist, um solch einen Verkehr aufzunehmen. Von Hamburg bis zur Elbmündung (110 km) gibt es keine Elbüber- oder unterquerung. Der Verkehr von und nach Skandinavien braucht Straßen zusätzlich zur A 7. Den ursprünglich für 60 000 Fahrzeuge täglich gebauten Elbtunnel passieren an manchen Tagen bis zu 115 000 Kraftwagen. Noch eiliger ist eine Autobahn über Lübeck zu den Fährhäfen Mecklenburgs mit einer Verlängerung über Stettin nach Polen. Die Eisenbahnstrecken in den Osten müssen von Grund auf erneuert werden, ein Großflughafen muß Fuhlsbüttel ersetzen und so noch endlos weiter.

Ist der Stadtstaat schon bald an seinem glücklichen Ende?

Ein Stadtstaat mit gerade einmal 1,6 Mio. Einwohnern auf 755 km² kann zur Lösung solcher Aufgaben nur einen relativ bescheidenen Beitrag leisten, auch wenn es sich um eine »Boomtown« handelt und der Erfolg der Innovation ihr zugute kommen wird. Das Denken muß aus diesem Grund in neue Richtungen gehen. Hamburgs Bürgermeister Dr. Henning Voscherau hat seine Überlegungen dazu am 11. April 1990 öffentlich ausgesprochen. Was seiner Rede eine besondere Würze verleiht, ist, daß er sie ausgerechnet vor der Patriotischen Gesellschaft hielt. Zusammen-gefaßt: Wenn es um die Zukunftssicherung Hamburgs geht, ist es dann unpatriotisch, wenn der Bürgermeister des Stadtstaates auch dessen Auflösung in Erwägung zieht? Sein Aufgehen in einer größeren Einheit ins Auge faßt? In einem integrierten Europa werden Wirtschaftsgebiete zusammenwachsen, die zusammengehören. Grenzen verlieren ihre Bedeu-tung. Das vereinigte Europa wird ein Europa der Regionen sein. In diesem Europa muß Norddeutschland eine leistungsfähige Einheit sein, ob als »Nordstaat« oder als »Norddeutsche Vertragsgemeinschaft«. Bei der ge-meinsamen Arbeit an neuen Strukturen muß der Blick über die Flens-burger Förde und die Ostsee hinausgehen. Und wörtlich: »Ich behaupte nicht, daß ich damit schon eine neue Definition des Begriffs Patriotismus vorlege. Aber in die Richtung könnte es gehen. Das schließt dann auch nicht aus, daß sich die wechselvolle Geschichte unseres Stadtstaates ihrem Ende nähern könnte. Ihrem guten Ende.«

Erik Verg

1980

3. 1. Die für diesen Tag geplante Fällung von rund 2200 Bäumen in Niendorf, die der Erweiterung des Flughafens Fuhlsbüttel im Wege stehen, wird aufgrund des Widerstands der Bevölkerung und der Kirchengemeinde vom Oberverwaltungsgericht verhindert.

11. 1. Der FDP-Parteitag wählt den Informatiker Klaus Brunnstein zum Landesvorsitzenden. Er ist Nachfolger von Helga Schuchardt, die nach fünfjähriger Amtszeit nicht wieder kandidierte.

29. 2. Die »Hamburger Morgenpost« muß ihr Erscheinen nicht – wie befürchtet – heute einstellen. Die Schweizer Brüder Eduard und Christian Greif übernehmen die in SPD-Besitz befindliche Zeitung, die in Geldnöten steckt.

20. 4. Die Schule Bullenhuser Damm im Stadtteil Rothenburgsort wird in Janusz-Korczak-Schule umbenannt. Der Namensgeber war ein polnisch-jüdischer Lehrer, der mit den ihm anvertrauten Waisenkindern im KZ Theresienstadt in den Tod gegangen war (→ 21. 4. 1945/S. 489).

18. 5. Mit der Bereitstellung zusätzlicher Stellen reagiert die Gesundheitsbehörde auf den »Pflegenotstand«. → S. 581

28. 5. Im Endspiel des Europapokals der Landesmeister verliert der HSV in Madrid gegen die englische Mannschaft Nottingham Forest mit 0:1.

7. 6. Rund 20 000 Radfahrer blockieren die Innenstadt, um auf diese Weise für mehr Radwege und größere Rechte der Radfahrer gegenüber dem Autoverkehr zu demonstrieren.

22. 7. Der Rhetorik-Professor Walter Jens verzichtet auf einen Wechsel von Tübingen nach Hamburg. → S. 581

1. 8. Niels-Peter Rudolph tritt sein Amt als Intendant des Deutschen Schauspielhauses an (→ 1. 11. 1978/S. 576). Wegen Renovierungsarbeiten muß das Ensemble auf das Operettenhaus und die Kampnagel-Fabrik ausweichen.

22. 8. Bei einem Brandanschlag von Rechtsextremisten auf das Ausländerwohnheim Halskestraße in Billbrook werden zwei Vietnamesen getötet.

25. 8. Bei Anti-Strauß-Protesten kommt es an der Sternschanze zu Auseinandersetzungen zwischen Polizei und Demonstranten, in deren Verlauf ein Jugendlicher tödlich verletzt wird. → S. 581

5. 10. Bei den Bundestagswahlen wird die SPD in Hamburg mit 51,7% stärkste Partei, (CDU: 31,2%; FDP: 14,1%).

14. 11. Das Hanse-Viertel wird eingeweiht. → S. 581

Hanse-Viertel: Luxuswaren in Passagen

14. November 1980. Nach zweieinhalbjähriger Bauzeit öffnet das Hanse-Viertel seine Tore. Ein anspruchsvolles Ambiente soll Kunden in die rund 60, am gehobenen Bedarf orientierten Geschäfte der Passagen zwischen Poststraße und Große Bleichen locken.

Die 200-Mio.-Investition zum Bau des Hanse-Viertels wurde vom Versicherungsunternehmen Allianz getätigt. Für die Gestaltung zeichnet das Hamburger Architektenteam Gerkan, Marg & Partner verantwortlich. Charakteristisch sind die 115 Meter langen, glasüberdeckten Passagen, die in große Glaskuppelbauten münden.

Für Böden und Wände wurden rote Klinkersteine verwendet, die zusammen mit dem grünen Metall der Stahlstützen die Passagen prägen. Ziel des Investors war es, einen Einkaufsbereich zu schaffen, in dem man »ohne Regenschirm« flanieren kann. Auf Kritik stößt der Umstand, daß es sich bei den angebotenen Waren in den meisten Läden um Luxusartikel handelt, die nur für eine Minderheit erschwinglich sind.

Grund dafür sind die enormen Raummieten, die hohe Preise und Gewinnspannen notwendig ma-

Die Stahlskelette der verglasten Tonnendächer – hier im Bild – und der Backstein der Fassadenverkleidung: Das sind die wichtigsten Bauelemente, die im Hanse-Viertel Verwendung finden; sie stehen in der Tradition sachlicher Architektur in Hamburg. Tradition signalisiert auch die Bezeichnung »Hanse-Viertel«: In die Böden der Passage sind die Wappen und Namen bedeutender Hanse-Städte eingelassen.

chen. Neben den z. T. erst provisorisch bezogenen Geschäften gibt es im Hanse-Viertel Restaurationsbetriebe, Büros und Wohnungen.

Die Bauarbeiten begannen im Juli 1978. Um den Zeitplan einzuhalten, wurden zusätzlich 120 polnische Maurer mit ihrem Bauleiter von dem Staatsunternehmen Budimex für das Projekt angeworben. Dabei spielte die Erfahrung der Polen bei der Denkmalrestaurierung ein Rolle, da im Rahmen des Hanse-Viertels die architektonisch bedeutende Fassade am sog. Broschek-Haus teilrestauriert wurde.

Anti-Strauß-Protest fordert Todesopfer

25. August 1980. Rund 15 000 Menschen demonstrieren gegen den ersten Auftritt des CSU-Politikers und Kanzlerkandidaten Franz Josef Strauß in Hamburg seit zehn Jahren. Im Rahmen von Auseinandersetzungen zwischen Polizei und Demonstranten wird ein Jugendlicher tödlich verletzt.

Über 3000 teilweise aus anderen Bundesländern angeforderte Polizisten sind gegen die Demonstranten im Einsatz. Sie sperren das Gelände um die Ernst-Merck-Halle, wo Strauß auftritt, weiträumig ab. Nach einer Schlußkundgebung an der Sternschanze treibt die Polizei die Teilnehmer mit Gewalt auseinander. Als einige von ihnen über Gleise des Bahnhofs Sternschanze flüchten, wird der 16jährige Olaf Ritzmann durch einen einfahrenden S-Bahn-Zug schwer verletzt. Er stirbt vier Tage später an den Folgen der Verwundung.

Walter Jens verzichtet nach Lehrstuhl-Streit

22. Juli 1980. Der Tübinger Rhetorik-Professor Walter Jens verzichtet auf einen Wechsel nach Hamburg. Er sollte einen neuzuschaffenden Lehrstuhl für öffentliches Vorlesungswesen besetzen. Anhal-

Geboren am 8. März 1923 in Hamburg, wirkt Walter Jens seit 1956 als Professor in Tübingen. Seine medienübergreifende Arbeit beinhaltet u. a. Essays, Hör- und Fernsehspiele. Seit 1976 leitet er das bundesdeutsche PEN-Zentrum.

tende Querelen um den Lehrstuhl sowie eine Kampagne der konservativen Presse gegen Jens führen schließlich zur Absage des renommierten, als fortschrittlich geltenden Schriftstellers, Kritikers und Literaturwissenschaftlers.

»Pflegenotstand« in Krankenhäusern

18. Mai 1980. Die Gesundheitsbehörde stellt rund 190 Kräfte bereit, um der angespannten Personalsituation in Hamburger Krankenhäusern zu begegnen. Zuvor hat es heftige Kritik am »Pflegenotstand« gegeben (→ 29. 1. 1975/S. 569).

Bekannt wurde die dramatische Situation u. a. durch leitende Schwestern, die, wie am Heidberg-Krankenhaus, angesichts der schlechten Bedingungen eine weitere Verantwortung für ihre Station öffentlich ablehnten. In vielen Anstalten stehen Patientenbetten auf den Fluren, nur noch dringende Notfälle können aufgenommen werden. Schwestern berichten, daß sie selbst bei Überstunden »nur eben das Notwendigste« leisten können. Im Februar sah sich die Gesundheitsbehörde unter Senatorin Helga Elstner (SPD) genötigt, 63 Soldaten zum Noteinsatz in Krankenhäusern anzufordern.

1981

1. 1. Im Rahmen einer Programmumstellung führt der Norddeutsche Rundfunk im 2. Programm die Hörfunkwerbung ein. Zugleich startet im Landesfunkhaus Hamburg die »Hamburg-Welle«.

26. 2. Rund 20 000 Schüler folgen dem Aufruf der Landesschülerkammer zu einem Streik.
→ S. 582

April. Polizisten räumen ein besetztes Haus in der Amandastraße 73 im Schanzenviertel. Die Besetzung hatte insofern Erfolg, als die Gemeinnützige Baugenossenschaft Freier Gewerkschafter das ursprünglich zum Abriß vorgesehene Gebäude nunmehr saniert.

15. 5.–19. 7. Über 600 000 Besucher lockt die Ausstellung mit Stücken aus dem Grabschatz des ägyptischen Königs Tutanchamun in das Museum für Kunst und Gewerbe. → S. 583

25. 5. Hans-Ulrich Klose (SPD) legt nach parteiinternen Kontroversen um die weitere Energiepolitik sein Amt als Erster Bürgermeister nieder. → S. 582

29. 5. Bezirksamtsleiter Hubert Jungesbluth erläßt für den Bezirk Mitte die Weisung, nur noch in beschränktem Maß Wohnungen an Ausländer zu vergeben. Auf Druck des Senats wird diese Anordnung Ende November 1981 rückgängig gemacht.

17.–21. 6. Unter dem Motto »Fürchte dich nicht« versammeln sich in Hamburg rund 150 000 Menschen zum 19. Deutschen Evangelischen Kirchentag. → S. 582

24. 6. Die Hamburger Bürgerschaft wählt den SPD-Politiker Klaus von Dohnanyi zum Senator. Anschließend erfolgt seine Wahl zum Ersten Bürgermeister (→ 25. 5. 1981/S. 582).

1. 7. Der frühere österreichische Fußball-Nationalspieler Ernst Happel wird Trainer beim HSV.

25. 7. Vor Neumühlen läuft der Tanker »Afran Zenith« auf Grund. Aus dem Rumpf des Schiffes entweichen rund 300 t Rohöl. Unter Einsatz aller verfügbaren Hilfskräfte wird eine Ölpest größeren Ausmaßes abgewendet.

15. 8. Sieben Tote fordert ein Unglück auf dem Hamburger Dom. → S. 583

1. 9. Der Wandsbeker Konditormeister Rüdiger Nehberg startet einen dreiwöchigen Fußmarsch quer durch die Bundesrepublik, auf dem er sich ausschließlich von unterwegs gefundener Nahrung verköstigt.
→ S. 583

19. 10. Auf dem Karl-Muck-Platz wird ein Denkmal für den Komponisten Johannes Brahms eingeweiht.

Brokdorf-Streit: Klose wirft Handtuch

25. Mai 1981. Der Erste Bürgermeister Hans-Ulrich Klose (SPD) tritt von seinem Amt zurück. Er zieht die Konsequenzen aus dem Streit innerhalb der SPD-Parteiführung um seinen Anti-Brokdorf-Kurs. Hamburg ist über die Hamburgischen Electricitätswerke (HEW) zu 50% an dem geplanten Atomkraftwerk an der Unterelbe beteiligt. Vor Kloses Rücktritt wurde deutlich, daß die Parteispitze seine Politik des Ausstiegs aus dem Atomprojekt nicht mitträgt. In einer zehnstündigen Sitzung des SPD-Landesvorstands am 24. Mai konnte sich der Hamburger Regierungschef nicht gegen seine Widersacher vom rechten Parteiflügel (u. a. Fraktionschef Ulrich Hartmann) durchsetzen.

Die Demission des Ersten Bürgermeisters stürzt die SPD in eine tiefe Krise. Vier Wochen später tritt der gesamte Landesvorstand unter dem Parteivorsitzenden Werner Staak zurück. Viele Parteimitglieder werfen der Führung mangelnde Unterstützung für Klose vor, der innerhalb der Basis über einen großen Anhang verfügt. Noch am 3. Februar nämlich hat ein Sonderparteitag zum Thema »Brokdorf« mit deutlicher Mehrheit die Ausstiegspolitik Kloses gestärkt.

30 Tage nach dem Rücktritt von Hans-Ulrich Klose wird am 24. Juni der bisherige SPD-Landeschef in Rheinland-Pfalz, der frühere Bundesbildungsminister Klaus von Dohnanyi, zum neuen Ersten Bür-

◁ *Der gelernte Jurist Hans-Ulrich Klose, am 14. Juni 1937 in Breslau geboren, ging 1970 in die Bürgerschaft, wo er 1972/73 den SPD-Fraktionsvorsitz innehatte. Er wurde 1973 Innensenator und 1974 Erster Bürgermeister.*

▽ *Der Klose-Nachfolger Klaus von Dohnanyi leistet am 24. Juni vor der Bürgerschaft seinen Amtseid. Geboren am 21. Juni 1928 in Hamburg, trat der Sohn eines von den Nazis hingerichteten Widerstandskämpfers 1957 in die SPD ein. 1969 wurde er Mitglied des Bundestages. 1972–1974 amtierte er als Bildungsminister, dann als Staatsminister im Auswärtigen Amt.*

germeister gewählt. Zwischenzeitlich führt die Zweite Bürgermeisterin und Gesundheitssenatorin Helga Elstner die Regierungsgeschäf-

te. Zum neuen Landesvorsitzenden wählt die SPD am 25. September den Bergedorfer Bezirksamtsleiter Jörg König.

150 000 beim Kirchentag

17. Juni 1981. Rund 150 000, meist jugendliche Menschen kommen zu den fünftägigen Veranstaltungen des 19. Deutschen Evangelischen Kirchentages nach Hamburg. Zu den Höhepunkten des Treffens, das unter dem Motto »Fürchte dich nicht« steht, zählten der Schlußgottesdienst auf der Stadtparkwiese und eine große Friedensdemonstration mit 70 000 Teilnehmern.

Präsident des Kirchentages ist der CDU-Politiker Richard von Weizsäcker. Das große Veranstaltungsangebot reicht über Diskussionsrunden, Musik, Theater, Kabarett und Bibelstunden bis zu einem »Markt der Möglichkeiten« und einer »Halle der Stille«.

Hamburger Lokalkolorit auf dem Kirchentagsplakat: Poller mit Schiffstau

Schüler streiken gegen Senatsplan

26. Februar 1981. Rund 20 000 Hamburger Schüler folgen dem Aufruf der Schülerkammer zu einem landesweiten Schulstreik und einer Demonstration gegen die Schulpolitik des Senats. Über 6000 Demonstranten protestieren mittags vor der Schulbehörde in der Hamburger Straße; anschließend kommt es zu mehrstündigen Diskussionen von Schülervertretern mit Schulsenator Joist Grolle und Landesschulrat Wolfgang Neckel.

Die Proteste richten sich u.a. gegen häufigen Unterrichtsausfall sowie gegen den sog. Schulentwicklungsplan des Senats, der die Schließung von über 50 Schulen vorsieht.

582

»Tut-Fieber« führt zu Besucherrekord

15. Mai 1981. Im Museum für Kunst und Gewerbe öffnet die Tutanchamun-Ausstellung ihre Pforten. Mit 622 662 Besuchern in 66 Tagen verzeichnet sie einen in Hamburg nie dagewesenen Andrang.

Gestaltet von Museumsleiter Axel von Saldern sowie zahlreichen festen und freien Mitarbeitern, wird mit 55 Objekten ein kleiner Teil des Grabschatzes des ägyptischen Kind-Königs Tutanchamun (»Goldener Pharao«) präsentiert. Insgesamt umfassen die kostbaren Grabbeigaben über 5000 Teile. Eine intensive Öffentlichkeitsarbeit begleitet die Ausstellung, die in anderer Präsentation zuvor schon weltweit die Museen zierte.

Sieben Todesopfer bei Dom-Unglück

15. August 1981. Ein schweres Unglück auf dem Hamburger Dom fordert kurz nach Mitternacht sieben Todesopfer. Ein Arbeitskran gerät mit Zugseil und daran befestigtem Getriebeblock in die Kreisbahn des Flugkarussells »Skylab«, das mit 25 Besuchern an Bord seine letzte Tagesfahrt absolviert.

Das Getriebe schlitzt zwei »Skylab«-Gondeln auf, die Insassen stürzen in die Tiefe. 1985 wird der für den Kran verantwortliche Schausteller wegen fahrlässiger Tötung zu einem Jahr Freiheitsstrafe auf Bewährung verurteilt.

Nehberg unterwegs: Globetrotter zu Fuß

1. September 1981. Der Wandsbeker Konditormeister und Globetrotter Rüdiger Nehberg beginnt einen 22tägigen Fußmarsch durch die Bundesrepublik bis nach Oberstdorf. Er begibt sich ohne Geld auf die rund 1000 km lange Reise. Unterwegs ernährt er sich nur von dem, was er in der Natur vorfindet. Da er Brücken meidet, muß er die Wasserläufe durchschwimmen. Nachts schläft Nehberg, der schon in den vorangegangen Jahren durch exotische Expeditionen Aufsehen erregte, in einer Kunststoff-Folie. Der 46jährige marschiert bei seiner Tour im Durchschnitt 50 km am Tag.

1982

20. 1. Die Bürgerschaft billigt nach 1961 ein zweites Hafenentwicklungsgesetz, das an der Zerstörung Altenwerders für die geplante Hafenerweiterung festhält. → S. 584

31. 1. Das Ensemble des Deutschen Schauspielhauses präsentiert die Uraufführung von Botho Strauß' »Kalldewey, Farce«. → S. 585

Januar. Anhaltender Frost ermöglicht bis Monatsende Zehntausenden von Hamburgern einen Spaziergang auf der zugefrorenen Außenalster.

8. 2. Das Hamburger Nachrichtenmagazin »Der Spiegel« berichtet über eine angebliche persönliche Bereicherung des Neue-Heimat-Vorstandsvorsitzenden Albert Vietor und drei seiner Vorstandsmitglieder. Die Veröffentlichungen stürzen das gewerkschaftliche Wohnungsbauunternehmen in eine schwere Krise.

16. 4. Der Elbfischer Heinz Oestmann legt seinen Kutter unter die hochgezogene Kattwyk-Hochbrücke und demonstriert so gegen die zunehmende Elbverschmutzung. → S. 584

11. 5. Der für rund 38 Mio. DM umgebaute Rathausmarkt wird offiziell seiner Bestimmung übergeben. → S. 585

19. 5. Vor rund 60 000 Zuschauern im Volksparkstadion unterliegt der HSV nach dem 0:1 in Göteborg im Rückspiel des Finales um den UEFA-Cup mit 0:3 gegen die schwedische Mannschaft von IFK Göteborg.

29. 5. Mit drei Punkten Vorsprung vor dem 1. FC Köln wird der HSV mit 48:20 Punkten und 95:45 Toren zum fünftenmal nach 1923, 1928, 1960 und 1979 Deutscher Fußballmeister. Mit 27 Treffern ist Horst Hrubesch erfolgreichster Stürmer.

6. 6. Bei den Bürgerschaftswahlen wird die CDU überraschend stärkste Partei. Die Grün-Alternative Liste schafft den Sprung ins Parlament. Die SPD bildet einen Minderheitensenat. → S. 583

13. 9. Der Rechtsanwalt Otto Paulick wird zum Präsidenten des FC St. Pauli gewählt.

21. 10. Ein bunter Festzug umrahmt die Freigabe der umgebauten Mönckebergstraße für den Verkehr. → S. 585

20. 11. Mit der Eröffnung des Grenzübergangs Gudow/Zarrenthien ist die Transit-Autobahn von Hamburg nach Berlin fertiggestellt. → S. 584

19. 12. Mit 51,3% der abgegebenen Stimmen (plus 8,5%) und 64 Sitzen (plus neun) erringt die SPD bei den Bürgerschaftswahlen wieder die absolute Mehrheit. (→ 6. 6. 1982/S. 583).

SPD-Sieg im zweiten Anlauf

6. Juni 1982. Die Niederlage der regierenden SPD bei den Bürgerschaftswahlen führt zur Bildung eines Minderheitensenats. In der Opposition stehen die auf Anhieb ins Parlament einziehende Grün-Alternative Liste (GAL) und die CDU, die erstmals stärkste Fraktion wird. Bei Neuwahlen im Dezember erringt die SPD dann wieder die absolute Mehrheit.

Trotz erdrutschartiger Verluste von 8,7% auf jetzt 42,8% der Stimmen erklären führende SPD-Politiker noch am 6. Juni ihren Willen zur Bildung eines Minderheitensenats. Die CDU und ihr Spitzenkandidat Walther Leisler Kiep – mit nunmehr 43,2% (plus 5,6%) stärkste Partei in Hamburg – können keine Regierung bilden, da ihr potentieller Koalitionspartner FDP mit 4,8% an der Fünf-Prozent-Hürde scheitert. Neben der CDU gehört auch die erst im März gegründete GAL mit Thomas Ebermann und Thea Bock zu den Wahlgewinnern; sie schafft mit 7,7% sofort den Einzug in die Bürgerschaft.

Im Anschluß an die Wahl führt die SPD unter dem Ersten Bürgermeister Klaus von Dohnanyi mit der GAL sog. Tolerierungsverhandlungen, deren Scheitern zu Neuwahlen führt: Am 19. Dezember – kurz nach dem Regierungswechsel in Bonn – erringt die SPD mit 51,3% der Stimmen die absolute Mehrheit. Die CDU sackt wieder unter die 40%-Marke, während die GAL ihre Position festigt (6,8%).

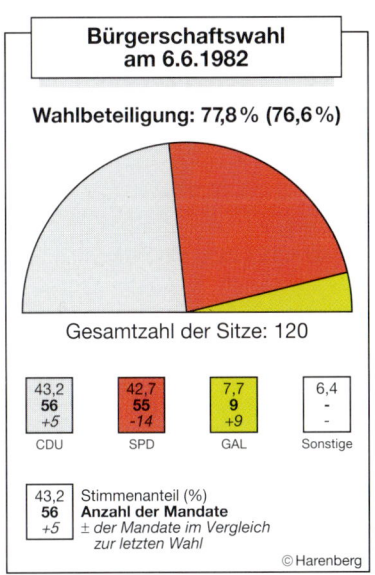

Bürgerschaftswahl am 6.6.1982

Wahlbeteiligung: 77,8% (76,6%)

Gesamtzahl der Sitze: 120

CDU	SPD	GAL	Sonstige
43,2	42,7	7,7	6,4
56	55	9	-
+5	-14	+9	-

43,2	Stimmenanteil (%)
56	**Anzahl der Mandate**
+5	± der Mandate im Vergleich zur letzten Wahl

© Harenberg

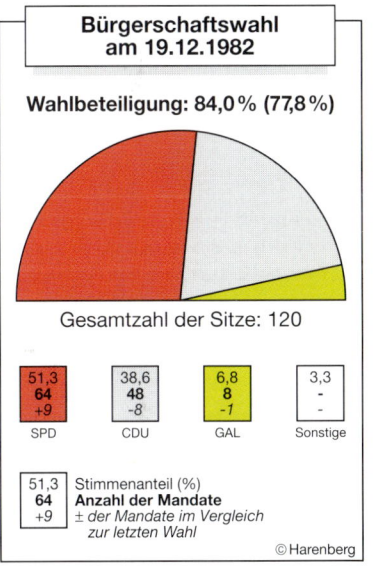

Bürgerschaftswahl am 19.12.1982

Wahlbeteiligung: 84,0% (77,8%)

Gesamtzahl der Sitze: 120

SPD	CDU	GAL	Sonstige
51,3	38,6	6,8	3,3
64	48	8	-
+9	-8	-1	-

51,3	Stimmenanteil (%)
64	**Anzahl der Mandate**
+9	± der Mandate im Vergleich zur letzten Wahl

© Harenberg

Neun Abgeordnete der GAL beleben die Bürgerschaft; die prominentesten »GALier«: Thea Bock (vorn M.) und Thomas Ebermann (2. Reihe l.).

Hafenerweiterungspläne bedrohen alte Fischerdörfer

20. Januar 1982. Die Bürgerschaft stimmt dem zweiten Hafenentwicklungsgesetz zu. Es schränkt im Zusammenhang mit Planungen für die Hafenerweitung das Verfügungsrecht von Eigentümern über ihre Häuser und Grundstücke ein. Außerdem erleichtert es Enteignungsverfahren.

Wie bereits im Rahmen des ersten Hafenerweiterungsgesetzes vom August 1961, das die Schaffung von Reserveflächen in einer Größenordnung von 14 km² vorsah, wird auch im neuen Gesetz u. a. die Zerstörung des alten Bauern- und Fischerdorfes Altenwerder eingeplant. Schon Ende 1973 hat der Senat alle 714 Altenwerder Haushalte angeschrieben und die rund 2000 Einwohner über Pläne informiert, das Gebiet aufzuspülen und ein Hafenbecken mit Umschlaganlagen (Container-Terminal) zu errichten. Er begründete das umstrittene Projekt mit dem rapide steigenden Containerumschlag im Hafen, der den Bau neuer Anlagen erfordere. Daneben benötigt die Stadt neue Spülfelder zur Lagerung des giftigen Elbschlicks, der bei Ausbaggerung der Fahrrinne anfällt.

Unter staatlichem Druck und drohender Enteignung verkaufen die

Blick vom Turm der Michaeliskirche; die Pläne zur Hafenerweiterung beziehen weit südlich gelegene Stadtteile mit ein.

Bewohner Altenwerders bis Ende der 70er Jahre 225 Grundstücke an Hamburg. In einem spektakulären Urteil stellt jedoch das Hamburger Landgericht am 23. Februar 1979 aufgrund einer Klage des Obstbauern Carl Schwartau fest, daß eine mögliche Enteignung jeder rechtlichen Grundlage entbehrt.

Schwartau wollte seinen 128 000 m² großen Besitz nicht für 3,5 Mio. DM an die Stadt verkaufen.

Wie in Altenwerder droht auch im benachbarten Moorburg eine Räumung: Im Dezember 1981 erhalten die Bewohner von den Behörden einen entsprechenden Beschluß zugestellt. Mit Unterstützung der

Grün-Alternativen Liste (GAL) kämpfen die Moorburger gegen die Pläne an. Sie und andere Kritiker der Hafenerweiterung halten die zugrundeliegenden Bedarfsprognosen für »fragwürdig«; in der Tat werden die »geräumten« Erweiterungsflächen in den nächsten Jahren nicht benötigt.

Kutterblockade gegen Elbverseuchung

16. April 1982. Mit einer spektakulären Aktion protestiert der Fischer Heinz Oestmann gegen die Elbverschmutzung. Indem er seinen Kutter unter die hochgezogene Kattwyk-Hubbrücke setzt, blokkiert er sowohl den See- als auch den Straßenverkehr.

Bereits am 12. Februar 1981 hatten Oestmann und andere Fischer aus Altenwerder und Finkenwerder öffentlichkeitswirksam gegen die Vernichtung ihrer Lebensgrundlage protestiert. Mit sieben Kuttern riegelten sie die Elbe ab und sperrten die Zufahrt zum Hafen. Sie fordern ein Verbot der Einleitung giftiger Industrieabwässer in den Fluß und Überbrückungsbeihilfen für die Zeit, in der sie den Aalfang einstellen müssen.

Die schlechte Wasserqualität der Elbe bedroht die Elbfischer in ihrer Existenz. Nach Untersuchungen sind mehr als die Hälfte der Elbaale mit hochgiftigem Quecksilber

verseucht und dürfen nicht mehr verkauft werden. Viele Aale leiden unter der »Blumenkohlkrankheit« – Wucherungen am Kopf, die Atmung und Nahrungsaufnahme behindern und den Tod bedeuten. Oestmann erinnert sich: »1965 bin ich angefangen . . . Da hat man die Blumenkohlkrankheit noch nicht gekannt.«

Nicht nur Industrie-Einleitungen belasten die Elbe: 1981 strandete ein Supertanker vor Oevelgönne und verlor 300 t Rohöl (Abb.: Säuberungsarbeiten).

Transitautobahn nach Berlin fertig

20. November 1982. Die Transitautobahn Hamburg – Berlin wird für den Verkehr freigegeben.

Die Autobahn (auf bundesdeutscher Seite: A 24) führt vorläufig nur bis zum sog. Berliner Ring. Anschließend wird der Transitverkehr weiterhin zum alten Grenzübergang Staaken geleitet, den erst im Dezember 1987 der Autobahnübergang Heiligensee im nördlichen Berlin ersetzt. Bereits jetzt spart die neue Transitautobahn gegenüber der alten Fernstraße F 5 mit ihren zahlreichen Ortsdurchfahrten 60 bis 90 Minuten Fahrzeit. Der Bau der Autobahn kostete die Bundesregierung insgesamt fast 1,5 Mrd. DM, davon 260 Mio. DM für die Strecke Hamburg – Gudow. Heftige Proteste gegen den Bau gab es von Umweltschützern, die auf die Abholzung von großen Baumflächen im Sachsenwald für die neue Verkehrsstrasse hinwiesen.

Mehr Einkaufs-Reiz an Mönckebergstraße

21. Oktober 1982. Die umgebaute Mönckebergstraße wird mit einer großen Straßenparade eingeweiht. 2000 Musikanten und Hamburger Originale bilden auf der vom Hauptbahnhof zum Rathausmarkt führenden Einkaufsstraße einen bunten Festzug.

Die 3,5 Mio. DM teure Umgestaltung hat rund zwei Jahre gedauert. Straßenbahnschienen und Verkehrsinseln wurden entfernt, die Bürgersteige auf 4 m verbreitert und mit rund 1000 neuen Kugelleuchten versehen. Vor allem die zahlreichen Geschäftsleute an der Mönckebergstraße begrüßen die Neugestaltung. Dem Verkehr übergeben wurde die nach dem früheren Bürgermeister Johann Georg Mönckeberg benannte Prachtstraße am → 26. Oktober 1909 (S. 366).

»Farce« von Strauß am Schauspielhaus

31. Januar 1982. Das Schauspielhaus-Ensemble präsentiert die Uraufführung des Botho-Strauß-Stückes »Kalldewey, Farce«. Wegen der Umbauarbeiten im Haus an der Kirchenallee findet die Premiere im Operettenhaus statt.

Unter der Regie des Intendanten Niels-Peter Rudolph spielen u. a. Hannelore Hoger (als Die Frau) und Gerhard Garbers (Kalldewey). Das Bühnenbild stammt von Erich Wonders. Der 37jährige Strauß bietet in seinem Stück Einblicke in das Leben der intellektuellen »Schickeria«. Mit der Inszenierung des 1981 geschriebenen Werkes erzielt Niels-Peter Rudolph einen großen Erfolg. Neben dem Operettenhaus dient die Kampnagelfabrik als Ausweichquartier für das Schauspielhaus.

Einweihung des neuen Rathausmarktes (Blick vom Turm der Petri-Kirche) mit den Glasgalerien und dem umgestalteten Reesendamm.

Edel-Steine vor Rathaus

11. Mai 1982. Der Erste Bürgermeister Klaus von Dohnanyi (SPD) weiht den neugestalteten Rathausmarkt ein. An der Eröffnungsfeier nehmen rund 15 000 Menschen teil. In seiner Rede geht Dohnanyi auch auf den vorangegangenen Streit um die Kosten der Umgestaltung in Höhe von rund 38 Mio. DM ein. Dabei rechtfertigt er den Aufwand, der für den früher vom Autoverkehr beeinträchtigten Platz betrieben wurde. Zu dem Heine-Denkmal an der Südseite des Rathausmarktes meint der Erste Bürgermeister:

»Wir sollten froh sein, daß Heinrich Heine in unserer liberalen Stadt wieder ein Denkmal gefunden hat. Er wird sicher auch einen kritischen Blick auf unsere Arbeit im Rathaus haben.«

Die Opposition übt Kritik an den Kosten des Umbaus, der im August 1980 begann und u. a. das Verlegen von 83 000 Granitplatten beinhaltete. Die Grün-Alternative Liste (GAL) stellt fest, daß die Bausumme für den 15 000 m² großen Platz etwa den Einsparungen im Bereich Jugend und Soziales entspreche.

---

21. 1. An der Moorweide wird ein von Ulrich Rückriehm geschaffenes Monument zur Erinnerung an die Deportation Hamburger Juden eingeweiht.

3. 3. Mit der »Galleria« wird zwischen Gänsemarkt und Rathaus Hamburgs achte Passage eröffnet. Damit sind mehr als 8 km Einkaufsstraßen in Hamburg überdacht.

22. 3. Auf Beschluß des Senats erhält die Staats- und Universitätsbibliothek zusätzlich den Namen »Carl von Ossietzky« nach dem gebürtigen Hamburger Publizisten und Nobelpreisträger, der 1938 an den Folgen seiner KZ-Haft starb (→ 4. 5. 1938/S. 474).

9. 5. Höhepunkt des 794. Hafengeburtstages ist das Einschleppen des 1896 gebauten Seglers »Rickmer Rickmers«. → S. 587

15. 5. Peter Krusche wird neuer Bischof im evangelisch-lutherischen Kirchensprengel Hamburg. → S. 585

25. 5. Vor 73 500 Zuschauern im ausverkauften Olympiastadion von Athen gewinnt der HSV erstmals in seiner Vereinsgeschichte den Europacup der Landesmeister. → S. 587

11. 8. Unter dem Motto »Durststeuer? Das schlucken wir nicht!« beginnt in Hamburg eine von der Gastronomie initiierte Kampagne gegen die Einführung einer Getränkesteuer. → S. 586

12. 9. Aus Protest gegen die von der Betriebsleitung beschlossenen Entlassungen besetzt die Belegschaft die Howaldtswerke/Deutsche Werft AG. → S. 586

22. 10. Auf Initiative des »Hamburger Forums« demonstrieren rund 400 000 Menschen gegen die sog. NATO-Nachrüstung auf dem Rathausmarkt. → S. 586

29. 11. Der Erste Bürgermeister Klaus von Dohnanyi (SPD) äußert sich vor dem Übersee-Club zum künftigen »Standort Hamburg«. → S. 585

30. 11. Für 27 Wohnungen in der St. Pauli Hafenstraße und der Bernhard-Nocht-Straße werden befristet bis zum 31. Dezember 1986 Mietverträge abgeschlossen. Jugendliche Aussteiger haben die zunächst den Studenten überlassenen Wohnungen ab Oktober 1981 besetzt (→ 19. 11. 1987/S. 593).

10. 12. Die Hamburger Öffentlichkeit wird darüber informiert, daß in der Mülldeponie Georgswerder das sog. Seveso-Gift Dioxin (TCDD) gefunden worden ist. → S. 586

GESTORBEN:

9. 10. Hamburg: Herbert Weichmann (* 23. 2. 1896, Landsberg), Politiker (SPD), Erster Bürgermeister 1965–1971.

Dohnanyi definiert »Standort Hamburg«

29. November 1983. Der Erste Bürgermeister Klaus von Dohnanyi (SPD) hält vor dem Übersee-Club eine vielbeachtete Rede zur »Standortpolitik« in der Hansestadt.

Unter dem Titel »Unternehmen Hamburg« weist Dohnanyi auf die zunehmende Bedeutung neuer Technologien hin und fordert den Ausbau Hamburgs zu einem Messe- und Wissenschaftsstandort: »In der Vergangenheit waren die Unternehmensansiedlungen immer noch stark von der besonderen Lage Hamburgs als Hafenstadt und Anlandeplatz für spezifische Rohstoffe geprägt. In Zukunft müssen wir mehr industrielle Ansiedlungen und Entwicklungen in denjenigen Bereichen ermöglichen, die mit Wissenschaft und Technik verbunden sind.«

Krusche neuer Chef der Landeskirche

15. Mai 1983. Peter Krusche wird als Nachfolger von Hans-Otto Wölber Bischof im Sprengel Hamburg der Nordelbischen Evangelisch-Lutherischen Kirche. Der 48jährige bisherige »Wahlbayer« Krusche arbeitete zuvor u. a. als Religionslehrer, Landesjugendpfarrer und Theologie-Professor in München.

Hans-Otto Wölber stand seit 1964 an der Spitze der Hamburger Evangelischen Kirche. 1969 wurde er Leitender Bischof der Vereinigten Evangelisch-Lutherischen Kirche Deutschlands.

Der neue Hamburger Oberhirte: Sprengel-Bischof Peter Krusche

HDW-Arbeiter besetzen Werftgelände

12. September 1983. Arbeiter der Howaldtswerke/Deutsche Werft AG (HDW) besetzen das Betriebsgelände der Großwerft im Hamburger Hafen. Sie protestieren damit gegen die mittelfristig geplanten Massenentlassungen und Betriebsreduzierungen.

Der Aufsichtsrat der bundeseigenen HDW hatte am 28. März die vom Vorstand vorgeschlagene Entlassung von 2115 Arbeitern im Hamburger Bereich der Großwerft gebilligt. Der Beschluß sieht vor dem Hintergrund der schlechten Ertragslage die Kündigung von insgesamt 3545 Arbeitern vor. Später wird die Zahl der Hamburger Entlassungen auf 1354 reduziert. Außerdem kürzt HDW viele freiwillige Sozialleistungen und stellt den Schiffneubau in Hamburg vollkommen ein. Die angeschlagene Großwerft ist im Weltschiffbau wegen ihrer hohen Kosten nicht mehr konkurrenzfähig. Mit den meisten ihrer letzten Aufträge schrieb sie zusätzlich rote Zahlen.

Bereits im März begleiteten heftige Protestaktionen der betroffenen Arbeiter die Entscheidung des Aufsichtsrats: So demonstrierten mehrere hundert HDW-Arbeiter vor dem Tagungsort, einem Hotel an der Außenalster, gegen die Vorstandspolitik. In Arbeitskleidung marschierten rund 1000 Beschäftigte durch die Innenstadt und machten die Bevölkerung auf ihre Situation aufmerksam. Zuvor hatte es Warnstreiks auf dem HDW-Gelände gegeben. Höhepunkt der Aktionen ist jedoch die Besetzung des HDW-Geländes durch die Beschäftigten am 12. September.

In Gesprächen in Hamburg und Bonn werben Belegschaftsvertreter – darunter der Betriebsratsvorsitzende Holger Mahler – erfolglos um ein alternatives Konzept. Die Besetzung muß nach Drohung mit fristloser Kündigung durch die Werftleitung am 20. September abgebrochen werden. Im Februar 1986 übernimmt Blohm + Voss das Werk Roß, den letzten Hamburger Betriebsteil von HDW. 1989 wird das Roß-Gelände stillgelegt.

Arbeiterprotest in der Innenstadt gegen die Pläne der HDW-Führung

»HDW darf nicht sterben !« fordern die Beschäftigten und protestieren gegen die Einstellung des Schiffneubaus und die geplanten Entlassungen.

In der Bannmeile: 400 000 für Frieden

22. Oktober 1983. Auf Initiative des »Hamburger Forums« – einem Zusammenschluß von Friedensinitiativen – demonstrieren auf dem Rathausmarkt rund 400 000 Menschen gegen die sog. NATO-Nachrüstung. Es ist die bisher größte Demonstration in der Geschichte der Hansestadt; die Teilnehmer bevölkern die Straßenzüge bis zum Hauptbahnhof und zur Binnenalster.

Ursprünglich hatte Bürgerschaftspräsident Peter Schulz (SPD) die Kundgebung innerhalb der »Bannmeile« vor dem Rathaus untersagt. Der von seinem Parteifreund Klaus von Dohnanyi geführte Senat setzte sich jedoch nach anhaltender öffentlicher Diskussion über den Entschluß hinweg und genehmigte die Demonstration.

Dioxingetränkter Müllberg

10. Dezember 1983. In der Öffentlichkeit wird bekannt, daß aus der Mülldeponie Georgswerder der extrem gefährliche Giftstoff Dioxin (TCDD) austritt.

Das Dioxin wird im Ölanteil einer Probe im Rahmen der ständigen Überwachung der Deponie durch die Umweltbehörde entdeckt. Es gilt als um ein Vielfaches giftiger als z. B. Zyankali. Der nahe der Großsiedlung Kirchdorf-Süd am dortigen Autobahndreieck gelegene, 40 bis 50 m hohe Müllberg wird anschließend mit Stacheldraht abgesperrt. Bis zum Spätsommer 1988 ist erst der obere Teil der Deponie für 25 Mio. DM saniert.

Die Herkunft des Dioxins bleibt im wesentlichen ungeklärt; von 1948 bis zu ihrer Schließung 1979 wurden auf der Deponie 14 Mio. m³ Müll abgelagert. Seit 1978 laufen giftige Rückstände aus dem Berg heraus (→ 18. 6. 1984/S. 588).

Sanierung bei Boehringer, einem Anlieferer der Kippe Georgswerder

(→ 18. 6. 1984/S. 588)

Schiffbau stirbt den »Tod auf Raten«
Chronik Rückblick

Das Schiffbau-, -reparatur- und Maschinenbau-Unternehmen HDW (Sitz: Kiel und Hamburg) entstand 1967 durch die Fusion der Kieler Howaldtswerke mit der am → 13. Juni 1918 (S. 403) gegründeten Hamburger Deutsche Werft AG. Den größten Teil des Aktienkapitals hält die bundeseigene Salzgitter AG (→ 17. 5. 1966/S. 547).

Der »Tod auf Raten« beginnt 1972 mit der Schließung des modernen Schiffbaubetriebs der früheren Deutschen Werft in Finkenwerder; dabei verlieren 3000 Beschäftigte ihren Arbeitsplatz. 1977 beschließt der Vorstand ein »Unternehmenskonzept 79«, das zwei Jahre später zur Entlassung von 700 Arbeitern und Schließung des Werkes Reiherstieg führt. Hamburg zahlt 38,5 Mio. DM Subventionen zur Werksmodernisierung. Am 25. Februar 1983 verläßt dennoch mit dem Frachter »Karsten Wesch« der letzte Neubau die Hamburger HDW-Anlagen. Seit 1981 vertritt die gewerkschaftsoppositionelle Liste »Aktiver Metaller« die Interessen der Belegschaft als Betriebsrat.

Bei »Durststeuer« hört der Spaß auf

11. August 1983. Hamburger Gastronomen beginnen mit einer Kampagne gegen die vom Senat geplante 10%ige Getränkesteuer unter dem Motto: »Durststeuer? Das schlucken wir nicht!«.

Die Gastwirte kündigen den Ausschank von Bier in großen Tassen als »Suppe« an, um der Steuer zu entgehen. Auf zahlreichen Plakaten wird gegen die Abgabe protestiert. Von der Besteuerung u. a. des Bier-, Schnaps- und Kaffeekonsums ab 1. Januar 1984 verspricht sich der Senat Mehreinnahmen in Höhe von 32 Mio. DM. Allerdings meldet das Finanzgericht bereits im März 1984 Zweifel an der Zulässigkeit der neuen Abgabe an. 1986 wird die Getränkesteuer durch CDU und GAL wieder abgeschafft.

Der große Tag von Athen: Felix Magath, der »Matchwinner« des HSV, treibt die Lederkugel einmal mehr dynamisch vor das Tor des italienischen Meisters.

Happels HSV holt den Cup

25. Mai 1983. Der Hamburger SV feiert mit dem Gewinn des Europapokals der Landesmeister den größten Triumph seiner 96jährigen Vereinsgeschichte.

Als Mittelfeldregisseur Felix Magath den HSV schon in der 9. Minute gegen das hochfavorisierte Team von Juventus Turin in Führung schießt, glaubt wohl kaum einer der 73 000 im Athener Olympiastadion, daß dies schon das Endergebnis ist. Genauso ist es aber: Die von Trainer Ernst Happel klug eingestellte HSV-Abwehr gibt sich keine Blöße, der Außenseiter ist bei einigen Konterchancen sogar einem höheren Sieg nahe.

In Hamburg selbst wird der Cup-Gewinn nach dem Spiel mit Leuchtraketen und einem Hupkonzert auf den Straßen gefeiert. Am 4. Juni ist die Moorweide Schauplatz einer Feier, als sich der HSV durch ein 2:1 bei Schalke 04 auch die Deutsche Meisterschaft aufgrund des besseren Torverhältnisses vor Werder Bremen sichert.

Windjammer zum Ehrentag

9. Mai 1983. Kein Hafengeburtstag wie jeder andere: Den 794. seiner Art adelt der fast 90jährige Windjammer »Rickmer Rickmers«, den Schlepper vor einer großen Zuschauerkulisse für immer in den Hamburger Hafen bringen.

Die 1896 in Bremerhaven vom Stapel gelaufene Dreimastbark war schon einmal in hamburgischem Besitz: Zwischen 1912 und 1916 ging sie als »Max« auf Salpeterfahrt nach Chile. Danach gehörte das Schiff – u. a. als »Santo André« und »Sagres« – portugiesischen Reedereien, bevor sie der Verein »Windjammer für Hamburg e. V.« erwerben konnte. Nach einem 3 Mio. DM teuren Umbau liegt die »Rickmer Rickmers« ab 1987 als Museumsschiff an den St. Pauli-Landungsbrücken.

Die Dreimastbark »Rickmer Rickmers« wird zu einem Museumsschiff.

1984

10. 1. Presseberichte führen zur Aufdeckung des Skandals um den Hamburger Orthopäden Rupprecht Bernbeck. → S. 587

8. 2. Der Bericht der Parlamentarischen Untersuchungskommission zur Mülldeponie in Georgswerder stellt fest, daß in dem dortigen Abfallberg das hochgiftige Dioxin in gefährlichen Konzentrationen lagert (→ 10. 12. 1983/S. 586).

3. 5. Nach einem Autounfall erklärt Finanzsenator Jörg König (SPD) seinen Rücktritt. → S. 587

18. 6. Die aufgrund von Dioxin-Abfällen in die Schußlinie der Kritik geratene Chemiefirma C. H. Boehringer muß den Betrieb in ihrem Werk in Moorfleet einstellen. → S. 588

18. 6. Die letzten beiden sog. Speckenhäuser in Bergedorf werden abgerissen. Vergeblich hatte sich eine Initiative für den Erhalt der um 1672 erbauten ältesten Hamburger Handwerkerhäuser eingesetzt.

24. 6. Dem FC St. Pauli gelingt der Aufstieg in die Zweite Fußball-Bundesliga. Die beiden Aufstiegsrundenduelle mit dem SV Lurup locken 9000 bzw. 5500 Zuschauer an.

4. 8. Die Verlängerung der Harburger S-Bahn bis zum Endpunkt Neugraben geht in Betrieb.

30. 9. Das Deutsche Schauspielhaus wird nach dem Umbau mit einer Aufführung von Gotthold Ephraim Lessings »Minna von Barnhelm« wiedereröffnet. Aufgrund einer Auseinandersetzung mit dem Ersten Bürgermeister Klaus von Dohnanyi ersucht Intendant Niels-Peter Rudolph die Stadt am 16. Oktober um seine vorzeitige Entlassung mit Wirkung vom 31. Juli 1985.

2. 10. Beim Untergang einer Ausflugsbarkasse im Hafen kommen 19 Menschen ums Leben. → S. 588

6. 10. Kurt Horres reicht nach dreimonatiger Amtszeit als Intendant an der Hamburgischen Staatsoper seine Entlassung ein. Der Vertrag wird vorzeitig zum 31. Januar 1985 gelöst.

7. 10. Der mit einem Aufwand von 43,1 Mio. DM erbaute Blumengroßmarkt (Bankstraße/Ecke Lippeltstraße) wird eröffnet.

20. 11. Der Hamburger Chaos Computer Club informiert über Sicherheitsmängel im Bildschirmtextsystem. → S. 588

18. 12. Der Regisseur Peter Zadek wird zum neuen Intendanten des Deutschen Schauspielhauses bestimmt.

28. 12. Eine Junkers Ju 52 landet auf dem Flughafen Fuhlsbüttel. Sie soll als Museumsmaschine dienen. → S. 588

Orthopädie-Skandal: Die Opfer klagen an

10. Januar 1984. In der »Hamburger Morgenpost« berichten Patienten über irreparable Schäden nach Behandlungen durch den ehemaligen Chefarzt der Orthopädie im Barmbeker Krankenhaus, Rupprecht Bernbeck.

Insgesamt melden sich 242 betroffene Bernbeck-Patienten. Im Brennpunkt der Kritik stehen sowohl die Behandlungsmethoden Bernbecks als auch die Hygiene im Allgemeinen Krankenhaus Barmbek. Die Gesundheitsbehörde gleicht Schadenersatzansprüche in Höhe von rund 13 Mio. DM aus.

Die ehemaligen Patienten, die sich jetzt zu Wort melden, beschuldigen Bernbeck, sie falsch behandelt, ja sogar »zu Krüppeln operiert« zu haben. Außerdem wird dem Arzt vorgeworfen, zu schnell und zu viel operiert zu haben. Als er 1963 die Orthopädie am Allgemeinen Krankenhaus Barmbek übernahm, kamen hier durchschnittlich viermal so viele Patienten unters Messer als zu Zeiten seines Vorgängers. Der beschuldigte Orthopäde weist alle Vorwürfe zurück. 1985 bis 1986 befaßt sich ein Untersuchungsausschuß der Bürgerschaft mit der Affäre, am 8. Mai 1989 verurteilt das Hamburger Landgericht Bernbeck wegen fahrlässiger Körperverletzung in zwei Fällen zu einer Geldstrafe von 7000 DM.

Finanzsenator stürzt über Fahrerflucht

3. Mai 1984. Finanzsenator Jörg König (SPD) erklärt seinen Rücktritt. Er zieht damit die Konsequenz aus seiner zwei Tage zuvor begangenen Fahrerflucht.

Der frühere Bergedorfer Bezirksamtsleiter prallte am frühen Morgen des 1. Mai mit seinem Dienstwagen auf der Autobahn Hamburg – Geesthacht bei Allermöhe gegen die Leitplanke, fuhr aber weiter mit dem beschädigten Auto bis zum S-Bahnhof Mittlerer Landweg. Den Unfall, der im Anschluß an eine Maifeier in Bergedorf geschah, meldete er unter Angabe falscher Umstände erst am Nachmittag. Tags darauf gab König bei der Polizei seine Falschaussage zu und händigte den Beamten den Führerschein aus.

Dioxin und kein Ende: Aus für Boehringer

18. Juni 1984. Die Chemiefirma C. H. Boehringer stellt den Betrieb in ihrem Werk Moorfleth ein. Anlaß ist die Auflage des Verwaltungsgerichtes, keine dioxinhaltigen Abfälle mehr zu produzieren.

Zuvor wurde Boehringer von der Umweltbehörde aufgefordert, bis zum 18. Juni eine ordnungsgemäße Entsorgung seiner dioxinhaltigen Abfälle nachzuweisen. Außerdem sollte die Firma, die chemische Stoffe für hochwirksame Unkrautvernichtungsmittel herstellt, bestimmte Grenzwerte in Abwasser und Abluft einhalten. Boehringer nannte diese Auflagen »unerfüllbar«. Bei Messungen im sog. Zersetzerrückstand hatte die Umweltbehörde extrem hohe Mengen des hochgiftigen Dioxin (TCDD) gefunden. In unmittelbarer Nähe der Chemiefirma, die auch zu den Anlieferern für die Deponie Georgswerder (→ 10. 12. 1983/S. 586) zählt, wird Gemüsebau betrieben.

Seit Jahren weisen Umweltschützer, in der jüngeren Vergangenheit besonders GAL-Politiker, auf die Umweltgefährdung durch das 1923 gegründete Werk hin. Später werden Fälle von Chlorakne – Symptom einer Dioxinvergiftung – bei Boehringer-Arbeitern bekannt.

Fliegende Legende wird aufgemöbelt

28. Dezember 1984. Eine dreimotorige Junkers Ju 52 landet auf dem Flughafen Fuhlsbüttel. Die 49 Jahre alte Maschine soll als Museumsflugzeug hergerichtet werden.

Die Lufthansa erwarb das etwas klapprige Exemplar der legendären, weitverbreiteten »Tante Ju« in den USA, um es in Hamburg wieder in den Originalzustand zu versetzen. Von Miami aus trat das Wellblechflugzeug seine 16tägige Reise in die Hansestadt an, wo es nach der Restaurierung nur noch zu besonderen Anlässen startet. Zunächst in Norwegen eingesetzt, wurde die Hamburger »Ju« ab 1940 von der Deutschen Luftwaffe, nach dem Krieg u. a. als Kurier-Maschine in Ecuador benutzt. 1962 wechselte sie in US-Besitz.

▷ *Ju 52 über Hamburg; Junkers baute 4000 Maschinen dieses Typs.*

Bergung der »Martina« am Tag nach dem Unglück; mit Scheinwerfern suchten Rettungstrupps bis in die Nacht hinein und am folgenden Tag nach Vermißten.

19 Tote bei Hafen-Unglück

2. Oktober 1984. Zu einem schweren Schiffsunglück mit 19 Toten kommt es im Hamburger Hafen. Eine Ausflugsbarkasse kollidiert mit einem Schleppzug und sinkt innerhalb kürzester Zeit.

Das Unglück ereignet sich kurz nach 19 Uhr auf der Norderelbe zwischen der Werft Blohm + Voß und dem Altonaer Fischereihafen. Die aus dem Köhlbrand kommende, für eine Geburtstagsfeier gecharterte Barkasse »Martina« rammt in der Dunkelheit das Stahlseil eines Schutenschleppzuges und wird in wenigen Sekunden unter Wasser gedrückt. Offenbar versuchte der Barkassenkapitän, zwischen Schlepper und Schute hindurchzumanövrieren, obwohl der Zug ordnungsgemäß gesichert war. Trotz einer sofort eingeleiteten, großangelegten Rettungsaktion kommen 19 der Insassen, unter ihnen der Kapitän, in dem eiskalten Wasser ums Leben. Das Seeamt spricht den Schleppzug-Kapitän von jeder Schuld frei.

Computer-Chaoten knacken BTX-System

20. November 1984. Der Hamburger Chaos Computer-Club (CCC) informiert die Öffentlichkeit über Sicherheitslücken im Bildschirmtext-(BTX)-System der Post. Mit Hilfe von eigentlich geheimen Daten hätte er sich erhebliche Einnahmen sichern können.

Die Clubmitglieder – zu ihnen zählen u. a. Manfred (»Wau«) Holland und Steffen Wernery – riefen unter dem geheimen Paßwort und der Anschlußkennung der Hamburger Sparkasse gebührenpflichtige Seiten aus ihrem eigenen Bildschirmtext-Angebot ab. Statt ständig selbst die Angebote anzuwählen, ließen sie einen Computer alle 20 Sekunden die entsprechenden Bildschirmtext-Seiten abrufen. Zur Begleichung dieser »Dienste« wurde das Konto des Kreditinstituts mit fast 135 000 DM belastet, die theoretisch dem CCC als Bildschirmtext-Anbieter zustehen. Der CCC verzichtet allerdings auf Überweisung der Summe; er will lediglich auf die Lücken derartiger Systeme aufmerksam machen. Nach Angaben von Mitgliedern war der CCC bei zulässigen Eingaben auf BTX-Paßwort und Kennung der Sparkasse gestoßen – Daten, die nur dem Kreditinstitut zugänglich sein sollten.

1985

23. 1. Unter dem Motto »Ein Tag für Afrika« werden in Hamburg über 4 Mio. DM für humanitäre Zwecke gespendet.

29. 1. Die Geschäftsführung der Deutschen BP kündigt die Schließung ihrer Raffinerie in Finkenwerder an. → S. 589

1. 2. Als Nachfolger von Kurt Horres übernimmt Rolf Liebermann zum zweitenmal die Leitung der Hamburgischen Staatsoper (→ 11. 6. 1988/S. 596).

5. 2. Die Umweltbehörde bestätigt Berichte über Bodenverseuchung in den Stadtteilen Veddel, Moorfleet, Billbrook und Billwerder. → S. 589

7. 2. Die zuständige Ministerin der Volksrepublik China, Chen Mu Hua, eröffnet in Hamburg das Handelszentrum ihres Landes für Europa.

8. 5. Am Stephansplatz wird der erste Teil des »Gegendenkmals« zum 76er-Ehrenmal enthüllt. → S. 589

2. 6. Die U-Bahn bis Niendorf-Markt geht nach siebenjähriger Bauzeit in Betrieb.

9. 6. Der FC St. Pauli steigt nach einjähriger Zugehörigkeit aus der Zweiten Fußball-Bundesliga ab.

30. 6. 170 Politiker aus 21 Nationen kommen zu der viertägigen Parlamentarischen Versammlung des Europarates in das Hamburger Rathaus.

11. 7. Durch einen bis 1996 befristeten Vertrag bleibt John Neumeier an der Staatsoper als Ballettdirektor erhalten.

30. 8. Zum Saisonauftakt 1985/86 gibt die Hamburgische Staatsoper eine Operngala besonderer Art. → S. 590

30. 9. Im Vorabendprogramm strahlt die ARD erstmals das »Hamburger Journal« des NDR-Fernsehens aus.

20. 11. Aus dem Panzerraum eines Hamburger Geldtransport-Unternehmens an der Niendorfer Kollaustraße werden 5,9 Mio. DM entwendet. Die Täter sind Mitarbeiter der Firma.

21. 12. Rechtsgerichtete »Skinheads« prügeln in Eilbek den Türken Ramazan Avci zu Tode. → S. 590

31. 12. Mit einer großen Rock-Fete schließt die Eppendorfer Musikkneipe »Onkel Pö's Carnegie Hall« am Lehmweg nach 15 Jahren ihre Pforten (→ 11. 5. 1974/S. 568; 12. 3. 1976/S. 572).

31. 12. Als letzte »Kaffeeklappe« im Hamburger Hafen wird der Imbiß in der Buchheisterstraße am Schuppen 73 geschlossen.

GESTORBEN:

22. 9. Berlin (West): Axel Springer (* 2. 5. 1912, Altona), Zeitungsverleger.

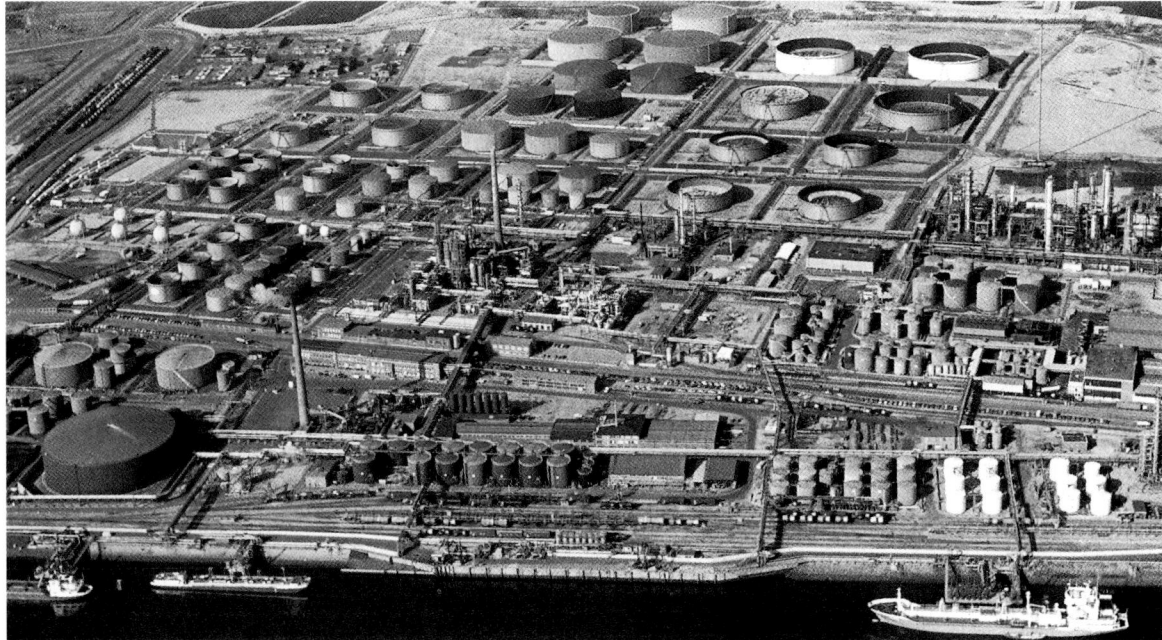

Nach dem Werften- jetzt das Raffinerie-Sterben: Das gut 1 km² große Gelände der Esso-Raffinerie in Moorburg

Ölkonzerne machen Raffinerien dicht

29. Januar 1985. Die Geschäftsführung des Ölkonzerns BP gibt die Schließung der Raffinerie in Finkenwerder bekannt. Im August kündigt die Esso die Stillegung ihrer Moorburger Raffinerie an. Dadurch verlieren rund 850 Personen ihren Arbeitsplatz.

British Petroleum begründet seine Maßnahme mit der Entwicklung auf dem Ölmarkt: Man produziere zu viele Erdölprodukte angesichts der rückläufigen Nachfrage. Bereits vor zwei Jahren wurde die Rohölverarbeitung eingestellt; seitdem raffiniert die BP in Finkenwerder nur noch schwere Heizöle. Mit der Stillegung werden 400 der knapp 2000 BP-Beschäftigten in der Hansestadt entlassen.

Bei der Esso verlieren sogar über vier Fünftel der 550 Hamburger Mitarbeiter ihren Arbeitsplatz. Die am 20. August angekündigte Schließung der Raffinierie Moorburg wird im Frühjahr 1987 vollzogen. Die Nachricht kommt überraschend, da der Konzern in den letzten Jahren noch 47 Mio. DM in die Erneuerung investierte.

Denkmal als Kommentar

8. Mai 1985. Das erste von vier geplanten »Gegendenkmalen« zum heftig umstrittenen »76er-Ehrenmal« am Stephansplatz wird enthüllt. Das vom österreichischen Bildhauer Alfred Hrdlicka gefertigte Werk trägt den Titel »Hamburger Feuersturm«. Die Einweihung findet unter starker Beteiligung auch vieler junger Menschen statt.

Das am → 15. März 1936 (S. 467) eingeweihte »76er-Ehrenmal« von Richard Kuöhl ist wegen seines militaristischen Charakters und der Inschrift »Deutschland muß leben, und wenn wir sterben müssen« Zielscheibe der Kritik. Gegner des »Steinklotzes« übertünchen ihn des öfteren mit Farbe und versuchen, die Inschrift auszumeißeln.

Hrdlickas Skulptur vor ihrem Bezugspunkt, dem »76er-Ehrenmal«; das »Gegendenkmal« soll Chaos und Leid des »Feuersturms« von 1943 und des Krieges allgemein verdeutlichen. Teil zwei wird im Herbst 1986 errichtet.

Arsen im Erdreich – »Affi« im Zwielicht

5. Februar 1985. Die Umweltbehörde bestätigt Meldungen über eine erhöhte Bodenkonzentration von Kupfer, Blei und Arsen in den Stadtteilen Veddel, Moorfleet, Billbrook und Billwerder. Als Hauptverursacher gilt die Norddeutsche Affinerie, mit 3400 Beschäftigten die größte Kupferhütte Europas.

Der Boden ist z. T. 30mal höher belastet, als es von der Biologischen Bundesanstalt für tolerierbar erklärt wird. So wurde Arsen auf einer Wiese am Unteren Landweg in einer Menge von 918 ppm (Milligramm pro Kilogramm Erde) gefunden. Als harmlos gelten gerade noch 20 ppm. Ein Kleinkind, das 5 g dieses Bodens ißt, kann daran qualvoll sterben.

Die »Affi« hat bis Ende der 60er Jahre bis zu 70 t Arsen jährlich in die Luft geblasen. Zur Zeit sind es immer noch 5,9 t pro Jahr.

*Protestdemonstration im Januar 1986 gegen die zunehmende Ausländerfeind-
lichkeit in Hamburg nach dem gewaltsamen Tod des Türken Ramazan Avci*

Türke Opfer von Skinheads

21. Dezember 1985. Im Stadtteil Eilbek wird der 26jährige Türke Ramazan Avci von mehreren Jugendlichen aus der »Skinhead«-Szene von Bergedorf/Mümmelmannsberg brutal zusammengeschlagen. Drei Tage später stirbt er. Es beginnt damit, daß eine Gruppe von etwa 30 rechtsextremen »Skinheads« drei Türken, die zufällig an ihrem Stammlokal vorbeikommen, beschimpfen und dann tätlich angreifen. Die Türken können zunächst fliehen, nachdem sie sich mit Tränengas zur Wehr gesetzt

haben. Einen von ihnen, Ramazan Avci, verfolgen fünf der »Skinheads« mit dem Auto. Als Avci in Panik auf die Straße läuft, wird er von einem Fahrzeug erfaßt und bleibt liegen. Dann stürzen sich die »Skinheads« auf ihn.
Die fünf zum Zeitpunkt der Tat zwischen 17 und 25 Jahre alten Täter werden am 1. Juli 1986 zu Haftstrafen zwischen einem und zehn Jahren verurteilt. Die Tat löst neben Erbitterung und Abscheu auch neue Diskussionen zum Thema »Ausländerfeindlichkeit« aus.

Oper als Volksvergnügen

30. August 1985. Zum Auftakt der Opernsaison 1985/86 veranstaltet die Hamburgische Staatsoper eine Galaaufführung von Giuseppe Verdis Oper »Otello«. Man hat hochkarätige Stars für das Ereignis gewinnen können: In der Titelrolle ist Placido Domingo zu sehen und zu hören, und Margaret Price singt die Desdemona.
Außer den 1600 Besuchern der Staatsoper, die bis zu 180 DM für dieses seltene Vergnügen aufbringen müssen, können noch weitere 4000 Opernbegeisterte zu Preisen zwischen 4 und 8 DM die Aufführung verfolgen: Das Geschehen auf der Bühne wird live ins Congress Centrum übertragen und dort auf einer 9 × 6,5 m großen Leinwand gezeigt. Bis zur Pause klappt alles reibungslos, dann fällt das Bild aus, und die Gäste im CCH müssen sich – nach einigen entschuldigen-

den Worten von Staatsopern-Chef Rolf Liebermann – mit dem Ton zufriedengeben. Dies tut der Begeisterung keinen Abbruch.

*Duett auf der Leinwand im CCH:
Margaret Price und Placido Domingo*

18. 4. Im Operettenhaus hat das Musical »Cats« Premiere. → S. 592

24. 4. Ein »Handlungskonzept zur dauerhaften Sicherung der Trinkwasserversorgung« der Hamburger Wasserwerke befaßt sich u.a. mit der Grundwasserförderung. → S. 591

5. 5. Wegen der Strahlenbelastung aufgrund des Unglücks im sowjetischen Kernreaktor Tschernobyl richtet die Umweltbehörde einen Beratungsdienst ein. → S. 591

11. 5. Bei seinem ersten Auftritt in Deutschland nach 54 Jahren wird Wladimir Horowitz – US-amerikanischer Pianist ukrainischer Herkunft – in Hamburg überschwenglich gefeiert.

15. 5. Der Verleger Gerd Bucerius und der SPD-Politiker Herbert Wehner erhalten die Ehrenbürgerwürde der Freien und Hansestadt Hamburg. → S. 590

25. 5. Der Belgier Karel Lismont gewinnt den ersten Hanse-Marathon. → S. 592

8. 6. Eine Polizeikette hält rund 800 Atomkraftgegner bis zu 15 Stunden lang auf dem Heiligengeistfeld eingekesselt. → S. 591

29. 7. Im Hamburger Polizeipräsidium erschießt der wegen fünffachen Mordes inhaftierte Werner »Mucki« Pinzner zwei Menschen und dann sich selbst. → S. 591

22. 8. Der zum Bertelsmann-Konzern gehörende Verlag Gruner + Jahr übernimmt die Tageszeitung »Hamburger Morgenpost«.

23. 8. Das erste »Festival der Frauen« beginnt. → S. 592

22. 9. Auf dem Hans-Albers-Platz (St. Pauli) wird ein von Jörg Immendorf gestaltetes Bronzestandbild des Hamburger Schauspielers Hans Albers eingeweiht.

31.10. Der 1962 gebaute Schnellfrachter »Cap San Diego« der Reederei Hamburg-Süd, den die Stadt Hamburg für ca. 2,5 Mio. DM erworben hat, macht an der Überseebrücke fest. Er soll als Museumsschiff hergerichtet werden.

9. 11. Die SPD fällt bei den Bürgerschaftswahlen hinter die CDU zurück. → S. 590

GESTORBEN:

8. 3. Hamburg: Hubert Fichte (* 21. 3. 1935, Perleberg), Schriftsteller.

16. 3. Hamburg: Kurt Sieveking (* 21. 2. 1897, Hamburg), Politiker (CDU), Erster Bürgermeister 1953–1957.

30. 5. Wien: Boy Gobert (* 5. 6. 1925, Hamburg), Schauspieler und Theaterleiter.

Schwere Schlappe für Sozialdemokraten

9. November 1986. Bei den Bürgerschaftswahlen verliert die SPD mit 41,8% der Stimmen fast 10% gegenüber den letzten Wahlen und ist jetzt nach der CDU (41,9%) nur noch zweitstärkste politische Kraft in Hamburg. Während die FDP an der Fünf-Prozent-Hürde scheitert, zieht die Grün-Alternative Liste mit 13 statt vorher acht Mandaten – und einer reinen Frauenfraktion – ins Parlament ein. Eine regierungsfähige Mehrheit ist vorerst nicht gegeben (→ 17. 5. 1987/S. 593).

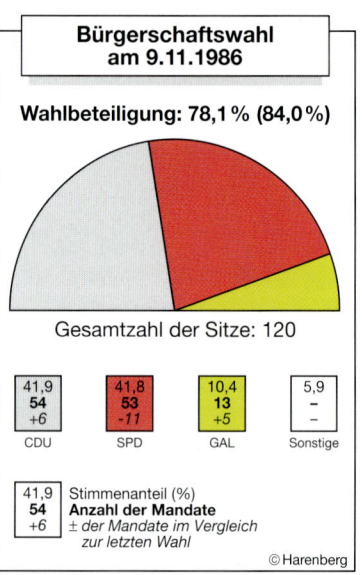

Bürgerschaftswahl am 9.11.1986

Wahlbeteiligung: 78,1 % (84,0 %)

Gesamtzahl der Sitze: 120

CDU	SPD	GAL	Sonstige
41,9	41,8	10,4	5,9
54	53	13	–
+6	-11	+5	–

41,9 Stimmenanteil (%)
54 **Anzahl der Mandate**
+6 ± der Mandate im Vergleich zur letzten Wahl

© Harenberg

Bucerius und Wehner Ehren-Hanseaten

15. Mai 1986. Hamburg hat zwei neue Ehrenbürger: Den Verleger Gerd Bucerius und den Politiker Herbert Wehner (SPD), seit 1949 Bundestagsabgeordneter für Harburg. Im Rathaus würdigen Bürgermeister Klaus von Dohnanyi, Bürgerschaftspräsident Peter Schulz und Ex-Bundeskanzler Helmut Schmidt die Verdienste der beiden 79jährigen.
Mit der Übergabe der Ehrenbürgerbriefe geht die Hansestadt seit der erstmaligen Verleihung dieses Titels an Friedrich Karl Freiherr von Tettenborn (→ 18. 3. 1813/S. 189) recht sparsam um. Häufig wurden Personen geehrt, die im Ausland für Hamburgs Wohl gewirkt hatten, selten »geborene« Hamburger wie Johannes Brahms (→ 14. 6. 1889/S. 313), Adolph Schönfelder und Max Brauer.

»Fall Pinzner« – Blutbad im Präsidium

29. Juli 1986. Im Polizeipräsidium erschießt der wegen Mordverdachts inhaftierte Werner Pinzner mit einer von seiner Frau eingeschmuggelten Waffe den Staatsanwalt Wolfgang Bistry, seine Frau Jutta und schließlich sich selbst. Das Blutbad führt am 6. August zum Rücktritt von Innensenator Rolf Lange und Justizsenatorin Eva Leithäuser (beide SPD).

Pinzner war in Kiez-Kreisen als bezahlter Killer bekannt, der mindestens fünf Personen aus der Hamburger Bordell- und Zuhälterszene umgebracht haben soll. Seit April 1986 in Untersuchungshaft, schien er bereit, über seine Unterwelt-Kontakte »auszupacken«.

Am 8. August wird die Pinzner-Anwältin Isolde Oechsle-Misfeld wegen des Verdachts der Mittäterschaft an dem Blutbad von der Polizei verhaftet. Sie war mit dem Ehepaar Pinzner in einer unheilvollen Beziehung verstrickt und wird u. a. wegen fahrlässiger Tötung am 1. Juli 1988 von der Großen Strafkammer des Hamburger Landgerichts zu fünf Jahren und neun Monaten Freiheitsentzug verurteilt. Auch gegen einige Hintermänner von »Mucki« Pinzner ergehen Haftstrafen. Jedoch bleiben in diesem Fall organisierter Kriminalität viele Fragen offen.

So informiert die Bild-Zeitung am 31. Juli ihre Leserschaft; oben rechts ein Bild von Jutta Pinzner, unten eine zeichnerische Rekonstruktion des Geschehens.

Innensenator Rolf Lange muß eine Woche nach der Bluttat seinen Hut nehmen; schon die Affäre um den »Hamburger Kessel« am 8. Juni machte ihn zur Zielscheibe der Kritik. Zwar übernahm er seinerzeit die »politische Verantwortung«, zog aber keine Konsequenzen.

Einkesselung: Polizei schießt Eigentor

8. Juni 1986. Die stundenlange Einkesselung von 800 Kernkraftgegnern auf dem Heiligengeistfeld durch starke Polizeikräfte löst einen Sturm der Entrüstung aus.

Die Demonstranten wollen gegen den Polizeieinsatz bei der Anti-Kernkraft-Kundgebung am Atomkraftwerk Brokdorf vom Vortag protestieren. Gegen 12 Uhr mittags schließt die Polizei einen engen Ring um die Menge und hält einzelne Personen bis 1 Uhr nachts dort fest. Die Menschen können während der bis zu 15 Stunden dauernden Einkesselung nicht zur Toilette gehen oder sich etwas zu essen besorgen. Innensenator Rolf Lange (SPD) will mit der Einschließung einem Zug potentieller Gewalttäter durch die Stadt vorbeugen.

Die Aktion hat ein juristisches Nachspiel: Im März 1987 spricht das Hamburger Landgericht insgesamt 115 Demonstranten ein symbolisches Schmerzensgeld von je 200 DM zu. Die Verfahren gegen die verantwortlichen Polizeiführer verlaufen im Sande. Ihr Vorgehen sei ein »Irrtum« gewesen.

Eingekesselte Demonstranten auf dem Heiligengeistfeld; die Polizei erreicht das Gegenteil von dem, was sie beabsichtigt: Bis in die Nacht hinein kommt es in der Umgebung zu gewaltsamen Auseinandersetzungen. Ein Solidaritätskonvoi von 50 Taxifahrern wird nach Augenzeugenberichten von Polizisten angegriffen.

Schlürft Hamburg nun die Heide leer ?

24. April 1986. Die Hamburger Wasserwerke (HWW) legen ein »Handlungskonzept zur dauerhaften Sicherung der Trinkwasserversorgung« vor. Umstritten ist dabei besonders die Grundwasserförderung in der Nordheide.

Am 15. Februar 1983 haben die HWW mit einer zunächst auf 15 Mio. m^3 (erlaubt sind 25 Mio. m^3) im Jahr beschränkten Fördermenge das Grundwasserwerk Nordheide eröffnet. Viele »Heidjer« befürchten wegen der zu erwartenden Grundwasserabsenkung die Verödung ihrer Umwelt. Nach spektakulären Presseberichten und Schlagzeilen wie »Hamburg schlürft die Heide leer« gehen die HWW mit einer Dokumentation an die Öffentlichkeit und erklären: »Weder im Naturschutzpark noch in den übrigen Bereichen des Entnahmegebiets sind negative Veränderungen aufgetreten, die mit der Grundwasserentnahme im Zusammenhang stehen.« Für die HWW ist eine Nutzung auswärtiger Grundwasserkapazitäten unabdingbar. Seit 1964 wird aus der Elbe kein Wasser mehr gewonnen, das Grundwasser in Hamburg reicht nicht bzw. ist durch Umweltbelastungen und Versalzungen im Untergrund z.T. nicht nutzbar.

Radioaktive Wolke auch über der Elbe

5. Mai 1986. Nach dem Unglück im sowjetischen Atomreaktor Tschernobyl am 26. April richtet die Umweltbehörde einen telefonischen Beratungsdienst ein. Am 5. Mai ist z. B. der Wert für Jod 131 in Hamburgs Luft infolge der radioaktiven Wolke aus der Ukraine auf das 100fache der normalen Grundstrahlung gestiegen.

Viel mehr als Beschwichtigungen und einige warnende Hinweise können die Berater nicht bieten: Regen meiden, Kinder im Haus lassen, Vorsicht vor Frischgemüse.

Neue Gefahren drohen: Eine Sicherheitsstudie für die in der Nähe Hamburgs gelegenen Kernkraftwerke bestätigt den Verdacht, daß im Falle einer Kernschmelze in Krümmel bzw. Brunsbüttel innerhalb von drei bis 21 Stunden Radioaktivität freigesetzt würde.

1987

Katzen ganz besonderer Art locken im Musical »Cats« Hamburger und – mehr noch – Gäste von außerhalb in das Operettenhaus auf dem Spielbudenplatz.

»Cats« läßt Kasse klingeln

18. April 1986. Im Operettenhaus bringt der Theaterunternehmer Friedrich Kurz erstmals das Musical »Cats« auf eine Bühne in der Bundesrepublik. Literarisches Vorbild ist das »Old Possum's Book of Practical Cats« des britischen Dichters Thomas Stearns Eliot.

Trotz eines zurückhaltenden Presseechos wird das Spektakel um das Katzenfest auf einem Hinterhof, bei dem diejenige Katze prämiert wird, der ein zweites Katzenleben vorbehalten ist, ein grandioser Zuschauererfolg. Dazu tragen nicht zuletzt erhebliche Werbeaufwendungen und moderne Vermarktungsmethoden bei. Das Theater mit seinen 1120 Sitzplätzen ist bis zu 95% ausgelastet. Am 18. November 1989 findet im Operettenhaus die 1500. Vorstellung statt, und ein Ende ist nicht in Sicht.

»Cats« stammt aus der Feder des erfolgreichen Londoner Musical-Komponisten Andrew Lloyd Webber und wurde am 11. Mai 1981 in London uraufgeführt. Die Gesamtproduktionskosten von 8,5 Mio. DM hat Produzent Kurz durch private Anleger aufgebracht. Für die Stadt Hamburg hat das Projekt zwei Vorteile: Das einstige Sorgenkind Operettenhaus ist ausgebucht, und jeder auswärtige Besucher – pro Jahr über 200 000 – läßt bei zwei Hotelübernachtungen durchschnittlich 160 bis 170 DM in der Stadt.

Internationale Stars beehren Frauenfest

23. August 1986. Hamburg steht im Zeichen des ersten »Festivals der Frauen«. Das Eröffnungskonzert auf dem Rathausmarkt ist als »Konzert der Volkssängerinnen« der Solidarität mit Winnie Mandela, der Frau des inhaftierten südafrikanischen Bürgerrechtlers Nelson Mandela, gewidmet.

Rund 12 000 Besucher, davon rund zwei Drittel Frauen, begeistern sich an den Darbietungen prominenter Sängerinnen wie Maria Farantouri aus Griechenland und der Argentinierin Mercedes Sosa.

Bis zum 15. September folgen in der Hansestadt zahlreiche weitere Darbietungen von international bekannten Künstlerinnen.

Hanse-Marathon: Lust auf Langlauf

25. Mai 1986. Um 9 Uhr, fünf Minuten nach dem Start von elf Rollstuhlfahrern, gibt das tschechoslowakische Langlauf-Idol Emil Zatopek den Startschuß für den 1. Hanse-Marathon. 8279 Läufer aus fast 40 Nationen sind nach Hamburg gekommen, um – angefeuert durch Zehntausende von Zuschauern –ihre Ausdauer auf der klassischen Marathon-Distanz von 42,195 km quer durch Hamburg zu erproben.

Nach 2:12,12 h steht der Sieger fest: Es ist der 37 Jahre alte Karel Lismont aus Lüttich. Der kleine Belgier hat bei Kilometer 38 am Harvestehuder Weg den scheinbar uneinholbar führenden Gidamis Shahanga aus Tansania überholt.

25. 1. Bei der Bundestagswahl bleiben CDU und CSU mit 44,3% der Stimmen stärkste politische Kraft im Bundestag. In Hamburg erringt die SPD 41,2%; 37,4% wählen die CDU, 11,0% die Grünen und 9,6% die FDP.

3. 2. In Hamburg gilt erstmals Fahrverbot aufgrund von Smog-Alarm. → S. 593

6. 3. Uwe Bohm ist der Titelheld im Musical »Andi«, das im Deutschen Schauspielhaus uraufgeführt wird. → S. 594

19. 3. Die Bürgerschaft löst sich auf, weil nach den Wahlen vom → 9. November 1986 (S. 590) keine regierungsfähige Mehrheit zustandegekommen ist.

17. 5. Bei den Bürgerschaftswahlen wird die SPD mit 45,0% der abgegebenen Stimmen und 55 Sitzen (plus zwei) stärkste Partei in Hamburg. → S. 593

25. 5. Die bundesweite Volkszählung stößt in Hamburg auf starken Widerstand. → S. 593

4. 6.–30. 8. Auf der Moorweide steht André Hellers Kunstrummel »Luna Luna«. → S. 594

20. 6. Durch ein 3:1 über die Stuttgarter Kickers gewinnt der HSV in Berlin den DFB-Vereinspokal (→ 9. 11. 1987/S. 594).

24. 6. Der FC St. Pauli, als Aufsteiger gleich Tabellendritter der Zweiten Fußball-Bundesliga, gewinnt zwar das Rückspiel in der Entscheidung über den Aufstieg in die Erste Liga mit 2:1 gegen den FC Homburg; da das Hinspiel aber drei Tage zuvor 1:3 verloren ging, bleibt der Klub in der Zweiten Liga (→ 23. 7. 1988/S. 596).

1. 7. Der private Rundfunksender Radio 107 nimmt sein Programm auf. → S. 594

10. 9. Nach rund 5000 Auftritten als Nachrichtensprecher in der »Tagesschau« geht Karl-Heinz Köpcke 64jährig in Pension.

23. 9. Im Volksparkstadion gewinnt die deutsche Fußball-Nationalelf gegen Dänemark 1:0.

6. 11. Das britische Thronfolgerpaar Prinz Charles und Prinzessin Diana besuchen Hamburg. → S. 594

9. 11. Das Wilhelmsburger Kulturzentrum »Honigfabrik« wird durch Brandstiftung zerstört.

9. 11. Der HSV entläßt seinen Trainer Josib Skoblar und verpflichtet als Nachfolger Willi Reimann vom FC St. Pauli. → S. 594

19. 11. Der Streit um die Häuser in der St. Pauli Hafenstraße wird vorerst durch einen Pachtvertrag beigelegt. → S. 593

16. 12. Hamburg und Dresden besiegeln ihre Städtepartnerschaft. → S. 592

Verträge über eine gute Partnerschaft

16. Dezember 1987. Im Rathaus unterzeichnen der Erste Bürgermeister Klaus von Dohnanyi (SPD) und Oberbürgermeister Wolfgang Berghofer (SED) einen Partnerschaftsvertrag zwischen den Elbstädten Hamburg und Dresden. Die dritte Übereinkunft dieser Art ist der bisher wichtigste Partnerschaftsvertrag. Darin bekunden die beiden Stadtregierungen ihren Willen, zur Vertrauensbildung und Sicherung des Friedens in Europa beizutragen.

Hamburgs Partnerstädte

1957	Leningrad (UdSSR)
10. 7. 1958	Marseille (Frankreich)
29. 5. 1986	Shanghai (VR China)
16. 12. 1987	Dresden (DDR)
10. 5. 1989	Leon (Nicaragua)
11. 5. 1989	Osaka (Japan)

Die erste – inoffizielle – Städtefreundschaft hatte Hamburg im Jahr 1957 mit der sowjetischen Hafenstadt Leningrad geschlossen. Diese Verbindung – in der »Hochzeit« des kalten Krieges von einem CDU/FDP-Senat initiiert – diente der Völkerverständigung. Breiter und verbindlicher angelegt waren die Partnerschaftsverträge mit Marseille und Shanghai, worin ein Austausch vor allem auf wissenschaftlichem und wirtschaftlichem Sektor vereinbart wurde.

Wolfgang Berghofer trägt sich in Hamburgs »Goldenes Buch« ein, Klaus von Dohnanyi sieht zu.

»Schlacht um die Hafenstraße« bleibt aus

19. November 1987. Nachdem der Erste Bürgermeister Klaus von Dohnanyi (SPD) sein Wort gegeben hat, die Häuser in der Hafenstraße nicht räumen zu lassen, wenn die dort angebrachten Befestigungen abgebaut werden, kommen die Bewohner dieser Forderung nach. Am selben Abend wird ein Pachtvertrag unterzeichnet.

Damit hat der Konflikt um die ehemals besetzten Häuser am Hafenrand doch noch ein friedliches Ende genommen. Nach Auslaufen der im November 1983 von der städtischen Wohnungsbaugesellschaft SAGA unterzeichneten Mietverträge Ende 1986 hatte sich Dohnanyi um eine friedliche Lösung bemüht. Am 6. Oktober übergab der Senat dem Hafenstraßen-Anwalt Rainer Blohm den Entwurf für einen Pachtvertrag. Darin wurde ultimativ der Abbau der seit Juli angebrachten Befestigungen bis zum 31. Oktober verlangt. Dies blieb aus. Nach Ultimaten, weiterem Barrikadenbau und gewaltsamen Aktionen der Hafenstraßen-Szene drohte die Zwangsräumung. Als Dohnanyi mit seinem »Amt als Bürgermeister« für einen Pachtvertrag bei Barrikadenabbau garantierte, lenkten die Hafenstraßen-Bewohner ein. Ein neuer Mietvertrag wird am 5. Januar 1988 rechtskräftig.

△ *Touristische Attraktion und bei Hafenrundfahrten beliebtes Foto-Objekt: Die buntbemalte Fassade eines der Häuser in der Hafenstraße*

◁ *Pro-Hafenstraße-Demonstranten im Straßenkämpfer-Look; solche Bilder prägten das Bürgerschreck-Image der Hafensträßler.*

»Dicke Luft« legt den Verkehr lahm

3. Februar 1987. Die Umweltbehörde gibt erstmals in Hamburg Smog-Alarm in Verbindung mit einem mehrstündigen Fahrverbot.

Eine Inversionswetterlage und die Verschmutzung durch Abgase, Staub und Dreck haben die Stadt unter eine einzige schwefelfarbene Dunstglocke gesetzt.

Ab 4.20 Uhr gilt Alarmstufe I, nachdem in zwei Meßstationen ein Wert von 1,4 Milligramm Schwefeldioxid und Schwebstaub pro m³ Luft gemessen worden ist. Autos dürfen nur mit Sondergenehmigung fahren. Während der Verkehr aber von 12.45 Uhr an wieder rollt, gelten für die Industrie noch Produktionsbeschränkungen. Erst seit Januar 1985 hat Hamburg eine Smog-Verordnung. Vorher wären entsprechende Maßnahmen rechtlich nicht möglich gewesen.

Die SPD liegt wieder vorn

17. Mai 1987. Die SPD hat ihren Status als stärkste Partei in Hamburg wieder: Sie gewinnt die außer der Reihe angesetzten Bürgerschaftswahlen mit 45,0% der Stimmen vor der CDU (40,5%), der Grün-Alternativen Liste (GAL; 7,0%) und der FDP (6,5%).

Damit ist eine Lösung der »Hamburger Verhältnisse« möglich, die seit der Wahl vom → 9. November 1986 (S. 590) eine Senatsneubildung verhindert haben. Nachdem die Gespräche mit CDU und GAL ergebnislos bleiben, kann der Erste Bürgermeister Klaus von Dohnanyi sein Ziel einer sozialliberalen Koalition verwirklichen.

Allerdings dauert es bis zum 20. August, ehe SPD-Chef Ortwin Runde und der FDP-Vorsitzende Ingo von Münch das Koalitionspapier unterzeichnen. Es sieht u. a. die Einführung eines beschränkten kommunalen Wahlrechts für Ausländer und die Privatisierung öffentlicher Unternehmen vor.

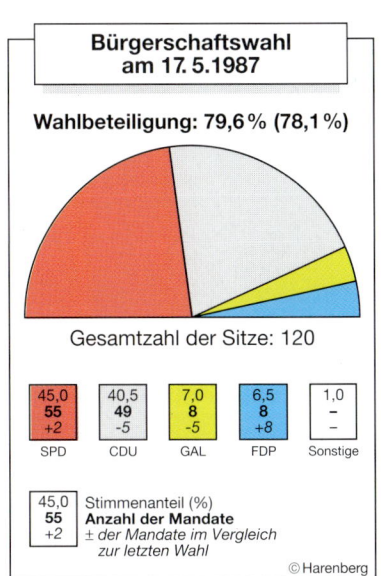

Bürgerschaftswahl am 17. 5. 1987

Wahlbeteiligung: 79,6 % (78,1 %)

Gesamtzahl der Sitze: 120

SPD	CDU	GAL	FDP	Sonstige
45,0	40,5	7,0	6,5	1,0
55	49	8	8	–
+2	-5	-5	+8	–

45,0	Stimmenanteil (%)
55	**Anzahl der Mandate**
+2	± der Mandate im Vergleich zur letzten Wahl

© Harenberg

© Harenberg

Sechs Jahre lang erhitzte Gemüter

Chronik **Rückblick**

Oktober 1981. Von der SAGA unbemerkt ziehen jugendliche Aussteiger in die leerstehenden Häuser in der St. Pauli Hafenstraße.

30. 11. 1983. Die stadteigene SAGA schließt mit den Besetzern Mietverträge bis zum 31. Dezember 1986 ab. Von verschiedenen Seiten wird in den folgenden Jahren immer wieder Kündigung bzw. Räumung der Häuser gefordert, weil dort und in der Umgebung Straftaten verübt würden.

20. 12. 1986. Über 10 000 Menschen demonstrieren für den Erhalt der Hafenstraße, wobei es zu gewalttätigen Auseinandersetzungen kommt.

10. 11. 1987. Bürgermeister Dohnanyi (SPD) räumt den Bewohnern eine Frist bis zum folgenden Tag zum Abbau aller Befestigungen ein.

20. 11. 1987. Der Senat stellt den Abbau der Barrikaden fest. Die städtische Lawaetz-Stiftung übernimmt die Häuser als Pächterin und vermietet sie an den 1987 gegründeten »Verein Hafenstraße«.

Viel Widerspruch gegen Volkszählung

25. Mai 1987. Die Anti-Volkszählungskampagne vieler Boykottgruppen führt in Hamburg zu einer hohen Verweigererquote beim bundesweiten Zensus. Das gewonnene Datenmaterial bleibt z.T. unsicher. Hamburgs Statistisches Landesamt meldet für diesen Stichtag 1 592 770 Einwohner und 801 095 Wohneinheiten. Der Ausländeranteil von 9,3% ist vergleichsweise gering. In der Bruttowertschöpfung pro Beschäftigten rangiert Hamburg dicht hinter Frankfurt am Main auf Platz zwei.

Rund 120 000 Hamburger sind den Parolen gegen die »Volksaushorchung« gefolgt und haben sich den Zählern verweigert. 98 000 von ihnen beugen sich aber dem angedrohten Zwangsgeld, von den restlichen 22 000 werden rund 1000 mit 250 DM Strafgeld belegt.

»Andi« – ein bloßes Gesäß macht Ärger

6. März 1987. Im Schauspielhaus wird das Musical »Andi« uraufgeführt, das Peter Zadek in Zusammenarbeit mit Peer Raben und Burkhard Driest konzipiert hat.
Es beruht auf einem tatsächlichen Ereignis: Am 15. August 1979 hatte ein Tabakwarenhändler den 16jährigen Andreas Z. (»Andi«) erschossen, weil er sich von ihm bedroht fühlte. Aus diesem Stoff machte Zadek ein schrilles Musical um die Probleme junger Leute, bei dem nach Meinung von Kritikern Titelheld Uwe Bohm – der auf den Plakaten mit bloßem Gesäß posiert – und die Band »Einstürzende Neubauten« noch das Beste sind.

Vom »Spiegeldom« hin zur »Furzbude«

4. Juni bis 30. August 1987. Rund 200 000 Besucher bestaunen auf der Moorweide André Hellers Kunstrummel »Luna Luna«.
Für diesen Jahrmarkt, mit dem sich der Wiener Künstler einen Kindheitstraum verwirklicht und dessen maximal vierstündiger Besuch 20 DM kostet, hat Heller 30 international renommierte Künstler gewonnen. Je nach Geschmack locken der »Spiegeldom« mit Entwürfen von Salvador Dalí, eine Schieß- und Glücksbude von dem »Jungen Wilden« Jörg Immendorf, ein Glaslabyrinth von Roy Lichtenstein oder »Kunstfurzer« in den »Palast der Winde«.

Prinz Charles: »Wir sind überwältigt«

6. November 1987. Das britische Thronfolgerpaar Prinz Charles und Prinzessin Diana sind am vorletzten Tag ihrer Deutschland-Reise (2.–7. 11.) in Hamburg zu Gast.
Um 11.44 Uhr landet ihr Jet in Fuhlsbüttel. Von dort aus geht es ins Gästehaus des Senats, dann zur Eröffnung der »Britischen Wochen« im Alsterhaus; es folgt ein Besuch der Englischen Kirche St. Thomas Becket am Zeughausmarkt, eine Hafenrundfahrt, ein Besuch beim NDR und zum Abschluß ein Essen mit 400 Gästen im Rathaus. Prinz Charles kommentiert: »Wir sind überwältigt.«

Stein des Anstoßes für viele Betrachter: Das Werbeplakat für »Andi« mit dem Allerwertesten des Hauptdarstellers, hier am Schauspielhaus-Eingang

Das Märchenkarussell mit seinen »Erzählwänden« im Mittelpunkt des weithin beachteten Kunstrummels »Luna Luna« auf der Hamburger Moorweide

Nach der Verewigung im »Goldenen Buch« der Stadt (v. l.): Klaus von Dohnanyi, Diana und Charles sowie Bürgermeister-Gattin Christa von Dohnanyi

Privater Rundfunk auf dem Vormarsch

1. Juli 1987. Der private Rundfunksender Radio 107 nimmt sein Programm auf. Am 16. Dezember startet OK Radio und am 31. Dezember das Kommunale Radio Hamburg (KORAH).
Damit hat Hamburg vier private Radiostationen, nachdem bereits am 31. Dezember 1986 Radio Hamburg seinen Betrieb aufgenommen hat. Ein neues Mediengesetz macht Privatfunk in Hamburg möglich.
Die Sender unterscheiden sich in ihrer Struktur: Radio Hamburg (103,6 MHz) gehört mehreren großen Presseverlagen und kooperiert mit Privatsendern in Schleswig-Holstein und Niedersachsen. Radio 107 (106,8 MHz) gehört mehrheitlich einigen lokalen Medienunternehmen. Radio KORAH (97,1 MHz) und OK Radio (95,0 MHz) sind hamburgische Besonderheiten: Ihre Träger gliedern sich in die gemeinnützige Anbietergemeinschaft (bei KORAH u. a. Robin Wood und Bund für Vogelschutz; bei OK Radio z. B. die Landesschülerkammer und der CVJM) und kommerzielle Betreibergesellschaften. Der »Zwei-Säulen-Sender« KORAH gibt im August 1988 auf.

Stein-Schlag wirft HSV aus der Bahn

9. November 1987. Der Hamburger SV entläßt seinen jugoslawischen Trainer Josib Skoblar und holt als Nachfolger Willi Reimann vom Zweitligisten FC St. Pauli.
Dies ist das vorläufige Ende einer Kette von Tiefschlägen für den HSV, der am 29. September mit einer Feier auf dem Rathausmarkt sein 100. Jubiläum beging. Mitte des Jahres herrschte noch eitel Sonnenschein: Am 20. Juni gewann der letztmals von Ernst Happel betreute HSV durch ein 3:1 über die Stuttgarter Kickers im Berliner Olympiastadion den DFB-Vereinspokal. Dann kam der 28. Juli: Beim Supercup-Spiel gegen Bayern München in Frankfurt stellte der Schiedsrichter HSV-Keeper Ulrich Stein in der 87. Minute vom Platz. Er hatte Bayern-Stürmer Jürgen Wegmann nach dessen 2:1 einen Kinnhaken versetzt. Stein wurde beurlaubt und am 9. Oktober entlassen.

13. 2. Am Schauspielhaus hat Frank Wedekinds »Lulu« in der Inszenierung von Peter Zadek Premiere. → S. 598

8. 3. Der Senat gibt seine Absicht zum Verkauf der Speicherstadt bekannt. → S. 595

11.3. Schulsenatorin Rosemarie Raab (SPD) läßt 366 Klassenräume wegen Asbestgefahr vorsorglich sperren. → S. 595

4. 4. Beim sog. S-Bahn-Surfen kommt ein 15jähriger Junge in Halstenbek ums Leben. Er wollte vermutlich bei einer Geschwindigkeit von 100 km/h auf das Dach des Waggons klettern.

26. 4. Entgegen dem Votum der Bezirksversammlung Mitte legt sich der Senat auf Billbrook als Standort einer Hochtemperatur-Müllverbrennungsanlage fest.

10. 5. Hamburgs Erster Bürgermeister Klaus von Dohnanyi gibt seinen Rücktritt zum 1. Juni 1988 bekannt. Seine Nachfolge übernimmt am 8. Juni Henning Voscherau. → S. 595

11. 6. In der Kampnagelfabrik wird die Jazzoper »Cosmopolitan Greetings« von Rolf Liebermann uraufgeführt.

22. 6. Nach dem Europameisterschafts-Halbfinalspiel zwischen dem DFB-Team und den Niederlanden im Volksparkstadion (1:2) provozieren rechtsgerichtete Fußballfans an der Hafenstraße eine Massenschlägerei.

25. 6. Die Hamburger SPD wählt Traute Müller zu ihrer Vorsitzenden. → S. 595

23. 7. Mit einem 0:1 gegen den 1. FC Nürnberg im Wilhelm-Koch-Stadion startet Aufsteiger FC St. Pauli in die Fußball-Bundesliga. → S. 596

7. 8. Der Schauspieler und Theaterleiter Corny Littmann eröffnet sein Lokal »Schmidt« am Spielbudenplatz. → S. 596

8. 8. Insgesamt 282 Paare lassen sich an diesem Tag, dem 8. 8. 1988, in Hamburg trauen.

2. 9. Die »Komödie im Winterhuder Fährhaus« wird mit Tom Stoppards »Stürmische Überfahrt« eröffnet.

13. 9. Das alte »Flora«-Theater am Schulterblatt wird nun doch Standort für eine geplante Musical-Spielstätte gleichen Namens. → S. 596

17. 9.–2. 10. Bei den XXIV. Olympischen Sommerspielen in Seoul gewinnt der Hamburger Schwimmer Stefan Pfeiffer über 1500 Freistil eine Silbermedaille wie Einer-Ruderer Peter-Michael Kolbe. Der Diskuswerfer Rolf Danneberg (LG Wedel-Pinneberg), Sieger von 1984, gewinnt Bronze.

1. 12. Die Politikerin Thea Bock verläßt die Hamburger Grün-Alternative Liste; sie wechselt 1990 zur SPD.

Dohnanyi macht Platz für Voscherau frei

10. Mai 1988. Hamburgs Erster Bürgermeister Klaus von Dohnanyi gibt seinen Rücktritt zum 1. Juni 1988 bekannt. Zur Begründung sagt er, daß sich nach 20 Jahren politischer Tätigkeit die »Kreativität und Durchsetzungsfähigkeit abnutzen, so daß die Freude an der Arbeit verlorenzugehen droht«.

Die Vermutung, sein Rücktritt hänge vor allem mit dem Konflikt um die Hafenstraße (→ 19. 11. 1987/ S. 593) zusammen, weist Dohnanyi zurück. Entscheidend für seinen Schritt seien vielmehr die geringen Gestaltungsmöglichkeiten des Bürgermeisteramtes in Hamburg, wo man »Erster unter gleichen« ist.

Dohnanyi, seit 1957 SPD-Mitglied und u. a. als Bundesbildungsminister und SPD-Chef in Rheinland-Pfalz tätig, kam nach Hamburg, um als Nachfolger von Hans-Ulrich Klose am → 25. Mai 1981 (S. 582) die Führung der Landesregierung zu übernehmen. Sein Name ist verknüpft mit der friedlichen Beilegung der Auseinandersetzungen um die Hafenstraße; allerdings hatte Dohnanyi schon damals intern seinen Rücktritt angekündigt.

Im Hinblick auf die Neuwahlen im benachbarten Bundesland Schleswig-Holstein zögerte Dohnanyi diesen Schritt hinaus und tritt erst zwei Tage nach dem – für seinen Parteifreund Björn Engholm erfolgreichen – Urnengang an die Öffentlichkeit.

Dohnanyis designierter Nachfolger, der 46jährige Jurist Henning Voscherau, muß am 30. Mai bei seiner Senatsbildung eine Schlappe hinnehmen: Nach Protesten aus der FDP muß er auf die Ernennung des früheren FDP-Politikers Andreas von Schoeler (SPD) zum Innensenator verzichten.

Voscherau wird am 8. Juni schließlich mit 62 gegen 56 Stimmen bei einer Enthaltung in den Senat und anschließend zum Ersten Bürgermeister gewählt. Neu im Senat sind weiterhin für die SPD Werner Hackmann (Inneres), Hans-Jürgen Krupp (Finanzen) und Ortwin Runde (Arbeit und Soziales).

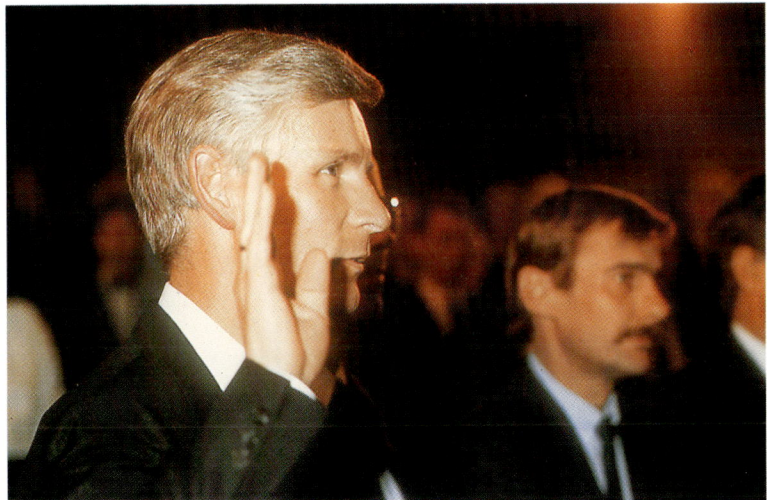

Amtswechsel in überlieferten Formen: Der neue Erste Bürgermeister Henning Voscherau leistet nach seiner Wahl in den Senat den Amtseid.

Die Elb-Genossen hören auf eine Frau

25. Juni 1988. Die Hamburger SPD wählt mit 207 von 303 Stimmen Traute Müller zu ihrer Vorsitzenden. Sie ist die erste Bezirksvorsitzende in der Parteigeschichte.

Traute Müller löst Ortwin Runde ab, der die Elb-SPD seit April 1983 geführt hatte. Die Wahl der 38jährigen gelernten Buchhändlerin, die aus dem »linken« Bezirk Eimsbüttel kommt und zeitweise Mitglied des Juso-Bundesvorstands war, soll ein Zeichen zur Erneuerung der Partei setzen.

In ihrer Kandidatenrede hatte Traute Müller, die in einer Weiterbildungseinrichtung tätig ist, zu einer neuen Einigkeit im Streit der verschiedenen Parteiflügel aufgerufen: »Unterschiedliche Standpunkte und Sichtweisen müssen in einen produktiven Austausch kommen, so daß nicht die eine oder die andere Seite ausgegrenzt wird und wir letztlich zu einem gemeinsamen Ergebnis kommen.«

Asbestgefahr – die Schulen machen zu

11. März 1988. Schulsenatorin Rosemarie Raab (SPD) läßt 366 Klassenräume in 47 Hamburger Schulen bis auf weiteres wegen Asbestgefahr sperren. Die Räume befinden sich in asbestdurchsetzten Pavillons, die zwischen 1954 und 1963 erbaut worden sind.

Der Isolierstoff Asbest ist krebserregend. Seit 1986 gilt Lungenkrebs als Folge des Einatmens von Asbeststaub als Berufskrankheit.

Rund 10 000 Kinder müssen sofort in andere Klassenräume umziehen. Die Sanierung von 92 der nach ersten Feststellungen als verseucht anzusehenden 182 Pavillons kostet etwa 23 Mio. DM, die übrigen sollen abgerissen werden. Später stellen sich zahlreiche weitere Einrichtungen als sanierungsbedürftig heraus, so u. a. die Mensa der Universität und das Allgemeine Krankenhaus Altona. In vielen Gebäuden sorgen asbesthaltige Baustoffe für Wärmedämmung und Isolierung.

Speicherstadt auf der Abschußliste

8. März 1988. Der Senat gibt seine grundsätzliche Absicht bekannt, die Speicherstadt zu verkaufen und die dort ansässigen Betriebe umzusiedeln. In die Speicherstadt (→ 29. 10. 1888/S. 306) sollen Gewerbe, High-Tech-Firmen und solvente Mieter einziehen.

Dort, wo jetzt noch 505 Firmen arbeiten, sollen die Speicherblöcke »entkernt«, durch das Dach mehrgeschossige Lichthöfe gebrochen und das Ganze an einen privaten Investor verkauft werden. Für das betroffene Gewerbe will der Senat innerhalb von ca. 15 Jahren Ersatzflächen bereitstellen.

Die Meinung Bürgermeister Klaus von Dohnanyis, die Struktur des Lagerhausviertels sei in ihrer jetzigen Form für die künftigen wirtschaftlichen Anforderungen nicht geeignet, stößt auf Protest – vor allem bei den ansässigen Firmen, aber auch in der Öffentlichkeit, bei CDU, GAL und Teilen der SPD.

»Phantom« darf nicht ans Schulterblatt

13. September 1988. Im Schanzenviertel wird es keinen Mega-Musical-Betrieb à la »Cats« geben (→ 18. 4. 1986/S. 592): Nach einer wiederholten Überprüfung des Bauvorhabens verzichtet der Senat auf den Standort für das geplante »Flora«-Theater am Schulterblatt.

In einer Erklärung von Theaterunternehmer Friedrich Kurz, dem Zweiten Bürgermeisters Ingo von Münch (FDP) und Henning Voscherau heißt es: »Die anhaltenden, friedlichen, aber unverkennbar bitteren Nachbarproteste sind . . . eine Hypothek, die mit Flora nicht vereinbar ist und nicht verbunden bleiben darf.« Damit vermeidet es der Senat, im Schanzenviertel einen zweiten städtischen Unruheherd nach der Hafenstraße zu schaffen (→ 19. 11. 1987/S. 593).

Der als »Cats«-Produzent bekanntgewordene Kurz wollte in dem Gebäude des alten Musiktheaters »Flora« (→ 2. 6. 1889/S. 314), das seit 1964 von der Firma »1000 Töpfe« benutzt wird, ein Musical-Theater mit 2000 Plätzen bauen. Dort sollte ab Herbst 1989 das »Phantom der Oper« zu sehen sein.

Am 21. April, nach Unterzeichnung eines Vertrages zwischen Hamburg

Zum Zankapfel wird das frühere »Flora«-Theater im Schanzenviertel, von dem nach einem über Nacht erfolgten Abriß nur noch die Fassade stehenbleibt.

und der von Kurz geführten Stella KG über den »Flora«-Neubau, begann der Abriß des bisherigen Gebäudes am Schulterblatt, von dem wenig mehr als die Fassade stehenblieb. Am folgenden Tag kam es zu den ersten Krawallen.

Keineswegs nur die »alternative« Szene ist gegen das Projekt: Die Aussicht auf ein ständiges Verkehrschaos, eine »Veredelung« des

Viertels und die Vertreibung von 30 Gewerbemietern macht auch andere Bürger zu Gegnern der Millioneninvestition. Nicht zuletzt die Angst vor einem Musicalbetrieb unter Polizeischutz bewegt die Investoren zur Änderung ihrer Pläne: Die »Neue Flora« soll jetzt auf einem städtischen Gelände an der Stresemannstraße/ Ecke Alsenstraße entstehen (→ 29. 6. 1990/S. 601).

St. Pauli – die neue Dimension der Liga

23. Juli 1988. »Bundesliga, da sind wir«, ruft Stadionsprecher Rainer Wulf in das auf ein Fassungsvermögen von ca. 21 000 Besuchern gebrachte Wilhelm-Koch-Stadion. Zwar geht die Premiere gegen Nürnberg mit 0:1 »in die Hose«, aber schon nach drei Spieltagen ist das Punktekonto wieder ausgeglichen, und am Ende belegen die »Braunhosen« mit 32:36 Punkten eine beachtlichen 10. Platz. Mit einem Zuschauerschnitt von 20 848 hat man sogar den Nachbarn HSV (15 036) überrundet, auch wenn es zu einem Sieg im direkten Vergleich nicht langte (1:1 und 1:2). Am 29. Mai hatten die St. Paulianer durch ein 1:0 beim SSV Ulm als Zweiter der Zweiten Bundesliga nach 1977 erneut den Sprung ins »Oberhaus« geschafft. Der Kern der Mannschaft – seit dem 11. November 1987 von Helmut Schulte trainiert – mit Spielern wie Volker Ippig, Jens Duve und André Golke kennt sich noch aus Oberliga-Zei-

ten. Hinzu kamen »gestandene« Profis wie Egon Flad (vorher Blau-Weiß 90), Jan Kocian (Dukla Bansky Bystrica/ČSSR) und Peter Knäbel (Vfl Bochum). Neben seiner

Kampfkraft verdankt das Team seine Erfolge den Zuschauern am Millerntor, die das Wilhelm-Koch-Stadion zum »Freudenhaus der Bundesliga« machen.

Ein Bild wie aus besseren Fußballzeiten – beim FC St. Pauli 1988/89 die Regel: Begeisterte Zuschauer, ein volles Stadion und enger Kontakt zum Spielfeld

»Lulu« in Hamburg wiederentdeckt

13. Februar 1988. Ein Höhepunkt des Theaterjahres 1988 hat im Schauspielhaus Premiere: Peter Zadek kann mit seiner Inszenierung von Frank Wedekinds »Lulu« einen durchschlagenden Erfolg bei Publikum und Kritik verbuchen.

Die »Monstretragödie« der Jahrhundertwende um das fatale Schicksal der Lulu kommt in Hamburg in der Urfassung auf die Bühne, »eckig, unperfekt, obszön, pubertär« (so der Regisseur). Theaterkritiker wählen die Hamburger »Lulu« zur Aufführung des Jahres, die erst 27 Jahre alte umjubelte Hauptdarstellerin Susanne Lothar zur Schauspielerin, Ulrich Wildgruber zum Schauspieler des Jahres. Zadek bekommt den Kortner-Preis.

Frischer Wind in der Kulturszene: Kampnagelfabrik in Winterhude

Neues Leben blüht an der Reeperbahn

7. August 1988. Der Schauspieler und Theaterleiter Corny Littmann eröffnet gemeinsam mit Ernie Reinhardt – die Reste der Theatergruppe »Familie Schmidt« – das »Schmidt« am Spielbudenplatz. Die bunte Mischung aus Kabarett, Varieté und Revue lockt im ersten Jahr rund 80 000 Besucher an.

Das »Schmidt« ist eines von mehreren Etablissements, die der »sündigen Meile« neues Leben jenseits der Peep-Shows einhauchen. Dazu gehören auch die bereits bestehende »Große Freiheit 36« und das am 14. September 1988 eröffnende »Docks« am Spielbudenplatz 19.

1989

Ein Stück Seefahrtromantik: Das sowjetische Segelschulschiff »Krusenstern« an den Landungsbrücken

Hafen 800 Jahre alt – Grund zum Feiern

23. Juli 1989. Als gegen 15 Uhr der Regen einsetzt, beginnt der Höhepunkt der Feierlichkeiten zum 800. Hafengeburtstag: Rund 2,6 Millionen Menschen verfolgen im Hamburger Hafen und entlang der Elbe die Auslaufparade von 215 Segelschiffen, darunter zahlreichen ehrwürdigen Großseglern.

Die Windjammer aus aller Herren Länder sind im Rahmen des Segelschifftreffens »Sail '89« nach Hamburg gekommen. Das maritime Spektakel begann am 13. Juli mit dem Einlaufen von Segelschiffen aus aller Welt, die an der »Cutty Sark Tall Ships' Race« der britischen »Sail Training Association« teilnehmen. Die UdSSR präsentierte dabei das größte Segelschiff: Die »Sedov«, 121,92 m lang, 14,80 m breit, mit einer Segelfläche von 4192 m². Am 16. Juli verließen die Segler Hamburg schon einmal mit einer großen Auslaufparade Richtung Cuxhaven.

An diesem Sonntag gab es die erste große Panne: Angesichts der erwarteten drei Millionen Besucher war das Gebiet rund um Hafen und Elbe weiträumig abgesperrt worden. Die Diskussionen über das befürchtete Chaos hatten zur Folge, das nur rund eine halbe Million Besucher kamen. Für die jetzige zweite, die Schlußparade wird auf Sperren weitgehend verzichtet.

Es bleibt nicht die einzige Panne: Nur insgesamt 15 000 Menschen wollen am 8. und 9. August am Millerntor die vier Spiele um den Fußball-Hafenpokal sehen, und von den mit einem Aufwand von 50,2 Mio. DM konzipierten Veranstaltungen müssen einige (z.B. »Störtebeker-Epos«) gestrichen werden.

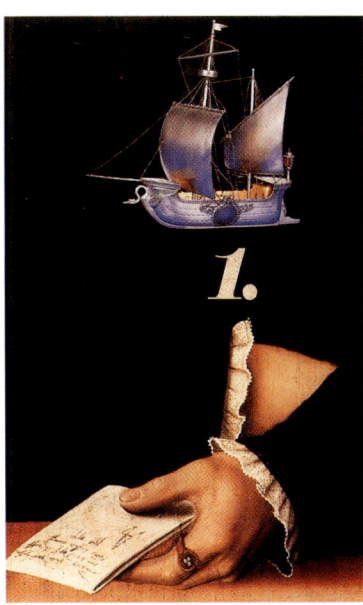

Dennoch erlebt Hamburg in diesem Sommer einiges: Den 800. Hafengeburtstag im engeren Sinn – noch prächtiger als sonst gestaltet – mit rund drei Millionen Gästen vom 3. bis 7. Mai, vom 24. bis 27. August den 9. Hansetag der Neuzeit und vom 25. August bis zum 26. November die großangelegte Ausstellung »Die Hanse – Lebenswirklichkeit und Mythos« im Museum für Hamburgische Geschichte.

Hansegeschichte im Museum

Die Kogge und die Hand des Kaufherrn – diese beiden Elemente zieren den Katalog (hier: Band 1) zur Ausstellung über »Die Hanse – Lebenswirklichkeit und Mythos«, die im Herbst 1989 in Hamburg und später auch in der Hansestadt Rostock zu sehen ist. Die aufwendige Schau vermittelt sowohl eine Querschnittsbetrachtung durch alle Lebensbereiche der mittelalterlichen Hansestädte als auch Exponate zur »Nachwirkung« des Mythos Hanse. Das Museum für Hamburgische Geschichte, das die Ausstellung unter Beteiligung vieler internationaler Experten veranstaltet und auch Ort des Geschehens ist, kann Leihgaben aus Archiven und Museen von insgesamt elf europäischen Staaten zeigen.

Wohnungsnot macht vielen zu schaffen

1. Oktober 1989. In Hamburg werden keine sog. Abgeschlossenheitsbescheinigungen für Mietwohnungen mehr erteilt. Mit dieser Maßnahme will der Senat die Umwandlung von Mietwohnungen in Eigentumswohnungen einschränken.

Der fortdauernde Verlust an preiswertem Wohnraum in Hamburg hat viele Facetten: Das knappe Angebot läßt die Mieten steigen, hohe Maklergebühren werden zu einem immer größeren Ärgernis, gutverdienende Alleinstehende verdrängen oft Familien mit Kindern in die Randgebiete. Selbst die ungeliebten Neubaugebiete der 60er und 70er Jahre sind voll belegt. Zusätzliche Unruhe kam auf, als am 4. August die »Hamburger Morgenpost« eine Liste mit 9841 Wohneinheiten aus dem Bestand der städtischen SAGA veröffentlichte, von denen 5044 in private Hände verkauft werden sollen.

Ende September beruft der Senat den Bezirksamtsleiter in Hamburg-Nord, Werner Weidemann (SPD), zum Staatsrat für den Wohnungsbau. Er soll ein Neubauprogramm wie zu Wiederaufbauzeiten ankurbeln, denn der Wohnungsbestand wächst zu langsam.

Beispiel für großzügiges Hamburger Mäzenatentum: Die Deichtorhallen, vormals Gemüsemarkt, nun in ein Haus der zeitgenössischen Kunst umgebaut

Kunstgenuß statt Gemüse

4. September 1989. Der Mäzen Kurt A. Körber übergibt die zum Kunstzentrum umgebauten Deichtorhallen der Öffentlichkeit. Diese bekommt zur Einweihung ein buntes Programm einschließlich »Buddelschiff-Schau« vorgesetzt, und (noch) nicht, wie ursprünglich geplant, eine hochkarätige Avantgarde-Kunstausstellung mit dem programmatischen Titel »Einleuchten«.

Ende April 1988 hatte der schon lange als Mäzen tätige Industrielle Körber der Stadt Hamburg Geld für ein Haus der zeitgenössischen Kunst zugesagt. Der Umbau der 1911/12 als Gemüsegroßmarkt errichteten Deichtorhallen (→ 23. 9. 1911/S. 374) durch Josef Paul Kleihues hat statt der ursprünglich veranschlagten 15 Mio. tatsächlich rund 25 Mio. DM gekostet.

Bogdanov startet mit Shakespeare

28. Oktober 1989. Mit der Tragödie »Hamlet« von William Shakespeare gibt Michael Bogdanov sein Debüt als Intendant des Deutschen Schauspielhauses. In der Hauptrolle: Ulrich Tukur als Hamlet.

Bogdanov ist als Nachfolger des im Unfrieden geschiedenen Peter Zadek nach Hamburg gekommen und will mit weniger Subventionen mehr Theater verwirklichen. Für die erste Spielzeit kündigt er nicht weniger als 21 Premieren an. Der 50jährige Brite hat sich in seiner Heimat einen Namen als politischer Shakespeare-Interpret gemacht. Er versteht seinen »Hamlet« als den »Theater-Krimi schlechthin«, den es mit großem technischen Aufwand auf die Bühne zu bringen gilt. Das Publikum quittiert Bogdanovs erste Regieleistung als Intendant mit zarten Buh-Rufen; der Beifall gehört den Schauspielern, allen voran dem seit 1985 an dieser Bühne tätigen Tukur. Die Kritik ist zurückhaltend: »Kein unheimlich starker Anfang für den neuen Schauspielhaus-Intendanten, aber auch keiner, wie schon im Voraus einige befürchtet hatten, mit Schrecken«, urteilt das »Hamburger Abendblatt«.

Das beste Hotel Europas hat nun einen japanischen Eigentümer.

»Vier Jahreszeiten« verkauft

27. Dezember 1989. *Die Spekulationen haben ein Ende: Die Öffentlichkeit wird über den Verkauf des Hotels »Vier Jahreszeiten« durch die Eigentümerfamilie Haerlin an den japanischen Bauunternehmer Hiroyoshi Aoki informiert. Der Kaufpreis für die Nobelherberge an der Außenalster (→ 24. 2. 1897/ S. 337), die als zweitbestes Hotel der Welt gilt, beträgt angeblich 210 Mio. DM. Hoteldirektor Gert Prantner soll das »Vier Jahreszeiten« weiterhin führen.*

Brandstiftung oder Unglück: Die brennenden Alsterarkaden

Alsterarkaden in Flammen

31. Dezember 1989. *Am Ende der 80er Jahre verliert Hamburg ein Stück Geschichte (→ 1843/S. 223): Vermutlich durch Brandstiftung geht die seit 1903 bestehende »Vegetarische Gaststätte« im ersten Stock in der Mitte der Alsterarkaden in Flammen auf und brennt aus. Vom Löschwasser werden auch die Hamburger Bücherstube Felix Jud (seit 1923) und das Bekleidungsgeschäft Ladage & Oelke (seit 1845) beschädigt. Die Alsterarkaden sollen renoviert werden.*

Das »Auto des Jahres« auf Hamburgs berühmter Flaniermeile

Per »Trabi« zum Jungfernstieg

18. November 1989. *Tausende von DDR-Bürgern kommen am Wochenende nach Hamburg, wo zahlreiche Geschäfte aus diesem Anlaß über die üblichen Zeiten hinaus geöffnet bleiben. Am 9. November ist überraschend die Reisefreiheit für DDR-Bürger verfügt worden. Bald darauf belebten die »Trabis« das Hamburger Straßenbild. Außer den Geschäften bestaunen die vielfach mit Geschenken begrüßten Gäste auch die touristischen Sehenswürdigkeiten.*

1990

GESTORBEN:

13. 1. Hamburg: Lola Rogge (* 20. 3. 1908, Altona), Tanzpädagogin.

9. 7. Hamburg: Eric M. Warburg (* 15. 4. 1900, Hamburg), Bankier.

14. 11. Hamburg: Heinrich Braune (* 8. 11. 1904, Lüneburg), Journalist.

24. 11. Hamburg: Helga Feddersen (* 14. 3. 1930, Hamburg), Schauspielerin. → S. 601

Hamburg begrüßt die deutsche Einheit

3. Oktober 1990. Rund 200 000 Hamburger feiern um Mitternacht die »Stunde Null« des wiedervereinigten Deutschland mit einem Volksfest auf dem Rathausmarkt. Mit dem Beitritt der DDR zur Bundesrepublik endet die getrennte deutsche Nachkriegsgeschichte, Deutschland erhält seine Souveränität zurück.

Freudentänze und Szenen der Ergriffenheit prägen das Geschehen auf dem hell erleuchteten Rathausmarkt. Auf einer Großbildleinwand konnten die Hamburger in den Stunden vor Mitternacht die Festveranstaltungen aus Berlin und Hamburgs Partnerstadt Dresden sowie ein festliches Konzert der Hamburger und Dresdner Philharmoniker aus dem Rathaus verfolgen. Im Anschluß an das Glockenläuten um Mitternacht wird schließlich ein Feuerwerk über der Binnenalster gezündet. Die befürchteten schweren Ausschreitungen radikaler Kräfte bleiben aus; die Polizei hat vorsorglich 2000

Auf dem Altmarkt von Hamburgs Partnerstadt Dresden verspeisen Mitglieder der sächsischen FDP diese »Einheitstorte« in Form des vereinten Deutschlands.

Beamte und zehn Wasserwerfer an gefährdet erscheinenden Punkten der Stadt konzentriert.

In seiner Festrede würdigt der Erste Bürgermeister Henning Voscherau die deutsche Einheit und die künftige politische und wirtschaftliche Rolle der Hansestadt:

»Ich sehe die Einheit als besondere Freude, als besondere Chance, gerade für Hamburg, schließlich gewinnen wir unsere vertraute ... Nachbarschaft zu den Bürgern von Mecklenburg zurück, mit einer Zukunft für Hamburg – im Herzen Europas ohne Grenzen.«

Orkane und Hochwasser

28. Februar 1990. Bei der vierten Sturmflut innerhalb von 48 Stunden erreicht der Elbwasserstand mit 5,70 m über Normal Null die gleiche Höhe wie im Katastrophenjahr 1962. Doch diesmal halten die Deiche in Hamburg stand.

Mit Spitzengeschwindigkeiten von bis zu 200 km/h zieht der Orkan »Wiebke« eine Schneise der Verwüstung vom Atlantik her über Mitteleuropa. Es ist der letzte einer Reihe von schweren Stürmen in den vergangenen fünf Wochen. Auch in Hamburg richtet das Unwetter schwere Schäden an, fordert eine Tote und mehrere Verletzte.

Klimaforscher vermuten einen Zusammenhang zwischen den in dieser Häufung und Stärke beispiellosen Orkanen und einer weltweiten Klimaveränderung infolge des sog. Treibhauseffekts durch die Erwärmung der Erdatmosphäre.

Ausländer bleiben ohne Stimmrecht

31. Oktober 1990. Das Bundesverfassungsgericht in Karlsruhe erklärt das kommunale Wahlrecht für Ausländer, das 1989 in Hamburg sowie auch im SPD-regierten Nachbarland Schleswig-Holstein eingeführt worden war, für verfassungswidrig.

Bei einer anderen Entscheidung des Verfassungsgerichts hätten rund 90 000 der 190 000 in Hamburg wohnhaften Ausländer im Juni 1991 an den Wahlen zu den Bezirksparlamenten teilnehmen können, weil sie – wie das Gesetz es vorschrieb – mindestens acht Jahre in der Bundesrepublik leben und eine Aufenthaltsgenehmigung haben. Die SPD hatte bereits ausländische Kandidaten aufgestellt.

Demgegenüber erklärt jedoch das Bundesverfassungsgericht auf Klage der CDU/CSU-Bundestagsfraktion sowie der bayerischen Staatsregierung, nur deutsche Staatsbürger seien aufgrund Artikel 20 des Grundgesetzes dazu berechtigt, an Wahlen und Abstimmungen teilzunehmen, weil unter den Begriff des »Staatsvolkes« eben nur Bundesbürger fielen.

Bei Sturmfluten wie dieser am 9. Januar ist der St. Pauli Fischmarkt schnell überflutet; hier betrug der Pegelstand »nur« 4,38 m über NN. Solche Wasserstände gefährden zwar die nach 1962 erhöhten Deiche noch nicht, aber die jährlichen Sturmfluten drücken immer mehr Wasser in den Hafen.

Rauschgift fordert immer mehr Tote

31. Dezember 1990. In der Hansestadt sterben im Jahr 1990 136 Drogensüchtige. Gegenüber 1989 (88 Tote) hat sich die Zahl der Drogentoten um über die Hälfte erhöht. Etwa 10 000 Menschen sind von Heroin oder Kokain abhängig.

Der niedrige Preis für Heroin und die ungewohnte Reinheit des angebotenen Stoffs hat zum enormen Anstieg der Opferzahl beigetragen. Fast alle Toten starben an Heroin.

Junkies (Drogenabhängige) und Dealer prägen in vielen Stadtteilen bereits das Straßenbild. In St. Georg und St. Pauli, aber auch im Schanzen- und Karolinenviertel protestieren die Anwohner. Am Hansaplatz patrouillieren Polizeistreifen, um Händler und Abhängige, die sich auf offener Straße Heroin spritzen, zu vertreiben.

Um Ausstiegswillige zu ermuntern, hat der Senat Ende Januar mit den Krankenkassen einen auf drei Jahre befristeten Vertrag über die Abgabe des Rauschgiftersatzstoffes Methadon an Süchtige ausgehandelt. Allerdings ist das Methadon-Programm zunächst auf 70 Patienten beschränkt. Es fehlt in Hamburg ebenso wie im übrigen Bundesgebiet an ambulanten und

Als erste Anlaufstelle und mobiler Treffpunkt für die wachsende Zahl von Drogensüchtigen gedacht: Der erste »Drogenbus« der Hansestadt

stationären Behandlungsplätzen für Drogenabhängige. Angesichts der rapiden Ausbreitung der Sucht schlug der Erste Bürgermeister Henning Voscherau (SPD) vor, als letztes Mittel auch die Heroin-Freigabe an Süchtige in Erwägung zu ziehen, die sich den Stoff anderenfalls mit kriminellen Methoden beschaffen. Er stieß damit jedoch auf den Protest der Ärztekammer und der Opposition.

Bei der Suche nach einem Ausweg aus der tödlichen Spirale der Drogengensucht werden oft die Niederlande als Vorbild genannt: Hier wird der Kleinhandel mit sog. sanften Drogen (Haschisch) strafrechtlich nicht verfolgt, der Vertrieb von harten Drogen aber sehr wohl. Während in der Bundesrepublik Haschisch als sog. Einstiegsdroge gilt, haben die Niederlande mit ihrer Politik gute Erfahrungen gemacht: Die Zahl der Abhängigen und Toten ist rückläufig.

»Die Drogenration notfalls vom Staat«

Chronik Zitat

In einem Interview mit dem »Spiegel« stellt Henning Voscherau am 8. Oktober sein Drogenprogramm vor:

Voscherau: »Der staatlich propagierte Drugwar [Drogenkrieg] mit noch soviel Polizei ist überall verloren worden, auch bei uns.«

Spiegel: »Was haben Sie denn für eine Alternative ?«

Voscherau: ». . . Ich bin dafür, daß Heroinabhängige, denen anders nicht mehr zu helfen ist, ihre Drogenration notfalls vom Staat bekommen, unter ärztlicher Kontrolle. Natürlich ginge das nicht nur in einer Stadt. Eine solche Medizinalisierung hätte zwei entscheidende Vorteile: Die Suchtkranken würden aus den Klauen der Rauschgiftmafia befreit und müßten sich nicht länger das Geld für Drogen durch Raub und Diebstahl beschaffen. Der verbrecherische Rauschgiftmarkt, an dem die Drogenkartelle jährlich Milliarden verdienen, würde . . . zusammenbrechen.«

Geldfahrer türmt mit einer Million

8. August 1991. Mit einem dreisten Coup erbeutet ein Geldräuber 1,15 Mio DM Bargeld: Der auf St. Pauli als Dealer und Zuhälter bekannte Andreas L. läßt sich bei der Geldtransportfirma Heros als Fahrer einstellen und verschwindet mit dem ihm anvertrauten Geld.

L., der erst seit zwei Tagen bei dieser Firma beschäftigt ist, schickt am Ende einer Tagestour seinen Kollegen in einen Supermarkt am Erlerring (Kirchdorf). Er soll dort Geld abholen, L. will im Wagen auf ihn warten. Doch während der Beifahrer im Supermarkt das Geld in Empfang nimmt, verschwindet der Räuber spurlos.

Dies ist nicht der erste Geldtransport-Raub in Hamburg: Am 4. September 1989 erbeuteten vier Täter in der Sicherheitsschleuse des Alsterhauses 6,9 Mio DM. Zwei Tage später wurden bei einem Überfall in Fuhlsbüttel 597 000 Schweizer Franken gestohlen.

Verlagshaus mit Elbblick

1990. Ein maritim angehauchter Gebäudekomplex am Hafenrand ist der neue Arbeitsplatz für rund 2000 Beschäftigte des Verlagshauses Gruner + Jahr, das zuvor an der Außenalster beheimatet war.

Auf einem rund 22 000 m² großen Grundstück errichten die Münchener Architekten Steidle + Partner sowie Kiesler + Partner den größten Bürohauskomplex Hamburgs. Die »Poesie des Zweckmäßigen«, so eine der Vorgaben des Bauherrn für das 300 Mio. DM teure Verlagshaus, soll sich in Anklängen an Elemente der Umgebung, an Containerschiffe, Kommandobrücken und Bullaugen zeigen. Die Architektur ist bewußt offen: 55% der Gebäudehülle sind aus Glas.

Das Gruner + Jahr-Gebäude am Baumwall; wesentliche Merkmale sind die drei Hauptschiffe auf schräg gestellten Bockstützen, der 40 m hohe Konferenzturm und das Dreiecksgebäude, das parallel zur Fußgängerachse Baumwall-»Michel« verläuft.

An der Grindelallee lagern Giftstoffe

13. Juli 1990. Die Tageszeitung »Hamburger Morgenpost« enthüllt einen Giftskandal an der Hamburger Universität. In einem Labor des Instituts für organische Chemie in der Grindelallee lagern völlig unsachgemäß hochgiftige und leicht entzündliche Chemikalien.

In den leicht zugänglichen Räumlichkeiten des Chemischen Instituts befinden sich jede Menge Chemikalien, deren Inhalt teilweise gar nicht recht bekannt ist. Viele Metallbehälter sind rostig, manche auseinandergefallen. Sicherheitsvorkehrungen fehlen fast völlig: Einige der mit »Gift« etikettierten Flaschen sind nur mit Isolierband zugeklebt. Sogar ein Behälter mit dem Giftgas Phosgen steht in dem Institut. Besonders verheerend sind die Zustände in dem sog. Außenlabor im ersten Stock: Hier sind die Fenster herausgenommen, gefährliche Gase können ungehindert ins Freie dringen.

Helga Feddersen an Krebs gestorben

24. November 1990. Im Universitätskrankenhaus Eppendorf erliegt im Alter von 60 Jahren die Schauspielerin und Autorin Helga Feddersen einem Krebsleiden.

Als Tochter eines Schiffsausrüsters in Hamburg geboren, gab Helga Feddersen ihr Schauspieldebüt 1949 im »Theater im Zimmer«. Einen herben Rückschlag bedeutete eine Tumor-Operation im Jahr 1955, die ihr Gesicht entstellte; erst der NDR-Dramaturg Goetz Kozuszek, den sie 1962 heiratete, machte ihr wieder Mut zur Arbeit. Mit Erfolg schrieb sie nun mehrere Fernsehspiele wie »Vier Stunden vor Elbe 1«, »Sparks in Neu-Grönland« oder »Bismarck von hinten«.

Einem breiten Publikum bekannt wurde Helga Feddersen durch ihre Fernsehauftritte in satirischen Sendungen wie »Abramakabra« (1973) oder »Ein Herz und eine Seele« (1975). Im Jahr 1983 eröffnete sie zusammen mit ihrem langjährigen Lebensgefährten Olli Maier das »Theater am Holstenwall«; doch die Bühne mußte 1989 Konkurs anmelden. Drei Monate vor ihrem Tod verkaufte die populäre Hamburgerin ihre Villa an der Hochallee und zog sich nach Föhr zurück.

△ So oder ähnlich bleibt die Schauspielerin Helga Feddersen ihrem Publikum in Erinnerung: Als spitzbübische Haushälterin in dem Erfolgsstück »Perle Anna«. In ihren Fernsehrollen betätigte sich die Feddersen als schräge »Ulknudel« vom Dienst.

◁ 1983 ging ein Traum in Erfüllung: Helga Feddersen und ihr Lebensgefährte, der Schauspieler und Betriebswirt Olli Maier vor dem eigenen Theater am Holstenwall, das allerdings nach sechs Jahren Konkurs anmelden mußte.

»Come along with the Black Rider . . .«

31. März 1990. Zu einem überwältigendem Erfolg wird die Premiere des Musicals »The Black Rider« im Thalia Theater, eine Gemeinschaftsproduktion von drei Größen der amerikanischen Theater-, Musik- und Literaturszene: William Burroughs (Text), Tom Waits (Musik) und Robert Wilson (Regie).

Auf der Grundlage einer 1810 erschienenen Gespenstergeschichte, die bereits Carl Maria von Weber zu seinem »Freischütz« inspirierte, schufen die drei Musicalmacher einen virtuosen Bilderbogen mit überraschenden Lichteffekten und einer eingängigen Musik. Anders als bei Weber endet die aufregende Geschichte um holde Liebe und verhängnisvolle Freikugeln ohne ein Happy-end: Die Försterstochter Kätchen fällt als Opfer des Probeschusses, der Freischütze Wilhelm endet im Irrenhaus. Vor allem Dominique Horwitz in der Rolle des belzebübischen Entertainers Stelzfuß begeistert das Publikum. Mit »Zugabe«-Rufen erzwingen die Premierengäste ein Finale besonderer Art: Komponist Tom Waits selbst intoniert den Titelsong »Come on along with the Black Rider«.

»Oscar« geht an die Alster

26. März 1990. Der Zeichentrickhase Bugs Bunny gibt bei der 26. Verleihung der »Academy Awards« in Hollywood Überraschendes bekannt: »The winner is Wolfgang and Christoph Lauenstein«. Zwei Studenten, einer in Hamburg, der andere in Kassel tätig, haben den »Oscar« in der Sparte »Kurzer Animationsfilm« gewonnen.

Etwa zwei Jahre haben sie an ihrem siebeneinhalb Minuten langen Film »Balance« gearbeitet und rund 7000 DM in die Produktion investiert. Ein Teil der Kosten hat die Hochschule für Bildende Künste übernommen. Für »Balance« hatten die Brüder beim No-Budget-Film-Forum 1989 in Hamburg den Publikumspreis gewonnen.

Polizeischutz für »Flora«

29. Juni 1990. Die Premiere des Musical »Phantom der Oper« von Andrew Lloyd Webber in der »Neuen Flora« am Bahnhof Holstenstraße wird zu einem Polizei-Skandal erster Klasse: 4000 Beamte können die Besucher nicht schützen.

Einige der festlich gekleideten Premierengäste werden von Protestierern bespuckt, geschlagen und mit Farbbeuteln beworfen. Die Polizeisperren sorgen im übrigen für ein Verkehrschaos rund um den Holstenbahnhof.

Der Konflikt um den Phantom-Palast schwelt seit Monaten. Viele Anwohner und Angehörige der Alternativszene befürchten eine Kommerzialisierung ihres Stadtteils (→ 13. 9. 1988/S. 596).

Fünf Puppenfiguren bringen Wolfgang Lauenstein und seinem Bruder den »Oscar« ein. Die Figuren stehen auf einer beweglichen Platte; sie geraten in einen Streit, erkennen aber, daß sie sich einigen müssen, weil sie sonst die Balance verlieren und abstürzen.

29. Juni, Eröffnungstag der »Neuen Flora« am Bahnhof Holstenstraße: Polizeibeamte führen einen Demonstranten ab. Der Protest richtet sich u. a. gegen Musical-Kultur im »Fast-Food-Stil« und gegen eine Verkehrsüberlastung des Stadtteils.

7. 1. Die 11. Zivilkammer des Landgerichts Hamburg erklärt den Pachtvertrag der Stadt mit dem Verein Hafenstraße (→ 19. 11. 1987/S. 593) durch die Kündigung der Stadt vom 14. August 1989 für beendet.

17. 1. Rund 15 000 Menschen, vor allem Schüler und Studenten, demonstrieren vor dem Rathaus gegen den Golfkrieg.

17. 2. Erstmals nach fünf Jahren ist die Außenalster wieder zugefroren. → S. 602

27. 2. Rund 200 Bewohner der Bille-Siedlung demonstrieren im Rathaus. Sie fordern vom Senat unmißverständliche Erklärungen zur weiteren Bewohnbarkeit der dioxinverseuchten Siedlung sowie zu anfallenden Entschädigungszahlungen.

9. 3. Die Verlängerung der Linie U 2 von Niendorf-Markt nach Niendorf-Nord (2,4 km) geht in Betrieb.

15. 4. Die Mitgliederversammlung des Hamburger SV billigt die Umwandlung des Vereins in eine Aktiengesellschaft.

30. 4. Der Senat stellt die Speicherstadt unter Denkmalschutz. Offen ist jedoch, ob das 340 000 m² große Gelände als Lager- und Umschlagsplatz erhalten bleibt (→ 8. 3. 1988/S. 595).

2. 5. Die Enquete-Kommission der Bürgerschaft zur »Bekämpfung der Drogensucht« befürwortet in ihrem Abschlußbericht die staatlich kontrollierte Abgabe von Heroin an Süchtige (→ 31. 12. 1990/S. 600).

27. 5. Frank Baumbauer, bisher Chef des Theaters in Basel, wird für Mitte 1993 zum neuen Intendanten des Deutschen Schauspielhauses bestellt. Allerdings gibt der bisherige Intendant, der Brite Michael Bogdanov, schon zum 31. Dezember 1991 die Leitung des Hauses auf.

30. 5. Die Wandelhalle im Hamburger Hauptbahnhof wird eingeweiht. → S. 602

2. 6. Bei den Bürgerschaftswahlen gewinnt die SPD die absolute Mehrheit der Sitze. → S. 602

29. 6. Die Fußball-Bundesliga muß – vorerst jedenfalls – wieder ohne den FC St. Pauli auskommen (→ 23. 7. 1988/S. 596): Das Entscheidungsspiel um Auf- oder Abstieg verliert der drittletzte der Bundesliga gegen den dritten der 2. Liga, die Stuttgarter Kickers, im Gelsenkirchener Parkstadion 1:3.

17. 7. Die Hamburger Kammerspiele melden Konkurs an. Das private Theater ist mit 1,6 Mio. DM verschuldet.

GESTORBEN:

22. 4. Hamburg: Karl Klasen (* 23. 4. 1909, Hamburg), Bankexperte.

Wahltriumph: SPD kann allein regieren

2. Juni 1991. Die Sozialdemokraten sind die Sieger der 14. Nachkriegswahl zur Hamburger Bürgerschaft. Sie legen gegenüber 1987 drei Prozentpunkte zu und kommen auf 48,0% der abgegebenen Stimmen. Mit 61 Bürgerschaftssitzen langt es erstmals nach neun Jahren sogar wieder zu absoluter Mehrheit, allerdings nur deshalb, weil die Gesamtzahl der Sitze von 120 auf 121 erhöht und ein verändertes Auszählsystem angewandt worden ist. Die überraschend deutlichen Stimmengewinne stellen einen persönlichen Erfolg für den Ersten Bürgermeister Henning Voscherau dar, werden aber auch auf den außerordentlichen Wirtschaftsboom zurückgeführt, von dem die Regierungspartei SPD bei den Wahlen naturgemäß profitiert.

Die beiden FDP-Senatoren Ingo von Münch (Kultur und Wissenschaft) und Wilhelm Rahlfs (Wirtschaft) treten am 4. Juni trotz eines Koalitionsangebots von Voscherau zurück. Sie führen das schlechte Abschneiden ihrer Partei (5,4%, minus 1,1%) u. a. auf ihre angebliche Rolle als »Maklerpartei« zurück. Geschadet hat den Freien Demokraten auch die Mitgliedschaft

Glückliche Sieger in der Wahlnacht: Bürgermeister Henning Voscherau und seine Frau Annerose

einiger ihrer Parteifreunde in der umstrittenen Scientology-Kirche. Während sich die Grünen/Grün-Alternative Liste (7,2%, plus 0,2%) über die abermalige Wahl in die Bürgerschaft freut, herrscht bei der CDU Katzenjammer: Der fehlende politische »Rückenwind« aus Bonn und die mangelnde Attraktivität der Hamburger Partei hat 5,4% der Stimmen gekostet. Ein Stimmanteil von 35,1% ist das

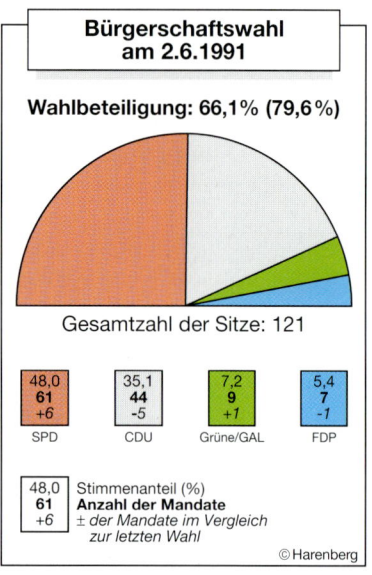

Bürgerschaftswahl am 2.6.1991

Wahlbeteiligung: 66,1% (79,6%)

Gesamtzahl der Sitze: 121

48,0 / 61 / +6	35,1 / 44 / -5	7,2 / 9 / +1	5,4 / 7 / -1
SPD	CDU	Grüne/GAL	FDP

48,0 Stimmenanteil (%)
61 **Anzahl der Mandate**
+6 ± *der Mandate im Vergleich zur letzten Wahl*

© Harenberg

schlechteste Ergebnis der CDU seit 1970. Einen Tag nach der Wahl erklärt der auch im dritten Anlauf gescheiterte Spitzenmann Hartmut Perschau seinen Verzicht auf eine weitere Kandidatur.

Sorge macht den Parteien die Wahlbeteiligung: 400 000 Hamburger blieben der Urne fern. Nur 66,1% der Wahlberechtigten gaben ihre Stimme ab, so wenig wie nie in Hamburgs Nachkriegsgeschichte.

Stilisierter Hinweis auf das neue Bahnhofs-Prunkstück am Haupteingang

Einkaufs-Wandeln über den Gleisen

30. Mai 1991. *Pünktlich um 13 Uhr eröffnete der Erste Bürgermeister Henning Voscherau die neue Wandelhalle im Hamburger Hauptbahnhof. Das 80 Mio. DM teure Projekt wurde von einem privaten Investor finanziert und beherbergt auf zwei Einkaufsebenen 34 Fachgeschäfte, Feinkostläden und Restaurants. Geöffnet ist täglich von 6 bis 23 Uhr. Die Konstruktion aus Glas und blaugrauem Stahl ersetzt die alte Wandelhalle, die Ende 1984 – weil baufällig geworden – geschlossen werden mußte. Zweieinhalb Jahre wurde an dem Shopping-Center mit einer Nutzfläche von 7681 m² gebaut.*

Ein Wochenende lang tost das Leben auf der Alster, dann herrscht wieder Ruhe.

Eis-Spaziergang auf der Alster

17. Februar 1991. *Nach fünfjähriger Abstinenz wegen zu milder Winter ist es endlich wieder soweit: Das Eis auf der Außenalster ist 15 cm dick, und die Umweltbehörde gibt die Bahn frei für Eisläufer und Spaziergänger sowie 250 Würstchenverkäufer, Glühweinhändler und Brezelbäcker. Rund eine viertel Million Hanseaten stürmen am dritten Februar-Wochenende Hamburgs großes Binnengewässer. Dem gestiegenen Umweltbewußtsein ist es zu danken, daß nicht – wie noch 1986 – 220 m³ Müll auf der Alster verbleiben, sondern die Abfälle meist gleich in den bereitstehenden Abfallbehältern landen.*

Anhang

Geographische Lage

Die »Freie und Hansestadt Hamburg«, gleichzeitig eines der 16 Länder der Bundesrepublik Deutschland, liegt auf dem 53° 23′ 45″ – 53° 44′ 30″ nördlicher Breite (entspricht Dublin) und 9° 44′ 00″ – 10° 19′ 30″ östlicher Länge (entspricht Tunis) beiderseits der Elbe. Sie liegt innerhalb von drei Naturräumen: Der südholsteinischen Geest, dem mit Flußmarschen durchzogenen Urstromtal der Niederelbe sowie dem Endmoränengebiet der Schwarzen Berge. Die Landesgrenzen gegen Niedersachsen und Schleswig-Holstein erstrecken sich über 206 km. Die höchste natürliche Erhebung mit 116,2 m über NN liegt in den Harburger Bergen. Die tiefste Bodenstelle befindet sich im Alten Nincop (Neuenfelde) und liegt 0,8 m unter NN. Das Klima der nach Berlin mit 755 km² zweitgrößten Stadt der Bundesrepublik wird durch die Nähe zu Nord- und Ostsee bestimmt: Die Winter sind mild, die Sommer durch Seewind gemäßigt. Die Durchschnittstemperatur (1990) liegt bei 10,9 °C (+19,1 °C im August; +3,2 °C im Dezember), die jährliche Niederschlagsmenge liegt bei 858 mm.

Hamburg in Zahlen

Der Stadtstaat gliedert sich in sieben Bezirke, 104 Stadtteile und 180 Ortsteile. Bei einer Gesamtlänge des Straßennetzes von 4417 km gibt es 7805 benannte Straßen und Plätze sowie 2490 Brücken. Den höchsten Punkt bildet die Spitze des »Fernsehturms« (276 m), der Turm des »Michel« mißt 132 m. Der 1975 eröffnete Elbtunnel ist 3325 m lang.

An rund 1100 Bildungseinrichtungen aller Art lernen mehr als 230 000 Schüler. Dazu kommen annähernd 62 000 Studenten an den neun Hamburger Hoch- und Fachhochschulen. 121 Büchereien bieten etwa 2,3 Mio. Medien an. 18 Theater mit zusammen mehr als 10 000 Plätzen, rund 100 Kinos, die jährlich etwa 5 Mio. Besucher zählen, und sieben Museen und Schausammlungen sind Teil des umfangreichen Kulturangebots.

4400 Einrichtungen des Gastgewerbes, darunter 311 Beherbergungsbetriebe, 1270 Speisewirtschaften und 1666 Schankwirtschaften versorgen einheimische und auswärtige Gäste. In der Hansestadt Hamburg sind 400 Handelsschiffe beheimatet. Hinzu kommen 1300 Fluß- und Hafenfahrzeuge. Bei über 100 000 Starts und Landungen registrierte der Flughafen Hamburg 1989 mehr als 6 Mio. Passagiere. Die öffentlichen Verkehrsmittel befördern jährlich über eine halbe Milliarde Menschen. Den größten Teil des Individualverkehrs bestreiten die Hamburger mit rund 660 000 Pkws.

Freie und Hansestadt Hamburg
Die 7 Bezirke und 104 Stadtteile

ZU BEZIRK HAMBURG-MITTE

Bo. – Borgfelde
Ha.-N. – Hamm-Nord
Ha.-M. – Hamm-Mitte
Ha.-S. – Hamm-Süd
Harv. – Harvesthude
Hoh. – Hohenfelde
Ho.-O. – Hoheluft-Ost
Ho.-W. – Hoheluft-West
La. – Langenbek
Sp.l. – Spadenland

© Harenberg

Bevölkerungsentwicklung (1300–1990)

1300	5 000*	1867	306 507	1892	638 397	1917	915 059	1942	1 697 130	1967	1 832 560
1525	20 000*	1868	314 509	1893	652 906	1918	1)	1943	1 087 434	1968	1 822 837
1600	40 000*	1869	324 066	1894	664 341	1919	1 050 380	1944	1 071 221	1969	1 817 122
1620	50 000*	1870	326 502	1895	663 959	1920	1 091 074	1945	1 396 639	1970	1 793 640
1660	75 000*	1871	338 974	1896	698 451	1921	1)	1946	1 375 000	1971	1 781 621
1787	100 000*	1872	348 417	1897	718 775	1922	1 137 227	1947	1 425 300	1972	1 766 214
1800	130 000*	1873	358 060	1898	733 831	1923	1 143 744	1948	1 473 200	1973	1 751 621
1810	120 000*	1874	370 915	1899	751 030	1924	1 147 135	1949	1 521 300	1974	1 733 802
1850	214 641	1875	388 618	1900	768 349	1925	1 152 523	1950	1 605 606	1975	1 717 383
1851	220 968	1876	394 519	1901	788 652	1926	1 167 462	1951	1 614 329	1976	1 698 615
1852	225 102	1877	407 877	1902	803 098	1927	1 190 791	1952	1 637 241	1977	1 680 340
1853	228 952	1878	420 035	1903	819 891	1928	1 207 505	1953	1 672 877	1978	1 664 305
1854	231 604	1879	431 521	1904	842 548	1929	1 226 309	1954	1 702 168	1979	1 653 043
1855	233 880	1880	453 869	1905	874 878	1930	1 236 416	1955	1 731 541	1980	1 645 095
1856	237 043	1881	461 389	1906	898 575	1931	1 232 410	1956	1 760 098	1981	1 637 132
1857	241 967	1882	475 086	1907	930 388	1932	1 225 051	1957	1 786 775	1982	1 623 848
1858	245 095	1883	489 163	1908	951 435	1933	1 218 447	1958	1 807 640	1983	1 609 531
1859	248 610	1884	501 268	1909	977 041	1934	1 202 744	1959	1 823 574	1984	1 592 447
1860	251 392	1885	518 620	1910	1 014 664	1935	1 195 541	1960	1 836 958	1985	1 579 884
1861	256 419	1886	530 217	1911	1 039 133	1936	1 192 862	1961	1 840 515	1986	1 571 267
1862	259 428	1887	545 693	1912	1 075 830	1937	1 677 067	1962	1 847 495	1987	1 594 190
1863	262 558	1888	570 832	1913	1 103 152	1938	1 689 119	1963	1 854 637	1988	1 603 070
1864	267 769	1889	596 749	1914	1 025 107	1939	1 711 877	1964	1 857 431	1989	1 606 600
1865	273 484	1890	622 530	1915	949 007	1940	1 703 096	1965	1 854 361	1990	1 640 074
1866	285 057	1891	639 498	1916	947 542	1941	1 701 549	1966	1 847 267		

* Schätzung; 1) nicht ermittelt

Quelle: Statistisches Landesamt Hamburg

Altona

Fläche   7830,7 ha

Einwohner   1939   220 298
              1950   272 652
              1990   231 774

Stadtteile

Altona-Nord	Nienstedten
Altona-Altstadt	Osdorf
Bahrenfeld	Othmarschen
Blankenese	Ottensen
Groß Flottbek	Rissen
Iserbrook	Sülldorf
Lurup	

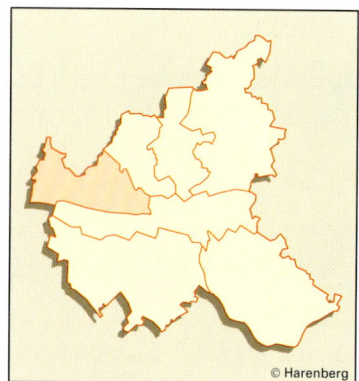

Geschichte

1536	Der »Krug Altona« am Pepermölenbek wird gegründet
1604	Altona wird ein Flecken
1610	Altonas Juden dürfen eine Synagoge bauen
1664	Das 1640 dänisch gewordene Altona wird zur Stadt erhoben
1713	Die Schweden brennen Altona nieder
1844	Die Eisenbahn Altona – Kiel ist fertig
1866	Altona wird preußisch
1890	Ottensen-Neumühlen (1889), Othmarschen, Oevelgönne und Bahrenfeld werden ein Teil Altonas
1927	Stellingen-Langenfelde, Eidelstedt, Lurup, Osdorf, Groß-Flottbek, Klein-Flottbek, Nienstedten, Blankenese, Rissen und Sülldorf fallen an Altona
1937	Altona wird ein Teil Hamburgs

Bürgermeister

1664–1680	Anton Goldbach
1680–1703	Hans Christian Eiffler
1703–1712	Johann Hallmann
1713–1732	Verwaltung durch Oberpräsident Christian Detlev von Reventlow
1732–1755	Joachim Hinrich Jönsen
1755–1772	Johann Daniel Baur
1772–1778	Immanuel Schütze
1779–1790	Johann Adolph Peter Gries
1791–1825	Caspar Siegfried Gähler
1825–1837	Johann Heinrich Lange
1838–1853	Carl Heinrich Caspar Behn
1853–1855	Wilhelm Gähler
1856–1883	Friedrich Gottlieb Eduard von Thaden
1883–1891	Franz Adickes
1891–1904	Otto Giese
1905–1909	Carl Tettenborn
1909–1924	Bernhard Schnackenburg
1924–1933	Max Brauer
1933–1936	Emil Brix
1936–1937	Helmut Daniel

Bezirksamtsleiter

1945–1954	August Kirch
1954–1963	Walter Kunze
1963–1984	Werner Maschek
ab 1984	Hans-Peter Strenge

Eimsbüttel

Fläche   4982,6 ha

Einwohner   1939   244 535
              1950   251 993
              1990   230 802

Stadtteile

Eidelstedt	Niendorf
Eimsbüttel	Rotherbaum
Harvestehude	Schnelsen
Hoheluft West	Stellingen
Lokstedt	

Geschichte

1210	Lokstedt wird als Locstide erwähnt
1275	Erste urkundliche Erwähnung von Eimsbüttel
1310	Grundsteinlegung des Klosters Harvestehude
1866	Das Klosterland-Konsortium beginnt mit der Bebauung des früheren Klosterviertels
1874	Eimsbüttel wird Vorort (1894 Stadtteil)
1879	Rotherbaum und Harvestehude werden eigene Kirchengemeinde (St. Johanniskirche 1882)
1907	Hagenbecks Tierpark in Stellingen eröffnet
1956	Die Grindel-Hochhäuser sind fertig
1965	Hamburg-Haus Eimsbüttel eröffnet

Bezirksamtsleiter

1945–1957	Paul Wolff (bis 1950: Ortsamtsleiter)
1957–1974	Harald Sieg
1974–1980	Günter Kastenmeyer
ab 1980	Ingrid Nümann-Seidewinkel

Bergedorf

Fläche   15 428,5 ha

Einwohner   1939   52 587
              1950   82 380
              1990   97 552

Stadtteile

Allermöhe	Moorfleet
Altengamme	Neuengamme
Bergedorf	Ochsenwerder
Billwerder	Reitbrook
Curslack	Spadenland
Kirchwerder	Tatenberg
Lohbrügge	

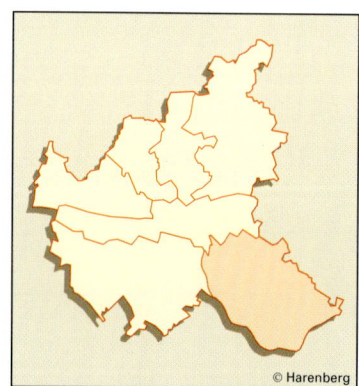

Geschichte

1162	Bergedorf wird erstmals urkundlich erwähnt
1420	Bergedorf wird von Hamburg und Lübeck erobert
1842	Die Bahnlinie Hamburg – Bergedorf wird eröffnet
1867	Hamburg übernimmt Bergedorf allein
1874	Das bisherige Städtchen Bergedorf wird zur Stadt erhoben
1937	Bergedorf wird nach Hamburg eingegliedert

Amtsverwalter und Bürgermeister

1813–1851	Friedrich Lindenberg (Amtsverwalter)
1828–1848	Nicolaus Daniel Hinsche
1848–1874	Piet Lamprecht
1851–1875	Daniel Theodor Kaufmann (Amtsverwalter)
1874/1875	C. von Clausewitz
1876–1881	Heinrich von Oldenburg
1882–1897	Ernst Mantius
1898–1913	Hans M. D. Lange
1914–1919	Paul Walli
1919–1931	Wilhelm Wiesner
1931–1933	Friedrich Frank
1933/1934	Albrecht Dreves
1934–1945	Herman Matthäs (ab 1937 Landbezirksbürgermeister)
1945	Blohm
1945–1947	Friedrich Frank
1947–1949	Albert Schaumann

Bezirksamtsleiter

1949–1962	Albert Schaumann
1962–1978	Wilhelm Lindemann
1978–1983	Jörg König
ab 1983	Christine Steinert

Hamburg-Mitte

Fläche   9942,7 ha

Einwohner   1939   435 807
              1950   242 181
              1990   234 035

Stadtteile

Billbrook	Horn
Billstedt	Kleiner Grasbrook
Borgfelde	Klostertor
Finkenwerder	Neuwerk
Hamburg-Altstadt	Rothenburgsort
Hamburg-Neustadt	St. Georg
Hammerbrook	St. Pauli
Hamm-Mitte	Steinwerder
Hamm-Nord	Veddel
Hamm-Süd	Waltershof

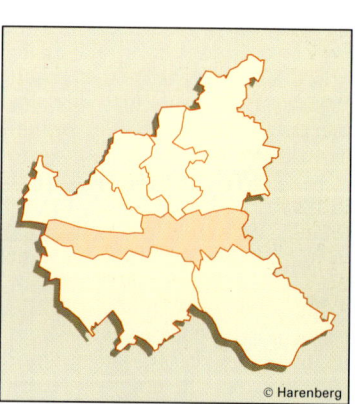

Geschichte

1188	Gründung der Neustadt
1383	Hamburg erwirbt den Hammerbrook, Borgfelde und Hamm
1445	Der nördliche Teil von Finkenwerder fällt an Hamburg, der südliche Teil erst 1937
1768	Veddel, Kleiner Grasbrook und Steinwerder fallen an Hamburg
1788	Die Inseln Rugenbergen und Griesenwerder werden zu Waltershof zusammengefaßt
1833	St. Pauli wird Vorstadt (bis 1894)
1847	Hamm und Horn werden Vororte (bis 1894)
1868	St. Georg unter städtischer Verwaltung
1913	Billbrook wird eigenständiger Vorort
1927/1928	Durch den Zusammenschluß von Schiffbek, Kirchsteinbek und Öjendorf entsteht die Großgemeinde Billstedt
1937	Billstedt wird Teil Hamburgs
1969	Neuwerk wird Teil von Hamburg-Mitte
1970	Rothenburgsort und Billwerder Ausschlag werden (wie bis 1938) zusammengeschlossen

Bezirksamtsleiter

1949–1950	Plothe (kommissarisch)
1950–1961	Walter Düsedau
1961–1971	Walther Lübbersmeyer
1971–1977	Karl Kalff
1977–1989	Hubert Jungesblut
ab 1989	Peter Reichel

Harburg

Fläche	16 053,5 ha

Einwohner	1939	135 689
	1950	172 439
	1990	184 033

Stadtteile

Altenwerder	Marmstorf
Cranz	Moorburg
Eißendorf	Neuenfelde
Francop	Neugraben-Fischbek
Gut Moor	Neuland
Harburg	Rönneburg
Hausbruch	Sinstorf
Heimfeld	Wilhelmsburg
Langenbek	Wilstorf

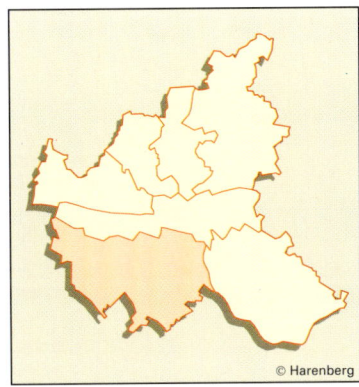
© Harenberg

Geschichte

1133/ 1137	Harburg wird erstmals urkundlich erwähnt
1297	Harburg erhält das Stadtrecht
1527	In Harburg residiert bis 1642 eine Nebenlinie des Herzogshauses Braunschweig-Lüneburg, dann fallen Ort und Schloß an Lüneburg-Celle
1672	Die Herrschaft Wilhelmsburg wird gegründet
1705	Harburg wird ein Teil Hannovers
1757	Die Festung Harburg wird hart umkämpft
1814	Nach Ende der Franzosenherrschaft fällt Harburg an das Königreich Hannover
1856	Die Gummiindustrie siedelt sich in Harburg an
1866	Harburg wird preußisch
1888	Wilstorf und Heimfeld werden Harburg angegliedert
1919	Eißendorf, Lauenbruch (1906) und Neuland (1888 und 1893) fallen an Harburg
1927	Die Doppelstadt Harburg-Wilhelmsburg entsteht
1937	Harburg und Wilhelmsburg werden Hamburg angegliedert

Bürgermeister

1827–1835	Johann Gottlieb Hansing
1835–1855	Johann Friedrich August Bahr
1855–1883	August Grumbrecht (1871 Oberbürgermeister)
1883–1885	Wilhelm Schorcht
1885–1899	Julius Ludowieg (1888 Oberbürgermeister)
1899–1924	Heinrich Denicke
1925–1933	Walter Dudek
1933–1937	Ludwig Bartels

Bezirksamtsleiter

1945–1954	Alfred Höhlein
1954–1957	Werner Stelly
1958–1968	Walter Mohr
1968–1977	Hans Dewitz
1977–1984	Helmut Raloff
1984–1990	Jobst Fiedler
ab 1991	Michael Ulrich

Wandsbek

Fläche	14 767,2 ha

Einwohner	1939	166 676
	1950	221 942
	1990	384 179

Stadtteile

Bergstedt	Poppenbüttel
Bramfeld	Rahlstedt
Duvenstedt	Sasel
Eilbek	Steilshoop
Farmsen-Berne	Tonndorf
Hummelsbüttel	Volksdorf
Jenfeld	Wandsbek
Lemsahl-Mellingstedt	Wellingsbüttel
Marienthal	Wohldorf-Ohlstedt

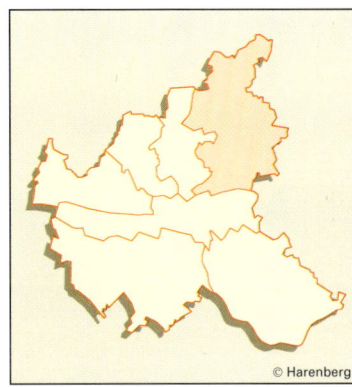
© Harenberg

Geschichte

1247	Eilbek gerät in Besitz des Heiligen-Geist-Hospitals
1296	Wandsbek wird erstmals urkundlich erwähnt
1564	Heinrich Rantzau erwirbt Wandsbek und baut eine Burg
1762	Wandsbek kommt in Besitz von Freiherr Heinrich Carl Schimmelmann
1771	Matthias Claudius gründet den »Wandsbecker Bothen«
1833	Wandsbek wird zum Flecken erhoben
1870	Das seit 1867 preußische Wandsbek wird Stadt
1900	Hinschenfelde kommt zu Wandsbek
1927	Jenfeld und Tonndorf werden Wandsbek angegliedert
1937	Wandsbek wird Teil Hamburgs

Bürgermeister

1870–1882	Wilhelm Lesser
1882–1887	Wilhelm Daniels
1888–1912	Eduard Rauch
1913–1931	Wasa Rodig

Bezirksamtsleiter

1945–1954	Heinrich Müller (Bezirksleiter)
1954–1980	Achim Helge Freiherr von Beust
1980–1984	Rolf Lange
1985–1987	Dieter Mahnke
ab 1987	Ingrid Soehring

Nord

Fläche	5747,4 ha

Einwohner	1939	424 114
	1950	358 941
	1990	277 699

Stadtteile

Alsterdorf	Hoheluft Ost
Barmbek Nord	Hohenfelde
Barmbek Süd	Langenhorn
Dulsberg	Ohlsdorf
Eppendorf	Uhlenhorst
Fuhlsbüttel	Winterhude
Groß Borstel	

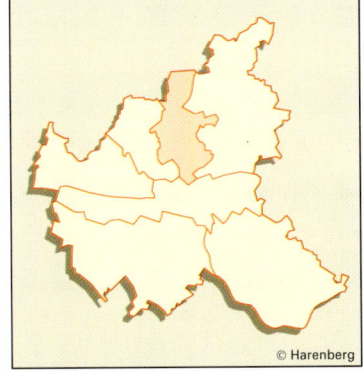
© Harenberg

Geschichte

1140	Erste Erwähnung von Eppendorf
1355	Barmbek gerät in den Besitz des Heiligen-Geist-Hospitals
1768	Gründung des Kirchspiels Niendorf
1832	Das seit 1365 klostereigene Winterhude kommt zur Landherrschaft der Geestlande
1836	Hohenfelde bildet mit Borgfelde, Hammerbrook, Uhlenhorst, Schürbek, Kuhmühle und Mundsburg die Vogtei Borgfelde und Hohenfelde
1837	Der Pachthof Uhlenhorst wird von Hamburg an drei Privatleute verkauft
1877	Der Zentralfriedhof Ohlsdorf eröffnet
1879	Die Strafanstalt Fuhlsbüttel wird eröffnet
1894	Barmbek wird nach Hamburg eingemeindet
1911	In Fuhlsbüttel wird mit dem Bau eines Flughafens begonnen
1913	Groß-Borstel und Alsterdorf werden Stadtteile

Bezirksamtsleiter

1949–1954	August Obenhaupt
1954–1973	Kurt Braasch
1973–1989	Werner Weidemann
ab 1990	Jochen von Maydell

Bürgerschaftswahlen 1919–1932

Jahr	Wahlbeteiligung	NSDAP	DNVP[1]	DVP[2]	WP[3]	DDP[4]	SPD	USPD[5]	KPD
1919	80,6%	–	2,9 (4)	8,6 (13)	–	20,5 (33)	50,5 (82)	8,1 (13)	–
1921	70,9%	–	11,3 (18)	13,9 (23)	–	14,1 (23)	40,6 (67)	1,4 (2)	11,0 (17)
1924	66,1%	2,5 (4)	17,0 (28)	14,0 (23)	–	13,2 (21)	32,4 (53)	0,3	14,7 (24)
1927	75,2%	1,5	15,2	11,2	4,2	10,1	38,2	–	17,0
1928	79,0%	2,2 (3)	13,7 (22)	12,5 (20)	2,9 (4)	12,8 (21)	35,9 (60)	0,1	16,7 (27)
1931	83,8%	26,3 (43)	5,6 (9)	4,8 (7)	1,5 (2)	8,7 (14)	27,8 (46)	0,1	21,9 (35)
1932	80,5%	31,2 (51)	4,3 (7)	3,2 (5)	0,7 (1)	11,3 (18)	30,2 (49)	–	16,0 (26)

[1] Deutschnationale Volkspartei [2] Deutsche Volkspartei [3] Wirtschaftspartei [4] Deutsche Demokratische Partei [5] Unabhängige Sozialdemokratische Partei Deutschlands

Bürgerschaftswahlen 1946–1991

Wahltag	Wahlbeteiligung	SPD	CDU	FDP	Grüne	NPD	KPD/DKP	Sonstige
13. 10. 1946	79,0%	43,1 (83)	26,7 (16)	18,2 (7)	–	–	10,4 (4)	1,6
16. 10. 1949	70,5%	42,8 (65)	34,5[1] (40)		–	–	7,4 (5)	15,3[5] (10)
1. 11. 1953	81,0%	45,2 (58)	50,0[2] (62)		–	–	3,2	1,6
10. 11. 1957	77,3%	53,9 (69)	32,2 (41)	8,6 (10)	–	–	–	5,3[6]
12. 11. 1961	72,3%	57,4 (72)	29,1 (36)	9,6 (12)	–	–	–	3,9
27. 3. 1966	69,8%	59,0 (74)	30,0 (38)	6,8 (8)	–	3,9	–	0,3
22. 3. 1970	73,4%	55,3 (70)	32,8 (41)	7,1 (9)	–	2,7	1,7	0,4
3. 3. 1974	80,4%	44,9 (56)	40,6 (51)	10,9 (13)	–	0,8	2,2	0,6
4. 6. 1978	76,6%	51,5 (69)	37,6 (51)	4,8	4,5[3]	0,3	1,0	0,3
6. 6. 1982	77,8%	42,7 (55)	43,2 (56)	4,9	7,7[4] (9)	–	0,6	0,9
19. 12. 1982	84,0%	51,3 (64)	38,6 (48)	2,6	6,8[4] (9)	–	0,4	0,3
9. 11. 1986	78,1%	41,8 (53)	41,9 (54)	4,8	10,4[4] (13)	–	–	1,2
17. 5. 1987	79,6%	45,0 (55)	40,5 (49)	6,5 (8)	7,0[4] (8)	–	–	1,0
2. 6. 1991	66,1%	48,0 (61)	35,1 (44)	5,4 (7)	7,2[7] (9)	–	–	4,3

( ) Zahl der Mandate [1] Vaterstädtischer Bund Hamburg (CDU/FDP) [2] Hamburg-Block (CDU/FDP/DP) [3] Bunte Liste – wehrt Euch und Grüne Liste Umweltschutz [4] GAL [5] davon 13,3% Deutsche Partei (DP) [6] davon 4,1% Deutsche Partei (DP) [7] Grüne/GAL

Senate 1945–1991

13. 8. 1945–15. 11. 1946 (Von der Besatzungsbehörde ernannt)
Erster Bürgermeister — Rudolf H. Petersen (CDU)
Senator für Wissenschaft und Forschung / Senator für Kultur — Hans Harder Biermann-Ratjen (FDP; 12. 8.–13. 12. 1945)
Ascan Klée Gobert (CDU; 13. 12. 1945–15. 11. 1946)
Senator für Arbeit, Gesundheit und Soziales — Friedrich Dettmann (KPD; Gesundheit)
Paul Nevermann (SPD; Soziales)
Senator für das Bauwesen — Gerd Bucerius (CDU)
Senator für Finanzen — Walter Dudek (SPD)
Senator für Wirtschaft, Verkehr und Landwirtschaft — Max Detlef Ketels (Handel, Schiffahrt und Gewerbe)
Otto Borgner (SPD; Ernährung und Landwirtschaft)
Senator für Schule, Jugend und Berufsbildung — Heinrich Landahl (SPD; Schulbehörde)
Heinrich Eisenbarth (SPD; Jugendbehörde)

15./22. 11. 1946–24. 2. 1950
Erster Bürgermeister — Max Brauer (SPD)
Senator für Wissenschaft und Forschung / Senator für Kultur — Ludwig Hartenfels (FDP; 22. 11. 1946–1. 11. 1949)
Heinrich Landahl (SPD; 1. 11. 1949–24. 2. 1950)
Senator für Arbeit, Gesundheit und Soziales — Friedrich Dettmann (KPD; 22. 11. 1946–21./28. 7. 1948)
Walter Schmedemann (SPD; 12. 10. 1948–24. 2. 1950)
Heinrich Eisenbarth (SPD; Arbeit; 22. 11. 1946–31. 12. 1948)
Gerhard Neuenkirch (SPD; Arbeit; 1. 1. 1949–24. 2. 1950)
Heinrich Eisenbarth (SPD)
Senator für Inneres — Max Brauer (SPD; Polizei; 22. 11. 1946–18. 2. 1950)
Christian Koch (FDP; Gefängniswesen; 18.–24. 2. 1950)
Walter Schmedemann (SPD; Gefängnisbehörde)
Senator für das Bauwesen — Johannes Büll (FDP; 22. 11. 1946–1. 11. 1949)
Paul Nevermann (1. 11. 1949–24. 2. 1950)
Senator für Finanzen — Walter Dudek (SPD)
Senator für Wirtschaft, Verkehr und Landwirtschaft — Otto Borgner (SPD; Wirtschaft und Verkehr; 22. 11. 1946–12. 10. 1948)
Karl Schiller (SPD; Wirtschaft und Verkehr; 12. 10. 1948–24. 2. 1950)
Friedrich Frank (SPD; Ernährung und Landwirtschaft)
Senator für Schule, Jugend und Berufsbildung — Heinrich Landahl (SPD; Schulbehörde)
Paula Karpinski (SPD; Jugendbehörde)

24. 2. 1950–2. 12. 1953
Erster Bürgermeister — Max Brauer (SPD)
Senator für Wissenschaft und Forschung / Senator für Kultur — Heinrich Landahl (SPD)
Senator für Arbeit, Gesundheit und Soziales — Walter Schmedemann (SPD; Gesundheitsbehörde)
Gerhard Neuenkirch (SPD; Arbeit)
Heinrich Eisenbarth (SPD; Soziales; 28. 2.–1. 8. 1950)
Gerhard Neuenkirch (SPD; Soziales; 1. 8. 1950–2. 12. 1953)
Wilhelm Kröger (SPD; 29. 11. 1950–2. 12. 1953)
Senator für Inneres — Friedrich Frank (SPD; Bezirksverwaltung)
Max Brauer (SPD; Polizei; 24. 2.–29. 11. 1950)
Lothar Danner (SPD; Polizei; 29. 11. 1950–2. 12. 1953)
Walter Schmedemann (SPD; Gefängnisbehörde; 24. 2.–29. 11. 1950)
Wilhelm Kröger (SPD; Gefängnisbehörde)

Senator für das Bauwesen — Paul Nevermann (SPD)
Senator für Finanzen — Walter Dudek (SPD)
Senator für Wirtschaft, Verkehr und Landwirtschaft — Karl Schiller (SPD; Wirtschaft und Verkehr)
Friedrich Frank (SPD; Ernährung und Landwirtschaft)
Senator für Schule, Jugend und Berufsbildung — Heinrich Landahl (SPD; Schulbehörde)
Paula Karpinski (SPD; Jugendbehörde und seit 29. 11. 1950 Sport)

2. 12. 1953–27. 11. 1957
Erster Bürgermeister — Kurt Sieveking (SPD)
Senator für Wissenschaft und Forschung / Senator für Kultur — Hans Harder Biermann-Ratjen (FDP)
Senator für Arbeit, Gesundheit und Soziales — Emilie Kiep-Altenloh (FDP; Soziales; 17. 3. 1954–27. 11. 1957)
Ewald Samsche (CDU; Gesundheit; 2. 12. 1953–30. 12. 1955)
Erwin Jacobi (CDU; Gesundheit; 1. 1. 1956–27. 11. 1957)
Ewald Samsche (CDU; Arbeit; 2.–30. 12. 1953)
Senator für Inneres — Edgar Engelhard (FDP; Regionale Verwaltung)
Erwin Jacobi (DP; Polizei; 2. 12. 1953–1. 12. 1954)
Josef von Fisenne (CDU; Polizei; 15. 12. 1954–29. 3. 1956)
Kurt Sieveking (CDU; Polizei; 29. 3.–1. 10. 1956)
Erwin Jacobi (DP; Polizei; 1. 10. 1956–27. 11. 1957)
Senator f. d. Vertretung beim Bund — Renatus Weber (CDU; Bevollmächtigter in Bonn)
Senator für das Bauwesen — Paul Wilken (CDU; 2. 12. 1953–3. 11. 1954)
Ewald Samsche (CDU; 30. 12. 1955–27. 11. 1957)
Senator für Finanzen — Carl Gisbert Schultze-Schlutius (CDU; 2. 3. 1954–27. 11. 1957)
Senator für Wirtschaft, Verkehr und Landwirtschaft — Carl Gisbert Schultze-Schlutius (CDU; Wirtschaft; 2. 12. 1953–2. 3. 1954)
Paul Luigs (CDU; Ernährung und Landwirtschaft; 17. 3. 1954–27. 11. 1957)
Ernst Plate (FDP; Hafen und Verkehr)
Senator für Schule, Jugend und Berufsbildung — Kurt Sieveking (CDU; Schulbehörde; 2. 12. 1953–17. 3. 1954)
Hans Wenke (Schulbehörde; 17. 3. 1954–27. 11. 1957)
Ernst Breidenbach (CDU; Jugend; 2. 12. 1953–30. 6. 1957)

4. 12. 1957–13. 12. 1961
Erster Bürgermeister — Max Brauer (SPD; 4. 12. 1957–3. 12. 1960)
Paul Nevermann (SPD; 1. 1.–13. 12. 1961)
Senator für Wissenschaft und Forschung / Senator für Kultur — Hans Harder Biermann-Ratjen (FDP; Kulturbehörde und Justizverwaltung)
Senator für Arbeit, Gesundheit und Soziales — Walter Schmedemann (SPD; Gesundheit)
Ernst Weiß (SPD; Arbeit und Soziales)
Senator für Inneres — Wilhelm Kröger (SPD; Polizei und Bezirksverwaltung)
Senator für das Bauwesen — Paul Nevermann (SPD; 4. 12. 1957–31. 12. 1960)
Wilhelm Drexelius (SPD; 25. 1.–13. 12. 1961)
Senator für Finanzen — Herbert Weichmann (SPD)
Senator für Wirtschaft, Verkehr und Landwirtschaft — Edgar Engelhard (FDP; Wirtschaft und Verkehr)
Emilie Kiep-Altenloh (FDP; Ernährung und Landwirtschaft)
Senator für Schule, Jugend und Berufsbildung — Heinrich Landahl (SPD; Schulbehörde)
Paula Karpinski (SPD; Jugendbehörde)

13. 12. 1961–6. 4. 1966
Erster Bürgermeister — Paul Nevermann (SPD; 13. 12. 1961–1. 6. 1965)
Herbert Weichmann (SPD; 9. 6. 1965–6. 4. 1966)
Senator für Wissenschaft und Forschung / Senator für Kultur — Hans Harder Biermann-Ratjen (FDP; Kulturbehörde und Justizverwaltung)
Senator für Arbeit, Gesundheit und Soziales — Walter Schmedemann (SPD; Gesundheitsbehörde)
Senator für Inneres — Helmut Schmidt (SPD; 13. 12. 1961–14. 12. 1965)
Heinz Ruhnau (SPD; 15. 12. 1965–6. 4. 1966)
Senator f. d. Vertretung beim Bund — Gerhard Kramer (SPD)
Senator für das Bauwesen — Rudolf Büch (SPD; Tiefbau)
Peter-Heinz Müller-Link (FDP; Hochbau)
Senator für Finanzen — Herbert Weichmann (SPD)
Senator für Wirtschaft, Verkehr und Landwirtschaft — Edgar Engelhard (FDP; Wirtschaft und Verkehr)
Irma Keilhack (SPD; Ernährung und Landwirtschaft)
Senator für Schule, Jugend und Berufsbildung — Wilhelm Drexelius (SPD; Schulbehörde)
Irma Keilhack (SPD; Jugendbehörde)

6. 4. 1966–22. 4. 1970
Erster Bürgermeister — Herbert Weichmann (SPD)
Senator für Wissenschaft und Forschung / Senator für Kultur — Gerhard Kramer (SPD)
Senator für Arbeit, Gesundheit und Soziales — Ernst Weiß (SPD; Arbeit und Soziales)
Walter Schmedemann (SPD; Gesundheit)
Senator für Justiz — Peter Schulz (SPD)
Senator für Inneres — Heinz Ruhnau (SPD)
Senator f. d. Vertretung beim Bund — Ernst Heinsen (SPD)
Senator für das Bauwesen — Cäsar Meister (SPD)
Senator für Finanzen — Gerhard Brandes (SPD)
Senator für Wirtschaft, Verkehr und Landwirtschaft — Helmuth Kern (SPD; Wirtschaft und Verkehr)
Wilhelm Eckström (SPD; Ernährung und Landwirtschaft)
Senator für Schule, Jugend und Berufsbildung — Wilhelm Drexelius (SPD; Schulbehörde)
Irma Keilhack (SPD; Jugendbehörde)

22. 4. 1970–30. 4. 1974
Erster Bürgermeister — Herbert Weichmann (SPD; 2. 4. 1970–9. 6. 1971)
Peter Schulz (SPD; 9. 6. 1971–30. 4. 1974)
Senator für Wissenschaft und Forschung / Senator für Kultur — Reinhard Philipp (FDP)
Senator für Arbeit, Gesundheit und Soziales — Ernst Weiß (SPD; Arbeit und Soziales)
Hans Joachim Seeler (SPD; Gesundheit)
Senator für Justiz — Ernst Heinsen (SPD)
Senator für Inneres — Heinz Ruhnau (SPD)
Senatorin f. d. Vertretung beim Bund — Ilse Elsner (SPD)
Senator für das Bauwesen — Cäsar Meister (SPD)
Senator für Finanzen — Otto Hackmann (SPD; Vermögen, öffentliche Unternehmen, Verwaltungsdienst)
Hans Rau (FDP)
Senator für Wirtschaft, Verkehr und Landwirtschaft — Helmuth Kern (SPD; Wirtschaft und Verkehr)
Wilhelm Eckström (SPD; Ernährung und Landwirtschaft)
Senator für Schule, Jugend und Berufsbildung — Peter Schulz (SPD; Schulbehörde; 2. 4. 1970–9. 6. 1971)
Günter Apel (SPD; Schulbehörde; 9. 6. 1971–30. 4. 1974)

30. 4. 1974–28. 6. 1978

Erster Bürgermeister — Peter Schulz (SPD; 30. 4.–31. 10. 1974)
Hans-Ulrich Klose (SPD; 12. 11. 1974–28. 6. 1978)
Senator für Wissenschaft und Forschung / Senator für Kultur — Dieter Biallas (FDP; Wissenschaft und Kunst)
Senator für Arbeit, Gesundheit und Soziales — Wilhelm Nölling (SPD; Gesundheit)
Senator für Justiz — Ulrich Klug (FDP)
Senator für Inneres — Hans-Ulrich Klose (SPD; 30. 4.–12. 11. 1974)
Werner Staak (SPD; 12. 11. 1974–28. 6. 1978)
Senator f. d. Vertretung beim Bund — Jürgen Steinert (SPD)
Senator für das Bauwesen — Rolf Bialas (FDP)
Senator für Finanzen — Hans-Joachim Seeler (SPD)
Senator für Wirtschaft, Verkehr und Landwirtschaft — Helmuth Kern (SPD; Wirtschaft und Verkehr)
Wilhelm Eckström (SPD; Vermögen und öffentliche Unternehmen)
Senator für Schule, Jugend und Berufsbildung — Günter Apel (SPD)

28. 6. 1978–2. 2. 1983

Erster Bürgermeister — Hans-Ulrich Klose (SPD; 28. 6. 1978–25. 5. 1981)
Klaus von Dohnanyi (SPD; 24. 6. 1981–2. 2. 1983)
Senator für Wissenschaft und Forschung / Senator für Kultur — Wolfgang Tarnowski (SPD; Wissenschaft und Kunst)
Senator für Arbeit, Gesundheit und Soziales — Helga Elstner (SPD; Jugend, Familie und Gesundheit)
Jan Ehlers (SPD; Arbeit und Soziales)
Senator für Justiz — Frank Dahrendorf (SPD; 28. 6. 1978–26. 9. 1979), Eva Leithäuser (SPD; 28. 11. 1979–2. 2. 1983)
Senator für Inneres — Werner Staak (SPD), Alfons Pawelczyk (SPD)
Senator f. d. Vertretung beim Bund — Günter Apel (SPD)
Senator für Umwelt — Wolfgang Curilla (SPD; Bezirksangelegenheiten, Naturschutz und Umweltgestaltung)
Senator für das Bauwesen — Volker Lange (SPD)
Senator für Finanzen — Wilhelm Nölling (SPD)
Senator für Wirtschaft, Verkehr und Landwirtschaft — Volker Lange (SPD; Wirtschaft und Verkehr)
Senator für Schule, Jugend und Berufsbildung — Joist Grolle (SPD)

2. 2. 1983–2. 9. 1987

Erster Bürgermeister — Klaus von Dohnanyi (SPD)
Senator für Wissenschaft und Forschung / Senatorin für Kultur — Klaus Michael Meyer-Abich (parteilos)
Helga Schuchardt (SPD)
Senator für Arbeit, Gesundheit und Soziales — Helga Elstner (SPD)
Jan Ehlers (SPD; Soziales, Jugend und Arbeit)
Senatorin für Justiz — Eva Leithäuser (SPD; 2. 2. 1983–6. 8. 1986)
Senator für Inneres — Alfons Pawelczyk (SPD), Rolf Lange (SPD)
Senatorin f. d. Vertretung beim Bund — Christine Maring (SPD)
Senator für Umwelt — Wolfgang Curilla (SPD; Umwelt und Bezirke)
Senator für das Bauwesen — Eugen Wagner (SPD)
Senator für Finanzen — Jörg König (SPD; 2. 2. 1983–3. 5. 1984)
Senator für Wirtschaft, Verkehr und Landwirtschaft — Jörg Kuhbier (SPD; Versorgung und Entsorgung)
Senator für Schule, Jugend und Berufsbildung — Joist Grolle (SPD; Bildung)

2. 9. 1987–26. 6. 1991

Erster Bürgermeister — Klaus von Dohnanyi (SPD; 2. 9. 1987–10. 5. 1988)
Henning Voscherau (SPD; 8. 6. 1988–26. 6. 1991)
Senator für Wissenschaft und Forschung / Senator für Kultur — Ingo von Münch (FDP)
Senator für Arbeit, Gesundheit und Soziales — Jan Ehlers (SPD; Soziales; 2. 9. 1987–8. 6. 1988)
Ortwin Runde (SPD; 8. 6. 1988–26. 6. 1991)
Christine Maring (SPD; Gesundheit; 2. 9. 1987–8. 6. 1988)
Senator für Justiz — Wolfgang Curilla (SPD)
Senator für Inneres — Volker Lange (SPD; 2. 9. 1987–8. 6. 1988)
Werner Hackmann (SPD; 8. 6. 1988–26. 6. 1991)
Senator f. d. Vertretung beim Bund — Alfons Pawelczyk (SPD; 2. 9. 1987–8. 6. 1988)
Horst Gobrecht (SPD; 8. 6. 1988–26. 6. 1991)
Senator für Umwelt — Jörg Kuhbier (SPD)
Senator für das Bauwesen — Eugen Wagner (SPD)
Senator für Finanzen — Elisabeth Kiausch (SPD; 2. 9. 1987–8. 6. 1988)
Hans-Jürgen Krupp (SPD; 8. 6. 1988–26. 6. 1991)
Senator für Wirtschaft, Verkehr und Landwirtschaft — Wilhelm Rahlfs (FDP)
Senatorin für Schule, Jugend und Berufsbildung — Rosemarie Raab (SPD)

ab 26. 6. 1991

Erster Bürgermeister — Henning Voscherau (SPD)
Senator für Wissenschaft — Leonhard Hajen (SPD)
Senatorin für Kultur — Christina Weiss (parteilos)
Senator für Arbeit, Gesundheit und Soziales — Ortwin Runde (SPD)
Senatorin für Justiz — Lore Maria Peschel-Gutzeit (SPD)
Senator für Inneres — Werner Hackmann (SPD)
Senator f. d. Vertretung beim Bund — Peter Zumkley (SPD)
Senator für Umwelt — Fritz Vahrenholt (SPD)
Senator für das Bauwesen — Eugen Wagner (SPD)
Senator für Finanzen — Wolfgang Curilla (SPD)
Senator für Wirtschaft — Hans-Jürgen Krupp (SPD)
Senatorin für Frauen, Verkehr und Stadtentwicklung — Traute Müller (SPD)
Senatorin für Schule, Jugend und Berufsbildung — Rosemarie Raab (SPD)

Erste Bürgermeister*

1507–1519	Marquard vom Lo († 1519)
1519–1520	unbesetzt (2. Bürgermeister 1517–1546 Dietrich Hohusen, † 1546)
1520–1529	Gerhard vom Holte († 1537)
1529–1533	Johann Wettken († 26. 2. 1538)
1533–1538	Albert Westede (1473–5. 7. 1538)
1558–1553	Peter von Spreckelsen († 1553)
1553–1580	Albert Hackmann (1520–1580)
1580–1581	unbesetzt (2. Bürgermeister 1580–1584 Paul Grote, 1527–1584)
1581–1590	Johann Niebur (1533–1590)
1590–1591	unbesetzt (2. Bürgermeister 1588–1594 Joachim von Kampe, 1517–1594)
1591–1613	Erich von der Fechte (1535–1613)
1613–1614	unbesetzt (2. Bürgermeister 1609–1642 Hieronymus Vögeler, 10. 8. 1565–1642)
1614–1623	Sebastian von Bergen (1554–1623)
1623–1624	unbesetzt
1624–1649	Ulrich Winckel (30. 10. 1575–1649)
1649–1650	unbesetzt (2. Bürgermeister 1643–1667 Bartholomäus Moller, 18. 11. 1605–1667)
1650–1678	Nicolaus Jarre (19. 11. 1603–1678)
1678–1684	Hinrich Meurer (1.) (13. 10. 1643–14. 7. 1690)
1684–1686	Johann Schlüter (24. 3. 1616–21. 10. 1686)
1686–1690	Hinrich Meurer (2. Senat)
1690–1697	Johann Dietrich Schafshausen (26. 3. 1643–10. 11. 1697)
1697–1709	Peter von Lengerke (18. 7. 1651–17. 11. 1709)
1709–1716	Lucas von Bostel (11. 10. 1649–15. 7. 1716)
1716–1720	Bernhard Matfeld (19. 5. 1661–30. 7. 1720)
1720–1728	Heinrich Dietrich Wiese (2. 12. 1675–Februar 1728)
1728–1742	Rütger Rulant (22. 1. 1665–22. 11. 1742)
1742–1754	Conrad Widow (13. 8. 1686–19. 10. 1754)
1754–1783	Nicolaus Schuback (18. 2. 1700–28. 7. 1783)
1783–1790	Johann Anderson (30. 9. 1717–12. 1. 1790)
1790–1801	Franz Anton Wagener (31. 1. 1715–13. 11. 1801)
1801–1810/20	Friedrich von Graffen (1.) (7. 11. 1745–17. 3. 1820)
6. 8. 1806	Unabhängigkeit
19. 11. 1806–1814	Französische Besetzung
1. 1. 1811–1814	Teil Frankreichs (Département des bouches de l'Elbe) (1811–1813 Amandus Augustus Abendroth Bürgermeister, maire)
18. 3.–30. 5. 1813	Alliierte Besetzung
30. 5. 1814–1815	Alliierte Besetzung
1815–1820	Friedrich von Graffen (2.)
1820–1850	Johann Heinrich Bartel (20. 5. 1761–1. 2. 1850)
1850–1861	unbesetzt (2. Bürgermeister 1835–1851 Christian Daniel Benecke, 7. 5. 1768–5. 3. 1851; 3. Bürgermeister 1842–1860 Heinrich Hellinghusen, 16. 4. 1796–20. 4. 1879; 4. Bürgermeister 1855–61 Nicolaus Binder, 11. 5. 1785–23. 11. 1865)
1861–1862	Friedrich Sieveking (1.) (28. 4. 1798–25. 12. 1872)
1863–1864	Nicolaus Ferdinand Haller (1.) (31. 1. 1805–31. 10. 1876)
1865	Friedrich Sieveking (2.)
1866–1868	Nicolaus Ferdinand Haller (2.)
15. 5. 1867–1871	Beitritt zum Norddeutschen Bund
1871–1945	Stadtrepublik im Deutschen Reich
1869	Gustav Heinrich Kirchenpauer (1.) (2. 2. 1808–4. 3. 1887)
1870	Nicolaus Ferdinand Haller (3.)
1871	Gustav Heinrich Kirchenpauer (2.)
1872–1873	Nicolaus Ferdinand Haller (4.)
1874	Hermann Gossler (21. 8. 1802–10. 5. 1877)
1875	Gustav Heinrich Kirchenpauer (3.)
1876–1877	Carl Friedrich Petersen (1.) (6. 7. 1809–14. 11. 1892)
1878	Gustav Heinrich Kirchenpauer (4.)
1879	Hermann Anthony Cornelius Weber (1.) Dezember 1822–9. 9. 1886
1880	Carl Friedrich Petersen (2.)
1881	Gustav Heinrich Kirchenpauer (5.)
1882	Hermann Anthony C. Weber (2.)
1883	Carl Friedrich Petersen (3.)
1884	Gustav Heinrich Kirchenpauer (6.)
1885	Carl Friedrich Petersen (4.)
1886	Gustav Heinrich Kirchenpauer (7.)
1887	Johannes Georg Andreas Versmann (1.) (7. 12. 1820–28. 7. 1899)
1888	Carl Friedrich Petersen (5.)
1889	Johannes Georg A. Versmann (2.)
1890	Johann Georg Mönckeberg (1.) (22. 8. 1839–27. 3. 1908)
1891	Johannes Georg A. Versmann (3.)
1892	Carl Friedrich Petersen (6.)
1893	Johann Georg Mönckeberg (2.)
1894	Johannes Georg A. Versmann (4.)
1895	Johannes Christian Eugen Lehmann (1.) (9. 9. 1826–21. 2. 1901)
1896	Johann Georg Mönckeberg (3.)
1897	Johannes Georg A. Versmann (5.)
1898	Johannes Chr. E. Lehmann (2.)
1899	Johann Georg Mönckeberg (4.)
1900	Johannes Chr. E. Lehmann (3.)
1901	Georg Hachmann (1.) (10. 5. 1838–5. 7. 1904)
1902	Johann Georg Mönckeberg (5.)
1903	Johann Heinrich Burchard (1.) (26. 7. 1852–6. 9. 1912)
1904	Georg Hachmann (2.)
1904–1905	Johann Georg Mönckeberg (6.)
1906	Johann Heinrich Burchard (2.)
1907	Johann Otto Stammann (11. 12. 1835–7. 2. 1909)
1908	Johann Georg Mönckeberg (7.)
3. 4. 1908–1909	Johann Heinrich Burchard (3.)
1910–1911	Max Predöhl (1.) (29. 3. 1854–10. 3. 1923)
1912	Johann Heinrich Burchard (4.)
1913	Carl August Schröder (1.) (21. 11. 1855–3. 11. 1945)
1914	Max Predöhl (2.)
1915	Werner von Melle (1.) (18. 10. 1853–18. 2. 1937)
1916	Carl August Schröder (2.)
1917	Max Predöhl (3.)
1918	Werner von Melle (2.)
12. 11. 1918–1919	Arbeiter und Soldatenrat Vors.: 12. 11. 1918–1919 Heinrich Lauffenberg, 11. 1.–3/1919 Carl Hense
31. 3. 1919–1920	Werner von Melle (3.)
28. 3. 1919	Gustav Friedrich Carl Johann Sthamer (24. 11. 1856–30. 6. 1931)
3. 2. 1920–1924	Arnold Friedrich Georg Diestel (2. 3. 1857–3. 1. 1924)
9. 1. 1924–1928	Carl Wilhelm Petersen (1.) (31. 1. 1868–6. 11. 1933)
1. 1. 1930–1931	Rudolf Adolf Wilhelm Roß (22. 3. 1872–16. 2. 1951)
1. 1. 1932–1933	Carl Wilhelm Petersen (2.)
9. 3. 1933–1936	Carl Vincent Krogmann
30. 7. 1936	Reichsstatthalter: Karl Otto Kurt Kaufmann (10. 10. 1900–4. 12. 1969)
3. 5. 1945	Britische Militärregierung
3. 5. 1945–1949	
Mai 1949	Land der Bundesrepublik Deutschland
15. 5. 1945–1946	Rudolf Hieronymus Petersen (30. 12. 1879–10. 9. 1962)
22. 11. 1946–2. 12. 1953	Max Brauer (1.) (3. 9. 1887–2. 2. 1972)
2. 12. 1953–27. 11. 1957	Kurt Sieveking (21. 2. 1897–16. 3. 1986)
4. 12. 1957–31. 12. 1960	Max Brauer (2.)
1. 1. 1961–1965	Paul Nevermann (5. 2. 1902–21. 3. 1979)
9. 6. 1965–1971	Herbert Weichmann (23. 2. 1896–9. 10. 1983)
9. 6. 1971–31. 10. 1974	Peter Schulz (* 25. 4. 1930)
31. 10. 1974–25. 5. 1981	Hans-Ulrich Klose (* 14. 6. 1937)
24. 6. 1981–1. 6. 1988	Klaus von Dohnanyi (* 23. 6. 1928)
8. 6. 1988	Henning Voscherau (* 13. 8. 1941)

* (z. T. wechselnde Bezeichnungen)

607

Präsidenten der Hamburgischen Bürgerschaft (seit 1859)

1859 bis 1861	Johannes Versmann
1861 bis 1863	Isaac Wolffson
1863 bis 1865	Hermann Baumeister
1865 bis 1868	Georg Kunhardt
1868	Hermann Baumeister
1869	Johann A. T. Hoffmann
1869 bis 1877	Hermann Baumeister
1877 bis 1885	Gerhard Hachmann
1885 bis 1892	Otto Mönckeberg
1892 bis 1902	Siegmund Hinrichsen
1902 bis 1913	Julius Engel
1913 bis 1919	Alexander Schön
1919 bis 1920	Berthold Grosse
1920 bis 1928	Rudolf Roß
1928 bis 1931	Max Hugo Leuteritz
1931 bis 1933[1]	Herbert Ruscheweyh
1946	
1946 bis 1960	Adolph Schönfelder
1960 bis 1978	Herbert Dau
1978 bis 1982	Peter Schulz
1982 bis 1983	Martin Willich
1983 bis 1986	Peter Schulz
1986 bis 1987	Martin Willich
1987	Elisabeth Kiausch
1987–1991	Helga Elstner
ab 1991	Elisabeth Kiausch

[1] Die Bürgerschaft wurde am 14. Oktober 1933 von den Nationalsozialisten aufgelöst.

Das Ehrenbürgerrecht der Freien und Hansestadt Hamburg

Für die Verleihung des Ehrenbürgerrechts gibt es keine schriftlichen Bestimmungen. Es entstand in der Franzosenzeit und läßt sich auf die Französische Revolution zurückführen. Damals wurde ausländischen Persönlichkeiten, die sich nach allgemeiner Ansicht um die Menschenrechte und die Freiheit verdient gemacht hatten, das französische Staatsbürgerrecht ehrenhalber verliehen. Dieser Bestimmung ist das Ehrenbürgerrecht der deutschen Stadtrepubliken nachgebildet. In Hamburg ist es zum erstenmal im Jahr 1813 dem russischen General von Tettenborn für die (zeitweilige) Befreiung Hamburgs von der französischen Fremdherrschaft verliehen worden.
Das Recht der Verleihung des Ehrenbürgerrechts steht dem Senat zu und wurde ursprünglich allein von ihm ausgeübt. Um diese seltene Ehrung eine noch größere Bedeutung zu geben, wurde erstmals im Jahr 1834 die Mitgenehmigung der Bürgerschaft herbeigeführt.
Das Ehrenbürgerrecht wurde bis 1948 ausschließlich an Nichthamburger – im politischen Sinne – verliehen, um sie zu »einem der unserigen« zu machen. Mit dieser Tradition wurde erstmals 1948 gebrochen, als Senator a. D. Henry Everling we-

gen seiner großen Verdienste um das Genossenschaftswesen mit dem Ehrenbürgerrecht ausgezeichnet wurde. Damals wurde entschieden, daß das Ehrenbürgerrecht gewährt werden kann, wenn die Verdienste auch über den Rahmen Hamburgs hinausgehen; Verdienste um die Hansestadt Hamburg sollten mit der Bürgermeister-Stolten-Medaille geehrt werden.
Bei der Ehrenbürgerschaft handelt es sich heute um die höchste Ehrenbezeugung, die die Freie und Hansestadt Hamburg zu vergeben hat.

Ehrenbürger der Freien und Hansestadt Hamburg

1. Friedrich Carl Baron von Tettenborn, russischer General (1813)
2. Gebhard Leberecht Fürst Blücher von Wahlstatt, preußischer Generalfeldmarschall (1816)
3. August Otto Graf Grote, preußischer Gesandter und bevollmächtigter Minister bei den Freien Hansestädten (1826)
4. James Colquhoun, hanseatischer Agent und Generalkonsul in London (1834)
5. Georg Michael Gramlich, hanseatischer Geschäftsträger bei der Republik Venezuela (1838)
6. Conrad Daniel Graf von Blücher, Oberpräsident in Schleswig-Holstein und Altona (1843)
7. Eduard Heinrich von Flottwell, Oberpräsident der Provinz Sachsen in Magdeburg (1843)
8. Johann Smidt, Bremer Bürgermeister (1843)
9. Heinrich Christian Gottfried von Struve, russischer Gesandter (1843)
10. Otto Fürst von Bismarck, Reichskanzler (1871)
11. Helmuth Graf von Moltke, preußischer Generalfeldmarschall (1871)
12. Gustav Christian Schwabe, Kaufmann und Kunstförderer (1886)
13. Johannes Brahms, Komponist (1889)
14. Alfred Graf von Waldersee, preußischer Generalfeldmarschall (1901)
15. Paul von Beneckendorff und von Hindenburg, Generalfeldmarschall (1917)
16. Adolf Hitler, »Führer und Reichskanzler« (1933)*
17. Hermann Göring, NSDAP-Politiker (1933)*
18. Henry Everling, Senator (1948)
19. Adolph Schönfelder, Erster Bürgermeister 1945–1946 und Präsident der Hamburgischen Bürgerschaft 1946–1950 (1950)
20. Max Brauer, Erster Bürgermeister 1946–1953 und 1957–1960 (1960)
21. Herbert Weichmann, Erster Bürgermeister 1965–1971 (1971)
22. Herbert Dau, Präsident der Hamburgischen Bürgerschaft (1977)
23. Helmut Schmidt, Bundeskanzler 1974–1982 (1983)
24. Ida Ehre, Schauspielerin und Regisseurin (1985)
25. Gert Bucerius, Verleger (1986)
26. Herbert Wehner, SPD-Politiker (1986)

27. Eduard Rhein, Ingenieur, Journalist und Schriftsteller (1990)
28. Kurt A. Körber, Industrieller und Mäzen (1991)
29. Alfred C. Töpfer, Kaufmann und Mäzen (1991)

* Durch Entscheidung von Bürgermeister Rudolf Petersen wurde Hitler und Göring das Ehrenbürgerrecht am 6. Juni 1945 aberkannt.

Ehrenbürger von Altona (1872–1937)

1. Albrecht Gustav Ehrenreich von Manstein, General (1872)
2. Hermann von Tresckow, General (1885)
3. Franz Adickes, Bürgermeister (1891)
4. Otto Fürst von Bismarck, ehem. Reichskanzler (1895)
5. Alfred Graf von Waldersee, General (1896)
6. Johann Georg Ferdinand Rosenhagen, Bürgermeister (1908)
7. Heinrich Lohse, NS-Gauleiter (1937)*

* Auf Senatsbeschluß 1945 aberkannt

Ehrenbürger von Harburg bzw. Wilhelmsburg (1849–1934)

1. Johann Heinrich Blohm, Wasserbaudirektor (1849)
2. Eberhard Christian Compe, Oberamtmann (1859)
3. Christian Ernst Jochheim, Kaufmann (1868)
4. Georg Ernst August Steinike, Rechnungsrat (1868)
5. Adolf Göschen, Generalsuperintendent (1876)
6. Friedrich Ludwig Weusthoff, Kaufmann (1897)
7. Ludwig Heinrich Bernhard Bornemann, Gerichtsrat (1897)
8. Rudolf von Bennigsen, Oberpräsident der Provinz Hannover (1897)
9. Julius Ludowieg, Oberbürgermeister (1899)
10. Heinrich David Denicke, Oberbürgermeister (1924)
11. Hermann Maul, Senator (1926)
12. Franz Eduard Theodor Nöldeke, Orientalist (1926)
13. Eduard Weinlig, Senator (1926)
14. Friedrich Heinrich Ludwig Thörl, Kommerzienrat (1927)
15. Bernhard Louis Wilhelm Hermann Weber, Kommerzienrat (1934)
16. Otto Telschow, NS-Gauleiter (1934)*

* Auf Senatsbeschluß 1945 aberkannt

Ehrenbürger von Wandsbek (1867–1937)

1. Franz Christoph Reimers, Regierungsrat (1867)
2. Wilhelm Lesser, Bürgermeister (1887)
3. Otto Fürst von Bismarck, ehem. Reichskanzler (1891)

4. Friedrich Puvogel, Bürgermeister (1906)
5. Valentin Jung, Bankdirektor (1907)
6. Eduard Rauch, Oberbürgermeister (1912)
7. Wasa Rodig, Oberbürgermeister (1931)
8. Heinrich Lohse, NS-Gauleiter (1937)*
9. Erich Raeder, Großadmiral (1937)*

* Auf Senatsbeschluß 1945 aberkannt

Träger der Bürgermeister-Stolten-Medaille

1.	Max Schramm	1925
2.	Otto Stolten	1925
3.	Louis Gruenwaldt	1928
4.	Carl Cohn	1929
5.	Carl Melchior	1930
6.	Justus Strandes	1930
7.	Arnold Nöldecke	1931
8.	Heinrich Stubbe	1931
9.	Rudolf Petersen	1946
10.	Adolph Schönfelder	1946
11.	Wilhelm Kiesselbach	1950
12.	Christian Koch	1950
13.	Georg Stenzel	1950
14.	Paul de Chapeaurouge	1951
15.	Albert Schäfer	1951
16.	Johannes Büll	1953
17.	Walther Fischer	1953
18.	Simon Schöffel	1954
19.	Paul Neumann	1955
20.	Emmy Beckmann	1961
21.	Emilie Kiep-Altenloh	1963
22.	Max Brauer	1965
23.	Walter Dudek	1965
24.	Heinrich Landahl	1965
25.	Hans E. B. Kruse	1966
26.	Paula Karpinski	1967
27.	Kurt Sieveking	1967
28.	Alfred Toepfer	1970
29.	Walter Schmedemann	1971
30.	Gerhard Brandes	1972
31.	Paul Nevermann	1972
32.	Edgar Engelhard	1974
33.	Wilhelm Walter	1975
34.	Rudolf Büch	1976
35.	Ernst Weiß	1978
36.	Herbert Westerich	1978
37.	Kurt A. Körber	1980
38.	Fritz Bauer	1982
39.	Edmund Helbig	1983
40.	Erich Lüth	1984
41.	Elsbeth Weichmann	1984
42.	Eric M. Warburg	1985
43.	Karl Schiller	1986
44.	Alfred de Chapeaurouge	1987
45.	Axel Eggebrecht	1989
46.	Hansjörg Sinn	1989
47.	Erik Blumenfeld	1990
48.	Peter-Heinz Müller-Link	1990
49.	Peter Schulz	1990

Zahl der Arbeitsstätten/Beschäftigten

	1950	1961	1970	1987
Land- und Forstwirtschaft, Tierhaltung, Fischerei	561 / 2473	406 / 2818	506 / 3204	306 / 1811
Energiewirtschaft und Wasserversorgung	117 / 9082	89 / 10 407	98 / 8067	39 / 3356
Verarbeitendes Gewerbe	18 778 / 220 119	14 474 / 318 136	10 461 / 268 657	7394 / 145 389
Baugewerbe	5786 / 61 714	4830 / 78 195	3763 / 67 158	4611 / 51 640
Handel	39 315 / 138 770	42 812 / 198 624	31 743 / 200 070	23 464 / 168 750
Verkehr und Nachrichten- übermittlung	6927 / 86 865	6300 / 137 993	6746 / 123 783	5322 / 96 176
Kreditinstitute, Versicherungsgewerbe	1747 / 18 861	2028 / 34 580	2277 / 46 453	2408 / 54 179
Dienstleistungen	19 841 / 68 629	26 489 / 118 748	23 107 / 129 524	30 233 / 254 521
Organisationen ohne Erwerbscharakter	619 / 4085	1256 / 14 196	1397 / 20 761	1776 / 28 353
Gebietskörperschaften, Sozialversicherung	2635 / 73 854	1878 / 93 625	2004 / 102 987	2182 / 131 913
Insgesamt	96 326 / 648 452	100 562 / 1 007 322	82 102 / 970 664	77 735 / 936 088
Arbeitslose	88 933	4903	2751	99 216

Quelle: Statistisches Landesamt Hamburg

Arbeitslosigkeit in Hamburg

Jahr	Anzahl	Arbeitslosenquote	Jahr	Anzahl	Arbeitslosenquote
1950	88 933	13,3	1971	3 228	0,5
1951	95 365	13,7	1972	4 532	0,6
1952	101 490	14,4	1973	5 542	0,8
1953	91 707	12,8	1974	12 121	1,7
1954	83 922	11,5	1975	26 444	3,7
1955	64 089	8,6	1976	26 897	3,9
1956	41 717	5,4	1977	28 593	4,2
1957	25 871	3,3	1978	29 107	4,3
1958	19 287	2,5	1979	24 713	3,6
1959	11 337	1,4	1980	23 084	3,4
1960	5 997	0,7			
			1981	33 952	5,0
1961	4 903	0,6	1982	52 662	7,4
1962	4 623	0,5	1983	72 484	10,2
1963	5 075	0,6	1984	79 821	11,2
1964	4 670	0,5	1985	89 162	12,3
1965	3 410	0,4	1986	94 436	13,0
1966	3 025	0,4	1987	99 216	13,9
1967	8 947	1,1	1988	95 719	13,4
1968	6 453	0,9	1989	83 457	11,7
1969	3 433	0,5	1990	75 493	10,5
1970	2 751	0,4			

Quelle: Statistisches Landesamt Hamburg

Ausländer in Hamburg

Jahr	Anzahl	% der Wohn- bevölkerung
1939	16 571	1,0
1950	22 483	1,4
1961	22 315	1,2
1970	69 170	3,9
1971	82 302	4,6
1972	94 332	5,3
1973	110 392	6,3
1974	115 447	6,7
1975	116 396	6,8
1976	117 323	6,9
1977	120 049	7,1
1978	125 664	7,6
1979	135 343	8,2
1980	148 059	9,0
1981	157 165	9,6
1982	157 513	9,7
1983	157 734	9,8
1984	165 064	9,6
1985	167 911	9,8
1986	174 960	10,3
1987	184 291	9,7
1988	196 922	10,2
1989	207 538	12,9
1990	189 606	11,6

Quelle: Statistisches Landesamt Hamburg

Containerumschlag im Hamburger Hafen

Jahr	Anzahl	Gütermenge (in 1000 t)
1968	40 854	257
1969	52 142	378
1970	68 835	579
1971	94 678	846
1972	139 306	1 264
1973	212 775	2 118
1974	248 455	2 437
1975	278 228	2 243
1976	342 281	2 950
1977	382 318	3 452
1978	478 809	4 337
1979	526 417	4 946
1980	623 735	6 906
1981	714 075	8 111
1982	714 444	7 833
1983	751 421	8 699
1984	854 318	9 961
1985	910 891	10 775
1986	811 517	10 247
1987	952 075	12 151
1988	1 042 984	13 511
1989	1 103 295	14 169

Quelle: Statistisches Landesamt Hamburg

Güterverkehr über See des Hamburger Hafens (1870–1989)

Jahr	insgesamt	in 1000 t Empfang	in 1000 t Versand	Jahr	insgesamt	in 1000 t Empfang	in 1000 t Versand
1870	1 808	1 308	500	1931	23 273	14 994	8 274
1871	2 662	2 012	650	1932	19 827	12 953	6 874
1872	2 817	2 138	679	1933	19 580	12 920	6 660
1873	2 532	1 822	710	1934	20 303	14 009	6 294
1874	2 522	1 884	638	1935	19 952	13 454	6 498
1875	2 721	2 008	713	1936	22 027	14 808	7 219
1876	3 005	2 210	795	1937	25 258	16 669	8 589
1877	3 176	2 067	1 109	1938	25 742	18 241	7 501
1878	3 262	2 072	1 190	1939	18 731	12 975	5 755
1879	3 571	2 313	1 258	1940	7 479	4 697	2 782
1880	4 122	2 497	1 625				
				1941	8 005	4 930	3 075
1881	4 131	2 601	1 530	1942	7 787	4 706	3 081
1882	4 349	2 694	1 655	1943	8 207	5 026	3 181
1883	4 841	2 987	1 854	1944	6 730	3 908	2 822
1884	5 225	3 320	1 905	1945	1 811	1 508	303
1885	5 076	3 164	1 912	1946	4 174	3 177	997
1886	5 232	3 248	1 984	1947	6 002	4 414	1 588
1887	5 561	3 452	2 109	1948	7 903	5 891	2 012
1888	6 202	3 884	2 318	1949	9 554	7 117	2 437
1889	6 998	4 602	2 396	1950	11 029	7 445	3 584
1890	7 519	5 007	2 512				
1891	8 108	5 425	2 683	1951	14 221	9 880	4 341
1892	7 912	5 491	2 421	1952	15 247	10 841	4 406
1893	8 132	5 496	2 636	1953	16 478	11 156	5 322
1894	8 744	5 997	2 747	1954	20 661	13 964	6 697
1895	9 347	6 369	2 978	1955	23 970	16 550	7 420
1896	10 345	7 104	3 241	1956	27 480	19 824	7 656
1897	11 751	8 067	3 684	1957	26 593	20 086	6 507
1898	12 858	8 895	3 963	1958	27 395	20 071	7 324
1899	13 333	9 178	4 155	1959	29 152	21 458	7 694
1900	14 433	9 851	4 582	1960	30 755	22 966	7 789
1901	14 396	9 701	4 695	1961	29 881	22 257	7 624
1902	14 966	10 023	4 943	1962	31 364	24 436	6 928
1903	15 893	10 535	5 358	1963	33 406	25 903	7 503
1904	16 111	10 734	5 377	1964	35 432	26 707	8 725
1905	17 648	12 102	5 546	1965	35 267	26 727	8 540
1906	18 944	12 751	6 193	1966	37 485	28 337	9 148
1907	20 812	14 670	6 142	1967	35 430	26 298	9 132
1908	20 427	14 407	6 020	1968	38 252	28 531	9 721
1909	21 368	15 045	6 323	1969	40 903	30 392	10 511
1910	22 122	15 078	7 044	1970	46 959	36 069	10 890
1911	23 286	15 717	7 569	1971	45 303	35 090	10 213
1912	24 757	16 648	8 109	1972	46 254	35 581	10 673
1913	25 458	16 548	8 910	1973	49 850	37 154	12 696
1914	14 707	9 837	4 870	1974	52 349	36 527	15 822
1915	1 290	695	595	1975	48 181	34 240	13 941
1916	2 442	1 155	1 387	1976	52 460	38 120	14 340
1917	1 826	1 419	407	1977	53 574	38 788	14 786
1918	1 454	1 028	426	1978	54 596	39 614	14 982
1919	2 343	1 837	506	1979	62 651	46 758	15 892
1920	5 798	3 907	1 891	1980	62 394	44 912	17 482
1921	11 101	7 502	3 599	1981	60 027	39 234	20 793
1922	16 587	10 972	5 615	1982	61 581	38 482	23 099
1923	20 932	14 158	6 774	1983	50 631	29 935	20 696
1924	19 529	12 984	5 545	1984	53 489	32 959	20 530
1925	19 868	12 645	7 223	1985	59 535	38 380	21 155
1926	21 860	11 056	10 804	1986	54 696	36 584	18 112
1927	25 021	16 818	8 203	1987	56 610	37 039	19 571
1928	29 644	19 729	9 915	1988	58 942	39 114	19 828
1929	28 638	18 827	9 811	1989	57 583	36 630	20 952
1930	25 834	16 584	9 250				

Linienverkehr im Hamburger Hafen (1950–1989)

	1950	1960	1970	1979	1980	1989
Zahl der Liniendienste	171	249	251	324	311	266
Zahl der Abfahrten	3813	8582	8456	7284	6920	6405
davon nach:						
Amerika	638	1133	1787	1264	1142	896
Afrika	211	969	1210	1402	1384	946
Asien/Australien	313	2263	1355	1784	1691	1790
Außereuropa insgesamt	1162	4365	4352	4450	4217	3632
Europa	2651	4217	4104	2834	2703	2773

Pkw[1] und öffentliche Verkehrsmittel[2] (1950–1989)

Jahr	Pkw	Öffentlicher Nahverkehr insgesamt	Bus	Schiff	Schnell- bahn	Straßen- bahn
1950	23 473	614 690	32 944	20 385	279 387	281 974
1960	175 321	634 932	110 465	24 274	288 127	212 066
1970	433 079	599 127	189 527	13 294	332 991	63 315
1980	566 641	602 905	268 378	8 666	325 861	–
1989	661 000	576 166	233 479	3 069	339 618	–

[1] Anzahl; [2] bezogen auf die Zahl der beförderten Personen in 1000; Quelle: Statistisches Landesamt Hamburg

Seeschiffsverkehr im Hamburger Hafen (1850–1989)

Jahr	Ange- kommene Seeschiffe	Tonnage (1000 NRT)	durchschn. Schiffsgröße (NRT)	Jahr	Ange- kommene Seeschiffe	Tonnage (1000 NRT)	durchschn. Schiffsgröße (NRT)
1850	4 094	548	133	1930	20 350	21 990	1081
1860	5 029	946	188	1940	5 737	2 554	445
1870	4 144	1 390	336	1950	11 454	11 239	981
1880	5 462	2 705	495	1960	20 717	32 169	1553
1890	7 530	5 123	680	1970	18 878	42 902	2273
1900	10 877	7 900	726	1980	15 551	63 418	4078
1910	14 195	12 401	874	1989	12 710	55 063	4332
1920	4 808	4 486	933				

Quelle: Statistisches Landesamt Hamburg

Bühnen

STAATSTHEATER

Hamburgische Staatsoper
Dammtorstraße 28, 2000 Hamburg 36
Gegründet: 1827 als Stadt-Theater; Vorläufer: Oper am Gänsemarkt (1678–1738) und Ackermann'sches Comödienhaus bzw. Altes Stadt-Theater (1765–1827)

Direktoren

1827–1837	Carl Lebrun/Friedrich Ludwig Schmidt
1837–1841	Julius Mühling/Friedrich Ludwig Schmidt
1841–1847	Julius Cornet/Julius Mühling
1847–1849	J. B. Baison
1849–1854	Chéri Maurice/Joseph Wurda (gemeinsame Direktion mit dem Thalia Theater)
1854–1855	Interregnum
1855	Carl Albert Sachse (provisorisch)
1856–1858	Carl Albert Sachse
1858–1861	Anton Evarist Wollheim
1862–1866	Bernd Anton Hermann
1866–1869	Johann Christian Reichardt
1869–1871	Moritz Ernst
1871–1873	Bernd Anton Hermann
1874–1897	Bernhard Pollini
1897–1904	Max Bachur/Franz Bittong
1904–1912	Max Bachur
1912–1921	Hans Löwenfeld
1921	W. von Wymetal
1921–1931	Leopold Sachse
1931–1933	Albert Ruch
1933–1940	Heinrich K. Strohm
1940–1945	Alfred Noller
1945–1946	Alfred Ruch (kommissarisch)
1946–1956	Günther Rennert
1956–1959	Heinz Tietjen
1959–1973	Rolf Liebermann
1973–1977	August Everding
1977–1984	Christoph von Dohnanyi
1984–1985	Kurt Horres
1985–1988	Rolf Liebermann (2. Mal)
ab 1988	Peter Ruzicka

Deutsches Schauspielhaus
Kirchenallee 39, 2000 Hamburg 1
Gegründet: 1900

Direktoren und Intendanten

1900–1910	Alfred Freiherr von Berger
1910–1913	Carl Hagemann
1913–1918	Max Grube
1918–1926	Paul Eger
1926–1928	Erich Ziegel
1928–1932	Hermann Röbbeling
1932–1945	Karl Wüstenhagen
1945–1946	Rudolf Külüs
1946–1948	Arthur Hellmer
1948–1955	Albert Lippert
1955–1963	Gustaf Gründgens
1963–1968	Oscar Fritz Schuh
1968	Egon Monk
1968–1969	Gerhard Hirsch
1969–1970	Hans Lietzau
1970–1971	Rolf Liebermann
1972–1979	Ivan Nagel
1979–1980	Günter König/Rolf Mares
1980–1985	Niels-Peter Rudolph
1985–1989	Peter Zadek
1989–1991	Michael Bogdanov

Thalia Theater
Alstertor, 2000 Hamburg 1
Gegründet: 1843

Direktoren und Intendanten

1843–1849	Chéri Maurice
1849–1854	Chéri Maurice/Joseph Wurda (gemeinsame Direktion mit dem Stadt-Theater)
1854–1885	Chéri Maurice
1885–1887	Chéri Maurice/Bernhard Pollini
1887–1893	Gustav Maurice
1893–1894	Chéri Maurice
1894–1897	Bernhard Pollini (auch Stadt-Theater)
1897–1904	Max Bachur/Franz Bittong (auch Stadt-Theater)
1904–1915	Max Bachur (bis 1912 auch Stadt-Theater)
1915–1932	Hermann Röbbeling (ab 1928 auch Stadt-Theater)
1932	Friedrich Lobe
1932–1934	Erich Ziegel
1934–1936	Paul Mundorf
1936–1942	Ernst Leudesdorff
1942–1945	Robert Meyn
1945–1964	Willy Maertens
1964–1969	Kurt Raeck
1969–1980	Boy Gobert
1980–1985	Peter Striebeck
ab 1985	Jürgen Flimm

SUBVENTIONIERTE PRIVATTHEATER

Altonaer Theater
Museumstraße 17, 2000 Hamburg 50
Gegründet: 1954 von Hans Fitze
Spielplan: Klassiker und Boulevard

Ernst-Deutsch-Theater
Mundsburger Damm 60, 2000 Hamburg 60
Gegründet: 1951 von Friedrich Schütter
Spielplan: Klassiker, Moderne und Boulevard

Hamburger Kammerspiele
Hartungstraße 9, 2000 Hamburg 13
Gegründet: 1945 von Ida Ehre
Spielplan: Klassiker, Klassische Moderne und Boulevard

Ohnsorg-Theater
Große Bleichen 25, 2000 Hamburg 36
Gegründet: 1902 als Dramatische Gesellschaft von Richard Ohnsorg
Spielplan: Niederdeutsches Theater

Operettenhaus
Spielbudenplatz 1, 2000 Hamburg 36
Gegründet: 1953
Spielplan: Musical

Theater für Kinder
Max-Brauer-Allee 76, 2000 Hamburg 50
Gegründet: 1967 von Uwe Deeken
Spielplan: Kindertheater

Theater im Zimmer
Alsterchaussee 30, 2000 Hamburg 30
Gegründet: 1948 von Helmuth Gmelin
Spielplan: Klassiker, Moderne, Musical und Kriminalstücke

NICHT-SUBVENTIONIERTE PRIVATTHEATER (AUSWAHL)

Das Schiff
Anleger Holzbrücke, 2000 Hamburg 1
Gegründet: 1975 von Christa und Eberhard Moebius
Spielplan: Kabarett und Gastspiele

Die kleine Komödie
Neuer Wall 54, 2000 Hamburg 36
Gegründet: 1953 von Peter Ahrweiler
Spielplan: Boulevard

Komödie im Winterhuder Fährhaus
Hudtwalckerstraße 13, 2000 Hamburg 60
Gegründet: 1988 von Rolf Mares
Spielplan: Boulevard

Piccolo-Theater
Juliusstraße 13–15, 2000 Hamburg 50
Gegründet: 1972 von Gerd Samariter
Spielplan: Vorwiegend Soloauftritte

St. Pauli-Theater
Spielbudenplatz 29, 2000 Hamburg 36
Gegründet: 1841 als Urania-Theater (ab 1941 St. Pauli-Theater)
Spielplan: Volksstücke und Musicals

Museen

Hamburger Kunsthalle
Glockengießerwall, 2000 Hamburg 1
Gegründet: 1869
Sammlung: Alte und neue Meister, Europäische Plastik des 19. und 20. Jahrhunderts, Münzen und Medaillen, Kupferstichkabinett

Direktoren

1886–1914	Alfred Lichtwark
1914–1933	Gustav Pauli
1933–1934	Hermann Maetzig
1934–1935	Harald Busch (kommissarisch)
1936–1942	Werner Kloos (kommissarisch)
1942–1945	Carl Schellenberg (kommissarisch)
1945–1955	Carl Georg Heise
1955–1969	Alfred Hentzen
1969–1990	Werner Hofmann
ab 1991	Uwe M. Schneede

Museum für Kunst und Gewerbe
Steintorplatz, 2000 Hamburg 1
Gegründet: 1869
Sammlung: Kunsthandwerk, Skulpturen und Volkskunst aus Europa, Abteilungen für Kunst der Antike und Asiatische Kunst

Direktoren

1877–1915	Justus Brinckmann
1915–1918	Richard Stettiner (kommissarisch)
1919–1933	Max Sauerlandt
1934–1945	Konrad Hüseler (kommissarisch)
1945–1947	Eugen von Mercklin (kommissarisch)
1947–1961	Erich Meyer
1961–1971	Lise Lotte Möller
1971–1988	Axel von Saldern
ab 1988	Wilhelm Hornbostel

Hamburgisches Museum für Völkerkunde
Rothenbaumchaussee 64, 2000 Hamburg 13
Gegründet: 1879
Sammlung: Kulturdenkmäler der Naturvölker aller Länder und Zeiten, Vergleichende Volkskunde aller Teile Europas

Direktoren

1879–1896	Carl Wilhelm Lüders
1896–1904	Karl Hagen
1904–1935	Georg Thilenius
1935–1962	Franz Termer
1962–1967	Erhard Schlesier
1967–1971	Hans Fischer
1971–1991	Jürgen Zwernemann

Museum für Hamburgische Geschichte
Holstenwall 24, 2000 Hamburg 36
Eröffnet: 1922
Sammlung: Hamburg, Einzelblattkabinett, Münzkabinett

Direktoren

1908–1946	Otto Lauffer
1946–1976	Walter Hävernick
ab 1976	Jörgen Bracker

Deichtorhallen
Deichtorplatz, 2000 Hamburg 1
Eröffnet: 1989
Sammlung: Wechselnde Ausstellungen

Museum der Arbeit
Maurienstraße 19, 2000 Hamburg 60
Staatliches Museum ab 1990
Sammlung: Geschichte der Arbeit und der Arbeiterkultur

Altonaer Museum
Museumstraße 23, 2000 Hamburg 50
Eröffnet: 1863/1901
Sammlung: Kulturgeschichte, Kunst, Volkskunde, Schiffahrt und Geologie Norddeutschlands

Helms-Museum
Museumsplatz 2, 2100 Hamburg 90
Eröffnet: 1898/1937
Sammlung: Vor- und Frühgeschichte, Bodendenkmalpflege, stadtgeschichtliche Sammlung Harburg

Hochschulen

Universität Hamburg
Edmund-Siemers-Allee 1, 2000 Hamburg 13
Gegründet: 1919
Fachbereiche: Evangelische Theologie, Rechtswissenschaft, Wirtschaftswissenschaften, Medizin, Philosophie- und Sozialwissenschaften, Erziehungswissenschaften, Sprachwissenschaften, Geschichtswissenschaft, Kulturgeschichte und Kulturkunde, Orientalistik, Mathematik, Physik, Chemie, Biologie, Geowissenschaften, Psychologie, Informatik, Sportwissenschaft

Rektoren

1919–1920	Karl Rathgen
1920–1921	Georg Thilenius
1921–1922	Hermann Kümmell
1922–1923	Otto Lauffer
1923–1924	Emil Wolff
1924–1925	Rudolf Laun
1926–1927	Bernhard Nocht
1927–1928	Wilhelm Blaschke
1928–1929	Heinrich Sieveking
1929–1930	Ernst Cassirer
1930–1931	Ludolf Brauer
1931–1932	Albert Wigand
1932–1933	Leo Raape
1933–1934	Eberhard Schmidt
1934–1938	Adolf Rein
1938–1941	Wilhelm Gundert
1941–1945	Eduard Keeser
1945–1947	Emil Wolff (2. Mal)
1947–1948	Rudolf Laun (2. Mal)
1948–1950	Paul Harteck
1950–1951	Arthur Jores
1951–1953	Bruno Snell
1953–1954	Eduard Bötticher
1954–1956	Albert Kolb
1956–1958	Karl Schiller
1958–1959	Ernst Georg Nauck
1959–1960	Otto Brunner
1960–1961	Helmut Thielicke
1961–1963	Rudolf Sieverts
1963–1965	Emanuel Sperner
1965–1967	Karl-Heinz Schäfer
ab 1967	Werner Ehrlicher

Präsidenten

1970–1991	Peter Fischer-Appelt
ab 1991	Jürgen Lüthje

Fachhochschule Hamburg
Winterhuder Weg 29, 2000 Hamburg 76
Gegründet: 1970 als Zusammenschluß von vier Ingenieur- und sechs höheren Fachschulen, darunter die 1749 gegründete Seefahrtschule
Fachbereiche: Maschinenbau und Chemieingenieurwesen, Elektrotechnik, Fahrzeugtechnik, Schiffs- und Anlagenbetriebstechnik, Architektur, Bauingenieurwesen, Vermessungswesen, Bio-Ingenieurwesen, Produktions- und Verfahrenstechnik, Seefahrt, Sozialpädagogik, Bibliothekswesen, Gestaltung, Ernährung und Hauswirtschaft

Hochschule für bildende Künste
Lerchenfeld 2, 2000 Hamburg 76
Gegründet: 1955 (zuvor 1768 Gewerbeschule, ab 1896 Kunstgewerbeschule, ab 1946 Landeskunstschule)
Fachbereiche: Freie Kunst, Architektur, Kunstpädagogik und Techniklehre, Industrial Design, Visuelle Kommunikation

Hochschule für Musik und darstellende Kunst
Harvestehuder Weg 12, 2000 Hamburg 13
Gegründet: 1950
Fachbereiche: Theorie/Komposition, Instrumentalmusik, Gesang und darstellende Kunst, Musikpädagogik, Evangelische Kirchenmusik, Jazz und jazzverwandte Musik

Hochschule für Wirtschaft und Politik
Von-Melle-Park 9, 2000 Hamburg 13
Gegründet: 1948 als Akademie für Gemeinwirtschaft, ab 1970 Hochschule
Studiengänge: Betriebswirtschaftslehre, Volkswirtschaftslehre, Soziologie mit Projektstudium Sozialökonomie

Technische Universität Hamburg-Harburg
Schloßmühlendamm 32, 2100 Hamburg 90
Gegründet: 1978
Forschungsschwerpunkte: Anlagenplanung, Werkstoff-Physik, Sicherheitstechnik, Wasserbau, Hochbau, Stadterneuerung

Universität der Bundeswehr
Holstenhofweg 85, 2000 Hamburg 70
Gegründet: 1972
Fachbereiche: Elektrotechnik, Maschinenbau, Pädagogik, Wirtschafts- und Organisationswissenschaften

Hamburger Sportler bei den Olympischen Spielen
(1896–1988)

Sommerspiele Athen 1896
August Goedrich	Radsport

Sommerspiele Paris 1900
Max Ammermann	Rudern (3. Platz)
Wilhelm Carstens	Rudern (3. Platz)
Franz Duhne	2500-m-Hindernislauf, 4000-m-Querfeldeinlauf
Carl Gossler	Rudern (1. Platz)
Gustav Gossler	Rudern (1. Platz)
Oscar Gossler	Rudern (1. Platz)
Ernst A. Jencquel	Rudern
Edgar Katzenstein	Rudern
Walter Katzenstein	Rudern (1. Platz)
Julius Körner	Rudern (3. Platz)
Theodor A. Laurezzari	Rudern (3. Platz)
Adolf Möller	Rudern
Gustav Adolf Moths	Rudern
Hugo Rüster	Rudern
Asmus Simonson	Wasserball
Waldemar Steffen	Weitsprung, Hochsprung
Waldemar Tietgens	Rudern (1. Platz)
Arthur Warncke	Rudern

Sommerspiele London 1908
Alfons Brehm	Hockey
E. Calsmann	Hockey
Elard Dauelsberg	Hockey
Franz Diederichsen	Hockey
Raoul Diederichsen	Hockey
Carl Ebert	Hockey
Jules Fehr	Hockey
Mauricio Galvao	Hockey
Raulino Galvao	Hockey
F. Gerdes	Hockey
Hermann Glimmann	Hockey
Fritz Möding	Hockey
Heinrich Rehder	100-m-Lauf
H. Rüdgers	Hockey
Albert Stüdemann	Hockey
Friedrich Conrad Uhl	Hockey
E. Windels	Hockey
Albert Zürner	Kunstspringen (1. Platz)

Sommerspiele Stockholm 1912
Jonny Anderssen	Ringen
Louis Heyden	Tennis
Hans Liesche	Hochsprung
Carl Lüthje	Radsport
Adolf Werner	Fußball
Albert Zürner	Turmspringen (2. Platz), Kunstspringen
Louise Otto	Schwimmen (2. Platz)

Sommerspiele Amsterdam 1928
Albert Beier	Fußball
Egon Beyn	Segeln
Willi Boltze	5000-m-Lauf
Franz Horn	Fußball
Erich Köchermann	Weitsprung
Richard Krebs	4 × 400-m-Lauf
Erich Laeisz	Segeln
Erwin Sietas	Schwimmen
Oswald H. Thomsen	Segeln
William Walter	Boxen
Hans Wentorf	Fußball
Carl Hermann Wentzel	Segeln

Anni Holdmann	100-m-Lauf, 4 × 100-m-Lauf (3. Platz)
Paula Mollenhauer	Diskuswerfen

Sommerspiele Los Angeles 1932
Edgar Behr	Segeln
Jean Földeak	Ringen
Erich Köchermann	Weitsprung
Erwin Sietas	Schwimmen
Hans-Heinrich Sievert	Kugelstoßen, Diskuswerfen, Zehnkampf

Sommerspiele Berlin 1936
Heinrich Amsinck	Polo
Willy Bandholz	Handball
Walter Bartram	Polo
Adolf Baumgarten	Boxen
Egon Beyn	Segeln
Herbert Bramfeld	Moderner Fünfkampf
Kurt Bröcker	Kanu
Walter Burmester	Kanu
Alfred Graaf	Boxen
Hermann Hansen	Handball (1. Platz)
Karl Hein	Hammerwerfen (1. Platz)
André Helms	Polo
Gerhard Hilbig	Kanu
Hermann Hillmann	Kanu
Christian Holzenberg	Kanu
Erich Hotopf	Schießen
Louis Klodt	Kanu
Arthur Köser	Polo
Erich Koschik	Kanu (3. Platz)
Werner Krogmann	Segeln (2. Platz)
Erich Ottens	Polo
Bruno Patega	Kanu
Miles Reincke	Polo
Ernst Röthig	Fechten
Heinrich Sack	Kanu
Hans Scheele	400-m-Hürden-Lauf
Egon Schein	200-m-Lauf
Walter Schnur	Kanu
Erwin Sietas	Schwimmen (2. Platz)
Hans-Heinrich Sievert	Kugelstoßen
Walter Steffens	Turnen (1. Platz)
Hans Theilig	Handball (1. Platz)
Friedrich Völker	Segeln
Richard Vogt	Boxen (2. Platz)
Rudolf Warnholtz	Hockey (2. Platz)
Hans Wedemann	Kanu
Käthe Köhler	Turmspringen (3. Platz)
Paula Mollenhauer	Diskuswerfen (3. Platz)
Paula Pöhlsen	Turnen (1. Platz)
Käthe Sohnemann	Turnen (1. Platz)
Carla Zimmer	Leichtathletik (Ersatz)

Sommerspiele Helsinki 1952
Ralf Berckhan	Kanu
Egon Drews	Kanu
Paul Fischer	Segeln
Adolf Harder	Moderner Fünfkampf
Franz Johannes	Kanu
Werner Krogmann	Segeln (2. Platz)
Götz Freiherr von Mirbach	Segeln
Georg Nowka	Segeln (3. Platz)
Heinrich Schütz	Hockey
Berthold Slupik	Moderner Fünfkampf
Wilfried Soltau	Kanu (3. Platz)
Rolf Stoltenberg	Hockey
Ludwig Warnemünde	Marathonlauf
Hans Werner Wohlers	Boxen
Gertrud Wille	Kugelstoßen

Sommerspiele Melbourne 1956
Ingo von Bredow	Segeln
Egon Drews	Kanu
Dietrich Fischer	Segeln
Franz Johannsen	Kanu
Rolf Mulka	Segeln
Georg Nowka	Segeln
Hans Plass	Hockey
Wilfried Soltau	Kanu
Hans Zierold	Schwimmen
Hertha Haase	Schwimmen

Winterspiele Squaw Valley 1960
Bärbel Martin	Eiskunstlauf

Sommerspiele Rom 1960
Günther Benecke	Segeln
Ralf Berckhan	Moderner Fünfkampf
Manfred Bock	Zehnkampf
Ingo von Bredow	Segeln
Tim Gerresheim	Fechten
Franz Johannsen	Kanu
Ulrich Libor	Segeln
Rolf Mulka	Segeln (3. Platz)
Hans Ravenborg	Segeln
Hermann Salomon	Speerwerfen
Herbert Scholl	Segeln
Wilfried Wöhler	Fechten
Hans Zierold	Schwimmen
Antje Gleichfeld	800-m-Lauf
Hertha Haase	Schwimmen
Rosemarie Springer	Reiten

Sommerspiele Tokio 1964
Ralf Drecoll	Hochsprung
Tim Gerresheim	Fechten
Wolfgang Klein	Weitsprung
Fritz Kopperschmidt	Segeln
Hermann Salomon	Speerwerfen
Antje Gleichfeld	800-m-Lauf
Jutta Stöck	Leichtathletik (Ersatz)

Sommerspiele Mexiko City 1968
Tim Gerresheim	Fechten
Rudolf Harmsdorf	Segeln
Jobst Hirsch	Leichtathletik (Ersatz)
Fritz Kopperschmidt	Segeln
Dieter Kottysch	Boxen
Michael Krause	Hockey
Ulrich Libor	Segeln (2. Platz)
Axel May	Segeln
Peter Naumann	Segeln (2. Platz)
Raymar Reimers	Boxen
Hermann Salomon	Speerwerfen
Eckardt Suhl	Hockey
Helga Henning	400-m-Lauf
Jutta Stöck	200-m-Lauf, 4 × 100-m-Lauf

Sommerspiele München 1972
Hans-Joachim Berndt	Segeln
Heinrich Fretwurst	Schießen
Wolfram Koppen	Judo
Dieter Kottysch	Boxen (1. Platz)
Klaus Meetz	Volleyball
Peter Naumann	Segeln (3. Platz)
Eckart Suhl	Hockey (1. Platz)

Sommerspiele Melbourne 1956 (Fortsetzung)
Erika Bethmann	Fechten
Inge Bödding	Leichtathletik, 400 m
Birgit Drechsel	Volleyball
Birgit Pörner	Volleyball
Karin Schlüter	Reiten (2. Platz)

Sommerspiele Montreal 1976
Holger Hocke	Rudern
Peter Michael Kolbe	Rudern (2. Platz)
Uwe Mares	Segeln
Axel May	Segeln
Franz Wehofsich	Segeln
Marion Becker	Speerwurf
Ingrid Huhn-Wagner	Rudern
Doris Leifermann	Rudern
Sabine Meyer	Kanu
Karin Schlüter	Reiten
Christa Striezel	Weitsprung

Winterspiele Sarajevo 1984
Hans-Joachim Schumacher	Bobfahren

Sommerspiele Los Angeles 1984
Andreas Brehme	Fußball
Rolf Danneberg	Diskuswerfen (1. Platz)
Claus Erhorn	Reiten (3. Platz)
Jürgen Groh	Fußball
Walter Junghans	Fußball
Eckart Kaphengst	Segeln
Peter Michael Kolbe	Rudern (2. Platz)
Michael Marx	Radsport
Axel May	Segeln
Rafael Nickel	Fechten
Olaf Peters	Gewichtheben
Stefan Pfeiffer	Schwimmen
Uwe Sauer	Reiten (1. Platz)
Alexander Schowtka	Schwimmen
Matthias Seack	Kanu
Oliver Seack	Kanu
Bernd Wehmeyer	Fußball
Gabriele Marion Appel	Hockey (2. Platz)
Astrid Hühn	Handball
Gabriela Schley	Hockey (2. Platz)
Iris Völkner	Rudern

Sommerspiele Seoul 1988
Matthias Adamczewski	Segeln
Manfred Barth	Bogenschießen
Peter Bermel	Schwimmen
Jens-Peter Berndt	Schwimmen
Rolf Danneberg	Diskuswerfen (3. Platz)
Niels Ellwanger	Kanu
Alexander Hagen	Segeln
Stefan Knabe	Segeln
Peter Michael Kolbe	Rudern (2. Platz)
Stefan Pfeiffer	Schwimmen (2. Platz)
Hans-Jürgen Pfohe	Segeln
Thomas Schmid	Segeln
Oliver Seack	Kanu
Jens-Peter Wrede	Segeln
Gabriele Marion Appel	Hockey
Ina Beyermann	Schwimmen
Birgit Lohberg-Schulz	Schwimmen
Svenja Schlicht	Schwimmen
Gabriela Schöwe-Schley	Hockey
Karin Seick	Schwimmen
Gaby Uhlenbruch	Hockey

Hamburger Vereine in den Sportligen

Fußball-Oberliga Nord (1947–1963)

Saison 1947/48		Tore	Punkte
1.	Hamburger SV	66:17	37– 7
2.	FC St. Pauli	73:20	37– 7
3.	Eintracht Braunschweig	50:31	28–16
4.	Werder Bremen	43:38	26–18
5.	VfL Osnabrück	49:36	26–18
6.	Arminia Hannover	35:44	21–23
7.	VfB Lübeck	41:53	20–24
8.	SC Concordia Hamburg	44:46	19–25
9.	Bremer SV	40:46	17–27
10.	Holstein Kiel	35:65	14–30
11.	Hannover 96	32:69	13–31
12.	Victoria Hamburg	24:67	6–38

Entscheidungsspiel um den 1. Platz:
Hamburger SV–FC St. Pauli 2:1.

Saison 1948/49		Tore	Punkte
1.	Hamburger SV	61:31	32–12
2.	FC St. Pauli	47:22	32–12
3.	VfL Osnabrück	61:23	31–19
4.	Eintracht Braunschweig	48:48	25–19
5.	Bremer SV	45:53	22–22
6.	Eimsbüttel	35:40	21–23
7.	VfB Lübeck	35:44	20–24
8.	Werder Bremen	49:50	19–25
9.	SC Concordia Hamburg	44:49	18–26
10.	Arminia Hannover	33:50	16–28
11.	SC Göttingen 05	35:57	14–30
12.	Bremerhaven 93	28:54	14–30

Entscheidungsspiel um den 1. Platz:
Hamburger SV–FC St. Pauli 5:3.

Saison 1949/50		Tore	Punkte
1.	Hamburger SV	101: 39	48–12
2.	FC St. Pauli	62: 42	39–21
3.	VfL Osnabrück	70: 53	38–22
4.	Werder Bremen	78: 44	36–24
5.	Eintracht Braunschweig	54: 48	36–24
6.	SC Concordia Hamburg	72: 65	36–24
7.	Hannover 96	58: 61	31–29
8.	Eimsbüttel	58: 50	30–30
9.	VfB Oldenburg	56: 62	30–30
10.	Bremerhaven 93	57: 65	30–30
11.	Holstein Kiel	51: 49	28–32
12.	Arminia Hannover	38: 44	27–33
13.	SC Göttingen 05	45: 66	22–38
14.	Bremer SV	50: 71	21–39
15.	VfB Lübeck	40: 65	20–40
16.	Harburger TB	37:103	8–52

Saison 1950/51		Tore	Punkte
1.	Hamburger SV	113: 54	49–15
2.	FC St. Pauli	84: 41	46–18
3.	Holstein Kiel	63: 59	40–24
4.	VfL Osnabrück	84: 54	39–25
5.	Eimsbüttel	51: 47	37–27
6.	Werder Bremen	79: 59	36–28
7.	Bremer SV	57: 56	34–30
8.	Bremerhaven 93	66: 61	32–32
9.	SC Göttingen 05	66: 75	31–33
10.	Eintracht Braunschweig	60: 55	30–34
11.	Hannover 96	60: 66	29–35
12.	SC Concordia Hamburg	49: 65	28–36
13.	Arminia Hannover	63: 69	27–37
14.	Eintracht Osnabrück	57: 75	26–38
15.	Altona 93	55: 79	26–38
16.	VfB Oldenburg	53: 69	25–39
17.	SV Itzehoe	42:118	9–55

Saison 1951/52		Tore	Punkte
1.	Hamburger SV	96: 48	45–15
2.	VfL Osnabrück	79: 50	41–19
3.	FC St. Pauli	67: 49	35–25
4.	Eimsbüttel	71: 58	35–25
5.	Holstein Kiel	65: 54	34–26
6.	SC Göttingen 05	62: 55	34–26
7.	Werder Bremen	85: 52	33–27
8.	Bremerhaven 93	63: 56	33–27
9.	Arminia Hannover	67: 72	30–30
10.	Bremer SV	60: 59	28–32
11.	Hannover 96	55: 59	28–32
12.	SC Concordia Hamburg	56: 73	24–36
13.	Eintracht Osnabrück	56: 70	23–37
14.	Eintracht Braunschweig	50: 72	23–37
15.	Victoria Hamburg	48: 74	23–37
16.	Lüneburger SK	40:119	11–49

Eintracht Braunschweig wurde nach Abschluß der Saison strafweise aus der Oberliga Nord ausgeschlossen.

Saison 1952/53		Tore	Punkte
1.	Hamburger SV	78: 57	43–17
2.	Holstein Kiel	66: 38	39–21
3.	Werder Bremen	71: 55	37–23
4.	VfL Osnabrück	66: 47	35–25
5.	SC Göttingen 05	73: 57	32–28
6.	Altona 93	73: 69	32–28
7.	Hannover 96	52: 53	30–30
8.	Bremerhaven 93	50: 60	29–31
9.	FC St. Pauli	62: 57	28–32
10.	Eimsbüttel	59: 62	28–32
11.	VfB Lübeck	46: 63	28–32
12.	Arminia Hannover	51:262	27–33
13.	Bremer SV	65: 71	26–34
14.	Harburger TB	47: 71	24–36
15.	SC Concordia Hamburg	47: 62	23–37
16.	Eintracht Osnabrück	54: 76	19–41

Saison 1953/54		Tore	Punkte
1.	Hannover 96	64:26	46–14
2.	FC St. Pauli	65:37	39–21
3.	Altona 93	68:59	32–28
4.	Eintracht Braunschweig	57:58	32–28
5.	Werder Bremen	53:43	31–39
6.	Arminia Hannover	78:77	29–31
7.	Bremerhaven 93	53:55	29–31
8.	Eimsbüttel	51:55	29–31
9.	Holstein Kiel	50:68	29–31
10.	SC Göttingen 05	43:48	28–32
11.	Hamburger SV	77:58	27–33
12.	VfL Osnabrück	48:46	27–33
13.	Bremer SV	44:56	27–33
14.	Harburger TB	43:60	26–34
15.	VfB Lübeck	33:59	23–37
16.	Victoria Hamburg	28:50	22–38

Dem Hamburger SV wurden strafweise vier Punkte abgezogen.

Saison 1954/55		Tore	Punkte
1.	Hamburger SV	108:41	47–13
2.	Bremerhaven 93	56:38	41–19
3.	Werder Bremen	68:46	38–22
4.	Altona 93	73:51	38–22
5.	Hannover 96	52:41	34–26
6.	Eintracht Braunschweig	58:56	33–27
7.	FC St. Pauli	45:41	31–29
8.	Eimsbüttel	51:60	28–52
9.	VfL Osnabrück	58:55	27–33
10.	Holstein Kiel	52:64	27–33
11.	VfB Oldenburg	33:56	25–35
12.	Arminia Hannover	50:60	24–36
13.	SC Göttingen 05	35:49	24–36
14.	VfL Wolfsburg	34:53	24–36
15.	Bremer SV	35:56	23–37
16.	Harburger TB	35:76	16–44

Saison 1955/56		Tore	Punkte
1.	Hamburger SV	89:35	41–19
2.	Hannover 96	57:39	38–22
3.	Arminia Hannover	46:39	37–23
4.	Holstein Kiel	51:37	35–25
5.	VfR Neumünster	49:45	33–27
6.	Werder Bremen	74:54	32–28
7.	Bremerhaven 93	55:49	32–28
8.	SC Göttingen 05	58:59	31–29
9.	Altona 93	43:52	29–31
10.	VfL Osnabrück	48:64	28–32
11.	Eintracht Braunschweig	68:71	27–33
12.	Eintracht Nordhorn	46:60	27–33
13.	FC St. Pauli	36:47	27–33
14.	VfL Wolfsburg	55:62	25–35
15.	VfB Oldenburg	37:60	21–39
16.	Eimsbüttel	43:82	17–43

Saison 1956/57		Tore	Punkte
1.	Hamburger SV	86:34	41–19
2.	Holstein Kiel	46:38	39–21
3.	Hannover 96	58:34	37–23
4.	FC St. Pauli	40:52	33–27
5.	Werder Bremen	65:53	31–29
6.	VfL Osnabrück	37:40	31–29
7.	Eintracht Braunschweig	61:51	30–30
8.	VfR Neumünster	35:50	30–30
9.	Bremerhaven 93	42:49	29–31
10.	SC Göttingen 05	51:61	29–31
11.	Altona 93	51:51	28–32
12.	SC Concordia Hamburg	36:38	28–32
13.	Eintracht Nordhorn	37:48	26–34
14.	VfL Wolfsburg	51:71	26–34
15.	Arminia Hannover	39:48	23–37
16.	Heider SV	28:45	19–41

Saison 1957/58		Tore	Punkte
1.	Hamburger SV	78:35	43–17
2.	Eintracht Braunschweig	72:44	41–19
3.	Altona 93	49:44	35–25
4.	VfL Osnabrück	51:41	33–27
5.	Bremerhaven 93	52:42	33–27
6.	SC Concordia Hamburg	61:49	32–28
7.	Werder Bremen	76:70	31–29
8.	Holstein Kiel	48:46	30–30
9.	FC St. Pauli	44:51	29–31
10.	Hannover 96	47:46	27–33
11.	VfL Osnabrück	57:57	26–34
12.	VfR Neumünster	33:54	26–34
13.	Eintracht Nordhorn	37:58	25–25

Saison 1957/58		Tore	Punkte
14.	Phönix Lübeck	37:64	25–35
15.	VfB Lübeck	36:57	24–36
16.	SC Göttingen 05	47:67	20–40

Saison 1958/59		Tore	Punkte
1.	Hamburger SV	98:29	52– 8
2.	Werder Bremen	89:57	42–18
3.	VfR Neumünster	47:39	36–24
4.	VfL Osnabrück	61:49	35–25
5.	Eintracht Braunschweig	64:55	33–27
6.	Hannover 96	45:41	32–28
7.	FC St. Pauli	52:54	32–28
8.	Altona 93	51:46	31–29
9.	Bremerhaven 93	54:66	28–32
10.	Holstein Kiel	57:64	27–33
11.	ASV Bergedorf 85	41:50	27–33
12.	SC Concordia Hamburg	53:66	25–35
13.	VfV Hildesheim	28:50	24–36
14.	Phönix Lübeck	37:58	22–38
15.	Eintracht Nordhorn	34:72	18–42
16.	VfL Wolfsburg	31:56	16–44

Saison 1959/60		Tore	Punkte
1.	Hamburger SV	96:38	45–15
2.	Werder Bremen	54:33	41–19
3.	VfL Osnabrück	54:33	39–21
4.	FC St. Pauli	54:38	36–24
5.	Bremerhaven 93	59:47	34–26
6.	Hannover 96	61:51	34–26
7.	VfV Hildesheim	42:44	32:28
8.	Eintracht Braunschweig	43:44	31–29
9.	Holstein Kiel	50:52	27–33
10.	VfR Neumünster	47:50	26–34
11.	Altona 93	44:49	26–34
12.	SC Concordia Hamburg	44:56	26–34
13.	ASV Bergedorf 85	48:68	26–34
14.	VfB Lübeck	40:53	25–35
15.	Phönix Lübeck	39:70	20–40
16.	Eintracht Osnabrück	26:78	12–48

Saison 1960/61		Tore	Punkte
1.	Hamburger SV	101:29	50–10
2.	Werder Bremen	73:47	44–16
3.	VfL Osnabrück	67:43	39–21
4.	FC St. Pauli	60:46	36–24
5.	Hannover 96	64:43	35–25
6.	Altona 93	49:53	30–30
7.	Holstein Kiel	49:49	29–31
8.	VfV Hildesheim	48:52	28–32
9.	Eintracht Braunschweig	51:56	28–32
10.	VfB Oldenburg	45:55	26–34
11.	VfR Neumünster	44:56	26–34
12.	SC Concordia Hamburg	44:69	24–36
13.	ASV Bergedorf 85	37:67	23–37
14.	Bremerhaven 93	37:67	23–37
15.	VfB Lübeck	38:50	22–38
16.	Heider SV	38:73	18–42

Saison 1961/62		Tore	Punkte
1.	Hamburger SV	100:34	50–10
2.	Werder Bremen	87:33	44–16
3.	VfV Hildesheim	77:40	42–18
4.	FC St. Pauli	72:51	40–20
5.	Holstein Kiel	84:52	37–23
6.	Eintracht Braunschweig	67:55	36–24
7.	VfL Osnabrück	40:52	30–30
8.	VfR Neumünster	48:56	27–33
9.	ASV Bergedorf 85	45:55	27–33
10.	VfB Oldenburg	42:59	25–35
11.	Altona 93	47:79	24–36
12.	SC Concordia Hamburg	47:50	23–37
13.	Hannover 96	47:60	23–37
14.	Bremerhaven 93	35:65	23–37
15.	Bremer SV	40:84	18–42
16.	Eintracht Nordhorn	42:95	11–49

Saison 1962/63		Tore	Punkte
1.	Hamburger SV	100:40	49–11
2.	Werder Bremen	102:44	47–13
3.	Eintracht Braunschweig	62:41	37–23
4.	VfR Neumünster	48:46	35–25
5.	Holstein Kiel	73:58	34–26
6.	FC St. Pauli	48:45	30–40
7.	VfL Osnabrück	44:46	28–32
8.	VfV Hildesheim	51:62	27–33
9.	Hannover 96	47:61	27–33
10.	Arminia Hannover	56:64	26–34
11.	ASV Bergedorf 85	44:57	26–34
12.	VfB Oldenburg	46:67	25–35
13.	Bremerhaven 93	40:56	24–36
14.	SC Concordia Hamburg	43:64	23–37
15.	Altona 93	51:76	22–38
16.	VfB Lübeck	37:65	20–40

Hamburger SV in der Fußball-Bundesliga (1963–1991)

Saison	Platz	Tore	Punkte	Zuschauerzahl Gesamt	Durchschnitt
1963/64	6.	69:60	32–28	515 939	32 246
1964/65	11.	46:56	27–33	531 697	35 446
1965/66	9.	64:52	34–34	392 686	23 099
1966/67	14.	37:53	30–38	434 580	25 563
1967/68	13.	51:54	33–35	315 517	18 559
1968/69	6.	55:55	36–32	350 125	20 595
1969/70	6.	57:54	35–33	292 914	17 230
1970/71	5.	54:63	37–31	282 343	16 608
1971/72	10.	52:52	33–35	294 727	17 336
1972/73	14.	53:59	28–40	306 348	18 020
1973/74	12.	53:62	31–37	409 473	24 086
1974/75	4.	55:38	43–25	534 358	31 433
1975/76	2.	59:32	41–27	519 082	30 535
1976/77	6.	67:56	38–30	530 280	31 193
1977/78	10.	61:67	34–34	510 785	30 046
1978/79	1.	78:32	49–19	686 402	40 377
1979/80	2.	86:35	48–20	609 759	35 868
1980/81	2.	73:43	49–19	539 557	31 739
1981/82	1.	95:45	48–20	576 812	33 930
1982/83	1.	79:33	52–16	481 866	28 345
1983/84	2.	75:36	48–20	469 442	27 614
1984/85	5.	58:49	37–31	374 808	22 048
1985/86	7.	52:35	39–29	308 264	18 133
1986/87	2.	69:37	47–21	379 299	22 012
1987/88	6.	63:68	37–31	249 006	14 647
1988/89	4.	60:36	43–25	255 374	15 036
1989/90	11.	39:46	31–37	334 271	19 663
1990/91	5.	60:38	40–28	410 839	24 167

Die Trainer: Martin Wilke (1963/64), Georg Gawliczek (1964–17. 4. 1966), Josef Schneider (18. 4. 1966–1967), Kurt Koch (1967/68), Georg Knöpfle (1968–1970), Klaus-Dieter Ochs (1970–1973), Kuno Klötzer (1973–1977), Rudi Gutendorf (1977–27. 10. 1977), Arkoc Öczan (28. 10. 1977–1978), Branko Zebec (1978–18. 12. 1980), Aleksandar Ristic (19. 12. 1980–1981), Ernst Happel (1981–1987), Josip Skoblar (1987–9. 11. 1987), Willi Reimann (11. 11. 1987–5. 1. 1990), Gerd Volker Schock (ab 5. 1. 1990)

FC St. Pauli in der Fußball-Bundesliga (1977–1991)

Saison	Platz	Tore	Punkte	Zuschauerzahl Gesamt	Durchschnitt
1977/78	18.	44:86	18–50	199 395	11 729
1988/89	10.	41:42	32–36	356 876	20 848
1989/90	13.	31:46	31–37	326 855	19 277
1990/91	16.*	33:53	27–41	314 517	18 501

* Abstieg in die 2. Liga nach den Relegationsspielen gegen die Stuttgarter Kickers:
19. 6. Hamburg 1:1
23. 6. Stuttgart 1:1
29. 6. Gelsenkirchen 1:3

Die Trainer: Diethelm Ferner (1977/78), Helmut Schulte (1987–19. 2. 1991), Horst Wohlers (ab 20. 2. 1991)

FC St. Pauli in der eingleisigen 2. Liga (1984–1988)

Saison	Platz	Tore	Punkte
1984/85	17.	48:59	33–43
1986/87	3.	63:45	49–27
1987/88	2.	65:38	49–27

2. Fußball-Liga Nord (1974–1979)

Verein	Saison	Platz	Tore	Punkte
FC St. Pauli	1974/75	3.	77:48	50-26
SV Barmbek-Uhlenhorst	1974/75	20.	34:86	20-56
FC St. Pauli	1975/76	14.	70:82	34-42
FC St. Pauli	1976/77	1.	69:36	54-22
FC St. Pauli	1978/79	6.	56:49	43-33

Fußball-Regionalliga Nord (1963–1974)

Saison 1963/64	Tore	Punkte
1. FC St. Pauli	87:35	51–17
2. Hannover 96	78:27	49–19
3. Arminia Hannover	73:44	45–23
4. Altona 93	82:46	44–24
5. Holstein Kiel	72:48	43–25
6. VfL Osnabrück	56:52	39–29
7. VfB Oldenburg	63:50	38–30
8. ASV Bergedorf 85	65:65	35–33
9. VfL Wolfsburg	50:61	34–34
10. VfR Neumünster	56:61	33–35
11. Victoria Hamburg	49:71	29–39
12. Bremerhaven 93	48:48	28–40
13. VfV Hildesheim	40:53	28–40
14. VfB Lübeck	59:78	27–41
15. SV Friedrichsort-Kiel	46:85	24–44
16. SC Concordia Hamburg	39:62	23–45
17. VfB Oldenburg	36:49	23–45
18. SV Barmbek-Uhlenhorst	40:84	19–49

Saison 1964/65	Tore	Punkte
1. Holstein Kiel	94:41	52–12
2. FC St. Pauli	79:54	42–22
3. Altona 93	69:45	41–23
4. Arminia Hannover	76:49	40–24
5. Göttingen 05	62:40	37–27
6. VfL Wolfsburg	53:56	32–32
7. Bremerhaven 93	46:55	31–33
8. ASV Bergedorf 85	61:62	30–34
9. SC Concordia Hamburg	44:57	30–34
10. VfL Osnabrück	71:65	29–35
11. VfB Lübeck	42:56	28–36
12. Victoria Hamburg	52:73	28–36
13. VfB Oldenburg	52:59	27–37
14. SV Friedrichsort-Kiel	41:59	27–37
15. VfV Hildesheim	49:60	26–38
16. VfR Neumünster	52:71	26–38
17. Rasensport Hamburg	39:89	18–46

Saison 1965/66	Tore	Punkte
1. FC St. Pauli	84:39	44–20
2. Göttingen 05	65:32	43–21
3. Holstein Kiel	68:41	43–21
4. Bremerhaven 93	61:47	38–26
5. VfB Lübeck	44:35	36–28
6. Arminia Hannover	67:49	35–29
7. VfL Osnabrück	56:55	32–32
8. VfL Wolfsburg	55:55	32–32
9. SC Concordia Hamburg	49:52	32–32
10. Altona 93	41:47	31–33
11. ASV Bergedorf 85	56:65	30–34
12. VfB Oldenburg	58:69	30–34
13. Bremer SV	58:68	28–36
14. Itzehoer SV	48:60	28–36
15. VfV Hildesheim	35:54	25–39
16. SV Friedrichsort-Kiel	45:74	22–42
17. Victoria Hamburg	36:84	15–49

Saison 1966/67	Tore	Punkte
1. Arminia Hannover	78:26	47–17
2. SC Göttingen 05	65:24	45–19
3. Holstein Kiel	68:32	45–19
4. VfL Wolfsburg	57:33	40–24
5. FC St. Pauli	71:44	39–25
6. SC Concordia Hamburg	50:50	36–28
7. VfL Osnabrück	61:50	32–32
8. Altona 93	43:46	31–33
9. VfB Oldenburg	49:73	30–44
10. VfB Lübeck	41:43	28–36
11. ASV Bergedorf 85	45:57	28–36
12. Itzehoer SV	56:74	28–36
13. SC Sperber Hamburg	42:54	25–39
14. SV Barmbek-Uhlenhorst	48:77	25–39
15. Bremerhaven 93	34:57	24–40
16. VfV Hildesheim	25:57	23–41
17. Bremer SV	40:84	18–46

Saison 1967/68	Tore	Punkte
1. Arminia Hannover	64:25	44–20
2. SC Göttingen 05	66:36	44–20
3. VfL Wolfsburg	61:34	43–21
4. FC St. Pauli	60:30	41–23
5. Bremerhaven 93	48:53	37–27
6. Phönix Lübeck	49:39	37–27
7. VfL Osnabrück	51:43	34–30
8. Holstein Kiel	47:37	33–31
9. VfB Lübeck	44:41	33–31
10. SC Sperber Hamburg	53:63	32–32
11. VfB Oldenburg	49:49	30–34
12. Itzehoer SV	50:64	27–37
13. SC Concordia Hamburg	42:52	23–41
14. SV Barmbek-Uhlenhorst	56:79	23–41
15. ASV Bergedorf 85	31:54	22–42
16. Altona 93	37:78	20–44
17. TuS Haste	40:71	19–45

Saison 1968/69	Tore	Punkte
1. VfL Osnabrück	94:27	53–11
2. VfB Lübeck	61:39	44–20
3. FC St. Pauli	64:37	43–21
4. SC Göttingen 05	66:51	42–22
5. Arminia Hannover	51:55	38–26
6. Phönix Lübeck	55:41	38–26
7. VfL Wolfsburg	59:44	38–26
8. Holstein Kiel	47:51	32–32
9. Bremerhaven 93	53:57	30–34
10. SV Barmbek-Uhlenhorst	48:57	27–37
11. ASV Bergedorf 85	56:67	26–38
12. SC Concordia Hamburg	41:64	26–38
13. VfB Oldenburg	47:59	25–39
14. Itzehoer SV	47:72	23–41
15. TuS Celle	48:71	20–44
16. Heider SV	46:79	20–44
17. SC Sperber Hamburg	39:71	19–45

Saison 1969/70	Tore	Punkte
1. VfL Osnabrück	75:38	47–17
2. VfL Wolfsburg	78:35	46–18
3. Holstein Kiel	64:37	44–20
4. FC St. Pauli	56:33	42–22
5. SC Göttingen 05	65:42	41–23
6. Bremerhaven 93	57:47	37–27
7. VfB Lübeck	46:41	36–28
8. Arminia Hannover	53:51	33–31
9. VfB Oldenburg	44:48	33–31
10. SV Barmbek-Uhlenhorst	42:45	30–34
11. TuS Celle	39:61	26–38
12. Itzehoer SV	57:71	24–40
13. Phönix Lübeck	41:61	24–40
14. Leu Braunschweig	42:57	23–41
15. Olympia Wihelmshaven	28:49	22–42
16. ASV Bergedorf 85	46:79	22–42
17. SC Concordia Hamburg	22:66	14–50

Saison 1970/71	Tore	Punkte
1. VfL Osnabrück	70:39	44–24
2. FC St. Pauli	53:31	43–25
3. VfB Lübeck	63:45	42–26
4. Holstein Kiel	66:50	42–26
5. SV Barmbek-Uhlenhorst	63:39	41–27
6. Olympia Wilhelmshaven	37:27	41–27
7. SC Göttingen 05	63:42	38–30
8. Bremerhaven 93	54:48	37–31
9. VfL Wolfsburg	56:48	36–32
10. TuS Celle	52:55	33–35
11. Leu Braunschweig	59:55	30–38
12. Itzehoer SV	49:65	30–38
13. Phönix Lübeck	38:58	29–39
14. Arminia Hannover	46:61	28–40
15. SC Sperber Hamburg	34:51	28–40
16. Heider SV	38:56	27–41
17. VfB Oldenburg	40:57	26–42
18. SV Meppen	43:97	17–51

Saison 1971/72	Tore	Punkte
1. FC St. Pauli	86:37	54–14
2. VfL Osnabrück	62:20	49–19
3. VfL Wolfsburg	63:38	45–23
4. SV Barmbek-Uhlenhorst	53:33	45–23
5. SC Göttingen 05	67:48	44–24
6. VfB Lübeck	50:41	39–29
7. Leu Braunschweig	60:47	38–30
8. Olympia Wilhelmshaven	36:33	33–35
9. Heider SV	50:50	32–36
10. TuS Celle	52:64	31–37
11. Holstein Kiel	48:56	30–38
12. Phönix Lübeck	43:59	30–38
13. OSV Hannover	47:69	30–38
14. Arminia Hannover	43:51	28–38
15. Bremerhaven 93	42:60	25–43
16. Itzehoer SV	36:60	21–47
17. SC Sperber Hamburg	34:69	19–49
18. Polizei Bremen	31:68	19–49

Saison 1972/73		Tore	Punkte
1.	FC St. Pauli	94:33	56–12
2.	VfL Osnabrück	75:41	51–17
3.	VfL Wolfsburg	71:35	46–72
4.	SC Göttingen 05	60:36	43–25
5.	SV Barmbek-Uhlenhorst	47:35	40–28
6.	VfB Lübeck	48:42	40–28
7.	Holstein Kiel	63:47	37–31
8.	Phönix Lübeck	55:58	37–31
9.	Arminia Hannover	48:41	34–34
10.	SV Meppen	51:62	30–38
11.	VfB Oldenburg	54:73	28–40
12.	Olympia Wilhelmshaven	47:55	27–41
13.	Heider SV	44:54	25–43
14.	Bremerhaven 93	40:60	25–43
15.	OSV Hannover	51:74	25–43
16.	Itzehoer SV	27:58	25–43
17.	TuS Celle	40:70	22–46
18.	Leu Braunschweig	37:78	21–47

Saison 1973/74		Tore	Punkte
1.	Eintracht Braunschweig	125: 23	63– 9
2.	FC St. Pauli	113: 48	56–16
3.	VfL Osnabrück	84: 43	50–22
4.	VfL Wolfsburg	77: 51	46–26
5.	SV Barmbek-Uhlenhorst	48: 48	43–29
6.	VfB Oldenburg	71: 55	42–30
7.	Olympia Wilhelmshaven	74: 57	39–33
8.	SV Meppen	55: 54	38–34
9.	Arminia Hannover	57: 59	38–34
10.	SC Concordia Hamburg	44: 46	36–36
11.	OSV Hannover	70: 67	35–37
12.	SC Göttingen 05	55: 46	33–39
13.	Holstein Kiel	54: 73	31–41
14.	Bremerhaven 93	35: 61	31–41
15.	Heider SV	48: 76	23–49
16.	VfB Lübeck	34: 80	22–50
17.	Itzehoer SV	48:107	21–51
18.	VfL Pinneberg	43: 76	20–52
19.	Phönix Lübeck	40:105	17–55

Fußball-Amateur-Oberliga Nord (1974–1991)

Saison 1974/75		Tore	Punkte
1.	VfB Oldenburg	91:45	52–16
2.	Arminia Hannover	92:42	50–18
3.	SV Meppen	61:36	41–27
4.	Victoria Hamburg	59:42	41–27
5.	Preußen Hameln	69:56	38–30
6.	Bremerhaven 93	51:34	37–31
7.	Blumenthaler SV	55:52	37–31
8.	Itzehoer SV	52:56	37–31
9.	OSV Hannover	59:49	35–33
10.	Holstein Kiel	53:43	35–33
11.	SC Concordia Hamburg	61:42	34–34
12.	Union Salzgitter	51:55	33–35
13.	SpVg. Bad Pyrmont	53:67	33–35
14.	Phönix Lübeck	40:64	26–42
15.	Flensburg 08	41:69	24–44
16.	Heider SV	46:82	23–45
17.	Bremer SV	36:76	20–48
18.	SC Poppenbüttel	33:84	16–52

Saison 1975/76		Tore	Punkte
1.	Arminia Hannover	81: 42	50–18
2.	VfL Wolfsburg	72: 36	46–22
3.	VfB Oldenburg	65: 50	46–22
4.	Olympia Wilhelmshaven	54: 54	39–29
5.	Union Salzgitter	59: 43	38–30
6.	SV Meppen	56: 49	37–31
7.	SC Concordia Hamburg	47: 44	35–33
8.	Blumenthaler SV	60: 59	33–35
9.	Eintracht Nordhorn	43: 48	33–35
10.	Bremerhaven 93	67: 50	32–36
11.	Eintracht Braunschweig	49: 49	32–36
12.	Preußen 07 Hameln	65: 71	32–36
13.	Holstein Kiel	45: 52	31–37
14.	OSV Hannover	67: 69	30–38
15.	SV Barmbek-Uhlenhorst	65: 74	30–38
16.	Victoria Hamburg	51: 53	29–39
17.	Itzehoer SV	69: 81	28–40
18.	SpVgg Bad Pyrmont	29:120	11–57

Saison 1976/77		Tore	Punkte
1.	Bremerhaven 93	98: 35	51–17
2.	Union Salzgitter	70: 31	48–20
3.	Holstein Kiel	54: 25	47–21
4.	Preußen 07 Hameln	68: 50	44–24
5.	SC Concordia Hamburg	58: 47	41–27
6.	Atlas Delmenhorst	53: 48	38–30
7.	VfB Oldenburg	65: 50	37–31
8.	Werder Bremen	70: 47	34–34
9.	Eintracht Nordhorn	55: 55	33–35
10.	Olympia Wilhelmshaven	63: 67	32–36
11.	SV Barmbek-Uhlenhorst	68: 66	31–37
12.	Itzehoer SV	50: 51	31–37
13.	SV Meppen	51: 54	30–38
14.	OSV Hannover	75: 80	30–38
15.	Eintracht Braunschweig	48: 54	30–38
16.	Blumenthaler SV	58: 60	29–39
17.	Victoria Hamburg	40: 85	22–46
18.	SpVgg Bad Pyrmont	20:159	4–64

Saison 1977/78		Tore	Punkte
1.	OSV Hannover	74:36	51–17
2.	VfL Wolfsburg	74:46	46–22
3.	Göttingen 05	82:47	44–24
4.	Holstein Kiel	64:41	44–24
5.	SV Barmbek-Uhlenhorst	59:51	41–27
6.	SC Concordia Hamburg	56:45	37–31
7.	VfB Lübeck	43:49	34–34
8.	VfB Oldenburg	42:49	34–34
9.	Union Salzgitter	50:48	34–34
10.	Werder Bremen	41:41	32–36
11.	Preußen 07 Hameln	56:60	31–37
12.	Olympia Wilhelmshaven	52:61	30–38
13.	Eintracht Nordhorn	44:56	30–38
14.	Eintracht Braunschweig	32:50	28–40
15.	Atlas Delmenhorst	60:73	27–41
16.	SV Itzehoe	40:58	27–41
17.	SV Meppen	31:56	22–46
18.	VfL Pinneberg	43:70	20–48

Saison 1978/79		Tore	Punkte
1.	OSV Hannover	74:31	47–21
2.	OSC Bremerhaven	68:32	46–22
3.	Union Salzgitter	61:43	43–25
4.	VfB Lübeck	55:40	43–25
5.	VfL Wolfsburg	61:46	35–33
6.	Göttingen 05	48:39	35–33
7.	Werder Bremen	54:57	34–34
8.	VfB Oldenburg	43:48	34–34
9.	SC Concordia Hamburg	45:51	34–34
10.	Preußen 07 Hameln	54:58	32–36
11.	SV Barmbek-Uhlenhorst	53:63	32–36
12.	Eintracht Nordhorn	41:49	31–37
13.	Bremer SV	52:54	30–38
14.	Atlas Delmenhorst	46:51	30–38
15.	Itzehoer SV	55:72	30–38
16.	Olympia Wilhelmshaven	45:61	29–39
17.	Eintracht Braunschweig	50:59	28–40
18.	Phönix Lübeck	30:81	19–49

Saison 1979/80		Tore	Punkte
1.	VfB Oldenburg	55:27	50–18
2.	SC Göttingen 05	75:37	48–20
3.	VfL Wolfsburg	79:45	47–21
4.	Atlas Delmenhorst	72:37	46–22
5.	Union Solingen	64:40	41–27
6.	Werder Bremen	49:51	36–32
7.	MTV Gifhorn	57:53	35–33
8.	SV Meppen	57:55	35–33
9.	Itzehoer SV	52:56	33–35
10.	FC St.Pauli	48:50	31–37
11.	SV Barmbek-Uhlenhorst	56:60	31–37
12.	VfB Lübeck	44:56	31–37
13.	SC Concordia Hamburg	43:56	30–38
14.	Preußen Hameln	53:65	29–39
15.	Bremer SV	65:68	28–40
16.	Eintracht Nordhorn	39:66	28–40
17.	Olympia Wilhelmshaven	41:75	19–49
18.	Blumenthaler SV	35:86	14–54

Saison 1980/81		Tore	Punkte
1.	FC St. Pauli	68:28	50–18
2.	Werder Bremen	84:31	48–20
3.	Union Solingen	83:47	46–22
4.	SV Meppen	78:45	46–22
5.	OSC Bremerhaven	60:39	46–22
6.	VfL Wolfsburg	76:52	45–23
7.	Atlas Delmenhorst	58:40	38–30
8.	Lüneburger SK	58:49	37–31
9.	SC Concordia Hamburg	72:67	37–31
10.	MTV Gifhorn	50:52	34–34
11.	Arminia Hannover	55:65	33–35
12.	VfB Lübeck	50:50	31–37
13.	SV Hummelsbüttel	35:40	30–38
14.	Bremer SV	45:71	24–44
15.	Itzehoer SV	39:65	24–44
16.	Eintracht Nordhorn	34:69	17–51
17.	Preußen 07 Hameln	31:96	13–55

Saison 1981/82		Tore	Punkte
1.	Werder Bremen	78:49	48–20
2.	Arminia Hannover	72:48	47–21
3.	SC Göttingen 05	70:50	42–26
4.	VfL Wolfsburg	48:45	40–28
5.	MTV Gifhorn	67:45	38–30
6.	FC St. Pauli	58:39	37–31
7.	Holstein Kiel	52:36	37–31
8.	Atlas Delmenhorst	57:43	37–31
9.	VfB Oldenburg	50:45	36–32
10.	TSV Havelse	46:47	36–32
11.	Union Salzgitter	65:58	34–34
12.	Lüneburger SK	55:55	33–35
13.	SV Meppen	55:68	30:38
14.	SC Concordia Hamburg	51:82	30–38
15.	VfB Lübeck	41:67	25–43
16.	OSC Bremerhaven	34:62	25–43
17.	SV Lurup	48:68	20–48
18.	OSV Hannover	44:84	17–51

Saison 1982/83		Tore	Punkte
1.	FC St. Pauli	87:34	55–13
2.	Werder Bremen	72:53	43–25
3.	Holstein Kiel	56:46	40–28
4.	MTV Gifhorn	65:44	38–30
5.	VfL Wolfsburg	70:51	38–30
6.	TSV Havelse	64:53	38–30
7.	SV Meppen	49:61	37–31
8.	Union Salzgitter	76:77	34–34
9.	Arminia Hannover	67:53	33–35
10.	OSC Bremerhaven	45:57	32–36
11.	SC Concordia Hamburg	60:67	31–37
12.	SC Göttingen 05	54:63	31–37
13.	TuS Hessisch-Oldendorf	40:49	30–38
14.	Lüneburger SK	47:73	29–39
15.	Olympia Wilhelmshaven	52:58	28–40
16.	VfB Oldenburg	59:72	28–40
17.	VfB Lübeck	48:68	28–40
18.	Atlas Delmenhorst	43:75	19–49

Saison 1983/84		Tore	Punkte
1.	Werder Bremen	84:53	47–21
2.	FC St. Pauli	76:37	45–23
3.	SV Lurup	61:55	40–28
4.	TSV Havelse	65:53	39–29
5.	SC Göttingen 05	76:65	38–30
6.	SV Meppen	62:53	38–30
7.	Holstein Kiel	55:50	36–32
8.	Arminia Hannover	74:79	35–33
9.	MTV Gifhorn	61:63	32–36
10.	TuS Hessisch-Oldendorf	42:44	32–36
11.	Olympia Wilhelmshaven	49:61	32–36
12.	OSC Bremerhaven	52:53	31–37
13.	SC Concordia Hamburg	67:74	31–37
14.	VfL Wolfsburg	59:69	31–37
15.	VfB Oldenburg	50:64	29–39
16.	Lüneburger SK	53:64	28–40
17.	Union Salzgitter	52:80	25–43
18.	Eintracht Braunschweig	44:65	23–45

Saison 1984/85		Tore	Punkte
1.	VfL Osnabrück	75:31	49–19
2.	SV Hummelsbüttel	79:39	48–20
3.	Werder Bremen Amateure	96:56	45–23
4.	VfB Oldenburg	56:51	43–25
5.	SV Meppen	76:60	38–30
6.	Arminia Hannover	67:70	38–30
7.	SV Lurup	65:58	37–31
8.	Olympia Wilhelmshaven	58:51	35–33
9.	VfL Wolfsburg	38:43	34–34
10.	MTV Gifhorn	49:57	34–34
11.	Altona 93	48:56	34–34
12.	SC Göttingen 05	69:65	31–37
13.	Lüneburger SK	55:63	30–38
14.	Holstein Kiel	51:67	30–38
15.	TSV Havelse	44:63	29–39
16.	SC Concordia Hamburg	50:71	23–45
17.	OSC Bremerhaven	43:74	19–49
18.	TuS Hessisch-Oldendorf	33:77	15–53

Saison 1985/86	Tore	Punkte
1. FC St. Pauli	70:32	50–18
2. VfB Oldenburg	69:32	48–20
3. SV Meppen	69:42	42–26
4. Altona 93	47:30	41–27
5. Werder Bremen	67:50	40–28
6. VfL Wolfsburg	44:52	36–32
7. SV Hummelsbüttel	50:51	34–34
8. SC Concordia Hamburg	48:51	34–34
9. Arminia Hannover	62:70	32–36
10. SC Göttingen 05	59:70	32–36
11. Olympia Wilhelmshaven	55:68	32–36
12. SV Wolfenbüttel	64:73	30–38
13. Eintracht Braunschweig	48:60	29–39
14. Lüneburger SK	40:60	29–39
15. Holstein Kiel	48:51	28–40
16. TSV Havelse	38:55	28–40
17. SV Lurup	43:48	26–42
18. MTV Gifhorn	44:70	21–47

Saison 1986/87	Tore	Punkte
1. SV Meppen	70:37	45–19
2. Arminia Hannover	57:41	44–20
3. SC Göttingen 05	90:57	40–24
4. Holstein Kiel	59:44	40–24
5. VfB Oldenburg	63:58	40–24
6. VfL Wolfsburg	75:40	39–25
7. TSV Havelse	60:65	37–27
8. SpVgg Göttingen 07	51:47	36–28
9. Werder Bremen	62:47	35–29
10. SV Wolfenbüttel	53:44	34–30
11. Altona 93	55:52	31–33
12. SC Concordia Hamburg	47:50	29–35
13. Lüneburger SK	48:56	26–38
14. Olympia Wilhelmshaven	39:72	21–43
15. Atlas Delmenhorst	37:61	19–45
16. Bremer SV	39:78	18–46
17. Eintracht Braunschweig	30:86	10–54

Der Hummelsbütteler SV zog seine Mannschaft während der Saison zurück.

Saison 1987/88	Tore	Punkte
1. Eintracht Braunschweig	89: 24	57–11
2. VfL Wolfsburg	100: 37	54–14
3. VfB Oldenburg	76: 35	53–15
4. Werder Bremen	94: 45	48–20
5. Holstein Kiel	56: 38	43–25
6. SC Göttingen 05	61: 55	37–31
7. SC Concordia Hamburg	59: 51	36–32
8. VfL Wolfsburg	60: 59	33–35
9. TSV Havelse	53: 53	32–36
10. SpVgg Göttingen 07	57: 66	32–36
11. Altona 93	46: 61	31–37
12. Bremer SV	43: 60	31–37
13. Arminia Hannover	45: 61	26–42
14. Lüneburger SK	37: 65	24–44
15. SC Norderstedt	54: 75	23–45
16. FC Mahndorf	51: 85	22–46
17. Olympia Wilhelmshaven	44: 81	22–46
18. Atlas Delmenhorst	35:109	8–60

Saison 1988/89	Tore	Punkte
1. TSV Havelse	68:37	48–20
2. SC Göttingen 05	63:29	47–21
3. VfL Wolfsburg	65:36	43–25
4. Holstein Kiel	63:51	43–25
5. Altona 93	51:42	42–26
6. Werder Bremen	65:53	40–28
7. VfB Oldenburg	64:43	39–29
8. TuS Hoisdorf	50:46	38–30
9. SC Norderstedt	50:47	38–30
10. VfL Herzlake	46:38	36–32
11. Arminia Hannover	68:63	33–35
12. SV Wolfenbüttel	52:59	32–36
13. FC Mahndorf	38:49	29–39
14. SpVgg Göttingen 07	49:51	26–42
15. SC Concordia Hamburg	37:55	26–42
16. Bremer SV	44:78	23–45
17. SFL Bremerhaven	21:67	17–51
18. Lüneburger SK	33:83	12–56

Saison 1989/90	Tore	Punkte
1. VfB Oldenburg	72:33	48–20
2. TSV Havelse	70:33	45–23
3. TuS Hoisdorf	59:41	44–24
4. VfL Wolfsburg	60:48	42–26
5. Hamburger SV (A)	57:39	40–28
6. Göttingen 05	44:29	40–28
7. Holstein Kiel	55:47	40–28
8. SC Norderstedt	49:36	38–30
9. Werder Bremen	51:47	34–34
10. Altona 93	62:52	31–37
11. SpVgg Göttingen	53:55	29–39
12. SC Concordia Hamburg	48:54	28–40
13. Arminia Hannover	52:72	28–40
14. Wolfenbütteler SV	41:55	27–41
15. VfL Herzlake	43:73	27–41
16. Bremer SV	39:72	25–43
17. TuS Esens	34:74	24–44
18. FC Bremen-Mahnd.	32:61	22–46

Saison 1990/91	Tore	Punkte
1. VfL Wolfsburg	81:36	53–15
2. Göttingen 05	60:30	44–24
3. Werder Bremen	90:57	43–25
4. Holstein Kiel	54:33	42–26
5. Hamburger SV (A)	56:45	40–28
6. SC Norderstedt	49:39	40–28
7. TuS Celle	59:61	34–34
8. Bremer SV	63:70	34–34
9. VfL Stade	51:59	33–35
10. Vfl Herzlake	48:54	31–37
11. TuS Hoisdorf	55:66	31–37
12. Altona 93	54:49	30–38
13. SVG Göttingen	44:54	30–38
14. Eintracht Nordhorn	37:43	29–39
15. SC Concordia Hamburg	46:57	29–39
16. Wolfenbütteler SV	33:65	26–42
17. Eutin 08	38:65	22–46
18. Arminia Hannover	43:78	21–47

Die größten Erfolge des Hamburger SV

Sieg des Hamburger SV im Europapokal der Landesmeister

Jahr	Endspiel	Ergebnis
1983	Hamburger SV – Juventus Turin	1:0

Sieg des Hamburger SV im Europapokal der Pokalsieger

Jahr	Endspiel	Ergebnis
1977	Hamburger SV – RSC Anderlecht	2:0

Deutsche Meisterschaften des Hamburger SV

Jahr	Endspiel	Ergebnis
1923	Hamburger SV – Union Oberschöneweide	3:0
1928	Hamburger SV – Hertha BSC Berlin	5:2
1960	Hamburger SV – 1. FC Köln	3:2
1979	Erster der Fußball-Bundesliga	
1982	Erster der Fußball-Bundesliga	
1983	Erster der Fußball-Bundesliga	

Siege des Hamburger SV im DFB-Pokal

Jahr	Endspiel	Ergebnis
1963	Hamburger SV – Borussia Dortmund	3:0 n. V.
1976	Hamburger SV – 1. FC Kaiserslautern	2:0
1987	Hamburger SV – Stuttgarter Kickers	3:1

Feldhockey-Bundesliga Herren

Saison	Verein (Tabellenplatz)	Tore	Punkte
1969/70	UHC Hamburg (2.)	26:24	12: 8
	Klipper Hamburg (6.)	13:22	6:14
1970/71	UHC Hamburg (3.)	20:14	11: 9
1971/72	Klipper Hamburg (3.)	15:14	17:11
	UHC Hamburg (6.)	14:18	10:18
	Harvestehuder THC (8.)	7:22	6:22
1972/73	Klipper Hamburg (3.)	24:20	17: 9
	UHC Hamburg (6.)	6:32	3:23
1973/74	Klipper Hamburg (3.)	20:18	17:11
1974/75	Klipper Hamburg (2.)	28:22	21: 7
1975/76	Klipper Hamburg (3.)	20:10	19: 9
1976/77	Klipper Hamburg (4.)	20:10	18:10
	HTHC Hamburg (7.)	15:33	7:21
1977/78	Klipper Hamburg (4.)	14:12	15:13
	HTHC Hamburg (8.)	5:38	2:26
1978/79	Klipper Hamburg (2.)	21:18	18:10
	Großflottb. THGC (7.)	16:20	11:17
1979/80	Klipper Hamburg (6.)	17:25	10:18
	Großflottb. THGC (7.)	15:23	9:19
1980/81	Klipper Hamburg (6.)	21:20	12:16
	Großflottb. THGC (8.)	22:36	9:19
1981/82	Klipper Hamburg (8.)	14:24	9:19
1982/83	Großflottb. THGC (8.)	22:31	7:21
1983/84	Club an der Alster (6.)	13:21	12:16
1984/85	Club an der Alster (3.)	21:18	15:13
	Großflottb. THGC (8.)	22:44	6:22
1985/86	Club an der Alster (3.)	29:16	19: 9
1986/87	Club an der Alster (7.)	16:27	12:16
1987/88	Club an der Alster (2.)	23:23	15:13
1988/89	Club an der Alster (6.)	12:20	10:18
	Großflottb. THGC (8.)	14:35	7:21
1989/90	Harvestehude (3.)	16:15	16:12
	Club an der Alster (4.)	21:13	15:13

Feldhockey-Bundesliga Damen

Saison	Verein (Tabellenplatz)	Tore	Punkte
1981/82	UHC Hamburg (5.)	12:13	14:14
	HTHC Hamburg (8.)	2:35	0:28
1982/83	UHC Hamburg (5.)	13:15	13:15
	Großflottb. THGC (6.)	13:20	8:20
1983/84	UHC Hamburg (2.)	37:14	22: 6
	Großflottb. THGC (8.)	9:59	4:24
1984/85	Klipper Hamburg (3.)	18: 7	19: 9
	UHC Hamburg (7.)	16:25	9:19
1985/86	Klipper Hamburg (6.)	14:22	12:16
	UHC Hamburg (7.)	19:23	12:16
1986/87	Klipper Hamburg (5.)	16:23	12:16
	UHC Hamburg (6.)	12:25	11:17

1987/88	Klipper Hamburg (4.)	14:14	16:12
	UHC Hamburg (5.)	16:16	14:14
	Club an der Alster (7.)	9:19	8:20
1988/89	Klipper Hamburg (4.)	20:19	15:13
	UHC Hamburg (7.)	20:24	11:17
	Club an der Alster (8.)	17:21	11:17
1989/90	Klipper Hamburg (5.)	10:17	11:17
	UHC Hamburg (8.)	13:30	6:22

Hallenhockey-Bundesliga Herren

Saison	Verein (Tabellenplatz)	Tore	Punkte
1972/73	Klipper Hamburg (3.)	88: 84	11: 9
1973/74	Klipper Hamburg (4.)	81: 93	8:10
1974/75	Klipper Hamburg (5.)	92: 95	10:10
1975/76	Klipper Hamburg (5.)	87:106	6:14
1976/77	Klipper Hamburg (5.)	124:140	15:13
1977/78	Klipper Hamburg (7.)	99:119	9:19
1978/79	Klipper Hamburg (7.)	100:126	8:20
1979/80	Klipper Hamburg (7.)	107:122	8:20
1984/85	Großflottb. THGC (8.)	133:156	9:19
1986/87	Club an der Alster (6.)	114:137	9:19
1987/88	Club an der Alster (1.)	112:100	20: 8
1988/89	Club an der Alster (5.)	113:115	13:15
1989/90	Club an der Alster (4.)	120:100	18:10
	Harvestehude (8.)	90:125	7:21
1990/91	Club an der Alster (5.)	101: 88	15:13

Hallenhockey-Bundesliga Damen

Saison	Verein (Tabellenplatz)	Tore	Punkte
1983/84	Klipper Hamburg (4.)	117:101	14:14
	UHC Hamburg (7.)	95:120	7:21
	Großflottb. THGC (8.)	53:133	4:24
1984/85	Klipper Hamburg (3.)	115: 92	16:12
	UHC Hamburg (6.)	92: 97	11:17
1985/86	Klipper Hamburg (2.)	132: 71	22: 6
	UHC Hamburg (5.)	96: 92	16:12
	Club an der Alster (8.)	62:137	2:26
1986/87	UHC Hamburg (2.)	90: 69	24: 4
	Klipper Hamburg (8.)	14: 79	22: 6
1987/88	Klipper Hamburg (2.)	86: 72	19: 9
	UHC Hamburg (7.)	95: 92	6:22
1988/89	UHC Hamburg (3.)	112: 74	21: 7
	Klipper Hamburg (6.)	72: 94	10:18
1989/90	Großflottb. THGC (3.)	96:109	16:12
	Klipper Hamburg (6.)	79: 87	10:18
	UHC Hamburg (7.)	72:108	8:20
1990/91	Großflottb. THGC (4.)	92: 94	15:13
	UHC Hamburg (5.)	73: 95	11:17
	Klipper Hamburg (7.)	83:102	10:18
	Club an der Alster (8.)	49: 84	5:23

Lufttemperatur in °C
(1911–1990)

Jahr	Jan.	Febr.	März	April	Mai	Juni	Juli	Aug.	Sept.	Okt.	Nov.	Dez.
1911	2,0	3,3	4,9	8,3	15,3	16,1	19,5	20,4	15,7	9,7	6,0	4,0
1912	–1,6	3,1	6,7	8,5	12,3	16,8	20,1	15,8	11,3	8,2	4,9	5,4
1913	0,5	2,7	6,3	8,9	13,4	15,5	15,8	15,4	14,1	9,7	7,6	3,8
1914	0,2	5,0	5,2	9,9	11,4	15,4	19,2	17,9	14,2	9,4	4,7	4,5
1915	1,1	1,7	2,1	7,7	12,1	16,8	16,3	15,8	13,4	7,4	2,8	2,8
1916	4,5	1,0	3,0	8,8	12,9	13,1	16,2	16,2	12,6	9,1	5,5	2,4
1917	–0,9	–2,0	–0,2	4,8	14,2	19,5	17,5	17,8	14,7	8,1	6,4	0,0
1918	1,6	2,5	4,6	8,6	14,1	13,2	16,9	16,2	12,8	9,5	4,1	4,7
1919	1,7	0,3	3,1	7,0	12,7	15,3	14,9	15,6	15,0	7,0	0,4	0,7
1920	2,7	4,0	6,9	10,2	13,3	15,4	17,7	15,3	13,4	7,5	2,1	1,1
1921	5,0	2,5	6,8	9,0	14,2	14,3	17,8	17,4	14,0	11,4	0,9	2,3
1922	–2,5	–0,7	3,7	6,2	13,4	15,4	16,0	15,6	17,7	5,7	3,8	3,8
1923	3,3	0,3	5,5	7,0	11,0	11,2	18,8	15,1	13,3	10,7	3,5	–1,4
1924	–1,7	–1,6	2,4	6,1	14,4	15,3	16,8	15,7	14,1	9,9	4,1	3,4
1925	3,8	4,2	2,2	8,8	14,9	14,9	19,2	16,8	11,7	9,0	2,8	–0,5
1926	0,6	3,9	4,4	9,8	11,0	14,6	18,6	16,4	14,7	7,6	6,2	2,7
1927	2,2	1,6	7,0	6,8	10,1	13,2	18,1	16,8	13,5	9,9	2,5	–2,1
1928	1,6	3,2	3,2	7,8	11,2	13,6	16,9	15,7	13,0	9,4	7,2	0,9
1929	–3,0	–8,8	2,3	4,5	13,4	13,8	17,1	17,0	15,4	9,7	5,3	4,3
1930	3,5	0,5	3,6	8,5	11,9	18,3	17,1	16,3	13,5	9,6	6,0	1,5
1931	1,2	0,2	0,6	6,3	15,3	15,1	17,1	15,8	11,2	8,3	5,4	1,9
1932	3,2	0,6	1,3	7,4	13,6	15,3	19,2	18,5	14,2	8,8	5,1	2,7
1933	–1,3	1,2	5,7	7,3	12,5	16,2	18,4	17,1	14,2	9,7	3,7	–1,8
1934	1,7	3,1	4,7	10,4	13,3	16,4	18,3	16,7	15,7	10,2	5,1	4,7
1935	0,5	3,0	3,1	7,7	9,9	16,6	16,8	15,9	13,8	9,0	5,7	1,7
1936	3,6	–0,1	4,3	5,5	11,0	16,4	17,0	16,3	12,8	7,0	4,3	2,7
1937	–1,7	2,0	2,2	8,7	14,0	16,7	17,8	18,4	14,4	10,9	4,0	0,3
1938	3,0	2,6	7,8	7,0	11,8	15,9	17,3	18,7	14,8	9,2	7,8	–0,9
1939	3,2	3,0	2,7	8,1	11,3	17,1	17,8	18,0	13,9	6,5	5,7	–0,9
1940	–8,5	–6,6	2,3	7,2	12,8	17,5	16,7	15,0	12,0	8,1	6,0	–0,8
1941	–6,0	–0,8	2,3	5,2	9,8	16,5	19,8	15,2	12,5	8,1	2,7	3,0
1942	–7,9	–5,4	–0,4	7,1	11,6	13,8	16,2	18,4	14,3	10,9	4,3	3,5
1943	0,1	3,9	6,0	9,4	12,8	14,8	17,5	17,3	13,8	10,2	3,5	1,1
1944	4,2	0,9	2,0	8,4	11,4	14,2	18,1	19,4	12,9	9,0	4,7	0,5
1945	–1,8	4,2	[1]	[1]	[1]	15,9	17,5	16,6	13,3	10,5	4,5	2,1
1946	–0,5	2,7	3,7	9,3	13,3	14,5	18,5	16,5	14,5	7,2	4,9	–1,1
1947	–4,4	–7,2	0,8	8,4	14,8	17,4	17,9	18,3	16,1	7,8	5,5	2,8
1948	2,6	1,2	5,2	10,1	12,7	15,4	16,9	16,4	14,3	9,1	4,9	2,4
1949	2,6	3,3	2,3	9,5	11,9	13,9	16,3	16,0	16,4	10,9	5,0	4,0
1950	0,1	3,2	5,4	6,8	12,6	16,9	16,9	17,6	13,1	8,1	4,6	–0,8
1951	1,6	1,7	2,1	7,2	11,1	15,5	16,3	17,2	14,7	7,1	7,0	4,5
1952	1,2	1,4	1,9	10,5	12,0	14,1	16,4	16,6	10,7	7,3	1,9	0,2
1953	1,0	0,3	4,7	8,6	12,8	16,8	17,1	16,3	12,7	10,9	6,7	3,0
1954	–0,9	–3,5	4,2	6,5	13,4	16,5	15,1	16,2	13,8	11,0	5,0	4,4
1955	–0,7	–1,1	0,9	7,5	10,5	14,5	18,7	19,3	15,1	9,5	4,5	3,5
1956	1,2	–6,5	3,9	5,5	13,7	14,3	17,9	14,3	14,8	9,6	4,2	3,8
1957	2,8	4,6	6,3	8,2	10,8	17,2	18,4	16,3	12,4	10,7	6,0	2,1
1958	0,6	2,0	0,7	5,8	13,2	15,2	17,4	17,4	15,7	11,1	5,2	3,9
1959	1,3	0,9	7,1	10,5	13,8	16,6	20,2	19,0	15,6	10,6	4,4	3,0
1960	1,6	0,9	4,6	7,6	13,7	16,8	16,5	16,4	14,2	4,8	7,0	2,8
1961	0,3	5,3	7,0	11,0	11,3	17,4	15,9	16,3	16,8	12,0	5,1	0,0
1962	3,3	2,1	1,2	8,2	10,3	14,8	15,2	15,4	13,3	11,0	4,2	–1,1
1963	–5,1	–3,8	3,3	8,5	13,0	17,2	18,4	16,9	14,4	9,7	8,2	–1,0
1964	0,1	1,6	0,8	9,5	14,1	17,0	17,5	16,5	14,8	8,4	6,0	2,1
1965	2,8	0,9	3,7	7,7	11,8	16,1	15,2	15,8	14,6	10,2	1,7	3,1
1966	–0,9	1,8	4,6	7,2	14,1	18,3	16,8	16,4	14,3	11,6	3,8	3,2
1967	2,5	4,3	6,7	7,3	13,8	15,9	18,8	17,5	15,2	11,8	5,7	2,5
1968	0,5	1,4	5,8	10,4	11,5	17,7	17,2	18,4	15,0	11,5	5,7	–0,8
1969	1,7	–1,1	0,5	8,0	12,7	17,1	19,4	18,8	15,6	11,4	6,2	–3,4
1970	–2,6	–0,7	2,2	5,5	12,4	18,5	16,8	18,1	14,0	10,5	6,6	2,9
1971	2,9	3,4	2,7	8,3	14,8	15,0	18,6	18,5	13,8	10,8	5,4	5,7
1972	–2,2	2,6	6,1	8,1	12,8	15,6	18,9	17,2	12,3	8,9	5,9	3,5
1973	2,1	3,1	6,2	5,9	12,9	17,3	18,6	18,3	14,9	8,7	4,5	2,0
1974	4,4	4,7	6,0	9,5	12,0	15,2	15,5	17,8	14,2	7,7	6,6	6,4
1975	6,5	2,6	4,5	7,3	11,9	16,0	19,5	21,0	16,6	8,8	4,7	4,1
1976	2,2	1,3	2,1	7,9	13,7	18,0	20,3	18,3	14,2	10,4	6,4	0,7
1977	1,1	3,6	6,6	6,5	13,0	16,5	17,1	17,2	13,4	11,5	6,4	4,2
1978	2,1	0,0	5,6	6,6	13,7	16,5	16,4	16,6	12,8	11,2	7,0	0,3
1979	–3,4	–2,1	3,5	7,6	13,2	16,8	15,4	16,6	14,3	9,4	5,3	4,4
1980	–1,9	1,9	3,1	7,8	11,8	16,1	16,2	17,4	15,1	9,5	5,0	2,7
1981	0,7	1,6	6,8	8,6	15,0	15,6	17,2	17,7	15,4	8,7	5,9	–2,4
1982	–1,6	1,4	5,6	8,3	13,0	17,0	19,7	18,3	16,3	11,0	7,5	3,4
1983	5,5	0,6	5,3	9,1	12,6	17,1	20,6	19,8	14,6	10,5	5,7	2,2
1984	2,4	1,2	3,0	8,8	12,7	14,0	16,1	18,8	13,2	11,6	5,6	2,2
1985	–4,1	–1,7	4,0	8,2	14,0	14,8	18,0	17,1	10,1	10,7	2,4	5,1
1986	0,6	–3,8	4,1	7,0	14,7	17,2	18,0	16,7	11,9	10,8	7,8	3,4
1987	–4,7	1,0	0,9	10,0	10,6	13,9	17,4	15,8	14,3	10,2	7,0	3,4
1988	4,9	3,7	3,7	3,1	14,9	15,8	17,6	17,5	14,4	10,2	5,0	5,1
1989	4,7	5,2	7,7	7,9	14,8	17,3	18,3	17,6	16,1	11,8	4,8	3,4
1990	5,1	7,3	8,2	9,1	15,0	15,8	17,2	19,1	13,2	11,5	5,9	3,2

[1] keine Angabe

Niederschlagsmenge in mm
(1911–1990)

Jahr	Jan.	Febr.	März	April	Mai	Juni	Juli	Aug.	Sept.	Okt.	Nov.	Dez.
1911	28	93	35	33	41	50	36	36	54	71	66	64
1912	43	59	63	49	74	120	74	60	70	49	117	71
1913	52	23	54	29	28	40	93	41	13	45	64	102
1914	54	30	133	63	57	66	66	59	103	73	71	64
1915	88	33	85	28	40	39	153	148	41	15	15	141
1916	197	71	43	51	73	107	67	101	67	145	66	81
1917	43	12	52	67	13	44	63	92	56	109	58	50
1918	97	72	17	112	28	121	85	167	104	54	15	126
1919	37	29	78	34	11	37	66	57	44	57	82	113
1920	21	15	7	11	18	10	26	15	10	5	7	11
1921	21	18	4	15	22	31	18	24	14	8	19	25
1922	21	11	24	6	11	15	42	19	15	11	14	16
1923	71	57	18	1	100	65	101	115	67	78	59	41
1924	19	39	25	100	114	109	64	115	79	57	29	23
1925	48		71	31	48	56	68	64	153	70	52	142
1926	64	104	47	33	72	63	162	81	61	110	64	59
1927	57	20	64	108	80	94	138	64	109	67	39	39
1928	85	77	24	61	70	65	73	126	24	107	125	32
1929	23	28	12	45	29	66	38	22	43	115	39	85
1930	44	10	29	34	56	29	77	183	113	63	94	13
1931	73	40	45	70	106	61	197	104	87	32	14	55
1932	42	10	17	70	60	25	107	56	98	105	47	7
1933	29	49	33	41	38	61	79	82	44	63	37	20
1934	43	36	42	18	37	32	21	49	30	88	69	41
1935	35	72	18	76	42	152	74	44	86	65	30	44
1936	61	88	15	70	43	34	115	63	47	84	55	38
1937	47	91	71	91	62	80	116	46	87	24	40	43
1938	81	31	41	22	56	42	69	7	37	86	48	61
1939	101	29	67	115	23	47	65	96	36	108	60	66
1940	25	31	104	85	30	18	61	111	66	39	81	70
1941	37	57	41	39	56	35	87	90	37	127	36	100
1942	29	26	22	37	43	52	162	33	66	78	50	49
1943	42	61	7	63	30	88	44	159	26	16	76	28
1944	95	53	44	31	56	68	42	25	60	50	149	71
1945	41	108	[1]	[1]	[1]	60	129	107	35	60	51	81
1946	85	89	40	14	81	77	41	72	103	47	44	18
1947	19	8	62	62	52	25	73	12	73	25	160	64
1948	87	67	19	23	60	79	138	143	75	36	25	23
1949	33	37	38	113	63	78	50	58	68	19	62	125
1950	62	90	36	103	86	51	111	70	103	37	67	43
1951	92	52	99	42	72	82	73	100	71	2	93	64
1952	45	17	22	15	40	90	58	106	52	88	62	46
1953	38	29	22	29	79	135	44	87	57	17	28	34
1954	55	13	38	48	47	62	154	181	69	93	77	131
1955	64	47	59	39	72	66	114	37	65	89	15	112
1956	79	29	54	34	31	81	79	108	48	57	67	69
1957	55	81	71	81	47	64	87	74	148	47	41	66
1958	77	108	21	65	91	53	108	81	75	92	20	53
1959	77	9	18	36	45	33	54	55	5	40	39	28
1960	68	34	13	57	83	68	59	223	70	72	99	96
1961	66	84	87	46	90	36	130	135	25	50	69	127
1962	79	86	46	58	112	48	70	93	79	16	19	60
1963	21	18	42	33	42	69	32	251	92	60	118	17
1964	30	41	31	55	52	53	58	108	83	52	50	45
1965	81	34	26	67	84	54	178	64	109	33	62	189
1966	55	87	80	68	47	94	78	81	68	51	52	107
1967	100	55	91	44	57	77	90	32	46	92	45	108
1968	72	40	63	25	87	90	89	40	140	96	51	32
1969	79	69	47	96	98	86	37	45	15	44	107	28
1970	22	70	80	126	40	49	123	90	97	148	97	49
1971	30	36	26	10	38	118	50	57	71	37	56	64
1972	7	10	50	69	104	99	60	60	85	24	74	12
1973	24	40	19	56	61	32	94	40	57	68	110	100
1974	67	31	20	22	44	81	149	65	54	85	55	145
1975	57	13	49	79	70	16	43	45	51	53	55	40
1976	143	24	25	16	27	18	42	44	101	26	50	57
1977	49	79	50	103	20	76	62	76	53	54	123	33
1978	72	20	82	16	34	101	74	74	180	59	18	105
1979	53	38	59	66	87	37	83	95	39	18	71	119
1980	41	56	28	71	13	151	159	117	74	76	71	64
1981	77	56	157	15	100	109	68	88	37	110	97	48
1982	82	14	53	57	63	57	27	89	17	83	53	64
1983	64	85	92	102	66	44	8	5	49	103	65	81
1984	105	49	25	17	81	89	65	34	74	92	60	44
1985	37	11	57	24	33	126	83	64	94	16	94	83
1986	93	9	63	18	56	44	80	55	63	78	64	133
1987	71	38	30	64	63	85	108	99	104	62	83	56
1988	102	85	106	9	12	54	124	29	17	61	50	88
1989	19	44	60	68	8	77	79	136	31	60	25	75
1990	48	86	71	37	54	117	50	88	93	38	113	64

[1] keine Angabe

Elbwasserstände (1843–1990)

Gewässerkundliches Jahr[1]	Jahresmittel		
	Mittleres Tiedeniedrigwasser	Mittleres Tiedehochwasser	Mittlerer Tiedenhub
1843	476	661	185
1844	492	675	183
1845	487	650	163
1846	484	671	187
1847	474	654	180
1848	462	638	176
1849	478	660	182
1850	486	661	175
1851	489	673	184
1852	490	669	179
1853	484	663	179
1854	482	661	179
1855	505	673	168
1856	470	648	178
1857	463	644	181
1858	459	641	182
1859	470	654	184
1860	484	664	180
1861	478	653	175
1862	479	658	179
1863	471	659	188
1864	471	653	182
1865	459	637	178
1866	459	650	191
1867	499	680	181
1868	491	675	184
1869	473	664	191
1870	478	663	185
1871	483	654	171
1872	458	646	188
1873	461	653	192
1874	462	659	197
1875	447	637	190
1876	479	666	187
1877	472	662	190
1878	476	665	189
1879	472	658	186
1880	471	658	187
1881	488	668	180
1882	467	663	196

Gewässerkundliches Jahr[1]	Jahresmittel		
	Mittleres Tiedeniedrigwasser	Mittleres Tiedehochwasser	Mittlerer Tiedenhub
1883	475	662	187
1884	471	666	195
1885	463	660	197
1886	457	651	194
1887	459	653	194
1888	472	655	183
1889	473	660	187
1890	475	665	190
1891	477	655	178
1892	470	658	188
1893	467	650	183
1894	467	657	190
1895	477	663	186
1896	472	668	196
1897	471	659	188
1898	470	665	195
1899	472	670	198
1900	470	662	192
1901	455	651	196
1902	468	666	198
1903	463	659	196
1904	453	654	201
1905	459	668	209
1906	458	670	212
1907	457	669	212
1908	444	654	210
1909	441	652	211
1910	449	668	219
1911	447	663	216
1912	435	653	218
1913	439	658	219
1914	449	669	220
1915	445	660	215
1916	455	673	218
1917	438	653	215
1918	435	657	222
1919	433	654	221
1920	445	664	219
1921	431	651	220
1922	432	653	221

Gewässerkundliches Jahr[1]	Jahresmittel		
	Mittleres Tiedeniedrigwasser	Mittleres Tiedehochwasser	Mittlerer Tiedenhub
1923	448	669	221
1924	439	661	222
1925	440	662	222
1926	454	677	223
1927	455	675	220
1928	434	651	217
1929	432	650	218
1930	427	650	223
1931	447	671	224
1932	438	661	223
1933	427	649	222
1934	419	644	225
1935	428	659	231
1936	426	658	232
1937	429	664	235
1938	433	671	238
1939	425	661	236
1940	442	669	227
1941	442	672	230
1942	429	657	228
1943	429	666	237
1944	431	672	241
1945	436	675	239
1946	434	672	238
1947	409	634	225
1948	437	674	237
1949	427	668	241
1950	428	667	239
1951	420	657	237
1952	426	670	244
1953	427	672	245
1954	418	661	243
1955	435	683	248
1956	435	679	244
1957	435	680	245
1958	433	682	249
1959	419	667	248
1960	406	656	250
1961	434	690	256
1962	426	686	260

Gewässerkundliches Jahr[1]	Jahresmittel		
	Mittleres Tiedeniedrigwasser	Mittleres Tiedehochwasser	Mittlerer Tiedenhub
1963	401	654	253
1964	405	664	259
1965	421	687	266
1966	424	689	265
1967	431	699	268
1968	415	689	274
1969	402	674	272
1970	408	686	278
1971	401	681	280
1972	385	669	284
1973	390	679	289
1974	391	691	300
1975	393	701	308
1976	369	684	315
1977	366	695	329
1978	372	707	335
1979	363	695	332
1980	373	710	337
1981	378	717	339
1982	376	712	336
1983	373	716	343
1984	358	701	343
1985	355	694	339
1986	360	698	338
1987	369	707	338
1988	373	709	336
1989	368	705	337
1990	363	713	350

[1] umfaßt den Zeitraum vom 1. November des Vorjahres bis zum 31. Oktober des genannten Jahres

Fahrwassertiefen der Elbe
(1843–1990)

1843:	2,0 m	1950:	10,0 m
1860:	3,3 m	1956:	11,0 m
1870:	4,7 m	1962:	12,0 m
1880:	5,2 m	1970:	12,5 m
1900:	6,0 m	1976:	13,5 m
1910:	9,0 m	1990:	13,5 m

Personenregister

Das Personenregister enthält alle in diesem Buch genannten Personen (nicht berücksichtigt sind mythologische Gestalten und fiktive Persönlichkeiten sowie Eintragungen im Anhang). Kursive Zahlen verweisen auf Abbildungen.

A

Abel von Schleswig 30
Abendroth, Amandus Augustus 158, 183, 185, *188,* 189, 192, 200, 214, 561
Ablass, Friedrich 494
Abshagen, Robert
Achard, Franz Carl 180
Acken, Bastian von 99
Ackermann, Konrad Ernst 142, 158, 160, 163, 164
Adalbero von Bremen, Erzbischof 12, 22
Adalbert, Erzbischof 12, 19, 20, *21*
Adaldag, Erzbischof *17,* 18
Adam von Bremen 15, *21*
Adamkiewicz, Edmund *505*
Adelungk, Wolfgang Henrich 137
Adenauer, Konrad 496, 502, 506, 515, 520, 522
Adickes, Franz 318
Adler, Friedrich 482
Adolf I. von Schauenburg 22, 67
Adolf II. von Schauenburg 22
Adolf III. von Schauenburg 12, 15, 23, 24, 27, 29, 32, 35, *67*
Adolf IV. von Schauenburg 22, *29,* 30, 31, 32, 34, 67, 70, 195
Adolf V. von Schauenburg 38, 41, 42
Adolf VI., d. Ä., von Schauenburg 40, 42
Adolf VII., d. J., von Schauenburg 43, 45, 46
Adolf VII. von Schauenburg-Plön 49
Adolf VIII. von Schauenburg 66, 67, 68
Adolf XIV. von Schauenburg 103
Adolf I. von Köln 28
Aegidius Li Muisis 47
Aepinus (Hoeck), Johannes 81, 86, 91
Ahlefeldt, Friedrich von 123
Ahlefeldt, Joachim von 149
Ahlefeldt, Kai von 123
Ahlers, Anni 349, 455
Ahlers, Margret 130
Ahrens, Georg 467, 472, 491, 503
Ahrens, Peter 199
Akhurst, Daphne 437
Albers, Hans 318, 480, 486, *488, 533,* 599
Albertz, Julius Gustaf 163
Albrecht II., König 63
Albrecht von Bayern 56
Albrecht IV. von Bergedorf-Mölln 49
Albrecht der Bär von Brandenburg 22
Albrecht II. von Braunschweig, Bischof 49
Albrecht II. von Sachsen 39
Albrecht von Orlamünde 27, 28, 29, 38
Albrecht von Mecklenburg 52, 57
Alexander II., Papst 20

Alexander IV., Papst 33, 34
Altmann, Isaak Hermann 182, 195
Amalar von Trier 11
Amann, Jost *30, 51*
Ambesser, Axel von 494
Amelung, Bischof 18
Ammermann, Max 346
Amsinck, Heinrich 271
Amsinck, Isabeau 98
Amsinck, Martin Garlieb 284
Amsinck, Rudolf 98
Amsinck, Wilhelm 156, 192, 203
Amsinck, Willem 98
Andersen, Lale (eigtl. Liselotte Helene Andersen) 393
Andly, John 195
André, Etkar 447, 464, 467
Andree, Ingrid 554
Andres, Erich 446
Andresen, Jan 97
Anger, Kenneth 556
Anno II. von Köln 20
Anouilh, Jean 494
Ansgar, Erzbischof 11, 13, 15, 16, 19, 33
Anton Ulrich von Braunschweig 133
Aoki, Hiroyoshi 598
Appel, Gaby 569
Appel, Hans 505
Arbien, Jens 152
Ardenne, Manfred Baron von 360
Ardrey, Robert, 494
Arenhord, Ferdinand Lüder 64
Arens, Johann August 175, 196
Armstrong, Louis 482, 512
Armytage, H. W. H. 490, 492
Arnold, Bernhard, 271
Arnulf von Kärnten, Kaiser 13, 16
Asher, Karl W. 203
Atmer, Hans 539
Audorf, Jakob 254, *255*
Auer von Welsbach, Carl Freiherr von 365
Augstein, Rudolf 514, 538, *545*
Auguste Viktoria, Kaiserin 315, 329, 339, 353, 368
Aussem, Cilly 437
Aust, Stefan 553
Avci, Ramazan 589, 590
Averdieck, Eduard 222
Averdieck, Elise 178, 360
Averhoff, Johann Peter 184
Avico, Mistuis Kaplan 18
Axmann, Artur 482

B

Baader, Andreas 560
Bach, Carl Philipp Emanuel 122, 142, 158, 162, 168
Bach, Johann Sebastian 122, 138, 140, 146, 148, 162
Bachur, Max 333, 377
Baggensen, Jens 122
Baken, Gerd Hermann 120
Baky, Josef von 533

Balke, Siegfried 531, 541
Ballhaus 437
Ballin, Albert 243, 298, *301,* 303, 318, 341, 350, 357, 364, 376, 380, 397, 398, 400, *403,* 422, 430, 463, 556
Banks, E. 246
Banskow, Hinrick 80, 82
Barber, Chris 532
Barlach, Ernst 403, 412, 447, 449, 471, 539
Bärmann, Georg Nicolaus 168, 202, 210, 234
Barner, Hans 92
Barnum, Phineas Taylor 232
Barschel, Uwe 557
Bartels, Willi 550
Barth, Heinrich 195, 240, 241, 265
Bartsch, Reinhold 440
Basedow, Johann Bernhard 170
Basilier, Adam 116
Bassewitz-Behr, Henning Graf von 500, 501
Bästlein, Bernhard 482
Bauche, Adolf Wilhelm 441
Bauer, Heinrich 545, 580
Baumann, Horst D. 575
Baumbauer, Frank 602
Bäumer, Gertrud *399*
Bäumer, Paul 432, 433
Baur, Georg Friedrich 169, 196
Baurmeister, Carl 221
Bawens, Peco 418
Bay, Rodolfo 548
Beaumarchais, Pierre Augustin de 176
Bebel, August 282, 290, 295, 302, 317, *333, 352,* 359
Bebert, Paul *494*
Beckenbauer, Franz 562
Becker, Hans Detlev 514
Becket, Thomas 62
Been, Johann 118, 120
Beer-Hofmann, Richard 465
Beethoven, Ludwig van 201, 202, 226, 511
Behn, August 209, 316
Behn, Karl Heinrich 224, 255
Behnke, Ernst 475
Behnke, Otto Friedrich 512
Behr, Jürgen 96
Behrens, Peter 261, 478
Behrens, Willi 521
Behrmann, Georg 321
Beier, Albert (»Ali«) *423*
Beiersdorf, Paul C. 293
Beilken, Berend 565
Beissel, Rudolf 494
Beiswanger, Rudolf 468
Beit, Marcus Salomon 168, 259
Beit, Raphael 259
Bekendorp, Joachim 102, 106
Below, Günther von 560, 561
Bender, Carl *345*
Benecke, Christian Daniel 236
Benedikt V., Papst 17, 18
Benedikt IX., Papst 19
Beneke, Ferdinand 192
Beneke, Otto 19
Bennigsen, Levin August Gottlieb Graf von 185
Bensel, Carl
Bentz, Johann Wilhelm (gen. Hummel) 168, *239,* 473
Berenberg, Hans 103

Berenberg, Paul 103
Berenberg-Goßler, Johann 291
Berganza, Teresa 550
Berge, Georg Friedrich von dem 119
Bergen, Sebastian von 91, 112
Berger, Alfred Freiherr von 345
Berger, Ludwig 530
Berghe, Nicol von 45
Berghofer, Wolfgang *592*
Berghoff, Dagmar 571
Berkemann, Heinrich Adolph 297
Bernadotte, Jean-Baptiste (Karl XIV. Johann von Schweden) 178, 184
Bernbeck, Rupprecht 587
Berndes, Heinrich 79
Bernhard, Prinz 557, 559
Bernhard I. 11, 17, 18
Bernhard II. 12, 19, 20
Bernhard I. von Lüneburg 54
Bernhard II. von Braunschweig-Lüneburg 66
Bernhard II. von Sachsen-Lauenburg 61
Bernstein, Arnold 469, 471
Bernstein, Eduard *423*
Bernstorff, Johannes Hartwig Ernst Graf von 164, 165
Berry, Sir Henry Vaughan *497,* 506, 515
Berthold 33, 35
Berthold, Rudolf 410
Bertold von Horst 38
Bertram, Richard 556
Bertram von Minden 46, 52, 53, 58
Beseke, Bernd 86
Best, Pete *539*
Betz, Anton 508
Beurle, Carl Anton August 357
Beurmann, Eduard 208
Beuschel, Anna 569
Beuys, Joseph 573
Bezelin Alebrand, Erzbischof 11, 12, 19, 20
Bhumipol, König 533, 534
Bialas, Rolf 575
Biallas, Dieter 573, 575, 576
Bieber, Emilie 274
Biebermann, Adolf 456, 460
Bielfeld, Jakob Friedrich von 152
Biermann, Wolf 467, 571
Biermann-Rathgen, Hans Harder 347, 554
Binder, Hans 97
Binder, Nicolaus *248*
Biow, Hermann 209, 274
Birgden, Johann von 109
Bismarck, Otto von 220, 259, *260,* 268, 288, 290, 291, 296, 309, 311, 318, *319,* 332, 339, 356
Bistry, Wolfgang 591
Bittong, Franz 333
Bizet, Georges (eigtl. Alexandre César Léopold B.) 303
Björnmose, Ole 571
Blab, Johannes 295
Black, Willi 448
Blanchard, Pierre 168, 171
Bläser, Jacob 154
Blechen, Karl 449
Bleken, Abelke 97, 102
Block, Eugen Theodor 551

Göring, Hermann 461, 463, 464, 466, 469, *476,* 503
Gorries, Hans 97, 102
Görtz, Georg Heinrich Freiherr von 144
Görtz, Johann Ludwig 281
Gossler, Carl 346
Gossler, Gustav Ludwig *346*
Gossler, Hermann *248,* 268
Gossler, Johann Hinrich *242*
Gossler, Oskar *346*
Gottfried von Hamburg 21, 22
Göttrik, König 13, 14
Gottschalk 21
Gounod, Charles 252
Goverts, Jacob 155
Grassmann, Werner 556
Greene, Hugh Carleton 497, 502
Greflinger, Friedrich Conrad 125
Greflinger, Georg 112, 125, 130, 150
Gregor IV., Papst 11, 13, 15
Gregor, Josef 396
Greif, Christian 581
Greif, Eduard 581
Grell, Paul Wilhelm 326, 327
Greve, Gillis de 106
Grey, Sir Edward 387
Grimme, Adolf 502, 515
Grolle, Joist 582
Gronehagen, Hinrich 79
Groß, Heinrich 282
Grosse, Berthold 359
Grote *505*
Groten, Peter 131
Grotius, Hugo 116
Grotjahn, Johannes 334
Grube, Carl 355
Grumbrecht, August 250, 251, 268, 280
Grund, Friedrich Wilhelm 194, 202
Gründgens, Gustaf 403, 435, *437,* 522, *524,* 525, 527, 529, 532, 533, 540
Gruner, Richard 545
Grünwaldt, Louis 359
Guido 37
Guillaume, Günter 567
Gulc, Helmut 502, 505
Gundolf, Friedrich 443
Günther, Carl 297, 529
Günther, Johann Arnold 170
Gura, Eugen 291
Gurlitt, Johannes 178, 181
Gustav II. Adolf, König 112, 116, 129
Güstrow, Johann 82
Gutbier, Ägidius 118
Gutenberg, Johannes (eigtl. Gensfleisch zur Laden gen. Gutenberg) 76
Gutschow, Konstanty 471
Gutzkow, Karl Ferdinand 203, 204, *208*

H

Haase, Carl 278, 305
Haase, Ernst 548
Haase, Hugo 394
Haccius, Georg 130
Hachmann, Gerhard 203, 302, *334,* 353, 431
Hacke, Paul 47
Hackmann, Werner 595
Hadenfeldt, Ernst 308
Haerlin, Friedrich 333, 337
Haerlin, Fritz 513

Hagedorn *334*
Hagedorn, Friedrich von 122, 140, 146, *148,* 153, 156
Hagenbeck, Carl 224, 232, *278,* 302, 360, *361,* 379
Hagenbeck, Gottfried Clas Carl 231, 232
Hagenbeck, Heinrich 281, 471, 488
Hagenbeck, Lorenz 293, 525
Haghenouw, Dyderick 79
Haley, Bill 529
Halfdan, König 16
Haller, Martin 203, 239, 254, 262, 280, 281, 300, 302, 334, 364, 427
Haller, Martin Joseph 198
Hallier, Eduard 341
Halvorsen, Asbjorn (»Assi«) 423
Hamann, Heinrich 312
Hamann, Johann 311, 312, 362
Hamas, Steve 463, 466
Hambrock, Alexander 270
Hamelau, Hans 77, 125, 126, 130
Hancker, Johannes 146
Händel, Georg Friedrich 122, 140, 141, 147, 163, 210
Hannack, Ernst Paul August 460, 461
Hanover, David 301
Hansen, Christian Frederik 168, 169, 196
Hansen, Johann Matthias 196
Hansen, Peter 208
Hanssen, Bernhard Georg 293, 312, 334
Happel, Ernst 582, 587, 594
Harald Blauzahn, König 17
Harald Klak, König 15
Harden, Maximilian 397, 398
Harder, Otto Fritz (»Tull«) 379, 409, 419, 423, 437
Hardt, Karin 533
Harms, Johann Oswald 137, 140
Harrison, George *539, 547*
Harte, Günter 427
Hartmann, Georg Wilhelm 282, 289, 290, 317
Hartmann, Ulrich 582
Hartwig I., Erzbischof 22, 23
Hartwig II., Erzbischof 27
Hartwig 39
Harwis, Arthur Travers 484
Harzen, Georg Ernst 265
Hasenclever, Walter 550
Hasenclever, Wilhelm 280, 282
Hasse, Johann Adolf 137, 168, *169*
Hasselrijs, Louis 366
Hassenflug, Gustav 524
Hauen, Katharina 64
Hauers, Wilhelm 334
Haupt, Hermann Wilhelm 236
Hauptmann, Gerhart 324
Haydn, Joseph 211
Hayn, Max Theodor 262
Hebbel, Christian Friedrich 504
Hebel, Karl 521
Heckscher, Johann Gustav 231
Hehl, Christoph 320
Heil, Paul 411
Heilwig von der Lippe 32, 67
Hein, Karl 467
Heine, Betty 210
Heine, Heinrich 186, 187, 199, 203, *204,* 208, 214, 288, 366, 432, 585
Heine, Salomon 158, 187, 204, 210, 216, 224, 432

Heineken, Philipp *443*
Heinemann, Gustav 530, 563, 565
Heinicke, Samuel 163, 165
Heino mit dem Bogen 49
Heinrich I., König 17
Heinrich III., Kaiser 19, 20
Heinrich IV., Kaiser 20, 21, 24
Heinrich VI., Kaiser *23*
Heinrich II. Kurzmantel, König 37, 62
Heinrich III., König 35, 37
Heinrich IV., König 56
Heinrich I. von Schauenburg 40
Heinrich II. der Eiserne, von Schauenburg 46
Heinrich X., der Stolze 22
Heinrich, Fürst der Abotriten 12, 21, 22
Heinrich der Löwe 22, 23, 24, 27, 28
Heinrich von Hamburg 21, 22
Heinrich von Lüneburg 54
Heinrich von Nesse 42
Heinrich von Schwerin 29
Heins, Eduard Friedrich 242
Heins, Valentin 138
Heinsen, Ernst 546, 561
Heise, Georg Arnold 195
Heise, Wilhelm *401*
Heising, Ulrich 562
Heißmeyer, Kurt 489
Heitmann, Benno 226
Helene von Schauenburg 40
Helfferich, Emil 458
Heller, André 592, 594
Helmer, Hermann 345
Helmholtz, Hermann von 305
Helms, August 338
Hempel, Heinz 505
Hencke, Carl Gustav 246
Henning, Ernst 446, 447
Henrici, Carl 276
Henry, Pierre 565
Henschel, James 354, 367
Hense, Karl 410
Hensler, Philipp Gabriel 168
Henze, Hans Werner 532
Herberger, Josef (»Sepp«) 521
Herder, Johann Gottfried von 150, 160, *164*
Hergeröder, Carl 224, 225
Heridag 11
Hermann 24
Hermann, Bernd Anton 252
Hermann Billung 17, 18
Hermann de Raboysen 38
Hermann von Kampen 46
Hermens, Johannes 78
Hermkes, Bernhard 517, 532, 539
Hernsheim, Eduard Ludwig 277
Herterich, Heinrich Joachim 193
Hertz, Adolph *334*
Hertz, Gustav *334*
Hertz, Heinrich 243, 305, 326
Hertz, Paul 315
Herz, Carl 398
Heß, Jonas Ludwig von 189
Hesse, Isaac 163, *167*
Heuer, Wilhelm 116, 228
Heuß, H. 137
Heuß, Peter Rudolph Christian 168
Heuss, Theodor 515, 517, *523,* 527, 529
Hever, Wilhelm 211
Heymann, Lida Gustava 330, 340, 343, *351*
Heynbroke, Heynrich von 38

Heynbroke, Meynrich von 38
Hiddinga, Gerlof 154
Hildebold, Erzbischof 33, 35, 36, 37, 38, 44
Hildebrand, Hilde *488*
Hildesheimer, Wolfgang 394
Hildewa 22
Hilgendorf, Robert 330, 332
Hillmann, Carl August 282
Hindemith, Paul 427
Hindenburg, Paul von Beneckendorff und von 427, 430, 431, *433,* 450
Hinüber, Hans 125
Hiob, Hanne *532*
Hipper, Franz von 470
Hirschel, Hermann 328
His 121
Hitler, Adolf 384, 430, *431,* 444, 450, 453, 454, 455, *460,* 467, 468, *471,* 472, 475, 476, 491
Hochbaum, Werner 438
Hoeck, Heinrich 154
Hoeneß, Uli *568*
Hofer, Claus *504*
Hoff, Hein ten 497, *499,* 505
Hoffmann, Benjamin Gottlob 168, 176, 204
Hoffmann, Joseph 447
Hoffmann, Klaus 447
Hoffmann, Theodor 267
Hoffmann von Fallersleben, August Heinrich 210, 211
Hogenberg, Franz 100
Höger, Hannelore 585
Hohenfels, Hella *349*
Hojer, Walter 339
Holberg, Ludvig von 153
Hölderlin, Johann Christian Friedrich 153
Holdt, Herbert *505*
Holland, Manfred 588
Hollander, Walther von 559
Holle, Hermann Heinrich 142, 150
Holstenius, Lucas *118*
Holte, Heinrich von 89
Holthusen *334*
Holthusen, Wilhelm 425
Honka, Fritz 569
Honorius III., Papst 24, 29, 31
Hopfeldt, Johann, Heinrich 196
Horb, Johann Heinrich 137
Horborch, Johann 46
Horich I., König 16
Horn, Franz 437
Horn, Hermann Heinrich Theodor 298
Horowitz, Wladimir 590
Horres, Kurt 587, 589
Horwitz, Dominique 601
Horwitz, Mirjam *403*
Hotter, Hans *462*
Höttges, Horst Dieter 568
Hoyer, Albert 52
Hoyer, Hein 52, 61, 64
Hoyer, Johann 52
Hrdlicka, Alfred 589
Hrubesch, Horst 583
Hua, Chen Mu 589
Hübbe, Heinrich 224, 236, 242, 245, 259
Hübener, Helmuth *482*
Hübner, Abbi 568
Hübner, Johann 142
Hude, Hermann von der 265
Hudtwalker, Martin H. 205, *248*
Hudtwalker, Nicolaus 265

Sachregister

Das Sachregister enthält Stichwörter zu den in den einzelnen Artikeln behandelten Themen. Übersichtsartikel, Kalendarien (mit Ausnahmen) und der Anhang sind nicht berücksichtigt. Jahresangaben in Klammern verweisen auf das Jahr, in dem das betreffende Thema in der »Chronik« erwähnt wird. Viele Ereignisse, Institutionen etc. sind Oberbegriffen wie z. B. »Presse«, »Schiffe«, »Sport«, »Stadtverkehr«, »Unternehmen«, »Vereine« oder den jeweiligen Bezirken bzw. Stadtteilen zugeordnet (Beispiel:»Große Freiheit Nr. 7«unter»Film«,»Kersten-Miles-Brücke«unter»Brücken«).

Ausgewählte Literatur

Allgemeine Darstellungen

Baasch, Ernst: Geschichte Hamburgs 1914–1918. Gotha/Stuttgart 1924/25

Bracker, Jörgen: Hamburg – Von den Anfängen bis zur Gegenwart. Wendemarken einer Stadtgeschichte. Hamburg 1987

Bredel, Willi: Unter Türmen und Masten. Geschichte Hamburgs in Geschichten. Berlin und Weimar 1977

Gallois, Johann-Gustav: Hamburgische Chronik von den ältesten Zeiten bis auf die Jetztzeit. Hamburg 1861–1864

Hamburg. Geschichte der Stadt und ihrer Bewohner. Herausgegeben von Werner Jochmann und Hans-Dieter Loose. 2 Bände, Hamburg 1982 und 1986

Klessmann, Eckart: Geschichte der Stadt Hamburg. Hamburg 1981

Lehe, Erich von/Ramm, Heinz/Kausche, Dietrich: Heimatchronik der Freien und Hansestadt Hamburg. Mit einem wirtschaftsgeschichtlichen Teil von Günther Jantzen und Rolf Wiemer. Köln 1967

Reincke, Heinrich: Hamburg. Ein kurzer Abriß der Stadtgeschichte von den Anfängen bis zur Gegenwart. Bremen 1925

Studt, Bernhard/Olsen, Hans: Hamburg. Die Geschichte einer Stadt. Hamburg 1951

Wendt, I. C. W./Kappelhoff, C. E. L.: Hamburgs Vergangenheit und Gegenwart. Eine Sammlung von Ansichten der hervorragendsten und historisch bekannten alten und neuen Hafen- und Quai-Anlagen, Schiffe, Plätze, Märkte, Strassen, Gebäude, Pläne, Typen, Trachten, Scenen etc. Hamburgs vom elften Jahrhundert bis auf die Gegenwart. 2 Bände, Hamburg 1896

Einzeldarstellungen

Ahrens, Gerhard: Krisenmanagement 1857. Staat und Kaufmannschaft in Hamburg während der ersten Weltwirtschaftskrise. Hamburg 1986

Arbeiter in Hamburg. Unterschichten, Arbeiter und Arbeiterbewegung seit dem ausgehenden 18. Jahrhundert. Herausgegeben von Arno Herzig/Dieter Langewiesche/Arnold Sywottek. Hamburg 1983

Asendorf, Manfred: Geschichte der Hamburger Gaswerke. Hamburg 1988

Beneke, Otto: Hamburgische Geschichten und Denkwürdigkeiten. Berlin 1886

Beneke, Otto: Hamburgische Geschichten und Sagen. Berlin 1886

Bolland, Jürgen: Die Hamburgische Bürgerschaft in alter und neuer Zeit. Hamburg 1959

Brandenburg, Dietmar/Kähler, Gert: Architektour. Bauen in Hamburg seit 1900. Wiesbaden 1988

Brunswig, Hans: Feuersturm über Hamburg. Die Luftangriffe auf Hamburg im Zweiten Weltkrieg und ihre Folgen. Stuttgart 1978

Büttner, Ursula: Politische Gerechtigkeit und sozialer Geist. Hamburg zur Zeit der Weimarer Republik. Hamburg 1985

Büttner, Ursula/Jochmann, Werner: Hamburg auf dem Weg ins Dritte Reich. Entwicklungsjahre 1931–1933. Hamburg 1983

Busch, Max W./Dannenberg, Peter: Die Hamburgische Staatsoper. 1678–1945 und 1945–1988. 2 Bände, Zürich 1989

Das andere Hamburg. Freiheitliche Bestrebungen in der Hansestadt seit dem Spätmittelalter. Herausgegeben von Jörg Berlin. Köln 1981

Daur, Georg: Von Predigern und Bürgern. Eine hamburgische Kirchengeschichte von der Reformation bis zur Gegenwart. Hamburg 1971

Dirksen, Victor: Ein Jahrhundert Hamburg 1800–1900. Zeitgenössische Bilder und Dokumente. Frankfurt am Main 1977 (Reprint)

Ditt, Karl: Sozialdemokraten im Widerstand. Hamburg in der Anfangsphase des Dritten Reiches. Hamburg 1984

Dokumente zur Geschichte der Handelskammer Hamburg. Herausgegeben von der Handelskammer Hamburg zu ihrem dreihundertjährigen Jubiläum am 19. Januar 1965. O. O. o. J.

Dreckmann, Alfred: Wer nicht getauft ist, aufsteh'n. Das andere Bergedorf. Hamburg 1987

Ebeling, Helmut: Schwarze Chronik einer Weltstadt. Hamburger Kriminalgeschichte 1919 bis 1945. Hamburg 1980

Eberstein, Bernd: Hamburg – China. Eine Partnerschaft mit Tradition. Hamburg 1988

Eckardt, Hans Wilhelm: Privilegien und Parlament. Die Auseinandersetzungen um das allgemeine und gleiche Wahlrecht in Hamburg. Hamburg 1980

175 Jahre Gesellschaft der Freunde des vaterländischen Schul- und Erziehungswesens. Gewerkschaft Erziehung und Wissenschaft Landesverband Hamburg. Hamburg o. J.

Ellermeyer, Jürgen/Richter, Klaus/Stegmann, Dirk: Harburg. Von der Burg zur Industriestadt. Hamburg 1988

Evans, Richard J.: Tod in Hamburg. Stadt, Gesellschaft und Politik in den Cholera-Jahren 1830–1910. Reinbek 1990

Franke, Gabriele/Saloch, Reinhard/Thiele, Dieter: Bauer Eggers Linden stehen noch. Erster Barmbeker Geschichtsrundgang. Hamburg 1988

Freudenthal, Herbert: Vereine in Hamburg. Ein Beitrag zur Geschichte und Volkskunde der Geselligkeit. Hamburg 1968

25 Jahre Ernst Deutsch Theater Hamburg. O. O. o. J.

25 Jahre Hamburger Kammerspiele. O. O. o. J.

Gerdau, Kurt: Heimathafen Hamburg. Geschichte und Geschichten von Schiffen, Menschen und der See. Berlin 1988

Geschichte der Hamburgischen Bürgerschaft. 125 Jahre gewähltes Parlament. Im Auftrage des Präsidenten der Bürgerschaft herausgegeben von Manfred Asendorf/Franklin Kopitzsch/Winfried Steffani/Walter Tromin. Berlin 1984

Giordano, Ralf: Die Bertinis. Frankfurt a. M. 1982

Grobecker, Kurt: Herlin/Toussaint – Vier Jahreszeiten Hamburg. Hamburg o. J.

Grobecker, Kurt/Loose, Hans-Dieter/Verg, Erik: Heraus aus den Trümmern. Hamburg in den 50er Jahren. Hamburg 1983

Grobecker, Kurt/Loose, Hans-Dieter/Verg, Erik: ... mehr als ein Haufen Steine. Hamburg 1945–1949. Hamburg 1980

Gronemeyer, Horst/Weigel, Harald: Paris an der Alster. Die Französische Revolution in Hamburg. Herzberg 1989

Der Hafenführer. Schiffe und Menschen, Lieder und Geschichten an 99 Stationen. Hamburg 1989

Hamburg zu Fuß. 20 Stadtteilrundgänge durch Geschichte und Gegenwart. Herausgegeben von Werner Skrentny. Hamburg 1986

Hameln, Glücke von: Denkwürdigkeiten. Darmstadt 1979

Die Hanse. Lebenswirklichkeit und Mythos. Herausgegeben von Jörgen Bracker. 2 Bände, Hamburg 1989 (Ausstellungskatalog)

Haspel, Jörg: Hamburger Hinterhäuser. Terrassen – Passagen – Wohnhöfe. Hamburg 1987

Hassenpflug, Gustav: Geschichte der Kunstschule in Hamburg. Hamburg 1956

Hausbuch der Hansestädte. Hamburg, Bremen, Lübeck in guter alter Zeit: Geschichten, Bilder und Gedichte. Freiburg im Breisgau 1983

Hauschild-Thiessen, Renate: Bürgerstolz und Kaisertreue. Hamburg und das Deutsche Reich von 1871. Hamburg 1979

Hipp, Hermann: Freie und Hansestadt Hamburg. Geschichte, Kultur und Stadtbaukunst an Elbe und Alster. Köln 1989

Hochmuth, Ursel/Meyer, Gertrud: Hamburger Widerstand 1933–1945. Berichte und Dokumente. Frankfurt am Main 1980

Hücking, Renate/Launer, Ekkehard: Tuten und Blasen. Hafenrundfahrten durch acht Jahrhunderte. Hamburg 1988

Johe, Werner: Neuengamme. Zur Geschichte der Konzentrationslager in Hamburg. Hamburg 1984

Kayser, Werner: 500 Jahre wissenschaftliche Bibliothek in Hamburg 1479–1979. Von der Ratsbücherei zur Staats- und Universitätsbibliothek. Hamburg 1979

Kludas, Arnold/Maass, Dieter/Sabisch, Susanne: Hafen Hamburg. Die Geschichte des Hamburger Freihafens von den Anfängen bis zur Gegenwart. Hamburg 1988

Kossak, Egbert: Hamburg, Stadt in Fluß. Hamburg 1989

Kuhlmann, Erich: Die Post im alten Hamburg. Hamburg 1984

Kutz-Bauer, Helga: Arbeiterschaft, Arbeiterbewegung und bürgerlicher Staat in der Zeit der großen Depression. Eine regional- und sozialgeschichtliche Studie zur Geschichte der Arbeiterbewegung im Großraum Hamburg 1873–1890. Bonn 1988

Laufenberg, Heinrich: Geschichte der Arbeiterbewegung in Hamburg, Altona und Umgegend. Hamburg 1911/1931

Lüth, Erich: Zeitungsstadt Hamburg. Hamburg 1961

Lüth, Erich: Die Hamburger Bürgerschaft 1946–1971. Wiederaufbau und Neubau. Hamburg 1971

Möhring, Paul: Von Ackermann bis Ziegel. Theater in Hamburg. Hamburg 1970

Möller, Ilse: Hamburg. Stuttgart 1985 (Klett Länderprofile)

Nicht nur Galionsfigur. Frauen berichten von ihrer Arbeit im Hamburger Hafen. Herausgegeben vom Frauenarbeitskreis »Wandbild-Frauenarbeit im Hamburger Hafen« und Museum der Arbeit. Hamburg 1989

Oelker, Petra: Hamburger Straßenrätsel. 54 Geschichten für Hanseaten und Quiddjes. Hamburg 1989

Oppens, Edith: Der Mandrill. Hamburgs zwanziger Jahre. Hamburg 1969

Plagemann, Volker: Industriekultur in Hamburg. Des Deutschen Reiches Tor zur Welt. München 1984

Plagemann, Volker: Vaterstadt, Vaterland ... Denkmäler in Hamburg. Hamburg 1988

Postel, Rainer: Die Reformation in Hamburg. Gütersloh 1986

Rath, Jürgen. Arbeit im Hamburger Hafen. Eine historische Untersuchung. Hamburg 1988

Reye, Hans: Der Absturz aus dem Frieden. Hamburg 1914–1918. Hamburg 1984

Saldern, Axel von: Das Museum für Kunst und Gewerbe Hamburg 1869–1988. Hamburg 1988

Schindler, Reinhard: Die Bodenaltertümer der Freien und Hansestadt Hamburg. Hamburg 1960

Schramm, Percy Ernst: Hamburg, Deutschland und die Welt. Leistung und Grenzen hanseatischen Bürgertums in der Zeit zwischen Napoleon I. und Bismarck. Hamburg 1971

Schumacher, Fritz: Das Werden einer Wohnstadt. Bilder vom neuen Hamburg. Hamburg 1932 (Reprint 1984)

1737–1987. Ein Vierteljahrtausend Freimaurer in Hamburg. Aus dem Leben und Wirken der ältesten deutschen Loge. O. O. o. J.

Staisch, Erich: Hamburg und sein Stadtverkehr. 150 Jahre Hamburger Stadtverkehr. Hamburg 1989

Theaterstadt Hamburg. Schauspiel, Oper, Tanz – Geschichte und Gegenwart. Herausgegeben vom Zentrum für Theaterforschung der Universität Hamburg. Reinbek 1989

Töteberg, Michael: Filmstadt Hamburg. Kino-Geschicht(n) einer Großstadt. Hamburg 1990

Ullrich, Volker: Die Hamburger Arbeiterbewegung vom Vorabend des Ersten Weltkrieges bis zur Revolution 1918/19. Hamburg 1976

Urban, Alfred: Staat und Prostitution in Hamburg. Hamburg 1925

Verachtet, verfolgt, vernichtet: Zu den »Vergessenen« Opfern des NS-Regimes. Herausgegeben von der Projektgruppe für die vergessenen Opfer des NS-Regimes. Hamburg 1988

Verg, Erik: Harburger Geschichte(n). Hamburg 1981

Verg, Erik: Das Abenteuer, das Hamburg heißt. Hamburg 1990

Verg, Erik: Von Lotterey und Lotto in Hamburg einst und jetzt. Hamburg

Vierzig Jahre Hamburger Abendblatt, von Erik Verg. Hamburg 1988

40 Jahre Theater im Zimmer 1948–1988. Hamburg 1988

Von den Sachsen zur Hammaburg. Bilder aus Hamburgs Frühzeit. Herausgegeben von Ralf Busch. Neumünster 1987

Vorwärts – und nicht vergessen. Arbeiterkultur in Hamburg um 1930. West-Berlin 1982 (Ausstellungskatalog)

Was nützet mir ein schöner Garten … Historische Parks und Gärten in Hamburg. Herausgegeben von Frank P. Hesse. Hamburg 1990

Wildt, Michael: Der Traum vom Sattwerden. Hunger, Schwarzmarkt und Rationen in Hamburg 1945–1948. Hamburg 1986

Wir sind die Kraft. Bilder, Objekte, Dokumente aus der Geschichte der Hamburger Arbeiterbewegung von 1800 bis 1949. Herausgegeben von Ulrich Bauche. Hamburg 1988 (Ausstellungskatalog)

Wir wollen zum Köhlbrand!. Geschichte und Gegenwart der Hamburger Arbeiterwohlfahrt 1919–1985. Hamburg 1985

Zwernemann, Jürgen: Hundert Jahre Hamburgisches Museum für Völkerkunde. Hamburg 1980

Die Autoren

Hauptteil

Schütt, Ernst Christian, geboren 1950, Diplom-Soziologe, Sozialwirt (grad.), freier Lektor und Sachbuchautor

Fischer, Norbert, geboren 1957, M. A. Volkskunde, wissenschaftlicher Mitarbeiter am Institut für Sozial- und Wirtschaftsgeschichte der Universität Hamburg, Veröffentlichungen u. a. zum Thema »Tod und Trauerkultur«

Vollmer-Heitman, Hanna, geboren 1958, Diplom-Bibliothekarin, Historikerin (1. Staatsexamen), Autorin historischer Sachbücher

Übersichtsartikel

Ahrens, Gerhard, geboren 1939, Dr. rer. pol., Professor für Sozial- und Wirtschaftsgeschichte an der Universität Hamburg, Verfasser und Herausgeber zahlreicher Arbeiten zur neueren Geschichte der Freien Hansestädte

Büttner, Ursula, geboren 1946, Dr. phil., Privatdozentin an der Universität Hamburg, wissenschaftliche Referentin an der Forschungsstelle für die Geschichte des Nationalsozialismus in Hamburg, zahlreiche Veröffentlichungen zur politischen Sozialgeschichte Deutschlands – insbesondere Hamburgs – im 20. Jahrhundert; Schwerpunkte: Weimarer Republik/ Exil und Judenverfolgung/Politischer Wiederaufbau in der Besatzungszeit

Friedland, Klaus, geboren 1920, Dr. phil., Honorarprofessor an der Universität Kiel, Ehrenpräsident der Internationalen Seefahrtsgeschichtlichen Kommission, zahlreiche Veröffentlichungen zur nordeuropäischen Sozial- und Wirtschaftsgeschichte; Schwerpunkt: Hansegeschichte

Hauschild-Thiessen, Renate, geboren 1929, Dr. phil., Dr. rer. pol. h. c., diverse Veröffentlichungen zur hamburgischen Geschichte, insbesondere des 19. und 20. Jahrhunderts

Jochmann, Werner, geboren 1921, Dr. phil., Professor für Neuere Deutsche Geschichte am Historischen Seminar der Universität Hamburg (emer.), Gründer (1960) und bis 1986 Leiter der Forschungsstelle für die Geschichte des Nationalsozialismus in Hamburg, zahlreiche Veröffentlichungen zu Themen der deutschen Sozialgeschichte im 20. Jahrhundert; Schwerpunkte: Religion/Politik/Geschichte des deutschen Judentums und des Antisemitismus

Kopitzsch, Fanklin, geboren 1947, Dr. phil., Lehrbeauftrager für Neuere Deutsche Geschichte am Historischen Seminar der Universität Hamburg, Leiter der MERIAN-Dokumentation im Verlag Hoffmann und Campe, Veröffentlichungen zu Themen der Frühen Neuzeit, zur Stadt- und Landesgeschichte Hamburgs und Norddeutschlands

Postel, Rainer, geboren 1941, Dr. phil., Professor für Neuere Geschichte am Historischen Seminar der Universität Hamburg, Veröffentlichungen u. a. zu Themen der Frühen Neuzeit; Schwerpunkt: Reformationsgeschichte

Richter, Klaus, geboren 1942, Dr. phil., Archivdirektor im Staatsarchiv Hamburg, Veröffentlichungen u. a. zur Frühgeschichte Hamburgs, zur Archäologie Hamburgs und Niedersachsens

Sywottek, Arnold, geboren 1942, Dr. phil., Professor für Neuere Geschichte am Historischen Seminar der Universität Hamburg, Veröffentlichungen u. a. zu Themen der deutschen Sozial-, Alltags- und Parteiengeschichte im 19. und 20. Jahrhundert

Verg, Erik, geboren 1919, Journalist, langjähriger Redakteur und Korrespondent des »Hamburger Abendblatts«, freier Schriftsteller, zahlreiche Veröffentlichungen zu Themen der hamburgischen Geschichte

Bildquellenverzeichnis

Aabenraa Museum, Abenrà/DK (1); Akademische Druck- und Verlagsanstalt, Graz/A (3); Allgemeiner Sportverein Bergedorf-Lohbrügge von 1885 e. V., Hamburg (1); Allgemeines Krankenhaus Altona, Hamburg (1); Altonaer Museum/Norddeutsches Landesmuseum, Hamburg (20); Peter Amsinck, Hamburg (2); Erich Andres, Hamburg (33); Archiv für Kunst und Geschichte, Berlin (56); Argus-Fotoagentur, Hamburg (1); Associated Press GmbH, Frankfurt a. M. (1); Atlantik Hotel, Hamburg (2); Bavaria, München (1); Bayerische Staatsbibliothek, München (1); Beiersdorf, Hamburg (1); Otto Bender, Hamburg (19); Pater Amandus, Benediktinerabtei Gerleve, Billerbek (1); Bergedorfer Busbetriebe (1); Bibliothèque de l'Ancienne Faculté de Médecine de Paris/F (1); Bibliothèque Municipale, Rouen/F (1); Bibliothèque Nationale, Paris/F (2); Bibliothèque Royale, Brüssel/B (3); Bild-Zeitung/Dr. Jürgen Gebhardt (1); Bild-Zeitung/Siegfried Mehrens (1); Blohm + Voss AG, Hamburg (5); Sammlung Bokelberg, Hamburg (12); Sportpressefoto Bongarts, Hamburg (1); British Museum, London/GB (2); Büro Dr. Gerd Bucerius/KG Zeitverlag, Hamburg (1); Christians Verlag, Hamburg (6); Commerzbibliothek der Industrie- und Handelskammer, Hamburg (5); Francesco A. Cuneo, Hamburg (1); Denkmalschutzamt, Hamburg (4); DESY (Deutsches Elektronen-Synchroton), Hamburg (1); Deutsche Bundesbahn/Bundesbahndirektion, Hamburg (2); Deutsche Presse-Agentur, Frankfurt a. M. (41); Deutscher Evangelischer Kirchentag, Fulda (1); Deutscher Ring, Hamburg (4); Deutscher Segler-Verband/Edition Maritim, Hamburg (1); Deutsches Postmuseum, Frankfurt a. M. (1); Deutsches Schiffahrtsmuseum, Bremerhaven (3); Hans-Peter Dimke, Hamburg (2); Domkapitel Aachen (Foto Münchow) (1); Archiv Ebeling, Hamburg (1); Friedrich-Ebert-Stiftung/Archiv der sozialen Demokratie, Bonn (2); electrum, das Museum der Elektrizität, Hamburg (4); ESSO AG, Hamburg (1); Evangelischer Pressedienst, Frankfurt a. M. (1); FC St. Pauli, Hamburg (1); Bernt Federau, Hamburg (1); Germanisches Nationalmuseum, Nürnberg (1); Germania Ruderclub, Hamburg (1); Hans Germin (2); Archiv Gerstenberg, Wietze (8); Gesellschaft für Deutsche Postgeschichte, Bezirksgruppe Hamburg (4); Karlheinz Grünke, Hamburg (1); Grünspan, Hamburg (1); Hamburg-Information (1); Hamburg-St. Pauli Turnverein (1); Hamburg-Südamerikanische Dampfschifffahrts-Gesellschaft, Hamburg (1); Hamburger Abendblatt, Zentrales Photoarchiv Axel Springer, Hamburg (38); Hamburger Abendblatt/Rudolf Alert (1); Hamburger Abendblatt/Klaus Behr (1); Hamburger Abendblatt/Bernd Beutner (1); Hamburger Abendblatt/Martin Brinckmann (1); Hamburger Abendblatt/Gunnar Brumshagen (3); Hamburger Abendblatt/Friedhelm von Estorff (1); Hamburger Abendblatt/Thomas Grimm (1); Hamburger Abendblatt/Christoph Guhr (1); Hamburger Abendblatt/Boris Heller (1); Hamburger Abendblatt/Wolfgang Herget (1); Hamburger Abendblatt/Wolfgang Jortzik (1); Hamburger Abendblatt/Heinrich Klaffs (1); Hamburger Abendblatt/Hans-Günter Kiesel (5); Hamburger Abendblatt/Falke Köhler (2); Hamburger Abendblatt/Jochen Körner (2); Hamburger Abendblatt/Christel Kujaht (2); Hamburger Abendblatt/Andreas Laible (1); Hamburger Abendblatt/Hans G. Lehmann (1); Hamburger Abendblatt/Uwe-Jens Niss (1); Hamburger Abendblatt/Schneider-Siemt (2); Hamburger Abendblatt/Wolfgang Steche (1); Hamburger Abendblatt/Peter Stille (1); Hamburger Abendblatt/Peter Timm (1); Hamburger Abendblatt/Du Vinage (3); Hamburger Abendblatt/Sabine Windelen (1); Hamburger Abendblatt/Peter Wiegel (1); Hamburger Baubehörde/Lichtbildnerei (3); Hamburger Hafen- und Lagerhaus-Aktiengesellschaft, Hamburg (2); Hamburger Museum für Archäologie und die Geschichte Harburgs/Helms Museum, Hamburg (8); Hamburger Rathaus (1); Hamburger Schachclub (1); Hamburger Verkehrsverbund (1); Hamburger Volkstheater (1); Hansa Theater, Hamburg (2); Clas Broder Hansen (1); Hapag-Lloyd AG, Hamburg (10); Harenberg Kommunikation, Dortmund (381); Harenberg Kommunikation/Dr. Ruth Malhotra (1); Dr. Ernst Hauswedell, Stuttgart (1); Helmut Herold (1); Carl Henrich, Traben-Trarbach/Mosel (1); Historia-Photo, Hamburg (5); Historisches Museum, Amsterdam/NL (1); Hoffmann und Campe Verlag, Hamburg (2); Holstenbrauerei, Hamburg (1); Werner Hoppe, Dortmund (1); Horstmüller, Düsseldorf (4); Imperial War Museum, London/GB (2); Industrie- und Handelskammer, Oldenburg (1); Interfoto, München (1); Johanniskirche, Lüneburg (1); Ernst Kabel Druck GmbH, Hamburg (2); Filmhistorisches Archiv Dr. Karkosch, Gilching (4); Keystone Pressedienst, Hamburg (59); Prof. Lothar Klimek BFF, Worpswede (1); Sammlung Kludas, Grünendeich (2); Die Königliche Bibliothek, Kopenhagen/DK (1); Koninklijke Bibliotheek, Den Haag/NL (1); Sammlung K. B. Kühne (1); Sammlung Jutta Kürtz, Möltendorf/Kiel (1); Hamburger Kunsthalle (16); Kunstverein, Hamburg (1); Kuratorium Arp-Schnitger-Orgel, Hamburg (1); Photo-Archiv-Lachmund, Hamburg (13); Landesarchiv Schleswig-Holstein/Schloß Gottorp, Schleswig (3); Staatliche Landesbildstelle, Hamburg (90); Bildstelle des Landeskirchenamtes, Hamburg (2); Christoph und Wolfgang Lauenstein, Hamburg (1); Bildarchiv Foto Marburg (1); Marineschule Mürwik (1); Leonore Mau, Hamburg (1); Musée de l'Histoire de France, Versailles/F (1); Musée Royaux, Brüssel/B (1); Museum für Hamburgische Geschichte, Hamburg (133); Museum für Hamburgische Geschichte/Fischer-Daber, Hamburg (22); Museum für Kunst und Gewerbe, Hamburg (4); Museum für Kunst- und Kulturgeschichte der Hansestadt Lübeck (1); Museum für Völkerkunde, Hamburg (1); Museumsverein für das Fürstentum Lüneburg (1); New York-Hamburger Gummiwaaren-Compagnie AG, Hamburg (1); Niedersächsische Staats- und Universitätsbibliothek, Göttingen (1); Nordbild, Hamburg (1); Norddeutscher Rundfunk/Photostelle, Hamburg (1); Bildarchiv der Oberpostdirektion, Hamburg (2); Ohnsorg-Theater, Hamburg (2); Stadtteilarchiv Ottensen, Hamburg (1); Otto-Versand, Hamburg (1); Fritz Peyer, Hamburg (7); Piermont Morgan Library, New York/USA (1); Richard Plagemann, Hamburg (1); Firma C. Plath, Hamburg (1); Prediger-Seminar der Ev.-luth. Landeskirche, Braunschweig (1); Gottfried Radenz, Hamburg (5); Maria Rehfuß-Oberländer/Ernst-Deutsch-Theater, Hamburg (1); Dietrich Reimer Verlag, Berlin (1); Dr. Kurt Rendtorff, Kiel/Landesarchiv Schleswig-Holstein (1); Scala, Florenz/I (1); Bildagentur Schapowalow, Hamburg (1); Theo M. Scheerer (1); Pressebild Schirner, Meerbusch (2); Schmidt-Luchs, Hamburg (5); Schorer-Archiv, Radbruch (24); Schulmuseum, Hamburg (2); Peter Sierigk, Braunschweig (1); SPD Landesorganisation, Hamburg (4); Achim Sperber, Hamburg (4); Sportverlag, Berlin (1); Staatsarchiv, Bremen (1); Staatsarchiv Hamburg (169); Staats- und Universitätsbibliothek, Bremen (1); Staats- und Universitätsbibliothek Carl v. Ossietzky, Hamburg (3); Städelsches Kunstinstitut und Städtische Galerie/Ursula Edelmann, Frankfurt a. M. (1); Stadtarchiv Lübeck (4); Städtischer Bilderdienst, Braunschweig (1); Städtisches Museum Flensburg (1); Stiftsverwaltung Lambach/A (1); Hauptkirche St. Nikolai, Hamburg (1); Hauptkirche St. Petri, Hamburg (1); St. Wolfganger Kunstverlag, St. Wolfgang/A (1); Erich Staisch, Hamburg (1); Karl Stehle, München (1); Stern-Syndikation, Hamburg/Anders (1); Stern/Spill (1); Studio Hamburg Atelier GmbH, Hamburg (1); Süddeutscher Verlag/Bilderdienst, München (16); Tee Maass/Theodor Maass, Hamburg (1); Gedenkstätte Ernst Thälmann, Hamburg (10); Thalia Theater, Hamburg (2); Thalia Theater/Kurt Schwinger (1); Das Topographikon, Verlag Rudolf Müller, Hamburg (16); Transglobe, Hamburg (25); Uhlenhorster Sportclub »Paloma« e. V., Hamburg (1); Universität Hamburg/Pressestelle (6); Universitätsbibliothek, Leiden (1); Vereins- und Westbank AG, Hamburg (5); Hotel Vier Jahreszeiten, Hamburg (1); Volksfürsorge Versicherungsgruppe, Hamburg (1); Welt-Artisten-Archiv Erdwin Schirner jun., Hamburg (1); Joachim E. Wenzel, Hamburg (2); Jan Woodner Family Collection, New York/USA (1); Württembergische Landesbibliothek, Stuttgart (1); Redaktionsbüro Dr. Christian Zentner, München (1); Zentralverband Gartenbau e. V., Bonn (1); Zentrum für Theaterforschung/Hamburger Theatersammlung (23); Zentrum für Theaterforschung/A. Mocsigay (1)

© für die Abbildungen von Kunstwerken:

Lovis Corinth: »Carl Hagenbeck im Tierpark«, 1911, Wilhelmine Corinth-Klopfer, New York/USA

Friedrich Kallmorgen: »Sonnenuntergang im Hamburger Hafen«, um 1920, Hans Knab, Karlsruhe

Oskar Kokoschka: »Der Bürgermeister Max Brauer«, VG Bild-Kunst, Bonn 1991

Emil Nolde: »Schiff im Dock«, 1910, Stiftung Seebüll, Neukirchen

© für die Karten, Grafiken und Kolorierungen:
Harenberg Kommunikation, Dortmund (35)

Trotz größter Sorgfalt konnten die Urheber des Bildmaterials nicht in allen Fällen ermittelt werden. Es wird gegebenenfalls um Mitteilung gebeten.